Indien

Sarina Singh
Joe Bindloss, Paul Clammer, Janine Eberle, Paul Harding,
Abigail Hole, Patrick Horton, Amy Karafin, Matt Phillips,
Simon Richmond, Martin Robinson

TADSCHIKISTAN
AFGHANISTAN
PAKISTAN
ISLAMABAD
CHINA (TIBET)
NEPAL
BHUTAN
BANGLADESH
MYANMAR (BIRMA)
LEH (S. 349)
Durch die Gassen der Altstadt streifen, während sich ringsum die Mondlandschaft des Himalaja erhebt
AGRA (S. 394)
Die zeitlose Schönheit des Taj Mahal aufsaugen, ein spektakuläres Mahnmal der Liebe aus Marmor und Edelsteinen
ATTARI (S. 269)
Den Soldaten zuschauen, die sich bei der phantastischen Grenzschließungszeremonie übertrumpfen wollen
KHAJURAHO (S. 667)
Die exotischen Skulpturen bestaunen, die hier die herrlich verzierten Tempel schmücken – Kamasutra in Stein
DARJEELING (S. 536)
Entspannen, Tee trinken und den Himalaja-Ausblick genießen in der Mutter aller Hill Stations
VARANASI (S. 427)
Sich am Ganges unter die Pilger an den Ghats mischen in einer der heiligsten Städte Indiens
UDAIPUR (S. 207)
Dem Zauber dieser skurrilen Stadt erliegen, wo ockerfarbene Hügel den magischen Lake Palace umgeben
JAISALMER (S. 234)
Sich selbst verlieren im märchenhaften Fort und dann auf einem Kamel durch die Wüste trotten
GROSSER HIMALAJA
K2 (8611 m)
Nanda Devi (7816 m)
Mount Everest (8848 m)
Kanchenjunga (8598 m)
JAMMU & KASCHMIR
LADAKH
ZANSKAR
HIMACHAL PRADESH
PUNJAB
HARYANA
UTTARANCHAL
UTTAR PRADESH
RAJASTHAN
GUJARAT
MADHYA PRADESH
BIHAR
JHARKHAND
WEST-BENGALEN
SIKKIM
ARUNACHAL PRADESH
NAGALAND
ASSAM
MEGHALAYA
MANIPUR
MIZORAM
TRIPURA
DELHI
KATHMANDU
THIMPHU
DHAKA
Thar-Wüste
Großer Rann von Kutch
Little Rann of Kutch Wildlife Sanctuary
Corbett Tiger Reserve
Keoladeo Ghana National Park
Ranthambhore National Park
Kanha National Park
Similipal National Park
Sunderbans Tiger Reserve
Kaziranga National Park
Jaldhapara Wildlife Sanctuary
Mündungen des Ganges
Indus
Ganges
Yamuna
Brahmaputra
Hooghly
Srinagar
Kargil
Leh
Padum
Kishtwar
Jammu
McLeod Ganj
Dalhousie
Pathankot
Dharamsala
Manali
Kullu
Amritsar
Attari
Firozpur
Ludhiana
Shimla
Chandigarh
Dehra Dun
Haridwar
Bathinda
Almora
Nainital
Hansi
Bareilly
Churu
Bikaner
Nagaur
Jaisalmer
Jodhpur
Barmer
Pushkar
Jaipur
Ajmer
Mathura
Agra
Gwalior
Lucknow
Kanpur
Ayodhya
Gorakhpur
Pokhara
Gangtok
Darjeeling
Siliguri
Muzaffarpur
Jaunpur
Allahabad
Varanasi
Patna
Gaya
Bodhgaya
Shivpuri
Jhansi
Bundi
Kota
Chittorgarh
Mt. Abu
Udaipur
Khajuraho
Satna
Katni
Sagar
Sanchi
Bhopal
Jabalpur
Ratlam
Ujjain
Dewas
Indore
Mandu
Khandwa
Dindori
Seoni
Bilaspur
Bhuj
Gandhinagar
Ahmedabad
Vadodara (Baroda)
Dwarka
Jamnagar
Rajkot
Porbandar
Bhavnagar
Shantiniketan
Ranchi
Jamshedpur
Kolkata (Calcutta)
Kharagpur
Digha
Balasore
Itanagar
Dibrugarh
Guwahati (Gauhati)
Shillong
Kohima
Imphal
Aizawl
Agartala

ARABISCHES MEER
GOLF VON BENGALEN
INDISCHER OZEAN
MUMBAI (BOMBAY; S. 775)
Den Reiz der weltoffensten Stadt Indiens erleben, einen charismatischen Schmelztiegel der Kulturen des Subkontinents
GOAS STRÄNDE (S. 860)
Auswählen zwischen lässigem Relaxen und wildem Feiern an Goas kurzer, aber sandbepackter Küste
BACKWATERS VON KERALA (S. 1003)
Mal auf die Bremse treten während eines gemütlichen Bootstrips auf den satten Lagunen, Kanälen und Seen
AJANTA-HÖHLEN (S. 823)
Die atemberaubende buddhistische Kunst dieser aus dem Stein gehauenen Höhlen bewundern, die sich um einen hufeisenförmigen Schlund gruppieren
HAMPI (S. 941)
Durch die einst mächtige Hindu-Stadt streifen – heute nur noch Ruinen in einer rätselhaften Felslandschaft
PONDICHERRY (S. 1076)
Auf der Strandpromenade flanieren und die verblasste Eleganz dieser charmanten Küstenstadt mit französischem Flair genießen
HÖHENSTUFEN
3000 m
2000 m
1000 m
500 m
200 m
0
0 300 km
0 180 Meilen
Die Außengrenzen Indiens auf dieser Karte sind nicht beglaubigt und können daher falsch sein.
Surat
Sasan Gir Wildlife Sanctuary
Diu
Porpandar-Küste
Golf von Khambhat
Daman
Dahanu
Nasik
Manmad
Dhule
Jalgaon
Ajanta
Aurangabad
Amraoti
Akola
Nagpur
Raipur
Sambalpur
CHHATTISGARH
ORISSA
Bhubaneshwar
Cuttack
Paradip
Konark
Puri
Berhampur
Harishankar
Ranipur-Jharial
Mumbai (Bombay)
Kalyan
Oberes Godavari-Tal
Parbhani
Nanded
MAHARASHTRA
Pune
Nizamabad
Godavari
Mahabaleshwar
Warangal
Bheemunipatnam
Visakhapatnam
Sholapur
Hyderabad
Konkan-Hügel
Ratnagiri
Bijapur
Kakinada
Vijayawada
Masulipatnam
KARNATAKA
Krishna
Belgaum
Panaji (Panjim)
GOA
Gadag
Hampi
Hubli
Hospet
Mormugao
ANDHRA PRADESH
Ongole
Vellore
Jog Falls
Eastern Ghats
Tirumala
Nandi Hills
Chittoor
Chennai (Madras)
Hassan
Mangalore
Bangalore
Mamallapuram (Mahabalipuram)
TAMIL NADU
Mysore
Pondicherry
Thalasseri (Tellicherry)
Udhagamandalam (Ooty)
Chidambaram
Lakshadweeps
Kozhikode (Calicut)
Lakshadweep Sea
Coimbatore
Western Ghats
Tiruchirappalli (Trichy)
KERALA
Indira Gandhi Wildlife Sanctuary
Kochi (Cochin)
Madurai
Periyar Wildlife Sanctuary
Rameswaram
Kollam
Thiruvananthapuram (Trivandrum)
Kovalam
Kanyakumari
Golf von Mannar
SRI LANKA
COLOMBO
ANDAMANEN
North Andaman Island
Middle Andaman Island
South Andaman Island
Port Blair
Andaman Sea
Little Andaman Island
NICOBAREN
Camporta Island
Great Nicobar Island
20°N
15°N
10°N
5°N
70°E
75°E
80°E
85°E
90°E

Reiseziel Indien

Wie kein anderes Land der Welt verkörpert Indien Vielfalt – einerseits ist es tief in Traditionen verwurzelt, geht aber andererseits den Übergang zum elektronischen Zeitalter mit Feuereifer an. Die bunt gemischte Bevölkerung besteht aus über einer Milliarde Menschen. Es ist wahrhaftig ein Land erstaunlicher Gegensätze, erhaben und armselig zugleich. So flach und eintönig seine Ebenen sind, so gewaltig und spektakulär ist der Himalaja. Religiöse Texte wirken verwirrend und doch ist ihre Botschaft einfach.

Travellern bietet Indien eine verblüffende Mischung aus Sehenswürdigkeiten und Aktivitäten. Allen, die in heilige Sphären vordringen möchten, winken eine Vielzahl von Heiligtümern und spirituellen Erfahrungen. Fast überall finden Geschichtsfans Kleinode – von verfallenden Überresten aus der Kolonialzeit entlang der belebten Straßen in den Städten bis zu kampferprobten Forts, die sich hoch über einsamen Weiden auf dem Land erheben. Outdoor-Fans können im Wasser an einem der vielen sonnenverwöhnten Strände paddeln oder sich auf der Suche nach großen Dschungelkatzen bei einer Wildlife-Safari ihren Adrenalinkick holen. Oder man atmet bei einem Waldspaziergang einfach den Duft der Blumen ein …

In Indien muss man das Unerwartete erwarten – nur das *eigene* Tun bestimmt den Verlauf der Reise durch den Subkontinent. Dieses geheimnisvolle Land „sieht“ man nicht nur – es reizt alle Sinne. Und ist dadurch auch eine Erfahrung, die unbeschreibbar ist, da sie von jedem anders wahrgenommen wird. Entweder man liebt es, oder man hasst es – die meisten Reisenden schwanken zwischen den Extremen. Indien wird das eigene Dasein bis in die Grundfesten erschüttern; unabhängig davon, wohin die Reise geht oder was man unternimmt, vergessen wird man dieses Land nie.

PAUL BEINSS

Architektur

PETER DAVIS

Der Sri-Meenakshi-Tempel (S. 1099) in Madurai, Tamil Nadu, bietet feine drawidische Schnitzereien

BILL WASSMAN

Im spektakulären Ladakh, Jammu & Kaschmir steht die altehrwürdige Lamayuru-Gompa (Kloster; S. 368)

Besonders magisch wirkt der Taj Mahal (S. 397) in Agra, Uttar Pradesh, bei Sonnenaufgang

DALLAS STRIBLEY

Städte & Ortschaften

Eine bunte Menschenmenge drängt sich an den Ghats von Varanasi (S. 431) in Uttar Pradesh

SARA-JANE CLELAND

DALLAS STRIBLEY

Am Ufer des Pichola-Sees, Udaipur, thront der eindrucksvolle City Palace (S. 209)

Vom Fort (S. 237) aus ist der Blick auf die Sandsteinstadt Jaisalmer, Rajasthan, umwerfend

DAVID TIPL

GREG ELMS

Am Abend versammeln sich die Menschen am Chowpatty Beach (S. 786) in Mumbai (Bombay)

BRADLEY MAYHEW

Zwischen die Berge von Jammu & Kaschmir schmiegt sich das labyrinthische Leh (S. 349)

Ein Meer von blauen Häusern formiert Meherangarh (S. 227), Jodhpurs großartiges Fort

DALLAS STRIBLEY

Religiöse Stätten

PAUL BEINSSEN

Tief in die Atmosphäre eines religiösen Festivals eintauchen kann man am heiligen Sangam (S. 422) in Allahabad, Uttar Pradesh

Der Pareshnath-Jainisten-Tempel (S. 505) in Kolkata (Calcutta) ist aufwändig verziert

RICHARD I'ANSON

RICHARD I'ANSON

Bunte Gebäude und freundliche Bewohner erwarten einen in den Gompas von Ghoom (S. 541) bei Darjeeling, Westbengalen

Indiens größte Moschee ist die imposante Jama Masjid (S. 118) in Delhi

RICHARD I'ANSON

PAUL BEINSSEN

Morgendliche *puja* (Speiseopfer) vor den erotisch verzierten Tempeln von Khajuraho (S. 669), Madhya Pradesh

Der Goldene Tempel (S. 264) in Amritsar, Punjab, erstrahlt in voller Pracht

ANTHONY PLUMMER

Wildlife & Abenteuer

Im Sunderbans Tiger Reserve (S. 524), Westbengalen, könnte man Auge in Auge stehen mit dem bengalischen Königstiger

JOHN HAY

ANTHONY PLUMMER

Von Jaisalmer, Rajasthan, aus geht's auf eine Kamelsafari (S. 240) in die Wüste

Um den Ausblick auf den Himalaja zu genießen, heißt es früh aufstehen beim Trek in Uttaranchal (S. 484)

GARRY WE

Ausflüge

BRYN THOMAS

Relaxen am Strand in Palolem (S. 895), Goa: fast das Paradies

PETER PTSCHELINZEW

In den Backwaters von Kerala (S. 1003) kann man sich prima treiben lassen

In Karnataka warten die Ruinen von Hampi (S. 943) darauf, erkundet zu werden

GREG ELMS

Festivals

Bunt geschmückte Elefanten während des Thrissur-Pooram-Festivals (S. 1031) in Thrissur, Kerala

PAUL BEINSSEN

STEPHEN SAKS

Spektakulär geht es zu auf den Kamelmärkten der Pushkar Mela (S. 189), Rajasthan

Bei der Kumbh Mela (S. 1158) an der weltweit größten Ansammlung von Menschen teilnehmen

RICHARD I'AN

Inhalt

Die Reiseführer von Lonely Planet stehen für unabhängige Reiseinformationen. Lonely Planet verzichtet auf Anzeigen in den Reiseführern und nimmt keinerlei Einträge gegen Bezahlung auf. Lonely-Planet-Autoren nehmen keine Vergünstigungen oder Zahlungen für positive Bewertungen an.

लोनली प्लैनेट द्वारा प्रकाशित पुस्तकों में निष्पक्ष सूचना दी जाती है। लोनली प्लैनेट अपनी मार्गदर्शिकाओं में कोई विज्ञापन नहीं छापते। हम किसी व्यवसाय और किसी जगह का समर्थन करने या उनको अपनी सूची में सम्मिलित करने के लिए कोई धनराशि भी स्वीकार नहीं करते। लोनली प्लैनेट के सभी लेखक किसी स्थान के बारे में सकारात्मक सूचना देने के एवज़ में किसी तरह की छूट या रुपया-पैसा स्वीकार नहीं कर सकते।

Die Regionalkarten

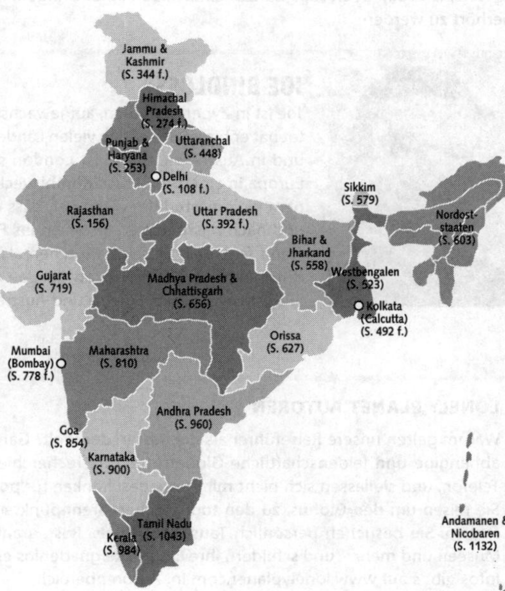

Die Autoren

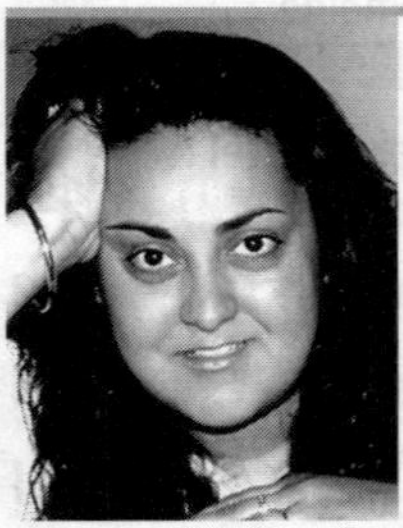

SARINA SINGH

Koordinierende Autorin, Delhi

Nachdem sie ihr Wirtschaftsstudium in Melbourne abgeschlossen hatte, kaufte sich Sarina ein One-Way-Ticket nach Indien, um ein Praktikum beim Sheraton zu machen. Später wechselte sie von der Hotelbranche zur Presse und arbeitete als freiberufliche Journalistin und Auslandskorrespondentin. Nach vier Jahren Indien kehrte Sarina zurück nach Australien, absolvierte ein Aufbaustudium in Journalistik und schrieb das Skript für *Beyond the Royal Veil,* eine TV-Doku über den modernen „Adel" Indiens, für die sie auch die Co-Regie übernahm. Sarina arbeitete an fast zwanzig Lonely Planet Ausgaben mit, darunter *Rajasthan* und *Pakistan & the Karakoram Highway.* Sie schreibt auch für verschiedene internationale Publikationen, zum Beispiel für die *Sunday Times* und den *National Geographic Traveler* und hat nebenbei noch das Buch *Polo in India* veröffentlicht. Außer „Delhi" schrieb Sarina den Großteil der Einleitungskapitel und „Allgemeine Informationen und Verkehr".

Ein Leben „on the road"

In Indien gerät man unverhofft in Situationen, die das bisherige Welt- und Selbstbild völlig auf den Kopf stellen … Es war ein schwül-warmer Nachmittag im August 1990. Überrascht von einem Monsunschauer stürzte ich geradewegs in ein Museum und stellte mich hinter einen Pulk von Touristen. Plötzlich wies der Reiseleiter in meine Richtung: „Sie da, mit den starken Jupiter-Vibrationen, Sie haben den falschen Weg eingeschlagen!" Ich stand wie versteinert da, als der knittergesichtige Reisebegleiter zu mir herübereilte und mich beschwor, endlich mit dem Schreiben anzufangen – nur das Schreiben würde mich auf den „richtigen" Weg bringen. Als ich mich am Abend desselben Tages durch das dichte Gewühl auf einem Basar kämpfte, winkte mich eine magere Gewürzkeks-Verkäuferin zu sich herüber und legte mir ans Herz, ich solle doch „das Ganze" einfach zu Papier bringen. Der Ruf des Schicksals war zu laut, um überhört zu werden.

JOE BINDLOSS

Nordoststaaten, Sikkim, Kolkata

Joe ist in Zypern geboren, aufgewachsen in England und gelebt und gearbeitet hat er bis jetzt schon in vielen Ländern, z. B. in den USA, auf den Philippinen und in Australien. Heute ist London seine Wahlheimat. Familientrips durch Europa in einem alten VW-Kombi weckten den Globetrotter in ihm. Nach seinem Biologiestudium wusste er, dass er kein Wissenschaftler werden wollte, und nach missglückten Exkursen ins Fach der Wandmalerei und Bildhauerei stand fest, dass er seine Brötchen als Journalist verdienen will. Dies ist die dritte Auflage von *Indien*, an der Joe mitgearbeitet hat; er hat außerdem in Südostasien, Afrika, Europa und Australien für Lonely Planet geschrieben.

LONELY PLANET AUTOREN

Warum gelten unsere Reiseführer als die besten der Welt? Ganz einfach: Unsere Autoren sind unabhängige und leidenschaftliche Globetrotter. Sie recherchieren nicht nur übers Internet oder Telefon, und sie lassen sich nicht mit Werbegeschenken für positive Berichterstattung schmieren. Sie reisen um den Globus, zu den touristischen Brennpunkten, aber auch darüber hinaus, querfeldein. Sie besuchen persönlich Tausende Hotels, Restaurants, Cafés, Bars, Galerien, Schlösser, Museen und mehr – und schildern ihre Eindrücke gnadenlos ehrlich, ohne Schönfärberei. Weitere Infos gibt's auf www.lonelyplanet.com im Autorenbereich.

PAUL CLAMMER **Himachal Pradesh, Jammu & Kaschmir**

Paul ist bei Cambridge aufgewachsen. Nach einem beruflichen Fehlstart als Molekularbiologe trieb er sich mehrere Jahre zwischen Casablanca und Kashgar herum. Sein Geld verdiente er u.a. als Reiseleiter in Pakistan, der Türkei und Marokko, wo er entweder die Berge hinauftrottete oder sich auf die Spuren alter Moscheen begab. Eine Faszination für die Mogulherrscher und die gebirgigen Handelsrouten Asiens weckten sein Interesse an Indien, und ganz besonders genoss er die Entdeckungsreise durch das indisch verwaltete Kaschmir-Gebirge als Vorbereitung für diesen Band.

JANINE EBERLE **Kerala**

Janine kam im Jahr 2000 als Redakteurin zu Lonely Planet und einige Jahre später führte sie eine Reise zum ersten Mal nach Kerala. Dort lernte sie, besser keine Suggestivfragen zu stellen und *Trains at a Glance (Züge auf einen Blick* – das berühmt berüchtigte indische Fahrplan-Büchlein) zu entschlüsseln. Und sie hatte viele Gelegenheiten, die verschiedenen Bedeutungen der typisch indischen „Wackeldackel"-Kopfbewegung zu ergründen. Janine lebt in Melbourne, Australien, wo sie als Redakteurin für die Lonely Planet-Reiseführer *Südasien* und *Zentralasien* verantwortlich ist.

Übrigens, das mit *Trains at a Glance* war gelogen.

PAUL HARDING **Tamil Nadu, Andamanen & Nicobaren**

Auf seiner ersten Indienreise vor acht Jahren hätte ihm ein Trickbetrüger um ein Haar seinen Reisepass abgeluchst, trotzdem hat Paul während sechs weiterer Aufenthalte in Indien seine Schwäche für den Subkontinent entdeckt. In den letzen 15 Jahren hat er als Journalist, Reiseredakteur und -autor gearbeitet; er zog als Backpacker durch weite Teile Asiens, reiste auf dem Landweg von Kathmandu nach London und arbeitete an zahlreichen Lonely Planet Reiseführern mit, darunter *Indien* und *Goa*. Für den vorliegenden Band recherchierte er gleich zwei Mal in Tamil Nadu und auf den Andamanen – nach dem verheerenden Tsunami kam er zurück, um seine Recherchen zu aktualisieren.

ABIGAIL HOLE **Rajasthan, Gujarat**

Abigails erste Indienreise vor zehn Jahren führte sie auch nach Rajasthan. 1997 zog sie von London nach Hongkong und bereiste während der drei Jahre, die sie dort verbrachte, viele Regionen Asiens. Sie ist freiberuflich als Reiseautorin tätig, und in dieser Auflage schreibt sie schon zum zweiten Mal die Kapitel über Rajasthan und Gujarat für Lonely Planets *Indien*. Außerdem arbeitete sie diesmal auch bei Lonely Planets *Rajasthan, Delhi & Agra* mit. Weitere Aufträge führten sie nach Mali, Mauretanien, Ägypten und Tunesien. Sie lebt heute in Rom.

PATRICK HORTON

Madhya Pradesh & Chhattisgarh, Orissa

In einem Kurta-Pyjama und mit Chappals an den Füßen schlurfte Patrick Horton, freiberuflicher Reiseautor und -fotograf, durch Chhattisgarh, Madhya Pradesh und Orissa auf der Suche nach „gutem Stoff" für diesen Reiseführer. Wenn er nicht gerade auf seinem alljährlichen Indientrip ist, zieht Patrick in seiner Freizeit Pfirsichbäume auf, restauriert und fährt Motorrad-Oldtimer und erweitert seine Sammlung alter Bücher. Zu seinen Lonely Planet-Beiträgen gehören *Eastern Europe*, *Ireland*, *Australia* und *Russia & Belarus*.

AMY KARAFIN

Andhra Pradesh, Karnataka

Amy Karafin wuchs an der Jersey-Küste/USA auf; ihre Lust, über den Tellerrand zu schauen, artete mit der Zeit zu einer Heimat-Klaustrophobie aus. Überzeugt, dass sie in allen früheren Leben Inderin war, lebte sie nach dem Uni-Abschluss längere Zeit auf dem Subkontinent, um ihr Karma zu verbessern. Die nächsten zwei Jahre pendelte sie zwischen New York und fernen Ufern, bis sie – die Nase gestrichen voll von ihrem Dasein als Reiseredakteurin in einer engen Wohnung in Manhattan – ihre MetroCard und ihre schwarzen Business-Kostüme von sich warf, um die Zelte näher am Äquator aufzuschlagen. Sie lebt heute in Dakar, wo sie in ihrem Studio am Meer schreibt und übersetzt.

MATT PHILLIPS

Bihar & Jharkhand, Westbengalen

Im Jahr 1999 brach Matt seine Zelte in Vancouver ab und machte sich auf zu seiner ersten Reise nach Indien. Schnell dämmerte es ihm, dass das Leben auf dem Subkontinent nur genießen kann, wer bereit ist, die Kontrolle loszulassen. Oder wie er es formuliert: „Ich reiste nicht durch Indien – das Land saugte mich förmlich auf." Bislang geriet er freiwillig in den Sog von 13 indischen Staaten – und er hat immer noch nicht genug. Dank seines Abenteuergeists und einem geschulten Blick für beschaulich-schöne Flecken und ungewöhnliche Orte war Matt der ideale Mann für die Recherchen und die Beiträge der Kapitel Bihar & Jharkhand und Westbengalen.

SIMON RICHMOND

Mumbai, Goa, Maharashtra

Für Reiseautor und -fotograf Simon Richmond war es die dritte Reise nach Indien. Das erste Mal besuchte er den Subkontinent im Jahr 1999, um für eine Abenteuerserie in Südindien zu recherchieren, die ihn von der ländlichen Einöde Keralas über die Tempel von Tamil Nadu zu den Andamanen führte. Überwältigt von seinen Erlebnissen kehrte er 2000 zurück, um nach einer abenteuerlichen Reise über Land von Istanbul bis Kathmandu für Lonely Planet den Norden Indiens zu besuchen. Neben seiner Tätigkeit als Autor für zahlreiche Lonley Planet Guidebooks arbeitet Simon für mehrere Verlage und veröffentlicht regelmäßige Features in verschiedenen Zeitungen und Zeitschriften weltweit.

MARTIN ROBINSON **Punjab & Haryana, Uttar Pradesh, Uttaranchal**

Geboren und aufgewachsen in England streifte Martin fünf Jahre lang durch Asien, besuchte über 50 Länder und notierte seine Erlebnisse für verschiedene Zeitungen und Magazine. Er lebt heute mit seiner Frau in Neuseeland, wenn er nicht gerade mit seinem Notizbuch unterm Arm um unseren Patchwork-Planeten jettet. Die Arbeit an dieser Ausgabe führte ihn zum vierten Mal nach Indien; er hat außerdem an den Lonely Planet-Titeln *Korea* und *New Zealand mitgearbeitet.*

BEITRÄGE VON …

Anthony Ham

Der damals noch grünschnäblige Anthony reiste zum ersten Mal nach Indien, als er 18 war. In den letzten Jahren ist er mehrmals dorthin zurückgekehrt. Egal, wie oft er das Land besucht, er verliebt sich immer wieder aufs Neue in Indiens Menschen und den ausgeprägten Sinn für Geschichte, die dort allgegenwärtig ist, von den Wüsten Rajasthans bis zu den Coconut Canals von Kerala. Er hat an über 15 Guides für Lonely Planet mitgearbeitet. Im vorliegenden Band ist Anthony für das Kapitel Geschichte verantwortlich.

Dr. Trish Batchelor

Trish ist Allgemeinmedizinerin und Expertin für Reisemedizin; neben ihrer Tätigkeit an der Ciwec Clinic in Kathmandu, Nepal, ist sie medizinische Beraterin für die Travel Doctor New Zealand-Kliniken. Trish unterrichtet Reisemedizin an der Universität von Otago und interessiert sich für Unterwasser- und Höhenmedizin und die Auswirkungen des Tourismus auf das jeweilige Gastland. Sie ist sehr viel in Asien herumgekommen und hat eine große Leidenschaft fürs Höhentrekking im Himalaja entwickelt.

Bevor es losgeht

Es gibt definitiv nichts, womit man sich wirklich auf Indien vorbereiten könnte. Was dieses außergewöhnliche Land noch am ehesten beschreibt, ist die Kraft mit der es inspiriert, frustriert, elektrisiert und verwirrt – und das alles gleichzeitig.

Indien ist eines der vielschichtigsten Länder des Planeten, das ein gewaltiges Spektrum an Eindrücken bereithält. Manche dieser Eindrücke sind eine echte Herausforderung, vor allem beim ersten Besuch: Überall wird man mit Armut konfrontiert, die indische Bürokratie kann einen auf die Palme bringen und das Menschengewühl macht manchmal die simpelste Aufgabe zu einer kraftraubenden Tour-de-Force. Selbst die hartgesottensten Globetrotter zweifeln irgendwann an ihrem Verstand. Doch all das zusammen macht Indien eben zu einem einzigartigen Reiseland. Wer bisher noch nie in diesem Teil der Erde gewesen ist, sollte sich die ersten paar Tage Zeit nehmen und sich in Ruhe akklimatisieren – der Subkontinent wartet auf mit einer Schwindel erregenden Symphonie an Sehenswürdigkeiten, Klängen, Aromen und Düften.

Wenn's um Geld geht: Indien hat für jeden Geldbeutel was zu bieten. Die Unterkünfte reichen von trostlosen Backpacker-Quartieren bis zu protzigen Luxushotels, dazwischen gibt's einige nette Unterkünfte der mittleren Preisklasse, die nicht gleich das komplette Urlaubsbudget auffressen. Dank einer wunderbaren Palette an Lokalen unterschiedlichster Preisklassen kann man sich hier den Bauch voll schlagen, ohne gleich ein Vermögen loszuwerden, und dank des gut ausgebauten öffentlichen Verkehrsnetzes kommt man auch günstig von A nach B.

Wer sich einstimmen und informieren möchte, liest sich schon vor der Reise ein, vor allem in Sachen Kultur. Das steigert nicht nur die Vorfreude auf all das Sehenswerte und die Traditionen des Subkontinents, das sorgt auch für einen besseren Background, um Gespräche mit den Einheimischen zu führen. Vor Reiseantritt sind einige Wochen nötig, bis alles rund um Impfungen und Visa geregelt ist. Die Planung der Routen vor Ort kann zu einem Fass ohne Boden werden: So unglaublich viele Möglichkeiten bietet dieses erstaunliche Land. Am besten nimmt man sich erst mal nicht zu viel vor. Oft müssen große Distanzen überwunden werden und dann ist Durchhalten angesagt. Und ein bisschen Flexibilität kann nicht schaden für den Fall, dass ein ungeplanter Abstecher lockt oder ein, zwei Tage zum puren Relaxen eingelegt werden müssen.

Weitere Klima-Infos gibt's auf S. 1137.

REISEZEIT

Der Zeitpunkt für einen Besuch in Indien hängt maßgeblich vom Klima ab. Die klimatischen Bedingungen im äußersten Norden sind ziemlich anders als die ganz im Süden.

Allgemein lässt sich das Klima in Indien in drei Jahreszeiten einteilen – die heiße, die feuchte (Monsun) und die kühle, die von Norden nach Süden jeweils unterschiedlich lang sein können. Die angenehmste Reisezeit für die meisten Regionen des Landes ist die kühlere von November bis etwa Mitte Februar, auch wenn es regionale Schwankungen gibt (die beste Reisezeit für die jeweiligen Regionen sind in den „Kurzinfo"-Kästen am Anfang der Regionenkapitel angegeben).

Abgesehen vom Wetter können auch der Festivalkalender und spezielle Events (s. S. 1157) entscheidend sein, um den Zeitraum einer Indienreise festzulegen.

Die heiße Zeit

In den nördlichen Ebenen Indiens steigen die Temperaturen etwa ab Februar langsam an und ab April/Mai wird es richtig heiß. Im Juni klettert das Quecksilber dann auf seinen höchsten Punkt. In Zentralindien sind Temperaturen um die 45 °C und darüber an der Tagesordnung. In dieser Zeit wird es auch in Südindien drückend heiß. Ende Mai machen sich in einigen Regionen schon die ersten Anzeichen des Monsuns bemerkbar – hohe Luftfeuchtigkeit, Gewitter, kurze, heftige Regengüsse und Staubstürme, die den Tag zur Nacht machen. Während der heißen Jahreszeit empfiehlt es sich, die Ebenen zu meiden und in die kühleren Bergregionen auszuweichen. Die Hill Stations sind in dieser Zeit am reizvollsten (und überlaufensten).

Die feuchte Zeit

Wenn der Monsun dann endlich kommt, passiert das nicht plötzlich. Nach ein paar Vorwarnungen werden die Regenschauer immer häufiger, sie beginnen um den 1. Juni im äußersten Süden, breiten sich dann Richtung Norden aus, und Anfang Juli hat der Monsun schließlich das ganze Land im Griff. Der Monsun sorgt nicht gerade für Abkühlung; war es vorher heiß, trocken und staubig, ist es dann heiß, feucht und schlammig. Es gießt nicht den ganzen Tag in Strömen, dafür aber jeden Tag; es schüttet zeitweilig wie aus Kübeln, dann kommt die Sonne wieder raus , und das zusammen sorgt für drückende, dampfbadartige Zustände. Der eigentliche Monsun kommt aus Südwest, doch sind weite Teile der Südostküste (und Süd-Keralas) auch von dem kurzen und sehr nassen Nordost-Monsun betroffen, der zwischen Oktober und Anfang Dezember heftige Regenfälle bringt.

Die kühle Zeit

Im Laufe des Oktobers verabschiedet sich der Monsun aus weiten Teilen des Landes, und genau dann kommen auch die meisten Touristen nach

AN ALLES GEDACHT?

- Visum (S. 1192) und Reiseversicherung (S. 1192)
- Impfcheck (S. 1214); einige Impfungen müssen mehrere Wochen vor Reiseantritt durchgeführt werden
- Gut getarnter Geldgürtel (S. 1168)
- Bedeckende Kleidung (Frauen *und* Männer) für den Besuch heiliger Stätten
- Sonnenschutzmittel, UV-Lippenschutz, Sonnenbrille
- Kleine Taschenlampe für schummerige Gassen und Stromausfälle
- Gute Ohrstöpsel gegen nächtlichen Lärm und für lange Bus-/Zugreisen
- Kleiner Alarmwecker – Zimmer in Hotels der unteren und mittleren Kategorien haben oft keine Wecker; dass Weckrufe versäumt werden, ist nicht ungewöhnlich
- Flip-Flops für öffentliche oder eklige Badezimmer
- Duschhaube und Universal-Waschbeckenstöpsel (nur in Fünf-Sterne-Hotels üblich)
- Tampons – Damenbinden gibt's fast überall, Tampons nicht
- Vorhängeschloss und Kette für Hotelschränke und Gepäck in Zügen
- Mückenspray (ein Moskitonetz kann auch praktisch sein)
- Stets auf Überraschungen gefasst sein – Indien belohnt die, die sich mitreißen lassen

Indien. Das ist dann zu spät, um nach Ladakh zu reisen – Mai bis Oktober ist dort die optimale Zeit. Die Monate Oktober und November sind meist weder zu heiß noch zu kühl, allerdings steigt in einigen Regionen im Oktober die Luftfeuchtigkeit stark an. Mitten im Winter (Mitte Dezember bis Mitte Januar) wird es in Delhi und anderen Städten im Norden extrem kalt, vor allem nachts. Im äußersten Norden herrscht klirrende Kälte. Ganz im Süden, wo es nie richtig kalt wird, sind die Temperaturen in dieser Zeit angenehm warm.

PREISE

Indien ist ein preiswertes Reiseland, in dem es die drei Basics – Unterkunft, Essen und Transport – in allen Preisklassen zu haben gibt. Größere Städte wie Mumbai (Bombay) und Delhi sind etwas teurer, genauso wie beliebte Touristenorte.

Weil die Preise überall anders sind, empfiehlt es sich bei der Planung des Budgets einen genauen Blick auf die entsprechenden Regionenkapitel zu werfen. Beim Sightseeing müssen Ausländer für Touristen-Attraktionen meistens mehr berappen als Einheimische (Eintrittspreise für Ausländer sind oft in US-Dollar angegeben, zum Bezahlen wird dieser Betrag aber in Rupien umgerechnet), eventuell wird auch ein Aufpreis für Fotoapparate/Videokameras verlangt.

Wer gut haushaltet, kann – grob gesagt – mit 400 bis 500 Rs pro Tag auskommen (in einigen Großstädten und Touristenhochburgen kann dieser Betrag getrost mehr als verdoppelt werden). Das heißt, sparen wo's nur geht: Übernachten in Budgetunterkünften, mit den billigeren Bussen/Zügen fahren, billiger Essen und das Sightseeing einschränken. Wer gerne in Hotels der Mittelklasse übernachtet und außerdem etwas vornehmer essen gehen, ein sinnvolles Sightseeingprogramm machen und sich größtenteils per Autorikscha oder Taxi fortbewegen will, sollte etwa 850 bis 1600 Rs pro Tag veranschlagen. Natürlich ist alles in den kleineren, weniger „tourimäßigen" Städten Indiens preiswerter.

WAS KOSTET WIE VIEL?

Räucherstäbchen (15 Stück) ab 10 Rs

Zahnpasta 25 Rs

Bauchnabel-Bindi 10 Rs

KitKat 12 Rs

Hindi-Pop-CD 145–250 Rs

LONELY PLANET INDEX

Liter Benzin 39 Rs

Liter Wasser 10–12 Rs

Kingfisher Premium Bier (650 ml) 30 Rs (mindestens das Doppelte in Restaurants und Hotels)

Souvenir-T-Shirt ab 70 Rs

Samosa 5 Rs

Wie viel eine Nacht kostet, hängt auch von Faktoren wie der Lage der Unterkunft ab (s. auch S. 1189 – und während der Festivalzeit und spezieller Events verlangen einige Hotels sogar das Doppelte oder noch mehr des normalen Preises. Einen landesweit gültigen Durchschnittspreis für Übernachtungen anzugeben, wäre irreführend (die Preise sind regional zu verschieden), aber die meisten Hotels bewegen sich irgendwo in dieser Spanne: Einzelzimmer in Budgetunterkünsten kosten zwischen 100 und 350 Rs, Doppelzimmer von 200 bis 500 Rs. Mehr Komfort bieten Mittelklassehotels – die EZ-Preise liegen hier zwischen 300 und 1200 Rs, die DZ-Preise zwischen 400 und 1600 Rs. In größeren Städten und Touri-Hochburgen sind die einfachen Unterkünfte und die Mittelklassehotels entsprechend teurer (vor allem in Mumbai). Unter den teureren Hotels gibt's viele Fünf-Sterne-Luxushotels (z.B. das feudale Palasthotel), wo eine Übernachtung 150 US$ und mehr kostet.

Essengehen ist in Indien unverschämt günstig: Ab 40 Rs die Mahlzeit in einfachen Lokalen, und knapp das Doppelte für ein üppiges Essen in Mittelklasserestaurants.

Für Langstreckenreisen gibt's unterschiedliche Zug- und Buskategorien – die Auswahl ist also groß, sowohl beim Komfort als auch beim Preis (genaue Preise s. Regionenkapitel). Seit Mitte 2005 Billigflieger eingeführt wurden (s. S. 1203), sind die Preise für Inlandsflüge gesunken. In den Städten fahren recht preiswerte öffentliche Verkehrsmittel (s. S. 1207); wer will, kann gleich einen Wagen mit Fahrer mieten – das rechnet sich besonders für Gruppenreisende (s. S. 1200).

TOP TENS

Literaturtipps

Indien hat eine riesige Romanlandschaft, es herrscht kein Mangel an fesselnder Bettlektüre, die spannende Einblicke in den indischen Alltag gibt. Die folgenden Titel eignen sich prima als Einstiegslektüre. Weitere Literaturtipps auf S. 74 und im Kasten S. 800.

- *Eine gute Partie* von Vikram Seth
- *Mitternachtskinder* von Salman Rushdie
- *Benares oder Eine Erziehung des Herzens* von Pankaj Mishra
- *Das Gleichgewicht der Welt* von Rohinton Mistry
- *Der Gott der kleinen Dinge* von Arundhati Roy
- *Shantaram* von Gregory David Roberts
- *The Hungry Tide* von Amitav Ghosh
- *City of Djinns* von William Dalrymple
- *The Blue Bedspread* von Raj Kamal Jha
- *Der Guru im Guavenbaum* von Kiran Desai

Kinotipps

Es gibt wohl kaum eine bessere Art, sich auf seinen Indientrip einzustimmen als seinen eigenen Indien-Filmmarathon zu veranstalten! Die folgenden gefeierten Filme sind entweder im englischen Original oder mit englischen (zum Teil gemischt mit diversen mundartlichen) Untertiteln erhältlich. Mainstream-Videotheken führen wahrscheinlich nur wenige (falls überhaupt) Bollywood-Titel, dafür hat sie der indische Videoshop in der Nachbarschaft garantiert. Gibt's keinen indischen Videoladen vor Ort, findet sich in den meisten indischen Lebensmittelläden mindestens ein mit Leih-DVDs voll gestopftes Regalfach.

Weitere Infos zum indischen Kino auf S. 73.

- *Mr & Mrs Iyer,* Regie: Aparna Sen (2002)
- *Earth,* Regie: Deepa Mehta; ebenso der umstrittene Film *Fire – Wenn Liebe Feuer fängt* (1998)
- *Monsoon Wedding,* Regie: Mira Nair; ebenso ihre früheren Filmerfolge *Kama Sutra* und *Salaam Bombay!* (2001)
- *Lagaan – Es war einmal in Indien,* Regie: Ashutosh Gowariker (2001)
- *Black,* Regie: Sanjay Leela Bhansali (2005)
- *Gandhi*, Regie: Richard Attenborough (1982)
- *Meenaxi: Tale of 3 Cities,* Regie: M. F. Hussain (2004)
- *Raincoat,* Regie: Rituparno Ghosh (2002)
- *Joggers' Park,* Regie: Anant Balani (2003)
- *Kisna,* Regie: Subhash Ghai (2005)

Festivals & Events

Indien bietet eine einmalige Vielfalt größerer und kleinerer Festivals – ausführliche Infos auf S. 1157 und in den Kästen am Anfang der Regionenkapitel.

- Tanzfest – Februar/März; Madhya Pradesh (S. 657)
- Rath Yatra – Juni/Juli; Orissa (S. 626) und Kolkata (S. 491)
- Nehru-Cup, Schlangenbootrennen – August; Kerala (S. 985)
- Ganesh Chaturthi – August/September; landesweit (S. 1157), v. a. in Mumbai (S. 780) und Pune (S. 811)
- Ladakh-Festival – September; Ladakh (S. 346)
- Dussehra (Durga Puja) – September/Oktober; landesweit (S. 1157), v. a. in Mysore (S. 901), Kullu (S. 316) und Kolkata (S. 491)
- Diwali – Oktober/November; landesweit (S. 1158)
- Kamelmarkt Pushkar – Oktober/November; Rajasthan (S. 189)
- Sonepur Mela – November/Dezember; Bihar (S. 564)
- Festival für karnatische Musik & Tanz – Dezember/Januar; Tamil Nadu (S. 1044)

REISELEKTÜRE

The Age of Kali des berühmten Reiseautoren William Dalrymple ist eine tolle Sammlung von Eindrücken, die er in zehn Jahren auf Reisen durch den Subkontinent gesammelt hat.

William Sutcliffes Roman *Meine Freundin, der Guru und ich* erzählt die witzige Geschichte des Backpacker-Greenhorns Dave, der die Freundin seines besten Freundes nach Indien begleitet und sie verführen will. Ein wunderbar intimer Blick auf die Backpacker-Szene Indiens.

Immer noch faszinierend ist Eric Newbys *Slowly Down the Ganges,* obwohl die wunderbare Schilderung des Lebens am und um den heiligen Fluss bereits in den 1960er-Jahren geschrieben wurde.

The Smile of Murugan von Michael Wood ist ein tiefgründiger Einblick in seine Zeit in Tamil Nadu Mitte der 1990er-Jahre. Die Geschichte schildert eine Pilgerfahrt in einem Video-Bus und eröffnet interessante Einblicke in diese fesselnde Region Südindiens.

Gita Mehtas *Karma Cola* ist das zynisch-amüsante Portrait eines paradoxen „Clash of Cultures“: Während Inder der Technologie und den modernen Methoden des Westens nacheifern, erhofft sich der Westen von Indien Weisheit und Erleuchtung.

Geoffrey Moorhouses *Om: An Indian Pilgrimage* bietet aufschlussreiche Einblicke in die Lebensweisen unterschiedlichster Inder, vom Kokosfaserhersteller bis zum Heiligen.

Robyn Davidsons *Unter Nomaden: Meine Reise zu den Rabari* ist ein fesselnder Bericht über ihre Kamel-Reise mit den Rabari (die Nomaden Rajasthans) auf ihrer jährlichen Wanderung durch die Wildnis der Thar-Wüste.

Regen-Raga: Eine Reise mit dem Monsun von Alexander Frater schildert die Reise eines Engländers auf der Jagd nach dem Monsun, von Kovalam (Kerala) bis Meghalaya (Nordostsaaten). Das Buch ist fesselnd geschrieben und beleuchtet die Bedeutung des Monsuns und seine Wirkung auf die Menschen.

INFOS IM INTERNET

Incredible India (www.incredibleindia.org, www.india-tourism.com) Zwei verschiedene offizielle Websites des Indischen Fremdenverkehrsamts bzw. des Tourismus- und Kulturministeriums mit Länder- und Reiseinformationen – beide auch in deutschen Versionen.

Khoj (www.khoj.com) Edel aufgemachtes Portal mit Links zu den Themen Kunst, Business, Kultur, Sport und vieles mehr.

Lonely Planet (www.lonelyplanet.com) Neben zahlreichen praktischen Links gibt's hier den beliebten *Thorn Tree,* ein Reiseforum, wo man natürlich auch Informationen mit anderen Indien-Reisenden austauschen kann.

Maps of India (www.mapsofindia.com) Beeindruckende Kartensammlung, darunter Karten mit speziellen Eintragungen wie Naturreservate oder größere Golfplätze und Kricketstadien.

Online Newspapers (www.onlinenewspapers.com/india.htm) Bietet Links zu den größeren regionalen und überregionalen Zeitungen Indiens, sehr nützlich, um sich auf dem Laufenden zu halten.

Rediff (www.rediff.com) Suchmaschine der Sonderklasse, die fast alles aufspürt, was mit Indien zu tun hat.

Reiserouten

KLASSISCHE ROUTEN

DAS GOLDENE DREIECK — 1 Woche

Die allseits beliebte Tour Delhi–Agra–Jaipur beginnt und endet an der „Spitze" des Goldenen Dreiecks, in Delhi. Die Route ist zwar in einer Woche machbar, besser sind aber ein paar Tage extra.

Am ersten Tag ist Abtauchen in die Geschichte angesagt, und zwar in Delhis **Nationalmuseum** (S. 122) und im **Humayun-Mausoleum** (S. 119) – dann ab zum Shoppen (S. 141). Am zweiten Tag geht's zum historischen **Red Fort** (S. 115) in Alt-Delhi und zur **Jama Masjid** (S 118), um sich danach durch die proppevollen **Basare** (S. 142) der Altstadt schieben zu lassen.

Am dritten Tag früh aufstehen und ab gen Südosten nach **Agra** (S. 394), damit genug Zeit bleibt für den betörenden **Taj Mahal** (S. 397) und das **Agra Fort** (S. 399). Am vierten Tag schlendert man in der Geisterstadt **Fatehpur Sikri** (S. 406) herum und wirft einen Blick in **Akbars Mausoleum** (S. 400).

Fünfter Tag: Früh nach **Jaipur** (S. 156) zu den vielen Sehenswürdigkeiten (S. 159). Am sechsten Tag **Amber** (S. 171) 11 km nördlich erkunden, und **Jaigarh** (S. 172). Dann Feilschen um Souvenirs auf Jaipurs **Basaren** (S. 169).

Wer am siebten Tag genug hat, fährt zurück nach Delhi, alle anderen setzen die Tour durch Rajasthan fort (S. 154).

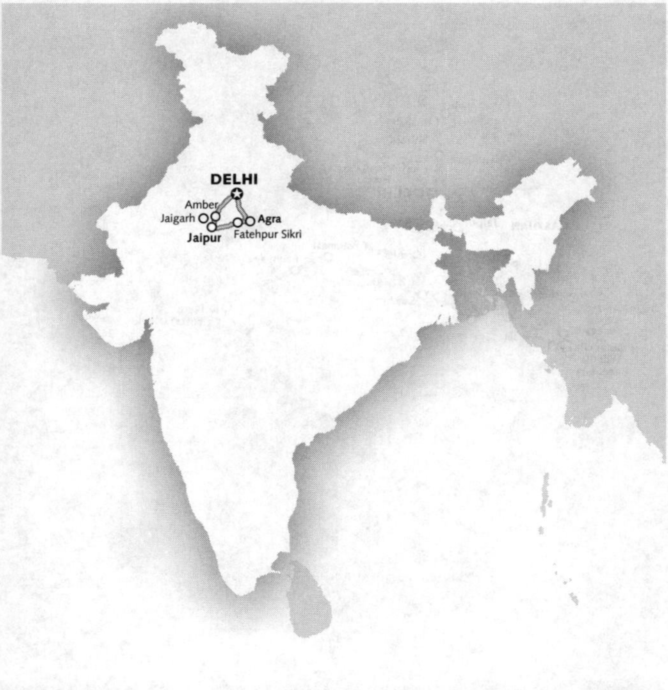

Die klassische Route Delhi–Agra–Jaipur, liebevoll auch als „das Goldene Dreieck" bezeichnet, umfasst einige der bekanntesten Sehenswürdigkeiten Indiens, z. B. den legendären Taj Mahal. Die Route, die in Indiens rastloser Hauptstadt Delhi beginnt, ist besonders denjenigen zu empfehlen, die nicht viel Zeit für Nordindien haben.

NORDINDIEN-HIGHLIGHTS

2 Monate

Diese Reise startet in Kolkata und endet in Delhi. Sie muss so geplant werden, dass die letzte Etappe (Leh) zwischen Mai und Oktober auf dem Programm steht (diese Strecke ist nur dann zugänglich).

Ein paar Tage durch **Kolkatas Attraktionen** (S. 490) und **Restaurants** (S. 511) traben, bevor es Richtung Nordwesten nach **Bodhgaya** (S. 565) geht, Ort der Erleuchtung Buddhas. Nach einem Halt in **Varanasi** (S. 427) in **Khajuraho** (S. 667) mit seiner erotischen Tempelkunst vorbeischauen. Nun nach **Orchha** (S. 664), bevor im Südwesten **Mandu** (S. 701) auftaucht – Zwischenstopp in **Sanchi** (S. 685). Ab Mandu westwärts nach **Vadodara** (Baroda; S. 733) in Gujarat, dann südwärts nach **Palitana** (S. 743) zur Besichtigung der **Jain-Tempel** (S. 762). Weitere Zwischenstopps sind das heitere **Diu** (S. 744), das Löwen-**Naturreservat Sasan Gir** (S. 753), **Junagadh** (S. 755), **Bhuj** (S. 768) und schließlich das hektische **Ahmedabad** (S. 720). Hier nach Rajasthan abbiegen, ins kapriziöse **Udaipur** (S. 207) – spezielle Rajasthan-Route s. S. 34 – und nach **Jaipur** (S. 156), dann evtl. Abstecher zum **Taj Mahal** (S. 397) in Agra via **Fatehpur Sikri** (S. 406). **Delhi** (S. 107) ist ein Muss, ein paar Tage lang **Sehenswürdigkeiten** (S. 115), **Restaurants** (S. 135) und **Shops** (S. 141) erkunden. Weiter geht's ins coole **Mussoorie** (S. 453), mit Zwischenstopp im **Corbett Tiger Reserve** (S. 470). Richtung Nordwesten kommt nun **Amritsar** (S. 262) mit dem **Goldenen Tempel** (S. 264), aber davor kurze Atempause in **Chandigarh** (S. 254). Es folgt ein Schnupperausflug zum pittoresken Himachal Pradesh mit Zwischenstopps in **Dharamsala** (S. 291) und **McLeod Ganj** (S. 293), Amtssitz des Dalai Lama. Danach, weiter nordwärts in luftigen Himalaja-Höhen kommt nur noch **Leh** (S. 329). Zurück nach Delhi geht's über **Manali** (S. 330) und **Shimla** (S. 276).

Mit Start in Kolkata und Schlusspunkt in Delhi schlängelt sich diese prickelnde Nordreise durch die überwältigende Vielfalt von Bihar, Uttar Pradesh, Madhya Pradesh, Gujarat, Rajasthan, Uttaranchal, Punjab, Himachal Pradesh und Ladakh.

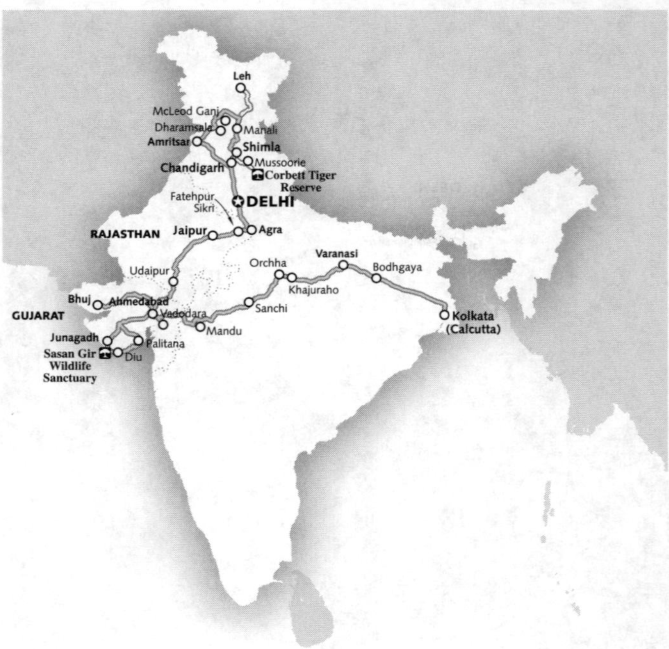

SÜDINDIEN-HIGHLIGHTS

2 Monate

Diese Tour kann in Mumbai beginnen und enden, bequemer ist es aber, in Kolkata die letzte Station zu machen (internationaler Knotenpunkt).

Ein paar Tage für die **Sehenswürdigkeiten Mumbais** (S. 782) und die **kulinarischen Highlights** (S. 795) müssen drin sein, bevor **Ajanta** (S. 823) und **Ellora** (S. 821) mit der tollen Höhlenkunst dran ist. **Goa** (S. 852) im Südwesten kommt als Nächstes: Faulenzen an Palmenstränden. Die nächste Station ist **Hampi** (S. 853), die Stätte der Ruinen von Vijayanagar. Nach einem Schwatz mit den Yuppies in Bangalores **Edellokalen** (S. 909), **Bars** (S. 910) und **Lounges** (S. 911) wartet **Mysore** (S. 915) mit seinen phantastischen **Maharadschapalästen** (S. 917). Beflügelt vom Wohlgeruch der Aromaöle und Räucherstäbchen in Mysores **Sandelholzöl-Fabrik** (S. 921) begibt man sich in die üppige Landschaft Keralas, mit Zwischenstopp in **Kochi** (S. 1017) für etwas Sightseeing und eine **Kathakali-Performance** (S. 1022). **Alappuzha** (S. 1005) ist die Basis für die Erkundung der tropischen **Backwaters** (S. 983), an deren Ende ein Fußbad im warmen Wasser von **Varkala** (S. 998) dran ist. Dann quer rüber nach Tamil Nadu, nach **Madurai** (S. 1042) mit seinem gewaltigen Tempelkomplex. Es folgt eine Rundfahrt durch **Thanjavur** (S. 1091) und dann wird im frankophilen **Pondicherry** (S. 1076) ausgeruht – dem perfekten Ort, um beim **Yoga und Ayurveda** (S. 1065) den Lebensgeistern auf die Sprünge zu helfen. Nach einer Tour durch Tamil Nadus Hauptstadt **Chennai** (S. 1045) wartet im benachbarten Andhra Pradesh dessen Hauptstadt **Hyderabad** (S. 960). Weiter geht's nordwärts nach **Bhubaneshwar** (S. 628) in Orissa und nach **Puri** (S. 635) mit dem großartigen **Jagannath-Mandir** (S. 636). Nächster Halt: **Konark** (S. 642) und sein **Sonnentempels** (S. 642). Dann nach Norden zum Endpunkt **Kolkata** (S. 490).

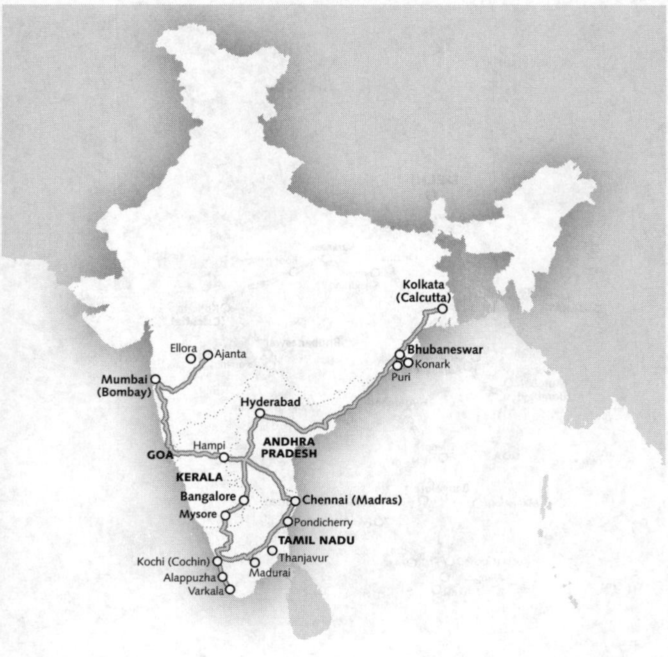

Um der Flut von Attraktionen und Erfahrungen in Südindien gerecht zu werden, braucht es mindestens zwei Monate. Das Spektrum reicht von gewaltigen Tempelkomplexen bis zu betörenden Traumstränden.

BEST OF INDIEN

3–5 Monate

Durch den Subkontinent zu reisen bedeutet, gewaltige Strecken auf sich zu nehmen. Deshalb ist es besser, Indien auf mehreren Reisen zu entdecken. Aber es gibt sie, die unersättlichen Zeitgenossen, die den Norden und den Süden in einem Aufwasch erledigen. Um wettermäßig auf der sicheren Seite zu sein, empfiehlt sich ein Start im Oktober. Um Leh mitzunehmen, von Delhi aus fahren wenn die Region zugänglich ist (Mai–Okt.).

Nach ein paar Tagen Aufenthalt in **Delhi** (S. 107) geht's südöstlich nach **Agra** (S. 394); Sehenswürdigkeiten: **Taj Mahal** (S. 397), **Agra Fort** (S. 399) und **Fatehpur Sikri** (S. 406). Die Rajasthan-Tour startet in **Jaipur** (S. 159), wer will macht einen Abstecher nach **Gujarat** (S.717). Nächstes Ziel: **Varanasi** (S. 427), mit Zwischenstopps in **Orchha** (S. 664) und **Khajuraho** (S. 667). Weiter südostwärts nach **Kolkata** (S. 490) mit Zwischenstopp in **Bodhgaya** (S. 565), um bei einem **Meditationskurs** (S. 566) spirituell aufzutanken. Weiter nach Südwesten bis zur Hauptstadt von Orissa, **Bhubaneshwar** (S. 628), dann nach **Konark** (S. 642) und **Puri** (S. 635). Landeinwärts schwenken nach **Hyderabad** (S. 960), bei Bedarf mit Übernachtung in **Visakhapatnam** (S. 975), bevor das beschwingte **Bangalore** (S. 902) erreicht wird. Auf nach **Pondicherry** (S. 1076), Rast in **Chennai** (S. 1045), dann noch weiter südwärts bis **Madurai** (S. 1098) mit dem **Sri-Meenakshi-Tempel** (S. 1098). Sehenswert: ein Sonnenuntergang über dem Arabischen Meer in **Varkala** (S. 998), dann ab nach **Alappuzha** (S. 1005) zur Erkundung der **Backwaters** (S. 983) von Kerala. Abhängen in **Kochi** (S. 1017) und weiter nach **Hampi** (S. 853), mit Stopp in **Mangalore** (S. 933). Sand im Überfluss gibt's an **Goas Stränden** (S. 895). Bevor der Strandkoller kommt, nordwärts nach **Mumbai** (S. 775) reisen, von wo aus man **Aurangabad** (S. 815), **Ajanta** (S. 823) und **Ellora** (S. 821) besuchen kann.

Diese extrem vielfältige Route lässt keine der Vorzeige-Attraktionen Nord- und Südindiens links liegen. Sie führt von den windgepeitschten Wüsten Rajasthans zu den tropischen Backwaters von Kerala. Die Reise ist zwar in drei Monaten zu bewältigen – es darf aber auch ruhig etwas mehr sein.

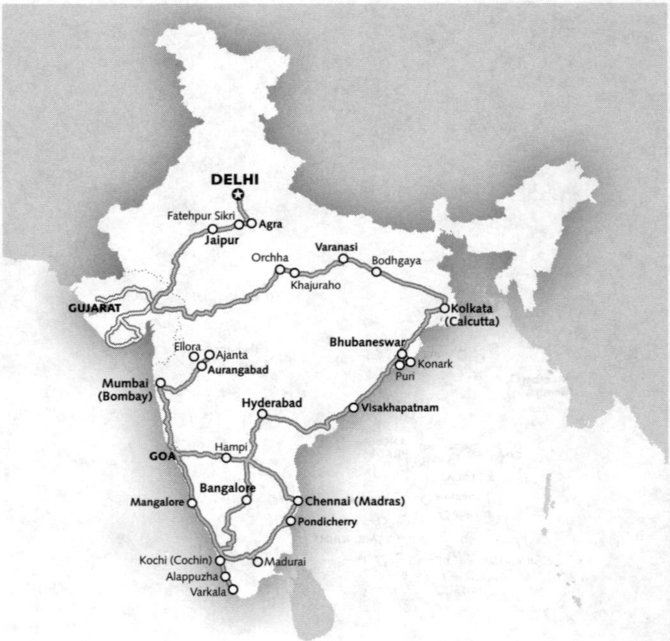

UNBEKANNTE ROUTEN

NORDOSTSTAATEN

1 Monat

Wer nicht ständig anderen Reisenden auf die Füße treten will, sollte Indiens **Nordoststaaten** (S. 603) ins Auge fassen; wichtig: vorab Infos zur aktuellen Sicherheitslage einholen (s. Kasten S. 604) und genug Zeit einplanen, um die Genehmigungen (s. S. 604) zu kriegen.

Nach ein, zwei Tagen in **Guwahati** (S. 604) Kurs Richtung **Tezpur** (S. 609) nehmen, um von dort aus das **Orang Wildlife Sanctuary** (S. 609), den **Nameri National Park** (S. 610) und den **Kaziranga National Park** (S. 610). Mit einer Sondergenehmigung geht's auch nordwärts nach Arunachal Pradesh, hier liegen in der Nähe von **Ziro** (S. 600) die Dörfer der Apatani und im Westen in **Tawang** (S. 600) das Kloster **Tawang-Gompa** (S. 622). Nun nach **Jorhat** (S. 611), über den Brahmaputra in Richtung **Majuli Island** (S. 611). Genehmigungen bringen einen nach **Kohima** (S. 619) und nach **Imphal** (S. 624). Danach südwärts nach **Aizawl** (S. 623), Hauptstadt von Mizoram, um auf dem **Bara-Basar-Markt** (S. 623) dem Bergvolk zu begegnen und die Mizo-Kultur im **Mizoram State Museum** (S. 623) einzusaugen. Dann nach Westen Richtung **Agartala** (S. 616) bei der Grenze nach Bangladesch (S. 615). Von hier lohnen Abstecher zum **Sepahijala Wildlife Sanctuary** (S. 616), zum **Wasserpalast von Neermahal** (S. 618) und nach **Udaipur** (S. 207). Abenteuerlustige nehmen auf dem Weg nach **Shillong** (S. 613) den Umweg über **Unakoti** (S. 619), evtl. mit Übernachtung in **Kailashahar** (S. 619). Attraktionen in der Nähe sind die Wasserfälle von **Cherrapunjee** (S. 615) und das Erbe alter Völker in den **Jaintia und Garo Hills** (S. 616).

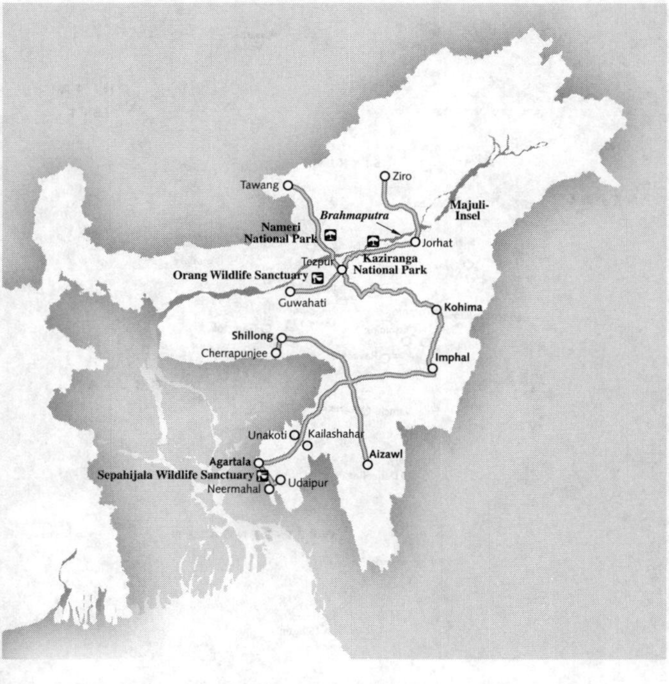

Nachdem die aktuelle Sicherheitslage geklärt ist und die erforderlichen Sondergenehmigungen besorgt sind, sollte ein Monat für die entlegenen Nordoststaaten Indiens reserviert werden – eine Region mit einem schier unerschöpflichen Fundus an Kulturen und Landschaften, in die sich aber nur eine Handvoll Touristen verirrt.

SIKKIM

3–4 Wochen

Sikkim (S. 576) wird von Nepal, China und Bhutan eingekeilt. Es ist erstaunlich, dass sich nur wenige Touristen in den kleinen Bundesstaat verirren – schließlich hat er eine atemberaubende Berglandschaft und phantastische Trekkingrouten zu bieten. Die benötigte Genehmigung (S. 577) ist reine Formsache. Es lohnt sich, die Reise so zu planen, dass eins der farbenfrohen **Festivals** (S. 578) dabei ist.

Viele starten den Sikkim-Trip in **Darjeeling** (S. 536), **Kalimpong** (S. 549) oder **Siliguri** (S. 530) in Westbengalen. Welche Route die beste ist, hängt davon ab, ob man die Genehmigungen im Voraus oder an der Grenze kriegt.

Die travellerfreundlichste Route beginnt in Darjeeling und führt nach **Gangtok** (S. 580), Sikkims Hauptstadt. Von Gangtok geht's in einer geführten Tour zum **Tsomgo (Changu)-See** (S. 588) oder auf eigene Faust zur **Lingdum-Gompa** (S. 588) und nach **Rumtek** (S. 587). Dann nach **Mangan und Singhik** (S. 591), Zwischenstopp in **Phodong** (S. 591) mit Besuch der betagten Gompas. Weitere Option: eine Tour durch das **Yumthang-Tal** (S. 592) vor der Rückreise nach Gangtok. Dann schlängelt sich der Weg nach Südwesten, vorbei an den Gompas von **Ravangla** (S. 589) und der Statue in **Namchi** (S. 590) im Süden. Weiter nach **Pelling** (S. 583) zur **Pemayangtse-Gompa** (S. 594) mit Aussicht auf den Kanchenjunga. Wer ein paar Tage übrig hat, kann eine Trekking- oder Jeeptour entlang des **Monastic Treks** (S. 597) machen: Kurs nordwestlich zum **Khecheopalri-See** (S. 597). Von hier aus nach **Yuksom** (S. 598) fahren, Startpunkt des **Yuksom–Dzongri–Goecha La–Yuksom-Trek** (S. 599); hier sieht man auch den Kanchenjunga. Nach einer Trekkingtour geht's Richtung **Tashiding** (S. 596) weiter, um die Tashiding-Gompa zu bestaunen. Die Tour endet in Darjeeling, Kalimpong oder Siliguri.

Flankiert von Nepal, China und Bhutan bietet diese historische Buddhistenregion buchstäblich atemberaubende Berglandschaften und Trekking-Routen. Die Strecke bietet außerdem einige historische Gompas in Sikkim und Zeit für ein, zwei Feste.

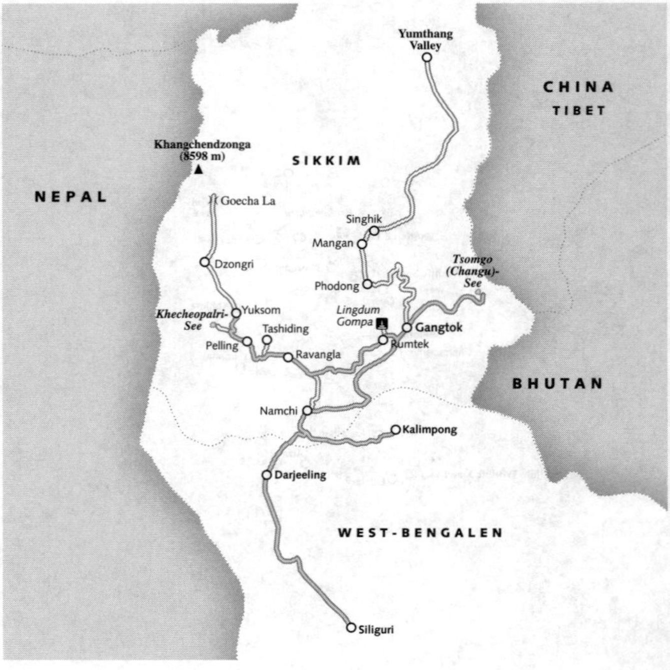

ORISSA, MADHYA PRADESH & CHHATTISGARH 7–10 Wochen

Nicht besonders viele Reisende kommen hierher – aber diese Bundesstaaten bieten ein wahres Durcheinander faszinierender Sehenswürdigkeiten, die diesen Teil Indiens einfach unwiderstehlich machen.

Erst **Kolkata** (S. 490) erkunden, dann südwestlich nach Orissa in den **Similipal National Park** (S. 650) und ins **Bhitarkanika Wildlife Santuary** (S. 562) reisen. Dann in die Hauptstadt Orissas, **Bhubaneshwar** (S. 628), kurze Zwischenstopps in **Konark** (S. 642), um den **Sonnentempel** (S. 642) zu bestaunen, in **Dhauli** (S. 635) und in **Pipli** (S. 635). Seeluft schnuppern in **Puri** (S. 635), Ort des **Jagannath-Mandir** (S. 636) und des **Rath-Yatra-Festivals** (S. 638). Pause am **Chilika-See** (S. 644) auf dem Weg nach **Gopalpur-on-Sea** (S. 645), von da aus Abstecher nach **Rushikulya** (S. 645) und ein Kurzbesuch bei den bedrohten Olive Ridley Meeresschildkröten (S.645). Nächster Halt: **Jeypore** (S. 647), Startpunkt zur Reise in die **Gebiete der indigenen Völker Orissas** (S. 647).

In Chhattisgarh geht's zur Hauptstadt **Raipur** (S. 714), mit Zwischenstopp in **Jagdalpur** (S. 715). Nordwärts weiter zum **Kanha National Park** (S. 711), danach nach **Jabalpur** (S. 706) und in den **Bandhavgarh National Park** (S. 713). Von hier aus nach **Khajuraho** (S. 667). Weiter bis **Sanchi** (S. 685), auf den Hügeln drumherum warten alte **buddhistische Bauwerke** (S. 685) auf die Besucher. Ankunft in Madhya Pradeshs Hauptstadt **Bhopal** (S. 677), von hier aus ist ein Abstecher zu den prähistorischen Felshöhlen von **Bhimbetka** (S. 684) möglich. Dann ist der Westen des Staates an der Reihe, mit **Indore** (S. 696), **Mandu** (S. 701) und **Ujjain** (S. 693), bevor's nach **Orchha** (S. 664) geht, wo man gradezu über Paläste und Tempel stolpert. Schließlich führt der Weg nach **Gwalior** (S. 657) zur Besichtigung des gigantischen **Forts** (S. 657), als letztes Rückreise nach **Delhi** (S. 107) über Agras legendären **Taj Mahal** (S. 397).

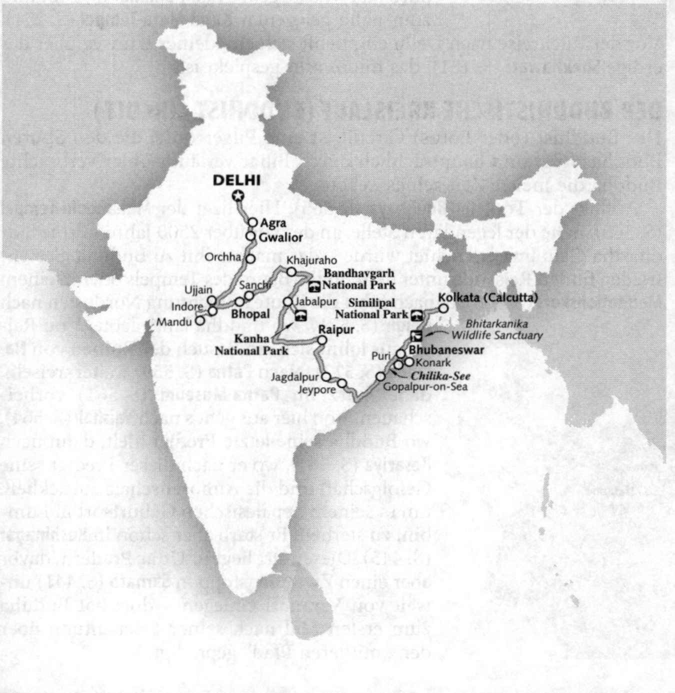

Mit Start in Kolkata und Abschluss in Delhi (und einem Last-Minute-Stopp am legendären Taj Mahal) führt dieser Trip durch einige der unberührtesten Dschungel- und Stammesgebiete des Subkontinents, ohne dass dabei die spektakulären Tempel und Forts außer Acht gelassen werden.

MASSGESCHNEIDERTE TOUREN

LOOPING IM LAND DER KÖNIGE

Die beliebte Route – Start- und Endpunkt ist Delhi, Zwischenstopps werden in Agra und Fatehpur Sikri gemacht – führt an Rajasthans größten Sehenswürdigkeiten vorbei. In dem Staat gibt es unendlich viel zu tun und zu sehen: je mehr Zeit dafür eingeplant wird, desto besser.

Nach einer Woche Sightseeing in **Delhi** (S. 107), **Agra** (S. 394) und **Fatehpur Sikri** (S. 406) geht's zum Vogelparadies **Keoladeo Ghana National Park** (S. 175), anschließend ein Bummel durch Rajasthans staubig-rosafarbener Hauptstadt **Jaipur** (S. 156). Erste Option ab Jaipur: Besuch in **Pushkar** (S. 188), das besonders während des **Kamelmarktes** (S. 189) „very busy" ist; danach südwestlich zum mit Palästen vollgestopften **Udaipur** (S. 207); Stopp in **Chittorgarh** (S. 204). Naturfreaks bevorzugen die zweite Option ab Jaipur: Besuch im **Ranthambore National Park** (S. 194), danach südwestlich nach Udaipur, vorbei am betörend-schönen **Bundi** (S. 196) und an Chittorgarh. In Udaipur ist ein Abstecher nach **Mt. Abu** (S. 220) möglich, bevor es über **Ranakpur** (S. 219) nach **Jodhpur** (S. 225) weitergeht. Ab Jodhpur dann weiter zum honiggoldenen **Jaisalmer** (S. 234); nach einer **Kamelsafari** (S. 238) durch die Wüste geht's nach **Bikaner** (S. 246) und zum nahe gelegenen **Karni-Mata-Tempel** (S. 251). Vor der Rückreise nach Delhi empfiehlt sich ein kleiner Umweg über das erdige **Shekhawati** (S. 181), das mit *havelis* gespickt ist.

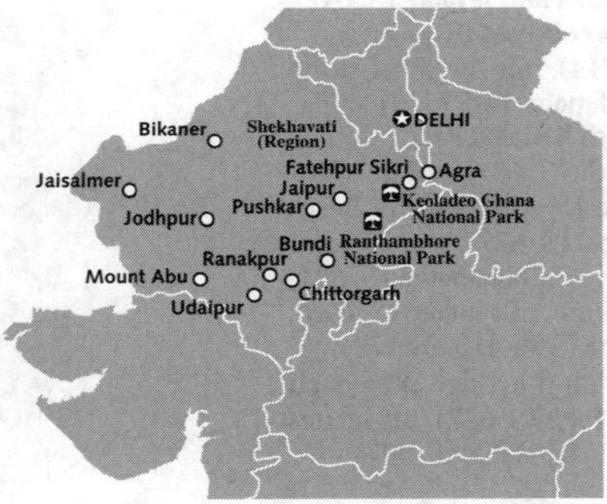

DER BUDDHISTISCHE KREISLAUF (BUDDHIST CIRCUIT)

Der Buddhist (oder Lotus) Circuit ist eine Pilgerroute, die den Spuren Buddhas folgt und hauptsächlich durch Bihar verläuft – hier verbrachte Buddha die meiste Zeit seines Lebens.

Auftakt der Tour ist **Bodhgaya** (S. 565). Hier liegt der **Mahabodhi-Tempel** (S. 565), nahe der legendären Stelle, an der vor über 2500 Jahren Prinz Siddhartha Gautama erleuchtet wurde – das machte ihn zu Buddha. Seelenfrieden finden Reisende unter dem Bodhi-Baum des Tempels oder in einem **Meditationskurs** (S. 566), danach führt die Route in Richtung Nordosten nach **Rajgir** (S. 571), wo Buddha lange lebte. Von Rajgir aus lohnt sich ein Besuch der Ruinen von **Nalanda** (S. 572). Nach **Patna** (S. 559) weiterkreiseln, dabei kurz im **Patna-Museum** (S. 561) vorbeischauen. Von hier aus geht's nach **Vaishali** (S. 564), wo Buddha seine letzte Predigt hielt, dann nach **Kesariya** (S. 564), wo er nach dieser Predigt seine Gefolgschaft und die Almosenschale zurückließ, um in seinem nepalesischen Geburtsort in Lumbini zu sterben. Er starb aber schon in **Kushinagar** (S. 443). Dieser Ort liegt in Uttar Pradesh, davor aber einen Zwischenstopp in **Sarnath** (S. 441) unweit von Varanasi einlegen – dort hat Buddha zum ersten Mal nach seiner Erleuchtung über den „mittleren Pfad" gepredigt.

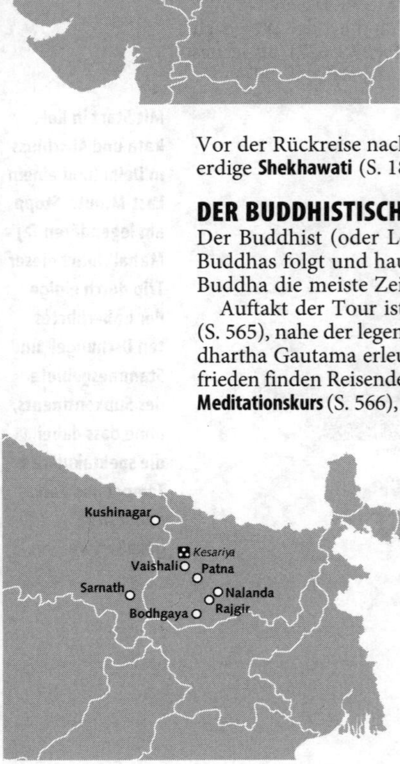

NÖRDLICHE HILL STATIONS & HIMALAJA

Diese Route – Start und Ende in Delhi – ist was für wärmere Monate (s. S. 23), wenn die Hitze in den Ebenen kaum noch auszuhalten ist. Dran denken, dass Leh auf dem Landweg nur von Mai und Oktober erreichbar ist!

Nach vier actiongeladenen Tagen in **Delhi** (S. 112) geht's satte 2205 m den Berg hinauf bis **Shimla** (S. 276); als Belohnung gibt's die grandiose Aussicht, den verblassten Charme der Kolonialzeit und nette, kurze **Wanderungen** (S. 279). Von Shimla aus geht's nach **McLeod Ganj** (S. 293), Amtssitz des im Exil lebenden Dalai Lama. Hier brummt es vor Travallern! McLeod Ganj lädt ein zum stimmungsvollen **Spaziergang** (S. 297) oder auch zu einem **buddhistischen Philosophiekurs** (S. 298). Man kann der Gemeinschaft etwas zurückgeben, indem man eine **ehrenamtliche Tätigkeit** (S. 298) anbietet. Wer eine Hill Station mit weniger Hype sucht, fasst am besten **Dalhousie** (S. 305) ins Auge – außerdem perfekter Startpunkt für einen Abstecher ins **Kalatope Wildlife Sanctuary** (S. 308), wo Schwarzbären und Muntjaks warten. Auch **Chamba** (S. 308) lohnt sich, hier gibt's alte Tempel und nette Trekkinglocations, die leicht zu erreichen sind. Nächste Station ist **Manali** (S. 321), beliebte Basisstation, um sich bei diversen **Outdoor-Aktivitäten** (S. 325) auszutoben: von Bergsteigen bis Rafting. Der letzte Halt vor der Rückreise ist die Himalaja-Stadt **Leh** (S. 349), Hauptstadt von Ladakh. Prima Startpunkt für Exkursionen zu den Sights der Umgebung und zu schweißtreibenden **Treks** (S. 372).

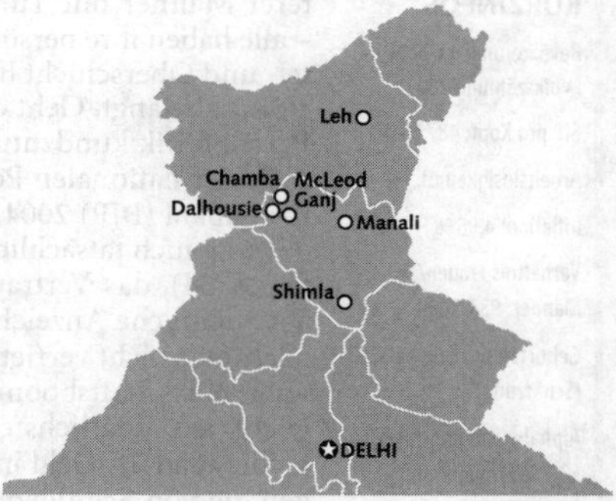

DIE TEMPEL & STRÄNDE DES SÜDENS

Auf der Strecke von Chennai nach Mumbai stellt sich der feuchte Süden Indiens vor: Ein toller Mix aus Top-Tempeln und Traumstränden.

Nach einem Streifzug durch das Gassengewirr von **Chennai** (S. 1045) geht's nach **Mamallapuram** (S. 1062), um die **Strandtempel** (S. 1064) zu bestaunen. Nach einem Schwenk landeinwärts kommt man nach **Tiruvannamalai** (S. 1074) zum **Arunachaleswar-Tempel** (S. 1074). Weiter südöstlich liegt **Pondicherry** (S. 1076), ein stimmungsvolles Küstenstädtchen mit dem **Sri-Manakula-Vinayagar-Tempel** (S. 1079). Noch weiter im Süden kommen **Chidambaram** (S. 1085) und der **Nataraja-Tempel** (S. 1085). Weiter geht's nach **Thanjavur** (S. 1090) und zum **Brihadishwara-Tempel** (S. 1090). Nach einem Besuch in Tiruchirappallis **Rock Fort-Tempel** (S. 1095) wartet **Madurai** (S. 1098) mit dem umwerfende **Sri-Meenakshi-Tempel** (S. 1099). Stress abbauen am tropischen Strand von Kerala, mit Zwischenstopps in **Kovalam** (S. 993) und **Varkala** (S. 998); dann ab nach **Alappuzha** (S. 1005) und in die magischen **Backwaters** (S. 983) starten. Nach einem Streifzug durch **Kochi** (S. 1017) geht's in die Küstenstadt **Mangalore** (S. 933); dann wieder landeinwärts zu den Hoysala-Tempeln von **Belur & Halebid** (S. 931). Verschnaufpause im Küstenstädtchen **Gokarna** (S. 938), später ein Sonnenbad in **Goa** (S. 852). Nun ab nach Norden in Richtung **Mumbai** (S. 775) und die in die Felsen gehauenen Tempel von **Elephanta Island** (S. 807) besuchen. Und wie wär's noch mit einem *bhelpuri* als süße Krönung der Reise am **Chowpatty Beach** (S. 797)?

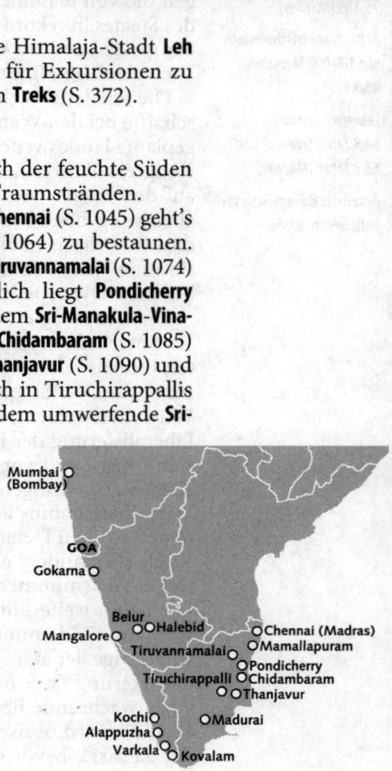

Überblick

KURZINFOS

Bevölkerung: 1,027 Mrd. (Volkszählung 2001)

BIP pro Kopf: 487 US$

Arbeitslosigkeit: 9,5 %

Inflation: 4,95 %

Verhältnis Frauen/ Männer: 933/1000

Geburten pro Tag: 43 000 (Schätzung)

Alphabetisierungsrate: 53,7 % (Frauen) und 75,3 % (Männer)

Ärzte/Krankenschwestern pro 100 000 Menschen: 48/45

Lebenserwartung: 64,8 Jahre (Frauen) und 63,3 Jahre (Männer)

Anteil des BIP am Gesundheitswesen: 0,9 %

Neben Kricket (S. 77) und Bollywood (S. 73) ist Politik – ob auf Landes-, Staats- oder Dorfebene – das Thema, zu dem jeder Inder etwas zu sagen hat. Sei's eine Bande junger IT-Manager, die in einer Lifestyle-Bar in Bangalore einen Cocktail nach dem anderen trinken, oder eine Gruppe älterer Männer mit Turban, die Ziegen in der Provinz Rajasthans hüten – alle haben ihre persönliche Meinung zum Thema Politik. Auch die Mittel- und Oberschicht hat ihren Finger am Puls der Zeit, vor allem was die USA anbelangt. Geht es darum, die Meinung über Weltführer und deren Parteipolitik kundzutun, nehmen die Inder kein Blatt vor den Mund.

In der nationalen Politikarena stellte sich die Regierungspartei Bharatiya Janata (BJP) 2004 mit dem Slogan „Indien leuchtet" zur Wahl. Und das war auch tatsächlich so: die IT-dominierte Wirtschaft boomte (s. Kasten, S. 54), das Vertrauen der Bevölkerung wuchs, und es gab zaghafte, aber deutliche Anzeichen einer Annäherung an Pakistan. Was der Slogan allerdings nicht verriet: Ein riesiger Teil der indischen Bevölkerung spürte vom Wirtschaftsboom herzlich wenig. Das war in Andhra Pradesh vielleicht am deutlichsten: während die cyber-reiche Mittelschicht von Hyderabad ihr Geld in den edlen Shopping-Malls verschwendete, begingen die von Schulden geplagten und von der Dürre betroffenen Bauern des Staates in rekordverdächtiger Zahl Selbstmord. Das Versagen der BJP, das ganze Land am Wirtschaftsaufschwung teilhaben zu lassen, ließ dann auch gläubige Hindus an dieser Partei zweifeln.

Die wiedererwachte Kongresspartei mit Sonia Gandhi an der Spitze schaffte bei den Wahlen 2004 einen phänomenalen Sieg. Die von der BJP geplante landesweite Propagandakampagne gegen die in Italien geborene Kongress-Führerin wurde im Keim erstickt, als Sonia Gandhi freiwillig auf den Posten verzichtete – die Entscheidung kam unerwartet, wurde aber weitgehend begrüßt. Die politische Gerüchteküche munkelt derzeit, dass ihre charismatische Tochter, die gebürtige Inderin Priyanka, für die Position einer zukünftigen Staatschefin und Erbin der beständigsten politischen Dynastie Indiens vorbereitet wird.

Die neue Regierung des Sikh-Premiers Manmohan Singh – der erste Vertreter einer religiösen Minderheit auf dem höchsten Regierungsposten Indiens – hat eine Wirtschaftspolitik der ruhigen Hand versprochen. Immerhin war Singh ehemaliger Finanzminister und Vater der indischen Wirtschaftsreform, nachdem er sich Anfang der 1990er-Jahre für eine Liberalisierung der indischen Wirtschaft stark gemacht hatte. Trotzdem stand das Land vor riesigen wirtschaftlichen Herausforderungen. Vor allem war es dringend notwendig, sowohl die Last als auch den Segen des Wirtschaftsbooms auf alle Schichten zu verteilen. Traurig ist aber, dass in der größten Demokratie der Welt der Unterschied zwischen Arm und Reich alles andere als kleiner wird. Und die Armut (s. S. 63) wird sich weiter verschlimmern, falls das Bevölkerungswachstum dem Wirtschaftwachstum weiterhin davon galoppiert. Obwohl die Regierung Maßnahmen zur Eindämmung der explodierenden Geburtenrate ergriffen hat, sind einige der akutesten Probleme des Landes nach wie vor auf die Überbevölkerung (s. S. 64) zurückzuführen. Außer auf den Druck, den eine stetig wachsende Bevölkerung auf die ohnehin überlastete Infrastruktur ausüben wird, weisen Experten auch darauf hin, dass es nur eine Frage der Zeit sei, bevor der zunehmende Kampf um Ressourcen ernsthafte kommunale Konflikte entfacht – ganz zu schweigen vom völligen Kollaps des sowieso überstrapazierten Gesundheitssystems. Die Experten machen außerdem darauf aufmerksam, dass bei einer weiterhin steigenden Bevölkerungszahl auch die Zahl der Kinder aus einkommensschwachen Familien zunehmen wird, die die Schule verlassen, um mit Billigjobs das magere Einkommen des Elternhauses etwas aufzustocken (S. 62).

Indien hat wirtschaftlich zwar gewaltige Fortschritte gemacht – die indische Wirtschaft gehört derzeit zu den am schnellsten wachsenden der Welt –, aber die indische Regierung hat scharfe Kritik einstecken müssen, weil sie sich angeblich nicht rechtzeitig und nur halbherzig mit dem AIDS-Dilemma (s. S. 61) befasst habe. Neben den fürchterlichen sozialen Folgen verursacht die Krankheit auch enorme Gesundheitskosten und Einbußen bei der Produktivität des Landes.

Nicht besser ist es um das Thema Umwelt bestellt. Es gibt zwar Gesetze zum Schutz der Ökosysteme, Umweltaktivisten werfen der Regierung aber Nichtstuerei und Korruption vor, die sich durch alle Ebenen der Hierarchie zieht – die Zerstörung der Umwelt verschlimmert sich (s. S. 86) und gefährdete Arten (s. S. 82) bleiben weiterhin bedroht.

Die politischen Herausforderungen sind für die indische Regierung nicht gerade ein Pappenstiel: Mit am dringlichsten sind andauernde Spannungen auf kommunaler Ebene (S. 56) und die Pattsituation zwischen Indien und Pakistan im Kaschmir-Konflikt (S. 52). Seit der Teilung des Subkontinents vor knapp sechzig Jahren liegt die Beziehung zwischen den beiden Ländern wegen des schwelenden Konflikts auf Eis. Die amtierenden Regierungschefs von Indien und Pakistan sind für die Wiederaufnahme der Gespräche in der Kaschmirfrage zwar gelobt worden, aber zur Lösung des brisanten Konflikts gehören mehr als nur leere Worte, denn in der Vergangenheit kam es zwischen den beiden benachbarten südasiatischen Atommächten fast zum Krieg. Früher oder später werden Indien und Pakistan über ihren Schatten springen und sich den schwierigen Kompromissen stellen müssen, um den toten Punkt zu überwinden – vor allem im Hinblick auf die militanten Gruppierungen auf beiden Seiten der Grenze, die bereit sind, jegliche Besiedlung auf dem umstrittenen Territorium mit Waffengewalt zu zerschlagen.

Ende 2004 war der verheerende Tsunami vom 26. Dezember, der die Küstenregionen Ost- und Südindiens sowie die Andamanen und die Nicobaren überflutete, das wichtigste Thema in den indischen Nachrichten. Am schlimmsten betroffen waren der südindische Bundesstaat Tamil Nadu und die Andamanen und Nicobaren. Mitte 2005 belief sich die offizielle Zahl der Todesopfer auf 10 776, und die der vermisst Gemeldeten auf 5640. Kurz nach der Tsunami-Katastrophe geriet die indische Regierung unter Beschuss, weil sie sich nicht schnell genug um die Tsunami-Opfer gekümmert hatte und Hilfsangebote aus dem Ausland zunächst abgelehnt hat. Später hat sie der internationalen Hilfe zugestimmt. Der Wiederaufbau der Infrastruktur und der zerstörten Gebäude in den vom Tsunami betroffenen Regionen Indiens soll noch bis weit ins Jahr 2006 dauern.

Ein Trost jedenfalls war es für all jene, die ihren Lebensunterhalt mit dem Tourismus bestreiten, dass nach dem Tsunami die befürchteten massenhaften Reisestornierungen ausblieben. 2004 waren über drei Millionen Touristen (ein neuer Rekord) für 4,9 % des gesamten Bruttoinlandsprodukts und 5,6 % der Beschäftigung verantwortlich. Es sieht also ganz danach aus, dass Indiens Tourismusbranche – allein 2004 betrugen die in der Reisebranche erzielten Erträge über 4 Mrd. US$ – einer rosigen Zukunft entgegen sieht. Experten sagen sogar voraus, dass in den nächsten Jahren das Wachstum dieser Branche in Indien fast doppelt so groß sein wird wie im Rest der Welt.

Geschichte

Die Geschichte Indiens gehört zu den großen Epen der Weltgeschichte. In tausenden von Jahren mit immer neuen Kulturen, Invasionen, Religionen und zahllosen Katastrophen hat Indien wieder und wieder bewiesen, dass es „ein Bündel von Widersprüchen ist, das von starken, aber unsichtbaren Fäden zusammengehalten wird" – wie es der erste indische Premierminister Jawaharlal Nehru ausdrückte. Die Geschichte Indiens ist schon immer ein unvollendetes Werk gewesen, ein Land, das sich immer wieder neu erfindet und ordnet und all denen, die Indien im Kern erfassen wollen, immer wieder entschlüpft. Trotzdem: Aus den unzähligen Umwälzungen ist eine pulsierende, vielseitige und durch und durch moderne Nation entstanden, beständig und dynamisch und immer besser gerüstet, sich zukünftigen Herausforderungen zu stellen.

DIE ZIVILISATION DES INDUSTALS

Harappa (www.harappa.com) gibt einen bebilderten, wissenschaftlichen Überblick über alles Wissenswerte zur Kultur des Indus-Tals sowie der Bedeutung aktueller archäologischer Funde.

Das Industal, das parallel zur heutigen Grenze zwischen Indien und Pakistan verläuft, ist die Wiege der Zivilisation auf dem indischen Subkontinent. Die ersten Bewohner waren Nomaden, die das Land bebauten und Haustiere hielten. Man braucht nicht viel Phantasie, sich vorzustellen, dass sich in einigen ländlichen Gegenden Indiens nur wenig verändert hat. Über die Jahrtausende begann sich aus diesen Stämmen eine städtische Kultur herauszubilden, vor allem seit 3500 v. Chr. Um 2500 v. Chr. gab es schon große Städte, die ersten Zentren der späteren Harappa-Kultur, die über 1000 Jahren gedeihen sollte.

Die wichtigsten Städte der späten Harappa-Periode waren Mohenjo Daro und Harappa im heutigen Pakistan (in den 1920er-Jahren entdeckt), sowie Lothal (S. 731) bei Ahmedabad. Lothal kann bis heute besucht werden, und dank des sorgfältig angelegten Straßenverlaufs kann man heute noch ein Gefühl für diese hoch entwickelte 4500 Jahre alte Zivilisation bekommen. Die Harappa-Städte hatten meist eine separate Akropolis, vermutlich für religiöse Zwecke, und das große Becken von Mohenjo Daro diente wohl rituellen Bädern. Die wichtigsten Harappa-Städte waren auch recht groß – Schätzungen zufolge hatte Mohenjo Daro sage und schreibe 40 000 bis 50 000 Einwohner.

Wie so vieles in der Geschichte Indiens, birgt auch die Harappa-Kultur viele Rätsel – ihre Schrift wurde bis heute nicht entziffert

Bis Mitte des 3. Jahrtausends v. Chr. konnte sich die Kultur des Industals durchaus mit anderen jungen Hochkulturen der damaligen Zeit messen. Die Harappa handelten mit Mesopotamien, hatten ein Gewichts- und Maßsystem und eine hoch entwickelte Kunst in Form von Terrakotta- und Bronzefiguren. Funde, wie Modelle von Ochsenkarren und Schmuck, sind erste Zeugnisse einer unverkennbar indischen Kultur. Tatsächlich wurden viele Elemente der Harappa-Kultur später im Hinduismus wieder aufgenommen: Lehmfigürchen, die man an diesen Stätten fand, deuten auf die Verehrung einer Muttergöttin hin (später in Person der Kali) und eines männlichen dreigesichtigen Gottes im Lotussitz (der prähistorische Shiva) in Begleitung von vier Tieren. Schwarze Steinsäulen (assoziiert mit der Phallus-Verehrung Shivas) und Tierfiguren (die berühmteste ist ein Zebu; später Shivas Reittier) wurden ebenfalls entdeckt.

ZEITACHSE

3500–2000 v. Chr.	1500–1200 v. Chr.
Die Zivilisation des Industals (Harappa-Kultur)	Vedisch-arische Periode, in der die heiligen Schriften der Hindu verfasst und das Kastenwesen seine Form bekam

FRÜHE INVASIONEN & DIE ENTSTEHUNG DER RELIGIONEN

Die Harappa-Kultur zerfiel zu Beginn des 2. Jahrtausends v. Chr. Einige Historiker führen den Untergang des Reiches auf Überflutungen oder eine Trockenperiode zurück, die die Landwirtschaft der Harappa-Kultur bedrohten. Eine beständigere, wenn auch umstrittene Theorie ist, dass eine Invasion von Ariern die Kultur zerstörte, doch gibt es dafür nur wenige archäologische Beweise oder schriftliche Belege in den alten indischen Schriften. Daher behaupten einige nationalistische Historiker, dass die Arier (die Bezeichnung leitet sich von einem Sanskrit-Begriff für „adelig" ab) die eigentlichen Ureinwohner Indiens waren, und dass die Invasionstheorie aus eigennützigen Motiven von fremden Eroberern erfunden wurde. Andere wiederum glauben, dass die Ankunft der Arier eher eine sanfte Einwanderung darstellte, bei der die Harappa-Kultur allmählich eingegliedert wurde.

Die Vertreter der Invasionstheorie glauben, dass ab etwa 1500 v. Chr. arische Stämme aus Afghanistan und Zentralasien nach und nach in den Nordwesten Indiens eindrangen. Trotz ihrer militärischen Überlegenheit kamen sie nur langsam voran, wobei die Stämme untereinander um die Gebiete kämpften und Neuankömmlinge immer weiter nach Osten in die Ganges-Ebene eindrangen. Im Lauf der Zeit kontrollierten diese Stämme den Norden Indiens bis hin zum Vindhya-Gebirge. Viele der Ureinwohner, die Drawiden, wurden nach Süden vertrieben.

The Wonder That Was India von A. L. Basham enthält ausführliche Beschreibungen der indischen Zivilisationen, großen Religionen, der Ursprünge des Kastenwesens und gesellschaftlicher Bräuche – ein guter Einstieg ins Thema, der die verschiedenen Stränge zusammenfügt.

Die heiligen Schriften der Hindu, die Veden (s. S. 66), entstanden während dieser Übergangsperiode (1500–1200 v. Chr.) und das Kastenwesen konkretisierte sich.

Als sich die arischen Stämme Ende des 7. Jhs. v. Chr. über die Ganges-Ebene ausbreiteten, wurden viele von 16 bedeutenden Königreichen aufgenommen, die ihrerseits zu vier großen Staaten verschmolzen. Aus diesen Staaten ging die Nanda-Dynastie hervor, die 364 v. Chr. begründet wurde und über weite Teile Nordindiens herrschte.

In dieser Periode entging das Kernland Indiens knapp zwei Invasionen aus dem Westen, die, wenn sie erfolgreich gewesen wären, den Lauf der Geschichte Indiens drastisch verändert hätten. Die erste war die Invasion des persischen Königs Darius (521–486 v. Chr.), der den Punjab und Sindh annektierte (beiderseits der heutigen Grenze von Indien und Pakistan). Alexander der Große drang 326 v. Chr. aus Griechenland nach

GRENZZIEHUNG IM STIL DER ARIER

Auch wenn Historiker über die Herkunft der Arier Nordindiens streiten, ist eindeutig belegt, dass die nachfolgenden arischen Königreiche bei der Festlegung von Grenzen eine reichlich skurrile Methode anwandten. Bei dem streng formalisierten Ritual *Asvamedha* (Pferdeopfer) ließ man ein Pferd, dem eine Gruppe Soldaten folgte, frei umherlaufen. Traf das Pferd auf ein Hindernis, bedeutete dies, dass der König um das entsprechende Land kämpfen musste. Nach Ablauf einer bestimmten Frist galt das ganze Gebiet, auf dem sich das Pferd bewegt hatte, als unanfechtbares Territorium des Königs. Die Belohnung für das Pferd bestand sowohl im Falle eines Erfolgs als auch eines Misserfolgs in der Opferung. Diese Methode hat offensichtlich funktioniert, denn das Ritual wurde noch Jahrhunderte später von Dynastien wie den Chalukyas von Badami (S. 948) angewandt, um die Macht des Herrschers über sein Reich zu beweisen.

326 v. Chr.
Invasionsversuch von Alexander dem Großen

321–184 v. Chr.
Das Maurya-Reich

Indien vor, doch in Himachal Pradesh weigerten sich seine Truppen den Fluss Beas zu überqueren. Alexander trat den Rückzug an, ohne je seine Macht auf Indien ausgedehnt zu haben.

In diesen Zeitraum fällt auch die Entstehung der zwei wichtigsten Religionen Indiens: des Buddhismus (S. 69) und des Jainismus (S. 69) um etwa 500 v. Chr. Zwar stellten beide die Veden infrage und verurteilten das Kastensystem, doch im Gegensatz zu den Buddhisten verleugneten die Jainisten ihr Hindu-Erbe nie und ihr Glaube breitete sich nie über Indien hinaus aus.

DAS MAURYA-REICH & DIE FOLGEN

Glaubt man Megasthenes, einem Gesandten am Hof der Mauryas, hatte Pataliputra einen Umfang von 33,8 km und war damit die seinerzeit größte Stadt der Welt.

Wenn die Harappa-Kultur tatsächlich die Wiege der indischen Zivilisation war, dann war Chandragupta Maurya der Gründer des ersten indischen Großreichs. Er kam 321 v. Chr. an die Macht, nachdem er den Nandas die Herrschaft entrissen hatte. Er erweiterte das Reich bald um das Industal, das vor ihm von Alexander dem Großen erobert wurde.

Ausgehend von seiner Hauptstadt in Pataliputra (heute Patna; S. 559), nahm das Maurya-Reich einen Großteil Nordindiens ein und erstreckte sich im Süden bis zum heutigen Karnataka. Dieses riesige Reich konnte man dank einer effizienten Bürokratie, einer hierarchisch gegliederten Kommunalverwaltung und einer klar definierten Sozialstruktur, die aus einem strengen Kastensystem bestand, kontrollieren.

Unter Kaiser Ashoka (s. Kasten unten) erreichte das Reich seine Blütezeit. Wie gut Ashoka sein Reich zu führen und zu einen wusste,

EIN GELEHRTER KAISER

Abgesehen von den Moguln und Jahrhunderte später den Briten, kontrollierte keine andere Macht einen so großen Teil Indiens wie die Mauryas. Daher verwundert es nicht, dass Indien ihnen eine der historisch bedeutendsten Persönlichkeiten verdankt.

Die Herrschaft des Kaiser Ashokas war eine Zeit florierender Kunst und Bildhauerei. Sein Ruf als Philosophenkönig wurde durch in Felsen gemeißelte Edikte unterstrichen, die sowohl der Belehrung seiner Untertanen als auch der Demonstration der Größe seines Reichs dienten. Einige dieser moralischen Lehren sind bis heute erhalten, vor allem die Edikte Ashokas in Junagadh in Gujarat (S. 755).

Die Zeit der Herrschaft Ashokas war auch ein unbestrittener Höhenpunkt des Buddhismus. Bereitwillig übernahm er die Religion im Jahre 262 v. Chr. und erklärte sie zur Staatsreligion; gleichzeitig führte er damit einen Schlag gegen das spirituelle und gesellschaftliche Wesen des Hinduismus. Die noch vorhandenen Höhepunkte des buddhistischen Indiens Ashokas können in Sarnath (S. 441) in Uttar Pradesh besichtigt werden – dort, wo Buddha seine erste Predigt hielt und den Edlen Achtfachen Pfad oder Mittleren Pfad zur Erkenntnis darlegte (s. S. 69). Hierzu gehören auch die Stupas, die der Kaiser bei Sanchi (S. 686) in Madhya Pradesh errichten ließ. Ashoka sandte Missionare ins Ausland; auf Sri Lanka verehrt man ihn, da er seinen Sohn und seine Tochter auf die Insel schickte, um dort den Buddhismus einzuführen.

Der lange Schatten dieses Kaisers aus dem 3. Jh. v. Chr. reicht bis in die Gegenwart: Die Ashoka-Säule war Vorbild für das Staatswappen Indiens (vier Rücken an Rücken stehende Löwen auf einer mit einem Fries verzierten Säulenplatte, mit der Aufschrift „Wahrheit alleine triumphiert") sowie sein Nationalsymbol, das die Jahrtausende alte Verpflichtung zu Frieden und Wohlwollen widerspiegeln soll.

262 v. Chr.
Ashoka erklärt den Buddhismus zur Staatsreligion

319–510 n. Chr.
Goldene Ära des Gupta-Reiche

zeigte sich nach seinem Tod im Jahr 232 v. Chr., als sich kein Nachfolger fand, dem es gelang, die grundverschiedenen Elemente des Maurya-Reiches zusammenzuhalten. Das Reich zerfiel schnell und brach 184 v. Chr. ganz auseinander.

Keines der direkt darauffolgenden Reiche erreichte je wieder eine ähnliche Stabilität oder hinterließ ein solch beständiges historisches Erbe wie das Maurya-Reich. Die Schungas (184–70 v. Chr.), Kanvas (72–30 v. Chr.), Shakas (ab 130 v. Chr.) und Kuschan (1. Jh. v. Chr. bis 1. Jh. n. Chr. und bis ins 3. Jh. in verkleinerter Form) waren alle einmal an der Reihe, wobei die Letztgenannten für kurze Zeit über ein riesiges Gebiet in Nordindien und Zentralasien regierten.

Trotz der vielen Herrscher war dies eine Periode großen Fortschritts. Der Handel mit dem Römischen Reich (über Land sowie über die Häfen im Süden) wurde im 1. Jh. n. Chr. enorm wichtig; außerdem trieb man über Land auch Handel mit China.

Die Herrschaft des Großmogul Ashoka wurde durch ein stehendes Heer unterstützt, das aus 9000 Elefanten, 30 000 Kavalleristen und 600 000 Infanteristen bestand.

DAS GOLDENE ZEITALTER DER GUPTAS

Die Imperien, die auf die Maurya-Ära folgten, beanspruchten zwar große Teile des indischen Territoriums für sich, viele sicherten sich aber nur die Oberherrschaft über ihr Reich. Über den ganzen Subkontinent hinweg kontrollierten in Wirklichkeit kleine Stämme und Königreiche das Territorium und regelten die lokalen Angelegenheiten.

319 n. Chr. erlangte Chandragupta I., der dritte König einer dieser Stämme – der kaum bekannten Guptas – Berühmtheit durch die Heirat mit der Tochter einer der mächtigsten Stämme des Nordens, der Licchavis. Das Gupta-Königreich wurde schnell größer und erreichte unter Chandragupta II (regierte 375–413) seine größte Ausdehnung. Der chinesische Pilger Fa-hsien, der Indien zu jener Zeit besuchte, beschrieb ein Volk, das „reich und zufrieden“, unter der Herrschaft aufgeklärter und gerechter Könige lebte.

Man vermutet, dass der Apostel Thomas 52 n. Chr. in Kerala ankam – eine Erklärung für die stattliche Zahl der Christen im sonst überwiegend hinduistischen Süden.

Lyrik, Literatur und Kunst florierten – einige der eindruckvollsten Werke entstanden in Ajanta (S. 823), Ellora (S. 821), Sanchi (S. 685) und Sarnath (S. 441). Am Ende der Gupta-Periode wurde der Hinduismus zur dominierenden Religion und er verdrängte Jainismus und Buddhismus; vor allem der Buddhismus geriet immer mehr ins Abseits und wurde, ohne die Schirmherrschaft Ashokas, nie wieder die vorherrschende Religion in Indien.

Die Invasion der Hunnen Anfang des 6. Jhs. läutete das Ende dieser Ära ein und im Jahr 510 unterlag das Gupta-Heer dem hunnischen Führer Toramana. Die Macht im Norden Indiens verteilte sich wieder auf mehrere separate Hindu-Königreiche.

DER HINDUISTISCHE SÜDEN

Südindien hatte seit jeher seine eigene, einzigartige Geschichte. Weit entfernt von den politischen Entwicklungen im Norden entstanden hier einige einflussreiche Königreiche, darunter die Shatavahanas (die über Zentralindien herrschen, als der Norden von den Kuschanas beherrscht wurde), Kalingas und Vakatakas. Doch waren es vor allem die Stammesgebiete in den fruchtbaren Küstenebenen, wo die größten Reiche des Südens – die Cholas, Pandyas, Chalukyas, Cheras und Pallavas – entstanden.

700
Ankunft des Islam in Indien

850
Das Chola-Reich kommt in Südindien an die Macht

Die Chalukyas regierten vor allem die Dekhan-Region in Zentralindien, auch wenn sich ihre Macht gelegentlich weiter südwärts erstreckte. Mit einer Hauptstadt bei Badami (S. 948) im heutigen Karnataka, regierten sie von 550 bis 753, bevor sie von den Rashtrakutas gestürzt wurden. Ein östlicher Zweig der Chalukyas, mit einer Hauptstadt bei Kalyani in Karnataka, regierte von 972 bis 1190 erneut.

Im äußersten Süden bereiteten die Pallavas den Weg für die drawidische Architektur mit ihrem überladenen, beinahe barocken Stil. Die erhaltenen architektonischen Glanzstücke der Pallava-Herrschaft sind der Küstentempel und die fünf Rathas in Mahabalipuram (S. 1064), die Tempel der ehemaligen Pallava-Hauptstadt bei Kanchipuram (S. 1068) und der Rock-Fort-Tempel bei Tiruchirappalli (Trichy; S. 1095).

Der Wohlstand des Südens basierte auf seit langem bestehenden Handelsbeziehungen mit anderen Hochkulturen, z. B. den Ägyptern und Römern. Im Tausch gegen Gewürze, Perlen, Elfenbein und Seide erhielten die Inder römisches Gold. Die indischen Händler dehnten ihren Einfluss auch nach Südostasien aus. Im Jahr 850 kamen die Cholas an die Macht und lösten die Pallavas ab. Sie machten sich bald daran, die weit reichenden Handelsbeziehungen des Südens in territoriale Eroberungen zu verwandeln. Unter der Herrschaft Raja Rajas (985–1014) kontrollierten sie beinahe ganz Südindien, das Dekhan-Plateau, Sri Lanka, Teile der Malaysischen Halbinsel und das in Sumatra gelegene Srivijaya-Königreich.

Doch ihre Aufmerksamkeit galt nicht nur ihren Übersee-Gebieten, denn die Cholas hinterließen auch einige der schönsten Zeugnisse drawidischer Architektur, wie den majestätischen Brihadishwara-Tempel in Thanjavur (S. 1090) und Chidambarams nicht minder überwältigender Nataraja-Tempel (S. 1085). Sowohl Thanjavur als auch Chidambaram waren Hauptstädte der Cholas.

Während dieser ganzen Zeit war der Hinduismus weiterhin das Fundament der Kultur Südindiens.

DER MUSLIMISCHE NORDEN

Während sich Südindien seinen strengen Hindu-Charakter bewahrte, wurde Nordindien von den muslimischen Heeren, die aus Nordwesten einmarschierten, bis in die Grundfesten erschüttert.

Indiens Nordoststaaten liefern 54 % des indischen Tees und 15 % der indischen Erdölförderung auf dem Festland; Separatisten behaupten, dass die Nordoststaaten davon keinen angemessenen Anteil erhalten.

Einer der Vorreiter der muslimischen Expansion war Mahmud von Ghazni. Heute ist Ghazni ein unscheinbares Städtchen zwischen Kabul und Kandahar in Afghanistan. Doch zu Beginn des 11. Jhs. verwandelte es Mahmud in eine der glorreichsten Hauptstädte der Welt, was er dadurch finanzierte, dass er benachbarte Gebiete plünderte. Zwischen 1001 und 1025 unternahm Mahmud 17 Feldzüge in Indien, der verheerendste führte zum berühmten Shiva-Tempel in Somnath (S. 752) in Gujarat. Die aus 70 000 Mann bestehenden Hindu-Truppen wurden beim Versuch, die Angriffe auf den Tempel abzuwehren, komplett aufgerieben. Anfang 1026 war der Tempel schließlich erobert. Im Anschluss an seinen Sieg transportierte Mahmud, der es zu diesem Zeitpunkt nicht besonders darauf anlegte, sich neue Gebiete anzueignen, eine gewaltige Menge Gold und sonstige Beute in seine Hauptstadt zurück. Diese Raubzüge erschütterten die Machtverhältnisse in Nordindien so stark, dass nachfolgende Invasoren leichte Hand hatten, das Territorium für sich zu beanspruchen.

1001–1025
Feldzüge Mahmuds in Indien

1192
Mohammed von Ghur erobert Delhi und Nordindien kommt unter islamische Herrschaft

Nach Mahmuds Tod im Jahr 1033 wurde Ghazni von den Seldschuken eingenommen und fiel dann den Ghuriden aus West-Afghanistan zu, die ebenfalls ein Auge auf den großen indischen „Kuchen" geworfen hatten. Die Kriegsführung der Ghuriden war brutal – der General, Ala-ud-din Khilji, wurde „Weltverbrenner" genannt.

1191 rückte Mohammed von Ghur nach Indien vor. Obwohl er bei einer großen Schlacht gegen ein Bündnis von hinduistischen Herrschern eine Niederlage erlitt, kehrte er im folgenden Jahr zurück und verjagte die Feinde. Einer seiner Generäle, Qutb-ud-din, nahm Delhi ein und wurde zum Statthalter ernannt. Während seiner Herrschaft wurde das großartige Wahrzeichen Delhis, der Qutb-Minar-Komplex (S. 152) erbaut. Ein weiteres muslimisches Reich wurde in Bengalen gegründet, und bald stand fast ganz Nordindien unter muslimischer Herrschaft.

Nach Mohammeds Tod 1206 wurde Qutb-ud-din der erste Sultan von Delhi. Sein Nachfolger, Iltutmish, brachte Bengalen zurück unter zentrale Kontrolle und verteidigte das Reich gegen einen Invasionsversuch der Mongolen. Ala-ud-din Khilji kam 1296 an die Macht und drängte die

DER KAMPF UM DIE SEELE INDIENS

Gegründet als Allianz hinduistischer Königreiche, die sich zusammengeschlossen hatten, um der Bedrohung durch die Muslime entgegenzuwirken, wurde das Vijayanagar-Reich schnell zu einem der wohlhabendsten und größten Hindu-Reiche Indiens. Unter Bukka I (regierte 1343–79) kam der größte Teil Südindiens unter seine Kontrolle.

Die Vijayanagar- und Bahmani-Sultanate waren etwa gleich stark. Das Vijayanagar-Heer hatte gelegentlich die Oberhand, aber meistens unterlagen sie den Bahmani. Die Kriegsverbrechen, die begangen wurden, entziehen sich jeder Vorstellung. I366 rächte sich Bukka I für eine vermeintliche Beleidigung, indem er den muslimischen Stützpunkt in Mudkal einnahm und alle Bewohner abschlachten ließ – bis auf einen. Dieser konnte fliehen und überbrachte Sultan Mohammad Shah die Botschaft über den Angriff. Mohammad schwor, dass er keine Ruhe geben würde, bis er 100 000 Hindus umgebracht hätte. Stattdessen wurden, glaubt man dem muslimischen Historiker Firishtah, im nächsten Feldzug 500 000 „Ungläubige" getötet.

Irgendwie gelang es dem Vijayanagar-Reich, zu überleben. 1482, nach allerlei Intrigen und Verschwörungen am königlichen Hof, zerfiel das Bahmani-Sultanat und fünf separate Königreiche entstanden, basierend auf den größten Städten – Berar, Ahmednagar, Bijapur, Golconda und Ahmedabad. Von diesen Städten sind in Bijapur (S. 952) und Ahmedabad (Amdavad; S. 720) bis heute markante Spuren dieser Periode muslimischer Herrschaft zu finden. Es gab wenig ernsthaften Widerstand aus dem Norden und so durchlebte das Hindu-Reich eine goldene Ära mit einer beinahe absoluten Herrschaft über den Süden. 1520 nahm der Hindu-König Krishnadevaraya sogar Bijapur ein.

Wie bei den Bahmani zeigten sich aber auch im Vijayanagars Bruchstellen. Eine Serie von Aufständen spaltete das Königreich genau zu der Zeit, als die muslimischen Sultanate mit der Gründung einer neuen Allianz begonnen hatten. 1565 besiegte eine Koalition der Muslime die Hindu-Heere bei der Schlacht von Talikota. Hampi wurde zerstört. Zwar gelang dem letzten Vijayanagar-Herrscher die Flucht und die Dynastie konnte noch mehrere Jahre weiter bestehen, doch die eigentliche Macht fiel den lokalen muslimischen Herrschern oder Hindu-Führern zu, die früher den Vijayanagar-Königen loyal gewesen waren. Eine der blutigsten Epochen der indischen Geschichte ging zu Ende, als die Bahmani-Königreiche den Moguln zufielen.

1336
Gründung des Vijayanagar-Reiches bei Hampi

1398
Timur Lenk marschiert in Nordindien ein, Zerstörung Delhis

Grenzen des Reiches unaufhaltsam weiter südwärts, während er gleichzeitig weitere Angriffe der Mongolen abwehrte.

NORD TRIFFT SÜD

Nach Ala-ud-dins Tod 1320 bestieg Mohammed von Tughluk, der seinen Vater ermordet hatte, 1324 den Thron. 1328 nahm er die südlichen Stützpunkte des Hoysala-Reiches ein, mit Zentren bei Belur (S. 931), Halebid (S. 931) und Somnathpur (S. 922). Nun stand Indien Tughluk zur Eroberung offen.

Aber während das Reich der Prä-Mogul-Muslime unter Tughluks Herrschaft seine größte Ausdehnung erreichte, schuf er durch seinen überzogenen Ehrgeiz gleichzeitig die Grundlage für dessen späteren Zerfall. Im Gegensatz zu seinen Ahnen (darunter große Herrscher wie Ashoka), wollte Tughluk Südindien nicht nur indirekt beherrschen, sondern es als Bestandteil seines Reiches unter seine direkte Kontrolle bringen.

A History of South India from Prehistoric Times to the Fall of Vijayanagar von Nilakanta Sastri ist die wohl umfassendste (wenn auch schwer verdauliche) Geschichte dieser Region; Pflichtlektüre für alle, die eine Reise nach Hampi (S. 941) planen.

Nach einer Reihe erfolgreicher Feldzüge beschloss Tughluk, die Hauptstadt von Delhi an einen zentraleren Ort zu verlagern. Die neue Hauptstadt hieß Daulatabad und lag bei Aurangabad in Maharashtra. Tughluk, ein Mann der Tat, versuchte die neue Hauptstadt zu besiedeln, indem er die gesamte Bevölkerung Delhis zu einem 1100 km langen Marsch nach Süden zwang – auf dem viele starben. Bald wurde ihm jedoch klar, dass dadurch der Norden ungeschützt war, sodass er die Hauptstadt wieder nach Norden verlegte. Eine prächtige, auf einem Hügel errichtete Festung (S. 819) ist das einzige Überbleibsel seiner größenwahnsinnigen Vision.

Die Tage des Ghur-Imperiums waren gezählt. Der letzte der großen Sultane von Delhi, Firoz Shah, starb 1388 und das Schicksal des Sultanats war besiegelt, als Timur Lenk (Tamerlan) 1398 von Samarkand (in Zentralasien) aus einen verheerenden Raubzug nach Indien unternahm. Timur Lenks Plünderung Delhis war erbarmungslos; einigen Berichten zufolge sollen seine Soldaten jeden hinduistischen Bewohner ermordet haben.

Nach Tughluks Rückzug aus dem Süden zersplitterte das Reich in mehrere Königreiche. Die zwei bedeutendsten waren das Sultanat Muslim Bahmani, das sich 1345 mit der Hauptstadt bei Gulbarga und später Bidar (S. 956) bildete, sowie das hinduistische Vijayanagar-Reich, das 1336 mit der Hauptstadt bei Hampi (S. 941) gegründet wurde. Die Schlachten zwischen diesen beiden Reichen gehören zu den blutigsten in der Geschichte Indiens – und in den zwei Jahrhunderten, bevor die Moguln eine aufgeklärtere Epoche einläuteten, brachten sie nicht einmal ein Ergebnis.

DIE MOGULN

Noch während der letzten Tage der Vijayanagar-Herrschaft begann sich das nächste indische Reich herauszubilden. Das Reich der Moguln war riesig und nahm während seiner Blütezeit fast den ganzen Subkontinent ein. Seine Bedeutung beruht aber nicht allein auf seiner Größe. Die Großmoguln herrschten in einem goldenen Zeitalter der Kunst und Dichtung und waren leidenschaftliche Baumeister, was einige der eindrucksvollsten Bauwerke Indiens hervorbrachte. Vor allem Shah Jahans einzigartiger Taj Mahal (S. 397) gehört zu den Wundern der Erde.

Der Gründer der Mogul-Dynastie Babur (regierte 1526–30) stammte sowohl von Dschingis Khan als auch von Timur Lenk ab. Ausgerüstet mit diesem eindrucksvollen Stammbaum drang er 1525 aus seiner Hauptstadt bei Kabul im Punjab ein. Dank seiner technischen Überlegenheit durch den Einsatz von Schusswaffen und großartigem Geschick beim gleichzeitigen Einsatz von Artillerie und Kavallerie, gelang es Babur, die zahlenmäßig überlegenen Heere des Sultans von Delhi in der Schlacht von Panipat 1526 zu schlagen.

Trotz dieses erfolgreichen Auftakts unterlag Baburs Sohn, Humayun (regierte 1530–56) 1539 einem mächtigen Herrscher Ostindiens, Sher Shah, der ihn zwang, sich in den heutigen Iran zurückzuziehen. Nach dem Tode Sher Shahs 1545 kehrte Humayun zurück, um Anspruch auf dessen Königreich zu erheben und schließlich erstürmte er 1555 Delhi. Er starb im darauf folgenden Jahr; sein Nachfolger war sein junger Sohn Akbar (regierte 1556–1605), dem es während seiner 49-jährigen Herrschaft gelang, das Imperium so zu erweitern und zu festigen, dass er am Ende über ein Gebiet kolossalen Ausmaßes regierte.

Passend zu seinem Namen war Akbar (was auf Arabisch „groß" bedeutet) der vielleicht größte Herrscher der Moguln, denn er hatte nicht nur die militärischen Fähigkeiten, die ein Herrscher seiner Zeit brauchte, sondern war auch gerecht, weise und kultiviert. Im Gegensatz zu früheren muslimischen Herrschern war ihm klar, dass es zu viele Hindus in Indien gab, um sie zu unterjochen. Obwohl Akbar bestimmt kein Heiliger war – Gerüchte über massakrierte Hindus bei Panipat und Chitrod beflecken sein Erbe bis heute –, ist er doch als ein Herrscher in die Geschichte eingegangen, der die Hindus in sein Reich integrierte und sie als Berater, Generäle und Verwalter einsetzte. Akbar hatte auch großes Interesse an religiösen Angelegenheiten und verbrachte viel Zeit mit Gesprächen mit Experten aller Glaubensrichtungen – auch mit Christen und Parsen.

Akbar, der große Mogul-Kaiser, schuf eine Religion, Deen Ilahi, die in sich die von ihm bevorzugten Elemente aller Religionen vereinte, mit denen er sich ausgiebig befasst hatte.

Jehangir (regierte 1605–27) bestieg den Thron nach Akbars Tod. Obwohl Jehangirs Autorität mehrfach herausgefordert wurde, blieb das Reich mehr oder weniger unversehrt. In ruhigen Zeiten verbrachte Jehangir viel Zeit in seinem geliebten Kaschmir; 1627 starb er auf einer Reise dorthin. Sein Sohn Shah Jahan (regierte 1627–58) wurde sein Nachfolger. Er sicherte sich seine Position als Herrscher, indem er alle männlichen Verwandten, die ihm im Weg standen, hinrichten ließ. Während seiner Herrschaft entstanden einige der prächtigsten und beständigsten Bauwerke der Mogulherrschaft; neben dem Taj Mahal, beaufsichtigte er den Bau des Red Forts in Delhi (S. 115) und ließ das Agra Fort (S. 399) in einen Palast umwandeln, der später sein Gefängnis werden sollte.

Der letzte Großmogul, Aurangzeb (regierte 1658–1707), ließ seinen Vater (Shah Jahan) inhaftieren und trat nach einem zweijährigen Kampf gegen seine Brüder die Thronfolge an. Aurangzeb vergrößerte das Königreich und machte dabei denselben Fehler wie Mohammed von Tughluk etwa 300 Jahre zuvor. Auch er versuchte, die Hauptstadt nach Süden (nach Aurangabad) zu verlegen und erhob die Steuern drastisch, um sein Militär zu finanzieren. Die Kombination aus dekadentem Leben am Hof und dem Unmut der hinduistischen Bevölkerung über die überzogenen Steuern und religiöse Intoleranz schwächte die Macht der Moguln.

Außerdem wurde das Reich durch die Marathen in Zentralindien und noch stärker durch die Briten in Bengalen ernsthaft bedroht. Nach Aurangzebs Tod 1707 ging es mit dem Reich schnell bergab, und 1739 wurde

1600
Großbritanniens Königin Elisabeth I. stellt der Ostindischen Kompanie den ersten Freibrief aus

1707
Aurangzeb, der letzte große Mogulherrscher, stirbt

Delhi von dem Perser Nadir Schah geplündert. Die Mogul-„Herrscher" blieben zwar bis zum Sepoy-Aufstand 1857 an der Macht, doch sie waren Herrscher ohne Reich.

DIE RAJPUTEN & DIE MARATHEN

Auch in der Zeit der Moguln gab es weiterhin starke hinduistische Mächte, vor allem die Rajputen. Die Rajputen, die ihr Zentrum in Rajasthan hatten, waren eine Kaste stolzer Krieger, die sich streng an ritterliche Gebote hielten, sowohl im Kampf als auch bei der Staatsführung. Sie wehrten alle ausländischen Eindringlinge in ihr Territorium ab, waren jedoch nie geschlossen bzw. organisiert genug, um stärkeren Truppen langfristig die Stirn bieten zu können. Wenn sie gerade nicht gegen Angreifer in die Schlacht zogen, waren sie damit beschäftigt, sich gegenseitig zu bekämpfen – was letztlich dazu führte, dass sie zu Vasallenstaaten des Mogul-Reiches wurden. Ihr Geschick im Kampf war jedoch unbestritten, und einige der besten Soldaten in den Heeren der Großmoguln waren Rajputen.

Indien. Von den Anfängen bis zum Kolonialismus von Romila Thapar und Percival Spears ist eine ausführliche Einführung in die Geschichte Indiens.

Die Marathen waren weniger pikaresk, letztlich aber erfolgreicher. Sie wurden erstmals unter dem großen Führer Shivaji bekannt, der sehr beliebt war, weil er sich gegen die muslimischen Führer für die Belange der Hindus einsetzte. Zwischen 1646 und 1680 glänzte Shivaji durch heldenhafte Kämpfe gegen die Moguln in großen Teilen Zentralindiens. Einmal wurde Shivaji von den Moguln gefangen genommen und nach Agra gebracht. Dort jedoch gelang es ihm – natürlich – zu flüchten und seine Abenteuer fortzusetzen. Wandernde Geschichtenerzähler berichten heute noch gern über seine sagenhaften Heldentaten. Vor allem in Maharashtra, dem Schauplatz vieler seiner wilden Abenteuer, wird er als Held gefeiert. Man verehrt ihn auch deshalb, weil er als Angehöriger der niederen Sudra-Kaste bewies, dass große Führer nicht unbedingt der Kshatriya-Kaste, der Soldaten- bzw. Verwaltungskaste, entstammen müssen.

Shivajis Sohn wurde von Aurganzeb gefangen genommen, geblendet und hingerichtet. Sein Enkel war nicht aus demselben harten Holz und so fiel das Marathen-Reich unter die Herrschaft der Peshwas, einer Herrscherfamilie, die die eigentliche Macht übernahmen. Sie gewannen allmählich immer mehr Einfluss über das geschwächte Mogul-Reich, zunächst indem sie Truppen bereitstellten und dann tatsächlich die Kontrolle über Land der Mogule übernahmen.

Die Ausdehnung der Macht der Marathen wurde 1761 bei Panipat schlagartig beendet. Dort, wo Babur die Schlacht gewann, auf der vor 200 Jahren die Gründung des Mogul-Reichs beruhte, unterlagen die Marathen Ahmad Shah Durani aus Afghanistan. Die Ausdehnung der Marathen nach Westen wurde damit gestoppt und obwohl sie die Kontrolle über Zentralindien und die als Malwa bekannte Region festigen konnten, sollten sie am Ende der letzten Großmacht Indiens unterliegen, den Briten.

DER AUFSTIEG DER EUROPÄISCHEN MACHT

Die Briten waren weder die erste europäische Macht, die Indien erreichte, noch die letzte, die Indien verließ – diese „Ehre" hatten in beiden Fällen die Portugiesen. 1498 landete Vasco da Gama, nachdem er das Kap der

1757
Englische Truppen erobern bei der Schlacht von Plassey Calcutta (Kolkata) vom örtlichen Nawab zurück

1761
Die Ausdehnung der Macht der Marathen findet bei der Schlacht von Panipat ein Ende.

Guten Hoffnung umsegelt hatte, an der Küste des heutigen Kerala. Da die Portugiesen diese Route als erste entdeckten, sicherten sie sich ein hundertjähriges Monopol im Handel Europas mit Indien und dem fernen Osten. 1510 eroberten sie Goa (S. 852), dann Diu (S. 744) im Jahr 1531, zwei Enklaven, die bis 1961 von Portugal verwaltet wurden. In seiner Blütezeit soll der Warenstrom, der durch das „Goldene Goa" floss, den in Lissabon übertroffen haben. Langfristig verfügten die Portugiesen aber nicht über die Ressourcen, um ein Weltreich zu erhalten, sodass sie nach Ankunft der Briten und Franzosen rasch ins Abseits gerieten.

Im Jahr 1600 stellte Königin Elisabeth I. einer Londoner Handelsgesellschaft einen Freibrief aus, der ihr das Monopol des britischen Handels mit Indien sicherte. 1613 gründeten Vertreter der Ostindischen Kompanie ihr erstes Handelskontor bei Surat (S. 736) in Gujarat. Weitere britische Handelsniederlassungen, die Vertreter der Gesellschaft verwalteten und leiteten, wurden 1640 in Madras (Chennai; S. 1045), 1651 in Bengalen und 1688 in Bombay (Mumbai; S. 775) errichtet. So seltsam es heute auch klingt: Knapp 250 Jahre lang wurde Britisch-Indien von einer Handelsgesellschaft „regiert" – die britische Regierung blieb außen vor.

Plain Tales from the Raj von Charles Allen (Herausgeber) ist eine faszinierenden Lektüre, bestehend aus Interviews mit Menschen, die in Britisch-Indien an beiden Seiten des Tisches eine Rolle gespielt haben.

Bis 1672 hatten sich die Franzosen bei Pondicherry (S. 1076) angesiedelt – eine Enklave, die sogar nach dem Rückzug der Briten bestehen blieb und wo unverkennbare architektonische Spuren französischer Eleganz noch heute zu sehen sind. Damit begann die über ein Jahrhundert andauernde Rivalität zwischen den Briten und Franzosen, bei der die Kontrolle des Handels mit Indien im Mittelpunkt stand. Einmal, unter der Führung einer Hand voll talentierter und erfahrener Befehlshaber, schien es, als hätten die Franzosen die Oberhand: 1746 nahmen sie Madras ein (nur um es 1749 wieder abzutreten). Als sie erfolgreich ihren Wunschkandidaten als Nizam von Hyderabad auf den Thron setzten, versprach ihnen das eine gute Zukunft. Doch die französischen Ambitionen ebbten 1750 ab, als die Direktoren der Französischen Ostindien-Kompanie meinten, dass sich ihre Vertreter zu viel mit Politik und zu wenig mit Handel befassten. Leitende Mitarbeiter wurden gefeuert und mit den Briten traf man die Übereinkunft, alle ungelösten politischen Streitigkeiten beizulegen. Obwohl die Gewinne der französischen Kompanie möglicherweise kurzfristig angestiegen sind, sorgte diese dafür, dass Frankreich als einflussreicher Faktor vom Subkontinent verschwand.

Maharanis: The Lives and Times of Three Generations of Indian Princesses von Lucy Moore wirft einen Blick in die bislang größtenteils unentdeckte Welt indischer Adelsfrauen während der Blütezeit Britisch-Indiens.

Die Verwandlung der Briten von Händlern zu Gouverneuren begann fast zufällig. Nachdem sie von den Moguln die Erlaubnis erhalten hatten, in Bengalen Handel zu treiben und nachdem 1690 bei Calcutta (Kolkata; S. 490) ein neues Handelskontor eingerichtet wurde, belebte sich das Geschäft rasant. Unter dem kritischen Blick des Nawabs (ein lokaler Machthaber) nahmen die britischen Handelsaktivitäten immer mehr zu und die „Fabriken" bekamen eine immer beständigere (und festungsähnliche) Erscheinung.

Schließlich entschied der Nawab, dass die Macht der Briten groß genug sei. Im Juni 1756 griff er Calcutta an, nahm die Stadt ein und ließ die britischen Gefangenen in eine winzige Zelle sperren. Der Raum war so eng und stickig, dass viele den nächsten Morgen nicht mehr erlebten. Die Gefängniszelle ging unter der finsteren Bezeichnung „Das Schwarze Loch von Calcutta" in die Geschichte ein.

Sechs Monate später führte Robert Clive, der im Militärdienst der Ostindischen Kompanie stand, eine Expedition zur Rückeroberung Calcuttas an. Er vereinbarte mit einem der Generäle des Nawabs, diesen zu stürzen. Es gelang ihm 1757 bei der Schlacht von Plassey (heute Palashi), und der General, der ihn dabei unterstützt hatte, wurde auf den Thron gesetzt. Die Briten hatten nun die tatsächliche Kontrolle über Bengalen. In der folgenden Zeit begann unter den Vertretern der Kompanie eine Periode skrupelloser Geschäftemacherei. Als einer der nachfolgenden Nawabs schließlich den Kampf aufnahm, um seine eigenen Interessen zu schützen, wurde er in der Schlacht von Baksar 1764 geschlagen – ein Sieg, der die Briten als stärkste Macht in Ostindien festigte.

Kumaon und Shimla gehörten ursprünglich zu Nepal, wurden jedoch nach den Schlachten von 1814 (bei denen die Gurkhas zunächst die Briten besiegten und dadurch in die Geschichte eingingen) an Großbritannien abgetreten.

1771 wurde Warren Hastings Gouverneur von Bengalen. In seiner Amtszeit weitete die Kompanie ihre Kontrolle deutlich aus. Seine clevere Staatsführung wurde dadurch unterstützt, dass es Indien damals ein Machtvakuum gab, das durch den Zerfall des Mogul-Reiches entstanden war. Die Marathen (S. 46), die als einzige diese Lücke hätten ausfüllen können, waren untereinander uneinig. Hastings schloss eine Reihe von Verträgen mit lokalen Statthaltern, darunter auch mit dem führenden Herrscher der Marathen.

Im Süden, wo die Macht der Moguln nie sehr groß war, herrschte wegen der britisch-französischen Rivalität ein ziemliches Durcheinander – ein Herrscher wurde gegen den anderen ausgespielt. Dies zeigte sich am deutlichsten während der Mysore-Kriege, bei denen Hyder Ali und sein Sohn, Tipu Sultan, gegen die Briten kämpften. Im Vierten Mysore-Krieg (1789/99) wurde Tipu Sultan bei Srirangapatnam getötet und die Macht der Briten war wieder etwas größer geworden. Der lange Kampf gegen die Marathen endete 1803 und nur der von den Sikhs beherrschte Punjab entkam vorläufig der Kontrolle der Briten. 1849, nach den beiden Sikh-Kriegen (1845/46 und 1846–49) wurde auch der Punjab erobert.

BRITISCH-INDIEN

Am Beginn des 19. Jhs. stand Indien faktisch unter britischer Kontrolle (British Raj). Trotzdem blieb ein Flickenteppich von Staaten erhalten, viele nominell unabhängig und regiert von eigenen Herrschern – den Maharadschas (oder Fürsten mit ähnlichem Titel) und den Nawabs. Während diese „Fürstenstaaten" ihre Territorien selbst verwalteten, wurde ein System zentraler Verwaltung entwickelt. In der indischen Regierung und dem öffentlichen Dienst wurden dazu britische Bürokratiemodelle kopiert – ein Erbe, das bis heute erhalten geblieben ist. Ab 1784 übernahm die britische Regierung in London eine direktere Rolle bei der Aufsicht über die Angelegenheiten in Indien, auch wenn das Territorium bis 1858 offiziell weiterhin von der Ostindischen Kompanie verwaltet wurde.

White Mughals von William Dalrymple erzählt die wahre, tragische Liebesgeschichte eines Soldaten der Ostindischen Kompanie, der sich in eine indische muslimische Prinzessin verliebt und sie heiratet; das Ganze ist verquickt mit Harem-Politik, Intrigen und Spionage.

Der am Profit orientierte Handel blieb im Zentrum der britischen Herrschaft in Indien, was weit reichende Veränderungen mit sich brachte. Eisen- und Kohlebergbau wurden aufgebaut; Tee, Kaffee und Baumwolle wurden die wichtigsten landwirtschaftlichen Produkte. Man begann das riesige Schienennetz zu bauen, das heute noch in Betrieb ist, Bewässerungsprojekte wurden gestartet und das zamindar- (Grundbesitzer-)System gefördert. Diese Grundherren entlasteten die Briten bei der Verwal-

1869	1885
Geburt von Mohandas (Mahatma) Gandhi bei Porbandar, Gujarat	Gründung der Kongresspartei

tung und beim Einzug der Steuern, trugen aber zu einem verarmten und landlosen Kleinbauernstand bei.

Die Briten führten außerdem Englisch als Amtssprache ein. Das erschien ihnen nur nützlich in einem Land mit so vielen verschiedenen Sprachen, hielt aber gleichzeitig die neuen Herrscher zur Bevölkerung Indiens auf Distanz.

DER SEPOY-AUFSTAND

1857, ein halbes Jahrhundert nachdem die Briten die Kontrolle über Indien übernommen hatten, erlitten sie einen schweren Rückschlag. Die Ursachen des Aufstands (zunächst als „Indische Meuterei" und danach von nationalistischen Historikern als „Unabhängigkeitskrieg" bezeichnet) sind bis heute umstritten. Zu den wichtigsten Gründen zählte die massenhafte Einfuhr billiger Güter, beispielsweise Textilien, aus Großbritannien, die vielen die Existenzgrundlage entzog, die unrechtmäßige Besitzergreifung des Landes vieler Herrscher sowie Steuern, mit denen Landbesitzer belastet wurden.

The Indian Mutiny von Saul David ist ein maßvoller Versuch herauszufinden, was sich hinter einem der kontroversesten Ereignisse Indiens, des Sepoy-Aufstands von 1857, verbirgt.

Der Vorfall jedoch, der allgemein als Auslöser des Aufstands gilt, ereignete sich am 10. Mai 1857 in einer Kaserne in Meerut in Uttar Pradesh. Das Gerücht machte die Runde, dass eine neuartige Patrone mit einem Fett eingefettet wurde, das nach Meinung der Hindus von Rindern und nach Meinung der Muslime von Schweinen stammte – Schweine gelten den Muslimen als unrein, Kühe den Hindus als heilig. Da beim Laden eines Gewehres das Ende der gewachsten Patronen abgebissen werden musste, sorgten die Gerüchte für allerhand Aufregung.

In Meerut ging man das Problem sehr unüberlegt an. Der befehlshabende Offizier ließ die Soldaten (die Sepoy) in einer Reihe antreten und befahl ihnen, die Enden der strittigen Kugeln abzubeißen. Diejenigen, die sich weigerten, wurden sofort eingesperrt. Am folgenden Morgen erhoben sich die Soldaten der Garnison, erschossen ihre Offiziere und marschierten nach Delhi. Von den 74 indischen Bataillonen der bengalischen Armee blieben sieben (eine davon bestand aus Gurkhas) loyal, 20 wurden entwaffnet und die anderen 47 meuterten. Die Soldaten und Bauern scharten sich um den alternden Großmogul in Delhi, doch es blieb unklar, was sie eigentlich erreichen wollten. Sie hielten Delhi vier Monate lang besetzt und belagerten die Britische Residenz in Lucknow fünf Monate lang, bevor der Aufstand niedergeschlagen und der lokale Nawab abgesetzt wurde. Der Vorfall hinterließ auf beiden Seiten tiefe Wunden.

1909 sorgten die so genannten Morley-Minto-Reformen für eine begrenzte Beteiligung Indiens an der Regierung und für die Einführung separater Wählerschaften in den verschiedenen Religionsgemeinschaften des Landes.

Unmittelbar nach dem Aufstand wurde die Ostindische Kompanie aufgelöst und die britische Krone übernahm die direkte Kontrolle über das Land. Den amtierenden Statthaltern der Fürstenstaaten sicherte man Unterstützung zu und behauptete, sich nicht in ihre Angelegenheiten einzumischen, solange sie sich den Briten gegenüber loyal verhielten.

DER WEG IN DIE UNABHÄNGIGKEIT

Viele Inder wünschten sich weiterhin, von fremden Herrschern unabhängig zu sein. Am Anfang des 20. Jh. begann der Widerstand gegen die Briten zu wachsen, und zwar vor allem im Indischen Nationalkongress, der ältesten politischen Partei des Landes, die auch als Kongresspartei (INC) bekannt ist.

1919
Massaker an unbewaffneten Demonstranten durch britische Truppen bei Amritsar

1942
Mahatma Gandhi startet die Quit-India-Kampagne und fordert die Unabhängigkeit Indiens

MAHATMA GANDHI

Mohandas Karamchand Gandhi, eine der bedeutendsten Persönlichkeiten des 20. Jhs., wurde am 2. Oktober 1869 in Porbandar, Gujarat, geboren, wo sein Vater ein Ministeramt inne hatte. Nach seinem Studium in London (1888–91) arbeitete er als Rechtsanwalt in Südafrika. Hier begann sich der junge Gandhi für Politik zu interessieren und sich über die Diskriminierung, die er mit ansah, zu empören. Er wurde rasch zum Sprachrohr der indischen Gemeinschaft und trat für die Gleichheit aller ein.

Gandhi kehrte 1915 nach Indien zurück, wobei die Doktrin der Gewaltfreiheit (Ahimsa) im Mittelpunkt seiner politischen Pläne stand. Gandhi verschrieb sich einem einfachen, disziplinierten Lebensstil. Er gründete den Sabarmati-Ashram in Ahmedabad, der erstmals auch Unberührbare zuließ.

Innerhalb eines Jahres hatte Gandhi seinen ersten Sieg errungen, als er sich gegen die Ausbeutung von Bauern in Bihar einsetzte. Damals wurde ihm von einem Bewunderer der Titel „Mahatma" (Große Seele) verliehen. Das In-Kraft-Treten der diskriminierenden Rowlatt Acts (der zufolge bestimmte politische Fälle ohne Geschworene verhandelt werden konnten) spornten ihn 1919 zu weiteren Aktionen an; er organisierte einen nationalen Protest. In den Tagen nach seinem Hartal (Streik) luden sich die Emotionen im ganzen Land auf. Nach dem Massaker an unbewaffneten Demonstranten in Amritsar (s. gegenüber) ließ der zutiefst schockierte Gandhi die Aktion sofort abbrechen.

Bis 1920 war Gandhi eine Schlüsselfigur im Indischen Nationalkongress, und er koordinierte eine landesweite Kampagne der Nicht-Kooperation oder des Satyagraha (gewaltfreien Widerstandes) gegen die Herrschaft der Briten. Dies schürte nationalistische Gefühle und brachte ihm andauernde Feindschaft der Briten ein. Anfang 1930 zog Gandhi die Aufmerksamkeit des Landes und der Welt auf sich, als er einen Marsch mehrerer Tausend Anhänger von Ahmedabad nach Dandi an der Küste von Gujarat anführte. Dort angekommen hob Gandhi symbolisch etwas durch Verdunstung des Meerwasser entstandenes Salz auf – und bekundete damit öffentlich einen Protests gegen die verhasste Salzsteuer. Gandhi kam danach nicht zum ersten Mal ins Gefängnis. 1931 wurde er entlassen, um den Indischen Nationalkongress bei der zweiten Round Table Conference in London zu vertreten. Dabei gelang es ihm zwar, die Herzen des britischen Volkes zu erobern, echte Zugeständnisse der Regierung erzielte er aber nicht.

Als er nach seiner Rückkehr nach Indien erneut verhaftet wurde, begann Gandhi sofort einen Hungerstreik mit dem Ziel, seine Landsleute dazu zu bewegen, die Rechte der Unberührbaren anzuerkennen. Dank seiner Entschlossenheit und der landesweiten Anteilnahme erzwang Gandhi eine Einigung, musste dafür aber bis an den Rand des Todes gehen.

Desillusioniert von der Politik und überzeugt davon, dass man in der Kongresspartei seine Führung ignorierte, trat er 1934 den Vorsitz der Kongresspartei ab und widmete sich künftig der Bildung der Menschen auf dem Land.

1942 erschien er mit der Kampagne Quit India (Raus aus Indien!) erneut auf der politischen Bühne. Damit forderte er die Briten auf, Indien sofort zu verlassen. Seine Aktionen wurden als staatsgefährdend erachtet und er und die meisten Führungsmitglieder der Kongresspartei ins Gefängnis.

Von den turbulenten Verhandlungen nach dem Krieg blieb Gandhi weit gehend ausgeschlossen; hilflos musste er mit ansehen, wie Pläne zur Teilung des Landes geschmiedet wurden – in seinen Augen eine Tragödie. Er zog von einem Unruheherd zum nächsten und nutzte seinen Einfluss zur Beschwichtigung der Spannungen zwischen den Volksgruppen und zur Förderung des Friedens.

Gandhi führte den Kampf um Toleranz und die Erhaltung eines ungeteilten Indiens fast alleine, und mit seiner Arbeit im Namen von Mitgliedern aller Glaubensgemeinschaften zog er unweigerlich den Unmut fanatischer Hindus auf sich. Auf seinem Weg zu einem Abendgebetstreffen am 30. Januar 1948 wurde Gandhi dem von einem Hindufanatiker ermordet.

15. August 1947

Indien wird unabhängig und in zwei Länder geteilt

30. Januar 1948

Mahatma Gandhi wird von einem Hindu-Fanatiker in Indien getötet

Indien ist übersät mit Gandhi-Gedenkstätten, die heute noch besucht werden können. Neben dem Sabarmati Ashram (S. 725) in Ahmedabad und Raj Ghat (S. 118), dem Schauplatz seiner Einäscherung in Delhi, sind dies weitere Stätten, die wichtige Stationen in Gandhis Leben kennzeichnen: Kirti Mandir (S. 759) in Porbandar; das Kaba Gandhi No Delo (S. 766) in Rajkot; Mani Bhavan (S. 788) in Mumbai; das Gandhi National Memorial (S. 842) in Pune; der Sevagram Ashram (S. 830) in Maharashtra; das Gandhi Memorial Museum (S. 1101) in Madurai; sowie ein Denkmal (S. 1109) in Kanyakumari.

Die Partei wurde 1885 gegründet, und bald darauf begann sie sich immer mehr für eine Beteiligung an der Regierung Indiens einzusetzen. 1905 löste der höchst unbeliebte Versuch, Bengalen zu teilen, Massendemonstrationen aus und brachte den Widerstand der Hindus gegen die Teilung ans Licht; die Muslime bildeten eine eigene Partei (Muslimliga), die für die Wahrung ihrer Rechte bei allen künftigen politischen Entscheidungen eintrat. Während sich die Situation zuspitzte, bildeten sich zwei hinduistische Lager, die Gemäßigten und die Radikalen, wobei die Radikalen ihre Ziele mithilfe von Gewalt bekannt machen wollten.

The Proudest Day – India's Long Road to Independence von Anthony Read und David Fisher ist ein interessanter Bericht über die Zeit vor der indischen Unabhängigkeit.

Als der Erste Weltkrieg ausbrach, entspannte sich die politische Situation. Indien beteiligte sich in großem Maße am Krieg (über eine Million Inder meldeten sich freiwillig zur Armee und wurden ins Ausland entsendet; über 100 000 starben). Dies wurde von den Führern der Kongresspartei unterstützt, vor allem weil man sich nach Kriegsende eine Belohnung dafür erhoffte. Da diese jedoch ausblieb, machte sich bald Unmut breit. Vor allem in Punjab kam es zu Tumulten, und im April 1919, nach Aufständen in Amritsar, entsandte die britische Armee ein Truppenkontingent in die Region, um die Unruhen niederzuschlagen. Unter dem Befehl des verantwortlichen Offiziers schossen die Soldaten in eine Menge unbewaffneter Demonstranten – weit über 1000 Menschen starben. Die Nachricht über das Massaker sprach sich schnell in Indien herum, und machte zahllose bisher unpolitische Inder zu Anhängern der Kongresspartei.

Zu diesem Zeitpunkt fand die Kongress-Bewegung in Mahatma Gandhi (s. Kasten gegenüber) einen neuen Führer. Nicht alle, die am Freiheitskampf beteiligt waren, waren mit Gandhi einer Meinung und folgten seiner Politik der Gewaltlosigkeit, dennoch standen die Kongresspartei und Gandhi beim Weg in die Unabhängigkeit an vorderster Front.

Der Film *Gandhi* mit Ben Kingsley, Candice Bergen, John Gielgud und 300 000 Statisten ist immer wieder sehenswert, da nur wenige Filme die großartige Geschichte Indiens auf dem Weg in die Unabhängigkeit derart gelungen eingefangen haben.

Als eine Teilung der Macht immer wahrscheinlicher wurde und die von Gandhi angeführte Massenbewegung immer mehr Schwung bekam, beschlossen die Muslime, ihr Schicksal in die eigene Hand zu nehmen. Die große muslimische Minderheit hatte festgestellt, dass ein unabhängiges Indien von den Hindus dominiert werden würde und trotz des unvoreingenommenen Ansatzes Gandhis, andere in der Kongresspartei nicht bereit wären, die Macht mit den Muslimen zu teilen. Ab den 1930er-Jahren dachten die Muslime an die Möglichkeit eines separaten muslimischen Staates.

Der Ausbruch des Zweiten Weltkriegs brachte eine Zäsur in den politischen Ereignissen. Viele Anhänger der Kongresspartei wurden eingesperrt, damit sie die Kriegesbemühungen nicht behinderten konnten.

1948	1962
Erster Krieg zwischen Indien und Pakistan um Kaschmir	Grenzkrieg mit China um die Nordostgrenze

DER KASCHMIR-KONFLIKT

Kaschmir ist das älteste Symbol der ungestümen Teilung Indiens. Auf dem Weg in die Unabhängigkeit wurde die heikle Aufgabe, eine indisch-pakistanische Grenze zu ziehen dadurch erschwert, dass die Fürstenstaaten Britisch-Indiens nominell unabhängig waren. Deshalb wurden die lokalen Herrscher gefragt, zu welchem Land sie gerne gehören wollen. Kaschmir war ein vorwiegend muslimischer Staat mit einem hinduistischen Maharadscha, der bis Oktober 1948 noch keine Entscheidung getroffen hatte. Eine wild durchmischte Pathan- (Pakistani) Armee überquerte die Grenze um nach Srinagar vorzudringen und Kaschmir zu annektieren. Zum Unglück der Pakistanis war ein Motiv für die Invasion der Pathan die Möglichkeit zu plündern. Dies taten sie unterwegs so ausgiebig, dass Indien genug Zeit blieb, eiligst Truppen nach Srinagar zu entsenden und die Eroberung der Stadt zu verhindern. Angesichts des von der indischen Armee besetzten Kaschmirs entschied sich der Maharadscha für Indien. Daraufhin erklärten die beiden Länder einander den Krieg.

1948 forderte der neu gegründete UN-Sicherheitsrat ein Referendum (bis heute ein Grundelement pakistanischer Politik), das über den Status Kaschmirs entscheiden sollte. Eine von der UN vermittelte Waffenruhe 1949 erreichte zwar, dass die beiden Konfliktparteien auf ihrer Seite der Demaraktionslinie, der so genannten Line of Control (LOC), blieben, doch darüber hinaus konnte die UN nichts erreichen. Zwei Drittel Kaschmirs befanden sich auf der indischen Seite der LOC, die bis heute die Grenze darstellt, auch wenn sie von keiner der Konfliktparteien als offizielle Staatsgrenze anerkannt wird. Der indische Staat Jammu & Kaschmir, wie er seit damals besteht, umfasst Ladakh (aufgeteilt zwischen Muslimen und Buddhisten), Jammu (mit einer Hindu-Mehrheit) und das 130 km lange und 55 km breite Kaschmirtal (mit einer muslimischen Mehrheit und Heimat der meisten Einwohner des Staates). Auf pakistanischer Seite leben 3 Mio. Kaschmiris in Azad Kaschmir („Freies Kaschmir").

Seit die Grenze gezogen wurde, kommt es regelmäßig zu Übergriffen. Zwar hat es seit 1965 keinen großen Krieg mehr gegeben und die Beziehungen zwischen Indien und Pakistan haben sich 1976 normalisiert, doch die Lage bleibt angespannt. Der Konflikt in Kaschmir selbst spitzte sich 1989 zu.

In den 1990er-Jahren kam es fast jedes Jahr zu Gefechten. Indien beschuldigte Pakistan, die Kaschmir-Rebellen zu unterstützen und gar anzuleiten. Pakistan konterte mit der Behauptung, dass die Inder den Kaschmiris ihr Recht auf Selbstbestimmung verweigerten. Die indisch-pakistanischen Beziehungen erreichten ihren Tiefpunkt 1998, als die neue BJP-Regierung fünf atomare Sprengkörper in der Wüste Rajasthans zündete, worauf Pakistan auf gleiche Weise reagierte. In einer der instabilsten Regionen der Welt entstand das Schreckensgespenst eines Atomkriegs.

Nach einer Welle internationaler Verurteilung wichen beide Parteien einen Schritt zurück, doch der Konflikt blieb eine ständige Bedrohung. Der Terrorangriff auf das indische Parlament im Dezember 2001 (die indische Regierung beschuldigte Pakistan) löste neues Säbelrasseln aus, während die Vorwürfe der Menschenrechtsverletzung von indischen Sicherheitstruppen in Kaschmir erhoben wurden (z.B. verschwanden beinahe 4000 Menschen aus ungeklärten Gründen). Die Unsicherheit, ob der pakistanische Präsident Pervez Musharraf seine Armee und die fundamentalistisch-islamischen Gruppen unter Kontrolle halten kann und will, geben Anlass zur Sorge um die Zukunft Kaschmirs.

Zum Zeitpunkt der Wahl der Kongresspartei-Regierung unter Premierminister Manmohan Singh 2004 waren die Beziehungen angespannt, aber freundlicher. Vertrauensfördernde Maßnahmen – die Öffnung der Grenzen für den Transportverkehr, die indische Entscheidung, eine geringes Kontingent seiner Truppen zurückzuziehen und Pakistans Mäßigung seiner aufwieglerischer Parolen – hatten geholfen die Situation zu entspannen und beide Seiten versprachen, die Gespräche fortzusetzen.

Aber trotzdem sehen sowohl Indien als auch Pakistan Kaschmir als festen Bestandteil ihres Territoriums. Die langfristige Tragfähigkeit jeder wichtigen Einigung wird letztlich davon abhängen, inwieweit die Führer Indiens und Pakistans ihr Volk auf ihre Seite bringen können, denn Kaschmir ist inzwischen eine Frage des Nationalstolzes für die Menschen auf beiden Seiten.

Weitere Informationen zum Kaschmir-Konflikt und zu den Folgen des Erdbebens 2005 s. S. 378.

1964
Premierminister Jawaharlal Nehru stirbt

1965
Zweiter Indien-Pakistan-Krieg um Kaschmir

UNABHÄNGIGKEIT & DIE TEILUNG INDIENS

Der Sieg der Labour Party bei den Wahlen in Großbritannien im Juli 1945 veränderte die politische Landschaft dramatisch. Erstmals wurde die Unabhängigkeit Indiens als rechtmäßiges Ziel anerkannt. Trotzdem hatte man keine Lösung, wie man mit den widersprüchlichen Forderungen der zwei großen indischen Parteien umgehen sollte. Mohammed Ali Jinnah, der Führer der Muslimliga, wollte einen separaten muslimischen Staat, während sich die Kongresspartei unter der Führung von Jawaharlal Nehru für ein unabhängiges, größeres Indien stark machte.

Anfang 1946 scheiterte ein Versuch der Briten, die beiden Seiten zusammenzubringen, und das Land kam einem Bürgerkrieg immer näher. Als die Muslimliga im August 1946 einen „Direct-Action-Day" ausrief, führte dies zur Ermordung von Hindus in Calcutta, was wiederum Vergeltungsmaßnahmen gegen die Muslime hervorrief. Im Februar 1947 traf die britische Regierung die folgenschwere Entscheidung, dass Indien ab Juni 1948 unabhängig sein solle. Außerdem wurde der Vizekönig Lord Wavell durch Lord Louis Mountbatten ersetzt.

The Autobiography of an Unknown Indian von Nirad C. Chaudhuri, ein Klassiker, ist die Chronik des Lebens eines einfachen Inders und gleichzeitig ein Porträt seiner Heimat vor dem Hintergrund einer zuweilen verwirrenden Geschichte.

Der neue Vizekönig versuchte, die Konfliktparteien auf ein geeintes Indien einzuschwören – leider erfolglos. Man entschied sich also, das Land zu teilen – was nur von Gandhi erbittert abgelehnt wurde. Angesichts zunehmender Unruhen traf Mountbatten die voreilige Entscheidung, die Unabhängigkeit auf den 15. August 1947 vorzuverlegen.

Die Entscheidung, das Land in separate hinduistische und muslimische Territorien zu teilen, war schon schwer genug, doch den Verlauf der Trennlinie festzulegen war fast unlösbar. Einige Gebiete waren eindeutig hinduistisch bzw. muslimisch, in anderen jedoch lebten zu gleichen Teilen Muslime und Hindus – und dann gab es noch isolierte „Enklaven" mit religiösen Minderheiten in Regionen, in denen andere Religionen vorherrschten. Zudem lagen die beiden überwiegend muslimischen Regionen auf gegenüberliegenden Seiten des Landes, was zwangsläufig dazu führte, dass das neu zu gründende Pakistan in eine östliche und westliche Hälfte aufgeteilt werden musste, getrennt durch ein feindlich gesinntes Indien. Die Instabilität dieser Konstruktion war offensichtlich, doch es sollte weitere 25 Jahre dauern, bis es zur vorhersehbaren Trennung kam und Ostpakistan schließlich als Bangladesch unabhängig wurde.

Mahatma Gandhi sprach sich dafür aus, dass der Führer der Muslimliga, Mohammed Ali Jinnah, ein vereinigtes Indien regieren solle, wenn dadurch eine Teilung verhindert werden könne.

Ein unabhängiger britischer Schlichter wurde mit der leidigen Aufgabe betraut, die Grenzlinie zu ziehen, wohl wissend, dass die Folgen für unzählige Menschen katastrophal sein würden. Die Entscheidungen brachten viele unlösbare Dilemmas: Calcutta, mit seiner Hindu-Mehrheit, seinen Hafenanlagen und Jutemühlen, wurde vom mehrheitlich muslimischen Ostbengalen getrennt, das eine große Jute-Produktion hatte, aber weder Mühlen noch Hafenanlagen besaß. Eine Million Bengalis wurden zu Flüchtlingen in der Massenwanderung über die neue Grenze.

Noch brenzliger war die Situation im Punjab, wo die Feindseligkeiten zwischen den Völkergruppen bereits den Siedepunkt erreicht hatten. Im Punjab, einer der fruchtbarsten und reichsten Regionen des Landes lebten große Gruppen von Muslimen, Hindus und Sikhs. Die Sikhs, die bereits erfolglos für einen eigenen Staat eingetreten waren, sahen sich nun einem Heimatland gegenüber, das in der Mitte geteilt war. Die neue Grenze verlief genau zwischen den beiden größten Städten des Punjabs – Lahore und Amritsar. Vor der Unabhängigkeit lebten in Lahore 1,2 Mio. Menschen, darunter etwa 500 000 Hindus und 100 000 Sikhs. Als sich die Wogen schließlich geglättet hatten, blieben nur 1000 Hindus und Sikhs zurück.

Es war deutlich, dass der Punjab alle Voraussetzungen für eine Katastrophe unglaublicher Ausmaße erfüllte – doch das Blutvergießen übertraf alle Befürchtungen. Es gab Völkerwanderungen: Züge voller Muslime auf der Flucht nach Westen wurden gestoppt und die Insassen von aufgebrachten Hindus und Sikhs ermordet. Nach Osten fliehende Hindus und Sikhs erlitten dasselbe Schicksal. Die Armee, die die Ordnung aufrechterhalten sollte, war völlig hilflos und manchmal sogar bereit, sich an dem Gemetzel zu beteiligen. Nachdem das Chaos im Punjab vorbei war, hatten 10 Mio. Menschen die Seiten gewechselt und mindestens 500 000 ihr Leben gelassen.

Die Nehrus und die Gandhis ist Tariq Alis scharfsinniges Portrait der Geschichte dieser Familien und des Indiens, in dem ihr Einfluss bis heute spürbar ist.

UNABHÄNGIGES INDIEN

Jawaharlal Nehru, Indiens erster Premierminister, versuchte eine Politik der Blockfreiheit einzuschlagen. Dabei wollte er ein Gleichgewicht zwischen den freundschaftlichen Beziehungen zu Großbritannien und der Mitgliedschaft im Commonwealth einerseits sowie der Annäherung an die ehemalige UdSSR andererseits schaffen. Letzteres war teilweise auf die Konflikte mit China und die US-Unterstützung des Erzfeindes Pakistan zurückzuführen.

Die 1960er- und 1970er-Jahre waren stürmische Zeiten für Indien. Ein Grenzkrieg mit China 1962, in den Regionen, die damals North-East Frontier Area (NEFA; heute Nordoststaaten) und Ladakh genannt

EINE SOFTWARE-SUPERMACHT

Indiens expandierende IT-Branche, die in der Boomzeit der 1990er-Jahren entstand, basiert auf einer hochqualifizierten Mittelschicht sowie auf vielen relativ billigen Arbeitskräften und hat Indien zu einem der wichtigsten Akteure in der Welt der Technik gemacht.

Die Branche beschäftigt derzeit knapp 800 000 Inder, wobei diese Zahl bis 2008 auf zwei Millionen ansteigen soll. Hinzu kommen weitere zwei Millionen Arbeitsplätze, die indirekt durch die IT-Branche entstehen. Nimmt man außerdem noch den großen Trend zum Outsourcing hinzu, durch den Callcenter westlicher Unternehmen nach Indien verlegt werden, wird die Dimension der Revolution in Indiens einst angeschlagener Wirtschaft erst richtig deutlich.

Der IT-Boom hat Städte wie Hyderabad (S. 960), von den Einheimischen scherzhaft „Cyberabad" genannt, und Bangalore (S. 902), bekannt als „Indiens Silicon Valley", zu Spitzenreitern in der IT-Welt verwandelt. Tamil Nadu, Karnataka und Andhra Pradesh sind heute für über 50 % der indischen Software-Exporte verantwortlich. Doch der Süden wird bald Konkurrenz von anderen Wachstumszentren wie Pune, Mumbai, Kolkata und Ahmedabad bekommen.

Die Branche wird aber auch kritisch betrachtet, vor allem von jenen, die behaupten, dass Indiens IT-Wachstum nur ein städtisches Phänomen sei und für die riesige Mehrheit der Bevölkerung Indiens kaum spürbare Vorteile bringe. Es ist aber auch nicht von der Hand zu weisen, dass der IT-Boom maßgeblich für das wiederauflebende Vertrauen in die Nation und das rasante Wirtschaftswachstum verantwortlich ist.

Man mag dafür oder dagegen sein, eines ist jedoch sicher: die IT-Branche verfügt über das Potenzial, einer der größten Erfolge in der Geschichte Indiens zu werden.

1984
Indira Gandhi wird nach der Stürmung des Goldenen Tempels von Amritsar von Sikh-Leibwächtern ermordet

1991
Rajiv Gandhi wird auf einer Wahlkampfveranstaltung in Tamil Nadu von einem Anhänger der srilankischen LTTE ermordet

wurden, führte zum Verlust von Aksai Chin (einer Region in Ladakh) und kleinerer NEFA-Gebieten. Bis heute wird um die Hoheitsgewalt über diese Gebiete gestritten. Kriege mit Pakistan 1965 (um Kaschmir) und 1971 (um Bangladesch) gaben den Indern das Gefühl, von Feinden umgeben zu sein.

Inmitten der Krisenzeit, 1964, starb der äußerst beliebte Nehru, und seine Tochter Indira Gandhi (nicht verwandt mit Mahatma Gandhi) wurde 1966 zur Premierministerin gewählt.

Bei den ersten Wahlen nach der Unabhängigkeit (1951–52) erhielt die Kongresspartei 364 von 489 Sitzen, allerdings nur 45 % der Stimmen.

Wie Nehru vor ihr, spielte Indira Gandhi eine überragende Rolle in Indien. Im Gegensatz zu ihrem Vater ist sie aber bis heute eine äußerst umstrittene Persönlichkeit, deren historisches Erbe immer noch heiß diskutiert wird.

1975, mit ernsthaftem Widerstand und Unruhen konfrontiert, rief sie den Notstand aus (der „Emergency"). Befreit von parlamentarischen Einschränkungen gelang es Gandhi nun, die Wirtschaft anzukurbeln, die Inflation deutlich einzudämmen und die Produktivität kräftig zu steigern. Andererseits fanden sich jetzt politische Gegner schnell im Gefängnis wieder, wurde Indiens Justizsystem in ein Marionettentheater verwandelt und die Pressefreiheit eingeschränkt.

Gandhi, die diese Folgen ihrer Reformen nicht wahrnehmen wollte, glaubte, Indien sei an ihrer Seite. Bei den Wahlen 1977 wurde ihre Regierung jedoch zugunsten der Janata-Partei (JPP) abgewählt. Der Gründer der JPP, Jaya Prakash Narayan, war ein alternder Gandhi-Sozialist, der 1979 starb. Man achtete ihn vor allem deshalb, weil er dank seiner moralischen Haltung und seines Muts die Demokratie Indiens wahrte und der autoritären und zunehmend korrupten Führung der Kongresspartei entgegen trat.

Von den 545 Sitzen im Lok Sabha (Unterhaus des indischen Zweikammern-Parlaments) sind 125 für die Unberührbaren reserviert.

Kurz nach dem Wahlsieg zeigte sich, dass die Janata-Partei in sich nicht geschlossen war und auch keinen Führer vom Format Narayans hatte. Morarji Desai, der Führer der Partei, war unfähig, die Probleme des Landes zu lösen. Angesichts einer galoppierenden Inflation, zunehmenden Unruhen und einer stagnierenden Wirtschaft zerbrach die Janata-Partei Ende 1979. Die Wahlen von 1980 brachten Indira Gandhi erneut an die Macht – mit einer größeren Mehrheit als je zuvor.

KONTINUITÄT MIT DER KONGRESSPARTEI

Angewiesen auf eine Demokratie, die sie ablehnte, schlug sich Indira Gandhi erfolglos mit Unruhen in mehreren Regionen, gewaltsamen Angriffen auf Dalits (Unberührbare), vielen Fällen von Polizeigewalt und -korruption und Aufständen im Nordosten und im Punjab herum. 1984, nachdem sie unbedacht die indische Armee gegen Sikh-Separatisten (die einen eigenen Sikh-Staat namens Khalistan forderten) im Goldenen Tempel von Amritsar einsetzte, wurde Indira Gandhi von zwei ihrer Sikh-Leibwächter getötet. Die leichtsinnige Entscheidung, den heiligsten Tempel der Sikhs stürmen zu lassen, hatte katastrophale Folgen: brutale Hindu-Sikh-Aufstände, bei denen über 3000 Menschen umkamen – vor allem Sikhs, die gelyncht wurden. Seitdem ist auch die Hoffnung auf Khalistan zunichte gemacht.

Indira Gandhis Sohn Sanjay, der 1980 bei einem Flugzeugunglück ums Leben kam, führte den Vorsitz über ein verheerendes Programm zur Zwangssterilisation während seine Mutter Premierminsiterin war.

Indira Gandhis Sohn Rajiv, ein ehemaliger Air-India-Pilot, wurde 1984 nach einem erdrutschartigen Sieg der Kongresspartei der nächste Premi-

1992 Hindu-Fanatiker zerstören die Moschee in Ayodhya – danach folgen landesweite Aufstände

1998 Die Bharatiya Janata Party (BJP) gewinnt die Nationalwahlen

erminister. Rajiv Gandhis Amtszeit war zunächst erfolgreich. Dann jedoch sorgten Korruptionsskandale (vor allem der Bofors-Skandal) und die Unfähigkeit, kommunalen Unruhen (vor allem im Punjab) zu beenden, für seinen politischen Abstieg. 1991 fiel auch er einem Attentat in Tamil Nadu zum Opfer, das von Anhängern der Liberation Tigers of Tamil Eelam (LTTE; eine srilankische Guerillatruppe) ausgeführt wurde.

Von 1989 bis 2004 wurden zwischen 40 000 und 100 000 Menschen im Kaschmir-Konflikt getötet.

Narasimha Rao übernahm die nun tragisch vorbelastete Führung der Kongresspartei und verhalf der Partei bei den Wahlen 1991 erneut zum Sieg. 1992 erlebte die Wirtschaft einen enormen Aufschwung, nachdem Finanzminister Manmohan Singh den Wechselkurs der Rupie gegenüber einem Korb „harter" Währungen teilweise freigegeben hatte. Staatliche Subventionen wurden stufenweise eingestellt und die ehemals erstarrte Wirtschaft wurde, zunächst zögerlich, für ausländische Investoren geöffnet. Nun zogen das riesige Potenzial gut ausgebildeter Fachkräfte und die relativ niedrigen Löhne multinationale Konzerne an. Herausragendes Beispiel hierfür ist Indiens Aufstieg in der Softwarebranche (s. Kasten S. 54).

Trotz der sich rasant erholenden Wirtschaft geriet die Rao-Regierung in ein Dickicht von Korruptionsskandalen und war auch unfähig, die ethnischen Spannungen zu beseitigen. Sie blieb bis 1996 an der Macht, war jedoch nur noch ein Schatten im Vergleich zu den Regierungen der Kongresspartei, die Indien zuvor geführt hatten.

ZUNEHMENDE ETHNISCHE SPANNUNGEN

Political Resources – India (www.politicalresources.net/India.htm) bietet viele Links zu den wichtigsten Politkern und politischen Parteien Indiens.

Das Ereignis, das das Indien der 1990er-Jahre am besten definiert, geschah am 6. Dezember 1992: Hindu-Fanatiker zerstörten die Babri Masjid-Moschee in Ayodhya (die Stadt gilt den Hindus als Geburtsort Ramas; S. 426) in Uttar Pradesh. Die Fanatiker, die die Stätte als ehemaligen Standort eines Rama-Tempels beanspruchten, verwendeten Ayodhya als Symbol für ihre Forderung, Indien zu seinen hinduistischen Wurzeln „zurückzuführen". Die hindunationalistische Bharatiya Janata Party (BJP), bei den Wahlen 1991 stärkste Oppositionspartei, stachelte die für die Zerstörung der Moschee Verantwortlichen an. Die Aufstände, die sich über den gesamten Norden ausbreiteten, forderten Tausende Tote; allein nach einer Bombenattentatsserie in Bombay gab es 250 Tote und 1100 Verletzte.

Bei den Wahlen 1996 stieg die BJP zur größten Partei auf. Sie regierte aber nur zwei Wochen, da sich säkulare Parteien zusammentaten, um die Versuche der BJP zu vereiteln, eine tragfähige Koalition zu gründen. Doch der Wachstum des Hindu-Nationalismus und das Chaos innerhalb der Kongresspartei gaben der BJP neuen Schwung. Sie gewann die Wahlen 1998 und 1999 und war damit die erste nichtsäkulare Partei, die in Indien die Regierung übernahm.

Im April 2003 folgt die Gujarat-Nationalversammlung dem Beispiel von Madhya Pradeshs Orissa und Tamil Nadu und verabschiedet die Freedom of Religion Bill, mit der der Wechsel in eine andere Religion erschwert werden soll.

Die gemäßigten Töne von Premierminister Atal Behari Vajpayee wurden ständig durch die Angriffslust anderer Mitglieder seiner Regierung und vieler Anhänger der BJP-Basis relativiert. Auch wenn einige Versuche unternommen wurden, die Ängste der Minderheiten in Indien zu beruhigen, nahmen die Spannungen mit Pakistan zu und die ethnischen Konflikte blieben weiterhin angespannt.

Mai 1998
Die BJP-Regierung führt Nukleartest durch, schürt den Konflikt mit Pakistan und zieht Sanktionen der Weltgemeinschaft auf sich

26. Januar 2001
Gujarat wird von einem massiven Erdbeben erschüttert; über 20 000 Tote

Anfang 2002 verbrannten 52 Hindu-Aktivisten, die von Ayodhya zurückkehrten, in einem Zug bei Godhra in Gujarat. Zunächst schrieb man die Schuld aufgebrachten Muslimen zu, eine Anschuldigung, die auch die regionale BJP-Regierung in Gujarat unterstützte. Bei den folgenden Aufständen wurden mindestens 2000 Menschen getötet und 12 000 Menschen, vornehmlich Muslime, aus ihrer Heimat vertrieben. Eine von der Regierung später in Auftrag gegebene Untersuchung ließ ernsthafte Zweifel an der Brandursache aufkommen; als wahrscheinlichste Ursache galt ein Unfall. Im Mai 2004 errang die Kongresspartei, unter der Führung einer anderen Gandhi – Sonia, die aus Italien stammende Frau des verstorbenen Rajiv Gandhi – einen überraschenden Wahlsieg. Typisch für Indien klang die Rückkehr des Namens (und der Legende) Gandhi wie ein Ruf aus der Vergangenheit mitten im Trubel der Gegenwart.

1997 wurde K. R. Narayanan indischer Präsident, das erste Mitglied der niedrigsten Hindu-Kaste, der Unberührbaren, das dieses Amt erreichte.

Mai 2004

Die Kongresspartei gewinnt Nationalwahlen

26. Dezember 2004

Der Tsunami im Indischen Ozean fordert über 15 000 Opfer in Südindien, auf den Andamanen und den Nicobaren

Kultur

MENTALITÄT

Indienreisenden wird wahrscheinlich schnell auffallen, wie intensiv hier das Spirituelle mit dem Alltag verflochten ist: von der Hausfrau, die jeden Morgen vor einem winzigen Schrein in der Zimmerecke andächtig ihre *puja* (Gebet) verrichtet, bis zum Ladenbesitzer, der sich – egal, wie viele kaufwütige Touristen sich gerade in seinem Laden tummeln – erst an die Arbeit macht, nachdem er die Götter um ihren Segen gebeten hat.

Neben der Religion ist die Familie der Kern der indischen Gesellschaft. Für die meisten Inder ist es undenkbar, mit Mitte Dreißig (allerspätestens!) noch unverheiratet und kinderlos dazustehen. Die Zahl der Kleinfamilien steigt zwar (hauptsächlich in größeren Städten), aber die Großfamilie ist immer noch ein Eckpfeiler der Gesellschaft – in Stadt und Land. Der Mann – in der Regel auch der Brotverdiener – ist unbestritten das Oberhaupt der Familie.

Die Kupplerei hält Einzug ins Cyber-Zeitalter – auf Websites wie www.shaadi.com und www.bharatmatrimony.com; auf den beiden Seiten versammeln sich insgesamt 30 Mio. heiratswillige Inder.

Da Religion und Familie so hoch verehrt werden, darf niemand überrascht sein, wenn er ständig zu diesen Themen befragt wird und verwunderte (vielleicht sogar missbilligende) Blicke erntet, sollte er nicht ins Schema passen. Meistens möchten die Leute zuerst wissen, aus welchem Land man kommt. Dann folgen oft Fragen zu Themen, die ein „Westler" nicht ganz angemessen findet, vor allem da sie von einem völlig Fremden kommen. Außer nach Religion und Familienstand fragen Inder auch gern nach dem Alter, dem Beruf und manchmal sogar nach dem Gehalt. Dadurch soll der Gesprächspartner keineswegs beleidigt werden, und es ist absolut o.k., sein Gegenüber mit denselben Fragen zu konfrontieren.

Die Inder waren schon immer stolz auf ihr Land, aber in den letzten Jahren hat der Nationalstolz einen gewaltigen Schub bekommen: Indiens Ansehen im IT-Bereich, in Literatur und Film ist weltweit gestiegen. Und dann wäre da natürlich noch das Atomwaffenprogramm, das ständig weiterentwickelt wird. Es gibt zwar einige vehemente Gegner, doch der Großteil der Bevölkerung begrüßt das Programm als Aushängeschild – das am liebsten dann zur Schau gestellt wird, wenn sich die Beziehungen zum Nachbarn Pakistan wieder mal zuspitzen.

Das Nebeneinander von Tradition und Moderne im 21. Jh. stellt ein paar der weit verbreiteten Klischees über Indien auf den Kopf. Sicher gibt es sie noch: das Tandoori Chicken und die Inderin im bunten Sari. Aber heute kann es gut passieren, dass das Tandoori Chicken auf einer Holzofenpizza mit extra Käse daherkommt, und dass die so sittsam aussehende Dame im Sari, der man auf der Straße begegnet, sich in ihr Hightech-Handy (wie veraltet das eigene daneben wirkt!) über die letzte *Sex-and-the-City*-Folge auslässt.

LEBENSART

Kultur im Zeichen der Tradition

EHE, GEBURT & TOD

Die Hochzeit ist für Inder ein höchst feierlicher Akt und obwohl die Zahl der „Liebesheiraten" in den letzten Jahren gestiegen ist (vor allem in städtischen Gegenden), werden die meisten Hindu-Ehen immer noch arrangiert. Dazu schauen Inder sich diskret in der Umgebung um und schalten vielleicht eine Annonce in der Zeitung oder im Internet. Die Horoskope werden verglichen und wenn die Sterne günstig stehen, treffen sich die Familien. Junge Inder dürfen heiraten, sobald sie 18 Jahre alt sind.

DOS & DON'TS

Indien hat sich zwar viele der alten Bräuche bewahrt, aber trotzdem steht ein Tourist nicht unter dem Druck, alles „richtig" machen zu müssen. Mit gesundem Menschenverstand und einer ordentlichen Portion Höflichkeit kann eigentlich nicht viel schief gehen. Und weiß man mal nicht, wie man sich verhalten soll (z. B. in einem Tempel), hilft ein Seitenblick auf die Einheimischen – ansonsten einfach fragen!

Konservative Kleidung (Frauen und Männer) kommt bei den Einheimischen besser an (Frauen s. auch S. 1159). Küsse und Umarmungen in der Öffentlichkeit sind verpönt.

Verhalten in Kultstätten

Beim Besuch heiliger Stätten sind angemessene Kleidung und respektvolles Benehmen gefragt – keine Shorts oder ärmellose Tops (das gilt für Männer und Frauen). Zigaretten in der Tasche lassen! Lautes und aufdringliches Benehmen ist genauso wenig angebracht wie der Austausch von Zärtlichkeiten oder Herumalbern.

Vor dem Betreten eines heiligen Ortes Schuhe ausziehen (der Schuhwächter freut sich über ein paar Rupien Trinkgeld nach dem Besuch); vorher erkundigen, ob Fotografieren erlaubt ist.

Einheimische nicht am Kopf berühren und nicht die Fußsohlen gegen eine Person, einen religiösen Schrein oder das Bild einer Gottheit richten. Es gilt auch als anstößig, jemanden mit dem Fuß zu berühren oder die Statue einer Gottheit anzufassen.

In einigen Kultstätten ist eine Kopfbedeckung (für Frauen und gelegentlich auch Männer) Pflicht, manchmal dürfen Frauen und nichtgläubige Männer überhaupt nicht rein – vorher erkundigen! Oft sitzen Frauen und Männer getrennt. Vor dem Betreten eines Jain-Tempels müssen alle Ledergegenstände abgelegt werden; Frauen können gebeten werden, während ihrer Menstruation draußen zu bleiben.

Richtiges Benehmen bei Tisch und zu Besuch

Wer das Glück hat, von einem Inder nach Hause eingeladen zu werden, sollte auf jeden Fall die Schuhe vor dem Haus lassen und sich vor der Hauptmahlzeit die Hände waschen. Stets warten, bis das Essen serviert ist oder bis man aufgefordert wird, sich zu bedienen – wer unsicher ist, verlässt sich am besten auf den Gastgeber, der einem zeigt, wo's langgeht.

Es ist üblich, mit der rechten Hand zu essen und auch zum Händeschütteln die rechte Hand zu benutzen; die linke Hand ist für eher „unappetitliche" Handlungen da, also etwa um dreckige Schuhe auszuziehen oder beim Toilettengang. Trinkt man gemeinsam aus einem Glas, wird es ein wenig über dem Mund gehalten, damit die Lippen den Rand nicht berühren.

Knigge für Fotografen

Beim Fotografieren von Personen – besonders von Frauen, die das als anstößig empfinden könnten – Feingefühl an den Tag legen: Vorher um Erlaubnis bitten!

Fotografieren in Kultstätten, bei Bestattungen oder religiösen Feiern oder das Ablichten Badender in der Öffentlichkeit (einschließlich Flüssen) kann als Beleidigung aufgefasst werden – vorher fragen! Fotografieren mit Blitz kann in bestimmten Bereichen von Kultstätten oder auch generell verboten sein.

Noch mehr Tipps

Wer die Chancen erhöhen will, korrekte Antworten zu erhalten, sollte Suggestivfragen vermeiden. Also besser so: „Wo geht's lang zum Museum?" anstatt in eine Richtung zu weisen und zu fragen „Geht's hier lang zum Museum?"

Die typisch indische „Wackeldackel"-Kopfgeste bedeutet übrigens nicht automatisch „Nein". Sie kann auch „Ja", „Vielleicht" oder „Ich habe keine Ahnung" bedeuten.

Die Mitgift ist zwar illegal, spielt aber in vielen arrangierten Ehen immer noch eine entscheidende Rolle, und so manch eine Familie stürzt sich in Schulden, um die erforderliche Summe aufzubringen.

Ein Priester nimmt die Trauzeremonie vor und die Heirat ist gültig, nachdem das Ehepaar sieben Mal um ein heiliges Feuer gelaufen ist. Obwohl es inzwischen auch Kleinfamilien gibt, ist es für eine Frau immer noch normal, nach der Hochzeit mit der Familie des Mannes zusammenzuziehen und die Haushaltspflichten zu übernehmen, die ihre Schwiegermutter ihr aufträgt.

Es gibt zwar auch in Indien immer mehr Scheidungen und Wiederverheiratungen, aber die Gerichte gewähren sie immer noch nicht routinemäßig, und die Gesellschaft missbilligt sie im Allgemeinen. Für Witwen der höheren Kasten schickt es sich sowieso nicht, nochmal zu heiraten. Sie werden dazu gedrängt, Weiß zu tragen und ein frommes, zölibatäres Leben zu führen. S. auch S. 70.

Die Geburt eines Kindes ist ein weiteres großes Ereignis. Es zieht gleich mehrere Zeremonien nach sich, die zu unterschiedlichen festlichen Anlässen in den ersten Lebensjahren des neuen Erdenbürgers gefeiert werden: die Erstellung des ersten Horoskops, die Taufe, die Fütterung der ersten festen Nahrung oder der erste Haarschnitt.

Hindus verbrennen ihre Toten, und Bestattungszeremonien sollen die Lebenden und die Verstorbenen reinigen und trösten. Ein wichtiger Aspekt der Zeremonie ist das *sharadda*, bei dem Inder ihren Vorfahren Wasser und Reiskuchen anbieten, als Zeichen des Respekts. Dieser Brauch wird jedes Jahr am Todestag wiederholt. Nach der Verbrennung des Verstorbenen wird seine Asche eingesammelt und 13 Tage nach seinem Tod – die Blutsverwandten werden dann als rituell gereinigt betrachtet – von einem Familienmitglied in einen heiligen Fluss, etwa den Ganges, oder in den Ozean gestreut.

Bei den 1900 Heiratsannoncen, die in einer führenden indischen Tageszeitung an einem einzigen Tag im August 2004 erschienen waren, wurde nur in 225 erklärt, dass die Kaste kein Hindernis darstellt.

DAS KASTENSYSTEM

Das Kastensystem hat zwar inzwischen an Einfluss verloren, aber trotzdem ist seine Macht groß: Es ist die Grundlage der hinduistischen Gesellschaftsstruktur. Wer ein rechtschaffenes Leben führt und seine dharma (moralische Pflicht) erfüllt, hat größere Chancen, in einer höheren Kaste und damit in einem besseren Leben wiedergeboren zu werden. Hindus werden in einer von vier varnas (Kasten) geboren: Brahmana (Priester und Gelehrte), Kshatriya (Krieger), Vaishya (Kaufleute) und Shudra (Arbeiter). Die Brahmanen sollen im Augenblick der Schöpfung aus dem Mund des Gottes Brahma geschaffen worden sein, die Kshatriyas aus seinen Armen, die Vaishyas aus seinen Oberschenkeln und die Shudras aus seinen Füßen. Die Kasten gliedern sich in Tausende *jatis*, also Gruppen – das kann die Familie sein oder sonst eine Gemeinschaft –, in die man hineingeboren wird und die manchmal, aber nicht immer, den beruflichen Weg eines Menschen vorgeben.

Unterhalb der vier Kasten sind die Dalits (früher die Unberührbaren genannt), die niedere Tätigkeiten verrichten, z. B. als Straßenkehrer und Latrinenputzer. Ihre andere Bezeichnung „Paria" leitet sich vom Namen

HIJRAS

Die auffälligste Gruppe indischer Nicht-Heteros sind die *Hijras*, eine Kaste von Transvestiten und Eunuchen, die Frauenkleidung tragen. Einige sind schwul, andere zweigeschlechtig und manche haben das Unglück erlebt, entführt und kastriert worden zu sein. Es wird traditionsgemäß nicht toleriert, sich offen zu seiner Homosexualität zu bekennen, doch die *Hijras* umgehen das geschickt, indem sie sich als eine Art drittes Geschlecht ausgeben. Sie arbeiten hauptsächlich als uneingeladene Entertainer auf Hochzeiten und Geburtsfeiern männlicher Kinder oder als Prostituierte.

Mehr über die *Hijras* gibt's in *The Invisibles* von Zia Jaffrey und in *Ardhanarishvara the Androgyne* von Dr. Alka Pande.

TRADITIONELLE KLEIDUNG

Das typische Kleidungsstück der Inderinnen ist der Sari. Er besteht aus einem einzelnen Stück Stoff (zwischen 5 und 9 m lang und 1 m breit), das raffiniert übereinandergeschlagen und gefaltet wird, ohne Nadeln oder Knöpfe. Zum Sari werden die choli (enge Bluse) und ein Unterrock mit Zugband getragen. Der Teil des Sari, der über die Schulter geworfen wird, heißt palloo. Ebenfalls sehr beliebt bei Frauen ist der *salwar kameez,* eine traditionelle kleidähnliche Kombination aus Tunika und Hose mit passendem dupatta (langer Schal).

Traditionelle Kleidung für Männer sind das dhoti, und (im Süden) der *lungi* oder der *mundu*. Das dhoti ist ein locker sitzendes Kleidungsstück, das wie ein langer Lendenschurz um Taille und auch Beine gewickelt wird. Der lungi sieht aus wie ein Sarong, bei dem die Enden normalerweise wie ein Rohr zusammengenäht sind. Der *mundu* ähnelt dem lungi, aber er ist immer weiß.

Es gibt regionale und religiöse Variationen der Trachten – so sieht man etwa eine Muslimin in einer komplett verhüllenden burka.

einer tamilischen Dalit-Gruppe ab: den Paraiyars. Einige Dalit-Führer, etwa der verstorbene Dr. Ambedkar, versuchten durch den Übertritt zu anderen Religionen den Status der Kastenlosen zu verbessern – bei Ambedkar war es der Buddhismus. Ganz unten in der Gesellschaft sind schließlich die Denotified Tribes. Sie waren bis 1952 sogar unter der Bezeichnung Criminal Tribes bekannt, dann gab es eine Gesetzesreform und 198 Stämme und Kasten wurden offiziell anerkannt. Viele davon leben als Nomaden oder Halbnomaden, an den Rand der Gesellschaft gedrängt.

Um die Lage der Dalits zu verbessern, reserviert ihnen die Regierung ein beträchtliches Kontingent von Arbeitsplätzen im öffentlichen Bereich, Parlamentssitze und Universitätsplätze. Unter die Quotenregelung fallen heute bis zu 50 % der heiß begehrten Jobs im Staatsdienst. Die Situation variiert allerdings von Region zu Region, da verschiedene Politiker mit Quotenversprechungen auf Stimmenfang gehen.

PILGERFAHRTEN

Mindestens einmal im Jahr sollen gläubige Hindus eine *yatra* (Pilgerfahrt) machen. Pilgerfahrten werden unternommen, um die Götter zu bitten, ihnen einen Wunsch zu gewähren, um die Asche eines verstorbenen Verwandten zu einem heiligen Fluss zu tragen oder um spirituelle Würde zu erlangen. In Indien gibt es Tausende heilige Stätten, die von Pilgern besucht werden; viele ältere Pilger wählen Varanasi als letzte Pilgerstätte, da es heißt, wer hier stirbt, würde vom Kreislauf der Wiedergeburt befreit.

Da die meisten indischen Festivals religiöse Ursprünge haben, tummeln sich dort sehr viele Pilger.

Chandni Bar (Regie: Madhur Bhandarkar) gewährt einen realistischen und bewegenden Einblick in das Leben von Frauen, die von Armut getrieben oder oft von der Familie unter Druck gesetzt werden und deshalb als Tänzerinnen/Prostituierte in Mumbais zwielichtigen Bars arbeiten.

AKTUELLE THEMEN

AIDS

Indien hat nach Südafrika die weltweit zweithöchste Anzahl HIV-Positiver; 2005 gab es 5,1 Mio. registrierte Fälle. Neben Prostituierten zählen Truckfahrer und intravenös Drogenabhängige zur Gruppe mit dem höchsten Risiko.

Falls die Regierung eines Landes, in dem über 1 Mrd. Menschen leben, ihre Aufklärungsprogramme (insbesondere Kondomwerbung) nicht drastisch erweitert, könnte die Zahl der HIV-Positiven bis 2010 auf mindestens 12 Mio. ansteigen – so warnen Gesundheitsexperten. Der Kondomumsatz in den Städten Indiens brach aber richtiggehend ein: Wurden 2001/2002 noch 530 Mio. Stück verkauft, waren es 2003/2004 nur noch 476 Mio.

Weitere Informationen gibt es auf S. 1217.

KINDERARBEIT

Der südindische Bundesstaat Kerala hat die niedrigste Kinderarbeiterquote Indiens (1 %); der Landesdurchschnitt liegt bei 7 %.

Obwohl Kinderarbeit gesetzlich verboten ist, gibt es in Indien aktuell zwischen 80 und 115 Mio. Kinderarbeiter, schätzen Menschenrechtsorganisationen – die höchste Rate weltweit. Das Unvermögen, Gesetze durchzusetzen, die Armut und der Mangel an sozialen Sicherungssystemen gelten als Hauptursachen dieses Problems.

Die meisten Kinderarbeiter schuften in der Landwirtschaft, während andere als Lumpensammler, Haushaltshilfen, Teppichweber, Ziegelarbeiter und Prostituierte arbeiten. Es gibt auch eine beträchtlich hohe Anzahl von Kindern, die bei der Herstellung von *bidis* (kleine, handgedrehte Zigaretten) eine Menge schädlichen Tabakrauch und Chemikalien einatmen. Einem hohen Risiko sind Kinder auch bei der Produktion von Feuerwerkskörpern ausgesetzt. 2004, kurz vor dem Diwali-Festival (da werden die meisten Feuerwerkskörper verkauft), hielten landesweit Tausende Schulkinder friedliche Demonstrationen ab und forderten ein Ende der Kinderarbeit in der Feuerwerksbranche (und auch überhaupt). In Kanchipuram (Tamil Nadu) arbeiten mittlerweile rund 4000 Kinder im Schulalter Vollzeit in der Seidenbranche – s. Kasten S. 1070.

HOMOSEXUALITÄT

Laut einem Bericht von 2004 leben in Indien schätzungsweise 70 Mio. Schwule, Lesben und Transsexuelle. Obwohl liberalere Teile mancher Städte – etwa Mumbai, Bangalore, Delhi und Kolkata – mehr Toleranz gegenüber Homosexuellen an den Tag zu legen scheinen, werden Schwule und Lesben immer noch weitgehend unterdrückt. Da die Ehe auf dem Subkontinent als höchstes Gut gilt, nimmt man an, dass die meisten Homosexuellen ihre Neigung nicht öffentlich ausleben, weil sie sonst riskieren würden, von ihren Familien und der Gesellschaft verstoßen zu werden. Trotzdem: die Lage verbessert sich. So veranstalte Mumbai 2003 das Larzish-Festival – Indiens erstes schwul-lesbisches Filmfestival –, das seither jedes Jahr im November stattfindet. Das Festival ist eine wichtige Errungenschaft für die schwul-lesbische Gemeinde, wenn man bedenkt,

INDIENS NEUE YUPPIE-GENERATION

Der IT-Boom der letzten Jahre und der Outsourcing-Trend ausländischer Unternehmen nach Indien haben einen neuen Typus des indischen Yuppies hervorgebracht, und zwar besonders in größeren Zentren im Süden, etwa in Bangalore. Bei einer vor kurzem durchgeführten Umfrage kam raus, dass diese jungen Leute (viele in den Zwanzigern und unverheiratet) das traditionelle Verbraucherverhalten über Bord werfen (z. B. die Anschaffung von Haushaltswaren und Rentenvorsorge) und einen stattlichen Batzen ihres Einkommens für den puren Genuss ausgeben, also in Edellokalen speisen und in exotische Länder reisen.

Diese Latte Macchiato schlürfenden Yuppies des 21. Jhs. sind Produkte der internationaler Unternehmen: Die Firmen haben Zweigstellen in Indien eingerichtet, um durch die niedrigen Personalkosten mehr Gewinn zu machen; sie profitieren vom wesentlich günstigeren Gehaltsniveau in Indien. Ein Beispiel: Das durchschnittliche Monatsgehalt eines indischen Callcenter-Operators (derzeit gibt es über 160 000 internationale Callcenter-Jobs in Indien) beträgt ca. 10 000 Rs. Das sind mehrere Tausend Rupien mehr als das Durchschnittsgehalt in einem indischen Unternehmen, aber nur ein Bruchteil dessen, was die im Ausland ansässigen Firmen zu Hause bezahlen müssten. Inzwischen werden viel versprechende indische Jungmanager, die bisher nur wenige Jahre für ein internationales Unternehmen gearbeitet haben, mit einem Einkommen von 150 000 Rs belohnt – und geködert, damit sie sich nicht von anderen Firmen abwerben lassen. Damit verdienen sie bis zu 80 % mehr als ein Landsmann der mittleren Managerriege.

S. auch Kasten S. 54.

ADIVASI

Die Wurzeln der indischen Adivasi (Stammesgemeinschaften; auf Sanskrit bedeutet Adivasi „Ureinwohner") reichen vor die Zeit der vedischen Arier und der Drawiden des Südens zurück. Heute leben schätzungsweise 67,5 Mio. Adivasi in Indien, sie sind untergliedert in etwa 450 verschiedene Stammesgruppen. Die Alphabetisierungsrate unter den Adivasi beträgt 29,6 %.

In der Geschichte führte der Kontakt zwischen Adivasi und Hindu-Dorfbewohnern in den Landebenen selten zu Reiberein – schließlich gab es kaum einen oder gar keinen Wettbewerb um Ressourcen oder Land. Im Laufe der letzten Jahrzehnte wurde allerdings ein Großteil der Adivasi enteignet und dadurch in eine verarmte Arbeiterschaft verwandelt.

Dank einer parlamentarischen Quotenregelung genießen sie zwar nach wie vor politisches Mitspracherecht, doch die empörende Enteignung und Ausbeutung der Adivasi vollzog sich oft mit der stillschweigenden Billigung seitens der Bürokratie – ein Kapitel, das die Regierung lieber ungeschehen machen würde und das sie auch vehement verleugnet. Stattdessen verweist sie auf die Millionen von Rupien, die angeblich in Adivasi-Projekte gesteckt worden sind. Zwar wurde ein Teil dieses Geldes sinnvoll verwendet, aber die Korruption hat viel davon verschlungen. Und solange nichts weiter unternommen wird, sehen die Adivasi einer unsicheren Zukunft entgegen, in der womöglich eine uralte Kultur mit ihren Traditionen verschwinden wird.

Mehr Wissenswertes über die Adivasi bieten die Bücher *The Todas of South India – A New Look* von Anthony Walker, *Tribes of India – The Struggle for Survival* von Christoph von Fürer-Haimendorf, sowie *Archaeology and History: Early Settlements in the Andaman Islands* von Zarine Cooper.

welchen Terz religiöse Fanatiker um Deepa Mehtas Film *Fire* (mit lesbischen Themen) gemacht haben. Der Streifen wurde bekanntlich von der ultrakonservativen Shiv-Sena-Partei 1998 verboten.

Homosexuelle Indienreisende sollten auch S. 1178 beachten.

ARMUT

Seit Indien unabhängig ist, ist den Regierungen klar: Die Verbesserung der Lage der Armen ist Chefsache. Aber Indien hat trotzdem eine der weltweit höchsten Konzentrationen von Armut; 350 bis 400 Mio. Inder leben unterhalb der Armutsgrenze, 75 % davon in ländlichen Regionen. Etwa 34,7 % der Bevölkerung hat zum Überleben weniger als 1 US$ am Tag. Am stärksten betroffen ist die Landbevölkerung, die im Durchschnitt nur ein Viertel von dem verdient, was die Stadtbevölkerung nach Hause bringt.

Obwohl etwa ein Drittel der Bevölkerung Indiens von weniger als 1 US$ am Tag lebt, gibt es im Land rund 61 000 Millionäre (in US$).

Zu den Hauptursachen der Armut gehören Analphabetismus und eine Bevölkerungszuwachsrate, die Indiens Wirtschaftswachstumsrate um ein Vielfaches übersteigt.

Indiens Mindestlohn ist auf 54,28 Rs pro Tag festgesetzt – aber diese Zahl entspricht nicht immer der Realität. Der Mindestlohn für einen der am schlechtesten bezahlten Berufe, die Hirten, beträgt 40 bis 45 Rs, Frauen bekommen oft noch weniger.

Es gibt einen engen Zusammenhang zwischen Armut und Prostitution; einem Bericht von 2005 zufolge arbeiten in Indien bis zu 10 Mio. Menschen als Prostituierte – und rund 20 % davon sind unter 18 Jahren.

Wegen der hohen Armut steigt auch die Zahl der Bettler enorm, hauptsächlich in den großen Städten. Touristen aus dem Ausland bekommen besonders diesen Aspekt des traurigen Themas zu spüren. Es bleibt jedem selbst überlassen, ob er den Bettlern etwas gibt oder nicht; das Geld ist aber sicher sinnvoller bei einer renommierten Wohlstätigkeitsorganisation eingesetzt, die längerfristige Projekte auf die Beine stellt. Überlegenswert wäre auch, durch eine ehrenamtliche Tätigkeit zu helfen – zu ehrenamtlichen Jobs s. S. 1161.

Indien hat eine der weltgrößten Diasporas – mindestens 20 Mio. Inder leben in 110 unterschiedlichen Ländern, davon ca. 1,3 Mio. in Großbritannien.

BEVÖLKERUNG

Nur in China leben noch mehr Menschen als in Indien – und bis 2030 wird Indien China als bevölkerungsreichstes Land des Planeten vermutlich überholen.

Eine Volkszählung findet alle zehn Jahre statt. Bei der von 2001 kam raus, dass Indiens Bevölkerung in den letzten zehn Jahren um 21,34 % gestiegen ist. Mumbai ist die bevölkerungsreichste Stadt Indiens, im Ballungsgebiet wurden 16 368 084 Menschen gezählt; an zweiter Stelle steht Kolkata mit 13 216 546 Einwohnern, gefolgt von Delhi an dritter und Chennai an vierter Position. Auch wenn es in Indien viele Städte gibt – die Landbevölkerung ist trotzdem deutlich in der Überzahl: etwa 75 % der Bevölkerung leben auf dem Land.

Weitere Statistiken finden sich auf der Website des Census of India unter www.censusindia.net und im Überblickkapitel auf S. 36. Infos zur Bevölkerung nach Regionen aufgeteilt gibt's im Kurzinfokasten am Anfang der Regionenkapitel.

RELIGION

Die wichtigste Religion Indiens, der Hinduismus, wird von ca. 82 % der Inder praktiziert. Neben dem Buddhismus, Jainismus und Zoroastrismus ist der Hinduismus eine der ältesten noch praktizierten Religionen der Welt. Seine Wurzeln reichen bis weit vor 1000 v. Chr. zurück.

Ein Sadhu ist jemand, der allem materiellen Besitz entsagt hat und durch Meditation, das Studium heiliger Schriften, Selbstkasteiung und Pilgerfahrten Spiritualität erlangen will.

Die größte Minderheitenreligion Indiens ist der Islam; etwa 12 % der Bevölkerung sind Muslime. In Nordindien wurde diese Religion von eindringenden Armeen eingeführt (im 16. und 17. Jh. kontrollierte das Mogulreich einen großen Teil Nordindiens), im Süden von arabischen Händlern.

Die Christen machen etwa 2,3 % der Bevölkerung aus. 75 % der Christen leben in Südindien, während Sikhs – schätzungsweise 1, 9 % der Bevölkerung – hauptsächlich im nördlichen Staat Punjab leben. Etwa 0,76 % der Bevölkerung verehren Buddha, Bodhgaya (Bihar) ist ihr wichtigstes Pilgerziel. Rund 0,4 % der Bevölkerung sind Jains – die meisten leben in Gujarat und Mumbai. Parsen, Anhänger des Zoroastrismus, gibt es etwa 90 000. Ursprünglich ließen sich die Parsen in Gujarat nieder und betrieben Landwirtschaft; während der britischen Herrschaft wechselten sie dann zum Handel über und gründeten eine wohlhabende Gemeinde in Mumbai – s. Kasten S. 785. Schätzungen zufolge leben nur noch knapp 17 000 Juden in Indien, vor allem in Südindien.

Die Stammesreligionen sind inzwischen mit dem Hinduismus und anderen großen Religionen so verschmolzen, dass man heute nur noch wenige von ihnen klar ausmachen kann. Einige grundlegende Lehren des Hinduismus haben sich wahrscheinlich aus der Stammeskultur herausgebildet.

Shakunthala Jagannathans *Hinduism – An Introduction* entwirrt die grundlegenden Lehren des Hinduismus – prima Einstiegslektüre für alle, die hier Neuland betreten.

Ethnische Konflikte

Religiös motivierte Konflikte sind ein blutiges Kapitel in der indischen Geschichte. Nach der Unabhängigkeit wurde das Land in ein hinduistisches Indien und ein muslimisches Pakistan aufgeteilt – das löste ein entsetzliches Blutbad aus (s. S. 53). Zu den späteren Eskalationen religionsbedingter Gewalt zählen die Hindu-Sikh-Aufstände im Jahr 1984 (S. 55) und die Ayodhya-Katastrophe (S. 56) von 1992.

Der andauernde Streit zwischen Indien und Pakistan um Kaschmir entlädt sich auch in religiösen Auseinandersetzungen und schürt weiter die Feindseligkeit zwischen Hindus und Muslimen – mehr Informationen gibt's im Kasten S. 52.

Hinduismus

Der Hinduismus hat keinen Begründer, keine zentrale Figur oder Hierarchie und ist auch keine bekehrende Religion. Im Wesentlichen glauben Hindus an Brahman, das ewig, unerschaffen und unendlich ist; alles, was existiert, geht von Brahman aus und kehrt schließlich auch dorthin zurück. Bei der Vielzahl der Götter und Göttinnen handelt es sich lediglich um Erscheinungsformen – erfassbare Aspekte dieses unbestimmten, formlosen Phänomens.

Im Hinduismus symbolisiert die „Dreierform" des Om-Symbols die Schöpfung, die Bewahrung und die Zerstörung des Universums (und damit die Trimurti – Brahma, Vishnu und Shiva).

Hindus glauben, dass das irdische Leben ein Kreislauf ist; man wird immer wieder geboren (ein Prozess, der als samsara bezeichnet wird). Die Qualität dieser Wiedergeburten hängt ab vom Karma (Verhalten oder Handeln) in früheren Leben. Wer rechtschaffen lebt und seine dharma erfüllt, verbessert die Chancen, in eine höhere Kaste und damit in bessere Lebensumstände hineingeboren zu werden. Wer zu viel schlechtes Karma angesammelt hat, kann auch in Gestalt eines Tieres wiedergeboren werden. Doch nur Menschen sind in der Lage, genügend Selbsterkenntnis zu erwerben, um sich dem Kreislauf der Wiedergeburt zu entziehen und moksha (Erlösung) zu erlangen.

GÖTTER & GÖTTINNEN

Alle hinduistischen Gottheiten werden als Erscheinungsformen des Brahman angesehen. Als Hauptvertreter dieser kosmischen Weltseele gilt die Trimurti: Brahma, Vishnu und Shiva.

Der Hindu-Pantheon umfasst etwa 330 Mio. Gottheiten; wer welche Gottheiten verehrt, ist eine Frage persönlicher Vorlieben oder der Tradition innerhalb einer bestimmten Region/Kaste.

Brahman

Das Eine; die endgültige Wirklichkeit. Brahman ist formlos, ewig und die Quelle allen Lebens. Brahman ist *nirguna* (ohne Eigenschaften) im Gegensatz zu allen anderen Göttern, die Erscheinungsformen von Brahman sind und deshalb als *saguna* (mit Eigenschaften) gelten.

Brahma

Brahma spielt nur während der Erschaffung des Universums eine aktive Rolle. Ansonsten meditiert er. Seine Gemahlin ist Saraswati und sein Reittier ein Schwan. Manche Darstellungen zeigen ihn auf einer Lotusblume sitzend, die aus Vishnus Nabel emporsteigt – ein Symbol für die gegenseitige Abhängigkeit der Götter. Brahma wird im Allgemeinen mit vier Köpfen dargestellt (bekrönt und bärtig), wobei jeder in eine andere Himmelsrichtung schaut.

Vishnu

Vishnu, der Bewahrer oder Erhalter, ist mit „rechtem Handeln" verbunden. Er beschützt und bewahrt alles Gute in der Welt. Er ist meist vierarmig dargestellt, in den Händen hält er eine Lotusblüte, eine Muschel (da sie wie eine Trompete geblasen werden kann, symbolisiert sie die kosmische Schwingung, aus der alles Dasein entspringt), einen Diskus und eine Keule (als Belohung für den Sieg über Indra, den Gott der Krieger). Seine Gemahlin ist Lakshmi und sein Reittier Garuda, eine Kreatur halb Vogel, halb Bestie. Aus seinen Füßen, so heißt es, entströmt der Ganges. Vishnu hat 22 Inkarnationen, darunter Rama, Krishna und Buddha.

Shiva wird manchmal als Gott des Yoga verstanden: ein im Himalaya lebender Asket mit verfilztem Haar, mit Asche beschmiertem Körper und einem dritten Auge, das für Weisheit steht.

Shiva

Shiva ist der Zerstörer, ohne den die Schöpfung aber nicht möglich wäre. Shivas Schöpferkraft wird versinnbildlicht durch ein Phallussymbol, der vielerorts verehrte Lingam. Shiva hat 1008 Namen und tritt in vielen Gestalten auf, etwa als Pashupati, Herr der Tiere, und als Nataraja, König des *tandava* (kosmischen Tanzes), der die Schöpfung und die Zerstörung des Kosmos abschreitet.

Manchmal ist Shiva mit Schlangen um den Hals und einem Dreizack (Symbol für die Trimurti) als Waffe abgebildet, während er auf seinem Bullen Nandi reitet. Nandi symbolisiert Macht und Stärke, Gerechtigkeit und die moralische Ordnung. Auch Shivas Gefährtin Parvati kann verschiedene Gestalten annehmen.

Andere berühmte Gottheiten

Der elefantenköpfige Ganesh ist der Gott des Wohlstands und Schutzherr der Schriften (der abgebrochene Stoßzahn, den er in der Hand hält, wurde für die Niederschrift einiger Teile des Mahabharata verwendet). Es ranken sich verschiedene Geschichten darum, wie genau Ganesh zu einem Elefantenkopf kam. Eine Legende besagt, dass Ganesh, der von Parvati geboren wurde, während sein Vater (Shiva) fort war, von Shiva enthauptet wurde. Shiva entdeckte später, dass er seinen eigenen Sohn getötet hatte und gelobte, Ganeshs Kopf zu ersetzten durch den des ersten Geschöpfs, das ihm begegnen sollte. Das war ein Elefant.

Krishna ist eine Inkarnation Vishnus, auf die Erde entsandt, um sich für das Gute einzusetzen und das Böse zu bekämpfen. Seine Spiele mit den *gopis* (Milchmädchen) und seine Liebe zu Radha waren Inspirationsquelle für unzählige Gemälde und Lieder.

Hanuman ist der Held des Ramayana und König der Affen, der aber in der Lage ist, andere Gestalten anzunehmen.

Unter den Shaiviten (Anhängern der Shiva-Bewegung) wird Shakti – die Göttin als Mutter und Schöpferin – als ganz eigene Kraft verehrt. Ihre Anhänger werden als *shaktis* bezeichnet. Die Vorstellung von *shakti* wird verkörpert in der antiken Göttin Devi (Mutter und erbarmungslose Zerstörerin), die auch als Durga bekannt ist. Andere hoch verehrte Göttinnen sind etwa Lakshmi, Göttin des Wohlstands, und Saraswati, Göttin der Gelehrsamkeit.

HEILIGE SCHRIFTEN

Die heiligen Schriften der Hindus werden in zwei Kategorien unterteilt: diejenigen, die als Wort Gottes gelten (shruti = Gehörtes) und diejenigen, die von Menschen hervorgebracht wurden (smirti = Erinnertes).

Die Vedas gelten als shruti-Wissen und werden als maßgebliche Basis des Hinduismus betrachtet. Die älteste der vedischen Schriften, der Rigveda, wurde vor über 3000 Jahren verfasst. Die 1028 Verse beinhalten Gebete für Wohlstand und Langlebigkeit sowie eine Erläuterung der Ursprünge des Universums. Die Upanishaden, die letzten Teile der Vedas, befassen sich mit dem Mysterium des Todes und unterstreichen die Einzigartigkeit des Universums.

> Wer leicht verständliche Lektüre über die heiligen Schriften der Hindus sucht, sollte Amar Chitra Kathas Versionen des Ramayana und des Mahabharata im bunten Comicbuchstil lesen. Weitere Titel dieser Kinderbuchreihe sind z. B. *Ganesh, Krishna* und *Hanuman.*

Die ältesten der vedischen Texte sind im vedischen Sanskrit (mit dem Altpersischen verwandt) geschrieben. Spätere Texte wurden im klassischen Sanskrit verfasst, und viele sind in die Volkssprachen übersetzt worden.

Die smirti-Schriften umfassen eine große Literatursammlung, die viele Jahrhunderte umspannt. Es wird erläutert, wie Zeremonien daheim richtig ausgeführt werden und auch wie man gut regiert, wirtschaftet und Religionsgesetze durchsetzt. Zu den bekannteren Werken zählen das Ramayana, das Mahabharata und die *Puranas.* Sie erzählen die Göttergeschichten ausführlicher und vertreten die Auffassung der Trimurti. Im Gegensatz zu den Vedas sind die *Puranas* nicht auf eingeweihte Männer der höheren Kasten beschränkt und genießen deshalb eine größere Bekanntheit.

DIE HEILIGE SIEBEN

Die Zahl Sieben hat im Hinduismus eine spezielle Bedeutung. Es gibt sieben heilige indische Städte, jede ein wichtiges Pilgerzentrum: Varanasi (S. 427), assoziiert mit Shiva; Haridwar (S. 457), wo der Ganges vom Himalaya in die Ebene fließt; Ayodhya (S. 426), Geburtsort Ramas; Dwarka (S. 761), mit der legendären Hauptstadt Krishnas, die vor der Gujarat-Küste vermutet wurde; Mathura (S. 409), Geburtsort Krishnas; Kanchipuram (S. 1068), Stätte der Shiva-Tempel; und Ujjain (S. 693), alle zwölf Jahre Schauplatz des Kumbh Mela.

Außerdem gibt es sieben heiligen Flüsse: Ganges (Ganga), Saraswati (der Sage nach unterirdisch), Yamuna, Indus, Narmada, Godavari und Cauvery.

Das Mahabharata

Das Mahabharata ist wohl um das erste Jahrtausend v. Chr. verfasst worden. Die Schrift konzentriert sich auf die Heldentaten Krishnas. Bis 500 v. Chr. hatte es sich zu einem weitaus komplexeren Werk mit wichtigen Ergänzungen entwickelt, z. B. mit der Bhagavad-Gita (in der Krishna Arjuna vor der Schlacht seinen Rat anbietet).

Die Geschichte dreht sich hauptsächlich um Kämpfe zwischen den heldenhaften Göttern (Pandavas) und den Dämonen (Kauravas). Krishna (eine Inkarnation Vishnus), der menschliche Gestalt angenommen hat, verfolgt die Ereignisse und fungiert als Wagenlenker für den Pandavahelden Arjuna, der schließlich in einer großen Schlacht gegen die Kauravas triumphiert.

Das Ramayana

Im 3. oder 2. Jh. v. Chr. verfasst, gilt das Ramayana größtenteils als Werk einer einzelnen Person: des Dichters Valmiki. Genauso wie das Mahabharata konzentriert es sich auf den Konflikt zwischen Göttern und Dämonen.

Die Geschichte ist folgende: Der kinderlose König von Ayodhya rief die Götter an, ihm einen Sohn zu bescheren. Sein Wunsch wurde erhört und seine Frau gebar daraufhin tatsächlich einen Sohn. Aber dieses Kind, Rama genannt, war in Wirklichkeit eine Inkarnation Vishnus. Der Gott hatte menschliche Gestalt angenommen, um den Dämonenkönig von Lanka, Ravana, zu besiegen. Als Rama erwachsen war, seine Nebenbuhler übertrumpft und um die Hand der Prinzessin Sita angehalten hatte, wurde er von seinem Vater als Erbe seines Königreichs auserkoren. In letzter Minute schritt jedoch Ramas Stiefmutter ein und forderte, dass ihr Sohn an Ramas Stelle trete. Rama, Sita und Ramas Bruder, Lakshmana, wurden prompt verbannt und zogen in die Wälder, wo Rama und Lakshmana gegen Dämonen und dunkle Mächte kämpften. Ravanas Schwester versuchte nun, Rama zu verführen. Sie wurde zurückgewiesen und aus Rache nahm Ravana Sita gefangen und verbannte sie durch Zauberkraft in sein Schloss in Lanka. Unterstützt von einer Armee von Affen unter der Führung des loyalen Affenkönigs Hanuman fand Rama das Schloss schließlich, tötete Ravana und befreite Sita. Siegreich kehrten alle zurück nach Ayodhya, wo Rama zum König gekrönt wurde.

Nach hinduistischem Glauben entsprang die Lotusblüte dem Urwasser und ist über ihren Stiel mit dem mythischen Mittelpunkt der Erde verbunden.

HEILIGE TIERE & PFLANZEN

Tiere, vor allem Schlangen und Kühe, werden in Indien seit langer Zeit verehrt. Die Kuh steht für Fruchtbarkeit und Nahrung, während Schlangen (vor allem Kobras) mit Fruchtbarkeit und Wohlstand in Verbindung gebracht werden. Aber auch mit Pflanzen wird Heiliges assoziiert, der Banyanbaum symbolisiert beispielsweise die Trimurti. Mangobäume stehen für die Liebe – Shiva soll einst seine Parvati unter einem Mangobaum geheiratet haben.

VEREHRUNG

Andachten und Rituale spielen im Hinduismus eine herausragende Rolle. In Häusern von Hindus gibt es oft einen speziellen Bereich für die religiöse Verehrung. Neben dem eigenen Haus sind die Tempel die Kultstätten der Hindus. Die wichtigste Form der Verehrung ist die *puja,* die vom stillen Gebet bis zur aufwändigen Zeremonie reichen kann. Die Gläubigen verlassen den Tempel mit einer Handvoll *prasad* (gesegnete Speisen). Weitere Formen der Verehrung sind beispielsweise *aarti* (zeremonielles Anzünden von Lampen) und bhajans (spirituelle Lieder).

Islam

Der Islam wurde im 7. Jh. n. Chr. in Arabien vom Propheten Mohammed begründet. Der arabische Begriff *islam* bedeutet „sich hingeben" und die Gläubigen (Muslime) verpflichten sich, dem Willen Allahs (Gottes) ergeben zu sein. Er offenbart sich in den Schriften, dem Koran. Gott offenbarte seinen Willen Mohammed, der als sein Gesandter gehandelt hat. Der Islam ist monotheistisch. Gottes Wort wird über Propheten (Gesandte) vermittelt; Mohammed ist der letzte und entscheidende Prophet.

Nach Mohammeds Tod trennte ein Streit um die Nachfolge die Bewegung – Folge war die Aufteilung in Sunniten und Schiiten. Die meisten indischen Muslime sind Sunniten. Die Sunniten vertreten den altbekannten Pfad oder die orthodoxe Methode. Die Schiiten glauben, dass nur die Imams (vorbildliche Führer) in der Lage sind, die wahre Bedeutung des Korans zu offenbaren.

Allen Muslimen gemeinsam ist der Glaube an die wichtigen Grundlagen ihrer Religion – die fünf Säulen des Islam: das schahada (Glaubensbekenntnis: „Es gibt keinen Gott außer Allah; Mohammed ist sein Gesandter"); das Gebet (idealerweise fünfmal täglich); die zakat (Almosensteuer), in Form von Spenden für einen wohltätigen Zweck; das Fasten (zum Ramadan) für alle außer Kranke, sehr junge bzw. ältere Menschen und diejenigen, die anstrengende Reisen machen; und die haddsch (Pilgerfahrt) nach Mekka, die jeder Muslim mindestens ein Mal im Leben unternehmen will.

Sikhismus

Der Sikhismus wurde von Guru Nanak im 15. Jh. im Punjab als Reaktion gegen das Kastensystem und die brahmanische Betonung des Rituals begründet. Die Sikhs glauben an einen einzigen Gott und obwohl sie die Verehrung von Götzenbildern ablehnen, sind Bilder ihrer zehn Gurus sehr wichtig. Die heilige Schrift der Sikhs, der Guru Granth Sahib, enthält u. a. die Lehren der zehn Sikh-Gurus.

Wie die Hindus und die Buddhisten glauben auch die Sikhs an die Wiedergeburt und das Karma. Im Sikhismus gibt es aber keine asketische oder klösterliche Tradition, die den ewigen Kreislauf der Wiedergeburt unterbrechen kann.

Wesentlich für die Sikhs ist die Vorstellung von khalsa, oder der Glaube an eine auserwählte Gruppe heiliger Krieger. Ihr Fortbestand ist gesichert durch einen strengen Kodex moralischen Verhaltens (kein Alkohol, Tabak und Drogen) und die Teilnahme an einem Kreuzzug für *dharmayudha* (Rechtschaffenheit). Es gibt fünf *kakkars* (Zeichen), die

die khalsa-Bruderschaft kennzeichnen: *kesh* (der unrasierte Bart und ungeschorenes Haar, was Frömmigkeit symbolisiert); *kangha* (Kamm zur Pflege des rituell ungeschorenen Haares); *kaccha* (kurze Unterhose als Symbol für Bescheidenheit); *kirpan* (Dolch oder Schwert als Symbol für Macht und Würde); und *karra* (Armreif aus Stahl als Symbol für Furchtlosigkeit). Viele Sikhs fügen ihrem Namen das Beiwort „Singh" an – das heißt „Löwe".

Buddhismus

Der Buddhismus entstand im 6. Jh. v. Chr. als Gegenbewegung zu den Einschränkungen des brahmanischen Hinduismus. Buddha (der Erleuchtete) soll von 563 bis 483 v. Chr. gelebt haben. Als ehemaliger Prinz (Siddhartha Gautama) begann er im Alter von 29 Jahren, einen Weg zur Befreiung aus der Welt des Leidens zu suchen. Mit 35 Jahren erlangte er bei Bodhgaya (Bihar) das Nirvana (den Zustand vollen Bewussteins). Dem Kastensystem und der blinden Götterverehrung gegenüber kritisch, hielt Buddha seine Schüler an, die Wahrheit innerhalb der eigenen Erfahrungswelt zu suchen.

Das Licht, das keinen Schatten wirft von Vicki MacKenzie ist die fesselnde Autobiographie einer Britin, die zum Buddhismus konvertierte und zwölf Jahre lang in Meditation in einer Höhle oberhalb Keylongs in Himachal Pradesh verbrachte.

Buddha lehrte, dass das Dasein auf Vier Edlen Wahrheiten beruht – Leben wurzelt im Leid; Leiden wird durch das Verlangen nach weltlichen Dingen verursacht; Erlösung vom Leid erlangt man, indem man das Verlangen besiegt; der Weg zur Überwindung des Verlangens führt über die Einhaltung des Edlen Achtfachen Pfads. Dieser Pfad besteht aus rechtem Verständnis, rechten Absichten, rechter Sprache, rechtem Handeln, rechter Lebensführung, rechter Anstrengung, rechtem Bewusstsein und rechter Konzentration. Wer allem erfolgreich nachkommt, kann das Nirvana erlangen.

Der Buddhismus ist um 1900 aus großen Teilen Indiens fast komplett verschwunden. Aber ab den 1950er-Jahren gab es ein Revival unter den Intellektuellen und den Dalits, die vom Kastensystem enttäuscht waren. Die Anzahl der Anhänger hat durch den Zustrom von Flüchtlingen aus Tibet weiter zugenommen.

Jainismus

Der Jainismus entstand im 6. Jh. v. Chr. als Reaktion gegen die Kastenbeschränkungen und gegen Rituale des Hinduismus. Er wurde von Mahavira, einem Zeitgenossen Buddhas, begründet.

Jains glauben, dass durch die völlige Reinheit des Geistes Erlösung erreicht werden kann. Reinheit bedeutet das Abstoßen allen *karmans,* einer Materie, die durch die eigenen Handlungen entsteht und sich an den Geist heftet. Indem man verschiedene asketische Übungen durchführt (z. B. Fasten und Meditation), befreit man sich vom *karman* und reinigt den Geist. Rechtschaffenheit ist von großer Bedeutung, und grundlegend dafür ist *ahimsa* (Gewaltlosigkeit) gegenüber allem Lebenden im Denken und Handeln.

Das Haus der blauen Mangos von David Davidar erzählt von drei Generationen einer christlichen Familie in Kerala, vor dem Hintergrund des Kastenkonflikts und Indiens Kampf um Unabhängigkeit.

Christentum

Das Christentum soll 52 n. Chr. durch den Apostel Thomas in Südindien eingeführt worden sein. Wissenschaftler finden es aber wahrscheinlicher, dass das Christentum um das 4. Jh. herum von einen syrischen Kaufmann, Thomas Cana, ins Land gebracht wurde. Cana brach damals mit 400 Familien nach Kerala auf.

Nach Vasco da Gamas Anwesenheit 1498 erstarkte der Katholizismus in Südindien; Ordensangehörige der Dominikaner, Franziskaner und Jesuiten waren in der Region aktiv.

Das Todesritual der Parsen beinhaltet die „Türme des Schweigens" – drei konzentrische Kreise, in denen der Leichnam Geiern zum Fraß vorgesetzt wird, die die Knochen abnagen.

Zoroastrismus

Die Wurzeln des Zoroastrismus, der von Zoroaster (Zarathustra) begründet wurde, liegen in Persien. Die Religion basiert auf dem Konzept des Dualismus: zwischen Gut und Böse herrscht ein ständiger Kampf. Ob das Leben nach dem Tode angenehm wird, hängt ab von den Taten und Gedanken während des irdischen Daseins.

In Persien wurde der Zoroastrismus im 7. Jh. durch das Aufkommen des Islam verdrängt, denn wer sich ihm offen widersetzte, wurde verfolgt. Im 10. Jh. emigrierten einige Anhänger des Zoroastrismus nach Indien, wo sie als Parsen bekannt wurden.

FRAUEN IN INDIEN

Frauen in Indien haben das Recht zu wählen und Eigentum zu erwerben; etwa 10 % der Parlamentsmitglieder sind weiblich. Auch wenn die Berufswelt nach wie vor von Männern dominiert wird, stoßen Frauen immer weiter in Männerdomänen vor. Kerala stellte 1938 als erster indischer Bundesstaat weibliche Polizeibeamte ein. Außerdem wurde in Kerala erstmalig eine rein weibliche Polizeiwache gegründet (1973).

Der Film *Chokher Bali* unter der Regie von Rituparno Ghosh basiert auf Rabindranath Tagores Roman *Sandkörnchen im Auge*. Er erzählt bewegend von einer jungen Witwe in Bengalen zu Beginn des 20. Jhs., die die „Regeln der Witwenschaft" in Frage stellt – unvorstellbar in dieser Epoche.

Die Frauen in den Dörfern haben es schon weitaus schwerer, sich durchzusetzen, aber Gruppen wie die Self-Employed Women's Association (SEWA) in Gujarat zeigen, dass man doch etwas tun kann. Denn hier haben sich gesellschaftlich benachteiligte Frauen zu Verbänden organisiert, was zumindest ein wenig Schutz gegen diskriminierende und ausbeutende Praktiken in der Arbeitswelt bietet (s. Kasten S. 729).

In manchen einkommensschwachen Familien gelten Mädchen sozusagen als Schulden, da bei einer Heirat eine Mitgift gestellt werden muss, die ein Loch in die Kasse reißt. Stadtbewohnerinnen der Mittelschicht genießen materiell ein viel bequemeres Leben, doch auch hier gibt es bestimmte Zwänge. Es ist zwar wahrscheinlicher, dass eine Frau in der Stadt eine Ausbildung erhält, aber sobald sie verheiratet ist, wird auch von ihr erwartet, dass sie sich ins Leben ihrer Schwiegereltern einfügt und in erster Linie Hausfrau ist. Wenn sie den Erwartungen nicht entspricht – sei es auch nur, weil sie keinen Enkel auf die Welt bringt – kann das genauso wie für die Frauen der Dörfer unheilvolle Folgen haben; das zeigt der Brauch der „Brautverbrennung". Man vermutet, dass auf jeden registrierten Fall 250 nicht registrierte kommen und dass weniger als 10 % der registrierten Fälle strafrechtlich verfolgt werden.

DIE MODERNE STADTBEWOHNERIN

Eine 2004 in verschiedenen indischen Städten durchgeführte Umfrage ergab, dass nur 6 % der Stadtbewohnerinnen für Sex vor der Ehe sind. 65 % gaben an, dass die Karriere einer Frau erst an zweiter Stelle – nach den Bedürfnissen ihrer Familie – kommen sollte. Um die 75 % waren der Ansicht, eine Frau sollte vor dem 30. Lebensjahr verheiratet sein, während 80 % fanden, die Frau und nicht ihre Familie sollte bei der Wahl des Ehepartners das letzte Wort haben.

Inzwischen hat ein Bericht von 2005 ergeben, dass Familien aus der Mittelschicht es beim Arrangieren einer Ehe entscheidender finden, wie gebildet die junge Frau ist; noch vor zehn Jahren war das Aussehen der entscheidende Faktor. Außerdem ergab der Bericht, dass Stadtbewohnerinnen heute offensiver auftreten, wenn es darum geht, vor dem Jawort ihre emotionalen und materiellen Bedürfnisse zu verteidigen. Das wird u. a. belegt durch den kürzlichen Anstieg vorehelicher Beratungsstellen, vorwiegend in den wichtigsten Großstädten. Neben Ratschlägen zu einem glücklichen Eheleben geben einige Stellen Frauen auch Tipps, was sie unternehmen können, um im Falle einer Scheidung finanziell nicht in die Röhre zu gucken – und wie sie die Schwiegermutter bei Laune halten!

MEHNDI

Mehndi ist die traditionelle Bemalung von Frauenhänden (und manchmal auch -füßen) mit schnörkelreichen Hennamotiven zu feierlichen Anlässen wie Hochzeiten etc. Mit hochwertigem Henna ist das Motiv bis zu drei Wochen haltbar.

Wer sich ein *mehndi* aufmalen lassen möchte, muss mit mehreren Stunden Zeitaufwand für die Motivskizze und das Trocknen rechnen (währenddessen die Hände stillhalten!).

Es empfiehlt sich, den Künstler vorher um einen „Testpunkt" auf dem Arm zu bitten, da heute einige Farben Chemikalien enthalten, die Allergien auslösen oder dauerhafte Narben hinterlassen können.

Obwohl laut Verfassung geschiedenen Frauen (und Witwen) die Wiederheirat erlaubt ist, machen nur wenige Frauen von diesem Recht Gebrauch – aus dem einfachen Grund, dass sie dann von der Gesellschaft ausgestoßen würden. Oft wendet sich sogar die eigene Familie gegen eine Frau, die die Scheidung verlangt. Und es gibt auch kein soziales Sicherheitsnetz, das sie auffängt. Die Scheidungsraten in Indien sind, wie nicht anders zu erwarten, niedrig, auch wenn sie leicht gestiegen sind: 1991 wurden von tausend Ehen sieben geschieden, 2004 waren es elf von tausend.

[illegible] Übergriffe in den letzten Jahren häufiger vorkom[illegible] Sexualverbrechen als in [illegible] in Indien [illegible] es durch[illegible] werden in [illegible]

[illegible] st zu sehen [illegible] n Landstra[illegible] Körperkunst [illegible] ntiken Tem[illegible] Künste – ist [illegible] ent.

Zeitgen[illegible] nischung historischer Designelemente und [illegible] t (und Musik) geschaffen, die weltweit gefeiert wird.

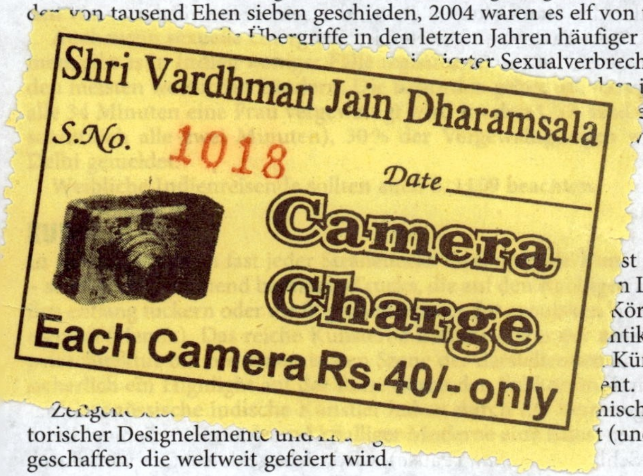

Sati – Widow Burning in India von Sakuntala Narasimhan untersucht die aufrüttelnde Geschichte des *sati* (Selbstmord der Witwe am Scheiterhaufen des Mannes; heute verboten) auf dem Subkontinent.

Indian Classical Dance: Tradition in Transition von Leela Venkataraman und Avinash Pasricha ist ein üppig illustriertes Buch mit anschaulichen Beschreibungen der verschiedenen Tanzformen Indiens, beispielsweise bharata natyam, odissi, kuchipudi und kathakali.

Tanz

Der Tanz ist eine uralte indische Kunstform, die traditionell mit der Mythologie und der klassischen Literatur zusammenhängt. Tanzkunst lässt sich in zwei Hauptkategorien aufteilen: Klassik und Folklore.

Der klassische Tanz basiert hauptsächlich auf genau definierten traditionellen Disziplinen und beinhaltet u. a. folgende Tanzstile:

- Der *bharata natyam* (auch *bharatanatyam*) kommt ursprünglich aus Tamil Nadu, ist aber inzwischen in ganz Indien verbreitet.
- Heimat des *kathakali* ist Kerala; es wird manchmal dem Tanz zugerechnet, obwohl es im Grunde genommen keiner ist – s. Kasten S. 1024.
- Der *kathak*, mit hinduistischen und islamischen Einflüssen, war besonders unter der Moguldynastie sehr beliebt. Eine Zeitlang erlangte dieser Tanz eine etwas anrüchige Berühmtheit, weil er von den kaiserlichen Höfen in die Wohnstuben umzog. Dort reizten Nautch-Tänzerinnen die Zuschauer mit Interpretationen der Liebesgeschichte

zwischen Krishna und Radha. Anfang des 20. Jhs. wurde der Ruf des kathak als ernsthafte Kunstform wieder hergestellt.

- Der *manipuri*, mit seiner zarten, lyrischen Note, stammt aus Manipur. In den 1920er-Jahren zog diese Tanzform ein breites Publikum an: Der bengalische Autor Rabindranath Tagore lud einen der meist verehrten Vertreter des manipuri ein, in Shantiniketan (Westbengalen) zu dozieren.
- Das *kuchipudi* ist ein Tanzdrama aus dem 17. Jh. Es stammt aus einem gleichnamigen Dorf in Andhra Pradesh. Die Handlung konzentriert sich auf die eifersüchtige Ehefrau Krishnas.
- Der *odissi* gilt als der älteste klassische Tanzstil Indiens. Ursprünglich war er ein Tempeltanz, später wurde er auch am königlichen Hofe dargeboten.

Auf Art India (www.artindia.net) kann man in Indiens lebhafte Szene der darstellenden Künste eintauchen – besonders in den klassischen indischen Tanz.

Indiens zweite bedeutende Tanzform, die Folklore, ist weit verbreitet und sehr vielschichtig. Sie reicht vom temperamentvollen *bhangra* aus dem Punjab über den theatralischen *Dummy Horse-Tanz* aus Karnataka und Tamil Nadu bis hin zu den anmutigen Fischertänzen von Orissa.

Ein Pionier des modernen indischen Tanzes ist Uday Shankar (der ältere Bruder des Sitarvirtuosen Ravi), der seinerzeit mit der russischen Ballerina Anna Pavlova aufgetreten ist. Rabindranath Tagore gilt als weiterer Erneuerer; 1901 gründete er bei Shantiniketan eine Schule (S. 527) zur Förderung der Künste, also auch der Tanzkunst.

Musik

Die Wurzeln der indischen klassischen Musik reichen bis in die vedische Zeit zurück: Von Priestern skandierte religiöse Gedichte wurden zum ersten Mal in einer Anthologie gesammelt – so entstand der Rigveda. Über die Jahrtausende formten viele Einflüsse die klassische Musik, und herausgebildet haben sich zwei Hauptrichtungen: die karnatische Musik (typisch für Südindien) und die Hindustani-Musik (der klassische Stil Nordindiens). Weil sie gemeinsame Wurzeln haben, teilen die beiden Formen auch einige Merkmale. Beide verwenden den raga (die melodische Struktur der Musik) und den tala (das rhythmische Maß, festgelegt durch die Anzahl der Schläge); der *tintal* hat z. B. einen *tala* von 16 Schlägen. Das Publikum folgt dem tala des *tintal*, indem es im dazugehörigen Takt klatscht: beim ersten, fünften und 13. Schlag. Beim neunten Schlag, dem *khali* (Pause), wird nicht geklatscht; er wird durch einen Wink angedeutet. Der *raga* und der tala sind Basis für Komposition und die Improvisation.

Sowohl die karnatische als auch die Hindustani-Musik werden von kleinen Ensembles gespielt, die in der Regel aus drei bis sechs Musikern bestehen und zahlreiche Instrumente benutzen. Es gibt keine festgelegten Tonhöhen, aber zwischen den beiden Hauptrichtungen bestehen durch-

DIE TOP FIVE DER INDISCHEN POP-ALBEN 2004

- *Bombay Dreams*
- *Cutting Chai*
- *Super Model Mix*
- *It's Time to Disco, Deadly Dance Dhamaka*
- *Baby Doll*

aus Unterschiede: Hindustani ist viel mehr von den musikalischen Traditionen Persiens beeinflusst – eine Folge der Mogulherrschaft; die karnatische Musik, wie sie sich in Südindien entwickelt hat, hält mehr an der Theorie fest. Ohren, die nicht mit der indischen klassischen Musik vertraut sind, nehmen aber als markantesten Unterschied wahr, dass in karnatischer Musik viel mehr gesungen wird.

Eines der bekanntesten Instrumente Indiens ist der Sitar (großes Saiteninstrument), auf dem der Solist den raga vorträgt. Weitere Saiteninstrumente sind der *Sarod*, der gezupft wird, und die *Sarangi* (Streichinstrument mit Bogen). Auch die *Tabla* (Doppeltrommel) ist weit verbreitet – mit ihr wird der *tala* geschlagen. Das Bassdröhnen, das in zwei Grundtönen erklingt, wird von der oboenähnlichen *Shenai* oder dem Streichinstrument *Tampura* (auch *Tambura*) erzeugt. Und das von Hand per Blasebalg angetriebene Keyboard-Harmonium wird als untergeordnetes Melodieinstrument in der Vokalmusik eingesetzt.

Indiens Regionalmusik ist weit verbreitet und sehr vielseitig. Umherziehende Musikanten, Zauberkünstler, Schlangenbeschwörer und Geschichtenerzähler nutzen den Gesang, um ihr Publikum zu unterhalten; normalerweise trägt der Geschichtenerzähler die großen Heldengedichte singend vor.

Radio und Fernsehen spielen heute eine wichtige Rolle bei der Verbreitung der Musik. Sie spielen die sanften bhajans (spirituelle Lieder) und auch die dröhnenden Bollywoodhits und erreichen damit auch die abgelegensten Regionen Indiens.

Kino

1897 war die Geburtsstunde der indischen Filmbranche. In Kolkata wurden die ersten in Indien aufgenommenen bewegten Bilder vorgeführt: *Panorama of Calcutta*. Der erste indische Film mit Spielhandlung, *Raja Harishchandra,* entstand dann in einer ruhigen Phase der indischen Geschichte im Jahr 1913 – und das war der eigentliche Startschuss für das indische Kino.

Vaastu Shastra (Regie: Sourabh Usha Narang) ist einer der Bollywoodfilme, die sich erfolgreich ins Horrorgenre vorwagen. Obwohl stellenweise vorhersehbar, gibt's ordentlich gruselige Momente.

Heute besitzt Indien die größte Filmbranche der Welt – größer als Hollywood! Und so ist es kein Wunder, dass Mumbai, die Hauptstadt des Hindi-Films, auch „Bollywood" genannt wird. Andere bedeutende Filmzentren sind Chennai, Hyderabad und Bangalore, und es gibt eine ganze Reihe weiterer Zentren, die Filme im Dialekt ihrer Region produzieren.

Im Durchschnitt werden in Indien ca. 800 Filme im Jahr produziert; einen Film zu machen kostet zwei bis 600 Mio. Rs – Gewinne kommen allerdings selten dabei raus. Big-Budget-Produktionen werden meistens teilweise oder sogar ganz im Ausland gedreht.

Der indische Film lässt sich grob in zwei Kategorien einteilen. Am bekanntesten ist das Mainstream-Movie. Bei diesen Blockbustern winden sich die Protagonisten drei Stunden und länger – oft singend und tanzend – durch die Dramaturgie der Handlung. In den Filmen, die für den heimischen Markt produziert werden, gibt's keine eindeutigen Sexszenen (dazu gehören auch Filmküsse!); der Mangel an nackter Haut wird aber oft dadurch ausgeglichen, dass sich die Hauptdarstellerin im hautengen, nassen Sari verführerisch zur Musik bewegt.

Topaktuellen Bollywoodtratsch gibt's auf Bollywood World (www.bollywoodworld.com) und Stardust (www.stardustindia.com).

Die zweite indische Filmgattung ist das künstlerische Kino, in dem der indische Alltag die Hauptrolle spielt. Diese Filme – mit wesentlich schmaleren Geldbeuteln finanziert als ihre Pendants des Kommerzkinos – sind es, die auf internationalen Filmfestivals die Preise absahnen.

Filmtipps gibt's im Kasten auf S. 25; Infos, wie Fans an Komparsenrollen in indischen Produktionen kommen, bietet der Kasten auf S. 789.

Literatur

Die Sanskritliteratur hat in Indien eine lange Tradition, aber auch Werke in den Dialekten tragen zu dem besonders reichen Literaturerbe bei. Man sagt sogar, es gäbe genauso viele literarische Traditionen wie geschriebene Sprachen.

Einige der erfolgreichsten literarischen Werke Indiens haben wohl die Bengalis hervorgebracht. Die Blütezeit der Bewegung, die oft als indische oder auch als bengalische Renaissance bezeichnet wird, begann im 19. Jh. mit Werken von Bankimchandra Chatterjee. Aber der Schriftsteller, der in Indien bis zum heutigen Tag dafür gefeiert wird, das indische Kulturerbe weltbekannt gemacht zu haben, ist Rabindranath Tagore, ein Bengali, der 1913 den Nobelpreis für Literatur bekommen hat – und zwar für sein Werk *Gitanjali (Sangesopfer;* s. auch Kasten S. 528).

Das *Picador Book of Modern Indian Literature*, herausgegeben von Amit Chaudhuri, ist ein informativer Schmöker über die indische Literatur, von der bengalischen Renaissance bis zur Moderne.

Indien rühmt sich, zahlreiche hoch angesehene Schriftsteller hervorgebracht zu haben. Die Autoren werden besonders deshalb geschätzt, weil sie es durch eine wunderbar sinnliche Sprache geschafft haben, Gefühle im Leser zu erwecken und Szenerien lebendig werden zu lassen. Zu den bekannten Autoren gehören Shashi Tharoor (hoch gelobt für *Der große Roman Indiens*) und Amitav Ghosh, der für seinen Roman *Bengalisches Feuer oder Die Macht der Vernunft* 1990 mit dem Prix Medici Etranger ausgezeichnet wurde, das ist einer der bedeutendsten Literaturpreise Frankreichs. R. K. Narayan bekam für seine Romane gleich diverse Preise; viele seiner Geschichten spielen in der fiktiven südindischen Stadt Malgudi. *Malgudi Schooldays: The Adventures of Swami and his Friends, Der Fremdenführer, Waiting for the Mahatma* und *The Painter of Signs* zählen zu Narayans bekanntesten Werken.

Der aus Mumbai stammende Regisseur Ismail Merchant verfilmte 2001 *Der mystische Masseur (Mystic Masseur)* von V. S. Naipaul. Der Film schildert beeindruckend das Leben der Inder im multikulturellen Schmelztiegel Trinidad in der Mitte des 20. Jhs.

Zwei zeitgenössische indische Romanciers standen in jüngster Zeit im Rampenlicht: Vikram Seth aus Kolkata, bekannt für sein Romanepos *Eine gute Partie* und die in Kerala geborene Autorin Arundhati Roy, die 1997 für *Der Gott der kleinen Dinge* den Booker Prize bekam.

Auch der in Trinidad geborene indische Autor V. S. Naipaul hat ausführlich über Indien geschrieben. Sein Buch *Indien – Ein Land in Aufruhr* bietet einen der nachdrücklichsten Einblicke in das indische Leben. Naipaul hat zahlreiche Preise gewonnen, darunter der Booker Prize (1971) und sogar der Nobelpreis für Literatur (2001). Auch der aus Mumbai stammende Salman Rushdie ist international hoch angesehen. 1981 erhielt er für Mitternachtskinder den Booker Prize. Und die in Großbritannien geborene bengalische Autorin Jhumpa Lahiri gewann 2000 den Pulitzerpreis für *Melancholie der Ankunft*, eine erstklassige Kurzgeschichtensammlung.

Weitere Empfehlungen einiger der zahlreichen brillanten Romane aus Indien s. S. 25.

Architektur

Gleich mehrere Formen der Tempelarchitektur – die sicherlich herausragende und am meisten geschätzte Bauform des Subkontinents – warten auf Indienreisende. Zwar hat keiner der aus Holz oder gelegentlich aus Ziegelstein gebauten Tempel der Frühzeit den Launen des Klimas stand gehalten, aber als vom 4. bis ins 6. Jh. hinein die Guptas in Nordindien herrschten, kam ein neuer Stil des Sakralbaus auf, der dann über mehrere Jahrhunderte als neuer Maßstab für den Tempelbau galt.

Für Hindus ist das Viereck die perfekte Form, und komplexe Regeln – basierend auf Zahlenmystik, Astrologie, Astronomie und religiösen Gesetzen – bestimmen den Standort, das Design und den Bau jedes einzelnen Tempels. Im Grunde ist jeder Tempel ein Abbild des Universums: Im Zentrum befindet sich ein schmuckloser Raum, der *garbhagriha* (inneres Heiligtum), der den „Mutterschoß" symbolisiert, aus dem das Universum hervorgegangen ist. Dieser Raum ist der Wohnsitz der Gottheit, der der Tempel geweiht ist.

Über dem Kultraum erhebt sich ein Überbau – in Südindien *vimana, in Nordindien shikhara* genannt. Das *shikhara* ist parabelförmig und schließt mit einer eingekerbten Platte ab, ganz oben gibt es noch einen Aufsatz in Form eines Gefäßes. Das *vimana* ist dagegen stufenförmig und an Stelle der Platte ist ein massives Kuppeldach angebracht. Einige Tempel haben eine *mandapa* (Vorhalle), die über Verbindungsgänge mit dem Kultraum verbunden ist. Diese *mandapas* sind manchmal auch durch *vimanas* oder *shikharas* überbaut.

Masterpieces of Traditional Indian Architecture von Satish Grover und *The History of Architecture in India* von Christopher Tadgell wecken in Architekturfreaks die Leselust und bieten Einblicke in die Tempelarchitektur.

Ein *gopuram* ist der hoch aufragende pyramidenförmige Eingangsturm eines drawidischen Tempels. Die gewaltigen *gopurams* verschiedener südindischer Tempelkomplexe (z. B. Sri Meenakshi-Tempel in Madurai – S. 1099) haben die Kunst der Ornamentik und den Monumentalismus zu neuen Höhen geführt.

Von außen sehen Jaintempel den Hindutempeln manchmal sehr ähnlich, doch im Inneren verstecken sich oft opulente Skulpturen mit atemberaubender Ornamentik – das genaue Gegenteil asketischer Schlichtheit. Heutzutage erkennt man gurdwaras (Sikhtempel) in der Regel an einem *nishan sahib* (Fahnenmast), an dem eine dreieckige Fahne mit den Sikh-Insignen flattert. Der erhabene Goldene Tempel in Amritsar (S. 264) ist die heiligste Kultstätte der Sikhs.

Stupas sind charakteristisch für buddhistische Kultstätten; sie haben sich im Wesentlichen aus Grabhügeln entwickelt und dienten einst als Aufbewahrungsorte für die Reliquien Buddhas und später auch anderer verehrter Seelen. Eine relativ junge Neuerung ist der Anbau einer *chaitya* (Halle), die zur eigentlichen Stupa hinaufführt. Eine wichtige buddhistische Kultstätte ist Bodhgaya (S. 565), wo Buddha erleuchtet wurde. Die in Ladakh und Dharamsala gefundenen Gompas zeichnen sich durch markante tibetische Motive aus (s. auch Kasten S. 347).

Auch die muslimischen Invasoren haben einen Beitrag zur Architektur Indiens geleistet – etwa die bogenförmigen Klöster und Kuppeln. Das Humayun-Mausoleum in Delhi (S. 119), das Agra-Fort (S. 399) und die Stadt Fatehpur Sikri (S. 406) zeigen, wie unter den Moguln der persische, indische und regionale Stil auf einzigartige Weise miteinander verschmolzen sind. Doch vor allem Shah Jahan verdankt Indien einige der imposantesten architektonischen Schöpfungen – in erster Linie der Taj Mahal (S. 397).

Wissenswertes über Indiens vielseitige Tempelarchitektur (und weitere Infos rund ums Thema Tempel) gibt's beim Temple Net (www.templenet.com).

Einer der auffälligsten Unterschiede zwischen dem Hinduismus und dem Islam ist die religiöse Bildersprache. Die islamische Kunst vermeidet jede Andeutung der Götzenanbetung oder der Gottesdarstellung, dafür hat sie eine reiche Sammlung kalligrafischer und dekorativer Motive hervorgebracht. Die Bauweise der Moscheen ist in Indien ungefähr dieselbe, wie überall auf der Welt: Für das Gemeinschaftsgebet gibt es eine große Halle, darin befindet sich der mihrab (Gebetsnische), der in Richtung Mekka zeigt. Das Minarett ist an einer markanten Stelle der Moschee positioniert; von hier aus werden die Gläubigen zum Gebet gerufen.

Indische Kirchen spiegeln die Moden und Trends der typischen europäischen Kirchenarchitektur wider, viele sind auch mit hinduistischen Ornamenten verziert. Es waren u. a. die Portugiesen, die eindrucksvolle Ergebnisse erzielt haben, als sie großartige Kirchen und Kathedralen ihrer Zeit nachbildeten.

Malerei

Vor rund 1500 Jahren bemalten Künstler die Wände und Decken der Ajanta-Höhlen in Westindien mit Szenen aus Buddhas Leben. Die Figuren strahlen eine ungewöhnliche Leichtigkeit und Anmut aus und bilden somit einen Kontrast zur nächsten großen Kunstrichtung, die dann im 11. Jh. in diesem Teil Indiens entstand.

Die indische Glaubensgemeinschaft der Jain schuf eine besonders opulente Tempelkunst. Nach der Eroberung Gujarats durch die Muslime im Jahr 1299 konzentrierte sie sich jedoch auf bebilderte Handschriften, die sie verstecken konnten. Diese Handschriften sind die einzigen Dokumente indischer Malerei, die die islamische Eroberung Nordindiens überlebt haben.

Indian Art von Roy Craven bietet einen umfassenden Überblick über Indiens Kunstgeschichte. Der Autor begibt sich auf die Spuren der frühen Anfänge im Industal und beleuchtet die Entwicklung verschiedener hinduistischer, islamischer und buddhistischer Kunstformen.

Der indo-persische Stil entstand an den muslimischen Königshöfen, auch wenn die Darstellung des „gestreckten Auges" eine Tradition ist, die wahrscheinlich aus einheimischen Quellen stammt. Der persische Einfluss kam zur vollen Entfaltung, als Handwerker 1507 wegen des usbekischen Angriffs auf Herat (im heutigen Afghanistan) nach Indien flohen, und auch der Handel und der Austausch von Geschenken zwischen der persischen Stadt Shiraz, einem renommierten Zentrum der Miniaturproduktion, und den Sultans indischer Provinzen trugen dazu bei.

Der Sieg Baburs bei der Schlacht von Panipat im Jahr 1526 läutete die Epoche der Moguln in Indien ein. Obwohl Babur und sein Sohn Humayun die Künste unterstützten, wird die Entwicklung des typischen Mogulstils Humayuns Sohn Akbar zugeschrieben. Akbar stellte Künstler aus aller Welt ein, und ihr Schaffen konzentrierte sich zunächst auf die Herstellung bebilderter Handschriften (die Themen reichten von Geschichte bis zu klassischen Sagen). Später dehnte es sich aus auf die Porträtmalerei und die Glorifizierung alltäglicher Ereignisse. Einige der Künstler waren von der europäischen Malerei beeinflusst, was gelegentlichen in Experimenten mit Motiven und Perspektiven zu sehen ist.

Akbars Sohn Jehangir betätigte sich ebenfalls als Mäzen der bildenden Künstler, allerdings galt seine Vorliebe der Porträtmalerei. Seiner Faszination für die Naturwissenschaft verdankt die Nachwelt auch farbenfrohe Gemälde mit Blumen- und Tiermotiven. Unter Jehangirs Sohn Shahjahan schließlich wurde der Mogulstil statischer, und obwohl die helle Farbgebung ins Auge stach, fehlte es den Bildern an Ausdruckskraft.

In Rajasthan bildeten sich um das 17. Jh. herum verschiedene Schulen der Miniaturmalerei (kleine detailreiche Bilder). Die Motive reichten von königlichen Umzügen bis zu shikhars (Jagdausflügen); viele Künstler waren nun vom Mogulstil beeinflusst. Die satten Farben, heute noch auf Miniaturen und Fresken in indischen Palästen zu bewundern, wurden oft aus zerstoßenen Halbedelsteinen gewonnen; bei den Gold- und Silberfarben handelt es sich tatsächlich um reines, zermahlenes Blattgold und -silber.

Bis ins 19. Jh. hinein war in der Malerei Nordindiens der Einfluss westlicher Stile auffällig (besonders englischer Aquarellmalerei) – darauf ist auch die Entstehung der so genannten Company School mit Zentrum in Delhi zurückzuführen.

Ausgestattet mit prachtvollen Farbillustrationen untersucht *Traditionelle indische Textilien* von John Gillow und Nicholas Barnard die faszinierende regionale Textilindustrie Indiens. Das Buch enthält Abschnitte zu Batik, Webkunst, Perlenarbeiten, Naturfarben und sogar zur Herstellung von Kamelsattelgurten.

Kunsthandwerk

Die vielen ethnischen Gruppen Indiens haben im Laufe der Jahrhunderte auch ein lebendiges künstlerisches Erbe hervorgebracht, das gleichermaßen originell und spirituell ist: Viele der kunsthandwerklichen Gegenstände sind sowohl praktisch als auch künstlerisch wertvoll. Das Kunsthandwerk ist übrigens nicht auf seine Ursprungsregion begrenzt, weil die Künstler umher ziehen und sich von anderen Ideen inspirieren lassen.

> **KOLAMS**
>
> *Kolams* sind eindrucksvolle und meist kunstvoll verschnörkelte Motive, die mit Reismehl gestreut werden (man nennt sie auch *rangoli*). Sie schmücken v.a. in Südindien die Hauseingänge und sollen Glück bringen, dienen aber auch als Symbole. *Kolams* werden traditionsgemäß bei Sonnenaufgang ausgestreut. Die Reismehlpaste kann von kleinen Tieren gefressen werden – dies ist ein Symbol dafür, dass alles Leben verehrt wird. Es heißt, dass Gottheiten von besonders schönen *Kolams* angelockt werden; außerdem können die Kunstwerke auf Zeit auch Hinweis für Sadhus sein, dass die Pilger in diesem Haus etwas zu essen bekommen. Und manche glauben auch, dass *Kolams* gegen den bösen Blick schützen.

Es ist also nicht verwunderlich, dass es in ganz Indien Kunsthandwerksgeschäfte mit typischer Kaschmir-Kunst gibt.

Indien besitzt ein bemerkenswert vielseitiges Kunstgewerbe. Am beliebtesten sind Keramik, Schmuck, Lederwaren, Metall- und Steinmetzarbeiten, Pappmaché, Holzschnitzereien und eine unglaubliche Vielfalt an Textilkunst. Nähere Infos zum Kunsthandwerk s. S. 1179.

SPORT

Kricket

Kricket ist ohne Frage die beliebteste Sportart Indiens. Wer auch nur einen Anflug von Interesse an dem Spiel bekundet, hat in der Regel eine todsichere Methode gefunden, eine anregende Unterhaltung mit Einheimischen zu beginnen. Schließlich ist Kricket eigentlich viel mehr als nur ein Sport: Es ist eine Frage des Nationalstolzes – und zwar am offensichtlichsten, wenn der Gegner Pakistan heißt. Zu Spielen zwischen den beiden Ländern, die seit der Unabhängigkeit eine problematische Beziehung zueinander haben, strömen Massen beinahe fanatischer Anhänger, und die Spieler beider Seiten stehen unter dem gewaltigem Druck, ihre Landsleute mit Stolz erfüllen zu müssen.

Heute ist Kricket in Indien ein Big Business, das zahlungskräftige Sponsoren anlockt. Die Spieler genießen Promistatus, allen voran der Starschlagmann Sachin Tendulkar. Allerdings blieb auch diese Sportart nicht von der dunklen Seite des Sportgeschäfts verschont, als vor einigen Jahren herauskam, dass die indischen Kricketspieler in so genannte Matchfixing-Skandale verwickelt waren – manche Ergebnisse waren abgesprochen.

> Weltrekord für Indien: Bei Chail, unweit Shimla in Himachal Pradesh, liegt der höchstgelegene Kricketplatz (2250 m) des Planeten.

Internationale Spiele finden an verschiedenen Orten statt (in der Regel von Oktober bis April), also etwa in Mumbais Wankhede-Stadion (S. 800). Eintrittskarten werden normalerweise einige Wochen vor dem Spiel in der Lokalpresse angepriesen.

Das erste offizielle Kricketmatch Indiens fand im Jahr 1721 statt. Seine erste *test series* (eine Serie von mehrtägigen Wettkämpfen) hat das indische Team 1952 in Chennai gegen England gewonnen.

Anfang 2005 rangierte Indien auf Platz zwei der Weltrangliste im *Test Cricket* (die höchste Form des internationalen Krickets), hinter Australien.

Polo

Bis zur Unabhängigkeit war Polo in Indien sehr beliebt (besonders unter den indischen Adligen); danach machten sich die Sponsoren ziemlich rar, weil sie nicht mehr genügend Geld hatten. Dank aufgepeppter Sponsorenverträge steigt aber heute das Interesse an dem Sport wieder.

Reisende können im Winter ein Polomatch anschauen, etwa in Delhi, Jaipur, Kolkata oder Mumbai (Näheres in den Lokalblättern). Auch in Ladakh (s. S. 356) ist Polo sehr beliebt.

Die ersten Spielregeln soll Kaiser Akbar aufgestellt haben, doch das Polo, das heute gespielt wird, wurde hauptsächlich von einem britischen Kavallerieregiment beeinflusst, das 1870er-Jahren in Indien stationiert war. Eine Reihe internationaler Regeln wurde nach dem Ersten Weltkrieg eingeführt. Einer der weltweit ältesten Poloclubs wurde 1862 in Kolkata gegründet.

Hockey

Die Fangemeinde des Hockeysports ist im Vergleich zu früher geschrumpft. Teilweise liegt das an der unerreichbaren Beliebtheit von Kricket, das am meisten gesponsert wird.

Das Neueste aus dem indischen Sport gibt's bei Sify Sports (www.sify.com/sports).

Manche geben auch den Medien die Schuld am Rückgang des Hockeys – schließlich war der Sport vor der Live-TV-Ära noch sehr beliebt; zwischen 1928 und 1956 heimste Indien sechs olympische Goldmedaillen in Folge ein (seit 1980 keine mehr).

Vor kurzem wurden einige Initiativen gestartet, um das Interesse am Spiel wieder zu wecken: Hochkarätige Hockeyclubs versuchten, Schüler und Studenten zum Mitmachen anzuregen – mit mäßigem Erfolg.

Sonstige Sportarten

Fußball hat eine große Fangemeinde – besonders im Osten und im Süden des Landes. Indien ist momentan 134. der Weltrangliste.

Pferderennen finden v.a. in den kühleren Wintermonaten statt und sind besonders in Kolkata beliebt. Es gibt aber auch Rennbahnen in anderen großen Städten, etwa Mumbai, Delhi und Bangalore.

Beim Thema Tennis verweisen Inder gleich auf die große Erfolgsgeschichte des Doppelteams Leander Paes und Mahesh Bhupathi, die 1999 in Wimbledon gewannen – als erste Inder überhaupt. Bei den Dubai Open 2005 schlug Indiens Wildcardteilnehmerin Sania Mirza die US-Open-Gewinnerin Svetlana Kuznetsova haushoch mit 6 : 4, 6 : 2. Mirza, zu dieser Zeit 97. in der Weltrangliste und damit 90 Plätze hinter Kuznetsova, holte als erste Inderin einen Titel der Women's Tennis Association Tour.

Indiens älteste englischsprachige Zeitung ist die *Times of India* (so heißt sie seit 1850); sie erschien 1838 zunächst als Wochenzeitung unter dem Titel *Bombay Times & Journal of Commerce*.

Zu den traditionellen Sportarten, die bis heute überlebt haben, gehören *kho-kho* und kabaddii, beides Fangspiele mit komplexen Regeln.

MEDIEN

Obwohl Zeitungen bestimmten politischen Parteien verpflichtet sind, herrscht in Indiens umfangreicher Printmedienlandschaft doch weitgehende Meinungsfreiheit. Es gibt mehrere Tausend Tages- und Wochenpublikationen in vielen unterschiedlichen Dialekten. Die meisten englischsprachigen Tagespublikationen und Nachrichtenmagazine sind auf S. 1149 aufgelistet; der *Indian Express* ist vielleicht das politisch am meisten investigative Blatt, das nicht davor zurückschreckt, das Establishment herauszufordern.

Es gibt Onlineversionen der wichtigsten englischsprachigen Tageszeitungen, so z. B. der *Hindustan Times* (www.hindustantimes.com), des *Indian Express* (www.indianexpress.com) und der *Times of India* (www.timesofindia.com).

Das indische Fernsehen wurde früher von dem stets eintönigen Nationalsender (staatlich kontrolliert) Doordarshan dominiert; Anfang der 1990er-Jahre revolutionierte das Satellitenfernsehen die Sehgewohnheiten – mehrere Dutzend Kanäle wurden eingeführt und so gibt es nun ein vielseitiges Programm, von indischen und amerikanischen Soaps bis zum Politfernsehen in Hindi und Englisch. Außerdem gibt's eine Reihe von indischen Regionalsendern, die Sendungen im Lokaldialekt ausstrahlen.

Das staatlich kontrollierte All India Radio bringt News, Interviews, Musik und Sport. Außerdem gibt's immer mehr landesweit ausstrahlende Privatsender, die mehr Abwechslung bieten, etwa auch Talksendungen zu Eheproblemen – früher ein absolutes Tabuthema.

Details zum TV- und Rundfunk-Programm gibt's in der Lokalpresse.

Natur & Umwelt

GEOGRAFIE

Indien bedeckt eine Fläche von 3 287 263 km² und kann mit einigen der spektakulärsten Landschaften der Welt aufwarten – von den hoch aufragenden Gipfeln des Himalaja bis zu den pfannkuchenflachen Salzebenen im Little Rann von Gujarat.

Der Himalaja

Indiens Norden wird von der langen Bergkette des Himalaja begrenzt, den höchsten Bergen der Welt. Der Himalaja erstreckt sich vom Südosten zum Nordwesten, trennt Indien von China und ist eines der jüngsten Gebirge der Erde. Seine Entwicklung kann bis ins Zeitalter des Jura (vor 80 Mio. Jahren) zurückverfolgt werden, als die Landmassen auf der Erdkugel in zwei Teile zerbrachen: Laurasien auf der Nord- und Gondwanaland auf der Südhalbkugel. Die Landmasse, die heute Indien bildet, brach von Gondwanaland ab, trieb über die Erdoberfläche und stieß schließlich mit Laurasien zusammen. Das harte Vulkangestein Indiens rammte in das weiche Sedimentgestein Laurasiens und drückte es nach oben – der Himalaja faltete sich auf. Dieser Zusammenstoß dauert noch immer an: Die Berge werden pro Jahr um bis zu 8 mm höher.

Die Nationalsymbole Indiens sind: Tiger (Tier), Pfau (Vogel) und Lotus (Pflanze).

Der Himalaja ist kein einzelner Gebirgszug, sondern eine ganze Gebirgskette, die von Tälern durchschnitten wird: Das Kulu-Tal in Himachal Pradesh und das Kaschmirtal in Jammu & Kaschmir sind beides Himalaja-Täler, ebenso das Kathmandu-Tal in Nepal. Der Kanchenjunga in Sikkim ist mit 8598 m Indiens höchster Berg (und der dritthöchste der Welt). Jenseits des Himalaja erstreckt sich das kahle Tibet-Plateau; Ladakh ist ein kleiner Teil dieses Plateaus, das noch innerhalb der Grenzen Indiens liegt.

Die südlichsten Ausläufer des Himalaja, die Siwaliks, enden abrupt in der großen Nordebene im Nordwesten.

Am 24. Dezember 2004 wurde der Golf von Bengalen und die Andamanensee von einem gewaltigen Tsunami erfasst; Teile Indiens und der Nicobaren wurden verwüstet; s. S. 1133.

Die Nordebene

Im Gegensatz zu den hoch aufragenden Bergen des Himalaja ist die Nordebene flach – und zwar so flach, dass sie östlich von Delhi bis zum Golf von Bengalen insgesamt nur 200 m abfällt. Der heilige Fluss Ganges (Ganga) entspringt in Gangotri und entwässert einen Großteil der Nordebene, bevor er in den Brahmaputra (Jamuna) fließt. Im Nordwesten fließt der Indus kurz durch Ladakh, schwenkt dann aber bald nach Pakistan ab.

Der Nordosten

Im Nordosten bilden Ausläufer des Himalaja die Grenze Indiens zu Myanmar (Birma). Hier windet sich Indien um Bangladesch herum und erreicht auf seiner Ostseite beinahe das Meer.

Zentralindien und der Süden

Südlich der Nordebene steigt das Land hinauf zum Dekkan-Plateau. Das Plateau wird auf beiden Seiten von Gebirgszügen begrenzt, die im Osten und Westen parallel zur Küste verlaufen. Die Western Ghats bilden den höheren der beiden; sie haben auch einen breiteren Küstensaum als die Eastern Ghats; die beiden Gebirgsketten treffen im äußersten Süden des Nilgiri-Gebirges zusammen. Die größten Flüsse im Süden sind der Godavari und der Krishna. Beide entspringen am Osthang der Western Ghats, fließen durch den Dekkan und münden an der Ostküste Indiens ins Meer.

Der Westen

Auf der Westseite wird Indien durch drei völlig verschiedene Regionen von Pakistan getrennt. Im Norden, in der umstrittenen Region Kaschmir, bildet der Himalaja die Grenze zu Pakistan. Die Berge des Himalaja gehen in die Ebenen des Punjab und schließlich in die Wüste Thar im Westen Rajasthans über. Es ist schwer vorstellbar, dass diese karge Region einst von dichten Wäldern bedeckt war. Schließlich trennt ein ungewöhnliches Sumpfgebiet – der Rann von Kutch – den Bundesstaat Gujarat von Sindh (Pakistan). Während der Trockenzeit (November bis April) trocknet das Sumpfland aus und hinterlässt einsame, über eine riesige Ebene verstreute Salzinseln. In der Regenzeit (Juni bis August) wird der Salzsumpf wieder überflutet und verwandelt sich in ein riesiges Binnenmeer.

Die Andamanen und Nicobaren umfassen 572 Inseln und sind die Spitzen eines riesigen Unterwassergebirges, das sich über knapp 1000 km zwischen Myanmar und Sumatra erstreckt.

Die Inseln

Obwohl sie politisch ein Teil Indiens sind, gehören die Andamanen und die Nicobaren, die entlang des östlichen Rands des Golfs von Bengalen verstreut sind, geologisch und geografisch eher zu Myanmar bzw. Indonesien.

Bei den Korallenatollen, die unter dem Namen Lakshadweep (300 km westlich von Kerala) zusammengefasst werden, handelt es sich eigentlich um eine nördliche Fortsetzung der Malediven. Lakshadweep besteht aus 36 Inseln, die gemeinsam eine Fläche von 32 km² haben. Alle Inseln sind Korallenatolle, die sich, gemäß einer Reihe von Theorien, jeweils um einen versunkenen Vulkan gebildet haben.

Lesenwertes zu den Themen Tiere und Pflanzen, Umwelt und Natur findet man in *Sanctuary Asia* (www.sanctuaryasia.com), einem Hochglanzmagazin, das sich die Verbesserung des Umweltbewusstseins für Indiens kostbares Naturerbe auf die Fahnen geschrieben hat.

TIERE & PFLANZEN

Mit ungefähr 89 451 verschiedenen Tierarten hat Indien eines der reichsten Naturerbe der Welt. Da liegt es nahe, dass die Beobachtung von Tieren mit zu den beliebtesten Beschäftigungen von Travellern gehört.

459 Tier- und Pflanzenarten sind bedroht: Pflanzen (244), Säugetiere (86), Vögel (70), Reptilien (25), Amphibien (3), Fische (8) und wirbellose Tiere (23).

Wer die Natur hautnah erleben möchte, findet im Kasten „Große Nationalparks & Reservate" (S. 84) die besten Plätze und Zeiten für Tierbeobachter.

Der World Wide Fund for Nature (WWF; www.wwfindia.org) setzt sich stark für den Umwelt- und Naturschutz in Indien ein; über ganz Indien verstreut sind WWF-Büros zu finden.

Tiere

Im Himalaja leben ausgesprochen zähe Lebewesen. In Ladakhs frostigen Höhenlagen ist der Jak beheimatet, ein zotteliger, gehörnter Wildochse, der bis zu 1 t wiegt. Hinzu kommen das Zweihöckrige Kamel, das die hoch gelegenen Dünen bewohnt, ein Wildschaf namens Ladakh-Urial, die Tibetische Antilope, der Bharal (Blauschaf), der Kiang (tibetischer Wildesel), der Himalaja-Steinbock und der Himalaja-Tahr. Weitere Bewohner des Himalaja sind Schwarz- und Braunbären, Murmeltiere, Pfeifhasen (Pikas) und Moschustiere – zartgliedrige Geschöpfe, die zwar kein Geweih haben, dafür aber hasenähnliche Ohren und Eckzähne, die beim Männchen wie Stoßzähne aussehen. Das Tier wird wegen seines Drüsensekrets gejagt, das Parfums beigemischt wird. Glücklicherweise hatte man mit den Zuchtprogrammen für Moschustiere nahe Kedarnaths (Uttaranchal) Erfolg.

Im Tiefland Indiens wimmelt es von Leben. Hier liefern sich Mensch und Natur einen harten Kampf um das Land und die Grundlagen der

Existenz. Die Natur ist vielerorts der Verlierer: Tiere werden aus ihren natürlichen Lebensräumen verjagt, da Armut und Überbevölkerung die Menschen aus ihren Dörfern treibt oder sogar zu Wilderern macht.

In puncto Mythos ist der Schneeleopard nicht zu übertreffen. Er ist so schwer zu fassen, dass es zahllose Geschichten von ihm gibt; so mancher glaubt sogar, dass er erscheinen und verschwinden kann, gerade so wie's ihm passt. Das nur selten zu sehende Tier lebt in bestimmten Gebieten von Sikkim, Uttaranchal, Himachal Pradesh und Arunachal Pradesh.

Der seltene Rote Panda ist im Bambusdickicht des östlichen Himalaja zu Hause, wo er sich von Bambustrieben, Früchten, Blättern und Insekten ernährt. Sikkim ist einer der letzten Zufluchtsorte des Roten Pandas. Inzwischen schrumpft auch die Zahl der Panzernashörner und Elefanten im Grasland des nördlichen Indiens.

Interessanten Lesestoff für leidenschaftliche Vogelbeobachter bieten die Bücher *Birds of the Indian Subcontinent* von Richard Grimmett, Carol Inskipp und Tim Inskipp, *Birds of India* by Martin Woodcock und *The Book of Indian Birds* von Salim Ali.

Die Seen und Sümpfe Kaschmirs sind eine Zwischenstation für wandernde Wasservögel, Gänse und Enten – viele von ihnen kommen sogar aus Sibirien, um ihr zu überwintern. Einige Arten zeigen eine außergewöhnliche Vorliebe für Reisen in großen Höhen; die Alpenkrähen und Alpendohlen können in Höhen von über 5000 m unterwegs sein.

Der Ganges und der Bramaputra (Jamuna) fließen in der Nordebene ineinander – um sich danach in ein insgesamt tausende von Kilometern langes Netz aus gewundenen und schlängelnden Armen zu verteilen, das schließlich in den Golf von Bengalen mündet. So entsteht ein Delta das rund 80 000 km² groß ist. Im Delta liegt die sumpfige Sunderbans Tiger Reserve, die Heimat von Tigern (Schätzung 2004: 274), Wasserreptilien, Fischen, Krabben, Wildschweinen, vorbeikommenden Meeresschildkröten, Schlangen und Axishirsche. Die Axishirsche passten sich an die salzige Umgebung an, indem sie lernten über ihre Drüsen Salz auszuscheiden. In den Süßwassergebieten des Ganges leben Gangesdelphine (Shivas sagenhafte Boten), Krokodile (Mugger oder Sumpfkrokodile sowie der schmalschnäuzige, urzeitlich aussehende Gavial), Aas fressende Krabben und viele Fischarten.

Die rauen Wüsten Rajasthans und Gujarats sind erstaunlich gut bevölkert. Chinkaras (indische Gazellen), Wildesel, indische Wölfe und Hirschziegenantilopen haben sich an die Hitze, den salzigen Boden und die begrenzten Wasservorkommen der Region angepasst. Das 1400 km² große Sasan Gir Wildlife Sanctuary (S. 753) in Gujarat ist das letzte Rückzugsgebiet des Asiatischen Löwen (Schätzung 2004: 325). Im Gegensatz zu seinem afrikanischen Artgenossen hat der Asiatische Löwe keine zottelige Mähne, dafür aber eine zusätzliche Hautfalte am Bauch.

Zu den Primaten Indiens gehört der sehr seltene Goldene Langur, den man nahe der Grenze zu Buthan findet, aber auch weit verbreitete Arten wie etwa der Indische Hutaffe und sein Vetter im Norden, der Rhesusaffe. In den Regenwäldern des Südens leben auch der seltene Bartaffe, der schwarz glänzende Nilgiri-Langur und der seltene Schlanklori.

Der Free the Bears Fund (www.freethebears.org.au) hat bei der Gründung eines Schutzgebiets für Lippenbären bei Agra mitgewirkt; diese Tiere wurden als Tanzbären für Touristen missbraucht. Auf der Website erfährt man, wie man selbst helfen kann.

Auf dem Subkontinent recht weit verbreitet sind Dhole (Wildhunde), Schakale und etliche Hirsch- und Gazellenarten, z. B. der relativ bekannte Sambarhirsch. Muntjakhirsche und Kleinkantschile werden nur noch selten gesichtet. Der von Kipling verewigte, Schlangen tötende Mungo ist aber noch gesund und munter.

In Indien gibt es 238 verschiedene Schlangenarten, davon sind 50 (einschließlich 20 Wasserschlangenarten) giftig. Die Kobra, Königin der Schlangen (zumindest in der Mythologie), ist die weltweit größte Giftschlange – sie wird bis zu 5 m lang. Wenn sie erregt ist, nimmt sie die typische Haltung mit gespreiztem Hals an – ein wirklich überwältigender Anblick. Weitere Giftschlangen sind die Krait, die Kettenviper und die

Man geht davon aus, dass in Indien zu Beginn des 20. Jhs. mindestens 40 000 Tiger in freier Wildbahn lebten. Schätzungen zufolge sind es heute nur noch knapp 3500.

Sandrasselotter. Harmlose Spezies sind die Rattenschlange, die leuchtend grüne Spitznatter, die dunkelbraune Baumschlange mit bronzefarbenem Rücken und die Felspython.

In den Wäldern der Western Ghats, die sich von Mumbai (Bombay) nach Süden bis zur Spitze des Subkontinents erstrecken, ist eine bunte Tier- und Pflanzenwelt beheimatet. In den feuchten Grenzen der Wälder lebt eine der seltensten Fledermausarten der Welt – die kleine früchtefressende *Latidens salimalii* – ebenso fliegende Eidechsen, die bis zu 12 m lange Gleitflüge schaffen, Lippenbären, Leoparden, Dschungelkatzen, Hornvögel und viele weitere gefiederte Zeitgenossen. Hier, auf den felsigen, nebelverhangenen Berghängen befindet sich auch das letzte erhaltene Refugium des bedrohten Nilgiri-Tahrs.

Jenseits des Festlands, im Golf von Bengalen im Osten und dem Indischen Ozean im Westen, liegen die Andamanen und Nicobaren sowie Lakshadweep. Große Tümmler, eine vielfältige Vogelwelt, Meeresschildkröten, Reptilien, Amphibien, Schmetterlinge, Fische und Korallen – alles ist hier zu finden. Auf den Andamanen gibt es außerdem einen kleinen Elefantenbestand. Die Dickhäuter, ursprünglich vom Festland auf die Inseln befördert, können bis zu 3 km zwischen den Inseln schwimmen. Ein weiteres Kuriosum in dieser Gegend ist die Kokosnusskrabbe, auch Palmendieb genannt, die (trotz eines Körpergewichts von bis zu 5 kg) Kokosnussbäume hinaufhuscht und die Früchte mit ihren kraftvollen Scheren aufreißt.

BEDROHTE ARTEN

1972 wurde der Wildlife Protection Act verabschiedet, um den Missbrauch der Natur zu stoppen. Es folgten weitere Naturschutzgesetze, etwa der Forest Conservation Act und der Environment Protection Act. Zudem gab es auch einige Initiativen, z. B. das „Tiger-Projekt" (Project Tiger, ein 1973 gestartetes Artenschutzprojekt); die meisten hatten aber nur wenig Erfolg. Letztlich erweisen sich der zunehmende Druck durch die Bevölkerungsexplosion, die immer mehr Land beansprucht, und die stetige Nachfrage nach tierischen Körperteilen (vorwiegend durch den chinesischen Medizinmarkt) als praktisch unüberwindbare Kräfte. Schlecht ausgerüstete Parkranger schrecken die wesentlich besser ausgerüsteten organisierten Wildererbanden nicht ab. Und als wäre das alles noch nicht schlimm genug, wurden auch noch Vorwürfe gegen einige Parkbeamte laut, sie würden mit den Wilderern gemeinsame Sache machen.

Indien ist das einzige Land der Welt, in dem es sowohl Löwen als auch Tiger gibt. Doch in ganz Indien sehen viele Arten einer unsicheren Zukunft entgegen – wobei der Tiger stellvertretend für die Situation stehen kann: Wird die abgezogene Haut als Trophäe verkauft und die Knochen (so wie die Hörner des Nashorns) zu Aphrodisiaka zermahlen, lässt sich mit einem einzigen Tiger gut US$ 10 000 (oft sogar noch mehr) verdienen. Die Wilderei ist also ein lukratives Geschäft; 2003 fielen schätzungsweise 35 Tiger in Indien Wilderern zum Opfer.

Die Wildlife Protection Society of India (www.wpsi-india.org) ist eine wichtige Umweltschutzorganisation, die u. a. dagegen kämpft, dass Tiere (vor allem Tiger) von Wilderern für den illegalen Handel mit Tierprodukten getötet werden.

Auch um das indische Panzernashorn steht es nicht besser, da sein Lebensraum, das Grasland, durch Zuckerrohrplantagen und andere Bewirtschaftung immer kleiner wird. Die meisten Exemplare dieser Nashornart leben in Assam. Ihre Hörner, bei denen es sich eigentlich um verfilztes Haar handelt, sind wegen ihrer angeblichen medizinischen Wirkungen gefragt, ebenso der Urin, das Fleisch und das Blut des Nashorns. Das Tier wird auch im Persischen Golf geschätzt, wo man die Hörner für die Herstellung von Dolchgriffen verwendet. Der Schneeleopard gehört ebenfalls zu den bedrohten Arten; mit seinem Fell und anderen Körperteilen lässt sich auf dem internationalen Markt viel Geld verdienen. Nach einer Untersuchung von 2004 gibt es inzwischen weniger als 1000 Schneeleoparden in Indien.

Um den Bestand der Oliv-Bastardschildkröte an der Küste von Orissa sieht es ebenfalls schlecht aus (s. Kasten S. 646). Auf der Liste der bedrohten Arten stehen außerdem Barasinghas, Landschildröten, indische Elefanten (von denen es nur noch knapp 16 000 geben soll) und die Ganges-Delphine.

Auch die oft (hauptsächlich in Touristenzentren wie Agra und Jaipur) zu „Tanzbären" gemachten Lippenbären blicken einer unsicheren Zukunft entgegen, denn jährlich werden rund 100 Bärenjungen gewildert. Die Bären müssen fürchterliche Qualen erdulden, etwa das Piercing ihrer sehr empfindlichen Schnauze – außerdem werden sie mithilfe von glühendheißen Platten zum „Tanzen" abgerichtet. Traveller werden dringend gebeten, zu helfen, diesen grausigen Brauch abzuschaffen indem sie Menschen mit „Tanzbären" nicht bezahlen (z. B. für Fotos). Denn dieses Geld sorgt nur dafür, dass dieser von Reisenden lebende Handel weiter betrieben wird. Jüngsten Berichten zufolge gibt es derzeit noch zwischen 10 000 und 15 000 Lippenbären in Indien.

Pflanzen

Die Waldfläche Indiens wird auf 20 % der Gesamtfläche geschätzt. Im Land gibt es 49 219 Pflanzenarten, 5200 davon kommen nur hier vor. Ein Muss für Blumenliebhaber ist das Valley of Flowers (S. 487) in Uttaranchal, das mit unglaublichen 300 Blumenarten begeistert.

The Book of Indian Trees von K. C. Sahni nimmt über 150 Baumarten des Subkontinents unter die Lupe; die Themen reichen vom Baum als Wirtschaftsgut bis zum antiken Brauchtum.

Tropische Wälder wachsen auf den Andamanen und Nicobaren, den Western Ghats und in weiten Teilen der Assam-Region. Auch in Orissa sind noch einige Waldgebiete erhalten geblieben. Der wirtschaftliche Wert der Bäume in diesen Wäldern verleitet dazu, sie auszubeuten. In einigen Regionen der Western Ghats sind beispielsweise die Bestände an Indischem Rosenholz *(Dalbergia latifolia)*, Padouk *(Pterocarpus marsupium)* und Teak praktisch komplett verschwunden; glücklicherweise gibt es aber noch einige wunderschöne Teakwälder.

Im Himalaja gibt es alpine, gemäßigte und subtropische Vegetation. Oberhalb der Schneefallgrenze wachsen winterharte Pflanzen wie Anemonen, Edelweiß und Enzian. Weiter unten, in den Ausläufern des Gebirges, in denen der Monsun herunterregnet, findet man moosige immergrüne Bäume wie Zimtbäume, Kastanien, Buchen und Pflaumen. Die Vegetation im Terai (Vorgebirgs-Flachland) ist vor allem von Salbäumen *(Shorea robusta)* geprägt. Den indischen Banyanbaum (Feige) findet man in ganz Indien.

Rund 2000 Pflanzenarten sind in der Literatur zur Ayurveda (Indiens uralte und komplexe Wissenschaft der Pflanzenmedizin) beschrieben; 550 davon werden regelmäßig verwendet.

In der irrsinnigen Hitze der indischen Wüsten gedeihen der Khejribaum *(Prosopis cineraria)* sowie verschiedene Akaziensorten (struppige, dornige Pflanzen, die sich ans Klima angepasst haben). Alle diese Pflanzen müssen Temperaturen von über 50 °C standhalten können. Viele Arten haben Wurzeln, die sich so tief in die Erde bohren, bis sie auf Wasser stoßen. Die meisten haben kleine Blätter, sodass nur wenig Flüssigkeit wieder verdampft.

Problematisch sind einige eingeführte Arten, vor allem der Eukalyptus, die nur auf Kosten einheimischer Pflanzen überleben.

NATIONALPARKS & RESERVATE

Indien hat 93 Nationalparks und 486 Reservate, die zusammen immerhin ca. 4,7 % der Landesfläche ausmachen und denen die eine zentrale Rolle beim Schutz der Tier- und Pflanzenwelt zukommt. Es gibt 14

GROSSE NATIONALPARKS & RESERVATE

Park/Reservat	Seite	Standort	Attraktionen	Reisezeit
Bandhavgarh National Park	S. 713	Jabalpur, Madhya Pradesh	Ebene: Tiger, Leoparden, Hirsche, Schakale, Nilgauantilopen und Eber	Nov.–April
Molem & Bhagwan Mahavir Wildlife Sanctuary	S. 898	Ost-Goa	Aussichtstürme in den Wipfeln der Bäume: Gaur, Sambar-Hirsche, Leoparden, gefleckte Hirsche und Schlangen	Nov.–März
Bhitarkanika Wildlife Sanctuary	S. 652	Nordost-Orissa	Mangrovenwälder im Mündungsgebiet: Salzwasserkrokodile, Wasserwarane, Pythons, Wildschweine und Axishirsche	Okt.–Mai
Bondla Wildlife Sanctuary	S. 897	Ost-Goa	Botanischer Garten, eingezäunter Hirschpark und Zoo: Gaur & Sambar-Hirsche	Nov.–März
Calimere Wildlife & Bird Sanctuary (Kodakarrai)	S. 1089	bei Thanjavur, Tamil Nadu	Küsten-Feuchtgebiet: Hirschziegenantilopen, Delphine, Krokodile, Hirsche, Kriekenten, Löffelenten, Brachvögel, Möwen, Seeschwalben, Bachstelzen, Strandläufer, Wasserläufer, Reiher, Koels, Beos und Bartvögel	Nov.–Jan.
Corbett Tiger Reserve	S. 470	bei Ramnagar, Uttaranchal-Wald	Wald & Flussebene: Tiger, Leoparden, Elefanten, Lippenbären, Krokodile, Hirsche und 600 Vogelarten	Mitte Nov.–Mitte Juni
Debrigarh Wildlife Sanctuary	S. 649	bei Sambalpur, Orissa	trockener Laubwald: Tiger, Leoparden, Hirsche, Eber, Lippenbären und Vögel	Okt.–Mai
Govind Wildlife Sanctuary & National Park	S. 484	Sankri/Saur, Uttaranchal	Berglandschaft: Schwarz- und Braunbären, Schneeleoparden, Hirsche und Vögel	Apr.–Juni & Sept.–Nov.
Great Himalayan National Park	S. 315	südöstl. von Kullu Valley, Himachal Pradesh	Berge im Himalaja: Bären, Leoparden, Moschusochsen, Schneeleoparden und über 180 Vogelarten	April–Juni & Sept.–Mitte Nov.
Indira Gandhi (Annamalai) Wildlife Sanctuary	S. 1115	bei Pollachi, Tamil Nadu	bewaldete Berge: Elefanten, Gaur, Tiger, Panther, Eber, Bären, Hirsche, Stachelschweine und Zibetkatzen	Nov.–Dez.
Jaldhapara Wildlife Sanctuary	S. 533	Westbengalen, Norden	Wald & Grasland: Indische Nashörner, Hirsche & Elefanten	Mitte Okt.–Mai
Kanha National Park	S. 711	Jabalpur, Madhya Pradesh	Salwald und leicht bewaldetes Grasland: Hirsche, Tiger, Axishirsche, Gaur, Hirschziegenantilopen, Leoparden und Hyänen	März–Juni
Kaziranga National Park	S. 610	Assam, Nordoststaaten	dichtes Grasland und Sumpfland: Nashörner, Hirsche, Büffel, Elefanten, Tiger und Vögel	Nov.–April
Keoladeo Ghana National Park	S. 175	Bharatpur, Rajasthan	Ebene: Vögel (z. B. Adler, Kraniche, Flamingos, Reiher, Störche und Gänse), Pythons, Schakale und Hirsche	Okt.–Ende Feb.
Kanchenjunga National Park	S. 579	Sikkim	Hochgebirgswälder und Hänge des Kanchenjunga: Glanzfasane, Kleine Pandas, Nebelparder und Blauschafe	März–Mai & Sept.–Nov.
Little Rann Sanctuary	S. 773	Nordwestliches Gujarat	Wüstenregion: Asiatische Wildesel (Khurs), Wölfe und Karakale	Okt.–Juni
Mahatma Gandhi Marine National Park	S. 1143	Andamanen und Nicobaren	Mangroven, Regenwald & Korallen	Nov.–April; wegen Tsunami 2004 geschl.

Park/Reservat	Seite	Standort	Attraktionen	Reisezeit
Marine National Park	S. 763	30 km von Jamnagar, Gujarat	Korallenriffe und Mangroven: Tümmler, Delphine und Schildkröten	Dez.–März
Nal Sarovar Bird Sanctuary	S. 731	bei Ahmedabad, Gujarat	116 km² großer See: einheimische Vögel und Zugvögel, z. B. Flamingos, Pelikane und Gänse	Nov.–Feb.
Navagaon National Park	S. 828	östlich von Nagpur, Maharashtra	hügelige Wälder und Bambushaine um einen künstlich angelegten See: Leoparden, Lippenbären, Hirsche und Zugvögel	Okt.–Juni
Nilgiri Biosphere Reserve (inkl. Bandipur, Nagarhole und Mudumalai National Parks)	Mudumalai S. 1127 Bandipur S. 924 Nagarhole S. 926 Wayanad Wildlife Sanctuary S. 1034	Tamil Nadu, Karnataka & Kerala	Wald: Elefanten, Tiger, Hirsche, Gaur, Sambar-Hirsche, Muntjakhirsche, Axishirsche und Hutaffen	März–Mai
Panna National Park	S. 677	bei Khajuraho, Madhya Pradesh	trockener Laubwald: Tiger, Leoparden, Nilgauantilopen, Axishirsche, Languren und Sambar-Hirsche	Dez.–März
Pench Tiger Reserve	S. 709	Madhya Pradesh	Teakwald und Grasland: Hirsche, Hyänen, Bisons, Leoparden und Tiger	Feb.–April
Periyar Wildlife Sanctuary	S. 1011	Kumily, Kerala	Hochland mit Laubwald & Grasland: Languren, Elefanten, Gaur, Otter, Wildhunde, Landschildkröten, Eisvögel und Fischeulen	Nov.–April
Pin Valley National Park	S. 335	Dhankar, Himachal Pradesh	unberührte Berge: Schneeleoparden, Steinböcke, Schwarzbären und Hirsche	Juni–Nov.
Rajaji National Park	S. 463	bei Haridwar, Uttaranchal	bewaldete Berge: Elefanten, Tiger, Leoparden, Hirsche & Lippenbären	Mitte Nov. –Mitte Juni
Ranganathittu Bird Sanctuary	S. 924	bei Mysore, Karnataka	Fluss und Insel: Störche, Ibisse, Silberreiher, Löffler und Kormorane	
Ranthambore National Park	S. 194	südlich von Jaipur, Rajasthan	um den von Krokodilen bewohnten See: Vögel (z. B. bunte Störche), Leoparden, Nilgauantilopen, Chinkaras, Krokodile und Tiger	Okt.–April
Sanjay Gandhi National Park	S. 808	bei Mumbai, Maharashtra	landschaftlich schönes Gebiet: Wasservögel, Schmetterlinge und Leoparden	Aug.–April
Sariska Tiger Reserve & National Park	S. 179	Sariska, Rajasthan	bewaldetes Tal: Sambar-Hirsche, Nilgauantilopen, Eber & Vögel (hier wurden angeblich Tiger gewildert)	Nov.–März
Sasan Gir Wildlife Sanctuary	S. 753	bei Junagadh, Gujarat	Wüstenoase: Asiatische Löwen, Leoparden, Krokodile und Nilgauantilopen	Dez.–April
Similipal National Park	S. 650	Balasore, Orissa	Wald und Wasserfälle: Tiger, Leoparden, Elefanten, Krokodile und Vögel	Nov.–Juni
Sundarbans Tiger Reserve	S. 524	Westbengalen, Süden	Mangrovenwälder: Tiger, Hirsche, Affen und Vögel	Okt.–März
Tadoba-Andhari Tiger Reserve	S. 828	südlich von Nagpur, Maharashtra	Laubwald, Grasland und Sumpfgebiet: Tiger, Axishirsche, Nilgauantilopen und Gaur	Feb.–Mai
Valley of Flowers National Park	S. 487	bei Badrinath, Uttaranchal	3500 m ü. d. M.: Moschusochsen, Himalajabären und Schmetterlinge und etwa 300 wild wachsende Blumenarten	Mitte Juli – Mitte Aug. (Blütezeit) & Mitte Sept. –Ende Okt.

Park/Reservat	Seite	Standort	Attraktionen	Reisezeit
Vedantangal Bird Sanctuary	S. 1068	bei Chengalpattu, Tamil Nadu	See und Insel: Kormorane, Silberreiher, Reiher, Störche, Ibisse, Löffler, Seetaucher und Pelikane	Nov.–Jan.
Velavadar National Park (Wayanad & Mudumalai)	S. 742	bei Bhavnagar, Gujarat	Grasland im Deltagebiet: Hirschziegenantilopen, Nilgauantilopen und Vögel	Okt.–Juni

Biosphärenreservate, die eingerichtet wurden, um die einzigarte Vielfalt der Ökosysteme in Indien zu erhalten und die Erforschung des Naturschutzes zu unterstützten.

Immer mehr Indienreisende besuchen mindestens einen Nationalpark bzw. ein Reservat. Wer vorher schon weiß, was er sehen will, sollte im Voraus Unterkunft und Transport buchen und erfragen, ob eine Genehmigung notwendig ist (Details siehe jeweilige Regionenkapitel).

Wer mehr über Indiens Naturschutzparks und Wildreservate erfahren möchte, sollte sich *Indian National Parks & Sanctuaries* von Anand Khati kaufen.

Die meisten Parks bieten Jeep- oder Van-Touren; andere organisieren Bootsausflüge oder Elefantensafaris, um sich den Tieren vorsichtiger zu nähern. In einigen Parks können Wachtürme und Ansitze bestiegen werden – ideal, um Tiere und Pflanzen aus nächster Nähe zu betrachten. Verschiedene Safari-Touren s. S. 1151.

UMWELTPROBLEME

Eine Bevölkerung von über 1 Mrd. Menschen, fortschreitende Industrialisierung, eine überlastete Infrastruktur, zunehmende Entwaldung als Folge von Abholzung und wachsenden Städten sowie der unbekümmerte Einsatz chemischer Düngemittel und Pestizide – die Natur Indiens gerät immer stärker unter Druck. Etwa 65 % des Landes ist auf die eine oder andere Weise geschädigt. Grund genug für die Regierungen, politische Beschlüsse zum massiven Einsatz von Chemie Schritt um Schritt wieder zu revidieren – diese waren nach der Grünen Revolution in den Sechzigern vorangetrieben worden. Damals erzielte man landwirtschaftliche Erträge von beispiellosem Umfang.

Heute gibt es zwar ausreichend Umweltschutzgesetze, trotzdem verschlimmerten Korruption und schamloser Machtmissbrauch die Umweltzerstörung. Letztlich kommen die besten Ansätze, die Natur zu schützen, aus Basisgruppen, die den Glauben in die Regierung verloren haben.

Zwischen 11 % und 27 % des landwirtschaftlichen Ertrags in Indien gehen verloren, weil die Böden geschädigt sind. Vor allem tragen schlechte Bewässerungssysteme zur Versalzung des Bodens im ganzen Land bei. Auch Feuchtgebiete sind geschädigt, insbesondere als Folge von Industriemüll und Abwasser, von Pestiziden und landwirtschaftlichen Aktivitäten. Auch Indiens 7516 km lange tropische Küste ist in Gefahr; Touristenzentren wie Goa (s. Kasten S. 856) sind Opfer jahrelanger unverantwortlicher Entwicklungen und untauglicher Umweltpolitik. Die Ozeane leiden unter Abwasser und Industriemüll, Überfischung, Offshore-Ölförderung und Korallenbleiche (aufgrund der globalen Erwärmung).

Die Lärmverschmutzung in Großstädten liegt oft mindestens 1,5-mal über dem „ungefährlichen" Wert – in einigen Städten Indiens wurden 90 Dezibel gemessen (der „ungefährliche" Wert liegt bei 55).

Im Jahr 2004 warfen Umweltschützer der Regierung vor, sich nicht genug mit dem Umweltschutz zu befassen; sie kritisierten vor allem schlechtes Urteilsvermögen in Sachen Umweltpolitik und fehlenden Weitblick. Sie forderten u. a., die Regierung solle sofort damit beginnen, die empfindlichen Ökosysteme gegen rein wirtschaftlich orientierte Entwicklungen, die Uran- und Ölförderung und den Eisenerzbergbau zu schützen. All dies sind ernstzunehmende Gefahren für den schrumpfenden Tier- und Pflanzenbestand.

Wer in Indien trekken oder tauchen möchte, sollte die Kästen auf den S. 1152 und 1153 lesen.

Luftverschmutzung

Die Luftverschmutzung ist ein ständiges Umweltproblem. Hauptverursacher sind die Fahrzeuge, vor allem in den Städten. Der indische Dieselkraftstoff enthält angeblich etwa 50- bis 200-mal mehr Schwefel als der europäische. Zu begrüßen ist aber andererseits, dass in den letzten zehn Jahren einige viel versprechende Maßnahmen zur Verbesserung der Luftqualität eingeleitet wurden: In Delhi müssen öffentliche Verkehrsmittel nach einem Gesetz von 2001 von Diesel auf Flüssiggas (CNG) umgestellt werden. In Agra wurden mittlerweile umweltfreundliche Elektrofahrzeuge und Fahrradrikschas entwickelt und Mitte der Neunziger hat man das Gebiet im Umkreis von 4 km rund um das Taj Mahal zur verkehrsfreien Zone erklärt. 1999 folgte dann ein Beschluss des Obersten Bundesgerichts, alle die Umwelt verschmutzende Fabriken in der Region zu schließen.

Die Luftverschmutzung ist in einigen städtischen Zentren Indiens angeblich etwa 2,3-mal höher als der von der Weltgesundheitsorganisation empfohlene Grenzwert.

Trotz Zusagen und Gesetze der Regierung giftige Emissionen einzuschränken, geht ein großer Anteil der Verschmutzung weiter aufs Konto der Industrie. Eine der weltweit schlimmsten Industriekatastrophen ereignete sich bei Bhopal (s. Kasten S. 679).

Abholzung

Seit der Unabhängigkeit wurden etwa 5,3 Mio. ha des indischen Waldes durch die unkontrollierte Ausdehnung der Städte, den Bergbau, die Industrialisierung und Flussprojekte beeinträchtigt. Der Bestand an Mangrovenwäldern hat sich seit Anfang der 1990er-Jahre halbiert.

„Erde, Wasser und Sauerstoff – kein Nutzholz" lautet die Parole der Chipko-Bewegung – und diese Forderung ist beim Kampf der Gemeinden um die Rettung ihrer geliebten Wälder in ganz Indien zu hören. Die Bewegung begann Mitte der 1970er-Jahre als ein örtlicher Protest in Uttarakhand (heute Uttaranchal).

Der erste Fünfjahresplan Indiens von 1951 erkannte zwar die Bedeutung des Waldes zum Schutz des Bodens an und auch die nachfolgende Politik trat zumindest theoretisch für den großflächigen Waldbestand ein. In Wirklichkeit aber wird der Wald trotz bestehender Gesetze zu seinem Schutz Jahr für Jahr weiter dezimiert. Dafür gibt es viele Gründe. Einer davon ist, dass Millionen Inder Holz als Brennstoff verwenden und es deshalb in atemberaubendem Tempo aus dem Wald verschwindet. Hinzu kommt, dass wegen des schrumpfenden Graslands, domestizierte Tiere nach und nach in die Wälder ziehen – Langzeitschäden sind die Folge. Ein weiterer Grund ist die *denotification,* die Möglichkeit der Bundesstaaten, das Verbot der kommerziellen Ausbeutung von Naturschutzflächen lockern zu können. Zum Ausgleich sollen die Staaten zwar ein Gebiet entsprechender Größe für die Wiederaufforstung ausweisen, aber Umweltschützer beklagen, dass dies nicht immer passiert oder dass sich das vorgesehene Land oft als ungeeignet erweist. In bestimmten Gegenden ist der Schmuggel ein weiteres Problem. Die Förster sind meist nicht gut genug ausgestattet, um mit Holzdieben fertig zu werden. Problematisch ist auch die Verdrängung der einheimischen Flora durch wuchernde Eukalyptusbäume und andere eingeführte Pflanzenarten.

Plastikmüll

Vielerorts in Indien verstopfen Plastiktüten und -flaschen Abflüsse, sie verschmutzen die Straßen in den Städten sowie Wüsten und Strände und behindern das Wachstum von Gras in Schutzgebieten. Unschuldige Opfer sind Kühe, Elefanten und andere Lebewesen, die nach dem Verzehr von Plastikmüll qualvoll sterben. Plastikgegner schätzen, dass etwa 75 % der Kunststoffe innerhalb von einer Woche weggeworfen, aber nur 15 %

recycelt werden. Verbrauchern (auch Travellern) wird daher dringend empfohlen, weniger Plastik zu verwenden und Flaschen und Tüten sachgemäß zu entsorgen.

Da man nicht länger bereit ist, tatenlos zuzusehen, dass die Regierung nichts gegen das Plastik-Problem unternimmt, unternehmen örtliche Initiativen immer öfter konkrete Schritte. So haben z. B. einige Gemeinden vorgeschrieben, dass Einkaufstüten aus Plastik durch solche aus Papier ersetzt werden müssen.

Aktuelle Infos zu Umweltthemen bietet Down to Earth (www.downtoearth.org.in), ein innovatives Wissenschafts- und Umwelt-Magazin, das wichtige Themen beleuchtet, die von den Mainstream-Medien gerne übersehen werden.

Auch Traveller können mithelfen, indem sie keine Plastiktüten oder Kunststoffflaschen kaufen und Hotels und Geschäfte anregen, auf umweltfreundlichere Alternativen umzusteigen. Helfen kann man außerdem, wenn man an Bahnhöfen Tee aus Terrakottatassen trinkt, sein eigenes Geschirr mitbringt, Wasser selbst reinigt (s. Kasten, S. 1222) und Softdrinks in wieder verwertbaren Glasflaschen kauft.

Wasserressourcen

Die wohl größte Bedrohung für die Gesundheit der Menschen in Indien sind die oft schlechten Möglichkeiten an sauberes Wasser und ordentliche sanitäre Anlagen zu kommen. Man rechnet damit, dass im ganzen Land der landwirtschaftliche, industrielle und private Wasserverbrauch stark ansteigen wird, trotz (schlecht umgesetzter) politischer Beschlüsse zur Reduzierung des Wasserverbrauchs.

Das Grundwasser (das 85 % des ländlichen und 55 % des städtischen Trinkwasserbedarfs deckt) wird unkontrolliert entnommen und ist zudem gefährdet, durch versickernde Schadstoffe verseucht zu werden. Dieser ständige Missbrauch führt dazu, dass der Grundwasserspiegel alarmierend absinkt, in manchen Gebieten Haryanas z. B. schätzungsweise jährlich um 60 bis 70 cm. Auch Coca-Cola wurde beschuldigt, in verschiedenen Regionen Indiens zum Rückgang des Grundwasserspiegels beizutragen (s. Kasten unten).

Auch die Flüsse sind von Schmutzableitungen der Industrie und verdrecktem Abwasser betroffen. Sabarmati, Yamuna und Ganges gehören zu den am stärksten verschmutzten Flüssen Indiens.

Während der letzten Jahre hat Dürre einige Teile des Subkontinents zerstört (vor allem in Rajasthan und Gujarat). Dies hat dramatische Kon-

SOFTDRINKS UNTER BESCHUSS

Im Laufe der letzten Jahre haben Tausende von Menschen in ganz Indien wütende Proteste gegen den Softdrink-Giganten Coca-Cola organisiert. Das Unternehmen wird beschuldigt, in bestimmten Regionen (auch in von Dürre betroffenen Gebieten) für die Wasserknappheit verantwortlich zu sein, weil es beträchtliche Mengen Grundwasser verbraucht. Außerdem wird Coca-Cola vorgeworfen, das Grundwasser und den Boden mit giftigen Stoffen aus den Werken zu verschmutzen. Die Protestierenden forderten das Unternehmen auf, die Verschmutzung durch einen Betriebsstopp zu beenden und Sofortmaßnahmen einzuleiten, um den verseuchten Boden und das Grundwasser von den Schadstoffen zu befreien. Coca-Cola bestreitet, umweltbelastend zu arbeiten und behauptet, nicht gegen lokales Recht verstoßen zu haben; die Werke in Indien arbeiteten nach den hohen internationalen Standards des weltweiten Produktionsverfahrens.

Der Konzern wird noch an einer anderen Front kritisiert. Medienberichten zufolge haben stichprobenartige Labortests bestimmter Softdrinks, die in Indien verkauft werden, gezeigt, dass von Coca-Cola und anderen Softdrink-Produzenten hergestellte Getränke alarmierend hohe Pestizidwerte aufweisen.

Coca-Cola weist den Vorwurf jedoch von sich und behauptet, das Produkt entspreche den gesetzlichen Vorgaben und der Konsum gefährde die Gesundheit nicht.

sequenzen für die Wirtschaft der ländlichen Regionen – so nimmt beispielsweise die Landflucht zu. Die Verteilung des Wassers ist seit langem ein brisantes Thema. Seit 1947 mussten etwa 35 Mio. Menschen in Indien wegen großen Staudämmen umsiedeln. Nur wenige Projekte machen die Probleme dieser Entwicklung so deutlich wie das Narmada Valley Development Project. Mit diesem höchst umstrittenen, 6 Mrd. US$ teuren Projekt, das 2025 abgeschlossen sein soll, will man das Wasser der Flusssysteme des Narmada-Tals nutzbar machen. Dazu sollen 30 große, 135 mittelgroße und 3000 kleinere Dämme gebaut werden. Die Regierung behauptet, dass 8215 Dörfer und 35 städtische Zentren mit dem Narmada Wasser und so mit qualitativ gutem Trinkwasser versorgt werden können – ganz zu schweigen von den positiven Begleiterscheinungen wie einem Ende der Wanderungsbewegung und einer sich verlangsamenden Versteppung. Die Folgen des Projekts für Mensch und Umwelt sind aber fast genauso alarmierend. Gegner des Projekts – die Bewegung Narmada Bachao Andolan („Rettet die Narmada") – kritisieren das Projekt scharf, weil dadurch Hunderttausende Bewohner der Adivasi-Dörfer vertrieben werden, die seit Generationen entlang der von ihnen angebeteten Gewässer des Flusses leben. Sie glauben außerdem, dass das Projekt drastische Auswirkungen auf die Ökologie des ganzen Flusstals haben wird. Einer der lautstärksten Kritiker des Dammprojekts ist der mit dem Booker-Prize ausgezeichnete indische Autor Arundhati Roy. Bisher sieht es so aus, als führten Regierung und Projektentwickler. Bei den riesigen Summen, die auf dem Spiel stehen, ist es eher unwahrscheinlich, dass die Gegner den Bau aufhalten werden können.

Argumente für den Narmada-Staudamm gibt's unter www.sardarsarovardam.org, Argumente dagegen unter www.narmada.org.

Essen & Trinken

Die Küche Indiens präsentiert sich als ein Festmahl mit prächtigen Farben, delikaten Gerüchen und Aromen. Da gibt's die traditionellen vegetarischen Speisen des Südens, die Fleischgerichte nach mogulischer Tradition, die Speisen aus dem glühenden *Tandoor*-Ofen des Punjab oder die europäisch-indischen Kompositionen aus den früheren Kolonien. Da gibt's auch die himmlischen Gerüche indischer Gewürze, den Saft exotischer Früchte, der einem langsam das Kinn herunterrinnt, und die schweren, feurigen Currys, bei denen jeder Biss einen wahren Gaumenkitzel garantiert.

TYPISCHES & SPEZIALITÄTEN

Gewürze

Christoph Kolumbus war eigentlich auf der Suche nach dem schwarzen Pfeffer der Malabarküste Keralas, als er über Amerika stolperte. Auch 500 Jahre später wird in Südindien das weltweit beliebte Gewürz noch immer in feinster Qualität angebaut, das aus der pikanten Küche Indiens nicht wegzudenken ist. Kurkuma ist zwar der Hauptbestandteil der meisten indischen Currys. Doch am vielfältigsten werden gemahlene Koriandersamen verwendet, die fast jedem würzigen Essen Geschmack und Körper verleihen, während die Samen des Kreuzkümmels bei der Zubereitung der meisten soßenhaltigen Gerichte Indiens – bei uns weitläufig als Currys bezeichnet – als Erstes knisternd im heißen Öl gebrutzelt werden. Für den säuerlichen Geschmack südindischer Gerichte ist dagegen häufig die Tamarinde, die „indische Dattel", verantwortlich. Der grüne Kardamom aus den Western Ghats Keralas gilt vielen als der beste der Welt – er passt zu herzhaften Gerichten, Süßspeisen und wärmenden Chais (Tee). Safran, die getrockneten Stempelfäden der Krokusblüte, werden in Kaschmir angebaut. Für 1 g Safran müssen über 1500 Blüten von Hand gepflückt werden!

Safran ist ganz schön teuer. Daher wird er häufig gestreckt, in der Regel mit Färberdistel – was ihm (nicht zuletzt unter verärgerten Touris) die Bezeichnung *bastard saffron* bzw. falscher Safran einbrachte.

Für fast jedes indische Gericht wird eine eigene Gewürzmischung verwendet – und Rezepte für Masalas (Gewürzmischungen) gibt's so viele wie Rikschas in Rajasthan.

Reis

Ein Inder isst durchschnittlich fast 2 kg Reis in der Woche.

Ohne Reis geht in Indien nix! Besonders im Süden gehört er zu jedem Gang. Am weitesten verbreitet sind die weißen Langkornreissorten, die kochend heiß zu fast jedem Essen mit viel Soße auf den Teller kommen. Fix zubereitet sind Reisgerichte wie das *Pulao* (Pilaw; aromatische Reisschmorpfanne), das Biryani aus der muslimischen Küche oder der Masala-Reis, typisch für den Süden. Jede Region hat ihren eigenen Reis: Von Assams Klebereis im fernen Nordosten bis hin zum roten Reis Keralas im äußersten Süden – für Vielfalt ist gesorgt. Und wenn auch Inder natürlich die Reissorte ihrer Heimat stets für die beste in ganz Indien halten, so dürfte diese Ehre doch dem Basmati zukommen, dessen ganz unbescheidener Name – aus dem Hindi übersetzt – „Königin der Düfte" bedeutet.

Reis symbolisiert bei Hindu-Trauungszeremonien Reinheit und Fruchtbarkeit und wird in Tempeln bei *pujas* (Opfer) gereicht.

Brot

Was dem Süden der Reis ist dem Norden der Weizen. Die häufigste Brotsorte heißt Roti (allgemeine Bezeichnung für Brot) oder Chapati – das ungesäuerte Brot mit verführerischem Aroma besteht aus einem feinen Vollkornmehl und wird traditionell in einer *Tawa*, einer gusseisernen Pfanne, gebacken.

Puri ist ein köstlicher Snack aus Nordindien – die weichen, aufgeblähten, knusprigen Teigtäschchen werden frittiert. *Kachori* ist ähnlich, nur wird der Teig hier mit Mais oder Hülsenfrüchte *(dhal)* aufgepeppt. Das blättrige *Paratha,* getupft in eine beliebige nordindische Sauce, ist ein perfekter Imbiss fürs Frühstück, der fast noch leckerer schmeckt, wenn er mit *Paneer* (Frischkäse) oder geraspeltem Gemüse gefüllt ist. Echtes *Naan* schließlich wird an den Rändern des *Tandoor*-Ofens gebacken. Mit einem Hauch Knoblauch kommt man an einem Naan nur schwer, mit *Paneer* gar nicht vorbei.

Dhal

Auch wenn die Vorliebe für Brot und Reis Indien spaltet, in einer Sache ist sich ganz Indien einig: Die Leidenschaft für Dhal (Linsen bzw. Hülsenfrüchte) ist überall gleich groß. Ob im suppenartigen *Sambar* (vegetarischer Dhal-Eintopf) Südindiens oder in den sämigen *Moong Dhals* aus der nordindischen Küche – die rund 60 Hülsenfrüchtesorten sind heiß begehrt. Besonders oft in den Kochtopf kommen die *Chanas* (etwas süßere, gelbe Schälerbsen), *Moong Dhals* (winzige gelbe und grüne, ovalförmige Mungbohnen), *Masoors* (rote Linsen), die im Süden favorisierte *Tuvar Dhals* (gelbe Linsen, auch *Arhar* genannt), außerdem die *Rajmas* (Kindneybohnen), *Kabuli Chanas* (Kichererbsen), *Urads* (schwarze Bohnen oder Linsen) und *Lobhias* (Schwarzaugenbohnen).

Fleisch

In Indien gibt es wahrscheinlich mehr Vegetarier als in allen anderen Ländern des Planeten zusammen. Dennoch kommen auch Fleischliebhaber nicht zu kurz. Das Fleisch von Ziegen (seit der britischen Kolonialzeit als Hammelfleisch bezeichnet), Lämmern und Hühnern machen den größten Teil aus. Rindfleisch ist für Hindu und Schweinefleisch für Muslime aus religiösen Gründen tabu.

Ziegenfleisch ist eine der beliebtesten Fleischsorten in Indien. In den meisten Kochbüchern wird es mit Lammfleisch ersetzt, das zwar ähnlich aber nicht genau gleich schmeckt.

Fisch & Meeresfrüchte

Indien hat eine 7000 km lange Küste – da überrascht es kaum, dass Fisch und Meeresfrüchte auf dem Subkontinent oft auf den Tisch kommen, vor allem an der Westküste von Mumbai hinunter bis Kerala, wo am meisten gefischt wird. Goa prahlt dagegen mit saftigen Riesengarnelen und feurigen Fischcurrys. Die Fischergemeinden der Konkanküste, die eingeklemmt zwischen den beiden Staaten liegt, ist berühmt für ihre Kreationen mit Meeresfrüchten. In Orissa gibt es kaum ein Hauptgericht, das ohne Fisch auskommt. Und auch in Westbengalen, wo es von Teichen und Seen nur so wimmelt, gilt: Fisch ist Trumpf.

Obst & Gemüse

Kein Hauptgericht ohne Gemüse – kein Wunder, dass *Sabzi* (Gemüse) ein Wort ist, das alle Inder unabhängig von ihrer Muttersprache verstehen. Gemüse wird normalerweise *sukhi* (trocken) oder *tari* (in einer Sauce) gegart – und noch vieles mehr: es wird gebraten, geröstet, ordentlich mit Curry gewürzt, gefüllt, püriert, bunt gemischt, in Backteig gewickelt und zu einer Pakora (Frittiertes) bzw. *Bhajia* (Gemüse-Frittiertes), zu einem Kebab oder Kofta verarbeitet.

Bengalen verzehren das Mark des Bananenbaums als Gemüse. Die *Nendraparram* aus Kerala, eine große rötliche Banane, wird roh gegessen.

Die Kartoffel ist allgegenwärtig. Besonders beliebt ist sie in verschiedenen Masalas, mit anderen Gemüsesorten gegart, püriert, gewürzt oder als Straßenimbiss *Aloo Tikka* (Pastetchen aus pürierten Kartoffeln). Zwiebeln werden mit anderem Gemüse gebraten, zu einer Paste zermahlen, die bei der Zubereitung von Fleischgerichten zum Einsatz kommt, oder für Relishes und Garnierungen roh verwendet. Blumenkohl gibt's ohne weitere Zutaten trocken gegart, mit Kartoffeln vermengt nennt man das Gericht Aloo Gobi (Kartoffel-Blumenkohl-Curry) und nach Belieben kommt er auch mit anderen Gemüsearten wie Karotten oder Bohnen in den Topf. Frische grüne Erbsen werden kurz angebraten; mit anderen Gemüsesorten werden sie zu *Pulaos* und Biryanis oder in einem für Nordindien typischen Gericht namens *Mattar Paneer* mit Frischkäse zubereitet. *Baigan* (Auberginen) gibt's in Scheiben geschnitten, frittiert und als leckere Beilage. Verliebt sind die Inder auch in ihr *Saag* (Blattgemüse), wie etwa Senf, Spinat, Bockshornklee und Rettich.

In Indien gibt es über 500 verschiedene Mangosorten. 60 % der weltweit verzehrten Mangos – auch „Königin der Früchte" genannt – kommen vom Subkontinent.

Früchte kommen in *Chatnis* (Chutneys) oder Eingelegtes und sind das gewisse Etwas im Kulfi (indische Eiscreme von fester Konsistenz) und in anderen süßen Gaumenfreuden. Zitrusfrüchte wie Orangen, die in Indien eigentlich gelbgrün sind, Mandarinen, rote und weiße Grapefruits, Kumquats und süße Limonen wachsen in ganz Indien. In Himachal Pradesh hängen im Herbst köstlichste Äpfel an den Bäumen, während es im Sommer in Kaschmir massenhaft saftig-aromatische Erdbeeren gibt. Und entlang der ganzen Südküste schmecken tropische Früchte wie Ananas, Papaya, Mangos so, als wären sie direkt von Vishnus Teller gepurzelt.

Pickles, Chutneys & Relishes

Kein indisches Gericht, das nicht ohne Pickles, Chutney oder Relish auskommt – oft gibt's auch alles zusammen. Ob aus grob gehackten Zwiebeln oder auch eine raffiniert zusammengestellte Kreation aus Obst, Nüssen und Gewürzen, ein Relish kann so ziemlich alles sein. Das bekannteste Relish ist das *Raita,* ein mild gewürzter Joghurt, der oft mit einer in Würfeln oder Scheiben geschnittenen Gurke, Karotte, Tomate oder Ananas vermengt gekühlt serviert wird und einen köstlichen, erfrischenden Kontrast zu pikanten Speisen bildet. Chatnis gibt's in den verschiedensten Varianten. Ob süß oder salzig, bestehen sie aus einer Vielzahl von Gemüsesorten, Früchten, Kräutern und Gewürzen. Vorsicht sollte man dagegen bei einem noch so kleinen Klecks Pickles auf dem Thali walten lassen – er könnte sich als das Schärfste entpuppen, was man je probiert hat.

Milchprodukte

Milch und Milchprodukte sind sehr wichtige Zutaten in der indischen Küche: *Dahi* (Quark) gibt's zu den meisten Gerichten – ein prima Kontrast zu Scharfem. *Paneer* ist ein Gottesgeschenk für die Mehrheit der Vegetarier. Das beliebte Lassi, ein Joghurtdrink, ist nur ein Beispiel aus der Fülle nahrhafter süßer und pikanter Getränke. Ghee, geklärte Butter, ist das traditionell verwendete, reine Speisefett, auch wenn es in Indien selbst nicht so häufig wie in indischen Restaurants im Ausland in die Pfanne kommt. Und die besten Süßspeisen Indiens werden mit Milch gemacht.

Süßes

In Indien gibt's eine verblüffende Auswahl an *Mithai* (Süßspeisen) – die meisten sind extrem süß. Dazu gehören *Barfi* (eine buttertoffeeähnliche Süßspeise aus Milch), Halwa (eine z. B. aus Gemüse, Getreide, Linsen, Nüssen oder Früchten zubereitete Süßspeise), *Ladoos* (meist rundes Konfekt) und die Leckereien, die aus *Chhana* (nicht ausgedrücktem *Paneer*) zubereitet werden, wie das *Rasgulla* (wörtlich: Saftbällchen), das kurz in

Sirup gekocht und gekühlt wird. Einfache Süßspeisen wie *Jalebis*, orangefarbene Spiralen aus gebackenem Teig, die in Sirup getaucht werden, gibt's an jeder Ecke im ganzen Land.

Kheer (im Süden *Payasam* genannt) ist sicher eine der beliebtesten Nachspeisen in Indien. Der Reispudding mit seinem leichten Aroma wird normalerweise mit Kardamom, Safran, Pistazien, Mandelblättchen, Cashewnüssen oder Trockenfrüchten verfeinert. *Gulab Jamun* sind frittierte Bällchen aus Milchteig, die in Sirup mit Rosenaroma getupft werden. Und das Kulfi ist ein leckeres indisches Eis mit fester Oberfläche, das aus Milch zubereitet und mit Nüssen, Früchten oder Beeren verfeinert wird.

Jedes Jahr werden über 13 t reines Silber zu essbarer Folie verarbeitet, mit der Süßigkeiten dekoriert werden.

REGIONALE SPEZIALITÄTEN

Nordindien

PUNJAB

Wer schon mal in einem indischen Restaurant gegessen hat, kennt die gesunde, einfache Kost des Punjab, die die indische Küche in allen Herren Ländern repräsentiert. Eine Paste aus Zwiebeln, Knoblauch und Ingwer ist die Basis der meisten Gerichte. Gewürzt wird mit Chilis, Tomaten, Kreuzkümmel, Garam Masala, getrockneten Bockshornkleeblättern und *Kalonji* (Schwarzkümmel, auch Zwiebelsamen genannt) in unterschiedlichsten Variationen. Die Hauptmahlzeit des Tages könnte gut und gern aus einem heißen Rotis bestehen, das mit einem Klecks ungesalzener Butter, einer Schale Dhal und einem Gemüsegericht wie z. B. dem beliebten *Saag*, *Gobi*, einer würzigem *Baingan Bharta* (geröstete Aubergine, mit Zwiebeln und Tomaten gebraten) oder *Aloo Mattar* (einem leckeren Curry aus Kartoffeln und grünen Erbsen) serviert wird. Ohne den Tandoor-Ofen – nach oben geöffnet und mit glimmender Holzkohle erhitzt – geht in einer Küche im Punjab nix: Im Tandoor brutzelt frisches Naan und eine bunte Palette von Kebabs: *Sheekh* (Hackfleisch am Spieß), *Tangri* (saftige Hähnchenschlegel), *Boti* (würzige, mundgerechte Lammstückchen ohne Knochen), Chicken-Tikka (saftige Hühnchenstücke am Spieß) und natürlich das obligatorische Tandoori-Chicken, das als Ganzes daherkommt.

Über 60 % des indischen Weizens kommen aus dem Punjab. Fast jeder Haushalt auf dem Land hält Kühe und Büffel – Milchprodukte werden zu allen Mahlzeiten gereicht.

RAJASTHAN

Die karge, trockene Landschaft Rajasthans hat eine scharfe, würzige Küche hervorgebracht, die aus eher dürftigen Zutaten besteht. Für ein bisschen Pepp sorgen lediglich die wenigen Sorten frisches Gemüse, Obst oder Fisch; und dennoch geben die Rajasthani stets ihr Bestes, um aus Getreide, Hülsenfrüchte, Gewürze und Molkereiprodukte verblüffend raffinierte Essen zu zaubern. Aus Weizenmehl werden Rotis, Pooris, Parathas und das vielleicht außergewöhnlichste Gericht in der Region, die Batis (gebackene Vollkornmehl-Bällchen), zubereitet. Batis und *Churmas* (gebackene Teigbällchen aus Weizenvollkorn, Zucker und Nüssen) sind die wichtigsten Zutaten der klassischen Rajasthan-Spezialität *Dhal Bati Churma*. Mit *Besan* (Kichererbsenmehl), das ebenfalls in keiner Küche Rajasthan fehlt, werden *Pakora*, *Sev* (pikante Knabbereien) und andere salzige Snacks zubereitet, die man unter dem Namen *Farsan* bekommt. In den Wüsten von Jaisalmer, Jodhpur und Bikaner wird das Fleisch normalerweise ohne Wasser zubereitet, stattdessen kommen Milch, Quark, Buttermilch und reichlich Ghee in den Kochtopf. *Murg Ko Khaato* (in Quarksoße gegartes Huhn), *Achar Murg* (eingelegtes Huhn) und *Kacher Maas* (gedörrtes Lammfleisch, in Gewürzen gegart) sind die Klassiker aus den Wüsten Rajasthans.

PAAN

Nach dem Essen kauen Inder auf einem Paan herum, einem würzig-süßen, duftenden Mix aus Betelnuss (Arecanuss), Limonenpaste, Gewürzen und Gewürzmischungen, der in ein essbares *Paan* (Blatt des Betelpfeffers) eingeschlagen wird. Das Ganze soll verdauungsfördernd wirken und den Atem erfrischen. Paans werden von den *Paan-Wallahs* verkauft, die man an jeder Straßenecke antrifft. Die Betelnuss hat eine leicht narkotisierende Wirkung und manch „Liebhaber" konsumiert sie wie ein starker Raucher Zigaretten – was nach einiger Zeit an den rot und schwarz verfärbten Zähnen zu erkennen ist.

Es gibt zwei Grundtypen: *Mitha* (süße) und *Saadha* (mit Tabak). Ein Päckchen *Mitha Paan* ist der perfekte Abschluss eines guten Essens. Das ganze Päckchen wird auf einmal in den Mund geschoben und langsam gekaut, damit sich die Sekrete im Mund verteilen.

KASCHMIR

Wer Essen aus Kaschmir außerhalb Kaschmirs probieren möchte, sollte das Restaurant Chor Bizarre in Delhi besuchen (S. 134).

Viele Einwanderer aus Kaschmir hat es nach Delhi und in andere Städte Indiens verschlagen, weshalb diese einzigartige Küche in ganz Indien probiert werden kann. Typisch für die Gerichte sind unverwechselbare Gewürzmischungen und die Art und Weise, wie Fleisch zubereitet wird: Meistens wird es nämlich in geronnener oder normaler Milch gegart, wodurch es eine weißliche Farbe bekommt und zart auf der Zunge zergeht. Chilis, die hier und da im Kochtopf landen, färben die Currys feurig rot, so etwa das berühmte *Rogan Josh* (Lammcurry).

UTTAR PRADESH & UTTARANCHAL

In Uttar Pradesh und Uttaranchal gibt's eine abwechslungsreiche Küche – im Angebot sind echte vegetarische Hindu- und majestätische muslimische Nawab-Gerichte sowie kräftige und einfache Essen aus den Bergen. In Pilgerorten wie Varanasi wird man vorwiegend Vegetarisches vorgesetzt bekommen: Gerichte bestehen normalerweise aus *Phulkas* (feine, kleine Roti), *Dhal Chaval* (Dhal mit Reis) und Gemüse der Saison. Mit dem Namen Lucknows, dem muslimischen Gegenstück Varanasis, verbinden dagegen viele die königliche Küche der Nawabs, die großartige Kebabs aus Hackfleisch oder Fleischsaucen ihr Eigen nennt (während die Kebabs im Punjab und in Delhi gegrillt oder am Spieß zubereitet werden). Der *Shami*-Kebab aus gekochtem Hackfleisch, Kichererbsen und Gewürzen ist schlichtweg der Klassiker in Uttar Pradesh!

WESTBENGALEN

Die Menschen in Westbengalen sind mächtig stolz auf ihre Küche, die in ihren Augen der Inbegriff des vollendeten Geschmacks ist. Die Fische, die es in den Flüssen und Teichen Bengalens in Hülle und Fülle gibt, werden gebraten, mit Zwiebeln als Curry zubereitet, mit Gemüse leicht geschmort oder zu pikanten *Jhaal* (mit gemahlenen Senfkörnern und Chilis) zubereitet. In Kolkata stolpert man an fast jeder Straßenecke über einen *Mishtir Dokan* (Süßwarenladen), an dem Einheimische meist Rationen für die ganze Woche hamstern. Bengalische Süßspeisen gelten vielen als die besten Indiens: köstliche Kreationen aus Kondensmilch, Zucker und *Paneer*. Doch die wahrscheinlich bekannteste bengalische Süßspeise ist das *Rasgulla*, von dem der zuckrige Sirup, in dem es gekocht wird, nur so trieft.

Rasgullas gibt's heute in Süßigkeitenläden in ganz Indien; sie wurden 1868 von der Das-Familie in Kolkata erfunden (s. Kasten S. 515).

BIHAR

Bihars Küche ist rustikal, einfach, gesund und macht einfach wunderbar zufrieden. *Sattu*, geröstetes Kichererbsenmehl, ist das Verbindende aller

Gerichte. Es ist günstig, sättigend und nahrhaft. Mal grob und krümelig, mal als feines Pulver, wickelt es der Arbeiter in sein *Gamcha* (handgewebtes Handtuch) ein, packt ein paar Zwiebeln und Chilis dazu und hat im Nu ein schlichtes Mahl zubereitet. Und die Hausfrau aus der Mittelschicht taucht Bihars bekannteste Spezialität, *Littis* (Bällchen aus gewürztem Sattu, in Teig gewendet und auf Kohlen gebacken) vor dem Servieren in eine Schüssel mit warmem Ghee.

NORDOSTSTAATEN

Die Vielfalt der Küche im Nordosten Indiens ist beachtlich. Nahezu jeder Stamm und jede Gemeinschaft hat Essen mit eigener Unterschrift auf dem Speiseplan. In Assam steht man besonders auf Saures. Wie in Thailand kommen hier reichlich Limonen und Limonenblätter in den Kochtopf. Der *Tenga* ist z. B. ein beliebter Fischeintopf aus Assam, der aus Stückchen des süßlich schmeckenden *Rohu* (Karpfenart) besteht, die mit Zwiebeln kurz in der Pfanne geschwenkt und dann in einem wässrigen Saft mit Limonenzesten auf kleiner Flamme gegart werden. Der größte Stamm in Meghalaya, die Khasis, hat sich auf Reisgerichte spezialisiert: *Putharo* (Reismehl-Crêpe), *Pukhen* (süße, gebackene Reiskekse) und *Pusla* (gedämpfte, in Blätter eingeschlagene Reiskekse) sind sehr angesagt. Die Einwohner Tripuras sind leidenschaftliche Liebhaber von Ausgefallenem mit frischem und getrocknetem Fisch. Beispiel gefällig? Dann *Nona Ilish Paturi,* gesalzene Stückchen Hilsa-Hering, die in essbare Blätter gewickelt und gebraten werden, oder *Pithali,* einen Eintopf aus getrocknetem Fisch, probieren. Auch das *Shidol* (Eingemachtes aus winzigen Süßwasserfischen) ist urtypisch für Tripura und aus der dortigen Küche nicht mehr wegzudenken. Auch in Manipur ist Fisch heiß begehrt, die Variante des Eingemachten heißt hier *Ngari.* Reis steht auf den Einkaufszetteln in Nagaland ganz oben und kommt zu jedem Essen auf den Teller. Außerdem erinnert die Küche der Nagas an chinesische Vorbilder, wie die Vorliebe für Schweinefleisch, Frühlingszwiebeln, Knoblauch, Ingwer und Natriumglutamat erahnen lässt. Und die Küche in Arunachal Pradesh kennt viele typisch tibetische Gerichte, so z. B. *Momos* (ähnlich wie Dim Sum), *Churpee* (mundgerechte Happen getrockneten Jak-Käses) sowie *Thukpa* (herzhafte Nudelsuppe).

Madhur Jaffrey ist die führende Expertin in Sachen indische Küche. Ihre Bücher *Indisch kochen* und *A Taste of India* gelten als Bibeln subkontinentalen Essens.

MADHYA PRADESH

Das Prädikat „typisch nordindisch" trifft für die Küche Madhya Pradeshs zu, selbst wenn es große Unterschiede zwischen der normalen und der Cuisine der einzelnen dort lebenden Völker gibt. Das Essen in den trockenen Regionen, die sich von Gwalior bis Indore erstrecken, ist als Malwa-Küche bekannt. Die Essen bestehen hauptsächlich aus Getreide und Dhal, Gemüse ist Mangelware, dafür gibt's reichlich Öl und Ghee. Die Hauptstadt Bhopal hat eine lange islamische Tradition, weshalb bei den meisten muslimischen Familien Korma, *Rizala* (ein grünlich-weißes Hammelfleischgericht mit Chili), *Ishtu* (pikanter Eintopf), *Achar Gosht* (berühmtes, würziges Fleischgericht aus Hyderabad) und Kebabs auf den Tisch kommen.

GUJARAT

Rund 90 % der Einwohner Gujarats sind Vegetarier, was vor allem daran liegt, dass in dem Bundesstaat viele Jains leben. Ein für Gujarat typisches Thali ist die bei Weitem ausgewogenste, leichteste und nahrhafteste Mahlzeit in ganz Indien. Bei den Einheimischen kommt es mittags wie abends auf den Tisch. Dazu gehört meist Reis, Roti, ein Salat (z. B. fein gewürfelte Tomaten und Gurken) oder ein Gemüse-Relish (geraspelter Kohl oder Bohnensprossen mit Kokosflocken), Raita, trockenes Gemüse (z. B. kurz angebratene Bohnen), Gemüse-Curry (z. B. mit Kartoffeln und Auberginen), Dhal, *Kadhi* (saures dhalähnliches Gericht aus Quark und Besan), *Farsan*, Pickles und *Mithai*. Alle Speisen werden gleichzeitig serviert und Bissen für Bissen genüsslich verköstigt.

Im Süden heißt die Kokosnuss *Shrifal* (Frucht der Götter). Sie soll bei Hinduzeremonien den Gläubigen zu einem ausgefüllten und tadellosen Leben ermahnen.

Südindien

Zwar käme es einem Zerrbild gleich, die südindische Küche über einen Kamm zu scheren. Und dennoch gibt es im Süden kulinarische Gemeinsamkeiten wie die Vorliebe für Reis und die Beständigkeit, mit der *Sambar u*nd *Rasam* (Brühe auf Dhalbasis mit Tamarindenaroma) auf dem Speiseplan stehen – selbst wenn die Speisen von Region zu Region unterschiedlich zubereitet werden.

Dosas sind vielfältige frisch gebackene Reismehlcrêpes, zu denen es für gewöhnlich Schalen mit heißen, orangefarbenen Sambars und milden Kokosnuss-Chatnis gibt. Die südindischen Frühstücksleckereien können natürlich zu jeder Tageszeit vertilgt werden. Besonders schmackhaft ist der Masala-Dosa, ein großer, herzhafter Crêpe, der köstlich mit gekochten Kartoffeln, Zwiebeln und Curryblättern gefüllt ist. Doch damit nicht genug: Andere Varianten sind der würzig-knusprige Mysore-Dosa (wie der Masala-Dosa, aber mit mehr Gemüse und Chili), der *Pessarettu*-Dosa (mit Teig aus Mungbohnen-Dhal) aus Andhra Pradesh und der *Rava*-Dosa (mit Griesteig).

Idlis sind ein weiterer gern gegessener Snack in Südindien. Wenig Kalorien und viel Nährstoffe machen sie zu einer willkommenen Alternative zu Öl, Gewürzen und Chilis. Die lockeren, runden, weißen Brötchen werden in *Sambar* und Kokosnuss-*Chatni* getunkt – und sind so Grundlage für ein tolles, gesundes Frühstück. Beliebte Zutaten auf dem Frühstückstisch sind außerdem *Vadas*, gebackene salzig-pikante Donuts, und *Appams* bzw. *Uttappams* (Reismehl-Kokosmilch-Pancakes mit Knusperrand).

Umfassende Reiseinfos zur indischen Küche gibt's in Lonely Planets *World Food India*.

MAHARASHTRA

Weite Teile des Dekkan-Plateaus im Herzen Maharashtras sind trocken und öde. Dies findet in den recht einfachen Gerichten aus Hülsenfrüchten und Getreide eine Entsprechung. So ist die dortige Küche der Inbegriff einer minimalistischen Ernährung. Wahrscheinlich nirgendwo sonst in Indien ist das Dhal so simpel wie hier – es wird lediglich mit Salz und Kurkuma gegart und dann mit einem Klecks Ghee, Asant (auch Teufelsdreck oder *Asafoetida* genannt) und Jagrezucker verfeinert. Auch Gemüse wird nur mit Senfsamen, Curryblättern und Kokosflocken in den Topf geworfen. Fisch ist das wichtigste Nahrungsmittel der nicht-vegetarischen Marathi-Speisen; Maharashtras beliebtester Fisch ist der *Bombil*, ein glibberiger, hechtähnlicher Fisch, der unter dem etwas irreführenden Namen Bombay-Duck angeboten wird – es gibt ihn entweder frisch oder luftgetrocknet. Der Imbiss, den die meisten Traveller mit Maharashtra und natürlich ganz besonders Mumbai verbinden, nennt sich *Bhelpuri*, ein zügelloses Geschmackserlebnis aus süßen, sauren, scharfen, zarten und knusprigen Gaumenfreuden. Auf einem großen Blatt oder einem Bogen Zeitungspapier werden kunterbunt Puffreis, gekochte Kartoffelscheibchen, gehackte Zwiebeln, Erdnüsse, hauchdünne *Besan*-Sticks, ein süßes Chatni mit Tamanrinden und ein herzhaftes aus grünem Koriander und Chilis sowie ein kräftiger Schuss frisch gepresster Limonensaft miteinander vermengt.

ANDHRA PRADESH

In Andhra Pradesh sind sämtliche muslimische Spezialitäten Indiens zu Hause, denen jedoch ein typischer scharfer oder würziger Touch mitgegeben wird. In den Öfen Hyderabads schwitzen Biryanis, die aus Gemüse, Fleisch, Nüssen und Gewürzen geschichtet sind und völlig anders schmecken als die Biryanis in Nordindien. Die Küche der Andhras dagegen variiert Linsen, Gemüse, Fleisch und Fisch; die meisten Essen werden mit Tamarinde zubereitet, was unschwer an dem sauren Geschmack zu erkennen ist.

ORISSA

In Orissa nimmt der Fisch einen Ehrenplatz ein – egal ob gebraten, mit Zwiebeln in einem leckeren Curry oder in einer Senf-Quark-Paste gekocht. *Ambul* ist ein beliebtes Fischgericht mit Senf, das seinen besonderen Geschmack getrockneten Mangos verdankt. Die Tamarinde ist für die Säure verantwortlich. So werden auch Okras oft in einer sauren Sauce aus Tamarinden und Tomaten gegart.

GOA

The Essential Goa Cookbook von Maria Teresa Menezes und *The Essential Kerala Cookbook* von Vijayan Kannampilly sind tolle und ausführliche Bücher, die sich mit der Kochkunst dieser beiden kulinarischen Hotspots beschäftigen (in Indien für 295 Rs erhältlich).

Die unverwechselbare Küche Goas ist ein Produkt aus der Kreuzung der hoch entwickelten Goa-Kultur mit der der 450 Jahre herrschenden portugiesischen Besatzer. Da überrascht es kaum, dass in Goa Fisch ganz oben auf dem Speiseplan steht – und zwar mit über hundert verschiedenen Süßwasser- und Salzwasserfischen und Meeresfrüchten wie den faustgroßen, saftigen Garnelen. Ein typisches Mittagessen in Goa beginnt mit einem mild gewürzten Gericht wie *Caldeen,* einem in Kokosmilch, Ingwer und Kreuzkümmel geköchelten Fisch. Die portugiesische Note dominiert eher das Abendessen, wenn's als Hauptgang z. B. *Assado de Bife* (Roastbeef) oder ein feuriges Schweine-Vindaloo (eingelegtes Schweinecurry) gibt. Die Goaner haben sich außerdem auf üppige Puddings, Kuchen und süße Snacks spezialisiert. Unbedingt probieren: die berühmte *Bebinca*, eine geschichtete Süßspeise aus 40 Eiern, reichlich Ghee und Kokosmilch. Mit der Küche Goas verwandt ist übrigens auch die Küche der Westküste Karnatakas, der Konkanküste, die mit reichlich Fisch und Kokosnüssen daherkommt.

Ausführlichere Infos zur Kochkunst Goas siehe S. 856.

KERALA

Seafood ist der große Favorit in Keralas Speisekammern. Gebraten oder in Currys sind Meeresfrüchte in fast allen Speisen zu finden. Renner sind z. B. *Meen Pollichathu,* in Bananenblättern gegarter Fisch, und *Molee,* in Kokosmilch und Gewürzen gegarter Fisch oder Meeresfrüchte. Überhaupt ist Kokosnuss Trumpf: Die meisten Speisen werden in Kokosöl zubereitet und verschwenderisch mit frischen Kokosraspel oder Kokosmilch garniert. Gemüse wird niemals verkocht, sondern lediglich gedämpft oder kurz angebraten – so bleiben die natürlichen Aromen und Nährstoffe erhalten.

Copra, das getrocknete Fruchtfleisch der Kokosnuss, wird gepresst und zu Kokosnussöl verarbeitet, einem in Kerala sehr beliebten Speiseöl.

GETRÄNKE

Alkoholfreie Getränke

Chai ist das Getränk der Massen. Es enthält mehr Milch als Wasser und mehr Zucker als man zu glauben wagt. Mit einem Glas dampfenden, süßen, milchigen und schaumigen Chai vergessen Traveller im Nu Hitze und Stress. Und die körperlose brummende Stimme, die „Chai, Chai *garam*" – heißen Tee – anpreist, klingt schon bald vertraut und angenehm in den Ohren eines jeden Indienbummlers.

Die beste Qualität des Darjeeling-Tees wird mit den Buchstaben SFTGFOP gekennzeichnet; die Abkürzung steht für *Special Finest Tippy Golden Flowery Orange Pekoe.*

Obwohl der Chai das Nationalgetränk Indiens ist, halten die Südinder genauso dem Kaffee die Stange. Jedoch wird er gern mit so viel Milch und Zucker gemacht, dass er sich vom Tee kaum noch unterscheidet. Beim genaueren Hinsehen kann der indische Kaffee einen allerdings angenehm überraschen, insbesondere wenn er mit den Bohnen Mysore Nuggets oder Monsooned Malabar zubereitet wurde. Und in den letzten Jahren haben vor allem in größeren Städten Edelcafés eröffnet, die vorzüglich gebrauten Kaffee servieren.

Masala Soda ist die indische Limo schlechthin, die an allen Getränkeständen erhältlich ist: Die Verkäufer öffnen eine Flasche Soda und peppen es mit Limonen, Gewürzen, Salz und Zucker ordentlich auf. *Jal Jeera* ist vielleicht Indiens gesündestes und erfrischendstes Getränk – es enthält Limonensaft, Kreuzkümmel, Minze und Steinsalz.

Süße und pikante Lassis trinkt ganz Indien gern, auch wenn die besten im Norden zu Hause sind. Das nach Rosenaroma mundende *Falooda* ist eine muslimische Spezialität, die aus Milch, Sahne, Nüssen und Schokosplittern hergestellt wird. Heißes oder kaltes *Badam*, mit Safran und Mandeln aromatisierte Milch, erfrischt vor allem zum Frühstück.

Auf den Straßen gibt's eine Vielzahl von Frischobstverkäufern. Doch Vorsicht: Sind die Säfte geradezu lächerlich billig, sind sie wahrscheinlich gepanscht und es kommt lediglich ein bisschen Konzentrat mit Wasser und Eis in den Becher. In Restaurants ist es Gang und Gebe, den Geschmack von Fruchtsäften mit etwas Salz und Zucker zu intensivieren. Wer das nicht möchte, sollte das dem Kellner rechtzeitig sagen.

Alkoholische Getränke

Über drei Viertel der Inder, die auch mal Alkoholisches trinken, kippen Hochprozentiges vom Land hinunter, wie etwa den berüchtigten *Arrak*, der in Südindien aus dem Saft der Kokospalme, der Kartoffel oder aus Reis hergestellt wird. Im Norden kommt dasselbe Gebräu auch unter dem Namen *Amanush (Inhuman)* oder *Asha (Hope)* daher. So oder so, es ist das Armeleutegetränk, Millionen sind süchtig von dem Zeug. Seine Eigenschaften: Es ist billig, macht sofort betrunken und schmeckt scheußlich. Jedes Jahr erblinden oder sterben gar Hunderte Menschen an dem Methylalkohol, der im schwarz destillierten Arrak enthalten ist.

Bagpiper ist der meistverkaufte Whisky Indiens. In der Rangliste der beliebtesten Whiskys des Planeten steht er auf Position 14 – obwohl er nur in Indien verkauft wird.

Die auf der Grundlage rektifizierten Alkohols hergestellten „Indian Made Foreign Liquors" (IMFL) – also Spirituosen, die nach westlichen Vorbildern in Indien hergestellt werden – decken etwa ein Viertel des indischen Getränkemarkts ab. Auch wenn der Geschmack bekannter Marken vage wiederzuerkennen ist, schmecken die Drinks oft eher widerlich. Zu den besseren IMFL gehören noch Peter Scott, Antiquity und Solan No. 1 – und zwar genau in dieser Reihenfolge.

Ein bekanntes indisches Getränk, der *Mahua*, ist ein klarer Schnaps mit berauschend scharfem Aroma, das der Trunk der Blume des Mahua-Baums verdankt. Wenn die Bäume zwischen März und April blühen, wird der Schnaps in ganz Zentralindien in behelfsmäßig aufgestellten

TIPP FÜR BIERTRINKER

Indisches Bier enthält oft den Konservierungsstoff Glycerin, der Kopfschmerzen verursachen kann. Durch folgenden Trick lassen sich diese vermeiden: Flasche öffnen, ganz schnell stürzen und dabei die Flaschenöffnung in ein volles Glas Wasser halten. Ein fettiger Film, das Glycerin, sickert ins Wasser – sobald das Rinnsal versiegt, die Flasche herausnehmen und das glycerinfreie Bier genießen.

Getränkeständen gebraut. *Mahua* kann man ohne Bedenken trinken, solange er aus einer vertrauenswürdigen Quelle stammt.

Reisbier ist in ganz Ost- und Nordostindien zu Hause. Im Himalaja gibt's einen kräftigen Kornschnaps namens *Raksi,* der mit seinem milden Aroma nach Holzkohlen ein wenig an schottische Whiskys erinnert.

Toddy (Palmwein) wird aus Palmensaft hergestellt und an der Küste vor allem Keralas gern getrunken. Wo immer das rhythmische Klopfen des Büffelhorns gegen die Palmenknospen zu hören ist, ist es clever, nach Toddy-Zapfern Ausschau zu halten und sie um eine Kostprobe zu bitten. Feni ist der indische Schnaps und eine Spezialität des entspannten Goas. Kokosnuss-Feni ist leicht und nicht besonders spektakulär. Dafür lohnt es sich, eine Flasche des weitaus beliebteren Cashew-Feni – der aus der Frucht des Cashew-Baums gewonnen wird – mit nach Hause zu nehmen.

Bei Bier, das in Restaurants und Bars über den Tresen geht, verdient der Staat ordentlich mit. Manchmal ist eine Flasche Bier weitaus teurer als das komplette Essen. Die meisten der zahlreichen lokalen und nationalen Marken sind einfache Pils mit einem Alkoholgehalt von um die 5 %. Der Liebling vieler Traveller ist das Kingfisher, das es im ganzen Land gibt. Royal Challenge, Dansberg, Golden Eagle, London Pilsner und Sandpiper sind andere Lieblingsmarken. In Goa hat's mehrere erstklassige Biere – zu empfehlen ist vor allem das King. Wer trotzdem lieber auf Importiertes wie Heineken und Budweiser abfährt, wird vor allem in größeren Städten in Mittelklasse- oder Toprestaurants fündig.

Das Bier Marke Solan aus Himachal Pradesh wird in der weltweit am höchsten gelegenen Brauerei gebraut: in rund 2440 m Höhe.

Zwar steckt die Weinkultur in Indien noch in den Kinderschuhen – wer Rotwein bestellt, bekommt normalerweise etwas, was eher wie Portwein schmeckt. Dennoch gibt's unter den aufkommenden Mittelklasseweinen durchaus einige anständige Weine – Weinliebhaber sollten mal den Landwein vom Chateau Indage in Maharashtra und von den Grover Vineyards in Karnataka probieren (s. Kasten, S. 814).

Das Internetportal zum Thema indischer Wein www.indianwine.com bietet Infos zu Erzeugern, Wissenswertes über Anbauregionen uvm.

FESTESSEN

Auch wenn über Hindu-Festen stets der Schleier religiöser Verehrung liegt, sind sie natürlich auch Anlässe zum Feiern. Für jedes Fest gibt's ganz spezielle Gerichte, die obendrein je nach Region anders ausfallen. Süßspeisen gelten den Indern als ganz besonderer Luxus, weshalb gerade zu feierlichen Anlässen eine beachtliche Auswahl an Süßem aufgetischt wird. *Karanjis*, sichelförmige Mehlpäckchen gefüllt mit süßer *Khoya* (aus fester Milch) und Nüssen, gehören zu Holi, dem ungestümen Hindu-Fest, das nicht dasselbe wäre ohne *Malpuas* (in Sirup getunkte Weizenmehlpfannkuchen), *Barfis* und *Pedas* (bunte Stückchen aus Khoya und Zucker). Pongal (Tamil für: überfüllt) ist das größte Erntedankfest des Südens. Eng damit verbunden sind die gleichnamigen Spezialitäten, die aus dem ersten Reis des Saison sowie Jaggery, Nüssen, Rosinen und Gewürzen zubereitet wird. Diwali, das hinduistische Lichterfest, ist das in ganz Indien am weitesten verbreitete Fest. In einige Regionen gibt's spezielle Diwali-Süßspeisen. Wer etwa während des Diwali in Mumbai Station macht, sollte sich den Bauch mit leckeren *Anarsas* (Reismehlkeksen) voll schlagen.

Infos zu den großen indischen Festen und Festivals gibt's auf S. 1157

Folgende empfehlenswerte (und mit 189 Rs je Buch preisgünstige) Kochbücher sollte man in Indien aufstöbern: *Mughlai Khaana, Simply Delicious Curries* und *The Best of Chicken & Paneer* – alle von Nita Mehta.

Ramadan ist der islamische Fastenmonat, in dem Muslime zwischen Sonnenauf- und -untergang auf Essen, Rauchen und sogar Wasser verzichten. Abends wird das Fastenbrechen meist mit Datteln – der heiligen Frucht des Islam – eingeläutet, danach stehen Früchte und Fruchtsäfte auf dem Programm. Am letzten Tag des Ramadan feiern die Muslime mit dem extravaganten Fest Eid al-Fitr das Ende der Fastenzeit – auf den Tisch kommen dann Biryanis mit Fleisch und ein riesiger Berg ganz besonderer Süßspeisen.

DOS AND DON'TS – STRASSENSNACKS

Auf den Straßen Indiens geht's nicht immer ganz hygienisch zu, weshalb es riskant sein kann, einen Snack zu sich zu nehmen. Solange man jedoch den gesunden Menschenverstand einschaltet, sollte man auf der sicheren Seite sein. Stets dran denken: Das Glück ist mit den Mutigen!

- Man sollte sich ein paar Tage Zeit gönnen, um sich an die Bedingungen anzupassen und allmählich zu akklimatisieren.
- Das Volk stimmt mit den Füßen ab: Wenn die Einheimischen um einen Stand einen großen Bogen machen, sollte man es ihnen gleichtun. Stets ein wachsames Auge auf die Kundschaft werfen – Orte, an denen man Frauen und Familien antrifft, sind vertrauenswürdig.
- Checken, wie und wo der Verkäufer sein Kochgeschirr reinigt und seine Speisen lagert. Werden die Speisen in Öl gebrutzelt, genügt oft ein kritischer Blick, um sicher zu gehen, dass es einigermaßen frisch ist. Sind Geschirr und Arbeitsflächen schmutzig, kleben Essensreste daran oder kreisen zu viele Fliegen um die Speisen, sollte man sich nicht scheuen, zügig den Rückzug anzutreten.
- Keine Panik, wenn der Koch einen bestellten frittierten Imbiss zurück in den Wok wirft. Es ist Gang und Gebe, die Snacks vorzugaren und kurz, bevor sie aufgetischt werden, zu Ende zu garen. Und: Durch das erneute Aufbacken werden etwaige Keime abgetötet.
- Fleischiges sollte auf der Straße eher nicht gegessen werden.
- Häufig werden süße Zitronen- und Zuckerrohrsäfte ausgepresst – nicht immer geht's dabei Vertrauen erweckend zu. Normalerweise kann man bedenkenlos zugreifen, wenn der Saft erst nach der Bestellung frisch auspresst wird. Von Säften, die bereits in Krügen lagern, sollte man besser die Finger lassen.
- Melonenscheiben und anderen bereits geschnittenen Früchten sollte man widerstehen. Die appetitlichen Farben bleiben nur erhalten, indem sie ständig mit Wasser übergossen werden.

WOHIN ZUM ESSEN?

In Indien gibt's eine Menge Restaurants – oder „Hotels" – mit Schildern wie *veg*, *pure veg* oder *nonveg*. In den meisten Mittelklasserestaurants kann man zwischen zwei Richtungen wählen: sündindisch, d. h. die Vegi-Küche Tamil Nadus und Karnatakas, und nordindisch, worunter auch die Punjab/Mughlai-Küche dazugehört. Darüber hinaus bekommt man auch meist die Spezialitäten der Nachbarregionen und -staaten. Da es Inder auf der Suche nach Arbeit in alle Himmelsrichtungen verschlägt, ist es für viele Restaurants selbstverständlich, diesen das Essen aus deren Heimat anzubieten.

Online gibt's Rezepte unter: www.chefkoch.de/kochbuch/97/Indisch-rezepte.html www.indiaexpress.com/cooking www.thokalath.com/cuisine

Nicht zu verwechseln mit Burgerbuden und Pizzerias sind südindische Restaurants mit dem Slogan „Fast Food". Sie gehören sicher zum Besten, was Indien zu bieten hat. Hier gibt's schlichtweg alle Tiffin-Köstlichkeiten, die man sich nur ausmalen kann, und oft auch eine Extratheke für Süßes. Einige Luxushotels haben Fünfsternerestaurants, in denen meist Gerichte aus ganz Indien kredenzt werden, sodass Feinschmecker sich durch die regionalen Spezialitäten probieren können. Während sich viele Inder hier kaum eine Suppe leisten können, dürfen die meisten Traveller mal ein bisschen Graf Protzke spielen.

Unterwegs sollte man nach Bäckereien, Konditoreien, den Saftbars (Juice Stores) der nobleren Stadtviertel und den allgegenwärtigen Milk Shops mit ihren breiten Angeboten an Milchprodukten Ausschau halten. Die wortwörtlichen Straßenlokale, die *Dhabas* (oder Snackbars), sind Oasen für Millionen Trucker, Buspassagiere und allerlei Traveller, die kreuz und quer durch Indien reisen. Vor allem in Nordindien findet man auf dem Land immer wieder ein ursprüngliches *Dhabas*, doch auch im restlichen Land gibt's Vergleichbares. In den gastfreundlichen Buden wird Essen aus einfachsten Zutaten aufgetischt, das aber extrem lecker ist und inzwischen einen eigenen Namen bekommen hat: *Dhaba*-Food.

Monisha Bharadwajs *Die indische Küche* gibt eine wunderbare Einführung in die Zutatenvielfalt der indischen Küche. Dazu gibt's Einkaufstipps, Infos zur Lagerung und rund 200 simple Rezepte.

Straßensnacks

Von morgens bis abends wird eifrig gekocht, gebraten, geröstet, geschält, gepresst, geköchelt, gemixt und gebacken, um mit Speis und Trank Kunden zu ködern. Die kleineren Stände bieten normalerweise nur eine Spezialität an, dies dafür den ganzen Tag über, andere dagegen haben extra Snacks fürs Frühstück, Mittag- oder Abendessen. So unterschiedlich die Viertel, Städte und Regionen sein werden, durch die man streift, so bunt ist das kulinarische Angebot: mal einfach nur Puffreis oder in heißem Sand geröstete Erdnüsse, mal ausgefallene Spiegelei-Sandwichs oder auch ein aufwändiges *Chaat,* das unverwechselbar mit *Chaat*-Masala gewürzt ist und mit unterschiedlichsten Aromen die Gaumen kitzelt.

Vor allem Frittiertes wird man an jeder Straßenecke bekommen. U.a. gibt's Samosas, frittierte, pyramidenförmige Teigstücke, gefüllt eher mit gewürztem Gemüse und weniger mit Fleisch, Aloo *Tikka* und *Bhajia* von mild bis hot sowie *Pooris* und Kachoris. In ganz Indien drücken einen Verkäufer Dosas in die Hand, bei denen einem das Wasser im Mund zusammenläuft, zu denen im Süden weitere Köstlichkeiten wie *Idlis* und *Vada* dazukommen. Im Norden und in den meisten muslimischen Regionen ergänzen Kebabs mit feinem Quark und in warmes Brot eingewickelt die Snacks für Zwischendurch.

Den Begriff „Balti" (verwendet z. B. in Englands allgegenwärtigen „Balti Houses") haben clevere Gastronomen für eine Marketingmasche verwendet – Balti ist die im Nordwesten gebräuchliche Bezeichnung für den gewöhnlichen indischen Wok, besser bekannt als *Kadhai*.

Am Bahnsteig

Einer der Thrills, die bei Zugreisen auf einen warten, ist der kulinarische Tingeltangel, der an jedem Bahnhof aufs Neue begeistert. Umherziehende Verkäufer hetzen und schreien durch die Wagons und hauen Reisende in den Zügen an. Bananen, Omelettes und Nüsse werden durch die Gitter vor den Fenstern gereicht und Bahnsteigköche brutzeln frische Samosas

INDISCHE TISCHMANIEREN

Die meisten Inder essen mit der rechten Hand. Im Süden kommt dabei so viel von der Hand zum Einsatz wie nötig, andernorts werden dagegen stets nur die Fingerspitzen verwendet. Auf keinen Fall mit der linken Hand essen, da diese für Verrichtungen auf der Toilette reserviert ist. Mit Links kann man das Trinkglas halten und sich aus einer gemeinsamen Schale Essen löffeln, jedoch sollten Speisen niemals mit der linken Hand zum Mund geführt werden.

Bevor man in einem privaten Haushalt isst oder nachdem man ein Restaurant betreten hat, erkundigt man sich am besten nach dem Waschbecken, um sich die Hände gründlich zu waschen. Dies sollte direkt nach der Mahlzeit wiederholt werden.

Das frisch servierte Essen wird mit den Fingern durcheinander gemischt, bis es sämig und klebrig ist. Hat man ein Dhal und *Sabzi* bestellt, mischt man nur das Dhal unter den Reis, während das *Sabzi* mit jedem Bissen extra genommen wird. Wer Fisch oder Hammelcurry bestellt hat, mischt die Sauce unter den Reis, nimmt das Fleisch vom Rand des Tellers und nagt es vom Knochen herunter.

Die Happen werden Stück für Stück mit dem Daumen in den Mund geschoben, die Fingerknöchel zeigen dabei stets zur Schale. Wenn möglich, sollte man mit dem Händewaschen stets bis zum Ende der Mahlzeit warten; bevor einem jedoch vor lauter Gemansche der Appetit vergeht, kann man sich diskret die Hand am Brot abwischen.

Indische Kinder sind von klein auf an Scharfes gewohnt, weshalb selten spezielle Gerichte für die Kleinen angeboten werden. Zwar gibt's mitunter Kinderportion, doch kosten die genauso viel wie die großen Portionen. Einige Gerichte – z. B. Roti, Reis, Dhal, Quark, Suppen – sind mild. Einfach fragen, wenn man unsicher ist.

um die Wette, um Traveller für sich zu gewinnen. Wer häufig Zug fährt, weiß genau, welche Spezialität an welchem Bahnhof der Renner ist: Im Bahnhof Lonavla in Maharashtra gibt's leckere *Chikki* (Nuss-Jaggery-Toffee), in Agra *Pethas* (gesüßten Kürbis) und in Delhi Dhaund Biryanis.

Vegetarier & Veganer

Vegetarier werden in Indien eine der besten vegetarischen Küchen des gesamten Planeten vorfinden. Was Veganismus angeht, herrscht allerdings größtenteils Unwissenheit – und *pure vegetarian* auf Speisekarten bedeutet lediglich, dass der Koch ohne Eier auskommt. Die meisten indischen Vegi-Gerichte enthalten auch Tierisches wie Milch, Butter, Ghee oder Quark. Veganer stehen daher als Erstes vor dem Problem, ihre Wünsche dem Koch irgendwie klar zu machen. Die beste Option sind vielleicht Straßensnacks – hier kann man wenigstens dem Koch über die Schulter schauen.

WOHIN AUSGEHEN?

Mehr und mehr bereitet der Alkoholismus Probleme. Vor nicht allzu langer Zeit hatte die Prohibition das Land noch fest im Griff. Heute ist nur noch Gujarat „trocken", doch gelten im ganzen Land Alkoholgesetze und in jedem Bundesstaat gibt's Tage, an denen Spirituosenläden keinen Alkohol verkaufen dürfen.

Bars hat's in allen größeren Städten. Doch nur in Mumbai, Bangalore, Kolkata, Delhi und Chandigarh gedeiht eine richtige Ausgehkultur, und selbst da ist nur an Wochenenden was los. Die vornehmen Viertel dieser Städte haben ein pralles Angebot an Pubs westlicher Machart – ein kühles Blondes vom Fass oder der Flasche sowie heimische und importierter Spirituosen mit eingeschlossen.

Wer die beste Barszene Indiens sucht, muss nach Goa. Hier gibt es einige süffige Biere made in India und Feni bis zum Abwinken. Alkohol ist im Vergleich zu anderen Staaten nicht mit happigen Abgaben belegt – ein Glück für die vielen lauschigen Bars. In manchen Teilen Keralas gibt's gesellige Toddy-Shops, Enklaven zum Ausgehen sind außerdem auch Pondicherry und Sikkim. Anderorts darf zwar getrunken werden, doch ist die typische Kneipe in der Regel eine zwielichtige Spelunke – und weiß Gott nicht der Ort, an den sich durstige Touristinnen allein verirren sollten.

Wer sich auch gern mal zum Essen einen Schluck genehmigen möchte, sollte in nicht-vegetarische Restaurants gehen, da nur sehr wenige Vegi-Lokale eine gut bestückte Bar besitzen. Strenge Gesetze können einem die Lust an einem Drink in Restaurants schon verderben, doch immerhin servieren einige Lokale, die auf die Rupien von Travellern aus sind, das Bier undercover in Teekannen oder „getarnten" Gläsern – voraussetzen sollte man dies jedoch nicht, es könnte Ärger verursachen. Cocktaillounges oder Fünfsternehotels haben auf jeden Fall hochwertige und kostspielige Drinks.

> Genau genommen gibt es das indische „Curry" gar nicht – die Bezeichnung ist eine anglisierte Ableitung des Tamil-Wortes *Kari* (schwarzer Pfeffer). Es wurde von den Briten für würzige Speisen verwendet.

ESSKULTUR

Drei große Mahlzeiten am Tag sind die Regel. Wer will, kann natürlich dazwischen so viele Tiffin mampfen, wie es der Appetit verträgt. Das Frühstück ist leicht, es besteht im Süden beispielsweise aus *Idlis* und *Sambar* und im Norden aus *Parathas*. Das Mittagessen ist recht gehaltvoll – in der Regel gibt's Thalis, so wie es vor Ort üblich ist. Zwar eignen sich Thalis wunderbar, um die regionale Vielfalt zu entdecken, doch sollte man Indien nicht verlassen, ohne das Original in Gujarat probiert zu haben, das auch in den Nachbarstaaten und in den größeren Städten Indiens zu bekommen ist.

Nur kaum jemand wartet das Abendessen ab, ohne vorher nicht noch einen Snack einzulegen. So gönnen sich viele Inder meist gegen 17 Uhr noch ein größeres Tiffin – das Abendessen kann dann bis 22 oder 23 Uhr warten, Unterschiede gibt's je nach Region und Jahreszeit. So oder so essen die meisten Inder sehr spät zu Abend, weshalb auch in vielen Restaurants vor 21 Uhr tote Hose herrscht. Das Abendessen besteht in der Regel aus weniger Gerichten als ein Thali-Mittagessen, dafür aus größeren Portionen. Wann immer das Abendessen auf den Tisch kommt, es wird selten in Gängen serviert, sondern alles zusammen und heiß. Nachtische, wie sie Europäer kennen, sind unüblich. Süßes gibt's eher als Tiffin oder zu besonderen Anlässen; wenn überhaupt, dann besteht ein letzter Gang oft aus ein bisschen frischem Obst.

The Anger of Aubergines: Stories of Women and Food von Bulbul Sharma beschreibt amüsant die kulinarischen Aspekte der gesellschaftlichen Verhältnisse Indiens – eingestreut sind Rezepte, bei denen einem das Wasser im Mund zusammenläuft.

Essen & Religion

Essen spielt in Indien für die Entwicklung von Geist und Seele eine wichtige Rolle. Ganz egal, an welchen Gott sie glauben – Essen gehört für Inder genauso zum „spirituellen Fine-Tuning", wie es auch die Gesundheit des Körpers erhalten soll.

So meiden Hindu Lebensmittel, von denen sie meinen, sie behinderten die körperliche und spirituelle Entfaltung. Doch allgemein gültige Regeln gibt es kaum. Strikt ist es ihnen verboten, Rindfleisch zu essen. Orthodoxe Hindu meiden außerdem Alkohol und Zutaten wie Knoblauch und Zwiebeln, die das Blut in Wallung bringen und Leidenschaften wecken sollen. Solche Lebensmittel sind in Ashrams und Tempeln und während der meisten religiösen Feste allgemein verboten. Andere Speisen wie beispielsweise Milchprodukte gelten als von Haus aus rein; ihr Genuss soll Körper, Seele und Geist reinigen. Auch Ayurveda, die uralte Wissenschaft des Lebens, der Gesundheit und für ein hohes Alter, wirkte sich auf die Essgewohnheiten aus (s. S. 996).

Wer daran interessiert ist, die faszinierende Wissenschaft des Ayurveda zu entdecken, kann aus einer Unmenge von Büchern wählen. Das vielleicht beste ist *Ayurveda: Life, Health & Longevity* von Dr. Robert E. Svoboda.

Nicht nur weil Muslime zahlreiche Fleischgerichte nach Indien brachten, trägt die indische Esskultur auch eine islamische Handschrift. Schweinefleisch und Alkohol sind für Muslime tabu, Orthodoxe rühren auch Genussmittel wie Kaffee und Tee nicht an. Mit dem Begriff Halal werden all jene Lebensmittel bezeichnet, die Muslime bedenkenlos genießen dürfen, Speisen mit dem Prädikat Haram sind verboten. Das Fasten dient dazu, das Wohlwollen Allahs zu gewinnen, sich von Sünden rein zu waschen und das Leiden der Armen zu verstehen.

Buddhisten unterstützen die jainistische Lehre des Ahimsa (Philosophie der Gewaltlosigkeit), weshalb die meisten Anhänger Buddhas in Indien vegetarisch leben. Ultravegetarische Grundsätze lehren die Jains. Ihre strikten Gebote sollen jede denkbare Verletzung eines Lebewesens vermeiden. So verzichten sie sogar darauf, Gemüse zu essen, das unterirdisch wächst, da beim Anbau Insekten im Erdreich verletzt werden könnten.

Der Legende nach soll Buddha, nachdem er während der Meditation eingeschlafen war, beschlossen haben, sich als Akt der Buße die Augenlider abzuschneiden. Aus den zu Boden gefallenen Augenlidern wuchs der erste Teestrauch und der gekochte Tee vertrieb den Schlaf.

Die Glaubensgemeinschaften der indischen Sikh, Christen und Parsi haben nur wenige oder keine Einschränkungen, was sie essen dürfen und was nicht.

KOCHKURSE

Wer von der indischen Küche so begeistert ist, dass er am liebsten gleich vor Ort etwas mehr über sie erfahren möchte, sollte sich zu einem Kochkurs anmelden (Adressen s. unten). Immer mehr Einrichtungen – Gästehäuser wie Restaurants – bieten günstig ungezwungene Kochkurse an;

weitere Infos gibt's auch in den Regionenkapiteln. Für alle, die Indien vor allem kulinarisch entdecken wollen, bieten einige indische Reiseveranstalter spezielle Touren an.

Art Loft Guest House (S. 212; ☎ 2420163; jairaj34@yahoo.com; 35 Lal Ghat, Udaipur, Rajasthan)
Hotel Jamuna Resort (S. 184; ☎ 01592-232871; Jhunjhunu, Rajasthan)
India on the Menu (S. 864; www.indiaonthemenu.com; Panaji, Goa; 5-tägiger Kurs 250 £)
Kali Travel Home (S. 507; Kolkata, Westbengalen)
Spice Box (S. 212; ☎ 5100742; spicebox2001@yahoo.co.in; 38 Lake Ghat, Udaipur, Rajasthan)

SPRACHFÜHRER ESSEN

Was heißt ...?

Nehmen Sie Kreditkarten?	*kyaa aap kredit kaard lete/letee haing?* (m/f)
Was können Sie empfehlen?	*aap ke kyaal meng kyaa achchaa hogaa?*
Ich bin Vegetarier.	*maing ... hoong shaakaahaaree*
Ich hätte gerne ..., bitte.	*muje ... chaahiye*
Bitte bringen Sie mir ein/eine/der/die/das	*... laaiye*
Rechnung	*bil*
Gabel	*kaangtaa*
Glas	*glaas*
Glas Wein	*sharaab kee kaa glaas*
Messer	*chaakoo*
Speisekarte	*menyoo*
Mineralwasser	*minral vaatar*
Teller	*plet*
Löffel	*chammach*
Ich esse kein(e) ...	*maing ... naheeng kaataa/kaatee* (m/f)
Können Sie ein Gericht zubereiten ohne ...?	*kyaa aap ... ke binaa kaanaa taiyaar kar sakte/saktee haing?* (m/f)
Rindfleisch	*gaay ke gosht*
Fisch	*machlee*
Fleischbrühe	*gosht ke staak*
Schweinefleisch	*suar ke gosht*
Geflügelfleisch	*murgee*
Rotes Fleisch (Ziegenfleisch)	*bakree*
Ich bin allergisch gegen ...	*muje ... kee elarjee hai*
Nüsse	*m eve*
Meeresfrüchte	*machlee*
Schalentiere	*shelfish*

Essglossar

Achar – Pickles
Aloo Tikka – Pastetchen aus pürierten Kartoffeln, oft mit Gemüse gefüllt
Appam – südindischer Reispfannkuchen
Arrak – Schnaps, destilliert aus Kokosnussmilch, Kartoffeln oder Reis
Baigan – Aubergine; auch *Brinjal* genannt
Barfi – buttertoffeeähnliche Süßspeise aus Milch
Besan – Kichererbsenmehl
Betel – Nuss der Betelpalme, die als Appetitanreger und verdauungsförderndes Mittel in Betelpfeffer *(paan)* gerollt und gekaut wird; auch Arecanuss genannt
Bhajia – vegetarisches Frittiertes
Bhang Lassi – Mischung aus Lassi und Bhang (einem Marihuana-Derivat)
Bhelpuri – dünne, frittierte Teigscheiben mit Reis, Linsen, Zitronensaft, Zwiebeln, Kräutern und Chutney
Biryani – gedämpfter Duftreis mit Fleisch oder Gemüse

Bonda – Pastetchen aus pürierten Kartoffeln
Chaat – Snack
Chai – Tee
Channa – gewürzte Kichererbsen
Chapati –ungesäuertes, indisches Brot
Chatni – Chutney
Cheiku – kleine, braune Frucht, die wie eine Tomate aussieht und süß schmeckt
Dahi – Quark
Dhal – Curry-Linsengericht; Grundnahrungsmittel in Indien
Dhal Makhani – schwarze Linsen und rote Kidneybohnen mit Sahne und Butter
Dhansak – Parsi-Gericht; Fleisch, meist Geflügel, mit Linsencurry und Reis
Dosa – südindisches Gericht; hauchdünne Pfannkuchen aus Linsenmehl
Falooda – Muslimisches Milchgetränk mit Rosenaroma, Sahne, Nüssen und Schokosplittern
Faluda – lange Nudeln aus Kichererbsenmehl
Farsan – pikante Häppchen
Feni – Schnaps aus Goa, aus Kokosnussmilch oder Cashewnüssen destilliert
Ghee – geklärte Butter
Gram – Hülsenfrüchte
Gulab Jamun – frittierte Teigbällchen, in Sirup mit Rosenaroma eingelegt
Halwa – weiches Konfekt aus Gemüse, Getreide, Linsen, Nüssen und Früchten
Idli – südindischer Reiskuchen, schwammig und rund
Jaggery – Jagrezucker; hartes, braunes, zuckerähnliches Süßungsmittel aus Palmsaft
Jalebi – runde, frittierte, orangefarbene oder rote, verschnörkelte Süßspeise, mit Zuckersirup gefüllt
Kheer – nordindischer Reispudding
Khichdi – schweres Reisgericht, manchmal mit Linsen, Kartoffeln und Erdnüssen zubereitet
Kormai – Curryähnliches Schmorgericht
Kulcha – im Holzkohlenofen gebackenes Brot
Kulfi – (oft mit Pistazien) aromatisiertes Eiskonfekt, schmeckt fast genauso wie Eis
Ladoo – süße Bällchen aus Kichererbsenmehl und Gries; auch *Kadu*
Lassi – erfrischendes Joghurt-Eiswasser-Getränk
Masala Dosa – pikante Spezialität aus Südindien; große Dosas gefüllt mit Kartoffeln, Zwiebeln und Curryblättern
Mattar Paneer – Erbsen und Frischkäse in Bratensoße
Milk Badam – kräftigender Frühstückstrunk mit Safran und Mandeln
Misthi Dhoi – bengalische Süßspeise; mit Jaggery gesüßter Quark
Mithai – indische Süßigkeiten
Molee – Fischspezialität aus Kerala; Fischstückchen in Kokosnussmilch und Gewürzen gedünstet
Momo – tibetische Spezialität; gebratene oder gedämpfte Knödel mit Gemüse- oder Fleischfüllung
Naan – Fladenbrot
Pakora – mundgerechte Gemüsestückchen, in Kichererbsenmehlteig gewendet und frittiert
Palak Paneer – Frischkäse in Spinatsoße
Paratha – mit Ghee zubereitetes Brot, in der Pfanne gebacken
Pilaf – in Brühe gegarter Reis mit Gewürzen; auch *Pulau* genannt
Puri – flache Teigstücke, die sich beim Frittieren aufblähen; auch *Poori* genannt
Raita – mittelscharf gewürzter Joghurt, oft mit geraspelten oder in Scheiben geschnittenen Gurken, Karotten, Tomaten oder Ananas; wird gekühlt serviert
Rasam – Brühe auf Dhal-Basis, mit Tamarinde aromatisiert
Rasgulla– kleine, süße Bällchen aus Rahmkäse, mit Rosenwasser-Aroma
Rogan Josh – feuriges Lammcurry
Saag – Blattgemüse
Sabzi – Gemüse
Sambar – sündindische Spezialität; Dhal mit Gemüsewürfeln und Püree
Samosa – frittierte, dreieckige Teigtaschen gefüllt mit gewürztem Gemüse oder Fleisch
Sonf – Anissamen; verdauungsanregend – wird oft mit der Rechnung nach dem Essen gereicht

Thali – All-You-Can-Eat-Mahlzeit aus Südindien und Gujarat; die Speisen werden auf den gleichnamigen Edelstahl- oder Silberplatten gereicht
Thukpa – herzhafte, tibetische Nudelsuppe
Tiffin – Snack; bezieht sich oft auch auf Speisenbehälter, meist aus Edelstahl
Tikka – gewürzte, oft marinierte Stücke Geflügelfleisch, *Paneer*, Lamm usw.
Toddy – alkoholisches Getränk, aus Palmenblättern abgezapft
Toran – Pfannengerührtes grünes Gemüse; Spezialität aus Kerala
Tsampa – tibetisches Grundnahrungsmittel aus geröstetem Gerstenmehl
Vindaloo – Spezialität aus Goa; feuriges Curry in einer Essig-Knoblauch-Marinade

Delhi

Wer es schafft, Delhis Schattenseiten zu ignorieren – vor allem die aufdringlichen Händler und Abzocker – und mehr die Sonnenseiten dieser bunten Metropole ins Visier nimmt, für den hat diese Stadt einiges zu bieten. Delhi – das sind eigentlich zwei völlig verschiedene Welten, jede mit ihren eigenen Highlights. Weitläufig und durchgeplant wurde New Delhi von den Briten als Hauptstadt des kolonialen Indiens erbaut, das lebendigere Old Delhi dagegen gilt als Hauptstadt des islamischen Indiens. Besucher können in beide Welten reinschnuppern: einen geschichtsträchtigen halben Tag im Red Fort, in der Jama Masjid und den Basaren von Old Delhi, die andere Tageshälfte bei einem geeisten Cappuccino oder einem kalten Bier in Neu-Delhis hippen Restaurants oder Bars. Hungrige können beruhigt sein, denn Delhis Speisekarten bieten alles: von schweren Mughlai Currys bis zu knusprigen Holzofen-Pizzas – und die Getränkekarten sind ähnlich verführerisch.

Delhis Flughafen ist der Mittelpunkt des nordindischen Reisenetzes und Indiens verkehrsreichstes Tor zur Welt. Die indische Hauptstadt ist politisches und wirtschaftliches Zentrum und vorübergehende Heimat für die Fremden, die in den vielen örtlichen Botschaften arbeiten. Wer auf dem Weg zum Flieger nach Hause ist, den erwarten ein paar unglaubliche Last-Minute Shopping-Möglichkeiten. Die Kaufhäuser sind voller Kunsthandwerk aus ganz Indien – perfekt, wenn man sich geärgert hat, dass man den schimmernden Spiegel-Wandbehang in Bhuj oder die grinsende Pappmaché-Puppe in Jaipur nicht gekauft hat.

HIGHLIGHTS

- Durch das **Red Fort** (S. 115) streifen, ein bewegendes Vermächtnis der einst mächtigen Großmoguln
- In den Museen und Monumenten der Hauptstadt in die Vergangenheit eintauchen: Das **Nationalmuseum** (S. 122), **Humayun's Tomb** (S. 119) und das **Crafts Museum** (S. 123) darf man nicht verpassen
- Fassungslos die **Jama Masjid** (S. 118) bestaunen, Indiens größte Moschee, errichtet von Shah Jahan, dem berühmten Erbauer des Taj Mahal
- In Alt-Delhis lärmenden **Basaren** (S. 142) Gewürze schnüffeln, nach Armreifen stöbern und *jalebis* (gebackene süße „Kringel") futtern
- Den **Qutb Minar** (S. 152) bewundern, den hoch aufragenden Siegesturm, mit dem man die Ankunft des Islam in Indien bekannt machte
- Das eigene Wohnzimmer mit exotischem Kunsthandwerk aus den **staatlichen Kaufhäusern** (S. 142) verschönern
- Nie mehr Kalorien zählen – Essen bis zur Schmerzgrenze in Delhis herrlich abwechslungsreichen **Restaurants** (S. 134)

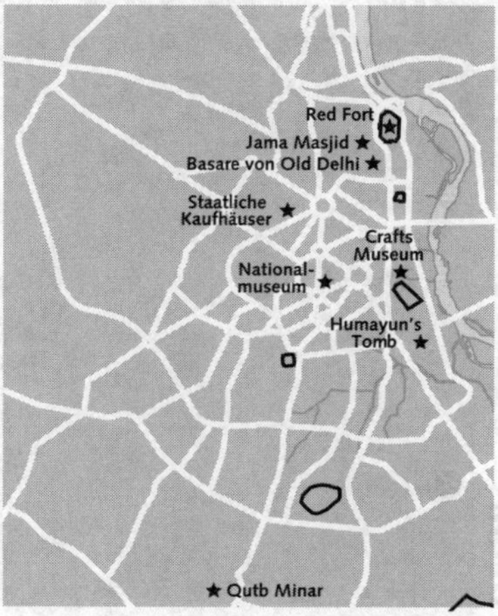

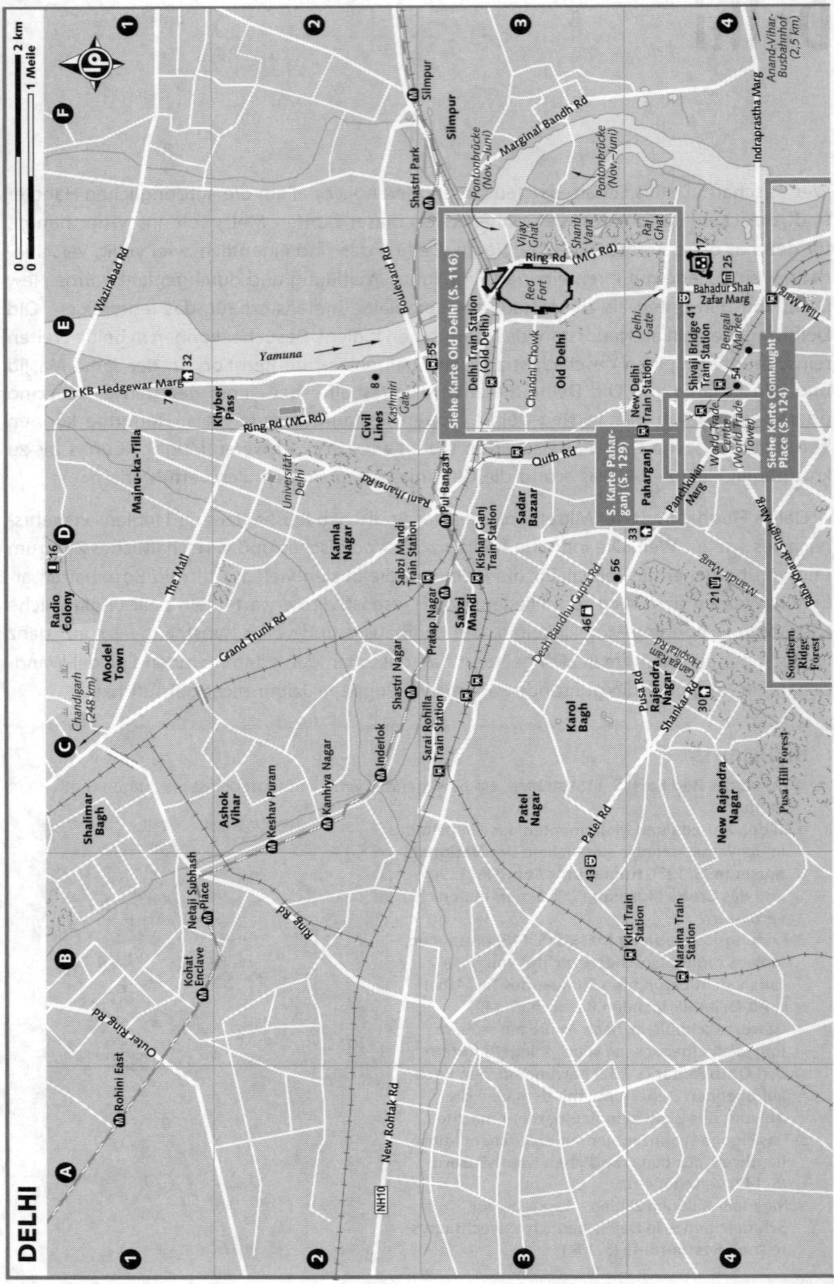

DELHI
2 km
1 Meile
Wazirabad Rd
Boulevard Rd
Yamuna
Silmpur
Shastri Park
Marginal Bandh Rd
Pontonbrücke (Nov.–Juni)
Vijay Ghat
Shanti Vana
Raj Ghat
Ring Rd (MG Rd)
Red Fort
Siehe Karte Old Delhi (S. 116)
Delhi Train Station (Old Delhi)
Chandni Chowk
Old Delhi
Delhi Gate
Bahadur Shah Zafar Marg
Shivaji Bridge Train Station
Bengali Market
New Delhi Train Station
World Trade Centre (World Trade Tower)
Siehe Karte Connaught Place (S. 124)
Tilak Marg
Indraprastha Marg
Anand-Vihar-Busbahnhof (2,5 km)
Dr KB Hedgewar Marg
Khyber Pass
Kashmiri Gate
Civil Lines
Majnu-ka-Tilla
Universität Delhi
Rani Jhansi Rd
Pul Bangash
Qutb Rd
S. Karte Paharganj (S. 129)
Paharganj
Panchkuian Marg
Sadar Bazaar
Kamla Nagar
Sabzi Mandi Train Station
Kishan Ganj Train Station
Sabzi Mandi
Pratap Nagar
Radio Colony
The Mall
Grand Trunk Rd
Model Town
Chandigarh (248 km)
Desh Bandhu Gupta Rd
Mandir Marg
Baba Kharak Singh Marg
Southern Ridge Forest
Ganga Ram Hospital Rd
Pusa Rd
Rajendra Nagar
Shankar Rd
Karol Bagh
Shastri Nagar
Sarai Rohilla Train Station
Inderlok
Kanhiya Nagar
Keshav Puram
Ashok Vihar
Shalimar Bagh
Patel Nagar
Patel Rd
Pusa Hill Forest
New Rajendra Nagar
Kirti Train Station
Naraina Train Station
Netaji Subhash Place
Kohat Enclave
Ring Rd
Outer Ring Rd
Rohini East
New Rohtak Rd
NH10

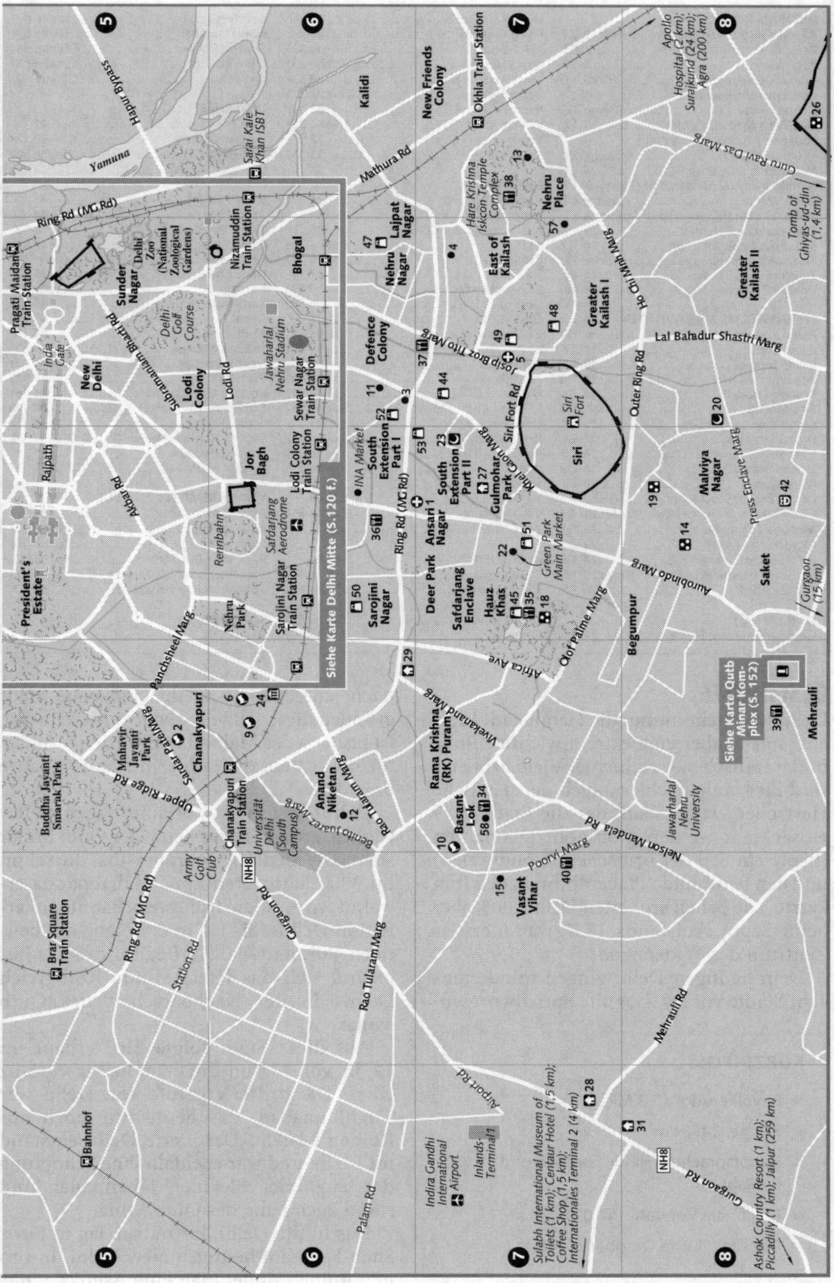

Pragati Maidan Train Station
Ring Rd (MG Rd)
Yamuna
Hapur Bypass
Sarai Kale Khan ISBT
Nizamuddin Train Station
Delhi Zoo (National Zoological Gardens)
Sunder Nagar
Delhi Golf Course
India Gate
New Delhi
Rajpath
President's Estate
Subramaniam Bharti Rd
Lodi Colony
Lodi Rd
Jawaharlal Nehru Stadium
Sewar Nagar Train Station
Bhogal
Jor Bagh
Akbar Rd
Rennbahn
Safdarjang Aerodrome
Lodi Colony Train Station
Sarojini Nagar Train Station
Nehru Park
Panchsheel Marg
Siehe Karte Delhi Mitte (S. 120 f.)
Mathura Rd
Kalidi
New Friends Colony
Okhla Train Station
Lajpat Nagar
Nehru Nagar
Defence Colony
INA Market
South Extension Part I
South Extension Part II
Ring Rd (MG Rd)
Ansari Nagar
Sarojini Nagar
Deer Park
Safdarjang Enclave
Hauz Khas
Green Park Main Market
Gulmohar Park
Khel Gaon Marg
Siri Fort Rd
Siri Fort
Siri
Josip Broz Tito Marg
East of Kailash
Hare Krishna Iskcon Temple Complex
Nehru Place
Greater Kailash I
Greater Kailash II
Lal Bahadur Shastri Marg
Outer Ring Rd
Guru Ravi Das Marg
Apollo Hospital (2 km); Surajkund (24 km); Agra (200 km)
Tomb of Ghiyas-ud-din (1,4 km)
Malviya Nagar
Press Enclave Marg
Saket
Aurobindo Marg
Gurgaon (15 km)
Begumpur
Olof Palme Marg
Africa Ave
Siehe Karte Qutb Minar Komplex (S. 152)
Mehrauli
Vivekanand Marg
Rama Krishna (RK) Puram
Rao Tularam Marg
Anand Niketan
Benito Juarez Marg
Basant Lok
Nelson Mandela Rd
Jawaharlal Nehru University
Poorvi Marg
Vasant Vihar
Chanakyapuri
Mahavir Jayanti Park
Sardar Patel Marg
Upper Ridge Rd
Buddha Jayanti Smarak Park
Chanakyapuri Train Station
Universität Delhi (South Campus)
Army Golf Club
NH8
Gurgaon Rd
Ring Rd (MG Rd)
Brar Square Train Station
Station Rd
Rao Tularam Marg
Airport Rd
Mehrauli Rd
Bahnhof
Indira Gandhi International Airport
Inlands-Terminal 1
Palam Rd
Sulabh International Museum of Toilets (1 km); Centaur Hotel (1,5 km); Coffee Shop (1,5 km); Internationales Terminal 2 (4 km)
Gurgaon Rd
Ashok Country Resort (1 km); Piccadilly (1 km); Jaipur (259 km)

INFORMATION
All India Institute of Medical Sciences..1 D7
Bangladeschische Botschaft..........2 C5
Book Mark..........3 E6
Citibank Geldautomat..........(siehe 34)
Concern India Foundation..........4 E7
Dolma House..........(siehe 32)
East West Medical Centre..........5 E7
Foreigners Regional Registration Office (FRRO)..........(siehe 29)
Neuseeländische Botschaft..........6 C6
Nirmal Hriday (Missionaries of Charity).7 E1
Osho World..........(siehe 44)
Shishu Bhavan (Missionaries of Charity).8 E2
Singapurische Botschaft..........9 C6
Südafrikanische Botschaft..........10 C7
Teksons Bookshop..........(siehe 52)
Timeless..........11 E6
Wildlife Protection Society of India.(siehe 48)

SEHENSWERTES & AKTIVITÄTEN
Ashoka-Säule..........(siehe 17)
Ashtaang..........12 C6
Bahai-Tempel..........13 F7
Begumpur Masjid..........14 D8
Beyond Looks..........15 B7
Bijai Mandal..........(siehe 14)
Coronation Durbar Site..........16 D1
Firoz Shah Kotla..........17 E4
Firoz Shah's Tomb..........18 D7
Jahanpanah..........19 D8
Khirki Masjid..........20 E8
Lakmé Beauty Studio..........(siehe 58)
Lakshmi-Narayan-Tempel (Birla Mandir).21 D4
Meghna Beauty Parlour..........22 D7
Moth-ki Masjid..........23 D7
Rail Transport Museum..........24 C6
Shankar's International Dolls Museum.25 E4
Tughlaqabad..........26 F8

SCHLAFEN
Home Away From Home..........27 D7
Hotel Tarra..........28 A7
Hyatt Regency..........29 C6
IDA House..........(siehe 32)
Lhasa House..........(siehe 32)
Master Guest House..........30 C4
Peace House..........(siehe 32)
Radisson Hotel..........31 A8
White House..........(siehe 32)
Wongdhen House..........32 E1
Yatri House..........33 D4

ESSEN
Arabian Nites..........34 C7
Baujee ka Dhaba..........(siehe 35)
Bistro Restaurant Complex..........35 D7
Café..........(siehe 29)
Dilli Haat..........36 D6
Flavours..........37 E7
Gourmet Gallery..........(siehe 53)
Govinda's Sweets..........(siehe 38)
Govinda's..........38 F7
Great Kabab Factory..........(siehe 31)
La Piazza..........(siehe 29)
Mohalla..........(siehe 35)
Naivedyam..........(siehe 45)
NYC..........(siehe 31)
O'Briens Irish Sandwich Bar..........(siehe 58)
Olive Bar & Kitchen..........39 C8
Park Baluchi..........(siehe 45)
Punjabi by Nature..........(siehe 34)
Roof-top..........(siehe 35)
Sugar & Spice..........(siehe 58)
Tamura..........40 B7
Village Bistro..........(siehe 35)
Yo! China..........(siehe 34)

AUSGEHEN
Barista (Filiale)..........(siehe 44)
Barista (Filiale)..........(siehe 58)
Barista (Filiale)..........(siehe 53)
Delhi's Devils..........(siehe 53)
Djinns..........(siehe 29)
Geoffrey's..........(siehe 44)
Lizard Lounge..........(siehe 53)
On The Rocks..........(siehe 53)
Opus Lounge..........(siehe 58)
Oxygen..........(siehe 40)

UNTERHALTUNG
Dances of India..........41 E4
PVR Anupam 4..........42 D8
PVR Priya Cinema..........(siehe 58)
Satyam Cineplex..........43 B3

SHOPPEN
Ansal Plaza..........44 E7
Delite Jewellers..........(siehe 52)
Ethnic Silver..........(siehe 45)
Fab India..........(siehe 49)
Hauz Khas Village..........45 D7
Heritage..........(siehe 52)
Karol Bagh Market..........46 D3
Lajpat Nagar Central Market..........47 E6
M-Block Market..........48 E7
N-Block Market..........49 E7
Next Shop..........(siehe 49)
Planet M..........(siehe 53)
Roopak's..........(siehe 46)
Sarojini Nagar Market..........50 D6
Soma (Filiale)..........51 D7
South Extension Market (Part I)..........52 E6
South Extension Market (Part II)..........53 D7

VERKEHRSMITTEL & -WEGE
Air Canada..........54 E4
Air Deccan..........(siehe 57)
Inder Motors..........(siehe 46)
Inter State Bus Terminal..........55 E3
Jhandewalan Cycle Market..........56 D3
Thai Airways International..........57 E7

SONSTIGES
Basant Lok..........58 C7

GESCHICHTE

Delhi war nicht immer die Hauptstadt Indiens, spielte aber eine extrem wichtige Rolle in der indischen Geschichte. Viele Eroberer sind hier einmarschiert, auch der persische Herrscher Nadir Shah, der die Stadt 1739 einsackte und den Kohinoor-Diamanten (heute ein Teil der britischen Kronjuwelen) und den berühmten Pfauenthron in den Iran karrte. Die Briten eroberten Delhi 1803, aber beim Sepoy-Aufstands 1857 war hier das Zentrum des Widerstands.

Dem heutigen Delhi gingen mindestens acht Städte voraus. Das alte Sprichwort wonach jeder, der in Delhi eine neue Stadt gründet, diese schnell wieder verlieren wird, ist bisher jedes Mal wahr geworden – zuletzt für die Briten, die es hier nur auf 16 Jahre brachten.

KURZINFOS

- Bevölkerung: 12,8 Mio.
- Fläche: 1483 km²
- Hauptsprachen: Hindi, Englisch und Punjabi
- Regionale Vorwahl: ☎ 011
- Reisezeit: Mitte Oktober bis März

Delhis erste vier Vorläufer lagen weiter südlich, etwa dort, wo heute der Qutb Minar steht. Die Siedlung Indraprastha, die schon im 3000 Jahre alten Epos Mahabharata erwähnt wird, ist die früheste bekannte Inkarnation Delhis. Sie lag in der Nähe des heutigen Purana Qila. Zu Beginn des 12. Jhs. befand sich das letzte Hindu-Königreich Delhis in der Nachbarschaft des Qutb Minar.

Auf diese Stadt folgte Siri, erbaut im 12. Jh. von Ala-ud-din beim heutigen Hauz Khas. Die dritte Vorstufe von Delhi war Tughluquabad, das heute nur noch aus Ruinen besteht. Das vierte Delhi entstand im 14. Jh. und war ebenfalls eine Schöpfung der Tughluks. Sie hieß Jahanpanah und stand auch nahe des Qutb Minar.

Das fünfte Delhi, Firozabad, lag in Firoz Shah Kotla im heutigen New Delhi. In seinen Ruinen findet man eine Ashoka Säule,

> **FESTE & FESTIVALS IN DELHI**
>
> Einige der Feste in Delhi finden an wechselnden Zeiten und Orten statt – aktuelle Informationen gibt's bei India Tourism Delhi (S. 114).
>
> Besonders heftig werden hier Diwali (S. 1158) und Dussehra (S. 1157) gefeiert. Während des Dussehra wird das Ramayana aufgeführt – Details und (kostenlose) Tickets bei India Tourism Delhi.
>
> **Republic Day** (26. Jan.) Am Rajpath, mit einer großen Militärparade.
>
> **Beating of the Retreat** (29. Jan.) Das Ende der Feierlichkeiten zum Republic Day wird durch das „Beating of the Retreat" mit großem militärischen Prunk gefeiert. Man braucht Karten (ab 25 Rs), die's bei India Tourism Delhi gibt.
>
> **Delhi Flower Show** (Jan.) Dieses Blumenfestival dauert drei bis vier Tage.
>
> **Mango Festival** (Juni) Ein mehrtägiges Festival in den Talkatora-Gärten, mit phantastischen Mango-Ausstellungen und Mango-Wettessen.
>
> **Unabhängigkeitstag** (15. Aug.) An diesem Tag feiert Indien seine Unabhängigkeit von Großbritannien (1947) und der Premierminister spricht vom Red Fort aus zur Nation.
>
> **Qutb Festival** (Okt./Nov.) Das Festival am Qutb Minar dauert rund eine Woche, geboten werden klassische indische Musik und Tänze.

die von einem anderen Ort hierher gebracht wurde, und die Spuren einer Moschee, in der Timur Lenk während seines Angriffs auf Indien betete.

Großmogul Sher Shah gründete das sechste Delhi in Purana Qila, nahe dem India Gate im heutigen New Delhi. Der Großmogul Shah Jahan erbaute das siebte Delhi im 17. Jh. und verlagerte so die Hauptstadt der Moguln von Agra nach Delhi; sein Shahjahanabad stimmt grob mit dem heutigen Old Delhi überein und ist größtenteils noch erhalten.

Zu guter Letzt errichteten die Briten das achte Delhi, New Delhi. Die Verlagerung der Hauptstadt Britisch-Indiens von Kolkata (Calcutta) – Bengalen unterstützte die indische Unabhängigkeit – nach Delhi wurde bereits 1911 angekündigt, aber die Bauarbeiten dauerten an und die offizielle Einweihung fand erst 1931 statt. Im Jahr 1947 wurde Delhi Hauptstadt des heutigen Indiens.

ORIENTIERUNG

Obwohl Delhi riesig ist, ist die Orientierung recht einfach. In Old Delhi gibt es den Zentralen Busbahnhof (ISBT) und im Süden den Bahnhof von New Delhi. Nahe beim Bahnhof liegt eine Art Pufferzone zwischen dem alten und dem neuen Teil namens Paharganj, wo es viele günstige Quartiere gibt.

Und dann kann New Delhi weiter unterteilt werden: in ein Geschäfts- und Wohnviertel rund um den Connaught Place (das Stadtzentrum) und das Regierungsviertel rund um Rajpath im Süden. Südlich vom Connaught Place liegt Janpath, wo das Touristenbüro, Hotels und eine Einkaufsmeile zu finden sind.

Das Inland-Terminal des Indira Gandhi International Airport liegt 15 km südwestlich der Innenstadt und das internationale Terminal ist noch weitere 8 km entfernt (s. S. 145).

Stadtpläne

Bei India Tourism Delhi (S. 114) erhält man einen kostenlosen Stadtplan. Detailliertere Informationen gibt's in der 245 Seiten dicken *Eicher City Map* (270 Rs). Von Eicher gibt's auch noch die *Delhi Roadmap* (30 Rs) und die *Good Earth Delhi Tourist Map & Guide* (69 Rs). Die Karten sind in den meisten Buchläden erhältlich.

PRAKTISCHE INFORMATIONEN

Buchläden

Delhi hat tolle Buchhandlungen, von denen einige (vor allem die am Khan Market) wunderbar in Leder gebundene Romane zu einem Bruchteil dessen verkaufen, was sie Zuhause kosten.

Die folgenden Buchhandlungen haben ein breites Angebot an Romanen und Sachbüchern und fast alle verkaufen aktuelle Reiseführer, Zeitschriften und Karten.

RUND UM DEN CONNAUGHT PLACE

Book World (Karte S. 124 f.; ☎ 23320128; 7 Palika Bazaar; ⌚ 10.30–20 Uhr)

Bookworm (Karte S. 124 f.; ☎ 23322260; 29 B-Block; ⌚ 10.15–19.30 Uhr)

English Book Store (Karte S. 124 f.; ☎ 23415031; 17 L-Block; ⌚ Mo–Sa 10–19 Uhr)

New Book Depot (Karte S. 124 f.; ☎ 23320020; 18 B-Block; ⌚ Mo–Sa 11–20 Uhr)

Paramount Book Store (Karte S. 124 f.; ☎ 23321948; Janpath (Tibetan) Market; ⌚ Mo–Sa 9.30–20 Uhr)

DELHI IN ...

zwei Tagen

Los geht's mit einer Reise in die Vergangenheit im einzigartigen **Nationalmuseum** (S. 122), danach fährt man mit der Autorikscha südwestlich zu **Safdarjang's Tomb** (S. 119). Mittags lässt man sich bei **Ploof** (S. 137) leckere Meeresfrüchte schmecken. Die Erkundung von **Humayun's Tomb** (S. 119), das sich ganz in der Nähe befindet, füllt den Nachmittag.

Der zweite Tag beginnt mit einem Streifzug durch Old Delhis historisches **Red Fort** (S. 115) und die **Jama Masjid** (S. 118), gefolgt von einem Spaziergang durch die **Basare** (siehe Kasten, S. 142). Weiter geht's nach Süden zum **Connaught Place** (S. 123), um ein Häppchen zu **essen** (S. 135) und **einzukaufen** (S. 143) – keinesfalls die herrlichen **staatlichen Kaufhäuser** (S. 142) auslassen.

vier Tagen

Wie oben beginnen. Der dritte Tag beginnt dann mit einem Spaziergang rund um den **Qutb Minar** (S. 152), dem später ein gemütliches mediterranes Essen bei **Olive Bar & Kitchen** (siehe Kasten, S. 139) folgt. Den Nachmittag verbringt man in stiller Meditation am **Bahai-Tempel** (S. 126). Abends bestaunt man dann eine geradezu hypnotisierende Aufführung der **Dances of India** (S. 141) und lässt den Tag schließlich in einer von Delhis hippen **Bars** (S. 139) lässig ausklingen.

Der vierte Tag fängt mit einem Besuch im reizenden **Crafts Museum** (S. 123) und dem nahe gelegenen **Purana Qila** (S. 119) an. Wer vom **Shopping** (S. 141) noch immer nicht genug hat, kann problemlos den restlichen Tag damit verbringen. Alle anderen können eines (oder mehrere) der Spezialmuseen der Stadt besuchen – die Besten stehen in der Liste der Sehenswürdigkeiten (S. 115).

People Tree (Karte S. 124 f.; ☎ 23744877; Regal Bldg, Sansad Marg; 🕑 Mo–Sa 10.30–19 Uhr) Romane und anspruchsvolle Sachbücher (soziologisch, ökologisch, politisch usw.), die man sonst nirgends findet.

Piccadilly Book Stall (Karte S. 124 f.; ☎ 23413993; 64 Shankar Market; 🕑 Mo–Sa 10–19.30 Uhr)

Rajiv Book House (Karte S. 124 f.; ☎ 23323692; 30 Palika Bazaar; 🕑 11–20.30 Uhr)

KHAN MARKET

Bahri Sons (Karte S. 120 f.; ☎ 24694610; 🕑 Mo–Sa 11–19.30 Uhr)

Faqir-Chand & Sons (Karte S. 120 f.; ☎ 24618810; 🕑 Mo–Sa 10–20 Uhr)

Full Circle Bookstore (Karte S. 120 f.; ☎ 24655641; 🕑 Mo–Sa 10–19.30 Uhr)

SOUTH EXTENSION

Book Mark (Karte S. 108 f.; ☎ 24693216; A2 Ring Rd, Part 1; 🕑 Di–So 10.30–19.30 Uhr) Direkt außerhalb des Marktes, entlang der Hauptstraße.

Teksons Bookshop (Karte S. 108 f.; ☎ 24617030; Part 1; 🕑 Di–So 10–20 Uhr)

Timeless (Karte S. 108 f.; ☎ 24693257; 46 Housing Society, South Extension Part 1; 🕑 10–19 Uhr) Das wunderschön ausgestattete Timeless ist spezialisiert auf hochwertige Bildbände und verwöhnt mit kostenlosem Tee. Es versteckt sich in einer Nebenstraße (nach dem Weg fragen).

AUSSERDEM

Osho World (Karte S. 108 f.; ☎ 26261616; Ansal Plaza, Khel Gaon Marg; 🕑 11–20.30 Uhr) Verkauft Bücher (und Audio-Aufzeichnungen) von und über Bhagwan Shree Rajneesh.

Tibet House Book Corner (Karte S. 120 f.; ☎ 24602616; EG, Tibet House, 1 Lodi Rd; 🕑 Mo–Fr 10–13 & 14–17.30 Uhr) Spezialisiert auf tibetische und buddhistische Titel; geistige Nahrung findet man in den *Buddhist Peace Recipes* von Pushpesh Pant.

Kulturzentren & Bibliotheken

Kulturzentren veranstalten regelmäßig Ausstellungen und Seminare, sowie Tanz-, Musik- und Theaterveranstaltungen (das jeweils aktuelle Programme erfragt man per Telefon).

Alliance Française (Karte S. 120 f.; ☎ 51012091; 72 Lodi Estate)

American Center (Karte S. 124 f.; ☎ 23316841; 24 Kasturba Gandhi Marg)

British Council (Karte S. 124 f.; ☎ 23711401; 17 Kasturba Gandhi Marg)

Delhi Public Library (Karte S. 116; ☎ 23962682; SP Mukherjee Marg)

India International Centre (Karte S. 120 f.; ☎ 24619431; 40 Max Mueller Marg)

Italian Institute of Culture (Karte S. 120 f.; ☎ 26871901; 50E Chandragupta Marg, Chanakyapuri)

Max Mueller Bhavan (Karte S. 120 f.; ☎ 23329506; 3 Kasturba Gandhi Marg)

Rabindra Bhavan (Karte S. 120 f.; Copernicus Marg); Lalit Kala Akademi (☎ 23384634); Sangeet Natak Akademi (☎ 23387248); Sahitya Akademi (☎ 23386626) 3 Kunstakademien, Lalit Kala (Zeitgenössische Kunst), Sangeet Natak Akademi (Darstellende Kunst), Sahitya Akademi (Literatur)
World Wide Fund for Nature (India) (Karte S. 120 f.; ☎ 24616532; 172-B Lodi Estate) Bücherei für Umweltthemen.

Internetzugang

Es gibt überraschend wenige Internetcafés am Connaught Place, aber in allen anderen Touristenzentren (vor allem in Paharganj) besteht daran kein Mangel. Die meisten wollen 5 Rs fürs Drucken einer Seite und 25 Rs fürs Scannen oder um eine CD zu brennen.

Army Cyber Café (Karte S. 129; 1057 Main Bazaar, Paharganj; 10 Rs/30 Min.; 🕑 9–24 Uhr)
Cyber Graphics (Karte S. 120 f.; 66A Khan Market; 25 Rs/30 Min.; 🕑 9.30–20.30 Uhr)
Cyber Station (Karte S. 129; Main Bazaar, Paharganj; 10 Rs/30 Min.; 🕑 7–1 Uhr) Neben dem Hotel Star Paradise.
Dolma House (Karte S. 108 f.; Majnu-ka-Tilla;10/20/30 Rs pro 10/30/60 Min.; 🕑 9–23.30 Uhr)
DSIDC Cyber Café (Karte S. 124 f.; N-Block, Connaught Pl; 35 Rs/Std.; 🕑 Mo–Sa 9–20 Uhr)

Wäschereien

Reinigungen sind weit verbreitet:

Mercury Drycleaners (Karte S. 120 f.; ☎ 24691352; Khan Market; Hemden/Hosen 65/90 Rs; 🕑 Mo–Sa 10.30–20 Uhr) Fertig in zwei Tagen.
Snowhite Drycleaners (Karte S. 124 f.; ☎ 23418611; 2 K-Block, Connaught Pl; T-Shirts/Hosen/Kleider 60/80/95 Rs; 🕑 Mo–Sa 10–19 Uhr) Fertig in drei Tagen (24-Std.-Service kostet 25 % extra).

Medien

Zu den informativsten Veröffentlichungen (wenn man wissen will, was derzeit gerade in der Stadt los ist) gehören *The Delhi City Guide* (20 Rs) und das *Delhi Diary* (10 Rs); beide enthalten einen Stadtplan. *First City* (30 Rs) ist ein monatliches Hochglanz-Magazin mit ausführlichen Listen und Kritiken, egal ob klassischer Tanz oder neuer Szene-Nachtclub. Nase voll von der Stadt? Dann ist *Weekend Breaks from Delhi* (225 Rs) von Outlook Traveller genau das Richtige. Alle diese Publikationen sind bei den meisten Zeitungsständen und Buchhandlungen erhältlich.

Medizinische Versorgung

Über The East West und Apollo berichten Reisende viel Gutes. Apotheken gibt es auf fast allen Märkten.

All India Institute of Medical Sciences (Aiims; Karte S. 108 f.; ☎ 26588700; Ansari Nagar)
Apollo Hospital (Karte S. 108 f.; ☎ 26925858; Mathura Rd, Sarita Vihar)
Apollo Pharmacy (Karte S. 124 f.; ☎ 51516149; G8 Connaught Pl; 🕑 24 Std.) Beim Marina Hotel, dies ist eine Haupt-Apotheke.
Dr Ram Manohar Lohia Hospital (Karte S. 120 f.; ☎ 23365525; Baba Kharak Singh Marg)
East West Medical Centre (Karte S. 108 f.; ☎ 24623738; B-28 Greater Kailash Part 1) Ein unscheinbares weißes Gebäude gegenüber dem N-Block Market.

Geld

GELDAUTOMATEN

Internationale Geldautomaten (24 Std.) gibt's viele – hier sind nur einige genannt:

Bank of Punjab (Karte S. 129; Hotel Ajanta, 36 Arakashan Rd, Paharganj) Visa, MasterCard, Cirrus und Maestro.
Citibank Basant Lok (Karte S. 108 f.; Vasant Vihar); cnr C-Block & K-Block (Karte S. 124 f.; Connaught Pl); Jeevan Bharati Bldg (Karte S. 124 f.; 2. OG, Connaught Pl) Findet man in der ganzen Stadt; akzeptiert alle gängigen Karten.
HDFC (Karte S. 129; Main Bazaar, Paharganj) Neben dem Hotel Satyam und beim Light Restaurant; Visa, American Express (Amex), MasterCard, Maestro und Cirrus.
HSBC (Karte S. 108 f.; Basant Lok, Vasant Vihar) Visa, MasterCard, Cirrus und Maestro.
ICICI Connaught Pl (Karte S. 124 f.; 9A Phelps Bldg) Akzeptiert alle gängigen Karten; Paharganj (Karte S. 129; Rajguru Rd).
UTI (Karte S. 129; Rajguru Rd, Paharganj) Neben den Hotels Roxy and Kelson. Akzeptiert alle gängigen Karten.

FREMDWÄHRUNGEN & REISESCHECKS

Hier werden Fremdwährungen und Reiseschecks umgetauscht.

American Express (Karte S. 124 f.; ☎ 23719506; A-Block, Connaught Pl; 🕑 Mo–Fr 9.30–18.30, Sa bis 14.30 Uhr) Hat auch einen Amex-eigenen Geldautomaten.
Central Bank of India (Karte S. 120 f.; ☎ 26110101, Durchwahl 3584; Ashok Hotel, Chanakyapuri; 🕑 24 Std.)
Chequepoint Foreign Exchange (Baluja Forex; Karte S. 129; ☎ 51541523; 4596 Main Bazaar, Paharganj; 🕑 9–20.30 Uhr) Gibt auch Bargeld auf MasterCard und Visa.
Delhi Tourism & Transport Development Corporation (Karte S. 124 f.; ☎ 23315322; N-Block, Connaught Pl; 🕑 Mo–Sa 10–18 Uhr) Mit eigenem Geldwechsel-Schalter.

Thomas Cook Internationaler Flughafen (☎ 25653439; ⌚ 24 Std.); Janpath (Karte S. 124 f.; ☎ 23342171; Imperial Hotel; ⌚ Mo–Fr 9.30–19.30, Sa & So 9–18 Uhr); Bahnhof New Delhi (☎ 23211819; ⌚ 24 Std.)

INTERNATIONALE ÜBERWEISUNGEN

Thomas Cook (Moneygram; Karte S. 124 f.; ☎ 23342171; Imperial Hotel, Janpath; ⌚ Mo–Fr 9.30–19.30, Sa & So 9–18 Uhr)
Western Union (Karte S. 124 f.; ☎ 23311133; Sita World Travels, F-Block, Connaught Pl; ⌚ Mo–Sa 9.30–21, So bis 18 Uhr) Zahlreiche Filialen in der ganzen Stadt.

Fotos

Zusätzlich zum normalen Fotoservice (auch digitale Arbeiten) kann man hier innerhalb von zehn Minuten auch Passfotos (4/10 für 60/100 Rs) erhalten.
Delhi Photo Company (Karte S. 124 f.; ☎ 23320577; 78 Janpath, Connaught Pl; ⌚ Mo–Sa 9.30–19 Uhr)
Kinsey Bros (Karte S. 124 f.; ☎ 23324446; 2 A-Block, Connaught Pl; ⌚ Mo–Sa 9.30–19 Uhr)

Post & Telefon

Delhi hat zig Telefonläden, einige mit Fax und Internet.
DHL (Karte S. 124 f.; ☎ 23737587; Vandana Bldg, 11 Tolstoy Marg; ⌚ Mo–Fr 9.30–10, Sa bis 21 Uhr) Internationale Luftpost.
Postämter Connaught Pl (Karte S. 124 f.; 6 A-Block) Das Hauptpostamt (GPO) liegt mitten in einem belebten Kreisverkehr, 500 m südwestlich des Connaught Place, und hat eine Abteilung für postlagernde Sendungen; die Anschrift dafür lautet GPO, New Delhi – 110001. Die Filiale am Connaught Place liegt günstiger, hat aber keine Postlagerung; New Delhi Hauptpost (GPO; Karte S. 120 f.; ☎ 23364111; Baba Kharak Singh Marg; ⌚ Mo–Sa 10–13 & 13.30–17, So 10–13 Uhr).

Touristeninformation

Vorsicht vor den vielen (geldgierigen und meist schlechten) Reisebüros und anderen, die sich als „Touristeninformationszentren" in Delhi ausgeben. *Nicht* reinlegen lassen – die einzige offizielle Anlaufstelle ist India Tourism Delhi (s. u.).

Die Kontaktinformationen der regionalen Touristenbüro erfragt man am besten bei India Tourism Delhi, oder über die Vermittlung unter ☎ 197.

India Tourism Delhi (Regierung von Indien; www.incredibleindia.org) Connaught Pl (Karte S. 124 f.; ☎ 23320008; 88 Janpath; ⌚ Mo–Fr 9–18, Sa bis 14 Uhr); Inlands-Flughafen (☎ 25675296; ⌚ 8 Uhr bis zum letzten Flug); Internationaler Flughafen (☎ 25691171; ⌚ 24 Std.) Beantwortet Fragen, verteilt kostenlose Delhi-Stadtpläne und verschiedene Broschüren. Eine spezielle Filiale (88 Janpath) nimmt sich den Beschwerden von Touristen an.
Student Travel Information Centre (Karte S. 120 f.; ☎ 23368760; ITDC Hotel Janpath, Janpath; ⌚ Mo–Sa 9–18 Uhr) Verlängerung von Studentenbescheinigungen.

GEFAHREN & ÄRGERNISSE

Nach der Ermordung einer australischen Touristin in Delhi 2004 wurde eine spezielle „Touristen-Polizei" eingerichtet. Die deutlich gekennzeichneten Jeeps (jeder mit Englisch sprechenden Polizisten, darunter eine Frau) stehen in den Touristenzentren, dem Internationalen Flughafen, dem Bahnhof von New Delhi und in Janpath. Wer von Schleppern bedrängt wird oder andere Probleme hat, kann sich an sie wenden. Frauen sollten auch S. 1159 f. berücksichtigen.

Abzocke

In Delhi arbeiten etliche Gauner – in den Touristenzentren heißt es besonders gut aufpassen!

Die Gauner könnten sich z. B. als Taxi-Wallahs ausgeben, etwa am Internationalen Flughafen. Schlitzohrige Fahrer versuchen einen zu überzeugen, dass eine Hotelbuchung vor dem Einchecken bestätigt werden muss – das ist totaler Blödsinn. Der Trick funktioniert ungefähr so: Man wird zu einem Büro gebracht, von wo aus man das

ZWIELICHTIGE REISEFÜHRER VERMEIDEN

Leider ist die Zahl der Reisenden, die von zwielichtigen Reiseführern über den Tisch gezogen werden, kräftig angestiegen. Um Ärger zu vermeiden, sollte man immer mehrere Angebote einholen und Reiseführer bevorzugen, die Mitglieder einer seriösen Agentur sind, z. B. der Travel Agents Association of India, der Indian Association of Tour Operators und der Adventure Tour Operators Association of India. In jedem Fall immer nach der Lizenz fragen! Und schließlich sollte man, bevor man sich von seinem schwer verdienten Geld trennt, auf eine schriftliche Bestätigung der Leistung bestehen – das ist hilfreich, falls man sich nachher doch noch beim Touristenbüro beschweren muss.

Hotel anrufen kann (so wird zumindest behauptet). Unweigerlich erfährt man, dass keine Buchung vorliegt. In Wirklichkeit hat man natürlich mit jemandem gesprochen, der mit dem Taxifahrer unter einer Decke steckt. Der Taxi-Wallah bringt einen dann zu einem Hotel seiner Wahl (oft in Karol Bagh), wo er eine hübsche Provision kassiert und man mit einem überteuerten Zimmer dasteht. Ein anderer Trick besteht darin, dass der Fahrer behauptet, in Delhi sei gerade ein Aufstand im Gang – mit der Absicht, einen in ein Hotel in einem vermeindlich sicheren Stadtteil zu verfrachten (wofür er wiederum eine Provision vom Hotel erhält). Es ist auch möglich, dass der Fahrer behauptet, er hätte sich verfahren. Er hält dann an einem Touristenbüro an, um nach dem Weg zu fragen. Der Angestellte (der natürlich mit zum Spiel gehört) ruft das Hotel an und behauptet, dass das Zimmer doppelt gebucht wurde. Sofort findet der Angestellte ein anderes Hotel, für das er und der Taxifahrer wiederum eine Provision einstreichen.

Bahnhöfe locken ebenfalls habgierige Gauner an, die vom Tourismus leben. Am Bahnhof von New Delhi kann es passieren, dass versucht wird, einen daran zu hindern, oben (erster Stock) im International Tourist Bureau ein Ticket zu kaufen. Stattdessen soll man zu einem der (überteuerten und oft unzuverlässigen) Reisebüros auf der anderen Straßenseite gelotst werden. Es darf davon ausgegangen werden, dass das Büro nie geschlossen hat (außerhalb der offiziellen Öffnungszeiten; s. S. 147), nicht renoviert wird und auch nicht plötzlich den Standort gewechselt hat. Andere Betrüger bestehen vielleicht darauf, dass das Ticket abgestempelt werden muss (gegen eine heftige Gebühr, zahlbar direkt an sie), um gültig zu sein – auch ein Trick. Oder es wird versucht, Passagiere auf der Warteliste davon zu überzeugen, dass die Überprüfung der Reservierung gebührenpflichtig ist – nicht darauf reinfallen. Wer außerhalb des Bahnhofs eine überteuerte Fahrt vermeiden will, wendet sich am besten direkt an den Stand für Prepaid-Autorikschas auf dem Parkplatz .

Der „Schuss Scheiße auf dem Schuh"-Trick am Connaught Place ist nicht mehr ganz so häufig, aber immer noch nicht ausgerottet. Ein Schuhputzer macht auf sich aufmerksam, indem er auf einen bräunlichen Fleck auf dem Schuh des Angesprochenen zeigt, der vor Sekunden noch nicht da war. Der anscheinend so besorgte Schuhputzer (der natürlich selbst für den Fleck verantwortlich ist) bietet seine Dienste an – zu einem unglaublichen Preis. Wer aufpasst, entdeckt diese Betrüger schon im Voraus – die Gauner tragen nur eine minimale Ausrüstung bei sich (damit sie sich schneller aus dem Staub machen können). Echte Schuhputzer haben immer eine mit Putzzeug gefüllte Kiste bei sich, das meist auf dem Bürgersteig ausgebreitet ist, und sie berechnen 15 bis 20 Rs.

Zu Betrügereien beim Einkaufen, s. S. 1169.

SEHENSWERTES

Delhis wichtigste Sehenswürdigkeiten liegen überwiegend in Old Delhi und rund um New Delhis Connaught Place.

Sonntags geht das Pendeln zwischen den Attraktionen am schnellsten, weil weniger Verkehr herrscht. Achtung: Viele Orte haben montags geschlossen. In US$ angegebenen Eintrittsgelder müssen in der entsprechenen Höhe in Rupien bezahlt werden.

Old Delhi **Karte S. 116**

Die alte ummauerte Stadt Shahjahanabad dehnt sich vom Red Fort nach Westen aus und war einst von einer starken Verteidigungsanlage umgeben, von der jetzt nur noch Fragmente übrig sind. Am **Kashmiri Gate** am nördlichen Ende der Stadtmauer fanden verzweifelte Kämpfe statt, als die Briten Delhi 1857 während des Sepoy-Aufstandes zurückeroberten. Westlich davon befindet sich das von den Briten erbaute **Mutiny Memorial**, das den Soldaten gewidmet ist, die beim Aufstands ums Leben gekommen sind. Daneben steht eine **Ashoka-Säule**; ebenso wie die Säule in Firoz Shah Kotla wurde auch sie von Firoz Shah hierher gebracht.

RED FORT (LAL QILA)

Die Sandsteinmauern des **Red Fort** (Inder/Ausländer 11 Rs/2 US$, Video 25 Rs; Di–So Sonnenaufgang–Sonnenuntergang) sind 2 km lang und zwischen 18 m auf der Flußseite und 33 m auf der Stadtseite hoch. Shah Jahan begann mit dem Bau des massiven Forts 1638 und 1648 wurde es fertiggestellt. Shah Jahan hat es

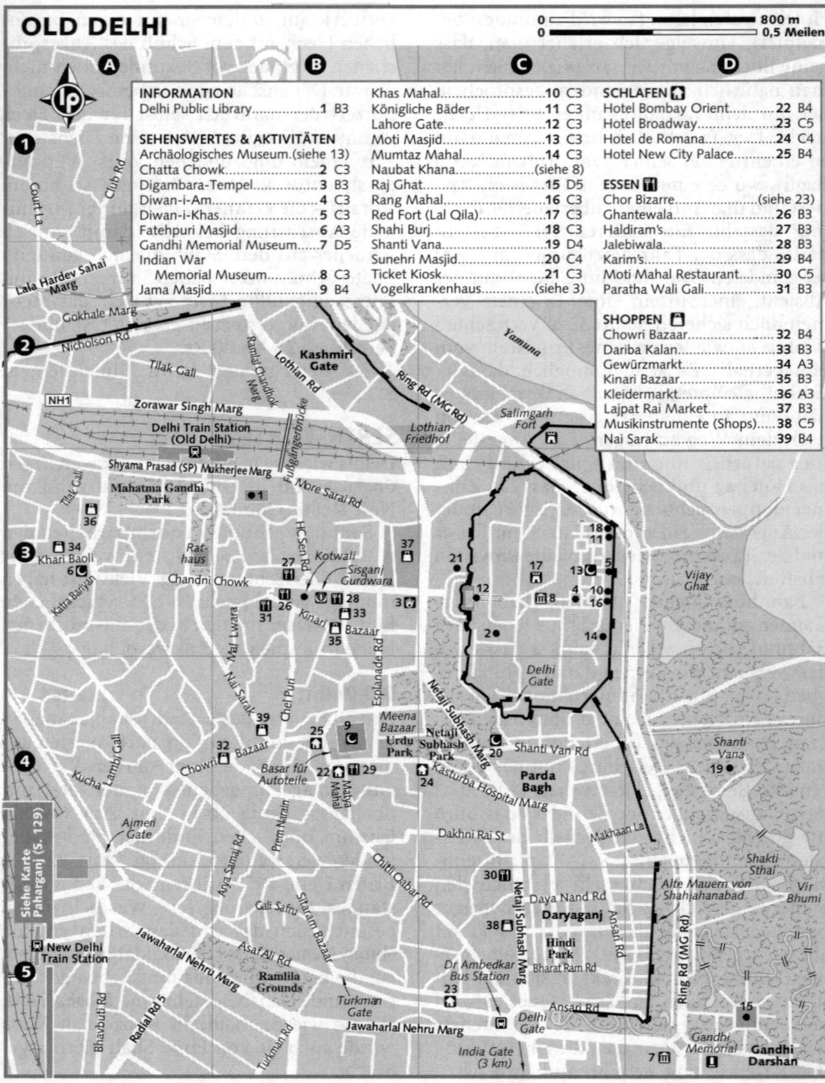

aber nicht ganz geschafft, seine Hauptstadt von Agra in die neue Stadt Shahjahanabad in Delhi zu verlegen, denn er wurde von seinem Sohn Aurangzeb abgesetzt und im Agra Fort eingesperrt.

Das Red Fort stammt aus der Blütezeit der Moguln. Die Herrschaft der Moguln in Delhi war recht kurz; Aurangzeb war der erste und letzte große Mogul-Herrscher, der von hier aus regierte.

Der Yamuna Fluss floss einst direkt unter der östlichen Ecke des Forts und füllte den 10 m tiefen Wassergraben.

Eintrittskarten für das Fort verkauft der **Ticket Kiosk** gegenüber dem Lahore Gate (dem Haupttor).

Lahore Gate

Das **Haupttor** des Forts erhielt seinen Namen, weil es in Richtung Lahore zeigt, das heute in Pakistan liegt. Man betritt das Fort von hier aus und befindet sich sofort in der als **Chatta Chowk** (überdachter Basar) bekannten gewölbten Passage. Die Läden in diesem Arkadengang verkauften einst alles, was im königlichen Haushalt beliebt war – Seide, Juwelen und Gold.

Die Passage führt zum **Naubat Khana**, oder Trommelhaus, wo die Musiker für den Großmogul spielten. Im oberen Stock ist ein **Indian War Memorial Museum** (Eintritt 2 Rs) untergebracht. Der offene Garten hinter dem Trommelhaus hatte früher auf beiden Seiten Galerien, die aber von der britischen Armee entfernt wurden, als sie das Fort als Hauptquartier benutzen. Weitere Erinnerungsstücke an die britische Anwesenheit sind die unglaublich häßlichen dreistöckigen Kasernenblöcke, die am Nordende des Gartens stehen.

Diwan-i-Am

In der **Empfangshalle** saß der Herrscher, um sich Beschwerden und Streitereien seiner Untertanen anzuhören. Seine Nische in der Wand war mit Marmor getäfelt und mit kostbaren Steinen verziert, von denen viele beim Aufstand von 1857 geraubt wurden. Diese elegante Halle wurde auf Anordnung von Lord Curzon, dem indischen Vizekönig von 1898 bis 1905, wiederhergestellt.

Diwan-i-Khas

In der **privaten Audienzhalle**, einem luxuriösen Raum aus weißem Marmor, wurden die privaten Treffen abgehalten. Mitten im Raum stand der berühmte, verschwenderisch mit Juwelen verzierte goldene Pfauenthron – bis Nadir Shah ihn 1739 in den Iran abtransportierte.

1760 entfernten die Marathen auch die silberne Decke der Halle, sodass der Raum heute nur noch ein Schatten seiner einstigen Pracht ist.

Königliche Bäder

Neben der Diwan-i-Khas sind die **Hammams** (Bäder) – drei große Räume mit gewölbten Decken und einem Brunnen in der Mitte – von denen einer als Sauna eingerichtet wurde. Die Böden waren einst mit *pietra dura* (Einlegearbeiten aus Marmor) ausgelegt, und die Räume wurden durch farbige Glasscheiben in der Decke erleuchtet.

Shahi Burj

Dieser einfache dreistöckige, achteckige **Turm** am nordöstlichen Ende des Forts war einst Shah Jahans privater Arbeitsbereich. Von hier aus floss Wasser in Richtung Süden durch die Königlichen Bäder, die Diwan-i-Khas, den Khas Mahal und weiter zum Rang Mahal.

Moti Masjid

Aurangzeb baute die kleine, komplett umschlossene **Perlenmoschee** 1659 zur privaten Nutzung und aus Sicherheitsgründen. Sie ist aus Marmor und steht neben den Bädern. Ein spannendes Detail dieser Moschee ist, dass die äußeren Mauern exakt zum Rest des Forts ausgerichtet sind, während die inneren Mauern leicht schief stehen, damit die Moschee genau nach Mekka weist.

Gärten

Zwischen diesen Gebäuden befanden sich streng angelegte **Charbaghs** (in Viertel aufgeteilte Gärten), mit Brunnen, Bädern und kleinen Pavillons. Der grobe Grundriss und einige Pavillons existieren noch, aber die Gärten sind nicht mehr das, was sie mal waren.

Noch mehr Sehenswertes

Der **Khas Mahal**, südlich der Diwan-i-Khas, war der Privatpalast des Herrschers mit Räumen zum Beten, Schlafen und Wohnen.

Der **Rang Mahal**, oder Palast der Farben, noch etwas weiter südlich, bekam seinen Namen wegen seiner bemalten Wände, die aber nicht mehr vorhanden sind. Hier lebte einst die Hauptfrau des Herrschers und hier aß er auch. Auf dem Boden in der Mitte ist eine wunderbar gestaltete marmorne Lotusblüte und der Kanal, der vom Shahi Burj kam, endete hier.

Überreste aus der Zeit der Moguln werden im **Museum of Archaeology** (Eintritt 2 Rs) im **Mumtaz Mahal** ausgestellt, noch weiter südlich an der östlichen Mauer entlang.

Sound-&-Light Show

Jeden Abend gibt's eine einstündige **Sound-und-Light Show** (Eintritt 50 Rs; auf Englisch ⌚ Nov.–Jan. 19.30 Uhr, Feb.–April & Sept.–Okt. 20.30 Uhr, Mai–Aug. 21 Uhr), in der Ereignisse aus Indiens Geschichte dargestellt werden, vor allem solche, die mit dem Red Fort zu tun haben. Karten hat der Ticket Kiosk am Fort.

CHANDNI CHOWK

Old Delhis Hauptverkehrsader ist die chronisch verstopfte **Chandni Chowk**, die man am besten in einer Fahrradrikscha bewältigt. Am östlichen Ende (Red Fort) der Chandni Chowk, steht der jainistische **Digambara-Tempel** aus dem 16. Jh. (vor dem Eintreten Schuhe und alles aus Leder ausziehen). Das **Vogelkrankenhaus** (Eintritt gegen Spende) wird von Jainisten geführt, die sich für die Erhaltung allen Lebens einsetzen.

Das westliche Ende der Chandni Chowk bildet die **Fatehpuri Masjid** aus der Mitte des 17. Jhs.

SUNEHRI MASJID

Südlich des Red Fort liegt die **Sunehri Masjid**. 1739 stand der persische Eroberer Nadir Shah auf dem Dach dieser Moschee und sah zu, wie seine Soldaten Delhis Einwohner massakrierten.

JAMA MASJID

Diese eindrucksvolle **Moschee** (Foto/Video je 150 Rs; ⏰ Nicht-Muslime 8.30–12.30 & 13.45–30 Min. vor Sonnenuntergang, geschl. Fr 12–14 Uhr) ist die größte Indiens und war die letzte architektonische Extravaganz von Shah Jahan. 1644 begonnen, war sie erst 1658 fertig. Die Moschee besteht aus sich abwechselnden vertikalen Streifen aus rotem Sandstein und weißem Marmor, hat drei Tore, vier verwinkelte Türme und zwei 40 m hohe Minarette. Der Haupteingang ist Tor Nummer 3.

Besucher sollten sich angemessen kleiden und die Schuhe oben an der Treppe ausziehen (dem Aufpasser zahlt man 5 Rs).

Der Innenhof der Moschee fasst 25 000 Menschen. Für 20 Rs kann man das südliche Minarett besteigen (Frauen müssen von einem Mann begleitet werden; manchmal werden Männer alleine auch nicht zugelassen). Oben hat man eine herrliche Aussicht. Von der Spitze des Minaretts sieht man eine Besonderheit, die sich der Architekt Edwin Lutyens beim Entwurf von New Delhi ausdachte: die Jama Masjid, der Connaught Place und der Sansad Bhavan (das Parlamentsgebäude) liegen auf einer Linie.

In der Moschee gibt es **Führer** (pro Pers. 50 Rs); auf jeden Fall den Ausweis vorzeigen lassen, denn Reisende erzählten von falschen (überteuerten) Führern, die Besuchern Eintritt für die Moschee abknöpfen wollten (der Eintritt ist kostenlos).

RAJ GHAT

Südlich vom Red Fort, am Ufer des Yamuna, befindet sich eine einfache viereckige Plattform aus schwarzem Marmor. Hier wurde Mahatma Gandhi nach seiner Ermordung 1948 eingeäschert.

Jawaharlal Nehru, den ersten indischen Premierminister, äscherte man 1964 etwas weiter nördlich, in Shanti Vana (Wald des Friedens) ein. Auch Nehrus Tochter, Indira Gandhi, die 1984 ermordet wurde und seine Enkel Sanjay (gestorben 1980) und Rajiv (gestorben 1991) wurden in der näheren Umgebung verbrannt.

Raj Ghat ist jetzt ein wunderschöner Park. Das **Gandhi Memorial Museum** (☎ 23311793; Eintritt frei; ⏰ Di–So 9.30–17.30 Uhr) zeigt Erinnerungsstücke und Fotos.

Delhi Mitte

Karte S. 120 f.

RAJPATH

Der unglaublich breite **Rajpath** (Königsweg) ist ein weiteres Highlight von Lutyens New Delhi. Am 26. Januar wird hier die Parade zum Republic Day abgehalten und Abertausende sehen sich das Spektakel.

Am östlichen Ende des Rajpath steht das India Gate, und am westlichen Ende das Rashtrapati Bhavan, das von zwei großen Amtsgebäuden flankiert wird. Diese drei Gebäude stehen auf einer kleinen Anhöhe, dem Raisina Hill.

Der **India Gate**, ein 42 m hoher Steinbogen, trägt die Namen von rund 90 000 indischen Soldaten, die im 1. Weltkrieg, dem gleichzeitig stattfindenen Nordwest-Feldzug und während des Afghanistan-Fiaskos von 1919 gefallen sind.

Das offizielle Wohnhaus des Präsidenten von Indien, das **Rashtrapati Bhavan** (Präsidentenpalast), wurde 1929 fertiggestellt. Das palastähnliche Gebäude ist eine Kombination aus mogulischen und westlichen Architekturstilen. Westlich vom Gebäude liegt ein 130 ha großer **Mogulgarten**. Dieser ist für die Öffentlichkeit nur an einer bestimmten Zahl von Tagen zwischen Mitte Februar und Anfang März geöffnet (Eintritt frei; Fotografieren verboten) – genaue Informationen hat India Tourism Delhi (S. 114).

Vor der Unabhängigkeit war der Rashtrapati Bhavan die Heimat des Vizekönigs. Zur Zeit Mountbattens, Indiens letztem Vizekönig, arbeitete hier eine riesige Zahl von Dienern, um die 340 Zimmer und den riesigen Garten in Schuss zu halten. Es gab allein 418 Gärtner, darunter 50 Jungen, die nur dazu da waren, Vögel zu verscheuchen.

Das nördliche und das südliche **Secretariat Building** auf Raisina Hill liegen jeweils seitlich vom Rajpath. Die imposanten Gebäude mit den kleinen Kuppeln beherbergen jetzt Ministerien.

Am Ende der Sansad Marg ist das **Sansad Bhavan** (Parlamentshaus). Das Gebäude ist rund, mit einem Säulengang und durchmisst 171 m. Im großen Plan von New Delhi ist Sansad Bhavan relativ unbedeutend, was zeigt, wie sich der Fokus der Macht vom Sitz des Vizekönigs weg verschoben hat, der bei der Planung von New Delhi zu britischen Zeiten im Mittelpunkt stand.

PURANA QILA

Das **Purana Qila** (Old Fort; ☎ 24353178; Mathura Rd; Inder/Ausländer 5 Rs/2 US$, Video 25 Rs; ⌚ Sonnenaufgang–Sonnenuntergang) beeindruckt durch seine massiven Mauern und die drei Tore. Hier soll das alte Indraprastha gewesen sein (s. S. 110). Der afghanische Herrscher Sher Shah, der kurzzeitig die Mogul-Herrschaft unterbrach, als er Humayun besiegte, vollendete das Fort während seiner Regierungszeit (1538–45), bevor Humayun wieder die Kontrolle über Indien übernahm.

Kommt man durch das Süd-Tor, sieht man den kleinen achteckigen Turm aus rotem Sandstein, den **Sher Mandal**. Er wurde später von Humayun als Bibliothek benutzt. Als Humayun 1556 die Stufen dieses Turms herabstieg, rutschte er aus, verletzte sich schwer und starb später an den Verletzungen. Direkt darunter ist die **Qila-i-Kuhran Mosque**, oder Moschee von Schah Sher.

Direkt neben dem Haupttor gibt es ein kleines **Archäologisches Museum** (Eintritt 2 Rs). Und wenn man auf dem Tor steht, hat man eine guten Blick über Delhi.

Die **Sound-und-Light Show** fand während der Recherche nicht statt, soll aber wieder fortgesetzt werden.

HUMAYUN'S TOMB

Erbaut Mitte des 16. Jhs. von Haji Begum, der persischen ältesten Frau des zweiten Großmoguls Humayun ist dieses **Grab** (Inder/Ausländer 10 Rs/5 US$, Video 25 Rs; ⌚ Sonnenaufgang–Sonnenuntergang) an der Mathura Rd. ein hervorragendes Beispiel früher Mogul-Architektur. Elemente seines Designs – ein gedrungenes Gebäude mit hohen gebogenen Eingängen, die das Licht hineinlassen, gekrönt von einer bauchigen Kuppel und umgeben von streng gestalteten Gärten – wurden über die Jahre weiterentwickelt, um zuletzt in Agras Taj Mahal den Gipfepunkt zu erreichen. Haji Begum ist in dem Grabmal aus rot-weißem Sandstein und schwarzgelbem Marmor begraben.

Das achteckige Grab von Isa Khan befindet sich hinter dem Tor links vom Eingang und ist ein schönes Werk der Lodi-Architektur.

NIZAM-UD-DIN'S SHRINE

Gegenüber Humayun's Tomb, an der Mathura Rd, ist der **Schrein** (⌚ 24 Std.) mit dem großen Sarkophag des muslimischen Sufi-Heiligen Nizam-ud-din Chishti, der 1325 im Alter von 92 Jahren starb. Die Konstruktion von Nizam-ud-dins Sarkophag führte zu einem Streit zwischen dem Heiligen selbst und dem Erbauer von Tughlaqabad, südlich von Delhi (s. S. 151).

Ein weiteres Grab an diesem Ort ist das von Jahanara, der Tochter von Shah Jahan, die mit ihrem Vater in Agras Red Fort blieb, als er von Aurangzeb eingesperrt worden war. Auch Amir Khusru, ein angesehener Urdu-Dichter, ist hier bestattet.

Freitags (von ca. 14–20 Uhr) finden *qawwali* (fromme Gesänge) statt.

LODI GARDEN

In diesem gut gepflegten **Garten** (Lodi Rd; ⌚ 6–20 Uhr) liegen die bröckelnden **Gräber** von Sayyid- und Lodi-Herrschern, darunter die von Mubarak Shah (gestorben 1433), Ibrahim Lodi (gestorben 1526) und Sikander Lodi (gestorben 1517). In dem Grab **Bara Gumbad** (15. Jh.) sind noch interessante Stuckarbeiten zu sehen.

Sonntags stören oft Menschenmassen die Ruhe des Gartens; an anderen Wochentagen ist der Garten früh morgens und spät abends am vollsten.

SAFDARJANG'S TOMB

Dieses **Grab** (Aurobindo Marg; Inder/Ausländer 5 Rs/2 US$, Video 25 Rs; ⌚ Sonnenaufgang–Sonnenuntergang)

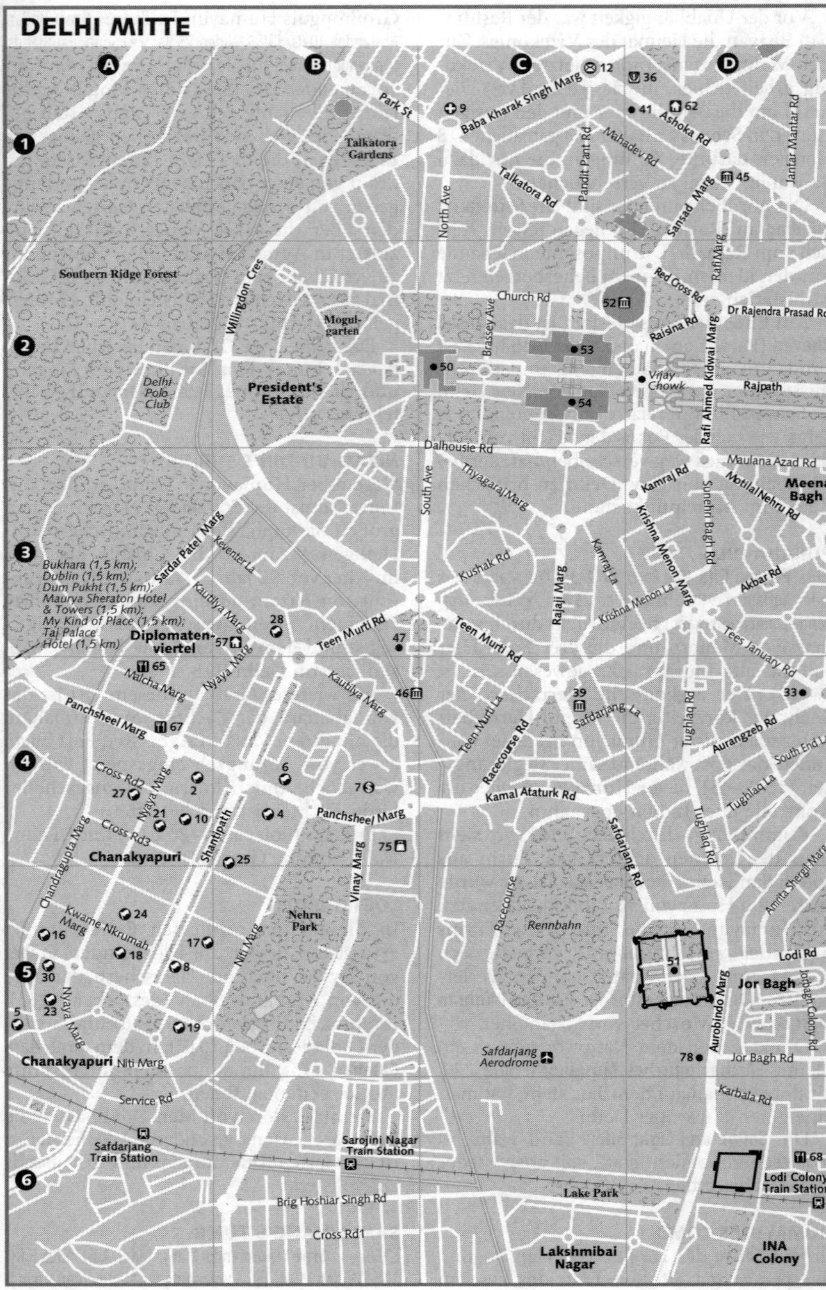
DELHI MITTE
A
B
C
D
1
2
3
4
5
6
Park St
Baba Kharak Singh Marg
12
36
9
41
62
Ashoka Rd
Talkatora Gardens
Mahadev Rd
Pandit Pant Rd
Jantar Mantar Rd
45
Talkatora Rd
North Ave
Sansad Marg
Rafi Marg
Southern Ridge Forest
Willingdon Cres
Red Cross Rd
Church Rd
52
Dr Rajendra Prasad Rd
Mogul-garten
Brassey Ave
Raisina Rd
53
Rafi Ahmed Kidwai Marg
Delhi Polo Club
50
Vijay Chowk
Rajpath
President's Estate
54
Dalhousie Rd
Maulana Azad Rd
Kamraj Rd
Meena Bagh
Motilal Nehru Rd
Thyagaraj Marg
South Ave
Sunehri Bagh Rd
Sardar Patel Marg
Keventer La
Krishna Menon Marg
Kamraj La
Kushak Rd
Bukhara (1,5 km);
Dublin (1,5 km);
Dum Pukht (1,5 km);
Maurya Sheraton Hotel & Towers (1,5 km);
My Kind of Place (1,5 km);
Taj Palace Hotel (1,5 km)
Kautilya Marg
Rajaji Marg
Krishna Menon La
Akbar Rd
28
Teen Murti Rd
Diplomatenviertel
57
47
Teen Murti Rd
Tees January Rd
Nyaya Marg
65
Malcha Marg
Kautilya Marg
46
39
Safdarjang La
33
Panchsheel Marg
67
Teen Murti La
Racecourse Rd
Tughlaq Rd
Aurangzeb Rd
South End La
Cross Rd2
6
27
2
7
Kamal Ataturk Rd
Tughlaq La
Nyaya Marg
21
10
4
Panchsheel Marg
Safdarjang Rd
Cross Rd3
Chandragupta Marg
Chanakyapuri
Shantipath
25
75
Vinay Marg
Tughlaq Rd
Racecourse
Amrita Shergil Marg
24
Kwame Nkrumah Marg
Nehru Park
Rennbahn
16
18
17
Niti Marg
Lodi Rd
30
8
51
Jor Bagh
23
Nyaya Marg
Aurobindo Marg
Jorbagh Colony Rd
5
19
Safdarjang Aerodrome
78
Jor Bagh Rd
Chanakyapuri
Niti Marg
Karbala Rd
Service Rd
Safdarjang Train Station
Sarojini Nagar Train Station
68
Lodi Colony Train Station
Lake Park
Brig Hoshiar Singh Rd
Cross Rd1
Lakshmibai Nagar
INA Colony

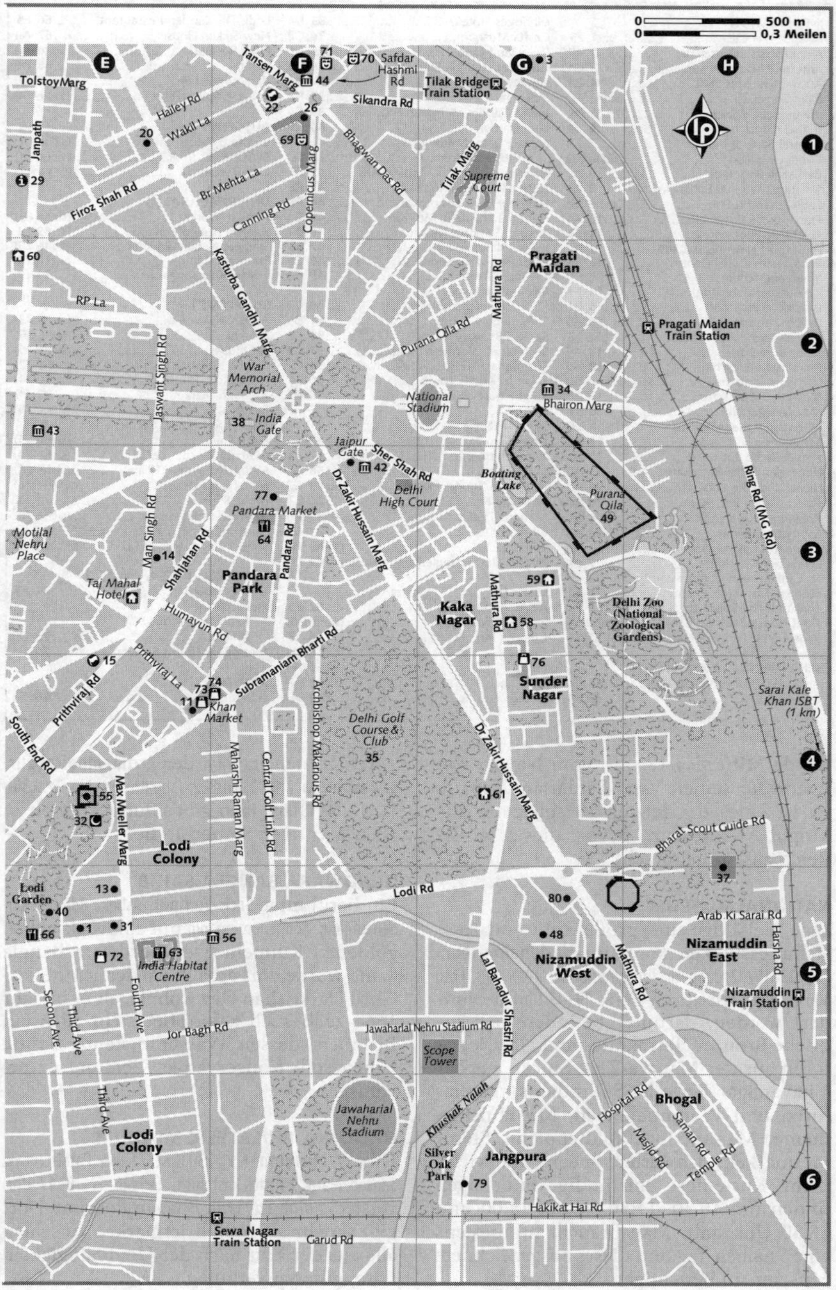
0 500 m
0 0,3 Meilen
E
F
G
H
Tolstoy Marg
Tansen Marg
Safdar Hashmi Rd
Tilak Bridge Train Station
Sikandra Rd
Hailey Rd
Wakil La
Janpath
Bhagwan Das Rd
Tilak Marg
Supreme Court
Br Mehta La
Firoz Shah Rd
Canning Rd
Copernicus Marg
Kasturba Gandhi Marg
Pragati Maidan
Mathura Rd
RP La
Purana Qila Rd
Pragati Maidan Train Station
Jaswant Singh Rd
War Memorial Arch
National Stadium
Bhairon Marg
India Gate
Jaipur Gate
Sher Shah Rd
Boating Lake
Purana Qila
Ring Rd (MG Rd)
Delhi High Court
Pandara Market
Dr Zakir Hussain Marg
Motilal Nehru Place
Man Singh Rd
Shahjahan Rd
Pandara Rd
Pandara Park
Taj Mahal Hotel
Humayun Rd
Kaka Nagar
Delhi Zoo (National Zoological Gardens)
Subramaniam Bharti Rd
Prithviraj La
Prithviraj Rd
Sunder Nagar
Khan Market
Archbishop Makarious Rd
Sarai Kale Khan ISBT (1 km)
South End Rd
Delhi Golf Course & Club
Maharshi Raman Marg
Central Golf Link Rd
Max Mueller Marg
Lodi Colony
Bharat Scout Guide Rd
Lodi Garden
Lodi Rd
Arab Ki Sarai Rd
Harsha Rd
India Habitat Centre
Lal Bahadur Shastri Rd
Nizamuddin West
Nizamuddin East
Nizamuddin Train Station
Second Ave
Third Ave
Fourth Ave
Jor Bagh Rd
Jawaharlal Nehru Stadium Rd
Scope Tower
Khushak Nalah
Hospital Rd
Bhogal
Jawaharlal Nehru Stadium
Saman Rd
Masjid Rd
Temple Rd
Silver Oak Park
Jangpura
Hakikat Hai Rd
Sewa Nagar Train Station
Garud Rd

INFORMATION
Alliance Française ... 1 E5
Amerikanische Botschaft ... 2 A4
Amt für Einkommensteuer ... 3 G1
Australische Botschaft ... 4 B4
Bahri Sons ... (siehe 73)
Bhutanische Botschaft ... 5 A5
Britische Botschaft ... 6 B4
Central Bank of India ... 7 B4
Cyber Graphics ... (siehe 73)
Deutsche Botschaft ... 8 A5
Dr. Ram Manohar Lohia Hospital ... 9 C1
Faqir-Chand & Sons ... (siehe 73)
Französische Botschaft ... 10 A4
Full Circle Bookstore ... 11 E4
Hauptpost New Delhi (GPO) ... 12 C1
India International Centre ... 13 E5
Innenministerium (Auslandsabteilung) ... 14 E3
Israelische Botschaft ... 15 E4
Italienische Botschaft ... 16 A5
Italienisches Kulturinstitut ... (siehe 16)
Japanische Botschaft ... 17 A5
Kanadische Botschaft ... 18 A5
Lalit Kala Akademi ... (siehe 26)
Malaysische Botschaft ... 19 A5
Max Mueller Bhavan ... 20 E1
Mercury Drycleaners ... (siehe 73)
Myanmarische Botschaft ... 21 A4
Nepalesische Botschaft ... 22 F1
Neuseeländische Botschaft ... 23 A5
Niederländische Botschaft ... 24 A5
Pakistanische Botschaft ... 25 B4
Rabindra Bhavan ... 26 F1
Sahitya Akademi ... (siehe 26)
Sangeet Natak Akademie ... (siehe 26)
Schweizer Botschaft ... 27 A4
Sri Lankan High Commission ... 28 B3
Student Travel Information Centre ... 29 E1
Thailändische Botschaft ... 30 A5
Tibet House Book Corner ... (siehe 56)
World Wide Fund for Nature (Indien) ... 31 E5

SEHENSWERTES & AKTIVITÄTEN
Archaeological Survey of India ... (siehe 43)
Bara Gumbad ... 32 E4
Claridges Hotel ... 33 D4
Crafts Museum ... 34 G2
Delhi Golf Club ... 35 F4
Gurdwara Bangla Sahib ... 36 D1
Humayun's Tomb ... 37 H5
India Gate ... 38 F2
Indira Gandhi Memorial Museum ... 39 C4
Lodi Garden ... 40 E5
Morarji Desai National Institute of Yoga ... 41 D1
National Gallery of Modern Art ... 42 F3
Nationalmuseum ... 43 E2
National Museum of Natural History ... 44 F1
National Philatelic Museum ... 45 D1
Nehru Memorial Museum ... 46 B4
Nehru Planetarium ... 47 B3
Nizam-ud-din's Shrine ... 48 G5
Purana Qila ... 49 G3
Rashtrapati Bhavan (Präsidentenpalast) ... 50 C2
Safdarjang's Tomb ... 51 D5
Sansad Bhavan ... 52 C2
Secretariat (Nordgebäude) ... 53 C2
Secretariat (Südgebäude) ... 54 C2
Sikander Lodi's Tomb ... 55 E4
Tibet House ... 56 F5

SCHLAFEN
Hotel Samrat ... (siehe 7)
Jugendherberge ... 57 B3
Jukaso Inn ... 58 G3
La Sagrita Tourist Home ... 59 G3
Le Meridien ... 60 E2
Maharani Guest House ... (siehe 58)
Oberoi ... 61 G4
Ten ... (siehe 59)
YWCA Blue Triangle Family Hostel ... 62 D1

ESSEN
All American Diner ... 63 E5
Basil & Thyme ... (siehe 75)
Chicken Inn ... 64 F3
Chona's ... (siehe 11)
Fujiya ... 65 A4
Gulati ... (siehe 64)
Ichiban ... (siehe 64)
Lodi, The Garden Restaurant ... 66 E5
New Sikkim House ... 67 A4
Pindi Restaurant ... (siehe 64)
Ploof ... 68 D6
Rampur Kitchen ... (siehe 73)
Sugar & Spice (Filiale) ... (siehe 74)

AUSGEHEN
Barista (Filiale) ... (siehe 11)
Big Chill ... (siehe 11)
Café Turtle ... (siehe 11)

UNTERHALTUNG
Habitat World ... (siehe 63)
Kamani Auditorium ... 69 F1
Sangeet Natak Akademi ... (siehe 26)
Shri Ram Centre ... 70 F1
Triveni Kala Sangam ... 71 F1

SHOPPEN
Anokhi (Filiale) ... (siehe 73)
Anokhi ... (siehe 75)
Art Indus ... (siehe 75)
C.Lal & Sons ... (siehe 72)
Delhi Cloth House ... (siehe 74)
Jor Bagh Market ... 72 E5
Kastro's ... (siehe 75)
Khan Market ... 73 E4
Lotus Eaters ... (siehe 75)
Mercury ... (siehe 74)
Mittal Tea House (Filiale) ... (siehe 68)
Mittal Tea House ... (siehe 76)
Music Shop ... 74 F4
Regalia Tea House ... (siehe 76)
Santushti Shopping Complex ... 75 B4
Sunder Nagar Market ... 76 G4

VERKEHRSMITTEL & -WEGE
Bikaner House ... 77 F3
Indian Airlines (Safdarjang Airfield Office) ... 78 D5
Metropole Tourist Service ... 79 G6

SONSTIGES
SOS Kinderdorf ... 80 G5

wurde Mitte des 18. Jhs. vom Nawab von Avadh für seinen Vater Safdarjang gebaut. Es ist eines der letzten Beispiele für die Mogul-Architektur, bevor dieses große Reich zusammenbrach.

NATIONALMUSEUM

Eine vielfältige und große Zahl von Ausstellungsstücken kann im **Nationalmuseum** (☎ 23019272; Janpath; Inder/Ausländer 10/150 Rs, Foto 300 Rs, Video verboten; 🕒 Di–So 10–17 Uhr) bewundert werden, darunter befinden sich indische Bronze-, Terrakotta- und Holzskulpturen aus der Maurya-Zeit, Stücke aus der Vijayanagar-Periode Südindiens, Miniaturen und Wandmalereien, Musikinstrumente, Manuskripte, Bildteppiche, Stammesmasken, Schwerter, Speere und vieles mehr. Kostenlose einstündige Führungen finden um 10.30, 11.30, 12.00, 14.00 und 15.30 Uhr statt. Man braucht mindestens einen halben Tag, um dieses ausgezeichnete Museum zu besichtigen.

Gleich nebenan ist der **Archaeological Survey of India** (☎ 23010822; Janpath; 🕒 Mo–Fr 9.30–13.30 & 14–18 Uhr). Hier gibt's Publikationen zu allen wichtigen Stätten Indiens.

GURDWARA BANGLA SAHIB

Ein berühmter **Sikh Tempel** (Ashoka Rd; 🕒 Sonnenaufgang–Sonnenuntergang) mit eindrucksvollen goldenen Kuppeln. Der Gurdwara Bangla Sahib wurde dort erbaut, wo der achte Sikh-Guru Harkrishan Dev wohnte, als er im Jahr 1664 zu Besuch kam. Hier steht auch ein Brunnen, dessen Wasser heilende Kräfte haben soll. Konservative Kleidung ist erwünscht.

NATIONAL PHILATELIC MUSEUM

Dieses **Museum** (☎ 23036727; Sadar Patel Chowk, Sansad Marg; Eintritt kostenlos; 🕒 Mo–Fr 10–17 Uhr) versteckt sich im Dak Bhavan Postamt. Dort gibt's mehr als 1600 Briefmarken zu sehen, alle aus der Zeit nach der Unabhängigkeit. Fotografieren verboten.

NATIONAL GALLERY OF MODERN ART

Diese **Galerie** (☎ 23382835; Jaipur Gate; Inder/Ausländer 10/150 Rs; ⌚ Di–So 10–17 Uhr), war einst der Wohnsitz des Maharadschas von Jaipur in Delhi. Ausgestellt werden mehr als 300 zeitgenössische Gemälde von indischen Künstlern. Fotografieren verboten.

NEHRU MEMORIAL MUSEUM & PLANETARIUM

Teen Murti Bhavan, der frühere Wohnsitz von Jawaharlal Nehru (Indiens erstem Premierminister) direkt bei der Teen Murti Rd., wurde in ein **Museum** (☎ 23016734; Eintritt frei; ⌚ Di–So 9–17.15 Uhr) verwandelt. Die hier ausgestellten Fotografien und Zeitungsausschnitte geben einen guten Einblick in die Unabhängigkeitsbewegung.

Auf dem Gelände steht auch ein **Planetarium** (☎ 23014504; 45 Min. Show 15 Rs; auf Englisch ⌚ 11.30 & 15 Uhr).

TIBET-HAUS

Im Tibet-Haus befindet sich ein kleines **Museum** (☎ 24611515; 1 Lodi Rd; Eintritt 10 Rs; ⌚ Mo–Fr 10–13 & 14–17.30 Uhr), in dem zeremonielle Gegenstände ausgestellt sind. Sie wurden aus Tibet mitgebracht, als der Dalai Lama vor der chinesischen Besetzung floh. Hierzu gehören heilige Manuskripte und *thangkas* (tibetische Stoffgemälde). Fotografieren verboten.

Außer Bücher verkauft der **Tibet House Book Corner** (S. 112) tibetische CDs, u. a. mit Aufnahmen buddhistischer Gesänge (250 Rs) sowie Postkarten (10 Rs), Räucherstäbchen (ab 25 Rs) und Gebetsfahnen (70 Rs).

CRAFTS MUSEUM

Nahe des Pragati Maidan liegt dieses ruhige **Museum** (☎ 23371817; Bhairon Marg; Eintritt frei; ⌚ Di–So 10–17 Uhr) mit einer Reihe traditioneller Stände, an denen Handwerksarbeiten aus Textilien, Holz und Keramik gezeigt werden. In Vorführungen kann man bei der Herstellung zusehen und die Handwerker verkaufen auch direkt an Interessenten. Dies alles ist Teil einer künstlichen, aber doch sehr eindrucksvollen Präsentation von „Dorfleben".

In diesem phantastischen Museum gibt es einige gute Galerien, die eine große Auswahl an klar beschriftetem Kunsthandwerk aus ganz Indien zeigen, z. B. alte Holztiere, Marionetten, Masken, Gemälde, Stammesobjekte und Terrakottafiguren. Fotografieren ist nur nach vorheriger Erlaubnis gestattet. Auf dem Gelände befindet sich ein hochwertiger Handwerks-Shop.

INDIRA GANDHI MEMORIAL MUSEUM

Der ehemalige Wohnsitz von Indira Gandhi wurde in ein **Museum** (☎ 23010094; 1 Safdarjang Rd; Eintritt frei; ⌚ Di–So 9.30–16.45 Uhr) umgewandelt. Gezeigt werden einige persönliche Gegenstände, so auch der Sari (mit Blutspuren), den sie bei ihrer Ermordung 1984 trug, sowie Zeitungsausschnitte, Briefe und Fotos. Auf dem Weg nach draußen kommt man an einem Garten mit einem Weg vorbei – auf diesem Weg ging Indira Gandhi Sekunden bevor sie von zwei ihrer Sikh-Leibwächter erschossen wurde. Der Weg wurde mit Kristallen bedeckt – klares Glas markiert die Stelle, an der sie zusammenbrach.

NATIONAL MUSEUM OF NATURAL HISTORY

Obwohl es hier nichts gibt, worüber man in Begeisterung ausbrechen müsste, beherbergt dieses **Museum** (☎ 23314849; 1. OG, FICCI Auditorium, Tansen Marg; Eintritt frei; ⌚ Di–So 10–17 Uhr), gegenüber der nepalesischen Botschaft einige bemerkenswerte Fossilien, darunter ein 160 Mio. Jahre alter Oberschenkelknochen eines indischen Sauropoden. Weitere Ausstellungsstücke sind ausgestopfte Gürteltiere und ein tibetisches Yak.

Rund um den Connaught Place

Karte S. 124 f.

CONNAUGHT PLACE (CP)

Das Herz von New Delhi ist der riesige Kreisverkehr am **Connaught Place** und die sieben Straßen, die strahlenförmig davon abgehen und in Blöcke unterteilt sind. Die architektonisch gleichförmigen säulengeschmückten Gebäude beherbergen Geschäfte, Banken, Restaurants, Hotels und Büros.

Verwirrend ist, dass der äußere Kreis eigentlich „Connaught Circus" heißt (unterteilt in die Blocks G bis N) und der innere Kreis „Connaught Place" (mit den Blöcken A bis F). Und dann gibt's da noch den „Middle Circle" – aber bei den meisten Menschen heißt der ganze Komplex Connaught Place. Um die Verwirrung noch zu vergrößern, wurden 1995 der innere und

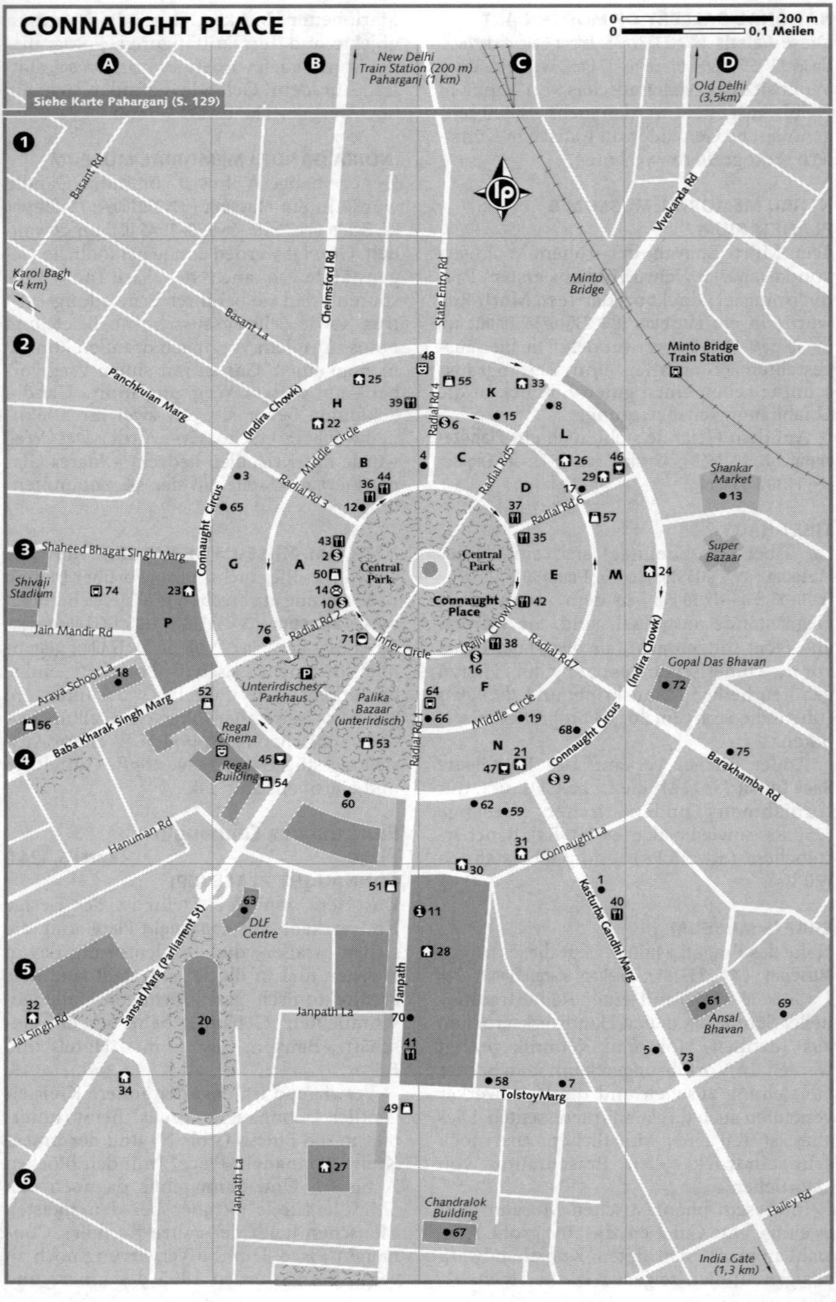
CONNAUGHT PLACE
0 200 m
0 0,1 Meilen
Siehe Karte Paharganj (S. 129)
New Delhi Train Station (200 m) Paharganj (1 km)
Old Delhi (3,5km)
Karol Bagh (4 km)
Basant Rd
Basant La
Chelmsford Rd
State Entry Rd
Vivekanda Rd
Minto Bridge
Minto Bridge Train Station
Panchkuian Marg
(Indira Chowk)
Middle Circle
Radial Rd 3
Radial Rd 4
Radial Rd5
Radial Rd 6
Radial Rd 2
Radial Rd7
Radial Rd 1
Connaught Circus
Inner Circle
(Rajiv Chowk)
Central Park
Connaught Place
Shankar Market
Super Bazaar
Shaheed Bhagat Singh Marg
Shivaji Stadium
Jain Mandir Rd
Araya School La
Baba Kharak Singh Marg
Unterirdisches Parkhaus
Palika Bazaar (unterirdisch)
Regal Cinema
Regal Building
Gopal Das Bhavan
Barakhamba Rd
Hanuman Rd
Connaught La
Kasturba Gandhi Marg
DLF Centre
Sansad Marg (Parliament St)
Janpath
Janpath La
Jai Singh Rd
Tolstoy Marg
Ansal Bhavan
Chandralok Building
Hailey Rd
India Gate (1,3 km)

der äußere Kreis in Rajiv Chowk bzw. Indira Chowk umbenannt (zu Ehren von Indira Gandhi und ihrem Sohn), aber kaum jemand benutzt diese Namen. Der Einfachheit halber verwenden wir bei den Adressen in diesem Kapitel nur „Connaught Pl". Adressen am Connaught Place bestehen aus einem Großbuchstaben und einer Zahl, werden aber nicht immer einheitlich verwendet: Manche sagen „50N Block", während andere „N-50" oder weitere Variationen verwenden. Hier werden die Adressen so angegeben, wie sie auch von den Geschäften dort benutzt werden.

JANTAR MANTAR

Einen kurzen Spaziergang vom Connaught Place entfernt stehen einige lachsfarben Bauten – das **Jantar Mantar** (Sansad Marg; Inder/Ausländer 5 Rs/2 US$, Foto/Video 4/25 Rs; 9 Uhr – Sonnenuntergang), eine der Sternwarten des Maharadscha Jai Singh II. 1725 erbaut, wird sie von einer riesigen Sonnenuhr dominiert, der „Prince of Dials". Andere Teile des Observatoriums zeichnen die Bahnen von Himmelskörpern nach und sagen Sonnenfinsternisse voraus.

Andere Gebiete

Karte S. 108 f.

CORONATION DURBAR SITE

Nördlich von Old Delhi, auf einem trostlosen Feld, steht ein einsamer **Obelisk** – dort fanden 1877 und 1903 die großen theatralischen Durbars statt, an denen alle indischen Regenten teilnehmen mussten, um dem britischen Monarchen ihre Ehre zu erweisen. Hier wurde auch 1911 König Georg V. zum Kaiser von Indien ernannt.

FIROZ SHAH KOTLA

Die Ruinen von Firozabad (dem fünften Delhi), erbaut 1354 von Firoz Shah, können bei **Firoz Shah Kotla** (Inder/Ausländer 5 Rs/2 US$, Video 25 Rs; Sonnenaufgang–Sonnenuntergang) besichtigt werden, direkt neben der Bahadur Shah Zafar Marg. In der Palastfestung steht ein

INFORMATION
American Center ... **1** C5
American Express ... **2** B3
Apollo Pharmacie ... **3** B3
Book World ... (siehe 53)
Bookworm ... **4** C3
British Council ... **5** D5
Citibank Geldautomat ... **6** C2
Citibank Geldautomat ... (siehe 60)
Delhi Photo Company ... (siehe 11)
DHL ... **7** C6
DSIDC Cyber Café ... (siehe 19)
DTTDC Foreign Exchange ... (siehe 19)
English Book Store ... **8** C2
Hong Kong & Shanghai Bank ... **9** C4
ICICI Geldautomat ... **10** B3
India Tourism Delhi (Indische Regierung) ... **11** C5
Kinsey Bros ... (siehe 10)
New Book Depot ... **12** B3
Paramount Book Store ... (siehe 51)
Piccadilly Book Stall ... **13** D3
Post (Filiale) ... **14** B3
Rajiv Book House ... (siehe 53)
Snowhite Drycleaners ... **15** C2
Thomas Cook (MoneyGram) ... (siehe 27)
Thomas Cook ... (siehe 27)
Western Union ... **16** C4

SEHENSWERTES & AKTIVITÄTEN
Ashok Travels & Tours (Indian Tourism Development Corporation) ... **17** C3
Delhi Tourism & Transport Development Corporation (Filiale) ... **18** A4
Delhi Tourism & Transport Development Corporation (DTTDC) ... **19** C4
Jantar Mantar ... **20** A5

SCHLAFEN
Central Court Hotel ... **21** C4
HK Choudhary Guest House ... **22** B2
Hotel Alka ... **23** A3
Hotel Blue ... **24** D3
Hotel Fifty Five ... **25** B2
Hotel Jukaso Inn ... **26** C3
Imperial ... **27** B6
Janpath Guest House ... **28** C5
Nirula's Hotel ... **29** C3
Ringo Guest House ... **30** C5
Sunny Guest House ... **31** C4
YMCA Tourist Hostel ... **32** A5
York Hotel ... **33** C2
YWCA International Guest House ... **34** A6

ESSEN
Banana Leaf ... (siehe 21)
Berco's ... **35** C3
Café 100 ... **36** B3
Embassy ... **37** C3
Host ... **38** C3
Kwality Restaurant ... (siehe 54)
Nirula's Ice-Cream Parlour ... (siehe 29)
Nizam's Kathi Kabab ... **39** B2
Parikrama ... **40** C5
Sagar Ratna ... (siehe 33)
Saravana Bhavan ... **41** B5
Saravana Bhavan (Filiale) ... (siehe 23)
Spice Route ... (siehe 27)
United Coffee House ... **42** C3
Wenger's ... **43** B3
Zen ... **44** B3

AUSGEHEN
1911 ... (siehe 27)
Barista ... (siehe 21)
Café Coffee Day ... (siehe 21)
DV8 ... **45** B4
Pegasus ... **46** C3
Regent's Blues ... **47** C4
Spirit ... (siehe 35)

UNTERHALTUNG
PVR Plaza Cinema ... **48** C2

SHOPPEN
Berco's Melody House ... (siehe 35)
Central Cottage Industries Emporium ... **49** B6
Dhoomimal Art Centre ... **50** B3
Handloom House ... (siehe 14)
Handpaper World ... (siehe 51)
Jain Super Store ... (siehe 53)
Janpath (Tibetan) Market ... **51** B5
Khadi Gramodyog Bhawan ... **52** A4
Music Street ... (siehe 4)
Music World ... (siehe 48)
New Prominent Tailors ... (siehe 55)
Palika Bazaar ... **53** B4
People Tree ... **54** B4
Rangarsons Music Depot ... (siehe 33)
Rikhi Ram ... (siehe 3)
Soma ... **55** C2
State Emporiums ... **56** A4
Vedi Tailors ... **57** C3

VERKEHRSMITTEL & -WEGE
Aeroflot ... **58** C6
Air France ... **59** C4
Air India ... **60** B4
British Airways ... (siehe 72)
Budget ... **61** D5
Delhi Transport Corporation ... **62** C4
El Al Israel Airlines ... (siehe 69)
Emirates ... **63** B5
Ex-Servicemen's Air Link Transport Service ... **64** C4
Gulf Air ... **65** B3
Indian Airlines ... **66** C4
Jagson Airlines ... (siehe 7)
Japan Airlines ... **67** C6
Jet Airways ... **68** C4
KLM – Royal Dutch Airlines ... **69** D5
Kumar Tourist Taxi Service ... (siehe 33)
Lufthansa ... **70** B5
Malaysian Airlines ... (siehe 75)
Pakistan International Airlines ... (siehe 1)
Prepaid-Autorikscha-Service ... **71** B3
Prepaid-Autorikscha-Service ... (siehe 11)
Qantas Airways ... (siehe 72)
Royal Nepal Airlines Corporation ... (siehe 41)
Sahara Airlines ... **72** D4
Scandinavian Airlines ... **73** D5
Shivaji Stadium Terminal ... **74** A3
Singapore Airlines ... **75** D4
Sri Lankan Airlines ... **76** B3

SONSTIGES
Malhotra Building ... (siehe 66)

13 m hoher Sandstein, die **Ashoka-Säule,** in die Erlasse von Ashoka (und eine spätere Inschrift) eingraviert sind. Außerdem können die Reste einer alten Moschee und ein Brunnen besichtigt werden, aber der größte Teil der Ruinen von Firozabad wurde beim Bau späterer Städte verwendet.

LAKSHMI-NARAYAN-TEMPEL (BIRLA MANDIR)

Westlich des Connaught Place ließ 1938 der reiche Industrielle BD Birla den großen **Lakshmi-Narayan-Tempel** (Mandir Marg; ⌚ 6–21 Uhr) im Orissa-Stil mit hoch aufragenden Kuppeln erbauen. Der Haupttempel wurde Lakshimi, der Göttin des Reichtums, geweiht.

RAIL TRANSPORT MUSEUM

Eisenbahn-Fans wird dieses **Museum** (☎ 2688 1816; Chanakyapuri; Eintritt 10 Rs, Video 100 Rs; ⌚ Okt.–März Di–So 9.30–17 Uhr, April–Sept. bis 19 Uhr) mit Sicherheit Spaß machen, in dem fast 30 Lokomotiven und einige interessante alte Waggons stehen. Zu den Ausstellungsstücken gehören eine immer noch funktionierende Dampflok von 1855 und verschiedene Merkwürdigkeiten wie der Schädel eines Elefanten, der 1894 einen Postzug angriff – und verlor.

HAUZ KHAS

Dieses urbane „Dorf" ist von parkähnlichem Gelände (und dem nahen Wildpark) umgeben und war einst das Wassereservoir für das zweite Delhi – Siri – das etwas weiter östlich lag. Heute ist Hauz Khas ein schicker südlicher Vorort von Delhi, mit hippen Restaurants, Kunstgalerien und Boutiquen.

In der Gegend gibt es eine Reihe von bröckelnden Gräbern, darunter auch **Firoz Shah's Tomb**. Ebenfalls Teil der alten Stadt Siri, östlich von Hauz Khas, ist die **Moth-ki Masjid**, von der behauptet wird, sie sei die schönste Moschee im Lodi-Stil.

BAHAI-TEMPEL

Dieser **Tempel** (☎ 26444029; Kalkaji; ⌚ Di–So 9.30–17.30 Uhr), in der Form einer sich öffnenden weißen Lotusblüte, ist in der Abenddämmerung, wenn er beleuchtet wird, besonders beeindruckend. 1986 vollendet, steht dieser Tempel inmitten von Brunnen und gepflegten Gärten und lädt Anhänger aller Glaubensrichtungen zum Gebet oder zur stillen Meditation ein. Zu den Prinzipien des Bahai Glaubens gehört die Ausrottung von Vorurteilen und umfassender Friede.

Vor dem Betreten die Schuhe ausziehen, im Innern das Handy abschalten und möglichst nicht sprechen. Innen ist das Fotografieren verboten.

SULABH INTERNATIONAL MUSEUM OF TOILETS

Südwestlich vom Stadtkern liegt dieses schräge **Museum** (außerhalb der Karte S. 108 f.; ☎ 25053646; Sulabh Complex, Mahavir Enclave, Palam Dabri Rd; Eintritt frei; ⌚ Mo–Sa 10–17 Uhr) mit einer kleinen aber feinen Sammlung von Toilettenutensilien von 2500 v. Chr. bis heute. Die (kostenlose) Führung bringt Leben in die Schüssel.

SHANKAR'S INTERNATIONAL DOLLS MUSEUM

Mit 6500 Puppen aus 85 Ländern beeindruckt **Shankar's International Dolls Museum** (☎ 23316970; Nehru House, 4 Bahadur Shah Zafar Marg; Eintritt 10 Rs; ⌚ Di–Sa 10–18 Uhr). Neben einer riesigen internationalen Sammlung gibt es indische Puppen, darunter auch Bräute.

AKTIVITÄTEN

Schönheitspflege

Pediküren, Augenbrauen zupfen und sonstiges Styling kann man in Delhis vielen Schönheitssalons über sich ergehen lassen. Die Salons in den Luxushotels sind sicher die exquisitesten – sie kassieren aber mindestens doppelt so viel wie unabhängige Salons.

Einige dieser Salons bieten *mehndi* (Henna „Tattoos") aber die Straßen-*Mehndi*-Wallahs auf den Märkten (z. B. Paharganj und Lajpat Nagar) sind viel billiger. Siehe auch den Kasten auf S. 71.

Lakmé Beauty Studio (Karte S. 108 f.; ☎ 26140584; 13 Basant Lok, Vasant Vihar; Maniküre/Pediküre 150/200 Rs, Gesichtsbehandlung 450–750 Rs; ⌚ 10–19 Uhr)

Meghna Beauty Parlour (Karte S. 108 f.; ☎ 26513149; Green Park Main Market; Maniküre/Pediküre 70/90 Rs; ⌚ Mi–Mo 9.30–21 Uhr) Nicht so geschniegelt wie Lakmé, aber günstig.

Princess Beauty Parlour (Karte S. 129; ☎ 23581930; Prince Polonia Hotel, 2325 Tilak Gali, Paharganj; Maniküre/Pediküre 150/200 Rs; ⌚ 9.30–18.30 Uhr) Paharganjs gesündester Schönheitssalon; Oberlippen-Fädeln (Zupfen mithilfe eines Fadens) kostet 10 Rs.

Golf

Delhi Golf Club (Karte S. 120 f.; ☎ 24362768; Dr Zakir Hussain Marg; Wochentage/Wochenende 35/40 US$, Caddies 100 Rs; ⌚ Sonnenaufgang–Sonnenuntergang) Reizvolle Anlage; am Wochenende kann es voll werden.

Massage & Ayurveda

Ashtaang (Karte S. 108 f.; ☎ 24101802; E-2 Anand Niketan; ⌚ 9–18 Uhr) Gegenüber der Universität von Delhi (Süd-Campus). Ashtaang bietet authentische Ayurvedabehandlungen aus Kerala an, wie z. B. *sirodhara* (warmes Öl wird auf die Stirn geträufelt; 45 Min. 1000 Rs) und *pzhichal* (Körpermassage mit viel Öl; 1¼ Std. 1200 Rs). Eine Hand- und Fußmassage kostet 350 Rs.

Beyond Looks (Karte S. 108 f.; ☎ 26141517; Untergeschoss, 15 Poorvi Marg, Vasant Vihar; ⌚ 8.30–20.30 Uhr) Liegt in einem großen Wohnkomplex. Zu den Anwendungen gehören eine Olivenöl/Kokosnuss-Öl Massage (1 Std. 400 Rs), Shiatsu (1 Std. 600 Rs) und *sirodhara* (1½ Std. 500 Rs). Schönheitsbehandlungen (Gesichtsbehandlungen, Haarentfernung mit Wachs, etc.) sind ebenfalls möglich.

Schwimmen

Luxushotels haben die schönsten Pools – die sind aber nur für Hausgäste. Einige der bescheideneren guten Hotels lassen auch Nicht-Gäste zu (gegen eine stattliche Gebühr).

Centaur Hotel (außerhalb der Karte S. 108 f.; ☎ 25696660; National Hwy 8; pro Pers. 165 Rs)

Claridges Hotel (Karte S. 120 f.; (☎ 23010211; 12 Aurangzeb Rd; pro Pers. 900 Rs)

Hotel Samrat (Karte S. 120 f.; ☎ 26110606; Chanakyapuri; pro Pers. 300 Rs)

KURSE

Zu Publikationen, die Informationen zu aktuellen Kurs-Angeboten enthalten, siehe S. 113.

Das **Central Hindi Directorate** (Ministry of Human Resource Development; ☎ 26100758; West Block VII, RK Puram) bietet Hindi-Grundkurse in kleinen Klassen an. Für 60 Stunden zahlt man 6000 Rs (2 Std./Tag, 3 Tage die Woche).

Meditation & Yoga

Zeiten und (unten nicht angegebene) Orte erfragt man am Telefon. Wo keine Preise genannt werden, sind Spenden gern gesehen.

Ashtaang (Karte S. 108 f.; ☎ 24101802; E-2 Anand Niketan; 1 Std. 150 Rs) Hatha-Yoga für Anfänger und Fortgeschrittene.

Dhyan Foundation (☎ 26464174) Meditationskurse und ein eintägiger Workshop zur Einführung in *sanatan kriya* (Rotationsübungen, Yoga und Meditation).

Morarji Desai National Institute of Yoga (Karte S. 120 f.; ☎ 23721472; www.mdniy.nic.in; 68 Ashoka Rd) Pranayama-/Hatha-Yoga (100 Rs/Std.), Meditation (100 Rs/Std.) und Stress-Management-Kurse (500 Rs).

Studio Abhyas (☎ 26962757) Die Yoga-Kurse (1¼ Std.) verbinden *asanas* (feste Bewegungsabläufe), Pranayama und Meditation. An manchen Abenden finden vedische Gesänge statt.

Tushita Meditation Centre (☎ 26513400) 2-mal pro Woche gibt's tibetische/buddhistische Meditationssitzungen.

GEFÜHRTE TOUREN

Delhi ist eine ausgedehnte Stadt, daher ist eine Stadtrundfahrt sinnvoll – auch wenn diese manchmal etwas hektisch sind. Sonntag ist der beste Tag, denn dann ist auf den Straßen weniger los. Montage meiden – dann ist vieles geschlossen!

Das Büro von India Tourism Delhi (S. 114) vermittelt mehrsprachige, staatlich anerkannte Führer. Sie kosten 350/500 Rs für einen halben/ganzen Tag (bis zu fünf Teilnehmer), 500/630 Rs (bis 14 Teilnehmer) und 630/975 Rs (bis 35 Teilnehmer). Touren außerhalb der Stadtgrenze kosten entsprechend mehr.

Eintrittsgelder und Gebühren für die Mitnahme von Fotoapparaten/Videokameras sind nicht im Tourpreis enthalten. Am besten einen Tag im Voraus buchen, da eine Mindestteilnehmerzahl erforderlich ist, damit Touren stattfinden.

Ashok Travels & Tours (Indian Tourism Development Corporation; Karte S. 124 f.; ☎ 23412336; L-Block, Connaught Pl; ⌚ 6.30–20.30 Uhr) Beim Hotel Nirula, aber man kann über India Tourism Delhi (S. 114) oder in jedem Hotel der Indian Tourism Development Corporation (ITDC) buchen. Zum Angebot gehören eine Vormittagstour (8–13 Uhr) durch New Delhi und eine Nachmittagstour (14–17.15 Uhr) durch Old Delhi; jeweils für 200 Rs. Eine Tour durch Old und New-Delhi kostet 300 Rs (8–17.15 Uhr). Tagestouren (Sa–Do) nach Agra kosten 850 Rs.

Delhi Tourism & Transport Development Corporation (DTTDC); Baba Kharak Singh Marg (Karte S. 124 f.; ☎ 23365358; ⌚ 8–21 Uhr); Inlands-Flughafen (☎ 25675609; ⌚ 9–23 Uhr); Internationaler Flughafen (☎ 25691213; ⌚ 24 Std.); Bahnhof New Delhi (Karte S. 129; ☎ 23742374; ⌚ 7–21 Uhr); N-Block (Karte S. 124 f.; (☎ 23315322; ⌚ Mo–Sa 10–18 Uhr); Bahnhof Nizamuddin (Karte S. 120 f.; ☎ 5547065; ⌚ 7–21 Uhr);

Bahnhof Old Delhi (Karte S. 116; ☎ 23961083; ⏰ 7–21 Uhr) Zum Angebot gehören eine Vormittagstour (9–14 Uhr) durch New Delhi und eine Tour durch Old Delhi von 14.15–17.15 Uhr; jeweils 103 Rs, als Tagestour für 202 Rs. Tagestouren nach Agra (850 Rs) werden 3-mal wöchentlich durchgeführt, und Drei-Tagestouren nach Agra und Jaipur (3200 Rs) 2-mal wöchentlich.

Hotel Broadway (Karte S. 116; ☎ 23273821; 4/15 Asaf Ali Rd; 495 Rs) Die Tour startet am Hotel (S. 131). Der zweistündige „gastronomische Spaziergang" führt durch Old Delhi und beinhaltet ein Mittagessen im Chor Bizarre (siehe S. 134).

Master Guest House (Karte S. 108 f.; ☎ 28741089; R-500 New Rajendra Nagar) Diese Pension (S. 132) bietet individuelle Touren an – z. B. „Verstecktes Delhi" (inkl. Old Delhi) – mit sachkundigen Führern. Eine Tour kostet 15 US$, zahlbar in Rupien, inkl. Frühstück und Snacks.

SCHLAFEN

Eine Reservierung ist sinnvoll, denn Delhis sauberste Plätze sind rasend schnell ausgebucht und dann sind Neuankömmlinge ein gefundenes Fressen für Abzocker (siehe S. 114). Die meisten Hotels bieten auf Vorbestellung einen Abholservice vom Flughafen (siehe S. 147).

Ausgecheckt wird in den meisten Hotels um 12 Uhr (aber auf jeden Fall vorher nachfragen, damit kein Extra-Tag auf die Rechnung kommt) und das Gepäck kann üblicherweise gelagert werden (3–5 Rs/Tag in einem Mittelklassehotel).

Während der Nebensaison (zwischen Mitte April und Mitte August) lassen sich Rabatte von mindestens 20 % aufs Zimmer aushandeln.

Hotels ab 500 Rs berechnen zusätzlich noch 12,5 % Luxussteuer und einige schlagen außerdem eine Servicegebühr (6–10 %) oben drauf. Wenn nicht anders angegeben, enthalten die Preise in diesem Kapitel aber keine Steuern und alle Zimmer haben ein eigenes Bad.

Der Straßenlärm kann höllisch sein – nur der schlummert friedlich, der nach einem ruhigen Zimmer fragt und Ohrenstöpsel griffbereit hat.

Budgetunterkünfte

Delhis Billig-Angebot sieht ziemlich trübe aus; die Zimmer sind meist klein und öde und guter Service ist Glückssache. Die billigsten Hotels brauchen dringend einen frischen Anstrich, neue Matratzen und eine Badezimmer-Komplettreinigung. Vorteil ist, dass die Zimmer nicht so teuer sind, wie man das in einer Hauptstadt erwarten könnte.

Die meisten Rucksack-Touristen lassen sich in Paharganj nieder, eine lebhafte und touristenorientierte Ecke beim Bahnhof von New Delhi. Wesentlich freundlicher (aber weit weniger zentral) ist's in Majnu-ka-Tilla.

Bei der Zimmerqualität kann es von Hotel zu Hotel erhebliche Unterschiede geben, daher sollte man sich erstmal einige ansehen. Manche schließen ihre Tore ab 22 Uhr. Wer später zurückkommt, sollte vorher Bescheid sagen.

In der folgenden Liste von Budgethotels sind nur die günstigsten Tarife für Zimmer ohne Klimaanlage angegeben. Zimmer mit Klimaanlage, so vorhanden, kosten mehrere Hundert Rupien mehr.

KÜHLE ZUFLUCHTSORTE

Wenn man wegen Delhis drückender Hitze (außer im Winter), Verkehrsstaus, nerviger Abzocker und anderer Unwägbarkeiten des Lebens auf der Straße total geschafft ist, gibt es einige Trost spendende Zufluchtsstätten. In den kühleren Monaten kann man in den wohltuenden Anlagen von Humayun's Tomb (S. 119), des Qutb Minars (S. 152), von Safdarjang's Tomb (S. 119), des Lodi Gardens (S. 119), von Hauz Khas (S. 126), Raj Ghat (S. 118) und des India Gates (S. 118) in Ruhe abhängen.

Während der heißeren Monate sind Spitzenklassehotels (S. 133) – mit kräftiger Klimaanlage und gemütlicher Umgebung – Zufluchtsorte, die die Lebensgeister wieder wecken. Deren Coffee-Shops sind zwar nicht gerade billig, werden aber schon nicht das ganze Budget sprengen (es sei denn, der Heißhunger überwältigt einen), und es sind schöne Orte, um eine Weile auszuspannen. Wenn das Budget es zulässt, bieten diese Hotels auch ein vornehmes Ambiente zum Abendessen.

In Delhis modernen klimatisierten Kinocentern (S. 141) kann man der Hitze ebenfalls entfliehen, ohne ein Vermögen loszuwerden. Kinokarten kosten 50–150 Rs und das obligatorische Popcorn-und-Getränk-Set liegt bei 75 Rs.

NORD-DELHI

Old Delhi **Karte S. 116**

Nur wenige Reisende bleiben in Old Delhi, wer aber will, der findet ein paar anständige Hotels in der Nähe der Jama Masjid. Alleinreisende Frauen müssen mit neugierigen, aber verächtlichen Blicken rechnen.

Hotel Bombay Orient (☎ 23286253; Fax 23262446; EZ/DZ 350/450 Rs) Noch die attraktivste Wahl in der Gegend, aber man sollte auf eines der neueren Zimmer bestehen (Nr. 118 ist gut).

Hotel New City Palace (☎ 23279548; EZ/DZ 200/250 Rs; ❄) Klaustrophobische Zimmer, aber immer noch besser als die meisten Billigunterkünfte in Old Delhi.

Hotel de Romana (☎ 30981216; EZ/DZ 410/560 Rs; ❄) Eine Straße weiter hinter dem Jagat Cinema. Nichts Besonderes, aber o. k., wenn man in den vorher genannten Hotels kein Zimmer mehr bekommt.

Rund um Paharganj **Karte S. 129**

Brechend voll mit günstigen Unterkünften, Restaurants, Geschäften und Menschen, ist Paharganj nicht unbedingt jedermanns Sache. Tatsächlich betrachten viele Einwohner von Delhi das Viertel als übles Pflaster, denn es hat einen schlechten Ruf in Sachen Drogen und schräge Typen. Andererseits ist es nur einen kurzen Fußmarsch vom Bahnhof New Delhis entfernt – praktisch, wenn man frühmorgens einen Zug kriegen muss – und es ist der Platz, um Backpacker kennenzulernen. Paharganj bietet einige der

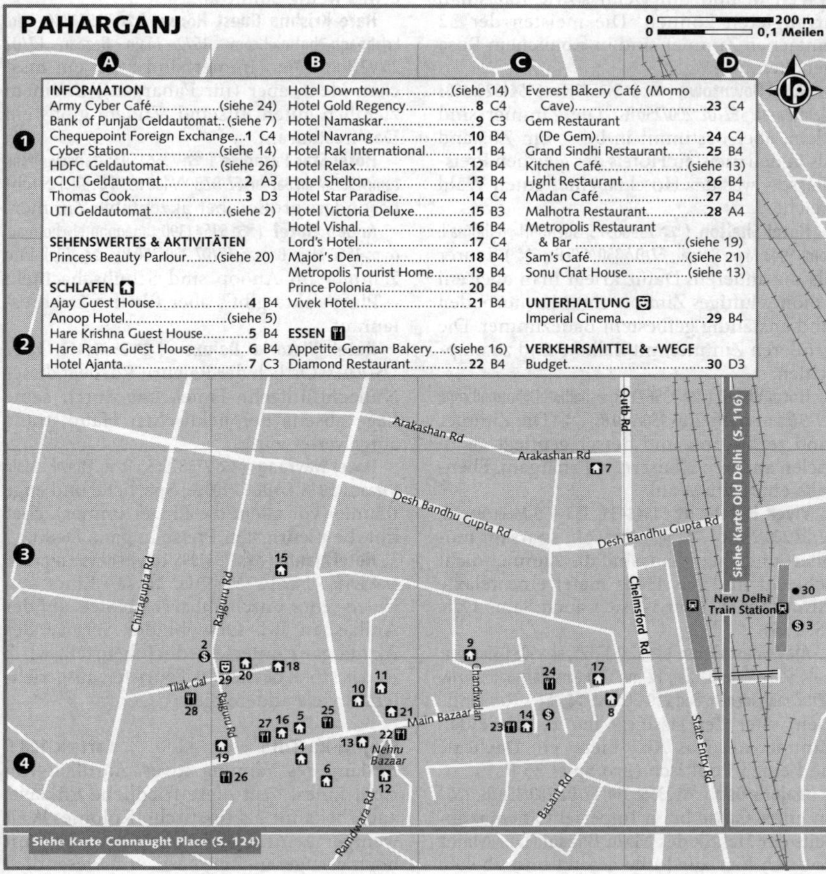

billigsten Betten Delhis und man muss auf unscheinbare, oft schlecht gelüftete und sonnenarme Zimmer gefasst sein.

Die meisten Hotels liegen im Einzugsbereich des Main Bazaar, verteilt auf die vielen (namenlosen) Straßen, die davon abgehen. Da der Main Bazaar tagsüber total verstopft ist, ist es verständlich, dass sich Taxi-Wallahs oft weigern, direkt bis vor das Hotel zu fahren. Das ist aber kein Problem, denn die meisten Hotels sind nur einen kurzen Fußweg entfernt.

Hotel Namaskar (☎ 23583456; namaskarhotel@yahoo.com; 917 Chandiwalan, Main Bazaar; DZ ab 250 Rs; ❄) Die Hauptattraktion dieses Hotels sind die beiden hilfreichen Brüder die nicht nur gute Ratschläge geben, sondern auch Mietwagen in und um Delhi sowie Rajasthan arrangieren können. Die meisten der 32 einfachen Zimmer sind in fröhlichem Rosa gehalten.

Hotel Downtown (☎ 51541529; Fax 51541528; 4583 Main Bazaar; EZ/DZ 200/250 Rs) Die Zimmer sind klein, aber bestimmt in besserem Zustand als in den meisten Hotels der gleichen Preisklasse – was das Hotel zu einer guten Wahl macht.

Hotel Shelton (☎ 23580575; sheltonH@rediffmail.com; 5043 Main Bazaar; EZ/DZ 350/475 Rs; ❄) Teurer als die anderen. Dafür kriegt man aber ein schönes luftiges Zimmer mit Marmorboden und anständig gefliestem Badezimmer. Die größeren Zimmer mit Balkon sind zu empfehlen.

Hotel Vishal (☎ 23562123; vishalhotel@hotmail.com; 1575 Main Bazaar; EZ/DZ 150/250 Rs; ❄) Die Zimmer sind recht groß und besser gepflegt als in vielen anderen Häusern in Paharganj. Ebenfalls eine gute Wahl.

Vivek Hotel (☎ 51541435; 1534-50 Main Bazaar; EZ/DZ 200/250 Rs; ❄ 💻) Obwohl sparsam möbliert und eher klein, sind die Zimmer nicht schlecht und das Haus bietet eine relaxte Atmosphäre. Hier ist sich auch Sams Café (S. 135).

Ajay Guest House (☎ 23583125; ajay5084@hotmail.com; 5084 Main Bazaar; EZ mit Gemeinschaftsbad 200 Rs, EZ/DZ mit eigenem Bad 250/300 Rs; ❄ 💻) Reisende zieht eher der lässige Vibe als die faden Zimmer an. Das Ajay bietet ein Dachcafé und einen Pooltisch (pro Spiel 25 Rs).

Major's Den (☎ 23589010; EZ/DZ 280/350 Rs; ❄) In einer Gasse beim Imperial Cinema, abseits der Hektik des Main Bazaar. Der Major hat sich hier zur Ruhe gesetzt und obwohl die Zimmer nicht besonderes eindrucksvoll sind, sind sie angemessen komfortabel.

Lord's Hotel (☎ 23588303; 51 Main Bazaar; EZ/DZ 395/495 Rs; ❄) Einige Zimmer sind ein bisschen dunkel, abgesehen davon aber ganz in Ordnung.

Hotel Rak International (☎ 23562478; Tooti Chowk, Main Bazaar; EZ/DZ 250/350 Rs; ❄) Die Zimmer sind eher etwas klein geraten. Dafür lassen sich aber auf der Restaurantterrasse große Sprünge machen, während man auf die Menschenmassen in den Straßen hinunter schaut.

Hare Rama Guest House (☎ 23561301; harerama_2000@hotmail.com; T-298 Main Bazaar; EZ/DZ 180/230 Rs; ❄ 💻) Die Zimmer haben tolle geflieste Wände und Böden, aber einige kriegen etwas wenig Sonne ab.

Hare Krishna Guest House (☎ 51541340; harekrishnagh@hotmail.com; 1572 Main Bazaar; EZ/DZ 200/250 Rs) Die Zimmer sind zwar ein bisschen klein, aber (für Paharganj) in einem ziemlich guten Zustand. Zudem gibt's ein Dachrestaurant.

Hotel Star Paradise (☎ 23561597; starview@vsnl.com; 4582 Main Bazaar; EZ/DZ 300/400 Rs; ❄ 💻) Nicht besonders große, aber akzeptable Zimmer.

Anoop Hotel (☎ 51541390; anoophotel@hotmail.com; 1566 Main Bazaar; EZ/DZ 220/350 Rs; ❄ 💻) Die Zimmer im Anoop sind Schuhschachteln – Pluspunkte gibt's aber für das Dachrestaurant.

Hotel Victoria Deluxe (☎ 23584413; EZ/DZ 175/200 Rs) Östlich der Rajguru Rd. liegt dieses Nullachtfünfzehn-Hotel, das durch seine Lage abseits der hektischen Hauptstraße aufgewertet wird.

Hotel Navrang (☎ 23581965; Tooti Chowk, Main Bazaar; B 50 Rs, EZ/DZ 80/100 Rs) Spärliche und enge Räume (vor allem die Einzelzimmer), aber mit die niedrigsten Preise in ganz Delhi.

Hotel Ajanta (☎ 51541995; ccity@nda.vsnl.net.in; 36 Arakashan Rd; EZ/DZ 350/450 Rs; ❄ 💻) Eines von vielen (eher unscheinbaren) Hotels auf der Arakashan Rd. Obwohl der Service des Ajanta ganz unterschiedlich beurteilt wird, ist das Hotel besser auf Touristen ausgerichtet als viele andere hier.

Majnu-ka-Tilla Karte S. 108 f.

Entlang des Yamuna River, nördlich von Civil Lines, liegt diese friedliche Enklave, auch bekannt als tibetische Kolonie. Weit weniger zentral als Paharganj, aber mit hochwertigeren Zimmern und wesentlich weniger Hype. Perfekt für alle, die von Delhi genug haben. Überall hat's billige Restaurants, Geschäfte und Internet-Stationen.

Wongdhen House (☎ 23816689; wongdhenhouse@hotmail.com; EZ/DZ mit Gemeinschaftsbad 175/200 Rs, mit eigenem Bad 250/275 Rs;) Das Sahnehäubchen der Gegend. Hier erwarten einen schöne große Zimmer, zuvorkommender Service und eine luftige Dachterasse mit Aussicht auf den Yamuna. Die Restaurantküche bietet alles – Bananenpfannkuchen (30 Rs) genauso wie *phing sha* (tibetische Nudeln mit Hackfleisch, 45 Rs).

Peace House (☎ 23939415; DZ 3./2./1./EG 175/275/325/325 Rs) Die Zimmer sind einfach und sauber und wenn der große Hunger kommt, ist eine Platte gedämpfter *momos* (tibetische Knödel, 20 Rs) nicht weit.

Noch mehr Empfehlungen:

IDA House (☎ 23813960; DZ 250 Rs)
Lhasa House (☎ 23939888; DZ 350 Rs;)
White House (☎ 23813999; DZ 250 Rs;)

DELHI MITTE

Das YWCA Blue Triangle Family Hostel (S. 132) hat auch Schlafsäle.

Chanakyapuri — Karte S. 120 f.

Jugendherberge (☎ 26116285; yhostel@del2.vsnl.net.in; 5 Nyaya Marg; B ohne/mit Klimaanlage 60/250 Rs, EZ/DZ mit Gemeinschaftsbad 450/650 Rs;) Wohltuende Umgebung aber lascher Service. Für Mitglieder ist der Schlafsaal preislich in Ordnung (Nicht-Mitglieder zahlen 250 Rs extra und erhalten eine Mitgliedschaft für ein Jahr).

Rund um den Connaught Place — Karte S. 124 f.

Die Hotels dieser Gegend lassen einen nicht gerade Freudensprünge machen – man zahlt vor allem für die zentrale Lage und nicht für die Qualität des Zimmers oder den Service, der ehrlich gesagt nur so la-la ist.

Central Court Hotel (☎ 23315013; N-Block; EZ/DZ mit Gemeinschaftsbad 700/900 Rs, mit eigenem Bad 1000/1250 Rs;) Geräumig und mit dem Flair der Alten Welt ist das hier noch die schönste Wahl in der Budgetkategorie. Einige Zimmer sind sehr laut, daher sollte überlegt ausgewählt werden.

Janpath Guest House (☎ 23321935; janpathguesthouse@yahoo.co.uk; 82-84 Janpath; EZ/DZ 425/485 Rs;) Die mit Teppichboden ausgelegten Zimmer können dunkel und feucht sein, aber die Preise sind fair. Angenehm nah am Touristenbüro und einem Stand für Prepaid-Autorikschas.

HK Choudhary Guest House (☎ 23322043; harsh@del3.vsnl.net.in; 35/3 H-Block; EZ mit Gemeinschaftsbad 300 Rs, EZ/DZ mit eigenem Bad 550/660 Rs;) Beim PVR Plaza Cinema. Die 7 Zimmer sind öde (einige sind größer und heller als andere), aber der Preis ist für die Gegend noch angemessen. Draußen gibt's eine kleine Terrasse.

Hotel Blue (☎ 23416666; hotelblue@indiatimes.com; 1. OG, M-126; EZ/DZ mit Gemeinschaftsbad 600/800 Rs, mit eigenem Bad 900/1200 Rs;) Die Zimmer im Blue sehen schon ziemlich abgewohnt aus, aber auf der Terrasse lässt sich ein schönes Sonnenbad genießen.

Ringo Guest House (☎ 23310605; ringo_guest_house@yahoo.co.in; 17 Scindia House, Connaught Lane; B 90 Rs, EZ/DZ mit Gemeinschaftsbad 125/250 Rs, DZ mit eigenem Bad 350 Rs) In einer Seitenstraße beim Büro von India Tourism Delhi. Die Zimmer sind schäbig und sparsam eingerichtet, aber bei dem Preis lässt sich kaum was sagen.

Sunny Guest House (☎ 23312909; sunnyguesthouse.123@hotmail.com; 152 Scindia House; B 90 Rs, EZ/DZ mit Gemeinschaftsbad 125/250 Rs, DZ mit eigenem Bad 350 Rs) Beim Ringo, aber noch etwas weniger beeindruckend.

AM FLUGHAFEN — Karte S. 108 f.

Hotel Tarra (☎ 26783677; A-72, Street No 2, Mahipalpur Extn, National Hwy 8; EZ/DZ 450/495 Rs;) Die beste Wahl unter den preiswerten Hotels dieser Gegend, mit bequemen Zimmern. Das Tarra liegt rund 6 km vom internationalen Flughafen entfernt, in einer kleinen Seitenstraße versteckt neben der Hauptstraße (den Schildern folgen).

Für Passagiere, die einen bestätigten Abflug innerhalb von 24 Stunden nach der Ankunft per Flugzeug nachweisen können, gibt es eine Unterkunft in den Ruheräumen des **Inlandterminals** (☎ 25675126, Durchwahl 2208; B 450 Rs, DZ 650 Rs;) und des **Internationalen Terminals** (☎ 25652011, Durchwahl 2157; B ohne/mit Klimaanlage 90/250 Rs;) auf dem Indira Gandhi International Airport.

Mittelklassehotels

NORD-DELHI

Old Delhi — Karte S. 116

Hotel Broadway (☎ 23273821; broadway@oldworldhospitality.com; 4/15 Asaf Ali Rd; EZ/DZ 1295/1535 Rs;)

Das Chor Bizarre Restaurant (S. 134) und die „gastronomische Tour" (S. 128) des Broadway sind aufregender als die abgewohnten Zimmer.

Rund um Paharganj — Karte S. 129

Metropolis Tourist Home (☎ 23561794; metravel@bom9.vsnl.net.in; 1634 Main Bazaar; EZ/DZ inkl. Steuern 700/800 Rs;) Gute Zimmer (einige mit Balkon), die mehr natürliches Licht abkriegen als in die meisten anderen in Paharganj. Es gibt auch ein freundliches Dachrestaurant (S. 135).

Prince Polonia (☎ 23581930; polinter@del3.vsnl.net.in; 2325 Tilak Gali; EZ/DZ 900/1000 Rs;) Die Standardzimmer sind o. k., aber es lohnt sich, nochmal 100 Rs draufzulegen, um ein größeres Zimmer mit Balkon zu bekommen. Zu den Extras gehört ein Schönheitssalon (hier sind auch Nicht-Gäste willkommen; s. S. 126).

Hotel Relax (☎ 23562811; vidur109@hotmail.com; Nehru Bazaar; DZ 1000 Rs;) Bequeme, wenn auch etwas kitschige Zimmer (eines mit Balkon verlangen). Vom Dach aus kann man das Gewusel der Menschen auf der Straße betrachten und bei einem Glas Zitronentee (15 Rs) über den Sinn des Lebens nachdenken.

Hotel Gold Regency (☎ 23562101; info@goldregency.com; 4350 Main Bazaar; EZ/DZ mit Frühstück 950/1200 Rs;) Die Zimmer sind ein bisschen schäbig, aber recht geräumig.

Westlich von Paharganj — Karte S. 108 f.

Yatri House (☎ 23625563; www.yatrihouse.com; 3/4 Panchkuian Marg; EZ ohne/mit Klimaanlage 1000/1200 Rs, DZ ohne/mit Klimaanlage 1200/1500 Rs;) Abseits vom Chaos des Main Bazaar, in einer Seitenstraße der Panchkuian Marg, liegt diese ruhige Pension mit einem grünen Garten, offenem Innenhof und sieben gepflegten Zimmern.

Rund um Rajendra Nagar — Karte S. 108 f.

Master Guest House (☎ 28741089; www.master-guesthouse.com; R-500 New Rajendra Nagar; EZ/DZ mit Gemeinschaftsbad 800/900 Rs;) Eine ganz und gar stressfreie Pension, an der Kreuzung Shankar und Ganga Ram Hospital Rd. Das Hotel, das von einem freundlichen Ehepaar geführt wird, hat nur vier einfache Zimmer, die alle sehr sauber und bequem sind. Avnish führt auch Stadtführungen durch (s. S. 128).

DELHI MITTE

Ashoka Rd — Karte S. 120 f.

YWCA Blue Triangle Family Hostel (☎ 23360133; ywcadel@yahoo.co.in; Ashoka Rd; B ohne/mit Klimaanlage 275/325 Rs, EZ/DZ 950/1650 Rs;) Offen für beide Geschlechter, aber man muss vorübergehend Mitglied werden (20 Rs, gilt einen Monat), damit man bleiben kann. Der Schlafsaal ist lobenswert, wenn auch etwas zu eng gepackt. Die anderen Räume sind ebenfalls sehr nett, auch wenn ein leichter Geruch nach Mottenkugeln in der Luft hängt. Alleinreisenden kann man Zimmer 108 empfehlen. Alle Tarife sind inklusive Steuer und Frühstück.

Sunder Nagar — Karte S. 120 f.

Der baumbewachsene noble Vorort Sunder Nagar liegt ca. 3 km südöstlich vom Connaught Place.

La Sagrita Tourist Home (☎ 24358572; lasagrit@del3.vsnl.net.in; 14 Sunder Nagar; EZ/DZ 1790/2290 Rs;) Kleine, aber feine Zimmer, gemütlich und zu einem guten Preis.

Jukaso Inn (☎ 24350308; jukaso@hotmail.com; 49-50 Sunder Nagar; EZ/DZ 3000/4000 Rs;) Auch attraktiv. Eines der besten Standard-Zimmer (mit watteweicher Matratze) ist Nummer 506.

Maharani Guest House (☎ 24359521; mgh@vsnl.com; 3 Sunder Nagar; EZ/DZ 1800/2400 Rs;) Gute Zimmer, wenn auch ein bisschen zu klein geraten.

Ten (☎ 24355047; Fax 51507155; 10 Sunder Nagar; EZ/DZ 1800/2000 Rs;) Nur fünf Zimmer; Nr. 105 (DZ) und 106 (EZ) teilen sich einen Innenhof.

Rund um den Connaught Place — Karte S. 124 f.

Hotel Jukaso Inn (☎ 23415450; jukaso@vsnl.com; L-Block; EZ/DZ 1800/2500 Rs;) Im Mittelklasse-Bereich die modernste und bequemste Wahl am Connaught Place.

Nirula's Hotel (☎ 23417419; delhihotel@nirulas.com; L-Block; EZ/DZ 2850/3000 Rs;) Ein Drei-Sterne-Hotel mit sauberen Zimmern, obwohl einige davon recht düster sein können.

York Hotel (☎ 23415769; hotelyork@yahoo.com; K-Block; EZ/DZ 1800/2950 Rs;) Einfache aber ansehnliche Zimmer (die lauten Räume zur Straße hin sollte man meiden).

Hotel Fifty Five (☎ 23321244; bookings@hotel55.com; H-55; EZ/DZ 1300/1800 Rs;) Ein beliebtes

Hotel mit zuvorkommendem Personal und anständigen Zimmern (und Preisen).

Hotel Alka (☎ 23344328; hotelalka@vsnl.com; P-Block; EZ/DZ 1800/2700 Rs; ❄) Manche Zimmer kommen in Sachen Platz etwas zu kurz, sind ansonsten aber angenehm. Das Hotel hat ein angesehenes vegetarisches Restaurant.

YMCA Tourist Hostel (☎ 23361915; ymcath@ndf.vsnl.net.in; Jai Singh Rd; EZ/DZ mit Gemeinschaftsbad 630/1230 Rs, EZ/DZ mit eigenem Bad 1000/1780 Rs; ❄ 💻 🏊) Nimmt beide Geschlechter auf (Mitgliedschaft 30 Rs für einen Monat); mehrere Zimmer ansehen, denn einige sind schmuddelig. Die Gebühr von 100 Rs (pro Pers. und Aufenthalt) für die Poolbenutzung (April – Okt.) ist eher frech. Alle Preise inklusive Steuer, Frühstück und Abendessen.

YWCA International Guest House (☎ 23361561; www.ywcaindia.org; 10 Sansad Marg; EZ/DZ inkl. Steuer 1078/1350 Rs; ❄ 💻) Vermittelt dasselbe institutsmäßige Gefühl wie das YMCA.

SÜD-DELHI

Home Away from Home (Karte S. 108 f.; ☎ 26560289; EG, D-8 Gulmohar Park; EZ ohne/mit Klimaanlage 800/900 Rs, DZ ohne/mit Klimaanlage 1400/1500 Rs; ❄) Diese stilvollen Appartements bieten Übernachtungen wie zu Hause und Rabatte für alle, die mindestens einen Monat bleiben. Essen gibt's nach Voranmeldung und die Preise sind inklusive Frühstück. Die Besitzerin Mrs. Kamte lebt auf dem Gelände und hält es tiptop in Schuss. Es gibt nur zwei Zimmer; beide sind sehr geschmackvoll eingerichtet. Die Bassets Hush und Puppy sind für einen Bauchkrauler sehr dankbar.

Spitzenklassehotels

Delhi hat eine Vielzahl von Luxushotels – dies hier sind nur einige Möglichkeiten.

DELHI MITTE — Karte S. 120 f.

Maurya Sheraton Hotel & Towers (Außerhalb der Karte S. 120 f.; ☎ 26112233; reservations.maurya@welcomgroup.com; Sardar Patel Marg; EZ/DZ 275/300 US$; ❄ 💻 🏊) Dieses Weltklasse-Hotel hat sich einen Namen als eines der besten in Delhi gemacht. Es hat 515 luxuriöse Zimmer und bietet eine große Palette erstklassiger Anlagen wie Fitnesscenter, Schönheitssalon und ein leistungsfähiges Business-Zentrum. Erstklassige Restaurants sind ebenfalls vor Ort, z. B. das Bukhara und das Dum Pukht (s. S. 136).

Oberoi (☎ 24363030; reservations@oberoidel.com; Dr Zakir Hussain Marg; EZ/DZ 250/275 US$; ❄ 💻 🏊) Das Oberoi liegt am Rand des Delhi Golf Clubs und verdient Bestnoten. Zuvorkommender Service, elegante Zimmer und andere Annehmlichkeiten wie z. B. das rund um die Uhr geöffnete state-of-the-art Business-Zentrum machen dieses Hotel zu einem beliebten Anlaufpunkt für Geschäftsreisende.

Taj Palace Hotel (☎ 26110202; palace.delhi@tajhotels.com; Sadar Patel Marg; EZ/DZ 210/235 US$; ❄ 💻 🏊) Abgesehen von den edlen, für Fünf-Sterne-Hotelketten typischen Zimmern gibt es vier Restaurants, einen Fitnessclub und einen schicken Nachtclub, My Kind of Place (S. 141). Die Angestellten des Taj haben sicher ein hartes Training hinter sich – aber ihre eiskalte Professionalität gibt einem manchmal das Gefühl, eher eine Nummer als ein Mensch zu sein.

Le Meridien (☎ 23710101; info@lemeridien-newdelhi.com; Windsor Pl, Janpath; EZ/DZ 160/180 US$; ❄ 💻 🏊) Dieses gläserne Hochhaus-Hotel hat makellose moderne Fünf-Sterne-Zim-

> **ETWAS BESONDERES**
>
> **Imperial** (Karte S. 124 f.; ☎ 23341234; www.theimperialindia.com; Janpath; DZ 250–1800 US$; ❄ 💻 🏊) Elegant eingerichtet und zentral, mit einer säulengeschmückter Veranda und einer palmengesäumter Auffahrt. Dieses ungewöhnliche Gebäude aus der Zeit des Britisch Raj (erbaut 1931), hat schon Könige und Rock-Stars beheimatet. Es wird sogar behauptet, dass Gandhi, Nehru, Jinnah und Mountbatten hier zusammenkamen, um das heikle Thema der Teilung Indiens zu besprechen.
>
> Wunderschön renoviert, verbindet dieses Gebäude verschiedene Stilrichtungen – von klassisch viktorianisch über kolonial bis Art Deco – und präsentiert einige erstaunliche Kunstwerke, darunter seltene Stücke aus dem 18. und 19. Jh. Die 234 schalldichten Zimmer sind sehr schön gestaltet und meilenweit von der Nullachtfünfzehn-Möblierung internationaler Hotelketten entfernt. Es gibt zwei Bars, eine Konditorei, vier attraktive Restaurants, darunter das Spice Route (süd- und südöstliche asiatische Küche) und weitere Annehmlichkeiten wie z. B. ein ganzheitlicher Spa-Bereich.

mer und Goodies wie z. B. einen Schönheitssalon, einen Fitnessclub, eine verführerische Ladenstraße und vier Restaurants mit einem rund um die Uhr geöffneten Café.

SÜD-DELHI **Karte S. 108 f.**

Bhikaiji Cama Place

Hyatt Regency (☎ 26791234; India.reservations@hyattintl.com; Bhikaiji Cama Pl, Ring Rd; EZ/DZ 160/170 US$;) Das Hyatt bietet den hohen Standard an komfortablen Zimmern und reibungslosem Service, für das es weltweit berühmt ist. Zu den Einrichtungen gehören Fitnessclub, Sauna, Tennisplatz, einer von Delhis coolsten Nachtclubs, das Djinns (S. 141), und einige gediegene Restaurants (siehe S. 137).

Rund um den Flughafen

Radisson Hotel (Karte S. 108 f.; ☎ 26779191; www.radisson.com/newdelhiin; National Hwy 8; DZ 225 US$;) Wer etwas Kuscheliges in der Nähe des Flughafens sucht, ist hier bestens bedient. Abgesehen von 256 eleganten Zimmern gibt es einen Fitnessclub und einige elegante Restaurants (siehe S. 138).

Ashok Country Resort (außerhalb der Karte S. 108 f.; ☎ 2506 4590; www.ashokcountryresort.com; Rajokri Rd; EZ/DZ 3500/4500 Rs;) Nicht ganz so schick wie das Radisson, dafür ist der Preis aber auch nicht ganz so heftig. Ruhig im Grünen gelegen sind die komfortablen unaufdringlichen Zimmer des Ashok eine wohltuende Möglichkeit sich zurückzuziehen.

ESSEN

Für jeden Geschmack und Geldbeutel ist gesorgt – Essen gehen in Delhi ist ein echtes Highlight. Es gibt tolle alteingesessene Restaurants, aber auch wer nach bekannten Fastfood-Ketten sucht, wird immer öfter fündig: McDonalds, Pizza Hut, Subway usw.

Die meisten Mittelklasse- und alle teuren Restaurants verlangen eine Servicesteuer von etwa 10 %. Getränke können den Geldbeutel um weitere 20–25 % (alkoholisch) oder 12 % (alkoholfrei) Steuer erleichtern.

Nord-Delhi

OLD DELHI **Karte S. 116**

Restaurants

Karim's (☎ 23269880; Hauptgerichte 75–180 Rs; 12–15 & 18–24 Uhr;) An einer Straße, die dem Südtor der Jama Masjid gegenüberliegt, verwöhnt das kultige Karim's die Bewohner Delhis seit 1913 mit seiner gut gewürzten, vorwiegend nichtvegetarischen Mughlai-Küche. Während des Ramadan öffnet es nach Sonnenuntergang.

Chor Bizarre (☎ 23273821; Hotel Broadway, 4/15 Asaf Ali Rd; Hauptgerichte 115–250 Rs, veg./nichtveg. Thalis 260/325 Rs; 7.30–10.30, 12–15.30 & 19.30–23.30 Uhr;) Wunderbare Kaschmir- und Mogul-Küche in schrillem Ambiente – ein Oldtimer dient als Salatbar und ein Himmelbett als Tisch. Das *sharabi kababi tikka masala* (in Brandy flambiertes Hühnchen mit Fleischsauce, 250 Rs) ist so gut wie es klingt. Reservierung empfohlen.

Moti Mahal Restaurant (☎ 23273661; 3704 Netaji Subhash Marg, Daryaganj; Hauptgerichte 60–225 Rs; 11–24 Uhr;) Bekannt für sein sehr leckeres Butterhühnchen (halber/ganzer Vogel 140/265 Rs). Mittwochs bis montags (ab 20.30 Uhr) werden live *qawwali* geboten. Am Wochenende sollte man reservieren.

Auf die Schnelle

Am Abend werden kleine Stände aufgestellt (viele davon auf der Südseite der Jama Masjid), an denen es Kebabs, gebratenen Fisch und vieles mehr gibt. Schon für 40 Rs wird man pappsatt.

Haldiram's (Chandni Chowk; Samosas/Pakoras 5/6 Rs, Barfi pro kg ab 100 Rs) Hier trifft sich Gott und die Welt zu einem süßen oder salzigen indischen Fast-Food Hit.

Ghantewala (Chandni Chowk; indische Süßigkeiten pro kg ca. 80 Rs) Nahe der Sisganj Gurdwara. Diesen einfachen Süßwarenshop gibt's seit 1790 und er hat noch immer eine loyale Fangemeinde – obwohl Haldiram's (gegenüber) eine starke Konkurrenz ist.

Jalebiwala (Chandni Chowk; Jalebis pro 500 g ab 50 Rs) Ebenfalls nahe der Sisganj Gurdwara. Jalebiwala ist *der* Platz um die Pfoten in fettige, in Sirup ertränkte *jalebis* (gebackene süße „Kringel") zu tauchen.

Paratha Wali Gali (Parathas 10–40 Rs) In einer Straße hinter dem Ghantewala, die von der Chandni Chowk abzweigt. Hier gibt es *parathas* (indisches Fladenbrot) direkt von der *tawa* (heißen Platte); man bekommt sie auch gefüllt mit gewürzten *aloo* (Kartoffeln) und *paneer* (Frischkäse).

RUND UM PAHARGANJ **Karte S. 129**

Die Speisekarten in Paharganj stehen unter dem Motto „alles-wird-probiert" – mit guten wie schlechten Rezepten, die wahrscheinlich von Reisenden weitergegeben wurden. Alle im Folgenden genannten Empfehlungen finden sich im oder direkt am Main Bazaar.

Malhotra Restaurant (Hauptgerichte 30–125 Rs; 🕑 7–23 Uhr) Bekommt großes Lob von hungrigen Reisenden für seine köstlichen indischen, chinesischen und kontinentalen Gerichte. Hier isst man Eier oder Müsli mit Joghurt zum Frühstück, und zum Mittag- und Abendessen gibt's alles von Makkaroni mit Käse bis Tandoori-Hühnchen. Lust auf was Delhi-typisches? Das Kartoffelpüree ist zu empfehlen.

Metropolis Restaurant & Bar (Metropolis Tourist Home, 1634 Main Bazaar; Hauptgerichte 85–250 Rs; 🕑 8–23 Uhr) Ein entspanntes Dachrestaurant mit einer anständigen Lasagne, süß-scharfen Lachsfilets, Pfeffer-Tandoori und mehr. Der hinterhältige Walnussbrownie mit heißer Schokoladensauce (125 Rs) ist fast so gut wie ... na, was wohl?

Kitchen Café (Hotel Shelton, 5043 Main Bazaar; Hauptgerichte 60–110 Rs; 🕑 8–23.30 Uhr) Ein weiterer Hot Spot für Reisende. Das legere Dachrestaurant ist ein guter Ort um bei einem „Spanischen Frühstück" (Pfannkuchen, Toast, Bratkartoffeln und Tee bzw. Kaffee, 65 Rs), Pizzas (70–110 Rs), Spinat-Champignon-Cannelloni (80 Rs) und dergleichen wieder aufzutanken.

Diamond Restaurant (Hauptgerichte 30–100 Rs; 🕑 7.30–23.30 Uhr) Das Diamond leuchtet, wenn es um Pasta geht. Im Gegensatz dazu können die indischen, chinesischen, kontinentalen und israelischen Gerichte zu Zitterpartien werden.

Sam's Café (Vivek Hotel, 1534–50 Main Bazaar; Hauptgerichte 60–110 Rs; 🕑 7.30–23 Uhr) Das Restaurant befindet sich im Erd- und Dachgeschoss des Vivek Hotels. Als Aperitiv empfiehlt sich ein Masala Chai oder ein Erdbeer-Lassi, bevor man sich auf den Avocadosalat, die Spaghetti Bolognese oder das gebratene Hühnchen stürzt.

Light Restaurant (Hauptgerichte 7–25 Rs; 🕑 11–24 Uhr) Wenn das Geld knapp wird, sollte man direkt zu diesem *dhaba*-ähnlichen Lokal gehen. Es ist wahrlich nichts Besonderes, aber seine Bohnen oder das Auberginen-Curry und der Reispudding kosten nur magere 7 Rs. Damit lässt sich der Bauch vollschlagen, ohne dass die Taschen leer werden.

Sonu Chat House (Hauptgerichte 25-100 Rs; 🕑 8–22 Uhr) Südindische Küche – meine Güte! Hier gibt's sogar ein Schokolade-Bananen-Dosa (40 Rs) – sowie chinesische und kontinentale Gerichte.

Appetite German Bakery (Hauptgerichte 45–80 Rs; 🕑 7–23 Uhr) Beim Hotel Vishal. Das Appetite lohnt sich für ein gutes Stück Kuchen (der Käsekuchen kostet 35 Rs) und eine Tasse Zitronengrastee (8 Rs).

Madan Café (Hauptgerichte 20–45 Rs; 🕑 7–23 Uhr) Das kleine vegetarische indisch-chinesisch-kontinentale Café zeichnet sich vor allem durch seine Mini-Preise aus. Thalis gibt's schon ab 25 Rs und der Bananen Curd (Joghurt) kostet 15 Rs.

Gem Restaurant (De Gem; Hauptgerichte 40–200 Rs; 🕑 9–24 Uhr) Hier stehen ein paar ambitionierte Gerichte auf der Karte, z. B. Bananenporridge (35 Rs) oder Fischcurry (85 Rs). Das obere Stockwerk hat mehr Charakter und man kriegt vielleicht noch ein Cricket-Spiel auf dem Großbild-Fernseher mit.

Everest Bakery Café (Momo Cave; Hauptgerichte 30–90 Rs; 🕑 7–23 Uhr) Liegt dem Hotel Star Paradise gegenüber. Das winzige Café wird für seine verlockende Teeauswahl gerühmt (Pfefferminztee 7 Rs). Außerdem gibt's Pizza, Pasta und diverse Snacks.

Grand Sindhi Restaurant (Hauptgerichte 30–75 Rs; 🕑 6–23 Uhr) Hier fehlt ein bisschen Pep, aber für ein überbackenes Tomaten-Käse-Sandwich (12 Rs) reicht's allemal.

Delhi Mitte

RUND UM DEN CONNAUGHT PLACE

Karte S. 124 f.

Restaurants

United Coffee House (E-Block; Hauptgerichte 65–220 Rs; 🕑 11–23 Uhr; ❄) Hier findet man den Charme der alten Welt, nettes Essen und einen schönen Platz, um ein paar Gänge runter zu schalten. Die gemischte Kebab-Platte (veg./nichtveg. 155/215 Rs; reicht für Zwei) begeistert – der Karamelpudding nicht.

Saravana Bhavan (46 Janpath; Dosas 34–70 Rs, Thalis 65 Rs; 🕑 8–23 Uhr; ❄) Reichliche Dosas, *idlis* (südindische Reisknödel) und andere Spezialitäten des Südens. Der „Reis des Tages" vom Freitag (Tamarind) und Montag (Zitrone) kriegt goldene Sterne, ebenso die sehr einfallsreichen Süßigkeiten (Gurkensamen *ladoo* – Mehl- und Grieß-Süßigkeiten – liegt bei 165 Rs/kg). Das Saravana hat auch noch eine Filiale im 15 P-Block, Connaught Pl.

Kwality Restaurant (7 Regal Bldg, Sansad Marg; Hauptgerichte 85–180 Rs; ⌚ Mittagessen 12–15.30, Snacks 15.30–19, Abendessen 19–23 Uhr; ❄) Seit fast sieben Jahrzehnten futtert ganz Delhi hier an engen Tischen, aber das Essen (besonders das indische) ist wirklich zu loben. Den *shahi paneer* (unfermentierte Käsestücke in cremiger Tomatensauce, 110 Rs) sollte unbedingt probiert werden.

Banana Leaf (12 N-Block; Dosas 40–75 Rs, Thalis 50–70 Rs; ⌚ 10.30–23 Uhr; ❄) Abgesehen von erstklassigen südindischen Standardgerichten gibt's auch einige merkwürdigere Optionen, z. B. ein Masala Dosa mit Trockenfrüchten und *bisi bela bath* (gewürzter Reis mit Linsen, 40 Rs).

Sagar Ratna (15 K-Block; Dosas 32–50 Rs, Thalis 60 Rs; ⌚ 8–23 Uhr; ❄) Ein weiterer Dosa-Traum. Die *uttapams* (knusprige Reismehl- und Kokosnussmilch-Pfannkuchen ab 32 Rs) müssen hier unbedingt erwähnt werden. Der kühle *dahi idly* (*idly* getunkt in Joghurt, 33 Rs) ist besonders sanft zu strapazierten Mägen.

Zen (25 B-Block; Hauptgerichte 100–450 Rs; ⌚ 12–24 Uhr; ❄) Im wesentlichen Chinesisch, aber das beruhigende Zen bietet auch japanische Alternativen an. Das knusprige Sesam-Lamm (175 Rs) sollte man mal ausprobieren, ebenso die mit Honig beträufelten Dattelpfannkuchen (85 Rs). Mittags gibt's günstige Menüs (veg./nichtveg. 195/225 Rs).

Berco's (8 E-Block; Hauptgerichte 90–270 Rs; ⌚ 12.30–23 Uhr; ❄) Zu den Favoriten in diesem beliebten chinesischen Restaurant gehören das Sezuan-Huhn (130 Rs) und der Tofu mit süßem Chili (110 Rs).

Embassy (11 D-Block; Hauptgerichte 90–200 Rs; ⌚ 10–24 Uhr; ❄) In schummriger Atmosphäre bietet das Embassy ein leckeres *palak paneer* (unfermentierter Käse in Spinatsauce, 105 Rs) oder, für Wagemutigere, ein Hirn-Curry (140 Rs).

Parikrama (☎ 23721616; 22 Kasturba Gandhi Marg; Hauptgerichte 140–400 Rs; Mittagessen ⌚ 12.30–15.30 Uhr, Snacks ⌚ 15.30–19.30 Uhr, Abendessen ⌚ 19.30–23 Uhr; ❄) Ein Drehrestaurant im 24. Stock wo indisches und chinesisches Essen genossen wird, während man sich gaaaaanz langsam weiterdreht (eine Runde dauert 1½ Std.). Die Aussicht ist atemberaubend.

Café 100 (20 B-Block; Hauptgerichte 80–190 Rs; ⌚ 11–23 Uhr; ❄) Locker und mit vielfältiger Speisekarte. Zum Start empfehlen sich die Masala Fischstäbchen (170 Rs) und zum Abschluss der Schokoladenkuchen (60 Rs).

Host (8 F-Block; Hauptgerichte 90–215 Rs; ⌚ 10–23.30 Uhr; ❄) Tagträumende Kellner mit zerknitterten Krawatten gehören zum verblassten Charme dieses Restaurants. Das indische Essen ist am besten.

Auf die Schnelle

Wenger's (A-Block) Im legendären Wenger's wird Kuchen gebacken (23 Rs pro Stück; Geburtstagskuchen ab 260 Rs/kg), Häppchen (veg./Hühnchen-Baguettes 32/37 Rs) und Brot (Deutsches Roggenbrot 25 Rs pro Laib). Kekse, Muffins, Marzipan und fast 30 verschiedene Sorten selbstgemachte Schokolade sorgen für eine üppige Auswahl an Mitternachts-Snacks.

Nirula's Ice-Cream Parlour (L-Block; Eiscreme ca. 35 Rs) Kugel für Kugel köstliche Eiscreme – da bleibt's garantiert nicht nur bei einer Portion.

Nizam's Kathi Kabab (H-Block; Kebabs ab 55 Rs) Leckere Kebabs zum Mitnehmen. Sonntags erst ab 17 Uhr geöffnet (an allen anderen Tagen ab 12.30 Uhr).

DIPLOMATENVIERTEL & RUND UM CHANAKYAPURI Karte S. 120 f.

Bukhara (außerhalb der Karte S. 120 f.; ☎ 26112233; Maurya Sheraton Hotel & Towers, Sadar Patel Marg; Hauptgerichte 495–695 Rs; ⌚ 12.30–14.45 & 19–23 Uhr; ❄) Das preisgekrönte Bukhara bietet solide (überwiegend fleischhaltige) Nordwestgrenzen-Küche. Reservierungen sind notwendig und werden täglich zwischen 19 und 20 Uhr angenommen.

Dum Pukht (außerhalb der Karte S. 120 f.; ☎ 26112233; Maurya Sheraton Hotel & Towers, Sadar Patel Marg; Hauptgerichte 680–1000 Rs; ⌚ Mo–Fr 7.30–23.30, Sa & So 12.30–14.45 & 19.30–23.30 Uhr; ❄) Die köstlichen Gerichte werden hier während der Zubereitung mit einer Teighaube bedeckt, sodass das Essen gleichzeitig auch noch gedünstet wird. Reservierung empfohlen (jederzeit möglich).

Fujiya (12/48 Malcha Marg Market; Hauptgerichte 85–210 Rs; ⌚ 11.30–23.15 Uhr; ❄) Im freundlichen Fujiya werden chinesische und einige japanische Gerichte serviert. Ob beim Peking-Lamm oder dem gebratenen Tofu mit Gemüse, der Gast wird selten enttäuscht. Wer zuerst kommt, isst zuerst – also früh da sein!

New Sikkim House (14 Panchsheel Marg, Chanakyapuri; Hauptgerichte 50–150 Rs; 8–10.30, 12.30–16 & 19–23 Uhr) Super gute chinesische und (einige) tibetische Gerichte. Obwohl die *thukpa* (tibetische Nudelsuppe) kaum Preise gewinnen wird, ist sie dennoch lecker.

Basil & Thyme (Santushti Shopping Complex, Chanakyapuri; Hauptgerichte 235–265 Rs; Mo–Sa 10.30–18 Uhr) Beliebt bei Delhis Society-Damen, die in einer Einkaufspause gerne mal auf einen Blaubeerpfannkuchen und einen Kaffee ins B&T reinschauen.

LODI COLONY **Karte S. 120 f.**

Ein Essen hier sollte man mit einem Besuch von Safdarjang's Tomb (S. 119), dem Lodi Garden (S. 119) oder Humayun's Tomb (S. 119) verbinden.

Ploof (☎ 24649026; 13 Main Market, Lodi Colony; Hauptgerichte 225–590 Rs; 12.30–15 & 19–23 Uhr) Hervorragende Meeresfrüchte, z. B. gegrillter Hummer, Fisch im Bier-Teig mit Chips, pfannengebratenes Lachssteak und gebackene Krabben.

All American Diner (India Habitat Centre, Lodi Rd; Hauptgerichte 125–195 Rs; 7–24 Uhr) Im echten Diner-Stil eingerichtet und mit US-Klassikern auf der Karte: Buttermilchpfannkuchen und Erdnussbutter-Milch ebenso wie Hot Dogs mit Zwiebelringen. Amerika-Sehnsucht lässt sich mit „Mom's Apple Pie" bekämpfen.

Lodi, The Garden Restaurant (Lodi Rd; 12.30–23.30 Uhr; Hauptgerichte 165–400 Rs) Für die kontinentale, mediterrane und libanesische Küche gibt's gemischte Kritiken, aber das schöne Restaurant mit Garten ist eine herrliche Kulisse für die verdiente Pause nach einem Marsch durch den Lodi Garten.

PANDARA MARKET **Karte S. 120 f.**

Im Pandara Market liegen einige Restaurants in günstiger Nähe für die Mittagspause all jener, die Humayun's Tomb (S. 119), Purana Qila (S. 119) oder Safdarjang's Tomb (S. 119) besuchen.

Chicken Inn (Hauptgerichte 100–300 Rs; 12–1 Uhr) Gutes *saag* Hühnchen (Curryhuhn und Spinat, 140 Rs) und *jal jeera* (ein Limone-Kümmel-Pfefferminz-Salz-Getränk, 30 Rs).

Gulati (Hauptgerichte 100–300 Rs; 12–1 Uhr) Anständiges *tangri* Kebab (scharf gewürzte und gegrillte Hühner-Beine, 210 Rs) und *bhutta* Paprika Masala (Paprika in einer Tomaten-Masala-Sauce, 140 Rs).

Ichiban (Hauptgerichte 100–300 Rs; 12–1 Uhr) Wenn man den Currys überdrüssig ist, helfen die chinesischen und japanischen Spezialitäten von Ichiban – das *yaki tori* (Hühnchen, 125 Rs) und, zum Dessert, knusprige Nudeln in Honigsauce (80 Rs).

Pindi Restaurant (Hauptgerichte 100–300 Rs; 12–1 Uhr) Sehr zu empfehlen sind das Butterhühnchen (180 Rs) und *mattar paneer* (Erbsen und Käse in Fleischsauce, 120 Rs).

Süd-Delhi

KHAN MARKET **Karte S. 120 f.**

In Khan Market gibt's zwei tolle Cafés, das Big Chill (S. 139) und das Café Turtle (S. 139).

Chona's (Khan Market; Hauptgerichte 90–160 Rs; Mo–Sa 11.30–23, So 12.30–23 Uhr) Für die reichhaltigen indischen, chinesischen und kontinentalen Gerichte sollte man sich Zeit nehmen, oder aber einen „Cha-chow Chilli Chicken Hot Dog" (70 Rs) verschlingen, wenn's schnell gehen soll.

Rampur Kitchen (Khan Market; 11.30–15.30 & 19–23.30 Uhr; Hauptgerichte 125–300 Rs) Leckere Tandoori-Gerichte (Kebab-Platten kosten 300 Rs) und Biryani (veg./nichtveg. 125/180 Rs).

RUND UM HAUZ KHAS **Karte S. 108 f.**

Naivedyam (☎ 26960426; Hauz Khas Village; Dosas 50–75 Rs, Thalis 90 Rs; 11–23 Uhr) Ein schönes gemütliches südindisches Restaurant mit kleiner aber feiner Karte und netter Atmosphäre.

Park Baluchi (☎ 26859369; Hauz Khas Village; Hauptgerichte 220–530 Rs; 12–24 Uhr) Das saftige Tandoori-Hühnchen (um ein brennendes Schwert gewickelt; 270 Rs) lässt sich im schmucken Innenraum oder draußen im Garten genießen.

La Piazza (☎ 26791234, Durchwahl 1310; Hyatt Regency, Bhikaiji Cama Pl, Ring Rd; Hauptgerichte 310–780 Rs; 12–15 & 19–23.30 Uhr) Schon lange für sein hochwertiges italienisches Essen bekannt.

Café (☎ 26791234, Durchwahl 1306; Hyatt Regency, Bhikaiji Cama Pl, Ring Rd; 24 Std.) Unterhalb des La Piazza gelegen, bietet das Café bezahlbare Fünf-Sterne-„Halbbuffets", z. B. das sehr üppige Salatbuffet (395 Rs), auf dem man Salate, Suppen, Aufschnitt (Fleisch, Käse, etc.) und oft auch Meeresfrüchte (sogar Garnelen) findet. Für weitere 50 Rs gibt's dazu den All-you-can-eat-Nachtisch.

Bistro Restaurant Complex (☎ 26853857; Hauz Khas Village) Dazu gehört das **Mohalla** (Hauptgerichte 90–290 Rs; ⏲ 12–15 & 19–24 Uhr; ❄) für Hackfleisch-Currys – das *dum ki khumb* (ein Pilzgericht, 175 Rs) ist zu empfehlen; das **Roof-top** (Hauptgerichte 145–550 Rs; ❄) für Indisches; das **Village Bistro** (Hauptgerichte 125–290 Rs; ⏲ 11–23 Uhr; ❄) für kontinentale und indische Gerichte; und das **Baujee ka Dhaba** (Hauptgerichte 225–350 Rs; ⏲ 11.30–15.30 & 18.30–23.30 Uhr; ❄), für die Küche der Nordwestgrenze – das *murg dhaba* (Hühnchen in „Spezialsauce", 250 Rs) darf man nicht verpassen.

VASANT VIHAR Karte S. 108 f.

Restaurants

Tamura (☎ 26154082; D-Block Market, Poorvi Marg; Hauptgerichte 120–380 Rs; ⏲ 12–15 & 18–22.30 Uhr; ❄) Dank des japanischen Chefkochs bietet das Tamura eine authentische Küche – von der Miso Suppe und gemischtem Sushi bis *satsumaage* (gehackter Fischkuchen). Reservierung empfohlen (die Tische im unteren Stockwerk sind schöner).

Punjabi by Nature (☎ 51516665; 11 Basant Lok; Hauptgerichte 225–395 Rs; ⏲ 12.30–15.30 & 19.30–23.30 Uhr; ❄) Super leckeres nordindisches Essen, u. a. würziges Lamm-Korma (295 Rs). In die reichhaltige Currysauce tunkt man am besten teuflisch scharfe Tandoori Roti (40 Rs).

O'Briens Irish Sandwich Bar (32 Basant Lok; Sandwiches 70–145 Rs; ⏲ 11–23 Uhr; ❄) Gesunde Sandwiches auf Bestellung und Handfesteres wie Irisches Gemüsestew. Sensationeller Kaffee und fettarme Smoothies.

Yo! China (7 Basant Lok; Hauptgerichte 80–135 Rs; ⏲ 12–23 Uhr; ❄) Hier gibt's Klassiker aus dem Wok, vom knusprigen Lamm-Geschnetzelten bis zum Sezuan-Gemüse.

Auf die Schnelle

Arabian Nites (59 Basant Lok; Hauptgerichte 40–200 Rs) Auch wenn's klein ist, die Döner-Teller (veg./nichtveg. 90/110 Rs) und die Falafel-Röllchen (40 Rs) sind verdammt gut.

Sugar & Spice (48 Basant Lok) Kuchen, Brot und Häppchen zum Mitnehmen. Walnusstorte (35 Rs), Muffins (20 Rs) und Tandoori-Hühnchen Sandwiches (45 Rs) sind echte Highlights, aber von den staubtrockenen Croissants und Donuts sollte man besser die Finger lassen. Am Khan Market ist noch eine Filiale.

DEFENCE COLONY & RUND UM SOUTH EXTENSION Karte S. 108 f.

Flavours (☎ 24645644; 51–54C Moolchand Flyover Market, Ring Rd; Hauptgerichte 150–310 Rs; ⏲ 12–23 Uhr; ❄) Der italienische Besitzer und Chefkoch versichert, dass es hier nur echte Sachen gibt, sei es Bruschetta, Holzofenpizza, Gourmet-Sandwiches (mit Ciabatta), Risotto oder – logisch! – Pasta. Naschkatzen werden die Crème Caramel, einen „ehrlich stündlich frisch hausgemachten Nachtisch", zu schätzen wissen. Essen kann man im schönen Restaurant oder draußen im Garten.

Dilli Haat (Aurobindo Marg; Eintritt 10 Rs; ⏲ Okt.–März 10.30–22 Uhr, April–Sept. bis 21.30 Uhr) Dieser Freiluft-Markt für Essen und Handwerkskunst wirkt zwar etwas künstlich, ist aber eine gute Gelegenheit die regionale indische Küche zu kosten – sogar vegetarische Manipuri Thalis (60 Rs). An den Wochenenden wird's erdrückend voll. Liegt gegenüber dem INA Markt.

Gourmet Gallery (South Extension Part II; ⏲ 12–23 Uhr; ❄) ist die Heimat zweier schicker Restaurants: **Tasveer** (Hauptgerichte Rs 110–220) für indisches Essen, und **Whispering Bamboo** (Hauptgerichte 130–370 Rs) für Chinesisches. Hier ist auch das On the Rocks (S. 140). Wenn's etwas grooviger sein soll, kann man sich in die Lizard Lounge (S. 140) verdrücken.

EAST OF KAILASH Karte S. 108 f.

Govinda's (⏲ 12.30–15.30 & 19–22 Uhr; Hare Krishna Iskcon Temple Complex, East of Kailash; Buffet 175 Rs; ❄) Hier wird ein „transzendentales Esserlebnis" vesprochen. Das rein vegetarische (weder Zwiebeln noch Knoblauch) indische Buffet von Govinda ist tatsächlich überirdisch. Sonntags werden sage und schreibe 56 Gerichte (ca. 25 an den anderen Tagen) angeboten, und jedes einzelne ist himmlisch.

Govinda's Sweets (Ladoo: 140 Rs/kg; ⏲ 9–13 & 14–21 Uhr) Neben Govinda's. Verkauft auch *mithai* (leckere indische Süßigkeiten) zum Mitnehmen.

RUND UM DEN FLUGHAFEN Karte S. 108 f.

NYC (☎ 26779191; Radisson Hotel, National Hwy 8; Hauptgerichte 265–425 Rs; ⏲ 24 Std.; ❄) Ein hipper aber teurer Coffee Shop – mit einer Vorspeise (Spinat-Brokkoli-Suppe für 145 Rs) oder einem Cappuccino (95 Rs) bleiben die Ausgaben im Rahmen.

Great Kabab Factory (☎ 26779191, Durchwahl 648; Radisson Hotel, National Hwy 8; ⏲ Mo–Sa 7.30–11.30, So

12.30–14.30 & 19.30–23.30 Uhr; ❄) Spektakuläre Kebab-Gerichte (veg./nichtveg. 650/750 Rs); Reservierung notwendig (vor allem am Wochenende).

Piccadilly (außerhalb der Karte S. 108 f.; Ashok Country Resort, Rajokri Rd; Hauptgerichte 125–225 Rs; 🕑 24 Std.; ❄) Der Wow-Faktor fehlt zwar, dafür ist die Küche reichhaltig und vielseitig.

Coffee Shop (außerhalb der Karte S. 108 f.; Centaur Hotel, National Hwy 8; Hauptgerichte 100–225 Rs; 🕑 24 Std.; ❄) Sicher, der Laden hat so viel Charme wie ein Küchenschwamm, aber der Geflügelsalat kostet hier so viel wie ein Cappuccino im Radisson.

AUSGEHEN

Von lässigen Bars bis zu frechen Cafés bietet Delhi für jeden etwas, der Schnapsnase genauso wie dem Abstinenzler.

Cafés

Koffeinsüchtige brauchen keine Entzugserscheinungen zu befürchten, denn dank Delhis blühender Café-Szene gibt's hier reichlich echten Kaffee.

Barista (Karte S. 124 f.; 16 N-Block, Connaught Pl; Snacks 32–60 Rs; 🕑 9–1 Uhr; ❄) Das total angesagte Barista serviert Kaffee und alles was dazu gehört, vom Sandwich mit geräuchertem Hühnchen bis zum Schokoladenmuffin und, natürlich, schaumige Cappuccinos (30 Rs). Filialen: Khan Market (Karte S. 120 f.), South Extension Part II (Karte S. 108 f.), **Basant Lok** (Karte S. 108 f.; Vasant Vihar) und Ansal Plaza (Karte S. 108 f.).

Café Coffee Day (Karte S. 124 f.; 11 N-Block, Connaught Pl; Snacks 30–50 Rs; 🕑 9–24 Uhr; ❄) Nicht so schick, aber dafür ist es auch ein bisschen billiger als das Barista. Die eisigen Granitas aus gestoßenem Eis (45 Rs) löschen mit Sicherheit auch den größten Sommerdurst. Die Sandwiches und Pizzabrote sind auch nicht schlecht, allerdings kann das lange Winken nach dem Kellner für die zweite Dosis Koffein sehr anstrengend sein.

Big Chill (Karte S. 120 f.; Khan Market; Hauptgerichte 60–190 Rs; 🕑 12–23 Uhr; ❄) Unverschämt gute Smoothies (70 Rs) und hausgemachte Eiscreme, u. a. mit Schokoladenstückchen-Plätzchenteig-Geschmack (50 Rs pro Kugel). Das Essen lohnt sich ebenfalls. Wir konnten zwar nicht in Erfahrung bringen, ob die Penne mit Wodka wirklich so berauschend sind, wie der Name erwarten lässt, aber der „Squidgy Chocolate Mousse Cake" zusammen mit einer Tasse Tee ist pure Magie.

Café Turtle (Karte S. 120 f.; 1. OG, Full Circle Bookstore, Khan Market; Hauptgerichte 75–250 Rs; 🕑 Mo–Sa 10–19.30 Uhr; ❄) Perfekt für einen relaxten Zimttee und ein Stück Orangen-Mohn-Kuchen. Zu den kleinen Gerichten gehören Quiche, Salate und Sandwiches. Man kann drinnen oder auf dem luftigen Balkon sitzen.

Bars

Allein die schiere Menge an einheimischen und importierten Getränken kann den durstigen Reisenden betrunken machen, aber es sind die Steuern, von denen einem richtig schwindelig wird (Alkoholika

ETWAS BESONDERES

Olive Bar & Kitchen (Karte S. 108 f.; ☎ 26642552; Haveli 6–8, One Style Mile, Kalka Dass Marg, Mehrauli; 🕑 12–14.30 & 20–24 Uhr; Hauptgerichte 325–595 Rs; ❄) Ein verstecktes Juwel. In dem eleganten und doch bodenständigen Restaurant kann man die qualmenden Füße kühlen, wenn man durch die Umgebung des Qutb Minar (S. 152) gestapft ist. Wie in einer mediterranen Villa sitzt man im Innenhof im Schatten von Feigenbäumen oder an einem der sonnengebleichten Innentische. Im Dunkeln funkelt der Platz im Kerzenlicht und ist ein idealer Ort für ein romantisches Stelldichein. Die Kleiderordnung ist gepflegt-lässig. Reservierung empfohlen!

Die häufig wechselnde Karte des Olive hat einen mediterranen Schwerpunkt. Freitag mittags gibt's zusätzlich eine kostenlose „Heißer-Stein-Massage" und das Brunch-Buffet mit Picknick-Motto am Sonntag (12.30–14.30 Uhr) ist auch sehr beliebt. Am letzten Mittwoch eines Monats ist Flohmarktnacht (ab 20 Uhr) und junge Künstler bauen ihre Stände im Hof auf. Kaffee, Nachtisch und Holzofenpizza werden jederzeit auch außerhalb der regulären Essenszeiten serviert.

Um dieses (nicht beschilderte) Restaurant zu finden, wendet man sich am Ausgang des Qutb Minar-Komplexes (mit dem Rücken zum Qutb Minar) nach links (Richtung Mehrauli) und geht etwa 200 m. Das Olive ist das weiße Gebäude mit blauen Toren (auf denen „One Style Mile" steht) auf der rechten Straßenseite.

20–25 %, Getränke ohne Alkohol 12 %; dies ist unten nicht mit eingerechnet, sofern nichts anders angegeben ist).

Viele Bars verwandeln sich nach 20 Uhr in lautstarke Nachtclubs – was jeden Versuch einer Unterhaltung scheitern lässt. Für die meisten exklusiveren Adressen empfiehlt sich ein gepflegt-lässiges Outfit.

In den Fünf-Sterne-Hotels gibt's Delhis schickste Bars (dem Geldbeutel tun sie aber weniger gut): das **Dublin** (außerhalb der Karte S. 120 f.; Maurya Sheraton Hotel & Towers, Sardar Patel Marg; 18–1 Uhr) und das **Djinns** (Karte S. 108 f.; Hyatt Regency, Bhikaiji Cama Pl, Ring Rd; 18–1 Uhr) waren während der Recherche besonders angesagt (s. auch gegenüber).

PAHARGANJ — Karte S. 129

In den folgenden lizenzierten Läden kann man hier noch gut was trinken gehen. Unlizenzierte Lokale servieren eventuell Bier in einer Teetasse, wenn man diskret danach fragt.

Metropolis Restaurant & Bar (Metropolis Tourist Home, 1634 Main Bazaar) Ein bisschen teurer als das Hotel Gold Regency und das Gem, aber dafür ist die Pizza-Auswahl größer und man kann sogar einen Henkel Trocken (1000 Rs pro Flasche) nippen. Siehe S. 135 für eine Restaurantkritik.

Hotel Gold Regency (4350 Main Bazaar) Verkauft preiswertes Bier (eine Flasche Kingfisher für 72 Rs, inkl. Steuern) an der Bar und nachts wird indische Livemusik geboten.

Günstiges Bier gibt's auch im Gem (S. 135).

Die Vitaminspritze nach dem großen Kater bekommt man an einem der **Saftstände** (kleines/großes Glas 10/20 Rs) rund um den Main Bazaar.

RUND UM DEN CONNAUGHT PLACE — Karte S. 124 f.

DV8 (13 Regal Bldg; Mo–Sa 11–24, So 18–24 Uhr) Wenn's mal wieder einer von diesen Tagen war, bringt der „Resurrection" (Cocktail auf Bacardi-, Gin- und Wodka-Basis, 200 Rs) das Prickeln ins Leben zurück. Oder vielleicht ist es Zeit für einen „Brain Haemorrhage" (Baileys, Pfirsichlikör und Grenadine, 250 Rs)? Diese edel-lässige Bar bietet auch feste Nahrung, egal ob Spare Ribs oder Hummercremesuppe (je 150 Rs).

1911 (Imperial Hotel, Janpath; 12–1 Uhr) Der perfekte Ort, um nach dem unerbittlichen Feilschen auf dem benachbarten Janpath (Tibetan) Market die Batterien wieder aufzuladen. Benannt nach dem Jahr, in dem Delhi die Hauptstadt Britisch-Indiens wurde, rühmt sich diese große Bar damit, über 500 Getränke im Angebot zu haben – von brutal guten Bloody Marys (425 Rs) bis zum spaßfreien Grapefruitsaft (80 Rs).

Regent's Blues (18 N-Block; 12–24 Uhr) Ein dämmriger und cooler Schuppen wo sich entspannt ein Fassbier (135 Rs) trinken lässt. Nach 20 Uhr werden aber nur noch Pärchen eingelassen und es gilt ein Mindestverzehr von 200 Rs. Happy Hour ist von 16–20 Uhr.

Spirit (34 E-Block; 12–24 Uhr) Eine kosmopolitische Bar/Restaurant mit einer tollen Weinliste (kalifornische und australische Flaschen für ca. 1700 Rs); offene ausländische/inländische Weine gibt's für 300/200 Rs. Die Speisekarte ist auf libanesische Küche spezialisiert.

Pegasus (L-Block; 11–1 Uhr) Das vergnügliche Pegasus hat das altmodisches Ambiente eines Pubs. Die Happy Hour dauert von 15–19 Uhr. Bier vom Fass kostet 110 Rs (pro Glas) und für den größeren Kick gibt's Kingfisher Strong (175 Rs pro Flasche).

SÜD-DELHI — Karte S. 108 f.

Lizard Lounge (☎ 233048061; EG, E5 South Extension Part II; Hauptgerichte 150–295 Rs; 12–24 Uhr) Welten entfernt vom wimmelnden Ameisenhaufen lässt sich in dieser unkonventionellen und doch soliden Lounge wunderbar mit einem Heineken (200 Rs pro Dose) entspannen. Oder, je nach Stimmung, mit etwas Spritzigerem (der Dom Perignon kostet lässige 12 000 Rs). Das Essen ist ebenfalls zu empfehlen: Entweder nascht man an der vegetarischen Meze-Platte (Dips, Oliven, Feta, Salat und Pita-Brot, 295 Rs) oder man probiert, wenn der Magen nach mehr verlangt, das herzhafte ägyptisch-anmutende „Lahem Stew" (275 Rs). Reservierung fürs Abendessen ist empfohlen.

On the Rocks (Gourmet Gallery, South Extension Part II; 12–23 Uhr) Der „Smooch the Witch" (ein Wodka, Kahlua und Schokoladensirup-Cocktail, 250 Rs) ist pure Hexerei.

Delhi's Devils (2. OG, E3 South Extension Part II; Mo 17–1, Di–So 12–1 Uhr) Liegt über dem Planet M. Die höhlenartige Party-Bar ist ganz o.k. für einen schnellen Schluck impor-

JOHN HAY

Gang mit Bogengewölbe im Qutb Minar (S. 152), Delhi

Detail der Jama Masjid (S. 118), Delhi

RICHARD I'ANSON

Läden verkaufen Handwerkskunst aus Rajasthan auf dem tibetischen Janpath-Markt (S. 143), Delhi

ANDERS BLOMQVIST

GREG

Gässchen in der Chandni Chowk (S. 118), Delhi

CHRIS MELLOR

Das Haupttor zum Red Fort (Lal Qila; S. 115), Delhi

Süßigkeitenverkäufer, Chandni Chowk (S. 118), Delhi

RICHARD I'ANSON

Pavillon des Forts von Amber (S. 172), Rajasthan

Eine hier ansässige Familie, Jaisalmer Fort (S. 237), Rajasthan

DALLAS STRIBLEY

Pushkar (S. 188) bei Sonnenuntergang, Rajasthan

PAUL BEINSSEN

ANDERS BLOM

Aussicht auf Amber vom Fort Jaigarh (S. 172) aus, Rajasthan

ANDREW LUBRAN

Eine Frau im traditionellen Hochzeitsgewand, Pushkar (S. 188), Rajasthan

Kenotaph mit 84 Säulen (S. 198), Bundi, Rajasthan

ANTONY

tierten Bourbon (225 Rs) während des Schaufensterbummels in der South Extension. Die Salsa-Abende (donnerstags ab 21 Uhr) sind eine Wucht.

Geoffrey's (Ansal Plaza, Khel Gaon Marg; ⌚ 12.30–24 Uhr; ❄) Wenn man gerade in der Gegend ist, bietet sich das britische Ambiente des Geoffrey's für ein Gläschen Grovers Estate Wein (195 Rs pro Glas) und Spargelspitzen in geräuchertem Lachs (270 Rs) an.

Opus Lounge (47 Basant Lok, Vasant Vihar; ⌚ 12–24 Uhr; ❄) Liegt günstig für einen Abstecher vor oder nach dem Kino (am PVR Priya Cinema, rechts) zu einem Glas Wein und kleinen Thai-Frühlingsröllchen (je 150 Rs).

Oxygen (D-Block Market, Poorvi Marg, Vasant Vihar; ⌚ 12–24 Uhr; ❄) Im Oxygen nimmt man nach dem Abendessen im Tamura (S. 138) nebenan noch einen späten Cognac (Hennessy 200 Rs).

UNTERHALTUNG

Kulturelle Programme

Einen Überblick über Delhis dynamische Kulturszene geben die lokalen Zeitungen und Zeitschriften – *First City* ist besonders gut (s. S. 113). Tanz, Theater und Musikveranstaltungen:

Dances of India (Karte S. 108 f.; ☎ 23289464; Parsi Anjuman Hall, Bahadur Shah Zafar Marg; 200 Rs; ⌚ 18.45 Uhr) Eine einstündige Aufführung regionaler Tänze, darunter *bharatanatyam*, *kathakali* und Manipuri. Eintrittskarten werden vor Ort verkauft.

Habitat World (Karte S. 120 f.; ☎ 24682222; India Habitat Centre, Lodi Rd)

India International Centre (Karte S. 120 f.; ☎ 24619431; 40 Max Mueller Marg)

Kamani Auditorium (Karte S. 120 f.; ☎ 23388084; Mandi House, Copernicus Marg)

Sangeet Natak Akademi (Karte S. 120 f.; ☎ 23387246; Rabindra Bhavan, Copernicus Marg)

Shri Ram Centre (Karte S. 120 f.; ☎ 23714307; 4 Safdar Hashmi Rd)

Triveni Kala Sangam (Karte S. 120 f.; ☎ 23718833; 205 Tansen Marg)

Kinos

Das aktuelle Kinoprogramm findet man in der Tageszeitung – das Programm (und den Vorverkauf) der PVR Kinos gibt's über deren Homepage, www.pvrcinemas.com.

In den meisten Kinos laufen Bollywood-Filme, aber in einigen der modernen Kinocenter kann man auch Hollywood-Blockbuster erwischen. Die Kulturzentren (S. 112) zeigen gelegentlich ebenfalls aktuelle Filme.

Imperial Cinema (Karte S. 129; ☎ 55396702; Rajguru Rd, Paharganj) Ausschließlich Bollywood.

PVR Anupam 4 (Karte S. 108 f.; ☎ 51000458; Saket Community Centre, Saket)

PVR Plaza Cinema (Karte S. 124 f.; ☎ 51513391; H-Block Connaught Pl)

PVR Priya Cinema (Karte S. 108 f.; ☎ 9810708625; 61 Basant Lok, Vasant Vihar)

Satyam Cineplex (Karte S. 108 f.; ☎ 25797387; Patel Rd, Patel Nagar)

Nachtclubs

Die hippsten Nachtclubs (Diskos) befinden sich in den Fünf-Sterne Hotels, wo man mit den Schönen Delhis auf du und du steht. Die Preise sind aber weit weniger schön und die Getränkesteuern erreichen bis zu 30 %. Ob man eingelassen wird, ist reine Glückssache, Mitglieder und Hotelgäste werden bevorzugt. Paare und Frauen haben eine bessere Chance als Männer, die alleine kommen. Auf keinen Fall in Jeans und T-Shirt auftauchen.

My Kind of Place (außerhalb der Karte S. 120 f.; Taj Palace Hotel, Sadar Patel Marg; ⌚ Mi–Sa 18.30–1 Uhr; ❄) Rund ums Jahr der Favorit der in Delhi lebenden party-verrückten Ausländer. Besonders beliebt freitag- und samstagnachts.

Was gerade angesagt ist, kann sich blitzschnell ändern. Um den Überblick über Delhis unbeständige Club-Szene zu behalten, sollte man mit Leuten sprechen und *First City* lesen (S. 113). Zum Zeitpunkt des Schreibens waren gerade das **Dublin** (außerhalb der Karte S. 120 f.; ☎ 26112233; Maurya Sheraton Hotel & Towers, Sardar Patel Marg; ⌚ 18–1 Uhr; ❄) und das **Djinns** (Karte S. 108 f.; ☎ 26791122; Hyatt Regency, Bhikaiji Cama Pl, Ring Rd; ⌚ 18–1 Uhr; ❄) ganz oben auf der Hitliste. Beide verwandeln sich im Lauf des Abends von Bars zu Nachtclubs. Im Djinns spielen fast jede Nacht Livebands.

SHOPPEN

Delhi hat wundervolle Einkaufsmöglichkeiten und die Kaufhäuser haben Produkte aus ganz Indien. Darüber hinaus gibt's eine herrliche Mischung von Märkten aller Art – Märkte für Billigklamotten genauso wie für Designerprodukte.

Außer in den Kaufhäusern und in anderen Läden mit festen Preisen lässt sich handeln was das Zeug hält – doch Vorsicht vor

Trickbetrügern (s. S. 1169). Einige Taxi- und Autorikscha-Fahrer kassieren bei Provisions-Betrügereien gewaltig ab. Am besten lehnt man ihre Angebote höflich ab.

Es gibt Unmengen von wunderschönem Kunsthandwerk zu kaufen, darunter Textilien, Messingwaren, Holzarbeiten, Schmuck, Leder, Teppiche und Metallarbeiten, sowie *agarbathi* (Räucherwaren), Gewürze und Tee. In der Hauptstadt gibt's mit die schönsten Buchläden Indiens (S. 111).

Luxushotels haben eigene protzige Shoppingcenter mit zwar hochwertigen, aber oft zu teuren Produkten. Am anderen Ende der Skala finden sich die unermüdlichen Straßenhändler, die alles zu Geld machen, egal ob es um quietschendes Spielzeug oder falsche Bärte geht.

Taschendiebe gibt's vor allem dort, wo große Menschenmengen sind – Wertgegenstände gehören daher immer in gut versteckte Innentaschen oder in einen Geldgürtel.

OLD DELHIS WIMMELNDE BASARE

In den bunten verschlungenen Basaren (Karte S. 116) der alten Stadt verloren zu gehen gehört zum Einkaufsspaß einfach mit dazu. Diese verrückten Basare sind montags, freitags und an allen Nachmittagen am vollsten (dann macht man am besten einen Bogen darum). Man sollte etwa um 11.30 Uhr kommen, dann sind die meisten Läden offen und das Gedränge ist noch erträglich. Für organisierte Ausflüge nach Old Delhi siehe S. 127.

Silberschmuck (ab und zu auch Gold) gibt's auf dem **Dariba Kalan**, nahe der Sisganj Gurdwara. Nebendran im **Kinari Bazaar** ist man auf Brautschmuck spezialisiert, egal ob hübsche Saribordüren oder schimmernde Flitterdekorationen. Auf dem **Tuchmarkt** werden, was wenig überrascht, ungeschnittene Stoffe, Bettdecken und Handtücher verkauft. Elektronisches Spielzeug findet man dagegen auf dem **Lajpat Rai Market**. **Chowri Bazaar** ist der Großhandelsmarkt für Papier und Grußkarten. Nebenan im **Nai Sarak** gibt's Bücher in riesigen Mengen und ein kleiner Teil ist für Saris reserviert.

Bei der Fatehpuri Masjid, an der Khari Baoli, liegt der duftende **Gewürzmarkt**, ein Farbenmeer aus feuerrotem Chilipulver und grell-orangem Kurkuma, außerdem eingelegte Gurken, Tee und Nüsse. Da es ein Großmarkt ist, kommen die Gewürze selten luftdicht verpackt hier an – dafür zu Roopaks (S. 144) in Karol Bagh gehen.

Regierungs- & staatliche Kaufhäuser

Obwohl die Preise in diesen Festpreis-Kaufhäusern eventuell etwas höher sind als anderswo, bekommt man hier sicher gute Qualität und muss nicht handeln. Wer genug Zeit hat, kann sich in den Kaufhäusern zunächst über die Preise informieren, um sich dann auf den Märkten umzusehen – später kann man ja immer noch zurückkommen, wenn auf dem Basar nichts Vergleichbares zu einem günstigeren Preis zu finden war.

Central Cottage Industries Emporium (Karte S. 124 f.; ☎ 23326790; Janpath; 🕙 10–19 Uhr) Ein mehrstöckiger Laden mit Handwerk aus ganz Indien – Holzschnitzereien, Silber, Schmuck, Töpfereien, Pappmaché, Messingwaren, Textilien und vieles mehr. Das Darjeeling-Grüner-Tee-Duschgel (120 Rs) ist ein schönes Mitbringsel.

State Emporiums (Karte S. 124 f.; Baba Kharak Singh Marg; 🕙 Mo–Sa 10–18 Uhr) Diese Kette von Regierungs-Läden bietet viele authentische Produkte aus ganz Indien. Um ihnen gerecht zu werden, braucht man schon einige Stunden.

Märkte & Einkaufszentren

Abgesehen von den Kaufhäusern (oben) gibt es weitere gute Einkaufsmöglichkeiten in den Märkten und Einkaufszentren in der ganzen Stadt. Einige Märkte sind einmal pro Woche geschlossen (unten angegeben) und die meisten haben etwa von 10–17.30 Uhr geöffnet.

ANSAL PLAZA — Karte S. 108 f.

Ein modernes Einkaufszentrum am Khel Gaon Marg. **Ansal Plaza** (🕙 Mo–Fr 11–20.30, Sa & So 8.30–21.30 Uhr) richtet sich voll und ganz an Delhis Wohlhabende (nicht Traveller), mit Läden für Designermode, ausländischer Kosmetik usw.

CHANDNI CHOWK — Karte S. 116

Ein totales Chaos. **Chandni Chowk** (🕙 Mo–Sa) ist Old Delhis berühmte Einkaufsstraße

(Achtung: einige Geschäfte öffnen von 10–19, andere von 12–21 Uhr). Wer sich den Weg durch das Gewirr der alten Stadt mit ihren chaotischen Basaren bahnt, kann dank diesem Anschlag auf alle Sinne durchaus Kopfschmerzen bekommen – siehe den Kasten gegenüber für weitere Informationen.

RUND UM DEN CONNAUGHT PLACE Karte S. 124 f.

Connaught Place

Die derzeitige Gesetzgebung ermöglicht es den Geschäften am Connaught Place, inklusive Palika Bazaar und Janpath (Tibetan) Market, täglich geöffnet zu haben; trotzdem sind viele Läden sonntags zu. Unter den Touristen-Shops am Connaught Place ragen ein paar heraus.

Khadi Gramodyog Bhawan (Regal Bldg, Sansad Marg; ⌚ 10–19.45 Uhr) Ist am besten für seinen *khadi* (selbstgesponnener Stoff) bekannt, aber das Angebot geht über Textilien hinaus – bis zu handgemachtem Papier und fein parfümierter Glycerin-Seife (Neembaumblatt und Gewürzhonig sind besonders beliebt, je 42 Rs).

Handloom House (9 A-Block; ⌚ 10.30–19.30 Uhr) Hochwertige handgewebte Textilien, von Baumwolle bis Seide.

People Tree (Regal Bldg, Sansad Marg; ⌚ 10.30–19 Uhr) Das leicht zu verfehlende People Tree verkauft exzellente Avantgarde T-Shirts (um die 170 Rs), viele mit sozio-politischen Botschaften, sowie Bücher (siehe S. 111) und Modeschmuck.

Soma (1. Stock, 44 K-Block; ⌚ 10–19 Uhr) Gegenüber des PVR Plaza Cinemas verkauft Soma allerlei bedruckte Textilien: Ofenhandschuhen und Schürzen ebenso wie Hemden und Schals. Eine Filiale findet man am E13 Green Park (Karte S. 108 f.).

Dhoomimal Art Centre (EG, 8 A-Block; ⌚ 11–19 Uhr) Interessante zeitgenössische Gemälde von indischen Künstlern; die Preise starten bei 3000 Rs.

Janpath (Tibetan) Market

Auf dieser geschäftigen Touristenmeile nördlich des Imperial Hotels findet man schimmernde Stoffe mit Spiegelverzierung, glänzende Kupfer-Oms, psychedelische Ganesh T-Shirts, baumelnde Ohrringe und Schmuck ohne Ende. Hartes Feilschen ist angesagt. Für hochwertige handgemachte Papeteriewaren **Handpaper World** (12B Janpath Market; ⌚ 10–19.30 Uhr) besuchen.

Palika Bazaar

Dies ist ein geschäftiger unterirdischer Basar mit konkurrenzfähigen Preisen für Konsumgüter (vor allem Bekleidung), für die örtliche Kundschaft. Reisende bekommen unweigerlich zunächst einen höheren Preis genannt, Handeln ist also Pflicht. Der **Jain Super Store** (shop 172; ⌚ ca. 10.30–19.30 Uhr) hat 250 im Land hergestellte Parfüms und 100 essentielle Öle auf Lager; das Jasminöl (1000 Rs/10 g) ist eine Sünde wert, aber wenn es das Budget sprengt, kann man auch mit Wacholderbeeren, Geranien und Rosmarin (60 Rs/10 g) glücklich werden.

DILLI HAAT Karte S. 108 f.

An der Aurobindo Marg. Die Stände des **Dilli Haat** (Eintritt 10 Rs; ⌚ Okt.–März 10.30–22 Uhr, April–Sept. bis 21.30 Uhr) verkaufen regionale Handarbeiten, z. B. Schals und geflochtene Körbe, aber sie sind nichts, worüber man unbedingt nach Hause schreiben muss. Der Markt wird eher empfohlen um dort zu essen (s. S. 138).

HAUZ KHAS VILLAGE Karte S. 108 f.

Im grünen Gürtel von Süd-Delhi gelegen, beherbergt das mondäne **Hauz Khas Village** (⌚ Mo–Sa) Kunstgalerien, Boutiquen und Möbelgeschäfte für die Oberschicht. Bezahlbare Silberwaren gibt's bei **Ethnic Silver** (9A Hauz Khas Village; ⌚ 12–21 Uhr); Ohrringe ab 200 Rs.

JOR BAGH MARKET Karte S. 120 f.

Nach der Besichtigung von Safdarjang's Tomb, lohnt ein Besuch bei **C.Lal & Sons** (9/172 Jor Bagh Market; ⌚ 9.30–19.30 Uhr). Es wird von dem reizenden Mr. Lal am **Jor Bagh Market** (⌚ Mo–Sa) geführt. Dieser bescheidene kleine „Kuriositätenladen" ist bei Ausländern wegen des reizenden Christbaumschmucks (ab 65 Rs) beliebt. Zu den Angeboten (günstiger als in den Touristenmärkten) gehören Pappmaché-Arbeiten (bemalte Eier 15 Rs), blaue Töpferarbeiten, Kerzen, Marmor, Sandelholz, Speckstein, Schals und sogar aus Kokosnuss geschnitzte Affen.

KAROL BAGH MARKET Karte S. 108 f.

Dieser **Markt** (⌚ Di–So) ist wegen seiner konkurrenzfähigen Preise für Bekleidung,

Schuhe, Haushaltswaren und sonstige Konsumgüter sehr beliebt. Alle Zutaten für das perfekte Curry zu Hause findet man in der Gewürzwelt von **Roopak's** (6/9 Ajmal Khan Rd; 🕙 10–20 Uhr), zwei Geschäfte Seite an Seite, die zu fast den gleichen Preisen eine exzellente Auswahl von Gewürzen verkaufen, meist für weniger als 100 Rs je 100 g. Sie verkaufen außerdem eingelegte Gurken, Nüsse und *sonf* (Anis-Mundwasser). Ihre *namkin* (Knabberhäppchen) sind ein idealer Snack für lange Zugfahrten – eine gesunde Alternative zu den meist gebratenen Mischungen sind die gerösteten grünen Linsen (30 Rs je Beutel).

KHAN MARKET **Karte S. 120 f.**

Der bei Diplomaten und wohlhabenden Einheimischen beliebte **Khan Market** (🕙 Mo–Sa) hat sich, abgesehen von seinen sensationellen Buchläden (S. 112) und Schneidern (s. gegenüber), auf Geschäfte für Mode, Sonnenbrillen, CDs/DVDs, Haushaltswaren und Accessoires für das gepflegte Haustier spezialisiert. Kleine Lebensmittelläden quellen über von importierten Waren, wie australischen Orangen oder Schweizer Schokolade. Samstags sollte man den Khan Market meiden. Die Menschenmassen sind dann zum Verzweifeln.

LAJPAT NAGAR CENTRAL MARKET **Karte S. 108 f.**

Dieser **Markt** (🕙 Di–So ca. 11–21 Uhr) zieht Schnäppchenjäger auf der Suche nach Haushaltswaren, Kleidung und Schmuck an. Wer sich in die farbenfrohen klimpernden Armreifen verliebt hat, die überall von den indischen Frauen getragen werden, bekommt sie hier für ca. 50 Rs je zwei Dutzend.

MAIN BAZAAR **Karte S. 129**

Ausgerichtet auf Backpacker quillt Paharganjs lebhafter **Main Bazaar** (🕙 Di–So) über von billigen T-Shirts, Schals, Lederwaren, Kostümschmuck, Ölen, Bindis und sogar Bongs. Offiziell ist der Basar am Montag geschlossen, aber trotzdem sind viele Geschäfte, besonders während der Hauptsaison, geöffnet.

M-BLOCK & N-BLOCK MARKET **Karte S. 108 f.**

Dieses **Einkaufsparadies** (Greater Kailash 1; 🕙 Mi–Mo) ist bekannt für seinen Bekleidungs-, Stoff- und Möbelladen **Fab India** (N-Block Market; 🕙 10–19.30 Uhr); *dhurries* (Baumwollläufer) kosten zwischen 105 und 15 000 Rs. Auch bei **Next Shop** (N-Block Market; 🕙 10–19 Uhr) lohnt es sich, einen Blick auf die vielen schönen Wohn-Accessoires und Geschenke zu riskieren.

SANTUSHTI SHOPPING COMPLEX **Karte S. 120 f.**

Santushti (🕙 Mo–Sa), gegenüber dem Ashok Hotel in Chanakyapuri. Eine kleine Oase aus top-modernen Boutiquen für Delhis Oberschicht. Zigarren-Kenner wissen **Kastro's** (🕙 10–18.30 Uhr) zu schätzen – „Lieferant edler Zigarren und Zigarrenzubehör" – wo kubanische Zigarren zwischen 110 bis 2000 Rs kosten und Davidoff Mini-Zigarillos (Schachtel mit 20 Stück) um 950 Rs. **Lotus Eaters** (🕙 10–18 Uhr) führt edle antike Gold und Silberstücke (Silberrahmen ab 2100 Rs). Auf Anfrage darf man sich den faszinierenden *itar dani* ansehen, einen 80 Jahre alten lotusblütenförmigen Parfumflakon, der nicht verkäuflich ist. **Art Indus** (🕙 10–18 Uhr) verkauft Gemälde von bekannten indischen Künstlern wie Haku Shah, Vinjender Sharma und Shuvaprasanna. **Anokhi** (🕙 10–19 Uhr) ist auf handgedruckte Textilien spezialisiert, z. B. Tischdecken, Kleidung und Kulturbeutel. Anokhi hat auch eine Filiale am Khan Market (Karte S. 120 f.).

SAROJINI NAGAR MARKET **Karte S. 108 f.**

Auf diesem **Markt** (🕙 Di–So ca. 11–21 Uhr) gibt's preisgünstige westliche Kleidung, die hier gelandet ist, weil sie entweder aus Überproduktion oder aus einer vom Markt genommenen Kollektion stammt. Auf jeden Fall auf Löcher, kaputte Reißverschlüsse, schiefe Nähte, Flecken und fehlende Knöpfe achten und hart handeln. Sonntags (vor allem nachmittags) nicht hingehen, der Markt quillt dann über!

SOUTH EXTENSION MARKET PARTS I & II **Karte S. 108 f.**

In dieser schicken **Enklave** (🕙 Di–So) werden modische Klamotten, Schmuck, Schuhe und Handtaschen verkauft. **Heritage** (Part I; 🕙 10–14 & 15–19.30 Uhr) bietet hochwertige Herrenbekleidung (Anzüge, Hemden, Krawatten und Manschettenknöpfe) und Damenbekleidung (Saris, Schals, Handtaschen). **Delite Jewellers** (Part I; 🕙 10.30–20 Uhr) verkauft Silber zu guten Preisen; Zehenringe fangen bei 40 Rs an.

SUNDER NAGAR MARKET **Karte S. 120 f.**
Südlich des Purana Qila liegt diese anspruchsvolle **Enklave** (⏲ Mo–Sa), die auf indische und nepalesische Handarbeiten und „Antiquitäten" (die meisten sind Nachbildungen) spezialisiert ist. Bevor man etwas kauft, sollte man sich in allen Geschäften umsehen (der Markt ist überschaubar) um eine Preisvorstellung zu bekommen. Es gibt zwei ganz hervorragende Teeläden: **Regalia Tea House** (⏲ 10–19.30 Uhr) und **Mittal Tea House** (⏲ 10–19.30 Uhr). Beide führen ähnliche Produkte und bieten kostenlose Proben an; Mittal hat auch eine **Filiale** (Karte S. 120 f.; 8A Main Market) in der Lodi Colony. Es gibt eine große Auswahl, darunter traumhafter grüne Rosen-Tee (100 Rs je 100g) und edler Darjeeling Golden Tips (240 Rs je 100 g). Vom weißen Tee (340 Rs je 40g) wird behauptet, dass er noch mehr Antioxidationsmittel enthält als grüner Tee. Beide Geschäfte verkaufen auch eine pfiffige 12-Gewürze-Packung (300 Rs).

Musik

MUSIKINSTRUMENTE

Wer indische Instrumente zu anständigen Preisen kaufen will, geht zu den **Musical Instrument Shops** (Karte S. 116; ⏲ Mo–Sa) entlang des Neetaji Subhash Marg in Daryaganj. Höherwertige Ware findet man am Connaught Place.

Rikhi Ram (Karte S. 124 f.; ☎ 23327685; Marina Arcade, 8 G-Block, Connaught Pl; ⏲ Mo–Sa 11.30–20 Uhr) Dieser Shop wird von einigen der angesehensten Musikern Indiens besucht. Sitars gibt's ab 22 000 Rs, Tablas ab 4500 Rs.

Rangarsons Music Depot (Karte S. 124 f.; ☎ 23413831; 12 K-Block, Connaught Pl; ⏲ Mo–Sa 10–17.30 Uhr) Rangarsons rühmt sich damit, „führender Lieferant des Militärs" zu sein. Zum Angebot gehören Blechblasinstrumente (Trompeten 2500 Rs), Tablas (ab 1600 Rs) und Sitars (ab 2500 Rs).

MUSIKKASSETTEN & CDS

Musikgeschäfte haben stapelweise CDs vorrätig (darunter auch massenhaft Fusion-Musik – ein innovativer Mix östlicher und westlicher Musikstile) und eine etwas kleinere Auswahl an Kassetten. Die sind ganz nützlich, wenn man einen Wagen mit Fahrer mietet, denn die meisten Leihwagen haben ein Kassettendeck. Viele der Geschäfte verkaufen auch englische und Hindi-DVDs. **Palika Bazaar** (Karte S. 124 f.; ⏲ ca. 10.30–19.30 Uhr) hat ein gutes Angebot.

Empfehlenswerte Geschäfte am Connaught Place:

Berco's Melody House (Karte S. 124 f.; ☎ 23413757; 8 E-Block; ⏲ Mo–Sa 10–19.30 Uhr)
Music Street (Karte S. 124 f.; ☎ 23321171; 29 B-Block; ⏲ 10–22 Uhr)
Music World (Karte S. 124 f.; ☎ 23350061; PVR Plaza Cinema Bldg; ⏲ Mo–Sa 11–21 Uhr)

Am Khan Market kann man auch bei **Mercury** (Karte S. 120 f.; ☎ 24690134; ⏲ Mo–Sa 10.30–20.30 Uhr) oder **Music Shop** (Karte S. 120 f.; ☎ 24618464; ⏲ Mo–Sa 10.30–20 Uhr) vorbeischauen. In der South Extension rockt das **Planet M** (Karte S. 108 f.; ☎ 26251620; Part II; ⏲ Di–So 11–20.30 Uhr) auf zwei Etagen – 1./2. für Englisches/Indisches.

Schneider

Die Schneider kopieren meisterhaft fertige Kleidungsstücke; man sollte also seine Lieblings-Fummel gleich mitbringen. Super billige Schneider arbeiten oft schlampig – am besten hält man sich an Empfehlungen oder versucht es in den folgenden Geschäften. Immer nachfragen, ob die Preise inklusive Stoff sind; die hier genannten Preise sind ohne Material.

Delhi Cloth House (Karte S. 120 f.; ☎ 24618937; Khan Market; ⏲ Mo–Sa 10.30–19.30 Uhr) Herren-Boxershorts kosten 150–200 Rs, langärmlige Hemden 200 Rs und knöchellange Röcke 450 Rs.
New Prominent Tailors (Karte S. 124 f.; ☎ 23418007; 25 K-Block, Connaught Pl; ⏲ Mo–Sa 11–19.30 Uhr) Ein Rock (ohne Futter) kostet 150 Rs, Herrenhosen 300 Rs.
Vedi Tailors (Karte S. 124 f.; ☎ 23416901; 60 M-Block, Connaught Pl; ⏲ Mo–Sa 11.30–20 Uhr) Herrenschneider. Berechnet 300/2400 Rs für Hosen/Anzüge.

AN- & WEITERREISE

Delhi ist ein wichtiges internationales Eingangstor Indiens. Gleichzeitig ist Delhi auch ein Knotenpunkt für Reisen im Land, mit vielen Weiterreisemöglichkeiten mit Bus, Bahn oder Flugzeug. Im Dezember und Januar hat es am Flughafen häufig Nebel, was die Flugpläne durcheinander bringen kann.

Flugzeug

Das Inlands-Terminal (Terminal 1) des Indira Gandhi International Airports (Karte

S. 108 f.) ist ca. 15 km vom Connaught Place entfernt, und das internationale Terminal (Terminal 2) liegt nochmal 8 km weiter draußen. Zwischen den beiden Terminals gibt's einen kostenlosen Shuttlebus oder man nutzt den Ex-Servicemen's Air Link Transport Service (s. S. 147).

Flugauskünfte erhält man am **Internationalen Flughafen** (☎ 25652011) oder am **Inlandsflughafen** (⌚ 25675126).

INLAND

Ankunft & Abflug

Check-in für Inlandsflüge ist eine Stunde vor Abflug. Wenn man gerade angekommen ist und einen Anschlussflug zu einer anderen Stadt in Indien hat, erfolgt der Check-in möglicherweise bei Air India, der internationalen Fluglinie des Landes, und nicht bei der Inlands-Fluglinie Indian Airlines. In diesem Fall findet der Check-in im internationalen Terminal und nicht im Inlands-Terminal statt.

Fluglinien

Das **Indian Airlines Büro** (Karte S. 124 f.; ☎ 23310517; F-Block, Malhotra Bldg, Connaught Pl; ⌚ Mo–Sa 10–13.15 & 14.15–17 Uhr) am Connaught Place liegt am geschicktesten. Es gibt auch ein Ticket-Büro am **Safdarjang Airfield** (Karte S. 120 f.; ☎ 24631337; Aurobindo Marg; ⌚ 7–23 Uhr). Eine Bandansage zu den Ankunfts- und Abflugsdetails von Indian Airlines gibt's unter ☎ 1407.

Weitere Inlands-Fluglinien:

Air Deccan (Karte S. 108 f.; ☎ 51750000; Büro 803, 98 Hemkund Tower, Nehru Pl; ⌚ Mo–Sa 10–18.30 Uhr)
Jagson Airlines (Karte S. 124 f.; ☎ 23721594; Vandana Bldg, 11 Tolstoy Marg; ⌚ Mo–Sa 9.30–18 Uhr)
Jet Airways (Karte S. 124 f.; ☎ 51641414; 40 N-Block, Connaught Pl; ⌚ Mo–Sa 9–21, So bis 18 Uhr)
Sahara Airlines (Karte S. 124 f.; ☎ 23352771; Gopal Das Bhavan, 28 Barakhamba Rd, Connaught Pl; ⌚ Mo–Sa 10–17.30 Uhr)

INTERNATIONAL

Ankunft

In der Ankunftshalle des internationalen Flughafens kann man rund um die Uhr Geld wechseln. Außerdem gibt's einen Schalter für vorausbezahlte Taxis sowie eine Touristeninformation. Hinzu kommt noch ein Bahnticketschalter, aber zur Zeit dieser Recherche hatte dieser Schalter nur von 8 bis 20 Uhr geöffnet (viele Flüge kommen erst nach 20 Uhr an).

Abflug

Man *muss* seine Taschen vor dem Einchecken durchleuchten und versiegeln lassen – wer dies vergisst, wird zurückgeschickt. Am Check-in-Schalter Anhänger fürs Handgepäck mitnehmen (die braucht man später auf jeden Fall, um durch die Sicherheitsschleuse zu kommen).

Fluglinien

Aeroflot (Karte S. 124 f.; ☎ 23723241; 15-17 Tolstoy Marg)
Air Canada (Karte S. 108 f.; ☎ 51528181; 5. OG, World Trade Tower, Barakhamba Rd)
Air France (Karte S. 124 f.; ☎ 23738004; 7 Atma Ram Mansion, Connaught Pl)
Air India (Karte S. 124 f.; ☎ 23731225; 2. OG, Jeevan Bharati Bldg, Connaught Pl)
British Airways (Karte S. 124 f.; ☎ 25652078; 11. OG, Gopal Das Bhavan, Barakhamba Rd, Connaught Pl)
El Al Israel Airlines (Karte S. 124 f.; ☎ 23357965; Zimmer 303, Prakash Deep Bldg, 7 Tolstoy Marg)
Emirates (Karte S. 124 f.; ☎ 55314444; 7. OG, DLF Centre, Sansad Marg, Connaught Pl)
Gulf Air (Karte S. 124 f.; ☎ 23324293; 12 G-Block, Connaught Pl)
Japan Airlines (Karte S. 124 f.; ☎ 23324922; Chandralok Bldg, 36 Janpath)
KLM-Royal Dutch Airlines (Karte S. 124 f.; ☎ 23357747; Prakash Deep Bldg, 7 Tolstoy Marg)
Lufthansa (Karte S. 124 f.; ☎ 23724200; 56 Janpath)
Malaysian Airlines (Karte S. 124 f.; ☎ 23359711; 10. OG, Ashoka Estate Bldg, Barakhamba Rd)
Pakistan International Airlines (PIA; Karte S. 124 f.; ☎ 23737791; Kailash Bldg, 26 Kasturba Gandhi Marg)
Qantas Airways (Karte S. 124 f.; 11. OG, Gopal Das Bhavan, Barakhamba Rd, Connaught Pl) British Airways wickelt die Quantas Flüge ab.
Royal Nepal Airlines Corporation (RNAC; Karte S. 124 f.; ☎ 23321164; 44 Janpath)
Scandinavian Airlines (SAS; Karte S. 124 f.; ☎ 23352299; Ambadeep Bldg, 14 Kasturba Gandhi Marg)
Singapore Airlines (Karte S. 124 f.; ☎ 23356283; 8. OG, Ashoka Estate Bldg, Barakhamba Rd)
Sri Lankan Airlines (Karte S. 124 f.; ☎ 23731473; 55 G-Block, Connaught Pl)
Thai Airways International (THAI; Karte S. 108 f.; ☎ 51497777; Park Royal Intercontinental Hotel, America Plaza, Nehru Pl)

Bus

Delhis zentrales Busdepot ist das **Inter State Bus Terminal** (ISBT; Karte S. 108 f.; ☎ 23868836; Kashmiri Gate; ⌚ 24 Std.), nördlich vom Bahnhof (Old) Delhis. Das Depot bietet eine 24-

Stunden Gepäckaufbewahrung (10 Rs pro Gepäckstück). In der Station geht es chaotisch zu, daher mindestens 30 Minuten vor der Abfahrt da sein! Zu den staatlichen Busgesellschaften am ISBT gehören:

Delhi Transport Corporation (☎ 23868836; Schalter 34)
Haryana Roadways (☎ 23861262; Schalter 35)
Himachal Roadways (☎ 23868694; Schalter 40)
Punjab Roadways (☎ 23867842; Schalter 37)
Rajasthan Roadways (☎ 24864470; Schalter 36)
Uttar Pradesh Roadways (☎ 23868709; Schalter 38)
Bikaner House (Karte S. 120 f.; ☎ 23383469), beim India Gate, betreibt bequeme staatliche Busse. Zum Zeitpunkt dieser Recherche wurde allerdings nur Jaipur (245/425 Rs Deluxe/Klimaanlage, 5½ bis 6 Std., 5.30 Uhr bis Mitternacht tgl.) angefahren. Weitere Ziele in Rajasthan könnten inzwischen hinzugekommen sein, man sollte also nochmal nachschauen.

Zug

Ausländer kaufen ihr Ticket am besten beim **International Tourist Bureau** (Karte S. 129; ☎ 23405156; 1. OG, New Delhi Train Station; ⌚ Mo–Sa 8–20, So bis 14 Uhr). Es stimmt nicht, wenn jemand behauptet, das Büro sei verlegt worden, geschlossen oder abgebrannt – das ist ein Trick, mit dem man in ein anderes Büro gelockt werden soll (s. S. 114). Bei Buchungen im International Tourist Bureau muss man die Tickets in Rupien bezahlen, wobei die Umtauschbelege als Sicherheit verlangt werden. Alternativ bezahlt man in Euro, US Dollar oder Britischen Pfund. Das Wechselgeld wird in Rupien ausgezahlt. Eventuell muss der Reisepass vorgezeigt werden. Kofferträger berechnen ca. 20 Rs pro Gepäckstück. Es gibt auch einen Bahnfahrkartenschalter am Flughafen – s.gegenüber.

Delhi hat zwei große Bahnhöfe – die (Old) Delhi Train Station (Karte S. 116) in Alt-Delhi, und die New Delhi Train Station (Karte S. 129) in Paharganj; auf jeden Fall nochmal prüfen, von welchem Bahnhof die Reise startet (der Bahnhof von New Delhi ist näher am Connaught Place). Wenn man von der Delhi Train Station startet, sollte man ausreichend Zeit für das Verkehrschaos in Old Delhi einplanen.

Zudem gibt's noch die Nizamuddin Train Station (Karte S. 120 f.), südlich von Sunder Nagar, an dem weitere Züge ankommen und abfahren.

Manche Züge zwischen Delhi und Jaipur, Jodhpur und Udaipur fahren zum und vom Sarai Rohilla Bahnhof (Karte S. 108 f.), etwa 4 km nordwestlich vom Connaught Place.

Es gibt noch viel mehr Ziele und Züge als die, die im Kasten (s. S. 149) aufgelistet werden – *Trains at a Glance* (45 Rs), erhältlich an den meisten Zeitungsständen, gibt einen Überblick oder man erkundigt sich bei einem Bahnbeamten oder im Tourist Bureau.

UNTERWEGS VOR ORT

Busse können hoffnungslos überfüllt sein, daher sind Autorikschas und Taxis eine gute Alternative. Kleingeld für die Fahrkarte bereithalten.

Vom/Zum Flughafen

Vom Flughafen zur Stadt zu kommen, ist nicht so einfach wie es sein sollte – denn es gibt gierige Taxi- und Autorikscha-Fahrer, die es auf vor allem auf Erstbesucher abgesehen haben – s. S. 114.

Viele internationale Flüge kommen zu grausigen Zeiten an. Sinnvollerweise sollte man dann das Hotel im Voraus buchen und es über die Ankunftszeit informieren.

GEPLANTE ABHOLUNG

Wenn man sich über eine Reiseagentur oder ein Hotel (außer bei Luxushotels, die einen kostenlosen Shuttle-Service anbieten) vom Flughafen abholen lässt, ist das teurer als wenn man den Prepaid-Taxi-Service am Flughafen nutzt. Das ergibt sich aus der Zeit, die gebraucht wird, um die Abholung zu organisieren, den Parkgebühren am Flughafen (bis zu 100 Rs) und den 50 Rs Eintrittsgebühr in die Ankunftshalle für die abholende Person. Das ist es jedoch wert, denn es gibt nichts Beruhigenderes als nach einem langen Flug eine Person zu sehen, die ein Schild mit dem eigenen Namen in der Hand hält.

BUS

Der **Ex-Servicemen's Air Link Transport Service** (EATS; Karte S. 124 f.; ☎ 23316530; F-Block, Connaught Pl; ⌚ 10–22.30 Uhr) bietet einen Busservice zwischen dem Flughafen (beide Terminals) und seinem Büro in der Nähe von Indian Airlines. Die Fahrt kostet 50 Rs plus 10 Rs pro großes Gepäckstück. Der Bus fährt die meisten großen Hotels an, die auf der Stre-

INLANDSFLÜGE VON DELHI AUS

Diese Tabelle listet nur Inlandsflüge auf – vollständige Informationen gibt's im *Excel's Timetable of Air Services Within India* (40 Rs), erhältlich an Zeitungsständen und einigen Buchhandlungen. Bei Reservierungen sollte man die direkteste (schnellste) Route verlangen.

Ziel	Fluglinie	Preis (US$)	Dauer (Std.)	Häufigkeit
Ahmedabad	IC	151	1¼	1-mal tgl.
	9W			1-mal tgl.
	S2			1-mal tgl.
Amritsar	IC	110	1	4-mal wöchentl.
Bangalore	S2	275	2½	3-mal tgl.
	IC			4-mal tgl.
	9W			3-mal tgl.
Chennai (Madras)	9W	286	2½	5-mal tgl.
	IC			4-mal tgl.
Dharamsala	JA	206	1½	3-mal wöchentl.
Goa	S2	250	2½	2-mal tgl.
	IC			1-mal tgl.
Hyderabad	IC	232	2	2-mal tgl.
	S2			1-mal tgl.
	DN			1-mal tgl.
	9W			2-mal tgl.
Jaipur	CD	73	45 Min.	1-mal tgl.
	9W			1-mal tgl.
	IC			1-mal tgl.
Jodhpur	CD	115	1½	1-mal tgl.
Khajuraho	CD	115	1¾	3-mal wöchentl.
	9W			1-mal tgl.
Kolkata (Calcutta)	S2	220	3½	2-mal tgl.
	IC		2	3-mal tgl.
	9W			3-mal tgl.
Kullu	JA	186	1¾	1-mal tgl.
Leh	CD	143	1¼	2-mal wöchentl.
	9W			1-mal tgl.
	IC			1-mal wöchentl.
Mumbai (Bombay)	S2	195	2	5-mal tgl.
	IC			11-mal tgl.
	CD			2-mal tgl.
	9W			11-mal tgl.
Shimla	JA	125	1	3-mal wöchentl.
Trivandrum	IC	380	4½	1-mal tgl.
	9W			1-mal tgl.
Udaipur	CD	119	2½–3	1-mal tgl.
	9W			2-mal tgl.
Varanasi	S2	135	2½	1-mal tgl.
	IC			1-mal tgl.
	9W			1-mal tgl.
	CD			3-mal wöchentl.

CD – Alliance Air (Indian Airlines), **IC** – Indian Airlines, **S2** – Sahara Airlines, **9W** – Jet Airways, **JA** – Jagson Airlines, **DN** – Air Deccan

ÖFFENTLICHE BUSSE

Neben den öffentlichen Bussen gibt es auch komfortable private Busunternehmen, aber ihre Fahrzeiten können unregelmäßig sein (im Reisebüro nachfragen).

Ziel	Einfache Fahrt (Rs)	Dauer (Std.)	Abfahrt & Häufigkeit
Agra	125/185 (A/B)	5½	6–22 Uhr (halbstündl.)
Amritsar	214 (A)	11	4.30–21.30 Uhr (stündl.)
Chandigarh	127/248/350 (A/B/C)	5	6–21 Uhr (halbstündl.)
Dehra Dun	126/211 (A/C)	7	5.30–22.30 Uhr (stündl.)
Dharamsala	278/482 (A/B)	13	4.30–23 Uhr (stündl.)
Jammu	275 (A)	12	5.15–23 Uhr (stündl.)
Kullu	315/530/675 (A/B/C)	13	9 Uhr
Manali	345/580/745 (A/B/C)	16	1–22 Uhr (stündl.)
McLeod Ganj	287/494 (A/B)	14	7.40 Uhr
Shimla	215/425/550 (A/B/C)	10	5–22.30 Uhr (stündl.)

A – Normal, **B** – Deluxe, **C** – Klimaanlage

WICHTIGE ZUGVERBINDUNGEN AB DELHI

Ziel	Zugnummer & Name	Preis (Rs)	Dauer (Std.)	Abfahrt
Agra	2180 *Taj Exp*	82/266 (A)	2½	7.15 Uhr HN
	2002 *Shatabdi Exp*	370/720 (B)	2	6.00 Uhr ND
Amritsar	2013 Shatabdi Exp	635/1215 (B)	5½	4.30 Uhr ND
	2031 Shatabdi Exp	655/1115 (B)	5½	7.20 Uhr ND
Bangalore	2430 *Rajdhani Exp*	2095/3085/5750 (C)	34	8.50 Uhr HN
Chennai	2434 Rajdhani Exp	2050/2995/5570 (C)	28	3.30 Uhr HN
	2622 Tamil Nadu Exp	537/1455/2279/4353 (D)	33	10.30 Uhr ND
Goa	*2432 Rajdhani Exp*	1985/2915/5430 (C)	25½	11.00 Uhr HN
Haridwar	2017 Shatabdi Exp	430/840 (B)	4½	7.00 Uhr ND
Jaipur	2413 *Intercity Exp*	107/441/665/1244 (D)	5½	5.15 Uhr OD
	2015 *Shatabdi Exp*	465/915 (B)	4½	6.15 Uhr ND
Lucknow	4230 Lucknow Mail	215/574/895/1698 (D)	9	10.00 Uhr ND
	2004 Shatabdi Exp	700/1385 (B)	6	6.20 Uhr ND
Mumbai	2952 *Rajdhani Exp*	1485/2210/4135 (C)	16½	4.00 Uhr ND
	2926 *Paschim Exp*	425/1140/1775/3373 (D)	22½	5.00 Uhr ND
Udaipur	9615 Chetak Exp	271/1142/2151 (C)	19	2.10 Uhr SR
Varanasi	2560 *Shivganga*	313/826/1272/2395 (D)	12½	6.25 Uhr ND

Bahnhöfe: **ND** – New Delhi, **OD** – Old Delhi, **HN** – Hazrat Nizamuddin, **SR** – Sarai Rohilla. Tickets: **A** – 2. Klasse/Chair class, **B** Chair class/Executive Chair class, **C** 3AC/2AC/AC 1. Klasse, **D** Sleeper class/3AC/2AC/AC 1. Klasse.

cke liegen, sowie das Ajmeri Gate des Bahnhofs von New Delhi. Es gibt keinen Fahrplan, denn der Bus richtet sich nach den Ankunftszeiten der Flüge.

Wenn man das internationale Terminal verlässt, liegt der Schalter von EATS direkt rechts daneben. In der Nähe gibt es noch einen Schalter der Delhi Transport Corporation (DTC), wo ebenfalls Busse (50 Rs) in die Stadt angeboten werden.

TAXI

Direkt rechts außerhalb des Eingangs zum internationalen Terminal sowie innen in der Ankunftshalle (nach dem Zoll) befindet sich ein Delhi Traffic Police Prepaid Taxi-Stand. Nach Paharganj kostet es ca. 210 Rs; zwischen 23 und 5 Uhr kommt ein Aufschlag von 25 % hinzu.

Man erhält einen Gutschein, auf dem das Fahrziel steht. Der Fahrer muss sich daran halten und wenn er dies nicht will, geht man zurück zum Schalter, an dem man bezahlt hat. Den Gutschein nicht aus der Hand geben, bevor man am Ziel ist; ohne den Schein wird der Fahrer nicht bezahlt. Beschwerden meldet man der **Traffic Police** (☎ 23378888; 🕑 24 Std.).

Am Inlands-Flughafen befindet sich der Schalter für Prepaid-Taxis direkt innerhalb des Terminals.

Auto

MIETWAGEN ZUM SELBER FAHREN

Budget (Karte S. 129; ☎ 23318600; bracindia@hotmail.com; 104 Ansal Bhavan, Kasturba Gandhi Marg; kleiner Wagen mit Klimaanlage 1870 Rs/Tag; 🕑 Mo–Fr 9.30–17.30, Sa bis 13.30 Uhr) vermietet Autos für mindestens drei Tage. Auch an der **New Delhi Train Station** (S. 129; ☎ 30939132) ist eine Budget-Filiale vorhanden.

MIETWAGEN MIT FAHRER

Anbieter für Wagen mit Chauffeur gibt's viele (wichtige Tipps dazu: s. S. 1200). Auch Hotels können Mietwagen besorgen, dabei sollte man aber sorgfältig auswählen – eine verlässliche Adresse ist das Hotel Namaskar (S. 130).

Die folgenden Firmen wurden von Reisenden positiv beurteilt. Bei allen Firmen gilt ein Tageslimit von acht Stunden und 80 km. Auch Touren außerhalb Delhis (sowie in Rajasthan) werden angeboten, diese sind jedoch teurer. Die unten genannten Preise gelten nur für Fahrten innerhalb von Delhi.

Kumar Tourist Taxi Service (Karte S. 124 f.; ☎ 2341 5930; kumartaxi@rediffmail.com; 14/1 K-Block, Connaught Pl; ohne/mit Klimaanlage pro Tag 500/600 Rs; 🕑 8–21 Uhr) Das kleine Büro liegt nahe beim York Hotel und wird von zwei Brüdern, Bittoo und Titoo, geführt.

Metropole Tourist Service (Karte S. 120 f.; ☎ 24310313; metropole@vsnl.com; 244 Defence Flyover Market; ohne/mit Klimaanlage pro Tag 550/750 Rs; 🕑 8–21 Uhr) Unter der Defence Flyover Brücke.

Bus

Einige der Busse betreibt der DTC (Karte S. 124 f.), andere werden privat betrieben, aber alle fahren die gleichen Strecken ab. Innerhalb der Stadtgrenzen kosten die Tickets maximal 10 Rs. Wenn möglich an einer Start- oder Endhaltestelle ein- (und auch aus-)steigen, wie beispielsweise dem **Shivaji Stadium Terminal** (Karte S. 124 f.; Connaught Pl). Dort sind die Chancen auf einen Sitzplatz besser.

Nützliche Busse:

Bus 101, 104 & 139 Shivaji Stadium Terminal zum Red Fort.

Bus 505 Janpath (gegenüber des Imperial Hotels) nach Qutb Minar.

Bus 604, 620, 632 & 641 Connaught Pl (an der Sansad Marg) nach Chanakyapuri.

Fahrradrikschas & Fahrräder

Fahrradrikschas sind zwar im Gebiet des Connaught Place und in New Delhi verboten, aber fürs Pendeln zwischen Connaught Place und Paharganj (etwa 20 Rs) sind sie sehr praktisch. Für die Chandni Chowk (Old Delhi) sind sie auf jeden Fall zu empfehlen, denn die Fahrer (um die 50 Rs/Std.) sind wahre Zauberer darin, sich durch die Massen zu schlängeln.

Wer ein Fahrrad kaufen will, findet die größte Auswahl an neuen und Second-Hand Fahrrädern am Jhandewalan Cycle Market (Karte S. 108 f.).

Motorrad

Motorräder (auch Enfields) kauft oder mietet man in Karol Bagh – man sollte sich gut umschauen und andere Reisende um Rat fragen. Über **Inder Motors** (Karte S. 108 f.; ☎ 25728579; lallisingh@vsnl.com; 1740-A/55 Basement, Hari Singh Nalwa St, Karol Bagh Market) hört man immer nur Gutes; mehr Informationen gibt's auf S. 1205 f.

PREISE FÜR AUTORIKSCHAS

Um eine Vorstellung von den Kosten im Verhältnis zur Entfernung zu bekommen, gibt die folgende Tabelle die Preise für eine einfache Fahrt ab dem Stand der Prepaid-Autorikschas vor dem Büro von India Tourism Delhi (Karte S. 124 f.) an. Taxis kosten etwa das Doppelte.

Ziel	Preis (Rs)
Ansal Plaza	50
Bahai Tempel	60
Bahnhof Old Delhi	40
Basant Lok (Vasant Vihar)	60
Crafts Museum	25
Hauz Khas Village	50
Humayun's Tomb	40
Karol Bagh	25
Majnu-ka-Tilla	50
Nationalmuseum	17
Paharganj	17
Purana Qila	25
Red Fort	40
Safdarjang's Tomb	40
South Extension	50

Taxi & Autorikschas

Alle Taxis und Autorikschas haben einen Taxameter, aber oft funktioniert er nicht oder die Fahrer weigern sich, ihn anzustellen (um mehr Geld zu verlangen). Man sollte nur mit einem Fahrer fahren, der den Taxameter einschaltet, und notfalls den Fahrer wechseln. Zwischen 23 Uhr und 5 Uhr gilt ein Aufschlag von 25 % für Autorikschas und Taxis.

Trickbetrüger kann man umgehen, wenn man einen Prepaid-Taxi-Service nutzt:

India Tourism Delhi (Karte S. 124 f.; 88 Janpath; ⌚ 11–19 Uhr) Stand außerhalb des Büros von India Tourism Delhi.

New Delhi Train Station Car Park (Karte S. 129; ⌚ 24 Std.)

Palika Bazaar's Gate No 2 (Karte S. 124 f.; Connaught Pl; ⌚ 11–21 Uhr)

Zum Zeitpunkt der Recherche gab es am Connaught Place keinen Prepaid-Taxi-Service, aber am Bahnhof von New Delhi (Parkplatz) gibt's einen 24-Stunden-Schalter für Taxis mit Taxameter.

U-Bahn

Die ersten Linien (Line 1 & 2) von Delhis U-Bahn-System sind inzwischen fertig. Line 1 fährt von Rithala nach Shahdara. Line 2 ist seit Mitte 2005 komplett und führt von Vishwa Vidyalaya zum Central Secretariat. Line 3 (Indraprashtha – Dwarka) ist im Bau und soll ab März 2006 in Betrieb gehen. Das U-Bahn-System wird in den nächsten Jahren weiter ausgebaut.

Fahrkarten gibt's an den U-Bahn-Stationen und kosten 6–14 Rs. Den aktuellen Stand der Dinge liefert www.delhimetrorail.com oder ein Anruf: ☎ 24369912.

GROSSRAUM DELHI

Für Informationen über mögliche Tagestouren von Delhi zum benachbarten Haryana s. S. 270.

KHIRKI MASJID & JAHANPANAH

Diese interessante **Moschee** (Karte S. 108 f.; ⌚ Sonnenaufgang–Sonnenuntergang) mit ihren vier offenen Innenhöfen wurde 1380 erbaut. In der Nähe sind auch die Überreste des vierten Delhi, **Jahanpanah** (Karte S. 108 f.), mit der **Bijai Mandal Plattform** (Karte S. 108 f.), und der **Begumpur Masjid** (Karte S. 108 f.) mit ihren unzähligen Kuppeln.

TUGHLAQABAD

Das zerfallene **Tughlaqabad** (Karte S. 108 f.; Inder/Ausländer 5 Rs/2 US$, Video 25 Rs; ⌚ 7.30–17.30 Uhr) war das dritte Delhi. Die ummauerte Stadt mit dem Fort und den 13 Toren wurde von Ghiyas-ud-din Tughluk erbaut. Der Bau wurde von einem legendären Streit zwischen Ghiyas-ud-din und dem Heiligen Nizam-ud-din begleitet: Als der Tughluk-Herrscher die Arbeiter beanspruchte, die Nizam-ud-din für den Bau an seinem Schrein benötigte, verfluchte der Heilige den König und prophezeite, dass in seiner Stadt nur Schäfer leben würden. Heute ist dies tatsächlich der Fall.

Der Streit zwischen dem König und dem Heiligen war damit aber noch nicht beendet. Als der König seine Rache an dem Heiligen vorbereitete, sagte Nizam-ud-din ruhig zu seinen Anhängern „Delhi ist sehr weit weg". Und das war es auch, denn der König wurde 1325 aus Delhi kommend ermordet.

Janpaths Prepaid-Autoriksha-Service verlangt 160 Rs für eine Hin- und Rückfahrt nach Tughlaqabad, inklusive einer 30-minütigen Wartezeit (für jede weitere Stunde kommen 20 Rs hinzu).

QUTB MINAR

Die imposanten Gebäude im **Qutb Minar Komplex** (s. unten; ☎ 26643856; Inder/Ausländer 10 Rs/5 US$, Video 25 Rs; ⌚ Di–So 7.30–17.30 Uhr) entstanden am Beginn der islamischen Herrschaft in Indien und sind schöne Beispiele für frühe afghanische Architektur.

Der Qutb Minar selbst ist ein hoch aufragender Siegesturm, mit dessen Bau 1193 begonnen wurde, direkt nach dem Untergang des letzten Hindu-Königreichs in Delhi. Er ist fast 73 m hoch und verjüngt sich von einer Basis mit 15 m Durchmesser auf nur 2,5 m an der Spitze.

Der Turm hat fünf Stockwerke, jedes mit einem vorspringenden Balkon. Die ersten drei Stockwerke sind aus rotem Sandstein, der 4. und 5. Stock aus Marmor und Sandstein. Obwohl Qutb-ud-din mit dem Bau des Turms begann, schaffte er nur den ersten Stock. Sein Nachfolger vervollständigte den Turm. 1368 erneuerte Firoz Shah die beiden obersten Stockwerke und fügte eine Kuppel hinzu. Ein Erdbeben zerstörte sie 1803 und ein Engländer ersetzte sie 1829. Die Kuppel wurde jedoch als unangemessen empfunden und einige Jahre später wieder entfernt.

Heute neigt sich der beeindruckend verzierte Turm allerdings leicht zur Seite, alles in allem hat er die Jahrhunderte aber ganz gut überstanden. Eine Besteigung ist nicht mehr möglich.

Man sollte Qutb Minar an Werktagen besuchen, am Wochenende wird es sehr voll. Ein gutes Restaurant in der Nähe ist Olive Bar & Kitchen (s. Kasten, S. 139).

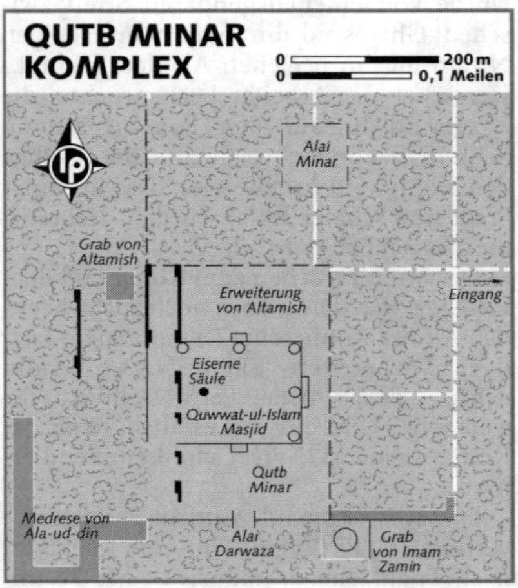

Quwwat-ul-Islam Masjid

Am Fuß des Qutb Minar steht die erste in Indien erbaute Moschee, die Macht-des-Islam-Moschee. Qutb-ud-din begann mit ihrem Bau im Jahr 1193, aber im Lauf der Zeit kamen verschiedene Anbauten und Erweiterungen hinzu. Die ursprüngliche Moschee war auf dem Fundament eines Hindu-Tempels erbaut worden, und eine Inschrift über dem Osttor besagt, dass sie aus dem Material gebaut wurde, das man durch die Zerstörung von „27 Götzentempeln" erhielt. In vielen Elementen des Bauwerks sind noch die hinduistischen und jainistischen Ursprünge zu erkennen.

Altamish, Qutb-ud-dins Schwiegersohn, umfasste die ursprüngliche Moschee zwischen 1210 und 1220 mit einem abgeschlossenen Hof. Ala-ud-din fügte einen Hof im Osten und das prächtige Alai Darwaza-Tor im Jahr 1300 hinzu.

Eiserne Säule

Diese 7 m hohe Säule steht im Innenhof der Moschee und stand dort schon lang vor deren Bau. Eine sechszeilige Inschrift in Sanskrit besagt, dass sie ursprünglich außerhalb eines Vishnu-Tempels errichtet worden war, möglicherweise in Bihar, und zu Ehren von Chandragupta II aufgestellt wurde, der von 375 bis 413 v. Chr. herrschte.

Die Inschrift verrät allerdings nicht, wie die Säule hergestellt wurde, denn das Eisen ist von bemerkenswerter Reinheit. Wissenschaftler haben bis jetzt nicht herausgefunden wie das Eisen, das auch nach 2000 Jahren noch nicht gerostet ist, mit der damaligen Technik gegossen werden konnte.

Es wird behauptet, dass man einen Wunsch erfüllt bekommt, wenn man mit dem Rücken zur Säule steht und sie mit den Armen umfassen kann; leider wird die Säule mittlerweile von einem Zaun geschützt.

Alai Minar

Als Ala-ud-din seine Erweiterungen an der Moschee vornahm, plante er einen noch gewaltigeren Bau. Er wollte einen zweiten

Siegesturm bauen, genau wie der Qutb Minar, aber doppelt so hoch! Als er starb, war der Turm 27 m hoch und es fand sich niemand, der das überzogene Projekt fortführen wollte. Der unvollständige Turm steht nördlich des Qutb Minar und der Moschee.

Noch mehr Sehenswürdigkeiten

Ala-ud-dins **Alai Darwaza**-Tor ist der Haupteingang zum ganzen Komplex. Es wurde 1310 aus rotem Sandstein gebaut und steht südwestlich des Qutb Minar. Das **Grab von Imam Zamin** liegt neben dem Tor und das **Grab von Altamish**, der 1235 starb, ist in der nordwestlichen Ecke der Moschee. Die größtenteils zerstörte **Medrese von Ala-ud-din** steht im hinteren Teil des Geländes.

In der Gegend gibt es einige **Sommerpaläste** und die **Gräber** der letzten Könige von Delhi, die auf die Moguln folgten. Ein freier Platz zwischen zweien der Gräber war für den letzten König von Delhi reserviert, der 1862 im Exil in Yangon (Rangun), Burma (Myanmar) starb, eine Folge seiner Verwicklung in den Sepoy-Aufstand von 1857.

An- & Weiterreise

Man nimmt den Bus Nr. 505 (10 Rs) auf der Seite des Ajmeri-Gate am Bahnhof von New Delhi oder von Janpath aus (gegenüber dem Imperial Hotel).

Am Stand für Prepaid-Autorikschas in Janpath kostet die Hin- und Rückfahrt nach Qutb Minar 140 Rs (inkl. einer 30-minütigen Wartezeit; jede weitere Stunde: 20 Rs).

Rajasthan

Rajasthan, das Land der Könige, ist Indiens farbenprächtigster Bundesstaat. Halb Wüste, halb steinige Hügel, doch der Alltag ist voller leuchtender Farben. Diese satten Farborgien sind überall zu erleben – ein Meer von Turbanen unter einem Baum im Dorf, Landfrauen in traditionellen Kleidern, trocknende Saris in einem ausgedörrten Flussbett.

Wie ein wahr gewordenes Märchen ist dieser Staat voller magischer Dörfer und Städte: das himmelblaue Jodhpur; Jaipur in staubigem Rosa; Jaisalmer, die goldene Sandburg; das weiß schimmernde Udaipur; und Pushkar rund um seinen heiligen See. Die seltsamen, prächtigen Paläste und Forts sind Bauten der Rajputen – Kriegerklans und Feudalherren, die Rajasthan Jahrhunderte lang beherrschten. Es war eine Ansammlung von kleinen wilden Königreichen und jedes hatte riesige Festungen, gewaltige Palastanlagen und den unglaublichen Lebensstil der Maharadschas zu tragen.

Das moderne Rajasthan ist von seiner Vergangenheit geprägt; ein Feudalstaat mit einer größtenteils ländlichen Bevölkerung. Das Land ist rau und wird oft von Dürren gebeutelt. Die Extravaganz der Prinzen von Rajput, die diesen betörenden, mystischen Staat schufen, der Besuchern sehr viel zu bieten hat, haben gleichzeitig zu Rajasthans Armut und fehlender Entwicklung beigetragen. Eine Reise zwischen Delhi und hier ist eine Reise zurück in der Zeit.

Der Staat ist diagonal geteilt – in die hügelige südöstliche Region und die karge nordwestliche Thar-Wüste, die sich über die Grenze hinaus nach Pakistan erstreckt.

HIGHLIGHTS

- Im goldenen **Jaisalmer Fort** (S. 237) verloren gehen, das sich aus der Wüste erhebt
- In **Pushkar** (S. 188) entspannen, einem mystischen Ort an einem heiligen See
- Die Macht von **Meherangarh** (S. 227), Jodhpurs majestätischem Fort, kennen lernen und die atemberaubenden Ausblicke auf die blaue Stadt genießen
- Die faszinierende Seestadt **Udaipur** (S. 207) und ihre Umgebung erforschen
- Die bizarren, freskengeschmückten *havelis* von **Shekhawati** (S. 181) entdecken
- Sich im fesselnden, chaotischen **Jaipur** (S. 156) ins Getümmel stürzen, shoppen und die Sehenswürdigkeiten abklappern
- In **Bundi** (S. 196) bummeln – einem kleinen Dorf im Schatten eines märchenhaften, von Fledermäusen bewohnten Palasts

KURZINFOS

- Bevölkerung: 56,5 Mio.
- Fläche: 342 239 km²
- Hauptstadt: Jaipur
- Hauptsprachen: Hindi und Rajasthani
- Reisezeit: Mitte Oktober bis Mitte März

Geschichte

Der vielfältige Staat ist die Heimat der Rajputen, Kriegerklans, die angeblich von Sonne, Mond und Feuer abstammen und diesen Teil Indiens mehr als 1000 Jahre kontrollierten. Obwohl sie befristete Allianzen und Zweckehen knüpften, waren sie doch immer von ihrem Stolz und ihrer Unabhängigkeit beherrscht – wodurch sie die meiste Energie für interne Streitereien aufwandten. Das schwächte sie schließlich so, dass sie zu Vasallen des Mogulreiches wurden.

Nichtsdestotrotz waren Mut und Ehre der Rajputen beispiellos. Rajput-Krieger kämpften, egal wie die Chancen standen und wenn es hoffnungslos war, verlangte die Ritterlichkeit den *jauhar* (Massenselbstmord) – Frauen und Kinder töteten sich, indem sie sich selbst auf hohe Scheiterhaufen warfen, während die Männer safrangelbe Roben anzogen und dem Feind und damit dem sicheren Tod entgegen ritten. Es überrascht nicht, dass Akbar die Rajputen überredete, seine Armee zu führen, oder dass spätere Mogulherrscher große Schwierigkeiten hatten, diesen Teil ihres Reiches zu kontrollieren.

Während das Mogulreich zerfiel, erkämpften sich die Rajputen nach und nach ihre Freiheit wieder – zumindest bis die Briten kamen. Als sich das britische Herrschaftsgebiet immer mehr ausbreitete verbündeten sich die meisten Rajput-Staaten mit den Briten. So konnen sie als unabhängige Staaten weiterexistieren – abgesehen von bestimmten politischen und ökonomischen Einschränkungen.

Diese Bündnisse waren der Anfang vom Ende der Rajputen-Herrscher. Konsum löste die Ritterlichkeit ab, sodass im frühen 20. Jh. viele Maharadschas ihre Zeit damit verbrachten, mit einem riesigen Gefolge in der Welt umherzureisen, Polo zu spielen und ganze Stockwerke in teuren westlichen Hotels zu belegen. Den Briten gefiehl es natürlich, sie in diesem Verhalten zu unterstützen, aber die Verschwendungssucht der Maharadschas war wirtschaftlich und sozial verheerend. Als Indien unabhängig wurde, hatte Rajasthan die geringste Lebenserwartung und Alphabetisierungsrate des ganzen Subkontinents.

Bei der Unabhängigkeit war die in Indien regierende Kongress-Partei gezwungen, einen Handel mit den nominell unabhängigen Rajputen-Staaten einzugehen, um deren Anschluss an das neue Indien sicherzustellen. Die Fürsten durften ihre Titel behalten, ihre Besitztümer wurden ihnen zugesichert und sie erhielten ein ihrem Status entsprechendes jährliches Gehalt. Das konnte nicht ewig so weiter gehen und in den frühen Siebzigern schaffte Indira Gandhi die Titel und Gehälter ab und schränkte die Besitzrechte der Fürsten stark ein.

Seit deren Abwesenheit hat Rajasthan Fortschritte gemacht, aber der Staat ist immer noch sehr arm. Die strengen Bräuche und Traditionen sorgen dafür, dass Frauen einen besonders schweren Stand haben. In ländlichen Regionen sind sie oft zu einem Leben in harter Arbeit und mit weit reichenden Einschränkungen verdammt. Wie auch immer, die Alphabetisierungsrate stand 2001 bei 61 %, ein massiver Anstieg von 8,02 % im Jahr 1951, und auch von 38,55 % im Jahr 1991 (obwohl der Unter-

DIE INDIGENEN VÖLKER RAJASTHANS

Adivasi (indigene Völker Indiens) waren die ersten Bewohner der Region und stellen heute 12 % der Bevölkerung – der nationale Durchschnitt liegt bei 8 %. Die wichtigsten Gruppen sind die Bhil und die Mina. Die Bhil besiedelten den südwestlichen Teil des Staates und galten als großartige Krieger, die den Rajputen im Kampf gegen die Marathen und die Moguln halfen. Die Mina leben im östlichen Rajasthan. Ursprünglich eine herrschende Gruppe, begann ihr Niedergang mit dem Aufstieg der Rajputen. 1924 erklärten die Briten die Mina zu Kriminellen, eine Bezeichnung, die erst durch die Unabhängigkeit ausgeräumt wurde. Zu den kleineren Volksgruppen gehören die Sahariya, die Damariya, die rajputischen Garasia und die Gaduliya Lohar.

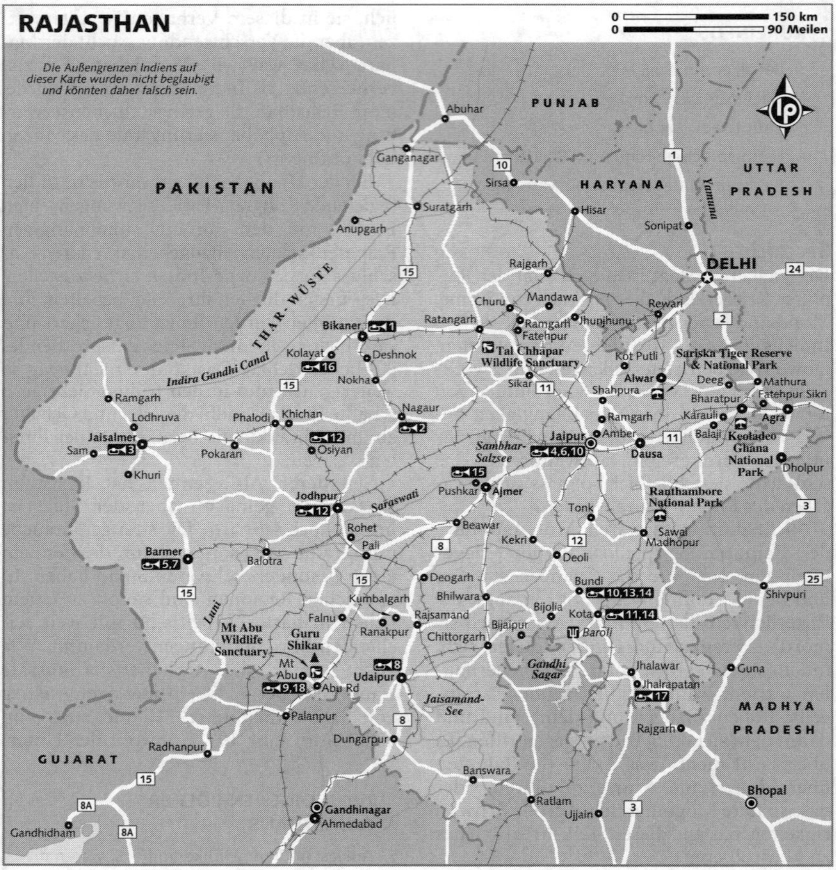

schied zwischen den Geschlechtern der größte Indiens ist, und auch insgesamt liegt die Rate noch immer unter dem Landesdurchschnitt von 65,38%). Die Lebenserwartung liegt nah am nationalen Mittel (60 Jahre).

Praktische Informationen

UNTERKUNFT

Man kann sich hinkuscheln, wo es einem gefällt, im Luxuspalast oder in einer Billigbleibe. Das System, als zahlender Gast in einem Privathaus unterzukommen, wurde in Udaipur eingeführt und ist deshalb hier weit verbreitet; die Tourismusbüros der jeweiligen Städte haben die Liste der Familien (man muss aber manchmal recht hartnäckig sein, um sie zu bekommen) – Zimmer kosten zwischen 100 und 400 Rs. Bei Hotelzimmern über 500 Rs pro Person wird eine Luxussteuer von 10% erhoben (die Steuern sind in den Preisen dieses Kapitels nicht enthalten).

Die Homepage www.hotelsinrajasthan.com ist eine gute Quelle, um nach Übernachtungsmöglichkeiten zu suchen.

ÖSTLICHES RAJASTHAN

JAIPUR

☎ 0141 / 2,32 Mio. Ew.

Rajasthans schummrige schmutzig-rosafarbene Hauptstadt funkelt und lärmt im Son-

FESTE & FESTIVALS IN RAJASTHAN

Die hier genannten Feste sind auf der Karte gegenüber eingezeichnet.

Camel Festival (1; Jan.; Bikaner, S. 246) Alles rund ums Kamel.

Nagaur Cattle Fair (2; Jan./Feb.; Nagaur, S. 234) Ernsthafter, aber dennoch bunter Kamel- und Viehmarkt, der das Landvolk zu Tausenden anlockt.

Desert Festival (3; Feb; Jaisalmer, S. 234) Schnauzbartzwirbler können beim „Mr. Desert" Wettbewerb mitmachen – und auch sonst sind viele Wüstenfreuden geboten.

Elephant Festival (4; März; Jaipur, s. gegenüber) Hier gibt's Paraden, Polo und Mensch-gegen-Elefant-Tauziehen.

Thar Festival (5; März; Barmer, S. 246) Direkt nach dem Jaisalmer Desert Festival. Kulturelle Vorführungen, Tanz und Puppentheater.

Gangaur (6; März/April; Jaipur, s. gegenüber) Ein landesweites Festival, das die Liebe von Shiva und Parvati feiert – in Jaipur wird es besonders leidenschaftlich.

Cattle Fair (7; März/April; Barmer, S. 246) Eine der größten Viehauktionen Rajasthans.

Mewar Festival (8; April; Udaipur, S. 207) Udaipurs Antwort auf Gangaur: Freie kulturelle Veranstaltungen und eine farbenfrohe Prozession hinunter zum See. Die hiesigen Damen tragen die edleren Stöffchen.

Summer Festival (9; Mai; Mt. Abu, S. 220) Wer verrückt genug ist, Rajasthan im Sommer zu bereisen, sollte das Sommerfestival, das sich ganz der rajasthanischen Musik widmet, keinesfalls vergessen.

Teej (10; Aug.; Jaipur, s. gegenüber, & Bundi, S. 196) Zu Ehren des Beginns des Monsuns und der Hochzeit von Shiva und Parvati.

Dussehra Mela (11; Okt.; Kota, S. 200) Erinnert an Ramas Sieg über Ravana und ist eine großartige Gelegenheit, Kota zu besuchen – der riesige Jahrmarkt bietet als Besonderheit 22,5 m hohe, mit Knallfröschen gefüllte Bildnisse.

Marwar Festival (12; Okt.; Jodhpur, S. 225, & Osiyan, S. 233) Feiert Rajasthans Helden mit Musik und Tanz. Ein Tag in Jodhpur und einer in Osiyan.

Bundi Ustav (13; Okt./Nov.; Bundi, S. 196) Kulturprogramme, Feuerwerk und Prozessionen.

Kashavrai Patan (14; Okt./Nov.; Bundi, S. 196, & Kota, S. 200) Zwischen Bundi und Kota; tausende Pilger steigen für den Monat Kartika von den Bergen herab.

Pushkar Mela (15; Nov.; Pushkar, S. 188) Das berühmteste Fest Rajasthans (siehe Kasten, S. 189); eine gewaltige Ansammlung von Kamelen, Rindern, Viehhändlern, Pilgern, Touristen und japanischen Filmcrews.

Kolayat Mela (16; Nov.; Kolayat, S. 251) Findet zur gleichen Zeit statt, aber mit weit mehr Sadhus (heiligen Männern) als Kamelen.

Chandrabhaga Mela (17; Nov.; Jhalrapatan, S. 203) Ein Rindermarkt und für tausende Pilger die Möglichkeit, im Heiligen Fluss Chandrabhaga zu baden.

Winter Festival (18; Dez.; Mt. Abu, S. 220) Konzentriert sich auf Musik und Folkloretänze.

nenlicht und bombardiert die Sinne an allen Ecken. Die Forts auf den Hügeln und die herrlichen Paläste erinnern an die königliche Vergangenheit. Kamelkarren fahren langsam durch die mit Autos, Kühen, Rikschas, schnüffelnden Schweinen, Motorrädern und todesmutigen Fußgängern vollgestopften Straßen. Straßenkinder betteln vor großen Juwelierläden, palastähnlichen Hotels und dem einzigen baiserförmigen Kino der Welt. Turbane, strahlend weiß wie Zuckerwatte, bahnen sich ihren Weg durch die Straßen und flatternde Saris fesseln den Blick wie Schmetterlinge.

Jaipur ist Rajasthans Hauptstadt und gleichzeitig die dreckigste und überfüllteste Stadt des Staates. Aber davon sollte man sich nicht abschrecken lassen – die Stadt hat so viel zu bieten: phantastische Sehenswürdigkeiten, unglaubliche Einkaufsmöglichkeiten und tumultigen Charme.

Geschichte

Die Stadt verdankt ihren Namen, ihre Gründung und Planung dem großen Krieger und Astronomen Maharadscha Jai Singh II. (1693–1743). Jai Singhs Vorgänger hatten gute Beziehungen zu den Moguln und ihm lag viel daran, dieses Bündnis zu erhalten.

1727, als die Macht der Moguln allmählich schwand, entschied Jai Singh, dies sei die richtige Zeit, sein viel zu kleines Hügelfort im benachbarten Amber zu verlassen. Er plante die Stadt, die sie umgebenden Mauern und die rechteckigen Blöcke nach den Prinzipien des *Shilpa-Shastra,* einer

JAIPUR

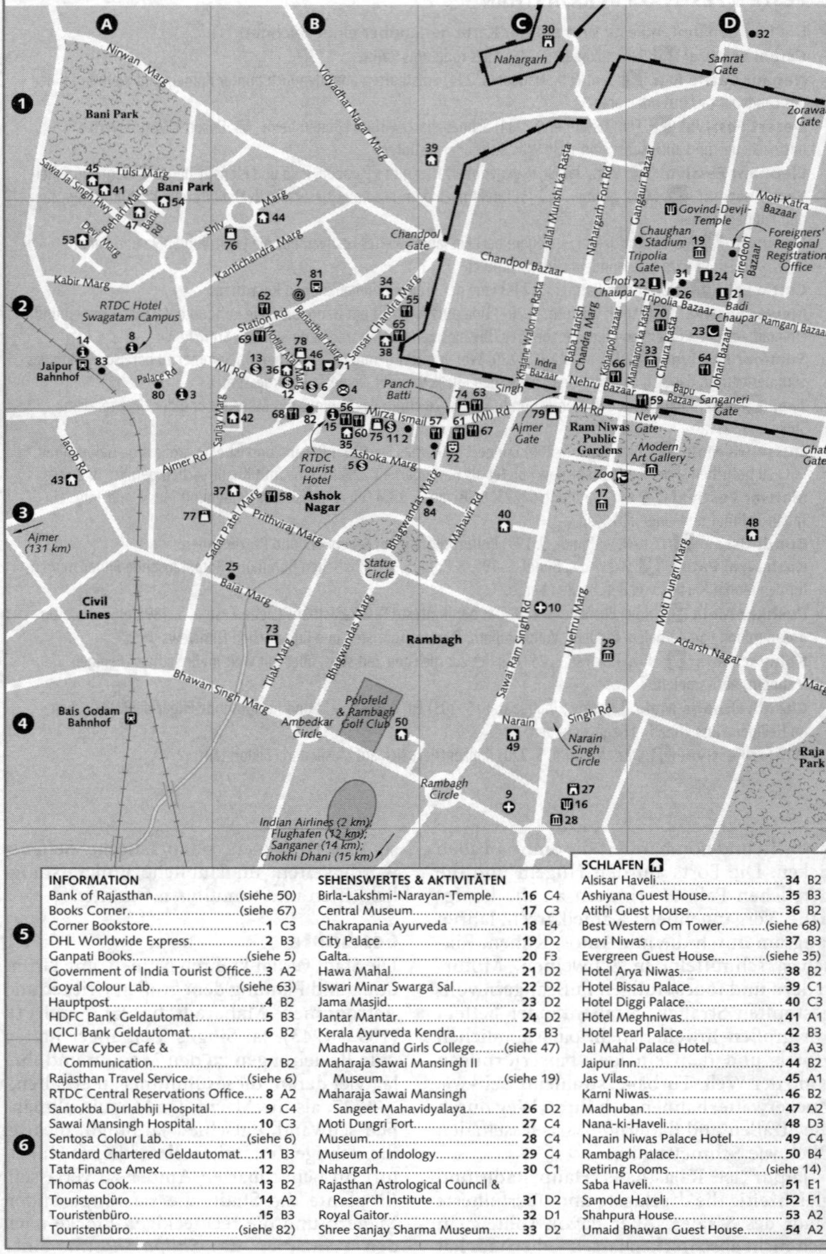

INFORMATION

- Bank of Rajasthan .... (siehe 50)
- Books Corner .... (siehe 67)
- Corner Bookstore 1 C3
- DHL Worldwide Express 2 B3
- Ganpati Books .... (siehe 5)
- Government of India Tourist Office 3 A2
- Goyal Colour Lab .... (siehe 63)
- Hauptpost 4 B2
- HDFC Bank Geldautomat 5 B3
- ICICI Bank Geldautomat 6 B2
- Mewar Cyber Café & Communication 7 B2
- Rajasthan Travel Service .... (siehe 6)
- RTDC Central Reservations Office 8 A2
- Santokba Durlabhji Hospital 9 C4
- Sawai Mansingh Hospital 10 C3
- Sentosa Colour Lab .... (siehe 6)
- Standard Chartered Geldautomat 11 B3
- Tata Finance Amex 12 B2
- Thomas Cook 13 B2
- Touristenbüro 14 A2
- Touristenbüro 15 B3
- Touristenbüro .... (siehe 82)

SEHENSWERTES & AKTIVITÄTEN

- Birla-Lakshmi-Narayan-Temple 16 C4
- Central Museum 17 C3
- Chakrapania Ayurveda 18 E4
- City Palace 19 D2
- Galta 20 F3
- Hawa Mahal 21 D2
- Iswari Minar Swarga Sal 22 D2
- Jama Masjid 23 D2
- Jantar Mantar 24 D2
- Kerala Ayurveda Kendra 25 B3
- Madhavanand Girls College .... (siehe 47)
- Maharaja Sawai Mansingh II Museum .... (siehe 19)
- Maharaja Sawai Mansingh Sangeet Mahavidyalaya 26 D2
- Moti Dungri Fort 27 C4
- Museum 28 C4
- Museum of Indology 29 C4
- Nahargarh 30 C1
- Rajasthan Astrological Council & Research Institute 31 D2
- Royal Gaitor 32 D1
- Shree Sanjay Sharma Museum 33 D2

SCHLAFEN

- Alsisar Haveli 34 B2
- Ashiyana Guest House 35 B3
- Atithi Guest House 36 B2
- Best Western Om Tower .... (siehe 68)
- Devi Niwas 37 B3
- Evergreen Guest House .... (siehe 35)
- Hotel Arya Niwas 38 B2
- Hotel Bissau Palace 39 C1
- Hotel Diggi Palace 40 C3
- Hotel Meghniwas 41 A1
- Hotel Pearl Palace 42 B3
- Jai Mahal Palace Hotel 43 A3
- Jaipur Inn 44 B2
- Jas Vilas 45 A1
- Karni Niwas 46 B2
- Madhuban 47 A2
- Nana-ki-Haveli 48 D3
- Narain Niwas Palace Hotel 49 C4
- Rambagh Palace 50 B4
- Retiring Rooms .... (siehe 14)
- Saba Haveli 51 E1
- Samode Haveli 52 E1
- Shahpura House 53 A2
- Umaid Bhawan Guest House 54 A2

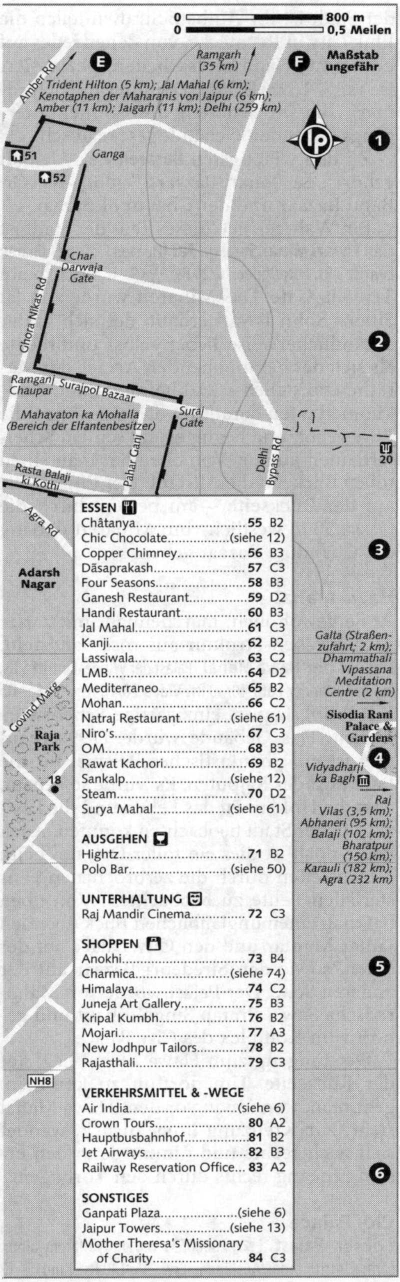

alten Architektur-Abhandlung der Hindus. 1728 baute er das Jantar Mantar, Jaipurs außergewöhnliches Observatorium.

Im Jahr 1876 ließ Maharadscha Ram Singh die ganze Stadt in Rosa – der Farbe, die Gastfreundschaft symbolisiert – streichen, um damit den Prince of Wales, den späteren König Edward VII., willkommen zu heißen. Eine Tradition, die beibehalten wurde.

Orientierung

Die ummauerte Altstadt liegt im Nordosten von Jaipur; die neueren Teile dehnen sich nach Süden und Westen aus. Die meisten Sehenswürdigkeiten befinden sich in der Altstadt mit ihren vielen Basaren.

Im neuen Teil der Stadt gibt's drei miteinander verbundene Hauptstraßen: Mirza Ismail (MI) Rd., Station Rd. und Sansar Chandra Marg. Viele touristische Einrichtungen liegen an oder nahe dieser Straßen.

Praktische Informationen

BUCHLÄDEN

Books Corner (MI Rd; 10–20 Uhr) Große Auswahl an englischsprachigen Büchern und Zeitschriften; hier werden die informativen *Jaipur Vision* (20 Rs) und *Jaipur City Guide* (30 Rs) verkauft.

Corner Bookstore (Bhagwandas Marg; 10–22.30 Uhr) Verkauft einige englischsprachige Bücher; ist mit einer kleinen Filiale der Barista Kaffeebar-Kette zusammengelegt.

Ganpati Books (Shop 67, EG, Ganpati Plaza, MI Rd; Mo–Sa 11–20.30 Uhr) Eine gute Auswahl an indischen Romanen und regionalen Büchern.

INTERNETZUGANG

Internetzugang gibt es an vielen Orten. Ob schnell oder langsam, es kostet zwischen 20 und 60 Rs pro Stunde.

Mewar Cyber Café & Communication (Station Rd; 40 Rs/pro Std.; 24 Std.) Beim Haupt-Busbahnhof, kümmert sich um die Schlaflosen und E-Mail-Süchtigen.

MEDIZINISCHE VERSORGUNG

Gute Krankenhäuser:

Santokba Durlabhji Hospital (2566251; Bhawan Singh Marg.)

Sawai Mansingh Hospital (2560291; Sawai Ram Singh Rd)

GELD

Es gibt zahllose Geldautomaten, die rund um die Uhr in Betrieb sind.

Bank of Rajasthan (☎ 2381416; Rambagh Palace Hotel; 🕑 7–20 Uhr)
HDFC (Ashoka Marg.) Geldautomat.
ICICI (EG, Ganpati Plaza, MI Rd)
Standard Chartered (Bhagwat Bhavan, MI Rd) Geldautomat.
Tata Finance Amex (☎ /Fax 2364026; Saraf House, MI Rd; 🕑 Mo–Fr 9.30–18.30, Sa 9.30–14.30 Uhr) Vertritt American Express (Amex).
Thomas Cook (☎ 2360940; Jaipur Towers, MI Rd; 🕑 Mo–Sa 9.30–18 Uhr) Wechselt Bargeld und Reiseschecks.

FOTOS

Die meisten Fotogeschäfte brennen Digitalfotos für ca. 100 Rs auf CD. Die hier aufgeführten verkaufen auch Memory Sticks und Speicherkarten.
Goyal Colour Lab (☎ 2360147; MI Rd; 🕑 Mo–Sa 10.30–20.30, So 10–16 Uhr)
Sentosa Colour Lab (☎ 2388748; EG, Ganpati Plaza, MI Rd; 🕑 Mo–Sa 10–20.30 Uhr)

POST

DHL Worldwide Express (☎ 2362826; G-8 Geeta Enclave, Vinobha Marg) Ein verlässlicher internationaler Kurierdienst. Daran denken, die Zollgebühren für das Zielland im Voraus zu zahlen.
Hauptpost (☎ 2368740; MI Rd; 🕑 Mo–Fr 8–19.45, Sa 10–17.45 Uhr) Effizient und mit einem Paketpacker, der Mo–Sa zwischen 10 und 16 Uhr arbeitet.

TOURISTENINFORMATION

Die Touristen-Notfallnummer erreicht man unter ☎ 1363. Die Tourism Assistance Force (Polizei) ist an allen größeren Touristenfallen stationiert.
Government of India Tourist Office (☎ 2372200; 🕑 Mo–Fr 9–18 Uhr) Neben dem Hotel Khasa Kothi, hier gibt's Prospekte über Orte in ganz Indien.
Rajasthan Tourism Development Corporation Central Reservations Office (RTDC; ☎ 2202586; 🕑 Mo–Sa 10–17 Uhr) Hinter dem RTDC Hotel Swagatam Campus.
Touristenbüros Flughafen (☎ 2722647; 🕑 für ankommende Flüge); Platform 1, Bahnhof (☎ 2315714; 🕑 24 Std.); Platform 3, Hauptbusbahnhof (☎ 5064102; 🕑 10–17 Uhr); RTDC Tourist Hotel (☎ 2375466; 🕑 Mo–Sa 8–20 Uhr) Verschiedene Orte; hilfreich.

Sehenswertes

ALTSTADT (PINK CITY)

Die Altstadt ist von einer mit Zinnen bewehrten Mauer umgeben – wichtige Tore (erst kürzlich restauriert) sind Chandpol, Ajmer und Sanganeri. Bemerkenswert an der Stadt ist ihr Aufbau: Straßen teilen die Pink City in Rechtecke, von denen jedes auf bestimmte Handwerksarbeiten spezialisiert ist (s. S. 169). In der Dämmerung schimmern die im Schatten des Sonnenuntergangs liegenden Gebäude fast magisch.

Zu den wichtigsten **Basaren** der Altstadt gehören der Johari Bazaar, Tripolia Bazaar, Bapu Bazaar und der Chandpol Bazaar.

Ein Wahrzeichen dieses Teils der Stadt ist das **Iswari Minar Swarga Sal** (Heaven Piercing Minaret; Eintritt 2 Rs, Foto/Video 10/20 Rs; 🕑 9–16.30 Uhr) beim Tripolia Gate. Das Minarett wurde von Jai Singhs Sohn Iswari erbaut, der sich später schändlicherweise lieber selbst umbrachte als sich der herannahenden Armee der Marathen zu stellen – 21 Ehefrauen und Konkubinen taten daraufhin das, was ihnen die Ehre gebot, und begingen auf seinem Scheiterhaufen *jauhar*. Von oben hat man einen tollen Blick auf die Altstadt. Der Eingang ist auf der Rückseite – am besten durch die Gasse 50 m westlich vom Minarett entlang des Chandpol Bazaar gehen.

Hawa Mahal

Außergewöhnlich, märchenhaft, mit zarter Bienenwaben-Struktur aus rosa Sandstein: das ist der **Hawa Mahal** (Palast der Winde; Eintritt 5 Rs, Inder/Ausländer Foto 10/30 Rs, Video 20/70 Rs; 🕑 Sa–Do 9–16.30 Uhr), Jaipurs einzigartige Sehenswürdigkeit. Das Gebäude wurde 1799 erbaut und ist ein phantastisches Beispiel für die Baukunst der Rajputen. Es wurde so gebaut, dass die Hofdamen das Leben und die Festzüge in der Stadt beobachten konnten. Auch heute noch ist dies ein toller Ort, um beim Hinaussehen durch die zerbrochenen Fensterläden Leute zu beobachten. Von oben hat man einen unglaublichen Blick über den Jantar Mantar und den City Palace auf der einen, sowie den Siredeori Bazaar auf der anderen Seite. Der Palast wurde von Maharadscha Sawaj Pratap Singh erbaut und gehört zum Komplex des City Palace.

Der Eingang zum Hawa Mahal liegt auf der Rückseite. Um dorthin zu kommen, geht man, wenn man vor dem Hawa Mahal steht, zur Kreuzung links zurück, wendet sich nach rechts und nimmt dann den ersten Eingang rechts durch den Torbogen.

City Palace

Dieser **Palast** (☎ 2608055; www.royalfamilyjaipur.com; Eintritt Inder/Ausländer Erw. 35/180 Rs, Kind 5–12

Jahre 20/100 Rs, Foto Inder 50 Rs, Video Inder/Ausländer 100/200 Rs; ⌚ 9.30–17 Uhr) bedeckt ein riesiges Gebiet und bildet einen Komplex aus Innenhöfen, Gärten und Gebäuden. Die äußere Mauer wurde von Jai Singh erbaut, aber viele Erweiterungen sind wesentlich moderner – manche stammen aus dem frühen 20. Jh. Heute ist der Palast eine Mix aus rajasthanischer und mogulischer Architektur. Der derzeitige Maharadscha ist ein Polofreund des britischen Prinzen Charles. Hinter dem zentralen Innenhof steht der siebenstöckige Chandra Mahal – er ist das Wohnhaus des Maharadschas und daher für Besucher geschlossen.

Es gibt zwei Eingänge: den Haupteingang, der durch das Virendra Pol zu erreichen ist, und einen durch das Udai Pol bei Jaleb Chowk.

Tritt man durch das Virendra Pol ein, sieht man den **Mubarak Mahal** (Willkommenspalast), eine Empfangshalle für Würdenträger, die zu Besuch kommen. Der Mix aus islamischen, rajputischen und europäischen Stilen entstand im 19. Jh. unter Maharadscha Sawai Madho Singh II. Heute ist er Teil des **Maharadscha Sawai Mansingh II Museum**, mit einer Sammlung aus königlichen Roben und großartigen Schals, darunter *pashminas* aus Kaschmir. Ein außergewöhnlicher Teil der Ausstellungs ist die Kleidung von Sawai Madho Singh I. Er war knuddelige 2 m groß, 1,20 m breit und wog 250 kg. Passend zu seiner maßlosen Gestalt hatte er 108 Ehefrauen.

Das **Arsenal** befindet sich in den Wohnräumen der früheren Maharani (Königin). Über dem Eingang wurden Furcht erregende Dolche angebracht, um „Willkommen" zu sagen. Viele der zeremoniellen Waffen sind wunderschön graviert und verziert, ebenso wie die tödlichen Waffen, z. B. die zweischneidigen Dolche, die im Fall eines Treffers im Innern des Opfers zu Scheren werden. Wer mit den blutigen Waffen nichts anfangen kann, darf gern einen Blick auf die verspiegelten und mit Gold verzierten Decken werfen.

In der **Diwan-i-Am** (Halle der öffentlichen Audienzen) gibt's mehrere Ausstellungen, z. B. eine fesselnde Sammlung illustrierter Manuskripte, die sowohl Alltagsszenen als auch Göttergeschichten zeigen. Die Mini-Kopien der Hindu-Schriften waren klein genug, um sie vor der Zerstörung durch Aurangzeb zu verstecken. Zwischen dem Arsenal und der Kunstgalerie liegt die **Diwan-i-Khas** (Halle der privaten Audienzen), mit einer marmorgesäumten Galerie, in der riesige silberne Gefäße von 1,60 m Höhe zu sehen sind (angeblich die größten Silberobjekte der Welt). In ihnen brachte Maharadscha Madho Singh II, ein frommer Hindu, heiliges Ganges-Wasser nach England.

Auf keinen Fall darf man sich die Tore des Innenhofs **Pitam Niwas Chowk** entgehen lassen (dahinter liegt der Privat-Palast, der Chandra Mahal), die Frühling, Sommer, Herbst und Winter darstellen – und dann noch die wunderbaren Basreliefs des Pfauentors.

Der zwei Tage gültige Eintritt gilt auch für das **Jaigarh Fort** (s. S. 172; ein langer Anstieg oberhalb des Amber Palace), wenn's die Zeit erlaubt.

Jantar Mantar

Beim City Palace liegt das **Jantar Mantar** (Eintritt 10 Rs, Mo kostenlos, Inder/Ausländer Foto 20/50 Rs, Video 50/100 Rs; ⌚ 9–16.30 Uhr), ein Observatorium. 1728 von Jai Singh begonnen, sieht es zuerst nur wie eine Ansammlung gigantischer bizarrer Skulpturen aus. Wem das Gefühl, mit Alice ins Wunderland geraten zu sein, nicht genug ist, dem seien die Führungen für 150 Rs (30 Min.–1 Std.) empfohlen. Die Führer geben faszinierende Erklärungen, wie jedes der Instrumente arbeitet und wie Jai Singh durch Beobachtungen, Aufzeichnungen und genaueste Berechnungen die Zeit mithilfe der Schatten, die auf die riesigen Sonnenuhr fielen, maß, um so den jährlichen Lauf der Sonne durch den Tierkreis zu verfolgen. Jede Konstruktion hat eine besondere Aufgabe, z. B. die Berechnung von Sonnenfinsternissen. Das beeindruckendste Instrument ist die Sonnenuhr mit ihrem 27 m hohen Gnomon; der Schatten, den er wirft, bewegt sich pro Stunde bis zu 4 m weit.

Jai Singh mochte die Astronomie sogar lieber als den Krieg. Bevor er das Observatorium baute, schickte er Gelehrte in alle Welt, um Anlagen in anderen Ländern zu studieren. Insgesamt baute er fünf Stück und dies hier ist das Größte und am besten erhaltene (es wurde 1901 restauriert). Die anderen stehen in Delhi, Varanasi und Ujjain. Das fünfte, das Muttra-Observatorium, existiert nicht mehr.

CENTRAL MUSEUM

In der architektonisch unglaublich überladenen Albert Hall, südlich der Altstadt, befindet sich diese **Sammlung** (Eintritt Inder/Ausländer 5/30 Rs, Eintritt Mo kostenlos; ⌚ Sa–Do 10–16.30 Uhr) mit schönen, wenn auch etwas verstaubt präsentierten Stammesartikeln, Schmuckstücken, Kostümen, Zeichnungen und Musikinstrumenten. Der Fotoapparat muss in der Tasche bleiben.

NAHARGARH

Das robust gebaute **Nahargarh** (Tiger Fort; ☎ 5148044; Eintritt Inder/Ausländer 15/20 Rs, Foto/Video 20/70 Rs; ⌚ 10–17 Uhr), 1734 erbaut und 1868 erweitert, steht im Norden oberhalb der Stadt auf einem steilen Bergrücken. Von Jaipur aus führt eine 8 km lange Straße durch die Hügel nach oben. Alternativ gibt's auch einen 2 km langen Zickzack-Weg für Fußgänger. Hier sind einige interessante möblierte Zimmer und eine herrliche Aussicht zu bewundern – ein toller Ort bei Sonnenuntergang.

Im Fort kann man sogar übernachten (s. S. 165).

ROYAL GAITOR

Die königlichen **Kenotaphen** (Eintritt kostenlos, Inder/Ausländer Foto 5/10 Rs, Video 10/20 Rs; ⌚ 9–16.30 Uhr), direkt außerhalb der Stadtmauern, sind ein wunderbarer Platz zum Ausruhen und um sich unbemerkt zu fühlen. Umgeben von einem ausufernden Dorf lassen sich in den Monumenten viele schöne komplizierte Reliefs entdecken. Der marmorne Kenotaph von Maharadscha Jai Singh II ist besonders beeindruckend.

Die **Kenotaphen der Maharanis von Jaipur** (Amber Rd) liegen auf halber Strecke zwischen Jaipur und Amber. In der Nähe ist der **Jal Mahal** (Wasserpalast), mitten in einem glitzernden, aber stinkenden See, erreichbar über einen Damm. Es gibt den Vorschlag, den Palast in die Riege von Rajasthans Palasthotels aufzunehmen, aber noch gehört er dem Militär.

NOCH MEHR SEHENSWERTES

Das **Shree Sanjay Sharma Museum** (☎ 2323436; 1670 Maniharon ka Rasta; Eintritt Inder/Ausländer 35/80 Rs; ⌚ 10–17 Uhr) hat eine faszinierende Sammlung, die zur Erinnerung an Shree Sanjay Sharma (der als Kind starb) von seinen Eltern zusammengetragen wurde. Dazu gehören Schlösser, Buchständer, Sühneschuhe aus dem 18. Jh. (nur mit einer Zehenschlaufe), wunderschöne königliche Spiele, Bilder von Yogastellungen des 18. Jhs., ein Zimmer mit 125 000 Manuskripten u. v. m.

Die baufällige staubige Schatzkiste des **Museum of Indology** (Eintritt Inder/Ausländer mit Führung 20/40 Rs; ⌚ 8–18 Uhr) ist eine außergewöhnliche Privatsammlung von Volkskunst und anderem Kleinkram – von einem Manuskript von Aurangzeb bis hin zu einem Glasbett (für eine kleine Königin). Das Museum ist von der J Nehru Marg, südlich des Central Museum, ausgeschildert.

Weiter südlich liegt das kleine Fort von **Moti Dungri** (J Nehru Marg.; für die Öffentlichkeit geschl.). Am Fuße dieses Forts steht der große moderne **Birla-Lakshmi-Narayan-Tempel** mit herrlichen Marmorreliefs. Kostenlose Führer erklären die Besonderheiten des Tempels und des Hinduismus. Es gibt ein kleines **Museum** (Eintritt kostenlos; ⌚ 8–12 & 16–20 Uhr) neben dem Tempel, in dem Alltagsgegenstände der Birla Familie ausgestellt sind.

Aktivitäten

AYURVEDISCHE MASSAGE

Bringt Jaipur die Nervenenden zum Klingeln? Dann gibt's im coolen **Kerala Ayurveda Kendra** (☎ 5106743; Baiai Marg; ⌚ 8–12 & 16–20 Uhr) Entspannung, wo eine Stunde Massage 500 Rs kostet. Oder man besucht **Chakrapania Ayurveda** (☎ 2624003; www.chakrapaniayurveda.com; Adarsh Nagar Marg; ⌚ Mo–Sa 9–14 & 15–19, So 9–13 Uhr) zur Körpertypanalyse für 200 Rs und Massage für 650 Rs.

ASTROLOGIE

Dr. Vinod Shastri ist der mit Auszeichnungen überhäufte Generalsekretär des **Rajasthan Astrological Council & Research Institute** (☎ 2663338; Chandani Chowk, Tripolia Gate; Beratung ⌚ 9–20 Uhr). Er erstellt Computerhoroskope, wenn die genaue Geburtszeit und der Geburtsort bekannt ist, oder er liest aus der Hand. Obwohl er eigentlich im Voraus wissen müsste, wann jemand kommt, ist eine Terminvereinbarung empfehlenswert.

Kurse

MEDITATION & YOGA

Das wunderschön gelegene **Dhammathali Vipassana Meditation Centre** (☎ 2680220) in Galta (s. S. 172) bietet gegen eine Spende zehntägige Meditationskurse an.

Am **Madhavanand Girls College** (☎ 2200317; C-19 Behari Marg, Bani Park), direkt neben dem Madhuban Guesthouse, gibt's kostenlose Hatha Yogastunden von 6 bis 7 Uhr morgens.

MUSIK & TANZ

Maharaja Sawai Mansingh Sangeet Mahavidyalaya (☎ 2611397; Musikstunden Mo–Sa 8–11 Uhr, Tanz Mo–Sa 16–20 Uhr) findet man hinter dem Tripolia Gate. Das Schild ist in Hindi – am besten Einheimische nach dem Weg fragen. Unterricht (ab 500 Rs/Monat) gibt's für indische Instrumente wie Tabla, Sitar und Flöte, sowie Tanz.

MALEN & TÖPFERN

Mr. Kripal Singh (☎ 2201127; Kripal Kumbh, B-18A Shiv Marg, Bani Park) ist ein bekannter Künstler, der Unterricht in indischer Malerei und Keramik anbietet. Die Stunden sind kostenlos, aber das Material muss mitgebracht werden. Eine vorherige Anmeldung ist nötig.

Geführte Touren

Das RTDC (s. S. 160) bietet Halb-/Ganztagestouren durch Jaipur und Umgebung für 100/150 Rs. Die Ganztagestouren (9–18 Uhr) decken alle wichtigen Sehenswürdigkeiten (inkl. Amber Fort) ab, mit einer Mittagspause in Nahargarh. Die Mittagspause kann eventuell erst um 15 Uhr sein, also sollte ausgiebig gefrühstückt werden. Touren in klimatisierten Bussen (10–17 Uhr) kosten 135/180 Rs; Nahargarh ist hier nicht dabei. Die hektischen Halbtagestouren (8–13, 11.30–16.30 und 13.30–18.30 Uhr) finden nur innerhalb der Stadtgrenzen statt. Einige Traveller empfehlen sie, weil so die lange Mittagspause vermieden wird. Eintrittsgelder müssen extra gezahlt werden. Die Touren starten am Bahnhof (je nach Nachfrage) und nehmen am RTDC Hotel Teej, am Hotel Gangaur und am RTDC Tourist Hotel weitere Teilnehmer mit. Gegen längere Stopps an Kaufhäusern ist man unterwegs aber nicht gefeit. Am besten im Büro des **Tourist Hotel** (7–20 Uhr) buchen.

Schlafen

Autorikschafahrer lauern auf alle Reisenden, die per Zug oder Bus ankommen. Wer nicht dorthin will, wohin sie einen bringen möchten, wird entweder nicht mitgenommen oder muss das Doppelte bezahlen – und wer sich dann tatsächlich zum Hotel ihrer Wahl bringen lässt, zahlt nicht nur die Unterbringung, sondern auch noch die hübsche Provision des Fahrers von mindestens 30 % dessen, was das Hotelzimmer kostet (und in den folgenden Nächten wird's auch nicht billiger). Manche der geschäftstüchtigen Autorikschafahrer geben ihre finanziellen Interessen offen zu, was wenigstens ehrlich ist. Auch die Fahrer ignorieren, die „für 10 Rs überall hin in Jaipur" anbieten – „überall" steht für einen Ort deren Wahl oder der Preis fällt plötzlich deutlich höher aus.

Um dieser Abzocke auszuweichen, direkt zu den Ständen für Prepaid-Autorikschas am Bahnhof oder Busbahnhof gehen. Einige Hotels holen einen nach vorheriger Anmeldung auch ab.

Von Mai bis September bieten die meisten Mittel- und Spitzenklassehotels Sparangebote an und reduzieren die Preise um 25–50 %.

BUDGETUNTERKÜNFTE

Hotel Pearl Palace (☎ 2373700; www.hotelpearlpalace.com; EZ 250–500 Rs, DZ 350–550 Rs;) Mr. Singh arbeitet ständig daran, die Räume besser und schöner zu machen – sie sind auch jetzt schon gut, sauber und modern (einige haben Balkon). Das Dachrestaurant hat schmiedeeiserne Stühle, einen außergewöhnlichen Pfauen-Baldachin, Tür- und Blumenbeetdekorationen und eine Aussicht über das kleine Hathroi Fort. Das Essen ist lecker und günstig (Thalis 40 Rs) und die Küche ist beruhigend sauber. Das Hotel ist etwas abseits der Ajmer Rd.

Jaipur Inn (☎ 2201121; jaipurinn@sancharnet.in; B-17 Shiv Marg, Bani Park; Camping pro Pers. 50 Rs, B 100 Rs, EZ/DZ mit Gemeinschaftsbad 150/250 Rs, mit eigenem Bad 400/500 Rs, mit Klimaanlage 600/700 Rs;) Dies ist ein Favorit vieler Traveller. Die teureren Räume haben einen Balkon oder eine kleine Terrasse und die Wände sind mit wiederholten Motiven bemalt. Im Austausch für kreative Ideen gibt's kostenlose Mahlzeiten. Wer sparen möchte, kann im voll gepackten Schlafsaal übernachten. Es gibt einen kostenlosen Abholservice vom Bahnhof oder Busbahnhof. Das Restaurant (s. S. 167) bietet eine schöne Aussicht.

Atithi Guest House (☎ 2378679; atithijaipur@hotmail.com; 1 Park House Scheme Rd; Zi. 450–850 Rs;) Die Pension, zwischen MI Rd. und Station Rd., bietet blitzsaubere, einfache Zimmer rund um einen ruhigen Innenhof. Es liegt zentral, ist aber ruhig und gut geführt. Man unternimmt alles, um den Gästen einen entspannten Aufenthalt zu ermöglichen. Der Service ist freundlich, lässig und hilfsbereit. Es gibt Zimmerservice und man kann auf der Dachterrasse essen. Die Autorikschafahrer mögen die Pension nicht, denn der Besitzer zahlt keine Provisionen (immer ein gutes Zeichen). Gute Duschen mit fließend warmem Wasser.

Karni Niwas (☎ 2365433; karniniwas@hotmail.com; C-5 Motilal Atal Marg; EZ 400–650 Rs, DZ 450–850 Rs; ❄ 💻) Liegt versteckt hinter dem Hotel Neelam. Über die nett dekorierten Zimmer, meist mit Balkon, ist nur Gutes zu hören. Auf den vielen Terrassen lässt sich zwischen Pflanzen relaxen. 2004 wurden 16 Zimmer angebaut – alle sind groß und mit schönen Details ausgestattet. Kostenloser Abholservice vom Bahnhof oder Busbahnhof.

Hotel Arya Niwas (☎ 2372456; www.aryaniwas.com; EZ/DZ 500/600 Rs, mit Klimaanlage 600/750 Rs; ❄ 💻) Ganz in der Nähe der Sansar Chandra Marg. Ein weiterer Favorit unter Travellern, gut geführt (wenn auch etwas unpersönlich) und gut durchdacht. An der langen Terrasse liegt ein friedliches Fleckchen Rasen. Das vegetarische Selbstbedienungsrestaurant und die Zimmer sind gut, wenn auch manchmal etwas klaustrophobisch (mehrere ansehen). Unglücklicherweise sind auch Massen von Rikschas am Ende der Straße ein Zeichen für den Erfolg des Hotels, aber die lassen sich leicht ignorieren.

Evergreen Guest House (☎ 2363446; evergreen34@hotmail.com; Chameliwala Market; EZ/DZ ab 125/150 Rs; ❄ 💻 🏊) Direkt an der MI Rd. liegt das Evergreen mit echter Backpackerszene, einem schattigen stimmungsvollen Garteninnenhof, der etwas vom Haus einer Studentenverbindung hat. Es gibt 100 Zimmer (die mit Klimaanlage sind den Aufpreis nicht wert) – Sauberkeit und Service sind Glückssache. Im Innenhofrestaurant hat man die Gelegenheit, andere Reisende zu treffen und Nicht-Gäste können für 100 Rs den Pool benutzen.

Ashiyana Guest House (☎ 2375414; Chameliwala Market; DZ mit Gemeinschaftsbad 100 Rs, mit eigenem Bad ab 130 Rs) Nahe beim Evergreen. Die kleine von einer Familie betriebene Pension ist anheimelnd und hat kleine Zimmer; der Schmuddelige-Flecken-an-der-Wand-Faktor ist geringer als anderswo. Es gibt einen kleinen mit Pflanzen geschmückten Innenhof.

Devi Niwas (☎ 2363727; singh_kd@hotmail.com; Dhuleshwar Bagh, Sadar Patel Marg, C-Scheme; EZ/DZ 150/300 Rs) Dieses Haus ist gemütlicher als die meisten anderen Pensionen und wird von einer netten lockeren Familie betrieben. Von den acht Zimmern sind die im Erdgeschoss die größten und besten. Das Essen ist hausgemacht und lecker und es gibt einen kleinen Garten.

Schlafräume (EZ/DZ 150/300 Rs, Zi. mit Klimaanlage 500 Rs; ❄) Am Bahnhof, was sehr praktisch ist, wenn man einen frühen Zug erreichen muss. Reservieren kann man unter der Telefonnummer für Anfragen (☎ 131).

MITTELKLASSEHOTELS

Bani Park

Die freundliche Gegend um Bani Park ist grün, ruhig und voller Bäume. Mit der Rikscha sind es 1,5 km von der Altstadt.

Madhuban (☎ 2200033; www.madhuban.net; D-237 Behari Marg; EZ 1100–1800 Rs, DZ 1200–2100 Rs; ❄ 💻 🏊) Das Madhuban ist ein schickes, ruhiges Mittelklassehaus mit Geschichte (die Besitzer regierten einst über Patan, 112 km im Nordosten), das von Pflanzen umgeben und mit hellen Fresken verziert ist. Die Zimmer sind schön gestaltet, es ist ruhig und ohne großen Zirkus – außerdem gibt's Kabel-TV. Kostenloser Shuttle-Service vom Bahnhof oder Busbahnhof. Das Restaurant ist gut und es gibt einen kleinen ummauerten Pool.

Jas Vilas (☎ 2204638; www.jasvilas.com; C-9 Sawai Jai Singh Hwy; EZ/DZ 1500/1750 Rs; ❄ 💻 🏊) Direkt neben dem Hotel Meghniwas. Das Jas Vilas wurde 1950 von einem Militärangehörigen erbaut. Heute wird es von einer reizenden Familie geführt und bietet einen herzlichen, entgegenkommenden Service sowie einen funkelnden Pool im romantischen Innenhof. Es gibt nur neun bequeme Zimmer und es herrscht ein behütetes, ruhiges Ambiente. Kabel-TV ist vorhanden und das Frühstück kostet 150 Rs.

Shahpura House (☎ 2203069; www.shahpurahouse.com; D-257 Devi Marg; EZ/DZ ab 1400/1600 Rs, Suite 1800/2200 Rs, Royal Suite 2400 Rs; ❄ 🏊) Ebenfalls eine gute Wahl, aber ohne das familiäre Gefühl, das es in anderen Häusern dieser Kategorie gibt. Das Hotel wurde im üppigen traditionellen Stil erbaut, mit makellosen Zimmern, die teilweise Balkons haben. Es gibt sogar eine Empfangshalle mit einem riesigen Kronleuchter.

Umaid Bhawan Guest House (☎ 206426; www.umaidbhawan.com; Behari Marg, über die Bank Rd; EZ/DZ 1100/1300 Rs, Suite 2000 Rs;) Das historische Gästehaus, hinter dem Collectorate, wird von der Familie eines pensionierten Luftwaffenoffiziers effizient betrieben. Die Zimmer sind prächtig und voll mit Holzmöbeln, die reich an Schnitzereien sind. Manche Zimmer führen direkt auf Balkone hinaus und andere sind so groß, dass man meint, ein Echo zu hören; kostenloser Shuttle-Service vom Zug- und Busbahnhof.

Hotel Meghniwas (☎ 2202034; www.meghniwas.com; C9 Sawai Jai Singh Hwy; EZ/DZ ab 1100/1200 Rs, Apt. 1800/2000 Rs;) Das Gebäude wurde 1950 von Brig Singh erbaut und wird jetzt von seinen freundlichen Nachfahren geführt. Die modernen Zimmer haben traditionelle Holzmöbel mit Schnitzereien und einen Ausblick ins Grüne. Nr. 201 und 209 sind wie Mini-Apartments – gut für Langzeitgäste. Der Pool liegt in einer schönen Wiese.

Andere Gebiete

Narain Niwas Palace Hotel (☎ 2561291; Narain Singh Rd; EZ/DZ ab 1950/2700 Rs;) Dieses Hotel bietet wunderbar baufällige Pracht. Es gibt eine altmodische Veranda und die Zimmer haben unterschiedlich viel Atmosphäre – am besten sind die Suiten. Der Pool liegt abgeschiedenen in einem üppigen Garten.

Alsisar Haveli (☎ 2368290; www.alsisarhaveli.com; Sansar Chandra Marg.; EZ/DZ 2000/2500 Rs plus Steuern;) Das großzügige Anwesen aus dem 19. Jh. liegt mitten in einem wunderschön grünen Park. Die Zimmer sind altertümlich möbliert, elegant und mit vielen Bögen ausgestattet – eine ausgezeichnete Wahl.

Hotel Diggi Palace (☎ 2373091; in einer Seitenstraße der Sawai Ram Singh Marg; www.hoteldiggipalace.com; Zi. mit Gemeinschaftsbad 350 Rs, mit eigenem Bad 500–1500 Rs) Etwa 1 km südlich des Ajmer Gate. Das frühere Anwesen des *thakur* (Feudalherrschers) von Diggi ist von schönen Rasenflächen umgeben. Früher ein Budgethotel ist es jetzt in die Mittelklasse aufgestiegen, obwohl die Bewohner der billigeren Zimmer hierzu wohl eine andere Meinung haben. Die teureren Zimmer sind jedoch gut, mit Wandmalereien, Nischen und romantischem Ambiente. Das Management kann jedoch schon mal etwas grummelig sein.

Nana-ki-Haveli (☎ 2615502; www.dbr.nu/nana-ki-haveli; Fateh Tiba; Zi. 1200–1800 Rs) Das ruhige, etwas versteckte Hotel mit netten Zimmern hat ein modernes Feeling in traditioneller Deko. Es wird von einer reizenden Familie geführt, der nichts zu viel ist. Bei der Moti Dungri Rd.

Hotel Bissau Palace (☎ 2304391; www.bissaupalace.com; DZ 990 Rs, mit Klimaanlage 1800 Rs, Suite 2800 Rs;) Viele antike Möbel und Maharadscha-Dekoration. Leider ist alles etwas schlampig und einige Gäste waren enttäuscht. Es gibt einen Pool, aber das Wasser ist trüb. Man kann sich mit der schönen holzgetäfelten Bibliothek oder in einem der beiden Restaurants trösten (das auf dem Dach hat eine herrliche Aussicht; nur für Hausgäste) und mit den Pfauen rumschäkern. Liegt außerhalb des Chandpol Gate.

Nahargarh (Tiger Fort; ☎ 5148044; DZ 500 Rs) Nahargarh ist eine romantische Wahl. Es gibt nur ein einfaches Doppelzimmer, in einer der Balustraden des Forts hinter dem Restaurant – die Aussicht vom Bett ist unvergleichlich.

Best Western Om Tower (☎ 2366683; ommljaipur@yahoo.com; Church Rd; EZ/DZ ab 2160/2750 Rs;) Jaipurs neuestes Wahrzeichen, an der MI Rd., erhebt sich über die Stadt wie eine gedrungene Rakete. Die Zimmer sind bequem, und je höher man kommt, desto besser wird die Aussicht. Das beige-glitzernde Design wird aber wahrscheinlich nicht jedem gefallen. Das Drehrestaurant ist spektakulär (s. S. 166). Im Nachbargebäude gibt's im 6. Stock einen Pool auf dem Dach.

SPITZENKLASSEHOTELS

Samode Haveli (☎ 2632370; www.samode.com; EZ/DZ/Suite 110/130/153 Euro, Sheesh Mahal oder Haveli Suite 188 Euro;) Die nordöstliche Ecke der Altstadt mit ihren engen Straßen ist ein zauberhafter Ort, um zu übernachten. Hier ist auch das traumhafte, 200 Jahre alte Gebäude versteckt, das einst das Stadthaus des *rawal* (Adliger) von Samode, dem Premierminister von Jaipur, war. Mehrere der Suiten sind unglaublich romantisch und mit komplizierten funkelnden Spiegelarbeiten bedeckt. Die Standard-Suiten sind ebenfalls sehr hübsch – sie haben große Betten mit Schnitzereien und privaten Terrassen. Die normalen Zimmer sind einfacher. Der Pool ist groß und prächtig, mit großen Himmelbetten an einem Ende. Zwischen Mai und September zahlt man nur die Hälfte.

Raj Vilas (☎ 2680101; www.oberoihotels.com; Goner Rd; EZ/DZ 450/475 US$, Luxuszelte 570 US$, Villen 1500 US$;) Das edelste Hotel Jaipurs liegt ca. 8 km vom Stadtzentrum entfernt. Es gehört zur Oberoi-Kette, aber die 71 Zimmer sorgen trotzdem für ein gemütliches Feeling. Die Terrakotta-Kuppeln stehen in einem über 32 ha großen Gelände voller schattiger Obstgärten und Fontänen. Die Zimmer sind raffiniert und prächtig dekoriert, mit in den Boden eingelassenen Badewannen, und jede Villa hat einen eigenen Pool. Auf dem Gelände kann man in Golf-Carts herumfahren.

Jai Mahal Palace Hotel (☎ 2223636; www.tajhotels.com; Jacob Rd; EZ/DZ ab 220/230 US$;) Das Grand Hotel der Taj-Gruppe liegt auf 7 ha Land mit wunderschön gepflegten Mogul-Gärten, auf die die meisten der schicken und komfortablen Zimmer blicken. Der runde Pool ist phantastisch. Das Gebäude aus dem 18. Jh. war die Residenz des Premierministers von Jaipur.

Saba Haveli (☎/Fax 2630521; DZ 4000 Rs;) Liegt in der Nähe vom Samode Haveli und ist ein weiteres 200 Jahre altes *haveli* (traditionelles prunkvoll dekoriertes Wohnhaus), das gerade umgebaut wird – das oberste Stockwerk steht leer. Zum Zeitpunkt der Recherche gab es nur fünf Zimmer, die zwar genauso gut wie die kleineren Suiten des Samode Haveli waren – aber der Service ist schlechter und der Pool fehlt.

Rambagh Palace (☎ 2211919; www.tajhotels.com; Bhawani Singh Marg; EZ/DZ ab 10 000/11 000 Rs;) Früher war es der Palast des Maharadschas von Jaipur, jetzt ist das Gebäude mit 19 ha Grundstück Teil der Taj-Gruppe. Der Blick über die makellosen Wiesen ist phantastisch; je teurer die Zimmer, desto üppiger die Einrichtung. Wer sich keine Übernachtung leisten kann, sollte sich wenigstens einen Drink an der Polobar (s. S. 168) gönnen.

Essen

RESTAURANTS

Ab 21 Uhr wird es in den Restaurants richtig voll.

MI Rd.

OM (☎ 2366683; ommljaipur@yahoo.com; Church Rd; Gerichte 90–250 Rs; 🕒 12–15.30 & 19–23 Uhr) Jaipurs neuestes Wahrzeichen ist ein raketenförmige Turm mit einem ausgezeichneten, todschicken und engagierten vegetarischen Drehrestaurant auf 56 m Höhe. Eine Runde dauert 45 Minuten und es ist ein Erlebnis, die Stadt auf diese Weise zu sehen. Das beeindruckt sogar die Kunden: Familien aus der indischen Oberklasse und Geschäftsleute. Die Küche kann mit der Aussicht mithalten. Es gibt viele Spezialitäten Rajasthans. Etwas abseits der MI Rd.

Niro's (MI Rd; Hauptgerichte 80–290 Rs; 🕒 10–23 Uhr) Das Niro's wurde 1949 gegründet und ist schon lange ein Favorit. Hell und freundlich, mit Flötenmusik im Hintergrund und einer verspiegelten Decke. Hier stürzen sich die Massen auf das vegetarische und nichtvegetarische indische, chinesische und kontinentale Essen. Zu den besonderen Spezialitäten gehören die *murg Malai kebabs* (Huhn und Käse), *raj sulal* (Lamm in Gewürzen) und *began bharta* (Aubergine).

Sankalp (MI Rd; Gerichte 35–90 Rs) Das helle beliebte Restaurant gehört zu einer Kette. Es könnte auf der MI Rd. den Wettbewerb gewinnen, wer die meisten Kellner hat. Diese servieren köstliche südindische Gerichte – bei einer Musik, die zu Autoverfolgungsjagden passen würde.

Natraj Restaurant (MI Rd; Hauptgerichte 40–160 Rs; 🕒 9–24 Uhr) Dieses noble zweistöckige vegetarische Restaurant mit einer umfangreichen Karte bietet nordindische, kontinentale und chinesische Küche. Die Gäste werden vom Vegetable Bomb Curry förmlich umgehauen, und es gibt eine gute Auswahl an Thalis (100–160 Rs) und südindischem Essen – das *paper masala dosa* ist köstlich. Die Deko ist in Beige gehalten und hat was von den 1970er-Jahren, mit Nischenplätzen wie aus der Fernsehserie *Happy Days* und Casino-Hintergrundmusik.

Dāsaprakash (MI Rd; Gerichte 50–130 Rs; 🕒 11–23 Uhr) Teil einer brillanten und effizienten Kette. Man konzentriert sich hier auf die gute südindische Küche. Nach einem Dosa oder einem *idli* (Reisknödel) kann man aus einer unglaublichen Zahl von Eisbechern wählen, z. B. dem Gold Rush: „strike it delicious" (Karamell, Schokoladenpralinen, Kaffee und Toffee).

Handi Restaurant (MI Rd; Gerichte 60–180 Rs; 🕒 12–15.30 & 18.30–23.30 Uhr) Handi macht die Gäste schon seit etlichen Jahren glücklich und jetzt gibt's zwei Lokale gegenüber der Hauptpost. Eines davon ist das Original, das sich hinter den Maya Mansions versteckt – es bietet leckere Barbecue-Gerichte und ist auf Tandoori- und Mughlai-Küche spezialisiert. Abends baut das Personal einen Stand mit preiswerten Kebabs am Restauranteingang auf. Die neuere, teurere Alternative mit Klimaanlage ist mit Puppen, Schlamm und Spiegeln an den Wänden dekoriert.

Copper Chimney (Maya Mansions; Gerichte 65–200 Rs; 12–15.30 & 18.30–23.30 Uhr) Nahe beim Handi Restaurant. Das Copper Chimney ist ein schicker Laden mit Stil, einer Armee von Kellnern und einem großen Wandbild eines übermütigen Pferds. Auf der Karte stehen vegetarische und nichtvegetarische indische, kontinentale und chinesische Gerichte, die in einer coolen und angenehmen Umgebung serviert werden. Durch die Fenster kann man das Chaos auf der MI Rd. beobachten.

Surya Mahal (MI Rd; Gerichte um 40 Rs; 9–22.30 Uhr) Nahe vom Niro's liegt dieses gediegene, beliebte und nicht ganz so todschicke Restaurant, das sich aber auf exzellentes südindisches Essen spezialisiert hat; die leckeren *masala dosas* sollte man sich nicht entgehen lassen.

RUND UM DIE MI RD.

Four Seasons (D-43A Subhas Marg.; Hauptgerichte 45–130 Rs; 12–15.30 & 18.30–23 Uhr) Eines von Jaipurs besten Restaurants; ein gutes, sehr beliebtes Lokal auf zwei Ebenen, mit einer Glaswand zur Küche. Es liegt etwas abseits, ist aber berüchtigt für sein gutes vegetarisches Essen und die große Auswahl an Gerichten, u. a. leckerer Spezialitäten aus Rajasthan. Die Thalis (85–100 Rs) sind zu empfehlen.

Mediterraneo (9 Khandela House, hinter dem Amber Tower; Gerichte 65–195 Rs) Dieses italienische Restaurant hat Holzofenpizza und Pasta auf der Karte – beides wurde von einem italienischen Testesser für „ziemlich gut" befunden. Gegessen wird auf einer Dachterrasse und bei Kerzenschein – eine schöne Abwechslung zur üblichen Art, in Jaipur Essen zu gehen.

Châtanya (Sansar Chandra Marg; Gerichte 30–195 Rs) Ein schickes vegetarisches Restaurant mit zu vielen Kellnern und einer Säule in der Mitte, die so bemalt ist, dass sie wie ein Baum aussieht. Wer will kann die mexikanischen, italienischen und chinesischen Gerichte mal probieren, am besten sind aber die indischen.

ALTSTADT

LMB (Johari Bazaar; Hauptgerichte 55–170 Rs; 11.30–15.30 & 19–23 Uhr) Das LMB ist ein gutes *sattvik* (rein vegetarisches) Restaurant mit Klimaanlage in der Altstadt und schon seit 1954 beliebt. Seitdem es renoviert wurde, treffen hier Art Deco und Disko-Look aufeinander. Die Karte beginnt mit einer Warnung Krishnas vor Menschen, die verwestes und verunreinigtes Essen (*tamasic)* mögen – was einen schnell in die richtige *sattvik*-Stimmung bringt. Die Thalis bieten die ganze Bandbreite rajasthanischer Genüsse und Spezialitäten. Das *paneer tikka* ist mit Fenchel gefüllt und auch das Mint Chutney ist eine leckere Wahl.

Ganesh Restaurant (Nehru Bazaar; Gerichte 5–80 Rs) Beim New Gate liegt das bestgehütete Geheimnis Jaipurs. Das klitzekleine Restaurant mit Außentischen hat einen phantastischen Standort – auf der alten Stadtmauer – und der Koch steht in einer Vertiefung an einer Seite der Mauer. Es gibt keine englische Karte und es wird auch nicht viel Englisch gesprochen, aber wer auf der Suche nach lokalem Essen mit frischen leckeren Menüs ist, der wird hier fündig. An einem Ende des Nehru Basars steht ein Hinweisschild.

Steam (2325698; Chaura Rasta; Gerichte 30–70 Rs; 12–15.30 & 19.30–23 Uhr) Das Steam liegt nicht weit vom City Palace entfernt und ist ein vorn offenes, günstiges aber nicht besonders originelles Lokal, das aber einen netten Service und gutes vegetarisches Essen hat – der übliche Mix aus Indisch, Chinesisch und Kontinental.

Mohan (144-5 Nehru Bazaar, Gerichte 7–40 Rs) Einfach, günstig und sehr beliebt. Der Name ist in Hindi geschrieben und das Restaurant ist an einer Straßenecke, ein paar Stufen unterhalb des Bürgersteigs. Das Lokal sieht etwas schmuddelig aus, aber das Essen ist frisch zubereitet und gut.

Jaipur Inn (B-17 Shiv Marg., Bani Park; nur Abendessen) In diesem Hotel gibt's ein Dachrestaurant mit einer spektakulären Aussicht über ganz Jaipur. Das leckere indisch-vegetarische Buffet kostet 100 Rs (Nicht-Gäste müssen reservieren).

Andere Gebiete

Chokhi Dhani (2225001; Abendessen & Unterhaltung Erw./Kind 3–9 Jahre 190/100 Rs, Hütte 4000 Rs, Suite 5000 Rs;) Chokhi Dhani heißt „Besonderes Dorf", und dieser Ort wird seinem

Namen gerecht. Es ist ein neo-rajasthanisches Dorf 15 km südlich von Jaipur, wo man köstliche Thalis bekommt und – so ist es traditionell üblich – auf dem Boden sitzt. Neben den Restaurants gibt es massenhaft traditionelle Unterhaltung (s. rechte Spalte). Das Ganze ist besonders bei indischen Mittelschichtfamilien sehr beliebt. Man kann hier auch in luxuriösen Hütten mit Lehmwänden und Spiegelverzierungen übernachten.

AUF DIE SCHNELLE

Lassiwala (MI Rd) Das Lassiwala ist eine berühmte „Institution". Es liegt gegenüber von Niro's – ein kleines einfaches Lokal, wo für 10/20 Rs cremige kleine/Jumbo-Lassis angerührt werden. Doch welches ist nun das echte Lassiwala? Es ist an der Aufschrift „Since 1944" zu erkennen und liegt direkt neben einer kleinen Gasse – die Nachahmer drängeln sich, wenn man davor steht, rechts daneben.

Jal Mahal (MI Rd; Eiscreme 12–110 Rs) Direkt neben dem Surya Mahal liegt diese beliebte kleine Eisdiele mit einigen einfallsreichen Kreationen im Angebot, vom „Erdbeben" bis zum „After Ate".

Chic Chocolate (MI Rd) Um die Ecke vom Atithi Guest House. In dieser sauberen Konditorei serviert man exzellenten Käsetoast (mit Zwiebeln und Pfeffer, 25 Rs). Außerdem gibt's selbstgebackenes Brot und Kuchen.

Über herrliche indische Süßigkeiten kann man bei **Rawat Kachori** (Station Rd; Süßigkeiten 5–10 Rs oder 80–300 Rs/kg, Lassi 22 Rs) herfallen; eine der leckeren Milchkronen sollte einen über den Nachmittag retten. Auf der anderen Straßenseite ist das **Kanji** (Süßigkeiten 110–300 Rs/kg), das die Kunden mit einem ähnlich tollen Angebot lockt.

Ausgehen

Polo Bar (Rambagh Palace Hotel, Bhawani Singh Marg.; ⌚ 11–24 Uhr) Durch die gewölbten Bogenfenster sieht man auf perfekte grüne Wiesen. Eine Flasche Bier kostet 220 Rs und die Cocktails ca. 300 Rs.

Hightz (Mansingh Hotel, Sansar Chandra Marg.; ⌚ 17.30–24 Uhr) Eine DJ-Bar, was leider nicht so cool ist, wie's klingt (statt des versprochenen DJs ist eher eine Hammondorgel zu hören). Aber die Aussicht ist toll und die Cocktails kosten ab 150 Rs.

Unterhaltung

Jaipur ist nicht gerade eine Stadt für Partys bis tief in die Nacht. Viele Hotels bieten abends aber noch Musik, Tanz oder eine Puppenshow.

Raj Mandir Cinema (☎ 2379372; Eintritt 20–80 Rs) Gleich neben der MI Rd. ist dies der Ort, um in Indien einen Hindi-Film zu sehen. Das gewaltige Kino sieht aus wie eine große Cremetorte. Es hat einen Zuschauerraum, der wie ein Baiser geformt ist, und das Foyer ist eine Mix aus Tempel und Disneyland. Auf jeden Fall ist es eine Touristenattraktion und meist voll, trotz seiner unglaublichen Größe. Reservierungen kann man von einer Stunde bis zu sieben Tage im Voraus an den Fenstern Nr. 7 und 8 machen (⌚ 10–18 Uhr) – so hat man die besten Chancen auf einen Sitzplatz. In den ersten Tagen eines Neustarts kann man aber auch das vergessen. Alternativ kann man auch die Ellenbogen wetzen und sich in der Schlange anstellen, wenn der Ticketschalter 45 Minuten vor Vorstellungsbeginn öffnet. Die billigsten Sitze sind direkt vorne an der Leinwand. Vorstellungen gibt's um 12.30, 15.30, 18.30 und 21.30 Uhr.

Im **Chokhi Dhani** (☎ 2225001; Erw./Kind 3–9 Jahre 190/100 Rs), ca. 15 km außerhalb von Jaipur, kann man einen phantastischen magischen Abend verbringen. Hier handelt es sich um ein nachgemachtes rajasthanisches Dorf, was einen aber nicht abschrecken sollte. Die großen Gärten werden von schimmernden Lampen beleuchtet und die Restaurants servieren traditionelle Gerichte aus Rajasthan (s. S. 167), was im Eintritt inbegriffen ist. Man wandert umher und schaut sich die verschiedenen Aufführungen an, von bizarr bis noch bizarrer: Traditionelle Tänzer indigener Völker setzen ihre Hüte in Brand, kleine Kinder balancieren auf Stangen und Tänzer in Löwenkostümen lauern in einem Wald. Man kann auch auf Elefanten oder Kamelen reiten.

Shoppen

Jaipur ist ein Einkaufsparadies mit einer unglaublichen Auswahl an Kunsthandwerk. Man muss aber eisern handeln – die Shops haben sich sehr an zu viele Touristen mit viel Geld und wenig Zeit gewöhnt. Tourifallen wie die Geschäfte rund um den City Palace und den Hawa Mahal sind meistens teurer. Gute Tipps zum Thema Handeln gibt's auf S. 1184. In einigen Geschäften, z. B. dem Regierungskaufhaus und einigen Schickimicki-Läden, sind die Preise fest.

Viele der größeren Geschäfte packen die Einkäufe ein und schicken sie als Paket nach Hause – es ist aber billiger, wenn man das selbst erledigt (s. S. 160 für Postdienste).

Jaipur ist berühmt für Edel- und Halbedelsteine. Viele Geschäfte werben mit Sonderangeboten – hier sollte man sich aber besser mit Juwelen auskennen. Die meisten Schmuckgeschäfte gibt's rund um den muslimischen Bereich von Pahar Ganj. Hier kann man beobachten, wie die Steine in den Werkstätten, die sich in Nebenstraßen verstecken, geschliffen und poliert werden. Im **Johari** und im **Siredeori Bazaar** verkaufen viele Juweliere Gold, Silber und stark-glasierte Emaillearbeiten, die als *meenakari* bekannt sind, eine Spezialität aus Jaipur.

Die Stadt ist immer noch grob in traditionelle Handwerkerviertel eingeteilt. Der **Bapu Bazaar** ist für Saris und Stoffe zuständig, und ein guter Ort um Schmuckstücke zu kaufen. Bei Stoffen findet man eventuell noch ein besseres Angebot am Johari Bazaar, wo sich viele Händler auf Baumwolle spezialisiert haben. Der **Kishanpol Bazaar** ist für seine Textilien berühmt, besonders für die *bandhani* (abbinden und färben). Der **Nehru Bazaar** verkauft Stoffe, aber auch Jootis (traditionelle spitze Schuhe aus Rajasthan), Schmuckstücke und Parfüm. Die MI Rd. ist ebenfalls ein guter Ort um Jootis zu kaufen. Der beste Platz für Armreifen ist **Maniharon ka Rasta**, neben dem Shree Sanjay Sharma Museum.

Entlang der Amber Rd. zwischen dem Zorawar Gate und dem Holiday Inn reihen sich Fabriken und Ausstellungsräume auf, um Touristen aufzulauern. Hier gibt's Gummidrucke, blaue Keramiken, Teppiche und Antiquitäten. Die Kaufhäuser sind aber an ganze Busladungen mit zahlungswütigen Menschen gewohnt, daher sollte man besser seine Feilschmütze aufhaben.

Die Rikscha-Wallahs, Hotels und Reisebüros bekommen eine dicke Provision von jedem Laden, in den sie einen Traveller schicken können. Um die freundlichen jungen Männer, die einen zum Geschäft eines Onkels/Bruders/Cousins schicken wollen, sollte man einen großen Bogen machen – Abzocke ist der Name des Spiels, das hier gespielt wird.

Rajasthali (MI Rd; 🕑 Mo–Sa 11–19.30 Uhr) Das Regierungskaufhaus gegenüber dem Ajmer Gate führt hochwertige rajasthanische Kunstwerke und Handwerksarbeiten, aber hier liegt eine gewissen Trägheit in der Luft, die einem den Einkaufsspaß etwas verdirbt. Der beste Grund, hierher zu kommen, ist, nach den Preisen zu schauen, bevor man den Basar stürmt (auf dem Markt sind die Sachen oft billiger, wenn man gehandelt hat, und die Auswahl ist größer).

Anokhi (2 Tilak Marg; 🕑 10–19 Uhr) Beim Secretariat. Diese noble Boutique für Anspruchsvolle ist einen Besuch wert, vor allem wegen der hochwertigen Textilien – z. B. Stoffe mit Blockdruck, Tischwäsche und Kleidung. Die Stücke werden außerhalb Jaipurs in einer ungewöhnlichen, nach ethischen Grundsätzen arbeitenden Fabrik produziert, die auf dem Gelände einer Biofarm steht.

Kripal Kumbh (☎ 2201127; B-18A Shiv Marg, Bani Park; 🕑 9–17 Uhr) Ein Ausstellungsraum in einem Privathaus – eine gute Gelegenheit, um Jaipurs berühmte blaue Keramiken zu kaufen, die von dem angesehenen und mit vielen Preisen ausgezeichneten Töpfer Mr. Kripal Singh hergestellt werden. Der über 80-Jährige ist ein echter Könner und bietet hier einige unglaubliche Stücke zum Verkauf. Die Keramiken kosten zwischen 10 Rs (für einen Briefbeschwerer) und 10 000 Rs (für eine große Vase). Man kann auch lernen, wie die Keramiken bemalt oder hergestellt werden (s. S. 163). Betrüger bringen einen eventuell zum falschen Ort und behaupten, jemand anderer sei K. Singh, oder dass er sogar tot sei. Also sicher stellen, dass man zum richtigen Platz gebracht wird (beim Jaipur Inn).

Mojari (Bhawani Villa, Gulab Path, Chomu House; 🕑 Mo–Sa 11–18 Uhr) Hier werden tolle Schuhe verkauft (400–600 Rs). Benannt nach den traditionell dekorierten Schuhen Rajasthans handelt es sich beim Mojari um ein von den UN unterstütztes Projekt, das die Haushalte von 3500 Lederarbeitern auf dem Land unterstützt. Der Himmel für Schuhfetischisten, allerdings kann es schwierig werden, die richtige Größe zu finden. Am Sadar Patel Marg.

Charmica (MI Rd; 🕑 Mo–Sa 10–20 Uhr) Gegenüber dem Restaurant Natraj. Der kleine Laden hat gute und günstige Jootis.

Juneja Art Gallery (6–7 Laksmi Complex, MI Rd; 🕑 10–20 Uhr) In dieser Galerie gibt's einige eindrucksvolle Stücke von zeitgenössischen rajasthanischen Künstlern (zwischen 100 und 50 000 Rs).

Himalaja (MI Rd; ⌚ Mo–Sa 10–20 Uhr) Ayurvedische Produkte am besten in diesem Geschäft nahe Panch Batti kaufen, das seit 70 Jahren Naturheilmittel und Schönheitsprodukte anbietet. Hier gibt's Hilfe für viele Gebrechen, sogar für schlechtes Gedächtnis und für den morgendlichen Kater. Es gibt sogar Behandlungen für Haustiere. Die Feuchtigkeitscremes usw. lohnen sich.

New Jodhpur Tailors (9 Ksheer Sagar Hotel; Motilal Atal Marg; ⌚ Mo–Sa 9–20.30, So bis 17 Uhr) Der kleine Schneider macht wunderschöne Jodhpurs (500 Rs) als Vorbereitung für den Besuch in der blauen Stadt. Oder man gönnt sich einen Maßanzug (1800 Rs) und ein Hemd (100 Rs).

An- & Weiterreise

FLUGZEUG

Flüge von/nach Delhi (56 US$, tgl.), Mumbai (165 US$, tgl.), Udaipur (90 US$, tgl.), Jodhpur (90 US$, tgl.), Kolkata (230 US$, Mo–Sa) und Ahmedabad (115 US$, 2-mal wöchentl., Mo u. Sa) werden von **Indian Airlines** (☎ 2743500; Tonk Rd) durchgeführt, deren Büro außerhalb der Stadt liegt. Auch **Jet Airways** (☎ 2360450; Umaid Nagar House, MI Rd) fliegt viele dieser Routen zum ähnlichen Preis. Wenn man unter 30 ist, gibt's 30 % Rabatt. Andere Fluggesellschaften mit Flügen von/nach Delhi sind **Air Deccan** (www.airdeccan.net; 20 US$) und **Jagson Airlines** (www.jagsonairline.com; 40 US$).

Inlandsflüge bucht man im Reisebüro, z. B. beim **Rajasthan Travel Service** (☎ 236 5408; Ganpati Plaza) oder **Crown Tours** (☎ 2363310), gegenüber vom Rajputana Palace Sheraton. **Air India** (☎ 2368047; Shop 101, Ganpati Plaza) für internationale Flüge liegt im Zentrum.

BUS

Die Busse der Rajasthan State Transport Corporation (RSTC) fahren vom **Hauptbusbahnhof** (Station Rd) ab und nehmen Fahrgäste auch am Narain Singh Circle mit. Hier ist die Gepäckaufbewahrung (10 Rs pro Gepäckstück für 24 Std.) und ein Stand für Prepaid-Autorikschas. Luxusbusse fahren von Platform 3, versteckt in der rechten Ecke des Busbahnhofs, und können im **Reservierungsbüro** (☎ 2205790) im Voraus gebucht werden.

Es gibt reguläre Busse zu vielen Zielen, darunter auch:

Ziel	Preis (Rs)	Dauer (Std.)	Häufigkeit
Delhi	281, AC 425	5½	mind. stündl.
Jodhpur	142	7	3-mal tgl.
Kota	123	5	3-mal tgl.
Ajmer	67, AC 86	2½	7-mal tgl.
Agra	67, AC 227	5½	12-mal tgl.
Udaipur	202	10	5-mal tgl.
Bikaner	80, AC 100	8	stündl.
Bharatpur	85	4½	4-mal tgl.
Bundi	105	5	5-mal tgl.
Mt. Abu	AC 302	13	tgl.
Jaisalmer	236	15	tgl.
Chittor	116	7	2-mal tgl.
Jhunjhunu	64	5	halbstündl.
Nawalgarh	51	4	halbstündl.
Sawai Madhopur	60	6	3-mal tgl.

Bei langen Reisen sind die privaten Busse bequemer, aber auch der RSTC Silverline Luxus-Service bekommt gute Kritiken. Private Busse bieten auf langen Strecken oft Schlafwagen an – das ist auf jeden Fall bequemer als im Sitz zu schlafen.

AUTO

Die RTDC berechnet 4 Rs/km in einem Ambassador (ohne Klimaanlage), mit einem täglichen Minimum von 250 km; die Übernacht-Gebühr beginnt bei 100 Rs. Private Taxis berechnen 3,5 Rs/km für einen Wagen ohne Klimaanlage, beim gleichen Minimum. Achtung: Man muss auch für die Rückfahrt des Fahrers bezahlen!

ZUG

Das effiziente **Railway Reservation Office** (☎ 135; ⌚ Mo–Sa 8–14 & 14.15–20, So 8–14 Uhr) liegt rechts, wenn man aus dem Hauptbahnhof herauskommt. Hier ist nur Reservieren im Voraus möglich. Die Schlange für „Freiheitskämpfer und ausländische Touristen" (Schalter Nr. 769) ist die Richtige. Wer am selben Tag fahren will, kann das Ticket am Bahnhof kaufen. Informationen gibt es unter ☎ 131 (s. Tabelle gegenüber).

Unterwegs vor Ort

VOM/ZUM FLUGHAFEN

Es gibt keinen Bus-Service am Flughafen. Autorikschas/Taxis kosten mindestens

WICHTIGE ZUGVERBINDUNGEN VON JAIPUR

Ziel	Zugnummer & Name	Preis (Rs)	Dauer (Std.)	Abfahrt
Agra	2308 *Howrah Jodhpur Exp*	127/356*/570	6½	23.10
Ahmedabad	2958 *Ahmedabad SJ Radhani Exp*	955/1395	9¼	12.45 (Mi–Mo)
	2916 *Ahmedabad Ashram Exp*	278/727*/1115	11	20.55
Ajmer	2015 *Shatabdi*	310/605	2	22.45 (Do–Di)
Bikaner	4737 *Bikaner Exp*	119/853	9¼	22.10
	2468 *Intercity Exp*	122/351	6¾	15.25
Delhi	2016 *Shatabdi*	505/1020	4¼	17.45
	2957 *Rajdhani*	530/790	5½	2.30
	2414 *Jaipur–Delhi Exp*	80/277	5½	16.25
Jaisalmer	4059 *Delhi Jaisalmer Exp*	256/690*	12¾	0.05
Jodhpur	2465 *Intercity Exp*	81/284	5½	17.10
	2461 Mandore Exp	180/450*/679	5½	2.35
Sikar	9734 *Shekhawati Exp*	37/135	2¾	18.05
Udaipur	9615 *Chetak Exp*	167/748	12¼	20.40

Rajdhani-Tarife gelten für 3AC/2AC. Shatabdi-Tarife sind in Chair Class/Executive Class unterteilt; die Express-Preise beziehen sich auf 2. Klasse/Chair Class oder Sleeper Class für Tagzüge bzw. Sleeper Class/AC Sleeper Class für Nachtzüge (* = 3AC). Zur Berechnung der 1. Klasse und anderer Tarife siehe Tabelle S. 1212.

150/250 Rs für die 15 km lange Fahrt ins Zentrum.

AUTORIKSCHA

Einen Stand für Prepaid-Autorikschas gibt's am Bahnhof, einen zweiten am Busbahnhof.

Eine Autorikscha zum Sightseeing kostet ca. 150/250 Rs für einen halben/ganzen Tag (inkl. Amber, aber nicht Nahargarh); möglicherweise ist Feilschen angesagt!

RUND UM JAIPUR

Amber

Der herrliche zart-rosa Fort-Palast von Amber (sprich: Amer) ist ein wunderschönes, fast schon überirdisches Beispiel der Rajputen-Architektur. Es erhebt sich von

VORSICHT: KLUNKER FLUNKER

Eine überraschend große Zahl von Travellern lässt sich bei Geschäften mit Edelsteinen blenden. Diese Betrügereien, frei nach dem Motto „zu-schön-um-wahr-zu-sein", bestehen z.B. darin, dass man Steine kaufen soll, die sich angeblich mit riesigem Profit weiterverkaufen lassen. Oder man soll von reichen Händlern für die Beförderung von Edelsteine bezahlt werden, ohne dass einem dabei selbst Kosten entstehen. Doch plötzlich tauchen dann „Zollprobleme" auf, d.h. es müssen größere Beträge gezahlt werden oder ähnliche Nettigkeiten ...

Diese Trickbetrüger sind ausnahmslos charmant, sie nehmen Reisende mit zu sich nach Hause und bestehen darauf, einen zum Essen einzuladen. Fälschlicherweise hält man dies alles für echte indische Gastfreundschaft und der nichts gutmütige Traveller beginnt, dem neuen Freund zu vertrauen. Ein paar Tage später wird dann ein Geschäft vorgeschlagen, das viel zu gut ist, um wahr zu sein – und genau das ist es auch. Wenn man Edelsteine zum Weiterverkauf ersteht, sind diese meist nur ein Bruchteil von dem wert, was man bezahlt hat (oder, falls die Steine per Post verschickt werden sollen, kommen sie nie an, selbst wenn man zugesehen hat, wie sie verschickt wurden). Jammergeschichten über Exportlizenzen, die nicht zu bekommen seien, oder hohe Steuern sind nicht das Problem des Reisenden. Angebliche Bestätigungen von anderen glücklichen Wagemutigen, die mit Edelsteinen handeln, sind einfach zu fälschen. Nie wegen falscher Versprechungen den gesunden Menschenverstand vergessen.

einem felsigen Berghang ca. 11 km nördlich von Jaipur.

Amber war die alte Hauptstadt des Staates Jaipur. Der Bau des **Forts** (Eintritt Inder/Ausländer 10/50 Rs, Foto/Video 75/150 Rs; ⌚ 9–16.30 Uhr) wurde 1592 von Maharadscha Man Singh begonnen, dem Rajputen-Kommandanten der Armee Akbars. Später wurde es von den Jai Singhs erweitert, bevor man nach Jaipur umzog.

Von der Straße aus ist das Fort zu Fuß in ca. zehn Minuten erreichbar (oben gibt's kalte Getränke). Ein Platz im Jeep hinauf zum Fort kostet 120 Rs (mit Rückfahrt). Auch der Ritt hin und zurück auf einem Elefanten für 450 Rs (jeder Elefant kann bis zu vier Personen tragen) ist beliebt. „Help in Suffering" (s. S. 1165) versucht, bei der Regierung bessere Lebensbedingungen für diese Elefanten zu erreichen. Wer helfen will, kann zur Unterstützung einen Brief schicken.

Am Eingang unbedingt einen Führer (100–150 Rs für 1½ Std., max. vier Pers.) engagieren, denn es gibt nur wenige Schilder und es wäre doch schade, wenn man in den labyrinthartigen Zenana (Frauenquartieren) verloren ginge. Der Maharadscha fand zweifellos jede Nacht den Weg zur Frau seiner Wahl – aber das schafft nicht jeder.

Nach dem Verlassen des Ticketbüros auf der Haupttreppe rechts halten und dann die schmale Treppen hinaufsteigen; oben liegt die silberne Eingangstür zum kleinen **Kali-Tempel** (keine Fotos; ⌚ 6–12 & 16–20 Uhr). Vom 16. Jh. bis 1980 (als es schließlich verboten wurde) wurde hier täglich eine Ziege geopfert.

Links vom Tempel führt die Haupttreppe zur **Diwan-i-Am** (Halle der öffentlichen Audienzen), mit einer doppelten Reihe von Säulen; im oberen Teil befinden sich vergitterten Galerien.

Die Wohnräume des Maharadschas liegen auf der erhöhten Terrasse und werden durch ein mit Mosaiken und Skulpturen verziertes Tor betreten. Der **Jai-Mandir** (Siegeshalle) ist für ihre Einlegearbeiten und die vielfach verspiegelten Decken bekannt. Die Muster wurden mit farbiger Folie und Farbe erzeugt und sind mit Glas bedeckt. Nachts wurden Kerzen angezündet und die konvexen Spiegel glitzerten wie Sterne. Leider hat man in den 1970er- und 1980er-Jahren nichts gegen den Verfall dieser Dekoration getan – aber jetzt gehen die Restaurierungen (von unterschiedlicher Qualität) weiter. Die geschnitzten Marmorplatten rund um die Halle sind unglaublich detailliert und mit ihren cartoonartigen Insekten und verschlungenen Blumen auch etwas sonderbar.

Gegenüber vom Jai-Mandir ist die **Sukh Niwas** (Halle des Vergnügens), mit einer Sandelholztüre mit Elfenbeinintarsien und einem Kanal, in dem früher kühles Wasser durch den Raum floss. An dem Jai-Mandir hat man einen guten Blick vom Palastwall über den im Tal liegenden See. Die **Zenana** umgeben den vierten Innenhof – sie sind durch einen Gang für die diskreten nächtlichen Besuche des Maharadschas verbunden.

Busse nach Amber starten regelmäßig nahe dem Hawa Mahal in Jaipur (8 Rs, 25 Min.).

Jaigarh

Ein struppiger grüner Hügel erhebt sich über Amber, und auf der Spitze steht das imposante **Jaigarh** (Eintritt Inder/Ausländer 15/20 Rs, Eintritt kostenlos in Kombination mit einem City Palace Ticket, Foto/Video 20/100 Rs, Auto 50 Rs; ⌚ 9–17 Uhr) das Jai Singh 1726 erbauen ließ. Das strenge Fort, das mit merkwürdig überdachten Aussichtstürmen ausgestattet ist, wurde nie erobert und hat die Jahrhunderte schadlos überstanden. Der Fußweg (ca. 1 km) führt von Amber aus bergauf. Oben ist der Ausblick vom Diwa Burj-Wachturm schlicht großartig. Das Fort verfügt über Speicher, Wohnanlagen, ein Puppentheater und die größte Kanone der Welt auf Rädern, die Jaya Vana.

Galta

Der **Tempel des Sonnengotts** – auch als Affentempel bekannt (die Affen versammeln sich hier bei Sonnenuntergang) – in Galta liegt 2,5 km oberhalb von Jaipur Richtung Osten, ein 100 m langer Anstieg direkt hinter Surajpol. Eine steinige Schlucht führt zu ihm hinauf. Oben gibt's eine tolle Aussicht über die umliegenden Ebenen. Weibliche Reisende haben berichtet, dass sie sich unbehaglich fühlten, als sie allein hochgewandert sind.

Das wunderschöne Dhammathali Vipassana Meditation Centre (s. S. 162) liegt ca. 3 km vom Zentrum Jaipurs entfernt an der Straße Sisodiarani Baug–Galtaji. Die Fahrt mit einer Rikscha hierher kostet ca. 80 Rs (mit Rückfahrt).

Ramgarh

Eine grüne Oase, ca. 35 km nordöstlich von Jaipur, mit einem malerischen **See**, einem **Polofeld** (Auskunft zu Spielpaarungen in Jaipur ☎ 0141-2374791) und einem alten **Durga-Tempel**.

Die **Ramgarh Lodge** (☎ 01426-2552217; www.tajhotels.com; DZ mit Frühstück & Abendessen 3700–4700 Rs, Suite 6700 Rs;) war früher eine königliche Jagdhütte mit Blick über den Ramgarh-See. Die Lodge ist zwar spektakulär, aber der Service ist eher langsam und zu lässig. In ihrem Innern stehen zahllose ausgestopfte wilde Tieren – der traurigste Anblick ist ein Bär, der ein Tablett trägt. Der Pool (nachfragen, ob er gefüllt ist) liegt wunderschön und die teuersten Zimmer haben die tollste Aussicht.

Zwischen Jaipur und Ramgarh fahren Busse (13 Rs, 1 Std.).

Abhaneri

Das abgeschiedene Dorf liegt ca. 95 km von Jaipur entfernt auf der Straße nach Agra, umgeben von wogenden Weizenfeldern. Es ist ein überraschender Standort für einen der beeindruckendsten Stufenbrunnen Rajasthans: **Chand Baori** (Eintritt kostenlos; Sonnenaufgang–Sonnenuntergang), mit ungefähr elf sichtbaren Ebenen von zickzackförmigen Stufen. Eine unglaubliche, 20 m tiefe geometrische Konstruktion. Neben dem *baori* liegt ein kleiner verfallener Palast, wo die Könige ihre Picknicks abhielten und in privaten Räumen baden konnten (das Wasser wurde mit Ochsen hergebracht). Jetzt wohnen dort nur noch Tauben und Fledermäuse. Direkt daneben steht der Harshat-Mata-Tempel, der von muslimischen Eroberern beschädigt wurde, aber einige der wunderschönen tiefen Reliefskulpturen in dem warmen orangefarbenen Standstein sind noch erhalten. Beides wurde von King Chand, dem Regenten von Abhaneri und ein Rajput der Chahamana-Dynastie erbaut.

Von Jaipur aus nimmt man den Bus nach Sikandra (1½ Std.). Von dort aus mietet man sich einen Jeep für die 10 km lange Fahrt nach Abhaneri (hin und zurück 250 Rs, mit einem 30 Min. langen Stop) oder in den Bus nach Gular steigen und von dort die restlichen 5 km nach Abhaneri zu Fuß gehen. Wer über ein eigenes Transportmittel verfügt, sollte auf der Fahrt zwischen Jaipur und Bharatpur oder Agra unbedingt hier anhalten.

Balaji

Der außergewöhnliche hinduistische Exorzismus-Tempel von Balaji liegt ca. 3 km von der Straße zwischen Jaipur und Agra entfernt. Die Menschen bringen ihre besessenen Angehörigen hierher, um durch Gebete und Rituale die bösen Geister zu vertreiben. Die meisten Exorzismen finden dienstags und samstags statt. An diesen Tagen hat man fast den Eindruck, auf der Straße draußen würde ein Hindu-Rave stattfinden. Die einzigen, die dann den Tempel betreten können, sind die Priester und ihre Opfer – die Zeremonien werden auf knisternde Videoleinwände nach draußen übertragen. Die Besessenen schreien, rufen, tanzen und schütteln die Köpfe.

Wer wartet, bis die Zeremonie zu Ende ist, kann auch einen Blick ins Innere des Tempels werfen. Man sollte als Zeichen des Respekts seinen Kopf mit einem Tuch bedecken. Fotografieren ist nicht erlaubt. Die oft verstörenden Szenen an diesem Tempel sind nicht Jedermanns Sache.

Von Jaipur aus fahren zahlreiche Busse nach Balaji (Normal/Express 32/50 Rs, 2½/2 Std.).

BHARATPUR

☎ 05644 / 205 104 Ew.

Der Grund, warum Menschen Bharatpur besuchen, ist der auf der Unesco-Liste stehende Keoladeo Ghana Nationalpark (s. S. 175). Ein wunderschöner Zufluchtsort für Vögel – ein auf der Welt einzigartiger Brut- und Futterplatz – in dem unglaubliche 364 Arten auf 29 km² leben. Das Marschland ist ein lebenswichtiges Winterquartier für Wasservögel, darunter Besucher aus Afghanistan, Turkmenistan, China und Sibirien.

Im 17. und 18. Jh. war Bharatpura eine wichtige Jat-Festung. Die Jats bewahrten sich ihre Unabhängigkeit durch ihre Tapferkeit in der Schlacht und geschickt arrangierte Zweckehen mit dem rajputischen Adel. Sie stellten sich den Moguln mehrfach erfolgreich entgegen und ihr Fort aus dem 18. Jh. überstand einen Angriff der Briten 1805 und eine lange Belagerung 1825. Diese Belagerung führte zur Unterzeichnung des ersten Freundschaftsvertrages zwischen den nordwestlichen indischen Staaten und der Ostindischen Kompanie. Der Einfluss der Jat und die Lage direkt an der Grenze zu Uttar Pradesh

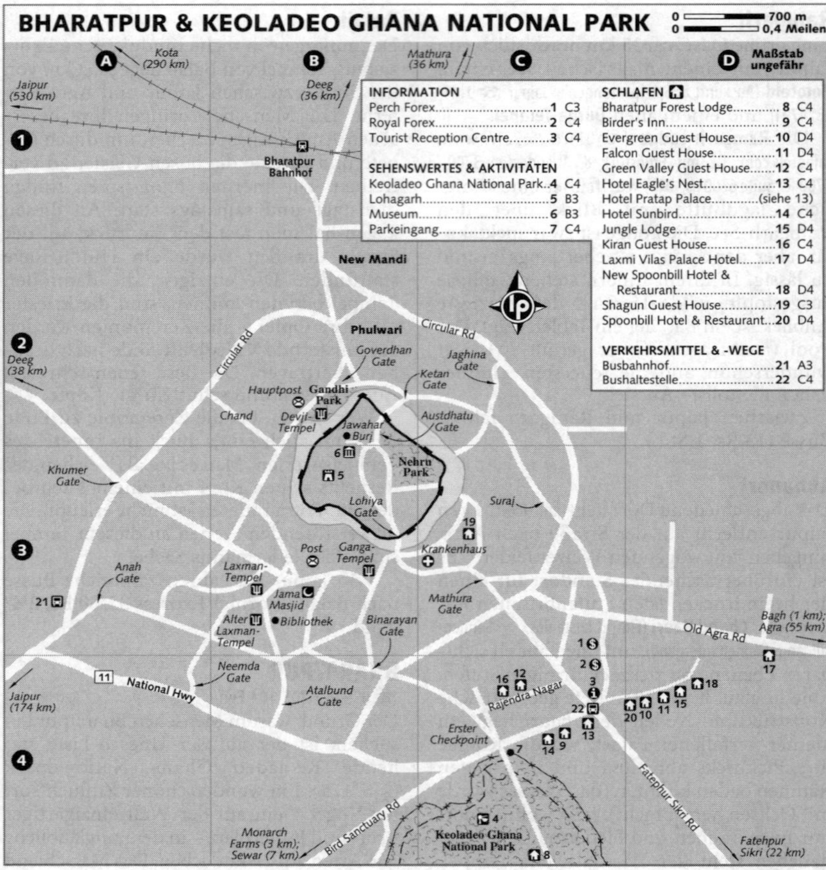

bewirkte, dass Bharatpur seinen direkten Nachbarn ähnlicher ist als Rajasthan.

Die unerschütterlichen Verteidigungsanlagen des Forts stehen noch immer, aber Bharatpur selbst ist staubig und laut und nicht gerade interessant. Mückenschutzmittel nicht vergessen.

Sehenswertes

Lohagarh, das „Eiserne Fort" aus dem frühen 18. Jh., liegt auf einer kleinen künstlichen Insel im Stadtzentrum. Maharadscha Suraj Mahl, der Baumeister des Forts und Gründer von Bharatpur, baute zwei Türme innerhalb des Walls, den Jawahar Burj und den Fateh Burj, um seinen Siegen über die Moguln und die Briten ein Denkmal zu setzen. Auf dem Gelände gibt's auch drei stark verfallene Paläste. Einer von ihnen, mitten in einem ruhigen Innenhof, beherbergt ein selten besuchtes **Museum** (Eintritt 3 Rs, Mo kostenlos, Foto/Video 10/20 Rs; ⌚ Sa–Do 10–16.30 Uhr) mit Jainisten-Skulpturen, Gemälden, Waffen und staubigen Tiertrophäen. Am spektakulärsten ist der noch im Originalzustand erhaltene Hammam des Palasts. Es lohnt sich, wegen der tollen Aussicht auf die Stadt und auf die anderen von Vögeln bewohnten Paläste auf das Dach zu klettern.

Schlafen

Mehr Unterkünfte s. S. 176.

Shagun Guest House (☎ 232455; EZ/DZ mit Gemeinschaftsbad 70/80 Rs) In dem hektischen staubigen

Dorf ist dieses Haus hier die einzige zumutbare Unterkunft. Es liegt an einer Straße hinter dem Mathura Gate. Die Zimmer sind einfach und staubig, erinnern stark an Zellen, doch das Gästehaus ist billig und nach vorne hinaus gibt's einen kleinen schattigen Innenhof. Der Besitzer ist freundlich, kennt sich im Park aus und macht Führungen durchs Dorf.

An- & Weiterreise

BUS

Regelmäßig fahren Busse nach Agra (Normal/Express 31/48 Rs, 1½ Std.), Fatehpur Sikri in Uttar Pradesh (12 Rs, 1 Std.), Jaipur (76 Rs, 4½ Std.), Deeg (14 Rs, 1 Std.) und Alwar (43 Rs, 4 Std.). Die Busse fahren am Busbahnhof ab, halten aber auch an der Kreuzung vor dem Tourismusbüro.

ZUG

Der *Janata Express* (Nr. 9023 & 9024) verlässt New Delhi um 13.45 Uhr und kommt um 18.20 Uhr in Bharatpur an. Er fährt um 7.35 Uhr wieder in Bharatpur ab und ist um 13.20 Uhr zurück in der Hauptstadt (54/82 Rs 2. Klasse/Sleeper Class). Es gibt auch ungefähr sechs Züge nach Sawai Madhopur (54 Rs 2. Klasse, 182 km).

Unterwegs vor Ort

Eine Auto- oder Fahrradrikscha von der Bushaltestelle zum Tourismusbüro und den meisten Hotels kostet ca. 20 Rs, und 25 Rs ab dem Bahnhof.

KEOLADEO GHANA NATIONAL PARK

Die beste Zeit, um den **Park** (Eintritt Inder/Ausländer 25/200 Rs, Video 200 Rs; ⌚ April–Sept. 6–18 Uhr, Okt.–März 6.30–17 Uhr) zu besuchen, ist Oktober bis Februar, wenn die Zugvögel zu Gast sind.

In den letzten Jahren hatte der Park unter dem geringen Monsunregen zu leiden, und weniger Wasser bedeutet auch weniger Vögel. 2004 versuchte man, Wasser vom nahe gelegenen Panchana-Damm umzuleiten, stieß aber auf Widerstand bei den Bewohnern der umliegenden Dörfer. Es ist zu hoffen, dass ein dauerhafter Wasserspeicher eingerichtet werden kann, denn Dürre schadet diesem Weltnaturerbe.

Möglicherweise sind Saruskraniche zu sehen (die größten Vögel im Park), sowie Fischreiher, Silberreiher, Gänse, Eulen, Kormorane, Eisvögel und sogar Pythons. Pythons kann man am ehesten im Winter entdecken, wenn sie aus ihren Verstecken im Boden herauskommen müssen, um ein Sonnenbad zu nehmen. Die besten Zeiten zur Vogelbeobachtung sind der frühe Morgen und Abend. Die berühmtesten Winterbesucher waren einst seltene Sibirische Kraniche. Vor rund 30 Jahren überwinterten etwa 200 davon im Park, aber viele starben während der 5000 km langen Wanderung, vor allem weil sie in Pakistan und Afghanistan gejagt wurden, aber auch wegen des Streits um die knappen Ressourcen zwischen den armen Dorfbewohnern und dem Tourismus. Die Zahl der Vögel reduzierte sich auf ein einziges Paar, aber seit 2003 war auch das nicht mehr zu sehen.

Das Schutzgebiet war früher ein großes halbtrockenes Gelände, das vom Monsun mit Wasser angefüllt wurde und dann wieder austrocknete. Um dies zu verhindern, zweigte der Maharadscha von Bharatpur Wasser von einem nahen Bewässerungskanal ab und schon bald kamen die Vögel in Scharen. Der Maharadscha wurde aber nicht etwa vom Naturschutzgedanken geleitet, sondern dachte an die tollen Möglichkeiten, hier zu jagen (und zu essen). Keolado füllte den Tisch des Maharadschas bis 1965. Eine große Tafel neben einem kleinen Tempel im Park berichtet, dass der 12. November 1938 für Enten ein besonders schlechter Tag war – 4273 wurden erschossen.

Das Parkticket berechtigt nur zu einem einzigen Eintritt pro Tag; wer den Tag hier verbringen will, sollte sich also vom Hotel ein Lunchpaket mitgeben lassen. Trinkwasser nicht vergessen, denn Vögel beobachten macht durstig.

Eine schmale Straße (motorisierte Fahrzeuge sind verboten) zieht sich durch den ganzen Park, und zahllose Dämme führen ins Grün hinein.

Nur von der Regierung zugelassene Fahrradrikschas (erkennbar an der gelben Platte vorn) sind im Gelände erlaubt. Für den Fahrer muss zwar kein Eintritt bezahlt werden, er kostet aber 50 Rs pro Stunde. Einige Fahrer wissen sehr viel; die Rikschas können aber nur die größeren Wege im Park befahren. Eine Pferdekutsche kostet 100 Rs pro Stunde (max. sechs Pers.).

Ein erfahrener Ornithologe als Führer kostet 70 Rs pro Stunde für max. sechs Personen und 120 Rs pro Stunde für mehr als sechs Personen. Führer können am Parkeingang angeheuert werden. Viele Hotels werden von qualifizierten Führern geleitet oder können Führer besorgen, die ebensoviel kosten. Alle registrierten Führer bieten einen guten Service, aber über das Hotel ist möglicherweise jemand ausfindig zu machen, der besser Englisch spricht. Eine Rikscha oder einen Führer zu nehmen ist beim ersten Besuch sicher eine gute Idee, später kann man dann auf eigene Faust losziehen. Einen lückenhaften Plan gibt's kostenlos zusammen mit dem Parkticket.

Man kann – entweder am Parkeingang oder am Hotel – auch selbst ein Fahrrad mieten, und sich den Park erradeln (ca. 30 Rs/Tag). Am südlichen Ende des Parks gibt es ein verschlungenes Netz von verlassenen Pfaden. Es wird behauptet, dass sich dort ein Tigerweibchen herumtreibe – sicher ist das aber nicht, denn anscheinend hat sie niemand bisher wirklich gesehen.

Beim Keoladeo-Tempel, ca. 1,5 km vom Parkeingang entfernt, gibt's einen Buchladen und eine Snackbar.

Orientierung & Praktische Informationen

Der Keoladeo Ghana National Park liegt 3 km südlich vom Zentrum von Bharatpur; siehe Karte S. 174.

Das **Tourist Reception Centre** (☎ 222542; ⌚ Mo–Sa 10–17 Uhr, am 2. Sa des Monats geschl.) liegt 700 m vom Parkeingang entfernt und hat eine Karte von Bharatpur (10 Rs) im Angebot. Vogelbücher werden im Buchladen im Park verkauft.

Bei **Royal Forex** (New Civil Lines; ⌚ 6–22 Uhr) oder bei **Perch Forex** (☎ 233477; B6 New Civil Lines; ⌚ 5–23 Uhr) kann man Reiseschecks einlösen, auf Kreditkarten Bargeld bekommen oder Geld wechseln.

In vielen Geschäften gibt's (langsame) Internetzugänge (ca. 60 Rs/Std.).

Schlafen & Essen

Am Bahnhof oder Busbahnhof von Bharatpur sind wieder eine Menge Abzocker unterwegs – Vorsicht!

Die folgenden Plätze liegen alle nur einen kurzen Fußmarsch vom Vogelschutzgebiet entfernt. Alle verleihen Ferngläser (ca. 50 Rs/Tag) und Fahrräder (ca. 30 Rs/Tag) und vermitteln Parkführer. Die Preise schwanken je nach Saison.

BUDGETUNTERKÜNFTE

Alle Unterkünfte in deren Namen „Spoonbill“ enthalten ist, werden von Mitgliedern einer Familie geleitet!

Spoonbill Hotel & Restaurant (☎ 223571; hotelspoonbill@rediffmail.com; B 50 Rs, Zi. 100–500 Rs) Das Haus wird von einem geschäftstüchtigen pensionierten Major geführt und bietet günstige, saubere (wenn auch etwas schäbige) Zimmer. Eines der Zimmer ist riesig und hat einen Balkon. Die hauseigene Küche (veg. & nichtveg. Gerichte 30–50 Rs) ist hervorragend, und der Quark kommt von der Kuh der Familie.

Falcon Guest House (☎ 223815; falconguesthouse@hotmail.com; Zi. 200–500 Rs) Liegt in der gleichen Ecke wie das Spoonbill. Das Falcon ist eine gut gepflegte, gemütliche Unterkunft, mit einem sehr netten Besitzer und ordentlich großen Zimmern. Für mehr Geld gibt's eine weichere Matratze und einen Privatbalkon. Gutes essen kann man hier auch (veg. Thalis 60 Rs).

Evergreen Guest House (☎ 225917; EZ/DZ 100/150 Rs) Einfache, aber gute und günstige Pension, die ihre Gäste zufrieden stellt. Das Gartenrestaurant serviert köstliches hausgemachtes Essen.

Jungle Lodge (☎ 225622; Gori Shankar; Zi. 150–300 Rs) Saubere, einfache und bequeme Zimmer, die neben einem schönen Dschungelgarten liegen. Der Besitzer ist Naturkundler, die Familie warmherzig. Auch hier gibt's leckere hausgemachte Mahlzeiten. Ein Mietmotorrad kostet 400 Rs pro Tag.

Green Valley Guest House (☎ 229576; greenvalleybirdpark@yahoo.com.in; 376 Rajendra Nagar; Zi. 200–300 Rs) Die Pension, die eine gemütliche familiäre Atmosphäre hat, wird von Travellern empfohlen. Es gibt nur zwei Zimmer – eins mit einer schönen Aussicht ins Grüne und das andere mit einem eigenen Wohnzimmer. Gegessen wird auf dem Dach. Das Haus liegt an einer ruhigen Straße parallel zur Bird Sanctuary Rd., einen kurzen Fußmarsch vom Park entfernt.

Kiran Guest House (☎ 223845; 364 Rajendra Nagar; EZ mit Gemeinschaftsbad 80 Rs, DZ mit eigenem Bad 150–300 Rs) Freundlich, mit einfachen Zimmern und einem schönen Dach. Das Haus wird von eifrigen, zuvorkommenden Brüdern geführt, liegt an derselben ruhigen Straße wie das Green Valley und ist nahe am Park. Es gibt einen kostenlosen Shuttle-Service vom Bahnhof oder Busbahnhof.

MITTEL- & SPITZENKLASSEHOTELS

Birder's Inn (☎ 227346; brdinn@yahoo.com; Bird Sanctuary Rd; EZ/DZ 825/1045 Rs;) Abseits der Straße, mit einem kleinen Vorgarten und netten, luftigen, großen Zimmern. Diese sind hübsch dekoriert und mit guten Badezimmern ausgestattet.

Hotel Sunbird (☎ 225701; www.hotelsunbird.com; Bird Sanctuary Rd; EZ/DZ 700/800 Rs, Deluxe 950/1050 Rs;) Das Sunbird, etwas weiter an der Bird Sanctuary Rd. entlang, ist gut geführt und beliebt, hat eine Sitzecke im Grünen und ein Restaurant mit einer guten Menüauswahl. Die Zimmer sind sauber und nett, ähnlich wie beim Birder's Inn, aber nicht so groß.

New Spoonbill Hotel & Restaurant (☎ 223571; hotelspoonbill@rediffmail.com; Zi. 400–500 Rs) Vom Sohn des Majors geführt. Das neu erbaute Hotel hat schickere, aber noch immer einfache Zimmer, jedes mit einer kleinen Terrasse. Die größeren Räume sind toll und haben viele Fenster. Das Restaurant bietet eine Aussicht in den Garten.

Monarch Farms (☎ 9414-215139; divayog30@yahoo.com.in; Rampura; Zi. 400 Rs) Hier, 3 km von Bharatpur entfernt, bietet sich eine ungewöhnliche Möglichkeit, als Gast im Haus einer Familie unterzukommen. Die nette Familie aus der oberen Mittelschicht spricht hervorragendes Englisch und lebt in einem riesigen Bungalow. Dieser ist von einem großen Gelände umgeben, auf dem die Familie ein separates Restaurant betreibt, das Cardoman Court.

Hotel Eagle's Nest (☎ 225144; Bird Sanctuary Rd; EZ/DZ 650/800 Rs, mit Klimaanlage 800/1000 Rs;) Das von einem Naturkundler geleitete Haus ist eine gute Wahl, mit bequemen, aber unspektakulären Zimmern.

Hotel Pratap Palace (☎ 225093; www.hotelpratappalace.net; Bird Sanctuary Rd; EZ/DZ 100/150 Rs, Standard 300/400 Rs, Deluxe 700/850 Rs, mit Klimaanlage 1100/1250 Rs;) Das riesig wirkende, im traditionellen Stil erbaute Hotel bietet verblasste, aber riesengroße bequeme Zimmer – deren Ausstattung variiert, also sollte man sich ein paar ansehen.

Bharatpur Forest Lodge (☎ 222760; EZ/DZ 2500/2799 Rs) Die Lodge wird von der Indian Tourism Development Corporation (ITDC) geführt und liegt 1 km im Inneren des Parks. Die bequemen ruhigen Zimmer haben einen Balkon mit Schaukelbank und sind von viel Grün umgeben.

Bagh (☎ 225415; Agra-Achmera Rd; www.thebagh.com; EZ/DZ inkl. Frühstück 80/100 US$;) Das wunderschöne neue Hotel liegt im ehemaligen königlichen Obstgarten, ca. 2 km außerhalb der Stadt. Es hat 14 elegante Zimmer mit antiken Möbeln, aber einem zeitgenössischen Ambiente. Der 4 ha große Garten ist 200 Jahre alt. Hier leben zahllose Vögel – falls man zu faul sein sollte, in den Park zu gehen.

Laxmi Vilas Palace Hotel (☎ 223523; www.laxmivilas.com; Kakaji-ki-Kothi, Old Agra Rd; EZ/DZ 2450/2650 Rs, Suite 3500 Rs;) Das Hotel an der Old Agra Rd. gehörte früher dem jüngeren Sohn des Maharadscha Jaswant Singh. Gewölbte Decken und schwere alte Möbel sorgen für eine tolle Atmosphäre in den Zimmern, die sich um einen Hof gruppieren.

Anreise & Unterwegs vor Ort

Informationen zu den Transportmöglichkeiten s. S. 175.

DEEG

☎ **0564 / 40 826 Ew.**

Deeg ist eine kleine, selten besuchte, staubige und chaotische Stadt. In ihrer Mitte steht ein völlig unpassender herrlicher Palast umgeben von stattlichen strengen Gärten, die für ihre Brunnen mit farbigem Wasser berühmt sind (sie werden bei Festen eingeschaltet). Nebenan stehen monumentale Befestigungsanlagen. Die Stadt liegt ca. 36 km nördlich von Bharatpur und ist ein schöner Tagesausflug von Bharatpur, Agra oder Mathura aus.

Deeg wurde Mitte des 18. Jhs. von Suraj Mahl erbaut und war ursprünglich die zweite Hauptstadt des Staats Bharatpur. Hier fand eine berühmte Schlacht statt, in der die Soldaten des Maharadschas einer 80 000 Mann umfassenden vereinten Mogul- und Marathen-Armee widerstand. Acht Jahre später hatte der Maharadscha sogar die Kühnheit, das Red Fort in Delhi anzugreifen, wobei er eine gewaltige Beute mitnahm, darunter ein ganzes Gebäude aus Marmor, das noch immer in Deeg besichtigt werden kann.

Suraj Mahl's Palace

Der **Palast** (Gopal Bhavan; Eintritt 200 Rs; 10–17 Uhr) ist einer der schönsten und ebenmäßigsten in ganz Indien. Er ist hervorragend erhalten und sieht aus wie in einer Zeitkapsel konserviert – bis in die frühen Siebziger wurde er von den Maharadschas bewohnt und die Räume enthalten noch die Originalmöbel, von den verblassten dicken Sofas bis zu den riesigen schwingenden Fächern.

Im 18. Jh. in einer Kombination aus Mogul- und Rajputen-Architektur erbaut, steht der Palast vor einem großen Teich, dem Gopal Sagar, und wird von zwei herrlichen Pavillons flankiert. Außerhalb des Parks gibt's weitere extravagante Details, u. a. die Monsunpavillons, die so konstruiert wurden, dass sie donnerartige Geräusche erzeugen, wenn es regnet. Am Keshav Bhavan (Sommerpavillon) stehen Hunderte von Fontänen, die zu den örtlichen Festen angestellt werden und dann eingefärbtes Brunnenwasser in die Höhe schleudern. Die Fontänen werden von Hand gestartet – der Wasserdruck treibt sie an, wenn an den Tanks auf dem Dach Verschlüsse geöffnet werden. Die massiven **Wälle** rund um Deeg (bis zu 28 m hoch) und die zwölf riesigen Bastionen, von denen einige noch mit ihren Kanonen ausgestattet sind, sind ebenfalls einen Besuch wert. Vom Palast aus kann man auf die Wälle hinaufsteigen.

Schlafen

RTDC Midway Deeg (☎ 2321203; Camping pro Pers. 100 Rs, EZ/DZ 300/400 Rs; ❄) Beim Busbahnhof. Die Unterkunft mit ihren drei armseligen Zimmern ist o. k., wenn man unbedingt hier übernachten muss. Man kann hier auch essen; ein vegetarisches Thali kostet 55 Rs.

An- & Weiterreise

Busse fahren regelmäßig von/nach Alwar (27 Rs, 2½ Std.) und Bharatpur (14 Rs, 1 Std., halbstündl.). Es gibt einen direkten Bus nach Agra (50 Rs).

ALWAR

☎ 0144 / 260 245 Ew.

Im weitläufigen staubigen Alwar gibt's einen schönen Palast und einige bunte Basare. Es war einst ein wichtiger Rajputen-Staat, der im 18. Jh. unter Pratap Singh entstand. Singh trieb die Regenten von Jaipur in den Süden und die Jats von Bharatpur in den Osten zurück und widersetzte sich auch den Marathen erfolgreich. Dies war einer der ersten Rajputen-Staaten, der sich mit dem noch jungen Britischen Empire verbündete. Allerdings mischten sich die Briten auch in die internen Angelegenheiten von Alwar ein, wodurch die Partnerschaft nicht immer harmonisch war.

Touristen finden selten hierher, daher geht's hier ruhig zu. Alwar ist die dem Sariska Tiger Reserve am nächsten liegende Stadt.

Praktische Informationen

Das **Tourist Reception Centre** (☎ 2347348; 🕓 Mo–Sa 10–17 Uhr) am Bahnhof hat viele informative Broschüren – für den, der fragt. Reiseschecks und Geld in der **State Bank of Bikaner & Jaipur** (🕓 Mo–Fr 10–14, Sa 10–12 Uhr) bei der Bushaltestelle umtauschen. Ein gutes Internetcafé ist das **Om Cyber Zone** (☎ 2336446; 18 Ram Kuteer, Company Bagh Rd; 20 Rs/Std.; 🕓 7–22 Uhr).

Sehenswertes & Aktivitäten

BALA QUILA

Das beeindruckende **Fort** mit 5 km langen Wällen liegt 300 m oberhalb der Stadt – die Wälle klammern sich an den steilen Abhang. Es stammt aus der Zeit vor Pratap Singh und ist eines der wenigen Forts in Rajasthan, die vor dem Aufstieg der Moguln erbaut wurden. Unglücklicherweise ist heute im Fort ein Radiosender untergebracht, daher kann es nur mit Erlaubnis des Polizeipräsidenten besucht werden. Die ist aber leicht zu bekommen – in seinem Büro im City Palace nachfragen.

PALASTKOMPLEX

Unterhalb des Forts liegt der komplizierte, pastellfarbene **Komplex des City Palace**, dessen massive Tore und der See von einer wunderbar symmetrischen Kette von Ghats und Pavillons begrenzt wird. Heute wird der größte Teil diese Labyrinths von Regierungsbüros und Tauben mit Beschlag belegt, aber es gibt ein interessantes **Regierungsmuseum** (Eintritt 3 Rs, Mo kostenlos; 🕓 Sa–Do 10–17 Uhr), das sich im ehemaligen City Palace versteckt. Die Ausstellungsstücke geben einen Eindruck vom extravaganten Lebensstil der Maharadschas: atemberaubende Waffen, königliche Elfenbein-Pantoffeln, Miniaturen und alte Musikinstrumente.

Schlafen

Die Hotels sind fast alle mittelmäßig.

Budgetunterkünfte

Einige Hotels, die Brüdern gehören, stehen rund um einen zentralen Innenhof, ca.

500 m vom Busbahnhof entfernt, etwas abseits der Manu Marg. In allen gibt's verschiedene Zimmer und Preise, daher vorher einige ansehen.

Ankur (☎ 2333025; EZ/DZ ab 150/200 Rs; ❄) Das freundliche Haus hat annehmbare Zimmer; eigene Bettwäsche ist erforderlich.

Atlantic (☎ 2343181; EZ/DZ ab 125/200 Rs) Einfache, saubere Zimmer. Eigene Bettwäsche mitbringen.

Ashoka (☎ 2346780; EZ/DZ ab 250/300 Rs) Gute Zimmer, von denen einige frisch gestrichen wurden. Die billigeren Zimmer sind nicht so schön; die teuersten haben coole geometrische Wandbilder und frisch geflieste Bäder.

Mittelklassehotels

Alwar Hotel (☎ 2700012; 26 Manu Marg; EZ/DZ ab 400/700 Rs, mit Klimaanlage 800/1000 Rs) Mitten im Grünen, mit großen, anständigen und erst kürzlich renovierten Zimmern. Das Personal ist hilfreich; es gibt ein gutes Restaurant und die Möglichkeit im Garten zu essen.

RTDC Hotel Meenal (☎ 2347352; EZ/DZ ab 400/500 Rs) Das Hotel liegt ca. 2 km weiter dieselbe Straße runter. Ein respektables Mittelklassehotel mit sauberen Zimmern und einem Blick ins Grüne.

Hotel Aravali (☎ 2332883; www.hotelaravali.com; B 100 Rs, EZ/DZ ab 250/250 Rs, Standard 400/450 Rs; ❄ 🏊) Eine der besseren Optionen in der Stadt, allerdings fühlt man sich ein bisschen wie in *Fawlty Towers,* nur weit weniger komisch. Aus dem Bahnhof kommend nach links wenden und ca. 100 m die Straße hinuntergehen. Ausdrücklich nach einem ruhigen Zimmer fragen, denn in einigen ist der voll aufgedrehte Fernseher der Nachbarn zu hören. Im Sommer gibt's einen Pool. Um das Restaurant einen Bogen machen.

Neemrana Fort Palace (☎ 246007; www.neemranahotels.com; EZ/DZ ab 1100/2200 Rs; ❄ 🏊) Wer über ein eigenes Transportmittel verfügt, sollte sich etwas Gutes tun und in diesem herrlichen pergamentfarbenen Fort-Palast, 75 km von Alwar entfernt auf einem befestigten Plateau übernachten. Das Fort erhebt sich über unglaubliche zehn Stockwerke und steht auf einem 10 ha großen Gelände im Aravalli-Gebirge.

ESSEN

Prem Pavitra Bhojnalaya (Alter Busbahnhof; Gerichte 20–80 Rs; 🕑 11–22.30 Uhr) Alwars bestes Restaurant liegt im Herzen der Altstadt (und es gibt noch eine Filiale nahe der Moti Dungri). Hier wird frisches, leckeres und rein vegetarisches Essen serviert.

South Indian Café (Gerichte 10–30 Rs) Der spärlich beleuchtete Ort macht einen schlurfigen, halbherzigen Eindruck, ist aber bei Familien sehr beliebt. Angeboten wird günstiges, aber sehr gutes südindisches Essen. Das Café liegt Gopal Talkies gegenüber.

An- & Weiterreise

Von Alwar aus gibt's Busse nach Sariska (Normal/Express 12/14 Rs, 1½ Std., halbstündl., 5.15–20.30 Uhr), die dann nach Jaipur weiterfahren (68/73 Rs, 4 Std.). Häufige (holprige) Fahrten gibt's auch nach Bharatpur (43 Rs, 4 Std.) und Deeg (27 Rs, 2½ Std.). Die Busse nach Delhi nehmen zwei verschiedene Routen (81 Rs, über Tijara/Ramgarh 4/5 Std., halbstündl.).

Der *Shatabdi* (Nr. 2015 & 2016) fährt durch Alwar. Nach Ajmer (440 Rs Chair Class, 4 Std.) fährt er um 8.35 Uhr und hält um 10.40 Uhr in Jaipur (315 Rs, 2 Std.). Nach Delhi startet er um 19.28 Uhr (Chair Class/1. Klasse 350/670 Rs, 2½ Std.).

Der *Mandore Express* fährt um 23.43 Uhr ab und erreicht Jodhpur (Sleeper Class/3AC 226/578 Rs, 465 km) um 8 Uhr. Der *Jaisalmer Express,* Abfahrt um 20.50 Uhr, fährt bis Jaisalmer (Sleeper Class/3AC 251/705 Rs, 16 Std., 759 km).

Ein Taxi nach Sariska (mit Rückfahrt sowie einem Stopp in Siliserh) kostet ca. 700 Rs.

Unterwegs vor Ort

Es gibt Fahrradrikschas, Autorikschas, Tempos und auch einige Tongas. Eine Fahrradrikscha vom Bahnhof ins Stadtzentrum sollte ca. 15 Rs kosten. In der Nähe des Bahnhofs kann man auch Fahrräder mieten (25 Rs/Tag).

SARISKA TIGER RESERVE & NATIONAL PARK

☎ 0144

Umgeben vom schemenhaften Aravalli-Gebirge liegt die **Sariska Reserve** (Eintritt Inder/Ausländer 25/200 Rs, Jeep 125 Rs, Video 200 Rs; 🕑 Okt.–März 7–16 Uhr, April–Sept. 6–16.30 Uhr) in einem bewaldeten Tal, ein Gewirr von Grün kontrastiert mit rotem Ton – das Tal ist 800 km² groß (inkl. einer Kernzone von 498 km²). Der

Park steht im Mittelpunkt einer Diskussion, seit der World Wildlife Fund (WWF) 2005 einen Bericht veröffentlichte, in dem angedeutet wird, dass es wahrscheinlich keine Tiger mehr in dem Reservat gibt. In der Zählung von 2004 wurden noch 18 Tiger ermittelt, ein Rückgang zum Vorjahr, als es noch 23 waren. Als der WWF den Park durchsuchte und mit Einheimischen sprach, erfuhr man, dass schon seit vielen Monaten kein einziger Tiger mehr gesehen wurde. Man vermutet, dass die Tiger gewildert wurden – eine traurige Anklage (wenn sie wahr ist) gegen das Projekt Tiger, das hier seit 1979 in der Verantwortung steht, und dieses Schutzgebiet. Es scheint, dass der Park unter einem häufigen Managementwechsel deutlich gelitten hat. Auch waren die einheimischen Mitarbeiter möglicherweise nur wenig motiviert und könnten daher den Tierschutz vernachlässigt haben. Premierminister Madhoban Singh hat daraufhin eine Taskforce gegründet, um herauszufinden, was mit den Tigern passiert ist und ob es noch welche im Park gibt – in der Tagespresse gibt's weitere Informationen.

Das Schutzgebiet ist immer noch einen Besuch wert – hier leben Sambar- und Axishirsche, wilde Eber und zahllose Vögel, und es gibt faszinierend schöne Sehenswürdigkeiten innerhalb und an den Grenzen des Reservats. Dazu gehört das spektakuläre **Kankwari Fort** (22 km vom Forest Reception Office entfernt) auf einer Hügelkuppe, der alte Tempel von **Neelkantheshwar** (35 km) und **Bhangarh** – eine verlassene, sehr gut erhaltene Stadt aus dem 17. Jh., die in einer hügeligen Landschaft (55 km) liegt und in der es angeblich spuken soll. Wer an einer längeren Tour teilnimmt, kann darum bitten, dass auch einer dieser Orte besucht wird. Bhangarh lässt sich mit dem Bus, der durch das Schutzgebiet zum Dorf Golaka fährt, erreichen (25 Rs).

Wie auch immer, ohne die Tiger als Zugpferd erscheinen die Safaris hier zu teuer und es bleibt abzuwarten, wie's weitergeht. Die Glaubwürdigkeit des Parks ist schwer angeschlagen und darunter wird auch seine Beliebtheit leiden – möglicherweise ist ein Namenswechsel angebracht.

Im Gegensatz zu vielen anderen Nationalparks ist er das ganze Jahr über geöffnet, aber die beste Zeit, um die Tierwelt zu beobachten, ist November bis März. Die meisten Tiere sind abends zu sehen.

Man kann mit dem eigenen Wagen in den Park fahren, aber dann ist nur die Fahrt auf den gekennzeichneten Straßen erlaubt und das Beobachten der Tiere stark eingeschränkt. Am besten einen Jeep nehmen. Diesel/Benzinjeeps kosten 600/700 Rs für 3 Std., oder 1500/1800 Rs für den ganzen Tag. Sie fassen höchstens fünf Personen. Gebucht wird beim **Forest Reception Office** (☎ 2841333) – allerdings muss auch für den Jeep eine Eintrittsgebühr bezahlt werden. Für Inder, die dienstags und samstags (8–15 Uhr) den Hanuman-Tempel besuchen wollen, ist der Parkeintritt kostenlos; an diesen Tagen ist es sehr voll.

Schlafen

Sariska Tiger Heaven (☎ 224815; Zi. 1500 Rs, mit Klimaanlage 1800 Rs; ❄) Das einsame Hotel liegt ca. 5 km westlich der Bushaltestelle; ein kostenloser Shuttle-Service wird angeboten. In den Zimmern, die auf einem 2 ha großen, friedlichen Gelände liegen, gibt's große Betten und Fensternischen. Ein ruhiger, wenn auch überteuerter Platz zum Schlafen. Jeeps und Führer durch den Park können von hier aus gebucht werden.

Hotel Sariska Palace (☎ 2841322; Zi. 5000 Rs; ❄ 🏊) Dieses Hotel liegt nahe beim Parkeingang und ist die eindrucksvolle ehemalige Jagdhütte der Maharadschas von Alwar. Pferde grasen auf dem makellosen Gelände, hinter dem die Berge zu sehen sind. Die Zimmer sind eher enttäuschend, aber die im neuen Anbau beim Pool sind besser ausgestattet und bieten eine schöne Aussicht. Von Travellern war jedoch zu hören, dass sie mit den Zimmern und dem Service unzufrieden waren.

RTDC Hotel Tiger Den (☎ 2841342; B 50 Rs, EZ/DZ ab 600/700 Rs; ❄) Sieht aus wie ein sowjetischer Bauklotz aus vergangenen Zeiten, hat dahinter aber einen weitläufigen grünen Garten. Die Zimmer sind grau-braun, haben aber Balkon. Moskitonetz/Mückenschutz mitbringen.

An- & Weiterreise

Es gibt häufig Busse von Alwar (Normal/Express 12/14 Rs, 1/1½ Std., mindestens stündl.) und solche nach Jaipur (55/65 Rs). Die Haltestelle liegt vor dem Forest Reception Office.

SHEKHAWATI

Die Region Shekhawati ist eine idyllische, aber halbtrockene und bäuerliche Landschaft im Dreieck zwischen Bikaner, Delhi und Jaipur, wo Frauen wie strahlende Lichtsignale auf den Feldern stehen und Kamele einen großen Teil der Verkehrsmittel ausmachen. Die Gegend wird kreuz und quer von schmalen Straßen durchzogen. Hin und wieder kommen kleine Bilderbuchdörfer ins Blickfeld – sie scheinen ein gut gehütetes Geheimnis zu sein, denn mit Ausnahmen von Mandawa sehen nur wenige Dörfer viele Touristen.

Früher war es ein reicher, aber gesetzloser Landstrich, gelegen an der Handelsstraße zwischen den Häfen des Arabischen Meers und des fruchtbaren Gangesdeltas. Die shekhawatischen *thakurs*, die einst eher dafür bekannt waren, sich untereinander zu bekriegen, begannen wirtschaftlich erfolgreicher zu werden, als Mitte des 18. Jh. die Händler der britischen Ostindienkompanie für Ordnung sorgten. Ein Jahrhundert später nutzten die Briten die Fähigkeiten der örtlichen Händler oder Marwaris (die Marwar, das heutige Jodhpur, schon lange verlassen hatten), um den Handel auszubauen. Während sich die Marwaris in den neuen Küstenstädten niederließen, bauten sie *havelis* für ihre Familien daheim. Bis 1947 waren diese Häuser Zeichen für ihren Erfolg und ermöglichten den Familien ein gutes Leben.

Diese Region heute zu entdecken ist eine Reise in eine wunderbare fremde Welt. Jeder Ort hat seine Schätze, viele sind halb vergessen und verfallen, versteckt in Gemälden von unglaublicher Intensität – enorme Variationen, schön und amüsant.

Ramgarh

Die Stadt Ramgarh wurde 1791 von der einflussreichen Händlerfamilie Poddar gegründet, die das Dorf Churu nach einem Streit mit dem *thakur* verlassen hatten. Ramgarh hatte Mitte des 19. Jhs. seine Blütezeit und war eine der reichsten Städte in der Gegend.

Im **Ram Gopal Poddar Chhatri**, beim Busbahnhof, sind in der Kuppel einige brillante farbige Gemälde zu sehen. Die **Poddar Havelis**, beim Churu Gate, sind auch sehr eng bemalt, mit Themen die von Soldaten bis zu Fischen reichen.

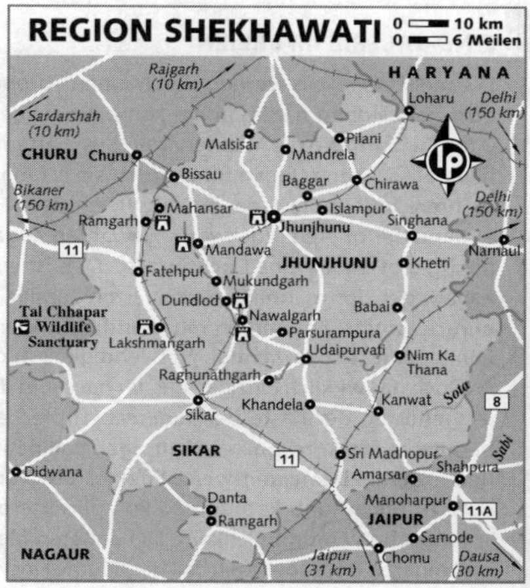

Fatehpur

Fatehpur, 1451 als Hauptstadt für muslimische Nawabs (regierende Prinzen) gegründet, wurde im 18. Jh. von den shekhawatischen Rajputen übernommen. Es ist eine geschäftige kleine Stadt mit einer großen Zahl von *havelis*, von denen viele in einem traurigen verfallenen Zustand sind.

Haveli Nadine Prince (☎ 01571-231479; www.cultural-centre.com; Eintritt Erw./Kind 100/50 Rs; ⏲ 9–18 Uhr) wurde herrlich wiederhergestellt und erstrahlt im alten Glanz. Das Gebäude von 1802 gehört der französischen Künstlerin Nadine Le Prince, die es in eine Galerie und ein Kulturzentrum umwandelte und viel dafür getan hat, die Not Shekhawatis bekannt zu machen. Im **Art Café** (Gerichte 25–80 Rs) gibt's leckere Snacks.

Weitere Highlights in Fatehpur sind: **Mahavir Prasad Goenka Haveli** (oft verschlossen, aber mit großartigen Malereien), **Geori Shankar Haveli**, mit Spiegelmosaiken an der Decke der Eingangshalle, **Nand Lal Devra Haveli**, mit roten und blauen Malereien, **Harikrishnan Das Sarogi Haveli**, mit einer farbenprächtigen Fassade und schmiedeeisernen Verzierungen sowie **Vishnunath Keria Haveli**, auf dem Radha und Krishna in fliegenden Gondeln dargestellt werden.

Fatehpur hat kaum gute Hotels zu bieten. Das **RTDC Hotel Haveli** (☎ 01571-230293; B 50 Rs, EZ/DZ ab 200/300 Rs, mit Klimaanlage 600/700 Rs; ❄) ist noch die beste von allen den schlechten Alternativen, ca. 500 m vom Busbahnhof entfernt. Die Zimmer sind nichts Besonderes

EINE GALERIE IM FREIEN

Die meisten *havelis* werden durch einen Torbogen betreten, der in einen äußeren Hof führt. Von dort geht's dann häufig in ein komplett ausgestattetes Besprechungszimmer, inklusive Punkahs (Stofffächern), wo die Männer ihren Geschäften nachgehen. Gegenüber liegen Stall und Kutschenhaus. Ein weiterer Bogen führt durch ein schmales Tor, zum Schutz der Privatsphäre, in einen oder mehrere Innenhöfe – das private Reich der Familie, das von den Frauen geführt wird. Galerien entlang der oberen Stockwerke gewähren Zugang zu den meist kleinen Schlafzimmern, und sehr häufig gibt's auch eine Dachterrasse. Dies ist ein normaler Aufbau, auch weit außerhalb der Shekhavati, der der männlich-dominierten Familie dient, und außerdem die weibliche Privatsphäre berücksichtigt. Zusammen mit den dicken Wänden spendet es Schatten, der die inneren Räume kühlt – eine lebenswichtige Notwendigkeit in dem sonnenverbrannten Land.

Doch das wirklich Einzigartige der *havelis* in der Shekhavati-Region sind die Malereien. Die Künstler gehörten der Kaste der *kumhars* (Töpfer) an, die sowohl Erbauer als auch Maler waren. Sie benutzten Freskotechniken (Auftragen von natürlichen Pigmenten auf die feuchte Putzoberfläche) und erzielten bemerkenswerte Effekte. (Etwa um 1900 begannen die Künstler, auf dem trockenen Putz zu malen und konnten so kompliziertere Strukturen schaffen – jedoch auf Kosten der ursprünglichen Eindringlichkeit). Die äußeren Mauern, besonders im Eingangsbereich, die äußeren und inneren Höfe sowie ein Teil der Räume sind vom Boden bis zu den Dachbalken bemalt. Typisch, vor allem für die später entstandenen Gemälde, sind die Darstellungen von Göttern und deren mythischem Leben, gemischt mit Alltagsszenen. Oft werden moderne Erfindungen wie Telefone, Eisenbahnen und Flugzeuge eingearbeitet, gemalt von Künstlern, die all dies nie gesehen haben. Die beiden Welten verschmelzen häufig, und so sieht man Krishna und Radha schon mal in fliegenden Autos.

Wie die *haveli* sind manchmal auch die Tempel (z. B. Gopinathji-Mandir in Parasrampura) bemalt, ebenso wie die charakteristischen Dorf- und Stadt-*chhatri* (kleines bedachtes Mogulgebäude; z. B. Dundlod) sowie die dazugehörigen viertürmigen überdachten Brunnen.

Einige *havelis* sind offiziell geöffnet, doch leben meist noch Angehörige der Familien, die sie einst erbauten, oder ihre Diener dort. Man sollte sein Glück versuchen: nahe an das Haus stellen und hoffnungsvoll umherblicken. Oft wird man hereingebeten, entweder umsonst oder gegen ein kleines Trinkgeld, und bekommt die verführerischsten Szenen gezeigt. Fotografieren ist in den meisten Fällen erlaubt.

Ein zerstörerischer Aspekt des Tourismus ist die Jagd nach Antiquitäten. In einigen Städten gibt es Antiquitätenläden, die mit Dingen vollgestopft sind, die regelrecht aus den *havelis* herausgerissen wurden – insbesondere Türen und Fensterrahmen. Der Kauf solcher Stücke treibt den Verfall weiter voran.

– aber das Hotel mit dem notwendigen, jedoch etwas düsteren Speisesaal und ordentlichen Essen (Gerichte 10 bis 75 Rs) ist freundlich.

Mandawa

Mandawa ist ein hervorragender Ausgangspunkt. Der Ort wurde im 18. Jh. besiedelt und von den herrschenden Händlerfamilien befestigt. Heute ist es wohl der touristischste Ort in Shekhawati, der sich dennoch den Charakter eines netten zurückhaltenden Marktstädtchen bewahrt hat.

Das **Binsidhar Newatia Haveli** (jetzt das Gebäude der State Bank of Bikaner & Jaipur) zeigt einige lustige Gemälde an der äußeren östlichen Wand: ein Junge, der telefoniert, eine europäische Frau, die in einem Wagen mit Chauffeur sitzt, und die Gebrüder Wright, die einen Flugversuch unternehmen. Am **Gulab Rai Ladia Haveli**, südwestlich vom Fort, befinden sich einige verunstaltete erotische Bilder. Die unbenutzte Hälfte des **Castle Mandawa** hat einige interessante Fresken. In der Stadt verstreut sind auch ein paar schöne **Baoris** zu sehen.

SCHLAFEN & ESSEN

Hotel Mandawa Haveli (☎ 01592-223088; Zi. 900–2000 Rs) Nahe beim Sonathia Gate liegt dieses wunderschöne restaurierte haveli aus dem 19. Jh. Die Zimmer stehen um einen bemalten Innenhof herum. Die billigeren Zimmer sind klein, d. h. es lohnt sich, für eine der romantischen Suiten mit Bögen, Fenstersitzen und zahllosen kleinen Fenstern tiefer in die Tasche zu greifen.

Hotel Shekhawati (☎ 01592-223036; hotelshekwati@sify.com; nahe der Mukungarh Rd; Zi. 200–600 Rs;) Das solide Hotel wird von einem pensionierten Bankmanager und seinem Sohn (der auch ein registrierter Fremdenführer ist) geleitet. Helle naive Wandbemalungen geben den schönen Zimmern viel Farbe. Das leckere Essen wird auf der friedvollen Dachterrasse serviert.

Hotel Heritage Mandawa (☎ 01592-223742; Zi. 400–2000 Rs) Nahe des Subhash Chowk Busbahnhofs liegt das schöne alte *haveli* mit seinen manchmal dunklen, manchmal kontrastreich verzierten Räumen, die um Innenhöfe herum liegen. Die besten Zimmer sind die mit der kleinen zweiten Ebene.

Hotel Castle Mandawa (☎ 01592-223124; www.castlemandawa.com; EZ/DZ ab 2050/2650 Rs) Mandawas größtes Hotel – es liegt in einem umgebauten Schloss und das Gebäude ist phantastisch. Die Zimmer sind aber nichts Besonderes und die Angestellten zeigen nicht viel Einsatz.

Nawalgarh

Nawalgarh ist ein weiterer guter Ausgangspunkt, mit ruhigen, aber doch geschäftigen Straßen, die aus dem von Banyanbäumen beschatteten Zentrum herausführen. Die Stadt, dessen Zentrum einst um das Fort herum lag, wurde 1737 gegründet, ist heute aber durch moderne Erweiterungen entstellt. Interessante *havelis* sind das **Aath Haveli**, **Hem Raj Kulwal Haveli**, **Bhagton-ki-Haveli** und **Khedwal Bhavan**.

Das **Dr. Ramnath A Podar Haveli Museum** (Eintritt 75 Rs; 8–18 Uhr), 1920 im östlichen Teil der Stadt erbaut, wurde inzwischen farbenprächtig restauriert – mit brillanten Wandgemälden und Ausstellungsstücken über die Kultur Rajasthans.

Touren, Treks und Fahrradverleih können über Apani Dhani oder die Ramesh Jangid's Tourist Pension organisiert werden. Beide vermitteln auch Unterricht in Hindi, Musik und lokalem Handwerk.

SCHLAFEN & ESSEN

Apani Dhani (☎ 01594-222239; www.apanidhani.com; EZ/DZ ab 600/750 Rs) Diese innovative, mit Preisen ausgezeichnete ökologische Anlage ist auch ein wundervoller Ort zum Wohnen. Die mit bequemen Betten ausgestatten Räume sind in traditionellen gemütlichen Lehmhütten untergebracht, die um einen von Bougainvilleen beschatteten Innenhof stehen. Die angrenzende Biofarm liefert leckere Nahrungsmittel und wo immer möglich, wird alternative Energie genutzt. Die Anlage liegt in der Nähe des Fernsehturms auf der westlichen Seite der Straße nach Jaipur. Ramesh Jangid beherrscht mehrere Sprachen und leitet das Ganze. Zudem ist er Präsident der Les Amis du Shekhawati, einer Organisation, die sich die Erhaltung der *havelis* auf die Fahnen geschrieben hat.

Ramesh Jangid's Tourist Pension (☎ 01594-224060; EZ/DZ ab 300/350 Rs) Beim Maur Hospital. Das Haus, das heute vom genialen Rajesh, dem Sohn von Ramesh, geleitet wird, bietet eine nette saubere Unterkunft in weitläufigen Zimmern mit großen Betten. Die Atmosphäre ist familiär und die Mahlzeiten (mit Biozutaten) sind sehr lecker (veg. Thalis 70 Rs).

Roop Niwas Palace (☎ 01594-222008; EZ/DZ ab 1700/1900 Rs;) Ca. 1 km nördlich des Forts liegt der umgebaute Palast mit Kolonial-Feeling und altmodischen Zimmern auf einem schönen großen Gelände.

Parsurampura

In dem kleinen Dorf, 20 km südöstlich von Nawalgarh, gibt's einige der am besten erhaltenen und ältesten Gemälde Shekhawatis. Die detailgenauen Gemälde in der Kuppel der **Chhatri of Thakur Sardul Singh** stammen aus der Mitte des 18. Jhs. Zudem steht hier das **Shamji Sharaf Haveli**, verziert mit einer Mischung aus Hindugöttern und Europäern, und der kleine **Gopinathji-Mandir**, ein schön bemalter Tempel, der 1742 von Sardul Singh erbaut wurde.

Jhunjhunu

Jhunjhunu ist eine der größten Städte in Shekhawati, und das Zentrum des Distrikts. Sie ist größer und geschäftiger als andere Orte in Shekhawati. Sie wurde Mitte des 15. Jhs. von den Kaimkhani Nawabs gegründet und 1730 vom Rajputen-Herrscher Sardul Singh erobert.

In Jhunjhunu stationierten die Briten ihre Shekhawati Brigade, eine in den 1830er-Jahren gegründete Truppe, die die Aktivitäten der Dacoits (Banditen) stoppen sollte

– größtenteils waren dies unbedeutende örtliche Regenten, die herausgefunden hatten, dass man leichter zu Geld kommen konnte, wenn man es anderen wegnahm.

Das **Tourist Reception Centre** (☎ 01592-232909; ⌚ Mo–Sa 10–17 Uhr) liegt außerhalb des Stadtzentrums an der Umgehungsstraße nach Churu, am Mandawa Circle.

SEHENSWERTES & AKTIVITÄTEN

Der **Khetri Mahal** ist ein kleinerer Palast von ca. 1770. Obwohl er ziemlich heruntergekommen ist, gehört er zu Shekhawatis raffiniertesten Gebäuden und hat eine sensationelle Aussicht. Der **Bihariji-Tempel** stammt aus derselben Zeit und enthält einige feine, wenn auch abgenutzte Wandgemälde.

Jhunjhunu ist berühmt für seinen riesigen, reichen und vielschichtigen **Rani-Sati-Tempel** – er ist der Schutzgöttin der Händlerkaste geweiht, einer Witwe, die 1595 auf dem Scheiterhaufen ihres Mannes *sati* (rituellen Selbstmord) beging.

Die mit Fresken verzierten **Modi Havelis** und das **Kaniram Narsinghdas Tibrewala Haveli** liegen beide im Hauptbasar.

Laxmi Kant Jangid im Hotel Jamuna Resort (s. unten) organisiert Kochkurse und Unterricht in traditioneller Freskenmalerei.

SCHLAFEN & ESSEN

Hotel Jamuna Resort (☎ 01592-232871; EZ/DZ 500/600 Rs, mit Klimaanlage 700/800 Rs; ❄ 🏊) Dieses Haus wird von Laxmi Kant Jangid geleitet (der auch für das Shiv Shekhawati verantwortlich ist). Die Zimmer sind mit Gemälden und Spiegelarbeiten verziert, es gibt einen Pool (50 Rs für Nicht-Gäste) und einen ruhigen Garten. Wer Malerei studiert und bei der Verschönerung der Zimmer hilft, kann umsonst übernachten. Angeboten werden auch Kocharrangements mit Ausflügen (ca. 950 € für zwei Wochen).

Hotel Shekhawati Heritage (☎ 01592-237134; Station Rd; shekhawati_heritage@yahoo.com; EZ/DZ ab 400/500 Rs) Beim Hotel Sangam. Dieses Haus mit seinem netten Management ist die beste Wahl in der Gegend. Die hellen Räume sind schön dekoriert und bieten Ausblicke ins Grüne.

Hotel Shiv Shekhawati (☎ 01592-232651; www.shivshekhawati.com; DZ 400–800 Rs; ❄) Das Hotel liegt östlich vom Zentrum. Es ist ein modernes Haus mit zentralem Innenhof und blitzsauberen, schlichten Zimmern.

Hotel Sangam (☎ 01592-232544; EZ/DZ ab 250/300 Rs) In diesem Hotel nahe beim Busbahnhof gibt's vernünftige, große, grau-blau geflieste Doppelzimmer. Die Einzelzimmer sind klein, aber auch o.k. Checkout ist rund um die Uhr möglich.

Mahansar

In diesem altertümlichen, gemütlichen, untouristischen Dorf gibt's den haveli-ähnlichen **Raghunath-Tempel** aus der Mitte des 19. Jhs., die goldenen Malereien im **Sona-ki-Dukan Haveli** (Eintritt 100 Rs) und den **Sahaj Ram Poddar Chhatri**. Mahansar ist außerdem für seinen hausgemachten Likör bekannt, der dem griechischen Ouzo ähnelt.

Narayan Niwas Castle (☎ 01595-264322; Zi. ab 600–900 Rs), im alten Fort, wurde 1768 erbaut und ist ein richtiges Schloss, das merkwürdig unkommerziell wirkt. Die Räume wirken staubig, sind aber voller Atmosphäre. Einige haben schöne Bilder an den Wänden. Das Essen bekommt hervorragende Kritiken; zudem werden Führer vermittelt.

An- & Weiterreise

Von Jaipur oder Bikaner aus kommt man am einfachsten nach Shekhawati. Sikar (das Tor zur Region, aber ohne nennenswerte *havelis*) und Fatehpur liegen an der wichtigsten Straße zwischen Jaipur und Bikaner und werden von vielen Bussen angesteuert.

Churu liegt an der Bahnstrecke von Delhi nach Bikaner, während Sikar, Nawalgarh und Jhunjhunu Zugverbindungen nach Jaipur und Delhi haben.

Unterwegs vor Ort

Die Region Shekhawati wird von schmalen Asphaltstraßen durchzogen und die Dörfer sind mit Regierungs- und Privatbussen gut erreichbar. Die lokalen Busse zwischen den kleineren Dörfern können ziemlich überfüllt sein und so darf man auch in der „oberen Klasse"(auf dem Dach) reisen – was oft nötig ist.

Man kann auch ein Taxi mieten, um die Gegend zu erkunden. Die Preise starten bei 800 Rs pro Tag. In Dörfern, die auch Übernachtungsmöglichkeiten bieten, ist es meist leicht, ein Taxi zu finden, es kann aber eine Herausforderung sein, einen englischsprachigen Fahrer aufzutreiben. Alternative: eine Kamel- oder Pferdesafari buchen; im Hotel nachfragen.

AJMER

☎ 0145 / 485 197 Ew.

Ajmer ist eine geschäftige Stadt am ruhigen Wasser des Ana Sagar, umgeben von spitzen, blau schattierten Hügeln. Die meisten Traveller saußen auf dem Weg nach Pushkar durch Ajmer hindurch – die Stadt mit dem faszinierenden Grab von Khwaja Muin-ud-din Chishti ist aber eines der wichtigsten muslimischen Pilgerzentren Indiens.

Historisch gesehen hatte Ajmer, ca. 130 km südwestlich von Jaipur, große strategische Bedeutung. Es wurde von Mohammed von Ghori auf einem seiner regelmäßigen Beutezüge von Afghanistan aus einkassiert, und war später bei den Moguln sehr beliebt. Eines der ersten Kontakte zwischen den Moguln und den Briten kam in Ajmer zustande: Sir Thomas Roe traf hier 1616 auf Jehangir. Später eroberten die Scindias die Stadt und 1818 wurde sie den Briten übergeben, dadurch wurde sie eine der wenigen Städte in Rajasthan, die die Briten direkt kontrollierten.

Die Briten gründeten hier 1875 in einem überkandidelten Gebäude das Mayo College, eine Eliteschule für den indischen Adel. Heute ist sie für Jungen aller Schichten offen (falls die Eltern die Schulgebühren bezahlen können).

Orientierung & Praktische Informationen

Der Hauptbusbahnhof liegt im Nordosten, der Bahnhof und viele Hotels im Osten.

Das **Touristenbüro** (RTDC Hotel Khadim Gelände ☎ 2627426; ⌚ Mo–Sa 8–12 & 15–18 Uhr; Bahnhof ⌚ Mo–Sa 10–14 & 14.30–17 Uhr) hat zwei Filialen. Die **State Bank of India** (☎ 2627048; ⌚ Mo–Fr 10–14 & 14.30–16, Sa 10–13 Uhr), gegenüber dem Collectorate, wechselt Reiseschecks und Geld. Die **Bank of Baroda** (Prithviraj Marg; ⌚ Mo–Fr 10–15, Sa 10–12.30 Uhr) wechselt Reiseschecks und gibt Barvorschüsse auf Kreditkarten.

Satguru's Internet (60-61 Kutchery Rd; 20 Rs/Std.; ⌚ 9–22 Uhr) hat recht gute Verbindungen.

Sehenswertes & Aktivitäten

ANA SAGAR

Dieser große **See** entstand im 12. Jh., als der Fluss Luni aufgestaut wurde. Er liegt vor einer blau-grauen Hügelkette, die bis zum Rand des Sees reicht. An seinen Ufern gibt es zwei schöne Parks, **Dault Bagh** und **Subash Bagh**, in denen eine Reihe von Marmorpavillons stehen, die 1637 von Shah Jahan erbaut wurden. Vom Hügel neben dem Dault Bagh aus hat man einen schönen Blick zurück nach Ajmer, vor allem kurz vor Sonnenuntergang. Tretboote und Motorboote können beim Fun N Joy Boat Club am See gemietet werden.

DARGAH

In der Altstadt liegt eine der wichtigsten muslimischen Pilgerstätten Indiens. Der **Dargah** (⌚ Winter 5–21, Sommer 4–21 Uhr, geschl. für Gottesdienste 15–16 & Do 14.30-15.30 Uhr) ist das Grab eines Sufi-Heiligen, Khwaja Muin-ud-din Chishti, der 1192 aus Persien nach Ajmer kam und hier bis 1233 lebte. Der Bau des Grabs wurde von Humayun fertiggestellt und das Tor wurde vom Nizam (Herrscher von Hyderabad) ergänzt. Akbar ging von Agra aus jedes Jahr auf Pilgerfahrt zum Daragh.

An bestimmten Stellen müssen die Haare bedeckt sein, also Kopftuch oder Mütze nicht vergessen – notfalls kann man sich auch in einem Basar vor dem Schrein damit ausrüsten.

Das erste Tor ist das 1915 erbaute Nizam Gate, das ein paar Stufen höher steht, um es vor dem Regen zu schützen. Die grünweiße Moschee auf der rechten Seite, die Akbari Masjid, wurde von Akbar im Jahr 1571 erbaut.

Im zweiten Innenhof liegt eine Moschee, die Shah Jahan errichten ließ. Dahinter, im inneren Hof, stehen riesige eiserne Kessel (einer wurde 1567 von Akbar, der andere 1631 von Jehangir gespendet), die für Spenden an die Armen gedacht sind und Degs genannt werden. Hin und wieder spendet jemand einen Kessel, dann wird dieser mit Porridge gefüllt und alles unter den Armen verteilt. Dabei entstand ein spezieller Beruf, die „Deg-Räuber" – Menschen mit Schutzkleidung tauchten in die Kessel ein und verteilten das Essen. Heute wird es aber eher langweilig und unspektakulär mit großen Schöpfkellen verteilt.

Das Grabmal des Heiligen liegt im inneren Hof. Es hat eine Marmorkuppel und das Grab im Innern ist von einer silbernen Plattform umgeben. Die Pilger glauben, dass der Geist des Heiligen sich für sie einsetzen wird – die am Geländer befestigten Zettel und heiligen Bänder sind Dankschreiben oder Bittgesuche.

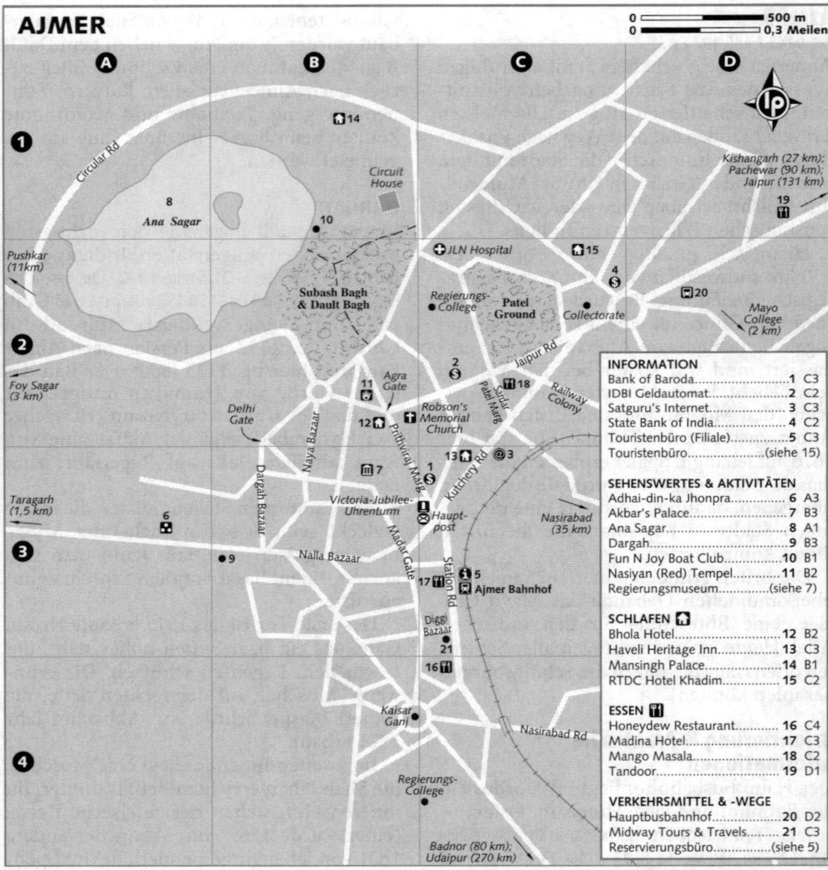

Am Eingang werden Khadims mit Spendenbüchern um ihr Geld bitten (in Ajmer gibt's 4000 Khadims!). Innen, wo man eventuell mit einer Ecke des Grabtuchs gesegnet wird, wird man wahrscheinlich um noch mehr Geld gebeten. Wer nichts geben möchte sollte standhaft bleiben oder nur einen kleinen Betrag spenden.

Trotz des Trubels ist das Grabmal faszinierend und vermittelt das Gefühl großer Bedeutung. Am besten besucht man es abends, wenn die Qawwali-Gesänge stattfinden und alles mit funkelnden Lichtern dekoriert ist.

Pilger und Sufis kommen aus der ganzen Welt hierher, um den Todestag des Heiligen zu feiern, den Urs, im siebten Monat des Mondkalenders. Der Heilige zog sich zu einer langen Meditation in sein Kloster zurück und als es sechs Tage später geöffnet wurde, war er tot (aus diesem Grund dauern die Feierlichkeiten sechs Tage). Das Fest ist ein interessantes Erlebnis, aber die Menschenmassen können ganz schön erdrückend sein. Zum Ramadan steigt die Zahl der Pilger nochmals an.

ADHAI-DIN-KA-JHONPRA & TARAGARH

Hinter dem Dargah, am Stadtrand, liegen die außergewöhnlichen Ruinen der **Adhai-din-ka-Jhonpra,** der Zweieinhalb-Tage-Moschee. Einer Legende zufolge dauerte ihr Bau 1153 nur zweieinhalb Tage. Andere behaupten aber, dass sie nach einem Fest benannt wurde. Ursprünglich als Sanskritschule errichtet, wurde sie, als Mohammed von Ghori 1198 Ajmer eroberte, in eine Moschee umgebaut. Dazu wurde eine Wand mit sieben Bögen vor die mit Säulen geschmückte Halle gestellt.

Obwohl eine Restaurierung nötig wäre, ist die Moschee auch so ein wunderbares Stück Architektur – mit hoch aufragenden Kuppeln, Säulen und gebogenen Schirmen, größtenteils aus Teilen von Jainisten- und Hindutempeln erbaut.

Nach einem anstrengenden eineinhalb Stunden langen Anstieg hinter der Moschee erreicht man nach ca. 3 km die alte Taragarh (Sternenfestung), die einen unglaublichen Ausblick auf die Stadt bietet (auch mit dem Auto erreichbar). Sie wurde von Ajaipal Chauhan, dem Gründer der Stadt, erbaut, sah während der Moguln-Zeit viele militärische Aktivitäten und wurde später als britisches Sanatorium benutzt.

AKBARS PALAST

Akbar erbaute diesen imposanten **Palast** 1570 – teilweise um sich hierher zurückziehen zu können, aber vor allem um die lästigen örtlichen Herrscher im Auge zu behalten. Hier ist das **Regierungsmuseum** (Eintritt 3 Rs, Mo kostenlos, Foto/Video Inder 5/10 Rs, Ausländer 10/20 Rs; ⏲ Sa–Do 10–16.30 Uhr) untergebracht, das eine kleine Sammlung von Steinskulpturen, Waffen sowie Miniatur-Gemälden hat.

NASIYAN (RED) TEMPEL

Dieser **Jainistentempel** (Prithviraj Marg; Eintritt 3 Rs; ⏲ 8.30–17.30 Uhr, Winter bis 17 Uhr) ist unglaublich. Seine doppelstöckige Halle ist mit goldenen Modellen ausgestattet, die zeigen, wie sich die Jainisten die antike Welt vorstellten: 13 Kontinente und Ozeane, die goldene Stadt Ajodhya sowie fliegende Schwäne und Elefanten als Gondeln.

Schlafen

Die meisten Hotels in Ajmer sind lausig und die meisten Traveller ziehen es vor, in Pushkar zur übernachten und nur Tagestouren hierher zu unternehmen.

BUDGETUNTERKÜNFTE

RTDC Hotel Khadim (☎ 2627490; B 50 Rs, DZ ab 300 Rs) Das Haus beim Busbahnhof hat helle, annehmbare Zimmer zu einem guten Preis.

Bhola Hotel (☎ 2432844; Prithviraj Marg; DZ 150 Rs) Südöstlich des Agra Gate. Das Hotel ist nett und eines der wenigen bewohnbaren in der Budgetkategorie. Die fünf Zimmer sind uninteressant, aber sauber und bequem.

MITTEL- & SPITZENKLASSEHOTELS

Haveli Heritage Inn (☎ 2621607; Kutchery Rd; Zi. 400–1000 Rs) Ist in einem 100 Jahre alten *haveli* untergebracht. Diese gute Wahl ist eine schöne Oase in der Innenstadt. Die Zimmer mit den hohen Decken sind groß, wenn auch etwas heruntergekommen. Das Hotel hat einen schönen grünen Innenhof und familiäre Atmosphäre – inklusive hausgemachter Mahlzeiten.

Mansingh Palace (☎ 2425956; Circular Rd; EZ/DZ 2500/3000 Rs) Das Haus oberhalb des Ana Sagar ist das einzige Spitzenklassehotel in Ajmer. Es ist ein modernes Gebäude, etwas abseits, aber mit schönen bequemen Zimmern, einige davon mit Aussicht und Balkon. Es gibt einen schönen Garten, eine Bar und ein Restaurant.

Essen

Mango Masala (Sadar Patel Marg; Gerichte 18–90 Rs; ⏲ 11–23 Uhr) Bei schummriger, barähnlicher Beleuchtung und Kindergarten-Deko hängen hier die hippen Leute von Ajmer ab. Hier gibt's eine einfallsreiche Speisekarte mit Pizzen, chinesischen sowie nord- und südindischen vegetarischen Gerichten. Hinzu kommt ein Süßwarenladen mit Kuchen und Eisbechern.

Tandoor (Jaipur Rd; Gerichte 30–160 Rs) Das Tandoor wird von zufriedenen Gästen empfohlen: Es gibt gute Tandoori- sowie nichtvegetarische Gerichte und – was für Ajmer ungewöhnlich ist – es liegt in einer schönen Gartenoase abseits der Hauptstraße; die Tische stehen in kleinen Hütten.

Honeydew Restaurant (Station Rd; Gerichte 30–160 Rs) Das beruhigend seriöse und halbdunkle Restaurant war lange das Beste in Ajmer und ist das Haus der Wahl für die Mittsemesterfeiern der Studenten am Mayo College. Die Auswahl an vegetarischen und nichtvegetarischen indischen, chinesischen und europäischen Gerichten ist gut. Das Restaurant liegt in der Nähe vom Nagpal Tourist Hotel.

Bhola Hotel (Prithviraj Marg; veg. Gerichte 15–40 Rs) Das Hotel hat ein überraschend ruhiges und angenehmes vegetarisches Restaurant am

Ende einer schmierigen Treppe. Die leckeren Thalis kosten 35 Rs.

Madina Hotel (Gerichte um 40 Rs) Gegenüber vom Bahnhof liegt der einfache, zur Straße hin offene Imbiss mit günstigen vegetarischen und nichtvegetarischen Gerichten.

An- & Weiterreise

BUS

Es gibt regelmäßige **RSTC Busse** (☎ 2429398) von und zu den folgenden Orten. Private Busse fahren viele Orte an; die meisten Unternehmen haben ein Büro auf der Kutchery Rd.

Ziel	Preis (Rs)	Dauer (Std.)
Pushkar	8	½
Alwar	123	6
Jaipur	67, AC 86	2½
Delhi	180	9
Jodhpur	88	6
Udaipur	120	8
Bundi	76	5
Bharatpur	129	8
Bikaner	114	8
Chittor	80	5
Indore	215	12
Jaisalmer	200	10
Kota	92	6
Ahmedabad	225	13
Agra	158	10

ZUG

Für viele Züge ab Ajmer gibt's keine Touristenquoten. Rechtzeitig buchen ist also Pflicht! Dazu geht man zu Schalter 5 im **Reservierungsbüro** (Mo–Sa 8–14 & 14.15–20, So 8–14 Uhr). **Midway Tours & Travels** (☎ 2628744; anilgujra@yahoo.com; Station Rd; 8–20 Uhr) reservieren Sleeper Class/Upper Class-Liegeplätze für 17/28 Rs.

Die meisten Züge halten hier, denn Ajmer liegt praktischerweise an der Strecke Delhi–Jaipur–Ahmedabad–Mumbai (Bombay). Der *Shatabdi* (Nr. 2016 & 2015, donnerstags bis dienstags) fährt von Ajmer über Jaipur (270/545 Rs Chair Class/Executive Class) nach Delhi (650/1250 Rs). Er verlässt Delhi um 6.10 Uhr und kommt um 12.45 Uhr in Ajmer an. In Gegenrichtung verlässt er Ajmer um 15.50 Uhr, erreicht Jaipur um 17.45 Uhr und Delhi um 22.20 Uhr. Außerdem gibt's den 2957 *Rajdhani Express* nach Delhi, der Ajmer um 0.35 Uhr verlässt (655/995 Rs Chair Class/Executive Class, 7 Std.).

Der Delhi–Ahmedabad Mail (Nr. 9105 & 9106) verlässt Ajmer um 20.28 Uhr und kommt um 5.20 Uhr in Delhi an (Sleeper Class/2AC/3AC 170/762/476 Rs, 442 km). Richtung Gujarat fährt der Zug um 7.40 Uhr in Ajmer ab und erreicht Ahmedabad um 17.30 Uhr (2. Klasse 116 Rs, 492 km).

Der *Khandwar Express* (Nr. 9671) fährt um 20.20 Uhr ab und ist um 7.50 Uhr in Udaipur (127 Rs Sleeper Class, 301 km).

Unterwegs vor Ort

Hier gibt's viele Autorikschas (alle Strecken in der Stadt sollten ca. 20 Rs kosten), außerdem Fahrradrikschas und Tongas.

PUSHKAR

☎ 0145 / 14 789 Ew.

Pushkar ist ein kleiner zauberhafter Ort am Rand der Wüste. Unter einem perlmuttfarbenen Himmel liegen pastellfarbene zwiebelförmige Kuppeln und 400 milchfarbene Tempel rund um einen heiligen See. Dieser entstand angeblich als Brahma eine Lotusblüte fallen ließ. Der Ort ist ein wichtiges Pilgerzentrum für Hindu mit einem der wenigen Brahma-Tempel der Welt.

Hier geht's ziemlich touristisch zu und es gibt fast mehr billige Pensionen als Tempel. Viele Traveller legen hier einen relaxten Stopp ein und experimentieren mit unterschiedlichsten Formen der Spiritualität, mit Bhang (getrocknete Blätter und blühende Keime der Marihuana-Pflanze) und mit ihrer Gesichtsbehaarung.

Das Ergebnis ist ein buntes Durcheinander aus Religion und Tourismus, aber das Dorf bleibt trotzdem bezaubernd klein und außergewöhnlich mystisch. Man kann das Gleichgewicht, das Pushkar so besonders macht, bewahren, indem man sich angemessen kleidet und die hießigen Einschränkungen befolgt (kein Alkohol, Fleisch oder Eier sowie keine öffentlichen Zuneigungsbeweise).

Puskhar liegt 11 km von Ajmer entfernt, ist aber durch den Nag Pahar (Schlangenberg) von der Stadt getrennt.

Orientierung & Praktische Informationen

Der Ort drängt sich in einem Gewirr von Straßen, die von der Hauptstraße (der Sadar

Bazaar Rd.) ausgehen, um den Pushkar-See. Er ist klein und touristenfreundlich, daher ist die Orientierung einfach. Bargeld und Reiseschecks können in diversen Plätzen entlang der Sadar Bazaar Rd. gewechselt werden (zuerst die Gebühren prüfen!). Internetzugang wird oft angeboten, aber das Surfen kann gähnend langsam sein. Die meisten nehmen 60 Rs pro Std.

Ganesh Enterprises (Sadar Bazaar Rd) Hochwertige Filmentwicklung; 5 Rs pro Foto.

Post (Sadar Bazaar Rd; ⌚ 9.30–17 Uhr)

State Bank of Bikaner & Jaipur (Sadar Bazaar Rd; ☎ 2772006; ⌚ Mo–Fr 10–16, Sa 10–12.30 Uhr) Wechselt Reiseschecks und Geld – ist aber ziemlich langsam.

Touristeninformation (☎ 2772040; ⌚ Mo–Sa 10–17 Uhr, am 2. & 4. Sa des Monats geschl.) Liegt auf dem Gelände des Hotel Sarovar; hier gibt's kostenlose Stadtpläne.

Sehenswertes

TEMPEL

Pushkar rühmt sich Hunderter von Tempeln, von denen aber nur wenige wirklich alt sind, denn die meisten wurden von Aurangzeb zerstört und danach neu aufgebaut. Am bekanntesten ist der **Brahma-Tempel,** angeblich einer von nur wenigen weltweit. Anscheinend wollte Brahma eine *yagna* (Selbstkasteiung) am See durchführen. Als seine Frau Savitri nicht daran teilnahm, heiratete er aus einer Laune heraus eine andere. Savitri, die verständlicherweise verärgert war, schwor, dass Brahma nirgendwo sonst angebetet werden solle. Der Tempel ist an der roten Turmspitze erkennbar und über dem Eingangstor ist das *hans* (Gänsesymbol) von Brahma angebracht.

Die einstündige Tour hinauf zum **Savitri-Tempel** oberhalb des Sees macht man am besten in der Morgendämmerung – obwohl die Sicht eigentlich den ganzen Tag über phantastisch ist. Die Aussicht vom näher gelegenen **Pap-Mochani-Tempel** – zu erreichen über einen Pfad hinter dem Marwar Busbahnhof – ist den Aufstieg ebenfalls wert.

Ca. 8 km südwestlich der Stadt (hinter der Abzweigung nach Savitri) gibt's eine Reihe von Shiva-Tempeln, die prima mit dem Motorrad erreichbar sind (oder mit dem Fahrrad, wenn man fit ist und früh losfährt). Die Strecke führt durch friedliche Hügel und ruhige Dörfer, ist aber (Vor-

DER KAMELMARKT IN PUSHKAR

Immer im Kartika, dem achten Mond-Monat des Hindukalenders und einem der heiligsten, schniegeln und striegeln die Thar-Kameltreiber ihre Wüstenschiffe und machen sich auf den langen Marsch Richtung Pushkar – rechtzeitig zum Kartik Purnima (Vollmond). Jedes Jahr sammeln sich ca. 200 000 Menschen hier, mit rund 50 000 Kamelen und Rindern. Der Ort verwandelt sich in einen außergewöhnlichen Wirbel aus Farben, Geräuschen und Bewegung, überschwemmt mit Musikern und Mystikern, Touristen und Tieren, Händlern und Heiligen. Es ist das Kamelpflege-Nirwana, mit einem unglaublichen Aufgebot an Zöpfchen, Hufkettchen, Stickereien und Pom-Poms.

Der Handel startet schon eine Woche vor dem offiziellen Jahrmarkt (eine gute Anreisezeit, um das ernstere Geschäft zu beobachten). Aber wenn der Jahrmarkt beginnt, tritt das Geschäft in den Hintergrund und die eher bizarren Randerscheinungen drängeln sich auf die Bühne des Geschehens (Musiker, Schlangenbeschwörer, Kinder, die auf Balken balancieren usw.). Selbst das Kulturprogramm des Touristenamtes wird merkwürdig: Schätzen, wie viele Menschen auf ein Kamel passen? Oder auch: Tanz auf heißen Kohlen …

Es ist schwer zu glauben, aber diese wimmelnden Massen sind nicht das Wichtigste. Kartik Purnima bedeutet vor allem, dass Hindupilger kommen, um in den Heiligen Wassern Pushkars zu baden. Dieses religiöse Ereignis sorgt, zusammen mit dem Kamelmarkt, für ein wildes, magisches Crescendo von Weihrauch, Gesängen und Prozessionen. Bis zum Tag des Eintauchens, der letzten Nacht des Jahrmarkts, wenn Tausende Gläubige ihre Sünden wegwaschen und brennende Kerzen auf dem Heiligen See schwimmen lassen.

Es ist voll, touristisch, laut (Traveller mit leichtem Schlaf sollten Ohrenstöpsel dabei haben) und protzig. Wer eine Allergie gegen Staub oder Tierhaare hat, sollte entsprechende Medikamente mitführen. Wie auch immer, es ist ein großes Ereignis und sollte keinesfalls verpasst werden, wenn man nicht weiter weg ist, als ein Kamel spucken kann. Der Jahrmarkt findet meist im November statt: Bei der RTDC die aktuellen Termine erfragen.

sicht!) hügelig und steinig. Ein weiterer Shiva-Tempel liegt, gut versteckt in einer Höhle, 8 km nördlich. Auch dieser Ausflug lohnt sich.

GHATS

Rund um den See liegen insgesamt 52 Badeghats, an denen Pilger im heiligen Wasser baden. Einige davon sind besonders bedeutend: Am Varah Ghat erschien Vishnu als Bär, Brahma badete am Brahma Ghat und Ghandis Asche wurde am Gandhi Ghat (dem ehemaligen Gau Ghat) verstreut. Wer sich den Pilgern anschließen will, sollte dies mit allem gebotenen Respekt tun und dabei nicht vergessen, dass es sich hier um einen heiligen Ort handelt: also Schuhe ausziehen, nicht rauchen oder herumalbern und keine Fotos schießen.

Aktivitäten

REFLEXZONENMASSAGE

Dr. NS Mathur (☎ 2641185; Shri-Raghu-Nathji-Tempel, beim Marwar Busbahnhof; ⏲ 10.30–18.30 Uhr) bietet eine Reflexzonen-Session an, die auch die Zehen herausfordert (100 Rs) und einen garantiert alle Beschwerden vergessen lässt, die man bis dahin hatte. Er unterrichtet auch Reiki (1./2. Grad 1000/2000 Rs).

Kurse

MUSIK

Die ausgezeichnete **Saraswati Music School** (☎ 2773 124; Mainon Ka Chowk; ⏲ 10–22 Uhr) unterrichtet klassische Tabla (Trommeln), Flöte, Gesang und Tanz *(kathak)*. Birju, der seit über 15 Jahren spielt, nimmt 200 Rs für 2 Std. Wer die Erfahrung noch vertiefen will, kann hier für 80 bis 200 Rs auch übernachten. Birju tritt oft abends auf (20–21.30 Uhr) und verkauft auch Instrumente.

YOGA & HEILUNGEN

Für Reiki, Yoga und Shiatsu geht man am besten zum Reiki-Meister **Roshi Hiralal Verma** beim Baba Restaurant (s. S. 193). Die Preise hängen von der Dauer und der Art der Anwendung ab.

Schlafen

Die meisten Hotels in Pushkar haben wunderschöne Dächer und sind einfach, sauber und weiß getüncht. Es gibt viel mehr Budget- als Mittelklasseangebote. Um nicht in einer Zelle zu landen, zunächst einige Zimmer ansehen. Zur Zeit des Kamelmarkts steigen die Preise auf das Fünf- bis Zehnfache; dann empfiehlt sich eine Reservierung.

BUDGETUNTERKÜNFTE

Hotel Paramount Palace (☎ 2772428; DZ 100–450 Rs) Dieses Haus hat eine schöne Aussicht und sehr hilfreiche Angestellte. Die teuersten Zimmer (Nr. 106, 108, 109 und 111) haben schöne Balkone, bunte Glasfenster – sie sind ihren Preis wert. Die kleineren Zimmer können schmuddelig sein.

Hotel Om (☎ 2772672; om_deepak2004@yahoo.com; Zi. 200–250 Rs; 🏊) Das Om hat einen ruhigen Garten mit einem winzigen Pool und Blick auf die Berge. Die Zimmer sind einfach und etwas überteuert, der Service wird sehr unterschiedlich beurteilt.

Hotel White House (☎ 2772147; hotelwhitehouse@hotmail.com; Zi. 150–450 Rs) Dieses Hotel ist makellos, mit luftigen Zimmern (die teureren haben einen Balkon) und einer tollen Aussicht von dem mit Pflanzen voll gestellten Dachrestaurant. Das Essen ist gut. Das Haus wird von einem etwas zähen und geschäftsmäßigen Mutter-Sohn-Team straff geführt.

Lake View (☎ 2772106; Sadar Bazaar Rd; www.lakeviewpushkar.com; Zi. mit Gemeinschaftsbad 70–100 Rs, mit eigenem Bad 200–300 Rs) Das schon lange bestehende Haus liegt wunderschön oberhalb der Ghats und bietet vom Dach aus eine tolle Aussicht über den See. Die Zimmer sind einfach und abgenutzt, aber einige Doppelzimmer haben Balkone mit Seeblick.

New Rituraj Palace (☎ 2772875; Zi. 80–100 Rs) Das versteckte ruhige Hotel hat saubere, einfache Zimmer und bekommt gute Kritiken. Der Garten ist schön und das Essen gut und hausgemacht.

Bharatpur Palace (☎ 2772320; Sadar Bazaar Rd; Zi. 150450 Rs) Das Hotel liegt an einem der besten Plätze in Pushkar, auf den oberen Ebenen der westlichen Ghats. Einige Zimmer haben ein eigenes Bad. Zimmer Nr. 1 ist der beste Platz zum Aufwachen: Es ist an drei Seiten vom See umgeben – und obwohl ohne Bad, ist es für 450 Rs ein echtes Schnäppchen (2000 Rs während des Kamelmarkts). Zimmer 9 ist ebenfalls gut, mit drei Türen, die sich zum See öffnen. Während des Kamelmarkts steigen die Preise um das Neunfache.

Diamond (☎ 2305022; Holi ka Chowk; EZ mit Gemeinschaftsbad 60 Rs, Zi. mit eigenem Bad 90 Rs) Ziemlich versteckt bietet dieses Haus, das einen freundlichen europäischen Besitzer hat, kleine aber saubere und helle Zimmer mit Nischen, die sich um einen ruhigen Innenhof gruppieren.

PÄSSE FÜR PUSHKAR UND PROFIT FÜR PRIESTER

Priester, einige echt und einige nicht, nähern sich bei den Ghats Reisenden, um ihnen ein *puja* (Gebet) anzubieten. Dafür gibt's dann einen „Pushkar Pass" (ein rotes Band fürs Handgelenk). Andere bieten Blumen an. In jeden Fall folgt nun die Aufforderung, alle seine Lieben aufzuzählen – tot oder lebendig – denn deren Glückseligkeit ist einem doch bestimmt einige 100 Rs wert. Man kann versuchen, entweder seine Familie zu verleugnen, um billiger davon zu kommen oder massiv zu übertreiben, um einen Mengenrabatt herauszuhandeln. Am besten ermutigt man diese aufdringlichen, skrupellosen „Priester" erst gar nicht. Sie können recht unangenehm und aggressiv werden. Keinesfalls tyrannisieren lassen, sondern sich vorher auf einen Preis einigen!

Andererseits werden am Brahma-Tempel ebenfalls Blumen angeboten, aber hier stehen einfache Spendenkästen. Hier kann man Blumen und heilige Süßigkeiten für das Glück von Freunden, Familie und jeden, den man sonst noch kennt, opfern – und dann ist immer noch genug Geld übrig, um sich einen Masala-Tee leisten zu können.

Weitere gute und günstige Quartiere:

Milkman (☎ 2773452; vinodmilkman@hotmail.com; Mali Mohalta; EZ/DZ 50/100 Rs) Seitenstraße, Familienhaus, ruhige Dachterrasse.

Maharaja (☎ 2773527; Mali Mohalta; Zi. 100 Rs) Beliebt, versteckt, erholsame Dachterrasse.

Mayur (☎ 2772302; mayurguesthouse@hotmail.com; EZ/DZ 100/120 Rs) Innenhof, einfache Zimmer, herzliches Aufnahme.

Krishna (☎ 2772461; Sadar Bazaar Rd; EZ/DZ mit Gemeinschaftsbad 100/125 Rs, Zi. 250–300 Rs) Kunstvolles Gebäude mit einfachen Zimmern.

MITTELKLASSEHOTELS

Einige dieser Hotels liegen etwas außerhalb der Stadt.

Seventh Heaven (☎ 5105455; www.inn-seventh-heaven.com; Chotti Basti; Zi. 300–700 Rs) Der perfekte Platz zum Chillen, mit einem parfümierten Innenhof rund um einen Brunnen. Ein liebevoll umgebautes *haveli* mit traditionell hergestellten Möbeln, darunter Schaukelstühle, die im Hof, den Galerien und auf dem Dach stehen. Jedes der kühl gefliesten Zimmer hat einen wunderschönen ganz eigenen Touch und unglaublich bequeme Betten. Im Dachrestaurant gibt's eine großartige Aussicht und leckeres Essen.

Hotel New Park (☎ 2772464; Panch Kund Rd; EZ/DZ 450/550 Rs, mit Klimaanlage 650/750 Rs;) Dies ist ein hervorragendes, ruhiges und modernes Hotel. Es hat nette Zimmer mit Balkonen, von denen man einen Blick auf die Chrysanthemen- und Rosengärten hat, die vor einem Hintergrund aus Hügeln liegen. Es gibt einen schönen Pool und ein Restaurant.

Hotel Navratan Palace (☎ 2772981; EZ/DZ 250/300 Rs;) Das Hotel bietet akzeptable Zimmer, die auf einen langen Fußweg hinausgehen. Es gibt einen tollen Pool (Nicht-Gäste 50 Rs) – aber: nachfragen, ob er geöffnet ist.

Hotel Peacock Holiday Resort (☎ 2772093; EZ 150–550 Rs, DZ 200–600 Rs;) Das Haus hat ebenfalls einen Pool (Nicht-Gäste 75 Rs), der in einem begrünten Innenhof liegt. Die billigsten Zimmer sind schäbig und wirken schmutzig. Die teureren sind besser; einige haben Klimaanlage.

RTDC Hotel Sarovar (☎ 2772040; B 50 Rs, EZ/DZ 350/450 Rs, mit Seeblick 550/650 Rs, mit Klimaanlage 800/900 Rs;) Das Haus liegt auf einem großen Grundstück. Mit seinen langen Bogengängen hat es mehr Charme als die meisten RTDC-Häuser, aber der Service ist gleichgültig und die Zimmer sind nichts Besonderes.

JP's Tourist Village Resort (☎ 2772067; DZ 750–1200 Rs;) Ca. 3 km außerhalb der Stadt liegt das JP's mit stimmungsvollen schilfgedeckten Hütten und kunstvollen Holzmöbeln. Im schattigen Garten gibt's ein Baumhaus (für die Mutigen), einen bierdeckelgroßen Pool und ein Restaurant.

SPITZENKLASSEHOTELS

Jagat Singh Palace Hotel (☎ 2772953; DZ Neben-/Hochsaison 1800/2700 Rs;) Das wunderschöne historische Hotel ist das Beste in Pushkar. Das neue, aber traditionelle Gebäude hat romantische Zimmer mit verzierten Holzmöbeln, Balkonen und schönen Badezimmern, mit Blick über einen üppigen Garten und einen unglaublichen Pool (Nicht-Gäste 250 Rs) mit Blick auf die Berge. In der Nebensaison gibt's verführerische Rabatte.

Hotel Pushkar Palace (☎ 2773002; www.hotelpushkarpalace.com; EZ/DZ ab 2200/2700 Rs) Das Gebäude gehörte früher dem Maharadscha von Kishangarh und liegt romantisch am See – was aber von dem unfreundlichen Personal entwertet wird. Die Zimmer haben Holzmöbel und schöne gedrechselte Betten, aber im Jagat Singh sind sie schöner. Nur die Suiten haben direkten Seeblick, die anderen Zimmer blicken auf einen Fußweg am Ufer. Wer zum Übernachten nicht tief in die Tasche greifen will, sollte nur kurz auf einen ruhigen Drink am Seeufer vorbeikommen.

Pushkar Resorts (☎ 2772017; www.pushkarresorts.com; EZ/DZ 2695/3000 Rs;) Dieses Resort, 5 km außerhalb der Stadt, liegt in einem Obstgarten und hat einen von Palmen beschatteten Pool. Hier gibt's 40 moderne, komfortable, aber etwas abgewohnte und seelenlose Häuschen.

TOURISTENDORF

Während des Kamelmarkts stellen die RTDC und viele private Unternehmen beim Festplatz ein Meer von Zelten auf. Da es bei Nacht empfindlich kalt werden kann, unbedingt etwas Warmes zum Anziehen mitbringen! Eine Fackel (Taschenlampe) ist ebenfalls nützlich. Zudem: vorher reservieren! Alle hier genannten Zelte, außer die Gemeinschaftszelte, haben private Badezimmer.

RTDC Tourist Village (☎ 2772074; B im Gemeinschaftszelt pro Pers. 200–350 Rs, Zelt EZ 3700–4600 Rs, DZ

4150–5200 Rs, Schweizer Zelt EZ 2900–5800 Rs, DZ 3200–6350 Rs, Hütte EZ 3200–6350 Rs, DZ 3450–6350 Rs, Essen inkl., außer im Gemeinschaftszelt) Hier gibt's Schlafsäle und Standardzelte sowie die anspruchsvolleren Schweizer Zelte und Luxushütten. Die komplette Bezahlung muss zwei Monate im Voraus erfolgen.

Royal Tents (Zelt 250 US$) Die Zelte gehören dem Maharadscha von Jodhpur und sind die luxuriösesten (und teuersten). Preise inkl. Mahlzeiten. Vorab im **Balsamand Palace** (☎ 0291-2571991) von Jodhpur reservieren!

Royal Desert Camp (☎ 2772957; Zelt 125 US$) Das Camp ist weiter vom Festplatz entfernt als die Royal Tents, ist aber eine gute Alternative. Kann auch im **Hotel Pushkar Palace** (☎ 2772001) gebucht werden.

Essen

Pushkar bietet viele stimmungsvolle Restaurants, auch wenn die Hygiene manchmal ein wenig zu wünschen übrig lässt. Das strikte vegetarische Leben, das auch Eier verbietet, limitiert die Zutaten. Manche Köche gleichen das mit Einfallsreichtum aus. Westliche Gerichte sind mal gut und mal schlecht.

Raju Terrace Garden Restaurant (Sadar Bazaar Rd; Gerichte 25–60 Rs; 🕑 10–22 Uhr) Das entspannte Restaurant serviert ungewöhnlich gutes indisches Essen sowie „Essen für Leute mit Heimweh" (z. B. kleingeschnittenes Gemüse mit Kartoffelbrei, Pizza und Bratkartoffeln). Es liegt auf einem mit bunten Lichtern ausgestatteten Dach voller Topfpflanzen und hat einen herrlichen Seeblick.

Rainbow Restaurant (Sadar Bazaar Rd; Hauptgerichte 25–100 Rs; 🕑 11–23 Uhr) Das Rainbow liegt auf einem kleinen Dach, bietet einen schönen Blick über den See und ist mit vielen bunten Glühbirnen dekoriert. Es sieht zwar etwas schmuddelig aus, aber wer sich trotzdem rein traut, bekommt großartige Pasta-Gerichte mit scharfen Soßen. Das Hummus (Kichererbsencreme mit Sesam) mit frischem Pitabrot ist köstlich.

Sun-n-Moon (Gerichte 25–125 Rs) Beliebt bei den super-coolen Neo-Hippies, mit einem freundlichen Besitzer und einem hübschen ruhigen Innenhof rund um einen Bodhibaum. Hier gibt's einen Schrein und glückliche Schildkröten. Zum Frühstück für vom Heimweh Geplagte gehören Rösti und heißer Kakao, für alle anderen gibt's stärkende Lassies und Masala Chai.

Honey & Spice (Laxmi Market) Hier gibt's köstliche hausgemachte Bananenkuchen, Suppen und Gemüseeintöpfe. Es wird von einem freundlichen Paar geführt, das seine Künste in Europa gelernt hat.

Baba Restaurant (☎ 2772858; Gerichte 20–50 Rs) Das Baba versteckt sich in der Nähe der Post. Es hat gutes Essen und eine entspannte Atmosphäre. Zur Straße hin offen.

Moon Dance (Gerichte 25–110 Rs) Hier gibt's Tische, mit Stühlen oder Bodenkissen, in einem glitzernden lässigen Garten. Es sieht aus, als hätte man es aus einem Bausatz für Backpacker-Restaurants zusammengesetzt, aber das Essen (u. a. indische, mexikanische und einige italienische Gerichte), ist klasse, vor allem die beeindruckenden Pizzen.

Sunset Café (Gerichte 10–110 Rs; 🕑 7.30–24 Uhr) Es liegt direkt an den östlichen Ghats und hat einen großartigen Seeblick. Hier gibt's die übliche bunt gemischte Karte (mit dem Essen ist nicht viel los). Aber die Lage am Seeufer ist perfekt für den Sonnenuntergang und zieht viele Menschen an.

Third Eye (Sadar Bazaar Rd; Gerichte 20–60 Rs; 🕑 10–23 Uhr) Das hochgelegene bunte Haus verkauft israelische Snacks, hat See- *und* Straßenblick, und Stühle, die auf kleine Balkone gequetscht wurden. Es gibt einen Pool-Tisch (30 Rs pro Spiel).

Shoppen

Pushkars enger Hauptbasar ist voller aufregender kleiner Shops. Hier kann man gut Silberschmuck, Glaslampen, Wandbehänge, CDs und indisch-westliche Kleidung kaufen.

Viele Waren kommen aus dem Distrikt Barmer südlich von Jaisalmer, und anderer Gebiete indigener Völker Rajasthans. Da Pushkar zu den Touristenorten gehört, muss gefeilscht werden. Die „ultimativen" Angebote, über die angeblich nicht mehr verhandelt werden kann, können getrost ignoriert werden – man sollte sich Zeit nehmen und mehrere Läden besuchen.

Die Buchläden im Hauptbasar verkaufen eine unglaubliche Auswahl von Secondhandbüchern und kaufen sie meist für etwa die Hälfte von dem, was man selbst bezahlt hat, wieder zurück.

Pushkar ist auch ein guter Ort, um sich Kleidung machen zu lassen. Ein verlässlicher Laden mit vernünftigen Preisen ist **Navjyoti Tailors** (Sadar Bazaar Rd). **Maloo Enterprises**

(Varah Ghat Chowk), gegenüber der Post, ist auch empfehlenswert.

Khadi Gramodhyog (Sadar Bazaar Rd) liegt fast versteckt an der Hauptstraße. Der Laden mit festen Preisen verkauft traditionell Handgewebtes – hauptsächlich Herrenhemden, Schals und Kopftücher.

An- & Weiterreise

Busse nach Ajmer fahren an der Straße ab, die Richtung Osten aus der Stadt herausführt. Andere Busse fahren von der Haltestelle im Norden. Es gibt häufig Busse nach/von Ajmer (8/5 Rs – der Unterschied entsteht durch die Mautgebühr auf der Strecke nach Ajmer; für Autos beträgt sie 25 Rs).

Örtliche Reisebüros verkaufen auch Fahrkarten für private Busse – man sollte sich umsehen. Diese Busse starten meist in Ajmer, aber die Reisebüros sollten einen kostenlosen Shuttletransport anbieten. Die Busse ab Pushkar bleiben meist sowieso mindestens eine Stunde in Ajmer stehen. Vorsicht: Manche Busse (vor allem die über Jodhpur) fahren nicht die ganze Strecke, trotz anderslautender Behauptungen – unterwegs muss der Bus gewechselt und mehr bezahlt werden. Ziele und Preise:

Ziel	Preis (Rs)	Dauer (Std.)
Jaisalmer	250	10½
Jodhpur	87	5
Udaipur	110	8
Delhi	180, Sleeper 250	10½
Jaipur	80	4
Agra	150, Sleeper 250	9

Für ca. 50 Rs buchen einige Reisebüros Zugtickets ab Ajmer (inkl. eines kostenlosen Shuttles nach Ajmer).

Unterwegs vor Ort

Es gibt keine Autorikschas, aber auch zu Fuß geht's schnell wie der Wind. Alternativ ein Fahrrad mieten (5/25 Rs pro Std./Tag) oder einen Roller/ein Motorrad (150/300 Rs pro Tag). Ein Wallah transportiert für ca. 10 Rs das Gepäck mit einer Handkarre zur/von der Bushaltestelle.

RANTHAMBORE NATIONAL PARK

☎ 07462

Nahe der Stadt Sawai Madhopur liegt dieser 1334 km² große **Park** (Eintritt Inder/Ausländer 25/200 Rs; 🕐 Okt.–Juni), dessen wildes Dschungeldickicht von steilen Felsen umgeben ist. Im Park gibt's verfallene Tempel und Moscheen, das Ranthambore Fort aus dem 10. Jh., blau-grüne Seen voller Krokodile, *chhatris* und „Verstecke". Noch bis 1970 war der Park das Jagdrevier des Maharadschas – obwohl er bereits 15 Jahre zuvor zum Schutzgebiet erklärt worden war.

In Ranthambore kann man noch am ehesten einen Tiger entdecken, wenn man in Indien auf Safari ist. Der Verkehr im Park ist stark eingeschränkt und die Tiger sind so sehr daran gewöhnt, beobachtet zu werden, dass sie von den Jeeps und den Cantern (große, oben offene LKWs für 20 Pers.) nicht verschreckt werden; da es gesellige Tiere sind, sind sie sogar fasziniert von den Besuchern.

Der Park ist einer der größten Naturschutzerfolge des Project Tiger, obwohl das Projekt auch hier Schwierigkeiten hatte. So waren beispielsweise Regierungsmitarbeiter in einen Fall verwickelt, bei dem Tiger für den chinesischen Arzneimittelmarkt gewildert wurden. Zudem gibt's jedes Jahr zwischen den örtlichen Dorfbewohnern und den Behörden Streit über Vieh, das in dem Gebiet grast – ein Problem, das in Dürrejahren größer wurde und das den Lebensraum der Tiger bedroht.

Nach der letzten Zählung leben im Park 35 bis 40 Tiger. Ob man einen sieht, ist Glückssache; man sollte zwei bis drei Safaris planen, um seine Chancen zu erhöhen. Der Parkbesuch lohnt sich auch wegen der Landschaft, vor allem, wenn man zu Fuß zum Fort hinaufgeht. Es gibt auch mehr als 300 Vogelarten.

Ranthambore wird von vielen Travellern besucht, was die Ressourcen rundum unter Druck setzt – es kann schwer sein, einen der begrenzten Plätze in einem Jeep oder Canter zu bekommen.

Orientierung & Praktische Informationen

Zwischen Sawai Madhopur und dem ersten Tor, wo der Eintritt bezahlt wird, liegen 10 km. Bis zum Haupttor und dem Ranthambore Fort sind es weitere 3 km. Übernachtungsmöglichkeiten liegen entlang der ganzen Straße von der Stadt bis zum Park. Der Bahnhof liegt im Herzen von Sawai Madhopur, gleich südlich vom Hauptbasar.

Sawai Madhopurs Altstadt, ein Wohngebiet, liegt ca. 2 km südöstlich vom Bahnhof.

Am Bahnhof gibt's ein **Tourist Reception Centre** (☎ 2220808; ⌚ Mo–Sa 10–17 Uhr). Geld oder Reiseschecks wechseln kann man nur in der **State Bank of Bikaner & Jaipur** (⌚ Mo–Fr 10–14, Sa 10–12 Uhr) in der Altstadt (vom Bahnhof in Sawai Madhopur mit einem Bus/einer Rikscha für 4/60 Rs zu erreichen). Internetzugang gibt's bei **Tiger Track** (Ranthambore Rd; 50 Rs/Std.; ⌚ 7–22.30 Uhr).

Das **Project Tiger Büro** (☎ 223402; Ranthambore Rd) liegt 500 m vom Bahnhof entfernt.

Tiersafaris

Die beste Zeit für einen Besuch ist zwischen Oktober und April; der Park schließt während des Monsuns. Safaris finden am frühen Morgen und am späten Nachmittag statt. Um gute Fotos zu schießen, sollte man einige ISO-400/27°- oder ISO-800/30°-Filme mitnehmen, denn das Unterholz ist an einigen Stellen überraschend dunkel. Morgens ist es noch sehr kalt, also empfiehlt sich warme Kleidung.

Am besten fährt man mit einem der Jeeps, in die fünf Personen passen. Auch vom Canter aus sind die Chancen, einen Tiger zu sehen, noch gut – allerdings kann es wegen der vielen Mitfahrer manchmal etwas laut sein, was natürlich nicht gerade von Vorteil ist, wenn man wilde Tiere beobachten möchte.

2004 wurde ein neues Buchungssystem eingeführt: Die Sitzplätze in den Jeeps und den Cantern werden kompromisslos nach dem „Wer zuerst kommt, mahlt zuerst"-Prinzip verteilt (zuvor mussten Jeeps zwei Monate im Voraus gebucht werden). Die Nachfrage übersteigt das Angebot bei Weitem, denn die Zahl der Fahrzeuge ist begrenzt – pro Tour sind nur 15 Jeeps und 15 Canter im Park erlaubt.

Ein Führer ist obligatorisch und im Preis für den Canter mit inbegriffen. Beim Jeep kostet er 150 Rs extra.

Die Safaris dauern drei Stunden. Von Oktober bis Februar fahren sowohl Canter als auch Jeeps um 7 Uhr und 14.30 Uhr los. Von März bis Juni starten sie um 6.30 und 15.30 Uhr. Die Safaris können im **RTDC Vinayak Tourist Complex** (Ranthambore Rd; Eintritt Inder/Ausländer 25/200 Rs, Fahrzeug 125 Rs, Jeep 1050 Rs, Canter pro Pers. 150 Rs, Video 200 Rs; ⌚ 5–7 & 12–14 Uhr) gebucht werden; am besten fragt man herum, wann man da sein muss, um noch einen Platz zu bekommen.

Schlafen & Essen

An der Ranthambore Rd. liegen die schönsten Übernachtungsmöglichkeiten. Traveller mit kleinem Geldbeutel finden die günstigsten (d. h. schmuddeligsten und lautesten) Häuser im langweiligen Sawai Madhopur.

RANTHAMBORE RD.

Hotel Tiger Safari Resort (☎ 221137; www.tigersafariresort.com; DZ ab 740 Rs, Bungalows 1300 Rs; ❄) Ca. 4 km vom Bahnhof entfernt liegt eine der schönsten Unterkünfte. Die großen pikobello sauberen Doppelzimmer haben Wandmalereien und liegen an einem gut gepflegten Garten. Das Dachrestaurant ist luftig und kühl mit einer schönen Aussicht und gutem Essen (Gerichte von 35–125 Rs).

Ankur Resort (☎ 220792; EZ/DZ ab 1200/1800 Rs, Super Deluxe 1200/1800 Rs, Bungalow mit Klimaanlage 1600/2200 Rs) Das Ankur, 3 km vom Bahnhof entfernt, ist sehr beliebt. Die Zimmer sind sauber, hell und freundlich und von viel Grün umgeben. Auf dem Gelände gibt's zudem noch 18 Bungalows. Der Pool ist sehr einladend.

Hotel Ranthambore Resort (☎ 221645; DZ 400–700 Rs) Ca. 5 km vom Bahnhof entfernt, mit einfachen, schäbigen Zimmern – die teureren sind größer und besser in Schuss.

RTDC Castle Jhoomar Baori (☎ 220495; EZ/DZ 600/700 Rs, mit Klimaanlage 900/1000 Rs; ❄) Die ehemalige königliche Jagdhütte liegt etwa 7 km vom Bahnhof entfernt wunderschön auf einem Hügel. Die Zimmer bieten mehr Charme als Luxus.

RTDC Vinayak Tourist Complex (☎ 221333; EZ/DZ 500/650 Rs, mit Klimaanlage 800/900 Rs; ❄) Etwas weiter auf der Straße am Castle Jhoomar Baori entlang liegt dieser RTDC Komplex mit hellen, frisch renovierten Zimmern, die nette kleine Sitzgruppen haben. Die Rasenfläche ist sehr schön und im Winter wird ein Lagerfeuer angezündet.

Sawai Madhopur Lodge (☎ 220541; Zi. ab 240 US$, Suite 260 US$; ❄ 🏊) Die Lodge der Taj-Gruppe liegt 3 km vom Bahnhof entfernt und gehörte einst dem Maharadscha von Jaipur. Sie ist sehr luxuriös, hat einen Pool (für Nicht-Gäste 400 Rs) und einen 5 ha großen Park. Die einfachen, ruhigen Zimmer überblicken ruhige Rasenflächen.

Vanyavilas (☎ 223999; www.oberoihotels.com; Zelte 570 US$) Das Oberoi entfaltet wie immer seinen Zauber: Jedes Zelt ist 73 m² groß, mit Teakholzboden, Dschungeldeko und frei stehender Badewanne. Die Zelte stehen auf einem Privatgelände in wunderschöner Landschaft.

Hotel Ranthambore Regency (☎ 221176; EZ/DZ inkl. Mahlzeiten 70/90 US$; ❄ 🏊) Ein gutes Haus nahe beim Ankur Resort. Es bietet attraktive, gut gepflegte Zimmer und einen kleinen Pool.

SAWAI MADHOPUR

Sawai Madhopur hat einige miese Unterkünfte, die aber den Geldbeutel freuen.

Hotel Chinkara (☎ 220340; 13 Indira Colony, Civil Lines; EZ/DZ ab 100/200 Rs) Das Haus ist ruhig und wird von einer freundlichen und herzlichen Familie geführt. Die Zimmer sind groß, staubig und billig.

Hotel Vishal (☎ 220504; EZ mit Gemeinschaftsbad 60 Rs, DZ mit eigenem Bad 80–150 Rs) Das Hotel liegt am Hauptbasar und bietet nur ein feuchtes Einzelzimmer. Die Doppelzimmer sind auch nicht viel besser. Eigene Bettwäsche mitbringen!

Hotel Pink Palace (☎ 220722; Plot A1, Bal Mandir Colony; Zi. mit Gemeinschaftsbad 150 Rs, mit eigenem Bad 200–400 Rs, mit Klimaanlage 450–700 Rs; ❄) Dies hier ist die schönste Wahl mit einfachen, aber sauberen, preiswerten Zimmern – die etwas teureren Räume gehen auf eine Terrasse hinaus.

Sharma Hotel (Station Bazaar; Gerichte 16–60 Rs; 🕒 6–24 Uhr) Ein einfaches, zur Straße hin offenes, rein vegetarisches Restaurant, mit fettigen aber leckeren Gerichten.

Shoppen

Das **Dastkar Craft Centre** (☎ 252049; Ranthambore Rd; 🕒 10–20 Uhr), 3 km vom Bahnhof entfernt, lohnt den Besuch. Die Organisation ermöglicht Dorffrauen aus niedrigen Kasten selbstgemachte, schöne Handarbeiten zu verkaufen, darunter Saris, Schals, Taschen und Bettdecken.

An- & Weiterreise

BUS

Busse fahren u. a. nach Jaipur (60 Rs, 6 Std., 3-mal tgl.) und Kota (45 Rs, 4 Std., 4-mal tgl.). Busse, die über Tonk dorthin fahren, starten an der kleinen Bushaltestelle bei der Tankstelle nahe der Überführung. Um über Dausa (an der Straße von Jaipur nach Bharatpur) zu fahren, den Bus nehmen, der am Kreisverkehr bei der Hauptpost abfährt. Auskunft gibt's unter ☎ 2451020. Für die meisten Strecken ist der Zug praktischer.

ZUG

Am Bahnhof gibt's ein **computerisiertes Reservierungsbüro** (🕒 Mo–Sa 8–20, So bis 14 Uhr).

Der *Golden Temple Mail* (Nr. 2903) nach Delhi fährt in Sawai Madhopur um 12.40 Uhr ab und kommt in der Hauptstadt um 19 Uhr an (91 Rs, 2. Klasse, 361 km). Er fährt über Bharatpur (54 Rs, 182 km), das er um 15.20 Uhr erreicht. In Delhi startet er um 7.55 Uhr, mit Stopp in Bharatpur um 10.51 Uhr und Ankunft um 13.08 Uhr. Nach Kota gibt es ca. sieben Züge täglich, am bequemsten ist der *Avadh Express* (Nr. 5063 & 5064). Er verlässt Sawai Madhopur um 9.30 Uhr und kommt um 11 Uhr an (37 Rs, 109 km). In die andere Richtung verlässt er Sawai Madhopur um 16.50 Uhr und kommt in Agra um 21.40 Uhr an.

Unterwegs vor Ort

Fahrräder kann man im Hauptbasar leihen (ca. 25 Rs/Tag). Autorikschas gibt's am Bahnhof; die Fahrt zur Ranthambore Rd. kostet ca. 25 Rs.

SÜDLICHES RAJASTHAN

BUNDI

☎ **0747 / 88 312 Ew.**

Eine bezaubernde kleine Stadt mit schmalen Straßen von Brahmin-blauen Häusern, Seen, Hügeln, Basaren und Tempeln an jeder Ecke. Oberhalb Bundis thront ein phantastischer Palast, eine verblassende Ansammlung von Kuppeln und Loggien, die sich aus einer mächtigen Festung auf einem Felsen erheben. Die Stadt ist perfekt zum Relaxen und um ein Buch zu schreiben (wie Kipling es getan hat – in einem wackeligen Zuckergusshäuschen am See).

Bundi war während der Glanzzeit der Rajputen die Hauptstadt eines wichtigen Fürstenstaates. Seine Bedeutung schwand während der Mogulzeit durch den Aufstieg Kotas, aber es blieb bis zum Anschluss an Rajasthan 1947 unabhängig.

In dem verfallenden Bilderbuchpalast gibt's noch immer die berühmten Bundi-

Wandgemälde, ebenso wie die nicht ganz so berühmten zahllosen Fledermäuse und Tauben. In der Abenddämmerung kann man zusehen, wie Wolken von Fledermäusen aus dem Palast heraus in den Wald fliegen. Von Januar bis März sind die umliegenden Felder voller kleiner rosa Mohnblüten.

Praktische Informationen

Das kleine **Touristenbüro** (☎ 2442697; 🕑 Mo–Fr 10–17 Uhr) liegt nahe beim Ranji-ki-Baori und hat kostenlose Stadtpläne. Mukesh Mehta, vom Haveli Braj Bhushanjee (s. S. 200) ist eine wunderbare Informationsquelle; die Homepage seines Bruders (www.kiplingsbundi.com) ist ebenfalls nützlich. Der kleine Geldwechsel-Laden südlich des Palasts wechselt verschiedene Währungen und manchmal (je nach Laune) auch Reiseschecks. Der **SBBJ Geldautomat** (außerhalb des Chokan Gate) akzeptiert internationale Karten. Es gibt immer mehr Plätze, an denen man seine E-Mails checken kann, darunter **Cyber Dream** (60 Rs/Std.; 🕑 9–21 Uhr) und **Shri Balaji.com** (Nahar ka Chuhata; 60 Rs/Std.; 🕑 9–21 Uhr)

Sehenswertes & Aktivitäten

TARAGARH

Das vernachlässigte herrliche **Taragarh** (Sternenfestung; Eintritt kostenlos) wurde 1354 gebaut. Hier lässt sich's wunderbar umherstreifen – aber mit einem Stock bewaffnet, um die Affen vertreiben zu können! Dazu den Pfad direkt hinter der Chitrasala hinaufgehen,

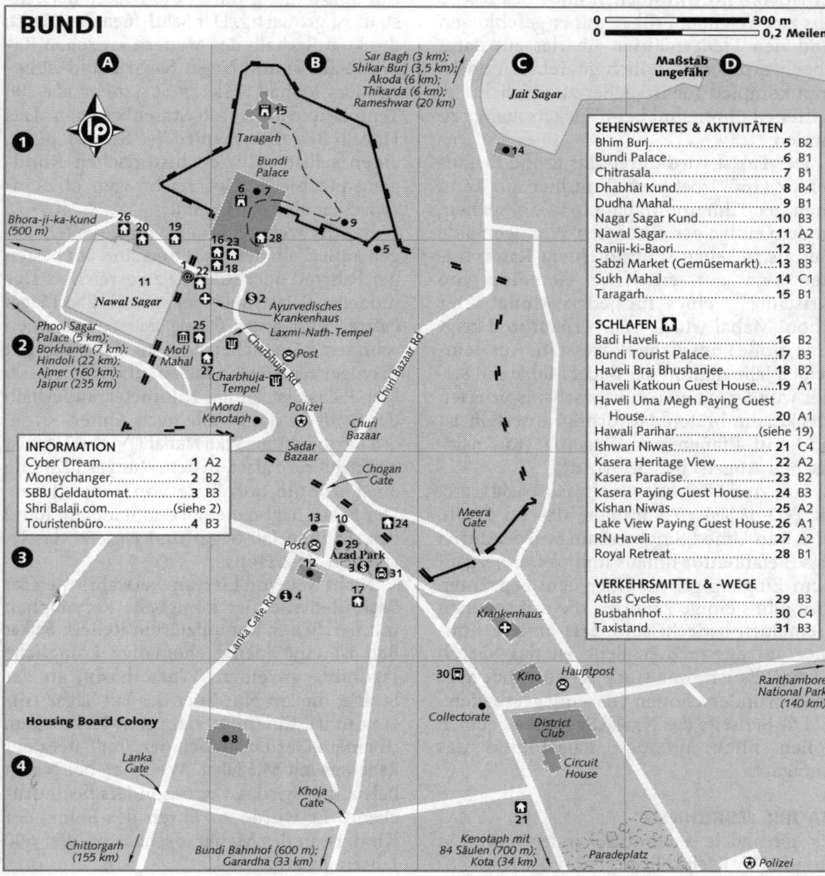

östlich entlang der Innenseite des Walls und dann links die steile Steinrampe direkt vor dem **Dudha Mahal** nach oben, einem kleinen ungenutzten Gebäude 200 m vom Palast entfernt. Innerhalb der Wallanlage gibt's große aus Stein geschlagene Wasserspeicher, und die **Bhim Burj**, die Größte der Zinnen, mit einer berühmten Kanone. Der Blick über die Stadt und die umgebende Landschaft ist zauberhaft, vor allem bei Sonnenuntergang.

Bundi Palace

Der **Palast** (Eintritt 50 Rs, Foto/Video 50/75 Rs; ⏲ 8–17 Uhr) ist ein außergewöhnliches verfallendes Gebäude mit herrlichen verblassenden türkisfarbenen und goldenen Wandgemälden. Er ist vom nordwestlichen Ende des Basars aus zu erreichen. Früher war er geschlossen und den Fledermäusen überlassen, dann aber wurde er gründlich gesäubert und ist nun komplett für Besucher zugänglich. Erfahrene Führer sind beim Ticketschalter zu finden.

Der Palast wird durch das große Elefantentor (1607) betreten. Von hier aus kann man den Chhatra Mahal (1644), besuchen, in dem einige der schönsten Wandgemälde Bundis zu sehen sind: In einem Raum finden sich gut erhaltene Gemälde von Krischna – eines für jeden Monat. Der Phool Mahal wurde 1607 erbaut und zeigt eine große königliche Prozession. Aus demselben Jahr stammt der Badal Mahal mit seiner wunderschönen chinesisch-inspirierten Decke, die blütenblattförmig unterteilt ist und mit Pfauen und Krishna (mit asiatischen Augen) bemalt wurde.

Um zum **Chitrasala** (Umed Mahal; Eintritt kostenlos; ⏲ 7–18 Uhr) zu kommen, das im 18. Jh. von Rao Umed Singh erbaut wurde, durch das Elefantentor hinaus und weiter bergauf zum Eingang gehen. Über dem begrünten Hof gibt's einige Zimmer, die mit schönen Gemälden bedeckt sind. Das hintere Zimmer auf der rechten Seite ist das Sheesh Mahal. Es ist zwar stark zerstört, hat aber noch wunderschönen Glaseinlegearbeiten.

Die Südseite des Nawal Sagar bietet einen tollen Blick auf den Palast und das Taragarh.

BAORIS & BRUNNEN

Es gibt viele beeindruckende *baoris* in Bundi. Der **Ranij-ki-Baori** (Baori der Königin) ist 46 m tief und mit merkwürdig gewundenen Reliefs verziert. Er wurde 1699 von Rani Nathavatji gebaut und ist einer der größten seiner Art. Der **Nagar Sagar Kund** besteht aus zwei zusammengehörenden Stufenbrunnen direkt außerhalb des Chogan Gate, das zur Altstadt führt.

Vom Fort aus ist der viereckige künstliche See **Nawal Sagar** zu sehen, der austrocknet, wenn der Monsum nur schwach ist. In der Mitte steht ein Tempel der Varuna, dem arischen Gottes des Wassers, geweiht ist. Der **Bhora-ji-ka-Kund** aus dem 16. Jh. und der beeindruckende **Dhabhai Kund** sind auch einen Blick wert.

NOCH MEHR SEHENSWERTES

Ein Spaziergang durch die Basare der Altstadt ist großartig. Der **Sabzi- (Gemüse-)Markt**, direkt außerhalb der Mauern zwischen Raniji-ki-Baori und Nagar Sagar Kund ist besonders lebhaft. Hier gibt's mehr als 200 Tempel und über 100 Stufenbrunnen. Das Haveli Braj Bhushanjee (s. S. 200) plant, einen selbstgeführten historischen Rundgang anzubieten. Dort nachfragen, ob es inzwischen eine Karte gibt.

Bundis weitere Sehenswürdigkeiten liegen außerhalb der Stadt und sind am besten per Fahrrad oder Rikscha zu erreichen. Der moderne Palast, auch bekannt als **Phool Sagar Palace** (derzeit geschl., Öffnung geplant), hat einen schönen künstlichen See, an dem sich gut Eisvögel beobachten lassen, und einen Park. Der Palast ist einige Kilometer außerhalb der Stadt an der Straße nach Ajmer.

Der prächtige **Sukh Mahal** (⏲ 10–17 Uhr) ist ein kleinerer Palast, in dem Rudyard Kipling einst wohnte und Teile von *Kim* schrieb. Der Palast liegt näher an der Stadt, am Rand des schönen Jait Sagar und ist jetzt das Irrigation Rest House.

Nicht weit von hier, am verwahrlosten **Sar Bagh,** stehen einige königliche Kenotaphen mit herrlichen komplizierten Reliefs. **Shikar Burj** ist eine kleine ehemalige königliche Jagdhütte an einem Wasserbasin, an der Straße, die am Nordufer des Jait Sagar entlang führt. Ein toller Platz zum Picknicken. In einem Garten südlich der Stadt steht der **Kenotaph mit 84 Säulen.** Wenn er bei Nacht beleuchtet wird, ist er besonders beeindruckend. Er wurde zu Ehren des Sohns der Kinderfrau des Maharadschas vor über 600 Jahren gebaut.

Von Bundi aus lassen sich einige schöne Fahrradtouren durch umberührte Landschaften machen. Nördlich von Bundi liegt **Akoda**, ein Kaufmannsdorf, und **Thikarda**, mit einigen Töpfereien, ist ca. 6 km von Bundi entfernt. Etwa 20 km nördlich gibt's einen Shiva-Höhlentempel und in **Rameshwar** einen Wasserfall. 7 km westlich von Bundi ist das ländliche Dorf **Borkhandi**. 22 km in Richtung Jaipur liegt **Hindoli** – dort gibt's einen großen See und ein verfallenes Fort auf einem Hügel.

Ca. 33 km von Bundi entfernt sind im Dorf Garardha am Fluss entlang **Felsmalereien** zu bewundern, die rund 15 000 Jahre alt sein sollen. Darunter befindet sich die merkwürdige Darstellung eines Mannes, der auf einem großen Vogel reitet, sowie ein paar Jagdszenen. Am besten mit einem einheimischen Führer hierherkommen – über das Haveli Braj Bhushanjee (s. S. 200) gibt's weitere Informationen. Mit einem Jeep kostet die Halbtagestour hin und zurück ca. 500 Rs.

Schlafen & Essen

Bundis Gästehäuser (in denen es auch das beste Essen gibt) sind voller Charme und werden von Familien betrieben – die meisten gehören zur Budgetkategorie. Hinzu kommen einige Mittelklassehäuser.

Die Provisionsmaschinerie arbeitet auch hier, daher vom Taxi- oder Rikschafahrer nicht unter Druck setzen lassen!

BUDGETUNTERKÜNFTE

Haveli Katkoun Guest House (☎ 2444311; raghunandansingh@yahoo.com; Zi. 250–450 Rs) Ein tolles Haus, das von dem pensionierten Major Singh und seiner liebenswerten Familie betrieben wird. Es liegt direkt außerhalb des Westtors der Stadt, hat bequeme, makellose Zimmer und einen ruhigen grünen Garten. Die oberen Zimmer gehen auf einen gemeinsamen Balkon mit Aussicht hinaus. Im Restaurant gibt's gutes hausgemachtes Essen (und Bier). Außerdem wird ein kostenloser Shuttle-Service zum Bahnhof und Busbahnhof angeboten.

Haveli Uma Megh Paying Guest House (☎ 244 2191; Zi. 150-350 Rs) Eine Tür neben dem Lake View liegt dieses Haus, das von netten Brüdern geleitet wird. Es hat unterschiedliche Zimmer mit Wandmalereien, Nischen und manche mit Blick auf den See – einige der teureren Zimmer sind wirklich riesig. Es ist sehr friedlich hier und das tolle Gartenrestaurant am See ist perfekt für ein Candlelight Dinner (Gerichte 25–35 Rs).

Kasera Heritage View (☎ 2444679; Zi. 150–450 Rs) Beliebtes Haus, das von einem freundlichen jungen Paar geleitet wird. Das Dachrestaurant bietet einen perfekten Palastblick. Zudem gibt's ein paar Zimmer in einem alten *haveli* (versuchen, das Zimmer mit dem Balkon Richtung Palast oder das mit Blick auf die Moschee zu kriegen).

Lake View Paying Guest House (☎ 2442326; dilipparashar@yahoo.com; Zi. mit Gemeinschaftsbad/eigenem Bad 125/200 Rs) Diese Pension wird von einem reizenden alten Mann und einer Auswahl aus dessen jüngerer Verwandtschaft geleitet. Es liegt malerisch am See. Einige Zimmer haben Seeblick und Buntglasfenster – die meisten Gäste bevorzugen aber die unteren Zimmer neben einem kleinen Garten. Es gibt hausgemachtes Essen (Gerichte um 30 Rs).

Ishwari Niwas (☎ 2442414; in_heritage@indiatimes.com; 1 Civil Lines; Zi. 250–600 Rs) Ein von einer Familie geführtes Hotel mit königlichen Beziehungen. Das elegante alte Kolonialgebäude rund um einen Innenhof bietet verschiedenartige Zimmer mit Wandgemälden. Die Lage ist nicht ideal: Außerhalb der Altstadt, noch hinter dem Busbahnhof. Hier können Besichtigungen und Ausflüge organisiert werden.

Kasera Paying Guest House (☎ 2446630; DZ mit Gemeinschaftsbad/eigenem Bad 200/250 Rs) Hier ist dieselbe Familie wie im Kasera Heritage View am Werk. Die kleinere Pension beim Chogan Gate im Hauptbasar hat günstige Zimmer in einem netten alten *haveli* mit einem schönen kleinen Dachrestaurant (Gerichte 30–35 Rs).

Bundi Tourist Palace (☎ 2442650; EZ/DZ mit Gemeinschaftsbad 85/140 Rs) Liegt gegenüber vom Azad Park und ist einfach, aber sauber, freundlich und wird von einer Familie geleitet. Die Zimmer sind klein; es gibt bessere Plätze zum Übernachten, aber dafür ist's billig.

Royal Retreat (☎ 2444426; royalretreatbundi@yahoo.com; EZ 150–350 Rs, DZ 300–500 Rs) Dieses Haus auf dem Palastgelände hat hübsche Zimmer mit gefliesten Wänden, rund um einen ruhigen offenen Innenhof. Es wird aber recht lustlos geführt und macht nur wenig aus seiner phantastischen Lage.

Immer mehr Familien öffnen ihr Haus für Gäste, z. B.: **Hawali Parihar** (☎ 2446675; gegenüber dem Gopal-Tempel; Zi. 100–200 Rs), **Kishan Niwas** (☎ 2446110; jain_jp@hotmail.com; beim Laxmi-Nath-Tempel, Nahar ka Chohtta; EZ 80–100 Rs, DZ 150–200 Rs) und **RN Haveli** (☎ 2443278; hinter dem Laxmi-Nath-Tempel, Rawle ka Chowk; Zi. mit Gemeinschaftsbad 100–150 Rs).

MITTELKLASSEHOTELS

Haveli Braj Bhushanjee (☎ 2442322; www.kiplingsbundi.com; Zi. 250–1850 Rs; ❄) Das 250 Jahre alte *haveli* wird von der hilfsbereiten Braj-Bhushanjee-Familie geführt (Nachfahren des früheren Premierministers von Bundi). Ein zauberhafter Ort mit einer herrlichen Aussicht vom Dach. Hier gibt's eine konkurrenzlose Auswahl an Unterkünften – von preisgünstigen Zimmern für 250 Rs bis zur Oberklasse, ob alt und voller Atmosphäre oder modern mit Aussicht, wunderschön bemalt und mit antiken Möbeln und Miniaturen ausgestattet. Mahlzeiten und Snacks sind recht teuer. Angeboten wird ein kostenloser Shuttle-Service zum Bahnhof und Busbahnhof. Organisiert werden auch Fahrrad- und Wandertouren und sogar Kamelsafaris.

Badi Haveli (☎ 2442322; www.kiplingsbundi.com; Zi. 500–1500 Rs; ❄) Im Jahr 2004 hat die Braj-Bhushanjee-Familie dieses neue Hotel eröffnet. Das umgebaute *haveli* öffnet sich auf beiden Seiten auf den mittleren Teil und hat schöne Aussichten zu bieten. Die Zimmer sind unterschiedlich groß, weiß gestrichen, voller Nischen und haben neu geflieste Badezimmer. Das Dachrestaurant bietet einen phantastischen Blick über Stadt und Palast.

Kasera Paradise (☎ 2444679; Zi. 400-1500 Rs; ❄) Das freundliche Paar vom Heritage View hat 2004 ein weiteres schickeres Hotel eröffnet – mit einem herrlichen Dach, von dem aus wunderbar Stadt und Palast zu sehen sind. Dafür wurde ein *haveli* renoviert, das seit 80 Jahren leer stand. Die Zimmer sind groß. Sie haben vielen Nischen und schick geflieste Bädern. Zum Dekor gehören farbiges Glas und klimpernde Kronleuchter.

An- & Weiterreise

BUS

Busreisen nach/von Bundi schütteln einen ordentlich durch. Einige Ziele und Preise:

Ziel	Preis (Rs)	Dauer (Std.)	Häufigkeit
Ajmer	80	4	alle 30 Min.
Kota	16	1	alle 15 Min.
Sawai Madhopur	45	4½	5-mal tgl.
Udaipur	135	8½	4-mal tgl.
Jodhpur	160	10	7-mal tgl.
Bikaner	190	10	3-mal tgl.
Jaipur	90	5	alle 30 Min.
Indore	150	12	4-mal tgl.
Pushkar	90	5	tgl. (8.30 Uhr)

Ein privater Übernachtbus fährt von Bundi nach Udaipur – Auskunft gibt's beim Busbahnhof.

ZUG

Am Bahnhof halten einige praktische Passenger Trains, mit denen ein sanftes, aber auch langsameres Reisen möglich ist. Der 282 um 7.23 Uhr fährt nach Chittor (24 Rs, 3¼ Std.). Er kommt aus Agra (wo er um 19 Uhr abfährt). Und dann gibt's noch den 281B nach Agra um 17.15 Uhr (49/111 Rs 2. Klasse/Sleeper Class, 13½ Std.). Sobald dort die Umstellung auf die größere Spurbreite fertig gestellt ist, wird es auch direkte Verbindungen nach Udaipur geben (möglicherweise 2006).

Unterwegs vor Ort

Eine Rikscha zum Bahnhof kostet 40 Rs, eine Halbtagestour in der Stadt/außerhalb der Stadt 70/125 Rs, und nach Akoda und Rameshwar kostet's ca. 200 Rs (mit Rückfahrt). Leihfahrräder gibt's für 3/20 Rs pro Std./Tag bei **Atlas Cycles** (Azad Park). Hier gibt's auch einen Motorradverleih – am besten in der Unterkunft nachfragen.

KOTA

☎ 0744 / 695 899 Ew.

Dem geschäftigen und lauten Kota fehlt der Charme, den viele andere Städte Rajasthans haben und es ist daher auch verhältnismäßig wenig touristisch – ausländische Besucher werden auf der Straße immer noch angestarrt. Hier gibt's aber einen wunderschönen spektakulären Palast mit einem hervorragenden Museum und tollen Wandmalereien. Kota ist außerdem für seine *kota doria* bekannt, herrliche Saris mit eingewebten Goldfäden aus dem Nachbardorf Kaithoon. Der Chambal, der einzige immer fließende Fluss im ganzen Bundesstaat, durchquert die Stadt und ermöglicht reizvolle Bootstouren.

Nach der Eroberung dieses Gebiets durch die Rajputen im 12. Jh. wurde Bundi zur Hauptstadt und der älteste Sohn des Herrschers erhielt Kota zugeteilt. Dies blieb so bis 1624, als Kota ein eigenständiger Staat wurde. Erst nach der Unabhängigkeit änderte sich dies und Kota wurde in Rajasthan eingegliedert.

Der Bau der Stadt begann im Jahr 1264 nach dem Sieg über die Bhils, aber seine jetzige Größe erreichte Kota erst im 17. Jh., als Rao Madho Singh, ein Sohn des Herrschers von Bundi, Kota vom Mogul-Herrscher Jehangir bekam.

Heute ist Kota ein Hauptquartier der Armee und hat die zweifelhafte Ehre, das Industriezentrum von Rajasthan zu sein (hauptsächlich Chemie).

Orientierung & Praktische Informationen

Kota erstreckt sich entlang des Ostufers des Chambal. Der Bahnhof liegt weit im Norden; im Zentrum gibt es einige Hotels und den Busbahnhof.

Ein **Tourist Reception Centre** (☎ 2327695; ⌚ Mo–Sa 10–17 Uhr, am 2. & 4. Sa des Monats geschl.) liegt auf dem Gelände des RTDC Hotel Chambal. Die **State Bank of Bikaner & Jaipur** (Industrial Estate) und die **State Bank of India** (Chawni Circle) wechseln Reiseschecks und Geld (letztere wechselt nur Amex Reiseschecks). Es gibt einige Geldautomaten, u. a. an der HDFC Bank neben dem Hotel Phul Plaza und am Bahnsteig 1 im Bahnhof.

Shiv Shakti Enterprises (Rampura Rd; 50 Rs/Std.; ⌚ 10–22 Uhr) hat einen Internetzugang.

Sehenswertes & Aktivitäten

CITY PALACE & FORT

Oberhalb des Flusses, neben der Kota Barrage liegt der **Komplex von City Palace und Fort,** eine der größten Anlagen in ganz Rajasthan. Man betritt sie von Süden aus durch das **Naya Darwaza** (Neues Tor).

Im Palast gibt's das hervorragende **Rao Madho Singh Museum** (☎ 2385040; Eintritt Inder/Ausländer 10/50 Rs, Foto/Video 50/100 Rs; ⌚ Sa–Do 10–16.30 Uhr). Hier findet man alles, was man im Bri-

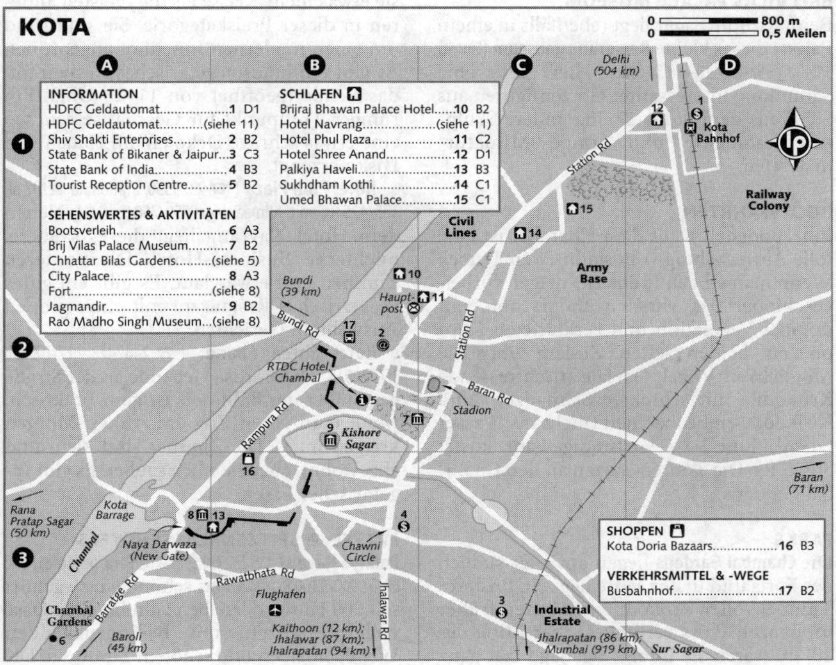

tish Raj für ein anständiges Leben brauchte – silberne Möbel, eine altmodische Eiscrememaschine und raffinierte wunderschöne Waffen. Der älteste Teil stammt von 1624. Erstaunliche Spiegelarbeiten und einige der am besten erhaltenen Miniaturen Rajasthans dekorieren die relativ kleinen Wohnräume – die Zimmer oben sind mit herrlichen Gemälden ausgestattet.

Der Museumsdirektor wird vielleicht eine Führung anbieten; falls möglich aber alleine umherstreifen, um sich alles in Ruhe ansehen zu können.

JAGMANDIR

Zwischen City Palace und Tourist Reception Center liegt der malerische künstliche See **Kishore Sagar**, der 1346 angelegt wurde. Auf einer kleinen Palmeninsel mitten im See steht der bezaubernde winzige orangerote Palast von **Jagmandir** (für die Öffentlichkeit geschl.), der 1740 von einer der Maharanis von Kota erbaut wurde – ein Anblick, der das hektische Geschehen auf den Straßen beiderseits des Sees ad absurdum führt.

BRIJ VILAS PALACE MUSEUM

Beim Kishore Sagar liegt (ebenfalls in einem Palast) dieses kleine **Regierungsmuseum** (Eintritt 3 Rs; ⏲ Sa–Do 10–16.30 Uhr). Hier gibt's eine Sammlung interessanter Götzenfiguren aus Stein aus dem 9. bis 12. Jh., andere Skulpturenfragmente und einige Miniaturmalereien.

BOOTSFAHRTEN

Eine Bootsfahrt auf dem Chambal ist eine tolle Abwechslung vom städtischen Trubel. Wenn man an den Industrieanlagen vorbeigeschippert ist, wird's wunderschön, mit üppiger Vegetation und zerklüfteten Klippen auf beiden Seiten. Zudem gibt's die Möglichkeit Vögel, Gaviale (fischfressende Krokodile mit schmalen Schnauzen) und Krokodile zu beobachten (nicht ins Wasser fallen!). Eine 3½-/1½-stündige Fahrt kostet 50/25 Rs. Die Touren starten an den Chambal Gardens.

PARKS

Die **Chambal Gardens** liegen am Ufer südlich des Forts und in der Mitte liegt ein finsterer Tümpel voller Krokodile. Sie waren früher im ganzen Fluss verbreitet, aber Mitte des 20. Jh. waren sie infolge der Jagd fast ganz verschwunden. Es gibt außerdem ein paar seltene Gaviale.

Neben dem Tourist Reception Centre liegen die **Chhattar Bilas Gardens**, einige überwucherte, aber immer noch eindrucksvolle Kenotaphen zwischen denen Elefantenstatuen stehen.

Schlafen & Essen

In Bezug auf günstige Übernachtungsmöglichkeiten sieht's hier ziemlich trübe aus, es gibt aber viele hochwertigere Hotels in der Stadt (wo es sich lohnt, nach Ermäßigungen zu fragen). Ein Moskitonetz oder Mückensalbe sollte man dabei haben. Einige Hotels haben auch gute Restaurants. Am frühen Abend kann man auch den Imbissständen auf dem Fußweg vor der Hauptpost eine Chance geben.

BUDGETUNTERKÜNFTE

Hotel Navrang (☎ 2323294; Station Rd; EZ/DZ ab 400/500 Rs, mit Klimaanlage 700/900 Rs; Gerichte 35–60 Rs; ❄) Ist besser, als es aussieht. Die Zimmer im Navrang sind zwar abgenutzt, aber akzeptabel und bequem – außerdem haben sie etwas mehr Klasse als die meisten anderen in dieser Preiskategorie. Sie sind rund um einen modernen Innenhof angeordnet. Es gibt ein gutes vegetarisches Restaurant, das Venue (geöffnet von 11–23 Uhr). Ein ruhiger Treffpunkt für Geschäftsessen, wo eine etwas schräge Deko einem Hauch von Disko erzeugt.

Hotel Phul Plaza (☎ 2329350; Station Rd; EZ/DZ ab 325/425 Rs, mit Klimaanlage 550/750 Rs; ❄) Neben dem Hotel Navrang liegt dieses saubere, nüchterne Business-Hotel. Die vorderen Zimmer sind etwas laut. Es gibt ein gutes vegetarisches Restaurant mit einer großen Auswahl an Gerichten.

Hotel Shree Anand (☎ 2462473; EZ/DZ ab 150/200 Rs) Dieses rosa Gebäude an der Straße gegenüber des Bahnhofs ist ganz praktisch, wenn man einen Zug am frühen Morgen kriegen muss. Die Zimmer sind klein und abgewohnt, aber ziemlich sauber. Es gibt vegetarisches Essen.

MITTEL- & SPITZENKLASSEHOTELS

Palkiya Haveli (☎ 2327375; Mokha Para, bei Suraj Pole; EZ/DZ 900/1100 Rs; ❄) Das schöne *haveli* gehört seit 200 Jahren derselben Familie. Eine Oase voller Pflanzen, mit beeindruckenden Wandgemälden und schönen Zimmern. Die

Familie ist nett und hilfsbereit und das Essen ist klasse.

Brijraj Bhawan Palace Hotel (☎ 2450529; EZ/DZ ab 1550/2150 Rs) Dieses charismatische Hotel liegt hoch über dem Chambal und ist nach dem derzeitigen Maharadscha von Kota, Brijraj Singh benannt (der hier noch immer lebt). Es wurde 1830 von der Ostindischen Kompanie gebaut und hat schöne Zimmer, die sich auf eine Terrasse mit Blick auf den Fluss öffnen. Einige Zimmer, z. B. Nr. 4, sind riesig, mit Schwindel erregend hohen Decken. 1911 hat Queen Mary hier ein Schläfchen gemacht. Das Hotel liegt an der Station Rd.

Umed Bhawan Palace (☎ 2325262; Station Rd; Deluxe EZ/DZ 2023/2472 Rs) Dieser huldvolle, edwardianisch-steife Palast ist von einem ausgedehnten Park umgeben. Der Palast ist größer als der Brijraj Bhawan und die Zimmer sind riesig – sie sind aber dunkler und alles wirkt unpersönlich.

Sukhdham Kothi (☎ 2320081; Station Rd; EZ 560–920 Rs, DZ 680–1200 Rs) In diesem 100 Jahre alten Gebäude mit grünem Gelände gibt es einladende Zimmer mit antiken Möbeln, von denen einige auf Terrassen hinausgehen.

Shoppen

Die Basare rund um die Rampura Rd. bieten eine große Auswahl von *kota doria* an. Man kann aber auch direkt an der Quelle im nahegelegenen Kaithoon (12 km von Kota entfernt, 4 Rs mit dem Bus, 100 Rs mit der Rikscha, inkl. Rückfahrt) auf die Jagd gehen.

An- & Weiterreise

BUS

Es gibt viele Expressbus-Verbindungen.

Ziel	Preis (Rs)	Dauer (Std.)	Häufigkeit
Ajmer	93	6	alle 30 Min.
Chittor	86	6	5-mal tgl.
Jaipur	106	6	alle 30 Min.
Udaipur	140	6	6-mal tgl.
Jodhpur	176	11	3-mal tgl.
Bikaner	265	12	3-mal tgl.
Bundi	16	3/4	alle 30 Min.

ZUG

Kota liegt an der Hauptstrecke von Mumbai nach Delhi (über Sawai Madhopur), daher gibt's eine große Zahl von Zügen, z. B. nach Sawai Madhopur (37/135 Rs 2. Klasse/Chair Class, 2 Std., 108 km, 6-mal tgl.), nach Agra (85 Rs Sleeper Class, 6 Std., 333 km), nach Delhi (176/789/493 Rs Sleeper Class/2AC/3AC, 6¼–10 Std., 469 km) und nach Mumbai (284/1277/798 Rs Sleeper Class/2AC/3AC, 16 Std., 919 km). Der 2952 *Rajdhani* nach Mumbai fährt um 20.50 Uhr ab (1750/1680 Rs 2AC/3AC, 12¼ Std.).

Unterwegs vor Ort

Kleinbusse verbinden Bahnhof und Busbahnhof (4 Rs). Eine Autorikscha sollte für diese Strecke 30 Rs kosten; es gibt einen Prepaid-Service-Stand am Bahnhof. Fahrradrikschas sind, wie immer, die günstigere Option (ca. 20 Rs).

RUND UM KOTA

Baroli

Baroli ist eine Tempelanlage aus dem 9. Jh., 56 km südwestlich von Kota. Muslimische Armeen haben hier zwar viel verwüstet, aber ein paar phantastische Reliefs sind bis heute erhalten geblieben. Das Brij Vilas Palace Museum in Kota zeigt einige Statuen von hier.

Von Kota aus fahren Busse hierher (20 Rs, 1½ Std., stündl.) – dem Fahrer vorher sagen, dass man in Baroli aussteigen möchte.

Jhalawar

Jhalawar ist ein hübsches kleine Städtchen, 87 km südlich von Kota. In dessen Umgebung gibt's einige phantastische und dennoch selten besuchte Sehenswürdigkeiten: 7 km südlich liegt **Jhalrapatan**, die Stadt der Tempelglocken, mit einem riesigen Surya-Tempel aus dem 10. Jh., wo's beeindruckende Skulpturen und eine der besterhaltenen Surya- (Sonnengott-)Figuren Indiens gibt. Der **Shantinath-Jainisten-Tempel** aus dem 12. Jh. ist ebenfalls einen Besuch wert. Ca. 3 km von Jhalrapatan entfernt liegt an einem Fluss der hübsche **Chandrabaga-Tempel**. Auch das **Gagron Fort** beeindruckt: Die gut erhaltene Festung steht mitten im Nirgendwo hoch über dem Zusammenfluss zweier Flüsse, 10 km von Jhalawar entfernt. In Jhalawar gibt es einige annehmbare Hotels.

Zwischen Jhalawar und Kota besteht eine regelmäßig verkehrende Busverbindung (38 Rs, 2 Std.).

CHITTORGARH (CHITTOR)

☎ 01472 / 96 028 Ew.

Das Fort von Chittor ist das größte in Rajasthan. Seine Geschichte gipfelt in Romantik, Heldentum und Tragik der Rajputen. Dreimal wurde Chittor von einem viel mächtigeren Gegner angegriffen – und jedes Mal erkannten die Soldaten, dass sie keine Chance hatten und zogen den Tod der Entehrung vor: *jauhar*. Die Männer zogen ihre safrangelben Märtyrergewänder an und ritten vom Fort aus in den sicheren Tod, während sich die Frauen und Kinder auf einem großen Scheiterhaufen opferten.

Obwohl das Fort prachtvoll ist, liegt Chittor nicht auf der Hauptroute von Travellern. Die Stadt an sich ist schäbig, aber das Fort ist den Umweg wirklich wert – man kann es in einer Tagestour von Udaipur nach Chittor oder bei einem Stopp auf der Fahrt von Bundi nach Udaipur besuchen.

Geschichte

Chittor wird im Mahabharata erwähnt: Bhim, einer der Pandava-Helden, schlug so fest auf den Boden, dass Wasser ausströmte und einen großen See bildete. Das Fort stammt jedoch aus dem 8. Jh. und wurde von Bappa Rawal von Sisodia gegründet. Chittors erste Niederlage ereignete sich 1303, als Ala-ud-din Khilji, der Sultan von Delhi, das Fort belagerte – offenbar um die schöne Padmini, die Frau des Onkels des Ranas, Bhim Sing, gefangen zu nehmen. Als die Niederlage nicht mehr abzuwenden war, ritten die Männer aus, um zu sterben und die rajputischen Edelfrauen, darunter Padmini, begingen *jauhar*.

1535 war es Bahadur Shah, der Sultan von Gujarat, der das Fort belagerte und wieder bestimmte das mittelalterliche Diktat der Ehre den Ausgang der Geschichte. Nachdem der *jauhar* beschlossen war, starben dieses Mal wahrscheinlich 13 000 rajputische Frauen und 32 000 rajputische Krieger.

Die letzte Attacke auf Chittor folgte 33 Jahre später, 1568, als der Großmogul Akbar die Stadt einnahm. Und wieder standen die Chancen so schlecht, dass die Frauen *Jauhar* begingen und 8 000 Krieger in orange Roben in den Tod ritten. Während dieser Ereignisse floh Maharadscha Udai Singh II. nach Udaipur, wo er die Hauptstadt neu errichtete. 1616 gab Jehangir Chittor an die Rajputen zurück. Es gab keinen Versuch einer erneuten Umsiedlung. 1905 wurde die Stadt restauriert.

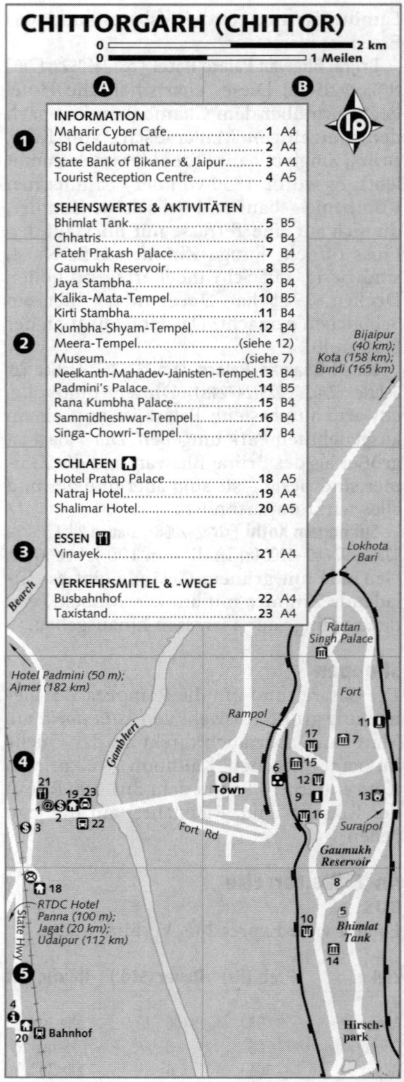

Orientierung & Praktische Informationen

Das Fort hat etwa die Form eines Fisches und steht auf einer 28 km² großen Fläche auf einem 180 m hohen Hügel, der steil aus der umgebenden Ebene aufragt. Bis 1568 lag die Stadt Chittor innerhalb des Forts. Heute befindet sich der moderne Teil der Stadt, der auch als Lower Town bekannt ist, westlich vom Hügel. Ein Fluss trennt das Fort vom Busbahnhof, der Bahnstrecke und dem Rest der Stadt.

Es gibt ein **Tourist Reception Centre** (☎ 241089; ⌚ Mo–Sa 10–13.30 & 14–17 Uhr) beim Bahnhof. Geld kann man in der State Bank of Bikaner & Jaipur wechseln.

Im **Maharir Cyber Cafe** (Collectorate Circle; 25 Rs/Std.; ⌚ 9–22 Uhr) gibt's eine Möglichkeit zu surfen.

Fort

Alle Sehenswürdigkeiten Chittors findet man im **Fort** (Eintritt Inder/Ausländer 5/100 Rs; ⌚ Sonnenaufgang–Sonnenuntergang). Ein 1 km langer Aufstieg über Serpentinen führt durch sieben Tore zum westlichen Haupttor, dem **Rampol** (der ehemalige Hintereingang).

Der Aufstieg führt an zwei **Chhatris** vorbei, Gedenkstätten, die die Stellen markieren, an denen Jaimal und Kalla während der Schlacht gegen Akbar gefallen sind. Jaimal war bereits tödlich verwundet, wurde aber trotzdem von Kalla hierher getragen, um zu kämpfen. Das Haupttor im Osten heißt **Surajpol;** es hat eine phantastische Aussicht über die kargen Ebenen. Im Fort führt eine kreisförmige Straße durch die Ruinen; am südlichen Ende gibt's außerdem einen **Hirschpark**.

Heute ist das Fort eine verlassene Ansammlung zerstörter Paläste und ca. 130 Tempeln. Die wichtigsten Stellen lassen sich an einem halben Tag besuchen (wenn man nicht läuft – s. S. 207), aber es lohnt sich, hier mehr Zeit zu verbringen, denn das Fort ist ein schöner Ort. Am Rana Kumbha Palace gibt's Führer; sie verlangen ca. 150 Rs.

RANA KUMBHA PALACE

Wenn man das Fort betritt und sich nach rechts wendet, kommt man zu den Ruinen dieses **Palastes**, zu dem auch Elefanten- und Pferdeställe und ein Shiva-Tempel gehören. Der *jauhar* Padminis soll in einem inzwischen verschlossenen Keller erfolgt sein. Gegenüber vom Palast sind das Museum, das archäologische Büro und das Schatzamt (Nau Lakha Bhandar) zu finden. In der Nähe befindet sich der **Singa-Chowri-Tempel**.

FATEH PRAKASH PALACE

Direkt hinter dem Rana Kumbha Palace liegt dieser modernere **Palast,** in dem es ein schlecht ausgeschildertes **Museum** (Eintritt 3 Rs, Mo kostenlos; ⌚ Sa–Do 10–16.30 Uhr) und eine Schule gibt (im Fort leben zurzeit ca. 4000 Menschen).

JAYA STAMBHA

Richtung Süden steht der herrlichen **Jaya Stambha** (Siegesturm), Symbol Chittors – und eine ganz besonders männliche Verkörperung des Triumphs? Er wurde zwischen 1458 und 1468 von Rana Kumbha errichtet und erhebt sich 37 m hoch – der Turm hat neun mit großartigen Reliefs verzierte Stockwerke. Über eine schmale Treppe (das Innere ist ebenfalls mit Reliefs verziert) kann man bis zum 8. Stock hinaufsteigen und die Aussicht genießen. Die Kuppel wurde von einem Blitz beschädigt und im 19. Jh. repariert.

Beim Turm liegt die Mahasati, das Gelände, auf dem die Ranas eingeäschert wurden, als Chittor Hauptstadt Mewars war (Mewar ist das Gebiet, das Chittor und Udaipur umfasst). Hier gibt's viele *sati*-Steine – 13 000 Frauen begingen 1535 ganz in der Nähe *jauhar*. Auch der stark verzierte **Sammidheshwar-Tempel**, erbaut im 6. Jh. und 1427 restauriert, befindet sich in der Nähe.

GAUMUKH RESERVOIR

Wer hinter dem Tempel hinuntergeht, sieht am Rand der Felsen diesen tiefen **See**. Aus einem steinernen Kuhkopf fließt Quellwasser in den See.

PADMINI'S PALACE

Weiter Richtung Süden folgt **Padmini's Palace** neben einem großen Pool mit einem Pavillon in der Mitte. Die Legende erzählt, dass Padmini in diesem Pavillon saß und Ala-ud-din ihr entzückendes Spiegelbild im See sah. Dieser noch so kurze Moment veranlasste ihn dazu, Chittor zu zerstören, um sie zu besitzen. Die bronzenen Tore des Pavillons wurden von Akbar mitgenommen und können jetzt im Fort von Agra bewundert werden.

Weiter der Ringstraße entlang kommt man am Hirschpark, dem **Bhimlat-Becken**, dem Surajpol und dem **Neelkanth-Mahadev-Jainistentempel** vorbei, bevor dann der Ruhmesturm erreicht wird.

KIRTI STAMBHA

Der 22 m hohe Kirti Stambha (Ruhmesturm) ist älter (möglicherweise 12. Jh.) und kleiner als der Siegesturm. Er wurde von einem jainistischen Kaufmann erbaut und ist Adinath gewidmet, dem ersten jainistischen *tirthankar* (geehrter Lehrer der Jainisten). Er ist mit nackten Figuren der verschiedenen *tirthankars* verziert. Dies zeigt, dass es sich hierbei um ein Digambara-Bauwerk handelt. (Es gibt zwei verschiedene Jainistenorden: Svetembara und Digambara. Die Mönche des ersten Ordens tragen dünne weiße Roben, während die Digambara-Mönche Kleidung jeglicher Art ablehnen und nackt bzw. „vom Himmel bedeckt" leben.) Eine schmale Treppe führt über sieben Stockwerke nach oben. Normalerweise ist die Treppe verschlossen, aber gegen ein Trinkgeld wird der Torwächter die Türe eventuell öffnen.

WEITERE GEBÄUDE

Nahe des Siegesturms steht der **Meera-Tempel**, der während der Herrschaft von Rana Kumbha im reich verzierten indo-arischen Stil erbaut wurde und mit der mystischen Dichterin Meerabai in Verbindung gebracht wird – sie nahm Gift zu sich, das ihr von einem Feind geschickt wurde, aber dank des Segens Krishnas überlebte sie. Der größere Tempel auf demselben Gelände ist der **Kumbha-Shyam-Tempel** (Tempel von Varah).

Padmini's Palast gegenüber liegt der **Kalika-Mata-Tempel**, ein Sonnentempel aus dem 8. Jh., der während des ersten Angriffs auf Chittor beschädigt und im 14. Jh. in einen der Göttin Kali geweihten Tempel umgewandelt wurde. Am Nordende des Forts gibt's ein weiteres Tor, das **Lokhota Bari**, während sich am Südende nur eine schmale Öffnung befindet, durch die man Verbrecher in den Abgrund warf.

Schlafen & Essen

Die meisten Hotels in Chittor sind laut und grässlich. In denen, die am nächsten bei Bahnhof und Busbahnhof liegen, werden sich alleinreisende Frauen höchstwahrscheinlich äußerst unwohl fühlen.

Hotel Pratap Palace (☎ 243563; hpratap@hotmail.com; EZ/DZ 660/700 Rs, Deluxe 935/985 Rs, Super Deluxe 1325/1450 Rs; ❄) Verdientermaßen ist dies eines der beliebtesten Häuser vor Ort. Die billigen Zimmer sind o.k., aber nichts Besonderes. Die teureren Zimmer haben Fenstersitze und blicken ins Grüne. Wer noch ein paar Rupien drauflegt, bekommt zusätzlich ein großes Wandgemälde (Zimmer 208). Im Garten gibt's ein Restaurant mit gutem Essen. „Dorfsafaris" und Besuche des Castle Bijaipur (s. gegenüber) können organisiert werden.

RTDC Hotel Panna (☎ 241238; B 50 Rs, EZ/DZ ab 200/300 Rs, Deluxe 400/500 Rs, mit Klimaanlage 600/700 Rs; ❄) Dieses Haus ist von ein paar Flecken Rasen umgeben, wodurch es ein wenig netter wirkt als die anderen Budgethäuser. Die normalen Zimmer sind o.k., während die Deluxezimmer ihren Namen eigentlich nicht verdienen. Dafür sind die modernisierten Zimmer mit Klimaanlage eine gute Wahl.

Hotel Padmini (☎ 241718; hotel_padmini@rediffmail.com; EZ/DZ 490/600 Rs, mit Klimaanlage 1000/1200 Rs; ❄) Liegt außerhalb der Stadt beim Bearch. Hier gibt's einen Garten und Pferde. Einige Zimmer haben Balkone mit Blick auf das weit entfernte Fort. Es gab aber Gäste, die die Räume überteuert fanden und sich über schmuddelige Laken beschwerten.

Natraj Hotel (☎ 241009; EZ mit Gemeinschaftsbad 60–125 Rs, DZ mit eigenem Bad 90–250 Rs) Beim Busbahnhof. Der gut gelaunte Rezeptionist führt einen in Zellen mit schmuddeligen Wänden.

Shalimar Hotel (☎ 240842; EZ mit Gemeinschaftsbad 100 Rs, EZ/DZ mit eigenem Bad 250/300 Rs) Der Vorteil dieses Hotels ist die gute Lage beim Bahnhof, aber ansonsten ist es nichtssagend, mit grausigen, langweiligen, aber immerhin eher sauberen Zimmern.

Shri Amerdeep Guesthouse (☎ 248610) Dieses Haus nahe beim Rampol Gate am Hügel des Forts wurde von Lesern empfohlen.

Vinayek (Collectorate Circle; Gerichte 15–60 Rs) Das Restaurant serviert nordindisches vegetarisches Essen, sowie chinesische und südindische Gerichte. Es liegt in einem düsteren Untergeschoss und wird nur durch seine Beliebtheit und den Süßigkeitenstand aufgewertet.

An- & Weiterreise

BUS

Express-Busse fahren nach Delhi (256 Rs, 14 Std., 2-mal tgl.), und regelmäßig u. a. nach Ajmer (81 Rs, 5 Std.), Jaipur (135 Rs, 8 Std.),

Udaipur (Express/Lokal 48/40 Rs, 2½/3 Std.) und Bundi (72 Rs, 5 Std.).

ZUG

Der *Jaipur Express* (Nr. 9770) verlässt Chittor um 6.15 Uhr und kommt in Jaipur um 14.15 Uhr an (83 Rs, 2. Klasse, 324 km), unterwegs hält er in Ajmer (55 Rs, 4½ Std., 189 km). Der *Chetak Express* (Nr. 9615) startet um 5.40 Uhr nach Udaipur und erreicht sein Ziel um 9 Uhr (38 Rs 2. Klasse, 115 km). Auf dem Weg nach Norden fährt er um 21.45 Uhr ab und ist um 11.18 Uhr in Dehli (216/968 Rs Sleeper Class/2AC, 612 km). Um 13.45 gibt's einen Zug nach Udaipur, aber hier besser den Bus nehmen, denn der Zug ist langsamer. Der *Ahmedabad Express* (9943) fährt um 14 Uhr ab und erreicht Ahmedabad um 4.25 Uhr (160/720 Rs Sleeper Class/2AC, 412 km).

Unterwegs vor Ort

Autorikschas verlangen ca. 150 Rs für die Fahrt vom Bahnhof oder Busbahnhof rund um das Fort und zurück (inkl. Wartezeit). Eine Rikscha zwischen Bahnhof und Busbahnhof sollte 20 Rs kosten.

Gleich beim Bahnhof kann man Fahrräder leihen (30 Rs/Tag), aber die steile Strecke hinauf zum Fort ist eigentlich nur zu Fuß zu bewältigen. Trotzdem sind die Fahrräder für die Besichtigung des Forts und die Rückfahrt den Berg hinunter klasse.

RUND UM CHITTORGARH

Bijaipur

40 km von Chittor entfernt liegt **Castle Bijaipur** (www.castlebijaipur.com; EZ/DZ 1550/1850 Rs; ❁ ⛍), ein phantastischer Palast aus dem 16. Jh., der aussieht, als hätte man ihn aus Udaipur herausgepflückt und hier wieder fallen lassen. Die Zimmer sind romantisch und luxuriös. Im Hotel Pratap Palace in Chittor (s. gegenüber) reservieren! Die freundlichen Besitzer organisieren Pferde- und Jeep-Safaris. Von Chittor nach Bijaipur fahren regelmäßig Busse (10 Rs, 1½ Std.). Ein Taxi hin und zurück kostet ca. 300 Rs.

UDAIPUR

☎ 0294 / 389 317 Ew.

Skurril und heiter, umgeben von nebligen, ockerfarbenen Hügeln, ist Udaipur die wahrscheinlich romantischste Stadt Rajasthans. Raffinierte knochen-weiße Gebäude liegen am Pichola-See, in dessen Mitte sich das Sahnehäubchen dieser Torte befindet: Der unglaubliche Lake Palace – tagsüber sieht er aus wie eine Hochzeitstorte aus einem Fiebertraum, nachts wie ein angestrahltes Mutterschiff.

Wenn der Monsun schwach ist, ist der See nur halb voll. Dann wird aus dem Lake Palace ein ganz normaler Palast und der Kommerz der Altstadt scheint all die Romantik auszulöschen, die Menschen hierher bringt. Aber wenn der See voll ist, und man sich von den touristischen Zentren entfernt, gibt's in ganz Rajasthan nichts Bezaubernderes als diesen Ort.

Das 1559 von Maharadscha Udai Singh II. nach der letzten Belagerung Chittors durch den Mogul-Kaiser Akbar gegründete Udaipur ist mit Palästen, Tempeln und havelis vollgepackt – und nirgendwo gibt's einen besseren Beweis der Liebe der Rajputen für Phantastisches und Märchen.

Orientierung

Die von den Resten der Stadtmauer begrenzte Altstadt liegt im Osten des Pichola-Sees. Bahnhof und Busbahnhof sind direkt außerhalb der Stadtmauer im Südosten. Wie so oft in Indien hat sich die Stadt inzwischen weit über ihre ursprünglichen Grenzen hinaus ausgedehnt.

Praktische Informationen

BUCHLÄDEN

In Udaipur gibt's rund um Lal Ghat viele Shops, in denen man Bücher kaufen und verscherbeln kann, vor allem in Englisch – es gibt aber auch einige Bücher in Französisch und in anderen Sprachen. Ein guter Platz um Sachbücher und Romane über Indien zu kaufen, die Bücher sind hier aber möglicherweise etwas teurer als im Rest des Landes.

INTERNETZUGANG

Hier gibt's viele Möglichkeiten zum Surfen, besonders rund um Lal Ghat. Die Verbindungen sind unterschiedlich; diese hier sind ziemlich schnell:

BA Photo N Book Store (69 Durga Sadan; 30 Rs/Std.; 🕑 9.15–23 Uhr)

Iway (Jagdish Chowk; pro Std. 20 Rs; 🕑 8–23 Uhr)

Mewar International (35 Lal Ghat; 30 Rs/Std.; 🕑 9–23 Uhr)

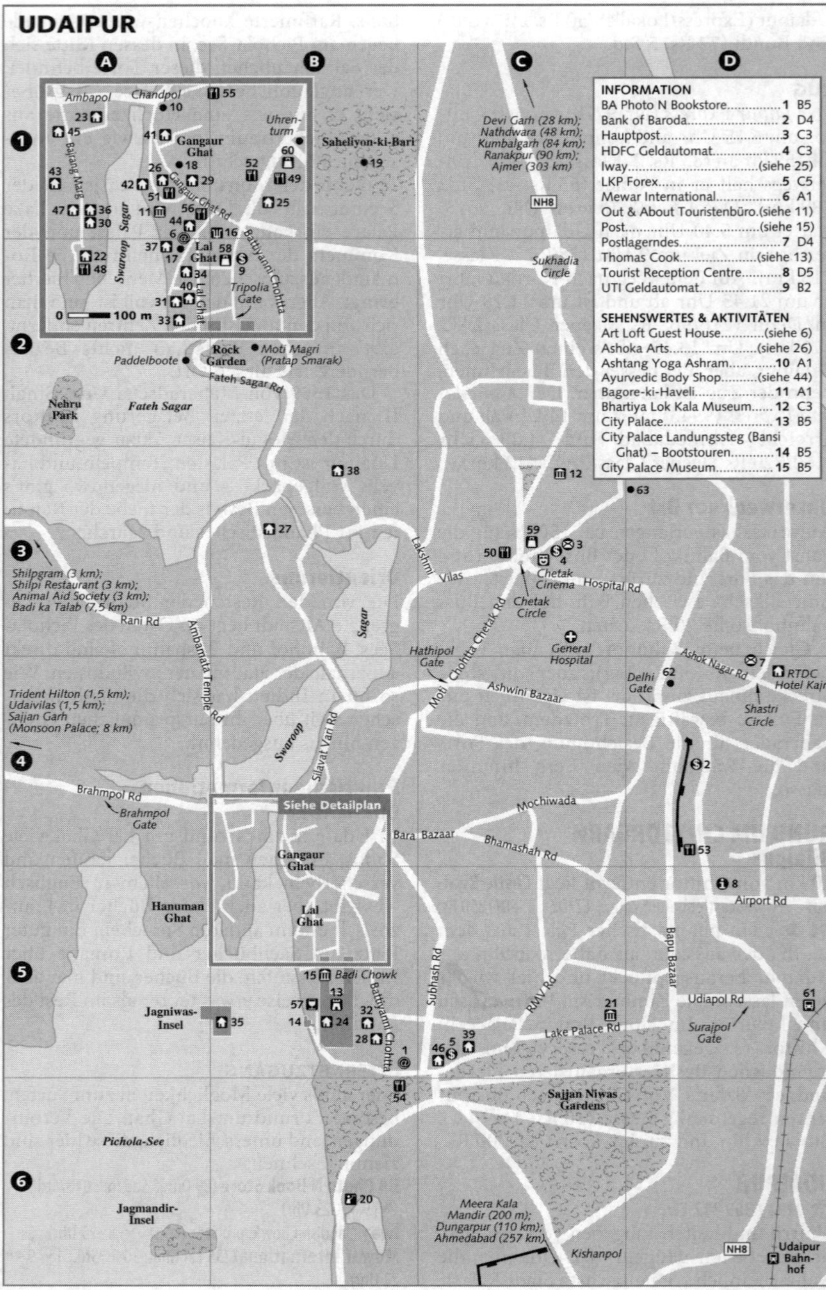
UDAIPUR
INFORMATION
BA Photo N Bookstore.....1 B5
Bank of Baroda.....2 D4
Hauptpost.....3 C3
HDFC Geldautomat.....4 C3
Iway.....(siehe 25)
LKP Forex.....5 C5
Mewar International.....6 A1
Out & About Touristenbüro.(siehe 11)
Post.....(siehe 15)
Postlagerndes.....7 D4
Thomas Cook.....(siehe 13)
Tourist Reception Centre.....8 D5
UTI Geldautomat.....9 B2
SEHENSWERTES & AKTIVITÄTEN
Art Loft Guest House.....(siehe 6)
Ashoka Arts.....(siehe 26)
Ashtang Yoga Ashram.....10 A1
Ayurvedic Body Shop.....(siehe 44)
Bagore-ki-Haveli.....11 A1
Bhartiya Lok Kala Museum.....12 C3
City Palace.....13 B5
City Palace Landungssteg (Bansi Ghat) – Bootstouren.....14 B5
City Palace Museum.....15 B5
Ambapol
Chandpol
Bajrang Marg
Gangaur Ghat
Gangaur Ghat Rd
Uhrenturm
Saheliyon-ki-Bari
Swaroop Sagar
Lal Ghat
Battiyanni Chohtta
Tripolia Gate
0 100 m
Devi Garh (28 km);
Nathdwara (48 km);
Kumbalgarh (84 km);
Ranakpur (90 km);
Ajmer (303 km)
NH8
Sukhadia Circle
Paddelboote
Rock Garden
Moti Magri (Pratap Smarak)
Fateh Sagar Rd
Nehru Park
Fateh Sagar
Shilpgram (3 km);
Shilpi Restaurant (3 km);
Animal Aid Society (3 km);
Badi ka Talab (7,5 km)
Rani Rd
Ambamata Temple Rd
Lakshmi Vilas
Sagar
Chetak Cinema
Chetak Circle
Hospital Rd
Moti Chohtta Chetak Rd
General Hospital
Hathipol Gate
Ashwini Bazaar
Delhi Gate
Ashok Nagar Rd
RTDC Hotel Kajri
Shastri Circle
Trident Hilton (1,5 km);
Udaivilas (1,5 km);
Sajjan Garh
(Monsoon Palace; 8 km)
Swaroop
Silavat Vari Rd
Brahmpol Rd
Brahmpol Gate
Siehe Detailplan
Mochiwada
Bara Bazaar
Bhamashah Rd
Airport Rd
Hanuman Ghat
Badi Chowk
Subhash Rd
RMV Rd
Bapu Bazaar
Udiapol Rd
Surajpol Gate
Jagniwas-Insel
Lake Palace Rd
Sajjan Niwas Gardens
Pichola-See
Jagmandir-Insel
Meera Kala Mandir (200 m);
Dungarpur (110 km);
Ahmedabad (257 km)
Kishanpol
Udaipur Bahnhof

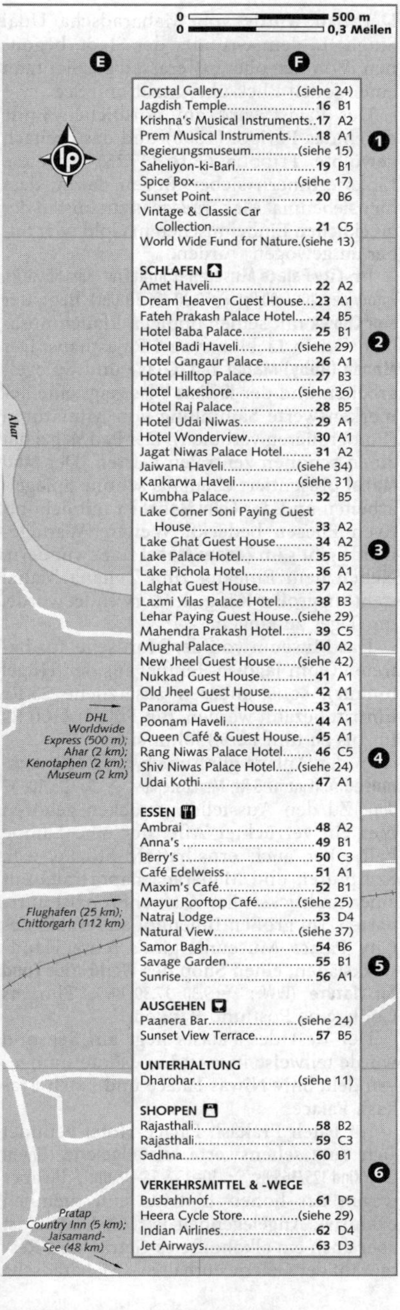

Crystal Gallery....................(siehe 24)
Jagdish Temple........................16 B1
Krishna's Musical Instruments..17 A2
Prem Musical Instruments..........18 A1
Regierungsmuseum..............(siehe 15)
Saheliyon-ki-Bari......................19 B1
Spice Box...........................(siehe 17)
Sunset Point...........................20 B6
Vintage & Classic Car Collection..........................21 C5
World Wide Fund for Nature.(siehe 13)

SCHLAFEN

Amet Haveli............................22 A2
Dream Heaven Guest House....23 A1
Fateh Prakash Palace Hotel......24 B5
Hotel Baba Palace....................25 B1
Hotel Badi Haveli..............(siehe 29)
Hotel Gangaur Palace...............26 A1
Hotel Hilltop Palace..................27 B3
Hotel Lakeshore..................(siehe 36)
Hotel Raj Palace.......................28 B5
Hotel Udai Niwas......................29 A1
Hotel Wonderview.....................30 A1
Jagat Niwas Palace Hotel.........31 A2
Jaiwana Haveli....................(siehe 34)
Kankarwa Haveli.................(siehe 31)
Kumbha Palace.........................32 B5
Lake Corner Soni Paying Guest House..........................33 A2
Lake Ghat Guest House............34 A2
Lake Palace Hotel.....................35 B5
Lake Pichola Hotel....................36 A1
Lalghat Guest House.................37 A2
Laxmi Vilas Palace Hotel...........38 B3
Lehar Paying Guest House..(siehe 29)
Mahendra Prakash Hotel..........39 C5
Mughal Palace...........................40 A2
New Jheel Guest House......(siehe 42)
Nukkad Guest House.................41 A1
Old Jheel Guest House..............42 A1
Panorama Guest House.............43 A1
Poonam Haveli..........................44 A1
Queen Café & Guest House.....45 A1
Rang Niwas Palace Hotel..........46 C5
Shiv Niwas Palace Hotel......(siehe 24)
Udai Kothi.................................47 A1

ESSEN

Ambrai.......................................48 A2
Anna's.......................................49 B1
Berry's.......................................50 C3
Café Edelweiss..........................51 A1
Maxim's Café.............................52 B1
Mayur Rooftop Café...........(siehe 25)
Natraj Lodge..............................53 D4
Natural View.......................(siehe 37)
Samor Bagh...............................54 B6
Savage Garden...........................55 B1
Sunrise.......................................56 A1

AUSGEHEN

Paanera Bar.........................(siehe 24)
Sunset View Terrace..................57 B5

UNTERHALTUNG

Dharohar.............................(siehe 11)

SHOPPEN

Rajasthali..................................58 B2
Rajasthali..................................59 C3
Sadhna......................................60 B1

VERKEHRSMITTEL & -WEGE

Busbahnhof................................61 D5
Heera Cycle Store...............(siehe 29)
Indian Airlines...........................62 D4
Jet Airways................................63 D3

GELD

Geldautomaten sind häufig, so steht z. B. ein HDFC-Geldautomat an der Hauptpost und ein UTI-Automat am Jagdish-Tempel. Geldwechsel und Bargeld auf Kreditkarten gibt's ebenfalls an vielen Orten.

Bank of Baroda (☎ 2420671; 🕑 Mo–Fr 10–14.30, Sa 10–12.30 Uhr) Ca. 200 m südöstlich vom Delhi Gate; Geldwechsel und Geld auf Kreditkarten.

LKP Forex (☎ 2423358; Lake Palace Rd; 🕑 Mo–Sa 9.30–19 Uhr) Beim Rang Niwas Palace Hotel; wechselt viele Fremdwährungen.

Thomas Cook (☎ 2419746; City Palace Complex; 🕑 10–13.30 & 14–17 Uhr) Wechselt Reiseschecks und Fremdwährungen.

POST

DHL Worldwide Express office (☎/Fax 2412979; 380 Ashok Nagar Rd; 🕑 Mo–Sa 9.30–19.30 Uhr) Kostenloser Inkassodienst innerhalb von Udaipur.

Hauptpost (Chetak Circle; 🕑 10–13 & 13.30–19 Uhr) Nördlich der Altstadt.

Post (City Palace Complex; 🕑 Mo–Sa 10.30–13 & 13.30–16.30 Uhr) Außerhalb des City Palace Museums.

Postlagerndes (Shastri Circle).

TOURISTENINFORMATION

Out & About in Udaipur (10 Rs) Das 14-tägig erscheinende Magazin gibt's in den meisten Buchhandlungen und in manchen Hotels. Eine phantastische Informationsquelle, in der von Hindi-Stunden bis zu Billardkneipen alles zu finden ist. Zudem erfährt man Einzelheiten zu lohnenden örtlichen Projekten; wer spenden will, kann sich an das hilfreiche Touristenbüro des Magazins im Bagore-ki-Haveli wenden (🕑 10–17 Uhr).

Tourist Reception Centre (☎ 2411535; Fateh Memorial Bldg; 🕑 Mo–Sa 10–17 Uhr, am 2. & 4. Sa des Monats geschl.) Nahe beim Surajpol.

Sehenswertes

PICHOLA-SEE

Der ruhige Pichola-See wurde von Maharadscha Udai Singh II. vergrößert, nachdem er die Stadt gegründet hatte – er flutete das Dorf Picholi, das dem See immerhin noch seinen Namen geben durfte, indem er einen gemauerten Damm errichten ließ, den Badipol. Der See ist heute 4 km lang und 3 km breit, aber er ist seicht geblieben und trocknet in regenarmen Zeiten schnell aus. Der City Palace ziert das Ostufer des Sees. Nördlich des Palasts kann man am Ufer entlang wandern, wo es einige interessante Bade- und Dhobighats (Kleiderreinigungsghats) gibt.

Im See liegen zwei Inseln: Jagniwas und Jagmandir. **Bootstouren** (Erw./Kind 30 Min. 100/50 Rs, 1 Std. 175/100 Rs, halbstündl. 9.30–17 Uhr) fahren regelmäßig vom City-Palace-Landungssteg ab (auch als Bansi Ghat bekannt) – falls ausreichend Wasser im See ist. Die längere Tour beinhaltet einen Besuch der Jagmandir-Insel.

Jagniwas-Insel

Jagniwas, die Lake Palace Hotel Insel, ist ca. 1,5 ha groß und ganz von dem Palast bedeckt, den Maharadscha Jagat Singh II 1754 erbaute. Früher war er ein königlicher Sommerpalast, heute ist er ein ultimatives Luxushotel, mit schattigen Innenhöfen, Seerosenteichen und einem Pool im Schatten eines Mangobaums. Nicht-Gäste können nur zum Mittag- oder Abendessen herüberkommen (s. S. 217). Motorbote des Hotels überqueren den See vom City-Palace-Landungssteg aus. Der Lake Palace war zusammen mit dem Shiv Niwas Palace und dem Monsoon Palace im James Bond Film *Octopussy* zu sehen.

Hinter Jagniwas liegt die viel kleinere Insel **Arsi Vilas**, die als Helikopterlandeplatz genutzt wird.

Jagmandir-Insel

Der **Palast** auf der Jagmandir-Insel wurde 1620 von Maharadscha Karan Singh gebaut und von Maharadscha Jagat Singh (1628–52) erweitert. Es wird behauptet, dass der Großmogul Shah Jahan durch diesen Palast einige Anregungen für den Taj Mahal bekam – er wohnte hier 1623/24, als er einen Aufstand gegen seinen Vater Jehangir führte. Maharadscha Swarup Singh brachte hier Europäer während des Aufstands von 1857 in Sicherheit. Auf der Insel gibt's eine Reihe riesiger Steinelefanten, eine beeindruckende *chhatri* aus grau-blauem Stein, und eine phantastische Aussicht über die Stadt und ihren goldenen Palast.

CITY PALACE & MUSEEN

Der gewaltige **City Palace** (Eintritt 25 Rs) mit seinen Balkonen, Türmen und Kuppeln, thront über dem See. Er ist der größte Palast Rajasthans, mit einer 244 m langen Fassade und einer Höhe von 30,4 m. Obwohl er aus vielen Einzelgebäuden besteht, die von verschiedenen Maharadschas errichtet wurden, wirkt sein Design überraschend einheitlich. Der Bau wurde von Maharadscha Udai Singh II., dem Gründer der Stadt, begonnen. Von den oberen Terassen aus hat man einen tollen Blick über Stadt und See.

Der Palast wird am nördlichen Ende durch das Baripol (1600) und das dreifach gewölbte Tripolia Gate (1725) betreten. Links erinnern sieben Bögen daran, dass hier siebenmal Maharadschas zugunsten der glücklichen Einheimischen in Gold oder Silber aufgewogen wurden.

Im **City Palace Museum** (Eintritt Erw./Kind 50/30 Rs, Foto/Video 200/200 Rs; ⌚ 9.30–16.30 Uhr) liegt der **Mor Chowk** mit seinen üppigen Pfauenmosaiken – dem Lieblingsvogel Rajasthans. Der **Manak (Ruby) Mahal** hat Glas- und Spiegelarbeiten und der **Krishna Vilas** zeigt eine bemerkenswerte Sammlung von Miniaturen (Fotografieren verboten). Der **Bari Mahal** hat einen schönen zentralen Garten. Der **Moti Mahal** präsentiert ebenfalls schöne Spiegelarbeiten und der **Chini Mahal** ist mit dekorativen Fliesen bedeckt. Weitere Wandgemälde gibt's im **Zenana Mahal** zu bewundern. Neben dem Eingang zum Zenana Mahal steht ein großer Käfig, der verwendet wurde, um Tiger zu fangen.

Das Museum von der Nordseite aus betreten (vom Jagdish-Tempel aus den Hügel hinauf), sonst müssen zusätzliche 25 Rs Eintritt bezahlt werden. Ein Führer (100 Rs für bis zu fünf Pers.) lohnt sich.

In der Anlage gibt's auch ein **Regierungsmuseum** (Eintritt 3 Rs, Mo kostenlos; ⌚ Sa–Do 10–17 Uhr). Zu den Ausstellungsstücken gehören hier ein verrückter Affe, der eine Lampe hält, aber auch ernsthaftere Stücke, z.B. Skulpturen und Maharadschaportraits mit einer eindrucksvollen Auswahl von Schnurrbärten. Im großen Innenhof außerhalb des City Palace Museums gibt's teure Handwerksläden, einen Shop des **World Wide Fund for Nature** (WWF; ⌚ 9.30–17.30 Uhr), Thomas Cook, eine Post und Banken.

Der Rest des Palasts liegt am See und wurde teilweise in zwei Luxushotels umgewandelt: Shiv Niwas Palace und Fateh Prakash Palace.

Im Fateh Prakash Palace Hotel befindet sich eine sehenswerte **Kristallgalerie** (Eintritt Erw./Kind 325/165 Rs; ⌚ 10–13 & 15–18 Uhr), die aber wegen des hohen Eintritts eine ziemlich exklusive Angelegenheit ist (im Eintritt ist aber auch ein alkoholfreies Getränk im Restaurant der Galerie enthalten). Maharadscha

Sajjan Singh bestellte das seltene Kristall 1877 bei F&C Osler & Co. in England; er starb jedoch bevor es ankam und alle Teile blieben 110 Jahre in Kisten verpackt. Zu der extravaganten unbenutzten Sammlung gehören Kristallstühle, Sofas, Tische und sogar Betten. Es dürfen keine Fotos geknipst werde.

Die Damen des Palasts benutzten einst die Galerie, um die Geschehnisse in der herrlichen **Durbar-Halle** zu beobachten. Viele indische Paläste haben eine solche Durbar-Halle, die für allerlei offizielle Ereignisse wie Staatsbankette oder Versammlungen genutzt wurde. Diese hier, 1909 erbaut und mit unfassbar großen Kronleuchtern ausgestattet, ist aber mit Sicherheit eine der beeindruckendsten in Indien. Die illustren Mewar-Herrscher, die ihre Wände schmücken, stammen aus der wahrscheinlich ältesten Herrscherdynastie der Welt – sie umfasst 76 Generationen.

In der Durbar-Halle haben Hunderte von Menschen Platz; sie kann für spezielle Gelegenheiten gemietet werden.

JAGDISH-TEMPEL

Nur 150 m nördlich des Eingangs zum City Palace liegt dieser mit phantastischen Verzierungen geschmückte indoarische **Tempel** (⌚ 5–14 & 16–22.30 Uhr), der 1651 von Maharadscha Jagat Singh erbaut wurde. Hier wird eine schwarze Steinbüste von Vishnu als Jagannath (Herr des Universums) aufbewahrt. In einem Schrein vor dem Tempel steht ein Messingbild von Garuda.

BAGORE-KI-HAVELI

Das großzügige **Haveli** aus dem 18. Jh. (Eintritt 25 Rs; ⌚ 10–19 Uhr) steht am Seeufer im Viertel Gangaur Ghat. Es wurde von einem früheren Premierminister gebaut und ist sorgfältig restauriert worden. Rund um die Innenhöfe verteilen sich hier 138 Zimmer. Einige wurden so eingerichtet, als wäre das Haus noch bewohnt, andere zeigen kulturelle Ausstellungsstücke, darunter den größten (wenn auch ziemlich schlappen) Turban der Welt! Im *haveli* gibt's auch eine interessante Kunstgalerie mit zeitgenössischer und traditioneller Kunst sowie berühmte Monumente aus aller Welt, die liebevoll aus Styropor geschnitzt wurden. Der obere Innenhof bildet die stimmungsvolle Kulisse für die berühmten rajasthanischen Tanzdarbietungen (19 Uhr; s. S. 217).

FATEH SAGAR

Der **See** nördlich vom Pichola-See – der bei schwachem Monsun austrocknet – ist von Hügeln umgeben und ein beliebter Platz für verliebte Einheimische. Er wurde ursprünglich 1678 von Maharadscha Jai Singh angelegt, doch der Damm wurde von heftigen Regenfällen zerstört, worauf ihn Maharadscha Fateh Singh wieder aufbauen ließ. Mitten im See liegt der **Nehru Park**, eine Garteninsel. Eine Autorikscha von der Altstadt hierher kostet 20 Rs (eine Strecke).

BHARTIYA LOK KALA MUSEUM

In dem kleinen **Museum** (☎ 2529296; Eintritt Inder/Ausländer 15/25 Rs, Foto/Video 20/50 Rs; ⌚ 9–17.30 Uhr) lassen sich Puppen, Masken, Stammesschmuck, Musikinstrumente, Gemälde und Marionetten bewundern. Die einstündigen **Marionettenaufführungen** (Inder/Ausländer 30/50 Rs) finden um 12 und 18 Uhr statt.

SAHELIYON-KI-BARI

Im Norden der Stadt ist der **Saheliyon-ki-Bari** (Garten der Brautjungfern; Eintritt 5 Rs; ⌚ 8–19 Uhr). Der kleine malerische Ziergarten wurde für 48 Dienerinnen angelegt, die zur Aussteuer einer Prinzessin gehörten. Es gibt Springbrunnen (wenn genügend Wasser da ist), Verkaufsstände, Elefanten aus Marmor und einen wunderschönen Lotus-Pool.

SHILPGRAM

Ein Handwerkerdorf 3 km westlich von Fateh Sagar. In **Shilpgram** (Eintritt Inder/Ausländer 15/25 Rs, Foto/Video 10/50 Rs; ⌚ 11–19 Uhr) werden in traditionellen Lehmhütten glitzernde Spiegel aus Rajasthan, Gujarat, Goa und Maharashtra gezeigt. Außerdem gibt es hervorragende Vorführungen traditioneller Künstler und Handwerker. Gruppen, die etwas vorführen möchten, sowie einige gute Künstler stehen immer bereit – obwohl es an normalen Tagen ziemlich leer ist. Im Dezember findet hier ein Festival statt; im Tourist Reception Center oder im Bagore-ki-Haveli gibt's weitere Informationen zu diesem phantastischen Spektakel.

Das **Shilpi Restaurant** (Gerichte 42–94 Rs; ⌚ 11.30–22.30 Uhr) gleich neben Shilpgram, ist ein nettes Freiluftrestaurant mit gutem vegetarischem und nichtvegetarischem Essen – indisch, europäisch und chinesisch. Es gibt auch einen **Swimming Pool** (Eintritt 100 Rs; ⌚ 11–20 Uhr).

Eine Hin- und Rückfahrt mit der Autorikscha von der Altstadt nach Shilpgram kostet 80 Rs (inkl. eines 30-minütigen Stopps).

AHAR

Ca. 2 km östlich von Udaipur stehen über 250 restaurierte **Kenotaphe** der Maharadschas von Mewar: eine spektakuläre Stadt aus weißen Kuppeln, die über einen Zeitraum von 350 Jahren erbaut wurde. In der Nähe sind auch die lückenhaften Überreste der ehemaligen Hauptstadt der Sisodia zu besichtigen sowie ein **Museum** (Eintritt 3 Rs; 🕒 10–17 Uhr) mit ein paar begleitenden Artefakten, einige davon über 5000 Jahre alt.

SAJJAN GARH (MONSOON PALACE)

Der vernachlässigte **Palast** aus dem 19. Jh. steht auf der Spitze einer entfernten Hügelkette wie ein Märchenschloss. Er wurde von Maharadscha Sajjan Singh gebaut und war ursprünglich ein astronomisches Zentrum, bevor er Monsunpalast und Jagdschloss wurde. Heute gehört er der Regierung und ist, nachdem er lange geschlossen war, jetzt für die Öffentlichkeit zugänglich – innen gibt's aber nicht viel zu sehen. Am Fuß des Hügels bezahlt man 80/20 Rs pro Person/Rikscha um das Sajjan Garh Wildlife Sanctuary betreten zu dürfen. Der Hauptgrund, hierher zu kommen, ist die atemberaubende Aussicht, vor allem bei Sonnenuntergang. Eine Autorikscha hin und zurück kostet 150 Rs (inkl. Wartezeit).

NOCH MEHR SEHENSWERTES

Die **Vintage & Classic Car Collection** (☎ 2420979; Eintritt 100 Rs; 🕒 9–11 & 14–18 Uhr) des Maharadschas ist faszinierend: 22 unglaubliche Fahrzeuge, von einem 1938er Cadillac, mit Purdah-Sichtschutz bis zum wunderschönen Phantom Rolls Royce (1934), der auch in *James Bond 007 – Octopussy* eingesetzt wurde.

Sunset Point (Eintritt 5 Rs) ist bei Sonnenuntergang ein wunderschöner Platz. Es gibt eine Musikfontäne, die abends spielt (wenn genug Wasser da ist).

Ca. 5 km außerhalb von Shilpgram liegt der **Badi ka Talab** (Tigersee), ein riesiger künstlicher See, der meist gefüllt ist. Er ist von Hügeln umgeben und ein schöner Ort für ein Picknick. In Teilen des Sees lauern angeblich Krokodile – Schwimmer aufgepasst!

Aktivitäten

REITEN

Kumbha Palace (s. S. 214) organisiert Reitausflüge rund um Udaipur. Ein zweieinhalbstündiger Ausritt kostet 500 Rs (inkl. Mineralwasser), ein halber/ganzer Tag 700/1200 Rs (inkl. Wasser und Mittagessen). Man kann auch in einer der **Landhütten** (B 1000–1200 Rs) des Hotels übernachten oder sehr viel längere Ausritte organisieren. Das Pratap Country Inn (s. S. 214) bietet ebenfalls Ausritte an.

MASSAGEN

Der **Ayurvedic Body Shop** (☎ 5120802; 39 Lal Ghat; Kopfmassage 100 Rs, 15 Min. Rückenmassage 200 Rs, 45 Min. Ganzkörpermassage 500 Rs; 🕒 10.30–21 Uhr) bietet ayurvedische Massagen und verkauft gute Produkte.

WANDERN

Die Landschaft und die Dörfer in der Umgebung Udaipurs zu Fuß zu erkunden, ist eine tolle Möglichkeit, das Land- und das Leben indigener Völker kennen zu lernen, während man die wunderschöne Gegend genießt. Führer lassen sich über Anzeigen in *Out & About in Udaipur* (s. S. 209) ausfindig machen.

Kurse

MUSIK, KOCHEN & KUNST

Bablu bei **Prem Musical Instruments** (☎ 2430599; 28 Gadia Devra) gibt Sitar-, Tabla- und Flötenunterricht (100 Rs/Std.), ebenso wie Krishna bei **Krishna's Musical Instruments** (37 Lal Ghat).

Die **Spice Box** (☎ 5100742; spicebox2001@yahoo.co.in; 38 Lake Ghat) bietet einen hoch gelobten Kochunterricht (400–500 Rs für 4 Std.) an. Das **Art Loft Guest House** (☎ 2420163; jairaj34@yahoo.com; 35 Lal Ghat) veranstaltet Malkurse und gibt empfehlenswerte Kochstunden (500 Rs für 2 Std.).

Ashoka Arts (Hotel Gangaur Palace) bietet Malunterricht an (150 Rs für 2–3 Std., inkl. Material).

YOGA

Ashtang Yoga Ashram (☎ 2524872; www.ashtangyoga.com; Raiba House, in Chandpol) ist ein freundliches Hatha-Yoga-Zentrum. Der Lehrer hat 20 Jahre Erfahrung und wird in Form einer Spende bezahlt (die dann an das örtliche Tierkrankenhaus weiter gegeben wird).

Geführte Touren

Eine fünfstündige Stadtrundfahrt (mind. fünf Pers.; pro Pers. 78 Rs ohne Eintrittsgelder) startet um 8 Uhr am RTDC Hotel Kajri. Es gibt auch Fahrten nach Ranakpur und Kumbalgarh (ohne Eintrittsgelder, inkl. vegetarischem Mittagessen 276 Rs).

Schlafen

Am romantischsten ist es nahe beim Seeufer. Man kann entweder westlich vom Jagdish-Tempel wohnen, oder ins ruhigere und weniger touristische Hanuman Ghat auf der anderen Seeseite gehen. Auf jeden Fall nach einem Zimmer mit Seeblick fragen (kostet meist mehr). Die meisten Hotels bieten in der Nebensaison Rabatte an. Auch hier gibt's eine größere Auswahl an Budget- als an Mittelklassehotels.

Um habgierigen Rikschafahrern aus dem Weg zu gehen, die Prepaid-Autorikscha-Stände am Bahnhof und Busbahnhof nutzen! Bei Beschwerden (über Rikschafahrer – Registrierungsnummer aufschreiben – oder Hotels) die **Polizei** (☎ 2412693) sollte man keine Scheu haben, das **Tourist Reception Centre** (☎ 2411535) zu informieren.

BUDGETUNTERKÜNFTE

Rund um Lal Ghat

Eine Autorikscha vom Busbahnhof nach Jagdish sollte ca. 25 Rs kosten.

Lalghat Guest House (☎ 2525301; lalghat@hotmail.com; 33 Lal Ghat; B/EZ mit Gemeinschaftsbad 50/75 Rs, DZ mit Gemeinschaftsbad 100–150 Rs, EZ/DZ mit eigenem Bad 200/250 Rs; 💻) Das Gästehaus am See war eines der ersten, das in Udaipur eröffnet wurde und es ist immer noch toll. Vom Dach aus gibt's einen hervorragenden Blick über den See. Der ältere Teil hat wesentlich mehr Charakter. Die Übernachtungsmöglichkeiten reichen von adretten Schlafsälen, in denen Bett an Bett steht, bis zum besten Zimmer mit gebogenen Fenstern und dicken Wänden (350 Rs). Selbstversorger können eine kleine Küche nutzen.

Hotel Udai Niwas (☎ 5120789; www.hoteludainiwas.com; Gangaur Ghat Rd; Zi. 250–1000 Rs; ❄ 💻) Ein neues Hotel mit hervorragenden, makellosen Zimmern, weiß gestrichen und mit Puppen und Wandbehängen dekoriert – die billigsten Zimmer sind ein echtes Schnäppchen. Die Angestellten sind sehr nett und hilfsbereit.

Hotel Gangaur Palace (☎ 2422303; Gangaur Ghat Rd; Zi. 80–350 Rs) Ein weiß-getünchtes, kunstvolles aber leicht verblasstes *haveli* mit Innenhof. Die teureren Zimmer haben mehr Atmosphäre, sind aber immer noch einfach, mit Wandgemälden, Fenstersitzen und eigenen Badezimmern. Die billigeren Zimmer sind einfach, aber gut und haben ein gemeinsames Bad.

Lehar Paying Guest House (☎ 2417651; 86 Gangaur Ghat Rd; EZ/DZ ab 100/150 Rs) Wird von einer gefürchteten Matriarchin geführt, hat aber gute saubere Zimmer in einem alten Gebäude mit Wandgemälden und farbigem Glas.

Lake Corner Soni Paying Guest House (☎ 252 712; 27 Navghat; EZ/DZ mit Gemeinschaftsbad ab 80/100 Rs, mit eigenem Bad 100/125 Rs) Dieses einfache Haus mit Innenhof und familiärer Atmosphäre, das von einem reizenden älteren Ehepaar geführt wird, liegt etwas versteckt. Mr. Soni bietet Hindi-Unterricht an, das hausgemachte Essen ist hervorragend und vom kleinen Dach hat man eine wunderbare Aussicht.

Mughal Palace (☎ 2417954; mughalpalace2001@hotmail.com; 46 Lal Ghat; Zi. 150–400 Rs) Ist ebenfalls etwas versteckt, hat preiswerte Zimmern, in denen es interessante surreale Wandgemälde gibt. Zimmer 101 hat eine schöne Aussicht und einen Balkon.

Old Jheel Guest House (☎ 2421352; 56 Gangaur Ghat; DZ 150–300 Rs) Das Old Jheel Guest House befindet sich in einem alten *haveli*. Die Übernachtungsmöglichkeiten reichen von einfachen Zimmern nach hinten hinaus bis zu einem Zimmer mit kleinem Balkon und drei Fenstern zum See.

New Jheel Guest House (☎ 2421352; 56 Gangaur Ghat; DZ 150–600 Rs) Liegt beim Old Jheel. Die Zimmer sind luftig und liegen toll oberhalb des Sees – wenn er voll ist. Zimmer 201 ist das beste, mit Fenstern, die zu drei Seiten hinausgehen. Beide Jheels bekommen gute Kritiken.

Nukkad Guest House (56 Ganesh Ghat Rd; Zi. 100–150 Rs) Im Nukkad übernachten heißt: ein Zimmer in einem Familienhaus mieten, das nur wenige Räume und eine schöne Dachterrasse hat.

Hotel Badi Haveli (☎ 2412588; Gangaur Ghat Rd; Zi. 200–450 Rs) Die Zimmer in diesem alten weißgetünchten Gebäude mit dem begrünten Innenhof sind ganz o. k., aber überteuert. Hier wohnt man einfach und sauber; die teureren

Zimmer haben Wandmalereien, farbiges Glas und Bettnischen – einige mit Aussicht. Manche Zimmer haben Gemeinschaftsbäder, manche eigene Badezimmer.

Hanuman Ghat

Dream Heaven Guest House (☎ 2431038; 22 Bhim Permashever Marg.; Zi. 120–450 Rs) Ein beliebtes Haus mit nur sieben Zimmern – sauber und nett, mit Wandbehängen und Gemälden. Einige haben Aussicht sowie einen unschlagbaren Balkon. Das Essen auf der Dachterrasse mit Blick über den See und Udaipur von seiner besten Seite ist frisch und lecker (veg. & nichtveg. Gerichte 15–45 Rs).

Panorama Guest House (☎ 2431027; krishna 2311@rediffmail.com; Hanuman Ghat; Zi. 80–150 Rs) Eine weitere schöne Alternative, schick und gepflegt, mit Blick auf einen kleinen Platz. Die Zimmer sind sauber und haben Wandgemälde. Auf dem Dach lässt sich's prima entspannen.

Queen Café & Guest House (☎ 2430875; 14 Bajrang Marg.; Zi. mit Gemeinschaftsbad 100–150 Rs) Das von einer Jainisten-Familie geführte Gästehaus hat zwei einfache Zimmer einem Familienhaus. Das hausgemachte Essen (veg. Gerichte 15–35 Rs) ist hervorragend.

Hotel Lakeshore (☎ 2432480; ashfak_h@yahoo.com; DZ 250–500 Rs; ❄ 💻) Die schmuddeligen gelb-blauen Zimmer haben schmale Fensterläden, die sich auf den See hinaus öffnen und es gibt eine Terrasse mit einer schönen Aussicht. Eigentlich hat das Hotel nur ein einziges wirklich gutes Zimmer mit Blick auf den See. Es hat Bögen und Säulen und kostet 600 Rs (mit Klimaanlage 700 Rs).

Andere Gebiete

Kumbha Palace (☎ 2422702; Battiyanni Chohtta; Zi. 70–350 Rs) Ein holländisch-indisches Ehepaar führt dieses tolle Haus mit einfachen Zimmern (einige mit Gemeinschaftsbad, andere mit eigenem Bad) am Rande eines schönen üppigen Rasens, der an die Angestelltenquartiere des City Palace grenzt. Hier lassen sich Reitausflüge buchen (s. S. 212), außerdem gibt's einen kostenlosen Shuttle-Service zum Bahnhof und Busbahnhof.

Pratap Country Inn (☎ 2583138; EZ/DZ 300/400 Rs) In diesem heiteren (wenn auch etwas schäbigen) einsamen Landhaus im Dorf Titaradi, ca. 7 km außerhalb von Udaipur, kann man Pferde-Safaris buchen.

MITTELKLASSEHOTELS

Lal Ghat Area

Jagat Niwas Palace Hotel (☎ 2420133; mail@jagatniwaspalace.com; 23–25 Lal Ghat; Zi. mit Klimaanlage 1250 Rs, Deluxe 1550 Rs, Suite 2650 Rs; ❄) Das Hotel am Seeufer bekommt immer gute Bewertungen. Es besteht aus zwei umgebauten *havelis*, mit reizenden Zimmern, verzierten Holzmöbeln und Kissen auf den Fenstersitzen. Auf jeden Fall mit Seeblick buchen! Es gibt ein hervorragendes Dachrestaurant (s. S. 216).

Kankarwa Haveli (☎ 2411457; Fax 2521403; 26 Lal Ghat; Zi. 750–1450 Rs) Das alte *haveli* ist bezaubernd einfach, mit weiß getünchten Zimmern. Der Service ist aber nicht immer gut. Die teureren Zimmer blicken auf den Pichola-See.

Poonam Haveli (☎ 2410303; poonamhaveli@hotmail.com; 39 Lal Ghat; Zi. 400–1050 Rs; ❄) Das Poonam bekommt gute Kritiken und hat schöne Zimmer mit großen Betten – einfach, frisch und groß, einige mit Spiegelarbeiten, andere mit Aussicht. Das „007"-Zimmer hat Bögen so elegant wie hoch gezogenen Augenbrauen.

Jaiwana Haveli (☎/fax 2521252; 14 Lal Ghat; Zi. 400–1500 Rs; ❄) Das Haus hieß früher Hotel Caravanserai. Es hat einfache, gut gepflegte Zimmer, die mit Blockdruck-Stoffen dekoriert sind und durch die leicht getönten Fensterscheiben eine schöne Aussicht haben.

Lake Ghat Guest House (☎ 2521636; 4/13 Lal Ghat; DZ 500–700 Rs) Hier gibt's gute weitläufige Zimmer, einige mit Aussicht, andere mit Balkonen und alle mit Buntglas. Auf dem Dach gibt's einen herrlichen Blick und ein gutes Restaurant (veg. Gerichte um 50 Rs).

Hotel Baba Palace (☎ 2427126; www.hotelbabapalace.com; EZ 300 Rs, DZ 400–600 Rs, Deluxe-Zi. mit Klimaanlage 800–1000 Rs) Das neue und etwas dreiste Hotel hat saubere frische Zimmer und eine ungewöhnliche Lage: Auge in Auge mit dem Jagdish-Tempel. Die Zimmer haben eine tolle Aussicht.

Rund um die Lake Palace Rd.

Rang Niwas Palace Hotel (☎ 2523890; www.rangniwaspalace.com; Lake Palace Rd; EZ 500–900 Rs, DZ 700–1100 Rs, EZ/DZ Suite 2200/2500 Rs; 🏊) Ein umgebauter Palast aus dem 19. Jh. in einem wunderschönen Park mit einem kleinen Pool (Nicht-Gäste 125 Rs). In den Zimmern (einige davon sind eher klein) gibt's verzierte Holzmöbel und Balkone mit Schaukelbänken. Der Service wird unterschiedlich bewertet.

Mahendra Prakash Hotel (☎ 2419811; Zi. 500–1500 Rs;) Hier gibt's weitläufige Gärten, gut ausgestattete Zimmer und eine heitere Atmosphäre mit freundlichen Angestellten. Vom Restaurant blickt man auf einen Stufenbrunnen und es gibt einen Pool (Nicht-Gäste 100 Rs).

Hotel Raj Palace (☎ 2410364; rajpalaceudr@yahoo.com; 103 Battiyanni Chohtta; DZ 650–850 Rs, Suite 1250 Rs) Das *haveli* ist zwar schon 300 Jahre alt, wirkt aber überhaupt nicht so. Die Doppelzimmer sind bequem, aber ein bisschen abgenutzt. Je teurer das Zimmer, desto mehr Kissen in den Nischen und Säulen gibt's.

Hanuman Ghat

Amet Haveli (☎ 2431085; regiudr@datainfosys.net; EZ/DZ 1650/1850 Rs, Suite mit Klimaanlage 1850/2150 Rs; Frühstück Rs 175;) Ein romantisches ruhiges Haus. Das 350 Jahre alte Gebäude am Seeufer hat schöne Zimmer mit Kissen auf den Fenstersitzen, kleine Fenster mit buntem Glas und schmale Fensterläden. Eines der reizvollsten Restaurants Udaipurs ist direkt nebenan.

Udai Kothi (☎ 2432810; www.udaikothi.com; Zi. ab 2000 Rs, Deluxe Zi. 2500 Rs, Suite 3000 Rs;) Auf der wundervollen Dachterrasse kann man gut essen oder im einzigen Dachpool Udaipurs schwimmen (Nicht-Gäste 200 Rs). Außerdem gibt's einen Whirlpool mit Aussicht. Die Zimmer sind mit sommerlichen hübschen Drucken verziert. In letzter Zeit bekommt das Hotel aber unterschiedliche Bewertungen.

Lake Pichola Hotel (☎ 2431197; www.lakepicholahotel.com; Standard Zi. 975 Rs, EZ/DZ ab 1700/1800 Rs;) In der Empfangshalle reihen sich dramatische belgische Kronleuchter aneinander. Das Hotel hat eine tolle Aussicht – es lohnt sich, für ein Zimmer mit Balkon Richtung See oder Fenstersitze mit Kissen ein paar Rupien mehr hinzulegen, zumal die Standardzimmer etwas überteuert und muffig sind. Das Restaurant ist gut und man kann auf der engen Terrasse mit Blick über den Pichola-See sitzen.

Hotel Wonderview (☎ 2432494; 6 Panch Dewari Marg.; Zi. 550–950 Rs) In diesem Hotel gibt's weitere tolle Aussichten, durch gebogene Fenster mit Sitzkissen auf den Bänken – die Räume sind vielleicht etwas fad, aber immer noch gut.

SPITZENKLASSEHOTELS

City Palace

Lake Palace Hotel (☎ 2528800; www.tajhotels.com; DZ 375 US$, mit Seeblick 460 US$, Suite 750–1100 US$;) Dieser romantische Palast, der auf dem See zu schweben scheint (wenn's der Wasserstand zulässt) ist außergewöhnlich: offene Höfe, Lotusbrunnen und ein kleiner Pool im Schatten von Bäumen. Die Zimmer sind mit Seide behängt und mit verzierten Holzmöbeln voll gestellt. Die günstigsten haben einen Blick auf den Lilienteich oder die Terrasse.

Shiv Niwas Palace Hotel (☎ 2528016; crs@udaipur.hrhindia.com; EZ/DZ 125/150 US$, Suite mit Terrasse ab 300/350 US$;) Hier waren früher die Gästequartiere des Maharadschas. Das Shiv Niwas hat einige unglaublich verschwenderisch eingerichtete Zimmer, mit Springbrunnen und silbernen Möbeln. Die günstigen Zimmer sind langweilig – auf jeden Fall sollte man ein Zimmer mit Terrasse wählen. Der Marmorpool (Nicht-Gäste 300 Rs) ist prächtig.

Fateh Prakash Palace Hotel (☎ 2528008; sales@udaipur.hrhindia.com; EZ/DZ 170/200 US$, Suite mit Seeblick 250/275 US$;) Der Palast wurde im frühen 20. Jh. während der Herrschaft des Maharadscha Fateh Singh erbaut und hat prunkvolle Suiten. Die günstigsten Zimmer sind nicht im Hauptflügel des Palasts untergebracht.

Andere Gebiete

Udaivilas (☎ 2433300; www.oberoihotels.com; EZ/DZ ab 450/475 US$, Suite mit Pool 1950 US$;) Die buttercreme-farbenen Türmchen des Udaivilas sind eine neuere Ergänzung der Skyline Udaipurs. Es ist ein schönes Luxushotel, bei dem an Glitter und Blattgold nicht gespart wurde. Die Suiten haben einen eigenen Pool. Es gibt zwei hervorragende Restaurants (s. S. 217).

Essen

Udaipur hat zahllose von der Sonne verwöhnte Dachcafés, viele davon mit betörend-schönem Blick auf den See, und gute Restaurants in den Tophotels. Die indischen Gerichte sind normalerweise besser als das so genannte westliche Essen. Einige Restaurants servieren Bhang Lassi – s. S. 1178.

Viele günstige Restaurants zeigen am Abend aktuelle Filme oder *James Bond 007 – Octopussy*, der, woran man hier ununterbrochen erinnert wird, teilweise in Udaipur gedreht wurde.

Jagat Niwas Palace Hotel (s. S. 214; Gerichte 50–200 Rs; ⌚ 12–15 & 18.30–22.15 Uhr) Ein schönes ruhiges Restaurant mit herrlichem Seeblick (am besten in den kleinen Nischen mit den vielen Kissen sitzen) und hervorragendem Essen – ganz besonders gut sind die Fischgerichte. Eine Reservierung ist empfehlenswert (vor allem fürs Candlelight-Dinner).

Ambrai (Gerichte 35–120 Rs; ⌚ 12.30–15 & 19.30–22.30 Uhr) Das Restaurant im Freien hat einen großartigen Standort, und ist sowohl für einen abendlichen Drink als auch ein Essen eine gute Wahl. Es liegt auf Seehöhe und der Blick schweift zum Lake Palace und über Lal Ghat. Man fühlt sich wie in einem Pariser Park: schmiedeeiserne Stühle und staubiger Untergrund. Das Ambiente ist herrlich, das Essen o. k.

Udai Kothi (s. S. 215; Gerichte 75–190 Rs) Das herrliche Terrassenrestaurant bietet Tische und kuschelige Nischen rund um den Pool – und abends ist es besonders romantisch. Das Essen ist hervorragend – das Fisch-Tandoori ist zu empfehlen. Abends spielen Musiker (Okt.–April).

Café Edelweiss (Gangaur Ghat Rd; Snacks 10–50 Rs; ⌚ 7.30–19.30 Uhr) Morgens hat dieses Café geradezu magnetische Anziehungskraft und auch das eher europäische Feeling bringt die Traveller in Scharen hierher. Hier gibt's echten Kaffee und Kuchen (die Zimtschnecken verdienen ein extra Lob) und andere Snacks (der Tunfischsalat ist toll).

Samor Bagh (Lake Palace Rd; Gerichte 20–110 Rs) Ein Gartenrestaurant mit großem Rasen. Am Abend ist es besonders charmant, dann wird es von Kerzen und bunten Lichtern beleuchtet und es gibt traditionelle Livemusik.

ETWAS BESONDERES

Devi Garh (☎ 02953-289211; Delwara; www.deviresorts.com; Zelt 150 US$, Suite 350–1300 US$; ❄ 🏊) Dieses herausragende Hotel liegt 28 km nordöstlich von Udaipur, mitten im aufregenden Aravalli-Gebirge. Die Gäste leben hier in einem wunderschönen Palast aus dem 18. Jh. Die Einrichtung wurde aber herrlich kontrastreich gestaltet – in ihr mischt sich zeitgenössischer Stil mit traditionellen Motiven. Die besten Suiten haben private Pools.

Maxim's Café (Jagdish Temple Rd; Gerichte 20–70 Rs) Das Café hat eine kleine, zweistöckige, blitzsaubere Terrasse mit Blick auf die Straße. Die Küche ist sauber und das rein-vegetarische Essen wird frisch zubereitet.

Mayur Rooftop Café (155 Jagdish Chowk; Gerichte 25–75 Rs) Das Freiluftcafé hat einen tollen Blick in den Jagdish-Tempel, kein Dach und strenge muschelförmige Bögen. Auf der Karte stehen Pizzen, chinesische und indische Gerichte – das Essen ist o k. aber nichts Besonderes.

Anna's (151 Jagdish Temple Rd; Gerichte 15–45 Rs) Klein, karg und kuschelig, mit schmalen roten Nischen – es gibt auch ein Dachrestaurant.

Sunrise (Ecke Lal Ghat & Gangaur Ghat Rd; Gerichte 10–50 Rs) Das oft empfohlene Sunrise bietet leckere, einfache und hausgemachte indische Gerichte (sowie ein hervorragendes Frühstück) und gehört einer freundlichen Familie. Das Dach eignet sich hervorragend, um Leute zu beobachten.

Savage Garden (22 Inside Chandpole; Gerichte 85–140 Rs; ⌚ 11–22 Uhr) Das Lokal, nahe Chandpol, kriegt immer tolle Kritiken. Es ist ungewöhnlich stimmungsvoll, dank tiefblauer Wände, Blumenkübeln, Sitzgelegenheiten in Nischen oder eines hübschen Innenhofs. Auch die Gerichte sind ein bisschen anders, z. B. Pasta mit indischen Saucen.

Trident Hilton (☎ 2432200; ⌚ Gäste 6–23 Uhr, Nicht-Gäste 11–23 Uhr) Der Service und das vielseitige Buffet (500 Rs) in diesem geschniegelten Luxushotel sind hervorragend und werden oft empfohlen.

Natural View (Lal Ghat; Gerichte 20–90 Rs) Ein langjähriger Favorit vieler Traveller auf dem Dach des Evergreen Guest House, mit schönem Blick auf den See. Aber hier gibt's auch grummelige Kellner und das Standard-Repertoire an durchschnittlichem Essen – am besten man bleibt beim Getränk.

Berry's (Chetak Circle; Gerichte 35–240 Rs; ⌚ 9–23.30 Uhr) Ein kleines ruhiges Restaurant mit einer beeindruckenden Eingangstür, weißen Tischdecken und einem blubbernden Aquarium. Die Küche bietet tolles vegetarisches und nichtvegetarisches Essen aus China und Indien, sowie Pizzen.

Natraj Lodge (New Bapu Bazaar; Thali 40 Rs; ⌚ 10–15 & 18.30–23 Uhr) Ist wegen seiner leckeren All-you-can-eat Gujarati-Thalis in der ganzen Stadt bekannt und daher ständig mit Einheimischen voll besetzt.

Shiv Niwas Palace (s. S. 215; Gerichte um 300 Rs; ⏲ 6.30–10.30, 12.30–14.30 & 19.30–22.30 Uhr) Am bezauberndsten am Abend. Dieses ziemlich formelle Restaurant hat zwar auch drinnen Tische, aber am schönsten ist es im netten offenen Innenhof beim Pool. Nachts wird klassische indische Musik gespielt. Über das Essen hört man Unterschiedliches.

Lake Palace Hotel (s. S. 215; Jagniwas Island; ⏲ 7.30–22.30 Uhr) Das ist das berühmteste Esserlebnis, das Udaipur zu bieten hat, aber viele Reisende fanden es auch überteuert und überschätzt. Das üppige Abendbuffet kostet saftige 1500 Rs. Reservierungen sind ein Muss, der Dresscode ist gepflegt-lässig.

Surya Mahal (Udaivilas, s. S. 215; Gerichte um 500 Rs; ⏲ 12–15.30 & 19–22.30 Uhr) Das Haus im Stil der 1930er-Jahre serviert leckere europäische und asiatische Gerichte in einem opulenten Ambiente mit hohen Decken, während sich das **Udai Mahal** (Gerichte um 500 Rs; ⏲ 12–15.30 & 19–22.30 Uhr) auf Highlights der rajasthanischen und nordindischen Küche spezialisiert hat.

Ausgehen

Paanera Bar (Shiv Niwas Palace Hotel; s. S. 215; ⏲ 11–23 Uhr) Vornehm, am Pool, mit weichen Sofas.

Sunset View Terrace (City Palace Komplex; ⏲ 11–23 Uhr) Auf einer Terrasse oberhalb des Pichola-Sees: Der Ort für den Sonnenuntergang – perfektes Gin-Tonic-Terrain. Aber das Essen ist überteuert und nichts Besonders.

Unterhaltung

Dharohar (Gangaur Ghat; Erw./Kind 60/30 Rs, Foto/Video 10/50 Rs) Nicht verpassen: in der wunderbaren Kulisse des Bagore-ki-Haveli finden bezaubernde traditionelle rajasthanische Tänze statt. Die talentierten Darsteller können besser wirbeln als die meisten Derwische. Um 19 Uhr geht's los.

Meera Kala Mandir (☎ 2583176; Sector 11, Hiran Magari; Eintritt 60 Rs) Beim Paras Cinema. Hier kann man einstündige Aufführungen von rajasthanischen Volkstänzen und Musikdarbietungen sehen – von August bis April, Montag bis Samstag um 19 Uhr. Eine Autorikscha von Jagdisch hierher kostet rund 30 Rs.

Shoppen

In Udaipur gibt's massenhaft kleine Shops, die allerlei Krimskrams verkaufen, von Stofflaternen bis zu antikem Schmuck.

> **TOP FIVE: UDAIPURS ROMANTISCHE RESTAURANTS**
>
> - **Jagat Niwas** (s. gegenüber)
> - **Ambrai** (s. gegenüber)
> - **Udai Kothi** (s. gegenüber)
> - **Savage Garden** (s. gegenüber)
> - **Surya Mahal** (s. linke Spalte)

Die Stadt ist für das örtliche Kunsthandwerk bekannt, besonders für die Miniaturmalereien im Rajput-Mogul-Stil: Geschäfte gibt's entlang der Lake Palace Rd. und rund um den Jagdish-Tempel. Silberschmuck für den westlichen Geschmack, in Leder gebundene Bücher und handgemachtes Papier (aus Jaipur) kann man hier ebenfalls gut kaufen.

Textilienläden gibt's entlang der Lake Palace Rd., und die Geschäfte hier verkaufen auch schöne bunt bemalte kleine hölzerne Hindu-Götter.

Interessante, nicht ganz so stark auf den Tourismus ausgerichtete Basare erstrecken sich unterhalb des Uhrenturms, östlich vom Ganjaur Ghat. Im Bara Bazaar wird Silber und Gold verkauft, sowie Saris und Stoffe. Traditionelle Schuhe gibt's in Mochiwada, noch mehr Silber in Battiyanni und der Mandi Market ist die Anlaufstelle für Gewürze.

Heftiges Feilschen ist angebracht, denn die meisten Shops haben lächerlich hohe Touripreise.

Rajasthali (Chetak Circle ⏲ Mo–Sa 10.30–19 Uhr; beim Jagdish-Tempel ⏲ 10–18.30 Uhr) Ein Regierungskaufhaus mit festen Preisen; lohnt sich, um die Preise für Handwerksarbeiten abzutasten.

Sadhna (www.sevamandir.org; Mangi Kee Baudi, Kasaron Ki; ⏲ 10–19 Uhr) Eine Zweigstelle von Seva Mandir, einer NGO die 1969 gegründet wurde, um Frauen vom Land zu helfen. Der kleine Laden verkauft schöne Textilien zu festen Preisen; die Gewinne gehen an die Künstlerinnen und werden für kommunale Entwicklungsarbeit eingesetzt.

An- & Weiterreise

FLUGZEUG

Indian Airlines (☎ 2410999; Delhi Gate; ⏲ Mo–Sa 10–13 & 14–17, So 10–14 Uhr) fliegt über Jodhpur

(75 US$), Jaipur (90 US$) oder Mumbai (138 US$) nach Delhi (115 US$). **Jet Airways** (☎ 2561105; Blue Circle Business Centre, Madhuban, Chetak Circle), nahe der Hauptpost, bietet ähnliche Flüge zu ähnlichen Preisen.

BUS

Zu den Zielen, die **RSTC Busse** (☎ 2484191) anfahren, gehören Agra (Express/Deluxe 101/120 Rs, 6 Std.), Jaipur (161/201 Rs, 9 Std.), Ajmer (111/145 Rs, 8 Std.), Jodhpur (113/125 Rs, 8 Std.), Chittor (Normal/Express 40/48 Rs, 3/2½ Std.) und Delhi (Express/Deluxe 270/420 Rs, 14 Std., 3-mal tgl.).

Private Busgesellschaften fahren nach Mt. Abu (100 Rs, 5 Std.), Ahmedabad (Normal/AC/Sleeper Class 150/200/150 Rs, 6 Std.), Jodhpur (100 Rs, Sleeper Class 150 Rs, 6 Std.), Delhi (200 Rs, Sleeper Class 350 Rs, 14 Std.) und Mumbai (400 Rs, Sleeper Class 600 Rs, 16 Std.).

TAXI

Viele Fahrer werden eine Liste mit „offiziellen" Fahrpreisen zu Orten wie Mt. Abu, Chittor und Jodhpur präsentieren. Hier hilft nur herumfragen (3,5 Rs pro km ist eine gute Verhandlungsbasis). Nicht vergessen, dass die Taxis Hin- und Rückfahrt berechnen, auch wenn man nur eine Strecke fahren möchte.

ZUG

Die Strecken nach Udaipur werden nach und nach auf die größere Spurbreite umgestellt – bis dahin ist der Zugverkehr sehr eingeschränkt. Meist geht's mit dem Bus schneller vorwärts. Unter ☎ 2527390 gibt's Informationen.

Der *Chetak Express* (Nr. 9616) nach Delhi fährt um 6.15 Uhr ab (268/1131 Rs Sleeper Class/2AC, 19 Std., 727 km) und hält in Chittor (38 Rs, 2. Klasse, 3¼ Std., 115 km), Ajmer (78 Rs 2. Klasse, 8 Std., 304 km) sowie Jaipur (197/813 Rs Sleeper Class/2AC, 11 Std., 439 km).

Der 9766 *Lake City Express* fährt um 20.50 Uhr ab und erreicht Jaipur um 7.15 Uhr, unterwegs stoppt er in Chittor und Ajmer.

Der *Ahmedabad Express* (Nr. 9943) startet um 19.45 Uhr und erreicht die Hauptstadt Gujarats um 4.25 Uhr (122/549 Rs, Sleeper Class/2AC, 297 km).

Unterwegs vor Ort

VOM/ZUM FLUGHAFEN

Der Flughafen ist 25 km von der Stadt entfernt. Ein Taxi kostet mindestens 200 Rs, es gibt keinen Flughafenbus.

AUTORIKSCHA

Sie haben keine Taxameter, daher vor der Fahrt den Fahrpreis festlegen. Der Standardpreis innerhalb der Stadt liegt bei etwa 20 bis 25 Rs. Am Bahnhof und am Busbahnhof gibt's einen Stand für Prepaid-Autorikschas. Für 200 Rs sollte sich eine Autorikscha einen ganzen Tag zum Sightseeing mieten lassen.

Auch hier funktioniert das Provisions-System. Also: Standhaft bleiben, auch wenn der Rikschafahrer behauptet, dass das gewünschte Hotel abgebrannt oder dessen Besitzer zufällig gerade gestorben sei. Wenn die Rikscha nicht im Voraus bezahlt wurde, lässt man sich am Besten zum Jagdish-Tempel bringen – ein guter Startpunkt für die Suche nach einer Unterkunft.

FAHRRAD & MOTORRAD

Ein Fahrrad kann für ca. 25 Rs pro Tag gemietet werden. Der **Heera Cycle Store** (☎ 2523525; ⏲ 7.30–21 Uhr), beim Hotel Badi Haveli, verleiht Fahrräder/Mopeds/Motorräder für 25/150/300 Rs pro Tag.

RUND UM UDAIPUR

Kumbalgarh

84 km nördlich von Udaipur liegt **Kumbalgarh** (Eintritt Inder/Ausländer 5/100 Rs; ⏲ 8–18 Uhr), ein phantastisches einsames Fort, das alle romantischen Vorstellungen erfüllt und lebhafte Bilder der heldenhaften und kriegerischen Rajputenzeit entstehen lässt. Es wurde im 15. Jh. von Maharadscha Kumba erbaut und liegt auf 1100 m Höhe erstaunlich hoch – die Aussicht hier oben verliert sich schließlich im endlosen Blau. Das Fort ist über verschlungene Straßen durch die Aravelli-Berge erreichbar, eine Fahrt, die selbst schon ein Highlight ist.

Es war, abgesehen von Chittor, das wichtigste Fort der Mewar und die Herrscher zogen sich, vernünftigerweise, in Zeiten der Gefahr hierher zurück. Es überrascht kaum, dass das Fort in seiner ganzen Geschichte nur einmal erobert wurde und selbst dazu war die kombinierte Kraft der Armeen des Großmoguls Akbar sowie der von Amber und Marwar notwendig – die Eroberer konnten das Fort gerade einmal zwei Tage lang halten.

Die Mauern des Forts sind 36 km lang und umschließen 360 Tempel, Paläste, Gärten, *baoris* und 700 Kanonenbunker.

Wer in Kumbalgarh übernachtet, kann vom Hotel zum Fort wandern – eine dramatische Art sich dem Fort zu nähern und seine Uneinnehmbarkeit zu begreifen.

Das große **Wildlife Sanctuary** (Eintritt Inder/Ausländer 10/100 Rs; ⌚ Sonnenaufgang–Sonnenuntergang) ist für seine Wölfe bekannt. Außerdem gibt's hier Chowsinghas (vierhörnige Antilopen), Leoparden und Lippenbären. Von März bis Juni, wenn das Wasser knapp ist, sind die meisten Tiere zu sehen. Um den Park betreten zu dürfen, wird eine Genehmigung des Forest Department im nahe gelegenen Kelwara benötigt. Alle Hotels können eine dreistündige Pferde- oder Jeep-Safari organisieren – das Shivika Lake Hotel (s. rechte Spalte) in Ranakpur organisiert Jeeptouren für 500 Rs pro Person, inklusive aller Eintritte.

Aodhi Hotel (☎ 02594-242341; crs@udaipur.hrhindia.com; EZ/DZ 3000/3500 Rs; ❄ 🏊), 5 km vom Fort entfernt. Ein nettes, angenehm ruhiges Hotel mit einem einladenden Pool und Lagerfeuerromantik im Winter.

Kumbhal Castle (☎ 02594-242171; www.kumbhalcastle.com; EZ/DZ 1200/1500 Rs), 3 km vom Fort. Hier gibt's einfache Zimmer mit bunten Tagesdecken und Fenstersitzen, gemeinsamen Balkonen und guter Aussicht.

Hotel Ratnadeep (☎ 02594-242217; B 100 Rs, EZ/DZ ab 400/500 Rs), in der weit verstreuten Siedlung Kelwara, 7 km vom Fort entfernt. Die Bandbreite der Zimmer rund um einen begrünten Innenhof reicht von einfach bis weitläufig und luftig (die teureren).

Es gibt einige RSTC-Busse nach/von Udaipur (35 Rs, 3½ Std.). Einige halten in Kelwara, 7 km entfernt, einige am Aodhi Hotel. Wer in Udaipur ein Taxi nimmt, kann Ranakpur und Kumbalgarh an einem Tag besichtigen – Mitreisende, um das Auto zu füllen und die Kosten zu teilen (950 Rs), sind leicht zu finden.

Ranakpur

Das in einem abgeschiedenen, steilen bewaldeten Tal liegende **Ranakpur** (Eintritt kostenlos, Foto/Video 50/100 Rs; ⌚ Jainisten 6–19 Uhr; Nicht-Jainisten 12–17 Uhr) erreicht man über eine gewundene Straße. Ranakpur ist eine unglaubliche Anlage aus milchig-weißem Marmor mit 29 aufeinander folgenden Hallen, die von einem Wald aus sagenhaften 1444 Säulen gestützt werden – und dabei sieht jede auch noch anders aus! Die Räume sind vollständig mit komplizierten verschlungenen Reliefs geschmückt. Die 90 km nördlich von Udaipur gelegene Anlage ist einer der größten und wichtigsten Jainistentempel und ein unglaubliches Stück Architektur. Die liebevollen Reliefarbeiten zeigen die Hingabe der Erbauer – und im Innern entsteht ein unvergleichlicher Eindruck von Raum und Harmonie.

Der Haupttempel heißt **Chaumukha Mandir** (viergesichtiger Tempel), er ist Adinath geweiht und wurde 1439 gebaut.

Im Inneren der Anlage gibt's zwei weitere Jainistentempel, **Neminath** und **Parasnath** geweiht, sowie einen **Sonnentempel**. Ca. 1 km vom Hauptkomplex entfernt liegt der **Amba-Mata-Tempel**.

Schuhe, Zigaretten und Lederwaren aller Art müssen am Eingang abgegeben werden.

SCHLAFEN & ESSEN

Shivika Lake Hotel (☎ 02934-285078; shivikalake@rediffmail.com; Zi. 400–1200 Rs, Gerichte 40–100 Rs; ❄ 🏊) Ein gemütlicher, rustikaler Ort zum Übernachten, mit kleinen netten Bungalows mitten in hübschen grünen Gärten. Die Familie ist erfahren und organisiert Safaris durch den Wald sowie Führer für kurze und längere Wanderungen.

Maharani Bagh Orchard Retreat (☎ 02934-285105; balsamand@sify.com; EZ/DZ 2400/3000 Rs; ❄ 🏊) Diese 4 km von Ranakpur entfernte Unterkunft liegt in einem üppigen Mangogarten und bietet Übernachtungsmöglichkeiten in Bungalows mit Holzmöbeln und Terrassen, die von grünem Rasen umgeben sind.

Roopam Restaurant (Hauptgerichte 30–170 Rs; ⌚ 10–22 Uhr) Dieser friedliche und freundliche Ort kann mit einem schönen Gartenrestaurant aufwarten.

AN- & WEITERREISE

Nach Ranakpur (35 Rs, 3 Std., stündl.) fahren zwar viele Busse, aber es ist schwierig, sowohl Ranakpur als auch Kumbalgarh mit öffentlichen Verkehrsmitteln an nur einem Tag zu besuchen – eine Taxitour zu beiden Orten kostet von Udaipur aus ca. 950 Rs.

Jaisamand-See

48 km südöstlich von Udaipur liegt dieser erstaunlich große künstliche See, der zu den größten in Asien gehört (88 km²). Er entstand, als der Maharadscha Jai Singh im 17. Jh. den Gomti aufstauen ließ. Entlang des 330 m langen und 35 m hohen Damms stehen wunderschöne marmorne *chhatris* und auf den Hügeln rundum stehen die Sommerpaläste der Maharanis von Udaipur.

Das **Jaisamand Island Resort** (☎ 0294-2431401; www.lakend.com; EZ/DZ ab 1800/2700 Rs; ⌚ Okt.–Feb.; ❄ 🏊) ist ein modernes, wenn auch etwas schäbiges Hotel mit einer wunderschönen abgeschiedenen Lage – mit dem Boot fährt man 20 Minuten über den See. Der Pool hat eine phantastischen Lage, ist aber nicht immer gefüllt. Oft gibt's Rabatte. Eine Hin- und Rückfahrt mit dem Boot zum Resort kostet 150 Rs und eine kleine/mittlere/große Rundfahrt auf dem See schlägt mit 30/50/80 Rs zu Buche.

Es gibt regelmäßige Busse aus Udaipur (20 Rs, 1½ Std., stündl.).

Dungarpur

110 km südlich von Udaipur liegt das herrliche Dungarpur, die Stadt der Hügel, die im 13. Jh. gegründet wurde. Hier kann man den wunderschönen verlassenen alten Palast **Juna Mahal** (Eintritt 100 Rs, Ticket im Udai Bilas; ⌚ 9–17 Uhr) besuchen. Er ist mit vielen Wandgemälden ausgestattet (darunter auch Bilder zum Kamasutra, die diskret in einem Schrank versteckt sind), und hat sogar in die Wände eingelassene Kacheln mit Weidenmustern. Die Aussicht von der ehemaligen königlichen Jagdhütte auf einen nahen Hügel ist phantastisch.

Der schöne **Deo-Somnath-Tempel**, 25 km außerhalb der Stadt, stammt aus dem 12. Jh.

Der **Udai Bilas Palace** (☎ 02964-230808; www.udaibilaspalace.com; EZ/DZ/Suite 2750/3500/4000 Rs) liegt auf dem funkelnden Gaib Sagar und ist ein phantastischer Ort zum Übernachten – ein Palast am Seeufer, der teilweise in ein Hotel umgewandelt wurde. Er wurde um den außergewöhnlichen Ek Thambia Mahal (Palast mit einer Säule) herumgebaut und in den Zimmern finden sich noch die originalen Art-Deco-Möbel aus den 1940er-Jahren (einige Zimmer haben einen Balkon mit Seeblick). Der herrliche Pool wurde so angelegt, dass er mit dem See zu verschmelzen scheint.

Hotel Pratibha Palace (☎ 02964-230775; Shastri Colony; DZ 100–150 Rs) hat kleine, ziemlich gute Zimmer. Sie sind zwar nichts besonderes, aber für den Preis o.k.

RSTC-Busse fahren oft nach/von Udaipur (50 Rs, 3 Std., stündl.). Es gibt auch einen Zug, der im Schneckentempo nach/von Udaipur (21/154 Rs 2./1. Klasse, 4–5 Std., 114 km) zuckelt.

MT. ABU

☎ 02974 / 22 045 Ew. / 1200 m

Mt. Abu ist anders als alle Orte in Rajasthan. Die einzige Hill Station im Staat erreicht man über eine gewundene Straße, die sich durch massive mit Bäumen bewachsene Hügel schlängelt – das Auf und Ab der Berghänge ist eine willkommene Abwechslung nach so vielen heißen Wüstenebenen. Die Stadt besteht vor allem aus Hotels. Sie erstreckt sich an einem malerischen See, auf dem schwanenförmige Tretboote unterwegs sind: Dies ist der beliebteste Ausflugsort Gujarats und Rajasthans. Paläste thronen auf kleinen Hügelchen; früher waren es königliche Zufluchtsorte während der heißen Zeit des Jahres, heute sind es Luxushotels. Es lohnt sich, die wunderschöne Landschaft rund um Mt. Abu zu erkunden, und man kann von hier aus viele kurze Wanderungen machen. In der Nähe befinden sich die herrlichen jainistischen Dilwara-Tempel mit den schönsten und edelsten Marmorschnitzereien, die man sich nur vorstellen kann.

Während des Diwali und in den folgenden zwei Wochen sollte man nicht herkommen, denn dann steigen die Preise in schwindelerregende Höhen und der Ort ist überfüllt.

Wegen der Höhe sind die Temperaturen ein paar Grad tiefer, und daher wärmt sich jeder während der kälteren Jahreszeit mit Schals und Fellmützen. Im Winter wird es nachts sehr kalt – also etwas Warmes zum Anziehen mitbringen.

Orientierung & Praktische Informationen

Mt. Abu liegt auf einer Hochebene von 22 km Länge und 6 km Breite und ist 27 km vom nächsten Bahnhof (Abu Rd.) entfernt. Der größte Teil der Stadt erstreckt sich entlang der Straße von der Abu Rd. bis zum Nakki-See.

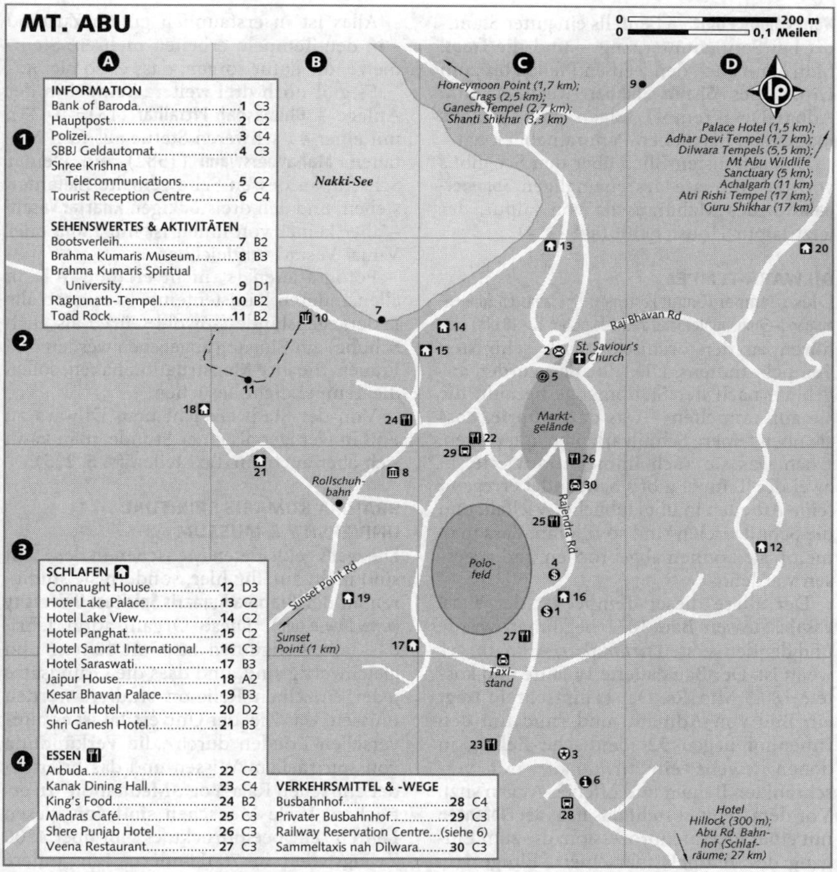

Das **Tourist Reception Centre** (☎ 235151; ⌚ Mo–Sa 10–17 Uhr, am 2. Sa des Monats geschl.) liegt gegenüber des Busbahnhofs, wo's auch einen kostenlosen Stadtplan gibt. Die **Bank of Baroda** (Rajendra Rd; ⌚ Mo–Fr 10–15, Sa 10–12.30 Uhr) wechselt Reiseschecks und Geld und zahlt Bargeld auf Kreditkarten aus. Einen SBBJ-Geldautomaten gibt's beim Hotel Samrat International.

Shree Krishna Telecommunications (Main Market; 40 Rs/Std.; ⌚ 8–22 Uhr) ist ein zuverlässiges Internetcafé.

Sehenswertes & Aktivitäten

NAKKI-SEE

Der reizvolle **Nakki-See** ist eine große Attraktion und Mittelpunkt der Stadt. Er heißt so, weil einer Legende zufolge ein Gott den See mit seinen Fingernägeln *(nakh)* ausgehoben hat. Der Weg rund um den See ist ein schöner Spaziergang – die merkwürdigen **Steinformationen** nicht übersehen! Die bekannteste, **Toad Rock** (Krötenfels), sieht aus, als wolle sie geradewegs in den See hüpfen. Der **Raghunath-Tempel** aus dem 14. Jh. steht direkt neben dem See. Man kann sich ein **Tretboot** mieten (2-/4-Pers. für 30 Min. 50/100 Rs), oder eine romantischere **Shikara** (2 Pers. für 30 Min. 100 Rs) am Seeufer beim Tempel.

AUSSICHTSPUNKTE

Sunset Point ist ein beliebter und sehr schöner Ort, um den Sonnenuntergang zu betrachten. Andere Aussichtspunkte sind der

Honeymoon Point – ebenfalls ein guter Standort bei Sonnenuntergang – und die **Crags**. Man kann auch den weißen Pfeilen bis zum Gipfel des **Shanti Shikhar** westlich vom Adhar-Devi-Tempel folgen, von wo aus man einen herrlichen Panoramablick hat.

Den schönsten Blick über den See gibt's von der Terrasse des ehemaligen **Sommerpalastes** des Maharadscha von Jaipur, der jetzt Jaipur House heißt (s. S. 224).

DILWARA-TEMPEL

Diese **Tempel** (Eintritt kostenlos; ⏲ Jainisten Sonnenaufgang–Sonnenuntergang, Nicht-Jainisten 12–18 Uhr) gehören zu den architektonisch schönsten Tempeln Indiens. Die Künstler wurden angeblich nach der Staubmenge bezahlt, die sie aufsammelten – was dazu führte, dass sie noch feinere Schnitzarbeiten anfertigten. Doch was sie auch immer motivierte, in zwei der Tempel gibt's Schwindel erregend feine Arbeiten in unglaublicher Vielfalt, und die Schnitzereien sind so filigran, dass man meint, sie können abgebrochen und gegessen werden.

Der ältere dieser Tempel ist der **Vimal Vasahi**, dessen Bau 1031 begonnen wurde und der dem ersten *tirthankar,* Adinath, geweiht ist. Der Bau dauerte 14 Jahre und kostete 180,5 Mio. Rs. Der Hauptschrein trägt ein Bild von Adinath, und rund um den Innenhof liegen 52 identische Zellen, in denen jeweils ein *tirthankar* mit verschränkten Beinen und offenen Augen sitzt. Vor dem Tempel steht das **Haus der Elefanten** mit einer Elefantenprozession, die zum Eingang des Tempels marschiert. Einige von ihnen wurden von plündernde Moguln beschädigt.

Der jüngere Tempel, **Luna Vasahi,** ist Neminath geweiht, dem 22. *tirthankar.* Er wurde 1230 im Auftrag der Brüder Tejpal und Vastupal für nur 125,9 Mio. Rs gebaut. Wie Vimal waren sie auch Minister der Regierung. Für die Marmorschnitzereien brauchten 2500 Arbeiter 15 Jahre. Die Schnitzereien sind so fein, dass der Marmor an manchen Stellen fast durchsichtig zu sein scheint. Vor allem die aus vielen Schichten bestehende Lotusblüte, die von der Mitte der Kuppel herunterhängt, ist ein unglaubliches Meisterwerk. Kaum zu glauben, dass diese filigrane Blüte aus nur einem einzigen Marmorblock herausgearbeitet wurde.

Alles ist in erstaunlich gutem Zustand – in den Tempeln arbeiten mehrere Steinmetze, die dafür sorgen, dass es so bleibt.

Es gibt noch drei weitere Tempel in der Anlage – **Bhimashah Pittalhar** (1315–1433), mit einer 4 t schweren Statue aus fünf Metallen, **Mahaveerswami** (1582), ein kleiner Schrein, an dessen Seite gemalte Elefanten stehen, und den dreistöckigen **Khartar Vasahi** – aber keiner von ihnen ist mit Luna oder Vimal Vasahi vergleichbar.

Fotografieren ist nicht erlaubt. Wie in allen anderen Jainistentempeln müssen alle Ledergegenstände (sowohl Gürtel als auch Schuhe) am Eingang abgegeben werden und Frauen, die ihre Menstruation haben, sollen die Tempel nicht besuchen.

Von der Stadt erreicht man Dilwara zu Fuß in weniger als einer Stunde, man kann sich aber auch ein Taxi teilen (s. S. 225).

BRAHMA KUMARIS SPIRITUAL UNIVERSITY & MUSEUM

Die weiß gekleideten Menschen in der Stadt sind nicht zufällig hier, sondern sie studieren an der **Brahma Kumaris Spiritual University** (www.bkwsu.com). Diese Organisation lehrt, dass alle Religionen zu Gott führen und gleichwertig sind, und dass die Grundsätze jeder einzelnen Religion studiert werden müssen. Das Ziel der Universität ist es, universellen Frieden durch „die Verkündung von spirituellem Wissen und das Erlernen der einfachen Raja-Yoga-Meditation" zu erreichen. Viele Menschen sind von diesen Lehren sehr beeindruckt, es gibt über 4500 Zweigstellen in 70 Ländern. Für andere klingen sie eher nach den gruseligen Ideen einer New-Age-Sekte. Jeder muss selbst entscheiden! Ein Einführungskurs dauert mindestens drei Tage. Er ist kostenlos – die Organisation finanziert sich durch Spenden.

In der Stadt gibt's ein **Museum** (☎ 223260; Eintritt kostenlos; ⏲ 8–20 Uhr) an dessen Eingang „Tor ins Paradies" steht. Das Museum umreißt die Lehren der Universität und versucht Rätsel wie „Wie kann der Weltfrieden erreicht werden?" zu lösen.

TREKKING

Lalit Ganesh vom Shri Ganesh Hotel (s. gegenüber) organisiert Wanderungen in die Berge – eine am Morgen und eine, um den Sonnenuntergang zu sehen. Die Routen unterscheiden sich und der Schwierigkeitsgrad hängt von der Fitness der Teilnehmer ab. Diese bezahlen 20 Rs und können dann bei beliebig vielen Wanderungen mitmachen. Häufig sind Bären und andere Tiere zu sehen. Ohne Führer loszugehen, ist gefährlich, denn es sind schon Traveller ausgeraubt worden.

Geführte Touren

Das RTDC bietet fünfstündige Touren zu den wichtigsten Sehenswürdigkeiten an. Sie starten um 8.30 Uhr und 13.30 Uhr (im Sommer später) am Busbahnhof und kosten 37 Rs ohne Eintritte und Fotogebühren. Die Nachmittagstour endet am Sunset Point. Informationen gibt's am **Auskunftsschalter** (☎ 235434) am Busbahnhof.

Schlafen

Mt. Abu besteht zum größten Teil aus Hotels. Die Hochsaison ist von Mitte April bis Juni, während und nach Diwali (Okt./Nov.; dann im Voraus buchen, die Preise werden astronomisch und man bleibt in den Menschenmassen stecken) und von Weihnachten bis Neujahr.

In den meisten Hotels muss man leider bis spätestens 9 Uhr auschecken.

An den Busbahnhöfen und Taxiständen sind meist viele Schlepper unterwegs. In der Nebensaison kann man sie ignorieren, aber in der Hochsaison ersparen sie einem viel Lauferei, denn sie wissen, wo die letzten freien Zimmer zu haben sind.

BUDGETUNTERKÜNFTE

Shri Ganesh Hotel (☎ 235062; lalit_ganesh@yahoo.co.in; B 50 Rs, Dusche 50 Rs, Zi. mit Gemeinschaftsbad 60–200 Rs, Zi. mit eigenem Bad 150–250 Rs; 💻) Das ruhige Haus ist die bei Travellern beliebteste Unterkunft der Gegend, mit einer ruhigen Dachterrasse, Unmengen hilfreicher Informationen, einer Küche für Gäste und gutem hausgemachtem Essen. Morgens finden auf dem Dach Yogastunden statt, es gibt Kochunterricht, und Lalit Ganesh nimmt morgens und abends Reisende auf Wandertouren mit.

Hotel Lake View (☎ 238659; Nakki Lake Rd; EZ/DZ ab 200/400 Rs, Zi. mit Seeblick 500 Rs) Hier gibt's für einen angemessenen Preis schnuckelige einfache Zimmer. Die auf den See raus sind viel schöner und auf den Terrassen rund um das Hotel gibt's Schaukelbänke. Heißes Wasser bekommt man von 7 bis 11 Uhr.

Hotel Panghat (☎ 238886; DZ 300–450 Rs) Die Pluspunkte sind: eine schöne Lage, schlichte Zimmer und eine wunderschöne Dachterrasse mit Blick über den See. Es gibt ein paar günstigere Zimmer, die Klaustrophobie auslösen können.

Hotel Saraswati (☎ 238887; Zi. 150–400 Rs) Ein beliebtes und gut organisiertes Haus, sehr angenehm, auf einem ruhigen Grundstück hinter dem Poloplatz. Hier gibt's eine große Auswahl von gut gepflegten Zimmern. Die Preise können am Wochenende um bis zu 200 Rs ansteigen.

Schlafräume (B 150 Rs) Praktisch, wenn ein früher Zug benötigt wird.

MITTEL- & SPITZENKLASSEHOTELS

In den meisten Häuser gibt's in der Nebensaison Rabatte (30–50 %).

Hotel Lake Palace (☎ 237154; EZ/DZ ab 400/500 Rs, Zi. mit Seeblick ab 600 Rs) Ein weitläufiges, freundliches Haus mit einem kleinen Garten und eleganter als die meisten anderen Hotels am See. Einige der netten, großzügigen Zimmer haben halbprivate Terrassen mit Seeblick.

Mount Hotel (☎ 235150; Dilwara Rd; EZ/DZ 300/600 Rs) Ein nettes, gemütliches und kürzlich renoviertes Hotel mit sieben Zimmern. Dank der Holzmöbel fühlt man sich fast wie in Schweden. Liegt an einem ruhigen Ort und hat einem kleinen Garten an der Straße zu den Dilwara-Tempeln.

Hotel Samrat International (Rajendra Rd; ☎ 235173; EZ mit Gemeinschaftsbad ab 170 Rs, Zi. 400–730 Rs) Das zentral gelegene, gut geführte Hotel hat eine verwirrende Auswahl an Zimmern, von beengten Doppelzimmern bis zu attraktiven großen Räumen mit überdachten Balkonen und Aussicht auf den Poloplatz.

Palace Hotel (☎ 238673; Bikaner House, Delwara Rd; Deluxe EZ/DZ 2000/2650 Rs, Suite 3000/3500 Rs) Dieser große Palast, der 1893 von Sir Swinton Jacob gebaut wurde und einem schottischen Gutsbesitz ähnelt, liegt in der Nähe der Dilwara-Tempel. Er bietet schattige Gärten, einen privaten See, Tennisplätze und ein Restaurant.

Hotel Hillock (☎ 238463; EZ/DZ ab 2990/3990 Rs; ❄ 🏊) Ein elegantes Haus, trotz des unscheinbaren Äußeren. Die Angestellten heißen einen herzlicher Willkommen als in vielen anderen Luxushotels und die Räume sind schön ausgestattet, mit toller Aussicht. Checkout ist bis 12 Uhr.

Connaught House (☎ 238560; welcom@ndf.vsnl.net.in; DZ 2600 Rs) Gehört dem Maharadscha von Jodhpur und wurde offenbar mit Angestellten ausgestattet, die der Kolonialzeit anhängen. Connaught House ist wunderschön: ein kolonialer Bungalow wie ein englisches Landhaus, in dem die Zeit stehen geblieben ist. Viele sepiafarbene Fotografien, dunkles Holz, schräge Decken und ein herrlicher schattiger Garten. Die neueren Zimmer in einem separaten Teil des Hauses sind ebenfalls schön, haben aber weniger Charakter – die Aussicht ist trotzdem toll.

Kesar Bhavan Palace (☎ 235219; Sunset Point Rd; Zi. 1600–1800 Rs, Suite 2850 Rs;) Der altehrwürdige Besitz hat einen hoch gelegenen Standort zwischen Bäumen und bietet eine wunderbare Aussicht ins Grüne, wirkt aber etwas hölzern. Die gut durchdachten, bequemen Zimmer mit Marmorboden haben alle Balkone. Die Suiten sind zweistöckig.

Jaipur House (☎ 235176; www.royalfamilyjaipur.com; Junior-Suite EZ/DZ 2000/2800 Rs, andere Suiten 3500–4000 Rs) Es liegt auf einem Hügel mit Blick über den See und wurde 1897 vom Maharadscha von Jaipur gebaut. Die üppigen Suiten blicken aus luftigen Höhen über die Stadt. Wer nicht der Typ für Suiten ist, kann ein Zimmer in den früheren Angestellten-Quartieren nehmen. Diese grenzen ans Einfache – sind aber nicht unbedingt billiger.

Essen

Die meisten Urlauber hier kommen aus Gujarat – eine harte Kundschaft in Sachen Küche, daher die vielen hochwertigen Restaurants.

Kanak Dining Hall (Rajendra Rd; Gerichte 25–45 Rs) Eine beliebte Wahl. Die hervorragenden All-you-can-eat Gujarati Thalis (45 Rs) gehören zu den besten von Mt. Abu; Sitzmöglichkeiten gibt's innen im etwas geschäftigen Speisesaal oder draußen unter einem Baldachin.

Veena Restaurant (veg. Gerichte 15–50 Rs) Ebenfalls wegen seiner hervorragenden Gujarati Thalis beliebt – und auch hier kann man draußen essen. Liegt einen Steinwurf vom Taxistand entfernt.

Arbuda (Arbuda Circle; Gerichte 25–75 Rs; 6–23 Uhr) Ein nettes großes Restaurant, das an einer weiten offenen Terrasse voll mit Chromstühlen liegt und auf Gerichte aus dem Punjab und südindisches Essen spezialisiert ist.

Shere Punjab Hotel (Gerichte 25–200 Rs; 8–24 Uhr) Hier am Markt gibt's günstiges Essen aus dem Punjab sowie chinesische Gerichte. Außer gebratenem Hirn werden auch eher normale Gerichte serviert.

Madras Café (Rajendra Rd; Gerichte 15–60 Rs) Ein Café, das innen, außen und auf dem Dach schöne Plätze hat. Die rein vegetarische Küche bietet außer Pizzen Gerichte aus Südindien und dem Punjab. Es lohnt sich, den leckeren, gehaltvollen Lassi aus gemischten Früchten zu probieren.

King's Food (Gerichte 25–90 Rs; 7.30–23.30 Uhr) Ein geschäftiger, zur Straße offener Imbiss mit der üblichen Auswahl zum Mitnehmen: Gerichte aus China, Südindien und dem Punjab. Außerdem gibt's gute Lassis.

Jaipur House (Snacks 60–150 Rs, Gerichte 100–235 Rs; 12–15 & 19–23 Uhr) Von der offenen Terrasse bietet sich eine göttliche Aussicht über die Hügel, den See und die funkelnden Lichter der Stadt. Das Essen wird dem sogar gerecht. Auch ein toller Ort, um nur was zu trinken.

An- & Weiterreise

Wenn man nach Mt. Abu hinein fährt, muss man eine Gebühr bezahlen – Bus- und Autoreisende zahlen 10 Rs, plus 10 Rs für ein Auto (Kleingeld bereithalten).

BUS

Von 6 bis 21 Uhr machen sich Busse an den 27 km langen Anstieg vom Abu Rd. Busbahnhof hinauf nach Mt. Abu (16 Rs, 1 Std., alle 30 Min.). Sie fahren außerhalb des Busbahnhofs an der Haltestelle neben dem Ticketschalter ab. Einige RSTC-Busse fahren bis nach Mt. Abu durch, während andere an der Abu Rd. enden.

Ein direkter Bus von Mt. Abu aus ist meist schneller und bequemer als ein Zug vom Abu Rd. Bahnhof (die Busfahrt von Mt. Abu zum Bahnhof dauert 1 Std.). **RSTC Busse** (Auskünfte ☎ 235434) fahren nach Jaipur (230/250 Rs Express/Deluxe, 12 Std., 2-mal tgl.), Udaipur (82 Rs, 4½ Std., 6-mal tgl.), Ahmedabad (104 Rs, 6½ Std.), Jodhpur (126 Rs, 7 Std., 1-mal tgl.), Ajmer (175/192 Rs, 10 Std., 2-mal tgl.) und Jaisalmer (187 Rs, 11 Std., 1-mal tgl.). Busse, die zu privaten Busgesellschaften gehören, starten an der privaten Bushaltestelle nördlich vom Poloplatz. Sie fahren ähnliche Ziele an und kosten ungefähr dasselbe.

TAXI

Ein Taxi für bis zu sechs Personen von der Abu Rd. in die Stadt kostet ca. 200 Rs. Einige Taxifahrer behaupten, dass man dafür nur bis zum Busbahnhof kommt und berechnen noch mal bis zu 50 Rs für die Fahrt zum Hotel. Einen Jeep zum Sightseeing in der Gegend gibt es für 400/800 Rs den halben/ganzen Tag zur Miete (wer gut feilscht, kann den Preis drücken).

ZUG

Abu Rd., der Bahnhof von Mt. Abu, liegt an der Breitspurstrecke von Delhi nach Mumbai über Ahmedabad. In Mt. Abu gibt's über dem Touristenbüro ein **Railway Reservation Centre** (⌚ 8–14 Uhr), wo man die Preise der meisten Expresszüge erfährt.

Der *Ahmedabad Mail* (Nr. 9106) fährt um 13.10 Uhr ab und ist um 17.30 Uhr in Ahmedabad (54 Rs 2. Klasse, 185 km). Der *Delhi Mail* (Nr. 9105) verlässt Abu Rd. um 14.20 Uhr, erreicht Jaipur um 23.10 Uhr (104 Rs 2. Klasse, 440 km) und ist um 5.20 Uhr in Delhi (306/1241/807 Rs Sleeper Class/2AC/3AC, 749 km). Der *Tawi Express* (Nr. 9111) nach Jodhpur fährt um 15.22 Uhr ab (72 Rs 2. Klasse, 5 Std., 269 km). Nach Bhuj und für andere Ziele auf der Kathiawar-Halbinsel in Gujarat muss man in Palanpur, 53 km südlich von Abu Rd., umsteigen.

Unterwegs vor Ort

Örtliche Busse fahren alle möglichen Sehenswürdigkeiten rund um Mt. Abu an, aber es ist einfacher, die fünfstündige Tour zu nehmen (s. S. 223). Nach Dilwara kann man sich ein Taxi (Jeep) teilen. Sie fahren, wenn sie voll sind, gegenüber vom Madras Café ab (4 Rs pro Pers., oder 40 Rs für einen alleine).

In Mt. Abu gibt's keine Autorikschas, aber zu Fuß ist alles gut erreichbar. In der Stadt einzigartig sind die *baba-bari*, von einem Gepäckträger gezogene Karren. Diese fahren das Gepäck für 15 Rs oder sogar ein/zwei Personen für 20/30 Rs.

RUND UM MT. ABU

Guru Shikhar

Am Ende des Plateaus, 15 km von Mt. Abu entfernt, liegt auf 1721 m **Guru Shikhar**, der höchste Punkt Rajasthans. Eine Straße führt fast bis zum Gipfel und dem **Atri-Rishi-Tempel** hinauf, der neben einem Priester auch eine phantastische Aussicht hat. Der Besuch ist ein Teil der RDTC-Tour, für 350 Rs (Hin- und Rückfahrt) kommt man mit dem Jeep hierher.

Achalgarh

Eine Hand voll Jainistentempel auf einem Hügel sowie ein alter Shiva-Tempel 11 km nördlich, die oberhalb eines alten ländlichen Dorfs liegen, bieten spektakuläre Ausblicke und sind auch sonst einen Besuch wert.

Mt. Abu Wildlife Sanctuary

Das 290 km² große **Schutzgebiet** (Inder/Ausländer/Jeep 10/40/100 Rs; ⌚ 8–17 Uhr) liegt 5,5 km nordöstlich von Mt. Abu auf einer großen Hochebene. Hier leben Panther, Sambarhirsche, Füchse, Wildschweine und Bären. Von den Dilwara-Tempeln sind's zu Fuß 3 km hierher.

WESTLICHES RAJASTHAN

JODHPUR

☎ 0291 / 846 408 Ew.

Jodhpurs riesiges Fort, Meherangarh, ragt aus einem felsigen Bergrücken heraus und dominiert so die Blaue Stadt – zwischen seinen großartigen Mauern ragt ein überirdischer Palast hervor. Jodhpur selbst ist außergewöhnlich: Eine kubistische Masse aus himmelblauen Winkeln entlang der großen Thar-Wüste. Und ja! Die Stadt gab den weiten Reithosen ihren Namen.

Jodhpur ist in der Altstadt am blausten, die von einer 10 km langen Mauer aus dem 16. Jh. umgeben ist: Ein Gewirr aus verschlungenen glitzernden Straßen, Gerüchen von Räucherstäbchen, Rosen und Abflüssen sowie Geschäften, in denen es alles zu kaufen gibt – von Trompeten bis zu Tempeldekorationen, von Schnupftabak bis Saris. Traditionell kennzeichnet blau das Zuhause eines Brahmanen, aber auch Nicht-Brahmanen haben sich der Tradition angeschlossen. Und abgesehen davon, dass sie geheimnisvoll leuchtet, soll die Farbe auch noch Insekten vertreiben.

Rao Jodha gründete die Stadt 1459. Er war der Anführer eines Rajputen-Klans namens Rathor, der auch über verschiedene andere Staaten herrschte. Jodhpur lag an

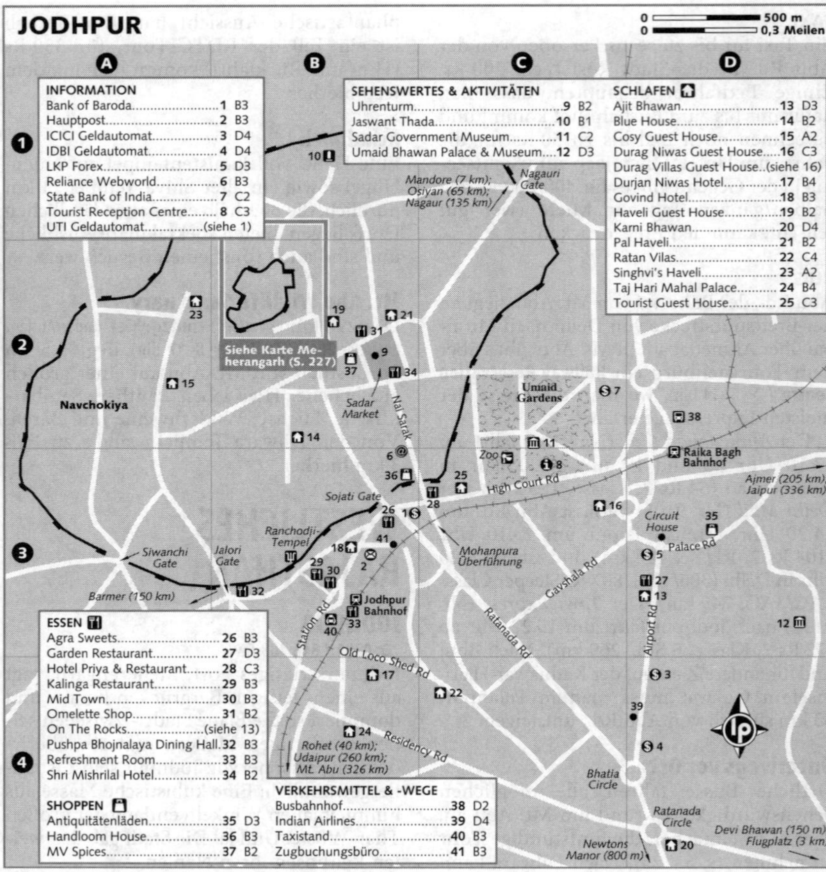

einer wichtigen Handelsstraße – durch die Profite aus dem Handel mit Opium, Sandelholz, Datteln und Kupfer wuchs die Stadt. Das Fürstentum Rathor war früher auch unter dem fröhlichen Namen Marwar, Land des Todes, bekannt.

Heute ist Jodhpur hektisch, schmutzig und äußerst lebendig – und es gibt viel Verkehr. Man sollte auf Drängeleien vorbereitet sein, vor allem rund um den Uhrenturm und hinauf zum Fort. Im Herzen der Altstadt (westlich vom Uhrenturm) kann man dem entgehen.

Orientierung

Das Tourist Reception Centre, der Bahnhof und der Busbahnhof liegen alle außerhalb der Altstadt. Die High Court Rd. verläuft vom Bahnhof Raika Bagh an den Umaid Gardens und dem RTDC-Hotel Ghoomar vorbei und an der Stadtmauer entlang zum Hauptbahnhof.

Praktische Informationen

INTERNETZUGANG

Es gibt günstige Möglichkeiten (normalerweise für 20 Rs/Std.) überall in der Stadt.

Reliance Webworld (s. Karte oben; Nai Sarak; 30 Rs./Std.; 10.30–23 Uhr) Direkt innerhalb der Stadtmauern. Der beste Laden zum Surfen; mit Breitband.

GELD

Gegenüber vom Sojati Gate gibt's einen Geldautomaten der UTI Bank; außerdem findet man auf der Airport Rd. Geldautomaten der ICICI und der IDBI Bank.

Bank of Baroda (s. Karte gegenüber; Sojati Gate) Gibt Bargeld-Vorschüsse auf Visa und MasterCard.

LKP Forex (s. Karte gegenüber; ☎ 2512066; Shop Nr. 1, Mahareer Palace) Gegenüber vom Circuit House; wechselt Geld und Reiseschecks.

State Bank of India (s. Karte gegenüber; ☎ 2543649; High Court Rd; ⌚ Mo–Fr 10–16 & Sa 10–13 Uhr) Wechselt Geld und Reiseschecks.

TOURISTENINFORMATION

Tourist Reception Centre (s. Karte gegenüber; ☎ 2545083; ⌚ Mo–Sa 8–20 Uhr) Auf dem Gelände des RTDC-Hotel Ghoomar; hier gibt's kostenlose Stadtpläne.

Sehenswertes & Aktivitäten

MEHERANGARH

Das immer noch dem Maharadscha von Jodhpur gehörende **Meherangarh** (Majestätische Festung; s. Karte rechte Spalte; Eintritt Inder/Foto/Audio Guide 20/50/150 Rs, Ausländer 250 Rs; ⌚ 9–17 Uhr) ist ein beeindruckendes Monument. Es steht auf einen 125 m hohen Hügel – je näher man kommt, desto gewaltiger wirkt die Höhe der Mauern – und ist ein faszinierendes und unglaubliches architektonisches Wunder. Wer was gegen Audiotouren hat, sollte seine Bedenken hier vergessen, denn die neue Tour (in mehreren Sprachen), die im Eintritt für Ausländer ebenso wie die Gebühr für den Foto enthalten ist, ist klasse – eine Mischung aus Geschichte, Information und Anekdoten, die einfach Spaß macht. Es ist toll, im selbstbestimmten Tempo herumzuwandern und sich Information zu holen, wann immer man Lust drauf hat.

Das Fort folgt der Hügelkette und nutzt dabei deren Form. Zunächst geht's durch mehrere Tore. Am zweiten sind noch immer die Folgen eines Kanoneneinschlags zu sehen: dieses Fort musste sich seinen Ruf verdienen. Zu den sieben Toren gehören auch das **Jayapol**, erbaut vom Maharadscha Man Singh 1806 nach seinem Sieg über Jaipur und Bikaner, und das **Fatehpol** (Siegestor), das Maharadscha Ajit Singh errichtete, um an seinen Sieg über die Moguln zu erinnern.

Das letzte Tor ist das **Lohapol** (Eiserne Tor), neben dem viele kleine Handabdrücke mit tragischen Hintergrund zu sehen sind, die Zeichen der *sati*, der Witwen von Man Singh, die sich 1843 auf seinem Scheiterhaufen mit verbrannten. Sie werden auch heute noch mit Erfurcht betrachtet und sind meist mit rotem Puder bestäubt.

Ein verschlungenes Terrakottanetzwerk aus Höfen und Palästen bildet das Innere des Forts – ein herrliches Beispiel für den Mix aus Asymmetrie und Symmetrie, der rajputischen Bauwerke kennzeichnet. Es gibt ein **Museum** mit einer wunderbaren Austellung prunkvoller Gegenstände der indischen Könige, darunter einige unglaubliche Elefantensänften (unentbehrlich für eine glanzvolle Prozession), Miniaturen, Waffen und kuriosen Krimskrams – von elfenbeinverzierten Damenhanteln aus dem 19. Jh. bis zu Teppichbeschwerern aus Kamelknochen.

Die Paläste haben bezeichnende Namen, z.B. Moti (Perle), Sukh (Vergnügen) und Phool (Blumen) Mahal – letzterer ist mithilfe einer wunderlichen Mischung aus Blattgold, Kleber und Kuhurin großartig verziert. Der innenliegendste Hof, Holi Chowk, wurde beim Holi-Fest benutzt, bei dem die Frauen von oben zusahen. Der kleine Marmorsitz wurde ab dem 17. Jh. bei Krönungen benutzt.

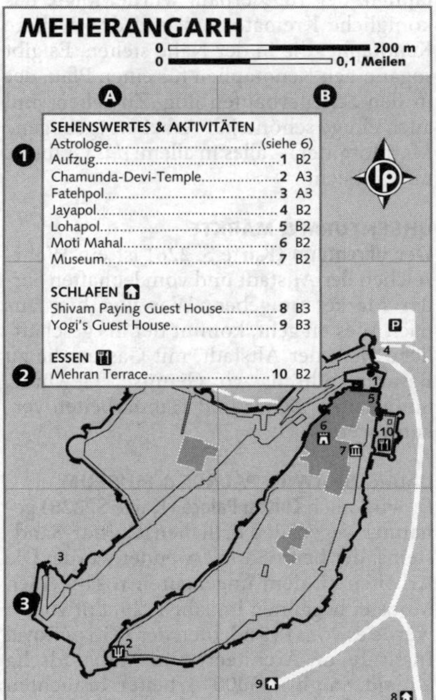

Am südlichen Ende des Forts ragen die alten Kanonen über die Brüstung und die fast senkrechte Felswand oberhalb der Altstadt – die Sicht ist grandios. Deutlich sind Stimmen und Geräusche aus der Stadt zu hören, die der Wind heraufträgt. Der friedliche **Chamunda-Devi-Tempel**, der Durga geweiht ist, steht am Ende des Forts.

Führer präsentieren einen für ca. 100 Rs ihr Wissen.

Mithilfe eines **Aufzugs** können behinderte oder müde Besucher für 15 Rs nach oben gefahren werden. Es gibt sogar einen eigenen **Astrologen** (Mr. Sharma; ☎ 2548790 Durchwahl 39; ⌚ 9–13 & 14–17 Uhr) im Fort; er verlangt 150/300 Rs für eine 15-/30-minütige (einfache/genaue) Sitzung.

JASWANT THADA

Die milchig-weiße **Marmorgedenkstätte** (Karte S. 226; Eintritt Inder/Ausländer 10/20 Rs, Foto 25 Rs; ⌚ 9–17 Uhr) für Maharadscha Jaswant Singh II. hat viele wunderliche Kuppeln und liegt ca. 1 km vom Fort entfernt – nach dem Trubel der Stadt ein angenehm ruhiger Ort. Der Blick auf das Fort ist super! Auf den Kenotaphen, der 1899 erbaut wurde, folgte das königliche Krematorium und drei weitere Kenotaphe, die in der Nähe stehen. Es gibt sogar einen Kenotaphen für einen Pfau, der in den Scheiterhaufen flog. Zu sehen sind auch einige schöne Jali-Arbeiten (gebogene Marmorgitter) – alles in allem: *das* Grabmal mit Aussicht.

UHRENTURM & MÄRKTE

Der **Uhrenturm** (Karte S. 226) ist ein Wahrzeichen der Altstadt und vom lebhaften Sardar Market umgeben. Wer von hier aus nach Westen geht, kommt tief ins geschäftliche Herz der Altstadt, mit Gassen die zu Basaren führen, wo Gemüse, Gewürze, Süßigkeiten, Silber und Handarbeiten verkauft werden.

UMAID BHAWAN PALACE & MUSEUM

Er wird auch **Chittar Palace** (Karte S. 226) genannt, wegen des örtlichen Chittar-Sandsteins, der beim Bau verwendet wurde. Die Arbeiten an dem ungeheuren rosa-weißen Monster begannen im Jahr 1929. Entworfen wurde es vom Präsidenten des British Royal Institute of Architects für Maharadscha Umaid Singh – 3000 Arbeiter brauchten 15 Jahre, um es fertig zu stellen. Das Ganze war wohl eine königliche Arbeitsbeschaffungsmaßnahme während einer großen Dürre – sehr menschenfreundlich.

Maharadscha Umaid Singh starb 1947; sein Nachfolger lebt noch immer in einem Teil des Gebäudes. Der Rest wurde in ein Hotel umgewandelt (s. S. 230).

Die interessantesten Stücke im **Museum** (Inder/Ausländer 15/50 Rs) sind die Fotos, die das merkwürdige Nebeneinander von Art Deco und dem Design der Seventies im Inneren des Palasts zeigen – ein weiteres Highlight sind einige verzierte antike Uhren. Die Wächter achten peinlich darauf, dass sich niemand ins Hotel verirrt.

UMAID GARDENS & SADAR GOVERNMENT MUSEUM

In den Umaid Gardens liegt das **Sadar Government Museum** (Karte S. 226; Eintritt 3 Rs; ⌚ Sa–Do 10–16.30), in dem die Zeit stehen geblieben zu sein scheint. In der dürftig beschrifteten Ausstellung sind zahlreiche Waffen und Skulpturen aus dem 6. bis 10. Jh. zu sehen

Geführte Touren

Das Tourist Reception Centre führt **Stadtführungen** (90 Rs, Eintritt extra; ⌚ 9–13 & 14–18 Uhr) durch, zu denen der Umaid Bhawan Palace, Meherangarh, Jaswant Thada und die Mandore Gardens (s. S. 233) gehören.

Jodhpur ist für seine Dorfsafaris berühmt – Fahrten mit dem Jeep zu den umliegenden Bishnoi-Dörfern mit Besuchen von Töpferwerkstätten und *dhurrie*-Webern. Die Bishnoi sind eine Sekte aus dem 15. Jh., die an die Unverletzlichkeit der Umwelt und an die Notwendigkeit des Schutzes von Bäumen und Tieren glauben. Die Touren sind beliebt und daher ziemlich touristisch angehaucht – das Vergnügen daran hängt stark davon ab, wie gut der Führer ist. Fast jedes Hotel kann diese Ausflüge organisieren; man zahlt überall ca. 350 bis 450 Rs pro Person für einen halben Tag, inklusive Mittagessen. Empfehlenswert sind u. a.: **Singhvi's Haveli** (Karte S. 226; ☎ 2624293), **Durag Niwas** (Karte S. 226; ☎ 2512385), **Durag Villas** (Karte S. 226; ☎ 2512298) und **Govind Hotel** (Karte S. 226; ☎ 2622758). Das **Shivam Paying Guest House** (Karte S. 227; ☎ 2610688; shivamgh@hotmail.com) organisiert empfehlenswerte Touren zu Dörfern rund um Osiyan mit Übernachtungsmöglichkeiten in einem Dorf.

Schlafen

Wie üblich wollen die Rikschafahrer nur dorthin fahren, wo sie eine saftige Provision bekommen. Bei allen Zielen nahe beim Uhrenturm kann man dem ausweichen, indem man sich am Turm absetzen lässt und den Rest des Wegs zu Fuß geht. Wer danach fragt, bekommt manchmal die Gegenfrage „Welcher Uhrenturm?" gestellt, die einen verwirren soll. Es gibt nur einen!

Vom Uhrenturm aus sind Fort und Einkaufsviertel gut zu erreichen, aber dort ist auch am meisten los. Rund um Navchokiya in der Altstadt ist es ruhiger.

Die Preise schwanken überall, je nachdem, wie viele Touristen gerade unterwegs sind. Ist viel Betrieb, steigen die Preise, und in ruhigen Zeiten lassen sich gute Rabatte aushandeln.

BUDGETUNTERKÜNFTE

Singhvi's Haveli (Karte S. 226; ☎ 2624293; Navchokiya, Ramdevji ka Chowk; Zi. 150–700 Rs) Das wunderschöne Haus liegt im ältesten Teil der Stadt. Das *haveli* aus rotem Sandstein wird von einer Familie geführt und hat herrlich gestaltete Jalis. Die Zimmer sind alle stimmungsvoll, und reichen von einfach und gut bis hin zur unglaublichen Maharani-Suite mit zehn Fenstern und einem Blick auf das Fort. Das Dachrestaurant ist sehr romantisch, die Gerichte sind hausgemacht (20–70 Rs) und die Dekoration besteht aus Sari-Vorhängen und Bodenkissen.

Shivam Paying Guest House (Karte S. 227; ☎ 2610 688; shivamgh@hotmail.com; EZ/DZ mit Gemeinschaftsbad 125/150 Rs, EZ mit eigenem Bad ab 175 Rs, DZ 200–450 Rs) Nahe des Uhrenturms – ohne viel Trubel – von einer netten hilfsbereiten Familie geleitet, mit gemütlichen Zimmern und einem schönen kleinen Dach. Die Küche ist hervorragend.

Blue House (Karte S. 226; ☎ 2621396; Moti Chowk; bluehouse36@hotmail.com; Zi. ab 100 Rs, EZ/DZ 200/250 Rs) Liegt sehr schön in der Altstadt, aber die Zimmer sind nichts Besonderes – zwei der Zimmer mit einem gemeinsamen Bad und einer kleinen Sitzecke mit Blick auf das Fort sind aber ganz o. k. Das Management schickt Besucher gern zu verschiedenen örtlichen Geschäften – wer dort etwas kauft, zahlt also auch dessen Provision!

Yogi's Guest House (Karte S. 227; ☎ 2643436; EZ/DZ mit Gemeinschaftsbad 200/250 Rs, Zi. mit eigenem Bad 650 Rs) Das Yogi's liegt am Fuße der Fortmauern und ist von den Straßen aus, die zum Fort führen, gut ausgeschildert. Der Traveller-Treffpunkt hat deutlich zugelegt und seine Zimmer in den vergangenen Jahren neu möbliert. Er ist in dem 500 Jahre alten Rajpurohitji-ki-Haveli untergebracht. Die Zimmer sind schick und weitläufig, aber der Service ist eher unberechenbar. Viele Kleinigkeiten werden einfach übersehen und den Kartenreservierungsservice kann man vergessen. Das nette Dachrestaurant bietet einen schönen Blick aufs Fort und gutes Essen.

Cosy Guest House (Karte S. 226; ☎ 2612066; cosy guesthouse@yahoo.com; Navchokiya; EZ/DZ mit Gemeinschaftsbad 200/250 Rs, DZ mit eigenem Bad 350 Rs, Zelt 150 Rs, Dach 60 Rs) Früher als Joshi's Blue House bekannt, ist dies eine gute Wahl im Herzen der Altstadt. Ein 500 Jahre altes blaues Haus mit einem gewaltigen Drunter und Drüber an Dächern und einem genialen Besitzer. Mit der Rikscha am besten zur Navchokiya Rd. fahren, von dort aus ist das Gästehaus ausgeschildert.

Tourist Guest House (Karte S. 226; ☎ 2541235; Rallaram Bldg., High Court Rd; EZ/DZ 150/250 Rs) Eine gute Wahl außerhalb der Altstadt – vom zerfallenen Äußeren nicht abschrecken lassen, denn es ist eine wirklich nette Unterkunft. Es gehört einer liebenswerten Familie, hält sich der Touristenszene fern und hat einfache, saubere Zimmer.

Govind Hotel (Karte S. 226; ☎ 2622758; www.govindhotel.com; B 60 Rs, Zi. 200–700 Rs) Ein freundliches und entspanntes Haus, gut auf Traveller eingerichtet, mit hilfreichem Management. Das Hotel ist nur fünf Gehinuten vom Bahnhof entfernt – sehr praktisch, wenn man einen frühen Zug erreichen muss. Die Zimmer reichen von einfach bis raffiniert und es gibt ein Dachrestaurant mit Blick aufs Fort (eine Oase in der Gegend). Es zahlt keine Provisionen.

Durag Niwas Guest House (Karte S. 226; ☎ 2512385; www.durag-niwas.com; 1 Old Public Park; EZ/DZ ab 150/250 Rs; ❄) Ein empfohlenes, freundliches, familiengeführtes Haus. Hier gibt's auch ein riesiges Zimmer, in das bis zu acht Leute (500 Rs) passen. Gute hausgemachte, Vegi-Gerichte sind erhältlich. Auf dem Dach lässt sich's auf Bodenkissen zwischen Sari-Gardinen abhängen.

Durag Villas Guest House (Karte S. 226; ☎ 2512298; 1 Old Public Park; Zi. 250–600 Rs; ❄) Das Gästehaus neben dem Durag Niwas gehört der gleichen Familie. Ein nettes Haus mit einfachen, preiswerten Zimmern – die teureren sind schöner. Ruhig und entspannt mit einem grünen Innenhof in der Mitte.

Haveli Guest House (Karte S. 226; ☎ 2614615; Makrana Mohalla; Zi. 250–850 Rs; ❄ 💻) Das 250 Jahre alte Gebäude innerhalb der Stadtmauern ist sehr beliebt. Viele Zimmer haben Halbbalkone und Blick aufs Fort. Wer mit einer Rikscha kommt, bezahlt mehr. Im vegetarischen Dachrestaurant (Gerichte 30–60 Rs) gibt's leckeres Essen und eine herrliche Aussicht. Manche Rikschas bringen einen zu Häusern, die sich denselben Namen gegeben haben (das echte steht vor einem leeren Stufenbrunnen).

MITTELKLASSEHOTELS

Pal Haveli (Karte S. 226; ☎ 2439615; www.palhaveli.com; Gulab Sagar; Zi. 1500 Rs) Das zentral gelegene *haveli*, das um einen Innenhof steht, wurde vom Thakur von Pal 1847 gebaut. Es gibt zwölf nette Zimmer, die meisten sind groß und traditionell gestaltet. Die Familie lebt noch immer hier und zeigt gern das kleine Wohnzimmermuseum.

Ratan Vilas (Karte S. 226; ☎ /Fax 2614418; ratanvilas_jod@rediffmail.com; Old Loco Shed Rd, Ratanada; Zi. 1275–1500 Rs; ❄) Die Angestellten in dieser schönen ruhigen kolonialen Familienvilla sind was ganz Besonderes. Hier herrscht die Stimmung einer vergangenen Zeit und vor dem Haus liegt ein ruhiger Garten. Die hausgemachten Mahlzeiten sind klasse.

Newtons Manor (außerhalb der Karte S. 226; ☎ 2430686; www.newtonsmanor.com; 86 Jawahar Colony, Ratanada; Zi. ab 995 Rs) Newtons Manor hat nur fünf elegante Zimmer mit vielen antiken Möbeln in einem merkwürdigen altkolonialen Stil. Es gibt leckeres, hausgemachtes Essen.

Karni Bhawan (Karte S. 226; ☎ 2512101; Palace Rd; EZ/DZ 1425/1625 Rs, Mittagessen/Abendessen 250/275 Rs 🏊 ❄) Hierbei handelt es sich um einen umgebauten Bungalow aus der Kolonialzeit, der aber sehr modern wirkt und daher ein bisschen blass ist. Allerdings verfügt er auch über raffinierte Themenzimmer (z. B. Holi) mit dunklen traditionellen Holzmöbeln und einem Hauch von Ruhe. Es gibt eine angenehme Rasenfläche und einen Pool.

Devi Bhawan (Außerhalb der Karte S. 226; ☎ 2511067; devibhawan@satyamonline.com; 1 Ratanada Gebiet; EZ/DZ/Suite 800/900/1200 Rs) Eine empfohlene grüne Oase und sehr lohnend, wenn auch etwas ab vom Schuss. Es gibt auch ein gutes Restaurant (veg. Thali 120 Rs).

Durjan Niwas Hotel (Karte S. 226; ☎ 2616994; Fax 2616991; Daspan Vihar, Old Loco Shed Rd; EZ/DZ 1200/1500 Rs) Ein großes weißes Gebäude mit weitläufigen, normalen, irgendwie an die 1970er-Jahre erinnernden Zimmern mit Balkon. Es wurde 1920 von Thakur Dujan Singh gebaut, sieht aber wesentlich moderner aus.

SPITZENKLASSEHOTELS

Ajit Bhawan (Karte S. 226; ☎ 2511410; www.ajitbhawan.com; Airport Rd; Zi. mit Frühstück 3500–4500 Rs; ❄ 🏊) Das Ajit Bhawan ist eine tolle Möglichkeit zum Übernachten, trotz der staubigen Hauptstraße. Es liegt weit zurückgesetzt in einem Park. Hinter dem großzügigen altehrwürdigen Hauptgebäude liegen in einem wunderbaren Garten eine Reihe von Steinhäusern mit dunklen Holzmöbeln. Es gibt ein Restaurant, einen sensationellen Pool (Nicht-Gäste 250 Rs) und einen Geschenkartikelladen. Darüber hinaus gibt's eine wunderbare Sammlung alter Autos, die man leihen kann, z. B. ein 1939er Chevrolet Cabrio.

Umaid Bhawan Palace (Karte S. 226; ☎ 2510101; www.jodhpurheritage.com; Zi. 150–200 US$, Suite 275–500 US$; ❄ 🏊) Dieser monstermäßige Palast aus dem 20. Jh. wurde aus rotem Sandstein erbaut und sieht eher aus wie ein großes Parlamentsgebäude – doch selbst das ist gemütlicher. Es gibt einen Tennisplatz, ein Hallenbad, üppige Rasenflächen und verschiedene Restaurants (s. gegenüber). Die Gestaltung liegt irgendwo zwischen Art Deco und ernstgemeintem Siebziger-Gangster-Chic. Wenn möglich, eine Suite buchen; die billigeren Zimmer sind Marke nullachtfünfzehn.

Taj Hari Mahal Palace (Karte S. 226; ☎ 2439700; Fax 2624451; 5 Residency Rd; EZ/DZ von 170/180 US$; 🏊) Gehört zur Taj-Gruppe. Das ziemlich protzige und luxuriöse Hotel wurde im traditionellen Stil erbaut. Es liegt rund um einen Innenhof und hat einen großen üppigen Swimmingpool.

Essen

Bei einem Aufenthalt in Jodhpur sollte man ein Glas *makhania lassi* probieren, eine sättigende Variante mit Safran-Geschmack, die zu den erfrischendsten Getränken überhaupt gehört.

ETWAS BESONDERES

Mehran Terrace (Karte S. 227; ☎ 2549790; Meherangarh Fort; veg./nichtveg. Thalis 300/350 Rs, andere Gerichte 80–150 Rs; 🕑 19.30–22 Uhr) Auf einer der Terrassen des Forts zu Abend zu essen, ist unschlagbar romantisch. In diesem Open-Air-Restaurant sitzt man im Schatten von verspielten Palastgebäuden, die eher an eine Operndekoration erinnern, an großzügig verteilten, kerzenbeleuchteten Tischen 140 m hoch über der Stadt und mit einem atemberaubenden Blick über Jodhpur. Die opulenten rajasthanischen Thalis und die wenigen anderen Menüs sind dem Ort angemessen. Reservieren nicht vergessen!

RESTAURANTS

On the Rocks (Karte S. 226; Gerichte 50–260 Rs; 🕑 10–2, Mittagessen 12–15, Abendessen 19.30–23 Uhr) Dieses Restaurant im Grünen neben dem Ajit Bhawan Hotel ist sehr beliebt. Es gibt ein Gartenrestaurant (am Abend mit Kerzen beleuchtet), das von vielen Familien besucht wird (es hat einen kleinen Spielplatz) und wo leckere indische Küche und viele Grillgerichte serviert werden. Es gibt eine herrliche Bäckerei (süße Stückchen 15 Rs) und eine Bar, „Rocktails", die Sitzmöglichkeiten im Freien bietet und die die verrückteste Bar in ganz Jodhpur ist.

Hotel Priya & Restaurant (Karte S. 226; 181-2 Nai Sank, Sojati Gate; Gerichte 15–50 Rs; 🕑 7–24 Uhr) In dem teilweise zur Straße hin offenen, beliebten und freundlichen Imbiss bekommt man ein bisschen fröhlichen Tumult ab. Es wird verlässliche nord- und südindische Küche serviert. Die Thalis sind gut und es gibt auch Süßigkeiten.

Garden Restaurant (Karte S. 226; Gerichte 85–170 Rs; 🕑 12–15 & 19.30–22.30 Uhr) Das große nette Gartenrestaurant, das nachts von Kerzen erleuchtet wird, liegt beim Ajit Bhawan. Hier gibt's tolle indische und europäische Küche.

Pushpa Bhojnalaya Dining Hall (Karte S. 226; Gerichte 6–45 Rs; 🕑 10–22.30 Uhr) Dieses Lokal könnte man mit einer zu groß geratenen Schuhschachtel verwechseln. Trotzdem gibt's hier leckeres rajasthanisches Essen, z. B. herzhafte *dhal batti* (gebackene Bällchen aus Vollkornmehl, die geöffnet in einer Linsensuppe serviert werden). Der kaschmirische *paneer* mit Apfel, Cashews und Banane ist lecker.

Kalinga Restaurant (Karte S. 226; Station Rd; Gerichte 50–160 Rs) Das Restaurant befindet sich im gleichnamigen Hotel (beim Bahnhof). Es ist schick und beliebt, mit schummriger Atmosphäre und gelben geteilten Wänden. Serviert wird leckeres vegetarisches und nichtvegetarisches Essen aus Indien, China und Europa.

Mid Town (Karte S. 226; Station Rd; Gerichte 18–70 Rs) Im sauberen, fröhlichen Mid Town kann man sowohl unten als auch auf dem Dach essen. Es gibt gutes vegetarisches Essen mit rajasthanischen Spezialitäten, einige davon speziell aus Jodhpur, z. B. *chakki-ka-sagh* mit Roti (gekochte Weizenknödel in schwerer Fleischsoße) und *kabuli* (Gemüse mit Reis, Milch, Brot und Früchten).

Zum Umaid Bhawan Palace (Karte S. 226) gehören das **Pillars** (🕑 18–23 Uhr), ein luftiges und lässiges Lokal mit einem himmlischen Blick ins Grüne, sowie das eher hochpreisige **Jodhpur Lancers** (🕑 9–23 Uhr). Hauptgerichte liegen zwischen 200 und 600 Rs. Wer nur einen Drink möchte, besucht die **Trophy Bar** (🕑 11–23 Uhr).

AUF DIE SCHNELLE

Omelette Shop (Karte S. 226; Eier 5–12 Rs) Direkt hinter dem Tor (beim inneren Bogen – nicht von Nachahmern reinlegen lassen) auf der nördlichen Seite des Platzes. Hier behauptet man, dass am Tag 1000 Eier verbraten werden – der Eiermann ist seit 30 Jahren im Geschäft. Zwei leckere würzige gekochte Eier kosten 5 Rs und ein Omelett mit zwei Eiern, Chilli, Koriander und vier Stücken Brot liegt bei 12 Rs.

Shri Mishrilal Hotel (Karte S. 226) Am Uhrenturm. Dieser Imbiss ist nichts Atemberaubendes, schlägt dafür aber die besten schaumigen Lassis der Stadt. Ein Glas mit dem leckeren, cremigen Spezial-*makhania-lassi* gibt's für 13 Rs.

Agra Sweets (Karte S. 226; gegenüber dem Sojati Gate; Süßigkeiten 10 Rs) Dieser Süßwarenladen verkauft gute Lassis (12 Rs) und andere köstliche Spezialitäten aus Jodhpur, z. B. *mawa ladoo* (Milchbonbons aus Zucker, Kardamom und Pistazien, in Silberpapier; 10 Rs) und die Baklava ähnelnden *mawa kachori* (10 Rs).

Refreshment Room (Karte S. 226; 1. OG, Bahnhof; veg./nichtveg. Thali 20/25 Rs) Hier herrscht ein merkwürdig zeitloses Ambiente und es gibt überraschend schmackhaftes Essen.

Shoppen

Natürlich sind hier auch die üblichen Handwerksarbeiten aus Rajasthan erhältlich, aber Jodhpur ist vor allem für seine Antiquitäten bekannt. An der Palace Rd., beim Umaid Bhawan Palace, häufen sich die Verkaufsräume. Diese Geschäfte sind auch bei westlichen Antiquitätenhändlern gut bekannt und diese kommen mit vollgestopften Brieftaschen hierher. Deshalb muss man schon ziemlich lange suchen, bis man ein Schnäppchen findet. Wer dennoch etwas kaufen will, sollte bedenken, dass der Handel mit antiken Gegenständen dem Kulturerbe Indiens schadet (wunderschöne alte *havelis* werden zerstört, um ihre Fenster- und Türrahmen verkaufen zu können). In vielen Geschäften kann man sich auch (zu annehmbaren Preisen) antik aussehende Möbel nachmachen lassen. Vorher sollte man sich jedoch informieren, was bei der Einfuhr dafür bezahlt werden muss.

Rund um den Uhrenturm gibt's verschiedene Gewürzläden, aber diese sind sehr touristisch und verlangen entsprechende Preise. Es gab auch schon Beschwerden über die Qualität; allerdings bekommt **MV Spices** (☎ 5109347; www.mvspices.com; 209B Vegetable Market; 🕑 10–21 Uhr) von Reisenden immer gute Kritiken für seine authentischen Gewürze und den hervorragenden Service. Wer Gewürze zu vernünftigen Preisen kaufen möchte, geht vom Uhrenturm aus nach Westen den Tambaku Bazaar entlang Richtung Navchokiya in der Altstadt. Dabei kommt man an einem kleinen Platz vorbei, an dem es ein paar kleinere Gewürzläden gibt. Chilipulver kostet hier ca. 80 Rs pro kg und echter Safran liegt bei 45 bis 55 Rs pro Gramm.

Handloom House (Karte S. 226; Nai Sarak) ist ein großes Kaufhaus, das von Einheimischen förmlich belagert wird. Neben einigen eher fragwürdigen Kleidungsstücken gibt's hier Berge von *bandhani*, Seidensaris und Wolltüchern zu festen Preisen.

Beim Einkaufen in Jodhpur heißt's aufgepasst – wenn der Rikschafahrer, der „nette Kerl an der Ecke", die Pension oder das Hotel etwas empfehlen, dann bekommen sie mit ziemlicher Sicherheit eine Provision dafür. Einheimische Läden geben auch gern mit großen internationalen Firmen und Designern an, denen sie angeblich Waren liefern – derartiges sollte man äußerst skeptisch beurteilen.

An- & Weiterreise

FLUGZEUG

Das **Büro von Indian Airlines** (Karte S. 226; ☎ 2510757; Airport Rd; 🕑 10–13.15 & 14–16.30 Uhr) liegt südlich vom Zentrum. Es gibt Flüge nach Delhi (120 US$) über Jaipur (90 US$) und nach Mumbai (160 US$) über Udaipur (90 US$). **Jet Airways** (☎ 5102222) fliegt ebenfalls nach Delhi (über Jaipur) und Mumbai (über Udaipur).

SPRECHENDE KLEIDUNG

Die Farben des rajasthanischen Alltags schimmern vor dem Hintergrund der Wüste – schwere Turbane *(safas, paags* oder *pagris)*, flatterndes Scharlachrot, sonnenblumengelbe und safranfarbene Saris, glitzernde traditionelle rajasthanische Röcke *(lehangas* oder *ghagharas)* und Kopftücher (*odnis* oder Dupattas).

Das alles ist nicht nur dekorativ, sondern spricht auch eine eigene Sprache, die die Einschränkungen der rajasthanischen Gesellschaft widerspiegelt.

Die Farbe des Turbans zeigt die Zugehörigkeit zu einer Kaste, Religion oder einem Berufsstand. Rajputen tragen traditionell Safran, die Farbe der Ritterlichkeit. Brahmanen tragen pink, Daliten braun und Nomaden schwarz. Fröhlich-vielfarbige werden bei Festen getragen. Weiße, graue, schwarze oder blaue Turbane tragen Hindu, um Trauer Ausdruck zu verleihen, aber dies sind auch die Farben der Muslime. Wie der Turban gebunden ist, zeigt den sozialen Stand und die Herkunft des Trägers.

Da Hindus Schattierungen von blau, grün und weiß als Trauerfarben betrachten, werden sie vor allem von Witwen getragen. Verheiratete und ledige Frauen tragen fröhlichere Farben wie Pink, Rot oder Gelb. Darin verbergen sich jedoch noch mehr Zeichen: Eine rot-gelb Kombination kann nur von Frauen getragen werden, die einen Sohn geboren haben. Verheiratete Hindufrauen werden sorgfältig als vergeben gekennzeichnet – sie tragen *chudas* (Armreifen), *bichiyas* (Zehenringe) und eine feine zinnoberrote Linie im Scheitel.

BUS

RSTC-Busse fahren u.a. regenmäßig nach Jaisalmer (60 Rs, 5½ Std., halbstündl.), Udaipur (60 Rs, 5½ Std., 7-mal tgl.), Jaipur (Express/Deluxe 140/163 Rs, 7½ Std., halbstündl.), Ajmer (99 Rs, 4½ Std., halbstündl.), Bikaner (100 Rs, 5½ Std.), Delhi (Express/ Deluxe 262/363 Rs, 12½/14 Std., 5-mal tgl.) und Ahmedabad (210/180 Rs, 10/12 Std., 6-mal tgl.). Es gibt ein **Roadways Auskunftstelefon** (☎ 2544686).

Die Büros der Privatbusse liegen gegenüber vom Bahnhof und in der Straße, die zum Ranchodji-Tempel führt. Diese Busse fahren ähnliche Ziele zu ähnlichen Preisen an.

ZUG

Das **computergestützte Buchungsbüro** (Station Rd; ⏲ Mo–Sa 8–20, So 8–13.45 Uhr) liegt zwischen dem Bahnhof und dem Sojati Gate. Das Büro hat auch ein Touristenkontingent (Fenster 788).

Der *Jodhpur–Jaisalmer Express* (Nr. 4810) fährt jede Nacht um 23.15 Uhr ab und erreicht Jaisalmer um ca. 5.15 Uhr (Sleeper Class/3AC 157/411 Rs, 294 km); der 4809 von Jaisalmer startet dort auch um 23.15 Uhr und ist um 5.15 Uhr in Jodhpur. Der *Mandore Express* (Nr. 2462) verlässt Jodhpur um 19.30 Uhr, mit Ankunft in Delhi um 6.30 Uhr (Sleeper Class/2AC/3AC 273/1092/713 Rs, 623 km). Nach Jaipur fährt der *Intercity Express* (Nr. 2466) um 5.45 Uhr, der um 10.35 Uhr dort ist (Sleeper Class/3AC 180/450 Rs, 313 km).

Unterwegs vor Ort

VOM/ZUM FLUGHAFEN

Der Flughafen liegt nur 5 km vom Zentrum entfernt. Eine Autoriksch a kostet ca. 60 Rs, ein Taxi 150 Rs.

TAXI & AUTORIKSCHA

Am Hauptbahnhof gibt's einen Taxistand. Die meisten Touren mit der Autoriksch a durch die Stadt sollten nicht mehr als 25 Rs kosten.

RUND UM JODHPUR

Mandore

9 km von Jodhpur entfernt liegt Mandore, das vor der Gründung Jodhpurs die Hauptstadt Marwars war. Heute machen es die **Mandore Gardens** mit ihren Steinterrassen zu einem beliebten Ziel für Traveller. In den Parks stehen auch dunkelrote Stupas und Kuppeln – Kenotaphen der Jodhpur-Herrscher, darunter ein hoch aufragendes Denkmal für Maharadscha Dhiraj Ajit Singh.

Die **Hall of Heroes** aus dem 18. Jh. enthält 15 wichtige Hindugötter und regionale Helden, die aus einer Felswand geschlagen, mit feinem Gips überzogen und mit grellen Farben bemalt wurden.

Das **Mandore Guest House** (☎ 0291-2545210, 2571620; www.mandore.com; EZ/DZ 400/650 Rs, mit Klimaanlage 550/850 Rs; ❄) hat nette runde Lehmhütten in einem grünen Garten. Das Essen ist lecker und hausgemacht. Man arbeitet mit dem örtlichen NGO zusammen, um sich Drogenproblemen anzunehmen und medizinisch zu helfen. Wer will, kann hier für eine gewisse Zeit als Freiwilliger mitarbeiten.

Rohet

Rohet Garh (☎ 02936-268231; EZ/DZ ab 1450/2000 Rs, Suite 3000 Rs; ❄ 🏊) ist ein altehrwürdiges Hotel in einem kleinen Dorf, 40 km südlich von Jodhpur, in dem Bruce Chatwin *Traumpfade* schrieb und William Dalrymple mit der Arbeit an *City of Djinns* begann. Es ist überraschend, dass sie hier so fleißig waren, denn es gibt einen herrlichen säulengeschmückten Pool und die Zimmer sind wunderschön. Vom Hotel aus lassen sich auch Dorfsafaris buchen.

Osiyan

Die alte Stadt in der Thar-Wüste, 65 km nördlich von Jodhpur, war vom 8. bis 12. Jh. ein bedeutendes Handelszentrum, das von den Jainisten dominiert wurde, die gut erhaltene Tempel mit wunderschönen Skulpturen hinterlassen haben. Der **Sachiya-Mata-Tempel** (⏲ 6–19.15 Uhr) ist eine beeindruckende ummauerte Anlage. Der **Mahavira-Tempel** (Eintritt 5 Rs, Foto/Video 30/100 Rs; ⏲ 6–20.30 Uhr) umgibt ein Standbild des 24. *tirthankar*, das über 2000 Jahre alt sein soll und aus Sand und Milch geformt wurde.

Das **Camel Camp** (in Jodhpur ☎/Fax 0291-2437023; Zelt 2500–7000 Rs) bietet Zeltunterkünfte auf einer einsamen Sanddüne mit Blick über Osiyan an. Kamelsafaris können organisiert werden. Unbedingt reservieren!

Prakash Bhanu Sharma, ein sympathischer brahmanischer Priester, betreibt eine große, auf Pilger ausgerichtete **Pension** (☎ 02922-274296; DZ 300 Rs) beim Mahavira-Tempel.

GOLDEN CITY BLUES

Das Jailsamer Fort gehört zu den am meisten gefährdeten Monumenten der Welt; der Druck, der auf dem Abwassersystem von Jaisalmer lastet, sorgt für eine langsame Selbstzerstörung. 120 l pro Einwohner werden täglich durch das betagte Röhrensystem gepumpt – das 12-fache der ursprünglich geplanten Kapazität. Seit 1993 sind bereits drei der Bastionen aus dem 12. Jh. eingestürzt.

Ein weiterer tödlicher Feind ist gedankenloses Bauen. Ironischerweise zerstören die Bewohner des Forts ihre eigene Lebensgrundlage dadurch, dass sie die Maßnahmen zur Erhaltung nicht ernstnehmen.

Weitere Informationen zur Rettung Jaisalmers gibt's bei der **Jaisalmer Conservation Initiative** vom Indian National Trust for Art and Cultural Heritage's (INTACH; ☎ 011-24631818; www.intach.org; 71 Lodi Estate, New Delhi 110003) oder der in Großbritannien registrierten Organisation **Jaisalmer in Jeopardy** (☎/Fax 020-73524336; www.jaisalmer-in-jeopardy.org; 3 Brickbarn Close, London SW10 OTP).

Gemar Singh (☎ 0291-2619688; gemar@rediffmail.com; Shivam Guest House, Jodhpur) organisiert private Übernachtungen, Camping, Wüstenwanderungen und Kamelsafaris nach Osiyan und in die umliegenden Rajputen- und Bishnoi-Dörfer. Sie kosten ca. 700 Rs pro Person und Tag (mind. zwei Pers.).

Aus Jodhpur fahren regelmäßig Busse hierher (30 Rs, 1½ Std., halbstündl.). Außerdem fährt ein Zug (27 Rs 2. Klasse, 1½ Std., 65 km). Ein Taxi hin und zurück kostet 600 Rs.

Nagaur

Nagaur liegt 135 km nordöstlich von Jodhpur. Hier befinden sich die gewaltigen wunderschön restaurierten (teilweise von der Getty Foundation finanziert) Ruinen von **Ahhichatragarh** (Fort der aufgerichteten Kobra; Eintritt Inder/Ausländer 15/50 Rs, Foto/Video 25/100 Rs; 🕒 9–13 & 14–17 Uhr) aus dem 12. Jh. Sie verfügen über ein einzigartiges Wassersystem – jeder Tropfen wird recycelt. In der Mitte der Anlage steht eine farbenprächtige rajputisch-mogulische Palastanlage.

Royal Tents (Zelt 250 US$) gibt's zu den Marktzeiten. Diese herrlichen Zelte müssen im Voraus über den **Balsamand Palace** (☎ 0291-2571991) gebucht werden. Die **RTDC** (EZ/DZ 2000/2500 Rs) hat auch Zelte.

Hotel Sujan (☎ 01582-240283; Nakash Gate; EZ/DZ 200/300 Rs), beim Fort, hat zwar düstere Flure, aber die Zimmer sind in Ordnung.

Hotel Bhaskar (☎ 01582-240100; Station Rd; EZ/DZ ab 200/250 Rs) ist freundlich und hat helle, aber abgewohnte Zimmer.

Aus Jodhpur fahren stündlich Busse hierher (60 Rs, 3 Std.).

JAISALMER

☎ 02992 / 58 286 Ew.

Eine gigantische Sandburg, die sich über dem Trikuta- (dreigipfeligen) Hügel erhebt – Jaisalmer bietet einen atemberaubenden Anblick, eine goldene Stadt, eine Fata Morgana aus der Zeit der Ritter mitten in einer öden Wüstenlandschaft. Nirgendwo sonst bekommt man einen besseren Eindruck von der alten Pracht der Wüste und den exotischen Handelsstraßen. 99 riesige Bastionen umgeben die schmalen Straßen des bis heute bewohnten Forts. Hier stehen aufwändige Häuser, herrliche Tempel, unglaubliche Tore und ein wunderschöner Palast – und alles besteht aus dem gleichen golden leuchtenden Sandstein. Die Einwohner arbeiteten früher für die hiesigen Maharadschas, heute leiten die meisten Pensionen oder Geschäfte und Stände – und hüllen sich in rajasthanische Kleidung voller funkelnder Spiegel und Stickereien. Trotz des Kommerz ist es unmöglich, nicht verzaubert zu werden – Jaisalmer ist ein Traumschloss. Unterhalb des Forts liegt die Altstadt mit aufwändigen *havelis,* die Sandsteinverzierungen haben, so fein als seien sie aus Spitze, und rundum liegen die Dünen und Dörfer der Thar-Wüste.

Geschichte

Jaisalmer wurde 1156 gegründet. Ihre strategische Lage auf der Route der Kamelkarawanen zwischen Indien und Zentralasien brachte der Stadt großen Reichtum. Die Händler und Einwohner bauten sich prachtvolle Häuser und Villen mit herrlichen Holz- und Sandstein-Verzierungen.

Jaisalmer hat einige Belagerungen und Eroberungen hinter sich, mit dem unvermeidlichen rajputischen *jauhar* im 13. Jh. nach einer acht Jahre langen Belagerung. Immerhin haben die Moguln hier keinen

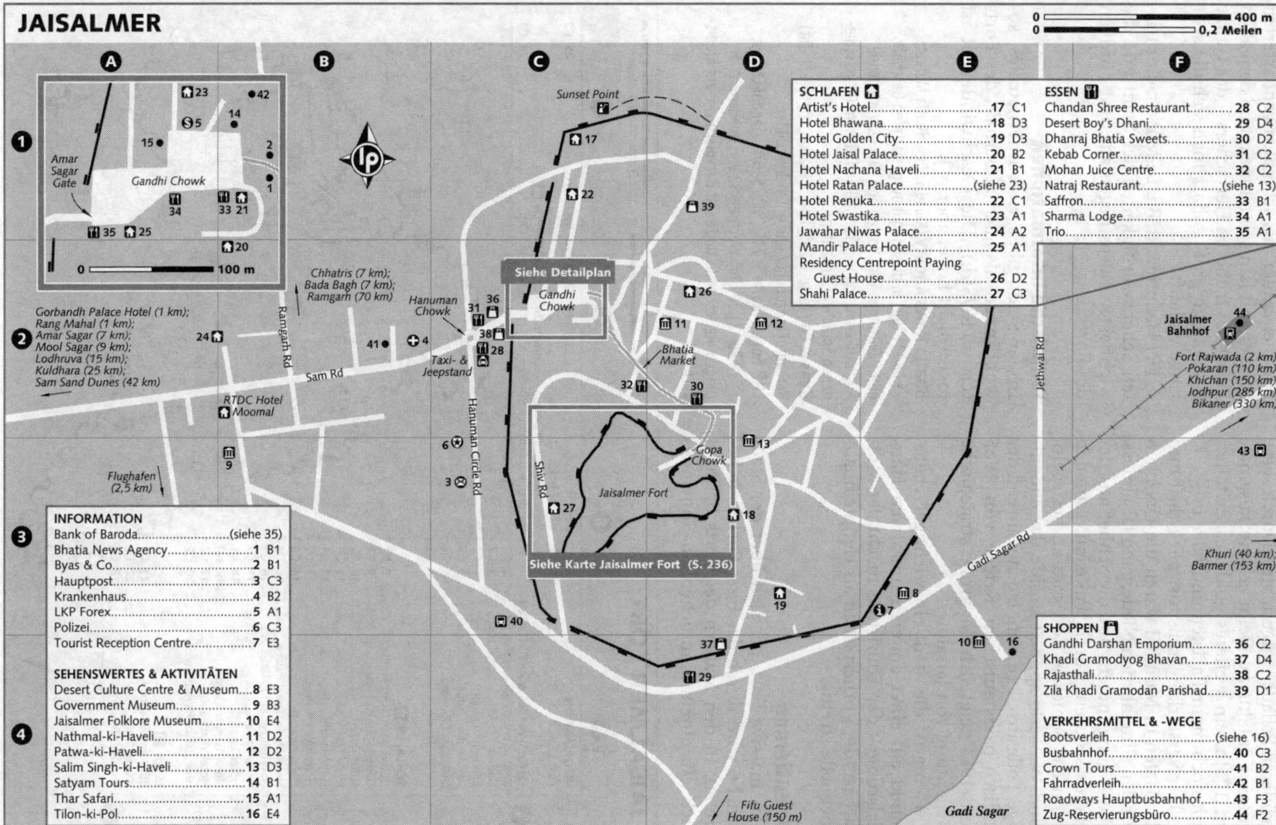
JAISALMER
0 400 m
0 0,2 Meilen
SCHLAFEN
Artist's Hotel 17 C1
Hotel Bhawana 18 D3
Hotel Golden City 19 D3
Hotel Jaisal Palace 20 B2
Hotel Nachana Haveli 21 B1
Hotel Ratan Palace (siehe 23)
Hotel Renuka 22 C1
Hotel Swastika 23 A1
Jawahar Niwas Palace 24 A2
Mandir Palace Hotel 25 A1
Residency Centrepoint Paying Guest House 26 D2
Shahi Palace 27 C3
ESSEN
Chandan Shree Restaurant 28 C2
Desert Boy's Dhani 29 D4
Dhanraj Bhatia Sweets 30 D2
Kebab Corner 31 C2
Mohan Juice Centre 32 C2
Natraj Restaurant (siehe 13)
Saffron 33 B1
Sharma Lodge 34 A1
Trio 35 A1
INFORMATION
Bank of Baroda (siehe 35)
Bhatia News Agency 1 B1
Byas & Co. 2 B1
Hauptpost 3 C3
Krankenhaus 4 B2
LKP Forex 5 A1
Polizei 6 C3
Tourist Reception Centre 7 E3
SEHENSWERTES & AKTIVITÄTEN
Desert Culture Centre & Museum 8 E3
Government Museum 9 B3
Jaisalmer Folklore Museum 10 E4
Nathmal-ki-Haveli 11 D2
Patwa-ki-Haveli 12 D2
Salim Singh-ki-Haveli 13 D3
Satyam Tours 14 B1
Thar Safari 15 A1
Tilon-ki-Pol 16 E4
SHOPPEN
Gandhi Darshan Emporium 36 C2
Khadi Gramodyog Bhavan 37 D4
Rajasthali 38 C2
Zila Khadi Gramodan Parishad 39 D1
VERKEHRSMITTEL & -WEGE
Bootsverleih (siehe 16)
Busbahnhof 40 C3
Crown Tours 41 B2
Fahrradverleih 42 B1
Roadways Hauptbusbahnhof 43 F3
Zug-Reservierungsbüro 44 F2
Amar Sagar Gate
Gandhi Chowk
100 m
Sunset Point
Siehe Detailplan
Chhatris (7 km); Bada Bagh (7 km); Ramgarh (70 km)
Gorbandh Palace Hotel (1 km); Rang Mahal (1 km); Amar Sagar (7 km); Mool Sagar (9 km); Lodhruva (15 km); Kuldhara (25 km); Sam Sand Dunes (42 km)
Ramgarh Rd
Sam Rd
Hanuman Chowk
Taxi- & Jeepstand
Hanuman Circle Rd
Bhatia Market
Gopa Chowk
Jaisalmer Fort
Shiv Rd
Siehe Karte Jaisalmer Fort (S. 236)
RTDC Hotel Moomal
Flughafen (2,5 km)
Jethwai Rd
Jaisalmer Bahnhof
Fort Rajwada (2 km); Pokaran (110 km); Khichan (150 km); Jodhpur (285 km); Bikaner (330 km)
Khuri (40 km); Barmer (153 km)
Gadi Sagar Rd
Gadi Sagar
Fifu Guest House (150 m)

größeren Schaden angerichtet. Durch seine guten Kontakte zu Delhi erlebte Jaisalmer im 17. Jh. ein weiteres goldenes Zeitalter, mit noch mehr Palästen und *havelis*.

Der verstärkte Transport per Schiff und der Hafen in Mumbai waren die Ursachen für den allmählichen Niedergang Jaisalmers. Die Teilung Indiens und die Schließung der Handelsrouten durch Pakistan schienen dann das Schicksal der Stadt zu besiegeln. Und Wasserknappheit drohte das endgültige Todesurteil zu sein. Doch während der indisch-pakistanischen Kriege von 1965 und 1971 zeigt sich die große strategische Bedeutung von Jaisalmer.

Heute ist die Stadt ein wichtiger Haltepunkt auf einer anderen lukrativen Handelsroute – der Tourismus macht der Militärbasis die Vorherrschaft als Haupteinnahmequelle streitig.

Orientierung

Das massive Fort, das sich über der Stadt erhebt, wird durch das First Fort Gate betreten. In den Mauern des Forts befindet sich ein einem Kaninchenbau ähnelndes Durcheinander aus schmalen gepflasterten Straßen mit Jainistentempeln und dem alten Palast des früheren Herrschers – das Ganze ist nicht zu groß, sodass man sich nie sehr lange verläuft.

Der Hauptmarkt, Bhatia Market, die meisten Sehenswürdigkeiten der Stadt und die wichtigsten Büros liegen allesamt nördlich des Forts.

Praktische Informationen

In der Stadt gibt's viele Internetcafés, sowohl inner- als auch außerhalb des Forts (ca. 40 Rs/Std.). Die Geschwindigkeit ist meist nicht hoch, aber o. k.

Bhatia News Agency (Karte S. 235; Bhatia Market; ⌚ 9–21 Uhr) In diesem gut ausgestatteten Geschäft gibt's Zeitungen vom Vortag und eine hervorragende Auswahl an neuen und Secondhandbüchern (in verschiedenen Sprachen) zu kaufen.

Byas & Co (Karte S. 235; Bhatia Market; ⌚ 9–21 Uhr) Verkauft Fotozubehör und entwickelt Bilder.

LKP Forex (Karte S. 235; ☎ 253679; Gandhi Chowk; ⌚ 9.30–21.30 Uhr) Wechselt 32 verschiedene Währungen, Reiseschecks und zahlt Barvorschüsse auf Kreditkarten.

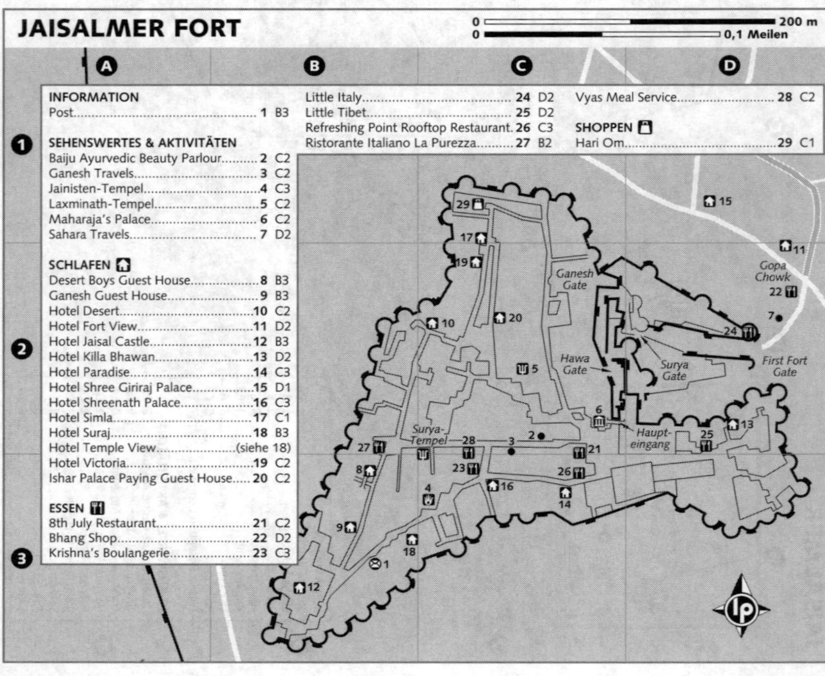

Hauptpost (Karte S. 235; Hanuman Circle Rd; ⌚ Mo–Sa 10–17 Uhr) Westlich vom Fort.
Post (s. Karte gegenüber; ⌚ Mo–Sa 10–15 Uhr) Im Fort; verkauft nur Briefmarken.
Tourist Reception Centre (Karte S. 235; ☎ 252406; Gadi Sagar Rd; ⌚ 10–17 Uhr) 1 km südöstlich vom First Fort Gate.

Sehenswertes & Aktivitäten

JAISALMER FORT

Das **Fort** (s. Karte gegenüber) ist ein Kaninchenbau aus schmalen Sandsteinstraßen, in dem ein Palast, Tempel und Hunderte von trügerisch einfach-aussehenden *havelis* stehen. 1156 vom Rajputen-Herrscher Jaisala erbaut und von den nachfolgenden Herrschern verstärkt, krönt das Fort den 80 m hohen Trikuta Hill. 25% der Altstadtbewohner leben innerhalb seiner Mauern, die von 99 Bastionen umgeben sind. Es ist ein extrem beeindruckendes Erlebnis, durch die Straßen dieses lebenden Museums zu wandern. Leider bedroht der auf die Touristen ausgerichtete Handel das Fort – wegen der gewaltigen Menschenmassen und der Gleichgültigkeit der Regierung stand das Fort sogar schon auf der World Monuments Watch List, der Liste der 100 meistbedrohten Sehenswürdigkeiten des Planeten.

Das Fort wird durch eine abschreckende Reihe von massiven Toren betreten, die in einen großen Innenhof führen. Der siebenstöckige **Palast** (Inder/Ausländer 20/70 Rs, Foto/Video 50/150 Rs; ⌚ Sommer 8–18 Uhr, Winter 9–18 Uhr) des früheren Maharadschas grenzt direkt daran an. Auf diesem Platz wurden früher die Truppen inspiziert, Bittgesuche gehört und erlesenen Gästen extravagante Unterhaltung präsentiert. Teile des Palasts sind für die Öffentlichkeit zugängig: Stockwerk um Stockwerk reihen sich kleine Räume aneinander, die auf faszinierende Weise zeigen, wie derartige Gebäude angelegt wurden, um die Außenwelt beobachten zu können. Zu den Highlights gehören der mit Spiegeln verzierte und bemalte Rang Mahal, eine kleine Galerie mit erlesenen Skulpturen aus dem 15. Jh. und der spektakuläre 360°-Ausblick von ganz oben.

Jainisten-Tempel

In den Mauern des Forts liegt ein irrgartenartiger Komplex von sieben miteinander verbundenen, wunderschönen **Jainistentempeln** (Eintritt 10 Rs, Foto/Video 50/100 Rs) aus gelbem Sandstein, die aus dem 12. bis 16. Jh. stammen. Die Öffnungszeiten ändern sich ständig – die Aufseher kennen den aktuellen Stand. Die komplizierten Steinverzierungen sind ebenso schön wie in Ranakpur oder Mt. Abu und haben wegen des weichen, warmen Steins eine außergewöhnliche Qualität. **Chandraprabhu** (⌚ 7–12 Uhr) ist der erste Tempel, den man betritt. Er ist dem achten *tirthankar* geweiht, dessen Symbol der Mond ist. Rund um die obere Galerie sind 108 Marmorbildnisse Parasnaths, des 22. *tirthankar* zu sehen. Rechts neben diesem Tempel steht der **Rikhabdev-Tempel** (⌚ 7–12 Uhr). Hinter Chandraprabhu liegt der **Parasnath-Tempel** (⌚ 11–12 Uhr), der durch ein wunderschön gestaltetes *torana* (Tor) betreten wird und eine schöne, bunt bemalte Decke hat. Eine Türe im Süden führt zum kleinen **Shitalnath-Tempel** (⌚ 11–12 Uhr), der dem 10. *tirthankar* gewidmet ist. Dessen Bildnis besteht aus acht Metallen. Eine Tür in der nördlichen Wand führt zum wunderschönen **Sambhavanth-Tempel** (⌚ 11–12 Uhr) – im vorderen Hof zermahlen jainistische Priester Sandelholz, das bei der Andacht gebraucht wird. Stufen führen zum **Gyan Bhandar** (⌚ 10-11 Uhr) hinunter, einer faszinierenden kleinen, 1500 gegründeten Bibliothek mit alten Manuskripten. Die beiden letzten Tempel, **Shantinath** und **Kunthunath** (⌚ 11–12 Uhr), liegen darunter. Beide wurden 1536 gebaut und zeigen viele sinnliche Reliefs.

Laxminath-Tempel

Dieser **Hindutempel** ist einfacher gestaltet als die Jainistentempel und hat eine bunt bemalte Kuppel. Gläubige opfern Korn, das vor dem Tempel verteilt wird. Am Eingang zum inneren Heiligtum ist ein in Repoussé-Technik gestalteter Architrav zu sehen und innen steht ein üppig verziertes Bildnis.

HAVELIS

In Jaisalmer gibt's herrliche, unglaublich fein verzierte Sandsteingebäude, die von wohlhabenden Händlern gebaut wurden.

Patwa-ki-Haveli

Das schönste aller *havelis*, dessen Mauern wie honigfarbene zerknitterte Spitze aussehen, ist das **Patwa-ki-Haveli** (Karte S. 235; Eintritt 20 Rs, Foto/Video 20/20 Rs; ⌚ 9–18 Uhr), das über einer schmalen Straße thront. Es wurde zwischen 1800 und 1860 von fünf jainistischen Brüdern gebaut – ihres Zeichens Brokat- und Juwelenhändler. Von außen ist es am beeindruckendsten, aber auch der Blick vom Dach auf das Fort ist herrlich. Die Einrichtung spiegelt das Leben des 19. Jhs. wider.

Salim Singh-ki-Haveli

Dieses private **Haveli** (Karte S. 235; Eintritt 15 Rs, Foto/Video 10/50 Rs; ⌚ 8–18 Uhr, Mai–Sept. bis 19 Uhr) hat eine erstaunliche und sehr eigenartige Form. Die unteren Stockwerke sind schmal, aber darüber breitet sich die oberste Etage aus: eine Masse aus Verzierungen und elegant gebogenen Balkonen, die von blassblauen Kuppeln gekrönt wird. Das *haveli* wurde vor rund 300 Jahren gebaut; Teile davon sind immer noch bewohnt. Salim Singh war ein Angst einflößender Premierminister, als Jaisalmer die Hauptstadt des Fürstenstaats war.

Nathmal-ki-Haveli

Das **Haveli** (Karte S. 235; Eintritt kostenlos; ⌚ 8–19 Uhr) aus dem späten 19. Jh. gehörte ebenfalls einem Premierminister und ist auch noch teilweise bewohnt. Es strotzt nur so vor Steinverzierungen und im ersten Stock sind einige wunderschöne Gemälde zu sehen, in denen 1,5 kg Gold verarbeitet wurden. Ein Durchgang ist von britischen Postkarten aus der Zeit des Premierministers umrahmt, außerdem gibt's ein Bild von Königin Viktoria. Die linken und rechten Gebäudeflügel sind das Werk zweier Brüder, die sich offenbar gegenseitig zu Höchstleistungen anstachelten – die Seiten ähneln sich, sind aber nicht identisch. Elefanten aus Sandstein halten Wache.

GADI SAGAR

Dieser prächtige **See** (Karte S. 235) südlich der Stadtmauern war früher das Wasserreservoir von Jaisalmer. Rundum gibt's viele kleine Tempel und Schreine zu sehen. Wasservögel kommen zum Überwintern hierher. **Boote** (8–21 Uhr) kosten 10 bis 100 Rs für 30 Minuten.

Das hübsche **Tilon-ki-Pol** (Karte S. 235) das sich über der Straße zum See erhebt, wurde angeblich von einer berühmten Kurtisane in Auftrag gegeben. Als sie anbot, dieses Tor auf ihre Kosten zu bauen, verweigerte der Maharadscha seine Zustimmung mit der Begründung, dass er auf dem Weg zum See hindurchgehen müsse, was unter seiner Würde sei. Als er auf Reisen war, ließ sie das Tor trotzdem bauen und setzte einen Krishna-Tempel darauf, sodass der Fürst es nicht einreißen konnte.

MUSEEN

Beim Tourist Reception Centre liegt das **Desert Culture Centre & Museum** (Karte S. 235; ☎ 252188; Eintritt 10 Rs; ⌚ 10–17 Uhr), in dem es interessante Informationen zur Kultur Rajasthans, zu Stoffen und zu traditionellen Instrumenten gibt. Abends (18.30 Uhr) findet ein einstündiges **Puppentheater** (Eintritt 30 Rs, Foto/Video 20/50 Rs) statt. Der Eintritt in das Desert Culture Centre schließt auch das kleine **Jaisalmer Folklore Museum** (Karte S. 235; Foto/Video 20/50 Rs; ⌚ 8–18 Uhr) ein, in dem vom Kamelschmuck bis zu Opiumflaschen die unterschiedlichsten Dinge zu sehen sind. Der Hügel nebenan ist ein toller Platz um den Sonnenuntergang zu genießen.

Nahe beim RTDC-Hotel Moomal liegt das kleine **Government Museum** (Karte S. 235; Eintritt 3 Rs, Mo kostenlos; ⌚ Sa–Do 10–16.30 Uhr) mit einer nicht allzu großen, dafür gut beschrifteten Sammlung von Fossilien, von denen einige aus dem Jura (vor 160–180 Mio. Jahren!) stammen.

MASSAGE

Der **Baiju Ayurvedic Beauty Parlour** (Karte S. 236; ☎ 255 730; ⌚ 10–20 Uhr) bietet Gesichtsbehandlungen (200 Rs) und Ayurvedische Massagen (400 Rs) sowie Maniküre, Pediküre, Wachsbehandlungen usw. Er liegt beim Maharaja Palace.

Geführte Touren

Nur wenige Reisende verlassen Jaisalmer, ohne nocht vorher eine Kamelsafari in der Wüste mitgemacht zu haben; Details s. Kasten S. 240.

Das Tourist Reception Centre führt um 15 Uhr Sonnenuntergangstouren zu den Sam Sand Dunes (130 Rs pro Pers.) durch, Rückkehr ist nach Sonnenuntergang. Auf Anfrage halten die Touren nach Sam auch in Kanoi, 5 km vor den Dünen, von wo aus man rechtzeitig zum Sonnenuntergang ein Kamel zu den Dünen nehmen kann (ca. 200 Rs).

Schlafen

Im Fort zu übernachten ist zwar sehr romantisch, aber die Behörden bitten Traveller dringend, die moralisch richtige Wahl zu treffen und außerhalb der Mauern zu bleiben, denn der Druck auf die Infrastruktur des Forts trägt mit zu seinem fortschreitenden Verfall bei.

Jenseits des Hauptplatzes ist motorisierter Verkehr meist verboten – jedes Ziel im Inneren des Irrgartens ist zu Fuß in höchstens zehn Minuten erreichbar. In vielen Hotels in Jaisalmer muss man gemeinenerweise bis 9 Uhr auschecken.

Ärgerlicherweise wollen einige Hotels Kamelsafaris unbedingt selbst vermarkten. Einige gehen so weit, dass sie gegenüber Gästen, die ihre Safari woanders buchen, äußerst unfreundlich werden oder sie sogar aus dem Hotel werfen. Manche vergeben gute Zimmer zu hervorragenden Preisen und setzen anschließend die Gäste unter Druck, damit sie eine Safari buchen.

Die Preise schwanken stark: Wenn ein Fest stattfindet, sind die Zimmer teuer und rar. In ruhigen Zeiten bieten die meisten Häuser gute Rabatte. Viele Pensionen werden verpachtet, daher kann sich die Qualität von einem Jahr zum anderen stark verändern, je nachdem, wer das Haus gerade betreibt.

BUDGETUNTERKÜNFTE

Stadt

Es gibt einige gute Plätze direkt nördlich von Gandhi Chowk.

Hotel Renuka (Karte S. 235; ☎ 252757; hotelrenuka@rediffmail.com; Zi. 100–250 Rs) Das Renuka hat helle saubere Zimmer – die besten haben auch einen Balkon und Badezimmer. Auf der Dachterrasse gibt's ein Restaurant und obendrein einen tollen Blick aufs Fort.

Hotel Ratan Palace (Karte S. 235; ☎ 253615; EZ/DZ 100/250 Rs) Wird von derselben Familie geführt wie das Renuka – ebenso freundlich. Die Zimmer sind groß und hell.

Hotel Swastika (Karte S. 235; ☎ 252483; EZ/DZ ab 80/120 Rs, größere EZ/DZ ab 120/150 Rs) Gut geführt und sauber – und man wird nicht belästigt. Die Zimmer sind einfach und schnörkellos; einige haben einen Balkon.

Hotel Golden City (Karte S. 235; ☎ /Fax 251664; hotelgoldencity@hotmail.com; Dach 25 Rs, Zi. 145–525 Rs; ❄ 🏊) Das Hotel liegt im südlichen Teil der Stadt innerhalb der Stadtmauern abseits der Gadi Sagar Rd. und bietet eine große Auswahl von sauberen, modernen Zimmern, von klein und billig bis groß und vornehm mit Balkon und Satelliten-TV. Einige Traveller haben über Safari-Abzocke berichtet. Nicht-Gäste können den Pool für 50 Rs benutzen.

Artist's Hotel (Karte S. 235; ☎ 251498; artisthotel@yahoo.com; Artist Colony, Suly Dungri; Zi. 250 Rs) Die Besitzer sind Österreicher und man hilft einheimischen Musikern mit Schulgebühren und Geld für Notfälle. Die umliegende Artist Colony gibt allem eine dörfliche Atmosphäre und vom Dach (auf dem regelmäßig Konzerte stattfinden) gibt's einen tollen Ausblick auf das Fort. Die Zimmer sind einfach und bequem.

Hotel Bhawana (Karte S. 235; ☎ 250116; loisemason@hotmail.com; beim 1. Fort Gate; Zi. 150–300 Rs) Gehört einem sympathischen indisch-neuseeländischen Ehepaar. Ihr kleines verstecktes Haus wird immer wieder empfohlen und hat fünf nette einfache Zimmer. Man plant, mit einem neuen Haus zum Sunset Point zu ziehen, nahe beim *chhatris*, irgendwann in den nächsten Jahren, also vorher anrufen!

Hotel Fort View (Karte S. 236; ☎ 252214; Zi. 100–200 Rs) Das freundliche Haus liegt nahe des Eingangs zum Fort. Einige Zimmer sind jedoch winzig. Das schönste Zimmer hat eine tolle Aussicht und einen Balkon. Im obersten Stockwerk gibt's ein beliebtes Restaurant mit Blick auf das Fort.

Hotel Shree Giriraj Palace (Karte S. 236; ☎ 252268; Zi. mit Gemeinschaftsbad ab 80 Rs, mit eigenem Bad 125 Rs) Direkt am Bhatia Market gelegen bietet dieses Hotel heitere Zimmer in einem alten Gebäude.

Residency Centrepoint Paying Guest House (Karte S. 235; ☎ /Fax 252883; EZ/DZ 350/400 Rs) Beim Patwa-ki-Haveli. Die freundliche, familiengeführte Pension hat saubere weitläufige Doppelzimmer. In Zimmer Nr. 101 gibt's einen schönen alten Balkon. Der Blick auf das Fort vom Dach aus ist toll.

Fort

Hotel Simla (Karte S. 236; ☎ 253061; simlahaveli@yahoo.co.in; Kund Para; Zi. 65–300 Rs) Sauber und nett, aus hellem goldenen Sandstein gebaut, mit einer Auswahl an Zimmern mit schönen Möbeln und Verzierungen.

Ganesh Guest House (Karte S. 236; ☎ 253119; ganesh guesthouse@yahoo.com; Vyas Para; Zi. 250–450 Rs) Ein neues Gästehaus, das von der Kamelsafari-Agentur Ganesh Travels (siehe Kastentext, S. 240) geleitet wird. Es ist ein neues

KAMELSAFARIS RUND UM JAISALMER

Kameltrekking in der Region Jaisalmer ist der reizvollste und spaßigste Weg, das Wüstenleben auszuprobieren. Die beste Reisezeit ist Oktober bis Februar.

Vor der Reise

Der Wettbewerb zwischen den Safariorganisatoren ist gnadenlos und die Standards variieren. Kein Hotel hat eigene Kamele – sie gehören unabhängigen Besitzern: Hoteliers und Reisebüros sind also nur Vermittler.

Die Hotelbesitzer bezahlen den Kameltreibern ca. 175 Rs pro Kamel und Tag. Wenn also eine Safari für 250 Rs angeboten wird, bleibt nur ein kleiner Betrag für Essen und Gewinn. Irgendwo muss also gespart werden. Vorsicht vor Organisatoren, die Drei-Tage-Safaris anbieten (und berechnen), die dann direkt nach dem Frühstück des dritten Tages zurückkehren – so gibt's kaum was fürs Geld.

Ein realistischer Einstiegspreis für eine Safari liegt bei 400–450 Rs pro Person und Tag. Dafür kann man ein Frühstück mit Porridge, Tee und Toast, ein Mittagessen und Abendessen mit Reis, Dhal und Chapati erwarten. Decken werden ebenfalls bereitgestellt. Mineralwasser muss selbst mitgebracht werden. Natürlich gibt's für mehr Geld auch mehr Komfort: Zelte, Feldbetten, besseres Essen, Bier usw. – doch Vorsicht, denn immer wieder bezahlen Reisende mehr für versprochene Upgrades, nur um später festzustellen, dass ihre Safari ziemlich genauso war wie die von anderen, die weniger gezahlt haben.

Egal wie die Entscheidung ausfällt, bevor die Safari beginnt, unbedingt prüfen, wohin die Reise eigentlich geht und ob die versprochenen Sehenswürdigkeiten auch wirklich in der Gegend liegen. Der Versuch, eine Rückerstattung für nicht erhaltene Leistungen zu bekommen, ist reine Zeitverschwendung. Besonders auf dem Rückweg sollte man auf seine Sachen acht geben. Es ist immer besser, selbst auf seine Tasche aufzupassen, als sie dem Fahrer zu geben. Beschwerden sollten auf jeden Fall gemeldet werden, entweder beim **Superintendent of Police** (☎ 252233) oder am **Tourist Reception Centre** (☎ 252406).

Wer alleine ist, sollte mit anderen eine Gruppe bilden. Die Organisatoren stellen auch Gruppen zusammen, aber vier Tage sind eine zu lange Zeit, um sie mit Fremden zu verbringen, die man nicht mag. Meist bekommt jeder sein eigenes Kamel, doch lohnt es sich, auch das zu überprüfen. Einige Unternehmen versuchen Geld zu sparen und plötzlich muss man sein Kamel mit einem Kameltreiber teilen. Vor allem für Frauen ist dies kein erstrebenswertes Reiseerlebnis, und auch für Männer gibt's weitaus lustigere Erlebnisse.

Ausrüstung

Für Frauen empfiehlt sich ein Sport-BH, denn ein trottendes Kamel ist ein recht holpriges Fortbewegungsmittel. Ein Hut mit großer Krempe (oder Lawrence-von-Arabien-Turban), lange Hosen, Toilettenpapier, Sonnencreme und eine Wasserflasche (mit Band) sind ebenfalls zu empfehlen. Nachts wird es empfindlich kalt. Wer einen Schlafsack hat, sollte ihn also unbedingt mitnehmen, auch dann, wenn Decken versprochen wurden.

Welche Safari?

Es gibt einige unabhängige Safariagenturen, die empfohlen werden. **Ganesh Travels** (Karte S. 236; ☎ 250138; ganeshtravel45@hotmail.com) innerhalb des Forts gehört Kameltreibern und ist ein gut durchdachtes Unternehmen, das prima Kritiken bekommt. **Sahara Travels** (Karte S. 236; ☎ 252609), am ersten Tor des Forts bekommt ebenfalls gute Noten und wird von Herrn Bissa, Mr. Desert, geführt – er schmückt viele Tourismusposter Rajasthans.

Satyam Tours (Karte S. 235; ☎ 250773; ummedsatyam@yahoo.com) und **Thar Safari** (☎ /Fax 252722), beide auf dem Gandhi Chowk, bieten Varianten der üblichen Routen an.

Kein Unternehmen ist perfekt. Die Empfehlungen sind keinesfalls ein Ersatz für eigene Nachforschungen – am einfachsten, indem andere Traveller nach ihren Erfahrungen gefragt werden. Viele Hotels bieten gute Safaris an, trotzdem sollte man sich über sie erkundigen.

Egal, wie die Entscheidung schließlich ausfällt, es sollte selbstverständlich sein, dass der ganze Müll wieder mit zurück nach Jaisalmer genommen wird.

In der Wüste

Kein Dünenmeer erwarten! Die Thar-Wüste besteht vor allem aus unfruchtbarem Geröll, in dem hier und da Dörfer und Ruinen stehen. Ab und zu sind kleine Hirsefelder und Kinder zu sehen, die Schaf- oder Ziegenherden hüten. Das Klingeln der Halsglocken der Tiere in der Wüste ist eine willkommene Abwechslung zum Geräusch furzender Kamele.

In einer sternklaren Nacht im Freien zu campen, sich um ein kleines Feuer zu kuscheln und den Liedern der Kameltreiber zu lauschen, ist unsagbar romantisch.

Die Zügel eines Kamels sind an seinem Nasenpflock befestigt, was das Steuern der Tiere erleichtert. Steigbügel machen die Reise um einiges komfortabler. An Rastplätzen werden die Tiere abgesattelt und angehobbelt. Sie humpeln meist ein Stück weg, um die umliegenden Gebüsche zu erkunden, während die Treiber Chai-Tee machen oder das Essen zubereiten. Die ganze Gruppe rastet im Schatten der Dornenbäume.

Die meisten Safaris dauern drei bis vier Tage. Um die wirklich interessanten Dinge zu sehen, ist das auch das Minimum, wenn nicht ein großer Teil der Strecke wenig spektakulär mit Jeeps zurückgelegt werden soll.

Immer mehr Reisende suchen sich „nicht-touristische" Safaris aus. Dabei wird man etwa 30 km in die Wüste hinausgefahren, wo man dann sein edles Ross besteigt und es möglichst vermeidet, den Sehenswürdigkeiten und anderen Gruppen zu begegnen.

Die traditionellen Routen führen nach **Amar Sagar** (Eintritt 10 Rs, Foto/Video 50/100 Rs), dort gibt's einen Garten, ausgetrocknete Quellen und einen jainistischen Tempel; **Lodhruva**; **Mool Sagar** (Eintritt 5 Rs), eine mitgenommene Oase mit Shiva-Tempel; **Bada Bagh** (Eintritt 20 Rs, Foto/Video 20/20 Rs), eine fruchtbare Oase mit einem großen alten Damm und beeindruckende, aus Sandstein geformte königliche *chatris* mit wunderschön gestalteten Decken; **Sam**, eine Quelle; außerdem verschiedene verlassene Dörfer am Weg.

Wer's eilig hat, kann eine halbtägige Safari buchen (inkl. Jeeptransfer).

Die Kamelführer erwarten ein Trinkgeld oder ein Geschenk am Ende der Reise, und das sollten sie auch bekommen.

Sandsteingebäude und ein nettes Haus, in dem man ohne belästigt zu werden bleiben kann. Es wurde im traditionellen Stil gebaut, mit schönen, pikobello sauberen Zimmern und Satinkissen auf den Fenstersitzen. Zimmer 104 hat einen tollen Blick auf die Tempel.

Hotel Desert (Karte S. 236; ☎ 250602; ajitdeserthotel@hotmail.com; Zi. 150–450 Rs) Entspannt, ohne Belästigung und mit angemessenen Preisen. Im Hotel Desert gibt's einfache Zimmer mit schönen Ausblicken. Die teureren im oberen Stock sind raffiniert, mit Fenstersitzen und Balkonen. Die Aussicht vom Dachrestaurant ist großartig.

Ishar Palace Paying Guest House (Karte S. 236; ☎ 253062; isharpalace@hotmail.com; B 50 Rs, DZ 80–250 Rs) Beim Laxminath-Tempel. Diese Pension bekommt gute Kritiken und hat einen netten Besitzer. Das Haus gehörte im 19. Jh. dem Premierminister Ishar Singh, was an den Elefantenstatuen vor dem Gebäude zu erkennen ist. Das Angebot an Zimmern ist vielfältig: vom Raum mit Gemeinschaftsbad und zeltähnlicher Decke bis zum bescheidenen Zimmer des Premierministers mit dem Balkon, vor dem Bittsteller ihre Wünsche vortragen konnten.

Hotel Temple View (Karte S. 236; ☎ 252832; EZ/DZ mit Gemeinschaftsbad 175/200 Rs, mit eigenem Bad ab 250/300 Rs) Einfache Zimmer – die teureren haben Blick über die Tempel, und die Sicht vom Dach ist ebenfalls toll.

Hotel Paradise (Karte S. 236; ☎ 252674; hotelparadise_jsm2001@yahoo.co.in; Zi. mit Gemeinschaftsbad ab 200 Rs, mit eigenem Bad 400–750 Rs) Das Angebot des Hotel Paradise ist ziemlich gemischt: Es gibt winzige Räumchen mit Gemeinschaftsbad genauso wie eine eleganten Räume mit Blick über die Altstadt oder moderne Zimmern mit Pseudo-Holz-Bemalung. Das Hotel, dessen Bewertungen recht unterschiedlich ausfallen, steht rund um einen grünen Innenhof.

MITTELKLASSEHOTELS

Stadt

Shahi Palace (Karte S. 235; ☎ 255920; www.shahipalacehotel.com; gegenüber der SBBJ Bank, Shiv Rd; Zi. 250–650 Rs) Ein tolles Angebot – der Shahi Palace hat nette Zimmer mit Fenstersitzen, Sandsteinwänden und mit Schnitzereien verzierte Stein- oder Holzbetten. Das elegante Dach ist ebenfalls phantastisch, mit Blick aufs Fort.

Fifu Guest House (Außerhalb der Karte S. 235; ☎ 252656; http://fifutravel.com; gegenüber von der Stadtverwaltung, Bera Rd; Zi. ab 400 Rs) Etwas abseits vom Trubel, aber nicht zu weit ab vom Zentrum des Geschehens. Bequeme Sandsteinzimmer und ein wunderschönes Dach mit toller Aussicht auf das Fort. Es bekommt gute Kritiken (die Besitzer führen auch ein Gästehaus in Khuri).

Hotel Nachana Haveli (Karte S. 235; ☎ 252538; nachana_haveli@yahoo.com; Gandhi Chowk; DZ 900–2200 Rs; ✱) Das Hotel, das in einem netten 280 Jahre alten haveli untergebracht ist, hat bequeme Zimmer rund um einen Innenhof mit herrlichen stimmungsvollen kolonialen/Zeltlager-Möbeln (Bärenfelle etc.).

Hotel Jaisal Palace (Karte S. 235; ☎ 252717; hoteljaisalpalace@yahoo.com; EZ/DZ ab 500/600 Rs) Dieses saubere, gut geführte Haus mit eher kleinen Zimmern liegt beim Nachana Haveli. Zimmer Richtung Süden haben Balkone mit Blick aufs Fort.

Mandir Palace Hotel (Karte S. 235; ☎ 252788; mandirpalace@hotmail.com; Gandhi Chowk; Zi. 1500 Rs; ✱) Dieser königliche Palast befindet sich direkt innerhalb der Stadtmauer – die ehemalige köngliche Familie lebt noch immer hier. Die komplizierten Steingitterarbeiten sind herrlich und einige Zimmer sind sehr stimmungsvoll. Die neueren Räume sind aber eher langweilig und es wird berichtet, dass der Service nicht so gut ist.

Fort

Hotel Shreenath Palace (Karte S. 236; ☎ 252907; shreenath52907@hotmail.com; DZ mit Gemeinschaftsbad 450–1050 Rs) Dieses von einer Familie geführte Hotel liegt in einem wunderschönen alten *haveli*. Die Zimmer sind mal mehr, mal weniger gut – die besten sind von Säulen umgeben, mit kleinen Nischen und Balkonen auf allen Seiten; einige haben eine phantastische Aussicht auf die Tempel.

Desert Boys Guest House (Karte S. 236; ☎ 253091; desert_p@yahoo.com; DZ 300–1000 Rs) Die beliebte Pension ist nahe beim Ganesh Guest House. Die Zimmer sind sehr unterschiedlich, aber viele sind schön möbliert. Die teuersten haben eine tolle Sicht, nette Möbel und Fenstersitze.

Hotel Suraj (Karte S. 236; ☎ 251623; Zi. 450–950 Rs) Beim Shreenath Palace liegt ein weiteres beliebtes, stimmungsvolles altes *haveli* mit schönen Skulpturen an der Fassade und einer tollen Aussicht vom Dach; die Zimmer sind unterschiedlich, einige davon sind architektonisch sehr reizvoll. Keines hat besonders viele Möbel.

Hotel Victoria (Karte S. 236; ☎ 252150; hotelvictoria@rediffmail.com; Zi. 450–650 Rs) Das nette kleine *haveli* hat reizende Zimmer mit Sandsteinwänden. Einige Zimmer bieten eine gute Aussicht und schicke Badezimmer.

Hotel Jaisal Castle (Karte S. 236; ☎ 252362; jaisalcastle@yahoo.com; EZ/DZ 1500/2000 Rs) Ein weiteres restauriertes *haveli*. Sein größter Reiz ist die Lage, hoch auf dem Wall mit Blick über die Wüste; die Zimmer sind abgewohnt und überteuert, aber großzügig.

SPITZENKLASSEHOTELS

Hotel Killa Bhawan (Karte S. 236; ☎ 251204; www.killabhawan.com; 445 Kotri Para; Zi. 2000 Rs, mit Klimaanlage 2700 Rs; ✱) Das Haus wirkt wie aus *Schöner Wohnen:* hübsch dekoriert und romantisch mit Holzmöbeln, bezaubernder heller Seide und Wandbehängen. Die günstigeren Zimmer haben keine eigenen Badezimmer, sind aber immer noch luxuriös.

Fort Rajwada (Außerhalb der Karte S. 235; ☎ 253233; Zi. 3900 Rs, Suite 6500–8500 Rs; ✱ 🏊) Ein modernes Haus, das nach den alten indischen Designregeln des Vaatsu gebaut wurde – diese ähneln Feng Shui. Im Hotel wurden nur natürliche Materialien verwendet. Ein Opernausstatter hat die Inneneinrichtung entworfen, sie wirkt entsprechend dramatisch.

Jawahar Niwas Palace (Karte S. 235; ☎ 252208; EZ/DZ 2000/2750 Rs; ✱ 🏊) Ca. 1 km westlich des Forts liegt dieser beeindruckende Sandsteinpalast, der etwas verloren auf dem sandigen Boden steht. Die Zimmer sind elegant und großzügig. Die nach vorne hinaus schauenden oberen Zimmer haben den besten Blick auf das (weit entfernte) Fort. Der Swimmingpool ist klasse.

Rang Mahal (außerhalb der Karte S. 235; ☎ 250907; www.hotelrangmahal.com; DZ 3000 Rs, Deluxe Suite 4500 Rs; ✱ 🏊) Dieses dramatische Gebäude im traditionellen Stil mit großen Bastionen und beeindruckenden Zimmern liegt 2,5 km westlich vom Fort. Die Suiten Marke Deluxe sind göttlich und es gibt einen unglaublichen Pool (Nicht-Gäste zahlen 150 Rs).

Gorbandh Palace Hotel (außerhalb der Karte S. 235; ☎ 253801; crs@udaipur.hrhindia.com; Sam Rd; EZ/DZ ab 2000/2500 Rs, Suite 3500 Rs;) In der Nähe vom Rang Mahal liegt ein weiteres grandioses und modernes Hotel mit traditionellen Designelementen. Gebaut aus Sandstein von hier; die Friese rund um das Hotel wurden von einheimischen Künstlern geschaffen. Es gibt einen hervorragenden Pool (Nicht-Gäste zahlen 200 Rs).

Essen

STADT

Desert Boy's Dhani (Karte S. 235; Seemagram Campus; Gerichte 35–80 Rs; 11–16 & 18.30–23 Uhr) Ein heiteres von einer Mauer umgebenes Gartenrestaurant, mit Sitzgelegenheiten auf dem Boden oder an Tischen. Ein schöner Ort für hervorragende Veg-Gerichte zu einem guten Preis. Am Nagar Palika.

Trio (Karte S. 235; ☎ 252733; Gandhi Chowk; Gerichte 40–150 Rs; 12–15 & 18.30–22.30 Uhr) Im Dachrestaurant sitzt man romantisch unterhalb eines zeltförmigen Dachs, und genießt in diesem beliebten anspruchsvollen indischen und europäischen Restaurant gute vegetarische und nichtvegetarische Gerichte. Am Abend spielen Musiker und die Aussicht auf das Fort ist toll.

Saffron (Karte S. 235; Gerichte 40–140 Rs; 7–15 & 19–22.30 Uhr) Es wurde von der Familie übernommen, die auch das unterhalb liegende Nanchana Haveli betreibt. Die vegetarischen und nichtvegetarischen Gerichte bekommen gute Kritiken; es liegt auf einer Sandsteinterrasse mit Blick über Gandhi Chowk.

Kebab Corner (Karte S. 235; Hanuman Chowk; Gerichte 30–140 Rs; 11–23 Uhr) Früher hieß es Slow Food Restaurant, aber nur der Name hat sich geändert, wahrscheinlich, weil es ganz und gar nicht langsam ist. Der gute sympathische Koch ist derselbe geblieben – spezialisiert auf Tandoori-Menüs, mit einigen tollen vegetarischen und nichtvegetarischen gebrutzelten Gerichten. Das Restaurant liegt in einem überraschend ruhigen Zelt an einer geschäftigen Kreuzung.

Natraj Restaurant (Karte S. 235; Gerichte um 50 Rs) Ein toller Platz zum Essen. Das Dach bietet einen guten Blick über den oberen Teil des Salim Singh-ki-Haveli nebenan.

Chandan Shree Restaurant (Karte S. 235; Hanuman Chowk; Gerichte 15–70 Rs, Thalis 30 Rs) Das immer volle, beliebte Restaurant macht am laufenden Band leckere würzige All-you-can-eat-Thalis mit Speisen aus Gujarat, Rajasthan, dem Punjab und Bengalen.

Sharma Lodge (Karte S. 235; Gandhi Chowk; Thali 30 Rs; 5.30–22.30 Uhr) Ein einfacher Imbiss unter dem Restaurant Top Deck mit ebenso einfachen Thalis.

Auf die Schnelle

Mohan Juice Centre (Karte S. 235; Lassis 7–16 Rs) Am Bhatia Market. Mit wenigen Sitzmöglichkeiten im hinteren Teil. Verkauft werden hier unterschiedlich interessante Lassis, z. B. Honig und *makhania* (Safran).

Bhang Shop (Karte S. 236; außerhalb des First Fort Gate) Bhang-Kekse, -Kuchen und -Süßigkeiten werden auf Vorbestellung gebacken (spezielle Safari-Lunchpakete). Mittlere/starke Lassis kosten 30/35 Rs pro Glas. Bhang ist nichts für Jedermann – s. Kasten, S. 1178.

Dhanraj Bhatia Sweets (Karte S. 235; Sadar Bazaar) An diesem Ort am Bhatia Market werden seit zehn Generationen traditionelle Süßigkeiten am laufenden Band hergestellt. In Jaisalmer und darüber hinaus sind die lokalen Spezialitäten bekannt, z. B. *ghotua ladoos* (süße Fleischbällchen aus Kichererbsenmehl) und *panchadhari ladoos* (aus Weizenmehl) für je 5 Rs.

FORT

Little Italy (Karte S. 236; 1. Fort Gate; Gerichte 50–100 Rs) Liegt direkt neben dem First Fort Gate in einem wunderschönen alten Gebäude, das mit Bodenkissen, Spiegelarbeiten, Terrakottalampen und Satinstoffen an der Decke verziert wurde. Es ist sehr romantisch und die Bruschetta sind phantastisch. Die Pasta ist ebenfalls ziemlich gut (seltsamerweise gibt's hier die gleiche Karte wie in einigen anderen Restaurants der Stadt).

Krishna's Boulangerie (Karte S. 236; Gerichte 30–100 Rs; 6–22.30 Uhr) Ein beliebtes Café mit entspannter Atmosphäre, fröhlicher Musik und Wänden, aber keinem Dach. Es gibt tolle Kuchen und süße Stückchen, Tee und Kaffee, und außerdem Pizza, Pasta und Salate.

Little Tibet (Karte S. 236; Gerichte 25–60 Rs; 10–22 Uhr) Schaukelstühle auf einer ruhigen, geschützten Terrasse, freundlicher Service und große Portionen – das Little Tibet ist ein beliebter Laden für einen Drink am Abend (man kann auf dem Dach sitzen). Die Karte ist groß, mit herzhaften Suppen und leckeren *momos* (Tibetische Klöße).

Ristorante Italiano La Purezza (Karte S. 236; Gerichte 50–100 Rs; ⌚ 10–23 Uhr) Auf einem Dach; mit Bambusüberdachung, Lehmwänden Spiegelornamenten und einem tollen Blick über die Ebene. Hier gibt's echte Pizzen und Pasta. Die Bruschetta sind ebenfalls gut und auch der Kaffee verdient seinen Namen.

Vyas Meal Service (Karte S. 236; Gerichte 8–50 Rs, Thalis 50–200 Rs; ⌚ 10–22 Uhr) Im Vyas, bei den Jainistentempeln, gibt's hervorragendes hausgemachtes Essen. Es gehört einem älteren Ehepaar, das traditionelle vegetarische Küche mit gesunden Thalis, Frühstück – z. B. *paratha* (Brot) mit Honig oder Apfelquark mit Honig – sowie einen guten Masala-Tee anbietet.

Das **8th July Restaurant** (Karte S. 236; Gerichte 35–55 Rs; ⌚ 8–22.30 Uhr) und das **Refreshing Point Rooftop Restaurant** (Karte S. 236; Dashera Chowk; Gerichte 15–70 Rs; ⌚ 7–23.30 Uhr), beide oberhalb des Hauptplatzes im Fort, sind gute Orte, um Menschen und Rinder an sich vorbeiziehen zu sehen, aber die Qualität des Essens wechselt.

Shoppen

In Jaisalmer gibt's eine unglaubliche Auswahl an tollen Wandbehängen mit Spiegelarbeiten. Zudem ist es für seine Stickereien, Teppiche, Decken, Bettüberwürfe, Öllampen, alte Steinarbeiten und Antiquitäten bekannt. Vorsicht beim Kauf von Silberwaren; das Metall ist manchmal mit Bronze versetzt.

In der Stadt gibt's einige gute *khadi*-Shops, die zu festen Preisen Teppiche, Schals und gewebte Kleidungsstücke verkaufen. Dazu gehört Zila Khadi Gramodan Parishad (Karte S. 235), **Khadi Gramodyog Bhavan (Seemagram)** (Karte S. 235; Dhibba; ⌚ Mo–Sa 10–18 Uhr) und **Gandhi Darshan Emporium** (Karte S. 235; Gandhi Chowk; ⌚ Fr–Mi 11–19 Uhr). Man kann auch mal bei **Rajasthali** (Karte S. 235; Gandhi Chowk; ⌚ Mo–Sa 10–20 Uhr) reinschauen, um Preisvorstellungen zu kriegen.

Hari Om (☎ 255122; House 275 Taloti Vyaspara) ist ein Silberschmied, der wunderschöne feine Silberringe und Armreifen anfertigt, die mit Orten und Hindugöttern verziert sind. Manche Besucher haben hier auch schon individuelle Eheringe in Auftrag gegeben. Es gibt einen Laden im Fort (Karte S. 236) oder man wendet sich an die hier angegebenen Privatadresse.

An- & Weiterreise

FLUGZEUG

Der Flughafen ist seit mehreren Jahren wegen der Grenzstreitigkeiten mit Pakistan geschlossen. Wenn er wieder geöffnet ist, dann ist das zuständige Büro der Indian Airlines bei **Crown Tours** (Karte S. 235; ☎/Fax 251912) zu finden, ca. 350 m westlich vom Amar Sagar Gate.

BUS

Der **Hauptbusbahnhof von Roadways** (Karte S. 235; ☎ 251541) liegt beim Bahnhof. Glücklicherweise fahren alle Busse am günstiger liegenden Busbahnhof (Karte S. 235) südwestlich vom Fort ab.

Es gibt Busse nach Jodhpur (Express/Deluxe 60/135 Rs, 5½ Std., stündl.) und Deluxe-Busse nach Bikaner (Express 142 Rs, 7 Std., 4-mal tgl.), Jaipur (Deluxe 194 Rs, 12 Std., 1-mal tgl.) und Ajmer (180 Rs, 12 Std.).

Über die meisten Reisebüros lassen sich auch Privatbusse buchen – wer kein Ticket bekommt, sollte es bei verschiedenen Büros versuchen, denn manchmal behaupten die Angestellten nur, der Bus wäre voll, obwohl er das gar nicht ist. Zu den Zielen gehören Bikaner (Normal/Deluxe 110/130 Rs), Jaipur (180/190 Rs), Jodhpur (Normal/Deluxe/Sleeper Class 70/90/110 Rs), Mt. Abu (Normal/Deluxe 220/240 Rs) und Ahmedabad (Deluxe/Sleeper 200/300 Rs). Bei den meisten Privatbussen (außer denen nach Bikaner) muss man in Jodhpur umsteigen. Manche Reisende sind schon mit nutzlosen Anschlussfahrkarten in Jodhpur gestrandet, daher gut aufpassen, was man kauft!

ZUG

Es gibt ein **Reservierungsbüro** (Karte S. 235; ⌚ 8–20 Uhr) am Bahnhof.

Nach/von Jodhpur fahren viele Züge, u. a. der *Jodhpur Express* (Nr. 4809), der Jaisalmer um 23.15 Uhr verlässt und in Jodhpur um 5.15 Uhr ankommt (157/411 Rs Sleeper Class/3AC, 294 km). Der *Jaisalmer Express* (Nr. 4810) verlässt Jodhpur um 23.15 Uhr und erreicht Jaisalmer um 5.15 Uhr. Der *Jai-*

salmer Delhi Express (Nr. 4060) fährt um 16.15 Uhr ab, hält in Jodhpur um 22 Uhr (2. Klasse/Chair Class 97/322 Rs), in Jaipur um 5.15 Uhr (Sleeper Class/3AC 256/690 Rs, 313 km) und in Delhi um 10.43 Uhr (Sleeper Class/3AC 322/877 Rs, 623 km). In die andere Richtung (Nr. 4059) verlässt er Delhi um 18.15 Uhr und kommt 19 Stunden später in Jaisalmer an.

Unterwegs vor Ort

AUTORIKSCHA

Hartes Feilschen ist angesagt. Eine Autorikscha vom Eingang des Forts nach Gadi Sagar kostet ca. 20 Rs (einfache Fahrt).

FAHRRAD

Das Fahrrad ist hier ein gutes Fortbewegungsmittel. Es gibt viele Verleihstationen, darunter eine bei Gandhi Chowk (3/25 Rs pro Std./Tag).

JEEP

Am Stand von Gandhi Chowk lassen sich Jeeps chartern. Nach Khuri oder zu den Sam Sand Dunes bezahlt man 450 Rs hin und zurück (inkl. einstündiger Halt). Nach Lodhruva werden hin und zurück 200 Rs (inkl. einstündiger Halt) fällig. Um die Kosten zu verringern, lohnt es sich, nach Mitfahrern zu suchen (max. fünf Pers. pro Jeep).

RUND UM JAISALMER

Lodhruva

15 km nordwestlich von Jaisalmer liegen die verlassenen Ruinen von Lodhruva, der ehemaligen Hauptstadt, bevor diese nach Jaisalmer verlegt wurde. Die **Jainistentempel**, die in den späten 1970er-Jahren wieder aufgebaut wurden, erinnern als einzige an die frühere Pracht der Stadt. Im **Haupttempel** (Eintritt 10 Rs, Foto/Video 50/100 Rs; 🕓 6–20 Uhr) wird ein fein gehämmertes silbernes Bildnis Parasnaths, des 23. *tirthankar,* aufbewahrt. Angeblich lebt eine Kobra auf dem Gelände. Täglich fahren drei Busse von Jaisalmer nach Lodhruva (5 Rs, 20 Min.).

Sam Sand Dunes

In der Thar-Wüste wurde beim Dorf Sam ein **Wüsten-Nationalpark** eingerichtet. Eine der beliebtesten Routen führt zu den Sanddünen am Rand des Parks, die 42 km von Jaisalmer entfernt an einer hervorragenden Straße (die von der indischen Armee gepflegt wird) liegen.

Hier ähnelt die Wüste den schönsten Teilen der Sahara, mit riesigen seidigen und sanft wogenden Sanddünen. Zum Sonnenauf- oder -untergang ist es hier am großartigsten und viele Kamelsafaris verbringen die Nacht in den **Dünen** (Eintritt 3 Rs, Jeep 5 Rs). Der Ort ist eine große Touristenattraktion geworden, daher kann man nicht damit rechnen, den Sonnenuntergang allein zu genießen. Trotzdem ist es möglich, ein Foto von einem einsamen Kamel auf einer einsamen Düne zu schießen.

Weniger schön sind die Massen von Schutt und Abfall die von den Dünenbegeisterten hinterlassen werden. Bitte nichts dazu beitragen!

Täglich fahren drei Busse nach Sam (22 Rs, 1½ Std.).

Khuri

Khuri ist ein kleines Dorf 40 km südwestlich von Jaisalmer, das ebenfalls mit Sanddünen aufwarten kann. Die Menschen in Jaisalmer lästern gern, dass Khuri kommerziell geworden sei und man besser einen Bogen drum machen sollte. Wahrscheinlich haben sie aber ein eigennütziges Interesse daran, einen woanders hin zu schicken – Khuri ist noch immer ein friedlicher Ort aus Lehmhäusern mit Strohdächern, die mit Mustern wie auf Perserteppichen verziert sind (in Ferienzeiten kann es jedoch etwas turbulend zugehen, da Khuri bei indischen Urlaubern sehr beliebt ist). Es gibt viele Lehmhütten-Camps und Kamelführer, die einen gern zu den Dünen hinaus bringen, aber keine Straßen mit Geschäften oder Pfannkuchenrestaurants. Wenn die Hektik rund um den Sonnenuntergang vorbei ist, kann man die Einsamkeit der Wüste genießen und sich auf den brillanten Sternenhimmel freuen.

SCHLAFEN & ESSEN

Die Übernachtungsmöglichkeiten in Khuri bstehen aus einfachen, strohgedeckten, ventilatorlosen und mit Wandgemälden verzierten Lehmhütten, die rund um ein Lagerfeuer stehen. Alle hier genannten Unterkünfte bieten auch Essen an und organisieren Kamelsafaris.

Badal House (Bruder Amal Singh ☎ 03014-274120; Hütte oder Zi. mit Gemeinschaftsbad inkl. Essen 125 Rs) Hier wohnt man auf einem Gelände, das einer Familie gehört, mit ein paar netten Hütten und frisch gestrichenen Zimmern. Badal Singh ist ein lieber netter Mann, der für eine Kamelsafari mit Übernachtung in den Dünen 300 Rs berechnet. Nicht von Schleppern abhalten lassen!

Mama's Guest House (☎ 03014-274042; gajendra_sodha2003@yahoo.com; Hütte mit Gemeinschaftsbad inkl. Abendessen & Frühstück pro Pers. 350 Rs) Diese Unterkunft mit ihren weißen netten Hütten gibt's schon lange. Eine einfache/luxuriöse Kamelsafari mit Übernachtung kostet 350/600 Rs.

Gangaur Guest House (☎ 03014-274056; hameersingh@yahoo.com; Hütten mit Gemeinschaftsbad pro Pers. 200 Rs, mit eigenem Bad 250 Rs) Eine kleine Unterkunft mit schnuckeligen kreisförmig angeordneten Hütten. Zum Paket gehört ein Kamelritt, Abendessen mit traditionellem Tanz und Frühstück für zusammen 500 Rs. Es liegt den Dünen am nächsten.

AN- & WEITERREISE

Von Jaisalmer aus fahren viele Busse nach Khuri (25 Rs, 1 Std.).

Barmer

☎ 02982 / 83 517 Ew.

Barmer ist für seine Holzschnitzereien, Teppiche, Stickereien, Blockdrucke und andere Handarbeiten bekannt. Die kleinen Läden im bunten Sadar Bazaar sind ein guter Ort zum Starten – in den schmalen Gassen dahinter kann man den Handwerkern bei der Arbeit zusehen. Ansonsten bietet diese Wüstenstadt, 153 km südlich von Jaisalmer, Besuchern wenig.

Hotel Krishna (☎ 220785; EZ/DZ mit Gemeinschaftsbad ab 110/200 Rs, Zi. mit eigenem Bad 200–500 Rs; ❄) An der Hauptstraße, die vom Bahnhof wegführt. Nett und mit annehmbar sauberen Zimmern.

Von Barmer aus fahren regelmäßige Busse nach/von Jaisalmer (65 Rs, 2½ Std.) und Jodhpur (86 Rs, 4 Std.). Es gibt einen Bahnhof und es wird daran gearbeitet, diese Strecke, die eine Verbindung nach Pakistan schafft, wieder zu eröffnen.

Pokaran

Hier, 110 km von Jaisalmer entfernt, kreuzen sich die Straßen nach Jaisalmer, Jodhpur und Bikaner. Das **Pokaran Fort** (Eintritt 50 Rs, Foto/Video 30/30 Rs; 🕑 7–19 Uhr) ist ein rotes Sandsteingebäude – die Farbe staubiger Beeren. Es thront schützend über einem Gewirr schmaler Straßen, an denen Häuser mit Balkonen stehen. Das Fort stammt aus dem 14. bis 17. Jh. und war einst für 108 Dörfer zuständig; ein Teil von ihm beherbergt heute ein historisches Hotel. Es gibt nicht viel zu sehen, aber hier lässt sich die Reise zwischen Jodhpur und Jaisalmer unterbrechen.

Im Mai 1998 brachte Indien in Pokaran fünf Nuklearsprengköpfe zur Explosion – was einen riesigen Krater hinterließ: Vorsicht, absolute Sperrzone.

Khichan

Das kleine Dorf liegt 10 km östlich von Phalodi (wo man übernachten kann). Phalodi wiederum ist 135 km von Jodhpur und 165 km von Jaisalmer entfernt. Von Ende August/Anfang September bis Ende März kann man hier zahllose Jungfernkraniche beobachten, die lautstark kreisen und sich dann von etwa 7 bis 17 Uhr auf den Feldern rund ums Dorf niederlassen, um das Korn zu fressen, das von den Dorfbewohnern dort verteilt wurde (600 kg pro Tag!).

Zwischen Phalodi, Jodhpur und Jaisalmer (65 Rs, 3½ Std.) fahren regelmäßig Busse.

BIKANER

☎ 0151 / 529 007 Ew.

In dieser staubigen Wüstenstadt ist das Fort mit seiner üppigen Inneneinrichtung die schönste Sehenswürdigkeit. Beim Fort liegt die von einer Mauer umgebene Altstadt, mit mittelalterlich wirkenden Straßen – schmal, dunkel und uneben, mit offenen Abwasserkanälen, Müllhaufen, *havelis* aus dunkelrotem Sandstein und einigen wunderschön bemalten Jainistentempeln. Bikaner wurde 1488 von Rao Bika gegründet, einem Nachfahren von Jodha, dem Gründers von Jodhpur. Bikaner war früher ein weitere wichtige Station an der großen Karawanenstraße.

Traveller kommen vor allem wegen des 30 km südlich gelegenen, berühmt-berüchtigten Karni-Mata-Tempels hierher, wo die Gläubigen Tausende heiliger Ratten anbeten. Nicht gerade Gebrüder Grimm, aber trotzdem märchenhaft, ist die kleine Tempelstadt Kolayat, 54 km südlich.

Immer mehr Traveller starten ihre Kamelsafaris in Bikaner, um dem Trubel in Jaisalmer auszuweichen.

Orientierung & Praktische Informationen

Die Altstadt ist von einer 7 km langen Stadtmauer mit fünf Eingangstoren aus dem 18. Jh. umgeben. Das Fort liegt nordöstlich, außerhalb der Mauern.

Am RTDC-Hotel Dhola Maru gibt's ein **Tourist Reception Centre** (☎ 2226701; ⏲ Mo–Sa 10–17 Uhr). Auch unter www.realbikaner.com gibt's Infos.

Bargeld und Reiseschecks kann man in der **State Bank of Bikaner & Jaipur** (☎ 2544361; Ambedkar Circle; ⏲ Mo–Sa 12–16 Uhr) wechseln, und in ihrer **Public Park Filiale** (☎ 2544034; ⏲ Mo–Fr 10–14, Sa 10–12 Uhr) bei Junagarh. Die **Bank of Baroda** (☎ 2545453; ⏲ Mo–Fr 10–14, Sa 10–12.30 Uhr) wechselt nur Reiseschecks. Ein Geldautomat der Corporation Bank und ein **UCICI-Geldautomat** (Station Rd) stehen gegenüber vom Forts – aber die Geldautomaten in Bikaner sind unzuverlässig.

Im Internet gesurft werden kann bei **Reliance Webworld** (Station Rd; ⏲ 10–19 Uhr). Auch bei **New Horizons** (Biscuit Gali; 20 Rs/Std.; ⏲ 8–21 Uhr) an der Station Rd. gibt's die Möglichkeit, die E-Mails zu checken

Sehenswertes & Aktivitäten

JUNAGARH

Erbaut zwischen 1588 und 1593 von Radscha Rai Singh – einem General in der Armee des Großmoguls Akbar – beeindruckt dieses **Fort** (Eintritt Erw./Kind 100/50 Rs, Foto/Video 30/100 Rs; ⏲ 10–16.30 Uhr) mit einer 986 m langen Außenmauer, 37 Bastionen, einem Wassergraben und zwei Eingängen. Das **Surajpol** (Sonnentor) ist der Haupteingang ins Fort. Die Paläste im Inneren liegen auf der Südseite und bieten mit ihren Gärten, Balkonen, Kiosken, Türmen und Fenstern ein wunderschönes Bild.

Doch es ist die Inneneinrichtung, die das Fort so außergewöhnlich macht. Zu den Highlights gehören: der **Diwan-i-Khas**, der **Phool Mahal** (Blumenpalast), der mit Gemälden und geschnitzten Marmorplatten verziert ist, der **Hawa Mahal**, der **Badal Mahal** und der **Anup Mahal**.

Ein Führer ist obligatorisch und im Preis mit inbegriffen. Wer gemütlich im eigenen Tempo gehen möchte, sollte nach einem eigenen Führer fragen – große Gruppen gehen zu schnell weiter. Das **Museum** (Eintritt

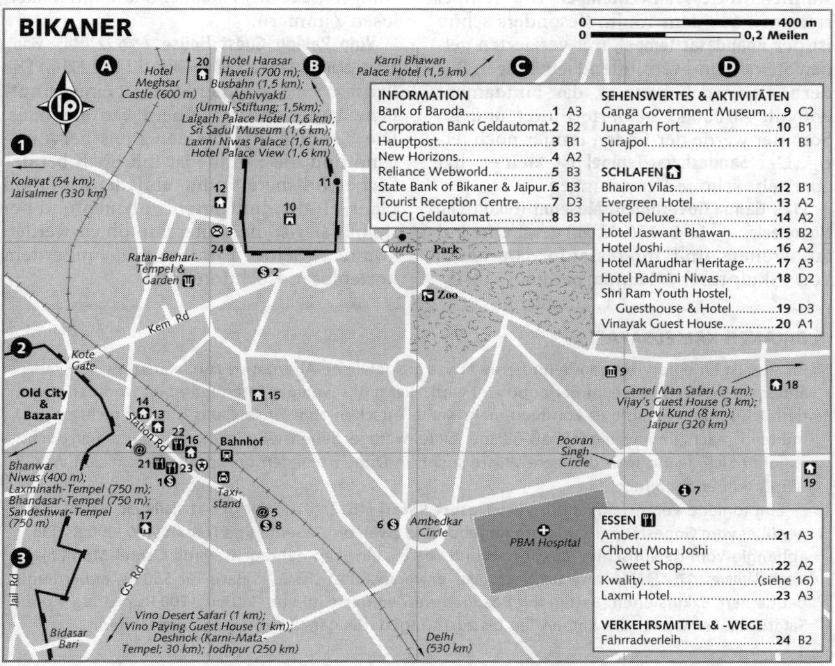

25 Rs, Foto 20 Rs; ⌚ 9–18 Uhr) ist faszinierend und gut beschriftet. Es bietet unglaubliche Kleidungsstücke, Juwelen und einen seltenen Blick auf Gegenstände des täglichen Lebens.

LALGARH PALACE

3 km nördlich des Zentrums liegt der **Palast** aus rotem Sandstein, der von Maharadscha Ganga Singh (1881–1942) zur Erinnerung an seinen Vater Maharadscha Lal Singh erbaut wurde. Er ist durch und durch prachtvoll – mit Hängebalkonen und feinsten Gitterarbeiten. Im ersten Stock lohnt das **Sri Sadul Museum** (Eintritt Inder/Ausländer 10/20 Rs, Foto/Video 20/50 Rs; ⌚ Mo–Sa 10–17 Uhr) einen Besuch, denn hier sind viele alte Schwarz-Weiß-Fotos und einige bewegende Gegenstände des Maharadschas zu sehen. Vor dem Palast steht ein Waggon seines königlichen Zugs (im Zug kann man sogar übernachten, s. gegenüber).

NOCH MEHR SEHENSWERTES

In den schmalen Straßen der Altstadt verstecken sich viele alte *havelis* und einige erwähnenswerte **Jainistentempel**. Die Tempel stammen aus dem 15. Jh. Besonders schön ist der **Bhandasar-Tempel,** mit verzierten gelben Steinen und verblüffend lebendigen Bildern. Es wird behauptet, das Fundament enthalte 40 000 kg geklärte Butter und im Sommer werde der Boden immer noch fettig. Der **Sandeshwar-Tempel** ist kleiner, hat aber sehr schöne Verzierungen.

Das **Ganga Government Museum** (Eintritt 3 Rs, Mo kostenlos; ⌚ Sa–Do 9.30–17 Uhr) zeigt eine gut aufbereitete und interessante Sammlung von Skulpturen, Handarbeiten, Musikinstrumenten und verschwenderisch goldene Gemälde von Usta-Künsthandwerkern. Der Eingang zum Gebäude ist hinten links.

Schlafen

BUDGETUNTERKÜNFTE

Die günstigsten Unterkünfte liegen entlang der schrecklich lauten Station Rd. Die besseren günstigen Optionen finden sich im Norden oder Süden der Stadt.

Hotel Meghsar Castle (☎ 2527315; www.hotelmeghsarcastle.com; 9 Gajner Rd; Zi. 300–800 Rs; ⌘ 💻) Im Norden der Stadt. Das gut geführte Hotel hat saubere altmodische Zimmer mit Fliesen in gedämpften Farben – einige Zimmer sind so groß, dass man ein Echo hört. Nach vorne raus kann man etwas vom Verkehrslärm mitbekommen. Im Garten gibt's die Möglichkeit zu essen.

Shri Ram Youth Hostel, Guesthouse & Hotel (☎ 2522651; www.yhaindia.org, www.hotelshriram.com; YHA B 100 Rs, EZ/DZ ab 100/200 Rs, Gästehaus Zi. 200–600 Rs, Hotel Zi. ab 300 Rs) Ein Übernachtungs-Multiplex: Jugendherberge, Gästehaus und Hotel – alles voneinander getrennt. In einer ruhigen Ecke im Osten der Stadt, mit makellosen Zimmern.

Vino Paying Guest House (☎ 2270445; vino_desertsafari@yahoo.com; EZ 80–90 Rs, DZ 100–200 Rs) Die Pension im Süden der Stadt ist eine gemütliche Unterkunft in einem Familienhaus. Die Zimmer sind für den Preis hervorragend und die Familie ist mit Spaß bei der Sache, hilfsbereit und einladend. Vinod plant, Hütten im Garten zu bauen und betreibt Safaris, die weiterempfohlen werden können. Seine Familie gibt außerdem kostenlosen Kochunterricht.

BIKANER KAMELSAFARIS

Bikaner ist eine hervorragende und eher etwas ausgefallene Alternative zur Safariszene von Jaisalmer, die bei Reisenden immer populärer wird. Hier gibt's weniger Safaribetreiber, wodurch alles deutlich ruhiger abläuft. Es kommen mehr Kamelkutschen zum Einsatz, das ist zwar nicht so ermüdend, macht aber weniger Spaß. Bikaner bietet weniger Sehenswürdigkeiten als Jaisalmer, doch es lohnt sich, wenn man die leere Wüste sucht, in Dünen schlafen und das Leben in den Wüstendörfern erleben möchte.

Empfohlene Veranstalter sind: **Vino Desert Safari** (☎ 2270445; vino_desertsafari@yahoo.com), gegenüber vom Gopeshwar-Tempel. Im Angebot sind zwei- bis siebentägige Touren (400–800 Rs/Tag, abhängig vom gewünschten Luxusgrad und wie oft ein Jeep gebraucht wird); **Camel Man** (Vijay Singh Rathore; ☎ 2231244; www.camelman.com), er veranstaltet „Basic"-Safaris für 550 Rs, außerdem bequemere Exkursionen (Betten mit Bezügen werden gestellt!) von 800 bis 1100 Rs pro Tag – die Safaris dauern von einem halben Tag bis zu 14 Tagen (die ganze Strecke nach Jaisalmer).

Vinayak Guest House (☎ 2202634; Zi. 150–200 Rs) Hier gibt's drei große Zimmer in einem ruhigen Familienhaus, das dem Sekretär der Urmul-Stiftung gehört. Es ist außen nicht beschildert und liegt nahe von Sher Singhs Flour Mill.

Vijay's Guest House (☎ 2231244; www.camelman.com; Jaipur Rd; EZ/DZ/Dreibett 200/300/400 Rs) Vijay, der Kamelsafaris organisiert, hat auch ein Gästehaus mit familiärer Atmosphäre und großen Zimmern. Es liegt gegenüber der Sophia School.

Hotel Marudhar Heritage (☎ 2522524; hmheritage2000@yahoo.co.in; GS Rd; EZ 250–900 Rs, DZ 350–999 Rs; ❄ 💻) Ein großes freundliches Haus, gut geführt und gepflegt, mit Zimmern für jeden Geldbeutel. Die Zimmer sind einfach, bequem und angemessen. Vom Dach aus hat man einen schönen Blick.

Hotel Harasar Haveli (☎ 2209891; Zi. 200–1500 Rs) Die meisten Menschen, denen man begegnet, werden einen zu Harasar schleppen wollen – es ist berüchtigt für seine Provisionen. Für jemanden, der damit kein Problem hat, ist das Hotel eine gute Wahl. Es hat saubere Zimmer und noch bessere Deluxezimmer. In ruhigen Zeiten lassen sich die Preise auch noch runterhandeln. Es gibt ein schönes Dachrestaurant.

Evergreen Hotel (☎ 2542061; Station Rd; Zi. 175–210 Rs) Keine schlechte Wahl. Die grün gefliesten Zimmer sind schön, können aber auch laut und muffig sein. Unten ist ein Restaurant.

Hotel Deluxe (☎ 2528127; DZ 90–150 Rs) In der Nähe vom Evergreen. Das Deluxe hat verwohnte, karge, normalerweise saubere Zimmer, mit 24-Stunden-Checkout. Auch hier gibt's unten ein Restaurant.

MITTELKLASSEHOTELS

Bhairon Vilas (☎/Fax 2544751; hbhairon@rediffmail.com; Zi. 500–1000 Rs) Hier lebte einst der Premierminister von Bikaner: Er hatte drei Frauen, daher die vier Teile des 120 Jahre alten Gebäudes. Das Hotel wird von seinem Großenkel Harsh Singh geführt, der es zum schicksten Hotel von Bikaner gemacht hat. Die Zimmer sind einzigartig ausgestattet, mit antiken Kleidern, Bärenfellen und alten Familienfotos. Abends spielen manchmal hervorragende Musiker und es gibt ein neues Restaurant, in dem Bäume durch die Wände wachsen. Kostenloser Shuttle-Service von Bahnhof oder Busbahnhof.

Hotel Palace View (☎ 2543625; opnain_jp1@sancharnet.in; EZ 300–650 Rs, DZ 450–800 Rs) Ein nettes Haus in der Nähe vom Lalgarh Palace, freundlich, klein, gut organisiert. Die Zimmer sind makellos, die Preise angemessen.

Hotel Padmini Niwas (☎ 2522794; 148 Sadul Ganj; EZ/DZ ab 450/750 Rs; ❄ 🏊) Das Hotel hat schöne saubere Zimmer und einen entspannten Besitzer. Der kleine Rasenbereich mit dem einzigen Außenpool der Stadt (Nicht-Gäste 100 Rs) ist sehr hübsch.

Hotel Jaswant Bhawan (☎/Fax 2548848; jashwant@sanchar.web; Zi. 400–700 Rs; 💻) Ein schöner, einladender Ort – ruhig, mit einem kleinen Garten. Die teureren Zimmer sind groß und luftig.

Hotel Joshi (☎ 2527700; Station Rd; Zi. ab 350–775 Rs) Hier erwarten einen saubere und zweckmäßige, aber langweilige Zimmer. Das Hotel liegt bequem in Bahnhofsnähe; Checkout nach jeweils 24 Stunden.

SPITZENKLASSEHOTELS

Bhanwar Niwas (☎ 2529323; www.bhanwarniwas.com; EZ/DZ 1999/3000 Rs; ❄) Das im wunderschönen Rampuri Haveli untergebrachte Hotel bei der *kotwali* (Polizeistation) in der Altstadt, hat große feierlich ausgestattete Zimmer, mit handbemalter Tapete. Es liegt rund um einen Innenhof.

Lalgarh Palace (☎ 2540201; www.lallgarhpalace.com; EZ/DZ ab 2500/3000 Rs; ❄ 🏊) 3 km nördlich vom Stadtzentrum. Dieses Hotel ist Teil des Maharadscha-Palasts und stammt von 1902. Es hat schön eingerichtete altmodische Zimmer rund um einen Innenhof – die teureren sind riesig mit hohen Decken. Es gibt ein Hallenbad (Nicht-Gäste zahlen 250 Rs pro Stunde). Man kann sogar in einem Waggon des Royal Saloon Train übernachten (2000 Rs).

Laxmi Niwas Palace (☎ 2202777; EZ/DZ 4500/5500 Rs, Suite 8000 Rs; ❄) Neben dem Lalgarh Palace liegt dieses wunderschön restaurierte Gebäude mit herrlichen Verzierungen. Die Zimmer sind riesig und elegant. Es gibt ein bezauberndes Restaurant (s. S. 250).

Essen

RESTAURANTS

Deluxe (Hotel Deluxe, Station Rd; Gerichte 15–30 Rs; 🕒 6–22 Uhr) Die Inneneinrichtung ist eiscremefarben gestreift und es gibt vegetarische südindische und chinesische Gerichte, sowie Frühstück.

Amber (Station Rd; Gerichte 40–95 Rs; ⌚ 10–15 & 18–22 Uhr) Das Amber mit seinen braunen Wänden, Spiegeln und dem seriös nüchternen Ambiente ist beliebt – vor allem für seine vegetarischen Gerichte.

Laxmi Hotel (Station Rd; Gerichte 15–40 Rs; ⌚ 10–22 Uhr) Ein einfaches, zur Straße hin offenes Lokal, mit leckeren frischen vegetarischen Gerichten – man kann dabei zusehen, wie die Roti gewendet werden.

Hotel Laxmi Niwas (Gerichte 15–40 Rs; ⌚ 10–22 Uhr) Das hervorragende Gartenrestaurant ist ein schöner Ort zum Essen, am Abend mit Musik und unterschiedlichen Preisen für Inder und Ausländer.

AUF DIE SCHNELLE

Bikaner ist für seine *namkin* (würzige Knabbereien) bekannt, die u. a. in der Station Rd. verkauft werden.

Chhotu Motu Joshi Sweet Shop (Station Rd) Der beliebteste Süßwarenladen in ganz Bikaner, mit einer Auswahl indischer Köstlichkeiten. Die milchig-süßen *ras malai* (12 Rs) und die Safran-*kesar-cham-cham* (2 für 6 Rs) muss man probiert haben!

Kwality (Station Rd; Eiscreme 10–15 Rs) Eine Tür neben dem Hotel Joshi. Nomen est omen: Die Eiscreme des Kwality hat Qualität.

Shoppen

Abhivyakti (Ganganagar Rd; ⌚ 8.30–18.30 Uhr) wird von der Urmul-Stiftung geführt, einer örtlichen NGO, die von der Urmul-Molkerei (die eine Filiale nebenan hat) unterstützt wird. Hier werden Textilien von talentierten lokalen Kunsthandwerkern aus den Dörfern der Umgebung verkauft. Die Gewinne gehen direkt an die Hersteller und helfen, eine Mädchenschule zu finanzieren. Vorsicht ist geboten, denn Rikschafahrer und Schlepper haben bereits Reisende zu anderen, kommerziellen Shops geführt und behauptet, diese würden von der Urmul-Stiftung geführt.

Die Urmul-Stiftung freut sich über Freiwillige (s. S. 1165).

An- & Weiterreise

BUS

Die Bushaltestelle liegt 3 km nördlich vom Zentrum, fast direkt gegenüber der Straße zum Lalgarh Palace. Wenn der Bus von Süden kommt, sollte man den Fahrer fragen, ob er einen näher am Zentrum aussteigen lässt. Expressbusse fahren verschiedene Ziele an, darunter Udaipur (224 Rs, 12 Std., 18.30 Uhr), Ajmer (113 Rs, 7 Std., 15-mal tgl.), Jaipur (über Fatehpur und Sikar; 115 Rs, 7 Std., 15-mal tgl.), Jodhpur (104 Rs, 5½ Std., 15-mal tgl.), Jaisalmer (110 Rs, 8 Std., 3-mal tgl.), Agra (227 Rs, 12 Std., 5 Uhr) und Delhi (Express/normal 190/207 Rs, 10/11 Std., 6-mal tgl.) manchmal über Jhunjhunu (77 Rs, 5 Std., 3-mal tgl.).

Private Busse fahren nach Jaipur (100/150 Rs Express/Sleeper Class), Jodhpur (100/120 Rs), Udaipur (210/250 Rs), Mt. Abu (260/280 Rs), Delhi (170/200 Rs), Agra (200/250 Rs) und Ajmer (Express 100 Rs).

ZUG

Nach Jaipur fährt der *Bikaner Howrah Superfast* um 15.55 Uhr (Sleeper Class/3AC 201/510 Rs, 7 Std., 175 km) oder der *Jaipur–Bikaner Express* (Nr. 4737 & 4738) um 21.45 Uhr (Sleeper Class/2AC 158/731 Rs, 10¼ Std.). Der *Ranakpur Express* (Nr. 4707) fährt um 9.45 Uhr nach Jodhpur (Sleeper Class 148 Rs, 5 Std., 569 km). Um 19.50 Uhr fährt der *Bikaner Mail* (Nr. 4792) nach Delhi, der dort um 6 Uhr ankommt (Sleeper Class/2AC 200/827 Rs, 449 km).

Unterwegs vor Ort

Eine Autorikscha vom Bahnhof zum Palast sollte 20 Rs kosten, aber wahrscheinlich wird mehr verlangt. Für 25 Rs pro Tag kann man nahe beim Bhairon Vilas Fahrräder leihen.

RUND UM BIKANER

Devi Kund

Die königlichen Kenotaphen aus Marmor und rotem Sandstein der Herrscher der Bika-Dynastie sind mit einigen schönen Fresken versehen und stehen 8 km östlich von Bikaner. Wer diesen friedlichen Ort besuchen will, zahlt 100 Rs mit der Rikscha (hin und zurück).

Deshnok

Die meisten Traveller, die dieses Dorf, 30 km südlich von Bikaner, besuchen, gehen direkt zum ungewöhnlichen **Karni-Mata-Tempel** (www.karnimata.com; Eintritt kostenlos, Foto/Video 20/50 Rs; ⌚ 4–22 Uhr) (s. Kasten gegenüber).

Pro Stunde fahren mindestens zwei Busse von Bikaner oder dem Goga Gate Busbahnhof nach Deshnok (10 Rs, 40 Min.). Ein Taxi hin und zurück kostet 350 Rs.

TEMPEL DER RATTEN

Der **Karni-Mata-Tempel** in Deshnok gehört zu den bizarrsten Tempeln Indiens. Nach der Legende bat Karni Mata, eine Inkarnation des Durga, der im 14. Jh. lebte, Yama, den Gott des Todes, den Sohn eines trauernden Geschichtenerzählers wieder zu erwecken. Als Yama sich weigerte, sorgte Karni Mata dafür, dass alle toten Geschichtenerzähler als Ratten wiedergeboren wurden, und brachte Yama so um menschliche Seelen.

Die große Zahl der heiligen Nager *(kabas)* ist nichts für Zartbesaitete. Hinter den Silbertüren und Marmorschnitzereien, die von Maharadscha Ganga Singh gestiftet wurden, sucht man sich seinen Weg ins Innere der Rattenwelt und hofft, dass einem einige von ihnen über die Füße huschen – höchst viel versprechend. Die Augen nach den seltenen weißen Ratten offen halten – es soll Glück bringen, wenn man eine erspäht. *Prasad* (heilige Nahrungsopfer) zu essen, die mit Rattenspucke bedeckt sind, gilt Gläubigen ebenfalls als Glücksbringer, wobei die meisten Traveller dies glauben, ohne es nachzuprüfen.

Der Tempel ist eine wichtige Pilgerstätte. Was westlichen Augen seltsam erscheinen mag, wird von den Pilgern demütig geglaubt – es handelt sich hier keinesfalls um eine Unterhaltungsshow, sondern um einen Ort der Anbetung. Und nicht vergessen: die Schuhe ausziehen!

Kolayat

Kolayat liegt an einem von Tempeln umgebenen See und ist eine wunderschöne kleine, nicht auf Touristen ausgerichtete Stadt, ca. 54 km südlich von Bikaner. Zur schläfrigen Stimmung tragen die bekifften Sadhus (Bettelmönche) bei, die aus den Tempeln und Schreinen herauskommen, als ob sie gerade für Michael Jacksons *Thriller*-Video proben. Es gibt viele *dharamsalas* (Pensionen für Wanderer), doch die meisten nehmen keine Traveller auf. **Bhaheti Dharamsala** (Zi. mit Gemeinschaftsbad 30 Rs) am Hauptghat ist ein schönes Fleckchen. Es hat einfache Zimmer (man muss ein Bett für 5 Rs mieten). Alternativ lässt sich von Bikaner aus auch ein schöner Tagesausflug hierher machen.

Es gibt regelmäßige Busse aus Bikaner (1½ Std.) oder einen Zug um 8.30 Uhr (1½ Std.), der um 16 Uhr wieder zurück fährt.

Punjab & Haryana

Punjab bedeutet „Land der Fünf Wasser", aber seit der Teilung 1947 und der Abspaltung des hindisprachigen Haryana 1966 fließen nur noch der Sutlej und der Beas durch diesen Bundesstaat. Die Grüne Revolution und viel harte Arbeit machten die wasserreichen Ebenen zu einem blühenden Landwirtschaftsgebiet, das als die Kornkammer Indiens bekannt ist. Viele Familien haben Verwandte, die außerhalb des Landes arbeiten, und so sind Überweisungen ein weiterer wichtiger Bestandteil des Einkommens.

Der wunderschöne Goldene Sikh-Tempel in Amritsar ist die Hauptattraktion des Bundesstaates. Er steht mitten in der brummenden Altstadt mit ihren historischen Gebäuden, kleinen Läden und Marktständen entlang der engen Gassen. Einen Gegensatz zu Amritsar bildet das moderne und grüne Chandigarh, das von Le Corbusier entworfen wurde. Es ist die Hauptstadt beider Bundesstaaten; hier ist das Klingeln der Mobiltelefone allgegenwärtig. In beiden Städten bekommt man die ureigene Punjabi-Kultur mit ihrer besonderen Sprache, Musik, Religion und Küche zu spüren – und zwar ganz besonders am Baisakhi-Tag am 13. April.

Haryana bedeutet „Wohnsitz Gottes"; hier predigte der Gott Krishna die Bhagavad Gita. Kurukshetra liegt an der Grand Trunk (GT) Rd. und zieht Scharen von Hindupilgern an, während das Sultanpur-Vogelschutzgebiet südlich von Delhi für Vögel und Vogelliebhaber (allerdings in weit geringerer Zahl) attraktiv ist. Die Landesregierung hat 40 moderne Motels in ganz Haryana errichtet – hier kann man also die ausgelatschten Pfade verlassen und Orte besuchen, die der Tourismus noch nicht entdeckt hat.

HIGHLIGHTS

- Sich in Amritsar der Herrlichkeit des **Goldenen Tempels** (S. 264) hingeben, der heiligsten Stätte der Sikhs
- Zusammen mit fröhlichen Zuschauern an der bizarren Grenzschließungsshow in **Attari** (S. 269) teilnehmen
- In **Chandigarh** (S. 254), Indiens grünster und saubester Stadt, Le Corbusiers Design erkunden
- In dem von Gezwitscher erfüllten **Sultanpur Bird Sanctuary** (S. 270) außerhalb von Delhi relaxen
- Am **Baisakhi-Tag** (S. 255) essen, trinken und zu Banghra-Beats tanzen
- Das **Landsport-Festival** (S. 255) in Kila Raipur genießen – doch Vorsicht vor rasenden Ochsenwagen
- Die riesige und faszinierende Sammlung von Krishna-Abbildungen in **Kurukshetra** (S. 270) bestaunen

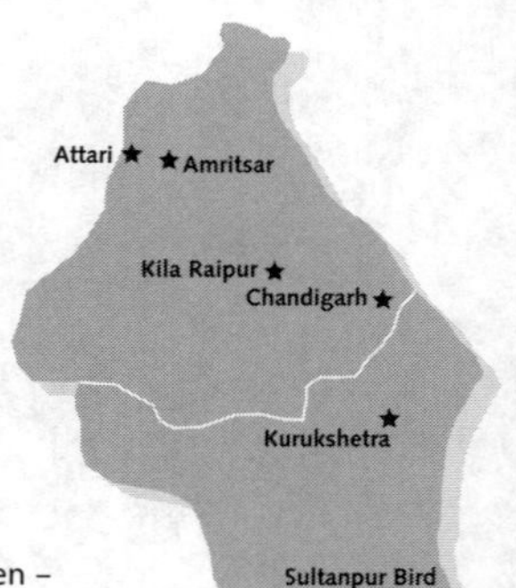

PUNJAB & HARYANA

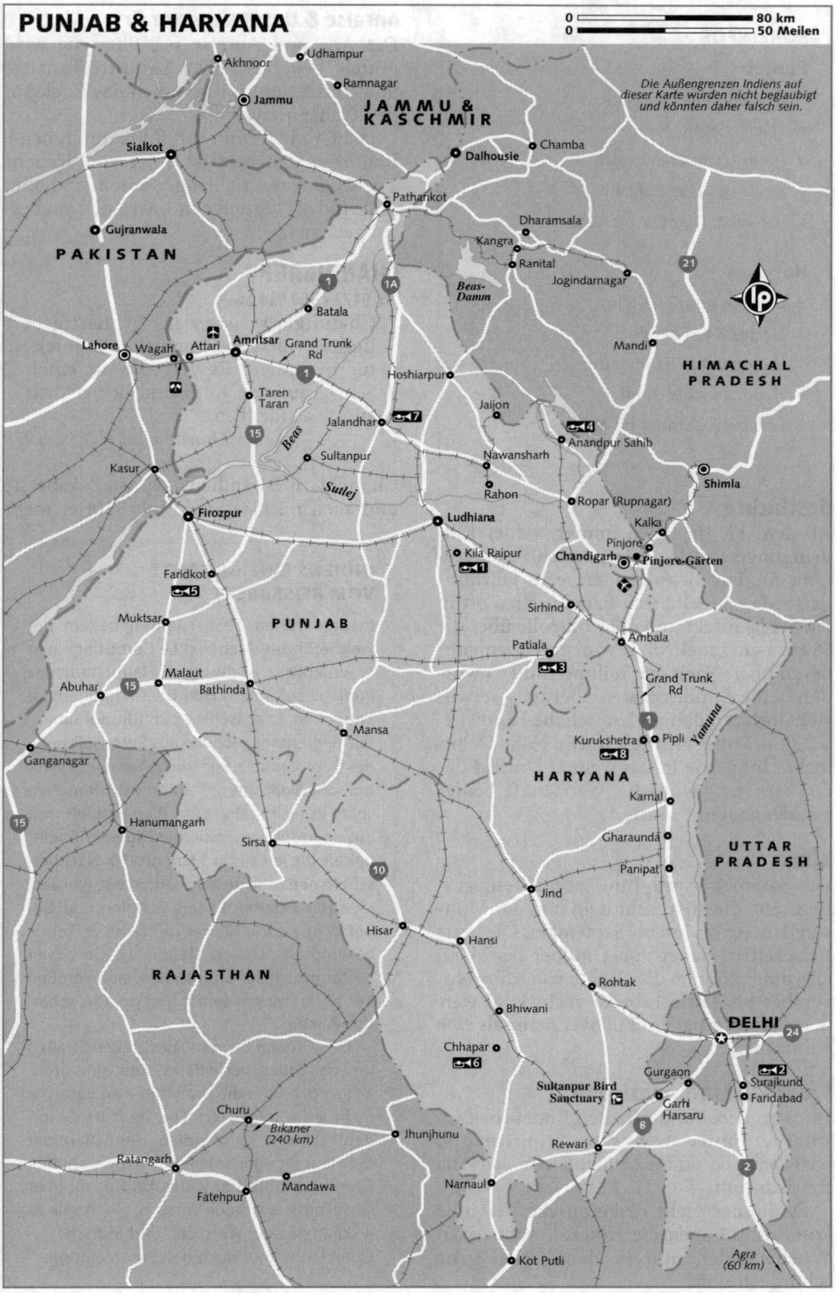

KURZINFOS

Punjab

- Bevölkerung: 24,3 Mio.
- Fläche: 50 362 km²
- Hauptstadt: Chandigarh
- Hauptsprache: Punjabi
- Reisezeit: Oktober bis März

Haryana

- Bevölkerung: 21,1 Mio.
- Fläche: 44 212 km²
- Hauptstadt: Chandigarh
- Hauptsprache: Hindi
- Reisezeit: Oktober bis März

Geschichte

Ab dem 11. Jh. fielen immer wieder Eindringlinge aus dem Mogulreich in die Region ein. Für die folgenden sechs Jahrhunderte verwandelte sich Panipat allzu oft in ein Schlachtfeld und die Kontrolle über die Region ging mehrmals vom einen zum anderen über. Nach der Teilung Indiens wurden beide Bundesstaaten abermals verwüstet; doch seit damals hat sich die Landwirtschaft prächtig entwickelt. Die Nähe Delhis lockte Industrie in das weitere Umfeld der Großstadt, wovon die Wirtschaft beider Bundesstaaten profitiert.

Klima

Der Sommer (April–Juni) ist mit Temperaturen um die 40 °C sehr heiß und der Monsun dauert von Juli bis September. Die beste Reisezeit ist daher von Oktober bis März, allerdings können die Nächte von Mitte November bis Mitte Februar recht kühl werden. Dann bringt ein Pullover mehr als eine Klimaanlage.

Praktische Informationen

Infos zu den Bundesstaaten findet man im Internet unter www.punjabtourism.org, www.haryana-online.com und www.haryanatourism.com.

Da immer mehr einheimische Reisende kommen, können die Hotels besonders an Wochenenden und in den Ferien ganz schön voll sein.

Anreise & Unterwegs vor Ort

Die An- und Abreise per Flugzeug wird immer beliebter, aber Langstreckenzüge und -busse sind immer noch das Rückgrat des Transportsystems.

Die Grand Trunk Rd. führt durch beide Bundesstaaten und ist einer von Indiens Top-Highways; für lange Reisen sind aber Züge (oder Flugzeuge) immer noch am besten geeignet.

CHANDIGARH

☎ **0172 / 900 914 Ew.**

> Chandigarh ist das großartigste Beispiel für experimentelle Architektur in Indien. Es verpasst dir einen Schlag auf den Kopf und bringt dich zum Nachdenken.
>
> *Jawaharlal Nehru, 1959*

Chandigarh ist Indiens grünste, sauberste und auch reichste Stadt; hier gibt es mehr

INDIENS EINZIGE STADT VOM REISSBRETT

In den frühen 1950er-Jahren bekam der weltberühmte Architekt Le Corbusier einen Traumauftrag – die neue Hauptstadt des Punjabs auf einem Feld bei Chandigarh zu entwerfen. Er entschied sich für monumentale Regierungsgebäude aus Beton („Tempel der Demokratie"), künstliche Seen und symbolische Skulpturen; Statuen von Menschen sollte es nicht geben. Der Plan enthielt weit auseinander liegende niedrige Wohneinheiten, die jeweils in 1 km² großen Nachbarschaftsgebieten zusammengefasst wurden, jede mit eigenen Läden, Schulen und Gebetszentren. Die Häuser sollten an verkehrsberuhigten Straßen stehen. Le Corbusier bestand auch auf Grünflächen, einen großen See als Erholungsgebiet und gerade, schattige Alleen.

Die „Grünen Lungen", die breiten Straßen und das organisierte Parksystem sind großartig, doch über die Unmengen an Beton ist nicht jeder begeistert. Die Stadt ist die ordentlichste in ganz Indien; die Beliebtheit des Haus-Designs spiegelt sich in den hohen Grundstückspreisen wider. Und doch: über Le Corbusiers kühnen Versuch, ein Utopia zu erschaffen, sind westliche und indische Architekten immer noch geteilter Meinung.

FESTIVALS IN PUNJAB & HARYANA

Die hier genannten Festivals sind auf der Karte auf S. 253 eingezeichnet.

Rural Sports Festival (1; Feb.; Kila Raipur, S. 262) Dieses dreitägige Festival ist schon lange ein Publikumsschlager. Die Landolympiade umfasst Ochsenwagen-Rennen, das Stehen auf zwei galoppierenden Pferden, Zeltpflockstechen vom Sattel aus, Kabaddi (s. Kasten S. 257), Wettbewerbe starker Männer, Tierrennen uvm. Das Fest läuft vom Freitag bis zum ersten Sonntag im Februar; dies vorher prüfen, da sich die Daten ändern könnten.

Surajkund Crafts Mela 2; erste zwei Februarwochen; Surajkund) Diese tolle „Messe" 20 km südlich von Delhi zeigt Kultur- und Handwerksgegenstände aus vielen Bundesstaaten; man kann hier direkt bei den Handwerkern einkaufen. Die Qualität ist hoch und die Preise sind niedriger als in staatlichen Warenhäusern. Von den Busbahnhöfen in Delhi fahren Sonderbusse hierher.

Basant (3; Mitte Feb.; Patiala, S. 261) Kulturfestival mit Gesang, Tanz, Sportveranstaltungen und Drachensteigen.

Holla Mohalla (4; März; Anandpur Sahib, S. 270) Die Khalsa (Bruderschaft der Sikh-Krieger) wurde in Anandpur Sahib gegründet. Während des Festivals treffen sich Tausende von Pilger, singen *kirtan* (Hymnen), essen umsonst und schauen bei Kampfkunst-Demonstrationen und vergangenen Schlachten zu, die von Armeen aus farbenfrohen Kämpfern nachgespielt werden.

Baisakhi Festival (13. Apr.; im ganzen Bundesstaat) Feiert das neue Jahr und die erste Getreideernte. Hart arbeitende Punjabis nehmen einen Tag frei, putzen sich heraus, sprechen in Gurdwaras (Sikh-Tempeln) ihren Dank aus, nehmen an Prozessionen teil und schauen sich Sportwettkämpfe an. Trommler sorgen im Rahmen der mitreißenden Bhangra- und Giddha-Folkloremusik für Begeisterung, was immer wilde Tänze zur Folge hat.

Shaikh Farid Aagman Purb Festival (5; Sept.; Faridkot, S. 262) Dieses Festival feiert Leben und Werk des Sufi-Heiligen und Dichters. Verdiente Regierungsbeamte werden mit Medaillen geehrt. Bei dem neuntägigen extravaganten Kulturfestival gibt's zudem Dorftheater, Musikwettbewerbe, Folkloretänze, Kunstausstellungen und Akrobaten der Motorradpolizei zu sehen.

Gugga Pir Mela (6; Sept.; Chhapar) Wird 120 km westlich von Delhi veranstaltet. Hier gibt's Marktstände, Musik sowie Tanz und Spaß rund um eine Statue von Gugga Pir – einem örtlichen Heiligen, der angeblich Schlangenbisse heilen konnte.

Harballah Sangeet Sammelan (7; 26–29. Dez.; Jalandhar, S. 262) Musikfestival mit Indiens besten klassischen Instrumentalisten und Sängern.

Gita Jayanti (8; Dez. oder Jan.; Kurukshetra, S. 270) Tausende von schwimmenden Lampen erleuchten das Bhramasarovar-Becken. Mit Theaterstücken und anderen kulturellen Darbietungen wird der Jahrestag der Bhagavad Gita gefeiert.

Geldautomaten als Kühe und mehr Mobiltelefone als Bettler. Die Hauptstadt von zwei Bundesstaaten ist Unionsterritorium, das von einer Zentralregierung verwaltet wird. Dank Le Corbusiers visionärer und radikaler Planung gibt es in der Stadt moderne Regierungsgebäude aus Beton, in Terrassen angelegte Wohnungen, die jeweils kleine Siedlungen bilden, breite, baumgesäumte Straßen und viele grüne Parks, die eine Menge Erholungsmöglichkeiten bieten. Das Stadtgebiet dehnt sich allerdings sehr weit aus.

Orientierung

Der Busbahnhof, das wichtigste Einkaufszentrum und viele der Restaurants befinden sich in Sektor 17, während die meisten Hotels im benachbarten Sektor 22 stehen.

Der Bahnhof liegt 8 km vom Stadtzentrum entfernt; er wird angefahren von Bussen, Autorikschas oder Taxis.

Praktische Informationen

BUCHLÄDEN

Capital Book Depot (Sektor 17)

INTERNETZUGANG

iway Internet (Sektor 22; 25 Rs/Std.; 9–24 Uhr)

Strykers Cyber Café (Sektor 9; 15 Rs/Std.; 10–20 Uhr) Im UG, bietet auch Poolbillard (65 Rs/Std.) und Snacks.

GEPÄCKAUFBEWAHRUNG

Busbahnhof (Sektor 17; 5 Rs/Tag; 24 Std.)

MEDIZINISCHE VERSORGUNG

Einige Apotheken und Arztpraxen gibt's im Sektor 22 gegenüber vom Busbahnhof.

PGI Hospital (Post Graduate Institute; 2746018; Sektor 12) Hat den besten Ruf.

GELD

Kapoor Forex (Sektor 22; Mo–Sa 9.30–17 Uhr)

Punjab National Bank Geldautomat (Sektor 9) Nur

CHANDIGARH

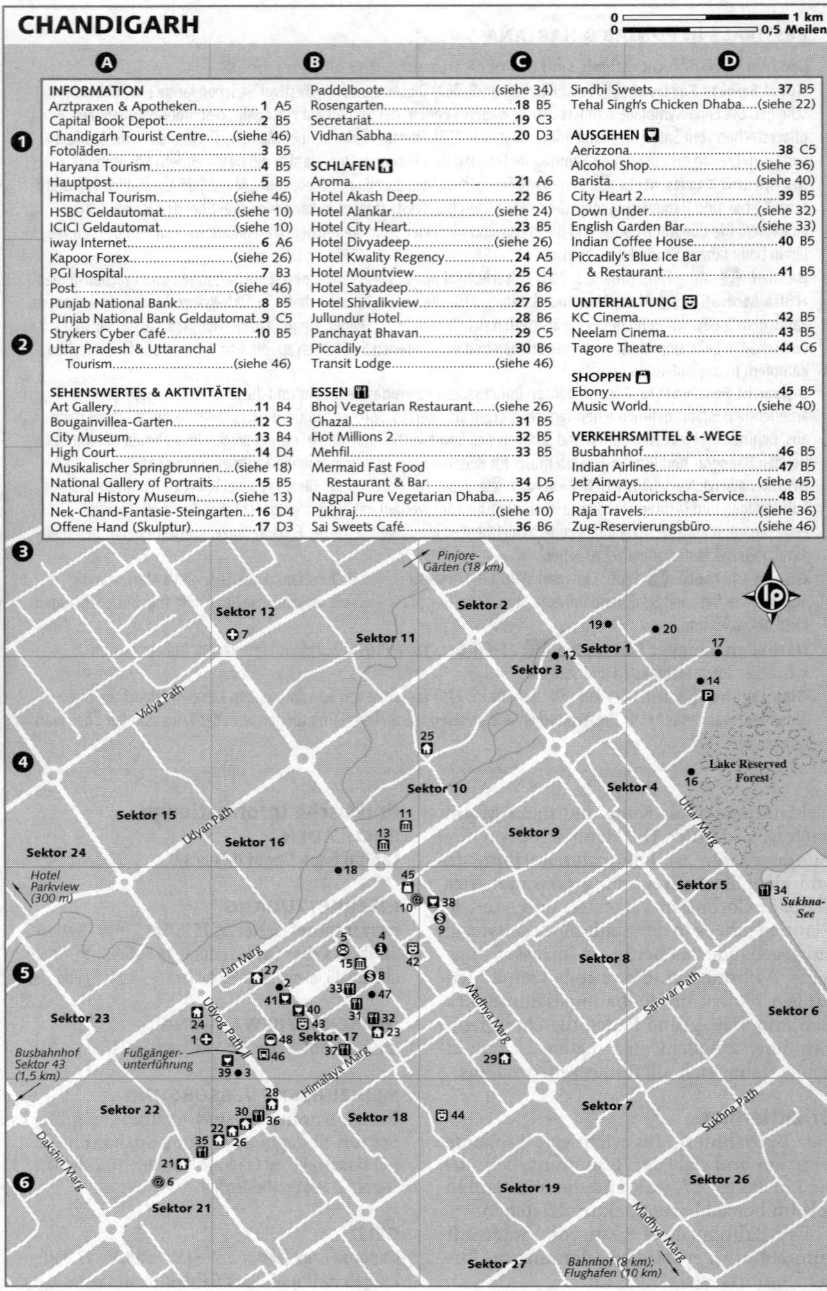

INFORMATION
- Arztpraxen & Apotheken 1 A5
- Capital Book Depot 2 B5
- Chandigarh Tourist Centre .... (siehe 46)
- Fotoläden 3 B5
- Haryana Tourism 4 B5
- Hauptpost 5 B5
- Himachal Tourism .... (siehe 46)
- HSBC Geldautomat .... (siehe 10)
- ICICI Geldautomat .... (siehe 10)
- iway Internet 6 A6
- Kapoor Forex .... (siehe 26)
- PGI Hospital 7 B3
- Post .... (siehe 46)
- Punjab National Bank 8 B5
- Punjab National Bank Geldautomat 9 C5
- Strykers Cyber Café 10 B5
- Uttar Pradesh & Uttaranchal Tourism .... (siehe 46)

SEHENSWERTES & AKTIVITÄTEN
- Art Gallery 11 B4
- Bougainvillea-Garten 12 C3
- City Museum 13 B4
- High Court 14 D4
- Musikalischer Springbrunnen .... (siehe 18)
- National Gallery of Portraits 15 B5
- Natural History Museum .... (siehe 13)
- Nek-Chand-Fantasie-Steingarten 16 D4
- Offene Hand (Skulptur) 17 D3
- Paddelboote .... (siehe 34)
- Rosengarten 18 B5
- Secretariat 19 C3
- Vidhan Sabha 20 D3

SCHLAFEN
- Aroma 21 A6
- Hotel Akash Deep 22 B6
- Hotel Alankar .... (siehe 24)
- Hotel City Heart 23 B5
- Hotel Divyadeep .... (siehe 26)
- Hotel Kwality Regency 24 A5
- Hotel Mountview 25 C4
- Hotel Satyadeep 26 B6
- Hotel Shivalikview 27 B5
- Jullundur Hotel 28 B6
- Panchayat Bhavan 29 C5
- Piccadily 30 B6
- Transit Lodge .... (siehe 46)

ESSEN
- Bhoj Vegetarian Restaurant .... (siehe 26)
- Ghazal 31 B5
- Hot Millions 2 .... 32 B5
- Mehfil 33 B5
- Mermaid Fast Food Restaurant & Bar 34 D5
- Nagpal Pure Vegetarian Dhaba 35 A6
- Pukhraj .... (siehe 10)
- Sai Sweets Café 36 B6
- Sindhi Sweets 37 B5
- Tehal Singh's Chicken Dhaba .... (siehe 22)

AUSGEHEN
- Aerizzona 38 C5
- Alcohol Shop .... (siehe 36)
- Barista .... (siehe 40)
- City Heart 2 .... 39 B5
- Down Under .... (siehe 32)
- English Garden Bar .... (siehe 33)
- Indian Coffee House 40 B5
- Piccadily's Blue Ice Bar & Restaurant 41 B5

UNTERHALTUNG
- KC Cinema 42 B5
- Neelam Cinema 43 B5
- Tagore Theatre 44 C6

SHOPPEN
- Ebony 45 B5
- Music World .... (siehe 40)

VERKEHRSMITTEL & -WEGE
- Busbahnhof 46 B5
- Indian Airlines 47 B5
- Jet Airways .... (siehe 45)
- Prepaid-Autoricksha-Service 48 B5
- Raja Travels .... (siehe 36)
- Zug-Reservierungsbüro .... (siehe 46)

KABADDI – KABADDI – KABADDI

Kabaddi ist eine traditionelle Sportart, die im Punjab und anderen Teilen Nordindiens gespielt wird. Das Spiel ähnelt Rugby, allerdings ohne Ball. Mannschaften aus sieben Spielern versuchen, nicht von einem gegnerischen Spieler berührt zu werden, der fortwährend „kabaddi" rufen muss; wenn er eine Pause zum Luftholen braucht, ist das andere Team dran. Den Spielern wird Schnelligkeit, Stärke, strategisches Denken, Gewandtheit und Lungenkraft abverlangt. Bei einem Match scheint es drunter und drüber zu gehen; doch es gibt tatsächlich Regeln.

wenige Automaten akzeptieren ausländische Kreditkarten. In diesem Gebiet stehen die meisten Automaten, an denen man mit ausländischen Karten abheben kann. Ebenfalls einen Versuch wert: Die Automaten der HSBC- und ICICI-Bank.

Punjab National Bank (Sektor 17; ⌚ Mo–Fr 10–14 Uhr)

Thomas Cook (Sektor 9; ⌚ Mo–Sa 9.30–18 Uhr)

FOTO

Fotoläden (Sektor 22) Gegenüber vom Busbahnhof.

POST

Hauptpost (Sektor 17; ⌚ Mo–Sa 10–18 Uhr)

Postamt (Sektor 17, Busbahnhof; ⌚ Mo–Sa 10–18 Uhr)

TOURISTENINFORMATION

Chandigarh Tourist Centre (☎ 2703839; 1. OG, Sektor 17, Busbahnhof; ⌚ 9.30–17.30 Uhr) Erteilt Genehmigungen zum Besuch des Secretariat und der Vidhan-Sabha-Gebäude.

Haryana Tourism (☎ 2702955; Sektor 17; ⌚ Mo–Fr 9–17 Uhr)

Himachal Tourism (☎ 2708569; EG, Sektor 17, Busbahnhof; ⌚ Mo–Sa 10–17 Uhr, am 2. Sa des Monats geschl.)

Uttar Pradesh Tourism & Uttaranchal Tourism (☎ 2707649; 2. OG, Sektor 17, Busbahnhof; ⌚ Mo–Sa 10–17 Uhr, am 2. Sa des Monats geschl.)

Sehenswertes & Aktivitäten

TEMPEL DER DEMOKRATIE

Die gewaltigen Betongebäude des **High Court**, des **Secretariat** und der **Vidhan Sabha** (gesetzgebende Versammlung) stehen alle in Sektor 1 und sind sowohl für den Punjab als auch für Haryana zuständig. Sie wurden von Le Corbusier entworfen.

Den 1955 eröffneten High Court muss man gesehen haben; er kann kostenlos besichtigt werden. Die außergewöhnliche Architektur innen und außen spricht für sich. Dazu gehören die Rampe im Innern, das wellige überhängende Dach und die farbenprächtigen Stützplatten. In jedem Gerichtssaal hängt ein abstrakter Wandteppich von Le Corbusier. Bei einem Rundgang stößt man auch auf die berühmte **Offene Hand**, eine weitere Skulptur des Workaholics.

Mit einer Bestätigung des Chandigarh Tourist Centre (S. 257) lassen sich auch das riesige Secretariat und die eigentümliche Vidhan Sabha besichtigen, wobei das Ausfüllen der Formulare und die Security-Checks recht nervig sind.

NEK-CHAND-PHANTASIE-STEINGARTEN

Der labyrinthartige **Garten** (Erwachsene/Kinder 10/5 Rs; ⌚ Nov.–März 9–18 Uhr, April–Okt. bis 19 Uhr) ist wunderlich und inspirierend; man fühlt sich wie in einer vergessenen Welt. Nek Chand, ein ehemaliger Straßeninspektor, erschuf Armeen von Menschen- und Tierfiguren, indem er altes Gerümpel wie zerbrochenes Porzellan wiederverwertete. Zudem baute er Schluchten, Wasserfälle, Torbögen und Mauern aus Steckdosen, Kieselsteinen, Felsbrocken und vielen Säcken Beton. Diese bekannte Touristenattraktion ist wirklich einzigartig – auf keinen Fall verpassen!

SUKHNA-SEE

Dieser reizvolle künstliche See mit **Paddelbooten** (Zweisitzer 30 Rs/30 Min.) ist ein weiterer Bestandteil von Le Corbusiers großem Plan. Ziergärten, ein Spielplatz und das Mermaid Fast Food Restaurant & Bar runden das Angebot ab abgerundet.

MUSEEN

Mit Fotos, Briefen, Modellen, Zeitungsberichten und Architekturskizzen gibt das großartige **City Museum** (Sektor 10; ⌚ Di–So 10–17 Uhr, in den Ferien geschl.) einen faszinierenden Einblick in alle Aspekte der Planung und der Entwicklung Chandigarhs. Nebenan steht das **Natural History Museum** (Eintritt 2 Rs; ⌚ 10–16.45 Uhr), in dem neue Ausstellungen vorbereitet werden.

GALERIEN

Die äußerst sehenswerte **Art Gallery** (Sektor 10; Eintritt 2 Rs; ⌚ Di–So 10–16.30 Uhr, in den Ferien geschl.)

zeigt wunderbare *phulkari*- und *rumal*-Stickereien von Dorffrauen sowie Miniaturen, buddhistische Skulpturen und moderne Kunst.

Die **National Gallery of Portraits** (Sektor 17; Eintritt frei; ⌚ Mo–Fr 10–13.30 & 14–17.30, Sa 10–13.30 Uhr, am letzten Sa des Monats & Ferien geschl.) liegt hinter der State Library. Mit einer Vielzahl von Fotos und Zeichnungen beleuchtet sie die zahlreichen Aspekte der Unabhängigkeitsbewegung.

WOHNGEBIETE

Hinter den langen Shoppingarkaden von Sektor 22 befinden sich Reihen von **dreistöckigen Terrassenhäusern** aus Beton und Backstein. Obwohl sich natürlich das Design der Häuser ähnelt, hat jede Wohneinheit unterschiedliche Türen, Fenster, Balkone, Verzierungen und Farben. Hier lässt es sich auf verkehrsberuhigten, baumgesäumten Straßen wunderbar durch die Wohngebiete schlendern, die von Parks und Schulen durchsetzt sind – und dabei kann man bestaunen, wie sich die gegensätzlichen und unterschiedlichen Bestandteile in das Gesamtbild einfügen. Die Preise sind sehr hoch, daher muss dieser wichtige Teil von Le Corbusiers großem Plan als Erfolg gewertet werden.

PARKS & GÄRTEN

Da Le Corbusier eine Gartenstadt erschaffen wollte, findet sich im Stadtgebiet eine Reihe großer Parks. Der **Rosengarten** (Sektor 16) wird am frühen Abend von einem **musikalischen Springbrunnen** beschallt, und auch der **Bougainvillea-Garten** (Sektor 3) ist wirklich sehenswert.

PINJORE- (YADAVINDRA-) GÄRTEN

Mauern umgeben diese rekonstruierten **Mogulgärten** (Eintritt Mo–Sa 7 Rs, So 10 Rs; ⌚ Sonnenaufgang–Sonnenuntergang) aus dem 17. Jh. Auf sieben Ebenen gibt es hier Wasserspiele, Palmen und Obstbäume; die pavillonähnlichen Gebäude bieten Übernachtungsmöglichkeiten. Außerhalb gibt es einen Vergnügungspark und ein paar hohe Bäume, in denen sich eine Kolonie Flughunde niedergelassen hat.

Vom Busbahnhof in Sektor 17 kommt man mit dem Bus (18 Rs, 45 Min., regelmäßig) oder einem Taxi (400 Rs inkl. Rückfahrt) hierher.

Geführte Touren

Die Tour mit dem offenen Touristen-Doppeldeckerbus (Einzelfahrt/halber Tag/ganzer Tag 10/50/75 Rs, stündl. zwischen 9.30 und 16.30 Uhr außer 13.30 Uhr) startet am Hotel Shivalikview und führt über die Punjab-Universität, das City Museum, den High Court, den Phantasie-Steingarten und den Sukhna-See. Man ist eine Stunde unterwegs und kann ein- und aussteigen wo man will.

Schlafen

Budgetunterkünfte sind rar, daher im Voraus buchen.

BUDGETUNTERKÜNFTE

Hotel Satyadeep (☎ 2703103; Sektor 22; EZ 250–400 Rs, DZ 500 Rs, EZ/DZ mit Klimaanlage 550/600 Rs; ❄) Beliebtes Budget-Hotel mit voll ausgestatteten, sauberen Zimmern und unschlagbar hilfsbereitem Personal; im Voraus buchen. Das **Hotel Divyadeep** (☎ 2705191; Sektor 22) gehört denselben Eigentümern und bietet gleiche Preise und gleichen Service.

Hotel Alankar (☎ 2708802; Sektor 22; EZ/DZ 575/675 Rs, DZ mit Klimaanlage 875 Rs; ❄) Budget-Hotel in günstiger Lage. Alle Zimmer haben separate Badezimmer, heißes Wasser und TV.

Transit Lodge (☎ 2712419; 1. OG, Sektor 17, Busbahnhof; B/DZ 100/400 Rs, DZ mit Klimaanlage 600–800 Rs; ❄) Ist eine Überlegung wert, da die Lodge praktischerweise im Busbahnhof liegt. Einerseits einfach und standardmäßig, andererseits neu und sauber. Die Preise schließen eine Mahlzeit ein.

Weitere Empfehlungen:

Hotel Parkview (☎ 2706038; parkview@citcochandigarh.com; Sektor 24; B/DZ 150/650 Rs, DZ mit Klimaanlage 850–1100 Rs; ❄) Steht unter staatlicher Leitung und liegt etwas abseits vom Schuss; trotzdem Ok, wenn alles andere belegt sein sollte.

Panchayat Bhavan (☎ 2780701; Sektor 18; B/DZ 40/500 Rs; ❄) Heißes Wasser in Eimern.

MITTEL- & SPITZENKLASSEHOTELS

Hotel Akash Deep (☎ 5074086; Sektor 22; EZ 895–1095 Rs, DZ 1095–1295 Rs; ❄) Ein Hauch kontinentalen Stils prägt dieses moderne und saubere Hotel; über die Preise kann man möglicherweise reden.

Jullundur Hotel (☎ 2706777; www.jullundurhotel.com; Sektor 22; DZ 650–1550 Rs; ❄) Hotel in praktischer Lage; es bietet einen Mix unterschiedlicher Zimmer und Preise. In Zimmer 101 (1050 Rs) stehen schicke Möbel aus Eisen.

Hotel City Heart (☎ 2724203; cityheartchd@yahoo.com; Sektor 17; EZ/DZ/Suite 1195/1395/2095 Rs; ❄) In dem modernen Hotel führt eine Wendeltreppe mit Topfpflanzen zu einem Atrium hinauf. Es ist das einziges Hotel mitten im Shopping-Bezirk. Die Hochzeitssuite hat ein rundes Bett und eine Riesenbadewanne sowie Möbel im Regency-Look.

Hotel Kwality Regency (☎/Fax 2720205; Sektor 22; EZ 1495–1795 Rs, DZ 1795–1995 Rs; ❄) Die Gemeinschaftsräume in dem kleinen, blitzsauberen Designer-Hotel sind mit Kunstwerken vollgestopft; im Vergleich dazu wirken die Zimmer etwas düster. Im Foyer gibt's ein Restaurant und eine Bar.

Aroma (☎ 2700047; www.hotelaroma.com; Sektor 22; EZ/DZ 1245/1685 Rs; Gerichte 65–150 Rs; ❄) Sehr gediegene Mittelklasse-Option mit vielen Kunstwerken, einem 24-Stunden-Café mit Bäckerei, einer Bar und einem eleganten Restaurant. Dort gibt's Wasserspiele und abends ab 20 Uhr Livemusik.

Piccadily (☎ 2707571; thepiccadily@rediffmail.com; Sektor 22; EZ/TW/DZ/Suite 2190/2690/3190/3990 Rs; ❄ 💻) Schickes Hotel mit Restaurant, Bar und einem Café, das rund um die Uhr offen hat. Die bequemen, wirklich toll möblierten Zimmer sind durchweg in Pastelltönen gehalten und mit Badezimmern und Föhn ausgestattet.

Hotel Shivalikview (☎ 2700001; shivalikview@citcochandigarh.com; Sektor 17; EZ/DZ Rs 2400/3000 Rs; ❄ 💻) Gut geführtes staatliches Hotel.

Hotel Mountview (☎ 2740544; www.citcochandigarh.com; Sektor 10; EZ/DZ mit Frühstück 3150/3650 Rs; ❄ 💻 🏊) Chandigarhs Top-Hotel liegt in einem kleinen Wald. Angenehme Zimmer mit Bad, kleinem Kühlschrank und Safe. Ansonsten gibt's hier noch drei Restaurants, Livemusik, ein 24-Stunden-Café, einen Glasaufzug, eine Bar und einen modernen Fitnessraum.

Essen

In Chandigarh gibt es viele moderne Lokale, die verschiedene leckere Gerichte aus dem Punjab und China sowie westliches Fastfood servieren.

Nagpal Pure Vegetarian Dhaba (Sektor 22; Gerichte 26–50 Rs) Ähnelt zwar einer Kantine, ist aber sauber und beliebt. Serviert leckeres *rajma* (Curry mit Kidneybohnen).

> **ETWAS BESONDERES**
>
> **Sindhi Sweets** (Sektor 17; Snacks oder Gerichte 16–42 Rs) Jung und Alt liebt diesen zweistöckigen Fastfoodladen mit seiner fröhlichen Atmosphäre, dem superschnellen Service und den günstigen Preisen. Im EG gibt's ein verwirrendes Angebot an Süßigkeiten, Nüssen und *namkin* (abgepacktes würziges Knabberzeug) sowie leckeres *badam* (Safran-Mandel-Milch). Und im UG futtern Gäste Dosas und den hervorragenden Lokalhit *channa bhatura* (geröstetes indisches Brot mit Kichererbsen).

Pukhraj (Sektor 9; Gerichte ca. 45 Rs) Hier kann man für kleines Geld ein Butterhuhn oder ein chinesisches Thali verputzen. Für 10 Rs bekommt man einen Lassi, einen *kheer* (Reispudding) oder ein Sandwich.

Bhoj Vegetarian Restaurant (Sektor 22; Thali 75 Rs; ❄) Einfaches, anständiges Lokal. Macht gute Thalis, die man aber nicht mit jemandem teilen darf.

Tehal Singh's Chicken Dhaba (Sektor 22; Gerichte 80–120 Rs; ❄) Prima zum Abendessen mit Hühnchen am Spieß oder gebratenem Fisch.

Hot Millions 2 (Sektor 17; Gerichte 40–80 Rs; 🕐 Mo–Do 11.30–23, Fr–So 11.30–24 Uhr) Dreistöckiger Fastfoodladen mit lauter Musik, der bei Familien sehr beliebt ist.

Jullunder Hotel Restaurant (Sektor 22; veg./nicht-veg. Gerichte 50/50–100 Rs; ❄) Das pfiffige Restaurant des Jullunder Hotel (S. 259) wird für seine indischen Gerichte und die hilfreiche Speisekarte gelobt.

Sai Sweets Café (Sektor 22; Süßigkeiten 5–20 Rs) Hier gibt's exotische, hausgemachte Leckereien – *badam patisa* schmeckt wie Zuckerwatte vom Jahrmarkt, *sohan halwa* wie Butterscotch und Karachi halwa wie türkisches Karamel.

Das **Ghazal** (Sektor 17; Gerichte 70–160 Rs; ❄) und das **Mehfil** (Sektor 17; Gerichte 150 Rs; ❄) sind zwei benachbarte, familienfreundliche Restaurants. Sie servieren Bier vom Fass und haben eine riesige Speisekarte mit leckeren indischen, kontinentalen und chinesischen Gerichten.

Ausgehen

Barista (Sektor 17; Kaffee 20–40 Rs; ❄) Modernes, hippes Café mit Rapmusik, Spielen, Zeitungen und Snacks. Das Personal trägt Baseballmützen und T-Shirts.

Indian Coffee House (Sektor 17; Kaffee ab 8 Rs, Snacks 7–20 Rs) Im Gegensatz zum benachbarten Barista ein traditionelles, günstiges Café mit gedämpftem Licht.

City Heart 2 (Sektor 22; veg. Snacks 30 Rs, Bier ab 70 Rs) Pub mit jungem Personal und Riesenleinwand.

Down Under (Sektor 17) Liegt im UG vom Hot Millions 2 (S. 259). Eine auf junges Publikum ausgerichtete, diskoartige Bar mit Neonlichtern, lauter Musik und einem Pooltisch.

English Garden Bar (Sektor 17; Bier ab 35 Rs) Die große Bar im UG des Mehfil (S. 259) hat Möbel im Gartenstil sowie eine Riesenleinwand und bietet Bier vom Fass.

Piccadily's Blue Ice Bar & Restaurant (Sektor 17; Gerichte 120 Rs) Der ultramoderne Pub mit Restaurant verteilt sich auf zwei Stockwerke. Hier gibt's eine Riesenleinwand, Chromstühle und verspieltes Dekor.

Aerizzona (Sektor 9; Eintritt paarweise inkl. 1 Bier 320 Rs; ⌚ Fr–So 9–2 Uhr) Frauen haben freien Eintritt, aber Jungs kommen ohne Mädels nicht rein. Sonntags wird man für den Abend 170 Rs los (inkl. 1 Softdrink); der DJ legt westliche Musik auf.

In der Nähe vom Sai Sweets Café befindet sich ein **Alkoholshop** (Sektor 22).

Unterhaltung

Im **Tagore-Theater** (Sektor 18) werden klassische Konzerte gespielt und Tanzshows vorgeführt. Das **KC-Kino** (Sektor 17) und das **Neelam-Kino** (Sektor 17) zeigen manchmal auch Filme auf Englisch.

Shoppen

Im mittleren Teil von Sektor 17 gibt's die meisten Shopping- und Unterhaltungsmöglichkeiten. Kaufhäuser wie das **Ebony** (Sektor 9) verkaufen Markenartikel. **Music World** (Sektor 17) hat die beste Auswahl an CDs, in die man umsonst reinhören kann.

An- & Weiterreise

FLUGZEUG

Indian Airlines (☎ 2704539; Sektor 17; ⌚ Mo–Sa 10–13.15 & 14–17 Uhr) hat tägliche Flüge nach Delhi (85 US$) und jeden Donnerstag einen Flug nach Leh (75 US$) im Angebot.

Jet Airways (☎ 2741465; Sektor 9) fliegt täglich nach Delhi (85 US$).

BUS

Der hektische Busbahnhof in Sektor 17 beherbergt einen Stand für Prepaid-Autorikschas, ein Postamt, Budgetunterkünfte, ein Touristenbüro und ein Terminal für örtliche Busse. Es gibt ein halbes Dutzend Busfirmen; dies kann etwas verwirrend sein, vor allem weil die meisten Langstreckenbusse vom neuen Busbahnhof in Sektor 43 abfahren. Zum Glück gibt es regelmäßige Shuttlebusse (5 Rs, 15 Min.) zwischen den beiden Haltestellen.

Busse fahren regelmäßig nach Patiala (45 Rs, 2 Std.), Sirhind (45 Rs, 2 Std.), Anandpur Sahib (50 Rs, 2½ Std.), Amritsar (100 Rs, 5 Std.) und Delhi (Ordinary/Deluxe 128/248 Rs, 5½ Std.).

Tag und Nacht bestehen Verbindungen nach Shimla (Ordinary/Semideluxe/Deluxe 89/130/180 Rs, 4 Std.), Dharamsala (Ordinary/Deluxe 153/200 Rs, 8 Std.) und Manali (Ordinary/Deluxe 215/290 Rs, 11 Std.) sowie nach Haridwar (116 Rs, 6 Std.) in Uttaranchal.

Reisebüros wie **Raja Travels** (☎ 2700119; 8 Sektor 22; ⌚ 9–21 Uhr) verkaufen Tickets für klimatisierte Deluxe-Privatbusse zum Flughafen Delhi (600 Rs, 7½ Std., 4-mal tgl.), nach Amritsar (150 Rs, 4 Std., 2-mal tgl.) und Ludhiana (80 Rs, 2 Std., tgl.).

ZUG

Ein **Reservierungsbüro** (⌚ Mo–Sa 8–20, So bis 14 Uhr) befindet sich im 1. OG des Busbahnhofs. Die Buslinie 37 verbindet Busbahnhof und Bahnhof.

Zwischen Delhi und Chandigarh fahren zwei Expresszüge: Der tägliche *Shatabdi Express* (Chair Class/Executive Class 430/840 Rs, 3 Std.) und der *Jan Shatabdi Express* (107/345 Rs in 2./1. Klasse, 4 Std.), der täglich außer sonntags fährt.

Ein halbes Dutzend Züge geht nach Kalka (19/22 Rs in 2./1. Klasse, 1 Std.); von dort aus rattern vier Züge täglich (35/167 Rs in 2./1. Klasse, 5 Std.) über die Schmalspur-Bergstrecke nach Shimla.

Unterwegs vor Ort

Weil die Stadt so riesig ist, kann man Chandigarh schlecht zu Fuß erkunden, doch dafür gibt's ja Fahrrad- und Autorikschas, Stadtbusse und den Touristenbus. Die Stadtbuslinie 7 fährt zum Flughafen, Linie 13 geht zum High Court und zum Steingarten. Abhängig von der Länge der Fahrtstrecke bezahlt man für eine Fahrradrikscha zwischen 10 und 30 Rs. Der Autorikschastand hinter dem Bahnhof bietet einen Prepaid-Service an, man bezahlt z.B. 27 Rs zum Sukha-See oder den Regierungsgebäuden, 47 Rs zum Bahnhof und 130 Rs zum Flughafen.

Taxifahrer verlangen zum Flughafen 200 Rs, für eine einstündige Tour 124 Rs oder 550 Rs für acht Stunden (begrenzte Entfernung).

PUNJAB

SIRHIND

☎ 01763 / 53 800 Ew.

Diese Stadt bietet drei Hauptattraktionen: Der **Aam Khas Bagh** ist ein beeindruckender ummauerter Mogulgarten. Er wurde von Großmogul Akbar angelegt und im 17. Jh. durch Kaiser Jehangir erweitert. An einem Ende findet man (stillgelegte) Wasserspiele, einen riesigen Backsteinbrunnen, Zimmer mit Unterbodenbelüftung und Jehangirs Palast. Obwohl dies alles in Trümmern liegt, kann man noch ein paar hübsche Details entdecken. Am anderen Ende umgeben Stufen ein großes (leeres) Wasserbecken, in dem ein Damm zum verschlossenen Sheesh Mahal führt.

Nach einem Fußmarsch von 20 Minuten (oder 3 Rs mit einem Vikram) erreicht man eine wichtige Pilgerstätte der Sikh, den **Gurdwara Fatehgarh Sahib** mit seiner goldenen Kuppel. Es erinnert an das Martyrium der beiden jungen Söhne des 10. Sikh-Gurus, die 1704 lebendig begraben wurden, da sie sich weigerten, zum Islam überzutreten. Jedem Dezember wird die **Shaheedi Jor Mela** veranstaltet.

Nach weiteren 10 Minuten zu Fuß stößt man auf das hübsche **Rauza Sharif**, das Marmor-Mausoleum des muslimischen Heiligen Shaikh Faruqi Sirhindi. Sunniten verehren es als zweites Mekka und kommen jeden August während des **Urs-Festes** an diesen Ort.

Neben dem Aam Khas Bagh steht der **Maulsari Tourist Complex** (☎ 222250; Zi. 600 Rs, Gerichte 25–75 Rs; ❄) an der Bassi Rd. Er bietet saubere, geräumige Zimmer, einen Garten, ein gutes Restaurant und eine Bar zum Entspannen. Der Komplex befindet sich 3 km nördlich der Grand Trunk Rd. (25 Rs kostet es von hier mit der Fahrradrikscha, 50 Rs mit der Autorikscha).

Auf dem Weg von Delhi nach Amritsar ist Sirhind ein praktischer Zwischenstopp; von hier aus kann man auch Patiala besuchen (15 Rs mit dem Bus, 1 Std.).

PATIALA

☎ 0175 / 238 000 Ew.

Patiala liegt 30 km südlich von Sihind und ist die ehemalige Hauptstadt eines unabhängigen Sikh-Staates. Mitte Februar findet hier das **Basant-Festival** (S. 255) statt.

Das beeindruckende **Qila Mubarak** ist ein Fort im Gebiet des Basars. Die Festungsanlagen im Mogul-/Rajasthanstil sind so baufällig, dass man sie nicht betreten darf. Trotzdem kann man die Türen mit ihren Metallspitzen bewundern und um die Mauern herumgehen. Im äußeren Hof, in der riesigen Durbarhalle von 1859, ist ein **Museum** (Eintritt 10 Rs; 🕘 Di–So 10–17 Uhr). Die Durbarhalle hat hübsche Decken, aufwändig geschnitzte Türen und 22 Kronleuchter. Ausgestellt sind antike Waffen und Rüstungen, Portraits, eine Zeremonienkutsche und Oldtimer.

Zum **New Moti Bagh Palace** (Eintritt 10 Rs; 🕘 Di–So 10–17 Uhr) braucht man mit einer Autorikscha vom Busbahnhof oder dem benachbarten Bahnhof 20 Minuten. Das großartige Gebäude sieht aus wie eine Hochzeitstorte; über ein riesiges, aber leeres Wasserbecken führt eine (geschlossene) Hängebrücke. Im Inneren befindet sich eine wahre Schatzgrube an indischen Miniaturen, Vorbereitungsskizzen, Medaillen, chinesischem Porzellan, buddhistischen Schnitzereien, Karaffen und einer Schürze aus Menschenknochen. Zwei der Räume sind mit großartigen farbigen Verzierungen, Gemälden und winzigen Spiegeln bedeckt. Nach einer zehnminütigen Autorikschafahrt kommt man zu einem kleinen **Zoo** (Eintritt 5 Rs; 🕘 9–17 Uhr), in dem neben Hirschen auch eine Handvoll Krokodile, Stachelschweine und Schakale leben.

Ganz in der Nähe steht der Old Moti Bagh Palace, der neben dem Nationalen Sportinstitut auch ein **Sportmuseum** (Eintritt frei, Ausweis erforderlich; 🕘 Mo–Fr 9–13 & 14–17 Uhr) beherbergt. Hier ist neben Sportfotos, Medaillen und signierten Kricketschlägern auch ein Foto von Mahatma Gandhi und seiner

EIN PATIALA-PEG

Anfang des 19. Jhs. fand in Patiala zwischen der Mannschaft des Vizekönigs und der des sportbegeisterten Maharadschas von Patiala ein Zeltpflock-Wettbewerb statt. Bei diesem kuriosen Sport werden von einem galoppierenden Pferd aus Zeltpflöcke mithilfe einer Lanze in den Boden gerammt.

Da sie unbedingt gewinnen wollten und den Zorn ihres Maharadschas fürchteten, luden die Mitglieder des Patiala-Teams ihre Gegner am Abend vor dem Match zum Trinken ein. Die Briten wurden mit übergroßen Maßeinheiten (Englisch „pegs") von Whisky abgefüllt. Währenddessen wurden die Zeltpflöcke (auf Englisch ebenfalls „pegs") ausgetauscht – kleinere für das Team des Vizekönigs, größere für die Mannschaft des Maharadschas. Diese gewann dann auch das Match, doch dann beschwerten sich die Briten beim Maharadscha über die Größe der Pflöcke. Der Maharadscha begriff aber nicht, dass von den Zeltpflöcken die Rede war; daher antwortete er, dass in Patiala, das für seine Gastfreundschaft bekannt war, die Whisky-„pegs" immer größer seien als anderswo. Noch heute wird deshalb ein extragroßer Whisky in ganz Indien „Patiala-Peg" genannt.

Fußballmannschaft zu sehen, für die er in Südafrika spielte.

Das **Ashiana Hotel** (☎ 2201500; Lahori Gate; EZ/DZ 200/300 Rs, DZ mit Klimaanlage 500 Rs, Gerichte 25–65 Rs; ❄) liegt fünf Minuten zu Fuß von Busbahnhof und Bahnhof entfernt. Es hat voll ausgestattete saubere Budgetzimmer. Das Restaurant serviert eine große Auswahl an Fisch- und Pilzgerichten.

Von Sirhind aus kommt man prima mit dem Bus (15 Rs, 1 Std.) nach Patiala. Mit einer Autorikscha (50 Rs/Std.) kann man eine Tour durch die Stadt machen.

NÖRDLICHER PUNJAB

Ludhiana ist Indiens Textilzentrum und im ersten Sikh-Krieg von 1845–46 fand hier eine Schlacht statt. Heute befindet sich hier der Hauptsitz von Hero Bicycles, die jedes Jahr rund 3 Mio. Fahrräder produzieren. In Ludhiana gibt's nur wenig zu sehen, die Stadt ist aber ein guter Ausgangspunkt für einen Besuch des **Rural Sports Festival** (S. 255), das jeden Februar im nahen Kila Raipur stattfindet.

Vor 1000 Jahren überstand **Jalandhar** die Einnahme durch Mahmud von Ghazni und wurde später eine bedeutende Stadt der Moguln. Heute ist sie ein Verkehrsknotenpunkt und ein wichtiges Wirtschaftszentrum, das für Sportartikel und Werkzeuge bekannt ist. In Jalandhar wird ein hochkarätiges **Musikfestival** (S. 255) veranstaltet.

Faridkot nahe der pakistanischen Grenze war einst die Hauptstadt eines gleichnamigen Sikh-Staates und wartet mit einem 700 Jahre alten Fort auf. Im 13. Jh. lebte hier der Dichter und Sufi-Mystiker Shaikh Farid, der jeden September mit einem **Festival** (S. 255) geehrt wird. Seine Zeilen beeinflussten Guru Nanak, und einige seiner Gedichte wurden in das Guru Granth Sahib aufgenommen, das heilige Buch der Sikhs. Er diente den Armen, nicht der Regierung, und glaubte an die Gleichheit – „Das Herz eines jeden Menschen ist ein Juwel".

AMRITSAR

☎ 0183 / 1,01 Mio. Ew.

In Amritsar schlägt das Herz des Sikhismus. 1577 gründete Dam Ras, der 4. Sikh-Guru, die Stadt, deren Hauptattraktion der Goldene Tempel ist. Seine außerordentliche Schönheit und Gelassenheit steht im krassen Gegensatz zu den geschäftigen und verdreckten Gassen der Altstadt drumherum.

Der Mogulherrscher Akbar schenkte Dam Ras das Gebiet für den Bau der Stadt, doch 1761 besetzte ein anderer Mogul-Herrscher, Ahmad Shah Durani, Amritsar und zerstörte den Tempel. 1764 wurde er dann wieder aufgebaut und 1802 ließ Maharadscha Ranjit Singh das Dach mit vergoldeten Kupferplatten beschlagen – daher der Name „Goldener Tempel".

Während der Unruhen im Punjab in den frühen 1980er-Jahren besetzten Extremisten den Goldenen Tempel, um einen unabhängigen Sikh-Staat notfalls mit Gewalt durchzusetzen. Auf Befehl der damaligen Premierministerin Indira Gandhi wurden sie 1984 von der Armee vertrieben. Die umstrittene Militäraktion kostete Hunderten von Sikhs das Leben und verursachte große Schäden am Tempel. Noch im selben Jahr wurde Indira Gandhi von zwei ihrer Sikh-Leibwächter ermordet. Heute sind die durch die Panzer der Armee verursachten

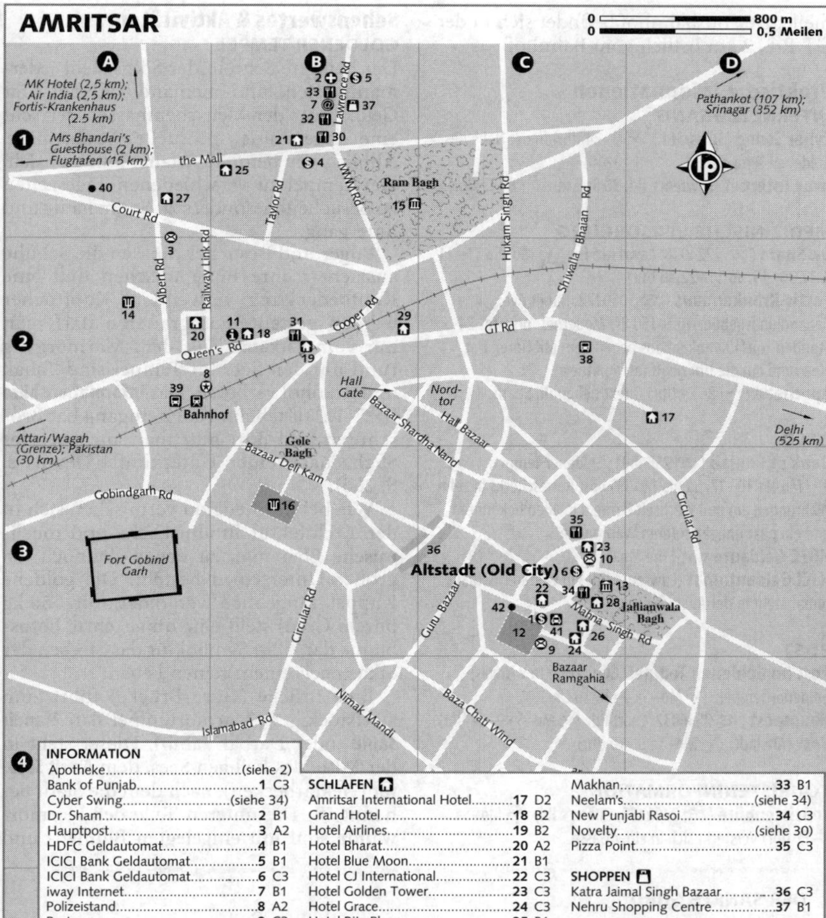

INFORMATION
Apotheke ... (siehe 2)
Bank of Punjab ... 1 C3
Cyber Swing ... (siehe 34)
Dr. Sham ... 2 B1
Hauptpost ... 3 A2
HDFC Geldautomat ... 4 B1
ICICI Bank Geldautomat ... 5 B1
ICICI Bank Geldautomat ... 6 C3
iway Internet ... 7 B1
Polizeistand ... 8 A2
Post ... 9 C3
Post ... 10 C3
Touristenbüro ... 11 B2

SEHENSWERTES & AKTIVITÄTEN
Goldener Tempel ... 12 C3
Martyrs' Gallery ... 13 C3
Mata-Tempel ... 14 A2
Ram Bagh Museum ... 15 B1
Sri-Durgiana-Tempel ... 16 B3

SCHLAFEN
Amritsar International Hotel ... 17 D2
Grand Hotel ... 18 B2
Hotel Airlines ... 19 B2
Hotel Bharat ... 20 A2
Hotel Blue Moon ... 21 B1
Hotel CJ International ... 22 C3
Hotel Golden Tower ... 23 C3
Hotel Grace ... 24 C3
Hotel Ritz Plaza ... 25 B1
MK Sood Guesthouse ... 26 C3
Mohan International Hotel ... 27 A1
Sharma Guesthouse ... 28 C3
Tourist Guesthouse ... 29 B2

ESSEN
Bhandari Namkin Shop ... 30 B1
Crystal Restaurant ... 31 B2
Durga Ice Cream ... 32 B1
Makhan ... 33 B1
Neelam's ... (siehe 34)
New Punjabi Rasoi ... 34 C3
Novelty ... (siehe 30)
Pizza Point ... 35 C3

SHOPPEN
Katra Jaimal Singh Bazaar ... 36 C3
Nehru Shopping Centre ... 37 B1

VERKEHRSMITTEL & -WEGE
Busbahnhof ... 38 C2
Bus zum Goldenen Tempel ... 39 A2
Indian Airlines ... 40 A1
Raja Travel ... (siehe 25)
Taxis & Gemeinschaftsjeeps zur Grenze in Attari/Wagah ... 41 C3
Uzbekistan Airways ... (siehe 25)
Zug-Reservierungsbüro ... 42 C3

Zerstörungen aber komplett repariert, und der Tempel ist wieder eine Oase des Friedens und des Gebets.

Orientierung

Die Altstadt mit dem Goldenen Tempel und den Basaren liegt südöstlich vom Bahnhof und ist von einer ringförmigen Straße umgeben – hier verliefen einst die mächtigen Stadtmauern. Davon existieren noch zwölf Tore, doch nur das Nordtor gegenüber von Ram Bagh ist im Orginalzustand erhalten. Im modernen Amritsar nördlich des Bahnhofs stehen die meisten Hotels, und die Lawrence Rd. mausert sich mehr und mehr zur beliebten Restaurant- und Shoppingmeile. Der Busbahnhof befindet sich in der GT Rd., 2 km östlich vom Bahnhof.

Praktische Informationen

INTERNETZUGANG

Cyber Swing (30 Rs/Std.; ⌚ 9–24 Uhr) In der Nähe des Goldenen Tempels.
iway Internet (Lawrence Rd; 30 Rs/Std.; ⌚ 8–23 Uhr)

MEDIZINISCHE VERSORGUNG

Dr. Sham (☎ 2224928; Lawrence Rd; ⌚ Mo–Sa 11–14 & 17.30–19, So 11–22.30 Uhr)
Fortis-Krankenhaus (☎ 5050222; Ranjit Ave; Behandlungsgebühr 100–150 Rs) Modernes, privates 24-Stunden-Notfallkrankenhaus neben dem MK Hotel. Hat eine rund um die Uhr geöffnete Apotheke.
Apotheke (⌚ 8–24 Uhr) Direkt neben Dr. Sham.

GELD

Bank of Punjab (☎ 2554891; Goldener Tempel; ⌚ Mo–Fr 10–17, Sa bis 14 Uhr) Löst Reiseschecks in zehn Währungen ein und wechselt Bargeld in allen bekannten und ein paar unbekannteren Währungen.
HDFC Geldautomat (The Mall)
ICICI Geldautomat (Lawrence Rd) Ein weiterer Geldautomat steht in der Altstadt.

POST

Post im Goldenen Tempel (Guru Arjan Dev Niwas; Goldener Tempel; ⌚ Mo–Sa 9–18.30 Uhr)
Hauptpost (☎ 2566032; Court Rd; ⌚ Mo–Sa 9–17 Uhr)
Post (Altstadt; ⌚ Mo–Sa 9–19 Uhr)

TOURISTENINFORMATION

Touristenbüro (☎ 2402452; Queen's Rd; ⌚ Mo–Sa 9–17 Uhr) Versteckt sich in einer Gasse.

Sehenswertes & Aktivitäten

GOLDENER TEMPEL

Der heiligste Schrein der Sikhs steht jedermann offen, und niemand verlangt hier Geld. Trotz der Menschenmassen herrscht eine angenehme spirituelle Atmosphäre. Ähnlich wie beim Taj Mahal lohnt es sich, den Tempel zu verschiedenen Tageszeiten zu besuchen, besonders zu Sonnenauf- und untergang.

Pilger und Besucher müssen die Schuhe ausziehen, ihre Füße waschen und eine Kopfbedeckung verwenden; Kopftücher werden gestellt. Fotografieren darf man nur vom **Parkarma** aus, dem Marmorgang rund um den See. Im Tempel sind Tabak und Alkohol verboten. Das **Informationsbüro** (⌚ 7–19.30 Uhr) beim Haupteingang hat Broschüren und dort hilft man auch bei der Suche nach einer Unterkunft (Details s. S. 266).

Wie bei der Religion vermischen sich in der Architektur hinduistische und muslimische Elemente, zu denen dennoch ein großer Unterschied besteht. Die goldene Kuppel (angeblich vergoldet mit 750 kg purem Gold) stellt eine umgekehrte Lotusblume dar – ein Symbol für das Streben der Sikhs nach einem reinen Leben.

Eine Brücke (Guru-Brücke) führt zum zweistöckigen Marmortempel **Hari Mandir Sahib** (oder Darbar Sahib). Dieser steht in der Mitte des heiligen Sees, dem **Amrit Sarovar** (Nektarbecken), nach dem die Stadt benannt ist. Die unteren Teile der Marmorwände sind mit eingelegten Blumen- und

DER SANFTE GURU

Guru Nanak, der Gründer des Sikhismus, wurde 1469 in Lahore im heutigen Pakistan geboren. Muslimische und hinduistische Religionspraktiken ließen ihn gleichermaßen kalt. In Gegensatz zu vielen anderen indischen Heiligen trat er für das Familienleben und den Wert harter Arbeit ein; er heiratete und zeugte zwei Söhne. Und wenn er nicht predigend umherzog und zusammen mit seinem muslimischen Musikerfreund Mardana seine selbst komponierten Hymnen sang, arbeitete er als Bauer. Nanak vollbrachte viele Wunder und betonte, dass Meditation im Namen Gottes der beste Weg zur Erleuchtung sei.

Der heilige Mystiker trat für die Gleichheit ein – Jahrhunderte, bevor dies in Mode kam. Deshalb bekämpfte er das Kastensystem, die Verehrung von Götzenbildern, das Fasten und Ernährungsbeschränkungen. Er war ein praktischer Guru – „ein Mensch, der ehrlich seinen Lebensunterhalt verdient und seine Erträge mit anderen teilt, erkennt den Weg zu Gott". Statt einen seiner Söhne ernannte er seinen talentiertesten Schüler zu seinem Nachfolger.

Guru Nanak starb 1539, doch seine Hymnen erklingen bis heute täglich in jedem Sikh-Tempel. Sein Bild hängt in Millionen von Haushalten, von der bescheidenen Farmhütte bis zur Residenz des Premierministers.

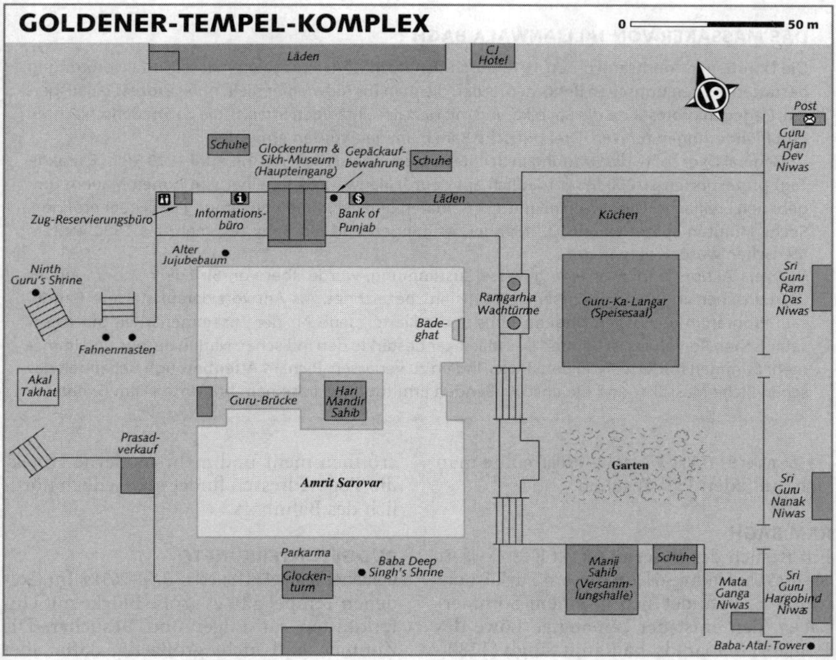

Tiermotiven im *pietra-dura-* (Marmoreinlagen-)Stil des Taj Mahal verziert.

Im Inneren des Tempels singen vier Priester fortwährend auf Punjabi Passagen aus dem heiligen Buch der Sikhs – was über Lautsprecher in den ganzen Tempelkomplex übertragen wird. Die Orginalausgabe des **Guru Granth Sahib** wird tagsüber unter einem rosa Tuch im Hari Mandir Sahib aufbewahrt und kehrt abends im Verlauf einer Zeremonie ins Akal Takhat zurück. Die Zeremonien finden im Winter jeweils um 5 und 21.15 Uhr statt, im Sommer um 4.30 und 22.15 Uhr.

Das **Sikh-Museum** (🕒 Sommer 7–20 Uhr, Winter 8–18 Uhr) befindet sich im oberen Stockwerk des Glockenturms über dem Haupteingang. Es erzählt die düstere Geschichte der Sikhs unter der Herrschaft der Moguln, der Briten und Indira Gandhis.

Das **Akal Takhat** ist der traditionelle Versammlungsort des Shiromani Gurdwara Parbandhak Committee (SGPC), des Sikh-Parlaments. 1984 wurde es von der Armee schwer beschädigt, ist aber inzwischen sorgfältig wieder aufgebaut worden.

Der neunstöckige achteckige **Baba-Atal-Tower** wurde 1784 errichtet. Er erinnert an den jungen Sohn des 6. Gurus, der hier angeblich Selbstmord beging, nachdem ihn sein Vater für das Vollbringen eines Wunders gescholten hatte.

Der **Guru-Ka-Langar** ist der kostenlose Gemeinschaftsspeisesaal, den es in jedem Sikh-Tempel gibt. Die riesigen Küchen (in einer davon steht eine Chapati-Maschine) versorgen pro Tag bis zu 30 000 Pilger mit kostenloser Linsensuppe und Chapatis. Jeder ist willkommen – man muss aber auf dem Boden sitzen.

JALLIANWALA BAGH

Diesen kleinen **Park** (🕒 Sommer 6–19 Uhr, Winter 7–18 Uhr), fünf Minuten zu Fuß vom Goldenen Tempel entfernt, sollte man nicht verpassen. Er erinnert an die 2000 Inder, die an dieser Stelle 1919 von der britischen Obrigkeit getötet oder verwundet wurden (s. Kasten S. 266). Einige Einschusslöcher sind noch zu sehen, ebenso der Brunnen, in den Hunderte sprangen, um den Kugeln zu entgehen. Auch die **Martyrs' Gallery**

DAS MASSAKER VON JALLIANWALA BAGH

Die Unruhen in Amritsar wurden 1919 durch den Rowlatt Act ausgelöst. Diese Notfallverordnung gestattete es den britischen Behörden, Inder, die man für Aufwiegler hielt, ohne Prozess einzusperren. Dagegen protestierte die Bevölkerung mit Hartals (eintägigen Streiks), die zu Straßenschlachten und Plünderungen führten. Drei britische Bankmanager wurden ermordet.

General Dyer sollte die Ordnung in der Stadt wieder herstellen. Am 13. April 1919 (dem Baisakhi-Tag) protestierten 20 000 Inder friedlich auf dem Jallianwala Bagh, einer von hohen Mauern umgebenen Freifläche. Dyer erschien mit 150 Soldaten und ließ ohne Vorwarnung das Feuer eröffnen. Sechs Minuten später waren 337 Männer, 41 Jungen und ein Baby tot, mehr als 1500 weitere Menschen wurden verwundet.

Dyers Aktion fand zwar eine gewisse Zustimmung, wurde aber von Sir Edwin Montague als „barbarischer und unangemessener Wahnsinn" bezeichnet. Als Antwort darauf startete Gandhi sein Programm des zivilen Ungehorsams und erklärte: „Jede Art der Zusammenarbeit mit dieser satanischen Regierung ist Sünde." Das Massaker bestärkte den indischen Nationalismus und immer mehr Stimmen forderten von den Briten, Indien zu verlassen. Richard Attenborough behandelt das schändliche Massaker und die anschließenden Ermittlungen in seinem brillianten Film *Gandhi*.

(Sommer 9–17 Uhr, Winter 10–16 Uhr) sollte man sich auf jeden Fall ansehen.

RAM BAGH

Ein Besuch des **Museums** (Eintritt 10 Rs; Di–So 10–16.45 Uhr, Ferien geschl.) in diesem Park ist ein Muss! Es befindet sich in einem Sommerpalast, den einst der „einäugige Löwe des Punjab", Maharadscha Ranjit Singh (1780–1839), errichtete. Er siegte in vielen Schlachten, dehnte sein Königreich aus und gilt bis heute als großer Führer. Die ausgestellten Waffen, Gemälde und Manuskripte lassen ihn und seine Zeit wieder auferstehen.

MATA-TEMPEL

Dieser ungewöhnliche **Hindu-Höhlentempel** (Sonnenaufgang–Sonnenuntergang) erinnert an eine gefeierte Heilige aus dem 20. Jh., Lal Devi. Frauen, die sich ein Kind wünschen, kommen zum Gebet hierher. Bei der Umrundung des Tempels kriecht man durch enge Tunnel und watet durch knöcheltiefes Wasser.

SRI-DURGIANA-TEMPEL

Der **Tempel** (Sonnenaufgang–Sonnenuntergang) ist der Göttin Durga geweiht und ist die Hindu-Version des Goldenen Tempels. Auch hier führt eine Brücke durch einen großen See zu einem weißen Marmortempel mit Goldkuppel.

Schlafen

In Amritsar besteht kein Mangel an Unterkünften. In der Nähe des Goldenen Tempels eröffnen mehr und mehr moderne Hotels, die Top-Adressen findet man jedoch nördlich des Bahnhofs.

BUDGETUNTERKÜNFTE

Goldener Tempel (B kostenlos, Zi. 50–200 Rs) Im Goldenen Tempel gibt es große Blöcke mit Unterkünften für Pilger und Besucher. Die Zimmer sind nicht großartig, dafür aber günstig – sie können bei der Post im Goldenen Tempel gebucht werden. Im Sri Guru Ram Das Niwas gibt's kostenlose Schlafsäle (gleich nach dem Eingang links) speziell für Ausländer (3-Tage-Limit, kein heißes Wasser). Zwar fragt niemand nach Spenden, sie sind aber trotzdem willkommen.

MK Sood Guesthouse (☎ 5093376; DZ mit/ohne Klimaanlage 850/550 Rs; ❄) Modernes, sauberes Hotel in der Nähe des Goldenen Tempels. Die komplett ausgestatteten Zimmer haben große Betten und winzige Balkone.

Tourist Guesthouse (☎ 2553830; bubblesgoolry@yahoo.com; 1355 GT Rd; B/EZ 100/125 Rs, DZ 200–300 Rs; ❄) Dieses Billighotel mit Minigarten gibt's schon viele Jahre. Die Zimmer sind schmucklos aber unterschiedlich; die teureren Räume haben Fernseher, Warmwasserduschen, separate Badezimmer und Klimaanlage.

Hotel Bharat (☎ 2227536; EZ/DZ 250/350 Rs) Hotel in einem Gebiet mit vielen Budgetunterkünften mitten in einem geschäftigen Basar an der Railway Link Rd. Die Zimmer sind unterschiedlich, haben aber meist Fernseher, fließend heißes Wasser und separate Badezimmer.

Amritsar International Hotel (☎ 2555991; DZ mit/ohne Klimaanlage 700/400 Rs; ❄) Ziemlich heruntergekommenes Regierungshotel mit Bar und Restaurant. Liegt in der Nähe des Busbahnhofs und ist mit einem 15-minütigen Fußmarsch vom Goldenen Tempel aus zu erreichen.

Sharma Guesthouse (☎ 2551757; Mahna Singh Rd; EZ/DZ mit Gemeinschaftsbad 150/200 Rs, DZ mit eigenem Bad 250–500 Rs) Ein schäbiger aber beliebter Schuppen mit freundlichem Besitzer nahe beim Goldenen Tempel. In den billigeren Zimmern gibt's nur Plumpsklos und heißes Wasser in Eimern (Rs 6).

MITTEL- & SPITZENKLASSEHOTELS

Mrs Bhandari's Guesthouse (☎ 2228509; bdha@glide.net.in; 10 Cantonment; Camping pro Pers. 165, EZ/DZ 1000/1250 Rs; ❄ 🏊) Eine örtliche Einrichtung außerhalb des Stadtzentrums. Nicht gerade günstiges, aber freundliches Haus in Familienbesitz mit Räumen rund um einen großen, ruhigen Garten. Heizung kostet extra; auf Wunsch gibt es auch Verpflegung.

Hotel CJ International (☎ 25443478; www.cjhotel.net; DZ 1150–1250 Rs; ❄) Dieses neue Hotel mit Aussicht auf den Goldenen Tempel beweist Stil mit einem hellen und farbenfrohen Speiseraum, einem roten Aufzug und fröhlichen Fliesen. Die sauberen und modernen Zimmer haben Kühlschränke.

Hotel Grace (☎ 2559355; DZ mit/ohne Klimaanlage 1250/550 Rs; ❄) Ein weiteres modernes Hotel mit hellen, sauberen Zimmern, nur einen Steinwurf vom Goldenen Tempel entfernt.

Hotel Golden Tower (☎ 2534446; www.hotelgoldentower.com; EZ 700–1000 Rs, DZ 850–1150 Rs; ❄) Dieses Hotel in der Nähe des Goldenen Tempels ist zwar nicht perfekt, aber der Aufzug funktioniert, das Personal ist sehr hilfsbereit und die Zimmer sind komplett ausgestattet (inkl. Kühlschrank).

Grand Hotel (☎ 2562424; grand@jla.vsnl.net.in; Queen's Rd; EZ/DZ 700/775 Rs, EZ mit Klimaanlage 900 Rs, DZ oder 2BZ mit Klimaanlage 1100 Rs; ❄) Ein Dschungelgarten mit Café, hilfsbereites Personal und eine beliebte Bar mit Bier vom Fass sprechen für dieses Hotel. Die Zimmer haben Kühlschränke, und die Doppelzimmer im OG sind frisch renoviert.

Hotel Airlines (☎ 2564848; hotel_airlines@vsnl.com; Cooper Rd; EZ 500–750 Rs, DZ 660–950 Rs; ❄) Ein Hotel mit sehr angenehmem Terrassengarten. In sieben der Zimmer stehen Schaukelstühle. Die günstigsten Räume haben keine Klimaanlage und sind etwas laut.

Hotel Blue Moon (☎ 2220416; Fax 2221840; Mall; EZ/DZ 845/1280 Rs; ❄) Die Zimmer hier sind zweckmäßig, aber es gibt Rasenflächen und ein helles, fröhliches Restaurant.

Mohan International Hotel (☎ 2227801; hotel@jla.vsnl.net.in; Albert Rd; EZ/DZ 1700/2900 Rs; ❄ 🏊) Solides Mittelklassehotel – sieht man von einem Teil der Teppichböden ab. Geräumige Zimmer mit Kühlschrank und eigenem Badezimmer. Sonst gibt's in dem teuren Hotel noch eine Bar mit gedämpftem Licht, ein Restaurant und einen Gartenbereich.

Hotel Ritz Plaza (☎ 2562836; www.sarovarparkplaza.com; 45 the Mall; EZ 1950–3250 Rs, DZ 3050–3950 Rs; ❄ 🏊) Die Zimmer im Business-Stil haben Kühlschränke. Candlelightdinner am Pool sorgen für einen Hauch von Romantik. In der Bar stehen gemütliche Sessel, das Frühstücksbuffet kostet 175 Rs.

> **ETWAS BESONDERES**
>
> MK Hotel (☎ 2507911; www.mkhotel.com; Ranjit Ave; EZ/DZ/Suite 1750/2950/3900 Rs; ❄ 💻 🏊) Das Hotel liegt zwar außerhalb der Stadt, bietet aber alles, was das Herz begehrt: Ein elegantes Foyer mit Wasserspiel, ein Restaurant mit Mogulbögen und Kronleuchtern, Livemusik, ein geräumiges, rund um die Uhr geöffnetes Café, einen Fitnessraum, ungewöhnliche Kunstwerke an den Wänden und eine schnuckelige Bar. In den geräumigen Zimmern im Business-Stil gibt's große Fenster, eigene Badezimmer, Kühlschränke sowie Obst und Kekse.

Essen

RESTAURANTS

New Punjabi Rasoi (Gerichte 35–55 Rs; ❄) Sauberes vegetarisches Restaurant mit Schwarz-Weiß-Dekor und Spiegeln in der Nähe des Goldenen Tempels. Serviert beste nord- und südindische Küche – das Tikka Masala mit Pilzen oder das leckere Pilz-*takatak* sollte man sich nicht entgehen lassen.

Pizza Point (Pizzas 55–80 Rs) Überdurchschnittliches Fastfood-Lokal nahe beim Goldenen Tempel. Von manchen Tischen hat man einen guten Blick auf die Straße. Empfehlenswert: die gegrillten Sandwiches.

Neelam's (Gerichte 30–80 Rs; ❄) Lokal in der Nähe des Goldenen Tempels mit typischer Speisekarte, serviert aber auch Pizzas.

Crystal Restaurant (Cooper Rd; Schnellgerichte 25–80 Rs, Gerichte 90–170 Rs; ❄) Elegantes Restaurant mit französischen Gemälden an den Wänden und gefliesten Tischen. Serviert italienische und internationale Spezialitäten wie Steak, Fisch und Pfannengerichte.

IMBISS

Novelty (Lawrence Rd; Snacks & Gerichte 20–70 Rs) Die Lassis, die *badam*- (Mandel-)Milch und das *ras malai* (Süßigkeit aus Milch und Zucker) sind sehr beliebt; hier kann man aber auch prima Dosas, Fastfood und auch Chinateller futtern.

Bhandari Namkin Shop (Lawrence Rd) Liegt direkt neben dem Novelty und hat eine völlig verrückt machende Auswahl an *namkin* (abgepacktes würziges Knabberzeug) im Angebot.

Durga Ice Cream (Lawrence Rd; Eiskugel 17 Rs) Super leckere, selbstgemachte Eiscreme – das Alphonso Mango und traditionelle Fruchteissorten verleiten besonders zum Schlecken.

Makhan (Lawrence Rd; Hühnchen 150 Rs, 300 g Fisch 60 Rs; 🕒 14–23 Uhr) Diese *dhaba* (Snackbar) bietet Tandoori-Huhn und gebackenen Fisch.

Shoppen

In den engen Gassen der Altstadt stößt man auf verfallende *havelis* (traditionelle, reich verzierte Häuser) und andere Altbauten. Stände verkaufen alles von gerösteten Süßkartoffeln und *jootis* (Punjabi-Slipper, 150 Rs pro Paar) über offenen Tee bis hin zu Schals.

Auf dem Katra Jaimal Singh Bazaar gibt's jede Menge Textilien und Saris. Moderne Läden findet man im Nehru-Shoppingzentrum und in den Malls entlang der Lawrence Rd.

An- & Weiterreise

FLUGZEUG

Neuerdings steht auch Amritsar auf dem Flugplan von Singapore Airlines, die über Singapur viele Ziele anfliegt. So wird der Amritsar Airport zum Knotenpunkt für internationale Flugverbindungen. Über **Raja Travel** (☎ 2565150; travel@rajaamritsar.com; Hotel Ritz Plaza; 🕒 Mo–Sa 9.30–17.30 Uhr) kann man Flüge buchen.

Uzbekistan Airways (☎ 2566819; Fax 2566820; Hotel Ritz Plaza) Fliegt sechs europäische Städte, New York und Moskau an.

Indian Airlines (☎ 2213392; Fax 2213394; 39A Court Rd) fliegt 4-mal wöchentlich sehr früh morgens nach Delhi (110 US$).

Air India (☎ 2508122; MK Hotel, Ranjit Ave) Mittwochs und freitags gibt es Flüge nach Delhi (110 US$).

BUS

Regelmäßig fahren Busse nach Delhi (200 Rs, 10 Std.), Chandigarh (100 Rs, 5 Std.), Jammu (102 Rs, 7 Std.) und Attari an der indisch-pakistanischen Grenze (12 Rs, 1¼ Std.).

Ein oder zwei Busse gehen täglich nach Dalhousie (105 Rs, 6 Std.), Dharamsala (115 Rs, 6 Std.), Shimla (195 Rs, 10 Std.), Manali (267 Rs, 14 Std.) in Himachal Pradesh und nach Dehra Dun (195 Rs, 10 Std.) in Uttaranchal.

In der Nähe des Bahnhofs fahren um 22 Uhr private Busse nach Delhi (mit/ohne Klimaanlage 300/250 Rs, 8½ Std.). Andere verlassen Hall Gate in Richtung Chandigarh (150–200 Rs), Jammu (120 Rs) und Katra (140 Rs).

ZUG

Außer am Bahnhof findet man auch beim Goldenen Tempel ein **Reservierungsbüro für Züge** (🕒 Mo–Sa 8–20, So bis 14 Uhr), in dem wesentlich weniger los ist.

Expresszüge fahren direkt nach Delhi (106/370 Rs in der 2./1. Klasse, 8 Std.); am schnellsten kommt man dorthin aber zweimal täglich mit dem *Shatabdi Express* (Abfahrt 5.15 Uhr, Chair Class/Executive Class 665/1175 Rs, Abfahrt 17.05 Uhr 665/1275 Rs, 5¾ Std.). Der tägliche *Amritsar-Howrah Mail* verbindet Amritsar mit Lucknow (Sleeper Class/3AC/2AC 255/716/1146 Rs, 16 Std.), Varanasi (317/890/1424 Rs, 22 Std.) und Kolkata (425/1194/1910 Rs, 37 Std.).

Unterwegs vor Ort

Zwischen 4.30 und 21.30 Uhr fährt alle 45 Minuten ein kostenloser Busservice vom Bahnhof und Busbahnhof zum Goldenen Tempel. Andernfalls wird man für eine Fahrt vom Bahnhof zum Goldenen Tempel mit einer Fahrradrikscha 20 Rs, mit einer Autorikscha 35 Rs und mit einem Taxi 50 Rs los. Eine Stadttour mit der Autorikscha kostet 50 Rs/Std. Zum 15 km entfernten Flughafen verlangen Autorikschafahrer 100 Rs, Taxifahrer 200 Rs.

JANE SWEENEY

Eingang zum Jaisalmer Fort (S. 237), Rajasthan

Wandbild mit einem Elefanten an einem *haveli* (traditionelles Haus), Shekhawati (S. 181), Rajasthan

MONIQUE CHOY

Zuschauer beim Elephant Festival (S. 157), Jaipur, Rajasthan

GREG ELMS

DALLAS STRIBLEY

Sonnenuntergang über dem Pichola-See (S. 209), vom Jagat Niwas Palace Hotel aus, Udaipur, Rajasthan

Dorfbewohnerin, Rajasthan (S. 154)

SARA-JANE CLELAND

Meherangarh (majestätisches Fort; S. 227) hinter Jodhpur, Rajasthan

ANTHONY PLUMM

ANDREW LUBRAN

Ki-Gompa (S. 334), Spiti, Himachal Pradesh

Sikh-Pilger beten am Goldenen Tempel (S. 265), Amritsar, Punjab

RICHARD I'ANSON

Die Bar im Atrium des Cecil Hotels (S. 280), Shimla, Himachal Pradesh

GREG ELMS

GARRY W

Trekker am Rande des Kullu-Tals (S. 311), Himachal Pradesh

PATRICK HORTON

Gompa (Kloster), Bir (S. 305), Himachal Pradesh

Mönche spielen Karom (eine Art Tischbillard), Dharamsala (S. 291), Himachal Pradesh

RICHARD I

GRENZE BEI ATTARI/WAGAH

Die Grenze, 30 km westlich von Amritsar, besucht man aus zwei Gründen: Entweder, um sich die abendliche „Grenzschließungszeremonie" (s. Kasten unten) anzusehen, oder aber, um nach Pakistan zu gelangen (tgl. zwischen 10 und 16 Uhr). Die Grenze liegt 2 km westlich von Attari.

An der Grenze befindet sich ein **Punjab-Touristenbüro** (Mo–Sa 9–17 Uhr) und eine Filiale der State Bank of India. Die hat aber derartig unregelmäßige Öffnungszeiten, dass man sein Geld besser schon in Amritsar wechselt.

Vom Busbahnhof in Amritsar fahren Busse nach Attari (12 Rs, 1¼ Std.); von dort aus kommt man mit einer Autorikscha zur Grenze (15 Rs). Taxis von Amritsar zur Grenze (mit oder ohne Rückfahrt) kosten 350 Rs (1 Std. Fahrtzeit), Autorikschafahrer verlangen 200 Rs. Neben dem Eingang zum Speisesaal des Goldenen Tempels gibt's Gemeinschafts-Jeeps, die zur Grenzzeremonie fahren (75 Rs/Pers.).

Die indischen und pakistanischen Grenzposten liegen nur wenige hundert Meter auseinander. Von Wagah aus fahren Busse (15 Rs, 1 Std., alle 30 Min.) zum Bahnhof ins 35 km entfernte Lahore; für dieselbe Strecke muss man mit dem Taxi 400 Rs berappen.

PATHANKOT

☎ 0186 / 168 000 Ew.

Pathankot im nordwestlichen Punjab ist ein Verkehrsknotenpunkt. Der **Busbahnhof** (☎ 2220088; Gurdaspur Rd) liegt 500 m vom Pathankot-Junction-Bahnhof und 3 km vom Chakki-Bank-Bahnhof entfernt. Busse und Taxis fahren nach Amritsar, Jammu, Chamba, Dalhousie, Dharamsala, Manali, Chandigarh und Delhi.

Mehrere Expresszüge starten täglich nach Delhi (114/397 Rs in 2./1. Klasse, 12 Std.), Amritsar (37 Rs in 2. Klasse, 3 Std.) und Jammu (36 Rs in 2. Klasse, 3 Std.). Die Kangra-Valley-Schmalspurbahn fährt vom Pathankot-Junction-Bahnhof ab. Die Ruheräume am Bahnhof sind ganz o. k.; andernfalls übernachtet man in einem der Hotels an der Railway Rd.

ANANDPUR SAHIB

☎ 01881 / 14 700 Ew.

Mit mehreren historischen Gurdwaras ist die Stadt eine der heiligsten Stätten der

GRENZTHEATER

Jeden Abend kurz vor Sonnenuntergang trifft sich das indische und pakistanische Militär an der Grenze und veranstaltet mit einer 20-minütigen außergewöhnlichen Zeremonie das reinste Theater. Sie ist auf beiden Seiten von Männlichkeitsgehabe, Stolz und Haltung geprägt, läuft aber trotzdem ungemein harmonisch ab. Im Winter beginnt das Ganze um 16.30, im Sommer um 17.30 Uhr. Man sollte rechtzeitig erscheinen, um einen guten Platz zu ergattern.

Die Bühne ist durch zwei Tore getrennt, eins für jedes Land – über jedem Tor flattert die jeweilige Nationalflagge. Das Publikum teilt sich ebenfalls in zwei Parteien auf und jede Seite begrüßt ihre Jungs mit großem Spektakel. Das Ereignis ist so beliebt, dass extra Zuschauertribünen aufgestellt wurden. Eine Flotte von Bussen, Taxis und Autorikschas bringt Tausende von Menschen zur Grenze.

Mit einem Schrei aus jedem Wachhaus stampft jeweils eine Einheit auf die Straße. Dann marschieren die Soldaten vor ihrem Heimatpublikum auf und ab, stampfen mit den Füßen und lassen dabei ein paar Schreie los. Wenn sie sich genügend aufgeplustert haben, wenden sie sich mit finsteren Gesichtern, geschwellter Brust und geballten Fäusten der Gegenseite zu.

Dann werden die Tore geöffnet. Die kommandierenden Offiziere marschieren aufeinander zu, schütteln sich kurz die Hände und salutieren. Dann gehen die Wachen im Stechschritt zur Grenze und wenden sich ihren Flaggen zu; indische und pakistanische Soldaten stehen Schulter an Schulter, nur wenige Zentimeter voneinander entfernt.

Hörner spielen, und die Flaggen werden langsam eingeholt. Dabei wird darauf geachtet, dass keine Flagge höher als die andere hängt – was die Überlegenheit einer Nation andeuten könnte. Die Flaggen werden schnell gefaltet und ins jeweilige Wachhaus gebracht. Dann werden die Tore geschlossen, die Zuschauer strömen auf die Bühne und lassen sich in dieser Umgebung mit den schick gekleideten, großen und gut aussehenden Soldaten fotografieren.

Sikhs. Seit über 300 Jahren strömen Pilger in die Stadt, die vor den Nana Devi Hills liegt. Hier wurde 1699 die Khalsa (Sikh-Bruderschaft) gegründet. Jedes Jahr im März wird dieses Ereignis mit dem **Holla Mohalla** (s. Kasten S. 255) gefeiert.

Das festungsartige **Kesgarh Sahib** ist das größte Gurdwara; hier sind einige heilige Waffen ausgestellt. Gegenüber liegt das **Anandgarh Sahib**, bei dem eine große Freitreppe zu einem kleinen Fort führt. Die Gurdwaras bieten Unterkunft (DZ mit Ventilator gegen eine Spende) und kostenlose Mahlzeiten.

Busbahnhof und Bahnhof liegen an der Hauptstraße 200 m außerhalb der Stadt. Stündlich fahren Busse nach Chandigarh (40 Rs, 2 Std.) und alle zwei Stunden nach Amritsar (70 Rs, 6 Std.).

Der *Delhi-Una Himachal Express* fährt über Nacht von Anandpur Sahib zum Bahnhof in Old Delhi (Sleeper Class/2AC 133/597 Rs, 8 Std.).

HARYANA

Haryanas Landesregierung hat entlang der Hauptstraßen (die nach einheimischen Vögeln benannt sind) eine Reihe von modernen Motels mit Restaurant eröffnet. Bei **Haryana Tourism** (Delhi ☎ 011-23324910; Chandralok Bldg, 36 Janpath; Chandigarh ☎ 2702955; Sektor 17; 🕓 Mo–Fr 9–17 Uhr) erhält man dazu eine Broschüre.

Haryana besteht größtenteils aus einer flachen, tief liegenden Ebene, die im Osten vom Yamuna begrenzt wird. Die Bevölkerung lebt zu 75 % auf dem Land und besteht zu 90 % aus Hindus. Die hauptsächlich von Landwirtschaft geprägte Region ist für ihren Basmatireis berühmt.

KURUKSHETRA

☎ 01744 / 154 000 Ew.

Kurukshetra liegt 6 km von Pipli entfernt an der Grand Trunk Rd. Hier gibt's ein **Touristeninformationsbüro** (☎ 231136; 🕓 Di–So 9.30–17.30 Uhr), Unterkünfte und Autorikschas (250 Rs für eine vierstündige Tour durch Kurukshetra).

Das **Sri-Krishna-Museum** (Eintritt 7 Rs; 🕓 Di–So 10–17 Uhr, Ferien geschl.) ist eine hervorragende Kunstgalerie – vollgestopft mit Hunderten von Kunstwerken aus ganz Indien, sowohl antike als auch moderne. Holz-, Stein- und Bronzeplastiken sowie Elfenbeinschnitzereien zeigen Krishna, der auch auf Palmenblättern und Seidentüchern abgebildet ist – fast jede Darstellungsart findet sich in dieser faszinierenden Ausstellung, die äußerst sehenswert ist.

Gleich daneben liegt das **Kurukshetra Panorama & Science Centre** (Eintritt 10 Rs; 🕓 Di–So 10–17.30 Uhr). Im OG erzählen ein farbenprächtiges Diorama und diverse Modelle die dramatische Geschichte der 18-tägigen Mahabharata-Schlacht zwischen den Pandavas und den Kauravas. Im EG gibt's lustige wissenschaftliche Ausstellungsstücke zum Mitmachen.

500 m entfernt liegt ein Ozean im Kleinen, das **Bhramasarovar-Becken** – es ist das größte in Indien. Das Becken ist von Badeghats umgeben, auf denen sich während Sonnenfinsternissen sowie des **Gita Jayanti** (Jahresfest der Bhagavad Gita, s. Kasten S. 255) große Menschenmassen tummeln.

Weitere 6 km entfernt liegt Jyotisar; der Tempel ist zwar nichts Besonderes, aber der **Banyanbaum** ist angeblich ein Ableger des Exemplars, unter dem Krishna seine lange Predigt, die Bhagavad Gita hielt.

Näher und interessanter ist das Grab des Sufi-Heiligen **Shaikh Chehli** (Inder/Ausländer 5/100 Rs; 🕓 Sa–Do Sonnenaufgang–Sonnenuntergang). Das Grab aus Sandstein und Marmor liegt auf dem Dach einer Festung aus rotem Backstein. Es ist von zwölf Kuppeln umgeben und bietet eine hervorragende Aussicht. Die alte Medresse (Koranschule) beherbergt ein kleines **Archäologisches Museum** (Eintritt frei; 🕓 Sa–Do 10–17 Uhr) und auf der anderen Seite befinden sich ein Mogulgarten und die Ruinen einer Karawanserei.

Der **Parakeet-Tourismuskomplex** (☎ 230250; GT Rd, Pipli; Zi. 900–1100 Rs, Gerichte 40–95 Rs; ❄) hat gemütliche Zimmer und nette Gartenanlagen. Zudem sind eine Bar und ein Restaurant, das würziges Tandoori-Huhn serviert, vorhanden. Gleich nebenan ist das saubere **Oasis Fast Food** (Gerichte 30–60 Rs).

Vom Inter State Bus Terminal in Delhi fahren sehr häufig Busse (80 Rs, 3½ Std.) nach Pipli/Kurukshetra.

SÜDLICH & WESTLICH VON DELHI

Hunderte von Vogelarten, darunter Saras-Kraniche, tummeln sich im **Sultanpur Bird Sanctuary** (Inder/Ausländer 5/40 Rs; 🕓 April–Sept. 6.30–18 Uhr, Okt.–März bis 16.30 Uhr) 46 km südwestlich von Delhi. Von Oktober bis März ist die beste Besuchszeit; innerhalb einer Stunde bekommt man manchmal 20 Vogelarten und sogar Nilgai-Hirsche zu Gesicht. Übernachten kann man im **Rosy Pelican Complex** (☎ 0124-2375242; Hütten oder Zi. 900–1100 Rs; ❄) von Haryana Tourism. Von hier aus erwischt man die Piepmätze schon früh am Morgen und kann sich hinterher ein entspannendes Essen oder ein Bier genehmigen.

Leider ist die Anreise etwas schwierig. Von Delhi aus nimmt man ein Taxi (1000 Rs inkl. Rückfahrt) oder einen Bus nach Gurgaon. Von hier aus fahren vier oder fünf Busse täglich zum Schutzgebiet. Alternativ kann man auch den Zug in Richtung Rewari/Jaipur nehmen, in Garhi Harsaru aussteigen und die letzten 5 km mit einer Autoriksch zurücklegen.

Dampflokfans kommen beim **Heritage Loco Shed** (🕑 8–17 Uhr) in Rewari auf ihre Kosten. Ausgestellt sind Normal- und Schmalspurdampfloks; einige davon sind sogar fahrtüchtig. Vom Bahnhof in Rewari kommt man hierher, indem man eine Nebenstrecke fünf Minuten in westlicher Richtung entlanggeht.

Himachal Pradesh

Himachal Pradesh ist das Land der ewigen Schneegipfel. Hier gehen die Ebenen des Subkontinents in die Gipfel und Täler des mächtigen Himalaja über. Mit tiefen Tälern und reißenden Flüssen ist die Landschaft, in der sich Buddhistentempel in kahlen Bergwüsten mit fruchtbaren grünen Obstplantagen und relaxten Hill Stations abwechseln, atemberaubend.

So eine wunderbare Landschaft zieht einheimische und ausländische Reisende an. Shimla, die Sommerhauptstadt im British Raj, ist leicht zu erreichen – mit der ungewöhnlichsten Bergbahn überhaupt. Nach Norden geht's durch das Kullu-Tal nach Manali. Hippies und indische Flitterwöchner lieben es hier. Im Osten liegt das von Schluchten durchzogene Kangra-Tal mit seinen verstreuten Hügeln. Und darüber das beliebte Reiseziel McLeod Ganj, wo der Dalai Lama und eine große tibetische Gemeinde leben.

Diese großen Attraktionen stellen das westliche Himachal Pradesh in den Schatten, dessen aufregende Landschaft von all jenen besucht werden sollte, die sich gern abseits der üblichen Pfade bewegen. Das fruchtbare Kinnaur besteht aus einem Mix hübscher Bergdörfer auf dem ehrfurchtgebietenden Kinnaur-Kailash-Massiv. Näher an der tibetischen Grenze wechselt die Landschaft abermals zu den trockenen Gipfeln und Tälern von Spiti. Hier ist man in kultureller Nähe zu Ladakh.

In punkto Aktivitäten ist die Region kaum zu schlagen – sie schreit förmlich nach Trekkingtouren, und Adrenalinjunkies kommen bei den vielen Möglichkeiten für Adventuresport auf ihre Kosten.

Neben der Elektrizität, die Kraftwerke aus den vielen Bergflüssen gewinnen, ist der Tourismus Himachal Pradeshs Haupteinnahmequelle – warum, ist offensichtlich.

HIGHLIGHTS

- Im verblassten Glanz von **Shimla** (S. 276), der beliebtesten Hill Station im Britisch Raj, bei einer Tasse Tee dem alten England hinterherträumen
- In der atemberaubenden Bergwelt und der buddhistischen Kultur des **Spiti-Tals** (S. 332) Ruhe finden
- Auf dem **Manali–Leh-Highway** (S. 336), einem der höchsten befahrbaren Gebirgspässe der Welt, dem Himmel nahe kommen
- In **McLeod Ganj** (S. 293), der Heimat des Dalai Lama, mit tibetischen Flüchtlingen arbeiten und so gutes Karma bekommen
- In **Manali** (S. 321), dem Abenteuerspielplatz des indischen Himalaja, rund um die Stadt die Wildnis per Ski, Floß oder pedes erkunden
- Die üppigen Obstplantagen und bewaldeten Hänge des **Kinnaur-Tals** (S. 286), Himachals bestgehütetes Geheimnis, erkunden

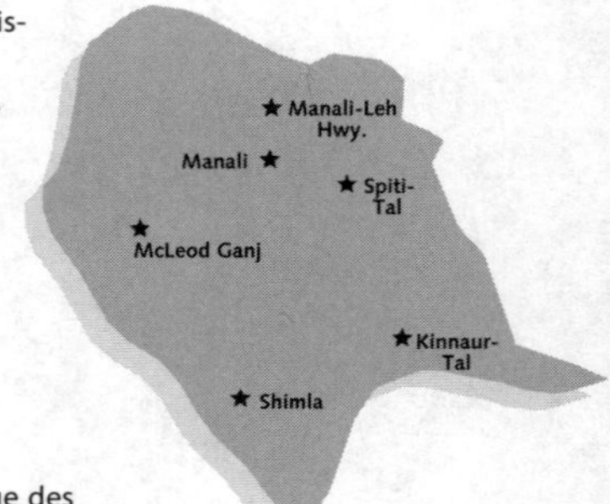

KURZINFOS

- Bevölkerung: 6,1 Mio.
- Fläche: 55 673 km²
- Hauptstadt: Shimla
- Hauptsprachen: Hindi und Pahari
- Reisezeit: Mitte Mai bis Mitte Oktober; Ende Dezember bis März (Wintersport)

Geschichte

Uralte Handelsrouten dominieren die Geschichte der Region, die starke kulturelle und kommerzielle Verbindungen zu Tibet, Zentralasien und Kaschmir hat. Radschas, Ranas und *thakurs* machten Himachal zu einem Flickenteppich aus winzigen Staaten; die politische Macht ging dabei von Kangra, Kullu und Chamba aus.

Einige der Himachal-Staaten wurden von bengalischen Königen regiert; am bekanntesten ist das 1527 gegründete Mandi. Im frühen Mittelalter gründeten Rajput-Abenteurer aus den Ebenen viele der Hügelstaaten; zu Beginn des 19. Jh. kontrollierten die Sikhs Großteile der Region, indem sie die Macht der örtlichen Maharadschas sicherten.

Die ersten westlichen Besucher waren Jesuiten-Missionare, die auf der Suche nach dem legendären Königreich Priester Johannes hierherkamen. Am Ende des 19. Jh. erschufen die Briten hier mit den Hill Stations Shimla (der Sommerhauptstadt im British Raj), Dalhousie und Dharamsala ein kleines Stück England. Später wurden Schmalspurbahnen durch die Täler nach Shimla und zum Kangra-Tal angelegt.

1948 wurde der Bundesstaat Himachal Pradesh gegründet, wodurch viele Dörfer

FESTE & FESTIVALS IN HIMACHAL PRADESH

Die hier genannten Festivals sind auf der Karte auf S. 247 f. eingezeichnet.

Ladarcha Fair (1; Juli; Ki, S. 334) Dieser uralte Markt wird entlang der alten Handelsrouten von Spiti veranstaltet. Zu sehen gibt's tanzende buddhistische Mönche, einen geschäftigen Markt und gelegentlich auch Büffelkämpfe.

Manimahesh Yatra (2; Juli/Aug.; bei Bharmour, S. 310) Eine Pilgerreise zum Manimahesh-See, einem der mystischen Wohnsitze Shivas. Die zweitägige Wanderung ist faszinierend und gipfelt in einem Bad in dem heiligen Gewässer.

Minjar (3; Aug.; Chamba, S.308) Erntefestival an den Ufern des Ravi. Dem Regengott Varuna werden während einer einwöchigen Feier mit Musik und Prozessionen Minjar – Maiskolben – geopfert.

Phulech (4; Sept.; Kalpa, S. 290; Sangla, S. 288) Blumenfestival in ganz Kinnaur zum Ende des Monsuns. Die besten Veranstaltungen gibt's in Kalpa und Sangla. Blumen werden gesammelt und den örtlichen Göttern geopfert, um für die kommende Ernte zu bitten; dabei wird viel getanzt und gefeiert.

Dussehra (5; Okt.; Kullu, S. 315; Sarahan, S. 287) In dieser Zeit in Kullu zu sein ist großartig, denn Dussehra ist hier ein riesiges und farbenfrohes Fest. Über 200 Götterbildnisse werden in die Stadt gebracht, um Raghunath (Rama) zu ehren. Dessen Bildnis wird von den Einwohnern, die um diese Ehre wetteifern, durch die Straßen gezogen und anschließend im Beas untergetaucht. Im Bhimakali-Tempel von Saharan wird Dussehra bekanntermaßen wesentlich blutiger gefeiert. Beim dazugehörigen Astomi-Ritual opfert man Bhimakali Tiere. Früher erlitten Menschen dasselbe Schicksal.

Lavi (6; Nov.; Rampur, S. 286) Mit einem der größten Handelsmärkte im indischen Himalaja erinnert dieses Festival an Rampurs frühere Vormachtstellung auf den Handelsrouten nach Tibet und Ladakh. Kaufleute und Bauern handeln mit allem möglichen, von Tieren bis Wolle. Drei Tage lang gibt's Freudenfeuer, Musik und Feste.

Renuka Mela (7; Nov.; Renuka-See, S. 285) Findet zehn Tage nach Diwali statt und dauert sechs Tage. Das Fest hat seinen Höhepunkt im symbolischen Bad der Bildnisse von Parshuram (die sechste Inkarnation Shivas) und der Göttin Renukaji in den heiligen Wassern des Sees. Folkloretänze und Theaterstücke werden aufgeführt. Außerdem ist dies eine beliebte Zeit, um Ehen anzubahnen.

International Himalayan Festival (8; 10.–12. Dez.; McLeod Ganj, S. 293) Das Festival erinnert an den Friedensnobelpreis des Dalai Lama und wirbt für Frieden und kulturelles Verständnis zwischen den Völkern der Welt. Aus dem ganzen Himalaja und aus anderen Ländern kommen Tranzgruppen für Aufführungen hierher.

Losar (9; Dez./Jan.; McLeod Ganj, S. 293; Ki, S. 334) Überall, wo es eine tibetische Gemeinde gibt, wird dieses Neujahrsfest gefeiert. Am schönsten ist es mit Prozessionen, viel Musik und Tanz im McLeod Ganj und in Ki. Zu diesem Zeitpunkt hält der Dalai Lama in McLeod Ganj oft Lehrvorträge, an denen jeder teilnehmen kann.

HIMACHAL PRADESH

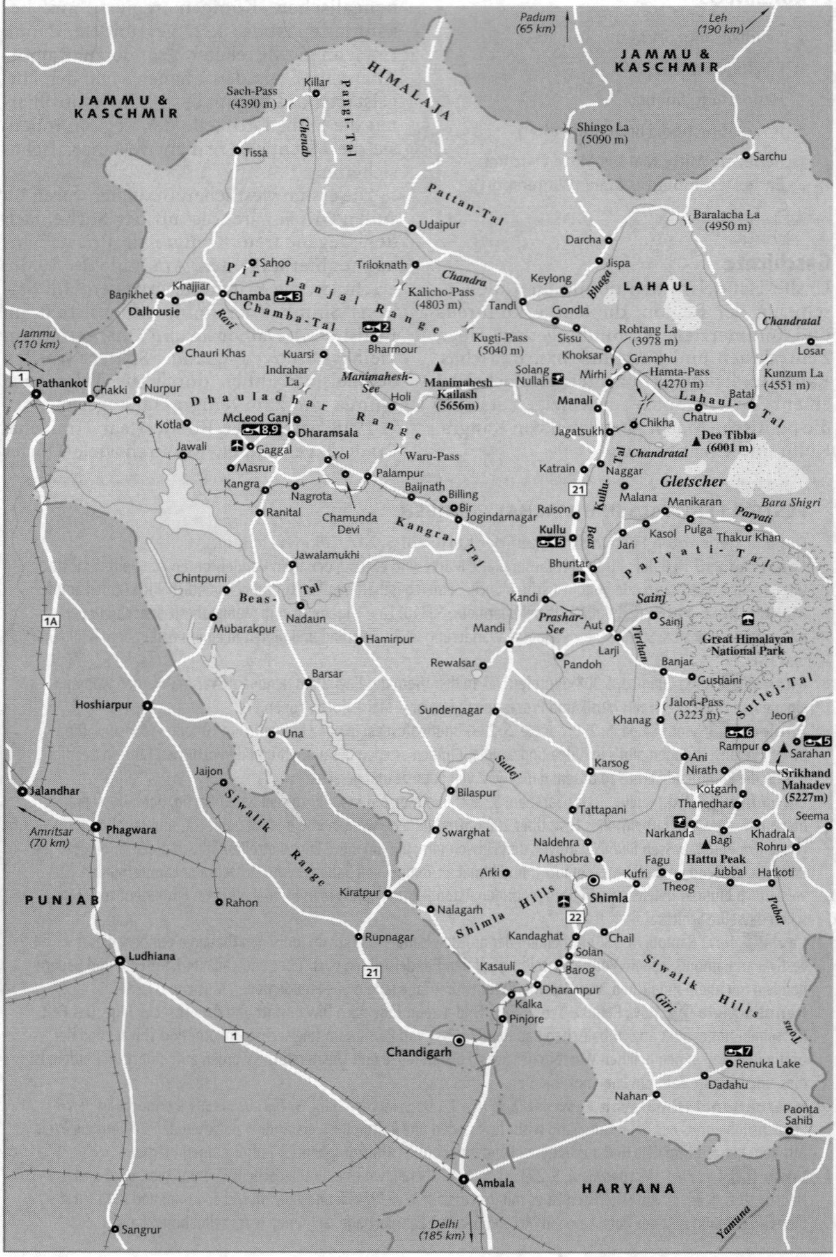

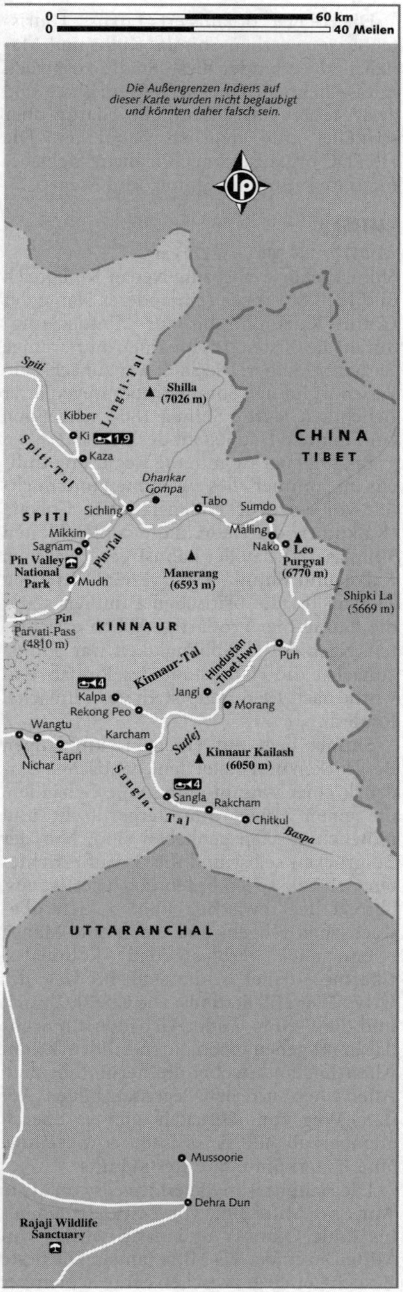

vom Feudalsystem befreit wurden. 1966 kamen die paharisprachigen Teile unter Punjabi-Verwaltung hinzu, darunter Kangra, Kullu, Lahaul und Spiti. 1971 bekam Himachal Pradesh schließlich den vollen Status eines Bundesstaates.

Geografie

Himachal Pradesh liegt mitten im Himalaja und ist von Bergen geprägt. Die höchsten Gipfel sind der Leo Purgyal (6791 m) bei Nako in Kinnaur, der Kinnaur Kailash (6050 m) über dem östlichen Kinnaur und der Deo Tibba (6001 m) nahe bei Manali.

Himachal besteht aus einer Reihe von Regionen mit jeweils eigener Kultur, die durch Bergketten voneinander getrennt sind. Der einzige Zugang zu manchen Gegenden sind die hohen Bergpässe, die im Winter oft tief eingeschneit sind, darunter z. B. der Rohtang La (3978 m) nach Lahaul, der Kunzum La (4551 m) nach Spiti und der Baralacha La (4950 m) nach Leh. Auf Tibetisch bedeutet „La“ „Pass“.

Das Lahaul-Tal wird vom Chandra geformt, der in nordwestlicher Richtung fließt; einige Ausläufer des Tals reichen bis nach Kaschmir. In der Nähe von Tibet fließt der Spiti nach Osten und dann nach Süden durch den gleichnamigen Distrikt, bevor er in Kinnaur in den mächtigen Sutlej mündet, der in den Punjab weiterfließt. Der Beas fließt durch das Kullu-Tal und erstreckt sich von Manali bis Mandi. Sein Wasser vereinigt sich mit dem des Parvati, bevor es in Richtung Westen weitergeht.

Im Westen des Bundesstaates liegen das friedliche Kangra-Tal und das großartig zerklüftete Chamba-Tal, die durch die schneebedeckte Dhauladhar Range voneinander getrennt sind. Die Pir Panjal Range trennt das Chamba-Tal von dem abgelegenen Pattan-Tal (oberes Chenab-River-Tal) im äußersten Norden.

Praktische Informationen

UNTERKUNFT

Himachal Pradesh ist in punkto Unterkünfte sehr gut ausgestattet. Die Hauptreisezeiten dauern von Mai bis Juli (wenn es in den Ebenen am heißesten ist) und von September bis November (Flitterwochensaison). Dann können die Unterkünfte an Orten wie Shimla oder Manali leicht knapp werden.

Die Preise in diesem Kapitel gelten für die Hauptsaison. In der Nebensaison beträgt der Preisnachlass oft 50 % oder mehr, was gute Mittelklassehotels auch für Reisende mit kleinem Geldbeutel erschwinglich macht. Man sollte daher immer nach Rabatt fragen. Die Preise in diesem Kapitel verstehen sich ohne Steuern.

Sofern nicht anders angegeben, haben alle Zimmer Boiler.

INNER-LINE-GENEHMIGUNGEN

Das indische Grenzgebiet nahe des chinesisch besetzten Tibets ist politisch heikel; daher brauchen Ausländer für die Reise von Tabo nach Rekong Peo eine Genehmigung. Um diese zu bekommen, sind zwei Passfotos sowie Fotokopien vom Ausweis- und Visateil des Reisepasses nötig.

Im Spiti-Tal erteilt das Büro des Assistant District Commissioner (S. 333) kostenlose Genehmigungen. Überall sonst in Himachal Pradesh sind direkte Anträge nicht mehr möglich, sodass man sich an ein Reisebüro wenden muss (meist kostet dies 100 Rs). Shimla, Rekong Peo und Manali sind gute Anlaufstellen für solche Anträge.

Die Genehmigungen gelten nur eine Woche und erlauben unterwegs keine Übernachtungen. Man sollte sich mit mindestens einem halben Dutzend Kopien ausrüsten, die man dann jeweils an den Checkpoints abgeben muss.

INFOS IM INTERNET

Gute Informationen zu Himachal Pradesh finden Touristen auf der offiziellen Website der Regierung, www.himachaltourism.nic.in sowie unter www.hptdc.nic.in, der Website der Himachal Pradesh Tourist Development Corporation (HPTDC).

KARTEN

Die HPTDC sowie Nest & Wings stellen verhältnismäßig genaue schematische Landkarten her, die in größeren HPTDC-Büros erhältlich sind.

TOURISTENINFORMATION

Die HPTDC betreibt neben der Touristeninformation auch eine Reihe von Hotels. Diese fungieren oft (wenn es sonst kein Touristenbüro gibt) als inoffizielle Touristenzentren, bei denen ähnliche Hotels und Touren gebucht werden können.

Die HPTDC organisiert „Luxus"-Touristenbusse zwischen Shimla, Kullu und Manali und verbindet diese Städte zusätzlich mit Delhi und Chandigarh. Diese Busse sind zwar teurer als öffentliche, dafür aber schneller und deutlich bequemer. Die HPTDC organisiert auch tägliche Sightseeingtouren rund um Shimla und Manali.

SHIMLA

☎ 0177 / 144 900 Ew. / 2205 m

Shimla gehörte einst zum Nepali-Königreich und hieß Shyamala (ein anderer Name der Göttin Kali) und bis zur „Entdeckung" durch die Briten 1819 kamen nur wenige Besucher hierher. Die Stadt war zunächst ein Ferienort für den Sommer, aber wegen ihrer Beliebtheit wurde Shimla 1864 schließlich zur Sommer-Hauptstadt des British Raj.

Bis 1939 packte nun die Regierung Indiens im Sommer alles zusammen und flüchtete vor der drückenden Hitze in Kolkata (Kalkutta) oder Delhi in die kühlen Höhen Shimlas. Der Bau der Bahnstrecke zwischen Kalka und Shimla 1903 vereinfachte den Zugang für die britischen Familien stark, die häufig hier großartige Villen errichteten. Nach der Unabhängigkeit war Shimla zunächst die Hauptstadt des Punjab und wurde nach 1966 Hauptstadt von Himachal Pradesh.

Shimla liegt auf einem 12 km langen Bergrücken und bietet den chaotischen Eindruck einer Ansammlung von Gebäuden, die einen Hügel hinuntergerutscht und plötzlich stecken geblieben sind. Nur der Bergrücken selbst und die darauf errichteten Gebäude sehen ordentlich befestigt aus. Shimla liegt zwischen kühlen kiefernbewachsenen Hügeln und bietet eine Menge (wenn auch verblassenden) kolonialen Charme – daher ist die Stadt für viele der Urtyp aller Hill Stations. Die Christ Church und die Pseudo-Tudor-Gebäude am Scandal Point geben einen guten Eindruck vom Alten England, wobei die herumtollenden Affen einen surrealen Gegensatz bilden. Auf dem Weg zum Himalaja gibt es überall atemberaubende Aussichten sowie einige gute Unterkünfte und Restaurants.

Die Hauptsaison dauert jeweils von Mitte April bis Mitte Juli, von Mitte September bis Ende Oktober und dann wieder von Mitte Dezember bis Mitte Januar. Die beste Besuchszeit liegt zwischen Mitte September

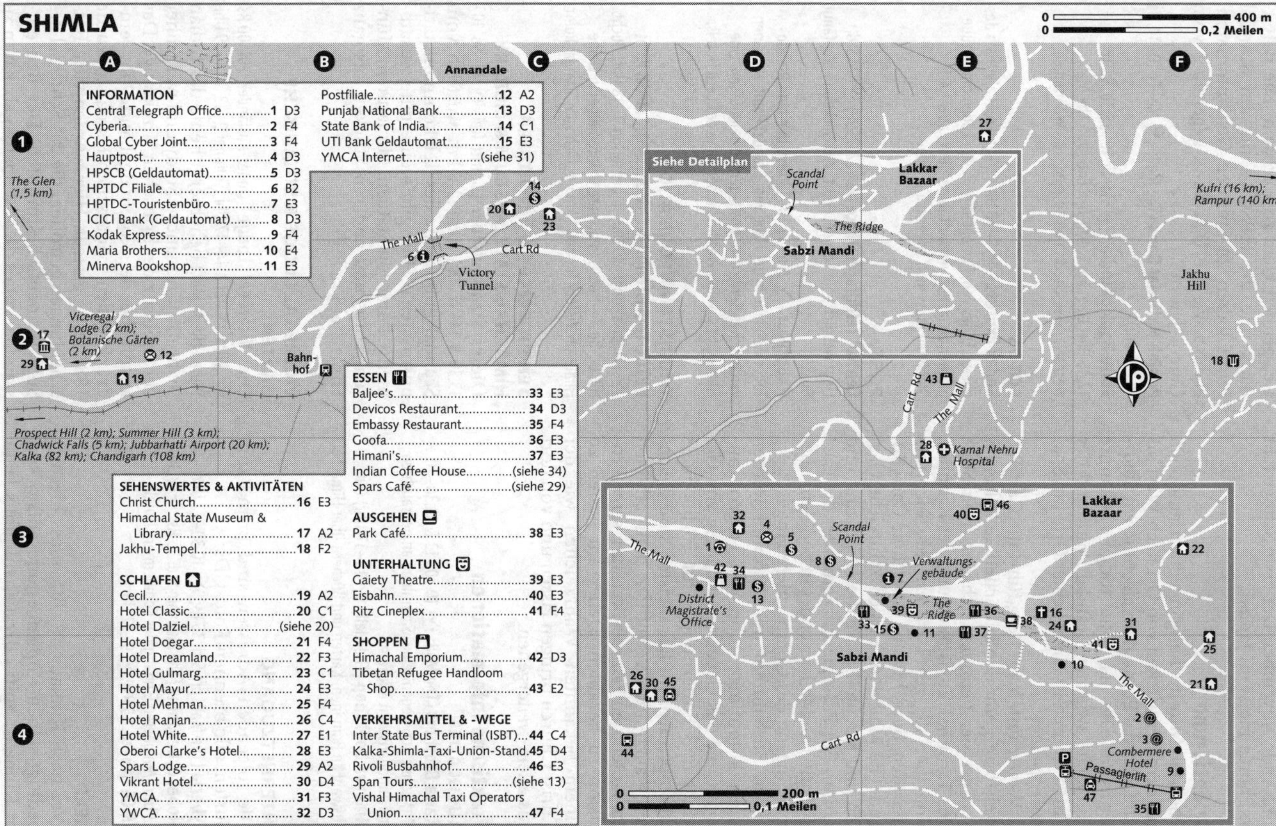
SHIMLA
0 400 m
0 0,2 Meilen
A
B
C
D
E
F
1
2
3
4
Annandale
INFORMATION
Central Telegraph Office 1 D3
Cyberia 2 F4
Global Cyber Joint 3 F4
Hauptpost 4 D3
HPSCB (Geldautomat) 5 D3
HPTDC Filiale 6 B2
HPTDC-Touristenbüro 7 E3
ICICI Bank (Geldautomat) 8 D3
Kodak Express 9 F4
Maria Brothers 10 E4
Minerva Bookshop 11 E3
Postfiliale 12 A2
Punjab National Bank 13 D3
State Bank of India 14 C1
UTI Bank Geldautomat 15 E3
YMCA Internet (siehe 31)
SEHENSWERTES & AKTIVITÄTEN
Christ Church 16 E3
Himachal State Museum & Library 17 A2
Jakhu-Tempel 18 F2
SCHLAFEN
Cecil 19 A2
Hotel Classic 20 C1
Hotel Dalziel (siehe 20)
Hotel Doegar 21 F4
Hotel Dreamland 22 F3
Hotel Gulmarg 23 C1
Hotel Mayur 24 E3
Hotel Mehman 25 F4
Hotel Ranjan 26 C4
Hotel White 27 E1
Oberoi Clarke's Hotel 28 E3
Spars Lodge 29 A2
Vikrant Hotel 30 D4
YMCA 31 F3
YWCA 32 D3
ESSEN
Baljee's 33 E3
Devicos Restaurant 34 D3
Embassy Restaurant 35 F4
Goofa 36 E3
Himani's 37 E3
Indian Coffee House (siehe 34)
Spars Café (siehe 29)
AUSGEHEN
Park Café 38 E3
UNTERHALTUNG
Gaiety Theatre 39 E3
Eisbahn 40 E3
Ritz Cineplex 41 F4
SHOPPEN
Himachal Emporium 42 D3
Tibetan Refugee Handloom Shop 43 E2
VERKEHRSMITTEL & -WEGE
Inter State Bus Terminal (ISBT) 44 C4
Kalka-Shimla-Taxi-Union-Stand 45 D4
Rivoli Busbahnhof 46 E3
Span Tours (siehe 13)
Vishal Himachal Taxi Operators Union 47 F4
The Glen (1,5 km)
Viceregal Lodge (2 km); Botanische Gärten (2 km)
Bahnhof
Prospect Hill (2 km); Summer Hill (3 km); Chadwick Falls (5 km); Jubbarhatti Airport (20 km); Kalka (82 km); Chandigarh (108 km)
The Mall
Cart Rd
Victory Tunnel
Siehe Detailplan
Scandal Point
Lakkar Bazaar
The Ridge
Sabzi Mandi
Kufri (16 km); Rampur (140 km)
Jakhu Hill
Kamal Nehru Hospital
Verwaltungsgebäude
District Magistrate's Office
Combermere Hotel
Passagierlift
0 200 m
0 0,1 Meilen

und Ende November. Der erste Schnee fällt in Shimla meist im Januar.

Orientierung

The Mall (nur für Fußgänger) verläuft oben auf dem Bergrücken von Ost nach West bis zum Scandal Point, dem eigentlichen Stadtzentrum. Die als „The Ridge" bekannte Freifläche zwischen Scandal Point und der Christ Church ist ein beliebter Ort zum Spazierengehen.

Weiter unten am Berg führt die Cart Rd. kreisförmig um den südlichen Teil Shimlas herum; hier befinden sich das Inter State Bus Terminal, Taxistände und der Bahnhof. Von hier aus geht's in fast jede Richtung steil den Berg hinauf. Zwischen Cart Rd. und The Mall winden sich zahlreiche Gassen und belebte Basare die Hügel rauf und runter. Ein Passagierlift verbindet die Cart Rd. mit The Mall; er endet neben dem oberen Eingang des Combermere Hotels.

Am Busbahnhof und Bahnhof werden Neuankömmlinge sofort von Trägern umlagert, die das Gepäck – abhängig von Gewicht und Entfernung – für 30 bis 50 Rs schleppen wollen. Die meisten sind gleichzeitig auch noch Vermittler; dann erhöhen die Hotels den Zimmerpreis, um seine Provision zu bezahlen. Daher am besten zu einem bekannten Wahrzeichen wie der Christ Church bringen lassen und von dort aus allein weitergehen.

Praktische Informationen

BUCHLÄDEN

Maria Brothers (The Mall; 🕑 10.30–13 & 15.30–20 Uhr) Lohnt sich wegen seiner Sammlung an gebrauchten und antiquarischen Büchern.

Minerva Bookshop (The Mall; 🕑 10–17 Uhr) Gute Auswahl an Romanen, Karten und Büchern über Himachal Pradesh.

INTERNETZUGANG

Die folgenden Adressen sind prima zum Surfen; alle brennen Foto-CDs:

Cyberia (The Mall; pro Std. 35 Rs; 🕑 10.30–22 Uhr)

Global Cyber Joint (The Mall; pro Std. 35 Rs; 🕑 8.30–22 Uhr) Am oberen Eingang des Combermere Hotels.

YMCA (pro Std. 35 Rs; 🕑 9–22 Uhr)

GELD

Wer nach Kinnaur möchte, muss hier unbedingt seinen Rupienbestand aufstocken; in Kinnaur, Spiti oder Lahaul gibt's keine Gelegenheit Geld zu wechseln. Die ICICI-Bank und die HPSCB-Bank am Scandal Point haben 24-Stunden-Geldautomaten, ebenso wie die UTI-Bank gegenüber vom Gaiety-Theater.

Punjab National Bank (The Mall; 🕑 Mo–Fr 10–14, Sa 10–12 Uhr)

State Bank of India (🕑 Mo–Fr 10–15.30, Sa 10–12.45 Uhr) Liegt am westlichen Ende von The Mall; wechselt Reiseschecks und ausländische Währungen.

FOTOS

Kodak Express (🕑 9–18 Uhr) Liegt direkt oberhalb des oberen Endes vom Passagierlift. Bester Laden um Abzüge machen zu lassen; verkauft Bilderfilme, aber nach Diafilmen muss man anderswo suchen.

POST

Central Telegraph Office (Fax 2202598; 🕑 24 Std.) Liegt westlich vom Scandal Point. Verschickt und empfängt Faxe.

Hauptpost (🕑 Mo–Sa 10–17 Uhr) In einem Pseudo-Tudor-Gebäude in der Nähe vom Scandal Point. Hat einen verlässlichen Service für postlagernde Sendungen. Eine Filiale gibt's weiter westlich in der Nähe des Cecil Hotels.

TOURISTENINFORMATION

HPTDC-Touristenbüro (☎ 2252561; Scandal Point; 🕑 Hauptsaison 9–20 Uhr, Nebensaison 9–18 Uhr) Bucht HPTDC-Busse, Hotels und Touren. Unterhält eine kleine Filiale am Victory Tunnel, 1 km westlich vom Scandal Point.

Sehenswertes & Aktivitäten

HIMACHAL STATE MUSEUM & LIBRARY

Dieses **Staatsmuseum** (Eintritt frei; 🕑 Di–So 10–13.30 & 14–17 Uhr) liegt 2,5 km westlich vom Scandal Point nahe des Telekommunikationsmastens. Hier gibt's eine gute Zusammenstellung von Statuen, Miniaturen, Münzen, Fotos und anderen Stücken aus ganz Himachal Pradesh.

VICEREGAL LODGE & BOTANISCHE GÄRTEN

Die **Viceregal Lodge** (Inder/Ausländer 20/100 Rs; 🕑 Winter 9–13 & 14–17 Uhr, Sommer 9–13 & 14–19 Uhr, Touren alle 30 Min.) beherbergt heute das Indian Institute of Advanced Study und war früher der Amtssitz der britischen Vizekönige. Das ansprechende Kolonialgebäude im eindrucksvollen schottischen Feudalstil wurde 1888 fertig gestellt. Hier wurden viele Entscheidungen getroffen, die das Schicksal des Subkontinents bestimmten. Der Bau entstand, bevor es die Eisenbahn gab; kaum zu glauben, dass jeder einzelne Backstein mit Maultieren herangeschafft wurde.

Vom Museum zur Lodge ist es ein angenehmer, 2 km langer Spaziergang (ca. 4,5 km vom Scandal Point entfernt), die Beschilderung lässt aber zu wünschen übrig. Am besten in Richtung des riesigen Telekommunikationsmasts gehen. Wenn man schon mal hier ist, kann man auch in Ruhe die Rasenflächen und die **Botanischen Gärten** erkunden und sich hinterher mit einem Besuch des kleinen Cafés belohnen.

Gegenüber des Eingangs der Lodge befindet sich eine kleine **Voliere** (Eintritt 5 Rs; ⌚ Di–So 10–17 Uhr), in dem neben anderen Vögeln auch Königs-Glanzfasane (Himachals Wappenvogel) leben.

CHRIST CHURCH

Die **Christ Church** ist die zweitälteste Kirche in Nordindien (die älteste steht in Ambala) und wurde zwischen 1846 und 1857 errichtet. Sie ist eins von Shimlas Wahrzeichen und für ihre Buntglasfenster berühmt. Die Gedenktafeln im Inneren sind eine interessante Lektüre.

JAKHU-TEMPEL

Der **Jakhu-Tempel** liegt östlich vom Stadtzentrum nahe des höchsten Punkts der Shimla Ridge (2455 m). Er bietet eine tolle Aussicht auf Shimla und die umliegenden Täler bis zu den schneebedeckten Gipfeln und ist dem Affengott Hanuman geweiht. Passenderweise leben rund um den Tempel viele Affen. Vom Scandal Point aus geht's in einem 45-minütigen steilen Aufstieg zum Tempel; am besten über den Pfad, der in östlicher Richtung vom Hotel Dreamland wegführt. Der Sonnenaufgang ist eine gute Besuchszeit, es gibt auch ein kleines Café.

AFFENTHEATER

In Shimla leben viele äußerst dreiste Affen. Daher immer die Hotelfenster geschlossen halten und keine Wäsche auf den Balkon hängen! Besonders am Jakhu-Tempel sind sie eine rechte Plage, blecken die Zähne und gehen jedem gehörig auf die Nerven, in dessen Tasche etwas Essbares sein könnte. Shimlas Behörden sind sich ihres affigen Problems bewusst und fangen immer wieder eine Horde Affen ein, die in Parks in Tadschikistan gebracht werden – wo man offenbar gar nicht genug von ihnen kriegen kann.

SPAZIERENGEHEN

Von Shimla aus kann man mehrere interessante kurze Wanderungen machen.

The Glen liegt 4 km westlich vom Scandal Point und ist ein ehemaliges Sportgelände der reichen britischen Kolonialisten. Hier war früher ein berühmter Rennplatz und bis heute werden hier Cricket und Polo gespielt. Die Abzweigung zu The Glen liegt auf dem Weg zum Landesmuseum; die Strecke führt durch **Annandale**, ein weiteres schönes Gebiet.

5 km weiter in **Summer Hill** (an der Bahnlinie zwischen Shimla und Kalka) lassen sich angenehme Spaziergänge im Schatten genießen. Mahatma Gandhi wohnte hier einmal im Raj Kumari Amrit Kaur Mansion. In der gleichen Richtung (2 km weiter westlich) liegen die **Chadwick-Wasserfälle** (67 m hoch). Der Besuch lohnt sich aber nur während oder kurz nach dem Monsun (Juli–Okt.).

Der **Kamna-Devi-Tempel** steht in **Prospect Hill** 5 km westlich von Shimla und bietet eine ausgezeichnete Aussicht. Von Boileauganj in Shimlas Außenbezirk kann man in 15 Minuten hinaufsteigen.

Geführte Touren

In der Hauptsaison organisiert die HPTDC täglich Sightseeing-Touren. Sie beginnen um 10.30 Uhr am Rivoli-Busbahnhof und enden am Passagierlift an der Cart Rd. Zu den möglichen Touren gehören: Kufri, Naldehra, Fagu und Mashobra (160 Rs) oder Kufri, Chini, Chail und Naldehra (172 Rs).

Die Taxigesellschaften haben ebenfalls eintägige Sightseeing-Touren über Kufri, Naldehra, Fagu und Mashobra (670 Rs) im Programm; oder es geht nach Mashobra, Naldehra und Tattapani (8300 Rs).

Schlafen

Shimla ist ein beliebtes Flitterwochenziel, daher können Unterkünfte in der Hauptsaison teuer sein. Außerhalb davon ist aber fast immer ein Preisnachlass drin. Manche Budget- und die meisten Mittelklassehotels sorgen im Winter für Heizung, verlangen dafür aber einen Aufpreis. Alle Spitzenklassehotels haben Zentralheizung. Das Provisionsgeschäft blüht; falls das jeweilige Hotel keine Provision zahlt, werden die Vermittler potentiellen Gästen erzählen, dass es entweder geschlossen oder voll belegt ist.

BUDGETUNTERKÜNFTE

YMCA (☎ 2650021; Fax 2211016; EZ/DZ mit Gemeinschaftsbad 173/346 Rs, mit eigenem Bad 350/500 Rs; 💻) Das YMCA liegt an einem Sträßchen, das am Ritz Cineplex vorbeiführt. Hier sind alle Gäste willkommen, unabhängig von Geschlecht und Alter, auch wenn die Vermittler etwas anderes erzählen – das YMCA zahlt eben keine Provision. Shimlas beste Budgetoption, ein großes, altes und alteingesessenes Haus mit einfachen Zimmern, sollte in der Hauptsaison im Voraus gebucht werden. Vor 19 Uhr ist nicht allzu viel heißes Wasser zu erwarten.

YWCA (☎ 2803081; Zi. mit Gemeinschaftsbad & kostenlosem heißen Wasser in Eimern 150 Rs, mit eigenem Bad 350–500 Rs) Das Haus steht jedermann offen und liegt oberhalb der Hauptpost. Erreicht nicht ganz den Standard des YMCA und ähnelt einem alten Internat, das mal eine Renovierung nötig hätte. Günstig gelegen und preiswert, hat aber schon bessere Tage gesehen.

Hotel Classic (☎ 2653078; Fax 2802646; EZ/DZ 400/700 Rs) Freundliches und bequemes Hotel abseits von The Mall, das man in einem kurzen Fußmarsch vom Bahnhof aus erreichen kann. Die angenehmen, gepflegten Zimmer mit toller Aussicht schlagen eine Brücke zwischen Budget und Mittelklasse.

Hotel Dreamland (☎ 2806897; EZ/DZ ab 300/500 Rs, Luxus-Zi. ab 700 Rs) Das gepflegte, beliebte Hotel lässt sich über einen steilen Aufstieg hinter The Ridge erreichen. Die Zimmer sind sauber und ordentlich – die Einzelzimmer sind zwar etwas klein, dafür haben aber alle TV und eine tolle Aussicht.

Hotel Ranjan (☎ 2652818; DZ 120–300 Rs) Liegt in der Nähe vom Inter State Bus Terminal (ISBT) und der lauten Cart Rd. Man merkt dem Hotel die 100 Jahre an, die es bereits auf dem Buckel hat. Die Zimmer sind eher mittelmäßig; dafür liegt das Hotel recht günstig, um am frühen Morgen einen Bus zu erwischen.

Vikrant Hotel (☎ 2653602; B 75 Rs, DZ 200–500 Rs) Liegt in der Nähe vom Hotel Ranjan und hat etwas bessere Zimmer. Dennoch zahlt man hier eher für die günstige Lage als für eine schicke Einrichtung.

MITTELKLASSEHOTELS

Spars Lodge (☎ 2657908; EZ/DZ 600/900 Rs) Nette kleine Lodge direkt oberhalb des Museums. Gemütlich und einladend, mit sonnigen Zimmern und einer bequemen Lounge. Hat eine Terrasse mit toller Aussicht und ein prima Café.

Hotel Dalziel (☎ 2652394; hoteldalziel@hotmail.com; Zi. 500–700 Rs) Das Dalziel liegt in der Nähe vom Hotel Classic. Das dunkle Holzinterieur sorgt für die Atmosphäre einer Jagdhütte. Gutes Preis-Leistungs-Verhältnis; der Zimmerpreis scheint von Größe und Qualität des Fernsehers abzuhängen.

Hotel Gulmarg (☎ 2653168; gulmarg70@yahoo.com; unterhalb von The Mall; Zi. 450–1650 Rs) Ein Hotel mit verwirrend vielen Namenszusätzen – es wird auch New Gulmarg oder Gulmarg Regency genannt. Großes Hotel mit einer guten Auswahl an Zimmern zu verschiedenen Preisen. Die billigeren Zimmer scheinen den Betonbunker-Chic pflegen zu wollen.

Hotel Mayur (☎ 2652392; hotel_mayur@vsnl.com; Zi. 975–1375 Rs) Liegt oberhalb der Christ Church und hat ordentlich große, angenehme Zimmer sowie ein Restaurant in der Lobby.

Hotel White (☎ 2655276; Zi. 500–1600 Rs) Ein freundliches Hotel nahe beim Lakkar Bazaar mit bequemen Doppelzimmern. Je höher der Preis, desto größer und gepflegter werden die Zimmer. Von den besten hat man eine atemberaubende Aussicht den Bergrücken hinunter.

Hotel Doegar (☎ 2811927; The Ridge; DZ 750–1500 Rs) Eines von einem Dutzend Flitterwochenhotels. Liegt zu Fuß fünf Minuten östlich der Christ Church. Nettes Hotel mit kuscheligen Doppelzimmern. Als Bonus gibt's eine Dachterrasse.

Hotel Mehman (☎ 2813692; Zi. 800–1100 Rs) Ein modernes Hotel direkt oberhalb vom Hotel Doegar. Hat saubere Zimmer mit Teppichboden. Die Suiten mit runden Betten und Spiegeln an der Decke machen Spaß, die etwas nüchteren Luxus-Doppelzimmer sind aber genauso gemütlich.

SPITZENKLASSEHOTELS

Cecil (☎ 2804848; reservations@thececil.com; EZ/DZ ab 145/165 US$; ❄ 💻 🏊) Der spektakuläre grünweiße Gebäudekomplex am westlichen Ende von The Mall ist das edelste Hotel in Shimla. Von einem zentralen Atrium geht's in die vornehmen Zimmer. Das Cecil hat auch eine luxuriöse Bar und ein wunderbares Restaurant.

Oberoi Clarke's Hotel (☎ 2651010; clarkes@sancharent.in; Zi. mit Frühstück/Vollpension ab 95/130 US$; ⌘) Eines von Shimlas ältesten Hotels. Es steht am südöstlichen Ende von The Mall und hat große und bequeme Zimmer. Die Gemälde und Kunstwerke an den Wänden verleihen dem Ganzen eine angenehm authentische Atmosphäre.

Essen & Ausgehen

Baljee's (The Mall; Gerichte 30–100 Rs) Das Baljee's liegt nahe beim Touristenbüro. Eine tolle Frühstückslocation mit gediegenem Service. Vorne gibt's eine Bäckerei und ein Fenster für den Eis-Straßenverkauf.

Himani's (The Mall; Gerichte 60–150 Rs; ⏲ 10–22.30 Uhr) Serviert leckere südindische Gerichte. Oben isst sich's besser, da das Erdgeschoss mit Spielautomaten zugestellt ist. Hat auch eine Bar.

Indian Coffee House (The Mall; Gerichte 20–60 Rs; ⏲ 8.30–20.30 Uhr) Liegt nahe der Punjab National Bank und hat eine Stammkundschaft, die vor allem aus Bürohengsten besteht. Der beste Ort für Snacks und überdurchschnittlichen Kaffee, unter den Deckenventilatoren serviert von Kellnern mit Kummerbund.

Devicos Restaurant (The Mall; Gerichte 25–90 Rs; ⏲ 9.30–23 Uhr) Drei verschiedene Restaurantbereiche stehen zur Wahl: die Ecke im Fast-Food-Style beim Eingang – hier gibt's tolles *masala dosa* (Gemüse-Curry im knusprigen Pfannkuchen) –, das indisch-chinesische Restaurant im Unter- oder die schicke Bar im Erdgeschoss. Es lohnt sich definitiv, alle Bereiche zu besuchen.

Spars Café (Gerichte ab 50 Rs) Kleines Lokal in der Spars Lodge, in dem eine phantastische Butterforelle (250 Rs) und ganztägig ein magenfüllendes englisches Frühstück (150 Rs) serviert werden.

Chinatown (The Mall; Gerichte 35–110 Rs; ⏲ 11–23 Uhr) Hinter einem riesigen Eingang verbirgt sich ein überraschend kleines Restaurant. Die chinesischen Gerichte wurden probiert und für gut befunden. Kuriositäten wie das Käse-Chow-Mein mit Sauce lockern die Speisekarte auf.

Park Café (The Ridge; Gerichte ab 40 Rs) Café mit Studenten-/Backpacker-Atmosphäre ein paar Schritte oberhalb von The Mall. Ideal für ein paar Drinks bei relaxter Musik am späten Abend.

Goofa (The Ridge; Gerichte 50–120 Rs) Wird von der HPTDC geleitet. Angenehm gedämpftes Licht und Sitzecken sorgen hier für Bar-Ambiente. Nullachtfünfzehn-Speisekarte mit indischen und chinesischen Standardgerichten.

Embassy Restaurant (The Mall; Gerichte 30–100 Rs; ⏲ 10–22 Uhr) Ein Nichtraucher-Restaurant im Kantinenstil nahe beim oberen Ende des Lifts. Serviert tolle Sandwiches und noch bessere hausgemachte Kuchen. Ein leckeres indisches Frühstück kostet 30 Rs.

Cecil (The Mall; Hauptgerichte ab 400 Rs) Hier lässt sich mit einem Hauch von Luxus schlemmen: Aufwändige Einrichtung, prima Weinkarte und Gourmetküche mit Gerichten aus der ganzen Welt.

Unterhaltung

Die beliebteste Art der Unterhaltung hier ist es, The Mall und The Ridge entlang zu schlendern und zu beobachten, wie jeder jeden beobachtet. Neben dem Rivoli-Busbahnhof gibt's eine **Eisbahn** (⏲ Winter) – einfach den Hinweisschildern ab dem Scandal Point folgen.

Gaiety-Theater (☎ 2205639) War zur Zeit der Recherche wegen Renovierung geschlossen, doch sein Dekor ist auch dann sehenswert, wenn keine Shows stattfinden. Das Programm des Ritz Cineplex nahe der Christ Church besteht größtenteils aus Bollywood-Schinken.

Shoppen

Das **Himachal Emporium** (The Mall) nahe von The Ridge verkauft eine ganz annehmbare Auswahl an Handwerksprodukten aus der Region. Der **Tibetan Refugee Handloom Shop** (The Mall) am anderen Ende von The Mall dient als Showroom für ein örtliches Entwicklungsprojekt und bietet Teppiche, Kleidung und andere Handwerksprodukte aus Tibet an.

Nördlich von The Ridge liegt der geschäftige **Lakkar Bazaar**, Shimlas größter Souvenir-Markt. Hölzerne Massageräder und Kinnauri-Mützen sind günstige und leichte Erinnerungsstücke.

Früchte, Gemüse und fast alles andere gibt's auf dem **Sabzi Mandi** (Gemüsemarkt) zwischen The Ridge und Cart Rd. Das lebhafte Chaos auf den Straßen bildet einen erfrischenden Gegensatz zur eher vornehmen The Mall.

An- & Weiterreise

FLUGZEUG

Der Jubbarhatti Airport 23 km südlich von Shimla wird von kleineren Flugzeugen angeflogen – beim Gepäck gilt daher eine Gewichtsbeschränkung von 10 kg. **Indian Airlines** (☎ 2658014) fliegt täglich von Delhi nach Shimla (115 US$) und weiter zum Kullu-/Manali Airport in Bhuntar (70 US$).

Jagson Airlines (☎ 2625177) bedient montags, mittwochs und freitags dieselben Strecken (125 US$ nach Shimla, 85 US$ nach Kullu). Bei schlechtem Wetter in den Bergen werden Flüge manchmal komplett gestrichen.

Flüge kann man bei den Reisebüros an The Mall buchen – **Span Tours** (☎ 2660850; Fax 2201300) hat einen guten Ruf. Es gibt keine passende Busverbindung zum Flugplatz, daher muss man ein Taxi (410 Rs) nehmen.

BUS

Das große und chaotische **Inter State Bus Terminal** (ISBT; Cart Rd) hat einen **computergestützten Buchungsstand** (Schalter 9), an dem Tickets bis zu einem Monat im Voraus gebucht werden können.

Alle zwei Stunden fahren Busse nach Manali (216 Rs, 10 Std.), sie halten unterwegs in Kullu (171 Rs, 7½ Std.). Ebenfalls alle zwei Stunden gehen Busse nach Dharamsala (200 Rs, 10 Std.), und es besteht regelmäßig Verbindung nach Mandi (112 Rs, 6 Std.) und Chandigarh (88 Rs, 4 Std.).

Zwischen 8 und 21.30 Uhr fahren alle paar Stunden Busse nach Delhi (Normal/Deluxe 220/430 Rs, 9 Std.). Vier Busse gehen jeweils nach Haridwar (210 Rs, 10 Std.) und Dehra Dun (174 Rs, 9 Std.); alle halten unterwegs in Paonta Sahib (140 Rs, 6 Std.).

Busse zu Fahrtzielen östlich von Shimla starten am Rivoli-Busbahnhof auf der Nordseite des Bergrückens. Alle 90 Minuten gehen Busse nach Narkanda (70 Rs, 2½ Std.), sechs davon fahren weiter nach Rampur (100 Rs, 5 Std.). Busse nach Rekong Peo (181 Rs, 10 Std.) verlassen den Busbahnhof um 4.30 und 11.25 Uhr.

Die Direktverbindung nach Sangla (143 Rs, 10 Std.) fährt um 7.30 Uhr; andernfalls irgendeinen Bus Richtung Rekong Peo nehmen und in Karcham (168 Rs, 9 Std.) umsteigen. Von hier aus fahren Busse unregelmäßig hinauf nach Sangla (15 Rs, 40 Min.). Busse nach Saraha (104 Rs, 7½ Std.) fahren um 3.30, 9.45 und 10.10 Uhr.

Nach Tattapani, Kasauli und zu Zielen auf dem Weg nach Kalka oder Narkanda entlang der Cart Rd. in einen der regelmäßigen abfahrenden Regionalbusse steigen.

Reisebüros in The Mall haben private Deluxe-Nachtbusse (mit gegenüberliegenden Doppelsitzen) nach Manali (350 Rs, 9 Std.) und Delhi (300 Rs, 8½ Std.) im Angebot. In der Hauptsaison bietet die HPTDC Deluxe-Busse um 8 und 20 Uhr nach Manali (300 Rs, 10 Std.) sowie um 20 Uhr einen Nachtbus nach Delhi (über Chandigarh; 350 Rs, 10 Std.) an. Diese Busse lassen sich beim Touristenbüro am Scandal Point buchen; sie fahren an dessen Filiale beim Victory Tunnel ab.

TAXI

In Shimla gibt es zwei Taxigesellschaften mit jeweils denselben Festpreisen. Die **Kalka-Shimla Taxi Union** (☎ 2658225) hat ihren Stand neben dem ISBT. Die **Vishal-Himachal Taxi Union** (☎ 2657645) hat ihre Zentrale am Fuß des Passagierlifts.

Beispiele für Taxipreise (einfache Fahrtstrecke ab Shimla): Naldehra (410 Rs), Tattapani (870 Rs), Chail (870 Rs), Kasauli (870 Rs), Chandigarh (1020 Rs), Dehra Dun (2650 Rs), Dharamsala (2550 Rs), Kullu (2200 Rs), Manali (2250 Rs) und Kalpa/Rekong Peo (3000 Rs).

ZUG

Das **Reservierungsbüro** (☎ 2652915; 🕑 Mo–Sa 8–17, So 8–14 Uhr) am Bahnhof nimmt Buchungen für jeden Zug im ganzen indischen Streckennetz entgegen.

Die Fahrt von Delhi nach Shimla beinhaltet den Wechsel von Normalspur- auf Schmalspurgleise in Kalka nördlich von Chandigarh. Hier beginnt die Shimla-Minibahn ihren gewundenen Aufstieg durch die Hügel. Während sich die winzige Bahn die 93 km nach Shimla den Berg hinaufschlängelt, passiert sie die unglaubliche Zahl von 103 Tunnels. Keine Frage: die Strecke ist wunderschön.

Normale Züge (19/142 Rs in 2. Klasse/Chair class) fahren um 4, 5.30, 6 und 12.10 Uhr von Kalka den Berg hinauf und kehren um 10.35, 14.25, 17.30 und 18.05 Uhr wieder zurück. Der schicke *Shivalik Express* (37/280 Rs in 2./1. Klasse) verlässt Kalka um 5.30 Uhr und kommt um 17.30 Uhr wieder zurück (1. Klasse inkl. Essen). In der

Hauptsaison fahren zusätzliche Züge, und es werden Ausflüge mit einem Dampfzug angeboten. Am Bahnhof gibt's weitere Informationen.

Shimla ist am schnellsten mit dem *Himalayan Queen* (71/247 Rs in 2. Klasse/Chair Class, 264 km), der um 6 Uhr vom Bahnhof in New Delhi abfährt, zu erreichen. Er kommt um 11.40 in Kalka an. Das reicht problemlos für den Zug um 12.10 nach Shimla. Umgekehrt ist auch der Zug um 10.35 ab Shimla auf den *Himalayan Queen* in Kalka abgestimmt, der um 22.45 Uhr in New Delhi ankommt. Die beste Verbindung per Nachtzug ist der *Shivalik Express* um 17.30 Uhr, mit dem der Kalka-Howrah Mail (115/322/519 Rs in Sleeper Class/3AC/2AC) um 23.45 Uhr locker zu erreichen ist. Dieser kommt morgens um 6.25 Uhr in Old Delhi an.

Unterwegs vor Ort

Meist ist man hier zu Fuß unterwegs. Damit das Gepäck nicht den Berg hinauf geschleppt werden muss, gibt's den zweiteiligen **Lift** (7 Rs; ⌚ Hauptsaison 8–22.30 Uhr, Nebensaison 8–20 Uhr), der vom östlichen Ende der Cart Rd. zu The Mall hinauffährt. Taxis vom Bahnhof zum Fußende des Lifts kosten ungefähr 60 Rs.

RUND UM SHIMLA

Von Shimla nach Tattapani

Die Strecke zwischen Shimla und Tattapani führt durch eine grandiose Landschaft. Die Täler schneiden tief in die Landschaft ein, in der Laubbäume die Kiefernwälder ablösen. Die Straße führt über die Spitze eines hohen Bergrückens, bevor sie sich in ein anderes Tal hinabwindet und den Abstieg zum Sutlej und nach Tattapani beginnt.

12 km von Shimla entfernt liegt das kleine Dorf **Mashobra.** Von hier aus kann man einige schöne Wanderungen zwischen Zedern unternehmen, z. B. nach **Seepur**, wo in jedem Mai ein Jahrmarkt stattfindet. Seepur ist eine kleine verstreute Siedlung, die entlang der Talseite östlich von Mashobra per Straße und Weg erreicht werden kann. Sehenswert ist hier der orangene **Holztempel**, der Shiva geweiht ist und im traditionellen Himachal-Pradesh-Stil mit aufwändigen Holzschnitzereien errichtet wurde.

15 km nördlich von Mashobra befindet sich das Dorf **Naldehra** mit seinem berühmten **Golfplatz** (Inder/Ausländer 100/450 Rs; ⌚ März–Nov. 7–19 Uhr) wunderbar zwischen Zedernbäumen gelegen.

Das **Hotel Gables** (☎ 0177-2480171; Zi. 2200–3200 Rs; ✖) ist die einzige Unterkunft in Mashobra; es verbindet koloniale Architektur mit modernem Service und Komfort. Zimmer und Bar/Restaurant bieten Panoramablicke auf die Berge. In Mashobra gibt es ein oder zwei *dhabas*.

Nach etwa 1 km entlang der Straße von Mashobra nach Naldehra ragt das **Rock Heaven** (☎ 0177-2740141; Zi. 750–1000 Rs) wie ein Gipfel aus der steilen Flanke des Tals. Es ist sauber und ordentlich; die besseren Zimmer haben eine tolle Aussicht. Es gibt auch ein Restaurant.

Tattapani

☎ 0177 / 656 m

Dieses friedliche Dorf, rund 30 km von Naldehra entfernt, ist für seine heißen Schwefelquellen bekannt. Auf jeden Fall ein schöner Ort, um ein oder zwei Tage zu bleiben und beschwingt durch die Hügel zu wandern!

Am Fluss gibt es eine Reihe von Unterkünften. Das **Spring View Hotel** (☎ 2230853; Zi. 80–250 Rs) ist mit seinen eigenen heißen Bädern die interessanteste. Es hat eine sonnige Terrasse oberhalb des Flusses und ein Restaurant, auf dessen Speisekarte italienische Gerichte zu annehmbaren Preisen stehen (35–50 Rs). Sonst gibt's hier noch Yoga, Ayurveda-Massagen, örtliche Treks zu einer Shiva-Höhle und einen Angelrutenverleih. Die günstigeren Zimmer haben Gemeinschaftsbäder.

Das **Trimurti Inn** (☎ 2230833; Zi. 600–750 Rs) nahe beim Spring View hat teuerere (und bessere) Zimmer, aber die Atmosphäre fehlt hier völlig.

Das HPTDC Tourist Inn direkt neben dem Spring View hat sein Hotel im Jahr 2000 durch ein starkes Hochwasser verloren; es wird gerade (sehr langsam) wieder aufgebaut. Übrig geblieben sind ein neues Restaurant und das alte Badehaus mit heißem Quellwasser. Das Restaurant serviert Standardgerichte (20–150 Rs), und ein angenehmes heißes Bad kostet alleine oder in der Gruppe 50 Rs für 30 Minuten.

Alle 1½ Std. fahren Busse von Shimla hierher (27 Rs, 2½ Std., 49 km); ein Taxi schlägt mit 800 Rs zu Buche.

Kasauli

☎ 01792 / 1850 m

Kasauli ist ein charmantes Dorf an einer Hügelflanke und liegt 75 km von Shimla und 12 km von der Straße nach Kalka entfernt. Hier stehen mehrere Gebäude aus der Zeit des British Raj und unter den Kiefern kann man gemütliche Spaziergänge unternehmen – z.B. nach **Sanawar**, einem weiteren malerischen Hügeldorf. Ein ganz besonderes Highlight ist der verkehrsfreie Basar mit seinem Kopfsteinpflaster.

Hotel Anchal (☎ 272052; hotelanchal@yahoo.co.in; Zi. 400–850 Rs) In Kasauli gibt's nicht viele günstige Unterkünfte – mit diesem Hotel kommt man noch am besten weg. Trotzdem sind die Zimmer bequem, und je mehr sie kosten, desto besser ist die Aussicht. Auf Wunsch gibt's heißes Wasser in Eimern.

Hotel Ros Common (☎ 272005; Zi. 1000–1500 Rs) Dieses traditionelle HPTDC-Hotel steht mitten in einem reizenden Garten, der sich ideal für den Nachmittagstee eignet. Es hat ein halbes Dutzend guter Zimmer, von denen aber ein paar keine Fenster haben.

Alasia Hotel (☎ 272008; alasia@vsnl.com; Zi. 1600–2200 Rs; 💻) Ein besseres Hotel im alten Stil an The Mall. Von den tiefen Zimmern mit offenem Kamin (Holz kostet extra) hat man Ausblick auf die entfernten Berge.

Von Shimla nach Kasauli gibt's keine direkte Busverbindung; deshalb in Shimla einen Bus Richtung Süden nehmen und in Dharampur in einen Regionalbus umsteigen. Ein Taxi von Kasauli nach Shimla kostet 870 Rs, oder 900 Rs nach Chandigarh.

Chail

☎ 01792 / 2150 m

Das Hügeldorf Chail, 65 km südlich von Shimla, wurde vom Maharadscha von Patiala als Sommerhauptstadt angelegt – nachdem er infolge einer verbotenen Affäre mit der Tochter des britischen Militärkommandeurs aus Shimla ausgewiesen worden war. Der Ort wurde auf drei Hügeln erbaut – auf einem steht der Chail Palast (heute ein historisches Hotel), auf dem zweiten das Dorf und auf dem dritten das (für Besucher geschl.) Snowview Mansion.

Sportfans finden in Chail nach einem 3 km langen Fußmarsch vom Dorf den höchsten **Kricketplatz** (2444 m) der Welt. Ebenfalls zu Fuß erreichbar ist der **Tierpark** mit Hirschen und Vögeln. Das **Wildlife-Informatonszentrum** hat ab und zu offen und kann eventuell mit Informationen aufwarten. Andernfalls findet man an den Mauern am Ortsende in Richtung Shimla eine Liste der hiesigen Flora und Fauna. In den Hügeln der Umgebung gibt's zahllose Möglichkeiten für interessante Wanderungen.

SCHLAFEN & ESSEN

HPTDC Palace Hotel (☎ 248141; Fax 248142; Blockhütten 1100–1400 Rs, Zi. 1200–2800 Rs, Maharadschasuite 4900 Rs; ✖) Auf 28 ha Rasenfläche wird hier eine Auswahl an Suiten, Bungalows, Blockhütten und Zimmer angeboten. Das Hotel wartet mit dem üppigen Luxus auf, den nur ein ehemaliger Maharadscha-Palast bietet.

HPTDC Hotel Himneel (☎ 248141; Dz 700 Rs) Etwas bescheidener als das Palace. Das Himneel besteht aus zwei Bungalow-Flügeln, die schräg zu einer Rasenfläche stehen. Es hat große Schlafzimmer mit geräumigen Ankleidezimmern.

Hotel Chail Inn (☎ 248558; Zi. 700–1500 Rs) Ein neues Hotel mit heimeligen Zimmern und einem ganz anständigen Restaurant.

Hotel Pineview (☎ 248349; Zi. mit Gemeinschaftsbad 150 Rs, mit eigenem Bad ab 250 Rs) Die einzige Budget-Unterkunft vor Ort. Das Hotel ist zwar ganz o.k., bietet aber nicht sonderlich viel fürs Geld. Gäste, die die Gemeinschaftsbäder benutzen, bekommen für 10 Rs heißes Wasser in Eimern.

Entlang der Hauptstraße stehen ein paar *dhabas*; ansonsten eines der Hotelrestaurants besuchen.

AN- & WEITERREISE

Chail kann von der Straße von Shimla nach Kalka aus über Kandaghat oder, was üblicher ist, über die Abzweigung bei Kufri erreicht werden. Ein Taxi von Shimla über Kufri kostet 870 Rs. Alle 1½ Std. fahren Busse von Shimla (39 Rs, 2½ Std.).

Narkanda

☎ 01782 / 2708 m

Narkanda ist ein unscheinbarer Lastwagen-Haltepunkt auf halber Strecke zwischen Shimla und Rampur, bietet aber Möglichkeiten zum **Skifahren**. Die Skisaison dauert von Januar bis Mitte April; Narkanda kann aber in punkto Skifahren nicht mit den Standards von Solang Nullah (nördlich von Manali) und schon gar nicht mit Auli in Uttaranchal mithalten. Die HPTDC hat einwöchige Ski-Pauschalangebote inklusive Verpflegung, Unterkunft, Ausrüstung und Skikurs (ab 4000 Rs) – Näheres erfährt man in Shimla. Auch mit dem Institute of Mountaineering & Allied Sports in Manali (s. S. 332) ist hier Skifahren möglich. Beide Organisationen haben vor allem Pauschalangebote zu festen Terminen. Vor Ort organisiert **Himalayan Heights Adventure & Tours** (☎/Fax 242466; hhattours@hotmail.com) einfache Angebote.

SCHLAFEN & ESSEN

Hotel Mahamaya Palace (☎ 242448; Zi. 400–800 Rs) Ein Hotel an der Hauptstraße mit großen, etwas heruntergekommenen Zimmern. Dafür wird man von den Balkonen aus mit einer tollen Aussicht auf die Berge entschädigt. Das Restaurant ist gut.

HPTDC Hotel Hatu (☎ 242430; DZ 700–1100 Rs) Liegt etwas abseits der Hauptstraße, die Richtung Osten aus Narkanda herausführt. Das Hotel hat gute Doppelzimmer, ein Restaurant und eine Bar für Après-Ski.

Im Ortszentrum gibt's viele einfache, freundliche *dhabas*. Wer etwas gediegener essen möchte, geht in die Restaurants des Hotels Hatu oder des Hotels Mahamaya Palace (Gerichte 30–90 Rs).

AN- & WEITERREISE

Regelmäßig (ca. alle 30 Min.) halten Busse auf dem Weg von Shimla nach Rampur in Narkanda. Ein Taxi ab Shimla kostet um 850 Rs.

SÜDÖSTLICHES HIMACHAL PRADESH

Nahan

☎ 01702

Die meisten Reisenden zwischen Shimla und Dehra Dun rauschen im Bus durch Nahan hindurch, ohne hier auszusteigen. Dabei verpassen sie einen historischen Ort voller verfallender Tempel, der 1621 gegründet wurde. In den engen Kopfsteinpflasterstraßen des Basars von Nahan bieten Läden fast alles an – von der Schusswaffenreparatur bis zum Hochzeitskleid. Besonders die vielen alten Gebäude, darunter das alte **Raja Mahal** (für Besucher geschl.) prägen das Bild.

Am Ende des Monsuns gibt's in Nahan ein Festival namens **Bhawan Dwadshi**. Mehr als 50 Bildnisse von Hindu-Göttern werden dabei durch die Straßen getragen und zeremoniell im Ranital (Rani-See) im Zentrum des Ortes gebadet.

In Nahan gibt es mehrere günstige und nette Hotels, darunter das **Hotel Renuka** (☎ 223306; Zi. mit heißem Wasser in Eimern 100–150 Rs) neben dem Maidan. Um die Ecke liegt das **Hotel Regency** (☎ 223302; Zi. 350–450 Rs); die Zimmer bieten ein gutes Preis-Leistungs-Verhältnis, einige haben einen kleinen Balkon. Das zugehörige Open-Air-Restaurant Milan serviert das beste Essen der Stadt. 2 km außerhalb der Stadt an der Straße nach Paonta Sahib ist das **Bridge View Restaurant** (Gerichte 15–65 Rs). Das blitzsaubere Restaurant im Freien tischt ein großartiges Frühstück auf.

Um 5.15, 9.30, 10.30 und 17.15 fahren Busse von Shimla nach Nahan (80 Rs, 5 Std., 115 km) und halten dabei in Paonta Sahib (28 Rs, 1½ Std., 38 km).

Regelmäßig fahren Busse (28 Rs, 1½ Std.) und Taxis (450 Rs einfache Fahrtstrecke) nach Paonta Sahib; Taxis fahren auch zum Renuka-See (450/500 Rs ohne/mit Rückfahrt).

Renuka-See

☎ 01702

Eine einstündige Busfahrt von Nahan entfernt liegt der reizende Renuka-See (Renukaji), der angeblich die Form einer liegenden Frau hat. Tretboote sind für 60 Rs pro Stunde beim Hotel Renuka zu mieten, und im September finden regelmäßig Regatten statt. Es gibt hier mehrere Tempel und einen kleinen **Tierpark** mit ein paar gelangweilt wirkenden Asiatischen Löwen, Muntjaks und Schwarzbären. Im November, zehn Tage nach Diwali, wird die Göttin Renukaji mit dem einwöchigen **Renuka Mela** geehrt. Das Fest zieht Tausende von Pilgern an, die dann ein rituelles Bad im See nehmen.

Das **HPTDC Hotel Renuka** (☎ 267339; B 75 Rs, Zi. 450–900 Rs; ⌘) hat geräumige Zimmer in einem abgelegenen Park oberhalb des Sees. Am Wochenende und in der Hauptsaison muss man im Voraus buchen.

Von Nahan aus fahren stündlich Busse nach Dadahu (25 Rs, 30 Min.); von hier aus sind es dann noch 40 Minuten zu Fuß bis zum See (obwohl manche Busse auch direkt bis zum See fahren). Alle paar Stunden starten Privatbusse vom See direkt nach Paonta Sahib (33 Rs, 2 Std.).

Paonta Sahib

☎ 01704

Paonta Sahib liegt an der Grenze zu Uttaranchal. Hier gibt es ein beeindruckendes **Gurdwara** das Guru Gobind Singh, dem 10. Sikh-Guru, gewidmet ist; er lebte hier im Alter zwischen 16 und 20 Jahren. Das Gurdwara steht in reizvoller Lage am Ufer des heiligen Yamuna und ist beim **Holi-Festivals** im März von Pilgern überfüllt. Im Innern des Tempels befindet sich ein kleines **Museum,** das die persönlichen Waffen und andere Gegenstände aus dem Besitz Guru Gobind Singhs zeigt.

Das **HPTDC Hotel Yamuna** (☎ 222341; DZ 400–1200 Rs; ❄) ist hier die beste Wahl. Es liegt am Flussufer, 100 m vom Tempeleingang entfernt. Die teureren Doppelzimmer sind klimatisiert, zudem gibt's ein gutes Restaurant und eine Bar.

Stündlich fahren Busse nach Shimla (bis 13 Uhr; 120 Rs, 7 Std.), Dehra Dun (30 Rs, 1½ Std.) und Nahan (28 Rs, 2 Std.). Jeden Morgen starten drei Busse nach Delhi (125 Rs, 7 Std.).

KINNAUR-TAL

Das Kinnaur-Tal ist von Bergen umschlossen. Im Süden erhebt sich der Garhwal Himalaja, im Osten der zentrale Himalaja von Tibet und im Norden die großartige Zanskar Range. Den Ostteil des Tals dominiert das eis- und schneebedeckte Kinnaur-Kailash-Massiv (6050 m). Darunter stehen traditionelle Dörfer auf grünen, bewaldeten Abhängen, einige der schönsten im ganzen Himalaja. Durch Kinnaur fließt der mächtige Sutlej River, dessen Wassermassen vom nahen Kailash in Tibet kommen.

Trotz seiner Schönheit ist Kinnaur immer noch relativ wenig besucht. Bis 1991 war das östliche Kinnaur für Ausländer ganz gesperrt, doch mit einer Inner-Line-Genehmigung (s. S. 276) können auch Ausländer den Kreis bis Spiti schließen.

Die Kinnauris gehören der arischen Volksgruppe an. Die meisten sind Bauern und pflanzen an den steilen Talflanken auf terrassierten Feldern Weizen, Gerste und Äpfel an. Ihre Häuser sind grob gezimmerte Gebilde aus Holz und Stein mit dicken Schieferdächern – sie sehen aus, als ob sie aus einem Märchen der Gebrüder Grimm stammen. Die Kinnauris tragen besondere Filzkappen (Topi) und sprechen ihre eigene Sprache, die mit einem Dutzend lokaler Dialekte aufwarten kann.

Im 16. Jh. regierten die Bushahr-Maharadschas Kinnaur, die das zuvor buddhistische Tal vereinten. Heute existieren in Kinnaur beide Religionen nebeneinander; oft findet man in den Dörfern sowohl einen hinduistischen als auch einen buddhistischen Tempel. Der wohl interessanteste Ort ist Sarahan mit seinem berühmten Bhimakali-Tempel, einst Schauplatz von Menschenopfern.

Der Hindustan–Tibet Hwy. folgt dem Sutlej, dessen Wassermassen heute zur Stromerzeugung genutzt werden. Bis zur Unabhängigkeit war die Straße die wichtigste Handelsroute zwischen Indien und Tibet; sie führt über den Shipki La (5669 m) nach Lhasa.

Von Narkanda aus verläuft die Straße in Serpentinen hinunter zum Sutlej River bei Rampur. Oberhalb des Flusses folgt die Straße seinem Lauf durch unterschiedliche Höhenlagen. Nach Jeori zwängt sich der Fluss unterhalb des Kinnaur Kailash durch eine enge Schlucht. Nachdem der Fluss das Sangla-Tal erreicht hat, ändern Straße und Wasser ihren Lauf in eine nördlichere Richtung bis zum Spiti-Tal bei Sumdo.

Rampur

☎ 01782 / 1005 m

Rampur liegt an der uralten Handelsroute nach Tibet und war einst das Zentrum des mächtigen Bushahr-Reiches. Heute ist es ein unscheinbares Hügeldorf und ein Haltepunkt für Lastwagen.

ORIENTIERUNG & PRAKTISCHE INFORMATIONEN

Rampur besteht aus einem Netz schmaler Gassen, die zwischen Highway und Fluss eingequetscht sind. Alle Unterkünfte, der Basar und die meisten Tempel liegen unterhalb des Highways; am besten am Busbahnhof die Stufen hinuntergehen. Der Basar ist erfreulich ungewöhnlich – keine Fahrzeuge, keine Menschenmassen, nur friedliche Geschäftigkeit.

SEHENSWERTES & AKTIVITÄTEN

Der **Padam-Palast** wurde 1925 erbaut und gehörte dem Maharadscha von Bushahr; man kann zwar nicht hineingehen, aber dafür durch den schönen Park schlendern. In einem Gelände gegenüber vom Busbahnhof stehen gleich mehrere alte Tempel, darunter auch der uralte steinerne **Raghunath-Tempel**. Ebenfalls sehenswert sind der alte steinerne **Purohit Mandir** und der farbenfrohe stuckverziehrte **Sri-Sat-Narain-Tempel**, der 1926 erbaut wurde. Beide befinden sich unten am Fluss im Hauptbasar. In Rampur findet jedes Jahr in der zweiten Novemberwoche die riesige und uralte **Lavi Fair** statt. Dieser Markt zieht Menschen aus weit entfernten Regionen in die Stadt, die hier mit allen möglichen Waren und auch mit Pferden handeln (s. Kasten S. 273).

SCHLAFEN & ESSEN

In Rampur gehen LKW-Fahrer gerne mal einen trinken, daher gibt's im Budgetbereich ein paar miese Unterkünfte.

Satluj View Guesthouse (☎ 233924; EZ/DZ 150/250 Rs) Eine Pension gleich östlich vom Busbahnhof, die ihr Geld wert ist. Hier gibt's recht gute Zimmer auf mehreren Stockwerken, die sich über Tal und Fluss erheben.

Hotel Highway Home (☎ 233063; Zi. mit Gemeinschaftsbad 100 Rs) Eher eine Bar mit Zimmern als ein Hotel. Noch die beste einer ganzen Reihe schäbiger Absteigen entlang der Hauptstraße direkt neben dem Gerichtsgebäude.

HPTDC Hotel Bushahr Regency (☎ 234103; Zi. 600–1500 Rs) Dieses feine Hotel steht am äußersten westlichen Ende von Rampur. Wie von der HPTDC nicht anders zu erwarten, bietet es große Zimmer mit Teppichboden und TV sowie einen guten, wenn auch nicht genialen Service.

Das Sutlej Plaza gehört zum Satluj View Guesthouse und serviert ein paar indische und chinesische Gerichte ab 35 Rs. Das **Café Sutlej** (Gerichte 45–200 Rs) hat eine gute Auswahl an Gerichten, darunter auch ein ziemlich gutes Frühstück im westlichen Stil. Das Café ist 1 km westlich vom Palast. Rund um den Busbahnhof stehen mehrere *dhabas*.

AN- & WEITERREISE

Rampurs Busbahnhof ist chaotisch – Menschenmassen quellen hinaus auf die Straße und bringen den Verkehr zum Erliegen. Trotzdem gibt's regelmäßige Busverbindungen. Alle 30 Minuten fahren Busse über Narkanda (40 Rs, 2 Std.) nach Shimla (100 Rs, 5 Std.). Alle zwei Stunden starten Busse nach Sarahan (30 Rs, 90 Min.) und nach Rekong Peo (70 Rs, 5 Std.).

Sarahan

☎ 01782 / 1920 m

Sarahan ist die ehemalige Sommerhauptstadt des Bushahrreichs. Das wunderschöne kleine Dorf liegt hoch über dem grünen Tal und ist am meisten für seinen Bhimakali-Tempel bekannt. Es ist auch ein guter Ausgangspunkt für Wanderungen zu nahen Ortschaften wie Ranwin und zum hoch aufragenden Bashal Peak. Der prächtige Palast des letzten Maharadschas von Bushahr liegt gleich hinter dem Bhimakali-Tempel (die andere Villa gehört dem Tempelwächter). Fast überall im Dorf hat man einen tollen Blick auf den Srikhand Mahadev (5227 m).

BHIMAKALI-TEMPEL

Dieser uralte **Tempelkomplex** (🕒 7–20 Uhr) ist eines der besten Beispiele für die Himachal-Architektur. Das Gästehaus des Tempels (s. S. 288) und die Kantine befinden sich in einem Hof, der zum Eingang des Komplexes führt.

Im Haupttempel stehen zwei Türme, deren aufwändig gestaltete obere Stockwerke überhängen. Wie bei vielen Gebäuden in Himachal bilden sich abwechselnde Schichten aus Holz und Stein einen Schutz bei Erdbeben – wodurch eine Art „Hindu-Gotik" entstand.

Der westliche Tempel ist ca. 800 Jahre alt, aber höchst baufällig. Besucher können den neueren östlichen Tempel aus den 1920er-Jahren besteigen. Im ersten Stock befindet sich eine Statue von Parvati (Shivas Frau), während im zweiten Stock die wichtigste Statue Bhimakali (eine örtliche Version des blutrünstigen Kali) darstellt. Sie ist umgeben von Statuen von Parvati, Buddha, Annapurna und anderen Gottheiten. Darüber spannt sich eine wunderschöne, mit Silber verzierte Überdachung.

Die Eintrittsregeln sind streng. Besucher müssen eine Kopfbedeckung tragen (kann im Tempel ausgeliehen werden) und Lederwaren wie Gürtel und Geldbeutel bei den Wächtern zurücklassen. Auch die Schuhe muss man ausziehen. Fotografieren ist nur außerhalb der zwei Haupttempel gestattet.

Im Tempelkomplex befindet sich auch eine kleine Ausstellung mit uralten Zeremonienlampen und Waffen. Ebenfalls im Hof steht der gedrungene **Lankra-Vir-Tempel,** in dem bis zum 19. Jh. Menschenopfer stattfanden, um Bhimakali zu besänftigen. Die Tradition lebt während dem **Dussehra** im Astomi-Ritual weiter, bei dem Bhimakali verschiedene Tiere geopfert werden, darunter Ziegen, Hühner und Büffel.

SCHLAFEN & ESSEN

Tempel-Gästehaus (☎ 274248; B 25 Rs, Zi. 120–250 Rs) Saharans Schlafstätte mit der besten Atmosphäre. Die Zimmer im Tempelbezirk sind geräumig und dank einer Menge heißen Wassers in tadellosem Zustand. Die Gemeinschaftsschlafzimmer sind einfacher.

Bushahr Guest House (☎ 74238; DZ mit heißem Wasser 100–250 Rs) Pension in der Nähe der Tempeltore mit kleinen Doppelzimmern in schlechtem Zustand.

Trehan's Guesthouse (☎ 274205; Zi. 250–500 Rs) Alle Zimmer in der gepflegten Pension haben separate Badezimmer. Von den teuersten Räumen hat man eine wunderschöne Aussicht hinunter ins Tal.

Hotel Sagrika (☎ 274491; EZ/DZ 100/150 Rs; Gerichte 25–80 Rs) Ein Hotel in der Nähe vom Busbahnhof mit kleinen Zimmern, die gute Aussicht bieten. Der Service im zugehörigen Restaurant ist lahm, aber das Essen ist trotzdem klasse.

HPTDC Hotel Srikhand (☎ 274234; B 75 Rs, Zi. 300–1200 Rs) Die Sicht aus den großzügigen, bequemen Zimmern dieses Hotels ist toll. Die Zimmer im separaten Cottage sind schnuckliger; der Garten drumherum liegt oberhalb des Tals. Das Hotel hat außerdem ein halbwegs anständiges Restaurant und auch eine Bar.

In Saharan haben die Hotelrestaurants die größte Auswahl, aber zwischen Busbahnhof und Tempel servieren mehrere namenlose Lokale herzhafte chinesische und tibetische Gerichte, die 50 Rs kosten und prima schmecken.

Wer an der Saharan Kreuzung in Jeori auf einen Bus wartet, kann in einer der zahlreichen *dhabas* einkehren.

AN- & WEITERREISE

Täglich fahren drei Busse direkt von Shimla nach Sarahan (121 Rs, 7½ Std.). Alternativ mit einem Bus bis Jeori durchfahren und dort in den Regionalbus steigen (9 Rs, 45 Min.), der alle zwei Stunden die steile Straße nach Sarahan hinauf fährt. Alle paar Stunden besteht eine Busverbindung zwischen Rampur und Sarahan (30 Rs, 2 Std.). Ein Taxi von Jeori nach Sarahan kostet 200/350 Rs ohne/mit Rückfahrt.

Sangla

☎ 01786 / 2680 m

Das Sangla- oder auch Baspa-Tal wird als das „schönste Tal im Himalaja" bezeichnet, und in diesem Fall ist das nicht nur Marketinggeschwätz. Entlang des Tals stehen mehrere uralte Dörfer in traditioneller Holz- und-Stein-Bauweise. Die wunderbare Berglandschaft verleitet dazu, in die Wanderstiefel zu schlüpfen. Die am Berg klebende Straße ist sicher eine der haarsträubendsten in ganz Indien.

Das Sangla-Tal besucht man am besten im Frühjahr oder im Herbst. Im Sommer sorgt der Monsun für lange, trübe und feuchte Tage mit eingeschränkter Aussicht. Im Winter sind die Straßen durch den Schnee teilweise unpassierbar.

Sangla ist das größte Dorf im Tal. Die traditionellen Schieferdach-Häuser scheinen übereinander gestapelt zu sein, und es gibt eine atemberaubende Aussicht auf den Kinnaur Kailash. Im Dorf stehen mehrere uralte Hindu- und Buddhistentempel, darunter der **Bering-Nag-Tempel**, das Zentrum des jeden September stattfindenden **Phulech-Blumenfestivals** (s. Kasten S. 273). **International Trans-Himalaya Trek & Tours** (☎ 242204) vermittelt Führer für Treks, verleiht Ausrüstung und wechselt Geld.

Ein Spaziergangs durch Obstgärten führt ins nahe Kamru mit seinem alten Fort – einfach der Straße hinter dem Department of Public Works folgen.

SCHLAFEN & ESSEN

Baspa Guesthouse (☎ 242206; Zi. mit Gemeinschaftsbad 150 Rs, mit eigenem Bad 250–600 Rs) Das hell gestrichene Gästehaus ist vom Busbahnhof aus über ein kurzes Stück den Highway entlang zu erreichen. Von den teureren Zimmern ist die Aussicht großartig. Heißes Wasser in Eimern kostet 20 Rs.

Sangla Resort Guesthouse (☎ 242201; B 75 Rs, Zi. 450 Rs) Liegt 100 m unterhalb vom Baspa Guesthouse. Die Zimmer sind gut und sauber und die günstigen Schlafsäle ein echtes Schnäppchen. Das Gästehaus hat auch einen netten Obstgarten.

Mount Kailash Guest House (☎ 242527; B 75 Rs, DZ 200–600 Rs) Liegt direkt neben dem Sangla Resort Guesthouse. Von den großen Gärten aus ist die Sicht wunderbar; mit dem Preis steigt auch die Qualität der Zimmer – und zwar deutlich

Banjara Camps (in Delhi ☎ 011-26855158; www.banjaracamps.com; Zelt 3600 Rs) Von April bis Oktober gibt's Luxuscamping am anderen Flussufer bei Batseri, 8 km entfernt von Sangla. Die Preise verstehen sich inklusive Vollpension, und die Zelte sind komplett ausgestattet (inkl. ganztägig heißes Wasser). Das Büro in Delhi erteilt nähere Auskünfte.

Die meisten Restaurants gibt's rund um den Busbahnhof. Im Sonu Café ist den ganzen Tag was los; ab 35 Rs bekommt man hier ein prima Frühstück. Das Tibetan Momo serviert genau das, was sein Name verspricht, und die Royale Cafeteria ist eine weitere gute Möglichkeit.

AN- & WEITERREISE

Um 6.30, 10.30 und 12.30 fahren Busse nach Rampur (78 Rs, 5 Std.). Nach Karcham am Taleingang gibt's Sammeljeeps; dort dann einen der regelmäßigen Busse nach Shimla oder nach Rampur nehmen. Zahlt man den Jeep alleine, kostet er 250 Rs. Um 12 Uhr fährt ein Bus den Berg hinauf nach Chitkul (15 Rs, 26 km) und kehrt um 6 Uhr am nächsten Morgen zurück. Für einen Tagesausflug kann man auf einen der unregelmäßigen Sammeljeeps oder ein Taxi zurückgreifen (650 Rs inkl. Rückfahrt).

Rund um Sangla

Kamru klammert sich an einen schmalen Felsvorsprung 2 km oberhalb von Sangla. Das Dorf ist die ehemalige Hauptstadt des Bushahrreiches, das einst über Kinnaur herrschte. Hier steht der einem Fort ähnelnde **Kamakhya-Devi-Tempel** (⌚ 8–9 & 19–20 Uhr), in dem man einen Hut aufsetzen und die Schuhe ausziehen muss. Gleich unterhalb stehen mehrere buddhistische und hinduistische Tempel aus Holz.

Eine gesperrte Straße verläuft von Sangla aus durch Apfelplantagen zu einem steinernen Eingangstor; von hier aus geht es steil den Berg hinauf zum Dorf. Am Tor steht eine Pyramide aus behauenen *mani*-Steinen. Von dem Buddhabildnis wird behauptet, es verhindere, dass Besucher Gespenster und andere böse Geister einschmuggeln.

Hoch über Sangla befinden sich die abgelegenen Dörfer **Rakcham** (3050 m, 14 km von Sangla) und **Chitkul** (3450 m), die letzten Stationen auf der alten Handelsroute nach Tibet. Sie zeichnen sich durch eine atemberaubende Aussicht und traditionelle Architektur aus. In Chitkul bietet das in Familienbesitz befindliche **Amdo Guesthouse** (Zi. 100 Rs) ein paar Betten und ein einfaches Gemeinschaftsbad.

Rekong Peo

☎ 01786 / 2290 m

Die moderne Siedlung Rekong Peo ist ein wichtiger Verkehrsknotenpunkt und ein Verwaltungszentrum. Die Aussicht auf den Kinnaur Kailash ist toll, doch irgendwie fehlt der Charme. Normalerweise übernachtet man hier zwischen zwei Anschlüssen oder um sich eine Inner-Line-Genehmigung zu besorgen. Bei einem längeren Aufenthalt geht man besser in das hübsche Dorf Kalpa oberhalb der Stadt.

Auf dem Weg nach Spiti ist hier die letzte Gelegenheit, die Vorräte aufzufüllen – es gibt aber keinen Geldwechsel. **National Travellers** (☎ 223271; Main Bazaar) berechnet 100 Rs pro Kopf für eine Inner-Line-Genehmigung.

Das **Raj Internet Café** (100 Rs/Std.) oberhalb vom Sairag Hotel ist das einzige vor Ort und hat nur langsame Verbindungen.

Der **Kinnaur Kalachakra Celestial Palace** (Mahabodhi-Gompa) ist eine reizende, farbenfrohe Gompa, die in einem 20-minütigen steilen Aufstieg, der hinter dem Radiosender beginnt, zu erreichen ist.

SCHLAFEN & ESSEN

Die meisten Unterkünfte gibt's nahe der Kreuzung zwischen der Kalpa Rd. und dem Fußgängerbasar. Der Basar ist eine praktische Abkürzung zum Busbahnhof oben auf dem Hügel.

Jeevan Jyoti Hotel (☎ 222512; EZ/DZ 200/250 Rs) Liegt am südlichen Ende der Hauptstraße. In allen Zimmern wertet ein Fernseher die ansonsten spartanische Ausstattung auf. Abends serviert das Restaurant gutes indisches Essen.

Shivling View Hotel & Restaurant (☎ 222421; EZ 150 Rs, DZ 200–350 Rs) Ein Hotel in der Nähe der Hauptpost mit einfachen, aber guten Zimmern. Die teureren haben Teppichböden und Fernseher. Einfach vom Hauptbusbahnhof eine kurze Strecke den Berg hinunter laufen.

Hotel Snow View (☎ 222048; Zi. 250 Rs) Das Hotel liegt zwar gut mitten im Stadtzentrum, ist aber irgendwie merkwürdig gestaltet: von den etwas farblosen Zimmern geht der Blick direkt auf die lärmige Hauptstraße, während die Badezimmer eine tolle Aussicht auf das Tal bieten.

Mehefil Restaurant (Gerichte 40–180 Rs) Hier wird wirklich phantastisches indisches Essen serviert. Der Service ist zwar langsam, aber in der Wartezeit kann man sich ein kaltes Bier genehmigen – das Essen ist es wert. Das Restaurant liegt gut ausgeschildert abseits der Hauptstraße.

AN- & WEITERREISE

Die meisten ankommenden Busse lassen ihre Fahrgäste im Stadtzentrum aussteigen, fahren aber offiziell vom neuen Busbahnhof ab, der vom Stadtzentrum aus in einem 10-minütigen steilen Fußmarsch zu erreichen ist – einfach der Straße gegenüber vom Hotel Snow View folgen und an der Polizeistation rechts abbiegen.

Tagsüber fahren mehrere Minibusse nach Kalpa (7 Rs, 30 Min.), ein Taxi kostet heftige 150 Rs. Wer mit dem Taxi bis nach Shimla fahren will, zahlt 3000 Rs.

Um 9.30 und 16.30 Uhr fahren Busse direkt nach Sangla (25 Rs, 3 Std., 38 km). Regelmäßig gehen Busse nach Shimla (181 Rs, 10 Std.), die unterwegs in Rampur (70 Rs, 5 Std.) halten.

Busse nach Spiti starten um 7 und 9 Uhr (71 Rs, 5 Std.), kommen aber nur bis Malling, da hier ein Erdrutsch die Straße verschüttet hat (s. gegenüber).

Kalpa

☎ 01786 / 2960 m

In dieses spektakuläre Bergdorf kommt man über eine gewundene Straße, die durch Kiefernwälder, Obstgärten und Felder hinauf steigt. Kalpa ist Shivas legendäre Winterresidenz, der sich angeblich jeden Winter hierher zu von Haschisch inspirierter Meditation zurückzieht. Auch Reisende finden hier einen ruhigen Flecken vor, in dem man gut entspannen kann. Als es noch Hauptstadt der Region war, hieß Kalpa Chini; in den letzten 500 Jahren hat es sich kaum verändert und ist für einen längeren Aufenthalt ein wesentlich schönerer Ort als Rekong Peo.

Die Aussicht hinüber zum Kinnaur Kailash gehört zu den großartigsten des Himalaja. Hinter dem Tschorten oben auf dem Hügel gibt's das beste Panorama. Ebenfalls interessant ist der **Narayan-Nagini-Tempelkomplex**, in dem Schreine hinduistischer und buddhistischer Gottheiten stehen. Im September bieten die Dorfbewohner hier während des farbenfrohen **Phulech Festival** Wildblumen an (s. S. 273).

SCHLAFEN & ESSEN

Chini Bungalow (☎ 226385; Zi. mit Gemeinschaftsbad/eigenem Bad 150/200 Rs) Ein wahrer Genuss – helle und blitzsaubere Zimmer sowie ein Garten mit Veranda im Angesicht des Kinnaur Kailash. Über einen Fußweg zu erreichen, der von der Hauptstraße nach oben führt.

Shivalik Guesthouse (☎ 226158, Zi. mit Gemeinschaftsbad 150 Rs) Ein traditionelles Kinnauri-Haus der einfacheren Art. Der Preis schließt heißes Wasser in Eimern ein.

Hotel Blue Lotus (☎ 226001; Zi. 400–900 Rs) Modernes, schlichtes Hotel nahe der Bushaltestelle. Die Zimmer wirken für den Preis etwas zu verschlafen, sie öffnen sich aber zu einer großen Veranda mit Blick auf das Tal und es gibt ein ordentliches Restaurant.

Kinner Villa (☎ 226006; Zi. ab 900 Rs) Die Kinner Villa liegt etwas von der Straße nach Kalpa entfernt und ist ein stilvolles, gepflegtes und sauberes Mittelklassehotel. Die Zimmer haben Teppichboden; vor dem Haus ist ein netter Garten.

Kailash View Guesthouse (☎ 226158) Liegt in der Nähe des Shivalik Guesthouse und bietet ungefähr dasselbe.

Im Basar gibt's einige einfache *dhabas*. Das **Satluj Café** an der Abzweigung zur Kinner Villa hat einen netten Garten, in dem man Omelettes und Nudeln futtern kann.

AN- & WEITERREISE

Zwischen Kalpa und Rekong Peo fahren den ganzen Tag über Minibusse (7 Rs, 30 Min.). Taxis nach Rekong Peo kosten heftige 150/250 Rs ohne/mit Rückfahrt. Von Kalpa aus geht's auch in einem 45-minütigen Fußmarsch durch den Wald hinunter nach Rekong Peo – dabei den Abkürzungen folgen, und nicht an der gewundenen Straße entlang gehen.

In Richtung Norden nach Spiti

Der endlose, allen Winden und Wettern trotzende Hindustan–Tibet Highway verbindet das obere Kinnaur mit Spiti und führt dabei durch eine wahrlich atemberaubende Landschaft. Größtenteils folgt er dem reißenden Sutlej, der nur teilweise gezähmt wurde, um ihn für die Stromerzeugung zu nutzen.

Die Inner-Line-Genehmigungen gestatten keine Übernachtungen entlang dieser Straße, aber manche Reisende sind auch schon in dem Dorf **Nako** untergekommen, das sich 7 km bergaufwärts vom Rastplatz Yangthang befindet. Es liegt wunderschön rund um einen netten kleinen See. Hier steht auch eine **Gompa** aus dem 11. Jh. mit vier Tempeln, und wer möchte, kann zum **Leo Purgyal** (6770 m) und zu den uralten Gompas in **Tashigang** (5 Std.) und **Somang** (7 Std.) trekken.

Zu den weiteren Sehenswürdigkeiten gehören die kleinen Gompas in **Khanum** (bei Spillo) und in **Morang**.

Die Straße nach Tabo ist bei Malling unterbrochen, da sie im Jahr 2000 an dieser Stelle durch einen gigantischen Erdrutsch zerstört wurde. Deshalb muss man in die Schlucht hinunter gehen und auf der anderen Seite wieder nach oben klettern, was bis zu 90 Minuten dauern kann. Auf der Spiti-Seite fahren dann Busse weiter nach Tabo. Auf S. 336 gibt's weitere Informationen zu dieser Route und zu Ortschaften jenseits von Tabo.

DHARAMSALA

☎ 01892 / 19 800 Ew. / 1219 m

Dharamsala (gesprochen wird es Dharam*schala*) ist vor allem als Heimat des Dalai Lama bekannt. Die einstige Hill Station liegt auf der Dhauladhar Range des Himalaja und ist eigentlich zweigeteilt: In das eigentlich Dharamsala und in McLeod Ganj in 4 km Entfernung auf dem Bergrücken. Die tibetische Exilregierung hat ihren Sitz in Gangchen Kyishong, das genau dazwischen liegt.

In Dharamsala selbst gibt's nur wenig Interessantes zu sehen, und nur der farbenfrohe Kotwali Bazaar und das Kangra Art Museum lohnen einen Besuch. Stattdessen pilgern die meisten Leute gleich nach McLeod Ganj weiter, wo die meiste Tibet-Action geboten wird.

Praktische Informationen

HPTDC-Touristenbüro (☎ 221205; Cantt Rd; ⌚ Mo–Sa 10–17 Uhr) Gibt Informationen und nimmt Zugreservierungen vor.

Punjab National Bank (⌚ Mo–Fr 10–14, Sa 10–12 Uhr) Akzeptiert nur Reiseschecks in US$ und britische Pfund. Geld gegen Karte erhält man weiter oben auf den Berg in McLeod Ganj (s. S. 294).

State Bank of India (⌚ Mo–Fr 10–16, Sa 10–13 Uhr) Löst Reiseschecks ein und wechselt Bargeld.

Kangra Art Museum

Das kleine **Museum** (☎ 224214; Eintritt frei; ⌚ Di–So 10–17 Uhr) zeigt Miniaturgemälde der Kangra-Schule, die im 17. Jh. im Kangra-Tal blühte. Zudem gibt's hier kunstvoll bestickte Gewänder der Menschen von Kangra, Holschnitzereien, Stammesschmuck und eine kleine Ausstellung über den Maler Nicholas Roerich (s. auch S. 318).

Schlafen & Essen

Die meisten Hotels stehen an der Hauptstraße. Ein paar günstige und halbwegs annehmbare Adressen findet man zwischen der State Bank of India und dem Busbahnhof.

Hotel Midtown (☎ 222810; Zi. 300 Rs) Die anständigen Zimmer könnten etwas heller sein, sind aber mit allem Notwendigem ausgestattet. Vorne im Restaurant gibt's TV. Die hiesige Spezialität ist *makti dum* (ab 75 Rs), ein Eintopf, der in einem Tontopf langsam über Kohlen erhitzt wird.

HPTDC Hotel Dhauladhar (☎ 224926; Zi. 600–1600 Rs) Bei Sonnenuntergang gibt's hier eine grandiose Aussicht zu bestaunen. Die Zimmer haben den „schlichten Komfort" der HPTDC. Die günstigeren sind in einem separaten Anbau; das Hotel hat auch ein Restaurant und eine Bar.

Cloud's End Villa (☎ 222109; EZ/DZ 800–1200 Rs) In den 1940er-Jahren residierte hier der Radscha von Lambagraon-Kangra. Das sehr attraktive und komfortable Haus liegt versteckt zwischen Dharamsala and Gangchen Kyishong und hat nur fünf Zimmer mit allem Drum und Dran einer vergangenen Ära.

Monal Restaurant (Gerichte 25–160 Rs; ⌚ 10–22 Uhr) Das Restaurant neben der State Bank of India serviert leckeres Essen, vor allem aus Südindien und Gujarat.

Flavour Zone (Gerichte ab 30 Rs) Der blitzende Fastfood-Laden macht einen ganz passablen Eindruck. Entweder futtert man westliches Essen (zum Mitnehmen) oder bestellt sich

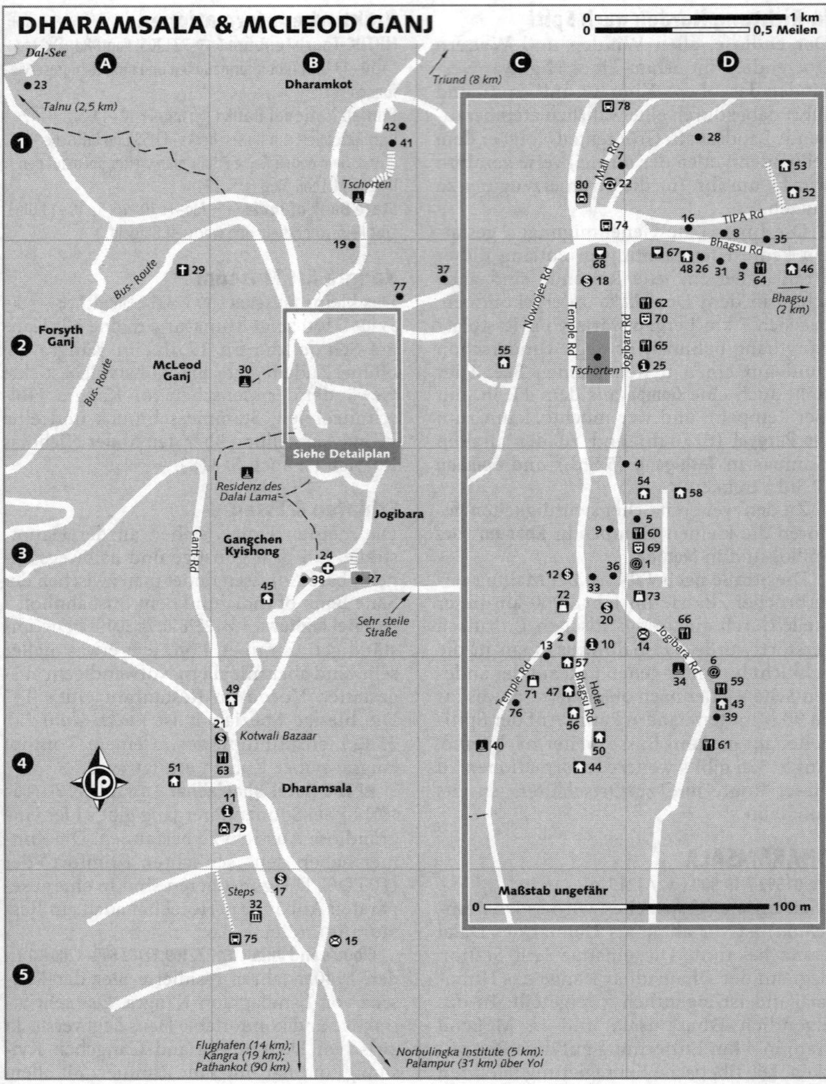

eines der indischen Standardgerichte (gibt's nur im Restaurant).

An- & Weiterreise

Den regelmäßigen Shuttledienst zwischen Busbahnhof und McLeod Ganj übernehmen Minibusse (7 Rs). Ein Taxi ab dem Stand an der Hauptdurchgangsstraße kostet 100 Rs (150 Rs ab dem Busbahnhof). Nachfolgend sind die Verbindungen zu den wichtigsten Fahrtzielen aufgelistet:

Ziel	Preis (Rs)	Dauer (Std.)	Abfahrt
Dalhousie	105	5	8.30 Uhr*
Dehra Dun	270	13	21 Uhr

INFORMATION
Aroma Cybercafé ... 1 D3
Bookworm ... 2 C3
Branch Security Office ... 3 D2
Charitable Trust Bookshop ... 4 D3
Civil Dispensary ... 5 D3
Diir Bookshop ... (siehe 25)
Dogga Centre ... 6 D4
Eagle's Height Trekkers ... 7 C1
Green Cyber Café ... (siehe 46)
Hills Bookshop ... 8 D1
Himachal Travels ... 9 C3
HPTDC-Touristenbüro ... 10 C3
HPTDC-Touristenbüro ... 11 B4
LKP Forex ... 12 C3
Moonpeak Pictures ... 13 C3
Post ... 14 D3
Post ... 15 B5
Potala Tours & Travels ... 16 D1
Premiere Laundry ... (siehe 67)
Punjab National Bank ... 17 B5
Punjab National Bank ... 18 C2
Refugee Reception Centre ... (siehe 27)
Regional Mountaineering Centre ... 19 B2
State Bank of India ... 20 C3
State Bank of India ... 21 B4
Summit Adventures ... (siehe 1)
Telecom-Büro ... 22 C1
Tibetan Children's Village ... 23 A1
Tibetan Delek Hospital ... 24 B3
Tibetan Herbal Clinic ... (siehe 1)
Tibetan Information Centre ... 25 D2
Tibetan Welfare Office ... 26 D2
Tibetische Exilregierung ... 27 B3
Yeti Trekking ... 28 D1

SEHENSWERTES & AKTIVITÄTEN
Church of St. John in the Wilderness ... 29 A2
Dip Tse-Chok Ling Gompa ... 30 B2
Environmental Education Centre ... 31 D2
Kalachakra-Tempel ... (siehe 40)
Kangra Art Museum ... 32 B5
LHA ... 33 C3
Lhamo's Kitchen ... (siehe 3)
Library of Tibetan Works & Archives ... (siehe 27)
Men-Tsee-Khang Museum ... (siehe 38)
Namgyal Gompa ... (siehe 40)
Nechung Monastery ... (siehe 27)
Sangye's Kitchen ... (siehe 14)
Tashi Choeting Gompa ... 34 D4
Tibet Museum ... (siehe 40)
Tibet Music Centre ... 35 D2
Tibetan Cultural Museum ... (siehe 27)
Tibetan Handicrafts (Büro) ... 36 C3
Tibetan Institute of Performing Arts ... 37 C2
Tibetan Medical & Astrological Institute ... 38 B3
Tibetan Universal Massage ... 39 D4
Tsuglagkhang Complex ... 40 C4
Tushita Meditation Centre ... 41 B1
Vipassana Meditation Centre ... 42 B1

SCHLAFEN
Cheryton Cottage Guest House ... 43 D4
Chonor House Hotel ... 44 C4
Cloud's End Villa ... 45 B3
Green Hotel ... 46 D2
Him Queen Annexe ... (siehe 47)
Hotel Him Queen ... 47 C4
Hotel India House ... 48 D2
Hotel Midtown ... 49 B4
HPTDC Hotel Bhagsu ... 50 C4
HPTDC Hotel Dhauladhar ... 51 A4
Kalsang Guest House ... 52 D1
Kareri Lodge ... (siehe 56)
Kunga Guesthouse ... (siehe 64)
Loling Guest House ... 53 D1
Loseling Guest House ... 54 D3
Om Guest House ... 55 C2
Pema Thang Guest House ... 56 C4
Surya Resorts ... 57 C4
Tibetan Ashoka Guest House ... 58 D3

ESSEN
Ashoka Restaurant ... (siehe 73)
Chocolate Log ... 59 D4
Flavour Zone ... (siehe 21)
Gakyi Restaurant ... 60 D3
Khana Nirvana Restaurant ... (siehe 71)
Kokonor ... (siehe 35)
Lung-Ta ... 61 D4
Malabar Café ... 62 D2
Monal Restaurant ... 63 B4
Nick's Italian Kitchen ... 64 D2
Pema Thang Pizzeria ... (siehe 56)
Snow Lion Restaurant ... 65 D2
Tara Café ... (siehe 35)
Taste of India ... 66 D3

AUSGEHEN
Hotel Tibet ... 67 D2
McLlo Restaurant ... 68 C2

UNTERHALTUNG
Videohalle ... 69 D3
Videohalle ... 70 D2

SHOPPEN
Green Shop ... (siehe 31)
Stitches of Tibet ... 71 C4
TCV Handicraft Centre ... 72 C3
Tibetan Handicrafts Cooperative ... 73 D3

VERKEHRSMITTEL & -WEGE
Busbahnhof ... 74 C1
Busbahnhof ... 75 B5
Destinations Travels ... 76 C4
Motorradwerkstatt ... 77 B2
Privater Busbahnhof ... 78 C1
Taxistand ... 79 B4
Taxistand ... 80 C1

Delhi	285/490**	12	5 & 7/20 Uhr
Gaggal	9	½	regelm.
Haridwar	270	13	15 Uhr
Kangra	10	½	alle 30 Min.
Manali	205	9	4 &18 Uhr***
Mandi	100	6	5-mal tgl.
McLeod Ganj	7	½	alle 30 Min.
Pathankot	68	3½	stündl.
Shimla	190	9	6-mal tgl.

* fährt weiter nach Chamba (125 Rs, 8 Std., 185 km)
** Deluxe-Preis
*** fährt über Kullu (152 Rs, 8 Std., 185 km)

Weiteres zu Flug- und Bahnverbindungen gibt's auf S. 301.

MCLEOD GANJ

☎ 01892 / 1770 m

McLeod Ganj liegt zu Fuß 4 km (10 km auf der Straße) über Dharamsala. Hier sitzt die tibetischen Exilregierung und residiert Seine Heiligkeit der 14. Dalai Lama. Mit freundlichen Mönchen, Budgethotels, Trekkingveranstaltern, westlichem Essen, Videofilmen und vielen tibetischen Souvernirläden ein beliebtes Reiseziel.

Die Siedlung wurde Mitte der 1850er-Jahre als britischer Garnisonsstützpunkt angelegt und nach dem britischen Gouverneur des Punjab, David McLeod, benannt. Der Ort wurde zum wichtigen Verwaltungszentrum der Kangra-Region, bis 1905 ein katastrophales Erdbeben die Briten zum Umzug ins Tal zwang. McLeod Ganj blieb ein rückständiges Nest, bis 1960 nach der chinesischen Invasion in Tibet der Dalai Lama und sein Gefolge hier um Asyl baten (s. Kasten S. 295).

Heute ist der Ort eher tibetisch als indisch. Da sie für die Exilkommune nur widerwillig Mittel bewilligen, sind die Behörden für den schlechten Zustand von McLeods Infrastruktur und Straßen verantwortlich.

Wasserfeste Kleidung ist in McLeod Ganj unbedingt erforderlich, da es hier viel regnet. Viele Läden und sonstige Einrichtungen sind montags geschlossen.

Orientierung

Der zentrale Punkt von McLeod Ganj ist der Busbahnhof. Von hier führen Straßen nach Dharamsala und Richtung Norden zu den Dörfern Dharamkot und Bhagsu.

Die Temple Rd. erstreckt sich nach Süden bis zum Tsuglagkhan-Komplex, der etwa 800 m vom Büro von Tibetan Handicrafts entfernt ist. Von hier aus führt eine Abkürzung hinunter nach Gangchen Kyishong, wo die Library of Tibetan Works & Archives steht. Eine weitere Straße in Richtung Süden, die Jogibara Rd., windet sich über Jogibara ebenfalls hinunter nach Gangchen Kyishong.

Praktische Informationen

BUCHLÄDEN

In McLeod Ganj gibt's zahlreiche Buchläden, die auf buddhistische Literatur spezialisiert sind, aber meist auch viele Romane im Angebot haben.

Bookworm (Hotel Bhagsu Rd; ⌚ Di–So) Liegt gegenüber vom Touristeninformationszentrum. Tolle Auswahl an Belletristik und Sachbüchern; hat ab und zu auch englischsprachige Magazine.

Charitable Trust Bookshop (Jogibara Rd; ⌚ Di–So) Auch hier gibt's ein tolles Angebot an Büchern zum Buddhismus und über Tibet.

Diir Bookshop (Jogibara Rd; ⌚ Di–So) Steht unter der Leitung der tibetischen Exilregierung und bietet eine hervorragende Auswahl an Titeln zur Geschichte Tibets und zum Buddhismus. Viele Veröffentlichungen sind kostenlos erhältlich, daher wird freundlich um eine Spende gebeten.

Hills Bookshop (Bhagsu Rd; ⌚ Di–So) Auch hier lohnt es sich, mal reinzuschnuppern. Prima Auswahl an neuen und gebrauchten Romanen.

INTERNETZUGANG

McLeod Ganj hat viele Internet-Locations, die alle ca. 30 Rs pro Stunde verlangen.

Dogga Centre (Jogibara Rd; ⌚ 8–22 Uhr) Die Einnahmen gehen an das Dogga-Bildungszentrum für Erwachsene. Schnelle Verbindungen und Wiederauffüllmöglichkeit für Wasserflaschen.

Green Cyber Café (Bhagsu Rd; ⌚ 8–22 Uhr) Weitere Möglichkeit zum Surfen; im Green Hotel mit massig PCs.

WÄSCHEREI

In der Bhagsu Rd. gibt's mehrere Wäschereien, die 10 bis 20 Rs pro Wäschestück verlangen, abhängig von der Größe. Wer seine Wäsche bis 10 Uhr abgibt, kann sie normalerweise am selben Tag wieder abholen.

MEDIEN

Contact heißt ein kostenloses Lokalblatt mit vielen nützlichen Informationen, u. a. auch zu Kursen und ehrenamtlichen Tätigkeiten. *Tibetan World* und *Tibetan Review* behandeln tibetische Themen, ebenso das *Tibetan Bulletin*, das offizielle Presseorgan der Exilregierung.

MEDIZINISCHE VERSORGUNG

Zu traditioneller tibetischer Medizin s. S. 297.

Civil Dispensary (Jogibara Rd) Behandelt kleinere Wehwehchen.

Tibetan Delek Hospital (☎ 222053; Gangchen Kyishong; Ambulanz ⌚ 9–13 Uhr).

GELD

In McLeod Ganj gibt's keine Geldautomaten.

LKP Forex (Temple Rd; ⌚ 9.30–19 Uhr) Wechselt Bargeld, löst Reiseschecks ein und gibt Barvorschüsse auf Kreditkarte.

Punjab National Bank (Temple Rd; ⌚ Mo–Fr 10.30–13.30, Sa 10.30–11.30 Uhr) Tauscht gängige Währungen in Reiseschecks oder Bargeld.

FOTOS

Die meisten Internetcafés brennen für 70 Rs digitale Fotos auf CD.

Moonpeak Pictures (Temple Rd; moonpeak@rediffmail.com) Verkauft Filme, macht Abzüge, bearbeitet Digitalfotos und vermietet eine Dunkelkammer zum Entwickeln von Schwarzweißfilmen.

POST

Mehrere Schneidereien bieten einen Packservice (Pakete usw.) an.

Post (Jogibara Rd; ⌚ Mo–Sa 9.30–17 Uhr, Paketannahme ⌚ 12–17 Uhr) Liegt direkt hinter der State Bank of India. Zum Aufgeben von Paketen braucht man ein Zollformular (in dreifacher Ausfertigung!), das man für 3 Rs beim Büro von Tibetan Handicrafts nördlich der State Bank of India erhält. Postlagerndes wird bis zu einem Monat aufbewahrt.

TELEFON & FAX

Die meisten Reisebüros sind mit Public Call Office (PCO) ausgerüstet.

Telecom (Fax 221528; ⌚ Mo–Sa 10–17 Uhr) Hinter dem Busbahnhof über eine Treppe zu erreichen. Verlangt 10/100 Rs für das Empfangen/Senden eines Faxes.

TOURISTENINFORMATION

HPTDC (☎ 221205; Hotel Bhagsu Rd; ⌚ Mo–Sa 10–17 Uhr) Hat Karten und Führer im Angebot, gibt auch Auskunft zu Zugverbindungen (reserviert aber nicht).

REISEBÜROS

Viele Reisebüros buchen Zug- und Bustickets und arrangieren auch Treks, Jeepsa-

IM EXIL

Im Mai 1949 beschloss Chinas neue kommunistische Regierung, das geknechtete Volk der Tibeter zu befreien, indem sie sein Land besetzte. Das wurde dadurch gerechtfertigt, dass beide Länder einst zum Mongolenreich gehörten. Die Volksbefreiungsarmee marschierte in Lhasa ein und errichtete ein brutales Regime, auf dessen Konto 1,2 Mio. tote Tibeter und unzählige Häftlinge in Arbeitslagern gehen. Seit 1949 wurden nahezu 90 % von Tibets religiösen Einrichtungen im Namen der Revolution zerstört und sämtliche Unabhängigkeitsbemühungen radikal schon im Keim erstickt.

Da er um sein Leben und das seiner Landsleute fürchtete, ging der geistige und politische Führer Tibets, Seine Heiligkeit der 14. Dalai Lama, Tenzin Gyatso, 1959 ins Exil.

Begleitet von einer kleinen Gefolgschaft erreichte der Dalai Lama schließlich zu Fuß Indien, nachdem er wochenlang durch den Himalaja gewandert war. Seit damals sind ihm ca. 250 000 Tibeter gefolgt und haben sich in Dharamsala, Darjeeling und anderen Bergsiedlungen niedergelassen. Andere haben Gemeinden in anderen Ländern gegründet.

Die tibetische Exilregierung erhielt politisches Asyl in Gangchen Kyishong unterhalb von McLeod Ganj, das zum Hauptquartier eines bisher über 40-jährigen Befreiungskampfes wurde. 1989 erhielt Tenzin Gyatso für seine Bemühungen, eine friedliche Lösung zur Befreiung Tibets zu finden, den Friedensnobelpreis.

China verweigert sich weiterhin dem Gespräch über die Tibet-Angelegenheit, obwohl sich der Dalai Lama mittlerweile formell für einen „Mittelweg" (tibetische Autonomie innerhalb Chinas) statt einer Rückkehr zur vollständigen Unabhängigkeit ausgesprochen hat – eine Politik, die in der Exilgemeinde und in Tibet selbst nicht unumstritten ist. Da China den Zuschlag für die Olympischen Spiele 2008 in Peking erhielt und sein politischer und wirtschaftlicher Einfluss immer weiter wächst, fürchten viele um die Zukunft der Free-Tibet-Bewegung. Das Tibet Museum im Tsuglagkhang-Komplex erzählt in ausführlichen Schautafeln die tragische Geschichte der tibetischen Besatzung.

faris und geführte Touren. Auf die folgenden ist Verlass:

Himachal Travels (☎ 221428; katochg@sancharnet.in; Jogibara Rd)

Potala Tours & Travels (☎ 221378; potala@vsnl.com; Bhagsu Rd)

Summit Adventures (☎ 221679; summitindia@yahoo.com; Jogibara Rd)

TREKKING-ANBIETER

Von McLeod Ganj aus kann man ins Kullu-, Chamba-, Lahaul- und Spiti-Tal sowie nach Ladakh wandern.

Eagle's Height Trekkers (☎ 220059; www.trekking.123himachal.com) Organisiert Tekking-Touren und Jeepsafaris.

Regional Mountaineering Centre (☎ 221787) Dieses Bergsteigerzentrum erreicht man in einem strammen Marsch über die Straße nach Dharamkot oberhalb von McLeod Ganj. Es hilft bei geplanten Treks und Bergtouren im Chamba- und Kangra-Tal und führt eine nützliche Liste registrierter Führer und Träger und hat Wanderkarten.

Yeti Trekking (☎ 221060) Arrangiert Treks und Jeepsafaris durch die Region. Ab 1100 Rs pro Tag.

Sicherheit

Leider gibt es auch an diesem Ort des spirituellen Friedens immer wieder Berichte von Angriffen auf Frauen. Weibliche Reisende sollten daher bei Nacht nicht alleine zwischen McLeod Ganj und seinen Nachbardörfern unterwegs sein und in den Nebenstraßen im Hauptort besonders vorsichtig sein.

Sehenswertes

TSUGLAGKHANG COMPLEX

Der Komplex liegt fünf Minuten zu Fuß entfernt von McLeod Ganj und besteht aus dem offiziellen Amtssitz des Dalai Lama, die Namgyal-Gompa, das Tibet-Museum und die Tsuglagkhang selbst.

Die **Tsuglagkhang** (Zentralkapelle) entspricht für die Exilanten dem Jokhang-Tempel in Lhasa und ist das wichtigste buddhistische Bauwerk in McLeod Ganj. Obwohl das Gebäude recht bescheiden ist, enthält es drei wunderbare Statuen, darunter ein enormes 3 m hohes vergoldetes Abbild des Sakyamuni-Buddha. Links davon (mit Blickrichtung Tibet) stehen Statuen von Avalokitesvara (Chenresig in Tibet), der tibetischen Gottheit des Mitgefühls (deren Inkarnation der Dalai Lama angeblich ist) und Padmasambhava (Guru Rinpoche in Tibet), dem indischen Gelehrten, der im

8. Jh. den Buddhismus in Tibet einführte. Im Inneren der Avalokitesvara-Statue befinden sich mehrere Reliquien, die während der Kulturrevolution aus dem Jokhang-Tempel gerettet werden konnten.

Neben der Tsuglagkhang steht der **Kalachakra-Tempel** (Baujahr 1992) mit einem großartigen Wandgemälde des Kalachakra (Rad der Zeit) Mandala (Kreis, der das Universum symbolisiert). Jedes Jahr am fünften Tag des dritten tibetischen Monats werden hier Sandmandalas geschaffen. Fotografieren ist zwar in der Tsuglagkhang erlaubt, aber nicht im Kalachakra-Tempel.

Die restlichen Gebäude bilden die **Namgyal-Gompa**, in der man fast jeden Nachmittag Mönche beim Debattieren beobachten kann. Sie verleihen ihren Argumenten mit schwungvollen Bewegungen, Aufstampfen mit dem Fuß und theatralischem Händeklatschen Nachdruck. Der **Namgyal Bookshop** (Di–So) beim Kloster hat eine gute Auswahl an buddhistischen Texten.

Im **Namgyal Café** (Speisen und Getränke 25–70 Rs; Di–So 11–21 Uhr) halten junge Tibeter gerne ein Schwätzchen; das Café hat Kuchen, Getränken und vegetarischen Snacks.

Die meisten tibetischen Pilger unternehmen eine *kora* (rituelle Umrundung) um den Tsuglagkhang-Komplex. Dazu nach dem Tempeleingang zunächst die nach links wegführende Straße nehmen; nach ein paar Minuten zweigt rechts ein kleiner Pfad ab, der rund um die Residenz des Dalai Lama zurück zum Tempeleingang führt. Die *kora* muss im Uhrzeigersinn absolviert werden.

In Dharamsala zeigt sich der Dalai Lama ab und zu kurz in der Öffentlichkeit, meist bei Lehrveranstaltungen nach dem tibetischen Neujahrsfest. Hinweise auf zukünftige Audienzen hängen an seiner Residenz aus. Um daran teilnehmen zu können, muss man sich mit seinem Reisepass beim **Branch Security Office** (☎ 221560; Bhagsu Rd; Mo–Sa 9–17 Uhr) anmelden.

TIBET MUSEUM

Dieses kleine **Museum** (Tsuglagkhang Complex; Eintritt 5 Rs; Di–So 10–18 Uhr) erzählt anhand von Fotos und Videoclips die dramatische Geschichte der Invasion in Tibet und des tibetischen Kampfes um Selbstbestimmung. Der Besuch schockiert und bewegt zugleich und ist daher ein Muss für jeden, der nach McLeod Ganj kommt.

DIP TSE-CHOK LING GOMPA

Die wunderschöne kleine **Gompa** liegt am Ende eines steilen Pfades, der am Om Guest House vorbei den Berg hinunter führt. In der Haupt-*dukhang* (Gebetshalle) stehen eine Sakyamuni-Statue und zwei riesige Ziegenfelltrommeln. Während des Losar-Fests werden hier großartige Butterskulpturen hergestellt und im folgenden Jahr wieder zerstört. Auch schöne und detaillierte Sandmandalas werden hier erstellt.

TIBETIAN INSTITUTE OF PERFORMING ARTS

Dieses **Institut** (TIPA; ☎ 221478; www.tibetanarts.org; 9–12 & 13–16.30 Uhr) wurde gegründet, um die darstellenden Künste aus Tibet zu lehren und zu bewahren. Die wichtigste von ihnen ist das traditionelle lhamo (tibetische Oper), das bei den jährlichen Festivals des TIPA (s. S. 298) aufgeführt wird. Besonders nach dem 27. Mai (dem Gründungsdatum des TIPA) finden gelegentliche Aufführungen statt, doch die Öffentlichkeit ist immer herzlich zu den Lehrveranstaltungen eingeladen. Der TIPA-Shop verkauft CDs, DVDs und ein paar Videos mit seiner Musik und seinen Aufführungen.

LIBRARY OF TIBETAN WORKS & ARCHIVES

Als die Kulturrevolution Tibet heimsuchte, wurden viele uralte Texte aus Tibet zerstört, doch was gerettet werden konnte (ca. 40 %), hat man hierher gebracht. Die **Bibliothek** (Mo–Sa 9–17 Uhr, am 2. und 4. Sa des Monats geschl.) in Gangchen Kyishong hat viele Übersetzungen buddhistischer Texte ins Englische und in andere europäische Sprachen.

Um Zugang zur Sammlung zu erhalten, muss man befristet Mitglied werden (50 Rs/Monat, Reisepass erforderlich).

Im ersten Stock befindet sich auch das **Tibetan Cultural Museum** (Eintritt 10 Rs; Mo–Sa 9–17 Uhr, am 2. und 4. Sa des Monats geschl.) mit einigen exzellenten Ausstellungsstücken, darunter schöne Statuen, seltene tibetische Briefmarken und eine Medaille von der britischen Younghusband-Mission nach Lhasa.

Auch die **Nechung Monastery**, Sitz des tibetischen Staatsorakels, lohnt einen Besuch.

TIBETAN MEDICAL & ASTROLOGICAL INSTITUTE

Dieses **Institut** (Men-Tsee-Khang) ist in Gangchen Kyishong, fünf Minuten zu Fuß von der Library of Tibetan Works & Archives entfernt. Hier gibt's ein Museum, eine Bibliothek, ein Forschungszentrum und ein College, an dem tibetische Medizin und Astrologie gelehrt wird. Das **Astro-Department** (☎ 222618; www.men-tsee-khang.org) erstellt für 15 US$ (kurz, Geburtsdatum nicht notwendig) oder 40 US$ (komplett, Geburtsdatum notwendig) ein Lebenshoroskop auf Englisch.

Das faszinierende **Men-Tsee-Khang Museum** (Eintritt 5 Rs; ⌚ Mo–Sa 9–13 & 14–17 Uhr) ist der traditionellen tibetischen Medizin gewidmet und stellt gut beschriftet alle möglichen Pflanzen und Mineralien aus, die dabei zur Anwendung kommen.

CHURCH OF ST. JOHN IN THE WILDERNESS

Die Kirche liegt an der Hauptstraße, die in den Ort führt, und ist der beste Beweis dafür, dass McLeod Ganjs früher eine britische Hill Station war. Die Kirche ist normalerweise geschlossen – wenn sie sonntagmorgens für den wöchentlichen Gottesdienst öffnet, unbedingt einen Blick auf die sehenswerten Buntglasfenster werfen.

Auf dem Friedhof findet man viele faszinierende Gräber, darunter einen Bereich, wo nur Opfer des Erdbebens von 1905 liegen.

ENVIRONMENTAL EDUCATIONAL CENTRE

Dieses **Umwelt-Bildungszentrum** (Bhagsu Rd) wurde vom tibetischen Wohlfahrtsbüro gegründet und schult das Umweltbewusstsein von Schulkindern, Einwohnern und Besuchern. Auch Gelegenheitsbesuchern werden hier die Augen für die Umweltprobleme der Region geöffnet.

Aktivitäten

ALTERNATIVE THERAPIEN & MASSAGE

In der **Tibetan Herbal Clinic** (☎ 221461; nur mit Termin, Sa geschl.; Jogibara Rd) nahe des Büros von Tibetan Handicrafts kann man die traditionelle tibetische Medizin ausprobieren; die Beratung ist kostenlos. Die Kräuterkuren sollen das Ungleichgewicht zwischen Körper und Geist bereinigen, das angeblich Krankheiten verursacht.

Das **Tibetan Universal Massage** (Jogibara Rd) ist ein empfehlenswertes Massagezentrum. Behandlungen kosten ab 450 Rs pro Stunde; das Zentrum bietet auch Kurse an.

In McLeod Ganj werden überall Massagen, Reflexzonenbehandlungen und Reiki angeboten. Manche weibliche Reisenden wurden schon von angeblichen „Therapeuten" belästigt – daher vorher nach dem Ruf des Therapeuten erkundigen oder gleich einen Therapeuten mit demselben Geschlecht verlangen! Therapeuten werben im Contact-Magazin oder auf den Schwarzen Brettern in Gästehäusern und Restaurants.

MUSIK

Im **Tibet Music Centre** (Tara Café; Bhagsu Rd; 100 Rs/Std.; ⌚ 10–12 & 16–19 Uhr) lernt man tibetische Instrumente zu spielen, und im **Khana Nirvana Restaurant** (Temple Rd) oberhalb von Stitches of Tibet finden regelmäßig Jamsessions für diejenigen statt, die schon ein bisschen mehr können.

SPAZIERGÄNGE

Zu den kurzen Wanderungen rund um McLeod Ganj gehört z. B. der 2 km lange Weg nach **Bhagsu** – ein Lieblingstreff für Reisende, wegen des Tempels und des Wasserfalls. Ein 3 km langer Spaziergang Richtung Nordosten führt nach **Dharamkot**, von wo aus man eine tolle Aussicht auf das Tal und entlang der Dhauladhar Range hat. Von Dharamkot aus dann in Richtung Osten weiter nach Bhagsu laufen und auf der Bhagsu Rd. wieder nach McLeod zurückkehren.

Der von Zedern umgebene **Dal-See** liegt 4 km nordwestlich von McLeod Ganj zwischen den Bergen. Am See steht ein kleiner Tempel, und der direkt darüber liegenden **Naddi** bietet weitere grandiose Aussichtsmöglichkeiten.

TREKKING

Ein kurzer Trek ist die dreitägige Rundwanderung hinter Dharamkot nach **Triund** (2900 m) und die Schneegrenze. Zwischen Wäldern und Rhododendren ist die Aussicht atemberaubend (vor allem zum Frühlingsende). Nach einer Übernachtung in dem einfachen Resthouse in Triund, geht's über einen kurzen Anstieg hinauf zum Gletscher bei Laka Got (3350 m), wo man oft auf ein Schäferlager stößt. Zurück geht's entweder über denselben Weg, oder dem Bergrücken entlang hinunter nach Bhagsu und von dort wieder nach McLeod Ganj.

Von Laka Got aus gibt's die anstrengende, aber lohnenswerte Streckenverlängerung zum **Indrahar La** (4300 m), dem Zugang zum Chamba-Tal; in diesem Fall unterwegs übernachten, um sich zu akklimatisieren. Der Pass wartet mit einer wunderbaren Aussicht auf den Pir Panjal und den Großen Himalaja auf. Zwischen September und November ist der Pass geöffnet; dann kann man nach Bharmour weiterwandern – die Pfade sind aber beim Abstieg zu den Weiden von **Chata Parao** nur schlecht zu erkennen. Von hier aus kommt man in einem Zweitagesmarsch durch die Wälder bis nach Bharmour.

Feste & Events

Vom 27. März bis zum 4. April veranstaltet das TIPA ein **Opernfestival** auf dem es auch Folkloretänze und traditionelle Folkloreopern gibt. Am 27. Mai beginnt das dreitägige **TIPA Anniversary Festival** mit dem die Gründung des Instituts gefeiert wird.

An **Losar** (das tibetische Neujahrsfest, 21. Dezember 2006, 10. Dezember 2007) hält der Dalai Lama wochenlang Vorlesungen. Dann kann man in McLeod Ganj eine großartige Zeit verbringen, ebenso wie am 6. Juli, an dem die Buddhisten den Geburtstag des Dalai Lama feiern.

Vom 10. bis 12. Dezember findet in McLeod Ganj das **International Himalayan Festival** statt. Mit Kulturveranstaltungen aus allen Himalajastaaten wird dabei an den Friedensnobelpreis des Dalai Lama erinnert.

Kurse

MEDITATION & PHILOSOPHIE

Das **Tushita Meditation Centre** (☎ 221866; www.tushita.info; Anmeldung ⌚ Mo–Sa 9.30–11.30 & 12.30–16 Uhr) ist in einem 20-minütigen Fußmarsch oberhalb von McLeod Ganj zu erreichen. Dazu der Straße nach Dharamkot folgen und dann die Stufen hinaufsteigen, die hinter dem kleinen weißen Tschorten beginnen. Das Zentrum bietet zu festen Terminen Einführungskurse (mit und ohne Übernachtung) in buddhistischer Philosophie an, darunter achttägige (3100 Rs) und zehntägige (3800 Rs) sowie Kurse für Fortgeschrittene.

Hinter Tushita liegt das **Vipassana Meditation Centre** (☎ 221309; www.sikhara.dhamma.org). Von April bis November gewinnt man hier bei einem zehntägigen Aufenthalt Einblicke in die *vipassana*-Meditation. In der Bibliothek (Details s. gegenüber) in Gangchen Kyishong halten tibetische Lamas Kurse zu Aspekten buddhistischer Philosophie. Die Kurse werden ins Englische übersetzt und kosten 150 Rs/Monat. Dazu kommen 50 Rs Anmeldegebühr.

KOCHEN

Wie man tibetisches Essen zubereitet, kann man in **Sangye's Kitchen** (3 Kurse 400 Rs; ⌚ So–Fr 11–12 & 17–19 Uhr) in der Nähe der Post und in **Lhamo's Kitchen** (☎ 981-6096887; Kurse 400 Rs; ⌚ 10–12 oder 17–19 Uhr) an der Bhagsu Rd. lernen. Einen Tag vor Kursbeginn anmelden.

SPRACHE

Die **Library of Tibetan Works & Archives** (☎ 222467; itwa@vsnl.com) veranstaltet Anfänger- und Fortgeschrittenenkurse in tibetischer Sprache, die 250 Rs/Monat zzgl. 50 Rs Anmeldegebühr kosten. **LHA** (☎ 220992; Temple Rd) hat für 250 Rs zweiwöchigen Gruppenunterricht im Angebot, aber auch Einzelunterricht ist möglich. Über das Magazin *Contact* findet man auch Einheimische, die Kurse anbieten.

Freiwilligenarbeit

In McLeod Ganj beschäftigen sich viele Organisationen mit tibetischen Angelegenheiten und der Flüchtlingsgemeinschaft. Kürzere und längere ehrenamtliche Tätigkeiten werden dabei immer beliebter. Auf S. 1163 gibt's weitere Informationen zu Organisationen, die Freiwillige vor Ort suchen. Auch das Magazin *Contact* nennt örtliche Ansprechpartner.

Das Tibetan Welfare Office (Tibetische Wohlfahrtsbüro), das Refugee Reception Center (Flüchtlings-Empfangszentrum) in Gangchen Kyishong und das Tibetan Children's Village (TCV, Tibetische Kinderdorf) heißen interessierte Besucher gerne willkommen und stellen ihre Arbeit vor.

Schlafen

In McLeod Ganj gibt es Dutzende von Unterkünften; die beliebtesten sind aber in der Zeit von Festen (s. linke Spalte) sehr schnell belegt. Vorausbuchung wird daher dringend empfohlen. Von fast jedem der besseren Zimmer hat man eine großartige Aussicht.

BUDGETUNTERKÜNFTE

Loseling Guest House (☎ 221087; Zi. 150–250 Rs) Freundliches und gepflegtes Gästehaus am Ende einer Gasse an der Jogibara Rd. Alle Zimmer haben separate Badezimmer, die günstigen sind aber nur mit Plumpsklos ausgestattet. Die Einnahmen bekommt das Loseling-Kloster.

Kunga Guesthouse (☎ 221180; Zi. 150–300 Rs) Ein beliebtes, sauberes und einladendes Gästehaus oberhalb von Nick's Italian Kitchen. Die günstigeren Zimmer teilen sich ein Gemeinschaftsbad (mit kalten Duschen), die beste Wahl ist aber der riesige Raum im obersten Stockwerk mit einem Balkon und toller Aussicht. Unter der Restaurantterrasse liegen ein paar Zimmer mit eigenem Badezimmer und Küche (250 Rs).

Om Guest House (☎ 221200; omhotel@hotmail.com; Nowrojee Rd; EZ/DZ mit Gemeinschaftsbad 125–160 Rs, Zi. mit eigenem Bad 250 Rs) Vom Busbahnhof sind es nur ein paar Schritte den Berg runter zum sehr guten Om Guest House. Die Zimmer sind nett, aber richtig klasse ist die Restaurantterrasse, von der aus man optimal den Sonnenuntergang genießen kann.

Kalsang Guest House (☎ 221538; EZ/DZ mit Gemeinschaftsbad 80/120 Rs, DZ mit eigenem Bad 275–350 Rs) Die erste von mehreren Unterkünften an einer steilen Treppe oberhalb der TIPA Rd. Sie ist günstig und beliebt; hat kleine Einzel- und größere Doppelzimmer. In den Gemeinschaftsbädern gibt's nur kaltes Wasser.

Loling Guest House (☎ 221072; EZ/DZ mit Gemeinschaftsbad 60/75 Rs, DZ mit eigenem Bad 150 Rs) Liegt ein paar Stufen höher an derselben Treppe wie das Kalsang und wird von der Drepung-Gompa betrieben. Hier gibt's saubere Zimmer, die Einzelzimmer sind winzig. Die heißen Gemeinschaftsduschen kosten 10 Rs.

Cheryton Cottage Guest House (☎ 221237; EZ/DZ 400/450 Rs) Das seltsame achteckige Gebäude steht im selben Garten wie das Chocolate Log und hat gute Zimmer, in denen alles Notwendige vorhanden ist. Der Freiluftbereich ist größer als bei den meisten anderen Gästehäusern in McLeod Ganj.

Green Hotel (☎ 221200; Bhagsu Rd; Zi. mit Gemeinschaftsbad 100 Rs, mit eigenem Bad 250–500 Rs; 💻) Das Hotel ist schon lange bei Travellern sehr beliebt, es ist groß, hat eine gute Auswahl an Zimmern und ein Café, das ein großartiges Frühstück serviert.

Tibetan Ashoka Guest House (☎ 221763; DZ mit Gemeinschaftsbad 90 Rs, mit eigenem Bad 275–300 Rs) Das Gästehaus direkt neben dem Loseling ist diesem ganz ähnlich, aber schlichter. In den Gemeinschaftsbädern gibt's nur Plumpsklos und kaltes Wasser. Die Aussicht von den teureren Zimmern im oberen Stockwerk ist imposant.

MITTEL- & SPITZENKLASSEHOTELS

Die meisten Mittelklassehotels stehen entlang der Hotel Bhagsu Rd.; von nahezu jedem Zimmer hat man einen schönen Ausblick aufs Tal.

Pema Thang Guest House (☎ 221871; pemathanghouse@yahoo.com; Hotel Bhagsu Rd; Zi. 550–800 Rs; ❄) Sehr angenehmes Gästehaus im Tibet-Stil. Hat geschmackvolle Zimmer mit polierten Holzfußböden, einige davon mit Kochgelegenheit. Um sicher zu gehen, besser im Voraus buchen!

Kareri Lodge (☎ 221132; Hotel Bhagsu Rd; Zi. 450–900 Rs; ❄) Kleines, aber perfekt geschnittenes Gästehaus mit nur fünf Zimmern. Das Management ist äußerst freundlich und die riesigen Zimmer im oberen Stockwerk haben eine tolle Aussicht.

Hotel Tibet (☎ 221457; htdshala@sancharnet.in; Bhagsu Rd; Zi. 500–900 Rs; ❄) Liegt in der Nähe des Busbahnhofs und hat gepflegte und bequeme, wenn auch langweilige Zimmer. Je höher der Preis, desto größer der Fernseher. In der nur abends geöffneten Bar kann man in Ruhe etwas trinken gehen.

Hotel India House (☎ 221457; Bhagsu Rd; Zi. 800–1650 Rs; ❄) Helles und entspanntes Hotel in der Nähe vom Hotel Tibet. Die günstigen Zimmer sind etwas eng, aber die meisten haben einen Aussichtsbalkon. Die Deluxe-Zimmer haben eine Badewanne.

Surya Resorts (☎ 221418; suryaresorts@rediffmail.com; Hotel Bhagsu Rd; Zi. 1200–1600 Rs, Suite 2500 Rs; ❄) Das große Hotel ist innen nicht ganz so monumental, wie das Äußere verspricht; trotz-

ETWAS BESONDERES

Chonor House Hotel (☎ 221006; www.norbulingka.org; an der Hotel Bhagsu Rd; EZ 1400–2100 Rs, DZ 1800–2500 Rs; 💻) Vom unbefestigten Pfad hinunter zum Tor darf man sich nicht abschrecken lassen – das Hotel ist ein echtes Juwel. Das blitzsaubere Haus gehört dem Norbulingka-Institut und ist mit traditionellen tibetischen Gemälden und Möbeln dekoriert und eingerichtet. Jedes Zimmer repräsentiert dabei eine andere Region Tibets; außerdem gibt's ein Restaurant, ein Café auf einer Gartenterrasse, Cyber Yak Internet und einen Laden, der Handwerksgegenstände aus der Produktion des Instituts verkauft.

Unbedingt im Voraus buchen!

dem sind die pfiffigen Zimmer mit allem ausgestattet, was ein Klassehotel ausmacht.

HPTDC Hotel Bhagsu (☎ 221091; DZ 800–1600 Rs; ❄) Das Hotel liegt dem Pema Thang Guest House gegenüber und hat eine Reihe netter Doppelzimmer. Zudem locken eine „Bierbar" und eine Rollschuhbahn Gäste an – die aber diese Angebote besser nicht kombinieren sollten.

Das **Hotel Him Queen** (☎ 221861; Hotel Bhagsu Rd; DZ 800–2000 Rs; ❄) und das **Him Queen Annexe** (☎ 221002; Zi. 600–1200 Rs; ❄) liegen direkt nebeneinander, haben aber unterschiedliche Besitzer. In beiden gibt's ganz bequeme Zimmer, die aber kaum aus dem Rahmen fallen.

Essen & Ausgehen

Nick's Italian Kitchen (Bhagsu Rd; Gerichte 35–80 Rs; ⌚ 6–21 Uhr) Das Nick's ist eine Art Institution in McLeod Ganj und für sein italienisches vegetarisches Essen und die Aussicht von der Terrasse bekannt. Serviert ausgezeichnete Pasta, Frühstück früh am Morgen und Kuchen zum Nachmittagstee.

Taste of India (Jogibara Rd; Gerichte 30–70 Rs; ⌚ 10–23 Uhr) Phantastisches nordindisches Essen ist hier jeden Tag angesagt, es gibt eine Vielzahl von Gerichten mit und ohne Fleisch. Das Restaurant ist recht klein und am Abend rappelvoll, aber das Warten auf einen Tisch lohnt sich auf jeden Fall. Wenn's schmeckt, kann man sich auch für einen Kochkurs anmelden.

Lung Ta (Jogibara Rd, Gerichte ab 30 Rs; ⌚ 12–23 Uhr, So geschl.) Dieses sehr beliebte vegetarische japanische Restaurant ist eine Bereicherung der hiesigen Restaurantszene. Dienstag und Sonntag ist Sushi-Tag – die pro-tibetische Einstellung des Restaurants äußert sich im Boykott sämtlicher chinesischer Produkte.

Malabar Café (Jogibara Rd; Gerichte 30–80 Rs; ⌚ 11–23 Uhr) Das nette kleine Lokal neben dem Tschorten serviert leckere indische, chinesische und kontinentale Küche. Das kompakte Innere und die gedämpfte Beleuchtung machen es zu einem schnuckeligen Hangout.

Ashoka Restaurant (Jogibara Rd; Gerichte 35–190 Rs) Serviert leckeres indisches Essen; hier kommen auch Fleischliebhaber auf ihre Kosten. Ein paar europäische Gerichte lockern die Speisekarte auf. Besser drinnen essen als auf der „Dachterrasse".

Green Hotel (Gerichte um 50 Rs) Das Hotel hat ein beliebtes vegetarisches Restaurant. Die Spinatquiche ist echt prima, ebenso wie das magenfüllende Frühstück mit original tibetischem Brot.

Gakyi Restaurant (Jogibara Rd; Gerichte 25–70 Rs) Das Gakyi serviert gutes Essen, und auch hier lässt es sich trefflich abhängen. Hat viele verschiedene Küchen im Programm, wobei der Schwerpunkt tatsächlich auf der israelischen liegt.

Kokonor (Bhagsu Rd; Gerichte 40–100 Rs) Liegt gegenüber vom Nick's und ist ebenfalls wegen seines italienischen Essens empfehlenswert.

Pema Thang Pizzeria (Gerichte ab 40 Rs; ⌚ 11–22 Uhr) Im Pemathang Guest House; serviert gute Holzofenpizzas. Dabei dienen Bratkartoffeln als ungewöhnliche, aber ziemlich leckere Beilage.

Snow Lion Restaurant (Jogibara Rd; Gerichte 40–80 Rs; ⌚ 11–15 & 18–21.30 Uhr) Befindet sich hinten im gleichnamigen Gästehaus und tischt unschlagbares tibetisches Essen auf, darunter klasse *momos* (tibetische Klopse, gedämpft oder gebraten) und *thukpa* (tibetische Nudelsuppe).

Chocolate Log (Gerichte ab 30 Rs; ⌚ Di–So 10–21 Uhr) Naschkatzen werden es lieben – die hausgemachten Kuchen sind einfach wunderbar.

Wenn man auf Knabberzeug steht, kann man sich beim Terrassencafé vom Om Guest House die besten Kekse vor Ort holen.

Nur wenige Lokale in McLeod Ganj schenken Alkohol aus. Wenn man etwas trinken gehen möchte, bietet sich die Bar des **Hotels Tibet** (⌚ 11–22 Uhr) oder des **McLlo Restaurants** (Gerichte 50–100 Rs, Drinks ab 65 Rs; ⌚ 10–22 Uhr) an. Den Fotos zufolge geht der Schauspieler Pierce Brosnan im McLlo essen, wenn er in der Stadt ist. Das Chocolate Log hat auch eine interessante Auswahl an hausgemachten Weinen im Angebot.

Unterhaltung

Mehrere Videohallen in der Jogibara Rd. zeigen tagsüber und abends Hollywoodstreifen und Dokumentationen über Tibet. Das Programm steht draußen angeschrieben, Tickets kosten 20 Rs. Das TIPA veranstaltet ab und zu Konzerte mit klassischer tibetischer Musik (S. 296); in der Buddha-Halle im nahen Bhagsu finden oft Konzerte mit klassischer indischer Musik statt (S. 302).

Shoppen

Die **Tibetan Handicrafts Cooperative** (Jogibara Rd; ⌚ Di–So) beschäftigt neu angekommene Flüchtlinge mit dem Weben tibetischer Teppiche. Gute Wollteppiche bekommt man ab 2700 Rs/m². Die Kooperative verpackt den Einkauf und schickt ihn auch nach Hause. Besucher können den Teppichmachern jederzeit bei ihrer Arbeit an den traditionellen Webstühlen zusehen.

TCV Handicraft Centre (Temple Rd; ⌚ Di–So) Verkauft Kleidung, religiöse Gegenstände und Schmuck – fast alles wird in den TCV-Ausbildungszentren hergestellt. Hat Fixpreise.

Stitches of Tibet (Temple Rd; ⌚ Di–So) Wurde von der tibetischen Frauenvereinigung für neu angekommene weibliche Flüchtlinge gegründet. Man kann sich eine Chuba (traditionelle tibetische Kleidung) aus einem Stoff von Stitches of Tibet (360 Rs) oder aus mitgebrachten Materialien (110 Rs) machen lassen.

Ein Dutzend weiterer Shops verkauft tibetische Kunstgegenstände. Im Angebot sind interessante eingelegte Gebetsräder, Gebetsfahnen (pro Packen gibt's 35 Rs Rabatt), Rosenkränze aus Edelstein und traditioneller Silberschmuck.

Der **Green Shop** (⌚ Di–So) hat zwei Filialen. Die bessere davon liegt am Ende der Treppe an der Bhagsu Rd. Sie verkauft für 5 Rs/l Refills von abgekochtem/gefiltertem Wasser sowie gutes handgemachtes Papier.

An- & Weiterreise

FLUGZEUG

Der McLeod Ganj am nächsten liegende Flughafen ist in Gaggal, 15 km südwestlich von Dharamsala. **Jagson Airlines** fliegt jeden Montag, Mittwoch und Freitag nach Delhi (206 US$); es gilt eine Gepäckbeschränkung von 10 kg. **Destinations Travels** (☎ 220399; sales@destinationtravels.net) vertritt Jagson in McLeod. Ein Taxi nach Gaggal kostet 350 Rs.

AUTORIKSCHA

Wegen der steilen und steinigen Straßen ist eine Autorikschafahrt eigentlich nur nach Bhagsu (20 Rs), Gangchen Kyishong (70 Rs) oder zum Children's Village (40 Rs) sinnvoll.

BUS

Alle Straßen führen vom Busbahnhof weg, an dem auch das Buchungsbüro der Himachal Roadways Transport Corporation (HRTC) steht. Im Folgenden Details zu den wichtigsten Verbindungen:

Ziel	Preis (Rs)	Dauer (Std.)	Häufigkeit
Dehra Dun	260	13	tgl. (20 Uhr)
Delhi*	350	12	tgl. (19 Uhr)
Dharamsala	7	½	alle 30 Min.
Gaggal	7	½	5-mal tgl.
Manali	193/250**	10	5-mal tgl./ 4 & 18 Uhr
Pathankot***	60	4	5 x tgl.

* nur Deluxe-Busse, hält an der tibetischen Kolonie in Majnu-Ka-Tilla
** Preis für Deluxe-Bus
*** hält in Gaggal

MOTORRAD

Eine kleine Motorradwerkstatt an der TIPA Rd. verleiht Enfield-Motorräder für 700 Rs pro Tag. Die Teestände entlang der Bhagsu Rd. sind bei Langzeit-Motorradurlaubern sehr beliebt und damit eine gute Adresse für allerlei Informationen.

TAXI

Der **Taxistand** (☎ 221034) von McLeod Ganj ist direkt neben dem Busbahnhof. Für ein Taxi wird man pro Tag (bis 80 km Fahrtstrecke) 900 Rs los.

Kurzstreckenfahrten gibt's u. a. nach Gangchen Kyishong (50 Rs), zum Kotwali-Basar in Dharamsala (100 Rs), zum Busbahnhof in Dharamsala (150 Rs), zum Flugplatz (350 Rs) und nach Norbulingka (300 Rs).

ZUG

Viele Reisebüros in McLeod Ganj verkaufen Zugtickets für Verbindungen ab Pathankot (s. S. 269). Man sollte so früh wie möglich im Voraus buchen.

Der praktischste Bahnhof von McLeod Ganj aus ist in Kangra Mandir, 20 km südlich von Dharamsala. Er liegt an der Schmalspur-Bahnlinie zwischen Pathankot und Jogindernagar. Die am besten zu erreichenden Züge fahren um 6.55, 10.40 und 12.50 Uhr in Pathankot ab und kommen um 10.55, 15.07 bzw. 18.16 Uhr in Kangra Mandir an (20 Rs). Zwei praktische Züge nach Pathankot verlassen Kangra Mandir um 9.19 und 12.33 Uhr und erreichen ihr Ziel um 14.30 und 17 Uhr. Ansonsten fahren auch noch weitere tägliche Züge. Obwohl die Fahrt von/nach Pathankot recht lange dauert, ist sie mit den ruhigen Dörfern, der Berglandschaft und einer beeindruckenden Schlucht sehr entspannend.

RUND UM MCLEOD GANJ

Bhagsu

Wer von den verstopften Straßen McLeod Ganjs genug hat, kann nach Bhagsu (2 km weiter östlich) weiterreisen. Das Dorf, das auch als Bhagsunag bekannt ist, hat eine kalte Quelle mit **Bädern** und einen kleinen **Shiva-Tempel**, den der Radscha von Kangra im 16. Jh. errichtete. Den Tempel erreicht man in einem kurzen Spaziergang von einem schönen **Wasserfall** aus.

Im obersten Stockwerk des Hotel Highland veranstaltet das **Neo Yoga and Reiki Centre** (☎ 221084; neoyoga@yahoo.com; ⌚ 9–16 Uhr) Hatha-Yoga- und reiki-Kurse. In der **Buddha Hall** finden manchmal Konzerte mit klassischer indischer Musik statt.

Bugs Internet (pro Std. 30 Rs) befindet sich neben der Bushaltestelle.

SCHLAFEN & ESSEN

Songam Guesthouse (☎ 221013; EZ/DZ 200/350 Rs) Ein gelbes Haus direkt am Ortseingang von Bhagsu mit sauberen, ausreichend großen Zimmern. Die mit Balkon bieten besonders viel für's Geld.

Pink White Hotel (☎ 221209; Zi. 150–300 Rs) Gegenüber vom Meghavan, hat dieses Hotel preiswerte Zimmer, die mit Balkon und TV ausgestattet sind. Die Aussicht ist ebenfalls toll. Im EG gibt's zudem ein kleines Restaurant.

Seven Seas Hotel & Restaurant (☎ 221573; EG/OG Zi. 200/300 Rs) Ein ziemlich großes Hotel mit geräumigen Zimmern und viel Marmor. Das Gluckern des Wasserlaufs vor dem Haus hilft beim Einschlafen.

Sambyal Guest House (☎ 221068; Zi. 150–250 Rs, Bungalows 300 Rs) Etwas heruntergekommene Backpackerunterkunft mit eigenem Café. Man hat ein eigenes Bad, das ist aber auch schon alles.

Omni Guest House (☎ 221576; Zi. mit Gemeinschaftsbad/eigenem Bad 100/150 Rs) Das einfache und schlecht ausgeschilderte Gästehaus (nach Wandbildern Ausschau halten) liegt weiter oben am Berg. Die Zimmer bieten nur das Allernötigste und in den Gemeinschaftsbädern gibt's nur kaltes Wasser. Das Restaurant macht trotzdem ganz gute Snacks.

Hotel Highland (☎ 220501; Zi. 500–1000 Rs) Hat angenehme Zimmer mit TV. Die an der Vorderseite haben Balkone, von denen man bei klarem Wetter eine gute Aussicht hinunter ins Tal hat.

Meghavan Holiday Resort (☎ 221935; hotelkumars@rediffmail.com; Zi. 750–950 Rs) Ein riesiges Hotel mit einem großen gepflegten Garten sowie großzügigen und komfortablen Zimmern. Im Haus ist eine Filiale der Western Union, die Bargeld wechselt, Reiseschecks einlöst und auf Kreditkarten Bargeld auszahlt.

In Bhagsu gibt's ein paar deutsche Bäckereien, die Gebäck und Leckerbissen für Backpacker verkaufen. Im Shiva Café über dem Wasserfall in Bhagsu bekommt man einen prima Chai (Tee).

SÜDLICH & WESTLICH VON DHARAMSALA

Kangra

☎ 01892 / 734 m

Der Ort war einst die Hauptstadt des Fürstentums Kangra, das zur Chand-Dynastie gehörte; doch von diesem goldenen Zeitalter sind heute nur noch wenige Spuren zu sehen. Das beeindruckende Fort ist ein Highlight der Region Dharamsala.

Der Reichtum von Kangras **Tempel von Bajreshwari Devi** war so legendär, dass fast jeder ernstzunehmende Eindringling sich die Zeit nahm, ihn zu plündern. Während Jehangirs Herrschaft war der Tempel mit reinem Silber beschlagen. Heute lohnt sich der Besuch eher wegen der Atmosphäre als wegen des Gebäudes. Im Tempel die Schuhe ausziehen. Das süße *prasad* (Opferspeise bei religiösen Zeremonien) lockt dicke Hornissen an – daher ist beim Besuch Vorsicht geboten.

Der Tempel liegt westlich der Hauptstraße und ist durch ein Labyrinth von Gassen voller Shops zu erreichen, die Waren an Pilger verkaufen.

Das uralte **Kangra Fort** (Nagar Kot; Inder/Ausländer 5/100 Rs; ⌚ Sonnenaufgang–Sonnenuntergang) beherrscht einen auffallenden Bergrücken oberhalb des Zusammenflusses von Manjhi und Banganga, 2,5 km südlich des heutigen Kangra. Das Fort wird in historischen Aufzeichnungen im Zusammenhang mit

Mahmud von Ghazni erwähnt, der auf dem Weg zur Einnahme Delhis hier durchzog. Es wechselte oft den Besitzer, bis die Briten hier 1846 eine Garnison anlegten. Es wurde nutzlos, als 1905 ein Erdbeben das Tal erschütterte und viele Wände im Innern zum Einsturz brachte. Übrig blieben das Eingangstor mit einer langen Treppe aus abgewetzten Stufen, massive Mauern und Teile der inneren Bauwerke.

Im Fort zeigt ein kleines **Museum** Reliefs aus dem Tempel und ein paar Miniaturen der Kangra-Schule.

Vom Fort aus hat man zu Sonnenaufgang und bei schönem Wetter einen tollen Blick auf die schneebedeckten Gipfel des Himalaja. Beim Sonnenuntergang über der Schlucht des Flusses sind in der Ferne die blinkenden Lichter von Dharamsala auf einem Bergrücken zu sehen. Eine Rikscha aus dem Zentrum Kangras zum Fort kostet 50 Rs.

SCHLAFEN & ESSEN

Royal Hotel & Restaurant (☎ 265013; royalhotel@rediffmail.com; EZ/DZ 350/450 Rs) Hotel an der Hauptstraße; hat blitzsaubere Doppelzimmer mit Luftkühlern. Die ruhigeren Zimmer liegen im hinteren Bereich. Das Restaurant hat eine umfangreiche Speisekarte und ist das beste im Ort.

Hotel Maurya (☎ 265875; EZ/DZ 350/500 Rs) Liegt ebenfalls an der Hauptstraße, aber näher beim Busbahnhof. Saubere und ordentliche, wenn auch etwas kleine Zimmer. In den günstigsten Zimmern ist heißes Wasser Mangelware.

Rund um Busbahnhof und Taxistand stehen ein paar ultrabillige Absteigen; im Zentrum und entlang des Basars, der bis nach Bajreshwari Devi hinauf reicht, gibt's viele *dhabas*.

AN- & WEITERREISE

Kangras Busbahnhof liegt 1,5 km nördlich vom Basar; eine Autorikscha vom Zentrum hierher kostet 20 Rs. Regelmäßig fahren Busse nach Dharamsala (10 Rs, 1 Std., 17 km) und Palampur (23 Rs, 1 Std., 40 km).

Wer mit dem Zug kommt, steigt besser in Kangra Mandir (3 km östlich der Stadt) statt am Bahnhof Kangra (5 km südlich) aus. Vom Bahnhof aus dann die wackelige Hängebrücke über den Fluss nehmen und durch den Basar zur Hauptstraße gehen. Für 50 Rs bringen wartende Autorikschas ihre Fahrgäste ins Zentrum von Kangra.

Ein Taxi von McLeod Ganj nach Kangra kostet 400 Rs.

Masrur

Masrur liegt südwestlich von Dharamsala. Hier stehen 15 wunderbare, aber beschädigte **Felsentempel** (Inder/Ausländer 5/100 Rs; 🕒 Sonnenaufgang–Sonnenuntergang) im indoarischen Stil. Die Tempel wurden im 10. Jh. in die Felsen geschlagen, aber vom Erdbeben 1905 zerstört. Sie sind die einzigen Felsentempel im Himalaja und ähneln den Ellora-Tempeln in Maharashtra.

Es fahren zwar Busse nach Masrur, aber da der Tempelkomplex weitab des Ortes liegt, nimmt man am besten ein Taxi. Von McLeod Ganj aus kostet dies 800/1200 Rs ohne/mit Rückfahrt, von Kangra aus 500 Rs inklusive Rückfahrt.

Jawalamukhi

☎ 01970

34 km südliche von Kangra liegt der **Tempel** von Jawalamukhi, der Göttin des Lichts. Er ist eine der heiligsten Stätten im Kangra-Tal. Pilger steigen in eine kleine viereckige Kammer hinab, wo sie ein Priester segnet. Er entzündet dabei Naturgas, das aus einer Kupferleitung strömt. Die kurz aufflackernde blaue Flamme wird als Erscheinung der Göttin verehrt. Ranjit Singh, der nie in die Schlacht zog, ohne sich zuvor im Tempel segnen zu lassen, ließ die goldene Kuppel und die Turmspitze errichten.

HPTDC Hotel Jawalaji (☎ 222280; B 75 Rs, DZ 500–1000 Rs; ❄) Vornehmes Hotel mit gemütlichen Zimmern. Es liegt ideal für kurze Spaziergänge zum Tempel und durch die umliegende Landschaft.

Von der Haltestelle unterhalb der Straße, die zum Tempel hinauf führt, fahren den ganzen Tag über Busse nach Dharamsala (37 Rs, 1½ Std.) und Kangra (28 Rs, 1 Std.). Von McLeod Ganj aus kostet ein Taxi hierher 700/900 Rs ohne/mit Rückfahrt.

ÖSTLICH VON DHARAMSALA

Norbulingka Institut

☎ 01892

Der wunderbare **Bildungskomplex** (☎ 246402; www.norbulingka.org; Fremdenführer 20 Rs; 🕒 8–18 Uhr) ist 14 km von McLeod Ganj und 6 km von Dharamsala entfernt. Er wurde 1988 gegründet, um traditionelle tibetische Kunstformen wie z. B. Holzschnitzen, das Herstellen von Statuen, *thangka*-Malerei und Sticken zu bewahren. Das Institut steht mitten in einem japanisch angehauchten Park mit schattigen Wegen, Holzbrücken über kleinen Bächen und winzigen Wasserfällen. Der Norling Arts Shop verkauft viele der hier hergestellten Produkte, und im **Losel Doll Museum** sind tibetische Trachten ausgestellt.

Norling Guest House (☎ 246406; normail@norbulingka.org; EZ/DZ ab 1000/1600 Rs) Ein friedvolles und wunderschön ausgestattetes Gästehaus im Park. Alle Möbel, Stoffe und Designs stammen aus dem Institut. Hier muss man einfach bleiben! Auf Wunsch gibt's Verpflegung, oder man isst einfach im Norling Café.

Um hierherzukommen, in Dharamsala einen Bus Richtung Yol nehmen und sich in Sidhpur (4 Rs) in der Nähe der Sacred-Heart-Schule absetzen lassen; dann sind es noch 15 Minuten zu Fuß. Ein Taxi ab McLeod Ganj kostet 200 Rs.

Palampur

☎ 01894 / 1249 m

Palampur ist eine nette kleine Stadt an einer Kreuzung mitten in Teeplantagen und Reisfeldern. Sie liegt 30 km südöstlich von Dharamsala und bietet Möglichkeiten für tolle Spaziergänge durch die Hügel. Eine kleine Wanderung führt zur **Bundla Chasm** außerhalb der Stadt; hier ergießt sich ein Wasserfall in den Bundla. Bei einem Besuch der **Palampur Tee Cooperative** (☎ 230220; Di–Fr 10.30–12.30 & 13.30–16.30 Uhr) auf der Mani-Seite der Stadt erhält man Einblicke in die Teeverarbeitung.

Das **HPTDC Hotel T-Bud** (☎ 231298; DZ 650–1000 Rs) liegt 1 km nördlich vom Hauptbasar am Stadtrand. Es steht auf einem weitläufigen Gelände, hat ein gutes Restaurant sowie geräumige und gepflegte Zimmer.

Pine's Hotel (☎ 232633; EZ 100–150 Rs, DZ 300–350 Rs) ist das beste Billighotel in Palampur. Es ist zwar etwas schäbig, aber ordentlich genug, wenn gerade das Geld knapp ist. Manche der Einzelzimmer teilen sich ein Gemeinschaftsbad.

Der neue Busbahnhof liegt 1 km südlich vom Hauptbasar; für eine Autorikscha vom Zentrum hierher muss man 15 Rs berappen. Den ganzen Tag über fahren Busse nach Dharamsala (20 Rs, 2 Std.). Ein Taxi ab Dharamsala kostet 550 Rs (750 Rs mit Rückfahrt). Der Bahnhof von Maranda an der Schmalspur-Bahnlinie nach Pathankot ist 5 km entfernt.

Baijnath

☎ 01894 / 1010 m

Der kleine Ort Baijnath liegt 46 km südöstlich von Dharamsala und ist wegen des uralten steinernen **Baidyanath-Tempels** eine wichtige Pilgerstätte. Dieser ist Shiva in seiner Inkarnation Vaidyanaths (Herr der Ärzte) geweiht. Der Tempel stammt angeblich aus dem Jahr 804 und ist auf den Außenwänden mit aufwändigen Reliefs verziert; im inneren Heiligtum steht ein wichtiger Shiva-Lingam. Zwischen Ende Februar und Anfang März kommen viele Pilger zum **Shivaratri-Festival** hierher.

Baijnath selbst ist eine chaotische und heruntergekommene Stadt, obwohl die Dhauladhar Range eine schöne Hintergrundkulisse abgibt.

Die meisten Busse zwischen Mandi nach Dharamsala halten hier. Die Bahnstrecke nach Pathankot führt durch Paprola, 1 km westlich vom Hauptbusbahnhof. Ein Taxi ab Dharamsala kostet 900 Rs.

Tashijong-Gompa

☎ 01894

Die sympathischen Gompa 5 km nordwestlich von Baijnath beherbergt eine kleine Drukpa-Kagyud-Gemeinschaft aus tibetischen Mönchen und Flüchtlingen. Mehrere Hallen des Komplexes kann man ebenso besichtigen wie die Kooperative, die Teppiche, *thangka*-Malereien und Holzschnitzereien herstellt. Tashijong ist in einem 2 km langen Fußmarsch nach Norden ausgehend von der Hauptstraße von Palampur nach Baijnath zu erreichen – einfach den Busfahrer darum bitten, dass er bei der Abzweigung nach Tashijong anhält. Ein Taxi ab McLeod Ganj kostet 650/800 Rs ohne/mit Rückfahrt.

Der außergewöhnliche **Taragarh Palace** (☎ 242034; www.taragarh.com; DZ ab 1250 Rs, Suite 3950 Rs) liegt 2 km südlich von Tashijong in Taragarh. Dabei handelt es sich um den ehemaligen Sommerpalast des letzten Maharadschas von Jammu & Kaschmir; im ganzen Gebäude von 1935 hängen Portraits der königlichen Familie. Ansonsten gibt's hier noch die übliche Einrichtung mit Tigerfellen und protzigen Möbeln. Das Anwesen ist ebenso großartig wie die Zimmer; es eignet sich hervorragend für einen Spaziergang vor dem Abendessen im Restaurant.

Bir & Billing

Bir, eine äußerst sehenswerte, kleine tibetische Siedlung mit drei wunderschönen **Gompas,** liegt 9 km östlich von Baijnath und 1 km tiefer auf 1300 m Höhe.

Billing liegt viel weiter oben auf 2600 m und ist ein Startplatz für Paraglider; 1992 wurde von hier aus mit 135 km der Weltrekord für einen Hin- und Rückflug aufgestellt. Die Paragliding-Saison hängt vom Wetter ab; normalerweise dauert sie von Mitte September bis Mitte Dezember, aber erfahrene Flieger starten schon ab dem Frühjahr. Ende Juni findet hier die Himalayan Hang-Gliding Rally statt. Zum Besuchszeitpunkt war der Paragliding-Betrieb aus Sicherheitsgründen (siehe S. 325) in ganz Himachal-Pradesh vorläufig eingestellt. Wenn's wieder losgeht, kosten Tandemflüge mit qualifiziertem Lehrer 1500 Rs (für 30 Min.); fünftägige Kurse gibts ab 7500 Rs.

CHAMBA-TAL

Das wunderschöne Chamba-Tal und der Fluss Ravi sind im Süden durch die hohe Dhauladhar Range vom Kangra-Tal und im Norden durch die Pir Panjal Range vom abgelegenen Pattan-Tal getrennt. Über 1000 Jahre lang existierte hier das Fürstentum Chamba, das älteste in Nordindien.

Überraschenderweise kommen nur wenige Ausländer hierher, und noch weniger steigen zur alten Hill Station Dalhousie ins Tal hinab. Das Tal ist für seine tollen *sikhara* (Hindutempel) bekannt, von denen man einige hervorragende Beispiele im wunderschönen Chamba (56 km von Dalhousie) und in der ehemaligen Hauptstadt Bharmour (65 km weiter unten im Tal) findet.

Dalhousie

☎ 01899 / 10 500 Ew. / 2036 m

Nach Dalhousie kommt man vor allem, um die großartige **Aussicht** zu genießen oder um sich in einem der alten kolonialen Hotels verwöhnen zu lassen. Die Stadt ist wesentlich ruhiger, sauberer, weniger überlaufen und – wie manche sagen – einfach netter als Shimla.

Dalhousie verteilt sich auf fünf Hügel in rund 2000 m Höhe. Es diente während der britischen Herrschaft als Hill Station für Menschen aus Lahore. Die Briten erwarben die Stadt vom Radscha von Chamba und benannten sie nach Lord Dalhousie, dem damaligen indischen Vizekönig. Der Ort war überlegt gewählt: im Norden wird Dalhousie vom Pir Panjal überragt, im Süden schweift der Blick das Tal hinunter bis zu den Ebenen.

In Dalhousie lebt eine recht große tibetische Flüchtlingsgemeinde. Entlang der Garam Sarak kommt man auf halbem Weg an farbenprächtigen flachen Reliefs von tibetischen Gottheiten vorbei, darunter Padmasambhava und Avalokitesvara. Zudem gibt's einen kleinen **tibetischen Markt**.

Hochsaison (dann kann es Probleme bereiten, ein Zimmer zu bekommen) ist von Mitte April bis Mitte Juli, von Mitte September bis Mitte November und von Mitte Dezember bis Anfang Januar. In der Nähe von Dalhousie finden sich das **Kalatope Wildlife Sanctuary** und die Wiesen von **Khajjiar**.

ORIENTIERUNG

Die Briten schafften es, relativ ebene Straßen zu bauen, die die verschiedenen Teile der Stadt verbinden – daher findet man sich gut zurecht. Der Busbahnhof und mehrere der schicksten Hotels liegen etwa 1 km unterhalb der restlichen Stadt. Die Garam Sarak (Hot Rd.) – die mehr Sonne abbekommt – und die Thandi Sarak (Cold Rd.) verbinden die Siedlungen Subhash Chowk und Gandhi Chowk oben auf dem Bergrücken.

Vom Busbahnhof aus kostet ein Taxi nach Gandhi Chowk oder Subhash Chowk 70 Rs. Falls einem der steile Aufstieg zur Stadt zuviel ist, einfach für 30 Rs einen Gepäckträger anheuern.

PRAKTISCHE INFORMATIONEN

Punjab National Bank (🕑 Mo–Fr 10–14, Sa 10–12 Uhr) Liegt fünf Minuten zu Fuß südlich der St. Francis Church; wechselt Reiseschecks und ausländische Währungen.

Railway Out Agency (☎ 240503; 🕑 9–17 Uhr) Nimmt Zugbuchungen vor und hat bestimmte Platzkontingente für Züge außerhalb von Pathankot.

Richa's Cyber Sync (Garam Sarak Bazaar; pro Std. 75 Rs) Einziger Internetzugang der Stadt mit fürchterlich schlechten Verbindungen.

State Bank of India (🕑 Mo–Fr 10–16, Sa 10–13 Uhr) Liegt nahe des Busbahnhofs; wechselt Reiseschecks und ausländische Währungen.

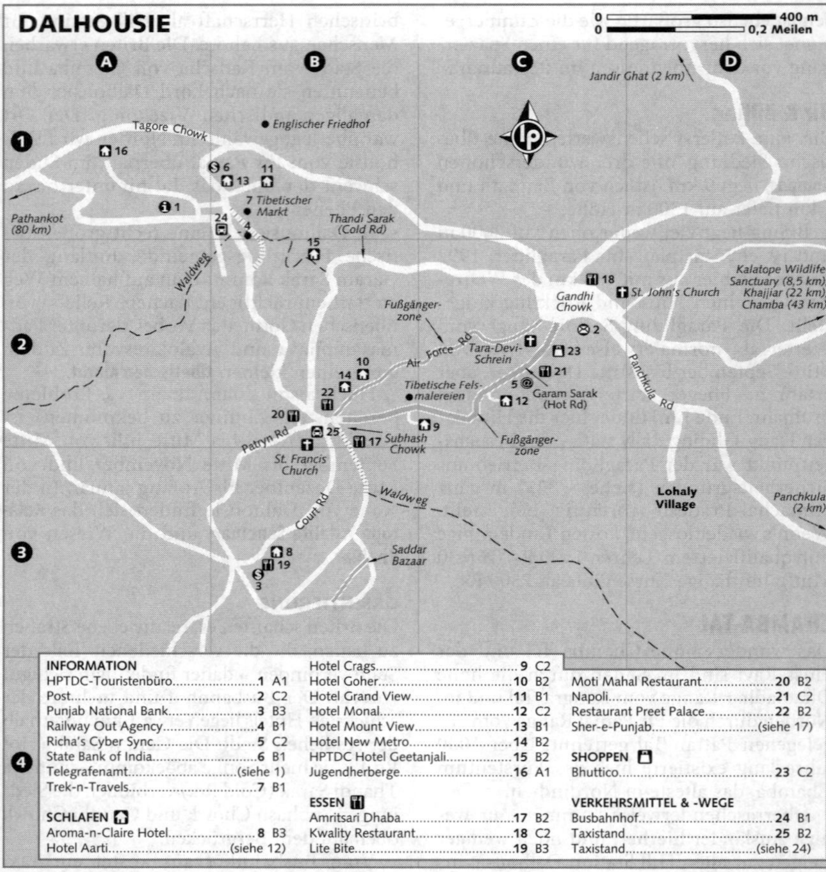

INFORMATION
- HPTDC-Touristenbüro ... 1 A1
- Post ... 2 C2
- Punjab National Bank ... 3 B3
- Railway Out Agency ... 4 B1
- Richa's Cyber Sync ... 5 C2
- State Bank of India ... 6 B1
- Telegrafenamt ... (siehe 1)
- Trek-n-Travels ... 7 B1

SCHLAFEN
- Aroma-n-Claire Hotel ... 8 B3
- Hotel Aarti ... (siehe 12)
- Hotel Crags ... 9 C2
- Hotel Goher ... 10 B2
- Hotel Grand View ... 11 B1
- Hotel Monal ... 12 C2
- Hotel Mount View ... 13 B1
- Hotel New Metro ... 14 B2
- HPTDC Hotel Geetanjali ... 15 B2
- Jugendherberge ... 16 A1

ESSEN
- Amritsari Dhaba ... 17 B2
- Kwality Restaurant ... 18 C2
- Lite Bite ... 19 B3
- Moti Mahal Restaurant ... 20 B2
- Napoli ... 21 C2
- Restaurant Preet Palace ... 22 B2
- Sher-e-Punjab ... (siehe 17)

SHOPPEN
- Bhuttico ... 23 C2

VERKEHRSMITTEL & -WEGE
- Busbahnhof ... 24 B1
- Taxistand ... 25 B2
- Taxistand ... (siehe 24)

Touristenbüro (☎ 242136; ⌚ Mo–Sa 10–17 Uhr) Im obersten Stock des Telegrafenamtes nahe des Busbahnhofs. Hat während der Tourismussaison auch sonntags offen.

Trek-n-Travels (☎ 240277; ygambhir2001@yahoo.com) Nahe des Busbahnhofs; arrangiert Outdoor-Events von Trekkings ab 300 Rs (1 Tag) bis zu Jeepsafaris für 1000 Rs/Tag. Das hilfsbereite Personal bucht auch Züge und Luxusbusse.

SCHLAFEN

In Dalhousie gibt es über 50 Hotels; viele davon wirken aber wie heruntergekommene Überbleibsel aus der Zeit des British Raj. In der Nebensaison können viele Hotels wegen der Preisnachlässe von mindestens 50 % getrost den Budgetunterkünften zugerechnet werden.

Budgetunterkünfte

Jugendherberge (☎ 242189; B mit Gemeinschaftsbad für Mitglieder/Nicht-Mitglieder 40/60 Rs, Zi. mit eigenem Bad 200 Rs) Fünf Gehminuten vom Busbahnhof entfernt. Zwischen 10 und 13 Uhr ist die Herberge geschlossen, weil dann geputzt wird – alles ist in tadellosem Zustand. Jeden Abend gibt's ein gemeinsames Essen.

Hotel Crags (☎ 242124; Garam Sarak; EZ/DZ 110/550 Rs, Bungalow 650 Rs) Hat sehr große und gepflegte Zimmer, aber der Hit ist die sonnige Terrasse, von der aus ein wunderbarer Ausblick ins Tal besteht. Um zu diesem Hotel zu kommen, vom Hauptweg ein paar Stufen hinunterklettern.

Hotel Monal (☎ 242362; Garam Sarak; Zi. 600–900 Rs) Weiter hinauf Richtung Gandhi

Chowk steht dieses Hotel am Berghang. Tolle Zimmer – und wer von der wunderbaren Aussicht genug hat, schaltet einfach den Fernseher ein.

Am selben Weg liegt das **Hotel Aarti** (☎ 242433; Garam Sarak; Zi. 350 Rs), das ebenso gut ist, aber etwas einfachere Zimmer hat.

Mittel- & Spitzenklassehotels

Die meisten besseren Hotels sind Überbleibsel aus der Zeit des British Raj. Meist haben sie vorne einen Wintergarten, übergroße Schlafzimmer, geräumige Badezimmer, Ankleideräume und offene Kamine. Die Unterschiede sind beträchtlich: Manche riechen nach kolonialer Atmosphäre, andere riechen nur.

Aroma-n-Claire Hotel (☎ 242199; Court Rd; Zi. 700–900 Rs) Ein phantastisches Hotel. 1939 erbaut, ist es ein großartiger Mischmasch von Architekturstilen und bis unters Dach mit der Ausbeute einer lebenslangen Sammelleidenschaft gefüllt: Hier findet man Gemälde, Fotos, Vinylplatten, Holz in verblüffenden Formen, Münzen, interessante Steine und Modellautos – und Zimmer gibt's in allen Formen und Größen.

Hotel New Metro (☎ 242775; Airforce Rd; Zi. 500–1000 Rs) Gemütliches Kolonial-Hotel im Cottage-Stil. Die Zimmer im OG sind etwas größer; die günstigeren im EG sind dafür luftiger und bieten mehr für's Geld.

Hotel Goher (☎ 242253; Fax 242258; DZ 500–1200 Rs) Modernes, bequemes, aber etwas langweiliges Hotel oberhalb von Subhash Chowk. Je höher man wohnt, desto besser die Aussicht.

HPTDC Hotel Geetanjali (☎ 242155; Zi. 550–800 Rs) Eines von Dalhousies ältesten Hotels nahe der Thandi Sarak. Das Alter ist zwar zu spüren, aber das Hotel ist trotz der abgestandenen Luft sehr charmant.

Hotel Mount View (☎ 242120; www.hotelmountview.com; Zi. 1500–2000 Rs, Suite ab 2400 Rs) Das etwas kitschige Hotel wurde gebaut, als Indien 1947 Dalhousie zurückerhielt. Es gibt sich alle Mühe, als „historisches" Hotel durchzugehen. Die Zimmer sind ganz o. k. und das Restaurant ist gut.

Hotel Grand View (☎ 240760; www.grandviewdalhousie.com; DZ 2050–2550 Rs, Suite 2750 Rs) Wunderschön erhaltenes Hotel aus den 1920er-Jahren. Eine lange Fassade aus Holz und Glas führt zu einer Gartenterrasse; der Pir Panjal scheint direkt vor dem Hotel zu liegen. Die Bettwäsche ist frisch und es gibt eine luxuriöse Bar sowie einen Speisesaal.

ESSEN

Restaurant Preet Palace (Subhash Chowk; Gerichte 30–160 Rs) Verlangt annehmbare Preise und serviert Mughlai-, Kaschmiri- und chinesische Küche.

Moti Mahal Restaurant (Gerichte ca. 60 Rs) Restaurant mir Bar unterhalb vom Preet Palace. Tischt Südindisches und Gujarati-Gerichte auf.

Kwality Restaurant (Gandhi Chowk; Gerichte 60–120 Rs) Beliebtes Lokal mit umfangreicher Speisekarte. Hat sich auf Burger, Pizza und Steaks spezialisiert.

Napoli (Gerichte 50–100 Rs) Superschickes Restaurant im Basar bei Ghandi Chowk. Im Napoli wird zwar kein italienisches Essen serviert, dafür aber eine Menge indischer und chinesischer Gerichte.

Dalhousies *dhabas* sind überdurchschnittlich gut. Die beste von allen ist wahrscheinlich die **Amritsari Dhaba** (Subhash Chowk; Gerichte 40–90 Rs) mit Gerichten aus dem Punjab und Gujarat; hier bekommt man auch ein sehr anständiges indisches Frühstück. Das Sher-e-Punjab nebenan ist ähnlich.

Das Lite Bite neben dem Aroma-n-Claire Hotel macht gutes Eis und notfalls auch Sandwiches.

SHOPPEN

Die Filiale von **Bhuttico** (Garam Sarak) bietet eine große Auswahl an Schals zu fairen Preisen im Angebot. Auf dem tibetischen Markt direkt oberhalb vom Busbahnhof gibt's Teppiche, Taschen und Geldbörsen.

AN- & WEITERREISE

Das Buchungsbüro am Busbahnhof ist häufiger geschlossen als offen. Viele Busse fahren nach Pathankot (59 Rs, 3 Std.), um 7 und 14 Uhr geht's nach Dharamsala (105 Rs, 4 Std.) und um 12.45 Uhr nach Shimla (275 Rs, 16 Std.).

Den ganzen Tag über starten Busse nach Chamba (42 Rs, 2½ Std.); jeder zweite fährt über Khajjiar (20 Rs, 1½ Std.). In der Hauptsaison fahren Sightseeing-Busse um 9.30 und 10.30 Uhr nach Khajjiar und Chamba (100 Rs, jeweils 2 Std. Aufenthalt) und kehren dann nach Dalhousie zurück. Wenn gerade kein Bus direkt nach Chamba fährt, einen Bus in Richtung Dharamsala oder Pathankot nehmen und an der Kreuzung bei Banikhet (10 Rs, 10 Min.) aussteigen.

In der Hauptsaison fahren Deluxe-Busse nach Delhi (300 Rs, 14 Std.) und Dharamsala (140 Rs, 4 Std.).

An allen **Taxiständen** (☎ 242525) gibt's Festpreise nach Pathankot (850 Rs), Chamba (720/820 Rs ohne/mit Rückfahrt), Khajjiar (430 Rs mit Rückfahrt), Bharmour (1650/2000 Rs ohne/mit Rückfahrt), Kalatope (360 Rs mit Rückfahrt) und nach Dharamsala (1400 Rs).

Rund um Dalhousie

KALATOPE WILDLIFE SANCTUARY

In dem schönen Reservat 8,5 km von Gandhi Chowk entfernt leben Schwarzbären und Muntjaks. In **Lakkar Mandi** an der Grenze zum Schutzgebiet ist ein Checkpoint mit Aussicht auf die Berge. Man kann mit dem Taxi hierherfahren (220 Rs) und 3 km ins Schutzgebiet hineinlaufen. Eine **Försterhütte** (☎ 242137; Zi. 300 Rs) bietet einfache Übernachtungsmöglichkeiten; vorher anrufen.

KHAJJIAR

Die saftige *marg* (Wiese) liegt 22 km von Dalhousie entfernt. Rundum wachsen Kiefern, und in der Mitte befindet sich ein Teich. Der **Khajjinag-Tempel** aus dem 12. Jh. bietet tolle Holzschnitzereien und grobe Schnitzereien der fünf Pandavas (Helden des Mahabharata), die der Radscha von Chamba im 16. Jh. anbringen ließ.

Khajjiar hat sich durch den örtlichen Tourismus übermäßig entwickelt und ist daher höchstens einen Tagesausflug wert. Von Dalhousie und Chamba aus leicht zu erreichen.

Chamba

☎ 01899 / 20 700 Ew. / 996 m

Von Dalhousie nach Chamba führt eine 56 km lange, wunderschöne, wenn auch haarsträubende Strecke. Die Aussicht auf die Terrassenfelder ist großartig, und winzige Dörfer kleben direkt an den nackten Talwänden.

Chamba liegt auf einem Felsvorsprung über dem Ravi und ist ein relaxter Ort mit engen Straßen und uralten Tempeln. Er wurde von Radscha Sahil Varman gegründet, der seine Hauptstadt von Bharmour hierher verlegte und sie dann nach seiner Tochter Champavati benannte. Die Maharadschas herrschten bis zur Unabhängigkeit mehr als 1000 Jahre über Chamba, das dann kurzzeitig die Hauptstadt Himachal Pradeshs wurde.

In Chamba gibt es eine mit Gras bewachsene Promenade namens Chowgan, auf der das Minjar-Festival (s. S. 273), spontane Cricket-Matches und Abendspaziergänge stattfinden. Die Stadt ist auch für ihre Chappals (Sandalen) bekannt, die in den vielen Shops entlang der Museum Rd. gekauft werden können.

PRAKTISCHE INFORMATIONEN

Das **Himachal Touristenbüro** (☎ 224002; Court Rd; ⌚ Mo–Sa 10–17 Uhr) befindet sich direkt neben dem Hotel Iravati. Die **Punjab National Bank** (Hospital Rd; ⌚ Mo–Fr 10–14 Uhr, Sa 10–12 Uhr) wechselt Bargeld und Reiseschecks. Das **Cyberia** (40 Rs/Std.; ⌚ Mo–Sa 9–20 Uhr) oberhalb vom Hotel Aroma Palace ist ein sympathisches Internetcafé.

SEHENSWERTES & AKTIVITÄTEN

Lakshmi-Narayan-Tempelkomplex

In allen sechs **Tempeln** im *sikhara*-Stil, die zwischen dem 10. und 19. Jh. entstanden sind, lassen sich großartige Skulpturen bewundern. Der größte (und älteste) ist Lakshmi Narayan (Vishnu) geweiht und wurde während der Herrschaft Radscha Sahil Varmans im 10. Jh. errichtet. Radscha Partap Singh Varna ließ ihn im 16. Jh. sorgfältig renovieren.

Rund um den Tempel stehen außen in Nischen schöne Statuen Narsinghs (Vishnu in Löwengestalt) und Krishnas mit seinen Hirtenmädchen. Der vierte Tempel rechts, der Gauri-Shankar-Tempel, ist Shiva geweiht. Auf den beiden Seiten des Türrahmens befinden sich tolle Steinreliefs des Ganges bzw. des Yamuna, die als Göttinen dargestellt sind.

Weitere Tempel

Im Gewirr von Chambas Nebenstraßen verbergen sich noch eine Menge andere Tempel. Den **Chamunda-Devi-Tempel** oben auf dem Hügel ist über einen Pfad oberhalb des Busbahnhofs zu erreichen; hier umgeben Blumen- und Tiermotive beeindruckende Reliefs von Chamunda Devis (Durga im Zorn).

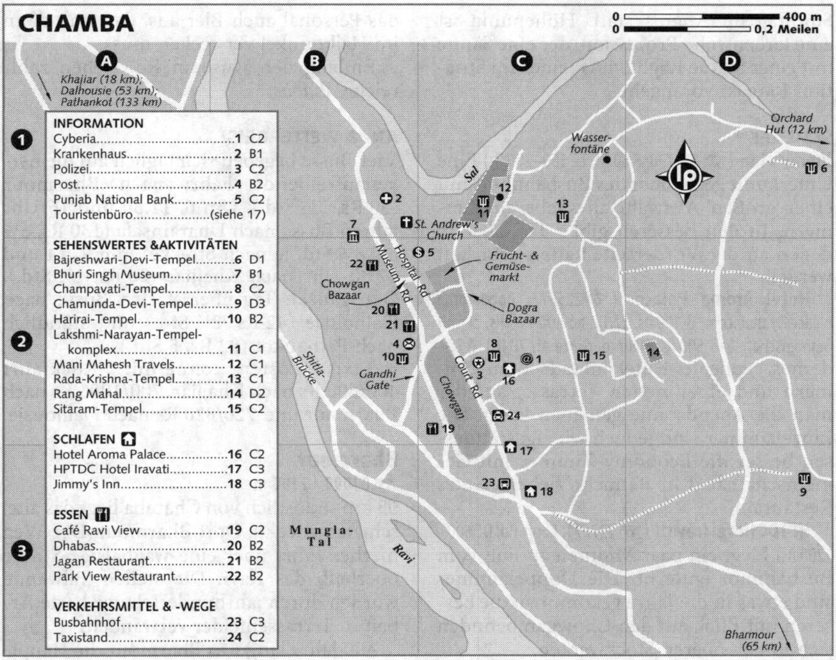

Ansehen kann man sich außerdem den **Bajreshwari-Devi-Tempel** oben auf dem Hügel über dem Lakshmi Narayan Complex; hier steht eine Statue Bajreshwaris (eine Inkarnation Durgas). Interessant sind auch der **Harirai-Tempel** aus dem 11. Jh., der **Rada-Krishna-Tempel** (auch Bhansi Gopal genannt), der **Sitaram-Tempel** (der Rama geweiht ist) und der **Champavati-Tempel**, der der Tochter von Radscha Sahil Varman gewidmet ist.

Rang Mahal

Im Rang Mahal (Alter Palast) verkauft das **Himachal Emporium** (Mo–Sa 10–17 Uhr) *rumals* – kleine Tücher mit feiner Seidenstickerei. Seit fast 1000 Jahren üben Chambas Frauen dieses traditionelle Handwerk aus. Ohne dass Knoten oder lose Fäden zu sehen sind, ist die Rückseite eines Tuchs das perfekte Spiegelbild der Vorderseite.

Bhuri Singh Museum

Das interessante **Museum** (Eintritt frei; Di–So 10–17 Uhr) zeigt Kunst und Kultur der Region, vor allem Miniaturgemälde der Basohli- und Kangra-Schule. Hier gibt's auch ein paar Wandgemälde, die aus dem Rang Mahal gerettet wurden, nachdem es bei einem Brand beschädigt wurde.

GEFÜHRTE TOUREN

Das hilfreiche **Mani Mahesh Travels** (☎ 222507; Fax 225644) wird von einer Familie geführt, ist nahe beim Lakshmi-Narayan-Tempelkomplex und arrangiert Trekkings mit Führern und Trägern ab 800 Rs pro Tag (kann bei großen Höhen bis 1400 Rs steigen) sowie Touren zu den Tempeln von Chamba.

FESTE & EVENTS

Das viertägige **Sui Mata Festival** findet ab dem 13. April auf dem Chowgan statt. Sui Mata, die Tochter eines Radschas aus alter Zeit, opferte ihr Leben, um die Untertanen des Reichs ihres Vaters zu retten. Besonders die Frauen aus Chamba verehren sie und tragen ihr Bild singend und tanzend vom Rang Mahal hinauf zu ihrem kleinen Schrein.

Das **Minjar Festival** findet seit dem Jahr 935 vom dritten Sonntag im Juli bis zu ersten

Sonntag im August statt. Höhepunkt ist eine farbenfrohe Prozession, der eine Sänfte mit einer Statue Raghuviras (einer Inkarnation Ramas) vorangeht.

SCHLAFEN

Jimmy's Inn (☎ 224798; B 50 Rs, Zi. 150–200 Rs) Eine Unterkunft gegenüber des Busbahnhofs mit einer großen Auswahl an sauberen Zimmern. In den besseren gibt's TV, aber in denen an der Vorderseite kann's sehr laut werden.

Hotel Aroma Palace (☎ 225577; hotelaromapalace@yahoo.com; B 100 Rs, EZ/DZ ab 400/800 Rs, Zi. mit Gemeinschaftsbad 500 Rs; Hauptgerichte ab 70 Rs) Modernes, gepflegtes Hotel mit tadellosen Zimmern und einer netten Terrasse, auf der man die Abendsonne genießen kann. Die Einzelzimmer sind jedoch winzig; stattdessen besser die Economy-Zimmer mit Gemeinschaftsbad in Betracht ziehen. Gutes Restaurant.

HPTDC Hotel Iravati (☎ 222671; Court Rd; DZ 600–1200 Rs) Liegt ein paar Minuten zu Fuß vom Busbahnhof entfernt. Die Doppelzimmer sind etwas in die Jahre gekommen; die besseren mit Blick auf den Chowgan befinden sich in den oberen Stockwerken.

Orchard Hut (☎ 222607; orchardhut@hotmail.com; Zi. 350–650 Rs) Eine nette Unterkunft in ruhiger Lage im Saal-Tal, 12 km von Chamba entfernt und ein guter Ort für tolle Tageswanderungen. Auf Wunsch gibt's auch Verpflegung. In Chamba angekommen, am besten sofort an Mani Mahesh Travels wenden, die den Transfer hierher arrangieren.

ESSEN & AUSGEHEN

Chamba ist für sein *chukh* bekannt – eine Chilisauce aus rotem und grünem Pfeffer, Zitronensaft und Senföl.

Café Ravi View (Snacks 14–25 Rs) Kleines HPTDC-Lokal am Randgebiet des Chowgan. Serviert eine annehmbare Auswahl an indischen und chinesischen Gerichten sowie Drinks und Bier.

Jagan Restaurant (Museum Rd; Gerichte 25–150 Rs) Das Restaurant gegenüber vom Dogra-Basar serviert für 50 Rs die leckere Chamba-Spezialität *chamba madhra* (Kidneybohnen mit Quark und Ghee).

Park View Restaurant (Museum Rd; Gerichte 25–180 Rs) Tischt tolle Thalis und gute Fleischgerichte auf. Auf diskrete Nachfrage schenkt das Personal auch Bier aus, das man dann im Halbdunkel verstecken muss.

Entlang der Museum Rd. stehen zahlreiche *dhabas*.

AN- & WEITERREISE

Vier Busse begeben sich täglich auf die nervenaufreibende Fahrt nach Bharmour (50 Rs, 3½ Std.). Um 6, 11.30 und 16 Uhr fahren Busse nach Dharamsala (130 Rs, 6½ bis 8½ Std. je nach Strecke), um 7, 14 und 17.30 Uhr nach Khajjiar (20 Rs, 1½ Std.). Den ganzen Tag über starten Busse nach Dalhousie (42 Rs, 2½ Std.) und stündlich nach Pathankot (82 Rs, 5 Std.).

Taxis kosten ohne/mit Rückfahrt 400/600 Rs nach Khajjiar, 700/1000 Rs nach Bharmour und 720/820 Rs nach Dalhousie.

Bharmour

☎ 01090 / 2195 m

65 km südöstlich von Chamba liegt das alte, schiefergedeckte Dorf Bharmour. Der Weg hierher führt über eine waghalsige Straße oberhalb des Ravi. Die steilen Talwände wurden durch jahrhundertelange harte Arbeit in Terrassenfelder verwandelt.

400 Jahre lang war Bharmour die Hauptstadt des Fürstentums Chamba. 920 wurde die Hauptstadt dann nach Chamba verlegt. Bharmour ist ein Zentrum der halbnomadisch lebenden Gaddi. Sie sind Hirten, die im Sommer ihre Herden in die Berge treiben und im Winter nach Kangra, Mandi und Bilaspur hinuntersteigen.

SEHENSWERTES & AKTIVITÄTEN

Die **Chaurasi-Tempel** sind hauptsächlich Shiva geweiht und Dutzende von Schreinen mit Shiva-Lingams stehen rund um einen großen Platz. Der größte Tempel ist der zentrale **Manimahesh-Tempel** im *sikhara*-Stil vor dem eine große Nandi (Kuh) aus Bronze steht.Weiter hinten ist der kleinere **Narsingh-Tempel,** ebenfalls im *sikhara*-Stil, der Vishnu in seiner Löwengestalt geweiht ist. Neben dem Manimahesh-Tempel steht der ältere **Laskna-Devi-Tempel** aus dem Jahr 700 mit seinem wunderbar verzierten Zugang. Im Tempelkomplex sind Fotos verboten.

In Bharmour beginnen einige schöne **Trekkings,** und das **Directorate of Mountaineering & Allied Sports** (☎ 225036) oberhalb der Hauptstraße organisiert Führer und Träger (zwischen 200 und 350 Rs/Tag).

Im Juli/August kommen Pilger zum **Manimahesh Yatra** nach Bharmour und begeben sich auf die dreitägige, 35 km lange Wallfahrt zum heiligen Manimahesh-See unterhalb des Gipfels des Manimahesh Kailash (5656 m). Am See steht ein uralter und wunderschöner **Tempel** aus dem 7. Jh., der Lakshmi Devi in ihrer Inkarnation als Bezwingerin des Büffeldämons (Mahishasuramardini) geweiht ist.

SCHLAFEN & ESSEN

Chaurasi Hotel & Restaurant (☎ 225615; Zi. 350 Rs; Gerichte 35–80 Rs) Ein Hotel an der Straße, die zum Tempelkomplex hinaufführt. Es hat großzügige Zimmer mit Boilern und wunderschöner Aussicht auf das Tal. Das gute Restaurant serviert die üblichen Standardgerichte.

Chamunda Guest House (☎ 225056; EZ/DZ 150/250 Rs) Ein Gästehaus mit hellen, einfachen Zimmern, das an der Hauptstraße ausgeschildert ist. Heißes Wasser in Eimern kostet 15 Rs, der Manager organisiert auch Trekkings.

Soma Sapan Guesthouse (☎ 225337; Zi. 250–350 Rs, heißes Wasser in Eimern 10 Rs) Liegt direkt neben dem Mountaineering Directorate und hat anständige Zimmer mit Balkon, von denen man auf einen Wasserlauf blickt. Die Zimmer im hinteren Bereich sind etwas düster.

Direkt unterhalb der Chaurasi-Tempel gibt es mehrere *dhabas*.

AN- & WEITERREISE

Ungefähr alle drei Stunden fahren Busse nach Chamba (50 Rs, 3½ Std.); Taxis kosten 700/1000 Rs ohne/mit Rückfahrt. Die Straße ist besonders stark durch Erdrutsche gefährdet.

KULLU- & PARVATI-TAL

Das Kullu- und (etwas weniger) das Parvati-Tal waren schon immer beliebte Orte zum Ausspannen und um die Berglandschaft zu genießen. Die Probleme in Kaschmir starteten den Tourismusboom; die friedliche und stressfreie Atmosphäre der Täler zieht sowohl ausländische als auch einheimische Besucher an.

Das Kullu-Tal hieß ursprünglich Kulanthapitha (Ende der bewohnbaren Welt) und die ersten nachweisbaren Bewohner lebten im 1. Jh. hier. Die Hauptstadt war zuerst in Jagatsukh, dann in Naggar und danach verlegten sie die Briten nach Kullu. Das Kullu-Tal ist 80 km lang und oft nur 2 km breit; es verläuft von Mandi aus entlang des Beas nach Norden bis zum Rohtang La, dem Zugang nach Lahaul und Spiti auf 3978 m Höhe.

Über den Flugplatz von Bhuntar, 10 km südlich von Kullu, besteht eine Flugverbindung in die Region.

Hauptsaison ist von Mitte April bis Mitte Juni, von Mitte September bis Anfang November, an Weihnachten und an Neujahr.

Die Szene hier (besonders die im Parvati-Tal) zieht eine besondere Art von Langzeiturlaubern an, die von Charas (Marihuana) angezogen wird. Außerdem hat diese Region einen schlechten Ruf, weil hier ausländische Reisende ermordet wurden oder von der Bildfläche verschwanden. Aktionen der Polizei, darunter Verhaftungen wegen Drogenbesitzes, haben das Gebiet sicherer gemacht. Besucher sollten aber trotzdem vorsichtig sein (s. Kasten S. 313).

Vor allem im Parvati-Tal ist es oft praktischer, sich seine Rupien bei privaten Wechselstuben statt bei Banken zu holen.

Mandi

☎ 01905 / 27 400 Ew. / 800 m

Mandi war früher eine wichtige Kreuzung auf der Salzroute nach Tibet. Die Stadt ist das Tor zum Kullu-Tal: hier kreuzen sich die Straßen aus dem Kullu- und Kangra-Tal sowie aus Shimla. Die Atmosphäre in der Stadt erinnert eher an den Punjab als an den Himalaja. Hier gibt's eine große Sikh-Gemeinde, und die stickige Luft ähnelt der in den Ebenen. Auf dem Weg von Shimla zum Kullu-Tal ist Mandi trozdem ein netter Zwischenstopp. Hier stehen 81 Tempel unterschiedlichen Alters, und in den Hügeln der Umgebung lassen sich interessante Abstecher machen, z. B. zu den heiligen Seen von Rewalsar und Prashar.

ORIENTIERUNG & PRAKTISCHE INFORMATIONEN

Ein zweistöckiger gedrungener Komplex namens Indira Market beherrscht das Zentrum von Mandi. Die meisten Hotels und Restaurants befinden sich in unmittelbarer Nähe. Oberhalb des Beas in Richtung Osten liegt der Busbahnhof, den man in einem 15-

KULLU- & PARVATI-TAL

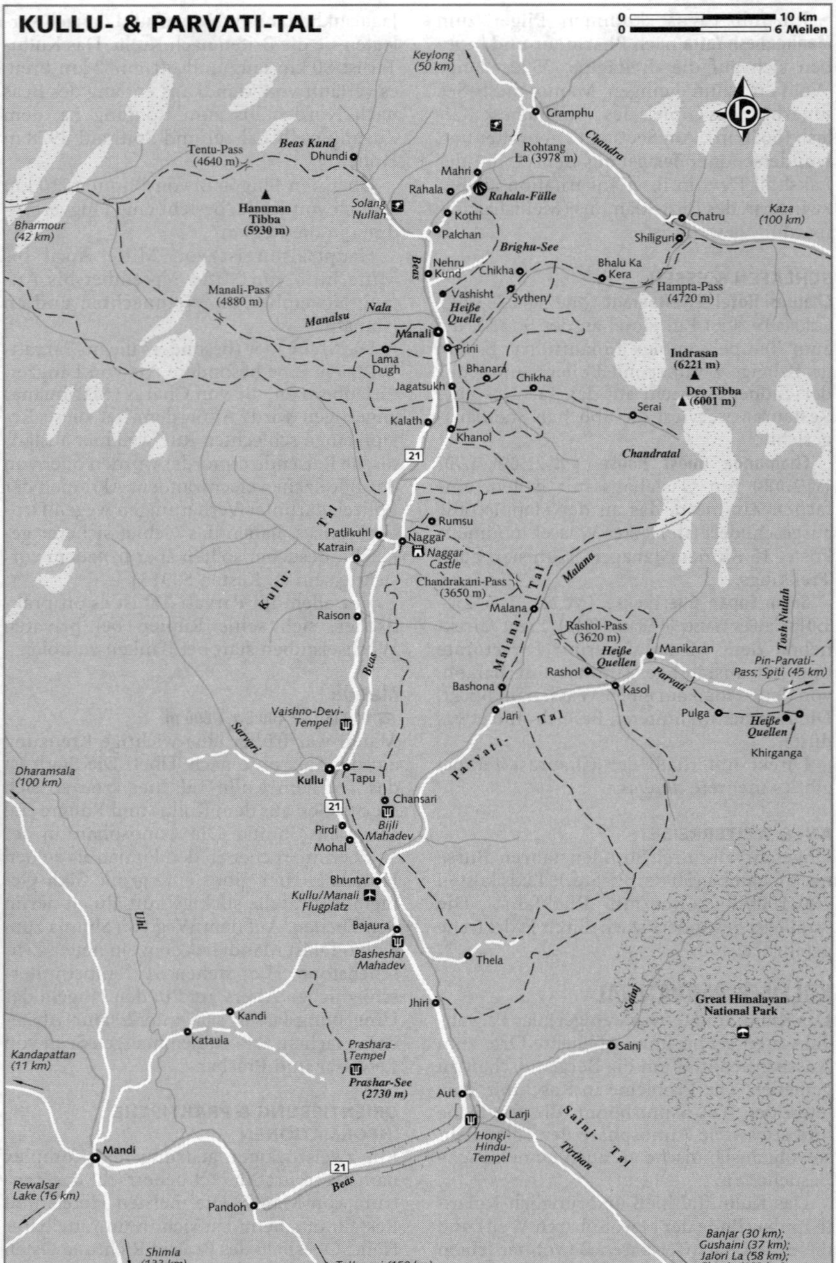

WARNUNG: VERHÄNGNISVOLLE FERIEN

Seit Mitte der 1990er-Jahre sind fast zwei Dutzend ausländischer Reisender im Kullu- und Parvati-Tal „verschwunden", und leider ist es nichts Ungewöhnliches, in der Region Plakate zu sehen, auf denen nach Informationen zu Vermissten gefragt wird.

Es wird vermutet, dass zwei Drittel der Vermissten einen Unfall hatten, als sie allein wanderten. Die übrigen Vermissten hat wohl ein schlimmeres Schicksal ereilt. Die Täler sind wichtige Zentren der Charas-Produktion und viele Besucher kommen nur deshalb hierher. Drogen sind ein riesiges Geschäft und werfen große Profite ab. Ausländische Dealer, die mit einheimischen Produzenten konkurrieren wollten, wurden wegen ihres Geldes ermordet. Und auch andere Kriminelle zieht es in die Region.

Die Polizei von Kullu bemüht sich, Drogenplantagen zu vernichten und Dealern das Handwerk zu legen; auch Ausländer wurden schon wegen Drogenbesitzes in geringen Mengen verhaftet. Man sollte sich daher auf jeden Fall von der Drogenszene fernhalten.

Besonders im Parvati-Tal bieten organisierte Treks größere Sicherheit. Auf unbekanntem Gelände gerät man leicht in Schwierigkeiten, vor allem weil das Wetter schnell umschlagen kann. Vor dem Aufbruch sollte man sich beim Hotel abmelden und die geplante Route angeben. Mit Sadhus und anderen Personen, die in den Hügeln unterwegs sind, sollte man nur mit allergrößter Vorsicht in näheren Kontakt treten.

minütigen Fußmarsch oder mit einer Autorikscha für 10 Rs erreicht.

Hier lassen sich zwar nirgendwo Reiseschecks einlösen, aber die **Bank of Baroda** (Hospital Rd; ⌚ Mo–Fr 10–15.45, Sa 10–12.15 Uhr) zahlt auf Visa- und MasterCard Bargeld aus, und das Hotel Evening Plaza gegenüber vom Indira Market ist eine offizielle Wechselstube. **Balaji Internet** (pro Std. 30 Rs; ⌚ 10–22 Uhr) liegt an der Straße gegenüber der nordöstlichen Ecke vom Indira Market.

SEHENSWERTES & AKTIVITÄTEN

Oben auf dem Tarna Hill liegt der **Rani Amrit Kaur Park** mit einer herrlichen Aussicht und einem Café, das Getränke und Snacks verkauft. Wenn es in der Stadt zu schwül ist, kann man hier frische Luft schnappen. Im Park steht der **Syamakali-Tempel** aus dem 17. Jh. mit seinen sehenswerten Wandbildern von Göttern und Gurus. Entweder die 5 km von der Stadt hierher laufen oder eine Autorikscha (30 Rs) nehmen.

Mandis **Shivaratri Festival** ist eines der interessantesten in Himachal-Pradesh. Dabei konzentrieren sich die meisten Aktivitäten auf den **Bhutnath-Tempel** aus dem 16. Jh., der im Moti Bazaar westlich vom Hauptplatz steht. Die wochenlangen Feierlichkeiten beginnen im Februar; dann werden Götterbildnisse aus dem ganzen Bezirk in die Stadt getragen.

Vom Bhutnath-Tempel aus kann man in nördlicher Richtung weiter zum Tuchbasar gehen – oder hinunter zum Beas, an dessen Ufer mehrere Tempel und Ghats liegen, darunter die eindrucksvollen **Triloknath-** und **Panjvaktra-Tempel**.

SCHLAFEN

Raj Mahal Palace Hotel (☎ 222401;Fax 223511; EZ 275 Rs, DZ 330–495 Rs) Eine tolle Budgetunterkunft; im weitläufigen ehemaligen Palast des Radscha von Mandi scheint die Zeit stillzustehen. Das altersschwache Gebäude steht hinter der Haupttribüne am Indira Market. Die Deluxe-Zimmer im Haupttrakt sind etwas stickig; dafür kann man im Garten, wo's auch ein Restaurant gibt, mal kräftig durchatmen.

Shiva Hotel (☎ 224221; EZ/DZ 220/300 Rs) Nullachtfünfzehn-Hotel gegenüber des Indira Market. Es hat saubere mittelgroße Zimmer mit TV – für zusätzliche 100 Rs bekommt man statt eines Schwarz-Weiß-Fernsehers einen in Farbe.

Standard Hotel (☎ 222948; Zi. 175 Rs) Liegt kurz oberhalb vom Shiva und hat günstige, einfache Zimmer mit Boiler. Die Zimmer mit Fenster sind die bessere Wahl – von den anderen ist nur der düstere Hotelflur zu sehen.

Hotel Mayfair (☎ 222777; Zi. 275-600 Rs; ❄) Recht komfortables Hotel neben dem Fernsprechamt, das wegen der modernen Zimmer und einem Hauch von Marmor-Pomp zu den Mittelklassehotels gerechnet werden kann.

Visco Resorts (☎ 225057; viscoresorts@rediffmail.com; Zi. 650–1500 Rs; ❄) Diese Unterkunft 4 km südlich von Mandi hat tolle Zimmer; die teureren sind klimatisiert, alle haben Balkone mit Blick auf den Fluss. Vom Hotel aus sind die Hügel leichter zu erreichen als von der Stadt.

ESSEN

Copacabana Bar & Restaurant (Hauptgerichte 30–180 Rs; 🕒 7–23 Uhr) Lokal im Raj Mahal, das auch wegen seiner Lage in einem Garten beliebt ist. Es serviert gutes Essen und kühles Bier.

Treat Restaurant (Indira Market; Gerichte 30–110 Rs) Das Treat ist im EG des Indira Market und ist wohl das beste Restaurant hier. In einem klimatisierten und dunklen, aber feinen Ambiente werden chinesische und südindische Gerichte serviert.

Beim **Schnellimbiss** (Gerichte Rs 25–70 Rs) vom Standard Hotel gibt's Kebabs, Nudeln und Burger; rund um den Hauptplatz stehen viele *dhabas*.

AN- & WEITERREISE

Als Kreuzungsstadt hat Mandi hervorragende Verkehrsverbindungen. Der Busbahnhof liegt auf der anderen Flussseite im Ostteil der Stadt; hier kann man im Voraus buchen.

Bis zum späten Nachmittag fahren stündlich Busse über Bilaspur nach Shimla (171 Rs, 6 Std.). Regelmäßig fahren Busse nach Dharamsala (100 Rs, 6 Std., 126 km). Bis zum späten Abend bestehen alle 30 Minuten Verbindungen nach Bhuntar (43 Rs, 2 Std., 60 km), Kullu (54 Rs, 3 Std.) und Manali (87 Rs, 4 Std.). Um 4.30, 6, 15.45 und 18 Uhr starten Busse nach Delhi (228 Rs, 12 Std., 460 km) und um 21.30 fährt am Hotel Mandav ein Deluxe-Bus der HPTDC ebenfalls dorthin (360 Rs, 10 Std.); buchen kann man beim Hotel.

Taxis stehen außerhalb vom Busbahnhof und an einem Stand auf der Ostseite vom Indira Market; eine Fahrt nach Kullu kostet 800 Rs, zum Flugplatz in Bhuntar 600 Rs und zurück nach Rewalsar 400 Rs (inkl. Rückfahrt).

Rewalsar-See

☎ 01905 / 1350 m

Der Rewalsar-See liegt in den Hügeln 24 km südwestlich von Mandi und ist ein kleines Stück Tibet im Kullu-Tal. Im 8. Jh. machte sich der Mönch Padmasambhava von Rewalsar aus auf, um den Buddhismus in Tibet zu verbreiten; hier stehen mehrere Gompas, die der Nyingmapa-Sekte heilig sind. Jedes Jahr kurz nach dem tibetischen Neujahrsfest pilgern viele Buddhisten hierher, vor allem von Dharamala aus.

Erreicht man das Gebiet des Sees steht rechts die **Drigung-Kagyud-Gompa**, deren freundliche Mönche Besucher gern herumführen. Direkt dahinter liegt das **Tso-Pema Ogyen Herukai Nyingmapa Gompa & Institut** (meist nur Nyingmapa genannt) aus dem 19. Jh. mit seiner riesigen Gebetsmauer. Eine Gruppe von Künstlern aus Spiti zeichnete im Jahr 2000 die wunderschönen neuen Wandbilder.

Hindus verehren den See ebenfalls, da hier der Weise Rishi Lomas in Hingabe zu Shiva Buße tat. Die Sikhs haben hier das riesige **Guru Gobind Singh Gurdwara**, das dem 10. Guru Gobind Singh geweiht ist, der sich einst einen Monat lang in Rewalsar aufhielt.

Rund um den See stehen drei **Hindutempel** zu Ehren von Rishi Lomas, Shiva und Krishna. Affen, Hunde und Fische lassen sich beim Streit um die Futteropfer beobachten, die in den See geworfen werden. In einer steilen 30-minütigen Wanderung oberhalb des Sees erreicht man eine große Buddhastatue in einer Höhle – einfach in Richtung der Gebetsfahnen auf der Hügelspitze gehen.

SCHLAFEN & ESSEN

HPTDC Hotel Rewalsar (☎ 280252; B 75 Rs, DZ im alten Gebäudeteil 250 Rs, im neuen Gebäudeteil 350–550 Rs) Hotel mit Schlafsälen sowie netten Doppel- und Dreibettzimmern. Das Restaurant serviert einen guten Mix aus indischen und chinesischen Gerichten.

Peace Memorial Inn (☎ 280364; Zi. 150 Rs) Gehört zu den Drigung-Kagyud-Gompas und hat schnuckelige, preiswerte Zimmer. Preise inklusive heißem Wasser in Eimern.

Nyingmapa Gompa Guesthouse (☎ 280226; Zi. 85 Rs) Wie bei einem Kloster nicht anders zu erwarten, sind die Unterkünfte äußerst schlicht. Sehr beliebt bei Buddhisten aus dem Westen.

In der Nyingmapa-Gompa servieren das Mentok- und das Topchen-Restaurant gute *momos* und *thukpa* für etwa 35 Rs.

AN- & WEITERREISE

Regelmäßig fahren Busse von Mandi nach Rewalsar (17 Rs, 1 Std.) und ermöglichen so einen einfachen Tagesausflug entlang einer hübschen Straße. Ein Taxi ab Mandi kostet 400 Rs (mit Rückfahrt), zu den Padma-Sambhana-Höhlen 150 Rs (inkl. Rückfahrt).

Von Mandi nach Kullu

15 km südlich von Kullu liegt im Dorf Bajaura der **Basheshar Mahadev**; er ist der größte Steintempel im Kullu-Tal und wurde im 8. Jh. aus behauenen Steinblöcken gebaut. Der Tempel hat schöne Reliefs und Skulpturen. Er steht am Ende eines 200 m langen Pfades, der von der Hauptstraße wegführt; vor Ort nach dem Weg fragen.

In den Hügeln zwischen Mandi und Bajaura versteckt sich auf 2730 m Höhe der **Prashar-See**. Am See steht der uralte **Prashara-Tempel** mit einer wunderbaren Aussicht auf den Himalaja. Nach Prashar kommt man, indem man von Kandi aus die Straße von Mandi nach Bajaura 8 km entlanggeht. Um 6.30 und 14 Uhr fahren Busse von Mandi nach Kandi (23 Rs).

Great Himalayan National Park

Dieser Park bedeckt ein 750 km² großes Gebiet südöstlich vom Kullu-Tal. Dichte Wälder bedecken die tiefer gelegenen Regionen, während weiter oben Felsen, Schnee und Eis die Szenerie beherrschen. Dazwischen liegen subtropische, gemäßigte, subalpine und alpine Zonen. Hier leben über 180 Tierarten wie Schwarz- und Braunbären, Leoparden, Moschushirsche und die scheuen Schneeleoparden. Treks mit unterschiedlichen Schwierigkeitsgraden dauern zwischen drei und acht Tagen; bei mehrtägigen Treks muss ein Parkranger mit von der Partie sein, und ausländische Wanderer müssen für eine eventuelle Notfallversorgung oder Evakuierung ausreichend versichert sein. Die besten Besuchszeiten sind von April bis Juni und von September bis Mitte November.

Der Park ist über eine 50 km lange Straße zu erreichen, die von Aut an der Mandi-Kullu Rd. zum Eingang bei Gushaini führt. Dort geht's zu Fuß weiter. Tickets (10/500 Rs Inder/Ausländer für die ersten fünf Tage, dann 5/250 Rs pro Tag; Foto 50/150 Rs Inder/Ausländer) gibt's beim Sai-Ropa-Tourismuszentrum 5 km vor Gushaini.

Um zum Park zu kommen, an der Mandi-Manali-Route in einen Bus nach Aut steigen und von dort ein Taxi zum Parkeingang nehmen.

Bhuntar

☎ 01902

Die unauffällige Kreuzungsstadt 10 km südlich von Kullu ist nur wegen ihres Regionalflughafens und der Abzweigung zum Parvati-Tal erwähnenswert. Die meisten Traveller übernachten lieber in Kullu.

Jagson Airlines (☎ 265308; 🕑 8–17 Uhr) hat 200 m vom Flugplatz ein Büro; in derselben Straße gibt's mehrere Reisebüros.

Das **Hotel Sunbeam** (☎ 265190; Zi. 250–450 Rs) ist eine annehmbare Budgetunterkunft 500 m nördlich vom Flugplatz. Das **Hotel Amit** (☎ 265500; DZ 400–1300 Rs) nebenan ist ein Mittelklassehotel mit gut eingerichteten Zimmern und einem Dachrestaurant.

Rund um den Busbahnhof servieren *dhabas* einfache indische und chinesische Gerichte; das **Malabar Restaurant** (🕑 10–22 Uhr; Gerichte 35–80 Rs) gegenüber vom Eingang zum Flugplatz ist zur Not auch ganz o. k.

AN- & WEITERREISE

In Bhuntar gibt's zahlreiche Busverbindungen vom Busbahnhof, der außerhalb des Eingangs vom Flugplatz ist. Busse, die Manali (25 Rs, 3 Std.) und Ziele südlich von Kullu (7 Rs, 30 Min.) verbinden, halten ebenfalls hier. Regelmäßig fahren Busse über Jari (14 Rs, 1 Std.) durch das Parvati-Tal nach Manikaran hinauf (22 Rs, 2½ Std.).

Ein Taxi nach Kullu kostet 150 Rs, nach Manali 650 Rs, nach Kasol 500 Rs und nach Mandi 600 Rs.

Details zu Flügen ab Bhuntar s. S. 317.

Kullu

☎ 01902 / 18 300 Ew. / 1220 m

Das geschäftige Kullu, Hauptstadt des Distrikts, hat Besuchern nicht allzu viel zu bieten, ist aber ganz gut mit Hotels und anderen Einrichtungen bestückt. Die meisten Traveller nehmen sofort Kurs auf eines der Reisezentren in den Tälern.

ORIENTIERUNG & PRAKTISCHE INFORMATIONEN

Der Savari schneidet Kullu in zwei Teile. Am Südufer liegt der Maidan (Paradeplatz), auf dem Kullus Feste stattfinden; hier sind auch der Taxistand und das Touristenbüro. Der Busbahnhof und der Raghunath-Tempel liegen am Nordufer. Über die Fußgängerbrücke nahe beim Aaditya Guest House kommt man schneller über den Fluss als auf der Straße.

Im **HPTDC-Touristenbüro** (☎ 222349; Hauptsaison 9–19 Uhr, Nebensaison 10–18 Uhr) am Maidan in Dhalpur bucht man die HPTDC-Busse, die davor abfahren.

Die Hauptpost steht oberhalb vom Taxistand. Im Südteil der Stadt gibt's mehrere Internetcafés.

Die **State Bank of Patiala** (🕒 Mo–Fr 11.30–14 Uhr) am Nordende des Akhara-Basars wechselt Reiseschecks aber kein Bargeld. Kullu-Schals am besten bei Bhuttico oder beim Himachal Emporium am Highway in Akhara Bazaar kaufen (die große Bhuttico-Fabrik südlich von Kullu kann besichtigt werden; s. Kasten S. 318).

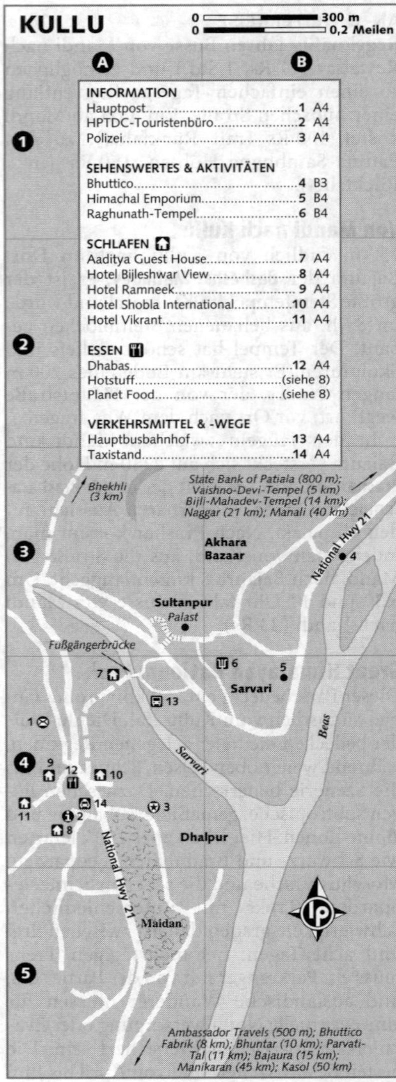

TEMPEL

Der wichtige **Raghunath-Tempel** (🕒 vor 9 & nach 17 Uhr) von 1660 steht im Norden der Stadt und ist dem ersten Gott des Tals geweiht.

In Bhekhli, etwa 3 km von Kullu entfernt, ist der **Jagannathi-Devi-Tempel** (auch Bhekhli-Tempel genannt). Der steile Aufstieg dauert eineinhalb Stunden, aber vom Tempel ist der Blick auf Kullu großartig. Um hierher zu kommen, die Hauptstraße Richtung Akhara Bazaar nehmen und nach der Brücke dem Pfad nach Bhekhli folgen.

GEFÜHRTE TOUREN

Die **Kullu Taxi Operators' Union** (☎ 222332) bietet (Abfahrt am Taxistand) verschiedene Sightseeing-Touren an: u.a. zum Bhekhli-Tempel, zum Vaishno-Devi-Tempel, zum Raghunath-Tempel, zur Bhuttico-Schalfabrik und nach Bajaura (600 Rs, 5 Std.), sowie nach Kasol und Manikaran (800 Rs, 6 Std.) und zum Vaishno-Devi-Tempel und nach Naggar (550 Rs, 5 Std.).

FESTE & EVENTS

In Kullu findet eines der farbenfrohsten **Dussehra-Feste** Indiens statt (s. S. 273). Während des Festes wird Rama in seiner Gestalt als Raghunath verehrt, dessen Bildnis Pilger auf einem Karren (Palanquin) durch die Straßen ziehen. Hinter der Prozession tanzen Dorfbewohner in traditionellen Kleidern. Das Fest ist zwar recht spektakulär, wird aber immer kommerzieller; zur Zeit des Festes gibt's in Kulla kaum Transportmittel und Unterkünfte.

SCHLAFEN

Aaditya Guest House (☎ 224263; B 70 Rs, DZ 350–600 Rs) Gästehaus nahe der Fußgängerbrücke über den Savari. Die Zimmerauswahl bietet neben den einfachen im EG auch solche mit recht schönen Balkonen und Aussicht auf den Fluss.

Hotel Bijleshwar View (☎ 222677; Zi. 200–500 Rs) Hinter der großen achteckigen Fassade des Restaurants verbergen sich einige Zimmer mit gutem Preis-Leistungs-Verhältnis. Die besten günstigen Zimmer liegen rund um den Garten.

Hotel Vikrant (☎ 222756; Zi. 300–450 Rs) Das Hotel liegt in einer Gasse hinter dem Taxistand und hat eine große Auswahl an Zimmern sowie nette Sitzecken.

Hotel Ramneek (☎ 222558; Fax 225173; Zi. 500–1000 Rs) Großes Hotel nahe des Hotel Vikrant. Es hat gute Zimmer mit Teppichboden und TV, ist aber im Vergleich zu den anderen Unterkünften in der Stadt etwas zu teuer.

Hotel Shobla International (☎ 222800; hotel shobla@hotmail.com; Zi. 990–2200 Rs; ⌘) Kullus Top-Hotel bietet luxuriöse Zimmer, ein Spitzenrestaurant mit gutem Service und eine Bar. Organisiert auch Führer und Treks.

ESSEN

Nördlich vom Taxistand und rund um den Busbahnhof gibt's viele *dhabas*.

Das **Hotstuff** (Gerichte 35–90 Rs) ist ein guter Fastfood-Laden, der Pizzas, Burger und Ähnliches auf der Speisekarte hat. Das **Planet Food** (Gerichte ab 75 Rs) direkt daneben ähnelt ein wenig einer Schweizer Berghütte und versucht etwas förmlicher zu sein; es serviert indische, chinesische und europäische Gerichte.

AN- & WEITERREISE

Flugzeug

Jagson Airlines fliegt dienstags, donnerstags und samstags von Delhi zum Kullu/Manali-Flugplatz (Bhuntar; 155 US$) mit Zwischenlandung in Shimla. Es gilt eine Gepäckbeschränkung von 10 kg.

Das **Jagson Airlines Büro** (☎ 265308) ist in Bhuntar; Flüge mit Indian Airlines kann man über **Ambassador Travels** (☎ 225286) 1 km südlich vom Hotel Shobla buchen.

Bus

Kullu hat einen großen, geschäftigen Busbahnhof, bei dem man im Voraus buchen kann. Hier Details über Busverbindungen zu beliebten Fahrtzielen:

Ziel	Preis (Rs)	Dauer (Std.)	Abfahrt
Bekhli	7	½	8.45, 14.30 & 17.30 Uhr
Bhuntar	7	¼	häufig
Delhi	270/459*	14	häufig
Dharamsala	174	7½	10.45 Uhr
Jari	24	2	alle 30 Min.
Kandi (zum Prasar-See)	17	1½	12.30 & 14.30 Uhr
Leh	420	36–48	5.30 Uhr**
Manali	30	1½	häufig
Mandi	54	2	häufig
Manikaran	37	3	alle 30 Min.
Shimla	171	7½	häufig

* Deluxe-Bus
** nur im Sommer

HPTDC-Busse aus Manali halten beim Touristenbüro in Kullu, bei dem man auch im Voraus buchen kann. In der Hauptsaison fahren täglich Busse nach Shimla (360 Rs, 9.15 Uhr), Delhi (540 Rs, 18.30 Uhr) und Chandigarh (320 Rs, 8.15 Uhr).

Reisebüros verkaufen Tickets für Deluxe-Privatbusse ab Manali. In der Hauptsaison kosten Nachtbusse nach Delhi 400 Rs, nach Dharamsala 250 Rs und nach Shimla 250 Rs.

Taxi

Ein Taxi von Kullu nach Manali kostet 600 Rs auf dem National Highway 1 oder 900 Rs, wenn man sich für die etwas langsamere, aber malerischere Fahrt über Naggar entscheidet.

Fahrtziele und Preise: Naggar (400/550 Rs ohne/mit Rückfahrt), Manikaran (600/700 Rs ohne/mit Rückfahrt), Mandi (800 Rs), Dharamsala (2800 Rs), Shimla (2200 Rs) und Flugplatz Bhuntar (150 Rs).

UNTERWEGS VOR ORT

Autorikschas sind sehr praktisch, vor allem, wenn man schwere Ausrüstung dabei hat oder die nahen Tempel besichtigen möchte. Die Preise bewegen sich innerhalb von Kullu um 40 Rs.

Naggar

☎ 01902 / 1760 m

Das nette kleine Dorf Naggar ist eine der schönsten Ortschaften im Kullu-Tal; es ist bekannt für seine Burg, uralte Tempel und die Galerie des russischen Malers Nikolai Roerich. Ein toller Ort zum Relaxen – z. B. durch die kleinen Straßen zwischen den Obstgärten spazieren, mit Einheimischen plaudern oder durch die Wälder der Umgebung wandern.

Naggar liegt an der östlichen Straße zwischen Kullu und Manali, aber die Hotels, Tempel und die Galerie liegen rund um die Burg am Ende einer steilen, 2 km langen Straße.

Die Poonam Mountain Lodge hat unglaublich langsame Interntverbindungen (80 Rs/Std.) und organisiert Treks für ca. 40 US$ pro Tag.

SEHENSWERTES & AKTIVITÄTEN

Naggar Castle

Beinahe 1500 Jahre lang war Naggar die Hauptstadt des Kullu-Tals. Vor 500 Jahren erbaute Radscha Sidh Singh die **Burg** (Ausländer 15 Rs; 7–22 Uhr) in der klassischen Holz-Stein-Bauweise Himachals. 1978 wurde sie zum Hotel umgebaut, als für den damaligen Radscha schlechtere Zeiten anbrachen. Im Burghof stehen der winzige **Jagtipath-Tempel**, in dem es eine Steintafel gibt, die angeblich von wilden Bienen hierher befördert wurde, sowie ein kleines **Museum**. Rund um die Burg verläuft eine befestigte Veranda, von der aus sich eine großartige Aussicht auf das Beas-Tal genießen lässt.

Tempel

Der graue **Shiva-Tempel von Gauri Shankar** besteht aus Sandstein; er stammt aus dem 11. oder 12. Jh. und steht am Fuß eines kleinen Basars unterhalb der Burg. Gegenüber der Vorderseite der Burg befindet sich der Vishnu geweihte **Chatar-Bhuj-Tempel**. Ganz in der Nähe ist der pagodenähnliche **Tripura-Sundari-Devi-Tempel**, der mit Holzschnitzereien geschmückt ist. Hoch oben auf dem Bergrücken über Naggar steht der **Murlidhar-Krishna-Tempel** bei Thawa, der über einen Waldweg hinter der Roerich Gallery zu erreichen ist.

Roerich Gallery

2 km oberhalb der Burg liegt diese **Galerie** (Eintritt 20 Rs, Foto 20 Rs; Di–So 10–17 Uhr). In dem schönen alten Haus sind Werke des exzentrischen russischen Malers Nikolai Roerich (der 1947 in Naggar starb) und seines Sohnes Svetoslav ausgestellt. Einige der Orginalzimmer können durch die Außenfenster besichtigt werden.

Der ganz eigene Stil Roerichs liegt irgendwo zwischen Surrealismus und russischer Ikonenmalerei. Der Maler setzte sich für ein Abkommen ein, das Kulturdenkmäler im Krieg vor Angriffen schützen soll – bis heute haben 60 Länder diesen Roerich-Pakt unterzeichnet.

Von der Galerie fünf Minuten zu Fuß bergauf liegt das **Urusvati Himalayan Folk & Art**

SCHALS SHOPPEN

Das Kullu-Tal, das Tal der Äpfel, sollte vielleicht besser Tal der Schals heißen. Von Bhuntar bis Manali säumen zahlreiche Shops die Straßen, in denen traditionelle Kullu-Schals verkauft werden. Die Schals, die auf hölzernen Handwebstühlen aus Wolle, Ziegenhaaren (für Pashmina-Schals) oder Angorakaninchen-Haaren hergestellt werden, sind leicht, sehr warm und tolle Souvenirs.

Das Geschäft mit den Schals begann ursprünglich als Heimarbeit, doch heute beschäftigt es Hunderte von Dorffrauen. Neben den zahllosen Warenhäusern gibt's Dutzende von Werkstätten, in denen man Webern bei der Arbeit zuschauen kann. Man kann sogar die Farmen besuchen, die Angorakaninchen züchten. Die Ziegen, die die Wolle für Pashmina-Schals liefern, leben auf den Hochgebirgszügen Himachal Pradeshs, Ladakhs und Tibets.

Bei so viel Konkurrenz ist der Verkaufsdruck in Touristenorten dementsprechend stark, was sich in sehr hohen Preisen widerspiegeln kann. Wollschals werden oft als Pashminas ausgegeben, und der Laie kann nur schwer den Unterschied feststellen.

Hohe Qualität ohne Kaufstress gibt's bei Bhuttico, der Kooperative der Bhutti-Weber. Sie wurde 1944 von einer Gruppe Dorffrauen ins Leben gerufen, verlangt feste Preise und unterhält Outlets in allen größeren Orten Himachal Pradeshs. Die günstigsten Schals sind aus Schafswolle, für einen Pashmina-Schal von guter Qualität muss man aber mindestens 4300 Rs lockermachen; Angora kostet ein Viertel davon. Die bestickten Schals der Dorffrauen werden in monatelanger Arbeit hergestellt und kosten ab 6500 Rs aufwärts.

Museum, das eine Sammlung von Stickereien und Folklorekunst beherbergt. Im Obergeschoss ist eine Kunstgalerie, die Postkarten und schlechte Drucke von Roerichs Bildern verkauft.

SCHLAFEN

HPTDC Hotel Naggar Castle (☎ 248316; B 75 Rs, DZ mit Gemeinschaftsbad 350–500 Rs, mit eigenem Bad 800–2000 Rs) Dieses historische Hotel ist ein Hit und hat verschiedene, einfache Schlafsäle, bessere Doppelzimmer und eine Maharadscha-Suite im Angebot, in der man sich beinahe verläuft. Die Aussicht ist großartig – nur das Restaurant lässt zu wünschen übrig.

Poonam Mountain Lodge & Restaurant (☎ 248 247; ravinder7@sancharnet.in; EZ/DZ 150/200 Rs) Ein großartiges Gästehaus in der Gasse hinter der Burg. Die Zimmer sind kompakt, aber schnuckelig; das freundliche Management kann Treks, Touren und Angelausflüge organisieren.

Hotel Ragini (☎ 248185; raginihotel@hotmail.com; EZ/DZ 400/500 Rs; 💻) Mittelklassehotel mit Holzdekor und hervorragenden Zimmern, die alle einen Balkon haben. In manchen gibt's Badewanne und Dusche. Das Restaurant mit Gartenterrasse serviert leckeres Essen.

Alliance Guest House (☎ 247763; gilloualliance@yahoo.com; EZ/DZ mit Gemeinschaftsbad 125/180 Rs, mit eigenem Bad 350/400 Rs) Das relaxte Gästehaus an der Straße, die zur Roerich-Galerie hinaufführt, steht unter französischer Leitung. Alles ist in hellen Farben gestrichen und auf der Veranda lässt's sich mit Blick ins Tal schlemmen. Außerdem gibt's einen Stand, an dem man Bücher tauschen und sich mit neuem Lesestoff eindecken kann.

Purnima Guesthouse & Restaurant (☎ 248219; Zi. 400–500 Rs) Das neue Gästehaus findet sich nahe der Burg. Die sauberen Zimmer sind ordentlich groß und top in Schuss; ein Balkon kostet extra.

ESSEN

Kailash Rooftop Restaurant (Gerichte 30–80 Rs) Das Restaurant des Hotel Ragini bietet gute Aussicht und tolles Essen. Der richtige Ort für ein gutes Frühstück oder eine geräucherte Forelle (150–250 Rs). Man kann auf der Terrasse essen, oder drinnen, wenn's kühl ist.

La Purezza (🕑 11–22 Uhr, im Winter geschl.) Das Gartencafé serviert ordentliche Pizzas und Pastagerichte ab 65 Rs.

Regenbogenforellen-Farm (Haripur Bridge, Manali Rd) Aus dieser Zuchtfarm 3 km von Naggar entfernt stammt ein Großteil der Forellen in der Region. Ab 150 Rs gibt's ganz frischen Fisch auf den Teller; oder etwas mitnehmen und im Hotel zubereiten lassen.

AN- & WEITERREISE

Sechsmal täglich fahren Busse über die Hauptstraße direkt zwischen Naggar und Manali (15 Rs, 1 Std.). Alternativ einen der häufiger fahrenden Busse ab Manali oder Kullu nach Patlikuhl nehmen (am westlichen Ufer des Flusses gibt's noch mehr Busse) und von dort mit einem Taxi (100 Rs) zum Naggar Castle fahren.

Ein Taxi von Manali zum Naggar Castle kostet 450 Rs inklusive Rückfahrt, von Kullu aus 550 Rs inklusive Rückfahrt. Ein Taxi von Kullu nach Manali kostet inklusive eines kurzen Zwischenstops in Naggar 650 Rs.

Jari

☎ 01902

Jari liegt in der Mitte des Parvati-Tals. Allmählich verwandelt es sich in eine Art Ferienort, aber in einem wesentlich kleineren Umfang als Kasol. Einige gute Unterkünfte liegen in winzigen Orten steil oberhalb von Jari.

In Jari halten Busse auf dem Weg nach Manikaram. Mit einem Taxi kostet die einfache Fahrtstrecke von Kullu nach Jari 400 Rs.

SCHLAFEN & ESSEN

Village Guest House (☎ 276070;EZ/DZ mit Gemeinschaftsbad 50/80 Rs) Das Gästehaus beweist, dass für das Beste oft eine Anstrengung nötig ist: Um das friedliche und charmante Haus mit seinen netten Zimmern und der hervorragenden Aussicht zu erreichen, geht's vom Ortszentrum aus zu Fuß 15 Minuten lang bergauf.

Thakur Family Guesthouse (☎ 273354; EZ/DZ Rs 75/100) Hat die gleiche Ausstattung wie das Village Guest House; liegt ruhig in einer entspannenden Umgebung – auch um hierher zu kommen, von Jari heraufsteigen.

Om Shiva Guest House (☎ 276202; EZ/DZ mit Gemeinschaftsbad 75/150 Rs) Eine Unterkunft an der Hauptstraße mit annehmbaren, wenn auch langweiligen Zimmern und einem Dachcafé.

Im Deepak Restaurant an der Bushaltestelle lässt sich gut essen; es gibt auch mehrere *dhabas*.

Malana

Das Bergdorf Malana (2652 m) ist nur zu Fuß zu erreichen. Die isolierte Gemeinschaft hier hat ein eigenes Regierungssystem und ihre Kastenstruktur ist so streng, dass Besucher weder die Einwohner noch deren Besitz berühren dürfen. Es ist sehr wichtig, diesen Brauch zu respektieren; zudem muss am Rand des Ortes gewartet werden, bis man zum Betreten aufgefordert wird. Für unangemessenes Verhalten werden 1000 Rs Strafe fällig.

Die Straße von Jari führt nur bis zur Hälfte der Strecke nach Malana – entweder ein Taxi hierher nehmen (120 Rs) und die restlichen drei Stunden laufen oder gleich eine Ganztagswanderung machen. In Malana gibt's einige einfache Gästehäuser mit Gemeinschaftsbädern: das Top Guesthouse oder das Hill King Guesthouse verlangen jeweils 100 Rs pro Kopf. **Negi's Himalayan Adventure** (☎ 276119) in Jari organisiert Treks mit Führer ab 250 Rs pro Tag.

Kasol

☎ 01902

Das winzige Dorf Kasol hat sich zu einem lebhaften Traveller-Treffpunkt entwickelt. Dank seiner Lage zwischen Kiefern und Wasserläufen lässt's sich hier prima entspannen, auch wenn die vielen deutschen Bäckereien und Piercingstudios nicht jedermanns Geschmack sind. Der schönere Ortsteil, auch als „Old Kasol" bekannt, liegt auf der Bhuntar-Seite der Brücke. Das langweilige „New Kasol" liegt auf der Manikaran-Seite. Hier gibt's mehrere Wechselstuben, Internetcafés und Enfield-Werkstätten.

Jeder Bus von oder nach Manikaran hält in Kasol. In der Nähe der Brücke ist ein Taxistand. Einige Fahrtziele und Preise: Bhuntar (500 Rs), Kullu (600 Rs) und Manali (1200 Rs).

SCHLAFEN & ESSEN

Yerpa's Guest House (☎ 273763; prem1313@hotmail.com; Zi. mit Gemeinschaftsbad 100–150 Rs, mit eigenem Bad 350–400 Rs; 💻) Das große Gästehaus an der Hauptstraße nach Jari ist eine der netteren Unterkünfte in Old Kasol. Die sauberen und gepflegten Zimmer verteilen sich auf mehrere Stockwerke; ab 19 Uhr ist auch das Dachrestaurant geöffnet.

Alpine Guest House (☎ 273710; Zi. EG/OG 300/350 Rs) Das Gästehaus versteckt sich in den Wäldern am Fluss und ist ebenfalls eine gute Wahl. Die Zimmer sind groß, Frühstück und Snacks gibt's auch. Bei Langzeiturlaubern ist es sehr beliebt.

Panchali Holiday Home (☎ 273095; Zi. 250 Rs) Das moderne Hotel passt nicht so richtig zwischen die Bäume drumrum, bietet aber ein sehr gutes Preis-Leistungs-Verhältnis: Die Zimmer sind groß und sauber und auch die Badezimmer sind pickobello.

White House (☎ 273794; Zi. mit Gemeinschaftsbad 100 Rs) Ein freundliches altes Haus in den Feldern hoch über Old Kasol mit einer tollen Aussicht vom Restaurant und spartanischen, aber tadellos sauberen Zimmer; heißes Wasser in Eimern kostet 20 Rs. Einfach den Schildern vom Dorf aus folgen.

Red & Blue House (☎ 273134; Zi. mit Gemeinschaftsbad 80 Rs) Liegt am selben gewundenen Pfad wie das White House und hat einfache, schlichte Zimmer.

Das Pink House, noch etwas weiter, ergänzt diese Farbpalette; Ausstattung und Preise sind dieselben wie bei den anderen beiden Unterkünften.

Little Italy (Hauptgerichte ab 60 Rs) Serviert leckere Pizzas und Pasta, deren Zubereitung aber etwas dauert. Einfach inzwischen eine Runde Poolbillard spielen.

Moondance Restaurant (Hauptgerichte ab 45 Rs) Serviert die üblichen Standardgerichte für Reisende. Toll zum Frühstücken oder um die Zeit tot zu schlangen – egal zu welcher Tageszeit.

Graham Cafe (Hauptgerichte ab 40 Rs; 🕒 24 Std.) Ein Restaurant oberhalb vom Busbahnhof, das von Israelisch bis Chinesisch fast alles auftischt – hat angeblich immer offen.

In Kasol gibt's mehrere deutsche Bäckereien, die Süßes verkaufen. Dafür sind die *dhabas* rar.

Manikaran

☎ 01902 / 1737 m

Manikaran bedeutet auf Sanskrit „Juwel vom Ohr". Der Ort ist für seine heißen Quellen bekannt (heiß genug zum Reiskochen und zum Kurieren aller Zipperlein von Rheuma bis Bronchitis). Einer örtlichen Legende zufolge stahl eine Riesenschlange die Ohrringe Parvatis, während diese badete. Die Schlange schnaubte die Ohrringe dann wieder heraus und wo sie auf die Erde fielen, öffneten sich die darunterliegenden heißen Quellen.

Die Dampfwolken über den Bädern und Tempeln machen Manikaran sehr stimmungsvoll, aber wenn sich die Sonne verzieht (am frühen Nachmittag), wird's etwas düster. Hindus und Sikhs verehren die Stadt gleichermaßen, deshalb ist sie rappelvoll mit Sadhus, Pilgern und Läden, die alle erdenklichen religiösen Untensilien verkaufen.

ORIENTIERUNG & PRAKTISCHE INFORMATIONEN

Die wichtigste Straße von Bhuntar nach Manikaran verläuft auf der südlichen Seite des Tals und endet am Busbahnhof und Taxistand in Manikaran. Der größte Teil des Ortes liegt nördlich vom Fluss und ist an beiden Enden des Ortes durch Fußgänger-Hängebrücken mit dem Rest verbunden. In der Stadt verläuft ein schmaler Basar zwischen den Brücken; in der Mitte befindet sich ein Platz mit einem sehr beliebten öffentlichen Bad.

Wechselstuben rund um den Busbahnhof wechseln Bargeld und Reiseschecks ein und zahlen auf Kreditkarten Bargeld aus.

SEHENSWERTES & AKTIVITÄTEN

Das **Sri Guru Nanak Dev Ji Gurdwara** steht am flussabwärts liegenden Ende der Stadt. Dort gibt's auch **Bäder** (jeweils mit separaten Bereichen für Männer und Frauen), in denen sich die heilsamen Effekte des auf erträgliche Temperaturen abgekühlten Wassers genießen lassen.

SCHLAFEN & ESSEN

Zwischen dem Gurdwara und der Fußgängerbrücke unten am Fluss stehen einige günstige Hotels. Manche davon haben tiefe Tauchbäder, die mit heißem Quellwasser gefüllt sind.

Padha Family Guest House (☎ 273728; Zi. 50–100 Rs) Nettes Gästehaus am Platz mit natürlichen Whirlpools und preiswerten Zimmern um einen Hof. Das Restaurant serviert beliebte Traveller-Gerichte.

Moon Guesthouse (☎ 273002; Zi. 75–100 Rs) Liegt gegenüber vom Padha und bietet weitere ähnlich preiswerte Zimmer. In den günstigeren Zimmern gibt's nur Toiletten, aber keine Duschen; die Whirlpools sind getrennt.

Sharma Guest House (☎ 273742; Zi. 100–300 Rs) Hotel mit annehmbaren Doppelzimmern; man hat die Wahl zwischen kalten Duschen und heißen Whirlpools (für 10 Rs auch Nicht-Gästen zugänglich).

Hotel Shivalik (☎ 273817; Zi. 350–750 Rs; Gerichte ab 45 Rs) Hotel direkt unterhalb des Busbahnhofs. Die Zimmer haben Balkone mit Blick auf den Fluss und werden mit heißem Quellwasser versorgt. Das Restaurant ist ganz o. k., aber sehr langsam.

Country Charm (☎ 27370; Zi. 700–800 Rs) Ebenfalls unterhalb des Busbahnhofs liegt dieses brandneue Hotel mit netten, modernen und komfortablen Zimmern. Die Balkone hängen direkt über dem Fluss.

Kailash Guest House (☎ 273717; Zi. 75–200 Rs) Ähnlich ausgestattet wie das Padha.

Shiva Food Corner (Gerichte ab 40 Rs) Liegt gleich beim Padha um die Ecke und serviert eine leckere Mischung aus indischen, chinesischen und westlichen Gerichten.

Hot Springs Restaurant (Gerichte 60–110 Rs) Ein Restaurant am flussaufwärts liegenden Ende der Stadt; serviert leckere Pizzas.

Goswami Restaurant (Gerichte ab 25 Rs) Restaurant am Busbahnhof. Liebhaber indischen Essens bekommen hier Gerichte aus Gujarat, dem Punjab und Südindien.

AN- & WEITERREISE

Halbstündlich fahren Busse von Kullu nach Manikaran (35 Rs, 3 Std.). Um nach Manali zu kommen, einen der Busse nach Kullu oder Bhuntar nehmen. Die Fahrt hinunter nach Bhuntar kostet 25 Rs und dauert zweieinhalb Stunden. Dort umsteigen. Für 250 Rs gibt's von Manali aus auch einen Tagesausflug mit einem Touristenbus.

Ein Taxi von Manali nach Manikaran kostet 1200 Rs mit Rückfahrt; von Manikaran nach Bhuntar sind 600 Rs, nach Kullu 650 Rs zu berappen.

MANALI

☎ 01902 / 4400 Ew. / 2050 m

Der beliebte Ferienort Manali liegt am nördlichen Ende des Kullu-Tals und ist dort die letzte größere Siedlung. Als Manali in den 1960er-Jahren von Travellern entdeckt wurde, war es ein friedliches Shangri-La in den Bergen, mit alten Steinhäusern in einer ruhigen Landschaft. Die wunderbare Landschaft gibt es immer noch, aber heute ist Manali ein bedeutender Touristenort mit Dutzenden von Hotels; die Souvernirläden stehen hier Wand an Wand. Die nahen Dörfer Old Manali und Vashisht sind wesentlich entspannter und sehr beliebt bei Backpackern, die abseits der Menschenmassen relaxen möchten.

Nach einer Legende landete Manu, der Noah der Hindu, nach einer Sintflut, die die Welt zerstört hatte, hier sein Boot, um an dieser Stelle wieder neues menschliches Leben zu schaffen – Manali bedeutet „Manus Haus". Von Mitte April bis Ende Juni, Mitte September bis Anfang November, an Weihnachten und am Neujahrstag scheint sich die gesamte Menschheit in Manali aufzuhalten. Old Manali und Vashisht schließen im Winter, wenn die Massen wieder verschwunden sind.

Orientierung

Manali erstreckt sich rund um eine einzige Straße, The Mall – sie ist sozusagen die Fortsetzung des Highways, der in die Stadt hineinführt. Old Manali hat deutlich mehr Charakter und liegt nordwestlich des Stadtgebietes jenseits des Manalsu. Das hübsche Dorf Vashisht liegt hoch über dem Beas an der nordöstlichen Seite des Tals.

Praktische Informationen

BUCHLÄDEN

Bookworm (Karte S. 327) Liegt in der Nähe der Post und ist die beste Adresse vor Ort. Hat eine gute Auswahl an Romanen und Büchern über Indien.

Dragon Bookshop (Karte S. 323) Der Dragon in Old Manali hat viele gebrauchte Romane und ein paar Reiseführer im Angebot.

INTERNETZUGANG

In Manali gibt's viele Internetcafés. Die hier genannten brennen alle Foto-CDs (ca. 90–100 Rs).

Apex Cyber Café (Karte S. 323; 45 Rs/Std.; ⌚ 9–22 Uhr) Eine von mehreren guten Internetmöglichkeiten entlang der Hauptstraße in Old Manali.

Café Amigos (Karte S. 323; 60 Rs/Std.; ⌚ 9–22 Uhr) Im OG vom Café.

Café Digital (Karte S. 327; 50 Rs/Std.; ⌚ 9–22 Uhr) Im Stadtzentrum mit guten Verbindungen.

Email Café (Karte S. 327; 50 Rs/Std.; ⌚ 9–22 Uhr) Neben der Post; ebenfalls mit guten Verbindungen.

GELD

Zusätzlich zu den Banken bieten viele Reisebüros und Wechselstuben Möglichkeiten zum Geldwechseln. In Old Manali gibt es mehrere private Wechselstuben. Wer von Manali aus noch weiter in Richtung Norden möchte, sollte sich hier mit Rupien eindecken, da es in Lahaul und Spiti keine und in Kinnaur kaum Möglichkeiten zum Geldwechseln gibt.

State Bank of India (Karte S. 327; The Mall; ⌚ Mo–Fr 10–14, Sa 10–12 Uhr) Wechselt Bargeld und die meisten Reiseschecks; hat auch einen 24-Stunden-Geldautomaten.

UCO Bank (Karte S. 327; ⌚ Mo–Fr 10–14.30, Sa 10–12.30 Uhr) Liegt gegenüber vom Touristenbüro; wechselt die meisten Reiseschecks aber kein Bargeld.

POST & FAX

Hauptpost (Karte S. 327; ⌚ Mo–Sa 9–17 Uhr) In Model Town; der Service für postlagernde Sendungen ist verlässlich.

Telecom-Zentrum (Karte S. 327; Fax 252404; ⌚ Mo–Sa 9–17 Uhr) Ein Block nördlich der Post und die günstigste Möglichkeit zum Empfangen und Senden von Faxen (pro Seite 20 Rs).

TOURISTENINFORMATION

HPTDC-Tourismusbüro (Karte S. 327; ☎ 253531; The Mall; ⌚ 8–19 Uhr) Alles aus einer Hand: Verschiedene Schalter verkaufen Tickets für HPTDC-Busse und reservieren Hotels. Der Schalter für Zugbuchungen (⌚ 8–13.30 Uhr) bucht Bahnreisen in ganz Indien, hat aber keinen Zugriff auf Touristenkontingente.

Sicherheit

Reisende sollten sich immer bewusst sein, dass Drogen in Manali immer noch illegal sind und die Polizei regelmäßig Verhaftungen durchführt. In den letzten zehn Jahren wurden mehr als 160 Ausländer wegen Drogenvergehen festgenommen. Außerdem haben das Verschwinden und die Ermordung einiger Ausländer im Kullu-Tal ebenfalls mit Drogen zu tun (s. Kasten S. 313).

Sehenswertes & Aktivitäten

DHUNGRI-TEMPEL

Der **Tempel** (Hadimba-Tempel; Karte S. 323) ist ein vierstöckiges Holzgebäude mitten in einem netten bewaldeten Park, der als Dhungri Van Vihar bekannt ist. Der mit aufwändigen Schnitzereien von Tänzern und Gestalten aus verschiedenen Hindugeschichten geschmückte Tempel wurde 1553

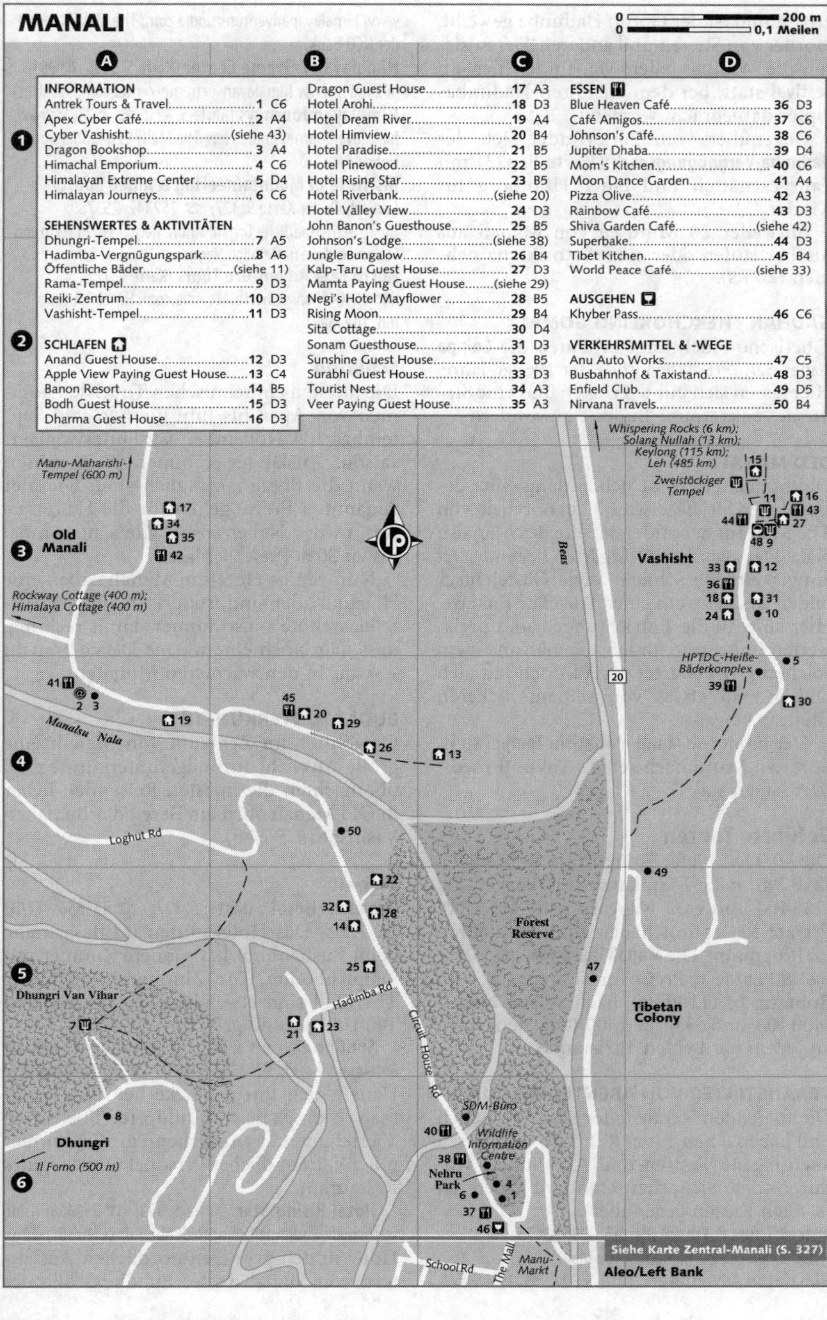
MANALI
0 200 m
0 0,1 Meilen
INFORMATION
Antrek Tours & Travel 1 C6
Apex Cyber Café 2 A4
Cyber Vashisht (siehe 43)
Dragon Bookshop 3 A4
Himachal Emporium 4 C6
Himalayan Extreme Center 5 D4
Himalayan Journeys 6 C6
SEHENSWERTES & AKTIVITÄTEN
Dhungri-Tempel 7 A5
Hadimba-Vergnügungspark 8 A6
Öffentliche Bäder (siehe 11)
Rama-Tempel 9 D3
Reiki-Zentrum 10 D3
Vashisht-Tempel 11 D3
SCHLAFEN
Anand Guest House 12 D3
Apple View Paying Guest House 13 C4
Banon Resort 14 B5
Bodh Guest House 15 D3
Dharma Guest House 16 D3
Dragon Guest House 17 A3
Hotel Arohi 18 D3
Hotel Dream River 19 A4
Hotel Himview 20 B4
Hotel Paradise 21 B5
Hotel Pinewood 22 B5
Hotel Rising Star 23 B5
Hotel Riverbank (siehe 20)
Hotel Valley View 24 D3
John Banon's Guesthouse 25 B5
Johnson's Lodge (siehe 38)
Jungle Bungalow 26 B4
Kalp-Taru Guest House 27 D3
Mamta Paying Guest House (siehe 29)
Negi's Hotel Mayflower 28 B5
Rising Moon 29 B4
Sita Cottage 30 D4
Sonam Guesthouse 31 D3
Sunshine Guest House 32 B5
Surabhi Guest House 33 D3
Tourist Nest 34 A3
Veer Paying Guest House 35 A3
ESSEN
Blue Heaven Café 36 D3
Café Amigos 37 C6
Johnson's Café 38 C6
Jupiter Dhaba 39 D4
Mom's Kitchen 40 C6
Moon Dance Garden 41 A4
Pizza Olive 42 A3
Rainbow Café 43 D3
Shiva Garden Café (siehe 42)
Superbake 44 D3
Tibet Kitchen 45 B4
World Peace Café (siehe 33)
AUSGEHEN
Khyber Pass 46 C6
VERKEHRSMITTEL & -WEGE
Anu Auto Works 47 C5
Busbahnhof & Taxistand 48 D3
Enfield Club 49 D5
Nirvana Travels 50 B4
Manu-Maharishi-Tempel (600 m)
Old Manali
Rockway Cottage (400 m); Himalaya Cottage (400 m)
Manalsu Nala
Loghut Rd
Dhungri Van Vihar
Dhungri
Il Forno (500 m)
Hadimba Rd
Circuit House Rd
School Rd
The Mall
Manu-Markt
SDM-Büro
Wildlife Information Centre
Nehru Park
Forest Reserve
Beas
Whispering Rocks (6 km); Solang Nullah (13 km); Keylong (115 km); Leh (485 km)
Zweistöckiger Tempel
Vashisht
HPTDC-Heiße-Bäderkomplex
Tibetan Colony
Aleo/Left Bank
Siehe Karte Zentral-Manali (S. 327)

erbaut und ist der Göttin Hadimba geweiht. Hörner von Stieren und anderen Tieren zieren die Wände. Jeden Mai findet hier ein **Festival** statt, bei dem zu Ehren Hadimbas Opfer dargebracht werden.

Gegenüber vom Park findet sich der **Hadimba-Vergnügungspark** (Karte S. 323) mit Fahrgeschäften und einer Hüpfburg für Kinder.

Entweder 20 Minuten von Manali aus hierher laufen oder eine Autorikscha nehmen (20 Rs).

GADHAN THEKCHOKLING GOMPA

Tibetische Flüchtlinge erbauten die **Gompa** (Karte S. 327; ⌚ 6–18 Uhr) Ende der 1960er-Jahre. Hier lassen sich bunte Fresken und eine Statue des Sakyamuni-Buddha bewundern.

OLD MANALI

Old Manali erstreckt sich entlang einer gewundenen Straße, etwa 2,5 km oberhalb von The Mall auf der anderen Seite des Manalsu Nala. Der zwischen Obstgärten liegende Ort entwickelt sich schnell: Viele Gästehäuser bilden das Zentrum einer Traveller-Enklave. Hier sind all die Einrichtungen und preiswerten Imbisse zu finden, die man an einem solchen Ort erwartet – und doch hat sich Old Manali etwas von seinem lockeren Charme bewahrt.

Der moderne **Manu-Maharishi-Tempel** steht dort, wo Manu nach seiner Ankunft meditiert haben soll.

Geführte Touren

Die HPTDC bietet Touren zum Rohtang La (210 Rs), nach Manikaran, ins Parvati-Tal (235 Rs) und zum Naggar Castle (165 Rs). Private Reisebüros haben ähnliche Touren im Programm. Die **Manali Taxi Union** (☎ 252120; The Mall) hat feste Preise für Touren, z. B. zum Rohtang La (1100 Rs), nach Solang Nullah (400 Rs) und Naggar (500 Rs). Sie starten an jedem der beiden Taxistände.

VERANSTALTER VON ABENTEUERTOUREN

Die folgenden Veranstalter sind verlässlich und haben einen guten Ruf. Sie organisieren auch eigene Touren und Aktivitäten, wodurch der Sicherheitsstandard hoch ist (s. auch Kasten gegenüber).

Antrek Tours & Travel (Karte S. 323; ☎ 252292; www.antrek.co.in; 1 Rambagh, The Mall)

Himalayan Adventurers (Karte S. 327; ☎ 253054; www.himalayanadventurersindia.com; The Mall) Neben der UCO Bank.

Himalayan Extreme Center (Karte S. 323; ☎ 981-6024661; www.himalayan-extreme-center.com; Vashisht)

Himalayan Journeys (Karte S. 323; ☎ 252365; www.himalayanjourneysindia.com; The Mall) Gegenüber vom Nehru-Park.

Institute of Mountaineering & Allied Sports (außerhalb der Karte S. 327; ☎ 252342, 253789; Jagatsukh) Staatliche Organisation; liegt 3 km in Richtung Süden an der Straße nach Naggar.

North Face Adventure Tours (Karte S. 327; ☎ 254041; www.northfaceindia.com; Hotel Rohtang Inn, The Mall)

Schlafen

Die meisten einheimischen Touristen kommen von April bis Juni hierher; von September bis November ist Flitterwochensaison. Ausländer kommen im Sommer, wenn die Berge zugänglich sind. Die hier genannten Preise gelten für die Hauptsaison; in der Nebensaison gibt's manchmal bis zu 50 % Preisnachlass.

Nur wenige Hotels in Manali haben eine Heizung oder sind isoliert. In einigen Mittelklassehotels also immer damit rechnen, dass man noch eine warme Decke braucht – sogar in den wärmeren Monaten.

BUDGETUNTERKÜNFTE

Obwohl es im Zentrum von Manali eine große Auswahl an Budgetunterkünfte gibt, übernachten die meisten Reisenden lieber in Old Manali oben am Berg oder im nahen Vashisht (s. S. 330).

Manali

Pushpak Hotel (Karte S. 327; ☎ 253656; EZ/DZ 200/250 Rs) Das Hotel mitten im Basar nahe beim Busbahnhof hat saubere Zimmer mit Teppichboden. Die Zimmer in Richtung The Mall sind etwas laut, die im hinteren Teil ruhiger und größer.

Sunflower (Karte S. 327; ☎ 252419; www.sunflowerhotelmanali.com; DZ 250–450 Rs) Das malerische Haus gleich um die Ecke bei der Nyingmapa-Gompa liegt im ruhigeren tibetischen Viertel und hat ausreichend große Zimmer mit TV, freundliches Personal und ein gutes Restaurant.

Hotel Rising Star (Karte S. 323; ☎ 252558; risingstarmanali@rediffmail.com; Hadimba Rd; Zi. 400 Rs) Das Hotel in den grüneren nördlichen Ausläufern von Manali bietet für die Größe der

OUTDOOR-AKTIVITÄTEN IN MANALI

In Manali und den Dörfern der Umgebung kann man super entspannen, aber um das Gebiet so richtig zu genießen, muss man die Stadt verlassen und in die Berge gehen. Manali lockt mit ein paar tollen Outdoor-Möglichkeiten. Zuverlässige Anbieter s. gegenüber und S. 1149).

Radfahren

Manali ist Ausgangspunkt für Radtouren nach Leh oder für eine Rundfahrt durch das Spiti- und das Kinnaur-Tal nach Shimla. Aufgrund der Höhe muss man dazu aber gut in Form sein. Infos gibt's bei Himalayan Adventurers oder Himalayan Journeys.

Angeln

Die Flüsse im Kullu- und Parvati-Tal sind reich an Forellen und Mahseer. Die Saison dauert von März bis Juni und von Juli bis November. Am besten lässt sich im Kullu-Tal entlang des oberen Beas und seiner Zuflüsse sowie rund um Kasol angeln. Antrek Tours verleiht Angelausrüstung für 250 Rs pro Tag, Tageskarten kosten bei der HPTDC 100 Rs.

Jeep-Safaris

Am beliebtesten sind die Touren nach Leh und darüber hinaus sowie die Rundfahrt von Spiti/ Kinnaur nach Shimla. Entweder wird gezeltet oder in einem Gästehaus übernachtet. Bei den meisten der genannten Reisebüros kostet eine solche Safari ab 2000 Rs/Tag.

Bergsteigen

Das Institute of Mountaineering & Allied Sports bietet zu festen Terminen Anfänger- und Fortgeschrittenenkurse im Bergsteigen an. Diese dauern zwischen 26 und 28 Tagen und enthalten Verpflegung, Ausrüstung, Training und Übernachtung in Schlafsälen, aber nicht den Transport (ca. 1000 Rs/Tag). Am besten wagt man sich zwischen Mai und Oktober auf die Gipfel; die meisten Bergsteiger beginnen mit dem Hanuman Tibba (5930 m) und dem Deo Tibba (6001 m) nahe Manali.

Paragliding

In den letzten Jahren hatte der Paragliding-Betrieb rund um Manali mit Schwierigkeiten zu kämpfen und war wegen mehrerer Unfälle zum Zeitpunkt der Recherche komplett eingestellt. Wenn die Sicherheitsfragen geklärt sind, nehmen die Veranstalter das Paragliding an den Hängen von Solang Nullah und in der Nähe vom Rohtang La höchstwahrscheinlich wieder auf. Vor der Einstellung des Betriebs waren neben zweiminütigen Tandem-„Spaßflügen" (ab 500 Rs) auch halbstündige Flüge für erfahrene Piloten (ab 2500 Rs) im Angebot (fünftägige Kurse kosten ca. 5500 Rs). Der indische Paragliding-Verband unterhält im Sommer einen Stützpunkt in Solang Nullah. Weitere Informationen gibt's unter www.paraglidingindia.net.

Rafting

Von Mai bis Juli (manchmal auch später, je nach Monsun) sind einfache Raftingtouren auf dem Beas möglich. Normalerweise beginnen die Trips in Pirdi (südlich von Kullu) und gehen 16 km den Fluss hinab nach Jhiri durch Stromschnellen der Stufe 3. Der Preis beträgt 900 Rs pro Tag inklusive Transport, Ausrüstung und Mittagessen. Infos gibt's bei Himalayan Adventurers, Himalayan Journeys oder North Face Adventure Tours.

Felsklettern

Für alle, die Berge in der Senkrechten erleben möchten, bieten die Hänge rund um Manali viele Möglichkeiten. Das Himalayan Extreme Center hat Felsklettern mit Sicherheitsausrüstung ab 600 Rs pro Tag im Angebot.

Skifahren & Snowboarden

Nahe bei Solang Nullah liegt ein beliebtes Wintersportgebiet (s. S. 332). In Rohtang La, nördlich von Manali, kann man im Sommer (April bis Juni) auf Pulverschnee die Hänge hinabwedeln (nur für erfahrene Skifahrer). Veranstalter sind die Northface Ski School und das Himalayan Extreme Centre (900 Rs/Tag; alles inkl.).

Wanderungen & Trekking

Von Manali aus kann man einige gute Tageswanderungen unternehmen. Die 12 km lange Wanderung am Westufer des Beas zum Solang-Tal ist eine nette Alternative zum Bus. Ein schöner Tagesausflug ist auch die 6 km lange Wanderung über die Manalsu Nala (westlich von Manali) hoch zu den Wiesen von Lama Dugh. Für längere Expeditionen sollte man sich einer organisierten Gruppe anschließen.

Eine beliebte Route führt z. B. zum Beas Kund (drei Tage) oder über den Hamta-Pass (4270 m) nach Lahaul (fünf Tage). Die Preise starten bei 35 US$ pro Tag (alles inkl.). Weitere Infos zu Trekking gibt's auf S. 339.

Zimmer ein gutes Preis-Leistungs-Verhältnis. Die Zimmer könnten heller sein – besser nach draußen auf die Bäume und eine Veranda schauen.

Mount View Hotel (Karte S. 327; ☎ 252465; DZ 225–450 Rs) Hotel am Rand von Model Town mit anständigen Doppelzimmern und einem Restaurant.

Old Manali

In diesem zu schnell gewachsenen Ort gibt's viele Hotels, die auf Backpacker ausgerichtet sind, doch das nahe gelegene Vashisht hat mehr Charme. Die meisten Unterkünfte in Old Manali sind im Winter dicht.

Rockway Cottage (außerhalb der Karte S. 323; ☎ 254328; EZ/DZ mit Gemeinschaftsbad 150/200 Rs) Liegt oberhalb vom Manalsu. Um hierhier zu kommen, ist eine kleine Wanderung entlang eines Pfads nötig. Die Mühe lohnt sich aber – hier hat man das Tal scheinbar ganz für sich allein. Die Gemeinschaftsbäder sind pieksauber. Man kann im Open-Air-Café sitzen oder (für kühlere Nächte) eine Kiste Holz (30 Rs) für den Ofen im Zimmer kaufen.

Himalaya Cottage (außerhalb der Karte S. 323; EZ/DZ 80/120 Rs) Hat denselben Besitzer wie das Rockway Cottage, ist aber mit Plumpsklos und kalten Duschen wesentlich einfacher ausgestattet.

Veer Paying Guest House (Karte S. 323; ☎ 252710; veerguesthouse@rediffmail.com; Zi. mit Gemeinschaftsbad/eigenem Bad 100/300 Rs) Bäume stehen rund um das Gästehaus im netten und geschmackvollen Holzstyling – und mit einem Café, in dem man gemütlich auf Bodenkissen faulenzen kann. Die separaten Badezimmer haben eigene Ankleidezimmer!

Tourist Nest (Karte S. 323; ☎ 252383; kdthakur@yahoo.com; Zi. 300 Rs) Liegt neben dem Veer Paying Guest House und hat saubere, helle Doppelzimmer, alle mit Bad und Balkon ausgestattet, von dem der Blick auf sehr viele Bäume fällt.

Apple View Paying Guest House (Karte S. 323; ☎ 253899; EZ/DZ mit Gemeinschaftsbad 100/125 Rs) Üppige Obstgärten geben diesem beliebten Gästehaus, in dem man alles hinter sich lassen kann, seinen Namen. Die Zimmer sind großzügig und Wege laden zur Erkundung der Hügel ein.

Hotel Dream River (Karte S. 323; ☎ 253501; Zi. 300–450) Liegt nahe der Brücke nach Old Manali. Alle Zimmer haben einen Balkon; sie sind zwar nichts Besonderes, aber das Personal bemüht sich sehr, für Budgetpreise einen Mittelklasseservice zu bieten.

Jungle Bungalow (Karte S. 323; ☎ 981-8919669; EZ/DZ mit Gemeinschaftsbad 80/100 Rs) Hat schon bessere Tage gesehen, ist aber immer noch eine gute Billigalternative. Wer sich unter die Dusche schwingen will, sollte rechtzeitig Bescheid sagen, damit der Ofen zur Heißwasserbereitung angeheizt werden kann.

Rund um die Brücke an der Straße zum Jungle Bungalow gibt's noch ein paar weniger ansprechende Gästehäuser, darunter das **Mamta Paying Guest House** (Karte S. 323; ☎ 254508; DZ 150 Rs) und das **Rising Moon** (Karte S. 323; ☎ 252731; DZ 80 Rs). Zimmer und Einrichtung sind einfach und könnten eine Renovierung vertragen.

MITTELKLASSEHOTELS

An und in der Nähe von The Mall ist Manali mit anonymen Hotelblöcken aus Beton zugepflastert; die besten Adressen liegen am Stadtrand. An der Straße hinauf nach Old Manali gibt's ebenfalls ein paar attraktive Optionen. Einige davon sind in alten Kolonialhäusern untergebracht, haben einen Garten und (ein seltener Luxus!) einen offenen Kamin.

Dragon Guest House (Karte S. 323; ☎ 225290; info@dragontoursmanali.com; Zi. 550–650 Rs; 💻 ❄) Das große, moderne Hotel, das sogar noch einen gewissen Charme hat, ist die beste Mittelklasseadresse in Old Manali. Gegenüber liegt ein Obstgarten; die Aussicht auf Vashisht ist einfach großartig.

Hotel Paradise (Karte S. 323; ☎ 252265; Zi. ab 750 Rs; ❄) Das Standardhotel vor einem Kiefernwald hat gut eingerichtete, moderne und komfortable Zimmer. Manche davon wirken für den Preis etwas zu klein.

Hotel Pinewood (Karte S. 323; ☎ 250118; rathore4u@rediffmail.com; Zi. 800 Rs) Der große Park und die schönen Zimmer im alten Stil geben dem Hotel ein gewisses koloniales Feeling. Abends laden die tiefen Sessel zum Entspannen ein.

Hotel Himview (Karte S. 323; ☎ 253074; Zi. ab 700 Rs) Das Hotel liegt in der Nähe vom Fluss und wurde zum Besuchszeitpunkt gerade renoviert; die großzügigen Zimmer sollten nach der Fertigstellung eigentlich prima sein.

John Banon's Guesthouse (Karte S. 323; ☎ 252335; Zi. 550 Rs) Die großen Zimmer haben einen of-

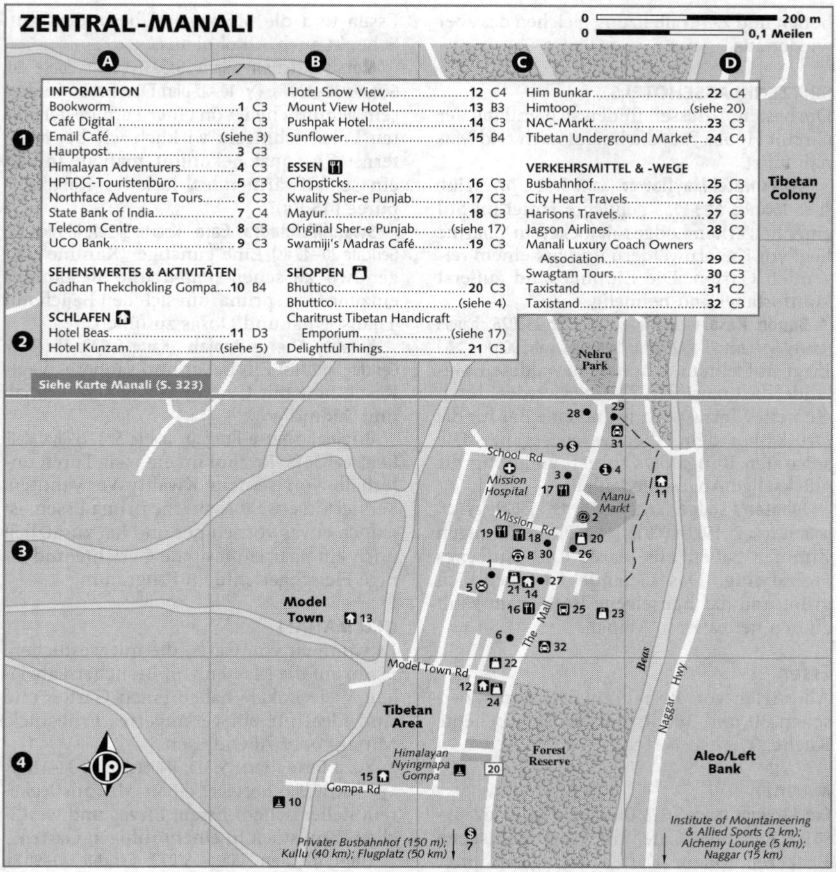

fenen Kamin (75 Rs für eine Kiste Winterholz), hätten aber einen Frühjahrsputz nötig. Sollte man sich hier wie in der Wildnis fühlen, liegt das daran, dass der Garten mal zurückgeschnitten werden müsste.

Sunshine Guest House (Karte S. 323; ☎ 251416; Zi. 350–600 Rs) Weiteres Haus aus der Kolonialzeit mit einem verwilderten Garten inklusive Hunde und Tauben. Die Zimmer (alle mit Ankleidezimmer) haben genug Charme und Komfort, um von der abbröckelnden Farbe abzulenken.

Hotel Riverbank (Karte S. 323; ☎ 253004, Zi. 500–1000 Rs; ❄) Die Zimmer sind groß und gut in Schuss aber ihr Alter ist trotzdem zu erkennen. In den teureren Zimmern gibt's sonnige verglaste Sitzecken.

Hotel Kunzam (Karte S. 327; ☎ 253197; Zi. 1100–1700 Rs; ❄) Vornehmes HPTDC-Hotel mit guter Lage im Zentrum von Manali. Es hat große Zimmer mit gutem Preis-Leistungs-Verhältnis; die beste Wahl sind die auf der Rückseite abseits der Straße.

Hotel Beas (Karte S. 327; ☎ 252832; Zi. 350–800 Rs; ❄) Das Beas ist ein großes HPTDC-Hotel am Fluss mit komfortablen Standardzimmern, die aber nur wenig Charakter besitzen. Die Zimmergröße wächst mit dem Preis, aber die günstigeren sind allemal eine gute Budgetoption.

Hotel Snow View (Karte S. 327; ☎ 252684; sml_snow view@sancharnet.in; Zi. 1100–1800 Rs; ❄) Gutes Hotel, wenn man im Zentrum von Manali wohnen möchte. Etwas düster, Teppichboden und Zentralheizung gleichen das aber wieder aus.

SPITZENKLASSEHOTELS

Die besten Adressen finden sich entlang der Circuit House Rd., die hinauf nach Old Manali führt.

Negi's Hotel Mayflower (Karte S. 323; ☎ 252104; Zi. ab 1600 Rs; ❄) Das gepflegte Hotel im Stil einer hölzernen Lodge mit lockerem Charme liegt vor Kiefernwäldern und hat einem reizenden Garten. Die Zimmer sind äußerst komfortabel und heimelig.

Banon Resort (Karte S. 323; ☎ 253026; banonresorts@vsnl.net; Zi. ab 2300 Rs, Bungalows ab 5900 Rs; ❄) Liegt auf einem schönen bewaldeten Gelände; die luxuriösen Zimmer werden durch ein nettes Terrassencafé und eine Bar für die Drinks vor dem Abendessen ergänzt. Die separaten Bungalows sorgen endgültig für glückselige Abgeschiedenheit.

Johnson's Lodge (Karte S. 323; ☎ 253023; jayajc@hotmail.com; Zi. 1500–2000 Rs; ❄) Die geräumigen Zimmer haben ein klares und einfaches Holzstyling. Das Gelände ist unendlich grün, und das hauseigene Restaurant zählt zu den nettesten in Manali.

Essen

Alle Arten von Restaurants servieren zwischen 30 und 300 Rs nahezu jede beliebte Küche.

MANALI

Café Amigos (Karte S. 323; Circuit House Rd; Gerichte 35–90 Rs) Beliebtes Café mit einer deutschen Bäckerei, tollem Kaffee und gedämpfter Musik. Toll zum Frühstücken, für einen Mittagssnack und einfach nut gepflegten Müßiggang.

Chopsticks (Karte S. 327; The Mall; Gerichte 45–180 Rs) Das chinesische Restaurant gegenüber des Busbahnhofs hat sich zusätzlich auf tibetische Küche spezialisiert. Bei mindestens sechsstündiger Vorbestellung wird ein *gyakok* (Fleisch- und Gemüsemix im heißen Dampfkochtopf) für vier Personen (450 Rs) vorbereitet; die *thukpa* (40 Rs) braucht nicht so lange, ist aber genauso lecker.

Mayur (Karte S. 327; Mission Rd; Gerichte 40–140 Rs; 🕙 11–23 Uhr) Eines von Manalis bekanntesten Restaurants, es ist sehr sauber und gepflegt. Die Kellner machen viel Aufhebens um die Serviettenarrangements. Serviert Gerichte der meisten Küchen, aber das indische Essen und die Steaks sind besonders gut. Schenkt auch Alkohol aus.

Mom's Kitchen (Karte S. 323; Circuit House Rd; Gerichte 30–120 Rs; 🕙 10–22 Uhr) Das Essen in diesem gemütlichen, von einer Familie geleiteten Lokal schmeckt wirklich wie bei Muttern. Wo sonst bekommt man in Indien ein so aufwärmendes, leckeres Kartoffelpüree (45 Rs)?

Swamiji's Madras Café (Kaarte S. 327; Mission Rd; Gerichte 20–45 Rs) Eine günstige „Kantine", irgendwo zwischen *dhaba* und Restaurant einzuordnen; prima, um sich den Bauch mit Thalis, Dhal und Dosas zu füllen.

Kwality Sher-e-Punjab (Karte S. 327; The Mall; Gerichte ab 20 Rs) Ein helles und sauberes Vegi-Restaurant mit Gerichten aus dem Punjab und Südindien.

Original Sher-e-Punjab (Karte S. 327; The Mall; Gerichte ab 30 Rs) Restaurant ein paar Türen unterhalb von seinem Kwality-Verwandten. Serviert in etwa das gleiche prima Essen, ist jedoch etwas vornehmer und hat zusätzlich noch ein paar chinesische Gerichte und einige Fleischgerichte im Programm.

OLD MANALI

Es wimmelt von Cafés, die mit westlichem Essen auf die Massen von Besuchern abzielen. Viele Lokale haben einen Garten und sind ideal für ein verlängertes Frühstück, Mittag- oder Abendessen.

Pizza Olive (Karte S. 323; Hauptgerichte 30–110 Rs; 🕙 9–23.30 Uhr) Serviert einen Mix aus leckerem italienischem Essen, Pizzas und westlichem Frühstück in einem ruhigen Garten.

Tibet Kitchen (Karte S. 323; Gerichte 40–90 Rs; 🕙 10.30–22 Uhr) Liegt hinter der Brücke nahe

ETWAS BESONDERES

Johnson's Café (Karte S. 323; Circuit House Rd; Gerichte 80–300 Rs) Das Restaurant gehört zur Johnson's Lodge und ist das wahrscheinlich schönste in Manali. Entweder isst man auf der Veranda oder bei etwas kühlerem Wetter drinnen. Die Speisekarte ist sehr umfangreich; es gibt rund ein halbes Dutzend Tagesgerichte, der Hit ist jedoch die Pfannenforelle (ab 140 Rs, abhängig von der Größe). Der Nachtisch ist ordentlich klebrig, und für Drinks vor und nach dem Abendessen gibt's eine Bar. Sogar die Toiletten sind einen Besuch wert – die besten in Manali.

beim Hotel Himview und ist zu Recht sehr beliebt. Serviert eine tolle Auswahl an tibetischen, chinesischen, japanischen und westlichen Gerichten in einer lockeren Atmosphäre. Die Gemüse-*momos* (40 Rs) sind ein Genuss.

Das **Shiva Garden Café** (Karte S. 323; Snacks & Gerichte 25–85 Rs) und das **Moon Dance Garden** (Karte S. 323; Snacks & Gerichte 25–85 Rs) bieten beide gute italienische, israelische und tibetische Gerichte und Thalis. Beide Adressen sind typisch relaxte Outdoor-Lokale und super für ein spätes Frühstück oder ein geruhsames Mittagessen.

Ausgehen

Abgesehen von den oben aufgeführten Cafés und den Hotelbars schenken diese Lokale Alkohol aus und sind immer gut für einen Drink:

Khyber Pass (Karte S. 323; ⌚ 11–23 Uhr) Das Restaurant gehört zu einer Kette aus Delhi; das Essen braucht ewig und ist enttäuschend, daher ist die Bar der Hauptgrund hierher zu kommen und ein Bier zu trinken.

Alchemy Lounge (außerhalb der Karte S. 327; ⌚ 12–23 Uhr) Die echte englische Bar liegt weitab von allem im Dorf Jagatsukh, 5 km südlich von Manali. In stilvoller Umgebung gibt's eine gute Weinkarte, verschiedene Biersorten und Schnäpse. Hier bekommt man auch Snacks, und Heimwehkranke können auf dem Großbildfernseher Fußball gucken.

Shoppen

Die Schalindustrie, die im Verlauf des Kullu-Tals immer mehr zunimmt, hat ihr Zentrum in Manali – fast jeder Shop scheint Schals zu verkaufen. Ein guter Ausgangspunkt für eine Shoppingtour ist die Bhuttico-Kooperative (Karte S. 327), die Filialen an The Mall und nahe von Himalayan Adventurers unterhält. Die Preise sind fair und fix. **Him Bunkar** (Karte S. 327; Model Town Rd) ist das Warenhaus einer Kooperative und steht unter staatlicher Leitung; es hat ebenfalls eine gute Auswahl. Wollschals gibt's ab 300 Rs, Angoraschals ab 600 Rs und Pashminaschals ab 4000 Rs (s. auch Kasten S. 318).

Himtoop (Karte S. 327) verkauft Bioprodukte wie Fruchtsäfte, Marmelade und Pickles.

Der NAC-Markt (Karte S. 327) hinter dem Busbahnhof ist der Hauptmarkt, und nahe beim Hotel Ibex findet sich in einer Halle der Tibetan Underground Market (Karte S. 327).

Delightful Things (Karte S. 327) an der Ecke bei der Post verkauft *thangkas* und andere tibetische Handwerksprodukte hoher Qualität, ebenso das **Charitrust Tibetan Handicraft Emporium** (Karte S. 327; The Mall).

An- & Weiterreise

FLUGZEUG

Der Manali am nächsten liegende Flugplatz ist 50 km weiter südlich in Bhuntar (s. S. 317 zu Details zu den Flügen). Bei **Jagson Airlines** (Karte S. 327; ☎ 252843; The Mall) gegenüber vom Nehru-Park kann man deren Flüge buchen, und entlang von The Mall gibt's viele Reisebüros.

BUS

Am Busbahnhof gibt's einen **Stand** (Karte S. 327; ☎ 252323; ⌚ 5–19 Uhr) mit computergestütztem Buchungsservice. Hier lässt sich ein Ticket bis zu einem Monat im Voraus buchen, was bei den stark frequentierten Routen nach Leh, Dharamsala und Delhi auch zu empfehlen ist.

Die **Manali Luxury Coach Owners Association** (Karte S. 327; ☎ 253816; The Mall) betreibt Langstreckenbusse, die von der Haltestelle südlich der State Bank of India abfahren. Tickets gibt's in den Reisebüros entlang The Mall, z. B.:

City Heart Travels (Karte S. 327; ☎ 250096)
Harisons Travels (Karte S. 327; ☎ 253319)
Swagtam Tours (Karte S. 327; ☎ 252480)

Kullu- & Parvati-Tal

Alle 30 Minuten fahren Busse nach Kullu (30 Rs, 1½ Std.) und dann über den Flughafen in Bhuntar (40 Rs, 2 Std.) weiter nach Mandi (87 Rs, 4 Std.). Sechs Busse gehen nach Naggar (15 Rs, 1 Std.). Wer ins Parvati-Tal möchte, steigt in Bhuntar aus. Von hier gibt's bis 18 Uhr mehrere Verbindungen den Berg hinauf.

Leh

Zwischen Juli und Mitte September bestehen mehrere Busverbindungen zwischen Manali und Leh. Die lange, wirklich spektakuläre Fahrt dauert zwei Tage (inkl. Übernachtung im Zelt).

Täglich fährt ein HPTDC-Bus (800 Rs plus 200 Rs für die Übernachtung in Sarchu, Abendessen und Frühstück). Private Reisebüros verlangen ca. 1000 Rs inklusive Essen und Übernachtung. Die Busse fahren zwischen 4 und 5 Uhr morgens ab; wegen der mit dieser Reise verbundenen Unwägbarkeiten empfiehlt es sich jedoch, einen Tag vor der Abfahrt noch einmal nachzuhaken. Der täglich verkehrende Bus kostet 429/800 Rs (Normal/Deluxe) – mit Proviant, Wasser und warmer Kleidung eindecken und möglichst nicht hinter der Hinterachse sitzen – denn dort bekommt man die Schlaglöcher am stärksten zu spüren. Alternativ mit einem Sammeltaxi fahren (s. Spalte rechts).

Weitere Details zu dieser Route finden sich auf S. 336.

Spiti, Lahaul & Kinnaur

Diese Strecke führt über hohe Gebirgspässe, die nur von April bis Oktober geöffnet sind. In der Hauptsaison fahren zwischen 4 und 13 Uhr regelmäßig Busse nach Keylong (87 Rs). Nach Spiti den Bus um 6 Uhr in Richtung Kaza (115 Rs, 11 Std.) oder den um 4.30 Uhr in Richtung Tabo (145 Rs, 13 Std.) nehmen.

Weitere Fahrtziele

Nach Delhi fahren öffentliche „Deluxe"-Bus um 17 und 18.20 Uhr (550 Rs, 12 Std.), ein HPTDC-Nachtbus um 17 Uhr (560 Rs) und sechs normale Busse zwischen 11.30 und 17 Uhr (340 Rs).

Wegen der Länge der Reise lohnt es sich, in einen Privatbus mit gegenüberliegenden Doppelsitzen (650 Rs) zu investieren, der sich bei allen privaten Busfirmen in der Stadt buchen lässt. Alle Busse fahren etwa um 15.30 Uhr ab und halten unterwegs in Chandigarh (300 Rs, 10 Std.). Dieselben Luxusbusse lassen sich auch über Reisebüros in Paharganj in Delhi buchen, aber sicherstellen, dass man tatsächlich in einem Bus mit gegenüberliegenden Doppelsitzen landet – mehrere Traveller haben Luxuspreise bezahlt und sich dann in einem ganz normalen Bus wiedergefunden. Normale Busse fahren um 9.05 und um 19.30 Uhr nach Chandigarh (262 Rs, 10 Std.).

In der Hauptsaison starten gegen 19.30 Uhr auch private und HPTDC-Busse nach Shimla (350 Rs, 10 Std.) und Dharamsala (350 Rs, 10 Std.).

Öffentliche Busse fahren um 8, 18 und 19.30 Uhr nach Dharamsala (193 Rs, 10 Std.), um 8.30 und 19 Uhr nach Shimla (201, 10 Std.). Busse nach Haridwar starten um 10.10 und 12.45 Uhr (338 Rs, 16 Std.) und halten unterwegs in Dehra Dun. Dorthin fährt auch um 18.30 ein separater Bus (339 Rs, 17 Std.).

TAXI

An zwei **Taxiständen** (Karte S. 327; ☎ 252450, 252120; The Mall) stehen Langstreckentaxis bereit. Die Fahrt nach Kullu kostet 600 Rs, oder 900 Rs über Naggar. Direkt nach Naggar kostet's ohne/mit Rückfahrt 300/450 Rs. Weitere Fahrtziele: Bhuntar (750 Rs), Manikaran (1200 Rs mit Rückfahrt), Dharamsala (3000 Rs), Solang Nullah (400 Rs inkl. Rückfahrt), Rohtang La (1100 Rs inkl. Rückfahrt) und Leh (8000 Rs). Nach Leh gibt's auch Plätze in Sammeltaxis (1000–1200 Rs je nach Sitz), die in 14 Stunden über die hohen Pässe rasen – mindestens einen Tag im Voraus buchen!

Unterwegs vor Ort

AUTORIKSCHAS

Für (aushandelbare) 30 bis 50 Rs bringen sie Gäste und deren schweres Gepäck nach Old Manali oder Vashisht, aber nicht viel weiter.

MOTORRÄDER

Im Norden von Manali vermietet **Nirvana Travels** (Karte S. 323; ☎ 253222) Enfields und kleinere japanische Maschinen für 300 Rs pro Tag (inkl. Haftpflichtversicherung).

Der **Enfield-Club** (Karte S. 323; ☎ 254090) an der Abzweigung nach Vashisht repariert und vermietet Enfileds ab 210/7000 Rs pro Tag/Monat. Er verkauft auch gebrauchte Modelle. Alternativ kann man auch **Anu Auto Works** (Karte S. 323; ☎ 254127; anuauto1234@rediff.com; Tibetan Colony) ausprobieren, das an der Straße liegt, die nach Norden aus Manali herausführt.

RUND UM MANALI

Vashisht

Vashisht (Karte S. 323) ist ein nettes kleines Dorf nordöstlich von Manali, mit heißen Quellen, alten Steinhäusern, uralten Tempeln und toller Aussicht – aber es ist definitiv auch eine „Bühne". Das Dorf wurde von dem Weisen Vashisht Muni gegründet; mehrere alte Tempel sind ihm und dem Gott Rama geweiht.

Im Sommer sind Unterkünfte schwer gefragt, aber viele Hotels schließen, wenn die Winterkälte kommt.

ORIENTIERUNG & PRAKTISCHE INFORMATIONEN

Busse und Taxis halten im Zentrum des Ortes bei Superbake; von hier aus zweigen Fußgängerwege ab, die bergauf durch den Ort führen, wo sich auch die meisten Gästehäuser verstecken.

Von dem halben Dutzend Internetcafés ist das **Cyber Vashisht** (60 Rs/Std.) am verlässlichsten; hier brennt man auch Digitalfotos auf CD. In der Nähe des Busbahnhofs gibt's mehrere Reisebüros, die Plätze in Luxusbussen ab Manali buchen können, und Wechselstuben, die Bargeld, Kreditkarten und Reiseschecks akzeptieren.

SEHENSWERTES & AKTIVITÄTEN

Der **Vashisht-Tempel** hat **öffentliche Bäder** (Eintritt frei; ⌚ 5–21 Uhr) mit getrennten Bereichen für Männer und Frauen. Am späten Abend wird das Wasser gewechselt, das dann logischerweise am saubersten ist. 50 m den Berg hinauf gibt's noch ein kleines, aber ziemlich überlaufenes Bad.

Das **Reiki-Zentrum** (☎ 250195; ritureiki@hotmail.com) oberhalb vom Yuvraj Guesthouse bietet ab 600 Rs pro Std. Reiki und Massagen an; für Leute, die mehr Zeit haben, gibt's auch Kurse, die viele Reisende empfehlen.

SCHLAFEN

Vashisht ist bei Langzeit-Budgeturlaubern sehr beliebt. Sie werden von den günstigen Unterkünften und der tollen Lage angezogen. Die günstigeren Zimmer haben meist Gemeinschaftsbäder (oft nur mit kaltem Wasser). Für ein paar Rupien mehr bekommt man ein separates Badezimmer mit Boiler.

Sonam Guest House (☎ 251783; sonamsquare@hotmail.com; EZ/DZ 100/120 Rs) Das Gästehaus hat einen wirklich verwinkelten hölzernen Charme und ist mit den Gemälden des Managers dekoriert. In den gemütlichen Zimmern gibt's heißes Wasser und jeden Abend findet in der Lounge eine Kinonacht statt.

Dharma Guest House (☎ 252354; Zi. 150–300 Rs; 💻 🅡) Das Gästehaus oberhalb vom Tempel hat Standardzimmer und eine große Terrasse mit Aussicht auf das Tal (der Preis steigt mit jedem Stockwerk, dafür wird die Aussicht besser). Es gibt sogar einen winzigen Swimmingpool für eine schnelle Abkühlung.

Bodh Guest House (☎ 254165; Zi. 100 Rs) Ein freundliches, blitzsauberes Haus mit der besten Aussicht vom Dach, die man in ganz Vashisht finden kann. In den Gemeinschaftsbädern gibt's heißes Wasser.

Kalp-Taru Guest House (☎ 253433; EZ/DZ 80/120 Rs) Die schlichten Standardzimmer sind nichts Besonderes, werden aber von Vashishts blubbernder Quelle direkt mit heißem Wasser versorgt.

Hotel Valley View (☎ 253420; Zi. 200 Rs) Hat gute Zimmer, die passend zum Hotelnamen an einem Hang unterhalb der Straße liegen. Das Restaurant bekommt gute Kritiken.

Anand Guest House (☎ 254153; Zi. 100 Rs) Die Zimmer sind groß und die Gemeinschaftsbäder sehr sauber.

Surabhi Guest House (☎ 257796; surabhi77@hotmail.com; Zi. 250–450 Rs) Modernes Gebäude an der Hauptstraße; hat saubere Zimmer mit guter Aussicht. In den teureren gibt's TV und Badewanne.

Hotel Arohi (☎ 254421; mcthakur@yahoo.com; EZ/DZ 550/900 Rs; ❄) Neues Hotel, das noch immer picobello aussieht. Die großzügigen Zimmer haben Balkone mit einer schönen Aussicht auf Old Manali.

Sita Cottage (☎ 253345; Zi. 900 Rs; ❄) Liegt etwas unterhalb von Vashishts Zentrum und hat große, anständige Zimmer mit Aussicht auf das Tal.

ESSEN

Die meisten Lokale liegen an der Hauptstraße, die nach Manali hinunter führt.

Rainbow Café (Gerichte 25–90 Rs; ⌚ 7.30–22.30 Uhr) Ein Café beim kleinen öffentlichen Bad mit Aussicht auf das Tal, das die typische multinationale Küche für Traveller zubereitet; schon für 60 Rs gibt's ein üppiges Frühstück.

Blue Heaven Café (Hauptgerichte ab 40 Rs; ⌚ 7.30–23 Uhr) Café mit deutscher Bäckerei. Serviert neben den üblichen Standardgerichten für Reisende auch gute tibetische und koreanische Gerichte. Die Wandbemalung ist ziemlich psychedelisch.

Superbake (Kuchen ab 40 Rs; ⌚ 8–21 Uhr) Verkauft im Zentrum von Vashisht wunderbare Backwaren zum Mitnehmen.

World Peace Café (Gerichte 40–120 Rs; ⌚ 7.30–23 Uhr) Ein weiteres Café, das die tolle Aussicht vom Dach ausnutzt. Auf der Speisekarte stehen französische, spanische, israelische und indische Gerichte sowie Kuchen, Säfte und zehn verschiedene Teesorten. An den meisten Wochenenden gibt's Livemusik.

Jupiter Dhaba (Gerichte 35–45 Rs; 10–17 Uhr, So & Mo geschl.) Über eine Treppe und einen Pfad hinter dem geschlossenen HPTDC-Bäderkomplex zu erreichen. Das beliebte Mittagslokal serviert leckeres Bio-Futter – meist Snacks, aber ab und zu gibt's geräucherte Forelle oder Pizza-Specials.

AN- & WEITERREISE

Eine Autoriksсha von Manali hierher kostet 30 Rs. Per pedes nimmt man am besten den nichtmarkierten Pfad, der 200 m nach der Abzweigung nach Vashisht beginnt und über den verlassenen HPTDC-Bäderkomplex zum Hotel Valley View hinauf führt.

Solang Nullah

☎ 01902

Himachal Pradeshs bessere Skigebiete befinden sich in Solang Nullah, 13 km nördlich von Manali. Das Dorf ist zwar alles andere als ein richtiger Skiort, entwickelt sich aber allmählich. Im Sommer ist das Dorf eingemottet; die Hotels sind dann normalerweise wegen Renovierung geschlossen.

Die Skihänge oberhalb vom Dorf erreicht man in einem steilen Aufstieg. Für erfahrene Skifahrer gibt's eine 1,5 km lange Abfahrt, deren untere Hälfte für Gelegenheitsfahrer besser geeignet ist. Snowboarder flitzen eine 1 km lange Piste hinunter und die Anfänger benutzen eine 300-m-Bahn mit Übungslift. Normale Skilifte gibt's keine. Februar und März sind die besten Monate zum Skifahren.

Das **Institute of Mountaineering & Allied Sports** (außerhalb der Karte S. 327; ☎ 252342) in Manali veranstaltet Grundkurse sowie Kurse für Anfänger mit Grundkenntnissen und Fortgeschrittene (14-tägig, alles inkl.) für 250 US$. Enthalten sind Ausrüstung, Verpflegung und Unterkunft in Schlafsälen nahe der Hänge.

Einwöchige private Skikurse mit Unterkunft, Unterricht, Verpflegung und Skiverleih kosten zwischen 5000 und 8000 Rs. Verlässliche Anbieter stehen auf S. 325.

In einem gut 3 km langen Spziergang kommt man zu einem kleinen **Shivatempel** auf den Hängen über dem Dorf. Am Ortseingang von Solang Nullah lassen sich für 200 Rs Ponys mit Führer mieten. Manchmal besteht auch die Möglichkeit zum Paragliden (Details s. Kasten S. 325).

SCHLAFEN & ESSEN

In allen Hotels in Solang Nullah gibt's Speiseräume mit netten, gemütlichen offenen Kaminen. Der Friendship Fastfood Corner serviert gutes Essen.

Iceland Hotel (☎ 256008; skihimalaya@yahoo.com; EZ/DZ 350/500 Rs) Gemütliche Zimmer mit Holzvertäfelung und ganztägig heißem Wasser. Verleiht auch Ski (200 Rs/Tag) und Snowboards (450 Rs/Tag).

Raju Paying Guest House (☎ 256575; EZ/DZ 200/350 Rs) Große, etwas dunkle Doppelzimmer mit schöner Holzvertäfelung.

Hotel Patalsu Heights (☎ 256600; Zi. 350 Rs) Ein Hotel aus grauen Steinen unterhalb vom Raju Paying Guest House. Es hat große Zimmer, heißes Wasser gibt's aber nur in Eimern. Da es auch der Sitz der Nothface Ski School ist, belegen im Winter normalerweise Skikursteilnehmer die Zimmer. Skis kann man für 200 Rs pro Tag, Snowboards für 500 Rs pro Tag ausleihen.

AN- & WEITERREISE

Täglich fahren um 8, 14 und 16 Uhr Busse von Manali nach Solang Nullah (8 Rs, 1 Std.). Wer energiegeladen ist, steigt bei Palchan an der Hauptstraße aus und stapft eine Stunde lang durch die großartige Landschaft zu Fuß nach Solang Nullah. Ein Taxi ab Manali kostet 400 Rs mit Rückfahrt. Im Januar und Februar ist die Straße manchmal wegen Schnee unpassierbar.

LAHAUL & SPITI

Lahaul und Spiti ist der größe Bezirk in Himachal Pradesh; die Region besteht aus hohen Bergen, in die sich vergletscherte Täler eingegraben haben. Das Lahaul-Tal verläuft von Südosten nach Nordwesten; über den Kunzum La kommt man ins Spiti-Tal, über den Rohtang La Richtung Süden ins Kullu-Tal.

Der größte Teil von Lahaul ist grün und von Wäldern bedeckt, während Spiti im Regenschatten des Himalaja liegt, wodurch eine trostlose Wüste in großer Höhe entsteht. Angesichts dieser Landschaft verkündete Rudyard Kipling: „Bestimmt leben hier die Götter; das ist kein Ort für Menschen."

Keylong liegt im Zentrum von Lahaul; auf dem Weg nach Leh ist es dank mehrerer uralter sehenswerter Gompas ein netter Zwischenstop. Die Orte Kaza und Tabo in Spiti haben einfachere Einrichtungen.

Die meisten Menschen in Spiti sind Buddhisten. Beeindruckende Gompas sowie traditionelle tibetische Architektur prägen die Dörfer. In Lahaul besteht die Bevölkerung je zur Hälfte aus Buddhisten und Hindu – wie in Kinnaur existieren beide Religionen in vielen Tempeln und Häusern friedlich nebeneinander.

Hier werden vor allem Gerste und Weizen angebaut, außerdem auch Hopfen (für die Bierherstellung) und ein Heilkraut namens *kuth*. Ansonsten wachsen hier noch Erbsen für den Wintermarkt in Delhi – wer welche kriegen kann, muss sie unbedingt probieren! Sie sind bestimmt die süßesten, die man je gegessen hat.

Die einheimische Sprache der Region ist Bhoti; es ähnelt dem Tibetischen, hat aber mehrere eigenständige Dialekte. Das äußerst nützliche Wort „jule" (wird *dschu*-lai ausgesprochen) – das in Ladakh „Hallo", „Auf Wiedersehen", „Bitte" und „Danke" bedeuten kann – wird auch in Lahaul und Spiti verwendet.

Für fast acht Monate im Jahr trennen gewaltige Schneemassen Lahaul und Spiti vom Kullu-Tal. Der Rohtang La ist normalerweise von Mitte November bis Mitte Juni, der Kunzum La von Mitte Oktober bis Mitte Juli geschlossen.

Die Straße vom Sutlej-Tal nach Kaza ist das ganze Jahr über offen, aber ein Erdrutsch blockiert bei Malling die Fahrbahn für Fahrzeuge; Reisende müssen um das Hindernis herumwandern. Für diese Strecke wird eine Inner-Line-Genehmigung benötigt, da sie nah an der heiklen Grenze zu Tibet entlangführt.

Geschichte

Im 10. Jh. gehörten das obere Lahaul, Spiti und Zanskar zum großen Königreich Guge im Westen von Tibet. Nachdem Ladakh im 18. Jh. von den mongolisch-tibetischen Armeen besiegt wurde, wurde Lahaul in zwei Gebiete aufgeteilt. Das obere Lahaul kam in den Machtbereich des Radscha von Kullu, während der größte Teil des unteren Lahaul dem Hof von Chamba zufiel. Das eher isoliert liegende Spiti blieb bei Ladakh.

1847 kamen Kullu und Lahaul als Teil des Kangra-Staates unter britische Verwaltung; Spiti folgte zwei Jahre später.

Der chinesische Einmarsch in Tibet 1949 verletzte die kulturellen Bindungen innerhalb der Region, aber nach der Gründung der tibetischen Exilregierung ist viel kulturelles und religiöses Leben nach Spiti zurückgekehrt. In den letzten Jahren wurde viel für die Erhaltung der uralten buddhistischen Kunstwerke in den Gompas der Region gearbeitet.

Kaza

☎ 01906 / 3640 m

Kaza ist Verwaltungs- und Verkehrsknotenpunkt des Unterdistrikts Spiti und liegt mitten in einer anregenden Landschaft. Die „Altstadt" rund um den neuen Busbahnhof besteht aus einem Gewirr von kleinen Läden, Hotels und weiß getünchten Häusern. Die „Neustadt" auf der anderen Seite des Bachs besteht aus ein paar Regierungsgebäuden mit Blechdächern. In Kaza ruhig ein paar Tage bleiben – z. B. um sich von einer strapaziösen Busfahrt zu erholen, ein paar tolle Klöster zu besuchen, oder um eine Inner-Line-Genehmigung für die Durchreise nach Kinnaur zu beantragen.

PRAKTISCHE INFORMATIONEN

Assistant District Commissioner's Office (🕓 8–12 Uhr; New Kaza) Das Büro hinter dem Krankenhaus (auf die indische Nationalflagge achten) erteilt kostenlose Inner-Line-Genehmigungen, um hinter Sumdo nach Rekong Peo reisen zu können. Das Formular muss in der Polizeistation (ein sonst nicht weiter gekennzeichnetes Gebäude mit grünem Dach am Fluss) gegengezeichnet werden.

Sakya Tours (☎ 222372; 100 Rs/Std.) Liegt gegenüber vom Busbahnhof. Organisiert Treks und Ausrüstung; hat auch einen Internetzugang.

Spiti Holiday Adventures (☎ 222711; Main Market) Organisiert Treks ins Pin-Tal, verleiht Zelte (75 Rs/Tag) und Schlafsäcke (50 Rs/Tag).

SCHLAFEN & ESSEN

Potala Guesthouse (☎ 222570; Zi. 150 Rs) Gästehaus hinter dem Busbahnhof; hat große, saubere Zimmer mit hervorragendem Preis-Leistungs-Verhältnis.

Mahabauda Guest House (☎ 222232; Zi. mit Gemeinschaftsbad 150 Rs) Einladende Unterkunft an der Hauptstraße am oberen Ende der Altstadt. Die Zimmer sind gemütlich, und die gemeinsamen Mahlzeiten werden in der traditionellen Küche serviert. Heißes Wasser in Eimern kostet 10 Rs.

Snow Lion Hotel (☎ 222257) Altbekanntes und beliebtes Hotel neben dem Mahabauda Guest House. Es wurde zum Zeitpunkt des Besuchs gerade renoviert. Hat ähnliche Einrichtungen wie das Mahabauda sowie ein Restaurant.

Hill View Guest House (B 45 Rs, Zi. mit Gemeinschaftsbad 150 Rs) Äußerst empfehlenswertes Gästehaus oberhalb des Armeestützpunkts mit reizenden, luftigen Zimmern. Auf Wunsch gibt's etwas zu essen, Gäste können die Küche aber auch selbst nutzen.

HPTDC Tourist Lodge (☎ 222566; Zelte mit Gemeinschaftsbad 350 Rs, Zi. 500 Rs) Die Unterkunft in der Neustadt mit ihren fünf gepflegten Zimmern ist keine schlechte Wahl. In den Zelten gibt's jeweils zwei Betten, einen Tisch und elektrisches Licht.

Das Kyoma Restaurant gegenüber vom Busbahnhof ist ein guter Ort um essen zu gehen; es serviert leckere *thanthuk* (dicke tibetische Nudeln), ein tolles Frühstück und Kuchen. Im Third Eye Restaurant kommt eine Mischung aus indischen, italienischen und israelischen Gerichten auf den Tisch; man kann auch mal das Layul Café probieren. Beide sind in der Altstadt.

AN- & WEITERREISE

Der Busbahnhof liegt am südlichen Rand der Stadt. Etwa um 6 Uhr fahren zwei Busse nach Manali (155 Rs, 11 Std.). Unregelmäßig besteht eine Verbindung zwischen Kaza und Keylong (115 Rs, 8 Std.); alternativ einen Bus Richtung Manali nehmen und in Gramphu (110 Rs, 7½ Std.) umsteigen. Um 9, 14 und 17.30 Uhr fahren Busse nach Tabo (35 Rs, 2 Std.). Leider geht kein Bus direkt nach Rekong Peo.

Wegen der Spritkosten und fehlender Konkurrenz sind die Taxipreise sehr hoch – ein Taxi nach Manali kostet mindestens 4000 Rs.

Ki-Gompa & Kibber

☎ 01906

Ki, Spitis älteste und größte Gompa, steht in spektakulärer Lage 4116 m hoch über dem Fluss. Sie ist 14 km von Kaza entfernt, gehört dem Gelukpa-Orden und wurde von dem Tibeter Ringchen Zangpo, dem Großen Übersetzer, im 16. Jh erbaut. Im 19. Jh. wurde die Gompa dreimal von Ladakhis, Dogras und Sikhs überfallen und 1975 durch ein Erdbeben teilweise zerstört. Glücklicherweise hat eine unschätzbare Sammlung uralter *thangkas* all dies Katastrophen heil überstanden. Die **Gebetsräume** (Spende erbeten; 🕑 7–19 Uhr) können besichtigt werden, aber im älteren von beiden muss der Fotoapparat in der Tasche bleiben.

Im Jahr 2000 war die Restaurierung der Gompa abgeschlossen, gerade noch rechtzeitig zum Besuch des Dalai Lama, der hier ein feierliches *kalachakra*-Ritual zelebrierte. Im Juni/Juli findet in Ki das **Chaam-Fest**, im Februar/März das sehr beliebte **Losar-Fest** statt.

11 km hinter Ki liegt das kleine Dorf **Kibber**. Es war früher einmal Teil der Überland-Salzroute und liegt dramatisch und einsam auf 4205 m Höhe. Kibber bezeichnete sich früher als höchstes Dorf der Welt. Inzwischen wurden die Ansprüche reduziert, heute will man nur noch das höchste Dorf mit einer „befahrbaren" Straße und Elektrizität sein. Jeden Juli findet in der Nähe Kibbers die **Ladarcha Fair** (s. S. 273) statt, die Buddhisten aus ganz Indien anzieht.

SCHLAFEN & ESSEN

Die Ki-Gompa hat ein paar einfache **Unterkünfte** (B mit Gemeinschaftsbad und kaltem Wasser 100 Rs) inklusive Mahlzeiten. Ansonsten zum **Samdup Tashi Khangsar Guest House** (☎ 226277; Zi. 130 Rs) unten im Dorf gehen. Heißes Wasser in Eimern gibt's hier kostenlos.

Norling Guest House (☎ 226242; B 50 Rs, DZ 150–250 Rs) Kibbers beste Übernachtungsmöglichkeit hat ein gutes Restaurant und einen Mix an Zimmern mit separaten und gemeinschaftlichen Bädern.

Das **Rainbow Guest House** (☎ 226309; Zi. 100 Rs) nebenan vermietet unspektakuläre Zimmer und bietet einfaches Essen. Wenn diese beiden ausgebucht sind, kann man sein Glück beim eher schlichten **Sargong Guesthouse** (☎ 226222; Zi. 80 Rs) oben auf dem Hügel versuchen. In ganz Kibber kostet heißes Wasser in Eimern 10 Rs.

AN- & WEITERREISE

Im Sommer fährt von Kaza aus täglich um 14 Uhr ein Bus nach Ki (12 Rs) und Kibber (15 Rs). Während der Bus nach Kibber weiterfährt, kann man sich in Ruhe die Ki-Gompa ansehen, es ist aber nicht möglich, beides an einem Tag zu besichtigen. Ein Taxi von Kaza nach Ki kostet 350 Rs mit Rückfahrt. Für eine Rundfahrt von Kaza nach Ki und Kibber wird man 600 Rs los.

Dhankar-Gompa

Die vor fast 1000 Jahren erbaute **Dhankar-Gompa** (Eintritt 25 Rs) steht spektakulär zwischen den Felsen. Hier lag einst die Hauptstadt von Spiti, später ein Gefängnis. In der Gompa gibt's wunderbare Fresken und Skulpturen zu sehen. Beim neuen Kloster, an dem man zuerst vorbeikommt, findet sich sicher ein Führer, der einen herumführt. Einfache **Unterkünfte** (B alte/neue Gompa 50/150 Rs) mit Plumpsklos und kaltem Wasser in den Gemeinschaftsbädern sind vorhanden.

Um von Kaza nach Dhankar zu kommen, irgendeinen der Busse nehmen, die das Tal hinauffahren, und direkt vor Sichling aussteigen. Von hier aus geht es dann 8 km steil zu Fuß den Berg hinauf (600 m Höhenunterschied!). Ab und zu fahren von Sichling aus auch Jeeps hier hoch. Ein Taxi von Kaza zur Dhankar-Gompa kostet 800 Rs mit Rückfahrt.

Pin Valley National Park

Der Nationalpark südlich von Dhankar ist für seine Tierwelt berühmt; er wird auch das „Land des Steinbocks und des Schneeleoparden" genannt, die beide aber nur äußerst selten zu sehen sind. 2 km von der Hauptstraße nahe **Gulling** entfernt, steht die 600 Jahre alte **Kungri-Gompa,** die zur Nyingmapa-Schule gehört. Von hier aus führt eine achttägige Wanderung über den Pin-Parvati-Pass (5319 m; offen von Juli bis Oktober) mitten durch die kalte Wüste zu den Bergwäldern und Wiesen des Parvati-Tals. Weitere Infos hierzu gibt's auf S. 340.

Dies ist ein Trekking- und Campinggebiet; Unterkünfte beschränken sich auf die Dörfer direkt außerhalb der Grenzen des Parks.

In Gulling ist das **Hotel Himalaya** (Zi. 150 Rs, heißes Wasser in Eimern 10 Rs) die einzige Übernachtungsmöglichkeit, sofern man kein Zelt dabei hat. Das Norbuling Restaurant serviert einfache Gerichte.

In Sangam gibt's das **Shambhala Guest House** (☎ 01906-224221; Zi. mit Gemeinschaftsbad 50 Rs) mit ein paar einfachen Zimmern und das komfortablere **PWD Resthouse** (Zi. mit Gemeinschaftsbad 150 Rs).

Öffentliche Verkehrsmittel fahren nur bis Mikkim kurz hinter Gulling, obwohl die Straße gerade bis Mud weitergebaut wird. Um 8 Uhr fährt ein Bus von Kaza nach Mikkim (29 Rs). Für ein Taxi von Kaza nach Mikkim wird man 800 Rs für die einfache Strecke los.

Tabo

In dem kleinen Ort steht die **Tabo-Gompa**, die zum Weltkulturerbe gehört und die (zusammen mit Alchi in Ladakh und Thöling in Westtibet) einige der besterhaltenen indotibetischen Kunstwerke aufweist, die es weltweit noch gibt. In Tibet wurde leider durch die Kulturrevolution das meiste zerstört. Der „Große Übersetzer", Ringchen Zangpo, erbaute die Gompa 996 und ließ für die Verzierung extra Künstler aus Kaschmir kommen – die Fresken sind in einem wesentlich fließenderen Stil gehalten als bei den nüchternen Kompositionen in den meisten anderen Gompas.

Der Komplex besteht aus neun Tempeln (zusammen *choskhor genannt*), die zwischen dem 10. und 16. Jh. gebaut wurden. 33 aufrechte Bodhisattva-Statuen stehen rund um die Versammlungshalle des **Tsuglhakhang**, in der eine vierseitige Statue Sarvarvid Vairocanas steht, eines der fünf Dhyani-Buddhas.

Links vom Tsuglhakhang ist das **Lhakang Chenmo** mit einem Sakyamuni-Buddha in der Mitte und acht Medizin-Buddhas drumrum. Weiter links steht die **Serkhang** (Goldene Kapelle). Die Tara-Statue ist besonders schön und weist dieselben fließenden Linien und denselben bunten Dhoti (langen Lendenschurz) wie in der Alchi-Gompa in Ladakh auf. Wer die Räume besichtigen will, muss einen Mönch finden, der sie aufschließt.

Hinter dem Hauptkomplex liegt der **Kyil Khor** (mystischer Mandala-Tempel) mit ein paar schönen, aber ausgebleichten Mandalas. Auf der anderen Straßenseite gegenüber von Tabo gibt's ein paar **Höhlen,** die örtlich Pho-Gompa genannt werden. Hier gibt's ein paar uralte, ausgebleichte Wandmalereien zu sehen – vorausgesetzt, man hat eine Fackel oder Taschenlampe dabei. In den Tempeln ist Fotografieren verboten.

Die hervorragende **Bibliothek** im Gästehaus des Klosters steht jedermann offen und ist eine tolle Möglichkeit, mehr über den tibetischen Buddhismus zu erfahren. In der Nähe ist eine vom Dalai Lama gegründete **Thangka-Malschule.**

SCHLAFEN & ESSEN

Rund um die Gompa gibt's Essen und Unterkünfte.

Millenium Monastery Guesthouse (☎ 223333; B 50 Rs, Zi. mit Gemeinschaftsbad/eigenem Bad 150/300 Rs) Ein tolles Gästehaus unter der Verwaltung des Klosters mit guten Zimmern rund um einen Innenhof. Die Gäste werden gebeten, sich der Umgebung entsprechend zu verhalten; Ruhe ist erwünscht.

Himalayan Ajanta Hotel (☎ 223374; Zi. mit Gemeinschaftsbad 150 Rs) Hotel mit Teppichboden in netten und annehmbaren Zimmern.

Tashi Khangsar Hotel (☎ 233346; Zi. mit Gemeinschaftsbad 400 Rs) Das hell gestrichene Hotel droht zwar die Dun-Gompa nebenan zu überragen, aber die schnuckeligen Zimmer sind bescheidener.

Das beste Essen – tibetisch und chinesisch – gibt's beim Tenzin Café hinter der Gompa. Das Zion Café serviert gute vegetarische Standardgerichte für Reisende und verspricht durch die Reggae-Beschallung „positive Vibrationen". Das Tibetan Kitchen ist ebenfalls einen Besuch wert.

AN- & WEITERREISE

Drei Busse fahren täglich nach Kaza (35 Rs, 2 Std.). Ein Taxi sollte etwa 1200/1500 Rs ohne/mit Rückfahrt kosten.

Nach Rekong Peo kommen um 11 und 16 Uhr Busse von Kaza hier durch, die aber nur bis Malling (45 Rs, 2 Std.) fahren, wo die Straße durch einen mächtigen Erdrutsch zerstört wurde. Dort muss man steil in das Tal hinab- und auf der anderen Seite wieder hinaufsteigen. Für 5 Rs pro Stück wird das Gepäck an einem Draht über die abgerutschte Stelle gezogen. Bei der anstrengenden Kletterei wird's einem ganz schön heiß, daher sollte man zusätzliches Wasser und Snacks dabeihaben. Auf der anderen Seite fährt dann ein Bus weiter nach Rekong Peo (71 Rs, 5 Std.).

VON KAZA NACH GRAMPHU

Losar liegt 60 km von Kaza entfernt und ist das erste größere Dorf Richtung Westen. In dem schönen Ort gibt's ein paar billige Gästehäuser und einen Polizeiposten. Nach weiteren 19 km erreicht man den höchsten Punkt des Kunzum La (4551 m), der Wasserscheide zwischen dem Spiti- und dem Lahaul-Tal. Von der Passstraße aus geht's über 10,5 km raue Straßen und Pfade zum reizenden **Chandratal** (Mondsee) auf 4270 m Höhe. Hinter dem See ist in einem dreitägigen Trek der Baralacha La auf der Straße von Manali nach Leh zu erreichen.

In Batal (3960 m) am Fuß des Passes gibt's eine *dhaba* mit einfachen Gerichten. Batal ist Ausgangspunkt für Treks zum nahen **Bara Shigri** (Großer Gletscher), einem der längsten Gletscher im Himalaja. In **Chatru** (3560 m) 24 km weiter westlich kann man sich wieder mit Chai und Snacks versorgen. Im winzigen **Gramphu** (nochmals 17 km weiter) kreuzen sich die Straße, die nach Süden über den Rohtang La (3978 m) nach Manali führt, und die, die über Keylong nach Leh geht – ein guter Ort, um ein Verkehrmittel zu erwischen.

VON MANALI NACH LEH

Seit sie 1989 für Ausländer geöffnet wurde, ist diese Hochstraße eine beliebte Route nach Leh. Die raue und ursprüngliche Höhenlandschaft verblüfft und beeindruckt auf jeden Fall.

Es ist die zweithöchste befahrbare Straße der Welt – am Taglang La erreicht sie 5328 m Höhe. Auf einem Großteil der Strecke sind die einzigen Menschen hier Khampa-Nomaden, Soldaten und teerbedeckte Arbeitertrupps aus Bihar und Nepal, die alles tun, um die Straße offenzuhalten – sie ist eine strategisch wichtige Versorgungsroute nach Kaschmir.

Das Wetter und der Zustand der Straße wechseln ständig. Warmer Sonnenschein kann sich selbst im Hochsommer schnell in Regen oder Schnee verwandeln. Regen und Schneeschmelze lösen Erdrutsche aus und sorgen für Unterspülungen – daher ist es eine ständige Aufgabe, die Straßen schnellstmöglich wieder passierbar zu machen.

Die meisten Busse brauchen zwei Tage bis Leh; übernachtet wird dabei einmal in Sarchu oder Pang. Die schnellen Sumo-Taxis schaffen die Strecke aber in einer 14-stündigen, manchmal haarsträubenden Rallye. Wer sich Zeit nimmt, kann prima einen Stop in Keylong einlegen.

Beinahe die Hälfte der 475 km langen Strecke führt durch Jammu & Kaschmir, der besseren Übersicht wegen wird aber die ganze Reise in diesem Kapitel beschrieben. Im Juni öffnet die Straße, sobald die Pässe frei und die entfernbaren Brücken wieder an Ort und Stelle sind. Offiziell schließt die

VON MANALI NACH LEH

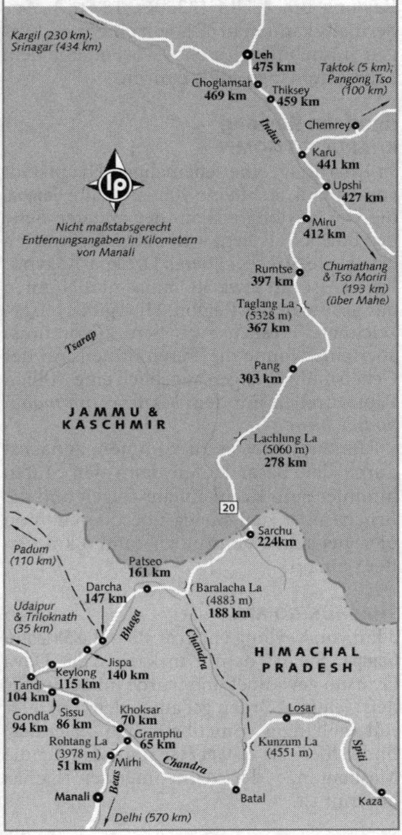

Straße am 15. September wieder, doch auch das hängt vom Zeitpunkt des Wintereinbruchs ab. Der staatliche Busverkehr wird ab diesem Datum eingestellt, aber private Busse und Allradfahrzeuge fahren bei gutem Wetter gut und gern bis in den Oktober hinein weiter. Außerhalb dieses Zeitraums sind die Checkpunkte der Armee geschlossen, und man kommt nicht weiter.

Zum Überqueren von hohen Bergen und Schneefeldern ist warme (und wasserfeste) Kleidung unbedingt erforderlich. Vom relativ tief liegenden Manali (2050 m) verdoppelt sich die Höhe beim Anstieg zum Taglang La, bis die Straße auf 3505 m Höhe in Leh endet. Der schnelle Aufstieg ermöglicht nur eine kurze Akklimatisierung, daher sollte man sich der Gefahren der Höhenkrankheit bewusst sein (s. S. 1221).

Von Manali nach Keylong

Von Manali aus verläuft die Straße nach Norden entlang des Beas-Tals, bevor es durch Kiefernwälder den Berg hinauf zu den kahlen Hängen vor **Mirhi** geht. Der Ort ist rappelvoll mit *dhabas*; hat man Manali am Morgen ohne Frühstück verlassen, kommen die *aloo parathas* (Fladenbrot mit Kartoffelfüllung) und die Omelettes gerade recht. Durch weitere Haarnadelkurven geht's hinauf zum Rohtang La (3978 m), dem ersten und niedrigsten der Hochpässe nach Leh. Auf dem Weg nach oben kommt man an zahllosen Läden vorbei, die Wintermäntel und Stiefel an die indischen Touristen verkaufen, die hierher kommen, um ihren ersten Schnee zu sehen.

Nach der Passhöhe führt die Straße steil abwärts nach Gramphu, wo sie sich teilt. In nordwestlicher Richtung geht's weiter nach Keylong und Leh und nach Südosten ins unfruchtbare Spiti-Tal.

In **Khoksar** 5 km nordwestlich von Gramphu gibt es mehrere *dhabas* und einen Polizeikontrollpunkt, bei dem man sich melden muss. In dieser Ortschaft und den beiden folgenden, **Sissu** und **Gondla,** gibt's Resthouses des Public Works Department (PWD), in denen notfalls auch übernachtet werden darf (150 Rs).

Gegenüber von Sissu stürzt ein spektakulärer **überhängender Wasserfall** in unmittelbarer Umgebung mehrerer Gletscher von senkrechten Felswänden.

In Gondla steht das siebenstöckige **Fort** des *thakur* von Gondla aus dem 17. Jh. Es besteht nur noch aus Ruinen und kann nicht betreten werden – dennoch sehenswert. Gondla ist auch Ausgangspunkt für einen Besuch der **Guru-Ghantal-Gompa** im 4 km entfernten Tupchiling.

Weiter weg in Tandi zweigt eine Straße in Richtung Nordwesten entlang des Chenab zum wenig besuchten Udaipur und zu den berühmten Tempelanlagen von Triloknath ab. Die Hauptstraße nach Leh knickt hier in Richtung Nordosten ab.

Keylong

☎ 01900 / 3350 m

Keylong liegt im fruchtbaren Bhaga-Tal, ist die Hauptstadt von Lahaul und Spiti und die einzige Stadt zwischen Manali und Leh. Auf der Reise nach Leh ist sie ein willkommener Zwischenstopp; wegen der phantastischen Lage Keylongs lässt es sich hier auch gut ausruhen. Zudem gibt's in der Umgebung mehrere sehenswerte Klöster. Der Busbahnhof liegt an der Hauptstraße; von dort aus führen Stufen hinunter in den Ort, in dem es viele Läden und Hotels gibt.

SCHLAFEN & ESSEN

Nalwa Paying Guest House (☎ 222612; EZ/DZ 200/300 Rs) Liegt an der Hauptstraße und hat kleine, helle Zimmer über dem Tal mit einem großartigen Blick auf die Khardong-Gompa.

Hotel Lamayuru (☎ 222202; Zi. 150 Rs) Gutes Budgethotel; hat etwas düstere, aber saubere Zimmer mit gutem Preis-Leistungs-Verhältnis. Das holzvertäfelte Restaurant bemüht sich überzeugend um die Atmosphäre eines Bistros und serviert leckere Standardgerichte für Reisende.

HPTDC Hotel Chander Bhaga (☎ 222247; B 150 Rs, Zi. 500–800 Rs; ⌚ Juni–Okt.) Eines der besseren HPTDC-Hotels an der Nordseite von Keylong. Hat saubere Schlafsäle und gut möblierte, angenehme Zimmer.

Hotel Tashi Deleg (☎ 222278; EZ/DZ 350/500 Rs) Keylongs größtes Hotel nimmt sich etwas zu wichtig: Die Zimmer sind anständig, aber ein wenig überteuert. Immerhin hat das Restaurant eine gute, wenn auch nicht sehr umfangreiche Speisekarte; an der Rezeption kann man US$ wechseln.

Hotel Snowland (☎ 222219; Zi. 300–600 Rs) Ein farbenfroh gestrichenes Hotel mit ausreichend großen Zimmern und einem netten Rasen zum Ausruhen. Der Preis steigt mit jedem Stockwerk und mit dem Wunsch nach Satelliten-TV.

Abgesehen von den Hotelrestaurants gibt's viele *dhabas* entlang der Hauptstraße.

AN- & WEITERREISE

Bis zu sechs Busse fahren täglich zwischen Keylong und Manali (74 Rs, 6 Std.). Nach Kaza besteht gelegentlich eine Direktverbindung (125 Rs, 10 Std.); sonst in Gramphu (37 Rs, 2 Std.) umsteigen.

Von Juli bis September halten Deluxe-Busse der HPTDC in Keylong; es empfiehlt sich, die Weiterreise von Manali oder Leh aus zu buchen, da es in Keylong mit der Platzreservierung eventuell schwierig sein kann. Der öffentliche Bus nach Leh verlässt Keylong um 4 Uhr (325 Rs, 18 Std.). Andernfalls kann man sich von einem Lastwagen mitnehmen lassen – vorher mit dem Fahrer auf einen Preis einigen.

Rund um Keylong

KHARDONG GOMPA

In Khardong, einer ehemaligen Hauptstadt von Lahaul, steht eine 900 Jahre alte **Gompa**, die von Keylong aus auf der anderen Seite des Bhaga-Tals liegt – in beide Richtungen eine steile Strecke. Dieses Drukpa-Kagyud-Kloster ist mit etwa 30 Lamas und Nonnen das größte in der Region. Hier gibt's ausgezeichnete Fresken zu sehen; zuvor muss aber eine Nonne die Türen öffnen. An der Gebetsmühle hängen angeblich eine Million Papierstreifen mit dem Mantra *„om maani padme hum"*.

Um zum Kloster zu kommen, zunächst durch den Basar laufen dann den Stufen hinunter zum Krankenhaus folgen und die Brücke über den Bhaga überqueren. Von hier aus geht's dann noch rund 4 km den Berg hinauf.

SHASHUR GOMPA

3 km von Keylong entfernt steht die **Shashur-Gompa**. Sie ist dem Zanskari-Lama Deva Gyatsho gewidmet und wurde im 16. Jh. für den Gelukpa-Orden gebaut. Jeden Juni oder Juli (abhängig vom tibetischen Kalender) findet hier das **Chaam-Fest** statt, das für die Maskentänze der teilnehmenden Lamas bekannt ist.

DARCHA

Das Dorf ist die letzte ständige Siedlung bis Rumtse in Ladakh. Hinter Darcha weichen die Wälder von Lahaul dem Schnee und den Felsen der Hochpässe. Darcha ist auch Ausgangspunkt für den beliebten Trek nach Padum in Zanskar (s. S. 376). Hier sind auch ein Polizeikontrollpunkt, bei dem man sich melden muss, und mehrere *dhabas*, die einfache Gerichte anbieten.

Baralacha La

Wer ein eigenes Transportmittel hat, kann zu dem kleinen See von **Deepaktal** in 11 km Entfernung von Darcha fahren, ein wunderbarer Ort zum Campen und Wandern. Weitere 3 km entfernt ist der Armeekontrollpunkt von Patseo. Danach einen langen, gewundenen Pfad zum Pass auf 4883 m Höhe hinauf klettern; er führt durch ein riesiges Geröllfeld, auf dem genug Steine herumliegen, um alle Steineklopfer Indiens jahrhundertelang zu beschäftigen. Baralacha La bedeutet „Kreuzungspass"; er ist ein Doppelpass, der sowohl das obere Chandra- als auch das Bhaga-Tal mit dem Lingti-Tal und der weiten Lingti-Ebene rund um Sarchu verbindet. Von Baralacha aus ist in einem kurzen Abstieg die unpassend benannte **Bharatphur City** zu erreichen mit ihren wenigen *dhabas* in Kuppelzelten.

Sarchu

Im kalten und tristen Sarchu wird meist zum Übernachten gestoppt. Es besteht nur aus einigen Zeltlagern, die sich entlang einer rund 15 km langen Strecke verteilen. Gegenüber der gestreiften HPTDC-Zeltlager steht ein weiterer Polizeikontrollpunkt, bei dem man sich melden muss.

Die **Zeltlager** (Zelte ab 200 Rs) sind überteuert und kühl; die Zweipersonenzelte haben Feldbetten und Decken – ein eigener Schlafsack ist trotzdem keine dumme Sache. Die Zeltküchen servieren ganz annehmbare einfache Mahlzeiten und sehr viel Chai.

Die HPTDC-Busse halten an ihren eigenen Zeltlagern, während Busfahrer von öffentlichen und privaten Unternehmen möglicherweise eigene Absprachen mit anderen Zeltplatzbesitzern haben, wodurch kaum Auswahl besteht. Manchmal kann man auch gratis (aber unbequem) im Bus übernachten. Es gibt genug Platz um ein eigenes Zelt aufzustellen.

Vom Lachlung La zum Taglang La

Hinter dem Sarchu-Kontrollpunkt ist man endlich in Ladakh. Nach weiteren 50 km verlässt die Straße das Tal des Lingti Chu und steigt zum Lachlung La (5060 m) auf. Dabei geht's über die Gator Loops – eine 20 km lange Strecke aus Spitzkehren, die sich den Berg hinaufwindet und aussieht, als ob hier eine Spaghetti-Fabrik explodiert sei.

Nach dem Pass führt die Straße bergab zu den surrealen Gorges of Pang. Durch diese geht's nach **Pang**, einer weiteren Kuppelzeltsiedlung mit Schlafplätzen (50 Rs), die nur im Sommer geöffnet ist. Hier gibt's auch einen weiteren Kontrollpunkt. Die Straße steigt dann wieder an bis zu den Morey Plains, einem von Hügeln umgebenen Landstrich; man würde hier nie auf die Idee kommen, in den Bergen zu sein. In dieser Gegend leben die Khampa-Nomaden, die (wenn man sie antrifft) sehr freundlich zu Besuchern sind. Die Ebene steigt dann langsam zum Taglang La an.

Vom Taglang La nach Upshi

Der Taglang La hält mehrere Weltrekorde: er ist der zweithöchste Straßenpass, hat den zweithöchsten Tempel und früher konnte er obendrein auch stolz die höchstgelegenen Toiletten der Welt (die es aber mittlerweile nicht mehr gibt) sein Eigen nennen. Auf diesem Pass hat man eine wunderschöne Aussicht, trifft aber auch auf unfreundliche, gelangweilte Soldaten, rostige Teerfässer und Fahrzeugwracks.

Der Abstieg vom Taglang La führt nach Lato, wo ein riesiger **Tschorten** an der Straße steht. 10 km weiter, in Miru, steht eine kleine, verfallende **Gompa** (sehenswert) auf dem nahen Hügel. Sie ist von weißen Tschorten umgeben, die für Ladakh typisch sind. Durch eine spektakuläre Schlucht geht's dann hinunter nach Upshi. Die nahezu senkrechten grünen und magentafarbenen Gesteinsschichten bezeugen die tektonischen Kräfte, die den Himalaja immer noch formen.

Von Upshi nach Leh

Bei Upshi erreicht die Straße das Indus-Tal mit einem letzten Polizeikontrollpunkt. Die Fahrbahn ist staubig, aber in gutem Zustand. Schließlich belohnt Leh mit Blicken auf die großartigen **Gompas** von Thiksey, Shey und Stok. Eine Beschreibung der Dörfer und Sehenswürdigkeiten zwischen Leh und Upshi finden sich auf S. 361.

Nach dem Durchqueren der vorhergehenden Einöde erscheint das Industal wie ein Oasenjuwel; die Hochpässe trennen die hinduistischen und buddhistischen Kulturen Indiens.

TREKKING IN HIMACHAL PRADESH

Himachal Pradesh ist ein Trekkingparadies mit einem Angebot, das von üppig bewaldeten Tälern bis zu öden, schneebedeckten Gebirgspässen reicht. Die folgenden Informationen sollen nur einen groben Überblick verschaffen; ernsthaften Trekkingfans sei Lonely Planets *Trekking in the Indian Himalaya* empfohlen.

BERGPÄSSE MIT DEM MOTORRAD

Die Hochpässe zwischen Manali und Leh mit dem Motorrad zu überqueren ist eine beliebte Tour, erfordert aber gute Vorbereitung.

Viele nicht gut vorbereitete Motorradfahrer geraten aufgrund von Unerfahrenheit, einer schlecht gewarteten Maschine oder Spritmangel in Schwierigkeiten. Die Höhe und der schlechte Straßenzustand fordern Mensch und Maschine – und das nicht zu knapp. Hier muss man wesentlich vorsichtiger fahren als auf einem normalen indischen Highway. Auf den 365 km zwischen Tandi und Leh kann man nirgends tanken; die Länge der Strecke übertrifft die normale Reichweite eines Motorrads deutlich. 10 l zusätzlicher Treibstoff sind ein Muss; geeignete Plastikkanister kann man in Manali oder Leh kaufen (zuvor aber prüfen, ob sie dicht sind). Außerdem Werkzeug für einfache Reparaturen und Reifenpannen sowie Ersatzkupplungs- und Bremshebel mitnehmen. Bei einem Sturz können diese Teile leicht kaputt gehen – dann steht man ohne Ersatz dumm da. Absolut notwendig ist warme und wasserfeste Bekleidung. Dies gilt vor allem auch für die Stiefel, da man regelmäßig durch Wasserläufe und Schmelzwasserbäche fährt.

Wer am späten Abend in Leh ankommen möchte, sollte den Kontrollpunkt bei Pang am zweiten Tag spätestens bis zur Mitte des Nachmittags passiert haben – sonst ist er bereits geschlossen. Andernfalls muss man eben eine kalte Nacht im Kuppelzelt auf 4500 m Höhe totschlagen!

Beliebte mittelschwierige Treks sind z. B. die Wanderung durch das Parvati-Tal hinauf nach Spiti oder der Hamta-Pass-Trek von Manali nach Lahaul (s. gegenüber). Ansonsten gibt's noch den schwierigeren Indrahar-Pass-Trek von McLeod Ganj ins Chamba-Tal (S. 297) und den Trek von Darcha nach Padum in die Zanskar-Region Ladakhs (S. 376). Rund um die Hill Stations von Himachal sowie im Kinnaur-, Kullu- oder Chamba-Tal lassen sich viele schöne Kurztreks durchführen.

Die Trekkingsaison dauert von Mai bis Oktober, ab Mitte Juni sind die höheren Pässe schneefrei. Der Monsun kann im Juli und August Treks im Kullu- und Kangra-Tal beeinträchtigen.

Die meisten Trekkingagenturen gibt's in Manali; sie bieten Treks inklusive Führer, Campingausrüstung, Verpflegung und Packpferden (falls notwendig) an. Die Preise starten meist bei 35 US$ pro Tag, abhängig von der Teilnehmerzahl. Bucht man bei einer Agentur, sollte vor dem Start die zur Verfügung gestellte Ausrüstung auf ihren Zustand überprüft werden. Verpflegung gibt's normalerweise bei oder in der Nähe des Ausgangspunkts des Treks; je nach Jahreszeit können auch Himachals Obstgärten zusätzlich frische Früchte liefern. Abseits der ausgetretenen Pfade produzieren die meisten Dörfer aber gerade so viel Nahrungsmittel, wie sie selbst brauchen.

Besonders im Kullu- und Parvati-Tal muss aufgrund von Unfällen und dem „Verschwinden" von Menschen vom Trekking allein dringend abgeraten werden (s. Kasten S. 313).

Pin Parvati & Spiti

Der lohnenswerte Trek führt vom grünen Parvati-Tal, in dem Gaddi-Hirten ihre Herden hüten, über den schneebedeckten Parvati-Pass (4810 m) zur nackten Bergwüste von Spiti. Am besten kommt man von Mitte September bis Mitte Oktober über den Hochpass, der aber bei früher Schneeschmelze bereits Ende Juni offen sein kann. Pferde können den Parvati-Pass nicht überqueren, daher sind Träger notwendig – oder man muss alles selbst schleppen.

Den Ausgangspunkt in Puga erreicht man leicht mit dem Bus von Manikaran oder sogar von Manali aus. Von hier aus steigt die Route durch Wälder und Weiden an bis Thakur Khan, wo Arbeitstrupps einen umstrittenen Damm durch den Fluss bauen. Hinter Thakur Khan wird die Landschaft immer öder; bis zum High Camp, wo übernachtet wird, sind Geröllfelder zu überqueren. Dann folgt der steile Aufstieg zum Pass, der durch buddhistische Gebetsfahnen markiert ist. Das Schneefeld verdeckt die Pfade, und der Abstieg ist wegen des vielen Gerölls ermüdend. Im Pin Valley National Park leben Bären, Steinböcke und wahrscheinlich auch Schneeleoparden. Der Weg folgt dem Fluss bis zu dem kleinen Dorf Mudh, von wo aus der letzte Streckenabschnitt bis

Sangam führt. Von Sangam aus gibt's Transportmöglichkeiten nach Kaza.

Tag	Etappe	Dauer (Std.)
1	Von Pulga nach Khir Ganga	4–5
2	Von Khir Ganga nach Bhojtunda	5–6
3	Von Bhojtunda nach Thakur Khan	4–5
4	Von Thakur Khan nach Mantalai	6–7
5	Von Mantalai zum High Camp	7–8
6	Von High Camp zum Pin-Tal (über den Parvati-Pass)	5–6
7	Vom Pin-Tal nach Mudh	8–9
8	Von Mudh nach Kaza	6–7

Hamta-Pass & Lahaul

Der leichte bis mittelschwere Trek ist von Manali aus gut machbar, erfordert aber wegen der Überquerung des 4270 m hohen Hamta-Passes über den Pir Panjal ausreichende Akklimatisierungszeit. Der Trek ist vor allem bei denen beliebt, die für Treks in großer Höhe in Ladakh trainieren. Der Spätsommer (nach dem Ende des Monsuns bis Ende Oktober) ist die beste Trekkingzeit.

Der Ausgangspunkt liegt gleich hinter Jagatsukh an der Straße von Manali nach Naggar. Bis Sithen säumen Kiefernwälder den Weg; hier gibt's dann eine großartige Aussicht hinunter ins Kullu-Tal. Danach überquert man offene Wiesen, einen Fluss und kommt schließlich nach Chikha, wo man sich auf einem Zeltplatz beim Wasserfall ausreichend akklimatisieren kann. Am nächsten Tag führt ein kurzer Fußmarsch zum unteren Ende des Passes bei Valu Kha Gare. Zum Pass hinauf ist der Aufstieg zwar steil, eine unglaubliche Aussicht auf Lahaul bis hinüber zu den Gipfeln des Indrasan und des Deo Tibba entschädigt aber dafür. Der Abstieg ist ähnlich steil – wenn man rechtzeitig loskommt, kann man es bis Chatru schaffen. Aber der Tag ist dann sehr lang, und es empfiehlt sich stattdessen in einem Zeltlager am Flussufer bei Siliguri zu pausieren. Von Chatru aus fahren Verkehrsmittel entweder über den Rohtang La zurück nach Manali oder über den Kunzum La weiter bis nach Spiti.

Tag	Etappe	Dauer (Std.)
1	Von Manali nach Sithen	3–4
2	Von Sithen nach Chikha	4–5
3	Von Chikha nach Valu Ka Ghare	3–4
4	Von Valu Ka Ghare nach Siliguri (über den Hamta-Pass)	7–8
5	Von Siliguri nach Chatru	3–4

Jammu & Kaschmir

In dieser Ecke Indiens prallen mit dem muslimischen Kaschmir, dem buddhistischen Ladakh und dem hinduistischen Jammu kulturell sehr verschiedene Traditionen aufeinander. Auch deswegen ist die nördlichste Region Indiens eine der unruhigsten. Seit der Teilung Kaschmirs wirft der Streit über den Status des Grenzgebiets dunkle Schatten auf die Beziehungen zwischen Indien und Pakistan. Die Spannungen eskalierten bereits dreimal zu einem Krieg. Noch heute stehen sich die Truppen beider Länder an der Line of Control gegenüber. Denn die Demarkationslinie markiert einen Grenzverlauf, den keine der Parteien akzeptiert.

Bis 1989 war das grüne, bergige Kaschmir-Tal eine von Indiens Touri-Hochburgen. Heerscharen kamen, um auf einem der Hausboote von Srinagar zu relaxen oder zu wandern. Doch seither provozierten Separatisten aus Kaschmir und von Pakistan unterstützte Rebellen Unruhen, denen – durch die Politik Delhis verschärft – Zehntausende Kämpfer und Zivilisten zum Opfer fielen. Jetzt kehrt zwar langsam wieder Ruhe in Kaschmir ein, da sich Pakistan und Indien – auch durch das Erdbeben vom 8. Oktober 2005 – vorsichtig annähern. Dennoch stehen die verhärteten Fronten eigentlich unverändert einer friedlichen Einigung im Weg.

Inzwischen boomt der Tourismus dafür in Ladakh. Hoch über den Pässen blieb die Region genauso sicher wie die anderen Indiens. Der bis in die Siebziger isolierte Teil des Indus-Tals hat mehr mit Tibet als mit dem Indien der heißen Ebenen gemeinsam. Traveller werden mit dem Anblick von weiß getünchten Tempeln, buddhistischen Ritualen und einer großartigen, trockenen Berglandschaft belohnt. Noch abgeschiedener ist das uralte Königreich Zanskar, ein wahres Trekkingparadies. Acht Monate im Jahr trennen es eingefrorene Pässe vom restlichen Ladakh. Schönheit und Dramatik der Landschaft bieten mehr als nur einen Grund, dass Travellern in über 3500 m Höhe einmal die Puste ausgeht.

HIGHLIGHTS

- **Lehs** (S. 349) Altstadt mit ihrem Labyrinth aus Gassen, Gompas und Palästen erkunden
- Auf der höchsten für Autos befahrbaren Straße der Welt zum **Nubra-Tal** (S. 363), dem Tor nach Zentralasien, hochfahren
- Der Besuch **Lamayurus** (S. 368), eines von Ladakhs schönsten Gompas in großartiger Lage
- Trekking-Touren über hohe Pässe, die durch **Zanskar** (S. 338) nach Manali führen
- Ein Abstecher zu den Wandgemälden von **Alchi** (S. 360) – sie zählen zu den schönsten buddhistischen Kunstwerken in Indien
- Ein Trip zum kristallblauen See von **Tso Moriri** (S. 367) und in die Heimat der Khampa-Nomaden
- Einige entspannte Tage in einem Hausboot auf Srinagars **Dal-See** (S. 382), dem relaxten Herz der gebeutelten Kaschmirregion

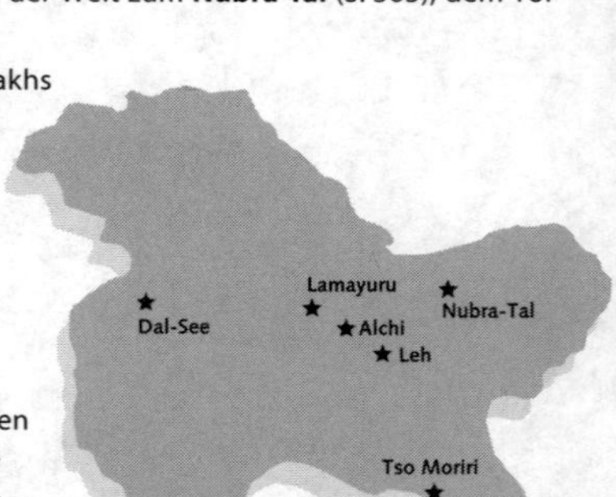

LADAKH

Ladakh – buchstäblich das „Land der hohen Pässe" – trennt die Gipfel des westlichen Himalaja von dem riesigen Plateau Tibets. Erst 1974 wurde Ladakh für den Tourismus geöffnet. Ihre Ähnlichkeit in punkto Topografie und Kultur mit dem nahen Tibet brachten der Region den Namen „Klein-Tibet" ein. Dass dies gerechtfertigt ist, zeigt sich besonders im Indus-Tal mit seinen weiß getünchten Gompas (buddhistischen Klöstern), die sich gerade noch so an den Flanken der Hügel zu halten scheinen.

Padam, die Hauptstadt des abgeschiedeneren Zanskar, und auch das Nubra-Tal teilen dieses buddhistische Erbe, während im Kargil- und im Suru-Tal hauptsächlich schiitische Muslime leben.

Ladakh, in das man auf dem Landweg nur von Mai bis Oktober einreisen kann, ist unter Travellern sehr beliebt. Den Rest des Jahrs über riegeln die Schneemassen auf den Pässen die Region völlig von der Außenwelt ab. Auch Flugzeuge landen in Leh dann nur noch nur bei klarer Sicht.

KURZINFOS

- Bevölkerung: 10,1 Mio.
- Fläche: 222 236 km^2
- Hauptstadt: Srinagar (Sommer) und Jammu (Winter)
- Hauptsprachen: Kaschmiri, Urdu, Ladakhi, Hindi und Purig
- Reisezeit: Kaschmir, April bis Oktober; Ladakh, Mai bis Oktober

Geschichte

Die ersten Bewohner Ladakhs waren die Khampa-Nomaden und deren Jaks, die auf den Bergwiesen grasten. Die ersten Siedlungen entlang des oberen Indus errichteten dann die buddhistischen Pilger auf ihrem Weg von Indien zum Kailash in Tibet. Die Brokpa (oder Dards), die heute in Dha-Hanu leben, sind das letzte buddhistische indoiranische Volk.

Im 9. Jh. dehnte sich Ladakhs Einfluss über das Indus-Tal hinaus aus. Zu dieser Zeit entstanden viele Forts und Paläste, darunter der von Shey (S. 362). Am Ende des 14. Jhs. führte Tsongkhapa, ein tibetischer Pilger, in Ladakh den buddhistischen Gelukpa-Orden ein, der unter dem Vorsitz des ersten Dalai Lama stand. Der neue Orden blühte auf und gründete die Gompas in Thiksey, Likir und Spituk.

In den folgenden Jahren bedrohten im Westen muslimische Armeen Ladakh, das zeitweise von Ali Mir von Baltistan besetzt wurde. Doch schon unter Singge Namgyal (1570–1642) wendete sich das Blatt erneut. Er eroberte nicht nur weitere Gebiete hinzu, sondern machte Leh zu seiner Hauptstadt, in der er seinen Palast errichten ließ. Auch griff die Königsfamilie von Ladakh zu dieser Zeit den Brokpa-Mönchen bei der Errichtung der Gompas von Hemis und Stakna unter die Arme.

1685 kam die Bedrohung aus dem Norden. Nur in einem Bündnis mit den Moguln konnte die Invasion der mongolisch-tibetischen Armee zurückgeschlagen werden. Der Preis war hoch: Zwar blieb Ladakh offiziell unabhängig, jedoch forderten die Moguln einen gewaltigen Tribut als Gegenleistung.

In den 1830er-Jahren musste Ladakh weitere Schicksalschläge einstecken, als eine Dogra-Armee unter Zorawar Singh von Jammu aus über die Grenze einfiel und den König nach Stok verbannte. 1846 wurde Ladakh dem Dogra-Staat von Kaschmir einverleibt – seitdem wird es von Jammu und Srinagar aus regiert.

1995 gründete sich das Ladakh Autonomous Hill Development Council (LAHDC) als Reaktion auf die Bedenken, die die Ladakhi gegenüber der weit entfernten Regierung hegen. Die meisten Ladakhi fühlen sich mit dem Unruheherd Kaschmir herzlich wenig verbunden und wollen deshalb für ihre Region den Status eines Unionsterritoriums durchsetzen. Seit 2002 tritt die Ladakh Union Territory Front mit diesem Ziel bei Wahlen an. Doch solange es für Indien nicht infrage kommt, den Bundesstaat Jammu und Kaschmir zu zerschlagen, wird sich Ladakh noch mit seinem Drang nach Unabhängigkeit gedulden müssen.

Geografie

Ladakh ist von Bergen umgeben. Im Norden markieren die mächtigen Gipfel der Ladakh Range, Rimo I (7385 m) und Teram

JAMMU & KASCHMIR

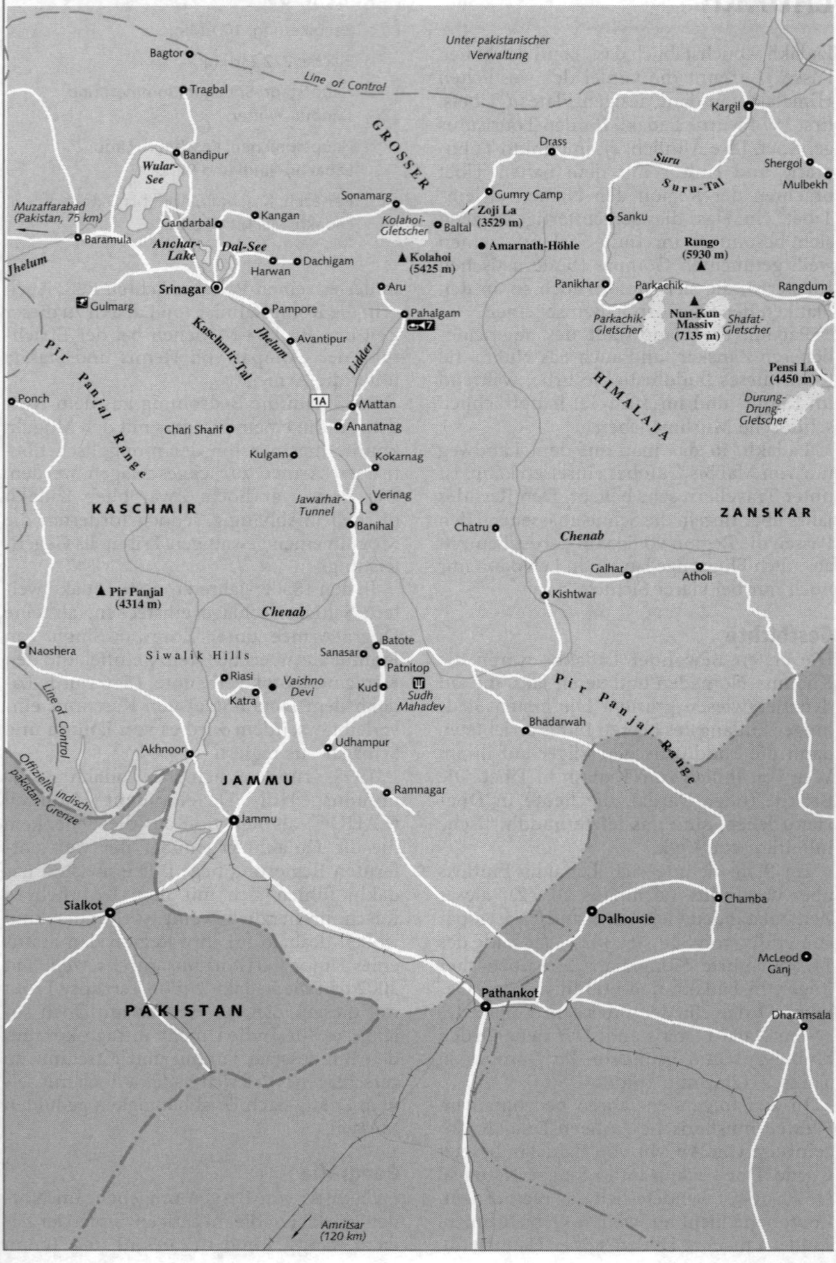

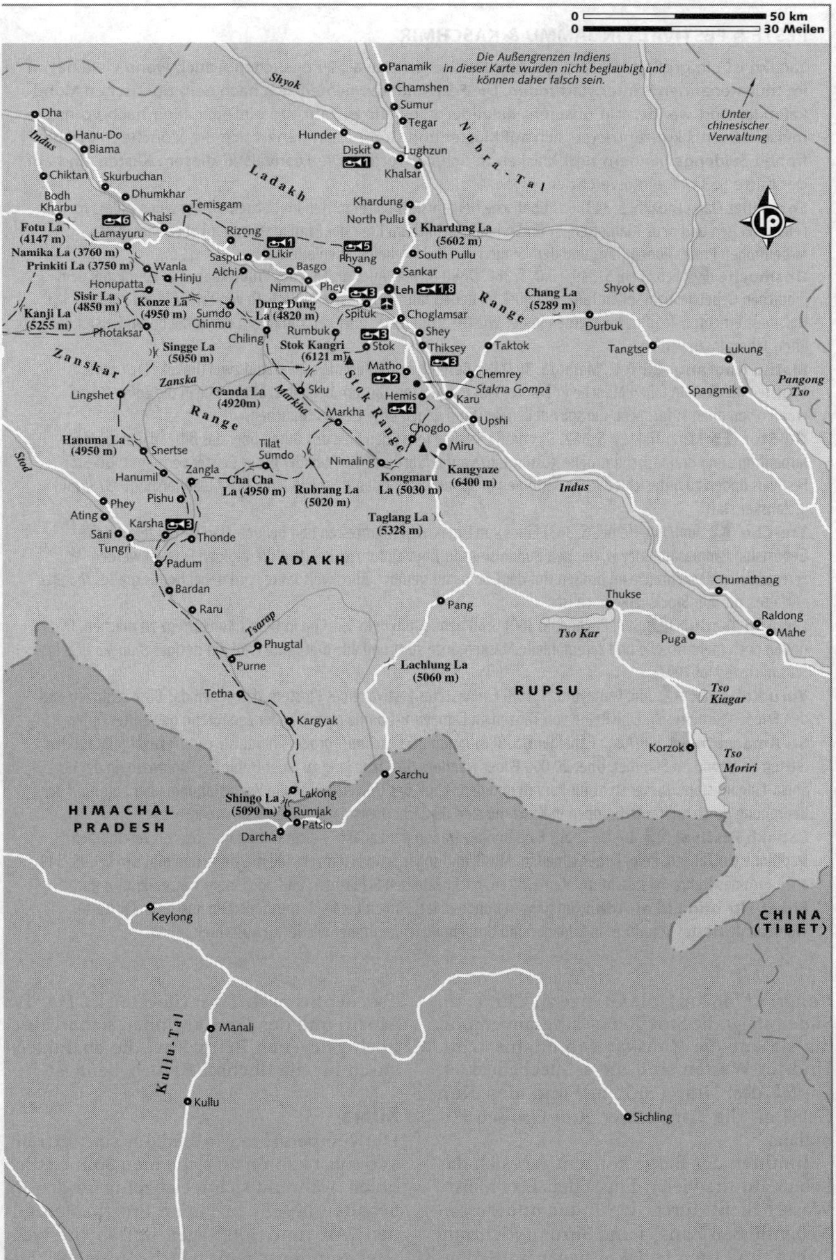

0 50 km
0 30 Meilen
Die Außengrenzen Indiens in dieser Karte wurden nicht beglaubigt und können daher falsch sein.
Unter chinesischer Verwaltung
Panamik
Chamshen
Sumur
Tegar
Shyok
Nubra-Tal
Hunder
Diskit
Lughzun
Khalsar
Ladakh
Dha
Hanu-Do
Biama
Indus
Chiktan
Skurbuchan
Dhumkhar
Bodh Kharbu
Temisgam
Khalsi
Fotu La (4147 m)
Lamayuru
Rizong
Namika La (3760 m)
Prinkiti La (3750 m)
Wanla
Hinju
Honupatta
Sisir La (4850 m)
Konze La (4950 m)
Kanji La (5255 m)
Photaksar
Sumdo Chinmu
Saspul
Likir
Alchi
Basgo
Nimmu
Phey
Phyang
Khardung
North Pullu
Khardung La (5602 m)
South Pullu
Sankar
Leh
Spituk
Choglamsar
Shey
Thiksey
Taktok
Chang La (5289 m)
Range
Shyok
Durbuk
Tangtse
Lukung
Pangong Tso
Spangmik
Dung Dung La (4820 m)
Chiling
Rumbuk
Stok
Stok Kangri (6121 m)
Stok Range
Matho
Stakna Gompa
Chemrey
Karu
Hemis
Upshi
Singge La (5050 m)
Zanskar Range
Zanska
Lingshet
Ganda La (4920m)
Markha
Skiu
Chogdo
Miru
Kangyaze (6400 m)
Hanuma La (4950 m)
Snertse
Tilat Sumdo
Nimaling
Kongmaru La (5030 m)
Stod
Hanumil
Zangla
Cha Cha La (4950 m)
Rubrang La (5020 m)
Indus
Taglang La (5328 m)
Phey
Pishu
Ating
Karsha
Sani
Thonde
Tungri
Padum
LADAKH
Bardan
Raru
Tsarap
Phugtal
Purne
Pang
Chumathang
Thukse
Raldong
Mahe
Tso Kar
Puga
Lachlung La (5060 m)
RUPSU
Tso Kiagar
Tetha
Kargyak
Korzok
Tso Moriri
Sarchu
Lakong
Shingo La (5090 m)
Rumjak
Patsio
Darcha
HIMACHAL PRADESH
CHINA (TIBET)
Keylong
Kullu-Tal
Manali
Kullu
Sichling
Shimla

FESTE & FESTIVALS IN JAMMU & KASCHMIR

Ladakh ist ein großartiger Ort, um buddhistische Festivals zu besuchen – auch wenn viele davon im touristenarmen Winter stattfinden. Die Festivaldaten richten sich nach dem tibetischen Mondkalender und wandern in unserem Kalender von Jahr zu Jahr um ein paar Tage nach vorn. Die meisten Events konzentrieren sich auf Klöster und Gompas, in denen sich die Mönche mit farbenfrohen Seidengewändern und Masken in Schale werfen. Die Festivals in diesem Kasten sind auf der Karte S. 344 f. eingezeichnet.

Losar (Dez./Jan.; Ladakh, S. 343) Das tibetische Neujahrsfest bietet mitten im tiefsten Winter einen Anlass für Feierlichkeiten und neue Klamotten. Es findet hauptsächlich im Kreis der Familie statt, wird aber überall von farbenfrohen Prozessionen, Tanz und dem Singen von Folkloreliedern begleitet.

Dosmoche (**1**; Feb.; Leh, S. 349, Likir, S. 360, Diskit S. 364) Auch als Fest des Prügelknaben bekannt; bei dem jährlichen Gebetsfestival sollen Tänze Unglück im neuen Jahr verhindern. Außerhalb von Leh wird ein hoher Holzmast errichtet; Teigfiguren werden in der Wüste „ausgesetzt" oder verbrannt, um damit die bösen Geister des alten Jahres loszuwerden.

Matho Nagrang (**2**; Feb.; Matho, S. 362) Das Besondere an diesem Festival sind zwei Orakel: Nach zwei Monaten Meditation fallen Mönche in Trance. Von maskierten Tänzern begleitet, blicken sie in die Zukunft und werden von allen aufgesucht, die spirituellen Beistand gegen böse Geister brauchen.

Gu-Stor (**3**; März; Thiksey, S. 362) Das große Festival feiert den Sieg des Guten über das Böse; dabei werden farbenfrohe und dramatische rituelle Kostümtänze aufgeführt und die Abbilder böser Geister verbrannt. Gu-Stor-Festivals finden zu unterschiedlichen Terminen in Spituk (S. 359; Jan.), Stok (S. 362; Feb.) und Karsha (S. 375; Juli) in Zanskar statt.

Tse-Chu (**4**; Juni/Juli; Hemis, S. 363) Eines von Ladakhs berühmtesten und beliebtesten Festen feiert den Geburtstag Padmasam Bhavas, der den Buddhismus in Tibet einführte. Bei dem dreitägigen Festival werden zeremonielle Maskentänze im großen Hof der Gompa aufgeführt. Alle zwölf Jahre wird dabei Hemis großes *thangka* entfaltet, die vier Stockwerke hoch ist.

Phyang Tsedup (**5**; Juli; Phyang, S. 360) Groß genug, um dem Tse-Chu in Hemis Konkurrenz zu machen. Es finden noch mehr rituelle und zeremonielle Maskentänze statt und alle drei Jahre wird ein riesiges *thangka* gezeigt (das nächste Mal 2007).

Yuru Kabgyat (**6**; Juli; Lamayuru, S. 368) Ein weiteres Festival eines Klosters, das gegen das Böse schützen und den Frieden fördern soll. Eine Reihe von Tänzen im Lamayuru-Gompa gipfelt in der Zerstörung geweihter Opfer.

Sri Amarnath **7**; Juli/Aug.; Pahalgam, S. 388) Jammu & Kaschmirs größtes hinduistisches Festival fällt auf den letzten Vollmond im Sommer. Über 20 000 Pilger wandern drei Tage lang zu einer Höhle bei Amarnath, in der ein Shiva-Lingam steht. Dieser steht für Parvati und den Schoß des Universums. Tolle Veranstaltung, aber aufgrund der Bedrohung durch militante Gruppen in Kaschmir sind die Sicherheitsmaßnahmen sehr streng.

Ladakh Festival (**8**; 1.–15. Sept.) Eine Demonstration der Ladakhi-Kultur mit buddhistischen Zeremonien, traditionellen Tänzen, Polo, Bogenschießen, Musik und sogar Schwerttänzen. Die meiste Action gibt's in Leh (S. 349), aber auch das Nubra-Tal mischt mit Kamelritten, nachgestellten Schlachten und noch mehr Tänzen kräftig mit.

Eid al-Fitr und Eid al-Adha (im ganzen Bundesstaat) Finden beide im muslimischen Kaschmir-Tal statt. Während des Festes kommt es in Srinagar und Umgebung leider immer wieder zu Ausschreitungen.

Kangri I (7464 m), die Grenze zu China. Im Süden steigt die Stok Range langsam empor, bis sie auf die Zanskar Mountains trifft. Und im Westen sind die schneebedeckten Gipfel des Nun (7135 m) und des Kun (7087 m) die Torwächter zum Großen Himalaja.

Inmitten der Berge konzentriert sich das Leben auf die vielen Flusstäler. Das meiste Wasser fließt durch den Indus und dessen Nebenflüssen Zanska und Suru in Richtung Ozean. Im Osten Ladakhs liegen außerdem mehrere Seen, darunter der riesige Pangong Tso, der bis nach Tibet rüberreicht. Der Tso Moriri und der Tso Kar finden sich in einer hoch gelegenen Bergwüste, die charakteristisch für die tibetische Hochebene ist.

Klima

Die Temperaturen in Ladakh sind extrem. Wo sonst kann man sich einen Sonnenstich holen, während sich gleichzeitig an den im Schatten liegenden Füßen Frostbeulen bilden? An rund 300 Tagen im Jahr herrscht eitel Sonnenschein. Doch Vorsicht: Die Sonnenstrahlen sind so kräftig, dass man ohne literweise Sonnenschutz und einen Hut nicht auskommt.

In den letzten Jahren hat sich das Klima verändert – Regen und Schnee machen den Bewohnern der traditionellen Wüstenregion vermehrt zu schaffen. Die durchschnittlichen Temperaturen in Sommer (Juni–Sept.) und Winter (Okt.–Mai) sind:

Region	Sommer	Winter
Leh	–3 ° bis 30 °C	–20 ° bis 13 °C
Nubra-Tal	–3 ° bis 28 °C	–15 ° bis 15 °C
Kargil	0 ° bis 38 °C	–17 ° bis 12 °C

Aufgrund der eisigen Kälte verschlägt es im Winter nur wenige freiwillig nach Ladakh. Dann sind die Pässe geschlossen und der Luftweg ist die einzige Möglichkeit, in die Region rein- und aus ihr wieder rauszukommen. Sobald die Sonne verschwindet, wird es Zeit, sich einzumummeln. Viele Gästehäuser und Hotels schließen dann. In den wenigen offenen gibt's Wasser nur noch aus Eimern, um zu verhindern, dass die Rohre einfrieren und bersten. Selbst in geheizten Räumen ist es eine Tortur, die Klamotten auszuziehen und sich zu waschen! Und dennoch hat die Abgeschiedenheit auch so ihre Vorteile: Ohne sich mit Busladungen von Touristen herumkämpfen zu müssen, lassen sich die Winterfestivals viel entspannter genießen und die Aufführungen der jahrhundertealten Rituale würdigen.

Praktische Informationen

GENEHMIGUNGEN

Wer nicht zufällig ein Ladakhi ist, benötigt für die Einreise ins Nubra-, Pangong-Tso- und Rupsu-Tal eine Genehmigung – all diese Gebiete liegen jenseits der „Inner Line" in der Nähe der umstrittenen Grenze zu China.

Die Genehmigungen bekommt man über ein Reisebüro, sie können nicht mehr direkt bei der Bezirksverwaltung in Leh beantragt werden. So gut wie alle Reisebüros in Leh bieten den Service an. Normalerweise hält man noch am selben Tag die Genehmigung in den Händen; benötigt wird dazu nur eine Kopie des Reisepasses und des Visums. Außerdem wird eine Gebühr fällig.

Offiziell werden Genehmigungen nur an Reisegruppen mit mindestens vier Teilnehmern ausgegeben, doch in der Praxis entpuppt sich die Regel als sehr flexibel und die Reisebüros wissen normalerweise sie auszulegen. Meistens muss man 50 Rs pro Person berappen; wer nicht in einer Gruppe reist, bekommt im schlimmsten Fall die Kosten für alle vier Genehmigungen aufs Auge gedrückt.

BESUCH EINER GOMPA

Die Gompas der tibetischen Mahayana-Buddhisten prägen Ladakhs Landschaft; sie sind aktive Orte des Gebets und der Lehre. Dank ihrer Farbenpracht, der Gebetsflaggen und -mühlen, die Gebete durch die Luft befördern, der Tschorten und der mit wunderbaren Fresken verzierten Schreine haben sie sich zu beliebten Touri-Attraktionen gemausert. Durch die Gompas führt einen normalerweise der Verwalter, ein Mönch des Klosters, herum. Die meisten verlangen Eintritt, in der Regel 25 Rs. Falls nicht, sollte man sich trotzdem mit einer Spende in dieser Höhe für den Service erkenntlich zeigen. Wer eine Gompa besucht, sollte sich respektvoll verhalten und einige Regeln beachten. So sollte man:

- Arme und Beine bedecken
- vor dem Betreten eines Gebetsraums die Schuhe ausziehen
- keinen Alkohol trinken, nicht rauchen oder auf den Boden spucken
- niemals religiöse Gegenstände berühren
- die Mönche nicht bei ihren Gebeten oder Zeremonien stören
- vor dem Fotografieren immer nachfragen – alte Fresken und *thangkas* (rechteckige tibetische Stoffmalereien) sollten vom Blitzlicht verschont bleiben, da sie dadurch im Lauf der Zeit beschädigt werden können
- an Tschortens, *mani*-Mauern (Steinmauern mit heiligen Inschriften) und Gebetsmühlen immer im Uhrzeigersinn vorbeigehen

Genehmigungen sind sieben Tage gültig. Jedes einzelne Reiseziel muss aufgelistet sein. Neben dem Original sollte man genug Fotokopien davon bei sich haben, da an jedem Kontrollpunkt eine abgegeben werden muss. Ein halbes Dutzend sollte normalerweise ausreichen.

UNBEDINGT MITNEHMEN

Sogar im Hochsommer kann es in einigen Tälern empfindlich kalt werden. Ein Schlafsack und warme Kleidung gehört daher unbedingt zum Gepäck. An heißen Tagen kann dagegen die Haut austrocken und krebsrot werden, wenn man sich nicht mit einem Hut, Lippenbalsam und Sonnencreme schützt. Paracetamol hilft gegen akute Höhenkrankheit (engl.: *Acute Mountain Sickness,* AMS). Aufgrund der wackligen Stromversorgung ist es auch ratsam, Fackeln oder Taschenlampen dabeizuhaben. Und mit einem Fernglas lassen sich Tiere beobachten, die sich garantiert schnell verziehen, sobald man sich ihnen nähert.

Sprache

Das in tibetischer Schrift geschriebene Ladakhi ist die Hauptsprache von Ladakh und Zanskar. Mit dem Wort *jule* (sprich: *dschuh*läi) liegt man in vielen Situationen goldrichtig: Es kann übersetzt „Hallo“, „Auf Wiedersehen“, „Bitte“ und „Danke“ bedeuten.

Gefahren & Ärgernisse

Auf rund 3500 m zeigen Traveller, die mit dem Flugzeug landen, fast ausnahmslos AMS-Symptome (S. 1221). Das sollte man hinnehmen: in den ersten 24 Stunden so wenig wie möglich bewegen, viel Wasser und auf gar keinen Fall Alkohol trinken und es die folgenden Tage etwas relaxter angehen lassen.

AMS macht sich unter Umständen auch auf der Straße von Leh nach Manali bemerkbar, die steil durch die Berge führt.

Leh und das östliche Ladakh liegen weit entfernt von irgendwelchen umstrittenen Grenzen und sind genauso sicher wie andere Orte in Indien. Der Straßenkorridor westlich von Kargil nähert sich jedoch gefährlich nahe der Demarkationslinie und wurde in der Vergangenheit immer dann mit Granaten beschossen, wenn die Beziehungen zwischen Indien und Pakistan wieder mal auf dem Nullpunkt waren.

Wesentlich mehr Gefahren resultieren aus unvorsichtigem Verhalten bei Trekkingtouren. Das Risiko einer Verletzung lässt sich durch angemessene Ausrüstung, gute Infos und eine schonende Akklimatisierung reduzieren; unerfahrenen Trekker sollten sich möglichst einer organisierten Tour anschließen.

Vorsicht: Im Himalaja sollten Kohlenheizer in unzureichend belüfteten Zimmern achtsam verwendet werden. Im schlimmsten Fall kann man sich eine lebensgefährliche Kohlenmonoxid-Vergiftung einhandeln (s. Kasten S. 1189).

Aktivitäten

Ladakh ist mittlerweile zu einem richtigen Abenteuerspielplatz geworden. In Leh tummeln sich zahllose Anbieter von Trekkingtouren. Man sollte sich jedoch erkundigen, ob der Anbieter auch die Umweltauflagen erfüllt (S. 367) und notfalls für eine Evakuierung mit dem Hubschrauber versichert ist. Viele Agenturen in Leh legen Flyer zu freien Trekkings aus. Auf S. 353 gibt's weitere Infos zu Veranstaltern von Abenteuertouren.

KAMELSAFARIS

Die zottigen, zweihöckrigen Trampeltiere in den Sanddünen des Nubra-Tals sind Überbleibsel von Ladakhs Anknüpfung zur Seidenstraße. Eintägige Jeep- und Kameltrips von Leh aus kosten all inclusive ca. 1000 Rs; ansonsten kann man sich auch über ein Gästehaus in Hunder oder Diskit selbst eine organisieren.

TREKKING

Trekkings kosten all inclusive zwischen 35 und 60 US$ pro Tag, der genaue Preis ist von der Teilnehmerzahl abhängig. In den Kapiteln „Trekking in Ladakh“ (S. 372) und „Trekking in Zanskar“ (S. 376) gibt's weitere Informationen. Für alle Hartgesottenen, die nicht nur im Winter hierherkommen, sondern dann auch noch etwas besonders Abgefahrenes erleben möchten, ist die Tour am gefrorenen Zanska von Chilling nach Padam genau das Richtige. Dabei wird unterwegs in Felsunterschlüpfen übernachtet.

BERGSTEIGEN

Ladakh ist ein Paradies für Bergsteiger und Kletterer. Die beliebteste Tour ist der viertägige Aufstieg am Stok Kangri (6121 m) in den Zanskar Mountains; hier liegen auch noch andere Gipfel, darunter der Kang Yaze (6400 m) südöstlich von Leh und das Nun-Kun-Massiv an der Straße zwischen Kargil und Padam.

Bergsteigergruppen benötigen eine Genehmigung der **Indian Mountaineering Foundation** (www.indmount.org). Agenturen in Leh organisieren Expeditionen ab 70 US$ pro Tag (bei einer vier- bis fünftägigen Tour). Die Kosten für eine Klettergenehmigung unterscheiden sich von Gipfel zu Gipfel.

WILDWASSER-RAFTING

Von Juli bis September gibt's auf dem Indus und dem Zanska Wildwasser-Rafting. Ein beliebter Einstieg ist der dreistündige aufregende Trip von Phey nach Nimmu mit Stromschnellen der Stufe 2 bis 3, für den man 800 Rs pro Person hinblättert. Für 1800 Rs kann man von Nimmu nach Alchi weiterfahren. Außerdem werden auch Trips mit Übernachtung angeboten. Abenteuerlustige können sich für 3900 Rs pro Tag einen längeren Trip maßschneidern lassen (inkl. Transport, Ausrüstung, Verpflegung und Führer).

LEH

☎ 01982 / 28 100 Ew. / 3505 m

Wer sich auf der Straße durch die Berge hochgekämpft hat, wird sich freuen, endlich Leh zu erblicken. Hier gibt's alle Restaurants, schnuckeligen Gästehäuser und Erholungseinrichtungen, die man sich nur wünscht – und das alles inmitten einer faszinierenden Wüsten- und Berglandschaft.

Leh liegt in einem Seitental etwas nördlich vom Indus. Bis 1947 existierten von hier aus rege Handelsverbindungen nach Zentralasien, Jak-Karawanen zogen über den Karakorum hinüber nach Yarkand und Kashgar. Heutzutage herrscht in Leh eine massive Militärpräsenz, die an die umstrittenen Grenzen zu Pakistan und China erinnert.

Das Stadtbild Lehs wird von dem baufälligen neunstöckigen Leh-Palast bestimmt, in dem die Königsfamilie von Ladakh lebte, bis sie in den 1830er-Jahren ins Exil nach Stok flüchtete. Die Altstadt am Fuß des Namgyal Hill besteht aus einem Labyrinth von Gassen und Häusern, vor denen sich getrocknetes Holz und Dung stapeln. Beides ist in den langen Wintermonaten unverzichtbarer Brennstoff. Südlich von der Altstadt liegt der Poloplatz, auf dem viele Festivals in Ladakh stattfinden.

Orientierung

Leh ist so klein, dass man sich schnell zurechtfindet. Der Busbahnhof liegt südlich vom Stadtzentrum, während die Straße vom Flughafen in die Hauptstraße (Main Bazaar Rd.) mündet, in der viele Restaurants und Läden auf Besucher warten. Essen, übernachten und Geld ausgeben kann man am besten rund um die Fort Rd. herum. In Changspa, einem Dorf 2 km nordwestlich von Lehs Zentrum, hat es etliche Gästehäuser, in denen Langzeiturlauber gerne absteigen. Und auch in Sankar, das ungefähr gleich weit entfernt im Nordosten liegt, gibt's viele Gästehäuser; viele von diesen sind in Familienbesitz und werden immer beliebter.

Praktische Informationen

BUCHLÄDEN

Bookworm (Karte S. 352; Old Fort Rd) Gute Auswahl an Romanen.

Leh Ling Bookshop (Karte S. 352; Main Bazaar Rd) Tolle Bücher zu Ladakh und Tibet plus ein paar Romane.

Tibetan Handicrafts Emporium (Karte S. 352; Main Bazaar Rd) Sortiment wie im Leh Ling.

KULTURZENTREN

Women's Alliance Centre (Karte S. 350; ☎ 250293) Engagiert sich für die Bewahrung der Ladakhi-Kultur, veranstaltet Ausstellungen und regelmäßige Gesprächsrunden. Tgl. (außer So zwischen Juli und Okt.) gibt's um 16.30 Uhr die ausgezeichnete Dokumentation *Ancient Futures* über die Kultur und Entwicklung Ladakhs zu sehen.

NOTFALL

Polizei (☎ 252018)

Sonam-Norbu-Memorial-Krankenhaus (SNM) (Karte S. 350; ☎ 252360) Öffentliches Krankenhaus für größere Beschwerden und Verletzungen; liegt ein paar Kilometer südlich der Stadt.

INTERNETZUGANG

Was Lehs Internetanbindung angeht, gilt: Auf die Unverlässlichkeit ist Verlass. Der Standardpreis von 120 Rs pro Stunde ist angesichts der lahmen Verbindungen und häufiger Crashs ziemlich happig. Manche Locations rüsten gerade auf verlässlichere Satellitenverbindungen um. Wie so oft gibt's von Travellern die Tipps, wo man am besten surft.

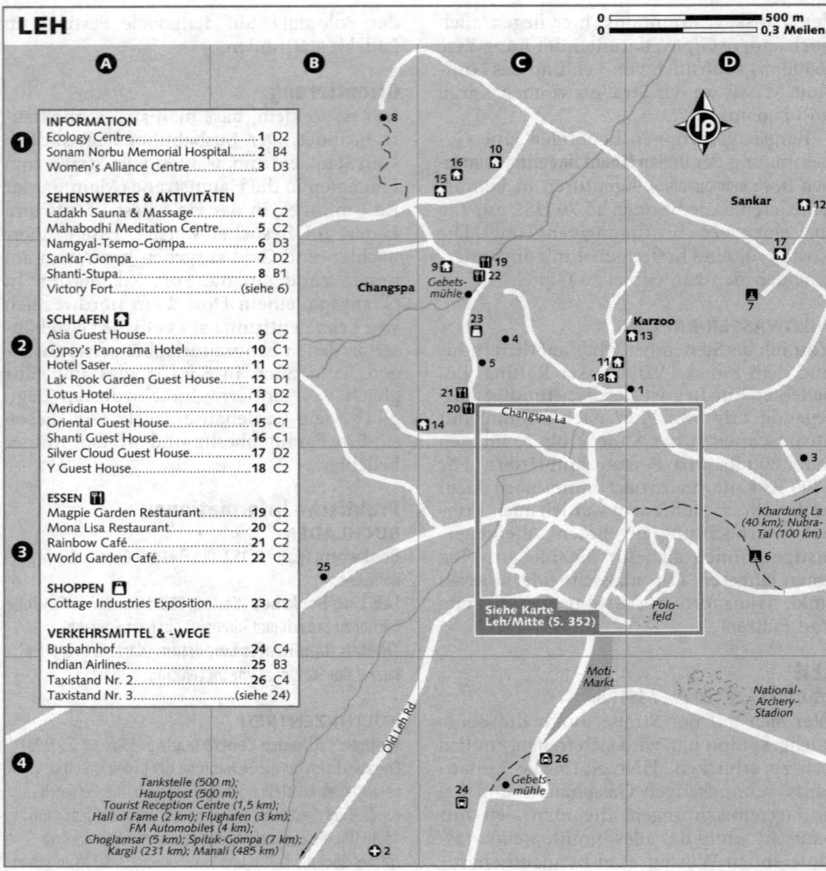

Cyberia (Karte S. 352; Fort Rd; ⌚ 8–23 Uhr) Zum Zeitpunkt der Recherche einer der besten Shops.

WASCHSALON

Dzomsa (Karte S. 352; Old Fort Rd) „Öko"-Waschsalon, der die Abwässer nicht in die Umwelt sickern lässt und so die Wasserversorgung der Region vor Verschmutzung bewahrt. Für 7 Rs füllt das Personal Flaschen mit abgekochtem Wasser auf und tut somit was dafür, dass der Müllberg in Leh nicht weiter wächst. Hier kann man auch leere Batterien abgeben und sich ein Glas Aprikosensaft oder Lassi genehmigen.

BIBLIOTHEKEN

Ecology Centre (Karte S. 350; ☎ 253221) Mit einer umfangreichen Bibliothek zu lokalen und Umweltthemen sowie einer kleinen Ausstellung zur Entwicklung Ladakhs und alternativen Technologien. Ein Laden verkauft in der Kooperative hergestellte Produkte.

MEDIZINISCHE VERSORGUNG

Medizinische Ratschläge bei akuter Höhenkrankheit gibt's unter ☎ 253629 (24 Std.). Weitere Informationen dazu auf S. 1221. In Leh hat's mehrere Praxen und Apotheken, die sich um kleinere Wehwehchen kümmern.

In der Stadt findet man auch ein paar Praxen, die *amchi* (traditionelle tibetische Medizin) anwenden.

Het Ram Vinay Kumar (Karte S. 352; Main Bazaar Rd) Die Apotheke verkauft Medikamente und westliche Hygieneartikel wie z. B. Tampons.

Medical Centre (⌚ Mo–Sa 9–13 & 14–17 Uhr) *Amchi*-Praxis in Choglamsar mit einem Englisch sprechenden Arzt.

MEDIEN

Ladags Melong (20 Rs) Zweisprachiges (Englisch und Ladakhi), vierteljährlich erscheinendes Magazin. Interessante Infos zu Ladakhs Kultur, Bildung, Geschichte uvm. Bekommt man in Buchläden und im Dzomsa.

Parkash Booksellers (Karte S. 352; Old Fort Rd) Verkauft englischsprachige Magazine. Sobald der Flug aus Delhi gelandet ist, gibt's auch Tageszeitungen.

www.reachladakh.com Gute Touristen- und Trekkinginfos.

GELD

Manche Wechselstuben verlangen für Auszahlungen auf Kreditkarte eine Provision zwischen 8 und 20 %: also nur in Notsituationen darauf zurückgreifen!

Jammu & Kaschmir Bank Foreign-Exchange Office (Karte S. 352; Main Bazaar Rd; ⌚ Mo–Fr 10–14, Sa 10–12 Uhr) Wechselt Geld und löst Reiseschecks ein. Der Geldautomat steht an der Ecke Main Bazaar Rd./Fort Rd.

State Bank of India (Karte S. 352; Main Bazaar Rd; ⌚ Mo–Fr 10–14, Sa 10–12 Uhr) Wechselt Geld und löst Reiseschecks ein. Mit Geldautomat.

Western Union (Karte S. 352; Fort Rd; ⌚ Mo–Sa 10–19, So 10–17 Uhr) Geld wechseln – schnell und praktisch.

FOTOS

Mehrere Läden in der Fort Rd. und Main Bazaar Rd. haben Negativ- und Diafilme im Sortiment. Speicherkarten sind in Leh schwer aufzutreiben, dafür brennen die meisten Internetcafés Digitalfotos für 90 Rs auf eine CD.

Sonu Color Lab (Karte S. 352; Main Bazaar Rd) Macht die besten Ausdrucke.

POST

Hauptpost (außerhalb der Karte S. 350; ⌚ Mo–Fr 10–13 & 14–17, Sa 10–13 Uhr) Für postlagernde Sendungen; liegt 1,5 km südlich vom Zentrum.

Post (Karte S. 352; Ecke Fort/Main Bazaar Rd; ⌚ Mo–Sa 10–17 Uhr) Klein und praktisch; für Briefmarken und Päckchen.

TELEFON

Überall in Leh gibt's Telefonzellen für Ferngespräche. Anrufe innerhalb Indiens kosten 9 Rs pro Minute; nach Australien, Neuseeland und Europa wird man 22 Rs pro Minute, nach Nordamerika 26 Rs pro Minute los.

TOURISTENINFORMATION

Touristeninformationsschalter Am Flugplatz (außerhalb der Karte S. 350). Neuankömmlinge können hier Einreisepapiere ausfüllen und erhalten Karten und Booklets.

Touristenbüro (Karte S. 352; Fort Rd; ⌚ Mo–Sa 10–16 Uhr) Wer allgemeine Infos sucht, ist in dem kleinen Büro besser aufgehoben als im Empfangszentrum.

Tourist Reception Center (außerhalb der Karte S. 350; ☎ 252094; ⌚ Mo–Sa 10–16 Uhr) Liegt sehr unpraktisch 2,5 km entfernt in Richtung Süden an der Straße zum Flughafen.

REISEBÜROS

Im Sommer hat man schon fast die Qual der Wahl. Die meisten Reisebüros arbeiten auf Provisionsbasis und verkaufen Tickets für Busse und Touren. Oftmals haben sie auch PCO/STD/ISD und einen Internetzugang.

Manche Reisebüros verleihen auch Schlafsäcke, Zelte und Ähnliches. Bevor man die Kaution hinterlegt, sollte auf jeden Fall ein prüfender Blick auf die Ausrüstung geworfen werden.

Mero Equipments (Karte S. 352; ☎ 253070; Shamshu-Komplex) Verleiht Zweimannzelte für 100 Rs, Schlafsäcke für 50 Rs und Gasbrenner für 25 bis 60 Rs.

Sehenswertes

LEH-PALAST

Der **Leh-Palast** (Karte S. 352; Inder/Ausländer 5/100 Rs; ⌚ Sonnenaufgang–Sonnenuntergang) aus dem 17. Jh. wird gerade von Grund auf renoviert. Er ist auch unter dem Spitznamen „Mini-Potala" bekannt, da er dem tibetischen Palast in Lhasa sehr stark ähnelt. Zwar ist die Aussicht von hier aus toll, doch innen gibt's nicht gerade viel zu sehen. Immerhin kann man einen Blick in den zentralen Gebetsraum werfen: Taschenlampe mitnehmen und auf Löcher im Boden achten.

NAMGYAL-TSEMO-GOMPA

Die **Gompa** (Karte S. 350; ⌚ Puja 7–9 Uhr) stammt von 1430. Es gibt eine wuchtige Buddhastatue sowie uralte Manuskripte und Fresken zu bewundern. Vom Fort oberhalb der Gompa stehen nur noch ein paar Ruinen, dafür man hat zwischen den flatternden Gebetsfahnen eine großartige Aussicht auf Leh. Der steile Pfad beginnt an der Straße zum Leh-Palast; mit dem Taxi kostet's hin und zurück 150 Rs.

SOMA-GOMPA

Die trügerisch große Soma-Gompa (Karte S. 352) liegt versteckt hinter der Main Bazaar Rd.; sie ist Ladakhs modernes Buddhismus-Zentrum und Hauptquartier der Buddhistenvereinigung von Ladakh. Vorzufin-

LEH/MITTE

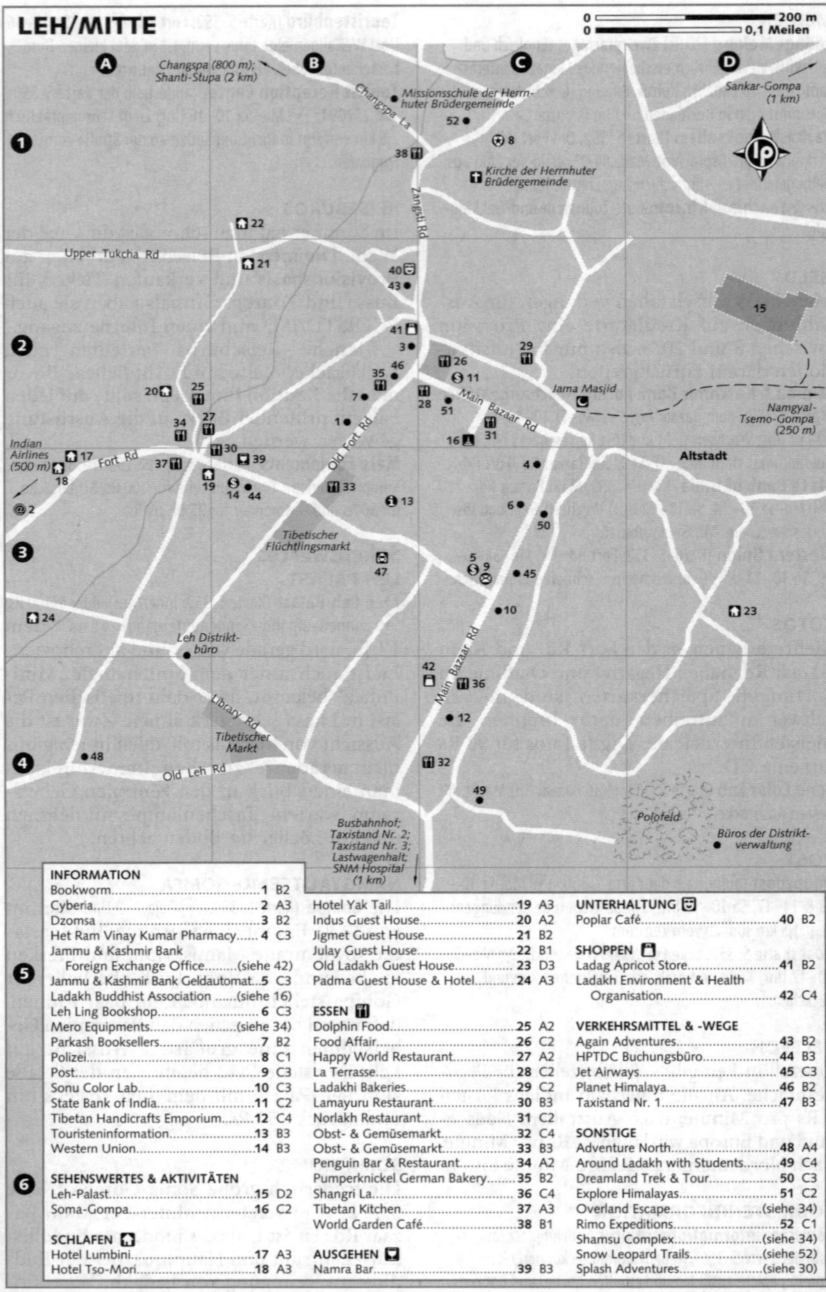

INFORMATION
- Bookworm 1 B2
- Cyberia 2 A3
- Dzomsa 3 B2
- Het Ram Vinay Kumar Pharmacy 4 C3
- Jammu & Kashmir Bank Foreign Exchange Office .... (siehe 42)
- Jammu & Kashmir Bank Geldautomat 5 C3
- Ladakh Buddhist Association .... (siehe 16)
- Leh Ling Bookshop 6 C3
- Mero Equipments .... (siehe 34)
- Parkash Booksellers 7 B2
- Polizei 8 C1
- Post 9 C3
- Sonu Color Lab 10 C3
- State Bank of India 11 C2
- Tibetan Handicrafts Emporium 12 C4
- Touristeninformation 13 B3
- Western Union 14 B3

SEHENSWERTES & AKTIVITÄTEN
- Leh-Palast 15 D2
- Soma-Gompa 16 C2

SCHLAFEN
- Hotel Lumbini 17 A3
- Hotel Tso-Mori 18 A3
- Hotel Yak Tail 19 A3
- Indus Guest House 20 A2
- Jigmet Guest House 21 B2
- Julay Guest House 22 B1
- Old Ladakh Guest House 23 D3
- Padma Guest House & Hotel 24 A3

ESSEN
- Dolphin Food 25 A2
- Food Affair 26 C2
- Happy World Restaurant 27 A2
- La Terrasse 28 C2
- Ladakhi Bakeries 29 C2
- Lamayuru Restaurant 30 B3
- Norlakh Restaurant 31 C2
- Obst- & Gemüsemarkt 32 C4
- Obst- & Gemüsemarkt 33 B3
- Penguin Bar & Restaurant 34 A2
- Pumperknickel German Bakery 35 B2
- Shangri La 36 C4
- Tibetan Kitchen 37 A3
- World Garden Café 38 B1

AUSGEHEN
- Namra Bar 39 B3

UNTERHALTUNG
- Poplar Café 40 B2

SHOPPEN
- Ladag Apricot Store 41 B2
- Ladakh Environment & Health Organisation 42 C4

VERKEHRSMITTEL & -WEGE
- Again Adventures 43 B2
- HPTDC Buchungsbüro 44 B3
- Jet Airways 45 C3
- Planet Himalaya 46 B2
- Taxistand Nr. 1 .... 47 B3

SONSTIGE
- Adventure North 48 A4
- Around Ladakh with Students 49 C4
- Dreamland Trek & Tour 50 C3
- Explore Himalayas 51 C2
- Overland Escape .... (siehe 34)
- Rimo Expeditions 52 C1
- Shamsu Complex .... (siehe 34)
- Snow Leopard Trails .... (siehe 52)
- Splash Adventures .... (siehe 30)

den sind die üblichen Gompa-Features, ferner eine Bibliothek und eine Schautafel, die über Verfolgungen von Buddhisten in anderen Regionen Jammus und Kaschmirs sowie in Tibet berichtet.

SANKAR-GOMPA

Zur **Sankar-Gompa** (Karte S. 350; ⌚ Puja 7–8.30 & 17–19 Uhr) nördlich vom Stadtzentrum geht's 2 km lang über angenehme Landstraßen. In dem kleinen Gelukpa-Kloster herrscht sehr viel Betrieb. Im oberen Stockwerk der Gompa steht ein eindrucksvolles Bildnis Avalokitesvaras (auch Chenrezig genannt), der tibetischen Gottheit des Mitgefühls und einer der wichtigsten Schüler Buddhas. Es hat 1000 Arme und 1000 Köpfe.

SHANTI-STUPA

Ein japanischer Orden, der die Message vom globalen Frieden verbreitete, erbaute den **Stupa** (Karte S. 350; ⌚ 5–21 Uhr). Nachts beleuchtet sieht er sehr imposant aus.

Der Stupa, der 1985 vom Dalai Lama höchstpersönlich eröffnet wurde, erhebt sich am Ende der Straße durch Changspa. Hin kommt man über eine lange Serpentine oder eine Unmenge von Stufen – keine gute Idee, wenn man gerade in Leh angekommen ist. Zu Sonnenauf- und -untergang ist die Aussicht einfach unschlagbar.

HALL OF FAME

Das kleine **Museum** (außerhalb der Karte S. 350; Eintritt 20 Rs; ⌚ 9–10.30, 11–13, 14–16.30 & 17–18.30 Uhr) hat sich vorgenommen, Ladakhs kulturelles und militärisches Erbe darzustellen. In Wirklichkeit ist es jedoch eher eine Lobhudelei auf die indische Armee und ihren heroischen Kampf gegen den pakistanischen Feind. Die Exponate zu Ladakh beschränken sich auf einen einzigen Raum. Wenn man auf der Straße zum Flughafen dran vorbeikommt, kann man mal einen Blick riskieren.

CHANGSPA

In Changspa außerhalb von Leh (Karte S. 350) gibt's bedeutende buddhistische Schnitzereien aus dem 8. und 9. Jh. zu sehen. Zu dieser Zeit traten die Ladakhi zum Buddhismus über.

Aktivitäten

Nach einem anstrengenden Trekking lässt's sich bei **Ladakh Sauna und Massage** (Changspa; ⌚ Sommer) mit Saunagängen für 150 Rs und Massagen für 350 Rs relaxen. Traveller empfehlen das **Ayurveda message** im Asia Guest House (S. 354; 500 Rs/Std.).

Im Sommer veranstaltet das **Mahabodhi Meditation Centre** (Karte S. 350; ☎ 253689; Changspa Lane) montags bis freitags Yoga- und Meditationssessions. Es hat auch einen Buchladen und eine Bibliothek.

Geführte Touren

Reisebüros organisieren Jeep- und Taxiausfahrten zu den Sehenswürdigkeiten rund um Leh. Der Preis hängt von der Teilnehmerzahl, dem Gefährt, Zeltunterkünften, Verpflegung, Fahrtziel, Führer und Nachfrage ab. Für einen dreitägigen Trip zum Nubra-Tal muss man z. B. 90 US$ pro Tag/Person hinblättern, ein drei- bis viertägiger Ausflug zum Tso Moriri schlägt mit 155 US$ pro Tag/Person zu Buche. Wer nicht gleich auch einen Guide und eine Unterkunft fix machen will, kann am Taxistand Prepaid-Touren z. B. bis ins Nubra-Tal buchen (S. 358).

Im Anschluss sind einige seit mehreren Jahren etablierte Tourenveranstalter aufgelistet. Die meisten bieten die auf S. 348 beschriebenen Aktivitäten an.

Adventure North (Karte S. 352; ☎ 252139; advnorth@vsnl.com; Hotel Dragon)

Around Ladakh with Students (Karte S. 352; ☎ 254863; shesyon@secmol.org; Ridzong Labrang Complex)

Dreamland Trek & Tour (Karte S. 352; ☎ 250606; www.dreamladakh.com; Fort Rd)

Explore Himalayas (Karte S. 352; ☎ 252727; www.indiamart.com/exploreHimalayas; Main Bazaar Rd)

Overland Escape (Karte S. 352; ☎ 250858; www.overlandescape.com; Fort Rd)

Rimo Expeditions (Karte S. 352; ☎ 253257; www.atrav.com/rimo; Hotel Kang Lha Cchen Complex)

Snow Leopard Trails (Karte S. 352; ☎ 252074; www.snowleopardtrails.com; Hotel Kang Lha Cchen Complex)

Splash Adventures (Karte S. 352; ☎ 254870; gangakayak@yahoo.com; Zangsti)

Festivals & Events

Jedes Jahr pünktlich zum Ende der Saison findet auf dem Poloplatz vom 1. bis zum 15. September das **Ladakh-Festival** statt. Dazu gehört eine Prozession von Mönchen und in Ladakhi-Gewändern gekleideten Einheimischen, Bogenschießen, Polo und jede Mange Gesang und Tanz. Die Festivitäten breiten sich auf die umliegenden Dörfer aus – zu dieser Zeit macht es wirklich Spaß, hier in der Region zu sein. Doch Vorsicht: Die Höhe und das *chang*-Freibier (tibetisches Reis- oder Hirsebier) sind eine gewagte Kombi, die einem leicht zu Kopf steigen kann. Das beliebte **Dosmoche-Festival** findet im Februar statt. Weitere Infos dazu im Kasten, S. 346.

Schlafen

Sofern nicht anders vermerkt, haben die aufgelisteten Hotels und Gästehäuser auch im Winter geöffnet; einige Häuser schließen abhängig von der Nachfrage zwischen Anfang Oktober und April. Die Preise sind im Winter meist Verhandlungssache – außerdem sollte man nachfragen, ob es heißes Wasser in Eimern und eine Heizung (ab 100 Rs/Tag) gibt. Die meisten Zimmer haben große Fenster, durch die sie das ganze Jahr über am Tag von der Sonne aufgeheizt werden.

In den Budgethotels ist heißes Wasser in Eimern die Norm. Mittel- und Spitzenklassehäuser sind häufiger sogar mit Wasserleitungen ausgestattet.

BUDGETUNTERKÜNFTE

Leh Mitte

Jigmet Guest House (Karte S. 352; ☎ 253563; singgelden@123india.com; Upper Tukcha Rd; EZ 150–200 Rs, DZ 150–300 Rs) Hat luftige Zimmer und einen großartigen Blumen- und Gemüsegarten, den man im Sommer von der Terrasse aus bewundern kann. Es herrscht viel Betrieb, vor dem man aber in einen Meditationsraum flüchten kann.

Indus Guest House (Karte S. 352; ☎ 252502; masters_adv@yahoo.co.in; Zi. 400–500 Rs) Versteckt sich in einer Gasse an der Fort Rd. Die Bäume im Hof sorgen für einen netten Vibe. Es gibt hier eine heimelige Küche und eine Lounge; von den oberen Zimmern kann man die Aussicht auf Leh genießen.

Julay Guest House (Karte S. 352; ☎ 251163; gmsheikh@vsnl.net; Upper Tuckcha Rd; Zi. 150–350 Rs) Liegt an einem Sträßchen gegenüber vom Jigmet Guest House und ist eine ruhige Oase nahe beim Stadtzentrum. Die günstigeren Zimmer teilen sich ein Gemeinschaftsbad (heißes Wasser in Eimern gibt's kostenlos).

Old Ladakh Guest House (Karte S. 352; ☎ 252951; Zi. mit Gemeinschaftsbad/eigenem Bad 100–200/250–300 Rs) Das Gästehaus nördlich vom Poloplatz steht für den typischen Charakter Old Lehs. Hat schnuckelige, individuell gestaltete Zimmer. Quietschende Holzstufen führen vom kleinen Hof mit seinen Bäumen hoch zur Terrasse. Preise inkl. heißem Wasser in Eimern.

ETWAS BESONDERES

Village Homestay (www.Himalajan-homestays.com; Markha Valley; EZ/DZ 350/600 Rs) In diesen Privatunterkünften fühlt man sich wie in einem traditionellen Dorf. Alles ist sehr einfach gehalten, so gibt es z. B. Ladakhi-Komposttoiletten und keinen Strom. Jedoch werden Besucher nirgendwo wärmerer empfangen als hier. Zum Abendessen kommen herzhafte Ladakhi-Gerichte auf den Tisch. Das Homestay wurde von der Snow Leopard Conservancy in Ladakh gegründet. Der Gewinn wird zwischen Besitzer und Dorf zugunsten von Erhaltungsmaßnahmen in der Gemeinde (z. B. Wiederaufforstung) aufgeteilt. Die Unterkünfte kann man in Leh über Overland Escape (S. 353) und Snow Leopard Trails (S. 353) buchen.

Changspa

Oriental Guest House (Karte S. 350; ☎ 253153; orientalleh@hotmail.com; Zi. mit Gemeinschaftsbad/eigenem Bad 120/300 Rs; 💻) Das freundliche Gästehaus in Familienbesitz hat saubere, einfache Zimmer und ist ein Evergreen. Während des ganzen Jahres wird das Wasser mit Solarenergie erhitzt; sehr geselliger Essbereich. Organisiert Öko-Touren und verlangt für Heizung im Winter 100 Rs pro Tag.

Asia Guest House (Karte S. 350; ☎ 253403; asiaguesthouse@yahoo.com; Zi. 120–300 Rs) Hat große Zimmer in Südlage, doch die Gäste genießen die Sonne tagsüber lieber im netten Garten. Essen gibt's im Café. Beim Ayurvedamasseur im selben Gebäude kann man bei einer Behandlung (500 Rs/Std.) mal so richtig abschalten.

Shanti Guest House (Karte S. 350; ☎ 253084; Zi. mit Gemeinschaftsbad/eigenem Bad 200 Rs) Eine weitere beliebte Unterkunft unterhalb der Shanti-Stupa. Die ordentlichen Zimmer liegen rund um einen Hof. Langzeiturlauber scheinen das Haus zu mögen – wenn man überwintern möchte, muss man für Vollpension und Zimmer mit Heizung 1000 Rs pro Nacht berappen.

Sankar

Lak Rook Garden Guest House (Karte S. 350; ☎ 252987; agyal123@yahoo.com; Zi. 150–300 Rs) Das weitläufige Gebäude steht in einem opulenten Gemüsegarten; ist sehr beliebt bei ehrenamtlichen Arbeitern und Ökofreaks. Die Dusche wird mit Solarenergie beheizt, zudem gibt's Komposttoiletten. Mahlzeiten werden in der traditionellen Ladakhi-Küche serviert.

Y Guest House (Karte S. 350; ☎ 252168; EZ/DZ mit Gemeinschaftsbad 100/200 Rs; im Winter geschl.) Eine von mehreren günstigen Unterkünften hinter dem Ecology Centre. Ordentlich und einladend; nahe genug dran an der Action, aber trotzdem angenehm ruhig, da es am Stadtrand liegt.

MITTELKLASSEHOTELS

Hotel Saser (Karte S. 350; ☎ 250162; saser_15@rediffmail.com; Zi. ab 500 Rs) Hotel in der Nähe vom Ecology Centre; vereint moderne und traditionelle Features in gemütlichen Zimmern rund um einen Garten. Die Zimmer im OG sind teurer; im Winter verdoppeln sich die Preise.

Gypsy's Panorama Hotel (Karte S. 350; ☎ 251660; matin@vsnl.com; Zi. ab 600 Rs) Ordentliches, wenn nicht sogar inspirierendes Hotel in Changspa. Die Winterpreise von 2000 Rs enthalten Vollpension und Heizung – was auch gut so ist, wenn man schon so weit draußen am Stadtrand von Leh wohnt.

Hotel Tso-Mori (Karte S. 352; ☎ 253611; Fort Rd; Zi. 800 Rs) Die Einrichtungen der Fort Rd. liegen praktischerweise gleich ums Ecke. Das Hotel steht rund um einen netten Innenhof und hat großzügige, einfach möblierte Zimmer.

Hotel Lumbini (Karte S. 352; ☎ 252528; Fort Rd; EZ/DZ 600/800 Rs) Die Zimmer sind etwas karg und die Teppiche abgelaufen, aber der freundliche Empfang entschädigt für diese Mankos. Auf der Gartenterrasse lässt es sich prima entspannen.

SPITZENKLASSEHOTELS

Silver Cloud Guest House (Karte S. 350; ☎ 253128; silvercloudstd@rediffmail.com; Zi. 1000–2000 Rs) Das Gästehaus in Sankar abseits der Menschenmassen sorgt für Entzücken. Prima Holzdekor und Aussicht auf die Berge. Manche Zimmer haben Balkone, ein paar teilen sich ein Gemeinschaftsbad. Die teuersten bekommen eine Menge Sonne ab.

Padma Guest House & Hotel (Karte S. 352; ☎ 252 630; padma22@sancharnet.in; Gästehaus: EZ/DZ mit Gemeinschaftsbad 250/400 Rs, Hotel: EZ/DZ 900/1050 Rs; 💻) Große, schnuckelige Zimmer im alten Gebäudetrakt, helle und ordentliche im blitzsauberen neuen. Hat einen von Lehs schönsten Gärten und ein Dachrestaurant mit toller Aussicht Richtung Westen. Verdientermaßen sehr beliebt.

Lotus Hotel (Karte S. 350; ☎ 250265; hotellotus@vsnl.net; EZ/DZ ab 1400/2000 Rs; 💻) Modernes und superkomfortables Hotel im Buddhist-Style. Ist sehr gepflegt und hat ein gutes Restaurant.

Hotel Yak Tail (Karte S. 352; ☎ 252118; EZ/DZ 850/1300 Rs) Großes Hotel in zentraler Lage mit einem Restaurant, einer Wechselstube und einem netten Hof voller Kletterpflanzen. Manche der größeren Zimmer grenzen sogar an eine Lounge.

Meridian Hotel (Karte S. 350; ☎ 252556; hotelthemeridian@sancharnet.in; EZ/DZ 700/1200 Rs) Steht mitten in den Feldern am Stadtrand; ein unauffälliges, aber komfortables Hotel mit schöner Aussicht. Die Versorgung mit warmem Wasser klappt zuverlässig und die bequemen Zimmer sind mit TV ausgestattet.

Essen & Ausgehen

Ladakhs Connections nach Tibet und eine große tibetische Flüchtlingsgemeinde haben in der lokalen Küche ihre Spuren hinterlassen. Viele Gästehäuser servieren in ihren gemütlichen Ladakhi-Küchen komplette Mahlzeiten mit Gemüse aus Eigenanbau. Es ist sehr beliebt, im Freien zu essen, wovon die Gartenrestaurants entlang der Straße zwischen Old Leh und Changspa zeugen. Sie haben nur im Sommer geöffnet – viele Lokale schließen zum Jahreszeitenwechsel. Sofern nicht anders vermerkt, haben die aufgeführten Restaurants sieben Tage die Woche von frühmorgens bis spät in die Nacht geöffnet.

Norlakh Restaurant (Karte S. 352; Main Bazaar Rd; Gerichte ab 35 Rs) Von dem etwas überfüllten tibetischen Lokal aus blickt man auf die Soma-Gompa. Serviert leckere *momos* (Klopse) ganz wie bei Mutti.

Shangri La (Karte S. 352; Main Bazaar Rd; Gerichte ab 35 Rs) Das Shangri La ist bei Einheimischen und Touristen gleichermaßen beliebt und serviert tibetische, chinesische, indische und sogar ein paar koreanische Gerichte. Das würzige Huhn (halbes/ganzes 50/100 Rs) ist der Hit.

ETWAS BESONDERS

Tibetan Kitchen (Fort Rd; ⏰ Sommer 12–22 Uhr) Das Lokal im Hotel Tso-Kar serviert tolles tibetisches Essen. Die momos (Klopse) sind die besten der Stadt. Außerdem stehen eine Menge Nudelgerichte auf der Speisekarte – die kurzen, flachen *thankthuk* und die längeren *laman* kommen mit Gemüse oder Fleisch auf den Tisch. Die „tibetische Küche" ist nur im Sommer geöffnet und dann meist rappelvoll, daher sollte man tagsüber vorbeischauen und einen Tisch reservieren (kein Telefon!) oder das *gyakok* (mehrgängiges Menü ab 400 Rs) im Voraus bestellen.

La Terrasse (Karte S. 352; Main Bazaar Rd; Gerichte 40–110 Rs) Eines von mehreren guten Lokalen in der Main Bazaar Rd. Auf der netten Terrasse im OG gibt's Sonnenschirme, eine tolle Aussicht und ein kühles Blondes. Zumindest die Desserts lohnen einen Besuch.

Pumperknickel German Bakery (Karte S. 352; Old Fort Rd; Gerichte 15–60 Rs) Hier ist immer was los. Zu den Spezialitäten gehören z. B. die Lasagne oder das üppige Frühstück zum Fixpreis von 50 Rs. Hier kann man sich mit Lebensmittel für Tagesausflüge eindecken.

Food Affair (Karte S. 352; Main Bazaar Rd; Gerichte 20–75 Rs) Liegt an einem Platz, an dem eine Straße vorbeiführt – daher ideal, um Passanten eingehend zu studieren. Das späte und gemütliche Frühstück ist sehr beliebt; mittags gibt's eine prima Quiche.

Penguin Bar & Restaurant (Karte S. 352; Fort Rd; Gerichte 40–90 Rs) Mit einer deutschen Bäckerei; serviert Travellern eine gute Auswahl an Gerichten, dazu gibt's die Tageszeitung, in der man unter Bäumen schmökern kann. Schenkt Alkohol aus, aber an einem Tag in der Woche bleibt der Zapfhahn zu (an unterschiedlichen Tagen).

Dolphin Food (Karte S. 352; Gerichte 20–80 Rs) Liegt unter Schatten spendenden Bäumen in einem ruhigen Sträßchen bei der Fort Rd. ums Eck und eignet sich ideal dazu, mal ein Stündchen abzuschalten: Die Zubereitung der westlichen Speisen dauert und der Service ist lahm. Die Vegi-Burger mit grob geschnittenen Pommes (60 Rs) sind die Warterei jedoch allemal wert.

Lamayuru Restaurant (Karte S. 352; Fort Rd, Gerichte ab 20 Rs) Das Angebot in dem indischen Vegi-Restaurant wechselt täglich, ist aber immer lecker. Wer das Thali bestellt (All-you-can-eat; 35 Rs), kann alles mal probieren und das Ganze anschließend mit einem Kaschmiri-Apfelsaft runterspülen. Das Happy World Restaurant (Karte S. 352) gegenüber tischt ähnlich leckere Sachen auf.

Magpie Garden Restaurant (Karte S. 350; Changspa Lane; Gerichte ab 30 Rs) Das Magpie serviert einige gute vegetarische Essen; die gefüllten Tomaten mit Sauce (45 Rs) kitzeln den Gaumen.

World Garden Café (Karte S. 352; Changspa Lane; Gerichte 45–120 Rs) In dem netten, schattigen Gartenrestaurant sitzt man unter einem Baldachin und wird mit entspannter World-Music beschallt. Serviert Gerichte von Chinesisch bis Israelisch, außerdem gibt's gute Pizzen aus dem Holzofen. Das Mona Lisa Restaurant (Karte S. 350) und das Rainbow Café (Karte S. 350) liegen ebenfalls an der Changspa Lane und servieren so ziemlich dasselbe.

Am südlichen Ende der Main Bazaar Rd. findet sich ein Obst- und Gemüsemarkt (Karte S. 352). Essen zum Mitnehmen gibt's in den traditionellen Bäckereien hinter der Jama Masjid; die sind mit einem Wort gesagt klasse und verkaufen den ganzen Tag über frisches Brot.

Die meisten Garten- und Dachrestaurants schenken Bier aus, das nicht immer kühl ins Glas kommt. Die Namra Bar gegenüber vom Yak Tail ist mit angenehm gedämpftem Licht und Musik Lehs beste Bar. *Chang*-Bier ist nicht so einfach aufzutreiben: daher im Hotel oder auf dem Gemüsemarkt nachfragen.

Unterhaltung

KULTURVERANSTALTUNGEN

Im Sommer veranstaltet die Cultural & Traditional Society hinter dem Shanshu-Komplex an den meisten Abenden eine Show. Die Ladakh Artists' Society of Leh singt abends vor dem Palast Ladakhi-Lieder und führt Tänze auf. Außerhalb der Festivalzeit bekommt man bei den äußerst unterhaltsamen Veranstaltungen herkömmlichem Gesang und Tanz noch sehr unverfälscht zu sehen.

SPORT

Polo ist sehr beliebt in Ladakh; im Sommer finden auf dem Poloplatz dienstags und samstags Matches zwischen Leh und den Dörfern aus der Umgebung statt.

Ein weiterer Volkssport ist Bogenschießen. Wer sich selbst mal als Robin Hood versuchen möchte, kann an den meisten Nachmittagen im Sommer an den Wettbewerben vom **Poplar Café** (Zangsti Rd) teilnehmen. Der Eintritt kostet 100 Rs, es gibt eine Menge chang-Bier – und mit etwas Glück gibt's einen Ladakhi-Hut als Gewinn!

Im Winter spielen Einheimische auf dem Teich vorm Ecology Centre Eishockey.

Shoppen

Wer seinem Karma etwas Gutes tun will, kann die örtlichen Kooperativen oder Ladakhi-Händler unterstützen. In der Fort Rd. und der Main Bazaar Rd. gibt's die meisten Läden. Zu den örtlichen Besonderheiten gehören z. B. tibetische Handwerksprodukte, *pashminas* (Wollschals), Wollsocken und Aprikosen.

Das Ecology Centre, die Women's Alliance und die Cottage Industries Exposition (alle auf der Karte S. 350) verkaufen jeweils im Ort produzierte Handwerkserzeugnisse und Kleidung sowie einige Bücher zu Umweltthemen.

Ladakh Environment & Health Organisation (Karte S. 352; Himalaya Shopping Complex, Main Bazaar Rd) Schult Ladakhi-Frauen, *pashminas* zu weben, und organisiert Besuche bei der Dorfkooperative 20 km außerhalb von Leh. Hier kann man zuschauen, wie Schals entstehen, bevor man sich zum Kauf entschließt. Die Schals kosten zwischen 50 und 5000 Rs.

Ladag Apricot Store (Karte S. 352; Old Fort Rd) Hier gibt's Marmelade, getrocknete Aprikosen, Aprikosenkerne und anderes Fruchtiges.

Tibetan Handicraft Community Showroom (Choglamsar) Die Kooperative verkauft von Flüchtlingen hergestellte Handwerksprodukte. *Thangkas* kosten zwischen 400 und 8000, *pashminas* bis zu 5000 Rs; Teppiche gibt's ab 2000 Rs.

An- & Weiterreise

FLUGZEUG

Der wahrhaftig dramatische Flug über die Berge von und nach Leh gestaltet sich wesentlich einfacher, seitdem sich Jet Airways und Indian Airlines zusammengetan haben. Zu Spitzenzeiten kann es dann, wenn Flüge Wetterturbulenzen zum Opfer fallen, schwierig sein, einen Platz zu ergattern. Verzögerungen sollte immer einkalkuliert werden: daher am Abflugtag in Leh besser keine Tickets für Anschlussverbindungen buchen.

Der **Flughafen** (außerhalb der Karte S. 350; ☎ 252255) nimmt es mit der Sicherheit sehr ernst. Eigentlich ist im Flugzeug kein Handgepäck erlaubt, aber bei zerbrechlichen oder wertvollen Gegenständen wird manchmal ein Auge zugedrückt. Andere Traveller haben berichtet, dass schon Batterien aus dem Handgepäck heraus konfisziert wurden: also diese besser im Gepäck verstauen, das aufgegeben wird.

Die **Indian Airlines** (Karte S. 350; ☎ 252076; Fort Rd; 🕑 10–13 & 14–16 Uhr) residiert in einem kleinen weißen Gebäude am unteren Ende der Fort Rd. Von Juni bis September sind täglich Flüge zwischen Leh und Delhi (128 US$), jeden Donnerstag über Chandigarh (87 US$) im Angebot. Von Oktober bis Mai sind pro Woche vier Flüge geplant, was aber stark von Wetter und Nachfrage abhängt. Das ganze Jahr über heben Flieger montags, mittwochs und freitags nach Srinagar (68 US$) sowie dienstags und samstags nach Jammu (78 US$) ab. Wenn die Delhi-Flüge ausgebucht sind, sind sie eine gute (wenn auch indirekte) Alternative.

Jet Airways (Karte S. 352; ☎ 250999; Main Bazaar Rd; 🕑 9.30–17.30 Uhr) fliegt täglich zwischen Leh und Delhi hin und her (125 US$).

BUS

Öffentliche Regional- und Langstreckenbusse fahren vom Busbahnhof südlich der Stadt ab. Wie immer bei indischen Langstrecken-Busverbindungen buchen clevere Traveller im Voraus und vergewissern sich am Abend zuvor, ob sich was an den Abfahrtszeiten geändert hat. Plätze in Bussen der Jammu & Kaschmir State Road Transport Corporation (J&KSRTC) kann man beim **Busbahnhof** (Karte S. 350; ☎ 252085) buchen.

Zu/Von den Dörfern in der Umgebung

Diverse Busse und Minibusse fahren zu den Dörfern im Indus-Tal. Manche davon nützen Travellern nicht viel, da sie in Leh am Nachmittag losfahren und erst am nächsten Morgen zurückfahren. Sie werden vor allem von Dorfbewohnern benutzt, die einen Tag in Leh verbringen. Weitere Infos hierzu gibt's im Kasten, S. 358.

REGIONALBUSSE & MINIBUSSE AB LEH

Ziel	Preis (Rs)	Dauer (Std.)	Hinfahrt	Rückfahrt
Alchi (M)	38	2½	15.30 Uhr	7 Uhr
Basgo	25	1½	15.30 Uhr	7 Uhr am nächsten Tag
Chemray (M)	26	1½	8 & 10 Uhr	bei Ankunft
Choglamsar (M)	5	40 Min.	alle 30 Min.	bei Ankunft
Hemis	24	1½	9.45 & 16 Uhr	12 & 19 Uhr
Likir (M)	32	2	15.30 Uhr	7 Uhr am nächsten Tag
Matho (M)	12	1	7.30 & 16.30 Uhr	bei Ankunft & 18.30 Uhr
Nimmu (M)	23	1½	15.30 Uhr	7.30 Uhr am nächsten Tag
Phyang	11	1	7.30, 13 & 16.30 Uhr	bei Ankunft
Phyang (M)	15	1	regelmäßig	bei Ankunft
Saspul	36	2	15.30 Uhr	7.30 Uhr am nächsten Tag
Shey (M)	9	30 Min.	alle 30 Min.	bei Ankunft
Spituk (M)	5	20 Min.	alle 30 Min.	bei Ankunft
Stakna (M)	14	1	7 Uhr	16 Uhr
Stok (M)	10	1	13, 16 & 16.30 Uhr	8, 8.30 & 14 Uhr
Taktok (M)	30	2	8 & 10 Uhr	bei Ankunft
Thiksey (M)	13	1	alle 30 Min.	bei Ankunft

(M) Minibus

Nach/Von Manali

Die Straße von Leh nach Manali ist normalerweise von Mitte Juli bis Mitte September befahrbar. Der genaue Termin hängt davon ab, wann die Pässe endgültig frei sind; am 15. September stellt die Border Roads Organisation offiziell den Betrieb ein. Wenn der Schnee sich verspätet, ist die Straße auch noch ein paar Tage nach diesem Datum offen, es fahren aber nur noch Privatbusse.

Die Reisezeit beträgt zwei Tage; private und staatliche Busse sind täglich auf dieser Strecke unterwegs. Zum Saisonende hängen die Abfahrtszeiten in Leh davon ab, wann die Busse aus Manali eintreffen.

Der Bus der Himachal Pradesh Tourist Development Corporation (HPTDC) fährt vom Busbahnhof in Leh normalerweise um 6 Uhr ab. Tickets gibt's in den Reisebüros, am Busbahnhof oder beim **HPTDC Reservierungsbüro** (Fort Rd) für 1200 Rs inkl. Übernachtung in einem Zelt in Sarchu.

Privatbusse fahren um ca. 3.30 Uhr los und kosten 1000 Rs plus Übernachtung und Verpflegung in Sarchu oder Darcha. Buchen kann man in jedem Reisebüro in Leh.

Eine günstigere Alternative ist der öffentliche Bus der J&KSTC (Standard/Deluxe 429/800 Rs), der täglich um 12.30 und 6 Uhr den Busbahnhof in Leh verlässt.

Eine genaue Beschreibung dieser Route findet sich auf S. 336.

Zum/Vom Nubra-Tal

Mehrere Busse kutschieren einen zu den Nubra-Dörfern; alle verlassen Leh dienstags und samstags um 6 Uhr. Ein Bus geht dienstags und samstags erst nach Sumur (75 Rs, 7 Std.) und dann nach Panamik (92 Rs, 8 Std.). Der Bus nach Diskit (69 Rs, 7 Std.) fährt auch donnerstags.

Die Busse kehren am nächsten Morgen nach Leh zurück.

Nach/Von Srinagar

Die Straße von Leh nach Srinagar ist normalerweise von Anfang Juni bis Oktober offen, das genaue Datum kann jedoch variieren. Die Reisezeit beträgt zwei Tage inklusive einer Übernachtung in Kargil (ab und zu auch in Drass). Die Fahrt nach Srinagar wird dadurch erschwert, dass der Pass (Zoji La) westlich von Drass einmal in der Woche wegen Instandhaltungsarbeiten geschlossen ist; dies hängt von der Jahreszeit ab. Auf dem Pass geht's nur in einer Fahrtrichtung vorwärts: Busse nach Srinagar müssen den Armee-Kontrollpunkt auf dem Gipfel bis spätestens um 5 Uhr passiert haben – deshalb geht's in Kargil schon nachts um 1 Uhr los.

Die J&KSRTC hat Standard- und Deluxe-Busse in Angebot. Täglich fahren Busse um 6 Uhr nach Kargil (Standard/Deluxe 200/260 Rs, 10 Std.), ebenso gibt's eine Verbindung nach Srinagar (405/565 Rs, 2 Tage, 434 km) – diese jedoch nur an sechs Tagen in der Woche.

MOTORRAD

Motorräder sind beliebte Transportmittel für die Reise nach und durch Ladakh. In Khalsi und Kargil befinden sich die einzigen Tankstellen zwischen Leh und Srinagar; in Zanskar und im Nubra-Tal gibt's nirgendwo Sprit, daher sollte man immer einen ausreichenden Vorrat dabeihaben. Weitere Infos zur Fahrt auf zwei Rädern zwischen Leh und Manali s. S. 340.

Für Ausflüge in die Umgebung vermietet **Planet Himalaya** (Karte S. 352; ☎ 253433; Gompa-Komplex) 350-ccm-Enfields für 700 Rs/Tag und 100-ccm-Yamahas für 500 Rs/Tag. Sicherstellen, dass die eigene Versicherung im Falle eines Falles Ansprüche Dritter abdeckt.

FM Automobiles (außerhalb der Karte S. 350; Manali Rd) in der Nähe der TCP Housing Colony repariert so ziemlich alles.

TAXI

Trotz der hohen Preise eignet sich ein Taxi perfekt dazu, an einem Tag alle möglichen Sehenswürdigkeiten vor Ort abzuklappern, vor allem dann, wenn man den Wagen voll bekommt. Lehs Taxigesellschaft legt Listen mit Fixpreisen aus.

Bei Fahrten über längere Strecken sollte man daran denken, dass Taxis nur innerhalb des Geltungsbereichs ihrer Gesellschaft fahren dürfen. Beispielsweise geht's mit dem Taxi eines Unternehmens nach Kargil; für die Weiterfahrt nach Padam oder Srinagar muss man dann auf ein Gefährt der Firma aus Kargil umsteigen.

Taxis warten abfahrbereit am **Taxistand 1** (Karte S. 352; ☎ 252723; Fort Rd; 🕒 7–19 Uhr). Fahrtziele und Preise (ohne/mit Rückfahrt): Alchi (1030/1270 Rs), Hemis (825/946 Rs), Likir (775/980 Rs), Shey (231/291 Rs), Stakna (566/696 Rs), Stok (313/445 Rs) und Thiksey (363/440 Rs).

Fahrten zu Gompas in der Umgebung (mit Rückfahrt) sind nach Alchi, Likir und Rizong (1815 Rs) sowie nach Shey, Thiksey und Hemis (995 Rs) im Angebot. In der Nebensaison sind Rabatte drin.

Taxifahrten über längere Strecken gibt's z. B. nach Kargil (3690 Rs) und Manali (11433 Rs). Taxis nach Manali fahren vom Busbahnhof ab und verkaufen Einzelplätze im Voraus. Abhängig davon, wo man sitzt, kostet die Fahrt zwischen 1000 und 2000 Rs (mitunter kommen bis zu 10 Leute in einem Sumo unter). Die 14-stündige Fahrt nach Manali geht jeweils um 14 Uhr los.

LASTWAGEN

Um Orte mit einer schlechten Verkehrsanbindung zu erreichen, sind Lastwagen eine gute Alternative. Bei größeren Distanzen fahren sie allerdings oft die ganze Nacht durch – keine tolle Idee! – oder halten irgendwo am Straßenrand. Wenn sich nicht zu viele das Führerhaus teilen, geht's eventuell bequemer zu als im Bus. Und auch etwas günstiger – dafür ist das Unfallrisiko höher.

Unterwegs vor Ort

VOM/ZUM FLUGHAFEN

Busse fahren zwar zum Flughafen, ein Taxi für 100 Rs ist aber wesentlich praktischer. Manche der Fahrer, die auf Neuankömmlinge warten, entpuppen sich als Hotelschlepper; wer auf das Hotel seiner Wahl besteht, wird aber recht schnell in Ruhe gelassen.

FAHRRAD

Wer genug Power in den Waden hat, kann viele interessante Sehenswürdigkeiten rund um Leh mit dem Fahrrad abklappern. Bei **Again Adventures** (Zangsti Rd) gibt's Mountainbikes (200 Rs/Tag plus Kaution).

WESTLICH VON LEH

Wenn man sich mit anderen Travellern ein Taxi teilt, kann man mehrere Gompas und Dörfer wunderbar in einem Tagesausflug verbinden. Wer früh genug loskommt, kann sogar noch einen Abstecher nach Lamayuru (S. 368) und Mulbekh (S. 369) einplanen.

Spituk

Im 15. Jh. errichtete der Gelukpa-Orden die **Spituk Gompa**, die in nur 8 km Entfernung von Leh stolz auf einem Hügel über dem Indus steht. Von der Vorderseite aus hat man eine wenig prickelnde Aussicht auf den nahen Militärflugplatz; dafür blickt man von der Rückseite auf das hübsche Dorf. In den zwei Gebetsräumen stehen schöne Buddha-Statuen, die nur einmal im Jahr während des **Gu-Stor-Festivals** (S. 346) entschleiert werden.

Spituk ist Startpunkt des siebentägigen Trekkings durch das Markha-Tal nach Hemis (S. 373).

Phyang

Kurz hinter Spituk führt ein langer, holperiger Weg abseits der Hauptstraße zum malerischen Dorf Phyang. **Mani-Mauern** führen zu der wenig besuchten Gompa: König Tashi Namgyal errichtete sie um das 16. Jh. herum. Heute leben hier ca. 45 Mönche des Kagyupa-Ordens. Beim jährlichen farbenfrohen Festival (s. Phyang Tsedup, S. 346), einem von Ladakhs großen Events, wird eine kunstvolle *thangka* zur Schau gestellt.

Nimmu

In Nimmu lässt sich prima eine Teepause einlegen. Wer aus Richtung Leh kommt, blickt 2 km vor Nimmu hinunter auf die „Kreuzung" zweier Schluchten, in denen Indus und Zanska in unterschiedlichen Farben schillernd fließen. Hier ist eine Straße geplant, um Leh mit Zanskar zu verbinden.

Basgo

Basgo war einst die Hauptstadt des unteren Ladakh, bevor das Königreich in Leh vereinigt wurde. Die 400 Jahre alte **Gompa** aus Schlammziegeln und die 500 Jahre alte **Zitadelle** liegen am Ende von gewundenen, steilen Pfaden. 2000 wurden beide in die Liste der 100 am meisten gefährdeten Bauwerke des Weltkulturerbes aufgenommen. Der **Serzang-Tempel** beherbergt eine riesige Maitreya-Statue (der spätere Buddha) aus Gold und Kupfer. Frühere Kriege und der voranschreitende Verfall ließen von der Zitadelle größtenteils nur noch Ruinen übrig.

Likir

Die großartige und wenig besuchte **Klu-Kkhyil-Gompa** (*klu-kkhyil* bedeutet „Wassergeister") wurde im 11. Jh. gegründet. Sie ist Ladakhs erste Gompa, die von tibetischen Mönchen errichtet wurde. Das heutige Bauwerk entstand im 18. Jh. neu und wurde wieder an den Gelukpa-Orden übergeben. Die 25 m hohe **Maitreya-Statue** davor dominiert die Anlage – was sehr ungewöhnlich für eine Gompa in Ladakh ist. In einem der spannenderen Räume befindet sich ein kleines Museum mit kulturellen, militärischen und religiösen Ausstellungsstücken aus Tibet. Manche davon sind 300 bis 400 Jahre alt und mit englischen Infos beschriftet. Jeden Februar steigt hier ein interessantes **Dosmoche-Festival** (s. S. 346).

Vom friedvollen Likir aus erreicht man die Gompa nach einem 30-minütigen Querfeldein-Spaziergang.

SCHLAFEN & ESSEN

Norboo Spon Guest House (Zelt 50 Rs, EZ/DZ 50/100 Rs) Angenehmes Gästehaus mit einer großen unverfälschten Ladakhi-Küche und einem *thangka*-Studio. Im Sommer kann man im Dachrestaurant essen und im Garten sein Zelt aufschlagen. Das Lokal liegt unterhalb vom Kloster am Rand von Likir. Das separate Nurboo Spon Guest House (Old House) steht im Ortszentrum und hat ähnliche, aber günstigere Zimmer.

Gaph-Chow Guest House & Camping (☎ 227151; Camping 60–100 Rs, EZ 200–300 Rs, DZ 300–400 Rs) Tolle Unterkunft mit kostenlosem, solarbeheiztem Wasser; die teureren Zimmer haben eigene Badezimmer. Hier stehen auch ein paar Zelte – günstiger ist's jedoch, im eigenen zu übernachten. Die Mahlzeiten werden in der Ladakhi-Küche serviert; Bibliothek und Meditationsraum sorgen für eher geistige Nahrung.

Alchi

In dem kleinen Dorf am Südufer des Indus gibt es genauso viele Tschorten wie Häuser. Viele unternehmen lediglich einen Tagesausflug in das Dorf, in dem sich auch prima ein wenig in das Dorfleben der Ladakhi reinschnuppern lässt.

Die **Alchi-Gompa** ist Ladakhs einzige Gompa, die in der Ebene gebaut wurde: Ein kniebrechender Aufstieg bleibt einem also erspart. Rinchen Zangpo, der Große Übersetzer, gründete die Gompa im 11. Jh. bei seiner Rückkehr aus Indien, was die Einflüsse aus Indien (und vor allem auch aus Kaschmir) erklärt. In der Sumtse- und der Su-Khang-Halle im Inneren gibt's Werke der **indotibetischen Kunst** zu bestaunen, die zu den besten des Planeten zählen. Zum Schutz der uralten Fresken und Schnitzereien darf im ganzen Komplex nicht fotografiert werden.

Die dreistöckige **Dharma-Wheel-Gompa** ist bekannt für ihre gewaltigen Buddha-Statuen. Ansonsten gibt's in dem Komplex auch noch weitere Statuen aus Ton, aufwändige Holzschnitzereien und Wandgemälde im Kaschmir-Stil zu sehen.

SCHLAFEN & ESSEN

Die Unterkünfte in Alchi ballen sich größtenteils rund um die Gompa und den Parkplatz (mit einem Teestand und einem kleinen Lebensmittelgeschäft); beides liegt am Ende der Straße, die ins Dorf führt. Da es sich hierbei in erster Linie um einen Sommerferienort handelt, sind die meisten Gästehäuser im Winter geschlossen. Wenn sie geöffnet haben, betreiben sie ihre eigenen Restaurants.

Choskor Guest House (☎ 227084; B 40 Rs, Zi. 80–200 Rs) Wenn man nach Alchi hineinkommt, liegt das gemütliche Traditionshaus mit seinem Blumengarten gleich auf der linken Seite. Es gibt hier auch was zu essen. Das Gästehaus hat das ganze Jahr über geöffnet (der Zuschlag für die Heizung im Winter hängt vom jeweiligen Brennstoffpreis ab).

Lotsava (☎ 227129; EZ/DZ 80/100 Rs) Haus gleich bei der Gompa mit einfachen, aber sauberen und komfortablen Zimmern. Die meisten Badezimmer befinden sich draußen im kleinen Garten.

Samdupling Guest House (☎ 227104; EZ/DZ ab 500/800 Rs) In dem angenehmen Gästehaus kann man sich prima ein bis zwei Tage ausruhen. Alle Zimmer haben eigene Badezimmer mit heißem Wasser.

Alchi Resort (☎ 252520; EZ/DZ ab 850/1150 Rs) Die zusammengewürfelten Hütten mit jeweils zwei Zimmern sehen von außen wenig einladend aus; wer sich dennoch hineinwagt, wird mit warmen und gemütlichen Zimmern belohnt. Alle haben eigene Badezimmer mit solarbeheiztem Wasser.

AN- & WEITERREISE

Da von Leh aus schon morgens ein Minibus nach Alchi geht, ist es eines der wenigen Dörfer, die in einem Tagesausflug besucht werden können. Andernfalls nimmt man den Bus in Richtung Khalsi und läuft von der Brücke 2 km hinter Saspul die restlichen 3 km ganz easy ins Dorf.

Rizong

An einer Nebenstraße nördlich des Highways liegt ein abgeschiedenes Gebiet mit dem **Julichen-Nonnenkloster** und der **Rizong-Gompa**. Die Gompa steht im hinteren Bereich eines von der Natur geschaffenen Amphitheaters. In zwei der drei zu besichtigenden Räumen stehen große Buddhas, im dritten ein großer Stupa. Zum Nonnenkloster geht's ca. 45 Minuten über einen angenehmen, manchmal etwas steilen Weg: Der Marsch startet an der Gompa und geht durch Felder und Aprikosenplantagen.

Uley Tokpo Camping Ground (☎ 253640; Fax 252735; Zelt EZ/DZ mit Verpflegung 2150/2500 Rs; ⌚ Mai–Okt.) Liegt in der Nähe der Abzweigung nach Rizong, ca. 200 m in Richtung Alchi an der Hauptstraße. Zelte mit einem Hauch von Luxus sind zwischen Aprikosenbäumen aufgebaut – diese sind jedoch recht teuer.

Von Leh gibt es kein Direktbus nach Rizong, daher muss auf einen Richtung Kargil oder einen Lastwagen zurückgegriffen werden.

Khalsi

In Khalsi hat sich an der Abzweigung nach Dha Hanu viele Jahrhunderte lang eine Brücke über den Indus erstreckt; die neueste Version scheint sich seit mehreren Jahren im Bau zu befinden. In dem Militärgebiet werden öfters Passkontrollen durchgeführt. In Khalsi gibt's ein paar Imbissbuden und ein paar abstoßende Truckstop-Unterkünfte. Wer mit dem eigenen Fahrzeug unterwegs ist, findet hier die einzige Zapfsäule zwischen Leh und Kargil.

ÖSTLICH VON LEH

In diesem Gebiet lassen sich mehrere Sehenswürdigkeiten hintereinander prima mit einer Taxifahrt von Leh aus abhaken.

Choglamsar

Besucher finden ein bedeutendes Zentrum des tibetischen Buddhismus und des Studiums tibetischer Kultur und Geschichte vor. Rund um das Flüchtlingslager abseits der Hauptstraße, die aus Leh hierher führt, liegen ein medizinisches Zentrum, Handwerksläden, Buchläden, ein paar Restaurants und das Central Institute of Buddhist Studies mit einer Präsenzbibliothek.

Mahabodhi Meditation Centre (☎ 264025; www.mahabodhi.geocities.com; B 100 Rs, Zi. 200–300 Rs; 💻) Bietet Unterkünfte in einer sauberen, ruhigen Umgebung. Das Zentrum veranstaltet *vipassana*-Meditationskurse: vorher anrufen. Die Zimmer stehen jederzeit auch

Travellern zur Verfügung, die nicht an den Kursen teilnehmen.

Buddha Garden Guesthouse (☎ 244074; EZ/DZ 200/300 Rs) Ordentliches Gästehaus in Familienbesitz abseits der Straße, das auch gutes tibetisches Essen auftischt. Alle Zimmer haben Badezimmer mit warmem Wasser.

Stok

Hinter der Brücke bei Choglamsar erhebt sich der **Stok-Palast** (Eintritt 25 Rs; Sommer 8–19 Uhr), das ehemalige Zuhause der Könige von Ladakh. Die königliche Familie bewohnt das 1825 erbaute Gebäude immer noch, zieht sich aber im Winter nach Manali zurück, wenn der Palast nur noch schwierig zu beheizen ist. Von den über 80 Räumen sind nur fünf für die Öffentlichkeit zugänglich.

Im Museum gibt's eine einzigartige Ausstellung mit seltenen königlichen Ornamenten, *thangkas,* traditioneller Kleidung und Schmuck zu sehen.

Beim **Gu-Stor** (S. 346), dem jährlichen Orakelfest, führen Mönche aus Spituk heilige Tänze auf und treten Orakel in Erscheinung.

Dupka Guesthouse (☎ 242032; EZ/DZ mit Gemeinschaftsbad 100/200 Rs) Einzige Budgetunterkunft in Stok. Sie liegt in der Nähe des Palasts und hat ordentliche Zimmer, die jedoch einen neuen Anstrich vertragen könnten.

Hotel Highland (☎ 242005; Zi. ab 1000 Rs) Zählt zu den teureren Unterkünften. Die sehr komfortablen Zimmer im traditionellen Ladakhi-Stil haben durch die Bank ein eigenes Badezimmer und eine nette Aussicht auf Dorf und Felder.

Shey

In Shey, 15 km südöstlich von Leh, steht der ehemalige Sommerpalast der Könige von Ladakh. Die immer noch teilweise genutzte **Gompa** wird gerade restauriert. Hier gibt's eine kleine Bibliothek, eine *thangka*-Sammlung sowie ein paar Stupas und **Mani-Mauern** in der Nähe. Die 12 m hohe **Sakyamuni-Buddha-Statue** aus vergoldetem Kupfer ist die größte in der Region. Sie wurde von König Singge Namgyals Sohn erbaut. An der Straße von Shey nach Thiksey stehen zahlreiche **Tschorten**, die wie weiße Bauern auf der Suche nach einem Schachbrett aussehen.

Besthang Guest House (☎ 267556; Zi. mit Gemeinschaftsbad 200 Rs) Beste Unterkunft in Shey, die inmitten von Feldern abseits der Hauptstraße steht. Zum Zeitpunkt der Recherche waren gerade Bauarbeiter am Werk, aber die Renovierung sah ganz gelungen aus.

Das missverständlich benannte Shilkhar Hotel gegenüber der Gompa vermietet zwar keine Zimmer mehr, hat aber noch ein Restaurant. Es serviert ein paar nicht weiter aufregende Standardgerichte, die Leib und Seele zusammenhalten.

Thiksey-Gompa

Die wunderschöne Gelukpa-Gompa 17 km südlich von Leh ist der beste (und beliebteste) Ort in der Nähe, um bei einer *puja* (Opfer oder Gebete) dabeizusein. Man sollte früh (so um 7 Uhr) kommen, sich dann ruhig hinten reinsetzen oder aufs Dach steigen und die Mönche dabei beobachten, wie sie die riesigen tibetischen Hörner trompeten, um die Gebetszeit ankündigen. Vom Dach aus gibt's auch eine der besten Aussichten auf das Indus-Tal in Ladakh.

Innen befindet sich ein separater Tempel mit einem zweistöckigen Maitreya. Man betritt die obere Ebene und wird sofort von dem großen goldenen Kopf mit dem Lächeln der inneren Erkenntnis gefangen genommen.

In der Gompa, in der anscheinend immerzu etwas renoviert wird, befinden sich einige ausgezeichnete Kunstwerke. Finanziert wird das Ganze teilweise durch die Scharen Touristen, die es hierherzieht. Von der Bushaltestelle geht es zur Gompa 2 km zu Fuß den Berg hinauf.

In Thiksey findet jeden März das beliebte **Gu-Stor-Festival** statt (S. 346).

Chamba Hotel (☎ 267005; kthiksey@vsnl.com; Zi. 300 Rs) Die einzige Übernachtungsmöglichkeit in Thiksey gehört zur Gompa. Gepflegtes, angenehmes Hotel mit eigenen Badezimmern, einem kleinen Garten und einem Restaurant, das tagsüber Reisegruppen verköstigt.

Matho-Gompa

Der Sakya-Orden erbaute die Gompa aus dem 16. Jh., in der jedes Jahr das **Matho-Nagrang-Orakelfestival** (S. 346) stattfindet. Dabei verfallen Mönche in Trance und fügen sich selbst Wunden zu, die keine Spuren hinterlassen zu scheinen. Ausschließlich Männer dürfen den dunklen und mysteriösen Raum betreten, in dem sie sich zwei Monate lang in Meditation darauf vorbereiten.

Taktok-Gompa

Für Taktok gibt's mindestens fünf verschiedene Schreibweisen. Sie ist die einzige Gompa im oberen Indus-Tal, die zum Nyingmapa-Orden gehört. Sie wurde oberhalb vom Dorf Sakti rund um eine Höhle gebaut – wann genau, ist unklar, auf jeden Fall wurde das Gebäude nachträglich erweitert. Der Zahn der Zeit hat etwas an den Fresken genagt, dafür gibt's noch ein paar aufwändige Teppiche und Malereien zu sehen. Taktok ist etwas schwierig zu erreichen und liegt nicht am üblichen „Gompa-Weg". Ein Taxi von Leh nach Taktok kostet 1078 Rs mit Rückfahrt.

Stakna-Gompa

Die Gompa von Stakna („Tigernase") steht spektakulär am Indus-Ufer auf der Seite von Hemis. Der Stiefbruder von König Singge Namgyal ließ das Kloster erbauen, das zum Brokpa-Orden gehört. Ein Besuch der Gompa kann mit einem Trip nach Matho kombiniert werden.

Wer mit dem Bus anreist, steigt beim Schild aus, das an der Straße zur Gompa weist. Danach geht's über eine Brücke und 30 schattenlose Minuten querfeldein einen steilen Pfad hinauf.

Hemis-Gompa

45 km südlich von Leh liegt die Hemis-Gompa aus dem frühen 17. Jh. Das Kloster ist auch als Chang-Chub-Sam-Ling (einsamer Ort der mitfühlenden Person) bekannt und gehört zum Brokpa-Orden. Heute zählt sie zu eine der am leichtesten zugänglichen, berühmtesten und meist besuchten Gompas, in der es gut erhaltene, aus Kaschmir beeinflusste Fresken, eine dreistöckige Statue des berühmten Weisen Padmasambhava und Ladakhs größte, 12 m breite und vier Stockwerke hohe *thangka* zu bestaunen gibt. Das berühmte jährliche **Tse-Chu-Festival** (S. 346) erinnert an Padmasambhavas Geburt. Die große *thangka* wird aber nur alle zwölf Jahre entfaltet (das nächste Mal erst 2016).

Im Dorf sucht man Gästehäuser vergeblich, dafür gibt's einen **Campingplatz** (Zelt 75 Rs pro Pers.): Plätze werden über das Outdoor-Restaurant beim Gompa-Eingang gebucht. Dieses serviert nicht gerade aufregende, aber gern gegessene chinesische Gerichte und Tee.

NUBRA-TAL

☎ 01982

Das Nubra-Tal liegt nördlich von Leh kurz vor der umstrittenen Grenze zu China. Das Aussehen der Landschaft prägen zwei breite und karge Überschwemmungsgebiete, durch die die verzweigten Rinnsale des Nubra und des Shyok fließen, bevor sie zusammenlaufen. Nubras Bevölkerung besteht zu etwa 90 % aus Buddhisten. Wenn man erst einmal den Khardung La überquert hat, fühlt man sich wie im Vorzimmer Zentralasiens.

Das fruchtbare Nubra – das Wort bedeutet „grün" – wird auch Blumental genannt und hat Ladakhs bestes Klima. Schon seit jeher wurde hier Ackerbau betrieben; es wächst eine Menge Getreide und Obst wie z. B. Äpfel und Aprikosen. Die Siedlungen liegen in grünen Vegetationsoasen an den Stellen, wo Schmelzbäche ins Tal fließen. Sonst wird die karge Vegetation überall durch Baumbepflanzungen aufgestockt. Im Herbst ist die Landschaft in das Orange der Beeren des *tsestalulu* (Sanddorn) getunkt. Diese enthalten viel Vitamin C und sind die Grundlage für ein würziges, in Flaschen abgefülltes Getränk.

Für den Besuch des Nubra-Tals wird eine Genehmigung benötigt, die jedoch nur bis Hunder und Panamik gilt. Pro Tag werden Besucher außerdem eine Steuer von 20 Rs los. Alle Unterkünfte im Tal bieten Verpflegung an, sind aber ansonsten oft einfach und nur begrenzt mit Strom versorgt. Sofern nicht anders vermerkt, haben sie im Winter geschlossen.

An- & Weiterreise

Auf dem Khardung La, dem Zugang zum Tal, herrscht Einbahnstraßenverkehr: von Leh nach Nubra morgens und von Nubra nach Leh nachmittags. Infos zu Busreisen s. S. 358.

TAXI

Vor allem dann, wenn sich die Kosten auf mehrere Traveller verteilen, dürfte es das Beste sein, Jeeps oder Taxis zu chartern. Ein Taxi von Leh nach Diskit kostet ohne/mit Rückfahrt 3136/4137 Rs (zwei Tage für die Rückfahrt), nach Panamik 3291/4394 Rs. Ein dreitägiger Trip über Diskit, Hunder, Sumur und Panamik kostet mit Rückfahrt 6585 Rs.

LASTWAGEN

Lastwagen – oder eher das, was so alles auf den Straßen zum und im Nubra-Tal herum fährt – sind für Touristen und Einheimische gleichermaßen geeignete Transportmittel. Wie üblich handelt man einen Preis aus und stellt sich auf eine holperige Fahrt ein.

Unterwegs vor Ort

Der öffentliche Busverkehr ist mager und eignet sich eher dazu, das Tal im gemütlichen Tempo zu erkunden. Montags bis samstags fahren zwei brauchbare Busse ab Diskit: Einer um 16 Uhr nach Panamik (28 Rs, 2½ Std., 58 km) und einer um 16 Uhr nach Chamshen (25 Rs, 2 Std., 44 km), das zwischen Panamik und Sumur liegt. Die Busse fahren jeweils um 8.30 Uhr am nächsten Morgen zurück; sonntags fährt aber nur ein Bus nach Panamik um 8 Uhr mit Rückfahrt um 14 Uhr. Beide Busse legen in Sumur (16 Rs, 1½ Std., 38 km) einen Zwischenstopp ein. Täglich gibt's drei Busse um 8, 13 und 15 Uhr nach Hunder (7 Rs, 20 Min., 7 km), die gleich bei der Ankunft wieder zurückfahren.

Von Diskit nach Panamik wird man im Taxi ohne/mit Rückfahrt 1215/1560 Rs los, von Diskit nach Sumur 800/1000 Rs.

Khardung La

5602 m

Der ganzjährig befahrbare Khardung La nach Nubra führt über den höchsten mit einem Auto zu erreichenden Punkt des Planeten. Der Pass wird von einem schäbigen Militärcamp und Stapeln von Ölfässern in Beschlag genommen. Dies sollte einen jedoch nicht daran hindern, den Blick in die Ferne schweifen zu lassen. Der Gedanke ist sehr reizvoll, dass man vielleicht nirgendwo sonst in solcher Höhe den Fuß auf festen Untergrund setzen kann.

Inzwischen ist die Passstraße bis auf ein paar Kilometer vor und nach dem Scheitelpunkt, wo Jahr für Jahr Straßenbauer und Naturgewalten ihren ganz privaten Kampf ausfechten, ganz o. k.

Bei den armseligen Straßenarbeiterhütten von South und North Pullu (auf beiden Seiten der Passhöhe) gibt's Toiletten, Teeläden und Essen. Außerdem fährt man bei Armeekontrollpunkten vorbei, an denen man seine Genehmigung vorzeigen muss. Eventuell muss man anhalten und warten, bis die Straße in der eigenen Fahrtrichtung geöffnet wird.

Khalsar

3018 m

So richtig beginnt das Nubra-Tal beim Dorf Khalsar. Hier finden sich mehrere Teehäuser, ein paar zweifelhafte Unterkünfte und ein großes Treibstofflager der Armee. Kurz vor Lughzun gabelt sich die Straße: Links geht's am Shyok entlang nach Diskit und Hunder, rechts am Nubra entlang nach Panamik.

Diskit

3144 m

Wer in Richtung Diskit, dem größten Dorf des Tals, abgebogen ist, fährt auf einer Straße, die auf 3 km an felsigen Überschwemmungsgebieten vorbeiführt und danach weitere 13 km an den Hängen klebend ansteigt. Die **Diskit-Gompa** mit ca. 100 Mönchen ist die älteste (über 500 Jahre alt) und größte im Nubra-Tal. Wenn man die Köpfe der Statuen ohne Schleier erleben möchte, muss man während des **Dosmoche-Festivals** (S. 346) vorbeikommen. Von der Gompa aus öffnet sich einem außerdem eine hervorragende Aussicht auf das Tal.

Zwischen Diskit und Hunder liegt ein Gebiet mit **Sanddünen**, das der Sahara ähnelt – wenn man sich die schneebedeckten Berge im Hintergrund wegdenkt.

SCHLAFEN & ESSEN

Die Gästehäuser in Diskit reihen sich auf 1 km Länge unterhalb der Gompa bis runter ins Ortszentrum aneinander.

Thachung Guest House (☎ 220024; B 50 Rs; ⌚ ganzjährig) Gästehaus mit einfachen Zimmern und freundlicher Familienatmosphäre. Im Hof gibt's für Gäste sogar ein Badmintonnetz. Ein Eimer mit heißem Wasser kostet 15 Rs.

Olthang Guest House (☎ 220025; eigenes Zelt 50 Rs, festes Zelt 150 Rs, Zi. mit Gemeinschaftsbad 150 Rs, EZ/DZ mit eigenem Bad 300/400 Rs; ⌚ ganzjährig) Das erste Gästehaus, auf das man stößt, hat einfache, aber saubere Zimmer. In den Gemeinschaftsbädern gibt's Plumpsklos und heißes Wasser in Eimern (10 Rs). Sonst findet man hier noch einen komfortablen Loungebereich, ein Sonnenzimmer und einen großen Garten mit Parkplatz. Zelte werden auf der gegenüberliegenden Straßenseite aufgeschlagen.

Sunrise Guest House (☎ 220011; Zi. mit Gemeinschaftsbad ab 150 Rs; ⌚ ganzjährig) Liegt am Ende eines Sträßchens kurz hinter dem Olthang. Das sehr freundliche Haus mit nettem Garten hat sonnige Zimmer mit guter Aussicht sowie eine gemütliche Ladakhi-Küche. Heißes Wasser in Eimern kostet 15 Rs.

Karakoram Guest House (☎ 220024; Zelt 50 Rs, EZ/DZ ab 80/150 Rs; ⌚ im Winter geschl.) Liegt auf derselben Straßenseite wie das Sunrise Guest House. Man betritt das Grundstück durch einen Torbogen mit einem Tschorten oben drauf. Die einfachen Zimmer liegen im Erdgeschoss rund um eine Terrasse. Man kann zwischen eigenen und Gemeinschafts-Plumpsklos wählen (heißes Wasser in Eimern kostet 10 Rs). Wer will, kann auch sein Zelt neben dem sanft dahinplätschernden Bach aufschlagen.

Spangla Guest House (☎ 220058; Zi. mit Gemeinschaftsbad 200 Rs; ⌚ im Winter geschl.) Steht in einer netten Gartenanlage und wartet mit großzügig bemessenen Zimmern und einer entspannten Atmosphäre auf. Das Gemeinschaftsbad hat einen Boiler – was nicht wirklich praktisch ist, wenn es mal keinen Strom gibt.

Die meisten Besucher essen in ihren Gästehäusern. Daneben sorgen ein paar Restaurants in Diskits Zentrum für Abwechslung. Das gute Sangam Restaurant bei der Bushaltestelle serviert indische, chinesische und westliche Gerichte.

Hunder

Hunder ist ein reizendes Dorf, das von Bäumen und plätschernden Bächen umgeben ist. Es ist zwar schöner als Diskit, dafür aber kleiner und mit etwas weniger Einrichtungen für Traveller. Vom Dorf aus kann man einige nette Spaziergänge unternehmen – wem es nichts ausmacht, durch ein paar Bäche zu waten, kann ins 7 km entfernte Diskit marschieren. In den Sanddünen leben wilde Kamele; auf deren zahmen Verwandten kann man für 300 Rs die Stunde reiten – Gästehäuser organisieren das.

Die Maitreya-Statue lohnt einen Besuch der **Hunder-Gompa** an der Hauptstraße.

2 km oberhalb vom Dorf steht eine weitere **Gompa**, die allerdings verlassen und ziemlich schauerlich ist. Es gibt nur wenig zu sehen, doch Aussicht und Atmosphäre rechtfertigen allemal die Mühen des Aufstiegs. Allerdings sollte man die Straße nicht zu weit hinauflaufen – dort oben herrscht starke Militärpräsenz.

SCHLAFEN & ESSEN

In Hunder sind Betten und Unterkünfte rar. Und die wenigen füllen sich nachmittags schnell, wenn die Jeeps mit den Touristen aus Leh ankommen. Hunder ist ein in die Länge gezogenes Dorf: also nachfragen, wie es zu den folgenden Unterkünften geht, die jedoch alle recht zentral liegen. Sie bieten dieselbe Ausstattung wie die in Diskit. Und man isst auch dort, wo man wohnt.

Moon Land Guest House (☎ 221048; Zi. ab 200 Rs) Großes, gut ausgeschildertes Backsteinhaus mit einem großen Garten und einer netten Ladakhi-Küche. Die Zimmer sind sehr einfach. Heißes Wasser in Eimern gibt's kostenlos.

Snow Leopard Guest House (☎ 221097; Zi. mit Gemeinschaftsbad/eigenem Bad 250/350 Rs) Liegt an der Straße, die nach Hunder hineinführt. Hat einen großartigen Garten und behagliche Zimmer (inkl. heißem Wasser in Eimern).

Jamshed Guest House (☎ 221158; Zelt 75 Rs, EZ mit Gemeinschaftsbad 300 Rs, DZ mit eigenem Bad 350 Rs) Liegt vom Snow Leopard aus etwas weiter die Straße runter. Im Garten kann man zelten.

Milky Way Guest House (☎ 221041; Zi. 200–300 Rs) Weitere gute Wahl in Hunder.

Sumur

3096 m

Sumur ist eins der Hauptdörfer auf der Nubra-Seite des Tals. Es lohnt sich, diesen hübschen Ort zu erkunden, in dem gepflegte Felder bis hoch zu den Felswänden reichen.

Die über 150 Jahre alte **Samstemling-Gompa** besteht aus einem großen Komplex mit sieben Tempeln. In den für die Öffentlichkeit zugänglichen Gebetsräumen gibt's eine beeindruckende *thangka*-Sammlung und hervorragend restaurierte Fresken zu sehen. Man kann auch die Wohnung besichtigen, die der Dalai Lama bei seinem Besuch 2003 benutzte.

Auf der Straße ist es von Sumur aus nicht weit bis zur Gompa: Es geht ungefähr 3 km in Richtung Tegar (Kyagar); dort beginnt die 3 km lange Nebenstraße zur Gompa. Etwas verwirrend ist, dass es sich bei der Gompa am Beginn der Straße nach Samstemling um die weniger interessante Tegar-

Gompa handelt. Zu Fuß wird man vom Dorf aus weitaus schneller den Berg direkt hinaufgelaufen sein – vorher den genauen Weg erfragen!

Am gegenüberliegenden Flussufer von Sumur liegt **Charasa**, das auf seinem Hügelchen leicht zu erkennen ist. Der Samstemling-Gompa zugewandt diente es als Palast für Nubras Königsfamilie, bis die Region unter die direkte Kontrolle Lehs geriet.

SCHLAFEN

Sumurs Unterkünfte verteilen sich entlang eines Sträßchens, das von der Gebetsmühle an der Hauptstraße in östlicher Richtung verläuft. Sofern nicht anders vermerkt, gibt's in allen kostenloses heißes Wasser in Eimern.

Namgyol Guest House (☎ 223505; Zi. mit Gemeinschaftsbad 250 Rs) Wahrscheinlich Sumurs beste Unterkunft mit einfachen Zimmern in einem traditionellen Bauernhaus. Heißes Wasser in Eimern kostet 5 Rs. Preise inklusive Mahlzeiten in der gastfreundlichen Ladakhi-Küche.

AO Guesthouse (EZ/DZ mit Gemeinschaftsbad 100/150 Rs) Das erste Gästehaus, an dem man in Sumur vorbeikommt (gleich neben der Jammu & Kaschmir Bank). Hat verschiedene Zimmer und serviert Mahlzeiten in einem schattigen Garten.

Galaxy Guest House (☎ 223501; Zi. mit Gemeinschaftsbad 250 Rs) Den Betonklotz mit der großen Satellitenschüssel im Garten kann man unmöglich verfehlen! Hat große, komfortable Zimmer.

LP Guest House (EZ/DZ 100/150 Rs) Wird von mehreren Travellern empfohlen, war aber zum Zeitpunkt unseres Besuchs gerade geschlossen. Im Hof gibt's einen netten Garten mit vielen Obstbäumen.

Hotel Yarabtso (☎ 220008; EZ/DZ mit eigenem Bad ab 750/1000 Rs) Weitläufiges Hotel in Tegar. Die gepflegten und ordentlichen Zimmer werden häufig von Reisegruppen belegt. Gehört Rimo Expeditions in Leh; arrangiert Kamelritte.

Panamik

3183 m

Das kleine Dorf Panamik ist seit Jahrhunderten für seine **heißen Quellen** und als Zwischenstopp auf der uralten Handelsroute nach China bekannt. Wer nur wegen der Quellen kommt, wird enttäuscht. Dafür kann man sich mit dem Gedanken trösten, dass man als ausländischer Traveller nirgendwo sonst in Indien so weit in den Norden gelangen kann. Und ganz abgesehen davon kann man auch die natürliche Schönheit dieses abgelegenen Orts genießen.

Die heißen Quellen sollen Rheuma und andere Gebrechen heilen. Zum Baden gibt's eine dunkle, nicht gerade saubere Hütte mit zwei Kammern, in der sich hauptsächlich Männer herumtreiben. Vorsicht vor weggeworfenen Rasierklingen.

Die 250 Jahre alte **Ensa-Gompa** erreicht man in einer annehmbaren Wanderung vom Dorf aus – sie dauert mindestens ein paar Stunden und ist länger, als es zuerst erscheinen mag. Wer trotzdem zur Gompa möchte, läuft 5 km nach Hargam. Nach der Brücke geht's auf dem gleichen Weg weiter. Auf keinen Fall im Fluss schwimmen – die scheinbar nur vor sich hin plätschernde Strömung ist trügerisch.

Hotspring Guesthouse (Zi. mit Gemeinschaftsbad/eigenem Bad 150/300 Rs) Panamiks einzige Unterkunft liegt abseits der Hauptstraße und den heißen Quellen. Bietet langweilige Zimmer, aber gutes Essen.

PANGONG TSO

Tibet, ein Traumziel für viele Backpacker, die auf eigene Faust durch Ladakh wandern, ist hier so nah und doch unerreichbar. Der Brackwassersee ist einer der größten in Asien. Er ist ca. 130 km lang, wovon sich drei Viertel nach Tibet hinein erstrecken. Das Wasser schimmert in einem tiefen Blau und Grün und im Hintergrund drängen sich schneebedeckte Berge aneinander. Die isolierte Lage hat ihr Gutes: Der See ist weitgehend unberührt und daher unglaublich schön.

Die Genehmigung für Ausländer gilt nur bis Spangmik (ca. 7 km entlang des Südwestufers), aber die Reise dorthin und die Aussicht am Ziel sind Gründe genug, um dies in Kauf zu nehmen. Der lange Tagesausflug ab Leh beginnt frühmorgens. Mit dem Jeep dauert die Fahrt zum See abhängig vom Zustand des Chang La fünf bis sechs Stunden. Mit 5289 m nimmt er in der Liste der höchstgelegenen befahrbaren Pässe des Planeten den dritten Platz ein (auch die beiden Spitzenreiter, der Taglang La und der Khardung La, liegen in Ladakh). Aufgrund der Nähe zu China hält die Armee Pass und

Straße das ganze Jahr über offen. Allerdings gibt's keine öffentlichen Verkehrsmittel.

In Spangmik finden sich keinerlei Läden: also im Hotel oder der Bäckereien in Leh Proviant mitnehmen.

Im Dorf **Tangtse** (40 km entfernt vom See) gibt's ein paar einfache Einrichtungen: einen Laden, eine Gompa und eine Raststätte des Public Works Department.

RUPSU-TAL

Der **Tso Moriri** ist auch als „Bergsee" bekannt und liegt im Rupsu-Tal ca. 240 km südöstlich von Leh (ca. sechs holperige Stunden mit dem Jeep). Der Salzwassersee auf mehr als 4000 m über Null ist rund 28 km lang und maximal 8 km breit. Von öden Hügeln umgeben, in deren Hintergrund schneebedeckte Berge in den Himmel ragen, ist der Tso Moriri ein weiteres Beispiel für Ladakhs großartige Landschaft. Um in das Rupsu-Tal einzureisen, wird eine Genehmigung benötigt.

In dem Gebiet leben die Khampa-Nomaden, die „chinesischen Cowboys", mit ihren Ziegen-, Kuh- und Jakherden. Sie wohnen in großen, mobilen Familienzelten oder in soliden winterfesten Backsteinhütten.

Reizvoll ist die vielfältige Tierwelt – kaum sonst wo in Ladakh wird man sie besser beobachten können. Am ehesten begegnen einem Kiangs (tibetische Wildesel), Füchse und Murmeltiere, die sich gemütlich in der Sonne aalen. Und mit viel Glück erspäht man auch einen tibetischen Wolf, der durch die Ebene streift.

Auf dem Weg zum Tso Moriri kommt man an einem weiteren Brackwassersee vorbei, dem kleineren **Tso Kar** (Weißer See). In Thukse – einem Nest mit mehreren soliden Steinhütten für knackige Winter – steht eine kleine **Gompa.** Man muss allerdings jemanden finden, der einen hineinlässt. Der kleinere **Tso Kiagar** liegt an einer Umgehung abseits des Wegs zwischen Tso Kar und Tso Moriri. Mit einem Fernglas bewaffnet lassen sich eine Menge Vögel beobachten. Der Weg vom Tso Kar zum Tso Moriri ist eine beliebte vier- bis fünftägige Trekkingtour.

Es gibt keine Unterkünfte: also eigenes Zelt und die komplette Ausrüstung mitbringen. Auch ein Restaurant sucht man vergebens, weshalb auch eigene Verpflegung und Kochgeschirr im Rucksack sein müssen. Das Ökosystem ist sehr sensibel, daher alles wieder mitnehmen, was man anschleppt – Dosen, Flaschen, Papier. Wirklich alles!

Korzok

4530 m

Korzok ist die einzige Siedlung im Umkreis des Sees. Sie besteht aus einstöckigen Steingebäuden, viele davon mit Solarzellen auf dem Dach. Die hiesige **Gompa** ist zwar wenig spektakulär, aber dennoch einen Besuch wert. Sie wurde um 1850 als Nachfolger des Klosters gebaut, die einer Dogra-Invasion zum Opfer fiel.

Nomadic Life Camp (Leh ☎ 01982 254845; eigenes/festes Zelt 50/800 Rs) Festes Sommerzeltlager; vermietet seine gehobeneren Unterkünfte hauptsächlich an Reisegruppen. Wartet auch mit einem Speisezelt und gelegentlich mit einer heißen Dusche auf. Ansonsten zeltet man unterhalb der Gompa an einem kleinen Kanal. Dieser versorgt das Dorf mit Wasser, daher nicht verschmutzen! Jemand kommt dann vorbei und kassiert die Campinggebühr.

AUF EMPFINDLICHEM BODEN

Umweltorganisationen in Leh warnen davor, dass der Osten Ladakhs die Touristenflut nur schwer bewältigen kann. Das Gebiet rund um den Tso Moriri ist besonders verwundbar; dies gilt vor allem für das empfindliche Ökosystem, in dem es nur wenig Erdboden und geringe Niederschläge gibt. Es braucht Jahre, bis Schäden an der Oberfläche wieder verschwunden sind und entwurzeltes Gras nachgewachsen ist. Auch verliert die Region ihren unberührten Charakter und die Fauna ist auf dem Rückzug – der Schwarzhals-Kranich beispielsweise, früher ein regelmäßiger Gast am Tso Moriri, wurde schon länger nicht mehr gesichtet.

Besuchern kommt daher eine Sorgfaltspflicht zu. Auf jeden Fall sollten Trekker sich nach einem verantwortungsbewussten Tourveranstalter umsehen (Fragen stellen!) und darauf bestehen, dass sämtlicher Müll wieder mitgenommen wird – und nicht etwa einfach verbrannt oder in einen Murmeltierbau gestopft wird. Fahrer sollten sich an bereits vorhandene Fahrspuren halten und mit ihren Gefährten keine Tiere jagen oder ihnen zu nahe kommen!

Am Dorfeingang befindet sich ein Kontrollpunkt, an dem man seine Genehmigung vorzeigen muss.

An- & Weiterreise

Rein und raus führen zwei für Allradfahrzeuge zugelassene Routen. Eine geht über die Mahe-Brücke bei Raldong, durch Puga und dann zu einem oder beiden Seen, die andere südlich von Upshi über den Taglang La und dann über eine Umgehung abseits der Straße – hier auf das gelbe Schild oder die 26-km-Markierung achten. Viele machen den Trip als Rundreise.

In der Nähe der Seen haben öffentliche Verkehrsmittel Seltenheitswert. Im Sommer fährt am 10., 20. und 30. jeden Monats ein Bus von Leh nach Korzok, der am nächsten Tag zurückfährt (130 Rs, 1 Tag).

In dem Gebiet gibt's keine Wegweiser, brauchbare Karten sucht man vergebens. Motorräder sind keine geeigneten Transportmittel: Die tiefen Sandverwehungen sorgen dafür, dass man stecken bleibt und die Kupplung durchschleift. Außerdem drängen sich nur sehr wenige Leute auf, die Wegauskünfte geben könnten – die Murmeltierpopulation ist 50-mal höher als die Einwohnerzahl!

Eine dreitägige Rundfahrt mit einem Allradfahrzeug kostet inklusive Koch- und Campingausrüstung ab 100 US$ pro Person und Tag. Ein Taxi kostet für eine dreitägige Rundfahrt über den Taglang La 7353 Rs (nur Transport) oder 6077 Rs über die Mahey-Brücke über den Indus.

VON LEH NACH KARGIL

Im Folgenden werden Orte an oder in der Nähe der Hauptstraße von Leh nach Kargil vorgestellt. Beschreibungen der Dörfer und Sehenswürdigkeiten zwischen Leh und Khalsi finden sich auf S. 359.

Lamayuru

☎ 01982 / 3390 m

Lamayuru wurde einst vollständig von einer der berühmtesten und am spektakulärsten gelegenen Gompas in Ladakh in den Schatten gestellt. Heute ragt ein neues vierstöckiges Hotel in die Höhe, das – wenn auch im Ladakhi-Stil – die Gompa wie einige vergammelte Außengebäuden erscheinen lässt.

Ladakhs älteste bekannte **Gompa** stammt aus dem 10. Jh. Sie steht in eindrucksvoller Lage auf einer verwitterten Felsspitze unterhalb massiger Berge und eines ausgetrockneten Sees. Die Gompa gehört zum Kagyupa-Orden und wurde im Laufe der Jahrhunderte mehrere Male zerstört und wieder aufgebaut. Die bekannte Sammlung von Teppichen, *thangkas*, Statuen und Fresken hat alles überlebt und kann besichtigt werden. Einst konnten Kriminelle hier Asyl beantragen, was den früheren Namen der Gompa erklärt: Tharpa Ling – „Ort der Freiheit". Um 7 oder 17 Uhr kann man hier einer hypnotisierenden *puja* beiwohnen. Jedes Jahr findet das **Yuru-Kabgyat-Festival** (S. 346) statt.

Gegenüber vom Dorf befinden sich die Überreste von etwas, das einst wohl mal ein großer See war. Er wurde vielleicht durch einen eiszeitlichen Damm geschaffen. Die Ablagerungen auf dem Seeboden bestehen aus weichen, beigen Felsen, die von den Naturgewalten kunstvoll verwittert wurden. Von den Einheimischen „Mondlandschaft" genannt, ist der See es allemal wert, erkundet zu werden.

SCHLAFEN & ESSEN

Lamayurus Gästehäuser haben alle Gemeinschaftsbäder; Eimer mit heißem Wasser kosten normalerweise um 10 Rs.

Shangri La Hotel & Restaurant (Zi. ab 150 Rs) Einfaches Hotel im Dorf oberhalb der Hauptstraße. Hat eine Terrasse mit großartiger Aussicht auf die Gompa.

Dragon Hotel (Zi. ab 150 Rs) Das Gästehaus hat seine sonnigen und freundlichen Zimmer mit tollen buddhistischen Wandbildern dekoriert. Das Restaurant sammelt mit gutem italienischem Essen Pluspunkte.

Siachen-Campingplatz (Zelt 60 Rs) Liegt etwas oberhalb der Hauptstraße. Man muss zwar sein eigenes Zelt mitbringen, hat aber im kühlen Schatten der Bäume am Fluss genug Platz, um es aufzustellen. In einem Speisezelt werden Gerichte zu festen Zeiten serviert.

Hotel Niranjana (☎ 224009; nonodorje@yahoo.com; B 100 Rs, EZ/DZ 400/800 Rs) Lamayurus beste Übernachtungsmöglichkeit. Das Hotel scheint in die Gompa überzugehen, zu der es gehört und die es gebaut hat. Ein Grund für die Höhe des Gebäudes mag sein, dass während des Festivals eine 15 m hohe *thangka* aufgehängt wird. Von den ordentlichen Zimmern hat man eine phantastische Aussicht.

In den Gemeinschaftsbädern gibt's abends heißes Wasser.

Das Swastika Restaurant in der Nähe der Hauptstraße und das Little Tibet Restaurant am Fluss sind eine gute Wahl, falls man nicht im Gästehaus essen möchte.

AN- & WEITERREISE

Die frühere Route nach Lamayuru führte über die Jalebi Bends, eine endlose Ansammlung von Haarnadelkurven, die sich auf der Leh zugewandten Seite den Berg hinaufschlängelten. Die neue Strecke geht durch eine nicht minder haarsträubende Flussschlucht, durch die man zum unteren Teil von Lamayuru gelangt. Beim Swastika Restaurant befindet sich eine Lastwagen- und Bushaltestelle.

Von Leh aus gelangt man nach Lamayuru mit irgendeinem Bus, der in Richtung Kargil oder Srinagar (Details s. S. 358) fährt. Die Busse nach Kargil kommen vormittags durch Lamayuru.

Mulbekh

Von Lamayuru aus geht die Straße durch eine öde Gegend zuerst über den Fotu La (4147 m) und dann über den Namika La (3760 m), bevor sie sich in ein fruchtbares Tal hinabstürzt. Eine Gompa hoch oben auf einem Hügel ist die letzte Bastion des Buddhismus, bevor man die muslimischen Regionen bei Kargil erreicht. Das Tal ist ab hier besonders malerisch.

Mulbekhs Hauptattraktion ist die 8 m hohe **Maitreya-Statue** aus dem Jahr 700, die in die Felswand gehauen wurde. Leider halten die Busse bereits in Wakha 2 km vor Mulbekh; wer mit dem Bus durch Mulbekh fährt, kann allenfalls einen Blick durch das Fenster erhaschen. Außerdem gibt's zwei Gompas, **Serdung** und **Gandentse,** jeweils mit einer tollen Aussicht auf das Tal. Wie in den anderen kleinen Nestern sollte man sich zuerst erkundigen, ob die Gompa geöffnet hat, bevor man sich an den Aufstieg macht.

J&KTDC Tourist Bungalow (Zi. mit eigenem Bad 100 Rs) Liegt ca. 1 km entfernt auf der Leh zugewandten Seite der Statue und ist die erste Wahl vor Ort. Hat bequeme, gepflegte Zimmer.

Paradise Hotel and Restaurant (Zi. mit Gemeinschaftsbad 150–200 Rs) Liegt direkt gegenüber der Maitreya-Statue. Die überteuerte Unterkunft bietet so gerade mal das Nötigste. Das sonnige Zimmer vis-a-vis der Statue ist sogar noch teurer. Heißes Wasser in Eimern gibt's umsonst, dafür sind hier nur Plumpsklos vorhanden. Das **Tso Moriri** (Zi. 200 Rs) und das **Dogra** (Zi. 150 Rs) nebenan haben so ziemlich das gleiche Angebot.

Jeder Bus zwischen Leh und Kargil oder Srinagar fährt durch Mulbekh; andernfalls unternimmt man einen netten Tagesausflug mit dem Taxi ab Kargil (700/890 Rs ohne/mit Rückfahrt).

KARGIL

☎ 01985 / 2817 m

Kargil ist der Verwaltungssitz des Suru-, Drass-, Wakha- und Bodkarbu-Tals. Es liegt genau in der Mitte zwischen den Bergtälern Kaschmirs und den fruchtbaren Ebenen des Indus-Tals. Geografisch gehört es zwar zu Ladakh, kulturell ist es aber eher mit Baltistan verwandt. Schiitische Muslime machen gegenüber den Buddhisten den Großteil der hiesigen Bevölkerung aus: Man wird auf mehr Moscheen und Schilder auf Urdu stoßen.

Bis 1947 war Kargil ein wichtiges Handelszentrum, das Ladakh mit Gilgit (in Pakistan) und dem unteren Indus-Tal verband. Noch bis vor 20 Jahren trotteten Jakkarawanen von Padam in Zanskar den ganzen Weg bis zum Basar in Kargil.

Doch Kargil liegt in der Nähe der Line of Control und wurde in der Vergangenheit von der pakistanischen Armee beschossen – die Kämpfe hier waren der Anlass für den kurzen Krieg 1999. Inzwischen herrscht zwar wieder Ruhe, doch jedes Störmanöver in den Beziehungen zwischen Indien und Pakistan kann zu neuen Gefechten führen. Die Gegend zwischen Kargil und Drass ist dabei besonders gefährdet. In unruhigen Zeiten werden dann Ausländer an den zahlreichen Armeekontrollpunkten nicht mehr durchgelassen.

Auf dem Weg von Leh nach Srinagar oder Zanskar ist Kargil für Traveller hauptsächlich Durchgangsstation. Und dennoch bietet es einen interessanten Kontrast zu den drei Orten. Kargil ist berühmt für seine Aprikosen: Jeden August ächzen die Bäume unter der Last der Früchte. Für eine gute Aussicht auf Kargil und den rauschenden Suru läuft man von der Hospital Rd. etwa eine Stunde lang bergaufwärts nach Goma (Upper) Kargil; hier gibt's Obstplantagen

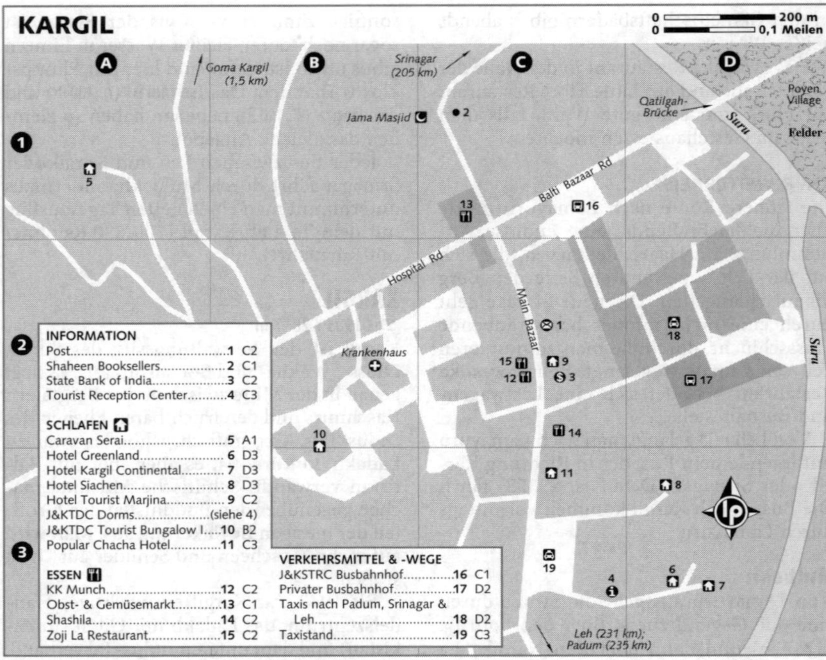

und auch einen Eindruck vom traditionellen Dorfleben. Hinter der Qatilgah-Brücke am Ende der Balti Bazaar Rd. liegen einige wohltuende Felder und Dörfer.

Kargils Schiiten sind konservativer als die Bewohner des restlichen Ladakhs: Shorts also im Rucksack lassen.

Orientierung & Praktische Informationen

Kargil ist die zweitgrößte Ortschaft in Ladakh und besteht dennoch aus kaum mehr als einer langen Straße, der Main Bazaar, von der einige kleine Sträßchen abzweigen. Die Straße ist Teil des Highways von Leh nach Srinagar: daher immer schön auf Lastwagen achten.

Entlang der Main Bazaar gibt's viele private Telefonshops und eine Post. Man kann zwar nirgendwo Reiseschecks einlösen, aber immerhin wechselt das Hotel Siachen Bargeld – wenn auch zu einem schlechten Kurs.

Das **Tourist Reception Center** (☎ 232721; ⌚ 10–16 Uhr) befindet sich beim Taxistand etwa 150 m hinter der Hauptstraße. Es hat ein paar Karten von Ladakh und Zanskar im Angebot und gibt Trekkinginfos. Zudem vermietet es Ausrüstung: Zelte kosten 20 Rs, Schlafsäcke 15 Rs pro Tag. Schließlich bucht das Zentrum den J&KTDC Tourist Bungalow (S. 372) im Suru-Tal (der zum Zeitpunkt der Recherche gerade geschlossen war).

Shaheen Booksellers gegenüber der Jama Masjid verkauft Zeitschriften und landesweite Zeitungen vom Vortag.

Schlafen

An Unterkünften für Traveller, die nur eine Nacht bleiben, hat Kargil einige annehmbare Optionen in der Nähe der Main Bazaar zu bieten. Sofern nicht anders vermerkt, sind alle Zimmer mit eigenem Badezimmer und Boilern ausgestattet.

Popular Chacha Hotel (☎ 233390; Zi. 50 Rs) Fast geschenkte Unterkunft an der Hauptstraße. Hat nur ein paar Zimmer und einfache Gemeinschaftsbäder mit kaltem Wasser. Etwas schäbig, aber noch anständig genug für diesen Preis.

J&KTDC Tourist Bungalow (☎ 232328; B 20 Rs, Zi. 100–120 Rs) Davon gibt's gleich zwei. Bungalow I auf dem Hügel hinter dem Krankenhaus hat verschiedene Zimmer, die jedoch nur über einen steilen Aufstieg zu erreichen sind, der mit schwerem Gepäck ganz schön anstrengend sein kann. Die Schlafsäle im Tourist Reception Center sind ein wahres Schnäppchen.

Hotel Tourist Marjina (☎ 232540; Zi. 150 Rs) Hotel beim Busbahnhof mit einfachen Zimmern rund um einen notdürftigen Garten. Eimer mit heißem Wasser kostet 10 Rs.

Hotel Kargil Continental (☎ 232304; EZ/DZ 250/450 Rs; ⌚ im Winter geschl.) Hat große Zimmer mit warmen Betten. Auf die angeblich ganztägige Versorgung mit heißem Wasser sollte man sich aber nicht blind verlassen. Von den Zimmern auf der Rückseite blickt man auf den Fluss. Es hat ein schäbiges Restaurant.

Hotel Greenland (☎ 232324; EZ/DZ 100/200 Rs, EZ/DZ im OG 150/300 Rs) Hotel abseits der Main Bazaar, ordentlich und mit einem Restaurant. Die Zimmer im OG sind sicher die bessere Wahl.

Hotel Siachen (☎ 232221; EZ/DZ ab 400/650 Rs) Liegt ebenfalls abseits der Main Bazaar und hat auf drei Stockwerken prima Zimmer mit Veranda rund um einen Garten. Hier gibt's auch ein Reisebüro, ein gutes Restaurant und Parkplätze. Wechselt auch ausländisches Geld.

Caravan Serai (☎ 232784; Fax 232266; EZ/DZ 600/900 Rs; ⌚ Mai–Okt.) Zu dem Hotel muss man sich den Hügel hinaufkämpfen, wird aber mit einer der besten Aussichten der Stadt belohnt. Bequeme Betten in großen Zimmern machen die unberechenbare Versorgung mit heißem Wasser wieder wett.

Essen

Das Essen in Kargil ist nicht gerade das aufregendste in Indien. Es beschränkt sich auf einige Gerichte aus Kaschmir und China und besteht meistens aus Hammel oder Hühnchen und Reis. Hotels servieren zum Frühstück Omelettes und Brot. In Kargil ist Alkohol verboten.

KK Munch (Gerichte 25–120 Rs) Mittags und abends ist hier viel los. Serviert eine große Auswahl an leckeren Gerichten aus China, Kaschmir und Tibet. Das tolle Frühstück sorgt für einen guten Start in den Tag.

Zoji La Restaurant (Gerichte 30–80 Rs) Befindet sich direkt neben dem KK Munch im oberen Stockwerk. Die zweitbeste Wahl, wenn auch eine etwas düstere. Es hat sich auf Essen aus China und Kaschmir spezialisiert, serviert aber im Unterschied zu den meisten anderen Lokalen in Kargil auch ein paar vegetarische Gerichte.

Shashila (Gerichte ab 30 Rs) Wenn der Hunger zuschlägt, serviert das ganz erträgliche, wenn auch etwas schäbige Lokal Gerichte mit Reis und Gemüse.

Im Restaurant vom Hotel Siachen gibt's für 120 Rs ein gutes Grillhuhn. Gäste bekommen Lunchpakete mit auf den Weg.

Es gibt auch einen **Obst- und Gemüsemarkt** (Ecke Hospital Rd & Main Bazaar) sowie etliche Läden, bei denen man sich mit Vorräten eindecken kann.

An- & Weiterreise

BUS

Kargils Busbahnhof befindet sich abseits der Hauptstraße. Falls möglich, einen Tag im Voraus buchen.

Täglich fahren Busse um 4.30 Uhr nach Leh (Standard/Deluxe 200/260 Rs, 12 Std.). Weitere Busse in Richtung Leh fahren um 7 und 14.30 Uhr nach Mulbekh (30 Rs, 1 Std., 40 km). An sechs Tagen in der Woche gehen mehrere Busse um 1 Uhr nach Srinagar (Standard/Deluxe 210/260 Rs, 10 Std.). Auf S. 358 gibt's mehr Infos zu der launigen Reise nach Srinagar.

Busse nach Padam fahren um 3 Uhr ab (400 Rs, 14 Std.) und halten unterwegs in Rangdum (120 Rs, 7 Std.). Die Linie soll eigentlich an wechselnden Tagen fahren; die Weiterfahrt nach Padam hängt aber vom Bus aus Leh (kommt nachmittags an) und der Nachfrage ab. Die Fahrpläne sind also extrem unberechenbar.

Drei Busse fahren nach Sanku (27 Rs, 1 Std.) und kehren am nächsten Morgen um 8 Uhr zurück. Der gleiche Bus fährt dann weiter nach Panikhar (40 Rs, 2 Std.).

TAXI

Für 3400 Rs kommt man mit dem Taxi in einem Tag von Kargil nach Leh. Mit einem Taxi reist es sich wesentlich bequemer nach Padam als mit dem gelegentlich fahrenden Bus; jedoch kostet der Trip deftige 7400/9800 Rs ohne/mit Rückfahrt (inkl. einem Tag Aufenthalt in Padam). Ein Taxi nach Srinagar kostet 3000 Rs. Es fährt zwischen 23 und 2 Uhr los, damit es rechtzeitig zum Konvoi den Zoji La hinunter erwischen kann. Der **Taxistand** (☎ 232872) liegt an der Main Bazaar.

VON KARGIL NACH RANGDUM

Sanku

Die Route folgt dem Suru-Tal. Seit dem 15. Jh. leben hier Muslime. In Karpo-Khar bei Sanku steht ein **muslimischer Schrein**, der Sayed Mir Hashim geweiht ist. Von Drass aus kann man in zwei bis drei Tagen nach Sanku wandern.

Zum Zeitpunkt unseres Besuchs war der J&KTDC Tourist Bungalow geschlossen – daher besser beim Tourist Reception Center in Kargil nachfragen, ob er inzwischen wieder geöffnet hat.

An der Hauptstraße stehen ein paar günstige Hotels, darunter das **Muntazir Hotel** (Zi. 50 Rs).

Panikhar

Panikhar liegt noch etwas weiter das Suru-Tal hinunter. Von hier aus kann man prima die Zwillingsberge **Nun** (7135 m) und **Kun** (7087 m) bewundern oder einen Ausflug zu diesen unternehmen. Im Sommer ist die Gegend ein Meer voller Blumen und besonders schön.

Der **J&KTDC Tourist Bungalow** (Zi. 80 Rs; 🕑 Sommer) ist komfortabel; gebucht wird am besten von Kargil aus. Das **Khayoul Hotel & Restaurant** (Zi. mit Gemeinschaftsbad 200 Rs) ist eine annehmbare Alternative – der Manager lässt fast beliebig viele Leute in einem Zimmer übernachten – vorausgesetzt er hat noch genug freie Matratzen. Hat Plumpsklos; Eimer mit heißem Wasser kosten 20 Rs.

Das Snow Line Restaurant hat eine begrenzte Auswahl an Gerichten im Angebot, und im Khayoul Hotel gibt's einen sehr gut sortierten Laden zum Aufstocken der Vorräte.

Rangdum

Gleich hinter Panikar macht das Tal nach der Hälfte der Reisezeit (nicht der Strecke) zwischen Kargil und Padam einen Schlenker und verläuft in Richtung Osten weiter nach Rangdum. Ab hier wird der Straßenzustand immer schlechter, doch die wahrhaft atemberaubende Landschaft entschädigt für derartige Unannehmlichkeiten. Man sollte nach Alpenkrähen und Murmeltieren Ausschau halten, die sich auf den Felsen sonnen.

Das kleine Dorf Rangdum sitzt in einem weiten, flachen Tal, das von schroffen, schneebedeckten Bergen umzingelt wird. Auf einem flachen Hügel steht die **Rangdum-Gompa** aus dem 18. Jh. vor einer bergigen Kulisse. Diese ist mit Windungen und Krümmungen durchzogen, die gewaltige geologische Kräfte in den Gesteinsschichten hinterlassen haben. In der Gompa leben ca. 35 Mönche und viele Novizen. Rangdum ist auch die Heimat einer winzigen Garnison freundlicher, aber unglaublich gelangweilter Soldaten.

Der **J&KTDC Tourist Complex** (Zi. 100 Rs) ist für eine so abgelegene Unterkunft unerwartet gut ausgestattet (heißes Wasser in Eimern gibt's kostenlos); ein paar Teehäuser servieren nicht gerade aufregendes Essen.

Von Rangdum aus führt eine gute Trekkingtour in östlicher Richtung über den Kanji La (5255 m), um dann bei Lamayuru auf die Straße von Leh nach Kargil zu treffen. Die vielen Seitentäler bieten sich für ein paar kurzweilige Tagesspaziergänge an.

Hinter Rangdum schlägt sich das Tal in Richtung Süden zum Pensi La (4450 m), der Pforte nach Zanskar. Spätestens wenn man den **Durung-Drung-Gletscher** gleich nach dem Pass erblickt, klappt einem die Kinnlade runter: Eine Zunge aus glitzerndem weißen Eis windet sich den Berg hinunter – ein großartiges Beispiel für die mächtigen Kräfte, die den Himalaja formen. Ist die Zeit knapp, lohnt sich zumindest ein – allerdings sehr langer – Tagesausflug von Kargil hierher.

TREKKING IN LADAKH

Die folgenden Informationen geben nur einen Überblick. Echte Trekker erfahren weitere Details im Lonely Planet Band *Trekking in the Indian Himalaya*.

Trekking ist von Ende Juni bis Mitte Oktober möglich, wenn sich der erste Winterschnee auf die hohen Pässe legt. Bevor es richtig losgeht, ist es dringend erforderlich, sich in Leh (3505 m) ausreichend zu akklimatisieren, da viele Pässe auf rund 5000 m Höhe liegen.

Trekkingagenturen in Leh bieten Touren inklusive Führer, Packpferden, Verpflegung und Vorräten an. Kostenpunkt: zwischen 35 und 60 US$ pro Tag für ein Trekking mit allem Drum und Dran (der Preis hängt von der Teilnehmerzahl ab). Wer bei einer

Agentur bucht, sollte die gestellte Ausrüstung vor dem Abmarsch überprüfen, um sich zu vergewissern, dass sie etwas taugt. Schlafsäcke und Zelte werden auch in Leh vermietet. Essensvorräte sollten ebenfalls aus Leh genügend mitgebracht werden, da es Dorf-Lodges und Teehäuser nicht auf allen Trekkingetappen gibt und die meisten Dörfer gerade einmal genug produzieren, um ihren eigenen Bedarf zu decken.

SPITUK – KONGMARU LA – MARKHA-TAL – HEMIS

Die Route startet am Spituk-Gompa und folgt zuerst dem Jingchen-Tal zum Ganda La (4920 m). Bevor es über den Pass geht, sollte mindestens ein Ruhetag eingelegt werden. Danach geht es stetig bergab ins Markha-Tal und zum Dorf Skiu.

Die nächste Etappe führt zum Dorf Markha, von wo aus es weiter bergab zu den Wiesen bei Nimaling geht, auf denen Jaks gemütlich vor sich hin grasen. Das Lager wird am Fuß des beeindruckenden Kang Yaze (6400 m) aufgeschlagen.

Der Kongmaru La (5030 m) ist der höchste Pass des Trekking; hier hat es eine tolle Aussicht auf die Zanskar Range im Süden und die Ladakh Range im Norden.

Nach der Überquerung des Passes stößt man auf einen weiteren Zeltplatz bei Chogdo, bevor es schließlich zur Hemis-Gompa geht. Von hier aus fährt täglich ein Bus zurück nach Leh.

Die Route ist sehr beliebt. Daher bieten die Kuppelzeltlager im Markha-Tal im Sommer einfache Unterkünfte und Verpflegung an. Außerdem gibt's Privatquartiere in den Dörfern entlang der Route (s. S. 354).

Tag	Etappe	Dauer (Std.)
1	Von Spituk nach Rumbuk	7–8*
2	Von Rumbuk nach Yurutse und zum Lager	4–5
3	Von Yurutse nach Skiu über den Ganda La	6–7
4	Von Skiu nach Markha	7–8
5	Von Markha nach Nimaling	7–8
6	Von Nimaling nach Chogdo über den Kongmaru La	6
7	Von Chogdo nach Hemis	4–5

* Die ersten zwei Stunden in Richtung Rumbuk führen entlang einer befahrbaren Straße; ein Taxi ab Leh erspart zwei Stunden Fußmarsch. Die Route kann auch in Stok angegangen werden; auf dem Weg zum Namlung La (4820 m) dauert das Ganze dann durch die Übernachtung in Doksar einen Tag länger. Danach geht es bergabwärts und bei Rumbuk zurück auf die ursprüngliche Route. Wer das Trekking mit diesem anstrengenden Abschnitt beginnt, sollte sich unbedingt ausreichend akklimatisieren.

LAMAYURU – KONZE LA – DEN DUNG DUNG LA – CHILING

Los geht's an der Lamayuru-Gompa. Die Route führt vom Indus-Tal weg über die hohen Pässe der Zanskar Range und an abgelegenen Dörfern, Gompas und Lagern von Jakhirten vorbei.

Von Lanayuru aus wandert man auf der ersten Etappe über den Prinkiti La (3750 m) zur uralten Gompa und dem Dorf bei Wanla. Zum Dorf Hinju am Fuß des Konze La (4950 m) geht's am nächsten Tag; vor der Überquerung des Passes ist ein zusätzlicher Tag zur Akklimatisierung sinnvoll. Vom Konze La gibt's eine eindrucksvolle Aussicht auf die East Karakoram Range, bevor ein kurzer Abstieg zum Dorf Sumdo Chinmu hinunterführt.

Am nächsten Tag lohnt das großartige Panorama der Zanskar Range den Aufstieg zum Dung Dung La (4820 m) – aus der Vogelperspektive blickt man auf den wirbelnden Zusammenfluss von Zanska und Markha. Dann folgt ein langer und ermüdender Abstieg zum Dorf Chiling.

Von Chiling aus gibt's zwei Alternativen: entweder nach Leh zurück (motorisiert auf dem Leh-Kargil-Highway nach Nimmu) oder per pedes weiter ins Markha-Tal. Die Etappe von Chiling nach Skiu im Markha-Tal ist in drei Stunden zu packen. Mit dabei ist die Überquerung des Zanska mittels einer Flaschenzugbrücke. Dorfbewohner aus Chiling, die die Brücke warten und betreiben, stehen häufig Gewehr bei Fuß – und knöpfen Travellern für die privilegierte Flussüberquerung oft eine heftige Gebühr ab!

Im Winter friert der Zanska zu; Hartgesottene können auf dem Eis bei Temperaturen von bis zu −40 °C ein Trekking nach Padam unternehmen. Ein erfahrener Führer und warme Stiefel sollten auf jeden Fall dabeisein. Gleiches gilt fürs Handtuch, das unverzichtbar ist – man braucht es, um die Füße abzutrocknen, nachdem ein Schmelzbach durchwatet wurde. Geschlafen wird in Felsunterschlüpfen.

Tag	Etappe	Dauer (Std.)
1	Von Lamayuru nach Wanla über den Prinkiti La	3–4
2	Von Wanla zum Konze-La-Basislager	5
3	Vom Konze-La-Basislager nach Sumdo Chinmu über den Konze La	5-6
4	Von Sumdo Chinmu zum Dung-Dung-La-Basislager	3
5	Vom Dung-Dung-La-Basislager nach Chiling über den Dung Dung La	6

ZANSKAR

Die wunderschöne, versteckte Region von Zanskar besteht aus mehreren kleinen Tälern im Süden Ladakhs, die von Bergen eingeschlossen sind.

Das fruchtbare Padam sowie die Dörfer und Gompas in dessen Umkreis bilden das Herzstück Zanskars. Die Abgeschiedenheit der Region hat deren buddhistisches Erbe bis heute bewahrt: Acht Monate im Jahr ist Zanskar komplett von der Außenwelt abgeschnitten – außer für diejenigen, die sich auf die einwöchige Wanderung entlang des gefrorenen Zanska wagen. Das ganze Leben im Sommer ist auf die Vorbereitungen für den langen Winter ausgerichtet.

Doch die Tage von Zanskars Isolation sind gezählt. Am Ufer des Zanska entsteht allmählich eine ganzjährig befahrbare Straße, die Padam bei Nimmu mit dem Highway zwischen Leh und Kargil verbinden soll. Sie wird voraussichtlich 2007 fertig gestellt – und Zanskars Way of Life für immer verändern.

VON RANGDUM NACH PADUM

Nach dem Pensi La führt eine grauenvolle Straße am Stod entlang in südöstlicher Richtung nach Zanskar hinein, bis man bei Padum auf zwei weitere Täler stößt. Richtung Nordosten fließt der Stod, nun unter dem Namen Zanska, dem Indus entgegen. Aus Südosten kommt der Tsarap, der im Zanska mündet. Die Wege entlang dieses Flusses führen in Richtung Süden nach Darcha, das an der Straße von Manali nach Leh liegt. Vorbei geht's dabei an einer Baustelle; die Straße, die hier entsteht, wird Darcha mit Padum verbinden.

Einige Kilometer von Padum entfernt liegt am Stod das Dorf Atig, von wo aus die **Zongkul-Gompa** besucht werden kann. Ab Padum ist das Tal stärker bewohnt; hier kommt man an vielen kleinen Dörfer wie z. B. Tungri, Phey und Sani vorbei.

PADUM

☎ 01983

Das Verwaltungszentrum von Zanskar war früher eine alte Hauptstadt. Heute macht das Ganze eher den Eindruck, als mühte sich eine staubige Straße ab, sich zu einer Ortschaft zu mausern. Ihr Aussehen gleicht dem eines x-beliebigen Endes einer Sackgasse, in der alles, was nicht gebraucht wird, einfach hingeworfen wird. Der Hauptzeltplatz und der kleine Hotelbereich befinden sich in der Nähe der Moschee (der einzigen in Zanskar), in der sich die kleine Gemeinde der sunnitischen Minderheit zum Gebet versammelt.

Hier, am Ende der befahrbaren Straße, sind die Preise vieler Waren happig. Zapfsäulen sucht man vergeblich und Benzin ist nur sehr schwer aufzutreiben.

Padums Lage in der weiten Flussbiegung des Stod ist sehr attraktiv. Doch den meisten Travellern dient die Stadt lediglich als Ausgangspunkt für eine Reihe anspruchsvoller Trekkings. Auf der Straße lungern daher viele Möchtegern-Guides herum – das **Tourist Reception Center** (☎ 245017) hilft bei der Suche nach verlässlicheren Führern und Trägern weiter.

Schlafen & Essen

Padums Unterkünfte und Lokale haben sich in den letzten Jahren verbessert.

Hotel Snowland (☎ 245043; Zi. 50 Rs) Liegt in den Feldern 100 m von der Straße entfernt. Eignet sich für all diejenigen, die ihrem Geldbeutel zuliebe gerne auf Annehmlichkeiten verzichten – das Hotel hat im Winter geöffnet, ist aber unbeheizt. Zu essen gibt's auch nichts. Heißes Wasser in Eimern kostet 15 Rs.

J&KTDC Tourist Bungalow (Zi. 100 Rs) Unterkunft mit gutem Preis-Leistungs-Verhältnis. Hier gibt's große Zimmer, aber nur kaltes Wasser. Vor Ort befindet sich das Tourist Reception Center, dessen Personal es manchmal erlaubt zu zelten.

Chang Thang Hotel (☎ 245166; DZ 200 Rs) Hotel an der Hauptstraße mit ein paar einfachen Zimmern und Gemeinschaftsbädern. Das Restaurant ist mit hellen Wandbildern dekoriert und serviert chinesische und tibetische Standards.

Hotel Haftal View (DZ 150–250 Rs) Die Zimmer haben eine gute Größe, könnten aber hin und wieder mal geschrubbt werden. Die teureren Zimmer haben eigene Badezimmer, die Gemeinschaftsbäder lassen etwas zu wünschen übrig.

Hotel Ibex (☎ 245012; DZ 350 Rs) Bestes Hotel vor Ort. Hat gemütliche Doppelzimmer rund um einen geschützten Garten im Hof. Das Restaurant bietet eine gute Speisekarte mit einer prima Auswahl an leckeren Gerichten (gemessen an den Zanskar-Verhältnissen).

Dharamsala Café (Gerichte ab 30 Rs) Gleich neben dem Hotel Ibex. Serviert prima Frühstück und magenfüllende *thukpa* (tibetische Nudelsuppe) zum Mittag- und Abendessen. Das Gakyi Café gegenüber hat Ähnliches im Programm.

An- & Weiterreise

BUS

Während der Saison fährt alle zwei Tage ein Bus um 4 Uhr über die holperige Strecke von Padum nach Kargil (Standard/Semideluxe 260/400 Rs, 14–18 Std.). Ob man normal oder semideluxe vorwärts kommt, hängt davon ab, welcher Bus gerade auftaucht (Tickets am Vortag buchen). Man kann aussteigen, wo man möchte, muss dann aber unter Umständen einen Tag lang auf einen anderen Bus warten oder sich von einem vorbeikommenden Fahrzeug mitnehmen lassen.

TAXI

Für ein Taxi ohne/mit Rückfahrt von Kargil nach Padum werden 7500/9500 Rs fällig. Am besten teilt man sich die Kosten mit anderen Travellern, denn außer auf Schusters Rappen sind Taxis die einzige Möglichkeit, die großartige Landschaft wirklich genießen zu können. Entweder reißt man den Trip am Stück in einer äußerst strapaziösen 14-stündigen Fahrt herunter oder man legt unterwegs eine Pause in Panikhar oder Rangdum ein. Ein Tagesausflug nach Rangdum kostet mit Rückfahrt 6000 Rs.

LASTWAGEN

Nur wenige Lastwagen kommen hier durch; wenn man mal einen erwischt, kann man normalerweise auch mitfahren. Die meisten Fahrer verlangen dafür einen recht anständigen Preis.

Unterwegs vor Ort

Das Büro der Padum Taxi Union (zwischen Hotel Ibex und Busbahnhof) langt ordentlich hin: 690 Rs kostet die Hin- und Rückfahrt zur Karsha-Gompa bzw. 6000 Rs nach Rangdum. Kein Wunder, dass nur sehr wenige Besucher die Gegend mit dem Taxi erkunden – wer mehr Zeit im Gepäck hat, wandert.

KARSHA-KLOSTER

Aus der Kulisse der rötlich-ockerfarbenen Bergen sticht das kalkweiße Karsha-Kloster schillernd hervor. Der Gebäudewirrwarr ist von Padum aus am anderen Flussufer zu erkennen. Zanskars größtes Kloster wurde im 10. Jh. gegründet. Mehrere in den letzten Jahren renovierte Gebetshallen sind mit großartigen Wandgemälden verziert.

Das Kloster ist in einem zweistündigen Spaziergang von Padum aus zu erreichen – die Fußgängerbrücke am östlichen Ortsrand führt direkt zur Gompa. Am Nachmittag wird es oft sehr windig: also möglichst schon morgens losmarschieren. Über die Autostraße ist es eher ein Umweg, da man erst 8 km zurück zur befahrbaren Brücke bei Tungri muss, von wo aus dann eine schmale Straße über den Fluss führt. Es gibt keine öffentlichen Verkehrsmittel; Padum-Taxis verlangen unverschämte 520/690 Rs (ohne/mit Rückfahrt) für den Ausflug.

Lobzang Guesthouse (Zi. 200 Rs) Simple Unterkünfte mit Matratzen auf dem Fußboden und einfachen Gemeinschaftsbädern. Dafür hat's eine gemütliche, familiäre Atmosphäre.

PHUGTAL-KLOSTER

Das Kloster klebt förmlich an den Wänden der senkrechten Shadi-Schlucht. Damit ist es so spektakulär und auch abgeschieden gelegen wie kaum eine andere Gompa in Indien.

Phugtal bedeutet „durch die Höhle" – und genauso wirkt das in und um eine riesige Höhle gebaute Kloster, in dem eine für ihre Heilkräfte berühmte Quelle entspringt. Es ist ungefähr 700 Jahre alt, 60 Mönche leben hier. Die Fresken ähneln denen in Alchi.

Für Phugtals Lage gilt: Der Weg ist das Ziel und Belohnung zugleich. Das Kloster kann nur zu Fuß erreicht werden – am besten als Teil des Trekkings von Padum nach Darcha (s. unten).

TREKKING IN ZANSKAR

Auch hier geben folgende Absätze nur einen groben Überblick; passionierten Trekkern sei Lonely Planets *Trekking in the Indian Himalaya* ans Herz gelegt.

Die Saison ist kurz. Trekkings können nach der Schneeschmelze ab Ende Juni bis zum ersten Schnee Mitte Oktober angegangen werden. Im August und September können schwere Stürme, die vom indischen Tiefland hinauffegen, den Reiseplan durcheinander wirbeln.

Oft ist es ein Problem, über die Flüsse zu kommen – vor allem auf der Tour von Padum ins Markha-Tal. Auf allen Treks geht's über ca. 5000 m Höhe. Daher ist eine ausreichende Akklimatisierung unumgänglich.

Wer alles selbst organisiert, kann für 300 Rs pro Tag Packpferde in Padum oder Karsha mieten. Während der Erntezeit von Ende August bis Anfang September wird oft mehr verlangt. Außerdem sollte man den Rückweg des Besitzers mit einkalkulieren. Auch die Bezahlung eines örtlichen Guide ist eine sinnvolle Investition (vor allem für die Route von Padum ins Markha-Tal); diese beträgt ca. 250 Rs pro Tag.

Essensvorräte und Campingausrüstung (inkl. Zelt und Schlafsack) müssen mitgebracht werden – an manchen Etappenzielen gibt es keine Dörfer, in denen übernachtet werden könnte.

PADUM – SHINGO LA – DARCHA

Auf den ersten drei Etappen folgt die Route des Treks dem klar umrissenen Verlauf des Tsarap-Tals hinauf, um dann zum Phugtal-Kloster zu gelangen, einem der ältesten Klöster Zanskars in wahrhaft spektakulärer Lage: Es quillt förmlich aus der Höhle heraus, in die es hineingebaut wurde.

Weiter geht's durch eine Reihe von Dörfern bis zur höchsten Siedlung bei Kargyak. Von dort aus wird am nächsten Tag bis zum Fuß des Shingo La (5090 m) gewandert, bevor man den Großen Himalaja überquert.

Die letzte Etappe begleitet die Trekker bis zum Anfang der Straße bei Darcha, wo sich die Weiterfahrt nach Manali organisieren lässt.

Übrigens: Der Bau der Straße von Padum nach Darcha kommt immer weiter voran und die Abschnitte, die es über Stock und Stein vorwärts geht, werden entsprechend kürzer. Während unseres Besuchs war auf der ersten Etappe eine Fahrt von Padum nach Raru möglich, während das letzte Stück kurz hinter Rumjak bis nach Darcha (bei Chika) auf einer unbefestigten Straße lag. Es wird noch ein, zwei Jahre dauern, bis die Straße fertig gestellt ist. Am besten erkundigt man sich in Leh nach dem aktuellen Zustand des Treks.

Tag	Etappe	Dauer (Std.)
1	Von Padum nach Purne	7
2	Von Purne zum Phugtal-Kloster und Tetha	6
3	Von Tetha nach Kargyak	7
4	Von Kargyak nach Lakong	6–7
5	Von Lakong nach Rumjak über den Shingo La	6–7
6	Von Rumjak nach Darcha	4

PADUM – SINGGE LA – LAMAYURU

In die anspruchsvolle Route kann entweder in Padum oder beim Karsha-Kloster eingestiegen werden. In die andere Richtung ist der Weg die meistgenutzte Trekkingroute nach Zanskar. Auf den ersten beiden Etappen führt die Route am linken Ufer des Zanska entlang und biegt dann zum Hanuma La (4950 m) und zum Lingshet-Kloster ab.

Am dritten Tag geht's zum Fuß des Singge La (5050 m), über den man die Zanskar Range überquert. Der Pass bietet eine atemberaubende Aussicht auf die Schluchten von Zanskar, während im Süden die schneebedeckten Gipfel des Großen Himalaja thronen. Der Singge La ist nicht besonders anspruchsvoll und der allmähliche Abstieg zum Dorf Photaksar kann innerhalb eines Tages gemeistert werden.

Von Photaksar aus führt der Pfad weiter über den Sisir La (4850 m) zum Dorf Honupatta. Eine weitere Etappe verläuft zum uralten Kloster bei Wanla. Am letzten Tag geht's schließlich noch über den Prinkiti La (3750 m) zur Lamayuru-Gompa und zu den öffentlichen Verkehrsmitteln von Leh.

Tag	Etappe	Dauer (Std.)
1	Von Padum nach Karsha	2
2	Von Karsha nach Pishu	4–5
3	Von Pishu nach Hanumil	4–5
4	Von Hanumil nach Snertse	5
5	Von Snertse nach Lingshet über den Hanuma La	5–6
6	Von Lingshet zum Singge-La-Basislager	5–6
7	Vom Singge-La-Basislager nach Photaksar über den Singge La	5–6
8	Von Photaksar nach Honupatta über den Sisir La	6
9	Von Honupatta nach Wanla	5
10	Von Wanla nach Lamayuru über den Prinkiti La	3–4

PADUM – CHA CHA LA – RUBRANG LA – MARKHA-TAL – LEH

Nur wenige Wanderer nehmen diese anspruchsvolle Route in Angriff. Die Flussüberquerungen sind übel – überhaupt ist es erst ab Mitte August ratsam, das Trekking anzugehen, da erst dann die Wasserstände weit genung gesunken sind. Auf keinen Fall alleine losmarschieren – es sind auch schon Trekker spurlos verschwunden!

Von Padum aus führt der Pfad in Richtung Norden zum Dorf Zangla, bevor er vom Zanska-Tal zum Cha Cha La (4950 m) abbiegt.

Vom Pass aus verstellt kein Hindernis die Aussicht auf den Großen Himalaja im Süden. Weiter geht's dann nach Norden durch einige dramatische Schluchten, in denen seltene Vierbeiner wie Braunbären, Blauschafe (wild lebende Himalaja-Schafe) und Schneeleoparden leben.

Mindestens zwei weitere Etappen sind nötig, um den Rubrang La (5020 m) und den Scheitelpunkt der Zanskar Range zu erreichen. Danach geht's stetig bergab zu den Dörfern des Markha-Tals.

Vom Dorf Markha aus sind es dann noch weitere drei Etappen, die über den Kongmaru La (5030 m) zur Hemis-Gompa und zum Indus-Tal führen.

Tag	Etappe	Dauer (Std.)
1	Von Padum nach Zangla	7
2	Von Zangla zum Cha-Cha-La-Basislager	3
3	Vom Cha-Cha-La-Basislager zum Schluchtlager über den Cha Cha La	6
4	Vom Schluchtlager nach Tilat Sumdo	6
5	Von Tilat Sumdo zum Rubrang-La-Basislager	5–6
6	Vom Rubrang-La-Basislager nach Markha über den Rubrang La	6
7	Von Markha nach Nimaling	7–8
8	Von Nimaling nach Chogdo über den Kongmaru La	6
9	Von Chogdo nach Hemis	4–5

KASCHMIR

Wenn es ein Paradies auf Erden gibt,
dann liegt es hier, hier, hier
in Kaschmir.

Großmogul Jehangir

Die fruchtbare, grüne Region wird im Süden und Westen von den schneebedeckten Gebirgskämmen der Pir Panjal Range und im Osten vom Himalaja eingerahmt. Indiens vielleicht schönste Ecke ist leider auch eine der tragischsten. Einst ein Juwel in der Tourismuskrone des Landes, wird das Gebiet seit 1989 von grausamen und gewaltvollen Unruhen heimgesucht.

Indiens Moguln erkoren Kaschmirs Hauptstadt Srinagar zu ihrer Sommerresidenz, wo sie sich auf der Flucht vor der stickigen Hitze der Ebenen in kühle, grüne und luftige Höhen zurückziehen und ihre Ziergärten formvollendet anlegen konnten. Eine wahre Flut von Touristen trat einst in ihre Fußstapfen – doch die Flut ist längst zu einem Rinnsal verebbt.

Srinagar liegt am überwältigenden Dal-See. Hier stößt man auf eine der beliebtesten Attraktionen Kaschmirs: Hausboote. Während des Britisch Raj widerstand Kaschmirs Maharadscha dem Drängen der Briten, ihnen Land zu verkaufen (bei den Briten stand Kaschmirs kühles Klima genauso hoch im Kurs wie bei den Moguln). Als Ersatz dafür bauten sie auf dem Dal-See Hausboote – jedes davon ein kleines Stück England. Bis heute sind sie Kaschmirs reizvollste Übernachtungsmöglichkeiten geblieben.

Abseits der Städte könnten die Gletscher und Kiefernwälder in den Bergen tolle Trekkingmöglichkeiten bieten. Doch wie auch sonst in Kaschmir gilt: Die sich ständig verändernde Sicherheitssituation kann schnell alle Reisepläne über den Haufen werden.

Geschichte

Bis ins frühe 19. Jh. waren Jammu und Kaschmir zwei eigenständige Regionen, die nominell unter Sikh-Herrschaft standen. Nachdem die Briten die Sikhs 1846 niedergerungen hatten, regierten sie das Land nicht direkt, sondern setzten einen Hindu als Maharadscha ein.

Die Teilung 1947 stellte die unabhängigen Regionalherrscher vor die Qual der Wahl, sich entweder Indien oder Pakistan anzuschließen, wobei sie die geografische Lage ihres Staates und die Religion der Bewohner berücksichtigten. Maharadscha Hari Singh jedoch zog eine Entscheidung hinaus – erst als eine von Pakistan unterstützte Armee paschtunischer Stammeskrieger in sein Herrschaftsgebiet einfiel (und damit den ersten indisch-pakistanischen Konflikt auslöste), geriet er unter Zugzwang. Nehru, selbst ein Kaschmiri, entsendete militärische Hilfe unter der Voraussetzung, dass sich Jammu und Kaschmir Indien anschließen. Nach dieser ersten Konfrontation im Oktober 1947 standen zwei Drittel der umstrittenen Region unter indischer Kontrolle, darunter auch das größtenteils muslimische Kaschmir-Tal. Den Rest konnte Pakistan unter dem Namen Azad („Freies") Kaschmir für sich behaupten.

1949 beendete der von den UN geförderte Waffenstillstand die Feindseligkeiten – von nun durchschnitt die Line of Control Kaschmir, die faktisch bis heute die Grenze zwischen Indien und Pakistan bildet, aber von beiden Staaten nicht anerkannt wird. Der Waffenstillstand sah auch eine Volksabstimmung vor, die über Kaschmirs Zukunft entscheiden sollte, aber nach über 50 Jahren immer noch nicht durchgeführt wurde. Beide Kontrahenten beanspruchen immer noch ganz Kaschmir für sich – so kam es 1965 erneut zum Krieg, nachdem Pakistan die Line of Control verletzt hatte. Viele

WIE SICHER?

Zwar hat sich den letzten Jahren die Sicherheitslage in Kaschmir dank der besseren Beziehungen zwischen Indien und Pakistan etwas verbessert. Dennoch ist nach wie vor immer mit Anschlägen zu rechnen. So rät das Auswärtige Amt in Berlin von Reisen nach Kaschmir und auch in die Grenzregionen von Ladakh ab. Außerdem warnt es davor, an verlassenen Plätzen zu zelten oder per Anhalter zu fahren.

Die Sicherheitslage ist ständigen Schwankungen unterworfen und die Situation kann schnell umschlagen. Jeder ist ausschließlich für seine Sicherheit selbst verantwortlich. Es ist daher unumgänglich, die Lage anhand verlässlicher Quellen einzuschätzen, bevor man eine Reise nach Kaschmir in Betracht zieht. Also örtliche Zeitungen (von denen die meisten gut über die Ereignisse in Kaschmir berichten) lesen, bei der J&KTDC nachfragen und sich genau die Tipps von Einheimischen und anderen Travellern anhören.

Alle Einschätzungen von Kaschmiri-Schleppern (vor allem in Delhi) sind mit äußerster Vorsicht zu genießen – diese haben natürlich ein gesteigertes persönliches Interesse, arglose Reisende davon zu überzeugen, dass Kaschmir sicher ist. Eine weit verbreitete Geschichte: Die Straße von Manali nach Leh sei unterspült, weshalb alle Reisenden auf dem Weg nach Ladakh zu einem Umweg über Srinagar gezwungen seien.

Die in diesem Führer vorgestellten Gebiete galten zum Zeitpunkt der Recherchen allgemein als sicher. Die Grenze zum pakistanisch verwalteten Teil Kaschmirs sollte auf jeden Fall gemieden werden. Gleiches gilt für die Gebiete im Westen und Nordwesten von Srinagar. Ebenso sollte man sich von Demonstrationen und großen Versammlungen fernhalten und rund um öffentliche und religiöse Feiertage besonders wachsam sein. In der Vergangenheit hatten es Terroristen besonders auf die Sri-Amarnath-Wallfahrt bei Pahalgam abgesehen. Wer in Kaschmir trekken möchte, sollte äußerste Vorsicht walten lassen – und wenn es denn unbedingt sein muss, sollte wenigstens ein ausgewiesener örtlicher Führer dabei sein.

Nachrichten-Websites wie www.kashmirtimes.com und www.kashmirobserver.com sind gute Informationsquellen. Unter www.armyinkashmir.org gibt die indische Armee ihre eigene Sichtweise im Internet wieder, zu Hause informieren die zuständigen Behörden: für Deutschland unter www.auswaertiges-amt.de/www/de/laenderinfos, für Österreich unter www.bmaa.gv.at/ und für die Schweiz www.eda.admin.ch/travel/indie_d.html.

Kaschmiri wünschen sich dagegen einen unabhängigen Staat.

Als Teil Indiens wurde Kaschmir ein großes Maß an Autonomie zugesagt, was jedoch größtenteils leere Worte blieben. Der Unmut in der Region wuchs und die Ereignisse spitzten sich 1987 nach stark manipulierten Wahlen zu. 1989 schlugen die kaschmirischen Proteste schließlich in offene Rebellion um.

Mehrere militante Gruppen griffen zu den Waffen, um Kaschmir von Indien zu befreien. Viele wurden von Pakistan unterstützt und die Revolte erhielt eine zunehmend islamistische Färbung. Dies lag auch am Zustrom von Kämpfern, die berauscht vom Sieg über die Sowjetunion in Afghanistan ein neues Betätigungsfeld suchten. Die indische Armee reagierte mit oftmals brutalen Gegenschlägen, regelmäßig wurden die Menschenrechte auf beiden Seiten mit Füßen getreten. 1990 wurde die Regierung des Bundesstaates aufgelöst und dieser der direkten Kontrolle Delhis unterstellt. Seit 1989 fielen schätzungsweise 60 000 Menschen den Konflikten in Kaschmir zum Opfer.

1996 wurden mit Erfolg Wahlen abgehalten. Es folgten Vorschläge, die Region in ein muslimisches Kaschmir, ein hinduistisches Jammu und ein buddhistisches Ladakh dreizuteilen – diese lehnte Delhi jedoch strikt ab. 1999 brach eine erneute Eiszeit in den Beziehungen aus, als eine pakistanische Invasion bei Kargil die beiden Länder, inzwischen im Besitz von Atomwaffen, an den Rand eines totalen Krieges brachte – was US-Präsident Bill Clinton dazu veranlasste, Kaschmir als „einen der gefährlichsten Orte der Welt" zu bezeichnen.

Nach 2002 wurde die proindisch eingestellte National-Conference-Regierung von der People's Democratic Party unter Mufti Mohammad Syed bei erneuten Wahlen geschlagen. Dem als gemäßigt geltenden Politiker gelang es aber nur kaum, die politische Großwetterlage zu beeinflussen und in Kaschmir wurden Forderungen nach der Autonomie innerhalb Indiens oder nach freier Selbstbestimmung laut. Die von Pakistan unterstützte Hurriyat Conference machte sich zum Sprachrohr der Kritik und bei den Wahlen im Jahr 2004 blieben dann viele Kaschmiri den Wahlurnen fern.

Inzwischen hat sich Indien den „Krieg gegen den Terrorismus" auf die Fahnen geschrieben, um das Kaschmir-Problem in den Griff zu bekommen. Außerdem versuchte der frühere indische Premierminister Atal Behari Vajpayee vor seinem Rücktritt im Mai 2004, eine Einigung mit Pakistan zu vermitteln. Auch wenn die Bemühungen fehlschlugen, verbesserte sich die Atmosphäre zwischen den beiden Ländern und nahm das Einsickern militanter Gruppen aus Pakistan ab. Manmohan Singhs Regierung hat die Politik des Dialogs fortgesetzt und vertrauensbildende Maßnahmen vorangetrieben. Dazu zählen z. B. die neu eingerichtete Busverbindung von Srinagar nach Muzafarrabad im pakistanisch verwalteten Teil Kaschmirs und die Aufnahme von Friedensgesprächen. Nach dem verherrenden Erdbeben vom 8. Oktober 2005, von dem besonders der pakistanische Teil Kaschmirs betroffen war, wurde die fast vollständig undurchlässige Line of Control an fünf Punkten für Zivilisten geöffnet.

Und dennoch: Der Kaschmir-Konflikt ist immer noch sehr verfahren und steckt tief in einem Morast aus geopolitischen und ideologischen Interessen. Die Regierungen von Indien und Pakistan spielen weiterhin mit ihren Wählerschaften, weit reichende Zugeständnisse erscheinen nach wie vor trügerisch – und die Kaschmiri sind die eigentlichen Leidtragenden.

SRINAGAR

☎ 0194 / 971 357 Ew.

Srinagar, die Sommerhauptstadt von Jammu & Kaschmir, liegt am Dal-See und am malerischen Jhelum und wird von den grünen, bewaldeten Hängen der Pir Panjal Range überragt. Die noch heute zu erkennende indoiranische Herkunft der Kaschmiri und ihre Vorliebe für *kahwa* (grünen Tee mit Kardamom) verleihen der Stadt einen gewissen zentralasiatischen Touch. Wer von Srinagar aus in Richtung Süden reist, wird sich daher vorkommen, als befände er sich auf der „Rückkehr nach Indien".

Abseits vom Verkehr und Schmutz des Stadtzentrums sind die friedlichen Gewässer des Dal-Sees eine willkommene Abwechslung – es ist sehr einleuchtend, warum von den Moguln bis zu den Radschas einst alle hierher strömten. Die meisten Besucher entscheiden sich für ein Hausboot als Quar-

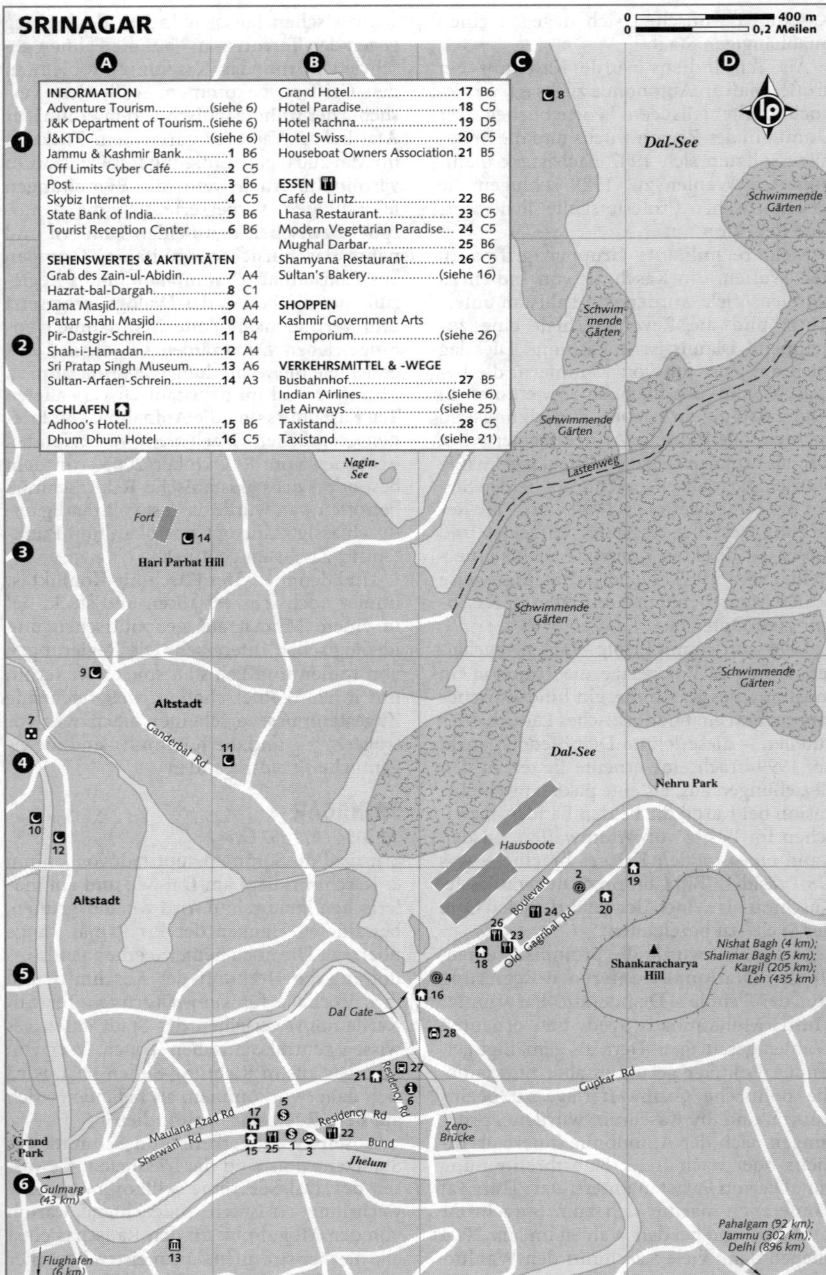
SRINAGAR
0 400 m
0 0,2 Meilen
A
B
C
D
1
2
3
4
5
6
INFORMATION
Adventure Tourism (siehe 6)
J&K Department of Tourism (siehe 6)
J&KTDC (siehe 6)
Jammu & Kashmir Bank 1 B6
Off Limits Cyber Café 2 C5
Post 3 B6
Skybiz Internet 4 C5
State Bank of India 5 B6
Tourist Reception Center 6 B6
SEHENSWERTES & AKTIVITÄTEN
Grab des Zain-ul-Abidin 7 A4
Hazrat-bal-Dargah 8 C1
Jama Masjid 9 A4
Pattar Shahi Masjid 10 A4
Pir-Dastgir-Schrein 11 B4
Shah-i-Hamadan 12 A4
Sri Pratap Singh Museum 13 A6
Sultan-Arfaen-Schrein 14 A3
SCHLAFEN
Adhoo's Hotel 15 B6
Dhum Dhum Hotel 16 C5
Grand Hotel 17 B6
Hotel Paradise 18 C5
Hotel Rachna 19 D5
Hotel Swiss 20 C5
Houseboat Owners Association 21 B5
ESSEN
Café de Lintz 22 B6
Lhasa Restaurant 23 C5
Modern Vegetarian Paradise 24 C5
Mughal Darbar 25 B6
Shamyana Restaurant 26 C5
Sultan's Bakery (siehe 16)
SHOPPEN
Kashmir Government Arts Emporium (siehe 26)
VERKEHRSMITTEL & -WEGE
Busbahnhof 27 B5
Indian Airlines (siehe 6)
Jet Airways (siehe 25)
Taxistand 28 C5
Taxistand (siehe 21)
Dal-See
Schwimmende Gärten
Schwimmende Gärten
Schwimmende Gärten
Schwimmende Gärten
Schwimmende Gärten
Lastenweg
Nagin-See
Fort
Hari Parbat Hill
Altstadt
Ganderbal Rd
Altstadt
Dal-See
Nehru Park
Hausboote
Boulevard
Old Gagribal Rd
Shankaracharya Hill
Nishat Bagh (4 km); Shalimar Bagh (5 km); Kargil (205 km); Leh (435 km)
Dal Gate
Residency Rd
Gupkar Rd
Maulana Azad Rd
Sherwani Rd
Residency Rd
Bund
Zero-Brücke
Jhelum
Grand Park
Gulmarg (43 km)
Flughafen (6 km)
Pahalgam (92 km); Jammu (302 km); Delhi (896 km)

tier; der Weg von A nach B ist so etwas mehr, als nur mit Kanupaddeln ausgerüstet auf dem Wasser zu schippern.

Auch wenn auf dem See eine verführerische Atmosphäre herrscht, kann man nur schwer vergessen, dass Srinagar das Epizentrum der Unruhen in Kaschmir ist. Das Stadtzentrum ist stark militarisiert: An Straßenkreuzungen stehen Sandsackbunker, paramilitärische Einheiten patrouillieren und wer Regierungsgebäude – wie auch Banken und Postämter – betritt, wird genauestens gefilzt. Kommt man mit dem Flugzeug an, könnte man den Flughafen glatt mit einer Militärbasis verwechseln. Der Großteil der Bevölkerung steht der massiven Militärpräsenz sehr kritisch gegenüber, weshalb sich der Eindruck einer besetzten Stadt verfestigt hat. Der Reisepass sollte stets griffbereit sein und keinesfalls darf man etwas Militärisches fotografieren – dies gilt auch für Regierungsgebäude und Brücken. Wer nicht hinter schwedischen Gardinen in den Genuss von freier Kost und Logis kommen möchte, sollte im Zweifelsfall lieber fragen.

So langsam kehrt der inländische Tourismus nach Srinagar zurück, auch wenn noch immer relativ wenig Ausländer auf den Straßen zu sehen sind. Während der Recherche war es in Srinagar allgemein ruhig – dennoch sollte man vor der Anreise auf jeden Fall die Sicherheitslage checken (s. Kasten S. 378).

Orientierung

Srinagars Altstadt liegt im Windschatten des Hari Parbat Hill. Hier stößt man auf ein Labyrinth von Gassen, an denen rechts und links traditionelle Kaschmiri-Häuser aus Holz und Stein mit eigenartigen Spitzdächern, Balkonen und überhängenden Dachrinnen stehen. Viele davon sind baufällig.

Der Rest von Srinagar ist nicht besonders reizvoll – stattdessen steuert man besser auf den Dal-See mit seinen schwimmenden Gärten und Hausbooten zu. Oft lässt sich nur schwer ausmachen, wo das Land endet und das Wasser beginnt. Die meisten Hausboote liegen gegenüber vom Stadtende des Uferboulevards. Der friedlichste Wasserstreifen ist der kleinere Nagin-See, der vom Dal-See durch einen Damm getrennt ist.

Auf der Ostseite des Dal-Sees (ca. 5 km von Srinagar entfernt) verkörpern der Shalimar Bagh und der Nishat Bagh, zwei exquisite Mogulgärten, eine etwas formalere Harmonie von Mensch und Natur.

Der Jhelum, auf dem nur wenige Hausboote schwimmen, windet sich durch die Stadt. Ein Kanal verbindet See und Fluss: Dadurch wird ein Teil der Stadt zur Insel, auf der sich die größten Hotels, Läden, Banken, Touristencenter und der Busbahnhof befinden.

Praktische Informationen

INTERNETZUGANG

In der Residency Rd. finden sich ein paar Internetcafés (120 Rs/Std.).

Off Limits Cyber Café (Hotel Basera, Old Gagribal Rd) Liegt am Ende eines Sträßchens abseits des Boulevard.

Skybiz Internet (Boulevard) Befindet sich in praktischer Lage am Dal Gate.

GELD

Die **State Bank of India** (⌚ Mo–Fr 10–16 Uhr) und die **Jammu & Kaschmir Bank** (⌚ Mo–Fr 10–16 Uhr) liegen zueinander zugewandt an der Residency Rd. Beide lösen Reiseschecks ein und wechseln auch Geld – doch die Sicherheitsvorkehrungen sind streng. Während der Recherche waren Geldautomaten geplant, die internationale Kreditkarten akzeptieren.

POST

Post (Bund; ⌚ Mo–Sa 10–17 Uhr) Stark befestigt; nimmt Pakete bis 1 kg Gewicht an. Diese müssen allerdings zur Kontrolle geöffnet werden, daher alles Nötige zum Verpacken mitbringen. Auch hier wird man am Eingang durchsucht.

TOURISTENINFORMATION

Adventure Tourism (☎ 2472644; ⌚ Mo–Sa 10–16 Uhr) Vermietet eine begrenzte Auswahl an Ski- und Bergsteigerausrüstung. Stellt außerdem Kontakte zu Führern her.

J&K Department of Tourism (☎ 2452690; www.jktourism.org; ⌚ Sommer Mo–Sa 9.30–21 Uhr, Winter Mo–Sa 10.30–16.30 Uhr) Nützlich; hat eine Liste mit Privatunterkünften und Hausbooten plus Touristenliteratur im Angebot; vieles ist allerdings veraltet.

J&KTDC (☎ 2472644; www.jktdc.com; ⌚ Sommer Mo–Sa 10.30–20 Uhr, Winter Mo–Sa 10.30–17 Uhr) Der Schalter im Touristenempfangscenter bucht die Unterkünfte der Organisation im ganzen Bundesstaat.

Touristenempfangscenter (Residency Rd) Unterhält mehrere kleine Touristeninformationen und erteilt praktische Infos aus erster Hand. Im Touristenempfangscenter befinden sich zudem das Büro der Indian Airlines, ein Postschalter und eine Filiale der State Bank of India.

Sicherheit

In Srinagar herrscht eine riesige und weithin sichtbare Militärpräsenz. Obwohl äußerlich alles normal erscheint, ist die politische Situation alles andere als friedlich. Es ist äußerst ratsam, die aktuellen Entwicklungen vor Ort zu berücksichtigen. Wahlen, Nationalfeiertage und politische Jubiläen sind riskante Zeitpunkte für einen Aufenthalt in Srinagar. Von jetzt auf nachher kann es gefährlich werden – wer zur falschen Zeit am falschen Ort ist, muss damit rechnen, am Schauplatz eines Anschlags zu sein. Daher immer wachsam sein! Mehr Info gibt's im Kasten, S. 378.

Kaschmiri-Schlepper und -Ladenbesitzer sind in ganz Indien für ihre aggressive Vorgehensweise bekannt. Hausbootbesitzer verdienen eine gesonderte Betrachtung; s. hierzu Kasten S. 384.

Sehenswertes

DAL-SEE

Der friedliche Dal-See ist Srinagars Juwel. An seinen Rändern erstreckt sich ein Wirrwarr aus Kanälen, schwimmenden Gärten und Hausbooten, Lotusblumen und Wasserlilien. Ganze Flotten von *shikaras* (gondelartige Boote) bewegen sich durch die Schläge ihrer herzförmigen Paddel vorwärts. Sie transportieren wirklich alles: ob Kinder auf dem Schulweg oder Obst und Gemüse vom und zum Markt.

Während des Sonnenaufgangs paddeln *shikaras* in den Backwaters des Sees und bilden einen **schwimmenden Markt,** auf dem Paletten von Gemüse und Blumen felgeboten werden. Das farbenfrohe Ereignis – umso mehr bei schönen Sonnenaufgängen – lohnt es, früh aus den Federn zu kriechen. Ein *shikara* vom eigenen Hausboot aus kostet ca. 100 Rs.

Langschläfer können sich bequem und faul über den ganzen See in Richtung Backwaters und zum Shalimar Bagh paddeln lassen. Wem der Sinn nach ein bisschen Shoppen steht, kann dem *shikara*-Wallah ganz bestimmt eine Freude machen und sich von diesem zu ein paar Läden bringen lassen, bei denen er dann eine kleine Provision kassiert. Außerdem nähern sich einem andere *shikaras*, die Handwerksprodukte und Snacks anbieten.

Wenn man bedenkt, was so alles im See landet, ist das Wasser wunderbar klar. Im Sommer gedeihen große Lotusfelder mit perfekt geformten rosa Blüten. In den schwimmenden Gärten wachsen Tomaten, Wassermelonen, Auberginen und Gurken. Und die Wasserlilien werden als Viehfutter geerntet.

Zu beinahe jeder Jahreszeit ist der See ein faszinierender Ort. Sanftes Licht, das vom Wasser reflektiert wird, verleiht allem ein magisches Leuchten. Für die Abende sollte Insektenabwehrmittel griffbereit sein!

SHANKARACHARYA HILL

Der Hügel (auch unter dem Namen Takht-i-Sulaiman oder Thron Salomos bekannt) überragt Stadt und See. Hier befindet sich ein **Hindutempel** aus den Tagen Jehangirs. Entweder kämpft man sich eine Weile zu Fuß den Berg hinauf oder unternimmt eine kurze Fahrt. Wenn man von dem Labyrinth des Dal-Sees ganz und gar verwirrt ist und die Orientierung verloren hat, rückt der phantastische Panoramablick von hier oben alles ins rechte Licht.

SHALIMAR BAGH & NISHAT BAGH

Jehangir ließ den entzückenden **Shalimar Bagh** (Eintritt 5 Rs; ⌚ Sonnenaufgang–19 Uhr, Di geschl.) für seine Gattin Nur Jahan, das „Licht der Welt", anlegen. Er ist wohl das Nonplusultra unter den Mogulgärten – eine Reihe von Terrassen, die von einem zentralen Wasserlauf geteilt werden, bietet eine kühle, chillige Rückzugsmöglichkeit von der Welt.

Der nahe **Nishat Bagh** (Eintritt 5 Rs; ⌚ Sonnenaufgang–19 Uhr, Mi geschl.) ist größer. Er besteht aus zehn Terrassen und ist von Platanen umgeben, dem Symbol Kaschmirs.

HAZRAT-BAL-DARGAH

Die moderne Moschee in strahlendem Weiß steht am nordwestlichen Ufer des Dal-Sees. Sie beherbergt ein Haar des Propheten Mohammed; „Ungläubige" dürften sich aber eher für ihre gebieterische Lage am Ufer mit den Bergen im Hintergrund interessieren.

JAMA MASJID

Sultan Sikander ließ die Moschee ursprünglich 1385 erbauen, doch bis heute wurde sie dreimal stark zerstört. Die recht strenge Konstruktion besteht aus Ziegelsteinen und Holz. Eine Besonderheit sind die mehr als 300 Pfosten, die das Dach stützen – jeder einzelne davon war einst ein Baumstamm.

Während der Unruhen zu Beginn der neunziger Jahre wurden militante Kämpfer, die sich hier verschanzt hatten, von der Armee belagert. Heute erfüllt die Moschee jedoch wieder friedliche Zwecke.

PIR-DASTGIR-SCHREIN

Der ca. 400 Jahre alte Schrein ist eine der wichtigeren religiösen Stätten in Kaschmir. Er enthält Reliquien, die von dem verehrten muslimischen Heiligen Pir Dastgir stammen. Sein (größtenteils grüner) Innenbereich ist mit wunderschönem Pappmaché verziert. Im Inneren des Schreins, zu dem auch eine kleine Moschee gehört, beten Männer und Frauen zu dem Heiligen.

SHAH-I-HAMADAN

Ein wunderschönes architektonisches Exemplar in der Altstadt! Die Moschee stammt ursprünglich aus dem Jahr 1395 und hat die Angewohnheit, so alle 200 Jahre einmal abzubrennen (das letzte Mal 1731). Auf dem pyramidenförmigen Dach des heutigen Gebäudes ragt ein spitzes Türmchen in die Höhe. Dies ist typisch für Moscheen in Kaschmir, die neben buddhistischen und hinduistischen Einflüssen aus der Region auch traditionelle muslimische Elemente aufweisen. Nur Muslime dürfen ins Innere. Gegenüber steht am anderen Flussufer die **Pattar Shahi Masjid**, eine kleine aus Stein erbaute Moschee, die Jehangirs Ehefrau Nur Jahan errichten ließ.

GRAB DES ZAIN-UL-ABIDIN

Am Ostufer des Jhelum steht ein eindrucksvoller Backsteinbau, in dem angeblich das Grab von Sultan Sikanders Sohn zu finden ist. Genauso wird jedoch auch behauptet, dass in Wirklichkeit dessen Mutter hier begraben worden sei und er selbst auf dem Friedhof im Hof dahinter seine letzte Ruhestätte gefunden habe. Mit der Kuppelkonstruktion und den Kacheln lässt das Gebäude deutlich einen persischen Einfluss erkennen. Drum herum befinden sich die Gräber einfacher Leute.

SULTAN-ARFAEN-SCHREIN

Der bedeutende muslimische Schrein liegt an einem Pfad, der hoch zum für Besucher geschlossenen Fort führt (gleichzeitig der kürzeste Weg zum Fort). Marmor, Pappmaché und zarte Holzschnitzereien sind die Features des sehenswerten Schreins. Die Straße zum Schrein führt durch ein Stadttor und Mauern, die Akbar als Arbeitsbeschaffungsmaßnahme errichten ließ.

SRI-PRATAP-SINGH-MUSEUM

Das **Museum** (Eintritt 5 Rs; ⌚ Sommer Di–So 10–16 Uhr, Winter Di–So 10.30–16.30 Uhr) befindet sich im ehemaligen Sommerpalast des Maharadschas. Das Gebäude ist dementsprechend beeindruckend palastartig. Die Wände und Decken der Ausstellungsräume sind mit Pappmaché verziert. In denen gibt's archäologische Artefakte, Mammut-Überreste, Gemälde, alte Münzen und Aufzeichnungen, Pappmaché-Schachteln und Militaria zu sehen.

Schlafen

In Srinagar gibt's auch einige Unterkünfte zu Land, doch einer der Hauptgründe für die Reise hierher dürfte ein relaxter Urlaub auf einem Hausboot sein.

HAUSBOOTE

Ein Kaschmiri-Hausboot ist genau genommen ein fest vertäutes Boot aus Kiefernholz mit einem flachen Boden. Die Kähne sind üblicherweise ca. 20 m lang und haben ein Wohnzimmer, Esszimmer, Küche und Veranda, während die Schlafzimmer im Heck verstaut sind. Für die Innendekoration trifft die Bezeichnung „englischer Kitsch" wohl am besten zu. Die kleineren Boote sind mitunter feucht und schäbig, doch die besten sind wahrhaftige schwimmende Paläste.

Die Hausboote Srinagars verteilen sich auf drei Orte. Die meisten liegen auf dem Dal-See gegenüber vom Boulevard. Die Boote zum Ufer hin bekommen einen etwas höheren Lärmpegel ab. Dafür gibt's von der Veranda eines Bootes aus immer eine Menge zu sehen – das Leben auf dem See spielt sich in gemächlichem Tempo sozusagen direkt vor der Haustür ab. Die Boote hinter dem Nehru Park bieten die beste Aussicht auf den See und die Berge. Der Nagin-See ist Srinagars ruhigste Ecke; die dortigen Hausboote sind bei Backpackern sehr beliebt, obwohl die Lage nördlich der Altstadt nicht sehr praktisch ist. Schließlich kann man auch in die Fußstapfen der Radschas treten und ein Boot mieten, das auf dem Jhelum in der Stadt festgemacht ist.

ÄRGER AUF DEM HAUSBOOT?

Für die meisten Besucher Srinagars verspricht der Aufenthalt auf einem Hausboot eine ungetrübte relaxte Zeit. Dennoch berichten Traveller immer wieder von Ärgernissen.

Generell gilt: Je weniger ein Hausboot kostet, desto größer ist die Versuchung für dessen Besitzer, irgendwie anders einen Reibach zu machen, etwa indem er einem Handwerksprodukte und Ausflugspakete außerhalb Srinagars zu Wucherpreisen aufs Auge drückt. Im schlimmsten Fall nutzen skrupellose Bootsbesitzer die Tatsache aus, dass ein Hausboot nun mal von Wasser umgeben ist, nehmen Gäste praktisch als Geiseln und weigern sich so lange, einen ans Ufer zu bringen, bis man sich gegen ordentlich Bares mit einem Bring- und Holdienst einverstanden erklärt. Das Ganze wird dreist mit „Sicherheitsproblemen" begründet – so soll man daran gehindert werden, sich frei, d. h. in einer beliebigen *shikara,* zu bewegen. Die Hausboote auf dem Nagin-See und dem Jhelum sind dagegen am Ufer festgemacht – so kann dieses vermeintliche Problem von vornherein vermieden werden.

Ein Großteil der Beschwerden wird auch von Travellern geäußert, die Pakete bei Tourifängern in Delhi gebucht und im Voraus blind irgendwelche Services bezahlt haben – vor Ort bildeten dann meist versteckte „Extras" die böse Überraschung. Also besser keine Hausboote im Voraus buchen, es sein denn, man erhält eine wirklich vertrauenswürdige Empfehlung. In der Regel ist es wesentlich sinnvoller, sich ein Boot selbst anzusehen und bei Gefallen sofort zu buchen. Wer dennoch unbedingt im Voraus buchen möchte, sollte sich genauestens darüber im Klaren sein, für was man da bezahlt, zudem Kopien vom gesamten Papierkram anfertigen und sich niemals von seinem Reisepass trennen.

Weibliche Traveller, die allein unterwegs sind, sollten besonders vorsichtig sein, wenn sie auf einem Hausboot übernachten – es wurden auch Fälle von Belästigungen berichtet. Im Zweifelsfall die Houseboat Owners Association vom genauen Aufenthaltsort unterrichten und auch die voraussichtliche Dauer des Aufenthalts angeben.

Die **Houseboat Owners Association** (☎/Fax 2450326; Residency Rd; ⌚ Sommer 8–22 Uhr, Winter 10–20 Uhr) gegenüber vom Tourist Reception Center hat über 1000 Hausboote registriert. Sie übernimmt Buchungen, jedoch verhandelt sie nicht mit den Besitzern und man sieht auch nicht, was man für sein Geld bekommt. Da nach dem Einbruch in der Tourismusbranche die Besitzer Schwierigkeiten haben, ihre Boote loszubekommen, ist es daher ratsam, sich auf eigene Faust umzuschauen und selbst einen Deal auszuhandeln. Mit einem *shikara* kann man für 100 Rs die Stunde mehrere Boote abklappern. Dabei gilt es, sich der Meute von Schleppern zu erwehren, die einen zu ihren eigenen Booten lotsen wollen. Wer sich mit einem Besitzer einig wird, sollte genau festlegen, was alles im Preis enthalten ist. Mit im Angebot sind manchmal kostenlose *shikara*-Transfers vom Hausboot zum Ufer. Und auch die Anzahl und Qualität der Mahlzeiten und die Versorgung mit heißem Wasser kann variieren. Im Winter wird normalerweise ein Heizungszuschlag von 300 Rs fällig. Zum Zeitpunkt der Recherchen waren folgende Preise üblich:

Klasse	Vollpension (Rs)	Nur Unterkunft (Rs)
Deluxe	3000	1500
Kategorie A	2000	1000
Kategorie B	1400	700
Kategorie C	1200	600
Kategorie D	600	300

Manche Deals sind auf den ersten Blick zu gut, um keinen Haken zu haben – und normalerweise bestätigt sich die Vorahnung dann auch. Bei lächerlich günstigen 100-Rs-Angeboten für einen Kahn der Kategorie A gibt's oft nur spärliche Mahlzeiten – zudem darf man jedes Mal extra für die Überfahrt vom Boot zum Ufer in den Geldbeutel greifen. Und zu allem Überfluss schaut unentwegt eine Schar von Hausierern herein – natürlich ohne dass der Besitzer was dagegen unternimmt, da er sich von dem Geschäft eine Provision verspricht.

Die Houseboat Owners Association kann helfen, wenn es Probleme gibt und der Bootsbesitzer sich nicht an die Absprachen hält (s. Kasten S. 384). Die hier aufgelisteten Preise spiegeln lediglich die offiziellen, von der Regierung des Bundesstaats veranschlagten Sätze wider. Dicke Preisnachlässe von bis zu 70 % sind durchaus möglich. Die Kategorien unterscheiden sich nur schwammig voneinander und die Qualität eines Hausboots ist letztlich mehr von handfesten Kriterien wie dem Liegeplatz, der Qualität von Verpflegung und Service als von seiner Auszeichnung abhängig: Ein gutes Boot der Kategorie B ist also höchstwahrscheinlich einem „A-Wrack" vorzuziehen.

HOTELS

Mehrere der größeren Hotels am Boulevard sind ständig von der Armee belegt – Vorsicht Stacheldraht! Sofern nicht anders vermerkt, gibt's in allen eigene Badezimmer mit heißem Wasser. Die Nachfrage ist allgemein recht gering, daher nach einem Rabatt fragen.

Dhum Dhum Hotel (☎ 2450779; Dal Gate; EZ/DZ 250/400 Rs) See und Stadt sind praktisch von diesem Budgethotel aus zu erreichen. Hat ordentliche, aber langweilige Zimmer und ein freundliches Management. Die vorderen Zimmer sind etwas laut.

Hotel Paradise (☎ 2450779; Blvd; EZ/DZ 700/900 Rs; ❄) Von der pinken Eingangshalle sollte man sich nicht abschrecken lassen: Das Hotel hat gepflegte Zimmer, der ruhigen Rasen und Garten hinterm Haus laden zum Relaxen ein. Von ein paar Zimmern aus hat es einen Panoramablick auf den Dal-See.

Adhoo's Hotel (☎ 2472593; Fax 2455251; Residency Rd; EZ 1000–1200 Rs, DZ 1200–1400 Rs; ❄) Das Hotel in zentraler Lage wurde erst kürzlich renoviert. Hier steigen manchmal Journalisten ab. Die Deluxezimmer sind düster, die Standardversion ist dagegen gemütlicher. Die teureren Räume im hinteren Bereich bieten eine nette Aussicht auf den Jhelum. Hat Heizungen für den Winter und ein vernünftiges Restaurant.

Grand Hotel (☎ 2476583; Fax 2459000; Residency Rd; EZ 700–1100 Rs, DZ 1000–1400 Rs; ❄) Gepflegtes Hotel mit blitzsauberen Zimmern; alle sind mit Zentralheizung, TV und Telefon ausgestattet. Das alte, etablierte Hotel in Srinagar ist durch den Umbau vor Kurzem wieder auferstanden. Das ausgezeichnete Restaurant hat auch für Nichtgäste des Hotels den ganzen Tag über geöffnet.

In der Old Gagribal Rd., die parallel hinter dem Boulevard verläuft, gibt's mehrere Mittelklassehotels. Diese sind bei indischen Geschäftsleuten sehr beliebt und regelmäßig ausgebucht. Das **Hotel Rachna** (☎ 2474365; DZ 450–800 Rs) und das **Hotel Swiss** (☎ 2472766; EZ/DZ 550/750 Rs) stellen hier halbwegs anständige Optionen dar.

Essen

Essen wird mit 8 % besteuert, während beim Alkohol – falls man in dieser größtenteils ausgetrockneten Stadt welchen auftreiben kann – gleich der 30-Prozent-Knüppel geschwungen wird. Man kann das Essen aber auch mit einem Glas leckeren Apfelsaft aus Kaschmir runterspülen. Die meisten Restaurants finden sich auf dem Boulevard oder in der Residency Rd. An Straßenecken in der Altstadt hat es außerdem mehrere Kebabstände.

Modern Vegetarian Paradise (Blvd; Gerichte ab 35 Rs; 🕑 8.30–23.30 Uhr) Prima zum Essen gehen, aber auch für einen schnellen Snack. Die Pakoras mit Gemüse und Käse sind besonders lecker.

Lhasa Restaurant (Blvd; Gerichte 40–300 Rs; 🕑 13–23 Uhr) Seit Jahren serviert der Klassiker unter Srinagars Restaurants gute chinesische Gerichte. Der Service ist auf Zack. Bei warmem Wetter kann man im von Mauern umgebenen Garten essen.

Mughal Darbar (Residency Rd; Gerichte 60–190 Rs; 🕑 10.30–23 Uhr) Hat eine Reihe von Kaschmiri-Gerichte im Angebot. Auf einem großen Wandbild ist Großmogul Akbar mit seinen Gespielinnen zugange – sorgt für Ambiente.

Café de Lintz (Residency Rd; Gerichte 50–140 Rs; 🕑 10–22 Uhr) Hat sich auf indische und chinesische Gerichte spezialisiert. Bei einem nachmittäglichen Boxenstopp kann man sich hier prima eine schnelle Erfrischung gönnen.

Grand Hotel (☎ 2476583; Fax 2459000; Residency Rd; 🕑 12–22 Uhr; Gerichte 30–100 Rs) Wer stilvoll dinieren möchte, sollte hier das klassische *wazawan*-Gericht aus Kaschmir versuchen (120 Rs). Dabei kommen sechs Hammelfleischvariationen und eine mit Huhn auf den Tisch (das komplette Mahl kann aus unzähligen Gängen bestehen). Auf Wunsch gibt's das Ganze auch ohne Fleisch.

Shamyana Restaurant (Blvd; Gerichte 80–210 Rs; 🕑 11–23 Uhr) Im Shamyana gibt's einen angenehmen Service in einem hellen, farbenfrohen Ambiente. Die Küche versucht sich an leckeren mexikanischen Gerichten; ansonsten werden noch ziemlich gute Pizzen zubereitet.

Sultan's Bakery (Dal Gate) Eine von mehreren Bäckereien rund ums Dal Gate. Verkauft erstklassige Kuchen, Brot und leckere Kekse.

Shoppen

Handwerksarbeiten aus Kaschmir sind berühmt, man bekommt sie in ganz Indien. Teppiche, Pappmaché-Artikel, Holzschnitzereien, Stickereien, Strickwaren und Safran sind nur ein paar der Waren, die dazu verleiten, Geld auszugeben. Und in jedem einzelnen Fall ist der zentralasiatische Einfluss sichtbar. Kaschmirschals haben natürlich ihren Reiz, aber auch die Kaschmiri-*namdas* (mit Wolle bestickte Filzdecken – super Wanddekoration!) wollen unter die Lupe genommen werden. Das **Kaschmir Government Arts Emporium** (Blvd) hat Fixpreise; hier kann man sich frei von heftigen Kaufzwängen einen prima Überblick über das Angebot verschaffen.

Teppiche kosten zwischen 3200 und 97 000 Rs pro Quadratmeter. Das Design wirkt sich kaum auf den Preis aus, wohl aber das verwendete Material. Wolle ist günstiger als Seide – manche Teppiche sind eine Mischung aus beidem. Ebenso hat die Anzahl der Knoten pro Square Inch (6,45 cm^2) Einfluss auf den Preis.

An- & Weiterreise

FLUGZEUG

Die extreme Sicherheitsstufe am Flughafen ist nicht gerade eine Überraschung. Ausländer müssen nach der Ankunft ein Anmeldeformular ausfüllen und auf dem Weg in den Flughafen hinein muss man mit Fahrzeug- und Gepäckkontrollen rechnen, die die Zeit unterwegs schnell mal um eine halbe Stunde verlängern.

Indian Airlines (☎ 2452328, 2450247; Tourist Reception Center, Residency Rd; 🕒 10–17.30 Uhr) fliegt dreimal täglich nach Delhi (125 US$); dabei geht ein Flug über Jammu (55 US$). Dreimal die Woche starten Maschinen nach Leh (68 US$).

Jet Airways (☎ 2480801; Residency Rd; 🕒 9–18 Uhr) fliegt zweimal täglich nach Delhi (125 US$).

BUSSE

Der Hauptbusbahnhof befindet sich neben dem Touristenempfangscenter. Um 8 Uhr fahren Busse nach Jammu (Standard/Semideluxe 180/220 Rs, 12 Std.). Zur gleichen Zeit startet täglich einer nach Delhi (Semideluxe/Deluxe 775/900 Rs, 24 Std.), der die Nacht durchfährt. Die Reise nach Leh dauert zwei Tage inklusive einer Übernachtung in Kargil. Von Mai bis Oktober fahren die Busse (Semideluxe/Deluxe 405/565 Rs, 2 Tage) an sechs Tagen in der Woche um 6 Uhr ab. Die Busse nach Kargil (Semideluxe/Deluxe 200/260 Rs, 12 Std.) verlassen den Busbahnhof zur selben Zeit ebenfalls an sechs Tagen in der Woche.

Die lange umstrittene Buslinie von Srinagar nach Muzaffarabad im pakistanisch verwalteten Teil Kaschmirs hat erst im April 2005 ihren Betrieb aufgenommen. Separate Busse bringen die Fahrgäste jeweils zur Line of Control, die zu Fuß überquert werden muss. Für diese Reise benötigt man eine spezielle Genehmigung (damit auch ja niemand die Line of Control mit einer internationalen Grenze verwechselt), die mindestens zwei Wochen im Voraus in Srinagar oder Muzaffarabad beantragt werden muss. Fürs erste erhalten jedoch nur indische und pakistanische Staatsangehörige eine solche Genehmigung und die Busse fahren nur alle zwei Wochen.

Nach Gulmarg gelangt man entweder mit dem Direktbus um 8.30 Uhr (70/130 Rs ohne/mit Rückfahrt, 2 Std.) oder einen der Busse nach Talmarg (12 Rs, 1 Std.), die den ganzen Tag über verkehren, und steigt dort um; dafür muss man jedoch eine Stunde mehr Fahrtzeit einkalkulieren. Vier Busse fahren nach Pahalgam (110/140 Rs ohne/mit Rückfahrt, 3 Std.).

TAXI

Ein Taxi nach Kargil kostet 1100 Rs, weiter nach Leh 6930 Rs. Nach Jammu wird man 2540 Rs los. Trips nach Gulmarg schlagen mit 1000/1100 Rs (ohne/mit Rückfahrt) zu Buche, nach Pahalgam muss man 1500/1900 Rs berappen.

Unterwegs vor Ort

Ein Taxi zum Flughafen kostet 300 Rs. Die *shikara*-Preise werden von der örtlichen Gewerkschaft festgelegt. Eine Stunde kostet 100 Rs, für spezielle Sightseeingtouren gelten Fixpreise (z. B. 350 Rs für eine Rundfahrt zum Shalimar Bagh). Der Transport vom Hausboot zum Ufer sollte im Preis enthalten sein – die Rückfahrt dürfte sich auf maximal 10 Rs belaufen. Der Preis für eine Rikscha innerhalb Srinagars sollte nicht mehr als 50 Rs betragen.

GULMARG

☎ 01954 / 2730 m

Im Frühling macht Gulmarg – die „Blumenwiese" – seinem Namen alle Ehre. Dabei handelt es sich um eine riesige Hochlandwiese 52 km südwestlich von Srinagar. Im Sommer hängen hier Tagesausflügler aus Srinagar in Scharen ab und mancherorts kommt man sich wie einem hektischen Geschäftsviertel vor. Es gibt aber auch wesentlich ruhigere Plätzchen – wem der Sinn nach einem großartigen Spaziergang ist, sollte sich einfach ein wenig von den Menschenmengen entfernen. Im Winter ist Gulmarg Indiens Kitzbühel – von der früheren Stammkundschaft ist zwar nur noch ein Bruchteil übrig geblieben, doch langsam geht's wieder aufwärts. Vom Tal aus führt die Straße über einen spektakulären Anstieg durch Kiefernwälder hoch nach Gulmarg.

Orientierung & Praktische Informationen

Rund um die Wiese verläuft eine Straße, die das Tourist Reception Center, die Gondelseilbahn, den Busbahnhof und die Hotels miteinander verbindet.

Das **Tourist Reception Center** (☎ 254487; ⌚ 8–22 Uhr) hat nur begrenzte Infos zu Gulmarg, bucht aber dafür die J&KTDC-Hotels, verwaltet den Golfplatz und gibt Hinweise zum Skibetrieb. Es gibt zwar einige Hotels vor Ort, man kann aber genauso gut einen entspannten Tagesausflug von Srinagar aus hierher unternehmen.

Sehenswertes & Aktivitäten

Im Winter kann man hier **Ski** und **Schlitten fahren** (wird von einer Person gezogen). Es gibt Skipisten in allen Schwierigkeitsgraden. Auf der schneebedeckten Wiese können Anfänger an einigen harmlosen Hängen ihr Glück versuchen. Die drei Hauptpisten sind über drei Skilifte und einen Sessellift zu erreichen. Die Skisaison geht vom 15. Dezember bis 15. April. Ein Skiverleih bei der Gondelstation vermietet Ausrüstungen für 300 Rs/Tag. Hier kann man sich auch nach Skikursen erkundigen.

Die **Gondelseilbahn** (Ticket inkl. Rückfahrt 100 Rs; ⌚ 10–16 Uhr) benötigt neun Minuten für die 400 Höhenmeter zur Kongdori-Station, die sich auf halber Strecke zum Apharwat befindet. Künftig soll eine zweite Etappe zum Gipfel auf atemberaubende 4114 m führen, doch der Bau hat sich bereits mehrere Male verzögert. Die Gondel fährt das ganze Jahr über, sodass man ganz easy einen Spaziergang oberhalb von Gulmarg in Angriff nehmen kann. Auf dem Weg nach unten geht's an den Winterhäusern der Gujar-Nomaden vorbei, deren Dächer mit Grasnarben bedeckt sind. In den Häusern leben nicht nur die Hirtenfamilien, sondern auch deren Vieh. Im tiefsten Winter sind die niedrigen Behausungen fast vollständig im Schnee versunken.

Fast das ganze Jahr über sind **Ponyausritte** im Angebot, die 100 Rs pro Stunde kosten. Im Winter sorgt eine **Schlittschuhbahn** vor dem Hotel Hilltop für eisiges Vergnügen.

Gulmarg rühmt sich, den höchsten **Golfplatz** (9 Löcher; 100 Rs) des Planeten sein Eigen zu nennen. Vielleicht um dem Kampfgeist hier in der Region nicht noch mehr Nahrung zu geben, wurde auf Bunker verzichtet.

Mitten auf der Wiese steht auf einer kleinen Erhebung der 150 Jahre alte, verschlossene Bau der **Kirche St. Mary's,** der an die Tage der Briten in Gulmarg erinnert. Außerdem finden sich immer noch ein paar alten Hütten aus britischer Zeit sowie das einst sehr prächtige, aber nun vor sich bröckelnde Snow View Hotel.

Schlafen & Essen

Hotel Yamberzal & Restaurant (☎ 254447; DZ 500 Rs) Einzige Budgetunterkunft, die ganzjährig geöffnet hat. Düsteres Restaurant und Zimmer mit besonders langweiligen Bädern.

Hotel Kingsley (EZ/DZ 840/1440 Rs) Hotel gegenüber vom Tourist Reception Center. Hat saubere und anständige Zimmer mit TV sowie ein hauseigenes Restaurant.

Hotel Hilltop (☎ 254445; Fax 54477; EZ/DZ 1500/2000 Rs) Gulmargs vornehmstes Hotel steht in der Nähe der Seilbahnstation. Es hat großzügige und bequeme Zimmer mit Holztäfelung. Zudem gibt's hier eine Bar und ein Restaurant mit einer Fastfood-Ecke im Eingangsbereich.

Entlang der Straße zwischen Touristenempfangscenter und Gondel befinden sich mehrere Restaurants und *dhabas* (Snackbars).

VON SRINAGAR NACH PAHALGAM

Pampore liegt ca. 16 km südöstlich von Srinagar. Es ist das Zentrum der Safranindustrie in Kaschmir und der einzige Ort in Indien, in dem dieses Gewürz produziert wird. Jeden Oktober bedeckt die Felder ein Meer aus grellvioletten Krokusblüten. Die gelben Staubblätter sind für Geschmack und Farbe eines Gerichts zuständig; die Blütenblätter werden dagegen zusammen mit Chilis, Knoblauch und anderen Gewürzen zu Pulver zerstoßen und anschließend zu Kuchen getrocknet. Im Winter dienen diese den Kaschmiri als zusätzliche Beilage.

In Avantipur (25 km entfernt von Srinagar) stehen die Ruinen zweier Hindutempel aus dem 9. Jh. Der größere **Avantiswarmi-Tempel** (Inder/Ausländer 5/100 Rs; ⌚ Sonnenaufgang–Sonnenuntergang) ist Vishnu geweiht; die Überreste des Säulengangs verleihen ihm das äußere Erscheinungsbild griechischer Architektur. Im Sri-Pratap-Singh-Museum (S. 383) in Srinagar sind die Statuen ausgestellt, die früher in diesem Tempel standen. Der kleinere Tempel ist Shiva geweiht und liegt ca. 1 km vor dem Avantiswarmi-Tempel.

Das Gebiet zwischen Avantipur und Ananatnag ist berühmt für die dort hergestellten Kricketschläger. In der Straße stolpert man immer wieder über Stände, an denen Schläger mit nicht autorisierten Schriftzügen berühmter Namen verhökert werden. Man kann einen Moment verweilen und zusehen, wie die Schläger in der kleinen, staubigen Werkstatt dahinter entstehen. Die Handwerker arbeiten mit ungesicherten Maschinen und schneiden, drechseln und gestalten die Schläger so lange, bis sie die richtige Größe haben – das alles ohne Vorlage und ausschließlich nach Augenmaß.

Bei **Ananatnag** gabelt sich die Straße: Die südliche Abzweigung führt weiter nach Jammu, die Straße in Richtung Pahalgam führt nach **Mattan**. Der Hindutempel dort ist dem Sonnengott geweiht. Es lohnt sich, anzuhalten und die Fische zu füttern. Offensichtlich ist die Fütterung gut fürs Karma, und die Fische wissen das – sobald man ihnen einen Appetizer vorgesetzt hat, verfolgen sie einen rund um das Becken. Wenn man eine große Handvoll Futter hineinwirft, verwandelt sich die Wasseroberfläche explosionsartig in eine brodelnde Masse.

Von Mattan verläuft die Straße entlang dem Lidder, einem kleinen Fluss in einem breiten, steinigen Bett, der sich während der Schneeschmelze im Frühjahr zu einem reißenden Strom verwandelt. Augen auf: Vielleicht erspäht man ja ein paar schöne Platanen, Kaschmirs Nationalbaum. Im Herbst färben sich deren Blätter wunderbar kupferbraun.

PAHALGAM

☎ 01936 / 2130 m

Pahalgam liegt 95 km östlich von Srinagar am Zusammenfluss des East und des West Lidder. Der Ort wird von steilen nadelbaumbewachsenen Hügeln flankiert, die dann schneebedeckten Bergen weichen. Vor 1989 war die Gegend ein beliebtes Trekkingziel, heute sollte man jedoch die Sicherheitslage vor dem Abmarsch lieber zweimal checken und immer einen Führer mitnehmen. Rund um Pahalgam kann man viele Kurzspaziergänge oder Ponyausritte unternehmen.

Im Juli und August platzt Pahalgam aus allen Nähten; dann begehen Pilger die *yatra* (Wallfahrt) zu Shivas Lingam, einem von der Natur geformten riesigen Eiszapfen in der Höhle bei Amarnath (s. S. 346) in der Nähe der Jhelum-Quelle. Dann sind Unterkünfte äußerst knapp und die Militärpräsenz ist überwältigend.

Das **Tourist Reception Center** (☎ 243224; ⌚ April–Okt. 24 Std., Nov.–März 10–16 Uhr) an der Hauptstraße bietet nicht viel mehr als ein paar mündlich erteilte Ratschläge. Im Sommer kümmert es sich hauptsächlich um die Pilger.

Schlafen & Essen

In der Nebensaison hat hier so gut wie alles geschlossen, Pahalgam wirkt dann wie eine Geisterstadt. Die folgenden Adressen haben eigene Restaurants und sind auch ganzjährig geöffnet.

Hotel Heevan (☎ 23219; EZ 1300 Rs, DZ 1700–2800 Rs) Hat verbesserungsfähige, aber gut möblierte Zimmer. Vor allem seine Lage am Lidder macht das Hotel attraktiv.

Hotel New India (☎ 23365; DZ 300 Rs) Hat ziemlich karge und verschmutzte Zimmer, die allerdings mit eigenem Bad.

Am Westufer des Lidder in Richtung Anu finden sich mehrere günstige Hotels. Zum Zeitpunkt der Recherchen waren sie bis unters Dach voll mit Pilgern und nahmen Ausländer nur widerwillig auf.

SONAMARG

☎ 0194 / 2740 m

Sonamarg besteht aus einer Ansammlung von Gebäuden entlang des Highways. Es ist die letzte erwähnenswerte Ortschaft an der Straße nach Ladakh. Der Name bedeutet „Goldene Wiese" – der Ort befindet sich in großartiger Lage in der Kluft eines weitläufigen bewaldeten Tals. Zu besseren Zeiten war Sonamarg bei Trekkern sehr beliebt. Noch immer bieten sich von hier Tagesspaziergänge an, bevor es losgeht, sollte man sich jedoch unbedingt über die aktuelle Sicherheitslage informieren. Sonamarg ist momentan Kaschmirs größter Armeestützpunkt.

J&KTDC (☎ 2417208) verleiht Ponys für einen Tag. Man wird 300 Rs los, wenn man sich eins für den 4 km langen Aufstieg zum spektakulären **Thajiwas-Gletscher** holt.

Schlafen & Essen

J&KTDC Tourist Huts (☎ 2417208; B 75 Rs, Zi. 500 Rs, Hütte 1800 Rs) Hat Unterkünfte unterschiedlicher Beschaffenheit im Angebot. In den warmen Hütten können locker vier Personen schlafen – die gleiche Anzahl muss sich auch in die spartanischen Schlafsäle quetschen. Kerzen mitbringen!

Hotel Glacier Heights (☎ 2417215; EZ/DZ 800/1000 Rs) Strebt nach alpinem Style und hat helle Zimmer mit einer großartigen Aussicht und viel heißem Wasser im Angebot. Hauseigenes Restaurant.

Entlang der Hauptstraße stehen Caféterias neben verschiedenen Läden, die Touristenartikel verkaufen. Narinder Punjabi Dhaba gegenüber vom Busbahnhof serviert tolle Vegi-Gerichte, die namenlose Dhaba beim J&K State-Busbahnhof brutzelt für 25 Rs eine leckere *masala dosa* (Gemüsecurry im Linsenmehl-Pfannkuchen) zusammen.

An- & Weiterreise

Den ganzen Tag über fahren Busse nach Srinagar (140 Rs, 3 Std.). Die meisten Transportmittel in Richtung Kargil sind bereits voll besetzt, wenn sie Sonamarg erreichen. Normalerweise ist es einfacher, nach Srinagar zurückzukehren. Alle Busse nach Kargil müssen spätestens um 12 Uhr in Sonamarg abfahren, damit sie den Konvoi über den Zoji La rechtzeitig erreichen.

VON SRINAGAR NACH KARGIL

Die Straße nach Kargil führt durch eine der dramatischsten Landschaften Kaschmirs, vielleicht sogar Indiens. Auf den ersten 75 km steigt der Highway leicht an und führt durch Ackerland. Auf der Höhe von Sonamarg wird die Straße dann immer steiler – hier beginnt der Aufstieg zum Zoji La (3529 m), der Kaschmir von Ladakh trennt.

Dies ist kein Trip für schwache Nerven. Die Straße klebt äußerst wackelig am Berg – und mehr als nur einmal scheint es, als stürze man gleich in den darunterliegenden Fluss. Fahrzeuge passen nicht aneinander vorbei, weshalb es über den Pass immer nur in Konvois mal in die eine, mal in die andere Richtung geht, um so den Verkehrsfluss zu kontrollieren. Wer also zum falschen Zeitpunkt am Fuss des Passes ankommt, muss eventuell ein paar Stunden warten oder möglicherweise sogar im **Baltal Camp** übernachten. Der Zoji La ist eine Wasserscheide: Die Seite Kaschmirs ist grün und üppig, doch sobald man die Passhöhe überquert hat und nach Osten fährt, wird es sofort öde und trocken.

Sobald man den Boden Ladakhs unter den Füßen hat, muss man sich beim **Gumry Camp** melden, das die Konvois aus Richtung Kargil reguliert. Während der Bus hier wartet, lohnt es sich, ein Blick auf das **Denkmal** zu werfen, das an den Krieg von 1948 zwischen Indien und Pakistan erinnert. Schnell kommt einem die Frage in den Sinn, wie die indische Armee wohl ihre Panzer hierher verfrachten und dann einen berühmten Sieg erringen konnte.

Von Gumry aus sind es 37 km bis nach **Drass**, das von sich behauptet, der zweitkälteste bewohnte Ort auf der ganzen Welt zu sein. Während des Kargil-Kriegs 1999 bekam die Ortschaft eine nette Ladung Granaten ab, da sie in unmittelbarer Nähe der Line of Control liegt. Hinter Drass erstreckt sich die Straße auf weiteren 56 km Länge bis nach Kargil.

JAMMU

Die Region Jammu beginnt südlich vom Kaschmir-Tal. Die gleichnamige Hauptstadt liegt am nordwestlichen Rand der indischen Ebenen. Das Gebiet ist größtenteils hinduistisch, nur rund um Banihal und Kishtwar, unmittelbar südlich vom Kaschmir-Tal, gibt's kleine muslimische Gemeinden. Die Gebiete westlich von Jammu, rund um Ponch und an der Grenze, sind aufgrund von terroristischen Angriffen auf hinduistische Ziele weiterhin sehr unsicher.

JAMMU

Jammu ist die zweitgrößte Stadt in Jammu & Kaschmir und außerdem auch noch die Winterhauptstadt des Bundesstaats. Sie liegt in den Ebenen und stellt im Sommer einen drückend heißen Kontrast zu Kaschmirs kühlen Höhen dar – erst ab Oktober wird das Klima auch hier wieder etwas angenehmer. Auch in Jammu waren die Aufständischen in der Vergangenheit äußerst aktiv. Der Endbahnhof und Jammus Rolle als Verkehrsknoten dürften die einzigen zwingenden Gründe für einen Besuch sein.

Uttar Pradesh

Uttar Pradesh erstreckt sich über die gewaltige zentrale Ebene Nordindiens und wird auch Rindergürtel oder Hindugürtel genannt. Kein anderer Bundesstaat hat mehr Einwohner. Für Hindus und Buddhisten ist Uttar Pradesh heiliges Land, das eine große Rolle in ihrem Glauben spielt. Der mächtige, sagenumwobene Ganges ist Uttar Pradeshs Rückgrat – und der heiligste Fluss des Hinduismus. Varanasi ist einer der bedeutendsten Pilgerorte; außerdem zieht es Gläubige nach Mathura, Geburtsstätte des hoch verehrten Hindugottes Krishna. Und vor den Toren Varanasis liegt Sarnath, wo Buddha erstmals seine Lehre vom mittleren Pfad gepredigt hat. Gestorben ist er in Kushinagar, ganz in der Nähe von Gorakhpur.

Indiens berühmtestes Wahrzeichen, der 350 Jahre alte Taj Mahal, steht in Uttar Pradesh sowie andere prächtige Bauten aus der Zeit der Moguln in Agra und Fatehpur Sikri. Aber auch die Nawabs in Lucknow und die Briten in Allahabad haben Beeindruckendes errichtet. In Uttar Pradesh begann der Sepoy-Aufstand von 1857: Die britische Residenz in Lucknow ist noch heute Mahnmal dieses grausamen, aber heldenhaften Kampfs. Der Aufstand war ein Wegbereiter für die lange und friedlichere Unabhängigkeitsbewegung, in der wieder Anführer aus Uttar Pradesh – z.B. Jawaharlal Nehru – eine wichtige Rolle spielten.

Die meisten Menschen hier sind Hindus, die Muslime sind in der Minderheit. Meist leben die Gemeinschaften friedlich nebeneinander, aber manchmal gibt es Spannungen. Auch zwischen armen Bauern und der städtischen Elite, die Politik und Wirtschaft kontrolliert, kommt es hin und wieder zu Auseinandersetzungen. Uttar Pradesh ist seit der Unabhängigkeitserklärung der einflussreichste Bundesstaat Indiens und stellte bisher rund die Hälfte aller Premierminister Indiens. Die Bevölkerung konnte aber kaum davon profitieren: Eine schwache Landesregierung, eine hohe Geburtenrate, viele Analphabeten und eine unzuverlässige Stromversorgung blockieren die Entwicklung des Landes nun schon seit 50 Jahren.

HIGHLIGHTS

- Faszinierend: Bei Sonnenaufgang schillert der Marmor des **Taj Mahal** (S. 397) fast magisch
- Akbars rote Sandsteinpaläste in **Fatehpur Sikri** (S. 406) verzaubern bei Sonnenuntergang
- Die Badeghats im Ganges bei **Varanasi** (S. 427) sind ein Muss – am besten bei Tagesanbruch im Ruderboot
- Bei einem Spaziergang um **Sarnath** (S. 441) und **Kushinagar** (S. 443) ist der Geist Buddhas immer dabei
- Die vielfältige Geschichte Indiens lässt sich in **Allahabad** (S. 420) erkunden
- Nawabküche vom Feinsten gibt's in **Lucknow** (S. 413). Diese Stadt ist übersät mit den bröckelnden Überresten alter Zeit

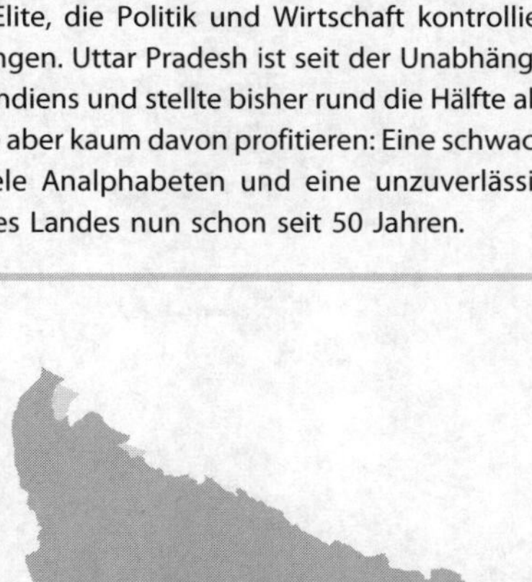

UTTAR PRADESH

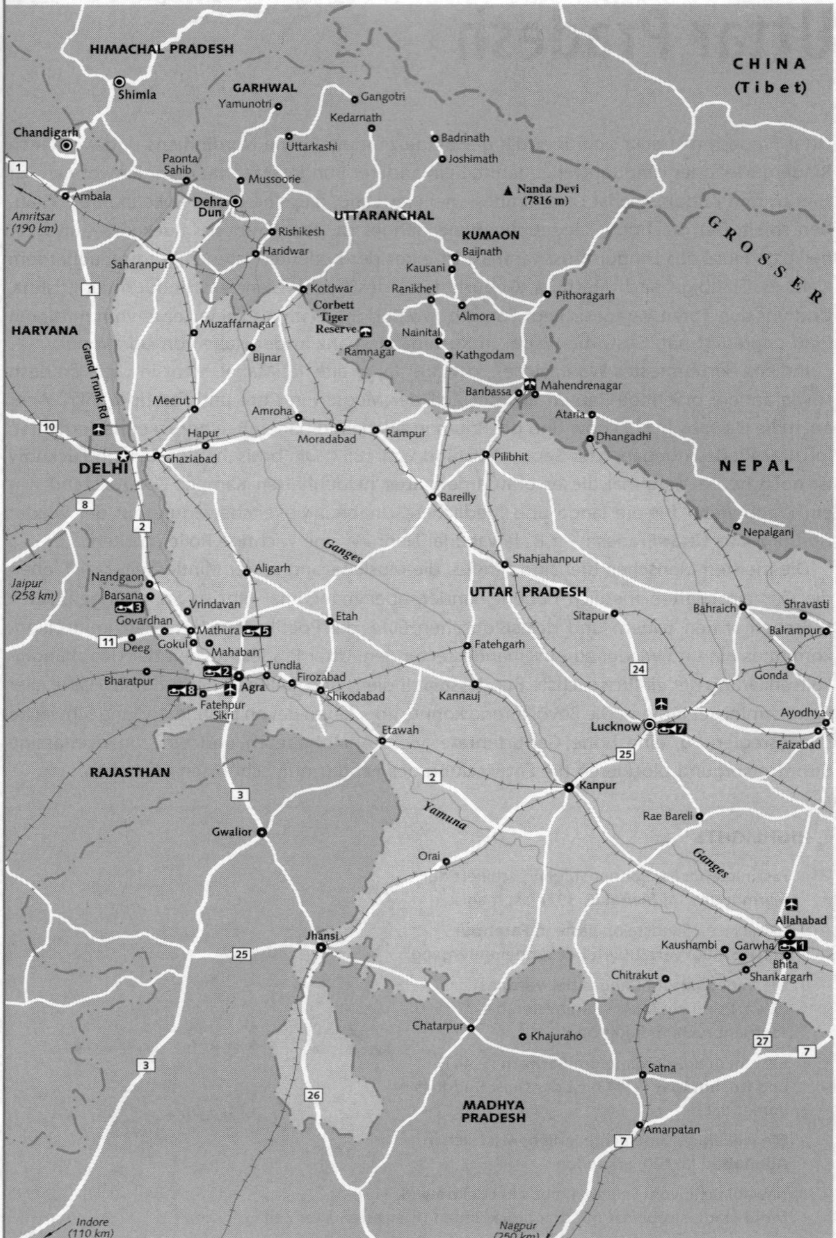

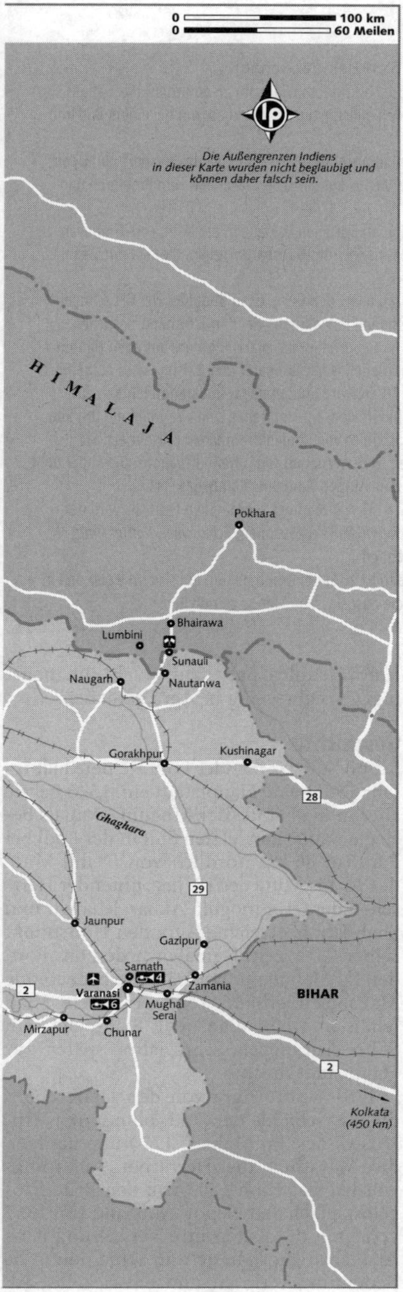

KURZINFOS

- Bevölkerung: 166,1 Mio.
- Fläche: 231 254 km²
- Hauptstadt: Lucknow
- Hauptsprache: Hindi
- Reisezeit: Oktober bis März

Geschichte

Vor mehr als 2000 Jahren war die Region Teil des gigantischen buddhistischen Imperiums von Kaiser Ashoka – aber heute finden nur noch Archäologen Überreste aus dieser Zeit. Zu Beginn des 11. Jhs. fielen die Muslime vom Nordwesten her ein und so gehörte die Gegend bis zum 16. Jh. zum Mogulreich, dessen Hauptstadt zunächst Fatehpur Sikri war, dann Agra und schließlich Delhi.

Nach dem Untergang des Mogulreichs kamen kurz persische Eroberer vorbei, aber schnell machten sich die Nawabs von Avadh breit. Sie schafften es, Lucknow in ein florierendes Kunstzentrum zu verwandeln. Ihre Herrschaft endete jedoch auf dramatische Weise, als die britische Ostindienkompanie den letzten Nawab absetzte – das war der Auslöser des Sepoy-Aufstands von 1857. Agra verschmolz später mit Avadh, und der Staat wurde als United Province bezeichnet. Nach der Unabhängigkeit hieß er dann Uttar Pradesh.

Klima

Von April bis Juli ist es in den Ebenen wahnsinnig heiß. Danach kommen die langersehnten Monsunregen und bleiben bis zum September. Ein Besuch der Region ist von Oktober bis März am angenehmsten, da ist es weder zu heiß noch zu nass. Die Nächte sind von Dezember bis Februar kühl bis kalt, so um die 10 °C.

Praktische Informationen

Viel zu lesen über Uttar Pradesh gibt's auf der Website von UP Tourism (www.up-tourism.com), guter Startpunkt im Netz ist außerdem das umfangreiche, unabhängige Portal www.upportal.com. Es liefert auch Infos zu Hotels. Mittel- und Spitzenklassehotels schlagen auf ihre Preisen meist 5 bis 10 % Steuern drauf, plus 10 % für den Service.

FESTIVALS IN UTTAR PRADESH

Die hier genannten Festivals sind auf der Karte auf S. 392 eingezeichnet.

Magh Mela (**1**; Jan./Feb.; Allahabad, S. 420) Dieses religiöse Fest findet in Sangam an den Ufern des Ganges statt (s. S. 422). Hindupilger reisen aus ganz Indien an und passen den günstigsten Zeitpunkt ab, um bei einem Bad ihre Seele zu reinigen.

Taj Mahotsav (**2**; 18.–27. Feb.; Agra, S. 394) Findet in Shilpgram statt, einem Kunsthandwerksdorf und Open-Air-Markt. Hier gibt's auch Livemusik, Tanzvorführungen, jede Menge kulinarische Leckereien zum Probieren und eine Mogulprozession mit Elefanten und Kamelen.

Holi (**3**; Feb./März; Barsana, S. 412) Feminismus mit Tradition im Dörfchen Barsana in der Nähe von Vrindavan: Frauen des Ortes bewaffnen sich mit Stöcken und treten gegen Männer des Nachbardorfes an, die sich mit Strohschilden verteidigen.

Purnima (**4**; Apr./Mai; Sarnath, S. 441) Sarnath (bei Varanasi) feiert den Geburtstag Buddhas. Der Ort schmeißt sich in Schale für Buddhisten aus aller Welt, die hier an Prozessionen teilnehmen oder den Jahrmarkt besuchen.

Janmastami (**5**; Aug./Sept.; Mathura, S. 409) Wenn Krishna Geburtstag hat, platzt Mathura aus allen Nähten. Der Dwarkadheesh-Tempel quillt über vor Dekoration, und traditionelles Musiktheater über Krishna wird aufgeführt.

Ram Lila (**6**; Sept./Okt.; Varanasi, S. 427) Seit dem frühen 18. Jh. wird im Ramnagar in Varanasi jährlich das Ramila aufgeführt – eine erweiterte Version des Ramayama. Die Heldensage um Rama, seine Vermählung mit Sita und den Krieg gegen Ravana, König der Dämonen, wird hauptsächlich von jungen Brahmanen präsentiert. Sie benutzen dazu Masken, Musik, Tanz, riesige Pappmachéfiguren, Feuerwerk und sogar Heißluftballons. Die Show zieht sich über 30 Abende, jeweils von 17 bis 21 Uhr in den Gärten und Straßen rund ums Ramnagar Fort.

Lucknow Mahotsava (**7**; später Nov.–Dez.; Lucknow, S. 413) Während des zehntägigen Festivals wird der Geist der Nawabzeit wieder auferweckt. Unter den Veranstaltungen sind Prozessionen, Schauspiel, *Kathak-Tanz*, *ghazals* (Urdulieder), Sitarvorträge, Drachenflüge und Tongarennen.

Eid ul-Fitr (**8**; Dez./Jan.; Fatehpur Sikri, S. 406) Der Ramadan ist zu Ende: Grund genug, um sich im Basar und in der Moschee von Fatehpur Sikri (in der Nähe von Agra) unter die ausgelassene Menge zu mischen.

AGRA

☎ 0562 / 1 321 410 Ew.

Die riesige Industriestadt 204 km südlich von Delhi wird gern mit dem Taj Mahal gleichgesetzt, Indiens berühmtestem Bauwerk am Ufer des Yamunas. Der Mogulherrscher Babur gründete hier 1526 seine Hauptstadt. Im Laufe des folgenden Jahrhunderts erlebte Agra einen wahren Bauboom, weil jeder neue Herrscher versuchte, noch großartigere Baudenkmäler zu schaffen, als sein Vorgänger.

Die Stadt hat einen lebendigen, aber chaotischen *chowk* (Marktplatz) und jede Menge Möglichkeiten, zu übernachten und zu essen. Allerdings sind die Horden von Rikscha-Wallahs, Schwarzhändlern, selbsternannten Touristenführern und Souvenirhändlern ebenso beharrlich wie der Monsunregen und würden selbst Buddhas Geduld auf eine recht schwere Probe stellen.

Weil die Zugverbindungen von Delhi super sind, machen viele Touristen in Agra nur eine eintägige Stippvisite. Aber in Agra gibt's viel mehr zu sehen, an einem Tag ist das nicht zu schaffen. Wer also genug Zeit (und Geduld) hat, kann auch ein mehrtägiges Sightseeing in Agra genießen.

Geschichte

Schon Sultan Sikander Lodi richtete hier im Jahr 1501 seine Hauptstadt ein. 1526 fiel sie aber in die Hände der Moguln. Damals besiegte Babur den letzten Sultan der Lodi bei Panipat, 80 km nördlich von Delhi. Mitte des 16. bis Mitte des 17. Jhs., unter der Herrschaft der Großmoguln Akbar, Jehangir und Shah Jahan, erreichte Agra den Höhepunkt seiner Glanzzeit. Damals wurden das Fort, der Taj Mahal und noch andere bedeutende Mausoleen erbaut. 1638 errichtete Shah Jahan in Delhi eine neue Stadt, die sein Sohn Aurangzeb zehn Jahre später zur Hauptstadt machte.

1761 wurde Agra von den Jats erobert, die die Gebäude der Stadt plünderten – inklusive des Taj Mahals. 1770 übernahmen die Marathen die Herrschaft, allerdings wurden sie schon 1803 von den Briten abgelöst. Nach dem Sepoy-Aufstand von 1857 verlegten die Briten ihre Verwaltung nach Allahabad: Agra hatte nun seine politische Bedeutung verloren und entwickelte sich zum Zentrum der Schwerindustrie. Bald wurde die Stadt bekannt für ihre Chemiefabriken – und für die Luftverschmutzung. Erst später kam der Tourismus als wichtige Einnahmequelle dazu.

Orientierung

Agra liegt im Gangestal am Ufer des Yamuna. Das Fort und der Kinari-Basar befinden sich nördlich des Agra Cantonment-Bahnhofs und des Idgah-Busbahnhofs, wo die meisten Langstreckenzüge und -busse ankommen. Der Taj Mahal liegt 1,5 km östlich vom Fort, jenseits des großen von den Briten erbauten *cantonments*. Man erreicht das berühmte Bauwerk über eine Straße, die hier *The Mall* genannt wird. Einige Züge fahren auch vom Agra Fort-Bahnhof ab, ganz in der Nähe des Kinari-Basars. Agras Flughafen Kheria liegt im Westen, 7 km vom Stadtzentrum entfernt.

Die Arbeiter und Kunsthandwerker, die schwer am Taj schuften mussten, siedelten sich südlich des Mausoleums an. Hier entstand ein undurchdringliches Gewirr von Straßen: das Taj Ganj. In diesem Viertel und entlang der Taj East Gate Rd. gibt's viele Budgetunterkünfte. Die Mittel- und Spitzenklassehotels finden sich südlich des Taj in der Fatehabad Rd.

Es lohnt sich auf jeden Fall, für einen halben oder ganzen Tag ein Taxi oder eine Autorikscha zu mieten, denn die Gefährte sind hier ziemlich günstig und die interessanten Sehenswürdigkeiten liegen weit verstreut.

Praktische Informationen

Einen Online-Stadtführer gibt's unter www.agra-india.net.

BUCHLÄDEN

Aanee Bookshop (Karte S. 398; Taj, Südtor) Secondhandbücher.

NOTFALL

Touristenpolizei (Karte S. 396; ☎ 2421204; UP Tourism, Agra Cantonment-Bahnhof; ⌚ 24 Std.) Die Jungs in himmelblauen Uniformen sind über UP Tourism erreichbar.

INTERNETZUGANG

Iway Internet Fatehabad Rd (Karte S. 396; 40 Rs/Std.; ⌚ 7–23 Uhr); Hotel Pawan (Karte S. 396; Taj Rd; 25 Rs/Std.; ⌚ 6.30–22.30 Uhr); Südtor (Karte S. 398; 30 Rs/Std.; ⌚ 8–23 Uhr)

WÄSCHEREI

Mughal Laundry (Karte S. 398; Taj, Südtor; 5–15 Rs pro Teil; ⌚ 9–21 Uhr) Gegenüber der Polizei.

GEPÄCKAUFBEWAHRUNG

Agra Cantonment Bahnhof (Karte S. 396; ⌚ 24 Std.)

Yash Café (Karte S. 398; Taj, Südtor) Einen Steinwurf vom Taj Mahal entfernt; hier können Traveller ihre Sachen lagern und auch duschen. Ganz nebenbei ist es auch noch ein Café (s. S. 404).

MEDIZINISCHE VERSORGUNG

Bezirkskrankenhaus (Karte S. 396; ☎ 2361099; Kutchery Rd; ⌚ 24 Std.)

Apotheke (Karte S. 398; Taj, Südtor; ⌚ 9–23 Uhr) Gegenüber vom Hotel Kamal.

SN Krankenhaus (Karte S. 396; ☎ 2264428; Hospital Rd; ⌚ 24 Std.)

GELD

Allahabad Bank (Karte S. 396; ☎ 2226179; Clarks Shiraz Hotel; ⌚ Mo–Fr 12–16, Sa 12–14 Uhr)

Andhra Bank (Karte S. 396; ☎ 2226675; Sadar-Basar; ⌚ Mo–Fr 10–16, Sa 10–13 Uhr)

Citibank Geldautomat (Karte S. 396; Fatehabad Rd)

HDFC Geldautomat (Karte S. 396; Fatehabad Rd)

LKP Wechselstube (Karte S. 396; Fatehabad Rd; ⌚ Mo–Sa 9.30 –18 Uhr) Gehört zu einer Kette, die es in ganz Indien gibt. Unbedingt ohne Rikscha-Wallah im Schlepptau hingehen!

State Bank of India (Karte S. 396; ☎ 2252078; ⌚ Mo–Fr 10–16, Sa 10–13 Uhr) Ab von der Chhipi Tola Rd.

UTI Geldautomat Sadar-Basar (Karte S. 396); Taj, Südtor (Karte S.358)

FOTOS

Radhey Lal Colour Lab (Karte S. 398; Taj, Südtor) Deckt alles ab, von einfacher Filmentwicklung bis hin zur Digitalfotografie.

POST

Hauptpost (Karte S. 396; ☎ 2226437; The Mall; ⌚ Mo–Sa 10–18 Uhr) Postlagernd? Hier nicht zu empfehlen.

Post (Karte S. 396; Clarks Shiraz Hotel; ⌚ Mo–Sa 10–17 Uhr)

TOURISTENINFORMATION

Foreigners' Regional Registration Office (Karte S. 396; ☎ 2269563; Fatehpur Sikri Rd; ⌚ Mo–Fr 10–16 Uhr)

India Tourism (Karte S. 396; ☎ 2226378; www.incredibleindia.org; 191 The Mall; ⌚ Mo–Fr 9–17.30, Sa und gesetzl. Feiertage 9–14 Uhr) Viel Infomaterial über

AGRA

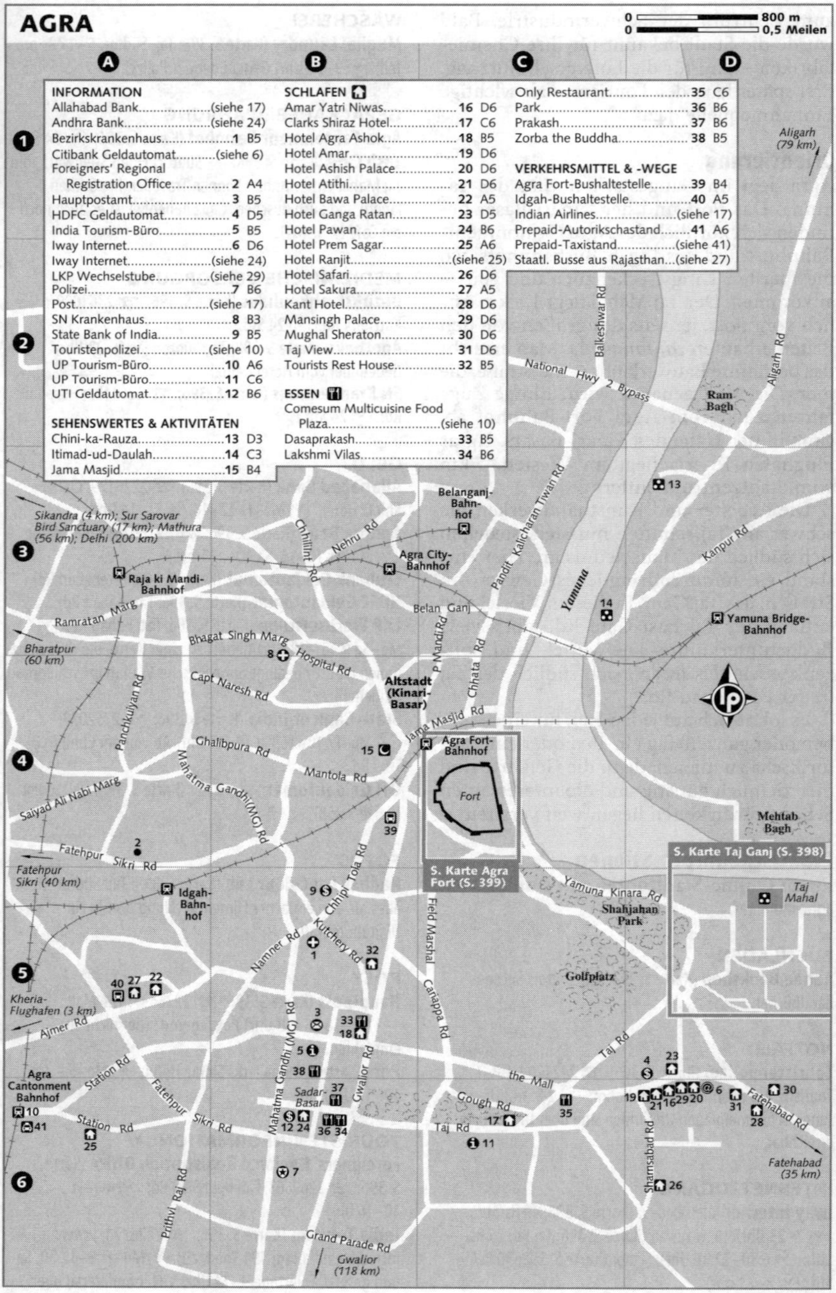

INFORMATION
Allahabad Bank .... (siehe 17)
Andhra Bank .... (siehe 24)
Bezirkskrankenhaus 1 B5
Citibank Geldautomat .... (siehe 6)
Foreigners' Regional Registration Office 2 A4
Hauptpostamt 3 B5
HDFC Geldautomat 4 D5
India Tourism-Büro 5 B5
Iway Internet 6 D6
Iway Internet .... (siehe 24)
LKP Wechselstube .... (siehe 29)
Polizei 7 B6
Post .... (siehe 17)
SN Krankenhaus 8 B3
State Bank of India 9 B5
Touristenpolizei .... (siehe 10)
UP Tourism-Büro 10 A6
UP Tourism-Büro 11 C6
UTI Geldautomat 12 B6

SEHENSWERTES & AKTIVITÄTEN
Chini-ka-Rauza 13 D3
Itimad-ud-Daulah 14 C3
Jama Masjid 15 B4

SCHLAFEN
Amar Yatri Niwas 16 D6
Clarks Shiraz Hotel 17 C6
Hotel Agra Ashok 18 B5
Hotel Amar 19 D6
Hotel Ashish Palace 20 D6
Hotel Atithi 21 D6
Hotel Bawa Palace 22 A5
Hotel Ganga Ratan 23 D5
Hotel Pawan 24 B6
Hotel Prem Sagar 25 A6
Hotel Ranjit .... (siehe 25)
Hotel Safari 26 D6
Hotel Sakura 27 A5
Kant Hotel 28 D6
Mansingh Palace 29 D6
Mughal Sheraton 30 D6
Taj View 31 D6
Tourists Rest House 32 B5

ESSEN
Comesum Multicuisine Food Plaza .... (siehe 10)
Dasaprakash 33 B5
Lakshmi Vilas 34 B6
Only Restaurant 35 C6
Park 36 B6
Prakash 37 B6
Zorba the Buddha 38 B5

VERKEHRSMITTEL & -WEGE
Agra Fort-Bushaltestelle 39 B4
Idgah-Bushaltestelle 40 A5
Indian Airlines .... (siehe 17)
Prepaid-Autorikschastand 41 A6
Prepaid-Taxistand .... (siehe 41)
Staatl. Busse aus Rajasthan .... (siehe 27)

SARA-JANE CLELAND

Novize auf dem Balkon des Leh-Palasts (S. 351), Jammu & Kaschmir

Menschen versammeln sich, um das Tse-Chu-Festival zu feiern, Hemis-Gompa (S. 363), Jammu & Kaschmir

RICHARD I'ANSON

Dal-See (S. 382), Srinagar, Jammu & Kaschmir

GARRY WEARE

Mönche mit zeremoniellen Hüten, Yuru-Kabgyat-Festival, Lamayuru-Gompa (S. 368), Jammu & Kaschmir

RICHARD I'ANSON

SARA-JANE CLELAND

Maskierter Tänzer, Yuru Kabgyat-Festival, Lamayuru-Gompa (S. 368), Jammu & Kaschmir

Der nördliche Himalaja in Zanskar (S. 374), Jammu & Kaschmir

GARRY W

RICHARD I'ANSON

Buland Darwaza (Siegestor; S. 407), Jama Masjid, Fatehpur Sikri, Uttar Pradesh

PAUL BEINSSEN

Eine Gruppe Jungs vor dem Taj Mahal (S. 397), Agra, Uttar Pradesh

Ein Ruderboot auf dem Ganges, Varanasi (S. 427), Uttar Pradesh

RICHARD I'ANSON

SARA-JANE CLELA

Bade-Ghats (S. 431), Varanasi, Uttar Pradesh

BILL WASSMAN

Mönche beten vor dem Ramabhar-Stupa (S. 444), Kushinagar, Uttar Pradesh

Jama Masjid (S. 407), Fatehpur Sikri, Uttar Pradesh

DALLAS STRI

Sehenswertes am Ort und in ganz Indien. Hier gibt's auch offizielle Touristenführer (halber/ganzer Tag 280/400 Rs)

UP Tourism Agra Cantonment-Bahnhof (Karte S. 396; ☎ 2421204; 🕑 24 Std.); Taj Rd (Karte S. 396; ☎ 2226431; 64 Taj Rd; 🕑 Mo–Sa 10–17 Uhr) Der Schalter am Bahnhof ist rund um die Uhr offen. Gute Tipps und Hilfe, wo sie nötig ist. Von hier aus kann man sich auch an die Touristenpolizei wenden.

Gefahren & Ärgernisse

Viele Hotels, Souvenirläden und Wechselstuben zahlen großzügige Provisionen, damit Taxifahrer und Rikscha-Wallahs ihre Kunden dort hinschleppen. Klar, dass die Touristen in den jeweiligen Läden viel mehr zahlen müssen. Billig- oder sogar Gratisfahrten per Rikscha enden immer beim Schmuckverkäufer oder im Souvenirshop. Viele Marmorfiguren sind in Wirklichkeit aus Speckstein. Auch die Reisebüros in den winzigen Kabuffs meiden!

ABZOCKE

Nicht auf den Trick mit den Edelsteinen reinfallen! Seit über zehn Jahren werden leichtgläubige Touristen nun schon damit übers Ohr gehauen. Sie werden meist überredet, Edelsteine in ihr Land einzuführen, um Zollgebühren zu sparen. Dort soll ein Mitarbeiter die Edelsteine entgegennehmen, die Unkosten erstatten – und den Touristen fette Provisionen auszahlen. Bevor der Deal läuft, werden die Opfer gebeten, per Kreditkarte eine kleine Zahlung vorzunehmen, als „Vertrauensbeweis" sozusagen. Die Edelsteine stellen sich dann immer als wertlos heraus, die Mitarbeiter im Ausland tauchen nie auf und so bleibt der Traveller auf einer Kreditkartenrechnung von 1000 US$ oder mehr sitzen. Kreditkarten also unbedingt so tief wie möglich stecken lassen!

Es kam auch schon vor, dass einige Taj Ganj-Restaurants so weit gegangen sind, Touristen absichtlich zu vergiften, um sie dann zu kriminellen Ärzten zu schleppen. Den Reiseversicherungen wurden danach Tausende Dollar in Rechnung gestellt. Glücklicherweise hat die Polizei diese fiese Abzocke jetzt im Griff – aber wer weiß, ob das so bleibt.

Sehenswertes & Aktivitäten

TAJ MAHAL

Das unglaublichste Denkmal, das je aus Liebe gebaut wurde. Dieses großartige **Mausoleum** (Karte S. 398; ☎ 2330498; Inder/Ausländer 20/750 Rs, Video 25 Rs; 🕑 6–19 Uhr, Fr geschl.) ist Indiens Wahrzeichen Nummer eins – und viele haben versucht, seine Schönheit in Worte zu fassen: Als „Träne im Antlitz der Unendlichkeit" beschrieb es der indische Poet Rabindranath Tagore, und der britische Autor Rudyard Kipling sah in ihm „die Verkörperung alles Reinen". Als architektonisches Meisterwerk ist es einzigartig und überragt alle anderen Gebäude.

Der Taj Mahal wurde von Shah Jahan errichtet, für seine zweite Frau Mumtaz Mahal, die bei der Geburt ihres vierzehnten Kindes im Jahr 1631 gestorben war. Der Tod seiner Frau brach dem Herrscher das Herz – und man sagt, er sei so unglücklich gewesen, dass

DER MOND ÜBER DEM TAJ MAHAL

Besichtigungen des Taj Mahals bei Mondschein wurden 1984 aus Sicherheitsgründen eingestellt. Seit 2004 gibt es diese Besonderheit wieder – allerdings wurde sie stark eingeschränkt. Maximal 400 Besucher dürfen an fünf Abenden im Monat (die Vollmondnacht und zwei Abende davor und danach) das Wunderbauwerk aus sicherem Abstand bestaunen. Alle Teilnehmer werden sehr gründlich durchsucht und in Fünfzigergruppen eingeteilt. Jede Gruppe darf zwischen 20.30 und 1.30 Uhr für eine halbe Stunde bleiben. Fotoapparate sind erlaubt, Videokameras nicht. Falls Wolken den Mond verschleiern gibt's kein Geld zurück.

Eintrittskarten (Inder/Kinder von 3–15/Ausländer 510/500/750 Rs; 🕑 6–19 Uhr, Fr geschl.) können an den Verkaufsstellen an den Toren des Taj Mahal gekauft werden – bis 24 Stunden bevor es losgeht. Die Vorgehensweise wird vom Supreme Court bestimmt und kann sich jederzeit ändern. Wann Vollmond ist, lässt sich auf http://aa.usno.navy.mil/data ermitteln: einfach unter „Dates of Primary Phases of the Moon" das gewünschte Jahr eingeben und den Monat raussuchen.

Es ist einfacher (und billiger), den Taj Mahal im Mondschein von einem der Dachterrassenrestaurants aus zu bewundern oder eine Autorikscha nach Mehtab Bagh zu nehmen, von wo aus die Rückseite des Monuments zu sehen ist – ein Spiegelbild der Frontansicht.

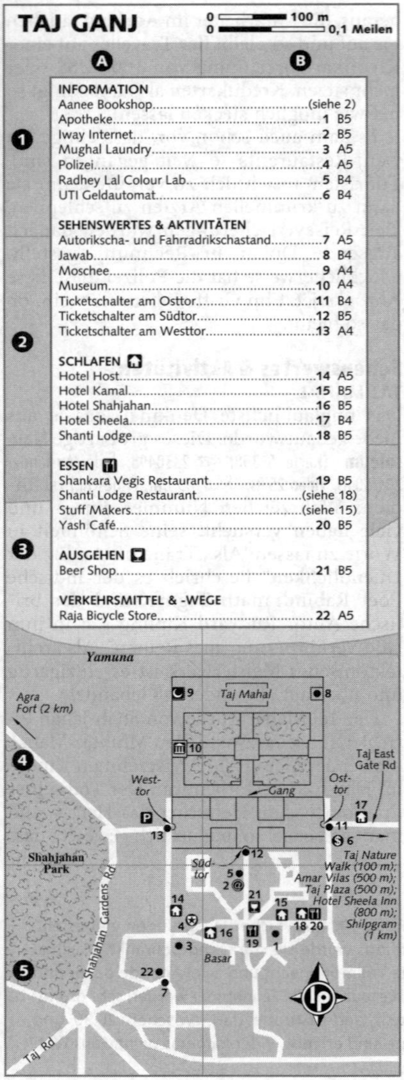

sein Haar über Nacht ergraute. Noch im selben Jahr wurde mit dem Bau begonnen, und erst 1653 war der Taj Mahal fertiggestellt. Insgesamt arbeiteten 20 000 Menschen aus Indien und Zentralasien daran. Sogar aus Europa wurden Spezialisten geholt, um die exquisiten Marmorwände und die *pietra dura* (Einlegearbeiten aus Marmor) aus Tausenden von Halbedelsteinen anzufertigen. Der Bau soll am Ende 3 Mio. Rupien gekostet haben – auf heutige Verhältnisse umgerechnet wären das 70 Mio. US$.

Das spektakuläre Mausoleum aus weißem Marmor, das heute Weltkulturerbe ist, sieht noch genauso perfekt aus wie kurz nach der Fertigstellung. Seit einer Weile macht man sich jedoch Sorgen, dass die Luftverschmutzung es beschädigen könnte. Saurer Regen, der durch das Schwefeldioxid der Autoabgase und der Industrie erzeugt wird, verfärbt langsam den berühmten weißen Marmor und frisst sich in die feinen Schnitz- und Einlegearbeiten. Um die Luftverschmutzung einzudämmen, wird seit 1994 verhindert, dass weitere Industriegebiete erschlossen werden. Außerdem sind in unmittelbarer Nähe des Taj Mahals nur umweltfreundliche Fahrzeuge erlaubt.

Zum Taj Mahal geht's durch die Tore im Westen, Süden und Osten, die alle in einen Hof führen. Lebensmittel, Tabak, Streichhölzer, Handys und Kamerastative sind auf dem Gelände nicht erlaubt und können kostenlos in Garderoben gelassen werden. Foto- und Videokameras kann man prinzipiell mit rein nehmen – allerdings dürfen keine Fotos von den Gruften im Innern des Mausoleums gemacht werden und manche Bereiche sind für Videokameras tabu. Highlight für Fotografen: der mit Edelsteinen überzogene Taj Mahal spiegelt sich im Wasserlauf des Gartens. Die Fontänen werden oft ausgeschaltet, damit dieser Effekt nicht verdorben wird.

Ins Innere des Gebäudes führt ein 30 m langer **Gang** aus Sandstein, von der südlichen Seite des Innenhofs her; an den Wänden des Ganges sind Koranverse angebracht. Die **Ziergärten** sind nach dem Vorbild klassischer *chabaghs* (geometrische persische Gärten im Mogulstil) angelegt – ein Quadrat, das durch einen Wasserlauf in vier Teile geteilt wird, und in der Mitte ein reich verzierter Marmorsockel.

An der westlichen Seite gibt's ein winziges **Museum** (Eintritt 5 Rs; Sa–Do 10–17 Uhr), in dem originale Bauzeichnungen des Taj Mahals ausgestellt sind – und ein paar hübsche Seladonteller, die angeblich zerbrechen oder sich verfärben, wenn die Speisen darauf vergiftet sind.

Der Taj Mahal selbst steht auf einer erhöhten Marmorplattform nördlich der Ziergärten. Der architektonische Effekt der

Plattform ist umwerfend: Durch die Erhöhung sieht man im Hintergrund nur noch den Himmel! Als rein dekoratives Element schmücken schlanke, weiße **Minarette** jede Ecke der Plattform. Nach mehr als 300 Jahren stehen sie nicht mehr ganz senkrecht – aber vielleicht ist das auch Absicht: Bei einem Erdbeben würden sie nach außen fallen und so den wertvollen Taj Mahal nicht beschädigen. Die **Moschee** aus rotem Sandstein westlich des Hauptgebäudes ist ein bedeutender Versammlungsort der Muslime von Agra. Das identische Gebäude im Osten, das **Jawab**, wurde der Symmetrie wegen gebaut. Vermutlich diente es Reisenden als Unterkunft.

Der Taj Mahal wurde aus halbtransparentem, weißem Marmor angefertigt; er ist verziert mit eingemeißelten Blumen und Einlegearbeiten aus Halbedelsteinen in wunderschönen Mustern. Symmetrie wie aus dem Lehrbuch gibt's bei den vier völlig identischen Seiten des Taj Mahals zu bestaunen: beeindruckende Bogen sind hier zu sehen, geschmückt durch *pietra dura*-Arbeiten und eingravierte Koranverse. Die ganze Konstruktion wird gekrönt von vier kleinen Kuppeln, die um die berühmte „Zwiebelkuppel" in der Mitte angeordnet sind.

Unter der Hauptkuppel ist das **Ehrenmal von Mumtaz Mahal**, eine kunstvoll gearbeitete falsche Gruft, umgeben von exquisiten Marmorplatten, in die etwa 43 verschiedene Halbedelsteinarten kunstvoll eingearbeitet sind. Daneben ist – die Symmetrie störend – das **Ehrenmal von Shah Jahan**. Der Herrscher wurde 1666 im Taj Mahal beigesetzt. Sein Sohn hatte den Thron an sich gerissen und ließ die Zeremonie sehr schlicht ausfallen. Durch filigran durchbrochene Marmorplatten fällt Licht in die zentrale Kammer. Die eigentlichen **Gräber** von Mumtaz Mahal and Shah Jahan sind unterirdisch in einem verschlossenen Bereich und können nicht besichtigt werden.

Der Sonnenaufgang bietet ein Schauspiel der besonderen Art, und ebenso der Sonnenuntergang: Das weiße Marmor glänzt erst in einem satten Gold, verfärbt sich ganz langsam rosa und rot – bis er schließlich blau wird.

AGRA FORT

Im Jahr 1565 begann Akbar, dieses massive **Fort** (s. Karte rechte Spalte; ☎ 2364512; Inder/Ausländer

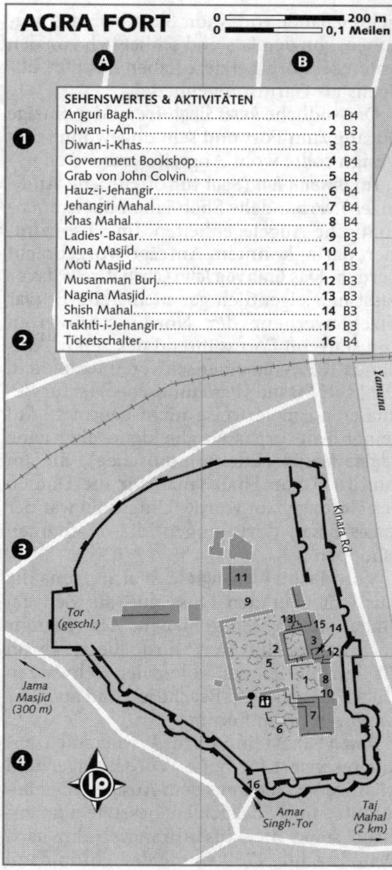

20/300 Rs, Video 25 Rs; Sonnenaufgang–Sonnenuntergang) am Ufer des Yamuna zu bauen. Später wurde es erweitert, besonders von seinem Enkel Shah Jahan, der ein paar weitere Gebäude hinzugefügt hat – einige aus weißem Marmor. Eigentlich war das Fort für militärische Zwecke gedacht, aber Shah Jahan machte einen **Palast** draus. Nachdem Shah Jahans Lendenfrucht Aurangzeb 1658 die Macht an sich gerissen hatte, war der Palast acht Jahre lang ein goldener Käfig für den alten Herrscher.

Die wie ein Ohr geformten doppelten Mauern des Forts sind über 20 m hoch und insgesamt 2,5 km lang. Sie schließen ein wahres Labyrinth von Gebäuden ein – eine Stadt in der Stadt. Im Lauf der Zeit wurden viele Gebäude von Nadir Shah, von den Marathen, von den Jats und schließlich von den Briten zerstört. Letztere haben das Fort übrigens als Garnison genutzt.

Das südliche **Amar Singh-Tor** ist der einzige Zugang zum Fort und sein ungewöhnliches Design sollte wohl Angreifer verwirren.

Im **Diwan-i-Am** (Saal für öffentliche Audienzen) verhandelte Shah Jahan über innenpolitische Angelegenheiten. Im Thronzimmer darin konnten Anträge vorgebracht werden. Das **Grab von John Colvin** direkt davor passt hier eigentlich gar nicht rein: Er war Vizegouverneur der Nordwestprovinzen und starb im Fort während des Sepoy-Aufstands 1857 – an einer schweren Krankheit. Die Moti Masjid (Perlenmoschee) ist für Besucher normalerweise nicht geöffnet. Auf keinen Fall verpassen: die kleine aber feine **Nagina Masjid** (Edelsteinmoschee), die im Jahr 1635 von Shah Jahan für die Damen des Hofes gebaut wurde. Unterhalb war der **Ladies'-Basar,** dort gingen die Hofdamen „shoppen".

Vom **Takhti-i-Jehangir** lässt sich prima die Aussicht über den Fluss und auf den Taj Mahal weiter weg genießen. Als Jehangir noch Prinz Salim war, wurde dieser Thron für ihn aus einem kolossalen schwarzen Stück Fels gehauen. Beachtlich sind auch die Gravuren drum herum.

Diwan-i-Khas (ein Saal für Privataudienzen) war reserviert für hohe Würdenträger und wichtige Vertreter aus dem Ausland. Der berühmte, mit Edelsteinen besetzte Pfauenthron stand hier, bis Aurangzeb ihn nach Delhi brachte. 1739 wurde der Thron dann vom persischen Plünderer Nadir Shah in den Iran entführt.

Der **Shish Mahal** (Spiegelpalast) hat Wände, in die winzige Spiegel eingelegt sind. Zum Zeitpunkt der Recherche war er leider wegen Restaurierungsarbeiten geschlossen.

Musamman Burj ist der großartige achteckige Turm des **Khas Mahal,** eines faszinierenden Palasts – beides aus weißem Marmor. Hier war Shah Jahan acht Jahre lang eingesperrt. Er konnte von hier aus den Taj Mahal, die Gruft seiner Frau, sehen. Die **Mina Masjid** war seine Privatmoschee.

Im Innenhof des großen Harembereichs liegt der **Anguri Bagh**. Der Garten wurde wieder neu angelegt und sieht jetzt so aus, wie er möglicherweise zu Shah Jahans Zeiten ausgesehen hat.

Der riesige **Jehangiri Mahal,** ganz aus rotem Sandstein gebaut, wurde vermutlich von Akbar für seinen Sohn Jehangir errichtet. In dem Bauwerk sind die Baustile der Hindus und der Muslime miteinander vermischt. So erinnert es an die kulturellen Wurzeln der Moguln in Afghanistan und zeugt zudem von Akbars Offenheit gegenüber dem Hinduismus. Vor diesem Palast ist das **Hauz-i-Jehangir**, ein großes Becken, das aus einem einzigen Steinblock gehauen wurde. Vermutlich wurde darin gebadet.

AKBARS MAUSOLEUM

Dieses großartige **Grabmal** (☎ 2641230; Inder/Ausländer 10/110 Rs, Video 25 Rs; 🕑 Sonnenaufgang–Sonnenuntergang) aus Sandstein und Marmor erinnert an den größten Mogulherrscher: Akbar. In den riesigen Innenhof kommt man durch einen atemberaubenden Torweg. Die Gruft hat dreistöckige Minarette an jeder Ecke und ist aus rotem Sandstein gebaut, in den weiße Marmormuster eingearbeitet sind.

Das Grab selbst liegt in der Mitte eines idyllischen Gartens, in dem Rotwild grast, Affen in den Bäumen tollen und Pfauen und Sittiche lauthals auf sich aufmerksam machen.

Akbar selbst fing mit dem Bau an und ließ sich dabei – wie es seiner religiösen und politischen Philosophie entsprach – von den verschiedensten Einflüssen inspirieren (s. auch Kasten S. 406).

Das Mausoleum liegt in Sikandra, 10 km nordwestlich vom Fort. Es ist etwas schwer zu erreichen, aber die Busse (10 Rs, 30 Min.), die von der Agra Fort-Bushaltestelle in Richtung Mathura fahren, kommen dran vorbei. Oder man mietet eine Autorikscha. Hin und zurück kostet das 120 Rs, inklusive der Wartezeit für den Fahrer. Tipp: Die Autorikscha gleich für länger anheuern und sich auf demselben Trip noch mehr Sehenswürdigkeiten anschauen.

ITIMAD-UD-DAULAH

Hat auch den Spitznamen **Baby Taj** (Karte S. 396; ☎ 2080030; Inder/Ausländer 10/110 Rs, Video 25 Rs; 🕑 6.30–17.30 Uhr). Das wirklich beeindruckende Grabmal von Mizra Ghiyas Beg sollte keiner verpassen, der schon mal hier ist. Der persische Adelige war der *wesir* (höchster Minister) Jehagirs. Seine Tochter, Nur Jahan, heiratete Jehagir und ließ das Mausoleum für ihren Vater zwischen 1622 und 1628 errichten, in einem Stil ähnlich dem des Grabmals für Jehagir, das sie in der Nähe von Lahore in Pakistan bauen ließ.

Obwohl es nicht den magischen Touch des 6 km entfernten Taj Mahals hat, ist in seinem Design schon der Taj Mahal erahnbar. Das Itimad-ud-Daulah war das erste Mogulbauwerk, das komplett aus Marmor gebaut wurde und bei dem viele *pietra dura*-Arbeiten eingesetzt wurden.

CHINI-KA-RAUZA

Dieses **Grabmal** (Karte S. 396 ⌚ 6–18 Uhr) wurde für Afzal Khan zwischen 1628 und 1639 im persischen Stil errichtet. Er war Dichter und hatte am Hofe Shah Jahans eine bedeutende Stellung. Das relativ unbekannte Mausoleum versteckt sich hinter den Bäumen einer schattigen Allee. Die Außenwände sind an vielen Stellen immer noch mit strahlend blauen Fliesen bedeckt und drinnen ist das Gebäude mit Blumenornamenten bemalt. Vom oberen Stockwerk aus ist die Aussicht genial.

MEHTAB BAGH

Diesen **Park** (Karte S. 396; Inder/Ausländer 5/100 Rs) gibt's erst seit kurzem. Die Gartendesigner haben versucht, ihn im Mogulstil anzulegen. Es lohnt sich auf alle Fälle, herzukommen und den Taj Mahal auch mal von hinten zu sehen – in mancher Hinsicht die bessere Perspektive. Ein kleiner Pfad entlang des Yamunas führt zu einem guten Aussichtspunkt: den Taj Mahal bestaunen ganz ohne Touristenhorden, inmitten eines friedlichen und natürlichen Ambientes mit Büffeln und Wasservögeln.

TAJ NATURE-SPAZIERGANG

Wer dem befestigten Pfad durch diese **Miniwildnis** (außerhalb der Karte S. 398; Taj East Gate Rd; Eintritt 5 Rs; ⌚ 6–18 Uhr) folgt, wird bald von Schmetterlingen und Vögeln umgeben sein, während der Taj Mahal im Hintergund beinahe in der Luft zu schweben scheint. Es gibt Bänke und Picknickplätze und direkt gegenüber auch noch ein **Gartenrestaurant** (veg. Gerichte 20–35 Rs).

JAMA MASJID

Diese bezaubernde **Moschee** (Karte S. 396) wurde 1648 im Kinari-Basar von der Tochter Shah Jahans erbaut. Das Bauwerk hat zwar keine Minarette, dafür sind die Kuppeln aber mit atemberaubenden Marmormustern verziert.

SCHWIMMEN

Auch wer nicht im Amar Hotel wohnt, kann für 175 Rs den Pool im Freien benutzen. Sporteln in der Gymnastikhalle kostet 40 Rs und ayurvedische Massagen gibt's ab etwa 500 Rs. Ebenfalls Outdoor-Pools haben das Hotel Atithi (250 Rs), das Agra Ashok (300 Rs), der Mansingh Palace (Erw./Kind 300/50 Rs), das Taj View (345 Rs), das Mughal Sheraton (440 Rs) und das Clarks Shiraz Hotel (450 Rs).

Geführte Touren

UP Tourism bietet **täglich Touren** (Inder/Ausländer inkl. Eintrittsgebühren 350/1650 Rs) an. Los geht's am Agra Cantonment-Bahnhof um 10.30 Uhr, nachdem Passagiere des 10.07 Uhr-*Taj-Express* von Dehli abgeholt worden sind. Die Tour im klimatisierten Bus geht zum Taj Mahal, zum Agra Fort und nach Fatehpur Sikri. An jedem Ziel haben die Teilnehmer 1¼ Stunden Zeit. Alle Touren sind rechtzeitig zurück am Bahnhof, damit die Traveller den *Taj-Express* um 18.55 Uhr zurück nach Delhi noch kriegen können. Buchung in allen UP Tourism-Büros (s. S. 397).

Schlafen

BUDGETUNTERKÜNFTE

Alle Hotels haben Zimmer mit eigenem Bad, inklusive Toiletten und heißem Wasser – wenn nicht anders angegeben. In billigen Unterkünften wird das heiße Wasser im Sommer oft in Eimern bereitgestellt, im Winter kommt es aus der Leitung. Die ersten drei Hotels sind die modernsten und saubersten. Die Unterkünfte südlich des Taj Mahals bieten eine geniale Aussicht auf das nah gelegene Mausoleum – allerdings meistens nur vom Dachrestaurant aus.

Taj Ganj

Hotel Sheela (Karte S. 398; ☎ 2331194; www.hotelsheelaagra.com; Taj East Gate Rd; DZ mit/ohne Klimaanlage 600/350 Rs; Gerichte 25–70 Rs; ❄ 💻) Zwar keine Aussicht auf den Taj Mahal, aber unter den günstigen Hotels das beste. Der Garten ist eine Oase der Ruhe, die Zimmer sind toll eingerichtet und sauber und die Angestellten helfen gern. Das Gartenrestaurant ist das ideale Plätzchen, um sich einen leckeren

Früchte-Lassi zu gönnen. Unbedingt vorher reservieren.

Hotel Sheela Inn (außerhalb der Karte S. 398; ☎ 3093437; Taj East Gate Rd; EZ 300–500 Rs, DZ 400–600 Rs, mit Klimaanlage 700 Rs;) Noch ganz neu, sauber und schick, allerdings sind die Zimmer etwas klein geraten. Im Dachrestaurant werden ein paar nepalesische Gerichte serviert.

Taj Plaza (außerhalb der Karte S. 398; ☎ 2232515; Fax 2368230; Taj East Gate Rd; EZ/DZ 350/450 Rs, mit Klimaanlage 600/700 Rs;) Die einfachen, aber sehr hellen Zimmer dieses modernen Hotels haben alle TV. Von einigen ist der Taj Mahal zu sehen.

Hotel Kamal (Karte S. 398; ☎ 2330126; hotelkamal@hotmail.com; Taj, Südtor; 200–300 Rs) Das beste der günstigen Hotels mit guter Aussicht auf den Taj Mahal von der Dachterrasse aus. Zimmer vorher zeigen lassen, sie sind sehr unterschiedlich. Im Sommer gibt's heißes Wasser im Eimer. Die Angestellten sind wirklich freundlich und das Restaurant Stuff Makers (S. 404) ist klasse.

Shanti Lodge (Karte S. 398; ☎ 2231973; shantilodge2000@yahoo.co.in; Taj, Südtor; EZ 100–150 Rs, DZ 150–300 Rs, Zi. mit Klimaanlage 500 Rs;) Überdurchschnittlich und sehr beliebt. Einige Zimmer – die schönsten sind im neuen Teil des Gebäudes – haben TV und Blick auf den Taj Mahal. Unschlagbar ist allerdings die Taj-Aussicht vom Dachrestaurant aus.

Hotel Host (Karte S. 398; ☎ 2331010; Taj, Westtor; EZ/DZ mit Gemeinschaftsbad 100/125 Rs, DZ mit eigenem Bad 150–200 Rs) Alle Zimmer haben TV und die Betreiber geben sich sichtlich Mühe. Im Sommer greifen auch sie auf das übliche Heißwasser-Eimersystem zurück. Ein paar Zimmer haben keine Fenster, andere haben sogar einen Balkon. Vom höchsten Punkt des Hotels gibt's gerade noch Aussicht auf den Taj Mahal.

Hotel Shahjahan (Karte S. 398; ☎ 2233071; Taj, Südtor; EZ/DZ mit Gemeinschaftsbad 70/100 Rs, mit eigenem Bad ab 100/200 Rs, Zi. mit Klimaanlage 700 Rs;) Wirkt zusammengewürfelt und ist etwas heruntergekommen. Mit etwas Glück kann man ein Schnäppchen machen.

Andere Bezirke

Tourists Rest House (Karte S. 396; ☎ 2363961; dontworrychickencurry@hotmail.com; Kutchery Rd; EZ 120–300 Rs, DZ 150–350 Rs;) Sehr hilfsbereite Besitzer, heimelige Atmosphäre, Abholservice und tadellose Zimmer. Und dazu noch noch ein schattiger Garten fürs romantische Abendessen. Kein Wunder, dass diese Unterkunft (nahe Kavisha Motors) eigentlich immer voll ist, also lang im Voraus buchen! Die Zimmer haben heiße Duschen, die meisten TV – und einige ein etwas komisches Marmor-Dekor.

Hotel Safari (Karte S. 396; ☎ 2333029; hotelsafari@hotmail.com; Shamsabad Rd; EZ/DZ 200/250 Rs, mit Klimaanlage 350/400 Rs;) Alle Zimmer sind strahlend weiß, sauber und mit TV. Großartiges Hotel, ebenfalls von den Betreibern des Tourists Rest House geführt.

Hotel Sakura (Karte S. 396; ☎ 2420169; ashu_sakura@yahoo.com; Ajmer Rd; DZ 200–500 Rs;) Ein weiterer Dauerbrenner mit freundlichen Besitzern, ganz in der Nähe der Idgah-Bushaltestelle. Könnte allerdings eine Runderneuerung vertragen. Das Restaurant ist klasse – unbedingt das *butter chicken* und danach den *kheer* (Reispudding) probieren. Internetzugang gibt's für 60 Rs die Stunde.

Hotel Pawan (Karte S. 396; ☎ 2225506; pawotel@sancharnet.in; 3 Taj Rd; EZ/DZ 250/350 Rs, mit Klimaanlage 800/900 Rs;) Zimmer mit gutem Preis-Leistungsverhältnis, alle mit TV. Interessant durch die Nähe zu den Geschäften und Restaurants der Gegend um den Sadar-Basar.

Auch empfehlenswert:

Hotel Ranjit (Karte S. 396; ☎ 2364446; 263 Station Rd; EZ/DZ von 350/500 Rs) Nur wenige Gehminuten vom Agra Cantonment-Bahnhof entfernt.

Hotel Prem Sagar (Karte S. 396; ☎ 2261137; 264 Station Rd; EZ/DZ /3BZ 250/350/450 Rs)

Hotel Bawa Palace (Karte S. 396; ☎ 2420151; Ajmer Rd; DZ ab 500 Rs, mit Klimaanlage 700 Rs;) Nahe der Idgah-Bushaltestelle. Die Zimmer sind nicht so toll wie die Fassade.

MITTELKLASSEHOTELS

Agra hat einige gute Mittelklassehotels; die meisten davon in der Fatehabad Rd., also durchschlendern, anschauen und feilschen! Die besseren Mittelklassehotels kommen schon fast an die Spitzenklassehotels heran.

Hotel Ashish Palace (Karte S. 396; ☎ 2230032; Fax 2330404; Fatehabad Rd; EZ/DZ 800/950 Rs;) Endlich hat mal jemand bemerkt, dass in Agra ein gutes Hotel in dieser Preisklasse fehlt und eins gebaut. Funkelnagelneue Zimmer mit Kühlschrank, großem Fernseher und heißen Duschen (sogar mit Duschvorhang und Duschhaube). Unbedingt vorher buchen!

Hotel Amar (Karte S. 396; ☎ 2331884; www.hotelamar.com; Fatehabad Rd; EZ 1400–2700 Rs, DZ 1650–

3000 Rs; ☒ ☒) Die besseren Zimmer haben einen Hauch von Maharadschastil. Ein gutes Restaurant, eine Bar und ein Pool mit kleiner Rutsche, ayurvedisches Verwöhnprogramm (Massagen 43–500 Rs) und Trainingsräume (40 Rs) runden die Sache ab.

Hotel Atithi (Karte S. 396; ☎ 2230040; www.hotelatithi.com; Fatehabad Rd; EZ 1350–1600 Rs, DZ 1600–2150 Rs; ☒ ☒) Pool und Rasen sind die Glanzstücke dieses Hotels. Die geräumigen, bestens ausgestatteten Zimmern sind farblich durchgestylt: Gäste können sich ganz in Blau, Schwarz, Weiß oder – am beliebtesten – Grün einquartieren lassen. Das Foyer mit Gratiswasserspender ist in attraktivem Flieder gehalten.

Amar Yatri Niwas (Karte S. 396; ☎ 2233030; amaragra@sancharnet.in; Fatehabad Rd; EZ 950–1200 Rs, DZ 1200–1450 Rs; ☒) Zu diesem Preis eines der besseren Mittelklassehotels – auch wenn das ein schwaches Lob ist.

Hotel Ganga Ratan (Karte S. 396; ☎ 2330329; www.hotelgangaratan.com; Fatehabad Rd; EZ 900–1500 Rs, DZ 1200–1800 Rs; ☒) Alle Zimmer mit Kühlschrank, an den Wänden indische Kunstwerke.

Kant Hotel (Karte S. 396; ☎ 2331332; www.hotelkantagra.com; Fatehabad Rd; EZ/DZ 950/1500 Rs, mit Aussicht auf den Taj Mahal 1500/2250 Rs; ☒) Zwar recht gewöhnliche Zimmer, aber mit Kühlschrank. Angenehme Bar zum Relaxen.

Hotel Agra Ashok (Karte S. 396; ☎ 2361223; sales@hotelagraashok.com; 6B the Mall; EZ/DZ/Suite 2300/2900/4500 Rs; Gerichte 175–450 Rs; ☒ ☒) Ein Pool im Garten, Wasserspiele im Foyer, ein feudales chinesisches Restaurant und stilvolle Zimmer. Wenn Qualität auch etwas mehr kosten darf, ist das die richtige Adresse.

Mansingh Palace (Karte S. 396; ☎ 2331771; mansingh.agra@mailcity.com; Fatehabad Rd; EZ/DZ/Suite 3200/3700/6500 Rs; ☒ ☒ ☒) Das Hotel aus rotem Sandstein hat noble Zimmer und ist vollgepackt mit Kunsthandwerk im Mogulstil. Im Garten gibt's einen ungewöhnlich geformten Pool und im Sheesh Mahal Restaurant werden Live-*ghazal*s (poetische Urdusongs) aufgeführt, und zwar jeden Abend ab 20 Uhr außer Dienstags.

Clarks Shiraz Hotel (Karte S. 396; ☎ 2226121; www.hotelclarksshiraz.com; Taj Rd; EZ 4000–5500 Rs, DZ 4500–5800 Rs; ☒ ☒ ☒) Hier gibt's drei verschiedene Sorten von schönen Zimmern mit hohen Wänden. Im Dachrestaurant wird live Musik gemacht, außerdem verkauft das Hotel Kuchen und Gebäck und bietet einen Trainingsbereich und ayurvedische Massagen an. Eine Bank, eine Post, ein paar Geschäfte und Büros zum Flügebuchen sind auch vorhanden.

Taj View (Karte S. 396; ☎ 2232400; www.tajhotels.com; Fatehabad Rd; EZ/DZ 110/120 US$, EZ/DZ/Suite mit Tajblick 135/145/275 US$; ☒ ☒) Coole Eleganz und indische Einflüsse bestimmen das Dekor des offenen Empfangsbereiches, des Restaurants und der Bar. Ein kleiner Bach führt zum Pool draußen. Die Zimmer wurden zwar vor kurzem renoviert, sind aber leider wenig prickelnd. Es gibt tolle Unterhaltung für Kids, Zauberer inklusive.

SPITZENKLASSEHOTELS

Amar Vilas (außerhalb der Karte S. 398; ☎ 2231515; www.oberoihotels.com; Taj East Gate Rd; EZ/DZ 425/450 US$, Suite 1350–2400 US$; ☒ ☒ ☒) Ein Weltklassehotel. Die elegante Innenausstattung ist durchdrungen vom Mogulstil. Dasselbe gilt für den noblen Innenhof mit Wasserspielen und den Pool, der von Wassergärten umgeben ist. Wahrscheinlich können sich nicht viele diesen Luxus leisten, aber Anschauen lohnt sich trotzdem – am besten bei einem Kingfisher-Bierchen (125 Rs) in der Bar.

Mughal Sheraton (Karte S. 396; ☎ 2331701; mughal.sheraton@welcomgroup.com; Fatehabad Rd; EZ/DZ/Suite 150/160/400 US$; ☒ ☒ ☒) Das Luxushotel aus rotem Ziegelstein steht mitten in einer wunderbar stillen Gartenanlage. Hier steht auch ein Baum, der vom Schauspieler Peter O'Toole eigenhändig gepflanzt wurde. Alles strahlt vor Perfektion und Eleganz. Eines der drei Restaurants bietet *Northwest Frontier BBQs* an. Und während sich die Großen bei Tennis, Badminton oder Minigolf vergnügen, werden die Kleinen mit Puppenshows unterhalten.

Essen & Ausgehen

Köstliche Spezialitäten aus Agra gibt's auf den Basars. *Peitha* (36–44 Rs/kg) ist eine eckige Süßigkeit aus Kürbis und Zucker, verfeinert mit Rosenwasser, Kokos oder Safran. *Dalmoth* ist Agras berühmte Version des *namkin* (60 Rs, mit getrockneten Früchten 90 Rs/kg). Von Oktober bis März gibt's auch *gajak* (56–90 Rs/kg): ein etwas scharfer, länglicher Keks mit Sesam.

Der **Bierladen** in Taj Ganj hat von 10 bis 23 Uhr offen – eine Flasche Kingfisher oder Royal Challenge kostet 60 Rs, eine Flasche Guru 65 Rs.

TAJ GANJ

Lebendige und etwas chaotische Gegend. Unzählige Dachrestaurants mit ähnlichem kulinarischem Angebot. Alkoholische Getränke werden zwar nicht ausgeschenkt, aber praktisch zu jeder Zeit in den Läden verkauft. Einige kleinere Imbissbuden haben Thali und riesiges Frühstück für weniger als 15 Rs.

Stuff Makers (Karte S. 398; Hotel Kamal; Gerichte 25–60 Rs) Essen gibt's unten in einer Strohhütte oder oben auf der meist gut besuchten Dachterrasse. Von oben sieht man, magisch beleuchtet, den Taj Mahal. Die Küche hält zwar den Standard, ist aber kaum spektakulär. Typische Backpackerspezialitäten wie Honig- und Bananenpfannkuchen sind zu haben.

Shanti Lodge Restaurant (Karte S. 398; Gerichte 30–75 Rs) Die übliche Speisekarte, aber auf gutem Niveau. Der Tajblick ist umwerfend.

Shankara Vegis Restaurant (Karte S. 398; Gerichte 25–60 Rs) Von diesem lockeren Dachrestaurant ist der Taj Mahal nicht zu sehen – aber das wird prima ausgeglichen durch alle Highlights der indisch-vegetarischen Küche. Dazu gibt's Musik und Spiele, z. B. Carom.

Yash Café (Karte S. 398; Gerichte Rs 30–70, Pizzas 65–95 Rs) Sehr entspannter Laden mit 1960er-Jahre Feeling. Tagesreisende können hier duschen und ihr Gepäck abstellen. Abends werden Filme gezeigt.

ANDERE GEBIETE

Zorba the Buddha (Karte S. 396; Sadar-Basar; Gerichte 70–90 Rs; ⏲ 12–16.30 & 6–21.30 Uhr, im Juni geschl.; ⊠) Auf den niedlichen Tischen stehen kleine Blumenvasen. Dieses vegetarische Restaurant ist von Osho inspiriert und hat gleichzeitig etwas von einem Bistro. Gesunde Gerichte und Kräutertees nähren hier Körper und Seele.

Comesum Multicuisine Food Plaza (Karte S. 396; Agra Cantonment-Bahnhof; Gerichte 35–70 Rs; ⏲ 24 Std.; ⊠) Das wohl sauberste und attraktivste Diner aller Bahnhöfe Indiens. Im Fastfood-Ambiente kann man die Plastiknachbildungen der Dosa, Thali und Burger-Menüs aus dem Angebot bewundern. Es gibt auch Snacks, Sandwichs, Muffins und allerlei Desserts. Hier lohnt auch ein Besuch, wenn man gerade nicht mit dem Zug fährt.

Dasaprakash (Karte S. 396; Gwalior Rd; Gerichte 60–105 Rs; ⊠) Gemütliche Sofas und freundliches Dekor. Im Konzept dieser südindischen Restaurantkette sind außerdem Dosas und Eiscreme vorgesehen, für die richtige Fans schon mal 60 Rs und mehr hinlegen.

Only Restaurant (Karte S. 396; The Mall; veg. Buffet 225 Rs, nichtveg. 275 Rs; ⊠) Gemütlich mit Bambus ausgekleidet, mit Garten. Oft voller fröhlicher Tourgruppen. Jeden Abend ab 19 Uhr Livemusik.

Lakshmi Vilas (Karte S. 396; Taj Rd; Gerichte 32–50 Rs; ⊠) Ein sauberes, beliebtes Restaurant mit südindischer Küche und Desserts wie *rawa kesari* (gebratener Grieß mit Kokos). Über 30 Dosavariationen, darunter auch die über 1 m lange Familienversion. Da kann sich so mancher Fastfoodladen eine Scheibe abschneiden.

Prakash (Karte S. 396; Sadar-Basar; Gerichte 35–70 Rs; ⏲ Fr. geschl.) Spezialitäten hier: Begali-, Punjabi- und südindische Thalis. Aber auch gebratenes Hühnchen und *fish and chips* stehen auf der Speisekarte.

Park (Karte S. 396; Sadar-Basar; Gerichte 55–175 Rs; ⊠) Besseres Restaurant mit sanfter Musik. Serviert wird indische, europäische und chinesische Küche.

Shoppen

Agra ist berühmt für seine Marmorgegenstände mit kunstvoll eingelegten, bunten Steinen, die an die *pietra dura*-Arbeiten des Taj Mahals erinnern. Im Sadar-Basar (Karte S. 396) und rund um den Taj Mahal gibt's haufenweise kleine, etwas teurere Märkte. Die Preise richten sich immer nach der Qualität des detailreichen Kunsthandwerks – und nicht nach der Größe. Vorsicht bei Marmorartikeln: Oft sind sie nicht echt, sondern aus Speckstein, der leicht zerkratzt.

Auch Teppiche, Lederwaren und Edelsteine werden gerne gekauft. Die Edelsteine sind allerdings aus Rajasthan importiert – in Jaipur gibt es sie billiger. Davon abgesehn sind Juwelierläden oft in Kreditkartenschwindel und andere krumme Sachen verstrickt (s. S. 397).

Der Kinari-Basar (Karte S. 396) ist meistens proppenvoll, aber wer sich vom Verkehrschaos nicht abschrecken lässt, kann hier alles von Textilien bis hin zu Früchten finden. Der kleinere Markt südlich des Taj Ganj ist viel ruhiger. Maßgeschneiderte Hosen und Hemden gibt's hier schon für 200 bzw. 100 Rs.

Die Straße vor dem Osttor des Taj Mahals ist kaum befahren und führt nach 1 km zum **Shilpgram** (außerhalb der Karte S. 398; ⏲ Okt.–März 10–22 Uhr), einem Open-Air-Markt mit Handarbeiten und Kunsthandwerk. Hier gibt's auch ein Café und eine Bar. Jeden Februar findet ein Kulturfestival mit leckerem Essen und beeindruckendem Handwerk statt (s. S. 394).

An- & Weiterreise

FLUGZEUG

Agras Flughafen Kheira liegt 7 km vom Stadtzentrum entfernt. Flieger auf der beliebten Route Delhi–Agra–Khajuraho–Varanasi machen hier Zwischenstopp. **Indian Airlines** (Karte S. 396; ☎ 2226821; Clarks Shiraz Hotel; ⏲ Mo–Sa 10–13.15 & 14–17 Uhr) ist dafür zuständig. Jeden Montag, Mittwoch und Freitag gehen Flüge von Agra nach Delhi (65 US$), Khajuraho (90 US$) und Varanasi (115 US$).

BUS

Die meisten Langstreckenbusse fahren von der **Idgah-Bushaltestelle** (Karte S. 396; ☎ 2366588; Ajmer Rd) ab. Stündlich gehen Busse zur Sarai Kale Khan-Bushaltestelle in Dehli (105 Rs, 5 Std.) über Mathura (29 Rs, 1½ Std.). Ebenfalls stündlich geht's nach Jaipur (105 Rs, 6 Std.) und zwei Busse fahren täglich nach Khajuraho (170 Rs, 10 Std.). Um 5 und um 6.30 Uhr geht's los. Außerdem gibt's regelmäßige Busse nach Fatehpur Sikri (18 Rs, 1 Std.) und Bharatpur (31 Rs, 1½ Std.).

Von der **Agra Fort-Bushaltestelle** (Karte S. 396; Power House-Bushaltestelle; ☎ 2364557) aus fahren Busse nach Dehra Dun (186 Rs, 12 Std.), Haridwar (166 Rs, 12 Std.), Lucknow (172 Rs, 10 Std.) und Delhi (105 Rs, 5 Std.) via Mathura (29 Rs, 1½ Std.).

Staatliche Busse aus Rajasthan starten beim Hotel Sakura, ganz in der Nähe der Idgah-Bushaltestelle. Die weißen Deluxe-Busse fahren stündlich nach Jaipur (137 Rs, 5½ Std.) – und zwar zwischen 6.30 und 14.30 Uhr, dann um 16.30, 17.30, 19.30, 22 Uhr und um Mitternacht. Zwischen März und Oktober fahren dreimal täglich klimatisierte Busse (228 Rs).

ZUG

Der **Agra Cantonment (Cantt)-Bahnhof** (Karte S. 396; ☎ 2421204) ist ein wichtiger Zwischenstopp auf der Hauptverbindung zwischen Dehli und Mumbai. Täglich kommen mehrere Züge aus Neu Delhi und Nizamuddin an. Die schnellste, tägliche Verbindung von und nach Delhi ist der klimatisierte *Shatabdi-Express* (395/760 Rs Chair Class/Executive Chair Class, 2 Std.). Abfahrt in Neu Delhi ist um 6 Uhr, Rückfahrt von Agra aus um 20.43 Uhr. Besonders interessant für einen Tagestrip.

Die billigere Alternative ist der tägliche *Taj-Express* (55/191 Rs 2. Klasse/Chair Class, 3 Std.). Abfahrt von Delhis Nizamuddin-Bahnhof um 7.15 Uhr, Rückfahrt ab Agra ist um 18.55 Uhr. Die Zeit in Agra ist zwar knapp, aber die Tagestour (s. S. 401) ist auf die Verbindung abgestimmt. Auf dieser Route gut auf das Gepäck aufpassen!

Von Agra geht's auch mehrmals täglich nach Kolkata (341/958/1532 Rs Sleeper Class/3AC/2AC, 20–30 Std.). Die beste Möglichkeit, nach Varanasi zu kommen ist der *Marudhar-Nachtexpress,* der den Agra Cantonment-Bahnhof jeden Abend um 20.48 Uhr verlässt und am nächsten Morgen zwischen 8.20 und 9.30 Uhr in Varanasi ankommt (268/641/1026 Rs 2. Klasse/3AC/2AC). Der gleiche Zug fährt auch nach Westen, nach Jaipur. Er fährt um 7.25 Uhr ab, erreicht Jaipur (80/277 Rs 2. Klasse/Chair Class) um 14 Uhr und kommt um 21 Uhr in Jodhpur (136/476 Rs in 2. Klasse/Chair Class) an.

Um nach Khajuraho zu kommen, kann man jeden Zug nehmen, der auch nach Jhansi (62/214 Rs 2. Klasse/Chair Class, 3 Std.) fährt, und dort in den Bus umsteigen. Weitere Züge gehen nach Mumbai, Pune (Poona), Goa, Chennai und Thiruvananthapuram.

Unterwegs vor Ort

VOM/ZUM FLUGHAFEN

Ein Taxi zum Kheria-Flughafen kostet um die 200 Rs, eine Autorikscha 100 Rs. Aber natürlich wird der Fahrer versuchen, weit mehr herauszuholen.

AUTORIKSCHA

Außerhalb des Agra Cantonment-Bahnhofs gibt's einen **Prepaid-Autorikschastand** (Karte S. 396; ⏲ 24 Std.) Kurze Fahrten, ca. 1 km, kosten 15 Rs, zum Sadar-Basar zahlt man 30 Rs und 52 Rs zum Taj Ganj. Eine dreistündige Tour zum Taj Mahal und zum Agra Fort macht 160 Rs, die vierstündige Tour kostet 200 Rs und für 300 Rs geht's acht Stunden lang auf Entdeckungsreise. Ein Trip nach Sikandra zu Akbars Mausoleum und zurück kostet inklusive Wartezeit des Fahrers um die 120 Rs. Autorikschas dürfen nicht nach Fatehpur Sikri, dafür also ein Taxi oder den Bus nehmen.

FAHRRAD

Raja Bicycle Store (Karte S. 398; 50 Rs/Tag; 8–20.30 Uhr) verleiht Fahrräder, die Zustände auf den Straßen sind aber gewöhnungsbedürftig.

FAHRRADRIKSCHA

Ideal für kurze Distanzen. Umweltfreundlich und viel günstiger als Autorikschas. Abhängig von der zurückgelegten Strecke kosten sie zwischen 20 und 40 Rs.

TAXI

Vor dem Agra Cantonment-Bahnhof gibt's auch einen **Prepaid-Taxistand** (24 Std.). Pro Taxi können bis zu vier Personen mitfahren. Fahrten zu den Fünfsternehotels kosten 120 Rs (mit Klimaanlage 150 Rs), eine dreistündige Tour macht 300 Rs (mit Anlage 375 Rs). Achtstündige Touren kosten 650 Rs (mit Klimaanlage 950 Rs), nimmt man noch Fatehpur Sikri mit, kommt man auf 950 Rs (mit Klimaanlage 1400 Rs). Für den vierstündigen Trip nach Fatehpur Sikri muss man 600 Rs (mit Klimaanlage 900 Rs) berappen. Die Rundfahrt nach Mathura ist für 750 Rs zu haben oder für 950 Rs inklusive Wartezeit. Auch längere Fahrten sind möglich: Nach Delhi (nur Hinfahrt) für 2500 Rs, nach Jaipur für 2700 Rs, nach Khajuraho kostet es 5100 Rs und nach Varanasi 6100 Rs.

WEITERE TRANSPORTMÖGLICHKEITEN

Die Straßen, die vom Taj Mahal nach Westen zum Agra Fort und nach Osten zum Shilpgram abgehen, sind verkehrsberuhigte Zonen. **Batteriebetriebene Busse** (Inder/Ausländer 4 Rs/gratis; alle 15 Min. 6–19 Uhr) und Tongas, elektrische *vikrams,* Kamelkarren und ein Elefant bilden das exotische Transportsystem in dieser Gegend. Das Amar Vilas fährt seine Gäste sogar mit Golfbuggies herum.

FATEHPUR SIKRI

☎ 05613 / 28 750 Ew.

Die prachtvolle Geisterstadt liegt 40 km westlich von Agra und war für kurze Zeit – während der Herrschaft Akbars zwischen 1571 und 1585 – die Hauptstadt des Mogulreiches. Sie wurde in einer Zeit erbaut, in der Wassermangel an der Tagesordnung war. Schon kurz nach Akbars Tod verließ die Bevölkerung ihre Stadt. Aber trotzdem: Fatehpur Sikri ist aus architektonischer Sicht äußerst brillant und ungewöhnlich. Die Palastgebäude sind sehr gut erhalten und die Moschee wird noch immer genutzt. Neben diesen Attraktionen sind auch die Ruinen hinter der Moschee und die Münz-

AKBAR DER GROSSE

Der größte aller Mogulherrscher wuchs in Afghanistan auf, und obwohl er schon im zarten Alter von 13 an die Macht kam, gelang es ihm, sein Reich über einen großen Teil Nordindiens auszudehnen. Er war ein weiser und gerechter Herrscher und folgte in seiner Politik dem Prinzip des Shul-i-Kul (Frieden für alle). Er schaffte viele der Einschränkungen für Nichtgläubige ab, darunter auch die Pilgersteuer für Hindus.

Obwohl seine Feldzüge nicht weniger blutrünstig als andere seiner Zeit waren – nach seinem Sieg bei Panipat hat er der Legende nach einen Turm aus Hinduköpfen errichten lassen –, blieb er den Menschen als religionstoleranter Herrscher in Erinnerung. Unter seinen zahlreichen Frauen waren auch Christinnen und Hindufrauen und er begründete die als Din-i-Ilahi (Glaube an Gott) bekannte Philosophie, die sich mit der Wahrheit aller Religionen auseinandersetzt.

Akbar ließ zu Ehren des Sufi-Heiligen Salim Chishti, dem er die Geburt seines Sohnes zu verdanken glaubte, in der Wüste von Fatehpur Sikri die „perfekte Stadt" errichten. Gelehrte vieler Religionen bildeten den hauseigenen Debattierclub des Herrschers.

Die Planung der „perfekten Stadt" sollte Akbars einzige Narretei sein: Sie war viel zu weit von einem Fluss entfernt, und so war immer wieder das Wasser knapp. Auch Akbars Ingenieure konnten das Problem nicht lösen. Kurz nach Akbars Tod wurde Fatehpur zur Geisterstadt und viele der liberalen Ansichten Akbars starben mit ihm.

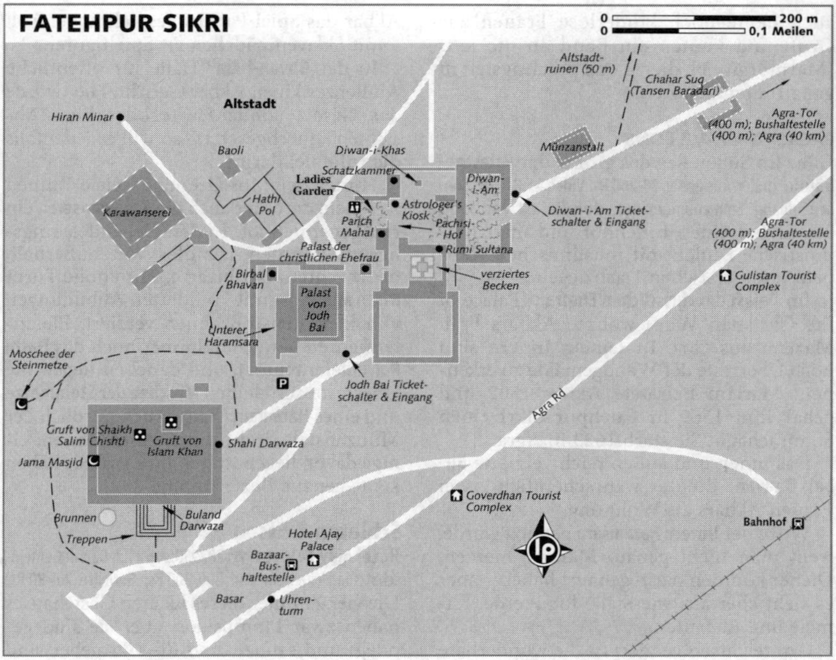

anstalt einen Besuch wert. Diese Gegend, die zum Weltkulturerbe zählt, wird meistens im Rahmen eines Tagestrips von Agra aus besucht. In einem Dorf in der Nähe gibt's aber auch Unterkünfte – so können abends die roten Sandsteinpaläste bewundert werden, die dann eine wirklich phantastische Atmosphäre erzeugen. Auf S. 394 gibt's Genaueres zu den **Eid al-Fitr** Feierlichkeiten.

Orientierung & Praktische Informationen

Die Palastgebäude befinden sich nördlich der kleinen Stadt Fatehpur Sikri. Die Jama Masjid, die Ruinen daneben und die hinter der Münzanstalt können kostenlos angeschaut werden. Schwärme von inoffiziellen Führern gehen den Besuchern permanent auf die Nerven und verlangen Wucherpreise (300 Rs). Besser ist die offizielle Version: diese Führer warten neben den Ticketschaltern (50–100 Rs). Sinn und Zweck vieler Gebäude ist nicht bekannt, und vieles von dem, was die Führer erzählen, ist einfach erfunden.

Sehenswertes

JAMA MASJID

Diese wunderschöne Moschee, die auch unter dem Namen Dargah-Moschee bekannt ist, wurde 1571 fertiggestellt. Sie enthält Elemente persischer und hinduistischer Architektur. Der Haupteingang ist das sagenhafte, 54 m hohe **Buland Darwaza** (Siegestor). Es ist möglicherweise das größte in ganz Asien und soll an Akbars siegreichen Kampf in Gujarat erinnern. Eine Koraninschrift im Bogengang zitiert Jesus: „Die Welt ist eine Brücke. Gehe darüber hinweg, aber baue kein Haus darauf. Was vom Leben bleibt, ist ohne Wert." Ganz passend, angesichts des Schicksals dieser Stadt.

Im Innenhof befindet sich die 1581 fertig gestellte **Gruft von Shaikh Salim Chishti.** Sie wurde aus feinem Marmor angefertigt. Farbenprächtige Blumengemälde zieren die Wände im Inneren des Mausoleums, und der Baldachin ist mit Perlmutt geschmückt. Akbar soll vor Hunderten von Jahren zu dem Heiligen gebetet hat, dass ihm ein Sohn geschenkt werden möge. Weil sich dieser Wunsch erfüllte, pilgern auch heute noch kinderlose Frauen zur Gruft und knoten ein Band an die *Jalis* (Marmorgitter), die zu den prächtigsten in ganz Indien gehören.

PALÄSTE & PAVILLONS

Ganz im Süden lieg das größte der **Palastgebäude** (Inder/Ausländer 20/260 Rs, Video 25 Rs; ⌚ Sonnenaufgang–Sonnenuntergang): der **Palast von Jodh Bai.** Er hat einen Innenhof und mixt hinduistische Säulen mit muslimischen Kuppeln und persischen Dachziegeln.

Im **Palast der christlichen Ehefrau** (Palace of the Christian Wife) wohnte Akbars Frau Mariam aus Goa. In seinem Innern sind noch Überreste der Wandgemälde zu erkennen. Mariam heiratete Akbar 1562 und gebar ihm 1569 in Fatehpur Sikri einen Sohn: Jehagir. Sie starb 1623 in Agra.

Das innen und außen reich verzierte **Birbal Bhavan** diente wahrscheinlich zwei Frauen Akbars als Wohnung.

Wozu der **Untere Haramsara** benutzt wurde, weiß man nicht genau. Manche meinen, Diener könnten darin gehaust haben – aber es sieht eher aus wie Ställe für Pferde, Kamele und Elefanten.

Am reichtsen verziert ist die wunderbare **Rumi Sultana:** Prächtige Ornamenten schmücken sie von oben bis unten.

Der bemerkenswerte **Panch Mahal** ist ein fünfstöckiger Pavillon, der von den Hofdamen genutzt wurde. Nach oben hin werden die Etagen immer kleiner, ganz oben gibt's nur noch einen winzigen Raum. Das unterste Stockwerk hat 84 Säulen – und alle sind unterschiedlich.

In die Säulen, die die **Schatzkammer** stützen, sind Seeungeheuer eingraviert. Sie sollten den unermesslichen Reichtum, der einst hier aufbewahrt wurde, beschützen. Das Dach des sogenannten **Astrologer's Kiosk** wird von Pfeilern getragen, an denen sich Gravuren im Jain-Stil entlangschlängeln.

Die **Diwan-i-Khas** (Halle für Privataudienzen) sieht von außen eher gewöhnlich aus. Aber innendrin steht eine unübersehbare, herrlich verzierte Steinsäule, genau in der Mitte des Gebäudes. Die Säule ist oben flach und endet in einem Sockel, der über schmale Steinbrücken mit den vier Ecken der Halle verbunden ist. Von hier aus soll Akbar mit den Gelehrten debattiert haben, die jeweils an den Enden der vier Brücken standen. Draußen liegt der **Pachisi-Hof**, wo Akbar das Spiel Pachisi gespielt haben soll – mit Sklavenmädchen als Spielfiguren.

In der **Diwan-i-Am** (Halle für öffentliche Audienzen) hielt Akbar Gericht. Hier wurde das Gesetz „ohne Härte oder böse Absichten" durchgesetzt – so will es jedenfalls die Infotafel darin.

Hinter der Moschee gibt's viele Ruinen zu sehen, darunter auch die **Karawanserei**, ein riesiger Innenhof. In den Gebäuden ringsherum konnten Händler von außerhalb übernachten. Der bizarre, 21 m hohe Turm **Hiran Minar**, ist mit Hunderten Abbildungen von Elefantenstoßzähnen verziert. Elefantenfiguren bewachen immer noch das **Hathi Pol** (Elefantentor), und daneben liegen die Überreste der kleinen **Moschee der Steinmetze** und eines **Hammam** (Bad). Auch nördlich der Münzanstalt sind Ruinen zu erkunden, einige davon liegen mitten im Dorf. Sie haben keine genaue Bezeichnung.

Schlafen & Essen

Hotel Ajay Palace (☎ 282950; Agra Rd; DZ mit Gemeinschaftsbad/eigenem Bad 200/300 Rs; Gerichte 20–80 Rs) Die vier Zimmer dieses kleinen Gästehauses haben zwar Plumpsklos, aber sie sind gepflegt und sauber, und die Gastgeber sind wirklich freundlich. Im Winter gibt's heiße Duschen und eine Heizung. Das Restaurant ist das beste am Ort – unbedingt die gebratene Aubergine, die Mango-Honig-Sauce und den *kheer* probieren. Für abgekämpfte Stadtentdecker ist eine ordentliche Portion Entspannung unten oder auf der schattigen Dachterrasse genau das Richtige. Das Gästehaus verwahrt auch Gepäck.

Goverdhan Tourist Complex (☎ 282643; www.hotelfatehpursikriviews.com; Agra Rd; DZ mit/ohne Klimaanlage ab 700/200 Rs; ❄ 💻) Teilweise seltsames Dekor, aber toller Garten und 20 Minuten Internetsurfen gratis. Die Zimmer mit Klimaanlage sind vor kurzem renoviert worden und auch sauberer.

Gulistan Tourist Complex (☎ 282490; Fax 282840; EZ/DZ 525/575 Rs, mit Klimaanlage 775/900 Rs; ❄) Von UP Tourism betrieben, inklusive Restaurant und Bar. Spezialität hier sind *khataie*, die Kekse, die man zu hohen Türmen aufgestapelt auf dem Basar sieht.

An- & Weiterreise

Tourbusse machen hier normalerweise für 1½ Stunden Halt – und das ist mit Sicherheit nicht lange genug. Besser: An der

Idgah-Bushaltestelle in Agra in einen Bus (15 Rs, 1½ Std.) steigen und zu einem Tagesausflug hierher kommen. Die Busse fahren zwischen 6.30 und 19 Uhr alle 30 Minuten los. Darauf achten, dass man einen kleinen Bus direkt in die Stadt Fatehpur Sikri erwischt, und nicht einen der großen, die nach Bharatpur fahren. Diese setzen einen nämlich in der Nähe des Agra-Tors ab – ungefähr 1 km von den Palastgebäuden entfernt.

Autorikschas dürfen nicht von Agra nach Fatehpur Sikri fahren, aber Taxis bieten den Trip an, für 600 Rs, Wartezeit des Fahrers inklusive.

Busse an der Bushaltestelle am Basar fahren regelmäßig nach Bharatpur (12 Rs, 30 Min.) und Jaipur (75 Rs, 4½ Std.). Wer zu einem dieser Orte weiterreist, kann sein Gepäck im Hotel Ajay Palace aufbewahren lassen.

MATHURA

☎ 0565 / 319 235 Ew.

Braj Bhoomi, das „Land der ewigen Liebe", gab es nur in der Vorstellung der Hindus – bis es im 16. Jh. von Gelehrten in der wirklichen Welt entdeckt wurde: in und um Mathura, 58 km nordwestlich von Agra. Aus frühen Hindutexten hat man herausgelesen, dass Mathura der Ort ist, an dem Krishna geboren wurde und wo er seine ersten Jahre verbracht hat.

Früher war der Ort ein Buddhistenzentrum mit 20 Klöstern, in denen 3000 Mönche lebten. Im 8. Jh. begann der Buddhismus jedoch, dem Hinduismus zu weichen. Als im Jahr 1017 Mahmud von Ghazni, der afghanische Heerführer, hier einfiel, machte er die meisten Buddhisten- und Hindutempel dem Erdboden gleich. Im 16. Jh. geschah dasselbe mit dem Kesava Deo-Tempel. Diesmal war es Aurangzeb, den mal wieder die Zerstörungslust gepackt hatte. Anstelle des Tempels baute er eine Moschee.

Heutzutage ist die Gegend ein religiöses Zentrum der Hindus. Die unglaublich vielen Hindutempel ziehen massenhaft Pilger an, die meisten kommen während des **Janmastami** (Krishnas Geburtstag, s. S. 394) im August/September.

Praktische Informationen

Das **UP Tourism** (☎ 2505351; Station Rd; ⌚ Mo–Sa 10–17 Uhr) hilft gern weiter. Die **State Bank of India** (☎ 2405770; Station Rd; ⌚ Mo–Fr 10–16, Sa 10–13 Uhr) wechselt außer Reiseschecks auch US$, Pfund und Euro.

> **RETTET DIE BÄREN**
>
> Indiens erstes Schutzgebiet für „Tanzbären" wurde 2002 von der **World Society for the Protection of Animals** (WSPA; www.wspa.de) mit der Hilfe des UP-Forstministeriums und des **Free the Bears Fund** (www.freethebears.org.au) eingerichtet. Das 8 ha große Gebiet liegt innerhalb des Sur Sarovar Vogelschutzgebiets, 17 km westlich von Agra. Über 90 Bären haben hier ein neues Zuhause gefunden. Die meisten von ihnen sind den Kalandar-Zigeunern weggenommen worden, die sie gezwungen haben, vor Publikum zu „tanzen". Das ist in Indien eigentlich verboten, aber leider dennoch gängige Praxis. Vor einem Besuch Kontakt mit **Wildlife SOS** (☎ 0981-0114563; www.wildlifesos.com) aufnehmen! Mehr Infos auf S. 83.

Sehenswertes

SRI KRISHNA JANMBHOOMI

Im Sockel des schmucken **Kesava Deo-Tempel** (⌚ 5–12 & 16–21 Uhr) ist ein kleiner einfacher Raum mit einem Stück Fels, auf dem Krishna angeblich vor 3500 Jahren geboren wurde. Der kleine Gott kam so unwürdig auf unsere Welt, weil seine Eltern gerade eingesperrt waren – von Krishnas Onkel, dem Tyrannenkönig Kansa.

Der Tempel ist von Gärten und von Arkaden mit Geschäften umgeben, die Krishna-Souvenirs anbieten. Im Tempel sind Handys und Zigaretten nicht erlaubt.

Direkt daneben steht die **Katra Masjid**, eine Moschee, die von Aurangazeb gebaut wurde. Sie wird rund um die Uhr von Soldaten bewacht, um einem ähnlichen Unglück wie 1992 in Ayodhya vorzubeugen (s. S. 426).

Ungefähr 200 m entfernt befindet sich das **Potara Kund**, ein Becken, in dem angeblich die Windeln des kleinen Krishna gewaschen wurden.

ARCHÄOLOGISCHES MUSEUM

Dieses gigantische **Museum** (☎ 2500847; Museum Rd; Inder/Ausländer 5/25 Rs, Foto 25 Rs; ⌚ Di–So 10.30–16.30 Uhr) mit seinen religiösen Skulpturen der Mathura-Schule ist auf jeden Fall einen Besuch wert. Diese Schule

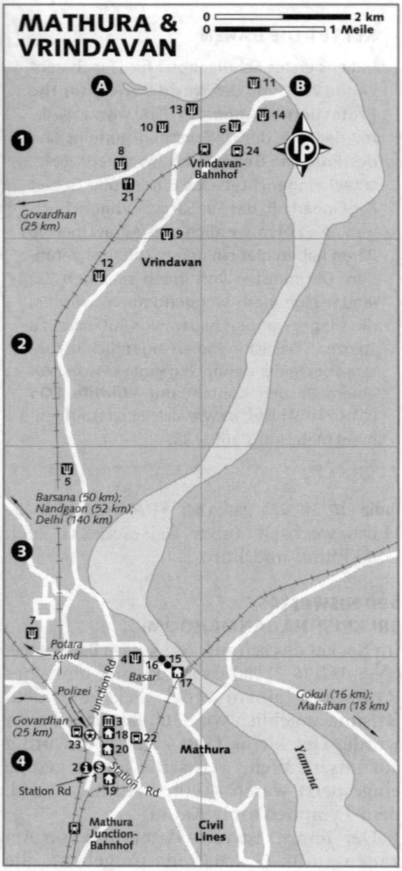

INFORMATION
Internationale Gesellschaft für Krishna-Bewusstsein ....(siehe 8)
State Bank of India 1 A4
UP Tourism-Büro 2 A4

SEHENSWERTES & AKTIVITÄTEN
Archäologisches Museum 3 A4
Dwarkadheesh-Tempel 4 A4
Gita-Tempel 5 A3
Govind Dev-Tempel 6 B1
Katra Masjid .... (siehe 7)
Kesava Deo-Tempel 7 A3
Krishna Balaram-Tempelkomplex 8 A1
Krishna-Tempel 9 A1
Madan Mohan-Tempel 10 A1
Nidhivan-Tempel 11 B1
Pagal Baba-Tempel 12 A2
Radha Ballabh-Tempel 13 A1
Rangaji-Tempel 14 B1
Sati Burj 15 A4
Shri Krishna Janmbhoomi .... (siehe 7)
Vishram Ghat 16 A4

SCHLAFEN
Agra Hotel 17 A4
Gaurav Guesthouse 18 A4
Hotel Brijwasi Royal 19 A4
Hotel Mukund Palace 20 A4
MVT Guesthouse .... (siehe 8)

ESSEN
Govinda Restaurant .... (siehe 8)
Sri Krishna Balaram Restaurant 21 A1
Status Restaurant .... (siehe 19)

AUSGEHEN
Cheers Bar .... (siehe 19)

VERKEHRSMITTEL & -WEGE
Alte Bushaltestelle 22 A4
Neue Bushaltestelle 23 A4
Vrindavan-Bushaltestelle 24 B1

florierte vom 3. Jh. v. Chr. bis ins 12. Jh. hinein. Das Weltklassekönnen der unbekannten Künstler, die vor vielen Jahrhunderten diese Kunstwerke schufen, ist mehr als imposant.

VISHRAM GHAT & UMGEBUNG

Krishna soll sich am **Vishram Ghat** augeruht haben, nachdem er König Kansa getötet hatte. Eine halbstündige Rundfahrt auf dem Yamuna kostet 50 Rs pro Boot. Neben dem *ghat* steht ein 17 m hoher, vierstöckiger Turm: der **Sati Burj**. Er wurde 1570 von Behari Mals (von Jaipur) Sohn für seine Mutter erbaut, als Erinnerung daran, dass sie sich bei der Feuerbestattung ihres Ehemanns selbst opferte (*sati*). Auf dem Basar in der Nähe steht der **Dwarkadheesh-Tempel** (🕑 6.30, 7.40, 8.25, 10 & 16–19.30 Uhr), 1814 von Seth Gokuldass erbaut zu Ehren von – na wem wohl? – Krishna.

GITA-TEMPEL

Der marmorne **Tempel** (🕑 Sonnenaufgang–Sonnenuntergang) an der Straße nach Vrindavan hat einen Garten mit einer roten Säule, in die die gesamte Bhagavad-Gita eingeschrieben ist.

Geführte Touren

Die tägliche **Bustour** (100 Rs/Pers.; 🕑 7–19 Uhr) startet bei UP Tourism. Es geht zu einigen sehr bedeutenden Tempel in Mathura und Vrindavan, und dann weiter nach Gokul, Nandgaon, Barsana und Govardhan, immer auf den Spuren Krishnas. Weil diese Orte weitverstreut und schwer erreichbar sind, ist diese Tour die beste Möglichkeit, hinzukommen.

Schlafen, Essen & Ausgehen

Die Unterkünfte und Restaurants in Mathura sind um Klassen besser als die in Vrindavan.

Agra Hotel (☎ 2403318; Bengali Ghat; DZ/EZ 200/300 Rs, DZ mit Klimaanlage 600 Rs; ☒) Kleine Zimmer, aber mit eigenem Bad, heißem Wasser und TV. Günstiges Hotel am Flussufer am Basar, wo immer was los ist.

Hotel Mukund Palace (☎ 2410316; Fax 2504512; Junction Rd; EZ 500–1500 Rs, DZ 600–1500 Rs; veg. Gerichte 35–75 Rs, nichtveg. 150 Rs; ☒) Die riesigen Skulpturen, die Wasserspiele und die weiten Korridore sind Highlights dieses Hotels, nur zehn Gehminuten von der neuen Busstation entfernt. Die Zimmer sind groß und bieten alles, was man so braucht. Im Hotel werden oft Hochzeiten gefeiert. Das schicke Restaurant bietet einen hohen Standard und serviert leckere Gerichte wie *bawan aloo* (mit Nüssen gefüllte Kartoffeln) und die pikanten *papads* (gerollte Snacks).

Gaurav Guesthouse (☎ 2502772; EZ/DZ 400/500 Rs, mit Klimaanlage 650/750 Rs; Gerichte 30–40 Rs; ☒) In der Nähe des Museums, abseits der Junction Rd. Vernünftige Zimmer und ein Restaurant. Die billigeren Zimmer befinden sich im Anbau.

Die gemütlichen Zimmer im zentral gelegenen **Hotel Brijwasi Royal** (☎ 240 1224; www.brijwasiroyal.com; Station Rd; EZ/DZ/Suite 1050/1200/2200 Rs; 💻) haben tolle Badewannen und eine super Aussicht auf Teiche, an denen Büffel trinken. Im vegetarischen **Status Restaurant** (Gerichte 45–85 Rs; ☒) gibt's ein echt beeindruckendes Krishna-Wandgemälde. Die Location ist zu Recht so beliebt. Unbedingt probieren: das pikante Tandoori *aloo* (mit Kartoffeln), das auf einem kleinen Holzkohleofen serviert wird. An der Decke der lauschigen **Cheers Bar** (Bier 90 Rs; 🕑 12–23 Uhr) sitzt eine glühende Spinne.

An- & Weiterreise

Mathura liegt 58 km nordwestlich von Agra und 114 km südlich von Delhi. Von der **neuen Bushaltestelle** (☎ 2406468) aus gehen halbstündlich Busse (75 Rs, 4 Std.) zur Sarai Kale Khan-Bushaltestelle im südlichen Delhi, und noch häufiger nach Agra (29 Rs, 1½ Std.). Auch Busse nach Govardhan (10 Rs) und Barsana (25 Rs) fahren von hier ab. Die meisten Busse in die nähere Umgebung gibt's aber immer noch an der alten Haltestelle.

Der schnellste Zug nach Delhi (Nizamuddin-Bahnhof) ist der *Taj-Express*, der vom **Mathura Junction-Bahnhof** (☎ 2405830) um 20 Uhr (43/149 Rs 2. Klasse/Chair Class, 2 Std.) abfährt. Direkte Verbindungen gibt's nach Agra (25/122 Rs 2. Klasse/Chair Class, 1 Std.), Bharatpur, Sawai Madhopur (zum Ranthambore Nationalpark) und Kota.

Auf einer Tagestour per Autorikscha kommt man locker durch Mathura und Vrindavan. Einen Tag lang ordentlich durchgeschüttelt werden kostet 300 Rs.

VRINDAVAN

☎ 0565 / 56 618 Ew.

Im staubigen und überfüllten Vrindavan erlaubte sich Krishna so einiges: Wilde Geschichten ranken sich darum, wie er die Kleider der *gopis* (Hirtenmädchen) klaute, während sie im Fluss badeten. Von den legendären Wäldern und Weiden ist heute nur noch wenig übrig. Dennoch kommen immer noch scharenweise Pilger von ganz Indien her – und Hare Krishna-Anhänger sogar aus der ganzen Welt.

Praktische Informationen

Das **Informationsbüro** (🕑 10–13 & 17–20.30 Uhr) im Krishna Balaram-Tempelkomplex ist gern bei der Organisation von Gita-Stunden behilflich. In der Nähe gibt's eine Bank, eine Post und ein Internetcafé.

Sehenswertes

Dutzende Tempel sind über die ganze Gegend verstreut. Sie sind immer von Sonnenauf- bis Sonnenuntergang offen und der Eintritt ist frei.

Die **Internationale Gesellschaft für Krishna-Bewusstsein** (Iskcon; ☎ 2540343; www.iskcon.de) hat ihren Sitz im wundervoll verzierten **Krishna Balaram-Tempelkomplex**. Diese Organisation, besser bekannt als Hare Krishna, wurde in den 1960er-Jahren von Swami Prabhupada (gestorben 1977) in New York gegründet. Mehrere Hundert Schüler kommen jährlich aus westlichen Ländern hierher, um an Kursen teilzunehmen.

Der **Rangaji-Tempel** wurde 1851 gebaut – in einer Mischung verschiedener Baustile: Es gibt ein Eingangstor im Rajputstil, einen hohen, südindischen *gopuram* (raffiniert verzierter Turm), dekorative Säulen im italienischen Stil und einen goldener Mast.

In die Säulen des **Govind Dev-Tempels**, den Radscha Man Singh von Amber 1590 aus rotem Sandstein erbauen ließ, sind niedliche Glöckchen eingemeißelt. Brillenträger sollten sich besonders vor den Affen in

Acht nehmen: Sie greifen sich die Intelligenzprothesen gerne …

Mit seinen zehn Stockwerken wirkt der **Pagal Baba-Tempel** fast wie eine Burg. Im Erdgeschoss gibt's **Puppenspiele** (Eintritt 2 Rs), Thema: das Leben von Rama und Krishna. Viele der Hallen sind leer, aber im obersten Stockwerk steht eine Trommelmaschine, die früher beim Bhajansingen den Takt vorgab.

Der glitzernde **Krishna-Tempel** liegt direkt am Dorfeingang. Spiegel, kunstvolles Email und Kronleuchter verleihen ihm einen modernen Glanz. Rechts ist eine falsche **Höhle** (Eintritt 3 Rs). Drinnen geht's vorbei an sich langsam bewegenden Tafeln, die Szenen aus Krishnas Leben präsentieren.

Auch der **Radha Ballabh-Tempel**, erbaut 1626, der **Madan Mohan-Tempel** und der **Nidhivan-Tempel** sind absolut sehenswert.

Schlafen & Essen

MVT Guesthouse (☎ 2540050; DZ 600 Rs, mit Klimaanlage 850 Rs; ⊠) Hinter dem Krishna Balaram-Tempelkomplex. Eher schlichte, wenig prickelnde Zimmer verteilt auf vier Stockwerke.

Das **Govinda Restaurant** (Thalibuffet 100 Rs, Teilen ist nicht erlaubt) ist ebenso Teil des Tempelkomplexes. Verkauft Softdrinks.

Sri Krishna Balaram Restaurant (Thaligerichte 30 Rs) Dieses etwas schmuddelige Restaurant auf der anderen Straßenseite verkauft billiges Essen.

An- & Weiterreise

Tempos (große Autorikschas) kosten für die 10 km von Mathura bis Vrindavan 5 Rs. Eine Tour zu den Haupttempeln Vrindavans in der Fahrradrikscha macht um die 50 Rs. Die Tagestour um Mathura und Vrindavan per Autorikscha kostet 300 Rs.

RUND UM MATHURA & VRINDAVAN

Prägende Ereignisse in Krishnas Leben sind schon immer mit der Landschaft hier verbunden worden. So kam etwa seine Geliebte Radha aus **Barsana**, 50 km nordwestlich von Mathura. Der Mittelpunkt dieses Dorfes ist der **Ladli-ji-Tempel**, der 1675 gebaut und Radha geweiht wurde. Am besten während des **Holi** (s. S. 394) besuchen.

Govardhan liegt 25 km westlich von Mathura an der Straße nach Deeg. Eine berühmte Sage erzählt davon, wie Krischna die Einwohner vor Indras Regenfluch beschützte: Er balancierte eine Hügelkuppe auf seiner Fingerspitze und hielt sie so sieben Tage und Nächte lang schützend über das Dorf. Unter den Tempeln, die um den geheiligten Hügel herum gruppiert sind, ist der ungeheure **Har Deva-ji-Tempel,** der während Akbars Herrschaft erbaut wurde. Busse nach Govardhan (10 Rs) und Barsana (25 Rs) fahren von der neuen Bushaltestelle in Mathura ab.

Gokul, wo Krischna im Geheimen von Rinderherden aufgezogen wurde, liegt 16 km südlich von Mathura. Es gibt zwar keinen Bus hierher, aber man kann eine Autorikscha nehmen.

Mahaban liegt 18 km südöstlich von Mathura. Auch hier soll Krischna Teile seiner idyllischen Kindheit verbracht haben – heute ist Mathaban nur noch ein staubiges, kleines Dorf. Der **Mathura Nath-Tempel** ist mit seinen 84 Säulen aber ziemlich eindrucksvoll. Hin kommt man mit dem Bus oder per Autorikscha.

Auf S. 410 gibt's Infos zur Tagestour in diese Gegend.

KANPUR

☎ 0512 / 2 532 138 Ew.

Die Hauptstadt von Uttar Pradesh ist zwar Lucknow, aber Kanpur ist die größte Stadt im Bundesstaat mit der meisten Industrie. Für Touristen gibt's hier wenig zu sehen. Wer aber auf dem Weg von Allahabad nach Agra sowieso vorbeikommt, könnte durchaus einen Blick auf die gotische **All Soul's Memorial-Kirche** werfen. Sie wurde 1875 erbaut und erinnert schmerzlich an die brutale Zeit des Sepoy-Aufstandes von 1857. Abgesehen davon ist Kanpur bekannt für seine Lederarbeiten, besonders Schuhe und Taschen.

Die meisten Hotels gibt's in der Mall. **Hotel the Meera** (☎ 2319972; hotelthemeera@rediffmail.com; 37/19 The Mall; EZ/DZ ab 600/700 Rs; ⊠) hat eine Reihe von Zimmer zu moderaten Preisen.

Direkt daneben steht ein Hotel mit ähnlichem Namen: das **Meera Inn Deluxe** (☎ 2353916; 37/19E The Mall; EZ/DZ 400/500 Rs, mit Klimaanlage 600/700 Rs; ⊠).

In der Nähe liegt das **Annapurna Vegetarian Fast Food** (The Mall; Gerichte 18–70 Rs; ⊠). Hier gibt's das Übliche: Burger, dreieckige Masala Dosas und süßes Limonensoda.

Busse verbinden Kanpur mit Allahabad (95 Rs, 5 Std.), Agra (134 Rs, 8 Std.) und Lucknow (40 Rs, 2 Std.). Kanpur ist einer der wichtigsten Knotenpunkte, von hier fahren Zügen zu allen größeren Städten.

LUCKNOW

☎ 0522 / 2 266 933 Ew.

Die Hauptstadt Uttar Pradeshs wurde berühmt als Sitz der Nawabs von Avadh (oder Oudh). Die Vizekönige verwalteten nach dem Untergang des Mogulreiches ungefähr ein Jahrhundert lang einen Teil des nördlichen Zentralindiens. Die meisten Monumente der Stadt stammen aus dieser Zeit. Die shiitischen Nawabs errichteten z. B. riesige Eingangstore, die mit zwei Fischen verziert waren – ihr königliches Symbol. Sie wollten dadurch ihren meist hinduistischen Untertanen vor Augen führen, wer die Macht hat. Für sich selbst bauten sie bombastische Mausoleen, außerdem förderten sie die Künste: besonders den Tanz und die Musik – und auch die Kochkunst. Noch heute ist Lucknow eine Kulturmetropole. 1856 annektierten die Briten Avadh und schickten den Nawab Wajid Ali Shah (s. Kasten rechte Spalte) ins Exil in einen Palast in Kolkata. Diese Ereignisse waren sicherlich ein Grund für den Sepoy-Aufstand von 1857 und die Belagerung von Lucknow (mehr dazu s. Kasten S. 415).

Die riesigen, langsam verfallenden *imambaras*, die vernarbten Ruinen der Residenz, weitere historische Orte und nicht zuletzt die kulinarische Szene machen Lucknow zu einem faszinierenden Reiseziel.

Orientierung

Lucknow erstreckt sich über ein riesiges Gebiet. Die historischen Baudenkmäler liegen nordwestlich des Bahnhofs am Gomti. Die meisten Läden, Restaurants und Banken sind in Hazratganj, 3 km nordöstlich des Bahnhofs. Ganz in der Nähe des Bahnhofs gibt's einige Hotels, genauso in Hazratganj und über die ganze Stadt verstreut.

KARTEN

Die Karte *Discover India Lucknow* (50 Rs) gibt's in den Buchläden. Sie enthält hilfreiche und detaillierte Infos über diese riesige, mitunter verwirrende Stadt.

Praktische Informationen

BUCHLÄDEN

Ram Advani (MG Rd; ⌚ So geschl.)

Universal Booksellers (MG Rd; So geschl.)

DER LETZTE NAWAB

Als die britische Ostindienkompanie 1856 Avadh übernahm, wurde Wajid Ali Shah seiner Ämter enthoben. Von da an lebte er in Kolkata mit einer üppigen Pension von 1,2 Mio. Rs pro Jahr, bis er 1887 starb. Er stand in dem Ruf, ein zügelloser Fatzke zu sein, weil er zu seinem eigenen Vergnügen unglaubliche Summen verprasste – anstatt seinen völlig verarmten Untertanen zu helfen. Er lebte in einem Palast, in einer eigenen Welt, umgeben von einem Heer von Ehefrauen, *muta* (Frauen auf Zeit), Konkubinen, Eunuchen, Dienern und Sklaven.

Seit Indien unabhängig ist, wurde allerdings viel an Wajid Ali Shahs Image gefeilt – und heute wird der letzte Nawab gern als talentierter, weltmännischer Gourmet dargestellt, der gutes Essen schätzte und außerdem noch Dichter, Autor, Produzent, Tänzer und Choreograph war – der Lloyd Webber seiner Zeit. Er hat mehrere *raha* (Musicals) geschrieben und war in ihnen auch der Star, und Hunderte von Künstlern sollen von ihm gefördert worden sein. Natürlich wird auch behauptet, dass er ein sehr guter Muslim war, der nie Alkohol trank und fünfmal täglich gen Mekka betete.

Satyajit Rays *Die Schachspieler* (1977), eine vielschichtige Parabel über die Kolonialzeit, ist ein grandioser Film über die vollkommen gegensätzliche Welten des letzten Nawabs und der Britischen Verwalter.

INTERNETZUGANG

Cybernet Internet Café (15 Rs/Std.; ⌚ 8–22 Uhr) In einer kleinen Seitenstraße abseits der MG Rd. Günstig und sehr beliebt.

GEPÄCKAUFBEWAHRUNG

Charbagh-Bushaltestelle (Kanpur Rd; ⌚ 6–22 Uhr)

Charbagh-Bahnhof (Kanpur Rd; ⌚ 24 Std.)

MEDIZINISCHE VERSORGUNG

Balrampur District Hospital (☎ 2224040; Hospital Rd) Eins der vier Vorzeigekrankenhäuser Uttar Pradeshs. Praktisch gelegen in der Nähe der Kaiserbagh-Bushaltestelle.

GELD

Auf der MG Rd. gibt's Geldautomaten bei der ICICI, UTI und HDFC.

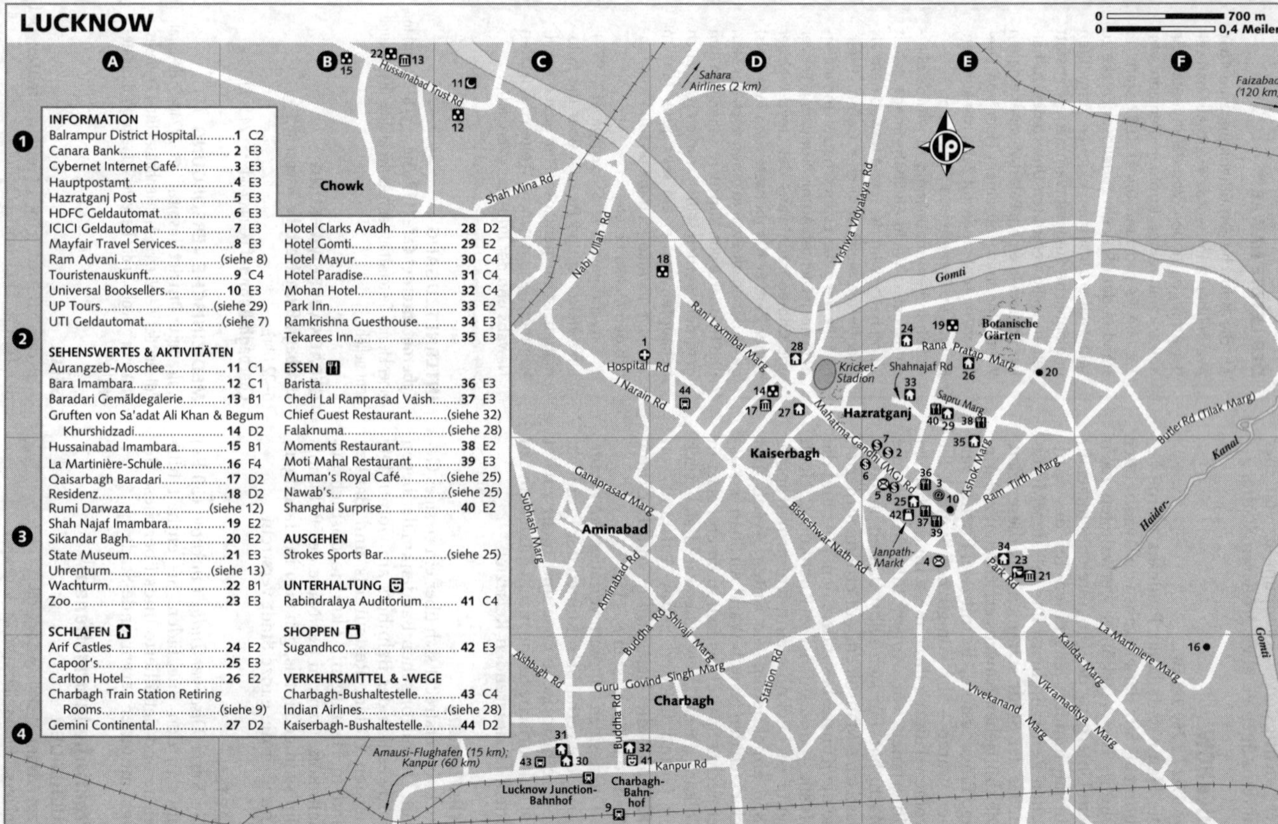
LUCKNOW
0 700 m
0 0,4 Meilen
INFORMATION
Balrampur District Hospital....1 C2
Canara Bank....2 E3
Cybernet Internet Café....3 E3
Hauptpostamt....4 E3
Hazratganj Post....5 E3
HDFC Geldautomat....6 E3
ICICI Geldautomat....7 E3
Mayfair Travel Services....8 E3
Ram Advani....(siehe 8)
Touristenauskunft....9 C4
Universal Booksellers....10 E3
UP Tours....(siehe 29)
UTI Geldautomat....(siehe 7)
SEHENSWERTES & AKTIVITÄTEN
Aurangzeb-Moschee....11 C1
Bara Imambara....12 C1
Baradari Gemäldegalerie....13 B1
Gruften von Sa'adat Ali Khan & Begum Khurshidzadi....14 D2
Hussainabad Imambara....15 B1
La Martinière-Schule....16 F4
Qaisarbagh Baradari....17 D2
Residenz....18 D2
Rumi Darwaza....(siehe 12)
Shah Najaf Imambara....19 E2
Sikandar Bagh....20 E2
State Museum....21 E3
Uhrenturm....(siehe 13)
Wachturm....22 B1
Zoo....23 E3
SCHLAFEN
Arif Castles....24 E2
Capoor's....25 E3
Carlton Hotel....26 E2
Charbagh Train Station Retiring Rooms....(siehe 9)
Gemini Continental....27 D2
Hotel Clarks Avadh....28 D2
Hotel Gomti....29 E2
Hotel Mayur....30 C4
Hotel Paradise....31 C4
Mohan Hotel....32 C4
Park Inn....33 E2
Ramkrishna Guesthouse....34 E3
Tekarees Inn....35 E3
ESSEN
Barista....36 E3
Chedi Lal Ramprasad Vaish....37 E3
Chief Guest Restaurant....(siehe 32)
Falaknuma....(siehe 28)
Moments Restaurant....38 E2
Moti Mahal Restaurant....39 E3
Muman's Royal Café....(siehe 25)
Nawab's....(siehe 25)
Shanghai Surprise....40 E2
AUSGEHEN
Strokes Sports Bar....(siehe 25)
UNTERHALTUNG
Rabindralaya Auditorium....41 C4
SHOPPEN
Sugandhco....42 E3
VERKEHRSMITTEL & -WEGE
Charbagh-Bushaltestelle....43 C4
Indian Airlines....(siehe 28)
Kaiserbagh-Bushaltestelle....44 D2
Chowk
Hussainabad Trust Rd
Shah Mina Rd
Nabi Ullah Rd
Sahara Airlines (2 km)
Faizabad (120 km)
Vishwa Vidyalaya Rd
Gomti
Botanische Gärten
Rana Pratap Marg
Shahnajaf Rd
Kricket-Stadion
Hospital Rd
J Narain Rd
Rani Laxmibai Marg
Hazratganj
Sapru Marg
Mahatma Gandhi (MG) Rd
Kaiserbagh
Ashok Marg
Ram Tirth Marg
Butler Rd (Tilak Marg)
Kanal
Haider-
Ganaprasad Marg
Aminabad
Subhash Marg
Bisheshwar Nath Rd
Janpath-Markt
Park Rd
Aminabad Rd
Buddha Rd
Shivaji Marg
Station Rd
Guru Govind Singh Marg
Charbagh
Aishbagh Rd
La Martiniere Marg
Kalidas Marg
Vivekanand Marg
Vikramaditya Marg
Amausi-Flughafen (15 km); Kanpur (60 km)
Kanpur Rd
Lucknow Junction-Bahnhof
Charbagh-Bahnhof

Canara Bank (MG Rd, Hazratganj; ⌚ Sa geschl.) Wechselt die meisten Reiseschecks und Währungen, an Werktagen allerdings nur bis 14 Uhr.
Mayfair Travel Services (☎ 2226534; MG Rd; ⌚ So geschl.) Wechselt die meisten wichtigen Währungen und Reiseschecks.

POST

Hauptpostamt (☎ 2253165; MG Rd; ⌚ Mo–Sa 9–18 Uhr) Schon allein die Architektur aus dem British Raj ist den Besuch wert.
Hazratganj Post (☎ 2222887; ⌚ Mo–Fr 9–17 Uhr, Sa 9–12 Uhr) Abseits der MG Rd.

TOURISTENINFORMATION

Touristeninformation (☎ 2636173; Charbagh-Bahnhof; ⌚ Mo–Sa 8–20 Uhr)
UP Tours (☎ 2612659; Hotel Gomti, 6 Sapru Marg; ⌚ Mo–Sa 9.30–19 Uhr) Gibt Broschüren aus, z. B. *A to Z of Uttar Pradesh* (40 Rs).

Sehenswertes

BARA IMAMBARA

Dieses **Mausoleum** (Hussainabad Trust Rd; Inder/Ausländer 20/300 Rs; ⌚ Sonnenaufgang–Sonnenuntergang) ist kolossal, verfällt aber leider immer mehr. Zu besichtigen gibt's ein paar Innenhöfe, zwei beeindruckende Tore, einen riesigen Stufenbrunnen *(baori)* und eine Moschee (Zutritt nur für Muslime). Die Anlage ist in den 1780er-Jahren vom Nawab Asaf-ud-Daula erbaut worden. Er wollte damit Arbeit schaffen und so die Hungersnot lindern. Er selbst, seine Hauptfrau und sein Architekt sind hier begraben. Die Eintrittskarte nicht wegwerfen, denn damit kommt man auch in den Hussainabad Imambara und in die Baradari-Kunstausstellung. Lohnt sich!

Die Haupthalle ist 50 m lang, 16 m breit und 15 m hoch – damit ist sie eine der größten gewölbten Galerien der Welt. *Tazias*, kleine Nachbildungen von Imam Hussains Gruft in Kerbala im Irak, werden darin aufbewahrt und während der schiitischen Trauerzeremonie im Muharram präsentiert.

Eine Außentreppe führt zu einem richtig ungewöhnlichen Labyrinth, genannt **Bhulbhulaiya**. Die Führer gehen einem hier besonders auf die Nerven und behaupten, dass es gefährlich und auch verboten sei, ohne Führer durchs Labyrinth zu laufen. Wer sich aber alles allein anschauen möchte, kann und darf das auch. Offizielle Führungen durch die Haupthalle kosten 165 Rs, und durch das Labyrinth 75 Rs.

Direkt neben dem Mausoleum steht das ungewöhnliche und imposante **Rumi Darwaza**. Es wurde auch von Asaf-ud-Daula erbaut und ist angeblich eine Kopie eines Eingangstores in Instanbul. Als Istanbul noch Byzanz hieß, nannten Muslime die Stadt auch „Rumi" (mit Bezug auf Rom), weil sie die Hauptstadt des Oströmischen Reiches war. Gegenüber ist noch die **Aurangazeb-Moschee** zu sehen – von innen weit weniger beeindruckend als von außen.

HUSSAINABAD (CHOTA) IMAMBARA & UMGEBUNG

Nur 500 m oberhalb des Bara Imambara ist Mohammed Ali Shah begraben. Er liegt in

EINE LANGE BELAGERUNG

Während des Sepoy-Aufstands im Jahr 1857, auch bekannt als Erster Unabhängigkeitskrieg oder Indische Meuterei, verschanzten sich alle britischen Einwohner Lucknows (um die 1300) mit Sir Henry Lawrence in der Residenz.

Insgesamt waren es dann 2994 Männer, Frauen und Kinder, die sich in den Residenzgebäuden zusammendrängten. Die meisten davon waren Inder und nur etwa die Hälfte Soldaten. Die Zustände waren schon bald unerträglich, und man hoffte auf militärische Hilfe von außen – oder auf ein Wunder. Essen, Wasser und Medikamente wurden knapp und schließlich starben mehr Menschen an Cholera, Typhus und Pocken als durch die Gewehrkugeln der Feinde.

Erst nach 87 Tagen gelang es einer Befreiungstruppe, ins Innere zu gelangen, doch auch sie saß dann dort fest. Sechzig weitere grauenvolle Tage verstrichen bis zum Ende der Belagerung. Es sind Berichte von meist weiblichen Überlebenden erhalten, die ein anschauliches Bild von den Geschehnissen vermitteln.

Eine Befreiung war erst möglich, nachdem 2000 Menschen in der Residenz gestorben und große Teile der Gebäude dem Erdboden gleichgemacht waren. Die Fundamente der Britischen Verwaltung in Indien wackelten.

einem **Mausoleum** (Hussainabad Trust Rd; Eintritt nur mit dem Bara Imambara-Ticket; ⌚ Sonnenaufgang–Sonnenuntergang) neben seiner Mutter. Die Gruft aus dem Jahr 1832 ist kleiner als die Bara Imambara (*bara* heißt groß, *chota* klein), aber auch reich verziert. Die Atmosphäre ist ruhiger und alles wirkt etwas persönlicher. Im Garten gibt's ein Becken und zwei Nachbildungen des Taj Mahal – hier sind Mohammed Ali Shahs Tochter und ihr Ehemann bestattet. Zu erkunden sind auch ein traditionelles *hammam*, Mohammeds Silberthron und seine rote Krone, unzählige Kristalllüster und einige *tazias*.

Der langsam verfallende Wachtturm gegenüber sieht aus wie der Turm zu Babel auf den mittelalterlichen Gemälden. Er ist unter dem Namen **Satkhanda** (Turm mit sieben Stockwerken) bekannt, hat aber nur vier Stockwerke: Als Mohammed Ali Shah 1840 starb, wurde der Bau nicht fortgesetzt.

Der 67 m hohe **Uhrenturm** aus rotem Ziegelstein ist möglicherweise der größte Indiens. Er wurde in den 1880er-Jahren gebaut, zum Gedenken an Sir George Couper. Er war Gouverneur von Uttar Pradesh (damals die Vereinigten Provinzen) und Reformen durchaus zugewandt. In der Nähe gibt's auch einen **Baradari** (Sommerpalast, Eintritt nur mit dem Bara Imambara-Ticket; ⌚ Di–So 8–18 Uhr), der über einem künstlichen See thront und in dem riesige Portraits und Fotos der Nawabs von Avadh hängen.

DIE RESIDENZ

Diese **Ansammlung von Ruinen** (Ausländer 100 Rs; ⌚ Sonnenaufgang–Sonnenuntergang) ist alles, was von der Residenz übrig geblieben ist. Eine Kirche, eine Moschee, eine Schule, eine Post, ein Gefängnis, eine Schafzucht, eine Festhalle und mehrer Häuser gab es hier einmal. Die Anlage wurde 1800 vom Nawab für die britische Verwaltung gebaut. 1857 war die Residenz Schauplatz der schlimmsten Ausschreitungen im Verlauf des Sepoy-Aufstands während der Belagerung von Lucknow (s. Kasten S. 415).

Heute wirken die Ruinen aus rotem Backstein fast idyllisch, aber während der 87 Tage andauernden Kämpfe starben hier auf beiden Seiten Tausende Menschen. Seit den letzten Gefechten ist die Residenz unverändert geblieben – noch heute sind die Einschusslöcher in den Mauern zu sehen.

Das hervorragend konzipierte, neue **Museum** (Eintritt 5 Rs; ⌚ Mo–Sa 10–16.30 Uhr) in der Residenz stellt ein maßstabgetreues Modell des Komplexes vor der Zerstörung aus. Unten sind die riesigen Kellerräume zu sehen, in denen viele britische Frauen und Kinder während der Kämpfe hausten. Die 2000 Toten der Residenz sind auf dem Friedhof rund um die Ruinen der St. Mary-Kirche begraben, darunter auch der Befehlshaber Sir Henry Lwarence. Auf seinem Grabstein ist die berühmte Inschrift zu lesen: „Er versuchte, seine Pflicht zu tun".

SIKANDAR BAGH

Mauern umgeben diesen **Garten** (Rana Pratap Marg; ⌚ Sonnenaufgang–Sonnenuntergang), den der letzte Nawab, Wajid Ali Shah, seiner Lieblingskönigin Sikandar Mahal schenkte. Das prächtige Eingangstor, die winzige Moschee und Teile der Mauern sind original. Hunderte Menschen starben hier in einem Kampf zwischen indischen „Meuterern" und einer britisch-indischen Truppe während der Belagerung von Lucknow (s. Kasten S. 415). Das Haupttor ist verschlossen, aber das kleine Seitentor ist offen.

ZOO & MUSEUM

Im großen, schattigen **Zoo** (☎ 2239588; Park Rd; Eintritt 10 Rs; ⌚ Di–So 8.30–17.30 Uhr) leben eine Menge Tiere, und es lohnt sich, sie anzuschauen.

Auf dem Zoogelände befindet sich auch das schöne **State Museum** (☎ 2206158; Inder/Ausländer 5/50 Rs, Fotos 20 Rs; ⌚ Di–So 10.30–16 Uhr). Ausgestellt sind meisterhafte Skulpturen, die ältesten davon stammen aus dem 3. Jh. Elegante und raffiniert gravierte Mathura-Skulpturen stellen tanzende Mädchen oder auch Szenen aus dem Leben Buddhas dar. In anderen Teilen der Galerie können Kunstwerke aus der boomenden Kunstepoche unter den Nawabs bewundert werden – alle geschaffen von Handwerkern und Künstlern aus der Gegend. Im Garten hinter dem Museum liegt Schutt aus der Ära des British Raj. Perfekte Kulisse für ein „End of Empire"-Foto.

LA MARTINIÈRE-SCHULE

Sehr renommiertes **Internat** (☎ 2223863; La Martiniere Marg) am östlichen Ende der Stadt. Es wurde vom Franzosen Major General Claude Martin als palastartige Residenz konzipiert und gebaut. 1800 wurde es schließlich zu seiner Gruft – er liegt im Keller begraben. Sein architektonischer Stil war, um es so vorsichtig wie möglich auszudrücken, etwas verwirrt. Die Fassade besteht teilweise aus römischen Bogen mit einem guten Schuss Gothic-Horrorfilm und Disneylandschlösschen, inklusive Türmchen, die lustig auf einer Reihe korinthischer Säulen sitzen.

NOCH MEHR SEHENSWERTES

Der **Shah Najaf Imambara** (Rana Pratap Marg; Sonnenaufgang–Sonnenuntergang) ist die ungeheuer beeindruckende Gruft von Nawab Ghazi-ud-din Haidar, der 1827 starb. Neben ihm sind drei seiner Frauen begraben, eine davon war die Europäerin Mubarak Mahal.

Nicht weit davon entfernt sind zwei weitere **Gruften** (MG Rd; Sonnenaufgang–Sonnenuntergang): die des Nawabs Sa'adat Ali Khan (1798–1814) und die seiner Frau Begum Khurshidzadi. Die Mausoleen wurden direkt nebeneinander errichtet, sie können nur von außen besichigt werden.

Die weitläufigen **Botanischen Gärten** (Rana Pratap Marg; 5–20 Uhr) sind besonders bei Joggern beliebt, die am Morgen ihre Runden drehen. Ein ruhiger, idyllischer Ort.

Qaisarbagh Baradari (Maharaja Mahmoodabad Rd) Hier finden manchmal Ausstellungen statt, und die benachbarten Gärten eignen sich hervorragend, um abends Drachen steigen zu lassen.

Geführte Touren

UP Tours (☎ 2612659; Hotel Gomti, 6 Sapru Marg; Touren 505 Rs; Mo–Sa 9.30–19 Uhr) organisiert eine vierstündige Tour durch Lucknow. Ein fairer Preis, denn ein Führer und die Tickets für die drei *imambaras* und die Residenz sind inklusive. Der Veranstalter holt die Teilnehmer auch gern von verschiedenen Hotels ab.

Schlafen

BUDGETUNTERKÜNFTE

Gute und günstige Hotels sind hier eher selten, aber das Mohan Hotel (s. rechte Spalte) und das Hotel Gomti (S. 418) haben auch preiswerte Zimmer.

Ramkrishna Guesthouse (☎ 2239157; 4A Park Rd; DZ 230–350 Rs, 3BZ 350 Rs, DZ mit Klimaanlage 600 Rs;) Etwas kleine Zimmer, die auch durchaus sauberer sein könnten. Aber alle Zimmer haben ein eigenes Bad mit Sitztoilette, einige sogar TV und Balkon.

Hotel Mayur (☎ 2451824; Subhash Marg; EZ 175–300 Rs, DZ 250–400 Rs, EZ/DZ mit Klimaanlage 500/600 Rs;) Kleine aber zumutbare Zimmer für wenig Geld. Interessant durch die Nähe zum Bahnhof, deswegen ist das Hotel auch oft ausgebucht, obwohl es hier ziemlich laut ist. Die etwas teureren Zimmer sind ihr Geld wert.

Hotel Paradise (☎ 2450793; beim Markt; EZ 400–700 Rs, DZ 450–800 Rs;) Neues Hotel mit einfachen aber sehr netten Zimmern. Gut gelegen nahe des Markts und des Bahnhofs.

Charbagh Train Station Retiring Rooms (B/DZ 50/250 Rs, DZ mit Klimaanlage 400–650 Rs;) Überraschend sauber und gut geführt. Die Ansagen vom Bahnhof nerven etwas.

Carlton Hotel (☎ 2622413; Rana Pratap Marg; EZ/DZ 500/600 Rs, mit Klimaanlage 1150/1350 Rs;) 1948 von einem Mr. Carlton im Maharadscha-Palaststil gebaut und nun ziemlich heruntergekommen (oder vielleicht besser: vollständig heruntergekommen). Dennoch: Der Garten ist eine ruhige Oase mitten im Chaos Lucknows.

MITTEL- & SPITZENKLASSEHOTELS

Mohan Hotel (☎ 2635642; Buddha Rd; EZ 650–1050 Rs, DZ 800–1350 Rs;) Alle Zimmer haben eigene Badezimmer, Klimaanlage, TV und Kühlschrank. Die Preise in diesem netten Hotel in Bahnhofsnähe sind moderat. Ein ordentliches Frühstücksbuffet und die Zeitung sind inklusive. Im Chief Guest Restaurant (s. S. 418) gibt's Livemusik. Auch die Bar oben ist sehr beliebt.

Capoor's (☎ 2623958; MG Rd; EZ 800–1600 Rs, DZ 950–1600 Rs;) Perfekte Location im Herzen Hazratganjs. Die Zimmer hauen einen nicht um, aber sie sind alle mit Klimaanlage ausgestattet und im Preis ist das Frühstück mit drin. Weitere Attraktionen sind das Restaurant Nawab's (s. S. 418) und die Strokes Sports Bar (s. S. 419)

Gemini Continental (☎ 212155; www.geminicontinental.com; 10 Rani Laxmibai Marg; EZ/DZ 2450/2950 Rs;) Dieses brandneue Hotel ist wie aus dem Ei gepellt. Die Zimmer im Business-Style haben Kühlschrank und Föne, für Sicherheit sorgt eine Magnetstreifenkarte statt Schlüssel. Zentral gelegen, und je weiter oben das Zimmer, desto besser der Blick über Lucknow.

Park Inn (☎ 2620220; www.parkinnlucknow.com; 6 Shahnajaf Rd; EZ/DZ/Suite 3000/3600/6500 Rs; Gerichte 90–185 Rs;) „Bei uns wird jeder Gast wie ein Nawab verwöhnt" – so das Motto dieses sehr modernen Hotels. Schicke Zimmer mit Bädern und Duschen, inklusive Tee, Kaffee und Schreibzeug. Das Multicuisine-Restaurant ist so multi, dass sogar das koreanische *kimchi* (ein Gericht aus gesalzenem, eingelegtem Gemüse) serviert wird. Das Café hat rund um die Uhr offen.

Tekarees Inn (☎ 2215409; 17/3 Ashok Marg; EZ/DZ 950/1100 Rs;) Das Hotel bietet Business-Style-Zimmer mit gefliesten Böden und Kühlschränken zu einem guten Preis. Das Restaurant führt auch einige Thaigerichte.

Arif Castles (☎ 2611313; aircastles@hotmail.com; 4 Rana Pratap Marg; EZ/DZ von 1500/1700 Rs;) Das Foyer ist zwar flashiger als die Fassade, aber die Zimmer sind wenig beeindruckend, eher klein und schlicht. Trotzdem ist es ganz gemütlich.

Hotel Gomti (☎ 2220624; Sapru Marg; EZ 450–1100 Rs, DZ 550–1200 Rs;) Dieses UP Tourism-Hotel hat ordentliche Preise, Kronleuchter im Foyer und eine tolle Bar. Die Zimmer sind eher altmodisch und könnten mal runderneuert werden.

Hotel Clarks Avadh (☎ 2616500; www.clarksavadh.com; 8 MG Rd; EZ/DZ/Suite von 3700/4000/7000 Rs;) Kühle Eleganz und zurückhaltendes Dekor. Die Zimmer haben eigene Bäder und einen tollen Blick über die Stadt. Im Preis ist das Frühstück inbegriffen. Ganz oben ist das Restaurant Falaknuma (s. rechte Spalte), und es gibt auch eine jazzig angehauchte Bar und ein Fitnessstudio.

Essen

RESTAURANTS

Lucknow verdankt es den anspruchsvollen Gaumen der Nawabs, dass seine Mogulküche noch heute einen hervorragenden Ruf hat. Die Stadt ist berühmt für ihr riesiges Angebot verschiedenster Kebabs und für ihr *dum pukht* – die Kunst, mit Dampf zu kochen, wobei Fleisch und Gemüse in Tongefäßen gegart wird. In vielen kleinen muslimischen Altstadtrestaurants werden riesige *rumali roti* (hauchdünnes Fladenbrot) serviert. Sie kommen gefaltet auf den Tisch und werden mit Lamm- oder Ziegencurry wie z. B. *bhuna ghosht* oder rogan josh gegessen. Das extrem beliebte Dessert *kulfi faluda* (Eiscreme mit langen Nudeln aus Kichererbsenmehl) wird in einigen Restaurants in Aminabad serviert. Und auch das süße, orangefarbene Reisgericht *zarda* verkauft sich wie warme Semmeln.

Hazratganjs MG Rd. platzt förmlich vor kulinarischen Köstlichkeiten. Einige Restaurants bieten zudem jeden Abend Live-*ghazal*-Musik.

ETWAS BESONDERES

Moti Mahal Restaurant (MG Rd; Gerichte 40–70 Rs;) Unten ist ein Geschäft mit Süßigkeiten und Snacks. Eine Treppe höher versteckt sich ein lauschiges Restaurant, das wegen seiner klasse Gerichte sehr beliebt ist: sie sind günstig, schmecken und sehen auch noch toll aus. Vegetarisches Sheikh Kebab oder original Lucknower *dum aloo* (Kartoffeln in Tomatensoße) und die leckere Eiscreme *kulfi faluda* (halbe Portion ist genug für zwei!) sind nur einige der Leckereien hier. Zum sonntäglichen Mittagessen ziemlich früh hingehen, um nicht gegen 14 Uhr ins Gedränge zu kommen.

Muman's Royal Café (MG Rd; Gerichte 65–120 Rs;) Das Hammelfleisch *rogan josh* und das Mogulhühnchen mit *rumali rotis* sind lecker ohne Ende. Snack gefällig? – Die weltberühmten Lucknow-*chaats* kommen in einem *aloo*-Korb, der direkt vor dem Restaurant in einer kleinen Bude gemacht wird.

Nawab's (Capoors, MG Rd; Kebabs 85 Rs, Spezialitäten 180 Rs;) Die Nawabs schauen aus ihren Porträts auf die Gäste herunter, die die Köstlichkeiten der Spitzenköche von damals probieren. Livemusik gibt's immer ab 20.30 Uhr, nur dienstags nicht.

Moments Restaurant (Sapru Marg; Gerichte um 50 Rs) Guter und günstiger Kebab, Hammelfleisch und Mogulküche. Ein super Snack ist der *shami* Kebab (burgerähnlicher, pikanter Kebab, jeder 8 Rs) mit *paratha* oder *rumali rotis*.

Falaknuma (Hotel Clark's Avadh, 5 MG Rd; Gerichte 180–250 Rs;) Modernes Restaurant mit tollem Blick auf den Gomti oder das Kricketstadion – je nach Sitzplatz. Außer dienstags gibt's hier jeden Abend ab 20 Uhr Livemusik. Genial köstliche Gerichte, wie z. B. das *kakori* (Lamm in Minze) und der *galawat* Kebab (Hammelfleisch in Minze).

Chief Guest Restaurant (Mohan Hotel, Buddha Rd; Gerichte 45–105 Rs;) Genuss pur: ein kühles

Kingfisher-Bier und *aloo jeera* (Kartoffeln mit Kümmel) zu den Klängen der Live-*ghazals* (jeden Abend ab 20 Uhr, außer dienstags).

Shanghai Surprise (Sapru Marg; Gerichte 80–180 Rs; ❄) Ein schickes Kellerrestaurant mit chinesischer und thailändischer Küche, darunter auch Garnelen und Entengerichte. Das Restaurant gibt sich sichtlich Mühe, die verwöhnte Kundschaft voll zufrieden zu stellen.

AUF DIE SCHNELLE

Chedi Lal Ramprasad Vaish (MG Rd; Snacks & Drinks 17–35 Rs) Wer nach dem ellenlangen Namen noch genügend Luft für eine Bestellung hat, wird die Shakes, Säfte und Eiscreme lieben.

Barista (MG Rd; Kaffee & Sandwichs 30–50 Rs; ❄) Indische Cafékette mit tollem Angebot. Außer Kaffee und Snacks gibt's hier auch verschiedene Brettspiele.

Ausgehen

In der Mohan Hotelbar ist immer was los, die Bar im Hotel Clarks Avadh ist nobel, die Gomti Hotelbar ist bei Regierungsangestellten äußerst beliebt und in der Bar des Carlton kann man in British-Raj-Nostalgie schwelgen.

Strokes Sports Bar (Capoor's, MG Rd; Eintritt Fr & Sa 400 Rs; ❄) Viel Metall und ein riesiger Fernseher bestimmen das lockere Ambiente hier. Freitags und samstags von 18 bis 23 Uhr verwandelt sich die Bar in eine Disko, in die allerdings nur Pärchen Zutritt haben. Das Eintrittsgeld kriegt man in Form von Snacks und Drinks zurück.

Unterhaltung

Die darstellenden Künste haben in Lucknow eine große Tradition. Es gibt hier sogar eigene Stilrichtungen und Schulen für den *kathak*-Tanz (der klassische nordindische Tanz). In vielen Restaurants, z. B. im Chief Guest Restaurant, im Falaknuma und im Nawab's laufen abends Aufführungen, normalerweise *ghazals*.

Rabindralaya Auditorium (☎ 2455670; Kanpur Rd), gegenüber vom Bahnhof, führt klassische Musik, Tanz und Theater auf.

Shoppen

Lucknow ist berühmt für seinen zart bestickten Musselinstoff: der *chikan* kann von Männern und Frauen getragen werden. Auf dem kleinen, relativ ruhigen Janpath-Markt südlich der MG Rd. in Hazratganj werden solche Stoffe verkauft. Auf diesem Mark ist auch das süßlich duftende Sugandhco zu finden – ein jahrhundertealtes Familiengeschäft, das *attar* verkauft: ein reines Essenzöl, das mithilfe einer traditionelle Methode aus Blumen gewonnen wird.

An- & Weiterreise

FLUGZEUG

Der Amausi-Flughafen liegt 15 km südwestlich von Lucknow. **Indian Airlines** (☎ 2220927; Hotel Clarks Avadh, 8 MG Rd) fliegt täglich nach (100 US$), Mumbai (260 US$) und Kolkata (165 US$).

Sahara Airlines (☎ 2377675; 7 Karpoorthala Complex, Sahara India Tower, Aliganj) Täglich Flüge nach Delhi (100 US$), Mumbai (260 US$) und Kolkata (165 US$).

WICHTIGSTE ZUGVERBINDUNGEN AB LUCKNOW

Ziel	Zugnummer & Name	Preis (Rs)*	Dauer (Std.)	Abfahrt
Delhi	2004/2036 *Shatabdi*	775/1495	6½	15.35 Uhr
Kolkata	3006 *Amritsar-Howrah Mail*	297/833/1333	20	10.55 Uhr
Allahabad	4215 *Ganga Gomti Exp*	63/218	4	18.35 Uhr
Faizabad	3009 Doon Exp	35/122	2½	8.45 Uhr
Gorakhpur	5015 *Intercity Exp*	73/254	5½	17.10 Uhr
Varanasi	2054 Jan Shatabdi	117/370	6	6.50 Uhr
Mumbai	2134 *Pushpak Exp*	373/1048/1676	24	19.50 Uhr
Agra	4853 *Marudhar Exp*	136/382/611	6½	23.58 Uhr

* Beim *Shatabdi* gelten die Preise für die Chair Class/Executive Chair Class; in Express- und Mailzügen für 2. Klasse/Chair Class am Tag, in der Nacht für Sleeper Class/3AC/2AC.

BUS

Von der **Charbagh-Bushaltestelle** (☎ 2450988; Kanpur Rd) in der Nähe des Bahnhofs fahren sehr häufig Busse nach Kanpur (39/70 Rs ohne/mit Klimaanlage, 2 Std.), Faizabad (75 Rs, 3 Std.), Gorakhpur (130 Rs, 8½ Std.) und Allahabad (95/160 Rs ohne/mit Klimaanlage, 5 Std.). Ein paar Busse gehen täglich nach Varanasi (133/215 Rs ohne/mit Klimaanlage, 8½ Std.) und Agra (172 Rs, 10 Std.).

Ausgehend von der **Kaiserbagh-Bushaltestelle** (☎ 2222503; J Narain Rd) fahren Busse nach Delhi (237 Rs, 13 Std.), nach Faizabad und nach Gorakhpur.

ZUG

Die beiden Hauptbahnhöfe sind **Charbagh** (☎ 2635841; Kanpur Rd) und **Lucknow Junction** (☎ 2635877). Sie liegen dicht nebeneinander; Züge aus dem Norden halten an beiden Bahnhöfen, die aus dem Nordosten kommen in Lucknow Junction an. Von Charbagh aus geht's nach Neu Dheli und Kolkata, Reisende zu den Städten im Süden steigen in Lucknow Junction ein (s. Kasten S. 419).

Unterwegs vor Ort

VOM/ZUM FLUGHAFEN

Taxis kosten für die 15 km zum Amausi-Flughafen um die 190 Rs, für Autorikschas bezahlt man 85 Rs.

NAHVERKEHR

Kurze Fahrten mit der Fahrradrikscha kosten 10 Rs, vom Bahnhof bis zur Residenz macht es 25 Rs. Autorikschas sind für den Trip in die Gegend um den Bara Imambara ideal (50 Rs vom Bahnhof aus). Eine vierstündige Tour per Autorikscha kostet 150 Rs, Taxis nehmen dafür 310 Rs (oder 510 Rs für den ganzen Tag). Achtsitzige *vikrams* haben feste Routen und kosten 2 bis 8 Rs. Die Busse hier sind meist viel zu voll, um noch einzusteigen.

ALLAHABAD

☎ 0532 / 1 049 579 Ew.

Allahabad liegt 135 km westlich von Varanasi. Hier fließen zwei der wichtigsten und heiligsten Flüsse ineinander: der Ganges und der Yamuna. Dem alten Glauben gemäß trifft auch der mythische Saraswati (Fluss der Erleuchtung) hier auf die anderen beiden. Nicht besonders viele Touristen kommen nach Allahabad, aber das heilige Viertel Sangam, das Fort und die Mausoleen aus der Mogulzeit, die Residenz der Nehru-Familie, grandiose Gebäude aus dem British Raj, schicke Hotels und geniale Bäckereien sind ganz sicherlich einen Besuch wert.

Orientierung

In Allahabads Viertel Civil Lines gibt's breite Alleen, Raj-Bungalows, Hotels, Restaurants, Eisläden, Bäckereien und auch viele modernere Geschäfte. Der Civil Lines-Busbahnhof – der größte der Stadt – liegt im südwestlichen Teil des Viertels. Das Gebiet wird durch den Allahabad Junction-Bahnhof von Chowk, der Altstadt, getrennt. Sangam and Akbars Fort liegen 7 km südöstlich von Civil Lines.

Praktische Informationen

BUCHLÄDEN

Wheeler's Bookshop (MG Marg)

INTERNETZUGANG

Angelica's Cyber Point (25 Rs/Std.) Gegenüber vom Samrat Hotel, abseits der MG Marg.

iway Internet (Sardar Patel Marg; 30 Rs/Std.; 🕓 8–20 Uhr)

MEDIZINISCHE VERSORGUNG

Apollo Klinik (☎ 2421131; MG Marg; 🕓 8–20 Uhr) Moderne Privatklinik. Eine Untersuchung durch den Arzt kostet 150 Rs, auch einen Zahnarzt gibt es.

Apotheke (☎ 2421828; Apollo Klinik, MG Marg; 🕓 24 Std.) Liefert zwischen 8 und 20 Uhr an Hotels.

GELD

HDFC-Geldautomat (Sadar Patel Marg)

ICICI-Geldautomat (Grand Continental, Sardar Patel Marg)

State Bank of India (☎ 608224; 🕓 Mo–Fr 10–16, Sa 10–14 Uhr) Abseits der MG Marg.

POST

Hauptpostamt (Sarojini Naidu Marg; 🕓 Mo–Sa 10–18 Uhr)

TOURISTENINFORMATION

UP Tourism (☎ 2601873; Tourist Bungalow – Hotel Ilawart, 35 MG Marg; 🕓 Mo–Sa 10–17 Uhr)

REISEBÜROS

SAS Travels (☎ 2623598; Colvin Rd)

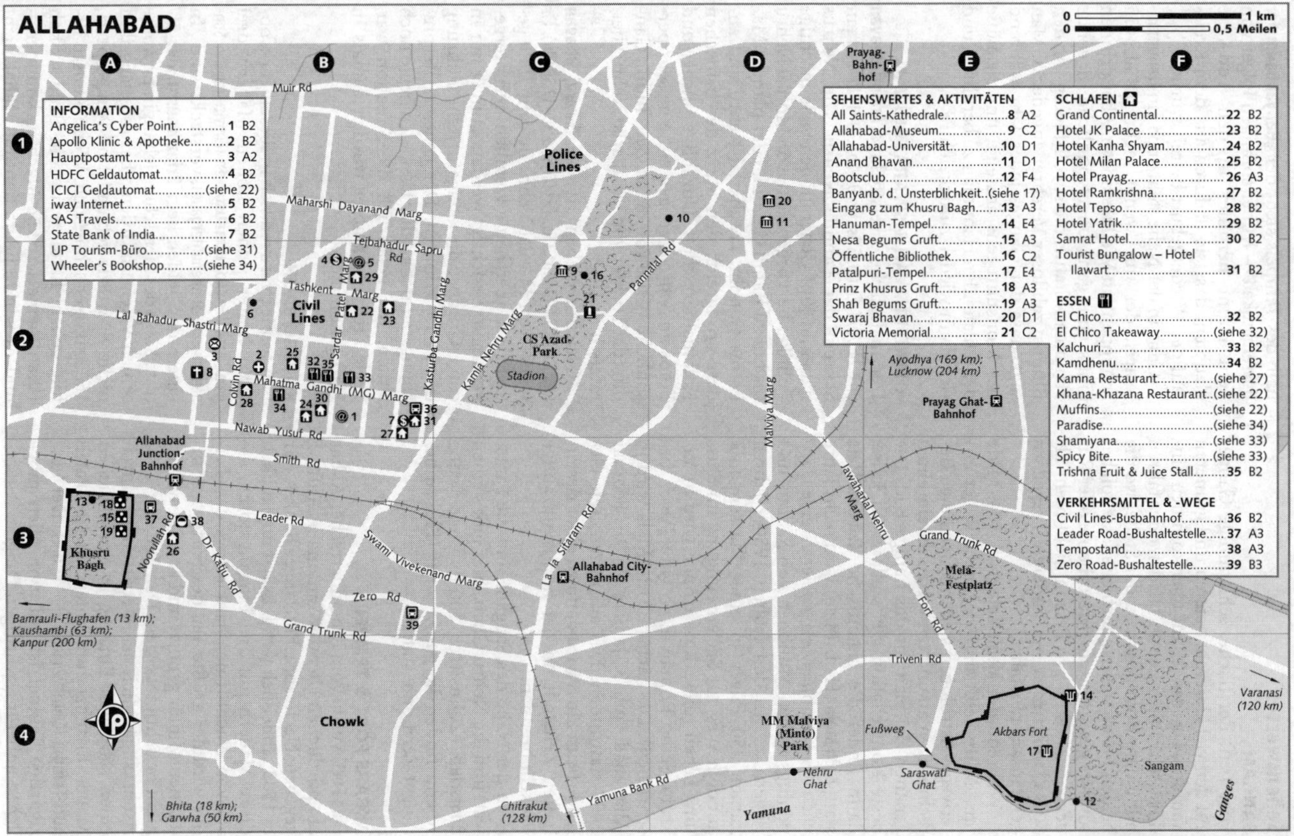
ALLAHABAD
0 1 km
0 0,5 Meilen
INFORMATION
Angelica's Cyber Point............. 1 B2
Apollo Klinic & Apotheke.......... 2 B2
Hauptpostamt......................... 3 A2
HDFC Geldautomat.................. 4 B2
ICICI Geldautomat..............(siehe 22)
iway Internet.......................... 5 B2
SAS Travels............................. 6 B2
State Bank of India.................. 7 B2
UP Tourism-Büro................(siehe 31)
Wheeler's Bookshop...........(siehe 34)
SEHENSWERTES & AKTIVITÄTEN
All Saints-Kathedrale.................8 A2
Allahabad-Museum....................9 C2
Allahabad-Universität..............10 D1
Anand Bhavan.........................11 D1
Bootsclub................................12 F4
Banyanb. d. Unsterblichkeit..(siehe 17)
Eingang zum Khusru Bagh........13 A3
Hanuman-Tempel....................14 E4
Nesa Begums Gruft.................15 A3
Öffentliche Bibliothek..............16 C2
Patalpuri-Tempel.....................17 E4
Prinz Khusrus Gruft.................18 A3
Shah Begums Gruft..................19 A3
Swaraj Bhavan.........................20 D1
Victoria Memorial.................... 21 C2
SCHLAFEN
Grand Continental...................22 B2
Hotel JK Palace.......................23 B2
Hotel Kanha Shyam.................24 B2
Hotel Milan Palace..................25 B2
Hotel Prayag...........................26 A3
Hotel Ramkrishna....................27 B2
Hotel Tepso.............................28 B2
Hotel Yatrik.............................29 B2
Samrat Hotel............................30 B2
Tourist Bungalow – Hotel Ilawart...31 B2
ESSEN
El Chico...................................32 B2
El Chico Takeaway..............(siehe 32)
Kalchuri...................................33 B2
Kamdhenu...............................34 B2
Kamna Restaurant..............(siehe 27)
Khana-Khazana Restaurant..(siehe 22)
Muffins...............................(siehe 22)
Paradise.............................(siehe 34)
Shamiyana..........................(siehe 33)
Spicy Bite...........................(siehe 33)
Trishna Fruit & Juice Stall.........35 B2
VERKEHRSMITTEL & -WEGE
Civil Lines-Busbahnhof............ 36 B2
Leader Road-Bushaltestelle..... 37 A3
Tempostand............................38 A3
Zero Road-Bushaltestelle.........39 B3
Muir Rd
Police Lines
Maharshi Dayanand Marg
Tejbahadur Sapru Rd
Tashkent Marg
Sardar Patel Marg
Civil Lines
Lal Bahadur Shastri Marg
Colvin Rd
Mahatma Gandhi (MG) Marg
Kasturba Gandhi Marg
Kamla Nehru Marg
CS Azad-Park
Stadion
Pannalal Rd
Nawab Yusuf Rd
Smith Rd
Allahabad Junction-Bahnhof
Leader Rd
Noorullah Rd
Dr Katju Rd
Khusru Bagh
Swami Vivekenand Marg
Zero Rd
Grand Trunk Rd
La la Sitaram Rd
Allahabad City-Bahnhof
Malviya Marg
Prayag-Bahnhof
Ayodhya (169 km); Lucknow (204 km)
Prayag Ghat-Bahnhof
Jawaharlal Nehru Marg
Mela-Festplatz
Fort Rd
Triveni Rd
Bamrauli-Flughafen (13 km); Kaushambi (63 km); Kanpur (200 km)
Bhita (18 km); Garwha (50 km)
Chowk
Chitrakut (128 km)
Yamuna Bank Rd
Yamuna
MM Malviya (Minto) Park
Nehru Ghat
Fußweg
Saraswati Ghat
Akbars Fort
Sangam
Ganges
Varanasi (120 km)

Sehenswertes

SANGAM

Hier trifft der flache, schlammige Ganges auf den viel klareren, tieferen und grüneren Yamuna. Das ganze Jahr über kommen hinduistische Pilger her und baden oder fahren mit einem Boot genau zu der Stelle, wo die beiden Flüsse ineinanderfließen: sie soll besonders gesegnet sein. Motorboote oder Ruderboote kosten pro Person nicht mehr als 30 Rs, wenn man mit anderen Travellern gemeinsam rausfährt.

Während der **Magh Mela** (s. S. 394, Mitte Jan.–Mitte Feb.) sind viel mehr Pilger unterwegs. Astrologen stellen aufwändige Berechnungen an und entwerfen daraus einen genauen Zeitplan für das heilige Bad. Die beste Konstellation gibt's alle zwölf Jahre, dann findet die gigantische **Kumbha Mela** statt. **Ardh Mela** (Halb-Mela) wird sechs Jahre nach der Kumbha Mela gefeiert. Beide Happenings ziehen Millionen von Sadhus und Pilgern an. In den frühen 1950er-Jahren kamen 350 Pilger in einer Massenpanik auf dem Weg zur Seelenreinigung im Fluss ums Leben (diese Katastrophe wird in Vikram Seths Roman *Eine gute Partie* beschrieben). Die nächste Ardh Mela wird in Allahabad vom 3. Januar bis 26. Februar 2007 stattfinden. Das ansonsten freie Gelände beim Fluss wird dann zu einer riesenhaften Zeltstadt, in der nachts unzählige Fackeln brennen.

In der Nähe des Sangam sind die Saraswati und die Nehru Ghats, hier gibt's einen **Bootsclub** (Zehnsitzer 300 Rs) und jeden Abend findet die *ganga aarti* (Flussanbetungs)-Zermonie statt.

AKBARS FORT & TEMPEL

Das **Fort** wurde vom Mogulherrscher Akbar am nördlichen Ufer des Yamuna in Auftrag gegeben. Nach jahrzehntelanger Bauzeit war es 1583 schließlich fertig. Es hat unglaublich dicke Mauern mit drei Eingangstoren, die alle von Wachtürmen flankiert werden. Leider wird der größte Teil des Forts vom indischen Militär genutzt und kann deswegen nicht besichtigt werden. Den Teil, der Touristen zugänglich ist, betritt man durch einen schmalen Eingang in der östlichen Mauer. Er führt zum unterirdischen **Patalpuri-Tempel** (Eintritt 21 Rs; 🕑 7–17 Uhr). Der einzigartige Tempel ist voll von allen möglichen anbetungswürdigen Dingen. Außerhalb des Tempels steht der **„Banyanbaum der Unsterblichkeit"** – früher sprangen Pilger von dem Baum herunter in den Tod. Sie glaubten, dass sie dadurch aus dem Kreislauf der Wiedergeburt befreit würden.

Ganz in der Nähe steht auch ein **Hanuman-Tempel**, der nur wenig mehr ist als ein Schuppen mit Wellblechdach. Aber drinnen gibt's eine ganz ungewöhnliche, liegende Hanuman-Statue, meist vollständig von den Blumen zahlloser Verehrer zugedeckt. Man sagt, dass der Ganges jedes Jahr während des Monsunregens ansteigt, um die Füße des schlafenden Hanuman zu berühren, und sich dann wieder zurückzieht.

ANAND BHAVAN & SWARAJ BHAVAN

Der malerische zweistöckige **Anand Bhavan** (☎ 2467071; Eintritt 5 Rs; 🕑 Di–So 9.30–17 Uhr) ist ein Schrein der Familie Nehru. Die Nehrus haben in fünf Generationen viele mächtige Politiker hervorgebracht, von Motilal Nehru bis hin zu Rahul Gandhi. Hier planten Mahatma Gandhi, Jawaharlal Nehru und andere erfolgreich den Sturz der britischen Kolonialherrschaft. Unzählige Bücher und Fotos im Schrein zeugen auf eine sehr persönliche Weise von dieser Zeit. Indira Gandhi (die Tochter von Jawaharlal Nehru) heiratete hier 1942.

Gleich daneben ist der **Swaraj Bhavan** (☎ 2467674; Eintritt 2 Rs; 🕑 Di–So 9.30–17.30 Uhr). Er wurde von Motilal Nehru im Jahr 1900 gekauft, ist aber heute ziemlich heruntergekommen. Besichtigt werden kann er nur in einer Gruppe, die obligatorische Führung dauert 15 Minuten. Der geheime Besprechungsraum im Keller lässt auch heute noch ahnen, wie gefährlich die Situation war. Viele Freiheitskämpfer wurden damals in Haft genommen.

KHUSRU BAGH

Nur wenige verirren sich in diesen Park, obwohl hinter seinen hohen Mauern drei prachtvolle **Mogulmausoleen** (Eintritt frei; 🕑 Sonnenaufgang–Sonnenuntergang) versteckt sind. In einem der beiden liegt **Prinz Khusru**, der älteste Sohn des Herrschers Jehangir. Er wollte seinen Vater ermorden, aber es gelang ihm nicht. Er wurde geblendet und eingesperrt, 1622 starb er schließlich. Wenn Khusru Erfolg gehabt hätte, wäre sein Bruder Shah Jahan niemals an die Macht gekommen – und es würde heute den Taj Mahal nicht geben. In den anderen Mausoleen sind Khusrus Mutter **Shah Begum** (Jehangirs erster Frau) und Khusrus Schwester **Nesa Begum** bestattet. Falls der Verwalter der Mausoleen da ist, kann man ihn bitten, hineinschauen zu dürfen – Nesa Begums Gruft ist im Innern wundervoll verziert und Khusrus Mausoleum hat prächtige hochwertige Glasfenster.

CS AZAD-PARK

Dieser riesige, zentrale **Park** (⌚ Sonnenaufgang–Sonnenuntergang) hat schon oft seinen Namen geändert (manche nennen ihn immer noch Company Bagh, diese ursprüngliche Bezeichnung bezieht sich auf die Ostindische Kompanie). Ein angenehmes Plätzchen für einen Spaziergang. Highlight ist die kathedralenartige **öffentliche Bibliothek** (☎ 2600581; ⌚ Fr–Mi 6–18 Uhr), ein sehr gut erhaltenes „Spukschloss", das in den 1870er-Jahren erbaut wurde. Im Januar 1887 fand hier die erste gesetzgebende Versammlung des Bundeslandes statt. Daneben ist das **Victoria Memorial**, auch wenn Victoria fehlt.

ALLAHABAD-MUSEUM

Das große **Museum** (☎ 2601200; Inder/Ausländer 5/100 Rs; Kamla Nehru Marg; ⌚ Di–So 10.15–16.30 Uhr) liegt am oberen Ende des CS Azad-Parks. Archäologische Funde und Gegenstände aus dem Besitz der Familie Nehru werden hier genauso ausgestellt wie moderne Gemälde und uralte Skulpturen.

ALLAHABAD-UNIVERSITÄT

Einige der exquisitesten und nobelsten Gebäude der Stadt sind Teil dieser hochangesehenen Uni. Sie wurde 1887 gegründet.

MM MALVIYA (MINTO) PARK

Die Zeit der Britischen Verwaltung begann in diesem kleinen Park. Die Ostindische Kompanie übergab hier 1858 die Verwaltung Indiens an die britische Regierung, Lord Canning wurde erster Vizekönig. Allahabad hat also sowohl für den Beginn als auch für das Ende der britischen Regierung Indiens eine wichtige Rolle gespielt.

ALL SAINTS-KATHEDRALE

Diese riesige gotische Kathedrale wurde von Sir William Emerson, dem Architekten des Victoria Memorial (s. S. 502), entworfen. Mit etwas Glück findet man hier jemanden, der sie aufschließt. Dann kann man Gedenktafeln bewundern, die klarstellen, dass der British Raj nicht nur aus Tee- und Gintrinken im Club bestand. Blutvergiftungen, Polounfälle und die ersten Autounfälle auf der Straße nach Nainital gehören mit zu den verzeichneten Todesursachen.

Schlafen

BUDGETUNTERKÜNFTE

Billige Unterkünfte gibt's hier nur selten, deswegen im Voraus buchen. Ansonsten auf günstige Mittelklassehotels ausweichen.

Hotel Ramkrishna (☎ 2604785; EZ/DZ/3BZ 400/500/600 Rs, mit Klimaanlage 700/800/900 Rs; ❄) Schick und brandneu. Ganz in der Nähe der Hauptstraße wohl die beste Adresse unter den preiswerten. Das Kamna Restaurant (s. S. 424) ist auch klasse.

Hotel Tepso (☎ 2561409; MG Marg; DZ mit/ohne Klimaanlage 650/500 Rs; Hauptgerichte 60 Rs; ❄) Tolles Hotel mit vernünftigen Zimmern und Blick auf den kleinen Garten. Hier ist auch das Jade Restaurant.

Tourist Bungalow – Hotel Ilawart (☎ 2601440; Fax 2611374; MG Marg; B/EZ/DZ 100/500/550 Rs, EZ/DZ mit Klimaanlage 900/975 Rs; ❄) Besser als viele andere staatlichen Hotels in Uttar Pradesh. Das Einheitsdekor ist, wie üblich, etwas einfallslos, aber die Zimmer sind sauber. Die Räume nach hinten sind viel ruhiger als die im vorderen Bereich (hier ist die Bushaltestelle). Das Restaurant ist toll und die Bar sehr beliebt.

Hotel Prayag (☎ 2656416; ratish1972@rediffmail.com; Noorullah Rd; EZ/DZ mit Gemeinschaftsbad 120/160 Rs, eigenes Bad 200/250 Rs, mit Klimaanlage ab 650/700 Rs; ❄) Riesiges und relativ altmodisches Hotel nah beim Bahnhof. Die teureren Zimmer im Obergeschoss sind besser und viel sauberer als die unten. Von den vielen schlechten Hotels in der Gegend wohl das beste.

MITTEL- & SPITZENKLASSEHOTELS

Vor kurzem sind in Allahabad einige neue Mittelklassehotels aus dem Boden geschossen, harte Konkurrenz für die alteingesessenen Bleiben hier.

Hotel Milan Palace (☎ 2621617; info@hotelmilanpalace.com; EZ 1600–1900 Rs, DZ 1900–3700 Rs; Gerichte 110–160 Rs; ❄) Superschick. Das stilvollste Hotel dieser Stadt liegt sehr zentral und wirkt immer noch brandneu. Zwar gibt es hier keine Bar, dafür aber ein Restaurant mit viel Platz.

Hotel Yatrik (☎ 2601713; Fax 2601434; Sardar Patel Marg; EZ/DZ/Suite 1300/1500/2500 Rs; ❄) Eine totschicke Lobby, ein geniales Restaurant und ein umwerfender Garten sind die Highlights dieses Hotels – die Zimmer sind dafür eher gewöhnlich.

Hotel JK Palace (☎ 2608611; Tashkent Marg; EZ/DZ 500/700 Rs, mit Klimaanlage 800/1000 Rs; ❄) Funkelnagelneues Hotel mit guten Preisen und jungem Personal. Die raffinierten Zimmer sind voll ausgestattet. Leider haben die eindrucksvoll aussehenden Balkone keine Aussicht.

Hotel Kanha Shyam (☎ 2560123; www.hotelkanhashyam.com; EZ/DZ 1800/2200 Rs; ❄) Abseits der MG Marg. Dieses Hotel war mal eines der besten, leidet aber jetzt etwas an Altersschwäche. Pluspunkte sind das Café (24 Std. offen), das Restaurant auf der Dachterrasse (Mogulküche) und die nette Bar.

Samrat Hotel (☎ 2561200; hotelsamrat@vsnl.com; EZ 975–1225 Rs, DZ 1550–1800 Rs; ❄) Ebenfalls abseits der MG Marg. Die Zimmer sind geräumig und haben – obwohl etwas altmodisch – ihren ganz eigenen Charme. Leider hoffnungslos überteuert.

Grand Continental (☎ 2605888; www.birhotel.com; Sardar Patel Marg; EZ 1500–2500 Rs, DZ 1700–2800 Rs, Suite 3500 Rs; ❄ 🏊) Das Hotel hat, als einziges hier, einen Pool im Garten des Innenhofs. Rundum ein klasse Hotel mit geräumigen, toll ausgestatteten Zimmern mit ansprechendem Ambiente. Das Khana-Khazana Restaurant (s. rechte Spalte) und die Bar halten das hohe Niveau.

Essen

Alle Hotels haben auch Restaurants.

RESTAURANTS

Kamdhenu (MG Marg; Snacks 7–30 Rs, Gerichte 20–50 Rs) Unten gibt's hausgemachte Süßigkeiten, Kuchen, Samosas und Eiscreme und im Obergeschoss ist ein kleines Restaurant im Fastfood-Style mit Pizzas, Burgern und verschiedenen südindischen Gerichten

El Chico (MG Marg; veg. Gerichte 80–100 Rs, nichtveg. 80–200 Rs) Hier brummt der Laden – obwohl die Preise ziemlich gesalzen sind. Dieses Restaurant gibt's nun schon seit 40 Jahren, auf der Speisekarte stehen u. a. Fischgerichte und höllisch Scharfes.

Kamna Restaurant (Hotel Ramkrishna; Gerichte 35–60 Rs, Süßes 15 Rs/Teller; ❄) Stylishes und sauberes Hotelrestaurant. Sehr gute Pizzas, Thalis, Burger und südindische Küche.

Khana-Khazana Restaurant (Grand Continental, Sardar Patel Marg; Gerichte 90–160 Rs) Serviert interessante und leckere Variationen der indischen, chinesischen und europäischen Küche.

AUF DIE SCHNELLE

Die Leute in Allahabad sind ganz scharf auf Süßes und in der MG Marg reiht sich ein Geschäft ans andere, wo Eis, Shakes, Kuchen und Süßigkeiten verkauft werden. Draußen zu essen ist der letzte Schrei: Viele Läden, z. B. Shamiyana, Kalchuri and Spicy Bite, stellen am Abend draußen Stühle und Tische auf. Tolle Atmosphäre und ungemein günstiges Essen.

El Chico Takeaway (MG Marg; Snacks 7–32 Rs) Den Versuchungen hier kann man nicht widerstehen: Eis, Kuchen, Käsekuchen und pikante Köstlichkeiten ohne Ende.

Paradise (MG Marg; Snacks 10–40 Rs, Gerichte 60–100 Rs) Unbedingt die hausgemachten Kekse probieren! Außerdem gibt's Gebäck, Kuchen, Pasteten, Sandwiches, Eisbecher, Shakes und Pizzas.

Muffins (Sardar Patel Marg; Snacks 17–35 Rs) Direkt neben dem Grand Continental Hotel. Hier hat's Muffins, Eis, Kuchen und gegen das schlechte Gewissen ein tolles Salatbuffet.

Trishna Fruit & Juice Stall (MG Marg) Früchte und Säfte in Hülle und Fülle.

Ausgehen

Das Grand Continental bietet in der Bar immer von 19.30 Uhr an Livemusik. Das Café im Hotel Kanha Shyam ist rund um die Uhr offen und es gibt hier eine nette Bar auf der Dachterrasse (Bier 90 Rs).

An- & Weiterreise

FLUGZEUG

Der Bamrauli-Airport liegt 15 km westlich von Allahabad an der Straße nach Kanpur und wird ausschließlich von Sahara Airlines angeflogen. Flüge gehen montags, mittwochs und freitags nach Delhi (140 US$), Kolkata (166 US$) und Lucknow (65 US$). Eine Autorikscha zum Flughafen kostet um die 150 Rs, ein Taxi 300 Rs.

BUS

Vom **Civil Lines-Busbahnhof** (☎ 2601257; MG Marg) fahren regelmäßig Busse nach Varanasi (58/100 Rs mit/ohne Klimaanlage, 3 Std.), Lucknow (ohne Klimaanlage 95 Rs, mit Klimaanlage 160 bis 183 Rs, 5 Std.), Faizabad (80 Rs, 5 Std.) und Gorakhpur (135 Rs, 9½ Std.). Nach Sunauli in Nepal gehen zwei Busse (160 Rs, 13 Std.), Abfahrt ist um 9 und um 18 Uhr.

Die **Leader Road-Bushaltestelle** (☎ 2615625; Leader Rd) verlassen Busse in Richtung Kanpur (95 Rs, 5 Std.) und Delhi (284 Rs, 12 Std.). Ein Bus fährt um 8.30 Uhr nach Agra (221 Rs, 12 Std.).

ZUG

Allahabad Junction (☎ 2600179) ist der Hauptbahnhof. Züge fahren nach Varanasi (2. Klasse/Chair Class 44/153 Rs, 3 Std.), Lucknow (2. Klasse/Chair Class 57/199 Rs, 5 Std.), Delhi (Sleeper Class/3AC/2AC 221/620/991 Rs, 10 Std.), Kolkata (Sleeper Class/3AC/2AC 263/740/1183 Rs, 21 Std.) und Mumbai (Sleeper Class/3AC/2AC, 341/958/1532 Rs, 24 Std.).

Es gehen auch oft Züge nach Satna (53/184 Rs 2. Klasse/Chair class, 3½ Std.), von dort aus fahren Busse nach Khajuraho.

Unterwegs vor Ort

Von den buntbemalten Fahrradrikschas gibt's hier jede Menge – Autorikschas dagegen sind eher Mangelware. Kurze Fahrradrikschafahrten kosten 10 Rs, längere 20 Rs. Um nach Sangam zu kommen nimmt man besser eine Autorikscha (60 Rs für 20 Minuten), denn bis dort ist es ein ganz schönes Stück. Eine vierstündige Tour in einer Autorikscha kostet 300 Rs.

RUND UM ALLAHABAD

Bei Ausgrabungen in **Bhita** am Yamuna, 18 km südlich von Allahabad, wurden Überreste eines alten Forts gefunden. Siegel aus Stein und Metall, Münzen und Terrakottastatuen werden nun dort im Museum ausgestellt. Eine Mauer umgibt die Ruinen der Tempel von **Garwha**, einer Anlage 50 km südwestlich von Allahabad. Der Haupttempel wartet mit 16 wunderbar verzierten Steinsäulen auf.

Nach Bhita und Garwha kommt man am besten mit dem Taxi von Allahabad aus.

Kaushambi, 63 km südwestlich von Allahabad, war früher unter dem Namen Kosam bekannt. In diesem uralten Buddhistenzentrum hat sich Buddha selbst schon aufgehalten. In einer mächtigen Festung in der Nähe des Dorfes kann man die Überreste einer zerbrochenen Ashoka-Säule sehen. Busse nach Kaushambi fahren regelmäßig von der Leader Road-Bushaltestelle in Allahabad.

Brahma, Vishnu und Shiva sollen in **Chitrakut**, 128 km von Allahabad entfernt, zur Welt gekommen sein. Weil es hier so viele Tempel und Ghats gibt, wird der Ort auch Mini-Varanasi genannt. Sehr beliebte Hindupilgerstätte. UP Tourism beitreibt den **Rahi Tourist Bungalow** (☎ 015198–224219; rahitbchitrakoot@uptourism.com; B/EZ/DZ/3BZ 60/325/350/450 Rs, EZ/DZ mit Klimaanlage 625/675 Rs; ✖). Hier gibt's einen großen Schlafsaal und auch normale Zimmer, und auch ein nettes Restaurant. Busse nach Chitrakut fahren in Allahabad von der Zero Road-Bushaltestelle ab.

FAIZABAD

☎ 05278 / 208 164 Ew.

Faizabad war einst die Hauptstadt von Avadh. Aber 1816 starb Bahu Begum, die Frau des Nawabs Shuja-ud-Doula, und Lucknow wurde zur neuen Hauptstadt. Mit Faizabad ging es steil bergab. Die Stadt ist heute wie so viele andere auch chaotisch und dreckig, aber trotzdem kann sie als Ausgangspunkt dienen, um Trips nach Ayodhya und Shravasti zu machen.

Cyberzone (Station Rd; 25 Rs/Std.; ⌚ 9.30–21.30 Uhr) In der Nähe des Hotel Shane-Avadh.

Eine Fahrradrikscha fährt für 10 Rs zum **Bahu Begum ka Maquabara** (⌚ Sonnenaufgang–Sonnenuntergang), dem einzigartigen Mausoleum Begums. Die drei Kuppeln dieses prächtigen Bauwerks sind übereinander gebaut und reich verziert. Ebenfalls sehenswert sind das Mausoleum von Begums Ehemann, drei riesige Moscheen, die das Stadtbild prägen und auch der Tempel im malerischen Gupta-Park, von dem aus Rama angeblich verschwunden ist.

Schlafen & Essen

Die folgenden drei Hotels haben Restaurants mit vergleichbaren Preisen, bieten ähnliche Zimmer an und sind alle zehn Minuten zu Fuß oder eine kurze Fahrt in der Fahrradrikscha (5 Rs) von der Bushaltestelle und dem Bahnhof entfernt.

Das beliebteste ist das **Hotel Shane-Avadh** (☎ 223 586; shane_avadh@yahoo.com; Station Rd; EZ 175–275 Rs, DZ 200–350 Rs, EZ/DZ mit Klimaanlage 590/690 Rs; Gerichte 28–65 Rs; ✖). Geräumige, weißgetünchte Zimmer mit guter Ausstattung. Das Restaurant serviert Mutton Toast (mit Fleisch) und das Hyderabadi Biryani mit Huhn. Ein Festmahl. Burger besser links liegen lassen.

Direkt daneben ist das **Tirupati Hotel** (☎ 223231; Station Rd; EZ 175–325 Rs, DZ 225–395 Rs, EZ/DZ mit Klimaanlage von 590/690 Rs; ⌘). Das **Hotel Krishna Palace** (☎ 221367; Fax 221371; EZ/DZ 400/500 Rs, EZ/DZ/Suite mit Klimaanlage 700/900/1500 Rs; ⌘) abseits der Station Rd. ist etwas teurer und edler als die anderen beiden.

Von der Bushaltestelle an der Station Rd. geht's nach Ayodhya (10 Rs, 20 Min.), Gonda (zum Shravasti, 32 Rs, 2 Std.), Lucknow (75 Rs, 3 Std.), Gorakhpur (73 Rs, 4 Std.) und Allahabad (80 Rs, 5 Std.).

U. a. gibt's hier auch Expresszüge nach Lucknow (35/122 Rs 2. Klasse/Chair Class, 3½ Std.) und Varanasi (58/203 Rs 2. Klasse/Chair Class, 5 Std.).

AYODHYA

☎ 05278 / 49 593 Ew.

Ayodhya liegt nur 7 km von Faizabad entfernt und ist schon lange ein wichtiges Zentrum für Hindus und Jainisten. Weil Rama hier geboren wurde, zählt Ayodhya zu den sieben heiligen Städten des Hinduismus, aber auch fünf *tirthankars* (heilige Männer) des Jainismus stammen von hier. Der Atharvaveda beschreibt Ayodhya als „Stadt, die von Göttern erbaut und so fruchtbar wie das Paradies selbst" ist. Heutzutage ist es aber leider nur noch eine staubige Pilgerstadt voll von Tempeln und Affen.

Seit 1992 hat die Ayodhya einen unrühmlichen Ruf als Stätte des hinduistischen Extremismus. Randalierende Hindus zerstörten damals die Babri Masjid, eine Mogulmoschee aus dem 15. Jh. Sie waren überzeugt, dass das Bauwerk genau an dem Platz gestanden hat, wo früher ein Rama-Tempel gewesen war. Und so bauten sie dort wieder einen: den Ram Janam Bhumi. Im Jahr 2002 verbrannten hinduistische Pilger, die von Ayodhya zurückreisten, in einem Zug. Zunächst wurden Muslime beschuldigt, das Feuer gelegt zu haben und es kam zu heftigen Auseinandersetzungen mit Tausenden von Toten, die meisten Muslime. Die Regierung veranlasste dann eine Untersuchung des Falls, die ergab, dass der Brand sehr wahrscheinlich ein Unfall gewesen ist.

Glücklicherweise hat die Reihe von Vergeltungsschlägen inzwischen ein Ende gefunden – aber das Problem wurde nicht gelöst. Der Supreme Court hat nun archäologische Untersuchungen angeordnet, um endgültig zu klären, ob die Ansprüche der Hindus gerechtfertigt sind.

Sehenswertes

Guter Startpunkt für eine nette verkehrsfreie Tempeltour ist der **Hanumangarhi** (⏲ Sonnenaufgang–Sonnenuntergang) in der Nähe der Hauptstraße. Von Faizabad bringt einen ein Tempo hierher. Absolut sehenswert: Der reichverzierte Torweg, den man nach 76 Stufen erreicht und die Mauern der Anlage, die auch zu einer Festung gehören könnten. Im Inneren gibt's *prasad* (Essensopfer), und dazu summen Musiker ihre Hymnen.

Nur einen Katzensprung entfernt liegt der **Dashrath Bhavan** (⏲ Sonnenaufgang–Sonnenuntergang). Der Tempel wird durch ein farbenprächtiges Tor betreten. Eine sehr ruhige, fast andächtige Atmosphäre und leise Musik begleitet orangegekleidete Sadhus, die religiöse Schriften oder auch die Zeitung lesen. Außerhalb des Tempels drängt sich oft eine Schar Pilger um einen Seher, der ihnen die Zukunft voraussagt. Er sitzt auf dem Boden, daneben ein kleiner Vogel in einem Käfig. Für einige Münzen wird die Käfigtür geöffnet, und der Vogel springt nach draußen, wo Karten ausliegen. Mit seinem Schnabel nimmt er eine auf und gibt sie dem Seher, der sie dann deutet. Danach springt der Vogel wieder in den Käfig und das Spiel kann von neuem beginnen.

Etwas weiter steht der beeindruckende und sehr gepflegte **Kanak Bhavan** (Palace of Gold; ⏲ Sonnenaufgang–Sonnenuntergang), eine uralte Tempel-Palast-Kombination, die oft wieder aufgebaut wurde und nun gerade in hellem Gelb erstrahlt.

Hohe Sicherheitsvorkehrungen gelten am **Ram Janam Bhumi** (⏲ 7–11 & 14–18 Uhr) 300 m weiter. Nach einer Ausweiskontrolle werden die Besucher reingelassen, allerdings ohne Taschen, Kameras und Handys. Jeder wird hier sehr gründlich untersucht, und zwar mehrere Male. Ob es das wirklich wert ist, dann an einem mehr oder minder provisorischen Zeltschrein vorbeizugehen, der angeblich Ramas Geburtsstelle markiert, muss jeder selbst entscheiden.

Weiter geht's zum **Ramkatha Museum** (⏲ Di–So 10.30–16.30 Uhr) gegenüber. Das gelbrote Gebäude hat prächtige Wandgemälde im Foyer. Ausgestellt werden hier neben

Schattenspielfiguren, die in der Thaiversion des Ram Lila verwendet werden, auch alte Skulpturen und Bilder von Rama und Sita.

An- & Weiterreise

Von Faizabad aus nimmt man am besten ein Tempo (7 Rs, 20 Min.) und bittet darum, am Hanumangarhi abgesetzt zu werden. Tipp: Die Hotels und Restaurants in Faizabad sind viel besser. Das Quartier also lieber dort aufschlagen.

SHRAVASTI

☎ 5252 / 10 200 Ew.

Hier verlebte Buddha so manche Monsunzeit und vollbrachte Wunder, wie z. B. einen Mörder zu bekehren oder 500 Blinden ihr Augenlicht wiederzugeben. Eigentlich gibt's hier aber nicht viel zu sehen und der Ort ist auch wirklich schwer zu erreichen. Die Ruinen waren schon der Vergessenheit anheim gefallen, bis sie 1863 von Archäologen wiederentdeckt wurden.

Die roten **Saheth-Ruinen** (Inder/Ausländer 5/100 Rs; Sonnenaufgang–Sonnenuntergang) liegen in einem Park. Hier gibt's auch eine Quelle und einen riesigen Bodhi-Baum, der angeblich von Buddhas Lieblingsschüler Ananda gepflanzt wurde. Allerdings hat's hier keine Infotafeln, und es fällt schwer, sich für diesen Ort zu begeistern.

Die Straße hinunter kommen nach 1,5 km, nach dem chinesischen Tempel und den Ruinen des uralten jainistischen Shwetamber-Tempels, die **Maheth-Ruinen** (Sonnenaufgang–Sonnenuntergang), die aus zwei größeren roten Backsteinruinen bestehen.

Unmittelbar außerhalb der Saheth-Ruinen steht ein moderner sri-lankischer Tempel von 1984. Drinnen sind interessante Wandgemälde zu sehen, Opfergaben und Plastikblumen. Ganz in der Nähe gibt's auch burmesische, thailändische, tibetische und jainistische Tempel und auf der Hauptstraße steht eine der riesigen japanischen **Weltfriedensglocken**(6–11 & 15–18 Uhr). Sie ist eine der Glocken, die an verschiedenen speziellen Orten auf der ganzen Welt aufgestellt sind.

Übernachten können Traveller hier in den spartanischen Zimmern der Tempel oder im einzigen Hotel am Platz, dem **Lotus Nikko Hotel** (☎ 265291; www.lotustranstravels.com; Main Rd; EZ/DZ 3960/4400 Rs;). Hier gibt's schöne Zimmer ohne TV, allerdings mit wenig buddhistischen Preisen. Ein Sandwich kostet hier schon 70 Rs.

Nach Shravasti zu kommen ist eine kleine Expedition. Von Faizabad geht's zunächst mit dem Bus nach Gonda (32 Rs, 2 Std.), dann weiter per Bus nach Balrampur und Shravasti. Die Busse fahren nicht sehr häufig. Eine bessere Möglichkeit ist es, in Gonda ein Jeep-Taxi zu nehmen. Nach Shravasti und zurück kostet das 600 Rs, Zeitaufwand: etwa drei Stunden. Die Landschaft mit ihren kleinen Dörfchen auf dem Weg ist zwar malerisch, aber im Grunde nicht grade außergewöhnlich.

VARANASI

☎ 0542 / 1 211 749 Ew.

Varanasi, die Stadt Shivas, ist eine der heiligsten Städte Indiens. Hindupilger kommen hierher, um sich im Ganges reinzuwaschen. Varanasi wurde früher Benares und Kashi (Stadt des Lebens) genannt und für Hindus war es schon immer erstrebenswert, hier zu sterben: Das bedeutet nach hinduistischem Glauben *moksha* – Befreiung aus dem Kreislauf von Geburt und Tod. Varanasi ist das schlagende Herz des Hindu-Universums und der Knotenpunkt zwischen spirituellem und körperlichem Dasein. In dieser zauberhaften, aber oft auch überwältigenden Stadt finden an den berühmten *ghats* sehr persönliche Rituale von Leben und Tod statt, in aller Öffentlichkeit. So wird praktizierte religiöse Tradition hautnah erlebbar, und genau das ist es, was die meisten Besucher hier bis heute in den Bann zieht.

Geschichte

Varanasi ist seit über 2000 Jahren ein Zentrum der Kultur und der Bildung und stolz darauf, als eine der ältesten, noch existierenden Städte der Welt angesehen zu werden. Mark Twain schrieb, dass „Benares älter ist als die Geschichte, älter als die Tradition, älter als die Legende und doppelt so alt, wie all das zusammen".

Varanasis Geschichte reicht bis in die Zeit um 1400 v. Chr. zurück, aber erst um das 8. Jh. n. Chr. wuchs seine Bedeutung. Damals etablierte Shankaracharya, ein Reformator des Hinduismus, die Anbetung Shivas als ersten religiösen Grundsatz. Die Afghanen zerstörten Varanasi um 1300, nachdem sie das nahegelegene Sarnath dem

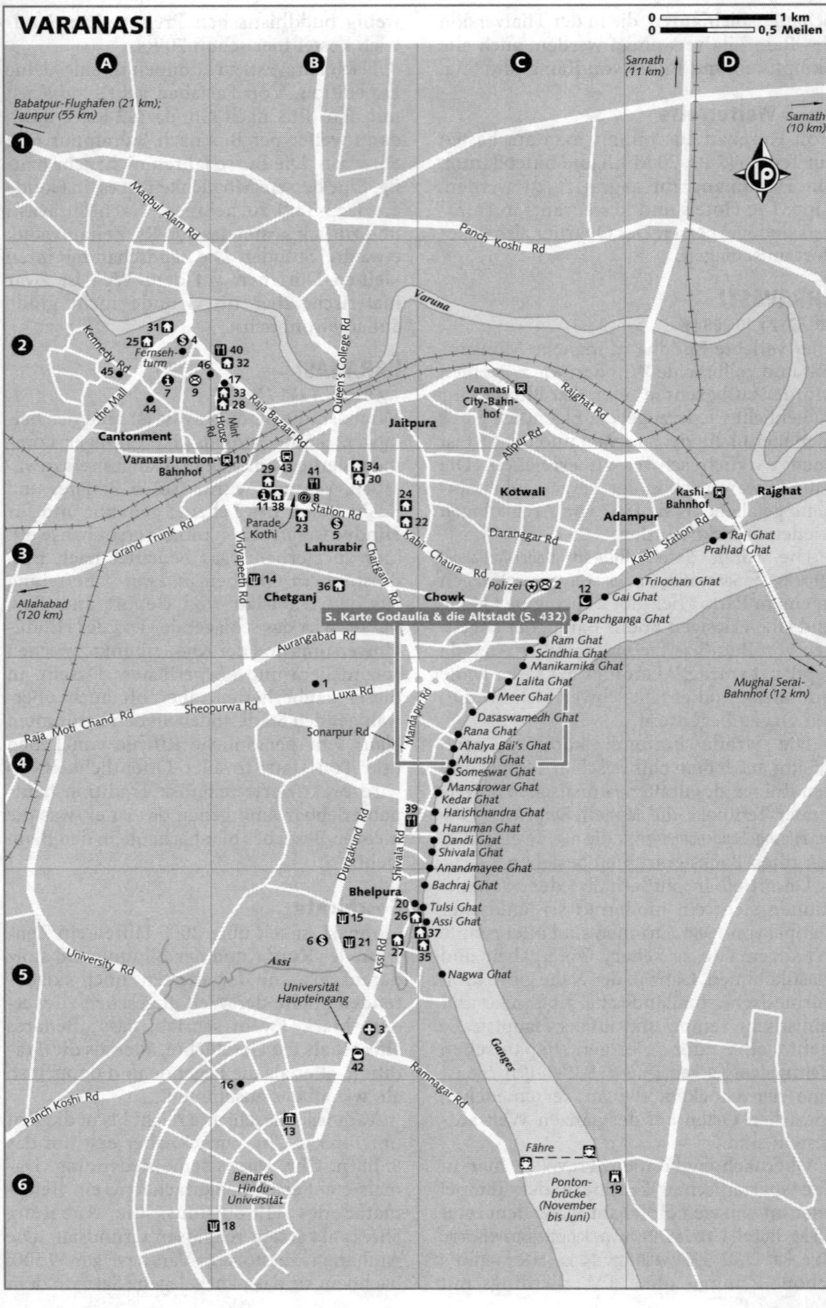
VARANASI
0 1 km
0 0,5 Meilen
A
B
C
D
1
2
3
4
5
6
Babatpur-Flughafen (21 km); Jaunpur (55 km)
Sarnath (11 km)
Sarnath (10 km)
Maqbul Alam Rd
Panch Koshi Rd
Varuna
Kennedy Rd
the Mall
Fernsehturm
Raja Bazaar Rd
Mint House Rd
Queen's College Rd
Cantonment
Varanasi Junction-Bahnhof
Varanasi City-Bahnhof
Rajghat Rd
Jaitpura
Alipur Rd
Kotwali
Kashi-Bahnhof
Rajghat
Adampur
Station Rd
Parade Kothi
Lahurabir
Grand Trunk Rd
Vidyapeeth Rd
Chaitganj Rd
Kabir Chaura Rd
Daranagar Rd
Kashi Station Rd
Raj Ghat
Prahlad Ghat
Trilochan Ghat
Gai Ghat
Panchganga Ghat
Polizei
Allahabad (120 km)
Chetganj
Chowk
S. Karte Godaulia & die Altstadt (S. 432)
Ram Ghat
Scindhia Ghat
Manikarnika Ghat
Lalita Ghat
Meer Ghat
Dasaswamedh Ghat
Rana Ghat
Ahalya Bai's Ghat
Munshi Ghat
Someswar Ghat
Mansarowar Ghat
Kedar Ghat
Harishchandra Ghat
Hanuman Ghat
Dandi Ghat
Shivala Ghat
Anandmayee Ghat
Bachraj Ghat
Tulsi Ghat
Assi Ghat
Nagwa Ghat
Mughal Serai-Bahnhof (12 km)
Aurangabad Rd
Luxa Rd
Sheopurwa Rd
Raja Moti Chand Rd
Sonarpur Rd
Mandapur Rd
Durgakund Rd
Shivala Rd
Assi Rd
Bhelpura
University Rd
Assi
Universität Haupteingang
Ramnagar Rd
Ganges
Panch Koshi Rd
Fähre
Pontonbrücke (November bis Juni)
Benares Hindu-Universität

INFORMATION			
Foreigners' Regional Registration Office	1	B4
Harmony Bookshop	(siehe 37)	
Hauptpostamt	2	C3
Heritage-Krankenhaus & Apotheke	3	B5
ICICI Geldautomat	4	A2
ICICI Geldautomat	5	B3
ICICI Geldautomat	6	B5
India Tourism-Büro	7	A2
Indica Books	(siehe 37)	
iway Internet	8	B3
iway Internet	(siehe 37)	
iway Internet	(siehe 31)	
Post	9	A2
State Bank of India	(siehe 31)	
Touristenpolizei	10	B3
UP Tourism-Büro	11	B3
UP Tourism-Büro	(siehe 10)	
SEHENSWERTES & AKTIVITÄTEN		
Alamgir-Moschee	12	C3
Bharat Kala Bhavan	13	B6
Bharat Mata-Tempel	14	B3
Durga-Tempel	15	B5
Malaviya Bhavan	16	B6
Musical Point	17	B2
Neuer Vishwanath-Tempel	18	B6
Ramnagar Fort & Museum	19	C6
Sankat Mochan Foundation-Bibliothek	20	B5
Tulsi Manas-Tempel	21	B5
SCHLAFEN		
Hotel Ajaya	22	B3
Hotel Avaneesh	23	B3
Hotel Buddha	24	B3
Hotel Clarks Varanasi	25	A2
Hotel Ganges View	26	B5
Hotel Haifa	27	B5
Hotel India	28	B2
Hotel Plaza Inn	29	B3
Hotel Pradeep	30	B3
Hotel Surya	31	A2
Hotel Taj Ganges	32	B2
Hotel Vaibhav	33	B2
Kameshut Hotel	34	B3
Palace on the Ganges	35	C5
Pallavi International Hotel	36	B3
Sahi River View Guesthouse	37	C5
Shivam Hotel	38	B3
ESSEN		
Bread of Life Bakery	39	B4
Burger King	40	B2
Canton Restaurant	(siehe 31)	
El Parador	41	B3
Mandarin Restaurant	(siehe 38)	
Poonam & Eden Restaurant	(siehe 30)	
Vaatika Café	(siehe 26)	
Varuna Restaurant	(siehe 32)	
AUSGEHEN		
Mandarin Bar	(siehe 38)	
Princep Bar	(siehe 32)	
SHOPPEN		
Ganga Silk	(siehe 39)	
Open Hand Shop & Café	(siehe 27)	
VERKEHRSMITTEL & -WEGE		
Autorikschastand	42	B5
Busbahnhof	43	B3
Foreign Tourist Assistance Bureau	(siehe 10)	
Indian Airlines	44	A2
Jet Airways	45	A2
Paul Travels	(siehe 8)	
Sahara Airlines	46	A2

Erdboden gleichgemacht hatten. Später plünderte und zerstörte der Mogulherrscher Aurangzeb fast alle Tempel. Die Altstadt Varanasis sieht heute zwar antik aus, wenige der Gebäude hier sind aber älter als einige hundert Jahre.

Orientierung

Entlang des westlichen Ufers des Ganges liegen die labyrinthartigen Gassen der Altstadt von Varanasi, die *galis*. Sie sind für den Verkehr zu eng und man könnte sich darin leicht verirren, aber die Hotels sind normalerweise sehr gut ausgeschildert. Wer irgendwann tatsächlich mal die Orientierung verliert, landet bestimmt eher früher als später an einem der Ghats und weiß wieder, in welche Richtung es weiter geht. Um den Kuhfladen und den lästigen Händlern in der Altstadt zu entgehen, ein Hotel im ruhigeren Lahurabir aussuchen. Dieser Stadtteil liegt südlich vom Bahnhof. Eine gute Gegend ist auch das Cantonment nördlich vom Bahnhof.

Praktische Informationen

Einen Online-Stadtführer gibt's auf www.varanasi.nic.in.

BUCHLÄDEN

Indica Books (Karte S. 432) und **Universal Book Company** (Karte S. 432) sind beide super. **Indica Books** hat eine Filiale am Assi Ghat (Karte S. 428 f.), dort ist auch der **Harmony Bookshop** (Karte S. 428 f.), reinschauen lohnt sich auf jeden Fall.

NOTFALL

Touristenpolizei (S. 428 f.; ☎ 2506670; UP Tourism, Varanasi Junction-Bahnhof; 🕑 6–19 Uhr) Das Touristenbüro ist auch Sitz der Touristenpolizei. Die Uniform der Polizisten ist himmelblau.

INTERNETZUGANG

Alle Filialen von **iway Internet,** Assi Ghat (S. 428 f. 25 Rs/Std.; 🕑 7.30–22.30 Uhr); Hotel Surya (S. 428 f. 25 Rs/40 Min.; 🕑 7.30–22 Uhr); abseits der Mandapur Rd (S. 432; 25 Rs/Std.; 🕑 7–22 Uhr); abseits der Parade Kothi (S. 428 f.; 32 Rs/Std.; 🕑 Mo–Sa 9–21 Uhr) haben flotte Breitbandverbindungen.

GEPÄCKAUFBEWAHRUNG

Varanasi Junction-Bahnhof (Karte S. 428 f.; 🕑 24 Std.)

MEDIZINISCHE VERSORGUNG

Heritage-Krankenhaus (Karte S. 428 f.; ☎ 2368888) Am Haupteingang der Benares Hindu-Universität. Modernes Privatkrankenhaus mit Apothekenservice rund um die Uhr.

GELD

Einige Wechselstuben bieten schnelleren Service zu etwas schlechteren Kursen.

Bank of Baroda (Karte S. 432; ☎ 2366150; 1. OG, Dasaswamedh Ghat Rd; 🕑 Mo–Fr 11–18.30, Sa 11–14 Uhr) Wechselt gängige Währungen und Reiseschecks. Die meisten üblichen Kreditkarten werden akzeptiert.

Radiant Services (Karte S. 432; Luxa Rd; 🕑 9–20 Uhr) Wechselt alle Reiseschecks und 25 Währungen. Besser ohne Rikscha-Wallah ankommen und den Kurs unbedingt kontrollieren, bevor man unterschreibt.

State Bank of India (Karte S. 428 f.; ☎ 2343742; The Mall; 🕑 Mo–Fr 10–14 & 14.30–16, Sa 10–13 Uhr)

DIE GROSSE MUTTER SOLL WIEDER ATMEN

Der Ganges wird von Hindus die Große Mutter genannt. Für Millionen Inder ist er eine wichtige Verbindung zu ihrem Glauben. Jeden Tag gehen ungefähr 60 000 Menschen hinunter zu den Ghats in Varanasi, um ein kurzes Bad zu nehmen. Und genau hier, innerhalb von 7 km, werden aus dreißig Kanälen Abwässer in den Fluss geleitet.

Der Ganges ist in Varanasi so stark verschmutzt, dass es eigentlich gar keinen Sauerstoff mehr im Wasser gibt – und es wird immer schlimmer. Anhand von Proben aus dem Fluss wurde festgestellt, dass hier in 100 ml Wasser 1,5 Mio. Fäkalbakterien schwimmen; damit Wasser zum Baden geeignet ist, soll dieser Wert bei unter 500 liegen!

Das Problem fließt natürlich weiter und breitet sich aus: An den Ufern des Ganges leben um die 400 Mio. Menschen und die starke Verunreinigung des Wassers sorgt dauerhaft für schwere Epidemien unter der Bevölkerung.

Die gemeinnützige Sankat Mochan-Foundation bemüht sich seit einigen Jahren verstärkt darum, den Ganges sauberer zu machen. Zwischen 1986 und 1993 war die Lobby recht stark, und die Regierung investierte um die 25 Mio. US$ in drei Wasseraufbereitungsanlagen und ein elektrisches Krematorium.

Leider gab es mit dem Betrieb der Anlagen große Probleme; sie brauchten viel Strom und der fällt in dieser Gegend oft und lange aus. Und außerdem gibt es in der unmittelbaren Umgebung der Anlagen sogar noch mehr Verschmutzung: Das Schmutzwasser staut sich oft an und verunreinigt dann Teile des Flusses, die zum Baden genutzt werden oder es fließt durch Schächte der Kanalisation auf die Straße.

Die Foundation hat nun Pläne für ein besseres, zuverlässigeres und kostengünstigeres Abwassersystem vorgelegt. Sie wurden zwar von der Regierung noch nicht bewilligt, aber es sieht ganz gut aus.

Das Swatcha Ganga-Umweltbildungszentrum am Tulsi Ghat veranstaltet sehr informative Kurse für Schulen, Dorfbewohner und Pilger. Veränderungen machen sich langsam bemerkbar. Sehr langsam.

Besucher, die diese Organisationen durch Spenden oder auch tatkräftig unterstützen möchten, sollten sich mit Professor Veer Bhadra Mishra bei der **Sankat Mochan-Foundation** (☎ 2313884; Fax 2314278; vbmganga@satyam.net.in; Tulsi Ghat) in Verbindung setzen.

Wechselt US$-, Pfund- und Euro-Reiseschecks und viele Währungen bis zum Limit von 25 000 Rs.

POST

Poststellen gibt's im *Cantonment* (Karte S. 428 f.), in der Nähe des Dasaswamedh Ghat (Karte S. 432) und südlich vom Vishwanath-Tempel (Karte S. 432). Die **Hauptpost** (Karte S. 428 f.; ☎ 2331398; Kabir Chaura Rd; ⌚ Mo–Sa 10–18 Uhr) liegt eher ungünstig.

TOURISTENINFORMATION

Foreigner's Regional Registration Office (Karte S. 428 f.; ☎ 2351968; ⌚ Mo–Fr 10–16 Uhr) Schwer zu finden. Entlang der Luxa Rd. in Richtung Westen gehen, dann nach rechts abbiegen, wo die *Theosophical Society* links liegt. Dieser Straße folgen, bis sie in einer T-Kreuzung endet. Das Büro ist rechts, 50 m von hier entfernt.

India Tourism (Karte S. 428 f.; ☎ /Fax 2501784; ⌚ Mo–Fr 9–17.30, Sa 9–14 Uhr) Abseits der *Mall*. Sehr freundliches Personal gibt hier kompetent Auskünfte und hat Broschüren über ganz Indien. Offizielle Führer (halber/ganzer Tag 350/500 Rs) für die Gegend können hier angeheuert werden. Auch am Flughafen durch eine Filiale vertreten.

UP Tourism Tourist Bungalow (Karte S. 428 f.; ☎ 2206638; Parade Kothi; ⌚ Mo–Sa 10–17 Uhr); Varanasi Junction-Bahnhof (Karte S. 428 f.; ☎ 2506670; ⌚ 6–19 Uhr) Der unglaublich geduldige Mr. Umashankar im Bahnhof ist eine Institution. Hier gibt's alle Infos und auch Hilfe. Nach Touren fragen (s. S. 435).

Gefahren & Ärgernisse

Wie ausgehungerte Tiger auf ein Reh stürzen sich Händler und Rikscha-Wallahs hier auf die Touristen. Diesen Belästigungen sind Reisende auch an vielen anderen Orten schutzlos ausgesetzt – Varanasi aber hat eine noch dunklere kriminelle Seite, hauptsächlich um den Flughafen herum und am Bahnhof. Hier also besonders aufpassen.

Nach der Ankunft in Varanasi am besten gleich ein Taxi oder eine Autorikscha zum Hotel nehmen. Immer öfter holen die Hotels ihre Gäste auch direkt ab oder vereinbaren einen bestimmten Treffpunkt. Keinem glauben, der ein „besseres" Hotel empfiehlt oder sich als „Freund" oder „Führer" anbiedert. Auch die Märchen über geschlossene, ausgebuchte, schlechte oder ausgebrannte Hotels ignorieren, die geschmierte Rikschafahrer zum Besten geben. Das Gleiche gilt für Geschichten über Moskitoplagen oder Gangster im Hotel. Auf jeden Fall auf dem gebuchten Hotel bestehen! Liegt das Hotel unten bei den *Ghats*, soll der Autorikscha-Wallah zu einem bekannten Punkt in der Nähe des Hotels fahren. Von da aus geht's dann zu Fuß weiter. Autorikschas sind in den engen Sträßchen sowieso nicht erlaubt.

Wer ohne eine Provision zu zahlen sein Hotel erreicht hat, muss sich ab jetzt mit den penetranten Händlern und Organisatoren der „billigsten und besten" Bootstrips oder Touren herumschlagen. Mit den Betreibern von Seidegeschäften und Wechselstuben ist es genauso – um nur einige zu nennen. Auf keinen Fall auf diese Angebote eingehen. Akzeptabel sind ausschließlich von India Tourism autorisierte Führer. Bootstrips immer als Gruppe buchen, alle zusätzlichen Angebote der „Kapitäne" ablehnen. Von den „brennenden" *Ghats* auf keinen Fall Fotos machen und die Schilder, die „einen besseren Ausblick" versprechen, ignorieren. Denn wer erstmal von der Gruppe getrennt ist, wird zur leichten Beute der Bettler. Die Altstadt ist nachts potenziell gefährlich und die Hotels in dieser Gegend geben ihren Gästen oft den Rat, vor 22 Uhr zurück zu sein. Einige schließen die Eingänge um 22 oder 23 Uhr.

Sehenswertes

GHATS

Die Hauptattraktion in Varanasi ist die Gegend am westlichen Ufer des Ganges mit den unzähligen Ghats. Die meisten davon werden zum Baden benutzt, aber es gibt auch einige „brennende Ghats", wo Leichen öffentlich verbrannt werden. Am besten besucht man die Ghats bei Sonnenaufgang, dann ist der Fluss in ein weiches Licht getaucht und die Pilger kommen her, um der aufgehenden Sonne *pujas* darzubieten. Bei Sonnenuntergang findet am Dasaswamedh Ghat die faszinierende Zeremonie *ganga aarti* statt.

Ungefähr 80 Ghats liegen direkt am Fluss und erstrecken sich vom Assi Ghat, nahe der Universität, bis hin zum Raj Ghat bei der Zug- und Autobrücke. Viele davon sind leider in schlechtem Zustand. Eine einstündige Bootstour vom Dasaswamedh Ghat im Süden zum Harishchandra Ghat und zurück ist ideal, um einen guten Überblick über das Flussgeschehen zu kriegen (s. S. 434).

Entlang der Ghats können sich Spaziegänger frei bewegen, obwohl das nach den Monsunregen einem Hindernislauf gleicht. Man kann hier toll Leute beobachten: eine einzigartige, faszinierende Mischung von Menschen tummelt sich am Ganges, und das nicht nur zu rituellen Bädern. Viele waschen einfach ihre Kleider, machen Yoga, bringen Opfergaben dar, kaufen *paan* (eine Mischung von Betelnüssen mit Blättern), verkaufen Blumen, lassen sich massieren, spielen Kricket, baden ihre Büffel, rasieren sich, verbessern ihr Karma oder lungern einfach so herum. Hier findet das echte, traditionelle Indien statt – und zwar so farbenprächtig und malerisch wie sonst kaum irgendwo. Ein Eldorado für Fotografen.

Das **Assi Ghat** ist nicht besonders hübsch, aber dennoch bei vielen Touristen beliebt. Es gibt hier unzählige Geschäfte, darunter auch eins, das vor Ort hergestelltes Spielzeug verkauft. Am **Tulsi Ghat** hat die NGO-Kampagne für einen saubereren Ganges ihr Forschungslabor (s. Kasten S. 430). Drei jainistische Tempel gibt's am **Bachraj Ghat** zu entdecken. Viele Ghats gehören den Maharadschas oder dem Hochadel, z. B. auch das **Shivala Ghat**, das vom Maharadscha von Benares angelegt wurde. Das **Dandi Ghat** wird von Asketen benutzt, die Dandi Panths genannt werden, direkt daneben liegt das sehr beliebte **Hanuman Ghat**.

Am **Harishchandra Ghat**, einem der ältesten, werden Leichen verbrannt. Weiter oben liegt das bei Südindern besonders beliebte **Kedar Ghat**. Das **Mansarowar Ghat** wurde von Radscha Man Singh von Amber angelegt und nach dem tibetischen Fluss am Fuße des Mount Kailash, Shivas Zuhause im Himalaja, benannt. Vom **Someswar Ghat** (Herr des Mondes) sagt man, es könne Krankheiten heilen. Das **Munshi Ghat** ist unglaublich hübsch, und das **Ahalya Bai's Ghat** wurde nach der Herrscherin von Indore benannt.

Am Namen des **Dasaswamedh Ghat** kann man erkennen, dass Brahma *(medh)* hier

zehn *(das)* Pferde *(aswa)* opferte. Durch seine zentrale Lage ist das geschäftigste Ghat ein toller Ort, um Leute zu beobachten und die faszinierende Atmosphäre einzuatmen. Die Statuen und den Schrein Sitalas, der Pockengöttin beachten!

Radscha Man Singhs **Man Mandir Ghat** wurde im Jahr 1600 angelegt und im 19. Jh. leider nur sehr schlecht restauriert. Am nördlichen Eck des Ghat ist ein hübscher Steinbalkon zu entdecken und Radscha Jai Singh errichtete hier 1710 einen Beobachtungsturm.

Vom **Meer Ghat** aus gelangt man zu einem nepalesischen Tempel, der erotische Skulpturen birgt. Die meisten Verbrennungen finden am **Manikarnika Ghat** statt, für Hindus der beste Ort dafür. Die Aussätzigen, die *doms,* sind für den Transport der Leichen zuständig: Sie tragen die Toten in Tüchern auf Bambustragen durch die Gassen der Altstadt zum heiligen Ganges. Dort wird der Leichnam in den Ganges getaucht, bevor die Verbrennung beginnen kann. Am höchsten Punkt des Ghats wird ein riesiger Scheiterhaufen aufgeschichtet, wobei die großen Holstücke sorgfältig gewogen werden. Der Preis für die Verbrennung richtet sich nach diesem Gewicht. Jede Holzart kostet unterschiedlich, Sandelholz ist am teuersten. Es ist eine Kunst, genau soviel Holz aufzuschichten, wie für die Verbrennung gebraucht wird. Zuschauen ist erlaubt, Fotos machen aber verboten. Unbedingt durch entsprechendes Verhalten Respekt zeigen!

Oberhalb der Stufen gibt es ein Becken, bekannt als die **Manikarnika-Quelle**. Parvati hat hier angeblich einen Ohrring verloren und Shiva soll das Becken gegraben haben, um ihn wiederzufinden. Dabei soll er die Vertiefung im Boden mit seinem Schweiß gefüllt haben. Auf dem **Charanpaduka**, einem großen Stein zwischen der Quelle und dem Ghat, sind Fußabdrücke von Vishnu zu sehen. Am Charanpaduka verbrannt zu werden ist ein Privileg der VIPs. Hier gibt's auch noch einen Tempel, der Ganesh geweiht ist.

Am **Dattatreya Ghat** kann man in einem kleinen Tempel den Fußabdruck eines heiligen Brahmanen gleichen Namens sehen.

Im Jahr 1830 wurde das **Scindhia Ghat** angelegt, das aber so riesig war, dass es in den Fluss stürzte und wieder aufgebaut werden musste. Das **Ram Ghat** wurde vom Maharadscha von Jaipur errichtet.

Das **Panchganga Ghat** – so deutet sein Name an – liegt genau an der Stelle, wo sich fünf Flüsse vereinen. Aurangazebs kleinere Moschee, auch **Alamgir-Moschee** genannt, ist das Glanzstück dieses Ghats. Sie wurde dort gebaut, wo früher ein riesiger Vishnu-Tempel war. Dieser Vishnu-Tempel war vom Marathenherrscher Beni Madhur Rao Scindhia errichtet worden. Auf dem **Gai Ghat** steht eine aus Stein gemeißelte Kuh. Das **Trilochan Ghat** hat direkt am Fluss zwei Ecktürme und das Wasser dazwischen ist besonders heilig. Das **Raj Ghat** war bis zur Fertigstellung der Zug- und Autobrücke die Anlegestelle der Fähre.

VISHWANATH-TEMPEL

Auch als Goldener Tempel (Karte S. 432) bekannt und der beliebteste Hindutempel in Varanasi. Er ist Vishveswara geweiht – Shiva als Gott des Universums. Die Anlage, die sich heute bewundern lässt, wurde 1776 von Ahalya Bai von Indore erbaut. Allerdings wurden die Türme und die Kuppel erst 50 Jahre später von Maharadscha Ranjit Singh vergoldet. Dafür waren 800 kg Gold notwendig.

Weitere Shiva-Tempel folgten, wurden aber immer wieder von muslimischen Eroberern zerstört. Aurangzeb knüpfte an diese „Tradition" an, indem er den ursprünglichen Tempel niederriss und dafür die **Gyanvapi-Moschee** baute.

Momentan ist sehr viel Militär hier, was an den Spannungen in Ayodhya (s. S. 426) liegt. Kameras und Handys müssen am Eingang abgegeben werden und Nicht-Hindus dürfen nicht in den Tempel. Vom zweiten Stock eines Geschäfts auf der anderen Straßenseite kann man aber kostenlos hineinsehen.

Neben dem Vishwanath-Tempel ist die **Gyan Kupor-Quelle** (Quelle der Weisheit, Karte S. 432) zu finden. Gläubige sind davon überzeugt, dass man auf eine höhere spirituellen Ebene kommt, wenn man daraus trinkt. Aber die Tradition hindert sie daran, genauso wie eine hohe Absperrung. Man sagt, dass die Quelle einen Shiva-Lingam enthält, der von dem alten Tempel in dieses Versteck gebracht wurde, um ihn vor Aurangazeb in Sicherheit zu bringen

BENARES HINDU-UNIVERSITÄT

Varanasi war schon immer ein Zentrum der Bildung. Diese Tradition wird in der großen, angesehenen Benares Hindu-Universität (BHU; Karte S. 428 f.) fortgesetzt. Der Nationalist Pandit Malaviya gründete sie 1917 als Zentrum indischer Kunst, Musik, Kultur, Philosophie und zum Studium des Sanskrits. Heute wird fast jedes Fach abgedeckt, und die 14 000 Studenten (darunter 2000 Ausländer) nehmen dies begeistert an.

Die breiten Alleen des Campus erzeugen auf 5 km² eine wunderbar ruhige Atmosphäre. Hier ist auch das **Bharat Kala Bhavan** (☎ 2307621; Inder/Ausländer 10/40 Rs, Fotoapparat 20 Rs; ⏲ Mo–Sa 11–16.30 Uhr), ein Museum mit einer umwerfenden Sammlung von Miniaturgemälden und Manuskripten aus dem 12. Jh., die noch auf Palmblätter geschrieben wurden. Daneben werden Skulpturen ausgestellt und es gibt faszinierende Infos zur Geschichte der Umgebung.

Der **Neue Vishwanath-Tempel** (⏲ 4–12 & 13–21 Uhr) ist ungewöhnlicherweise für alle Besucher offen, egal welcher Kaste oder Religion sie angehören. Allerdings ist er auch nichts Besonderes.

Mit der Autorikscha (50 Rs) dauert es vom Bahnhof zur Uni etwa 40 Minuten.

RAMNAGAR FORT & MUSEUM

Am östlichen Ufer des Ganges gibt's ein Mischmasch-**Museum** (Karte S. 428 f.; ☎ 2339322; Eintritt 7 Rs; ⏲ 9–12 & 14–17.30 Uhr), mitten in einem langsam zerfallenden Fort und Palast aus dem 17. Jh. Neben indischen Sänften stellt es auch Howdahs, eine astrologische Uhr, Kleidung, Waffen und noch viel mehr aus. Der Maharadscha ist immer noch jährlich der Schirmherr des **Ram Lila Theaterfestivals** (s. S. 394), das hier stattfindet.

Mit der Fähre (6 Rs inklusive Rückfahrt, von 5 bis 20 Uhr) setzt man bequem über. Zwischen November und Juni kann mit etwas Mut auch die etwas wackelige Pontonbrücke benutzt werden.

NOCH MEHR SEHENSWERTES

Der kleine **Durga-Tempel** (Karte S. 428 f.; Durgakund Rd; ⏲ Sonnenaufgang–Sonnenuntergang) wurde im 16. Jh. von einem bengalischen Maharadscha im nordindischen Nagarastil erbaut und mit

Ocker rot gefärbt. Er ist mit seinen in mehreren Ebenen errichteten *sikharas* (Türmen) Durga geweiht, der „schrecklichen" Version von Shivas Gattin Paravati. Nicht-Hindus dürfen zwar in den Innenhof, aber nicht ins innere Heiligtum.

Neben dem Durga-Tempel liegt der moderne **Tulsi Manas-Tempel** (Karte S. 428 f.; Durgakund Rd; ⌚ 6.30–11.30 & 15–21 Uhr), der 1964 aus Marmor im *sikhara*-Stil errichtet wurde. Die Wände haben zwei Ebenen und enthalten Gravuren von Versen und Szenen des Ram Charit Manas, der Hinduversion des Ramayanas. Der Dichter Tulsi Das lebte hier, während er die Inschriften verfasste.

Der **Bharat Mata-Tempel** (Karte S. 428 f.; Vidyapeeth Rd; Fotos/Video 10/20 Rs; ⌚ Sonnenaufgang–Sonnenuntergang) stammt von 1918. Hier gibt's eine sehr ungewöhnliche Reliefkarte des indischen Subkontinents zu bewundern.

Man Singh errichtete am Man Mandir Ghat im Jahr 1600 einen Palast. Im nächsten Jahrhundert baute Savaijai Singh ein **astronomisches Observatorium** (Karte S. 432; Man Mandir Ghat; Inder/Ausländer 5/100 Rs; ⌚ Sonnenaufgang–Sonnenuntergang) dazu.

Aktivitäten

FLUSSTRIPS

Die Ruderbootstour vorbei an den Ghats ist eine einmalige Erfahrung. Um 5.30 Uhr ist dieser kleine Trip am schönsten, weil da die Luft noch kühl und die Szenerie in ein fast magisches Licht getaucht ist. Die einstündige Tour vom Dasaswamedh Ghat zum Harishchandra Ghat ist besonders beliebt – allerdings sollte man am Harishchandra auf verbrennende Leichen gefasst sein.

Viererboote für diese Tour sind pro Stunde zwischen 50 und 100 Rs zu haben. Verhandlungen beginnen meist um die 450 Rs. Tipp: Direkt mit dem Kapitän verhandeln und geduldig aber bestimmt bleiben. Alternativ kann auch UP Tourism den Trip organisieren (s. S. 430).

Entlang der Ghats werden noch weitere Bootstrips angeboten, etwa vom Assi Ghat Richtung Norden zum Harishchandra Ghat, vorbei an den restlichen Ghats (ein Achterboot kostet für zwei Stunden 200 Rs).

DAMPFBÄDER, MASSAGEN & SCHWIMMEN

Das **Hotel Surya** (Karte S. 428 f.; ☎ 2508466; www.hotelsuryavns.com; the Mall) bietet Gesichtsmassagen (60 Rs), Massagen (200 Rs), Dampfbäder (100 Rs), Ölmassagen (400 Rs), *sirodhara* (heilende Öle), einfache Massagen (800 Rs für 1½ Std.) und Haareschneiden (40 Rs) an.

Nicht-Gäste können im **Hotel Clarks Varanasi** (Karte S. 428 f.; ☎ 2501011; The Mall) den Outdoor-Pool für 200 Rs pro Person benutzen.

DER GANGESDELPHIN

Der Gangesdelphin (susu) ist ein Süßwasser-Flussdelphin, der im gesamten Gangessystem und sogar noch in Nepal zuhause ist. Er ist blind und orientiert sich mit seinem Echolotsystem. So jagen die Tiere auch nach kleinen Fischen.

Die Säuger sind allein oder in kleinen Gruppen unterwegs, werden bis zu 2 m groß und etwa 20 Jahre alt. Jungtiere sind schokoladenbraun, erwachsene Exemplare grau. Die Gangesdelphine sind eine bedrohte Tierart und stehen unter Artenschutz – man schätzt, dass heute weniger als 4000 Exemplare übrig geblieben sind, nachdem sich viele in Fischernetzen verfangen haben, wegen ihres Fleisches gejagt worden sind, nachdem ihr Lebensraum immer mehr verschmutzt und begrenzt worden ist durch Dämme und ähnliches. Es ist ein Wunder, dass es sie überhaupt noch gibt.

Manchmal tauchen sie bei Varanasi und in Patna in Bihar auf, hier liegt das Vikramshila Gangetic Delphin Sanctuary.

Kurse

HINDI-SPRACHKURS

Das etablierte **Bhasha Bharati Language Institute** (Karte S. 432; ☎ 2420447; www.bhashabharati.com) liegt neben der Chowk-Polizeistation und bietet Hindi-Sprachkurse an. Ein Kurs von 30 Stunden kostet 150 Rs pro Person und Stunde im Einzelkurs. Dabei wird besonders das Sprechen und Verstehen geschult. Während des Kurses können Schüler bei einer Familie untergebracht werden – das ist für den Lernerfolg wohl das Beste. Zimmer gibt's aber auch direkt in der Sprachschule.

MUSIK & TANZ

Das **International Music Centre Ashram** (Karte S. 432; ☎ 2452303; keshavaraonayak@hotmail.com) ist ein Familienunternehmen, das sich einen sehr guten Namen gemacht hat. Es liegt versteckt beim Dasaswamedh Ghat, aber die Suche lohnt sich. Sitar- und Tablastunden kosten 100 Rs pro Stunde. Jeden Samstag- und Mittwochabend ab 20 Uhr gibt's hier Konzerte (50 Rs).

Im *Cantonment* ist der **Musical Point** (Karte S. 428 f.; ☎ 3260166; Mint House Rd; 200 Rs/Std.; ⏲ 14–19 Uhr), direkt neben dem Hotel Vaibhav. Angeboten werden Tabla- und Sitarkurse und Kurse für klassischen Tanz.

YOGA & MEDITATION

In Varanasi gibt's haufenweise falsche Yogalehrer, die am liebsten junge Damen unterrichten. Ein echter Meister ist der Yogi Prakash Shankar Vyas am **International Yoga Clinic & Meditation Centre** (Karte S. 432; ☎ 2397139; gurujivyas@satyam.net.in) beim Man Mandir Ghat. Er unterrichtet Hatha, Pranayama, Kriya und spirituelles Yoga. Pro Stunde und Schüler nimmt er 100 Rs, in Zweiergruppen je 75 Rs und in Dreiergruppen je 50 Rs.

Der **Malaviya Bhavan** (Karte S. 428 f.; ☎ 2307208; Benares Hindu-Universität) bietet einen vierwöchigen Kurs mit abschließendem Yoga-Zeugnis an (eine Stunde täglich). Das kostet 5300 Rs. Mit einem kleinen Aufpreis von 300 Rs wird ein viermonatiger Diplomkurs draus, in dem es auch um Hindu-Philosophie geht. Für diesen Kurs ist ein Studentenvisum nötig. Kurse mit Zeugnis fangen im März, April, August, September, November und Dezember an, die Diplomkurse im Januar.

Geführte Touren

Wer wenig Zeit in Varanasi hat, sollte sich mit **UP Tourism** (Karte S. 428 f.; ☎ 2506670; Varanasi Junction-Bahnhof; ⏲ 6–19 Uhr) in Verbindung setzten. Dort gibt's Informationen zu den siebenstündigen geführten Touren. Dabei werden im Taxi die wichtigsten Orte abgeklappert, inklusive Sarnath (s. S. 441). Außerdem kann eine Bootstour gebucht werden. Sie startet um 5.30 Uhr (s. gegenüber), für maximal vier Personen kostet sie 1250 Rs, eine Halbtagestour macht 700 Rs.

Schlafen

Immer mehr Hotels bieten einen kostenlosen Abholservice vom Bahnhof und sogar vom Flughafen an. So sparen sich die Gäste den Ärger mit den Rikschas. Viele Unterkünfte haben mittlerweile auch eine eigene Notstromversorgung, damit die Klimaanlagen weiterlaufen, wenn wieder mal der Strom ausfällt. Jedes Hotel hat ein Restaurant. Hotels im Bereich der Ghats empfehlen ihren Gästen oft, vor 22 Uhr zurück zu sein. Während der Nebensaison (April bis Juli) bieten die meisten Häuser Sonderkonditionen an.

BUDGETUNTERKÜNFTE

Rund um die Ghats

Auch einige der günstigsten Hotels haben eine unbezahlbare Aussicht.

Hotel Alka (Karte S. 432; ☎ 2401681; www.hotelalkavns.com; Meer Ghat; Zi. mit Gemeinschaftsbad 200 Rs, mit eigenem Bad 250–700 Rs, mit Klimaanlage 550–990 Rs; Gerichte 20–65 Rs; ⊠ 💻) Unter den billigen Hotels der Ghats das beste. Super freundlicher und hilfsbereiter Besitzer. Alle Zimmer sind sehr sauber, modern und haben TV. Die etwas teureren Räume bieten einen genialen Ausblick. Tolles vegetarisches Gartenrestaurant.

Scindhia Guest House (Karte S. 432; ☎ 2420319; www.scindhiaguesthouse.com; Scindhia Ghat; DZ mit Gemeinschaftsbad 200 Rs, mit eigenem Bad 300–450 Rs, mit Klimaanlage 600 Rs; Gerichte 20–75 Rs; ⊠) Das saubere und exzellent geführte Gasthaus hat Zimmer mit tollem Ausblick, oft von hübschen Balkons aus. Zum Hotel gehören auch eine Bibliothek und ein vegetarisches Restaurant.

Ganga Fuji Home (Karte S. 432; ☎ 3093949; raj327333@yahoo.com; EZ/DZ mit Gemeinschaftsbad ab 100/150 Rs, mit eigenem Bad ab 250/300 Rs, mit Klimaanlage ab 400/500 Rs; ⊠) Abseits von der Kalika Gali, ein bisschen weiter entfernt von den Ghats. Die etwas teureren Zimmer sind brandneu und klasse eingerichtet. Das angekündigte Restaurant wird auf der Dachterrasse einen umwerfenden Rundumblick über die Stadt bieten. Die Besitzer sind selbst viel herumgekommen und geben sich wirklich große Mühe, den Standard immer wieder zu heben: So gibt's seit kurzem eine Waschmaschine.

Sahi River View Guesthouse (Karte S. 428 f.; ☎ 236 6730; sahi_rvgh@sify.com; Assi Ghat; DZ 200–400 Rs, mit Klimaanlage 900 Rs; ⊠) Der unglaublich freundliche Mr. Sahi und seine nette Familie kümmern sich mit hausgemachten Köstlichkeiten rührend um ihre Gäste. Die Zimmer haben alle möglichen Formen, haben TV und eigene Badezimmer mit heißem Wasser. Einige bieten auch Gangesblick.

Das Haus ist besonders beliebt bei alleinreisenden Frauen.

Vishnu Rest House (Karte S. 432; ☎ 2450206; Pandhey Ghat; B 50 Rs, EZ 80–170 Rs, DZ 140–300 Rs) Die großen Highlights hier sind die unmittelbare Nähe zum Ghat und das tolle Vegi-Restaurant auf der Terrasse. Einige Zimmer haben Gemeinschaftsbad, und manche (z. B. Nr. 300) eine tolle Aussicht; nur Plumpstoiletten.

Sri Venkateswar Lodge (Karte S. 432; ☎ 2392357; venlodge@satyam.net.in; EZ/DZ mit Gemeinschaftsbad 80/150 Rs, mit eigenem Bad 175/195 Rs) Abseits der Dasaswamedh Ghat Rd. Von draußen sieht das Gebäude zwar etwas wild aus, aber die Zimmer wurden vor kurzem renoviert. Sie sind relativ schlicht, recht sauber und bieten neben Sitztoiletten auch heißes Wasser.

Yogi Lodge (Karte S. 432; ☎ 2392588; yogilodge@yahoo.com; Kalika Gali; B/EZ/DZ/3BZ 50/80/100/150 Rs) Bei Hippies und denen, die es werden möchten, seit langem der absolute Renner. Schnäppchenunterkünfte im Kellerbereich und unheimlich entspannte Atmosphäre. Man teilt sich die Duschen und die Plumpstoiletten.

Rund um den Bahnhof

Eine etwas ruhigere und auch modernere Gegend mit weniger Hektik und Chaos als unten bei den Ghats.

Hotel Buddha (Karte S. 428 f.; ☎ 2203686; hotelbuddha@rediffmail.com; EZ 250–350 Rs, DZ 300–450 Rs, mit Klimaanlage 650/750 Rs; Gerichte 22–95 Rs; ❄) Abseits der Kabir Chaura Rd. liegt das saubere, schicke Hotel. Freundliche, moderne Zimmer mit TV, einige sogar mit Balkon. Dazu kommt ein klasse Restaurant. Top-Tipp für diese Gegend.

Hotel Ajaya (Karte S. 428 f.; ☎ 2203707; Fax 2202224; Kabir Chaura Rd; EZ/DZ von 200/300 Rs, mit Klimaanlage 450/600 Rs; ❄) Sehr unterschiedliche Zimmer. Die mit Klimaanlage sind um einiges besser, manchmal mit Balkon. Im Hotel gibt's auch ein Restaurant und eine Bar.

MITTELKLASSEHOTELS

Rund um die Ghats

Hotel Haifa (Karte S. 428 f.; ☎ 2312960; hotel_haifa@hotmail.com; EZ/DZ 400/600 Rs, mit Klimaanlage 750/950 Rs; ❄) Abseits der Shivala Rd. in der Nähe des Assi Ghats. Das brandneue Hotel hat schicke, sehr saubere Räume und eine routinierte Belegschaft. Die Zimmer im obersten Stockwerk haben eine geniale Aussicht und das Restaurant (s. S. 438) ist unglaublich beliebt.

Palace on the Ganges (Karte S. 428 f.; ☎ 2315050; palaceonganges@indiatimes.com; Assi Ghat; DZ 2990 Rs; Gerichte 60–80 Rs; ❄) Etwas teurer aber sein Geld wert. Der Traum eines jedes Innenarchitekten wird in den traditionell anmutenden Zimmern wahr, denn jedes ist im ganz eigenen Stil einer Region Indiens gehalten. Viele Zimmer haben Balkone und eine tolle Aussicht. Es gibt eine gutsortierte Bibliothek und ein tolles Restaurant auf der Dachterrasse.

Rund um den Bahnhof

Hotel Surya (Karte S. 428 f.; ☎ 2508466; www.hotelsuryavns.com; The Mall; EZ 300–700 Rs, DZ 450–900 Rs; ❄ 💻) Alle Zimmer hier sind sehr geschmackvoll eingerichtet und haben Balkone. Das genial angelegte Hotel wurde um einen idyllischen Garten herum gebaut. Die Preise sind angemessen, und obwohl es 1 km vom Bahnhof entfernt ist, ist es sehr beliebt. Das Canton Restaurant (S. 438) hat einen gemütlichen Gartenbereich, außerdem werden Massagen angeboten (s. S. 434). Bücher können getauscht und Geld gewechselt werden; selbst Campen ist hier erlaubt (70 Rs/Person).

Hotel Pradeep (Karte S. 428 f.; ☎ 204963; hotelpradeep@satyam.net.in; Kabir Chaura Rd; EZ 700–990 Rs, DZ 850–990 Rs; ❄) Hinter der ungewöhnlichen Fassade verbergen sich schöne Zimmer mit eigenem Bad und Minibar. Dazu kommen

ETWAS BESONDERES

Hotel Ganges View (Karte S. 428 f.; ☎ 2313218; Fax 2369695; Assi Ghat; Zi. mit/ohne Klimaanlage 2500/1200 Rs; ❄) Wunderbar renoviert erstrahlt dieses traditionelle Gebäude in neuem Glanz. Mit viel Stil und zum Bersten voll mit Kunst und Antiquitäten bietet es einen grandiosen Ausblick auf das Assi Ghat; auf der Terrasse trifft man vielleicht sogar auf ein paar Künstler bei der Arbeit. Tolles Ambiente und gerade noch klein genug, um sehr persönlichen Service bieten zu können. Dazu kommen Konzerte, Vorlesungen und die Möglichkeit, Kontakt zur Künstler- und Intellektuellenszene zu knüpfen. Im gemütlichen Restaurant werden klasse Gerichte angeboten. Zimmer 9 ist wahrscheinlich das beste. Möglichst früh buchen!

eine Bar und das exquisite Poonam & Eden Restaurant (s. S. 438). Das Hotel macht den Gästen gerne ein Frühstück zum Mitnehmen (110 Rs) oder packt ein Lunchpaket (150 Rs).

Shivam Hotel (Karte S. 428 f.; ☎ 2201055; Fax 2208363; Parade Kothi; EZ/DZ 350/425 Rs, mit Klimaanlage 650 Rs; ❄) Sehr gemütliche und saubere Zimmer zu sehr guten Preisen. Das Hotel ist ruhig und noch recht neu. Weil es gerade mal fünf Minuten zu Fuß südlich vom Bahnhof liegt, kann man sich den Rikschastress sparen. Das Mandarin Restaurant (s. S. 438) und die Bar (S. 439) sind auch zu empfehlen.

Hotel Plaza Inn (Karte S. 428 f.; ☎ 2348210; Fax 2340 504; Parade Kothi; EZ/DZ 600/800 Rs, mit Klimaanlage 950/1250 Rs; ❄) Nur einen Katzensprung südlich vom Bahnhof und von der Bushaltestelle entfernt. Neben der tollen Lage bietet das riesige Hotel etwas langweilige Zimmer – allerdings zu günstigen Preisen.

Hotel Vaibhav (Karte S. 428 f.; ☎ 2501359; hotelvaibhav@satyam.net.in; Mint House Rd; EZ/DZ 450/650 Rs, mit Klimaanlage von 750/900 Rs; ❄ 💻) Die schön eingerichteten Zimmer sind an den Wänden mit indischer Kunst verziert. Das stilvolle Restaurant ist ganz in Grün gehalten, außerdem die Kellerbar nicht verpassen!

Hotel Avaneesh (Karte S. 428 f.; ☎ 2410730; m_singh_a@sify.com; Station Rd; EZ/DZ von 450/550 Rs; ❄) Die vor kurzem renovierten Zimmer hier sind alle sehr sauber. Einige mit Balkon.

Kameshut Hotel (Karte S. 428 f.; ☎ 202689; EZ/DZ 450/550 Rs, mit Klimaanlage ab 550/650 Rs; Gerichte 40–70 Rs; ❄) Recht einfache aber saubere Zimmer mit TV (einige mit Balkon) abseits der Kabir Chaura Rd. Es gibt auch einen Garten, ein Restaurant und eine Bar.

Hotel India (Karte S. 428 f.; ☎ 2507593; hotelindiavns.com; Mint House Rd; EZ/DZ/Suite von 990/1650/3800 Rs; Gerichte 120–160 Rs; ❄ 💻) Zimmer wie aus dem Ei gepellt, sehr gemütlich und mit Kühlschrank. Die Suiten in diesem schicken Hotel im Cantonment sind palastartig. Eine tolle Belegschaft schafft es mit ihrer Freundlichkeit, dass sich die Gäste wie zuhause fühlen. Kein Wunder, dass dieses Hotel immer wieder die besten Kritiken absahnt. Der Wellnessbereich ist winzig, dafür sind aber das Palm Springs Restaurant auf dem Dach und die Bar zu Recht sehr beliebt.

Pallavi International Hotel (Karte S. 428 f.; ☎ 235 6939; www.pallaviinternationalhotel.com; Hathwa Pl; EZ/DZ 850/950 Rs, EZ/DZ/Suite mit Klimaanlage 1100/1350/1700 Rs; ❄ 🏊) Der Palast des Maharadschas von Bahadur ist voll mit Antiquitäten, und wirklich jedes Zimmer ist hier anders. Einige sind modern, andere traditionell und wieder andere wirken mit ihrem Dekor wie Blockhütten. Alles ist etwas staubig. Wer hier wohnt, hat das Gefühl, bei einem reichen aber etwas exzentrischen älteren Verwandten zu Besuch zu sein …

SPITZENKLASSEHOTELS

Hotel Taj Ganges (Karte S. 428 f.; ☎ 2503001; www.tajhotels.com; Raja Bazaar Rd; Zi./Suite ab 4000/6500 Rs; ❄ 💻 🏊) Immer noch mit sehr großem Abstand die Nummer eins in Varanasi. Dieses Luxushotel kombiniert westlichen Komfort mit indischem Stil. Das Varuna Restaurant (S. 438) und die Princep Bar (S. 439) sind Paradebeispiele dafür. Auf über 5 ha können die Gäste spazieren gehen, Fahrradfahren oder mit einem Maharadscha-Buggy herumkurven. Bequem geht's so zu den Obstbäumen, zum Tennisplatz, zum Open-Air-Yogazentrum oder zum schon etwas klapprigen Gasthaus des Maharadschas, mit Jagdtrophäen und alten Fotografien. Es soll schon bald in eine Luxusunterkunft im alten Stil umgebaut werden, vielleicht ist es also demnächst geschlossen.

Hotel Clarks Varanasi (Karte S. 428 f.; ☎ 2501011; clarkvns@satyam.net.in; The Mall; EZ 2000–5000 Rs, DZ 3000– 5500 Rs; ❄ 💻 🏊) Luxuriöse und sehr geräumige Zimmer sind hier großzügig in drei Bereichen des Hotels untergebracht. Super Restaurant und gemütliche Bar. Internetzugang für 420 Rs pro Stunde, wohl der Rekord in Indien.

Essen

In der Altstadt gibt's im Sommer die heimischen *langda aam* Mangos und im Herbst die *sitafal* (Zuckeräpfel). *Singhara* ist eine fast schwarze Wurzel, die etwa wie Wasserkastanien schmeckt.

RUND UM DIE GHATS

Bread of Life Bakery (Karte S. 428 f.; Shivala Rd; Gebäck 10–30 Rs, Gerichte 50–110 Rs; ❄) Saubere und gemütliche Oase mitten im Ghatviertel mit sehr entspannter Atmosphäre. Auf der Speisekarte stehen hier leckere europäische Gerichte, darunter auch der gute alte Eintopf. Die Einnahmen gehen an eine Wohltätigkeitsorganisation vor Ort. Wer's eilig hat, kann hier auch schnell an der Theke einen Happen essen.

Haifa Restaurant (Karte S. 428 f.; Hotel Haifa; Gerichte 30–70 Rs) Abseits der Shivala Rd., in der Nähe des Assi Ghat. Sicher ist ein Grund für die Beliebtheit dieses Restaurants das Thali aus Nahost. Unfassbar lecker.

Ganga Fuji Restaurant (Karte S. 432; Kalika Gali; Gerichte 25–40 Rs; ⌘) Jeden Abend gibt's hier klassische indische Livemusik ab 19.30 Uhr. Das ansonsten gemütliche Restaurant mit guter Standardküche ist schon allein deshalb einen Abend wert.

New Garden Restaurant (Karte S. 432; Mandapur Rd; Gerichte 35–90 Rs) Im luftigen OG-Restaurant wird ein leckeres Chili-Hühnchen und außergewöhnliche *thali* serviert. Super Atmosphäre mit vielen Pflanzen.

Vaatika Café (Karte S. 428 f.; Assi Ghat; Gerichte 45–90 Rs) Diese Outdoor-*dhaba* (Snackbar) steht schon fast im Fluss und ist bei Fliegen unglaublich beliebt – wohl wegen der köstlichen Kuchen und Pizzas, die hier aus dem Holzofen kommen.

Zee Restaurant (Karte S. 432; Dasaswamedh Ghat Rd; Gerichte 20–50 Rs) Auf der Dachterrasse werden tolle Gerichte zu moderaten Preisen serviert. Das ideale Plätzchen für ein Frühstück (Pfannkuchen kosten 18 Rs, Omelette 20 Rs) nach der Bootstour am frühen Morgen.

Madras Café (Karte S. 432; Dasaswamedh Ghat Rd; Snacks unter 10 Rs, Thalis 25 Rs) Dieses kleine, sehr günstige Restaurant im *dhaba*-Stil ist im Untergeschoss des Zee Restaurants.

Apsara Restaurant (Karte S. 432; Ganga Mahal; Gerichte um 18–40 Rs) Sehr beliebt, günstige Gerichte und Livemusik. Auf der Karte findet sich für jeden Geschmack etwas: von indischer, chinesischer, europäischer, japanischer, israelischer bis hin zu koreanischer Küche.

New Keshari Ruchikar Byanjan (Karte S. 432; Dasaswamedh Ghat Rd; Gerichte 35–75 Rs; ⌘) Vegetarisches Restaurant im Obergeschoss, schick und weit über dem Durchschnitt. Unten gibt's beste Eiscreme für 35 Rs – *chiku* ist besonders lecker. Vorsicht, Wechselgeld nachzählen!

Open Hand Shop & Café (Karte S. 428 f.; Drinks & Snacks 12–55 Rs; ⌚ So geschl.) Bei einem guten Kaffee oder erfrischenden Saft kann man geniale Quiches und hausgemachte Kuchen verdrücken. Auf dem Balkon dieses stylischen Cafés mit Laden, in der Nähe des Hotels Haifa, bleibt man nur zu gerne etwas länger sitzen.

RUND UM DEN BAHNHOF

Poonam & Eden Restaurant (Karte S. 428 f.; Hotel Pradeep, Kabir Chaura Rd; Gerichte 75–125 Rs; ⌘) Die Speisekarte hier hat eine tollen Auswahl an gut beschriebenen indischen Gerichten. Bambusmöbel und indische Kunst bestimmen das schicke Dekor. Ein Abendessen im Kerzenschein auf der Dachterrasse krönt einen Tag in Varanasi.

Mandarin Restaurant (Karte S. 428 f.; Shivam Hotel, Parade Kothi; Gerichte 30–100 Rs; ⌘) Die gängigen Gerichte werden hier lecker zubereitet und immer mit einem freundlichen Lächeln serviert. Das *dumbaloo* Banarasi oder das Kalimirch Hühnchen mit einem Touch Zitrone und *tawa* Rotis unbedingt probieren! Aber etwas Platz lassen für den Nachtisch: eine Süßspeise mit getrocknetem Früchtebrot und leckerer Soße – die Spezialität des Mandarin.

El Parador (Karte S. 428 f.; Gerichte 106–135 Rs) Dieses einzigartige Restaurant abseits der Parade Kothi wird von einer nepalesischen Familie betrieben. Es ist ziemlich teuer aber auch ziemlich besonderes. Auf der Dachterrasse können es sich die Gäste zwischen frischen Kräutern gemütlich machen und frisch und sorgfältig zubereitete Gerichte aus der mexikanischen und europäischen Küche genießen, darunter auch hausgemachte Pasta, Steaks und Waffeln.

Canton Restaurant (Karte S. 428 f.; Hotel Surya, The Mall; Gerichte 30–120 Rs) Bei einer so dicken Speisekarte kann nicht alles gut sein. Der Fisch mit Tomate und auch andere Fischgerichte allerdings sind klasse. Sehr nettes und beliebtes Restaurant.

Varuna Restaurant (Karte S. 428 f.; Hotel Taj Ganges, Raja Bazaar Rd; Gerichte 100–450 Rs) Eine der Topadressen in Varanasi. Umwerfende Spezialitäten aus der Region, dazu Live-Sitar- und Tablamusik ab 19.30 Uhr.

Burger King (Karte S. 428 f.; Raja Bazaar Rd; Gerichte Rs 20– 60) Nicht zu verwechseln mit der amerikanischen Fastfoodkette. Dieses Stehrestaurant bietet günstige *parathas*, Pizzas, Teigtaschen und Chow Mein an – und natürlich Burger.

Ausgehen & Unterhaltung

Die besten Bars sind in den Spitzenklassehotels. Das International Music Centre Ashram (Karte S. 432) veranstaltet mittwochs und samstags Konzerte. Allerdings ist es etwas schwer zu finden.

Princep Bar (Karte S. 428 f.; Hotel Taj Ganges, Raja Bazaar Rd) Coole Drinks werden hier mit einem guten Schuss Geschichte serviert. Die Bar ist nach James Princep benannt, der wundervolle Illustrationen der Ghats und Tempel Varanasis angefertigt hat.

Mandarin Bar (Karte S. 428 f.; Shivam Hotel, Parade Kothi; Guru mild 62 Rs, Cocktails 75 Rs) Etwas weniger nobel, aber immer noch sehr zivilisiert. Zu finden die Bar etwas südlich vom Bahnhof. Auch bei Einheimischen sehr beliebt.

Das **Ganga Fuji Restaurant** (Karte S. 432; Kalika Gali) und das **Varuna Restaurant** (Karte S. 428 f.; Hotel Taj Ganges, Raja Bazaar Rd) bieten jeden Abend Livemusik.

Hotel Ganges View (Karte S. 428 f.; ☎ 2313218; Assi Ghat) Gelegentlich interessante kulturelle Events.

Shoppen

Varanasi ist berühmt für Seidenbrokat und wunderschöne Saris aus dem alten Benares (der frühere Name Varanasis), meist werden Touristen aber ordentlich über den Tisch gezogen. Die Seidenhändler lügen wie gedruckt, selbst in den „staatlichen" Läden.

Ganga Silk (Karte S. 428 f.; Shivala Rd) Das beste Geschäft, um sich einen ersten Eindruck zu verschaffen. Die Waren werden zu Festpreisen verkauft und die Angestellten können kompetent über die verschiedenen Varianten der Seide Auskunft geben.

Open Hand Shop & Café (Karte S. 428 f.; 🕓 So geschl.) Dieser Laden nahe des Hotels Haifa bietet ein größeres Spektrum an Qualitätsprodukten an. Auch hier gelten Festpreise.

Vorsicht bei Musikinstrumenten: Einige bekommen Risse oder verändern die Form, wenn sie in ein anderes Klima mitgenommen werden. Bevor man die Läden stürmt, wäre es nicht schlecht, sich mit den Musikern im Ganga Fuji Restaurant (s. oben) zu unterhalten. Sie geben gern Tipps zu Preisen und können etwas über die Besonderheiten der verschiedenen Instrumente sagen. Raffiniertes Spielzeug aus der Gegend, Bhadohi-Teppiche, Messingornamente, Parfums und Textilien werden in Varanasi auch gerne gekauft.

An- & Weiterreise

FLUGZEUG

Indian Airlines (Karte S. 428 f.; ☎ 2502529; 🕓 Mo–Sa 10–17 Uhr) hat ein Büro abseits von The Mall und fliegt von Varanasis Babatpur-Flughafen nach Khajuraho (90 US$) und Agra (115 US$), immer montags, mittwochs und freitags. Täglich gehen Flüge nach Delhi (135 US$) und Mumbai (245 US$). Verbindungen nach Kathmandu (95 US$) gibt's dreimal wöchentlich.

Sahara Airlines (☎ 2507872; Mint House, Cantonment) und **Jet Airways** (☎ 2506444; Krishnayatan Bldg, Kennedy Rd, Cantonment) bieten tägliche Flüge nach Delhi (135 US$) und Mumbai (245 US$) an.

BUS

Ziemlich chaotisch geht's auf Varanasis **Busbahnhof** (Karte S. 428 f.; ☎ 2203476) zu. Er ist nur wenige hundert Meter vom Varanasi Junction-Bahnhof entfernt. Häufig gibt's von hier aus Expressverbindungen nach Allahabad (58/100 Rs ohne/mit Klimaanlage, 3 Std.), Faizabad (100 Rs, 7 Std.), Gorakhpur (105 Rs, 7 Std.) und Lucknow (133 Rs, 8½ Std.). Nur ein Bus täglich geht nach Khajuraho (200 Rs, 12 Std.). Abfahrt ist um 16.30 Uhr. Der einzige Bus nach Bodhgaya (91 Rs, 7 Std.) fährt jeden Tag um 6.30 Uhr.

Busse nach Sarnath (10 Rs, 40 Min.) fahren draußen vor dem Varanasi Junction-Bahnhof ab, genau wie die Jeeps, die man sich mit anderen teilt, um zum Mughal Serai-Bahnhof (20 Rs) zu kommen.

ZUG

In den Zügen von und nach Varanasi wird immer wieder Gepäck gestohlen. Hier doppelt vorsichtig sein. Es ist auch schon vorgekommen, dass Essen und Getränke mit Betäubungsmitteln versetzt waren. Angebote von Fremden lieber höflich ablehnen.

Der Hauptbahnhof ist der **Varanasi Junction-Bahnhof** (Karte S. 428 f.; ☎ 132), auch bekannt als Varanasi Cantonment (Cantt)-Bahnhof. Touristenfahrkarten gibt's beim **Foreign Tourist Assistance Bureau** (🕓 Mo–Sa 8–20, So 8–14 Uhr). Es liegt in der Nähe von UP Tourism im Varanasi Junction-Bahnhof.

Viele der schnelleren Züge zwischen Delhi und Kolkata halten am **Mughal Serai-Bahnhof** (☎ 255703) 12 km südöstlich von Varanasi. Reservierungen für diese Verbindungen können am Varanasi Junction-Bahnhof vorgenommen werden. Für die Strecke zum Mughal Serai-Bahnhof am besten einen Jeep mieten (20 Rs, 40 Min.). Es gibt aber auch Busse und Taxis.

WICHTIGSTE ZUGVERBINDUNGEN AB VARANASI

Ziel	Zugnummer & Name	Preis (Rs)*	Dauer (Std.)	Abfahrt
Chennai	6040 *Ganga Kaveri Exp*	573/1329/2126	41	17.35 Uhr
Delhi	2423/2309 *Rajdhani*	1085/1600/2970	9	1.05 Uhr MS
	2391 *Sharmjeevi Exp*	259/728/1165	14	15.15 Uhr
Gorakhpur	5003 *Chauri Chaura Exp*	104/290/477	6½	12.30 Uhr
Kolkata	3010 Doon Exp	231/648/1037	14½	16.25 Uhr
Lucknow	4257 *Kashi Vishwanath Exp*	80/277	7	13.45 Uhr
Mumbai	1094 *Mahanagari Exp*	361/1014/1622	27	11.30 Uhr
Patna	3484 *Farrakka Exp*	64/222	6½	15.30 Uhr
Satna	1094 *Mahanagari Exp*	55/191	6½	11.30 Uhr

Alle Züge täglich außer dem 6040 *Ganga Kaveri Express* (Mo & Mi). MS bedeutet Mughal Serai-Bahnhof (alle anderen fahren vom Varanasi Junction-Bahnhof ab).
Preise für den *Rajdhani:* 3./2./1. Klasse, Express-Preise: 2. Klasse/Chair Class tagsüber, Nachtzüge: Sleeper Class/3AC/2AC.

NACH/VON NEPAL

Von Varanasis Bushaltestelle gegenüber vom Varanasi Junction-Bahnhof gehen Busse nach Sunauli (149 Rs, 10 Std.), der Grenzstadt zu Nepal. Abfahrt ist jeweils um 5, 8.30 und 10.30 Uhr, dann stündlich von 16.30 bis 20.30 Uhr.

Paul Travels (Karte S. 428 f.; ☎ 2208137; Parade Kothi) und weitere Reisebüros bieten ein Paketangebot für die Strecke von Varanasi nach Kathmandu oder Pokhara für 500 Rs an. Im Preis enthalten sind dabei Frühstück und eine Übernachtung auf der nepalesischen Seite bei Sunauli. Für diese Bequemlichkeit zahlt man allerdings ein dickes Extra und man kann für das letzte Stück der Reise auch nur einen ganz bestimmten Bus nehmen.

Die Straßen sind grauenhaft und der Fahrstil der Busfahrer ist äußerst riskant, aber die Zugverbindungen auf dieser Strecke sind leider auch nicht besser. Die Verbindung von Gorakhpur aus reicht lediglich bis Nautanwar, 8 km vor der Grenze. Die beste Möglichkeit ist sicher, mit dem Zug bis nach Gorakhpur zu fahren und dann mit dem Bus das letzte Stück zurückzulegen.

Diese Fahrt, bei der oft mehr als nur die Füße einschlafen, kann man sich sparen, indem man sich bei **Indian Airlines** (Karte S. 428 f.; ☎ 2502529; abseits von The Mall; ⌚ Mo–Sa 10–17 Uhr) ein Flugticket nach Kathmandu besorgt. Flüge gibt's immer dienstags, donnerstags und samstags.

Unterwegs vor Ort

VOM/ZUM FLUGHAFEN

Der **Babatpur-Flughafen** (☎ 2622081) liegt 22 km nordwestlich von der Stadt entfernt. Es gibt einen Bus (35 Rs), der täglich um 10 und um 13.30 Uhr vom Hotel Vaibhav (Karte S. 428 f.) zum Flughafen fährt. Die Zeiten können sich mit den Fluganktunfts und -abflugszeiten ändern.

BUS

In die Busse hier quetscht sich jeder Fahrgast, der reinpasst und dann noch ein paar mehr. Dafür kosten die Busse allerdings auch nur 5 Rs. Sie halten draußen am Varanasi Junction-Bahnhofs.

FAHRRADRIKSCHA

Billiger aber auch langsamer als die Autorikschas und damit besonders für kurze Strecken ideal oder in der Altstadt, wo Autorikschas und Taxis nicht erlaubt sind. Am Varanasi Junction-Bahnhof warten massig davon. Die Fahrer belagern dort die Touristen regelrecht. Den Preis immer runterhandeln! Auch lange Fahrten (vom Bahnhof nach Godaulia) sollten nicht mehr als 20 Rs kosten.

TAXI & AUTORIKSCHA

An den Taxi- und Autorikschaständen vor dem Varanasi Junction-Bahnhof werden Fahrten im Voraus bezahlt. Vom Bahnhof zum Dasaswamedh Ghat kostet es 80 Rs mit dem Taxi, oder 20 Rs per Autorikscha. Die

Strecke zur Benares Hindu-Uni macht 150 Rs mit dem Taxi, 50 Rs mit der Autorikscha. Touren in der Autorikscha gibt's für 60 Rs pro Stunde. Die Fahrer verlangen am Anfang immer mehr. Handeln ist hier angesagt.

Tempos fahren auf festen Routen zum Preis von 10 Rs. Sie sind allerdings fast immer brechend voll und deswegen eine nicht gerade tolle Alternative. Auch hier versuchen die Fahrer oft, mehr Geld herauszuschlagen.

SARNATH

☎ 0542

Buddha kam in diesen kleinen Ort 10 km nordöstlich von Varanasi, um vom Mittleren Pfad zum Nirvana zu predigen. Vorher hatte er in Bodhgaya Erleuchtung erlangt. Der Park, in dem er damals zu einer Handvoll Anhänger sprach, wurde erst vor kurzem neu angelegt. Im 3. Jh. v. Chr. hat Ashoka hier überwältigende Stupas und Klöster errichten lassen – und auch eine Säule mit Gravuren. Als Xuan Zang, ein chinesischer Reisender, im Jahr 640 vorbeikam, gab es in Sarnath einen 100 m hohen Stupa und 1500 Mönche, die in riesigen Klöstern lebten. Kurz darauf ging es mit dem Buddhismus jedoch bergab, und nachdem Muslime eingefallen waren und die Gebäude entweiht und zerstört hatten, verschwand Sarnath vollständig von der Bildfläche. Erst 1835 begannen britische Archäologen mit Ausgrabungen, und so erhielt Sarnath etwas von seinem alten Glanz zurück.

Wer hier einen Spaziergang durch die Sehenswürdigkeiten unternimmt, geht gleichzeitig auf eine kleine buddhistische Weltreise – denn die verschiedensten Nationen haben hier auf ihre ganz eigene Weise Tempel und Klöster gebaut. Von klassisch schlicht bis verschwenderisch überladen gibt's hier wirklich alles.

Infos zum **Buddha Purnima Festival** s. S. 394.

Praktische Informationen

Die **Post** (⌚ Mo–Fr 10–18, Sa 10–13 Uhr) ist gegenüber vom Rahi UP Tourist Bungalow. Einen Posten der Touristenpolizei gibt's gegenüber vom archäologischen Museum.

Sehenswertes

Die **modernen Buddhistentempel**, die von Gläubigen aus Tibet, China, Thailand, Burma und Japan gebaut wurden, unterscheiden sich deutlich im Design voneinander und sind absolut sehenswert. Hier leben 400 Mönche, die gern Besuch bekommen.

DER DHANEKH-STUPA & DIE BUDDHISTISCHEN RUINEN

In einem tollen **Park** (Inder/Ausländer 5/100 Rs, Video 25 Rs; ⌚ Sonnenaufgang–Sonnenuntergang) steht zwischen Ruinen der 34 m hohe **Dhanekh-Stupa** genau an der Stelle, an der Buddha seine erste Predigt gehalten haben soll. Die eingemeißelten Blumenornamente und geometrischen Figuren stammen aus dem 5. Jh. n. Chr., Teile des Mauerwerks sind wahrscheinlich sogar aus dem 2. Jh. v. Chr.

Der Herrscher Ashoka meditierte angeblich im **Hauptschrein**, aber davon sind nur noch die Fundamente übrig. Daneben steht eine **Ashoka-Säule**, in die ein Erlass eingraviert wurde. Das Kapitell der Säule mit den vier Löwen, das an der Spitze der Säule angebracht war, ist heute im archäologischen Museum zu sehen.

Direkt vor dem Park steht der jainistische **Sri-Digamber-Tempel**.

DER CHAUKHANDI-STUPA

Dieser riesige, teilweise zerstörte **Stupa** (⌚ Sonnenaufgang–Sonnenuntergang) stammt aus dem 5. Jh. und steht an der Stelle, wo Buddha seine ersten Schüler traf. Der Turm des Stupas passt so gar nicht dazu. Er wurde von den Moguln im 16. Jh. hinzugebaut, um an den Besuch des Herrschers Humayun zu erinnern.

MULGANDHA KUTI VIHAR & WILDPARK

Dieser moderne **Tempel** (☎ 2585595; ⌚ 4–11 & 13.30–20 Uhr) wurde 1931 von der Mahabodhi Society errichtet. Drinnen ist ein Buchladen und an den Wänden sind riesige Fresken des japanischen Künstlers Kosetsu Nosi zu sehen. Die erste Predigt Buddhas wird hier täglich zelebriert. Beginn der Zeremonie ist zwischen 6 und 7 Uhr, je nach Jahreszeit. Draußen wächst ein berühmter **Bodhi-Baum**, der 1931 aus Sri Lanka hergebracht wurde und angeblich ein Ableger des Baums in Anuradhapura ist. Der wiederum stammt vom Baum in Bodhgaya ab, unter dem Buddha erleuchtet wurde.

Hinter dem Tempel gibt's ein großes **Wildgehege** (Eintritt 2 Rs; ⌚ Sonnenaufgang–Sonnenuntergang), Vogelkäfige und ein Krokodilbecken.

ARCHÄOLOGISCHES MUSEUM

Absolut sehenswert: Dieses **Museum** (Eintritt 2 Rs; Sa–Do 10–17 Uhr) zeigt toll beschriebene Schätze der Vergangenheit, z. B. das Löwenkapitell der Ashoka-Säule, das als Vorlage für das Nationalemblem Indiens diente. Ein anderes Highlight ist der riesige, mit buddistischen Symbolen verzierte Steinschirm.

Schlafen & Essen

Die interessanteste Art der Übernachtung ist hier sicherlich, sich in den modernen Tempeln einzuquartieren. Für einige Tage kann man im tibetischen Tempel (50 Rs bis 100 Rs oder Spende) oder im japanischen Tempel (Spende) bleiben. Mit Verständigungsproblemen rechnen!

Rahi UP Tourist Bungalow (☎ 2595965; B/EZ/DZ 100/375/425 Rs, EZ/DZ mit Klimaanlage 575/675 Rs; Gerichte 22–60 Rs;) Sauberer als die meisten UP Tourism-Unterkünfte. Teilweise renoviert, gute Zimmer, nette Grünanlagen und ein lockeres Restaurant.

Rangoli Garden Restaurant (veg. Gerichte 40–70 Rs, nichtveg. 50–130 Rs) Chinesische und nord-/südindische Küche in einem sehr beliebten, großen Restaurant.

Vaishali Restaurant (veg. Gerichte 20–60 Rs, nichtveg. 40–100 Rs) Super Restaurant mit reichhaltigem Angebot, darunter auch Pizza.

Friends Corner Tibetan Restaurant (Gerichte 20–35 Rs) Dieses Restaurant im *dhaba*-Stil serviert tibetisches Essen. Hier gibt's auch die tibetische Nudelsuppe *thukpa*, *chow mein* und *momos* (eine Art Klöße).

An- & Weiterreise

Tagestrips können bequem in Varanasi gebucht werden. Busse (10 Rs, 45 Min.) fahren regelmäßig am Varanasi Junction-Bahnhof (südlicher Bereich) ab. Autorikschas (30 Min.) kosten 50 Rs (Hinfahrt), Taxis sind für 150 Rs zu haben. Es gibt auch Zugverbindungen.

GORAKHPUR

☎ 0551 / 624 570 Ew.

Diese Stadt ist ein Knotenpunkt für viele, die nach Sunauli und Nepal weiterreisen oder die buddhistischen Ruinen bei Kushinagar besuchen möchten, wo Buddha starb. Abgesehen vom buddhistischen Museum neben dem See im Süden der Stadt gibt's hier nicht viel zu sehen. Die wichtigste Bushaltestelle liegt fünf Gehminuten südlich vom Bahnhof.

Orientierung & Praktische Informationen

Geeta Press bietet Schnäppchen im Bereich religiöser Literatur und im ersten Stock findet man eine tolle Ausstellung über die hinduistische Mythologie. Das Stadtzentrum ist ein Labyrinth von geschäftigen Sträßchen, die zu Stoßzeiten allerdings hoffnungslos überfüllt sein können.

Bei **UP Tourism** (☎ 2335450; Bahnhof; ⏰ Mo–Sa 10–17 Uhr) gibt's kostenlose Stadtpläne. Im Hotel Bobina werden Reiseschecks und Geld gewechselt.

Die Reiseagenturen um den Bahnhof mit Vorsicht genießen!

Schlafen & Essen

Hotel Elora (☎ 2200647; DZ 250–400 Rs; ❄) Die Hotels gegenüber vom Bahnhof sind alle schäbig, die Gegend ist laut, chaotisch und mit Tourifängern gradezu verseucht. Dieses Hotel hebt sich durch die nette Belegschaft und die Veranda etwas ab.

Hotel Bobina (☎ 2336663; bobina@ndb.vsnl.net.in; Nepal Rd; DZ 400 Rs, mit Klimaanlage 700–1000 Rs; Gerichte 25–100 Rs; ❄) Ein kurzer Ritt auf der Fahrradrikscha (10 Rs vom Bahnhof) – und schon wartet eine saubere Unterkunft mit etwas Stil und freundlichem Personal. Das Restaurant ist überdurchschnittlich und die Bar im Mogulstil (hier unbedingt das ungewöhnliche Maharani Blue-Bier probieren!) wird von einem Mann mit Speer bewacht.

Hotel President (☎ 2337654; Fax 2331010; Maharaganj Rd; EZ/DZ ab 400/600 Rs; Gerichte 30–90 Rs; ❄) Im Epizentrum der Innenstadt; hat einige Zimmer mit Klimaanlage, eine Bar (Bier 85 Rs) und ein Restaurant.

Vivek Hotel (☎ 2330296; Bank St; DZ 200–325 Rs, mit Klimaanlage 550–900 Rs; Gerichte 30–90 Rs; ❄) Ein ruhiges Plätzchen gegenüber der State Bank of India, gebaut von einem reichen Arzt. Die günstigeren Zimmer in diesem alten Gebäude sind noch besser als die mit Klimaanlage. Im Restaurant bekommt man ein leckeres *karahi*-Hühnchen oder *sizzler*.

Food Plaza (Gerichte 35–80 Rs) Die beste Snackbar beim Bahnhof.

Bobi's Restaurant (Gerichte 30–80 Rs) Gegenüber vom Hotel President; tolle Gerichte, sehr sauber.

An- & Weiterreise

An der Bushaltestelle südlich vom Bahnhofs gibt's regelmäßig Verbindungen nach Faizabad (73 Rs, 4 Std.), Kushinagar (25 Rs, 1½ Std.) und Sunauli (48 Rs, 2½ Std., Grenze zu Nepal). Busse nach Varanasi (105 Rs, 7 Stunden) fahren von der Katchari-Bushaltestelle ab (etwas weiter südlich). Für die Strecke ist Zugfahren aber besser.

Straßenhändler sind ganz scharf darauf, Touristen Busfahrkarten für die gesamte Strecke bis nach Kathmandu zu verkaufen. Sie kosten 265 Rs, aber das ist wirklich kein Schnäppchen, schließlich wollen die Händler etwas von dem Geld haben und für den letzten Streckenabschnitt kann man den Bus nicht frei wählen.

Gorakhpur hat direkte Zugverbindungen nach Varanasi (65/226 Rs 2. Klasse/Chair Class, 5½ Std.), Lucknow (73/254 Rs, 6 Std.), Delhi (239/670/1072 Rs Sleeper Class/3AC/2AC, 16 Std.), Kolkata (274/769/1230 Rs, 20 Std.) und Mumbai (413/1160/1856 Rs, 33 Std.).

KUSHINAGAR

☎ 05564 / 17 982 Ew.

Die Buddha Marg in Kushinagar (www.kushinagar.com) ist mit ihrem idyllischen Charme der ideale Rückzugsort für alle, die sich von den großen, chaotischen Städten Uttar Pradeshs erholen wollen. Buddha starb hier, mit seinen letzten Worten auf den Lippen: „Alle Dinge sind vergänglich. Arbeitet mit Fleiß an eurer eigenen Erlösung." Buddhistische Texte erzählen, dass nach seinem Tod „die Erde erzitterte und Sterne vom Himmel fielen. Das Firmament zerbarst brennend in zehn Richtungen und die Luft war erfüllt von himmlischer Musik". Buddhisten vieler Länder haben hier Tempel erbaut, um reisende Mönche und Pilger eine Unterkunft zu bieten.

Praktische Informationen

UP Tourism (⏰ Mo–Sa 10–17 Uhr) liegt der Mahasulhamdadachan Thargyi-Pagode gegenüber.

In der Nähe des tibetischen Tempels sind das **Shukla Cyber Café** (1 Rs/Min.) und eine kleine Post. Im Wat Thai-Komplex gibt's ein Gesundheitszentrum.

Sehenswertes

Wer die 2,5 km entlang der Buddha Marg spaziert, kriegt alle Highlights Kushinagars zu Gesicht. Die Sehenswürdigkeiten sind von Sonnenaufgang bis Sonnenuntergang kostenlos zu besichtigen, wenn es hier nicht anders vermerkt ist.

Am Anfang des Weges steht ein dreifacher Bogengang, dann folgt ein Tempel, der von **Linh Son-Buddhisten** aus Vietnam verwaltet wird. Zur Anlage gehören ein Tempel, ein Speiseraum, eine Meditationshalle und Gärten. Zehn vietnamesische Mönche heißen hier gern Gäste willkommen, obwohl sie meist kein Englisch sprechen.

Gegenüber von UP Tourism stehen die gewaltige, goldene **Mahasukhamdadachan Thargyi-Pagode** und eine kleine Schule.

Der **Mahaparinirvana-Tempel** ist zwischen riesige Rasenflächen gebettet. Drinnen ist eine prächtige **liegende Buddhafigur aus dem 5. Jh.**, die 1876 gefunden wurde. 6 m lang und größtenteils in goldenes Tuch gehüllt, ist sie eine der wichtigsten Ikonen des Buddhismus. Hinter dem Tempel steht ein 19 m hoher **Stupa** und in der Umgebung gibt's **Klosterruinen** und einen **Meditationsgarten**.

Wo die Straße eine Linkskurve macht, sieht man noch mehr Klosterruinen und den kleinen **Mathakuar-Tempel**. Durch die Eisengitter schauen und eine sehr alte Buddhastatue bewundern!

Gegenüber vom japanisch-sri-lankischen Buddhistenzentrum ist das **Buddha-Museum** (☎ 274403; Eintritt 4 Rs; ⌚ Di–So 10.30–16.30 Uhr) aber die Buddha-Reliquien werden nicht sehr beeindruckend präsentiert.

Etwas weiter weg liegt der gigantische **Wat Thai-Komplex** (⌚ 9–11.30 & 13.30–16 Uhr) mit einem Tempel, einem Kloster, Gärten und einem Gesundheitszentrum.

Ein 15-minütiger Spaziergang entlang der Reis- und Zuckerrohrfelder führt zu Ruinen eines 15 m hohen **Ramabhar-Stupas**. An diesem Punkt soll Buddha feuerbestattet worden sein. Sich also hier an die Vergänglichkeit des Seins erinnern – dann zu Fuß oder per Fahrradrikscha (10 Rs) zurück zur Hauptstraße.

Schlafen & Essen

Linh Son-Buddhistentempel (Zi. 100–200 Rs) Hier gibt's simple, saubere Zimmer mit eigenem Bad und heißem Wasser. Der **Tibetische Tempel** (Zi. mit Gemeinschaftsbad gegen Spende) bietet einfachen Komfort. **Das japanisch-sri-lankische Buddhistenzentrum** (150 Rs/Pers.) hat einen tollen Meditationsbereich.

Für die verwöhnten Buddhisten gibt's zwei Spitzenklassehotels: Im **Lotus Nikko Hotel** (☎ 272250; EZ/DZ/Suite 3600/3960/5500 Rs; ❄) kostet schon das Mineralwasser 45 Rs, und **The Royal Residency** (☎ 272338; EZ/DZ/Suite 90/100/150 US$; ❄) hat so viel Leere im riesigen Foyer, dass bestimmt ein buddhistisches Statement dahintersteht.

Pathik Niwas (☎ 271038; Fax 272038; EZ/DZ Hütten 1100/1400 Rs, EZ/DZ mit Klimaanlage 1500/1800 Rs; Gerichte 30–80 Rs; ❄) wurde vor kurzem teilweise renoviert und übertrifft die meisten UP Tourism-Hotels. Leider etwas überteuert, obwohl es zwischen April und September 25% billiger ist. Die Preise im Restaurant sind schon vernünftiger.

Yama Kwality Café (Gerichte 15–40 Rs) Nettes Ambiente mit Kunst, Blumen und arg gemütlichem Service. Für das leckere Eier-*thukpa* lohnt sich aber das Warten

An- & Weiterreise

Kushinagar liegt 55 km östlich von Gorakhpur und ist mit dem Bus einfach zu erreichen (25 Rs, 1½ Std.). Am besten beim dreifachen Bogengang aussteigen.

SUNAULI & DIE GRENZE ZU NEPAL

☎ 05522

Dieses schäbige Örtchen liegt links und rechts der Grenze zu Nepal und ist mit einer Bushaltestelle, einem Hotel und dem Grenzposten sicherlich kaum eine Attraktion. Im nepalesischen Teil Sunaulis sieht es zwar etwas besser aus, aber Bhairawa nur 4 km weiter bietet da schon mehr Komfort. Unbedingt vor dem Trip über die Grenze Infos zur Sicherheit im Land einholen (zur aktuellen Lage www.nepalnews.com checken) – direkt nach Kathmandu zu fliegen ist vermutlich sicherer.

Die indische Einwanderungsbehörde ist nur 200 m von der Bushaltestelle entfernt. Wer wenig Gepäck hat, kann sich also den Rikschastress ersparen. Der Grenzposten ist immer offen, Fahrzeuge können aber nur bis 22 Uhr passieren.

Die nepalesische Einwanderungsbehörde (150 m vom indischen Teil weg) verkauft Visa für zwei Monate, die 30 US$ müssen bar bezahlt werden – auf der indischen Seite gibt's ein paar Wechselbuden, auf der nepalesischen Seite noch mehr. Derzeit dürfen 500 Rs-Scheine nicht nach Nepal eingeführt werden, mit allen anderen Banknoten kann im nepalesischen Teil der Grenzstadt aber gezahlt werden. Meistens kommen Traveller innerhalb einer Stunde durch beide Grenzposten – allerdings nicht immer.

Schlafen & Essen

Hotel Niranjana (☎ 238301; B 75 Rs, EZ 300–600 Rs, DZ 400–700 Rs; ❄) Dieser UP Tourism-Zementbunker in der Nähe der Bushaltestelle ist die einzige Unterkunft, die auf der indischen Seite Sunaulis empfohlen werden kann. Unspektakuläres Restaurant mit normalen Preisen und Zimmern, in denen die Klimaanlage stark von der wackligen Stromversorgung abhängt.

Auf der nepalesischen Seite gibt's zwar einige günstige Hotels und Restaurants mit Terrassen, aber die meisten Traveller kommen lieber in Bhairawa unter oder reisen sofort weiter.

An- & Weiterreise

BUS

Die Busverbindungen zwischen Sunauli und Gorakhpur (46 Rs, 2½ Std.) sind recht gut. Der letzte Bus von Sunauli geht um 21 Uhr. Frühmorgens und früh am Abend gibt's Verbindungen nach Varanasi (150 Rs, 11 Std.). Mehrere Busse fahren über Lucknow (172 Rs, 12 Std.) nach Delhi (405 Rs, 24 Std.). Eine Alternativroute führt nach Gorakhpur und von dort weiter mit dem Zug.

NACH/VON NEPAL

Private Busunternehmen fahren von der nepalesischen Seite der Grenze nach Kathmandu und Pokhara (je 180–220 NRs, 10 Std. und länger), und zwar grob gesagt stündlich zwischen 6 und 13 Uhr und um 16 und 20 Uhr. Die Nachtfahrten dauern etwas länger und man verpasst die grandiose Aussicht. Taxis (850 NRs) sind um einiges schneller und lohnen sich besonders dann, wenn die Kosten mit anderen geteilt werden. Staatliche Sajha-Busse fahren am frühen Morgen und am frühen Abend von Bhairawa (4 km nördlich von Sunauli, per Rikscha erreichbar) nach Kathmandu (162 NRs). Tickets gibt's am Kiosk beim Hotel Yeti in Bhairawa an der Hauptstraße von Sunauli.

Bhairawa und das 22 km entfernte Lumbini, die Geburtsstätte Buddhas, werden von vielen Bussen angefahren. Falls Lumbini das einzige Ziel in Nepal ist, genügt es, an der Grenze ein kostenloses Dreitagesvisum zu organisieren.

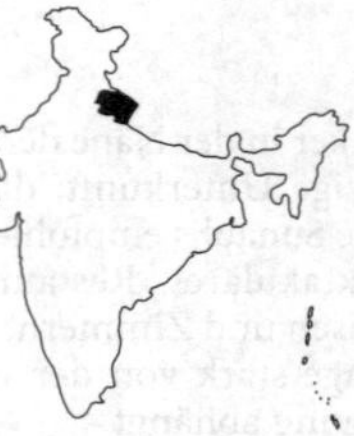

Uttaranchal

Uttaranchal wurde erst 2000 gegründet. Es besteht aus den Distrikten Garhwal und Kumaon. Sanft geschwungene, bewaldete Hügel, schneebedeckte Gipfel, Flüsse, Wasserfälle, Seen und Gletscher bestimmen das Erscheinungsbild des Staats. Der heilige Ganges, der am Gaumukh-Gletscher hoch im Norden entspringt, bahnt sich seinen Weg hinunter in die Ebenen – vorbei an den Pilgerzentren Gangotri, Rishikesh und Haridwar.

Uttaranchal ist eine Region zum Relaxen – verhältnismäßig unberührt und malerisch. Die höher gelegenen Gebiete sind nicht nur einladend kühl und klimatisch gesund, sondern auch landschaftlich unvergesslich prachtvoll. Die meisten Einwohner sind Hindu, doch die Hügel und Täler sind auch Heimat für viele ethnische Minderheiten mit eigener Sprache und eigenen Gebräuchen.

Um der bedrückenden Sommerhitze der Ebenen zu entfliehen, bauten die Briten in den Ausläufern des Himalaja Hill Stations mit Landhäusern im Kolonialstil, Hotels, Kirchen und Internaten, die es noch heute gibt. Mussoorie und Nainital verbreiten das ganze Jahr über Ferienstimmung. Auch das Corbett Tiger Reserve und der Rajaji National Park, wo Tiger, Elefanten und andere bedrohte Tierarten frei leben, sind beliebt. Weiter im Norden bildet der Himalaja ein Mekka für Trekker, Bergsteiger, Skifahrer und auch Pilger.

Seit den 1960er-Jahren fahren westliche Yoga-Fans nach Rishikesh, um in entspannter, unverdorbener Atmosphäre ungestört zu meditieren oder Yogakurse zu besuchen. In Haridwar gibt es Ashrams, Anlaufstelle für all jene, die auf geistiger Sinnsuche sind.

HIGHLIGHTS

- Durch das gewaltigste Gebirge der Erde **trekken** (S. 484)
- An der **Char-Dham-** (S. 485) und **Hem-Kund-** (S. 487) Pilgerreise zu fernen Tempeln, heiligen Flüssen und Seen teilnehmen
- Auf dem Rücken eines Elefanten im **Corbett Tiger Reserve** (S. 470) nach Tigern Ausschau halten
- In **Rishikesh** (S. 464), der Yoga-Hauptstadt des Universums, Asanas und Chakras sortieren
- Sich in den Hill Stations **Mussoorie** (S. 453) oder **Nainital** (S. 473) am Fuß des Himalaja in kolonialem Ambiente abkühlen
- In der heiligen Stadt **Haridwar** (S. 457) die Ashrams, Tempel und *havelis* (reich verzierte traditionelle Wohnhäuser) erforschen

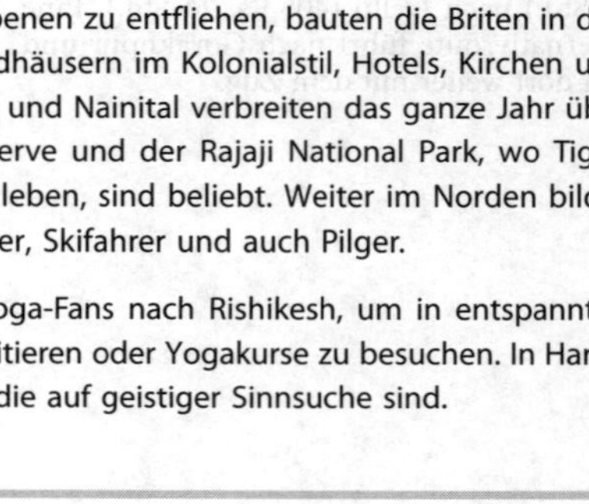

KURZINFOS

- Bevölkerung: 8479562
- Fläche: 51125 km²
- Hauptstadt: Dehra Dun
- Hauptsprachen: Hindi, Garhwali und Kumaoni
- Reisezeit: Mai bis Juli und September bis November

Geschichte

Im Verlauf der Jahrhunderte haben verschiedene Dynastien die Region beherrscht, darunter die Guptas, die Kuturyi- und Chand-Radschas, bevor die Briten das Land besetzten, um den eindringenden Gorkhas zuvorzukommen.

Klima

Die Hill Stations können das ganze Jahr hindurch besucht werden, doch im Winter ist es eiskalt – also sicherstellen, dass das Zimmer eine Heizung hat. Im Norden dauert die Trekking- und Pilgersaison von April bis November, mit einer Unterbrechung während des Monsuns im Juli und August, wenn Erdrutsche die Straßen blockieren. Von Januar bis März ist Skisaison in Auli, die Reise dorthin kann aber recht gruselig sein. Wie in allen Bergregionen ist mit unbeständigem Wetter zu rechnen, das sich zu jeder Jahreszeit schnell ändern kann. Die Höhenlage des jeweiligen Orts gibt einen ungefähren Hinweis auf die Temperaturen, die einen erwarten.

Praktische Informationen

UNTERKUNFT

Die meisten Hotels in den Hill Stations setzen ihre Preise zwischen August und März um bis zur Hälfte herab, doch die Termine von Haupt-, Zwischen- und Nebensaison-Saison wechseln. Die Unterkünfte im Hochhimalaya sind billig, aber einfach.

Mittel- und Spitzenklassehotels verlangen in der Regel zusätzlich zum Zimmerpreis noch 5 % Steuer und oft auch 10 % für den Service. Bei Rechnungen für Mahlzeiten kann ein Zuschlag von 8 % fällig werden.

GELD

Wer die Char-Dham-Tempel oder andere Ziele im Hochhimalaya besuchen will, sollte das benötigte Geld vorher in den Städten oder Hill Stations in den Ausläufern des Himalaja tauschen.

GENEHMIGUNGEN

Zur Zeit sind für die in diesem Kapitel vorgestellten Routen keine Genehmigungen erforderlich. Traveller sollten jedoch vor Reiseantritt nachfragen, ob sich daran etwas geändert hat – dies gilt vor allem für die Grenzgebiete zu Nepal.

TOURISTENINFORMATION

Die meisten Reiseziele haben ein Touristenbüro, das der Staat Uttaranchal unterhält. Für den Tourismus der Region sind

FESTE & FESTIVALS IN UTTARANCHAL

Die hier genannten Feste sind auf der Karte auf S. 448 eingezeichnet.

Makar Sakranti Day (1; Jan.; Uttarkashi, S. 470) Prozession, bei der Götterbilder auf Sänften aus den Dörfern der Umgebung in die Stadt getragen werden.

Magh Mela (2; Jan. & Feb.; Haridwar, S. 457) Ein großer religiöser Jahrmarkt, bei dem weit mehr Pilger als sonst in dem die Seele reinigenden Ganges baden; alle sechs Jahre wird das Ardh Kumbh Mela und alle zwölf das Kumbh Mela gefeiert – ein riesiges Ereignis, bei dem die Stadt mit Pilgern völlig überfüllt ist.

International Yoga Festival (3; 2.–7. Feb.; Rishikesh, S. 464) Yoga- und Meditationsmeister aus ganz Indien kommen zusammen, zeigen ihr Können und halten Vorträge.

Shivaratri (4; meist im März; Tapkeshwar-Tempel, S. 451) Ein stilvolles Fest mit Umzug und Festständen vor einem malerischen, am Ufer liegenden Höhlentempel in den Außenbezirken von Dehra Dun.

Yatra (5; April-Nov.) Das größte festliche Ereignis ist die jährliche *yatra* (Pilgerfahrt) zu den vier abgelegenen Char-Dham-Tempeln (S. 485), die jedes Jahr Hunderttausende frommer Hindu anzieht. Die Pilgerzeit liegt zwischen April und November – die genauen Termine ändern sich jedes Jahr.

Nanda-Devi-Jahrmarkt (6; Sep.; Almora, S. 480) Während des fünftägigen Fests tragen Tausende Begeisterte das Bild der Göttin herum und schauen sich Tänze und andere Kulturveranstaltungen an.

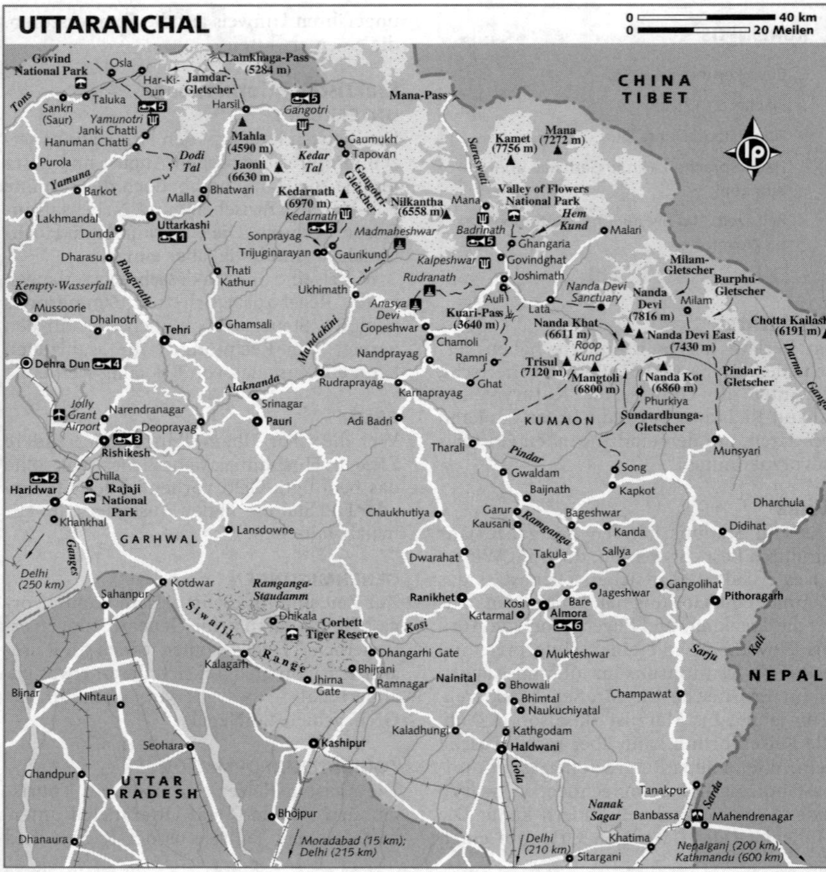

allerdings vor allem das **Garhwal Mandal Vikas Nigam** (GMVN; www.gmvnl.com) für den westlichen Distrikt Garhwal und das **Kumaon Mandal Vikas Nigam** (KMVN; www.kmvn.org) für den östlichen Distrikt Kumaon zuständig. Beide Organisationen unterhalten ein Netzwerk von Informationszentren, die im ganzen Bundesstaat anzutreffen sind. Das GMVN hat seinen Hauptsitz in Dehra Dun (s. S. 451) und Zweigstellen überall im Westen des Landes sowie eine Trekking-Abteilung in Rishikesh. Das KMVN (S. 475) sitzt in Nainital im Osten. **GMVN/KMVN** (Delhi ☎ 011-23350481; Fax 011-23327713; 102 Indraprakash, 21 Barakhamba Rd; Jaipur ☎ 0141-2378892; Government Hostel, Mirza Ismail Rd) haben gemeinsame Büros in Delhi und Jaipur.

FÜNF HIGHLIGHTS IN UTTARANCHAL

- Dem Paradies am nächsten – das Valley of Flowers (S. 487)
- Unvergesslichstes Naturerlebnis – Elefantenritt im Corbett Tiger Reserve (S. 470)
- Eindrucksvollstes Bauwerk – das Forest Research Institute Museum, Dehra Dun (S. 451)
- Das schönste Himalaja-Dorf – Mana (S. 486)
- Beste Vibrationen – der Swarg Ashram in Rishikesh (S. 466)

> **AM DRAHT HÄNGEN**
>
> Uttaranchal hat viele Hügel und einige davon sind mit Seilbahnen erschlossen, sodass man mühelos zum Gipfel kommt. In Nainital und Mussoorie gibt's je eine, in Haridwar zwei und in Auli drei – darunter eine von 4 km Länge.

Aktivitäten
Neben Yoga- und Meditationskursen (s. S. 466) steht Trekking im Vordergrund (s. S. 484). Immer beliebter wird Wildwasser-Rafting (s. S. 467) und auch das Skifahren kommt in Fahrt. (s. S. 470). Die **Uttaranchal Forestry Development Corporation** (www.uafdc.org) betreibt in abgelegenen, aber schönen Waldgegenden ein Netz von Resthouses aus der Zeit des British Raj und schnürt für alle, die eingefahrene Gleise meiden, ökotouristische Pakete.

Gefahren & Ärgernisse
Vorsicht vor *sadhus* (Asketen) in Rishikesh. Viele *sadhus* sind zwar tatsächlich auf der Suche nach spiritueller Erfahrung, die orangefarbenen Gewänder sind aber schon seit dem Mittelalter auch eine beliebte Verkleidung für Leute, die sich dem Gesetz entziehen wollen.

In Gegenden über 2500 m kann die Höhenkrankheit (s. S. 1221) zuschlagen, deshalb vor Trekkingtouren Zeit einplanen, um sich an den Sauerstoffmangel anzupassen.

An- & Weiterreise
Nach Haridwar, Rishikesh und Dehra Dun (im Westen) sowie nach Ramnagar (zum Corbett Tiger Reserve) und Haldwani/Kathgodam (im Südosten) geht's mit Zug oder Bus. Inzwischen wurde auch der Flugverkehr zum Jolly Grant Airport bei Dehra Dun aufgenommen.

Unterwegs vor Ort
Robuste, alte Busse sind das Hauptverkehrsmittel in Uttaranchal. Wegen der beliebten Pilgerstrecken werden auch sehr entlegene Orte tief im Himalaja angefahren. Darüber hinaus kurven Sammeljeeps kreuz und quer durch den Staat und verbinden noch so kleine Ortschaften im Hügelland mit wichtigen Straßenkreuzungen und Buslinien. Die Jeeps warten an den Ausfallstraßen zur nächsten Stadt oder an Verkehrsknotenpunkten auf Kundschaft, fahren aber meist erst ab, wenn sie voll (bzw. überfüllt) sind. Der Preis ist etwa so hoch wie bei einer Busfahrt, oft fordern die Fahrer aber erst einmal mehr. Wer den zehnfachen Preis bezahlt, mietet das ganze Gefährt für sich allein und reist bequem.

DEHRA DUN
☎ 0135 / 527 859 Ew. / 700 m

Die Hauptstadt von Uttaranchal ist mit einem gemäßigten Klima gesegnet. Dehra Dun ist vor allem für Einrichtungen bekannt, die die Briten hinterließen – das riesige Forest Research Institute Museum, die Indische Militärakademie, das Wildlife Institute of India und den Survey of India.

Die hektische Stadt ist mit Bussen und Bahnen gut erreichbar. Zu den Sehenswürdigkeiten gehören die Museen und der von Aurangzeb 1687 erbaute Ram Rai Darbar. Dehra Dun entwickelt sich schnell und ist ein guter Platz, um sich für Touren in den Norden mit allem Notwendigen einzudecken. Auf dem bunten Paltan Bazaar direkt nördlich des Bahnhofs und in den modernen Geschäften und Malls an der Rajpur Rd. gibt's fast alles, was das Herz begehrt.

Orientierung
Die meisten Restaurants und Hotels von Dehra Dun gibt's in der Rajpur Rd., die vom Uhrenturm im Art-Deco-Stil, dem heimlichen Zentrum der Stadt, nach Norden führt. Bahnhof und Busbahnhof liegen südlich des Uhrenturms nahe der Kreuzung Gandhi Rd. und Haridwar Rd. Der Ram Rai Darbar liegt versteckt im Gewirr des Paltan Bazaar westlich der Gandhi Rd.

Praktische Informationen
BUCHLÄDEN
English Book Depot (15 Rajpur Rd; 🕘 9.30–20.30 Uhr) Fast direkt neben Natraj. Außer Büchern gibt's CDs, Reiseführer und Landkarten.

Natraj Booksellers (17 Rajpur Rd; 🕘 Mo–Sa 10.30–13.30 & 15–20 Uhr) Spezialgebiete: Umwelt, Esoterik, Wirtschaft, Lokales und Ruskin Bond.

INTERNETZUGANG
Impressions Internet (98 Ghosi Gali; 50 Rs/Std.; 🕘 6–22 Uhr) In einer kurzen Seitenstraße, der zweiten vom Uhrenturm aus.

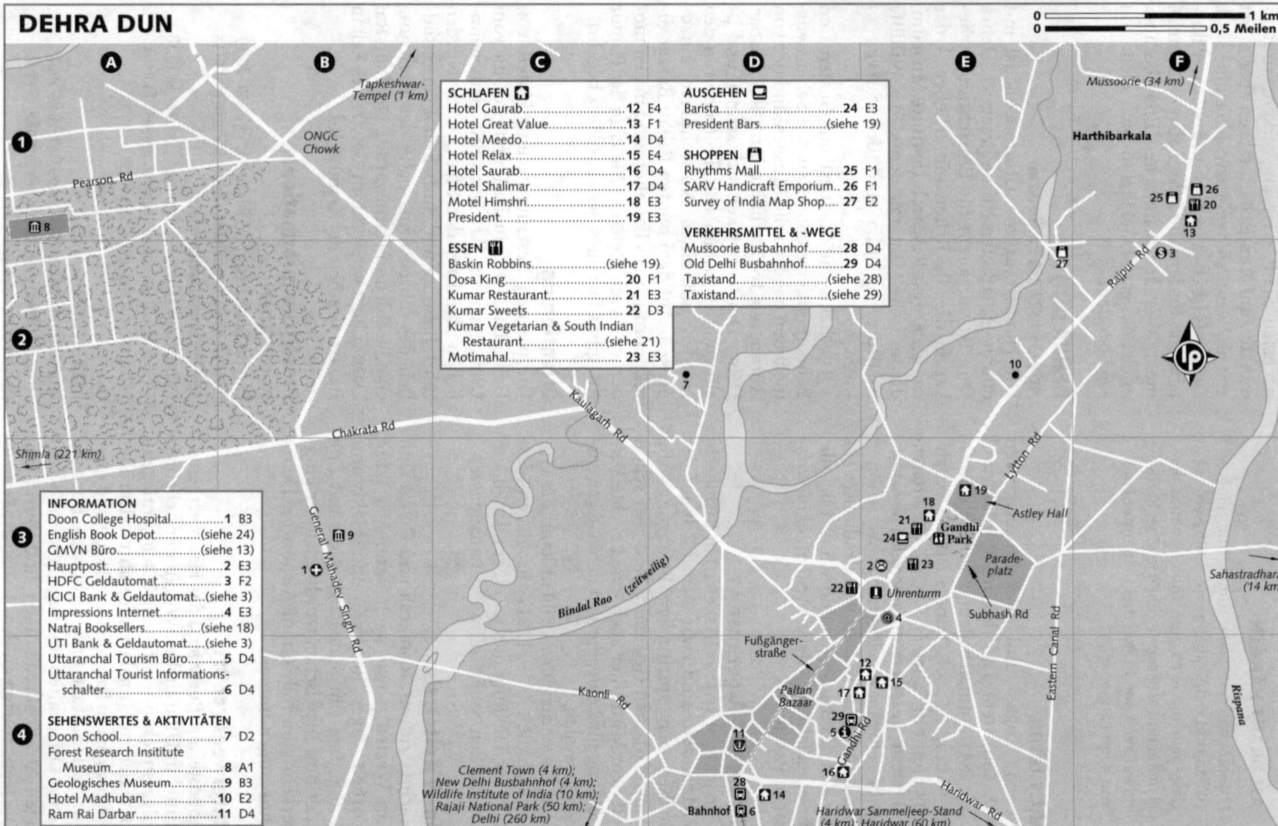
DEHRA DUN
0 1 km
0 0,5 Meilen
SCHLAFEN
Hotel Gaurab 12 E4
Hotel Great Value 13 F1
Hotel Meedo 14 D4
Hotel Relax 15 E4
Hotel Saurab 16 D4
Hotel Shalimar 17 D4
Motel Himshri 18 E3
President 19 E3
ESSEN
Baskin Robbins (siehe 19)
Dosa King 20 F1
Kumar Restaurant 21 E3
Kumar Sweets 22 D3
Kumar Vegetarian & South Indian Restaurant (siehe 21)
Motimahal 23 E3
AUSGEHEN
Barista 24 E3
President Bars (siehe 19)
SHOPPEN
Rhythms Mall 25 F1
SARV Handicraft Emporium 26 F1
Survey of India Map Shop 27 E2
VERKEHRSMITTEL & -WEGE
Mussoorie Busbahnhof 28 D4
Old Delhi Busbahnhof 29 D4
Taxistand (siehe 28)
Taxistand (siehe 29)
INFORMATION
Doon College Hospital 1 B3
English Book Depot (siehe 24)
GMVN Büro (siehe 13)
Hauptpost 2 E3
HDFC Geldautomat 3 F2
ICICI Bank & Geldautomat (siehe 3)
Impressions Internet 4 E3
Natraj Booksellers (siehe 18)
UTI Bank & Geldautomat (siehe 3)
Uttaranchal Tourism Büro 5 D4
Uttaranchal Tourist Informationsschalter 6 D4
SEHENSWERTES & AKTIVITÄTEN
Doon School 7 D2
Forest Research Insititute Museum 8 A1
Geologisches Museum 9 B3
Hotel Madhuban 10 E2
Ram Rai Darbar 11 D4
Tapkeshwar-Tempel (1 km)
ONGC Chowk
Pearson Rd
Chakrata Rd
Shimla (221 km)
Kaulagarh Rd
General Mahadev Singh Rd
Bindal Rao (zeitweilig)
Kaonli Rd
Clement Town (4 km); New Delhi Busbahnhof (4 km); Wildlife Institute of India (10 km); Rajaji National Park (50 km); Delhi (260 km)
Bahnhof
Fußgängerstraße
Paltan Bazaar
Gandhi Rd
Uhrenturm
Gandhi Park
Paradeplatz
Astley Hall
Subhash Rd
Lytton Rd
Rajpur Rd
Eastern Canal Rd
Haridwar Rd
Haridwar Sammeljeep-Stand (4 km); Haridwar (60 km)
Harthibarkala
Mussoorie (34 km)
Sahastradhara (14 km)
Rispana

MEDIZINISCHE VERSORGUNG

Doon College Hospital (☎ 2760330; General Mahadev Singh Rd).

GELD

Die Banken in der Rajpur Rd. wechseln Reiseschecks und Geld und haben Geldautomaten, die ausländische Kreditkarten akzeptieren.

POST

Hauptpost (Rajpur Rd; 🕐 Mo–Fr 10–18, Sa 10–13 Uhr)

TOURISTENINFORMATION

GMVN Büro (☎ 2746817; www.gmvnl.com; 74/1 Rajpur Rd; 🕐 Mo–Sa 10–17 Uhr) Die kommerzielle Abteilung von Uttaranchal Tourism betreibt 40 Resthouses (50–500 Rs pro Übernachtung) und bietet 15 Touren und Trekkingrouten (3050–10 660 Rs) durch die westliche Garhwal-Region (Dauer: 4–10 Tage) an.

Uttaranchal Tourism (☎ 2653217; 45 Gandhi Rd; 🕐 Mo–Sa 10–17 Uhr)

Uttaranchal Tourist Information Counter (im Bahnhof; 🕐 7–21 Uhr)

Sehenswertes & Aktivitäten

FOREST RESEARCH INSTITUTE MUSEUM

Das **Museum** (☎ 2759382; www.icfre.org; Eintritt 10 Rs, Führer 50 Rs; 🕐 9.30–17.30 Uhr) ist ein Muss. Es liegt mitten in einem 500 ha großen Park und ist in einem der größten Bauwerke der Radschas untergebracht – es ist größer als der Buckingham-Palast! Der Ziegelkoloss mit seinen Türmen im Mogulstil und den römischen Säulen ist eine Abfolge von viereckigen Höfen, die von eleganten und endlosen luftigen Säulengängen eingefasst sind. Er entstand 1924–29 nach einem Entwurf von C. G. Bloomfield und wurde vom Vizekönig Lord Irwin eingeweiht. Sechs gewaltige Hallen zeigen alles über die indischen Wälder. Die Präsentation ist zwar etwas altmodisch, hat aber durchaus Highlights wie die schönen Tier-, Vogel- und Pflanzengemälde von Afshan Zaidi, Ausstellungen zum medizinischen Einsatz von Bäumen, zu Möbeln aus Holz und zu Waldinsekten. Ein bis zwei Stunden sollte man schon einplanen, um sich gemütlich umzusehen.

TAPKESHWAR-TEMPEL

Der außergewöhnliche und beliebte Shiva-**Schrein** (🕐 Sonnenaufgang–Sonnenuntergang) liegt in einer kleinen, feuchten Höhle in einer reizvollen Anlage am Ufer des Tons Nadi. Am Ende der Treppe geht's links zum Hauptschrein. Die Brücke über den Fluss führt zu einem weiteren Höhlenschrein, wo man sich durch einen engen Durchlass zwängen muss, um einen Blick auf ein Bild von Mata Vaishno Devi zu erhaschen. Normalerweise findet hier im März ein Fest statt (s. S. 447).

RAM RAI DARBAR

Dieses einzigartige **Mausoleum** (Paltan Bazaar; Eintritt frei; 🕐 Sonnenaufgang–Sonnenuntergang) besteht aus weißem Marmor; die vier kleineren Grabmäler im Gartenhof sind die der vier Frauen von Ram Rai. Das Eingangsportal ist mit bunten Wandmalereien verziert. Ram Rai, der abtrünnige Sohn des siebten Sikh-Gurus Har Rai, wurde von seinem Vater aus der Glaubensgemeinschaft ausgeschlossen. Er gründete seine eigene Udasi-Sekte, die bis heute Schulen und Hospitäler unterhält. Als Ram Rai 1687 starb, ordnete der Großmogul Aurangzeb, einer seiner Anhänger, die Errichtung des Mausoleums an. Wie in anderen Sikh-Gurdwaras (Tempeln) erhalten Hungrige eine kostenlose Mahlzeit aus Dhal, Reis und Chapatis, eine Spende ist aber gern gesehen.

GEOLOGISCHES MUSEUM

Das Wadia Institute of Himalayan Geology betreibt ein kleines **Museum** (☎ 2627387; 37 General Mahadev Singh Rd; Eintritt frei; 🕐 Mo–Fr 9.30–13 & 14.15–17.15 Uhr) über die Felsformationen, Gletscher und Erdbeben der Region. Außerdem gibt's ein fossiles Dinosaurierei und versteinerte Dino-Zähne zu sehen.

GESUNDHEIT

Das **Hotel Madhuban** (☎ 2749990; 97 Rajpur Rd) hat einen Health Club mit Sauna, Bad, Sporthalle und ayurvedischer Massage. Telefonisch Termin vereinbaren.

Schlafen

Hotel Meedo (☎ 2621544; Haridwar Rd, EZ 200–300 Rs, DZ 300–400 Rs) Das beste unter den Billighotels in Bahnhofsnähe. Die annehmbaren Zimmer haben TV und Bad, heißes Wasser wird im Eimer gebracht. Etwas vernachlässigt, aber dank der großen Auswahl findet sich bestimmt ein Zimmer, das o. k. ist.

Motel Himshri (☎ 2653880; Fax 2653678; 17 Rajpur Rd; EZ 450–850 Rs, DZ 550–950 Rs; ❄) Alle Zimmer mit Bad und TV, die teureren im Obergeschoss haben einen Balkon, bessere Möbel und geflieste Wände.

Hotel Saurab (☎ 2728041; 1 Raja Rd; EZ 400–900 Rs, DZ 500–1000 Rs, 3BZ 600–1200 Rs; ❄) Das brandneue Hotel gleich bei der Gandhi Rd. hat tolle Zimmer mit Bad, TV und Heißwasser. Wer anruft, wird kostenlos abgeholt.

Hotel Relax (☎ 2657776; www.hotelrelax-aketa.com; 7 Court Rd; EZ 600–900 Rs, DZ 800–1050 Rs; ❄) Die billigeren Zimmer haben keine Klimaanlage, dafür TV und Balkon – Nr. 112 hat sogar zwei davon. Der Manager ist hilfsbereit.

President (☎ 2657082; prestrav@del3.vsnl.net.in; 6 Astley Hall; EZ 1250–1475 Rs, DZ 1475–1700 Rs; ❄) Im neuen Anbau gibt's ultramoderne, stilvolle Zimmer. Die Hotelbars sind wirklich empfehlenswert (s. rechte Spalte).

Hotel Great Value (☎ 2744086; www.greatvaluehotel.com; 74C Rajpur Rd; EZ 1300–2250 Rs, DZ 2000–3000 Rs, Suite 4800 Rs; ❄ 💻) Die Liebe zum Detail ist das große Plus des eleganten, stilvollen Hotels mit Marmordekor, antiken Möbeln und Begrünung. Die Zimmer haben Bad, Dusche, Kühlschrank und sogar Kerzen für romantische Beleuchtung. Im Restaurant gibt's ab 20 Uhr Livemusik.

Noch mehr Empfehlungen:

Hotel Gaurab (☎ 2654215; Gandhi Rd; EZ 350–425 Rs, DZ 450–970 Rs; ❄)

Hotel Shalimar (☎/Fax 2713956; 43/7 Gandhi Rd; EZ 350 Rs, DZ 500–900 Rs; ❄)

Essen

RESTAURANTS

Kumar Vegetarian & South Indian Restaurant (15B Rajpur Rd; Gerichte 30–70 Rs; 🕒 11–15.30, 19–22.30 Uhr; ❄) Leckere Gaumenfreuden in einem sauberen, freundlichen und gut besuchten Restaurant.

Kumar Restaurant (15 Rajpur Rd; Gerichte 50–100 Rs) Fleischliebhaber sollten hier unbedingt vorbeikommen: Es gibt Fleischgerichte, z. B. Chicken-Lollipop.

Dosa King (76 Rajpur Rd; Gerichte 20–100 Rs; 🕒 11–23 Uhr) Ein Paradies für Dosa-Fans. Bei 24 verschiedenen Dosas fällt die Wahl schwer. Die freundlichen jungen Kellner tischen Südindisches auf.

Motimahal (7 Rajpur Rd; Gerichte um 70 Rs; ❄) Die Auswahl hier ist riesig: Kebabs, Chinesisches, aber auch Ausgefallenes wie Hirn-Curry.

AUF DIE SCHNELLE

Kumar Sweets (Kreisverkehr am Uhrenturm; Süßigkeiten 5–20 Rs; 🕒 8–22 Uhr) Bei diesem wunderbaren Laden mit selbstgemachten Süßigkeiten zum Probieren und Genießen lohnt sich das Anstehen. Samosas kosten nur 5 Rs.

Baskin Robbins (Astley Hall, Rajpur Rd; Eiscreme ab 40 Rs) In der Filiale der Eiscreme-Kette kann man der Hitze ein Schnippchen schlagen und sich mit einem leckeren Eis abkühlen.

Ausgehen

Barista (Rajpur Rd; Drinks & Snacks 10–40 Rs) Stilvolles Café, in dem man sich Brettspiele und sogar eine Gitarre geben lassen kann.

President Bars (6 Astley Hall, Rajpur Rd) Das Hotel President hat zwei schicke und auffallende Bars: In der Polo-Themenbar sitzt man auf Reitsätteln; in der New Annexe Bar, dem feinsten Ort der Stadt für einen gepflegten Drink, lässt sich das gepflegte Ambiente genießen.

Shoppen

SARV Handicraft Emporium (☎/Fax 2742141; 78 Rajpur Rd; 🕒 Mo–Sa 10–19 Uhr) In dem wunderbaren Laden gibt's Kunsthandwerk und Kleider mit tollen Mustern in großer Auswahl zu moderaten Preisen. Der Gewinn geht an Frauen, die in Himalajadörfern arbeiten, wo es sonst kaum Beschäftigungsmöglichkeiten gibt.

Rhythms Mall (Rajpur Rd) Auf der Straßenseite gegenüber dem SARV. In der Mall gibt's ein Multiplex-Kino, einen Pizza Hut und teure Läden mit Markenware.

Survey of India map shop (☎ 2747051; abseits der Rajpur Rd.; 🕒 9-16:30 Uhr, Mo–Fr) Landkartenfans aufgemerkt! Der Shop des Indischen Landvermessungsamts (3 km vom Uhrenturm) verkauft alte Karten von indischen Bundesstaaten, Städten, Touristengebieten und Travellertouren zu Preisen von 5 bis 50 Rs. Faksimiledrucke alter Landkarten kosten nur 7 bis 15 Rs.

Die fast autofreie Straße durch den Paltan Bazaar lädt abends zum Promenieren ein.

An- & Weiterreise

FLUGZEUG

Der neu eröffnete Jolly Grant Airport bietet tägliche Flüge von und nach Dehli. Weitere Infos waren zum Zeitpunkt der Recherche noch nicht erhältlich.

BUS

Der Old Delhi Busbahnhof wird Schritt um Schritt stillgelegt. Fast alle Busse fahren jetzt vom eleganten New Delhi Busbahnhof in Clement Town, 5 km südlich des Stadtzentrums ab, der mit lokalen Bussen (3 Rs), *vikram* Nr. 5 (3 Rs) oder per Autorikscha (50 Rs) erreichbar ist.

Ziel	Preis (Rs)	Dauer (Std.)	Abfahrt
Agra	186	12	tgl.
Chandigarh	113	6	stündl. zw. 5.30 & 17 Uhr
Delhi (deluxe)	160	7	stündl. zw. 6.15 & 12.15 Uhr
Delhi (standard)	125	7	stündl. zw. 6.30 & 22.30 Uhr
Dharamsala	272	14	tgl. 22.30 Uhr
Haridwar	30	2	halbstündl.
Lucknow	260	17	tgl. 13.30 Uhr
Manali	300	14	tgl. 15 Uhr
Mussoorie*	23	1½	halbstündl. zw. 6 & 20 Uhr
Nainital	175	12	stündl. zw. 5–8 & 17–20 Uhr
Rishikesh	23	1½	halbstündl. zw. 5 & 19 Uhr
Ramnagar (zum Corbett Tiger Reserve)	120	7	tägl. 4.30 Uhr
Shimla	172	10	6, 8 & 10 Uhr
Uttarkashi	127	8	6 & 8.30 Uhr

* Busse fahren vom Mussoorie Busbahnhof. In Mussoorie stoppen die Busse entweder an der Haltestelle Picture Palace oder an der Bibliothek am anderen Ende der Stadt.

Ein privater klimatisierter Luxusbus (300 Rs, 6½ Std.) fährt täglich nach Delhi; Abfahrt um 22.30 Uhr vor dem Hotel Gaurab in der Gandhi Rd.

TAXI

Eine Taxifahrt nach Mussoorie kostet offiziell 350 Rs, mit Feilschen kann's billiger werden. Die Fahrt in einem Sammeltaxi kostet 70 Rs pro Person. Taxis und Sammeltaxis stehen vor dem Bahnhof. Weitere Taxi-Preise: 450 Rs nach Rishikesh, 510 Rs nach Haridwar, 1600 Rs nach Uttarkashi und 1625 Rs nach Delhi.

ZUG

Die beste Bahnverbindung zwischen Dehra Dun und Delhi ist der tägliche *Shatabdi Express* (535/1020 Rs, Chair Class/Executive Class), der 6.55 Uhr in New Delhi abfährt und Haridwar (430/840 Rs) um 11.20 Uhr und Dehra Dun um 12.40 Uhr erreicht. Die Rückfahrt startet in Dehra Dun um 17 Uhr (Haridwar 18.10 Uhr), Ankunft in Delhi 22.40 Uhr. Der Zuschlag für die Executive Class lohnt sich nicht.

Der *Mussoorie Express* (157/442/707 Rs, Sleeper Class/3AC/2AC) fährt täglich als Nachtzug um 22.15 Uhr vom Bahnhof Old Delhi ab und kommt um 5.35 in Haridwar und um 8 Uhr in Dehra Dun an. Rückfahrt: Dehra Dun ab 21.55 Uhr bzw. Haridwar 23 Uhr, Ankunft in Old Delhi: 7 Uhr.

Täglich außer sonntags fährt der *Jan Shatabdi Express* (117/380 Rs, 2. Klasse/Chair Class): Abfahrt New Delhi 15.30 Uhr, Ankunft in Dehra Dun 21.10 Uhr. Zurück geht's in Dehra Dun um 5.10 Uhr los, um 12 Uhr erreicht der Express Train New Delhi.

Zugverbindungen bestehen auch nach Kolkata (Calcutta), Lucknow und Varanasi.

Unterwegs vor Ort

Hunderte von achtsitzigen *vikrams* (Sammelautorikschas; 3 Rs pro Fahrt) befahren fünf Linien (die Nummer steht vorn am Fahrzeug). Die Linie 5 fährt zum New Delhi Busbahnhof in Clement Town. Autorikschas kosten 25 Rs für eine Kurzstrecke, bis zu 60 Rs für einige Kilometer oder 100 Rs pro Stunde für Rundfahrten durch die Stadt. Eine dreistündige Tour mit dem Taxi kostet 500 Rs.

MUSSOORIE

☎ 0135 / 29 319 Ew. / 2000 m

Die auf einem 2 km langen Hügelkamm erbaute Königin der Hill Stations liegt den größten Teil des Jahres in den Wolken. Erwischt man Mussoorie mal mit blauem Himmel, sind die Ausblicke in das grüne Tal des Dun und auf die fernen, schneebedeckten Berggipfel sicher die Hauptattraktion. Auch wenn der Ort kühl ist, lädt er zu Spaziergängen in frischer Bergluft ein – Ferienortatmosphäre, Kunsthandwerks-, Kleider- und Antiquitätenläden und saubere öffentliche Toiletten gibt's obendrein. Auch das Freizeitangebot ist vielfältig: Von hier aus lassen sich Treks und Touren organisieren. Außerdem werden Reitstunden, Snooker, Billard, Roller-Skating und andere Sportmöglichkeiten, aber auch Hindi-Kurse angeboten.

MUSSOORIE

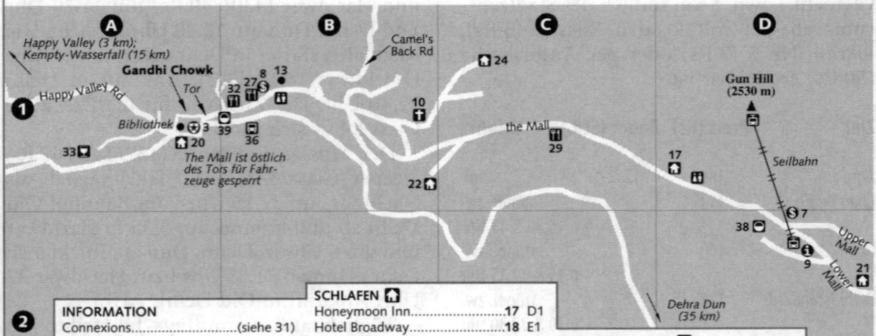

INFORMATION
- Connexions .... (siehe 31)
- GMVN-Stand .... (siehe 38)
- Hauptpost 1 E2
- Internet Place 2 E2
- Polizei-Notruf 3 A1
- Polizei 4 F2
- Royal Laundry 5 E2
- Tilak Memorial Library 6 F2
- Trek Himalaya 7 D2
- UTI Geldautomat 8 B1
- Uttaranchal Tourism Büro 9 D2

SEHENSWERTES & AKTIVITÄTEN
- Christliche Kirche 10 B1
- Jama Masjid 11 F2
- Methodistische Kirche 12 E2
- Pony-Stand 13 B1
- Radha-Krishna-Tempel 14 F2
- Sai-Baba-Tempel 15 F2
- Union Church 16 F2

SCHLAFEN
- Honeymoon Inn 17 D1
- Hotel Broadway 18 E1
- Hotel Horizon 19 F2
- Hotel Laxmi Palace 20 A1
- Hotel Luxmount 21 D2
- Hotel Padmini Nivas 22 B1
- Hotel Rockwood 23 E2
- Kasmanda Palace Hotel 24 C1
- Shiva Continental 25 F2

ESSEN
- Casa Mia Bakery 26 E2
- City Point Restaurant 27 B1
- Madras Café 28 F2
- Meeting Point Café 29 C1
- Mussoorie Fruit Centre 30 E2
- The Tavern 31 F2
- Uphar Restaurant 32 B1

AUSGEHEN
- Savoy Hotel Writers' Bar 33 A1

UNTERHALTUNG
- Indoor Roller Skating Rink 34 E2
- Snooked Pool Parlour .... (siehe 31)

SHOPPEN
- Ancient Palace 35 F2

VERKEHRSMITTEL & -WEGE
- Bushaltestelle Bibliothek 36 B1
- Bushaltestelle Picture Palace 37 F2
- Fahrradrikschastand 38 D2
- Fahrradrikschastand 39 B1
- Northern Railway Booking Agency 40 E2
- Taxistand .... (siehe 36)
- Taxistand .... (siehe 37)

SONSTIGES
- Kulwant Travels 41 F2

1823 von den Briten gegründet, wurde der nur 34 km nördlich von Dehra Dun gelegene Ort zur Zeit des British Raj unglaublich beliebt. Der Geist dieser Ära ist in der Architektur der Kirchen, Bibliotheken, Hotels und Sommerpaläste immer noch zu lebendig. Zwischen Mai und Juli ist die Stadt völlig überlaufen, doch in der restlichen Zeit haben viele der 300 Hotels leere Zimmer, und die Preise fallen gewaltig.

Orientierung

Mussoorie besteht aus zwei zentralen Bereichen: dem beschaulichen Gandhi Chowk am einen Ende und dem quirligen Kulri Bazaar am anderen. Die beiden werden durch eine fast verkehrsfreie Straße miteinander verbunden: die Mall. Fahrradrikschas (20 Rs) fahren entlang der 2 km langen Strecke, die aber ebensogut in einem schönen, malerischen Spaziergang zurückgelegt werden kann. Die Busse aus Dehra Dun fahren entweder nach Gandhi Chowk (Haltestelle vor der Bibliothek) oder nach Kulri Bazaar (Haltestelle vor dem Picture Palace) – also aufpassen, dass man den richtigen Bus (bzw. das richtige Taxi) erwischt. In Kulri Bazaar beginnt ein reizvoller, 5 km langer Fußweg nach Landour.

Praktische Informationen

INTERNETZUGANG

Balaji Internet & South Indian Café (nahe dem Uhrenturm, Landour Rd; 40 Rs/Std.; 🕓 8–23 Uhr)

Connexions (the Mall, Kulri Bazaar; 60 Rs/Std.; 🕓 10.30–22.30 Uhr) Über The Tavern.

Internet Place (the Mall; 60 Rs/Std.; 🕓 11–22 Uhr)

WÄSCHEREI

Royal Laundry (Camel's Back Rd, Kulri Bazaar; 10 Rs pro Stück)

BIBLIOTHEK

Tilak Memorial Library (the Mall, Picture Palace; 🕓 9–12 & 16–20 Uhr) 1920 erbaut, weil Inder die britische Bibliothek nicht benutzen durften. Hier kann man für 10 Rs Bücher der Bibliothek lesen, das Lesen von Zeitungen und Zeitschriften ist umsonst.

MEDIZINISCHE VERSORGUNG

Landour Community Hospital (☎ 2632053; nahe der Bushaltestelle Tehri gelegen, Landour Rd) In dem

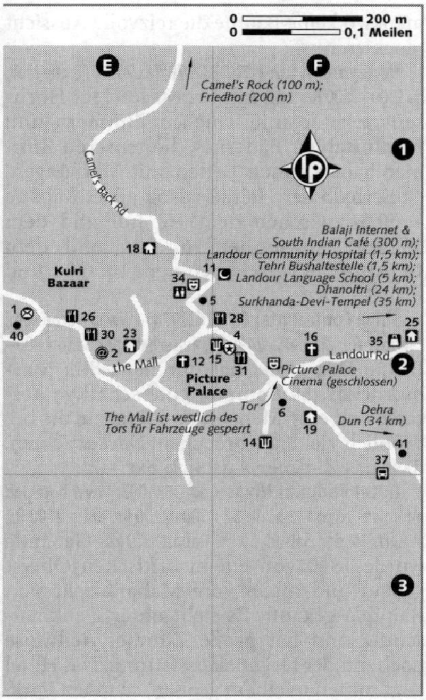

Missionshospital mit 35 Betten arbeiten Ärzte aus aller Herren Länder – und das freiwillig. Das Angebot reicht von einer Notfallversorgung mit 24-Stunden-Service über einen zahnärztlichen Dienst bis hin zu einer Apotheke, die rund um die Uhr Medikamente für allerlei Wehwehchen und Beschwerden parat hält.

GELD

Trek Himalaya (☎ 2631302; Upper Mall; ⌚ 12–20 Uhr) Tauscht gängige Währungen und Reiseschecks zu moderaten Gebühren.

UTI Geldautomat (Gandhi Chowk, the Mall)

POST

Hauptpost (☎ 2632206; the Mall, Kulri Bazaar; ⌚ Mo–Sa 9–17 Uhr)

TOURISTENINFORMATION

GMVN-Stand (☎ 2631281; Bushaltestelle Bibliothek; ⌚ Mo–Sa 10–17 Uhr) Buchungen von örtlichen Touren, Fernwanderungen und Übernachtungen in weit entfernten Resthouses.

Uttaranchal Tourism (☎ 2632863; Lower Mall; ⌚ Mo–Sa 10–17 Uhr) Hier sollte eigentlich eine ausführliche Broschüre über Mussoorie zu bekommen sein – ein Versuch ist's wert.

Sehenswertes & Aktivitäten

GUN HILL

Eine **Seilbahn** (mit Rückfahrt 50 Rs; ⌚ 9–20 Uhr) führt zum höchsten Punkt Mussoories – mit Ausblicken auf mehrere Gipfel, darunter auch der Bandarpunch. Ein steiler Pfad führt zu einem Aussichtspunkt, wo Erfrischungen erhältlich sind und Hochzeitsreisende in ortstypischen Kostümen für Fotos posieren.

SPAZIERGÄNGE

Die Wege rund um Mussoorie bieten grandiose Ausblicke – vorausgesetzt, die Wolken lassen es zu. Der **Camel's Back Rd.** ist eine beliebte, 3 km lange Promeniermeile von Gandhi Chowk nach Kulri Bazaar und heißt so, weil man an einem Felsen vorbeikommt, der wie ein Kamel aussieht. Von Gandhi Chowk aus kann man den Weg auch zu Pferd (120 Rs) zurücklegen. Ein angenehmer, längerer Weg (5 km, eine Strecke) führt vom Picture Palace an der Union Church und dem Uhrenturm vorbei nach Landour und zum Basar der Schwestern.

TOUR DER WELTRELIGIONEN

Zu besichtigen sind christliche Kirchen verschiedener Konfessionen, der Sai-Baba-Tempel, der Rhada-Krishna-Tempel, die Jama-Masid und ein buddhistischer Tempel (im Happy Valley). Sonntags um 11 Uhr findet in der **Union Church** in Kulri Bazaar ein englischsprachiger Gottesdienst statt.

Kurse

In Mussoorie gibt's viele Schulen und Colleges, u.a. die **Landour Language School** (☎ 2631487; www.landourlanguageschool.org; Landour; ⌚ 1. Mo im Feb.–2. Fr im Dez.). Sie ist eine der besten indischen Schulen die Hindi-Kurse für Anfänger, Leute mit Grundkenntnissen und für Fortgeschrittene anbietet. Die Kurse kosten pro Stunde 150 Rs bei Einzelunterricht, 120 Rs pro Teilnehmer bei Zweiergruppen und 105 Rs pro Teilnehmer bei Vierer- oder Fünfergruppen. Ein dreimonatiger Kurs umfasst 240 Stunden. Die Unterkunft in der Nähe kostet pro Nacht zwischen 350 und 450 Rs (Vollpension). Die meist rund 50 Schüler kommen aus aller Welt.

Geführte Touren

GMVN-Stand (☎ 2631281; Bushaltestelle Bibliothek; ⌚ Mo–Sa 10–17 Uhr). GMVN bietet zwei örtliche Touren

– eine zum Kempty-Wasserfall (3 Std., 50 Rs), die andere nach Dhanoltri, zum Surkhanda-Devi-Tempel und zum Lake Mussoorie (ganztägig, 130 Rs).

Kulwant Travels (☎ 2632717; rajasingh75@rediffmail.com; Picture Palace Busbahnhof). Vermietet Taxis für lokale Touren und nach Yamunotri (3 Tage, 4500 Rs).

Trek Himalaya (☎ 2631302; Upper Mall; ⏲ 12–20 Uhr). Neelambar Badoni liebt die Berge und organisiert dreitägige Trekkingtouren ins ursprüngliche Nagtibba für etwa 100 US$ pro Person sowie Trekkingtouren nach Dodital, Har-ki-Dun und zum Gaumukh-Gletscher.

Schlafen

Alle Hotels haben Zimmer mit Bad und Ausblick. Hauptsaison ist von Mai bis Juli, sowie über Weihnachten und Neujahr; Nebensaison ist im Oktober und November.

BUDGETUNTERKÜNFTE

Budgethotels sind rar, doch außerhalb der Saison liegen die meisten Hotelpreise auf Budgetniveau.

Hotel Broadway (☎ 2632243; Camel's Back Rd, Kulri Bazaar; EZ 100 Rs, DZ 150–250 Rs) Für Backpackers die Nummer Eins. Dieses historische Holzhaus aus den 1880er-Jahren, hat auch nach der Renovierung seinen Charakter behalten. Man kann hier auch essen und der Hotelmanager ist hilfsbereit und freundlich.

Hotel Laxmi Palace (☎ 2632774; Gandhi Chowk; DZ 1200 Rs, außerhalb der Saison 250–400 Rs) Altmodische, aber annehmbare Zimmer mit Stil – Zimmer 301 hat einen kleinen Balkon, von dem man den Ausblick und die Morgenstimmung genießen kann.

Hotel Rockwood (☎ 2632850; the Mall, Kulri Bazaar; DZ 1200–2000 Rs, außerhalb der Saison 200–400 Rs) Außerhalb der Saison ein Schnäppchen. Die Zimmer sind sehr unterschiedlich, manche haben einen Balkon. Die große Terrasse mit den Schaukelstühlen ist bei frisch Vermählten beliebt.

Hotel Luxmount (☎ 2631659; Lower Mall; DZ 1000 Rs, außerhalb der Saison 800 Rs) Die sauberen, modernen Zimmer bieten eine großartige Aussicht.

MITTELKLASSEHOTELS

Hotel Horizon (☎ 2632899; Fax 2631588; Picture Palace; DZ 1400–1600 Rs, außerhalb der Saison 40 % Rabatt). Ein Hauch von Eleganz und Stil ist in diesem Hotel mit lächelnden Angestellten und Wandmalereien in den Zimmern allgegenwärtig. Versuchen, ein Zimmer zu bekommen, wo keine Bäume die reizvolle Aussicht blockieren!

Honeymoon Inn (☎ 2632378; Fax 2631778; the Mall; Zi. 1300–1500 Rs) Ein modernes Hotel für Hochzeitsreisende mit schicken Zimmern und komfortablen Bädern – die teureren Zimmer haben runde Betten mit Vorhängen. Außerhalb der Heiratssaison gibt's Rabatte – 50 % zwischen dem 16. Juli und dem 30. Sept. sowie dem 6. Jan. und dem 14. April; 30 % zwischen dem 10. Okt. und dem 19. Dez.

Shiva Continental (☎ 2632174; www.shivacon.com; Landour Rd; Zi. 1395–2495 Rs, außerhalb der Saison 900–1750 Rs) Das Hotel hat durchaus Stil: Marmordekor, Skulpturen, eine schattige Terrasse und eine Menge Topfpflanzen, die bedrohlich viel Platz brauchen. Darauf achten, dass das Zimmer Ausblick hat.

Hotel Padmini Nivas (☎ 2631093; www.hotelpadmininivas.com; the Mall; DZ 1500–2200 Rs, Suite 2700 Rs, außerhalb der Saison 50 % Rabatt) Das Gebäude wurde 1840 von einem britischen Oberst gebaut und später vom Maharadscha von Rajpipla gekauft. Es steht unter Denkmalschutz und hat große Zimmer, teilweise noch mit der Originalausstattung. Das Hotel liegt mitten in einem großen, schönen Park. Der Speisesaal ist besonders sehenswert.

Kasmanda Palace Hotel (☎ 2632424; kasmanda@vsnl.com; neben der Mall; DZ 2300–2500 Rs, außerhalb der Saison 20 % Rabatt) Das weiße Schloss im romanischen Stil wurde 1836 für einen britischen Offizier erbaut und 1915 vom Maharadscha von Kasmanda erworben. Die Halle mit den roten Teppichen hat ein großartiges Treppenhaus, das von Jagdtrophäen flankiert wird. In Zimmer 4 bis 11 gibt's authentisches Maharadscha-Feeling.

Essen

RESTAURANTS

Uphar Restaurant (the Mall, Gandhi Chowk; Süßes 7 Rs, Gerichte 25–65 Rs) In dem angesagten Lokal gibt's leckere Gerichte wie *jaal freige* (kurz angebratenes gewürztes Gemüse) und Süßes wie *chandrakala* (frittierter süßer Teig) oder Kokos-*barfi* (eine fondantartige Süßspeise aus Milch).

City Point Restaurant (the Mall, Gandhi Chowk; Gerichte 20–60 Rs) Hier sind alle Lieblingsgerichte aus der indischen, europäischen und chinesischen Küche zu Hause.

The Tavern (☎ 2632829; the Mall, Picture Palace; Gerichte 70–180 Rs, Cocktails 110 Rs) Livemusik (ab

19 Uhr), Essen aus aller Welt, freundliche Bedienung und schickes Dekor in Grün und Naturholz ergeben unterm Strich ein Top-Restaurant. Neben Chinesischem und Indischem stehen Lammbraten, Fisch, Steaks und Pizzas auf der Speisekarte; alle Gerichte werden auch ins Hotel geliefert.

Madras Café (the Mall, Picture Palace; Dosas 21–45 Rs) Mit über 50 verschiedenen Versionen ist dies ein Paradies für Dosa-Freaks.

AUF DIE SCHNELLE

Meeting Point Café (the Mall; Gerichte 25–45 Rs) Der Inhaber ist jung, freundlich und musikbegeistert. Bei Espresso, tibetischem und anderem Essen lässt sich hier gut abhängen.

Casa Mia Bakery (the Mall, Kulri Bazaar; Snacks 16–45, große Pizzas 60–120 Rs) Die beste der vielen Bäckereien verführt mit unzähligen Köstlichkeiten, darunter Croissants, Kuchen, Muffins und Apfelkuchen.

Mussoorie Fruit Centre (the Mall, Kulri Bazaar; Säfte & Shakes 25 Rs) Die Mango-Saison geht von Februar bis August, Litschi-Saison ist im Mai und Juni.

Ausgehen

Savoy Hotel Writers' Bar (Savoy Hotel, Gandhi Chowk; ⌚ 10.30–22.30 Uhr) Das Hotel aus der Kolonialzeit ist zu baufällig, um dort zu wohnen – doch an der Bar kann man den einen oder anderen Drink nehmen und dabei die Geister der Vergangenheit spüren.

Indoor Roller Skating Rink (☎ 2632277; Camel's Back Rd; für 2 Std. 65 Rs) Rollschuhe im Preis inbegriffen. Los geht's um 8.30, 11, 15 oder 18 Uhr.

Snooked Pool Parlour (über The Tavern, the Mall, Picture Palace; Pool-Billard 80 Rs/Std., Snooker 100 Rs/Std.; ⌚ 10.30–22.30 Uhr) Der Billardsalon sorgt ein bis zwei Stunden für Unterhaltung.

Shoppen

Ancient Palace (☎ 2631622; Landour Rd; ⌚ 10–21 Uhr) Dieser Laden ist mit Antikem und Kuriosem vollgestopft.

An- & Weiterreise

BUS

Vom Mussoorie Busbahnhof (am Bahnhof) in Dehra Dun fahren regelmäßig Busse nach Mussoorie (23 Rs, 1½ Std.) – die einen zur Haltestelle **Picture Palace** (☎ 2632259), die anderen zur Haltestelle **an der Bibliothek** (☎ 263 2258) am anderen Ende der Stadt. Die Rückfahrt (es geht bergab) dauert nur eine Stunde. Die Busse nach Hanuman Chatti zum Yamunotri-Tempel (80 Rs, 6 Std.) fahren unregelmäßig – an der Haltestelle bei der Bibliothek nachfragen. Dies gilt auch für Fahrten nach Sanskrit zum Har-ki-Dun-Trek (100 Rs, 9 Std.), die eine Kombination von Bussen und Sammeljeeps nötig machen können. Lokale Busse, u. a. nach Tehri Dam, starten an der Tehri Haltestelle an der Straße nach Landour.

TAXI

Taxis nach Dehra Dun gibt's an beiden Bushaltestellen (350 Rs).

ZUG

Die **Northern Railway Booking Agency** (☎ 2632846; the Mall, Kulri Bazaar; ⌚ Mo–Sa 8–11 & 12–15, So 8–14 Uhr) Ist in einem sehr schäbigen Gebäude untergebracht und verkauft Fahrkarten für Züge aus Haridwar.

Unterwegs vor Ort

Fahrradrikschas auf der Mall kosten 20 Rs.

RUND UM MUSSOORIE

Das beliebteste Ausflugsziel der Umgebung ist der eindrucksvolle **Kempty-Wasserfall**, 15 km nordwestlich, wo man in einem überfüllten Teich baden kann. Ein Abstecher nach **Dhanoltri** ermöglicht herrliche Panoramablicke auf schneebedeckte Himalaja-Gipfel und ist ein reizender Ort für ein Picknick mitten in den Zedernwälder 25 km nordöstlich von Mussoorie. Rund 9 km weiter nördlich liegt in 3030 m Höhe der **Surkhanda Devi-Tempel** (2 km Fußweg von der Straße). Ein Taxi zum Kempty-Wasserfall kostet 500 Rs. Nach Dhanoltri und zum Surkhanda-Devi-Tempel zahlt man 850 Rs. Billigere Bus-Alternativen s. S. 455.

Zum Har-ki-Dun- und zum Yamunotri-Tempel-Trek s. S. 484 bzw. S. 485.

HARIDWAR

☎ 01334 / 220 433 Ew. / 249 m

Die heilige Hindustadt Haridwar (oder Hardwar) liegt an einer günstigen Stelle: dort, wo der Ganges den Himalaja verlässt. Ständig kommen Scharen von Pilgern hierher, um in dem häufig schnell vorbeifließenden Fluss ein Bad zu nehmen. Über die Stadt verteilt sind prachtvolle (alte und neue) Tempel, *dharamsalas* (Pilgerherber-

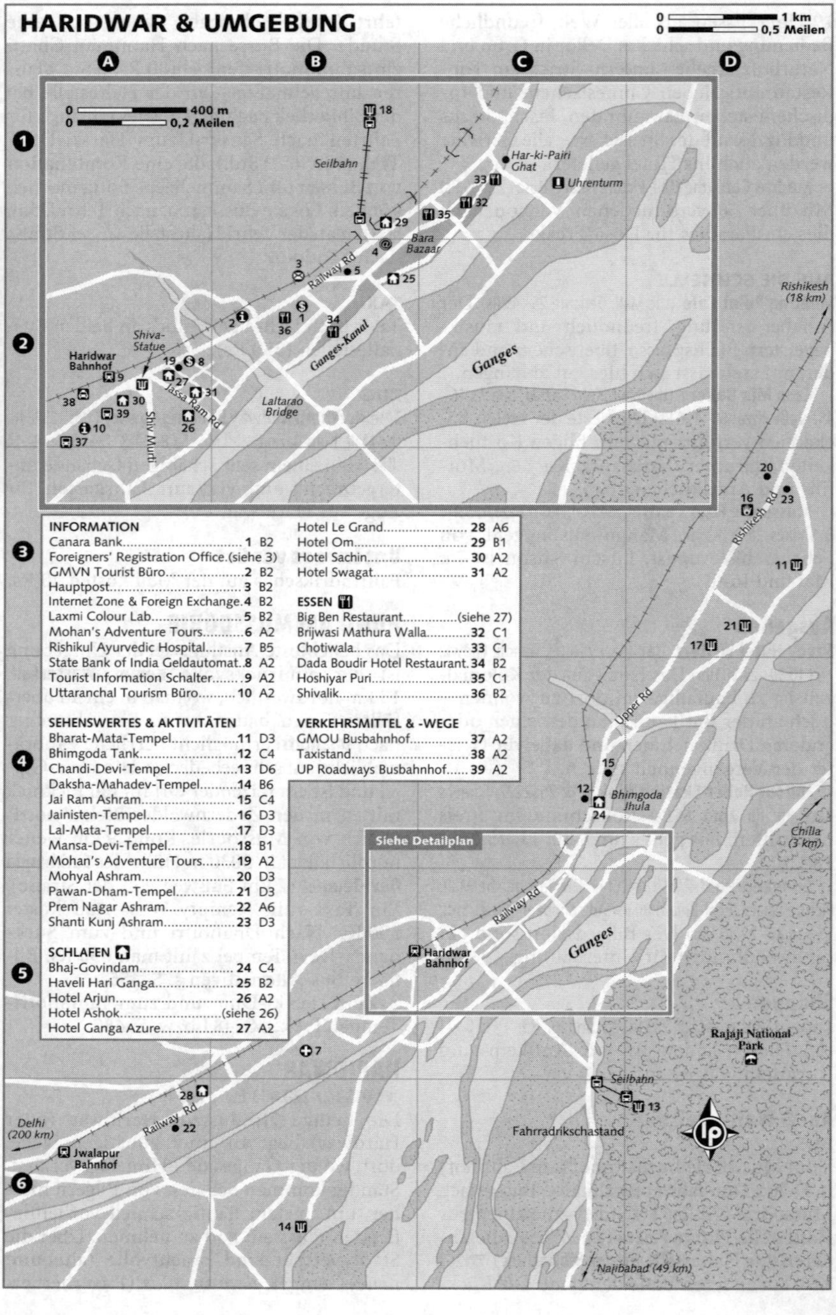
HARIDWAR & UMGEBUNG
0 1 km
0 0,5 Meilen
A
B
C
D
1
2
3
4
5
6
0 400 m
0 0,2 Meilen
Seilbahn
Har-ki-Pairi Ghat
Uhrenturm
Bara Bazaar
Railway Rd
Ganges-Kanal
Ganges
Shiva-Statue
Haridwar Bahnhof
Jassa Ram Rd
Shiv Murti
Laltarao Bridge
Rishikesh (18 km)
Rishikesh Rd
Upper Rd
Bhimgoda Jhula
Chilla (3 km)
Siehe Detailplan
Haridwar Bahnhof
Railway Rd
Ganges
Rajaji National Park
Seilbahn
Fahrradrikschastand
Delhi (200 km)
Railway Rd
Jwalapur Bahnhof
Najibabad (49 km)
INFORMATION
Canara Bank 1 B2
Foreigners' Registration Office (siehe 3)
GMVN Tourist Büro 2 B2
Hauptpost 3 B2
Internet Zone & Foreign Exchange 4 B2
Laxmi Colour Lab 5 B2
Mohan's Adventure Tours 6 A2
Rishikul Ayurvedic Hospital 7 B5
State Bank of India Geldautomat 8 A2
Tourist Information Schalter 9 A2
Uttaranchal Tourism Büro 10 A2
SEHENSWERTES & AKTIVITÄTEN
Bharat-Mata-Tempel 11 D3
Bhimgoda Tank 12 C4
Chandi-Devi-Tempel 13 D6
Daksha-Mahadev-Tempel 14 B6
Jai Ram Ashram 15 C4
Jainisten-Tempel 16 D3
Lal-Mata-Tempel 17 D3
Mansa-Devi-Tempel 18 B1
Mohan's Adventure Tours 19 A2
Mohyal Ashram 20 D3
Pawan-Dham-Tempel 21 D3
Prem Nagar Ashram 22 A6
Shanti Kunj Ashram 23 D3
SCHLAFEN
Bhaj-Govindam 24 C4
Haveli Hari Ganga 25 B2
Hotel Arjun 26 A2
Hotel Ashok (siehe 26)
Hotel Ganga Azure 27 A2
Hotel Le Grand 28 A6
Hotel Om 29 B1
Hotel Sachin 30 A2
Hotel Swagat 31 A2
ESSEN
Big Ben Restaurant (siehe 27)
Brijwasi Mathura Walla 32 C1
Chotiwala 33 C1
Dada Boudir Hotel Restaurant 34 B2
Hoshiyar Puri 35 C1
Shivalik 36 B2
VERKEHRSMITTEL & -WEGE
GMOU Busbahnhof 37 A2
Taxistand 38 A2
UP Roadways Busbahnhof 39 A2

gen) und Ashrams, manche so groß wie ganze Dörfer. Die Stadt ist für ayurvedische Arzneimittel bekannt, es herrscht nicht allzu viel Rummel und sie ist zugleich das Tor zum nahe gelegenen Rajaji National Park.

Im religiösen Leben Indiens spielt Haridwar eine viel größere Rolle als Rishikesh. Allabendlich versammelt sich die Menge am Har-ki-Pairi, wo der Ganges im Flackern der Flammen der auf ihm schwimmenden Opfergaben zum Leben erwacht. Besonders viele Pilger kommen jedes Jahr zum Magh Mela, noch mehr werden's alle sechs Jahre beim Aardh Magh Mela. Und alle zwölf Jahre (zum nächsten Mal 2010) findet das gigantische Kumbh Mela statt, zu dem Millionen von Pilger kommen (s. S. 1158).

Orientierung

Haridwars Hauptstraße ist die Railway Rd., auf der zwischen Bahnhof und Bhimgoda Jhula (Brücke) meist nur Fahrradrikschas fahren dürfen. Die Straße verläuft parallel zum Ganges-Kanal (der eigentliche Flusslauf liegt weiter östlich), heißt ab der Laltarao Bridge Upper Rd. und führt dann weiter nach Rishikesh. Der Verkehrsknotenpunkt der Stadt, mit Bahnen, Bussen, Taxis, Tempos, Autorikschas und Fahrradrikschas, liegt im Stadtzentrum, 2 km südlich des Har-ki-Pairi Ghat. Die Alleen des Bara Bazaar verlaufen südlich des Har-ki-Pairi. Die Tempel und Ashrams sind in der ganzen Stadt verteilt, lassen sich aber mit Fahrradrikscha, Autorikscha oder Taxi erreichen.

Praktische Informationen

Auf www.haridwaronline.com gibt's Informationen zu Haridwar.

FOREIGNERS' REGISTRATION OFFICE (AUSLÄNDERMELDEAMT)

Dieses **Büro** (☎ 2423980; Railway Rd; 🕑 Mo–Fr 10–17 Uhr) liegt neben der Post.

INTERNETZUGANG

Internet Zone & Foreign Exchange (Upper Rd; 40 Rs/Std.; 🕑 10–21 Uhr) Zugang durch eine Gasse neben der Bank of Baroda.

Mohan's Adventure Tours (Railway Rd; 40 Rs/Std.; 🕑 8–22.30 Uhr)

MEDIZINISCHE VERSORGUNG

Rishikul Ayurvedic Hospital (☎ 249401; Railway Rd) Hoch angesehenes, alteingesessenes Hospital und College.

GELD

Canara Bank (Railway Rd) Tauscht ausländisches Geld und Reiseschecks, schnell geht's aber nicht.

Internet Zone & Foreign Exchange (☎ 228483; Upper Rd; 🕑 10–21 Uhr) Verlangt 1 % Bearbeitungsgebühr.

Mohan's Adventure Tours (☎ 220910; Railway Rd; 🕑 8–22.30 Uhr)

State Bank of India Geldautomat (Railway Rd) Neben dem Chitra Talkies Cinema; akzeptiert Visa-Karten.

FOTOS

Laxmi Colour Lab (☎ 426264; Upper Rd; 🕑 8.30–22 Uhr) Für 125 Rs werden die Erinnerungsfotos vom Memory Stick auf CD gebrannt.

POST

Hauptpost (☎ 2270205; Upper Rd; 🕑 Mo–Sa 10–18 Uhr)

TOURISTENINFORMATION

GMVN Touristenbüro (☎ 2244240; Railway Rd; 🕑 Mo–Sa 10–17 Uhr) Der hilfsbereite Mr. Raturi bucht GMVN-Herbergen, Touren und Treks und weiß alles über den Rajaji National Park.

Tourist Information counter (im Bahnhof; 🕑 Mo–Sa 10–17 Uhr)

Uttaranchal Tourism (☎ 265304; Railway Rd; 🕑 Mo–Sa 10–17 Uhr) Mit kostenlosem Internetzugang.

Sehenswertes & Aktivitäten

HAR-KI-PAIRI GHAT

Har-ki-Pairi (Der Fußabdruck Gottes): Hier soll Vishnu einen Tropfen Himmelsnektar und einen Fußabdruck hinterlassen haben. Deshalb ist dieser Ort sehr heilig, und man kann hier seine Sünden abwaschen. Die Pilger baden in der oft reißenden Strömung und spenden Geld für die Priester und Schreine.

Das Ghat liegt am Westufer des Ganges-Kanals. Allabendlich versammeln sich Hunderte Gläubige zum *ganga aarti* (Verehrung des Flusses). Offizielle in blauer Uniform sammeln Spenden (und geben dafür Quittungen) und wenn die Sonne untergeht, erklingen rhythmisch Glocken. Fackeln werden entzündet und Binsenkörbe mit Blütenblättern, auf denen eine brennende Kerze (5 Rs) steht, treiben den Strom hinab.

Wer sich unter die Menge mischt, erlebt die Riten einer alten Religion, die sich ihre Kraft bis heute bewahrt hat. Besucher werden zuweilen von selbsternannten Priestern angesprochen, die zunächst Hilfe bei der *puja*

PANDAS

„Wo kann ich den Panda meiner Familie finden?" Das ist eine Frage, die Hindupilger in Haridwar häufig stellen. Pandas sind Priester und Pilgerführer, die aber auch genaue Aufzeichnungen über die Geschichte einzelner Familien führen, die Jahrhunderte zurückreichen können. Man sieht sie nicht nur an den Ghats, sondern auch am Bahnhof. Die Pilger nennen einem Panda den Namen ihres Klans, die Kaste, das Dorf, den Bezirk und den Staat und werden dann an ihren zuständigen Familienpanda verwiesen.

Der Panda notiert dann den Besuch sowie alle Geburten, Heiraten und Todesfälle, die sich seit der letzten Pilgerfahrt eines Familienmitglieds ereignet haben. Früher blieben die Pilger bei ihrem zuverlässigen Panda, der auch als Bankier, Wächter und Koch agierte. Heute ist dies nicht mehr so verbreitet, aber Pandas helfen immer noch bei den vielen Einäscherungssritualen. Pandas können reich werden, weil Pilger ihnen nicht nur großzügige Geldspenden geben, sondern auch wertvolle Besitztümer von verstorbenen Verwandten.

(Opfer oder Gebete) versprechen und dann 200 Rs fordern. Wenn man spenden will, sollte man das Geld einem echten Priester oder einem uniformierten Spendensammler geben bzw. es in eine Spendenbox werfen.

MANSA-DEVI- & CHANDI-DEVI-TEMPEL

Mit der **Seilbahn** (mit Rückfahrt 39 Rs; ⌚ 8–18 Uhr) geht's zum Tempel der **Mansa Devi**, einer Göttin, die Wünsche erfüllt. Entlang dem Weg zur Seilbahn werden an Ständen Päckchen mit *prasad* (Nahrungsspenden für religiöse Zeremonien) verkauft, die man der Göttin auf dem Hügel mitbringen kann. Wer den Hügel zu Fuß besteigt (1,5 km), muss auf die diebischen Affen achten! Im Tempel ist Fotografieren verboten.

Viele Besucher und Pilger unternehmen auch noch eine **Seilbahnfahrt** (mit Rückfahrt 60 Rs; ⌚ 8–18 Uhr) auf den Neel Hill (4 km südöstlich von Haridwar) zum **Chandi Devi-Tempel**, den Raja Suchet Singh von Kaschmir 1929 errichten ließ. Wer bei Mansa Devi 125 Rs bezahlt, kann beide Seilbahnen benutzen und in einem klimatisierten Wagen zwischen den beiden Tempeln hin und her fahren.

WEITERE HEILIGTÜMER

Der alte **Daksha-Mahadev-Tempel**, südlich der Stadt, bildet einen starken Gegensatz zu den modernen Tempeln wie dem disneyhaften **Lal-Mata-Tempel**, dem **Pawan-Dham-Tempel** mit seiner atemberaubenden Spiegel- und Mosaikverkleidung im Innern oder dem siebengeschossigen **Bharat-Mata-Tempel,** der sogar mit einem Aufzug aufwarten kann. An der Hauptstraße liegt ein traditioneller **Jainistentempel** aus Jaisalmer-Sandstein. Nur 500 m nördlich des Har-ki-Pairi liegt der **Bhimgoda Tank**, den Bhima durch einen Stoß mit seinem Knie geschaffen haben soll – Bhima ist einer der Pandava-Brüder, Helden aus dem Mahabharata-Epos. Unmittelbar nördlich des Wasserbeckens liegt der eindrucksvolle **Jai Ram Ashram** – grellbunt-poppige Zuckerbäckerarchitektur der Sonderklasse.

Geführte Touren

In seinem Büro neben dem Chitra Talkies Cinema organisiert Sanjeev Mehta von **Mohan's Adventure Tours** (☎ 220910; www.mohansadventure.com; Railway Rd; ⌚ 8–22.30) Touren aller Art: Fahrradtouren, Wanderungen, Angeltouren, Floßfahrten usw. Spezialität: fünfstündige Safaris (1650 Rs/Pers.) durch den Rajaji National Park (s. S. 463).

Schlafen

Informationen zu Übernachtungen in Ashrams gibt's im Kasten auf S. 461.

BUDGETUNTERKÜNFTE

In der Jassa Ram Rd. finden sich mehrere Budgethotels. Obwohl hier und da ausgefallen gestaltete Foyers Hoffnung machen, ist keines der Hotels wirklich gut.

Hotel Arjun (☎ 221962; Jassa Ram Rd; DZ 400–950 Rs; ❄) Noch das beste Hotel von allen – sofern einem das pinkfarbene Dekor nicht auf die Nerven geht. Es hat Heißwasser (dank Sonnenkollektoren) und sogar einen Fahrstuhl.

Hotel Om (☎ 2426639; Upper Rd; DZ ohne/mit Klimaanlage 350/600 Rs, Dez.–März 250/450 Rs; ❄) Große, pieksaubere Zimmer (manche mit Balkon), die zentrale Lage nahe der Seilbahn zum Mansa-Devi-Tempel sowie hilfsbereites Personal machen dieses Hotel zu einer guten Budgetoption.

Außerdem empfehlenswert:

Hotel Ashok (☎ 2426469; Jassa Ram Rd; EZ 110 Rs, DZ 165–350 Rs; ❄)

IM ASHRAM WOHNEN

Wer in einem Ashram mit wenigen oder keinen Ausländern wohnen will, sollte sich für Haridwar und nicht für Rishikesh entscheiden. Man kann an den Aktivitäten im Ashram teilnehmen, solange man sich an die strengen Regeln hält. Alles – Unterkunft, Essen, religiöse Praktiken – ist normalerweise kostenlos, Spenden werden aber erwartet. Die meisten Ashrams versuchen, als sich selbst versorgende Mini-Utopias zu existieren, manche bauen ihre eigenen Kräuter an, aus denen dann ayurvedische Arzneien gemacht werden.

Shanti Kun (☎ 260602; www.awgp.org; Rishikesh Rd) ist ein großer Ashram in einem schönen Garten mit einer anregenden Gemeinschaft, die einfache Unterkunft in Räumen mit Ventilator, Luftkühler und Bad mit Warmwasser anbietet. Der Ashram ist für ernsthafte Sadhana-Interessierte geeignet: die Meditationen und Mantras beginnen um 5.15 Uhr, gefolgt von der *yagyar* (Feuerzeremonie) und Meditationen vor einem Modell des Himalaja. Weitere Informationen gibt das Ausländerbüro (die „Abroad Cell").

Der kleine, friedvolle **Mohyal Ashram** (☎ 261336; mohans_india@yahoo.com; Rishikesh Rd; B/DZ/Suite 100/400/600 Rs; ❄) hat Rasenflächen, Marmorböden und eine Meditations- und Yogahalle mit wunderbarer Akustik und bietet eine saubere Mittelklasseunterkunft zu Budgetpreisen. Die Hatha-Yoga-Einführung kostet 150 Rs pro Stunde (mindestens zwei Teilnehmer), das Frühstück 20 Rs, das Mittagessen ist frei und die Thalis für's Abendessen kosten 30 Rs. Das ist kein normaler, strenger Ashram, aber Rauchen, Alkohol, und Fleischgerichte sind auch hier nicht erlaubt. Mr. Dutta, der hilfsbereite Verwalter, ist an den Umgang mit ausländischen Gästen gewöhnt.

Der sehr große **Prem Nagar Ashram** (☎ 426345; premnagar@vsnl.com; Railway Rd) wurde von dem 1966 verstorbenen Prem Nagar gegründet. Sein außergewöhnliches Mausoleum hat eine pyramidenförmige blaue Decke mit acht Stufen, die die sieben heiligen Ströme und das Meer symbolisieren. Meditationen und Gesänge finden täglich um 5 und um 19.30 Uhr statt. Der Ashram hält seine eigenen Kühe, besitzt eine eigene Fabrik für ayurvedische Arzneien, eine große, stützenfreie Versammlungshalle und einen Ghat am Ganges. Nur wenige der Angestellten sprechen Englisch. Die einfachen Unterkünfte haben Ventilator und Bad mit Warmwasser.

Hotel Swagat (☎ 221581; Jassa Ram Rd; EZ 300–600 Rs, DZ 495–950 Rs; ❄)

MITTELKLASSEHOTELS

Hotel Sachin (☎ 222655; Fax 225184; Railway Rd; EZ 750–950 Rs, DZ 950–1800 Rs; ❄) Perfekt gelegen, nur einen kurzen Fußmarsch vom Verkehrsknotenpunkt entfernt. Das Personal ist zwar nicht besonders hilfreich, aber das große, frisch renovierte und fast schon feine Hotel hat komfortable, ruhige Zimmer und ein über einen erhöhten Fußweg erreichbares Restaurant. Außerhalb der Saison gibt's Sonderangebote.

Hotel Ganga Azure (☎ 2420938; www.hotelganga azure.com; Railway Rd; DZ 300–1500 Rs, außerhalb der Saison 20 % Rabatt; ❄) In diesem großen, gut gelegenen Hotel mit Innenhof gibt's Zimmer jeder Art. Zum Hotel gehört das Big Ben Restaurant (s. Kasten S. 462).

Bhaj-Govindam (☎ 261682; Fax 223656; nahe der Bhimgoda Bridge; Hütten 900 Rs, mit Klimaanlage 1200 Rs; ❄) Hier gibt's komfortable Bambushütten mit gefliesten, sauberen Bädern, die wunderschön in einem Garten am Ufer des Ganges liegen. Diese Unterkunft befindet sich direkt am Flussufer und hat ein eigenes Badeghat – daher sind viele bereit, die hohen Preise zu bezahlen.

Hotel Le Grand (☎ 2429250; www.hotellegrand.com; Railway Rd; Zi. 995–1985 Rs; ❄) Ein sehr durchgestyltes, fast luxuriöses Hotel, 1,5 km

ETWAS BESONDERES

Haveli Hari Ganga (☎ 226443; www.leisure hotels.co.in/haridwar; Ram Ghat, nahe dem Vishnu-Ghat; DZ 2200–2800 Rs; ❄ 💻) Dieses prächtige *haveli,* das 1918 direkt am Ganges errichtet wurde, liegt versteckt im Bara-Basar. Es hat luftige Innenhöfe, Marmorfußböden und hängende Blumenkörbe. Das Haus voller Charakter und Charme hat freundliche Mitarbeiter, wurde geschmackvoll restauriert und ist nun ein elegantes Luxushotel mit 20 Zimmern. Der Ganges umgibt eine Terrasse; im Untergeschoss gibt's ein ayurvedisches Heilbad (Behandlung ab 950 Rs) und Yogakurse.

südlich des Verkehrsknotenpunkts. Es hat ein prachtvolles Foyer und komfortable Zimmer mit Balkonen.

Essen

Haridwar ist eine heilige Stadt, also gibt's nur vegetarisches Essen und keine alkoholischen Getränke.

RESTAURANTS

Hoshiyar Puri (Upper Rd; Gerichte 15–45 Rs) 1937 gegründet und noch immer ein Renner – die Bohnen, *lacha paratha* (gefülltes gebackenes Brot), *aloo gobi* (Blumenkohl- und Kartoffelcurry) and *kheer* (Reispudding) sind empfehlenswert.

Shivalik (Railway Rd; Gerichte 35–50 Rs;) Es dauert, bis das Essen kommt, doch das Warten lohnt sich.

Chotiwala (Bara Bazaar; Gerichte 25–65 Rs) Gut besuchtes Freiluftrestaurant mit allen ortsüblichen Gerichten.

Das **Dada Boudir Hotel Restaurant** (Bara Bazaar; Thalis 25–50 Rs) kann ebenfalls guten Gewissens empfohlen werden.

AUF DIE SCHNELLE

Brijwasi Mathura Walla (Bara Bazaar; Süßes etwa 10 Rs) Hier gibt's neben vielen anderen Köstlichkeiten das beste *ras malai* (Süßspeise aus Milch und Zucker) der Stadt und köstliche Fruchtsalate mit Sahne.

Shoppen

Hunderte kleiner Stände drängen sich auf beiden Seiten der engen Wege durch den quirligen Bara Bazaar, wo religiöses Brimborium, Kleider, Stoffe und Haushaltswaren angeboten werden. Der Markt ist erstaunlich relaxed, hat einen tollen Süßwarenladen (s. oben) und wirkt bei Nacht, wenn bunte Lichterketten leuchten, besonders zauberhaft.

ETWAS BESONDERES

Big Ben Restaurant (Hotel Ganga Azure, Railway Rd; Gerichte 45–65 Rs;) In diesem Restaurant mit Spiegeln, sanfter Musik und höflicher Bedienung kann man den Vorbeimarschierenden zusehen und Haridwars bestes Essen genießen. Ein großes Frühstück kostet 75 Rs (was übrig bleibt, einpacken lassen und mitnehmen). Das Kashmir-*dumaloo* (mit Nüssen gefüllte Kartoffeln und *paneer* in Tomatensauce) ist was für Feinschmecker, ebenso wie das *kadhai paneer*, ein Gericht aus gereiftem Käse, zu dem der *jeera*- (Kreuzkümmel-)Reis gut passt, der in einem Metalltopf gebracht wird.

An- & Weiterreise

BUS

Die folgenden Busse fahren vom UP Roadways Busbahnhof:

Ziel	Preis (Rs)	Dauer (Std.)	Abfahrt
Agra	166	12	frühmorgens
Almora	200	10	frühmorgens & nachmittags
Chandigarh	108	10	frühmorgens
Dehra Dun	30	2	alle 30 Min.
Delhi	102	6	alle 30 Min.
Dharamsala	230	15	14.30 Uhr
Jaipur	225	12	frühmorgens
Nainital	145	8	frühmorgens & abends
Ranikhet	165	10	6 Uhr & 16.30 Uhr
Rishikesh	15	1	alle 30 Min.
Shimla	195	14	frühmorgens & abends
Uttarkashi*	125	10	frühmorgens

* zum Gangotri-Tempel & zum Gaumukh-Gletscher-Trek

In der *yatra*-Zeit zwischen April und Oktober fahren Busse vom GMOU Busbahnhof nach:

Ziel	Preis (Rs)	Dauer (Std.)	Abfahrt
Badrinath (via Joshimath)	230	15	alle paar Std. zw. 3.30 & 14.30 Uhr
Gangotri*	200	10	zw. 3 & 5 Uhr
Hanuman Chatti*	180	10	zw. 3 & 5 Uhr
Kedarnath*	170	10	zw. 3 & 5 Uhr

* Einige dieser Busse fahren über Chilla (10 Rs, 1 Std.), dem Ausgangspunkt für Safaris durch den Rajaji National Park.

Private Luxusbusse fahren nach Agra (350 Rs), Delhi (250 Rs), Dharamsala (380 Rs), Jaipur (400 Rs) und Pushkar (450 Rs). Sie fahren in der Nähe des Bahnhofs ab und jedes Reisebüro in der Stadt nimmt Buchungen vor.

TAXI & VIKRAM

Der Haupttaxistand befindet sich vor dem Bahnhof in der Railway Rd. Offizielle Fahrpreise sind u. a.: nach Chilla (zum Rajaji National Park) 310 Rs, Rishikesh 410 Rs, Dehra Dun 610 Rs, Delhi 1700 Rs, Uttarkashi 1610 Rs.

Sammel-*vikrams* fahren von der Upper Rd., nördlich der Laltarao Bridge, nach Rishikesh (15 Rs, 1 Std.), Busse sind aber bequemer.

ZUG

Für Zugverbindungen zwischen Haridwar und Delhi s. S. 453. Der *Doon Express* fährt täglich nach Kolkata (Sleeper Class/3AC/2AC, 377/1059/1694 Rs, 33 Std.) mit Station in Lucknow (185/519/830 Rs, 10 Std.) und Varanasi (259/728/1165 Rs, 18 Std.).

Unterwegs vor Ort

Fahrradrikschas kosten 10 Rs für eine Kurzstrecke und 20 Rs für eine längere Fahrt, z. B. vom Bahnhof zum Har-ki-Pairi. Für eine dreistündige Besichtigungstour per Taxi zu den Tempeln und Ashrams bezahlt man 350 Rs; per Autorikscha 200 Rs.

RAJAJI NATIONAL PARK

300–1000 m

Dieser urwüchsige, 820 km² große **Park** (Inder/Ausländer bis zu 3 Tagen 30/350 Rs, Foto 50/50 Rs, Video 2500/5000 Rs; ⌚ 15. Nov.–15. April) liegt in den bewaldeten Ausläufern des Himalaja bei Haridwar und ist vor allem für seine wilden Elefanten berühmt, von denen es hier nach letzter offizieller Zählung 469 gibt.

Neben den Elefanten leben hier auch 30 Tiger und 208 Leoparden, die aber wesentlich seltener zu sehen sind, als die Zahlen vermuten lassen. Hungern müssen sie jedenfalls nicht, da Tausende von Axishirschen und Hunderte von Sambarhirschen (die größte Hirschart Indiens) in dem Wildpark leben. Die Hand voll hier versteckten Lippenbären werden kaum je gesehen – vielleicht können die Tanzbären aus Agra hierher umgesiedelt werden (s. Kasten, S. 409). Interessant sind auch die über 300 Vogelarten.

Das Dorf **Chilla**, 13 km nordöstlich von Haridwar, ist Ausgangspunkt für den Besuch im Park. **Elefantenausritte** (Inder/Ausländer 200/400 Rs pro Elefant) – ein Elefant trägt bis zu vier Personen – starten bei Sonnenaufgang und um 15 Uhr nachmittags. Zur Zeit gibt's aber nur zwei Elefanten, d. h.: Wer zuerst kommt, reitet zuerst. Hierzu wendet man sich an das Forest Ranger's Office, neben dem Tourist Guesthouse in Chilla. Dort erhält man eine Broschüre, kann den Parkeintritt bezahlen und einen Jeep organisieren. In die Jeeps passen bis zu acht Personen rein und sie kosten 600 Rs für die Standard-Safari (plus 100 Rs Parkgebühr für das Auto).

Etwa 1 km hinter dem Eingangstor steht ein *machaan* (Beobachtungsturm), der früher Jägern als Hochsitz diente. Heute können die Besucher von hier aus nach den Bewohnern des Parks Ausschau halten.

Vor dem Besuch sollte man Mr. Raturi im **GMVN Tourist Office** (☎ 2244240; Railway Rd, Haridwar; ⌚ Mo–Sa 10–17 Uhr) und **Mohan's Adventure Tours** (☎ 220910; www.mohansadventure.com; Railway Rd, Haridwar; ⌚ 8–22.30 Uhr) aufsuchen, die auch dann Safaris in den Park anbieten, wenn er offiziell geschlossen ist (der größte Teil ist vom 15. April bis zum 15. November geschlossen). Zum Angebot gehört auch ein fünfstündiger Ausflug (1300 Rs/Pers.) mit Kurzsafari, einer Parade wilder Elefanten und einem Abstecher in ein Dorf der Gujjar, die als Büffelhirten leben.

Schlafen & Essen

Das **Chilla Guesthouse** (☎ 0138-226678; B/Hütte/Zi. 150/800/880 Rs, Zi. mit Klimaanlage 1400 Rs; ❄) bietet eine annehmbare Unterkunft und hat ein gutes Restaurant (Gerichte 12–40 Rs); der Betreiber pflanzt seine Kräuter selbst an. Der zuckerfreie *kheer* ist ausgeprochen lecker.

Neun historische, aber primitive Resthouses im Wald (Inder/Ausländer 200–500 Rs/400–1000 Rs) gibt's in Asarohi, Beribara, Chilla, Kansrao, Kunnao, Motichur, Phandowala, Ranipur und Satyanarayan. Das Resthouse in Chilla von 1883 hat unten drei Zimmer und oben eine Suite mit Balkon. Die Herberge in Satyanarayan ist auch zu empfehlen, während die in Kansrao noch ganz dem ursprünglichen Zustand entspricht. Zu essen gibt's nichts (außer in Chilla); wer kein Transportmittel hat, muss mit einem Jeepfahrer eine gesonderte Vereinbarung treffen. Die Resthouses müssen beim **Direktor** (☎/Fax 0135-2621669; Rajaji National Park Office, 5/1 Ansari Marg, Dehra Dun) gebucht werden.

An- & Weiterreise

Busse nach Chilla (10 Rs, 1 Std.) fahren stündlich zwischen 7 und 14 Uhr am GMOU-Busbahnhof in Haridwar. Die letzte Rückfahrt startet in Chilla um 17.30 Uhr. Taxis nehmen 350 Rs (eine Strecke) für den 13 km langen Weg.

RISHIKESH

☎ 0135 / 79 591 Ew. / 356 m

Rishikesh nennt sich selbst ganz bescheiden „Yoga-Welthauptstadt" – angesichts der unzähligen Ashrams und aller Arten von Yogakursen vielleicht nicht ganz zu Unrecht. Die Lage der Stadt an den Ufern des Ganges, umgeben von bewaldeten Hügeln, lädt zur Meditation und zu spirituellen Erfahrungen ein. Abends streicht eine Brise das Tal hinunter und lässt die Tempelglöckchen erklingen, während sich *sadhus,* Pilger und Besucher auf die nächtliche *ganga aarti*-Zeremonie vorbereiten.

In der Stadt ist New Age angesagt: auf den Dächern der Hotels kann man Sitar oder Tabla spielen lernen, man kann Lachyoga, Om-Summen oder Gongmeditation ausprobieren, es gibt Heilsteine und Massagen aller Art, man kann Mantras singen oder bei ayurvedischem Tee und vegetarischem Essen einer spirituell anregenden CD lauschen. Anfang Februar findet in jedem Jahr das International Yoga Festival statt (s. S. 447).

Für die etwas Bodenständigeren ist Rishikesh der Ausgangspunkt für Treks in den Hochhimalaya. Flussaufwärts liegt eine Kette von Bushcamps und Orten, an denen man sich dem Nervenkitzel einer Wildwasserfahrt aussetzen kann.

Orientierung

In der hässlichen Downtown liegen Bahnhof und Busbahnhof, das Triveni Ghat sowie Bharat Mandir, der älteste Tempel der Stadt. Daher: auf nach Norden, in die weniger überfüllten und weniger verschmutzten Viertel an beiden Ufern des Ganges. Die beiden Brücken *(jihula)* über den Fluss sind eigentlich nur für Fußgänger bestimmt, doch für überaktive Affen und den einen oder anderen stoischen Bulle scheint diese Regel nicht immer zu gelten. Swarg Ashram und Lakshman Jhula am Ostufer sind fast autofrei – und in High Bank, westlich von Lakshman Jhula, liegt das Mekka der Backpacker.

Praktische Informationen

INTERNETZUGANG

Internetzugang findet sich überall in der Stadt, meist für 20–30 Rs pro Stunde. Die besten Möglichkeiten gibt's bei Red Chilli Adventure (s. S. 467; Lakshman Jhula Rd) und Blue Hills Travels (Swarg Ashram) sowie in High Bank.

WASCHSALON

Pappu Laundry (Lakshman Jhula Rd; 5–20 Rs pro Stück; 🕗 8–20 Uhr)

MEDIZINISCHE VERSORGUNG

Himalayan Institute Hospital (☎ 2412081; Fax 2412008) Das nächste größere Krankenhaus; liegt 17 km entfernt an der Straße nach Dehra Dun und 1 km hinter dem Jolly Grant Airport.

Maharishi Mahesh Yogi Ayurvedic Centre (Lakshman Jhula Rd) Heruntergekommen, bietet aber, wie viele Ashrams, medizinische Hilfe.

Shivananda Herbals (☎ 2435075; Shivanand Jhula) Findet sich gegenüber vom Madras Café. Hier bekommt man ayurvedische Arzneien und kann Beratungen vereinbaren.

MAHARISHI & DIE BEATLES

Im Februar 1968 geriet Rishikesh in die Schlagzeilen der Welt, als die vier Beatles mit ihren Partnerinnen in Maharishi Mahesh Yogis Swarg Ashram wohnten. Ringo und seine Frau mochten das vegetarische Essen nicht, sie vermissten ihre Kinder und reisten nach ein paar Wochen wieder ab, aber die anderen blieben einen oder zwei Monate. Sie relaxten und schrieben haufenweise Songs, von denen viele im *White Album* veröffentlicht wurden. Aber die Geldgier Maharishis und sein Verhalten gegenüber einigen Schülerinnen zerstörten alle Illusionen. „You made a fool of everyone – Du hast alle zum Narren gehalten", sang John Lennon über den Guru. Doch noch fast 40 Jahre später strömen idealistische Westler nach Rishikesh, um hier spirituelle Erleuchtung von den Lehrern und Heilern der am Ganges liegenden friedlichen Ashrams zu erlangen.

RISHIKESH

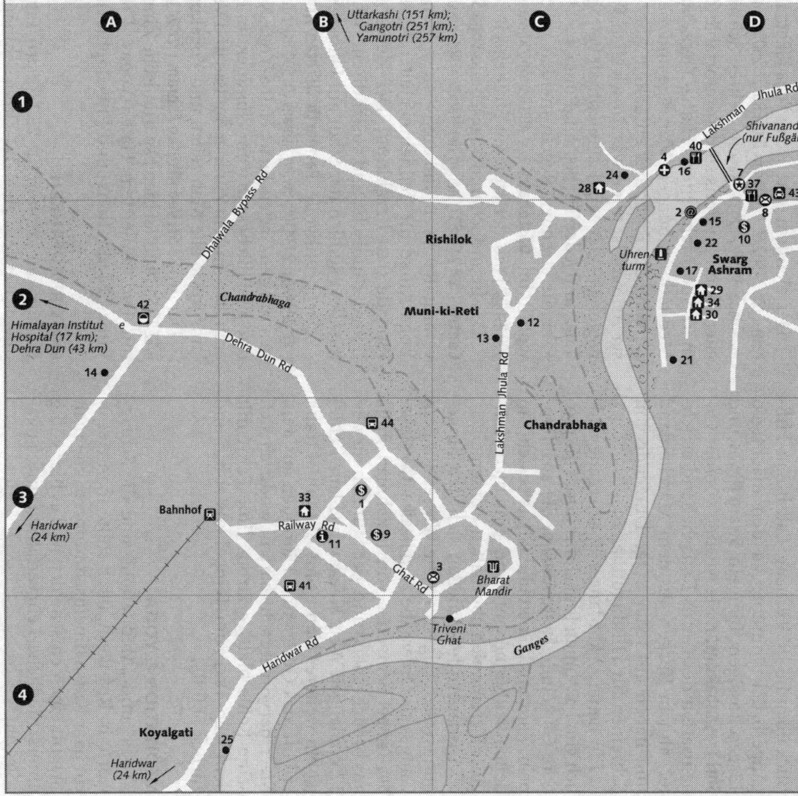

INFORMATION
- Bank of Baroda Geldautomat.........1 B3
- Blue Hills Travels.........2 D2
- Hauptpost.........3 C3
- Jaipur Gems.........(siehe 35)
- Maharishi Mahesh Yogi Ayurvedic Centre.........4 D1
- Pappu Laundry.........5 E1
- Polizei.........6 E1
- Polizei.........7 D1
- Post.........8 D2
- Shivananda Herbals.........(siehe 40)
- State Bank of India.........9 B3
- State Bank of India Geldoautomat.10 D2
- Uttaranchal Tourism Office.........11 B3

SEHENSWERTES & AKTIVITÄTEN
- Garhwal Himalayan Explorations..12 C2
- GMVN Trekking & Mountaineering Division.........13 C2
- GMVN Yatra Office.........14 A2
- Om Rudra Cultural Society.........15 D2
- Omkarananda Ganga Sadan.........16 D1
- Parmath Niketan Ashram.........17 D2
- Red Chilli Adventure.........18 E1
- Sant Seva Ashram.........19 E1
- Shivananda Ashram.........(siehe 16)
- Shri-Trayanbakshwar-Tempel.........20 E1
- Sri Ved Niketan Ashram.........21 D2
- Swarg Ashram.........22 D2
- Swarg-Niwas-Tempel.........23 E1
- Yoga Niketan Ashram.........24 C1
- Yoga Study Centre.........25 B4

SCHLAFEN
- Aggarwal House.........26 E1
- Bhandari Swiss Cottage.........27 E1
- Great Ganga.........28 C1
- Green Hotel.........29 D2
- High Bank Peasants Cottage.........(siehe 27)
- Hotel Brijwasi Palace.........30 D2
- Hotel Divya.........31 E1
- Hotel Ishan.........32 E1
- Hotel Neeraj Bhavan.........33 B3
- Hotel Rajpalace.........34 D2
- Jaipur Inn.........35 E1
- Mount Valley Mama Cottage...(siehe 27)
- New Bhandari Swiss Cottage....(siehe 27)
- Tapovan Resort.........36 E1

ESSEN
- Bhandari Swiss Cottage Restaurant.........(siehe 27)
- Chotiwala.........37 D1
- Devraj Coffee Corner.........38 E1
- Ganga View Restaurant.........39 E1
- Great Ganga Restaurant.........(siehe 28)
- Little Italy.........(siehe 29)
- Madras Café.........40 D1
- New Bhandari Swiss Cottage Restaurant.........(siehe 27)
- Tapovan Resort Restaurant.........(siehe 36)

VERKEHRSMITTEL & -WEGE
- Hauptbusbahnhof.........41 B3
- Sammeljeepstand.........42 A2
- Taxistand.........43 D1
- Yatra & örtlicher Busbahnhof.........44 B3

GELD

Bank of Baroda Geldautomat (Dehra Dun Rd)
Jaipur Gems (Lakshman Jhula Rd; 9.30–20 Uhr) Tauscht die meisten Reisechecks und Währungen.
State Bank of India (☎ 2430114; Railway Rd; Mo–Fr 10–16, Sa 10–12 Uhr) Tauscht gängige Währungen und Reiseschecks.
State Bank of India Geldautomat (Swarg Ashram)

POST

Hauptpost (Ghat Rd; Mo–Fr 10–18, Sa 10–13 Uhr) Nahe Triveni Ghat.
Post (Swarg Ashram; Mo–Fr 10–18, Sa 10–13 Uhr)

TOURISTENINFORMATION

Uttaranchal Tourism Office (☎ 2430209; Railway Rd; Mo–Sa 10–17 Uhr)

Sehenswertes & Aktivitäten

LAKSHMAN JHULA & UMGEBUNG

Das berühmteste Motiv Rishikeshs ist der Blick über die 1929 erbaute Lakshman-Fußgängerbrücke hinüber zu den mächtigen 13-geschossigen Tempeln **Swarg Niwas** und **Shri Trayanbakshwar**. Sie wurden von der Organisation des Gurus Kailashanand errichtet, ähneln Burgen aus dem Märchenland und haben auf jeder Etage Dutzende von Schreinen für Hindugottheiten.

Ein netter, 2 km langer Spaziergang südlich von Lakshman Jhula führt durch die größere Gemeinde **Swarg Ashram**, die aus Tempeln, Ashrams, Läden und Ghats besteht, an denen bei Sonnenauf- und -untergang religiöse Zeremonien abgehalten werden.

Ausdauernde schließen sich den hingebungsvollen Pilgern an, die Wasser aus dem Ganges als Opfergabe zum **Neelkantha-Mahadev-Tempel** bringen – von Lakshman Jhula aus braucht man rund vier Stunden für den 17 km langen Weg. Neekanth (Blaue Kehle) ist ein weiterer Name Shivas: Einmal trank er Gift, das Götter und Dämonen aus dem Meer hervorgebracht hatten, wodurch sich seine Kehle blau verfärbte. Eine Fahrt mit dem Jeep-Taxi zum Tempel kostet hin und zurück 500 Rs.

MEDITATION & YOGA

„Yoga" und „Meditation" sind die Schlagworte in Rishikesh, doch sollte man erst in ein paar Kurse hineinschnuppern, ehe man sich für einen entscheidet, weil es hier völlig unterschiedliche Lehrverfahren und Yogastile gibt.

Der **Sant Seva Ashram** (☎ 2430465; Zi. 150–450 Rs;) bietet Ausblick auf den Ganges in Lakshman Jhula. Die großen Zimmer sind begehrt, also im Voraus buchen! Die Yogakurse unterscheiden sich, sind aber in der Regel recht sanft. Sie werden von Swami Umesh Yogi geleitet. Die Anfängersitzungen (100 Rs) dauern täglich von 8.30 bis 10.30 Uhr und von 17 bis 19 Uhr.

Omkarananda Ganga Sadan (☎ 2430763; Lakshman Jhula Rd; Zi. 150–250 Rs) liegt ebenfalls am Fluss und hat komfortable Zimmer. Hier ist man auf Iyengar-Yoga spezialisiert, aber es werden auch andere Yogastile und Aktivitäten angeboten.

Der **Shivananda Ashram** (☎ 2430040; Lakshman Jhula Rd) wurde von Swami Shivananda gegründet und wird von der Divine Life Society betrieben. Yoga- und Meditationskurse werden angeboten – aber wer übernachten will, sollte zwei Monate im Voraus buchen.

Der ziemlich asketische **Yoga Niketan Ashram** (☎ 2430227; Lakshman Jhula Rd; Zi. 250 Rs, mit Klimaanlage 400 Rs;) ist ein echtes Schnäppchen, denn im Preis sind komfortable Zimmer, alle Mahlzeiten, Hatha-Yoga-Kurse, Meditationsübungen, Vorträge und die Benutzung der Bibliothek enthalten. Aber dieser Ashram ist nur etwas für wirklich Wissbegierige – der Mindestaufenthalt beträgt 15 Tage, und jeder Tag beginnt Punkt 4.30 Uhr! Wer die strengen Regeln meiden möchte, wohnt im **Gästehaus** (Zi. 400 Rs, mit Klimaanlage 600 Rs;) auf der anderen Straßenseite.

Das freundlich und angesehene **Yoga Study Centre** (☎ 2433837; neben der Haridwar Rd, Koyalgati) veranstaltet zwei- und dreiwöchige Iyengar-Yoga-Kurse für Teilnehmer aller Niveaus (Spende statt Bezahlung). Der kleine Ashram, der indische und ausländische Schüler hat, liegt südlich der Stadt am Flussufer.

Der prunkvolle **Parmarth Niketan Ashram** (☎ 2434301; 2434308, Swarg Ashram; Zi. 500 Rs) hat einen ruhigen Garten, bietet Hatha-Yoga-Kurse und abendliches *aarti* am Flussufer. Im Preis enthalten sind ein Zimmer mit Bad und Ventilator sowie alle Mahlzeiten und Yogakurse.

Der große **Sri Ved Niketan Ashram** (☎ 2430279; B/EZ/DZ 50/70/120 Rs) bietet spartanische Zimmer mit Bad, außerdem Hatha-Yoga-, Pranayama-, Meditations- und Philosophiekurse.

MOTORRADFAHREN

Motorräder können für 250 Rs pro Tag gemietet werden, aber das Unternehmen hat keine Lizenz. Im Backpackergebiet von High Bank werden manchmal Motorräder zum Kauf angeboten.

MUSIKSTUNDEN & ANDERE KURSE

Hinter dem pompösen Namen **Om Rudra Cultural Society** (☎ 2434425; rudradance@rediffmail.com; Swarg Ashram; ⌚ Juni–Aug. geschl.) steckt nur ein unternehmungslustiges Ehepaar, das Unterricht in *kathak*-Tanz, Flöten- und Tablaspiel sowie Hindistunden für 900 Rs pro Woche anbietet.

TREKKING & RAFTING

Die offizielle Rafting-Saison dauert vom 15. September bis zum 30. Juni.

Red Chilli Adventure (☎ 2434021; www.redchilliadventure.com; Lakshman Jhula Rd; ⌚ 8.30–20.30 Uhr; 💻) Das junge, begeisternde und sehr zuverlässige Red Chilli Adventure bietet sowohl Trekking- als auch Raftingausflüge an. Die Preise für Treks, alles inklusive, beginnen bei 2000 Rs pro Tag und führen u. a. nach Gangotri, zum Kuari-Pass und nach Har-ki-Dun (s. S. 484). Die 26 km lange Bootsfahrt kostet 650 Rs, die 35 km lange Variante 1000 Rs.

Garhwal Himalayan Explorations (☎ 2433478; www.garhwalhimalayas.com; Lakshman Jhula Rd, Muni-ki-Reti; ⌚ 8–20 Uhr) Das alteingesessene Unternehmen veranstaltet Treks von 9 bis 21 Tagen Dauer, im Raftingsektor gibt's einen gemütlichen Halbtagestrip (380 Rs) oder einen kompletten Tag voller Action (580 Rs). Die Firma betreibt drei Ufercamps – das Ganga Nature Camp, das Himalayan Retreat und das Himalayan Heights.

Die hilfsbereite **GMVN Trekking & Mountaineering Division** (☎ 2430799; www.gmvnl.com; Lakshman Jhula Rd; ⌚ 10–17 Uhr) organisiert Hochgebirgstreks in den Garhwal-Himalaja, vermietet Trekking-Ausrüstung, Bergführer (700 Rs/Tag) und Träger (300 Rs/Tag). Rundum-Pakete kosten 2350 Rs pro Tag (Minimum drei Personen). Hier kann man auch nach dem Nanda-Devi-Sanctuary-Trek fragen.

Das **GMVN Yatra Office** (☎ 2431793; Dhalwala Bypass Rd; ⌚ Mo–Sa 10–17 Uhr) nimmt Buchungen für das GMVN Rafting Camp (S. 470) und für Fahrten nach Char Dham (s. S. 485) vor, die meist in Rishikesh starten.

Schlafen

Zu Aufenthalten in Ashrams s. gegenüber.

BUDGETUNTERKÜNFTE

High Bank

In dieser Backpacker-Enklave geht es zwar manchmal laut zu, aber es ist eine reizvolle Gegend mit Blumen und Bäumen, in der sich auch Languren und Nashornvögel blicken lassen. Nur wenige Zimmer sind klimatisiert; die nahe gelegenen Budgetpensionen nehmen ggf. Gäste auf, die sonst keinen Platz finden.

Bhandari Swiss Cottage (☎ 2432939; Zi. 150–400 Rs; 💻) Der Ausblick von den großen Balkonen über den Fluss auf die grünen Berge ist phantastisch. Die Zimmer sind einfach, aber sauber, haben Bad, Heißwasser und einen Ventilator. Man kann auch Musikunterricht (100 Rs/Std.) nehmen und Yogakurse (50 Rs/Std.) buchen. Zum Restaurant s. S. 468.

New Bhandari Swiss Cottage (☎ 2431322; DZ 200–1500 Rs ❄ 💻) Ein weiteres großes und beliebtes Hotel mit einer großen Bandbreite an Zimmern, einem Shop, einem Massagezentrum und einem Restaurant (s. S. 468).

Das **High Bank Peasants Cottage** (☎ 2431167; EZ/DZ 390/490 Rs, mit Klimaanlage 690/790 Rs; ❄ 💻) liegt in einer reizvollen Gartenanlage; die Korbstühle auf dem Balkon laden zum Relaxen ein.

Mount Valley Mama Cottage (☎ 2432817; DZ 200 Rs, mit Gemeinschaftsbad 100 Rs) Die Preise dieser kleinen Pension sind in Ordnung; Mama kümmert sich um die Gäste und bereitet ihre berühmten Thalis zu (All-you-can-eat!; 30 Rs).

Lakshman Jhula

Das ist das ruhigste Viertel der Stadt.

Aggarwal House (☎ 2433435; Garhwal Resort; EZ 100–125 Rs, DZ 150–350 Rs) Der kleine Familienbetrieb liegt am Ufer des Flusses und hat einen Sandstrand. Von der Terrasse und von einigen Zimmern gibt's einen tollen Blick auf den Sonnenuntergang. Die Zimmer sind stilvoll und recht sauber.

Hotel Divya (☎ 2434938; divyanew@yahoo.com; EZ/DZ/3BZ 150/200/250 Rs; 💻) Bei diesem annehmbaren Budgethotel sollte man versuchen, ein Zimmer mit Balkon auf der Vorderseite zu ergattern. Im Restaurant gibt's ein ayurvedisches Frühstück (60 Rs). Ein Hatha-Yoga- und ganzheitliches Massagezentrum sind in der Nähe.

Hotel Ishan (☎ 2431534; narendra_u@hotmail.com; Zi. 200–500 Rs; 💻) Das alteingesessene Unternehmen mit einem hilfsbereiten Besitzer ist seinen Preis wert: saubere Zimmer, Topfpflanzen, Balkone und prima Aussicht auf den Ganges.

Swarg Ashram

Das Viertel mit der besten Atmosphäre.

Hotel Rajpalace (☎ 2440079; rajholidays@hotmail.com; EZ 150–550 Rs, DZ 250–650 Rs, EZ/DZ mit Klimaanlage 700/950 Rs; ❄) Das neue Hotel hat kleine, aber sehr schicke und saubere Zimmer mit Warmwasserduschen. Die Dachterrasse bietet eine schöne Aussicht und zum Angebot des Hotels gehört auch eine Yogahalle. Im Mai und Juni sind die Preise etwas höher.

Green Hotel (☎ 2431242; EZ 100–200 Rs, DZ 150–600 Rs, DZ mit Klimaanlage 950 Rs; ❄) Das dreigeschossige, rund um einen Hof angelegte Hotel bietet annehmbare, aber etwas langweilige Zimmer. Im neuen Anbau Green View gibt's Warmwasserduschen und TV; die Preise liegen hier zwischen 300 und 1000 Rs. Im Hotel kann Geld gewechselt werden; das Restaurant ist gut (s. gegenüber).

Hotel Brijwasi Palace (☎ 2440071; EZ 100–150 Rs, DZ 120–200 Rs, DZ mit Klimaanlage 650 Rs; ❄) Ebenfalls empfehlenswert.

MITTELKLASSEHOTELS

Mittelklassehotels gibt's nur wenige, aber alle vier sind gut. Wer auf Luxus nicht verzichten will, fährt zum Ananda Spa (s. gegenüber).

Lakshman Jhula

Tapovan Resort (☎ 2442091; www.tapovanresort.com; Lakshman Jhula; EZ/DZ 1450/1650 Rs; ❄ 💻) Schickes neues Hotel im Westen von Lakshman Jhula mit feudalen Zimmern, netter Terrasse und Garten. Das ausgefallene kreisrunde Restaurant (s. gegenüber) ist empfehlenswert.

Jaipur Inn (☎ 2440221; www.jaipur-inn.com; EZ 750 Rs, DZ 500–900 Rs; ❄) Eine gute Wahl: die sauberen, schicken Zimmer sind in Pastell gehalten, haben TV und Balkone mit Aussicht. Die Yogahalle kann ohne Zuschlag benutzt werden, das Dachrestaurant (Gerichte zwischen 30 und 70 Rs) tischt fast alles auf, was das Herz begehrt.

Andere Gebiete

Great Ganga (☎ 2442243; www.thegreatganga.com; Lakshman Jhula Rd;EZs/DZ/Suite 1450/1650/4000 Rs; ❄) Das pieksaubere, luftige und schicke Hotel am Ostufer liegt unweit von Shivanand Jhula und bietet großartige Aussicht von den Balkonen. Das Restaurant hat einen hohen Standard.

Hotel Neeraj Bhavan (☎ 2439100; Fax 2439102; 98 Railway Rd; EZ/DZ 1150/1250 Rs; ❄) Das kürzlich renovierte Downtown-Hotel hat großzügige, kühle und saubere Zimmer mit hoher Decke, Kühlschrank und Klimaanlagen, die rund um die Uhr arbeiten – selbst wenn anderswo der Strom ausfällt.

Essen

Nahezu alle Restaurants servieren nur vegetarische Gerichte.

RESTAURANTS

Little Italy (Green Hotel; Swarg Ashram; Gerichte 25–85 Rs) Hier gibt's Holzofenpizza, importierte Pasta, Espresso und sogar Tiramisu.

Chotiwala (Swarg Ashram; Gerichte 20–60 Rs) Dies ist noch immer das Original-Chotiwala, das seit 1958 Thalis, südindische Gerichte, Eiscreme und Limonensoda serviert. Oft sitzt das lebende Maskottchen des Restaurants vor der Tür.

Madras Café (Shivanand Jhula; Gerichte 20–40 Rs) Der freundliche Besitzer serviert anständige süd- und nordindische Gerichte und extradicke Lassis.

Bhandari Swiss Cottage Restaurant (High Bank; Gerichte 20–60 Rs) Das beliebte, zwanglose Restaurant serviert drinnen und draußen alles, was Backpacker lieben, auch Gebackenes und Fleischiges. Die Bedienung lahmt manchmal, aber das mit Yak-Käse belegte Schwarzbrot, der ayuverdische Tee und das Gebrutzelte sind unwiderstehlich.

New Bhandari Swiss Cottage Restaurant (High Bank; Gerichte 25–45 Rs) Hier kann man Candlelight-Dinners genießen – mit einer Speisekarte, die die Küchen der Welt plündert – die brutzelnden Steaks und Äpfel in Panade sind prima, die Moussaka nicht.

Tapovan Resort Restaurant (Lakshman Jhula Rd; Gerichte 35–55 Rs) Das gestylte, kreisrunde Restaurant bietet Essen zu vernünftigen Preisen und auch der Service ist gut.

Great Ganga Restaurant (Lakshman Jhula Rd; Gerichte 25–75 Rs) Das Restaurant mit internationaler Küche gehört zu den besten der Stadt.

AUF DIE SCHNELLE

Devraj Coffee Corner (Lakshman Jhula Rd; Drinks & Snacks 20 Rs) Das kleine Café hängt direkt über der Brücke und ist einer der schönsten Aussichtsplätze der Stadt. Neben guten Drinks und Backwaren gibt's hier auch Bücher zu kaufen.

Ganga View Restaurant (Lakshman Jhula Rd; Thalis 25 Rs) Der großartige Blick auf den Ganges ist die Trumpfkarte des kleinen von einer Familie betriebenen Snackrestaurants.

Shoppen

Swarg Ashram ist das Viertel für Buchläden, ayurvedische pflanzliche Arzneien, Kleider, Kunsthandwerk und Touristenkram. An vielen Ständen werden Ketten mit Kügelchen verkauft, *rudraksh mala,* die aus den Nüssen des Rudraksh-Baums gefertigt werden, der dort gewachsen sein soll, wo Shivas Tränen hinfielen. Kügelchen mit verschiedenem Aussehen *(mukhi)* übertragen unterschiedliche Segenswünsche auf den Träger.

An- & Weiterreise

BUS

Außerhalb der Pilgerzeit (Mai–Okt.) fahren Busse nur nach Joshimath und Uttarkashi.

Ziel	Preis (Rs)	Dauer (Std.)	Häufigkeit
Badrinath#	250	12	zw. 3 & 7 oder 9 Uhr
Dehra Dun*	23	1½	alle 30 Min.
Delhi* (der Bus kommt aus Haridwar)	110	7	alle 30 Min.
Gangotri#	185	12	zw. 3 & 7 oder 9 Uhr
Hanuman Chatti#	156	8	zw. 3 & 7 oder 9 Uhr
Haridwar*	15	1	alle 30 Min.
Joshimath#	215	10	zw. 3 & 7 oder 9 Uhr
Kedarnath#	152	12	zw. 3 & 7 oder 9 Uhr
Nainital* (der Bus kommt aus Ramnagar)	140	11	1-mal tgl.
Ramnagar*	100	7	1-mal tgl.
Uttarkashi#	110	7	zw. 3 & 7 oder 9 Uhr

* Abfahrt vom Hauptbusbahnhof
\# Abfahrt vom Yatra Busbahnhof, sobald der Bus voll ist

SAMMELJEEPS & TAXIS

Sammeljeeps fahren (erst, wenn sie völlig überfüllt sind) von der Ecke Dehra Dun Rd. und Dhalwala Bypass Rd. nach Uttarkashi (120 Rs, 5 Std.) und Joshimath (200 Rs, 8 Std.), meist frühmorgens. Sammeljeeps nach Dehra Dun (20 Rs, 1 Std.) findet man auf der Dehra Dun Rd., Sammeljeeps nach Haridwar (20 Rs, 1 Std.) fahren nahe des Hauptbusbahnhofs ab.

Offizielle Taxitarife: nach Haridwar 350 Rs, Dehra Dun 500 Rs, Uttarkashi (für Gangotri) 1500 Rs, Delhi 1700 Rs nach und Ramnagar (zum Corbett Tiger Reserve; 1800 Rs).

Am Taxistand in Swarg Ashram gibt's Fahrten zum Ostufer.

ZUG

Buchen kann man im **Reservation Office** (Mo–Sa 8–18 Uhr, So 8–14 Uhr) im Bahnhof. Von Rishikesh nach Haridwar fahren nur wenige Züge, deshalb ist es besser, einen Platz in einem Zug ab Haridwar zu reservieren und mit dem Bus nach Haridwar zu fahren.

Unterwegs vor Ort

Vikrams fahren von der Kreuzung der Ghat Rd. im Stadtzentrum über Shivanand Jhula (8 Rs/Pers.) und die Ausfahrt von High Bank (7 Rs) nach Lakshman Jhula (8 Rs). Die Fahrer versuchen immer, zusätzliches Geld zu kassieren. Chartert man eine *vikram* für sich allein, sollte die Fahrt vom Zentrum nach Lakshman Jhula 20 Rs kosten. Am Ostufer des Ganges stehen zwar ein paar Taxis und Sammeljeeps herum, aber zu Fuß zu gehen ist hier die beliebteste Alternative. Eine dreistündige Taxifahrt kostet zwischen 250 und 300 Rs.

RUND UM RISHIKESH

Das preisgekrönte, luxuriöse **Ananda Spa** (☎ 01378-227500; www.anandaspa.com; Badrinath Rd; EZ/DZ 300/330 US$, Suite 650–1300 US$) hat ordentlich Wellen gemacht und so den Ruf eines ultimativen Freizeit- und Hotelparadieses erworben. Es gibt hier u. a. ein Wellness-Center, einen kleinen Pool, ein Sportstudio, einen Squashplatz, eine Golfanlage, Reformkost, ayurvedische Massagen und Beautykuren sowie Hatha-, Kriya- und Raja-Yoga. Nach Trekkingstrapazen im Hochhimalaya kann man sich hier, 18 km nördlich von Rishikesh, so richtig verwöhnen lassen.

Am Ganges, 23 km nördlich von Rishikesh, liegt das **Glasshouse** (☎ 01378-269224; Badrinath Rd; Zi. oder Bungalows 2000–2500 Rs) – eine ruhige Rückzugsmöglichkeit mit komfortablen Zimmern. Die kleinen, anheimelnden Bungalows liegen in einem üppigen Garten.

Nördlich von Rishikesh gibt es einige Camps und Anlagen für Raftingfans, die dort in Zelten oder Hütten übernachten können. Das **Ganga Nature Camp** (☎ 01378-2433478; himalayas@vsnl.com; Brhampuri; Einzel-/Doppelzelte inkl. Verpflegung 989/1389 Rs) bietet geräumige, komfortable Zelte und liegt 11 km flussaufwärts von Rishikesh im Busch. Weitere Informationen dazu gibt's bei Garhwal Himalayan Explorations (S. 467). Das **GMVN Rafting Camp** (☎ 01378-262911; www.gmvnl.com; Kaudiyala; Zelt inkl. Verpflegung 800–1470 Rs) wird über das **GMVN Yatra Office** (☎ 2431793; Dhalwala Bypass Rd; ⌚ Mo–Sa 10–17 Uhr) gebucht. Eine Floßfahrt kostet 400 Rs pro 12 km.

UTTARKASHI

☎ 01374 / 16 220 Ew. / 1158 m

Diese Stadt ist 155 km von Rishikesh entfernt und liegt ebenfalls am Ganges, der hier Bhagirathi heißt. Uttarkashi liegt auf dem Weg zum Gangotri-Tempel und zum Gaumukh-Gletscher-Trek (s. S. 485). Hier kann man stoppen und die Vorräte auf dem örtlichen Markt ergänzen. In Uttarkashi ist das Nehru Institute of Mountaineering, außerdem gibt's hier den Vishwanatha-Tempel, der Shiva geweiht ist.

Neben zahlreichen Budgethotels bietet das **GMVN Tourist Rest House** (☎ 222271; B/DZ/Hütte 150/400/550 Rs) Unterkunft, das in einer Gartenanlage unten am Fluss liegt.

Morgens fahren Busse nach Gangotri (85 Rs, 6 Std.) und Rishikesh (110 Rs, 7 Std.).

JOSHIMATH

☎ 01389 / 13 202 Ew. / 1845 m

Das hässliche Verwaltungszentrum ist Ausgangspunkt zum Skiparadies Auli, zum Badrinath-Tempel und für Treks zum Valley of Flowers, nach Hem Kund und zum Kuari-Pass (s. S. 484). Eine kurvenreiche Strasse und eine 4 km lange Seilbahn (200 Rs für die einfache Fahrt) verbinden die Stadt mit dem Skigebiet von Auli. Die Straßen rund um Joshimath sind oft durch Erdrutsche unpassierbar, vor allem in der Regenzeit zwischen Mitte Juni und Ende August.

Unterkunft am besten in der Nähe der Seilbahnstation am Ortseingang suchen, z. B. im preisgünstigen **Hotel Kamet** (☎ 222155; DZ 250 Rs). Fast direkt daneben liegt das recht neue **Hotel Snow Crest** (☎ 222344; Fax 222575; B 180 Rs, DZ 700–1150 Rs) mit Restaurant und 23 komfortablen Zimmern mit Bad und TV. Außer im Mai und Juni gibt's hier in der Regel 40 % Rabatt.

Busse (20 Rs, 2 Std.) und Sammeljeeps (20 Rs/Pers., 250 Rs/Jeep) fahren von Joshimath zum Badrinath-Tempel. Die Strecke führt über Govindghat, den Ausgangspunkt für Treks zum wunderbaren Valley of Flowers und zum dramatischen Hem Kund.

Auch von Joshimath nach Rishikesh fahren Busse (215 Rs, 10 Std.). Um in die östliche Kumaon-Region zu kommen, muss man mit einem dieser Busse bis Karnaprayag (95 Rs, 5 Std.) fahren und dort in örtliche Busse oder Sammeljeeps umsteigen, die über die wenig benutzte Strecke nach Kausani oder Almora fahren.

AULI

☎ 01389 / 2519 m

Auli, das Topziel für Skifahrer in Indien, ist über die Straße nur 13 km von Joshimath entfernt. Der Ort bietet 5 km lange Abfahrten und einen 500 m langen Sessellift (Rs 100 pro Fahrt) neben der Hauptabfahrt. Die oberen und unteren Abfahrten verbindet ein 800 m langer Sessellift (100 Rs). Die Anlage ist von Januar bis März für Skifans geöffnet, die Schneeverhältnisse sind meist gut. Eine bequeme Seilbahn (200 Rs einfache Fahrt) verbindet das Gebiet mit Joshimath.

Das **GMVN Tourist Rest House** (☎ 223208; www.gmvnl.com; B/Hütte/DZ 150/840/1200 Rs) ist billig, während das alpine **Cliff Top Club Resort** (☎ 022-55551101; www.nivalink.com/clifftop; Studio 3000 Rs, Suite 4500–6000 Rs) die beste Unterkunft mit Kochnische, TV und Heizung bietet. Verpflegung und „all-inclusive" Skipakete gibt's auch. Beide Hotels vermieten Skiausrüstung und vermitteln Skiunterricht (150 Rs/Std.).

Außerhalb der Skisaison lohnt ein Besuch Aulis aufgrund der prächtigen Wanderwege in grandioser Berglandschaft.

CORBETT TIGER RESERVE

☎ 05947 / 400–1210 m

Das berühmte **Reservat** (www.corbettnationalpark.org; ⌚ 15. Nov.–15. Juni) wurde 1936 als erster indischer Nationalpark von der Jägerlegende Jim Corbett (1875–1955) gegründet, der Kumaon mit seinem Buch *The Man-Eaters of Kumaon* weltberühmt machte. Der britische Jäger wurde von den Einheimischen hoch verehrt, weil er Tiger zur Strecke brachte, die Appetit auf Menschenfleisch bekommen hatten, doch am letztendlich schoss er mehr Tiere mit seiner Kamera als mit dem Gewehr.

Jim Corbetts Reservat inspirierte das landesweite Project Tiger, das 1973 startete und durch das weitere 22 Reservate geschaffen wurden. Ob man einen Tiger sieht oder nicht, ist Glückssache, da die etwa 100 Tiger des Reservats weder angelockt noch gezielt gesucht werden. Wer unbedingt einen Tiger sehen will, sollte seinen Besuch spät in der Saison (von April bis Mitte Juni) planen und einige Tage im Park bleiben – so sind die Chancen am besten.

Nur wenige Besucher fahren enttäuscht wieder ab, denn der 1318 km² große Park bietet in seinem Buschland, den Salbaumwäldern und den Lebensräumen an den Flüssen zahllosen Tierarten Platz. Außerdem liegt das Reservat in den Ausläufern des Himalaja am Ramganga wunderschön. Zu den Tieren, die her oft zu sehen sind, gehören wilde Elefanten (200 bis 300 leben im Reservat), Lippenbären, Languren (schwarzes Gesicht, langer Schwanz), Rhesusaffen (rotes Gesicht und Hintern), Fasane, Otterschwärme und mehrere Hirscharten, darunter Axishirsche, Sambarhirsche, Schweinshirsche und Muntjakhirsche. Mit etwas Glück lassen sich Leoparden, Mugger (Sumpfkrokodile), Gaviale (s. Kasten rechts), Warane, Wildschweine und Schakale entdecken. Das Ramganga-Staudamm lockt vor allem zwischen Mitte Dezember und Ende März große Scharen von Zugvögeln an; über 600 Arten können beobachtet werden.

Unbedingt dabeihaben sollte man Feldstecher, Unmengen an Mückenspray und Mineralwasser. Am Wochenende, wenn viele Menschen kommen und es laut ist, verstecken sich die meisten Tiere. Das Haus in Veranda (26 km von Ramnagar in Richtung Nainital), in dem Jim Corbett wohnte, ist heute ein Museum (Eintritt 10 Rs), das einen Abstecher lohnt.

Der Dschungel rund um das Jhirna Gate im südlichen Teil des Reservats, 25 km von Ramnagar, ist das ganze Jahr über Besuchern zugänglich. Neben einer kurzen Jeepsafari besteht vielleicht Gelegenheit zu einem Elefantenritt durch verschiedene Lebensräume mit vielen Hirschen und Vögeln, darunter nistenden Webervögeln – für den Elefantenritt gibt's außerhalb der Saison keine Garantie, da nur ein oder zwei Elefanten mit ihren Hütern zur Verfügung stehen. Von den *machaans* (Beobachtungstürmen) an den Wasserlöchern hat man einen ungestörten Blick auf die wilden Tiere, auch auf Tiger und Leoparden. 2004 wurde der Park bereits einen Monat früher, am 15. Oktober, für Tagessafaris (max. 60 Fahrzeuge pro Tag) geöffnet, und vielleicht bleibt das auch in Zukunft so.

VORSICHT MUGGER!

Tiger und Elefanten in freier Wildbahn zu sehen, das ist die Trumpfkarte des Corbett Tiger Reserve – doch auf einer Jeepsafari gibt's noch viele andere Arten zu sehen. Zwei große Krokodilarten leben im Ramganga, der Gavial und der Mugger (auf Hindi *magar* – Wassermonster). Beide werden bis zu 5 oder 6 m lang. Der Mugger (Sumpfkrokodil) ist graubraun und hat ein breites Maul, während der Gavial grau ist und eine schmale Schnauze besitzt. Die Gaviale ernähren sich nur von Fisch, während die Mugger weniger wählerisch sind und manchmal Affen oder Hirsche attackieren, die am Fluss trinken wollen.

Beide Arten waren in den 1970er-Jahren bedroht, doch Programme zur Aufzucht in Gefangenschaft und anschließende Auswilderung haben den Bestand in Indien wieder auf schätzungsweise 1500 Gaviale und 3000–5000 Mugger anwachsen lassen. Das Corbett Tiger Reserve ist einer der besten Orte, um diese seltenen Krokos in freier Wildbahn zu erleben.

Orientierung & Praktische Informationen

Das Haupt-**Empfangszentrum** (☎ 251489; Fax 253977; Ranikhet Rd; 🕑 8.30–12 & 13–17 Uhr) ist in Ramnagar, ein weiteres **Zentrum** (☎ 01382-224823; 🕑 8.30–13 & 14–17 Uhr) liegt in Kotdwar am südwestlichen Rand des Reservats. In Ramnagar befindet sich der nächstgelegene Bahnhof. Dort gibt's mehrere Hotels und viele Jeeps zu mieten.

Dhikala, 51 km nordwestlich von Ramnagar, tief im Reservat, ist die wichtigste

Unterkunftmöglichkeit für Besucher und hier wohnen auch die meisten Traveller. Allerdings können Gäste nur für eine Übernachtung bleiben, außer sie nehmen an einer Tour teil, die über das Empfangszentrum in Ramnagar gebucht wurde. Dhikala hat eine Bibliothek und um 19 Uhr werden kostenlos Tierfilme gezeigt. Für Tagesgäste gibt's nur das nahe am Parkeingang liegende Bijrani-Besucherzentrum (11 km von Ramnagar), das ein Informationszentrum und ein Restaurant hat.

Zweistündige **Elefantensafaris** (Inder/Ausländer, 4 Reiter pro Elefant 150/250 Rs) gibt's in Dhikala, Khinnanauli, Gairal und am Jhirna Gate um 6 und 16 Uhr – wer zuerst kommt, wird auch zuerst bedient.

GENEHMIGUNGEN & KOSTEN

Der Besuchsgenehmigung für Dhikala wird am Dhangarhi Gate und die für Tagesausflüge nach Bijrani am Amdanda Gate bezahlt. Außerhalb der Saison (vom 15. Juni bis 15. November) ist der Zugang nur über das Jhirna Gate möglich.

Der Eintrittspreis (Inder/Ausländer 50/450 Rs, Foto und Video frei) berechtigt zu einem Aufenthalt von drei Tagen. Die Gebühr für einen Jeep beträgt in Bijrani 100 Rs und in Dhikala 150 Rs, hinzu kommt zwingend die Gebühr für einen Führer (150 Rs).

Jeeps können in Ramnagar gemietet werden – aber Vorsicht vor überzogenen Preisen. Halbtagessafaris sollten etwa 600 Rs, Ganztagessafaris etwa 1200 Rs pro Jeep kosten (ohne Parkeintritt). Vorm Anmieten eines Jeeps sollte man sich daher besser im Empfangszentrum oder im Hotel nach dem Preis erkundigen. Der Trip nach Jhirna kostet außerhalb der Saison rund 750 Rs.

Insgesamt kommt also eine Ganztagessafari einschließlich Elefantenritt für zwei Personen auf rund 3000 Rs.

Angelscheine (gültig für den Ramnagar-Fluss außerhalb des Reservats) gibt's im Empfangszentrum.

Geführte Touren

Das Empfangszentrum in Ramnagar bietet zwei tägliche Bustouren an:

Bijrani-Tagestour (Inder/Ausländer 200/400 Rs) Abfahrt vom Amdanda Gate.

Dhikala-Tagestour (Inder/Ausländer 600/1200 Rs) Abfahrt am Zentrum um 8.30 Uhr, Rückkehr um 17 Uhr.

Schlafen & Essen

Bei Unterkünften im Reservat sind die Preise für Ausländer angegeben – für Inder ist es um mehr als die Hälfte billiger. Wenn nicht anders angegeben, sind Buchungen nur über das Empfangszentrum möglich. Im Voraus buchen – das Reservat ist äußerst beliebt!

DHIKALA

Die **Log Huts** (B 200 Rs), die an einen Liegewagen erinnern, bieten eine einfache Unterkunft ohne Bettzeug. Die **Tourist Hutments** (1200 Rs) sind eine etwas bessere Unterkunftsmöglichkeit (bis zu sechs Personen pro Raum).

VIP-Unterkunft gibt's im **Old Forest Rest House** (Zi. 2000 Rs), dem **New Forest Rest House** (Zi. 1200 Rs) und zwei **Hütten** (1200 Rs). Buchungen hierfür erfolgen über den **Chief Wildlife Officer** (☎ 0135-2744225; Fax 2744225; Rajpur Rd, Dehra Dun). Das **Annexe** (Zi. 1200 Rs) muss über **KMVN** (☎ 011-23350481) in Delhi gebucht werden.

In Dhikala gibt es ein paar Restaurants.

ANDERSWO IM RESERVAT

Im Bijrani Rest House (EZ/DZ 600/1200 Rs) sind Mahlzeiten erhältlich, im **Khinnanauli Rest House** (☎ 0135-2744225; Zi. 2000 Rs) gibt's zwar einen Generator, aber nichts zu essen. Das **Gairal Rest House** (Zi. 1200 Rs) am Ramnagar bietet Verpflegung und das **Sarapduli Rest House** (Zi. 1200 Rs) liegt ebenfalls schön.

Weitere kleine Herbergen (jeweils 600 Rs) gibt's in Kanda, Sultan Mailini, Lohachaur, Halduparao, Morghatti, Sendhikal, Mudiapani, Rathuadhab, Dhela, in der Nähe des Jhirna Gate und in Kalagarh.

RAMNAGAR

Das Rückgrat dieses staubigen Orts, der Travellern nur wenig zu bieten hat, ist die belebte Ranikhet Rd.

Hotel Anand (☎ 254385; Ranikhet Rd; EZ/DZ 200/350 Rs; Gerichte 30–60 Rs) Das beste und sauberste Budgethotel mit Warmwasser und Sitz-WC. Manche Zimmer haben aber nur ein Fenster zum Korridor. Das Restaurant ist einen Besuch wert.

Hotel Everest (☎ 251099; Paithparao Sreet; DZ 150–300 Rs) Die hilfsbereiten Besitzer sind das Beste an diesem Budgethotel mit Veranden und abblätternden pfirsich- und rosafarbenen Wänden. Das Hotel findet man, wenn man die Straße gegenüber der Bushaltestelle hinuntergeht. Die Zimmer haben Plumpsklos, heißes Wasser kommt im Eimer, doch einige Zimmer bieten Klimaanlage, TV und Ventilator.

Corbett Inn (☎ 251755; kmv@kumaonindia.com; Ranikhet Rd; DZ 590–990 Rs; ❄) Das beste Hotel des Ortes hat saubere, geräumige Zimmer mit Balkonen und liegt fünf Minuten Fußweg nördlich vom Empfangszentrum. Das Restaurant ist nur während der Öffnungszeiten des Reservats geöffnet.

Govind Restaurant (Ranikhet Rd; Gerichte 25–50 Rs) Nicht von der Atmosphäre abschrecken lassen, das Essen ist gut – für die Spezialität des Hauses, *baigan pasandra* (Auberginen, Zwiebeln, *paneer* und Kartoffeln) ist Vorbestellung erforderlich.

NÖRDLICH VON RAMNAGAR

Anspruchsvollere Unterkünfte säumen die Straße von Ramnagar nach Ranikhet, die entlang der Ostgrenze des Reservats verläuft. Wenn fast der gesamte Nationalpark geschlossen ist (15. Juni–15. Nov.), gibt's Rabatte von bis zu 50 %.

Tiger Camp (☎ 284101; www.tiger-camp.com; Zelt inkl. aller Mahlzeiten 2000 Rs, Bungalows 2750–3250 Rs; ❄) Das komfortable Camp, nur 8 km von Ramnagar entfernt, liegt mitten im Dschungel nahe beim Fluss Kosi.

Quality Inn Corbett Jungle Resort (☎ 287820; Bungalows 2800 Rs, außerhalb der Saison 1800 Rs; ❄) 29 km nördlich von Ramnagar gibt's hier attraktive, holzgetäfelte Häuschen hoch über dem Fluss.

Claridges Corbett Hideaway (☎ 284132; www.corbetthideaway.com; Bungalows inkl. Frühstück 190 US$; ❄ 🏊) Die Topunterkunft, 12 km nördlich von Ramnagar. Die ockergelben Bungalows haben Klimaanlage und Kühlschrank, es gibt eine Tennisanlage, eine Bar am Pool und ein überdachtes Restaurant, in dem sich richtig gut entspannen lässt.

An- & Weiterreise

Fast stündlich fahren Busse nach Delhi (120 Rs, 7 Std.), morgens auch – im Stundenabstand – nach Dehra Dun (120 Rs, 7 Std.). Nach Nainital (60 Rs, 3½ Std.) nimmt man einen Bus über Kaladhungi. Busse nach Ranikhet (63 Rs, 4½ Std.) fahren morgens alle paar Stunden, manche davon fahren nach Almora (100 Rs, 6 Std.) weiter. Regelmäßig fahren außerdem Busse nach Haldwani (28 Rs, 2 Std.).

Ramnagars Bahnhof liegt 1,5 km südlich des Empfangszentrums. Der Nachtzug *Corbett Link Express* (107/489 Rs Sleeper Class/2AC) verlässt Delhi um 22.45 Uhr und kommt in Ramnagar um 4.55 Uhr an. Der Gegenzug fährt in Ramnagar um 21 Uhr ab und ist um 4.45 Uhr in Delhi. Für andere Fahrtziele in Moradabad umsteigen.

NAINITAL

☎ 05942 / 39 840 Ew. / 1938 m

Der reizvolle Ferienort in den Bergen, einst die Sommerhauptstadt der Vereinigten Provinzen (heute Uttar Pradesh), ist die größte Stadt in Kumaon. Nainital wurde von heimwehgeplagten Briten gegründet, die diese Region an den Seendistrikt Cumberlands erinnerte. Im Dezember 1880 kam es zu einer Katastrophe: 150 Menschen starben bei einem großen Erdrutsch, durch den das heute als „The Flats" bezeichnete Erholungsgebiet entstand.

Viele Hotels liegen in den bewaldeten Hügeln rund um den wunderbar grünen Naini-See, ein Netz von Wanderwegen durchzieht das Hügelland und führt zu Aussichtspunkten, von denen in der Ferne die Gipfel des Himalaja zu sehen sind. Hochsaison ist etwa von Mitte April bis Mitte Juli und noch einmal im Oktober. Dann ist der Ort gerammelt voll, und die Hotelpreise steigen auf das Doppelte.

Orientierung

Fahrradrikschas bringen ihre Kunden auf der 1,5 km langen Mall von Tallital (am südlichen Ende des Sees) nach Mallital (an der Spitze des Sees im Nordwesten). Der Hauptbusbahnhof ist in Tallital, doch Hotels und Gasthäuser befinden sich überall entlang der Mall sowie in Mallital und Sukhatal.

Praktische Informationen

BD Pandey Government Hospital (☎ 235012; abseits von The Mall, Mallital)

First Internet Café (abseits von The Mall, Mallital; 35 Rs/Std.; 🕓 10–22 Uhr)

Hauptpost (Mallital; 🕓 Mo–Sa 10–17 Uhr)

Municipal Library (The Mall; 🕓 Di-So 8.30–10.30 & 16–19 Uhr)

Narains (The Mall) Buchladen mit vielen Büchern über den örtlichen Helden Jim Corbett, der hier seine Bücher kaufte.

Post (Tallital; 🕓 Mo–Sa 10-17 Uhr) An der Nebenstraße nach Fairhavens.

NAINITAL

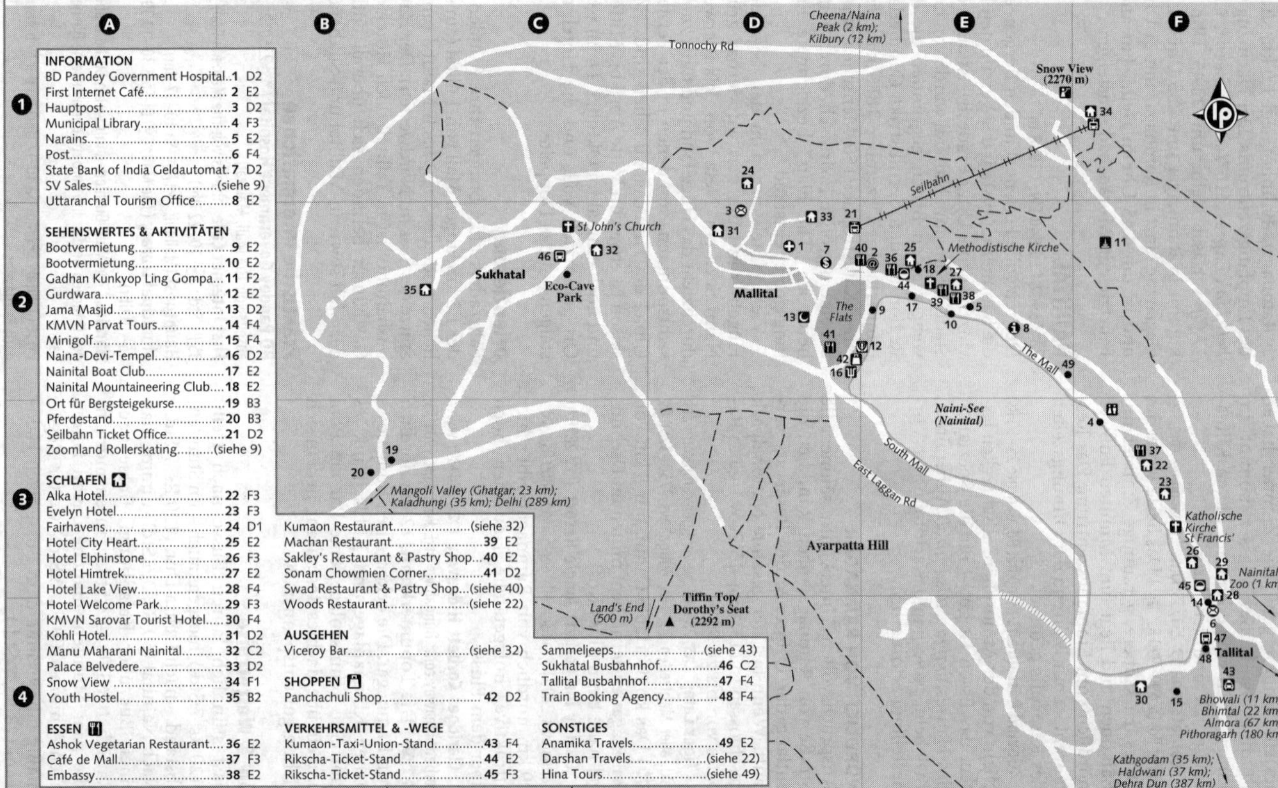

INFORMATION
BD Pandey Government Hospital..1 D2
First Internet Café.......... 2 E2
Hauptpost..........3 D2
Municipal Library..........4 F3
Narains..........5 E2
Post..........6 F4
State Bank of India Geldautomat. 7 D2
SV Sales..........(siehe 9)
Uttaranchal Tourism Office..........8 E2

SEHENSWERTES & AKTIVITÄTEN
Bootvermietung..........9 E2
Bootvermietung..........10 E2
Gadhan Kunkyop Ling Gompa...11 F2
Gurdwara..........12 E2
Jama Masjid..........13 D2
KMVN Parvat Tours..........14 F4
Minigolf..........15 F4
Naina-Devi-Tempel..........16 D2
Nainital Boat Club..........17 E2
Nainital Mountaineering Club....18 E2
Ort für Bergsteigekurse..........19 B3
Pferdestand..........20 B3
Seilbahn Ticket Office..........21 D2
Zoomland Rollerskating..........(siehe 9)

SCHLAFEN
Alka Hotel..........22 F3
Evelyn Hotel..........23 F3
Fairhavens..........24 D1
Hotel City Heart..........25 E2
Hotel Elphinstone..........26 F3
Hotel Himtrek..........27 E2
Hotel Lake View..........28 F4
Hotel Welcome Park..........29 F3
KMVN Sarovar Tourist Hotel.....30 F4
Kohli Hotel..........31 D2
Manu Maharani Nainital..........32 C2
Palace Belvedere..........33 D2
Snow View..........34 F1
Youth Hostel..........35 B2

ESSEN
Ashok Vegetarian Restaurant....36 E2
Café de Mall..........37 F3
Embassy..........38 E2
Kumaon Restaurant..........(siehe 32)
Machan Restaurant..........39 E2
Sakley's Restaurant & Pastry Shop...40 E2
Sonam Chowmien Corner..........41 D2
Swad Restaurant & Pastry Shop...(siehe 40)
Woods Restaurant..........(siehe 22)

AUSGEHEN
Viceroy Bar..........(siehe 32)

SHOPPEN
Panchachuli Shop..........42 D2

VERKEHRSMITTEL & -WEGE
Kumaon-Taxi-Union-Stand..........43 F4
Rikscha-Ticket-Stand..........44 E2
Rikscha-Ticket-Stand..........45 F3
Sammeljeeps..........(siehe 43)
Sukhatal Busbahnhof..........46 C2
Tallital Busbahnhof..........47 F4
Train Booking Agency..........48 F4

SONSTIGES
Anamika Travels..........49 E2
Darshan Travels..........(siehe 22)
Hina Tours..........(siehe 49)

State Bank of India (Mallital; ⌚ Mo–Fr 10–16, Sa 10–13 Uhr) Tauscht gängige Währungen und Reiseschecks bis zu einem täglichen Limit von 50 000 Rs. Die Geldautomaten akzeptieren MasterCard, Cirrus und Maestro.

SV Sales (Mallital) Bilder werden in diesem Fotoladen für 100 Rs vom Memory Stick auf die CD gebrannt.

Uttaranchal Tourism Office (☎ 235337; The Mall; ⌚ Mo–Sa 10–17 Uhr) Hier gibt's eine nützliche Broschüre über Nainital.

Sehenswertes & Aktivitäten

NAINI-SEE

Dieser schöne See gilt als eines der smaragdgrünen Augen von Shivas Gemahlin Sati (*naina* ist Sanskrit für „Augen"). Der **Naina-Devi-Tempel** wurde nach dem Erdrutsch von 1880 wieder aufgebaut und steht genau dort, wo das Auge zu Boden gefallen sein soll. Unweit davon stehen die **Jama Masjid** und ein Sikh-**Gurdwara**.

Ruderer bringen einen für 120 Rs über den See und wieder zurück (50 Rs ohne Rückfahrt). Zwischen 10.30 und 16 Uhr veranstaltet der Nainital Boat Club (Mallital) auch Segelturns (80 Rs). Tret- und Ruderboote können für 50 bis 80 Rs pro Stunde gemietet werden.

SNOW VIEW

Eine **Seilbahn** (Erw./Kind mit Rückfahrt 65/40 Rs, die Rückfahrt muss aber innerhalb einer Stunde sein; ⌚ 10.30–16 Uhr) führt zum 2270 m hoch gelegenen beliebten Aussichtspunkt Snow View, von wo es an klaren Tagen einen genialen Panoramablick auf diverse Himalajagipfel gibt, darunter der Nanda Devi (7816 m). Vom Gipfel kann man zum 4 km entfernten **Cheena/Naina Peak** marschieren oder **ein Pferd mieten** (60 Rs/Std.) und damit dorthin oder rund herum bis nach Tiffin Top/Dorothy's Seat reiten.

Wer zu Fuß zum Snow View hinaufgeht, kann unterwegs die winzige **Gadhan-Kunkyop-Ling-Gompa** besuchen (ein Kloster des Gelukpa-Ordens, dessen geistliches Oberhaupt der Dalai Lama ist). Los geht's am Hotel City Heart: zuerst den Weg bergauf, dann über einen abzweigenden Pfad (die bunten Gebetswimpel der Gompa sollten an der Abzweigung in der Ferne zu sehen sein).

TIFFIN TOP & LAND'S END

Ein 4 km langer Wanderweg führt westlich vom See nach Tiffin Top (2292 m), auch Dorothy's Seat genannt. Von dort schließt sich ein schöner etwa halbstündiger Weg nach Land's End (2118 m) an. Es geht durch einen Wald mit Eichen, Deodars und Kiefern.

NAINITAL ZOO

Der kleine **Bergzoo** (Eintritt 20 Rs; Foto 20 Rs; ⌚ Di–So 10–17 Uhr), zu Fuß 15 Minuten von Tallital entfernt, hat einige große Freigehege mit Tieren des Himalaja und eine stattliche Zahl von Fasanarten.

BERGSTEIGEN & TREKKING

Die Bergbegeisterten des **Nainital Mountaineering Club** (☎ 235051; Mallital; dreistündiger Kurs Inder/Ausländer 100/200 Rs) bieten im Felsgebiet westlich der Stadt Bergsteigekurse an. Auch bei Trekkingtouren helfen sie und geben Ratschläge.

Informationen über die abgelegenen Resthouses von KMVN gibt's bei **KMVN Parvat Tours** (☎ 235656; www.kmvn.org; Tallital). Die angebotenen Treks dauern sechs bis neun Tage und kosten 3195 bis 4025 Rs.

NOCH MEHR AKTIVITÄTEN

Im **Eco-Cave Park** (Sukhatal; Eintritt 10 Rs; ⌚ 9–17 Uhr) kann man sich durch sechs enge und feuchte Tunnelhöhlen quetschen. Abends unterhält der beleuchtete **Musikbrunnen** (Eintritt 20 Rs; ⌚ 18.15–20.30 Uhr) das Publikum mit einem Spektakel, bei dem Wasserfontänen im Takt der Musik tanzen.

Zoomland (Mallital; 75 Rs pro Pers. und Std. inkl. Skates) ist was für Rollerskating-Freaks: Zu Discobeat kurvt man um ein kleines Waldstück. Zurückhaltendere spielen **Minigolf** (Tallital; 9 Bahnen 60 Rs).

Geführte Touren

Reisebüros wie **Hina Tours** (☎ 235860), **Anamika Travels** (☎ 235186) und **Darshan Travels** (☎ 235035), alle an The Mall, bieten Bustouren durch die Umgebung an. Eine Halbtagestour zu den nahe gelegenen Seen kostet 125 Rs, für Tagestouren nach Ranikhet oder Mukteshwar muss man 250 Rs hinblättern, und einen Zweitagestrip nach Kausani gibt's für 500 Rs. Taxis für Touren findet man am Taxistand in Tallital – die Seentour kostet 500 Rs.

Schlafen

Die hier genannten Preise gelten für die Hauptsaison; fast alle Hotels geben außerhalb davon rund 50 % Rabatt. Die genauen Termine und Rabatte für Haupt-, Zwischen- und Nebensaison variieren von Hotel zu Hotel. Die Spitzensaison dauert normalerweise vom 1. Mai bis zum 30. Juni, manche haben eine Zwischensaison im Oktober, zu Diwali (Okt./Nov.) und um Weihnachten herum.

BUDGETUNTERKÜNFTE

Snow View (☎ 238570; Snow View Peak; DZ 500 Rs) Rustikaler Vier-Raum-Bungalow im Stil des British Raj, von KMVN betrieben, in phantastischer Lage auf dem Snow View ganz in der Nähe toller Wanderwege und Reitmöglichkeiten. Eine Spitzenlage zum Spottpreis (10 US$/Nacht); die Seilbahn führt fast direkt vor die Eingangstür.

Kohli Hotel (☎ 236368; The Mall, Mallital; DZ 400–600 Rs) Helle, saubere Zimmer mit TV, Bad und fließendem Warmwasser. Der schöne Blick auf den See von den Zimmern im Obergeschoss und von der Terrasse macht das Hotel zu einem Favoriten der Backpacker. Auch der nette alte Mr. Hari ist ein Grund für den Besuch.

Hotel Lake View (☎ 235632; Ramsey Rd, Tallital; DZ 500–900 Rs) Die teureren Räume 4 und 23 sind in dieser von der netten Familie Shah betriebenen Pension ganz besonders zu empfehlen.

Hotel Himtrek (☎ 234418; himtrekhotel@india4tourist.co.in; The Mall, Mallital; Zi. 400–1200 Rs) Das recht neue Hotel bietet kleine, aber moderne Zimmer, die billigsten lassen allerdings Fenster vermissen.

Youth Hostel (☎ 236353; ATI Rd, Sukhatal; B/DZ ganzjährig 60/220 Rs) Die Jugendherberge, die mal wieder eine Renovierung vertragen könnte, liegt ungünstig. Die beiden Doppelzimmer haben dafür ein eigenes Bad und der Preis ist ganz o. k. Die Schlafsäle haben sechs oder zehn Betten.

MITTELKLASSEHOTELS

Außerhalb der Saison liegen die Preise der meisten unten genannten Hotels eher im Budgetbereich.

Hotel City Heart (☎ 235228; www.cityhearthotel.netfirms.com; abseits von The Mall, Mallital; DZ 700–2000 Rs) Die billigeren, kleinen, aber sauberen und modernen Zimmer mit etwas Stil, Warmwasserdusche und Balkonblick auf den See sind in diesem beliebten Hotel ein ordentliches Angebot.

Evelyn Hotel (☎ 235457; Fax 236457; The Mall, Tallital; DZ 1000–1500 Rs, Suite 3000–4000 Rs) Ein großes, viktorianisch wirkendes Hotel oberhalb des Sees. Alle Zimmer sind sauber, das Haus ist gut in Schuss, und die Angestellten sind hilfsbereit. Um zu den billigeren Zimmern im obersten Stock zu kommen, muss man gut trainiert sein – doch dann ermöglicht die Höhe tolle Ausblicke vom ruhigen und großen Balkon.

Hotel Elphinstone (☎ 235534; Fax 238667; The Mall, Tallital; DZ 800–1200 Rs, Suite 1400–2000 Rs) Das große, modernisierte, Hotel aus dem British Raj wurde in den 1920er-Jahren erbaut. Es hat Veranden und im Garten steht eine Büste von Queen Victoria. Die Zimmer sind in Ordnung, und ein Restaurant gibt's auch (Gerichte 20–65 Rs).

Fairhavens (☎ 236057; fairhavens@rediffmail.com; Post Office Rd, Mallital; DZ/Suite 2000/3200 Rs) Das 1925 im Stil des British Raj errichtete Steingebäude wurde sorgfältig restauriert und hat dennoch die typischen Merkmale seiner Entstehungszeit behalten, darunter die zentrale Lounge mit Speisesaal (Gerichte 35–120 Rs). Es gibt lauschigen Kaminplätze sowie einen Garten. Nach einem Zimmer mit Seeblick fragen!

Alka Hotel (☎ 235220; www.alkahotel.com; The Mall; DZ 1500–2300 Rs, Suite 2900 Rs) Aufwändige Gemeinschaftsbereiche mit Kunstwerken und Wasserspielen. Zur Ausstattung gehören auch Pool- und Snookertische. Die Zimmer sind aber für ihren Preis ein bisschen enttäuschend. Ein Restaurant ist ebenfalls vorhanden (s. gegenüber).

Hotel Welcome Park (☎ 235552; www.hotelwelcomepark.com; Zoo Rd, Tallital; DZ/Suite 1950/2050 Rs) Dieses moderne Hotel hat hochwertige Zimmer mit Balkonen und Seeblick, könnte aber an der einen oder anderen Stelle etwas sauberer sein.

KMVN Sarovar Tourist Hotel (☎ 235570; abseits von The Mall, Tallital; B/DZ ganzjährig 100/1000 Rs) Der kleine Garten und die Zentralheizung sind Pluspunkte, trotzdem ist dieses KMVN-Hotel wegen seiner langweiligen Zimmer nur der letzte Ausweg.

SPITZENKLASSEHOTELS

Manu Maharani Nainital (☎ 237341; Fax 237350; Sukhatal; Zi. 3500–6500 Rs) Die billigeren Zimmer haben keinen Seeblick, aber alle haben ein eigenes Bad und eine gute Aufteilung. In diesem Luxushotel gibt's das Restaurant

Kumaon und eine Bar (s. rechte Spalte), einen Billardsaal und einen Fitnessclub.

Palace Belvedere (☎ 237434; www.welcomheritage.com; abseits von The Mall, Mallital; EZ/DZ/Suite 2100/2600/3900 Rs) Das Haus wurde 1897 als Sommerpalast des Radschas von Awagarh errichtet. Tierfelle und alte Drucke schmücken die Wände dieses tollen Hotels mit komfortablen Zimmern und elegantem Speisesaal/Lounge/Veranda. Zimmer 22 hat viele Fenster.

Essen

In Nainital gibt's einige Restaurants, vor allem an The Mall.

Ashok Vegetarian Restaurant (The Mall, Mallital; Gerichte 12–40 Rs) Beliebtes und preisgünstiges Restaurant mit freundlicher Bedienung. Im Angebot sind Dosas, Currys, Säfte, Shakes und Kaffee. Das *rawa*-Dosa (gefüllter, gebratener Pfannkuchen) ist cross und ganz o.k. Der schäumende Espresso kommt in winzigen Plastikbechern.

Sonam Chowmien Corner (The Flats, Mallital; Gerichte 25 Rs) Authentisch-tibetanische *dhaba* (Snackbar), die Chow-mein und *momos* (Knödel) verkauft.

Café de Mall (The Mall, Tallital; Gerichte 25–50 Rs) Das bescheidene Café am See bietet tolle vegetarische Buletten für nur 40 Rs. Eine Schlemmerei für Gourmets, umwickelt von einem Kohlblatt, das alles in scharfer Tomaten-Ananas-Sauce.

Embassy (The Mall; Mallital Gerichte 25–105 Rs) In einem an ein Blockhaus erinnernden Raum hat dieses Restaurant schon seit mehr als 40 Jahren eine riesige Speisekarte (fünf Seiten) zu bieten. Wer mal was Anderes probieren möchte, wählt die Frucht-Eiercreme und den Dancing Coffee.

Machan Restaurant (The Mall, Mallital; Gerichte 40–105 Rs) Einige Gerichte sind eindeutig zu teuer, aber die Pizzas (60–85 Rs) und der Preis der „flaumigen Drei-Eier-Omelettes" ist ganz o.k. Im Restaurant kann man den Köchen bei der Arbeit über die Schulter schauen.

Sakley's Restaurant & Pastry Shop (abseits von The Mall, Mallital; Gerichte 28–130 Rs) Das kleine, saubere Restaurant bietet ungewöhnliche internationale Gerichte, darunter Garnelen, Lamm, viel Chinesisches und mit Käse überbackenes Gemüse „au gratin".

Swad Restaurant & Pastry Shop (abseits von The Mall, Mallital; Gerichte 25–70 Rs, Kuchen 15 Rs) Es gibt Thalis, *momos* und weitere allseits beliebte Spezialitäten.

Woods Restaurant (Alka Hotel, The Mall; Gerichte 50–150 Rs) Cleveres Restaurant mit dem Thema „Dschungel". Die Gerichte sind köstlich und herzhaft, aber die Shakes sehr teuer (80 Rs).

Kumaon (Manu Maharani Nainital Hotel, Sukhatal; Gerichte 65–150 Rs) Das hochklassige Restaurant mit gutem Service serviert köstliche indische und europäische Spezialitäten aller Art. Alle Gerichte sind in der Speisekarte ausführlich beschrieben.

Ausgehen

Nainital Boat Club (The Mall, Mallital; zeitweilige Mitgliedschaft außerhalb der Hauptsaison 150 Rs pro Tag, Hauptsaison 700 Rs pro 3 Tage) Der beliebte Club am See hat eine große, tolle Bar im Kolonialstil (Kingfisher-Bier 75 Rs), Räume zum Kartenspielen, Snookertische, einen Fitnessraum sowie eine Bibliothek mit allerlei Büchern, Zeitschriften und Zeitungen. Ein Besuch lohnt sich – könnte ein lustiger Abend werden.

Viceroy Bar (Manu Maharani Nainital Hotel, Sukhatal; Kingfisher-Bier/Cocktails 125/100 Rs; ⏲ 11–15, 19–23 Uhr) Komfortable Bar mit Sofas und Aussicht. In der Hauptsaison gibt's im Hotel eine Disko.

Shoppen

Nainital hat ein reichhaltiges Angebot an Souvenirläden und Märkten, wo Textilien, Kleidung und Kunsthandwerk aus verschiedenen Regionen Indiens angeboten werden. Aufwändig geschnitzte bunte Kerzen sind eine örtliche Besonderheit. Im Panchachuli Shop (Mallital, in der Nähe des Naina-Devi-Tempels) gibt's handgewebte Stoffe aus Almora.

An- & Weiterreise

BUS

Folgende Busse fahren vom Busbahnhof in Tallital:

Ziel	Preis (Rs)	Dauer (Std.)	Abfahrt
Dehra Dun	175	10	mehrmals am frühen Morgen
Delhi	150	9	morgens & abends
Haldwani	35	2	halbstündl.
Haridwar	145	8	mehrmals am frühen Morgen
Kathgodam*	24	1½	halbstündl.

Pithoragarh	124	9	tgl. um 7 Uhr
Ramnagar	60	3½	tgl. um 7 Uhr

* (den Bus nach Haldwani nehmen)

Von Haldwani fahren regelmäßig Busse nach Ramnagar, Delhi und Banbassa an der nepalesischen Grenze. Haldwani ist auch ein wichtiger Kopfbahnhof (s. unten).

Um nach Norden zu kommen, einen Bus nach Bhowali (8 Rs, 20 Min.) nehmen und dort einen, der nach Almora, Kausani und Ranikhet fährt, oder den täglich um 7 Uhr abfahrenden Bus nach Song.

Vom Sukhatal Busbahnhof starten regelmäßig Busse nach Ramnagar über Kaladhungi (40 Rs, 3 Std.).

Die Reisebüros verkaufen Tickets für Fahrten in privaten Deluxe-Bussen (mit zwei-und-zwei Sitzplätzen) nach Delhi (200 Rs; Abfahrt um 6 und 22 Uhr) und nach Haridwar (300 Rs; Abfahrt um 22 Uhr).

TAXI & SAMMELJEEPS

Ab Taxistand in Tallital kosten Taxifahrten nach Kathgodam 250 Rs, nach Ramnagar 500 Rs, nach Almora oder Ranikhet 600 Rs und 1200 Rs nach Kausani.

Sammeljeeps fahren – sobald sie voll sind – auf den Strecken nach Bhowali (8 Rs) und Kathgodam/Haldwani (40 Rs).

ZUG

Kathgodam (35 km südlich von Nainital) ist der nächstgelegene Bahnhof, doch Haldwani, der nächste Haltepunkt Richtung Süden, ist der regionale Knotenpunkt. In der **Train Booking Agency** (⌚ Mo–Sa 9–12 & 14–17, Sa 9–14 Uhr) neben der Bushaltestelle in Tallital können Plätze in den Zügen nach Dehra Dun, Delhi, Moradabad, Lucknow, Gorakhpur und Kolkata gebucht werden. Der tägliche *Ranikhet Express* (119/536 Rs in der Sleeper Class/2AC) fährt um 22.45 Uhr am Bahnhof Old Delhi ab und erreicht Kathgodam um 6.05 Uhr. Der Zug in die entgegengesetzte Richtung verlässt Kathgodam um 20.40 Uhr und ist um 4.45 Uhr in Old Delhi.

Unterwegs vor Ort

Die Fahrt mit der Fahrradrikscha entlang The Mall kostet 5 Rs, Ein- und Aussteigen ist aber nur an den Ticketschaltern an den beiden Endpunkten der Strecke möglich. Taxifahrten innerhalb des Ortes kosten zwischen 50 und 100 Rs.

RUND UM NAINITAL

Das **Mangoli-Tal** (Ghatgar), 26 km von Nainital in Richtung Kaladhungi, ist ein schöner ruhiger bewaldeter Ort mit sanften Hügeln, in denen Hunderte von im Himalaja beheimateten Vogelarten leben. Ein schöner Flecken Erde, um den Tag mit Vogelbeobachtungen zu verbringen und dabei den Wegen zu folgen, die sich durch den Wald schlängeln. Hin kommt man per Bus (25 Rs), Sammeljeep (25 Rs) oder Taxi (500 Rs mit Rückfahrt) vom Mallital Busbahnhof gegenüber dem Eco-Cave Park.

RANIKHET

☎ 05966 / 19 049 Ew. / 1829 m

Die Hill Station nördlich von Nainital ist Sitz des Kumaon-Regiments und hat einige gute Unterkünfte, die außerhalb der Saison echte Schnäppchen sind. Der Basar ist laut und voll, The Mall aber ruhig und gemütlich unter ihren hohen Bäumen. Viel tun kann man hier nicht, außer die fernen, schneebedeckten Berggipfel zu bestaunen, aber genau darum geht's hier: die Leute kommen zum Relaxen her.

Praktische Informationen

Deo Bhoomi Wanderers (Sadar Bazaar; Internet 60 Rs/Std.)

Hauptpost (The Mall; ⌚ Mo–Fr 9–17 Uhr)

State Bank of India (Sadar Bazaar; ⌚ Mo–Fr 10–16, Sa 10–13 Uhr) Tauscht Reiseschecks (Limit 500 US$) in US$ und britische Pfund. Bargeld wird aber nicht getauscht.

Uttaranchal Tourism Office (☎ 220227; UP Busbahnhof; ⌚ Mo–Sa 10–17 Uhr)

Sehenswertes & Aktivitäten

Die **KRC Shawl & Tweed Shop & Factory** (☎ 220567; The Mall, ⌚ 9–13 & 15–18 Uhr, Shop Mi geschl., Werk So geschl.) wird von einer Wohlfahrtsorganisation für Soldatenwitwen betrieben und befindet sich in einer umgebauten Kirche. Der **Shop** verkauft Textilien, Modeschmuck, Pickles und Marmelade.

Die **Katholische Kirche** (The Mall) ist ein prächtiges, gut erhaltenes Beispiel für eine Kirche im europäischen Stil. Sonntags um 9 Uhr gibt es hier einen Gottesdienst auf Hindi.

Ein schöner, 1 km langer Spaziergang führt zum mit Glockengirlanden geschmück-

ten **Jhula-Devi-Tempel**. Nach weiteren 3 km folgt **Chaubattia**, eine weitere Militärsiedlung. Geht man dort links durch einen überwölbten Torweg, kommt man zu einem Aussichtscafé. Zurück geht's mit dem Sammeljeep (12 Rs).

In **Dwarahat**, 32 km nördlich von Ranikhet, gibt's Tempel aus dem 12. Jh. mit prunkvollen Reliefs. Die Hinfahrt mit dem Sammeljeep kostet 35 Rs.

Schlafen, Essen & Ausgehen

Außerhalb der Hauptsaison (meist zwischen Mitte April und Mitte Juli sowie zwischen dem 1. Oktober und Mitte November) gibt's auf die hier genannten Preise einen Rabatt von 50%.

Hotel Rajdeep (☎ 220017; Sadar Bazaar; DZ 200–600 Rs) Das beste der eher schlechten Budgethotels in dieser Region hat einige düstere, aber saubere Zimmer und eine Veranda.

Ranikhet Inn (☎ 221929; www.ranikhetinn.com; Sadar Bazaar; DZ 1400 Rs) Das brandneue, raffinierte und durchgestylte schöne Hotel setzt einen neuen Standard. Die Zimmer sind zwar recht klein, haben aber gekachelte Fußböden und Balkone, bieten die beste Aussicht der Stadt und sind vor allem sauber. Das Restaurant ist empfehlenswert.

Ranikhet Club (☎ 226011; The Mall; DZ ganzjährig 1800 Rs; Gerichtes 30–90 Rs) Der historische Holzbungalow von 1860 hat komfortable Zimmer und bietet ein militärisches Ambiente, das an die Kolonialzeit erinnert. Das Hotel bietet eine klassische Bar (Kingfisher-Bier 100 Rs; 12–22.30 Uhr), ein Restaurant, einen Snookertisch, einen Tennisplatz und eine Tischtennishalle. Nicht-Gäste müssen 50 Rs für eine zeitlich befristete Mitgliedschaft berappen.

Hotel Meghdoot (☎ 220475; The Mall; DZ 500–850 Rs, Suite 750–1100 Rs) Außerhalb der Saison ist die Suite für 375 Rs ein richtiges Schnäppchen. In diesem historischen, aber sauberen und gemütlichen Hotel gibt's große Zimmer, ein Restaurant (Gerichte 30–110 Rs) und eine Veranda, die mit Topfpflanzen voll gestellt ist.

Machan Restaurant (Ranikhet Inn, Sadar Bazaar; Gerichte 30–95 Rs, Pizzas 70 Rs) Das Restaurant hat eine Aussichtsterrasse und die Köche legen sich ordentlich ins Zeug – das *navratan korma* ist eine interessante Mischung, u. a. mit Papaya.

Milan Restaurant (Sadar Bazaar; Gerichte 25–90 Rs) Dieser kleine Imbiss ist sauberer als die meisten anderen. Die Tische sind mit Blumen dekoriert, auf die Teller kommt nicht viel, dafür sind die Speisen lecker und nett angerichtet.

Mayur Restaurant (UP-Busbahnhof; Gerichte 20–80 Rs) Das gut besuchte Restaurant hat eine umfassende Speisekarte und schnelle Bedienung.

An- & Weiterreise

Vom UP-Roadways-Busbahnhof fahren um 16, 16.30 und 17 Uhr Busse nach Delhi (187 Rs, 12 Std.). Zwischen 7.30 und 22.30 Uhr starten etwa stündlich Busse nach Ramnagar (66 Rs, 4½ Std.) und nach Haridwar (165 Rs, 10 Std.) geht's um 8.30 Uhr los. Häufig fahren Busse nach Haldwani und Kathgodam (60 Rs, 4 Std.); die Strecke führt über Bhowali – von hier aus ist es nur noch eine kurze Fahrt nach Nainital.

Vom KMOU-Busbahnhof am anderen Ende der Stadt verkehren regelmäßig Busse nach Almora (39 Rs, 2 Std.), zwei Busse (um 7 bzw. 9 Uhr) fahren nach Ramnagar (63 Rs, 4½ Std.) sowie um 11.30 ein Bus nach Nainital.

Hina Tours (☎ 220214; Sadar Bazaar; ⌚ 7–20 Uhr) verkauft Tickets für den Luxus-Nachtbus nach Delhi (250 Rs, 12 Std.), der in Ranikhet um 18.30 Uhr abfährt.

Sammeljeeps fahren, sobald sie voll sind, nach Dwarahat (35 Rs), Almora (40 Rs), Nainital (50 Rs) und Haldwani (70 Rs).

Unterwegs vor Ort

Für eine Fahrt mit dem Sammeljeep zum Gebiet um The Mall werden 5 Rs fällig, nach Chaubattia bezahlt man 12 Rs. Eine Stadtfahrt mit dem Taxi kostet zwischen 50 und 100 Rs.

ALMORA

☎ 05962 / 32 357 Ew. / 1650 m

Von den Chand-Radschas von Kumaon 1560 als Sommerhauptstadt gegründet, bietet die lang gezogene regionale Hauptstadt ein kühles Klima und schöne Aussicht ins Hügelland – doch die Hauptstraße ist hässlich. Der autofreie Lalal Bazaar, dessen Shops aufwändig geschnitzte Holzfassaden haben, ist ein wesentlich hübscherer Ort zum Herumschlendern. In der Stadt kann man auch Häuser aus der Kolonialzeit sehen und brauchbares Trekkingoutfit kaufen. Es gibt auch einige Webereien, die der Gemeinde gehören.

Praktische Informationen

Internetzugang gibt's überall in der Stadt, meist für 40 Rs pro Stunde. Weitere Dienstleistungen:

Post (The Mall; ⌚ Mo–Fr 10–17, Sa 10–13 Uhr)

State Bank of India (The Mall; ⌚ Mo–Fr 10–16, Sa 10–13 Uhr) Getauscht werden nur American Express- und Thomas Cook-Reiseschecks bis zu 500 US$, aber kein Bargeld.

Uttaranchal Tourism Office (☎ 230180; Upper Mall; ⌚ Mo–Sa 10–17 Uhr)

Sehenswertes & Aktivitäten

Der steinerne **Nanda-Devi-Tempel** im Lalal Bazaar stammt aus der Zeit der Chand-Radschas und ist mit volkstümlichen, teils erotischen Reliefs verziert. Jeden September findet im Tempel ein Jahrmarkt statt (s. S. 447).

Das kleine **Pt GB Pant Museum** (The Mall; Eintritt frei; ⌚ Di–So 10.30–16.30 Uhr) zeigt örtliche Volkskunst und eine Auswahl antiker hinduistischer Skulpturen.

Die **Panchachuli Weavers Factory** (☎ 232310; abseits der Bageshwar Rd; Besichtigung kostenlos; ⌚ 10–17 Uhr) beschäftigt 300 Frauen, die von Hand Schals und Teppiche weben – eine Besichtigung lohnt sich auf jeden Fall. Der Laden hier hat eine größere Auswahl als der in The Mall. Hin- und Rückfahrt zur Fabrik kosten mit dem Taxi 100 Rs, man kann die 3 km aber auch locker und bequem zu Fuß zurücklegen. Dazu der auf der Karte gekennzeichneten Straße folgen, rechts nach Bageshwar abbiegen, dann geht's geradeaus weiter und schließlich, am Schild „Panchachuli", links den Hügel hinunter.

Treks, u. a. zum Pindari- und Milam-Gletscher, bietet derzeit **Discover Himalaya** (☎ 236890; discoverhimalaya@sancharnet.in; The Mall) am günstigsten an. Man sollte sich aber auch beim nahe gelegenen **High Adventure** (☎ 232277; highadventure@rediffmail.com; The Mall) erkundigen. Die Treks kosten rund 1000 Rs pro Person und Tag; die Preise sollten Transport, einen Führer, Unterkunft und vegetarische Verpflegung beinhalten.

Schlafen

Es gibt keine Saisonpreise, aber wenn nicht allzu viel los ist, sollte ein Rabatt drin sein.

Kailas Hotel (☎ 230624; jawaharlalsah@india.com; abseits von The Mall; DZ 70–360) Die verrückteste Pension in Uttaranchal wird von Mr. Shah geleitet, einem engagierten pensionierten Bankbeamten – unbedingt das Maharadschazimmer zeigen lassen! Wer hier bleibt, fühlt sich, als ob er auf dem Dachboden eines Museums schläft – und gesunde Hausmannskost gibt's auch.

Hotel Shikhar (☎ 230253; Fax 230395; The Mall; DZ 150–1500 Rs; ✖) Selbst der Lift in diesem

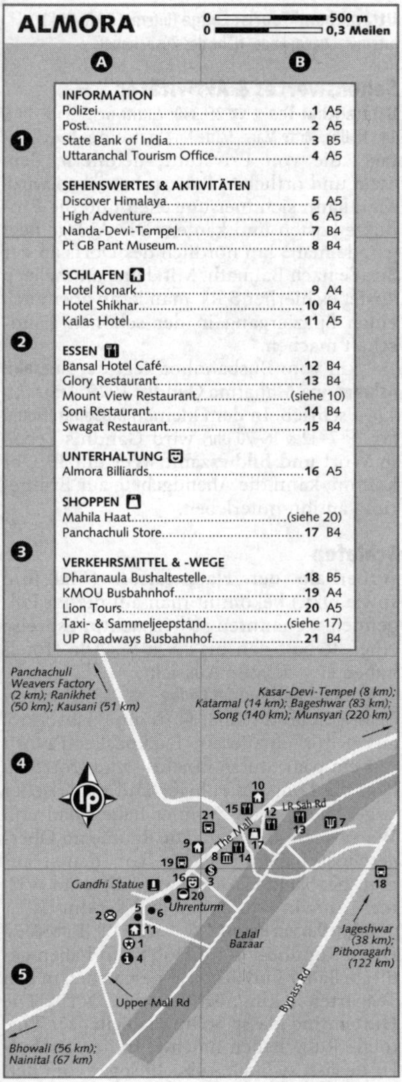

großen, an einen Hügel gesetzten Hotel aus Beton bietet eine Aussicht. Hier gibt's jede Art von Zimmer; ein geräumiges, komfortables Zimmer mit Balkon, Warmwasserdusche und TV gibt's für 600 Rs. Einzelheiten zum Mount View-Restaurant s. rechte Spalte.

Hotel Konark (☎ 231217; The Mall; DZ 400–500 Rs) Die sauberen, modernen Zimmer haben TV, einige auch einen anständigen Ausblick und Sitz-WCs.

Essen & Ausgehen

Eine lokale Spezialität nennt sich *ball mithai* (Karamell-Konfekt in Zuckerhülle), Preis 4 Rs pro Stück.

Bansal Hotel Café (Lalal Bazaar; Drinks & Snacks 12–20 Rs) Hat eine große Auswahl an Getränken, z. B. guten Kaffee, und Snacks.

Soni Restaurant (The Mall; Gerichte 20–60 Rs) Ein beliebter Sikh-Treff. Hier gibt's *paneer*, Huhn- und Lammgerichte.

Swagat Restaurant (The Mall; veg. Gerichte 20–40 Rs) Auf der überdachten Veranda lassen sich Gerichte wie *choley chawal* (ein Gericht aus Kichererbsen und Reis) so richtig relaxt genießen.

Glory Restaurant (LR Sah Rd; Gerichte 18–55 Rs) Der alteingesessene schummrige Imbiss mit niedriger Decke serviert beliebte süd- und nordindische Gerichte.

Mount View Restaurant (Hotel Shikhar, The Mall; Gerichte 25–100 Rs) Ein dunkler Innenraum, aber das Essen ist gut und die Bedienung hilfsbereit. Empfehlenswert sind die gefüllten Tomaten mit einer abgerundeten, aber nicht zu würzigen Sauce.

Was das Ausgehen betrifft: Im **Almora Billiards** (The Mall; 60 Rs/Std.; 🕒 9–22 Uhr) kann man mit Einheimischen eine Partie Snooker spielen.

Shoppen

Der winzige **Panchachuli Store** (The Mall; 🕒 So geschl.) verkauft hochwertige, mit Naturfarben gefärbte Schals und Tweedsachen aus lokaler Produktion. Der **Mahila Haat Store** (The Mall; 🕒 10–17 Uhr) gehört einer Frauenkooperative und verkauft Schals, Strickwaren und Honig zu vernünftigen Preisen.

An- & Weiterreise

Von den beiden benachbarten Busbahnhöfen UP Roadways und KMOU fahren etwa stündlich Busse nach Ranikhet (39 Rs, 2 Std.), Kausani (45 Rs, 2½ Std.) und Bhowali (36 Rs, 2 Std.). Von Bhowali aus ist's wiederum nur eine kurze Bus- oder Sammeljeepfahrt nach Nainital. Zum Pindari-Gletscher-Trek nimmt man um 7.30 Uhr den Bus nach Song (95 Rs, 6 Std.), zum Milam-Gletscher-Trek um 5.30 Uhr den nach Munsyari (155 Rs, 11 Std.). Außerdem starten einige Busse nach Pithoragarh

(80 Rs, 5 Std.) an der Haltestelle Dharanaula an der Bypass Rd.

Lion Tours (☎ 230860; The Mall) betreibt einen täglichen Luxus-Nachtbus nach Delhi (280 Rs, 11 Std.), Abfahrt: 19 Uhr.

Sammeljeeps fahren nach Ranikhet (40 Rs), Kausani (60 Rs), Bageshwar (65 Rs) und Haldwani (75 Rs). Taxifahrten dorthin kosten zwischen 500 und 700 Rs. Für ein Jeeptaxi nach Song bezahlt man etwa 1500 Rs und nach Munsyari 2000 Rs.

RUND UM ALMORA

Der **Kasar-Devi-Tempel**, wo Swami Vivekananda meditierte, liegt auf einem Hügel 8 km nördlich von Almora und ist per Sammeljeep erreichbar (15 Rs). Zum Besuch des 800 Jahre alten **Surya- (Sonnen-) Tempels** in Katarmal, 14 km von Almora und 2 km Fußweg von der Hauptstraße, kann man jeden Sammeljeep nehmen (15 Rs, 30 Min.), der nach Ranikhet fährt. In einem Zedernwald bei **Jageshwar**, 38 km nordöstlich von Almora, liegt ein großer Tempelkomplex. Die 124 Tempel und Schreine gehen bis ins 7. Jh. zurück und reichen von hüfthohen Lingam-Schreinen bis zu großen Tempeln im *sikhara*-Stil. Der Komplex ist über einen 4 km langen Fußmarsch von Jageshwar aus zu erreichen. Nach Jageshwar kommt man per Taxi (500 Rs mit Rückfahrt). Um 12 Uhr fährt auch ein Bus (25 Rs) von Almora nach Jageshwar – doch kann es dann mit der Rückfahrt schwierig werden.

KAUSANI

☎ 05962 / 4000 Ew. / 1890 m

Das Dorf 51 km nördlich von Almora liegt auf einem mit Wald bedeckten Hügelgrat. Die friedliche Stimmung, das kühle Klima und die Panoramablicke auf ferne schneebedeckte Himalajagipfel locken so berühmte Gäste wie Sonia Gandhi, die Präsidentin der Kongresspartei, hierher. Auf der Hauptstraße spielen Jungen Cricket. Kurzum: Hier kann man in grüner Natur und bei Vogelgezwitscher ein paar Tage lang richtig gut entspannen.

Praktische Informationen

Hill Queen Restaurant (Anasakti Ashram Rd; Internet 40 Rs/Std.) Internetzugang.

Uttaranchal Tourism Office (☎ 258067; The Mall; 🕑 10–17 Uhr)

Uttarakhand Tourist Lodge (Internet 50 Rs/Std.) Internetzugang; in der Nähe des Busbahnhofs.

Sehenswertes & Aktivitäten

Uttaranchal Tea (☎ 258330; Zutritt frei; 🕑 9–13 & 14–18 Uhr, Mitte März–Mitte Nov.) ist eine Teeplantage, die von Privatunternehmern, dem Staat und örtlichen Bauern betrieben wird. Man kann sich hier umsehen und die Produkte kosten und kaufen. Die Anlage liegt gerade mal 3 km nördlich des Dorfs an der Straße nach Baijnath. Mit dem Sammeljeep kostet es hierher 5 Rs, man kann aber auch einen Spaziergang in der schönen Landschaft machen.

1 km vom Busbahnhof liegt der **Anasakti Ashram**, wo Mahatma Gandhi 1929 *Anasakti Yoga* schrieb. In dem kleinen **Museum** (Eintritt frei; 🕑 7–12 & 16–20 Uhr) wird Gandhis Leben in Wort und Bild erzählt. Wer um 19 Uhr kommt, kann die Abendgebete zur Erinnerung an ihn miterleben.

Schlafen

Außerhalb der Hauptsaison (Mai–Juni sowie Okt.) bekommt man auf die im Folgenden genannten Übernachtungspreise einen Rabatt von bis zu 50 %. Alle Hotels haben eine schöne Aussicht.

Uttarakhand Tourist Lodge (☎ 258012; nahe des Busbahnhofs; DZ 400–600 Rs; 💻) Vom Busbahnhof aus geht's zu diesem Backpacker-Favorit nur ein paar Stufen hinauf – und trotzdem liegt die Lodge in ruhiger und malerischer Lage. Die großen Zimmer haben Bad und Warmwasserduschen. Die Räume im Obergeschoss haben Balkone, von denen aus man beobachten kann, wie Vögel im warmen Aufwind durch die Luft segeln.

Dibya Darson Resort (☎ 9412044250; Hütte 500 Rs) Diese Rundhütten im Hobbitstil haben geflieste Bäder und liegen abgeschieden in den Teegärten 3 km nördlich des Dorfs. Die Hütten sind klasse, wenn man ein paar Tage totale Ruhe haben möchte. In der Tirshul-Hütte lässt sich die Aussicht sogar vom Bett aus genießen!

Sun 'n' Snow Inn (☎ 258010; Anasakti Ashram Rd; DZ 950–1450 Rs) Das moderne Hotel liegt inmitten einer Reihe anderer ein paar Gehminuten vom Busbahnhof entfernt. Die Zimmer sind recht kahl, aber annehmbar und haben komplett geflieste Bäder.

Krishna Mountview (☎ 245008; www.kumaonindia.com; Anasakti Ashram Rd; DZ 1950–3000 Rs) Gleich hinter dem Anasakti Ashram liegt dieses sehr elegante, saubere und modische Hotel mit Fitnessraum, gepflegten Gärten, einem Nobelrestaurant und einer Disko (nur in der Hauptsaison). Die Zimmer im Obergeschoss haben Kühlschrank und einen Balkon mit Schaukelstuhl.

Essen

Hill Queen Restaurant (Anasakti Ashram Rd; Gerichte 25–40 Rs; 💻) Panoramablicke und ein Teleskop (10 Rs) machen diesen Ort beliebt. Den Rhododendronblütendrink probieren!

Yogi Restaurant (The Mall; Gerichte 25–35 Rs) Das kleine Restaurant im Dorfkern macht exzellente Saucen und Chapatis.

Krishna Mountview Restaurant (Gerichte 60–200 Rs) Das förmliche Hotelrestaurant hat indische, chinesische und europäische Gerichte auf der Speisekarte.

An- & Weiterreise

Busse (45 Rs, 2½ Std.) fahren etwa stündlich nach Almora, im Sammeljeep kostet's 60 Rs. Richtung Norden fahren alle zwei Stunden Busse über Baijnath (Rs 30, 1½ Std.) nach Bageshwar. Sammeljeeps (20 Rs, 30 Min.) fahren nach Garur, 16 km nördlich von Kausani, von wo aus es mit anderen Sammeljeeps weitergeht.

RUND UM KAUSANI

Das Dorf Baijnath, rund 19 km nördlich von Kausani, ist berühmt für seine kleinen, aus dem 12. Jh. stammenden Tempel im *sikhara*-Stil. Die Hauptgruppe ist Shiva geweiht und liegt wunderschön unter Schatten spendenden Bäumen am Gomti. Mehrere andere shivaistische Schreine gibt's im alten Dorf, zehn Minuten nördlich von Baijnath.

Um dorthin zu kommen, in Kausani einen Bus nach Bageshwar (40 Rs) nehmen oder in einen Sammeljeep (20 Rs) nach Garur steigen und von dort aus einen weiteren Sammeljeep (Rs 20) nach Baijnath nehmen.

BAGESHWAR

☎ 05963 / 7803 Ew. / 975 m

Das liebenswürdige Pilgerstädtchen liegt am Zusammenfluss von Gomti und Sarju, 41 km von Kausani und 78 km von Almora entfernt. Indische Pilger kommen das ganze Jahr über, um am antiken steinernen **Bagnath-Tempel** zu beten. Der Tempel ist Shiva geweiht und hat eindrucksvolle Reliefs. Der Ort ist ein wichtiger Verkehrsknotenpunkt und hat Badeghats und in den Nebenstraßen versteckte Basare. Hier lassen sich auch Treks zum Pindari-Gletscher organisieren.

Das am Busbahnhof gelegene **Hotel Annpurna** (☎ 220109; Zi. 150 Rs, mit TV & Boiler 240 Rs) hat eine hübsche Uferterrasse und bietet einfache Zimmer. Weiter die Hauptstraße hinunter findet sich das **Hotel Siddhartha** (☎ 220114; B 50 Rs, Zi. mit TV & Boiler ab 250 Rs) Zimmer in guter Qualität.

Mehrmals täglich fahren Busse nach Almora (55 Rs, 3 Std.) und Ranikhet (65 Rs, 3 Std.) über Kausani (30 Rs, 1½ Std.). Ansonsten einen Sammeljeep nach Garur nehmen und dort umsteigen. Richtung Süden fahren regelmäßig Busse nach Bhowali (139 Rs, 6 Std.) und Haldwani (155 Rs, 7½ Std.). Jeeps und Busse fahren auch nach Gwaldam (30 Rs, 2 Std.), wo es Anschlüsse nach Garhwal gibt. Zum Pindari-Gletscher-Trek geht's mit dem Bus Richtung Song (20 Rs, 2 Std.), Abfahrt 7 Uhr.

PITHORAGARH

☎ 05964 / 41 157 Ew. / 1815 m

Pithoragarh ist die Hauptstadt einer kleinen, wenig besuchten Grenzregion zu Tibet und Nepal. In der Stadt gibt's mehrere Tempel aus der Chand-Ära und ein altes Fort. Pithoragarh liegt in einem kleinen, Tal, das auch als „Little Kashmir" bezeichnet wurde. Zu den malerischen Wanderungen gehört hier u. a. der Aufstieg nach **Chandak** (7 km) mit Blick auf das Panchachuli-Massiv (Fünf-Schornsteine-Massiv). Normalerweise ist dafür keine Trekkinggenehmigung nötig, man sollte aber im **District Magistrate's Office** (☎ 222202) in Pithoragarh nachfragen.

In der Stadt gibt's ein **Touristenbüro** (☎ 225527) und ein **KMVN-Rasthaus** (☎ 225434; B/DZ 50/350 Rs). Zu den anderen Hotels gehören das Uttaranchal Deep und das Samrat.

Zwischen 4.30 und 10 Uhr fahren mehrere Busse nach Almora (80 Rs, 5 Std.). Regelmäßig fahren Busse nach Haldwani, Delhi und Tanakpur (der Bahnanschluss, 151 km südlich). Richtung Norden gibt's Busse und die allgegenwärtigen Sammeljeeps nach Munsyari (85 Rs, 8 Std.), dem Startpunkt zum Milam-Gletscher.

BANBASSA

7138 Ew.

Banbassa ist das der nepalesischen Grenzstation Mahendrenagar am nächsten liegende indische Dorf. Die Einreise über diesen wenig benutzten Grenzübergang ist derzeit wegen maoistischer Aktivitäten im westlichen Teil Nepals nicht empfehlenswert (s. www.nepalnews.com zur aktuellen Lage). Keinesfalls hier während der Regenzeit oder unmittelbar danach einreisen, weil dann die Straßen im Westen Nepals durch Erdrutsche oder unterspülte Brücken häufig unpassierbar sind.

TREKKING IN UTTARANCHAL

Atemberaubende unverbaute Fernsicht, weit verstreute Dörfer, Täler voller Blumen und unberührte Gletscher: All dies hat der ferne Norden von Uttaranchal zu bieten. Man kann sich den Pilgerströmen anschließen, die auf der Char-Dham-Route zu den Tempeln ziehen, die an den Quellen jener vier Ströme stehen, die den Hindus die heiligsten sind oder auf dem Hem-Kund-Weg zu einem Bergsee wandern, den die Sikhs verehren. Alle diese Heiligtümer liegen an großartigen einsamen Orten, und dennoch pilgern während der *yatra*-Zeit zwischen April und November Tausende von Menschen dort hin.

Um den Menschenmassen und ihrem Abfall zu entgehen, kann man sich in ein Himalaja-Shangri-la aufmachen, etwa in das wunderschöne Valley of Flowers, in das entlegene Tal Har-ki Dun oder – vielleicht das Großartigste – in das Nanda Devi Sanctuary. Man kann in den Spuren des britischen Vizekönigs Lord Curzon zum Kuari-Pass wandern oder sich der Herausforderung eines Treks zum Pindari- oder zum Milam-Gletscher stellen, die beide im östlichen Kumaon-Distrikt liegen.

Die beste (weil sicherste) Zeit für Treks ist entweder vor der Regenzeit (Mitte Mai–Ende Juni) oder danach (Mitte Sept.–Mitte Okt.). Im Juli und August sind Erdrutsche das größte Problem: Sie schneiden die Wege zu den Startpunkten ab und sorgen für lange Verzögerungen. Während des Winters schließen die Char-Dham-Tempel und andere Treks, stattdessen kommen Horden von Skibegeisterten in das Skiparadies Auli, das über eine kurze Seilbahnfahrt von Joshimath aus erreichbar ist.

Die Straßen im Landesinneren sind eng, gewunden und voller Schlaglöcher. Ständig drohen Erdrutsche. Die Grenzstraßenverwaltung leistet Großartiges, um die Straßen offen zu halten, doch Busse kommen trotz riskanter Fahrweise hier nur auf eine Durchschnittsgeschwindigkeit von 25 km pro Stunde.

Kleidung und Ausrüstung (neu und gebraucht) können in örtlichen Läden oder beim GMVN (die Preise sind unter www.gmvnl.com zu finden) gekauft oder geliehen werden. Auf den Treks und Trails bieten private Pensionen, Ashrams sowie GMVN- oder KMVN-Touristenbungalows und Schlafhütten nur billige und einfachste Unterkunft. Unter freiem Himmel zu campen ist ebenfalls möglich; Träger sind für wenig Geld zu bekommen. *Dhabas* versorgen einem mit Reis, Chapatis, Gemüse und Fertignudeln.

Die staatlichen Büros **GMVN** (www.gmvnl.com) und **KMVN** (www.kmvn.org) organisieren „All-inclusive-Treks“ für 1350–2500 Rs pro Tag, es gibt aber auch private Trek-Unternehmen – s. S. 459, 467, 480 und 475. Mehr Spaß macht's, seinen eigenen Trek auf die Beine zu stellen – Führer kosten 700 Rs pro Tag, Köche 600 Rs und Träger 300 Rs. Manchmal sind auch Ponys (300 Rs/Tag) zu mieten. Auf *yatra*-Trails und viel benutzten Strecken ist ein Führer entbehrlich, ansonsten sollte man aber aus Sicherheitsgründen und um die Unabhängigkeit der örtlichen Wirtschaft zu unterstützen nicht darauf verzichten! Träger erleichtern einen Trek und machen ihn angenehmer. Detaillierte Karten und weitere Informationen zu all diesen Treks finden sich in Lonely Planets *Trekking in the Indian Himalaya*. Die unten aufgeführten Treks und Trails sind von Westen nach Osten aufgelistet.

TREK ZUM HAR-KI-DUN-TAL

Das wundervoll abgelegene **Har-ki-Dun** (3510 m) ist ein von Gletscherbächen durchzogenes Pflanzenparadies, das von ursprünglichen Wäldern und schneebedeckten Gipfeln umgeben ist. Das Gebiet steht als **Govind Wildlife Sanctuary & National Park** (Inder/Ausländer 30/350 Rs für bis zu 3 Tage, 20/175 Rs für alle weiteren Tage) unter Naturschutz. Mit viel Glück kann man in über 3500 m Höhe sogar den scheuen Schneeleoparden erblicken.

Der Trail beginnt in **Sankri** (auch Saur genannt); hier und außerdem in Taluka und Osla gibt's **GMVN Touristenbungalows** (B/DZ 140/400 Rs). Im Tal selbst muss man aber in einem Resthouse der Forstverwaltung oder einem anderen Camp übernachten. Der 38 km-Marsch nach Har-ki-Dun dauert drei Tage – oder zwei, wenn man einen Sammeljeep (300/25 Rs pro Fahrzeug/Platz) bis nach Taluka nimmt. Ein Abstecher zum Jamdar-Gletscher nimmt einen weiteren Tag in Anspruch. Im Juni und Oktober kann auf dem Trek recht viel los sein.

Nach Sankri kommt man mit dem Bus (100 Rs, 9 Std.) oder einem Sammeljeep (2000/200 Rs pro Fahrzeug/Platz) aus Gandhi Chowk in Mussoorie. Ist kein durchgehender Bus oder kein Sammeljeep zu greifen, versuchen, so weit wie möglich zu kommen und dann umsteigen.

CHAR-DHAM-TOUR

Fromme Hindus pilgern entlang der ausgedehnten Char-Dham-Tour zu den vier Tempeln, die die spirituellen Quellen von vier heiligen Flüssen kennzeichnen: Yamuna (Yamunotri), Ganges (Gangotri), Mandakini (Kedarnath) und Alaknanda (Badrinath). Hunderttausende kommen in der *yatra*-Zeit zwischen April und November; die genauene Termine, wann die Tempel geöffnet sind, werden jedes Jahr von örtlichen Priestern bekannt gegeben. Der religiöse Tourismus ist ein lukratives Geschäft: Zahlreiche Busse, Sammeljeeps, Träger, Ponys und Sänften warten auf Kunden, es gibt ein sehr gutes Netz an Budgetpensionen, Ashrams, staatlichen Resthouses und *dhabas,* die am Rand des Pilgerwegs Trekker und Pilger mit Chai und einfachen Mahlzeiten versorgen.

Bei GMVN gibt's zehntägige Char-Dham-Pauschalangebote von Delhi aus (5100 Rs mit dem Bus, 10 000–15 000 Rs mit dem Auto). Ähnliche Touren starten auch in Haridwar und Rishikesh. Auch private Touren werden angeboten (s. www.chardham.com). Aber alle Tempel liegen tief im Himalaja am Ende lang gestreckter Täler. Alle nacheinander zu besuchen, kostet viel Zeit und ist nichts für „normale" Reisende. Nur der Gangotri- und der Badrinath-Tempel können besucht werden ohne einen Trek zu absolvieren.

Yamunotri-Tempel-Trek

3185 m

Derzeit beginnt der Trek in **Hanuman Chatti** (2400 m), eine 7 km weiter führende Straße nach Janki Chatti ist aber gerade im Bau. Hanuman Chatti bietet viele einfache Unterkünfte, darunter einen **GMVN-Touristenbungalow** (B/DZ 130/700 Rs). Für den relativ leichen drei bis vier Stunden langen Weg nach **Janki Chatti** (2650 m) kann man Ponys (450 Rs) und Träger (300 Rs) anheuern. In Janki Chatti gibt es ebenfalls einen **GMVN-Touristenbungalow** (B 150 Rs, DZ 380–700 Rs). Hier gibt es heiße Quellen und 1 km entfernt liegt das hübsche Dorf Kharsali. Der nächste Tag bringt einen 5 km langen, zweistündigen Trek zum **Yamunotri-Tempel** (3185 m), wo sich die üblichen einfachen Pensionen, Ashrams und einen **GMVN-Touristenbungalow** (B 150 Rs) findet. Der Yamunotri-Tempel ist der am wenigsten beliebte und daher auch am wenigsten erschlossene der Char-Dham-Tempel.

Vor dem von Bergen umzingelnden Tempel liegen mehrere heiße Quellen, in denen nach Geschlechtern getrennt gebadet werden kann. An anderen Quellen kochen Pilger Tomaten und Reis, die sie als *prasad* opfern. Der Yamuna, auf Platz zwei der Rangliste der heiligsten hinduistischen Ströme, entspringt in einer Höhe von 4421 m aus einem Eis- und Gletschersee auf dem Berg Kalinda Parvat, 1 km hinter dem Tempel. Doch nur wenige wagen sich dort hinauf, weil der Anstieg beschwerlich ist und bergsteigerische Fähigkeiten verlangt.

Während der *yatra*-Zeit fahren Busse von Dehra Dun (100 Rs, 8 Std.), Mussoorie (80 Rs, 6 Std.) und Rishikesh (156 Rs, 8 Std.) nach Hanuman Chatti. Auch nach Uttarkashi (50 Rs, 6 Std.) fahren Busse – für jene, die zum nächsten Ziel der Char-Dham-Route, dem Gangotri-Tempel, weiter wollen.

Gangotri-Tempel-Trek & Gaumukh-Gletscher

☎ **01377 / 3042 m**

In großartiger Lage in 3042 m Höhe ließ der Gurkha-Kommandant Amar Singh Thapa im 18. Jh. diesen **Tempel** errichten. Wer tapfer und fromm ist, wagt sich in den eiskalten Ganges. In der Nähe liegt der Felsen, auf dem Shiva den Ganga (Ganges) in seine verfilzten Locken aufgenommen haben soll. In Gangotri gibt's Pensionen, Ashrams, *dharamsalas* und einen **GMVN-Touristenbungalow** (☎ 222221; B 140 Rs, DZ 380–880 Rs).

Als Ort nahe der Quelle des Ganges (der bis Deoprayag Bhagirathi heißt) ist Gangotri einer der heiligsten Orte Indiens. Der Trek zur Quelle des Flusses bei **Gaumukh** (Kuhmaul; 38 km hin und zurück) kann in drei Tagen bewältigt werden. Dazu gehören zwei Übernachtungen in **Bhojbasa** (3790 m), wo's einfache Unterkünfte, darunter einen **GMVN-Touristenbungalow** (B/DZ 80/200 Rs) gibt. Bhojbasa ist 14 km (6 Std.) vom Gangotri-Tempel, aber nur 5 km (3 Std.) vom großartigen Gaumukh-Gletscher entfernt.

Von Gangotri aus fahren Busse nach Uttarkashi (85 Rs, 6 Std.) und Rishikesh (185 Rs, 12 Std.). Der letzte Bus startet gegen 14 Uhr in Gangotri. Zwischen Gangotri und Uttarkashi verkehren auch Sammeljeeps (100 Rs).

Kedarnath-Tempel-Trek

☎ 01364 / 3584 m

Der anstrengende, 14 km lange Aufstieg zum Tempel (3584 m) dauert zu Fuß sechs Stunden und fünf mit dem Pony. Er beginnt in **Gaurikund,** wo's einfache Unterkünfte und einen **GMVN-Touristenbungalow** (☎ 269202; B/DZ 150/600 Rs) gibt. Heiße Quellen laden zum Baden ein. Hier kann man das Gepäck unterbringen und Träger und Ponys mieten. Am breiten, gepflasterten Weg zum Tempel reihen sich *dhabas* und Chai-Stände, wo man rasten und sich in aufregender Landschaft mit *aloo puris* (mit Kartoffeln gefüllten gebackenen Kuchen), *parathas* (Brot) oder Maggi-Nudelsuppe stärken kann.

Kedarnath wird als Ursprung des Mandakini verehrt, der attraktive **Tempel** ist aber vor allem dem Höcker geweiht, den Shiva (der die Gestalt eines Stiers angenommen hatte) zurückließ, als er in den Boden tauchte, um den Pandavas zu entkommen. Andere Teile von Shivas Körper werden an den anderen vier Panch-Kedar-Schreinen verehrt, die schwer zu erreichen sind, aber besucht werden können: die Arme in Tungnath, das Gesicht in Rudranath, der Nabel in Madmaheshwar und das Haar in Kalpeshwar. Die echte Quelle des Mandakini ist 12 km von Kedarnath entfernt.

Der Tempel wurde ursprünglich im 8. Jh. von dem Guru Shankara errichtet, der hinter dem Schrein begraben liegt. Es gibt 24 Arten von *pujas* die zwischen 10 und 8500 Rs kosten. Die Landschaft rundum ist hinreißend – aber Kedarnath lockt 100 000 Pilger pro Jahr an, d. h.: viele Menschen und viel Müll. Der Ort ist derart glücksverheißend, dass sich früher Pilger von einer der Klippen hinter dem Tempel herunterstürzten, weil sie hofften, so sofort *moksha* (Befreiung) zu erlangen.

Das ganze Gebiet ist ein Naturpark und bei bei Khanchula Kharak, 32 km von Gopeshwar in Richtung Ukhimath, wurde eine **Moschushirsch-Zuchtfarm** eingerichtet. Die Zwerghirsche mit großen Ohren wurden bis an den Rand der Ausrottung bejagt.

Beim Tempel gibt's die üblichen Unterkünfte, auch einen **GMVN-Touristenbungalow** (☎ 01364-7210; B 150 Rs, DZ 350–1200 Rs).

Von Gaurikund nach Rishikesh fahren Busse (152 Rs, 12 Std.) und Sammeljeeps. Für Anschlüsse nach Joshimath, Badrinath und den östlichen Kumaon-Distrikt steigt man in Rudraprayag um.

Badrinath-Tempel & Dorfspaziergang durch Mana

☎ 01381 / 3133 m

Der Vishnu geweihte Badrinath-Tempel ist der beliebteste der Char-Dham-Tempel und kann mit einer malerischen Lage im Schatten des schneebedeckten Nilkantha punkten. Der bunt bemalte Tempel wurde von dem Guru Shankara im 8. Jh. gegründet, das heutige Gebäude ist aber weitaus jünger.

Während der Pilgerzeit sind viele Läden, Restaurants und Budgethotels geöffnet. Außerhalb der kurzen Hauptsaison im Mai und Juni kostet ein Zimmer meist etwa 100 Rs. Das brandneue **Govind Sewa Sadam** (☎ 222408; Zi. 300 Rs) ist eines der besten Hotels und liegt oberhalb des Flusses (der nach der Regenzeit sehr laut ist) gegenüber vom Tempel. Das **Vijay Laxmi** (Gerichte 25–50 Rs) ist ein großes, kantinenartiges Restaurant mit hilfsbereitem Kellner und guten vegetarischen Currys, Dosas und *kheer*.

Ein sehr malerischer 3 km langer Weg führt von Badrinath den Fluss entlang und an mit Bruchsteinmauern begrenzten Feldern vorbei in das Dorf **Mana**, das mit traditionellen Häusern in verschiedenen Stilen voll gepackt ist – es gibt Häuser mit Schieferwänden und -dächern und Holzhäuser mit hübschen Balkonen. Man kann umherschlendern und den Dorffrauen beim Stricken von Pullovern oder beim Weben von Decken und Teppichen zuschauen, während die Männer die Schafe hüten oder Karten oder Carrom spielen. Die Teppiche (150 Rs die kleinen, 2000 Rs die größeren), Decken und Pullover (ärmellose 180 Rs) werden zum Kauf angeboten.

Direkt neben dem Dorf liegt in einer kleinen Höhle der winzige, 5000 Jahre alte **Vyas-Tempel** und ganz in der Nähe ist **Bhimas Felsen**, ein natürlicher Felsbogen über einem Fluss, den angeblich Bhima, der stärkste der Pandava-Brüder, dessen Geschichte im Mahabharata-Epos erzählt wird, geschaffen haben soll. Der 145 m hohe **Vasudhara-Wasserfall** ist vom Dorf aus zu sehen und über einen 4 km langen Fußweg zu erreichen.

Im Hard Rock Café kann man einen Drink nehmen und mit dem Englisch sprechenden Eigentümer plaudern. Zwischen November und April verlassen die Einwohner das Dorf und gehen in wärmere und weniger abgelegene Regionen.

Vom großen Busbahnhof am Eingang von Badrinath fahren Busse bis nach Rishikesh (250 Rs, 12 Std.).

VALLEY OF FLOWERS & HEM-KUND-TREK

Der britische Bergsteiger Frank Smythe stolperte 1931 zufällig über das Tal der Blumen, das **Valley of Flowers**. „Bei keiner meiner Bergwanderungen", schrieb er „habe ich ein schöneres Tal erblickt, in dem der menschliche Geist Frieden finden kann." An sonnigen Tagen bieten die Wiesen *(bugyal)* mit hohen Wildblumen einen prächtigen Anblick, wenn sie sich im Wind wiegen – umrahmt von den mächtigen, ganzjährig von Gletschern und Schnee bekrönten Sechstausendern.

Mit seinen 300 Pflanzenarten ist das Tal, das 2005 zum Weltnaturerbe erklärt wurde, eine einmalige und wertvolle pharmazeutische Rohstoffquelle. Die Stängel, Blätter, Blütenblätter und Wurzeln vieler der hier wachsenden Pflanzen werden zu Arzneien verarbeitet. Leider blühen die meisten Pflanzen während der Regenzeit im Juli und August, wenn die Niederschläge den Zugang schwierig und riskant machen. Doch den Frieden und die Schönheit von der Smythe sprach, findet man hier zu jeder Jahreszeit.

Der 87 km^2 große **Valley of Flowers National Park** (Inder/Ausländer für 3 Tage 40/350 Rs, alle Folgetage 20/175 Rs; Foto & Video frei; 🕑 6–18 Uhr, letzter Einlass 15 Uhr) beginnt weniger als 1 km hinter Ghangaria. Das sagenhafte Tal fängt bereits 2 km hinter dem Ticketbüro an und setzt sich dann weitere 5 km fort. Es ist einfach, den Wegen zu folgen. Übernachtungen sind hier (ebenso wie am Hem Kund) nicht erlaubt, deshalb müssen alle Besucher in Ghangaria eine Bleibe suchen.

Wesentlich anstrengender ist es, sich in Ghangaria den Hunderten von Sikh-Pilgern anzuschließen, die sich zu dem 4300 m hoch liegenden **Hem Kund** hinaufwagen – dem heiligen See, an dem der Sikh-Guru Gobind Singh in einem früheren Leben meditiert haben soll. Die Pilgersaison dauert etwa vom 1. Juni bis zum 1. Oktober. Ponys (325 Rs) kann mieten, wer den 6 km langen Zickzackweg hinauf reiten will.

Ghangaria (auch Govinddham genannt) ist ein Straßendorf in einem wunderschönen Zedernwald mit einem geschäftigen Markt, ein paar Budgethotels und Restaurants, Hunderten von Ponys, einer Apotheke und einem Arzt. Wasser- und Stromversorgung sind nicht garantiert und Telefone gibt's nicht. Das **Nature Interpretation Centre** (🕑 1. Juni–5. Okt, 15–20 Uhr) zeigt um 19 Uhr einen Film über das Valley of Flowers, der von Laien gedreht wurde, aber sehenswert ist.

Das neue **Hotel Priya** (Zi. mit Bad 200 Rs, heißes Wasser in Eimern 20 Rs) ist derzeit die beste Unterkunft – besonders gut ist es allerdings nicht, und der laute Generator nervt. Auf ausreichend Bettzeug achten, die Nächte können eiskalt werden.

In den Hotels gibt's vegetarische Restaurants (Gerichte 25–50 Rs) mit großer Auswahl, darunter auch ein paar Gahrwali-Gerichte wie *jholi* – schwarzes Dhal und pürierter Spinat, mit einem örtlichen Getreide gemischt.

Von Govindghat aus ist Ghangaria über einen wunderschönen, aber anstrengenden, 14 km langen und sieben Stunden dauernden Anstieg zu erreichen. Wer einen Träger (300 Rs plus eine Mahlzeit und 20 Rs Steuern, zwei Rucksäcke) oder ein Pony (325 Rs plus Mahlzeit für den Führer und 30 Rs Steuern) anheuert, macht sich's leichter und unterstützt die Einheimischen. Der Rückweg dauert vier bis fünf Stunden.

In **Govindghat** kann man in privaten Hotels oder in dem riesigen **Gurdwara** (Spende statt Bezahlung) übernachten, dessen VIP-Zimmer einfach sind, aber Bad mit Warmwasser und Sitztoiletten haben.

Von Govindghat fahren Busse (10 Rs, 1 Std.) und Sammeljeeps (20–60 Rs) weiter zum Badrinath-Tempel (s. S. 486) – auf einer 20 km langen, kurvenreichen Strecke. In die andere Richtung geht's mit dem Bus (10 Rs, 1 Std.) oder Sammeljeep (20 Rs) zurück nach Joshimath (s. S. 470).

KUARI-PASS-TREK

Der Trek über den **Kuari-Pass** (3640 m) wird auch Curzon Trail genannt (obwohl Lord Curzons Expedition den Versuch, den Pass zu überqueren, nach einer Attacke angriffslustiger Bienen aufgab). Der Trek war während des British Raj beliebt und bietet großartige Ausblicke auf die schneebedeckten Berggipfel rund um Nanda Devi. Ausgangspunkt ist **Auli**; der 75 km lange Trek nach **Ghat**, vorbei an Seen, Wasserfällen, durch Wälder, über Wiesen und durch kleine Dörfer dauert fünf Tage. Unverzichtbar sind ein Zelt, ein Führer und ausreichend Verpflegung.

Auli, im Winter ein Skiparadies, ist mit dem Bus (10 Rs, 1 Std.) oder der Seilbahn (200 Rs einfache Fahrt) von Joshimath aus zu erreichen. Von Ghat fahren Sammeljeeps (30 Rs, 1½ Std.) nach Nandprayag, von wo aus man mit Bussen nach Joshimath oder Richtung Südwesten nach Rishikesh und Haridwar kommt.

NANDA-DEVI-SANCTUARY-TREK

Das 630 km² große Gebiet, das mit atemberaubender Landschaft aufwartet, ist Weltnaturerbe und Naturschutzgebiet. 1983 wurde es für alle Besucher geschlossen, doch inzwischen erhalten Kleingruppen wieder Zutritt. Zwischen dem 1. Mai und dem 31. Oktober dürfen nun nicht mehr als 20 Besucher pro Woche in dieses sagenhafte Himalaja-Wunderland einreisen. Besuche sind nur im Rahmen eines neuntägigen GMVN-Treks in drei- bis fünfköpfigen Gruppen möglich („all inclusive", 2583 Rs pro Pers. und Tag). Ausgangspunkt des 54 km langen Treks ist Rishikesh. Der Zugang zum Naturschutzgebiet liegt beim Dorf Lata in der Nähe von Joshimath. Keinesfalls sollte man versuchen, alleine in das Gebiet zu gelangen – außer man ist scharf darauf, einmal die Lebensverhältnisse in indischen Gefängnissen kennenzulernen. Und aufpassen: Es werden auch so genannte „Nanda-Devi-Treks" angeboten, die gar nicht in das Naturschutzgebiet führen.

PINDARI-GLETSCHER-TREK

Dieser 94 km lange sechstägige Trek führt durch wirklich unberührtes, nur von ein paar Schafhirten bewohntes Land und bietet wundervolle Ausblicke auf den **Nanda Kot** (6860 m) und den **Nanda Khat** (6611 m) am Südrand des Nanda-Devi-Schutzgebiets. Oft ziehen Adler hoch über dem Weg ihre Kreise. Der 3 km lange und 365 m breite **Pindari-Gletscher** liegt in 3353 m Höhe, deshalb langsam angehen lassen, um die Höhenkrankheit zu vermeiden. Genehmigungen sind nicht erforderlich, der Pass sollte aber trotzdem dabei sein.

Der Trek beginnt und endet in **Song** (1140 m), einem Dorf 36 km nördlich von Bageshwar. An beiden Orten und in Almora kann man Führer und Träger organisieren. Alternativ bietet KMVN Trekking-Gesamtpakete für rund 3000 Rs an. KMVN-Schlafstätten (Matratzenlager 150 Rs), einfache Gästehäuser oder *dhaba*-Hütten (50–200 Rs) sind entlang der Strecke zu finden; auch Essen ist erhältlich. Im Mai und Juni kann es in den Unterkünften eng werden; dann kann Campen eine Alternative sein.

Zwischen Song und Bageshwar fahren Busse (20 Rs, 2 Std.) und Sammeljeeps (40 Rs, 1½ Std.). Busse gibt's auch zwischen Almora und Bageshwar (über Kausani; 75 Rs, 5 Std.). Ein Jeeptaxi von Almora nach Song kostet zwischen 1300 und 1600 Rs.

MILAM-GLETSCHER-TREK

Der 118 km lange, schwierige achttägige Trek zum gewaltigen Milam-Gletscher in 3450 m Höhe folgt einer alten Handelsstraße nach Tibet, die 1962 infolge des indisch-chinesischen Krieg dichtgemacht wurde. Der Weg verläuft durch großartig zerklüftetes Gelände östlich des **Nanda Devi** (7816 m) und entlang des manchmal zu dramatischen Strudeln aufschäumenden **Gori Ganga**. Ein beliebter, aber strapaziöser Abstecher zum östlichen Basislager des Nanda Devi nimmt weitere 30 km bzw. zwei Tage in Anspruch.

Derzeit sind keine Genehmigungen notwendig. Dies aber vor Reisebeginn noch mal überprüfen und den Pass nicht vergessen. Unverzichtbar sind außerdem ein Zelt und ausreichend Proviant, da Dörfer entlang der Strecke verlassen sein könnten.

Der Trek beginnt in dem spektakulär gelegene Dorf **Munsyari** (2290 m), wo Führer, Koch und Träger darauf warten, angeheuert zu werden. In Munsyari gibt es viele Unterkünfte, auch ein **KMVN-Resthouse** (☎ 05961-222339; B/DZ/Suite 60/600/700 Rs). Das **Wayfarer** (DZ mit Frühstück & Abendessen 1500 Rs) hat Luxuszelte zu bieten, liegt aber 10 km außerhalb des Ortes.

Von Almora fährt täglich ein Bus nach Munsyari (155 Rs, 11 Std.); die Fahrt im Jeeptaxi kostet etwa 2000 Rs. Busse (85 Rs, 8 Std.) und Sammeljeeps fahren auch von und nach Pithoragarh.

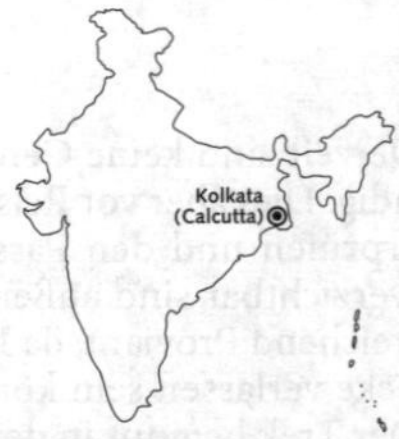

Kolkata (Calcutta)

Viele denken bei Kolkata (früher Calcutta) an Bilder von Elend und Dreck. Dieser Ruf beruht großenteils auf Klischees, die die (hauptsächlich westlichen) Medien heraufbeschworen haben. Wer mit solchen Erwartungen kommt, wird sich wundern. Zwar begegnet man der Armut in Kolkata auf Schritt und Tritt, aber die Stadt ist keineswegs die Hölle, wie sie Dominic Lapierres in seinem Roman *Stadt der Freude* beschreibt. Wer die Augen öffnet, entdeckt wunderschöne koloniale Bauten und historische Tempel, Kunstzentren und Museen, botanische Gärten und tolle Shopping Malls. Zudem gibt´s hier einige der besten Restaurants Indiens. Auf Kulturfreaks warten Veranstaltungen für bengalischen Tanz, Dichterlesungen, Kunstausstellungen, Konzerte, Kinos und Theater – kein Wunder in einer Stadt, aus der u.a. der Literaturnobelpreisträger und Maler Rabindranath Tagore und der Regisseur Satyajit Ray kommen.

Leider verlassen sich viele Traveller auf ihren ersten Eindruck und verpassen damit vieles, was Kolkata zu bieten hat. Leute, die ihre Zeit rund um die Sudder St. vertrödeln, werden nur Bettlern und Hausierern begegnen und sich fragen, warum sie in diese heruntergekommene und verdreckte Stadt gekommen sind. Doch wer sich auf die Tempel, Museen, Gärten und Galerien einlässt, dem erscheint die Stadt in einem ganz anderen Licht.

Die Bengalen sind schon lange wütend darüber, wie schlecht ihre Hauptstadt in den westlichen Medien wegkommt. Vor Ort gilt Kolkata als das geistige und kulturelle Zentrum des Landes. Nicht nur Künstler und Denker, sondern auch Helden der Unabhängigkeitsbewegung kamen von hier, darunter Subhas Chandra Bose, der den bewaffneten Kampf gegen die britische Herrschaft anführte. Seit der Unabhängigkeit wird die politische Szene von der Kommunistischen Partei beherrscht, die gerne mal die Stadt durch Streiks lahm legt, um gegen die Zentralregierung in Delhi zu protestieren – für eilige Geschäftsleute ein Horror.

HIGHLIGHTS

- Eintauchen in die britisch-indische Geschichte: das prächtige **Victoria Memorial** (S. 502), das vielleicht schönste Zeugnis der britischen Kolonialherrschaft
- Sich zwischen Marmorbüsten und Hunden aus Steingut im bizarren **Marble Palace** (S. 504) tummeln
- Ein Diner in der **Park Street** (S. 513), dem florierenden Zentrum der Gourmetszene Kolkatas
- Im Strom der Pilger im schaurig-faszinierenden **Kalighat-Tempel** (S. 503)
- Ein Spaziergang mit dem Tod im stimmungsvollen **Park Street Cemetery** (S. 503)

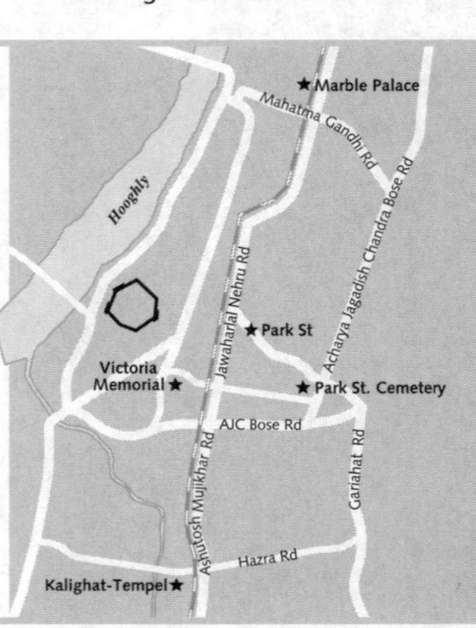

KURZINFOS

- Bevölkerung: 13,2 Mio.
- Fläche: 18,733 km^2
- Hauptstadt von: Westbengalen
- Hauptsprache: Bengali
- Regionale Vorwahl: ☎ 033
- Reisezeit: Oktober bis März

GESCHICHTE

Obwohl Kolkata eine entscheidende Rolle beim Aufstieg des britischen Empires spielte, ist die Stadt erstaunlich jung. Herkömmliche Quellen behaupten, der britische Kaufmann Job Charnock habe die Stadt 1686 gegründet, aber indische Historiker gehen viel weiter zurück, in jene Zeit, als von Briten noch keine Rede war, sondern das Land den Sabarna Ray Caudhuri gehörte, einem reichen Geschlecht bengalischer Feudalherren. 2003 erwirkten die Nachkommen dieser Familie eine Verfügung des Obersten Gerichts, nach der Job Charnock nicht länger als der Gründer Kolkatas bezeichnet werden soll.

Als Gründungsdatum für das britische Kolkata ist 1698 ohnehin besser: In diesem Jahr wurden die Dörfer Sutanuti, Gobindapur und Kolikata formell der Herrschaft der britischen Ostindischen Kompanie unterstellt. Im Verlauf der nächsten Jahrhunderte schufen die Briten an den Ufern des Hooghly ein kleines London mit mächtigen Gebäuden, breiten Boulevards, englischen Kirchen und großzügigen Parks. An den Grenzen der britischen Enklave war aber abrupt Schluss mit diesem Traum: die Inder, die den britischen Herren dienten, lebten in gedrängten, übervölkerten *bustees* (Barrackensiedlungen), die sich kilometerweit am Flussufer entlangzogen.

Der Aufstieg Kolkatas kam nur einmal wirklich ins Stottern: 1756 eroberte Siraj-ud-daula, der Nawab von Murshidabad, die Stadt und sperrte Dutzende Mitglieder der Kolonialelite in ein enges Verlies unter dem Fort William. Am nächsten Morgen waren etwa 40 der Gefangenen erstickt. Um die nationale Stimmung anzuheizen, sprachen die Briten von wesentlich mehr Toten. Das war die Geburtsstunde des Märchens vom „Schwarzen Loch von Calcutta".

Schon im folgenden Jahr eroberte Robert Clive Kolkata für Großbritannien zurück und schloss mit dem Nawab einen Frieden. Der paktierte prompt mit den Franzosen und wurde in der Schlacht von Plassey

FESTIVALS & FESTE IN KOLKATA

Dover Lane Music Conference (Jan.) Einwöchiges Festival mit klassischer indischer Musik.

Saraswati Puja (Jan.) Ähnliche Festlichkeiten wie beim Durga Puja.

Kolkata Boi Mela (www.kolkatabookfaironline.com; Ende Jan./Anfang Feb.) Die größte Buchmesse Asiens findet zehn Tage lang auf dem Maidan statt. Auf dem Maidan findet überhaupt immer irgendwas statt – was erfährt man im West Bengal Tourism Centre (S. 497).

Rath Yatra (Juni/Juli) Das wichtigste Fest der Anhänger Krishnas und Vishnus. Die Festlichkeiten folgen dem gleichen Muster wie die in Puri (S. 635). Große Wagen werden zu Ehren des Lord Jagannath durch die Straßen gezogen. Die International Society for Krishna Consciousness leitet die Veranstaltungen.

Durga Puja (Okt.) Zum Gedächtnis der Wiedervereinigung Shivas mit seiner Frau Parvati. Kolkata ist ein wichtiges Zentrum des Shiva-Kults, und dieses Fest wird mit großem Selbstbewusstsein begangen. Kunsthandwerker stellen Tausende von Bildern der Göttin Durga aus Gras und Lehm her, die dann in geschmückten Zelten, den so genannten *pandals*, ausgestellt werden. Nach dem fünf Tage dauernden *darshan* (Verehrung) werden die Bilder unter viel Gesang, umherspritzenden Wasser und Feiern im Hooghly versenkt. Mehr Infos zu den Ritualen des Durga Puja gibt's unter www.durgapujas.com.

Lakshmi Puja (Okt.) Ähnliche Feierlichkeiten wie beim Durga Puja.

Kali Puja (Nov.) Ähnliche Feierlichkeiten wie beim Durga Puja.

Chhat Puja (Nov.) Ähnliche Feierlichkeiten wie beim Durga Puja.

Kolkata Film Festival (www.calfilmfestival.org; 2. Woche im Nov.) Eines der größten Events im Kulturkalender. Auf dem einwöchigen Festival werden Filme aus Bengalen und aus aller Welt in Kinos gezeigt, die in ganz Kolkata verstreut liegen. Außerdem gibt's Vorträge, Diskussionen und Sondervorführungen von Kurzfilmen im Nandan Complex (S. 516).

KOLKATA (CALCUTTA)

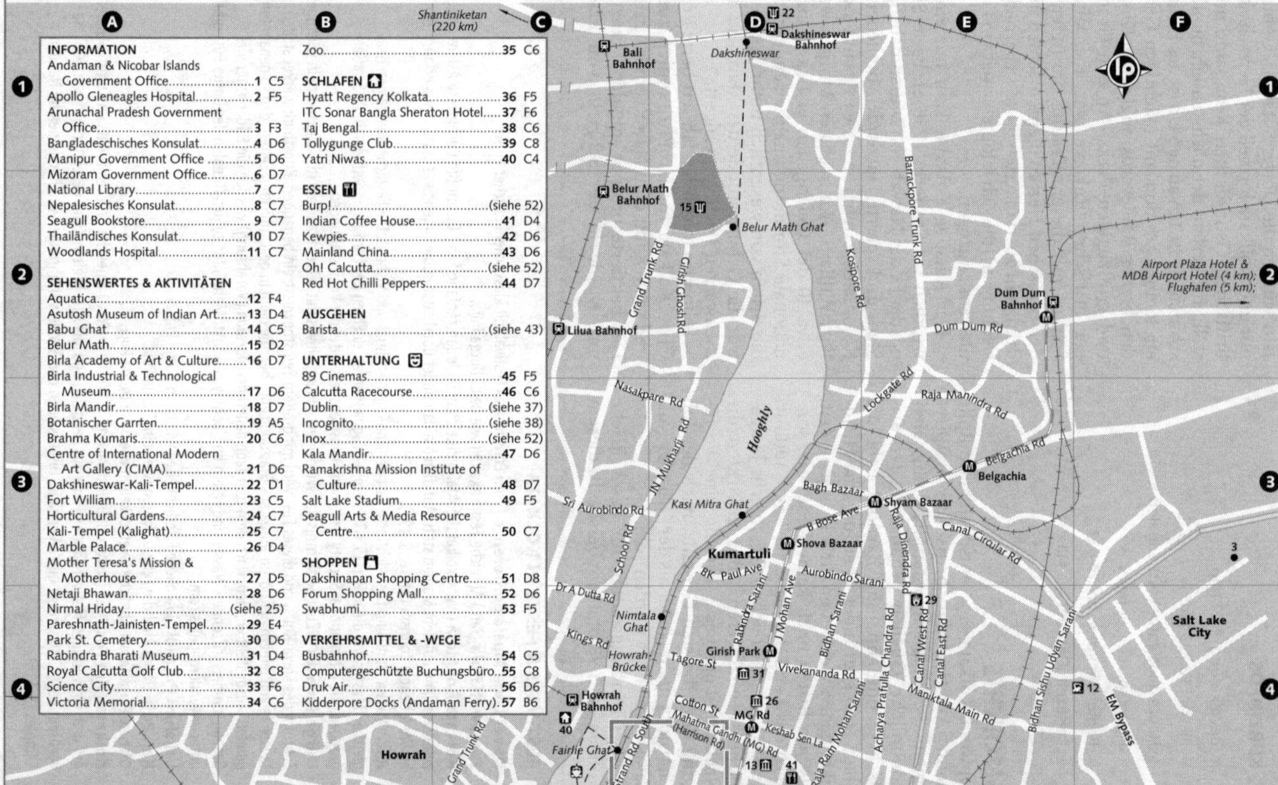

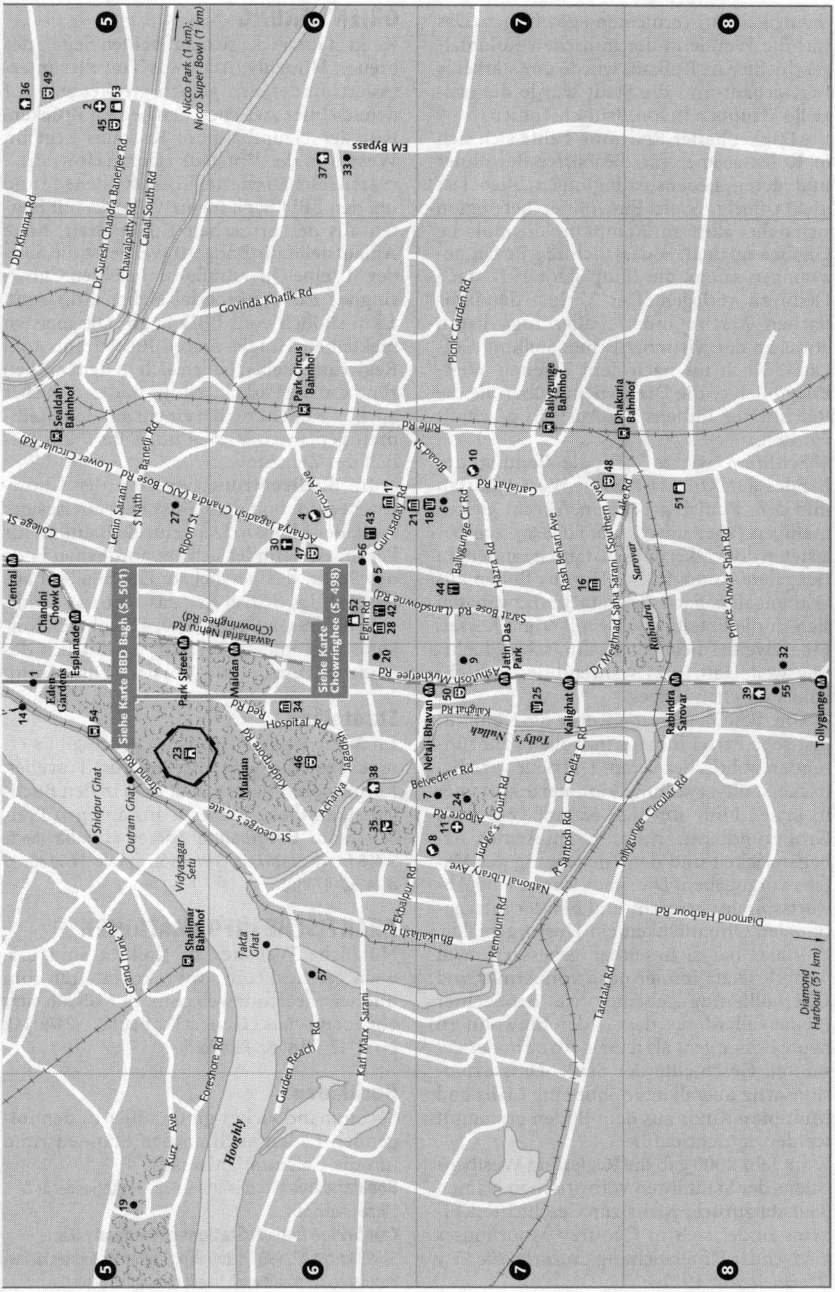
Siehe Karte BBD Bagh (S. 501)
Siehe Karte Chowringhee (S. 498)
Nicco Park (1 km); Nicco Super Bowl (1 km)
Diamond Harbour (51 km)
EM Bypass
DD Khanna Rd
Dr Suresh Chandra Banerjee Rd
Chawalpatty Rd
Canal South Rd
Govinda Khatik Rd
Picnic Garden Rd
Sealdah Bahnhof
Park Circus Bahnhof
Ballygunge Bahnhof
Dhakuria Bahnhof
Acharya Jagadish Chandra (AJC) Bose Rd (Lower Circular Rd)
College St
Banerji Rd
Lenin Sarani
S Nath
Ripon St
Circus Ave
Rifle Rd
Broad St
Gurusaday Rd
Ballygunge Cir Rd
Gariahat Rd
Hazra Rd
Rash Behari Ave
Dr Meghnad Saha Sarani (Southern Ave)
Lake Rd
Rabindra Sarovar
Prince Anwar Shah Rd
Central
Chandni Chowk
Esplanade
Eden Gardens
Jawaharlal Nehru Rd (Chowringhee Rd)
Park Street
Maidan
Elgin Rd
Sarat Bose Rd (Lansdowne Rd)
Ashutosh Mukherjee Rd
Jatin Das Park
Netaji Bhavan
Kalighat Rd
Kalighat
Tolly's Nullah
Rabindra Sarovar
Tollygunge
Red Rd
Hospital Rd
Acharya Jagadish
Kidderpore Rd
Maidan
Strand Rd
Outram Ghat
Shidpur Ghat
St George's Gate
Belvedere Rd
Alipore Rd
Judge's Court Rd
Chetla C Rd
Santosh Rd
R Santosh Rd
Tollygunge Circular Rd
National Library Ave
Ekbalpur Rd
Bhukailash Rd
Diamond Harbour Rd
Remount Rd
Taratala Rd
Vidyasagar Setu
Shalimar Bahnhof
Grand Trunk Rd
Takta Ghat
Garden Reach Rd
Karl Marx Sarani
Foreshore Rd
Kurz Ave
Hooghly
5
6
7
8

(heute Palashi) vernichtend geschlagen. Das war die Wende in der indischen Kolonialgeschichte. In Kolkata wurde ein stärkeres Fort gebaut und die Stadt wurde die offizielle Hauptstadt von Britisch-Indien.

Märchenhafter Reichtum ballte sich sich in Kolkata, aber für die *bustee*-Bewohner und deren Lebensbedingungen blieb fast nichts übrig. Viele Einwohner beteiligten sich daher aktiv am Kampf um die indische Unabhängigkeit, sodass sich die Briten gezwungen sahen, die Hauptstadt 1912 nach Delhi zu verlegen. Der Verlust der politischen Macht änderte allerdings kaum etwas an der wirtschaftlichen Stellung Kolkatas. Noch bis nach dem Zweiten Weltkrieg blieb es die Drehscheibe, über die die Reichtümer Indiens ins Ausland geschafft wurden.

Schlimm wirkte sich die Teilung des Landes auf Kolkata aus. In West-Pakistan und dem Punjab gab es einen recht gleichmäßigen (aber mit vielen Todesopfern belasteten) Bevölkerungsaustausch, anders in Bengalen: Rund 4 Mio. Hindus flohen aus Ostbengalen nach Kolkata und zwängten sich in die bereits überbevölkerten *bustees*. Eine zweite, diesmal muslimische Flüchtlingswelle kam 1971 während des Indisch-Pakistanischen Kriegs.

Um diese Zeit herum wurde die Kommunistische Partei Indiens in Kolkata zur führenden politischen Kraft. Die neue sozialistische Stadtverwaltung kümmerte sich aber in erster Linie um den Kampf gegen die Großgrundbesitzer, statt gegen Armut, Arbeitslosigkeit und den Niedergang des Hafens vorzugehen. Die Stadt war in eine Abwärtsspirale gerutscht und bot der internationalen Öffentlichkeit ein Horrorgemälde.

Vieles hat sich seither gebessert, auch wenn Kolkata immer noch von Armut und Übervölkerung gebeutelt ist. Beobachter meinen allerdings, dass es den Einwohnern heute besser geht als jemals zuvor in der gesamten Geschichte der Stadt. Dass explosionsartig überall neue Shopping Malls und Multiplex-Kinos aus dem Boden gestampft werden, spricht dafür.

Im Jahr 2000 gab die Regierung Westbengalens der Stadt ihren vorbritischen Namen Kolkata zurück. Mehr zur Geschichte Kolkatas findet sich in Geoffrey Moorhouses glänzender Untersuchung *Calcutta, the City Revealed* von 1971.

ORIENTIERUNG

Kolkata erstreckt sich auf beiden Seiten des breiten Hooghly. Alles was Traveller interessiert, findet sich jedoch größtenteils auf dem Ostufer zwischen den beiden Brücken. Nur der Hauptbahnhof Kolkatas liegt im Westen in der Vorstadt Haora (Howrah).

Im Geschäftsviertel Kolkatas stehen rund um den BBD Bagh mehrere Blocks mit Bauten aus der britischen Kolonialzeit. Erste Anlaufstelle für Budgettraveller ist die Sudder St., eine Querstraße zur belebten Chowringhee Rd. (Jawaharlal Nehru Rd.) rund 1 km südlich vom BBD Bagh. Die meisten piekfeinen Hotels, teuren Restaurants und Regierungsstellen ballen sich in den Straßen rund um die Park St., einige finden sich aber auch in Salt Lake City, einem auf dem Reißbrett geplanten Viertel ungefähr 7 km östlich des Zentrums.

Im Stadtzentrum zwischen der Chowringhee Rd. und dem Fluss liegt ein riesiger Park, der Maidan. Der zentrale Bahnhof für Fernbusse befindet sich am nördlichen Ende des Parks, das herrlichste Überbleibsel aus der Zeit des British Raj, das Victoria-Denkmal, an dessen Südseite. Der Flughafen Kolkatas liegt ungefähr 17 km nordöstlich des Stadtzentrums in der Vorstadt Dum Dum.

Stadtpläne

Im West Bengal Tourism Centre gibt's einige kostenlose Stadtpläne für Traveller. Karten gegen Bares erhält man in den Buchläden, amtliche Pläne zu anständigen Preisen beim **Geographical Survey of India** (Karte S. 498 f.; ☎ 22475731; 13 Wood St; 🕒 Mo–Fr 10.30–13 & 14 .30–17 Uhr).

PRAKTISCHE INFORMATIONEN

Nützliche Websites zu Kolkata sind u. a. www.catchcal.com, www.kolkatahub.com und www.calcuttaweb.com. In Kolkata sitzt ein deutsches Generalkonsulat (24791141, 24791142; 1 Hastings Park Road).

Buchläden

Secondhandbücher gibt's außer in den folgenden Läden auch an den Ständen rund um die Calcutta University.

Bookland bookstall (Karte S. 498 f.; Ecke Sudder St & Mirza Ghalib St)

Cambridge Book & Stationery Company (Karte S. 498 f.; ☎ 22299017; 20D Park St) Gut bestückter kleiner Buchladen. Verkauft auch handgeschöpftes Papier.

STRASSENNAMEN

Nach der Unabhängigkeit benannte die indische Regierung alle Straßen um, deren Namen irgendwie an den British Raj erinnerten. Die kommunistische Stadtverwaltung machte damit weiter, weshalb viele Straßen in Kolkata zwei oder sogar drei Namen haben.

Die Rikscha- und Taxifahrer halten sich meist an die alten Namen aus der Kolonialzeit, während in den Stadtkarten und auf den Straßenschildern meist die neuen stehen. Im Text verwenden wir die gebräuchlichsten Namen, in den Karten die alten und die neuen in Klammern.

Einheimische betonen die alten englischen Wörter gern auf der letzten Silbe. Wenn der Fahrer einen nicht versteht, wenn man zur Sudder Street will, sollte man's mit „Sudderrrh St." versuchen.

Die wichtigsten umbenannten Straßen im Überblick:

Alter Name	Neuer Name
Ballygunge Road	Ashutosh Chowdhury Avenue
Brabourne Road	Biplabi Trailokya Maharaja Road
Central Avenue	Chittaranjan Avenue
Chitpur Road	Rabindra Sarani
Chowringhee Road	Jawaharlal Nehru Road
Free School Street	Mirza Ghalib Street
Harrington Street	Ho Chi Minh Sarani
Harrison Road	Mahatma Gandhi (MG) Road
Kyd Street	Dr M Ishaque Road
Lansdowne Road	Sarat Bose Road
Lower Circular Road Bose Road	Acharya Jagadish Chandra (AJC)
Mirzapore Street	Surya Sen Street
Old Court House Street	Hemant Basu Sarani
Theatre Road	Shakespeare Sarani
Wellesley Street	Rafi Ahmed Kidwai Road

Classic Books/Earthcare Books (Karte S. 498 f.; ☎ 22996551; 10 Middleton St) Selbstständiger Buchladen mit guter Auswahl an indischen Kinderbüchern.

Landmark (Karte S. 498 f.; ☎ 22822617; Emami Shoppers' City, 3 Lord Sinha Rd) Großer Laden in einem Einkaufscenter. Internationale Titel, Schreibwaren und Musik.

Oxford Book Shop (Karte S. 498 f.; ☎ 22297662; 17 Park St) Ausgezeichneter, klimatisierter Buchladen mit großer Auswahl an Büchern zu vielen Themen.

Seagull Bookstore (Karte S. 492 f.; ☎ 24765865; www.seagullindia.com; 31A Shyama Prasad Mukherjee Rd) Linker Buchladen mit einer unglaublichen Auswahl an Titeln zur indischen Kultur und Politik.

Foreigners Regional Registration Office (Ausländermeldeamt)

Das Visa verlängert das **Foreigners' Regional Registration Office** (FRRO; Karte S. 498 f.; ☎ 22473301; 237A AJC Bose Rd; 🕒 Mo–Fr 10–17 Uhr) – aber das nur in gut begründeten Ausnahmen. Das Büro erteilt auch Genehmigungen für die Einreise nach Nagaland (für Gruppen von vier oder mehr Personen oder für Ehepaare), manchmal werden Anträge aber auch ohne ersichtlichen Grund zurückgewiesen.

Internetzugang

Internetcafés gibt's in der ganzen Stadt, die Leitungen sind in der Regel sehr flott. Der übliche Preis beträgt 20 Rs pro Stunde. Zu den verlässlichen Internetcafés gehören:

Emerge (Karte S. 498 f.; Park St; 🕒 11–21.30 Uhr) Filiale der Sify net-café-Kette, schnelle Verbindungen.

Enternet (Karte S. 498 f.; ☎ 22175269; 9 Chowringhee Lane; 🕒 9.30–22 Uhr) Bezahlt wird stundenweise; beim Kauf einer Mitgliedskarte gibt's Rabatt.

Netfreaks (Karte S. 498 f.; ☎ 22161689; 2/1 Sudder St; 🕒 Mo–Sa 9.30–21.30 Uhr) Bei Travellern beliebtes Internetzentrum nahe dem Salvation Army Red Shield Guest House.

Gepäckaufbewahrung

Die meisten Hotels in der Sudder St. verwahren gegen eine Gebühr Gepäckstücke, man kann aber auch die rund um die Uhr zur Verfügung stehenden Gepäckfächer auf den Bahnhöfen Howrah und Sealdah benutzen. Man zahlt 10 Rs für die ersten 24 Stunden, 12 Rs für die zweiten und 15 Rs für jeden Folgetag, braucht aber ein gültiges Zugticket, um den Service in Anspruch nehmen zu können.

Bibliotheken

Leseratten werden in Kolkata mit Sicherheit fündig.

British Council Library (Karte S. 498 f.; ☎ 22825370; www.britishcouncilonline.org; 16 Camac St; 🕒 Mo–Sa 11–19 Uhr) Gut bestücktes internationales Sortiment mit Ausleihe, zeitlich begrenzte Mitgliedschaft 200 Rs/Monat.

National Library (Karte S. 492 f.; ☎ 24791381; www.nlindia.org; 2 Belvedere Rd; 🕒 Mo–Fr 9–20, Sa & So 9.30–18 Uhr) Bibliothek aus der Kolonialzeit, die größte Indiens.

KOLKATA IN …

zwei Tagen

Los geht's mit einem kurzen Spaziergang durch den **Maidan** (S. 502) zum prachtvollen **Victoria Memorial** (S. 502), dann in Richtung Norden zum **Indian Museum** (S. 497). Am zweiten Tag steht ein Besuch im **Botanischen Garten** (S. 504) an, es folgt ein Abstecher zum südlich gelegenen Tempel in **Kalighat** (S. 503). Anschließend sollte man die Kolonialarchitektur des **BBD Bagh** (S. 500) bestaunen. Das Abendprogramm füllt eine kulturelle Show im **Nandan Complex** (S. 516) oder ein kühles Blondes im **Someplace Else** (S. 515) aus.

vier Tagen

Nach dem gleichen Programm wie bei der zweitägigen Tour geht's in den Norden Kolkatas zur Besichtigung von **Belur Math** (S. 504), dem spirituellen Zentrum der Ramakrishna-Bewegung. Auf dem Rückweg in die Innenstadt gibt's einen Zwischenstopp im wunderbaren **Marble Palace** (S. 504). Am vierten Tag schlendert man über den historischen Friedhof in der **Park Street**, bevor in einem **Restaurant in der Park Street** (S. 513) eine kleine Stärkung schmeckt. Anschließend geht's zur burmesischen Pagode im **Eden Gardens** (S. 502). Eine **abendliche Bootsfahrt** (S. 500) über den Fluss mit Blick auf die Howrah-Brücke rundet den Tag ab.

Medizinische Versorgung

Mit kleineren Wehwehchen ist man gut bei einem der Diagnosecenter im Süden der Stadt aufgehoben. Das wohl vertrauenswürdigste ist das **Wockhardt Medical Centre** (Karte S. 498 f.; ☎ 24754320/24754096; 2/7 Sarat Bose Rd; Untersuchung rund 300 Rs; 🕑 8–20 Uhr).

Ernstere Krankheiten sollte man in einem der beiden folgenden Privathospitäler behandeln lassen:

Apollo Gleneagles Hospital (Karte S. 492 f.; ☎ 23585211-15; 58 Canal Circular Rd, Salt Lake City)

Woodlands Hospital (Karte S. 492 f.; ☎ 24567075-89; 8/5 Alipore Rd)

Geld

Die meisten Banken in Kolkata haben Geldautomaten, die internationale Kreditkarten wie Visa, MasterCard/Maestro oder Cirrus annehmen. Bargeld oder Reiseschecks tauscht man am besten bei einem privaten Wechselbüro. Die folgenden Unternehmen tauschen Reiseschecks und gängige Währungen wie z. B. Euro, britische Pfund, US$ oder japanischen Yen.

American Express (Karte S. 501; ☎ 22164722; 75C Park St; 🕑 Mo–Fr 9.30–18.30, Sa 9.30–14.30 Uhr)

LKP (Karte S. 498 f.; ☎ 22160055; 41A Park Mansions, Park St; 🕑 Mo–Fr 10–18, Sa 10–15 Uhr) Der Eingang befindet sich in der Mirza Ghalib St.

RN Dutt & Son (Karte S. 501; ☎ 22437331; Stephen Bldg, BBD Bagh; 🕑 Mo–Fr 10–18, Sa 10–15 Uhr)

Thomas Cook (Karte S. 498 f.; ☎ 22824711; 19B Shakespeare Sarani; 🕑 Mo–Fr 9.30–18, Sa 9–18 Uhr)

Fotos

Abzüge von Negativfilmen, Dias und Speicherkarten erhält man in Dutzenden kleiner Fotoläden in der schmalen Verbindungsgasse zwischen der Moti Sil St. und der Chowringhee Rd., unmittelbar nördlich des Metro-Kinos.

Digitale Passfotos für einen Visumantrag kosten im Sechserpack etwa 60 Rs. Empfehlenswert sind:

Lazor Colour Prints (Karte S. 498 f.; ☎ 22492098; 14 Sudder St)

Stephens Opticians (Karte S. 498 f.; ☎ 22491895; 23 Chowringhee Rd)

Post

Kolkatas beeindruckende **Hauptpost** (Karte S. 501; Netaji Subhash Rd, BBD Bagh; 🕑 Mo–Sa 8–20 Uhr) hat einen Service für postlagernde Sendungen (zum Abholen den Pass nicht vergessen!), nimmt Pakete an und verkauft Briefmarken. Vor der Post warten Schneider, die einem gegen ein Trinkgeld die Pakete zusammenschnüren. Brauchbare Postämter gibt's außerdem in der **Park St.** (Karte S. 498 f.) und der **Mira Ghalib St.** (Karte S. 498 f.).

Wertsachen können auch mit dem **DHL Worldwide Express** (Karte S. 498 f.; ☎ 22171675; 6 Marquis St) verschickt werden

Telefon

Das **Central Telegraph Office** (Karte S. 501; Red Cross Place; 🕑 24 Std.), unmittelbar südlich des BBD Bagh, bietet Telefon- und Faxservice. Orts- und internationale Ferngespräche sind allerdings von den unzähligen PCO/STD/ISD-Zellen überall in der Stadt aus genauso billig.

Für geänderte Nummern gibt's eine Servicenummer: ☎ 1952.

Touristeninformation

Über das Kulturangebot in Kolkata informiert das kostenlose *Kolkata This Fortnight* sowie die hervorragende Broschüre *Cal Calling* (20 Rs). Beide Publikationen sind im West Bengal Tourism Centre zu bekommen. Im *Metro*-Teil der Tageszeitung *Telegraph* sind ebenfalls Kulturereignisse angezeigt.

India Tourism (Karte S. 498 f.; ☎ 22825813/22827731; 4 Shakespeare Sarani; ⌚ Mo–Fr 9–18, Sa 9–13 Uhr) Hilfreich, mit Informationen zu Kolkata und anderen Reisezielen in Indien.

West Bengal Tourism Centre (Karte S. 501; ☎ 22488271; www.wbtourism.com; 3/2 BBD Bagh; ⌚ Mo–Fr 10.30–16, Sa 10.30–13 Uhr) Verkauft in erster Linie Reisen, informiert aber auch über Kolkata und Westbengalen. Unterhält kleine Schalter am Flughafen und am Bahnhof Howrah.

ANDERE BUNDESSTAATEN

Viele andere indische Bundesstaaten haben in Kolkata Touristeninformationsbüros. Die folgenden Einrichtungen informieren über die Sicherheitslage und die gegenwärtige Genehmigungspraxis bei der Einreise ausländischer Touristen.

Andamanen & Nicobaren (Karte S. 492 f.; ☎ 22831932; 3A Auckland Place)

Arunachal Pradesh (Karte S. 492 f.; ☎ 23341243; Arunachal Bhawan, Block CE 109, Sector 1, Salt Lake City)

Assam (Karte S. 498 f.; ☎ 22295094; Assam House, 8 Russel St)

Manipur (Karte S. 492 f.; ☎ 24758163; Manipur Bhawan, 26 Rowland Rd)

Meghalaya (Karte S. 501; ☎ 22484348; 1. OG, Great Eastern Hotel, Old Court House St)

Mizoram (Karte S. 492 f.; ☎ 24757887; Mizoram Bhawan, 24 Old Ballygunge Rd)

Nagaland (Karte S. 498 f.; ☎ 28220725; Nagaland House, 11 Shakespeare Sarani)

Sikkim (Karte S. 498 f.; ☎ 22815328; Sikkim House, 4/2 Middleton St)

Tripura (Karte S. 498 f.; ☎ 22823856; Tripura Bhawan, 1 Pretoria St)

GENEHMIGUNGEN FÜR SIKKIM

Genehmigungen für Sikkim erteilt das **Sikkim Government Office** (Karte S. 498 f.; ☎ 22267516; 4. OG, Poonam Bldg, 5/2 Russel St; ⌚ Anträge Mo–Fr 10–12 Uhr, Abholung Mo–Fr 13–16.30 Uhr). Benötigt werden hierzu der Pass, ein Passfoto und Fotokopien von Seiten des Passes mit den persönlichen Daten sowie des indischen Einreisevisums.

Reisebüros

Kolkata ist das Tor nach Nordostindien, viele Traveller reisen von hier aus nach Nepal oder Südostasien weiter. In der Stadt hat's viele Reisevermittler, die einem zu vernünftigen Preisen ein Flugticket verkaufen. Bei den folgenden kann man sicher sein, dass der gebuchte Flieger wirklich abhebt:

Eastern Travels (Karte S. 498 f.; ☎ 22834298; 26 Shakespeare Sarani)

Globe Forex & Travels (Karte S. 498 f.; ☎ 22824136; 11 Ho Chi Minh Sarani)

Kuka Travels (Karte S. 498 f.; ☎ 22260496; 4/1 Sudder St)

Travellers' Express Club (Karte S. 498 f.; ☎ 22457604; 20 Mirza Ghalib St)

GEFAHREN & ÄRGERNISSE

Kolkata ist generell sicher. Dennoch: Taschendiebe treiben in öffentlichen Verkehrsmitteln ihr Unwesen, also Augen auf! Besondere Vorsicht ist beim Überqueren von Straßen angebracht – Kolkatas Busse, Taxis und Trams halten drauf. Bandhs (Streiks) kommen in monotoner Regelmäßigkeit vor. Die Läden und Büros machen dann dicht – am besten setzt man sich da mit einem guten Buch in ein Café. Überschwemmungen sind während des Monsums ein Problem, nicht nur weil die Rikschafahrer für die Fahrt durch überflutete Straßen das Doppelte verlangen. Das Ganze ist eher lästig als gefährlich, sieht man mal von herabhängenden Stromkabeln ab.

SEHENSWERTES

Chowringhee

INDIAN MUSEUM

Kolkatas wichtigstes **Museum** (Karte S. 498 f.; ☎ 22499979; www.indianmuseum-calcutta.org; Chowringhee Rd; Inder/Ausländer Rs 10/150 Rs, Foto 50 Rs; ⌚ März-Nov. Di–So 10–17 Uhr, Dez.-Feb. Di–So 10–16.30 Uhr) hat einiges Eindrucksvolles zu bieten, von naturkundlichen Ausstellungsstücken bis hin zu moderner Kunst. Zu den Highlights gehören eine Spitzengalerie mit religiösen Skulpturen und einer maßstabsgetreuen Nachbildung des Tors von Barhut, das Bhari-Buddhisten im 2. Jh. v. Chr. errichteten. Interessant ist auch die Ausstellung über Pflanzen und Gartenbau. Gezeigt wird hier die Nutzung verschiedener Pflanzen und Gräser in Indien. Ein paar Stunden sollte man sich für diese Vielfalt auf jeden Fall gönnen.

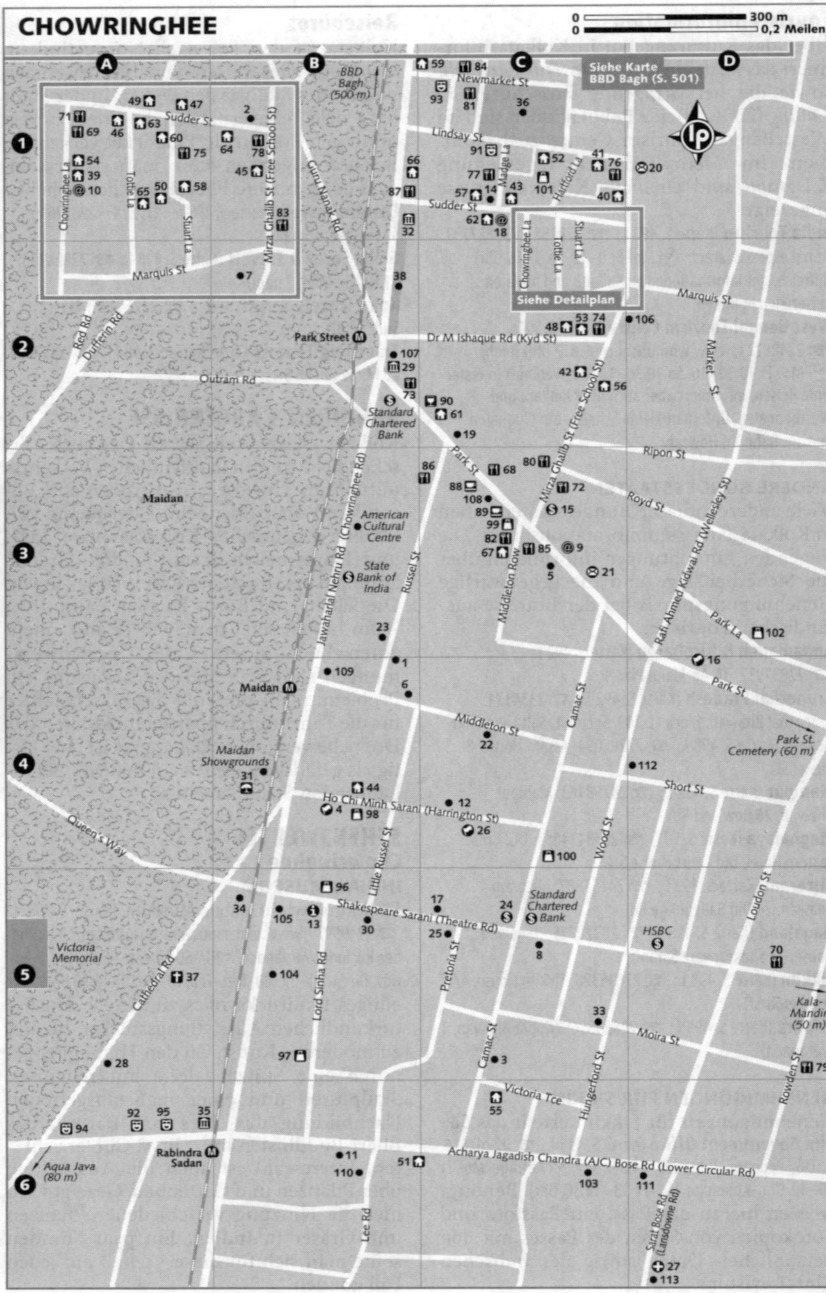
CHOWRINGHEE
0 300 m
0 0,2 Meilen
Siehe Karte BBD Bagh (S. 501)
Siehe Detailplan
BBD Bagh (500 m)
Sudder St
Chowringhee La
Tottie La
Stuart La
Mirza Ghalib St (Free School St)
Marquis St
Newmarket St
Lindsay St
Madge La
Hartford La
Guru Nanak Rd
Red Rd
Dufferin Rd
Park Street
Dr M Ishaque Rd (Kyd St)
Outram Rd
Standard Chartered Bank
Park St
Ripon St
Royd St
Market St
Maidan
American Cultural Centre
State Bank of India
Russel St
Middleton Row
Rafi Ahmed Kidwai Rd (Wellesley St)
Park La
Jawaharlal Nehru Rd (Chowringhee Rd)
Maidan
Middleton St
Camac St
Park St. Cemetery (60 m)
Maidan Showgrounds
Short St
Ho Chi Minh Sarani (Harrington St)
Queen's Way
Little Russel St
Wood St
Loudon St
Shakespeare Sarani (Theatre Rd)
Standard Chartered Bank
HSBC
Victoria Memorial
Cathedral Rd
Lord Sinha Rd
Pretoria St
Kala-Mandir (50 m)
Moira St
Hungerford St
Rowden St
Victoria Tce
Rabindra Sadan
Acharya Jagadish Chandra (AJC) Bose Rd (Lower Circular Rd)
Aqua Java (80 m)
Lee Rd
Sarat Bose Rd (Lansdowne Rd)

NEUER MARKT

Auf dem in britischer Zeit als Sir Stuart Hogg Market bekannten, viel besuchten überdachten **Markt** (Karte S. 498 f.; Lindsay St; 🕑 Mo–Sa 10–21 Uhr) gibt's Kleider, Haushaltswaren und Nahrung. Leider versuchen Schlepper, einen in Kunsthandwerkläden zu locken, sobald man einen Fuß in den Markt setzt.

Der nahe gelegene **Street Hawkers' Market** (Karte S. 498 f.; Chowringhee Rd) lohnt einen Abstecher – man findet hier alles von Sonnenbrillen über Ledergürtel und pflanzliche Arzneien bis hin zu Zeitschriften aus den 1950er-Jahren, die hier noch zum angegebenen Originalpreis zu bekommen sind.

ASIATIC SOCIETY

1784 von dem englischen Gelehrten und Visionär Sir William Jones gegründet, errichtete die **Asiatic Society** (Karte S. 498 f.; ☎ 22290779; www.asiaticsocietycal.com; 1 Park St; Eintritt frei; 🕑 Mo–Fr 10–17 Uhr) 1814 eines der ersten Museen Asiens. Die meisten Objekte wurden allerdings 1875 in das Indian Museum überführt. Zurückgeblieben sind aber u. a. eine Sammlung mit wertvollen Bücher und illuminierte Handschriften, darunter ein von Shah Jahan unterzeichneter Brief sowie die berühmte aus Barhut in Orisssa stammende Steininschrift des Kaisers Ashoka (um 250 v. Chr.).

ST. PAUL'S CATHEDRAL

Der wichtigste Ort christlicher Anbetung in Kolkata, die Kathedrale **St. Paul's** (Karte S. 498 f.; ☎ 22230127; Cathedral Rd; 🕑 9–12 & 15–18 Uhr, anglikanische Gottesdienste Mo–Sa 7, 7.30 & 8.30, So 18 Uhr), dominiert das Südende des Maidan. Die Ka-

INFORMATION
Assam Government Office 1 B4
Bookland Bookstall 2 B1
British Council Library 3 C5
British High Commission 4 B4
Cambridge Book & Stationery Company 5 C3
Classic Books/Earthcare Books 6 B4
DHL Worldwide Express 7 B2
Eastern Travels 8 C5
Emerge 9 C3
Enternet 10 A1
Foreigners' Registration Office 11 B6
Globe Forex & Travels 12 C4
India Toursim 13 B5
Kuka Travels (siehe 63)
Landmark (siehe 97)
Lazor Colour Prints 14 C1
LKP 15 C3
Myanmarisches Konsulate 16 D4
Nagaland Government Office 17 C5
Netfreaks 18 C1
Oxford Book Shop 19 C2
Post 20 D1
Post 21 C3
Sikkim Government Office 22 C4
Sikkim Gov. Office (Genehmigungen) 23 B3
Stephens Opticians (siehe 66)
Thomas Cook 24 C5
Travellers' Express Club (siehe 40)
Tripura Government Office 25 C5
US-Konsulat 26 C4
Wockhardt Medical Centre 27 D6

SEHENSWERTES & AKTIVITÄTEN
Academy of Fine Arts 28 A5
Asiatic Society 29 B2
Aurobindo Bhawan 30 B5
Elliot Park 31 B4
Indian Museum 32 B1
International Society for Krishna Consciousness (Iskcon) 33 C5
MP Birla Planetarium 34 B5
Nehru Children's Museum 35 A6
Neuer Markt 36 C1
St. Paul's Cathedral 37 A5
Street Hawkers' Market 38 B2

SCHLAFEN
Capital Guest House 39 A1
Centrepoint Guest House 40 C1
CKT Inn 41 C1
Classic Hotel 42 C2
Fairlawn Hotel 43 C1
Golden Park 44 B4
Gulistan Guest House 45 B1
Hilson Hotel 46 A1
Hotel Astoria 47 A1
Hotel Crystal 48 C2
Hotel Diplomat 49 A1
Hotel Galaxy 50 A1
Hotel Hindusthan International 51 B6
Hotel Lindsay 52 C1
Hotel Maria (siehe 60)
Hotel Neelam 53 C2
Hotel Palace 54 A1
Hotel Royal Palace (siehe 45)
Hotel Vic Terrace 55 C6
Hotel VIP International 56 C2
Lytton Hotel 57 C1
Modern Lodge 58 A1
Oberoi Grand 59 C1
Paragon Hotel 60 A1
Park Hotel 61 C2
Salvation Army Red Shield Guest House 62 C1
Shilton Hotel 63 A1
Super Guest House 64 B1
Timestar Hotel 65 A1
Tourist Inn (siehe 63)
YMCA 66 B1
YWCA 67 C3

ESSEN
Bar-B-Q 68 C3
Blue & Beyond (siehe 52)
Blue Sky Cafe 69 A1
Copper Chimney 70 D5
Curd Corner 71 A1
Golden Dragon 72 C3
Grain of Salt (siehe 100)
Gupta Brothers (siehe 15)
Hot Kati Rolls 73 B2
How Hua 74 C2
JoJo's Restaurant 75 A1
Kathleen Confectioners 76 C1
Khalsa Restaurant 77 C1
Khwaja 78 B1
Kookie Jar 79 D5
Kwality (siehe 61)
Mocambo 80 C3
Pepsi Snacks Bar 81 C1
Peter Cat 82 C3
Pizza Hut (siehe 100)
Prince Restaurant 83 B1
Roll Centre (siehe 91)
Ruchika 84 C1
Sourav's Food Pavilion 85 C3
Teej 86 C3
Zaranj & Jong's 87 B1
Zurich Restaurant (siehe 46)

AUSGEHEN
Barista 88 C3
Cafe Coffee Day (siehe 79)
Cafe Coffee Day (siehe 82)
Flury's 89 C3
Princess Restaurant & Bar (siehe 76)
Someplace Else (siehe 61)
Sunset Bar (siehe 57)
Trinca's Bar & Restaurant 90 C2

UNTERHALTUNG
Globe 91 C1
Nandan Cinema 92 A6
New Empire Cinema 93 C1
Rabindra Sadan 94 A6
Shisha (siehe 100)
Sisir Mancha 95 A6
Tantra (siehe 61)

SHOPPEN
AC Market 96 B5
Emami Shoppers' City 97 B5
Metro Shopping Centre 98 B4
Music World 99 C3
Planet M 100 C4
Treasure Island Market 101 C1
Women's Friendly Society 102 D3

VERKEHRSMITTEL & -WEGE
Air France 103 C6
Air India 104 B5
Air Sahara 105 B5
Bangladesh Road Transport Corporation 106 D2
Biman Bangladesh Airlines 107 B2
British Airways (siehe 3)
Gulf Air (siehe 103)
Jet Airways 108 C3
Royal Jordanian (siehe 27)
Royal Nepal Airlines Corporation 109 B4
Singapore Airlines 110 B6
Thai Airways International 111 D6

SONSTIGES
Geographical Survey of India 112 D4
Satyananda Yoga Ashram 113 D6

thedrale wurde zwischen 1839 und 1847 erbaut, aber nach Erdbeben mehrfach umgestaltet. Drinnen gibt's einige eindrucksvolle Glasmalereien zu sehen, darunter ein Fenster von Sir Edward Burne-Jones.

MP BIRLA PLANETARIUM

Das altmodische **Planetarium** (Karte S. 498 f.; ☎ 22231516; Chowringhee Rd; Eintritt 20 Rs; 🕒 Vorführungen in Englisch 13.30 & 18.30 Uhr) ist eine von vielen Spenden der reichen Familie Birla an die Stadt Kolkata. Es ist eines der größten der Welt und immer noch der beste Weg, durch den luftverschmutzten Himmel Kolkatas die Sterne zu erspähen. Das Gebäude ist stilistisch frei den buddhistischen Stupas von Sarnath nachempfunden.

ACADEMY OF FINE ARTS

Eine feine Sammlung mit Mogulminiaturen sowie Werken von Rabindranath Tagore und anderen berühmten bengalischen Künstlern stellt die düstere **Academy of Fine Arts** (Karte S. 498 f.; ☎ 22234302; 2 Cathedral Rd; Eintritt 5 Rs; 🕒 Di–Sa 12–19, So 15–19 Uhr) aus. Ein schreinartiger Raum im Obergeschoss zeigt einiges aus Tagores persönlichem Besitz, im Ausstellungsraum im Erdgeschoss finden Wechselausstellungen mit Werken junger Künstler aus Westbengalen statt.

NEHRU CHILDREN'S MUSEUM

Unmittelbar südlich von Chowringhee liegt dieses interessante kleine **Museum** (☎ 22483517; 94/1 Chowringhee Rd; Eintritt 5 Rs; Mi–So 11–19, Di 15–19 Uhr) mit bunten Dioramen, die die Geschichten der berühmten Hindu-Epen Ramayana und Mahabharata nacherzählen. Außerdem gibt's eine schöne Puppensammlung, darunter eine spezielle „Hindu-Hochzeits-Barbie".

BBD Bagh

Zwischen der Old Court House St. und der Netaji Subhash Rd. gelegen, war der BBD Bagh der Mittelpunkt der britischen Verwaltung Indiens. Der frühere Dalhousie Square wurde nach der Unabhängigkeit zu Ehren von Binoy, Badal und Dinesh umbenannt; die drei Freiheitskämpfer kamen beim Sturm auf das Writers' Building am Nordende des Platzes ums Leben. Mitten auf dem Bagh wurde inzwischen ein großes Becken angelegt, doch die Bauten aus dem British Raj drumherum sind immer noch ein eindrucksvolles Denkmal für den vergänglichen Glanz des Empires.

KOLKATA PANORAMA

Als Teil der Bemühungen, die Gebäude der britischen Verwaltung neu zu nutzen, wurde dieses **Multimedia-Museum** (Karte S. 501; ☎ 22483085; Esplanade West; Führung für Inder/Ausländer 10/100 Rs; 🕒 Di–So 11–18 Uhr) im Alten Rathaus von Kolkata untergebracht. Zu sehen gibt's eine interessante Sammlung von Modellen und interaktiven Objekten, die die letzten 500 Jahre bengalischer Geschichte und Kultur lebendig werden lassen. Leider kann man sich das nur im Rahmen einer zweistündigen Führung ansehen – inklusive lauter Ahas von Raum zu Raum.

ST. JOHN'S CHURCH

In einem ruhigen abgeschlossenen Hof gleich südlich des BBD Bagh befindet sich diese beeindruckende **Kirche** von 1787 (Karte S. 501; ☎ 22436098; K Sankar Roy Rd; Eintritt 10 Rs; 🕒 8–17 Uhr). Auf dem überwucherten Kirchhof liegen einige wichtige kolonialzeitliche Gräber, darunter das achteckige Mausoleum von Job Charnock, dem „Ex-Gründer" Kolkatas. Das britische Denkmal für das „Schwarze Loch von Calcutta" steht unpassend in einer Ecke des Kirchhofs.

MILLENNIUM PARK

Am Ostufer des Hooghly liegt der städtische **Park** (Karte S. 501; Strand Rd South; Eintritt 5 Rs; 🕒 10–20.30 Uhr, letzter Einlass 20 Uhr), der beliebte Erholungsort für Familien aus Kolkata. Hier kann man prima das Treiben auf dem Fluss an sich vorbeiziehen lassen und gleichzeitig einen tollen Blick auf die Howrah-Brücke genießen.

Schiffstouren (☎ 9433072078; 50 Rs) auf dem Hooghly legen von einer Landungsbrücke im Park aus samstags und sonntags um 16, 17.20, 18.40 und 20 Uhr (im Sommer) bzw. um 13, 14.20, 15.40, 17, 18.20 und 19.30 Uhr (im Winter) ab. Mit an Bord sind Livemusik, Entertainer und leichte Snacks.

HOWRAH-BRÜCKE (RABINDRA SETU)

Die bewundernswerte Ingenieurleistung hat ähnliche Ausmaße wie die Harbour Bridge von Sydney. Rund 100 000 Fahrzeuge brettern täglich über die **Brücke** (Karte S. 492 f.), die damit die vielleicht verkehrsreichste weltweit ist. Mit einer stützenfreien Spannweite

BBD BAGH
0 300 m
0 0,2 Meilen
A
B
C
D
1
2
3
4
5
6
INFORMATION
American Express Bank (No Forex).... 1 B4
Central Telegraph Office.................. 2 B4
Hauptpost... 3 B3
HSBC-Geldautomat........................... 4 C6
Maledivische Botschaft...................... 5 A4
Meghalaya Government Office...(siehe 21)
RN Dutt & Son................................. 6 C4
West Bengal Tourism Centre............ 7 B4
SEHENSWERTES & AKTIVITÄTEN
Burmese Pagoda................................ 8 A5
Calcutta Cricket Ground (Ranji-Stadion)............................... 9 A5
Eden Gardens...................................10 A5
Kolkata Panorama.............................11 A5
Millennium Park...............................12 A3
Raj Bhavan.......................................13 B5
Sahid-Minar......................................14 B6
St. John's Church..............................15 A4
Tipu Sultan's Mosque.......................16 C5
Writers' Building...............................17 B3
SCHLAFEN
Bauddha Dharmankur Sabha............18 D4
Broadway Hotel................................19 D4
Central Guest House........................20 C5
Great Eastern Hotel..........................21 B4
Heera Hotel......................................22 C6
Hotel Airlines....................................23 D4
Hotel Embassy..................................24 D4
Peerless Inn......................................25 C6
ESSEN
Aaheli.......................................(siehe 25)
Amber Hotel.....................................26 C5
Aminia Lodge....................................27 D6
Anand Restaurant.............................28 D5
Chung Wah Chinese Restaurant.......29 C5
Indian Coffee House.........................30 C5
Indra Mahal......................................31 C6
KC Das..32 C5
Mission Cafe.....................................33 D4
AUSGEHEN
Paris Bar & Restaurant......................34 C6
SHOPPEN
Central Cottage Industries Emporium.......................................35 C6
Mondal & Sons..................................36 C3
VERKEHRSMITTEL & -WEGE
Computergestütztes Buchungsbüro..37 A3
Fairlie Ghat.......................................38 A2
Foreign Tourist Bureau.....................39 B3
Indian Airlines...................................40 D4
Öffentlicher Minibus nach Dum Dum..41 B4
Private Busunternehmen..................42 B6
SONSTIGES
CSPCA Veterinary Hospital...............43 D3
Howrah
Hooghly
Vom Babu Ghat
Nakhoda-Moschee (300 m); Rabindra Bharati (2 km)
Fairlie Pl
India Exchange Pl
Lyons Range
Brabourne Rd
Rabindra Sarani (Lower Chitpur Rd)
Strand Rd South
Kalighat St
Netaji Subhash Rd
Polizei-hauptwache
Lal Bazaar St
Bankshall St
BBD Bagh (Dalhousie Square)
Hare St
Bipin Behari Ganguly St
Church La
HSBC Bank
State Bank of India Hauptfiliale
Red Cross Pl
West Council House St
K Sankar Roy Rd
Bow St
Buddhist Temple Rd
Weston St
Kapalitola La
Metrostation Central (100 m); Marble Palace (2 km)
Ganesh Chandra Ave (Mission Row)
Hemant Basu Sarani (Old Court House St)
High Court
Princep St
Chandni Chowk
Esplanade West
Waterloo St
Bentinck St
Dacres La
Chittaranjan Ave (Central Ave)
Tor (kein öffentlicher Zugang)
Tor (kein öffentlicher Zugang)
Netaji-Indoor-Stadion
Chandni Chowk St
Eden Gardens
Tor (kein öffentlicher Zugang)
Tram-Endstation
Lenin Sarani
Metro Cinema
Madan St
Grant St
Esplanade Busbahnhof
Surendra Nath Banerjee Rd
Hospital St
J Nehru Rd (Chowringhee Rd)
Esplanade
Sudder St (300 m)
Siehe Karte Chowringhee (S. 498)

von 450 m schwingt sie sich dramatisch über den Hooghly, leider ist Fotografieren aber streng verboten (vielleicht gelingt einem ein heimlicher Schnappschuss von der Fähre Fairlie Ghat–Howrah aus). Mit der Fähre geht's jedenfalls meist schneller zum Bahnhof Howrah als über die verstopfte Brücke. 1994 wurde ein paar Kilometer stromabwärts eine zweite Brücke errichtet, die die Howrah-Brücke entlasten sollte. Doch die dort fällige Maut schreckt viele ab, sodass auf der Howrah-Brücke immer noch das alte alltägliche Verkehrschaos herrscht.

MOSCHEEN

In Kolkata gibt es einige eindrucksvolle Moscheen, in denen Ausländer jedoch gern etwas frostig empfangen werden. Kolkatas wichtigstes muslimisches Gotteshaus ist die gewaltige **Nakhoda-Moschee** (außerhalb der Karte S. 501; Bentinck St), die 1926 aus rotem Sandstein nach dem Vorbild von Akbars Grabmal in Sikandra errichtet wurde. Die hellgrüne **Tipu-Sultan-Moschee** (Karte S. 501; Chowringhee Rd) an der Spitze des Maidan zeichnet sich durch schöne Proportionen aus.

Kolkata Süd

VICTORIA MEMORIAL

Das **Victoria Memorial** (Karte S. 492 f.; ☎ 22235142; Inder/Ausländer 10/150 Rs; 🕑 Di–So 10–17 Uhr) am südlichen Ende des Maidan ist das vielleicht beeindruckendste Zeugnis der britischen Kolonialherrschaft in ganz Indien: ein viktorianischer Klassiker, eingehüllt in Schwaden strahlend weißen Marmors und verziert mit Bildern und Statuen von den wichtigsten Personen aus der Geschichte Britisch-Indiens. Das Denkmal erinnert ein wenig an einen Mix aus St. Paul's Cathedral und Taj Mahal.

Als Kontrast dazu stellen die Galerien auch das Leben der Inder während der britischen Herrschaft dar. Während des British Raj hatte eine durchschnittliche britische Familie in Kolkata bis zu 110 Dienstboten, von der Ayah (Kinderfrau) bis zum Punkah-Wallah, der der Memsahib frische Luft zufächelte. Es gibt auch einen spannenden Abschnitt zur indischen Unabhängigkeitsbewegung. Mindestens ein Stündchen sollte man sich schon Zeit nehmen. Außen darf fotografiert werden, drinnen ist's verboten.

Unterhaltsam ist die **Sound-and-Light Show** (englischsprachig; Inder/Ausländer 10/20 Rs; 🕑 März–Sep. 19.45 Uhr, Okt.–Feb. 19.15 Uhr).

EDEN GARDENS

In der Nordwestecke des Maidan liegt hübsch um einen Teich herum der **Eden Gardens** (Karte S. 501; Eintritt 2 Rs; 🕑 5–18.30 Uhr) mit einer malerischen burmesischen Pagode, die 1856 aus Myanmar hierher gewuchtet wurde. Direkt neben dem Park liegt der **Calcutta Cricket Ground** (Ranji-Stadion, weitere Infos s. S. 516).

GHATS AM HOOGHLY

Der Hooghly lädt nicht gerade zum Baden ein, spielt aber eine wichtige Rolle im religiösen Leben der Hindu Kolkatas. An jedem Morgen und Abend baden und opfern fromme Hindu an Ghats entlang des Hooghly, darunter am **Babu Ghat** (Karte S. 492 f.) gleich beim Eden Gardens. Richtig was los ist während der Durga- und Kali-*pujas*, wenn Hunderte von bunt bemalten Götterbildern aus Lehm und Stroh von den Ghats aus im Wasser versenkt werden.

Wer sich für die Herstellung der *puja*-Figuren interessiert, sollte in der **Kalighat Rd.** in Kolkata Süd oder im **Kumartali-Viertel** an der Rabindra Sarani im Norden der Stadt vorbeischauen. Hier wie dort gibt's Dutzende von Werkstätten, wo *kumars* (Bildhauer) Götterbilder wie am Fließband herstellen. Hochbetrieb herrscht während der Puja-Saison im Oktober/November.

MAIDAN & FORT WILLIAM

Der **Maidan** ist ein riesiger Park, der sich über 3 km von Norden nach Süden erstreckt. Hier begegnen einem auf Schritt und Tritt Statuen, Gärten, Sportclubs und Brunnen. Heerscharen von Einheimischen fallen auf der Flucht vor dem Smok täglich ein. Zirkuskünstler, politisierende Hitzköpfe und Quacksalber unterhalten die Menge am 48 m hohen **Sahid Minar** (Karte S. 501), einem Denkmal zu Ehren von Sir David Ochterlony, der die Briten 1814 zum Sieg über Nepal führte. Gleich beim Ho Chi Minh Sarani liegt auf der Seite nach Chowringhee hin der **Elliot Park** (Karte S. 498 f.), eine von der Tata Corporation gesponserte neue Anlage mit Gärten und Musikbrunnen.

Am Südende des Maidan steht das zweite **Fort William** (Karte S. 492 f.), das 1758 errichtet wurde, nachdem Siraj-ud-daula das erste zerstört hatte. Hier lag früher das Dorf Gobindapur, dessen Einwohner für ein freies Schussfeld weichen mussten: Der Maidan war entstanden. Leider ist die Gegend drum herum immer noch militärisches Sperrgebiet, weshalb man nur von draußen reinschauen kann.

PARK STREET CEMETERY

Der atmosphärische **Friedhof** (Karte S. 492 f.; Park St; Eintritt frei; ⌚ 7.30–16.30 Uhr) beschwört Kolkatas koloniale Vergangenheit herauf und lohnt einen Besuch. Die Asiatic Society hat einige der interessanteren Grabdenkmäler restauriert, darunter das Mausoleum von Sir William Jones, dem Gründer der Society. Unter Steinsäulen, Plinthen und Pyramiden liegen hier die Gebeine interessanter Persönlichkeiten, etwa von George Bogle, dem ersten britische Gesandten in Tibet, oder Elizabeth Jane Barwell. Sie war einst die begehrteste Junggesellin Kolkatas – nur zwei Jahre nach ihrer Hochzeit starb sie an Fieber. Eine Broschüre mit einer Auflistung der wichtigsten Grabstellen (50 Rs) gibt's am Haupteingang.

NETAJI BHAWAN

Das kleine **Museum** (Karte S. 492 f.; ☎ 24745070; 38/2 Elgin Rd; Eintritt frei; ⌚ Di–Sa 11–16 Uhr) ist im Wohnhaus der Familie von Subhas Chandra Bose untergekommen. Ausgestellt sind persönliche Dinge, Briefe und ein Auto aus dem Besitz des Helden der Unabhängigkeitsbewegung.

ZOO & HORTICULTURAL GARDENS

Südlich des Maidan wurde 1875 Kolkatas 16 ha großer **Zoo** (Karte S. 492 f.; ☎ 24791152; Alipore Rd; Eintritt 10 Rs, Video 250 Rs; ⌚ Fr–Mi 9–17 Uhr) eröffnet. Er ist sicher nicht der übelste Zoo in Indien, obwohl man sich schon fragen muss, warum die Pfauen ein dreimal so großes Gehege haben wie die Leoparden.

Unmittelbar südlich des Zoos liegt der hübsche und ruhige **Schaugarten** (Horticultural Gardens; Karte S. 492 f.; Alipore Rd; Eintritt Rs 10; ⌚ 6–10 & 13–17 Uhr).

BIRLA-MANDIR

Der große **Tempel** (Karte S. 492 f.; Gariahat Rd; ⌚ 6–11.30 & 16–21 Uhr) aus Marmor und Sandstein wurde vom Birla-Clan in Auftrag gegeben, der die wohl reichste Familie Indiens ist. Der Hauptschrein ist Laxshmi Narayan geweiht, einer Inkarnation Vishnus. Die drei Türme sind mit reichem Reliefschmuck verziert. Der Bau wurde 1970 begonnen und erst 1996 fertig gestellt.

CENTRE OF INTERNATIONAL MODERN ART GALLERY

Nicht weit davon entfernt findet sich diese interessante **Galerie** (CIMA; Karte S. 492 f.; ☎ 24858509; Sunny Towers, 3.0G, 43 Ashutosh Chowdhury Avenue; Eintritt frei; ⌚ Di–Sa 11–19, Mo 15–19 Uhr), die beste Location in Kolkata mit avancierter zeitgenössischer Kunst aus Bengalen. Im tollen Museumsshop stehen viele Kunstwerke zum Verkauf – doch muss man dafür tief in Tasche greifen.

BIRLA INDUSTRIAL & TECHNOLOGICAL MUSEUM

Das unterhaltsame **Museum** (Karte S. 492 f.; ☎ 22477241; 18A Gurusaday Rd; Eintritt 10 Rs; ⌚ 10–17.30 Uhr) ist eine weitere Stiftung der Birlas; es deckt alle Bereiche der Naturwissenschaft und der Technik ab. Hier gibt's eine Menge Knöpfe zu drücken und Hebel zu ziehen. Für einen kleinen Aufpreis werden wissenschaftliche Versuche vorgeführt.

BIRLA ACADEMY OF ART & CULTURE

Gesponsert von – wem sonst? – der Birla-Familie stellen **Galerie & Museum** (Karte S. 492 f.; ☎ 24 666802; 109 Southern Avenue; Eintritt Rs 2; ⌚ Di–So 16–19 Uhr) antike und moderne Werke aus und haben immer wieder spannende Wechselausstellungen mit Werken moderner bengalischer Künstler im Angebot.

RABINDRA SAROVAR

Gegenüber der Birla Academy of Art & Culture liegt inmitten von Gärten und Parks dieser stimmungsvolle **See** (Karte S. 492 f.), der unter Yogis sehr beliebt ist. Außerdem trifft sich hier der Calcutta Laughing Club täglich um 6.15 Uhr zur therapeutischen Kicherstunde – wer will, kann gerne mitmachen.

KALI-TEMPEL (KALIGHAT)

In einer Seitenstraße der Ashutosh Mukherjee Rd. liegt der **Kalighat** (Karte S. 492 f.; ☎ 22231516; ⌚ 5–15 & 17–22 Uhr). Der Tempel soll zuerst dem Dorf Kolikata und dann der Stadt Kolkata ihren Namen gegeben haben. Das heutige Gebäude stammt aber erst von 1809. Hinter dem Mandir liegt ein gruseliger Pavillon, in dem Ziegen ihren Kopf verlieren – die rituellen Opfer sind der Göttin Kali gewidmet, der Zerstörung bringenden Inkarnation Sitas, der ersten Frau Shivas.

Der Tempel ist einer von 51 über ganz Indien verteilten *shakti-peeth*-Tempeln, in denen Körperteile Sitas zurückgeblieben sein sollen, nachdem ihr Leichnam zerstückelt worden war. In Kalighat waren dies die Zehen von ihrem rechten Fuß. Spätestens seit dem 16. Jh. ist der Ort ein wichtiges Pilgerziel.

Priester lungern am Tempel herum und lotsen Ausländer gegen eine obligatorische „Spende" in der Warteschlange in die Pole Position. Die meisten Gläubigen treten zumindest 50 Rs pro Kopf ab – was auch der angemessene Mindestbetrag für ausländische Besucher sein sollte.

Eine Tür weiter befindet sich Mutter Teresas **Nirmal Hriday** (Sterbehospiz); in den umliegenden Straßen sind Marktstände, an denen Votivbronzen, religiöse Artefakte und Bilder des Kalighat verkauft werden.

Kalighat liegt rund 7 km südlich vom Stadtzentrum entfernt, und zwar auf halbem Weg zwischen den Metrostationen Kalighat und Jatin Das Park.

BOTANISCHER GARTEN

Auf fast 109 ha erstreckt sich am Westufer des Hooghly der interessante **Botanische Garten** (Karte S. 492 f.; ☎ 26685357; Botanical Garden Rd; 🕑 7–17 Uhr). 1786 gründete Colonel Robert Kyd von der Ostindischen Kompanie Britanniens die Anlage, die bei der Kultivierung des Tees, dem Lieblingsgetränk der englischen Pfarrer und Damenkränzchen, eine wichtige Rolle spielte. Hauptanziehungspunkt ist ein 200 Jahre alter **Banyan-Baum**, dessen Krone die zweitgrößte des Planeten sein soll. Die Zweige breiten sich über fast 70 m aus – und die Krone wächst und wächst. Auch ins **Palmenhaus** sollte man einen kurzen Blick hineinwerfen.

Zum Garten fahren von der Chowringhee Rd. die Buslinien T1, T2 und T4 (10 Rs, 40 Min.); mit dem Taxi kostet es 80 Rs.

Kolkata Nord

MARBLE PALACE

Das wunderbare **Herrenhaus** (Karte S. 492 f.; ☎ 22393310; Muktaram Babu St; Eintritt frei; 🕑 Di, Mi & Fr–So 10–16 Uhr) liegt in einem engen Gässchen abseits der Chittaranjan Ave. 1835 wurde es unter Radscha Rajendro Mullick Bahadur errichtet. Dieser sammelte begeistert Victoriana, und sein Palast ist ein Schmuckkästchen des Chintz. Man kann sich kaum bewegen zwischen all den Marmorbüsten, Kandelabern, goldenen Wanduhren und Steingut-Hunden.

Noch mehr Statuen und einen kleinen Zoo mit Hirschen und Vögeln gibt's im Garten. Die Kamera muss leider in der Tasche bleiben. Und wer das Anwesen betreten will, braucht eine Genehmigung vom West Bengal Tourism Centre oder dem India Tourism Office (s. S. 497). Kleiner Tipp: Der Führer, der einem bei der Kurzbesichtigung den Palast zeigt, wird gegen ein kleines Trinkgeld etwas bereitwilliger.

RABINDRA BHARATI MUSEUM

Das **Rabindra Bharati Museum** (Tagore House; Karte S. 492 f.; ☎ 22695242; Rabindra Bharati University, Rabindra Sarani; Inder/Ausländer 10/50 Rs; 🕑 Di–So 10.30–16.30 Uhr) ist im Haus der Familie Rabindranath Tagores untergebracht. Es kommt einen Schrein für Indiens bedeutendsten modernen Dichter gleich und ist zugleich seine letzte Ruhestätte. Im Innern gibt's viele Dinge aus Tagores persönlichem Besitz sowie eine große Sammlung von Gemälden zeitgenössischer indischer Künstler zu sehen.

Ist das Museum abends geöffnet, wird eine **Sound-and-Light Show** (10 Rs; 🕑 März–Okt. 20 Uhr, Nov.–Feb. 19 Uhr) in englischer Sprache gezeigt.

BELUR MATH

Am westlichen Ufer des Hooghly liegt das große **religiöse Zentrum** (Karte S. 492 f.; ☎ 26545892; Grand Trunk Rd; 🕑 6.30–12 & 15.30–20.30 Uhr). Im 19. Jh. gründete der indische Philosophen Ramakrishna (1836–86), der die Einheit aller Religionen predigte, diesen Hauptsitz der Ramakrishna-Mission. Sie erhält seine Botschaft am Leben: Im großen Tempel verschmelzen hinduistische, christliche und islamische Motive.

Wer ein paar Stunden übrig hat, kann mehrere kleinere Schreine auf der friedvollen Anlage erforschen, darunter ein Denkmal für Ramakrishnas berühmtesten Schüler Swami Vivekananda (1863–1902). Ein interessantes **Museum** (Eintritt 3 Rs; 🕑 Di–So 9.30–11.30 & 16–18 Uhr) handelt vom Leben und der Zeit Ramakrishnas, seiner Frau Sri Sarada Devi und Swami Vivekanandas.

Busse fahren regelmäßig von der Esplanade (10 Rs, 45 Min.); mit dem Zug geht's vom Bahnhof Howrah hierher (5 Rs, 25 Min.). Die Züge morgens fahren um 7.40 Uhr, 8.55 Uhr und 10.10 Uhr in Howrah ab, die Züge in die entgegengesetzte Richtung um 8.23 Uhr, 9.28 Uhr und 10.45 Uhr in Belur Math. Außerdem schippern regelmäßig Fähren über den Hooghly nach Dakshineswar (6 Rs, 15 Min.).

KALI-TEMPEL IN DAKSHINESWAR

Von Belur Math aus auf dem anderen Flussufer liegt der **Kali-Tempel** (Karte S. 492 f.; ☎ 25645222; ⌚ 6.30–12 & 15.30–21 Uhr), in dem Ramakrishna Priester war. Der Tempel wurde 1847 im klassischen bengalischen Hüttenstil errichtet und ist von zwölf weiteren, Shiva geweihten Tempeln umgeben. Ein Taxi vom Zentrum aus kostet ungefähr 100 Rs. Fähren (6 Rs, 15 Min.) fahren über den Hooghly nach Belur Math.

PARESHNATH-JAINISTEN-TEMPEL

In einer ruhigen Vorstadtstraße im Norden Kolkatas stößt man auf den reich verzierten **Jaina-Mandir** (Karte S. 492 f.; ☎ 9830053346; Ecke Raja Dinendra Rd & Aurobindo Sarani; Eintritt gegen Spende; ⌚ 6–11.30 & 15–19 Uhr). Er stammt aus dem Jahr 1867 und ist Sheetalnathji geweiht, dem zehnten der 24 *tirthankars* (großen Lehrer) des Jainismus. Über die gesamte Oberfläche schillert ein Mosaik aus Spiegeln, bunten Steinen und Glas.

ASUTOSH MUSEUM OF INDIAN ART

Im **Museum** (Karte S. 492 f.; ☎ 2241 0071; 87/1 College St; Eintritt 10 Rs; ⌚ Mo–Fr 1.30–16.30 Uhr) im Centenary Building der Calcutta University ist eine der größten Sammlungen von Skulpturen, Malereien und Volkskunst in Westbengalen untergebracht.

AKTIVITÄTEN

Nicht nur Sightseeing ist in Kolkata angesagt. Es gibt auch andere Möglichkeiten, seine Zeit rumzubringen.

Schwimmen

Wer nicht in einem Spitzenhotel wohnt oder einen Sprung in den Hooghly wagen will, wird nur im Pool des **Hotel Hindustan International** (Karte S. 498 f.; Eintritt 340 Rs, für Hotelgäste kostenlos; ⌚ 6.30–21 Uhr) und im modernen **Aquatica** (Karte S. 492 f.; ☎ 27062400; 24 Pargana South, Kochpukur; Eintritt Mo–Sa 200 Rs, So & feiertags 400 Rs; ⌚ 11–17.30 Uhr) – mit Schwimmbereich, Rutschen und weiteren Attraktionen – seine Bahnen ziehen können. Eine Taxi kostet von der Sudder St. etwa 100 Rs.

MUTTER TERESA

Für viele ist Mutter Teresa (1910–97) der Inbegriff menschlichen Aufopferns. Mutter Teresa, die als Agnes Gonxha Bojaxhiu in Skopje (Mazedonien) auf die Welt kam, schloss sich 1929 dem irischen Loreto-Orden an und kam ein wenig später nach Indien. Bei ihrer Ankunft war sie von der enormen Zahl der Armen, die auf den Straßen Kolkatas zugrunde gingen, so geschockt, dass sie den neuen Orden „Missionarinnen der Mildtätigkeit" gründete, der sich um die Bedürftigen kümmern sollte. Zu den Gelübden des Ordens gehört das Versprechen, „den Ärmsten der Armen aus ganzem Herzen freiwillig zu dienen". Der Orden expandierte zu einer international tätigen Wohlfahrtsorganisation. 1979 erhielt Mutter Teresa für ihren unermüdlichen Einsatz für die Notleidenden und Sterbenden Kolkatas den Friedensnobelpreis.

Die „Heilige des Rinnsteins" wird jedoch auch kritisiert. Germaine Greer nannte sie eine religiöse Imperialistin. Der Journalist Christopher Hitchens beschrieb in seinem Buch *The Missionary Position: Mother Teresa in Theory and Practice* detailliert ihre Bereitschaft, Spenden von Diktatoren und korrupten Wirtschaftsbossen anzunehmen. Doch vielleicht am ehesten ernst zu nehmen ist der Vorwurf, dass die Missionarinnen der Mildtätigkeit nur wenig tun, um die Ursachen des Elends zu bekämpfen. So hält der Orden strikt am katholischen Standpunkt zur Empfängnisverhütung fest – was angesichts AIDS und Hepatitisseuchen heftig umstritten ist.

Trotzdem wurde Mutter Teresa in Kolkata sehr geliebt. Im Oktober 2003 sprach sie der Vatikan offiziell selig, was eine Voraussetzung für die Heiligsprechung ist. Ihr Sarg ruht nun im **Motherhouse** (Karte S. 492 f.; AJC Bose Road) unter einem kleinen Marmorstein. Auf dem steht geschrieben: „Liebt einander, wie ich euch geliebt habe."

Golf

Der prächtige **Royal Calcutta Golf Club** (Karte S. 492 f.; ☎ 24731288; Golf Club Rd) den Weg gegenüber dem Tollygunge Club hinunter wurde 1829 gegründet und ist damit der älteste Golfclub der Welt außerhalb Großbritanniens. Ausländische Gäste, die nicht zusammen mit einem Clubmitglied kommen, zahlen 50 US$ für 18 Löcher plus 200 Rs für die Clubbenutzung und weitere 75 Rs für einen Caddy.

Auch die Golfanlage im **Tollygunge Club** (Karte S. 492 f.; ☎ 24732316 Anschluss 142; SP Mukherjee Rd) ist eine gute Wahl. Wer im Club wohnt, zahlt 175 Rs für eine Runde unter der Woche und 350 Rs am Wochenende; Besucher berappen 1740 Rs.

Ehrenamtliches

Es ist eine lohnenswerte Sache, in der Mission Mutter Teresas oder bei anderen NGOs, die für die Armen und Benachteiligten Kolkatas arbeiten, als Freiwilliger zu helfen. Mehrere Organisationen, die sich über ausländische Freiwillige freuen, sind auf S. 1166 aufgelistet.

Themenparks

Draußen in Salt Lake City gibt's mehrere Themenparks, die mit dem Taxi (rund 150 Rs mit Rückfahrt) oder alle 20 Minuten vom Indian Museum aus mit der Buslinie E2 (15 Rs, 45 Min.) zu erreichen sind.

Science City (Karte S. 492 f.; ☎ 23434343; EM Bypass; Eintritt 15 Rs, Fahrten 10–30 Rs; 🕘 9–21 Uhr) ist ein futuristischer Wissenschaftspark, der unter einigen gigantischen Kuppeln untergebracht ist. Mit dabei: eine Schwebebahn, eine Voliere und allerlei Spiele und Rides zum Thema Naturwissenschaft. Besonders viel Spaß macht es, durch den Evolution Park (10 Rs) mit seinen Dinosaurier-Animationen zu laufen.

Nur eine kurze Fahrt von der Science City entfernt liegt der **Nicco Park** (außerhalb der Karte S. 492 f.; ☎ 23578101-4; BN Block, Sector V, Salt Lake City; Eintritt 50 Rs, Fahrten 10–30 Rs, Tageskarte inkl. freier Benutzung aller Attraktionen 150 Rs; 🕘 11–21 Uhr). In dem bunten Themenpark hat's eine Menge Thrills, darunter eine Achterbahn, eine Wildwasserbahn und Autoscooter.

Bowling

Direkt neben dem Nicco Park kommt man im **Nicco Super Bowl** (außerhalb der Karte S. 492 f.; ☎ 23578101; BN Block, Sector V, Salt Lake City; Bowling 80 Rs pro Spiel, So 90 Rs; 🕘 12–22 Uhr) auf einer der sechs modernen Bowlingbahnen, beim Air-Hockey oder Pool-Billard auf seine Kosten.

STADTSPAZIERGANG

Staus, Staus, Staus, wohin das Auge schaut – da macht es viel mehr Spaß, die Stadt zu Fuß zu erkunden.

Los geht's an der Sudder St.: Einen Block weiter nördlich liegt der überdachte **Neue Markt** (**1**; S. 499). In Richtung Osten kommt man als Nächstes zur Chowringhee Rd., Kolkatas geschäftigster Einkaufstraße. Hier drängen sich die Massen – nirgendwo in Kolkata ist der Kontrast zwischen Arm und Reich so sichtbar wie hier. Biegt man nach Süden ab, wartet das sagenhafte **Indian Museum** (**2**; S. 497) auf Besucher. In der **Park St.**

Start	Neuer Markt
Ziel	Hooghly-Fähre
Länge	5 km
Dauer	3–4 Stunden

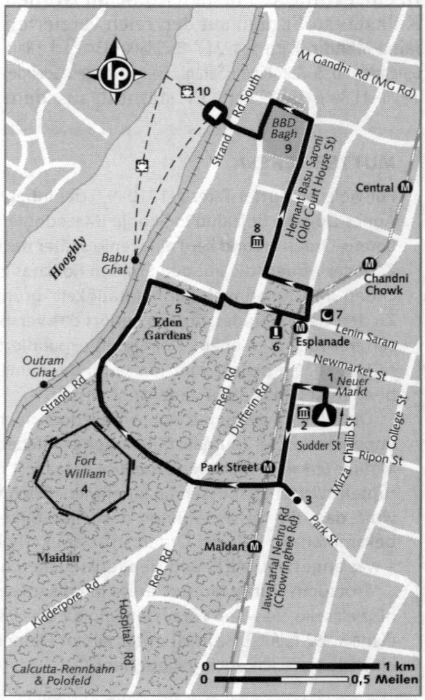

(**3**; S. 513) gibt's zur Stärkung einen Cappuccino oder eine heiße *kati*-Rolle (*paratha*-Brot mit marinierter Füllung).

Von der Park St. geht's quer über den Maidan auf einen Abstecher zum **Fort William** (**4**; S. 502), dann nach Norden am östlichen Ufer des Hooghly entlang an mehreren Ghats vorbei. Im **Eden Gardens** (**5**; S. 502) lohnt die burmesischen Pagode ein genaueres Hinschauen, dann geht's wieder durch den Maidan zum 48 m hohen **Sahid Minar** (**6**; S. 502). Gleich um die Ecke, an der Kreuzung Chowringhee Rd./Lenin Sarani, steht die schöne **Tipu-Sultan-Moschee** (**7**; S. 502).

Läuft man nun in der Old Court House St. am Park entlang in Richtung Norden, fallen die vor sich bröckelnden Häusern aus dem British Raj auf. Das eindrucksvollste Gebäude ist das stattliche, 1799 von den Briten errichtete **Raj Bhavan** (**8**; Government House), in dem der Gouverneur von Westbengalen residiert. Noch weiter in nördlicher Richtung geht's schließlich zum **BBD Bagh (9)**, der Schaltzentrale der einstigen britischen Kolonialverwaltung in Indien; heute sitzt hier die Regierung des Bundesstaats. Messingmarkierungen nahe der Post zeigen, wo früher die Mauern des ersten Fort William standen. Doch alle Hinweise auf die kolonialzeitliche Legende vom „Schwarzen Loch von Kalkutta" wurden entfernt. Zum Schluss geht's zum Fluss: Auf der **Fähre** (**10**; S. 500) über den Hooghly kann man die Hooghly-Brücke genauer studieren.

KURSE

Nicht gleich mit der Yoga-Matte unter dem Arm zu einer der unten angegebenen Adressen laufen! Ein Anruf erspart unnötige Enttäuschungen, falls die Kurse ausfallen.

Yoga & Meditation

Der **Satyananda-Yoga-Ashram** (Karte S. 498 f.; ☎ 22 242333; Flat 1C, 7 Sarat Bose Rd; 600 Rs) bietet jeden Monat zehntägige Kurse in Yoga und Meditation an. Fünftägige Yogakurse gibt's bei **Art of Living** (☎ 24631018; aolkol@vsnl.net; Manjula Towers, 32 Hazra Rd; 1000 Rs).

Der friedliche **Aurobindo Bhawan** (Karte S. 498 f.; ☎ 22823057; 8 Shakespeare Sarani) veranstaltet donnerstags und sonntags kostenlose Meditationskurse um 19 Uhr und – ebenfalls for free – Kurse im klassischen indischen Tanz, dies montags, donnerstags, freitags und samstags jeweils um 16 Uhr.

Meditations- und Yogakurse werden auch von der **International Society for Krishna Consciousness** (Iskcon; Karte S. 498 f.; ☎ 22473757; 3C Albert Rd) und **Brahma Kumaris** (Karte S. 492 f.; ☎ 24753521; Rajyoga Centre, 1A Ashutosh Mukherjee Rd) angeboten. Allerdings verbindet die beiden Organisationen das missionarische Interesse, Menschen zu ihren Ansichten zu bekehren – hinterher nicht sagen, man sei nicht gewarnt worden!

Sprache

Wer länger bleibt, könnte sich für die sechsmonatigen Hindi- und Bengali-Kurse am **Ramakrishna Mission Institute of Culture** (Karte S. 492 f.; ☎ 24652532; Ecke Gariahat Rd & Southern Avenue; 50 Rs/Monat plus 250 Rs Einschreibegebühr) interessieren. Die Kurs gehen zweimal im Jahr los.

GEFÜHRTE TOUREN

Mehrere Anbieter veranstalten Bustouren durch Kolkata und das Umland. Die ganztägige Sightseeingtour des **West Bengal Tourism Centre** (Karte S. 501; ☎ 22488271; 3/2 BBD Bagh; 150 Rs; ⏲ Abfahrt 7.30 Uhr) macht Abstecher zum Belur Math, dem Dakshineswar-Tempel, dem Victoria Memorial, dem Indian Museum, dem Eden Gardens und weiteren Sehenswürdigkeiten. Während des bunten Durga-Puja-Festes im Oktober (S. 491) gibt's eine spezielle Bootsfahrt, bei der man zuschauen kann, wie die Götterbilder im Fluss untergetaucht werden (275 Rs/Pers.). Das Büro veranstaltet außerdem Trips zum Sunderbans Tiger Reserve (S. 524) und zahlreiche andere Pauschaltouren in ganz Indien.

Interesse an Architektur und Geschichte? Der führende Architekt und Denkmalschützer **Manish Chakraborti** (☎ 23375757; archeritage@yahoo.co.uk; 350 Rs) veranstaltet zweistündige Stadtführungen vom BBD Bagh durch den Nord Kolkatas.

Kali Travel Home (☎/fax 25587980; www.traveleastindia.com) wird von begeisterten Emigranten aus England betrieben. Angeboten werden maßgeschneiderte Touren durch Bengalen, Kulturexkursionen in die Umgebung von Kolkata und Kochstunden bei einheimischen Hausfrauen. Auch Blitzkochkurse können gebucht werden.

SCHLAFEN

Budget- und Mittelklasseunterkünfte sind in Kolkata kein Vergnügen – Autohupen und das Kläffen von Hunden vermiesen einem ordentlich den Schlaf. Wer keine Ohrenstöpsel dabei hat, sollte unbedingt ein Zimmer verlangen, das nicht zur Hauptstraße hinausgeht.

Die meisten Budget- und Mittelklassehotels machen um oder kurz nach 23 Uhr dicht. Wer später rein will, muss im Voraus Bescheid sagen. Check-out ist um 10 Uhr in Budgethotels und um 12 Uhr in Mittelklasse- und Spitzenhotels.

Die meisten Hotels schlagen auf die angebotenen Preise 10 % für den Service drauf, bei Zimmern mit Klimaanlage kommen noch einmal 10 % Luxussteuer dazu. Diese Extras sind bei den folgenden Angaben nicht berücksichtigt. Zwischen April und September, wenn nix los ist, lässt sich oft ein Rabatt aushandeln.

Budgetunterkünfte

CHOWRINGHEE – GEGEND UM DIE SUDDER ST. Karte S. 498 f.

In der Sudder St. hängen die meisten Billigtraveller in Kolkata herum, deswegen sind die Zimmer schnell einmal ausgebucht. Da die Straße eine Tourihochburg ist, wird man alle Nase mit „Yes have a look! Change money! Buy something!" angehauen. In der Sudder St. gibt's auch mehr Bettler als sonstwo in Kolkata. Mit etwas Kleingeld verschafft man sich rasch Ruhe, doch wer wirklich helfen will, sollte bei einer der auf S. 1161 aufgelisteten Wohltätigkeitsorganisationen spenden.

Salvation Army Red Shield Guest House (☎ 225 20599; 2 Sudder St; B 70 Rs, DZ mit Gemeinschaftsbad/eigenem Bad ab 150/250 Rs, DZ mit Klimaanlage ab 500 Rs; ⊠) Das ruhige und freundliche Gasthaus nimmt seit Urzeiten Traveller auf. Es hat ein Fernsehzimmer und eine Gästelounge. Die Zimmer sind sauber und gut in Schuss.

Hotel Maria (☎ 22520860, 22224444; 5/1 Sudder St; EZ/DZ mit Gemeinschaftsbad 150/200 Rs, mit eigenem Bad 200/250 Rs; 💻) In einem kleinen Hof hinter der Sudder St. liegt das Maria, ebenfalls eine exzellente Wahl für Traveller mit kleinem Geldbeutel. Das Haus hat eine freundliche, anheimelnde Atmosphäre.

Paragon Hotel (☎ 22522445; 2 Stuart Lane; Schlafsaal 70 Rs, EZ/DZ mit Gemeinschaftsbad ab 120/160 Rs, DZ mit eigenem Bad ab 250 Rs) In einer kleinen Seitenstraße der Sudder St. bietet das Haus saubere, ordentliche Zimmer; im kleinen Hof können Traveller abends Storys austauschen. Leider ist oft nichts mehr frei.

Modern Lodge (☎ 22524960; 1 Stuart Lane; Zi. mit Gemeinschaftsbad/eigenem Bad ab 100/200 Rs) Macht von außen nichts her, doch die Zimmer sind sauber und die bunte Wände verpassen dem Haus innen mehr Charakter, als man in den meisten anderen dieser Kategorie antrifft. Die meisten Zimmer sind bis zum Abendessen vergeben.

Tourist Inn (☎ 22523134; 3. OG, 4/1 Sudder St; EZ/DZ mit Gemeinschaftsbad 120/240 Rs) Im gleichen Haus wie Kuka Travels; die schlichte Herberge ist vor allem beliebt bei freiwilligen Helfern aus Japan und Europa, die lange in Kolkata bleiben.

Hotel Palace (☎ 22526214; 13 Chowringhee Lane; EZ/DZ 200/300 Rs) Etwas die Straße hinunter; mit winzigen Einzelzimmern und besseren Doppelzimmern, in denen man sich wenigstens ausstrecken kann.

Timestar Hotel (☎ 22528028; 2 Tottie Lane; EZ/DZ ab 175/300 Rs) In einer Seitenstraße der Sudder St. Das Timestar ist ziemlich ruhig und die Angestellten geben sich alle Mühe. Die Zimmer sind jedoch von sehr unterschiedlicher Qualität.

Hilson Hotel (☎ 22173896; Fax 22463999; 4 Sudder St; EZ mit Gemeinschaftsbad 150 Rs, EZ/DZ/3BZ ab 200/400/500 Rs) Eins von mehreren Pseudo-Hiltons in der Sudder St.; im Angebot sind schäbige Bretterverschläge als Einzelzimmer und bessere Doppelzimmer mit TV.

Shilton Hotel (☎ 22521512; shiltoncal@hotmail.com; 5A Sudder St; EZ mit Gemeinschaftsbad/eigenem Bad 225/265 Rs, DZ 350 Rs) Ein weiterer Hilton-Verschnitt: das Shilton hat müde Zimmer und verschnarchtes Personal, dafür kostet's auch nicht viel.

CHOWRINGHEE – MIRZA GHALIB ST. Karte S. 498 f.

Centrepoint Guest House (☎ 22528184; ian_rashid@yahoo.com; 20 Mirza Ghalib St; EZ/DZ ab 200/250 Rs) Direkt über einem Laden; das Centrepoint verspricht „Wohlfüllen wie Zuhause" und erfüllt sein Versprechen ziemlich gut. Die Zimmer sind kuschliger als in vielen anderen Budgethotels der Gegend.

Gulistan Guest House (☎ 22260963; gulistanguest_cal2000@yahoo.com.in; 30F Mirza Ghalib St; EZ/DZ ab 200/350 Rs) Im Obergeschoss eines anonymen Hauses neben der Mirza Ghalib St. Das Gulistan hat winzige Einzelzimmer und größere, angenehmere Doppelzimmer mit TV; alle Zimmer haben eine Dusche mit Warmwasser.

Hotel Royal Palace (☎ 22524178/22525280; 30f Mirza Ghalib St; 200–275 Rs, DZ mit Bad 350 Rs) Im gleichen Gebäude wie das Gulistan Guest House und auch ähnliche Zimmer zu ähnlichen Preisen. Sauber und preiswert.

Hotel Neelam (☎ 22269198; 11 Dr M Ishaque Rd; EZ/DZ ab 200/350 Rs) In einem alten, etwas von der Straße entfernten Gebäude aus der Kolonialzeit warten auf Traveller große, luftige Zimmer mit großen, luftigen Bädern. Mit mehr Charakter als die meisten seiner Konkurrenten.

Classic Hotel (☎ 22297390; 6/1A Dr M Ishaque Rd; EZ mit Gemeinschaftsbad 150 Rs, DZ ohne/mit Klimaanlage 250/550 Rs; ❄) Direkt bei der Mirza Ghalib St.; kleine Zimmer mit Marmorverkleidung, Ventilator, TV und Kaltdusche. Nach einem Zimmer mit Fenster fragen.

RUND UM DEN BBD BAGH — Karte S 501

Hier gibt's nur wenige anständige Budgethotels.

Central Guest House (☎ 22374876; 18 Prafulla Sarkar St; EZ/DZ/3BZ ab 250/325/425 Rs) Versteckt sich in einem Bürogebäude unmittelbar hinter der Chittaranjan Ave. Gasthaus mit angenehmer Bedienung und bescheidenen Zimmer mit kalter Dusche.

Bauddha Dharmankur Sabha (☎ 22117138; 1 Buddhist Temple Rd; DZ/ 3BZ Rs 200/300) Das Hotel liegt zusammen mit einem kleinen buddhistischen Tempel und einer Schule auf einem Grundstück. Der relaxte Zufluchtsort hat Zimmer, die gut in Schuss sind; diese grenzen an einen kleinen Hof.

ANDERE GEBIETE

Yatri Niwas (Karte S. 492 f.; ☎ 26601742; B 100 Rs, DZ/3BZ 350/400 Rs, DZ mit Klimaanlage 500 Rs; ❄) Neben dem Bahnhof Howrah; das Yatri Niwas nimmt nur Leute mit gültigem Ticket für einen Fernzug (ab 200 km) auf. Die Zimmer sind sauber und bequem, unmittelbar nebenan gibt's rund um die Uhr was zum Essen. Checkout ist schon um 9 Uhr.

Airport Plaza Hotel (außerhalb der Karte S. 492 f.; ☎ 2511 8307; Tarun Sengupta Sarani, No 1 Airport Gate; EZ/DZ 250/350 Rs) Das einfache Hotel ist ein günstiges Angebot für Durchreisende mit kleinem Geldbeutel. Die Zimmer sind sehr einfach, alle haben nur ein Plumsklo.

Mittelklassehotels

Kolkatas Mittelklassehotels sind wenig aufregend. Immerhin haben die Zimmer der genannten Häuser alle warme Duschen, Telefon und Kabel-TV – sofern nicht anders angegeben.

CHOWRINGHEE — Karte S. 498 f.

Mehrere annehmbare Mittelklassehotels finden sich in dieser Gegend inmitten der Budgetangebote.

Super Guest House (☎ 22520318/22524241; super_guesthouse_pub@yahoo.com; 30A Mirza Ghalib St; DZ mit Kühlschrank 700–900 Rs; ❄) Das moderne Gästehaus ist bemerkenswert hell und lauschig. Die Bedienung ist freundlich und in die meisten Zimmer kommt Tageslicht.

Hotel Diplomat (☎ 22528434; jwalia@yahoo.com; 10 Sudder St; EZ/DZ 200/350 Rs, DZ mit Klimaanlage 700 Rs; ❄) Freundliches Haus mit etwas mickrigen Einzel- und viel größeren und bequemeren Doppelzimmer mit TV. Die nicht klimatisierten Doppelzimmer haben ein perfektes Preis-Leistungs-Verhältnis.

Hotel Galaxy (☎ 22524565; juvena@vsnl.com; 3 Stuart Lane; EZ/ DZ ab 400/500) Das Galaxy liegt in einer Allee gleich bei der Sudder St. Der unprätentiöse Familienbetrieb bietet große geflieste Zimmer und höhlenartige Bäder.

Capital Guest House (☎ 22520598; 11B Chowringhee Lane; EZ mit Gemeinschaftsbad 250–290 Rs, DZ mit eigenem Bad 350–390 Rs; ❄) Das Capital liegt in einem Hof hinter der Chowringhee Lane und ist deshalb ruhiger als viele Hotels in der Sudder St. Die Zimmer sind für den Preis ganz o.k.

YMCA (☎ 22492192; swarajsi@123india.com; 25 Chowringhee Rd; B ab 260 Rs, EZ/DZ 370/540 Rs, EZ/DZ mit Klimaanlage 610/820 Rs; ❄) In einem alten kolonialzeitlichen Gebäude untergebracht, hat das YMCA was vom Charme einer viktorianischen Besserungsanstalt für aufsässige Jungen: Die Zimmer sind groß und spartanisch, mit Ventilator und Kaltdusche. Der Preis ist inkl. Frühstück und Abendessen.

Hotel Lindsay (☎ 22522237; www.hotellindsay.com; 8A Lindsay St; EZ/DZ mit Boiler ab 600/750, EZ/DZ mit Klimaanlage 1200/1400 Rs; ❄) Das Lindsay ist in einem Hochhaus am Neuen Markt untergebracht. Hier gibt's kleine Zimmer zu heftigen Preisen, in denen allerdings Frühstück im Restaurant Blue & Beyond (S. 512) auf der Dachterrassen enthalten ist.

CKT Inn (☎ 22520130; Fax 22520665; 3. OG, 12A Lindsay St; EZ/DZ 825/1100 Rs; ❄) In einem Bürogebäude in der Nähe versteckt; in der kühlen Oase hat's gerade einmal neun Doppelzimmer mit TV, Warmdusche und Telefon. Frühstück kostet 60 Rs extra.

Hotel Astoria (☎ 22521514/22522241; astoria@hotmail.com; 6/2-3 Sudder St; EZ/DZ ab 850/900 Rs; ❄) Das Astoria sieht draußen schmucker aus als drinnen, aber immerhin sind die Zimmer geräumig. Die Angestellten sind höflich und der Hof schafft Distanz zum Straßenlärm.

Hotel VIP International (☎ 22176495/6; www.hotelvipgroups.com; 51 Mirza Ghalib St; DZ 1395–1895 Rs) In den Zimmern des Business-Class-Hotels gibt's seidene Bettwäsche, Kühlschränke und große Fernseher, trotzdem grenzen die Preis schon fast an Wucher.

Hotel Crystal (☎ 22266400; hcrystal@vsnl.net; EZ/DZ ab 300/550 Rs, DZ mit Klimaanlage 800 Rs; ❄) Das Crystal liegt in einer ruhigen Seitengasse der Dr M Ishaque Rd. Mit einfachen Zimmern zu fairen Preisen. Warme Duschen gibt's aber nur in den klimatisierten Zimmern.

YWCA (☎ 22297033; 1 Middleton Row; EZ/DZ mit Gemeinschaftsbad Rs 305/555, EZ/DZ mit eigenem Bad & Boiler 555/760 Rs) Das YWCA ist in einem ordentlichen Haus mit großem Innenhof südlich der Park St untergebracht. Es ist hell und freundlich. Männer und Frauen sind gleichermaßen willkommen. Das Frühstück ist im Preis enthalten.

Hotel Vic Terrace (☎ 22832753-5; www.hotelvicterrace.com; 1B Victoria Terrace; EZ/DZ ab 870/970 Rs) Am British Council. Das Hotel ist bei indischen Geschäftsleuten beliebt; die Deluxezimmer sind deutlich besser als die Standardzimmer.

BBD BAGH — Karte S. 501

Im Geschäftsviertel Kolkatas gibt's mehrere Mittelklassehotels.

Great Eastern Hotel (☎ 22482311; www.geh.up.to; 1–3 Old Court House St; EZ/DZ ab 550/825 Rs, EZ/DZ mit Klimaanlage ab 1650/2200 Rs; ❄) Das großzügige Hotel aus der Kolonialzeit hieß 1840 bei der Eröffnung noch Auckland. Es hat seinen eigenen Zauber, lässt sich den aber auch tüchtig bezahlen.

Hotel Embassy (☎ 22379040; ssa@cal.vsnl.net.in; 27 Princep St; EZ/DZ 500/600 Rs) In einer Seitenstraße der Chittaranjan Ave. versteckt, verspricht das Embassy von draußen etwas mehr, als einen innen erwartet. Doch die Zimmer sind für den Preis durchaus o. k.

Hotel Airlines (☎ 22113651, 22360545; 2 Kapalitola Lane; EZ/DZ 375/500 Rs, EZ/DZ mit Klimaanlage 550/650 Rs; ❄) In einer kleinen Gasse gleich beim Büro der Indian Airlines; mit kleinen, aber komfortablen Zimmern. Die Metrostation Chandni Chowk liegt in der Nähe.

Broadway Hotel (☎ 22363930/1; broadway@vsnl.com; 27A Ganesh Chandra Avenue; EZ/DZ/3BZ ab 415/515/665 Rs) Das Broadway befindet sich in einem hellgrünen Art-Deco-Gebäude. Das Hotel hat geräumige, helle Zimmer mit großen Bädern. Heißes Wasser gibt's nur aus Eimern.

Heera Hotel (☎ 22280663; Fax 22280171; 28 Grant St; EZ/DZ 475/550 Rs, mit Klimaanlage 700/900 Rs; ❄) Gleich nördlich des Neuen Markts; das Heera ist sauber und zentral gelegen, jedoch streiken die Angestellten gerne mal. Man sollte durch einen Anruf sicherstellen, ob einen wirklich jemand an der Rezeption empfängt.

Spitzenklassehotels

An Spitzenhotels herrscht in Kolkata kein Mangel. Alle genannten nehmen die gängigen Kreditkarten.

CHOWRINGHEE & BBD BAGH

Oberoi Grand (Karte S. 498 f.; ☎ 22492323; www.oberoikolkata.com; 15 Chowringhee Rd; EZ/DZ ab 240/275 US$; ❄ 💻 🏊) Das historische Hotel liegt in einem Hof mit Säulen und Palmen etwas von der Chowringhee Rd zurückgesetzt. Viele halten es für Kolkatas vornehmste Absteige. Es hat prächtige Zimmer, mehrere Spitzenrestaurants und ein luxuriöses Schwimmbad.

Park Hotel (Karte S. 498 f.; ☎ 22499000; www.theparkhotels.com; 17 Park St; Zi. 225–325 US$; ❄ 💻 🏊) Ein weiterer Anwärter auf den Titel „vornehmstes Hotel" ist das Park Hotel. Die luxuriöse Zimmer und Suiten sind fabelhaft eingerichtet. Es gibt mehrere Spitzenrestaurants sowie – sehr berühmt – die Bar und den Nachtclub Someplace Else (S. 515).

Lytton Hotel (Karte S. 498 f.; ☎ 22491872/3; www.lyttonhotelindia.com; 14 Sudder St; EZ/DZ 2200/2600 Rs, Superdeluxe-Zi. 2600/3000 Rs; ❄) Das Lytton ist ein todschickes modernes Hochhaus mitten unter Backpackercafés und Budgethotels. Die Zimmer sind klimatisiert und geschmackvoll eingerichtet, es gibt zwei Restaurants und die Sunset Bar (S. 515).

Peerless Inn (Karte S. 501; ☎ 22280301; www.peerlesshotels.com; 12 Chowringhee Rd; EZ/DZ ab 4600/5100 Rs; ❄) Das Hotel der Business Class liegt nahe dem oberen Ende des Maidan etwas von der Chowringhee Rd zurückgesetzt. Es wirkt etwas nichtssagend, aber die Zimmer sind komfortabel und manche bieten einen guten Blick auf die Stadt. Das hiesige Restaurant Aaheli (S. 512) hat einen guten Ruf.

Golden Park (Karte S. 498 f.; ☎ 228833939; www.nivalink.com/goldenpark; 13 Ho Chi Minh Sarani; EZ/DZ ab 4100/4400 Rs;) Dieses blitzblanke Boutique-Hotel kommt mit einem etwas menschlicheren Ausmaß daher als die anderen Hotels seiner Preisklasse. Restaurant und Pub sind im Haus.

Hotel Hindusthan International (Karte S. 498 f.; ☎ 22802323; www.hindusthan.com; 235/1 AJC Bose Rd; EZ/DZ ab 150/165 US$;) Das weiter südlich gelegene Hotel hat eine beliebte Bar und einen Swimmingpool, der auch Besuchern offen steht, die nicht im Hotel wohnen. Die kürzliche Renovierung hat sich ausgezahlt: Die Zimmer sind gemütlich und bieten allen erdenklichen modernen Komfort.

ANDERE GEBIETE

Tollygunge Club (Karte S. 492 f.; ☎ 24734539; tolly@cal3.vsnl.net.in; 120 DP Sasmal Rd; EZ/ DZ ab Rs 2200/2400;) Der älteste und beliebteste Club aus der Kolonialzeit in Kolkata. Das exklusive Haus liegt inmitten eines 44 ha großen Parks in der Nähe der Metrostation Tollygunge. Es hat einen gewissen Charme des British Raj bewahrt. Die Gäste bekommen eine für den Aufenthalt zeitlich begrenzte Clubmitgliedschaft, mit der sie außer montags die Sporteinrichtungen – Poolbillard, Golfplatz u. a. – nutzen dürfen. Reservierung erforderlich.

Taj Bengal (Karte S. 492 f.; ☎ 22233939; bengal.calcutta@tajhotels.com; 34B Belvedere Rd; EZ/DZ ab 7000/8000 Rs;) In Blattwerk gehüllte Balkone und ein riesiger zentraler Swimmingpool machen das Taj Bengal zur Oase der Ruhe inmitten der hektischen Straßen. Die Zimmer sind luxuriös, es gibt mehrere Restaurants und ein gut ausgestattetes Businesscenter.

Hyatt Regency Kolkata (Karte S. 492 f.; ☎ 23351234; www.kolkata.regency.hyatt.com; EM Bypass, Salt Lake City; Zi. 100–250 US$;) Draußen am Fußballstadion ist das Hyatt die erste Adresse für Geschäftsleute und Diplomaten. Drinnen geht's in raffiniertem und minimalistischem Dekor vornehm zu; mit Schwimmbad, Fitnessraum und einigen sehr exklusiven Restaurants.

ITC Sonar Bangla Sheraton Hotel (Karte S. 492 f.; ☎ 23454545; EM Bypass, Salt Lake City; EZ/DZ ab 7000/7500 Rs;) Etwas die Straße hinunter liegt das ITC. Es verbindet Eleganz mit makellosen Service. Die schicken, modernistischen Zimmer liegen um einen mit Lilien bewachsenen Teich. Im Hotel gibt's den Dublin-Nachtclub, einen der beliebtesten Kolkatas (s. S. 516), sowie mehrere Toprestaurants.

Etwa 1 km vom Flughafen entfernt befindet sich das **MBD Hotel Airport** (☎ 25119111; Fax 25119137; 28 Jessore Rd;). Es war zur Zeit der Recherche wegen Renovierungsarbeiten geschlossen, wollte aber 2005 wieder aufmachen.

> **ETWAS BESONDERES**
>
> Für eine Unterkunft mit Stil gibt's in Kolkata eigentlich nur eine Wahl. Das **Fairlawn Hotel** (Karte S. 498 f.; ☎ 22521510; fairlawn@cal.vsnl.net.in; 13A Sudder Street; EZ/DZ 40/50 US$;) wurde schon vor der Unabhängigkeit von der gleichen britischen Familie geführt; Erinnerungsstücke aus der Zeit des British Raj hängen die Wände zu. In den Zimmern hat's bequeme Stühle, TV, Kühlschrank, Telefon, Ventilator und Teemaschinen, in manchen auch Badewannen mit verschnörkelten Füßen. Im mit vielen Pflanzen verschönerten Hof vor dem Hotel gibt's ein schönes Open-Air-Café und Restaurant. Im Preis enthalten sind drei Mahlzeiten (festes Menü). Zwischen April und September sind Rabatte möglich.

ESSEN

Die bengalische Küche ist für ihren Reichtum und ihre Vielfalt berühmt, besonders für die außergewöhnlichen Fischgerichte. Seltsamerweise kochen nur wenige Restaurants wirklich bengalisch. Auf fast jeder Speisekarte in Kolkata stehen nordindische und chinesische Gerichte. Dafür spielen die meisten Lokale in einer ganz eigenen Liga, sodass man kaum eine Enttäuschung erleben wird. Erste Anlaufstelle für günstige Mahlzeiten ist die Sudder St., man sollte es sich aber gönnen, wenigstens einmal spitzenmäßig in der Park St. zu tafeln.

Restaurants

Im Folgenden steht eine Auswahl der besten Restaurants – wem das nicht reicht, sollte zum **Telegraph Food Guide** (145 Rs) greifen, den es in den örtlichen Buchläden gibt. Die meisten Restaurants schlagen 10 % bis 15 % Steuern auf, in schickeren, klimatisierten können es bis zu 30% sein. Die Steuern sind bei den hier angegebenen Preisen nicht berücksichtigt. Trinkgelder sind in billigeren Restaurants gern gesehen, in den teureren werden sie meist erwartet.

GEGEND CHOWRINGHEE – SUDDER ST

In der Sudder St. wimmelt's nur so von Backpackercafés, in denen es die angenehm vertrauten indischen, chinesischen und europäischen Gerichte gibt. Normalerweise wird man hier gut satt und man kann großartig andere Traveller kennen lernen, doch kann es einem passieren, dass man jeden Tag mehr oder weniger das gleiche isst. Es gibt hier nur wenige Spitzenrestaurants, dafür gehen dann dort die Preise gleich durch die Decke, wenn man die Luxussteuer mitrechnet. Zu den vertrauenswürdigen Billigrestaurants zählen das **Khwaja** (Karte S. 498 f.; Sudder St; Hauptgerichte 20–60 Rs) und **JoJo's Restaurant** (Karte S. 498 f.; 6 Sudder St; ⌚ 6–22 Uhr) in der Allee gegenüber dem Hotel Astoria.

Zurich Restaurant (Karte S. 498 f.; 3 Sudder St; Hauptgerichte 15–70 Rs; ⌚ 6.30–22.30 Uhr) Das helle und freundliche Restaurant ist das vielleicht beste Backpackercafé mit einer großen Auswahl indischer, chinesischer und europäischer Gerichte. Das halbe Tandoori Chicken (40 Rs) gibt's nirgendwo in der Stadt günstiger.

Blue Sky Cafe (Karte S. 498 f.; Ecke Sudder St & Chowringhee Lane; Hauptgerichte 30–95 Rs; ⌚ 6.30–22 Uhr) Gleich um die Ecke liegt das Blue Sky, ein weiterer lang etablierter Travellertreffpunkt. Die Bedienung ist voll bei der Sache, an den winzigen Tischen kommt man schnell ins Gespräch.

Khalsa Restaurant (Karte S. 498 f.; Madge Lane; Hauptgerichte 10–50 Rs; ⌚ 5–22 Uhr) Gleich neben der Sudder St. findet man das einfache indische Restaurant. Es ist so billig wie *channa puri* (Kichererbsen-Curry mit geröstetem indischem Brot) und stets voll mit hungrigen Einheimischen. Einen Teller Biryani oder vegetarisches Curry mit Roti gibt's hier schon für unter 30 Rs.

Aminia Lodge (Karte S. 501; SN Banerjee Rd; Hauptgerichte 25–50 Rs; ⌚ 10.30–22.30 Uhr) In dem altmodischen Restaurant schwirren Dutzende von Kellnern herum, die anscheinend nie viel zu tun haben. Es gibt schmackhaftes Biryani, Kebabs, Tandoori-Chicken und Currys.

ETWAS BESONDERES

Peter Cat (Karte S. 498 f.; ☎ 22298841; Middleton Row; Hauptgerichte 80–160; ⌚ 11–23.30 Uhr) Auch wenn neuere und schickere Orte rund um die Park St. eröffnet haben – das Peter Cat bleibt eine Institution in Kolkata. Düster, schummrig und stimmungsvoll hat sich dieses Restaurant mit Cocktailbar seit den Sechzigern kaum verändert. Die Kellner tragen Kummerbund und der Maître d'hôtel lauert im tadellosen Nadelstreifenanzug an der Tür. Selbst die Cocktailkarte öffnet ein Fenster zur Vergangenheit. Das indische Essen ist großartig, die Bedienung makellos und das Bier kommt eiskalt im Zinnkrug auf den Tisch.

Blue & Beyond (Karte S. 498 f.; ☎ 22522604; Lindsay St; Hauptgerichte 70–275 Rs; ⌚ 12–22.30 Uhr) Das schicke Open-Air-Restaurant auf dem Dach des Lindsay Hotels bietet Indisches und Chinesisches sowie fabelhafte Kebabs. Hier gibt's den schönsten Ausblick in Kolkata, so lässt sich hier abends prima ein kühles Blondes schlürfen.

Zaranj & Jong's (Karte S. 498 f.; ☎ 22490369; Ecke Chowringhee Rd & Sudder St; Hauptgerichte 200–500 Rs; ⌚ Mi–Mo 12.30–15 & 19–23 Uhr) Die beiden miteinander verbundenen Restaurants kochen indisch bzw. chinesisch. Das Zaranj hat wohl mehr Klasse, denn es gibt hier Atem beraubende Gerichte aus Nordwestindien wie *gosht rudina champ* (gegrillte Lammkoteletts in Currypaste und Minze).

Aaheli (Karte S. 501; ☎ 22280301; Chowringhee Place; Hauptgerichte 100–375 Rs; ⌚ 12.30–15 & 19.30–23 Uhr) Oben im Peerless Inn gilt das Aaheli weithin als die Nr. 1, was echte bengalische Küche angeht. Wer's probieren will, sollte das vegetarische Aashelir *bhoj* (315 Rs) oder das fleischige Aahelir *mahaabhoj* (375 Rs) bestellen.

CHOWRINGHEE – MIRZA GHALIB ST. Karte S. 498 f.

Prince Restaurant (17D Mirza Ghalib St; Hauptgerichte 25–80 Rs) Das billige und nette bengalische Snackhouse serviert morgens *channa puri* und ab mittags preisgünstige bengalische Fischcurrys.

Princess Restaurant & Bar (☎ 22524715; 12 Mirza Ghalib St; Hauptgerichte 50–110 Rs; ⌚ 11–23.30 Uhr) Das Princess hat zwei Speisesäle, einen mit

Livemusik und einen ohne. Das Essen ist gut gewürzt und damit eine nette Abwechslung von der etwas langweiligen Travellerkost in der Sudder St.

Mocambo (☎ 22290095; 25B Park St; Hauptgerichte 80–200 Rs; 🕒 12–23 Uhr) Das Mocambo in der Park St. bietet viel Alte-Welt-Ambiente und eine eindrucksvolle Auswahl europäischer Gerichte, darunter auch neue Kreationen wie das Hühnchen Pavlograd (eine aufgemotzte Variante von Hühnchen Kiew).

Mehrere Restaurants in der Mirza Ghalib St. servieren schmackhaftes chinesisches Essen, ohne dabei Ebbe im Geldbeutel zu hinterlassen: **How Hua** (🕒 11–23 Uhr) und **Golden Dragon** (🕒 11.45–22.45 Uhr) haben beide Chow mein, gebratenen Reis und weitere typische Gerichte für 60 Rs oder noch weniger im Angebot.

CHOWRINGHEE – GEGEND UM DIE PARK ST. Karte S. 498 f.

In den sechziger Jahren war die Park St. Kolkatas Antwort auf Soho mit Dutzenden von feudalen Restaurants, swingenden Music-Halls und Cocktailbars. In den Neunzigern ging's dann zwar etwas abwärts, aber heute ist die Park St. in der Restaurantszene von Kolkata wieder Spitze.

Bar-B-Q (☎ 22299078; 43 Park St; Hauptgerichte 65–135 Rs; 🕒 12–16.30 & 19–23 Uhr) Die berühmte Hochburg der Sechziger-Szene teilt sich in einen indischen und einen chinesischen Bereich auf. In beiden gibt's extrem leckeres Essen. An Wochenenden wird man vielleicht auf einen Tisch warten müssen.

Kwality (☎ 22297847; 17 Park St; Hauptgerichte 50–135 Rs; 🕒 11–23.30 Uhr) Früher war es das beliebteste Restaurant von Kolkata, inzwischen hat es jedoch etwas von seinem Glanz verloren. Das indische Food ist aber immer noch gut; große Auswahl an Tandoori- und vegetarischen Gerichten.

Sourav's Food Pavilion (☎ 222744646; 20G Park St, Eingang in der Middleton Row; Hauptgerichte 150–350 Rs; 🕒 12–15 & 19–23 Uhr) Das neue Restaurant gehört dem Kricketstar Sourav Ganguly. In den mehreren eleganten Speiseräumen in äußerst raffiniertem Ambiente lässt sich wundervolle indische und internationale Cuisine genießen.

Teej (☎ 22170730; 2 Russel St; Hauptgerichte 110–250 Rs, Haus-Thali 250 Rs; 🕒 12–15.30 & 19–22.45 Uhr) Gleich südlich von der Park St. liegt das atmosphärische Mughlai-Restaurant, das wie ein *haveli* (Kaufmannshaus) in Rajasthan aufgemacht ist. Hier gibt's viele Fleischgerichte vom Tandur.

Pizza Hut (☎ 22814343; 22 Camac St; Pizzen ab 75 Rs; 🕒 11–23 Uhr) O. k., es gehört zur gleichnamigen Kette und man bekommt das gleiche sterile Essen wie überall. Viele Traveller kommen aber gerade deswegen.

Copper Chimney (☎ 22834161; Jasmine Tower, 31 Shakespeare Sarani; Hauptgerichte 150–200 Rs, Lunchbuffet veg./nichtveg. 225/250 Rs; 🕒 12–16 & 19.30–22.30 Uhr) In diesem beliebten Kettenrestaurant kommt schmackhaftes indisches Essen flott auf den Tisch.

Grain of Salt (☎ 22811313; 5. OG, 22 Camac St; Hauptgerichte 200–400 Rs; 🕒 12–15 & 19.30–23 Uhr) Südlich von der Park St. liegt das elegante Restaurant, eine Schöpfung von Sanjeev Kapoor, Indiens führender Kochkoryphäe. Die Vegi-Currys gehören zu den einfallsreichsten in Kolkata.

BBD BAGH Karte S. 501

Chung Wah Chinese Restaurant (☎ 22237003; 13A Chittaranjan Avenue; Hauptgerichte 50–115 Rs; 🕒 11–22.30 Uhr) Mit den roten Laternen und den geschnitzten Séparées wäre das Chung Wah im Shanghai der 1930er-Jahre wohl nicht aus dem Rahmen gefallen. Es hat was von einer Trinkerkaschemme, dafür ist das chinesische Essen billig und schmackhaft.

Anand Restaurant (☎ 22371527; 19 Chittaranjan Avenue; Hauptgerichte 30–70 Rs; 🕒 9–21.30 Uhr, ab 7 Uhr am So) Die Straße ein bisschen hinunter kommt das düstere, aber beliebte Vegi-Restaurant. Geboten wird die ganze Palette südindischer Gerichte von Dosas bis *idli sambar* (gedämpfte Reisknödel). Zum Runterspülen gibt's frische Obstsäfte.

Amber Hotel (☎ 22483477; 11 Waterloo St; Hauptgerichte 75–130 Rs; 🕒 12–15.30 & 19–23 Uhr) Lang etabliert und bei Familien besonders beliebt. Hier gibt's solide indische vegetarische und nichtvegetarische Küche in einem ruhigen, entspannten Speisesaal.

ANDERE GEBIETE

Die Restaurantszene Kolkatas dringt allmählich in die südlichen Vorstädte vor.

Oh! Calcutta (Karte S. 492 f.; ☎ 22837161; 4 OG, Forum Shopping Mall, 10/3 Elgin Rd; Hauptgerichte 150–400 Rs; 🕒 12.30–15 & 19–23 Uhr) Auf dem futuristischen Forum obendrauf serviert dieses dunkle, stilvolle Restaurant Mughlai-Köstlichkeiten „aus der Küche des Nawab".

Mainland China (Karte S. 492 f.; ☎ 22837964; 3A Gurusaday Rd; Hauptgerichte 150–600 Rs; 🕒 12.30–15.30 & 19–23.30 Uhr) Kolkatas beliebtestes Restaurant bietet chinesische Küche der Extraklasse in einem äußerst raffinierten Ambiente. Die Preise sind angesichts der Küche angemessen hoch. Sehen und gesehen werden ist hier die Devise – deshalb sollte man auf alle Fälle reservieren.

Red Hot Chilli Peppers (Karte S. 492 f.; ☎ 24559560; Ecke Ballygunge Circular & Ritchi Rd; Hauptgerichte 150–350 Rs; 🕒 12.30–15.30 & 19.30–23.30 Uhr) Im Wohnviertel Ballygunge hat das Restaurant mit Sichuan- und kantonesischer Küche loyale Anhänger unter den einheimischen Feinschmecker.

Kewpies (Karte S. 492 f.; ☎ 24759880; 2 Elgin Rd; Hauptgerichte 100–300 Rs; 🕒 12.30–14.30 & 19.30–22.30 Uhr, Di–So) In einer kleinen Seitenstraße neben dem Netaji Bhawan liegt das winzige bengalische Restaurant, untergebracht im Haus des Besitzers. Hier gibt's original bengalische Fischgerichte. Das Essen ist spitze; man sollte auf alle Fälle vorher reservieren.

Auf die Schnelle

Billige Straßenküchen hat's in Kolkata reichlich, aber in Sachen Hygiene ist man mancherorts sehr lax. Auf Nummer Sicher geht man an den Ständen, an denen viele Einheimische essen und wo die Gerichte frisch zubereitet und dampfend heiß gereicht werden.

CHOWRINGHEE — Karte S. 498 f.

Curd Corner (Sudder St; Lassis ab 10 Rs; 🕒 6–22 Uhr) Neben dem Blue Sky Café zaubert die Curd Corner Quarkspeisen und Lassis, die zu den besten der Stadt gehören.

Pepsi Snacks Bar (Bertram St; Snacks 10–30 Rs; 🕒 10–21 Uhr) An dem Snackstand bedienen quirlige Teenager. Hier gibt's seit 22 Jahren köstliche Dosas und *puris* (flache Teigfladen, die beim Frittieren aufgehen). Drinnen stehen ein paar Bänke, aber die meisten Leute essen im Stehen.

Ruchika (4 Humayan Place; Hauptgerichte 20–40 Rs 🕒 12–21 Uhr; ⊠) Gegenüber dem New Empire Cinema zieht dieses einfache Café müde Einkaufsbummler an, die bei günstigen Dosas, *channa puri* und *momos* (tibetischen Klößen) ihre Akkus wieder aufladen.

Hot Kati Rolls (1/1 Park St; Kati-Rollen 15–35 Rs; 🕒 11–22.30 Uhr) Die Kati-Rolle – gerolltes *paratha* (Brot) gefüllt mit gegrilltem Fleisch oder Paneer, Eiern, Gemüse und Currysauce – ist eine bengalische Institution. Die besten in Kolkata gibt's in dieser kleinen Höhle in der Nähe der Asiatic Society.

Roll Centre (Madge Lane; 10–30 Rs; 🕒 10–21 Uhr) Nahe der Sudder St. Auch hier gibt's gute Kati-Rollen, man muss sich allerdings in die lange Schlange der hungrigen Einkaufsbummler einreihen.

Burp! (Karte S. 492 f.; Forum Shopping Mall, 10/3 Elgin Rd; 20–70 Rs; 🕒 10.30–22 Uhr) Südlich von Chowringhee; dieser futuristische Imbiss hat Fastfood aus Thailand und Indien, Kebabs, Pizzen, Fruchtsäfte und süße Desserts im Angebot.

Wer Quickies im Stehen liebt, ist bei den mehreren Stände in der Madge Lane und Hartford Lane richtig: Es gibt Chow mein, *channa puri* und andere Fastfood-Favoriten.

BBD BAGH

In Kolkatas brummendem Geschäftszentrum findet man nur wenig Cafés, dafür unzählige Straßenstände, besonders in der Dacres Lane am Ende des Maidan.

Mission Cafe (Karte S. 501; 20 Ganesh Chandra Avenue; Snacks 5–30 Rs; 🕒 7–22 Uhr) Südöstlich des BBD Bagh kann man an der einfachen Fastfood-Futterstelle billige *puris*, Dosas, *idli* und vegetarisches Curry mit Roti im Stehen einwerfen.

Indian Coffee House (Karte S. 492 f.; 15 Bankim Chatterjee St; Kaffee & Snacks 5–30 Rs; 🕒 Mo–Sa 9–21, So 9–12.30 & 17–21 Uhr) Das Caféhaus in einer Seitenstraße bei der Calcutta University ums Eck war früher Treffpunkt der Freiheitskämpfer und Revoluzzer. Heute kommen die Kunden wegen des billigen Kaffees und der billigen Snacks. Einen Ableger des Ladens gibt es in der **Chittaranjan Ave.** (Karte S. 501).

AUSGEHEN

In Kolkata herrscht kein Mangel an Lokalen, in denen man seine Gurgel spülen kann. Die Bars der Stadt sind aber fest in männlicher Hand. Frauen dürften sich abends in den Restaurants oder den etwas weniger chauvinistischen Bars der großen Hotels wohler fühlen.

Tee- & Kaffeeshops

Espresso wird in Kolkata immer beliebter und mehrere Läden in der Park St. haben auch einen annehmbaren Cappuccino.

SÜSSES BENGALEN

Kolkata steht im Guinness Book der Rekorde und zwar wegen der Zahl seiner *Mishtir dokan* (Süßwarengeschäfte). Die Bengalen sind als Süßmäuler verschrien. Kein Wunder, bengalische Süßigkeiten, *mithais,* gibt es in unzähligen Varianten. Die meisten basieren auf Milch, Zucker, Honig und Nüssen – alles schmeckt nach Mehr.

Unbedingt probieren sollte man *mishti dhoi* (mit Palmzucker gesüßte Dickmilch), *sandesh* (gesüßte Dickmilch mit Frucht- oder Nussgeschmack), *gulab jamun* (gebackene Teigbällchen in süßem Sirup), *badam barfi* (Fudge aus Milch und Mandeln oder Cashewnüssen, verziert mit einer essbaren Silberfolie) und schneeweiße *rasgulla* (Rahmkäse, mit Rosenwasser aromatisiert und mit Sirup vermischt). In letzter Zeit sind auch Cremetörtchen und Schokoladen-Brownies westlicher Machart auf der Liste von Kolkatas beliebtesten süßen Versuchungen dazugekommen.

Hier unsere Auswahl der besten Süßwarengeschäfte Kolkatas – Vorsicht: Gefahr von Übergewicht und Karies!

Gupta Brothers (Karte S. 498 f.; 42A Park St; Süßwaren 3–10 Rs; ⌚ 7.30–22.30 Uhr) Zurzeit der Top-Laden in der Gegend rund um die Park St. Gupta Brothers macht phantastische *barfi, sandesh* und *rasgulla.* Der Eingang ist in der Mirza Ghalib St..

KC Das (Karte S. 501; Lenin Sarani; Süßwaren ab 10 Rs; ⌚ 7.30–21.30 Uhr) Der historische Süßwarenladen macht flotten Umsatz mit süßen Sojarollen, heißem *gulab jamun* und *rasgulla*, was hier 1868 erfunden wurde.

Indra Mahal (Karte S. 501; Chowringhee Road; Süßwaren 3–10 Rs; ⌚ 7.30–21.30 Uhr) An der Hauptverkehrsachse unmittelbar nördlich der Sudder St. liegt das Indra Mahal; mit großartigem *barfi, gulab jamun* und *rasgulla.* Das süße Zeug kann man gleich im Laden verdrücken oder auch eingepackt mitnehmen.

Kathleen Confectioners (Karte S. 498 f.; 12 Mirza Ghalib Street; Kuchen 5–25 Rs; ⌚ 8–20 Uhr) Das Kathleen stützt sich auf die neue entdeckte Liebe der Städter zu Schokoladenkuchen. Es gibt mehrere Filialen, in denen es süße, fette Kuchen und Konditorwaren gibt.

Kookie Jar (Karte S. 498 f.; 42A Shakespeare Sarani, Eingang in der Rowden St; Kuchen 10–40 Rs; ⌚ 7.30–22 Uhr) Das Kookie Jar ist Kolkatas unbestrittener Kuchen-King. Neben sündhaft zarten Brownies, Schichttorten, Plätzchen und Éclairs gibt's hier auch Schwarzbrot nach europäischer Art.

Barista (Karte S. 498 f.; 12 Park St; ⌚ 10–23 Uhr) Das durch und durch moderne Café bietet exzellenten, geschäumten Cappuccino und als einziges in der Stadt auch entkoffeinierten Kaffee. Einen Ableger des Ladens gibt's in der Gurusaday Rd. (Karte S. 492 f.) neben dem Mainland China.

Cafe Coffee Day (Karte S. 498 f.; 18K Park St; Kaffee 20–50 Rs; ⌚ 10.30–23 Uhr) Eine weitere schicke neue Café-Kette. Das Coffee Day serviert schäumenden Cappuccino und samtige heiße Schokolade, außerdem kann man seine Handyakkus kostenlos aufladen. Der Eingang ist in der Middleton Row. Ein zweites Geschäft ist in der Rowden St. (Karte S. 498 f.) neben dem Kookie Jar.

Flury's (Karte S. 498 f.; Ecke Park St & Middleton Row; Snacks 10–40 Rs; ⌚ Di–So 7.30–20, Mo bis 18 Uhr) Das Flury's ist in Kolkata eine Institution. Die kürzliche Renovierung hat dem alten Café neues Leben eingehaucht. Ein prima Platz für eine Tasse Tee und ein klebriges Törtchen.

Bars

Traveller halten sich am besten an die Bars in den großen Hotels von Kolkata. Bier und Hochprozentiges können hier allerdings gut und gern zwischen 75 und 150 Rs kosten, man sollte also sein Budget im Auge behalten.

Sunset Bar (Karte S. 498 f.; ☎ 22491872; 14 Sudder St; ⌚ 9–22.30 Uhr; ❄) Diese kleine Bar im Hotel Lytton ist ruhig und lauschig.

Fairlawn Hotel (Karte S. 498 f.; ☎ 22521510; 13A Sudder St; ⌚ 12.45–14 & 19.45–21.30 Uhr) Das Gartencafé des Fairlawn Hotel ist wahrscheinlich der stimmungsvollste Ort für einen abendlichen *Chota peg* (kleinen Drink).

Someplace Else (Karte S. 498 f.; ☎ 22499000; 17 Park St; ⌚ 16–23.30 Uhr) Mitten zwischen einem britischen Pub und einer amerikanischen Bar verfügt die intime Stube des Park Hotel über eine Hausband, die jeden Abend ab 21 Uhr live Coverversionen trällert. Die Menge ist hier stets bei guter Stimmung, ein großes Kingfisher kostet 140 Rs.

Trinca's Bar & Restaurant (Karte S. 498 f.; ☎ 2229 7825; 17B Park St; 🕒 11–24 Uhr) Fast neben dran ist Trinca's, eine lustige Bar im Sechziger-Look mit einer Liveband, die ab 17.30 Uhr Bollywood-Schlager und ab 21 Uhr Covers westlicher Pophits anstimmt. Auch die indische und chinesische Küche ist ziemlich gut.

Princess Restaurant & Bar (Karte S. 498 f.; ☎ 22 524715; 12 Mirza Ghalib St; 🕒 11–23.30 Uhr) Bei der Sudder St. gleich ums Eck liegt dieses beliebte Restaurant mit Bar, in der eine Liveband allabendlich ab 19 Uhr Hindi-Hits zum Besten gibt.

Paris Bar & Restaurant (Karte S. 501; ☎ 22447747; SN Banerjee Rd; 🕒 13.30–23.30 Uhr) Nördlich des Neuen Markts ist diese Barspelunke mit Club nach örtlichen Standards recht ruhig, aber Frauen ohne Begleitung müssen schon damit rechnen, begafft zu werden.

UNTERHALTUNG

Nachtclubs

In Kolkata hat's einige exzellente Nachtclubs, wo es aber meist schon 250 bis 500 Rs kostet, um überhaupt hineinzukommen. Rein dürfen sowieso meist nur Paare. Singles müssen also schauen, dass sie einen Freund des anderen Geschlechts auftun. Männer können sich auch mit den Pubs um die Park St. herum begnügen.

Tantra (Karte S. 498 f.; ☎ 22493121; Park Hotel, 17 Park St; Gedeck pro Paar 150–300 Rs; 🕒 Di–So 16.30 Uhr bis spät) Der stilvolle und moderne Nachtclub ist mit Hindu-Ikonografie herausgeputzt. Es ist wohl der populärste Club der Stadt; die DJs spielen bis in die frühen Morgenstunden House und Trance.

Dublin (Karte S. 492 f.; ☎ 23454545; ITC Sonar Bangla Sheraton Hotel, EM Bypass, Salt Lake City; Gedeck pro Paar 500 Rs; 🕒 Mi & Fr–So 11 Uhr bis spät) Das Dublin, der Newcomer in Kolkatas Szene, schafft's ganz gut, sich als Irish Pub zu verkaufen. Das Tanzparkett ist an den Wochenenden brechend voll.

Incognito (Karte S. 492 f.; ☎ 22233939; Taj Bengal, 34B Belvedere Rd; Gedeck pro Paar 400 Rs; 🕒 So–Fr 19.30–24, Sa bis 3 Uhr) Im hochklassigen Incognito in Taj Bengal trifft sich ein etwas älteres Publikum. Man muss sich sehr fein herausputzen, um an den Türsteher-Stilgurus vorbeizukommen.

Shisha (Karte S. 498 f.; ☎ 22811313; 22 Camac St; Gedeck pro Paar 500 Rs; 🕒 18–24 Uhr) Innovative Kombi aus Bar und Club, ein Anhängsel des stilvollen Grain of Salt mit gefälligen Farbtönen und Wasserpfeifen (ab 250 Rs für 30 Min.) zur Entspannung.

Kultur

Kolkata ist berühmt für seine Film-, Dichter-, Musik-, Kunst- und Tanzszene – und für all das gibt es Treffpunkte in der Stadt. Übersichten findet man in der Broschüre *Kolkata This Fortnight*, die in jedem Touristenbüro rumliegt.

Im staatlich betriebenen Nandan Complex in der AJC Bose Rd. befinden sich das **Nandan Cinema** (Karte S. 498 f.; ☎ 22231210), das bengalische und internationale Filme zeigt, und die Theater **Rabindra Sadan** (Karte S. 498 f.; ☎ 22239936) und **Sisir Mancha** (Karte S. 498 f.; ☎ 22235317), in denen Tanz-, Musik- und Theaterveranstaltungen stattfinden.

Weitere Veranstaltungsorte:

Kala Mandir (Karte S. 492 f.; ☎ 22479086; 48 Shakespeare Sarani)

Ramakrishna Mission Institute of Culture (Karte S. 492 f.; ☎ 24641303; Ecke Gariahat Rd & Southern Av)

Seagull Arts & Media Resource Centre (Karte S. 492 f.; ☎ 24556942; 36C Ashutosh Mukherjee Rd)

Kinos

In mehreren Kinos flimmern importierte westliche Filme und das Neueste von Bollywood-Megastars wie Shah Rukh Khan, Preity Zinta oder Amitabh Bachchan über die Leinwand. In den folgenden Kinos gibt's gute Chancen auf englischsprachige Filme, allerdings können Plätze in den Multiplex-Kinos bis zu 150 Rs kosten:

89 Cinemas (Karte S. 492 f.; ☎ 23588900; EM Bypass, Salt Lake City) Riesiges Multiplex nahe dem Swabhumi.

Globe (Karte S. 498 f.; ☎ 22495636; Madge Lane) Kino alten Stils nahe der Sudder St.

Inox (Karte S. 492 f.; ☎ 23584499; Forum Shopping Mall, 10/3 Elgin Rd) Schickes Multiplex nahe dem Netaji Bhawan.

New Empire Cinema (Karte S. 498 f.; ☎ 22491299; 1–2 Humayun Place; ❄) Großes Kino beim Neuen Markt.

Für Anspruchsvollere gibt's bengalische und ausländische Filme mit Niveau im **Nandan Cinema** (☎ 22231210; 1/1A AJC Bose Rd).

Sport

Kolkata ist sportverrückt. In Dutzenden von Vereinen spielen Amateurmannschaften am Maidan wochenends alles Mögliche wie z. B. Kricket oder Kabbadi.

Der Calcutta Cricket Ground (das Ranji-Stadion) ist ein wichtiger Punkt auf der indischen Kricketlandkarte, besonders was internationale Partien im One Day Cricket angeht. Die **Cricket Association of Bengal** (☎ 22478721) informiert über Termine.

Fußballfans finden ihr Glück im **Salt-Lake-Stadion** (EM Bypass) neben dem Hyatt Regency. Die **Indian Football Association** (☎ 22252378) informiert über Matches.

Pferderennen sind ein weiterer beliebter Freizeitspaß in Kolkata. Die Hauptsaison dauert von November bis April, Rennen finden an den meisten Samstagen auf der Rennbahn auf dem Maidan statt. Renntermine gibt's beim **Royal Calcutta Turf Club** (☎ 22291104).

SHOPPEN

Die meisten Souvenirläden in Kolkata verkaufen Krempel aus ganz Indien. Gute Qualität und günstige Preise bieten die Warenhäuser, die von der Regierung des Bundesstaates geführt werden – hier gibt's Fixpreise, selbst wenn sich fast überall noch ein Rabatt herausschlagen lässt.

In der Chowringhee Rd. finden sich mehrere staatliche Warenhäuser, darunter das eindrucksvolle **Central Cottage Industries Emporium** (Karte S. 501; www.cottageemporiumindia.com; 7 Chowringhee Rd; ⌚ Mo–Fr 10–19, Sa bis 14 Uhr), das Kunsthandwerk aus ganz Indien im Sortiment hat. Dutzende von staatlichen Warenhäuser gibt's auch im **Dakshinapan Shopping Centre** (Karte S. 492 f.; Gariahat Rd; ⌚ Mo–Fr 11–19, Sa bis 14 Uhr) im Süden Kolkatas.

Nahe dem Hyatt Regency in Salt Lake City findet sich das **Swabhumi** (Karte S. 492 f.; Eintritt Rs 20; ⌚ 12–22 Uhr), eine Kombination aus Einkaufszentrum und Kulturpark. Hier sind Dutzende guter Kunsthandwerksstände und Boutiquen untergebracht – außerdem gibt's eher dubiose „Kulturveranstaltungen".

Einer der besten Orte für phantasievolles Kunsthandwerk ist der Laden im CIMA (S. 503). Handbestickte Kleider und Stoffe verkauft die **Women's Friendly Society** (Karte S. 498 f.; 29 Park Lane; ⌚ Di–Fr 10–17.30, Sa bis 13 Uhr), eine Kooperative, die mittellose Frauen beschäftigt.

Kleider

Unzählige Läden im Neuen Markt und in der Chowringhee Rd. verhökern Saris und andere indische Kleidungsstücke, die's aber auch in Kolkatas klimatisierten Einkaufszentren gibt. Wer kann, kauft auf dem **Treasure Island Market** (Karte S. 498 f.) abseits der Madge Lane, im **Metro Shopping Centre** (Karte S. 498 f.; Ho Chi Minh Sarani), dem **AC Market** (Karte S. 498 f.; Shakespeare Sarani), im **Emami Shoppers' City** (Karte S. 498 f.; 3 Lord Sinha Rd) oder der **Forum Shopping Mall** (Karte S. 492 f.; Elgin Rd) ein.

Musik

Mehrere angesagte Musikläden verkaufen CDs mit indischer Pop- und klassischer Musik, darunter **Music World** (Karte S. 498 f.; Ecke Park St & Middleton Row; ⌚ 10–21 Uhr) und **Planet M** (Karte S. 498 f.; 22 Camac St; ⌚ 10.30–20.30 Uhr).

Kolkata ist einer der besten Orte im Land, um indische Musikinstrumente abzugreifen. Etliche Werkstätten in der Rabindra Sarani verkaufen handgemachte Sitars, Tabla, Sarod, *esraj* (aufrecht zu spielende karnatische Violine) und andere karnatische Instrumente. **Mondal & Sons** (Karte S. 501; 8 Rabindra Sarani; ⌚ 10–18 Uhr) ist ein 150 Jahre alter Familienbetrieb, der Yehudi Menuhin zu seinen zufriedenen Kunden zählte.

AN- & WEITERREISE

Wie man mit Flugzeug oder über Landwege in Nachbarländer gelangt und welche Visabestimmungen zu beachten sind, erfährt man ab S. 1196.

Flugzeug

Kolkata ist ein wichtiger Verkehrsknoten für Inlands- und Auslandsflüge. Hier bekommt man billige Flugtickets in andere Teile Asiens, etwa nach Bangkok (Thailand), Kathmandu (Nepal), Dhaka (Bangladesch), Rangon (Myanmar) und Paro (Bhutan). Vertrauenswürdige Reiseagenturen sind auf der S. 497 aufgelistet.

Visen für Bangladesh, Nepal, Thailand und Myanmar gibt's bei den jeweiligen Konsulaten in Kolkata. Für Bhutan muss eine in Bhutan zugelassene Reiseagentur beauftragt werden – eine Liste findet man unter www.tourism.gov.bt.

Die Ausreisegebühr beträgt 500 Rs bzw. 150 Rs in Länder der Südasiatischen Vereinigung für regionale Zusammenarbeit (SAARC). Diese ist im Preis von Tickets, die außerhalb Indiens gekauft werden, bereits enthalten.

INLANDSFLÜGE

Folgende Airlines heben in Kolkata ab:

Air Sahara (Karte S. 498 f.; ☎ 22811903; 2A Shakespeare Sarani)

INLANDSFLÜGE AB KOLKATA

Ziel	Fluglinie	Preis (US$)	Dauer	Häufigkeit
Agartala	IA/JT/SA	75	50 Min.	tgl.
Aizawl	IA	100	1 Std.	tgl.
Bagdogra	IA/JT	105	1 Std.	tgl.
Bangalore	IA/JT/SA	290	2½ Std.	tgl.
Bhubaneswar	IA/SA	95	55 Min.	tgl.
Chennai	IA/JT/SA	245	2 Std.	tgl.
Delhi	IA/JT/SA	220	2 Std.	tgl.
Dimapur	IA	130	2 Std.	tgl.
Gaya	IA	100	1 Std.	Mi
Guwahati	IA/JT/SA	95	1½ Std.	tgl.
Hyderabad	IA/SA	230	2 Std.	tgl.
Imphal	IA/JT	110	1¼ Std.	tgl.
Jaipur	IA	260	2½ Std.	Mo, Di, Do, Sa
Johrat	IA	130	2¼ Std.	Di, Sa
Lucknow	SA	165	2½ Std.	tgl.
Mumbai	IA/JT/SA	240	2½ Std.	tgl.
Port Blair (Andamans)	IA	245	2 Std.	tgl.
Pune	SA	285	3½ Std.	tgl.
Shillong	IA	110	1¾ Std.	Do-So
Silchar	IA	100	1½ Std.	tgl.
Tezpur	IA	110	1¼ Std.	Do, Sa

IA – Indian Airlines; JT – Jet Airways; SA – Air Sahara

Indian Airlines (Karte S. 501; ☎ 22114433; 39 Chittaranjan Ave.)
Jet Airways (Karte S. 498 f.; ☎ 22292227, 22292660; 18D Park St)

AUSLANDSFLÜGE

Airlines, die von Kolkata aus starten:
Air India (Karte S. 498 f.; ☎ 22822356/59; 50 Chowringhee Rd)
Biman Bangladesh Airlines (Karte S. 498 f.; ☎ 22292843/4; 30C Chowringhee Rd)
British Airways (Karte S. 498 f.; ☎ 9831377470; British Council, L&T Chambers, 16 Camac St)
Druk Air (Karte S. 492 f.; ☎ 22402419; 3. OG, block B Tivoli Court, 1A Ballygunge Circular Rd)
Gulf Air (Karte S. 498 f.; ☎ 22477783, 22475576; Chitrakoot Bldg, 230A AJC Bose Rd)
Royal Jordanian (Karte S. 498 f.; ☎ 24745091/2; 2/7 Sarat Bose Rd)
Royal Nepal Airlines Corporation (RNAC; Karte S. 498 f.; ☎ 22888534; 41 Chowringhee Rd) Eingang in der Middleton St.
Singapore Airlines (Karte S. 498 f.; ☎ 22809898; 2. OG, 1 Lee Rd)
Thai Airways International (Karte S. 498 f.; ☎ 22801630-5; 8. OG, Crescent Towers, 229 AJC Bose Rd)

Schiffe

Schiffe, die in Kolkata ablegen, findet man auf S. 1136.

Bus

Die meisten reisen von Kolkata aus mit dem Zug weiter. Doch es gibt aber auch ein paar nützliche Busrouten. Vom **Busbahnhof** (Karte S. 501) am nördlichen Ende des Maidan fahren Busse in Richtung Westbengalen ab. Mehrere staatliche klimatisierte „Rocket"-Busse nach Siliguri (400–595 Rs, 12 Std.) – für Darjeeling und Sikkim – fahren zwischen 18 und 20 Uhr, Busse nach Malda (400 Rs, 9 Std.) fahren um 9.30, 20.30 und 22 Uhr. Einmal am Tag gibt's einen staatlichen Bus nach Phuentsholing in Bhutan (300 Rs, 24 Std., 19 Uhr). Private Busse mit den gleichen Fahrtzielen fahren direkt hinter dem Standplatz der staatlichen Busse ab.

Ein zweiter **Busbahnhof** (Karte S. 492 f.) liegt am Flussufer gleich südlich vom Eden Gardens mit regelmäßigen täglichen Bussen nach Ranchi (160 Rs, 12 Std.), Puri (180 Rs, 12 Std.) und Bhubaneswar (180 Rs, Std.). Die Busse fahren zwischen 17 und 20 Uhr.

Zug

Kolkata hat zwei Hauptbahnhöfe, beide hektisch und überfüllt. Der **Bahnhof Howrah** (Karte S. 492 f.) am Westufer des Hooghly fertigt Züge zu den meisten Zielen im Westen und Süden ab, während vom **Bahnhof Sealdah** (Karte S. 492 f.), direkt östlich von der AJC Bose Rd., Züge nach Siliguri und in den Nordosten losfahren. Vorsicht vor Taschendieben ist auf beiden Bahnhöfen angebracht.

Tickets gibt's an den beiden Bahnhöfen oder in den Reisebüros in der Sudder St. Am einfachsten ist es jedoch normalerweise, in einem der Bahnbüros im Stadtzentrum zu buchen. Da ist auch die Gefahr geringer, dass man ein 2.-Klasse-Ticket zum Preis für die 1. Klasse erhält.

Das **Foreign Tourist Bureau** (Karte S. 501; ☎ 22224206; 6 Fairlie Place; 🕑 Mo–Sa 10–17, So bis 14 Uhr) der Indian Railways liegt nahe des BBD Bagh und hält für die meisten Züge, die von Howrah und Sealdah abfahren, einige Sitzplätze für Touristen zurück. Meist muss man Schlange stehen. Die Fahrkarten muss man in Devisen (bevorzugt US$, Pfund oder Euro) oder in Rupien bezahlen, für die man eine Umtauschquittung vorlegen kann.

Das reguläre **computergestützte Buchungsbüro** (Karte S. 501; ☎ 22203496; 14 Strand Rd South; 🕑 Mo–Sa 9–21, So bis 14 Uhr) ist ein Block weiter südlich und verkauft Reservierungen für Züge ab und nach Kolkata, Delhi, Chennai und Mumbai. Hier gibt's keine Touristenquote, also einige Tage im Voraus buchen.

Es gibt noch ein zweites, ruhigeres **computergestütztes Buchungsbüro** (Karte S. 492 f.; 🕑 Mo–Sa 8–14 Uhr) unmittelbar nördlich der Metrostation Tollygunge.

UNTERWEGS VOR ORT

Vom/Zum Flughafen

Der nationale und internationale Airport liegt ungefähr 17 km nordöstlich vom Stadtzentrum. Offiziell nennt er sich Netaji Subhas Chandra Bose International Airport, bei den Taxifahrer heißt er jedoch immer noch Dum Dum – nach den britischen Armeebarracken, die die gleichnamigen Geschosse mit freigelegter Spitze herstellten, die nach dem Burenkrieg verboten wurden.

Am einfachsten ist es, ein Prepaid-Taxi am Stand im Flughafenterminal zu buchen; das kostet zur Sudder St oder nach Chowringhee rund 170 Rs. In umgekehrter Richtung verlangen Taxifahrer zwischen 180 und 200 Rs. Die Fahrt in die Stadt dauert nachts etwa eine und tagsüber ca. zwei Stunden.

Ein öffentlicher Minibus (10 Rs) fährt vom BBD Bagh nach Dum Dum. Den letzten Kilometer zum Flughafen geht's jedoch zu Fuß oder mit einer Autorikscha. Die Metro nach Dum Dum endet 5 km vorm Flughafen.

WICHTIGE ZUGVERBINDUNGEN AB KOLKATA

Ziel	Zugnummer & Name	Preis (Rs)	Dauer (Std.)	Abfahrt
Bhubaneswar	2073 *Shatabdi Exp*	CC/II 460/142	8	14.05 Uhr, Mo–Sa
Chennai	6003 *Chennai Mail*	2AC/3AC/SL 1943/1234/449	27	21.05 Uhr, tgl.
Delhi	2381 *Poorva Exp*	2AC/3AC/SL 1811/1163/433	20	tgl. 9.10 Uhr oder 9.25 Uhr
Guwahati (ab Sealdah)	5657 *Kanchanjunga Exp*	2AC/SL 1457/341	22	tgl. 6.25 Uhr
Mumbai CST	2810 *Mumbai Mail*	2AC/3AC/SL 2189/1399/517	32	tgl. 19.30 Uhr
New Jalpaiguri (abSealdah)	3143/2343 *Darjeeling Mail*	2AC/3AC/SL 1046/684/263	13	tgl. 22.05 Uhr
Patna	2023 *Lal Quila Exp*	2AC/SL 981/235	10	tgl. 20.15 Uhr
Puri	8409 *Sri Jagannath Exp*	2AC/3AC/SL 946/611/227	11	tgl. 18.35 Uhr
Trivandrum	6324 *Trivandrum Exp*	3AC/SL 1515/549	48	23.05 Uhr Di & So
Varanasi	3005 *Amritsar Mail*	2AC/3AC/SL 1251/801/295	15	tgl. 19.10 Uhr

CC – Chair Class; II – 2. Klasse; 2AC – mit Klimaanlage; 3AC – mit Klimaanlage; SL – Sleeper Class ohne Klimaanlage

Bus

Die städtischen Busse sind proppevolle mechanische Monster, die mit Angst erregender Geschwindigkeit dahinbrausen. Die Strecken können einen verwirren. Immerhin sind die kleinen roten Minibusse, die vom BBD Bagh aus fahren, in Englisch beschildert. Die Fahrpreise pendeln – je nach Distanz – zwischen 2 und 10 Rs. Zum Kassieren kämpfen sich Schaffner irgendwie durch die Menge.

Fähre

Wer flott über den Hooghly muss, sollte eine der Passagierfähren nehmen, die vom Bahnhof Howrah zum **Babu Ghat** (Karte S. 492 f.), dann weiter zum **Fairlie Ghat** (Karte S. 501) und wieder zurück nach Howrah fahren. Die Boote fahren montags bis sonnabends regelmäßig zwischen 8 und 20 Uhr; die Fahrt ans andere Ufer kostet 3 Rs.

Metro

Kolkata kann mit der ersten U-Bahn Indiens protzen (die zweite hatte vor Kurzem in Delhi den Startschuss). Die Metro ist sauber, ruhig und effizient. Für Männer und Frauen gibt's getrennte Sitzbereiche (im falschen zu sitzen, gilt als Fauxpas). Die Züge fahren montags bis samstags von 7 bis 21.45 Uhr und sonntags zwischen 15 und 21.45 Uhr.

Die einzige Linie verläuft von Dum Dum im Norden nach Tollygunge im Süden. Zu den Stationen im Zentrum gehören Chandni Chowk (in der Nähe des BBD Bagh), Esplanade, Park St. und Maidan in der Chowringhee Rd. sowie Rabindra Sadan am Ende der AJC Bose Rd. Der Endstation Dum Dum ist 5 km vom Flughafen entfernt.

Es gibt drei Tarifzonen; für eine Zone werden 4 Rs, für alle drei Zonen 8 Rs fällig. Außerdem gibt's billige Zeitkarten (Gültigkeit ein oder zwei Monate).

Rikscha & Autorikscha

Kolkata ist die letzte Bastion der mit Muskelkraft betriebenen Rikschas, doch wie auch bei den Trams droht ihnen ein baldiges Ende: Der Stadtverwaltung Kolkatas sind sie ein Dorn im Auge, bremsen sie doch ihrer Meinung nach den Verkehr aus. Vielleicht findet es der eine oder andere Traveller sowieso unmoralisch, dass sich jemand für einen abstrampelt, während man selbst wie ein Radscha ausgeruht im Wagen hockt. Andererseits haben die Fahrer jedoch damit die Gelegenheit, ihren Lebensunterhalt selbst zu verdienen.

Preise sind Verhandlungssache. Für Ausländer ist es immer ein bisschen teurer, doch besonders während des Monsuns, wenn man nur mit Rikschas durch die überfluteten Straßen kommt. Den meisten Fahrern gehört ihre Rikscha nicht. Der Mietpreis setzt ihren Tagesverdienst schmerzlich herab, deshalb sind Trinkgelder sehr willkommen.

Auto- und Fahrradrikschas fahren in Howrah und anderen Vorstädten, aber nicht im Stadtzentrum. Die Preise sind reine Verhandlungssache, deshalb sollte man sich vor der Fahrt über den Preis einigen.

Taxi

In Kolkata fahren zwei Arten von Taxis: die gelben dürfen Ziele in ganz Westbengalen ansteuern, die schwarzgelben fahren nicht über die Stadtgrenze hinaus. Mit den Taxis kommt man billig und bequem herum, doch muss man darauf achten, dass der Fahrer den Taxameter anstellt. Auf vielen Straßen ändert sich um 14 Uhr die Fahrtrichtung, weshalb Fahrer um jene Zeit oft ungern fahren.

Die Fahrpreise werden mit Taxameter und Berechnungstabelle ermittelt, die jeder Fahrer mit sich führt. Grundsätzlich kann man bei modernen Digitalzählern den Wert verdoppeln und bei altmodischen mechanischen Zählern verdreifachen, um den Fahrpreis zu erhalten. Offiziell gehen die Fahrpreise bei 12 Rs los, doch die meisten Fahrer runden stets auf die nächsten 10 Rs auf.

Vor dem Bahnhof Howrah gibt's einen Stand mit Prepaid-Taxis. Hier kostet es 43 Rs zur Sudder St. und 158 Rs zum Flughafen. Infos zu Prepaid-Taxis vom Flughafen s. S. 519.

Tram

Kolkatas öffentliche Straßenbahnen geben der Stadt Charme. Mit dem könnte es jedoch bald vorbei sein, da die Trams eine Hauptursache für Staus sind. Zurzeit fahren sie noch zwischen 4 und 22.30 Uhr. Die Fahrpreise betragen 3 Rs aufwärts. Von der Endhaltestelle am nördlichen Ende des Maidan aus fahren die Linien 29 und 30 in Richtung Süden nach Tollygunge und die Linien 1, 2 und 5 nordwärts nach Belgachia.

Westbengalen

Mit einem Fuß steht der Bundesstaat tief im Golf von Bengalen und mit dem anderen himmelhoch im Himalaja. Westbengalen hat eine so vielfältige Kultur zu bieten und eine so facettenreiche Geographie wie kein anderer indischer Staat. Und als Land der Ästheten und der politischen Aktivisten galt Westbengalen bei vielen lange als *das* kulturelle Zentrum Indiens. Es ist berühmt für seine großen Schriftsteller, Dichter, Künstler, spirituellen Persönlichkeiten, Sozialreformer, Freiheitskämpfer und Revolutionäre.

Südlich von Kolkata liegen die zum Weltnaturerbe erklärten Sundarbans im Gangesdelta, das nicht nur den größten Mangrovenwald der Welt beherbergt, sondern auch eine der stärksten Tigerpopulationen. Im nördlichen Westbengalen locken die Berge des Himalaja und ihr üppiges Vorland mit großartigen Landschaften, mit Trekkingmöglichkeiten, mit Darjeelings berühmten Teeplantagen – und mit einem Einblick in die Kulturen Sikkims, Nepals und Tibets. Dank einer Neuerung in der Außenpolitik Bhutans können Traveller von Westbengalen aus sogar einen Tag lang in dieses isolierte Königreich hineinschnuppern, ohne die 200 US$ Touristensteuer pro Tag berappen zu müssen. Zwischen den Gewässern der Sundarbans und dem Himalaja erstrecken sich die fruchtbaren Flussebenen mit ihren blühenden Mangoplantagen, den grünen Jute- und den scheinbar endlosen Reisfeldern.

Über die ganze weite Landschaft verstreut liegen bemerkenswerte Überreste der westbengalischen Geschichte. Besonders faszinierend sind die reich verzierten Terrakottatempel, die die Malla-Könige in Bishnupur hinterlassen haben, und die Ruinen in Gaur und Pandua: steinerne Zeugen der muslimischen Nawabs. Und am meisten überrascht an diesem reichen und vielfältigen Staat vielleicht, dass sich kaum ausländische Reisende hierher verirren.

HIGHLIGHTS

- Aufregung (und etwas Gänsehaut) bei der Aussicht, beim Besuch im **Sundarbans Tiger Reserve** (S. 524) plötzlich einem Furcht erregenden menschenfressenden Tiger zu begegnen
- Einen der besten Tees der Welt schlürfen und gleichzeitig den mächtigen Kanchenjunga im Glanz der ersten morgendlichen Sonnenstrahlen sehen: **Darjeeling** (S. 536)
- Himalaja-Trekking umhüllt vom Duft der Rhododendronsträucher im **Singalila National Park** (S. 548)
- Ein Tag in Bhutan. Einblick in eine ferne Kultur in **Phuentsholing** (S. 479) ohne Passkontrolle und Einreisegebühr
- Prächtige Terrakottatempel in Hülle und Fülle, gebaut von den Malla-Königen in **Bishnupur** (S. 527)
- Auf dem Rücken eines Elefanten dem Panzernashorn nachspüren in den üppigen Wäldern des **Jaldhapara Wildlife Sanctuary** (S. 533)

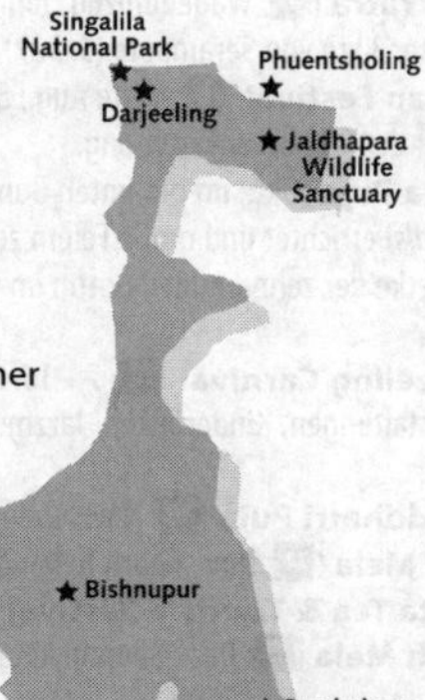

KURZINFOS

- Bevölkerung: 80,2 Mio.
- Fläche: 87 853 km²
- Hauptstadt: Kolkata (Calcutta)
- Hauptsprache: Bengali
- Reisezeit: Westbengalisches Hügelland – Oktober bis Dezember und März bis Mai; Tiefebene – Oktober bis März

Geschichte

Schon im Mahabharata wird Westbengalen der Vanga (Hexenwelt) zugeordnet, und seine Geschichte reicht noch bis vor die Einwanderung der Arier zurück. Im 3. Jh. v. Chr. war es Teil des Maurya-Reiches, bevor es dann von den Guptas überrannt wurde. Vom 9. Jh. an herrschte die Pala-Dynastie 300 Jahre lang von Bengalen aus über ein großes Reich, das Teile Bihars, Orissas und des heutigen Bangladeschs einschloss.

Qutb-ud-din, der erste Sultan von Delhi, brachte Bengalen Ende des 12. Jhs. unter muslimische Herrschaft. Nach dem Tod des letzten bedeutenden Mogulherrschers Aurengzeb (1707) wurde Bengalen dann ein selbständiger muslimischer Staat.

Die Briten hatten 1698 einen Handelsposten in Kolkata errichtet, der schnell florierte. Siraj-ud-daula, der Nawab von Bengalen, hoffte auf reiche Beute und ging von seiner Hauptstadt Murshidabad aus auf Kriegszug. 1756 nahm er Kolkata im Handstreich. Robert Clive schlug ihn im folgenden Jahr in der Schlacht von Plassey, dabei half ihm Mir Jafar durch einen Verrat. Der Onkel Siraj-ud-daulas befehligte damals den Hauptteil der Armee des Nawabs, und seine Belohnung für den Verrat war, dass er

FESTE & FESTIVALS IN WESTBENGALEN

Die hier genannten Feste sind auf der Karte auf S. 523 eingezeichnet.

Lepcha- und Bhutia-Neujahrsfest (1; Jan.; Westbengalisches Hügelland, S. 529)

Gangasagar Mela (2; Mitte Jan.; Sagar Island, S. 526) Das größte Festival in Westbengalen; Hunderttausende Hindupilger kommen dort zusammen, wo der Ganges ins Meer fließt, und baden massenweise, um sich im heiligen Fluss von Sünden reinzuwaschen.

Kenduli Mela (3; Mitte Jan.; Kenduli) Bauls (umherziehende Spielleute) kommen zu diesem Fest in dem kleinen Dorf südwestlich von Shantiniketan zusammen.

Magh Mela (4; 6.–8. Feb.; Shantiniketan, S. 527) Kunsthandwerk steht im Vordergrund.

Tibetisches Neujahrsfest (5; Feb/März; Westbengalisches Hügelland, S. 529)

Basantotsava (6; März; Shantiniketan, S. 527) Frühlingsfeier mit Blumen, Gesang und Tanz.

Bengalisches Neujahrsfest (Naba Barsha; Mitte April; im ganzen Bundesstaat)

Rath Yatra (7; Wagenumzug; Juni/Juli; Mahesh) Der Wagen des Gottes Jagannath wird in einer Prozession durch Mahesh, 3 km von Serampore (S. 527) entfernt, gezogen.

Jhapan Festival (8; Mitte Aug.; Bishnupur, S. 527) Schlangenbeschwörer feiern die Göttin Manasa, die zentrale Gestalt der Schlangenverehrung.

Durga Puja (Okt.; im gesamten Bundesstaat) Überall im Staat, insbesondere aber in Kolkata, werden Festburgen *(pandals)* errichtet und große Feiern zu Ehren Durgas veranstaltet. Nach vier bunt bewegten Tagen werden schöne Bildwerke der zehnarmigen Göttin im Fluss versenkt. Weitere Highlights bei diesem Festival stehen im Kasten auf S. 526.

Darjeeling Carnival (9; 7.–16. Nov.; Darjeeling, S. 536) Ein großes Vergnügen. Mit kulturellen Darbietungen, Veranstaltungen, Kinderfesten, Jazzmusik und sogar einem *Momo*-Esswettbewerb wird die Einheit der Region gefeiert.

Jagaddhatri Puja (10; Nov.; Chandarnagar, S. 527) Zu Ehren der Göttin Jagaddhatri.

Rash Mela (11; Nov.; Cooch Behar & Sundarbans, S. 524) Verherrlicht die Vereinigung Krishnas mit Radha.

Teesta Tea & Tourism Festival (12; Nov.; Westbengalisches Hügelland, S. 529) Kultur-Events.

Paush Mela (13; Dez.; Shantiniketan, S. 527) Volksmusik, Tanz, Theater und Baul-Lieder überall in der ganzen Stadt.

Bishnupur Festival (14; Ende Dez.; Bishnupur, S. 527) Im Vordergrund stehen Kunsthandwerk und heimische Musik.

Sikkim-Neujahrsfest (15; Dez./Jan.; Westbengalisches Hügelland, S. 529)

WESTBENGALEN

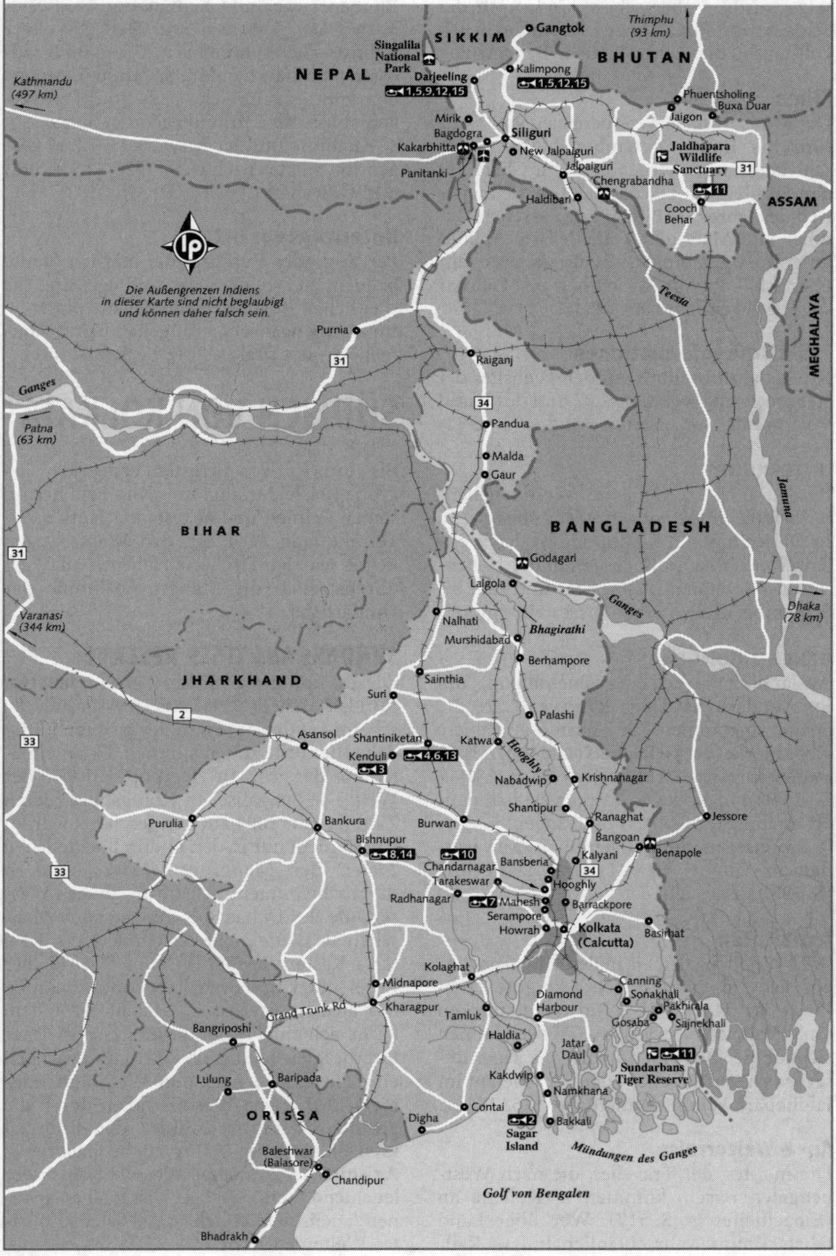

statt dem Neffen auf den Nawab-Thron gesetzt wurde – aber schon 1764, nach der Schlacht von Buxar, übernahmen die Briten vollständig die Kontrolle über Bengalen.

Klima

Der Monsun sucht Westbengalen von Mitte Juni bis Ende September heim. Überschwemmungen sorgen dann für Chaos auf den Straßen. Im Flachland ist es die meiste Zeit des Jahres sehr heiß, nur zwischen Oktober und März gibt's eine leichte Abkühlung. Im Vorgebirge ist es das gesamte Jahr über kühl – von Dezember bis Februar sogar gelegentlich lausig kalt.

Praktische Informationen

Nützliche Infos gibt's auf den Websites der **Staatsregierung** (www.wbgov.com) und des **Tourist Departments** (www.wbtourism.com).

UNTERKUNFT

In den meisten Gebieten Westbengalens bleiben die Preise das ganze Jahr über gleich. In Darjeeling und Kalimpong ist der Wettbewerb aber so groß, dass es in der Nebensaison (Dezember bis Februar und Juni bis September) Rabatte von bis zu 50 % gibt.

GENEHMIGUNGEN

Ausländer brauchen eine Genehmigung, um ins Sundarbans Tiger Reserve (s. rechte Spalte) zu kommen. Die kostenlosen Papiere gibt's im **West Bengal Tourism Centre** (☎ 22488271; www.wbtourism.com; 3/2 BBD Bagh; ⌚ Mo–Fr 10.30–16, Sa bis 13 Uhr) in Kolkata. Bis man sie hat, dauert es eine Stunde. Pass mitbringen!

Einreisegenehmigungen für Sikkim werden in Siliguri (S. 531) und Darjeeling (S. 538) ausgestellt.

Aktivitäten

Weil Westbengalen bis in den Himalaja hineinreicht, gibt's hier auch sehr gute Trekking- (S. 548) und Wildwasserstrecken (S. 543). Auch Safaris in die Tierwelt lohnen sich, ob per Boot im Sundarbans Tiger Reserve (s. rechte Spalte) oder per Eelefant im Jaldhapara Wildlife Sanctuary (S. 533).

An- & Weiterreise

Die meisten der Traveller, die nach Westbengalen reisen, kommen in Kolkata an (Einzelheiten s. S. 517). Wer über Land fährt, nimmt wahrscheinlich Indian Railways (S. 1209). Züge fahren südwärts nach Bhubaneswar und Chennai, und westwärts nach Gaya, Varanasi und Delhi. Weitere Bahnstrecken führen nach Assam im Nordosten und Jharkhand im Südwesten. Außerdem gibt es zahlreiche Nah- und Fernverkehrsbusse zu den umliegenden Staaten.

Air India und Jet Airways (S. 1203) fliegen von Siliguri nach Delhi (220 US$, 4 Std.) und Guwahati (75 US$, 50 Min.).

Unterwegs vor Ort

Per Zug oder Bus sind die meisten Städte bequem zu erreichen. In der Regel sind die staatlichen Busse schneller als die privaten. Im westbengalischen Hügelland sind Sammeljeeps das praktischste Verkehrsmittel.

SÜDLICH VON KOLKATA

Bis zum Golf von Bengalen erstrecken sich grüne Reisfelder, und um jedes Feld herum stehen Palmen und abgesenkte Hütten mit Terrakottadächern. An den Wasserwegen liegen winzige Fischerdörfchen, und Tiger durchstreifen die Mangrovensümpfe der Sundarbans.

SUNDARBANS TIGER RESERVE

Dieses üppige, 2585 km² große **Reservat** (☎ 03218-55280; Eintritt 15 Rs/Tag, Foto/Video 10/300 Rs) scheint auf den Wassern des größten Flussdeltas der Erde zu schwimmen. Es beheimatet eine der größten Tigerpopulationen der Welt. Die bengalischen Königstiger (deren Zahl im Jahr 2004 auf 274 geschätzt wurde) lauern nicht nur in den undurchdringlichen Tiefen der Mangrovenwälder, sondern durchschwimmen auch die unzähligen Wasserläufe des Deltas. Obwohl sie auch Menschen als Beute nicht verschmähen (s. Kasten s. Kasten gegenüber), sind Tiger in aller Regel scheu, und deshalb bekommt man sie nur ausnahmsweise zu Gesicht. Trotzdem lohnt sich ein Trip in dieses nasse Weltnaturerbe, gleichgültig, ob einem nun wirklich eine Großkatze über den Weg läuft oder nicht. Auf engen Wasserstraßen durch die größten Mangrovenwälder der Erde zu kreuzen und die Natur zu beobachten – Axishirsche, 2 m lange Wasserwarane oder leuchtend bunte Eisvögel – ist total entspannend, denn schließlich ist das Chaos Kolkatas Welten entfernt.

SARA-JANE CLELAND

Ashrams am Ufer des Ganges, Rishikesh (S. 466), Uttaranchal

Sadhus überqueren den Ganges während der Kumbh Mela (S. 1158), Haridwar, Uttaranchal

STEVE DAVEY

RICHARD I'ANSON

Nanda Devi (S. 488), Uttaranchal

Mussoorie (S. 453), Uttaranchal

GARRY WEARE

RICHARD I'ANSON

Pilger, Kali-Tempel (Kalighat; S. 503), Kolkata (Calcutta)

Blumenmarkt unter der Howrah-Brücke (S. 500), Kolkata

RICHARD I'ANSON

Victoria-Denkmal (S. 502), Kolkata

ERIC L WHEATE

Grenze zu Indien in Phuentsholing, Bhutan, hinter Jaigon (S. 534), Westbengalen

STAN ARMINGTON

GREG ELMS

Teepflückerin, Darjeeling (S. 536), Westbengalen

Gläubige stehen Schlange beim Kali-Tempel (Kalighat; S. 503), Kolkata

RICHARD I'ANSON

SARA-JANE CLELAND

Mahabodhi-Tempel (S. 565), Bodhgaya, Bihar

Berg im Singalila Range (S. 548), Westbengalen

RICHARD I'ANSON

Planters' Club Darjeeling (S. 544), Darjeeling, Westbengalen

GREG

UNTER TIGERN

Wer in den Sundarbans lebt und arbeitet, für den ist der Tiger und sein Appetit ein ständiger Wegbegleiter. Muslime und Hindus verehren beide die Tigergöttin Dakshin Roy und den Beschützer des Waldes Bonobibi, die sie vor den Menschenfressern schützen. Ehefrauen von Männern, die in den Sundarbans arbeiten, verbringen sogar ihren Alltag als Witwen – und nur wenn die Ehemänner nach Hause kommen, legen sie ihren Eheschmuck an.

Tiger greifen weniger an, wenn sie sich beobachtet glauben. Honigsammler und Holzfäller tragen deshalb Masken mit Gesichtern auf ihrem Hinterkopf. Weil Tiger gut schwimmen können, sind auch Fischer vor ihnen nicht sicher – bei Nacht sind die Raubtiere schon auf mitten im Fluss verankerte Fischerboote geschlichen und haben sich dann mit der Beute davongemacht.

In der Nähe der Dörfer wurden inzwischen Zäune aufgestellt, und so ist die Zahl der Todesfälle aufgrund von Tigerattacken trotz wachsender Tigerbestände zurückgegangen – von geschätzten 200 pro Jahr auf etwa 34.

Die beste Zeit, das Tigerreservat zu durchstreifen, ist zwischen Oktober und März (Hochsaison). Es ist allerdings schwierig, auf eigene Faust herzukommen, denn die erforderlichen Genehmigungen und Gebühren scheinen kein Ende zu nehmen, und die Verkehrsverbindungen sind verworren. Billig wird's auch nicht, weil man wahrscheinlich die Bootsmieten ganz allein tragen muss.

In Sajnekhali ist der offizielle Eingang zum Reservat und hier befindet sich auch das **Mangrove Interpretation Centre** (Eintritt 2 Rs; ⌚ 8.30–17 Uhr) mit einer kleinen Schildkröten- und Krokodilbrutstation und interessanten Ausstellungen zum Naturschutz, außerdem viele Präparate von Meerestieren.

Boote können in Sajnekhali gemietet werden. Das kostet von 300 Rs für einen dreistündigen Inseltrip bis zu 900 Rs für einen ganzen Tag. Außerdem braucht man einen Führer (der Festpreis beträgt 200 Rs/Tag) und eine Einfahrtsgenehmigung für das Boot (50 Rs/Tag).

Für den Besuch der Sundarbans ist eine Genehmigung erforderlich, s. gegenüber.

Geführte Touren

Die Preise für die Touren beinhalten üblicherweise den Rücktransport nach Kolkata, aber oft nicht die Unmengen von Gebühren, die im Park zu bezahlen sind.

Das West Bengal Tourism Centre in Kolkata (S. 507) organisiert in der Hauptsaison jede Woche Bootstouren, ab 1350 Rs pro Person für eine Nacht und zwei halbe Tage, einschließlich Essen und Unterkunft. Trips, die einen Tag länger dauern (lohnt sich!), gibt's ab 2050 Rs.

Wer auf festem Land übernachten will, geht am besten ins **Sunderban Tiger Camp** (☎ 033-22298606; www.sunderbantigercamp.com; ⌚ ganzjährig). Sein charismatischer Leiter kennt sich extrem gut aus – kein Wunder, er hat in seiner Zeit als Wilderer den Angriff eines Tigers überlebt. Das Essen ist großartig, es gibt traditionelle Unterhaltung und an den Abenden Ausflüge in die Dörfer der Gegend. Die Preise (alles inkl.) rangieren von 1600/2300 Rs pro Kopf für Trips mit ein/zwei Übernachtungen in komfortablen Zelten bis zu 2550/3550 Rs in etwas luxuriöseren Hütten.

Schlafen & Essen

Die Möglichkeiten für Traveller, die nicht in einer Gruppe reisen, sind entweder überteuert oder liegen ungünstig.

Sajnekhali Tourist Lodge (☎ 03218-236560; B/DZ inkl. 1 Mahlzeit & Frühstück 180/550 Rs) Die Lage in Sajnekhali ist zwar perfekt, aber diese Herberge ist dunkel, feucht und heruntergekommen. Schlafplätze können nicht im Voraus gebucht werden.

Kamal Kamini (☎ 03128-236035; DZ mit Gemeinschaftsbad 80-200 Rs) Liegt kilometerweit weg am Basar von Gosaba, ist aber die einzige Übernachtungsmöglichkeit für alle, die die Sundarbans billig besuchen wollen. Die Zimmer des Hotels sind klein und nicht besonders sauber.

An- & Weiterreise

Von Kolkata (Babu Ghat) aus geht's am schnellsten mit einem Bus nach Sonakhali (38 Rs, 3 Std.) – am besten mit dem ersten um 6.30 Uhr. Dann weiter per Boot nach Gosaba (8 Rs, 1½ Std., stündl.), wo es Sammel-Fahrradrikschas (keine Sitze, nur eine Ladefläche) nach Pakhirala (7 Rs, 45 Min.) gibt. Von dort geht's wieder per Boot weiter nach Sajnekhali (3 Rs, 10 Min.). Auf dem Rückweg daran denken, dass der letzte Bus nach Kolkata um 16:30 Uhr in Sonakhali abfährt.

DIAMOND HARBOUR

☎ 03174 / 37 238 Ew.

Diamond Harbour, einst der größte Hafen der britischen Ostindischen Kompanie, liegt 51 km südlich von Kolkata, dort, wo der Hooghly sich nach Süden wendet und zur offenen See fließt. Die Bewohner Kolkatas kommen hier gern her, um zu picknicken, aber zu sehen gibt's außer der Ruine einer portugiesischen Festung am Uferrand nicht viel. Immerhin ist Diamond Harbour ein guter Ausgangspunkt für Ziele weiter im Süden.

In der **Sagarika Tourist Lodge** (☎ /Fax 255246; DZ ab 289 Rs, mit Klimaanlage ab 630 Rs; ✖) schläft sich's ganz gut. Seltsamerweise sind die Zimmer, die dem Meer abgewandt sind, sehr angenehm.

Busse nach Kolkata (24 Rs, 1½ Std.) fahren alle halbe Stunde.

SAGAR ISLAND

☎ 03210

Die Legende erzählt, dass der Ganges die Seelen der 60 000 Söhne König Sagars – nachdem der Weise Kapil sie verbrannt hatte – hier wieder lebendig machte, indem er ihre Asche überspülte. Jedes Jahr findet in Erinnerung an diese Geschichte in der Nähe des Kapil-Muni-Tempels die **Gangasagar Mela** (S. 522) statt.

In Sichtweite des Tempels liegt das **Larica Sagar Vihar** (☎ 240226; B 100 Rs, DZ 345–545 Rs, Hauptgerichte 20–80 Rs) mit großen, gepflegten Zimmern, die Moskitonetze haben. Es gibt außerdem ein bescheidenes Restaurant. Zu den weiteren Unterkunftsmöglichkeiten gehören noch eine düstere, feuchte Jugendherberge und verschiedene Ashrams. Die Preise können sich während der Mela verdoppeln.

Von Diamond Harbour fährt ein Bus nach Hardwood Point (16 Rs, 1 Std., stündl.), von wo aus eine Fähre (5,50 Rs, 25 Min., stündl.) über den Hooghly nach Sagar Island geht. Busse bewältigen die 30 km von der Anlegestelle zum Tempel (25 Rs, 45 Min.).

BAKKALI

☎ 03210

Bakkali ist eine wachsende Strandgemeinde 132 km südwestlich von Kolkata. Der leuchtend weiße **Strand** ist ziemlich verlassen und ungeschützt, aber perfekt für einen schönen Spaziergang. Eine Stunde nördlich liegt das muntere Fischerdorf **Namkhana**.

Ein paar Minuten von Bakkalis Strand entfernt ist die WBTDC **Bakkali Tourist Lodge** (☎ 225260; B/DZ 80/350 Rs). Sie ist ein bisschen heruntergekommen, aber ein, zwei Nächte hält man es hier schon aus.

Ein staatlicher Bus fährt von der Esplanade Kolkatas täglich um 7 Uhr nach Bakkali (61 Rs, 4 Std.).

DIGHA

☎ 03220

Ein Engländer taufte Digha 1780 „das Brighton des Ostens" – und der Name passt immer noch. Digha liegt am Golf von Bengalen, 185 km südwestlich von Kolkata. Der Ort eignet sich gut für einen erholsamen Kurzurlaub, allerdings nicht am Strand – denn da vergnügen sich Kolkatas Massen. Wer all diesen Menschen entfliehen will, findet ein wenig nördlich in Shankarpur eine ruhigere Stelle am Meer.

Übernachtungsmöglichkeiten gibt's viele in Digha. Die helle, mit Balkonen versehene

DURGAS BAD

Da Durga die Göttin aller Dinge und Wesen ist, überrascht es nicht, dass die Liste der Zutaten, die man für die Rituale während der Durga Puja (s. Kasten S. 522) braucht, ziemlich lang und ziemlich seltsam ist. So sind für das tägliche Bad der Göttin nicht weniger als 75 Sachen nötig. Das reicht von Bitterfruchtextrakt über Tau aus Lotuspollen bis hin zu Erde von der Türschwelle einer Prostituierten. Ja, richtig gelesen, von der Türschwelle einer Prostituierten! Da die Männer ihre Tugenden zurücklassen, wenn sie über die Schwelle treten, soll die Erde unter der Schwelle Kräfte ansammeln. Außerdem soll diese Zutat verdeutlichen, dass alle Ebenen der bengalischen Gesellschaft in das Fest eingeschlossen sind. Faszinierenderweise wird übrigens nicht die Durgastatue aus Lehm gebadet, sondern ein Spiegel, in dem sich ihr Bild reflektiert.

WBTDC Tourist Lodge (☎ 266255; Fax 266256; DZ ab 250 Rs, mit Klimaanlage 650 Rs; ❄) ist die beste. Ein paar Zimmer zeigen lassen, denn sie sind arg verschieden!

Von der Esplanade Kolkatas fahren mehrere Busse hierher (71 Rs, 5 Std.).

NÖRDLICH VON KOLKATA

Diese Region Westbengalens ist reich an bengalischer und kolonialer Geschichte. Die faszinierenden Überreste der Vergangenheit mischen sich prächtig mit den üppigen Jutefeldern und ländlichen Dörfern von heute – und ein Besuch hier lohnt sich doppelt.

DEN HOOGHLY STROMAUFWÄRTS

Am Hooghly, 25 km nördlich von Kolkata, liegt **Serampore**. Die Stadt war ein dänisches Zentrum, bis alle Besitztümer Dänemarks in Indien 1845 an die britische Ostindische Kompanie kamen. Im **Serampore-College** gibt's eindrucksvolle Bauten aus der Kolonialzeit und ein bemerkenswertes schmiedeeisernes Tor, das der dänische König einst gestiftet hat. Weiter den Fluss hinauf liegt der frühere französische Vorposten **Chandarnagar**, wo die Église du Sacre Coeur und ein Gutshaus aus dem 18. Jh. zu besichtigen sind. Im Gutshaus ist heute das **Cultural Institut de Chandarnagar** (Eintritt frei; 🕒 11–17.30 Uhr, Do & Sa geschl.) untergebracht.

1537 errichteten die Portugiesen in **Hooghly**, 41 km nördlich von Kolkata, eine Faktorei. Lange vor Kolkatas Aufstieg war Hooghly schon ein wichtiger Handelshafen. 1632 vertrieb Shah Jahan die Portugiesen aus Hooghly nach einer langen Belagerung. Ein Jahr später durften sie dann aber wieder zurückkehren. Der Wind und der Ausblick von den hohen Minaretten des eindrucksvollen **Imambaras** (Eintritt 4 Rs; 🕒 8–17.30 Uhr) ist atemberaubend. Das Gebäude wurde 1836 gebaut, um die shiitischen Pilgerströme im Muharram unterzubringen. **Chinsura**, nur 1 km südlich von Hooghly, wechselte 1825 aus niederländischen in britischen Besitz – im Austausch gegen die von Großbritannien beherrschte indonesische Insel Sumatra. Es gibt hier ein Fort und einen niederländischen Friedhof, 1 km weiter westlich.

Bansberia, ungefähr 6 km nördlich von Hooghly, hat zwei interessante Tempel zu bieten. Die 13 Minarette des **Hansewari-Tempels** könnten gut in St. Petersburg stehen. Die reichen Schmuckfliesen des **Vasudev-Tempels** ähneln denen an den berühmten Tempeln von Bishnupur.

BISHNUPUR

☎ 03244 / 61 943 Ew.

Heute ist Bishnupur bekannt für seine vielen schönen Terrakottatempel, seine Glanzzeit erlebte es aber als Hauptstadt der Malla-Könige (große Kunstmäzene!) vom 16. bis zum frühen 19. Jh. Die Architektur dieser faszinierenden **Tempel** (Eintritt Inder/Ausländer 5/100 Rs; 🕒 Sonnenaufgang–Sonnenuntergang) ist ein kühner Stilmix aus Einflüssen aus Bengalen, dem Islam und Orissa. Die detaillierten Terrakottafassaden vieler Tempel zeigen Szenen aus den Hindu-Epen Ramayana und Mahabharata. Die eindrucksvollsten Tempel sind der Jor Bangla, der Madan Mohan, der pyramidenförmige Ras Mancha und der exquisite Shyam Rai. Fahrradrikschas bieten Rundfahrten für 80 Rs an. Zudem gibt's ein kleines **Museum** (Eintritt 2 Rs; 🕒 Di–So 11–19 Uhr).

Bishnupur liegt im Distrikt Bankura, der für seine **Töpferwaren** (insbesondere die stilisierten Bankura-Pferde) und die **Baluchari-Seidensaris** berühmt ist.

Die **Bishnupur Tourist Lodge** (☎ 252013; B 80 Rs, DZ ab 330 Rs, mit Klimaanlage 550 Rs; ❄) ist in der Nähe des Museums; die Fahrt mit der Rikscha hierher kostet vom Bahnhof aus 20 Rs.

Busse fahren nach Kolkata (55 Rs, 5 Std., 3-mal tgl.), und um 12 Uhr fährt einer nach Shantiniketan (50 Rs, 5 Std.). Drei Züge gehen pro Tag nach Kolkata (60/269 Rs, 2. Klasse/Chair Class, 4 Std.).

SHANTINIKETAN

☎ 03463

Shantiniketan wird seinem bengalischen Namen völlig gerecht: Er bedeutet friedlicher *(shanti)* Aufenthalt *(niketan)*. Rabindranath Tagore (s. Kasten S. 528) gründete hier 1901 eine Schule, aus der später die Visva Bharati-University hervorging. Diese Universität setzt sich besonders mit dem Verhältnis der Menschheit zur Natur auseinander.

Verstreut über das grüne Universitätsgelände sind vielseitige Statuen, die berühmten **Wandmalereien von Shantiniketan** und die beeindruckende **Tagore-Gebetshalle**. Das **Museum** und die **Kunstgalerie** (Eintritt 5 Rs; Do–Mo 10.30–13 & 14–16.30, Di 10.30–13 Uhr) im Uttarayan-Komplex sind einen Blick wert.

Die **Shantiniketan Tourist Lodge** (☎ 252699; Fax 252398; B 80 Rs, EZ/DZ 263/350 Rs, mit Klimaanlage ab 638/850 Rs) liegt zentral und ist einfach und sauber.

Das **Chhuti Holiday Resort** (☎ 252692; DZ ab 850 Rs, mit Klimaanlage 1800 Rs;) mit seinen einmaligen Steinfußböden und Rohrdachhütten ist die netteste Unterkunft hier. Kinder unter zwölf Jahren zahlen nichts – ein zusätzliches Bett für Größere kostet 300 Rs.

Züge fahren vom Bahnhof Bolpur, 2 km südlich der Universität, nach Kolkata (50/213 Rs, 2. Klasse/Chair Class, 2½ Std., 5-mal tgl.) und nach New Jalpaiguri (134/350 Rs, Sleeper Class/3AC, 7½ Std.) Richtung Darjeeling. Busse fahren auch noch nach Murshidabad (40 Rs, 4 Std., 4-mal tgl.) und Bishnupur (50 Rs, 5 Std., Abfahrt 6 Uhr).

NABADWIP & MAYAPUR

☎ 03472 / 115 036 Ew.

Nabadwip, 114 km von Kolkata entfernt, ist ein wichtiges Krishna-Pilgerzentrum. Zu den Tempeln hier strömen Unmengen von Gläubigen. Die Stadt ist auch ein altes Zentrum der Sanskritkultur. Der letzte hinduistische König Bengalens, Lakshman Sen, verlegte seine Hauptstadt von Gaur hierher.

Mayapur liegt an der anderen Uferseite. In dem Zentrum der ISKCON-(Hare-Krishna-) Bewegung gibt's einen großen Tempel und das **Iskcon Guest House** (☎ 245620; DZ/Suite 250/450 Rs), das einen privaten Bus nach Kolkata betreibt (250 Rs, 5 Std., Abfahrt in Kolkata Mi & Fr–So 11 Uhr), Rückfahrt: 16 Uhr.

MURSHIDABAD & BAHARAMPUR

☎ 03482 / 36 894 Ew.

In Murshidabad treffen das beschauliche bengalische Landleben und die Architektur des 18. Jhs an den blühenden Ufern des Bhagirathi aufeinander. Siraj-ud-daula hatte als Nawab von Bengalen in Murshidabad seine Hauptstadt, und hier wurde er auch nach der Niederlage in der Schlacht von Plassey ermordet. Der Bhagirathi fließt nach Süden und mündet in den Hooghly. Früher war er die wichtigste Handelsroute zwischen dem indischen Binnenland und dem 221 km weiter südlich gelegenen Hafen von Kolkata.

Der **Hazarduari** (Eintritt Inder/Ausländer 5/100 Rs; Sa–Do 10–17 Uhr) ist ein klassizistischer Palast, der 1837 für die Nawabs errichtet wurde. Er ist berühmt für seine 1000 (echten und vorgetäuschten) Türen und beherbergt heute eine bemerkenswerte Sammlung von Antiquitäten aus dem 18. und 19. Jh., darunter Historiengemälde wie Marshalls gefeiertes *Burial of Sir John Moore*. Unter der hohen Kuppel von der Durbar Hall hängt ein mächtiger Kronleuchter, angeblich ein Geschenk von Königin Victoria. In der Archivgalerie wird eine prächtige arabische Handschrift aus dem 13. Jh. aufbewahrt. Der verfallene **Große Imambara** steht

RABINDRANATH TAGORE

Der brillante und überaus produktive Dichter, Schriftsteller, Künstler und Patriot Rabindranath Tagore (von den Bengalis auch „Rabi Babu" genannt) hat einen unvergleichlichen Einfluss auf die bengalische Kultur ausgeübt. Er wurde 1861 als Sohn einer reichen und berühmten Familie in Kolkata geboren, und schon in Kindertagen begann er, zu schreiben – und er hörte niemals damit auf: sein letztes Gedicht diktierte er nur wenige Stunden vor seinem Tod im Jahr 1941.

Es ist auch Tagore zu verdanken, dass der Westen etwas von der Größe der indischen Geschichte und Kultur kennen gelernt hat. 1913 erhielt er den Literaturnobelpreis für seine Sammlung mystischer Gedichte: *Gitanjali* (Sangesopfer). Später ging er auf Vortragsreisen, um seine Idee von der Einheit der Menschen in Asien, Amerika und Europa zu verbreiten.

Doch trotz aller internationaler Aufgeschlossenheit war Tagore fest in seiner Heimat verwurzelt. Das zeigt sich in vielen populären Liedern, die gerne vom Volk gesungen werden – und in den Texten der Nationalhymnen von Indien und Bangladesch. 1915 wurde Tagore von den Briten geadelt, aber er gab diese Auszeichnung 1919 zum Zeichen seines Protests gegen das Massaker von Amritsar wieder zurück.

Einen Eindruck von Tagores Werk vermitteln seine von ihm selbst ins Englische übersetzten *Selected Short Stories*.

auf dem Palastgelände – das renovierte Innere lohnt einen Blick.

Murshid Quli Khan, der im Jahr 1705 seine Hauptstadt hierher verlegte, ist in einem anderen Stadtteil begraben: unter den Treppen der eindrucksvollen Ruinen der **Katra-Moschee**. Siraj-ud-daula wurde am **Nimak Haram Deohri** (Verrätertor) ermordet. In den **Kathgola-Gärten** (Eintritt 7 Rs; 6.30–17.30 Uhr) liegen der interessante jainistische Parswanath-Tempel und ein kleines Palastmuseum.

Baharampur liegt 11 km südlich von Murshidabad. In Baharampur halten die Busse und Bahnen.

Schlafen & Essen

Es gibt zwar nicht viele Hotels in dieser Gegend, aber dafür gute. Die hier genannten haben eigene Badezimmer, das heiße Wasser gibt's in Eimern.

Hotel Manjusha (☎ 270321; DZ 200–400 Rs) Dieses Hotel liegt prächtig in Murshidabad am Ufer des Bhagirathi, hinter dem Großen Imambara. Zimmer Nr. 201–203 haben Ausblick auf den Fluss und den Hazarduari.

Hotel Samrat (☎ 251147; NH-34 Panchanantala; EZ/DZ ab 150/200 Rs, DZ mit Klimaanlage 595–1320 Rs, Hauptgerichte 20–120 Rs;) Das ist die beste Unterkunft in Baharampur mit einer Reihe gut geschnittener Zimmer und einem Restaurant, in dem müde Traveller Leckeres zum Auftanken kriegen.

An- & Weiterreise

Es gibt einen täglichen Expresszug nach Kolkata ab Baharampur (57/211 Rs, 2. Klasse/Chair Class, 4 Std., Abfahrt 6 Uhr). Regelmäßig fahren Busse nach Kolkata (56 Rs, 6 Std.) und Malda (45 Rs, 5 Std.).

Sammel-Autorikschas (11 Rs) flitzen häufig zwischen Murshidabad und Baharampur hin und her. Fahrradrikschafahrer bieten halbtägige geführte Touren für ungefähr 90 Rs an; ein gutes Angebot, da alles Sehenswerte weit verstreut liegt.

WESTBENGALISCHES HÜGELLAND

Wilde Tiere, Himalajalandschaft oder Outdoor-Aktivitäten – das Hügelland bietet alles. Für einen Tag geht's sogar visafrei nach Bhutan.

MALDA

☎ 03512 / 161 448 Ew.

Malda liegt 347 km nördlich von Kolkata und ist eigentlich nicht besonders attraktiv, allerdings ein bequemer Startpunkt für die Besichtigung der Ruinen in den früheren bengalischen Hauptstädten Gaur und Pandua in der Nähe (s. unten). Zu den berühmten Fajli-Mangobäumen geht es – wörtlich! – der Nase nach.

Hotels gibt's am Highway und in der Nähe von Bahnhof und Busbahnhof. Die folgenden haben Zimmer mit Bad und teilweise Boiler.

Hotel Purbanchal (☎ 266183; NH-34; EZ/DZ ab 200/250 Rs, mit Klimaanlage 510/575 Rs, Hauptgerichte 45–100 Rs;) ist bescheiden, aber ganz nett und für das Geld das beste. Die Zimmer sind groß, hell und haben TV. Außerdem gibt's ein Restaurant.

Hotel Pratapaditya (☎ 268104; Station Road; EZ 120–180 Rs, DZ 200–340 Rs, DZ mit Klimaanlage 600–1200 Rs;) liegt abseits des Highways in der Nähe des Bahnhofs. Die ruhigste aller Unterkunftsmöglichkeiten mit vielfältigen Zimmern.

Continental Lodge (☎ 252388; Fax 251505; DZ 185–450 Rs, mit Klimaanlage 475-900 Rs;) liegt am Busbahnhof und hat saubere Zimmer für jeden Geldbeutel.

Zahlreiche Züge fahren täglich nach Kolkata (149/446 Rs, Sleeper Class/3AC, 7 Std.) und New Jalpaiguri (134/345 Rs, Sleeper Class/3AC). Busse fahren regelmäßig nach Siliguri (90 Rs, 6 Std.), Baharampur/Murshidabad (45 Rs, 5 Std.) und Kolkata (120 Rs, 10 Std.).

GAUR & PANDUA

Mitten in den überfluteten Reisfeldern von Gaur liegen – im Schatten von Palmen – Moscheen und andere Zeugnisse aus dem 13. bis 16. Jh., als der Ort die Hauptstadt der muslimischer Nawabs war. Aus der Zeit des 7. bis 12. Jh. ist hingegen wenig erhalten geblieben; damals war Gaur nacheinander die Hauptstadt der buddhistischen Pala- und dann der hinduistischen Sena-Dynastie.

Es lohnt sich, durch die Ruinen der eindrucksvollen **Baradwari-Moschee** zu gehen, den super erhaltenen Arkadengang des Seitenschiffs zu erkunden und den festungsartigen Torweg des **Dakhil Darwaza** (1425) zu bestaunen. In der **Qadam Rasul-Moschee** gibt's den möglicherweise plattesten Fuß auf Er-

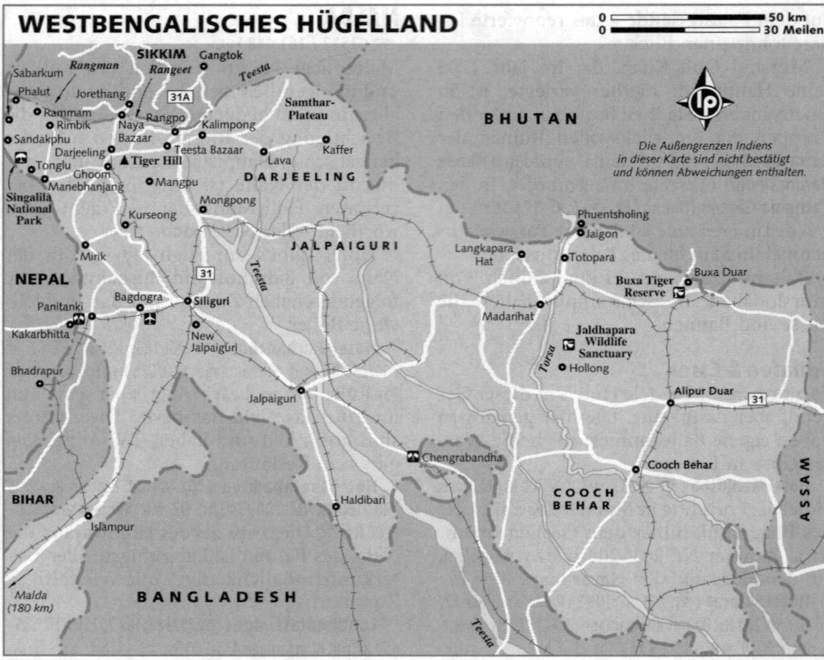

den – einen „Fußabdruck" des Propheten Muhammad. Am **Grabmal des Fath Khan** (1707) daneben teilt eine Inschrift mit, dass Fath Khan hier „Blut spuckte und an dieser Stelle starb". Lotusmotive schmücken die Terrakottafassade der **Tantipara-Moschee** (1480), während an der **Lattan-** und der **Chamkati-Moschee** noch Reste der ursprünglichen Emailverkleidung zu sehen sind.

Nördlich von Pandua (18 km nördlich von Malda) liegen die gewaltigen Ruinen der **Adina Masjid**, die einst Indiens größte Moschee war. In intakten Erkern, mit Bogen und Kuppeln gestaltet, steht das Grabmal des Sikander Shah, der diese Moschee im 14. Jh. errichten ließ. Ungefähr 2 km entfernt liegt das **Eklakhi-Mausoleum**. Es heißt so, weil es angeblich 1 lakh Rs (d. h. 100 000 Rs) gekostet hat, es zu bauen. Außen ist das Mausoleum rechteckig und hübsch verziert, innen gibt es einen achteckigen Raum, in dem sich die Gräber von Jaluddin und seiner Familie befinden.

Die Bauwerke sind über ganz Gaur und Pandua verteilt, und es ist ziemlich mühsam, sie zu finden. Am besten in Malda ein Taxi für einen halben Tag mieten (450 Rs), sonst muss man sich Gandhis Geduld zum Vorbild nehmen und versuchen, einen Fahrradrikschafahrer zu finden, der Beine hat wie Jan Ullrich.

SILIGURI & NEW JALPAIGURI

☎ 0353 / 655 935 Ew. / 119 m

Das übervölkerte und langweilige Gebiet rund um die Städte Siliguri und New Jalpaiguri (NJP) ist nicht mehr als ein Sprungbrett nach Darjeeling, Kalimpong, Sikkim, zu den Staaten des Nordostens, zum östlichen Nepal und nach Bhutan. Die meisten Traveller übernachten hier einmal und fahren dann sofort weiter.

Orientierung

Die meisten Hotels, Restaurants und sonstigen Dienstleister Siliguris sind in der Hill Cart Rd., die über die NJP Station Rd. südwärts zum Bahnhof von NJP führt. Nach Osten zweigen von der Hill Cart Rd. die beiden anderen Hauptstraßen Siliguris ab, die Sevoke und die Bidhan Rd., die nach 1 km zu einer einzigen Straße werden.

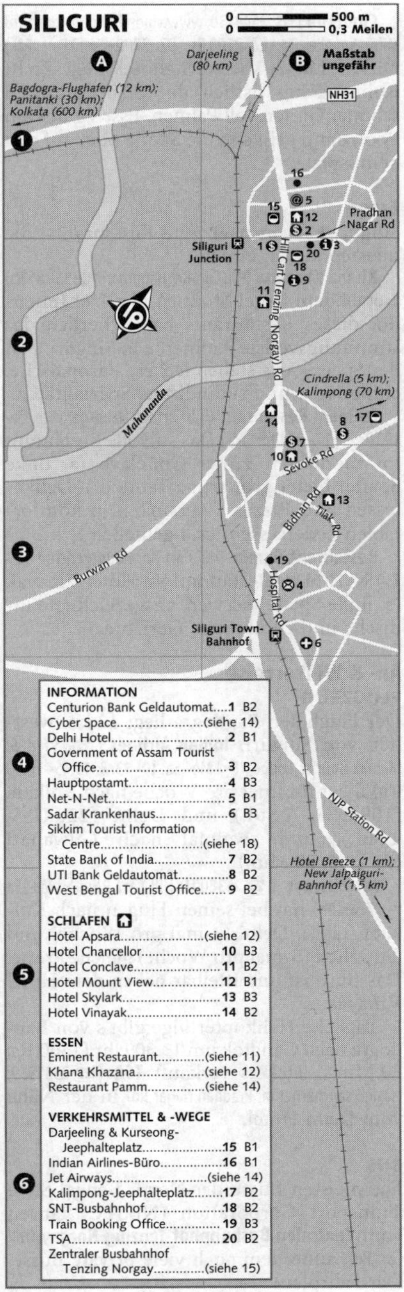

Praktische Informationen

INTERNETZUGANG

Cyber Space (Hill Cart Rd; 30 Rs/Std.; 10–20.30 Uhr) Digitalkamerafreundlich.

Net-N-Net (Hill Cart Rd; 25 Rs/Std.; 9.30–21.30 Uhr)

MEDIZINISCHE VERSORGUNG

Sadar Krankenhaus (☎ 2436526, 2585224; Hospital Rd)

GELD

Centurion Bank-Geldautomat (Hill Cart Rd)

Delhi Hotel (☎ 2516918; Hill Cart Rd; 7–21.30 Uhr) wechselt Bargeld und Reiseschecks.

State Bank of India (☎ 2431364; Hill Cart Rd; Mo–Fr 10–15.30, Sa bis 13 Uhr) wechselt Geld und Reiseschecks (allerdings nur American Express und Thomas Cook).

UTI Bank-Geldautomat (Sevoke Rd)

EINREISEGENEHMIGUNG FÜR SIKKIM

Sikkim Tourist Information Centre (☎ 2512646; Hill Cart Rd; Mo–Sa 10–16 Uhr) erteilt Einreisegenehmigungen für Sikkim (s. S. 577). Wer morgens den Antrag stellt, kann in der Regel die Genehmigung am Nachmittag abholen – Reisepass und ein Passfoto mitbringen!

FOTO

Fotogeschäfte, die auch entwickeln, gibt's in der Hill Cart Rd. massig.

Cyber Space (Hill Cart Rd; 30 Rs/Std.; 10–20.30 Uhr) USB-Verbindung und CD-Brennen (50 Rs).

POST

Hauptpost (☎ 2538850; Hospital Rd; Mo–Sa 7–20, So 10–15 Uhr)

TOURISTENINFORMATION

Government of Assam Tourist Office (Pradhan Nagar Rd; Mo–Fr 10–16.15 Uhr) Hilfsbereite Mitarbeiter, viele Broschüren.

West Bengal Tourist Office (☎ 2511979; slg_omntdc@sancharnet.in; Hill Cart Rd; Mo–Fr 10–17 Uhr) Gutes Personal, das zwischen 11 und 16 Uhr auch Unterkünfte im Jaldhapara Wildlife Sanctuary (S. 533) buchen kann. Es gibt auch Informationsschalter am Flughafen und am NJP-Bahnhof.

Schlafen

Es gibt Dutzende freundlicher, ordentlicher Budget- und Mittelklassehotels in der Hill Cart Rd., die meisten in der Nähe des zentralen Busbahnhofs Tenzing Norgay. Die genannten Unterkünfte haben alle Zimmer mit eigenem Bad.

BUDGETUNTERKÜNFTE

In den meisten Budgetunterkünften gibt's Zimmer mit Plumps- und mit Sitztoilette. Das heiße Wasser kommt im Eimer, manchmal ist aber auch ein Boiler vorhanden.

Hotel Mount View (☎ 2515919; EZ/DZ ab 250/300 Rs, mit Klimaanlage 550/800 Rs; ⊠) Gegenüber vom Busbahnhof (Zufahrt zur Hill Cart Rd.). Das Hotel ist heller als andere und deshalb eine gute Wahl. Die Zimmer sind ausreichend groß, es gibt Zimmerservice und Farbfernsehen.

Hotel Chancellor (☎ 2432372; Ecke Sevoke & Hill Cart Rd; EZ/DZ ab 80/230 Rs) Ein nicht gerade spannendes, aber freundliches, von Tibetern betriebenes Hotel. Ein Zimmer im neuen Teil verlangen – sie sind hell und tadellos. Im älteren Teil stört der Verkehrslärm.

Hotel Apsara (☎ 2514252; 18 Patel Rd; EZ/DZ/3BZ/4BZ 150/200/250/300 Rs) Die saubere, einfache und ruhige Unterkunft liegt hinter dem Hotel Mount View. Die meisten Badezimmer haben allerdings nur eine Plumpstoilette.

Hotel Breeze (☎ 2691136; NJP Station Rd; EZ 100–250 Rs, DZ 180–450 Rs) Diese Unterkunft ist zu Fuß nur zehn Minuten vom Bahnhof entfernt. Das Hotel hat einfache, kahle Zimmer, einige mit etwas mehr Komfort (gewaltige Betten!). Es gibt einen kleinen, mit Pflanzen überladenen Balkon in jedem Geschoss. Zimmer Nr. 217 ist das hellste.

MITTEL- & SPITZENKLASSEHOTELS

Alle Zimmer mit Boiler und Farb-TV.

Hotel Conclave (☎ 2516144; hotelconclave@rediffmail.com; Hill Cart Rd; EZ/DZ ab 400/500 Rs, mit Klimaanlage ab 750/900 Rs; ⊠) Dieses sprühende, moderne Hotel wurde 2004 eröffnet und protzt mit Kunstwerken, feiner Täfelung, hochwertigen Matratzen und Badezimmern, in denen man sich gerne aufhält. Das tolle Eminent Restaurant (s. rechte Spalte) ist das beste in Siliguri.

Hotel Skylark (☎ 2535388; Fax 2537641; 1 Tilak Rd; DZ 350–500 Rs, mit Klimaanlage 700–950 Rs; ⊠) Direkt bei der Bidhan Rd. Das schmucke Hotel hat begrünte Balkone mit Ausblick auf das Stadion.

Hotel Vinayak (☎ 2431130; Fax 2531067; Hill Cart Rd; DZ 400–700 Rs, mit Klimaanlage 900–1950 Rs; ⊠) Sauberkeit wird groß geschrieben in diesem sehr guten Hotel. Die Zimmer ohne Klimaanlage sind vom Preis-Leistungsverhältnis her besser. Von Zimmer Nr. 410 aus kann man sogar den Sonnenuntergang sehen.

Cindrella (☎ 2544130; www.cindrellahotels.com; 3rd Mile, Sevoke Rd; EZ 2500 Rs, DZ 2700–5600 Rs; ⊠) Dieses Luxus-Viersternehotel liegt recht isoliert 5 km östlich der Stadt inmitten schöner Gärten voll Palmen. Essen gibt's am Pool, dann geht's in die Sauna oder auf den Tennisplatz.

Essen

Siliguri hat ein paar gute Restaurants, die meisten in den Hotels.

Khana Khazana (Hill Cart Rd; Hauptgerichte 35–85 Rs) Neben dem Hotel Mount View. Der Innenhof dieses Restaurants hat sicherlich das stimmungsvollste Ambiente in Siliguri. Auf der Speisekarte stehen leckere europäische, chinesische und südindische Spezialitäten.

Eminent Restaurant (Hill Cart Rd; Hauptgerichte 45–180 Rs; ⏲ 7–23 Uhr; ⊠) Das stilvolle Restaurant im modernen Hotel Conclave (s. linke Spalte) bietet großartige Tandoori-Delikatessen und Pizzas – versinken in komfortablen Ledersesseln und genießen …!

Restaurant Pamm (Hill Cart Rd; Hauptgerichte 50–130 Rs; ⊠) Das Restaurant im Hotel Vinayak (s. linke Spalte) serviert ausgezeichnete indische und chinesische Gerichte.

An- & Weiterreise

FLUGZEUG

Der Flughafen Bagdogra liegt 12 km westlich von Siliguri. **Indian Airlines** (☎ 2511495; Mainak Tourist Lodge; ⏲ Mo–Sa 10–13 & 13.45–16.30 Uhr) fliegt fünfmal pro Woche nach Kolkata (109 US$, 1 Std.) und Delhi (220 US$, 4 Std.), und zweimal nach Guwahati (75 US$, 50 Min.).

Jet Airways (☎ 2538001; Hill Cart Rd; ⏲ Mo–Sa 9–17.30 Uhr) hat bei seinen Flügen nach Kolkata (tägl.), Delhi (3-mal pro Woche) und Guwahati (5-mal pro Woche) gleiche Preise. Das Büro ist unmittelbar neben dem Hotel Vinayak.

Tägliche Helikopterflüge gibt's von Bagdogra nach Gangtok um 13.30 Uhr (1500 Rs, 30 Min.). Tickets verkauft **TSA** (☎ 2531959; tsaslg@sancharnet.in; Pradhan Nagar Rd) in der Nähe vom Delhi Hotel.

BUS

Die meisten Busse der North Bengal State Transport Corporation (NBSTC) fahren vom **Zentralen Busbahnhof Tenzing Norgay** (Hill Cart Rd), außerdem auch viele private Busse. Der Fahrplan:

Ziel	Preis (Rs)	Dauer (Std.)	Häufigkeit
Kurseong	35	2	alle 30 Min.
Mirik	38	2½	stündl.
Kalimpong	50	3	stündl.
Darjeeling	50	3½	alle 30 Min.
Madarihat	50	3	stündl.
Malda	98	6½	stündl.
Baharampur	130	9	6.45, 20 & 21 Uhr
Patna	205	14	17 Uhr
Guwahati	215	12	17 Uhr
Kolkata	215–250	12–16	18–20 Uhr

Busse der Sikkim Nationalised Transport (SNT) fahren um 8.30, 10 und 13.30 Uhr vom **SNT-Busbahnhof** (Hill Cart Rd) nach Gangtok (70 Rs, 4½ Std.). Außerdem gibt es auch noch Deluxebusse (90 Rs), die hier um 7 und um 12.30 Uhr abfahren. Zur Einreise nach Sikkim ist eine Genehmigung (s. S. 577) erforderlich, zu bekommen in Siliguri beim Sikkim Tourist Information Centre (S. 531).

JEEP

Der schnellste und bequemste Weg, im Hügelland herumzukommen, ist die Fahrt mit Sammeljeeps. Es gibt eine Reihe von Jeephalteplätzen. Jeeps nach Darjeeling (70 Rs, 2½ Std.) und Kurseong (40 Rs, 1½ Std.) stehen am und gegenüber vom Busbahnhof; Jeeps nach Kalimpong (70 Rs, 2½ Std.) haben einen Standplatz in der Sevoke Rd.; die Jeeps nach Gangtok (100 Rs, 4 Std.) fahren direkt neben dem SNT-Busbahnhof ab.

Einen Jeep für sich allein zu chartern kostet das Zehnfache einer Sammeljeepfahrt.

ZUG

Die schnellste der vier täglichen Zugverbindungen nach Kolkata ist der *Darjeeling Mail* (243/659 Rs, Sleeper Class/3AC, 11 Std., Abfahrt 17.30 Uhr) mit Zwischenstopp in Malda (134/350 Rs, Sleeper Class/3AC, 4 Std.). Der *North East Express* ist der schnellste der vier Züge nach Delhi (409/1158 Rs, Sleeper Class/3AC, 27 Std., Abfahrt 17.20 Uhr); er fährt über Patna (215/608 Rs, Sleeper Class/3AC, 11 Std.). Nach Osten fährt dieser Zug nach Guwahati weiter (174/489 Rs, Sleeper Class/3AC, 11 Std., Abfahrt 9.50 Uhr).

Gebucht wird im **Train Booking Office** (☎ 2537333; Ecke Hospital & Bidhan Rd; 🕑 Mo–Sa 8–11.30 & 12–20, So bis 14 Uhr).

Kleinbahn

Die Diesel-Kleinbahn (S. 540) durchkurvt die 80 km von New Jalpaiguri nach Darjeeling in neun endlosen Stunden (42/247 Rs, 2. Klasse/1. Klasse, Abfahrt 9 Uhr). Es empfiehlt sich, zwei oder drei Tage im Voraus am Bahnhof NJP oder beim Train Booking Office zu reservieren (Gebühr 15/30 Rs, 2. Klasse/1. Klasse).

NACH/AUS BANGLADESCH

Zum Grenzübertritt von Siliguri nach Bhurungamari siehe S. 1197.

NACH/AUS BHUTAN

Zum Grenzübertritt von Siliguri nach Phuentsholing siehe S. 1198.

NACH/AUS NEPAL

Nahverkehrsbusse fahren alle 15 Minuten vom Busbahnhof zur Grenzstadt Panitanki (15 Rs, 1 Std.). Einzelheiten zur Einreise siehe S. 1199.

Unterwegs vor Ort

Vom Busbahnhof zum Bahnhof NJP kostet ein Taxi/eine Autorikscha ungefähr 150/70 Rs, Fahrradrikschas für die 35-minütige Fahrt gibt's für 25 Rs. Auch Sammel-Autorikschas fahren die Route (6 Rs, 20 Min.).

Ein Taxi zwischen dem Flughafen Bagdogra und Siliguri kostet rund 250 Rs. Billiger geht's mit dem Taxi zum Basar von Bagdogra (150 Rs) und von dort mit einem der häufigen Nahverkehrsbusse nach Siliguri (5 Rs, 20 Min.).

JALDHAPARA WILDLIFE SANCTUARY

☎ 03563 / 61 m

Auch wenn es die meisten Traveller nach der Hektik in Siliguri sofort in die Berge treibt, lohnt sich doch der Abstecher zu diesem 124 km östlich gelegenen, selten besuchten **Naturschutzpark** (☎ 262239; Eintritt Inder/Ausländer 25/100 Rs, Foto/Video 5/250 Rs plus 100/250 Rs pro Auto/Truck; 🕑 Mitte Sept.–Mitte Juli). Er umfasst 114 km² üppiges Wald- und Buschland, der breite Fluss Torsa fließt hindurch und mehr als 50 einhörnige Panzernashörner *(Rhinoceros unicornis)* leben hier; durch die Wilderei sind sie stark bedroht.

Die beste Zeit, herzukommen liegt zwischen Mitte Oktober und Mai. Ganz besonders lohnend ist's im März und April, wenn das neu sprießende Gras wilde Elefanten, Hirsche und Tiger (allerdings nur selten zu sehen) aus der Reserve lockt. Die größten Chancen, ein Rhino zu erspähen, hat man vom Rücken eines Elefanten aus (Inder/Ausländer 120/200 Rs Std.) – diese Schaukelsafaris werden über die Touristenunterkünfte (s. unten) gebucht. Wer anderswo wohnt, steht bei solchen Safaris als letzter in der Schlange.

Das West Bengal Tourist Office in Siliguri (S. 531) veranstaltet geführte Touren nach Jaldhapara, die am Samstag um 10 Uhr vom Büro aus starten. Rückkehr ist am nächsten Tag um 17 Uhr (2050 Rs pro Kopf, einschließlich Elefantenritt, Transport, Unterkunft und alle Mahlzeiten).

Schlafen & Essen

Unterkünfte rechtzeitig im Voraus über das West Bengal Tourist Office in Siliguri (S. 531), Darjeeling (S. 538) oder Kolkata (S. 497) buchen!

Hollong Forest Tourist Lodge (☎ 262228; DZ 1000 Rs plus obligatorisch 175 Rs/Pers. für Frühstück & Abendessen) Das beste Angebot, die Lodge liegt direkt im Park. Mittagessen gibt's für zusätzliche 75 Rs.

Jaldhapara Tourist Lodge (☎ 262230; B 300 Rs, Hütte 650 Rs, DZ 1050 Rs) Diese Unterkunft liegt außerhalb des Parkbezirks in der Nähe von Madarihat. Die Zimmer im neuen Flügel sind bequem, aber eintönig. Der muffige alte Flügel bietet dafür etwas Charakter.

Hotel Relax (☎ 262304; DZ 300 Rs) Eine einfache Unterkunft gegenüber der Jaldhapara Tourist Lodge mit weichen Betten, Zementböden und Plumpstoilette.

An- & Weiterreise

Busse fahren auf der Route von Siliguri nach Madarihat (50 Rs, 3 Std., stündl. zwischen 6 und 16 Uhr), das 9 km von Jaldhapara entfernt ist. Ab Madarihat kostet ein Taxi nach Hollong (im Park) 100 Rs.

JAIGON & PHUENTSHOLING

Von Jaigon aus ist es möglich, für einen Tag visafrei die bhutanische Stadt Phuentsholing zu besuchen (s. S. 1197 zu den Einreiseformalitäten). Die ersten Schritte in Bhutan sind wirklich surreal – unwillkürlich schaut man zurück, um zu sehen, ob es den Schmutz und den Verkehrslärm, aus dem man gerade gekommen ist, wirklich gegeben hat. Bhutanische Männer im traditionellen *ghos* (lange, bis zum Knie geschürzte Gewänder) gibt's hier viele, genauso wie nervös wirkende Kühe (ja, Fleisch steht auf der Speisekarte!). Bhutanische Gerichte wie *phak sha maru* (Schwein gekocht mit Rettich und getrockneten Peperoni) werden in vielen Restaurants an der Gatoen Lam serviert. Auf jeden Fall die **Zangdopelri Gompa** im Park von Phuentsholing besuchen und dann zur **Richinding Gompa** (Taxi 100 Rs mit Rückfahrt) fahren und auf den Torsa runterschauen.

Länger in Bhutan bleiben kann nur, wer *vorher* schon ein Visum hat und den indischen Einreise-Checkpoint an Jaigons NS Rd. passiert hat, bevor er nach Bhutan eingereist ist.

Die beste Unterkunft in Jaigon ist das saubere und gut geführte **Hotel Kasturi** (☎ 03566-263036; NS Rd; EZ/DZ ab 200/350 Rs, mit Klimaanlage 800/1000 Rs; ⌘), nahe dem Grenz-Checkpoint.

Von Jaigons Busbahnhof fahren regelmäßig Busse nach Siliguri (60 Rs, 3½ Std.) und Madarihat (10 Rs, 30 Min.). Täglich fährt ein Bus nach Kalimpong (85 Rs, 5 Std., Abfahrt 7.30 Uhr).

MIRIK

☎ 0354 / 9179 Ew. / 1767 m

Nahe der nepalesischen Grenze, auf halbem Weg zwischen Siliguri und Darjeeling, liegt diese beschauliche Königin unter den Hill Stations – die seltsamerweise von den meisten Travellern ausgelassen wird. Umgeben von einem Labyrinth aus Teeplantagen, Orangenhainen und Kardamonfeldern steht man auf einer Hügelspitze und kann den Kanchenjunga (8598 m) sehen. Wenn morgens die ersten Sonnenstrahlen auf diesen Berg fallen, beleuchten die Reflexion die umliegenden Täler.

Möglichkeiten zum Geldwechsel gibt's hier nicht.

Sehenswertes & Aktivitäten

Hoch über Mirik erstrahlt die **Bokar Gompa** in bunten Farben. Der massive neue Teil dieses Klosters soll 2006 fertig werden. Es lohnt sich, einen Spaziergang um den künstlichen **Sumendu-See** herum (3,5 km) zu machen. An der Westseite des Sees geht's die Stufen zum kleinen **Hindu-Devi-Sthan-Tempelkomplex** hinauf, der inmitten von Moos, Immergrün, Bananenbäumen und Bambusstauden liegt.

Tretboote (2-/4-Sitzer 32/42 Rs für 30 Min.) werden nahe der Brücke verliehen. In der Nähe gibt's auch **Ponys** für Ausritte in die Umgebung zu mieten; die halbe/ganze Runde um den See kostet 80/160 Rs; ein Ritt zur Bokar Gompa 180 Rs und zum Mirik Orange County Retreat (S. 535) 200 Rs. Händler verkaufen Brot, mit dem man die nimmersatten Fische füttert.

Schlafen & Essen

Durch das dicht bebaute Gebiet im Süden des Sees zieht sich die Hauptstraße nach Krishnanagar. Hier stehen die meisten Hotels. Alle im Folgenden aufgelisteten Unterkünfte haben Zimmer mit eigenem Bad. Die genannten Preise beziehen sich auf die Hauptsaison (März–Mai und Sept–Nov.) – außerhalb ist's in der Regel um die 50 % billiger.

Lodge Ashirvad (☎ 2443272; EZ/DZ 150/250 Rs, DZ mit Boiler 300–350 Rs) Ein gemütliches Hotel in einem kleinen Weg gegenüber dem Samden Restaurant. Die hellen Zimmer sind sauber; es gibt eine große Dachterrasse.

Hotel Ratnagira (☎ 2443243; Hauptstraße; DZ/4BZ mit Boiler 300/800 Rs; Hauptgerichte 20–125 Rs) Das Ratnagira hat freundliche Doppelzimmer mit Holztäfelung und Parkettboden und größere Familiensuiten. Einige Zimmer haben Balkon und Ausblick auf den See. Nach hinten hinaus liegt das große Gartenrestaurant.

Lodge Panchashil (☎ 2443284; Hauptstraße; EZ/DZ/3BZ 150/200/250 Rs) Wie sein Nachbar, das Lodge Ashirvad, ist auch dieses Hotel angenehm bodenständig. Die Zimmer sind klein, aber niedlich (einige allerdings mit Plumpstoilette). Heißes Wasser im Eimer kostet 10 Rs.

Hotel Jagjeet (☎ 243359; Hauptstraße; DZ/3BZ mit Boiler ab 750/900 Rs; Hauptgerichte 30–95 Rs; 💻) Teurer als die meisten anderen, bietet dieses Hotel besten Service und große Zimmer, zumeist mit Balkon. Das beliebte Restaurant hat eine gute Küche. Probieren: das *paneer tikka masala* oder das Gemüsesteak.

Mirik Orange County Retreat (☎ 2443612; Hütten inkl. Steuer 1000–1500 Rs) Die Anlage besteht aus zwölf zweistöckigen Hütten auf der Hügelspitze, von jeder gibt's eine wunderbare Aussicht auf die Stadt und das Land drum herum, samt Kanchenjunga. Die Preise beziehen sich auf zwei Personen – jede weitere kostet 200 Rs extra.

Samden Restaurant (Hauptstraße; Gerichte 10–16 Rs; 🕔 5.30–21 Uhr) Etwas für Mönche und Liebhaber von *momos* (tibetischen Knödeln) und Nudelsuppen (*thukpas* und *thenthuks*).

An- & Weiterreise

Regelmäßige Busse fahren am Morgen sowie am frühen Nachmittag nach Darjeeling (37 Rs, 3 Std.) und Siliguri (40 Rs, 3 Std.). Sammeljeeps fahren nach ähnlichem Fahrplan nach Darjeeling, Siliguri und Kurseong (jeweils 50 Rs, 2½ Std.). Tickets gibt's in der Bude am See am Anfang der Hauptstraße.

KURSEONG

☎ 0354 / 40 067 Ew. / 1458 m

Kurseong, 32 km südlich von Darjeeling, ist kiesiger als Mirik, aber dramatischer. Es schmiegt sich an die oberen Hänge des Tals und bietet inmitten von üppigen Wäldern und Teeplantagen ganz großartige Aussichtspunkte. Der Name des Orts soll von dem Lepcha-Wort *kurson-rip* kommen: eine Bezeichnung für die häufige kleine weiße Orchidee dieser Gegend. Es gibt mehrere gute Wandertouren, u. a. zur **Adlerklippe** (2 km hin und zurück), wo ein schöner Ausblick auf den Teesta und die Ebenen im Süden als Belohnung wartet. Es lohnt sich auch, einfach mal der Nase nach durch die vielen schmalen Wegen zu gehen: Das **Makaibari Tea Estate** (☎ 2330181; 🕔 Mo geschl.) heißt Besucher in der herrlich duftenden Fabrik willkommen.

Die **Kurseong Tourist Lodge** (☎ 2344409; EZ/DZ 525/700 Rs, mit Balkon 562/750 Rs, Hauptgerichte 35–80 Rs) hat warme, holzgetäfelte Zimmer voller Charakter und mit atemberaubendem Ausblick. In dem schönen Restaurant gibt's kaltes Bier und gutes Essen. Das **Hotel Delhi Darrbar** (☎ 2345862; DZ 250–300 Rs) liegt zwar in der Nähe, hat aber kein vergleichbares Ambiente.

Sammeljeeps fahren nicht zu knapp nach Darjeeling, Siliguri (jeweils 40 Rs, 1½ Std.) und Mirik (50 Rs, 2½ Std.). Unregelmäßige Busse gibt's nach Darjeeling (22 Rs, 2 Std.) und Siliguri (25 Rs, 2½ Std.).

Die Kleinbahn (S. 541) nach Darjeeling (11 Rs, Sitzplatz, 4 Std.) fährt um 6.30 Uhr mit der Dampflok, wenn das Wetter es zulässt. Die Dieselversion (11/129 Rs,

2. Klasse/1. Klasse) startet gegen 13.30 Uhr. Nach Siliguri (15/133 Rs, 2. Klasse/1. Klasse, 4 Std.) fährt ein Dieselzug um 13.45 Uhr.

DARJEELING

☎ 0354 / 109 160 Ew. / 2134 m

Auf einem steilen Felsrücken, vor dem Himalajapanorama mit vier der fünf höchsten Berggipfel der Erde, liegt der Inbegriff aller Hill Stations: Darjeeling. Teeplantagen bedecken die wogenden Hügel, auf denen die bunt gekleideten Arbeiter als kleine Farbtupfer auszumachen sind – wie Smarties auf einem frisch gemähten Rasen. Die auffälligen Gesichter der vielen Nepalesen und Tibeter und dazu die viktorianischen Kolonialbauten lassen diese indische Stadt reichlich exotisch wirken. Zu dieser Atmosphäre kommt noch das unheimliche Fehlen der sonst omnipräsenten Kühe – hier zieht nur der Nebel gleichmütig durch die Straßen.

Trotz des Zustroms an ausländischen und bengalischen Touristen (das sind die mit den Wollmützen) wirkt Darjeeling eher natürlich gewachsen und weniger wie eine Ferienanlage als die meisten anderen indischen Hill Stations. Es kann hier voll und dreckig werden, und die Wasser- und Stromversorgung ist unzuverlässig. So mancher ist schon aus der Dusche getappt, nackt und voll Schaum, um nach einer Taschenlampe zu suchen.

Die meisten Traveller kommen nach dem Monsun (Okt.–Nov.) und im Frühjahr (Mitte März–Ende Mai), wenn es trocken ist und die Temperaturen angenehm sind.

Seit 2001 hat es eine Flut von politisch motivierten Mordanschlägen gegeben; vor der Anreise unbedingt über die gegenwärtige Lage informieren!

Geschichte

Bis 1780 gehörte das Gebiet den buddhistischen Chogyals (Königen) von Sikkim, dann wurde es von den aus Nepal einfallenden Gurkhas annektiert. Die Aggressivität der Gurkhas führte zu immer größeren Konflikten mit den Briten, und nach mehreren Schlachten kam 1816 schließlich die britische Ostindische Kompanie an die Macht. Sie gab das meiste Land an Sikkim zurück, im Gegenzug gestand Sikkim den Briten die Regelung aller künftigen Konflikte zu.

Während einer dieser Grenzstreitigkeiten kamen 1828 zwei britische Offiziere zum Kloster Dorje Ling, das auf einem ruhigen, bewaldeten Felsrücken lag. Sie schrieben nach Calcutta, dass hier ein schöner Ort für ein Sanatorium wäre – dass dieser Ort außerdem militärstrategisch günstig lag, werden sie wohl auch nicht vergessen haben. Der Radscha von Sikkim (der immer noch für die Rückgabe seines Königreichs dankbar war) trat das unbewohnte Land gern an die Ostindische Kompanie ab (1835), und damit war die Hill Station geboren.

Bald wich der Wald kolonialen Landhäusern und Teeplantagen. 1857 wohnten bereits 10 000 Menschen in Darjeeling, hauptsächlich weil viele Gurkha-Arbeiter aus Nepal herzogen.

Nach der Unabhängigkeit wurden die Gurkhas zur wichtigsten politischen Kraft in Darjeeling. Streitigkeiten mit der Staatsregierung führten in den 1980er-Jahren zur Forderung der Gründung eines selbständigen Staates Gorkhaland.

1986 kam in Darjeeling alles zum Stillstand, weil die Gurkha National Liberation Front (GNLF) Gewalttaten und Aufstände inszenierte. Ende 1988 gab es einen Kompromiss, der dem neu gegründeten Darjeeling Gorkha Hill Council (DGHC) ziemlich viel Autonomie gegenüber der Staatsregierung zugestand.

Diese Regelung stellte zwar einige Gurkhas zufrieden, aber die abgesplitterte Gorkhaland Liberation Organisation (GLO) und deren bewaffneter Arm, die Gorkha Volunteers' Cell (GVC) fordern weiterhin die volle Unabhängigkeit. Seit 2001 werden die GVC und der DGHC verdächtigt, politische Morde zu begehen, und andere Gruppen versuchen, auch ein Stück vom politischen Kuchen abzukriegen, darunter als eine der stärksten das Darjeeling Gorkha Autonomous Hill Council (DGAHC).

Orientierung

Der größte Teil Darjeelings liegt auf einem nach Westen gerichteten Abhang und ist über eine leicht komplizierte Abfolge miteinander verbundener Straßen und steiler Treppen zu erreichen. Ungefähr am höchsten Punkt der Stadt liegt der große Platz Chowrasta, Mittelpunkt des viktorianischen Darjeeling. Der Zoo liegt weiter nordwestlich und ist vom Chowrasta aus zu Fuß über

DARJEELING

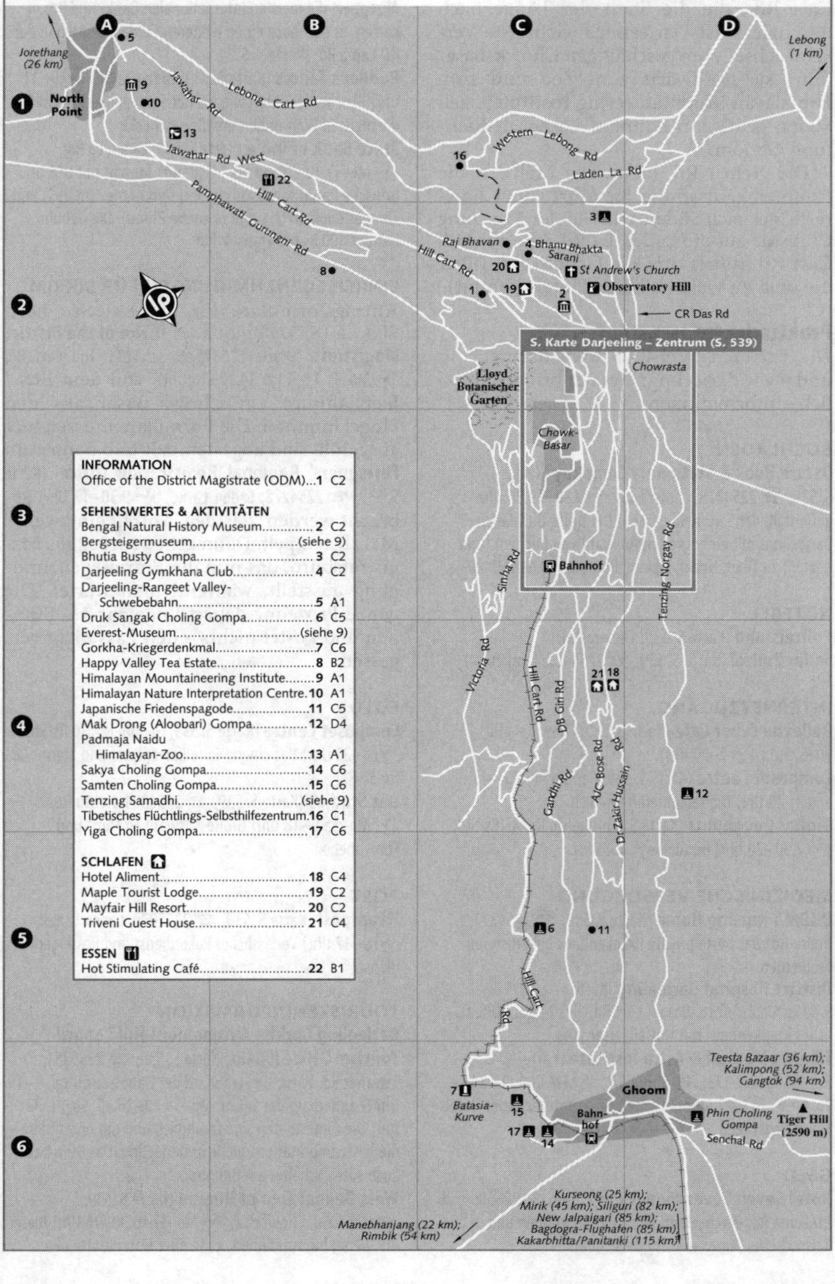

INFORMATION
Office of the District Magistrate (ODM)...1 C2

SEHENSWERTES & AKTIVITÄTEN
Bengal Natural History Museum.............. 2 C2
Bergsteigermuseum............................(siehe 9)
Bhutia Busty Gompa............................3 C2
Darjeeling Gymkhana Club....................4 C2
Darjeeling-Rangeet Valley-Schwebebahn.............................5 A1
Druk Sangak Choling Gompa.................6 C5
Everest-Museum...............................(siehe 9)
Gorkha-Kriegerdenkmal.........................7 C6
Happy Valley Tea Estate........................8 B2
Himalayan Mountaineering Institute........9 A1
Himalayan Nature Interpretation Centre.10 A1
Japanische Friedenspagode....................11 C5
Mak Drong (Aloobari) Gompa..............12 D4
Padmaja Naidu Himalayan-Zoo......................13 A1
Sakya Choling Gompa...........................14 C6
Samten Choling Gompa........................15 C6
Tenzing Samadhi..............................(siehe 9)
Tibetisches Flüchtlings-Selbsthilfezentrum.16 C1
Yiga Choling Gompa.............................17 C6

SCHLAFEN
Hotel Aliment.......................................18 C4
Maple Tourist Lodge..............................19 C2
Mayfair Hill Resort.................................20 C2
Triveni Guest House...............................21 C4

ESSEN
Hot Stimulating Café..............................22 B1

die HD Lama Rd. zu erreichen. Die Hill Cart Rd., die die Stadt der Länge nach durchzieht, ist Darjeelings wichtigste Verkehrsachse. Vom geschäftigen Chowk-Basar führt sie nordwärts zum Zoo und zum Himalayan Mountaineering Institute, nach Süden geht's am Bahnhof vorbei in Richtung Ghoom.

Die Nehru Rd. (alias The Mall) ist die Haupteinkaufsstraße. Sie führt vom Chowrasta aus nach Süden, trifft an der Kreuzung Clubside auf die Laden La Rd. (die zur Hill Cart Rd. führt) und die Gandhi Rd. (über die man zu vielen billigen Hotels kommt).

Praktische Informationen

Die privaten Websites www.darjnet.com und www.darjeelingnews.net bringen nützliche Informationen.

BUCHLÄDEN

Oxford Book & Stationery Company (Karte S. 539; ☎ 2254325; Chowrasta; 🕑 9.30–19.30 Uhr, außerhalb der Saison So geschl.) Der beste Buchladen Darjeelings mit einer großen Auswahl von Büchern (und Karten) zu Tibet, Nepal, Sikkim, Bhutan und den Himalaja.

NOTFALL

Polizeistand (Karte S. 539; Chowrasta)
Sadar Polizei (Karte S. 539; ☎ 2254422; Market Rd)

INTERNETZUGANG

Bellevue Cyber Café (Karte S. 539; Chowrasta Rd; 30 Rs/Std.; 🕑 9–20 Uhr)
Compuset Centre (Karte S. 539; Gandhi Rd; 30 Rs/Std.; 🕑 8–20 Uhr) Digitalkamerafreundlich.
Digital Doughnuts (Karte S. 539; Nehru Rd; 45 Rs/Std; 🕑 7.30–20 Uhr) Im Glenary's (S. 546).

MEDIZINISCHE VERSORGUNG

D&DMA Nursing Home (Karte S. 539; ☎ 2254327; Nehru Rd) Das beste private Krankenhaus bei ernsteren Problemen.
District Hospital Darjeeling (Karte S. 539; ☎ 2254218; Bazaar Cart Rd; 🕑 24 Std.) Öffentliches Krankenhaus mit Notfallversorgung.
Tibetan Medical & Astro Institute (Karte S. 539; ☎ 2254735; HD Lama Rd.; 🕑 Fr–Di 9–13 &14–16, Mi 9–13 Uhr) Alternativmedizin – unterhalb des Hotels Seven Seventeen.

GELD

Hotel Seven Seventeen (Karte S. 539; ☎ 2255099; 26 HD Lama Rd) Wechselt die meisten Währungen und Reiseschecks (Amex und Thomas Cook).
ICICI Bank-Geldautomat (Karte S. 539; Laden La Rd.) Akzeptiert die meisten internationalen Bank- und Kreditkarten. Es gibt noch einen weiteren Geldautomaten in der HD Lama Rd. (Karte S. 539).
Poddar's Tailors (Karte S. 539; Laden La Rd; 🕑 9–21 Uhr) Gleiche Gebühren wie bei der Staatsbank. Wechselt die meisten Währungen und Reiseschecks.
State Bank of India (Karte S. 539; Laden La Rd; 🕑 Mo–Fr 10–16, Sa bis 14.30 Uhr) Tauscht nur US$ und britische Pfund sowie Reiseschecks von Amex (in US$) und Thomas Cook (in US$ und britische Pfund). Die Gebühr beträgt 100 Rs pro Transaktion.

EINREISEGENEHMIGUNGEN FÜR SIKKIM

Antragsformulare für die Einreise nach Sikkim (S. 577) gibt's im **Office of the District Magistrate** (Karte S. 537; ☎ 2254233; Hill Cart Rd; 🕑 Mo–Fr 11–13 & 14.30–16 Uhr), von dem Bus-/Jeepbahnhof am Chowk-Basar aus den Hügel hinunter. Die Formulare müssen hier ausgefüllt und abgestempelt und dann zum **Foreigners' Regional Registration Office** (Karte S. 539; ☎ 2254278; Laden La Rd; 🕑 9.30–17 Uhr) gebracht werden, das den Antrag ein zweites Mal abstempelt. Dann geht's zurück ins Magistratsbüro, das nun die Einreisegenehmigung ausstellt, während man wartet. Die ganze Prozedur dauert ungefähr 1½ Stunden und kostet nichts – den Pass nicht vergessen.

FOTOS

Compuset Centre (Karte S. 539; Gandhi Rd; 30 Rs/Std.; 🕑 8–20 Uhr) Hat einen Digitalkartenleser und brennt CDs für 50 Rs.
Das Studios (Karte S. 539; ☎ 2254004; Nehru Rd; 🕑 Mo–Sa 9–18 Uhr) Große Auswahl an Film- und Fotozubehör.

POST

Hauptpost (Karte S. 539; ☎ 2252076; Laden La Rd; 🕑 9–17 Uhr) Verlässlicher Paketdienst und Postlagerdienst.

TOURISTENINFORMATION

Darjeeling Gorkha Autonomous Hill Council Tourism Office (DGAHC; Karte S. 539; ☎ 2255351; Jawahar Rd. West; 🕑 während der Hauptsaison tgl. 9–19 Uhr & außerhalb der Saison Mo–Sa 10–16.30, So 10–13 Uhr) Die Angestellten sind freundlich und gut organisiert – die beste Informationsquelle in Darjeeling. Das Büro hat auch einen Schalter am Bahnhof.
West Bengal Tourist Bureau (Karte S. 539; ☎ 2254050; Chowrasta; 🕑 Mo–Fr 10.30–16 Uhr) Bietet nur wenig Informationen, kann aber Unterkünfte in

DARJEELING – ZENTRUM
0 1 km
0 0,5 Meilen
A
B
C
D
Office of the District Magistrate (250 m); Happy Valley Tea Estate (1 km); Lebong (6 km)
Zoo (2,5 km); Schwebebahn (3 km)
Mahakala Mandir (200 m); Observatory Hill (200 m)
Lloyd Botanischer Garten (200 m)
Lochnager Rd
Hill Cart Rd
Jawahar Rd West
Bhanu Bhakta Sarani
Park
Bhanu Bhakta Agharya-Statue
Chowrasta
CR Das Rd
HD Lama Rd
Tenzing Norgay Rd
Old Super Market-Komplex
Bazaar Cart Rd
Moschee
Market Rd
Chowk-Basar
DB Thapa (Robertson) Rd
Nehru Rd (The Mall)
Clubside
NB Singh Rd
Laden La Rd
Magistratsbüro & Uhrenturm
Telegrafenamt
JP Sharma Rd
Rockville Rd
Upper Beechwood Rd
S M Das Rd
Gandhi Rd
Cooch Bihar Rd
Fernsehturm
Dr Zakir Hussain Rd
buddhistischer Tempel
BK Gongba Rd
Bahnhof
Ghoom (5 km); Tiger Hill (11 km); Kurseong (30 km); Mirik (50 km); Silguri (87 km); Bagdogra-Flughafen (90 km)
INFORMATION
Bellevue Cyber Café (siehe 26)
Clubside Tours & Travels 1 B4
Compuset Centre 2 C5
D&DMA Nursing Home 3 C3
Das Studios 4 C2
DGAHC Tourism-Büro 5 C1
Diamond Treks, Tours & Travels 6 B2
Digital Doughnuts (siehe 43)
District Hospital Darjeeling 7 A2
Foreigners' Registration Office 8 B4
Hauptpostamt 9 B5
Himalayan Travels 10 C5
Hotel Seven Seventeen (siehe 34)
ICICI Bank Geldautomat 11 B4
ICICI Bank Geldautomat 12 B2
Kasturi Tours & Travels (siehe 6)
Oxford Book & Stationary Company (siehe 52)
Pineridge Travels (siehe 39)
Poddar's Tailors 13 B5
Polizeistand 14 C1
Sadar Polizei 15 A2
Samsara Tours, Travels & Treks 16 B4
State Bank of India 17 B4
Tibetan Medical & Astro Institute (siehe 34)
West Bengal Tourist Bureau (siehe 26)
SEHENSWERTES & AKTIVITÄTEN
Adventure Sports Office 18 A6
Dhirdham Mandir 19 A6
Kleinbahn 20 A6
Manjushree Centre of Tibetan Culture 21 C3
Planters' Club Darjeeling 22 C3
Ponyställe 23 C2
SCHLAFEN
Alpine Hotel 24 C4
Andy's 25 D5
Bellevue Hotel 26 C2
Classic Guesthouse 27 C1
Crystal Palace Hotel 28 B3
Elgin 29 B1
Hotel Dekeling 30 C3
Hotel Long Island 31 C5
Hotel Pagoda 32 C5
Hotel Polynia 33 C2
Hotel Seven Seventeen 34 B3
Hotel Shangrila 35 C2
Hotel Valentino 36 C4
Main Olde Bellevue Hotel (Neues Gebäude) 37 C2
Main Olde Bellevue Hotel (Altes Gebäude) 38 C2
Pineridge Hotel 39 C2
Windamere Hotel 40 C1
ESSEN
Dekevas Restaurant (siehe 30)
Fiesta 41 C2
Frank Ross Café 42 C3
Glenary's 43 C2
Hotel Lunar Restaurant (siehe 30)
Kunga Restaurant (siehe 30)
Park Restaurant 44 B4
AUSGEHEN
Buzz (siehe 43)
Elgin (siehe 29)
Glenary's (siehe 43)
Joey's Pub 45 B5
Windamere Hotel (siehe 40)
UNTERHALTUNG
Rink Mall 46 B5
Velocity 47 B5
SHOPPEN
Hayden Hall 48 B4
Market Stalls 49 C2
Nathmull's Tea Rooms 50 B4
Souvenirladen 51 C1
Souvenirladen 52 C1
Souvenirladen 53 C2
VERKEHRSMITTEL & -WEGE
Chowk-Basar-Bus-/Jeepbahnhof 54 B2
Clubside Taxistand 55 C3
Clubside Taxistand 56 C3
Computergesteuerter Reservierungsschalter (siehe 23)
Darjeeling Transport Corporation 57 B5
Hill Cart Rd.-Jeephalteplatz 58 B4
Indian Airlines-Büro (siehe 26)
Taxistand 59 B5

verschiedenen staatlichen Lodges buchen, einschließlich der im Jaldhapara Wildlife Sanctuary (S. 533).

REISEBÜROS

Die meisten Reisebüros vor Ort können individuell zugeschnittene Touren (s. S. 544) organisieren, einige auch Treks, Rafting-Touren und andere interessante Aktivitäten. Verlässliche Anbieter und ihre Spezialitäten:

Clubside Tours & Travels (Karte S. 539; ☎ 2254646; clubside@satyam.net.in; JP Sharma Rd; ⌚ 8.30–18 Uhr) Arrangiert Treks und Touren im nördlichen Bengalen, in Sikkim und Assam und Safaris in den nordöstlichen Staaten. Ist auch Partner von Jet Airways.

DGAHC Tourism-Büro (Karte S. 539; ☎ 2255351; Jawahar Rd. West; ⌚ während der Hauptsaison tgl. 9–19 Uhr & außerhalb der Saison Mo–Sa 10–16.30, So 10–13 Uhr) Bietet verschiedene organisierte Touren und Rafting-Trips an.

Diamond Treks, Tours & Travels (Karte S. 539; ☎ 2258961; Old Super Market-Komplex; ⌚ 8–19 Uhr) Nimmt Buchungen für verschiedene Busse ab Siliguri vor.

Himalayan Travels (Karte S. 539; ☎ 2255405; kkgurung@cal.vsnl.net.in; 18 Gandhi Rd; ⌚ 8.30–19 Uhr) Besitzt vieljährige Erfahrungen im Arrangieren von Treks und Bergexpeditionen in Darjeeling und Sikkim.

Kasturi Tours & Travels (Karte S. 539; ☎ 2254430; Old Super Market-Komplex; ⌚ 8–19 Uhr) Verkauft Bustickets für verschiedene Ziele ab Siliguri.

Pineridge Travels (Karte S. 539; ☎ 2253912; pineridge@dte.vsnl.net.in; ⌚ Mo–Sa 10–17 Uhr) Jet-Airways-Partner.

Samsara Tours, Travels & Treks (Karte S. 539; ☎ 2257194; samsara1@sancharnet.in; Laden La Rd) Sehr hilfsbereite und kenntnisreiche Agentur; nimmt Buchungen für Deluxebusse (ab Siliguri) zu verschiedenen Zielen vor und gibt außerdem Rafting- und Trekking-Tipps.

Sehenswertes & Aktivitäten

BLICK IN DIE BERGE

Wie bei anderen Hill Stations ist auch in Darjeeling der Blick auf die Berge des Himalaja eine große Attraktion. Die Silhouette bestimmt der Kanchenjunga, Indiens höchster Gipfel und zugleich der dritthöchste Berg der Welt. Der Name „Kanchenjunga“ stammt aus dem Tibetischen und bedeutet „große fünfgipfelige Schneefestung“.

Der Blick von den **Aussichtsplattformen** entlang der Bhanu Bhakta Sarani, die vom Chowrasta aus um die Nordseite des Observatory Hill herum verläuft, kann wundervoll sein, allerdings nur bei klarem Wetter. Am Nachmittag gibt's gewöhnlich Wolken.

TIGER HILL

Um einen 250 km weiten Himalajahorizont inklusive Mount Everest (8848 m), Lhotse (8501 m), Makalu (8475 m), Kanchenjunga, Kabru (6691 m) und Janu (7710 m) zu genießen, heißt es früh aufstehen und zum **Tiger Hill** (Karte S. 537) pilgern. Der Hügel liegt 11 km südlich von Darjeeling, oberhalb von Ghoom.

Hier den Sonnenaufgang über dem Himalaja zu erleben, ist wirklich wahnsinnig spektakulär – und deshalb auch eine größere Touristenattraktion. Lange Jeepkarawanen brechen während der Hochsaison jeden Morgen gegen 4.30 Uhr in Darjeeling auf, um zum Tiger Hill zu fahren. Auf dem Gipfel kann man entweder 5 Rs bezahlen und auf dem Pavillonflur stehen, oder ein Ticket für eine der beheizten Lounges innerhalb des Pavillons lösen (20–40 Rs, inkl. einer Tasse Chai).

Organisierte Sonnenaufgangtrips (üblicherweise mit einem Abstecher zur Batasia-Kurve auf dem Rückweg) lassen sich in einem Reisebüro buchen (s. linke Spalte), oder man vereinbart sie direkt mit den Jeepfahrern am Taxiplatz Clubside. Spontan geht's auch: Einfach zwischen 4 und 4.30 Uhr in einen Jeep springen der von der Gandhi oder der Laden La Rd. zum Tiger Hill fährt. Klarer Vorteil ist, dass man dann schon weiß, ob der Himmel auch klar ist. Hin- und Rückfahrt kosten etwa 60/450 Rs pro Person/Jeep.

Viele Leute nehmen den Jeep auch bloß für die Hinfahrt zum Tiger Hill und wandern dann nach Darjeeling zurück. Auf dem Weg kann man die Gompas in Ghoom und andere Dörfer besuchen.

DIE KLEINBAHN

Die **Darjeeling Himalayan Railway** (liebevoll Toy Train genannt) machte ihre erste Fahrt über die halsbrecherische, 60 cm breite Spur im September 1881. Sie ist eine der wenigen Bergbahnen, die heute noch in Indien fahren – und zählt sogar zum Weltkulturerbe. Neben der regelmäßigen, sieben Stunden dauernden Fahrt nach Siliguri via Kurseong (S. 548) werden auch Vergnügungsfahrten mit einer Dampflok durchgeführt (240 Rs). Die Fahrten führen von Darjeeling nach

Ghoom und zurück, dauern zwei Stunden und finden während der Hauptsaison täglich um 10 und um 12.50 Uhr statt. Besser einen Tag im Voraus an dem Computer-Buchungsschalter im Bahnhof die Fahrkarte lösen!

TEEPLANTAGEN

Das **Happy Valley Tea Estate** (Karte S. 537; Pamphawati Gurungni Rd; Mo–Sa 8–16 Uhr) nimmt die wogenden Abhänge nördlich der Stadt und unterhalb der Hill Cart Rd. ein. Es lohnt sich, hier hereinzuschnuppern, wenn Teeernte und -verarbeitung in Gang sind (April–Nov.). Ein Angestellter führt einen durch die duftende Anlage und erklärt die verschiedenen Vorgänge, bevor höflich ein Trinkgeld verlangt wird – 20 Rs pro Besucher sind angemessen. Die Abzweigung nach Happy Valley kommt 500 m hinter dem Büro des Distriktmagistrats. Ein Spaziergang vom Jeep-/Busbahnhof Chowk-Basar die Lochnager Rd. entlang ist aber durchaus nett.

Mehr zum Darjeeling-Tee gibt's im Kasten unten.

OBSERVATORY HILL

Dieser Hügel ist Buddhisten und Hindus gleichermaßen heilig. Er war einst der Sitz des Dorje-Ling-Klosters: diese Gompa gab der Stadt den Namen. Heute besuchen Angehörige beider Religionen einen **Tempel** (Karte S. 537) in einer kleinen Höhle unterhalb des Hügelkamms, der Mahakala geweiht ist. Diese buddhistische Gottheit ist für die Hindus eine zornige Erscheinung Shivas. Auf dem Gipfel gibt's mehrere Schreine, Unmengen von Gebetswimpeln und eine Gruppe plündernder Trapezkünstler (auch einfach als Affen bekannt …). Sie sausen durch die von Gebeten erfüllten Lüfte – aufs Lunchpaket aufpassen! Ein Pfad den Hügel hinauf beginnt vom Chowrasta aus gesehen 300 m die Bhanu Bhakta Sarani hinunter.

GOMPAS & PAGODEN

Darjeeling und Ghoom sind Sitz vieler faszinierender buddhistischer Klöster. Das malerischste ist wohl die **Bhutia Busty Gompa** (Karte S. 537) vor der spektakulären Kulisse des Kanchenjunga. Dieser Schrein stand früher einmal auf dem Observatory Hill, wurde aber im 19. Jh. von den Chogyals von Sikkim hier neu errichtet. In der Gompa gibt's ein feines, mit Gold eingelegtes Wandbild und das Original des Tibetischen Totenbuchs, das man aber nur mit einer Sondererlaubnis zu Gesicht bekommt. Um hinzukommen, der CR Das Rd. vom Chowrasta aus 400 m hügelabwärts folgen, dann dort,

NOCH JEMAND TEE?

Britische Pflanzer brachten den Teestrauch von Assam nach Darjeeling. Sie wollten das chinesische Teehandelsmonopol brechen. Die eigentliche Entdeckung des Tees, so wie er im Westen getrunken wird, kommt den Khamti- und Singpho-Stämmen Assams zu: Sie machten britische Entdecker mit den Heilkräften von in heißem Wasser gebrühten fermentierten Teeblättern bekannt.

Darjeeling produziert heute rund 25 % des indischen Tees, darunter einige der besten Sorten der Welt. Zum Tee gehört aber mehr als das Pflücken und Trocknen der Blätter. Nach dem Pflücken kommen die Blätter in einen „Dörrbehälter", wo Hochgeschwindigkeitsventilatoren die Feuchtigkeit auf etwa 30 % reduzieren. Dann werden die Teeblätter mit schweren Rollen gepresst, um die restliche Feuchtigkeit an die Oberfläche zu bringen. Die gequetschten Blätter wandern nun zum Fermentieren in eine Kammer mit hoher Luftfeuchtigkeit – das gibt ihnen den ganz besonderen Geschmack. Es ist wahrlich eine Kunst: Zu wenig oder zu viel Fermentation kann den ganzen Posten verderben. In einer Trockenluftkammer wird der Fermentationsprozess beendet, hier sinkt die Feuchtigkeit auf 3 % ab. Die warme Luft trägt den Geruch des Tees in jeden Winkel der Fabrik.

Der fertige Tee wird anschließend sortiert – ganze Blätter kommen für den Golden Flowery Orange Pekoe-Tee beiseite, zerbrochene werden zu Golden Broken Orange Pekoe, Orange Fannings und Dust – und dann von Experten auf Qualität geprüft. Diese schreiten lange Reihen von Teetassen ab, nehmen überall eine Probe und beurteilen sie nach Farbe, Geschmack und Duft. Minderwertige Blätter werden zu einfachen Alltagstees verschnitten, die besten Blätter an internationale Teehändler verkauft. Den Weltrekordpreis für Tee hält Darjeelings Castleton Estate – die beste Sorte kostet 220 US$ pro Kilo.

wo sich die Straße gabelt, die rechte Abzweigung nehmen.

Die **Yiga Choling Gompa** (Karte S. 537; jedes Foto 10 Rs) ist das berühmteste Kloster der Region. Es strahlt eine Wärme aus, die an den meisten Besuchern nicht spurlos vorbeigeht. Im ab 1850 erbauten Gebäude gibt's eine 5 m hohe Statue des Buddha Maitreya (der Buddhas der Zukunft) und eine Bibliothek mit 300 der am schönsten eingebundenen tibetischen Bücher. Die Gompa liegt gleich westlich von Ghoom, zu Fuß etwa 10 Minuten von der Hill Cart Rd. entfernt. Andere interessante Gompas in der Region sind u. a. die immer weiter wachsende festungsartige **Sakya Choling Gompa** (Karte S. 537) und die **Samten Choling Gompa** (Karte S. 537), wo der Beschützer Garuda über der verzierten Buddha-Kulisse steht. Diese Gompas liegen beide in der Hill Cart Rd. und sind mit dem Sammeljeep von Darjeeling aus erreichbar (10 Rs).

Ungefähr auf halbem Wege zwischen Ghoom und Darjeeling liegt die riesige **Druk Sangak Choling Gompa** (Karte S. 537), die der Dalai Lama 1993 eingeweiht hat. In dem für seine kraftvollen Fresken bekannten Haus wohnen 300 farbenfroh gekleidete Mönche aus dem Himalaja. Sie studieren hier Philosophie, buddhistische Literatur, Astronomie, Meditation, sakrale Tänze und Musik.

Auf der anderen Seite des Hügelkamms ist die sehr freundliche **Mak Drong Gompa** (Karte S. 537), auch als Aloobari Gompa bekannt. Von der Stadt aus ist sie über einen angenehmen Spaziergang entlang der Tenzing Norgay Rd. in 45 Minuten zu erreichen.

Auf einem Hügelgrundstück am Ende der AJC Bose Rd. thront die glänzend weiße **Japanische Friedenspagode** (Karte S. 537; 🕑 Pujas 4.30–6 & 16.30–18.30 Uhr), eine von mehr als siebzig Pagoden, die von der japanisch-buddhistischen Nipponzan-Myohoji-Organisation in aller Welt errichtet wurden. Während der täglichen *pujas* (Gebete) hallt der Klang der Trommeln durch den Wald. Von Clubside aus geht's zu Fuß über die Gandhi und die AJC Bose Rd. in 35 Minuten zur Pagode.

PADMAJA NAIDU HIMALAYAN-ZOO

Dieser **Zoo** (Karte S. 537; Eintritt inkl. Himalayan Mountaineering Institute Inder/Ausländer 10/100 Rs; 🕑 Fr–Mi 8.30–16 Uhr) wurde 1958 gegründet, um die Tierwelt des Himalaja zu erforschen und zu bewahren. Er ist einer der besseren indischen Zoos, und die Pfleger sind mit Hingabe bei der Sache. Trotzdem geht's auch hier einigen Tieren schlechter als anderen. In dieser felsigen und waldigen Umgebung lebt Indiens einzige Population sibirischer Tiger, aber auch Himalaja-Schwarzbären, die seltenen Kleinen Pandas, Schneeleoparden und tibetische Wölfe. Das **Himalayan Nature Interpretation Centre** (🕑 14.30–16 Uhr) in der Mitte des Zoos zeigt kitschige animierte Tier-Dioramen über den Schneeleoparden und den Nebelparder.

Zum Zoo geht's 2,5 km lang vom Chowrasta entlang der Jawahar Rd. West. Die Strecke ist zu Fuß machbar, man kann aber auch einen Sammeljeep vom Jeep-/Busbahnhof Chowk-Basar (5 Rs, etwa 10 Min.) oder ein Taxi nehmen (40 Rs).

HIMALAYAN MOUNTAINEERING INSTITUTE (HMI)

Versteckt auf dem Gelände des Zoos (siehe oben) liegt dieses prestigeträchtige **Bergsteigerinstitut** (Karte S. 537; ☎ 2254087; www.exploredarjeeling.com/hmidarj.htm; Inder/Ausländer 10/100 Rs inkl. Zoo; 🕑 Fr–Mi 8.30–16 Uhr). Es wurde 1954 gegründet und hat schon einigen berühmten Bergsteigern Indiens Trainingsmöglichkeiten geboten. Zu dem Komplex gehört auch das faszinierende **Everest-Museum**, das die Geschichte der Versuche nachzeichnet, den höchsten Berg der Erde zu bezwingen. Es ist ganz nett, die Biografien zu lesen und die Flaggen zu sehen, die als erste auf dem Gipfel gehisst wurden, aber Ausstellungsstücke wie die Spezial-Kletterstiefel für den zehenlosen Raymond Lambert (der sich die Zehen bei der Schweizer Expedition von 1952 abgefroren hatte) machen erst richtig deutlich, welcher Geist diejenigen beseelte, die den Everest bezwingen wollten. Eine Tür weiter ist das **Bergsteiger-Museum** mit einem Reliefmodell des Himalaja, verstaubten Himalaja-Tierpräparaten und einer Menge historischer Bergsteigerausrüstung.

Auf einer nahe gelegenen Hügelspitze wurde Tenzing Norgay eingeäschert, hier steht die **Tenzing-Samadhi-Statue**. Der unerschrockene Bergsteiger verbrachte den größten Teil seines Lebens in Darjeeling und war viele Jahre lang Direktor des Instituts.

Verschiedene Bergsteigerkurse werden hier angeboten – s. S. 544.

TIBETISCHES FLÜCHTLINGS-SELBSTHILFEZENTRUM

Das 1959 gegründete **Flüchtlingszentrum** (Karte S. 537; Lebong Cart Rd; ⌚ Mo–Sa Sonnenaufgang–Sonnenuntergang) besteht aus einem Altersheim, einer Schule, einem Waisenhaus, einer Klinik, einer **Gompa** und aus **Kunstwerkstätten**, in denen Teppiche, Holzschnitzereien, Leder- und Wollartikel hergestellt werden. Die Flüchtlinge begrüßen Gäste freundlich und man kann sich die Werkstätten in aller Ruhe anschauen – die Spinnräder sind ein schönes Beispiel für das Improvisationsgenie der Tibeter. Im **Ausstellungsraum** (☎ 2252552) werden die Kunstgegenstände verkauft, die Erlöse kommen direkt der tibetischen Gemeinschaft zugute. Informationen über tibetische Teppiche gibt's auf S. 547, auf S. 1166 steht unter „Westbengalen", wie man hier als freiwilliger Helfer arbeiten kann.

Sammeljeeps fahren vom Jeep-/Busbahnhof Chowk-Basar die Lebong Cart Rd. hinunter und kommen dabei an der Ausfahrt zum Zentrum vorbei (10 Rs, ungefähr 20 Min.). Alternative: vom Chowrasta aus über die CR Das Rd. laufen, aber auf dem Weg nachfragen, sonst besteht Verirrungsgefahr! Ein Taxi kostet hin und zurück etwa 200 Rs.

LLOYD BOTANICAL GARDENS

In diesem hübschen **Garten** (Karte S. 537; ☎ 2252358; Eintritt frei; ⌚ 6–17 Uhr) wird ein beeindruckender Bestand an Himalaja-Pflanzen gehegt und gepflegt, darunter befinden sich auch Orchideen. Fluchtmöglichkeit vor dem Wirrwarr des Zentrums von Darjeeling! Im **Gewächshaus** (⌚ 8–16 Uhr) treibt sich der bunte Paradiesvogel (*strelitzia reginae*) herum. Um hinzukommen, vom Jeep-/Busbahnhof Chowk-Basar aus der Ausschilderung auf der Lochnager Rd. folgen. Die Verwaltung des Parks gibt in ihrem Büro für 5 Rs einen Führer samt Lageplan aus.

KOCHEN

Der nette Eigentümer des **Hot Stimulating Cafés** (Karte S. 537; Jawahar Rd. West; 500 Rs) gibt gern zwanglose *momo*-Zubereitungslektionen.

TREKKING & WILDWASSER-RAFTING

Hier gibt's großartige Trekking- und Wildwasser-Raftingmöglichkeiten, und erstklassige Mountain-Bike-Strecken laden zum Drahteselreiten ein. Auf S. 548 stehen Informationen über beliebte Treks in Darjeelings Umgebung.

Perfekt für Wildwasserfahrten sind Darjeelings Flüsse Rangeet und Teesta; los geht's in Teesta Bazaar (S. 554). Die Stromschnellen gehen von Schwierigkeitsstufe II bis IV; die beste Zeit fürs Rafting ist zwischen September und November und zwischen März und Juni.

Das **DGAHC** (Karte S. 539; ☎ 2255351; Jawahar Rd. West; ⌚ tgl. in der Hauptsaison 9–19 Uhr & außerhalb der Saison Mo–Sa 10–16.30, So 10–13 Uhr; leichtere Stromschnellen 11/17/25km-Trips 350/450/700 Rs, anspruchsvolle Stromschnellen 500/600/800 Rs) arrangiert auch zu vernünftigen Preisen den Transport nach Teesta Bazaar. Privatunternehmen wie **Samsara Tours, Travels & Treks** (Karte S. 539; ☎ 2257194; samsara1@sancharnet.in; Laden La Rd; 1200–1700 Rs) bieten ähnliche Touren an, hier sind Mittagessen und alle Transportkosten im Preis mit drin.

NOCH MEHR ATTRAKTIONEN

Der auffälligste Hindu-Tempel Darjeelings, der **Dhirdham-Mandir** (Karte S. 539), ist eine Kopie des berühmten Pashupatinath-Tempels in Kathmandu. Er ist leicht zu finden – gleich unterhalb des Bahnhofs von Darjeeling. Vom Tempelgelände aus hat man einen tollen Blick über Darjeeling.

Bei der Fahrt mit der Kleinbahn oder auf dem Rückmarsch vom Tiger Hill schiebt sich dort, wo der Zug in die berühmte **Batasia-Kurve** geht, das gleichzeitig malerische und nüchterne **Gurkha-Kriegerdenkmal** (Karte S. 537; Eintritt 5 Rs; ⌚ Sonnenaufgang –Sonnenuntergang) ins Blickfeld.

Das Untergeschoss des **Bengal Natural History Museum** (Karte S. 537; Bishop Eric Benjamin Rd; Erw./Kind 5/2 Rs; ⌚ 10–16 Uhr) beherbergt eine neue Ausstellung zum Ökosystem, während in der Haupthalle eine etwas verstaubte Sammlung von Tierarten des Himalaja und Bengalens zu sehen ist – Disziplin ist angesagt, um nicht über das ausgestopfte Krokodil zu lachen. Das Museum liegt versteckt in einem Komplex gleich neben der Bishop Eric Benjamin Rd.

Die spaßige **Darjeeling-Rangeet Valley-Schwebebahn** (Karte S. 537) war während der Recherche auf unabsehbare Zeit geschlossen – es lohnt sich auf jeden Fall, zu fragen, ob sie wieder fährt.

NOCH MEHR AKTIVITÄTEN

Die Mitgliedschaft im **Darjeeling Gymkhana Club** (Karte S. 537; ☎ 2254341; Jawahar Rd. West) kostet 50/250 Rs pro Tag/Woche. Dieses Artefakt eines Clubs bietet Tennis, Squash, Badminton, Rollerskating und Tischtennis – anrufen, um zu erfahren, was wann stattfindet.

Wer für einen Tag Aristokrat spielen will, schließt sich dem **Planters' Club Darjeeling** (Karte S. 539; ☎ 2254348; 50 Rs/Tag) an und faulenzt gepflegt oder wagt im Billardsaal ein Spielchen (100 Rs/Std.).

Vom Chowrasta aus können Kinder (oder Kind Gebliebene) einen **Ponyritt** um den Observatory Hill für 40 Rs unternehmen oder eine weitere Strecke für 60 Rs pro Stunde reiten.

Kurse

SPRACHEN

Anfänger- und Fortgeschrittenenkurse in tibetischer Sprache und Schrift gibt's im **Manjushree Centre of Tibetan Culture** (Karte S. 539; ☎ 2256714; www.kreisels.com/manjushree; DB Thapa Rd; 3-/6-/9-monatige Kurse 9350/14 250/19 150 Rs plus 1350 Rs Einschreibegebühr; 🕑 März–Dez.). Das Zentrum liegt versteckt neben dem Hotel Mahakal in der DB Thapa Rd., einige Stufen hinunter.

BERGSTEIGEN

Das **Himalayan Mountaineering Institute** (S. 542) bietet 15-tägige Abenteuerkurse (250 US$) an, bestehend aus Bergsteigen, Überlebenstraining im Dschungel und Kanufahren. Außerdem gibt's 28-tägige Bergsteigerkurse für Anfänger und Fortgeschrittene (500 US$) an feststehenden Terminen zwischen März und Dezember. Ausländer sollten sich mindestens drei Monate im Voraus direkt beim Institut bewerben.

Geführte Touren

Während der Hauptsaison bieten die meisten Reisebüros (S. 540) verschiedene Touren in Darjeelings Umgebung an. Bei der halbtägigen „Sieben-Höhepunkte-Tour" (65 Rs/Pers.) geht's in den Zoo, zum Himalayan Mountaineering Institute, ins Tibetische Flüchtlings-Selbsthilfezentrum und zu mehreren Aussichtspunkten. Informationen zu Sonnenaufgangstouren auf dem Tiger Hill siehe S. 540.

Touren mit dem Taxi kosten rund 500 Rs für einen halben Tag.

Schlafen

Hotels gibt's hier an jeder Ecke, doch manche haben Probleme mit der Wasserversorgung – immer nachfragen! Darjeelings Unterkünfte sind wesentlich teurer als im Rest Westbengalens. Die angegebenen Preise beziehen sich auf die Hauptsaison (Okt.–Anfang Dez. und Mitte März–Juni). Außerhalb der Saison kann's bis zu 50 % Rabatt geben – Feilschen lohnt sich. Die meisten Mittelklassehotels liegen im Stadtzentrum, die meisten Spitzenklassehotels im Grünen nördlich des Chowrasta. Die nettesten Budgetunterkünfte sind auf dem Hügelkamm in der Nähe des Fernsehturms in einer der zwei Dr Zakir Hussain Roads (ja, davon gibt's tatsächlich zwei!) zu finden und belohnen die Backpacker mit einer großartigen Aussicht.

BUDGETUNTERKÜNFTE

Alle unten genannten Häuser haben separate Badezimmer und kostenlos Warmwasser (entweder per Boiler oder im Eimer), wenn nicht anders angegeben. In den meisten Hotels gibt's Hock- und Sitztoiletten.

Andy's (Karte S. 539; ☎ 2253125; Dr Zakir Hussain Rd.; EZ 200–300 Rs, DZ 250–350 Rs) Von einer wunderbaren Frau geführt, ist dieses einfache Hotel mit Steinwänden ein Schmuckstück. Die Räume strahlen, die Teppiche sind sauber und es gibt eine Dachterrasse mit einem Rundblick von fast 360 Grad.

Hotel Aliment (Karte S. 537; ☎ 2255068; aliment web@sify.com; Dr Zakir Hussain Rd; DZ 200 Rs; 💻) Kürzlich von den gastfreundlichen Eigentümern renoviert, blicken alle der lauschigen, holzgetäfelten Zimmer ins Tal hinunter. Topfpflanzen fassen den malerischen Dach-Patio ein. Alle Zimmer haben Boiler, die allerdings morgens und abends nur eine Stunde arbeiten.

Triveni Guest House (Karte S. 537; ☎ 2253878; Dr Zakir Hussain Rd; B 50 Rs, EZ mit Gemeinschaftsbad 80 Rs, DZ 160 Rs; 💻) Eine einfache Blechdachhütte, aber beliebt und sehr freundlich. Die Zimmer sind spartanisch, aber sauber, und der Ausblick ist nett. Heißes Wasser in Eimern kostet 10 Rs.

Hotel Long Island (Karte S. 539; ☎ 2252043; Dr Zakir Hussain Rd; EZ 100 Rs, DZ 150–250 Rs) Einfach, billig und ganz hübscher Ausblick. Toiletten im Zimmer, aber Gemeinschaftsduschen.

Hotel Pagoda (Karte S. 539; ☎ 2253498; Upper Beechwood Rd; DZ mit Gemeinschaftsbad 150 Rs, DZ 200 Rs)

Dieses kahle Hotel bietet kleine, saubere Zimmer; es liegt versteckt in einem Seitenweg ein paar Stufen oberhalb des Postamts in der Laden La Rd. Ausblick gibt's hier keinen, dafür ist die Lage von allen Budgetunterkünften die beste.

Maple Tourist Lodge (Karte S. 537; ☎ 2252813; Old Kuchery Rd; EZ/DZ mit Gemeinschaftsbad 240/315 Rs, EZ/DZ 361/473 Rs) Dieses Hotel befindet sich in einem staatlichen kolonialzeitlichen Haus unterhalb des Observatory Hill und ist ganz ordentlich. Die Zimmer sind sauber und hübsch in Rosa gehalten. Das Gemeinschaftsbad ist sauber und hat auch einen Boiler.

MITTELKLASSEHOTELS

Alle angegebenen Hotels haben Zimmer mit TV und Einzelbad (Sitztoiletten) mit Boiler, wenn nicht anders angegeben.

Bellevue Hotel (Karte S. 539; ☎ 2254075; www.darjeeling-bellevuehotel.com; Chowrasta; DZ 800–1500 Rs) Helle, tiefe Zimmer, Grasmatten auf dem Fußboden, mit Holz heizbare Öfen und das auffällige Fehlen von TV-Geräten machen das alte, holzgetäfelte Hotel zu einem Klassiker. Von der lauschigen Lounge, dem Zimmer oder der Dachterrasse kann man den Kanchenjunga sehen. Der freundliche tibetische Eigentümer arbeitete mit dem Dalai Lama zusammen – alte Fotos aus seiner Jugend hängen an den Wänden.

Hotel Shangrila (Karte S. 539; ☎ 2254149; 5 Nehru Rd; DZ 1300 Rs) Renovierungen haben diesem Vier-Zimmer-Hotel Charme und Klasse gegeben. Antike Dielenböden, Erkerfenster, schicke maßgefertigte Betten, Kamine, Decken mit dunkler Holztäfelung und der Ausblick machen Zimmer Nr. 2 und 3 zu einem Gedicht.

Main Olde Bellevue Hotel (Karte S. 539; ☎ 2254178; oldbellevue@sify.com; Chowrasta; DZ 1000–1500 Rs) Besteht aus zwei Gebäuden: das niedrige ist moderner, wurde kürzlich renoviert und besitzt eine großartige Lounge und Terrasse, das andere ist kolonialzeitlich und mit Möbeln der Epoche ausgestattet. Die Zimmer sind komfortabel, aber nicht so charmant wie in seinem Nachbarn, dem Bellevue.

Hotel Seven Seventeen (Karte S. 539; ☎ 2255099; Fax 2254717; 26 HD Lama Rd; EZ/DZ/3BZ 1000/1300/1600 Rs) Ein einladendes tibetisches Themenhotel mit Viersterneservice und -einrichtungen zum Zweisternepreis. Den älteren Bruder (heißt auch Hotel Seven Seventeen) weiter die Straße hinauf und näher am Jeep-/Busbahnhof Chowk-Basar besser meiden.

Classic Guesthouse (Karte S. 539; ☎ 2257025; rajn_classic@hotmail.com; CR Das Rd; DZ/3BZ 1200/1450 Rs) Dank der Balkone und des Ausblicks ist dieses Hotel mit seiner überladenen Dekoration und den riesigen Badezimmern eine gute Wahl.

Hotel Polynia (Karte S. 539; ☎ 2254127; Fax 2254129; 12/1 DB Thapa Rd; DZ mit heißem Wasser in Eimern 750 Rs, DZ 800 Rs) Die Halle und die Lobby sind etwas angegraut, aber die großen Zimmer sind komfortabel, sauber und haben große Fenster mit Ausblick auf Darjeeling. In den Zimmern ohne Boiler gibt's zwischen 7 und 8 Uhr fließendes Warmwasser. Die Zimmer Nr. 28 und 38 sind Spitze.

Hotel Dekeling (Karte S. 539; ☎ 2254159; norbu@dekeling.com; Clubside; DZ 750–1150 Rs) Ein warmes, holzgetäfeltes Hotel mit komfortablen Zimmern, die sich um eine schöne Lounge lagern, und einem malerischen Dachgeschoss. Das Ganze ist makellos, und die meisten Zimmer haben einen großartigen Ausblick – manche der billigeren Zimmer haben allerdings überhaupt kein Fenster.

Pineridge Hotel (Karte S. 539; ☎ 2254074; pineridgehotel@yahoo.com; Nehru Rd; EZ 700–850 Rs, DZ 850–1000 Rs, 3BZ 950–1150 Rs) Ein wenig Kolonialcharme in bescheidenem Ausmaß – die Hallen sind reichlich heruntergekommen.

Weitere Empfehlungen:

Alpine Hotel (Karte S. 539; ☎ 2256355; alpinedarj@yahoo.com; Rockville Rd; DZ 500–700 Rs)

Crystal Palace Hotel (Karte S. 539; ☎ 2253317; 29/30 HD Lama Rd; EZ 600–800 Rs, DZ 600–1200 Rs)

Hotel Valentino (Karte S. 539; ☎ 2252228; Rockville Rd; DZ inkl. Frühstück 800–1000 Rs)

SPITZENKLASSEHOTELS

Diese Hotels sind „all inclusive", also mit Frühstück, Mittag- und Abendessen – 15 % Steuern kommen dazu.

Mayfair Hill Resort (Karte S. 537; ☎ 2256376; mayfair@cal2.vsnl.net.in; Jawahar Rd West; EZ/DZ ab 4500/5500 Rs) Das vornehme Haus mitten in üppigen Gärten mit Steinskulpturen war früher einmal der Sommerpalast eines Maharadschas und hat inzwischen ein Facelifting erlebt. Edle Lederverkleidungen, reiche Stoffe und Kunstwerke schmücken die Zimmer. Das Hotel liegt gegenüber dem Raj Bhavan (Regierungsgebäude), aber rein kommt man über eine Allee gegenüber der St. Andrews-Kirche.

Elgin (Karte S. 539; ☎ 2257226; elgin@elginhotels.com; HD Lama Rd; EZ/DZ 3800/4100 Rs) Ein phantastisches, denkmalgeschütztes Gebäude mit unglaublich viel kolonialem Ambiente. Die meisten der elegant möblierten Zimmer haben offene Kamine und marmorne Badezimmer, der hübsche Garten ist ein perfekter Ort zum Relaxen und für den Nachmittagstee.

Windamere Hotel (Karte S. 539; ☎ 2254041; reservations@windamerehotel.net; Jawahar Rd West; EZ/DZ 102/132 US$) Obwohl es weniger komfortabel ist als die letzten beiden modernisierten Hotels und obwohl die Bedienung Uniformen trägt, die aussehen, als wären sie so alt wie das Hotel, haben die antiken Zimmer immer noch viel Charme (und zugige Fenster). Echte Kolonial-Fans kommen hier sicherlich auf ihre Kosten.

Essen

In Darjeeling gibt's jede Menge Restaurants, die Speisekarten sind dick und versprechen feine Küche und viel Abwechslung durch tibetische und Thai-Spezialitäten. Die meisten Restaurants schließen allerdings schon um 20 oder 21 Uhr!

Kunga Restaurant (Karte S. 539; Clubside; Hauptgerichte 35–65 Rs) Das Kunga ist charmant-simpel und hat das beste tibetische Essen der Stadt. Die *momos* sind hier genauso legendär wie die Nudelsuppen *(gyathuk, thenthuk* und *bhagthuk)*. Ein gehaltvolles Frühstück mit Müsli und Fruchtquark bringt den knurrenden Magen zum Schweigen.

Glenary's (Karte S. 539; Nehru Rd; Gerichte 50–150 Rs; 🕓 11.30–21 Uhr) Dieses klasse Restaurant mit großartigem Ausblick und gutem Service ist für seine brutzelnden (vegetarischen und nichtvegetarischen) Köstlichkeiten und für seine Tandoori-Spezialitäten bekannt. Das Hühnchen *rashmi kebab* (in gewürztem Joghurt mariniertes und anschließend nach Tandoori-Art gebackenes Hühnchen) ist einfach ein Gedicht. Unter dem Restaurant liegt ein elegantes Café mit Konditorei (s. rechte Spalte).

Dekevas Restaurant (Karte S. 539; Hauptgerichte 35–70 Rs) Wie das Kunga in der Nähe ist auch das Dekevas für erstklassige tibetische Küche bekannt.

Hotel Lunar (Karte S. 539; Clubside; veg. Hauptgerichte 25–70 Rs) Obwohl dieses Hotelrestaurant ziemlich wenig Charakter hat, gilt es als eines der besten vegetarischen Restaurants in Darjeeling. Das Restaurant liegt eingequetscht unter dem Hotel Dekeling und über dem Dekevas.

Fiesta (Karte S. 539; Chowrasta; Hauptgerichte 40–100 Rs) Auf der Veranda genießen die Gäste die Atmosphäre des Chowrasta und zugleich das beste Essen, das es auf diesem Fußgängerplatz gibt.

Frank Ross Café (Karte S. 539; Nehru Rd; veg. Hauptgerichte 20–95 Rs) Streng vegetarisches Restaurant, aber mit internationaler Speisekarte einschließlich Pizzas, Burgern, südindischen Snacks und sogar Enchiladas, Tacos und Nachos – wenig davon trifft ins Schwarze, aber es ist doch mal eine nette Abwechslung.

Hot Stimulating Café (Karte S. 537; Jawahar Rd West; Gerichte 20–40 Rs) Dieses Café an der Straße zum Zoo bietet einen großartigen Ausblick über die Hügel und Täler und serviert einfache, billige Gerichte und Chai.

ETWAS BESONDERES

Park Restaurant (Karte S. 539; Laden La Rd; Hauptgerichte 30–90 Rs) Zum Mittagessen baden im Sonnenlicht, zum Abendessen behagliches Versinken im Schatten … zu allen Tageszeiten ein phantastischer Ort. Während hungrige Inder ihre Mogulgerichte schlemmen, fragt man höflich nach der thailändischen Lemon-Grass-Karte und trifft genüsslich seine Wahl. Das *kai mumuan him ma pahn* (Hühnchen mit Cashewkernen in Austern- und Fischsoße) ist genauso köstlich wie das *gong kai* (Hühnchen mit rotem Curry) – einfach genießen!

Ausgehen

Wo könnte man wohl besser eine Tasse Darjeeling-Tee schlürfen? Und auch wem der Sinn mehr nach einer kühlen Halben steht, hat hier eine gute Auswahl.

TEE

Glenary's (Karte S. 539; Nehru Rd; 🕓 7.30–20 Uhr, in der Hauptsaison bis 21 Uhr) Das Café mit den riesigen Fenstern und dem grandiosen Ausblick liegt unter dem Restaurant (s. linke Spalte) – man bestellt seinen Tee, schnappt sich ein Buch und versinkt anschließend gemütlich in einem Rohrstuhl.

Elgin (Karte S. 539; ☎ 2257226; HD Lama Rd; Teestunde 150 Rs; 🕓 16.30–17 Uhr) Hier kann man die

Teestunde in dem klassischen Sonnenzimmer oder draußen im Garten genießen.

Windamere Hotel (Karte S. 539; ☎ 2254041; Jawahar Rd West; Teestunde 240 Rs; 🕒 16.30–18 Uhr) Teestunde mit Keksen und allem was sonst noch dazu gehört.

BARS

Joey's Pub (Karte S. 539; SM Das Rd; Bier 80 Rs; 🕒 13–22 Uhr) Dieser Pub in der Nähe der Post ist wohl der stimmungsvollste hier und ein Meetingpoint der Traveller. Freundliche Bedienung, im TV läuft europäischer Fußball und das Bier ist kalt.

Buzz (Karte S. 539; 🕒 18–22.30 Uhr) Diese kitschige Hollywood-Bar liegt im Untergeschoss des Glenary's (s. gegenüber). Samstags und sonntags spielen Livebands ab 18.30 Uhr.

Unterhaltung

Rink Mall (Karte S. 539; Ecke Laden La & SM Das Rd) Dieser massive Komplex wurde 2004 eröffnet und beherbergt verschiedene Kinos.

Velocity (Karte S. 539) In Darjeelings einzigem Nachtclub beschallen DJs die Tanzfläche mit harten Beats.

Shoppen

DARJEELING-TEE

Der Tee Darjeelings gehört zum feinsten der Welt und ist natürlich ein beliebtes Mitbringsel, das in jeden Rucksack passt. Am besten kauft man den Tee in **Nathmull's Tea Rooms** (Karte S. 539; ☎ 2256437; www.nathmulltea.com; Laden La Rd; 🕒 9–19 Uhr). Eine gute Sorte kostet etwa 50 Rs pro 100 g, der feinste bis zu 1000 Rs pro 100 g.

Billigeren losen Tee gibt's auf dem Chowk-Basar, aber aufgepassst – die Verpackung ist nicht besonders stabil. Tee in Geschenkboxen meiden, denn das ist meist ein in Kolkata gepackter Verschnitt.

TIBETISCHE TEPPICHE

Das **Tibetische Flüchtlings-Selbsthilfezentrum** (Karte S. 537; Lebong Cart Rd; 🕒 Mo–Sa Sonnenaufgang–Sonnenuntergang) knüpft prächtige Teppiche, die man hier bestellen und sich nach Hause schicken lassen kann (290 US$ für einen 0,90 m x 1,50 m großen Teppich, einschließlich Versand). **Hayden Hall** (Karte S. 539; ☎ 2253228; Laden La Rd.; 🕒 Mo-Sa, 9–18 Uhr), näher am Chowrasta, verkauft Teppiche im Rahmen seiner Wohltätigkeitsarbeit (3500 Rs für einen 0,90 m x 1,50 m großen Teppich).

NOCH MEHR SOUVENIRS

Am Chowrasta und an der Gandhi sowie der Nehru Rd. gibt's zahllose Souvenirläden, die Holzschnitzereien (darunter auch Masken) aus Nepal, *thangkas* (tibetische Stoffmalereien), religiöse Objekte und Schmuck verkaufen.

Fotoläden wie **Das Studios** (Karte S. 539; ☎ 2254004; Nehru Rd; 🕒 Mo–Sa 9–18 Uhr) bieten große Fotos vom Kanchenjunga und von vielen anderen Orten der Umgebung Darjeelings.

Der Chowk-Basar ist riesig und faszinierend. Losen Tee, Gewürze und Weihrauch hier kaufen! Es gibt mehrere so genannte „Buddha-Shops" im Chowk-Basar und in der NB Singh Rd., die Gebetswimpel, gestickte Wandbehänge und weitere religiöse Artefakte anbieten.

An- & Weiterreise

FLUGZEUG

Der nächste Flugplatz liegt 90 km entfernt bei Bagdogra, etwa 12 km von Siliguri weg. Auf S. 532 gibt's mehr über die Einzelheiten zu Flügen von und nach Bagdogra.

Indian Airlines (Karte S. 539; ☎ 2254230; 🕒 Mo–Sa 10–17.30 Uhr) hat ein Büro am Chowrasta. **Clubside Tours & Travels** (Karte S. 539; ☎ 2254646; clubside@satyam.net.in; JP Sharma Rd; 🕒 8.30–18 Uhr) und **Pineridge Travels** (Karte S. 539; ☎ 2253912; pineridge@dte.vsnl.net.in; 🕒 Mo–Sa 10–17 Uhr) sind Jet Airways-Agenten.

BUS

Vom Bus-/Jeepbahnhof Chowk-Basar (Karte S. 539) fahren Busse nach Kalimpong (45 Rs, 3½ Std., 8 Uhr), Mirik (40 Rs, 3 Std., zwischen 8 und 15 Uhr alle 1½ Stunden) und Siliguri (58 Rs, 3 Std., alle 30 Min.). Tickets gibt's am Schalter im Erdgeschoss des **Old Super Market-Komplex** (Karte S. 539) hinter dem Busbahnhof. Nur Fahrkarten nach Kalimpong können im Vorverkauf reserviert werden.

Kasturi Tours & Travels (Karte S. 539; ☎ 2254430; Old Super Market-Komplex; 🕒 8–19 Uhr) und **Diamond Treks, Tours & Travels** (Karte S. 539; ☎ 2258961; Old Super Market-Komplex; 🕒 8–19 Uhr) können Buchungen für Deluxebusse ab Siliguri zu Zielen wie Kolkata (372 Rs, 12-14 Std.) vornehmen. **Samsara Tours, Travels & Treks** (Karte S. 539; ☎ 2257194; samsara1@sancharnet.in; Laden La Rd) hat vergleichbare Angebote. In den Fahrkarten ist der Transfer nach Siliguri nicht inbegriffen. Es gibt von hier oder von Siliguri aus keine Direktbusse nach Kathmandu.

JEEP & TAXI

Zahlreiche Sammeljeeps und Taxis fahren vom verstopften Südende des Bus-/Jeepbahnhofs Chowk-Basar nach Siliguri (70 Rs, 2½ Std.) und Kurseong (40 Rs, 1½ Std.). Jeeps fahren nach Mirik (50 Rs, 2½ Std.) etwa alle 1½ Stunden. Schalter im Erdgeschoss des Old Super Market-Komplex verkaufen Tickets für die häufig fahrenden Jeeps nach Kalimpong (70 Rs, 2 Std.) und Gangtok (110 Rs, 4 Std.).

Vom Nordende des Busbahnhofs fahren täglich drei oder vier Jeeps nach Jorenthang (80 Rs, 2 Std.), dort gibt's gute Verbindungen in den Norden oder Westen Sikkims. Für die Route ist eine Einreisegenehmigung für Sikkim (s. S. 577) erforderlich.

Die Darjeeling Transport Corporation (Karte S. 539; ☎ 9832081338; Laden La Rd) betreibt Sammeljeeps nach Gangtok (120 Rs, 4 Std., Abfahrt 8.30 Uhr) und Siliguri (70 Rs, 2½ Std., stündl.).

Um nach New Jalpaiguri oder Bagdogra zu kommen, fährt man ab Siliguri oder chartert in Darjeeling einen Jeep oder ein Taxi (800 Rs).

ZUG

Der nächste größere Bahnhof ist New Jalpaiguri (NJP) nahe von Siliguri (s. S. 533). Fahrkarten – meist nur Sleeper Class – für die wichtigsten Verbindungen ab NJP können am **computergesteuerten Reservierungsschalter** (Karte S. 539; ☎ 2252555; 🕑 8–14 Uhr) des Bahnhofs Darjeeling gebucht werden.

Kleinbahn

Die Diesel-Kleinbahn fährt ab Darjeeling um 9.15 Uhr nach NJP (42/247 Rs, 2. Klasse/1. Klasse, 7 Std.) mit Stopp in Ghoom (21/96 Rs, 2. Klasse/1. Klasse, 50 Min.), Kurseong (27/144 Rs, 2. Klasse/1. Klasse, 3 Std.) und Siliguri (37/222 Rs, 2. Klasse/1. Klasse, 6½ Std.). Die Fahrt bis nach NJP ist anstrengend, wer also nur mal mit der Kleinbahn fahren will, sollte lieber die Vergnügungsfahrt mitmachen (S. 540).

NACH/VON NEPAL

Ausländer können die Grenze nach Nepal nur in Kakarbhitta/Panitanki überschreiten (nicht in Pasupati).

Diamond Treks, Tours & Travels (Karte S. 539; ☎ 2258961; Old Super Market-Komplex; 🕑 8–19 Uhr) und **Kasturi Tours & Travels** (Karte S. 539; ☎ 225 4430; Old Super Market-Komplex; 🕑 8–19 Uhr) verkaufen Tickets von Darjeeling nach Kathmandu (575 Rs). Das sind aber keine Direkt-Fahrkarten, sondern man muss in Siliguri und an der Grenze umsteigen – und das kann eine Menge Probleme geben. Besser die Tickets einzeln selber kaufen, das ist auch ein bisschen billiger. Zur Route Siliguri–Panitanki s. S. 533 und zum Busverkehr zur Grenze und in Nepal s. S. 1189.

Unterwegs vor Ort

Sammeljeeps zu allen Zielen nördlich des Stadtzentrums, z. B. nach North Point (5 Rs) fahren vom Nordende des Bus-/Jeepbahnhofs Chowk-Basar. Nach Ghoom fährt ein Sammeljeep (10 Rs) vom Jeepstand Hill Cart Rd. (Karte S. 539).

Es gibt mehrere Taxistände in der Stadt, aber die Preise für kurze Strecken sind absurd. Man kann einen Träger mieten, der einem sein Gepäck für rund 45 Rs vom Chowk-Basar zum Chowrasta trägt.

Wegen der vielen Hügel gibt's keine Fahrradrikschas – zu Fuß gehen kann auch Spaß machen.

TREKKING RUND UM DARJEELING

Von Darjeeling aus sind eine Reihe von Treks möglich, die durch wahnsinnig schöne Landschaften führen. Oktober und November sind dank des klaren Himmels und der warmer Temperaturen eine großartige Zeit für eine Wanderung, und auch die langen Tage und die Blütezeit des Rhododendron im Mai und frühen Juni bieten sich an. Das **DGAHC** (Karte S. 539; ☎ 2255351; Jawahar Rd West; 🕑 während der Hauptsaison tgl. 9– 19 Uhr, außerhalb der Saison Mo–Sa 10–16.30, So 10–13 Uhr) gibt die hervorragende Broschüre *Himalayan Treks* heraus, die eine Karte und Beschreibungen der wichtigsten Trekking-Routen enthält.

Besonders beliebt ist der **Singalila Ridge Trek** von Sandakphu nach Phalut, der durch den malerischen **Singalila National Park** (Eintritt 20 Rs) führt und atemberaubende Blicke auf den Himalaja bietet. Führer (um 200 Rs/Tag) sind mittlerweile Pflicht und können privat angeheuert werden über Reisebüros in Darjeeling (S. 540) oder auch am Ausgangspunkt des Treks in Manebhanjang,

26 km von Darjeeling entfernt. Nach Manebhanjang fahren morgens Busse vom Bus-/Jeepbahnhof Chowk-Basar in Darjeeling (15 Rs, 2 Std.). Der übliche Streckenplan des Treks sieht folgendermaßen aus:

Tag	Etappe	Entfernung
1	Manebhanjang (2130 m) nach Tonglu (3100 m) über Megma Gompa	14 km
2	Tonglu nach Sandakphu (3636 m) über Kalipokhri & Garibas	17 km
3	Sandakphu nach Phalut (3600 m) über Sabarkum	17 km
4	Phalut nach Rammam (2530 m) über Gorkey	16 km
5	Rammam nach Rimbik (2290 m) über Srikhola	19 km

Ab Rimbik geht's am Morgen per Bus zurück nach Darjeeling. Wer keine fünf Tage Zeit hat, kann in Sandakphu und in Sabarkum abkürzen. Es gibt einfache **Trekker-Hütten** (B/DZ/3BZ 80/300/400 Rs) in Manebhanjang, Tonglu, Garibas, Sandakphu, Phalut, Rammam, Srikhola und Rimbik – zu buchen bei **Glenary's** (Karte S. 539; Nehru Rd; ⌚ 11.30–21 Uhr). Entlang der Strecke hat es auch noch andere Privatunterkünfte zu vergleichbaren Preisen.

Geführte All-inclusive-Treks auf dieser Strecke einschließlich Trägern, Verpflegung und Unterkunft werden von Reisebüros in Darjeeling (S. 540) für 1200 bis 2000 Rs pro Tag angeboten (je nach Umfang des gebotenen Service).

Neu auf der Trekking-Agenda ist der großartige **Rochela Trek**, der durch das großartige Samthar-Plateaus (S. 555) führt. Die meisten legen den Trek in vier Tagen und drei Nächten zurück. Das DGAHC in Darjeeling (S. 540) und Kalimpong (S. 552) berechnet für den Trek rund 2000 Rs pro Tag (alles inkl.). **Gurudongma Tours & Travels** (☎ 255204; www.gurudongma.com; Hilltop, Rinkingpong Rd, Kalimpong) ist flexibler und äußerst professionell. Hier gibt's maßgeschneiderte Treks durch die Region, mit kenntnisreichen Führern für etwa 50 US$ pro Tag.

Wer noch Ausrüstung braucht, kann bei **Adventure Sports Office** (Karte S. 539; DGAHC Lowis Jubilee-Komplex, Darjeeling; ⌚ Mo–Fr 10–16, Sa bis 13 Uhr) etwas muffige, dafür aber warme Schlafsäcke und Jacken für ungefähr 10 Rs pro Tag mieten.

KALIMPONG

☎ 03552 / 42 980 Ew. / 1250 m

Die nette Basarstadt liegt in den welligen Bergausläufern und tiefen Tälern des Himalaja. Kalimpong fehlt zwar der koloniale Charme Darjeelings, aber hier lässt es sich klasse relaxen. Die Himalaja-Landschaft, Gärten und Blumenplantagen dominieren die Hügel außerhalb der geschäftigen Stadt – man mag gar nicht mehr aus den Hotelanlagen dort raus.

Wie Darjeeling gehörte auch Kalimpong einst den Chogyals von Sikkim. Im 18. Jh. fiel es in die Hände der Bhutaner, ging später an die Briten und wurde schließlich mit der Unabhängigkeit ein Teil Indiens. Schottische Missionare, besonders die Jesuiten, unternahmen im späten 19. Jh. große Anstrengungen, die einheimischen Buddhisten für sich zu gewinnen, und Dr. Grahams berühmtes Waisenhaus mit Schule gibt es heute noch.

Die Gorkhaland-Bewegung ist in Kalimpong aktiv, deshalb sollte man sich vor der Anreise über die aktuelle Sicherheitslage informieren. Der Gurkha-Führer C. K. Pradhan wurde hier im Oktober 2002 ermordet, nachdem er in einen Attentatssversuch auf den Leiter des GNLF verwickelt gewesen war. Zu seinem Gedächtnis wurde ein kleiner Schrein an der Stätte errichtet, wo er niedergeschossen wurde. Zur Gorkhaland-Bewegung s. „Geschichte" S. 536.

Orientierung & Praktische Informationen

Kalimpongs Zentrum ist der chaotische Motor Stand, wo die Menschen genauso wie die Verkehrsmittel kommen und gehen. In der Nähe gibt's einige Restaurants, billige Hotels und viele Shoppingmöglichkeiten, die meisten Sehenswürdigkeiten und die meisten besseren Unterkünfte sind ein paar Kilometer von der Stadt entfernt, erreichbar über die DB Giri Rd. und die Rinkingpong Rd.

Die Mitarbeiter des **DGAHC Tourist Reception Centre** (☎ 257992; DB Giri Rd; ⌚ 9.30–17 Uhr) sind hilfsbereit, nützlich ist auch die private Website www.kalimpong.org. Die **Post** (☎ 255990; Rinkingpong Rd; ⌚ Mo–Fr 9–17, Sa bis 16 Uhr) liegt direkt neben dem Rathaus.

Die **Central Bank** (SDB Giri Rd; ⌚ Mo–Fr 10–15, Sa bis 12 Uhr) und das **Soni Emporium** (☎ 255030; DB Giri Rd.; ⌚ 8–20 Uhr) wechseln verschiedene

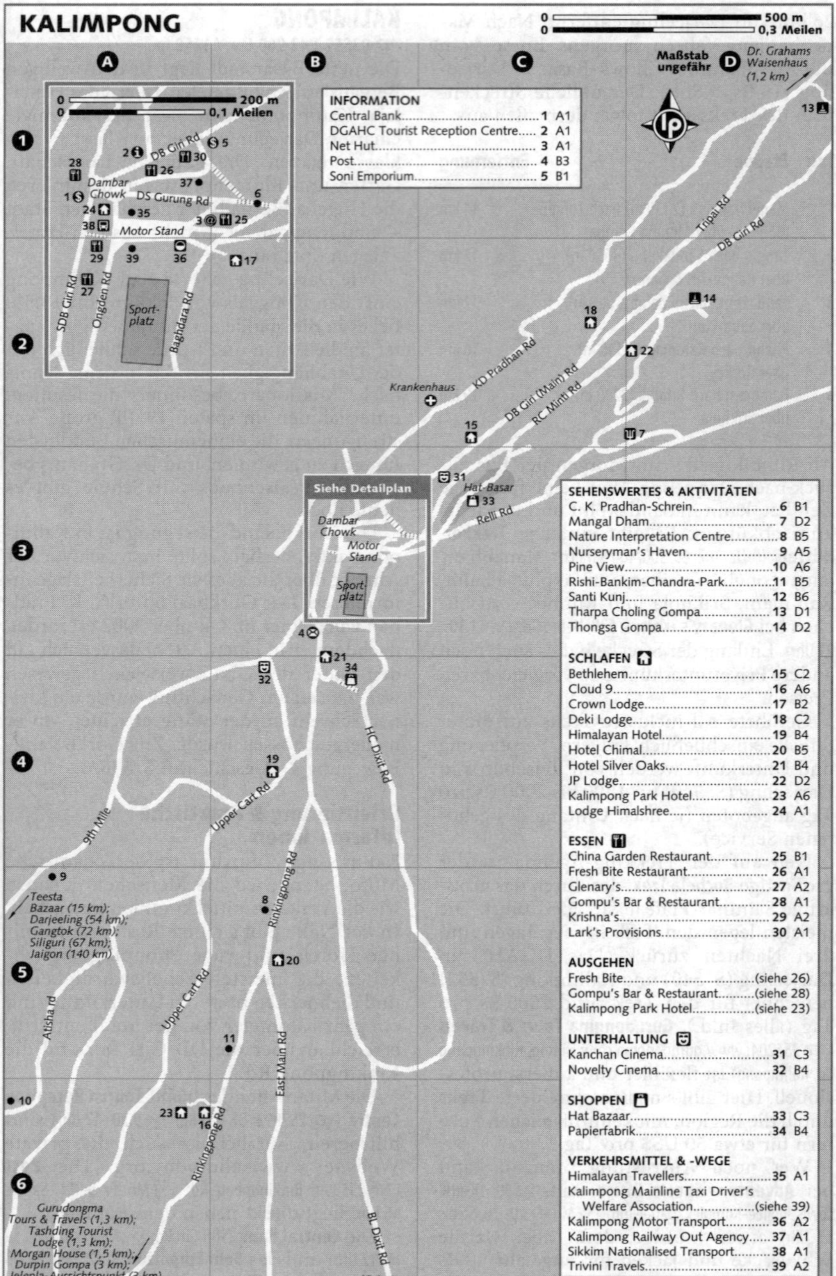
KALIMPONG
0 500 m
0 0,3 Meilen
Maßstab ungefähr
Dr. Grahams Waisenhaus (1,2 km)
0 200 m
0 0,1 Meilen
DB Giri Rd
Dambar Chowk
DS Gurung Rd
Motor Stand
SDB Giri Rd
Ongden Rd
Sportplatz
Baghdara Rd
INFORMATION
Central Bank 1 A1
DGAHC Tourist Reception Centre 2 A1
Net Hut 3 A1
Post 4 B3
Soni Emporium 5 B1
Tripai Rd
KD Pradhan Rd
Krankenhaus
DB Giri (Main) Rd
RC Mintri Rd
Siehe Detailplan
Hat-Basar
Relli Rd
HC Dixit Rd
Upper Cart Rd
9th Mile
Teesta Bazaar (15 km); Darjeeling (54 km); Gangtok (72 km); Siliguri (67 km); Jaigon (140 km)
Rinkingpong Rd
Atisha rd
East Main Rd
BL Dixit Rd
Gurudongma Tours & Travels (1,3 km); Tashding Tourist Lodge (1,3 km); Morgan House (1,5 km); Durpin Gompa (3 km); Jelepla-Aussichtspunkt (3 km)
SEHENSWERTES & AKTIVITÄTEN
C. K. Pradhan-Schrein 6 B1
Mangal Dham 7 D2
Nature Interpretation Centre 8 B5
Nurseryman's Haven 9 A5
Pine View 10 A6
Rishi-Bankim-Chandra-Park 11 B5
Santi Kunj 12 B6
Tharpa Choling Gompa 13 D1
Thongsa Gompa 14 D2
SCHLAFEN
Bethlehem 15 C2
Cloud 9 16 A6
Crown Lodge 17 B2
Deki Lodge 18 C2
Himalayan Hotel 19 B4
Hotel Chimal 20 B5
Hotel Silver Oaks 21 B4
JP Lodge 22 D2
Kalimpong Park Hotel 23 A6
Lodge Himalshree 24 A1
ESSEN
China Garden Restaurant 25 B1
Fresh Bite Restaurant 26 A1
Glenary's 27 A2
Gompu's Bar & Restaurant 28 A1
Krishna's 29 A2
Lark's Provisions 30 A1
AUSGEHEN
Fresh Bite (siehe 26)
Gompu's Bar & Restaurant (siehe 28)
Kalimpong Park Hotel (siehe 23)
UNTERHALTUNG
Kanchan Cinema 31 C3
Novelty Cinema 32 B4
SHOPPEN
Hat Bazaar 33 C3
Papierfabrik 34 B4
VERKEHRSMITTEL & -WEGE
Himalayan Travellers 35 A1
Kalimpong Mainline Taxi Driver's Welfare Association (siehe 39)
Kalimpong Motor Transport 36 A2
Kalimpong Railway Out Agency 37 A1
Sikkim Nationalised Transport 38 A1
Trivini Travels 39 A2

Währungen und Reiseschecks gegen eine kleine Gebühr. **Net Hut** (35 Rs/Std.; ⌚ 9–20 Uhr) in der Nähe vom Motor Stand bietet die schnellste Internetverbindung.

In Kalimpong bekommt man zwar keine Einreisegenehmigung für Sikkim, aber an der Grenze in Rangpo gibt's kostenlose, auf zwei Tage verlängerbare Passierscheine (s. S. 577).

Sehenswertes

GOMPAS

In der 1926 errichteten **Tharpa Choling Gompa** abseits der KD Pradhan Rd. gibt es Statuen der Buddhas Bhaisajya, Sakyamuni und Maitreya (der Buddhas der Vergangenheit, Gegenwart und Zukunft) zu sehen. Schützend über all diesen Buddhas steht Garuda, sein Maul verschlingt Hass und Zorn (die Schlange), während sein Fuß die Symbole der Unwissenheit und der Verhaftung in dieser Welt niederhält. Hierher kommt man aus der Stadt in einem halbstündigen Fußmarsch den Hügel hinauf, vorbei am oberen Ende der Tripai Rd.

Beim Kopfende der RC Mintri Rd., hinter der JP Lodge, liegt die alte **Thongsa Gompa** (das bhutanische Kloster). Das Kloster wurde 1692 gegründet, aber das von 219 Gebetsmühlen umgebene Bauwerk, das heute zu sehen ist, stammt aus dem 19. Jh. und wurde neu gebaut, nachdem die Gurkhas Sikkim geplündert hatten. Die Wandmalereien sind verblasst, haben aber noch einigen Charme bewahrt.

Kalimpongs größtes Kloster, die **Zong Dog Palri Fo-Brang Gompa** alias Durpin-Gompa, thront auf dem spektakulären Durpin Hill (1372 m) und wurde nach seiner Eröffnung 1976 vom Dalai Lama geweiht. Im Hauptgebetssaal unten sind eindrucksvolle Wand- und Deckenmalereien zu sehen (Fotografieren erlaubt), im Obergeschoss gibt's interessante 3D-Mandalas. Das Kloster liegt ungefähr 5 km südlich des Stadtzentrums, ein gecharterter Jeep bringt einen hin (80 Rs mit Rückfahrt). Vom **Jelepla-Aussichtspunkt**, ungefähr 300 m unterhalb der Gompa, bietet sich ein grandioser Ausblick auf den Himalaja und die Flüsse Relli und Teesta.

MANGAL DHAM

Dieser nicht grade hübsche moderne **Tempel** (⌚ 6–19 Uhr) ist Krishna geweiht. In der ballsaalartigen Gebetshalle finden sich acht lebensgroße Dioramen aus dem Krishna Leela. Der Tempel ist Guruji Shri Mangaldasji gewidmet, an ihn wird in einem Schrein unter der Gebetshalle erinnert. Der Tempel ist, den Hügel hinunter, ungefähr 500 m von der Thongsa Gompa entfernt, vom Stadtzentrum aus geht man die Relli Rd. hinauf und biegt an der katholischen Kirche links ab.

DR. GRAHAMS WAISENHAUS

Das Haus ist immer noch ein **Waisenhaus mit Schule.** 1900 ist es von Dr. J. A. Graham, einem schottischen Missionar, errichtet worden. Es sollte als Schule für die Kinder der Teeplantagen-Arbeiter dienen und hat heute mehr als 1300 Schüler. Es gibt hier auch ein kleines **Museum** (Eintritt frei; ⌚ Mo–Fr 9–15.30 Uhr) zum Gedenken an den Gründer und seine Frau Katherine. Die 1925 über der Schule errichtete **Kapelle** hat schöne Buntglasfenster (der Hausmeister schließt einem die Tür auf). Das Eingangstor der Anlage liegt 4 km die steile KD Pradhan Rd. hinauf, bis zu den Gebäuden sind es von dort 650 m. Viele Leute lassen sich von einem Taxi hinbringen (60 Rs) und bewältigen anschließend den Rückweg in die Stadt zu Fuß.

BLUMENPLANTAGEN

Kalimpong ist ein wichtiger Blumenexporteur und produziert etwa 80 % der Gladiolen Indiens und viele Orchideenarten. Im **Nurseryman's Haven** (☎ 256936; 9th Mile) können Orchideen angeschaut werden; im **Santi Kunj** (BL Dixit Rd; ⌚ So–Fr 8.30–12 & 13.30–16 Uhr) Anthurien und die Paradiesvogelblume; das **Pine View** (Atisha Rd; Eintritt 5 Rs) schließlich bietet eine schöne, sehr fotogene Kakteensammlung.

NOCH MEHR ATTRAKTIONEN

Das **Nature Interpretation Centre** (Rinkingpong Rd; Eintritt frei; ⌚ Fr–Mi 10.30–16 Uhr) beherbergt den wohl pädagogisch wertvollsten Badmintonplatz der Welt: Um ihn herum steht eine Reihe informativer Dioramen, die die Auswirkungen menschlichen Handelns auf die Umwelt darstellen. Vom Stadtzentrum aus kommt man bequem zu Fuß hin.

Ungefähr 450 m hügelaufwärts liegt der kleine, aber sehr nette **Rishi-Bankim-Chandra-Park** (alias Kalimpong-Park).

Aktivitäten

Das **DGAHC Tourist Reception Centre** (☎ 257992; DB Giri Rd; ⏲ 9.30–17 Uhr) bietet Treks (s. S. 548) und die gleichen Rafting-Touren an wie das DGAHC in Darjeeling (s. S. 543).

Gurudongma Tours & Travels (☎ 255204; www.gurudongma.com; Hügelspitze, Rinkingpong Rd) organisiert alle möglichen individuell zugeschnittenen Touren, einschließlich Wanderungen, Rafting, Mountain-Bike-Touren, Vogelbeobachtung und Fischen in der Gegend von Kalimpong, Darjeeling und Sikkim.

Schlafen

Die meisten denkwürdigen (und teuren) Hotels finden sich in der üppig-grünen Landschaft ein gutes Stück außerhalb des geschäftigen Stadtzentrums von Kalimpong. Billigere Unterkünfte gibt's in der Nähe vom Motor Stand. Angegeben sind die Preise in der Hochsaison (Okt.–Anfang Dez. und Mitte März–Anfang Juni) – in der Nebensaison kann's bis zu 50 % Nachlass geben.

BUDGETUNTERKÜNFTE

Alle Hotels haben Zimmer mit eigenem Bad und kostenloses Warmwasser im Eimer, wenn nicht anders angegeben. In den meisten hat man die Wahl zwischen Sitz- und Plumpstoiletten.

Hotel Chimal (☎ 255776; Rinkingpong Rd; DZ 300–500 Rs) Ein hübscher Garten und mehrere malerische Terrassen zeichnen die einfache Herberge mit sauberen Zimmern mit Teppichen aus. Ungefähr 1 km südlich vom Motor Stand.

JP Lodge (☎ 257457; RC Mintri Rd; DZ mit Gemeinschaftsbad 400 Rs, DZ mit Boiler 500–650 Rs) Die recht kleinen Zimmer sind sauber und hell, die meisten haben eine gute Aussicht. Es gibt eine großartige holzgetäfelte Lounge im malerischen Dachgeschoss, die Betreiber sind hilfsbereit.

Bethlehem (☎ 255185; DB Giri Rd; DZ/3BZ/4BZ 350/500/700 Rs) Einfache und ausreichend große Zimmer mit sauberen Bädern. Einige Zimmer bieten einen guten Ausblick. Fließendes Warmwasser gibt's zwischen 7 und 8 Uhr.

Deki Lodge (☎ 255095; www.geocities.com/dekilodge; Tripai Rd; EZ/DZ/3BZ 200/300/400 Rs, mit Boiler ab 300/450/600 Rs) Ein nettes altes Hotel mit einem hübschen Café und einer Aussichtsterrasse auf dem Dach. Der neue Anbau hinten hat einige schöne Mittelklassezimmer mit gutem Ausblick.

Lodge Himalshree (☎ 255070; Ongden Rd; EZ/DZ mit Gemeinschaftsbad 100/150 Rs) Freundliches kleines Hotel im obersten Geschoss eines hohen Gebäudes. Die Räume sind einfach, aber sauber und ihren Preis wert. Warmwasser im Eimer kostet 10 Rs.

Crown Lodge (☎ 255846; EZ/DZ mit TV & Boiler 350/600 Rs) Abseits der Baghdara Rd. Die Zimmer sind groß, haben etwas Charakter und bequeme Sitzmöbel, wenn man mal ein bisschen durch die TV-Kanäle zappen will. Die Unterkunft ist sauber und ihren Preis durchaus wert.

ETWAS BESONDERES

Himalayan Hotel (☎ 254043; www.himalayanhotel.biz; Upper Cart Rd; EZ/DZ 1500/2400 Rs, mit drei Mahlzeiten 2635/4611 Rs) Hier lebt Geschichte – was Gäste aber sicher nicht daran hindert, eine ordentliche Mütze voll Schlaf zu nehmen. Der allseits beliebte David MacDonald hat das Haus einst eröffnet. Er hatte 1904 als Dolmetscher an Francis Younghusbands Expedition nach Lhasa teilgenommen und gehörte zu jenen, die 1910 dem 13. Dalai Lama bei der Flucht aus Tibet geholfen haben. In seinem Altersprojekt (dem Hotel) wohnten später die Mitglieder der legendären Everest-Expeditionen von Mallory und Irvine, und von Hillary und Tenzing. Heute führt der Enkel das Hotel, und unter den hohen Decken aus echter Himalaja-Eiche lebt der kolonialzeitliche Charme weiter. Die neuen Suiten verbinden altweltlichen Charme mit modernem Komfort – die Terrassen mit dem Ausblick auf den Kanchenjunga sind ganz besonders schön.

MITTEL- & SPITZENKLASSEHOTELS

Alle aufgeführten Hotels haben Zimmer mit eigenem Bad und fließendes Warmwasser, die meisten auch TV.

Kalimpong Park Hotel (☎ 255304; www.indiamart.com/kalimpongparkhotel; EZ/DZ ab 1100/1300 Rs) Das Hotel abseits der Rinkingpong Rd. war der Wohnsitz des Maharadschas von Dinajpur und besitzt gewaltigen kolonialzeitlichen Charme. Schaukelstühle und Blumen schmücken stilvoll die Veranda. Es gibt eine gemütliche Bar und ein Restaurant. Selbst die Zimmer im neuen Flügel haben nette Antiquitäten zu bieten.

Tashiding Tourist Lodge (☎ 255929; Rinkingpong Rd; EZ 400–900 Rs, DZ 1000–1200 Rs) Diese rustikale, aus Steinen gemauerte Lodge inmitten einer überwuchernden Gartenanlagen wirkt wie der verlassene Sommersitz eines Kolonialbeamten. Die Lodge besitzt tiefe eisengerahmte Fenster, alte Parkettböden, steile Decken und ist schlicht möbliert. Die Bäder sind sauber, wenn auch ein bisschen einfach. Zimmer Nr. 10 hat eine großartige Terrasse zu bieten.

Morgan House (☎ 255384; Rinkingpong Rd; EZ 500–1500 Rs, DZ 1100–2000 Rs) Eine noblere Version der nahe gelegenen Tashiding Tourist Lodge. Efeu bedeckt die Außenmauern, Antiquitäten füllen die komfortablen Zimmer und Azaleen schmücken den schönen Park – und das alles mit Blick auf den Kanchenjunga. Obwohl ein bisschen heruntergekommen lohnenswert.

Cloud 9 (☎ 259554; cloud9kpg@yahoo.com; Rinkingpong Rd; DZ 700–800 Rs) Ein liebenswertes neues Hotel mit gemütlichen, holzverkleideten Zimmern, einer kleinen TV-Lounge und einem guten Restaurant im Untergeschoss.

Hotel Silver Oaks (☎ 255296; silveroaks@elginhotels.com; Rinkingpong Rd; EZ/DZ 78/84 US$) Ein altes kolonialzeitliches Heim, umgewandelt in ein modernes, komfortables Hotel. Der Garten ist entspannend, die Zimmer sind recht groß, gut möbliert und bieten eine super Aussicht aufs Tal.

Essen

Kalimpong-Käse wird hier produziert, seit die Jesuiten im 19. Jh. hier eine Molkerei aufmachten. Man sollte sich ruhig ein paar Kracker schnappen und genießen – Kalimpong ist einer der wenigen Orte in Indien, wo es guten Käse gibt.

RESTAURANTS

Abgesehen von den genannten Restaurants gibt's in den meisten Mittel- und Spitzenklassehotels ganz gutes Essen.

Krishna's (Hauptgerichte 20–100 Rs; 🕒 7–10 Uhr) In einer Stufenallee zwischen dem Motor Stand und der SDB Giri Rd., bietet diese kleine Restauranthöhle indische Gerichte, die zu den besten der Stadt zählen. Die südindischen Dosas und *uttapams* sind sehr lecker, und die Mogulgerichte sind phantastisch – das *kashmiri alu dum* (süßes Curry mit Anananas, Dörrkirschen und Äpfeln) ist einfach zum Reinlegen.

China Garden Restaurant (Lal Gulli; Hauptgerichte 35–90 Rs; 🕒 7–20.30 Uhr) Im China Garden Hotel beim Motor Stand serviert dieses Restaurant das beste chinesische Essen der Stadt. Das Ingwerhühnchen und die Chow Meins sind beliebt und superlecker.

Gompu's Bar & Restaurant (Gerichte unter 50 Rs; 🕒 8–21 Uhr) Das Restaurant abseits der SDB Giri Rd. ist für seine riesigen *momos* bekannt und verwöhnt die Inder schon seit ewigen Zeiten mit großartigen tibetischen und bhutanischen Spezialitäten. Im gleichnamigen Hotel.

Fresh Bite Restaurant (DB Giri Rd; Hauptgerichte 30–90 Rs; 🕒 10.30–20 Uhr) Auf der Speisekarte steht alles von Mogulgerichten bis hin zu Pizzas, besonders junge Inder kommen hier her. Das Essen ist ausgezeichnet, und wer freundlich fragt, darf vielleicht sogar hinten im Laden ein Büffelsteak (nicht auf der Speisekarte!) essen. Das Restaurant liegt im Obergeschoss gegenüber vom DGAHC.

AUF DIE SCHNELLE

Glenary's (SDB Giri Rd; Kuchen & Snacks 5–30 Rs) Teil einer Bäckereikette aus Darjeeling, sehr gutes Gebäck und Kuchen.

Lark's Provisions (DB Giri Rd) Dies ist der beste Laden, um Kalimpong-Käse (150 Rs/kg) und die süßen Kalimpong-Dauerlutscher zu kaufen.

Ausgehen

Das Kalimpong Park Hotel (S. 552) hat am meisten Atmosphäre, um ein Bier oder einen Highball zu schlürfen. Auch im Gompu's (s. S. 553) und im Fresh Bite (s. S. 553) muss keiner auf seine Hopfenkaltschale verzichten.

Unterhaltung

Das **Kanchan Cinema** (DB Giri Rd) und das **Novelty Cinema** (9th Mile) zeigen beide eine Mischung aus Bollywood und Hollywood-Blockbustern; die Eintrittskarten kosten 15 Rs.

Shoppen

In der RC Mintri Rd. gibt's eine Vielzahl von Textilläden, die tibetische Stoffe und Seidenbrokate verkaufen. Die Ware ist besser und auch billiger als das, was man in Darjeeling kriegt.

Eine Papierfabrik liegt versteckt unterhalb des Hotel Silver Oaks und oberhalb der Baghdara Rd. Sie produziert und verkauft schöne Papiererzeugnisse, hergestellt aus der Rinde des Daphnebaums.

Mittwochs und samstags erwacht der sonst ruhige Hat Bazaar zwischen der Relli & der RC Mintri Rd. zum Leben. Einheimische kommen häufig in traditionellen Trachten aus den umliegenden Dörfern. Man kann hier alles kaufen, von Gummilatschen bis zu aromatischen Gewürzen.

An- & Weiterreise

Alle Busse und Jeeps und die dazu gehörigen Verkaufsstellen sind am Motor Stand zu finden.

BUS

Die Routen sind zwischen **Trivini Travels** (☎ 257311), **Himalayan Travellers** (☎ 255023) und den staatlichen bengalischen Bussen aufgeteilt. Es gibt tägliche Verbindungen nach Siliguri (50 Rs, 2½ Std., stündl.), Gangtok (60 Rs, 3 Std., Abfahrt 7.30 und 13.30 Uhr), Lava (25 Rs, 1½ Std., Abfahrt 8 und 13.45 Uhr) sowie Kaffer (45 Rs, 3 Std., Abfahrt 8 und 13.45 Uhr).

Außerdem fährt noch ein Bus von **Sikkim Nationalised Transport** (SNT; 55 Rs, 3½ Std.) nach Gangtok, und zwar um 13 Uhr.

JEEP

Die **Kalimpong Mainline Taxi Driver's Welfare Association** (KMTDWA; ☎ 257979) lässt regelmäßig Sammeljeeps nach Siliguri (70 Rs, 2½ Std.), Gangtok (80 Rs, 2½ Std.), Lava (42 Rs, 1½ Std.), Kaffer (60 Rs, 2½ Std.) und Jorenthang (60 Rs, 2 Std., Abfahrt 7.15 und 14 Uhr) fahren. **KS & AH** (☎ 259544) betreibt einen Jeep nach Ravangla (90 Rs, 3½ Std., Abfahrt 14 Uhr), man braucht aber eine Einreiseerlaubnis für Sikkim, um auf dieser Route fahren zu können. **Kalimpong Motor Transport** (☎ 255719) unterhält eine regelmäßige Jeepverbindung nach Darjeeling (60 Rs, 2½ Std.).

Man kann auch allein einen Jeep nach Darjeeling (800 Rs), Siliguri (800 Rs) und Gangtok (1000 Rs) mieten.

ZUG

Die **Kalimpong Railway Out Agency** (☎ 259954; Main Rd; 🕑 Mo–Sa 10–16 Uhr, So bis 13 Uhr) verkauft ein kleines Kontingent von Fahrkarten (hauptsächlich Sleeper Class) ab dem Bahnhof New Jalpaiguri.

NACH/VON BHUTAN & NEPAL

Trivini Travels (☎ 257311) betreibt einen Bus zur bhutanischen Grenzstation Jaigon (90 Rs, 5½ Std., Abfahrt 14.15 Uhr). Auf der gleichen Strecke fährt auch ein staatlicher Bus (75 Rs, Abfahrt 8.40 Uhr). Informationen zum Grenzübertritt gibt's auf S. 1198.

KMTDWA (☎ 257979) unterhält regelmäßigen Jeepverkehr zum nepalesischen Grenzübergang Panitanki (90 Rs, 3 Std.). Informationen zur Einreise siehe S. 1199.

Unterwegs vor Ort

Taxis für Fahrten innerorts lassen sich in der SDB Giri Rd. mieten. Eine Halbtagesfahrt zu den meisten Sehenswürdigkeiten kostet rund 600 Rs.

RUND UM KALIMPONG

Teesta Bazaar

Das ungefähr 16 km westlich von Kalimpong gelegene Teesta Bazaar ist eine wichtige Wildwasser-Rafting-Hochburg. Die meisten Rafter buchen in Darjeeling (s. S. 540 zu Einzelheiten und Preise) oder beim DGAHC-Büro in Kalimpong (S. 552), man kann aber auch hier beim **DGAHC** (☎ 03552-268261; Chitrey Wayside Inn, NH-31A) alles organisieren. Das Büro liegt ungefähr 1,5 km außerhalb von Teesta Bazaar an der Straße nach Kalimpong.

Das **Chitrey Wayside Inn** (B 100 Rs, DZ mit eigenem Bad & Boiler 450 Rs) bietet malerische Terrassen und bescheidene Mahlzeiten.

Teesta Bazaar liegt etwa 30 Minuten von Kalimpong entfernt; man kann jeden Bus und jeden Sammeljeep (25 Rs) in Richtung Darjeeling nehmen.

Lava & Kaffer

Ungefähr 35 km östlich von Kalimpong liegt das kleine Dorf Lava (2353 m) mit einer Kagyupa-**Gompa** und einem belebten **Markt** (Markttag Dienstag). Der Gipfel des Kanchenjunga ist von Kaffer (1555 m) aus zu sehen. Das Dorf ist auch als Lolaygaon bekannt und liegt etwa 30 km weiter östlich. In beiden Dörfern lassen sich kaum Reisende blicken, deshalb ist es hier friedlich und malerisch. Die Fahrt von Kalimpong – durch Nebel und moosbedeckte Wälder – ist außergewöhnlich schön.

Die **Dafui Munal Tourist Lodge** (☎ 03552-277218; B 100 Rs, DZ mit eigenem Bad & Boiler 600 Rs) hat große, saubere Zimmer mit Kaminen. Das große alte Hotel in Kaffer wird vom DGAHC betrieben.

Von Lava (42 Rs, 1½ Std.) und Kaffer (60 Rs, 2½ Std.) aus fahren Jeeps und ein Bus täglich nach Kalimpong.

Samthar-Plateau

Dieses abgelegene, wunderschöne Plateau gewährt majestätische Blicke auf Bhutans großartige Himalajakette und bietet Reisenden die Chance, traditionelle Dörfer zu besuchen. Zu Trekking-Möglichkeiten s. S. 548. **Gurudongma Tours & Travels** (☎ 255204; www.gurudongma.com; Hügelspitze, Rinkingpong Rd, Kalimpong) betreibt ein behagliches Farmhaus in Samthar, das Unterkünfte in Hütten, Zimmern oder Zelten bietet – man sollte sicherheitshalber vorab nach den Preisen fragen und reservieren. Das Büro arrangiert auch den Transport seiner Kunden ab Kalimpong.

Bihar & Jharkhand

Bihar und Jharkand, die direkt an das Himalajakönigreich Nepal grenzen, breiten sich über die östliche Gangesebene Indiens aus. Vor der umstrittenen Abstimmung des indischen Parlaments am 2. August 2000 waren die zwei Staaten nur einer – kurz Bihar genannt.

Bihar ist untrennbar mit dem Leben Buddhas verbunden, der hier die meiste Zeit seines Lebens verbrachte. Er wurde in Bodhgaya erleuchtet, das sich dadurch zur wichtigsten buddhistischen Pilgerstätte der Welt entwickelte. Es gibt praktisch keinen geeigneteren Ort in Indien, um sich der Meditation und dem Buddhismus hinzugeben. Der große Ruinenkomplex von Nalanda, einer der ersten Universitäten überhaupt, ist nur eine von vielen faszinierenden Stätten aus buddhistischer Zeit in diesem großen und bevölkerungsreichen Bundesstaat.

Wasserfälle und üppige Wälder prägen Jharkhand, Heimat der wichtigsten jainistischen Pilgerstätte Ostindiens. Es heißt, 23 der 24 *tirthankar* (großen Lehrer) des Jainismus hätten hier, auf der Spitze des Parasnath Hill, der höchsten Erhebung des Bundesstaates, ihre Erlösung gefunden. Jharkhands bestgehütetes Geheimnis ist der Betla National Park, wo man auf einem Elefanten in den Urwald reiten und vielleicht einen scheuen Tiger oder wilden Elefanten erspähen kann.

Leider erweist sich Buddhas Voraussage, Bihar werde ständig unter „Fehde, Feuer und Flut" zu leiden haben, auch weiterhin als wahr. Abgesehen von Überschwemmungen gibt es hier weit verbreitete staatliche Korruption, sporadische Kastenkonflikte, Banditentum und Gewaltaktionen von Naxaliten. Das alles trägt dazu bei, dass diese Region nicht nur die ärmste, sondern auch die mit den meisten Analphabeten und die gesetzesloseste Indiens ist.

Kein Wunder also, dass viele Traveller Bihar oder Jharkhand links liegen lassen. Dennoch – viele faszinierende Erfahrungen gibt's nur hier und sonst nirgendwo in Indien.

HIGHLIGHTS

- In **Bodhgaya** dem Wesen Buddhas unter dem heiligen Bodhibaum näher kommen (S. 565)
- Die Ruhe der faszinierenden Ruinen von **Nalanda** (S. 572) genießen, einem antiken Ort des Lernens
- Nase zu und die Brieftasche öffnen: Beim **Sonepur Mela** (s. gegenüber) auf Indiens größtem Viehmarkt einkaufen, vom Elefanten bis zum Sittich
- In **Kesariya** (S. 564) zusehen, wie einer der weltweit größten buddhistischen Stupas wieder aus dem Dschungel auftaucht
- In den Urwäldern des **Betla (Palamau) National Parks** (S. 574) auf dem Rücken eines Elefanten Tiger aufspüren
- Das **Patna Museum** (S. 561) erkunden, eine kleine Oase des Wissens und der Merkwürdigkeiten

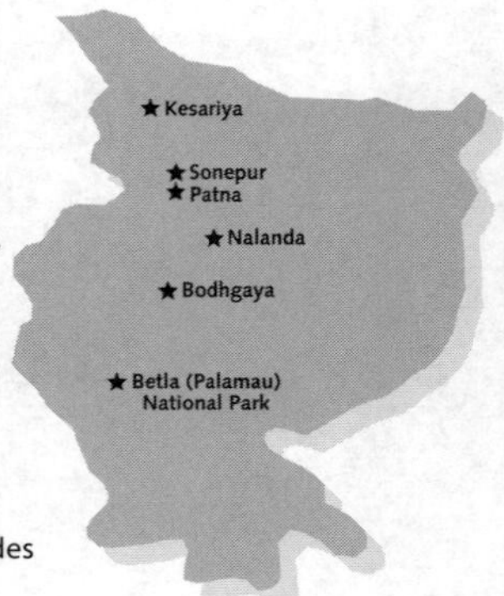

KURZINFOS

- Bevölkerung: 82,9 Mio. (Bihar), 26,9 Mio. (Jharkhand)
- Fläche: 173 877 km²
- Hauptstädte: Patna (Bihar), Ranchi (Jharkhand)
- Hauptsprache: Hindi
- Reisezeit: Oktober bis März

Geschichte

Prinz Siddhartha Gautama kam im 6. Jh. v. Chr. nach Bihar und lebte viele Jahre hier, bevor er – zum Buddha erleuchtet – weiterzog. Auch das Leben Mahaviras, des Zeitgenossen Buddhas und Begründers des Jainismus, war mit Bihar verbunden. Im 4. Jh. v. Chr. riss Chandragupta Maurya die Macht über das Magadha-Königreich mit der Hauptstadt Pataliputra (heute Patna) an sich und eroberte danach das Industal; so entstand das erste indische Großreich. Sein Enkel Ashoka folgte ihm nach und regierte von Pataliputra aus, das damals die größte Stadt der Welt gewesen sein soll, das Maurya-Reich. Bihar war danach das begehrte Ziel mehrerer größerer Reiche, ehe die Magadha-Dynastie während der Herrschaft der Guptas (4. und 5. Jh. n. Chr.) erneut zu Ruhm kam. Anschließend folgten die Palas aus Bengalen, die bis 1197 an der Macht blieben.

Schließlich prägte auch die islamische Herrschaft, die vom 12. bis ins 17. Jh. dauerte, diese Region nachhaltig.

Klima

Zwischen Mitte Oktober und Ende März herrschen in Bihar und Jharkhand angenehme Temperaturen und es ist trocken. Von April bis Juni gibt's oft heiße Winde und Sandstürme. Der Monsun schlägt am härtesten im Juli und August zu und setzt einen großen Teil der Region unter Wasser, bis er schließlich Anfang Oktober ausklingt.

Praktische Informationen

Die nützlichste Quelle für Informationen über Bihar und Jharkhand ist **India Tourism** (Karte S. 560; ☎ 2345776; goitopatna@vsnl.net) in Patna. Auch die Websites der **Bihar State Tourism Development Corporation** (BSTDC; http://bstdc.bih.nic.in) und des **Bihar Tourism Department** (www.discoverbihar.org) sind recht informativ.

UNTERKUNFT

Außerhalb von Bodhgaya und Rajgir sind die Preise das ganze Jahr über ziemlich stabil. Die Möglichkeiten unterzukommen sind aber begrenzt, vor allem im Mittel- und Spitzenklassenbereich. Außerhalb der Saison (zwischen April und Sept.) fallen in den meisten Hotels dieser beiden Städte die Preise um bis zu 50 %. Die BSTDC (oben) unterhält zahlreiche Lodges in ganz Bihar, von denen die meisten gut sind.

FESTE & FESTIVALS IN BIHAR & JHARKHAND

Die hier genannten Feste sind auf der Karte auf S. 558 eingezeichnet.

Pataliputra Mahotsava (1; März; Patna, S. 559) Patna feiert seine historische Vergangenheit mit Paraden, Sportveranstaltungen, Tanz und Musik.

Saurath Sabha (2; Juni; Saurath) Die einzigartige Zusammenkunft von Mithila-Brahmanen, die aus ganz Indien zu diesem größten Heiratsmarkt des Landes kommen, findet in einem Mangohain in einem Dorf bei Madhubani statt. Mit Horoskopen bewaffnete Eltern wollen hier passende Ehen für ihren Nachwuchs arrangieren.

Rajgir Mahotsava (3; 24.–26. Okt.; Rajgir, S. 571) Bei diesem Festival klassischer indischer Künste werden indische Volkstänze wie Kalbeliya, Hariyana Bihu und Sambhalpuri, religiöse Lieder und Instrumentalmusik geboten.

Chhath Festival (Okt./Nov.; in ganz Bihar) Die Bihari säumen die Flussufer, um dieses Fest zu Ehren des Sonnengottes Surya zu feiern. Bei Sonnenuntergang am sechsten Tag nach Diwali (S. 1158) tauchen verheiratete Frauen nach fast zweitägigem Fasten ihren Körper teilweise in die Flüsse und spenden der Gottheit aus Bambuskörben wenigstens zwei Stunden lang Früchte und Blumen. Beim nächsten Sonnenaufgang kehren die Gläubigen an den Fluss zurück und feiern mit Gebeten und traditionellen Gesängen.

Sonepur Mela (4; Nov./Dez.; Sonepur, S. 564) Mit 700 000 Gläubigen und Zigtausenden Tieren als Teilnehmern ist das dreiwöchige Fest viermal so groß wie Pushkars Kamelmarkt und wohl das größte und geruchsintensivste festliche Ereignis in der Region. Hier gibt's alles zu sehen, von Hindupilgern, die in Massen am Zusammenfluss von Ganges und Gadak in die Fluten tauchen, bis zu Elefantenrennen – ja wirklich, Elefantenrennen.

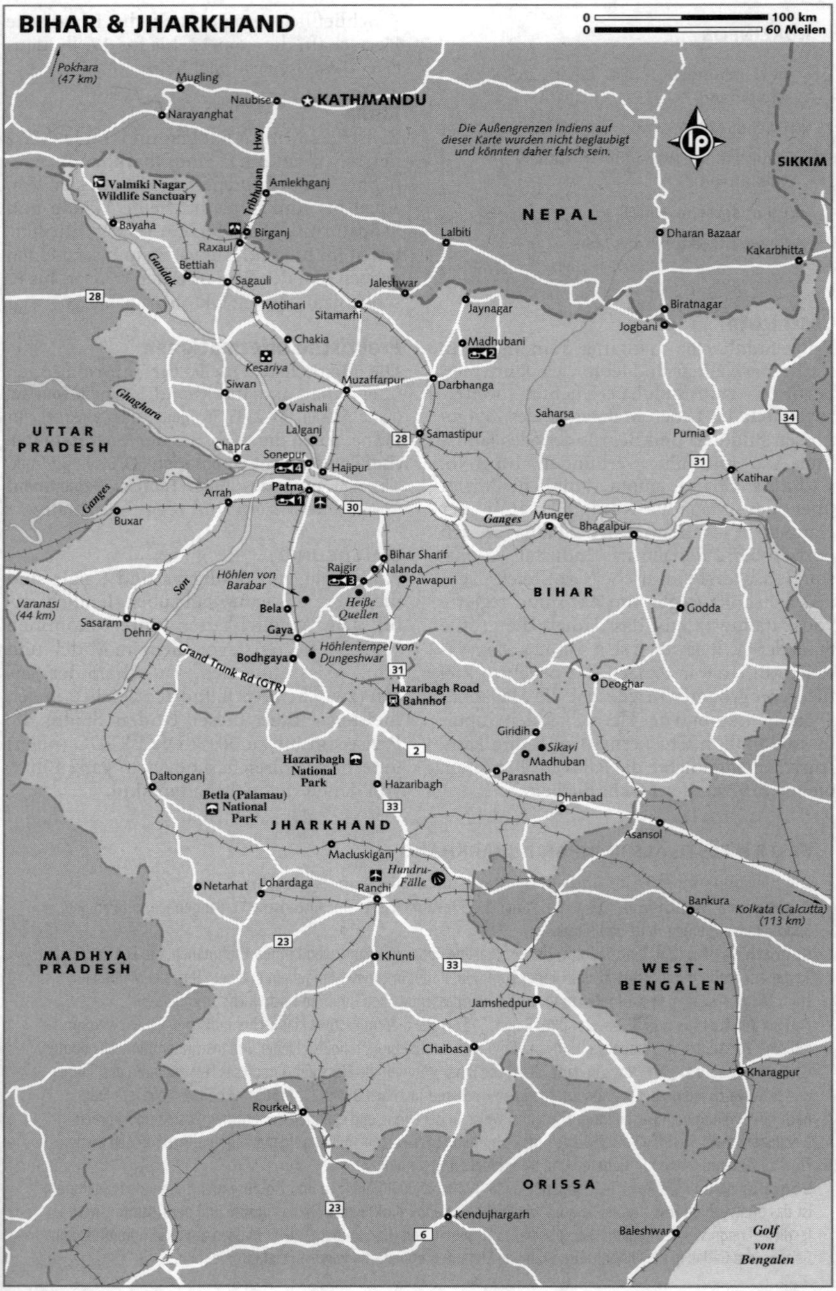
BIHAR & JHARKHAND
0 100 km
0 60 Meilen
Die Außengrenzen Indiens auf dieser Karte wurden nicht beglaubigt und könnten daher falsch sein.
Pokhara (47 km)
Mugling
Naubise
KATHMANDU
Narayanghat
Tribhuban Hwy
SIKKIM
Valmiki Nagar Wildlife Sanctuary
Amlekhganj
NEPAL
Bayaha
Birganj
Raxaul
Lalbiti
Dharan Bazaar
Kakarbhitta
Gandak
Bettiah
Sagauli
28
Motihari
Sitamarhi
Jaleshwar
Jaynagar
Biratnagar
Jogbani
Chakia
Madhubani
2
Kesariya
Siwan
Muzaffarpur
Darbhanga
Ghaghara
Vaishali
Saharsa
34
UTTAR PRADESH
Lalganj
28
Samastipur
Purnia
Chapra
Sonepur
4
Hajipur
31
Katihar
Ganges
Arrah
Patna
1
30
Buxar
Ganges
Munger
Bhagalpur
Bihar Sharif
Rajgir
Nalanda
Höhlen von Barabar
3
Pawapuri
Son
BIHAR
Varanasi (44 km)
Bela
Heiße Quellen
Godda
Sasaram
Dehri
Gaya
Höhlentempel von Dungeshwar
Bodhgaya
Grand Trunk Rd (GTR)
31
Deoghar
Hazaribagh Road Bahnhof
Giridih
Sikayi
2
Madhuban
Hazaribagh National Park
Parasnath
Daltonganj
Hazaribagh
Betla (Palamau) National Park
Dhanbad
33
JHARKHAND
Asansol
Macluskiganj
Hundru-Fälle
Netarhat
Lohardaga
Ranchi
Bankura
Kolkata (Calcutta) (113 km)
23
MADHYA PRADESH
Khunti
33
WEST-BENGALEN
Jamshedpur
Chaibasa
Kharagpur
Rourkela
ORISSA
23
Kendujhargarh
6
Baleshwar
Golf von Bengalen

WER SIND DIE NAXALITEN?

Der Name würde perfekt zu einer neuen Alien-Spezies in einem Science-Fiction-Film passen. Tatsächlich handelt es sich hier um die Bezeichnung für verschiedene kommunistische Gruppen, die für eine Bodenreform gewaltsam gegen Landbesitzer und die Hausmacht Indien kämpfen – zu Gunsten von besitzlosen Landarbeitern und Adivasis (Stammesangehörigen). Im Frühjahr 1967 besetzten Bauernkader in dem Dorf Naxalbari im Norden Westbengalens Ländereien und begannen einen blutigen Aufstand; seither werden derartige Guerrilleros als Naxaliten bezeichnet.

Sicherheit

Wegen der extremen Armut in Bihar und Jharkhand werden Touristenbusse und gemietete Privatautos oft zum Ziel von Banditen, die immer wieder Fahrzeuge durch vorgetäuschte Unfälle oder Straßenarbeiten zum Anhalten zwingen. Trotz verstärkter militärischer Präsenz stieg auch die Zahl der Überfälle und Gewalttätigkeiten in Zügen alarmierend an. Außerdem tragen immer mehr Aktivitäten von Maoisten und Naxaliten dazu bei, den schlechten Ruf der Region als der gesetzeslosesten Indiens zu verstärken.

Die Chancen, problemlos reisen zu können, sind zwar dennoch gut, aber es empfiehlt sich, die Wertsachen bei längeren Reisen aufzuteilen und bei Dunkelheit nicht auf den Straßen unterwegs zu sein. Vor der Anreise sollte man sich in jedem Fall über die aktuelle Sicherheitslage informieren.

An- & Weiterreise

Die Hauptstrecke der Indian Railways von Delhi nach Kolkata durchschneidet die Region und ist, dank zahlreicher Verbindungen die bequemste Form der An- und Abreise. Die Grand Trunk Rd. nimmt zwar einen ganz ähnlichen Weg, ist aber wegen ihres schlechten Zustands, der langsames Fahren erzwingt, nicht zu empfehlen. Air India bietet nur selten Flüge von Patna (155 US$) und Ranchi (192 US$) nach Delhi und von Bodhgaya (92 US$) nach Kolkata an.

Unterwegs vor Ort

Zwischen Patna, Gaya und Ranchi bietet Indian Railways bequeme Verbindungen – die anderen Strecken werden dagegen nur selten oder überhaupt nicht bedient. Glücklicherweise gibt's zahllose Busse (staatliche und private) sowie Sammeljeeps, die die kleineren Zentren erschließen. Überschwemmungen sorgen dafür, dass viele Straßen, vor allem in den Überflutungsgebieten im Norden, während des Monsuns unpassierbar und im restlichen Jahr mit Schlaglöchern übersäht sind.

BIHAR

PATNA

☎ 0612 / 1 285 470 Ew.

Bihars Hauptstadt hat den breiten Ganges, der unmittelbar östlich von Patna drei wichtige Nebenflüsse aufnimmt, im Rücken. Über die gewaltige Breite des heiligen Stroms führt die 7,5 km lange Mahatma-Gandhi-Seti, eine der längsten Brücken der Welt. Patna leidet zwar stark unter Umweltverschmutzung, bietet aber auch interessante und grüne Teile.

Geschichte

Im frühen 5. Jh. v. Chr. verlegte Ajatasatru die Hauptstadt des Magadha-Königreichs von Rajgir nach Pataliputra (Patna) und erfüllte damit Buddhas Prophezeiung, dass hier eine große Stadt entstehen werde. Auch die Herrscher Chandragupta Maurya und Ashoka nutzten Pataliputra als ihre Hauptstadt, das fast 1000 Jahre lang eine der wichtigsten Städte Indiens blieb. Die Ruinen der antiken Stadt liegen unter Kumrahar, einem Stadtteil im Süden des heutigen Patna.

Orientierung

Die Stadt erstreckt sich über etwa 15 km am Südufer des Ganges. Der Hauptbahnhof, der Flughafen und die Hotels liegen in der Westhälfte Patnas namens Bankipur, während die meisten historischen Stätten im älteren Gebiet um den Chowk im Osten liegen. Das Zentrum des westlichen Patna liegt am Gandhi Maidan, wo der Ashok Raj Path anfängt, der wichtigste Teil des Marktes.

Zwar wurden die Fraser Rd., Exhibition Rd. und Boring Rd. offiziell in Muzharul Haque Path, Braj Kishore Path und Jal Prakash Rd. umbenannt, aber alle benutzen noch die alten Namen. So auch dieses Kapitel.

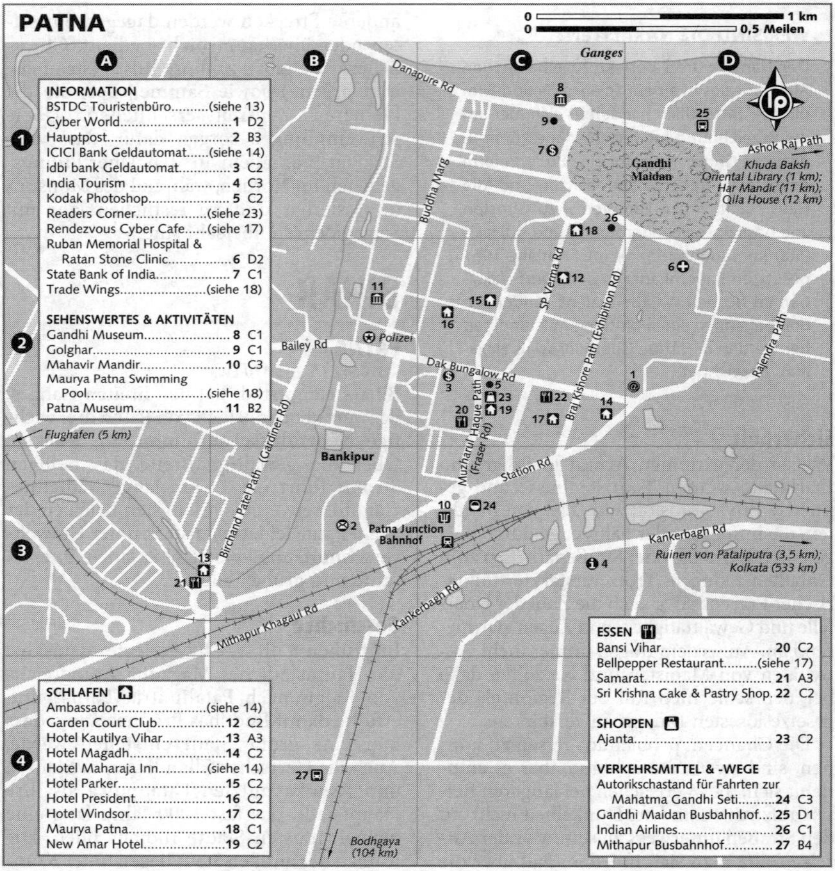

Praktische Informationen

BUCHLÄDEN

Readers Corner (☎ 2225958; Fraser Rd; ⏰ Mo–Sa 10–20 Uhr) Patnas bester Buchladen – eine Auszeichnung, die leider nicht viel wert ist.

INTERNETZUGANG

Cyber World (Rajendra Path; 20 Rs/Std.; ⏰ 9.30–21 Uhr)

Rendezvous Cyber Cafe (Exhibition Rd; 30 Rs/Std.; ⏰ 7–22.30 Uhr)

GEPÄCKAUFBEWAHRUNG

Am Bahnhof Patna Junction findet sich eine Gepäckaufbewahrung, wo man seinen Rucksack für ein paar Rupien pro Tag lagern kann.

MEDIZINISCHE VERSORGUNG

Ruban Memorial Hospital & Ratan Stone Clinic (☎ 2320446/04; Gandhi Maidan; ⏰ 24 Std.) Notfallaufnahme, Klinik und Apotheke.

GELD

ICICI Bank Geldautomat (Station Rd; ⏰ 24 Std.) Akzeptiert Visa-, Maestro- und Plus-Karten.

IDBI Bank Geldautomat (Dak Bungalow Rd; ⏰ 24 Std.) Akzeptiert MasterCard, Maestro-, Cirrus-, Plus-, Visa- und American Express-Karten.

State Bank of India (☎ 2226134; Gandhi Maidan; ⏰ Mo–Fr 10.30–16, Sa bis 13.30 Uhr) Tauscht Devisen und Reiseschecks.

Trade Wings (☎ 2233268; Maurya Arcade, Gandhi Maidan; ⏰ Mo–Fr 10.30–17, Sa bis 15 Uhr) Nur Tausch von harten Währungen.

FOTOS

Zur Zeit der Recherche gab's keine Shops, wo man Bilder von Digitalkameras herunterladen oder auf CD brennen konnte.

Kodak Photoshop (☎ 2220940; Ecke Dak Bungalow & Fraser Rd; 🕑 Mo–Sa 10–20 Uhr)

POST

Hauptpost (Buddha Marg; 🕑 Mo–Fr 10–17, Sa bis 14 Uhr)

TOURISTENINFORMATION

BSTDC Touristenbüro (☎ 2225411; bstdc@rediffmail.com; Hotel Kautilya Vihar, Birchand Patel Path; 🕑 24 Std.) Das kahle Büro bietet wenig Infos, bucht aber geführte Touren und staatliche Unterkünfte in Bihar.

India Tourism (☎ 2345776; goitopatna@vsnl.net; Kankerbagh Rd; 🕑 Mo–Fr 9.30–18, Sa 9–13 Uhr) Sehr hilfsbereit; mit guten Kenntnissen über Patna, Bihar und Jharkhand.

Sicherheit

Tagsüber gibt's auf den Straßen keine Probleme. Nach 20 Uhr sollte man aber nicht allein unterwegs sein, da es immer wieder zu Raubüberfällen kommt. Auch wer in einer Gruppe unterwegs ist, muss vorsichtig sein – und keine Handtaschen tragen, da das die Gefahr von Diebstählen erhöht.

Sehenswertes & Aktivitäten

PATNA MUSEUM

Vom prachtvollen, vom Mogul- und rajputischen Stil inspirierten Äußeren fast in den Schatten gestellt, versteckt sich im Inneren des betagten **Museums** (☎ 2235731; Buddha Marg; Eintritt 5 Rs; 🕑 Di–So 10.30–16.30 Uhr) eine großartige Sammlung von Steinskulpturen aus der Maurya- und Gupta-Zeit – darunter die berühmten und sinnlichen Yakshini. Wer seine Augen von der dreiohrigen und achtbeinigen Ziege im nächsten Raum abwenden kann, entdeckt dort eine Sammlung bunt schillernder Schmetterlinge. Im Obergeschoss gibt's mehrere, interessanterweise von indischen Fresken beeinflusste *thangkas* (rechteckige tibetische Stoffmalereien) aus dem 17. Jh.

GOLGHAR

Wenn die Sonne allmählich untergeht, gibt's keinen schöneren Ort als die Spitze des **Golghar** (Danapure Rd; Eintritt frei; 🕑 24 Std.). Dieser massive, knollige Kornspeicher wurde 1786 von der britischen Armee errichtet, um eine weitere schreckliche Hungersnot wie die von 1770 zu verhindern. Hinauf führt eine doppelläufige Wendeltreppe und von oben bietet sich ein unvergleichlicher Blick auf Stadt und Ganges. In der Nähe liegt das winzige **Gandhi-Museum** (☎ 2225339; Danapure Rd; Eintritt frei; 🕑 So–Fr 10–18 Uhr), das Bilder aus Gandhis Lebensgeschichte zeigt.

HAR MANDIR TAKHT

Abgeschirmt vom Chaos des Chowk steht hinter einem großen Tor einer der vier heiligsten **Sikh-Schreine** Indiens (☎ 2642000). Seine Marmorkuppelchen, geschwungenen Treppen und sein feines Gitterwerk kennzeichnen den Ort, wo Guru Gobind Singh, der letzte der zehn Sikh-Gurus, 1660 das Licht der Welt erblickte.

KHUDA BAKSH ORIENTAL LIBRARY

Die faszinierende **Bibliothek** (☎ 2300209; Ashok Raj Path; Eintritt frei; 🕑 Sa–Di 9–17 Uhr) wurde 1900 gegründet. Sie enthält eine berühmte Sammlung arabischer und persischer Handschriften sowie Miniaturen im Mogul- und rajputischen Stil. Hier lässt sich auch ein Koran bewundern, dessen Seiten nur 25 mm breit sind – Brille nicht vergessen!

QILA HOUSE (JALAN MUSEUM)

Dieses interessante und vielseitige private **Museum** (☎ 2641121; Jalan Ave; 🕑 nur nach Vereinbarung) ist mit Antiquitäten aller Art angefüllt – von prächtigen Silberwaren aus der Mogulzeit bis hin zum spaßig-kurzen Bett Napoleon Bonapartes. Sehenswert sind außerdem das Sèvres-Porzellan Marie Antoinettes und das grelle Crown Derby-Dinnerservice, das König Georg III. dank nachlassender Sehkraft auswählte.

RUINEN VON PATALIPUTRA

Die historischen **Ruinen** (Kankerbagh Rd; Inder/Ausländer 5/100 Rs; 🕑 9–17.30 Uhr) besucht man am besten in Taucherausrüstung – der Grundwasserspiegel sorgt dafür, dass sie das ganze Jahr unter Wasser liegen. Die Ausgrabungen in dieser antiken Stadt haben Zeugnisse aus der Zeit Ajatasatrus (491–459 v. Chr.), Chandraguptas (321–297 v. Chr.) und Ashokas (274–237 v. Chr.) zu Tage gebracht. Die Ruinen bzw. Wasserbecken sind von schönen Gärten umgeben. Es gibt ein neues **Museum**, in dem die Geschichte der Stadt dargestellt wird.

NOCH MEHR SEHENSWÜRDIGKEITEN & AKTIVITÄTEN

Dank seiner bunten Neonlichter würde der moderne hinduistische Tempel **Mahavir Mandir** (Station Rd) recht gut auf den Strip von Las Vegas passen. Trotzdem besteht hier die einmalige Chance zu erleben, wie der beliebte Gott Hanuman verehrt wird. Außerdem gibt's einen tollen Blick hinunter auf die chaotischen Straßen Patnas.

Im **Swimmingpool** (275 Rs) des Maurya Patna (s. gegenüber) kann man sich abkühlen.

Geführte Touren

Theoretisch bietet das BSTDC Touristenbüro (S. 561) an den Wochenenden für 200 Rs Tagesausflüge nach Rajgir, Nalanda und Pawapuri an, tatsächlich gibt es sie aber nur im Januar und Februar.

Potala Tours & Travels (☎ 011-23723284, www.potalatours.com; 1011 Antriksh Bhavanin Delhi) in Delhi bietet ausgedehnte Touren entlang des Buddha- (oder Lotus-)Wegs an – eine Pilgerfahrt auf den Spuren Buddhas, die seinem Weg durch Bihar folgt.

Schlafen

Die Unterkünfte liegen recht konzentriert: Viele sehr einfache finden sich in der Fraser Rd., die besten Budgetunterkünfte liegen ganz in der Nähe in der Station Rd. und die Mittelklasse- und Topoptionen im westlichen Zentrum von Patna. Alle hier genannten Hotels haben Zimmer mit eigenem Bad, jene in den Mittelklasse- und Spitzenhotels auch Farb-TV. In vielen klimatisierten Räumen gibt's muffige Teppiche, in den nicht klimatisierten fehlen sie.

BUDGETUNTERKÜNFTE

Hotel Magadh (☎ 2321278; Fax 2321912; Station Rd; EZ/DZ 300/450 Rs, mit Klimaanlage 550/700 Rs; ❄) Mittelklassekomfort zum Budgetpreis macht dieses Hotel zum günstigsten Angebot in Patna. Es ist sauber, bequem, und die Angestellten sind aufmerksam. Für den, der Farb-TV und 24-Stunden-Zimmerservice dazu nimmt, ist die Welt in Ordnung.

Hotel Maharaja Inn (☎ 2321292; Station Rd; EZ/DZ 300/450 Rs, DZ mit Klimaanlage 700–800 Rs; ❄) Eine Kopie des Hotel Magadh, praktischerweise gleich nebenan.

Ambassador (☎/Fax 2321903; Station Rd; EZ/DZ 300/450 Rs, mit Klimaanlage 600/700 Rs; ❄) Irgendwer muss zufällig auf den Verkleinerungsknopf gedrückt haben, als er die Pläne der beiden vorigen Hotels kopierte – gleicher Service, gleiches Dekor, nur die Zimmer sind kleiner.

Hotel Kautilya Vihar (☎ 2225411; bstdc@rediffmail.com; Birchand Patel Path; B 75 Rs, DZ 400–500 Rs, mit Klimaanlage 700 Rs; ❄) Keine Probleme mit der Hitze? Dann besser die gefliesten Zimmer ohne Klimaanlage nehmen – sie sind wirklich schöner als ihre klimatisierten Gegenstücke mit Teppichböden! Die einfachen Zimmer und Bäder sind ein wenig heruntergekommen.

New Amar Hotel (☎ 2224157; EZ 131 Rs, DZ 171–246 Rs) Das beste der Budgethotels nahe der Fraser Rd. Es ist einfach, sauber und sehr, sehr grün. Die Betten könnten allerdings etwas bequemer sein.

Hotel Parker (Fraser Rd; EZ/DZ/3BZ 60/70/90 Rs) Wer eine schmale Brieftasche (und einen Hang zum Gefängnis-Feeling) mitbringt, für den ist diese sehr einfache und düstere Unterkunft bestimmt genau das Richtige.

MITTEL- & SPITZENKLASSEHOTELS

Hotel Windsor (☎ 2203250-58; www.hotelwindsorpatna.com; Exhibition Rd; EZ/DZ 600/750 Rs, mit Klimaanlage 800/1000 Rs; ❄) Das freundliche Hotel hat hochwertige Zimmer mit zeitgenössischem

MITHILA-MALEREIEN

Bihars einzigartige und berühmteste Volkskunst sind die Mithila- (oder Madhubani-) Malereien. Traditionell begannen früher Frauen aus Madhubani und den umliegenden Dörfern am Tag ihrer Heirat, kräftige Umrisszeichnungen an die Wände ihrer Wohnungen zu malen. Mit Farbpigmenten aus Gewürzen, Mineralien, Kohle und pflanzlichem Material zeichneten sie lokale Gottheiten und mythologische Szenen, oft vermischt mit besonderen Ereignissen oder Szenen des Alltagslebens.

Diese Malereien in Schwarzweiß und in kräftigen Grundfarben werden heute professionell auf Papier, Leinwand oder Textilien gezeichnet und in Städten wie Patna verkauft. In den Wohnhäusern rund um Madhubani, 160 km nordöstlich von Patna (6 Std. mit dem Bus) kann man immer noch originale Wandmalereien sehen.

Dekor, feiner Holzvertäfelung und makellosen Bädern. Die klimatisierten Zimmer sind gleichzeitig die hellsten.

Garden Court Club (☎ 2204932; Fax 2204933; SP Verma Rd; EZ mit Klimaanlage 600–950 Rs, DZ mit Klimaanlage 800–1100 Rs; ❄) Nicht so schnieke wie das Windsor, aber die Zimmer sind durchaus bequem und sauber. Hier gibt's einen kleinen Fitnessraum und ein großartiges Dachrestaurant (s. unten).

Hotel President (☎ 2209200; EZ/DZ ab 450/500 Rs, mit Klimaanlage 750/900 Rs; ❄) Dank seiner Lage abseits der Fraser Rd. ist dieses Hotel ruhiger als die meisten anderen. Die Zimmer sind einfach, hell und sauber.

Maurya Patna (☎ 2203040-59; www.maurya.com; Gandhi Maidan; EZ/DZ mit Klimaanlage ab 2400/3000 Rs; ❄ 🏊) In Patnas Spitzenhotel findet sich überall schöne Einrichtung und luxuriöses Ambiente. Der große Garten hat einen verführerischen Pool.

Essen

Die geschäftige Fraser Rd. ist der beste Ort für einen schmackhaften und billigen Happen – dagegen bieten die Hotels Qualität und Auswahl.

Bellpepper Restaurant (Exhibition Rd; Hauptgerichte 50–150 Rs; 🕒 12–15.30 & 19–23 Uhr; ❄) Dieses trendige, moderne Restaurant lauert im Hotel Windsor und ist für seine köstlichen Tandoori-Spezialitäten bekannt. Das *murg tikka lababdar* (Tandoori-Chicken mit Knoblauch, Ingwer sowie grünem Chili in Pistazien-Cashewpaste) ist göttlich.

Garden Court Club (SP Verma Rd; Hauptgerichte 35–80 Rs; 🕒 6–23 Uhr) Das malerische Dachterrassenrestaurant ist der perfekte Ort für ein Dinner nach einem langen Tag in der Sonne. Mit dem süßen *kashmiri aloo dum* (Kartoffeln, gefüllt mit Kondensmilch, Käse und Trockenfrüchten, gekocht in Tomatensauce) sollte man sich genauer beschäftigen.

Samarat (Birchand Patel Path; Hauptgerichte 130–225 Rs; 🕒 12–23 Uhr; ❄) Versteckt im Hotel Chanakya liegt Patnas eleganteste Möglichkeit zum Abendessen. Sojasauce, Ingwerstücke und getrockneter roter Chili machen das Lamm Hongkong-Art zum Gedicht.

Bansi Vihar (Fraser Rd; Hauptgerichte 20–50 Rs) Die Einheimischen kommen in Massen, um die südindischen *masala dosas* (Gemüsecurry im Pfannkuchen), die chinesischen Spezialitäten und die niedrigen Preise sowie die freundliche Bewirtung zu genießen.

Sri Krishna Cake & Pastry Shop (Dak Bungalow Rd; Gerichte 12–60 Rs; 🕒 9–21 Uhr) Einfache Pizzas, Sandwiches und Gebäckstücke für ein Mittagessen zum Mitnehmen. Auch die Süßwaren sind nicht zu verachten!

Shoppen

Obwohl alles andere als ein Einkaufsparadies, ist Patna einer der besten Orte in Bihar, um Mithila-Malereien (s. Kasten gegenüber) zu kaufen. **Ajanta** (☎ 2224432; Fraser Rd; 🕒 Mo–Sa 10.30–20 Uhr) hat die beste Auswahl in Patna.

An- & Weiterreise

FLUGZEUG

Indian Airlines (☎ 2222554; Gandhi Maidan; 🕒 Mo–Sa 10–13 & 14–16.45 Uhr) bietet täglich zwei Flüge nach Delhi (155 US$) und unregelmäßig Flüge nach Ranchi (80 US$).

BUS

Der neue Hauptbusbahnhof (Mithapur Busbahnhof) liegt südlich der Stadt und wird schlicht und einfach „der neue Busbahnhof" genannt. Von hier fahren Busse u. a. nach Gaya (50 Rs, 3 Std., stündl.), Rajgir (50 Rs, 4 Std., stündl.), Ranchi (160 Rs, 10 Std., 20 und 21 Uhr) und Raxaul (90 Rs, 8 Std., 21 Uhr).

Staatliche Busse fahren vom Gandhi Maidan Busbahnhof nach Ranchi (149 Rs, 10 Std., 4-mal tgl. zwischen 21 und 22.30 Uhr) und zur nepalesischen Grenze bei Raxaul (93 Rs, 8 Std., tgl. um 21 Uhr). Infos zum Grenzübertritt in Raxaul und zum Vorankommen in Nepal s. S. 1198.

AUTO

Ein Auto mit Fahrer zu mieten, ist eine bequeme Möglichkeit für einen Tagesausflug nach Kesariya, Vaishali oder Nalanda. Die meisten Hotels und das Büro von India Tourism (S. 561) können ein Auto für 6 Rs pro km (Minimum 200 km) besorgen.

ZUG

Um das Chaos in Patna Junction zu vermeiden: oben an Schalter 7 gibt's die Fahrkarte ganz ohne Hektik.

Die schnellsten Züge sind in acht Stunden in Kolkata (Sleeper Class/3AC 235/638 Rs), in 13 Stunden in Delhi (3AC/2AC 1220/1825 Rs) und in elf Stunden in New Jalpaiguri (Siliguri; Sleeper Class/3AC 215/

608 Rs), aber es gibt auch noch viele billigere Verbindungen. Nach Varanasi gibt's nur einige Verbindungen (2. Klasse/Sleeper Class 76/132 Rs, 5 Std., 10.55 Uhr), ebenso nach Gaya (Sleeper Class/Chair Class 101/142 Rs, 3½ Std., 9.55 und 21 Uhr) und Ranchi (Sleeper Class/Chair Class 218/370 Rs, 12 Std., 9.55, 15.35 und 21 Uhr).

Vom Bahnhof Hajipur fährt ein 2.-Klasse-Zug nach Raxaul (56 Rs, 5 Std., 17 Uhr). Um nach Hajipur zu kommen, eine Sammelautorikscha vom Stand nahe beim Mahavir-Mandir zur Südseite der Mahatma Gandhi Seti (5 Rs) nehmen. Von dieser Seite der Brücke gibt's Sammel-Autorikschas nach Hajipur (12 Rs, 45 Min.).

Unterwegs vor Ort

Der Flughafen liegt 7 km westlich vom Stadtzentrum entfernt. Autorikschas von der Stadt hierher bzw. in die Stadt kosten 60 Rs, Taxis 150 Rs.

Sammelautorikschas pendeln zwischen dem Bahnhof und dem Gandhi Maidan Busbahnhof (3 Rs).

SONEPUR

☎ 06654

Nach der Gajendra-Moksha-Legende ist Sonepur der Ort, an dem Vishnu den vorgeschichtlichen Kampf zwischen den Herren des Waldes (den Elefanten) und den Herren des Wassers (den Krokodilen) beendete. In jedem November/Dezember beginnt zum Vollmond des Kartik Purnima das dreiwöchige **Sonepur Mela** (www.sonepurmela.com), mit dem diese berühmt-berüchtigte Geschichte gefeiert wird. Während dieser viel versprechenden Zeit baden die Gläubigen im Ganges, während im Haathi-Bazaar Asiens größter Viehmarkt stattfindet. Nicht nur Rinder stehen zum Verkauf – auch Elefanten wechseln für 10 000 bis 100 000 Rs den Besitzer. Vielleicht mal ein anderes Transportmittel kaufen? Mark Shands *Auch Elefanten weinen – auf einem Dickhäuter durch Indien* ist die Pflichtlektüre für einen modernen Mahout (Elefantenreiter/-führer).

BSTDC (S. 561) bietet während des Markts **provisorische Cottages** (B/DZ 50/1500 Rs).

VAISHALI

☎ 06225

Im 6. Jh. v. Chr. gab es in Vaishali eine der weltweit ersten Demokratien. Außerdem wurde hier Mahavira, der 24. und letzte jainistische *tirthankar*, geboren und erzogen. Buddha hielt seine letzte Predigt dort, wo heute die Ruinen des **Kolhua-Komplexes** (Inder/Ausländer 5/100 Rs; ⌚ Sonnenaufgang–Sonnenuntergang) liegen. Am bemerkenswertesten ist hier der edle Löwe oben auf der 2300 Jahre alten Ashoka-Säule. In einem weiteren Ruinenfeld, 3 km entfernt, steht ein Stupa, in dem ein Achtel der Asche Buddhas wiedergefunden wurde. Ganz in der Nähe gibt's ein kleines **Museum** (Eintritt 2 Rs; ⌚ Sa–Di 10–17 Uhr) und eine leuchtende **japanische Friedenspagode**.

Hotel Amrapali Vihar (☎ 229982; DZ 250 Rs) hat helle, frisch renovierte Zimmer – eines mit Balkon sichern, das Ausblick auf den See und die Pagode hat.

Regelmäßig fahren/kommen Busse nach/aus Hajipur und Muzaffarpur. Zum Weg von Patna nach Hajipur s. S. 563 f.

KESARIYA

Dort wo der sterbende Buddha seine Bettlerschale stiftete, erhebt sich ein packendes Gegeneinander von Geschichte und Natur – so hoch wie ein zehnstöckiges Haus. Jedes Jahr entfernen Archäologen mehr von dem üppigen natürlichen Pflanzengeflecht und enthüllen allmählich den aus der Pala-Zeit stammenden, wahrscheinlich zweitgrößten buddhistischen Stupa der Welt. Von oben betrachtet, ergeben die neun jeweils anders geformten Terrassen (von denen derzeit sieben frei gelegt sind) ein gigantisches buddhistisch-tantrisches Mandala mit einem Umfang von 425 m. Man hat den Ort höchstwahrscheinlich für sich allein – wahrlich ein Genuss!

Sporadisch fahren Sammeljeeps zwischen Kesariya und Chakia (20 Rs, 1 Std.), das an der Schlagloch-Autobahn zwischen Patna und Raxaul liegt. Weil man in Kesariya und Chakia Unterkünfte vergeblich sucht, mieten die meisten Reisenden in Patna ein Auto und machen einen langen Tagesausflug hierher.

RAXAUL

☎ 06255 / 41 347 Ew.

Raxaul bildet zusammen mit dem jenseits der Grenze in Nepal gelegenen Birganj eine Art Doppelstadt. Beide sind übervölkert, schmutzig und keine besonders angenehme Aufenthaltsorte.

Wer's aber dennoch nicht vermeiden kann, hier eine Nacht zu bleiben, sollte ins **Hotel Kaveri** (☎ 221148; Main Rd; DZ 200 Rs) gehen, das die saubersten Zimmer hat. Magenprobleme? Dann lieber ins **Shivam Hotel** (☎ 224552; Fax 221612; Main Rd; DZ 200 Rs), weil's hier die angenehmsten Badezimmer gibt. Beide Hotels bieten TV und Luftkühler – für 125 Rs Aufschlag.

Morgens fahren mehrere Busse von Raxaul nach Patna (90 Rs, 8 Std.), außerdem gibt's täglich einen Zug nach Hajipur (2. Klasse 56 Rs, 5 Std.). Zur Einreise nach Nepal und zu Bussen ab Birganj siehe S. 1198.

BODHGAYA

☎ 0631 / 30 883 Ew.

Bodhgaya ist die wichtigste buddhistische Pilgerstätte der Welt. Tausende kommen, um unter dem Nachkömmling des ursprünglichen Bodhibaums zu sitzen und zu meditieren, der glücklich in der gleichen Erde wurzeln darf wie sein berühmter Vorfahre. Oberflächlich betrachtet ist nichts mehr von dem geblieben, was hier vor 26 Jahrhunderten war, als Prinz Siddhartha Gautama unter dem Bodhibaum zum Buddha erleuchtet wurde. Doch die ganz besondere Stimmung ist geblieben.

Dieses arbeitende buddhistische Zentrum ist eine kleine, von zahllosen Blättern begrünte Stadt – ein großartiger Ort, um in den Buddhismus einzutauchen, obwohl hier auch allerlei Touristen-Brimborium zu finden ist. Die beste Besuchszeit liegt zwischen Oktober und März, wenn tibetische Pilger aus Dharamsala hierherkommen. Der Dalai Lama verbringt hier oft den Dezember und den Januar.

Praktische Informationen

BSTDC Tourist Complex (☎ 2200672; Ecke Bodhgaya Rd & Temple St; 🕑 Di–Sa 10.30–17 Uhr) Ein Witz – außer ein paar staubigen Broschüren gibt's nichts. Sich mit anderen Travellern zu unterhalten, ist die beste Informationsquelle.

Hauptpost (☎ 2200472; Ecke Bodhgaya & Godam Rd; 🕑 Mo–Fr 10–15.30, Sa bis 12.30 Uhr)

Hotel Shiva (Bodhgaya Rd; 40 Rs/Std.; 🕑 24 Std.) Internetzugang.

Kundan Bazaar (Bodhgaya Rd; 🕑 Mo–Sa 7–22 Uhr) Große Auswahl an Romanen und buddhistischer Literatur.

Magadh Internet Dhaba (Bodhgaya Rd; 40 Rs/Std.; 🕑 8–21 Uhr) Ist klimatisiert und ein Generator stellt sicher, dass die Verbindung hält. Für Digitalfotos gibt's Kartenleser und CD-Brenner (40 Rs).

Middle Way Travels (☎ 2200648; Bodhgaya Rd; 🕑 9–22 Uhr) Wechselt Geld und Reiseschecks.

State Bank of India (☎ 2200852; Bodhgaya Rd; 🕑 Mo–Fr 10.30–16, Sa bis 13 Uhr) Niedrigste Umtauschgebühren für Geld und Reiseschecks. Der Geldautomat akzeptiert Plus- und Visa-Karten.

Verma Health Care Centre (☎ 2201101; 🕑 24 Std.) Unfallstation und Klinik.

Sicherheit

Viele Besucher werden von Kindern umlagert, die Geld für ihre Ausbildung möchten. Wer helfen will, sollte seriösen Einrichtungen wie der **Maitreya School** (☎ 2200620) spenden oder nach Möglichkeiten zur freiwilligen Hilfe fragen (S. 1161).

Sehenswertes & Aktivitäten

MAHABODHI-TEMPEL

Neben dem Ort, an dem Buddha seine Lebensphilosophie formulierte, erhebt sich der prachtvolle **Mahabodhi-Tempel** (Eintritt frei, Foto/Video 20/300 Rs; 🕑 5–21 Uhr), der zum Weltkulturerbe gehört.

Der Mahabodhi-Tempel wurde im 6. Jh. n. Chr. an der Stelle errichtet, an der Kaiser Ashoka fast 800 Jahre zuvor einen Tempel hatte erbauen lassen. Im 11. Jh. von muslimischen Invasoren dem Erdboden gleich gemacht, wurde er wieder aufgebaut und mehrfach restauriert, das letzte Mal 1882. Der von einer 50 m hohen pyramidenförmigen Spitze gekrönte verzierte Tempel enthält eine große vergoldete Buddhastatue. Erstaunlicherweise blieben vier der originalen mit Skulpturen versehenen Einfassungssteine aus der Sunga-Epoche (184–72 v. Chr.) inmitten der Repliken erhalten.

Ehe Ashokas Frau den ursprünglichen **Bodhibaum** fällen ließ, wurde glücklicherweise von Ashokas Tochter Sanghamitta ein Ableger nach Anuradhapura auf Sri Lanka gebracht. Dieser Baum lebte weiter und von ihm stammt der Ableger, der nach Bodhgaya zurückgebracht und dort eingepflanzt wurde, wo der alte Baum gestanden hatte. Die rote Sandsteinplatte darunter stammt von Ashoka und kennzeichnet den Ort von Buddhas Erleuchtung – er ist als *Vajrasan* (Diamantenthron) bekannt.

Pilger und Besucher aller Gesellschaftsschichten und Religionen kommen hierher, um zu beten oder auch nur zu bewundern. Eine grandiose Art, den Tag zu beenden, ist ein abendlicher Spaziergang um den Tem-

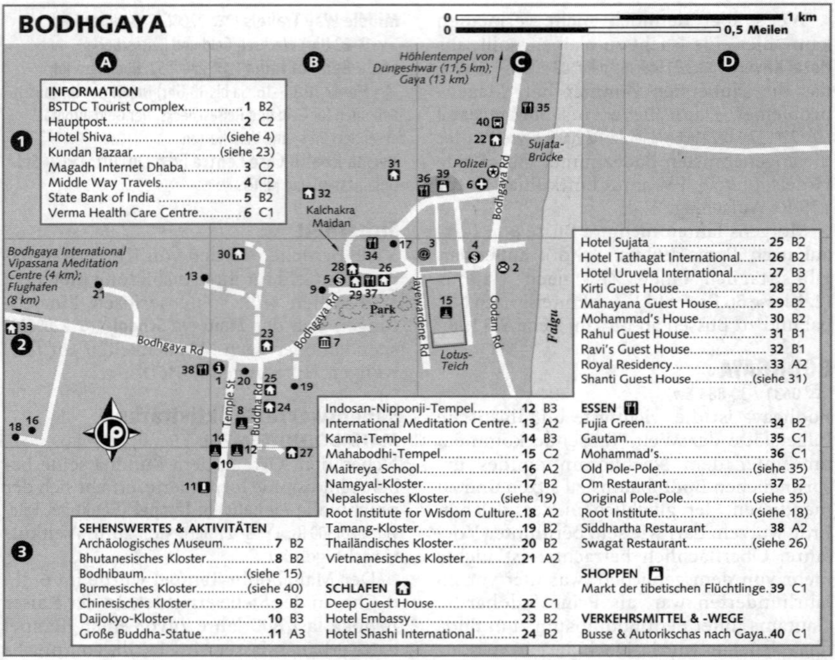

pelbezirk inmitten von zahllosen Mönchen aus aller Welt, die die Stimmung dieses heiligen Ortes in sich aufsaugen.

KLÖSTER & TEMPEL

Da die meisten Länder mit großem buddhistischen Bevölkerungsanteil hier einen Tempel oder ein Kloster haben, bietet Bodhgaya Besuchern die einmalige Gelegenheit, verschiedene buddhistische Kulturen kennen zu lernen. So gibt's beispielsweise täglich um 5 und 17 Uhr im **Indosan-Nipponji-Tempel** (japanischen Tempel) kostenlose Zazen-Sitzungen (Zen-Meditationen).

Eine faszinierende Ausstellung der buddhistischen Architektur-entsteht, weil die Klöster jeweils im Stil der Heimatländer errichtet wurden. So ist das **Thai-Kloster** genau wie in Thailand ein grellbunter Wat. Sowohl der tibetische **Karma-Tempel** als auch das **Namgyal-Kloster** enthalten ansehnliche Gebetsmühlen, während den massiven Indosan-Nipponji-Tempel ein japanisches Pagodendach krönt. Bemerkenswert sind u. a. noch das **chinesische**, das **burmesische**, das **bhutanesische**, das **vietnamesische** und das **nepalesische** Kloster, sowie das **Tamang-** und das **Daijokyo-** Kloster.

NOCH MEHR SEHENSWERTES

Im **Archäologischen Museum** (☎ 2200739; Eintritt 2 Rs; ⏲ Sa–Do 10–17 Uhr) ist eine kleine Sammlung von Buddhastatuen aus der Region zu Hause. Die 25 m hohe **Große Buddhastatue** (Temple St; ⏲ 7–12 & 14–17 Uhr), die der Dalai Lama 1989 enthüllte, ist recht eindrucksvoll – trotz der Strommasten im Hintergrund. Bei einem Spaziergang entlang der **Godam Rd.** findet man zwar keine Postkarten, aber vielleicht ein wenig Frieden.

Kurse

Außer den hier genannten finden noch weitere Meditationskurse statt, vor allem von Oktober bis März. Im Om Restaurant (S. 568) und dem burmesischen Kloster hängen manchmal Infos dazu aus.

Das **Bodhgaya International Vipassana Meditation Centre** (☎ 220437) bietet zweimal pro Monat intensive, lohnende zehntägige *vipassana*-Kurse an. Der Komplex liegt 4 km westlich der Stadt; er lebt von Spenden.

Insight Meditation Retreats (www.insightmeditation.org; Caroline Miller, c/o postmaster, Bodhgaya, India 824231) führt vom 7. Januar bis 6. Februar im Thai-Kloster drei zehntägige *vipassana*-Meditations- und Selbstfindungskurse durch. Die Plätze sind begrenzt, daher im Voraus buchen. Ab Mitte November kann man sich zwischen 15 und 16 Uhr im burmesischen Kloster erkundigen. Spenden sind erwünscht.

Die Kurse im **International Meditation Centre** (☎ 2200707) sind wesentlich lockerer; wer teilnehmen möchte kann anfangen und aufhören, wann immer er will – und das rund ums Jahr. Die Einrichtung lebt von Spenden (Mindestbeitrag 100 Rs pro Tag).

Die beliebten, grundlegenden achttägigen Meditationskurse des **Root Institute for Wisdom Culture** (☎ 2200714; www.rootinstitute.com) beginnen Ende Oktober und werden bis in den März angeboten. Sie sind für Anfänger hervorragend geeignet. Mit der geforderten Spende von 4000 Rs wird neben dem Kurs auch Unterkunft und Verpflegung bezahlt. Während der Saison finden im Institut auch Gespräche und Meditationssitzungen statt (montags, mittwochs und freitags), die allen Interessierten offen stehen.

Schlafen

Hier gibt's die ganze Bandbreite an Unterkünften. Da Bodhgaya prima zu Fuß zu bewältigen ist, ist der Standort Nebensache. Angegeben sind die Preise der Hauptsaison (zwischen Okt. und März). In der restlichen Zeit reduzieren die meisten Unterkünfte die Preise um bis zu 50 % – feilschen lohnt sich. Bei klimatisierten Zimmern sind 10 % Servicesteuer dazuzurechnen.

BUDGETUNTERKÜNFTE

Alle genannten Hotels bieten Zimmer mit eigenem Bad (wenn nicht anders angegeben) und Warmwasser, entweder im Eimer oder aus dem Hahn. Die meisten haben sowohl Zimmer mit Sitztoiletten als auch mit Plumpsklos.

Mohammad's House (☎ 2200690; DZ mit Gemeinschaftsbad/eigenem Bad 150/200 Rs) Mitten zwischen Wohnhäusern und weit weg vom hektischen Touristentrubel bietet dieses Schmuckstück eine Dachterrasse mit Panoramablick auf Reisfelder, den Sonnenuntergang sowie den Mahabodhi-Tempel in der Ferne. Die Zimmer sind sauber, aber sehr einfach. Auf der Terrasse kann man sich auch selbst versorgen.

Deep Guest House (☎ 2200463; Bodhgaya Rd.; DZ mit Gemeinschaftsbad/eigenem Bad 200/300 Rs) Dieses perfekte Haus hat erstklassigen Service und helle und luftige Zimmer. Die Gemeinschaftsbäder sind pieksauber.

Rahul Guest House (EZ/DZ 150/250 Rs) Wer will, kann sich ein Buch schnappen und auf der überdachten Terrasse den kühlen Schatten genießen. Die weiß gestrichenen Wände, die laue Brise und die einfachen Möbel sprechen für die Zimmer im Obergeschoss. Die Zimmer unten sind dunkel, aber ebenfalls sauber. Das Gästehaus ist nur einen kurzen Fußmarsch über ein Feld vom Fujia Green (S. 568) entfernt.

Shanti Guest House (☎ 2200129; EZ/DZ 50/80 Rs) Direkt neben dem Rahul liegt dieses sehr einfache, sehr kleine, aber saubere, freundliche und preiswerte Gästehaus. Die Einzelzimmer teilen sich ein gemeinsames Bad.

Ravi's Guest House (☎ 2200949; EZ/DZ 150/200 Rs) Dieses Gasthaus ist spartanisch, aber hell. Die Moskitonetze an den Fenstern sind eine nette Geste. Die Einzelzimmer teilen sich ein Bad.

Wer bereit ist, sich an ein paar einfache Regeln zu halten, kann auch in einigen der Klöster übernachten. Das **bhutanesische Kloster** (☎ 2200710; Buddha Rd; DZ mit Gemeinschaftsbad/eigenem Bad 100/200 Rs) ist ruhig, bietet eine malerische Umgebung, einen Garten, große Zimmer und winzige Möbel. Im tibetischen **Karma-Tempel** (☎ 2200795; Temple St; DZ mit Gemeinschaftsbad 200 Rs) ist's ganz ähnlich.

MITTELKLASSEHOTELS

Alle Unterkünfte haben Boiler und TV.

Kirti Guest House (☎ 2200744; DZ 800 Rs) Hinter der klosterähnlichen Fassade gibt's saubere, helle und recht große Zimmer. Eines der Zimmer Nr. 401–406 geben lassen, da diese sich zu einer luftigen Veranda öffnen!

Hotel Shashi International (☎ 2200459; Fax 2200483; Buddha Rd; EZ/DZ 1000/1200 Rs, mit Klimaanlage 1200/1500 Rs; ❄) Die einfachen Zimmer sind makellos, die marmornen Badezimmer sehr geräumig.

Mahayana Guest House (☎ 2200756; mahayanagt@yahoo.com; Bodhgaya Rd; DZ inkl. 3 Mahlzeiten ab 1500 Rs) Dieses Hotel nahe dem Mahabodhi-Tempel ist groß, luxuriös und zentral gelegen. Es hat Innenhöfe und großzügige Zimmer.

Hotel Uruvela International (☎ 2200235; Fax 2200236; EZ/DZ 750/1000 Rs, mit Klimaanlage 1000/1400 Rs; ❄) Die freundliche Unterkunft bietet etwas schmuckvollere klimatisierte und einfachere, aber nicht unbequemere Zimmer ohne Klimaanlage. Außerdem gibt's einen Rund-um-die-Uhr-Zimmerservice.

Hotel Embassy (☎ 2200711; embassyhotelbodh gaya@yahoo.com; Bodhgaya Rd; EZ/DZ 300/500 Rs, mit Klimaanlage 500/700 Rs; ❄) Nichts Aufregendes: Kleine Zimmer und altmodische Badezimmer in grellem Pink. Ein helles Zimmer mit Ausblick nach Westen nehmen.

Hotel Tathagat International (☎ 2200106; www.hoteltathagatbodhgaya.net; Bodhgaya Rd; B 300 Rs, EZ/DZ 1200/1500 Rs, mit Klimaanlage 1500/1800 Rs; ❄) Großartiger Service, eigene Balkone und konservativ möblierte Zimmer.

SPITZENKLASSEHOTELS

Alle Zimmer in dieser Kategorie haben 24-stündigen Zimmerservice und Farb-TV.

Royal Residency (☎ 2200124; www.theroyalresidency.net/bodhgaya; Bodhgaya Rd; EZ/DZ inkl. Frühstück 120/150 US$; ❄) Das luxuriöseste Hotel von Bodhgaya wurde 2002 eröffnet und liegt unmittelbar westlich der Stadt. Feine Holztäfelungen, viel Marmor und vollkommener Komfort sind Markenzeichen dieses Hotels. Auch das Restaurant ist spitze (s. unten).

Hotel Sujata (☎ 2200761; hotel_sujata@yahoo.com; Buddha Rd; EZ/DZ ab 2250/2950 Rs; ❄) Im gut eingerichteten Zimmer mit dem bequemen Bett lässt sich's gut entspannen – wer mag, kann sich auch auf der Großleinwand in der Lobby ein Cricketspiel anschauen.

Essen

Die besten Restaurants gibt's in den Hotels, während gute billige Essgelegenheiten nahe beim burmesischen Klosters zu finden sind. Von Mitte November bis Februar bieten auch Zeltrestaurants beim Markt der tibetischen Flüchtlinge und bei der Buddhastatue leckere Köstlichkeiten.

Royal Residency (Bodhgaya Rd; Hauptgerichte 45–150 Rs; ❄) Im schicken Hotel gleichen Namens bietet das Restaurant die beste chinesische Küche in Bodhgaya. Das mandschurische Hühnchen mit Spinat und Pilzen in Sechuan-Sauce ist köstlich.

Mohammad's (Hauptgerichte 20–50 Rs; 🕑 Mitte Nov.–Feb. 6–22 Uhr) Dieses Zeltrestaurant ist für seine Apfelkuchen, Quiches und würzige Tofugerichte berühmt.

Siddhartha Restaurant (Ecke Bodhgaya Rd & Temple St; Hauptgerichte 30–125 Rs; 🕑 7–23 Uhr) Dieses von Travellern empfohlene Restaurant serviert gute indische, europäische und chinesische Küche.

Swagat Restaurant (Bodhgaya Rd; Hauptgerichte 40–150 Rs; 🕑 7–11, 12–15 & 19–22 Uhr; ❄) Eine gute Wahl für ein tolles Essen. Das *mutton badam pasanda* (entbeintes Lamm, gefüllt mit Mandeln und in Mandelsauce gekocht) ist hervorragend.

Root Institute (☎ 2200714; Mittagsmenü 90 Ras) Wer Lust auf phantastische Fritten hat, reserviert um 9 Uhr für ein Mittagessen um 12 Uhr. Außerdem gibt's tibetische und Tofu-Spezialiäten – so bleibt kein Wunsch offen.

Fujia Green (Kalchakra Maidan; Hauptgerichte 20–70 Rs) Dieses Restaurant bietet großartiges tibetisches Essen, wie *momos* (Klöße), *thukpas* und *thenthuks* (Nudelsuppen).

Zu den weiteren empfehlenswerten Restaurants gehören das beliebte **Original Pole-Pole** (Hauptgerichte 15–80 Rs), das **Old Pole-Pole** (Hauptgerichte 15–80 Rs) und das **Gautam** (Hauptgerichte 15–80 Rs), alle gegenüber vom burmesischen Kloster. Alle haben eine abwechslungsreiche Speisekarte, auf der auch Köstlichkeiten wie Schokoladenplätzchen oder Zimtrollen zu finden sind. Das **Om Restaurant** (Bodhgaya Rd) gegenüber vom Park ist ähnlich.

Shoppen

Markt der tibetischen Flüchtlinge (🕑 Okt.–Jan.) Der Markt ist ein toller Ort um Wollsachen für den Winter zu kaufen – und man hilft damit der tibetischen Exilgemeinschaft.

An- & Weiterreise

Regelmäßig fahren überfüllte Sammelautorikschas (8 Rs) und Busse (5 Rs) die 13 km lange Strecke vom burmesischen Kloster nach Gaya. Wer die Strecke allein mit der Autorikscha fährt, bezahlt 75 Rs.

Der Flugplatz liegt 8 km außerhalb der Stadt und bietet nur einen Air-India-Flug nach Kolkata (92 US$), jeweils samstags.

HÖHLENTEMPEL VON DUNGESHWAR

Die Höhlentempel von Dungeshwar, wo Buddha Jahre der Buße zubrachte, ehe er nach Bodhgaya hinunter stieg, liegen 12 km nordöstlich von Bodhgaya. In drei Haupthöhlen gibt's mehrere buddhistische Schreine sowie einen Hindu-Schrein.

Von Bodhgaya aus eine Sammelautorikscha in Richtung Gaya nehmen und bis Khiryama (5 Rs) fahren. Von dort geht's zu Fuß über die Brücke, hinter der rechts der 5 km lange Weg zu den Höhlen beginnt. Alternativ in Bodhgaya eine Autorikscha für die ganze Strecke mieten (200 Rs).

GAYA

☎ 0631 / 383 197 Ew.

Gaya, etwa 100 km südlich von Patna, ist eine laute Stadt. Obwohl ein Zentrum für Hindupilger, hat sie keine Atmosphäre und bietet Besuchern sehr wenig. Als Reisender muss man hier aber meist etwas Zeit verbringen, weil man auf dem Weg nach Bodhgaya in Gaya umsteigen muss. Pilger opfern hier *pinda* (Begräbniskuchen) an den Ghats und besuchen auf einem langen Weg alle heiligen Stätten rund um Gaya, um ihre Ahnen von den Fesseln an das Irdische zu befreien.

Das **Bihar State Tourist Office** (☎ 2420155; ⌚ Mo–Sa 10–20 Uhr) ist am Bahnhof. Die nächste Möglichkeit, Geld zu wechseln, ist in Bodhgaya – aber, wer knapp bei Kasse ist, bekommt bei der **Bank of Baroda** (☎ 2221537; Swarajayapur Rd) Bargeld auf Kreditkarten. In der Swarajayapur Rd. gibt's mehrere **Internetcafés** (20 Rs/Std.).

Sehenswertes & Aktivitäten

Eingequetscht zwischen dem überlaufenen Teil der Altstadt und dem Falgu liegt der *sikhara* (Turm) des **Vishnupad-Tempels**. Er wurde 1787 von Königin Ahalya Bai von Indore errichtet und enthält einen in den Felsen eingedrückten, 40 cm langen „Fußabdruck" Vishnus. Nichthindus dürfen den Tempel nicht betreten, aber von der rosa Plattform in der Nähe des Eingangs kann man ihn zumindest ansehen. Wer am Tempel vorbei die Stufen hinuntergeht, steht inmitten vieler Scheiterhaufen am Flussufer.

Auf dem Weg zum Vishnupad-Tempel lohnt es sich, nach der vom rajastanischen Stil inspirierten Fassade des **Tilha Dharamshala** (Ramsagar Rd) zu schauen.

Tausend Steinstufen führen auf die Spitze des **Brahmajuni Hill**, 1 km südwestlich des Vishnupad-Tempels. Der Ausblick von oben lohnt die Anstrengung.

Schlafen & Essen

In Bahnhofsnähe gibt's zwar viele Unterkünfte und Möglichkeiten etwas zu essen, aber die Qualität ist Glückssache. Im Süden in der Swarajayapur Rd. finden sich ein paar gute Möglichkeiten. In den meisten Budgethotels kommt das warme Wasser im Eimer. Die Preise verändern sich das Jahr über nur unwesentlich.

Hotel Vishnu International (☎ 2431146; Swarajayapur Rd; EZ/DZ 250/350 Rs, DZ mit Klimaanlage 1000 Rs; ❄) Dieser kleine Palast mit rotweißem Dach wurde 2004 eröffnet und ist das beste Angebot in der Stadt. Die Zimmer glänzen, sind makellos und haben fast immer Farb-TV. Es gibt eine große Dachterrasse, und die Angestellten geben sich Mühe.

Hotel Akash (☎ 2222205; Laxman Sahay Rd; EZ/DZ 160/220 Rs) In Bahnhofsnähe die beste Option. Die einfachen Zimmer haben TV und umgeben einen islamisch inspirierten Innenhof. Oben ist ein großer Freiluftbereich, wo man ein bisschen lesen kann.

Hotel Samman (☎ 2421169; Laxman Sahay Rd; EZ/DZ 150/200 Rs) Zwar fehlt der Charakter des daneben liegenden Akash, aber die großen Zimmer mit den weißen Wänden und den sauberen Bädern lassen einen doch beruhigt schlafen.

Ajatsatru Hotel (☎ 2434584; ajat_satru@sancharnet.in; Station Rd; EZ/DZ 175/250 Rs, DZ mit Klimaanlage 700–800 Rs; Hauptgerichte 20–80 Rs; ❄) Dieses Hotel gegenüber dem Bahnhof bietet eine große Auswahl an Zimmern: Einige sind klein, einige dunkel, einige haben Balkone und einige sind geräumig und hell. Das Restaurant (geöffnet von 7 bis 23.30 Uhr) ist sein bestes Aushängeschild.

Hotel Siddhartha International (☎ 2436243; hotelsiddhartha1@rediffmail.com; Station Rd; EZ/DZ 700/1000 Rs, mit Klimaanlage 1200/1500 Rs; ❄) Dieses Hotel zeichnet sich durch komfortable Möbel und hohe Preise aus, ist aber etwas dunkel und muffig.

Kushi Restaurant (Swarajayapur Rd; Hauptgerichte 30–110 Rs; ⌚ 10–22 Uhr; ❄) Dieser enge und einfache Imbiss hat ein paar gute chinesische und südindische Gerichte sowie Mogulgerichte zu bieten. Das *bharta*-Hühnchen (mit Ei und Sahnecurry) ist empfehlenswert.

An- & Weiterreise

Busse nach Patna (50 Rs, 3 Std., stündl.) und Ranchi (100 Rs, 7 Std., stündl.) fahren vom Gandhi Maidan Busbahnhof. Busse nach Rajgir (35 Rs, 2½ Std., alle 30 Min.) benutzen den Busbahnhof Gaurakshini auf der anderen Flussseite.

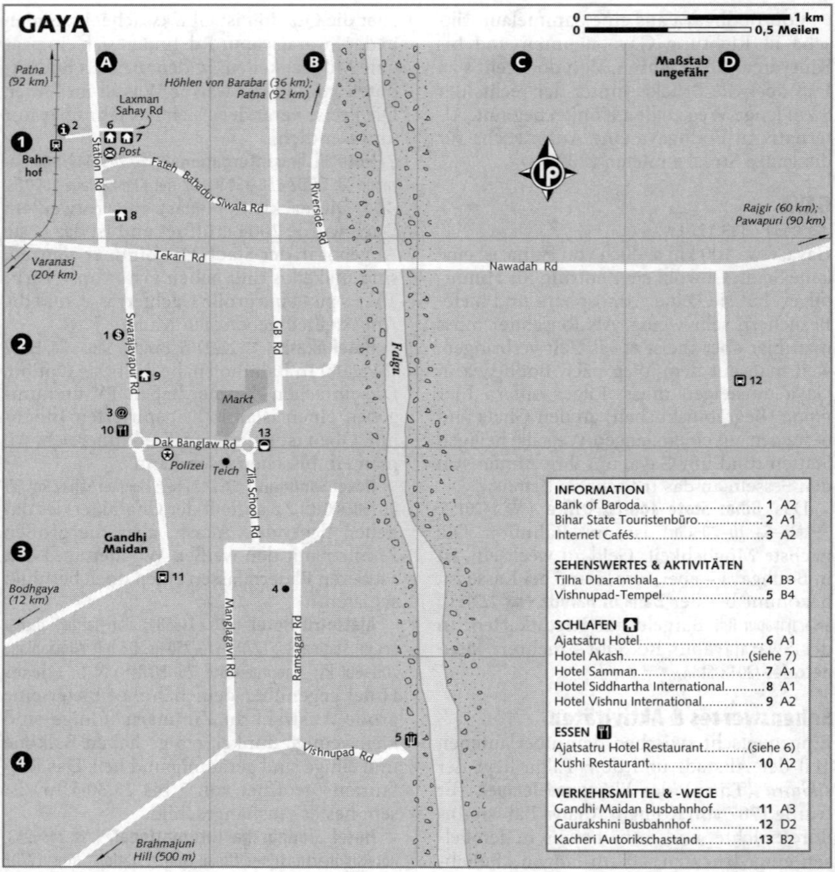

Gaya liegt an der Bahnstrecke Delhi–Kolkata. Regelmäßig fahren Züge nach Delhi (Sleeper Class/3AC 359/954 Rs, 15½ Std.), Kolkata (Sleeper Class/3AC 223/574 Rs, 8 Std.), Varanasi (2. Klasse/Chair Class 78/271 Rs, 4 Std.) und Patna (Sleeper Class/Chair Class 101/142 Rs, 3½ Std.).

Autorikschas vom Bahnhof nach Bodhgaya (13 km) sollten etwa 50 Rs kosten, die Sammelautorikschas vom Halteplatz Kacheri kosten 8 Rs plus 4 Rs Zuschlag für den Rucksack.

Unterwegs vor Ort

Eine Fahrradrikscha vom Bahnhof sollte zum Autorikschastand Kacheri 10 Rs, zum Gandhi Maidan 12 Rs, zum Gaurakshini-Busbahnhof 15 Rs und zum Vishnupad-Tempel ebenfalls 15 Rs kosten.

HÖHLEN VON BARABAR

Die faszinierenden, aus dem Felsen geschlagenen Höhlen von Barabar, 36 km nördlich von Gaya, stammen aus der Zeit um 200 v. Chr. und bieten ausführliche Inschriften Ashokas. Hierbei handelt es sich um die „Marabar-Höhlen“ aus E. M. Forsters Roman *Auf der Suche nach Indien*. Von Gaya aus nimmt man den Zug nach Bela (7 Rs). Dann geht's mit einer Tonga (70 Rs) über eine 10 km lange Schlaglochpiste zum Ausgangspunkt des anstrengenden 5 km langen Fußmarsches zu den Höhlen. Sie sind den Besuch wert, liegen aber im Gebiet der Naxaliten, weshalb man bei der Polizei eine bewaffnete Begleitung organisieren sollte.

SASARAM

☎ 06184

Hinter dem Dreck und dem Krach von Sasaram versteckt sich ein Anblick, der das Aussteigen aus dem Zug eindeutig rechtfertigt. Das beeindruckende **Mausoleum des Sher Shah** (Inder/Ausländer 5/100 Rs; 7–17.30 Uhr), das vielleicht beste Beispiel pathanischer Architektur in Indien, erhebt sich majestätisch aus der ruhigen Wasserfläche, die es umgibt. Es wurde 1545 fertig gestellt und enthält außerdem die Grabmäler von Sher Shahs Vater (Hassan Khan) sowie von 23 weiteren Familienmitgliedern.

Für eine Übernachtung ist das **Hotel Gopal** (☎ 224366; Grand Trunk Rd; EZ/DZ 125/250 Rs, DZ mit Klimaanlage 550 Rs;) gegenüber dem Bahnhof die beste Option.

Sasaram liegt an der Hauptstrecke Delhi-Kolkata zwischen Gaya und Varanasi. Da jeden Tag mehrere Züge nach Varanasi (Sleeper Class/3AC 101/213 Rs, 2 Std.) und Gaya (2. Klasse/Sleeper Class 48/101 Rs, 2½ Std.) fahren, ist es meist problemlos möglich, hier eine ein- bis zweistündige Pause zum Besuch des Mausoleums einzulegen.

RAJGIR

☎ 06112 / 33 691 Ew.

Mitten zwischen Bäumen und von fünf Felshügeln umgeben, die alle von Spuren antiker zyklopischer Mauern gesäumt sind, liegt die alte Hauptstadt des Magadha-Königreichs, die heute als Rajgir bekannt ist. Sie liegt 12 km südlich von Nalanda, und da sowohl Buddha als auch Mahavira hier längere Zeit verbrachten, ist sie gleichermaßen eine wichtige Pilgerstätte für Buddhisten und Jainisten. Da der Ort auch im Mahabharata erwähnt wird, gibt's zudem noch viele Hindupilger. Während der Hochsaison (Okt.–März) kommen wegen der heißen Quellen und des gesunden Klimas noch mehr Besucher.

Das Zentrum der Kleinstadt liegt 500 m östlich der Hauptstraße, an der der Bahnhof, der Busbahnhof und einige Hotels liegen. Es gibt einen Touirstenstand etwa 1 km südlich der Stadt an der Hauptstraße. In Rajgir gibt's keine Möglichkeit Geld zu tauschen.

Sehenswertes & Aktivitäten

Während der Fahrt mit dem wackeligen **Sessellift** (inkl. Rückfahrt 20 Rs; 8.15–13 & 14–17 Uhr) zum Gipfel des Ratnagiri Hill südlich der Stadt lässt sich der weite Ausblick genießen. Oben kann man den leuchtenden **japanischen Shanti-Stupa** besichtigen. Außerdem sind einige der 26 Jainisten-Schreine zu sehen, die auf den umliegenden Hügeln stehen.

Über die Stadt verteilt finden sich Reste der antiken Großstadt, Höhlen und Orte, die mit Ajatasatru und seinem Vater Bimbisara in Verbindung stehen. Ajatasatru warf hier im 5. Jh. v. Chr. seinen Vater in den Kerker und ließ ihn dort verhungern (s. Kasten unten). In der Nähe der heißen Quellen (in denen nur Hindu baden dürfen) steht der auffällig rosafarbene **Lakshmi-Narayan-Tempel**.

Außerdem gibt's einen **burmesischen Tempel**, ein interessantes **Jainisten-Dioramamuseum**

AJATASATRU: DER UNGEBORENE FEIND

Nach einer Legende grämte sich im 6. Jh. v. Chr. Bimbisara, der bejahrte König von Magadha, dass er und seine Frau Vaidehi noch immer keinen Nachkommen hatten. Er befragte deshalb einen Wahrsager, der ihm erzählte, dass in den fernen Hügeln ein alter Eremit lebe, der in drei Jahren sterben werde. Von dessen Geist werde Vaidehi dann schwanger werden. Ungeduldig befahl Bimbisara, den Eremiten zu töten, und bald darauf erwartete Vaidehi ein Kind.

Dies war aber für Bimbisara nicht in jeder Hinsicht erfreulich, denn der Eremit hatte mit seinen letzten Worten den künftigen Erben verflucht. Dies führte zu vielen bösen Vorzeichen und Prophezeiungen darüber, dass Bimbisaras Erbe den Vater ermorden und ihn entmachten würde. Bimbisara bekam es mit der Angst zu tun und nannte seinen Sohn Ajatasatru, wörtlich übersetzt „Der, dessen Feind nicht geboren ist".

Man glaubt, dass Bimbisara mehrmals versuchte, Ajatasatru töten zu lassen. Aber der Junge konnte jedes Mal entkommen, wuchs heran, riss die Krone an sich und ließ seinen Vater im Kerker verhungern.

ETWAS BESONDERES

Indo Hokke Hotel (☎ 255245; centaur@sancharnet.in; EZ/DZ 86/124 US$;) Gegenüber einer hohen zylindrischen buddhistischen Gebetshalle gelegen und von gepflegten Gärten umgeben, ist dieses Hotel zweifellos Bihars einzigartigste Übernachtungsmöglichkeit. 20 der 26 Zimmer sind ganz im japanischen Stil gehalten, statt Betten gibt es Tatami-Matten – Minimalismus vom Feinsten. Man genießt den Balkonblick in die Berge, weicht im japanischen Badehaus gründlich durch und stärkt sich schließlich im **Lotus Restaurant** (Gerichte 1–8 US$; Okt.–März 6–22 Uhr, April–Sept. andere Öffnungszeiten;), das zu den besten japanischen Restaurants in Indien gehört. Frische Zutaten, die teilweise sogar aus Kathmandu oder vom Golf von Bengalen herangeschafft werden, stehen auf der Speisekarte und sorgen für erinnerungsträchtige Gaumenfreuden. Wer will, kann also mit *tandoori roti* pausieren und sich zur Abwechselung mit Gerichten wie *wakame kyurisu* (Seegras in Essig-Dressing) verwöhnen. Wenn hier jemand eine Gänsehaut bekommt, dann aufgrund des Genusses und nicht wegen Roti-Entzug.

(Eintritt 10 Rs; 7–18 Uhr) und einen modernen **japanischen Tempel**.

Schlafen & Essen

Die meisten Budgethotels liegen innerhalb der Stadt, während die Mittelklasse- und Spitzenoptionen im Süden liegen, gleich westlich der heißen Quellen. Einige der besten Restaurants gibt's in den Hotels. Im Folgenden sind Hochsaisonpreise angegeben, außerhalb der Saison oder bei schlechter Auslastung wird's bis zu 50 % billiger.

Hotel Siddharth (☎ 255616; EZ/DZ 250/450 Rs; Hauptgerichte 20–60 Rs) Dieses Hotel südlich der Stadt nahe den heißen Quellen hat einen hübschen ummauerten Hof und ist für sein exzellentes Restaurant (6.30–22 Uhr) und den freundlichen Service bekannt.

Hotel Anand (☎ 255030; Dharmashala Rd; EZ/DZ/3BZ 75/200/300 Rs; Hauptgerichte 20–40 Rs) Eines der billigeren Hotels nahe dem Busbahnhof. Zimmer Nr. 6 ist hell und bietet Ausblick auf den Guavengarten, aber der Rest ist ziemlich düster. Die Badezimmer haben kein warmes Wasser. Das jainistische Restaurant ist veganisch und verzichtet auch auf Zwiebeln und Knoblauch.

Hotel Tathgat Vihar (☎ 255176; DZ 400–500 Rs, mit Klimaanlage 700 Rs;) Die Zimmer sehen in den Ecken etwas schäbig aus, sind aber sauber. Man sollte sich einige Zimmer ansehen, da es bessere und schlechtere gibt.

Green Restaurant (Hauptgerichte 20–60 Rs) Dieses Restaurant gegenüber den heißen Quellen bietet einige der besten nichtvegetarischen indischen Gerichte in der Stadt.

Obwohl die beliebte Blätterteigsüßspeise Khaja überall in Bihar verkauft wird, kommt sie ursprünglich aus Silao, unmittelbar nördlich von Rajgir. Das winzige Dorf bietet immer noch die besten Khaja im ganzen Land – da sind sich die Bihari und Zigtausende Wespen durchaus einig.

An- & Weiterreise

Regelmäßig fahren Busse nach Gaya (35 Rs, 2½ Std.). Lächerlich überfüllte Sammeljeeps pendeln zwischen Rajgir und Nalanda (8 Rs). Täglich fahren Züge (nur 2. Klasse) nach Patna (37 Rs, 3 Std., 8.20 und 15.15 Uhr) – mit Halt in Nalanda (18 Rs, 15 Min.) und Pawapuri (21 Rs, 25 Min.).

Die meisten Besucher mieten eine Tonga für einen halben Tag, um sich die ziemlich weit verstreuten Sehenswürdigkeiten Rajgirs anzusehen. Das kostet etwa 150 Rs, hängt aber auch von der Jahreszeit ab. Wem nicht gefällt, was das Pferd leisten muss, mag sich damit trösten, dass das Pferd sich leichter tut, wenn es nur einen Traveller ziehen muss, statt mehrere Einheimische.

NALANDA

☎ 061194

Im 5. Jh. v. Chr. gegründet, war Nalanda eine der bedeutendsten Universitäten der Antike und ein wichtiges buddhistisches Zentrum. Als der chinesische Gelehrte Xuan Zang die Universität irgendwann zwischen 685 und 762 besuchte, lebten hier 10 000 Mönche und Studenten, die sich mit Theologie, Astronomie, Metaphysik, Medizin und Philosophie beschäftigten. Nalandas drei Bibliotheken waren so umfangreich, dass sie sechs Monate lang brannten, als die Afghanen die Universität im 12. Jh. plünderten.

Man sollte sich ein paar Stunden nehmen, um durch die ausgedehnten **Ruinen**

(Inder/Ausländer 5/100 Rs; ⌚ 9–17.15 Uhr) der Universität zu laufen – sie sind friedlich, sauber, gut gepflegt, und es duftet nach Rosen und blühenden Sträuchern. Zu den aus Ziegeln bestehenden Überresten gehören der **Große Stupa**, der von Stufen, Terrassen und einigen intakten Votivstupas umgeben ist, sowie die Zellen der Mönche. Das **archäologische Museum** (Eintritt 2 Rs; ⌚ Sa–Do 10–16.45 Uhr) verwahrt das Siegel der Universität Nalanda, außerdem bedeutende Überreste und Skulpturen, darunter die spaßig-dramatische *kirtimukha* aus dem 9. Jh. Einen gedruckten Führer gibt's für 3 Rs.

Die **Xuan Zang Memorial Hall** (Eintritt frei; ⌚ 9–17 Uhr) wurde von den Chinesen als Friedenspagode errichtet. In naher Zukunft soll hier eine umfangreiche Ausstellung zu Xuan Zang eingerichtet werden.

Die meisten Reisenden bleiben in Rajgir und kommen zu einem Tagesausflug nach Nalanda. Wer möchte, kann aber auch in dem einfachen chinesischen Dharamsala oder dem verfallenen **Public Works Department Rest House** (B/DZ 100/200 Rs) übernachten.

Zwischen Nalanda und Rajgir fahren regelmäßig Sammeljeeps (8 Rs) – von Nalanda zu den Ruinen eine Sammel-Tonga nehmen (8 Rs). Täglich fahren Züge nach Patna (35 Rs, 2½ Std., 8.35 und 15.30 Uhr). Man kann sich auch in einen Sammeljeep nach Bihar Sharif quetschen (5 Rs, 45 Min.), wo stündlich Busse nach Patna abfahren (50 Rs, 3½ Std.).

PAWAPURI

Pawapuri ist ein wichtiges jainistisches Pilgerzentrum, da Mahavira, der letzte *tirthankar* und Gründer des Jainismus, hier um 500 v. Chr, starb und eingeäschert wurde. Es heißt, seine heilige Asche sei so begehrt gewesen, dass große Mengen Erde um seinen Scheiterhaufen ausgegraben wurden, wodurch das große, mit Lotus gefüllte Wasserbecken entstand, das heute hier zu finden ist. In der Mitte des Beckens scheint der verzierte, aus Marmor bestehende **Jalmandir-Tempel** auf dem Wasser zu schweben. Von Pawapuri aus sind Nalanda und Bihar Sharif mit dem Sammeljeep und Patna mit dem Zug zu erreichen.

MUNGER

Munger, ungefähr 100 km östlich von Pawapuri, ist Sitz der **Bihar Yoga Bharati**, der ersten Yoga-Universität der Welt. Die Studienprogramme reichen von Zertifikaten für viermonatige Kurse (1000 US$) bis hin zu Promotionen. Genauere Infos gibt's unter www.yogamag.net/bybpages/byb.shtml.

JHARKHAND

Nachdem die Loslösung Jharkhands vom benachbarten Bihar beschlossen worden war, wurden in Ranchi zwischen August und November 2000 wilde Feste gefeiert. Die Forderungen von Teilen der Adivasi-Bevölkerung wurden damit erfüllt. Obgleich der neue Staat unglaubliche 40 % der mineralischen Reserven Indiens, reiche Wälder, mehrere wichtige Industriezentren und das gesunde Budget eines neu gegründeten Gemeinwesens hat, leidet er noch immer unter

DER HERR VON BIHAR

Kein Kapitel über Bihar wäre vollständig, ohne Laloo Prasad Yadav zu erwähnen, Indiens meistgehassten und -geliebten Politikers. Obwohl er aus einer niederen Kaste (einer Familie von Viehhirten) stammte, gelang es ihm, in einem Staat, in dem traditionell die Landbesitzer aus höheren Kasten das Sagen hatten, die Angehörigen seiner Kaste zu mobilisieren und – für alle überraschend – 1990 das Amt des Premierminister Bihars zu erobern. Unter der Herrschaft des selbsternannten Vorkämpfers der Armen besserte sich deren Lage aber kaum – stattdessen glitt Bihar in einen blutigen Kastenkrieg ab. Yadav blieb bis 1997 Premierminister, dann wurde er unter der Beschuldigung verhaftet, Millionen Dollar aus einem Viehwirtschaftsprogramm in die eigene Tasche umgeleitet zu haben. Er trat zurück und übertrug das Amt in einem Schachzug, der ganz Indien schockierte, auf seine Frau, eine Analphabetin. Er verbrachte eine kurze Zeit hinter Gittern, doch nun ist er wieder da und so populär wie eh und je, obgleich weitere Korruptionsanklagen gegen ihn laufen. Bis November 2005 blieb seine Frau noch Premierministerin von Bihar, während er es zum Eisenbahnminister Indiens gebracht hat. *Indiatimes* schrieb: „Ob man ihn nun liebt oder verabscheut, ignorieren kann man Laloo Prasad Yadav nicht."

den hohen Forderungen der indigenen Bevölkerung sowie unter Ausbrüchen maoistischer und naxalitischer Gewalt. Trotz dieser Probleme kann sich ein Ausflug hierher lohnen, sei es, um vom Rücken eines Elefanten nach Tigern zu suchen, oder um die Aussicht von Jharkhands höchsten Gipfeln zu genießen. Die meisten Traveller haben Jharkhand aber noch nicht auf ihrer Liste – man kann also durchaus der einzige Ausländer sein, der sich hierher verirrt.

RANCHI

☎ 0651 / 846 454 Ew.

Ranchi war zur Zeit der Briten Bihars Sommerhauptstadt und ist heute die Hauptstadt von Jharkhand. Die Stadt ist ziemlich verdreckt und unangenehm. Die einzigen triftigen Gründe für einen Abstecher sind die Wasserfälle oder der Betla National Park, den man von Ranchi aus erreicht.

Nützliche Infos gibt's im **Tourist Complex** (☎ 2310230; Main Rd; 🕒 Mo–Sa 10–17 Uhr), ein Geldautomat der idbi Bank ist in der Nähe. Die **State Bank of India** (Main Rd; 🕒 Mo–Fr, 10–15.30 Uhr) wechselt Geld und Reiseschecks.

Wer einen Tag bleibt, sollte sich den hinduistischen **Jagannath-Tempel** anschauen, eine kleine Version des großen Jagannath-Mandir in Puri. Er liegt 6 km südwestlich der Stadt (Sammelautorikscha 5 Rs). Auch das **Tribal Research Institute Museum** (☎ 2541824; Eintritt frei; 🕒 Mo–Sa 10–17 Uhr) ist einigermaßen sehenswert.

In der Region gibt's viele schöne Wasserfälle. Am spektakulärsten, vor allem zwischen November und Februar, sind die **Hundru-Fälle**, 45 km nordöstlich von Ranchi. **Suhara Tour & Travellers** (☎ 3093808; Gurunanak Market, Station Rd) veranstaltet maßgeschneiderte Touren zu den verschiedenen Wasserfällen.

Schlafen & Essen

Die 500 m zwischen Bahnhof und Busbahnhof sind voller Hotels, aber nur wenige haben die Erlaubnis, Ausländer zu beherbergen. Alle genannten Hotels haben Zimmer mit eigenem Bad.

BNR – Southeastern Railway (☎ 2460584; Station Rd; EZ/DZ 438/599 Rs, mit Klimaanlage ab 706/866 Rs; ❄) Das kolonialzeitliche Relikt mit Terrakottadach liegt gegenüber vom Bahnhof und ist eine Gras- und Gartenoase. Die Zimmer sind anheimelnd, wenn auch etwas heruntergekommen.

Hotel Embassy (☎ 2460813; Station Rd; EZ/DZ 250/350 Rs, mit Klimaanlage 750/850 Rs; ❄) Die komfortablen klimatisierten Zimmer sind erfreulich modern und makellos sauber. Die ohne Klimaanlage sind dagegen recht spartanisch.

Hotel Birsa Vihar (☎ 2331828; Main Rd; B/DZ 70/300 Rs, DZ mit Klimaanlage 500 Rs; ❄) Das Hotel liegt bequem im Tourist Complex, die Zimmer sind bequem, hell, sauber und haben TV.

Kaveri Restaurant (Church Complex, Main Rd; Hauptgerichte 40–70 Rs; 🕒 10.30–22 Uhr; ❄) Das moderne, aber dunkle Restaurant ist beliebt und bietet großartige südindische und bengalische sowie Mogulgerichte zu vernünftigen Preisen.

Planet Masala (Main Rd; veg. Hauptgerichte 40–75 Rs) Erfreut mit Pizzas, Kaffeespezialitäten und Schokoladen-Brownies.

An- & Weiterreise

Busse nach Gaya (88 Rs, 7 Std., stündl.) fahren vom Hauptbusbahnhof, die Busse nach Daltonganj (mit Anschluss nach Betla) von der Haltestelle Ratu Road (80 Rs, 6 Std., stündl.).

Täglich fahren Züge nach Patna (Sleeper Class/3AC 215/608 Rs, 12 Std., 18.45 und 21.45 Uhr), Gaya (Sleeper Class/Chair Class 140/304 Rs, 7 Std., 6.25 und 18.45 Uhr) und Kolkata (Sleeper Class/Chair Class 170/635 Rs, 7 Std., 13.45 und 20.35 Uhr).

BETLA (PALAMAU) NATIONAL PARK

Dieses unbestrittene Schmuckstück des Bundesstaats war 1932 Ort der ersten Tigerzählung weltweit und ist heute ein Teil des Project Tiger. Der Park liegt 178 km westlich von Ranchi und ist einer der besten Orte in Indien, um wilde Elefanten zu sehen. Die Wälder des Parks bedecken 1026 km². Hier gibt's unberührte Sal-Bestände, Nadel- und Teakbäume sowie Bambusdickichte – und, nach der Zählung von 2003, 37 Tiger, 62 Leoparden, 210 Elefanten und 249 Büffel. Mutige erklimmen einen der wackligen Beobachtungstürme, legen sich hin und halten still Ausschau nach wilden Tieren. Inmitten der Tiere leben acht Eingeborenenstämme, verteilt auf 200 kleine Dörfer. Das Gebiet war einst Machtzentrum der Chero-Dynastie; zwei ihrer aus dem 16. Jh. stammenden Festungen stehen noch heute im Dschungel.

Obwohl er das ganze Jahr geöffnet hat, eignet sich die Zeit zwischen Oktober und März am besten für einen Besuch des **Parks** (☎ 06562-222650; Eintritt pro Fahrzeug 80 Rs, Foto/Video 50/300 Rs). **Jeepsafaris** (rund 200 Rs/Std.) lassen sich privat am Eingangstor vereinbaren. Für die Einfahrt muss man einen örtlichen Führer mieten (20 Rs/Std.).

Der Park veranstaltet **Elefantensafaris** (1 Elefant & bis zu 4 Pers. 100 Rs/Std.), bei denen es abseits der Wege durch den Wald geht und man so einen unvergleichlichen Einblick in Flora und Fauna bekommt – Kopf nicht anschlagen!

Das **Hotel Van Vihar** (☎ 06567-226513; DZ 300–400 Rs, mit Klimaanlage 650 Rs; ❄) der BSTDC ist die beste Unterkunft nahe des Parkeingangs und die einzige, die das ganze Jahr geöffnet ist. Die geräumigen Zimmer sind sauber und hell, mit Blick in den Garten – einige haben auch Balkone. Hier gibt's auch ein ordentliches **Restaurant** (Hauptgerichte 25–50 Rs). Die BSTDC betreibt außerdem das einfache **Tourist House** (Schlafsaal 100 Rs).

Tägliche fahren fünf Busse zwischen Betla und Daltanganj (12 Rs, 1 Std.). Daltanganj ist mit Ranchi über Busse verbunden (80 Rs, 6 Std., stündl.).

Vor dem Gehen im Park melden, um Sicherheitshinweise zu bekommen.

PARASNATH

☎ 06532

Parasnath, eine staubige und schmutzige Stadt im östlichen Jharkhand, ist der Bahnhaltepunkt für **Sikayi**, dem wichtigsten jainistischen Pilgerzentrum im östlichen Indien. Die vielen dazugehörenden Tempel bedecken den Gipfel des **Parasnath Hill** (der höchsten Erhebung Jharkhands). Auf dem Gipfel (1366 m), wo heute der Parasnath-Tempel steht, fanden 23 der 24 jainistischen *tirthankars* Erlösung, darunter auch Parasnath im Alter von 100 Jahren.

In der heiteren, grünen Stadt Madhuban, 25 km nordöstlich von Parasnath, beginnt der 6 km lange Aufstieg, der so lohnend ist wie der großartige Blick vom Gipfel. Man geht durch üppige Wälder und lauscht dem Brummen der Insekten und dem Schnattern der Affen – mit etwas Glück ist das Lunchpaket vor den Tieren zu retten. Für den Aufstieg sind Führer (ungefähr 100 Rs) eigentlich unnötig, aber hilfreich, um die vielen Tempel auf dem Gipfel zu finden.

Wer hier übernachten will, findet Unterkunft in einigen *dharamsalas* (Gasthäusern für Pilger), darunter dem **Dak Bungalow** (Spende), wo man auf einer Matratze auf dem Fußboden nächtigen kann. Man isst strikt veganisch, und die Verhaltensregeln sind sehr streng. In Madhuban gibt's auch eine bequeme **Touristenlodge** (☎ 0658-232378; EZ/DZ/3BZ 70/100/150 Rs).

Täglich fahren mehrere Züge nach Gaya (2. Klasse/Chair Class 49/184 Rs, 2½ Std.) und Kolkata (Sleeper Class/3AC 157/416 Rs, 5 Std.), außerdem gibt's morgens einen Bus nach Ranchi (80 Rs, 4½ Std., 7 Uhr).

Regelmäßig fahren Minibusse vom Busbahnhof in Parasnath nach Madhuban (25 Rs).

Die Aktivitäten der Naxaliten haben in diesem Gebiet zugenommen, deshalb ist es dringend geboten, sich vor der Anreise über die aktuelle Sicherheitslage zu informieren.

Sikkim

Jahrzehntelang galt Sikkim wegen seiner Abgeschiedenheit und spektakulären Gebirgslandschaft als eines der letzten Shangri-las im Himalaja. Im 15. Jh. brachten tibetische Lamas (Priester bzw. Mönche) den Buddhismus hierher und bis heute liegen alte Klöster über die Berge verstreut. Sikkim grenzt an Nepal, Tibet und Bhutan und noch immer ist es der indischen Regierung nicht wohl dabei, Traveller hierher reisen zu lassen. Nach wie vor braucht man eine Genehmigung – mittlerweile ist es aber meist nur eine Formsache, sie zu bekommen.

Landschaftlich ist Sikkim geprägt vom markanten Profil des Kanchenjunga (8598 m), der fast von jedem Flecken im Staat zu sehen ist. Zwar ist der Mahayana-Buddhismus die Staatsreligion von Sikkim, doch auch eine recht große Gemeinde nepalesischer Hindu und kleinere Bevölkerungsgruppen der eingeborenen Lepcha und Bhutia sind hier zu Hause.

Bis heute hat China den Anspruch Indiens auf Sikkim nicht anerkannt. Da ist es verständlich, dass Delhi dem Frieden nicht ganz traut. Auch deswegen hat sie Sikkim zur steuerfreien Zone erklärt und stattliche Beträge in den Straßenbau, die Strom- und Wasserversorgung und regionale Wirtschaftszweige wie der Schnapsbrennerei gesteckt. Mit dem Ergebnis, dass der Staat heute überraschend reich ist – und mit die höchste Alkoholikerrate Indiens hat.

Sikkim entwickelt sich rasant. Und dennoch geht's in dem Bundesstaat noch immer beschaulich zu. Viele der abgelegeneren Regionen – für manche ist eine extra Genehmigung erforderlich – erfüllen alle Erwartungen an ein Shangri-la. Auch wegen der Unruhen im benachbarten Nepal boomt das Trekkingangebot in Sikkim. Und wer die Gelegenheit bekommt, sollte unbedingt das Hirsebier Tongba probieren – es wird warm in einem Holzpott serviert und schmeckt ein wenig wie japanischer Sake.

HIGHLIGHTS

- Sich perfekt getarnt unter die maskierten *chaam*-Tänzer im **Rumtek Dharma Chakra Centre** (S. 587) bei Gangtok mischen
- Der spirituelle Kick beim Besuch einer buddhistischen Gompa z. B. in **Pemayangtse** (S. 594), **Tashiding** (S. 596) und **Palchen Choeling** (in Ralang; S. 589)
- Die Seele baumeln lassen im Schatten der riesigen Padmasambhava-Statue bei **Samdruptse** (S. 590)
- Die atemberaubende Trekkingroute **Yuksom–Dzongri–Goecha La–Yuksom** (S. 598) am Fuß des Kanchenjunga, des höchsten Bergs Indiens – also vorher tief Luft holen
- Ein Ausflug ins wunderbare **Yumthang-Tal** (S. 592) wo man in den Thermalquellen planschen kann

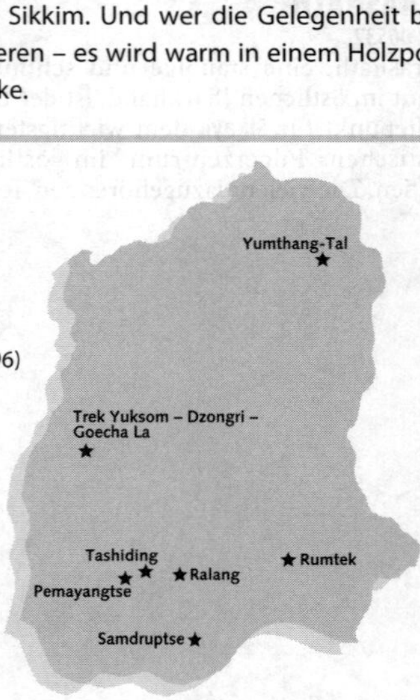

KURZINFOS

- Bevölkerung: 540 490
- Fläche: 7096 km²
- Hauptstadt: Gangtok
- Hauptsprachen: Hindi und Nepali
- Reisezeit: Mitte Oktober bis Mitte Dezember; März bis Ende Mai

Geschichte

Das erste Volk, das es nach Sikkim verschlug, waren die Lepcha. Das Stammesvolk mit tibetisch-burmanischen Wurzeln wanderte im 13. Jh. aus Assam oder Myanmar ein. Ihm folgten die Bhutia, die im 15. Jh. von Tibet nach Sikkim flohen, um dem religiösen Zank zwischen den rivalisierenden Orden des tibetischen Buddhismus zu entkommen.

Die Nyingmapa-Tradition des Buddhismus wurde in Sikkim von drei geflüchteten tibetischen Lamas, Kathok Rikzin Chempo, Ngadak Sempa Chempo und Lhatsun Chempo, eingeführt, die sich 1641 beim heutigen Yuksom zufällig über den Weg liefen. Sie waren es auch, die den ersten Chogyal (König) von Sikkim, Phuntsog Namgyal, weihten. Die Hauptstadt wanderte von einem Ort zum nächsten: nach Rabdentse in der Nähe von Pelling, dann nach Tumlong bei Phodong, bevor sich schließlich Gangtok als Hauptstadt behauptete.

Während der Blüte ihrer Macht herrschten die Chogyals von Sikkim über ein riesiges Königreich, das sich vom Osten Nepals bis nach Tibet, Bhutan und Darjeeling in den Bergen Westbengalens erstreckte. Der größte Teil des Territoriums ging jedoch später in den Kriegen mit Bhutan und Nepal wieder verloren.

1835 brachten die Briten den Chogyal dazu, Darjeeling gegen eine jährliche Zahlung an die britische Ostindische Kompanie abzutreten. Das führte zu heftigen Protesten in Tibet, das Sikkim als seinen Vasallenstaat ansah. Die Spannungen nahmen zu, bis 1849 die Briten schließlich die gesamte Region zwischen der heutigen Grenze von Sikkim und der Ganges-Ebene annektierten und eine Gegeninvasion Tibets 1886 zurückschlugen.

Wie viele ehemalige Fürstenstaaten wurde Sikkim dem seit 1947 unabhängigen Indien zunächst als Protektorat zugeschlagen. Der letzte Chogyal, Palden Thondup Namgyal, erlangte 1963 den Thron. 1975 setzte ihn die indische Regierung nach einer Revolte der nepalesischen Bevölkerungsgruppe Sikkims ab, Sikkim selbst wurde der 22. Bundesstaat Indiens.

Seitdem bildete in Sikkim die meiste Zeit die Sikkim Democratic Front (SDF) die Regierung, die sich den Ruf erarbeitet hat, die umweltfreundlichste in Indien zu sein: Plastiktüten wurden verboten und Strafen gegen Verschmutzer der Jhora (Ströme) eingeführt.

Genehmigungen

Für die Einreise nach Sikkim ist eine Genehmigung erforderlich, die allerdings problemlos erlangt und verlängert werden kann. Von dieser Formsache sollte man sich also keineswegs abschrecken lassen. Die standardmäßige Genehmigung gestattet Aufenthalte in Gangtok, Rumtek und Lingdum und allen Ortschaften auf der Straße zwischen Gangtok und Singhik, außerdem im Großteil von West-Sikkim (ausgenommen die Trekkingrouten Goecha La und Singalila Ridge) sowie in ganz Süd-Sikkim.

Das Permit ist 15 Tage ab dem „geplanten Einreisedatum“ (proposed date of entry) gültig, das auf dem Formular vermerkt werden muss. Vor diesem Datum ist die Einreise nach Sikkim nicht erlaubt. Einige Büros verlangen ein bzw. zwei Passfotos und eine Kopie des Reisepasses einschließlich des indischen Visumeintrags. Die Genehmigung wird kostenlos ausgestellt, meistens hat man sie nach wenigen Stunden in den Händen. Pass und Genehmigung müssen bei der Ein- und Ausreise von und nach Sikkim vorgelegt werden. Einmal ausgereist ist die erneute Einreise erst nach drei Monaten wieder möglich.

Wer auf der Straße nach Gangtok nach Sikkim einreist, kann die 15 Tage gültige Genehmigung an der Grenze bei Rangpo beantragen – das **Permit Office** (☎ 03592-240818; 🕑 7–19 Uhr) ist in der Rangpo Tourist Lodge. Erfolgt die Einreise bei Jorethang (Richtung Namchi, Geyzing oder Pelling), muss die Genehmigung bei einem der folgenden Büros im Voraus beantragt werden:

Foreigners' Regional Registration Office (FRRO) Delhi (☎ 011-26711443; Fax 26711348; 2. Stock, East Block 8, Sector 1, RK Puram; 🕑 Mo–Fr 9.30–13.30 & 14–15 Uhr); Kolkata (☎ 22473301; 237A AJC Bose Rd;

FESTIVALS & FESTE IN SIKKIM

Die Bevölkerung von Sikkim findet genug Gründe zum Feiern. In den buddhistischen Klöstern werden das ganze Jahr über lebhafte Festivals veranstaltet. Die meisten haben farbenfrohe Maskentänze, die so genannten *chaams,* im Programm, die Geschichten aus der buddhistischen Mythologie nacherzählen (s. Kasten S. 588). Die Termine der meisten Veranstaltungen richten sich nach dem tibetischen Mondkalender – genaue Daten erfährt man über den Link „Government Holidays" auf der Website www.sikkim.gov.in. Die Feste in diesem Kasten sind auf der Karte auf S. 579 eingezeichnet.

Bumchu (1; Jan./Feb.; Tashiding Gompa, S. 596) Lamas öffnen einen geweihten Behälter mit heiligem Wasser und treffen anhand des Wasserstands Vorhersagen für das kommende Jahr.

Losar (2; Feb./März; Pemayangtse, S. 594, & Rumtek, S. 587) Die größten *chaam*-Tänze finden kurz vor *losar,* dem tibetischen Neujahr, statt.

Khachoedpalri Mela (3; März/April; Khechoepalri-See, S. 595) Der See wird Schauplatz des Butter Lamp Floating Festivals, bei dem man Butterkerzen über das Wasser treiben lässt.

Drupchen (4; Mai/Juni; Rumtek, S. 587) Weitere *chaam*-Tänze im Rahmen der alljährlichen zeremoniellen Gruppenmeditation. Jedes zweite Jahr führen die Tänzer den Tse-Chu-Tanz zu Ehren Padmasambhavas (Guru Rinpoche) auf.

Saga Dawa (5; Mai/Juni; Gangtok, S. 580) Bei Umzügen durch die Straßen von Gangtok und anderen Klosterstädten werden buddhistische Schriften vorgetragen.

Phang Lhabsol (6; Aug./Sept.; Ravangla, S. 589) Mit Maskentänzen zu Ehren des Kanchenjunga – die lebendigsten Tänze finden in den Gompas rund um Ravangla statt.

Diwali (7; Okt./Nov.; Gangtok, S. 580) Die nepalesische Bevölkerung Gangkoks veranstaltet Feuerwerke.

Mahakala Dance (8; Nov.; Ralang, S. 589) Das Palchen Choeling Monastic Institute führt den faszinierenden Mahakala Dance auf: Die Tänzer tragen Masken, die Mahakala, den „Großen Schwarzen" repräsentieren und negative Energien vertreiben.

Teesta-Tea-Tourism Festival (9; Dez.; Gangtok, S. 580, & Rumtek, S. 589) Mit Musik, Tanz, Blumenschauen, Bogenschießen und einem Raftingwettrennen.

Losoong (10; Dez./Jan.; Old Rumtek, S. 587, Lingdum, S. 588, Phodong, S. 591, & Enchey Gompa in Gangtok, S. 582) Noch mehr *chaam*-Tänze kurz vor Losoong (Neujahr in Sikkim).

Mo–Fr 10–17 Uhr); Mumbai (☎ 22620446; Annexe Bldg No 2, CID, 3. Stock, Sayed Badruddin Rd)

Office of the District Magistrate (☎ 0354-2254266; Hill Cart Rd, Darjeeling)

Sikkim Tourism Information Centres Delhi (☎ 011-26115346; 14 Panchsheel Marg, Chanakyapuri); Kolkata (☎ 033-22267516; 4. Stock, Poonam Bldg, 5/2 Russel St); Siliguri (☎ 0353-2432646; SNT Colony, Hill Cart Rd)

Außerdem ist es möglich, bereits bei der Beantragung des Indienvisums auch einen Stempel für die Einreise nach Sikkim in den Reisepass geben zu lassen.

Ein extra Genehmigung ist für Tagesausflüge zum Tsomgo-See und für Reisen in die Gegend nördlich von Singhik (max. fünf Tage/vier Nächte). Für Wanderungen rund um Dzongri und den Goecha La sowie entlang des Singalila Ridge in West-Sikkim ist eine spezielle Trekkinggenehmigung erforderlich, die bis zu 15 Tage gültig ist. An all diesen Routen finden Kontrollen statt. Die Lage ändert sich ständig, also stets vor Ort prüfen, ob neue Gebiete geöffnet wurden.

Ausflüge in diese Regionen müssen über ein Reisebüro in Sikkim organisiert werden. Hier erhält man auch die entsprechenden Genehmigungen, für die wiederum ein bzw. zwei Passfotos und Kopien des Reisepasses einschließlich des indischen Visumeintrags benötigt werden. Zurzeit werden die Genehmigungen nur Reisegruppen mit mindestens vier Teilnehmern erteilt (zum Tsomgo-See müssen es mindestens zwei Teilnehmer sein), weshalb man sich eventuell etwas gedulden muss, bis das Reisebüro eine Gruppe zusammengestellt hat.

VERLÄNGERUNGEN

Derzeit kann die Standardgenehmigung maximal dreimal an den jeweils beiden letzten Tagen vor Ablauf um 15 Tage verlängert werden – in Sikkim ist also höchstens ein Aufenthalt von 60 Tagen möglich. Die Verlängerung ist kostenlos – es muss lediglich der Reisepass und die Genehmigung vorgelegt werden. Die meisten Traveller erledigen

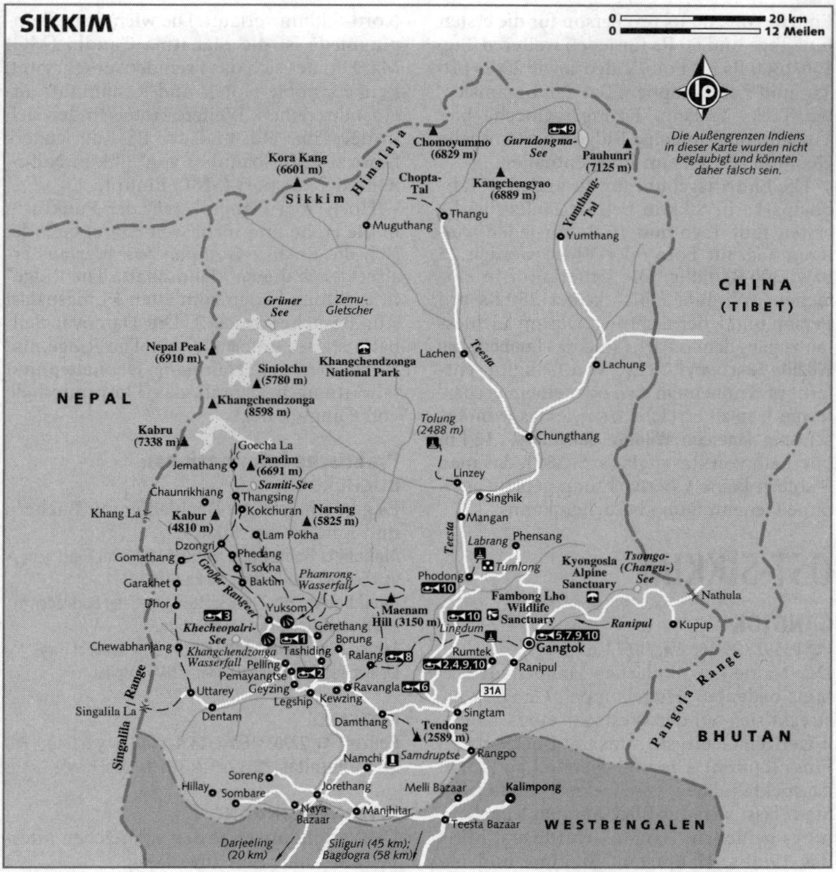

dies in Gangtok im **Foreigners' Regional Registration Office** (☎ 03592-23041; Kazi Rd; ⏱ Mo–Fr 10–16, Sa bis 12 Uhr).

Auch die Büros des Superintendent of Police (SP) in Mangan (Distrikt Nord), Namchi (Distrikt Süd) und Tikjuk (zwischen Geyzing und Pelling in West-Sikkim) können die Genehmigungen verlängern. Einige Reisende haben jedoch berichtet, dass die Verlängerung in Mangan und Namchi nicht ganz reibungslos verlief.

Nationalparks

Das Nationaltier von Sikkim ist der seltene Kleine Panda, der in einigen abgelegenen Nationalparks Sikkims noch zu erspähen ist. Der Zugang zu allen Nationalparks ist jedoch nur begrenzt möglich. Daher empfiehlt es sich, im **Forest Secretariat** (☎ 03592-281139; 31A National Hwy, Deorali, Gangtok) eine Zutrittserlaubnis zu beantragen. Am besten besucht man die Parks zwischen Oktober und April.

Das bedeutendste Reservat Sikkims ist der **Kanchenjunga National Park**, der sich über 850 km² rund um den Kanchenjunga erstreckt. Mit Ausnahme der Route Yuksom–Dzongri–Goecha La–Yuksom (S. 598) sowie des Singalila Ridge ist der Zutritt in die Parks in der Regel nur Bergsteiger- und Wanderexpeditionen gestattet. Reisebüros in Gangtok organisieren maßgeschneiderte Trips. Gruppen müssen eine Umweltschutzgebühr von 300 US$ (für bis zu zehn Pers.),

Eintritt von 200 Rs pro Person für die ersten fünf Tage und 50 Rs für jeden weiteren Tag, 150/1000 Rs für Foto/Video sowie 20 Rs pro Tag und Zelt berappen. Bei den organisierten Treks Yuksom–Dzongri–Goecha La–Yuksom und Singalila Ridge sind sämtliche Gebühren bereits im Preis enthalten.

Die Eintrittsgebühr für die anderen Nationalparks in Sikkim beträgt 50 Rs für die ersten fünf Tage und 15 Rs für jeden weiteren Tag, für Foto oder Video werden 25 bzw. 300 Rs fällig. Die Unterkunft in einfachen „Wildlife Huts" kostet 250 Rs pro Person und Übernachtung. Die am leichtesten zugänglichen Parks sind das **Fambong Lho Wildlife Sanctuary**, 25 km von Gangtok entfernt und mit einem Taxi oder einem gecharterten Jeep zu erreichen, sowie das wunderschöne **Maenam Wildlife Sanctuary**, 12 km oberhalb von Ravangla (s. S. 589), das man – sofern keine Übernachtung geplant ist – ohne Genehmigung besuchen kann.

OST-SIKKIM

GANGTOK

☎ 03592 / 29 160 Ew. / 1677 m

Der Name der modernen Hauptstadt Sikkims bedeutet „Hügelkuppe". Gangtok erstreckt sich auf der Westseite eines langen, hügeligen Gebirgskamms mit Blick auf den Fluss Ranipul. Die umliegende Landschaft ist spektakulär – von vielen Punkten der Stadt lässt sich der Blick auf den Kanchenjunga genießen. Gangtok wurde erst Mitte des 19. Jhs. Hauptstadt Sikkims und hat sich seitdem rasch weiterentwickelt. Das Stadtzentrum wird dominiert von den riesigen Regierungsgebäuden, die mit traditionellen buddhistischen Symbolen verziert sind.

Zu besichtigen gibt's nicht allzu viel, dafür findet man einige nette Bleiben und Lokale. Außerdem ist Gangtok der ideale Ausgangspunkt für Treks nach West-Sikkim und kleinere Trips zum Tsomgo-See, nach Lachen und in das Yumthang-Tal. Den Aufenthalt sollte man möglichst mit dem Festkalender Gangtoks abstimmen – weitere Infos hierzu s. Kasten S. 578.

Orientierung

Gangtok liegt entlang des 31A National Hwy., der zwischen Rangpo und Mangan in Nord-Sikkim verläuft. Die wichtigste Shoppingmeile ist die Mahatma Gandhi (MG) Marg, in der sich das Fremdenverkehrsamt, Banken, noble Hotels und Restaurants aneinander reihen. Weitere Hotels finden sich in der Tibet Rd. und der PS Rd.; letztere führt zum Busbahnhof von Sikkim Nationalised Transport (SNT) hinunter.

Hoch über Gangtok ragt der Funkturm in die Höhe und nicht weit davon befindet sich die Enchey-Gompa. Von hier aus erstreckt sich die Parklandschaft „The Ridge" in Richtung Süden zum alten Königspalast (für Besucher geschl.). Die Damovar-Seilbahn startet unterhalb von The Ridge und fährt über den Namnang-Jeephaltepunkt talwärts nach Deorali, das 3 km unterhalb von Gangtok liegt.

Praktische Informationen

BUCHLÄDEN

Es gibt einige nette Buchläden mit Büchern und Karten über Sikkim.

Alphabets Bookshop (☎ 202973; PS Rd) Führt neue und Secondhand-Bücher und Postkarten.

Good Books (☎ 223283; MG Marg) Guter Buchladen in einer Arkade gleich an der MG Marg.

Jainco Booksellers (☎ 203774; 31A National Hwy) Kleiner Buchladen unweit vom STNM-Hospital.

NOTFALL

Polizei (☎ 222033; Ecke 31A National Hwy & Church Rd)

STNM-Hospital (☎ 222944; 31A National Hwy)

INTERNETZUGANG

Die Verbindungen in den zahlreichen Internetcafés sind recht zuverlässig.

Dot.Com (☎ 2000058; Tibet Rd; 40 Rs/Std.; ⏲ 8–22 Uhr)

Logon.com (☎ 202594; MG Marg; 40 Rs/Std.; ⏲ 8.30–20 Uhr)

WÄSCHEREI

Deepak Dry Cleaners (☎ 227073; Tibet Rd; ⏲ Fr–Di 7–20 Uhr) Nur wenige Budgethotels haben eine Wäscherei, also bringt man seine Wäsche hierher. Der Salon bietet einen Waschservice mit Abholung am darauffolgenden Tag an. Preise pro Kleidungsstück.

GELD

State Bank of India (MG Marg; ⏲ Mo–Fr 10–14 & 15–16, Sa 10–13 Uhr) Wechselt Bargeld und löst US$-, Euro- und Pfund-Reiseschecks von Thomas Cook bzw. American Express ein. Mit Ausnahme der besseren Hotels kann man in Sikkim nur hier Geld wechseln, also mit

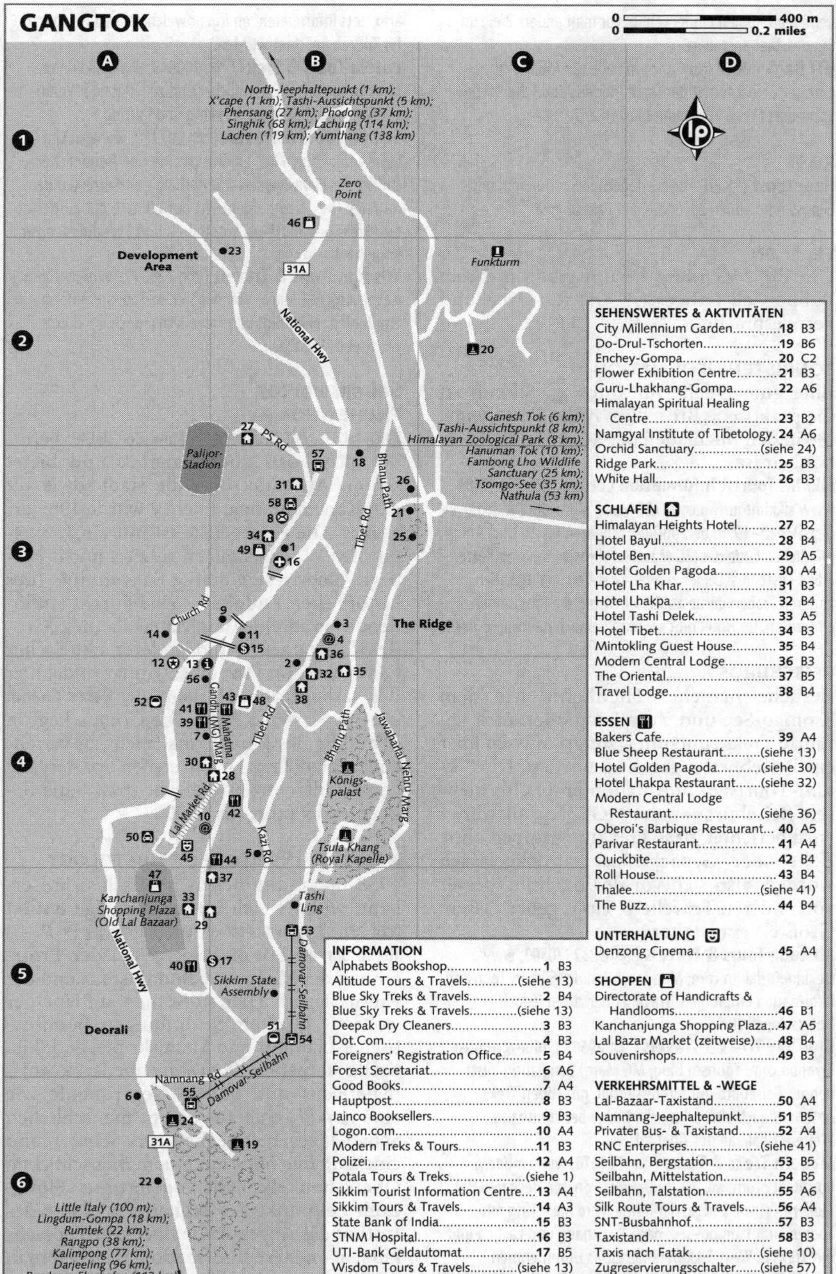
GANGTOK
0 400 m
0 0.2 miles
North-Jeephaltepunkt (1 km); X'cape (1 km); Tashi-Aussichtspunkt (5 km); Phensang (27 km); Phodong (37 km); Singhik (68 km); Lachung (114 km); Lachen (119 km); Yumthang (138 km)
Zero Point
Development Area
31A
National Hwy
Funkturm
Ganesh Tok (6 km); Tashi-Aussichtspunkt (8 km); Himalayan Zoological Park (8 km); Hanuman Tok (10 km); Fambong Lho Wildlife Sanctuary (25 km); Tsomgo-See (35 km); Nathula (53 km)
Paljor-Stadion
PS Rd
Bhanu Path
Tibet Rd
Church Rd
The Ridge
Mahatma Gandhi (MG) Marg
Lal Market Rd
Kazi Rd
Jawaharlal Nehru Marg
Königspalast
Tsuła Khang (Royal Kapelle)
Tashi Ling
Kanchanjunga Shopping Plaza (Old Lal Bazaar)
Sikkim State Assembly
Damovar-Seilbahn
Deorali
Namnang Rd
Little Italy (100 m); Lingdum-Gompa (18 km); Rumtek (22 km); Rangpo (38 km); Kalimpong (77 km); Darjeeling (96 km); Bagdogra-Flughafen (112 km)
SEHENSWERTES & AKTIVITÄTEN
City Millennium Garden....18 B3
Do-Drul-Tschorten....19 B6
Enchey-Gompa....20 C2
Flower Exhibition Centre....21 B3
Guru-Lhakhang-Gompa....22 A6
Himalayan Spiritual Healing Centre....23 B2
Namgyal Institute of Tibetology. 24 A6
Orchid Sanctuary....(siehe 24)
Ridge Park....25 B3
White Hall....26 B3
SCHLAFEN
Himalayan Heights Hotel....27 B2
Hotel Bayul....28 B4
Hotel Ben....29 A5
Hotel Golden Pagoda....30 A4
Hotel Lha Khar....31 B3
Hotel Lhakpa....32 B4
Hotel Tashi Delek....33 A5
Hotel Tibet....34 B3
Mintokling Guest House....35 B4
Modern Central Lodge....36 B3
The Oriental....37 B5
Travel Lodge....38 B4
ESSEN
Bakers Cafe....39 A4
Blue Sheep Restaurant....(siehe 13)
Hotel Golden Pagoda....(siehe 30)
Hotel Lhakpa Restaurant....(siehe 32)
Modern Central Lodge Restaurant....(siehe 36)
Oberoi's Barbique Restaurant....40 A5
Parivar Restaurant....41 A4
Quickbite....42 B4
Roll House....43 B4
Thalee....(siehe 41)
The Buzz....44 B4
UNTERHALTUNG
Denzong Cinema....45 A4
SHOPPEN
Directorate of Handicrafts & Handlooms....46 B1
Kanchanjunga Shopping Plaza....47 A5
Lal Bazar Market (zeitweise)....48 B4
Souvenirshops....49 B3
VERKEHRSMITTEL & -WEGE
Lal-Bazaar-Taxistand....50 A4
Namnang-Jeephaltepunkt....51 B5
Privater Bus- & Taxistand....52 A4
RNC Enterprises....(siehe 41)
Seilbahn, Bergstation....53 B5
Seilbahn, Mittelstation....54 B5
Seilbahn, Talstation....55 A6
Silk Route Tours & Travels....56 A4
SNT-Busbahnhof....57 B3
Taxistand....58 B3
Taxis nach Fatak....(siehe 10)
Zugreservierungsschalter....(siehe 57)
INFORMATION
Alphabets Bookshop....1 B3
Altitude Tours & Travels....(siehe 13)
Blue Sky Treks & Travels....2 B4
Blue Sky Treks & Travels....(siehe 13)
Deepak Dry Cleaners....3 B3
Dot.Com....4 B3
Foreigners' Registration Office....5 B4
Forest Secretariat....6 A6
Good Books....7 A4
Hauptpost....8 B3
Jainco Booksellers....9 B3
Logon.com....10 A4
Modern Treks & Tours....11 B3
Polizei....12 A4
Potala Tours & Treks....(siehe 1)
Sikkim Tourist Information Centre....13 A4
Sikkim Tours & Travels....14 A3
State Bank of India....15 B3
STNM Hospital....16 B3
UTI-Bank Geldautomat....17 B5
Wisdom Tours & Travels....(siehe 13)

genügend Rupien eindecken, bevor man andere Ziele im Bundesstaat ansteuert.

UTI Bank (MG Marg) Ganz am Ende der MG Marg; einziger Geldautomat der Stadt, der ausländische Karten akzeptiert (Visa, Cirrus und MasterCard).

POST

Hauptpost (PS Rd) Für postlagernde Sendungen, mit Eilpost- und einem zuverlässigen Paketdienst.

TELEFON

Um die MG Marg herum gibt's mehrere Public Call Offices (PCOs) für Orts- und Ferngespräche.

TOURISTENINFORMATION

Eine gute Quelle für Infos zu Sikkim ist die praktische Broschüre *Now! Travelmate*, die in den Buchläden der Stadt für 10 Rs erhältlich ist.

Sikkim Tourist Information Centre (☎ 221634; www.sikkimtourism.com; MG Marg; März–Juni & Sept.–Dez. 🕑 10–19, in den übrigen Monaten bis 16 Uhr) Am nördlichen Ende der MG Marg; Infobroschüren und Karten gibt's kostenlos. Leider verweist das Personal bei allen anderen Fragen gerne an Reiseberater, die Provisionen einfordern. Im Hotel gibt's wahrscheinlich neutralere Tipps.

REISEBÜROS

Besuche mancher Highlights wie dem Tsomgo-See und Yumthang oder auch geführte Treks rund um Dzongri müssen über ein Reisebüro organisiert werden. Die Sikkim-Touristeninformation empfiehlt mehrere Reisebüros an der MG Marg, allerdings wird berichtet, dass Trekkinggruppen ohne Zelte oder Gepäckträger zurückgelassen wurden: also sich vor der Buchung besser von anderen Travellern Tipps geben lassen. Größte Veranstalter:

Altitude Tours & Travels (☎ 9832370501; www.trekkinginsikkim.com; MG Marg) Von der Sikkim-Touristeninformation empfohlen, Traveller berichten jedoch Unterschiedliches.

Blue Sky Treks & Travels (☎ 205113; blueskytourism@yahoo.com; Tourism Bldg, MG Marg) Langjährig bestehendes Reisebüro mit interessanten, günstigen Treks; unterhält auch eine schmucke Lodge bei Yumthang. Weitere Filiale an der Tibet Rd.

Modern Treks & Tours (☎ 224670; www.modernhospitality.com; MG Marg) Geführt von den Besitzern der Modern Central Lodge; der Kunde wird hier eifrig mit Touren zum Tsomgo-See, nach Yumthang und Lachen und mit Treks in West-Sikkim hofiert. Das Unternehmen erschließt ständig neue genehmigungspflichtige Gebiete – also stets informieren, ob irgendwelche neuen Regionen für Touren geöffnet wurden.

Potala Tours & Treks (☎ 200043; www.sikkimhimalayas.com; PS Rd) Freundlicher und zuverlässiger Veranstalter, spezialisiert auf Trekking und Rafting.

Sikkim Tours & Travels (☎ 202188; www.sikkimtours.com; Church Rd) Eindrucksvoller und freundlicher Laden, der etwas versteckt unterhalb der Polizei auf dem National Hwy. liegt; organisiert auf Wunsch gut ausgestattete Treks und Raftings, Fototouren und Expeditionen zur Vogelbeobachtung.

Wisdom Tours & Travels (☎ 228240; www.wisdomtravels.org; MG Marg) Von der Sikkim-Touristeninformation empfohlen, bekommt von Travellern jedoch ein durchwachsenes Feedback.

Sehenswertes

ENCHEY-GOMPA

Das hübsche **Kloster** (🕑 Mo–Sa 6–16 Uhr) befindet sich hoch über Gangtok und bietet schöne Ausblicke über die Stadt sowie auf den Kanchenjunga. Enchey wurde 1909 errichtet. Die Gebetshalle ist mit einigen exquisiten Wandgemälden verziert und beherbergt eine riesige Statue Sakyamunis (des historischen Buddha), sowie Furcht einflößende Standbilder des Mahakala (des „Großen Schwarzen") und anderer tantrischer Gottheiten. Im Dezember/Januar findet hier der farbenfrohe Maskentanz **Detor Chaam** statt (s. Kasten S. 588). Die Gompa liegt in der Nähe des Funkturms (nicht zu verfehlen!), einen 2 km langen steilen Spaziergang vom Stadtzentrum entfernt (bzw. eine bequeme Taxifahrt für 50 Rs).

NAMGYAL INSTITUTE OF TIBETOLOGY

1958 im traditionellen tibetischen Stil erbaut, widmet sich das einzigartige **Institut** (☎ 281642; www.tibetology.com; Eintritt 5 Rs; 🕑 Mo–Sa 10–16 Uhr, am 2. Sa des Monats geschl.) der Erforschung des Mahayana-Buddhismus und der Kultur Tibets. Hier stößt man auf eine der weltweit größten Sammlungen buddhistischer Literatur und Manuskripte, buddhistische Statuetten, *thangkas* (tibetische Stoffmalereien) und heilige Gegenstände wie eine *kapali* (eine aus einem menschlichen Schädel gearbeitete heiligen Schale) und eine *kangling* (eine aus einem menschlichen Oberschenkelknochen gefertigte Flöte). Zum Zeitpunkt der Recherchen plante das Institut das Angebot von tibetischen Sprachkursen – nähere Informationen erfragt man am besten direkt beim Institut. Folgt man der Straße, erreicht man den riesigen weißen **Do-Drul-Tschorten** (tibetische Pagode), der von Schlafsälen für junge Mönche umgeben ist.

Das Institut liegt ungefähr 2 km südlich vom Zentrum Gangtoks gleich bei der Seilbahn-Endstation in Deorali. Man erreicht es über einen gemütlichen Spaziergang oder einen 10-Rs-Trip in einem Sammeltaxi, das vom Zentrum aus über den 31A National Hwy. fährt.

PARKS & GÄRTEN

In der Nähe der imposanten **White Hall** an der Jawaharlal Nehru Marg befindet sich das **Flower Exhibition Centre** (Eintritt frei; ⌚ 8.30–17.30), ein tropisches Gewächshaus mit Orchideen, Bonsais und anderen exotischen Pflanzen. Im März findet hier eine große Blumenmesse statt. In der Nähe liegt der kleine, aber feine **Ridge Park**, in dem Einheimische gerne flanieren.

Der neue **City Millennium Garden** zwischen dem 31A National Hwy. und dem Bhanu Path ist ein weiteres beschauliches Plätzchen. Noch mehr Orchideen gibt's im **Orchid Sanctuary** zu sehen, das das Namgyal Institute umgibt.

DAMOVAR-SEILBAHN

Die nagelneue **Seilbahn** (Tickets 50 Rs/Pers.; ⌚ 9.30–17.30) verkehrt von der Abzweigung zum Namgyal Institute of Tibetology in Deorali über den Namnang-Jeephaltepunkt hinauf zu The Ridge (direkt unterhalb des Tashi-Ling-Büros). Der Fahrpreis deckt die gesamte Strecke ab – die Ausblicke, die man dafür bekommt, sind grandios.

AUSSICHTSPUNKTE

Mehrere Aussichtspunkte um Gangtok bestechen durch atemberaubende Ausblicke auf den Kanchenjunga und die umliegenden Gipfel. Die beste Aussicht erschließt sich 7 km nordöstlich von Gangtok vom **Ganesh Tok** aus, wo es eine kleine Cafeteria gibt, die heißen Tee serviert. Auf der gegenüberliegenden Straßenseite befindet sich der **Himalayan Zoological Park** (☎ 223191; Eintritt 10 Rs, Fahrzeuge 25 Rs, Video 500 Rs; ⌚ 8–16 Uhr), wo Kleine Pandas, Asiatische Schwarzbären und Schneeleoparden in bewaldeten Gehegen umherstreifen. Etwa 4 km oberhalb von Ganesh Tok liegt an der Straße zum Tsomgo-See der **Hanuman Tok**, der mit einem kleinen Hanuman-Tempel und noch mehr Ausblicken aufwartet.

Schöne Aussichten verspricht auch der **Tashi-Aussichtspunkt**, der sich etwa 8 km von Gangtok in Richtung Phodong befindet. Hier gibt's eine staatlich betriebene Cafeteria. Mit dem vom Personal öfters bereitgestellten Teleskop lassen sich die Berg aus der Nähe betrachten.

All diese Aussichtspunkte gehören zu der offiziellen „Three-Point-Tours" (siehe S. 584). Alternativ kann man auch ein Sammeltaxi chartern, das von der MG Marg in Richtung Fatak abfährt und nicht weit vom Tashi-Aussichtspunkt entfernt hält (15 Rs, 15 Min.)

Aktivitäten

RUNDFLÜGE

Ein Bergpanorama aus der Vogelperspektive bietet der **Sikkim Helicopter Service** bei seinen Rundflügen über Sikkim, die sich allerdings nur für Gruppen lohnen. Angeboten werden z. B. ein 20-minütiger Tiefflug über Gangtok (6000 Rs), ein 35-minütiger Flug nach Samdruptse bei Namchi (11 250 Rs), ein einstündiger Rundflug über West-Sikkim (16 250 Rs), eine 70-minütige Tour über Yumthang (18 750 Rs) und ein eineinhalbstündiger Flug am Kanchenjunga-Gebirgskamm entlang (25 000 Rs). Die Preise gelten für bis zu fünf Passagiere; Buchungen erfolgen über das **Sikkim Tourist Information Centre** (☎ 221634).

RAFTING

Rafting-Trips flussabwärts auf dem Teesta und dem Rangeet können über mehrere Reisebüros in Gangtok gebucht werden, beispielsweise über Potala Tours & Treks und Sikkim Tours & Travels (s. gegenüber). Einfache Trips von 1½ Stunden kosten um die 450 Rs pro Person (mindestens 4 Pers.); der Transport zum Fluss wird extra berechnet.

GANZHEITLICHE THERAPIEN

Nördlich des Zentrums, im Development Area, bietet das **Himalayan Spiritual Healing Centre** (☎ 227940; Sonam House Complex) Energiemassagen, Kinesiologie und Aromatherapie an – Preise ab 1500 Rs für eineinhalb Stunden. Die Straße zum Centre zweigt vom National Hwy. gegenüber vom City Millennium Garden ab.

Geführte Touren

Alle auf der S. 582 aufgelisteten Reisebüros sowie Taxifahrer veranstalten „Three-Point-Tours" in der Regel zu den Aussichtspunkten Ganesh Tok, Hanuman Tok und Tashi (320 Rs). Zu den „Five-Point-Tours" gehören u. a. auch Abstecher zur Enchey-Gompa, zum Flower Exhibition Centre und Namgyal Institute (300 Rs), während die „Seven-Point-Tours" (630 Rs) auch Rumtek im Programm haben.

Schlafen

Viele Hotels haben nur Doppelzimmer im Angebot, oft lässt sich jedoch auch ein Sonderpreis für eine Einzelbelegung aushandeln. Die hier angegebenen Preise gelten in der Hochsaison – in der Nebensaison (Jan.–März und Juli–Aug.) purzeln die Preise um 15 % bis 30 %. Die meisten Hotels stellen im Winter Heizgeräte zur Verfügung.

BUDGETUNTERKÜNFTE

Viele Hotels mit annehmbaren Einzel- und Doppelzimmern für rund 200/250 Rs säumen den mittleren Abschnitt der Tibet Rd.

Modern Central Lodge (☎ 204670; info@modernhospitality.com; Tibet Rd; B 50 Rs, EZ/DZ 100/150 Rs, DZ mit eigenem Badezimmer 250 Rs) Beliebte Bleibe mit angemessenen Preisen; im Restaurant und in der Bar können Traveller Gleichgesinnte treffen. Die mit eigenem Bad ausgestatteten Zimmer haben Heißwasser, das Reisebüro des Hotels genießt einen sehr guten Ruf.

Hotel Lhakpa (☎ 201175; Tibet Rd; DZ 250 Rs) Das Haus hat Doppelzimmer (aber keine Einzelzimmer), die ihr Geld wert sind; mit Boiler und Plumsklo. Im Erdgeschoss befindet sich ein schmuckes Restaurant im Tibet-Stil (es lohnt sich ein Blick auf die Nudeln und Bierflaschen im Fenster).

Travel Lodge (☎ 203858; Tibet Rd; DZ im EG 200 Rs, höhere Etagen 300–400 Rs) Großzügiges, sauberes und modernes Hotel, das sich auf demselben Gelände wie das Hotel Lhakpa befindet. Die Preise steigen von Etage zu Etage. Alle Zimmer sind mit TV und Boiler ausgestattet.

MITTELKLASSEHOTELS

In den Zimmer der hier aufgelisteten Häuser gibt's Kabel-TV und eigene Badezimmer mit heißer Dusche.

Hotel Golden Pagoda (☎ 226928; www.hotelgoldenpagoda.com; MG Marg; EZ/DZ ab 600/800 Rs) Hotel mit Luxuscharakter. Die Zimmer sind klein, doch sehr gemütlich; großartige Aussicht und tolles Vegi-Restaurant.

Mintokling Guest House (☎ 224226; mintokling@hotmail.com; Bhanu Path; EZ/DZ ab 650/950 Rs) In einem abgelegenen Garten direkt unter dem Gebirgskamm gelegen, fühlt sich der Gast hier wie in einer Pension. Die höhlenartigen Zimmer sind im traditionellen Look Sikkims dekoriert.

Hotel Ben (☎ 204322; tibettours@lhaso.com; MG Marg; DZ/3-BZ 400/750 Rs) In einem tadellosen, roten Gebäude direkt oberhalb der MG Marg bietet das Hotel gepflegte, komfortable Zimmer mit Boilern. In der Nebensaison gibt's satte Rabatte.

Hotel Bayul (☎ 204649; hotelbayul@yahoo.co.in; MG Marg; EZ/DZ/3-BZ ab 600/800/1000 Rs) Gutes Preis-Leistungs-Verhältnis, einige Zimmer mit anständigem Ausblick. Die Besitzer organisieren auf Wunsch Touren, außerdem gibt's ein Restaurant und eine Bar.

Hotel Lha Khar (☎ 225708; PS Rd; DZ 350–450 Rs) Vom SNT-Busbahnhof den Berg hinunter, erwarten den Gast in dem netten und ruhigen Hotel zweckmäßige, saubere Zimmer.

SPITZENKLASSEHOTELS

Gangtok besitzt mehrere gute Spitzenklassehotels, die alle eine zusätzliche Servicegebühr von 10 % kassieren (in den folgenden Preisen nicht enthalten).

Oriental (☎ 221180/1; www.orientalsikkim.com; EZ/DZ ab 1200/1600 Rs) Wer sich in dem eleganten und dennoch heimeligen Schmuckkästchen einquartiert, ist gleich mittendrin im Geschehen. Die Zimmer sind wohlig warm mit gemütlichen Stühlen und flauschigen Teppichen; das Hotelteam ist aufmerksam und sehr routiniert.

Hotel Tashi Delek (☎ 222991; www.hoteltashidelek.com; MG Marg; EZ/DZ/Suite 2500/2700/4500 Rs) Das Hotel ist über einen Fußweg von der MG Marg aus zu erreichen. Von den Luxussuiten genießt man atemberaubende Bergpanoramas; der Blick aus den behaglichen Einzel- und Doppelzimmern ist nicht ganz so spektakulär. Dafür hat es ein hübsches Terrassencafé mit Aussicht auf die Berge.

Hotel Tibet (☎ 202523; www.sikkiminfo.net/hoteltibet; PS Rd; EZ/DZ 1100/1475 Rs, Deluxe-EZ/DZ ab 1460/1950 Rs) Haus im eleganten Sikkim-Design, das gut betuchte Feriengäste aus den USA und Europa anlockt. Die teureren Zimmer sind mit traditionellen Möbeln eingerichtet und bieten allesamt Ausblicke auf den Kanchenjunga.

Himalayan Heights Hotel (☎ 221567; www.hotelhimalayanheights.com; PS Rd; EZ/DZ 1600/1850) Das blitzeblanke Himalayan Heights hat eine Dachterrasse mit Bergblick, riesige, helle und luftige Zimmer und Balkone mit Blick über das Palijor-Stadion.

Essen

In Gangtok gibt's Lokale in Hülle und Fülle, in den man nach Herzenslust Gerichte aus Indien und Sikkim schlemmen kann.

RESTAURANTS

Die Modern Central Lodge (s. gegenüber), das Hotel Lhakpa (s. gegenüber) und die Travel Lodge (s. gegenüber) haben Restaurants, die günstige und leckere Speisen auftischen – in der Regel Chinesisches und Tibetisches wie Chow-Mein und *momos* sowie einfache indische Essen – dazu gibt's Bier und Spirituosen aus Sikkim.

Blue Sheep Restaurant (☎ 229028; MG Marg; Hauptgerichte 40–120) Oberhalb von der Touristeninformation liegt das staatlich betriebene Lokal, das durch geschnitzte Holzfenster und vorzügliches chinesisches und indisches Essen zu überzeugen weiß. Abends schmeckt's besser als mittags.

Buzz (☎ 221650; MG Marg; Hauptgerichte 40–150 Rs; ⌚ 12.30–21.30 Uhr) Das Buzz gehört zur Glenary's-Kette. Es ist mit Nippes und Filmsouvenirs geschmückt. Für Traveller mit Heimweh läuft allabendlich westliche Popmusik. Aufgetischt wird köstliche indische, chinesische und europäische Küche; auch eine gute Adresse für ein Bierchen am Abend.

Hotel Golden Pagoda (☎ 226928; MG Marg; Hauptgerichte 20–90 Rs; ⌚ 10–15 & 19–22 Uhr) Das Restaurant mit Schankerlaubnis in der obersten Etage des behaglichen Hotels serviert schmackhaftes indisches Vegi-Essen zu anständigen Preisen.

Gute südindische, vegetarische Küche zu fairen Preisen erhält man außerdem im **Parivar Restaurant** (Gerichte 25–50 Rs) und im **Thalee** (Hauptgerichte 15–50 Rs), die sich direkt nebeneinander im Yama House nicht weit von der Gandhi-Statue auf der MG Marg befinden.

AUF DIE SCHNELLE

In folgenden Lokalen gibt's heiße Getränke und Snacks.

> **ETWAS BESONDERES**
>
> **Little Italy** (☎ 281980; 31A National Hwy, Deorali; Hauptgerichte 50–120 Rs; ⌚ 10.30–23.30 Uhr) Wer sich was Spezielles gönnen möchte, sollte dieses Restaurant besuchen. Es liegt ein paar Kilometer unterhalb von Gangtok gleich bei der Talstation der Seilbahn. Little Italy tischt üppige Portionen italienisch angehauchter Speisen auf – etwa Pasta mit Hackfleischbällchen und grünem Paprika, bei der einem das Wasser im Mund zusammenläuft. Zudem gibt's eine Chill-out-Bar, in der Hits aus den 1980er-Jahren trällern.

Roll House (MG Marg; 10–25 Rs; ⌚ 8–20 Uhr) Kleiner beliebter Stehimbiss bei der MG Marg ums Eck. Das Roll House serviert köstliche *kati-Rollen* – heiße *parathas* (Brote), gefüllt mit Grillfleisch oder *paneer* (Käse), Eiern, Gemüse und Currysauce.

Quickbite (MG Marg; Snacks 20–50 Rs; ⌚ 8–20 Uhr) Das nette Eat-on-your-feet-Plätzchen ist zu Recht für seine Dosas und andere südindischen Snacks beliebt.

Bakers Cafe (MG Rd; Snacks 30–100 Rs; ⌚ 8.30–20.30 Uhr; ⊠) In dem makellosen neuen Café werden Cappuccinos, Darjeeling-Tees, Pizzen und Kuchen in einem Speisesaal mit ungezwungenem Flair serviert.

Oberoi's Barbique Restaurant (MG Marg; Snacks 25–60 Rs; ⌚ 7.30–20.30) Ganz am Ende der MG Marg werden in diesem lockeren Café *momos* (Klöße), Chow-Mein, Sandwiches, indische Snacks und Pizzas aufgetischt.

Ausgehen

In den meisten Restaurants gibt's die Sikkim-Biere Dansberg und Hit; aus religiösen Gründen ist der Ausschank von Alkohol an Vollmond- und Neumondtagen offiziell verboten. Eine prima Adresse zum Ausgehen ist das Restaurant in der Modern Central Lodge, in das sich in der Regel ein lebhafter Pulk von Travellern hinverirrt.

Etwas gepflegter geht's z. B. im Blue Sheep Restaurant und an den Bars im Hotel Tashi Delek und Little Italy Restaurant zu.

Unterhaltung

Denzong Cinema (☎ 202692; Lal Bazaar; Tickets 15–50 Rs) Elegantes, modernes Kino, in dem die angesagtesten Bollywood-Blockbuster laufen (in Hindi).

X'cape (☎ 228636; Vajra Cinema Hall; Eintritt 400 Rs; ⌚ Sa ab 19 Uhr) Gangtoks führender Nachtclub gegenüber vom North-Jeephaltepunkt; samstags geht hier so richtig die Post ab.

Shoppen

Directorate of Handicrafts & Handloom (☎ 222926; 31A National Hwy, Zero Point; ⌚ Juli–März tgl., Mo–Sa 10–16 Uhr) Verkauft handgewebte Teppiche, Decken und Schultertücher, handgeschöpftes Papier und kunstvoll geschnitzte niedrige, hölzerne Choktse-Tische aus Sikkim, alles zu angemessenen Preisen.

Mehrere Souvenirläden an der MG Marg und PS Rd. bringen teures Kunsthandwerk aus Tibet und Sikkim an Mann und Frau. Ein besserer Tipp ist allerdings der Lal Bazaar mit mehreren Ständen, die hölzerne Tongba-Töpfe, Gebetsfahnen und Messer im nepalesischen Stil feilbieten. Dieser Markt hat zurzeit in der alten Children's Park Taxi Station unterhalb der Tibet Rd. Unterschlupf gefunden, soll aber demnächst in die schicke neue Kanchanjunga Shopping Plaza an der MG Marg umziehen, wo der Markt auch ursprünglich einmal zu Hause war.

Spirituosen aus Sikkim sind in ganz Indien berühmt. Viele kommen in skurril geformten Flaschen daher. Zu empfehlen ist etwa der milde Old Monk Rum (in einer Flasche mit Schraubverschluss, die die Form eines Mönchs hat) und der Old Gold Whisky (dessen Flasche hat die Form eines nepalesischen Dolches).

An- & Weiterreise

FLUGZEUG

Der nächstgelegene Flughafen liegt bei Bagdogra, 112 km von Gangtok entfernt. Gebucht werden können Indian-Airlines- und Jet-Airways-Flüge von Bagdogra aus bei **RNC Enterprises** (☎ 203556; MG Marg) oder **Silk Route Tours & Travels** (☎ 223354; MG Marg) oberhalb des Green Hotel.

Der Sikkim Helicopter Service bietet täglich einen Flieger zwischen dem Flughafen Bagdogra und dem Hubschrauberlandeplatz 6 km nördlich von Gangtok (1500 Rs, 30 Min.) an, allerdings nur, wenn genügend Passagiere buchen. Los geht's in Gangtok um 10 Uhr, der Rückflug wird zwischen 13.30 und 14.30 Uhr angetreten. Buchungen erfolgen über das **Sikkim Tourist Information Centre** (☎ 221634).

BUS

Staatliche Busse fahren vom gut organisierten **SNT-Busbahnhof** (PS Rd) ab. Standard- und Deluxebusse (Snow Lion Express) gehen von 6 bis 13.30 Uhr stündlich nach Siliguri (70–90 Rs, 5 Std.) via Rangpo (20 Rs, 2 Std.). Ein Bus fährt nach Kalimpong (55 Rs, 5 Std.), Abfahrt 7.15 Uhr. Zu Zielen in Sikkim starten die Busse um 7 Uhr, und zwar nach Jorethang (55 Rs, 4 Std.), Namchi (50 Rs, 3 Std., auch um 14 Uhr) und Pelling (80 Rs, 5½ Std.) via Ravangla (50 Rs, 3 Std.).

Private Minibusse verkehren vom **privaten Bus- und Taxistand** (31A National Hwy). Es gibt regelmäßige Verbindungen nach Siliguri (80 Rs); frühmorgens und am frühen Nachmittag fahren außerdem Busse nach Darjeeling (90 Rs, 5 Std.) und Kalimpong (55 Rs).

SAMMELJEEPS & -TAXIS

Vom **privaten Bus- und Taxistand** (31A National Hwy) aus fahren Sammeljeeps regelmäßig bis zum späten Nachmittag nach Siliguri (110 Rs, 4 Std.), Darjeeling (110 Rs, 5 Std.), Kalimpong (80 Rs, 3 Std.) und Kakarbhitta (140 Rs, 4½ Std.) an der Grenze zu Nepal. Außerdem geht um 8 Uhr ein Jeep nach Phuentsholing in Bhutan (200 Rs, 6 Std.).

Sammeljeeps nach West-Sikkim fahren zurzeit vom Namnang-Jeephaltepunkt ab, direkt unterhalb vom Sikkim State Assembly. Um 7 und 12.30 Uhr gibt's Verbindungen nach Pelling (150 Rs, 5 Std.), Yuksom (150 Rs, 4 Std.) und Tashiding (120 Rs, 3½ Std.). Jeeps nach Geyzing (110 Rs, 4½ Std.), Ravangla (70 Rs, 3 Std.), Namchi (85 Rs, 3 Std.) und Jorethang (85 Rs, 3 Std.) fahren zwischen 7 und 15 Uhr etwa alle 30 Minuten.

Jeeps in den Nord Sikkims fahren zurzeit vom North-Jeephaltepunkt etwa 3 km nördlich des Zentrums am National Hwy. ab. Es gibt bis etwa 14 Uhr regelmäßige Jeeps nach Phensang (30 Rs, 1 Std.), Phodong (50 Rs, 2 Std.) und Mangan (70 Rs, 3 Std.).

Sammeljeeps nach Rumtek (25 Rs, 1 Std.) und Ranka (bei der Lingdum Gompa, 20 Rs, 1 Std.) fahren zwischen 8 und 18 Uhr von der Lal Market Rd. ab. Jeeps zurück nach Gangtok starten gegen 13 Uhr.

ZUG

Am SNT-Busbahnhof befindet sich ein computergestützer **Buchungsschalter für Zug-**

verbindungen (☎ 222016; ⌚ Mo–Sa 8–13, So bis 12 Uhr) mit einem winzigen Kontingent an Zügen ab New Jalpaiguri (NJP).

Unterwegs vor Ort

Sammeltaxis verkehren auf dem 31A National Hwy.; sie halten jeweils an speziellen „Taxi Stops". Eine Fahrt vom Stadtzentrum nach Deorali oder zum Zero Point kostet 10 Rs. Gecharterte Servicetaxis befördern Fahrgäste rund um die MG Marg, dies zu Fixpreisen – eine Fahrt von der MG Marg nach Deorali kostet 26 Rs, zum North-Jeephaltepunkt (30 Rs) und zur Enchey-Gompa bzw. zum Hubschrauberlandeplatz Gangtok jeweils 55 Rs.

RUND UM GANGTOK

Rumtek

☎ 03592

Auf der anderen Seite des Tals liegt gegenüber von Gangtok das **Rumtek Dharma Chakra Centre** (☎ 252329; www.rumtek.org; ⌚ 6–17 Uhr), der offizielle Sitz des Gyalwa Karmapa, des spirituellen Führers des buddhistischen Kagyupa-Ordens (bekannt auch als die „Schwarzen Hüte"). Der 17. Karmapa, Ogyen Trinley Dorje, flüchtete 2000 aus Tibet ins indische Dharamsala, doch bislang haben die indischen Behörden dem minderjährigen Lama die Erlaubnis verweigert, das Amt anzutreten, vor allem aus Furcht, es sich mit der chinesischen Regierung zu verscherzen. Indische Buddhisten ziehen derzeit dafür zu Felde, den Karmapa nach Rumtek zu bringen. Nähere Infos dazu gibt's auf der offiziellen Website der Kagyupa-Sekte unter www.kagyuoffice.com.

In den 1960er-Jahren ließ der 16. Karmapa das **Hauptkloster** bei Rumtek als Ersatz für das Tsurphu-Kloster in Tibet errichten, das während der chinesischen Kulturrevolution zerstört wurde. Es beherbergt einige schöne Wandgemälde und riesige Statuen von Sakyamuni und Mahakala, außerdem einen gigantischen Thron, der der Ankunft des 17. Karmapa harrt. Ein Raum im Obergeschoss (kein Zutritt für Besucher) enthält den originalen **Schwarzen Hut**, der aus Engelshaar gewebt sein soll. Bewahrt wird er in einer verschlossenen Schachtel, um so sein Abheben in den Himmel zu verhindern.

Hinter dem Hauptkloster steht das verschwenderisch geschmückte **Karma Shri Naland Institute of Buddhist Studies**. Gebeine und die Asche des 16. Karmapa werden in einem wunderschönen, mit Juwelen besetzten Reliquiar, dem so genannten **Goldene Stupa**, aufbewahrt, das sich in der kleineren Halle gegenüber vom Institut befindet.

Rumtek ist berühmt für seine maskierten *chaam*-Tänze. Die eindrucksvollsten Darbietungen finden während der alljährlichen **Drupchen** (Gruppenmeditation) im Mai/Juni und während des **Guthor Chaam** im Februar/März, zwei Tage vor *losar* (tibetisches Neujahr), statt. Zur gleichen Zeit lassen sich auch gut Aufführungen der traditionellen tibetischen Ihamo-Oper besuchen. In Old Rumtek wird der **Kagyed Chaam** zwei Tage vor Losoong (Neujahr Sikkims) veranstaltet.

Eine kleine Broschüre/Karte (20 Rs) zu Rumtek ist in dem Saal erhältlich, in dem der Goldene Stupa aufbewahrt wird. Traveller müssen am Haupteingang vor Betreten des Geländes ihre Reisepässe und die Einreisegenehmigungen für Sikkim vorlegen. In allen religiösen Gebäuden darf man keine Schuhe an den Füßen haben und Fotoapparate müssen in der Tasche bleiben.

Rumtek hat zwar seinen Reiz, doch können einem die vielen bengalische Touristen die Tour vermiesen. Wer ein beschaulicheres Plätzchen sucht, sollte einen Abstecher in die ursprüngliche Rumtek Gompa, die **Old Rumtek**, machen, die etwa 2 km weiter an der gleichen Straße wie das neue Kloster liegt.

SCHLAFEN & ESSEN

Sungay Guest House (☎ 252221; dechenb@dte.vsnl.net.in; B 10 Rs, Zi. mit eigenem Bad 150–200 Rs) Nicht weit vom Eingang zum Klostergelände liegt die von einem hübschen Gärtchen umgebene, aufgeräumte Pension, in der es komfortable Doppelzimmer mit Balkonen und eigenem Bad (mit heißem Wasser) gibt.

Sangay Hotel (☎ 252238; EZ/DZ mit Gemeinschaftsbad 80/150 Rs pro Pers.) Das Sangay, in einem kleinen tibetischen Häuschen bergabwärts vom Hauptkloster gelegen, ist mit rustikalen Zimmern ausgestattet.

Tashi Lodge (☎ 252270; EZ/DZ 150/250 Rs, mit eigenem Bad 300 Rs) Inmitten dicht aneinander gedrängter Gebäude liegt diese Pension in der Nähe vom Eingang zum Rumtek-Kloster; sie hat einfache, helle Zimmer mit vielen Fenstern.

Hotel Kunga Delek (☎ 252246; DZ mit/ohne eigenem Bad 150/100 Rs) Einfache Pilgerherberge neben der Tashi Lodge, die von der Klosterverwaltung betrieben wird.

Shambhala Mountain Resort (☎ 252240; be nova@rediffmail.com; EZ/DZ ab 1500/2500 Rs) Etwa 500 m von Rumtek in Richtung Gangtok liegt das bezaubernde Hotel, das durch seine grandiose Gartenanlage punktet. In den riesigen, sonnendurchfluteten Zimmern gibt's heißes Wasser, eine Badewanne und einen kleinen Balkon mit Blick ins Tal.

Einige einfache Restaurants im Dorf Rumtek verkaufen Chai (Tee), *momos* und andere Snacks.

AN- & WEITERREISE

Rumtek liegt 26 km von Gangtok entfernt. Der offizielle Fahrpreis für ein Taxi beträgt 250/375 Rs einfach/mit Rückfahrt; man kann sich aber auch einen Sammeljeep (20 Rs, 1 Std.) am Jeephaltestand am Lal Bazaar nehmen. Wichtig: In die andere Richtung gibt's nach 13 Uhr nur wenige Verbindungen. Wer den letzten Jeep verpasst, muss wohl 14 km bergabwärts nach Ranipul marschieren und versuchen, auf dem National Hwy. einen Jeep zu erwischen.

Lingdum Gompa

Auf dem nächsten Gebirgskamm nördlich von Rumtek liegt die **Lingdum-Gompa** (auch bekannt als Pal-Zurmang-Kagyud-Gompa), die 1998 Lama Zurmang Gharwang Rinpoche erbauen ließ. In der Gompa steht eine 15 m große Messingstatue des Sakyamuni Buddha. Die Wandgemälde mit Szenen aus dem Leben Buddhas sind unglaublich kunstfertig. In Lingdum wird zwei Tage vor Losoong im Dezember/Januar der Tanz **Kagyed Chaam** aufgeführt.

Die Gompa befindet sich 20 km von Gangtok entfernt, direkt vor dem Dorf Ranka (in Richtung Rumtek). Die Hin- und Rückfahrt von Gangtok aus kostet in einem Taxi 250 Rs, alternativ kann man einen Sammeljeep vom Jeephaltestand am Lal Bazaar für 20 Rs nehmen. Wer den letzten Jeep zurück verpasst hat, findet in einem Pilgerzimmer im **Zurmang Ratna Hotel** (☎ 03592-229618) direkt bei der Gompa Unterschlupf.

Tsomgo-See

Der malerische See liegt in einer Höhe von 3780 m nur 18 km von der chinesischen

GOMPAS-KOMPASS

Sikkim ist bekannt für seine reich verzierten und farbenprächtigen Gompas (buddhistische Klöster). Die buddhistische Mythologie ist sehr komplex und man kann Stunden durch eine Gompa streifen und am Ende doch nur einen Bruchteil von dem verstanden haben, worum es eigentlich geht. Zum Glück sprechen viele buddhistische Mönche fließend Englisch und beantworten gerne Fragen.

Die beste Besuchszeit für alle Gompas ist der Vormittag, wenn sich Mönche und Novizen zur *puja* (Andacht) versammeln und Passagen aus den heiligen Schriften rezitieren, während Zymbeln erklingen, Trommeln dröhnen und tibetische Hörner tröten. Gerne darf man dabei zuschauen, doch sollte man unbedingt darauf achten, die Novizen nicht zu stören. Die erste *puja* wird in der Morgendämmerung abgehalten, doch meist gibt es gegen 9 Uhr eine zweite Andacht.

Ein weiteres Merkmal, das alle Gompas gemein haben, sind die *chaam*-Tänze, die anlässlich großer Feste aufgeführt werden. *Chaam*-Tänzer tragen prunkvolle Roben und faszinierende bemalte Masken, die Figuren aus den tibetischen Legenden repräsentieren. Zu den beliebtesten Figuren gehören Mahakala, der Große Schwarze, der Furcht einflößende Fangzähne besitzt und einen Kopfschmuck aus menschlichen Schädeln trägt, und der sagenumwobene Schneelöwe, der an den steilen Hängen des Kanchenjunga leben soll. Die Figuren haben oft mitten auf der Stirn ein drittes Auge, das das Streben nach Selbsterkenntnis symbolisieren soll.

Die wichtigsten *chaams* feiert man gewöhnlich im Vorfeld des *losar* (tibetisches Neujahr) im Februar/März und des Losoong (Neujahr Sikkims) im Dezember/Januar. Wer es nicht einrichten kann, während eines *chaams* eine Gompa zu besuchen, sollte zumindest einen Mönch darum bitten, in den Raum zu dürfen, in dem die Masken und Kostüme aufbewahrt werden.

Ein anderer ungewöhnlicher Brauch in buddhistischen Klöstern ist es, aus Butter Skulpturen herzustellen. Die reich verzierten und leicht psychedelisch wirkenden Plastiken werden aus gefärbter Butter und gefärbtem Teig hergestellt und stellen heilige Symbole aus der tibetischen Mythologie dar. Sie werden aus verderblichem Material gefertigt, um so die Unbeständigkeit des menschlichen Daseins zu verkörpern.

Grenze bei Nathula entfernt. Er ist auch als Changu-See bekannt, so jedenfalls sollte er ausgesprochen werden. Die Buddhisten glauben, dass der See auf übernatürliche Weise vom nahe gelegenen Laten hierher geschafft wurde. Das touristische Highlight ist jedoch der Marsch bergaufwärts zu einer nahe gelegenen Hügelkuppe, auf der es eine spektakuläre Aussicht auf den See und die Berge zu bewundern gibt. Die Kamera sollte jedoch mit Bedacht benutzt werden, da das Gebiet ein Militärlager ist.

Ausländer brauchen für den Besuch des Tsomgo-Sees eine Genehmigung und müssen mindestens zu zweit in einer eintägigen Tour unterwegs sein, die das Reisebüro in Gangtok organisiert (s. S. 582). Zu den Touren gehören normalerweise ein zweistündiger Spaziergang in den Bergen. Am Seeufer gibt's Imbissstände, an denen man sich mit heißen Chai, Chow-Mein und *momos* stärken kann. Zudem lässt sich ein kurzer **Jakritt** (ca. 80 Rs) um den See unternehmen.

Während der Recherche knöpften die Reisebüros in Gangtok Touristen pro Person satte 10–12 US$ (bzw. den in Rupien umgerechneten Betrag) für einen 78 km langen Rundtrip inklusive geführter Wanderung ab.

SÜD-SIKKIM

☎ 03595

Für viele Reisende ist der Süden Sikkims kaum mehr als eine Durchgangsstation auf der Reise nach Gangtok oder Pelling. Dennoch hat die Stadt Ravangla einige phantastische Ausblicke und Gompas zu bieten, während sich die Distrikthauptstadt Namchi erst kürzlich durch den Bau einer riesigen Statue Padmasambhavas auf der Touristenlandkarte eingetragen hat. Alle Teile Süd-Sikkims können mit einer Standardgenehmigung für Sikkim bereist werden.

RAVANGLA (RABONGLA)

Das Dorf Ravangla liegt spektakulär an der Straße zwischen Gangtok und Pelling. Von hier aus genießt man grandiose Ausblicke über den Westen Sikkims, wo sich die Gompas von Old Ralang, Tashiding, Pemayangtse und Sangachoeling vor der Kulisse schneebedeckter Gipfel aneinander reihen. Ravangla ist eine lang gezogene, moderne Schöpfung, doch immerhin gibt es einige interessante Gompas in der Region.

Bei Ralang etwa 13 km unterhalb von Ravangla liegt das großartige **Palchen Choeling Monastic Institute** (New Ralang Gompa). 1995 von Gyaltsap Rinpoche errichtet, sind in diesem riesigen Kloster rund 200 Mönche des Kagyupa-Ordens zu Hause. In der Haupthalle wird eine 9 m hohe goldene Statue des historischen Buddha aufbewahrt, flankiert von Statuen von Guru Rinpoche und dem 16. Karmapa. In der Gegend ist die Gompa berühmt für ihre kunstvoll gearbeiteten Butterskulpturen. Außerdem gibt es einen wunderschönen Raum voller Masken und Kostümen für die *chaam*-Tänze des Klosters – einen Mönch fragen, ob man kurz hineinspähen darf. Wer früh ankommt, kann dem faszinierenden Klang lauschen, den 200 Mönchsstimmen beim Rezitieren der Schriften ergeben. Etwa 1,5 km auf derselben Straße den Berg hinauf liegt die beschauliche **Old Ralang Gompa** von 1768.

Der beeindruckende **Mahakala Dance** findet im November bei Ralang statt (s. Kasten S. 578), weitere *chaam*-Tänze werden vor Losoong im Dezember/Januar abgehalten. Hin geht's in einem Taxi oder in einem mehrstündigen Spaziergang von Ravangla aus – die steilen Stufen am Ende der Straße hinaufsteigen und dann immer der Straße entlang dem Gebirgskamm folgen. Hartgesottene können den Marsch übers Tal nach Tashiding fortsetzen (insgesamt 13 km).

Etwa 1,5 km oberhalb von Ravangla (in Richtung Namchi) liegt das **Kunphenling Tibetan Settlement** (☎ 260839; 🕒 Mo–Sa 10–16.30) mit einem Angebot handgemachter, tibetischer Teppiche. Mehr Gompas – so beispielsweise das interessante Kloster **Yung Drung Kundrak Lingbon** – finden sich in Kewzing, auf dem Weg nach Legship etwa 3 km von Ravangla entfernt. Die hiesigen Mönche gehören dem Bon-Glauben an, dem Vorläufer des Buddhismus in Tibet.

Der spektakuläre **Maenam Hill** (3150 m) liegt im **Maenam Wildlife Sanctuary**, am Ende eines steilen, rund 14 km langen Aufstiegs oberhalb von Ravangla. Die Aussicht ist wunderschön. Und mit etwas Glück erspäht man einen der seltenen Kleinen Pandas oder einen Himalaja-Glanzfasan (Sikkims Staatsvogel). Für Tagestrips ist keine Genehmigung erforderlich – der Weg beginnt an der Straße von Ravangla nach Ralang.

Schlafen & Essen

Die Zimmer aller im Folgenden genannten Adressen sind – sofern nichts anders angegeben ist – mit einem eigenem Bad (mit heißem Wasser) ausgestattet; alle haben ein Restaurant.

Hotel 10-Zing (☎ 260705; Zi. mit/ohne TV 250/150 Rs) Eine gute Wahl, direkt am Jeephaltepunkt; einfache, aber saubere Zimmer mit heißer Dusche; das Restaurant brutzelt leckere Rindfleisch-Chow-Meins.

Hotel Melody (☎ 260817; Zi. 400–600 Rs) Saubere und lauschige Bleibe am Ende der Hauptstraße, das von einem überaus freundlichen, älteren Pärchen geführt wird. Die schnuckeligen Zimmer bieten viel Holz und heiße Duschen.

Hotel Meanamla (☎ 263861; meanamla@hotmail.com; B 100 Rs, Standard-/Deluxe-DZ ab 450/600 Rs) An der Hauptstraße Richtung Legship; das Meanamla besitzt durchschnittliche Standarddoppelzimmer mit Gemeinschaftsbad und bessere Deluxedoppelzimmer mit Kabel-TV und Aussicht.

Mt Narsing Village Resort (☎ 260588; takapa@sancharnet.in; EZ/DZ Safarizelte 350/450 Rs, Zi. 450/550 Rs, Cottages ab 750/850 Rs) Dieses Resort ist eine schmucke Ferienanlage am Stadtrand von Kewzing, die unten im Dorf Bungalows und Safarizelte bietet. Außerdem gibt es Luxushütten mit spektakulärem Bergblick, die den holzvertäfelten Speisesaal am Hang säumen.

An- & Weiterreise

SNT-Busse halten am Ende der Hauptstraße nahe beim Hotel 10-Zing, in dem ein kleines Buchungsbüro untergebracht ist. Die Busse nach Gangtok fahren gegen 9.30 Uhr ab (44 Rs, 3 Std.), die nach Namchi um 9 Uhr und 13 Uhr (17 Rs, 2 Std.). Ein einziger Bus nach Siliguri passiert Ravangla um 6.30 Uhr (75 Rs, 5 Std.).

Von der Hauptstraße brechen die Sammeljeeps nach Geyzing (60 Rs, 3 Std.) und Namchi (30 Rs, 2 Std.) auf – und zwar erst, wenn sie voll sind, das letzte Mal um etwa 14 Uhr. **Mainamla Travels** (☎ 260688) in der Straße nach Legship hat zwischen 7 und 12 Uhr stündlich fahrende Jeeps nach Gangtok (70 Rs, 3 Std.) sowie Verbindungen in den frühen Morgenstunden nach Siliguri (90 Rs, 4 Std.) im Angebot.

Nach Ralang kommt man am besten im Jeep für 400 Rs (Hin- und Rückfahrt).

NAMCHI

☎ 03595

Die Distrikthauptstadt von Süd-Sikkim zieht immer mehr Besucher an. Das hängt höchstwahrscheinlich mit der riesigen Statue Padmasambhavas zusammen, die kürzlich auf dem Berg errichtet wurde und von der man wunderbar die Stadt überblickt! Es gibt mehrere nette Hotels und gute Verkehrsverbindungen in die übrigen Regionen Sikkims.

Die **Padmasambhava-Statue** (Eintritt frei; ⏲ 7–17 Uhr) auf dem Samdruptse Hill ist eine unglaubliche Meisterleistung der Baukunst. Die 45 m hohe und mit schimmernder Bronzefarbe überzogene Figur des ruhenden Priesters, der Tibet zum Buddhismus bekehrte, blickt starr über die Berge. Taxifahrer berechnen 250 Rs für die 25-minütige Fahrt zur Statue und zurück. Die einfache Fahrt kostet 150 Rs – der Marsch zurück nach Namchi führt dann bergabwärts an der alten **Ngadak-Gompa** vorbei, die ein paar Kilometer unterhalb vom Samdrutpse Hill liegt. Der Pfad ist nicht zu verfehlen.

In Namchi selbst steht die architektonisch bemerkenswerte **Decchen-Choeling-Gompa** thronend auf dem Bergrücken oberhalb des Fußballstadions. Tüchtige Wanderer bewältigen die 14 km von Namchi zum Aussichtspunkt auf dem **Tendong Hill** und werden dort mit einem der schönsten Bergpanoramas in Sikkim belohnt; alternativ kann man mit dem Bus bis nach Damthang fahren und sich so den Fußmarsch sparen.

Weitere Infos über die Region gibt's bei der Touristeninformation (Development Area; ⏲ Mo–Sa 10–16 Uhr).

Schlafen & Essen

Hotel Samdruptse (☎ 264708; Jorethang Rd; Zi. ab 400 Rs) Liegt oberhalb der Stadt in der Straße nach Jorethang; das elegante Hotel hat die besten Zimmer und das beste Restaurant der Stadt.

Padma Shova Lodge (☎ 263144; Zi. 250 Rs) Hinter dem SNT-Busbahnhof erwarten einen hier makellose, geflieste Zimmer mit Kaltwasser-Badezimmern.

An- & Weiterreise

In den Morgen- und frühen Vormittagsstunden verlassen die Busse den **SNT-Busbahnhof** (☎ 263847) im Stadtzentrum in Richtung Siliguri (60 Rs, 4 Std.), Gangtok (55 Rs, 3 Std.) und Ravangla (17 Rs, 2 Std.).

Täglich fahren auch mehrere Busse nach Jorethang (13 Rs, 1 Std.). Außerdem gibt's Sammeljeeps nach Jorethang (25 Rs) und Ravangla (30 Rs).

Der zentrale Jeephaltepunkt findet sich vom Busbahnhof den Berg hinunter. Jeeps fahren den ganzen Vormittag regelmäßig nach Siliguri (80 Rs) und Gangtok (80 Rs). Nur ein Jeep fährt um 12.30 Uhr nach Geyzing (80 Rs, 3 Std.), ansonsten muss man in Jorethang umsteigen.

JORETHANG

Die meisten Leute kommen in Jorethang nur auf der Durchreise vorbei. Der Ort ist ein nützlicher Verkehrsknoten. Übernachten kann man im **Hotel Namgyal** (☎ 276852; Zi. mit TV & eigenem Bad 250 Rs), das sich bei der Hängebrücke befindet.

Vom SNT-Busstand aus gehen täglich Verbindungen nach Namchi (13 Rs, 1 Std.), Gangtok (55 Rs, 4 Std.), Siliguri (56 Rs, 4 Std.) und über Geyzing (30 Rs, 2½ Std.) nach Pelling (45 Rs, 3 Std.).

Am zentralen Taxistand fahren regelmäßig Sammljeeps nach Namchi (25 Rs, 1 Std.), Geyzing (50 Rs, 2 Std.), Gangtok (85 Rs, 3 Std.) und Siliguri (80 Rs, 3½ Std.) ab. Einige Jeeps fahren um die Mittagszeit nach Tashiding (60 Rs, 1½ Std.) und Yuksom (80 Rs, 3 Std.). Zudem gibt's vormittags Jeeps nach Kakarbhitta (110 Rs, 4 Std.).

Jeeps nach Darjeeling (80 Rs, 2 Std.) fahren gegen 15 Uhr gegenüber vom SNT-Busbahnhof ab.

NORD-SIKKIM

☎ 03592

Die beschauliche Region wird allmählich für den Tourismus erschlossen. Während der Recherchen konnte man mit einer Standardgenehmigung nur bis Singhik reisen (s. S. 577). Wer auch in die Regionen im äußersten Norden möchte, muss sich einer organisierten Tour anschließen.

PHODONG

Das kleine Dorf ist die Heimat der historischen **Phodong-Gompa**, die 1740 von der Kagyupa-Schule errichtet wurde. Das Bauwerk, so wie es heute dasteht, ist das Ergebnis jahrhundertelanger Umbauten. Besonders schön sind die Wandgemälde, außerdem kann eine große Statue des 9. Karmapa bewundert werden. Der **Kagyed Chaam** findet hier ein paar Tage vor Losoong (Neujahr Sikkims) im Dezember/Januar statt. Die Straße zur Gompa (2,5 km) zweigt ca. 1,5 km südlich von Phodong von der Hauptstraße nach Gangtok ab.

Die **Labrang-Gompa** oberhalb von Phodong ist über einen 2,5 km langen Spaziergang zu erreichen. Die wunderschöne, aus Stein erbaute Gompa wurde 1844 von der Nyingmapa-Sekte errichtet und beherbergt in holzvertäfelten Gebetsräumen sehr alte Wandgemälde. Im Obergeschoss befindet sich eine faszinierende Statue der Gottheit Rahula, die den Körper einer Schlange und 1000 Augen hat. Allerdings ist der Raum, in dem sie aufbewahrt wird, oft verschlossen. Die *chaam*-Tänze finden hier Anfang Dezember statt. Man folgt entweder der Schotterpiste oder nimmt die Abkürzung durch den Wald (zunächst geht's die Stufen gegenüber von der Phodong Gompa hoch; sobald man das Dorf erreicht hat, muss man sich rechts halten).

Unterhalb der Straße zwischen den beiden Gompas befinden sich die überwucherten Ruinen von **Tumlong**, eine weitere frühere Hauptstadt Sikkims. Unterwegs nach bzw. von Phodong lohnt sich ein Umweg zu einer weiteren schmucken Gompa in **Phensang**, das 27 km nördlich von Gangtok liegt.

Das **Hotel New Northway** (☎ 262953; Zi. mit Gemeinschaftsbad 100 Rs) ist in einem großen, roten Gebäude in Phodong untergebracht und besitzt einfache, saubere Zimmer (einige mit Aussicht).

Hotel Yak & Yeti (☎ 262844; Zi. mit/ohne eigenem Bad 250/100 Rs) Etwa 100 m vom Hotel New Northway entfernt; hat helle, luftige und saubere Doppelzimmer (keine Einzelzimmer) und ein gutes Restaurant.

Phodong liegt beiderseits der Hauptstraße von Gangtok nach Mangan, 38 km nordwestlich der Hauptstadt. Sammeljeeps zwischen Gangtok und Mangan halten an der Abzweigung zur Gompa und im Dorf (36 Rs von Gangtok, 2 Std.); sie fahren bis zum frühen Nachmittag.

MANGAN & SINGHIK

Etwa 27 km nördlich von Phodong liegt Mangan, die Distrikthauptstadt von Nord-Sikkim. Die meisten Leute verschlägt es wegen des **Singhik- Aussichtspunkts** hierher, der in Richtung Singhik etwa 2,5 km hinter Mangan liegt. Hier scheint der Kanchenjunga fast zum Greifen nahe – wenn er nicht wieder einmal von Nebelschwaden verschleiert wird.

In den Bergen der Umgebung darf auch ohne Genehmigung gewandert werden. Etwa 3 km oberhalb von Mangan befindet sich die kleine **Ringam Gompa** (der Straße gegenüber vom Taxistand folgen). Nordwestlich von Mangan liegt Linzey, die Ausgangsbasis für den interessanten fünftägigen Trek zum alten Kloster bei **Tolung**. Die Treks müssen allerdings in einem Reisebüro in Gangtok gebucht werden – manchmal muss man Monate auf eine Genehmigung warten.

Singhik Tourist Lodge (☎ 234287; Zi. mit Boiler & Heizkörper 550 Rs) Liegt etwa 1 km vom Aussichtspunkt entfernt im Dorf Singhik. Hier gibt's ein Restaurant und nette Zimmer; über das Fremdenverkehrsamt in Gangtok im Voraus buchen.

Friendship Guest House (☎ 234278; DZ mit Gemeinschaftsbad 150 Rs) Im Dorf selbst gelegen. Freundliches sikkimesisches Haus mit komfortablen Zimmern, die von einem gut gepflegten Garten umgeben sind.

Von Mangan aus sind es 4 km nach Singhik, die man entweder per pedes oder im Taxi (50 Rs) zurücklegen kann. In Mangan fahren regelmäßig Jeeps nach Gangtok (70 Rs, 3 Std.).

YUMTHANG-TAL

Etwa 140 km nördlich von Gangtok liegt das zerklüftete Yumthang-Tal (3564 m), das Ausländer nur in organisierten Touren bereisen können. Bewaldete, schneebedeckte Bergspitzen umgeben das raue und spektakuläre Tal, während sich das baumlose tibetische Plateau mitunter scheinbar endlos in den Horizont erstreckt. Offiziell darf man Yumthang und Umgebung nur als Teilnehmer einer vierköpfigen Reisegruppe besuchen und alle Formalitäten müssen über ein Reisebüro in Gangtok erledigt werden (s. S. 582).

Yumthang ist *extrem* malerisch! Allerdings sollte man dennoch zurückhaltend knipsen, da Fotografieren offiziell verboten ist – vorher den Reiseleiter um Rat fragen. Direkt unterhalb von Yumthang befinden sich einige faszinierende **Thermalquellen**, die über eine mit Gebetsfahnen drapierte Hängebrücke zu erreichen sind. Eventuell kann man auch in den umliegenden Bergen trekken – auch hier weiß der Reiseleiter sicherlich mehr.

Die meisten Besucher legen in dem schmucken Dörfchen **Lachung**, 24 km vor Yumthang entfernt, einen Zwischenstopp ein. Es eignet sich gut als Basis für kurze Wanderungen zu den Aussichtspunkten und Wasserfällen in den Bergen der Umgebung. Über einen 2 km langen Spaziergang erreicht man die bezaubernde **Lachung Gompa**, die oberhalb von Lachung 1880 errichtet wurde.

Wo man übernachtet, hängt davon ab, über welches Reisebüro man gebucht hat – die von Modern Treks & Tours und Blue Sky Treks & Travels (s. S. 582) geführten Lodges sind eine prima Wahl. Viele Reisebüros bieten von Gangtok aus dreitägige Touren mit zwei Übernachtungen für ungefähr 30 US$ pro Tag an. Im Preis enthalten sind die Mahlzeiten und ein Abstecher in eine Dorfbar, wo man ein Tongba probieren sollte.

Seit kurzem bieten Reisebüros Ausflüge nach **Lachen** an, einem traditionellen Lepcha-Dorf in einem abgelegenen Bergtal westlich von Yumthang. Man kann bis zur **Lachen Gompa** (Baujahr 1806) hinaufmarschieren oder Kurs nach Norden zum Dorf **Thangu** einschlagen, von wo aus man kurze Treks durch das atemberaubende **Chopta-Tal** unternehmen kann. Jedoch kann es bis zu einem Monat oder länger dauern, bis die Genehmigung ausgestellt wird. Auch hier darf man nur in einer geführten vierköpfigen Gruppe reisen.

Nicht vergessen: Die Straßen im Norden können im Winter durch Schnee und im Sommer durch Erdrutsche blockiert sein.

WEST-SIKKIM

☎ 03595

Das friedvolle Gebiet ist die Heimat einiger der berühmtesten Klöster und beliebtesten Trekkingrouten Sikkims. Für die meisten Gegenden genügt eine Standardgenehmigung. Wer jedoch nach Dzongri, zum Goecha La trekken oder entlang der Singalila Ridge wandern möchte (s. S. 598), muss dies über ein Reisebüro in Sikkim organisieren, das sich gleichzeitig um die Trekkinggenehmigung kümmert (s. S. 577).

GEYZING (GYALSHING)

Geyzing ist der zentrale Verkehrsknoten in West-Sikkim. Zwar landen hier viele Traveller, um eine Bus- oder Jeepverbindung zu erwischen, doch die meisten bleiben ansonsten in Pelling nur 9 km den Berg hinauf.

Vom **SNT-Busbahnhof** (☎ 250812) am Fuß des Bergs fahren Busse um 8 Uhr nach Gangtok (75 Rs, 4½ Std.), Siliguri (95 Rs, 4 Std.) und Jorethang (30 Rs, 2 Std., auch um 13 Uhr). Busse Richtung Tashiding (30 Rs, 3 Std.) und Pelling (10 Rs, 30 Min,) fahren um 14 Uhr ab.

Sammeljeeps kutschieren Fahrgäste im 30-Minutentakt nach Pelling (20 Rs, 15 Min.), ein Taxi für die gleiche Strecke kostet 150 Rs. Vormittags fahren Jeeps nach Uttarey (50 Rs, 2 Std.), Siliguri (110 Rs, 4 Std.) und via Ravangla (60 Rs, 2 Std.) nach Gangtok (110 Rs, 4½ Std.). Jeeps nach Tashiding (50 Rs, 2 Std.), zum Khecheopalri-See (50 Rs, 2 Std.) und nach Yuksom (60 Rs, 3 Std.) starten zwischen 12 und 13 Uhr. Den ganzen Tag über fahren schließlich Jeeps regelmäßig nach Jorethang (50 Rs, 2 Std.).

PELLING

2083 m

Pelling, das auf einem schmalen Bergrücken thront, zieht mit seinem atemberaubenden Ausblick auf den Kanchenjunga Massen ausländischer und bengalischer Touristen an. Von diesen sollte man sich nicht abschrecken lassen. So gibt's in dem Dorf, an dessen beiden Enden sich die wunderbaren Klöster Pemayangtse und Sangachoeling erheben, einige sagenhafte Orte zum Verweilen. Viele Travellern wandern außerdem von hier aus zum Khecheopalri-See und weiter nach Yuksom und Tashiding – die Route ist Teil des beliebten Monastic Trek (s. S. 597).

Orientierung & Praktische Informationen

Das Zentrum der Stadt – und das bevorzugte Gebiet von Budgettravellern – ist „Middle Pelling" etwa 9 km oberhalb von Geyzing. Hier sind auch der Bus- und Jeephaltepunkt und das **Fremdenverkehrsamt** (Mo–Sa 10–16 Uhr).

Von Middle Pelling führt eine Straße zum Fußballfeld in „Upper Pelling" und weiter zur Sangachoeling Gompa hinauf. In die andere Richtung schlängelt sich eine Straße nach „Lower Pelling" und weiter zum Khecheopalri-See und nach Yuksom hinunter, während eine zweite erst bergauf nach Pemayangtse und dann bergab nach Rabdentse und Geyzing verläuft.

In Pelling versucht man vergeblich, Geld zu wechseln. Allenfalls Spitzenklassehotels können notfalls eventuell etwas Bares umtauschen, verlassen sollte man sich darauf aber nicht. Rasch ins Internet kommt man im **Community Information Centre** (District Adminis-

DAS LEBENSRAD

Am Haupttor der meisten buddhistischen Klöster findet sich ein Wandgemälde des Lebensrads, das die wichtigsten Elemente der buddhistischen Philosophie kunstvoll wiedergibt. Das Gemälde zeigt ein Furcht erregendes Ungeheuer – ein Symbol für die Unbeständigkeit irdischen Daseins –, das eine Scheibe mit vier konzentrischen Kreisen in der Hand hält.

U.a. werden die sechs Welten oder Existenzformen dargestellt, in denen die Wesen auf Grund guter oder böser Taten ihr Dasein fristen. Die höchste Daseinsform ist das Nirwana, der himmlische Wohnsitz der Götter und der Erleuchteten, flankiert von den leiderfüllten Welten der Menschen und der eifersüchtigen Gottheiten. Darunter finden sich die Daseinsformen der Hungergeister und Tiere, die Bereiche der Sündhaften und Gleichgültigen. Die letzte Welt beinhaltet die heißen und kalten Höllen – sie sind denjenigen vorbehalten, die unheilsames Karma auf sich geladen haben.

Die Nabe bzw. der innere Kreis des Rades symbolisiert die drei Grundwurzeln allen Übels – ein Hahn steht für Gier, eine Schlange für Hass und ein Schwein für Ignoranz. Der zweite angrenzende Kreis zeigt den Hellen Pfad zur Erleuchtung und den Dunklen Pfad zur Verdammnis. Die zwölf „Ursachen und Einflüsse", die die Wiedergeburt in einer höheren oder niedereren Daseinsform zur Folge haben, sind im vierten, äußersten Kreis abgebildet.

Eine interaktive Beschreibung des Lebensrads gibt's unter http://www2.bremen.de/info/nepal/Gallery-2/Wheel/6-6/Wheel-1.htm.

trative Centre, Tikjuk; 20 Rs/Std.; ⌚ Mo–Sa 14–16 Uhr), das 4,5 km von Pelling entfernt den Berg hinunter an der Straße nach Geyzing liegt. Hier findet sich außerdem das Büro des **Superintendent of Police** (☎ 250763; ⌚ Mo–Sa 10–16 Uhr), wo die Aufenthaltsgenehmigung für Sikkim verlängert wird.

Sehenswertes

PEMAYANGTSE GOMPA

Pemayangtse (wörtlich: „Perfekter, Erhabener Lotus") ist eine der ältesten und bedeutendsten Gompas in Sikkim. Der Name könnte kaum treffender sein – das Kloster ist wirklich perfekt proportioniert, Türen und Fenster sind kunstfertig mit Motiven aus der tibetischen Mythologie bemalt. Das Gelände ist umgeben von traditionellen Mönchshütten und das Gras vor der Gompa wurde von Generationen maskierter Tänzer platt getreten.

Pemayangtse wurde 1705 von Mönchen des Nyingmapa-Ordens gegründet, der vom indischen Guru Padmasambhava gestiftet wurde. Zwar wurde die Gompa mehrmals renoviert, doch haben die Künstler eine wahre Glanzleistung vollbracht und die ursprüngliche Atmosphäre neu aufleben lassen. Im obersten Stockwerk der Gompa befindet sich die **Zandog Palri**, ein faszinierendes riesiges, bemaltes Holzmodell vom Wohnsitz des Padmasambhava – detailgetreu mit Regenbögen, Drachen und der ganzen Palette von Buddhas und Bodhisattvas verziert. Fünf Jahre lang arbeitete der verstorbene Dungzin Rinpoche an dem Modell, und das ohne jegliche Hilfe.

Im Februar/März feiert das Kloster *losar* (tibetsiches Neujahr) mit einigen eindrucksvollen *chaam*-Tänzen (s. Kasten S. 588). Den Höhepunkt bildet das Ausbreiten einer riesigen, bestickten Rolle. Die **Denjong Pedma Choeling Academy**, die etwa 1 km von Pemayangtse entfernt in Richtung Pelling liegt, widmet sich der Erziehung und Bildung von Waisen und nimmt gelegentlich freiwillige Helfer auf (s. S. 1165).

Von Upper Pelling aus führt ein 5 km langer Spaziergang nach Pemayangtse. Die Strecke ist an der abschüssigen Straße nach Geyzing gut ausgeschildert. Sammeljeeps nach Geyzing können einen an der Abzweigung absetzen. Der Eintritt zum Kloster ist kostenlos, Spenden sind jedoch jederzeit willkommen.

NOCH MEHR ATTRAKTIONEN

Direkt unterhalb von Pemayangtse stehen die Ruinen von **Rabdentse** (Eintritt frei; ⌚ Sonnenaufgang–Sonnenuntergang), Sikkims Hauptstadt von 1670 bis 1814. Das Archaeological Survey of India hat Ausgrabungen in der Anlage vorgenommen, auf der nach wie vor trotz einiger etwas übereifriger Restaurierungsarbeiten eine besondere Atmosphäre herrscht. Bei klarem Wetter eröffnet sich auf dem Gelände des Hauptpalasts ein wunderschönes Bergpanorama. Den Eingang zu den Ruinen erreicht man auf der Straße nach Geyzing 1 km von der Abzweigung nach Pemayangtse entfernt.

Am anderen Ende von Pelling kommt man nach einem steilen, 3 km langen Aufstieg südwestlich vom Hubschrauberlandeplatz zur **Sangachoeling Gompa**, der zweitältesten Gompa in Sikkim. Die Gompa punktet mit einer traumhaften Lage auf einem Gebirgskamm mit Ausblick auf die Berge der Umgebung. In den beiden Gebetsräumen warten einige sehr alte, wunderschöne Wandgemälde auf staunende Blicke.

In der Nähe des Hotels Pelling in Lower Pelling bietet das kleine **Handicraft Centre** (⌚ 9.30–16 Uhr) Lepcha- und Bhutia-Stoffe sowie Souvenirs zum Verkauf an.

Geführte Touren

Simvo Tour & Travels (☎ 258549; 175/1600 Rs pro Pers./Jeep) und andere Reisebüros in Pelling veranstalten Tagesausflüge zu den Highlights rund um Pelling, zu denen natürlich Pemayangtse, der Khecheopalri-See und der Kanchenjunga-Wasserfall gehören. **Himalayan Travels** (☎ 250660) beim Sikkim Tourist Centre ums Eck managt Trekkings auf den Routen Goecha La und Singalila Ridge, die jeweils nur in Vierergruppen angegangen werden können.

Schlafen & Essen

Alle im Folgenden aufgeführten Häuser befinden sich in Upper Pelling und sind – sofern nichts anderes angegeben – mit einem eigenem Bad (mit heißem Wasser) ausgestattet. Die Preise sind in den meisten Hotels verhandelbar.

Hotel Garuda (☎ 258319; B 60 Rs, DZ mit Gemeinschaftsbad 120 Rs, DZ mit eigenem Bad 300–400 Rs) Hotel direkt unterhalb des Jeep-/Busstands; prima Treffpunkt, um sich mit anderen Travellern auszutauschen. Die Preise sind erfrischend klein, die Zimmer sauber und gepflegt und das Restaurant tischt kalte Bierchen und leckere Spezialitäten aus Sikkim auf.

Hotel Kabur (☎ 258504; Zi. 300–500 Rs) Das Kabur, einfach den Berg auf der Straße nach Geyzing hoch, bietet schlichte Zimmer mit TV und Boilern zu fairen Preisen; ein einfaches Restaurant gibt's auch.

Sikkim Tourist Centre (☎ 258556; DZ mit TV 500 Rs, mit Aussicht 600–800 Rs, Gerichte 40–60 Rs) Ein paar Häuser weiter unten gibt's in dieser Mittelklassebleibe kleine Zimmer; die etwas teureren bieten eine tolle Aussicht auf die Gipfel. Das Restaurant im oberen Stock besitzt eine Lizenz zum Ausschenken und serviert gutes indisches und auch chinesisches Essen.

Hotel Phamrong (☎ 258218; mailphamrong@yahoo.com; EZ/DZ ab 600/700 Rs) Exklusive, moderne Adresse beim Bus-/Jeephaltepunkt mit hellen Zimmern, die zum sorglosen Relaxen einladen. Außerdem hat es ein vorzügliches Restaurant (den Hotelgästen vorbehalten).

Norbu Ghang Resort (☎ 258245; norbughang@sancharnet.in; EZ/DZ 1850/2000 Rs) Direkt unterhalb vom Hubschrauberlandeplatz besticht die reizende Anlage durch noble Zimmer und eine beschauliche Gartenlage. Das Resort ist die protzigste Adresse der Stadt. Alle Zimmer bieten einen Blick über die Berge.

Hotel Mt Pandim (☎ 250756; Zi. 650–850 Rs) Das von Sikkim Tourism geführte Haus thront auf demselben Bergrücken wie Pemayangtse. Es hat geräumige Zimmer, heiße Duschen und bietet außerdem eine fabelhafte Aussicht über die Berge.

Anjela Havemor (Imbissgerichte 20–30 Rs; 🕓 6–21.30 Uhr) Das Speiselokal ist ein einfaches, südindisches Snackhouse mit Dosas, Burgern und Sandwiches im Angebot.

Alpine Restaurant (Hauptgerichte 20–40 Rs; 🕓 6–20 Uhr) Dieses gemütliche Lokal, das am Weg hinunter nach Lower Pelling liegt, serviert *momos* und Nudeln und wird von einer freundlichen buddhistischen Familie geführt.

An- & Weiterreise

Nur selten fahren öffentliche Verkehrsmittel in Pelling ab. Wenn gerade nichts losfährt, kann man aber einfach in einen Jeep Richtung Geyzing steigen. Aktuelle Fahrzeiten erfährt man im Hotel.

Um 7 Uhr fahren SNT-Busse von Pelling aus nach Gangtok (85 Rs, 5 Std.) und über Jorethang (35 Rs, 3 Std.) nach Siliguri (105 Rs, 5 Std.). Tickets gibt's im **Hotel Pelling** (☎ 250707) in Lower Pelling.

Simvo Tours & Travels (☎ 258549) gegenüber vom Hotel Garuda hat Verbindungen nach Siliguri (150 Rs, 5 Std.), Gangtok (150 Rs, 5 Std.) und Darjeeling (175 Rs, 5 Std.) um 8 und um 12 Uhr im Angebot. Auf derselben Straße verkehrt auch noch **Father Tours** (☎ 258219) um 6.30 Uhr nach Kalimpong (130 Rs, 4 Std.). Jeeps fahren erst dann los, wenn sich genügend Passagiere gefunden haben.

Sammeljeeps nach Geyzing (20 Rs, 15 Min.) fahren etwa alle 30 Minuten, Abfahrt vor dem Hotel Phamrong. Richtung Yuksom, Khecheopalri und Tashiding nimmt man eine Verbindung ab Geyzing.

KHECHEOPALRI-SEE

Der kleine See („catch a perry" ausgesprochen) ist umsäumt von Gebetsfahnen und bewaldeten Hügeln. Ein relaxtes Örtchen, das von den Buddhisten Sikkims sehr geachtet wird. Vögel sollen jedes einzelne Blatt entfernen, das auf die Wasseroberfläche fällt. Die kleine **Khecheopalri Gompa** oberhalb des Sees erreicht man nach einem längeren Fußmarsch. Viele Wanderer laufen weiter nach Pelling oder Yuksom. Im März oder April ist der See Schauplatz des Butter Lamp Floating Festivals, **Khachoedpalri Mela**, bei dem – der Name lässt es bereits vermuten – Butterkerzen über den See treiben.

Gleich beim See stehen eine nicht ausgeschilderte **Pilgerhütte** (B 50 Rs) und eine Handvoll Chai-Stände, die Besucher mit heißen Getränken, Chow-Mein und *momos* verköstigen.

Die **Khecheopalri Trekkers Hut** (☎ 287028; llamdik@yahoo.co.in; B/DZ 40/100 Rs) etwa 200 m vor dem See hat bescheidene, aber saubere Zimmer, die sich mehrere Gemeinschaftsbäder teilen. Hier gibt's Tongba und sättigende Speisen. Die Besitzer sind eine prima Quelle für Trekkinginfos. Außerdem betreiben sie interessante Vogelbeobachtungs- und Kulturtouren sowie geführten Trekkings.

Über die Autostraße sind es von Pelling zum See etwa 27 km. Für Trekker gibt's eine Abkürzungen (Details s. S. 597). Sammeljeeps nach Pelling und weiter nach Geyzing (50 Rs, 2 Std.) fahren gegen 6 Uhr am See ab. Ein gecharterter Jeep von Geyzing kostet rund 700 Rs (hin und zurück).

TASHIDING

In dem winzigen Dörfchen ruht die alte **Tashiding Gompa.** Gegründet wurde sie 1641 von Ngadak Sempa Chempo, einem der drei Lamas, die den Buddhismus in Sikkim einführten. Die Hauptgompa thront majestätisch auf dem Gipfel eines kegelförmigen Bergs; man erreicht sie über einen 2,5 km langen, steilen Aufstieg, der südlich vom Highway wegführt (die Route beginnt beim Tschorten am Fuße des Dorfs). Die Wandgemälde im Innern sind faszinierend. Außerdem gibt's eine große, von Bodhisattvas flankierte Statue des historischen Buddha zu bewundern. Hinter dem Kloster befinden sich Dutzende funkelnd weißer Tschorten, etwa der Tschorten **Thong-Wa-Rang-Dol**, der all jene, die einen Blick auf ihn werfen, von allen Sünden reinwäscht. Im Januar bzw. Februar findet hier das **Bumchu-Festival** statt (Infos s. Kasten S. 578).

Hotel Blue Bird (☎ 243563; DZ mit Gemeinschaftsbad ab 100 Rs) Das Hotel liegt in der schmalen Hauptstraße des Dorfs, ist sehr einfach, hat aber ein gutes Preis-Leistungs-Verhältnis und serviert leckere Gerichte aus Sikkim.

Mt Siniolchu Guest House (☎ 243211; DZ mit Gemeinschaftsbad 100 Rs) Liegt in derselben Straße etwas weiter oben; mit großen, einfachen und sauberen Zimmern und geselligen Besitzern.

Sammeljeeps nach Yuksom (45 Rs, 1½ Std.) kommen in Tashiding am frühen Nachmittag vorbei; die Jeeps nach Geyzing (60 Rs, 3 Std.) und Jorethang (60 Rs, 3 Std.) erreichen das Dorf zwischen 7 und 8 Uhr. Außerdem gibt's einen SNT-Bus nach Geyzing (20 Rs) um 7.30 Uhr.

YUKSOM

1780 m

Das schmucke kleine Yuksom ist die zentrale Ausgangsbasis zu den Treks rund um Dzongri und den Goecha La, doch lohnt es sich durchaus, auch in dem Dörfchen einen Moment zu verweilen. Yuksom bedeutet übersetzt „Ort der Begegnung der drei Lamas" – hier krönten die drei tibetischen Lamas 1641 den ersten Chogyal von Sikkim, Phuntsog Namgyal. Sehenswert sind der steinerne **Krönungsthron** und ein großer weißer **Gedenk-Tschorten** in einem kleinen Park oberhalb des Dorfs, den man über den kleinen Pfad gegenüber vom hübschen **Kathok-See** erreicht. Die überwachsenen Ruinen der ehemaligen Hauptstadt **Tashi Tenka** befinden sich gegenüber von der Schule am Fuß des Dorfhügels.

Nicht weit von der Ambulanz an der Hauptstraße durch Yuksom führt ein Weg bergauf durch die Wälder zur **Dubdi Gompa,** der ältesten Gompa Sikkims. In dem 1701 erbauten Kloster werden Statuen der drei berühmten Lamas aufbewahrt. Zum Kloster sind es zu Fuß 45 Minuten – vor dem Marsch, der über einen steilen Weg oberhalb des Dorfs führt, sollte man sich aber besser nach dem Hausverwalter erkundigen, da nur er die Türen öffnen kann. Im Dorf findet sich noch eine kleinere, modernere **Gompa** in der Nähe der Abzweigung nach Dubdi.

Der Weg nach Dzongri und zum Goecha La beginnt hinter dem Hotel Hotel Tashi Gang. Er führt bergauf an einem Polizeikontrollposten vorbei, an dem die Trekkinggenehmigung gezeigt werden muss. Etwa 10 km von Yuksom entfernt stürzt sich an der Straße nach Pelling der spektakuläre **Kanchenjunga-Wasserfall** in die Tiefe. Den nicht minder beeindruckenden **Phamrong-Wasserfall** erreicht man über die Straße nach Tashiding.

Das **Kanchenjunga Conservation Committee** (☎ 241211; ⌚ Mo–Sa) neben dem Hotel Wild Orchid fördert Ökotrekking und stellt Infos zur Region zur Verfügung. Vorausgesetzt, in Yuksom gibt's nicht wieder einmal einen Stromausfall, kann man im **Community Information Centre** (50 Rs/Std.; ⌚ 10–13 & 15–17 Uhr) am Weg zum Krönungsthron seine E-Mails abrufen.

Schlafen & Essen

In der Nähe des zentralen Bus- und Jeephaltepunkts stoßen Traveller auf mehrere Hotels und eine Reihe preiswerter Restaurants. Vor Ort kann man sich erkundigen, ob momentan eine einheimische Familie Gäste aufnimmt.

Hotel Wild Orchid (☎ 241212; DZ mit Gemeinschaftsbad 100 Rs, Zi. im OG 150 Rs) Das einladende Holzhaus mit einfachen, aber sauberen Zimmern ist das vielleicht schnuckeligste Budgethotel.

Hotel Dzongrila (☎ 241216, 9434178996; B/DZ mit Gemeinschaftsbad 40/100 Rs) Etwas weiter die Straße runter steht ein nettes Holzhaus mit rustikalen Zimmern und einem einfachen Restaurant.

Hotel Demazong (☎ 241215; B 60 Rs, DZ mit/ohne eigenem Bad ab 400/200 Rs) Das moderne Hotel mit Blick auf die beiden oben genannten Adressen ist sauber und in professioneller Hand. Gäste können im Restaurant essen oder gegen einen geringen Aufpreis die Küche nutzen.

Trekkinggruppen und Camper können sich in der hübschen **Trekkers' Hut** (B 50 Rs, Camping pro Zelt 30–50 Rs) einquartieren, die am Bus- und Jeephaltepunkt ausgeschildert ist.

Ein kühles Blondes, günstiges Chow-Mein und *thukpa* (Nudelsuppe) gibt's in einem der Restaurants, die sich um den Bus- und Jeephaltepunkt herum drängen: Das Yak Restaurant und das Gupta Restaurant sind die vielleicht beste Wahl. Alle Lokale haben vom frühen Vormittag bis gegen 20 Uhr geöffnet.

An- & Weiterreise

Derzeit gelangt man nur in einem Sammeljeep nach Yuksom. Jeden Morgen zwischen 5 und 6 Uhr fahren mehrere Jeeps nach Geyzing (70 Rs, 3 Std.) und über Tashiding (45 Rs, 1½ Std.) nach Jorethang (80 Rs, 3 Std.). Bei genügend Nachfrage fährt zur selben Uhrzeit ein Jeep nach Gangtok (150 Rs, 5 Std.), Abfahrt vorm Yak Restaurant. Notfalls kann man im Hotel Tashi Gang einen Jeep chartern.

ETWAS BESONDERES

Hotel Tashi Gang (☎ 241202; EZ/DZ 650/900 Rs, Deluxeversion ab 900/1150 Rs) Wer nach Bewältigung des Goecha-La-Treks ein wenig klotzen möchte, sollte das riesige und imposante Hotel besuchen, das in Yuksom auf einer Hügelkuppe über dem See thront. Auf dem gut gepflegten Rasen kann man genüsslich seinen Tee schlürfen und die Strecke, die man bewältigt hat, im Geiste noch einmal durchwandern. In den reizenden, mit Holzmöbeln eingerichteten Zimmern kann man die schöne Aussicht genießen, Kabel-TV gucken oder sich eine zischend heiße Duschen gönnen. Die Deluxezimmer besitzen kleine Balkone mit Bergblick. Im Restaurant werden köstliche und sättigende indische Gerichte serviert, an der Bar gibt's eiskaltes Bier – Herz, was willst du nach acht langen Tagen auf einem frostigen Berg mehr?

TREKKING IN SIKKIM

In Sikkim gibt's einige fabelhafte Treks durchs Hochgebirge wie auch durch tiefer gelegene Regionen. Allerdings führen Routen durch heikle Gebiete, weshalb man eine Genehmigung dabei haben muss. Diese gibt's bei einem anerkannten Reisebüro (s. S. 582). Im Folgenden werden drei der beliebtesten Trekkingrouten beschrieben. Neue Trekkinggebiete kommen ständig hinzu – daher einfach vor Ort noch mal erkundigen, ob neue Routen möglich sind. Oktober und November sind die idealen Monate für Treks im Hochgebirge. Wer nicht so hoch hinaus will, kann durchgehend von September bis April trekken.

PELLING – TASHIDING (MONASTIC TREK)

Für diese 53 km lange Wanderroute sind keine zusätzlichen Genehmigungen erforderlich. Die Route führt von Pelling zum Khecheopalri-See, nach Yuksom und Tashiding. Man folgt der Hauptstraße und einer Reihe leicht zu entdeckender und oft benutzter Abkürzungen. Bei Mountainbikern ist die Runde entlang der Hauptstraße sehr beliebt.

Los geht's in Pelling (2040 m), der Heimat der berühmten Klöster Pemayangtse und Sangachoeling. Die 13 km lange Route zum Khecheopalri-See beginnt in Lower Pelling – entweder der Straße nach Rimbi folgen und die Abkürzung durch das Dorf Darap nutzen, oder den eigentlichen Wanderpfad wählen, der beim Hotel Mondal beginnt und am Fluss entlang verläuft. Von Rimbi aus der Hauptstraße folgen und an der Gabelung links zum Khecheopalri-See (1951 m) hinauf abbiegen. Übernachtungsmöglichkeiten finden sich hier in der **Pilgrims' Hut** (B 50 Rs) oder der **Khecheopalri Trekkers Hut** (☎ 287028; llamdik@yahoo.co.in; B/DZ 40/100 Rs).

Die Route nach Yuksom (9 km) startet 100 m vor der Trekkers' Hut. Etwa eine Stunde geht's steil bergab, dann trifft der Weg auf die Hauptstraße und führt zum **Kanchenjunga-Wasserfall**. Von hier aus geht's weiter über eine Hängebrücke, dann 5 km den Berg hinauf bis zur Kreuzung an der Straße nach Yuksom, etwa 2 km unterhalb vom Dorf. In Yuksom (1780 m) gibt's mehrere Bleiben; manche Trekker kombinieren den Monastic Trek mit der beliebten Goecha-La-Route (s. unten).

In Yuksom beginnt die nächste Etappe zum famosen Kloster bei Tashiding (19 km) in der Nähe des Gupta Restaurants. Man kreuzt die Hauptstraße direkt nach der Überquerung des Hutha. Das letzte Stück hinunter nach Tashiding legt man schließlich auf der Hauptstraße zurück, die am **Phamrong-Wasserfall** vorbeiführt. Clevere kürzen dabei die Haarnadelkurven ab. Alternativ kann auch man den Weg am Dubdi-Kloster wählen, der am Phamrong entlang zur Hauptstraße verläuft. Unterwegs sollte man sich aber immer wieder nach dem Weg erkundigen. Wem die Puste ausgehen sollte, kann sich in Gerethang etwa 6 km vor Tashiding ausklinken. Von hier aus fahren nämlich Jeeps und Busse nach Geyzing und Jorethang.

In Tashiding (1740 m) hat es mehrere Hotels (S. 596). Frühmorgens fahren Jeeps nach Geyzing und Jorethang ab. Trekker mit einer super Kondition können noch zum Rangeet hinunterwandern und dann nach Ravangla (1290 m) am anderen Ende des Tals hochmarschieren – insgesamt sind 19 km zu bewältigen. Unerschütterliche nehmen von Ravangla aus auch noch die epischen 90 km nach Gangtok über Sang, Yangyang und Rumtek in Angriff.

Tag	Etappe	Dauer (Std.)
1	Pelling zum Khecheopalri Lake	5–6
2	Khecheopalri Lake nach Yuksom	4
3	Yuksom nach Tashiding	5–6
4	Tashiding nach Ravangla	5–6

YUKSOM – DZONGRI – GOECHA LA – YUKSOM

Die auch als Kanchenjunga Trek (88 km) bekannte Route ist der beliebteste Trek in Sikkim. Die Strecke verspricht traumhafte Ausblicke auf den Kanchenjunga. Derzeit müssen Trekker mindestens zu viert unterwegs sein, doch können Reisebüros in Gangtok es manchmal auch deichseln, dass eine Genehmigung für zwei Personen ausgestellt wird – auch wenn man dafür ein paar Rupien mehr hinblättern muss (s. S. 577). Der aktuelle Preis für die Route beträgt 30 bis 50 US$ pro Person und Tag – einschließlich Verpflegung, Reiseleiter, Gepäckträger und Jaks.

Einige Campingstopps sind in der Regel mit eingeplant, da die Trekkerhütten bei Tsokha, Dzongri, Kokchuran, Thangsing und am Samiti-See zu Hochzeiten bis unters Dach voll sind – was eigentlich nur noch schlimmer werden kann, bedenkt man, dass viele internationale Trekkinganbieter ihren Fokus von Nepal auf Sikkim verlagern. Als *oberstes Gebot* gilt: niemals zu hoch oder zu schnell wandern – Jahr für Jahr müssen einige Trekker ihre Touren wegen Höhenkrankheit abbrechen (s. S. 1221).

Startpunkt ist das hübsche Yuksom (1780 m), das von Geyzing oder Jorethang aus mit öffentlichen Verkehrsmitteln zu erreichen ist. Von hier aus führt die Route durchs Rathong-Tal und durch unberührte Wälder. Es folgt ein steiler Aufstieg nach Bakhim (2740 m) und dann nach Tsokha (3050 m), ein rustikales Dorf mit einer anständigen Trekkerhütte. Bevor's weitergeht, sollte man zur Akklimatisierung zwei Nächte in Tsokha bleiben bzw. die zweite Nacht auf dem Campingplatz bei Phedang (3760 m) nur zwei Stunden oberhalb von Tsokha die Zelte aufschlagen. Allerdings legen Gepäckträger meist nur ungern einen Zwischenstopp in Phedang ein.

Auf der nächsten Etappe geht's nach Dzongri (4025 m), einem schönen Landstrich mit Wiesen und mehreren Hütten, in denen es Verpflegung und auch Tongba gibt. Auch in Dzongri ist eine zusätzliche Nacht zur Akklimatisierung sehr zu empfehlen. Tagsüber kann man gemütlich nach Dablakang 200 m oberhalb von Dzongri flanieren oder den vierstündigen Rundweg zum Dzongri La (4550 m) unternehmen, der grandiose Ausblicke auf den Mt. Pandim (6691 m) verspricht.

Von Dzongri geht's steil zum Fluss bei Kokchuran hinunter. In der dortigen Trekkerhütte beziehen viele ihr Quartier, wenn sie sich in Dzongri einen Tag akklimatisieren. Die Route führt danach weiter den Fluss entlang bis Thangsing (3840 m), wo schon die nächste Hütte wartet. Hier kann man einen Zwischenstopp einlegen oder zur Trekkerhütte am Samiti-See (4200 m) weitermarschieren. Am nächsten Tag geht's dann frühmorgens zur Gipfelerstürmung des Schwindel erregenden Goecha La (4940 m) – wo eine atemberaubende Aussicht auf den Kanchenjunga die Mühen rechtfertigt – und anschließend nach

Thangsing hinunter. Von hier aus ist es nochmals ein Tag nach Tsokha und einer zurück nach Yuksom.

Tag	Etappe	Dauer (Std.)
1	Yuksom – Bakhim – Tsokha	6–7
2	Akklimatisierung bei Tsokha oder Aufstieg nach Phedang	2–3
3	Von Tsokha (oder Phedang) nach Dzongri	4–5 (oder 2)
4	Akklimatisierung bei Dzongri oder Weitermarsch nach Kokchuran	1
5	Dzongri (oder Kokchuran) – Thangsing – Samiti-See	7 (oder 6)
6	Vom Samiti-See nach Goecha La und hinunter nach Thangsing	8–9
7	Von Thangsing nach Tsokha	6–7
8	Von Tsokha nach Yuksom	5–6

UTTAREY – DZONGRI – GOECHA LA – YUKSOM

Eine andere Route nach Dzongri und zum Goecha La startet im winzigen Dorf Uttarey zweieinhalb Fahrtstunden westlich von Pelling. Sie verläuft entlang des Singalila Ridge, der die Grenze zwischen Sikkim und Nepal markiert. Auch diese Route muss man über ein Reisebüro in Gangtok buchen (s. S. 582), das sich um die erforderlichen Genehmigungen kümmert (s. S. 577). Der anspruchsvolle, lange und steile Trek verspricht spektakuläre Bergpanoramas. Mindestens acht Tage ist man nach Dzongri unterwegs. Das Dach der Route ist der Dafey-Bhir-Pass (4400 m). Einige Trekker marschieren weiter bis zum Goecha La und beenden die Route in Yuksom – was allerdings 14 Tage Trekking auf Hochtouren bedeutet.

Derzeit führt die Route wegen des Aufstands maoistischer Rebellen in Nepal durch mitunter unsicheres Terrain: daher vorher nicht nur im Reisebüro, sondern auch von neutraler Seite Infos über die Sicherheitslage einholen. Ein Abstecher nach Uttarey lohnt sich auch dann, wenn man nicht von hier aus lostrekken möchte. In der Umgebung gibt's einige weniger anspruchsvolle Wanderstrecken. Hin kommt man mit dem Sammeljeep von Geyzing aus (50 Rs, 2 Std.).

Nordoststaaten

Die unglaubliche kulturelle und landschaftliche Vielfalt der nordöstlichen Bundesstaaten wird fast wie ein Staatsgeheimnis gehütet. Jahrzehntelang war die Einreise in diese Gebiete für ausländische Touristen verboten und selbst heute benötigt man für Arunachal Pradesh, Nagaland, Mizoram und Manipur noch eine Genehmigung. Überall stößt man auf alte Klöster, herrliche Nationalparks und faszinierende Völker. Und dennoch: Nur eine Hand voll Besucher verirren sich jedes Jahr in diese abgelegene Region.

Die sieben Bundesstaaten entstanden aus dem britischen Verwaltungsdistrikt Assam, nachdem Indien unabhängig geworden ist. Das heutige Assam umfasst nur noch die Ebenen entlang der Flüsse Brahmaputra und Barak. Die Gebirgszüge im Norden und Osten gehören heute zu Arunachal Pradesh, aus den bewaldeten Hügeln an der Grenze zu Myanmar (Birma) machte man Nagaland, Manipur, Mizoram und Tripura. Und das unzugängliche Kalksteingebirge, das zwischen Assam und Bangladesch eingequetscht liegt, wurde größtenteils Meghalaya zugeschlagen.

Die meisten der nordöstlichen Bundesstaaten haben unter dauernden Unruhen und ethnischen Auseinandersetzungen zu leiden. Grund dafür sind die Vernachlässigung der Gebiete durch die indische Zentralregierung, das brutale Vorgehen der Armee und das ständige Ringen um Land und um die Rohstoffe zwischen Einheimischen und Einwanderern aus Bangladesch und Nepal.

HIGHLIGHTS

- Das atmosphärische Allerheiligste des **Kamakhya-Mandir** (S. 606) in Guwahati entdecken
- Ein Besuch der einhörnigen Nashörner in Assams **Kaziranga National Park** (S. 610)
- Ein Schluck Reisbier in der Hütte eines Naga-Häuptlings im abgelegenen nördlichen Stammesgebiet von **Nagaland** (S. 619) genießen
- Seelenfrieden finden in der sagenhaften **Tawang-Gompa** (S. 622) in Arunachal Pradesh, Indiens größtem buddhistischen Kloster
- Die Echos und Regenbögen in den Höhlen und Wasserfällen von **Cherrapunjee** (S. 615) in Meghalaya bestaunen
- Die Dörfer des faszinierenden Apatani-Volkes in **Ziro** (S. 623) in Arunachal Pradesh kennen lernen

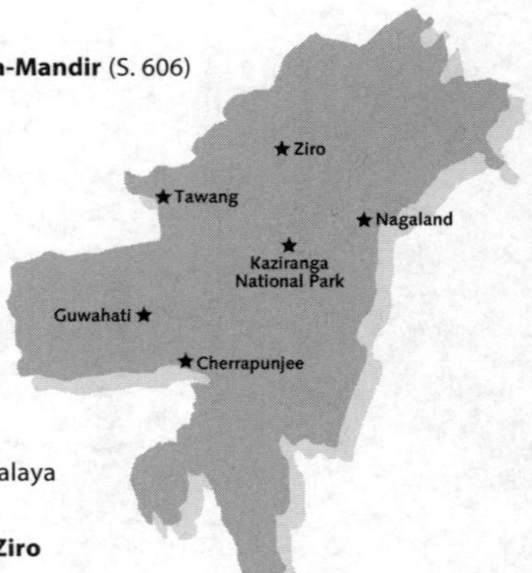

KURZINFOS

Arunachal Pradesh

- Bevölkerung: 1,1 Mio.
- Fläche: 83 743 km²
- Hauptstadt: Itanagar
- Hauptsprachen: Assamesisch, Bengali und Hindi
- Reisezeit: November bis März

Assam

- Bevölkerung: 26,6 Mio.
- Fläche: 78 438 km²
- Hauptstadt: Dispur
- Hauptsprachen: Assamesisch, Bengali und Hindi
- Reisezeit: November bis April

Manipur

- Bevölkerung: 2,4 Mio.
- Fläche: 22 327 km²
- Hauptstadt: Imphal
- Hauptsprachen: Manipuri, Assamesisch und Bengali
- Reisezeit: November bis Juli

Meghalaya

- Bevölkerung: 2,3 Mio.
- Fläche: 22 429 km²
- Hauptstadt: Shillong
- Hauptsprachen: Assamesisch, Bengali und Khasi
- Reisezeit: Juli bis Januar

Mizoram

- Bevölkerung: 891 058
- Fläche: 21 081 km²
- Hauptstadt: Aizawl
- Hauptsprachen: Mizo und Englisch
- Reisezeit: November bis März

Nagaland

- Bevölkerung: 2 Mio.
- Fläche: 16 579 km²
- Hauptstadt: Kohima
- Hauptsprachen: Englisch und Hindi
- Reisezeit: Oktober bis April

Tripura

- Bevölkerung: 3,2 Mio.
- Fläche: 10 486 km²
- Hauptstadt: Agartala
- Hauptsprachen: Bengali und Kokborok
- Reisezeit: November bis Juli

Genehmigungen

Wer nach Assam, Meghalaya und Tripura einreisen will, braucht derzeit keine Genehmigung. Nach Nagaland, Arunachal Pradesh, Mizoram und Manipur geht's jedoch *nicht* ohne Restricted Area Permits (RAP). In alle vier Bundesstaaten kommen nur Gruppen rein, die aus *mindestens* vier Personen bestehen, nach Nagaland gelangt man auch als Ehepaar – egal ob mit oder ohne Trauschein.

Am einfachsten ist es, mit einer geführten Tour nach Arunachal Pradesh, Nagaland, Manipur und Mizoram zu fahren. Die Chance, eine Genehmigung zu bekommen, ist so wesentlich größer. Und während der Reise kümmert sich dann das Reisebüro um den ganzen bürokratischen Kram. In allen vier Staaten ist es jedenfalls ratsam, statt auf eigene Faust loszuziehen, sich einer geführten Reisegruppe anzuschließen. Besonders interessant sind die abgelegenen Dörfer – und ohne Fahrer und Übersetzer wird's aber schwierig, mehr als nur die Hauptstädte zu sehen.

Derzeit stehen die Chancen ganz gut, eine Genehmigung für Nagaland und Arunachal Pradesh zu erhalten. Für Mizoram und Manipur sieht's schlechter aus. Ausländer erhalten nur ab und an eine Genehmigung. Da werden für Lonely Planet Autoren keine Ausnahmen gemacht, weshalb die neuesten Infos zu diesen zwei Staaten nur telefonisch herauszubekommen waren.

Erteilt werden die erforderlichen Genehmigungen meistens durch das Innenministerium in Delhi (Karte S. 120 f.). Die Regierung von Mizoram will jedoch durchsetzen, dass ausländischen Travellern künftig auch in den Regierungsbüros von Mizoram in Kolkata und Guwahati die Einreise in Vierergruppen oder beim Innenministerium in Delhi die Einreise in Zweier- oder Dreiergruppe beantragen können. Genehmigungen für Nagaland sind bereits jetzt schon manchmal beim Foreigner's Regional Registration Office in Kolkata (S. 495) erhältlich.

Die Genehmigungen sind zehn Tage lang gültig. Wer ohne Reisegruppe unterwegs ist, darf jedoch nur die in der Genehmigung genannten Orte besuchen. Kopien der Genehmigung erhalten die Posten an den Grenzübergängen. Überall, wo man übernachtet, muss man sich bei der örtlichen Polizei melden.

FESTE UND FESTIVALS IM NORDOSTEN

Die Veranstaltungsorte der in diesem Kasten erwähnten Feste sind auf der Karte auf der gegenüberliegenden Seite eingezeichnet. Stammesfeste, die mit dem Erntezyklus zusammenhängen, finden im Zentrum von Arunachal Pradesh das ganze Jahr über statt.

Brahmaputra Beach Festival (1; Jan.; Guwahati, S. 604) Staatlich gefördertes Festival mit Elefantenrennen und Sporthappenings.

Torgya Festival (2; Jan.; Tawang Gompa, S. 622) Mit *chaams* (buddhistischen Maskentänzen).

Losar (3; Feb./März; Tawang Gompa, S. 622) Buddhistisches Neujahrsfest mit Maskentänzen.

Chapchar Kut (März; in ganz Mizoram) Stammestänze und andere Feierlichkeiten zum Ende der jährlichen Rodung.

Ashokastami Mela (4; März/April; Unakoti, S. 619) Shivaistische Pilger baden im heiligen Fluss zwischen antiken Skulpturen; in Unakoti.

Shad Sukmynsiem (5; April; Khasi Hills, Meghalaya, S. 612) Erntedankfest der Khasi (aus der Gegend um Shillong), bei dem drei Tag lang in traditionellen Trachten getanzt wird.

Rongali Bihu (Ende April; in ganz Assam) Wird zu Beginn der Ernte mit viel Tanz in traditionellen Trachten gefeiert.

Dol Jatra (April/Mai; in ganz Manipur) Das Volk der Manipuri ist berühmt für seine traditionellen Tänze, die hier aufgeführt werden.

Ambubachi Mela (6; Juni, Kamakhya-Mandir, S. 606) Pilger strömen zum Kamakhya Mandir in Guwahati, um tantrische Rituale zu begehen und Tiere zu opfern – damit feiern sie das Ende des Menstruationszyklus der Muttergöttin.

Karchi Puja (7; Juli; Agartala, S. 616) Der Chaturdasha Devata Mandir erwacht im Juli für sieben Tage mit Musik, Tanz und Fest zum Leben.

Behdienkhlam (8; Juli; Jowai, S. 616) Ein farbenfrohes religiöses Fest; Türme aus Stoff und Holz werden errichtet, begleitet von Musik, Tanz und Bogenschießenwettbewerben.

Kang (Juli; in ganz Manipur) Auch als Rath Yatra bekannt; Vishnuiten ziehen Karren durch die Straßen, um die jährliche Pilgerfahrt Krishnas zu seinem Geburtsort zu feiern.

Durga Puja (Okt.; in ganz Assam) Das größte Fest der Hindu im Nordosten; gefeiert wird der Sieg der Göttin Durga über den Wasserbüffeldämon Mahisasur. Zu sehen gibt's Tausende von farbenprächtigen Statuen.

Nongkrem Tanz (9; Okt.; Smit, S. 614) Der traditionelle Tanz ehrt die Königinmutter des Khrim-Volkes.

Buddha Mahotsav (10; Okt.; Tawang Gompa, S. 622) Staatlich gefördertes Fest, das buddhistische Tänze und Kultur präsentiert.

Diwali (11; Okt./Nov.; Udaipur, S. 618) Tausende Shivaisten fallen über den Tripura Sundari Mandir her, um dieses landesweite Fest zu feiern.

Kut (Nov.; in ganz Manipur) Manipuris bedanken sich jedes Jahr im November für die Ernte mit Dorftänzen.

Wangla (12; Nov./Dez.; Garo Hills, S. 616) Einheimisches Erntefest, das vier Tage lang mit Musik und Tanz gefeiert wird.

Pawl Kut (Nov./Dez.; in ganz Mizoram) Mizorams wichtigstes Erntefest bietet einheimische Tänze und andere Veranstaltungen.

Hornbill Festival (13; Dez.; Kohima, S. 619) Das größte Ereignis des Jahres in Nagaland: Tanzgruppen der wichtigsten Volksgruppen treten auf dem Marktplatz in Kohima auf, wo man auch Speisen und Kunsthandwerk der Naga kaufen kann.

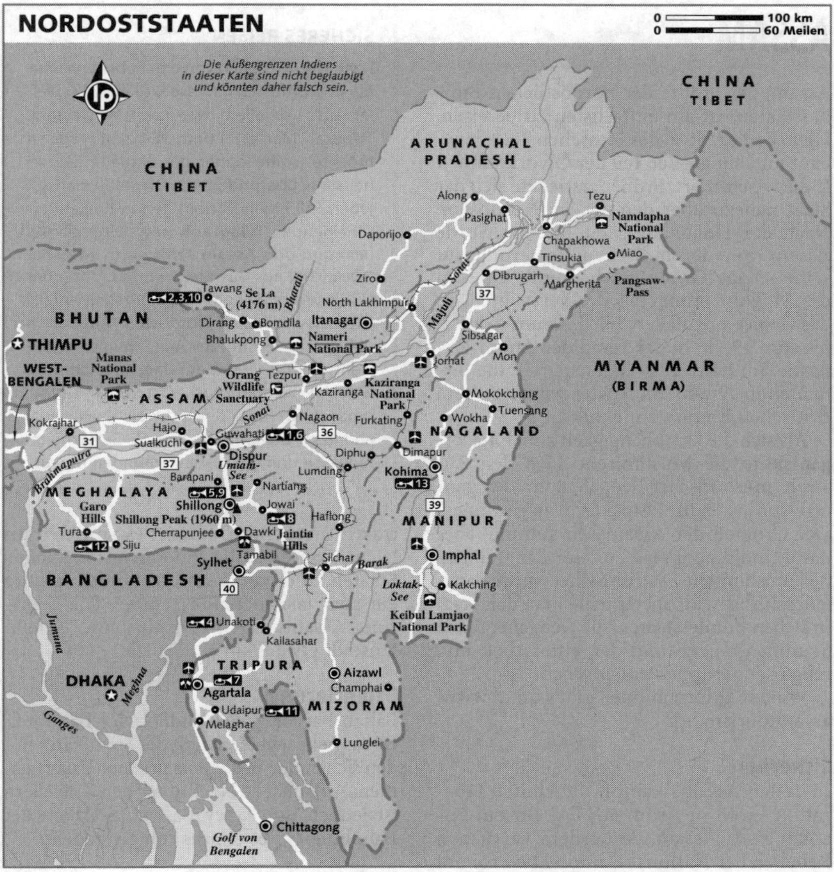

Genehmigungen, die über die Regierungsbüros in Indien laufen, sollten mindestens einen Monat vor Reiseantritt beantragt werden. Außerdem ist es möglich, von der indischen Botschaft oder dem Konsulat zusammen mit dem Visum einen Genehmigungsstempel zu erhalten, vorausgesetzt die genauen Reisedaten sind bekannt.

In jedem Fall muss man sich auf ein langwieriges bürokratisches Geduldsspiel einstellen, das man auch verlieren kann. Da ist's sicher einfacher, den Ärger einem Reisebüro zu Hause zu überlassen. Die Bearbeitung dauert etwa einen Monat, daher rechtzeitig melden. Für aktuelle Sicherheitshinweise außerdem die Website der zuständigen Behörden zu Hause anklicken (s. Kasten S. 604)!

Aktuelle Informationen über die nordöstlichen Bundesstaaten sind bei den folgenden Regierungsbüros erhältlich:

Arunachal Pradesh Delhi (☎ 011-23013915; Kautilya Marg, Chanakyapuri); Guwahati (☎ 0361-2452859; Arunachal House, RG Baruah Rd); Kolkata (☎ 033-23341243; Block CE 109, Sector 1, Salt Lake City)

Manipur Delhi (☎ 011-23344026; Baba Kharak Singh Marg, Connaught Pl); Guwahati (☎ 0361-2540707; Manipur House, Rajgarh Rd); Kolkata (☎ 033-21747087; 26 Rowland Rd)

Mizoram Delhi (☎ 011-23016101; Circular Rd, Chanakyapuri); Guwahati (☎ 0361-2529411; GS Rd, Christian Basti); Kolkata (☎ 033-24757887; 24 Old Ballygunge Rd)

Nagaland Delhi (☎ 011-23017123; 29 Aurangzeb Rd); Guwahati (☎ 0361-2338426; GS Rd, Dispur); Kolkata (☎ 033-22820725; 11 Shakespeare Sarani)

ASSAM

Assam, der größte der nordöstlichen Bundesstaaten, ist am einfachsten zu bereisen. Hier wird ca. 60 % des indischen Tees angebaut und ein großer Teil der Ölvorkommen Indiens gefördert. Früher erstreckte sich der Staat nahezu über den ganzen Nordosten. Nach der Unabhängigkeit Indiens wurde Assam von der indischen Regierung auf seine jetzige Größe geschrumpft. Obwohl die Moguln immer wieder versuchten, in das Gebiet einzufallen, blieb Assam vom 13. bis zum 19. Jh. in der Hand der Ahom-Dynastie. Im Jahre 1817 marschierten die Birmanen in Assam ein, später wurde es vom Britischen Empire annektiert.

Als sich die Unabhängigkeit anbahnte, organisierte die Muslimische Liga den Zustrom muslimischer Bengalen, um den ganzen Nordosten für Ostpakistan zu gewinnen. Der Großteil der Assamesen stimmte aber dafür, indisch zu bleiben. Nur der traditionell muslimische Distrikt Sylhet wurde Bangladesch zugeteilt. Später teilte man den Staat in sieben Bundesstaaten, die weitgehend den Stammesgrenzen und den ethnischen und religiösen Gruppen entsprechen.

Weitere Informationen gibt's unter www.assamtourism.org

SICHERES REISEN

Nach wie vor gehen von den Rebellenkämpfen im Nordosten gewisse Risiken für Traveller aus. Vor allem wer nach Westassam, Tripura, Manipur und Nagaland reisen möchte, sollte daher die aktuelle Sicherheitslage überprüfen. Vor Ort sollte man auf jeden Fall einen Blick in den in Kolkata erscheinenden **Telegraph** (www.telegraphindia.com) und den **Assam Tribune** (www.assamtribune.com) aus Guwahati werfen. Unter der URL www.rediff.com/news gibt's ebenfalls aktuelle Infos zum Nordosten. Außerdem geben die Websites der Außenministerien in Deutschland (www.auswaertiges-amt.de/www/de/laenderinfos), Österreich (www.bmaa.gv.at) und der Schweiz (www.eda.admin.ch/travel/indie_d.html) Sicherheitshinweise und ggf. Reisewarnungen heraus.

Sicherheit

In Teilen Assams kämpft die United Liberation Front of Asom (ULFA) für ein unabhängiges Assam. Außerdem versuchen Rebellen der National Democratic Front of Bodoland, die Autonomie der Bodos in Westassam gewaltsam zu erzwingen. Die Gebiete im Innern Assams gelten jedoch allgemein als sicher. Trotzdem: Vor der Reise in den Norden oder Westen die Sicherheitslage checken!

Weitere Infos erteilt das **Assam Government Tourist Office** (Delhi ☎ 011-23345897; B1, Baba Kharak Sing Marg; Kolkata ☎ 033-22295094; 8 Russel St).

GUWAHATI

☎ 0361 / 814 580 Ew.

Die heiße und staubige Stadt an den Ufern des Brahmaputra ist das Einfallstor in den Nordosten Indiens. In den letzten Jahren hat sich Guwahati rasant entwickelt. Ölindustrie und Teeanbau explodieren förmlich, was auf den ersten Blick alles andere als attraktiv erscheint. Dafür ist es von hier aus leicht, Touren in die anderen nordöstlichen Staaten zu organisieren. Außerdem gibt es ein paar faszinierende Tempel. Die Regierung Assams sitzt in Dispur, einer Satellitenstadt etwa 8 km südöstlich.

Orientierung

Paltan Bazaar, gleich südlich des Bahnhofs, ist das hektische Zentrum der Stadt. Hier finden sich einige Busdepots privater Unternehmen. Anlaufstelle Nr. 1 unter den Travellern ist jedoch der Fancy Bazaar, nördlich der Bahnlinie, wo es einiges ruhiger zugeht.

Praktische Informationen

NOTFALL

Polizeidienststelle (☎ 2540138; HB Rd)

INTERNETZUGANG

Computer Associates (☎ 2607104; Umang Commercial Centre, GS Rd; 20 Rs/Std.; 🕓 8.30–10 Uhr)
Web-Net (Panbazar; 20 Rs/Std.; 🕓 9–13 Uhr)

MEDIZINISCHE VERSORGUNG

Guwahati Medical College Hospital (GMC Hospital; ☎ 2529457) An der GS Rd, etwa 5 km südlich vom Stadtzentrum.

GELD

Bevor's in andere Gebiete im Nordosten geht, ist es ratsam, sich hier einen Vorrat an Rupien zuzulegen.

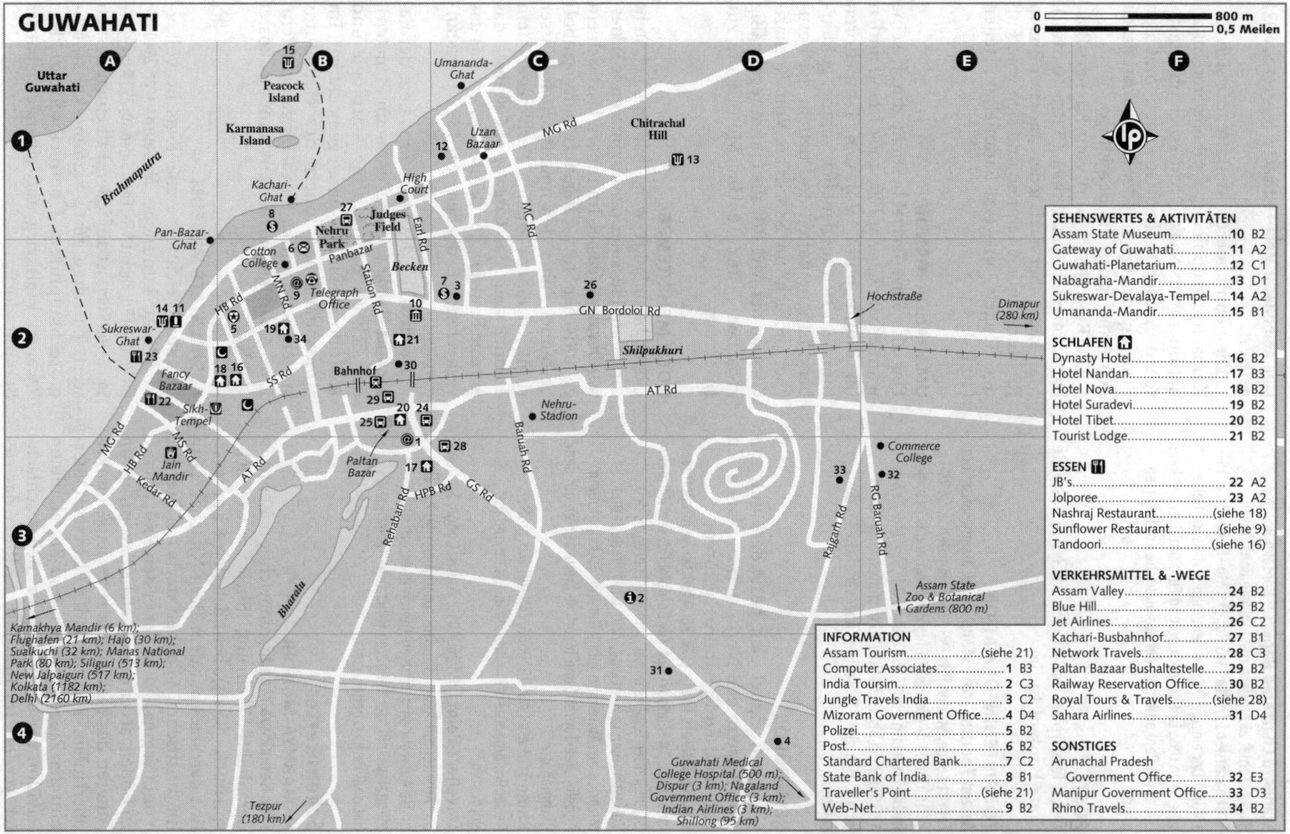
GUWAHATI
0 800 m
0 0,5 Meilen
A B C D E F
1 2 3 4
Uttar Guwahati
Peacock Island
Karmanasa Island
Brahmaputra
Kachari-Ghat
Pan-Bazar-Ghat
Sukreswar-Ghat
Umananda-Ghat
Uzan Bazaar
MG Rd
Chitrachal Hill
High Court
Judges Field
Nehru Park
Panbazar
Earl Rd
Becken
Cotton College
MN Rd
HB Rd
Telegraph Office
Station Rd
MC Rd
GN Bordoloi Rd
Shilpukhuri
Hochstraße
Dimapur (280 km)
Fancy Bazaar
SS Rd
Bahnhof
AT Rd
Sikh-Tempel
MS Rd
Jain Mandir
Kedar Rd
Nehru-Stadion
Baruah Rd
Paltan Bazar
Rehabari Rd
HPB Rd
GS Rd
Bharalu
Commerce College
Rajgarh Rd
RG Baruah Rd
Assam State Zoo & Botanical Gardens (800 m)
Kamakhya Mandir (6 km); Flughafen (21 km); Hajo (30 km); Sualkuchi (32 km); Manas National Park (80 km); Siliguri (513 km); New Jalpaiguri (517 km); Kolkata (1182 km); Delhi (2160 km)
Tezpur (180 km)
Guwahati Medical College Hospital (500 m); Dispur (3 km); Nagaland Government Office (3 km); Indian Airlines (3 km); Shillong (95 km)
INFORMATION
Assam Tourism.....(siehe 21)
Computer Associates.....1 B3
India Toursim.....2 C3
Jungle Travels India.....3 C2
Mizoram Government Office.....4 D4
Polizei.....5 B2
Post.....6 B2
Standard Chartered Bank.....7 C2
State Bank of India.....8 B1
Traveller's Point.....(siehe 21)
Web-Net.....9 B2
SEHENSWERTES & AKTIVITÄTEN
Assam State Museum.....10 B2
Gateway of Guwahati.....11 A2
Guwahati-Planetarium.....12 C1
Nabagraha-Mandir.....13 D1
Sukreswar-Devalaya-Tempel.....14 A2
Umananda-Mandir.....15 B1
SCHLAFEN
Dynasty Hotel.....16 B2
Hotel Nandan.....17 B3
Hotel Nova.....18 B2
Hotel Suradevi.....19 B2
Hotel Tibet.....20 B2
Tourist Lodge.....21 B2
ESSEN
JB's.....22 A2
Jolporee.....23 A2
Nashraj Restaurant.....(siehe 18)
Sunflower Restaurant.....(siehe 9)
Tandoori.....(siehe 16)
VERKEHRSMITTEL & -WEGE
Assam Valley.....24 B2
Blue Hill.....25 B2
Jet Airlines.....26 C2
Kachari-Busbahnhof.....27 B1
Network Travels.....28 C3
Paltan Bazaar Bushaltestelle.....29 B2
Railway Reservation Office.....30 B2
Royal Tours & Travels.....(siehe 28)
Sahara Airlines.....31 D4
SONSTIGES
Arunachal Pradesh Government Office.....32 E3
Manipur Government Office.....33 D3
Rhino Travels.....34 B2

Standard Chartered Bank (GN Bordoloi Rd) Der Bankautomat akzeptiert ausländische Bankkarten.

State Bank of India (MG Rd; ⏲ Mo–Fr 10–14 & 15–16 Uhr) Der einzige Ort, an dem man verlässlich Reiseschecks in US$, britische Pfund und Euro umtauschen kann. Hat einen Bankautomat, der ausländische Kreditkarten nimmt.

POST

Die Hauptpost ist in der MG Rd nahe der State Bank of India.

TOURISTENINFORMATION

Assam Tourism (☎ 2547102; www.assamtourism.org; Tourist Lodge, Station Rd; ⏲ Mo–Fr & jeden 2. Sa 10–16.15 Uhr, Mai–Okt bis17 Uhr) In der Nähe des Bahnhofs.

India Tourism (☎ 2456158; GS Rd; ⏲ Mo–Fr,9–17.30 Uhr, Sa bis 13.30 Uhr) 2 km südlich vom Paltan Bazaar. Hier gibt's Broschüren über sämtliche Nordoststaaten.

REISEBÜROS

Guwahati eignet sich besonders gut, um eine Reise in den Nordosten zu planen. Zu den seriösen Reisebüros gehören:

Jungle Travels India (☎ 2660890; www.jungletravelsindia.com; 1A Mandovi Apt, GN Bordoloi Rd) Das Reisebüro ist ein heißer Tipp! Es bietet geführte Touren zu den Volksstämmen in Nagaland, Arunachal Pradesh und Mizoram an. Außerdem gibt's Rafting, Trekkingtouren, Angeln, „Tee-Touren" und luxuriöse Kreuzfahrten auf dem Brahmaputra.

Rhino Travels (☎ 2540666; MN Rd) Das große Reisebüro organisiert Rundreisen in Assam und im Nordosten.

Traveller's Point (☎ 2604018; Tourist Lodge, Station Rd) Arbeitet mit Assam Tourism zusammen und hat eine große Auswahl an geführten Touren in Assam und Meghalaya inkl. der beliebten Fahrt zum Kaziranga National Park (s. gegenüber).

Sehenswertes

KAMAKHYA-MANDIR

Der **Kamakhya-Mandir,** ein wichtiges Zentrum der Shakti-Verehrung (Shakti = weibliche spirituelle Kraft), befindet sich 8 km westlich der Stadt auf dem Berg Nilachal. Dem hinduistischen Glauben nach fiel hier die Yoni (Vagina) Satis, der ersten Frau Shivas, zu Boden, als er deren Leiche davontrug. Im Inneren des Heiligtums ist es heiß, dunkel, überlaufen. Und am Boden klebt das Opferblut der Ziegen, Tauben und Büffel, die im Pavillon vor dem Tempel rituell geschlachtet werden. Im Juni/Juli wird hier das riesige **Ambubachi-Mela-Festival** (s. Kasten S. 602) gefeiert.

Die neun anderen Mandire, die sich um Kamakhya gruppieren, symbolisieren Inkarnationen von Shakti. Mit einer phantastischen Aussicht über Guwahati und den Brahmaputra belohnt der **Bhubneswari Mandir** den Aufstieg auf die Bergkuppe.

Die Buslinie 15 fährt vom Kachari-Busbahnhof nach Kamakhya (5 Rs, 10 Min.). Man kann aber auch jeden anderen Bus in Richtung Süden nehmen und sich vom Fuß des Hügels aus ein Sammeltaxi teilen (10 Rs).

UMANANDA-MANDIR

Der alte **Shiva-Tempel** besticht durch seine wunderbare Lage auf Peacock Island mitten im Brahmaputra. Vor den Tempeltoren tummeln sich unglaublich zahme, goldfarbene Langurenaffen und betteln die Besucher „höflich" um Snacks an. Vom Kachari-Ghat an der MG Rd. aus fahren regelmäßig zwischen 7 und 16 Uhr Motorboote zur Insel raus.

NOCH MEHR TEMPEL

Gleich beim Sukreswar-Ghat ums Eck steht direkt am Flussufer der faszinierende **Sukreswar-Devalaya-Tempel**. Im Innern lässt sich ein gigantischer Shiva-Lingam (Phallussymbol) bestaunen, über den unaufhörlich Wasser rinnt. In einem kleinen Park neben dem Tempel steht das **Gateway of Guwahati**, das einzige Bauwerk aus britischer Zeit, das das verheerende Erdbeben von 1897 überstanden hat.

Nordöstlich des Stadtkerns liegt der **Nabagraha-Mandir** (Tempel der neun Planeten), der sich als Zentrum für Astrologie und Astronomie einen Namen gemacht hat. Im atmosphärischen Innern des Heiligtums stehen neun antike Shiva-Linga aus Stein. Eine Autorikscha von der Stadt aus kostet 100 Rs.

ASSAM STATE MUSEUM

Das ausgezeichnete archäologische, völker- und naturkundliche **Museum** (☎ 2540651; GN Bordoloi Rd; Eintritt 5 Rs, Foto/Video 10/250 Rs; ⏲ Di–So 10–16.15 Uhr) ist auf jeden Fall einen Besuch wert. Zu sehen gibt's Stammeskunst, religiöse Skulpturen, Überbleibsel aus dem Zweiten Weltkrieg und ein nachgebautes Stammesdorf.

ASSAM STATE ZOO & BOTANICAL GARDENS

Ein Mix aus **Zoo und botanischem Garten** (☎ 2201363; RG Baruah Rd; Eintritt 50 Rs, Foto/Video 20/200 Rs; 🕑 Sa–Do 7–16.30, Okt.–März 8–16.30 Uhr); hier geht's zwar ruhig zu, doch die Gärten sind überwuchert und die Tierkäfige erschreckend mickrig. Der Eingang liegt 5 km südöstlich vom Stadtzentrum. Eine Fahrt vom Fancy Bazaar hierher kostet mit der Autorikscha 100 Rs.

GUWAHATI-PLANETARIUM

Das altmodische **Planetarium** (☎ 2548962; MG Rd; Eintritt 15 Rs) veranstaltet mehrmals täglich eine unterhaltsame Sternenshow. Aufgepasst: Nur die Vorstellungen um 12 und um 16 Uhr sind auf Englisch.

Geführte Touren

Traveller's Point (☎ 2604018; Tourist Lodge, Station Rd) bietet Tagesausflüge rund um Guwahati für 375 Rs pro Person an. Beliebt sind auch die zweitägigen Trips zum Kaziranga National Park, die mehrmals in der Woche stattfinden, sofern sich genügend Interessenten melden. Die Fahrt kostet 2000 Rs pro Person, inkl. Parkeintritt und Elefantenritt.

Schlafen

Die angegebenen Preise sind ohne Steuern oder andere Zuschläge angegeben, die bis zu 30 % vom Nettopreis ausmachen können.

BUDGETUNTERKÜNFTE

Die Zimmer in dieser Preiskategorie haben – soweit nicht anders angegeben – ein eigenes Bad und einen Ventilator.

Hotel Tibet (☎ 2639600; GS Rd, Eingang in der AT Rd; EZ/DZ/3BZ ab 150/250/350) Obwohl es von außen nicht viel hermacht, gehört dieses Hotel zu den Besseren. Busdepots und Bahnhof sind von hier bequem zu erreichen.

Hotel Suradevi (☎ 2545050; MN Rd; B 85 Rs, EZ/DZ mit Gemeinschaftsbad 100/170 Rs, mit eigenem Bad 150/230 Rs) Liegt östlich vom Fancy Bazaar in einer ruhigen Gegend und hat günstige, aber spartanische Zimmer und eine gute Küche.

Tourist Lodge (☎ 2544475; Station Rd; EZ/DZ 230/290 Rs, DZ mit Klimaanlage 490 Rs; ❄) Die Tourist Lodge wird von Assam Tourism geleitet. Sie ist sauber, gut organisiert und liegt äußerst günstig nahe dem Bahnhof. In den Zimmern gibt's einen Ventilator, einen Boiler und Balkon. Ein echtes Schnäppchen.

MITTEL- & SPITZENKLASSEHOTELS

Standard sind Kabel-TV und ein eigenes Bad mit heißem Wasser.

Hotel Nova (☎ 2523464; SS Rd; EZ/DZ ab 600/860 Rs, mit Klimaanlage 869/1060 Rs; ❄) Angenehmes Hotel mit hilfsbereitem Personal, blitzsauberen Zimmern und sehr leckerer Küche; liegt direkt am Fancy Bazzar.

Hotel Nandan (☎ 2540855; www.nandan.com; GS Rd; EZ/DZ ab 900/1400 Rs, mit Klimaanlage1200/1600 Rs; ❄) Ein bequemes, modernes Dreisternehotel, in dem oft Geschäftsreisende absteigen. Direkt vor der Tür fährt ein Jeep zum Flughafen ab.

Dynasty Hotel (☎ 2516021-5; dynasty_hotel@sify.com; SS Rd; EZ/DZ ab 2200/2600 Rs; ❄) Mitten im Zentrum liegt Guwahatis wohl bestes Hotel: das schnieke Dynasty. Luxus und Service stellen jedes andere Hotel hier genehm in den Schatten.

Essen

Sunflower Restaurant (Panbazar; Hauptgerichte 35–60 Rs) Das beste der Billigrestaurants am Cotton College tischt assamesische Currys und typisch indische Gerichte auf.

JB's (MG Rd; Hauptgerichte 30-95 Rs; 🕑 12.30–15.30 & 18–22 Uhr; ❄) Am Ufer nahe dem Fancy Bazaar liegt das JB's. Es besteht aus einer Bäckerei, einer *chaat*-(Salat-)Bar und einem Restaurant. Die indischen Vegi-Gerichte sind Weltklasse.

Jolporee (☎ 2454421; Sukreswar Park, MG Rd; Hauptgerichte 60–90 Rs; 🕑 abendliche Flussfahrt 16 Uhr) Das staatlich betriebene Restaurant liegt auf dem Brahmaputra. Die täglich angebotene Dinnerfahrt auf dem Fluss kostet 50 Rs extra. Reichlich Mückenschutzmittel mitnehmen!

ETWAS BESONDERES

Tandoori (☎ 2516021-5; SS Rd; Hauptgerichte 100-270 Rs; 🕑 12–15 & 7–11 Uhr) Im oberen Stock des Dynasty Hotel wartet das vielleicht beste Restaurant Nordostindiens auf die Besucher. Zu den Klängen traditioneller Livemusik und dem Plätschern des Springbrunnens servieren Kellner in Mogulnuniformen atemberaubende Muglai-Gerichte an todschicken niedrigen Tischen. Das *kali-mirch*-Kebab (Brathähnchen in Joghurt und Pfeffer) kommt fast schon einer übersinnlichen Erfahrung gleich.

Nashraj Restaurant (SS Rd; Hauptgerichte 50-80 Rs; ⌚ 10–21 Uhr) Das Restaurant beim Hotel Nova sieht nach Nix aus. Dafür gibt's hier das beste Hühnchen *dopiaza* (Curry mit Zwiebeln und Chili) in der Stadt.

An- & Weiterreise

FLUGZEUG

Internationale Flüge vom und zum Lok-Priya Gopinath Bordoloi International Airport sind zurzeit gecancelt. **Indian Airlines** (IA; ☎ 2264425; GS Rd, Ganeshgiri, Dispur), **Jet Airways** (JT; ☎ 2668255; GN Bordoloi Rd) und **Sahara Airlines** (SA; ☎ 2548676; GS Rd) haben jedoch Guwahati in ihrem Flugplan. Zwischen Guwahati und folgenden Städten gibt's Direktflüge:

Ziel	Dauer	Preis (US$)	Fluglinie
Agartala	40 Min.	100	IA
Aizawl	1 Std.	105	IA
Bagdogra	50 Min.	100	IA/JT
Delhi	2¼ Std.	260	IA/JT/SA
Dimapur	50 Min.	75	IA
Imphal	50 Min.	60	IA/JT
Jorhat	50 Min.	60	JT
Kolkata	50 Min.	95	IA/JT/SA
Silchar	35 Min.	65	IA

Pawan Hans Helicopter Service (☎ 2841022; Lok-Priya Gopinath Bordoloi airport) Shuttleservice mit täglichen Flügen nach Shilong (725 Rs, 30 Min.) und drei Flügen in der Woche nach Itanagar (2700 Rs, 1¼ Std.). Eher etwas für Abenteuerlustige – die Pannenstatistik treibt Schweißperlen auf die Stirn.

BUS & JEEP

Die verschiedenen staatlichen Buslinien, darunter die Assam State Transport Company (ASTC), fahren den Busbahnhof am **Paltan Bazaar** (☎ 2730410; AT Rd) in der Nähe des Bahnhofs an. Es gibt Dutzende von Ticketschaltern – zum Glück sind die Ziele überall deutlich auf Englisch angeschrieben. Die Langstreckenbusse fahren normalerweise morgens oder abends los.

Die zuverlässigsten privaten Busgesellschaften sind **Network Travels** (☎ 2522007; GS Rd), **Assam Valley** (☎ 2631843; GS Rd), **Royal Tours & Travels** (☎ 2519094; GS Rd) und **Blue Hill** (☎ 2543059; AT Rd).

Private und staatliche Buslinien fahren regelmäßig Ziele in Assam an: Tezpur (61 Rs, 5 Std.), Kaziranga (110 Rs, 6 Std.), Jorhat (150 Rs, 8 Std.), Sibsagar (174 Rs, 9 Std.), Haflong (220 Rs, 10 Std.) und Silchar (230 Rs, 12 Std.).

Einige weitere Ziele im Nordosten sind:

Ziel	Preis (Rs)	Dauer (Std.)
Agartala (Tripura)	330	25
Aizawl (Mizoram)	440	18
Dimapur (Nagaland)	145	8
Imphal (Manipur)	350	16
Itanagar (Arunachal Pradesh)	160	12
Kohima (Nagaland)	195	9
Shillong (Meghalaya)	60	3½
Siliguri (Westbengalen)	230	13

Nach Shillong fahren auch Sammeljeeps oder Kleinbusse (90/125 Rs). Sie starten am ASTC-Busbahnhof am Paltan Bazaar.

ZUG

Guwahati ist ein wichtiger Verkehrsknoten. Täglich fahren mehrere Züge nach Kolkata (Bahnhof Sealdah), so etwa der *Kanchenjunga Express,* der um 22 Uhr in Guwahati startet und für die Fahrt 24 Std. braucht (190/341/1457 Rs für 2. Klasse/non-AC Sleeper class/2AC). Wer nach Darjeeling oder Sikkim möchte, steigt in New Jalpaiguri um. Das computergestützte **Railway Reservation Office** (☎ 541799; ⌚ Mo–Fr 8-20 Uhr, Sa 8–14 Uhr) befindet sich vor dem Bahnhof.

Die Züge zuckeln nur spärlich durch den Nordosten. Die einzige von Travellern regelmäßig benutzte Verbindung ist der *Jan Shatabdi Express* nach Dimapur in Nagaland (102/330 Rs für AC Chair class/ 2. Klasse, 5 Std., Mo–Sa). Außerdem kann man den langsameren Passenger Train nach Haflong und Silchar mit Umsteigen in Lumding nehmen.

Unterwegs vor Ort

Der Flughafen Lok-Priya Gopinath Bordoloi liegt 23 km südwestlich von Guwahati. Vor dem Hotel Nandan in der GS Rd fahren zwischen 6 und 17 Uhr Sammeltaxis (80 Rs/Pers.). Wer ein Taxi für sich allein will, muss 300 Rs hinlegen.

Vom **Kachari Busbahnhof** (Station Rd) fahren Busse zum Kamakhya-Mandir (5 Rs, 15 Min.), nach Hajo (7 Rs, 1 Std.) und Sualkuchi (8 Rs, 1¼ Std.). Eine Sightseeingtour mit einem Taxi kostet am Tag etwa 1800 Rs.

RUND UM GUWAHATI

Am nördlichen Ufer des Brahmaputra liegt rund 30 km von Guwahati entfernt der bedeutende Pilgerort **Hajo**. Während Hindu und Buddhisten im traumhaften **Hayagriba-Madhava-Mandir** mitten im Dorf ihre Andacht halten, besteigen die Muslime den Hügel hinter den Häusern, um in der von Shah Jahans Sohn gegründeten **Poa-Mecca-Moschee** zu beten. Ungefähr gleich weit von Guwahati entfernt ist Sualkuchi. Es ist bekannt für seine Seidenweberei und vor allem für seine *muga*-Seide mit ihrer natürlichen goldenen Farbe. An jeder Ecke findet man ein Seidengeschäft – die edle Muga-Seide kostet um die 450 Rs pro Meter. In der Umgebung können einige Seidenwebereien besichtigt werden. Nach Hajo und Sualkuch fährt ein Bus von Guwahati aus.

Der **Manas National Park** (360 km²) befindet sich 80 km nordwestlich von Guwahati. Er ist die Heimat von goldglänzenden Langurenaffen, Elefanten, Nashörnern, Gaurs (Wildbüffeln) und einigen Tigern, die jedoch nur schwer zu entdecken sind. Vorsicht: In dieser Gegend sind auch Bodo-Separatisten aktiv – also vor der Reise die Sicherheitslage checken! Jungle Travels India (s. S. 606) organisiert Übernachtungen und Safaris innerhalb des Parks.

TEZPUR

☎ 03712

Tee wird in Tezpur groß geschrieben. Die Stadt, die nach einer mythischen Schlacht auch „Stadt des Blutes" heißt, liegt etwa 160 km von Guwahati entfernt. Hier gibt's nicht nur eine entspannte Atmosphäre, sondern auch einige interessante Überbleibsel aus früheren Zeiten. Bei **Assam Tourism** (☎ 221016; Tourist Lodge, Jenkins Rd) erfährt man mehr.

Im **Chitralekha-Udyan-Park** im Stadtzentrum kann man Skulpturen bewundern, die aus einem Tempelkomplex des 9. Jh. bei Bamuni Hill stammen (Cole Park; Jenkins Rd; Eintritt 7 Rs; 🕑 9–17.30 Uhr). Noch mehr Tempel, u. a. der shivaistische **Mahabhairab-Mandir** und der zerstörte **Da-Parbatia-Mandir** aus dem 6. Jh., finden sich 5 km westlich von Tezpur.

Direkt am Brahmaputra etwa 31 km von Tezpur entfernt liegt das **Orang Wildlife Sanctuary** (🕑 Nov.–Apr.), in dem sich Nashörner, Elefanten, Hirsche und Wasservögel tummeln. Die Busse von Tezpur nach Guwahati über Mangaldai fahren am Eingang vorbei. Dort kann man eine Fahrt im Jeep oder einen Elefantenritt buchen.

Schlafen & Essen

Tourist Lodge (☎ 221016; Jenkins Rd; Zi. ohne/mit Klimaanlage 260/410 Rs; ❄) Direkt am Chitralekha-Udyan-Park liegt das sympathische, staatlich betriebene Hotel. Die Unterkunft bietet einladende und geräumige Zimmer mit Bad und Moskitonetz.

Hotel Meghdoot (☎ 220714; KK Rd; Zi. 110–370 Rs, DZ 160–900 Rs). Für Traveller mit kleinem Geldbeutel. Das Hotel liegt gleich bei der Bushaltestelle die Straße entlang. Die Zimmer sind düster aber sauber und die teureren haben Badezimmer und TV.

Hotel Luit (☎ 222083; Ranu Singh Rd; alter Flügel EZ/DZ 200/300 Rs, neuer Flügel EZ/DZ mit heißer Dusche ab 500/600 Rs) Von der Main Rd. etwas zurückgesetzt liegt das Hotel Luit. Das Hotel hat eine große Auswahl an Zimmern in unterer und mittlerer Preislage und das beste Restaurant der Stadt.

An- & Weiterreise

Die **Indian Airlines** (☎ 220083; Jenkins Rd) – Büro in der Nähe der Tourist Lodge – fliegt zweimal wöchentlich von Tezpur nach Kolkata und zurück (110 US$, 1¼ Std.); Zwischenstopps gibt's in Dimapur (50 US$, 25 Min.) oder Jorhat (65 US$, 25 Min.). Ein Flug-

ETWAS BESONDERES

Wild Grass Resort (☎ 03776-262085; maan_barua@satyam.net.in; Bett 450 Rs, Zweimannzelt 350 Rs, DZ im Bungalow/Hauptgebäude 850/1450 Rs; ❄ 🍽) Hier lohnt es sich wirklich, etwas tiefer in die Tasche zu greifen. Fürs Geld bekommt man eine Übernachtung in einem entzückenden Ökoresort. Es liegt 4 km östlich vom Dorf Kaziranga entfernt – Schilder an der Hauptstraße weisen den Weg. Das Resort ist heiß begehrt: Die Zimmer im Stil des British Raj sind in kleinen Bungalows oder im Haupthaus untergebracht – da kommt geradezu Safari-Feeling auf. Außerdem gibt's ein großräumiges Restaurant und regelmäßig Programm mit Tanz- und anderen kulturellen Veranstaltungen. Von Mai bis September wird ein Rabatt von 30 % gewährt; den Rest des Jahres geht ohne Reservierung gar nichts.

hafenbus fährt an Tagen, an denen geflogen wird, um 10 Uhr vom Büro aus ab.

Öffentliche Busse fahren regelmäßig vom ASTC-Busbahnhof an der KK Rd zum Orang Wildlife Sanctuary (52 Rs, 1½ Std.), nach Guwahati (61 Rs, 5 Std.) und über Kaziranga (35 Rs, 2 Std.) nach Jorhat (80 Rs, 4 Std.).

Nach Bomdila (120 Rs, 7 Std.) in Arunachal Pradesh fährt täglich ein Bus um 9 Uhr morgens und um 13.30 Uhr einer nach Tawang (260 Rs, 12 Std.). Sammeljeeps fahren dieselben Strecken, los geht's um 11.30 bzw. um 5.30 Uhr.

NAMERI NATIONAL PARK

An die Grenze zu Arunachal Pradesh quetscht sich der 212 km² große **Nationalpark** (⏲ Nov.–April). Er ist Schutz- und Lebensraum für die Wälder und Feuchtgebiete am Bharali. Hier laufen einem wilde Elefanten, bedrohte Schildkröten, Wasservögel und mit etwas Glück auch Tiger vors Objektiv. Jeeps und Elefantenritte können am Parkeingang gebucht werden, der nach etwa 20 km auf der Straße von Tezpur nach Bhalukp zu erreichen ist – am besten nimmt man für die Strecke ein Taxi.

Das **Eco Camp** (☎ 03712-234246; Potasali) liegt 3 km vom Parkeingang entfernt. Hier ist Ökotourismus angesagt: mit Angeln – d. h. Fangen und wieder Freilassen –, Bird-watching, Elefantenritten und anderen Aktivitäten. Unterkünfte gibt's in Zelten und Schlafsälen – aktuelle Preise beim Camp erfragen.

Kunki's Resorts (☎ 03782-234788; Bhalukpong; Zi. 550 Rs) liegt an der Grenze zu Arunachal Pradesh. Die Unterkunft bietet attraktive Bungalows mit großen Zimmern, Moskitonetz, TV und überdachter Terrasse mit Blick auf den Fluss.

KAZIRANGA NATIONAL PARK

Der **Kaziranga National Park** (Eintritt 250 Rs/Pers., Gebühr pro Jeep 150 Rs, Foto/Video 500/1000 Rs; ⏲ 1. Nov.–30. April 5.30–10 & 14–15.30 Uhr) ist eines der letzten Schutzgebiete des einhörnigen Nashorns. Vor 100 Jahren gab es nur noch 200 Exemplare. Inzwischen hat sich in Kaziranga der Bestand jedoch erholt: Zurzeit leben 1700 Tiere hier – zwei Drittel des weltweiten Bestands. Der Park ist mit hohen Gräsern zugewuchert, allerdings lassen sich Nashörner, Elefanten, Hirsche, Gaurs (indische Wildbüffel) und Wasservögel an offenen Flussauen gut erspähen.

Praktische Informationen

Der 430 km² große Park ist in drei Teile unterteilt. Besucht wird jedoch meist nur der zentrale Bereich, wo sich auch der **Kaziranga Tourist Complex** (☎ 03776-268095) befindet und Eintritt gezahlt wird. Elefantenritte (750 Rs) müssen ebenfalls hier gebucht werden – um 5.30 und 6.30 Uhr geht's los.

Jeeps vom Tourist Complex aus zum Start für die Elefantenritte kosten 150 Rs. Für eine zweistündige Safari im mittleren Teil des Parks sind 480 Rs zu berappen.

Schlafen & Essen

Im Kaziranga Tourist Complex gibt es mehrere staatlich betriebene Unterkünfte. Alle Zimmer sind mit Ventilator, Moskitonetz und eigenem Bad ausgestattet. Zimmer mit Klimaanlage kosten 125 Rs extra. Von Mai bis Oktober gibt's 100 Rs Rabatt. Wer ein Zimmer reservieren will, muss beim Tourist Office in Guwahati eine Kaution hinterlegen.

Bonani Lodge (☎ 03776-262423; EZ/DZ, EG 320/380 Rs, 1. Stock 350-410 Rs) Bungalows zum Wohlfühlen mit sauberen, geräumigen Zimmern und einem niedlichen Balkon, auf dem einem der Abendwind um die Nase weht. Das Restaurant tischt indische Gerichte auf. Hier können auch Zimmer und Betten der **Kunjaban Lodge** (Bett ohne/mit Bettwäsche ganzjährig 25/50 Rs) und der **Bonoshree Lodge** (EZ/DZ 210/260 Rs), beide in unmittelbarer Nähe, gebucht werden.

Die **Aranya Lodge** (☎ 03776-262429; EZ/DZ 450/550 Rs, EZ/DZ in Bungalows 510/650 Rs) ist die nobelste unter den staatlichen Lodges. Man hat die Qual der Wahl zwischen Bungalows oder Zimmern mit kleinem Balkon inkl. Blick über den Garten. Im **Rhino Restaurant** (Hauptgerichte 40–60 Rs) gibt's leckeres Essen und in der Buffalo-Bar das einzige Bier weit und breit. Alle Zimmer haben Boiler und TV.

Günstiges Essen bekommt man in den *dhabas* (Imbissbuden) an der Straße, die durch das Dorf Kaziranga führt.

An- & Weiterreise

Alle Busse zwischen Guwahati (110 Rs, 6 Std.) und Jorhat (40 Rs, 2 Std.) kommen am Dorf Kaziranga vorbei. Wer will, kann von Guwahati aus eine geführte Tour mit Übernachtung buchen – weitere Infos s. S. 607.

OBERES ASSAM

Jorhat

☎ 0376

Jorhat, das Tor zum Nordosten Assams, hat vielleicht keine echten Highlights zu bieten, als Zwischenstopp auf dem Weg nach Majuli Island ist es jedoch ganz nett. Im Zentrum gibt's einen lebhaften Markt und ein kleines **Museum** (Eintritt frei; Postgraduate Training College, MG Rd; Di–So 10–16.30 Uhr). Ein Büro von **Assam Tourism** (☎ 2321579) befindet sich in der Tourist Lodge.

Hotel Dipti (☎ 2326973; Biman Barua Rd; EZ/DZ mit Moskitonetz ab 175/250 Rs) Liegt auf der Rückseite des ASTC-Busbahnhofs und hat einfache, aber saubere Zimmer und ein preiswertes Restaurant.

Hotel Paradise (☎ 2321521; EZ/DZ/3BZ 300/400/500 Rs, DZ mit Klimaanlage 800 Rs;) Nicht weit weg von der AT Rd.; gemütliche Zimmer mit Boiler und Kabel-TV – und ein spitzenmäßiges Restaurant.

Tourist Lodge (☎ 2321579; MG Rd; EZ/DZ 176/260 Rs) Etwas abseits von den anderen Hotels und hat große, geflieste Zimmer mit Ventilator und Moskitonetz zu anständigen Preisen.

Indian Airlines (☎ 2320011) und **Jet Airways** (☎ 2325652) – beide mit einem Büro im Hotel Paradise – fliegen zweimal wöchentlich nach Kolkata (130 US$, 2½ Std.). Jet Airways bietet außerdem auch Flüge nach Guwahati (60 US$, 50 Min.) an.

Langstreckenbusse fahren vom **ASTC Busbahnhof** (AT Rd) aus regelmäßig nach Sibsagar (25 Rs, 1½ Std.), zum Dorf Kaziranga (40 Rs, 2 Std.), nach Tezpur (80 Rs, 3½ Std.) und nach Guwahati (150 Rs, 8 Std.). Die Büros der privaten Busunternehmen liegen nicht weit davon entfernt.

Ecke AT Rd./MG Rd. fahren alle paar Stunden Busse nach Nimatighat (7 Rs, 1 Std.); hier legt die Fähre nach Majuli Island ab.

Majuli Island

Mitten im gewaltigen Brahmaputra liegt eine 886 km² große Sandbank: die größte Flussinsel des Planeten. Berühmt ist Majuli für seine 22 antiken vishnuistische Hindu-Klöster *(satras)*, die sich um den Erhalt der assamesischen Kunst kümmern. Die *satras* wurde im 15. Jh. vom assamesischen Philosophen Sankardeva gegründet, der Vergötterung und Kastensystem ablehnte. Sie bestehen meistens aus einer großen Gebetshalle mit einem einfachen Schrein davor. Drumrum liegen die Schlafsäle der Mönche und die Badebecken. Vishnu wird in Tanzdramen, Musik und Dichtung verehrt.

Die größten Dörfer auf der Insel sind Kamalabari, „Zentrum des Lernens", und Garamur, Zentrum für alte Waffenschmiedekunst, 5 km weiter nördlich. Zu beiden gehört ein *satra*. Weitere bedeutende *satras* sind Auniati (Edelsteine and Handarbeiten), 4 km westlich von Kamalabari, Bengenaati (Tanz und Künste), 4 km östlich von Kamalabari, Shamaguri (Maskenwerkstatt), 6 km östlich von Bengenaati, und Dakhinpat (Tanzfest), weitere 13 km von Shamaguri entfernt.

Am besten lassen sich die *satras* zu Fuß erkunden. Alternativ kann man in Kamalabari einen Taxifahrer samt Gefährt für etwa 700 Rs pro Tag anheuern. Infos zu weiteren Sehenswürdigkeiten gibt's von Danny Gam bei **KD Memorial Tourist Information Centre** (☎ 0376-2574609) in Garamur. Falls die Telefonleitung mal wieder zusammengebrochen ist: Bei den *dhabas*-Ständen in Garamur nach Danny fragen.

Zum Übernachten ist die erste Wahl auf Majuli das **Circuit House** (☎ 03775-274439; Garamur; DZ 100 Rs). *Dhabas* in Kamalabari und Garamur servieren indisches Essen zu kleinen Preisen.

Nach Majuli geht's mit dem Bus, der von Johrat nach Nimatighat fährt (7 Rs, 1 Std.); hier steigt man auf eine der Fähren nach Majuli um. Sie legen um 9.30, 10 und 16 Uhr ab (10 Rs, 2½ Std.). Die Busse und Fähren sind zeitlich aufeinander abgestimmt; angefahren werden verschiedene Orte der Insel. Von Majuli aus legen die Fähren um 8.00, 8.30 und 14.30 Uhr ab. Vorsicht: Die Fahrpläne wechseln regelmäßig, also vorher Zeiten im Touristenbüro in Jorhat checken.

Sibsagar (Sivasagar)

☎ 0376

Die frühere Hauptstadt der Ahom-Dynastie, die in Assam über 600 Jahre das Sagen hatte, ist nicht alltäglich. Sibsagar wird von einem gigantischen See, dem **Sibsagar Tank,** dominiert, den die Ahom-Königin Madambika 1734 anlegen ließ. Am Ufer ragt der 33 m hohe **Shivadol Mandir**, Indiens größter Shiva-Tempel, in den Himmel. Flankiert wird er von den beiden kleineren Tempeln

Devidol und **Vishnudol**. Im **Assam Tai Museum** am See (Eintritt 3 Rs; ⌚ Fr–Mi10.30–16.30 Uhr) gibt's eine Ausstellung über die Geschichte der Ahom-Dynastie zu sehen. **Assam Tourism** (☎ 2222394) liegt gleich daneben.

Etwa 4 km westlich des Stadtzentrums liegt die Ruine des ehemaligen Palasts der Ahom-Könige, **Karenghar** (Talatal Ghar; Eintritt 100 Rs; ⌚ 8–13 Uhr), gleich daneben der reich verzierte **Rang-Ghar-Pavillon** (Eintritt 100 Rs; ⌚ 8–17 Uhr), von dem aus die Ahom-Könige einst Elefantenkämpfen zuschauten.

In Gargaon, etwa 13 km östlich von Sibsagar, gibt's noch weitere **Ahom-Ruinen**. Die **Pyramidenmausoleen** der Ahom-Könige können 15 km weiter östlich in Charaideo bestaunt werden. Außerdem liegen hie und da einige alte **Shiva-Tempel** an der Hauptstraße nach Jorhat. All diese Orte sind mit dem Bus zu erreichen.

Läuft man die Straße vom Shivadol Mandir aus hinunter, kommt man zum **Kareng Hotel** (☎ 2222713; Temple Rd; EZ/DZ 100/200 Rs). Die Zimmer sind dunkel, aber gepflegt. Mit einladendem Restaurant und einer Bar, in der man sich nachmittags genussvoll die Sonne aufs Haupt scheinen lassen kann.

Die **Tourist Lodge** (☎ 2222394; EZ/DZ mit heißer Dusche 210/260 Rs) direkt am Sibsagar Tank, wird von enthusiastischen staatlichen Angestellten geführt, die die großen und sauberen Zimmer auf Hochglanz polieren.

Im **Skychef** (☎ 03772-222629; AT Rd; Hauptgerichte 60-100 Rs) gibt's Sibsagars beste indische und chinesische Küche.

Staatliche Busse fahren regelmäßig nach Gargaon (6 Rs, 30 Min.), Charaideo (15 Rs, 1 Std.), Jorhat (25 Rs, 1½ Std.) und Guwahati (174 Rs, 8–9 Std.); los geht's am **ASTC-Busbahnhof** (Ecke AT & Hospital Rd). Die Büros der privaten Busunternehmen sind in der Nähe.

SÜDASSAM

Auf dem Weg nach Tripura oder Nagaland kann in **Haflong**, Assams einziger Hill Station, ein Stopp eingelegt werden. Sie liegt am Ufer des hübschen Haflong-Sees. 9 km südlich davon befindet sich das Dorf **Jatinga**, in dem sich Vögel – so heißt es – zwischen August und November umbringen. In Wahrheit werden die Vögel von den Dorfbewohnern in Fallen gelockt: Endstation Kochtopf!

Übernachten kann man in der gemütlichen **Tourist Lodge** (☎ 03671-72694; EZ/DZ 210/260 Rs). Von Guwahati aus fahren Busse und Bummelzüge hierher.

Silchar, etwa 80 km von Haflong entfernt, ist ein Verkehrsknoten mit dem nächsten Flughafen für Flüge nach Nagaland. Sehenswertes? Fehlanzeige! Die **Tourist Lodge** (☎ 03842-32376; EZ/DZ 130/210 Rs) hat billige, saubere Zimmer.

Indian Airlines (☎ 03842-245649; Silchar Flughafen) fliegt von Silchar aus folgende Ziele an: Kolkata (100 US$, 1 Std.), Imphal (45 US$, 30 Min.), Shillong (50 US$, 35 Min.) und Guwahati (65 US$, 35 Min.). Busse kutschieren Traveller regelmäßig nach Guwahati (230 Rs, 12 Std.), Shillong (135 Rs, 10 Std.) und Agartala (106 Rs, 14 Std.).

MEGHALAYA

Meghalaya – Ort der Wolken! Der kleine Bundesstaat entstand 1972 durch die Teilung Assams. Er ist die Heimat der Stammesangehörigen der Khasi, Jaintia und Garo, bei denen die Erbfolge der mütterlichen Linie folgt. Die meiste Fläche des Staates nimmt ein hoch aufragendes Kalksteinplateau ein. Riesige Niederschlagsmengen prasseln hier auf die Erde – Mawsynram, in der Nähe von Cherrapunjee, ist offiziell der regenreichste Ort weltweit!

Die Khasi und Jaintia wanderten aus Südostasien ein, die Garo aus Tibet. Das Gebiet wurde um 1820 britisch. Nachdem die Briten die Stämme gegeneinander ausspielten, errichteten sie in Shillong ein kleines Stück Heimat in der Fremde.

Missionare konnten rund die Hälfte der Bevölkerung zum Christentum bekehren. In abgelegenen Gebieten behielten die Menschen jedoch ihre traditionellen Bräuche bei; so stellen sie z. B. steinerne Monolithen zum Andenken an die Stammeshäuptlinge auf. Die Bewohner Meghalayas sind außerdem fanatische Bogenschützen und auch Zocker: Einheimische schließen Wetten mit enormen Summen auf den Ausgang der Wettkämpfe ab.

Sicherheit

Grundsätzlich gibt's in Meghalaya derzeit keine Rebellenkämpfe. Trotzdem: Bevor man die Garo Hills besucht, besser Infos vor Ort einholen, die Websites www.meghala yatourism.com bzw. meghalaya.nic.in/tou

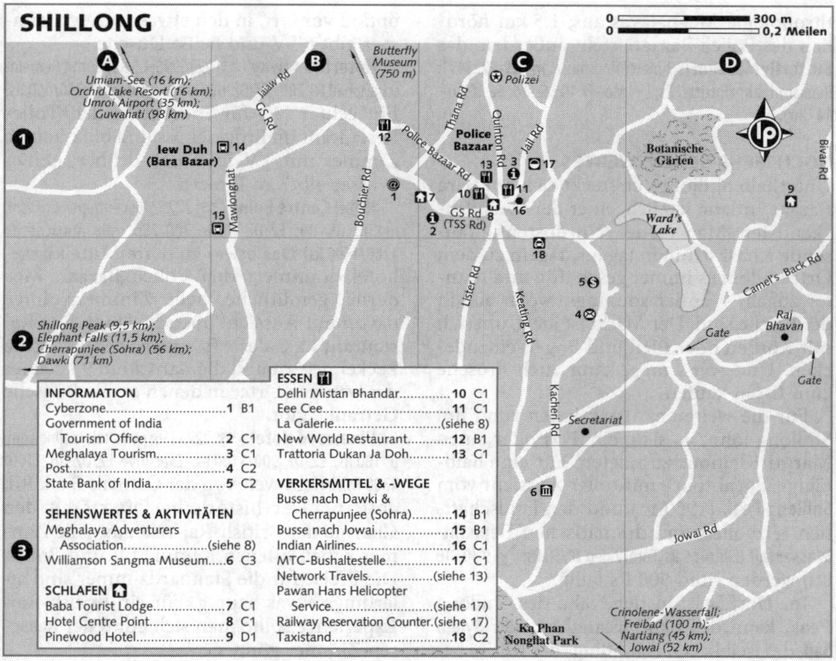

rism/glimpses.htm anklicken oder beim **Meghalaya Government Office** (Delhi ☎ 011-2301 4417; 9 Aurangzeb Rd; Kolkata ☎ 033-2229 0797; 1. OG, Great Eastern Hotel) nachhaken.

SHILLONG

☎ 0364 / 132 880 Ew.

Von 1874 bis 1972 war die Hill Station Hauptstadt von Assam. Die Gegend um Shillong heißt auch das „Schottland des Ostens". Grund dafür sind der Chamionship-Golfplatz, ein Polospielfeld, viktorianische Gebäude und Kirchen – aber auch das neblig-trübe, feuchte Wetter. Nach dem Abzug der Briten entwickelte sich Shillong zu einer ganz normalen modernen indischen Stadt, die dennoch einen gewissen Charme behalten hat. Während des Monsuns geht's jedoch feucht und finster zu.

Praktische Informationen

Cyberzone (☎ 2225548; LDB Bldg, GS Rd; 30 Rs/Std.; ⌚ Mo–Sa 10.30–19 Uhr) Bester Internetzugang in der Stadt.

Government of India Touristenbüro (☎ 2225632; GS Rd; ⌚ Mo–Fr 9.30–17.30 Uhr, Sa 10–14 Uhr)

Meghalaya Tourism (☎ 2226054; Jail Rd; ⌚ 7.30–17.30 Uhr) Gegenüber vom MTC-Busbahnhof.

Post (Kacheri Rd) Gleich bei der State Bank of India.

State Bank of India (Kacheri Rd; ⌚ Mo–Fr 10–16 Uhr, Sa 10–13 Uhr) Bargeld und Reiseschecks werden in britische Pfund, US$ und Euro gewechselt.

Sehenswertes & Aktivitäten

PARKS

Die Briten haben etliche Parks in Shillong angelegt. **Ward's Lake** (Eintritt 5 Rs, Foto 10 Rs; ⌚ Mi–Mo 5.30–17.30 Uhr) ist ein nettes Plätzchen zum Spazierengehen. Nur wenige Minuten zu Fuß davon enfernt liegen die **Botanischen Gärten** (freier Eintritt; ⌚ 9.30–16.30 Uhr).

Gut lässt's sich auch im makellosen **Ka Phan Nongliat Park** (Lady Hydari Park; Eintritt 5 Rs, Foto/Video 10/1000 Rs; ⌚ Di–So 8–7 Uhr) flanieren. Nebenan gibt's den **Crinolene-Wasserfall** und ein frostiges **Freibad** (Eintritt 20 Rs; ⌚ 6–18 Uhr).

MUSEEN

Das kleine **Williamson Sangma Museum** (Kacheri Rd; freier Eintritt; ⌚ Mo–Fr 10–17 Uhr) stellt etwas in die Jahre gekommene Exponate zur Pflanzen- und Tierwelt, der Kultur und Anthropologie Meghalayas aus; 1,5 km nördlich des Police Bazaars steht außerdem das **Butterfly Museum** (Schmetterlingsmuseum; ☎ 2223411; Riatsamthiah; Eintritt 5 Rs; 🕑 Mo–Fr 10.30–16, Sa 10.30–14 Uhr).

NOCH MEHR SEHENSWERTES

Unterhalb Shillongs erstreckt sich am Bara Bazaar entlang **Iew Duh,** einer der beeindruckendsten Märkte des Nordostens. Tausende Khasi strömen tagaus, tagein zu dem Ort, an dem es immer geschäftig und munter zugeht – außer sonntags, wenn alle in der Kirche sind. Der Markt ist ideal, um sich mit Körben oder Pfeil und Bogen einzudecken. Und wer's mag, kann auch Frösche zum Essen kaufen.

Für die weiteren Attraktionen rund um Shillong lohnt es sich, ein Taxi oder einen Maruti-Kleinbus zu mieten. Für eine halbtägige „local tour" mit toller Aussicht vom **Shillong Peak** (1960 m) und den landschaftlich reizvollen und dramatischen **Elephant-Wasserfall** (Eintritt 5 Rs, Foto/Video 10/50 Rs; 🕑 9.30–16 Uhr) werden rund 500 Rs fällig.

Im Dorf **Smit**, in der Nähe des Shillong Peak, kann das Bambuslanghaus der **Syiem Sad**, des weiblichen Häuptlings der Khrim besichtigt werden. Jedes Jahr im Oktober wird der ungewöhnliche **Nongkrem-Tanz** aufgeführt – weitere Infos im Kasten S. 602. Vom Iew Duh fahren regelmäßig Busse nach Smit.

Geführte Touren

Meghalaya Tourism bietet günstige Stadtrundfahrten durch Shillong (120 Rs/Pers.) und Cherrapunjee (150 Rs/Pers.) an. Um 8 Uhr morgens geht's los – jedoch nur, wenn mindestens 15 Leute da sind. Andernfalls mietet man ein Taxi für einen Tag (s. gegenüber).

Erfahrene Hobby-Höhlenforscher können bei der **Meghalaya Adventurers Association** (☎ 2224465/2545621; c/o Hotel Centre Point, GS Rd) geführte Höhlentouren in Meghalaya buchen. Das beliebteste Ziel ist Krem Um Lawan nahe Jowai.

Schlafen

Shillong ist ein beliebter Ferienort, die Preise sind deshalb saisongebunden und Verhandlungssache.

Baba Tourist Lodge (☎ 2211285; GS Rd; EZ mit Gemeinschaftsbad 100 Rs, EZ/DZ mit eigenem Bad 250/375 Rs) Baba ist wahrscheinlich die beste Budgetoption vor Ort, in den etwas teureren Zimmer gibt's TV und heiße Dusche.

Hotel Broadway (☎ 2226996; GS Rd; EZ mit Gemeinschaftsbad Rs 200, EZ/DZ mit eigenem Bad ab 350/650 Rs) Ein echter Hit für Indientraveller. Tolles Restaurant im Erdgeschoss und blitzsaubere Zimmer mit TV im Stock drüber; heißes Wasser gibt's in Eimern.

Hotel Centre Point (☎ 2225210; centrept@dte.vsnl.net.in; GS Rd; EZ/DZ ab Rs 700/750, mit Aussicht ab 1200/1400 Rs) Das etwas zu teure Mittelklassehotel dominiert den Police Bazaar. Moderne, gemütliche, helle Zimmer, einige davon mit Aussicht über die Stadt. Das Restaurant La Galerie (s. unten) bereitet echte Leckereien zu und die Bar Cloud 9 ist einer der wenigen Orte, an denen es alkoholische Getränke gibt.

Pinewood Hotel (☎ 2223116; pwhotel@neline.com; B 100 Rs, EZ/DZ 900/1100 Rs, Executive-EZ/DZ ab 1100/1300 Rs) Nicht weit von der Camel's Back Rd. entfernt. Der historische Ort strahlt den Charme der British-Raj-Ära aus. Alle Zimmer haben offenen Kamin, TV und Boiler. Die Preise für die Standardzimmer sind allerdings etwas happig. Für ein British-Raj-Experience sollte man sich eines der besseren Zimmer gönnen.

Essen

Trattoria Dukan Ja Doh (☎ 2225345; Police Bazaar Rd; Hauptgerichte 20–30 Rs; 🕑 Mo–Sa 10–18 Uhr) Die kleine Kantine am Police Bazaar hat viele echte Khasi-Gerichte auf der Speisekarte, u. a. milde Currys mit Fisch aus dem Fluss.

Broadway Restaurant (GS Rd; Hauptgerichte 40–95 Rs) Ist ans Hotel Broadway angeschlossen; *sehr* beliebtes Restaurant mit ausgezeichneter chinesischer Küche, Kreationen im Thai-Stil und jede Menge erstklassiger indischer Gerichte.

New World Restaurant (Police Bazaar Rd; Hauptgerichte 45–90 Rs; 🕑 9.30–19.30) Liegt versteckt am Ende der Haupteinkaufsmeile. Das New World tischt riesige Portionen *hakka chow mein* (gebratene Nudeln) auf.

La Galerie (☎ 2220480; GS Rd; Hauptgerichte 40–130 Rs; 🕑 Mo–Sa 11.30–21.30 Uhr) Restaurant des Hotel Centre Point. Es gibt gutes indisches und chinesisches Essen; der Speisesaal sieht aber eher aus wie ein italienisches Bistro.

Billiges Frühstück (5–15 Rs) mit Samosas oder *channa puri* (Kirchererbsencurry mit frittiertem indischem Brot) und Chai bekommt man im **Delhi Mistan Bhandar** (Police Bazaar Rd) oder im **Eee Cee** (Jail Rd); beide haben ab 8 Uhr geöffnet.

An- & Weiterreise

Indian Airlines (☎ 223725; Magnum Hotel, Police Bazaar) fliegt sonntags bis donnerstags von Kolkata nach Shillong (110 US$, 1¾ Std.). Zweimal in der Woche geht's auch nach Silchar (50 US$, 35 Min.) und Aizawl (95 US$, 50 Min.). Die Flugpiste liegt in Umroi, 35 km nördlich von Shillong; ein Taxi kostet um die 300 Rs.

Pawan Hans Helicopter Service (☎ 2223129) bietet täglich außer sonntags „berauschende" Flüge vom Militärflughafen in Shillong Peak nach Guwahati (725 Rs, 30 Min.) und nach Tura (1525 Rs, 1½ Std.) an. Das Unternehmen hat jedoch eine beängstigende Pannenstatistik. Das Büro befindet sich am **Meghalaya-Transport-Corporation-(MTC-)Busbahnhof** (Jail Rd), der auch einen Schalter für computergestützte Bahnreservierungen hat.

MTC und andere staatliche Buslinien fahren stündlich von Shillong nach Guwahati (60 Rs, 3½ Std.), der Bus nach Tura (180 Rs, 12 Std.) in den Garo Hills fährt täglich. Weiter im Angebot: Übernachtbusse nach Silchar (135 Rs, 10 Std.), Dimapur (220 Rs, 15 Std.) und Agartala (320 Rs, 17 Std.). **Network Travels** (☎ 2222747; Police Bazaar) bietet bequeme Superdeluxe-Busse zu denselben Zielen an.

Andere Orte in Meghalaya erreicht man mit Bussen, die von Mawlonghat am Ende des Iew-Duh-Markts aus losfahren. Verbindungen gibt's bis etwa 15 Uhr nach Smit (10 Rs, 1 Std.), Cherrapunjee (Sohra; 20 Rs, 1½ Std.), Jowai (30 Rs, 2½ Std.) und nach Dawki (40 Rs, 2 Std.) an der Grenze zu Bangladesch.

Sammeltaxis/Jeeps nach Guwahati (125/90 Rs, 3½ Std.) fahren in ihren Depots an der Kacheri Rd. los, sobald sie vollbesetzt sind. Jeeps fahren auch direkt zum Flughafen von Guwahati (170 Rs).

NACH/VON BANGLADESCH

Was man beachten muss, wenn man bei Dawki die Grenze nach Bangladesch passiert, s. S. 1197.

Unterwegs vor Ort

Die schwarz-gelben Taxis können für Kurztrips in das Umland der Stadt für etwa 40 Rs gemietet werden, jedoch lassen sich nicht alle Fahrer auf eine Rundfahrt ein. Für Touren durch Meghalaya chartert man Maruti-Kleinbusse beim Taxistand an der Kacheri Rd.; halbtägiges Sightseeing in Shillong kostet 500 Rs, Ausflüge nach Cherrapunjee 1200 Rs.

RUND UM SHILLONG

In Meghalaya gibt's eine Menge zu sehen, die meisten Traveller planen jedoch nur eine Tagesreise nach Cherrapunjee (Sohra) ein. Die folgenden Orte sind alle mit öffentlichen Bussen oder einem gecharterten Taxi zu erreichen.

Umiam Lake

Etwa 17 km nördlich von Shillong liegt am Dorf Barapani der 5 km² große **Umiam-See**, der beim Bau eines Wasserkraftwerks entstanden ist. Der See ist wunderbar ruhig; auf gemieteten Booten lässt's sich entspannt auf ihm herumgondeln.

Orchid Lake Resort (☎ 2570258; EZ/DZ mit TV & Boiler ab 600/682 Rs) Das Resort hat geräumige, saubere und ruhige Zimmer mit Blick auf den See.

Barapani ist mit jedem Bus oder Jeep, der in Richtung Guwahati fährt, zu erreichen.

Cherrapunjee (Sohra)

Die Khasi-Gemeinde **Cherrapunjee** (vor Ort auch Sohra genannt) stand lange Zeit als regenreichster Ort des Planeten in den Erdkundebüchern. Vor kurzem musste sie jedoch ihren Titel an das nahe gelegene Mawsynram abtreten, das mit einer unglaublichen Niederschlagsmenge von 11 873 mm pro Jahr prahlt. Alle acht Tage gibt es hier einen Khasi-Markt, die meisten kommen aber, um die Wasserfälle zu bewundern. In der Nähe des Markts kann man Taxis fürs Sightseeing buchen.

Der eindrucksvollste Wasserfall ist der **Nohkalikai**, etwa 5 km hinter der Ramakrishna-Mission. Kurz nach Ende des Monsuns sind die Wasserfälle besonders spektakulär. Von Mai bis Oktober wird man dagegen kaum mehr als Wolkenwirbel zu sehen bekommen.

Ein zweiter großer Wasserfall, der **Nohsngithiang**, liegt etwa 5 km südlich von Cherrapunjee nicht weit weg von der **Mawsmai Höhle** (Eintritt 5 Rs, Gebühr für Strom 60 Rs/Gruppe, Foto 15 Rs; ⌚ 9–16.30 Uhr), die mit stimmungsvollen Höhlengängen sowie prächtigen Stalagmiten und Stalaktiten Eindruck schindet. Folgt man der Straße, kommt man nach Dawki an der Grenze zu Bangladesch. Vorher beschert aber noch der **Thang Kharang Park** (Eintritt 5 Rs; ⌚ 8.30–16.30 Uhr) ein paar grandiose Ausblicke auf den Nachbarstaat.

Nachtquartiere gibt's im **Cherrapunjee Holiday Resort** (☎ 03637-264218; www.cherrapunjee.com; Zi. 600–700 Rs), das 15 km entfernt von Cherrapunjee im Ort Laitkynsew liegt. Ein Hingucker hier: die faszinierenden „lebenden Brücken", gewebt von den Luftwurzeln der Gummibäume.

Cherrapunjee liegt etwa 56 km südlich von Shillong – Busse dorthin fahren von der Haltestelle unterhalb des Bara Bazaars ab. Alternativ kann man in Shillong ein Taxi für einen Tag mieten.

Jaintia & Garo Hills

Jedes Jahr im Juli erwacht der verschlafene Marktflecken **Jowai** in den Jaintia Hills während des **Behdienkhlam-Festivals** zum Leben; weitere Infos s. Kasten, S. 602. Etwa 12 km weiter nördlich stehen in Nartiang eine schier unglaubliche Ansammlung von **Monolithen und Megalithen**, die unter den Jantia-Königen aufgestellt wurden, und ein alter, strohgedeckter **Durga-Tempel,** früher ein grausiger Schauplatz von Menschenopfern. Taxifahrer in Jowai berechnen 500 Rs für einen Abstecher nach Nartiang.

In den Garo Hills im Westen von Meghalaya werden hauptsächlich Orangen angebaut. Die Stadt Tura ist ein guter Ausgangspunkt für Ausflüge zu den **Siju-Höhlen**. Einfache Zimmer gibt's in der **Orchid Lodge** (☎ 03651-242394; B 60 Rs, EZ/DZ ab 230/300 Rs).

Jowai und Tura sind von Shillong aus mit dem Bus zu erreichen.

TRIPURA

Die Bevölkerung des winzigen Bundesstaates Tripura setzte sich früher hauptsächlich aus Stammesangehörige zusammen. Nach der Unabhängigkeit überfluteten jedoch Hindu-Flüchtlinge aus Ostpakistan die Region. Seither kämpfen etliche bewaffnete Gruppen für – oder gegen – die Errichtung eines unabhängigen Staates. Die National Liberation Front of Tripura (NLFT) startet regelmäßig Angriffe. Die Strecke zwischen Agartala und der Grenze zu Meghalaya kann nur von bewaffneten Konvois begleitet zurückgelegt werden.

Die Kämpfe sind größtenteils auf das Land beschränkt. Die Hauptstadt Agartala und die Umgebung sind recht sicher und die meisten Sehenswürdigkeiten kann man easy mit einer Tagestour abhaken. Die 19 Stammesvölker Tripuras sind vor allem im bewaldeten Hochland im Norden und Osten beheimatet; wer mit dem Bus von Shillong oder Guwahati nach Agartala fährt, kann vielleicht Stammesangehörige am Straßenrand sehen.

Weitere Infos: www.tripura.nic.in.

Sicherheit

Das Gebiet rund um Agartala ist sicher. Aufenthalte im Norden und äußersten Süden Tripuras sind dagegen weiterhin riskant. Vor einer Überlandreise von oder zur Hauptstadt sollte auf jeden Fall eine verlässliche Auskunft eingeholt werden.

Informationen gibt jedes **Tripura Government Office** (Delhi ☎ 011-2301 5171; Chanakyapuri, Kautilya Marg, New Delhi; Kolkata ☎ 033-2282 5703; 1 Pretoria St, Kolkata).

AGARTALA

☎ **0381 / 189 330 Ew.**

Tripuras verschlafene Hauptstadt Agartala (sprich ag-*ar*-tala) ist auf den eindrucksvollen Ujjayanta-Palast ausgerichtet, den Parlamentssitz des Bundesstaates Tripura. Außer einigen bunten Tempeln gibt es nicht gerade viel zu sehen. Die Grenze zu Bangladesh liegt nur 4 km östlich vom Stadtzentrum entfernt.

Praktische Informationen

Cyber Masti (Durga Bari Rd; 30 Rs /Std.; ⌚ 9–20 Uhr) Gutes Internetcafé.

State Bank of India (HGB Rd; ☎ Mo–Sa 10–16 Uhr, Sa 10–13 Uhr) Wechselt Bargeld und Reiseschecks in US$, britische Pfund und Euro. Jedoch lieber auf Nummer sicher gehen und ein paar Rupien auf Halde haben!

Tripura Tourism (☎ 2225930; Ostflügel, Ujjayanta Palace; ⌚ Mo–Fr & jeden 2. Sa 10–17 Uhr) Hilfsbereit, kann bei genügend Interessenten geführte Touren zum Sepahijala Wildlife Santuary und nach Neermahal organisieren.

Sehenswertes

1901 ließ Maharadscha Radhakishore Manikya den atemberaubenden **Ujjayanta Palace** erbauen. Der Palast mit Blick über zwei große Teiche wird von 28 ha Park umgeben. Leider gehört er heute der Staatsregierung – Besucher können deshalb nur durch die Schlosstore einen Blick ins Innere der Anlage erhaschen. Am Ende des Geländes stehen vier schöne **Hindu-Tempel**. Der **Buddha Vihara** (Airport Rd), etwa 1,5 km nördlich vom Palast, beherbergt birmanische Buddhastatuen.

Im kleinen **Tripura Government Museum** (☎ 232 6444; Ecke HGB & Mantri Bari Rd; Eintritt 2 Rs; ⏲ Mo–Sa 10–17 Uhr) sind interessante Ausgrabungsstücke aus der Gegend um Tripura und märchenhafte Gemälde und Kupferstiche aus dem British Raj ausgestellt.

Die Ruinen der früheren Hauptstadt, **Old Agartala**, liegen 5 km östlich von Kayerpur. Ein Besuch des **Chaturdasha Devata Mandir**, des Tempels der vierzehn Gottheiten, lohnt sich besonders im Juli, wenn hier das siebentägige **Karchi-Puja-Festival** stattfindet (s. Kasten S. 602).

Gleich neben dem Busbahnhof Batala sind die **Mausoleen** der Maharadschas von Tripura zu sehen. Die Bauwerke verfallen friedlich vor sich hin.

Schlafen

Sofern nicht anders angegeben, haben alle Hotelzimmer ein eigenes Bad.

Hotel Brideway (☎ 2207298; Palace Compound Rd; EZ/EZ mit Ventilator & Moskitonetz 150/200 Rs, mit Klimaanlage, TV 198/275 Rs; ❄) Bewährt billig, dafür kann es etwas lauter werden. Die Zimmer liegen rings um einen ordentlich gefegten Innenhof. Die Zimmer die Treppe hoch haben TV.

Royal Guest House & Restaurant (⏲ 2313781-4; hotel_rgh@yahoo.co.in; Palace Compound Rd; EZ/DZ 250/400 Rs, EZ/DZ 400/600 Rs; ❄) Hell und einladend. Das Guest House liegt in einer Seitenstraße versteckt in der Nähe des Palasts. Alle Zimmer haben Boiler, nur in denen mit Klimaanlage gibt's auch TV.

Executive Inn (☎ 2325047; 9 Mantri Bari Rd; EZ/DZ ab 200/250 Rs; ❄) Nahe der Post, großartiges Preis-Leistungs-Verhältnis. Die Zimmer sind sauber und gepflegt, alle mit Boiler und Kabel-TV.

Hotel Welcome Palace (☎ 2384940; bantob@sancharnet.in; HGB Rd; EZ/DZ mit Ventilator 200/300 Rs, EZ/DZ mit Klimaanlage ab 500/600 Rs; ❄) Die smarte Alternative in der Hauptgeschäftsstraße ist ihr

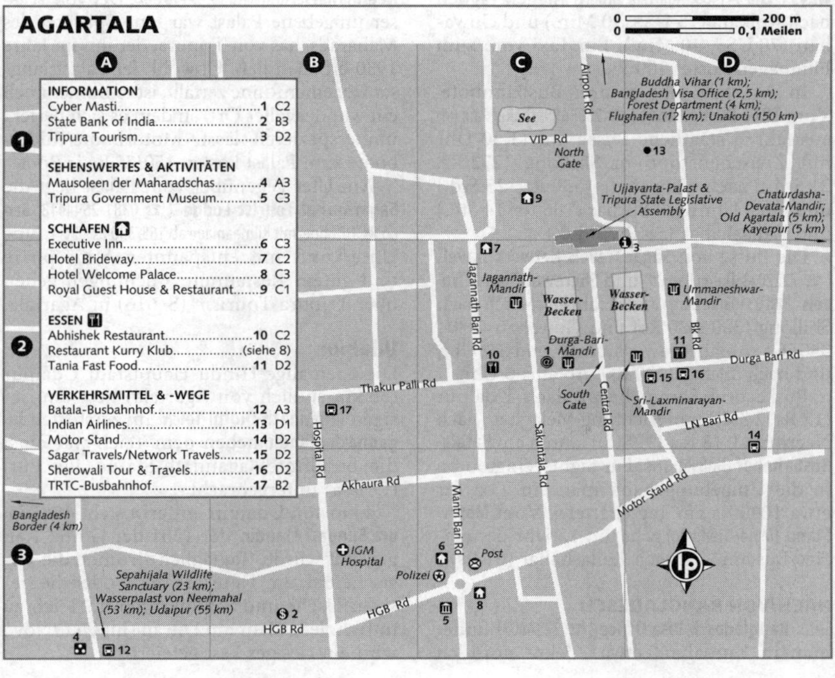

Geld wert. Reservieren ist eine gute Idee – das Hotel ist oft ausgebucht. Alle Zimmer mit Boiler und TV.

Essen

Tania Fast Food (Durga Bari Rd; Hauptgerichte 30–90 Rs; 11–22 Uhr;) Wer die verspiegelte Decke und die blinkenden Lichter ignorieren kann, genießt in dem Restaurant ausgezeichnetes chinesisches und indisches Essen.

Abhishek Restaurant (☎ 2328296; Durga Bari Rd; Hauptgerichte 60–100 Rs; 11–22 Uhr) Das beste Restaurant der Stadt mit einer einladenden Terasse im Freien. Das Essen ist köstlich, der Service einwandfrei. Leider hält sich das Restaurant strikt ans Alkoholverbot.

Restaurant Kurry Klub (☎ 2384940; Hauptgerichte 35–150 Rs; 10–22 Uhr) Das Restaurant im Businesslook beim Welcome Palace Hotel serviert chinesisches, indisches und thailändisches Essen, nach dem man sich die Finger leckt.

An- & Weiterreise

Der Flugplatz von Agartala befindet sich 12 km nördlich vom Stadtzentrum.

Indian Airlines (☎ 2325470; VIP Rd) und **Jet Airways** (☎ 2341400; Agartala airport) fliegen täglich nach Kolkata (75 US$, 50 Min.) und Guwahati (70 US$, 40 Min.). Ein Taxi vom/zum Flughagen kostet 100 Rs.

In Agartala gibt es drei Busbahnhöfe. Vom **TRTC-Busbahnhof** (☎ 2325685; Thakur Palli Rd) aus fahren staatliche Busse um 11.30 Uhr mit Zwischenstopp in Shillong (272 Rs, 21 Std.) nach Guwahati (330 Rs, 25 Std.) und um 6 Uhr nach Silchar (106 Rs, 14 Std.) und Kailashahar (58 Rs, 7 Std.).

Die Busse von **Sagar Travels/Network Travels** (☎ 2222013; Durga Bari Rd) und **Sherowali Tour & Travels** (☎ 2310398; Durga Bari Rd) fahren täglich nach Shillong (300–330 Rs) und Guwahati (330–350 Rs), Abfahrt jeweils um 6 und 12 Uhr, und nach Silchar (200 Rs), Abfahrt 6 Uhr.

Busse und Sammeljeeps nach Udaipur (17 Rs, 2 Std.) und Richtung Melaghar (nach Neermahal, 18 Rs, 1½ Std.) fahren am **Batala-Busbahnhof** (HGB Rd) los. Für Sightseeingtouren in die Umgebung kann man ein Taxi für etwa 1000 Rs am Tag chartern. Vom **Motor-Stand** (Motor Stand Rd) geht um 12 Uhr der einzige Bus am Tag nach Kailashahar (61 Rs).

NACH/VON BANGLADESCH

Das **Bangladesch Visa Office** (☎ 3234807) findet man in Kunjaban, etwa 2,5 km nördlich vom Palast an der Airport Rd. Die Grenze liegt 4 km vom Stadtzentrum enfernt an der Akhuara Rd. – weitere Infos zum Grenzverkehr nach Bangladesch siehe S. 1197.

RUND UM AGARTALA

Alle folgenden Orte sind mit dem Bus oder einem Sammeljeep vom Batala-Busbahnhof in Agartala zu erreichen.

Sepahijala Wildlife Sanctuary

Der 18 km² große **Naturschutzpark** (Eintritt 3 Rs, plus 8 Rs pro Fahrzeug; Sa–Do 8–17 Uhr) 23 km südlich von Agartala ist die Heimat von Affen, Hirschen, Elefanten und Wasservögeln. Dazu gibt's einen Zoo, eine Kindereisenbahn und einen kleinen See, auf dem man herumschippern kann. Für Übernachtungen im **Abasarika Forest Bungalow** (einfache Zi. ab 56 Rs/Pers.) beim **Forest Department** (☎ 2329476; Airport Rd, Agartala) melden.

Wasserpalast von Neermahal

In Melaghar, etwa 53 km von Agartala entfernt, liegt mitten auf einer Insel des Rudrasagar-Sees der traumhafte **Wasserpalast von Neermahal** (Eintritt 3 Rs; 9–16 Uhr). Der von Wasser umgebene Palast war eine Spielerei des Maharadschas von Tripura, der ihn im Jahre 1930 erbauen ließ. Obwohl der Palast langsam zu einer Ruine zerfällt, ist er immer noch ein wundervoller Ort, an dem es sich perfekt umherspazieren lässt. Motorboote/Ruderboote zum Palast kosten 150/75 Rs je Boot.

Am Ufer gegenüber vom Palast liegt die **Sagarmahal Tourist Lodge** (☎ 0381-2544418; Bett 66 Rs, DZ ohne/mit Klimaanlage ab 165/330 Rs;). Eine Unterkunft mit entspannter Atmosphäre und gutem Restaurant; Buchungen gehen über Tripura Tourism (S. 616) in Agartala.

Udaipur

Die ehemalige Hindu-Hauptstadt Udaipur (55 km südlich von Agartala) liegt am riesigen **Jagannath-Digthi-Teich**. Im zerstörten **Jagannath Mandir** neben dem Teich war einst die berühmte Jagannath-Statue aus Puri (Orissa) untergebracht.

4 km von Udaipur entfernt steht der **Tripura Sundari Mandir**, der 1501 der Göttin Kali geweiht wurde. Tagtäglich strömen die Pilger herbei, um Tiere zu opfern oder die riesigen Fische und Schildkröten im Teich zu füttern. Jedes Jahr am Diwali (im Okt./Nov.) wird ein riesiges Fest gefeiert.

Gonabati Yatri Niwas (B/DZ 66/165 Rs) Einfache Pilgerunterkunft am See.

NORDTRIPURA

Der alte Pilgerort **Unakoti** ist berühmt für seine steinernen Sockelskulpturen aus dem 8. Jh., darunter eine 10 m hohe Darstellung Shivas. Jedes Jahr im März/April findet das **Ashokastami-Mela-Festival** statt.

Unakoti liegt 150 km enfernt von Agartala und 10 km entfernt von Kailashahar (mit Bussen von Agartala oder Silchar aus zu erreichen). In Kailashahar bietet die **Uttarmegh Tourist Lodge** (DZ 120 Rs) zweckmäßige Zimmer an – Buchungen gehen über Tripura Tourism (S. 616) in Agartala.

NAGALAND

Der hügelige Bundesstaat Nagaland wird von den Bundesstaaten Assam, Arunachal Pradesh und Manipur sowie Myanmar eingeschlossen. Er ist vor allem Stammesgebiet. Zwar verschwindet die traditionelle Kultur der Nagas nach und nach, doch noch bietet dieser Staat den Blick auf einen Way of Life, der sonst nur noch in bunten Magazinen wie dem *National Geographic* zu sehen ist. Wer den Stammeshäuptling um Erlaubnis fragt, darf sogar mehrere einheimische Dörfer besuchen. Und jeden Dezember treffen sich die Tänzer aller Stämme Nagalands in der Hauptstadt Kohima, um das Hornbill-Festival zu feiern (s. Kasten, S. 602).

Einst waren die Nagas gefürchtete Kopfjäger. Unter britischer Herrschaft nahmen allerdings die meisten den christlichen Glauben an. Bevor Indien unabhängig wurde, kämpften viele Nagas für einen autonomen Staat. Das Gebiet wurde jedoch Indien zugeschlagen, was einen der brutalsten Aufstände in der Geschichte des Nordostens auslöste. Erst 1997 stimmte der National Socialist Council of Nagaland (NSCN) einem Waffenstillstand zu. Doch die Gewalt seitens anderer bewaffneter Gruppen hält an.

Weitere Infos dazu gibt's auf der Webseite www.nagalandtourism.com. Infos zu Einreisegenehmigungen siehe S. 601.

Sicherheit

Nach wie vor terrorisieren Guerillakämpfer Nagaland. 2004 brachten Rebellen bei zwei Anschlägen auf den Markt und den Bahnhof von Dimapur über 50 Menschen um. Daher unbedingt vor der Einreise die Sicherheitslage checken. Wichtig: Auch wenn alles auf den ersten Blick friedlich erscheint – *niemals* nachts auf der Straße aufhalten.

KOHIMA

☎ **0370 / 78 580 Ew.**

Die Hauptstadt Nagalands ist ein freundlicher Ort, der sich über eine Hügelkette erstreckt. Im Stadtzentrum gibt es einen „interessanten" **Markt,** auf dem Stammesangehörige Leckerbissen wie Insektenlarven und in Curry eingelegtes Hundefleisch verkaufen. Einige Stammeshäuser mit Giebeln aus gekreuzten Hörnern sind noch immer im Dorf **Bara Basti** etwa 1 km nördlich zu sehen. Und das in der Nähe liegende **State Museum** (☎ 2220749; Eintritt 5 Rs; ⏲ Mo–Sa 9–15 Uhr) zeigt Exponate zu den Nagas.

Oberhalb des Markts liegt der makellose **Soldatenfriedhof** mit Gräbern von 1200 britischen und indischen Soldaten, die im Kampf gegen Japan fielen. Weitere Infos gibt's beim **tourism department** (☎ 2222124; Ecke HE & Imphal Rd).

Capital Hotel (☎ 2224365; Old NST Rd; EZ/DZ ab 100/150 Rs) Gleich bei der Bushaltestelle, hat gute, saubere Zimmer mit phantastischer Aussicht vom Balkon auf der Rückseite des Hauses.

Hotel Fira (☎ 2245006; PR Hill; EZ/DZ 500/800 Rs) Liegt einige Kilometer südlich vom Stadtzentrum. Die Unterkunft hat schicke und gemütliche Zimmer mit fließend Warmwasser und ein Restaurant.

Private und staatliche Buslinien gondeln regelmäßig nach Dimapur (40–50 Rs, 3 Std.). Außerdem gibt's Busverbindungen zwischen Kohima und Imphal (95 Rs, 4½ Std.), Guwahati (195 Rs, 9 Std.) und zu allen Distrikthauptstädten in Nagaland.

DIMAPUR

☎ **03862**

Nagalands nicht gerade spannendes Businesszentrum liegt an der Grenze zu Assam. Dimapur war früher die Hauptstadt des Königsreichs der Kachari. Doch alles, was davon übrig geblieben ist, sind ein paar **Phallussymbole** in einem düsteren Park. Etwa 6 km von Dimapur entfernt befindet sich an der Straße nach Kohima das **North East Zone Cultural Centre** (☎ 243557; www.nezccindia.org; freier

STÄMME IM NORDOSTEN

Auf 7,5 % der Gesamtfläche Indiens leben 20 % aller Adivasi (Stammesangehörige) des Subkontinents. Als Traveller wird man mit großer Wahrscheinlichkeit auf Vertreter der folgenden Stammesvölker treffen:

Nagas (Nagaland und in Teilen Manipurs und Arunachal Pradeshs)

Die Nagas stammen ursprünglich aus Südostasien. Ihre heutige Heimat liegt verstreut entlang der indischen Grenze zu Myanmar. Die wichtigsten Stammesgruppen sind die Konyak, Ao, Chang, Phom und Lotha in Nagaland und die Nocte und Wancho in Arunachal Pradesh.

Dem Papier nach sind die Nagas Christen. In ihren Dörfern leben sie in großen „Wohngemeinschaften" in hölzernen Langhäusern, die mit Schädeln des *mithun* (Wildbüffel) geschmückt sind. Jedem Dorf steht ein *aung*, ein Häuptling, vor. Junge Männer schlafen, bis sie heiraten, gemeinsam in einem *morung* (Schlafsaal). Wer ein Naga-Dorf besucht, sollte einen Blick auf die riesigen Baumstammtrommeln werfen, mit denen sich die Bewohner zwischen den Dörfern verständigten. Die geschnitzten Trommeln ähneln einem auf den Kopf gestellten Kanu, was die Legende widerspiegelt, nach der die Nagas ursprünglich ein Seevolk waren.

Unübersehbare Merkmale älterer Nagas sind deren Tätowierungen und Gesichtspiercings. Die Naga-Jäger tragen als *yanra* bezeichneten Schmuck, der abgetrennte Menschenköpfe darstellt und damit an ihre Vergangenheit als Kopfjäger erinnert. Besonders sticht bei der Naga-Tracht der *dao* hervor, eine Machete, die einem Mordinstrument gleicht und sowohl von Männern als auch von Frauen getragen wird.

Monpa (westliches Arunachal Pradesh)

Den Monpa begegnet man vor allem in der Gegend des Tawang Valley in Arunachal Pradesh. Es wird vermutet, dass sie aus Tibet eingewandert sind. Die Monpa praktizieren eine alte Form des Buddhismus. Zu erkennen sind sie an ihren traditionellen Gewändern, zu denen ein schwerer Silber- und Türkisschmuck und ein seltsamer spinnengleicher Hut *(gurden)* aus Yakwolle gehört.

Apatani & Adi (zentrales Arunachal Pradesh)

Die zwei Stämme bewohnen die Berge im Zentrum von Arunachal Pradesh und verehren kultisch Sonne und Mond (Donyi-Polo-Kult). Die Apatani leben rund um Ziro in Pfahlbauten aus Bambus, die mit Totempfählen geschmückt sind. Männer wie Frauen sind im Gesicht tätowiert, die Frauen tragen zudem große hölzerne Pflöcke *(dat)* durch die beiden Nasenflügel.

Die Adi leben weiter östlich – ihre Heimat ist die Gegend um Daporijo und Along. Ihr Markenzeichen sind Kornspeicher mit zwei Ebenen aus Bambusholz, die entworfen wurden, um Ratten nicht in den Genuss der Ernte kommen zu lassen. Männer und Frauen tragen bunte Tuniken, die Stammesältesten der Adi haben dazu einen korbgeflochteten Hut *(bolup)* in der Form eines Schiffes auf dem Kopf.

Khasi (Meghalaya)

Die Khasi sind rund um Shillong zu Hause und gehören größtenteils dem christlichen Glauben an. Bei ihnen ist die matrilineare Erbfolge Gang und Gebe: Besitz und Status werden in der weiblichen Linie übertragen. Männer und Frauen tragen karierte Schals. Oft kann man die Khasi-Bauern mit einem Bananenblatt als Regenschirmersatz sehen, der wie ein Schildkrötenpanzer geformt ist. Ob sie damit dem berüchtigten Wetter Meghalayas trotzen können?

Eintritt; ⌚ Mo–Fr 9.30–16 Uhr) mit einem kleinen Museum, das einheimische Kunstgegenstände zeigt.

Übernachten kann man im freundlichen **Circuit House** (EZ/DZ 100/200 Rs), das allemal der dunklen Tourist Lodge vorzuziehen ist. Zimmer sollten beim **District Commissioner** (☎ 226530) gebucht werden.

Hotel Saramati (☎ 234761; Supermarket Complex; EZ/DZ 950/1100 Rs; ✖) Piekfeines Hotel der Marke nicht ganz billig mit einem exzellenten Restaurant.

Dimapur ist ein wichtiger Verkehrsknoten. **Indian Airlines** (☎ 229366/242441) fliegt mehrmals wöchentlich nach Kolkata (130 US$, 1¼ Std.) und Tezpur (50 US$, 25 Minuten). Bummelzüge fahren von Guwahati aus nach Dimapur.

Vom NST-Busbahnhof fahren Busse nach Kohima (40–50 Rs, 3 Std.) und zu allen Distrikthauptstädten in Nagaland. Außerdem noch nach Imphal (140 Rs, 8 Std.), Shillong (220 Rs, 12 Std.) und Guwahati (145 Rs, 8 Std.).

STÄMME DES NAGALANDS

Sicherlich das Highlight eines Trips ins Nagaland ist die Kultur der Nagas; s. Kasten gegenüber. Der Stamm der **Konyaks** ist am leichtesten zu erreichen. Sie leben in gemeinschaftlich genutzten Langhäusern in der Umgebung von Mon im Norden des Nagalands. Mon hat ein kleines völkerkundliches **Museum**. Im nahe gelegenen Dorf Shangnyu steht ein Totempfahl, auf dem Krieger mit gigantischen Phallen abgebildet sind. Weitere Stammesdörfer sind **Tuensang** (Phom und Chang), **Mokokchung** (Ao) und **Wokha** (Lotha); und dann gibt's noch die eher gekünstelten Stammesgebiete in **Khonoma** und **Tuophema** (bei Kohima).

Obwohl staatliche Busse all diese Orte anfahren, braucht man normalerweise eine Genehmigung vom *aung*, dem Häuptling, um ein Naga-Dorf zu besichtigen. Wem die Stammesetiquette fremd ist, sollte die Dörfer ohnehin besser in einer geführten Tour besuchen. Jungle Travels India (S. 606) in Guwahati ist mit Abstand der erfahrenste Anbieter.

ARUNACHAL PRADESH

Schroffes Gebirge kennzeichnet nördlich von Assam den Bundesstaat Arunachal Pradesh, der an Bhutan, Tibet und Myanmar angrenzt. Tawang Gompa, im Westen des Staates, ist eines der Highlights im Nordosten. In den dicht bewaldeten Bergen sind mindestens 65 verschiedene Stämme zu Hause. Es ist relativ easy, Genehmigungen zu bekommen; dennoch sind nur wenige Gebiete für Traveller zugänglich.

1962 fiel China in Tawang ein und meldete seinen Anspruch auf alle Gebiete an, die einmal zu Tibet gehörten. Indien konnte den Angriff jedoch erfolgreich kontern. Auch deswegen hat's noch heute viel Militär in Arunachal Pradesh.

Weitere Infos zu Arunachal Pradesh gibt's auf der Website von Arunachal Tourism unter www.arunachaltourism.com. Was Genehmigungen angeht, s. S. 601.

Sicherheit

Das Risiko, in Arunachal Pradesh in Rebellenkämpfe zu geraten, ist gering. Dennoch bekommt man Genehmigungen für diesen Bundesstaat nur in Gruppen von vier oder mehr Personen. Für Ausländer wird eine einmalige Einreisegebühr von 50 US$ (oder die entsprechende Summe in Rupien) fällig; dafür darf man sich im Normalfall nur auf den Straßen von Bhalukpong nachTawang und von Ziro nach Pasig und in der Hauptstadt Itanagar aufhalten.

An- & Weiterreise

Staatliche Busse und Sumo-Jeeps pendeln zu den Hauptstädten und anderen Städten im Nordosten; dennoch braucht man ein Fahrzeug und einen Führer, um in die Stammesdörfer zu kommen. Busse fahren von Itanagar und Tawang nach Tezpur und Guwahati in Assam.

Pawan Hans Helicopter Service (Guwahati ☎ 0361-2841022) fliegt dreimal wöchentlich nach Itanagar und Guwahati (2700 Rs, 1¼ Std.) sowie in die Umgebung von Arunachal. Hat aber eine miese Pannenstatistik.

ITANAGAR

☎ 0360 / 34 970 Ew.

Die Hauptstadt von Arunachal ist in zwei Teile unterteilt: Auf dem Berg liegt die Regierungsenklave Itanagar, im Tal Naharlagun. Sehenswertes ballt sich vor allem rund um Bank Tinali in Itanagar. Infos dazu gibt's beim **Tourism Department** (☎ 2212634/2214745; Ganga Markt).

Das **Jawaharlal Nehru Museum** (☎ 2222518; Eintritt 50 Rs; ⌚ Di–Sa 9.30–16 Uhr) zeigt wunderbare Exponate zu den Stämmen Arunachals. Nicht weit davon entfernt ist der **Mahayana Budh Tempel** (☎ Sonnenaufgang–Sonnenuntergang) mit seinen farbenfrohen Wandmalereien zu sehen.

Von Bank Tinali geht es den Berg hoch zu den Ruinen des **Ita-Forts**, einem riesigen Backsteingebilde aus der Ahom-Periode. Der malerische **Ganga-See** liegt am Ende einer abfallenden Straße etwa 6 km von Itanagar entfernt.

Das **Hotel Kameng** (☎ 2212869; Bank Tinali; DZ 225–325 Rs) ist für Traveller mit kleinem Geldbeutel eine gute Wahl. Die Unterkunft liegt am Ende einer Gasse gegenüber der Post. Die Zimmer mit heißer Dusche sind tipptopp.

In der Straße zum Tempel und Museum ist das riesige **Arun Subansiri Hotel** (☎ 2212806; Zero Point Tinali; EZ/DZ 500/700 Rs; ❄). Das Haus ist verschwenderisch mit Marmor ausgestattet. In den stilvollen Zimmern gibt's TV und heiße Dusche.

Sieht man von der zwielichtigen Verkehrsverbindung mit dem Helikopter nach Guwahati (S. 621) ab, fahren die meisten Transportmittel vom Busbahnhof in Naharlagun ab. Busse gehen täglich nach Guwahati (160 Rs, 12 Std.), außerdem fahren Busse und Jeeps an fast allen Tagen nach Bomdila (150 Rs, 14 Std.) und in die Städte im Innern Arunachal Pradeshs. **Network Travels** (☎ 2351088) gegenüber vom Busbahnhof bietet Verbindungen nach Guwahati and Dimapur (260 Rs, 10 Std.) an.

Stadtbusse pendeln täglich zwischen Naharlagun und Itanagar (10 Rs, 15 Min.) hin und her.

WESTLICHES ARUNACHAL PRADESH

Der bergige Westen von Arunachal ist die Heimat des buddhistischen Monpa-Stammes. Eine einzige Gebirgsstraße quält sich den 4176 m hohen Se-La-Pass hinauf und dann in das spektakuläre Tawang Valley hinunter, wo das bezaubernde Tawang Gompa liegt. Wer von Bhalukpong an der Grenze zu Assam nach Tawang fahren möchte, muss mindestens zwölf Stunden in Kauf nehmen. Die meisten Leute legen daher auf halber Strecke in Bomdila oder Dirang einen Zwischenstopp ein.

Tawang

☎ 03794

Für die **Tawang Gompa** (☎ 222243; Foto/Video 20/100 Rs; ⌚ Sonnenaufgang–Sonnenuntergang) fehlen einem die Worte. Das riesige buddhistische Kloster ist fast schon eine befestigte Stadt. An den engen Sträßchen liegen Steinhäuser, in denen mehr als 500 Mönche wohnen, außerdem gibt's ein riesengroßes Hauptgebäude mit Bibliothek. Im Ranking der weltweit größten buddhistischen Klöster wird die Tawang Gompa nur noch vom Potalapalast in Lhasa getoppt. Das meiste, was hier zu sehen ist, hat mindestens schon 350 Jahre auf dem Buckel.

Gegenüber der Haupt-Gompa auf der anderen Seite des Innenhofs gibt es ein interessantes **Museum** (Eintritt frei) – allerdings muss man einen Mönch auftreiben, der einem die Türen aufschließt. Die besten Chancen hat man frühmorgens, wenn Monpa-Stammesangehörige von den Bergen herabsteigen, um Hirse an die Mönche zu verteilen.

Unterhalb der Gompa verkauft das **Tawang Craft Centre** (☎ 222 638; ⌚ Mo–Fr 9–16, Sa 10–14 Uhr) bunte Monpa-Masken und -Schals. Das **buddhistische Kriegerdenkmal** erinnert an indische Soldaten, die während des indisch-chinesischen Krieges 1962 getötet wurden.

Um Tawang verstreut liegen noch 17 andere Gompas. In der alten **Urgelling Gompa,** 5 km unterhalb der Stadt an der Straße nach Bomdila, kam der sechste Dalai Lama zur Welt. Wer den steilen Weg hinter dem Tawang Gompa hinaufwandert, kommt zum interessanten **Gyangong Ani Gompa**, in dem ein kleiner buddhistischer Nonnenorden lebt.

Das **Touristenbüro** (☎ 222359) befindet sich in der Tourist Lodge. Infos zu Festen in Tawang, s. Kasten, S. 602.

SCHLAFEN & ESSEN

Hotel Buddha (☎ 222107; Old Bazaar; Zi. 550–750 Rs) Gleich neben der Bushaltestelle. Ein lauschiges Plätzchen mit bezaubernden holzgetäfelten Zimmern inkl. heißer Dusche und TV; gutes Vegi-Restaurant.

Die **Tourist Lodge** (☎ 222359; DZ/3BZ mit heißer Dusche ab 200/300 Rs) oberhalb des Alten Bazaars könnte ein wenig liebevolle Zuwendung vertragen. Das Preis-Leistungs-Verhältnis ist jedoch ganz o.k.

AN- & WEITERREISE

Vom Alten Bazaar geht's mit dem Bus der **Shambala Travel & Tours** (☎ 222275) um 11.30 Uhr nach Tezpur (260 Rs, 12 Std.). **Himalayan Holidays** (☎ 223151) fährt dieselbe Strecke frühmorgens mit Sumo-Jeeps.

Die Maruti-Kleinbusse an der Bushaltestelle fahren für 300 Rs zur Tawang Gompa, zum Kriegerdenkmal und zum Craft Centre.

Rund um Tawang

Etwa 40 km das Tal in Richtung Bhalukpong hinunter liegt **Dirang** mit 500 Jahre alten Steinhäusern, einer zerstörten **Festung** und einer alten **Gompa** auf der Bergkuppe. Das interessante **Nationale Yak Research Centre** (☎ 03780-22259) kann auf halber Strecke zwischen Dirang und Tawang besucht werden.

Wer in Dirang übernachten möchte, kann zwischen der **Tourist Lodge** (☎ 03782-242324; Zi. 300 Rs) oder dem schickeren **Hotel Permaling** (☎ 03782-207036; EZ/DZ 450/700 Rs) wählen.

Etwa 40 km unterhalb von Dirang liegt die Provinzstadt **Bomdila**. Dort gibt's mehre **Gompas** und ein spannendes **Museum** (Eintritt frei; 🕑 Mo–Fr 10–16 Uhr).

Im Zentrum liegen direkt nebeneinander die **Tourist Lodge** (☎ 03782-222049; Zi. 150–450 Rs) und das ansprechende, innen holzvertäfelte **Hotel Singiyang Phong** (☎ 03782-222286; EZ/DZ 450/650 Rs). Busse und Jeeps fahren täglich nach Tezpur (130 Rs, 6 Std.) und Tawang (220 Rs, 6–9 Std.).

Nur wenige Kilometer von der Grenze zu Assam entfernt können im **Orchid Research Centre** (☎ 03782-23444718; Eintritt frei; 🕑 Mo–Sa 9–12 & 14–16 Uhr) in **Tipi** mehr als 7500 Orchideen bewundert werden.

ZENTRALES ARUNACHAL PRADESH

Nur eine Schlängelstraße verbindet die Distrikthauptstädte Ziro, Daporijo, Along und Pasighat; sie führt zu den Dörfern der Apatani und Adi – siehe Kasten S. 620.

Die Hügel rund um Ziro sind die Heimat der Apatani, die an einem seltsamen Gesichtspiercing zu erkennen sind. Das größte Apatanidorf, **Hong**, liegt ca. 3 km westlich von Ziro. Übernachten kann man außerhalb Ziros im gemütlichen **Hotel Blue Pine** (☎ 03788-224812; Hapoli; EZ/DZ ab 300/400 Rs).

Weiter östlich stößt man auf die Siedlungen **Daporijo** und **Along,** die von den Dörfern der Adi umgeben sind. Der Stamm ist für seine ungewöhnliche Holzbauweise bekannt. In Along hat's ein kleines völkerkundliches **Museum** (freier Eintritt; 🕑 Mo–Fr 9–16.30 Uhr). Im nahe gelegenen Dorf **Kabu** gibt es eine Schwindel erregende Seilbrücke. In Daporijo und Along bieten einfache Hotels Kost und Logis an.

MIZORAM

Mizoram – das Land der Bergmenschen – liegt eingeklemmt zwischen Myanmar und Bangladesch im äußersten Südosten der Region. Der Bundesstaat besitzt eine verführerische Landschaft und ein reiches Erbe an Stammeskulturen – um genau zu sein, er ist der einzige Staat im Nordosten Indiens, der sogar von einem Stammesvolk regiert wird. In Mizoram ist die Lage seit mehreren Jahren ruhig; trotzdem kommt man nur schwer an eine Genehmigung ran.

Das Mizo-Volk stammt aus Myanmar; fast 95 % der heutigen Bevölkerung sind jedoch Christen. Einige Mizo-Traditionen haben trotzdem überlebt, allen voran die farbenfrohen Tänze, mit denen wichtige Ereignisse im „Bauernkalender" gefeiert werden.

Der Aufstand der Mizo begann 1959: Unmittelbarer Auslöser war eine Rattenplage, die ausbrach, nachdem sich Mizorams Bambuswald in ein Blütenmeer verwandelt hatte – was höchstens alle fünfzig Jahre passiert –, und die Ernte des Staates verwüstete. Im Jahre 1986 unterzeichnete die indische Regierung einen Friedensvertrag mit der Mizo National Front (MNF), die heute die Mehrheit der demokratisch gewählten Regierung des Staates stellt. Infos zur Einreisegenehmigung siehe S. 601.

AIZAWL

☎ **0389 / 229 710 Ew.**

Mizorams Hauptstadt ist ein kleiner ruhiger Ort, der unterhalb einer steilen Bergkette vom welligen Grün der Hügel umgeben ist. Der **Bara-Bazaar-Markt** im Zentrum ist regelmäßiger Treffpunkt für die Bergvölker. Das **Mizoram State Museum** (☎ 2340936; Eintritt 5 Rs; 🕑 12–15.30 Uhr) stellt einiges zur Kultur der Mizo aus. Das **Directorate of Tourism** (☎ 2333475; Chandmari) erteilt allgemeine Informationen.

Einige privat geführte Hotels sind im Zentrum von Aizawl, die staatliche **Tourist Lodge** (☎ 2341083; EZ/DZ 250/300 Rs) findet sich etwas außerhalb des Zentrums in Chatlang.

Indian Airlines (☎ 344733) fliegt ab Aizawl nach Kolkata (100 US$, 1 Std.), Imphal (60 US$, 30 Min.) und Shillong (95 US$, 50 Min.). Busse fahren nach Silchar (180 Rs, 6 Std.) und Guwahati (440 Rs, 18 Std.).

RUND UM AIZAWL

Im **Luangmual Handicrafts Centre**, etwa 7 km von Aizawl entfernt, gibt's einheimisches Kunsthandwerk. Dazu gehört eine staatliche **Tourist Lodge** (☎ 0389-2332263; DZ ab 100 Rs).

Etwa 192 km von Aizawl entfernt liegt an der Grenze zu Myanmar **Champhai,** drumrum hat's eine reizende Hügellandschaft.

Hier gibt's auch eine **Tourist Lodge** (☎ 03831-34015; EZ/DZ ab 150/200 Rs).

Laungmual und Champhai sind beide mit Bussen von Aizawl aus zu erreichen.

MANIPUR

In Manipur – Land der Edelsteine – leben mindestens 29 Stammesgruppen, darunter die Nagas, Kuki, Chin, Mizo und die Meitei, die eine einzigartigen Form des Vishnuismus ausüben. Die Bewohner Manipurs sind berühmt für ihre traditionellen Tänze.

Der Staat ist übersät mit bewaldeten Hügeln, die seltenen Vögeln und anderen Tieren, aber auch mindestens 36 Guerillaarmeen Unterschlupf bieten. Infos zur Einreisegenehmigung s. S. 601.

Sicherheit

Die gewaltsamen Übergriffe der Naga- und Kuki-Rebellen halten seit 1972 an, das letzte Friedensabkommen wurde 2002 gebrochen. Die Lage in Manipur ist zurzeit sehr unsicher, von Reisen wird abgeraten. Selbst wenn Genehmigungen erteilt werden, kann es jederzeit zu Ausschreitungen kommen. Überlandreisen sind sehr gefährlich.

IMPHAL

☎ 0385 / 245 970 Ew.

Manipurs Hauptstadt liegt inmitten bewaldeter Hügel. Viel zu sehen gibt's hier nicht. Im vishnuistischen **Shri-Govindajee-Mandir** mit seinen zwei angedeuteten Kuppeln werden zeremoniale Tänze aufgeführt. Der **Khwairamband Bazaar** entlang der Kangchup Rd. wird ausschließlich von Frauen betrieben. Außerdem gibt's einige Denkmäler für die Gefallenen des Zweiten Weltkriegs. Das **State Museum** (☎ 2220709; Polo Ground; Eintritt 5 Rs; Di–Fr 10–16.30 Uhr) zeigt interessante einheimische Ausstellungsstücke.

In Imphal gibt's eine gute Auswahl von Unterkünften wie beispielsweise das staatliche **Hotel Imphal** (☎ 2220459; Dimapur Rd; EZ/DZ ab 250/350 Rs). Allgemeine Informationen erhält man beim **Directorate of Tourism** (☎ 2224603; Hotel Imphal) oder beim **India Tourism** (☎ 2221131; Old Lambu Lane).

Indian Airlines (☎ 2220999) und **Jet Airways** (☎ 2230835) fliegen nach/von Kolkata (110 US$, 1¼ Std.) und Guwahati (80 US$, 50 Min.). Indian Airlines fliegt auch Silchar (45 US$, 30 Min.) und Aizawl (60 US$, 30 Min.) an.

Busse gehen regelmäßig nach Kohima, Dimapur, Silchar, Shillong und Guwahati. Von Autofahrten nach Imphal wird zurzeit abgeraten.

LOKTAK-SEE

Sicheres Reisen vorausgesetzt, lohnt sich ein Abstecher zum Loktak-See, der berühmtesten Sehenswürdigkeit in Manipur. Der See ist Teil des Keibul Lamjao National Park. Die Wasseroberfläche ist mit schwimmenden „Inseln" aus dichtem Unkraut übersät. Übernachtet wird im **Tourist Home** (EZ/DZ 25/50 Rs; Sendra Island); beim Directorate of Tourism in Imphal buchen!

Orissa

Einige Bundesstaaten versetzen Indientraveller in einen wahren Rausch – aber nicht das locker-relaxte Orissa. Vorsicht – Reisepläne könnten unter dem warmen Sand begraben werden … Wer ein glückliches Händchen beim Timing hat, kann hier zwei Events erleben, die er nie wieder vergessen wird. Das eine ist spiritueller Art: Tausende Pilger strömen nach Puri, zum jährlichen Festival zu Ehren Jagannaths. Das zweite ist natürlicher Art, wenn die bedrohten Olive-Bastardschildkröten nisten und brüten.

Orissa war schon immer ein Kulturstaat. Das bezeugt nicht nur der gewaltige Sonnentempel von Konark – ein in Stein gemeißelter Traum. Viele andere Sehenswürdigkeiten Orissas liegen dicht zusammengedrängt an der Küste. Im Landesinneren findet sich ein Indien ganz anderer Art: das der indigenen Völker. Verschiedene Gruppen haben es hier geschafft, sich eine lebendige Kultur – sichtbar in Kleidung, Musik und Tanz – zu erhalten. Und das, obwohl sie eine unsichere Existenz am Rande der Massengesellschaft führen.

Und dann gibt's noch ein Orissa, in dem sich die wilden Tiere tummeln: den Chilika-See mit seinen seltenen Delphinen, das Debrigarh Wildlife Sanctuary und den Badrama National Park; den Similipal National Park, wo wilde Elefanten umhertrotten; oder das Bhitarkanika Wildlife Sanctuary, wo Krokodilungetüme in schlammigen Mangrovensümpfen lauern.

Puri ist auf jeden Fall etwas für müde Traveller, die die Strapazen einer Indienreise hinter sich haben und einfach mal nur abzuschalten wollen. Die Strände sind nicht mit denen in Kerala oder Goa zu vergleichen, aber auch hier gibt's „Sonne, Meer und Sand" – und natürlich unzählige leckere Fisch-, Garnelen- und Krebsgerichte.

HIGHLIGHTS

- Zu erkunden gibt's unzählige **Hindutempel** (S. 630) im alten Teil von Bhubaneshwar
- In Puri kann man sich im Getümmel des spektakulären Festivals **Rath-Yatra** (S. 638) verlieren
- Der majestätische **Sonnentempel** (S. 642) in Konark regt zum Staunen an
- Im **Similipal National Park** (S. 650) Elefanten oder vielleicht sogar seltenen Raubtieren begegnen
- Wer mit dem Boot durch **Bhitarkanika** (S. 652) tuckert, kann Krokodilen, Echsen, schillernden Eisvögeln oder Reihern zuwinken
- Erholung und viel zu viel Seafood holen sich erschöpfte Traveller in **Puri** (S. 635)
- Beim Besuch der indigenen Völker (S. 648) der Frage nachgehen, wie lange solche unverwechselbaren Kulturen in einem modernen Indien überleben können

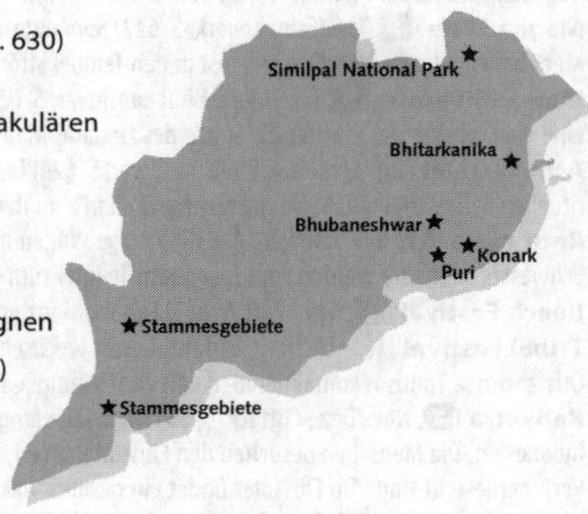

KURZINFOS

- Bevölkerung: 36,7 Mio.
- Fläche: 155 707 km²
- Hauptstadt: Bhubaneshwar
- Hauptsprache: Oriya
- Reisezeit: November bis März

Geschichte

Obwohl Orissa (unter dem Namen „Kalinga") früher eine beachtliche Seemacht mit Handelsrouten bis nach Indonesien war, ist bis zum Jahr 260 v. Chr., als der große Kaiser Ashoka den Untergang der Kalinga-Dynastie herbeiführte, wenig über seine Geschichte bekannt. Entsetzt über das Blutbad, das er dabei angerichtet hatte, schwor Ashoka der Gewalt ab und trat zum Buddhismus über.

Der buddhistische Glaube verlor im 1. Jh. v. Chr. an Bedeutung, und der Jainismus etablierte sich wieder als Volksglaube. Zu dieser Zeit wurden die Höhlenklöster von Udayagiri und Khandagiri (S. 631) geschaffen. Sie wurden zu wichtigen jainistischen Zentren.

Bis zum 7. Jh. hatte dann der Hinduismus den Jainismus verdrängt. Unter den Kesari- und Ganga-Königen erstarkten Handel und Wirtschaft und Orissas Kultur erlebte eine Blütezeit – unzählige Tempel aus dieser klassischen Periode sind erhalten geblieben. Es gelang den Menschen von Orissa, den Moguln in Delhi zu trotzen, bis sie ihnen im Lauf des 16. Jhs. doch unterlagen – viele Tempel in Bhubaneshwar wurden zerstört.

Bis zur Unabhängigkeit wurde Orissa schließlich noch von Afghanen, Marathen und Briten beherrscht.

Die fundamentalistische Hindugruppierung Bajrang Dal führte Ende der 1990er-Jahre eine gewaltsame Kampagne gegen die Christen in Orissa als Antwort auf deren Missionstätigkeiten. Die Einheimischen standen zwischen den Fronten – als Machtlose und darüber hinaus Analphabeten waren sie ein leichtes Opfer. Die ganze Angelegenheit hatte ihren tragischen Höhepunkt im Jahr 1999, als ein australischer Missionar und seine beiden Söhne bei lebendigem Leib verbrannt wurden, als sie in ihrem Auto schliefen. Seitdem ging die Gewalt zurück.

Im selben Jahr traf ein zerstörerischer Wirbelsturm auf die Küste. Nach offiziellen

FESTIVALS & FESTE IN ORISSA

Die aufgelisteten Events sind auf der Landkarte S. 627 verzeichnet.

Makar Mela (1; zweite Woche im Jan.; Kalijai Island, Chilika-See, S. 644) Gefeiert wird der Eintritt der Sonne in den Wendekreis des Steinbocks. Surya, der Sonnengott, wird besonders verehrt.

Adivasi Mela (2; 26.–31. Jan.; Bhubaneshwar, S. 628) Hier wird die Welt der Kunst, des Tanzes und des Kunsthandwerks der Stammesvölker von Orissa gezeigt.

Magha Mela (3; Jan./Feb.; Konark, S. 642) Sonnenfestival, bei dem Scharen von Pilgern vor Sonnenaufgang im Meer baden, ehe sie zum Gottesdienst in den Tempel strömen.

Maha Shivaratri (4; Feb./März; Bhubaneshwar, S. 628) Die Gläubigen fasten und halten während der Nacht eine *puja*, bei der der Priester die Spitze des Lingaraj-Mandir erklimmt, um dort ein heiliges Licht aufzustellen.

Ashokastami (5; April/Mai; Bhubaneshwar, S. 628) Die Statue des Gottes Lingaraj wird auf einem Wagen zum rituellen Bad nach Bindu Sagar gebracht und dann zum Rameswaram-Tempel gefahren. Dort bleibt sie vier Tage lang.

Rath Yatra (6; Juni/Juli; Puri, S. 635) Riesige Wagen mit Jagannath, seinem Bruder Balbhadra und seiner Schwester Subhadra werden vom Jagannath-Tempel zum Gundicha-Mandir gezogen.

Beach Festival (7; Nov.; Puri, S. 635) Gesang, Tanz und Kunstbetrieb mit Sandkünstlern am Strand.

Tribal Festival (16.–18. Nov.; Aufführungsort wechselt) Darstellung mit einheimischen Tänzen und Musik aus Orissa. Orissa Tourism kontaktieren, da die Aufführung jedes Jahr woanders stattfindet.

Baliyatra (8; Nov./Dez.; Cuttack, S. 651) Vier Tage lang feiert man die ehemaligen Handelsbeziehungen mit Indonesien. Die Menschen besuchen den Fluss Mahanadi, baden und segeln in winzigen Booten, die aus Papier und Pech hergestellt sind. Am Flussufer findet ein riesiges Volksfest statt.

Konark Festival (9; 1.–5. Dez.; Konark, S. 642) Bezaubernde Musik und traditionelle Tänze aus Orissa werden dargeboten, es gibt ein verführerisches Tempelritual, dessen Wurzeln im mittelalterlichen Tantra liegen. Die Feierlichkeiten finden in einer Freiluftarena statt. Der Sonnentempel im Hintergrund wird dabei festlich angestrahlt.

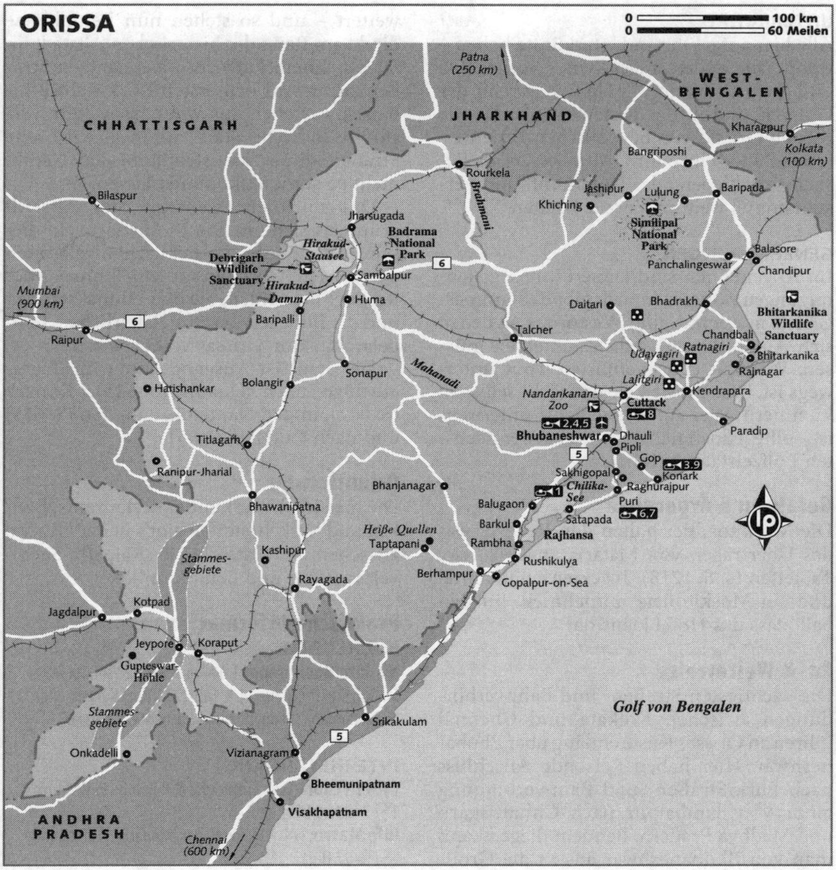

Angaben starben dabei 9524 Menschen (die inoffizielle Schätzung liegt bei mindestens 50 000); etwa 1 Mio. Menschen wurde obdachlos.

Die Gründung der Nachbarstaaten Jharkhand und Chhattisgarh ließ zuletzt den Ruf nach der Errichtung des autonomen, stammesbezogenen Staats Koshal im Nordwesten Orissas laut werden, dessen Hauptstadt Sambalpur werden soll.

Klima

In Orissa gibt es beachtliche Wetterextreme – die Temperaturen schwanken im Sommer zwischen 27 und 49 °C. An der Küste herrscht eine sehr hohe Luftfeuchtigkeit. Im Landesinnern ist es immer um einige Grad kälter. Im Winter fallen die Temperaturen auf 5–16 °C, in den höheren Gebieten kann es sogar Frost geben. Die Monsunzeit geht von Juli bis Oktober, in dieser Zeit sind auch Wirbelstürme wahrscheinlich.

Praktische Informationen

Die Orissa Tourism Development Corporation (OTDC), der kommerzielle Zweig von Orissa Tourism, organisiert geführte Touren und betreibt Hotels. **Orissa Tourism** (www.orissatourism.gov.in) hat Zweigstellen in den Städten und größeren Ortschaften. In den Büros gibt's Infos, Touren und Hotels können gebucht werden. Außerdem wird eine Liste mit anerkannten Führern für Besuche der die Stammesgebiete ausgegeben.

UNTERKUNFT

Alle hier aufgeführten Unterkünfte haben – wenn nicht anders angegeben – eigenes Bad und Sitztoilette zum Spülen. Während der Festivals und in der Ferienzeit werden die Küsten Orissas von bengalischen Ferienreisenden überschwemmt. Also besser den Besuch verschieben oder Unterkunft und Verkehrsmittel weit im Voraus buchen.

GENEHMIGUNGEN

Im Allgemeinen sind keine Einreisegenehmigungen nötig. Dennoch gibt es Stammesgebiete in Zentral- und Westorissa, in denen sich Ausländer polizeilich anmelden müssen. Wer mit einer geführten Tour unterwegs ist, braucht sich darum nicht selbst zu kümmern. Wer auf eigene Faust unterwegs ist, sollte jedoch nähere Infos bei der nächsten Polizeistation einholen.

Gefahren & Ärgernisse

Die Moskitos hier halten den Rekord, was das Übertragen von Malaria angeht. Also: Tabletten (s. S. 1218), Insektenschutzmittel und ein Moskitonetz mitnehmen, für den Fall, dass das Hotel keins hat.

An- & Weiterreise

Die wichtigsten Straßen- und Bahnverbindungen zwischen Kolkata und Chennai führen an Orissas Küste entlang über Bhubaneshwar. Hier haben Reisende Anschluss nach Puri. Straßen- und Bahnverbindung gibt's von Sambalpur nach Chhattisgarh und Madhya Pradesh. Bequem fliegen kann man von Bhubaneshwar aus in die Großstädte Delhi, Mumbai, Chennai und nach Kolkata.

Soweit nicht anders angegeben, beziehen sich die Bahnpreise hier auf Non-AC Sleeper Class/3AC Sleeper Class/2AC Sleeper Class.

Unterwegs vor Ort

Langstreckenbusse und einige Züge, die in den Westen fahren, taugen ganz gut als Transportmittel in der Küstenregion. Um sich im Landesinneren fortzubewegen, bleibt einem aber mangels alternativer Verkehrsmittel nichts anderes übrig, als ein Auto zu mieten.

BHUBANESHWAR

☎ 0674 / 647 310 Ew.

Bhubaneshwar wurde modernisiert und erweitert – und so stehen nun Betonklötze direkt am Rand der historischen Altstadt im Süden, einem Labyrinth aus ruhigen Straßenzügen. Auf den ersten Blick sieht Bhubaneshwar eben aus wie eine weitere verstopfte indische Stadt, wenn gleich breite Straßen dieses klaustrophobische Gefühl nicht so stark aufkommen lassen.

Das spirituelle Zentrum der Altstadt gruppiert sich um den Bindu Sagar. In diesem Mittelpunkt des hektischen religiösen Treibens gibt es rund fünfzig Tempel – der Rest der tausenden, die hier einmal standen und die Blütezeit der mittelalterlichen Tempelarchitektur Orissas verkörperten.

Die Stadt ist Ausgangspunkt für Tagesausflüge nach Dhauli (S. 635), Konark (S. 642), in den Nandankanan-Zoo (S. 635) und nach Cuttack (S. 651).

Orientierung

Die meisten Unterkünfte, Restaurants, Banken und Verkehrsmittel gibt's in der Gegend zwischen der Cuttack Rd., Rajpath, Sachivajaya Marg und dem Bahnhof.

Praktische Informationen

BUCHLÄDEN

Modern Book Depot (modbooks@cal2.vsnl.net.in; Station Sq; 🕓 9.30–14 & 16.30–21 Uhr) Karten, englische Romane, Bildbände und Bücher über Orissa.

INTERNETZUGANG

Cyber Vision (Ecke Cuttack Rd & Rajpath; 15 Rs/Stunde; 🕓 7–23.30 Uhr)

Info Matrix (74-P Ashok Nagar, Janpath; 15 Rs/Stunde; 🕓 9–22 Uhr)

GEPÄCKAUFBEWAHRUNG

Bahnhof (10 Rs pro Gepäckstück und Tag; 🕓 24 Std.)

MEDIZINISCHE VERSORGUNG

Capital Hospital (☎ 2401983; Sachivajaya Marg) mit 24-Stunden-Apotheke.

GELD

Centurion Bank (Janpath) MasterCard- und Visa-Geldautomat.

State Bank of India (☎ 2533671; Rajpath; 🕓 Mo–Fr 9.30–16, Sa 9–12.30 Uhr, am 2. Sa des Monats geschl.) Löst Reiseschecks ein und tauscht ausländische Währung.

FOTOS

Neel Kamal (29 Western Market Bldg, Rajpath; 🕓 8.30–20.30 Uhr) Fotozubehör und Abzüge.

BHUBANESHWAR

INFORMATION
Capital Hospital ... 1 B5
Centurion Bank ... 2 A5
Cyber Vision ... 3 A6
Gepäckaufbewahrung ... 4 B5
Government of India Tourist Office ... 5 B6
Info Matrix ... 6 A5
Modern Book Depot ... 7 A5
Neel Kamal ... 8 A5
Orissa Tourism ... 9 C5
Orissa Tourism Development Corporation (OTDC) ... (siehe 9)
Orissa Tourism ... (siehe 4)
Post ... 10 C4
Post ... (siehe 8)
State Bank of India ... 11 C5

SEHENSWERTES & AKTIVITÄTEN
Brahmeshwar-Mandir ... 12 D6
Discover Tours ... 13 C6
ehemalige Capital-Bushaltestelle ... 14 C4
Inner India Tours ... 15 C6
Kedargauri-Mandir ... (siehe 23)
Lingara-Mandir ... 16 C6
Mukteshwar-Mandir ... (siehe 23)
Museum of Tribal Arts & Artefacts ... 17 A4
Orissa Modern Art Gallery ... 18 B5
Parsurameshwar-Mandir ... 19 C6
Pathani Samanta-Planetarium ... 20 C3
Raja Rani-Mandir ... 21 C6
Regional Science Centre ... 22 C3
Siddheshwar-Mandir ... 23 C6
State Museum ... 24 A6
Swosti Travels ... 25 A5
Udayagiri- & Khandagiri-Höhlen ... 26 A5
Vaital-Mandir ... 27 C5

SCHLAFEN
Bhubaneswar Hotel ... 28 A5
Hotel Bhagwat Niwas ... (siehe 31)
Hotel Deepali International ... 29 A6
Hotel Keshari ... 30 A5
Hotel Padma ... 31 A6
Hotel Pushpak ... (siehe 31)
Hotel Richi ... 32 A5
Hotel Sishmo ... 33 A6
Mayfair Lagoon ... 34 B3
Panthanivas Tourist Bungalow ... 35 C5

ESSEN
Bhuvanashree Restaurant ... 36 A5
Deep Down South ... 37 C4
Maurya Bar & Restaurant ... (siehe 32)
Mithai Shop and AC Restaurant ... 38 A6
Park Inn Bar & Restaurant ... 39 A6
Tulsi ... (siehe 31)

UNTERHALTUNG
Rabindra Mandeep ... 40 C4
Soochana Bhawan ... 41 C4

SHOPPEN
Ekamra Haat ... 42 C4
Market Building ... (siehe 8)
Orissa State Handloom Cooperative (Utkalika) ... (siehe 8)

VERKEHRSMITTEL & -WEGE
Air Sahara ... 43 A5
Baramunda-Busbahnhof ... 44 A4
Bushaltestelle nach Cuttack & Puri ... 45 A6
City-Busbahnhof ... 46 A5
Indian Airlines ... 47 C4

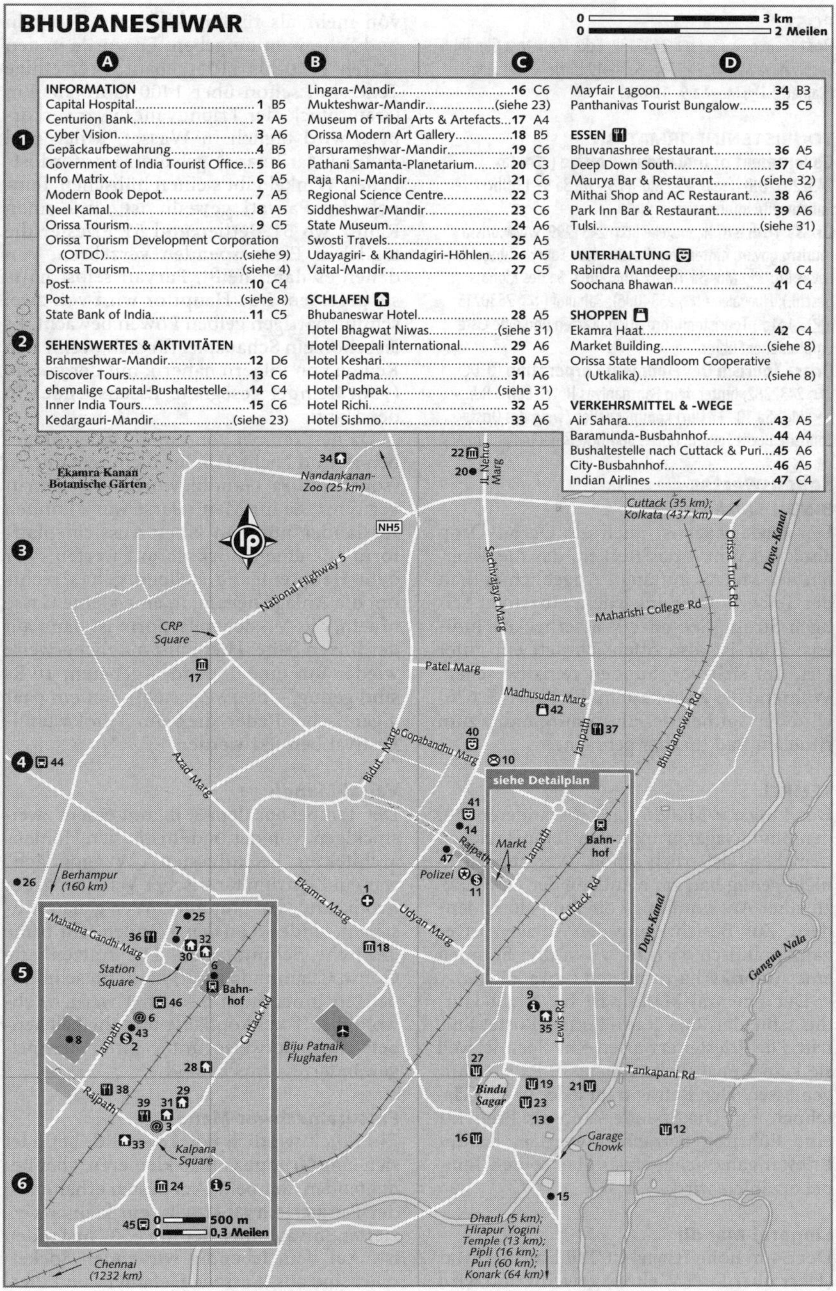

POST

Post Hauptpostamt (☎ 2402132; Ecke Mahatma Gandhi & Sachivajaya Margs; 🕑 Mo–Sa 9–19 Uhr); Market Bldg (Rajpath; 🕑 Mo–Sa 9–17 Uhr)

TOURISTENINFORMATION

Government of India tourist office (☎ /Fax 2432203; BJB Nagar; 🕑 Mo–Fr 9–18, Sa 9–13 Uhr) indienweite Information.

Orissa Tourism Hauptstelle (☎ 2431299; www.orissatourism.gov.in; hinter dem Panthanivas Tourist Bungalow, Lewis Rd; 🕑 Mo–Sa 10–17 Uhr, am 2. Sa des Monats geschl.); Flughafen (☎ 2534006); Bahnhof (☎ 2530715; 🕑 24 Std.) Touristeninformation, Karten und eine Liste empfohlener Führer.

Orissa Tourism Development Corporation (OTDC; ☎ 2432382; hinter dem Panthanivas Hotel, Lewis Rd; 🕑 Mo–Sa 10–17 Uhr) kommerzieller Zweig des Orissa Tourism. Bucht Touren, Hotels und Tickets der Indian Airlines.

Sehenswertes

BINDU SAGAR

Der **Bindu Sagar** ist auch als Ocean Drop Tank bekannt – das Becken, das die Tropfen des Meeres auffängt. Angeblich enthält der Teich Wasser aus jedem einzelnen heiligen Strom, See oder Wasserbecken Indiens. Hier ist also offensichtlich ein guter Ort, um sich von Sünden reinzuwaschen. Während des Ashokastami Festivals (S. 626) wird die Gottheit des Lingaraj-Mandirs zum rituellen Bad hierher gebracht.

TEMPEL

Der Lingaraj-Mandir und die anderen um den Bindu Sagar gruppierten Tempel reichen manchem sicherlich schon. Wer aber noch nicht genug hat, kann entlang der Lewis Rd. zu einer Ansammlung von Tempeln schlendern. Zur Besichtigung der Anlagen ist es ganz praktisch, sich für zwei, drei Stunden eine Autorikscha zu mieten (etwa 200 Rs).

Der Lingaraj-Mandir ist für Nicht-Hindus tabu, der Raja-Rani-Tempel kostet Eintritt. Die Priester erwarten eine Spende, weil sie kein Gehalt bekommen; 10 Rs sind angemessen. Den Betrag trägt jeder in ein Gästebuch ein. Die Spende kann als Preis für eine Führung betrachtet werden, da der Priester ganz sicher etwas über seinen Tempel erzählen wird.

Lingaraj-Mandir

Der 54 m hohe **Tempel** ist Tribhuvaneshwar (Herr über Drei Welten) geweiht und wird von mehr als fünfzig kleineren Tempeln und Schreinen umgeben. Er wurde in den Jahren 1090 bis 1104 gebaut, aber einige Teile sind schon über 1400 Jahre alt. Ein Granitblock, der Tribhuvaneshwar verkörpert, wird täglich in Wasser, Milch und *bhang* (Marihuana) gebadet. Im nordöstlichen Winkel gibt's einen hübschen Tempel, der Parvati geweiht ist, und einen Raum, wo 51 Bettler und 51 Priester die täglichen Essensspenden verzehren, von denen es dann heißt, Parvati selbst hätte sie gegessen. Das Haupttor wird von zwei schnurrbärtigen gelben Löwen bewacht. Es ist schon ein Schauspiel für sich, wenn sich Reihen von Pilgern nähern, mit der *prasad* (vom Tempel gesegnete Essenspende) in der Hand.

Da der Tempel von einer Mauer umgeben ist und Nicht-Hindus nicht rein dürfen (sogar Indira Gandhi wurde der Zutritt verwehrt, da ihr Mann Parse war), können Ausländer nur von einer Aussichtsplattform aus einen Blick darauf werfen: Vor dem Haupteingang stehend geht's rechts um die Anlage herum, in eine kleine Gasse hinein, die Aussichtsplattform ist dann auf der linken Seite. Hier wird möglicherweise wieder um eine „Spende" gebeten, 10 Rs sind genug. Unterwegs sieht man ein paar gigantischer Räder, die beim Ashokastami-Festival benutzt werden.

Vaital-Mandir

Der Tempel aus dem 8. Jh. mit einem zweistöckigen, von der buddhistischen Höhlenarchitektur beeinflussten „Waggondach" war ein Zentrum tantrischer Verehrung, der Erotik und der Blutopfer. Wer genau hinschaut, entdeckt an den Wänden sehr frühe erotische Schnitzereien. Die fratzenhafte Göttin Chamunda (Kali) kann im schmuddeligen Innenraum besichtigt werden, obwohl ihre Totenkopfkette und ihr Leichenbett normalerweise unter ihren Tempelgewändern versteckt sind.

Parsurameshwar-Mandir

Ein Stück westlich der Lewis Rd. befindet sich eine Gruppe von 20 kleineren, aber bedeutenden Tempeln. Am besten erhalten ist der **Parsurameshwar-Mandir**, ein kleiner verzierter Shivatempel, der um 650 entstanden ist. Auf dem lebendig wirkenden Sockelrelief sind ausgelassene Elefanten- und Pferdeprozessionen und natürlich auch Darstellungen Shivas zu sehen.

Mukteshwar-, Siddheshwar- & Kedargauri-Mandir

Nicht weit vom Parsurameshwar-Mandir liegt der kleine **Mukteshwar-Mandir** aus dem 10. Jh., einer der am schönsten verzierten Tempel von Bhubaneshwar. In verschlungenen Schnitzereien haben sich die Stile des Buddhismus, des Jainismus und des Hinduismus vermischt. Besonders eindrucksvoll sind die Deckenschnitzereien und die Steingewölbe. Der wunderschön gewölbte *torana* (Architrav) an der Vorderseite des Tempels ist deutlich buddhistisch beeinflusst und noch grandioser.

Der **Siddheshwar-Mandir** in derselben Gruppe wurde erst später errichtet und ist schmuckloser. Er hat jedoch einen schönen, rot bemalten Ganesh.

Auf der anderen Straßenseite steht der **Kedargauri-Mandir**. Er ist einer der ältesten Tempel von Bhubaneshwar, obwohl viele Teile im Lauf der Zeit erneuert wurden.

Raja Rani-Mandir

Dieser **Tempel** (Inder/Ausländer 5/100 Rs, Video 25 Rs; ⌚ Sonnenaufgang–Sonnenuntergang) ist ein Baudenkmal, das von der staatlichen Organisation ASI (Archaeological Survey of India) verwaltet wird – deshalb die Eintrittsgebühr. Gebaut wurde er um 1100, entspannende Gärten umgeben ihn. Berühmt sind sein kunstvolles *deul* (Tempelheiligtum) und der Turm. Um den Turm herum stehen acht *dikpalas* (Wächter), die den Tempel beschützen. Jeweils zwei blicken in eine Himmelsrichtung, zwischen ihnen drücken sich Nymphen, umschlungene Paare, Elefanten und Löwen in Nischen.

Brahmeshwar-Mandir

Mitten in einem gepflegten Park, eingerahmt von vier kleineren Bauten, steht dieser **Tempel** aus dem 9. Jh. – so etwas wie einer Miniaturausgabe des Lingaraj-Mandir. Bemerkenswert sind die detaillierten Skulpturen mit erotischen Elementen.

REGIONAL SCIENCE CENTRE

Kids, die auf Dinosaurier abfahren, werden diesen **Museumspark** (☎ 2542795; JL Nehru Marg; Eintritt 7 Rs; ⌚ 10.30–17.30 Uhr) mit den Nachbildungen der prähistorischen Biester lieben. Zu den anderen Highlights zählen anschauliche interaktive Vorführungen der Gesetze der Physik und Ausstellungen zu Astronomie und Insektenkunde.

STATE MUSEUM

Dieses **Museum** (☎ 2431797; Lewis Rd; Eintritt 1 Rs; ⌚ Di–So 10–16 Uhr, Ticketschalter zwischen 13 und 14 Uhr geschl.) kann sich rühmen, Orissas größte Sammlung von seltenen Palmblatthandschriften, traditionellen und folkloristischen Musikinstrumenten, Werkzeugen aus der Bronzezeit und Waffen zu besitzen. Außerdem gibt's hier eine faszinierende Ausstellung über die indigenen Völker von Orissa zu sehen.

Die wichtigsten Exponate des Altertums sind die großartigen buddhistischen und jainistischen Skulpturen, die in chronologischer Reihenfolge aufgestellt sind.

MUSEUM OF TRIBAL ARTS & ARTEFACTS

Wer sich überlegt, die Stammesvölker zu besuchen, muss sich unbedingt dieses **Museum** (☎ 2563649; Eintritt frei; ⌚ 10–17 Uhr, am 2. Sa des Monats geschl.) am NH 5 anschauen. In gut ausgeleuchteten und beschrifteten Ausstellungsräumen sind Kleider, Schmuckstücke, Waffen (Marke Eigenbau – sehen aus, als würden sie in der Hand explodieren), Haushaltsgegenstände und Musikinstrumente zu bestaunen.

PATHANI SAMANTA-PLANETARIUM

Das interessante **Planetarium** (☎ 2581613; JL Nehru Marg; Eintritt 12 Rs; ⌚ Di–So 14–18 Uhr, 16 Uhr auf Englisch) bringt einstündige Shows, die „nicht von dieser Welt" sind.

ORISSA MODERN ART GALLERY

Die kleine **Galerie** (☎ 9861093875; 132 Forest Park; Eintritt frei; ⌚ Mo–Sa 11–13.30 & 16–20, So 16–20 Uhr) zeigt hochwertige zeitgenössische Kunst aus der Umgebung; außerdem verkauft sie Drucke und Originale.

UDAYAGIRI- & KHANDAGIRI-HÖHLEN

6 km westlich vom Stadtkern gibt's zwei Hügel, die von **Felshöhlen** (Inder/Ausländer 55/100 Rs für beide Hügel, Video 25 Rs, Führungen für einen/beide Hügel 150/250 Rs; ⌚ Sonnenaufgang–Sonnenuntergang) durchlöchert sind. Viele der Höhlen sind mit Ornamenten verziert – vermutlich haben jainistische Asketen sie im 1. Jh. v. Chr. in den Stein gemeißelt.

Zwischen den Affen auf dem Gelände und den Bananen- und Erdnussverkäufern an den Toren scheint's einen Deal zu geben. Jeder, der vorbeikommt, muss den Affen die mitgebrachten Handtaschen zeigen. Die aufmüpfigen Tiere überprüfen dann den Inhalt und konfiszieren alles Essbare – das ist wirklich so!

Im Udayagiri (Hügel des Sonnenaufgangs) an der Nordseite gibt's die interessanteren Höhlen.

Während des Aufstiegs auf die rechts gelegene **Swargapuri-Höhle** (Höhle 9) mit ihren andächtigen Figuren achten. Die **Hathi Gumpha** (Höhle 14) weiter oben hat keine Verzierungen, aber dafür eine 117-zeilige Inschrift, die die Heldentaten ihres Erbauers beschreibt: König Kharaveli von Kalinga, der von 168 bis 153 v. Chr. regiert hat.

Wer nun links herum nach oben klettert, stößt auf die **Bagh Gumpha** (Tigerhöhle; Höhle 12). Ihr Eingang wurde so bearbeitet, dass er aussieht wie ein Tigermaul. In der Nähe liegen die **Pavana Gumpha** (Höhle der Reinigung) und die kleine **Sarpa Gumpha** (Schlangenhöhle), deren winziges Tor von einer dreiköpfigen Kobra überragt wird. Auf dem Gipfel stehen die Reste eines Verteidigungspostens. Steigt man nun Richtung Südosten wieder runter, kommt man zur **Ganesh Gumpha** (Höhle 10), die von Elefanten bewacht wird. Fast direkt darunter liegt die **Rani ka Naur-Höhle** (Königinpalasthöhle; Höhle 1): die größte und interessanteste der Höhlen, verziert mit jainistischen Symbolen und Schlachtszenen.

Wieder zurück zum Eingang geht's über die **Chota Hathi Gumpha** (Höhle 3), mit ihren in Stein gehauenen Elefanten und über die **Jaya-Vijaya-Höhle** (Höhle 5) – im mittleren Raum ist ein Boddhibaumrelief zu sehen.

Über die Straße liegt der Khandagiri. Wer den Gipfel erklimmt, wird mit einer tollen Aussicht über Bhubaneshwar belohnt. Der steile Pfad hinauf teilt sich nach etwa einem Drittel der Strecke. Der rechte Pfad führt zur **Ananta-Höhle** (Höhle 3), die gemeißelte Athleten, Frauen, Elefanten und Blumen tragende Gänse zu bieten hat. Etwas weiter gibt's eine Reihe von **jainistischen Tempeln**; ganz oben steht noch einer (aus dem 18. Jh.).

Es fahren keine Busse direkt zu den Höhlen, aber dafür viele über den National Hwy. 5, der an den Höhlen vorbeiführt. Alternative: eine Autorikscha für ca. 50 Rs die einfache Fahrt.

Geführte Touren

Orissa Tourism (☎ 2431299; www.orissatourism.gov.in; hinterm Panthanivas Tourist Bungalow, Lewis Rd; 🕒 Mo–Sa 10–17 Uhr, am 2. Sa des Monats geschl.) bietet eine kostenlose geführte Tour zu den Tempeln Bhubaneshwars an, und zwar um 8 Uhr immer am letzten Sonntag eines Monats. Start- und Endpunkte sind genauso wie die Tour selbst jedes Mal verschieden. Nähere Infos gibt's bei Orissa Tourism.

Bei der von der **OTDC** (☎ 2432382; hinter dem Panthanivas Hotel, Lewis Rd; innerhalb der Stadt 130 Rs, außerhalb der Stadt 150 Rs; 🕒 Mo–Sa 10–17 Uhr) angebotenen Stadtführung geht's in den Nandankanan-Zoo, nach Dhauli, zu den Lingaraj- und Mukteshwar-Tempeln, ins State Museum und zu den Udayagiri- und Khandagiri-Höhlen. Eine andere Tour führt nach Pipli, Konark und Puri. Damit die Touren stattfinden, müssen jeweils mindestens fünf Teilnehmer zusammenkommen.

Die unten genannten Anbieter organisieren maßgeschneiderte geführte Touren in die Stammesgebiete Orissas; Besuche in Dörfern mit Kunsthandwerk und in den Nationalparks von Similipal und Bhitarkanika können mit dabei sein. Die Preise beziehen sich auf die Mindesteilnehmerzahl von zwei Leuten, je nach der Art des Transports (ohne/mit Klimaanlage) und nach dem Hotelstandard schwankt die endgültige Summe. Geführte Touren in die Gebiete sind auf die Dorfmärkte abgestimmt und starten daher normalerweise sonntags oder montags.

Discover Tours (☎ 2430477; www.orissadiscover.com; 463 Lewis Rd; siebentägige geführte Tour in die Stammesgebiete 35–50 US$, dreitägige Tour nach Similipal 45–50 US$; 🕒 Mo–Sa 8–19.30 Uhr) Ist auf Touren zu den Stammesgebieten, den Textildörfern und in den Similipal National Park spezialisiert.

Inner India Tours (☎ 2341115; www.innerindia.com; Gangotri Nagar Rd Nr. 494/3; geführte Touren 80 US$/Tag; 🕒 Mo–Sa 10–19 Uhr) Der Besitzer, ein ehemaliger Fremdenführer, organisiert geführte Touren in die Stammesgebiete, inkl. Chhattisgarh. Geführte Touren in den Similipal National Park gibt's ab 90 US$/Tag.

Swosti Travels (☎ 2535773; www.swosti.com; Swosti Hotelkomplex, Janpath; etwa 100 US$/Tag; 🕒 8–20 Uhr) Außer Hotelbuchung und Mietauto organisiert das Reisebüro auch noch geführte Touren in Stammesgebiete und Nationalparks.

Schlafen

In Bhubaneshwar gibt's genügend Übernachtungsmöglichkeiten – allerdings nicht so viele typische Travellerbuden. Wer sich nicht wie in einer Sardinenbüchse fühlen will, sollte lieber etwas tiefer in die Tasche greifen.

BUDGETUNTERKÜNFTE

Hotel Pushpak (☎ 2310185; Kalpana Sq; DZ ab 250 Rs, EZ/DZ mit Klimaanlage 750/1000 Rs; ❄) Ein abgenutztes, aber gepflegtes Hotel mit Bettlaken, die ein bisschen sauberer sind als anderswo. Die billigeren Zimmer sind langweilig-schlicht, aber die vor kurzem renovierten Räume mit Klimaanlage sind in Ordnung. Checkout rund um die Uhr. Es gibt ein Restaurant und eine Bar.

Hotel Padma (☎ 2313330; Fax 2310904; Kalpana Sq; EZ mit Gemeinschaftsbad 70 Rs, DZ 200–250 Rs) Die zwei sehr billigen Zimmer des Padmas kommen wie Gefängniszellen daher, aber früh morgens wird man ja entlassen. Der Komfort steigt mit dem Preis: für 50 Rs extra gibt's TV und Telefon. Leihwagen und Bahnticket können organisiert werden.

Hotel Bhagwat Niwas (☎ 2313708; Kalpana Sq; EZ 160–220 Rs, DZ 250–450 Rs, DZ mit Klimaanlage 750–900 Rs; ❄) Hinter dem Padma versteckt in einer kleinen Gasse (Hinweisschild suchen!) liegt das Bhagwat. Die Zimmer liegen rund um einen Hof, einige haben Balkon. Zimmer Nr. 36 ist das beste der klimatisierten Zimmer.

Bhubaneswar Hotel (☎/Fax 2313245; Cuttack Rd; EZ/DZ ab 150/225 Rs, EZ/DZ mit Klimaanlage 500/600 Rs; ❄) Zimmer mit TV sind teurer. Wer nicht unbedingt in die Glotze schauen will, ist in den billigen Zimmern besser aufgehoben. 24-Stunden-Checkout.

Hotel Deepali International (☎ 2310270; 54 Buddhanagar, Kalpana Sq; EZ/DZ 275/350 Rs, mit Klimaanlage 600/650 Rs; ❄) Vielleicht das beste Hotel in der Cuttack Rd, teilweise von einer Reihe kleiner Buden verdeckt. Ein sauberes und gepflegtes Haus voller Topfpflanzen. Mehrere Arten von Toiletten; mit 24-Stunden-Checkout.

MITTEL- & SPITZENKLASSEHOTELS

Hotel Richi (☎ 2534619; Fax 2539418; 122A Station Sq; EZ/DZ ab 250/375 Rs, Zi. mit Klimaanlage ab 700 Rs; ❄) Wegen der Bahnhofsnähe ein echtes Paradies für abgekämpfte Zugreisende. Frühstück ist inklusive, Checkout ist jeweils innerhalb von 24 Stunden möglich; 24-Stunden-Coffeeshop.

> **ETWAS BESONDERES**
>
> **Mayfair Lagoon** (☎ 2360101; lagoon@mayfairhotels.com; Jaydev Vihar; Standard-/Luxusbungalows 3750/7500 Rs, Villen 15 000 Rs; ❄ 🏊) Das Mayfair Lagoon ist kein gewöhnliches Fünfsternehotel, sondern ein hervorragendes Beispiel für etwas wirklich ganz Besonderes. Man fühlt sich, als sei man eben mit einem kleinen Flugzeug im Dschungel gelandet, um es sich nun in luxuriösen Hütten gemütlich zu machen. O. k., die Tiger im Unterholz und die Hirsche und Reiher in der Lagune sind nicht echt – aber das Dschungel-Ökosystem und das Propellerflugzeug von 1942, das auf dem Grundstück steht, sind es. Hinter den riesigen Bäumen fängt tatsächlich Bhubaneshwar an, aber davon merkt man hier drin nichts. Frühstück gibt's gratis, außerdem hat das Mayfair Lagoon einen britischen Pub. Rabatte sind möglich.

Hotel Keshari (☎ 2534994; 113 Station Sq; EZ/DZ ab 675/775 Rs; ❄) Fünf Minuten zum Bahnhof, hat ein Restaurant. Checkout ist um 12 Uhr mittags; ein paar der billigen Zimmer kann man vergessen, aber die klimatisierten sind o.k. Gezahlt werden soll eigentlich in Dollar, aber mit ein wenig Überredungskunst klappt's auch mit Rupien.

Panthanivas Tourist Bungalow (☎ 2432314; Lewis Rd; Zi. 480 Rs, mit Klimaanlage Rs 600; ❄) Die einstige Pracht des Hotels ist zwar verblasst und eine Renovierung wäre dringend nötig – aber das Panthanivas ist gut gelegen, ruhig und am nächsten dran an den Tempeln. Checkout ist um 8 Uhr morgens.

Hotel Sishmo (☎ 2433600; www.hotelsishmo.com; 86/A-1 Rajpath; EZ/DZ 2200/2900 Rs; ❄ 🏊 💻) Eine luxuriöse Unterkunft mit freundlichem Personal und einigen netten Zimmern; die besseren haben Blick auf den Pool (Poolbenutzung für Nicht-Gäste 125 Rs), die Tempel sieht man von Weitem. Es gibt eine geräumige Bar und ein gutes Restaurant. Preisnachlässe sind möglich.

Essen & Ausgehen

Mithai Shop & AC Restaurant (Rajpath; Gerichte 15–75 Rs) Ventilatoren in Wirbelsturmstärke machen es schwierig, in Ruhe die Speisekarte zu lesen – aber sie sind wahnsinnig erfrischend, wenn die Hitze mal wieder allzu drückend ist. Der Laden und das Restaurant sind Jagannaths Geschenke an Thali-Liebhaber und Kenner indischer Süßigkeiten und Eiscreme.

Maurya Bar & Restaurant (Hotel Richi, Station Sq; Gerichte 20–60 Rs;) Ganz nah am Bahnhof, also bestens geeignet für Drinks vor und nach der Reise. Bar und Restaurant sind nebeneinander, aber wer zu seiner Mahlzeit ein Bier haben will, muss in der Bar essen (gleiche Speisekarte).

Deep Down South (New Marrion Hotelkomplex, Janpath; Gerichte 20–50 Rs) Erst ein Lassi und danach ein *masala dosa* spezial (Gemüsecurry in knusprigem Pfannkuchen), der mit seinen mindestens 100 x 1,5 cm bestimmt der größte der Welt ist. Außerdem gibt's einen „all you can eat"-Sambar. Noch Platz? Dann ab in den Süßigkeitenladen!

Park Inn Bar & Restaurant (Rajpath; Gerichte 40–85 Rs; 10–23 Uhr) In der Bar herrscht wohliges Kinosaal-Dunkel und die Kellner warten nur darauf, das nächste kalte Bier einzuschenken. Aus der Küche strömen leckere Düfte, die Appetit auf Hühnchen-, Fisch- oder Garnelengerichte machen.

Bhuvanashree Restaurant (Ecke Janpath & Mahatma Gandhi Marg; Thalis 31–45 Rs) Geschäftige Kellner, schwatzende Gäste, eine riesige Menge an Essen, das einfach daherkommt, aber trotzdem deliziös schmeckt. Gut angelegtes Geld.

Tulsi (Pushpak Hotel, Kalpana Sq; Gerichte 25–60 Rs) Vegi-Restaurant, das sich auf Thalis und Fruchtsäfte spezialisiert hat. Innen im Tribal-Style bemalt.

Unterhaltung

Rabindra Mandeep (☎ 2417677; Sachivajaya Marg) und **Soochana Bhawan** (☎ 2530794; Sachivajaya Marg) sind Konzerträume, in denen Musik gemacht und dazu getanzt wird. Es ist nicht so leicht herauszufinden, was gerade läuft – also lieber gleich direkt dort anrufen!

Shoppen

Der **Ekamra Haat** (☎ 2403169; Madhusudan Marg; 10–21 Uhr) ist ein ständiger Markt mit 42 Läden auf einer großen Grünfläche. Hier gibt's eine große Auswahl an Kunsthandwerk aus Orissa.

Stoffe aus Orissa, z. B. Applikationsarbeiten und *ikat* (Stoff aus einem Faden, der vor dem Weben per Batik gefärbt wurde), werden im **Market Building** (Rajpath) oder bei der **Orissa State Handloom Cooperative** (Utkalika; Eastern Tower, Markthalle; Mo–Sa 10–13.30 & 16.30–21 Uhr) verkauft.

Beide Seiten Rajpaths, zwischen Janpath und Sachivajaya Marg gehören ganz den kleinen Märkten, die immer offen haben und fast alles verkaufen. Auch ein Moskitonetz für den Küstenbesuch.

An- & Weiterreise

FLUGZEUG

Indian Airlines (☎ 2530544; Rajpath; Mo–Sa 10–17 Uhr) fliegt nach Delhi (225 US$, 14.15 Uhr) und Mumbai (260 US$, 13.45 Uhr). Alliance Air, eine Tochtergesellschaft der Indian Airlines, schickt ihre Flugzeuge nach Chennai (210 US$, 14 Uhr: Di, Do, Sa) und Kolkata (95 US$, Mo, Mi, Fr, So 10.50, Di, Do, Sa 11.45 Uhr).

Air Sahara (☎ 2535007, Flughafen 2535748; 1. OG, 57 Janpath; 10–17.30 Uhr) fliegt nach Mumbai (280 US$, 13 Uhr) und Kolkata (95 US$, 10.10 Uhr).

BUS

Vom **Baramunda-Busbahnhof** (☎ 2400540; NH5) fahren regelmäßig Busse nach Cuttack (13 Rs, 1 Std.), Puri (20 Rs, 1¼ Std.) und Konark (18 Rs, 2 Std.). Jede Stunde geht ein Bus nach Berhampur (50 Rs, 5 Std.).

Außerdem werden Kolkata (180 Rs, 12 Std., 16–19 Uhr) und Sambalpur (155 Rs, 9 Std., 19.30–22 Uhr) angesteuert; nur unregelmäßig geht's nach Baripada (120 Rs, 7 Std.).

Vom City-Busbahnhof (neben dem Station Sq.) fahren Busse nach Cuttack ab, und auch von der Bushaltestelle ganz am Ende der Lewis Rd; von hier aus geht's auch nach Puri.

ZUG

Der *Coromandal Express* fährt täglich nach Chennai (341/958/1532 Rs, 20 Std., 21.35 Uhr). Der *Purushotlam Express* fährt nach Delhi (425/1194/1910 Rs, 30½ Std., 22.37 Uhr) und der *Konark Express* nach Mumbai (398/1093/1748 Rs, 37 Std., 15 Uhr). Nach Howrah geht der *Jan Shatabdi* (147/485 Rs 2. Klasse/Chair Class, 7¾ Std., 5.45 Uhr) und der *Sri Jagannath Express* (167/468/748 Rs, 8¾ Std., 23.45 Uhr).

Unterwegs vor Ort

Es gibt allzeitbereite Fahrrad- und Autorikschas, die einen herumfahren. Zum Flughafen fahren keine Busse; ein Taxi kostet etwa 100 Rs vom Zentrum aus. Eine Autorikscha zum Flughafen kostet um die 50 Rs, aber man muss noch mindestens 500 m bis zum Flughafeneingang laufen. Prepaid-Taxis vom Flughafen ins Zentrum von Bhubaneshwar kosten 90 Rs, nach Puri oder Konark 550 Rs.

RUND UM BHUBANESHWAR

Nandankanan Zoological Park

Der **Zoo** (☎ 246 6075; Inder/Ausländer 5/40 Rs, Auto 35 Rs, Führer auf Wunsch 45 Rs, Foto/Video 5/500 Rs; ⏲ Di–So 8–17 Uhr) ist für seine weißen Tiger berühmt, ferner für seine asiatischen Löwen, Nashörner, seine vielen Reptilien, Affen und Hirsche. Gleich hinter dem Eingang präsentiert das kleine Nature Interpretation Centre einige Informationstafeln über Orissas wichtigste Nationalparks.

Spaß macht auch der **Minizug** (10 Rs) und eine Runde **Bootfahren** (pro Pers. 15–40 Rs/30 Min.). Eine ruckelige **Straßenbahn** (25 Rs; ⏲ 8–16 Uhr) überquert einen See – man kann auf halber Strecke aussteigen und (300 m weit) zum **State Botanical Garden** hinunterlaufen. Das Highlight überhaupt ist allerdings für viele die **Löwen- und Tigersafari** (30 Rs): Zu jeder vollen Stunde (10–12 Uhr & 14–16 Uhr) startet ein „gepanzerter" elektrischer Bus.

OTDC betreibt ein **Café** (Gerichte 25 Rs; ⏲ 8–16.30 Uhr). Hier gibt's das übliche Essen.

Die Touren der OTDC halten hier nur für ungefähr eine (viel zu kurze) Stunde. Von Bhubaneshwar gehen regelmäßig öffentliche Busse (6 Rs, 1 Std.), und zwar ab Kalpana Sq. (in der Nähe des Padma Hotels) und von der ehemaligen Capital-Bushaltestelle. Sie fahren ins Dorf Nandankanan, etwa 400 m vom Zooeingang entfernt. Vielleicht ist „Nandankanan" oder „Patia" als Zielort angeben.

Dhauli

Um immer mächtiger zu werden, hatte er sogar Familienmitglieder abgeschlachtet. Danach ließ er Hunderttausende auf den Schlachtfeldern niedermetzeln. Aber Reue überkam ihn – und Ashoka konvertierte zum Buddhismus. Um 260 v. Chr. wurde einer seiner berühmten Erlasse in einen großen Felsen bei Dhauli, 8 km südlich von Bhubaneshwar, eingemeißelt. Der Fels wird heute durch ein Gitter geschützt, ganz oben ist ein Elefant in den Stein gehauen. Ashokas Erlasse sind auf etlichen Tafeln am Sockel ausführlich beschrieben.

Auf einem Hügel in der Nähe steht die riesige, weiße und hübsch geratene **Shanti Stupa** (Friedenspagode), die 1972 von den Japanern gebaut wurde. Ältere buddhistische Reliefs wurden dabei in den modernen Bau integriert.

Die Abzweigung nach Dhauli liegt an der Straße von Bhubaneshwar nach Puri. Jeder Bus nach Puri oder Konark fährt hier vorbei (6 Rs). Von der Abzweigung geht's einen 3 km langen, flachen Weg entlang zum Felsen, dann führt ein kurzer, steiler Weg rauf zur Stupa. Eine Autorikscha kostet etwa 90 Rs für die einfache Fahrt.

Hirapur

Zwischen grünschillernden Reisfeldern liegt etwa 15 km von Bhubaneshwar entfernt das kleine Dorf, in dem ein bedeutsamer **Yogini-Tempel** steht – in ganz Indien gibt's davon nur vier. Das niedrige kreisrunde offene Bauwerk hat 64 Nischen, in jeder steht eine schwarze Göttin aus Chloritstein. Hierher kommt man nur mit einem Mietfahrzeug – oder mit einer OTDC-Tour.

Pipli

Die Stadt 16 km südöstlich von Bhubaneshwar ist für ihre brillanten Applikationsarbeiten, für die Tür- und Wandbehänge bekannt – und für die traditionellen Baldachine, die während der Festivalzeit über Jagannath (plus Family) aufgehängt werden. Sie hängen draußen vor den Geschäften und verwandeln die Dorfstraße in eine regenbogenfarbene Prachtallee. Pipli ist leicht zu erreichen: mit jedem Bus zwischen Bhubaneshwar und Puri oder Konark.

SÜDÖSTLICHES ORISSA

PURI

☎ 06752 / 157 610 Ew.

Drei Arten von Besuchern kommen auf der Suche nach spirituellen oder irdischen Genüssen nach Puri: Hindupilger, indische Feriengäste und ausländische Touristen. Sie schlagen ihre Zelte in verschiedenen Teilen der Stadt auf und vermischen sich nur selten. Für Hindu gehört Puri zu den heiligsten Pilgerorten Indiens: Schließlich vibriert das religiöse Leben rund um den großartigen

Jagannath-Mandir … und dann gibt es da noch das berühmte Rath Yatra (Wagenfestival). Leider sind alle Hindutempel Sperrgebiet für Nicht-Hindus.

Puris andere Attraktion ist der lange Sandstrand mit Promenade – die indische Version eines englischen Seebads. Deshalb gibt's auf der Marine Promenade auch eine lange Reihe von alten Hotels, schrillen Unterkünften und betriebseigenen Ferienhäusern, die sofort komplett ausgebucht sind, sobald in Kolkata Ferien sind.

In den 1970er-Jahren war Puri ein Mekka der Hippiebewegung, die sich zu dieser Zeit ihren Weg durch Südostasien bahnte – angezogen vom Meer und vom Bhang, ein in Shivas Puri legales Haschischgetränk. Aber diese Szene hat sich mittlerweile in Rauch aufgelöst. Jetzt kommen die Traveller nur noch hierher, um gemeinsam abzuhängen, sich den Bauch mit gutem Essen vollzuschlagen, ihren Backpacker-Spirit wieder zu erlangen und Pläne für die nächste Zeit zu schmieden.

Orientierung

Das wilde Leben tobt entlang einiger weniger Küstenkilometer. Es gibt ein Travellerdorf mit lockerer Atmosphäre rund um die Chakra Tirtha (CT) Rd. im Osten, die Marine Promenade im Westen und um die Unterkünfte in der Mitte. Ein paar Häuserblocks landeinwärts liegt das heilige Viertel mit seinem chaotischen Straßengewirr. Busse und Züge kommen direkt im Stadtzentrum an.

Praktische Informationen

BUCHLÄDEN

Loknath Bookshop (CT Rd; ⌚ 9–12 & 15–21 Uhr) Verkauft und tauscht Secondhandbücher.

INTERNETZUGANG

Halla Gulla.com (CT Rd; 30 Rs/Std.; ⌚ 8–22 Uhr) Brennt auch CDs von der Digitalkamera 40–55 Rs pro CD.

Nanako.com (CT Rd; 30 Rs/Std.; ⌚ 7.30–23 Uhr)

GEPÄCKAUFBEWAHRUNG

Bahnhof (10 Rs pro Gepäckstück und Tag; ⌚ 24 Std.)

MEDIZINISCHE VERSORGUNG

Headquarters Hospital (☎ 223742; Grand Rd)

GELD

ICICI Bank (1 Naya Plaza, Grand Rd) MasterCard- und Visa-Geldautomat.

Samikshya Forex (☎ 2225369; CT Rd; ⌚ 6–22 Uhr) Löst Reiseschecks ein und wechselt ausländische Währungen; tauscht beschädigte Rupienscheine aus.

State Bank of India (☎ 223682; CT Rd; ⌚ Mo–Fr 10.30–16 Uhr, Sa 10.30–13 Uhr) Löst Reiseschecks ein und wechselt ausländische Währungen. Kann aber eine Weile dauern.

POST

Post (☎ 222051; Ecke Kutchery & Temple Rd; ⌚ 10.30–17.30 Uhr)

TOURISTENINFORMATION

Orissa Tourism (☎ 222664; CT Rd; ⌚ Mo–Sa 10–17 Uhr); Bahnhof (☎ 223536; ⌚ 7–21 Uhr) Touristeninformation, Hotelbuchungen, Vermittlung von Mietfahrzeugen und geführten Touren.

OTDC (☎ 223526; Marine Pde; ⌚ 6–22 Uhr) Buchungen und Start-/Endpunkt von Tagestouren.

REISEBÜROS

Gandhara International (☎ 2224623; www.hotelgandhara.com; Hotel Gandhara, CT Rd) Buchung von Flügen und Mietwagen für 4 Rs/km.

Samikshya Forex (☎ 2225369; CT Rd; ⌚ 6–22 Uhr) Buchungen

Gefahren & Ärgernisse

Die Meeresströmungen in Puri können tückisch sein: also besser nicht so weit hinauswagen! Vor dem Schwimmen die Einheimischen beobachten oder die merkwürdig gekleideten *nolias* (Rettungsschwimmer) in ihren weiß angemalten, kegelförmigen Weidenkorbhüten und den adretten kurzen Lungis nach den besten Stellen fragen.

Es wurde von Überfällen und Übergriffen auf Frauen berichtet, die sich an einsamen Stränden sogar am helllichten Tag ereignet haben. Auf der Hut sein!

Sehenswertes

JAGANNATH-MANDIR

Der mächtige **Tempel** ist Jagannath geweiht, dem Herrscher des Universums und Inkarnation Vishnus. Die rabenschwarze Gottheit mit den großen, runden, weißen Augen ist in ganz Orissa ungeheuer beliebt. Der von zwei Mauern umgebene Tempel entstand in seiner jetzigen Form im Jahr 1198. Seinen 58 m hohen *sikhara* (Turm) krönen die Flagge und das Rad Vishnus.

Der Osteingang, auch Löweneingang genannt, wird von zwei Steinlöwen und von Garuda bewacht. Die Säule, auf der das

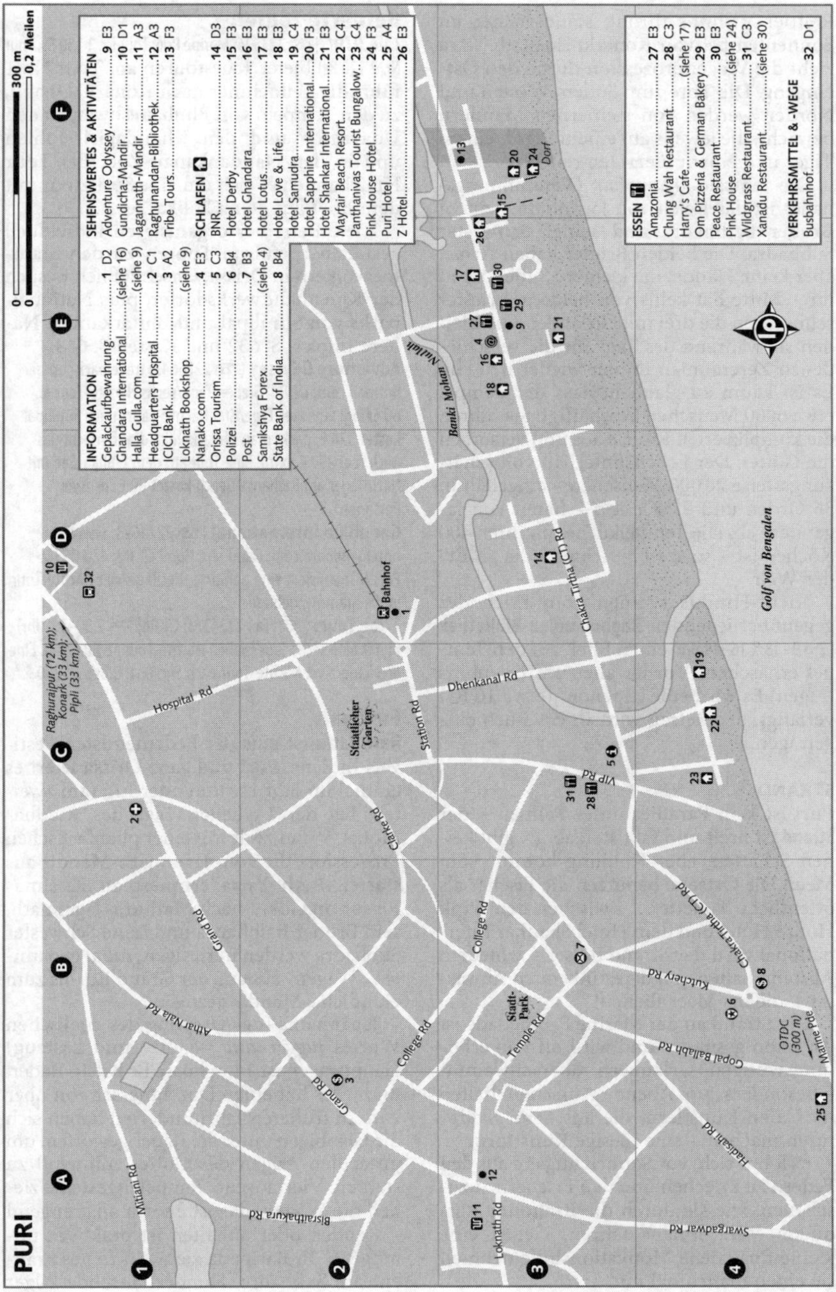
PURI
0 300 m
0 0,2 Meilen
INFORMATION
Gepäckaufbewahrung 1 D2
Ghandara International (siehe 16)
Halla Gulla.com (siehe 9)
Headquarters Hospital 2 C1
ICICI Bank 3 A2
Loknath Bookshop (siehe 9)
Nanako.com 4 E3
Orissa Tourism 5 C3
Polizei 6 B4
Post 7 B3
Samikshya Forex (siehe 4)
State Bank of India 8 B4
SEHENSWERTES & AKTIVITÄTEN
Adventure Odyssey 9 E3
Gundicha-Mandir 10 D1
Jagannath-Mandir 11 A3
Raghunandan-Bibliothek 12 A3
Tribe Tours 13 F3
SCHLAFEN
BNR 14 D3
Hotel Derby 15 F3
Hotel Ghandara 16 E3
Hotel Lotus 17 E3
Hotel Love & Life 18 E3
Hotel Samudra 19 C4
Hotel Sapphire International 20 F3
Hotel Shankar International 21 E3
Mayfair Beach Resort 22 C4
Panthanivas Tourist Bungalow 23 C4
Pink House Hotel 24 F3
Puri Hotel 25 A4
Z Hotel 26 E3
ESSEN
Amazonia 27 E3
Chung Wah Restaurant 28 C3
Harry's Cafe (siehe 17)
Om Pizzeria & German Bakery 29 E3
Peace Restaurant 30 E3
Pink House (siehe 24)
Wildgrass Restaurant 31 C3
Xanadu Restaurant (siehe 30)
VERKEHRSMITTEL & -WEGE
Busbahnhof 32 D1
Raghurajpur (12 km); Konark (33 km); Pipli (33 km)
Bahnhof
Hospital Rd
Grand Rd
Mitiani Rd
Atharnala Rd
Bisraithakura Rd
College Rd
Clarke Rd
Station Rd
Dhenkanal Rd
Staatlicher Garten
Chakra Tirtha (CT) Rd
VIP Rd
Kutchery Rd
Temple Rd
Stadt-Park
Loknath Rd
Gopal Ballabh Rd
Swargadwar Rd
Hadisahi Rd
Marine Pde
OTDC (300 m)
Banki Mohan Nullah
Dorf
Golf von Bengalen

Reittier Vishnus thront, stand früher im Sonnentempel von Konark. Zu Rath Yatra zieht die Wagenprozession durch den Osteingang. Die Tore zum Süden, Westen und Norden werden von steinernen Männern bewacht, die jeweils auf einem Pferd, einem Tiger und einem Elefanten reiten.

Die zentrale *jagamohan* (Verammlungshalle) ist das Reich von Jagannath, seinem Bruder Balbhadra und seiner Schwester Subhadra. Die beiden Brüder haben Arme, aber keine Hände, die kleinere Subhadra in ihrer Mitte hat keins von beidem. Priester schmücken die drei mit Girlanden und kleiden sie während des Tags für die verschiedenen Zeremonien immer wieder neu ein. Es ist kaum zu glauben, dass der Tempel etwa 6000 Menschen beschäftigt: Sie führen die komplizierten Rituale aus und versorgen die Götter. Der Lebensunterhalt von schätzungsweise 20 000 Menschen – eingeteilt in 36 Orden und 97 Klassen – hängt von Jagannath ab. Die Tempelküche mit ihren 400 Köchen ist – so wird berichtet – die größte der Welt.

Nicht-Hindus können vom Dach der gegenüberliegenden **Raghunandan-Bibliothek** (🕑 9–13 & 16–19 Uhr) einen Blick auf den Tempel erhaschen. Vorher aber um Erlaubnis fragen! Es wird eine „Spende" (etwa 10 Rs) verlangt, der Betrag wird in ein Buch eingetragen.

STRAND

Puri ist kein Paradies unter Palmen – der **Strand** ist breit und fällt steil ab. Es gibt keinen Schatten, aber Kühlung kommt vom Meer. Die Ostseite benutzen die Fischer als öffentliche Toilette … Zwischen dem Pink House Hotel und dem Hotel Shankar International wird der Strand besser – trotzdem Abstand halten von den stinkenden Abwässern, die ins Meer fließen!

Der Strand an der Marine Promenade ist da schon gesünder und wird oft von erholungswütigen Urlaubern überschwemmt – besonders am Abend. Ausschau halten nach den Künstlern, die aus Sand Skulpturen machen – eine hiesige Kunstform.

Es lohnt sich, vor Sonnenaufgang aus den Federn zu kriechen und den Fischern zuzuschauen, wie sie durch die Brandung aufs offene Meer hinaus fahren. Gegen eine kleine finanzielle Motivationshilfe nehmen sie einen manchmal mit.

Geführte Touren

Die **OTDC** (☎ 223526; Marine Pde; Tour Nr. 1 130 Rs, Tour Nr. 2 110 Rs) bietet Tagestouren an. Tour Nr. 1 führt die Teilnehmer nach Konark, Dhauli, zu den Tempeln von Bhubaneshwar, zu den Udayagiri- und den Khandagiri-Höhlen und in den Nandankanan-Zoo. Bei Tour Nr. 2 handelt es sich um eine Spritztour mit dem Boot auf dem Chilika-See.

Viele Betreiber organisieren individuell gestaltete, geführte Touren zu den Stammesvölkern in Orissa, einschließlich Besuch der Kunsthandwerksdörfer, plus Nationalparks von Similipal und Bhitarkanika. Nähere Infos s. S. 632 und Kasten S. 648.

Adventure Odyssey (☎ 2226642; travelpack_orissa@hotmail.com; CT Rd) Sieben Tage/sechs Nächte-Tour ab 60 €/Tag. Eine vier Tage/drei Nächte-Fahrt nach Similipal kostet 370 €, packt man Bhitarkanika drauf, macht das noch mal 200 € extra. Eine Tour auf dem Chilika-See mit Nachtlager am Rajhansa Beach kostet 80 € für zwei Personen.

Gandhara International (☎ 2224623; www.hotelgandhara.com; Gandhara Hotel CT Rd; 420 US$/2 Pers.) Organisiert eine geführte drei Tage/vier Nächte-Tour in die Stammesgebiete.

Tribe Tours (☎ /Fax 2224323; CT Rd; 🕑 7.30–21 Uhr) Bietet eine sechs Tage/sieben Nächte-Tour ab 60 €/Tag. Eine drei Tage/zwei Nächte-Tour nach Similipal gibt's ab 250 €.

Festivals

Rath Yatra ist eins der bedeutendsten Festivals Indiens. Puri und ganz Orissa feiert es einmal im Jahr im Juni oder Juli (am zweiten Tag der 14 hellen Tage des Asadha-Monats), und zwar mit einer phantastischen Prozession, die vom Jagannath-Mandir aus startet. Rath Yatra erinnert an Krishnas Reise von Gokul nach Mathura. Jagannath, sein Bruder Balbhadra und seine Schwester Subhadra werden in riesigen, *ratha* genannten „Wagen" entlang der Grand Rd. bis zum Gundicha-Mandir gezogen.

Jagannaths (der Urspung des englischen Wortes *juggernaut* = Götze und Lastzug) Hauptwagen ist 14 m hoch. Er hat 16 Räder, und jedes hat einen Durchmesser von über 2 m. In früheren Jahrhunderten haben sich die Gläubigen unter die Räder geworfen, um unter den Augen des Gottes ruhmvoll zu sterben. Viertausend Tempelangestellte ziehen die Wagen, das ist enorm anstrengend – wenden oder anhalten ist praktisch unmöglich. In Baripada zieht ein reines Frauenteam Subhadra. Hunderttausende Pilger (und Touristen) drängen sich, um dieses Ereignis zu sehen – und lassen sich auch von der Hitze (bis zu um die 40 °C!) nicht davon abhalten.

Die Götter haben eine Woche lang „Sommerpause" im Gundicha-Mandir, bevor sie mit der gleichen Prozession wieder zurück zum Jagannath-Mandir gezogen werden. Nach dem Festival werden die Wagen in Stücke gehackt und als Feuerholz für die Gemeindeküchen des Tempels oder für Feuerbestattungen verwendet. Jedes Jahr werden neue Wagen gebaut.

Von Zeit zu Zeit werden – dem astrologischen Kalender gemäß – die Götter selbst weggeschafft und man macht neue Statuen. Die alten finden auf dem Friedhof am Nordtor des Jagannath-Mandir ihre letzte Ruhe.

Mehr über die Geheimnisse eines Götterleben enthüllen die Broschüren *Rites and Rituals of Lord Jagannath* und *Rath Yatra* vom Touristenbüro in Orissa.

Schlafen

Wenn in Kolkata Ferien sind, ist Puri restlos ausgebucht. Um zu Rath Yatra, Durga Puja (Dussehra) und Diwali unterzukommen, außerdem prinzipiell zum Ende des Dezembers und zu Neujahr, sollte man weit im Voraus buchen. Die Chancen sind eventuell besser im Z Hotel und im Hotel Ghandara – hier dürfen nur ausländische Touristen rein.

Die unten genannten Preise beziehen sich auf den Zeitraum Oktober bis Februar. Während des Monsuns ist es möglich, einen ganz ordentlichen Rabatt herauszuschlagen; während der Festivals können sich die Preise allerdings verdreifachen. Ärgerlich ist, dass viele Hotels frühe Checkout-Zeiten haben, weil morgens Nachtzüge mit neuen Gästen ankommen.

BUDGETUNTERKÜNFTE

Die Unterkünfte liegen alle in einer Reihe am östlichen Ende der CT Rd. Das Z und das Ghandara sind für alleinreisende Frauen geeignet.

Z Hotel (☎ 222554; www.zhotelindia.com; B nur für Frauen 60 Rs, Zi. mit Gemeinschaftsbad 300 Rs, DZ mit eigenem Bad 600 Rs) Dieses Hotel ist zu Recht das Lieblingshotel der Traveller. Das ehemalige Zuhause eines Maharadschas hat riesige, blitzsaubere Zimmer, viele davon mit Blick aufs Meer. Außerdem gibt's große Gemeinschaftsräume, einen tollen Garten und eine überdachte Terrasse mit Restaurant. Die Doppelzimmer mit Balkon sind ihr Geld wert.

Hotel Ghandara (☎ 224117; www.hotelgandhara.com; B 40 Rs, B nur für Frauen 50 Rs, EZ/DZ mit Gemeinschaftsbad 110/150 Rs, EZ/DZ ab 350/450 Rs, mit Klimaanlage 550/750 Rs; ❄ 💻) Im Innenhof gibt's einen schattigen Garten mit Bäumen. Große Auswahl an Zimmern verschiedener Preiskategorien. Der hintere fünfstöckige Bau hat ein paar nette, klimatisierte Dachzimmer. Eine leichte Brise und die schöne Aussicht gibt's gratis dazu; andere Zimmer haben Balkon. Richtig nett wird's durch die tägliche Zeitung auf dem Zimmer. Es gibt einen Garten, ein Dachrestaurant und ein Reisebüro vor Ort.

Pink House Hotel (☎ 222253; DZ mit Gemeinschaftsbad 100–250 Rs) An der CT Rd. und so nah am Strand, dass der Sand bis vor die Haustür weht. Die Zimmer liegen entweder zur Strandseite hin und haben eine kleine Veranda oder sie gehen nach hinten raus.

Hotel Derby (☎ 223961; an der CT Rd; Zi. 300–350 Rs) ist eines der älteren Hotels hier. Kleine, saubere Zimmer, die hübsch in einem kleinen Garten in Strandnähe liegen. Moskitonetze vorhanden.

Hotel Lotus (☎ 2227033; Zi. ab 100 Rs) Die Besitzer von Harry's Cafe die Treppen runter haben sich mit ein paar auf Hochglanz polierten Zimmern ins Hotelgewerbe gewagt. Es gibt eine Auswahl an WC-Arten. Manche Zimmer haben Balkon und in allen gibt's Kühlung durch einen Ventilator.

Hotel Love & Life (☎ 224433; Fax 226093; B 30 Rs, EZ/DZ mit Gemeinschaftsbad 80/100 Rs, EZ/DZ ab 125/250 Rs, Bungalows 250 Rs, mit Klimaanlage 750 Rs; ❄)

Einfache Schlafsäle, annehmbare Zimmer in einem dreistöckigen Gebäude und ein paar Bungalows an der Rückseite. Die Besitzer sind freundlich und hilfsbereit. Entspannte Atmosphäre.

MITTEL- & SPITZENKLASSEHOTELS

Hotel Shankar International (☎ 222696; Zi. ab 300 Rs, Bungalows mit Klimaanlage 750 Rs; ❄) Abseits der CT Rd., Zimmer an drei verschiedenen Stellen. Die schönsten Zimmer sind in den etwas teureren Bungalows – mit Schaukelstühlen auf der Veranda und inklusive Meeresrauschen. Im dreistöckigen Gebäude gegenüber gibt's nicht gerade berauschende Zimmer und eine Gemeinschaftsveranda. Dazwischen bietet das Hotel einige gemütliche, günstige Zimmer mit Meerblick.

BNR (☎ 222063; Fax 223005; CT Rd; EZ/DZ ab 400/650 Rs, mit Klimaanlage 650/900 Rs; ⊠) BNR steht für Bengal National Railways, was die Dampflokomotive vor dem Garten erklärt. Ein riesiges Gebäudedenkmal, ein verknöchertes Überbleibsel des British Raj mit herrschaftlichen Räumen, livriertem Personal und einer Bibliothek mit alten Büchern. Eine echt abgefahrene Unterkunft!

Panthanivas Tourist Bungalow (☎ 222740; Zi. 400–650 Rs, mit Klimaanlage 850 Rs; ⊠) CT Rd., neues Gebäude mit Meerblick; die besten Zimmer mit dem schönsten Blick sind im ersten Stock. Der alte Gebäudeblock sieht aus wie eine Kaserne, trotzdem herrscht ein Klima freundlicher Nonchalance.

Hotel Sapphire International (☎ 226488; Zi. im alten Block 200–600 Rs, im neuen Block 850–1850 Rs; ⊠) Die Unterkunft hinter dem Pink House besteht aus zwei größeren Blocks. Hier wohnen die Angestellten von Kolkata. Ihre Extrazulage (die wegen der höheren Lebenskosten in der Stadt gezahlt wird) macht solche Ferien möglich. Einige Zimmer haben Meerblick, die meisten teilen sich eine Gemeinschaftsveranda.

Puri Hotel (☎ 222114; www.purihotelindia.com; Marine Pde; DZ ab 250 Rs, mit Klimaanlage ab 800 Rs; ⊠) Ein bengalisches Ferienheim – der ideale Ort für Urlaub mit der ganzen Familie. Die Zimmer sind groß genug für zehn und die quasibritischen Kitschzimmer (Hotel wurde 1947 erbaut) sind ganz annehmbar. Kinder unter sechs Jahren übernachten umsonst.

Mayfair Beach Resort (☎ 227800; www.mayfairhotels.com; Zi. mit Kabel TV & Frühstück ab 3300 Rs; ⊠ ⊠) setzt Maßstäbe für den Luxus in Puri. Kleine Einheiten liegen versteckt in einem wunderschönen und mit stilsicheren Tempelstatuen (Imitate) geschmückten Garten. Der Swimmingpool (nur für Gäste) hat eine Swim-up-Bar. Außerdem gibt's einen halbprivaten Strand.

Hotel Samudra (☎ 222705; Fax 228654; Zi. 550–750 Rs, mit Klimaanlage ab 900 Rs; ⊠) Dieses elegante Hotel liegt abseits der CT Rd., die Rückseite dem Strand zu gewandt. Die meisten Zimmer haben Balkon mit Meeresblick und sind luxuriös; Zimmer zur Vorderseite lieber meiden, da der Gestank von der Bucht herüberweht. Zimmer 318 ist zu empfehlen.

Essen & Ausgehen

In Puri kann man der normalen indischen Kost endlich mal entkommen und sich dafür mit Meeresfrüchten den Bauch voll schlagen. An der CT Rd. gibt's auch endlich das schmerzlich vermisste Müsli, die lang ersehnten Pfannkuchen und den Pudding zum Reinlegen. Die meisten Lokale schenken auch Bier aus.

Peace Restaurant (CT Rd; Gerichte 20–120 Rs; ⌚ 6–23 Uhr) „Peace Restaurant – weltberühmt in Puri aber ansonsten unbekannt": So steht's auf der Speisekarte, die Curries, Makaroni- und leckere Fischgerichte anbietet. Das Restaurant mit dem wunderbaren Garten ist zu Recht wahnsinnig beliebt.

Xanadu Restaurant (CT Rd; Gerichte 30–95 Rs; ⌚ 6.30–23 Uhr) Der richtige Ort für Frühaufsteher: Wie wär's mit einem britischen Fry-up-Frühstück (ein Teller Frittiertes) oder Müsli unter Palmen, Bananenstauden, Papaya- und Akazienbäumen. Abends locken ein kühles Blondes und ein paar knusprige Pappadums – und die Überlegung, ob es lieber Garnelen (die besten der Stadt) oder ein herzhafter Blumenkohl mit Käse sein soll. Vielleicht ja auch beides.

Om Pizzeria & German Bakery (CT Rd; 10–35 Rs pro Stück; ⌚ 7.30–20 Uhr) Die bekannte Kette (Rishikesh, Manali, Leh, Kathmandu etc.) wartet mit ausgezeichnetem Kaffee, köstlichen Zimtrollen und phantastischem Müsli, Früchten, Honig und Quark auf.

Amazonia (CT Rd; Gerichte 20–55 Rs) Noch ein Gartenrestaurant, mit alternativer indischer Musik als trällernder Hintergrundsound. Fisch, Garnelen und das vegetarische Curry sind zu empfehlen.

Pink House (Hauptgerichte 60 Rs) Am Strand, gleich neben dem Pink House Hotel. Pink House ist ein Freiluftrestaurant, das alles serviert, was das Herz eines Travellers begehrt: Müsli oder Pfannkuchen zum Frühstück, beides für den großen Hunger, und jede Menge Fisch und Garnelen am Rest des Tages.

Chung Wah Restaurant (VIP Rd; Gerichte 60–110 Rs; ⊠) Chinesisches Essen ist in Indien oft ein echter Reinfall – eine „chinindische" Mischung, bei der die typischen Eigenschaften beider Küchen auf der Strecke bleiben, ohne dass etwas Neues entsteht. Im Chung Wah gibt's allerdings das „real thing"! Leckeles süß-saules Essen!

Wildgrass Restaurant (VIP Rd; Gerichte 50–100 Rs; ⌚ 7–24 Uhr) Ein verwilderter Garten mit Bäumen und Sträuchern, die nur Platz lassen für ein kleines Restaurant mit versteckten

Hüttchen unter einem strohbedeckten Baldachin. Die ganz normale Speisekarte wird durch Fischgerichte und Hummer (120 Rs; im Voraus bestellen) bereichert.

Harry's Cafe (CT Rd; Gerichte 20–55 Rs) Bei Harry's gibt's streng vegetarische Kost ohne Zwiebeln und Knoblauch. Das Essen schmeckt und das Personal ist freundlich. Frühstück gibt's schon sehr früh.

Shoppen

Die Läden an der Marine Promenade verkaufen Kunsthandwerk, Stoff, Perlen, Muscheln und Bambusarbeiten. Die Strände am östlichen Stadtrand, in Richtung Stadtzentrum, verkaufen Souvenirs aus Kaschmir und Tibet.

In der Nähe des Jagannath-Mandir bieten Händler oft Gemälde auf Palmblättern und Kunsthandwerk an. Der handgewebte *ikat* (Stoff) aus Orissa wird als Meterware oder auch als fertiges Kleidungsstück verkauft. Beliebte Souvenirs sind billige Postkarten in Siebdruck und Jagannathabbildungen – geschnitzt, gemeißelt oder gemalt.

An- & Weiterreise

BUS

Vom riesigen **Busbahnhof** (☎ 224461) in der Nähe des Gundicha-Mandir fahren regelmäßig Busse nach Konark (15 Rs, 30 Min.), Satapada (19 Rs, 3 Std.) und Bhubaneshwar (24 Rs, 2 Std.). Der Bhubaneshwar-Bus fährt nach Pipli und Raghurajpur. Wer woanders hin will, muss in Bhubaneshwar umsteigen.

ZUG

Während der Ferien- oder Festivalzeiten bei der **Train Reservation Line** (☎ 131; ⏲ Mo–Sa 8–20, So 8–14 Uhr) weit im Voraus buchen. Gegen geringen Aufpreis gibt's Fahrscheine auch in den Reisebüros an der CT Rd.

Der *Purushottam-Express* fährt nach Delhi (433/1216/1946 Rs, 32 Std., 21.05 Uhr). Howrah ist mit dem *Puri-Howrah-Express* (157/442/707 Rs, 10¼ Std., 19 Uhr) und dem *Jaganath-Express* (157/442/707 Rs, 10½ Std., 22 Uhr) erreichbar. Der *Tapaswini-Express* geht nach Sambalpur (158/442/706 Rs, 8 Std., 22.40 Uhr). Der *Neelachal-Express* fährt nach Varanasi (313/879/1406 Rs, 22¼ Std., 9.30 Uhr) und von dort weiter nach Delhi, und zwar dienstags, freitags und sonntags.

Unterwegs vor Ort

Verschiedenen Stellen in der CT Rd. verleihen Fahrräder für etwa 15 Rs pro Tag und Mopeds/Motorräder für 150/250 Rs.

RAGHURAJPUR

Das Künstlerdorf **Raghurajpur**, 14 km nördlich von Puri, besteht aus zwei Straßenreihen mit strohgedeckten Ziegelhäusern, deren Wände mit geometrischen Mustern und mythologischen Szenen bemalt sind – eine tradtionelle Kunstform, die in Orissa fast ausgestorben ist.

Das Dorf ist auch für seine *pattachitra* bekannt: Baumwollstoff wird mit einer Mischung aus Gummi und Kreide überzogen und dann poliert. Mit viel Aufmerksamkeit und einem sehr feinen Pinsel zeichnen die Künstler Tiere, Blumen, Götter und Dämonen, die dann mit heiteren Farben ausgemalt werden.

Ein weiteres Kunsthandwerk ist die Radierung *(chitra pothi)* auf getrockneten Pal-

SHOPPEN IN ORISSA

Die alten Gilden der *shilpins* (Handwerker) von Orissa sind reich geworden, weil Puri ein Pilgerort ist. Es gibt sie noch heute. Applikationsarbeiten aus Pipli (in der Nähe von Bhubaneshwar) zeichnen sich durch ihre farbenfrohen Stoffmuster aus, Cuttack ist für seine *tarakasi* (filigrane Silberornamente) bekannt. Raghurajpur (in der Nähe von Puri) ist berühmt für seine *pattachitra* (Zeichnungen auf speziell vorbereitetem Stoff) und seine verschlungenen Kamasutrabilder, die äußerst sorgfältig in Palmblätter geritzt werden *(chitra pothi)*.

Viele Leute in Orissa arbeiten noch am Handwebstuhl und produzieren so verschiedene Arten einzigartiger Seide und Baumwollstoffe. Die Region um Sambalpur hat sich auf *ikat*-Stoffe spezialisiert, eine Technik bei der der Faden vor dem Weben in Batiktechnik gefärbt wurde.

Am besten kauft man die Sachen dort, wo sie auch produziert werden, also von den Künstlern oder Handwerkern selbst. Der Ekamra Haat (S. 634) in Bhubaneshwar ist der beste Ort, um Kunsthandwerk aller Art aus Orissa zu kaufen.

menblättern mit einem feinen Griffel. Nachdem die Bilder eingeritzt sind, werden die Schnitte gefärbt.

Um hinzukommen, den Bus nach Bhubaneshwar nehmen und auf das 11 km nördlich von Puri gelegenen Schild „Orissa Tourism Craft Village" achten. Von dort aus ist dann noch guter Kilometer zurücklegen – entweder per pedes oder etwas relaxter in einer Autorikscha.

KONARK

☎ 06758 / 15 020 Ew.

Der majestätische Sonnentempel von Konark – ein Unesco-Weltkulturerbe – gehört wie der Taj Mahal zu Indiens charakteristischen Bauwerken. Die meisten Besucher verschlägt's nur für einen Tag hierher – und zwar von Bhubaneshwar oder Puri aus.

Konark lag früher noch näher an der Küste (das Meer ist um 3 km zurückgegangen), und der Tempel war schon von Weitem vom Meer aus zu erkennen. Die Seeleute nannten ihn „Schwarze Pagode" als Kontrast zum weiß getünchten Jagannath-Mandir in Puri.

Orientierung & Praktische Informationen

Die Straße von Bhubaneshwar nach Puri verläuft um den Tempel herum, vorbei an ein paar Hotels und Restaurants. Dahinter und im Osten liegen die **Post** (🕑 Mo–Sa 10–17 Uhr) und Gassen mit Souvenirläden. Das **Touristenbüro** (☎ 236821; Yatri Nivas Hotel; 🕑 Mo–Sa 10–17 Uhr) ist ebenfalls dort.

Sehenswertes

SONNENTEMPEL

Der **Sonnentempel** (Inder/Ausländer 10/250 Rs, Video 25 Rs, Fremdenführer 100 Rs/Std.; 🕑 Sonnenaufgang–Sonnenuntergang) ist von erhabener Schönheit. Er stammt aus der Mitte des 13. Jhs. – wahrscheinlich hat Narashimhadev I., König von Orissa, ihn erbauen lassen, um seinen Sieg über die Muslime zu feiern. Nach ungefähr drei Jahrhunderten traf den Tempel der erste „Schicksalsschlag": Im 16. Jh. klauten plündernde Moguln das Kupfer, das die Kuppel überspannt hat. Dieser Vandalismus hat möglicherweise dazu geführt, dass der Schlussstein sich gelöst hat und das 40 m hohe *sikhara* teilweise zusammengestürzt

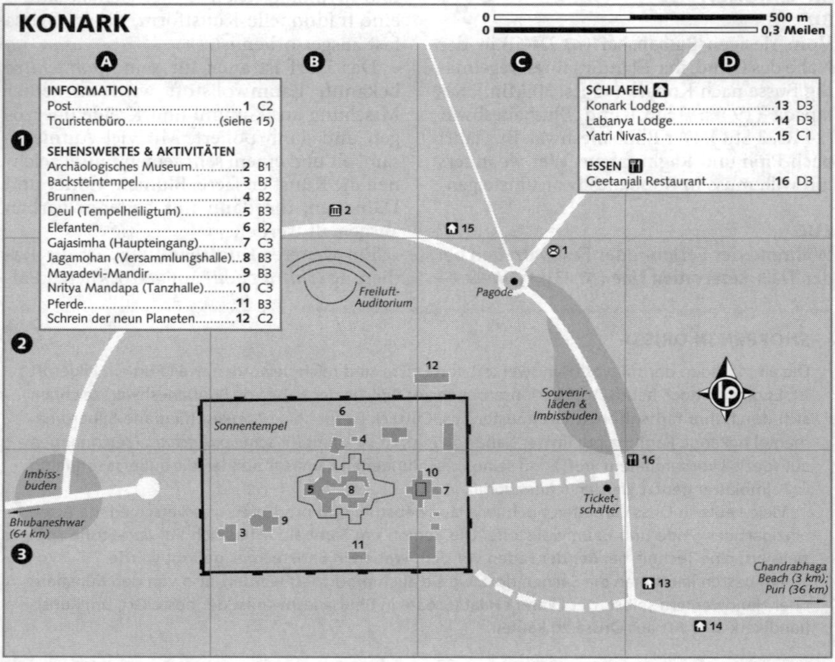

ist. Später haben Wirbelstürme noch mehr Zerstörungen angerichtet.

Bis 1837 stand das *sikhara*, wenn auch nur zur Hälfte – aber 1869 brach es endgültig zusammen. (Auf einer Illustration im Yatri-Nivas-Foyer ist der Sonnentempel von vor 1869 zu sehen – die einstige Pracht wird erahnbar.) Nach und nach hat Sand den Bau bedeckt, nur der *deul* und das *jagamohan* lugten stolz aus ihrem Grabhügel hervor. Ausgrabungs- und Restaurierungsarbeiten begannen 1901; das *jagamohan* wurde abgeriegelt und mit Steinen und Sand aufgefüllt, damit es nicht einstürzt.

Der ganze Tempel war als kosmischer Wagen des Sonnengotts Surya gedacht. Sieben gewaltige Pferde (sie repräsentieren die Wochentage) bäumen sich auf vor Anstrengung, diesen Steinkoloss auf seinen 24 Steinrädern (die Stunden des Tages) zu ziehen, die um den Tempelsockel herum verankert sind. Der Tempel wurde so gebaut, dass das Licht des Sonnenaufgangs das innere *deul* anstrahlt – und damit die dort angebetete Gottheit, die möglicherweise im 17. Jh. nach Puri in den Jagannath-Mandir gebracht wurde.

Der **gajasimha** (Haupteingang) wird von zwei steinernen Löwen bewacht, die Elefanten unter sich zerdrücken. Dahinter liegt die filigran gemeißelte **nritya mandapa** (Tanzhalle). Von hier aus führen Stufen, flankiert von angestrengt wirkenden Pferden, zum noch immer vorhanden **jagamohan**. Dahinter steht der turmlose **deul.** Seine drei stimmungsvollen Surya-Bilder sind aus Chloritstein. Sie sind auf den Einfallswinkel der Sonnenstrahlen bei Sonnenaufgang, zur Mittagsstunde und bei Sonnenuntergang abgestimmt.

Der Sockel und die Mauern zeigen Szenen aus dem Leben Kalingas, ein Bildband vom Leben und der Liebe in einer Abfolge von Steinreliefs. Viele davon enthalten erotische Darstellungen, dafür ist Konark bekannt: in sich verschlungene Paare und auch einzelne Exhibitionisten. Manche gibt es als Miniaturdarstellungen auf den Speichen eines Tempelrades; andere als lebensgroße Figuren.

Auf dem Gelände stehen auch die nicht ganz so wichtigen kleinen, **Mayadevi-Mandir** genannten Schreine; ein tiefer abgedeckter **Brunnen**; und die Ruinen eines **Backsteintempels**. Im Norden gibt's **Elefantenstatuen** zu sehen, im Süden eine Gruppe von **Pferdestatuen**. Die Tiere trampeln Soldaten nieder.

Wenn es sich irgendwo lohnt, einen Führer zu anzuheuern, dann hier. Die Geschichte des Tempels ist ein komplizierter Mischmasch aus Tatsachen und Legenden und die Erläuterungen regen sicherlich zum Nachdenken an. Führer machen auch auf Besonderheiten aufmerksam, die man sonst möglicherweise übersehen hätte – ein Tänzer mit hohen Absätzen, eine Giraffe (als Beweis, dass diese Gegend einst mit Afrika Handel trieb) und sogar einen Mann, der seine Geschlechtskrankheit behandelt! Man sollte sich davon überzeugen, dass der Führer registriert ist. Es gibt nur 29 Führer in Konark und die Namensliste am Eingang muss immer noch auf den neuesten Stand gebracht werden. Führer ohne Lizenz (sind möglicherweise unseriös) verfolgen einen gleich nach der Ankunft.

SCHREIN DER NEUN PLANETEN

Die 6 m große **Platte** aus Chloritstein war früher mal der Architrav des *jagamohan* – heute ist sie das Prunkstück eines kleinen Schreins gleich außerhalb der Tempelanlage. Die neun sitzenden Skulpturen repräsentieren die neun Planeten der Hindu: Surya (Sonne), Chandra (Mond), Mars, Merkur, Jupiter, Venus, Saturn, Rahu and Ketu.

ARCHÄOLOGISCHES MUSEUM

Das größere **Museum** (☎ 236822; Eintritt 5 Rs; ⌚ Sa–Do 10–17 Uhr) liegt gleich neben Yatri Nivas und enthält viele Skulpturen und Steinmetzarbeiten, die während der Freilegung des Sonnentempels gefunden wurden. Einige kleinere Stücke – etwa die Statue von Agni, dem Feuergott – sind besonders beeindruckend.

CHANDRABHAGA BEACH

Der **Chandrabhaga Beach** liegt 3 km vom Tempel entfernt an der Straße nach Puri. Sonnenanbeter können dorthin laufen, mit dem Fahrrad fahren, eine Autorikscha (50 Rs hin- und zurück) oder den Bus von Konark nach Puri nehmen. Der Strand ist ruhiger und sauberer als der in Puri, aber Vorsicht: starke Strömung! Im Osten gibt's ein geschäftiges Fischerdorf, die Boote von dort fahren besonders zum Sonnenaufgang aufs Meer hinaus. Eine kleine Erkundungstour Richtung Westen führt möglicherweise zu einem Strand, den man ganz für sich allein hat …

Schlafen & Essen

Labanya Lodge (☎ 236824; Sea Beach Rd; Zi. 75–150 Rs; 💻) Die Zimmer sind rund um einen Garten angeordnet. Billig, freundlich und angenehm ruhig – so könnte sich das Labanya zu einem Travellertreffpunkt entwickeln. Zimmer gibt's in unterschiedlichen Größen, die größten liegen im Obergeschoss. Es gibt kein Restaurant, aber es kann Essen bestellt werden.

Konark Lodge (☎ 236502; Sea Beach Rd; Zi. 100 Rs) Das freundliche und vor kurzem frisch gestrichene Konark liegt gegenüber vom Labanya Lodge, ist aber kleiner und hat nur vier Zimmer. Eigenes Moskitonetz mitbringen!

Yatri Nivas (☎ 236820; Zi. ohne Klimaanlage 200 Rs, mit Klimaanlage 400 Rs; ❄) Yatri Nivas liegt in einem schönen Blumengarten – guter Deal. Die Zimmer liegen in zwei Trakten, die nicht klimatisierten sind im neueren untergebracht und sollen bald mit Klimaanlage ausgestattet werden. Das Restaurant ist gut – im Vergleich zum Durchschnitt in Konark.

Geetanjali Restaurant (Gerichte 25–55 Rs) Bedient vor allem Tagesausflügler, die von Hunger und Durst getrieben aus dem Tempel gegenüber hereinstolpern. Es ist sauberer und freundlicher als die anderen Lokale in Konark und hat das beste Essen der Stadt.

An- & Weiterreise

Zwischen Puri und Konark verkehren überladene Minibusse (13 Rs, 1 Std., stündl. bis etwa 17 Uhr). Auch nach Bhubaneshwar gibt's regelmäßige Verbindungen (18 Rs, 2 Std.). OTDC-Touren von Bhubaneshwar (S. 632) und Puri (S. 638) fahren Konark an. Da die 35 km lange Strecke zwischen Puri und Konark flach ist, legen sie einige Hartgesottene mit dem Fahrrad zurück.

CHILIKA-SEE

Der Chilika-See ist die größte Brackwasserlagune Asiens. Die Fläche vergrößert sich von 600 km² im April/Mai auf 1100 km² während der Monsunzeit. Der seichte See wird durch die 60 km lange Rajhansa-Sandbank vom Golf von Bengalen getrennt. 2000 baggerte man wegen der starken Versandung einen neuen Zugang zum Meer frei.

Der See ist für seine Millionen Zugvögel – Fischadler, Graugänse, Fischreiher, Kraniche und Flamingos – bekannt, die jeden Winter (Nov.–Mitte Jan.) in Scharen hierher kommen, und zwar aus entfernten Ländern wie Sibirien und dem Iran. Die wahrscheinlich größte Versammlung von Wasservögeln auf dem Subkontinent findet dann im 3 km² großen Gebiet des Vogelschutzgebietes der Insel Nalabana statt. Weil sich der Salzgehalt des Sees verändert hat, lassen sich aber mittlerweile auch einige Vögel in Mangaljodi in der Nähe des Nordufers nieder. Die kommerzielle Garnelenzucht und Versandung gefährden ebenfalls das wichtige Feuchtgebiet und die Existenz der einheimischen Fischer.

Weitere Attraktionen sind die seltenen Irrawady-Delphine in der Nähe Satapadas, der unberührte Strand entlang Rajhansa und der Kalijai-Tempel, zu dem hinduistische Pilger im Januar strömen, um Makar Mela (S. 626) zu feiern.

Satapada

☎ 06752

Das kleine Dorf liegt auf einer Landzunge, die südwestlich in den See hineinragt. Von hier aus starten die meisten Bootstouren. Es gibt ein **Büro von Orissa Tourism** (☎ 262077; Yatri Nivas; ⏲ 24 Std.).

SEHENSWERTES & AKTIVITÄTEN

Die Bootstouren von Satapada gehen normalerweise zum neuen Meereszugang des Sees. Dort kann man sich an frischen Garnelen richtig satt essen oder auf dem See paddeln und dabei ein paar der Delphine oder Vögel beobachten.

OTDC (☎ 262077; Yatri Nivas Hotel; 6–7/8–10/20/34-Sitzer 410/460/630/790 Rs pro Std.) Hier gibt's Boote zum Mieten oder eine dreistündige geführte Tour, die um 10.30 Uhr startet (80 Rs/Pers.).

Dolphin Motor Boat Association (☎ 262038; Satapada jetty; Trips von 1–8 Std. 300–1000 Rs pro Boot) Heimische Bootsbesitzer betreiben die Association und bietet Ausflüge zu Fixpreisen an. Die Touren beinhalten Delphinbeobachtung, einen Besuch des Meereszugangs, des Nalabana Bird Sanctuary und des Tempel auf Kalijai Island.

Eine Fähre verkehrt regelmäßig (18 Rs, 4 Std., 12 Uhr, Rückkehr um 6 Uhr am nächsten Tag) zwischen Satapada und Barkul.

Das **Chilika Lake Wetland Centre** (☎ 262013; Eintritt 10 Rs; ⏲ 10–17 Uhr) bietet eine professionell zusammengetragenen Ausstellung über den See, seine wildlebenden Tiere und menschlichen Bewohner. Oben im Center gibt's ein Observatorium mit einem Teleskop und Tafeln zur Vogelbestimmung.

ESSEN & SCHLAFEN

Yatri Nivas (☎ 262077; DZ 150 Rs) Eine gute Wahl. Die Zimmer haben Balkon (einige davon mit Seeblick) und saubere Betten. Das hauseigene Restaurant ist gut.

Die Straße entlang der Landungsbrücke gibt's etliche Shops und Imbissstände. Beim Bootsausflug nicht vergessen: Trinkwasser mitnehmen!

Barkul

☎ 06756

Barkul liegt am Nordufer des Chilika-See. Hier gibt's nicht viel mehr als ein paar verstreute Häuser und Imbissbuden rund um eine kleine Straße abseits des National Highways. **Orissa Tourism** (☎ 220855; Mo–Sa 10–17 Uhr, am 2. Sa des Monats geschl.) ist hier vertreten.

Nach Nalabana und Kalijai Island gehen Fähren. Nalabana sollte man am besten von November bis Ende Februar, frühmorgens und am Spätnachmittag besuchen. Um Videos aufzunehmen, eine Genehmigung vom **Forest Department** (☎ 220434) in Balugaon einholen!

Die OTDC bietet einen Bootsausflug (400 Rs) zum Meereszugang an – mit Delphinbeobachtung. Bei einer Teilnehmerzahl von mindestens 14 Personen organisiert die OTDC auch Bootstouren nach Kalijia (50 Rs) oder Nalabana und Kalijai (150 Rs). Eine Alternative wäre, ein Boot mit geräuschlosem Antrieb (schreckt die Vögel nicht auf) nach Nalabana (900 Rs, 2 Std.) zu mieten oder ein normales Boot nach Kalijai (450 Rs, 2½ Std.). Private Anbieter verlangen etwa 350 Rs pro Stunde.

Der wunderschöne Garten vom **Panthanivas Hotel** (☎ 220488; Zi. 490 Rs, mit Klimaanlage 850 Rs;) fällt zum See hin ab – so hat jedes der wirklich angenehmen Zimmer einen wunderbaren Blick auf den See.

Über den National Highway zwischen Bhubaneshwar und Berhampur jagen regelmäßig Busse. Man kann unterwegs überall aussteigen.

Eine Fähre geht auch nach Satapada (s. gegenüber).

Rambha

Wer die Schildkröten am Rushikulya Beach beobachten will, kann im nächstgelegenen Dorf Rambha übernachten. Eine dreistündige Bootstour um den See kostet 410 Rs.

Rambha Panthanivas (☎ 06810-278346; B 50 Rs, DZ 350 Rs, mit Klimaanlage 600 Rs;) Unterkunft etwa 200 m vom National Highway und 1 km westlich vom Zentrum Rambhas entfernt. Ganz passable Zimmer mit Balkon und Seeblick. Das Restaurant ist überraschend gut. Tipp: Das Krebsmasala bestellen; gibt sicherlich eine ordentliche Schweinerei, aber es ist sooo lecker.

Busse und fünf Züge fahren nach Bhubaneshwar und nach Berhampur.

Rushikulya

Der Strand, an dem Olive-Bastardschildkröten ihre Eier ablegen, liegt an der nördlichen Seite des Flusses Rushikulya nahe bei den Dörfern Purunabandh und Gokharkuda. Die nächste Unterkunft ist in Rambha (s. oben), 20 km entfernt.

Zur Zeit der Eiablage und des Brütens und Schlüpfens sind Naturschützer an den Stränden. Die ganze Nacht ist etwas los. Achtung: Wenn die Kleinen schlüpfen auf keinen Fall Lichter anmachen, denn Licht hält die Schildkröten vom Meer fern.

GOPALPUR-ON-SEA

☎ 0680 / 6660 Ew.

Gopalpur-on-Sea ist ein Seebad, das nach dem Abzug der Briten in Vergessenheit geraten ist – bis bengalische Urlauber in den 1980er-Jahren seinen Reiz wieder entdeckt haben. Die Gegend hat eine glorreiche Vergangenheit als Seehafen, mit Verbindungen nach Südostasien.

Der Strand hier ist nicht gerade das Paradies, aber er ist ruhig, friedlich und relativ sauber: perfekt, um ein wenig herumzuschlendern, die Fischer und den alten Hafen anzuschauen oder einfach auszuspannen.

Orientierung & Praktische Informationen

Die vom National Highway abgehende Hauptstraße führt direkt durch den Ort und endet in einem großen Platz am Meer. Die meisten der Hotels und Restaurant des Orts liegen um den Platz herum. Im Krishna's gibt' die Möglichkeit, zu telefonieren. 500 m vom Strand entfernt ist die Bushaltestelle.

Sehenswertes

Über dem Ort wacht der **Leuchtturm** (Eintritt 5 Rs; ⌚ 15.30–17.30 Uhr), mit seinen tadellosen Gärten und den kleinen Hütten fürs Personal. Die Touristenattraktion für den späten Nachmittag belohnt alle, die die endlose Wendeltreppe hinaufgeklettert sind, mit einer wunderschönen Aussicht, einer angenehmen kühlen Brise – und mit Handyempfang.

Gefahren & Ärgernisse

Ausländer, besonders weibliche, sind immer eine Attraktion für Neugierige; so manch ein Indischer Mann hofft, ein bisschen nackte Haut zu Gesicht zu bekommen. Das kann unheimlich lästig werden. Eine Möglichkeit wäre, sich etwas abseits zu halten, am besten in Begleitung anderer Reisender, eine andere, schnell den Schutz einer indischen Familie zu suchen.

In Gopalpur weiter rauszuschwimmen ist eine noch nicht erprobte Disziplin. Die meisten einheimischen Besucher geben sich mit einer kleinen Ruderpartie zufrieden. Es könnte sein, dass Schwimmer mit Unterströmungen zu kämpfen hätten. Also besser kein Risiko eingehen.

Schlafen & Essen

Gopalpur kann während der Ferien- oder der Festivalzeiten ausgebucht sein. Die unten genannten Preise beziehen sich auf die Hochsaison (Nov.–Jan.); in der Nebensaison sind Preisnachlässe möglich.

Hotel Sea Pearl (☎ 2242556; DZ mit Blick zur Straße 600–700 Rs, mit Meerblick 750 Rs, mit Klimaanlage 850–1000 Rs; ⌘) Noch näher am Meer und es stünde mittendrin; Sea Pearl hat ein paar wirklich tolle Zimmer, besonders die im Obergeschoss nach vorne rausgehenden, nicht klimatisierten. Zimmer 203 und 204 sind mit Balkon und Aussicht.

Lobo's Lodge (☎ 2242068; Main Rd; DZ 400 Rs) Das ehemalige Heim einer britischen Memsahib hat acht große, gemütliche Doppelzimmer. Die Unterkunft bietet einfache Annehmlichkeiten und ist umgeben von einem ruhigen Garten. Es gibt auch was zu essen.

Hotel Green Park (☎ 2242016; greenpark016@yahoo.com; DZ 200–400 Rs, mit Klimaanlage & mit Aussicht 600 Rs; ⌘) Green Park liegt eine Straße vom Strand entfernt. Saubere und freundliche Unterkunft. Einige Zimmer haben Balkon nach vorne raus. 24-Stunden-Checkout.

Hotel Rosalin (☎ 2242071; Zi. mit Gemeinschaftsbad oder eigenem Bad 150 Rs) Kleines, einstöckiges

ORISSAS BEDROHTE SCHILDKRÖTEN

Die stark bedrohten Olive-Bastardschildkröten kommen aus der tiefen See jenseits von Sri Lanka, um sich zu paaren und an Orissas Stränden ihre Eier abzulegen. Die Hauptnistplätze sind Gahirmatha im Bhitarkanika National Park, Devi in der Nähe von Konark und Rushikulya.

An dem großen Schildkrötensterben (etwa 100 000 in den letzten zehn Jahren) ist die illegale Fischerei Schuld (innerhalb von 10 km vor der Küste), außerdem die mechanische Fischerei, die sehr feinmaschige Netze verwendet, und der Umstand, dass Schutzvorrichtungen (*Turtle Exclusion Devices* – TED) nicht eingesetzt werden: Sie sollen eigentlich gefangenen Schildkröten, die ja atmen müssen, die Flucht ermöglichen. Etwa 5 % der Fische kommen dadurch auch wieder frei. Den Fischern ist das aber zuviel und sie verlangen vom Staat eine Ausgleichszahlung, bevor sie die TED-Vorrichtung benutzen. Auch die Wiederaufforstung mit Casuarinabäumen an den Eiablagestränden in Devi bedroht die Schildkröten. Die Bäume erhalten zwar einerseits die Strände, aber sie beanspruchen auch den weichen Sand, den die Schildkröten als Brutstätte brauchen. Eine weitere Bedrohung ist die geplante Ölförderung vor Gahirmatha – während der Zeit, in der sich die Schildkröten versammeln.

Schildkröten schließen sich zwischen Ende Oktober und Anfang September in Gruppen zusammen. Im Januar versammeln sie sich dann vor den Eiablagestränden und gehen, wenn die richtigen Bedingungen herrschen, für vier bis fünf Stunden ans Ufer. Sind die Bedingungen nicht gut, wie 1997 und 1998, stoßen sie die Eier einfach ab.

Wenn die Bedingungen gut waren, schlüpfen nach 50 bis 55 Tagen die Jungen. Sie werden durch das Meeresleuchten ins Wasser gelockt. Andere helle Lichtquellen können sie leicht ablenken. Leider liegt die Autobahn nur 2 km vom Rushikulya Beach entfernt und so schaufeln sich viele Schildkröten in die falsche Richtung. Dorfbewohner vom Sea Turtle Protection Committee sammeln die fehlgeleiteten Tiere auf und tragen sie zum Meer.

Am besten lassen sich Eiablage und Schlüpfen von Rushikulya (s. S. 645) aus beobachten.

Haus, gegenüber vom Sea Shell, mit kleinen Zimmern rings um einen Garten. Für Taveller mit übermäßig strapazierter Reisekasse.

Hotel Holiday Home (☎ 2242049; Main Rd; DZ ab 250 Rs) Das Haus ist vor der Unabhängigkeit umgebaut worden. Gegenüber vom Strand am Ende der Main Rd. ist das Hotel bei Familien beliebt, da einige der Zimmer fünf Betten haben. Die große Gemeinschaftsterasse hat Meerblick; Essen kann organisiert werden.

Sea Shell (Gerichte 15–45 Rs; 🕒 8–23 Uhr) Der Strand zum Greifen nah, nur ein Dach aus Stroh und keine Wände – da genießen die Gäste den Ausblick und die leichte Brise vom Meer. Das Sea Shell ist der ideale Ort, um den Tag mit einem guten Buch und ein paar Snacks zu vertrödeln und sich dann am Abend ein wiederbelebendes kaltes Bier zu gönnen. Der Fisch hier ist fantastisch.

Krishna's (Gerichte Rs 25–60) Ein fröhlicher Ort, der von Einheimischen sehr geschätzt wird. Es werden gute Fischgerichte und leckeres indisches und chinesisches Essen serviert.

An- & Weiterreise

Vollgestopfte Minibusse fahren regelmäßig nach Berhampur (6 Rs, 1 Std.). Dort geht's dann weiter. Eine Autorikscha nach Berhampur ist für 150 Rs zu haben.

WESTLICHES ORISSA

TAPTAPANI

In dem friedlichen Bergdorf in den Eastern Ghats gibt's außer den kleinen **heißen Quellen** nicht viel zu sehen.

Wer ein Dezembervergnügen der besonderen Art erleben will (in den Nächten können die Temperaturen auf den Gefrierpunkt purzeln), sollte eins der zwei Zimmer des **Panthanivas Tourist Bungalow** (☎ 06816-255031; EZ/DZ 450/600 Rs, mit heißem Bad 800 Rs) mieten. Heißes Wasser wird direkt aus den Quellen in die riesigen Badewannen geleitet – das Badezimmer ist römisch-antik gehalten. Die Zimmer können auch nur für einen halben Tag zum halben Preis gemietet werden.

Busse fahren regelmäßig nach Berhampur (25 Rs, 2 Std.).

JEYPORE

☎ 06854 / 77 000 Ew.

Besucher auf Erkundungstour durch die Stammesgebiete übernachten höchstwahrscheinlich hier. Es gibt einen Geldautomaten der **State Bank of India** (beim Basar, Main Rd).

Hotel Madhumati (☎ 241377; NKT Rd; EZ/DZ 175/250 Rs, mit Ventilator 200/300 Rs, mit Klimaanlage 225/550 Rs; ❄) In einer ruhigen Gegend, umgeben von Rasenflächen, die vom freundlichen Personal sorgfältig gepflegt werden. Die billigeren Zimmer sind mit Ventilator und Plumpsklo. Das **Hello Jeypore** (☎ 231127; pankajagrawal@flashmail.com; EZ/DZ ab 595/695 Rs; ❄) ist anspruchsvoller und hat saubere, ziemlich moderne, gut ausgestattete Zimmer.

Von der **Bushaltestelle** (☎ 233181; Main Rd) aus kann man in der Gegend herum und auch weiter weg fahren, und das in normalen oder in Deluxe-Bussen. Es gehen regelmäßig Busse nach Koraput (8 Rs, 1 Std.). Andere fahren nach Berhampur (130–165 Rs, 12 Std., Abfahrt stündl. von 12–20 Uhr), Bhubaneshwar (250 Rs, 16 Std., sieben Busse zwischen 12.30 und 18 Uhr) und Sambalpur (160–200 Rs, 12 Std., Abfahrt 12.30, 13.30, 15 und 17.30 Uhr).

Jeypore liegt an der schön anzuguckenden Eisenbahnstrecke Jagdalpur–Visakhapatnam (S. 715).

Zug Nr. 1VK fährt von Jeypore nach Jagdalpur (Sleeper Class 31 Rs, 1¾ Std., 15.40 Uhr) und 2VK von Jeypore nach Visakhapatnam (Sleeper Class 61 Rs, 9 Std., 11.25 Uhr), mit Halt in Koraput (Sleeper Class 31 Rs, 1¾ Std.).

RUND UM JEYPORE

Koraput

☎ 06852

Das **Touristenbüro** (☎ 250318; Raipur-Visakhapatnam Rd; 🕒 Mo–Sa 10–17 Uhr, am 2. Sa des Monats geschl.) erteilt Informationen und kann ein Mietauto organisieren.

Das **Tribal Museum** (Eintritt frei; 🕒 Mo, Di & Do–Sa 15–17 Uhr, So 10–16 Uhr) wurde zur Zeit der Recherche noch renoviert. Ein Besuch dieses wichtigen Museums wird jedoch dazu beitragen, die indigenen Völker Orissas besser zu verstehen.

Wer als Nicht-Hindu den Jagannath-Mandir in Puri nicht besuchen konnte, der bekommt hier nun die Gelegenheit, einen **Jagannath-Tempel** anzuschauen. Im Innern gibt's eine Ausstellung über die Götter der verschiedenen indischen Bundesstaaten. Eine andere Ausstellung zeigt Beispiele traditioneller Wandmalereien und gibt Infos darüber. An der Rückseite des Tempels sind

ORISSAS INDIGENE VÖLKER

In einem Gebiet, das Teile der Bundesstaaten Orissa, Chhattisgarh und Andhra Pradesh umfasst, leben 62 verschiedene Stammesgruppen (Adivasi). Sie machen ein Viertel der Bevölkerung Orissas aus und besiedeln hauptsächlich die Wälder und Bergregionen des Zentrums und des Südwestens. Obwohl sie arm sind, haben sie eine hoch entwickelte Gesellschaftsstruktur und ihre eigenen Kulturen – spürbar in der Musik, im Tanz und in der Kunst.

Der Einfluss der indigenen Völker auf die indische Kultur ist selten ein Thema, aber man sagt, dass die ersten buddhistischen Sanghas nach den Vorstellungen der Stammesvölker organisiert wurden: Gleichheit, kein Kastensystems und Wertschätzung allen Lebens. Viele Hindugottheiten, z. B. Shiva und Kali, haben ihren Ursprung in Göttern der indigenen Völker. Später wurden viele Adivasi als Knechte in die Hindugesellschaft eingegliedert, andere zogen sich in die Berg- oder Waldregionen zurück.

Viele Adivasi sind ursprünglich Animisten gewesen, aber während der letzten 30 Jahre waren sie Zielscheiben der seelenfangenden christlichen Missionare. Darauf haben extreme Hindugruppierung reagiert, indem sie mit aggressiven Methoden versuchten, die Adivasi zum Hinduismus zu bekehren. Auch die Naxaliten haben die Machtlosigkeit der Adivasi ausgenutzt, indem sie sie als Fußsoldaten einsetzten und dabei behaupteten, sie zu beschützen.

Die Stammesvölker sind mittlerweile eine Touristenattraktion. Einige Dörfer und *haats* (Dorfmärkte), die die Adivasi einmal die Woche veranstalten, können besichtigt werden. Die moralische Unbedenklichkeit solcher Besichtigungen ist umstritten, weil der Tourismus den Adivasi bislang nur wenig Geld einbringt.

Die Kondh gehören mit ihren 1 Mio. Mitgliedern zu den größeren Völkern. Sie leben im Südwesten, rund um Koraput und um Sambalpur im Nordwesten. Die Santal (rund 500 000 Mitglieder) besiedeln das Gebiet um Baripada und Khiching im äußersten Norden. Die 300 000 Saura leben in der Gegend von Bolangir im Westen. Die Bonda sind, weil sie kaum etwas anziehen, als das „nackte Volk" bekannt. Sie zählen rund 5000 Mitglieder, die in den Bergen nahe Koraput leben.

Aus diesen Gründen ist es ratsam, die Stammesvölker nur mit einer organisierten Tour zu besuchen:

- Der Besuch mancher Gegenden ist verboten, für andere ist eine Genehmigung nötig, die man am leichtesten über eine Tour bekommt.
- Mehrere Siedlungsgebiete sind schwer zu finden und nicht mit öffentlichen Verkehrsmitteln zu erreichen.
- Adivasi sprechen meist kaum Hindi oder Oriya und so gut wie nie Englisch.
- Einige Adivasi werden sauer oder gar gewalttätig, wenn Ausländer ohne Einladung und offizielle Erlaubnis in ihre Dörfer kommen.
- Nicht alle Leute wollen fotografiert werden.

Die meisten Touren starten in Bhubaneshwar (s. S. 621) oder Puri (s. S. 638). Sie führen in die zugänglicheren Gebiete im Südwesten und dann manchmal weiter zum Similipal National Park. Zu den Angeboten gehören Dschungelwanderungen, Übernachtungen in einem Dorf (Zelte und Verpflegung sind bei der Tour dabei) und der Besuch von einem oder mehreren *haats*.

eine Reihe von Nischen zu sehen, in denen kleine Statuen von Jagannath stehen – in verschiedenen Erscheinungsformen und Kostümen.

Onkadelli

In dem kleinen, 65 km von Jeypore entfernten Dorf gibt's einen **haat** (⏲ Di, beste Zeit 11–14 Uhr). Auf diesem Markt drängen sich Bonda, Gadaba und Didai. Fotos sollten nur mit Zustimmung der jeweiligen Person gemacht werden, Bonda darf man gar nicht fotografieren.

Gupteswar-Höhle

64 km westlich von Jeypore liegt die **Gupteswar-Höhle.** Sie ist Shiva geweiht – wegen eines

wohlgeformten Stalagmiten, der als Lingam dient. In der Lingamgrotte gibt's noch etliche Durchgänge und Kammern zu erkunden, also Taschenlampe nicht vergessen!

VON JEYPORE NACH SAMBALPUR

Die Straße von Jeypore nach Sambalpur führt durch eine Gegend, die für ihr Kunsthandwerk bekannt ist. Viele der hiesigen Meister sind national und international anerkannt.

In den Seitenstraßen von **Kotpad**, 40 km nördlich von Jeypore, hat sich eine blühende Industrie angesiedelt, die Stoffe einfärbt. In den Gassen liegen Stränge aus Garn zum Trocknen aus – in einer breiten Farbskala von rot und weinrot bis hin zu verschiedenen Brauntönen.

In der Gegend von Costa Pada in **Baripalli** kann man zuschauen, wie die gefärbten *ikat*-Stoffe hergestellt werden: Die Tuchmacher wickeln Garnstränge um Rahmen, dann umwickeln sie die Stränge in mühsamer Arbeit mit roter Baumwolle, um die Farbmuster zu bestimmen. Schließlich befestigen sie Gummistreifen an den Stellen, die nicht gefärbt werden sollen. Nach dem Färben und Trocknen kommen die Fäden auf einen der vielen Webstühle, die man in offenen Hauseingängen stehen sehen kann. Außerdem gibt's hier erfolgreiche Terrakotta-Manufakturen.

SAMBALPUR

☎ 0663 / 154 170 Ew.

Sambalpur ist das Zentrum einer Textilindustrie, die sich über das westliche Orissa erstreckt. Wer noch keine *ikat*- oder *sambalpuri*- Webereien gekauft hat, wird spätestens im Gole-Basar fündig. Sambalpur ist außerdem ein wichtiger Startpunkt für Fahrten in den Badrama National Park und das Debrigarh Wildlife Sanctuary am Rand des Hirakud-Stausees. Hier gibt's keine Möglichkeit, Geld zu wechseln.

Orientierung & Praktische Informationen

National Highway 6 führt durch Sambalpur und mündet in den VSS Marg.

Orissa Tourism (☎ 2411118; Panthanivas Tourist Bungalow, Brooks Hill; ⌚ Mo–Sa 10–17 Uhr, am 2. Sa des Monats geschl.) Organisiert Touren nach Debrigarh und Badrama.

State Bank of India (VSS Marg) Geldautomat, der MasterCard und Visa akzeptiert, direkt neben dem Sheela Towers Hotel.

Schlafen & Essen

Die folgenden Hotels und Restaurants liegen alle nebeneinander in der VSS Marg.

Rani Lodge (☎ 2522173; EZ/DZ 90/150 Rs) Ein billiges, aber sauberes und gepflegtes Hotel mit Moskitonetzen. Genau der richtige Ort, um früh morgens loszuziehen – vom Muezzin der Moschee gegenüber gibt's einen gratis Weckruf.

Hotel Sujata (☎ 2400403; EZ 150 Rs, DZ 250–350 Rs, EZ/DZ mit Klimaanlage 450/550 Rs; ❄) Ein einfaches, durchschnittliches Standardhotel für Geschäftsleute. Die Zimmer sind sauber, die Badezimmer in Ordnung und die Angestellten hilfsbereit.

Sheela Towers (☎ 2403111; www.sheelatowers.com; EZ/DZ 390/450 Rs, mit Klimaanlage 650/750 Rs; ❄) Die Topunterkunft in Sambalpur mit vielen gut ausgestatteten und gepflegten Zimmern. Die nicht klimatisierten Zimmer haben ein gutes Preis-Leistungsverhältnis. 24-Stunden-Checkout. Im 1A-Restaurant gibt's ein Frühstückbüffet, dazu noch eine lockere **Bar** (⌚ 10.30–22.30 Uhr; ❄).

Hong Kong Restaurant (Gerichte 40–90 Rs; ⌚ 11–15 Uhr, Di–So 18–22.30 Uhr) Eine Rarität: ein authentisches chinesisches Restaurant, das von einem Chinesen betrieben wird. „The real thing" – auch zum Mitnehmen.

Bombay Sweets (Snacks 5–20 Rs; ⌚ 7–22.30 Uhr) Das kleine Café mit Bäckerei bietet billige Snacks und köstliche indische Süßigkeiten.

An- & Weiterreise

An der **staatlichen Bushaltestelle** (Laxmi Talkies) fahren Busse nach Jeypore (155/200 Rs Standard/Luxus, 14 Std., 5-mal tgl.) und Berhampur (166 Rs, 12 Std., 18 und 21 Uhr). In den Reisebüros daneben gibt's Tickets für Busse, die vom **privaten Busbahnhof** (☎ 2540601) 2 km außerhalb der Stadt abfahren. Es gehen täglich mehrere Busse nach Bhubaneshwar (160 Rs, 8 Std.), Raipur (130 Rs, 8 Std.) und Jashipur – zur Weiterfahrt nach Similipal (180 Rs, 10 Std., 17, 21 und 21.45 Uhr).

Zug Nr. 8451, der *Tapaswini-Express*, fährt nach Puri (148/416/666 Rs, 9 Std., 23.15 Uhr), und zwar über Bhubaneshwar (130/365/584 Rs, 7 Std.). Außerdem gibt's Züge nach Howrah und Delhi.

RUND UM SAMBALPUR

Debrigarh Wildlife Sanctuary

Ein Besuch im 347 km² großen **Debrigarh Wildlife Sanctuary** (☎ 0663-2402741; Eintritt 10 Rs, Fotos 2 Rs,

Auto 5 Rs; ⌚ 1. Okt.–30. Juni 8–17 Uhr), 40 km von Sambalpur entfernt, ist ein lockerer Tagesausflug. Das Naturschutzgebiet besteht hauptsächlich aus trockenen Laubwäldern in den Barapahad Hills an den Ufern des Hirakud-Stausees. Zugvögel finden hier im Winter ein Zuhause. Einige größere Tiere gibt's auch: Rehe, Antilopen, Lippenbären und Languren. Selten sind Tiger und Leoparden zu sehen. Zur Erkundung ist ein Wagen mit Vierradantrieb nötig. Orissa Tourism oder das Hotel vermietet welche für 800 Rs den halben Tag.

Badrama National Park

Der **Park** (Ushakothi; Eintritt 5 Rs, Fotos 5 Rs, Fahrzeug 5 Rs; ⌚ 1. Nov–Mitte Juni) beherbergt Elefanten, Tiger, Panther und Bären. Hier besteht die seltene Gelegenheit zu nächtlichen Touren – am besten in einem Fahrzeug mit Vierradantrieb. Ein Führer ist nicht unbedingt nötig, aber es gibt welche.

Huma

Der schiefe **Vimaleswar-Tempel** in Huma, 32 km südlich von Sambalpur, ist ein kleiner Shiva-Tempel. Sein *deul* neigt sich in zwei Richtungen. Das Rätsel hier ist, dass die Vorhalle gerade wirkt und es keine offensichtlich reparierte Lücken zwischen Halle und *deul* gibt. Wurde der Tempel so schief gebaut?

Khiching

Auf dem Weg nach Osten, in Richtung Similipal (nördlich des National Highway), etwa 50 km westlich von Jashipur, liegt der **Maa Kichakeswari-Tempel** (⌚ 8–12 & 15–20 Uhr), der 1934 restauriert wurde. Kichakeswari, eine weitere Erscheinungsform Shivas, residiert in dem Tempel, der nur aus einem Raum besteht. Außen sind mehrere Gruppen von Skulpturen zu sehen: Löwen, die Elefanten zermalmen; Durga, die einen Dämonen tötet; Ganesh; *apsaras* (himmlische Nymphen); und sehr direkte erotische Darstellungen, darunter eine Fellatio-Szene, die es in sich hat!

NORDÖSTLICHES ORISSA

SIMILIPAL NATIONAL PARK

☎ 06792

Der 2750 km² große **Similipal National Park** (Inder/Ausländer 10/100 Rs, Foto Inder/Ausländer 20/30 Rs, Video mit Sondergenehmigung, Fahrzeug 100 Rs; ⌚ 1. Nov.–15. Juni 6–12 Uhr für Tagesbesucher, Einlass bis 14 Uhr für Besucher mit Übernachtungsreservierung) ist Orissas wichtigstes Naturschutzgebiet.

Die Landschaft ist außergewöhnlich: ein markantes Bergmassiv, zerfurcht von Tälern und Schluchten und mit einem dramatischen Touch durch die hinabstützenden Wasserfälle. Besonders spektakulär sind der 400 m hohe **Barheipani-Wasserfall** und der 150 m hohe **Joranda-Wasserfall**. Der Dschungel ist ein atmosphärisches Mischmasch aus dichtem Wald und leicht hügeliger Savanne. Das Herzstück des Parks ist nur 850 km² groß und viel vom südlichen Teil ist für Besucher tabu.

Der Bestand an wilden Tieren ist beeindruckend: 29 Reptilien-, 214 Vogel- und 42 Säugetierarten, darunter 2500 Hirsche und 7000 Sambaren – eine lebende Imbissbude für 100 Leoparden und 97 Tiger. Die Spur der Tiger wurde bislang noch nicht ausgemacht. An der **Joranda-Salzlecke** sind die Chancen zur Tigersichtung jedoch am besten, und vielleicht kriegt man auch zum ersten Mal einen wilden Elefanten zu Gesicht – 432 davon gibt's im Park. Der beste Platz dafür ist die **Chahala-Salzlecke**.

Orientierung & Praktische Informationen

Es gibt zwei Eingänge: den 15 km von Jashipur entfernte **Tulsibani** an der Nordwestseite und **Pithabata**, in der Nähe von Lulung, 25 km westlich von Baripada. Es ist möglich, einen Tagesbesuch im Park zu machen oder dort zu übernachten.

Die Zutrittsgenehmigung gibt's vorab beim **Assistant Conservator of Forests** (☎ 06797-232474; Nationalpark, Jashipur, Mayurbhanj District, 757091) oder beim **Field Director, Similipal Tiger Reserve Project** (☎ 06792-252593; Bhanjpur, Baripada, Mayurbhanj District, 757002). Eine Tageserlaubnis wird auch bei den Eingängen ausgegeben.

Die Besucher kommen entweder im Rahmen einer geführten Tour hierher oder sie mieten ein Fahrzeug (1200–2000 Rs pro Tag für ein Auto mit Vierradantrieb); es ist empfehlenswert, dann auch einen Führer zu engagieren (etwa 400 Rs).

Wer keine Lust auf das Theater um Genehmigungen, Anreise, Verpflegung und Übernachtung hat, ist mit einer geführten Tour gut dran; nähere Infos s. S. 632, S. 638 und gegenüber.

Schlafen & Essen

Die meisten Unterkünfte liegen 700 m über dem Meeresspiegel. Im Winter (Nov.–Feb.) kann's nachts bittere 0 °C kalt sein.

Forest Department (DZ Inder/Ausländer ab 440/880 Rs) Es gibt sieben Bungalowgrüppchen im Wald – Chahala, Joranda und Newana sind die besten Plätze, um Tiere zu beobachten. In Barheipani gibt's die beste Aussicht. Die Unterkunft ist sehr spartanisch und muss weit im Voraus (30 Tage) beim Field Director in Baripada gebucht werden – (s. S. 651). Essen und Wasser mitbringen!

Aranya Nivas Tourist Lodge (B 100 Rs, DZ mit Ventilator 600 Rs) Die Lodge liegt 5 km hinter dem Pithabata-Eingang und wird von der OTDC geleitet; Buchungen bei Orissa Tourism in Baripada (s. unten).

JASHIPUR

☎ 06797

Dieser kleine Ort ist einer der Startpunkte für den Similipal National Park. Hier gibt's Zutrittsgenehmigungen, man kann Führer und den Transport organisieren. Die Zahl der Unterkünfte ist beschränkt und Möglichkeiten zur Verpflegung gibt's kaum.

Die **Jugendherberge** (☎ 232633; B 50 Rs, DZ 100 Rs) an der Main Rd. ist eine schlichte Unterkunft, wo's nur das nötigste gibt – und kein Essen. Mehr Komfort bietet das **Sai Ram Hotel** (☎ 232827; Main Rd; EZ 70 Rs, DZ ohne/mit Klimaanlage 200/500 Rs; ❄), ein verhältnismäßig neues Hotel mit schmalen Einzelzimmern, ganz guten nicht klimatisierten und größeren klimatisierten Zimmern. Der Besitzer kann Trips nach Similipal organisieren.

BARIPADA

☎ 06792

Baripada eignet sich besser, um einen Trip nach Similipal zu organisieren, denn hier gibt's Hilfe von **Orissa Tourism** (☎ 252 710; Baghra Rd; ⏲ Mo–Sa 10–17 Uhr, am 2. Sa des Monats geschl.).

Übernachten lässt es sich am besten im **Hotel Durga** (☎ 253438; Zi. 160 Rs, mit Klimaanlage ab 500 Rs; ❄). Die Zimmer sind auf jeden Fall ihren Preis wert. Wo nur ein Ventilator kühlt, ist's günstiger. Es gibt ein Restaurant und eine Bar. **Hotel Ambika** (☎ 252557; bid_ambica@sancharnet.in; ❄) ist eine recht große Anlage zwischen hübschen Gärten. Die Zimmer sind klasse und es gibt auch eine gute Bar und ein Restaurant. Touren nach Similipal können organisiert werden.

> **ETWAS BESONDERES**
>
> **Dhaba** (⏲ 24 Stunden) In ganz Indien gibt's die namenlosen *dhabas* (Imbissstände) – und die bereiten mit das beste Essen überhaupt zu, so wie die Stände auf der Tulsibani-Seite in Jashipur. Auf der Speisekarte steht einfache Kost, etwa Dhal und Reis oder Chapati, manchmal auch *rajma* (weiße Bohnen) oder *channa masala,* mit so vielen Tassen Instanttee *(chai)*, wie man vertragen kann. Die Ausstattung lässt zu wünschen übrig, aber man isst in Gesellschaft von *dhaba*-Kennern – also Lkw-Fahrern. Wenn vor einem *dhaba* viele Trucks stehen, ist man richtig: viele Kunden = Essen frisch, scharf und besonders lecker!

Busse fahren nach Kolkata (100 Rs, 3 Std., 7 Busse zwischen 5 und 11.15 Uhr) und regelmäßig nach Bhubaneshwar (130 Rs, 5 Std.) und Balasore (Rs 30, 1 Std.).

CUTTACK

☎ 0671 / 535 140 Ew.

Cuttack ist eine der ältesten Städte Orissas und war bis 1950 die Hauptstadt. Heute herrscht hier ein chaotisches Durcheinander der farbenfrohen Basare. Das **Tourismusbüro** (☎ 2612225; Link Rd; ⏲ Mo–Sa 10 –17 Uhr, am 2. Sa des Monats geschl.) ist in der Bhubaneshwar Rd. Shoppen macht Spaß: Saris, Horn- und Messingarbeiten werden hier gemacht, ebenso wie die berühmten Silberarbeiten *(tarakasi)*, die ein bisschen aussehen wie Brüsseler Spitzen. Die besten Juweliergeschäfte sind am **Naya Sarak** und auf dem **Chowdary-Basar.** Auf dem **Mohammedia-Basar** können Kunsthandwerker bei der Arbeit beobachtet werden.

Das **Barabati Fort** aus dem 14. Jh. liegt 3 km nördlich des Stadtzentrums. Es war einmal neun Stockwerke hoch. Heute sind aber nur noch einige Grundmauern und die Gräben erhalten. Der Schrein **Qadam-i-Rasool** aus dem 18. Jh. im Stadtzentrum ist Hindus und Muslimen heilig (sie glauben, dass er Fußabdrücke des Propheten Mohammeds enthält).

Bhubaneshwar mit seinen vielen Hotels ist von hier aus in unter einer Stunde zu erreichen. Von dort lässt sich Cuttack problemlos in einem Tagesausflug „erledigen". Expressbusse nach Bhubaneshwar fahren alle zehn Minuten (14 Rs, 30–45 Min.).

BALASORE

Balasore war die erste größere Stadt im nördlichen Orissa – einst ein bedeutendes Handelszentrum mit holländischen, dänischen, englischen und französischen Lagerhäusern. Heute ist sie nur noch ein guter Startpunkt, um nach Chandipur oder in den Similipal National Park zu fahren. **Orissa Tourism** (☎ 262048; EG, TP Bldg, Station Sq; ⏰ Mo–Sa 10–17 Uhr, am 2. Sa des Monats geschl.) ist 500 m vom Bahnhof entfernt.

Um 22 Uhr starten von Remuna Golai mehrere Busse nach Kolkata (160 Rs, 7–8 Std.). Regelmäßig fahren Busse nach Bhubaneshwar (5 Std., 75 Rs). Weil die Busse nach Chandipur nur unregelmäßig fahren, ist hier eine Autorikscha (100 Rs) die bessere Alternative.

CHANDIPUR

☎ 06782

Dieses wunderbare Küstendorf ist ruhiger als Puri und edler und interessanter als Gopalpur-on-Sea. Es erstreckt sich entlang einer von Palmen und Casuarinabäumen gesäumten kleinen Allee hinunter bis zum Meer. Der Ort bringt es auf ein paar Hotels, Imbissbuden und einige Souvenirshops. Chandipur hat bei Ebbe einen riesigen Strand – das Meer zieht sich dann rund 5 km zurück. Wenn genug Wasser da ist – rein ins sichere Schwimmvergnügen!

An einer Flussmündung, 2 km die Küste aufwärts in Richtung Norden, liegt ein lebhaftes Fischerdorf: die Heimat von Flüchtlingen aus Bangladesh. Wer früh am Morgen spazieren geht, kann beobachten, wie seltene Fische und Körbe voll Garnelen aus den Booten geholt werden.

Panthanivas Tourist Bungalow (☎ 272251; B 80 Rs, DZ ohne/mit Klimaanlage 360/700 Rs; ⌘) Beste Lage mit Blick auf den Strand. Von den zwei Gebäuden der Unterkunft das mit dem Meeresblick und dem genialen Sonnenaufgang nehmen! Ansonsten gibt's das **Hotel Chandipur** (☎ 270030; DZ ohne/mit Klimaanlage ab 200/650 Rs; ⌘), ein dreistöckiges, nach vorne offenes Hotel mit Innenhof samt Springbrunnen und duftenden Frangipanibäumen.

BHITARKANIKA WILDLIFE SANCTUARY

☎ 06729

Südlich von Chandipur fließen drei Flüsse ins Meer und formen dabei ein Delta, das von einem durch die Gezeiten geformten Labyrinth aus Schlammbuchten durchzogen wird. Ein ökologisch wertvoller Mangrovenwald, in dem 63 der weltweit 75 Magrovenarten vorkommen. Hunderte von Flusskrokodilen – einige davon sind echte Monster von 6 m Länge und mehr – sonnen sich auf den Schlammflächen und warten, dass die nächste Mahlzeit vorbei schwimmt; auf Dangmar Island gibt's ein erfolgreiches Aufzucht- und Erhaltungsprogramm für diese Krokodile. Die weniger gefährlichen Tierchen hier sind Pythons, Warane, Wildschweine und scheue Rehe.

Wie ein farbenprächtiger Blitz taucht der Eisvogel auf. Es gibt hier acht verschiedene Arten davon – plus 190 weitere Vogelarten. Der große Reiherstand auf Bagagaham Island bietet den Vögeln, die sich von Anfang Juni bis November hier einfinden, ein Zuhause.

Unter besonderem Schutz steht auch Gahirmatha Beach, an dem die gefährdete Olive-Bastardschildkröte ihre Eier ablegt (s. Kasten S. 646). Gahirmatha ist aber gesperrt, weil auf einer der Wheeler Islands in der Nähe Raketen getestet werden. Wer die Schildkröten beobachten will, hält sich besser an den Strand in Rushikulya (S. 645).

Orientierung & Praktische Informationen

Ein Teil des 672 km² großen Deltas wurde in das **Bhitarkanika Wildlife Sanctuary** umgewandelt (☎ 272460; Inder/Ausländer 1/10 Rs, Foto Inder/Ausländer 25/50 Rs, Video Inder/Ausländer 500/1000 Rs, Boot 10 Rs, Boot anlegen über Nacht 100 Rs). Eine Genehmigung gibt's am **Chamdbali-Anlegesteg** (⏰ 6–18 Uhr). Hier können auch Boote gemietet werden (1600 Rs), um ins Naturschutzgebiet zu fahren.

Sehenswertes

Zuerst wird das Boot am Khola-Anlagesteg angehalten. Die Genehmigungen werden überprüft, bevor es weiter nach **Dangmar Island** geht – hier gibt's das Krokodilschutzprogramm und ein interessantes **Kulturzentrum** (Eintritt frei; ⏰ 8–17 Uhr), in dem Wissensdurstige etwas über die Geschichte des Naturschutzgebietes erfahren können. Ein Fernglas kann nützlich sein, um die Bäume nach Vögeln, die Schlammbänke nach Krokodilen und Echsen und das Unterholz nach Wildschweinen und Rehen abzusuchen.

Den **Reiherstand** auf Bagagaham Island erreicht man über einen wackeligen Holzsteg, der zu einem Aussichtsturm führt. Aus dieser Höhe kann man eine ganze Menge Reiher entdecken, die in den Baumkronen brüten.

Zurück in Khola geht's auf einen 2 km langen Spaziergang nach Rigagada zu einem **Jagannath-Tempel** aus dem 18. Jh. – ein paar leidenschaftliche Liebesszenen im Kalinga-Stil schmücken ihn. Und wenn man schon mal hier ist, sollte man auch mal durch das orissa-typische Dorf schlendern und raten, in welchem Jahrhundert man sich befindet.

Schlafen & Essen

Aranya Nivas (☎ 220397; Chandbali; B 50 Rs, DZ 150 Rs) Liegt in einem schönen Garten. Zur Chandbali-Anlegestelle sind es nur 50 m. Die Unterbringung ist überraschend günstig und im hauseigenen Restaurant gibt's wirklich leckeres Essen.

Forest Rest Houses (B Inder/Ausländer 40/80 Rs, DZ ab 150/300 Rs) Einfache Schlafsäle und Zimmer in Dangmal und Ekakula mit Solarlicht, Moskitonetz und Gemeinschaftsbad. Essen und Trinken selber mitbringen – das Personal kocht dann daraus die Mahlzeiten. Der völlig planlose **Divisional Forets Officer** (☎ 272460; Rajnagar; ⏲ Mo–Sa 10–17 Uhr, am 2. Sa des Monats geschl.) führt die Buchungen durch, die weit im Voraus gezahlt werden müssen. Solche Schwierigkeiten machen Komplettbuchungen in Reisebüros attraktiver.

LALITGIRI, UDAYAGIRI & RATNAGIRI

Die buddhistischen Ruinen liegen auf Bergkuppen etwa 60 km nordöstlich von Cuttack. Es gibt keine Unterkünfte und nur unzulängliche Verkehrsverbindungen – ein Ausflug dorthin ist nur mit dem Mietauto möglich.

Ratnagiri

Ratnagiri hat die interessantesten und umfangreichsten **Ruinen** (Inder/Ausländer 5/100 Rs, Video 25 Rs; ⏲ Sonnenaufgang–Sonnenuntergang). Im 6. bis 12. Jh. gab es hier zwei große, florierende Klöster. Bemerkenswert sind das herrlich verzierte Eingangstor und die Reste einer 10 m hohen Stupa. Das **Museum** (Eintritt 2 Rs; ⏲ Sa–Do 10–17 Uhr) zeigt Skulpturen aus allen drei Baudenkmälern.

Udayagiri

Ein weiterer **Klosterkomplex** wird hier gerade ausgegraben. Zurzeit gibt's eine große Pyramidenstupa aus Backstein mit einer Buddhastatue und einigen schönen Steinarbeiten an den Türpfosten zu sehen. Wahrscheinlich wird demnächst Eintritt verlangt.

Lalitgiri

Einige **Klosterruinen** (Inder/Ausländer 5/100 Rs, Video 25 Rs; ⏲ Sonnenaufgang–Sonnenuntergang) liegen an einem Berghang verstreut, oben gibt's ein kleines Museum und eine hohle Stupa. Als diese Stupa in den 1970er-Jahren ausgegraben wurden, hat man eine Schatulle mit Gold- und Silberresten gefunden.

Madhya Pradesh & Chhattisgarh

Obwohl Madhya Pradesh sich durch ganz Zentralindien zieht, scheint es in die Reisepläne von Travellern nicht richtig zu passen. Dennoch sollte man mal bei den schönen, tausend Jahre alten Tempeln und deren neckisch erotischen Fassaden in Khajuraho vorbeischauen. Dann geht's weiter nach Varanasi. Auf der Fahrt dorthin kann man in die ungestörte Atmosphäre des kleinen Orchhas mit seinen Tempeln und Palästen eintauchen.

Abenteuerlustige Traveller werden in dem Bundesstaat auf ihre Kosten kommen. Wenn's besonders heiß ist, bietet die Hill Station Pachmarhi mit ihren Hügeln, Schluchten und Wasserfällen Abkühlung. Chhattisgarh ist seit 2000 vom restlichen Bundesstaat unabhängig und eine wahre Fundgrube für die Kultur der Ureinwohner und deren Kunsthandwerk. Dann gibt's da noch die Urwälder, die gewaltigen Wasserfälle und die Naturschutzgebiete. Und Tiger leben hier – in den Nationalparks Panna, Kanha, Pench und Bandhavgarh.

Im Westen liegt die heilige Stadt Ujjain. Sie ist einer der vier Orte, an denen die Kumbha Mela gefeiert wird. Das Fest findet nur alle vier Jahre statt – jedes zwölfte Jahr hier. Pilger so weit das Auge reicht wälzen sich durch die Tempel, um zu opfern und ihren Frieden mit den Göttern zu machen. Nicht weit davon entfernt steht das geisterhafte und menschenleere Mandu – Juwel afghanischer Paläste – einsam auf einem Plateau einer „verlorenen Welt".

Madhya Pradesh trieft vor Geschichte, Zeugnisse sind die 12 000 Jahre alten Felszeichnungen bei Bhimbetka oder Ashokas 5000 Jahre alter Stupa bei Sanchi. Immer wieder kam es zu Kämpfen um Macht und Land, weshalb Festungen wie die in Gwalior und Maheshwar enstanden. Und flauten die Konflikte ab, wurden die Paläste in Indore und Gwalior gebaut.

HIGHLIGHTS

- Vor Schreck erstarren, wenn ein Tiger vor dem Jeep erscheint – in den Nationalparks von **Panna** (S. 677), **Pench** (S. 709), **Kanha** (S. 711) und **Bandhavgarh** (S. 713)
- Bei einem Besuch der **Tempel** in Kajuraho (S. 669) seine Leidenschaft durch den Anblick des in Stein geschlagenen Kamasutras entfachen
- Kunstfertigkeit und Leben der Menschen bestaunen, die in den Höhlen von **Bhimbetka** (S. 684) ihre Spuren hinterließen
- Den Handwerkern über die Schultern schauen, die in **Bastar** (S. 714) ihre einzigartigen Kunstwerke erstellen
- Staunende Blicke auf das mächtige, 3 km lange mittelalterliche Fort werfen, das über der Stadt **Gwalior** (S. 659) thront
- Sich vor den mächtigen **Wasserfällen von Chitrakote** (S. 716), die ein wenig an die Niagarafälle erinnern, winzig fühlen

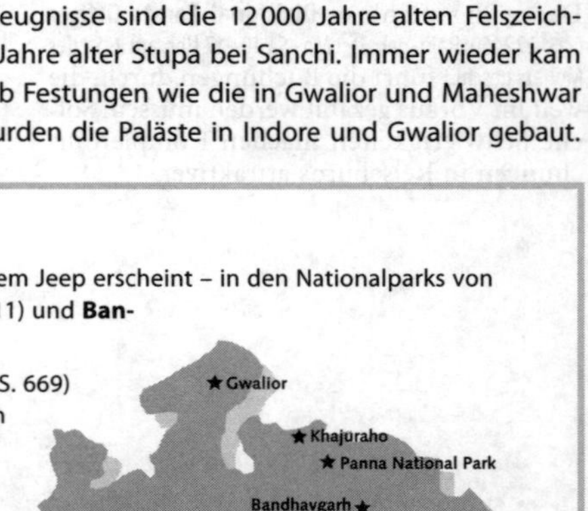

KURZINFOS

Madhya Pradesh

- Bevölkerung: 39,6 Mio.
- Fläche: 308 000 km²
- Hauptstadt: Bhopal
- Hauptsprache: Hindi
- Reisezeit: September bis März

Chhattisgarh

- Bevölkerung: 20,8 Mio.
- Fläche: 135 000 km²
- Hauptstadt: Raipur
- Hauptsprache: Hindi
- Reisezeit: September bis März

Geschichte

Fast jede Etappe der indischen Geschichte hat in Madhya Pradesh, dem früheren Malwa, ihre Spuren hinterlassen. Die Felszeichnungen von Bhimbetka (S. 684) machten vor etwa 12 000 Jahre den prächtigen Anfang. Sie lösten eine kulturelle Abfolge von der Jungsteinzeit bis hin zum Beginn der Geschichtsaufzeichnungen im 3. Jh. v. Chr. aus, als der große buddhistische Kaiser Ashoka das Maurya-Reich in Malwa regierte. Ashoka war es auch, der in Sanchi die wunderschönen Stupas errichten ließ.

Der Maurya-Dynastie folgten die Shungas, dann die Guptas und schließlich fielen die Hunnen über das Land her. Vor etwa 1000 Jahren beherrschten die Parmaras den Südwesten Madhya Pradeshs. Der legendäre Raja Bhoj, nach dem Bhopal benannt ist, herrschte auch über Indore and Mandu.

Die Chandelas engagierten von 950 bis 1050 n. Chr. geniale Architekten und Bildhauer, die ihnen die phantastischen Tempelbauten in Khajuraho errichteten. Zwischen dem 12. und 16. Jh. tobten in dieser Region immer wieder Kämpfe zwischen hinduistischen und muslimischen Herrschern; besonders oft war die befestigte Stadt Mandu im Südwesten Austragungsort dieser Kämpfe. Zunächst behielten die Moguln die Oberhand. Deren Schicksal wurde jedoch durch die Marathen besiegelt, welche wiederum den Briten weichen mussten. Mit dem States Reorganisation Act von 1956 wurden mehrere frühere Staaten zu Madhya Pradesh zusammengeschlossen.

Im Jahr 2000 wurde der Distrikt Chhattisgarh schließlich zu einem unabhängigen Bundesstaat.

Klima

In Sachen Klima unterscheidet sich Madhya Pradesh kaum vom restlichen Tiefland im Norden. Im Sommer (März bis Juni) ist es im Nordwesten durchschnittlich zwischen 30 °C und 40 °C heiß. Der Monsun bricht Mitte Juni los. Bis September fällt dann der meiste Regen. Der Süden und der Südosten sind feuchter. Winterbeginn ist im November: Die Tagestemperaturen fallen dann auf 15 °C bis 18 °C; nachts können die Temperaturen in den Bergen jedoch bis auf den Gefrierpunkt purzeln.

Praktische Informationen

Auf der Webseite des Madhya Pradesh Tourism (www.mptourism.com) gibt's nützliche Infos für Tourenplanung und Hotelbuchungen. Die Organisation hat auch Filialen in allen größeren Orten und Städten und einen Schalter an den meisten Bahnhöfen und Flughäfen. Der Umfang der Informationen fällt aber in den Filialen sehr unterschiedlich aus. In Bhopal und in einigen anderen Städten können auch Mietautos gebucht werden.

Unterkunft

Gute Quartiere gibt's im ganzen Staat. Viele Mittelklassehotels haben Zimmer zu Budgetpreisen. Der indische Monsun kommt regelmäßig, Staubsager dagegen sind rar. Daher ist es immer ratsam, kein Zimmer mit Teppichboden zu nehmen, außer in den schicken Hotels. In denen haben die billigeren Zimmer meist ein besseres Preis-Leistungs-Verhältnis – es sei denn, man will ein Zimmer mit Klimaanlage. Die Unterkünfte des Madhya Pradesh Tourism sind oft perfekt gelegen und gut, wenn auch etwas teuer. Außerhalb von Khajuraho und Orchha gibt's nur wenige Unterkünfte im Backpacker-Style, dafür aber jede Menge Budgethotels.

Soweit nicht anders angegeben, haben alle Zimmer ein eigenes Bad und Sitzklos mit Spülung. Die angegebenen Preise sind inklusive Steuern.

An- & Weiterreise

FLUGZEUG

Inlandsflüge gehen nach Bhopal (S. 683), Indore (S. 699) und Khajuraho (S. 676).

ZUG

Durch Madhya Pradesh führen zwei Hauptstrecken, die in Itarsi, südlich von Bhopal, aufeinander treffen. Die Strecke im Süden geht nach Hyderabad und Chennai, die im Norden nach Delhi, Amritsar und Jammu. Die Strecke Mumbai–Kolkata führt durch den Südosten und verbindet den Bundesstaat mit Mumbai, Kolkata, dem zentralen Uttar Pradesh und Varanasi.

Obwohl es eine Verbindung von Indore nach Jaipur (Rajasthan) gibt, ist es besser, über Agra nach Uttar Pradesh zu fahren. Von Jabalpur aus führt die Strecke über Katni nach Chhattisgarh und Orissa.

Die Preise in diesem Kapitel gelten, sofern nicht anders angegeben, für non-AC Sleeper Class, 3AC und 2AC.

Unterwegs vor Ort

Einwohner anderer Staaten (außer denen von Bihar, wo es noch schlimmer ist) machen sich über die Straßen in Madhya Pradesh lustig. Viele sind in einem grauenhaften Zustand und gleichen einem Flickwerk aus Schlaglöchern und etwas Asphalt. Ganz besonders schlimm ist es zwischen Jhansi, Khajuraho und Satna. Mit mehr als 20 km/h geht's hier kaum vorwärts.

FESTE & FESTIVALS IN MADHYA PRADESH & CHHATTISGARH

Die hier genannten Festivals sind auf der Karte auf S. 656 eingezeichnet.

Jhansi Festival (1; 28. Feb.; Jhansi, S. 663 Musik, Kunst und Tanz.

Tanzfest (2; Feb./März; Khajuraho, S. 667) Ein achttägiges Event, bei dem die besten indischen Tänzer inmitten der angestrahlten Tempel der westlichen Gruppe auftreten.

Shivaratri Mela (3; Feb./März; Pachmarhi, S. 690) Bis zu 100 000 shivaistische Pilger, Sadhus und Adivasis nehmen an den Feiern um den Mahadeo-Tempel teil. Die Teilnehmer bringen symbolische Dreizacke mit, wandern mit ihnen auf den Chauragarh und stellen sie neben dem Shiva-Schrein auf.

Ahilyabai Holkars Geburtstag (4; Apr./Mai; Maheshwar, S. 700) Der Geburtstag der Königin (1725) wird mit Sänftenprozessionen durch die Stadt und Kulturellem wie Musik und Tanz gefeiert.

Navratri (Dussehra) (5; Sept./Okt.; Ujjain, S. 693) Das Fest wird besonders intensiv gefeiert. Auf den großen Säulen des Harsiddhi-Mandir werden Leuchten entzündet.

Dussehra (6; Okt.; Jagdalpur, S. 715) Das 75 Tage dauernde Fest hat nichts mit dem Ramayana zu tun, sondern ist der Lokalgöttin Danteshwari gewidmet. Der Höhepunkt ist ein achttägiger Umzug mit (riesigen) Triumphwagen.

Fest des hl. Judas (7; 28. Okt.; Jhansi, S. 663) Christliche Pilger versammeln sich in der Kirche St. Jude's, um den hl. Judas, den Helfer in aussichtslosen Lagen, anzuflehen.

Chethiyagiri Vihara Festival (8; Nov.; Sanchi, S. 685) Buddhistische Mönche und Pilger bestaunen die Reliquien zweier früher Jünger Buddhas, Sari Puttha und Maha Moggallana (die 1853 in Stupa 3 entdeckt wurden).

Tansen Musikfest (9; Nov./Dez.; Gwalior, s. unten) Das viertägige Musikfest zieht klassische Musiker und Sänger aus ganz Indien an; am Grabmal Tansens in der Altstadt finden meist kostenlose Aufführungen statt.

NÖRDLICHES MADHYA PRADESH

GWALIOR

☎ 0751 / 826 919 Ew.

Das gewaltige Fort von Gwalior ragt auf der Ebene wie eine felsige Insel hervor und ist schon von weitem zu sehen. Innerhalb der Befestigungsmauern gibt's interessante Ruinen, während in der Innenstadt der Jai-Vilas-Palast zeigt, wie extraordinär und anders ein Maharadscha leben konnte.

Geschichte

Der Legende nach gründete der Eremit Gwalipa Gwalior. Dieser heilte den Rajputen-Häuptling Suraj Sen mit Wasser aus dem Suraj-Kund-Becken (das immer noch in der Festung von Gwalior liegt) von der Lepra. Er gab dem Häuptling den neuen Namen Suhan Pal und prophezeite ihm, dass seine Nachkommen so lange an der Macht bleiben würden, wie sie den Namen Pal behielten. Seine nächsten 83 Nachkommen hielten sich daran. Nummer 84 änderte seinen Namen in Tej Karan – und verlor prompt das Reich.

1398 kam dann die Tomar-Dynastie ans Ruder. Ständig war das Fort von Gwalior Schauplatz von Kämpfen mit benachbarten Reichen, bis es unter Radscha Man Singh (1486–1516), einem Liebhaber von Musik und Architektur, seine Blütezeit hatte. Nach dessen Tod fiel die Festung Ibrahim Lodi in die Hände. Es folgten zwei Jahrhunderte Mogulnherrschaft, die die Marathen mit der Einnahme des Forts 1754 beendeten.

Die nächsten 50 Jahre wechselte das Fort mehrmals den Besitzer, auch die Briten hatten zweimal die Schlüsselgewalt. Schließlich fiel das Fort an die Scindias, deren königliche Nachkommen auch heute noch in Gwalior leben.

Während des indischen Aufstands von 1857 blieb der Maharadscha den Briten treu. Doch seine Armee meuterte und Mitte 1858 spielten sich im Fort einige der dramatischsten Szenen der indischen Niederlage ab. Nicht weit von hier besiegten die Briten schließlich den Anführer der Rebellen, Tantia Topi. Im Sturm auf das Fort wurde die Rani von Jhansi getötet (s. S. 663).

Orientierung

Gwalior erstreckt sich unterhalb des Forts, das den massiven Bergrücken im Westen krönt. Die Altstadt liegt an der nordöstlichen Seite des Forts, südlich davon die neue Stadt Lashkar mit dem Markt Jayaji Chowk.

Der Bahnhof ist im Osten der Stadt. Dort warten Taxischlepper, um einen zu Hotels

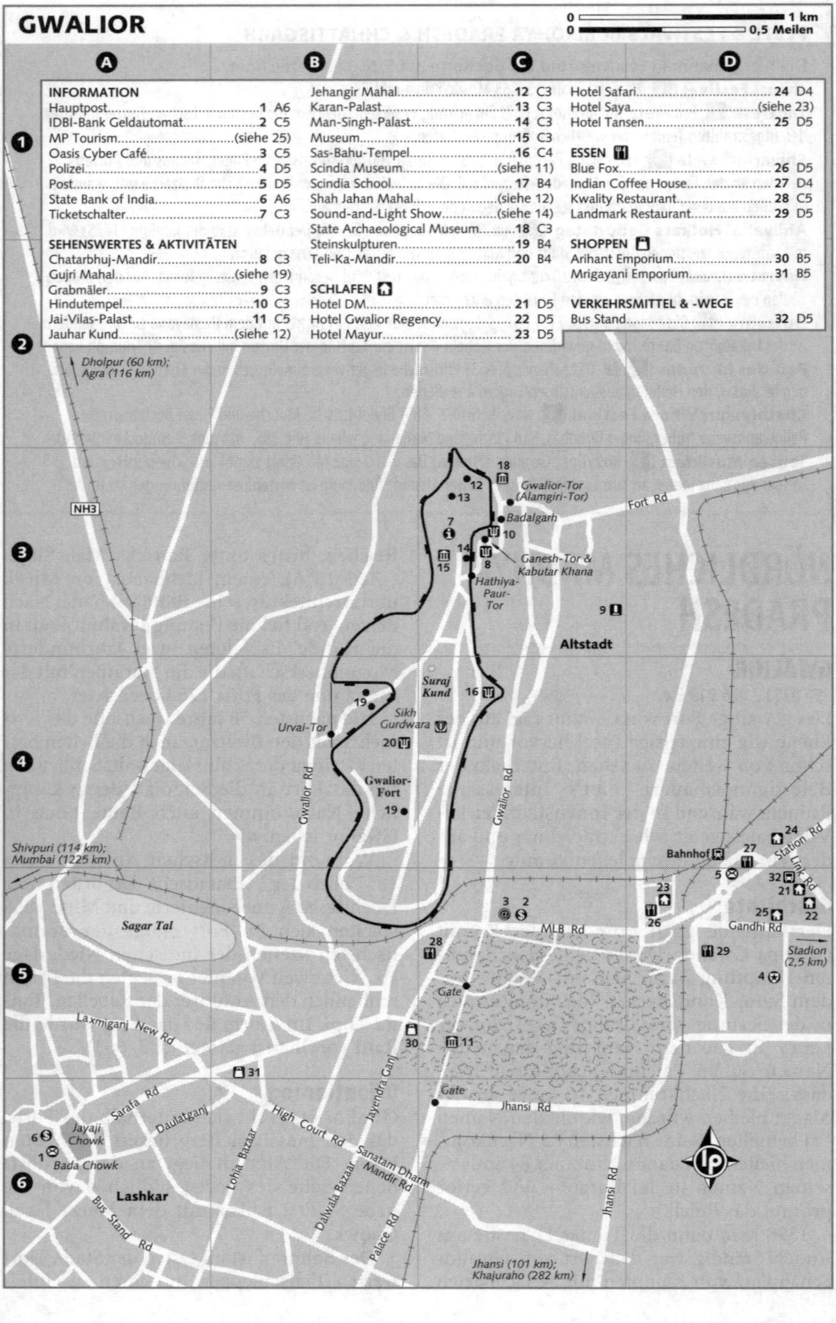
GWALIOR
0 1 km
0 0,5 Meilen
A
B
C
D
INFORMATION
Hauptpost....1 A6
IDBI-Bank Geldautomat....2 C5
MP Tourism....(siehe 25)
Oasis Cyber Café....3 C5
Polizei....4 D5
Post....5 D5
State Bank of India....6 A6
Ticketschalter....7 C3
SEHENSWERTES & AKTIVITÄTEN
Chatarbhuj-Mandir....8 C3
Gujri Mahal....(siehe 19)
Grabmäler....9 C3
Hindutempel....10 C3
Jai-Vilas-Palast....11 C5
Jauhar Kund....(siehe 12)
Jehangir Mahal....12 C3
Karan-Palast....13 C3
Man-Singh-Palast....14 C3
Museum....15 C3
Sas-Bahu-Tempel....16 C4
Scindia Museum....(siehe 11)
Scindia School....17 B4
Shah Jahan Mahal....(siehe 12)
Sound-and-Light Show....(siehe 14)
State Archaeological Museum....18 C3
Steinskulpturen....19 B4
Teli-Ka-Mandir....20 B4
SCHLAFEN
Hotel DM....21 D5
Hotel Gwalior Regency....22 D5
Hotel Mayur....23 D5
Hotel Safari....24 D4
Hotel Saya....(siehe 23)
Hotel Tansen....25 D5
ESSEN
Blue Fox....26 D5
Indian Coffee House....27 D4
Kwality Restaurant....28 C5
Landmark Restaurant....29 D5
SHOPPEN
Arihant Emporium....30 B5
Mrigayani Emporium....31 B5
VERKEHRSMITTEL & -WEGE
Bus Stand....32 D5
Dholpur (60 km);
Agra (116 km)
NH3
Gwalior-Tor
(Alamgiri-Tor)
Badalgarh
Fort Rd
Ganesh-Tor &
Kabutar Khana
Hathiya-
Paur-
Tor
Altstadt
Suraj
Kund
Sikh
Gurdwara
Urvai-Tor
Gwalior-
Fort
Gwalior Rd
Shivpuri (114 km);
Mumbai (1225 km)
Sagar Tal
Bahnhof
Station Rd
Link Rd
MLB Rd
Gandhi Rd
Stadion
(2,5 km)
Gate
Laxmiganj New Rd
Jayendra Ganj
Sarafa Rd
Daulatganj
High Court Rd
Sanatam Dharm
Mandir Rd
Jhansi Rd
Jayaji
Chowk
Bada Chowk
Lashkar
Lohia Bazaar
Dalwala Bazaar
Palace Rd
Bus Stand Rd
Jhansi (101 km);
Khajuraho (282 km)

zu bringen, die ihnen eine Kommission bezahlen. Besser ist es daher, zur Hauptstraße vorzulaufen und dort eine Autorikscha anzuhalten.

Praktische Informationen

IDBI Bank (HP service station, MLB Rd) Geldautomat für MasterCard und Visa.

Hauptpost (☎ 2332642; Bada Chowk; 🕑 Mo–Fr 10–15, Sa 10–13 Uhr)

MP Tourism (MPT) Hotel Tansen (☎ 2340370; Gandhi Rd; 🕑 10–17 Uhr, am 2. & 3. Sa des Monats geschl.); Bahnhof (☎ 5040777; 🕑 9–19.30 Uhr) Bucht MPT Hotels und Mietautos.

Oasis Cyber Cafe (MLB Rd; 20 Rs/Std.; 🕑 8.30–23 Uhr) Internetzugang.

State Bank of India (☎ 2336291; Bada Chowk; 🕑 Mo–Fr 10.30–16, Sa 10.30–13.30 Uhr) Löst Reiseschecks ein. Im Foyer des Bahnhofs gibt's einen Geldautomaten, der MasterCard und Visa annimmt.

Bahnhof (10 Rs pro Stück und Tag; 🕑 24 Std.) Gepäckaufbewahrung.

Sehenswertes

GWALIOR FORT

Das Fort, das 100 m über der Stadt auf der Bergkuppe thront, ist beachtliche 3 km lang und zwischen 1 km und weniger als 200 m breit. Hier gibt's großartige Ruinen und eine spektakuläre Aussicht zu bewundern. Die Mauern, die beinahe die gesamte Bergkuppe umschließen, sind 10 m hoch. Unterhalb davon fallen die Felsen zur Ebene hin ab.

Es gibt zwei Möglichkeiten, in das **Fort** hineinzukommen (Eintritt 0,20 Rs; 🕑 Sonnenaufgang–Sonnenuntergang). Im Westen führt eine steile Straße zum Urvai-Tor, wo Führer (150 Rs) und Fahrer (230 Rs) ihre Dienste anbieten, um einen im Fort herumzuführen. Hinter dem Urvai-Tor dürfen nur noch Taxis fahren.

Vom Gwalior-Tor im Osten muss man sich fast 1 km zum Hathiya-Paur-Tor hochquälen, wo der Eintrittspreis fällig wird. Alternativ kann man sich zum Urvai-Tor fahren lassen und dann zum Gwalior-Tot herunterlaufen.

Ein **Ticketschalter** (☎ 2480011; Eintritt Inder/Ausländer 5/100 Rs, Video 25 Rs; 🕑 Sonnenaufgang–Sonnenuntergang) in der Nähe des Man-Singh-Palasts verkauft Eintrittskarten für Palast, Teli-Ka-Mandir plus Sas-Bahu-Tempel sowie Tickets für das kleine **Museum** (☎ 2480011; Eintritt Inder/Ausländer 2/25 Rs; 🕑 Sa–Do 10–17 Uhr).

Die nächtliche atmosphärische **Sound-and-light Show** (Eintritt Inder/Ausländer 40/100 Rs; 🕑 Okt.–Juni, Hindi 7.30, Englisch 8.30 Uhr) findet in einem Amphitheater unter freiem Himmel statt.

Im Fort selbst gibt es eine Reihe von historischen Sehenswürdigkeiten und viele Freiflächen. Außerdem ist hier die prestigeträchtige private Scindia School untergebracht, deren Schulgebühr 15 000 Rs im Monat beträgt.

Steinskulpturen

Auf dem Weg vom Gwalior-Tor zum Fort gibt's einige in Stein gehauene Skulpturen. Die beeindruckendsten Skulpturen stehen jedoch entlang des langen Aufstiegs vom Urvai-Tor. Die meisten wurden Mitte des 15. Jh. in die Felswand gemeißelt und zeigen nackte jainistische *tirthankars*. Die Statuen, die die muslimischen Soldaten Baburs 1527 entstellt und kastriert haben, wurden erst kürzlich wieder repariert.

Die Bildnisse sind mit weißen Zahlen am Sockel nummeriert. Skulptur Nr. 20 ist 17 m hoch und stellt den ersten jainistischen *tirthankar*, **Adinath,** dar, die 10 m hohe sitzende Figur (Nr. 22) verkörpert **Nemnath**, den 22. *tirthankar*.

Teli-ka-Mandir

Der restaurierte Tempel aus dem 9. Jh. vereint zwei Baustile. Er hat ein rechteckiges drawidisches Dach und indoarische Verzierungen. Der ganze Tempel ist mit Skulpturen übersät. Ein Garuda steht über dem 5 m hohen Eingangstor.

Sas-Bahu-Tempel

Die wunderschönen Zwillingstempel, auch **Schwiegermutter-** und **Schwiegertochtertempel** genannt, erheben sich direkt neben der östlichen Festungsmauer. Der Baustil der beiden Tempel, die im 9. bis 11. Jh. entstanden sind, ist sich sehr ähnlich. Der Schwiegermuttertempel mit seinem verzierten Sockel und den Figuren über den Eingängen ist Vishnu gewidmet. Das Dach wird von vier gigantischen Säulen gestützt. Der kleinere Schwiegertochtertempel ist Shiva gewidmet. Beide Tempel sind mit Skulpturen reich verziert. Sie wurden von umherstreunenden Bilderstürmern der Bande Aurangzebs heimgesucht, doch zum Glück wüteten diese nur an den unteren Ebenen.

Man-Singh-Palast

Eigentlich gibt's für den Palast nur ein treffendes Wort: skurril. Ein imperialer Palast, dessen Fries mit gelben Enten verziert ist! Ein Fließenmosaik mit blauen, gelben und grünen Elefanten, Tigern und Pfauen! Beides brachte dem Palast die alternativen Bezeichnungen Chit Mandir oder Painted Palace ein.

Man Singh ließ ihn zwischen 1486 und 1516 erbauen, 1881 wurde er restauriert. Die zweigeschossigen Wohnanlagen umgeben zwei offene Hofanlagen. Für die heißen Tage liegen unterirdisch zwei weitere Geschosse, die mit in den Mauern eingelassenen Sprachrohren verbunden sind. Zur Zeit der Moguln wurden sie als Kerker genutzt. Aurangzeb warf seinen Bruder Murad in das Gefängnis und brachte ihn hier später grausam um, indem er ihn langsam mit Opium vergiftete und so dem Wahnsinn verfallen ließ.

Museum

Das kleine **Museum** beim Man-Singh-Palast stellt Skulpturen und Schnitzereien aus dem Fort aus. Genauso toll sind die riesigen Ventilatoren, die überhitzte Besucher mit einem kühlen Lüftchen erfrischen.

Weitere Paläste

Mehrere Tore nördlich des Palasts führen zu weiteren Ruinen. Man sollte einen der inoffiziellen Führer engagieren, der einem für 50 Rs alles zeigt.

Das erste Gebäude auf der Westseite ist ein altes Gefängnis, daneben liegt der lange, schmale und halb verfallene zweigeschossige **Karan-Palast**. Am nördlichen Ende befinden sich der **Jehangir Mahal** und der **Shah Jahan Mahal** mit dem extrem tiefen Wasserbecken namens **Jauhar Kund**. Rajputen-Haremsdamen begingen hier den *jauhar,* rituellen Massenselbstmord, nachdem der Radscha 1232 besiegt worden war.

Nordosteingang

An den ausgetappten Treppen hinunter zum Gwalior-Tor stehen mehrere Tore. Das oberste, einst sechste Hawa-Tor, ist nicht mehr erhalten; heute bildet das fünfte Tor, das **Hathiya Paur** (Elefantentor), den Eingang zum Palast.

Wenn man Richtung Norden hinuntergeht, kommt man an einem Vishnu-Schrein aus dem 9. Jh., dem **Chatarbhuj Mandir** (Tempel des Vierarmigen), vorbei. Das interessante **Ganesh-Tor** wurde im 15. Jh. errichtet. Ums Eck gibt's einen kleinen Taubenschlag, **Kabutar Khana**, und einen kleinen **Hindutempel** mit vier Säulen. Er ist dem Eremiten Gwalipa geweiht, dem Namensgeber von Stadt und Fort.

Das dritte Tor, **Badalgarh**, wurde nach Badal Singh benannt, Man Singhs Onkel, während das zweite Tor, Bansur (Tor des Bogenschützen) verschwunden ist. Das untere, erste Tor, das **Gwalior-Tor** (Alamgiri-Tor), stammt aus dem Jahre 1660.

STATE ARCHAEOLOGICAL MUSEUM

Das **archäologische Museum** (☎ 2350743; Eintritt Inder/Ausländer 5/30 Rs, Foto/Video 20/50 Rs; 🕑 Di–So 10–17 Uhr) liegt im Gujari Mahal westlich vom Alamgiri-Tor etwas den Berg hinauf. Der im 15. Jh. von Man Singh in Auftrag gegebene Palast ist heute leider ziemlich herungergekommen. Zu sehen ist hier eine umfangreiche Sammlung mit hinduistischen und jainistischen Skulpturen, darunter die berühmte Salabhanjika (eine außergewöhnlich gut gearbeitete weibliche Figur) und Kopien der Fresken aus den Bagh-Höhlen.

JAI-VILAS-PALAST & SCINDIA MUSEUM

Obwohl der jetzige Maharadscha den Palast noch bewohnt, dienen 35 Zimmer des Palasts als **Museum** (Eintritt Inder/Ausländer 30/200 Rs, Foto/Video 25/75 Rs; 🕑 9.30–17.30 Uhr). Sie sind voller bizarrer Gegenstände: Belgische Möbel aus Kristallglas und ein nicht kleiner Teil der ehemaligen Tigerbestände – erschossen, ausgestopft und heute aus allen Nähten platzend – stehen hier herum.

Besucher bekommen einen Swimmingpool ladies-only mit Sprungbrett und einer schrillen Bar gezeigt. In einem anderen Zimmer werden freche Drucke ausgestellt und eine neoklassizistische Statue, die Leda mit dem Schwan Zeus lustvoll verschmolzen zeigt. Im höhlenartigen Esszimmer ist eine Modelleisenbahn mit silbernen Zügen der besondere Hingucker. Sie zuckelte mit Brandy und Zigarren zum Nachtisch um den Tisch herum.

Die Goldauflage der Durbar-Halle soll 58 kg wiegen. Acht Elefanten wurden an der Decke aufgehängt, um herauszufinden, ob sie die zwei 12,5 m hohen Kronleuchter tatsächlich trägt, die mit je 248 Kerzen bestückt rund 3,5 t wiegen. Der gigantische Teppich in der Halle ist der größte in ganz Asien. Gefangene brauchten zwölf Jahre, um ihn zu weben.

ALTSTADT

Alt-Gwalior befindet sich östlich vom Man-Singh-Palast. Nicht weit davon entfernt liegt das prächtige **Grabmal des Mohammed Ghaus**, eines heiligen Muslimen, der bei der Einnahme des Forts durch Babur eine wichtige Rolle spielte.

Zur selben Gruppe gehört das kleinere, einfachere **Grabmal von Tansen**. Der von Akbar sehr verehrte Sänger gilt als Vater der klassischen indischen Musik. Wer hier auf den Blätter des Tamerindenbaums kaut, dem soll eine kräftige Stimme sicher sein. Während des Tansen-Festivals im Oktober/November sieht der dann kahle Baum sehr schnell herbstlich aus – offenbar vertrauen viele der Legende.

Schlafen

BUDGETUNTERKÜNFTE

Hotel Mayur (☎ 2325559; Padav; Bett 55 Rs, EZ 120–500 Rs, DZ 150–600 Rs; ❄) Die Unterkunft mit freundlichem Management liegt in einer ruhigen Gasse und ist eine gute Wahl. Es gibt einen 24-Stunden-Checkout. Einige Optionen werden angeboten: Der geräumige, durchlüftete Schlafsaal hat zwei Badezimmer, Schließfächer hat's unter jedem Bett. Die billigeren Zimmer werden ebenfalls naturbelüftet und haben ein Gemeinschaftsbad, die teureren Zimmer sind klimatisiert und mit eigenem Bad.

Hotel Safari (☎ 2340638; Station Rd; EZ/DZ 135/180 Rs, Deluxe 300/350 Rs) Die Unterkunft liegt über Geschäfthäusern in einer belebten Straße. Trotzdem ganz gut, da es im Badezimmer solche Dinge wie Seife, Kamm und Shampoo gibt – was sonst nur in teureren Hotels zu finden ist. Eingermaßen saubere Zimmer mit Ventilator und Plumsklo. Die Deluxezimmer haben TV und heißes Wasser.

Hotel DM (☎ 2342083; Link Rd; EZ/DZ ab 175/250 Rs) Das etwas abseits der Straße gelegene eingeschossige Hotel ist ruhiger, als dessen Nähe zum Busbahnhof vermuten lässt. Die Zimmer sind ohne Kinkerlitzchen, aber dafür sauber. Die billigeren Zimmer sind ideal für Leute mit Platzangst.

MITTEL- & SPITZENKLASSEHOTELS

Hotel Saya (☎ 2337701; Station Rd; EZ 400–600 Rs, DZ 500–700 Rs; ❄) Hotel mit pfirsichcremefarbenem Dekor an der Vorderseite des Häuserblocks, in dem auch das Mayur liegt. Angenehme Unterkunft, wobei die Zimmer ohne Klimaanlage die bessere Wahl sind.

Hotel Tansen (☎ 2340370; mptgwalior@sancharnet.in; 6A Gandhi Rd; EZ/DZ 590/690 Rs, mit Klimaanlage 890/990 Rs; ❄) Die Unterkunft von Madhya Pradesh Tourism liegt angenehm in einer schattigen Gegend südöstlich vom Bahnhof. Es gibt ein Restaurant und eine Bar. Die Preise für die großen Zimmer fordern es geradezu heraus, noch etwas zu feilschen.

Hotel Gwalior Regency (☎ 2340670; gregency@hotmail.com; Link Rd; EZ 1050–1800 Rs, DZ 1500–2400 Rs; ❄ 🏊) Ein schickes Hotel. Die teureren Zimmer sind mit Kühlschrank, TV und größtenteils mit Teekocher ausgestattet – obwohl man sich den Tee natürlich auch bringen lassen kann. Es gibt ein Fitnesszentrum, Swimmingpool, Möglichkeiten zum Geldwechsel, einen Arzt, der aufs Zimmer kommt, und ein Reisebüro.

Central Park (☎ 2232440; 2-A City Centre; www.thecentralpark.net; EZ mit Frühstück 1800–2200 Rs, DZ 3500–3900 Rs; ❄ 🏊) Gwaliors bestes Hotel glänzt! Alle Räumlichkeiten sind klimatisiert. Es gibt einen Swimmingpool (nur für Hotelgäste), Sporthalle, Fitnesszentrum und – um die abtrainierten Kalorien wieder reinzuholen – eine ordentliche Bar und ein Restaurant.

Essen

In Gwalior hat's nicht gerade eine Bombenauswahl an Restaurants; die meisten gehören zu einem Hotel. Ganz anders sieht es bei den *dhabas* (Essensbuden) aus, davon gibt's gleich einige in der Station Rd.

Kwality Restaurant (MLB Rd; Gerichte 40–80 Rs; 🕓 10.30–23 Uhr) Ein Favorit unter Familien und Leuten aus der Umgebung. Die Gerichte zaubern eher einen feinen Currygeschmack auf die Zunge, als dass sie Brandwunden im Rachen hinterlassen.

Landmark Restaurant (47 Manik Vilas Colony; Gerichte 40–130 Rs; 🕓 7–23 Uhr; ❄) Gehört zum Landmark Hotel. Hier gibt's eine tolle Auswahl an Gerichten für jede Tageszeit. Die Desserts sind unübertroffen und man bekommt das beste *gulab jamun* aller Zeiten.

Blue Fox (☎ 2326209; Hotel Shelter, Tansen Rd; Gerichte 30–100 Rs; 🕓 7–23.30 Uhr; ❄) Das in küh-

WICHTIGE ZUGVERBINDUNGEN AB GWALIOR

Ziel	Zugnummer & Name	Preis (Rs)	Dauer (Std.)	Abfahrt
Chennai	2616 *Grand Trunk Exp*	445/1250/2000	31	23.30 Uhr
Delhi	2001 *Shatabdi*	500 (a)	4	19.10 Uhr
Howrah	1160/1182 *Chambal Exp*	353/991/1586	24¾	6 Uhr (1)
Indore	9368 *Malwa Exp*	226/634/1014	13	0.50 Uhr
Mumbai	2138 *Punjab Mail*	337/946/1514	21	10.35 Uhr

(a) Chair Class; (1) Mo, Di, Do & Sa

len Blautönen gehaltene Restaurant kommt sehr großstädtisch daher. Die Kellner sind aufmerksam. Das Essen ist gut, obwohl es nicht allzu viel Auswahl beim Frühstück gibt. Cocktails, Bier und Hochprozentiges wird hier bis zur Sperrstunde serviert.

Indian Coffee House (Station Rd; Gerichte 16-60 Rs; 🕒 7–22 Uhr; ❄) Ein Dauerbrenner für schnelle Snacks oder einen Kaffee, der seinen Namen verdient. Das Personal serviert in weißen Jaketts und fächerförmiger Kopfbedeckung. Tipp: Das *masala dosa* oder den *uttapam* (Pfannkuchen aus Reis und Dhal) probieren.

Shoppen

Arihant Emporium (Moti Mahal Rd; 🕒 Mo–Sa 10–19 Uhr) Beim Jai-Vilas-Palast ums Eck. Der Laden hat sich auf die in Gwalior beliebten Silberkästchen spezialisiert, die mit Nachbildungen der Fliesen vom Man Singh Palast verziert werden (Kostenpunkt: ungefährt 1200 Rs).

Mrignayani Emporium (High Court Rd; 🕒 Mo–Sa 11–20 Uhr) Die staatliche Kette verkauft Kunsthandwerk und Stoffe, darunter auch Saris aus Chanderi und Maheshwar.

An- & Weiterreise

BUS

Von der Bushaltestelle (Link Rd.) fahren alle halbe Stunde Busse nach Agra (58 Rs, 3 Std.), Jhansi (47 Rs, 3 Std.) und Shivpuri (50 Rs, 2½ Std.). Zehn Busse am Tag fahren nach Indore (202 Rs, 12 Std.), einer nach Ujjain (187 Rs, 12 Std., 11.40 Uhr) und einer nach Bhopal (174 Rs, 10 Std., 11 Uhr).

Unterwegs vor Ort

Autorickschas gibt's wie Sand am Meer: 20 bis 30 Rs sollten daher für die meisten Fahrten reichen. Bestialisch aussehende Tempos fahren auf festen Routen; die Preise variieren hier zwischen 2 und 6 Rs.

SHIVPURI

☎ 07492 / 146 860 Ew.

Shivpuri, die ehemalige Sommerresidenz der Scindias, liegt 94 km westlich von Jhansi entfernt. Hauptattraktion sind die **Chhatris** (☎ 221412; östlich der Bushaltestelle; Eintritt 2 Rs; Foto/Video 5/30 Rs; 🕒 8–12, 15–20 Uhr). Diese sind inmitten gepflegter Gärten angelegt, haben Pavillons im Mogulstil und *sikharas* und sind Gedenkstätten der Scindia-Herrscher zum Durchlaufen. Das einschossige *chhatri* (ein kleiner gewölbter Pavillon im Mogulstil), das 1932 zum Andenken von Madho Rao Scindia erbaut wurde, ist mit erlesenen Intarsien in der *pietra-dura*-Technik (Intarsienarbeit aus Marmor) versehen.

Nicht weit davon liegt der 350 km² große **Madhav National Park** (☎ 222350; Eintritt Inder/Ausländer 15/150 Rs, Video 200 Rs, Fahrzeug 50 Rs, Mietauto 350 Rs/Tag, Führer 35 Rs; 🕒 Sonnenaufgang–11 Uhr, 15 Uhr–Sonnenuntergang) mit Panthern, die sich gut verstecken, Wildschweinen und vielen Hirschen. Im Sakhya-Sagar-See wimmeln Krokodile und Pyhtons – es wäre also unklug, darin zu planschen. Am besten kommt man zwischen Oktober und Februar hierher. Das Besucherzenturm und der Eingang liegen 6 km östlich von der Bushaltestelle.

Das **Tourist Village** (☎ 223760; EZ/DZ im Bungalow 560/690 Rs, mit Klimaanlage 790/890 Rs; ❄) gehört zum MP Tourism Komplex. Gewohnt wird in Bungalows, die in einem Garten mit Palmen und Frangipanibäumen stehen und Blick auf den See haben. Der Standort ist ideal: 1,5 km zum Parkeingang und nur 1 km zu den *chhatris*. Das Personal organisiert Ausflüge.

Das **Hotel Anuj Palace** (☎ 2503028; AB Rd; EZ/DZ mit Plumsklo 200/250 Rs) liegt in der Stadt. Saubere

Unterkunft in der Nähe der Bushaltestelle. Alle Zimmer sind mit gut funktionierenden Luftkühlern ausgestattet.

Busse fahren regelmäßig nach Gwalior (Rs 50, 3 Std.) und Jhansi (44 Rs, 3 Std.). Außerdem gibt's einen Bus nach Chanderi (59 Rs, 5 Std., 7 Uhr) und einen nach Bhopal (126 Rs, 8 Std., 8 Uhr).

JHANSI

☎ 0517 / 420 665 Ew.

Jhansi, 101 km südlich von Gwalio, liegt in einem kleinen Zipfel von Uttar Pradesh, der ins nördliche Madhya Pradesh reinragt. Früher spielte Jhansi eine lebhafte Rolle in der indischen Geschichte; heute dümpelt es eher als Durchgangsstation für Besucher vor sich hin, die zum nur 18 km entfernten und interessanteren Orchha oder nach Khajuraho wollen. Zu sehen gibt's ein **Fort**, das zwar nicht so riesig wie das in Gwalior ist, jedoch ebenso wehrhaft war. Das Fort, der nächste Geldautomat und ein Internetcafé lohnen die Mühe, für einen Tag von Orchha aus hierher zu kommen. Und Traveller, die hier auch übernachten wollen, finden einige Hotels in der Shivpuri Rd.

Geschichte

Als 1853 der Raja von Jhansi starb, zwangen die Briten seine Witwe und Nachfolgerin, die Rani Lakshmibai, zurückzutreten (ein umstrittenes Gesetz erlaubte es den Briten, jedes Gebiet unter ihre Fittiche zu nehmen, dessen Herrscher starb, ohne einen männlichen Erben zu hinterlassen). Vier Jahre später tobte der indische Aufstand, zu deren Anführern in Jhansi Rani Lakshmibai gehörte. Das britische Kontingent wurde niedergemetzelt. Doch schon im folgenden Jahr gelang es den Briten erneut, Jhansi in ihre Gewalt zu bekommen; Streitereien unter den Rebellen halfen ihnen dabei. Die Rani floh nach Gwalior. In einem letzten tödlichen Aufbäumen ritt sie als Mann verkleidet den Briten entgegen und wurde so zur Heldin der indischen Unabhängigkeitsbewegung.

Orientierung

Die Straße von Shivpuri nach Khajuraho ist das Rückgrat der Stadt. Das Fort liegt 1 km nördlich, der Bahnhof 2 km südwestlich und der Busbahnhof 3 km südöstlich davon entfernt.

Praktische Informationen

Madhya Pradesh Tourism (☎ 2442622; Bahnhof; ⌚ 10–18 Uhr) Broschüren und Infos über Khajuraho.

On Line Internet (☎ 2444397; Shivpuri Rd; 30 Rs/Std.; ⌚ 9–22.30 Uhr).

State Bank of India (☎ 2330319; Elite Rd; ⌚ Mo–Fr 10–16, Sa 10–13 Uhr) Tauscht die wichtigsten Währungen und löst Amex Reiseschecks im Wert von bis zu 10 000 Rs/Tag ein. Der Geldautomat (gegenüber vom Bahnhof) nimmt Visa und MasterCard.

Uttar Pradesh Touristenbüro (☎ 2442622; Hotel Veerangana, Shivpuri Rd; ⌚ Mo–Sa 10–17 Uhr, am 2. Sa des Monats geschl.) Informationen über Agra und Uttar Pradesh.

Sehenswertes

JHANSI-FORT

Der Maharadscha Bir Singh Deo von Orchha ließ das **Fort von Jhansi** (☎ 2442325; Eintritt Inder/Ausländer 5/100 Rs, Video 25 Rs; ⌚ Sonnenaufgang–Sonnenuntergang) 1613 errichten. Es ist ein gut erhaltenes Beispiel für eine Festungsanlage, die von Burggraben und doppelten Mauern geschützt wird. Führer stehen mit ein paar anschaulichen Geschichten Gewehr bei Fuß (etwa 50 Rs).

Vom Festungswall genießt man eine ausgezeichnete Aussicht, während die Adler über einem kreisen. Vom Flagturm entdeckt man vielleicht sogar die Turmspitzen von Orchha.

Von der Brüstung in der Nähe des Flagturms soll die fliehende Rani Lakshmibai mit dem Pferd, ihren Sohn hinter sich, hinabgesprungen sein. Wer den 15 m tiefen Abgrund hinuntersieht, kommt auf den Gedanken, dass die Geschichte mit etwas dichterischer Freiheit erzählt wird.

Unterhalb der Festungsmauer gibt's ein schauriges Diorama von der Schlacht um Gwalior, in der die Rani starb.

Festivals & Events

Das **Jhansi Festival** ist ein vor Ort organisiertes Fest mit Musik, Kunst und Tanz; los geht's am 28. Februar. Am **Fest des hl. Judas** (28. Oktober) strömen Tausende verzweifelter christlicher Pilger in die Kirche St. Jude's, um dem Schutzpatron für verzweifelte Situationen ihr Herz auszuschütten.

An- & Weiterreise

BUS

Expressbusse nach Khajuraho fahren vom Bahnhof ab (85 Rs, 5 Std., 5.30, 6, 6.45 und

WICHTIGE ZUGVERBINDUNGEN AB JHANSI

Ziel	Zugnummer & Name	Preis (Rs)	Dauer (Std.)	Abfahrt
Chennai	2616 *Grand Trunk Exp*	429/1205/1928	29¼	1.04 Uhr
Delhi	2001 *Shatabdi*	585 (a)	5	18.05 Uhr
Howrah	1160/1182 *Chambal Exp*	337/946/1514	23¼	7.37 Uhr (1)
Mumbai (Bombay)	2138 *Punjab Mail*	325/913/1460	19	12.35 Uhr

(a) Chair Class; (1) Mo, Di, Do & Sa

11 Uhr); der letzte Bus hat Anschluss an den Shatabdi-Zug aus Delhi. Busse nach Khajuraho (75 Rs, 6Std., 6.30, 8.15, 11.45, 12.30 und 13.15 Uhr) fahren von der **Bushaltestelle** (☎ 2445705; Khajuraho Rd) ab.

Alternativ dazu kann man mit dem Bus nach Bamitha (70 Rs, 5 Std., häufig) und von dort 11 km mit dem Jeep (11 Rs) nach Khajuraho fahren. Es gibt oft Verbindungen nach Shivpuri (44 Rs, 3 Std.) und Gwalior (51 Rs, 3 Std.), die auch in Datia (16 Rs, 1 Std.) halten.

TAXI

Mit den Taxis, die am Bahnhof warten, kostet eine Fahrt nach Khajuraho 1800 Rs.

Unterwegs vor Ort

Eine Fahrt vom Bahnhof zur Bushaltestelle kostet mit der Autorikscha 30 Rs, nach Orchha 150 Rs. Im Taxi ohne/mit Klimaanlage kostet die gleiche Strecke 350/450 Rs. Tempos fahren vom Busbahnhof nach Orchha und berechnen 10 Rs für die 40-minütige Fahrt.

ORCHHA

☎ 07680 / 8500 Ew.

Früher war Orchha (versteckter Ort) die Hauptstadt der Bundelas. Heute hat die Stadt nur noch ein paar Straßen innerhalb von wundervollen und gut erhaltenen Palästen und Tempeln. In der Bilderbuchkulisse durchlöchern Turm- und Kuppelspitzen den Horizont in alle Richtung. Und das erfrischenderweise ohne Schlepper. Orchhas friedliche Schönheit garantiert einen relaxten Aufenthalt.

Geschichte

Orchha wurde 1531 gegründet. Bis 1783 war es die mächtige Hauptstadt der Rajputen, bis es vom nahe gelegenen Tikamgarh abgelöst wurde. Bir Singh Deo, der in Orchha von 1605 bis 1627 herrschte, war der Auftraggeber des Jhansi-Forts. Der Liebling des Mogulprinzen Salim lag im Dauerklinsch mit Akbar, der sein Königreich praktisch ruinierte. 1605 stieg Prinz Salim zum Kaiser Jehangir auf und dieser machte aus Bir Singh eine mächtige Figur. Als Jehangir den Ort besuchte, ließ er 1606 das Jehangir Mahal für ihn erbauen. Als jedoch Shah Jahan 1627 Kaiser wurde, fiel Bir Singh wieder einmal in Ungnade; sein Aufstand wurde vom 13-jährigen Aurangzeb niedergeschlagen.

Orientierung

Der Fluss Betwa, in dessen felsigem Flussbett das klare grünlich schimmernde Wasser plätschert, schließt Orchha im Osten ab. Ein Kanal, der, wenn nicht gerade Monsun ist, meist ausgetrocknet ist, schlängelt sich um eine erhöhte Ebene. So entstand eine befestigte Insel, auf der die Paläste gebaut wurden.

Praktische Informationen

Canara Bank (☎ 252689; Jhansi Rd; ⏲ Mo–Fr 10.30–14.30, Sa 10.30–12.30 Uhr) Löst Reiseschecks ein (bis zu 10 000 Rs/Tag).

MP Tourism (☎ 252624; Hotel Sheesh Mahal; ⏲ 7–22 Uhr) Infos über Orchha und Transportmittel.

Post (☎ 252631; Jhansi Rd; ⏲ Mo–Sa 9–17 Uhr).

Sehenswertes

Der Eintritt zu Orchhas **Sehenswürdigkeiten** (Eintritt Inder/Ausländer 5/30 Rs, Foto/Video 20/50 Rs; ⏲ 9–17 Uhr) ist supergünstig. Das Tagesticket, das man nur am Eingangstor des Raj Mahal erhält, gilt für alle Paläste, Tempel und Museen.

PALÄSTE

Wenn man die Brücke über den Nebenkanal des Betwa überquert, kommt man zu drei

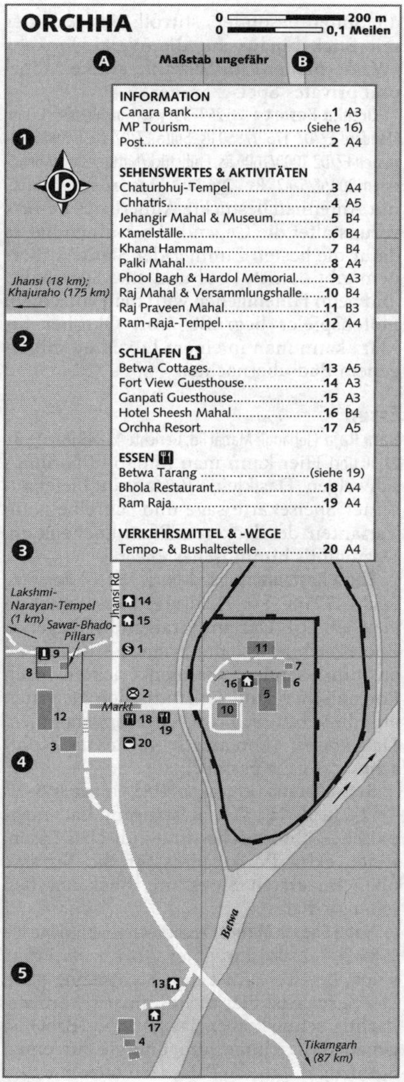

Palästen aus dem 17. Jh. **Jehangir Mahal** ist ein sehr beeindruckender Tempel, der den Höhepunkt mittelalterlicher islamischer Architektur widerspiegelt. Im Erdgeschoss gibt's ein kleines archäologisches Museum. Hinter dem Palast liegen die massiv gebauten **Kamelställe**. Der meist geschlossene **Raj Mahal** in der Nähe hat einige ausgezeichnete Deckengemälde – dazu nach den „painting rooms" fragen.

Im Norden (Eingang außerhalb des Palastgeländes) liegt der kleinere **Raj Praveen Mahal**, ein Pavillon mit gepflegtem Garten im Mogulstil und einem **Khana Hammam** (Bad) mit einigen schönen Deckengewölben.

Der **Palki Mahal** (Dinman Hardols Palast) auf der anderen Seite des Dorfes hat eine interssante Geschichte. Dinman Hardol, der Sohn Bir Singh Deos, brachte sich selbst um, um seine Unschuld in der ihm nachgesagten Affäre mit der Frau seines Bruders zu beweisen. Seine Gedenkstätte, zwei mit Stoff umhüllte Betten aus Stein in einem Pavillon, steht im angrenzenden **Phool Bagh**, einem traditionellen *charbagh*-Garten. Prinz Hardol wird in Bundelkhand als Held verehrt. Frauen singen Lieder über ihn und binden zu seinem Gedenken Fäden an die Jali (gemeißelte Marmorgitter) in der Hoffnung, er möge ihre Wünsche erfüllen.

TEMPEL

Orchhas beeindruckende Tempel aus dem 16. Jh. werden noch immer von Heerscharen gläubiger Hindu aufgesucht. Das Zentrum des modernen Dorfes ist der **Ram-Raja-Tempel** (8–12 & 20–22 Uhr), den rosafarbene und goldene Kuppeln zieren. Der frühere Palast wurde zum Tempel umfunktioniert, als herauskam, dass eine nachträglich eingebaute Rama-Skupltur sich nicht mehr bewegen ließ. Irgendwie gelang es dann doch noch, Rama zum **Chaturbhuj-Tempel** zu bringen, wo er versteckt hinter zwei silbernen Türen steht.

Der Chaturbhuj-Tempel ist ein ungemein massives Gebäude, das auf einem kreuzförmigen Podest steht. Tipp: Auf dem Basar eine billige Taschenfunzel kaufen und die Treppe im Innern bis zum Dach hochlaufen. Zwischen den moosbewachsenen Turmspitzen und Kuppeln hindurch hat man einen wundervollen Blick auf Orchha.

Der **Lakshmi-Narayan-Tempel** ist mit dem Ram Raja durch einen 1 km langen Fußweg verbunden. Die gut erhaltenen Mauern lohnen den kleinen Spaziergang.

KENOTAPHE

Einen Besuch sind auch die weinumrankten **chhatris**, die Grabmäler der Herrscher Orchhas, wert. Sie liegen etwa 500 m südlich des Dorfs neben den Ghats des Betwa. Das

Schwimmen im Betwa sollte man sich lieber verkneifen, denn er gehört nicht gerade zu den saubersten Flüssen Indiens.

Schlafen

Fort View Guest House (☎ 252701; EZ mit Plumsklo 100 Rs, Zi. 200–400 Rs; ❄) Das beste Haus vor Ort ist wirklich eine gute Wahl. Die etwas teureren Zimmer sind mit Luftkühler ausgestattet. Es gibt Badewannen und rund um die Uhr heißes Wasser. Doch die saubere und freundliche Unterkunft hat noch mehr zu bieten. Die meisten Zimmer liegen in einem Garten mit ungetrübtem Blick auf die Paläste.

Ganpati Guesthouse (☎ 252765; EZ/DZ mit Ventilator 350/450 Rs, DZ mit Luftkühler 650 Rs; ❄) Das freundliche Ganpati hat seine geräumigen Zimmer gerade erst renoviert. Was die Badezimmer anbelangt, übertrifft es sich selbst mit den nagelneuen todschicken Armaturen und Badewannen. Die Zimmer liegen in einem kleinen Garten, von dem aus ein Teil der Paläste zu sehen ist. Es scheint einen Deal mit den Autorikscha- und Taxifahrern zu geben, die vorm Ganpati halten, um potenzielle Kunden anzuschleifen.

Shri Mahant Guest House (☎ 252715; Zi. mit Luftkühler 150–350 Rs; ❄) Die Unterkunft liegt gleich am Eingang zum Platz des Ram-Raja-Tempels. Das Gästehaus kann mit sauberen Zimmern (einige davon mit Plumsklo) und einem Balkon im ersten Stock punkten, auf dem sich Traveller treffen, um Reisestorys auszutauschen

Betwa Cottages (☎ 252618; bcorchha@rediffmail.com; EZ/DZ 690/790 Rs, mit Klimaanlage 890/990 Rs; ❄) Tolle Location, tolle Lage: Die zum MPT gehörige Unterkunft liegt hervorragend und ist der ideale Ausgangspunkt für einen Ausflug über den Fluss zu den Außenbezirken der Stadt. Man schläft in Bungalows, die in einem freundlichen und gepflegten Garten verstreut liegen. Im eigenen kleinen Garten kann man mit seinem Tee in der Hand den Sonnenaufgang über dem Fluss betrachten (ein Tablett mit Tee gibt's vom Weckdienst serviert).

Hotel Sheesh Mahal (☎ 252624; hsmorcha@sancharnet.in; Jehangir Mahal Rd; EZ 390–790 Rs, DZ 890 Rs, Maharani Suite/Maharaja Suite 2490/3990 Rs) Das Hotel ist in einem Flügel des Jehangir Mahal untergebracht und besticht durch seine großartige Atmosphäre. Leider gibt es nur ein billiges, kleines Einzelzimmer. Dafür sind die Suiten besonders stilvoll: riesige Bäder mit Blick hinaus auf die Welt, Hookahs (Wasserpfeifen) im Schrank, antike Möbel und privates Speisezimmer.

Orchha Resort (☎ 252759; www.orchharesort.com; Standard EZ/DZ 1750/2950 Rs, Suite EZ/DZ 2950/5900, Luxuszelt EZ/DZ 1000/1600 Rs, Frühstück/Mittagessen/Abendessen 200/425/425 Rs; ❄ 🏊) Das rosafarbene, mit Antennen bestückte Äußere des Resorts verunstaltet die Gegend. Aber innen hat es dafür die besten Zimmer der Stadt. Außerdem gibt's einen Pool und eine Sporthalle, und beim Hineingehen wird man von einem Flötenspieler begrüßt. Von Oktober bis März kann man in einem Luxuszelt mit eigenem Bad übernachten.

Essen

Ram Raja (Jehangir Mahal Rd; Gerichte 15–45 Rs; 🕑 8–22.30 Uhr) Hier kann man nur so in *paratha*s schwelgen. Das kleine Restaurant bietet auf seiner Speisekarte sage und schreibe neun Varianten des leckeren Pfannkuchens an. Dazu gibt's himmlisches *kheer*.

Bhola Restaurant (Ecke Jehangir Mahal & Jhansi Rds; Gerichte 15-25 Rs; 🕑 8–22.30 Uhr) Ein Restaurant im gleichen Stil. Das am Straßenrand liegende Bhola zeichnet sich durch einen Mischmasch an umfassenden Pfannengerichten nach koreanischen und holländischen Rezepten aus, die vermutlich von Travellern stammen. Das *kimchi* (koreanisch gewürzter Kohl) schmeckt ganz passabel.

Betwa Tarang (Jehangir Mahal Rd; Gerichte Rs 25–80; 🕑 7–23 Uhr; ❄) Das Restaurant hat europäisches, chinesisches und indisches Essen. Einen extra Punkt gibt's für die Terrasse oben im ersten Stock mit Blick auf den Jehangir-Palast.

Hotel Sheesh Mahal (Jehangir Mahal Rd; Gerichte 30–95 Rs; 🕑 7–23 Uhr) Ein guter Ort für ein Frühstück, bevor's zum Palast-Sightseeing geht. Der Service ist hier nicht immer rekordverdächtig schnell, aber das *paratha* (Brot) ist genau das richtige, um Energie für einen Streifzug durch die Paläste zu tanken.

Anreise & Unterwegs vor Ort

Tempos (10 Rs) fahren regelmäßig die 18 km zur Bushaltestelle in Jhansi; Autorikschas berechnen 150 Rs für die gleiche Strecke. Wer aus Khajuraho kommt, kann den Busfahrer bitten, einen an der Abzweigung nach Orchha auf der Bundesstraße östlich von Jhansi aussteigen zu lassen.

Der Bahnhof Orchha liegt ein paar Kilometer in Richtung Jhansi. Da die Züge von Jhanis nach Varanasi hier vorbeifahren, hat man mehrere zur Auswahl.

Gästehäuser organisieren für etwa 1800 Rs ein Auto nach Khajuraho; oder man nimmt ein Tempo oder eine Autorikscha nach Jhansi und fährt von dort mit dem Bus weiter; s. S. 663.

Das beste Verkehrsmittel vor Ort sind Schusters Rappen: gut für den Körper und das Karma.

CHANDERI

☎ 07547

Während der Vorherrschaft Mandus kontrollierte Chanderi die Handelsrouten Zentralindiens, wie die vielen verfallenen Paläste, Serais, Moscheen und Grabmale erahnen lassen – die alle im Pathan-Stil, der dem in Mandu ähnelt, errichtet wurden.

Man kann sich in die Altstadt ansehen, die aneinander gequetschten Tempel, Basare und Häuser, die am Abhang der langsam zerbröckelnden Bergfestung stehen. Etwa 5 km südlich der Stadt liegt der sagenhafte **Koshak Mahal**, die viergeschossige Ruine eines riesigen Gebäudes.

Chanderi ist für seine Saris berühmt, denn diese werden mit aufwändigen Bordüren bestickt.

Es gibt einige Unterkünfte mit dem Nötigsten: z. B. das **Hotel Sree Kunj** (☎ 242064; EZ/DZ 250/350 Rs), gleich an der Endbushaltestelle, oder das neue **Hotel Tana Bana** (☎ 252222; Zi. 390 Rs, EZ/DZ mit Klimaanlage 790/890 Rs; ❄), etwa 3 km nordöstlich vom Stadtzentrum mit Blick auf einen See.

Chanderi liegt westlich von Lalitpur 33 km (mit dem Bus, 15 Rs, 2 Std.) und 90 km von Jhansi (mit dem Zug) entfernt.

KHAJURAHO

☎ 07686 / 19 290 Ew.

Die umwerfenden und ausgezeichneten Tempel in Khajuraho gehören mit Recht zu Indiens Hauptattraktionen. Die genialen architektonischen und bildhauerischen Werke sind so voller Geschichte und Poesie, dass sie sofort die Fantasie beflügeln. Nirgendwo auf der Welt wird man schönere Tempelkunst finden.

Geschichte

Khajurahos Tempel wurden unter der Chandela-Dynastie errichtet. Die Dynastie hielt sich fünf Jahrhunderte an der Macht, bevor sie von den Moguln besiegt wurden. Die meisten Tempel entstanden zwischen 950 und 1050, einer besonders kreativen Periode, die viele Genies hervorbrachte. Fast genauso verwirrend wie die schiere Schönheit und Größe der Tempel ist die Frage, warum sie ausgerechnet hier gebaut wurden. Khajuraho lag vor 1000 Jahren – genau wie heute – mitten im Nirgendwo. Es gibt hier nichts Interessantes oder Reizvolles, weswegen sich die Stadt als Standort hätte aufdrängen können. Auch liegt hier in der Nähe kein größeres Ballungsgebiet.

Wie gelang es also den Chandelas, Arbeiter anzuwerben, die ihre berauschenden

DIE EROTICA VON KHAJURAHO

Warum all der Sex? Wissenschaftler sind sich uneinig. Eine Theorie besagt, dass die erotischen Darstellungen eine Art Stein gewordenes Kamasutra war – als Sexualkunde für die brahmanischen Jungen, die in rein männlichen Tempelschulen groß wurden. Einer anderen Theorie zufolge waren die Figuren dazu gedacht, den Regengott Indra zu besänftigten, um so den Tempel vor Blitzeinschlägen zu schützen. Dieser alte Wüstling ist wohl ein eifriger Voyeur, der das, was ihn zu befriedigen weiß, nicht zerstören will.

Etwas überzeugender klingt jedoch die Erklärung, dass es sich um tantrische Bilder handelt – gerade weil sie nicht auf Khajuraho beschränkt sind. Laut diesem Kult ist die Befriedigung niederer Instinkte ein Weg, um das Böse in der Welt hinter sich zu lassen und Erleuchtung zu erlangen. *Bhoga* (körperliche Freude) und Yoga (spirituelle Übung) werden als gleichwertig betrachtet, wenn's darum geht, das Nirwana zu finden.

Vielleicht geben die Skulpturen von Khajuraho aber auch einfach nur – zusammen mit vielen anderen alltäglichen Szenen – die Lebensweise der damaligen Gesellschaft wieder, die frei von sexuellen Hemmungen war. So sollten die Skulpturen vor allem als freudvolle Zelebrierung aller Aspekte des Lebens angesehen werden.

KHAJURAHO

INFORMATION
- Bookshop 1 B4
- Canara Bank 2 B5
- Government of India Tourist Office 3 B3
- Hauptpost 4 B5
- Khajuraho Handicraft Emporium .... (siehe 6)
- MP Tourism Office .... (siehe 10)
- Polizei 5 B5
- State Bank of India 6 B4
- State Bank of India ATM 7 B4
- Touristenpolizei-Stand 8 B4

SEHENSWERTES & AKTIVITÄTEN
- Adinath-Tempel 9 D5
- Adivart Tribal and Folk Art Museum 10 B3
- Archaeological Museum 11 B4
- Brahma-Tempel 12 C4
- Chausath-Yogini-Tempel 13 A5
- Chitragupta-Tempel 14 A3
- Devi-Jagadamba-Tempel 15 A4
- Duladeo-Tempel 16 C6
- Ghantai-Tempel 17 C5
- Hanuman-Tempel 18 C4
- Hotel India 19 B5
- Jain Museum 20 D5
- Javari-Tempel 21 D4
- Kandariya-Mahadev-Tempel 22 A4
- Lakshmana-Tempel 23 A4
- Lakshmi-Tempel 24 B4
- Mahadeva-Tempel 25 A4
- Matangesvara-Tempel 26 B4
- Nandi-Tempel 27 B3
- Neuer Museumsstandort 28 A2
- Parsvanath-Tempel 29 D5
- Parvati-Tempel 30 A4
- Shanti-Nath-Tempel 31 D5
- Ticketschalter 32 B4
- Vamana-Tempel 33 D4
- Varaha-Tempel 34 B4
- Vishvanath-Tempel 35 B3

SCHLAFEN
- Holiday Inn 36 A6
- Hotel Casa Di William 37 B3
- Hotel Chandela 38 B6
- Hotel Gem Palace .... (siehe 40)
- Hotel Harmony 39 C4
- Hotel Jain 40 B4
- Hotel Jhankar 41 B5
- Hotel Lakeside 42 B4
- Hotel Marble Palace 43 B4
- Hotel Siddharth 44 B4
- Hotel Surya .... (siehe 40)
- Hotel Zen 45 C4
- Yogi Lodge 46 B4

ESSEN
- Agrawal Restaurant .... (siehe 40)
- Blue Sky Restaurant 47 B3
- Mediterraneo Restaurant 48 B4
- Paradise 49 B4
- Raja's Cafe 50 B4
- Safari Restaurant 51 B4

UNTERHALTUNG
- Downing Street .... (siehe 36)
- Kandariya Art & Culture 52 B5
- Shilpgram 53 B5
- Sound-and-Light Show 54 A3

SHOPPEN
- Mrignayani 55 B4

VERKEHRSMITTEL & -WEGE
- Busbahnhof 56 B5
- Indian Airlines 57 A6
- Train Reservation Office .... (siehe 56)
- Yashowbrman Taxi Driver Union 58 B4

Träume in Stein schlugen? Um so viele Tempel von monumentaler Größe in nur 100 Jahren entstehen zu lassen, war ein riesiges Heer an Arbeitskräften nötig. Was auch immer die Gründe gewesen sein mögen, die Abgeschiedenheit hat Khajuraho vor den Zerstörungen bewahrt, die muslimische Invasoren an vielen anderen „Götzentempeln" anrichteten.

Vor der afghanischen Bedrohung aus dem Norden verließen die Chandelas Khajuraho und flohen in ihre Festungen. Die Menschen beteten woanders, die Tempel wurden verlassen, vom Dschungel überwuchert und zerfielen. Die Welt nahm keine Notiz mehr von ihnen, bis der britische Offizier T. S. Burt von seinen Sänftenträgern 1838 zu den Ruinen geführt wurde. Der treue Soldat von Königin Victoria war vom architektonischen Kleinod überrascht. Doch zugleich schockierte ihn das, was er sah: Die erotischen Darstellungen beschrieb er als „etwas zu anzüglich als absolut nötig".

Orientierung

Gleich bei der westlichen Tempelgruppe gibt's einige Hotels, Restaurants und Läden. Etwa 1 km östlich der Bushaltestelle liegen das ältere Dorf Khajuraho und die östlichen Tempel, eine weitere Gruppe steht im Süden.

Praktische Informationen

BUCHLÄDEN

Bookshop (Temple Rd; ⌚ 8–22 Uhr; 50 Rs/Std.; 💻) Allzweckbuchladen mit Internet, Kunsthandwerk und Filmen. CDs brennen kostet 100 Rs.

NOTFALL

Polizei (☎ 272032, Link Rd No 2).

INTERNETZUGANG

Die meisten Läden mit Internet brennen auch Digitalbilder auf CDs. Kostenpunkt: 100 Rs.

Hotel Surya (Jain Temple Rd; 50 Rs/Std.; ⌚ 8–23 Uhr).

MEDIZINISCHE VERSORGUNG

Diensthabender Arzt (☎ 274226)

GELD

Canara Bank (☎ 274070; Bushaltestelle; ⌚ Mo–Fr 10–14, Sa 10–12 Uhr) Löst Reiseschecks ein und wechselt Geld, MasterCard- und Visa-Auszahlungen gibt's bis zu 25 000 Rs.

State Bank of India (☎ 272373; Main Rd; ⌚ Mo–Fr 10.30–16.30, Sa 10.30–13.30) Tauscht Bargeld und löst Reiseschecks ein; MasterCard- und Visa-Geldautomat.

FOTOS

Khajuraho Handicraft Emporium (⌚ 9–20 Uhr) Speicherkarten für Digitalkameras. Neben der State Bank of India.

POST

Hauptpost (☎ 272402; ⌚ Mo–Sa 9–17 Uhr).

TOURISTENINFORMATION

Government of India Touristenbüro (☎ 272347; Main Rd; ⌚ Mo–Fr 9.30–18 Uhr) Sehr hilfreiche Infos zu Khajuraho und Indien.

Führer (halbtags/ganztags 1–4 Pers. 280/400 Rs, mehrsprachige Führer zusätzlich 125 Rs) Führer können über die staatliche indische Zulassungstelle, über Reisebüros oder in Raja's Cafe gebucht werden.

MP Touristenbüro Flughafen (⌚ Flugankunft); Busbahnhof (⌚ 9–18 Uhr); Chandela Cultural Centre (☎ 274051; Fax 272330; Link Rd No 1; ⌚ Mo–Sa 9–17 Uhr, jeden 2. Sa des Monats geschl.) Infos über Mietautos, MPT-Angebote. Bucht auch MPT Hotels.

Gefahren & Ärgernisse

Viele Kinder schwänzen die Schule, in der Hoffnung, von den Touristen ein paar Rupien abzubekommen. Also: Nur mit Erwachsenen Geschäfte machen, damit die Kinder brav die Schulbank drücken. Häufiger werden Touristen übers Ohr gehauen, indem sie zu einer Schulbesichtigung eingeladen und dann zu einer Spende genötigt werden. Diese wird dann zwischen dem Lehrer und dem Kind, das die Besucher angeschleppt hat, geteilt.

Sehenswertes

TEMPEL

Die Tempel sind wunderbare Beispiele für die indoarische Architektur. Besondere Berühmtheit verdankt Khajuraho den recht freizügigen Skulpturen. Rundherum haben die Tempel ausgesprochen kunstvolle Steinmetzarbeiten aufzuweisen, die ein buntes Storyboard des Lebens vor 1000 Jahren zeigen – mit Göttern, Göttinnen, Kriegern, Musikern, realen und mythischen Tieren.

Zwei Features werden immer wieder dargestellt – Frauen und Sex: Steinfiguren der *apsaras* (himmlischen Nymphen) in sinnlicher Pose, halb gedreht und etwas seitlich nach vorne gelehnt, sodass die neckischen

Figuren zu tanzen und aus dem flachen Stein herauszuwirbeln scheinen. Dazwischen posieren die *mithuna* (erotische Skulpturen), die in sämtlichen Stellungen und Möglichkeiten des Kamasutra ineinander verknotet sind.

Die westliche Gruppe

Die Haupttempel stehen in der eingezäunten Anlage der **westlichen Gruppe** (Eintritt Inder/Ausländer 20/250 Rs; ⏲ Sonnenaufgang–Sonnenuntergang). Der sehr informative ASI-Reiseführer für Khajuraho (99 Rs) kann am Schalter am Eingang gekauft werden, ein **Audioguide** (50 Rs) gibt nützliche Erläuterungen über den Lakshmana- und den Kandariya-Mahadev-Tempel.

Die Tempel sind im Folgenden im Uhrzeigersinn beschrieben:

Lakshmi und **Varaha** heißen die zwei kleinen Schreine gegenüber dem großen Lakshmana-Tempel. Varaha, der interessantere von beiden, ist ein kleiner offener Schrein, der Vishnus Inkarnation als Eber gewidmet ist. Inmitten des Götterpantheons steht eine massive, akribisch gemeißelte Eberstatue, die auf etwa 900 n. Chr. datiert wird.

Der große **Lakshmana-Tempel** ist Vishnu gewidmet, obwohl er im Aufbau dem Kandariya-Mahadev und Vishvanath-Tempel

TEMPEL-ABC

Die Tempel von Khajuraho haben einen recht einheitlichen und einzigartigen Aufbau und sind drei- oder fünfteilig angeordnet.

Dem Portal *(ardhamandapa)* folgt die Eingangs- *(mandapa)* und die Haupthalle *(mahamandapa)*, die von einem Säulengang gestützt wird. Durch ein Vestibül *(antarala)* geht's dann ins innere Heiligtum *(garbhagriha)*, in dem die jeweilige Gottheit aufgestellt ist. Ein geschlossener Gang *(pradakshina)* führt rund um das Heiligtum. Bei den einfacheren dreiteiligen Tempeln wurden *mandapa* und *pradakshina* weggelassen.

Außen überragen sich die einzelnen Teile in immer höher werdenden Türmen *(urusringas)*, die alle von dem in die Höhe schießenden *sikhara* (Turm) über dem Heiligtum übertroffen werden. Während die niedrigeren Türme, die über dem *mandapa* oder *mahamandapa* emporragen, auch die Form einer Pyramide haben können, ist der *sikhara* kuppelförmig. Die kunstvollen Ornamente an den Türmen besitzen in den ebenso kunstvollen horizontalen Skulpturenbändern um den Tempel herum ihr Pendant.

Der ganze Tempel ist auf einer Terrasse *(adisthana)* erhöht. Die fein gemeißelten Eingangstore der Tempel nennt man *torana*.

Die meisten Tempel sind von Osten nach Westen ausgerichtet, wobei der Eingang nach Osten zeigt. Einige jüngere Tempel bestehen aus Granit oder aus Granit und Sandstein, die Tempel aus der klassischen Periode sind vollständig aus Sandstein.

Die Skulpturen und Statuen sind ein so wichtiger Bestandteil der Tempel, dass viele von ihnen eigene Bezeichnungen haben.

- *apsara* – himmlische Nymphe, wunderschöne tanzende Frau.
- *mithuna* – Khajurahos bekannteste Figuren: sinnlich gemeißelte, erotische Skulpturen. Ob viktorianischen Archäologen oder älteren Damen, die in Bussen herangekarrt wurden – sicher ist schon vielen beim Anblick der *mithuna* die Schamesröte ins Gesicht gestiegen.
- *nayika* – der einzige Unterschied zwischen einer *surasundari* und einer *nayika* besteht darin, dass die *surasundari* als himmlisches Wesen gedacht war, während die *nayika* ein Mensch ist.
- *salabhanjika* – eine weibliche Figur mit Baum. Die Figuren dienen als stützende Klammern des Tempels. Auch *apsaras* haben diese Funktion.
- *sardula* – eine mythische Bestie halb Löwe, halb anderes Tier oder Mensch. *Sardulas* tragen gewöhnlich bewaffnete Männer auf ihrem Rücken.
- *surasundari* – wenn eine *surasundari* tanzt, wird aus ihr eine *apsara*. Ansonsten kümmert sie sich um die Götter und Göttinnen, bringt Blumen, Schmuck, Spiegel oder andere Spenden. Sie kümmert sich auch um Alltägliches und wäscht z. B. Haare, streichelt, spielt mit Haustieren, Babys oder auf Musikinstrumenten oder posiert einfach nur verführerisch.

gleicht. Er entstand zwischen 930 und 950 n. Chr. und ist einer der frühesten und besterhaltenen dieser Gruppe. Der Tempel wird von zwei statt der üblichen drei Bänder umlaufen. Das untere ist mit schönen *apsaras* und erotischen Szenen geschmückt.

Ein Nebenschrein in der Ecke im Südwesten zeigt einen Architekten mit seinen Schülern. Vielleicht handelt es sich dabei um den Konstrukteur des Tempels, der sich hier verewigt hat. Um den Tempelsockel läuft ein lebhafter Fries mit Schlacht-, Jagd- und Prozessionsszenen. Der erste Abschnitt auf der Südseite zeigt eine hochakrobatische Orgie und eine Figur tritt den Beweis an, dass ein Pferd der beste Freund des Mannes sein kann. Eine andere Figur späht durch die Finger ihrer Hand hindurch, die sie entsetzt vors Gesicht geschlagen hat.

Der zwischen 1025 und 1050 entstandene Shiva-Tempel von **Kandariya-Mahadev** ist der erste einer Gruppe von Tempeln, die auf einem Podest erhöht sind. Die Kunst und Architektur der Chandela-Dynastie zeigt sich hier von ihrer erhabensten Seite. Die vier Nebenschreine, die einst um den Haupttempel standen, fehlen. Der Hauptschrein besitzt aber immer noch die sehr gut erhaltene typische fünfteilige Anordung.

Ein eindrucksvoller 31 m hoher *sikhara* ragt in den Himmel. Er ist aufsteigend mit 84 Nachbildungen seiner selbst verziert, die wie kleine Gipfel zum höchsten Gipfel der Welt führen – dem Himalaja, dem Sitz der Götter. Der Tempel ist mit einer verschwenderischen Fülle von 872 Figuren übersät (226 innen und 646 außen), von denen die meisten fast 1 m hoch sind. DenTempel umlaufen drei Bänder mit Figurenfriesen, in denen es Götter, Göttinnen, verlockende Frauen, Musiker und einige der hinreißendsten und erotisch energiegeladensten Darstellungen zu sehen gibt.

Der kleine, fast vollständig zerstörte **Mahadeva-Tempel** steht auf demselben Podest wie der Kandariya-Mahadev- und der Devi-Jagadamba-Tempel. Obwohl er im Vergleich zu seinen mächtigen Nachbarn winzig und unbeutend wirkt, enthält er doch eine der schönsten Figuren Khajurahos: eine herrliche *sardula*, die einen Löwen umarmt.

Der dritte Tempel auf dem Podest ist der **Devi-Jagadamba-Tempel**. Er ist ewas älter als der Kandariya-Mahadev-Tempel und hat einen einfacheren dreiteiligen Aufbau. Er war wahrscheinlich zuerst Vishnu, später dann Parvati und Kali gewidmet. Manche glauben, dass er immer noch ein Parvati-Tempel ist und sich hinter der Kali-Darstellung nur eine schwarz angemalte Parvati verbirgt. Viele Skulpturen der unteren Bänder stellen Vishnu mit *sardulas* dar und nur im dritten, obersten Band treten die *mithuna* auf.

Nicht auf dem Podest steht der vierte Tempel, **Chitragupta**, im hinteren Teil der Anlage. Sein Aufbau lässt sich mit dem des Devi-Jagadamba-Tempels vergleichen, obwohl er wahrscheinlich etwas jünger – und einzigartig in Khajuraho – dem Sonnengott Surya gewidmet ist. Zwar ist er nicht ganz so gut erhalten wie die anderen Tempel. Dafür hat es doch einige sehr schöne Skulpturen, die Prozessionen, Tänzerinnen, Elefantenkämpfe und Jagdszenen zeigen. Im Innern des Heiligtums fährt Surya auf einem Wagen, der von sieben Pferden gezogen wird. In der mittleren Nische der Südfassade steht eine elfköpfige Vishnu-Statue. Der mittlere Kopf ist der Vishnus, die anderen Köpfe stellen seine verschiedenen Inkarnationen dar.

Schlendert man in der Anlage weiter, kommt rechter Hand der **Parvati-Tempel**. Bei dem Namen handelt es sich wahrscheinlich um einen Etikettenschwindel, da der kleine und etwas langweilige Tempel ursprünglich Vishnu gewidmet war und nun ein Abbild der Ganga zeigt, die auf dem Rücken eines Krokodils reitet.

Die beiden Tempel **Vishvanath** und **Nandi** stammen angeblich aus dem Jahr 1002. Sie sind wie der größere Kandariya-Mahadev-Tempel fünfteilig angeordnet, zwei der fünf Nebenschreine sind noch vorhanden. Das große Abbild des Stiers Nandi, des Reittiers Shivas, befindet sich gegenüber dem Tempel am anderen Ende des gemeinsamen Podests. Die Stufen zur Terrasse werden auf der Nordseite von Löwen und auf der Südseite von Elefanten flankiert.

Die Skulpturen zeigen besonders sinnliche Frauen, die Briefe schreiben, Babys liebkosen und musizieren, während sie noch provokanter dahinschmachten als die Skulpturen der anderen Tempel.

Der an den Lakshmana-Tempel angrenzende **Matangesvara-Tempel** befindet sich außerhalb der eingezäunten Anlage, da er noch täglich genutzt wird. Mag sein, dass er der schmuckloseste Tempel hier ist (was auf ein frühes Entstehungsdatum hinweist), doch immerhin ist innen ein 2,5 m hoher glänzender Lingam (phallisches Symbol Shivas) zur Schau gestellt.

Die zerfallene Basis des **Chausath-Yogini-Tempels** liegt hinter dem Shiv-Sagar-Tempel. Der wahrscheinlich älteste Tempel in Khajuraho stammt aus dem Jahr 900 oder früher. Er wurde aus Granit gebaut und hat als einziger seiner Nachbarn keine Ost-West-Ausrichtung. Chausath bedeutet 64 – genauso viele Zellen gab es hier für die *yoginis* (weibliche Gottesdienerinnen) der Kali, während die 65. für Kali selbst bestimmt war.

500 m weiter steht der kleine, aus Granit und Sandstein erbaute **Lalguan Mahadev-Tempel** mit seinem zerfallenen Shiva-Schrein.

Die östliche Gruppe

Die östliche Tempelgruppe besteht aus drei interessanten jainistischen Tempeln, die von einer Mauer umgeben sind, und vier weiteren, im alten Dorf Khajuraho verteilten Tempeln.

Der **Parsvanath-Tempel** ist der größte der jainistischen Tempel und wohl auch der schönste. Zwar kann er in puncto Größe und Fülle der erotischen Darstellungen nicht mit den Tempeln der westlichen Gruppe konkurrieren. Dennoch sind die außergewöhnlich kunstfertige und exakte Bauweise und die Schönheit des Skulpturenschmucks bemerkenswert. So gibt's hier einige der bekanntesten Figuren in Khajuraho zu bestaunen: beispielsweise die klassische Figur einer Frau (unteres Band, Nord- und Südseite), die einen Dorn aus ihrem Fuß zieht bzw. – wie andere behaupten – ihre Füße für einen Tempeltanz bemalt), oder die einer anderen Frau, die gerade Make-up aufträgt (unteres Band, Südseite). Der Tempel war ursprünglich Adinath gewidmet. Vor 100 Jahren wurde jedoch ein pechschwarzes Bildnis von Parsvanath – der dem Tempel seinen Namen gab – ersetzt.

Der angrenzende kleinere **Adinath-Tempel** wurde über Jahrhunderte hinweg teilweise restauriert. Aufgrund der ausgezeichneten Steinmetzarbeit seiner Skulpturenfriese ähnelt er den Hindutempeln in Khajuraho. Nur das bemerkenswerte schwarze Bildnis im inneren Heiligtum erinnert daran, dass es sich hier um einen jainistischen Tempel handelt.

Mit etwa 100 Jahren auf dem Buckel ist der **Shanti-Nath-Tempel** ein relativ moderner Tempel. Und dennoch enthält er viele Elemente älterer Tempel. Die 4,5 m hohe Statue des Adinath stammt wahrscheinlich aus dem Jahre 1028. Außerhalb der jainistischen Tempelanlage stellt das kleine, kreisförmige moderne **Jain Museum** (Eintritt 5 Rs; ⌚ 7–18 Uhr) Statuten und skulptierte Blöcke aus.

Wer von den jainistischen Tempeln zum Dorf Khajuraho geht, gelangt zum **Ghantai-Tempel**, einem weiteren kleinen, zerfallenen jainistischen Tempel. Nur noch das Gerippe aus Säulen ist übrig geblieben. Die mit Glöckchen und Ketten skulptierten Säulen und das Abbild der Göttin Jain am Eingang, die rittlings auf einem Garuda sitzt, machen einen Besuch dennoch lohnenswert.

Durch das Dorf hindurch kommt man zum **Javari-Tempel**. Er stammt aus den Jahren 1075 bis 1100, ist Vishnu gewidmet und gilt als ein besonders gelungenes Beispiel für kleinmaßstäbige Architektur in Khajuraho. Der Tempel hat außerdem einen schlanken *sikhara*.

200 m weiter nördlich befindet sich der **Vamana-Tempel**, der Vishnus Inkarnation als Zwerg gewidmet. Er ist älter als der Javari-Tempel, steht etwas abseits auf einem Feld und zeichnet sich durch einen einfachen *sikhara* ohne Nebentürme aus.

Etwas westlich davon liegt der **Brahma-Tempel**, einer der ältesten Tempel in Khajuraho. Der aus Sandstein gebaute Tempel hat einen *sikhara* aus Granit. Der viergesichtige Lingam im Heiligtum führte zu einer falschen Namensgebung des Tempels, denn das Abbild Vishnus über dem Toreingang des Heiligtum offenbart, dass der Tempel in Wahrheit diesem Gott gewidmet ist. Aufgrund der Ähnlichkeiten mit dem Lalguan-Mahadeva-Tempel wird vermutet, dass er um 900 errichtet wurde.

Auf dem Rückweg entlang der Basti Rd. stolpert man noch über den **Hanuman-Tempel**, der eine knapp 2,5 m hohe Statue des Affengotts enthält. Von Interesse ist die Inschrift auf dem Tempelsockel, die sich auf das Jahr 922 bezieht und damit die älteste Inschrift Khajurahos ist.

Die südliche Gruppe

Ein Schotterweg führt zum **Duladeo-Tempel**, einem einsam in der Landschaft stehenden Tempel etwa 1 km südlich der jainistischen

Anlage. Er ist der jüngste Tempel: Experten nehmen an, dass die Fertigkeiten der Khajuraho-Baumeister zur Zeit seiner Entstehung bereits ihren Zenit überschritten hatten und die Arbeit folglich „hölzerner" und „stereotyper" wurde. Trotzdem ist der Duladeo-Tempel mit seinen vielen *mithuna*-Paaren schön und anmutig zugleich.

1,5 km südlich vom Fluss führt eine Schotterpiste hinab zur Ruine des **Chaturbhuja-Tempels**. Der Tempel besitzt eine 3 m hohe Skulptur Vishnus, aber keine erotischen Darstellungen.

Kurz bevor man den Chaturbhuj-Tempel erreicht, führt eine ausgeschildertere Schotterpiste zum **Bijamandala-Tempel**. Zu sehen gibt's einen erst kürzlich freigelegten Erdhügel mit Granitsockel und einige exquisit gearbeitete Skulpturen. Der an der höchsten Stelle des Hügels wieder aufgerichtete Lingam aus weißem Marmor kennzeichnet den Tempel als Shiva-Tempel. Um den Sockel herum liegen mehrere Steine verstreut, die aus den oberen Partien stammen. Es gibt noch zwei kleinere Erdhügel, die bislang nicht ausgebuddelte Bauwerke enthalten.

MUSEEN

Das kleine **Archaeological Museum** (☎ 272320; Main Rd; Eintritt Rs 5; 🕑 Sa–Do 10–19 Uhr) zeigt eine eindrucksvolle Sammlung von Statuen und Skulpturen, die rund um Khajuraho gefunden wurden. Der schaukelnde Ganesha ist ein atemberaubendes Meisterwerk. Außerdem kommt man wahrscheinlich nicht so schnell wieder in den Genuss, einen dickbäuchigen Hullahup tanzenden Elefanten zu sehen. Das Museum zieht zurzeit in größere Räume nördlich von der westlichen Tempelgruppe um.

Adivart Tribal and Folk Art Museum (☎ 274051; Chandela Cultural Complex, Link Rd No 1; Eintritt Inder/Ausländer 10/50 Rs; 🕑 Di–So 10–17 Uhr) In zwei gut beleuchteten Galerien wird sehr sachkundig zusammengestellte Ethnokunst gezeigt. Holzschnitzereien, Gemälde und Silberarbeiten bezeugen farbenfroh, lebendig und formvollendet die hoch entwickelte traditionelle Kunst in Madhya Pradesh.

Aktivitäten

YOGA

Zusätzlich zu den Yogasitzungen in der Yogi Sharma Ashram Lodge (s. rechts) erhält man im Hotel India von Dr. Jamunar Misra oder einem seiner qualifizierten Schüler **Hatha-Yoga-Unterricht** (☎ 9425743823; mishrajamuna@hotmail.com; Eintritt gegen Spende; 🕑 8–9 Uhr). Auch Chakra, Ayurveda und Panchkarma werden gelehrt.

Auch in vielen anderen Hotels werden Yogasitzungen abgehalten.

Schlafen

Bei Khajurahos Beliebtheit ist es kein Wunder, dass für Budgetreisende und Reisegruppen bestens gesorgt ist. Die besseren Zimmer einiger Budgethotels haben Mittelklasseniveau. Außerhalb der Saison (April–Sept.) kann man kräftige Rabatte (20–50 %) herausschlagen.

Schlepper helfen einem zwar gern bei der Wahl des Hotels, doch ihre Kommission wird später oft sogar pro Tag auf die Hotelrechnung draufgepackt. Also besser nur die Anfahrt zum gewählten Hotel berappen und alleine hineingehen.

BUDGETUNTERKÜNFTE

Es gibt einige dicht beinander liegende gute Budgethotels in der Jain Temple Rd.

Hotel Surya (☎ 274145; Jain Temple Rd; hotel_surya2001@yahoo.co.in; Zi. EG 200 Rs, ohne/mit Klimaanlage 1. OG 350/600 Rs, Gartenzugang 600 Rs; Internet 50 Rs/Std.; ❄ 💻) Das wahrscheinlich beste Budgethotel bietet viel Platz. Die unteren Zimmer liegen um den Innenhof, die oberen sind dafür mit Aussicht. Die neueren Zimmer im Untergeschoss schließen an einen gepflegten Garten an. Ein Restaurant, drei Internet-PCs und eine Tauschbörse für Bücher komplettieren das Angebot.

Hotel Zen (☎ 274228; oshozen62@hotmail.com; Jain Temple Rd; DZ 150–600 Rs; ❄) Die Unterkunft ist etwas kleiner und auch enger. Das Personal ist freundlich und kümmert sich gern um die Probleme der Gäste; hier bekommt man sicher Tipps für die Reisevorbereitungen. Die Größe und Lage der Zimmer und deren Ausstattung mit Ventilator, Luftkühler oder Klimaanlage machen sich im Preis bemerkbar. Die besten Zimmer liegen treppauf und haben vom Balkon aus einen Blick auf den Garten. Das Restaurant mit indischer, koreanischer und europäischer Küche sowie der üblichen Travellerkost verteilt sich auf einen kleinen Garten und eine höher gelegene Terrasse.

Yogi Sharma Ashram Lodge (☎ 272273; Main Rd; Zi. 100–300 Rs alle mit Gemeinschaftsbad) Großes Haus

WAS TAUGEN YOGI UND MASSEUR?

Jedes Budgethotel scheint mittlerweile einen Yogi oder Masseur auf der Lohnliste zu haben. Oft sind Yogasitzungen kostenlos – sie dauern eine Stunde und sind harmlos. Dennoch drängt sich einem die Frage auf, wie fachkundig sie durchgeführt werden. Hat der Yogi seinen Job gelernt? Kann er vielleicht sogar das Diplom einer Institution wie der National Academy of Yoga and Naturopathy vorweisen? Oder hat der Masseur seine Druck- und Knetkünste nur dadurch erworben, dass er anderen dabei über die Schulter geschaut hat? Ein Gast erzählte von einer Massage, bei der er für 350 Rs lediglich mehrere Stunden Kopfschmerzen bekommen hat. Als ein „ayurvedischer Masseur" ihm danach eine teure Massage über mehrere Stunden (1500 Rs) anbot, hat er dankend verzichtet.

mit ruhigem Garten, 1,5 km nördlich von der Hauptstraße entfernt, ein Ort wahrhafter Stille. Die Unterkunft hat helle Zimmer und einen Schlafsaal, dazu gibt's jeden Morgen von 7 bis 8 Uhr gratis Unterricht in Parakh-Yoga-Meditation. Wer nicht hier übernachtet, darf gern auch bei der Yogasitzung mitmachen, es wird jedoch dann eine kleine Spende erwartet.

Hotel Lakeside (☎ 274120; avinashkhr@rediff.com; Main Rd; EZ mit Gemeinschaftsbad 80 Rs, EZ/DZ ab 100/150 Rs, mit Klimaanlage 500/600 Rs; ❄) Unterkunft gegenüber dem Shiv-Sagar-See. Die billigeren Zimmer liegen im Erdgeschoss. Wer etwas mehr bezahlt, bekommt dafür ein Zimmer mit eigenem Bad und Luftkühler. Oben hinter dem Haus gibt's ein paar gute luftgekühlte Zimmer. Am besten sind jedoch die vorderen klimatisierten Zimmer mit Badewanne und Blick auf den See. Morgens von 9 bis 10 Uhr finden Yogaübungen statt.

Yogi Lodge (☎ 274158; yogi-sharma@yahoo.com; Zi. 80–200 Rs) Das Yogi liegt in der Nähe des Basars. Es gehört demselben Besitzer wie die Yogi Sharma Ashram Lodge und hat die billigsten Unterkünfte in Khajuraho. Dennoch sauber und ordentlich. Außerhalb der Saison sind Rabatte möglich.

Akzeptable Alternativen in der Jain Temple Rd. sind das **Hotel Gem Palace** (☎ 274100; EZ/DZ ab 100/200 Rs, mit Klimaanlage 400/500 Rs; ❄) und das **Hotel Jain** (☎ 272352; Zi. ab 100 Rs).

MITTELKLASSEHOTELS

Hotel Harmony (☎ 244135; Jain Temple Rd; hotel_harmony@yahoo.com; Zi. ohne/mit Klimaanlage 300/500 Rs; ❄) Größer und etwas vornehmer als die anderen Unterkünfte dieser Kategorie und Gegend. Das Personal ist aufmerksamer, was Seife, Handtücher und Toilettenpapier betrifft. Die Zimmer liegen um einen Hof, es gibt ein separates Restaurant im Obergeschoss. Die Unterkunft ist tipptopp, Rabatte sind möglich.

Hotel Marble Palace (☎ 274353; palacemarble@hotmail.com; Zi. 350–450 Rs, mit Klimaanlage 650 Rs; ❄) Das Hotel liegt etwas von der lauten Straße entfernt und hat echte Marmorfußböden und eine große gewundene Treppe. Die Zimmer sind geräumig und bequem.

Hotel Siddharth (☎ 274627; hotelsiddharth@rediffmail.com; Main Rd; Zi. im EG mit Luftkühlung 350 Rs, mit Klimaanlage 690/890 Rs; ❄) Siddharth ist in der mittleren Preisklasse eine gute Wahl. In den Badewannen mit heißem Wasser lässt es sich nach Tempelbesuchen perfekt relaxen, außerdem hat es hier ein anständiges Restaurant. Die teuren Zimmer haben einen gemeinsamen Balkon mit dem besten Blick auf die westliche Tempelgruppe.

Hotel Jhankar (☎ 274063; mptkhaj@sancharnet.in; EZ/DZ 390/490 Rs, EZ/DZ mit Klimaanlage 690/790 Rs; ❄) Das erst vor Kurzem renovierte Jhankar hat sich mit seinen kühlen weißen Fliesen und individuell gestalteten Räumen deutlich verbessert. Im Restaurant gibt's leckeres Essen und inzwischen auch eine Bar. Das Hotel liegt ein bisschen weit im Süden, ist dafür aber sehr ruhig.

Hotel Casa Di William (☎ 274244; hotelcasadiwilliam@hotmail.com; EZ/DZ 500/600 Rs, mit Luftkühlung 550/650 Rs, mit Klimaanlage 750/850 Rs; ❄) Das Hotel mit mediterranen Flair hat Designerböden aus Marmor und romanische Treppen. Die Zimmer sind komfortabel und ruhig, die billigeren befinden sich im Erdgeschoss. Da die meisten zum Gang hin liegen, sollte man möglichst eines der vier Zimmer mit Außenfenster ergattern. In der Nebensaison gibt's bis zu 30 % Rabatt. Das empfehlenswerte Restaurant serviert indische und italienische Spezialitäten.

SPITZENKLASSEHOTELS

Folgende Luxushotels liegen südlich des heutigen Dorfes.

Hotel Chandela (☎ 272355; www.tajhotels.com; Jhansi Rd; EZ/DZ ab 70/85 US$; ❄ 🏊) Riesige manikürte Rasenflächen im Schatten großer Neembäumen schotten das Chandela und seine Gäste von der Außenwelt ab. Die geräumige, klimatisierte Lobby, der Coffee Shop und der Pool (300 Rs für Besucher) eignen sich perfekt, um sich nach einer Tempeltour abzukühlen. Freie Zeit lässt sich mit Minigolf, Badminton, in zwei guten Restaurants und in der Einkaufspassage totschlagen. Jeden Abend gibt's ein Flötenkonzert (20–21 Uhr). Freitags bis mittwochs wird Yoga unterrichtet (7 & 18 Uhr).

Holiday Inn (☎ 272301; hjrtshiw@sancharnet.in; Jhansi Rd; Deluxe Zi. EZ/DZ 50/80 US$; ❄ 🏊) Khajurahos Topadresse ist nicht der typische Holiday-Inn-Klon. Die erst vor Kurzem geschmackvoll renovierten Zimmer, der Health Club, der Swimmingpool (Besucher 200 Rs) und alles andere, was man von so einem Hotel erwarten darf, haben Stil.

Essen

Blue Sky Restaurant (Main Rd; Gerichte 40–120 Rs; 🕑 7.30–23 Uhr) Vom Balkon aus sieht man die Sound-and-light Shows. Die Speisekarte kombiniert leckeres, preiswertes indisches, japanisches und italienisches Essen – erfreulicherweise gibt's das alles nicht auf demselben Teller. Attraktiv: Das Restaurant reicht bis zu einem benachbarten Baum, sodass der Speisesaal in den Baumwipfeln zu schweben scheint und man den Blick auf die Tempel aus der Vogelperspektive genießt. Nach Absprache kann bei Sonnenaufgang gefrühstückt werden, wenn die ersten Sonnenstrahlen die Tempel erleuchten.

Mediterraneo Restaurant (Jain Temple Rd; Gerichte 40–160 Rs; 🕑 7–22.30 Uhr) Ein Dachrestaurant, das endlich mal Abwechslung in den Speiseplan bringt: Pasta, Pizza und Crêpes. Das Frühstück ist lecker. Es gibt selbstgebackenes Brot, Croissants und Marmelade (während der Saison) und manchmal auch Kaffee, der diese Bezeichnung verdient.

Safari Restaurant (Bazaar; Gerichte 15–45 Rs; 🕑 7–23 Uhr) Eine eigentümlich globale Speisekarte mit zwölf verschiedenen Rühreigerichten, Pfannkuchen, Pasta, Pizza, koreanischem und chinesischem Essen. Bäume spenden im schöne Innenhof mit weinumrankter Pergola pflichtbewusst Schatten. Eine angenehme Location für ein Frühstück oder einen Snack am späten Nachmittag.

Paradise (nahe Lakeside Hotel; Gerichte 25–75 Rs; 🕑 7–22 Uhr) Ein Juwel, freundlich und mit vernünftigen Preisen. Wer gerade diese Zeilen liest, muss das Pardise vielleicht schon ein paar Häuser weiter die Straße runter suchen, da das Lokal in eine etwas noblere Gegend umziehen soll. Die Speisekarte des Paradise lässt erahnen, dass hier öfters holländische, spanische, israelische und italienische Gäste reinschauen. Die Küche ist immer für was Neues offen.

Agrawal Restaurant (Jain Temple Rd; Gerichte 25–45 Rs; 🕑 8–23 Uhr) Das Restaurant liegt eingepfercht neben dem Hotel Surya und ist nicht ganz leicht zu finden. Obwohl es ein bisschen schäbig aussieht, hat es doch einen guten Ruf; schnelle, gute und preiswerte Küche.

Raja's Cafe (☎ 272307; rajacafe@hotmail.com; Gerichte 50–80 Rs; 🕑 8–23 Uhr) Der Innenhof des Restaurants unter großen schattigen Bäumen ist ein beliebter Treffpunkt. Von der Dachterasse kann man die schöne Aussicht auf die Tempelanlage genießen, während man leckeres Essen mampft. Touristeninformationen und Führer gibt's auch.

Unterhaltung

Sound-and-light Show (Eintritt Inder/Ausländer 50/250 Rs; 🕑 Englisch 19.30 Uhr, Hindi 20.40 Uhr) Die Dokumentation zur 4000-jährigen Geschichte Khajurahos wird in dieser dramatischen Show vom Megastar des indischen Kinos, Amitabh Bachchan, mit seiner samtweichen Stimme moderiert. Die Show findet gegenüber dem Blue Sky Restaurant statt.

Kandariya Art & Culture (☎ 274031; Jhansi Rd; Eintritt 300 Rs; 🕑 Vorstellungen 19–20 & 20.30–21.30 Uhr) Hier gibt's Volkstänze aus ganz Indien in einem kleinen gemütlichen Theaterhaus zu bewundern.

Shilpgram (☎ 9425143528; Eintritt nur für Vorstellungen, Inder/Ausländer 50/200 Rs; 🕑 Okt.–März 9–21 Uhr) Staatliche Organisation, die die indische Kultur fördert. Es werden Künstler bei ihrer Arbeit gezeigt und es gibt klassische und volkstümliche kulturelle Veranstaltugen.

Downing Street (☎ 272301; Holiday Inn, Jhansi Rd; 🕑 Musikshow 20–21 Uhr, Disco 20–24 Uhr) Die einzige Disko der Stadt, dazu gibt's abends traditionelle Musikshows.

Shoppen

Mrignayani (Gole Market; 🕑 Mi–Mo 10–20 Uhr) In dem Geschäft, das von der Bundesregierung betrieben wird, gibt's Fixpreise und gelangweilte Verkäufer, verkauft wird staatlich produziertes Kunsthandwerk.

Kandariya Art & Culture (Jhansi Rd; ⌚ 9.15–20 Uhr) Zwei Ausstellungsräume, einer mit vielen Antiquitäten, der andere mit Produkten aus ganz Indien.

An- & Weiterreise

Khajuraho liegt etwas ab vom Schuss – fünf Stunden lang wird man in einem Bus von Jhansi aus, das an der Bahnlinie nach Delhi liegt, ordentlich durchgeschüttelt. Wer sich's leisten kann, sollte vielleicht einen Flieger nehmen. Der Flughafen bekam ein Upgrade, um internationale Flüge abfertigen zu können. Doch auch für Budgettraveller ist Besserung in Sicht: Mitte 2006 soll Khajuraho an die Strecke Jhansi–Varanasi angebunden werden.

BÜROS VON FLUGGESELLSCHAFTEN

Es gibt einige nützliche Büros:

Indian Airlines (☎ 274035; Jhansi Rd; ⌚ 10–17 Uhr)

Jet Airways (☎ 274407; airport; ⌚ 9.30–17.30 Uhr)

FLUGZEUG

Rechtzeitug buchen, da Reisegruppen die Flüge nach Khajuraho oft schon Tage im Voraus belegen.

Indian Airlines bietet montags, mittwochs und freitags einen Hin- und Rückflug von Delhi nach Varanasi mit Zwischenlandungen in Khajuraho und Agra an. Abflug ab Khajuraho um 16.50 Uhr nach Delhi (110 US$) via Agra (90 US$) und um 14.30 Uhr nach Varanasi (90 US$).

Jet Airways fliegt die Strecke Mumbai–Delhi–Varanasi–Khajuraho und zurück, jeweils montags bis freitags. Abflug ist um 13.30 Uhr. Nach Varanasi kostet ein Flug 90 US$, nach Delhi 110 US$ und nach Mumbai 110 US$.

BUS

Der Busbahnhof hat einen **Ticketschalter** (an der Link Rd No 2; ⌚ 8–12 & 13.30–19 Uhr).

Nach Jhansi kann man zwischen herkömmlichen Bussen (90 Rs, 5 Std., 7–17.30 Uhr) und einem etwas schnelleren Bus (90 Rs, 4½ Std., 11.15 Uhr) mit Anschluss an den Shatabdi Express (Jhansi–Delhi) wählen. Ein Nachtbus fährt nach Varanasi (190 Rs, 15 Std., 15 Uhr).

Drei Busse gondeln nach Satna (60 Rs, 5 Std., 10, 14 und 15 Uhr) und halbstündlich gibt's eine Verbindung nach Mahoba (25 Rs, 4 Std.). Um zum Panna National Park zu gelangen, nimmt man einen Direktbuss via Madla nach Panna (20 Rs, 1 Std., 9.30 und 12.30 Uhr).

Weitere Busverbindungen gibt's im 11 km entfernten Bamitha am Highway 75, über den Busse zwischen Gwalior, Jhansi und Satna den ganzen Tag hin- und herbrettern. Nach Bamitha kommt man am besten mit einem der Sammeljeeps (Rs 10, 7–19 Uhr), die am Busbahnhof losfahren.

ZUG

Bahnfahrkarten können im **Train Reservation Office** (☎ 274416; Busbahnhof; ⌚ Mo–Sa 8–12 & 14–17 Uhr) gekauft werden. Hat das Büro geschlossen, gibt's beim netten Besitzer der Chaibude in der Busbahnhofhalle wenigstens einen aktuellen Fahrplan.

Jhansi ist der nächste Halt an der Bahnstrecke Delhi–Mumbai; Satna an der Bahnstrecke Mumbai–Allahabad ist der bessere Ausgangspunkt nach Varanasi mit vielen Verbindungen. Alternativ den Bus nach Mahoba und dann den Nachtzug Nr. 1107, den *Bundelkhand Express,* nach Varanasi (124/198/1725 Rs, 10¼ Std., 24 Uhr) nehmen.

TAXI

Es kann auch eine gute Alternative sein, sich ein Taxi mit einem Mitreisenden zu teilen. Die Preise sind normalerweise fix, außerhalb der Saison lohnt es sich jedoch etwas zu feilschen.

Die **Yashowbrman Taxi Driver Union** (☎ 9425143774; gegenüber vom Gole Market) fährt nach Satna (ohne/mit Klimaanlage 1800/2000 Rs), Varanasi und Agra (ohne/mit Klimaanlage 3500/4000 Rs) oder nach Orchha und Jhansi (ohne/mit Klimaanlage 2200/2500 Rs).

Nach Bamitha kostet die Fahrt (ohne Klimaanlage) 300 Rs; ein Jeep, den man braucht, um zum Panna National Park zu kommen, kostet 1000 Rs.

Unterwegs vor Ort

Drahtesel sind im flachen und angenehm autofreien Khajuraho sehr beliebt, um von A nach B zu kommen. Sie kosten 20 Rs am Tag. mehrere Fahrradverleihs gibt's in der Jain Temple Rd.

Fahrradrikschas kosten ca. 10 bis 15 Rs pro Kilometer bzw. 100/200 Rs für den halben/ganzen Tag. Darauf achten, dass die Fahrer für den Preis auch zu den südlichen Tempeln strampeln und auch mal auf einen warten. Schneller geht's zu den südlichen Tempeln mit einer Autorikscha, die um die 20 Rs pro Kilometer bzw. für den halben/ganzen Tag 200/300 Rs kostet.

Taxis zum/vom Flughafen kosten 150 Rs, Autorikschas rund 50 bis 80 Rs.

RUND UM KHAJURAHO

Raneh-Wasserfall

Es lohnt sich, außer zu den Tempeln einen halbtägigen Trip zum 18 km entfernten **Raneh-Wasserfall** (Eintritt Inder/Ausländer 5/10 Rs, nur mit Führung 25 Rs, Foto/Video 25/200 Rs, Rikscha/Auto Eintritt 10/20 Rs; ⌚ 6–18 Uhr) zu machen; hin und zurück geht's mit der Autorikscha (300 Rs). Der Wasserfall ist zwar nur 30 m hoch, doch die schäumenden Wassermassen wälzen sich dafür so weit das Auge reicht reißerisch über die schwarzen und roten Felsen. Zwischen 1. Oktober und 30. Juni ist auch das in der Nähe liegende (1 km) Ken Gharial Sanctuary geöffnet, in dem es Gangesgaviale oder Sumpfkrokodile zu sehen gibt.

Panna National Park

An der Straße nach Satna liegt das Madla-Tor des 543 km² großen **Tigerreservats** (☎ 07732-52135; Eintritt Inder/Ausländer 15/150 Rs, Foto/Video 50/300 Rs, obligatorische Führung 75 Rs, Jeep Eintritt/Miete 50/800 Rs, Elefantenritt Inder/Ausländer 60/300 Rs; ⌚ 1. Okt.–15. Feb. 6.30–10.30 & 14.30–16 Uhr, 16. Feb.–30. Juni 6–10 & 15–17 Uhr), das sich am Ken 32 km von Khajuraho entfernt erstreckt. Hier leben einige wilde Tiere, darunter 37 Tiger sowie Leoparden, Nilgauantilopen, Axishirsche, Langurenaffen und Sambarhirsche.

Als Transportmittel sind im Park nur benzinbetriebene Jeeps zugelassen. Die Jeeps können am Madla-Tor oder in Khajuraho gemietet werden (s. gegenüber).

KARNAVATI INTERPRETIVE CENTRE

Etwa 2 km westlich vom Parkeingang liegt das **Interpretative Centre** (☎ 275231; Eintritt Inder/Ausländer 5/50 Rs; ⌚ 6–18 Uhr). Hier erhält man eine nützliche Einführung in Geschichte und Ökologie der Anlage.

SCHLAFEN

Khajuraho liegt nah genug, um dort unterzukommen; es gibt aber auch eine interessante Alternative vor Ort.

Jewel of the Jungle (☎ 07732-275241; www.thejewelofthejungle.com; Madla-Tor, Panna National Park; Unterkunft in Hütten Inder/Ausländer 1490 Rs/45 US$, Dschungelpaket in Hütten Inder/Ausländer 2990 Rs/90 US$, Unterkunft in Bungalows Inder/Ausländer 1990 Rs/55 US$, Dschungelpaket in Bungalows Inder/Ausländer 3490 Rs/100 US$; ⊠) Die luxuriös ausgestatteten Bungalows und Hütten liegen um einen Teich mit Lotusblumen herum, gleich daneben hat's eine Bühne für Volkstänze, die man bequem von der Unterkunft aus sehen kann. Im Hauptgebäude sind u. a. eine holzgetäfelte Bar mit Bibliothek und das Restaurant untergebracht, in dem einem dank offener Front und Rückseite eine Brise um die Nase weht und Schmetterlingen ungestört flattern. Kleiner Tipp: Nach dem King Cobra fragen!

SATNA

☎ 07672 / 225 470 Ew.

Satna ist von Khajuraho aus mit dem Taxi oder mit dem Bus zu erreichen. Von hier aus geht's mit dem Zug weiter nach Varanasi. Der Bahnhof und der Busbahnof liegen 3 km bzw. eine 30 Rs teure Autorikschafahrt auseinander. **MP Tourism** (☎ 225471; ⌚ Mo–Sa 7–20, So 10–17 Uhr) unterhält am Bahnhof einen Schalter.

Drei Busse fahren nach Khajuraho (50 Rs, 5–6 Std., 6.30, 9.15 und 10.30 Uhr).

Die beste Zugverbindung nach Varanasi ist der *Sarnath Express* (Nr. 5159; 127/356/570 Rs, 7¾ Std., 11.40 Uhr).

ZENTRALES MADHYA PRADESH

BHOPAL

☎ 0755 / 1 454 830 Ew.

Bhopal ruft bei vielen Besuchern die schreckliche Katastrophe ins Bewusstsein, die sich hier 1984 in der Fabrikanlage der Union Carbide ereignete – s. Kasten S. 679. Für Traveller bestehen jedoch keine Gesundheitsrisiken mehr, solange sie – wie ohnehin in ganz Indien geraten – kein Leitungswasser benutzen oder gar trinken. Dennoch sind die Auswirkungen der Katastrophe noch heute zu spüren – das verseuchte Grundwasser und zahlreiche Krankheiten sind eindeutig Folgeschäden der Giftgasexplosion.

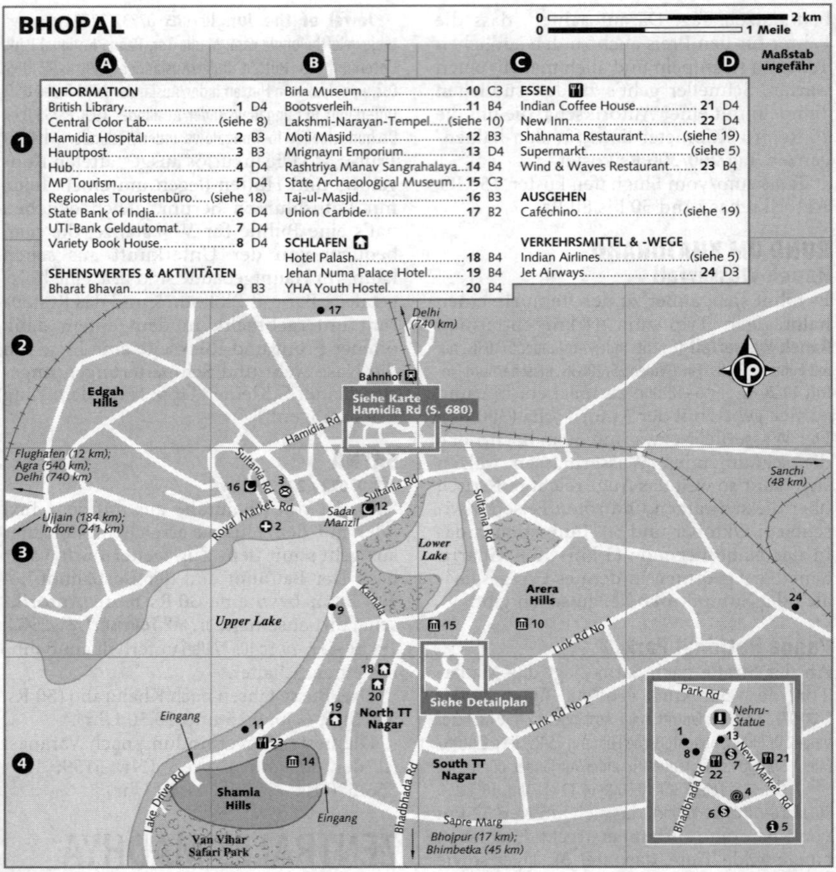

Besucher werden einige Sehenswürdigkeit von bescheidenen Rang und Namen in der historischen Hauptstadt vorfinden. Im alten Stadtviertel stehen ein paar sehr schöne renovierungsbedürftige Gebäude herum, die hinduistische, mogulische, persische, afghanische und sogar französische Einflüsse verraten. Für viele ist Bhopal Ausgangspunkt für Touren etwa zu den buddhistischen Stätten in Sanchi und den Felshöhlen in Bhimbetka.

Orientierung

Bahn- und Busbahnhof liegen in der Hamidia Rd. Von hier aus gelangt man leicht zu Fuß zum eigentlichen Hotelbezirk. Der **Upper Lake** (s. Karte oben) ist 6 km² groß und ist durch einen Damm vom kleineren **Lower Lake** (s. Karte oben) getrennt. Dieser trennt Old Bhopal mit seinem Labyrinth aus Marktstraßen von der Neustadt im Süden, in denen die Straßen breiter sind und sich Geschäftshochhäuser und begrünte Wohnvierteln abwechseln. Hier im TT Nagar befinden sich die meisten großen Banken, Shops und das Touristenbüro. Das Zentrum ist vom Bahn- und Busbahnhof per Bus zu erreichen.

Praktische Informationen

BUCHLÄDEN

Variety Book House (s. Karte oben; GTB Complex Bhadbhada Rd; ⌚ 10.30–21.30 Uhr) Englischsprachige Romane, Bildbände über Indien, Illustrierte und Schreibwaren.

DIE KATASTROPHE VON BHOPAL – EINE TRAGÖDIE BIS HEUTE

In der Nacht des 3. Dezember 1984 traten 40 t Methylisocyanat aus dem riesigen Chemiewerk des amerikanischen Unternehmens Union Carbide in Bhopal aus. Das tödliche Gas wurde durch den Wind verbreitet und hüllte bald die schlafende Stadt ein. Das Leck, eine Folge von Kosteneinsparungen und schlampiger Wartung, hatte katastrophale Auswirkungen.

Niemand weiß, wie viele Menschen sofort starben – Berge von Leichen wurden in Lastwagen weggeschafft. Die offizielle Zahl derer, die seither an den Folgen gestorben sind, liegt jenseits der 20 000, über 500 000 Menschen leiden unter chronischen Krankheiten, die sie auch an ihre Kinder weitervererben. Die Folgeschäden der Verseuchung wurden durch den Regen verschlimmert, der die Gifte aus der immer noch stehenden, verschmutzten Fabrik in den letzten 20 Jahren kontinuierlich ins Grundwasser spült. Noch in 2 km Entfernung ist die Schadstoffkonzentration im Wasser gefährlich hoch, da kaum etwas unternommen wurde, um die stillgelegte Fabrik zu entsorgen. Die Firma Dow Chemicals, die Union Carbide 2001 geschluckt hat, fühlt sich nicht verantwortlich.

Nur zögerlich rückten die indische Regierung und Union Carbide Wiedergutmachungszahlungen heraus – und das auch nur sehr spärlich. Derart mit den Füßen getreten, reichten Betroffene 1999 bei US-Gerichten eine Sammelklage ein. Union Carbide und der damalige Vorstand Warren Anderson wurde vorgeworfen, „gegenüber dem menschlichen Leben rücksichtslos und verkommen gleichgültig" gehandelt und internationales Recht wie Menschenrechte verletzt zu haben. Von den geforderten 3 Mrd. US$ Schadenersatz hat Union Carbide 470 Mio. US$ bezahlt. Wegen der vielen Ansprüche (über 1 Mio.) und der bürokratischen Streitereien darüber, wer ein Opfer ist und wer nicht, hat die indische Regierung nur die Hälfte des Betrags ausgezahlt. Während der Recherchen hat der Oberste Gerichtshof die Auszahlung angeordnet. Doch obwohl die indische Regierung sich darum bemüht, die Auslieferung des inzwischen pensionierten Anderson durchzuboxen, liegt die Vermutung nahe, dass sie ungern mehr unternehmen will, um nicht potenzielle Investoren zu verschrecken.

Freiwillige können sich am **Sambhavna Trust** (Karte S. 678; sambavna@bom.6.vsnl.net.in; 44 Sant Kanwar Ram Nagar, Berasia Rd, Bhopal) für die medizinische Pflege, Werbung, medizinische Forschung und Betreuung der Internetkommunikation melden. Mehr Informationen hierzu gibt's unter www.bhopal.org.

INTERNETZUGANG

Hub (Karte S. 678; Rang Mahal Rd; 20 Rs/Std.; ⌚ 10–22.30 Uhr) Gegenüber von der State Bank of India.

I way (Karte S. 680; 1 Hamidia Rd; 20 Rs/Std.; ⌚ 10–22 Uhr) Auch günstig, inkl. Internettelefonie.

GEPÄCKAUFBEWAHRUNG

Busbahnhof (Karte S. 678; 10 Rs pro Stück/Tag; ⌚ 24 Std.)

Bahnhof (Karte S. 678; 10 Rs pro Stück/Tag; ⌚ 24 Std.)

BIBLIOTHEKEN

British Library (Karte S. 678; ☎ 2553767; GTB Complex, TT Nagar; bl.bhopal@in.britishcouncil.org; ⌚ Di–Sa 11–19 Uhr) Mit einem Lesesaal.

MEDIZINISCHE VERSORGUNG

Hamidia Hospital (Karte S. 678; ☎ 2511446; Royal Market Rd)

Raj Medical Store (Karte S. 680; ☎ 2744728; Hamidia Rd; ⌚ Mo–Sa 9–23, So 9–21 Uhr) Beim Bhopal Talkies ums Eck.

GELD

ICICI Bank (Karte S. 680; Hamidia Rd) MasterCard- und Visa-Geldautomat.

State Bank of India (Karte S. 678; ☎ 5288634; Rang Mahal Rd; ⌚ Mo–Fr 8.30–16.30, Sa 10.30–13.30 Uhr) Löst Reiseschecks ein und tauscht ausländische Währung. Am Bahnhof gibt's einen Geldautomaten.

UTI Bank (Karte S. 678; New Market Rd) MasterCard- und Visa-Geldautomat

FOTOS

Central Color Lab (Karte S. 678; ☎ 5220011; GTB Complex, Bhadbhada Rd; ⌚ 10–21 Uhr) Digitalspeicherkarten, Dia- und Negativfilme und Digitaldruck; brennt Bilder auf CD.

POST

Hauptpost (Karte S. 678; ☎ 2531266; Sultania Rd, ⌚ 10–18 Uhr)

TOURISTENINFORMATION

MP Tourism (MPT) Bhadbhada Rd (Karte S. 678; ☎ 2774530; www.mptourism.com; 4. Stock, Gangotri

Complex, Bhadbhada Rd; ⌚ Mo–Sa 10– 17 Uhr, jeden 2. und 3. Sa des Monats geschl.); Regional Tourist Office (Karte S. 678; ☎ 2553006; Hotel Palash; TT Nagar); Ticketschalter (Karte S. 678; ☎ 3124911; MPT; ⌚ Mo–Sa 10–17, jeden 2. und 3. Sa 11–14 Uhr); Bahnhof (S. 678; ⌚ 9–18 Uhr) MP-Tourism-Filialen buchen Hotels innerhalb des Bundesstaates und können Sprachführer organisieren. In der Filiale in der Bhadbhada Rd. gibt's ausführliche Infos und der Ticketschalter verkauft Tickets für Indian Airlines und Jet Airways. Eine weitere Filiale hat's am Flughafen, die dann öffnet, wenn Flugzeuge gelandet sind.

Sehenswertes & Aktivitäten

MOSCHEEN

Die von Shah Jahan Begum (1868–1901) in Auftrag gegebene Moschee **Taj-ul-Masjid** (Karte S. 678; Fr kein Zutritt für Nicht-Muslime) ist eine der größten und schönsten in ganz Indien. Und das obwohl sie niemals fertiggestellt wurde – das für den Bau bestimmte Geld floss in die Stadtkasse für Infrastruktur und Erziehung. Festungsgleich umgeben terracottafarbene Mauern zwei Minarette mit weißen Spitzen und drei weiße Kuppeln, die über dem Hauptgebäude emporragen. Wer's rechtzeitig zum *azan* (Gebetsaufruf) in der Morgendämmerung schafft, wird das frühe Aufstehen nicht bedauren. Rein geht's nicht über den riesigen Treppenaufgang an der Sultania Rd., sondern in der Royal Market Rd. ums Eck.

Die **Jama-Masjid-Moschee** (Karte S. 678) ließ 1837 Qudsia Begum erbauen. Die Moschee hat Minarette mit „Zwiebeldächern", deren goldene Spitzen über den lebhaften Bazaar ragen, der sie umgibt.

Die **Moti-Masjid-Moschee** (Karte S. 678) nahe von Sadar Manzil wurde von der Tochter Qudsia Begums in Auftrag gegeben. Die Moschee ähnelt der Jama-Masjid-Moschee in Delhi, ist jedoch kleiner und hat eine Mamorfassade und zwei dunkelrote Minarette mit goldenen Kuppelhauben.

SEEN

Gleich unterhalb vom Restaurant Wind & Waves liegen die Anlegestellen für die **Mietboote** (Karte S. 678; MP Tourism; Schnellboot 35 Rs pro 10 Min., Tretboot 30 Rs pro 30 Min.; ⌚ Sonnenaufgang–Sonnenuntergang). Nach Lust und Laune kann man im Schnellboot über den See flitzen oder sich im Tretboot abstrampeln.

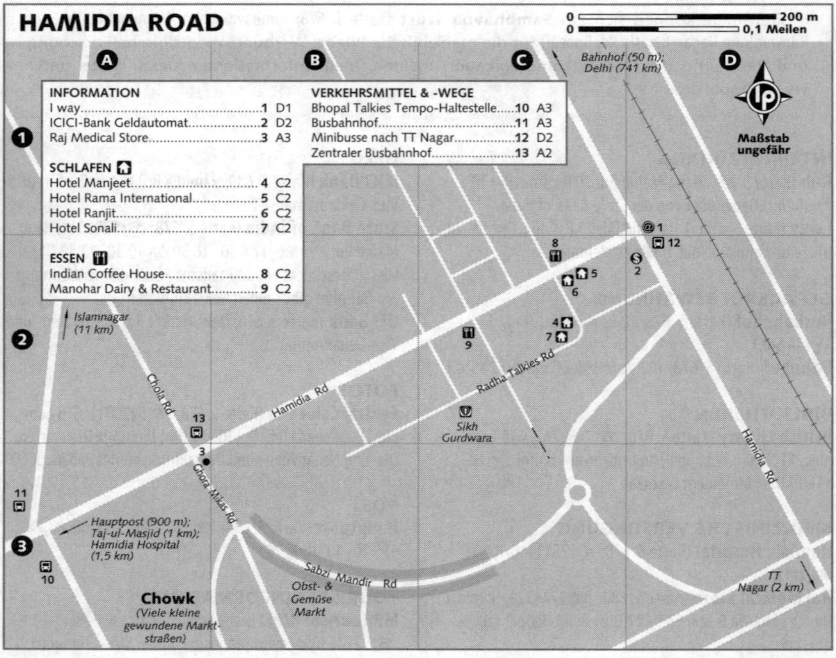

LAKSHMI-NARAYAN-TEMPEL & BIRLA MUSEUM

Im **Lakshmi-Narayan-Tempel** (Birla-Mandir; Arera Hill) gibt's einige informative Illustrationen, die die hinduistische Geschichte näher bringen. Außerdem eröffnet er schöne Aussichten über die Seen und die Altstadt. Das angrenzende **Museum** (Karte S. 678; ☎ 2551388; Eintritt 3 Rs; ⏲ Di–So 9.30–17.30 Uhr) bietet eine kleine aber sehr feine Sammlung mit Skulpturen aus der Umgebung. Alle, die es nicht nach Bhimbetka (S. 684) schaffen, können einen Blick auf die Rekonstruktion einer der Felshöhlen mit Zeichungen von herumtollenden Menschen und Tieren werfen.

STATE ARCHAEOLOGICAL MUSEUM

Im in der Nähe des Lower Lake gelegenen **Museum** (Karte S. 678; ☎ Eintritt Inder/Ausländer 5/30 Rs, Foto/Video 20/50 Rs; ⏲ Di–So 10–17 Uhr) gibt's eine überschaubare Anzahl von Hinduskulpturen aus dem 6.–10. Jh., einen schönen Buddha, Bronzen und Kopien einiger wichtiger Zeichungen aus den Bagh-Höhlen zu sehen. Interessant sind auch einige Briefe aus britischer Zeit.

BHARAT BHAVAN

Die Museumsanlage **Bharat Bhavan** (Karte S. 678; ☎ 2660239; Eintritt 10 Rs; ⏲ Feb.–Okt., Di–So 14–20 Uhr, Nov.–Jan., Di–So 13–19 Uhr) verschmolz der Architekt Charles Correa mit der Landschaft. In dem riesigen Komplex wird gesprochene, visuelle und darstellende Kunst geboten. In den Vitrinen warten ausgezeichnete Exponate auf die Besucher. Einheimische Gemälde, Skulpturen und Schnitzereien von bisher unbekannten Adivasi-Künstlern stehen im Kontrast mit einigen der besten zeitgenössischen indischen Kunstwerke. Performances gibt's ein paar Mal im Monat.

RASHTRIYA MANAV SANGRAHALAYA

Die spannende **Anlage** (Karte S. 678; ☎ 2540290; Eintritt 10 Rs, Fahrzeug 10 Rs; ⏲ Sept.–Feb., Di–So 10–17.30 Uhr, März–Aug., Di–So 11–18 Uhr) mit Ausblick auf den Upper Lake liegt in den Bergen. Sie ist ein einzigartiger Lobgesang auf Kultur, Kunst und Religion der über 450 Adivasi-Völker in Indien. Der Schwerpunkt liegt auf der kulturellen Vielfalt und der umweltbewussten Lebensweise der indigenen Völker. Ein absolutes Muss für diejenigen, die eine Vorstellung vom Landleben in Indien bekommen wollen.

Tribal Habitat ist ein Freilichtmuseum mit 30 einheimischen Wohnstätten in einer authentischen Dorfkulisse: Dazu gehören ein **Küstendorf** (am Seeufer) mit Schlangenboot aus Kerala, ein **Wüstendorf** aus Rajasthan und ein **Dorf aus dem Himalaja**. Auf der Anlage gibt's außerdem eine Reihe von **bemalten Felshöhlen** aus vorgeschichtlicher Zeit, denn die Region war schon vor Tausenden von Jahren besiedelt. Ein **mythologischer Lehrpfad** mit guten Beschriftungen bringt die Mythen und Legenden der Einheimischen anhand ihres Kunsthandwerks näher. Schließlich gibt's noch einen Garten mit Heilpflanzen.

Den authentischen Charakter bekommt die Anlage dadurch, dass die Einheimischen hierher kamen und ihre Wohnstätten so aufbauten, wie sie es auch in ihren eigenen Dörfern tun. Jedes Jahr nehmen sie an den Häuser vor Ort Renovierungen vor. Zum Informationszentrum für Besucher sollte 2005 ein neues Museumsgebäude dazukommen.

VAN VIHAR SAFARI PARK

Der 445 ha große **Park** (Karte S. 678; ☎ 2770774; Eintritt Inder/Ausländer 10/100 Rs, Foto/Video 25/200 Rs; Fahrzeug 10/20 Rs; ⏲ März–Sept., Sa–Do 6.30–12 & 16–18.30 Uhr, Okt.–Feb., Sa–Do 7–12 & 15–17.30 Uhr) ist mehr Zoo als Safaripark. Dennoch gibt's hier Tiger (Fütterung um 17 Uhr, einer davon ist weiß), Leoparden, asiatische Löwen, Bären und Krokodile zu sehen – falls man sie in freier Wildbahn verpasst.

Geführte Touren

Beim MP Tourism liegt eine Broschüre für Traveller aus, die auf eigene Faust die Altstadt erkunden möchten. Schilder stellen sicher, dass man sich auch die richtigen Sachen anschaut.

MP Tourism bieten zwei lohnenswerte Touren außerhalb der Stadt an. **Monsoon Magic** (☎ 2553006; Vollpension Standart/Deluxe 1250/1800 Rs; ⏲ Sa–So 7–22 Uhr) macht einen Abstecher nach Pachmarhi (S. 690), beim **Tagesausflug** (☎ 2553006; ab Hotel Palash; mit Mittagessen 200 Rs; ⏲ Sa & So 9–19.30 Uhr) geht's nach Bhojpur, Bhimbetka und Sanchi. Infos gibt's bei MP Tourism.

Schlafen

BUDGETUNTERKÜNFTE

Hotel Ranjit (s. Karte gegenüber; ☎ 2740500; ranjit_bpl@sancharnet.in; Hamidia Rd; EZ/DZ 200/250 Rs, mit Luftkühler 300/350 Rs, mit Klimaanlage 450/540 Rs;) Hier gibt man sich richtig Mühe. Dennoch könnte sich das Personal noch ein bisschen mehr ins Zeug legen. Die klimatisierten Zimmer sind geräumiger und haben schönere Möbel. Bequemer 24-Stunden-Checkout. Für Durstige gibt's eine Bar.

Hotel Rama International (Karte S. 680; ☎ 2740542; Hamidia Rd; EZ/DZ 175/230 Rs, mit Klimaanlage 300/350 Rs;) Die Unterkunft liegt zentrumsnah abseits der befahrenen Hamidia Rd. Das angesagte Rama hat saubere, günstige Zimmer am unteren Ende der Budgetpreisskala.

YHA Youth Hostel (Karte S. 678; ☎ 2553670; TT Nagar; Bett für Mitglieder/Nicht-Mitglieder 30/50 Rs, DZ 200 Rs) Die Jugendherberge liegt nicht an der Hamidia Rd. und ist genau richtig für alle Indienbummler mit strapazierter Reisekasse. Die Zimmer sind einfach, in den Schlafsälen steht Bett an Bett. Alle Unterkünfte sind mit Gemeinschaftsbad.

MITTEL- & SPITZENKLASSEHOTELS

Hotel Sonali (Karte S. 680; ☎ 2740880; sonalinn@sancharnet.in; 3 Radha Talkies Rd; EZ/DZ 275/350 Rs, mit Klimaanlage ab 600/675 Rs;) Mit den Zimmern im Sonali macht man einen echt guten Deal. Das Hotel prahlt mit seinem 24-Stunden-Checkout sowie seinem Room- und Reiseservice rund um die Uhr. Sogar in den billigsten Zimmern hat's heißes Wasser, Roomservice und einen Balkon.

Hotel Manjeet (Karte S. 680; ☎ 2740949; hmanjeet@sancharnet.in; 3 Hamidia Rd; EZ/DZ ab 230/300 Rs, mit Klimaanlage 525/550 Rs;) Mit kleineren, dafür aber blitzsauberen Zimmern. Das freundliche Personal gibt keinen Anlass zu Klagen. Das Manjeet ist zusammen mit dem Hotel Sonali das beste Mittelklassehotel.

Hotel Palash (Karte S. 678; ☎ 2553006; palashotel@sancharnet.in; TT Nagar; EZ/DZ ab 690/790 Rs, EZ/DZ mit Klimaanlage ab 990/1090 Rs;) Kürzlich renovierte und schicke Unterkunft des MP Tourism auf einem ziemlich großen Grundstück, das den Lärm der Straße abhält. Mit den nichtklimatisierten Zimmern macht man den besten Fang. Es gibt ein günstiges Restaurant und einen guten Roomservice.

Jehan Numa Palace Hotel (Karte S. 678; ☎ 2661100; www.hoteljehanumapalace.com; 157 Shamla Hill; inkl. Frühstück, Bungalow EZ/DZ ab 2100/2600 Rs, EZ/DZ ab 2999/3750 Rs, Suite ab 4999 Rs;) Der frühere Palast aus dem 19. Jh. hat auch nach dem Umbau zu einem Hotel nichts von seinem ursprünglichen Charakter verloren. Die Bungalows haben das beste Preis-Leistungs-Verhältnis mit kuscheligen angenehmen Zimmern um einen geschlossenen Garten. Die Unterkunft ist sehr beliebt – rechtzeitig buchen! Einige der teureren Zimmer haben einen Privatbalkon mit direktem Zugang zum von Palmen gesäumten Pool. Hotelbar und angeschlossenes Restaurant sind allererste Sahne – s.Kasten unten.

Essen & Ausgehen

Die Restaurants in Bhopal lassen sich in zwei Kategorien unterteilen: die billigen in der Hamidia Rd. und die mit mittleren Preisniveau im TT Nagar.

Indian Coffee House (Karte S. 680; Hamidia Rd; Gerichte 20–55 Rs; 7–22 Uhr) Ah! Die einfachen Dinge des Lebens: ein ordentliches Masala Omelette, echter Kaffee und Toast, mit mehr als einem Klacks Butter drauf. Nicht so toll wie die **Filiale** im TT Nagar (Karte S. 678; New Market Rd), aber mit schönem altmodischem Outfit.

Manohar Dairy & Restaurant (Karte S. 680; Hamidia Rd; Gerichte 15–40 Rs; 8–23 Uhr) Das Restaurant im Stil einer Cafeteria wurde während der Recherche gerade aufgepeppt. Es ist bei den Einheimischen zu Recht sehr beliebt. Chinesisches Essen, Pizzen, Snacks, südindische Spezialitäten und sogar frische Früchte stehen zur Auswahl. Es ist eigentlich unmöglich, von hier hungrig nach Hause zu gehen – denn ewig lockt die große Auswahl an Süßigkeiten. Tipp: das *faluda*, eine Spezialität aus Eiscreme und süßen Nudeln, probieren.

New Inn (Karte S. 678; Bhadbhada Rd; Gerichte 20–40 Rs; 8–23 Uhr) Ein Lokal mit Kantinenlook

ETWAS BESONDERES

Shahnama Restaurant (Karte S. 678; Jehan Numa Palace Hotel; Hauptgerichte ab 110 Rs; 8–23 Uhr) Kleine Finessen und eine gute Küche zeichnen das Restaurant der Extraklasse aus: Das Bier wird zur Begutachtung wie ein seltener Wein präsentiert, es gibt Appetithäppchen an der Bar und ein Fenster zur Küche zeigt, dass es nichts zu verbergen gibt. Besonders lecker ist der Fisch, der in einer pikanten Soße serviert bei jedem Bissen den Gaumen kitzelt. Zum Nachtisch gibt's alle nur erdenklichen Leckereien: Eis, Schokoladiges und einen (fast) perfekten Karamelpudding.

im TT Nagar; mit einen Besucherstrom, der nicht abreißen will und von einer Legion von Kellnern ruckzuck bedient wird. Hier kann man also essen, wenn man in Eile ist. Das Essen ist meistens rein indisch, umgeben von verschiedenen Currysaucen.

Wind & Waves Restaurant (Karte S. 678; Lake Drive Rd; Gerichte 20–50 Rs; ⌚ 10–22.30 Uhr) Das Restaurant liegt herrlich über dem Upper Lake und wurde während der Recherche gerade renoviert. Wer schon einmal in einem Restaurant des MP Tourism gegessen hat, wird beim Lesen der Speisekarte sicher ein *déjà vu* erleben.

Caféchino (Karte S. 678; Jehan Numa Palace Hotel; ⌚ 24 Std.) Ein gemütlicher Coffeeshop mit gutem Gebäck und leckeren Kuchen, die einen schnell davon überzeugen, hier nicht nur einen Espresso, Cappuccino oder Karamelmacchiato zu trinken.

Supermarkt (Karte S. 678; ⌚ 10–22 Uhr) Der Supermarkt hinterm Gangotri Complex hat alles, was man für ein Do-it-yourself-Dinner braucht.

Shoppen

Die zwei wichtigsten Einkaufszentren Bhopals sind das TT Nagar und das *chowk* in der Hamidia Rd. In beiden gibt's ein ähnliches Sortiment. Preisbewusste sollten jedoch eher ins stimmungsvolle *chowk* gehen, dessen labyrinthartigen Straßen durchaus zu faszinieren wissen – einfach eintauchen und es genießen, sich darin zu verlieren. Man findet zierlichen Gold- und Silberschmuck, phantasievoll gewobene Saris, handbestickte Röcke und Jari-Schultertaschen, eine Spezialität aus Bhopal.

Viele kleine Läden verkaufen staatliches Kunsthandwerk aus MP, hauptsächlich Seide und Baumwolltextilien und Skulpturen aus Ton, Messing, Holz oder Silber (Preise von 50 bis 2000 Rs). Der größte Shop, das staatliche **Mrignayani Emporium** (Karte S. 678; 27 Bhadbhada Rd; ⌚ Di–So 11–20 Uhr), befindet sich im TT Nagar.

An- & Weiterreise

BÜROS VON FLUGGESELLSCHAFTEN

Folgende Fluggesellschaften fliegen nach Bhopal:

Indian Airlines (Karte S. 678; ☎ 2770480; TT Nagar; ⌚ Mo–Sa 10.30–13 & 14–17 Uhr)

Jet Airways (Karte S. 678; ☎ 2760372, Flughafen 2645676; 8 Ranjeet Tower; ⌚ 9.30–19 Uhr)

FLUGZEUG

Indian Airlines fliegt täglich um 17.40 Uhr nach Mumbai (140 US$) über Indore (65 US$) und um 18.35 nach Delhi (130 US$). Jet Airways fliegt ebenfalls nach Delhi um 9.45 Uhr (130 US$), nach Mumbai um 20 Uhr (140 US$) und Indore um 18.45 Uhr (65 US$).

BUS

Vom **zentralen Busbahnhof** (Karte S. 680; ☎ 2733841) in der Hamidia Rd. fahren täglich mehrere Busse nach Sanchi (20 Rs, 1¼ Std.), Raisen (21 Rs, 1 Std.), Vidisha (27 Rs, 2 Std.), Indore (einfach/Deluxe 93/154 Rs, 5 Std.), Ujjain (93 Rs, 5 Std.) und Pachmarhi (90 Rs, 7 Std., 8.15 und 9.30 Uhr). Nach Bhimbetka (20 Rs, 1 Std.) nimmt man den regelmäßig verkehrenden Bus in Richtung Hoshangabad. Eine weitere Bushaltestelle 100 m südwestlich in der gleichen Straße regelt jeweilige Überbelegungen.

Unterwegs vor Ort

Unglaublich! Autorikschafahrer halten sich hier sogar an ihre Taxameter. Am Knick der Hamidia Rd. fahren fast ständig Minibusse zum TT Nagar ab (Nr. 1, 2, 3 und 9; 3 Rs); die gleiche Strecke kostet mit einer Autorikscha ungefähr 40 Rs. Der Flughafen liegt 16 km von der Innenstadt Bhopals entfernt. Für eine Autorikscha oder ein Taxi muss man mit 120 bzw. 200 Rs rechnen. MP Tourism organisiert ein Auto mit Fahrer für 5 Rs pro Kilometer oder 500/700 Rs pro Tag innerhalb/außerhalb der Stadt.

RUND UM BHOPAL

Islamnagar

11 km von Bhopal entfernt liegt die alte befestigte Stadt, die Dos Mohammed Khan im frühen 18. Jh. gegründet hat. Innerhalb der nach wie vor intakten Mauern liegen einige ruhige Dörfer. Mittelpunkt sind zwei gut erhaltene Paläste, der **Chaman Mahal** und der **Rani Mahal** (Eintritt Inder/Ausländer 5/100 Rs, Foto/Video 20/50 Rs; ⌚ Di–Sa 10–17 Uhr).

Der Chaman Mahal vereint hinduistische und islamische Architektur mit bengalisch anmutenden herabhängenden Traufen. Im Palast gibt's einen Wassergarten mit Kanälen und Fontänen, die noch heute funktionieren, während eine Seite der Anlage von einem *hammam* mit Umkleidekabinen und Wannen im dunkeln, kalten Innern belegt wird.

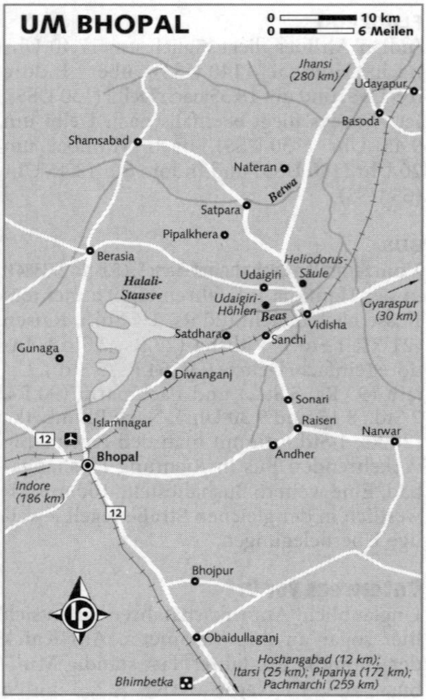

Gleich daneben befindet sich der zweigeschossige Rani Mahal aus dem 19. Jh., der mit einer soliden Säulenhalle des Diwan-i-Am aufwartet. Draußen stehen acht massive Schatzkisten – leider sind sie leer. Mit Inhalt müssen sie Tonnen gewogen haben, vielleicht waren daher *hathi khana* (Elefantenställe) gleich ums Eck.

Hin kommt man mit einem Tempo (6 Rs) ab Bhopal Talkies (Karte S. 680) in der Hamidia Rd.

Bhojpur

Raja Bhoj (1010–53) ließ hier, 28 km südöstlich von Bhopal, einen ca. 400 km² großen See errichten. Dieser wurde leider von Hoshang Shah, Herrscher von Mandu, im 15. Jh. in einem Anfall von Zerstörungwut verwüstet.

Überlebt hat dagegen der **Bhojeshwar-Tempel** auf einem kleinen Hügel. Der Bau wurde nie vollendet – keiner weiß warum. Die teilweise erhaltene Rampe diente dazu, Mauerwerk hinter den Tempel zu wuchten. Ungewöhnlich für einen Shiva-Tempel ist dessen ungenaue rechteckige Anlage, in der ein riesiger 2,5 m großer Lingam untergebracht ist. Zu sehen gibt's auch paar Skulpturen und wahrscheinlich sollten noch mehr folgen, doch dem Tempel fehlt der Glanz seiner Zeitgenossen. Die eingezäunten Gebiete am nahen Abhang scheinen als Zeichenbrett benutzt worden zu sein. Noch immer kann man die in den Stein gefurchten Linien sehen, die grandiose Pläne erahnen lassen.

Bhimbetka

Mitte in einem Teak- und Salzwald mit schroffen Felsen liegen 46 km südlich von Bhopal über 600 **Felshöhlen** (Eintritt Inder/Ausländer 2/10 Rs, Fahrzeug Rs 10; Sonnenaufgang–Sonnenuntergang); in fast der Hälfte davon gibt's prähistorische Wandmalereien zu bestaunen.

Da natürliche rote und weiße Farbstoffe verwendet wurden, sind die Malereien erstaunlich gut erhalten. In manchen Höhlen liegen Gemälde aus mehreren Perioden übereinander. Ein bunter Mix aus unterschiedlichen Figuren und Szenen zieren die Felsen: wilde Büffel (Gaur), Nashörner, Bären und Tiger, Jagdszenen, Initiationsfeiern, Geburten, gemeinsame Tanz- und Trinkgelage und Beerdigungen.

Die ältesten Gemälde stellen in weißer Farbe oftmals große Tiere dar. Sie stammen aus dem ausgehenden Jungpaläolithikum und sind vermutlich bis zu 12 000 Jahre alt. In den Bildern aus späteren Epochen tauchen Jagdinstrumente auf und wird vom Handel mit den Ackerbau betreibenden Gemeinschaften der Hochebene von Malwa erzählt. Noch etwas später gibt's auch Religiöses, drei Götter können erkannt werden. Die spätesten Malereien zeigen etwas plumpe geometrische Figuren, die vermutlich aus der Mittelsteinzeit stammen, in der bereits viel von der Kunstfertigkeit wieder verloren gegangen war.

Die Felshöhlen sind leicht zu finden. 15 der Höhlen sind begehbar, mit einer Nummer ausgeschildert (S1 bis S15) und mit einem zementierten Weg verbunden. Ein Führer (etwa 30 Rs) zeigt auch die etwas obskureren Malereien und erklärt ihre Bedeutung. Die **Zoo-Höhle** (S4) ist eine der ersten, an denen man vorbeikommt. In ihr gibt's verschiedene Tiermalereien zu sehen. In Höhle **S15** greift ein riesiger roter Bison ein hilfloses Strichmännchen an. Rund um die Höhlen gibt's keine Imbissbuden, also Wasser mitnehmen!

WICHTIGE ZUGVERBINDUNGEN AB BHOPAL

Ziel	Zugnummer & Name	Preis (Rs)	Dauer (Std.)	Abfahrt
Delhi	2001 *Shatabdi*	830 (a)	8¼	14.50 Uhr (1)
Delhi	2723 *Andhra Pradesh Exp*	239/670/1072	10½	22.35 Uhr
Indore	9368 *Malwa Exp*	113/318/519	6	7.30 Uhr
Jabalpur	8233 *Narmada Exp*	136/611 (b)	7¼	22.45 Uhr
Mumbai	2138 *Punjab Mail*	268/752/1202	14½	17 Uhr
Pipariya	1267 *Bhopal–Rewa Exp*	95/266/452	3¼	22.15 Uhr (2)
Pipariya	8254 *Amarkantak Exp*	95/266/452	3¼	16 Uhr (3)
Ujjain	9368 *Malwa Exp*	86/241/423	4	7.30 Uhr

(a) Chair Class ; (b) Non-AC/2AC Sleeper Class; (1) über Jhansi, Gwalior & Agra;
(2) Mo, Mi, Fr & Sa ; (3) Di, Do, Fr & So

AN- & WEITERREISE

Von Bhopal aus kann man jeden Bus nehmen, der in Richtung Hoshangabad oder Itarsi fährt, und den Fahrer nach Bhimbetka fragen. Man wird etwa 6,5 km südlich von Obaidullaganj neben einem großen blauen Schild abgesetzt, das in Hindi geschrieben ist und einen roten Pfeil zeigt, der mit der Aufschrift „3.2" nach rechts weist. Dem Schild folgen, die Bahnlinie überqueren und 3 km den Berg hinauflaufen.

Zurück geht's mit einem Laster oder einem Bus, den man auf der Hauptstraße anhält. Wer nicht gerne läuft, kann auch in Obaidullaganj eine Autorikschafahrt aushandeln. Wer Bhimbetka und Bhojpur zusammen besichtigen möchte, sollte besser bei MP Tourism in Bhopal einen Mietwagen leihen (1000 Rs/Tag; s. S. 679). MP Tourism bietet auch geführte Tour zu den Höhlen an (s. S. 684).

SANCHI

☎ 07482 / 6790 Ew.

46 km nordöstlich von Bhopal ragt aus der Ebene ein abgerundeter Gipfel hervor, auf dem einige der ältesten und interessantesten buddhistischen Bauten ganz Indiens stehen.

Vor rund 2300 Jahren richtete der Maurya-Kaiser Ashoka bei seinen Eroberungszügen in Kalinga (heute Orissa) ein Blutbad an. Das Leid und Elend schockierte ihn jedoch so, dass er dem Krieg abschwor und sich dem Buddhismus zuwendete. Als Buße errichtete er daraufhin seinen ersten Stupa in Sanchi, in der Nähe des Geburtsorts seiner Frau. Der Stupa war das erste buddhistische Monument in der Region. Viele Stupas und andere religiöse Bauten folgten nach und nach.

Nachdem sich der Hinduismus den Buddhismus schrittweise einverleibt hatte, verfiel der Ort und geriet erst einmal in Vergessenheit. Erst 1818 stolperte ein Offizier der britischen Armee über die Schätze Sanchis. In den Jahren danach richteten Hobbyarchäologen und gierige Schatzjäger riesige Schäden an, bevor 1881 eine angemessene Restaurierung durchgeführt wurde. Zwischen 1912 und 1919 wurden die Bauten letztendlich sorgfältig repariert und in den Zustand gebracht, der heute noch zu bestaunen ist.

Das friedliche Sanchi sollte in keinem Tourenplan fehlen. Wer will, kann z. B. die Alleen als guten Ausgangspunkt für reizende Fahrradausflüge nutzen.

Orientierung & Praktische Informationen

Sanchi besteht eigentlich nur aus einer Straßenkreuzung: Die Monuments Rd. führt vom Bahnhof zum Hügel mit den Stupas. Quer zu ihr verläuft die Bhopal–Vidisha Rd.

Canara Bank (☎ 266732; Monuments Rd; 🕑 Mo–Di & Do–Fr 10.30–14.30, Sa 10.30–12.30 Uhr) Löst Reiseschecks ein und wechselt ausländische Währung bis zu 10 000 Rs.

Internet Booth (Market; 50 Rs/Std.; 🕑 7–23 Uhr)

Post (Monuments Rd; 🕑 Mo–Sa 9–17 Uhr).

Ticketschalter (Monuments Rd; Eintritt Stupas Inder/Ausländer 110/250 Rs, Auto 10 Rs, Museum 5 Rs; 🕑 Sonnenaufgang–Sonnenuntergang) Verkauft Tickets für die Stupas und für das Museum. Außerdem gibt's Reiseführer.

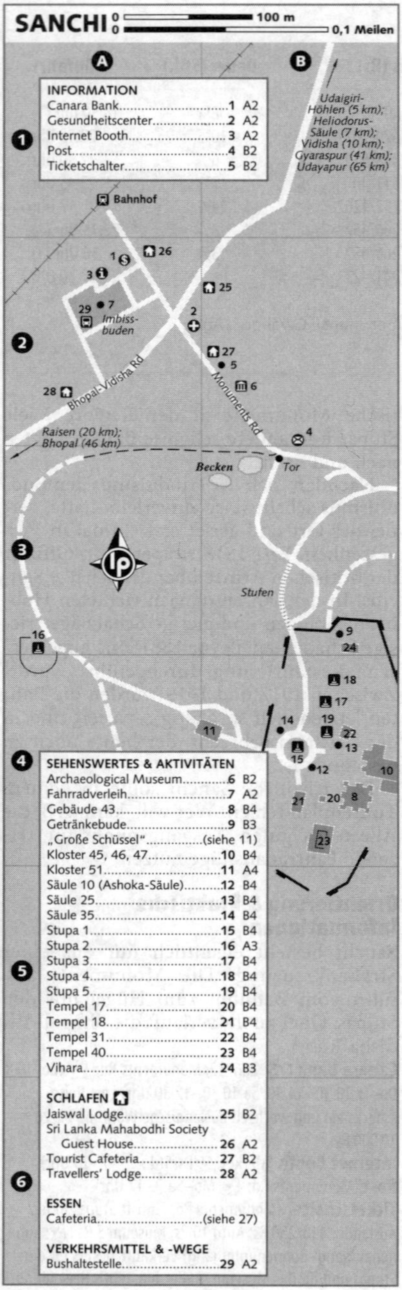

Sehenswertes

Steinstufen und eine Rampe am Ende der Monuments Rd. führen zu den **Stupas.** Die manchmal auch geöffnete **Getränkebude** am Gipfel gleich beim modernen *vihara* (Rastplatz) verhökert auch buddhistische Schriften. Tipp: die buddhistischen Monumente im Uhrzeigersinn abgrasen.

Wer die Stupas im Licht des herrlichen Sonnenaufgangs besichtigen will, sollte das Ticket am Tag vorher kaufen. Am Ticketschalter gibt's einen vom Archaeological Survey of India (ASI) herausgegebenen, detaillierten Reiseführer (99 Rs) und einen Museumsführer (25 Rs) – beide sind sehr informativ.

STUPA 1

Der wunderschön proportionierte Große Stupa ist das wichtigste Gebäude auf dem Hügel. Der Bau stammt ursprünglich aus der Zeit Ashokas. Später wurde er erweitert und der ursprüngliche Stupa aus Backsteinen mit einem aus Stein umschlossen. Heute ist er 16 m hoch und hat einen Durchmesser von 37 m. Rund um den Stupa herum steht eine Mauer. Die vier Eingänge schmücken prächtige Eingangstore *(toranas)*, die sicher zu den wunderbarsten buddhistischen Kunstwerken in Sanchi und vielleicht sogar in ganz Indien gehören.

TORANAS

Die vier Tore aus dem Jahr 35 v. Chr. waren komplett zusammengebrochen, als mit der Restaurierung des Stupas begonnen wurde. Die Szenen, die in den Pfeilern und dem dreiteiligen Architrav eingemeißelt sind, greifen Erzählungen der Jatakas auf und erzählen Episoden aus den verschiedenen Leben Buddhas. In der damals vorherrschenden buddhistischen Kunsttradition wurde Buddha niemals direkt dargestellt. Seine Anwesenheit deutete sich stattdessen in Symbolen an: Die Lotusblume steht für seine Geburt, der Bodhibaum für seine Erleuchtung, das Rad für seine Lehren und der Fußabdruck und der Thron für seine Gegenwart. Der Stupa selbst ist das Symbol Buddhas.

Nordtor

Das Nordtor mit einem zerbrochenen Rad der Lehre als Abschluss ist der am besten erhaltene *torana*. In den Reliefs ist ein Affe abgebildet, der Buddha eine Schale mit Honig anbietet. Buddhas Anwesenheit ist dabei durch einen Bodhibaum verkörpert (westliche Säule). Andere Bilder zeigen die Wunder Buddhas, wie das von Sravasti, bei dem Buddha – wieder durch einen Bodhibaum dargestellt – in die Lüfte emporstieg. Elefanten über den Säulen blicken in alle vier Himmelsrichtungen und tragen die Querbalken, während sich Reiter und Pferde und noch mehr Elefanten in die Freiräume quetschen. Unterhalb des Architravs hängen zwei sehr detailliert herausgearbeitete *yakshis* (Baumnymphen) lässig zur Seite.

Osttor

Einer der von Elefanten gestützten Pfeiler des Osttors zeigt Szenen aus Buddhas Eingang ins Nirvana. Auf der Vorderseite des mittleren Querbalkens ist der Große Aufbruch dargestellt. Buddha (ein reiterloses Pferd) schwört den Sinnesfreuden des Lebens ab und begibt sich auf die Suche nach der Erleuchtung. Auf einem der Pfeiler ist Mayas Traum von einem Elefanten zu sehen, den sie hatte, nachdem sie mit Buddha schwanger geworden war. Die atemberaubend gemeißelte Figur einer *yakshi*, die aus einem der Querbalken herausragt, gehört zu den bekanntesten Skulpturen Sanchis. Ihre ausgewöhnliche Bewegung und Pose sind einfach nur großartig.

Südtor

Das älteste Tor zeigt Szenen aus dem Leben Ashokas als Buddhist und von Buddhas Geburt. Die vier Löwen, die Rücken an Rücken stehen und den Architrav stützen, sind ein gutes Beispiel für die griechisch beeinflusste buddhistische Kunstepoche dieser Zeit. Heute sind die Löwen das Staatssymbol Indiens und auf jeder Banknote zu sehen. Auf der Rückseite des oberen Querbalkens gibt es eine weitere Darstellung des Großen Aufbruchs. Wie die beim Westtor stammt die Geschichte aus der Chhaddanta Jataka.

Westtor

Das Westtor, dessen Querbalken von dickbäuchigen Zwergen gestützt werden, ist mit einigen der schönsten Szenen der Anlage verziert. Auf der Rückseite eines Pfeilers ist Buddha zu sehen, wie er der Versuchung der Mara widerstand, während die Dämonen fliehen und die Engel seine Standfestigkeit feiern. Der obere Querbalken zeigt die sieben verschiedenen Inkarnationen Buddhas – dreimal ist er als Stupa, viermal als Baum dargestellt.

Die Ereignisse des Chhaddanta Jataka werden auf der Vorderseite des unteren Querbalkens erzählt. In dieser Geschichte nimmt Buddha in einer niedrigeren Inkarnation die Gestalt eines Elefanten mit sechs Stoßzähnen an. Eine seiner zwei Frauen wurde – vor Eifersucht entbrandt – in Gestalt einer Königin wiedergeboren und veranlasste, den Elefanten zu jagen und zu töten. Als ein Jäger dann jedoch der Königin sechs abgesägte Stoßzähne präsentierte, starb sie voller Reue!

WEITERE STUPAS

Der Hügel ist mit unzähligen weiteren Stupas übersät. Einige davon sind kleine Votivstupas, nicht einmal 1 m groß. Ashoka selbst ließ acht Stupas errichten, doch nur drei, darunter der Große Stupa, haben die Jahrhunderte überlebt. Auf halbem Weg den Hügel hinunter liegt **Stupa 2.** Wer von der Stadt aus auf dem Hauptweg zur Anlage gekommen ist, kann den Weg einfach wieder zurückgehen. Der Stupa hat keine Tore. Stattdessen umgibt ihn ein Steinzaun. Dieser ist mit „Medaillons" verziert, die zwar etwas plump aussehen, aber voller Energie und Einfallsreichtum stecken. Überall auf dem Stupa sind Blumen, Tiere, Menschen – manche davon aus einem Mythos – zu entdecken.

Stupa 3 steht nordöstlich vom Großen Stupa, dem er im Aussehen ähnelt, auch wenn er kleiner ist. Er hat nur ein, dafür sehr herrliches Tor, das wahrscheinlich kurz nach dem Großen Stupa fertig gestellt wurde. Stupa 3 enthielt früher die Reliquien zweier wichtiger Buddhaschüler, die 1853 nach London geschafft und 100 Jahre später wieder nach Indien kamen. Heute werden sie im *vihara* aufbewahrt.

Stupa 4 ist fast ganz zerstört. Der einfache Stupa aus dem 2. Jh. v. Chr. steht genau hinter Stupa 3. Zwischen Stupa 1 und Stupa 3 liegt der kleine **Stupa 5**, in dem – eher ungewöhnlich – einst eine Statue Buddhas stand, die heute im Museum zu sehen ist.

SÄULEN

Auf dem Gelände verstreut stehen Säulen und das, was davon übrig geblieben ist. Die sicherlich bedeutendste ist die von Ashoka errichtete **Säule 10**, die früher eimal beim südlichen Eingang des Großen Stupas stand. Nachdem sie ein Landbesitzer aus dem Ort zerstörte, brachte man zwei Fragmente der wunderbar proportionierten und ausgeführten Säule in einem Schuppen 20 m vom ursprünglichen Aufstellungsort entfernt unter. Das Kapitell (der meist verzierte Säulenabschluss) kann im Museum bewundert werden. **Säule 25** aus der Sungaperiode (2. Jh. v. Chr.) und **Säule 35** aus dem 5. Jh. können nicht ganz mit Säule 10 mithalten.

TEMPEL

Unmittelbar südlich von Stupa 1 liegt **Tempel 18**, ein *chaitya* (Gebets- oder Versammlungshalle), der im Stil klassischen griechischen Säulenhallen verblüffend ähnelt. Er stammt etwa aus dem 7. Jh. n. Chr., doch wurden unter dem Bauwerk Reste älterer Holzbauten entdeckt. Nicht weit davon entfernt steht **Tempel 17**, auch er erinnert ein wenig an Griechenland. Der große **Tempel 40**, etwas weiter südöstlich, wurde zum Teil in der Zeit Ashokas errichtet.

Tempel 31, neben Stupa 5, wurde im 6. oder 7. Jh. gebaut und im 10. oder 11. Jh. restauriert. Im rechteckigen Tempel befindet sich eine sehr gut ausgeführte Buddhastatue. Vielleicht war sie für einen anderen Tempel gedacht, jedenfalls passt sie nicht genau auf den Sockel.

KLÖSTER

Die Holzbauten der ersten Klöster sind schon längst verschwunden. Wie bei buddhistischen Klöstern üblich, sieht der Entwurf der Anlage auch einen von Mönchszellen umgebenen Innenhof vor. Die **Klöster 45** und **47** stehen auf dem höher gelegenen Ostende des Hügels. Ihre Entstehungszeit fällt in die Übergangsphase des Buddhismus zum Hinduismus, weshalb hinduistische Elemente ebenfalls stark vertreten sind. Kloster 45 enthält zwei außergewöhnliche Buddhastatuen.

Kloster 51 liegt im Westen auf halbem Weg zu Stupa 2 den Hügel hinunter. Dahinter (westlich) gibt's die **Große Schüssel** zu sehen, die aus einem großen Felsblock herausgeschlagen wurde. In ihr legte man Essen und Opfergaben ab, um sie dann an die Mönche zu verteilen. Der **Vihara** (⌚ 9–17 Uhr) wurde als Aufbewahrungsort für die zurückgeholten Übereste des Stupa 3 gebaut. Diese können am letzten Sonntag des Monats besichtigt werden.

ARCHAEOLOGICAL MUSEUM

Im **archäologischen Museum** (⌚ Sa–Do 10–17 Uhr) ist eine kleine Sammlung mit Skulpturen aus der Anlage zu sehen. Besonders spannend sind das Löwenkapitell der Ashokasäule (Säule 10), eine *yakshi*, die an einem Mangobaum baumelt, und wunderbare heitere Buddhastatuen aus rotem Sandstein – von denen einigen die ältesten sind, die jemals gefunden wurden.

Schlafen & Essen

Eigentlich lässt sich Sanchi innerhalb eines halben Tages abhaken. Allerdings verführt das friedliche Ambiente des Ortes einen möglicherweise dazu, doch noch eine Nacht hier zu bleiben. Auf dem Markt gibt's Früchte und Imbissbuden.

Sri Lanka Mahabodhi Society Guest House (☎ 262739; Monuments Rd; B 50 Rs, DZ 100 Rs, mit Klimaanlage 350 Rs; ❄) Die Mönche, die diesen Ort besuchen, übernachten in den Klosterzimmern, die sich um ein Gartenquadrat gruppieren. Spartanische Zimmer mit Gemeinschaftsbad (nur kaltes Wasser). Nur die Zimmer mit Klimaanlage haben ein eigenes Bad.

Jaiswal Lodge (☎ 266610; Bhopal-Vidisha Rd; EZ/DZ 100/150 Rs) Die Logde liegt über einer Drogerie. Einfache Unterkunft mit hellen Möbeln und der Ruhe eines Dachgeschosses. Beim Besitzer im Erdgeschoss kann man einfache Kost bestellen.

MP Tourism betreibt in Sanchi zwei Unterkünfte:

Tourist Cafeteria (☎ 266743; Monuments Rd; EZ/DZ 490/590 Rs; Gerichte 30–60 Rs) Hier hat es zwei luftgekühlte Zimmer. Sie sind sauber und für einen Aufenthalt auf dem Land gar nicht so übel. Auf jeden Fall kommt man viel günstiger davon als bei einem Aufenthalt in der Travellers' Lodge. In der Cafeteria (7–22 Uhr geöffnet) gibt's einfaches Essen und Snacks.

Travellers' Lodge (☎ 266723; tl_san@sancharnet.in; Bhopal–Vidisha Rd; EZ/DZ 690/790 Rs, Deluxe mit Klimaanlage 990/1090 Rs; ❄) Ganz schön gepfefferte Preise für das, was man so bekommt. Dennoch ist das Travellers das vergleichsweise beste Hotel vor Ort.

Anreise & Unterwegs vor Ort

Busse fahren regelmäßig von Sanchi nach Bhopal (20 Rs, 1½ Std.) und Vidisha (5 Rs, 20 Min.). Eine Autorikscha nach Vidisha kostet etwa 45 Rs.

Wer will, kann nach Sanchi auch einen Tagesausflug mit dem Zug machen. Zug Nr. 8236, der *Bhopal–Bilaspur Express* (2. Klasse 24 Rs, 45 Min.), fährt in Bhopal um 8 Uhr ab, zurück geht's von Sanchi um 16.25 Uhr. Ein wenig später gibt's noch einen gemütlichen Passenger Train nach Bhopal, der in Sanchi um 19.14 Uhr Halt macht, aber leider nicht ganz so zuverlässig ist.

In Sanchi selber kommt man bequem zu Fuß überall hin. Ausflüge zu Orten in der Nähe wie z. B. nach Vidisha (10 km) und zu den Udaigiri-Höhlen (14 km) sind problemlos mit dem Drahtesel zu bewerkstelligen. Den kann man auf dem Markt in Sanchi für etwa 4 Rs die Stunde mieten.

RUND UM SANCHI

Mit dem Fahrrad erreicht man andere buddhistische Sehenswürdigkeiten, die es natürlich nicht mit denen von Sanchi aufnehmen können. In **Sonari**, 10 km südwestlich von Sanchi, stehen acht Stupas, von denen zwei von Interesse sind. In **Satdhara**, westlich von Sanchi am Ufer des Beas, gibt's zwei weitere Stupas, von denen einer immerhin einen Durchmesser von 30 m vorzuweisen hat. Eine andere Sehenswürdigkeit liegt 8 km südöstlich von Satdhara in **Andher:** Die drei kleinen, gut erhaltenen Stupas wurden 1851, also nach der Entdeckung Sanchis, gefunden.

41 km nordöstlich von Sanchi kommt man nach **Gyaraspur**, bekannt für seine fein verzierten Tempel aus dem 9. und 10. Jh. In **Udayapur**, etwa 65 km nördlich von Sanchi, gibt's den großen **Neelkantheswara-Tempel** aus rotem Sandstein, der wahrscheinlich 1059 entstand. **Raisen**, 23 km südlich von Sanchi, hat eine große und farbenfrohe **Festung**, die um 1200 erbaut wurde.

Vidisha

☎ 07592 / 125 460 Ew.

Das 10 km von Sanchi entfernte Vidisha hieß zu Ashokas Zeiten Besnagar und war die größte Stadt der Region. Die Ruinen des Brahmanenschreins aus dem 2. Jh. v. Chr. zeigen Spuren von Kalkmörtel – die früheste Verwendung von Zement in Indien. Funde von hier und anderswo werden im verstaubten **Museum** (☎ 250592; Sagar-Vidisha Rd; Eintritt Inder/Ausländer 2/20 Rs; Foto 20 Rs; ⏲ Di–So 10–17 Uhr) ausgestellt. Beim Ticketkauf steht man im Schatten eines 2000 Jahre alten Steinriesen, einer 3 m hohen Statue des Kuber Yaksha, des Kassenwarts der Götter. Gesellschaft leisten ihm u. a. ein wunderschöner Surya aus dem 10. Jh. und Kamdev, der Sexgott.

Von Sanchi aus fahren regelmäßig Busse (5 Rs, 20 Min.); mit der Autorikscha kostet es 45 Rs.

Udaigiri-Höhlen

Etwa 5 km von Vidisha entfernt liegen rund 20 in einen Sandsteinhügel gehauene Gupta-**Höhlenschreine** (acht sind leer), die von 320 bis 606 errichtet wurden. Zwei davon sind jainistische Schreine, die anderen 18 Hinduschreine. Der ASI-*chowkidar* (Nachtwächter) wird einen bereitwillig herumführen und dafür natürlich ein paar Scheinchen erwarten. In Höhle 5 zeigt ein großartiges, von einem Götterfries gekröntes Abbild Vishnus dessen Inkarnation als Eber. Höhle 7 wurde zur persönlichen Nutzung des Königs Chandragupta II. aus dem Fels geschlagen. Besonderes Interesse verdienen außerdem die jainistischen Inschriften in Höhle 20. Auf dem Gipfel des Hügels liegen die Ruinen eines dem Sonnengott gewidmeten Gupta-Tempels aus dem 6. Jh.

In Sanchi fährt der Bus nach Vidisha ab, von wo aus man mit einer Tonga oder Autorikscha zu den Höhlen kommt (50 Rs). Außerdem besteht die Möglichkeit, in Sanchi eine Autorikscha für Hin-und Rückfahrt zu chartern (150 Rs). Wer mit dem Drahtesel hinradelt, kurvt von Sanchi aus Richtung Vidisha und überquert nach 6 km den Fluss. Nach einem weiteren Kilometer an einer deutlich zu identifzierenden Kreuzung mit Verkehrsinsel und Schild nach links abbiegen und weiter Richtung Vidisha fahren. Nach 2 km an einer T-Kreuzung rechts abbiegen, nach einem halben Kilometer dann links. Auf dieser Straße den Fluss überqueren und dann noch weitere 4 km nach links zu den Höhlen radeln.

Heliodorus-Säule

Biegt man nicht links zu den Höhlen ab, sondern fährt weiter geradeaus, kommt man zu einem kleinen Dorf. Hier steht die bedeutsame **Heliodorus-Säule** (Khamb Baba). Sie wurde um 140 v. Chr. errichtet und ist Vasudeva gewidmet. Laut Inschrift ließ sie der Grieche Heliodorus aus Taxila, das heute in Pakistan liegt, errichten. Grabungen in der Nähe brachten eine gewaltige Statue des Kuber Yaksha ans Tageslicht, die sich jetzt im Museum in Vidisha befindet.

Die Säule wird von einheimischen Fischern angebetet. Bei Vollmond wird einer von ihnen daran gekettet und in Trance versetzt, sodass er in der Lage sein soll, den bösen Geist anderer Einheimischer zu vertreiben. Gleich daneben steht ein großer Tamarindenbaum, dessen Stamm mit vielen Nägeln durchbohrt ist. Wer vom bösen Geist befreit wurde, rammt einen Nagel mit einer aufgespießten Zitrone, einem Stück Kokosnuss und einem roten Faden in den Baum – der böse Geist soll so für alle Zeiten an den Baum genagelt bleiben.

PIPARIYA

☎ 07576 / 4490 Ew.

Das Städtchen ist ein Verkehrsknotenpunkt für den Straßen- und Bahnverkehr nach Pachmarhi, das von hier 47 km entfernt in den Bergen liegt. Die Fußgängerbrücke über die Schienen führt in südlicher Richtung zur Bushaltestelle. Rechts in die Hauptstraße hinein stößt man nach 100 m auf das **Tourist Motel** (☎ 222299; tourpip@sancharnet.in; DZ mit Gemeinschaftsbad 290 Rs, Luftkühler 50 Rs extra), das zwei einfache Zimmer hat, die's für eine Nacht tun. Man sollte im Voraus buchen. Das ans Motel angeschlossene **Restaurant** (Gerichte Rs 25–45) ist vermutlich der beste Ort in der Stadt, um was zwischen die Rippen zu bekommen.

Transportmöglichkeiten nach Pachmarhi: Busse (25 Rs, 2 Std., stündl. von 5.30–22.30 Uhr), Sammeljeeps (40 Rs, 2 Std.) und Minibusse von MP Tourism (40 Rs, 2 Std., 12.30 und 20.30 Uhr).

Der *Bhopal–Rewa Exp.* (Nr. 1268, 95/266/452 Rs, 5¾ Std., Mo, Mi, Fr & So, 1.25 Uhr) und der *Amarkantak Exp.* (Nr. 8253, 4½ Std., Di, Do, Sa & So, 6.40 Uhr) fahren unter der Woche abwechselnd nach Bhopal. Der *Mahanagari Exp.* fährt nach Varanasi (Nr. 1093, 228/641/1026 Rs, 15 Std., 13.36 Uhr).

PACHMARHI

☎ 07578 / 11 370 Ew. / 1067m

Madhya Pradeshs freundliche Hill Station liegt mitten im Satpura Ranges National Park. Traveller kommen vor allem aufgrund der tollen Landschaft und des angenehm kühlen Klimas hierher. Und auch einheimische Reisende verschlägt's aus allen Winkeln des Bundesstaates und sogar aus Gujarat nach Pachmahri. Die meisten kommen in den Ferien, manche aber auch zu religiösen Versammlungen, die bekannte Gurus veranstalten.

In Pachmahri gibt's die besten Aussichten von ganz Madhya Pradesh – Täler und Schluchten zum Sattsehen. Und die Seen, Wasserfälle und alten Höhlenmalereien können auf einigen guten Trekkingtouren erkundet werden.

Der Forscher und Captain J. Forsyth „entdeckte" 1857 Pachmarhi und errichtete fünf Jahre später mit der Bison Lodge das erste Forstamt. Die britische Armee, die stets darauf aus war, sich in kühlere Hill Stations zurückzuziehen, ließ sich hier nieder und legte damit den Grundstein für den Hang Pachmarhis zum Militär. Der ist bis heute geblieben.

Orientierung

Die Bushaltestelle liegt am nordwestlichen Ende des Städtchens direkt an der Straße nach Pipariya. Hier befinden sich auch ein recht großer Basar und einige Hotels. Auf der Hauptstraße geht's dann 2 km weiter nach Süden, bis man auf eine Kreuzung namens Jaistambha kommt, an der man in sechs verschiedene andere Richtungen weiterlaufen kann.

Die verschiedenen Sehenswürdigkeiten und die Mittelklassehotels liegen ziemlich weit auseinander, also besser ein Rad mieten – macht sowieso mehr Spaß.

Praktische Informationen

Bagri Internet Cafe (Patel Rd; 60 Rs/Std.; ⌚ 7–23 Uhr)
Post (☎ 252050; ⌚ Mo–Fr 9–17 Uhr)
State Bank of India (Ecke Hauptstraße & Patel Rd) MasterCard- und Visa-Geldautomat.
Touristeninformation (☎ 252100; Bushaltestelle; ⌚ Mo–Fr 9.30–17 Uhr) Broschüren, Tipps zu Reiseführern und verwirrenden Landkarten.

Sehenswertes & Aktivitäten

Die von Captain Forsyth 1862 errichtete **Bison Lodge** (☎ 225130; Eintritt Inder/Ausländer 15/100 Rs; ⌚ 8. April–Okt., Di–So 8–12 & 16–20 Uhr, Nov.–2. März, Di–So 9–13 & 15–19 Uhr) liegt auf dem Weg nach Priyadarshini. Hier war Pachmar-

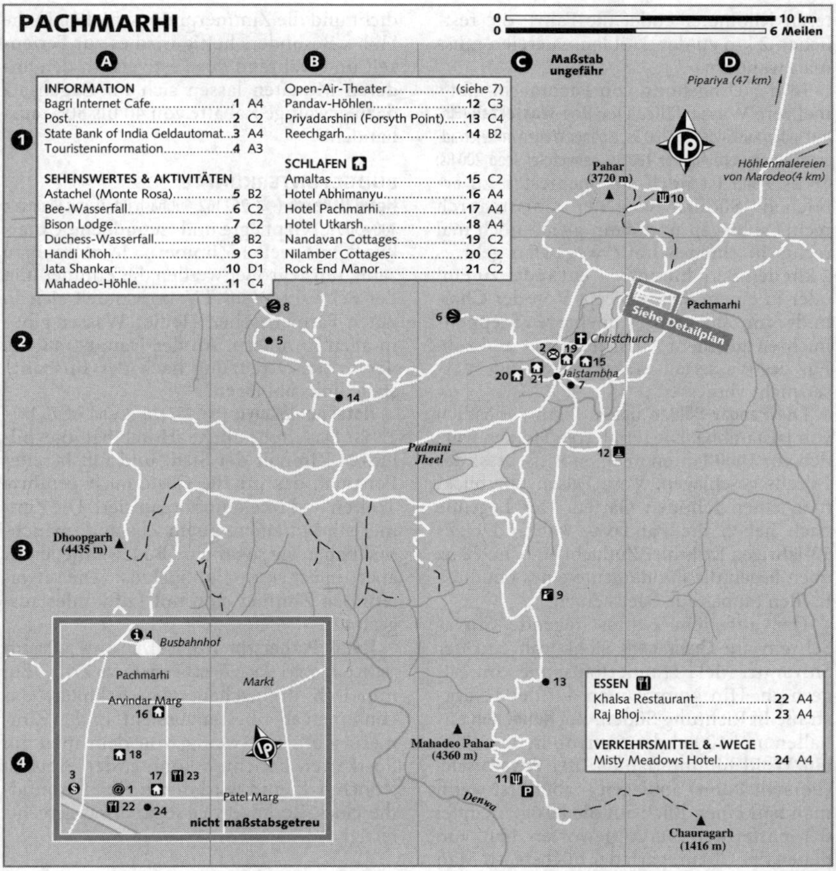

his erstes Forstamt untergebracht. Heute gibt's eine nützliche Einführung in die Geschichte, Flora und Fauna der Region Satpura. Und im **Open-Air-Theater** (Eintritt frei; ⌚ Di–So 18 Uhr) wird ein Film über wilde Tiere gezeigt.

Rund um Pachmarhi gibt's einige spannende Ausflugsziele, die meist über Autostraßen zu erreichen sind – auch wenn man manchmal noch auf Schusters Rappen ein paar Meter zurücklegen muss. Anspruchsvollere Wanderungen sollte man nur mit einem Führer unternehmen.

Der hilfsbereite Vinay Sanu vom **Tola Trekking Club** (☎ 252256) in der Bude am Eck gleich unter dem Restaurant Raj Bhoj spricht mit einem gerne die Tourenpläne durch. Er organisiert lokale Führer (150 Rs pro Pers. und Tag), die einen tief ins Bergland und zu den Dörfern der einheimischen Adivasi mitnehmen. Bei Touren auf eigene Faust sollte man sich Karte und Tipps beim Touristenbüro holen.

Jata Shankar ist ein Höhlentempel. Er liegt in einer Schlucht, zu der ein etwa 2,5 km langer guter Feldweg führt, der gleich nördlich der Stadtgrenze ausgeschildert ist. Der kleine Shiva-Schrein wird von einem riesigen herabhängenden Felsen verdeckt.

Die **Höhlenmalereien von Marodeo** liegen im Norden. Auf der Straße in Richtung Pipariya 2 km fahren, dann rechts abbiegen. Auf der alten Pipariya Road nach etwa 1,5 km nochmal rechts abbiegen. Nach einem weiteren Kilometer endet die Fahrt; die restlichen 2 km zu den Höhlenmalereien muss man wandern.

In der Umgebung von Pachmarhi gibt's mehrere Wasserfälle. Der **Bee-Wasserfall** (Eintritt Inder/Ausländer 15/200 Rs, eigener Wagen mit Vierradantrieb und Benzinmotor 100 Rs, gemieteter Jeep 200 Rs; 8–19 Uhr) ist noch am leichtesten zu erreichen: Südlich von der Christchurch rechts abbiegen und dann gleich noch mal rechts in einen Schotterweg. Den geht es 2 km den Berg hinunter – entweder zu Fuß oder in einem Sammeljeep. Von der Chaibude im Tal führen mehrere Treppenfluchten zu einem Aussichtspunkt und zum Fuß des Wasserfalls. Take it easy. Und: Wasser nicht vergessen.

Die **Pandav-Höhlen** liegen 2 km südöstlich von Jaistambha. Die fünf leeren Höhlen wurden vor 1000 Jahren in einen Aufschluss des Felsens geschlagen. Vom Felsen überblickt man einen schönen Garten. Der Legende nach haben die Pandavas während eines 13-jährigen Exils hier Zuflucht gesucht. Ganz oben liegen die Fundamente eines buddhistischen Stupas aus Backsteinen.

Der auf dem Gipfel liegende Shiva-Schrein am **Chauragarh** zieht während der Shivaratri Mela Hunderttausende von Pilgern an. Hin kommt man auf der Hauptstraße in Richtung Süden. Bei **Handi Koh** anhalten und 100 m den Canyon in den dichten Wald hinunterlaufen. Bei **Priyadarshini** (Forsyth Point) abbiegen – aber erst wenn man baff einen Blick auf die felsigen Gipfel der entfernten Berge geworfen hat, von denen der Chauragarh der höchste ist. Man muss einen Trampelpfad hinunterstapfen und dann die 1365 Stufen zum Shiva-Tempel hochschnaufen – was gut und gern drei Stunden dauern kann.

Etwa 3 km hinter Priyadarshini endet die Straße an der **Mahadeo-Höhle.** Ein 30 m langer Pfad durch feuchtes, dunkles Dickicht führt zu einem Shiva-Lingam mit einem Priester, der Wache schiebt. Ein echter Pilger wird über den unteren Weg durch einen dunklen Tümpel waten.

Vom Ausgangspunkt **Reechgarh** führen auch Wanderwege rund um den **Astachal** (Monte Rosa) und den **Duchess-Wasserfall**.

Schlafen

In der Hauptsaison von April bis Juli und Dezember bis Januar sind viele Unterkünfte dicht und die Zimmerpreise schießen in die Höhe. Besonders heftig wird es zur Ferienzeit und während der Festivals. In den anderen Monaten lassen sich im Gegensatz dazu gewaltige Rabatte von 40 bis 80 % aushandeln.

BUDGETUNTERKÜNFTE

Hotel Utkarsh (☎ 252162; Subhash Rd; Zi. mit Plumsklo 100–500 Rs) Gepflegte und freundliche Unterkunft mit vielen Zimmern. Je mehr man zahlt, umso größer werden die Zimmer und der Schwarz-Weiß-TV verwandelt sich in einen Farbfernseher. Heißes Wasser gibt's in allen Zimmern. An der Hauptstraße an der dritten Kreuzung nach der Bushaltestelle links abbiegen.

Hotel Abhimanyu (☎ 252126; Arvind Rd; Zi. 150–250 Rs) Das freundliche Hotel hat die billigsten Zimmer der Stadt und hilfsbereites Personal, das für die Gäste auch geführte Touren und Mietautos organisiert. Die Zimmer sind in einem guten Zustand, manchmal haben sie sogar eine Badewanne, dafür aber meist nur Plumpsklos. Die etwas teureren Zimmer sind mit Luftkühler ausgestattet.

Hotel Pachmarhi (☎ 252170; www.pachmarhihotels.com; Patel Marg; Zi. mit Plumsklo ab 250 Rs) Ein mürrisch dreinschauendes Eckhaus, das von innen aber besser aussieht. In den Zimmern gibt's nur wenig, von dem man auf Postkarten berichten könnte, der Preis ist jedoch o. k. und wird durch einen around-the-clock-Roomservice sogar etwas gerechtfertigt.

MITTEL- & SPITZENKLASSEHOTELS

Nandavan Cottages (☎ 252018; Fax 252207; Post Office Rd; Bungalows 400–470 Rs) Die Unterkunft – vielleicht Pachmarhis empfehlenswerteste – betreiben dieselben Leute wie die Nilamber Cottages. Sie liegt gegenüber der Post (zum Glück – englische Schilder fehlen!) und hat acht Doppelzimmerbungalows und vier Doppelzimmerhütten, die mit reichlich Platz in einem Garten liegen.

Amaltas (☎ 252098; Zi. 790–890 Rs, mit Klimaanlage 1090–1290 Rs;) Unterkunft des MP Tourism mit dem besten Preis-Leistungs-Verhältnis 100 m südlich von der Christchurch. Die 890-Rs-Zimmer im Sahakar-Bungalow mit fünf Zimmern sind die besten. Der Bungalow liegt etwas vom Restaurant entfernt: Der Roomservice kommt per Rad, der Kellner hat dabei eine Hand am Lenker, auf der anderen jongliert er das Tablett.

Nilamber Cottages (☎ 252039; DZ mit Warmwasser & TV 847 Rs) Die Bungalows des Nilamber liegen verstreut an einem kahlen Hang etwa 3 km südlich vom Dorf. Am Jaistambha die dritte Straße von rechts nehmen. Die Bungalows haben Badezimmer, Doppelbett und Veranda. Man sollte sich das Zimmer mit dem Blick aussuchen, der einem am besten gefällt. Wer möchte, bekommt auch ein Essen serviert.

Rock End Manor (☎ 252079; mptremph@sancharnet.in; Zi. mit Klimaanlage 2490 Rs;) Das teuerste Hotel in Pachmarhi. Hier geht's gründlich kultiviert zu. Früher zog sich der Maharadscha zum Golfspiel hierher zurück. Im Verhältnis zu dem, was es bietet, ist es zwar zu teuer – aber man kommt ja auch wegen der Geschichte und der Lage des Hotels. In den eleganten Zimmern kann man sich verlaufen; sie haben eine hohe Decke, große Bäder und ein extra Ankleidezimmer.

Essen

Neben den Restaurants in den Hotels gibt's auch sonst ein paar ordentliche Locations.

Raj Bhoj (Gerichte 25–45 Rs; 7–23 Uhr) Im Raj, gleich an der Patel Rd., gibt's verlockende und abwechslungsreiche Menüs mit Gerichten aus Gujarat, Südindien und China. Natürlich dürfen die Currygerichte nicht fehlen. Zum Abendessen gibt's auch ein Bier und morgens kann man indisch frühstücken.

Khalsa Restaurant (Patel Rd; veg. 30–60 Rs, nichtveg. 60–160 Rs; 8–23 Uhr) Das Restaurant wird von einem Sikh betrieben. Hier bekommt man selbstverständlich das Lieblingsessen der Punjabi: Butterhähnchen. Gegessen wird draußen vor schöner Kulisse, die innen eine Fortsetzung findet – mit falschen Bäumen, die die Decke stützen. Auf der Speisekarte findet sich eine tolle Auswahl südindischer Essen, außerdem gibt's ein paar Gerichte aus Gujarat und Spezialitäten aus dem Punjab.

An- & Weiterreise

Von der Bushaltestelle aus fahren täglich vier Busse nach Bhopal (91 Rs, 6 Std.). Regionalbusse starten regelmäßig nach Pipariya (25 Rs, 2 Std.), die Minibusse des MP Tourism mit gleichem Ziel um 6.30 Uhr und 17.30 Uhr (40 Rs, 2 Std.).

Unterwegs vor Ort

Gleich bei der Bushaltestelle kann man Jeeps mieten. Für einen halben Tag schlagen sie mit 300 Rs zu Buche. Die Läden in der Subhash Rd. vermieten für 25 bis 30 Rs pro Tag Drahtesel und im **Misty Meadows Hotel** (☎ 252136; pachmarhi_resort@rediffmail.com; Patel Rd) gibt's für 300 Rs pro Tag auch Motorräder.

WESTLICHES MADHYA PRADESH

UJJAIN

☎ 0734 / 429 930 Ew.

Ujjains anfängliche Langweiligkeit ist spätestens dann vergessen, wenn man in das farbenfrohe und wilde Durcheinander der Tempel eintaucht: Also unbedingt Indien beim Gebet, die Farben, Rituale, Sadhus (heiligen Männer) und die Schlange stehenden Pilger, die sich im *darshan* (Betrachtung) einer Gottheiten versenken wollen, auf sich wirken lassen.

Das alte Ujjain erhält die Aura der Heiligkeit durch die berühmte **Kumbha Mela** (S. 1158), die alle zwölf Jahre hier stattfindet (die nächste allerdings erst 2016) und Millionen Pilger anzieht, die dann im Shipra baden.

Geschichte

Das an einer alten Handelsroute gelegene Ujjain hat eine bewegte Entstehungsgeschichte, deren Ursprung im Lauf der Zeit verlorenen gegangen ist. Ujjain, das früher Avantika hieß, stieg unter Ashokas Vater zu bedeutender Größe auf. Später beschloss Chandragupta II. (380–414) seinen Regierungssitz von der Hauptstadt Pataliputra hierher zu verlegen.

Mit dem Niedergang der Guptas und dem Aufstieg der Parmaras fand sich Ujjain im Mittelpunkt des Kampfs um Malwa wieder, bevor es dann schließlich Manu in die Hände fiel.

Nach dem Untergang der Moguln ließ Maharadscha Jai Singh (von Jaipur), der neue Gouverneur von Malwa, ein Observatorium und eine Reihe von Tempeln bauen. Nach seinem Tod kam es zu erneuten Kämpfen mit den Marathen, bis schließlich 1750 die Scindias die neuen Herrscher wur-

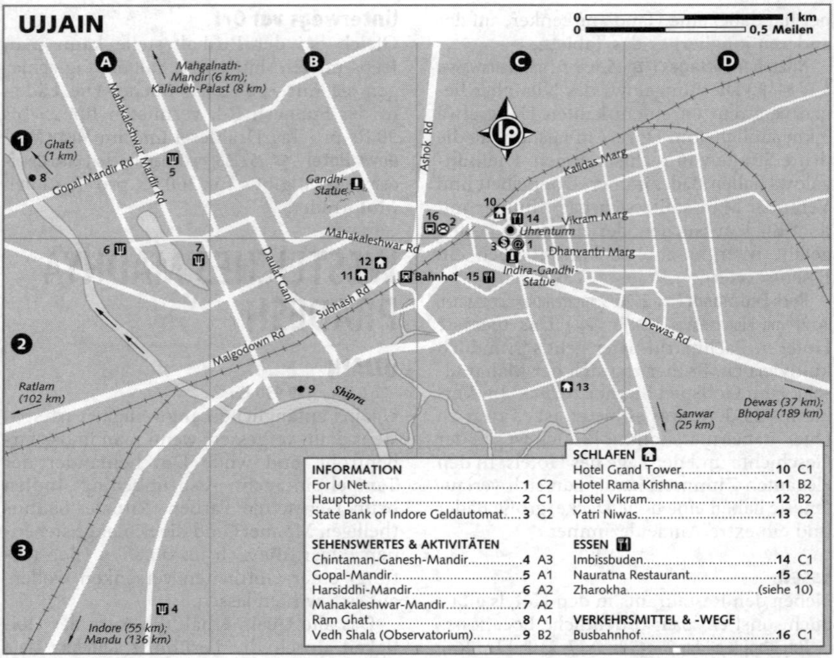

den. Als diese 1810 ihre Hauptstadt nach Gwalior verlegten, verlor Ujjain jedoch rasch an Bedeutung.

Orientierung

Die Bahnlinie durchschneidet die Stadt: Der alte Teil mit dem Bazaar, den meisten Tempeln und den Ghats liegt im Nordwesten, der neue Teil rund um den einer Hochzeitstorte gleichenden Glockenturm im Südosten. Budgethotels gibt's einige in der Subhash Rd. zwischen dem Bahnhof und dem Busbahnhof. Die nächsten Möglichkeiten, Geld zu wechseln, hat's in Indore und Bhopal.

Praktische Informationen

For U Net (1 Bhoj Marg; 10 Rs/Std.; 🕘 9–23 Uhr) Billige schnelle Internetverbindung in einem klimatisierten Raum.

MP Tourism (Bahnhof; 🕘 10–17 Uhr) Touristeninformation, MPT- Hotelbuchung.

Post Office (Dewas Gate; 🕘 Mo–Fr 10–17, Sa 10–14 Uhr)

State Bank of Indore Gleich beim Uhrenturm. MasterCard- und Visa-Geldautomat.

Sehenswertes

TEMPEL

Mahakaleshwar-Mandir

Obwohl dieser Tempel einen nicht gerade aus den Socken haut, kann ein Besuch wahrlich magisch sein: Etwa wenn man sich in der Pilgerpolonaise einreiht und durch die verschiedenen unterirdischen Kammern zuckelt, den heiligen Glocken lauscht oder an denen Schreinen Opfergaben hinlegt. Der Mahakaleshwar-Mandir ist Shiva gewidmet; drinnen steht einer der insgesamt zwölf *jyoti linga* Indiens: Die von der Natur geschaffenen Lingams senden aus ihrem Inneren die Ströme der *shakti* (Urkraft) aus, ohne dass sie von Priestern rituell die *mantra-shakti* erhalten haben. Der Tempel wurde 1235 von Altamish zerstört und im 19. Jh. von den Scindias restauriert.

Harsiddhi-Mandir

Im unter den Marathen erbauten Tempel steht eine berühmte Skulptur der Göttin Annapurna. Direkt hinter dem Eingangstor sind zwei verrußte Steintürme mit vielen verschiedenen Lampen, die charakteristisch für die Marathen-Kunst sind. Während des Navratri-Spektakels (Dussehra) im September/Oktober werden sie mit Öl gefüllt und entzündet.

Gopal-Mandir

Die Frau des Maharadscha Daulat Rao Scindia ließ das mit Marmor verzierte, großartige Beispiel der Marathen-Architektur im 19. Jh. erbauen. Die silberbeschlagenen Türen des Heiligtums haben schon viel erlebt. Sie wurden aus dem Tempel von Somnath in Gujarat geraubt, dann nach Ghazni in Afghanistan geschleppt und später von Mohammed Shah Abdati nach Lahore geschafft. Von dort brachte sie Mahadji Scindia zurück nach Ujjain.

Chintaman-Ganesh-Mandir

Der Tempel am gegenüberliegenden Ufer des Shipra soll ziemlich alt sein. Die kunstvoll gemeißelten Säulen der Versammlungshalle reichen bis in die Zeit der Paramaras zurück.

Mahgalnath-Mandir

Nördlich der Stadt, dort wo der Shipra und der Khilchipur zusammenfließen, befindet sich ein Shiva-Tempel mit einem heiligen Banyanbaum, den Parvati gepflanzt haben soll. Unter den Moguln wurde der Baum gefällt und zugeschüttet, doch bahnte er sich bald den Weg zurück ins Leben. Pilger binden Schnüre um die Äste, um der Erfüllung ihrer Wünsche auf die Sprünge zu helfen, etwa wenn es darum geht, kinderlosen Frauen eine Schwangerschaft zu bescheren.

GHATS

Am besten kommt man im Morgengrauen oder in der Dämmerung, wenn die Hindu den Tag mit Gebeten einrahmen. Das größte Ghat ist das **Ram Ghat** nicht weit vom Harsiddhi-Mandir entfernt.

VEDH-SHALA (STERNWARTE)

Die **Sternwarte** (Jantar Mantar; Eintritt 2 Rs; ⌚ Sonnenaufgang–Sonnenuntergang) wurde um 1730 von Maharadscha Jai Singh an derselben Stelle wie das erste wissenschaftliche Observatorium Indiens gebaut. Ujjain ist seit dem 4. Jh. v. Chr. Indiens Greenwich – der erste Längengrad verläuft mitten durch die Stadt. Auf dem Gelände sind Instrumente zu sehen, mit denen man für astrologische Vorhersagen die Lage der Himmelskörper bestimmt. Die Instrumente ähneln denen in den Jantar Mantars von Jaipur und Delhi. Hobbyastronomen können die Ephemeriden (Tafeln mit Sternkonstellationen) für ein ganzes Jahr im Observatorium kaufen.

KALIADEH-PALAST

Im Norden steht auf einer Insel im Shipra der **Wasserpalast** der Mandu-Sultane. Er wurde 1458 von Nasir-ud-din Khilji errichtet. Das Wasser vom Fluss wird über 52 Becken in und um den Palast geleitet, was stets für ein kühles Lüftchen sorgt. Der Zentralbau ist ein gutes Beispiel für die persische Architektur. Mit dem Niedergang der Mandus zerfiel auch der Palast, bis er 1920 durch Madhav Rao Scindia restauriert wurde.

Schlafen

Billige Hotels reihen sich in der Subhash Rd. wie auf einer Perlenkette aneinander. Wenn die Feste toben, sind sie oft ausgebucht: Ohne Reservierung geht dann nix!

Yatri Niwas (☎ 2511398; B 70 Rs, Zi. 390 Rs) Das Budgethotel von MP Tourism liegt etwa einen Kilometer südlich vom Uhrenturm an der LB Shastri Marg. In der ruhigen und sehr günstigen Budgetunterkunft gibt's die meisten Betten in Schlafsälen, in den häufig Gruppen zu Gast sind. Die vier Doppelzimmer (das beste ist Nr. 204) haben einen Balkon und ein eigenes Bad mit unterschiedlichen Klotypen. Wer in den Schlafsälen übernachtet, muss das Gemeinschaftsbad mit Plumsklo benutzen.

Hotel Vikram (☎ 2562220; Subhash Rd; Zi. mit Gemeinschaftsbad 50 Rs, EZ/DZ mit eigenem Bad & Plumsklo 100/150 Rs, Zi. mit Klimaanlage 1100 Rs; Internet 30 Rs/Std.; ❄ 💻) Ein ganz passables Hotel mit superbilligen Zimmern, die nichts für Gäste mit Platzangst sind. Je mehr man für ein Zimmer hinlegt, desto geräumiger geht's zu; außerdem gibt's dann auch TV. Wenn sich der ohrenbetäubend laute Generator vor der Tür irgendwann einmal ausschalten sollte, wird er einen tauben Rezeptionisten zurücklassen.

Hotel Rama Krishna (☎ 2557012; Subhash Rd; EZ/DZ mit Plumsklo 240/330 Rs, mit TV & Klimaanlage 540/560 Rs; ❄) Die als Hotel RK ausgeschilderte Unterkunft, ist etwas sauberer und geräumiger als seine Nachbarn. Die nicht-klimatisierten Zimmer sind die bessere Wahl, da sie die sonst ausliegenden muffigen,

WICHTIGE ZUGVERBINDUNGEN AB UJJAIN

Ziel	Zugnummer & Name	Preis (Rs)	Dauer (Std.)	Abfahrt
Delhi	9367 *Malwa Exp*	221/620/991	17¾	14.30 Uhr
Jaipur	9775 *Bangalore–Jaipur Exp*	157/442/707	8½	22 Uhr (1)
Jaipur	2967 *Chennai–Jaipur Exp*	157/442/707	8½	22 Uhr (2)
Jaipur	2983 *Bilaspur–Jaipur Exp*	157/442/707	8½	22 Uhr (3)
Mumbai	2962 *Avantika Exp*	221/620/991	15	17.25 Uhr
Varanasi	9167 *Sabarmati Exp*	270/757/1212	29	6 Uhr

(1) Fr & So; (2) Mo, Mi & Sa; (3) Di

schmuddeligen Teppichböden nicht haben. Zimmer 115 dürfte das beste sein.

Hotel Grand Tower (☎ 2553699; 1 Vikram Marg; hotelgrandtower@sancharnet.in; EZ/DZ 500/600 Rs, mit Klimaanlage ab 700/900 Rs; ❄) Das Grand Tower liegt praktischerweise mitten in der Innenstadt gleich beim Bahn- und Busbahnhof. Die Zimmer sind wirklich angenehm und unterscheiden sich etwas in Deko und Größe. Zimmer 109 trumpft mit seiner helle Holzeinrichtung auf. Das Restaurant Zharokha die Treppen runter soll in Kürze durch ein Dachrestaurant ergänzt werden.

Essen

Nauratna Restaurant (Hotel Shipra; Gerichte 25–50 Rs; 🕒 6.30–22.30 Uhr; ❄) Das Shipra hat einen tollen Koch. Wer's etwas süßer mag, sollte das Navratan Curry probieren (45 Rs).

Zharokha (Hotel Grand Tower, 1 Vikram Marg; Gerichte 40–60 Rs; 🕒 7–23 Uhr) Vegi-Restaurant mit gemischter Küche aus allen Regionen Indiens. Eine Spezialität sind die Gerichte aus dem Punjab und Kaschmir, die früher für Royals zubereitet wurden. Die Speisekarte beschreibt die Herkunft eines jeden Gerichts und welcher Blaublüter es am liebsten aß.

Nordwestlich vom Uhrenturm gibt's eine Reihe von Imbissbuden, die Eis, Snacks und Säfte verkaufen.

An- & Weiterreise

BUS

Busse fahren regelmäßig nach Indore (25 Rs, 2 Std.). Sie sind schneller unterwegs als der Zug. Wer nach Mandu will, muss in Indore umsteigen. Ein Bus fährt nach Bhopal (78 Rs, 5 Std., 15 Uhr). Auch dorthin kann man in Indore umsteigen. Nachts geht außerdem noch ein Bus nach Kota in Rajasthan (215 Rs, 11 Std., 6.30 Uhr).

Unterwegs vor Ort

Am besten lässt man sich in einer Autorikscha zu den Sehenswürdigkeiten Ujjains gondeln. Romantiker nehmen stattdessen die von Pferden gezogen *tongas*. Es gibt Ticketschalter am Busbahnhof und am Bahnhof, an denen man im Voraus für Autorikschas zahlen kann. Außerdem bieten sich Tempos an, die alles Sehenswerte mit dem Zentrum verbinden.

INDORE

☎ 0731 / 1 639 040 Ew.

Indore eignet sich gut als Startpunkt für Reisen nach Mandu und Rajasthan oder auch ins östliche Madhya Pradesh. Man sollte es vor allem als Servicepoint betrachten: also E-Mails checken, neue Reiseliteratur anschaffen, Geldgürtel und den eigenen Bauch auffüllen und die nächste Reiseetappe planen.

Orientierung

Die Gleise teilen Indore. Neuankömmlinge sollten am Bahnhof vom Bahnsteig Nr. 1 in Richtung Osten marschieren, in der sich auch die Unterkünfte befinden. Alle Highlights liegen auf der anderen Seite der Schienen.

Praktische Informationen

BUCHLÄDEN

Readers Paradise (Apollo Sq, Racecourse Rd; 🕒 10–21 Uhr) Romane, Zeitschriften, Karten – und Lonely Planets.

INTERNETZUGANG

Cyber Cafe (Devrishi Complex, RN Tagore Rd; 15 Rs/Std.; 🕒 8.30–23 Uhr)

GEPÄCKAUFBEWAHRUNG

Busbahnhof (5 Rs pro Stück/Tag; 🕒 24 Std.)

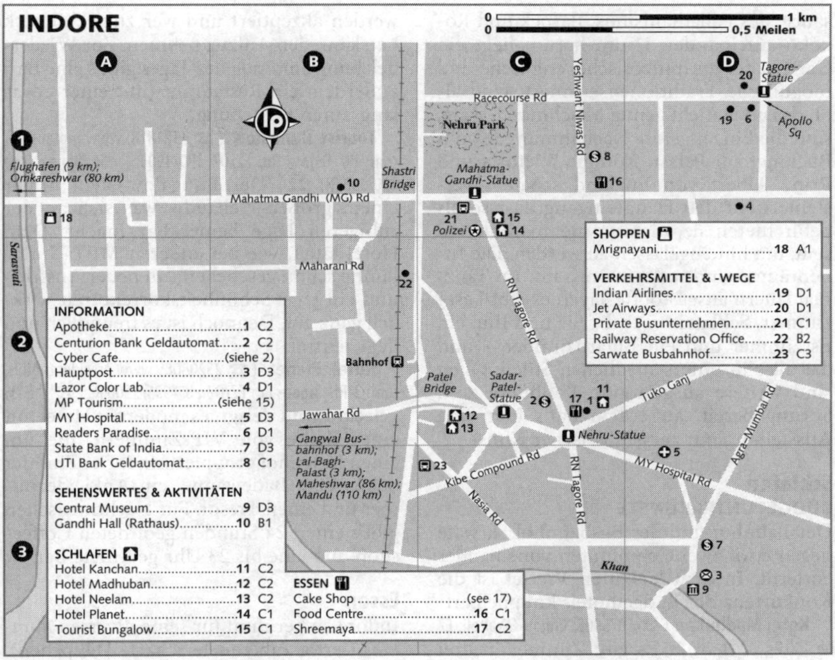

MEDIZINISCHE VERSORGUNG

MY Hospital (☎ 2523801; MY Road).

Apotheke (🕑 24 Std.) Vor dem Krankenhaus in Tuko Ganj.

GELD

Centurion Bank (Devrishi Complex RN Tagore Rd) Geldautomat für MasterCard und Visa.

State Bank of India (☎ 2702736; Agra–Mumbai Rd; 🕑 Mo–Fr 10.30–16.30, Sa 10.30–14.30 Uhr) Löst Reiseschecks ein und tauscht Geld um.

UTI Bank (Yashwant Niwas Rd) Geldautomat für MasterCard und Visa.

FOTOS

Lazor Color Lab (☎ 2520147; 7 MG Rd; 🕑 10–19 Uhr) Filme, Entwicklungen und Abzüge.

POST

Hauptpost (☎ 2700023; Agra–Mumbai Rd; 🕑 Mo–Sa 10–20, So 10–16 Uhr)

TOURISTENINFORMATION

MP Tourism (☎ 2528653; mptourismind@sancharnet.in; Tourist Bungalow, RN Tagore Rd; 🕑 Mo–Sa 10–17 Uhr, jeden 2. und 3. Sa des Monats geschl.) Touristeninformation, Buchungsmöglichkeiten von MPT-Hotel- und Mietwagen.

Sehenswertes

Das **Central Museum** (☎ 2700023; Eintritt Inder/Ausländer 5/30 Rs, Foto/Video 20 Rs; 🕑 Di–So 10–17 Uhr) wurde von Yashwant Rao, Mahardscha der Holkars, 1929 gegründet. Es liegt an einem Schauplatz des Sepoy-Aufstands von 1857. Zu sehen gibt's eine hervorragende Sammlung mit mittelalterlichen und noch älteren Hinduskulpturen aus Madhya Pradesh, außerdem Werkzeuge, Waffen und in Kupfer gestochene Besitzurkunden.

In der herrlich malerischen **Gandhi Hall** (Town Hall; Eintritt frei; 🕑 10–17 Uhr) finden manchmal Veranstaltungen auch statt. Reinschauen sollte man aber so oder so, denn die Zeit ist hier seit der Unabhängigkeit stehen geblieben.

Ca. 3 km südwestlich vom Stadtzentrum entfernt liegt der so europäisch anmutende **Lal-Bagh-Palast** (☎ 2473264; Eintritt Inder/Ausländer 2 Rs, Foto/Video 10/50 Rs; 🕑 Di–So 10–16.30 Uhr), der zwischen 1886 und 1921 erbaut wurde. Am Palast prallen Stilelemente aus der Renaissance, des Palladianismus, Barock und Rokoko aufeinander. Drum herum liegt ein Garten, der an französische, englische und mogulische Traditionen erinnert. Und als ob das noch nicht genug Mischmasch wäre, sind die Eingangstore Nachahmungen vom Buckingham-Palast. Königin Victoria und Prinz Albert von England schauen versteinert auf den Haupteingang, fast so als befürchteten sie, nicht vornehm genug zu sein, um hineingelassen zu werden. Die Innenräume sind recht interessant: Im Tanzsaal lauern ausgestopfte Tiger, es gibt Lesezimmer, Schlafzimmer für Sie und Ihn, ein Esszimmer und ein Billardzimmer – und das alles in unterschiedlichen Stilen. Oben sind weitere ausgestopfte Raubtiere zum Sprung bereit, außerdem hat's hier eine Ausstellung mit zeitgenössischer Kunst.

Schlafen

BUDGETUNTERKÜNFTE

Der Bahnhof und der Busbahnhof Sarwate liegen etwa zwei Gehminuten voneinander entfernt. In dem lebhaften Viertel ist die Konkurrenz der Budgethotels knüppelhart.

Hotel Madhuban (☎ 5075008; Chhoti Gwaltoli; EZ ab 150 Rs, DZ ab 200 Rs) Es gibt Zimmer in drei Kategorien mit bescheidenen Namen: Deluxe, Luxury and VIP. Sie unterscheiden sich in der Größe der Glotze und darin, ob in dieser farbige oder nur Schwarz-Weiß-Bilder flimmern; aber auch die Qualität des Stuhls und die Größe des Zimmers spielen eine Rolle. Egal, auf jeden Fall ist das Madhuban eine gute Wahl.

Hotel Neelam (☎ 2466001; 33/2 Patel Bridge Corner; EZ/DZ ab 180/325 Rs) Sauber, professionell und sein Geld wert. Es gibt einen 24-Stunden-Checkout. Außer im billigsten Zimmer gibt's in allen anderen Luftkühler und Tag und Nacht Heißwasser. Pfennigfuchser müssen stattdessen mit einem irrsinnig rotierenden Ventilator Vorlieb nehmen. In den altersschwachen TVs kann man seine Lieblings-Bollywoodfilme ohne Unterbrechung sehen – das Hotel hat einen Generator.

MITTEL- & SPITZENKLASSEHOTELS

Hotel Kanchan (☎ 2518501; hotelkanchan@yahoo.co.in; Tuko Ganj; EZ/DZ ab 500/650 Rs; ❄) Wahrscheinlich die beste Unterkunft in der mittleren Preislage, mit sauberen, bequemen Zimmern und einer freundlichen, hilfsbereiten Belegschaft. Die wichtigsten Kreditkarten werden akzeptiert und wer zuviel Gepäck hat, kann den Aufzug nehmen. Zur Wiederbelebung am Ende des Tages gibt's eine Bar, außerdem ein Restaurant (mit einer etwas langsamen Bedienung).

Tourist Bungalow (☎ 2521818; www.mptourism.com; RN Tagore Rd; EZ/DZ 390/490 Rs, mit Klimaanlage 490/590 Rs; ❄) Der Bungalow steht hinter einem großen Gebäude, was sich an der ruhigeren Lage bemerkbar macht. Dem Hotel täten, wie bei anderen MPT-Unterkünfte schon geschehen, ein neuer Anstrich und ein paar Schönheitskorrekturen wirklich ganz gut. Dennoch ist es freundlich und liegt zentral.

Hotel Planet (☎ 2520808; www.presidenthotels.com; 3 RN Tagore Rd; EZ/DZ ab 1995/2500 Rs; ❄) Ein gelecktes, gut designtes modernes Hotel mit einer Reihe von VIP-Zimmern, die um einen Innenhof gruppiert sind. Die Zimmer haben eine Badewanne, ein Ankleidezimmer und einen Tresor. Für Nachtmenschen gibt's einen 24 Stunden geöffneten Coffeeshop und eine bis 23 Uhr geöffnete Bar.

Essen

Indore ist berühmt für seine diversen *namkins* (fertig zubereitete scharfe Häppchen). Am besten wird man rund um den Sarwate-Busbahnhof günstig satt. Hier sind Verkäufer mit ihren Gerichten aus ganz Indien vertreten – ob Süßigkeiten, Thalis oder heiße Snacks. Die meisten besseren Hotels haben ein Restaurant.

Shreemaya (12 RN Tagore Rd; Gerichte 45–125 Rs; ⏲ 12–15.30 & 19–23.30 Uhr) Bei allen Altersklassen beliebt. Das Essen ist etwas Besonderes – vielleicht weil es in der Küche eines Viersternehotels geköchelt wird. Zu empfehlen sind die Hühnerspieße. Unten ist ein zwangloseres Café, in dem sich das Jungvolk von Indore die Zeit vertreibt. Hier gibt's Snacks, Pizzas, Dosas, Eis und leckere Kuchen zum Shake oder echten Kaffee.

Food Centre (City Centre Shopping Complex, MG Rd; Gerichte 35–45 Rs; ⏲ 8–22.30 Uhr; ❄) Die geschäftige Cafeteria bietet leckeres südindisches Essen an.

Shoppen

Mrignayani (165 MG Rd; ⏲ Mo–Sa 11–13.30 & 14.30–20 Uhr) Staatlicher Kunsthandwerkshop. Eine der lokalen besonderen Handwerkserzeugnisse sind aus Leder gefertigte Tierfiguren, die ihren Vorbildern aus der Natur sehr ähnlich sehen. Außerdem kann man hier bedenkenlos mit Perlen bestickte Samttäschchen aus Bhopal, Batikmalereien aus Ujjain oder Saris aus Chanderi und Maheshwar kaufen.

An- & Weiterreise

BÜROS VON FLUGGESELLSCHAFTEN

Indian Airlines (☎ 2431595; Dr RS Bandari Marg; ⌚ 10–13.15 & 14.15–17 Uhr)

Jet Airways (☎ 2544590; Vidhyarati Complex, Race Course Rd; ⌚ Mo–Sa 9.30–18 Uhr)

FLUGZEUG

Indian Airlines fliegt via Bhopal (65 US$) nach Delhi (145 US$, 19.35 Uhr) sowie nach Mumbai (100 US$, 18.40 Uhr). Jet Airways hat zwei Flüge nach Delhi (145 US$, 8.25 und 20 Uhr), wobei der morgens in Bhopal (65 US$) zwischenlandet, und zwei nach Mumbai (100 US$, 7.55 und 23.35 Uhr).

BUS

Vom Sarwate-**Busbahnhof** (☎ 2465688) südlich der Patel Bridge fahren regelmäßig Busse nach Ujjain (27 Rs, 2 Std.), Bhopal (86 Rs, 4 Std.) und Omkareshwar Rd (35 Rs, 3 Std.) ab. Daneben gibt's noch einen Nachtbus nach Aurangabad (200 Rs, 13 Std., 21 Uhr) und einen nach Pachmarhi (176 Rs, 12 Std., 21.30 Uhr).

Ein Direktbus geht nach Mandu (45 Rs, 2½ Std., 8 Uhr), Abfaht vom **Busbahnhof** Gangwal (☎ 2380688; Jawahar Rd). Alternativ geht's mit dem Bus nach Dhar (30 Rs, 1½ Std., stündl.) und von dort nach Mandu (15 Rs, 1½ Std., regelmäßig).

Die Busse der privaten Unternehmen fahren in einer kleinen Parallelstraße der MG Rd. ab. Im Angebot sind Nachtbusse mit Schlafgelegenheiten in Richtung Nagpur, also zum Pench National Park (Sitzplatz/Sleeper 400 Rs, 14 Std., 18.30 Uhr), nach Udaipur (Sitzplatz/Sleeper 180/250 Rs, 11 Std., 20 Uhr) und Jodhpur (Sitzplatz 330 Rs, 16 Std., 15 Uhr).

Andere Privatunternehmen fahren von der Jawahar Rd. aus nach Udaipur (Sitzplatz/Sleeper 180/220 Rs, 12 Std., 20 Uhr), Gwalior (Sitzplatz/Sleeper 150/200, 12 Std., 20 & 21 Uhr), Pune (Sitzplatz ohne Klimaanlage/AC Sleeper 350/600, 15 Std., 18.30 und 19 Uhr) und Aurangabad (200 Rs, 10 Std., 20.30 Uhr).

AUTO

Eine Alternative zu den langsamen Öffis nach Mandu, Omkareshwar und Maheshwar sind Taxi und Mietwagen. **MP Tourism** verlangt 5 Rs pro gefahrenen Kilometer (bei mindestens 250 km/Tag). Eine Übernachtung – um die man nicht umhin kommt, wenn man alle drei Orte besuchen will – kostet 250 Rs extra. Fahrer von privaten Taxis vor der Bushaltestelle oder dem Bahnhof machen vielleicht einen besseren Preis.

ZUG

300 m nördlich vom Bahnhof ist das **Railway Reservation Office** (☎ 2541685; ⌚ Mo–Sa 8–20, So 8–14 Uhr).

Unterwegs vor Ort

Der Flughafen liegt 9 km außerhalb der Stadt; Autorikschas verlangen 80 Rs, Taxis 300 Rs. Autorikschas sind in Indore billig (die meisten Fahrten kosten um die 20 Rs), Die Fahrer schalten in der Regel ihr Taxameter ein.

RUND UM INDORE

Omkareshwar

☎ 07280

In Omkareshwar brodelt es nur so, das spirituelle Leben. Der Ort liegt auf einer kleinen Insel, dort, wo Narmada und Kaveri zu-

WICHTIGE ZUGVERBINDUNGEN AB INDORE

Ziel	Zugnummer & Name	Preis (Rs)	Dauer (Std.)	Abfahrt
Bhopal	9303 *Inter City Exp*	247(a)	5	6 Uhr
New Delhi	9367 *Malwa Exp*	200/562/899	19½	12.50 Uhr
Howrah	9305 *Shipra Exp*	409/1149/1838	32½	22.05 Uhr
Mumbai	2962 *Avantiki Exp*	200/562/899	15	15.50 Uhr

(a) Chair Class

sammentreffen. Seit Jahrhunderten strömen Besucher und Pilger hierher. Traveller sind dagegen eher selten. Daher gibt's nur wenige Unterkünfte und gar keine Geldautomaten oder Wechselstellen: also genügend Bargeld mitnehmen.

Omkareshwars Bedeutung rührt von dem *jyothi lingam* her, einem von zwölf in Indien. Er befindet sich im Shiva-Tempel **Shri Omkar Mandhata**. Der höhlenartige Tempel wurde aus dem örtlichen weichen Gestein mit außerordentlicher Liebe zum Detail errichtet – besonders der Fries in den oberen Bereichen ist beeindruckend. Auf der Insel stehen auch noch andere Hindu- und jainistische Tempel, darunter der brahmanische Siddhnath aus dem frühen Mittelalter.

ORIENTIERUNG & PRAKTISCHE INFORMATIONEN

Zwei hohe Fußgängerbrücken verbinden das „Festland" und die Insel Omkareshwar. An beiden Ufern liegen Ghats, außerdem kommt man auch mit einer Fähre (5 Rs) über den Fluss. Der Busbahnhof und die Unterkünfte befinden sich auf dem „Festland", der Tempel Shri Omkar Mandhata auf der Insel. Diese erinnert mit ihren schmalen Gassen und farbenprächtigen Ständen voller Räucherstäbchen, Tikkafarben, Blumen und Kokosnüssen als Opfergaben an Varanasi. Dreimal täglich versammeln sich Menschenmassen im Tempel zur *puja*.

SCHLAFEN & ESSEN

Überall in der Stadt gibt's kleine *dhabas* und Essensstände. Alles ist vegetarisch.

Ganesh Guest House (☎ 271370; Zi. 100–150 Rs) Das Ganesh an der Mamaleshwar Rd. hat mit seinem schattigen Garten und Blick auf die Ghats das Potenzial für einen interessanten Ort. Es ist etwas schwer zu finden; 100 m vor der (älteren) Fußgängerbrücke steht ein Schild.

Tourist Bungalow (☎ 271455; mptourism.com; B 60 Rs, Zi. ohne/mit Klimaanlage 290–590/790–990 Rs; ❄) Die beste Unterkunft liegt auf einem Hügel oberhalb des Basars. Man muss sich also ein paar Kilometer bergauf kämpfen, um die Früchte zu ernten. Dafür gibt's auch ein gutes Restaurant mit Ausblick auf ganz Omkareshwar.

Dewansh Palace (☎ 271345; Zi. mit Plumsklo 200 Rs, mit Klimaanlage 450 Rs; ❄) Das kleine, neue Hotel liegt in einer Seitengasse der Mamaleshwar Rd., gegenüber einem großen Tor im Mogulstil. Die Zimmer sind eng, aber weniger spartanisch als die in den anderen Billigabsteigen.

AN- & WEITERREISE

Drei Busse fahren nach Indore (35 Rs, 3 Std., 9, 10.30 und 12 Uhr), sieben – auf ziemlich halsbrecherischen Straßen – nach Maheshwar (35 Rs, 2¾ Std., zwischen 6.30 und 15.30 Uhr); man kann auch ein Tempo zum Bahnhof an der Omkareshwar Rd. in Barwaha nehmen (10 Rs, 30 Min.) und dort umsteigen.

Maheshwar

☎ 02783

In Maheshwar gibt es uralte Ghats, Tempel und ein thronendes Fort am zeitlos heiligen Narmada. Die Stadt wird unter ihrem alten Namen Mahishmati im Ramayana und Mahabharata erwähnt. Die Holkar-Königin Rani Ahilyabai hat sie Ende des 18. Jhs. wieder wach geküsst. Die meisten der erhabenen Tempel und das Fort stammen aus dieser Zeit.

SEHENSWERTES

Das **Fort** (Eintritt frei; 🕑 7–18.30 Uhr) aus der Holkar-Dynastie beherrscht das Stadtbild Maheswars. Dieses umschließt mehrere gestufte **Tempel** innerhalb der 1,5 km langen Mauern. Das Zentrum des Forts bildet der Maheshwar-Palast. Auf dem Haupthof steht inmitten einer Sammlung rostiger Vorderlader und verstaubter Sänften in einer Vitrine eine Statue von Ahilyabai Holkar (1767–1795), die ehrfürchtig wie ein Schrein verehrt wird. Gleich in der Nähe hat's einen Shiva-Tempel mit goldenem Lingam. Ahilyabai vermachte ihr gesamtes Königreich Shiva – alle späteren Holkar-Herrscher haben unter seinem Namen regiert. Ahilyabai Holkars Geburtstag wird jedes Jahr mit einer Sänftenprozession durch die Stadt und einem Tanz- und Musikfestival gefeiert.

Vom Festungswall aus gibt's einen guten Blick auf den stimmungsvollen Narmada. Von den **Ghats** unten dringen die trauervollen Schläge der Dhobis nach oben. Die Treppen hinunter zu den Ghats führen an zwei spannenden **Tempeln** aus grauem Stein vorbei, die einander gegenüberstehen. In dem einen stehen zwei Kerzentürme, in denen während der Festivals Kerzen entzündet werden. Um den Sockel des anderen Tempels verläuft ein beeindruckender Elefantenfries.

Vor den Tempeln liegt der unscheinbare Eingang zur Kooperative **Rewa Society** (☎ 273203; ⌚ Mi–Mo 10.30–12.30 & 14.30–17.30 Uhr), deren Gewinne in Ausbildung, Wohnraum und Unterstützung von Webern investiert werden. Die Saris aus Maheshwar sind berühmt für ihre einzigartige Struktur und aufwändigen Muster. Man kann den fingerfertigen Webern bei der Arbeit über die Schultern schauen und im Shop der Society einen Sari kaufen. In der Standardlänge kosten sie zwischen 1200 und 5000 Rs abhängig davon, wie viel Baumwolle und Seide verwendet wurde.

SCHLAFEN & ESSEN

Die wenigen Unterkünfte sind großartig.

Narmada Cottages (☎ 273455; Zi. 590 Rs, mit Klimaanlage 790 Rs; ❄) Hat Bungalows in guter Lage außerhalb der Stadt am Ufer des Narmada. Die Unterkünfte liegen auf einem gepflegten Grundstück verstreut. Hier ist's schon ein tolles Erlebnis, am frühen Morgen vor seinem Bungalow zu sitzen und dem Gesang der Vögel zu lauschen. In der Mitte der Anlage steht ein Restaurant, in dem man abends auf dem Rasen ein kaltes Bier schlürfen und ein paar Snacks zu sich nehmen kann.

Ahilya Hotel (☎ 273329, Delhi 011-51551575; www.ahilyafort.com; EZ/DZ mit Vollpension 310/450 US$) Ein historisches Hotel im Fort. Alle Zimmer sind individuell gestaltet und tragen Namen statt Nummern. Sie sind groß, holzgetäfelt, mit alten Möbeln und allerlei Extras ausgestattet. Hier fühlt man sich nicht nur als königlicher Gast – hier wird man auch so behandelt. Der Preis ist inkl. Vollpension. Es ist ratsam, beim Büro in Delhi ein Zimmer im Voraus zu reservieren.

Akashdeep Rest House (☎ 273326; Fort Rd; DZ mit Gemeinschaftsbad 60–200 Rs) Unterkunft gleich beim Forteingang mit sehr einfachen Zimmern für Traveller mit einem kleinen Geldbeutel. Drei der Zimmer liegen unter dem Dach und eignen sich für kühles Wetter. Je weiter unten desto kleiner und billiger sind die Zimmer. Außerdem haben sie dann auch keine Fenster.

Labboos Cafe (Snacks 20–50 Rs; ⌚ 10–20 Uhr) Das Café unterhalb des Forteingangs wurde erst vor Kurzem eröffnet. Hier gibt's Snacks und Thalis. Außerdem werden hier Bootsfahrten auf dem Fluß organisiert. Während der Recherchen haben die Betreiber geplant, hier auch Doppelzimmer im Haupttor des Forts für 700 Rs anzubieten.

AN- & WEITERREISE

Busse fahren nach Indore (40 Rs, 4 Std.) mit Umsteigen in Dhamnod; Busse fahren regelmäßig von Maheshwar über Barwaha (20 Rs, 2 Std.) weiter nach Omkareshwar.

MANDU

☎ 07292 / 8550 Ew. / 634 m

Die einsame Bergfestung von Mandu kommt wie aus einer anderen Zeit daher und ist ein wunderbar friedliches Refugium. Tiefe Schluchten durchschneiden das 20 km² große isolierte Plateau, das durch ein breites Tal vom Hochland im Norden getrennt wird. Hier gibt's die schönsten Beispiele afghanischer Architektur in Indien zu bestaunen. Sie sind noch so gut erhalten, dass sie mehr als nur eine vage Vorstellung davon geben, wie Mandu früher einmal aussah. Vor allem am späten Nachmittag ist's einfach traumhaft, durch die Paläste zu schlendern.

Geschichte

Raja Bhoj gründete im 10. Jh. Mandu als einen befestigten Zuflochtsort. 1304 wurde die Stadt dann von moslemischen Herrschern aus Delhi erobert. Als die Moguln Delhi im Jahre 1401 einnahmen, errichtete der afghanische Gouverneur von Malwa, Dilawar Khan, hier sein eigenes kleines Königreich – Mandus goldenes Zeitalter brach an.

Dilawar Khan etablierte Mandu als unabhängiges Königreich. Doch erst unter seinem Sohn, Hoshang Shah, der die Hauptstadt von Dhar nach Mandu verlegte, entfaltete es seine großartige Pracht. Hoshangs Sohn regierte nur für ein Jahr, bevor er von Mohammed Shah vergiftet wurde, der darauf 33 Jahre lang regierte.

1469 bestieg Mohammed Shahs Sohn Ghiyas-ud-din den Thron. Er widmete sich in den nächsten 31 Jahren Weib und Gesang, bevor er auch er im Alter von 80 Jahren von seinem Sohn Nasir-ud-din vergiftet wurde. 1526 eroberte Bahadur Shah aus Gujarat Mandu. Er konnte sich acht Jahre halten,

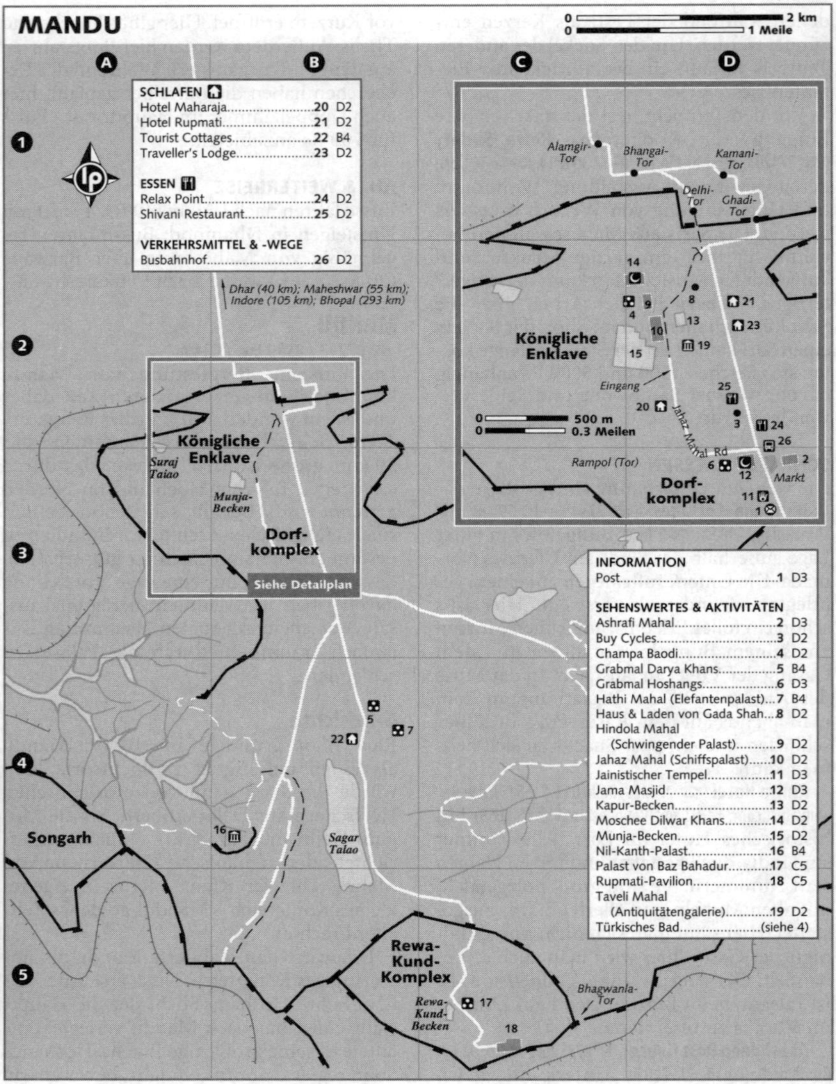

wurde dann aber vom dem Moguln Humayun besiegt. Kaum hatte dieser jedoch Mandu den Rücken zugekehrt, riss ein Offizier der vorherigen Dynastie die Herrschaft an sich. Die Macht wechselte hin und her, bis schließlich 1554 mit Baz Bahadur wieder etwas Ruhe einkehrte. Doch 1561 floh auch er vor Akbars nahenden Truppen.

Nachdem Akbar Mandu seinem Mogulreich einverleibt hatte, bewahrte sich die Stadt trotzdem eine beachtliche Unabhänigkeit – bis sie schließlich von den Marathen eingenommen wurde. Malwas Hauptstadt wurde danach wieder nach Dhar zurück verlegt und Mandu wurde zu einer Geisterstadt.

Orientierung & Praktische Informationen

In Mandu gibt's drei Hotspots. Die **Königliche Enklave**, Mandus beeindruckende Tempelgruppe, liegt an der nördlichen Festungsmauer gleich beim Delhi-Tor. Etwa 1 km südlich davon findet sich das Dorf, in dem die meisten Einwohner von Mandu zu Hause sind; die Gebäude hier werden als **Dorfkomplex** bezeichnet. Noch etwas weiter südlich geht's schließlich zum **Rewa-Kund-Komplex**.

Den hervorragenden *Mandu*-Reiseführer vom ASI gibt's im **Taveli Mahal** in der Königlichen Enklave für 20 Rs. Führer, die dort auf Kundschaft warten, berechnen 50 Rs pro Stunde.

In Mandu hat es weder Möglichkeiten Geld zu wechseln noch einen Internetzugang.

Sehenswertes

KÖNIGLICHE ENKLAVE

Die **Ruinen** (Eintritt Inder/Ausländer 5/100 Rs, Video 25 Rs; ⌚ Sonnenaufgang–Sonnenuntergang) gehören zu den viel besuchten Highlights in Mandu.

Jahaz Mahal

Der so genannte Schiffspalast ist das berühmteste Gebäude Mandus. Er wurde auf einem schmalen Landstreifen zwischen den Becken Munja und Kapur gebaut und hat ein kleines Obergschoss, das an eine Schiffsbrücke erinnert. Die Grundfläche misst 120 m in der Länge und nur 15 m in der Breite. Ghiyas-ud-din ließ den Jahaz Mahal mit Ausgucken, Bogengewölben, luftigen Räumen und den wunderschönen Becken für seinen Harem errichten, in dem angeblich 15 000 Frauen den Herrscher umgarnten.

Taveli Mahal

Gleich südlich vom Jahaz Mahal liegt der Taveli Mahal, den jetzt der ASI als **Antiquity Gallery** (⌚ Sa–Do 9–17 Uhr) nutzt. Unter den Ausstellungstücken findet man Bildnisse aus Stein und Fragmente von Geräten und Behältern, die in der Umgebung gefunden wurden.

Hindola Mahal

Nördlich von Ghiyas staatlichem Freudenpalast kommt man zum **Hindola Mahal**. Der Palast hat schiefe Wände, die dem Gebäude einen schwankenden Eindruck verleihen. Dies hat dem Mahal den Spitznamen „schwingender Palast" eingebracht. Die große Rampe am Nordende des Gebäudes wurde angeblich so konstruiert, dass der Herrscher auf einem Elefanten hochreiten konnte.

Haus & Laden von Gada Shah

Das Haus liegt innerhalb der Enklave, der Laden außerhalb zur Straße hin, die zum Delhi Gate führt. Der Bau wirkt – obwohl ohne Dach und zum Teil schon zerfallen – wie ein Palast. Größe und kunstvolle Ausstattung der Innenräume lassen erahnen, wie reich und mächtig der Ladenbesitzer gewesen sein muss. Dieser lagerte in dem Gebäude Safran und Moschus; beides importierte und verkaufte er mit beachtlichem Gewinn – offensichtlich noch zu einer Zeit, in der es hier genügend Reiche gab, die sich dies leisten konnten.

Moschee Dilawar Khans

Schräg gegenüber vom Hindola Mahal steht eines der ältesten islamischen Gebäude Mandus. Es wurde 1405 von Hoshangs Vater errichtet. Der nach vorn offene Säulengang mit Flachdach und Innenhof ist stark beeinflusst von der Hinduarchitektur.

Türkisches Bad & Champa Baodi

Nordwestlich vom Hindola Mahal steht **Champa Baodi** (Baoli), ein interessanter Stufenbrunnen mit unterirdischen kühlen Räumen. Daneben befindet sich ein *hammam*, dessen Kammern mit Kanälen ausgestattet sind, die heißes und kaltes Wasser liefern; außerdem gibt's eine Dampfsauna, die durch ein Hypokaustum erhitzt wird. Das Kuppeldach ist von Sternen und Achtecken durchbrochen.

DORFKOMPLEX

Jama Masjid

Die riesige und solide gebaute **Moschee** (Eintritt frei; ⌚ 8.30–17.30 Uhr) wurde 1454 errichtet; noch heute dominiert sie das Dorf von Mandu. Sie gilt als eines der schönsten Beispiele afghanischer Architektur Indiens. Ein Kontrast dazu bildet die „Kanzel" des Imam, die deutliche hinduistische Verzierungen aufweist. Der Bau wurde durch Hoshang Shah begonnen, als Vorbild diente die große Omaijaden-Moschee in Damaskus. Die nicht mehr verwendete Moschee umfasst einen 80 m² großen Hof. Heute bedeckt diesen ein riesiger See aus Gras, in dem sich Eichhörnchen gegenseitig um die Säulen der Gebetshalle jagen.

Grabmal Hoshangs

Gleich hinter der Moschee liegt das imponierende **Grabmal Hoshangs** (Eintritt Inder/Ausländer 5/100 Rs, Video 25 Rs; ⌚ Sonnenaufgang–Sonnenuntergang), der 1435 starb. Der zentrale quadratische Bau hat einen doppelbögigen Eingang und wird von einer massiven und vier kleineren Kuppelbauten gekrönt. Das Grabmal, das angeblich Indiens erster Marmorbau ist, wird von der Rückseite aus durch einen Kuppelvorbau betreten. Licht fällt durch die steinenern Jalis und wirft Schatten geisterhaft auf die sechs Gräber im Innern. In einer Inschrift ist zu lesen, dass Shah Jahan 1659 seinen Architekten Ustad Hamid hierher geschickt hat. Dieser soll den Bau als Vorlage für den Taj Mahal genau studiert haben – was so aber nicht ganz stimmen kann: Denn der Taj Mahal war schon einige Zeit vor seinem Besuch fertig gestellt.

Ashrafi Mahal

In der Ruine war ursprünglich eine Madrasa (Islamhochschule) untergebracht. Später wurde sie von ihrem Erbauer, Mohammed Shah, zu dessen Grabmal erweitert. Das viel zu ehrgeizige Bauwerk ist in sich zusammengefallen. Und auch die siebenstöckige, runde Siegessäule, die Mohammed Shah aufstellen ließ, ist eingestürzt. Dafür steht bis heute die große Treppe zum Eingang des hohlen Gerippes.

JAINISTISCHE TEMPEL

Die Tempel in diesem Komplex sind reich mit *tirthankars* aus Marmor, Silber und Gold verziert, manche haben leuchtende Augen aus Jadesteinen. Hinter dem Tempel befindet sich ein jainistisches Museum, das ein wenig an einen Freizeitpark erinnert. Zu sehen gibt's einen begehbaren Nachbau von Shatrunjaya, dem Bergtempelkomplex bei Palitana in Gujarat, und Wandmalereien mit kitschigen jainistischen Legenden. Bären verschlingen Menschenarme, Krokodile zermalmen Köpfe und Dämonen sägen einen armen Sünder der Länge nach entzwei. Eine besonders detaillierte Malerei zeigt die fürchterlichen Folgen, die auf Trinker und Fleischesser warten: Ein beschwipstes Raubtier liegt auf der Straße, Hunde pinkeln es an.

REWA-KUND-KOMPLEX

Etwa 4 km südlich vom Dorfkomplex befindet sich hinter dem großen Sagar Talao der **Rewa-Kund-Komplex** (Eintritt Inder/Ausländer 5/100 Rs, Video 25 Rs; ⌚ Sonnenaufgang–Sonnenuntergang).

Palast von Baz-Bahadur

Baz Bahadur war der letzte Herrscher, der frei über Mandu bestimmte. Sein um 1509 erbauter Palast steht neben dem Rewa-Kund-Becken, aus dem Wasser mit einem Lift zur Nordseite des Palasts transportiert werden konnte. Der Palast vereint architektonische Stile aus Rajasthan und der Moguln und war fertig gestellt, bevor Baz Bahadur an die Macht kam.

Rupmati-Pavillon

Auf einem Felsvorsprung, der über einen Abgrund und die Ebene unter ihm hinausragt, steht der Pavillon der Rupmati. Legenden aus Malwa beschreiben sie als wunderschöne indische Sängerin. Mit dem Bau des Pavillons überredete Baz Bahadur sie, ihre Heimat in der Ebene zu verlassen. Von ihrer Terrasse und mit Kuppeldächern verzierten Pavillons aus konnte Rupmati auf den Narmada (heute gestaut) sehen, der sich einst durch die weit unter ihr liegenden Ebenen schlängelte.

Die perfekte Kulisse für eine märchenhafte Romanze? Eigentlich schon, doch das Happy End blieb aus. Akbar, so heißt es, soll auch von Rupmatis Schönheit gelockt den Ehrgeiz entwickelt haben, Mandu zu erobern. Kurz bevor Akbar über das Fort hinwegrollte, floh Baz Bahadur – ohne Rupmati, die ließ er mit Gift zurück.

Tipp: Für ein Höchstmaß an Romantik sollte man bei Sonnenuntergang und leichter Brise oder bei Vollmond hierher kommen. Aber auf keinen Fall eine Taschenlampe vergessen, da der Rückweg so seine Tücken hat.

GRABMAL DARYA KHANS & HATHI MAHAL

Beide liegen östlich der Straße zwischen Rewa Kund und Dorfkomplex. Der **Hathi Mahal** hat gewaltige Säulen, die wie Elefantenbeine aussehen und den Kuppelbau stützen: daher der Name „Elefantenpalast".

Nicht weit davon liegt das **Grabmal Darya Khans**, das früher einmal mit aufwändigen Mustern aus Mosaiksteinen verziert war.

NIL-KANTH-PALAST

Der Palast an der Spitze einer Schlucht im Südwesten liegt einige Treppenfluchten unterhalb der Straße. Er ist nach einem früheren Shiva-Schrein benannt, wie der Name – Gott mit der blauen Kehle – vermuten lässt. Einer von Akbars Gouverneuren ließ ihn über einen herabstürzenden Strom errichten, um etwas von der kühlen Brise abzubekommen, die der Fluss durch seine Windungen und Wellenbewegungen in den Kanälen aufwirbelte. Eine persische Inschrift berichtet, wie begeistert davon Akbar bei einem Besuch war.

Schlafen & Essen

Mandu hat nette Unterkünfte. Und das ist auch gut so – denn schnell wird hier aus ein paar Tagen Aufenthalt eine ganze Woche.

Hotel Maharaja (☎ 263288; Jahaz Mahal Rd; EZ/DZ 100/200 Rs) Die Unterkunft gehört dem Bürgermeister von Mandu, der gleichzeitig auch Touristenführer ist. Das beste Budgethotel vor Ort hat einfache, aber saubere Zimmer mit Plumsklos; die Zimmer sind in L-Form um einen großen Garten angeordnet. Es gibt ein Restaurant. Das Hotel wird gerade renoviert und wird in Zukunft auch klimatisierte Zimmer anbieten.

Hotel Rupmati (☎ 263270; Zi. ohne Klimaanlage 450 Rs, mit Luftkühler 550–650 Rs, mit Klimaanlage 800 Rs; Gerichte 35–80 Rs; ❄) Die schön gestalteten Gärten, in den sogar eine Ruine steht, werten das Rupmati auf. Die Zimmer haben einen Zugang zum Garten und größtenteils auch einen großartigen Ausblick auf die Schlucht hinter dem Gelände. Wenn möglich, Zimmer 108 abgreifen. Im Restaurant werden abwechslungsreiche Speisen aufgetischt, darunter auch jainistische Gerichte ohne Zwiebeln und Knoblauch.

Traveller's Lodge (☎ 263221; EZ/DZ mit heißem Wasser 490/590 Rs) Die Lodge liegt in einem armseligen Garten und ist die Billigoption von MP Tourism. Die Zimmer sind o.k. und haben sogar einen kleinen Ankleideraum. Am besten sind die Zimmer, die nach hinten führen: Die haben einen Balkon mit schöner Aussicht.

Tourist Cottages (☎ 263235; EZ/DZ ab 490/590 Rs, mit Klimaanlage 950/1050 Rs; Gerichte 25–50 Rs; ❄) Schöner Garten und eine gute Lage am Sagar Talao. Die meisten Zimmer sind freistehende Bungalows. Die mit Nummern um die 25 liegen am See. Die Zimmer sind geräumig und haben Luftkühlung oder Klimaanlage. Essen gibt's im Freiluftrestaurant, in dem auch Besucher was zu Essen bekommen.

Shivani Restaurant (Gerichte 20–45 Rs; 🕑 8–22 Uhr) Das beste von einem Hotel unabhängige Restaurant von Mandu serviert ein unglaublich grandioses Frühstück (*paratha*, Quark und Pickles), außerdem gibt's Vegi-Gerichte, Tandoori und Pizza. Die Bedienung ist gut und freundlich. Und wer in letzter Zeit in seinem Leben etwas vermisst hat, sollte in den Kühlschrank gucken – es gibt Schokolade!

Relax Point (Gerichte 20–30 Rs; 🕑 7.30–22 Uhr) Das Relax ist ein Laden, in dem es so ziemlich alles gibt – auch Einfaches wie z. B. ein vegetarisches Gericht und Chapati (ungesäuertes Brot). Im Kühlschrank wartet immer eine erfrischende Limca.

Tipp: Auf dem Markt werden auch die grünen, harten Samen des Affenbrotbaums verkauft. Die Einheimischen finden sie super, auch wenn sie ein bisschen wie süßsaure Kreide schmecken. Mandu ist einer der wenigen Orte Indiens, an denen es Affenbrotbäume gibt – der rundliche, graue Baum sieht aus, als sei er verkehrt herum mit den Wurzeln nach oben in die Erde gepflanzt worden.

An- & Weiterreise

Drei Busse fahren nach Indore (45 Rs, 3½ Std., 9, 12 und 15.30 Uhr), in der Gegenrichtung muss man jedoch in Dhar umsteigen. Nach Maheshwar geht's nur mit dem Taxi (600 Rs).

Wer nach Bhopal möchte, sollte den 9-Uhr-Bus nach Indore nehmen und dort in ein Flugzeug, einen Bus oder einen Zug nach Bhopal umsteigen. Die Busse halten in der Nähe der Jami-Masjid-Moschee.

Man kann auch ein Auto mieten (s. S. 699).

Unterwegs vor Ort

Das flache Terrain erkundet man am besten auf dem Drahtesel – die Luft ist sauber und die Landschaft erfrischend schön. **Buy Cycles** (Fahrrad 30–40 Rs/Tag) und seine zwei Konkurrenten beim Shivani vermieten Fahrräder.

In Mandu gondeln ein paar Autorikschas durch die Gegend, die für Touren von drei bis vier Stunden gemietet werden können (150 Rs).

ÖSTLICHES MADHYA PRADESH

JABALPUR

☎ 0761 / 1 117 200 Ew.

Vor allem die großartige Marmorfelsenschlucht am Narmada macht Jabalpur bekannt. Es ist aber auch ein Verkehrsknotenpunkt und eine geeignete Location, um vor dem Abtauchen in den Dschungel der Nationalparks von Kanha and Bandhavgarh Bargeld zu besorgen. Jabalpur ist eine große, saubere Stadt, die auf jeden Fall den Preis für die gepflegteste Stadt Madhya Pradeshs bekäme – wenn es ihn denn gäbe.

Praktische Informationen

Agrawal (☎ 2411056; Russell Chowk; 🕒 10–22 Uhr) Brennt auch CDs von der Digitalkamera; Fotoabzüge.

Cyber Estate (20 Rs/Std.; 🕒 9–22 Uhr) Internetcafé in der Nähe von Jackson's Hotel.

Medical College Hospital (☎ 2677690; Nagpur Rd) Mit 24-Std.-Apotheke.

MP Touristeninformation (☎ 2677690; Bahnhof; 🕒 Mo–Sa 7–20, So 9–15 Uhr) Bucht Unterkünfte und Autos von MP Tourism und erteilt Informationen.

Post (Residency Rd; 🕒 Mo–Fr 9–17, Sa 10–14 Uhr)

State Bank of India (☎ 2627336; South Civil Lines; 🕒 Mo–Fr 10.30–16.30, Sa 10.30–13.30 Uhr) Wechselt Reiseschecks und Bargeld. In der Bahnhofshalle gibt's auch einen Geldautomaten, der MasterCard und Visa akzeptiert.

Universal Book Service (☎ 2310591; 718 Karamchand Chowk; 🕒 10–21 Uhr) Romane, Sachbücher und ein paar Titel von Lonely Planet.

Sehenswertes & Aktivitäten

RANI DURGAVATI MUSEUM

Westlich von der Russell Chowk liegt das **Museum** (Eintritt Inder/Ausländer 5/30 Rs, Foto/Video 20/50 Rs; 🕒 Di–So 10–17 Uhr) mit einer vielfältigen Sammlung von Stücken aus dem 10. und 11. Jh., die im Distrikt Jabalpur gefunden wurden. Im Obergeschoss sind Briefe und Fotos zu sehen, die mit Mahatma Gandhi zu tun haben. Modelle und Fotos bringen Besuchern die Kulturen der indigenen Völker näher.

SEAWORLD

Rund 8 km außerhalb der Stadt liegt ein **Badekomplex** (☎ 5017601; Bhedaghat Rd; Eintritt Erw./Kind90/72 Rs; 🕒 10–19 Uhr;) mit Außenrutschen und mehreren Becken für viel Fun im kühlen Nass, wenn die Sonne mal wieder zu sehr brennt. Badesachen sind im Gepäck unnötiger Ballast. Man muss ohnehin welche mieten, mit denen alle verführerischen Körperpartien sittsam bedeckt werden müssen. Die Tempos zu den Marmorfelsen fahren an der Abzweigung zur Seaworld vorbei.

Schlafen

Das bekannte Jackson's Hotel wurde zum Zeitpunkt der Recherchen renoviert.

Hotel Rahul (☎ 2625525; EZ/DZ ab 125/175 Rs, Luftkühler 30 Rs) Kurz: einfach, sauber und billig. Luftkühler kosten extra und jedes Stockwerk hat eigene Preise. Einige Bäder haben nur Plumsklos. Das Hotel liegt gegenüber dem Jyoti Cinema.

Hotel Mayur (☎ 2310035; Malviya Chowk; EZ/DZ ab 175/225 Rs, mit Klimaanlage ab 325/375 Rs;) Das Mayur liegt wenige Schritte vom Busbahnhof entfernt. Die Fassade ist schmal, daher läuft man schnell einmal dran vorbei. Zimmer mit dem gleichen Preis bieten unterschiedlichen Komfort: also mehrere anschauen. In den billigen gibt es nur eine Hocktoilette.

Hotel Vijan Palast (☎ 5063310; Karamchand Chowk; EZ/DZ ab 300/350 Rs, mit Klimaanlage 550/650 Rs;) Das Vijan liegt versteckt in einer Seitengasse der Vined Talkies Rd. Es hat Zimmer in der Budget- und mittleren Preisklasse. Es gibt Zimmerservice und heißes Wasser rund um die Uhr sowie einen 24-Stunden-Checkout. Die billigen Zimmer haben ein Plumsklo. Die nichtklimatisierten Luxuszimmer sind die besten – nach Nr. 138 fragen.

Hotel Kalchuri (☎ 2678491; Residency Rd, Civil Lines; EZ/DZ 590/690 Rs, mit Klimaanlage 790/890 Rs;) Das Hotel könnte sehr dringend eine Renovierung gebrauchen, in deren Genuss andere Unterkünfte des MP Tourism schon gekommen sind. Dennoch ist das Preis-Leistungs-Verhältnis o.k. Vor allem die Lage am Bahnhof ist ein Pluspunkt für alle, die spät ankommen oder früh weiterfahren.

Samdariya (☎ 2316800; www.samdariyahotel.com; Russell Chowk; EZ/DZ mit Frühstück ab 1100/1350 Rs;) Das Samdariya kann von der Russell Chowk zu Fuß erreicht werden; es

liegt in einer ruhigen Seitenstraße. Die Zimmer im großen, freundlichen Hotel sind alle gleich. In den teureren gibt's einen Kühlschrank, kostenlose Cookies und eine Badewanne. Wer darauf verzichten kann, sollte eines der billigeren Zimmer wählen. Das Hotel vermietet Autos, hat einen großen Swimmingpool (für Nichtgäste 150 Rs), eine Sauna, Health Club und einen Tag und Nacht geöffneten Coffeeshop.

Essen & Ausgehen

Hira Family Restaurant (Gerichte 40–75 Rs; ⌚ 8–23 Uhr) Hier gibt's mehr als die übliche Auswahl an Currys. Das Hira ist ein modernes, helles Restaurant, das sogar vegetarische Burger und Pizzen anbietet. Eine Mahlzeit beginnt mit den leckeren eingelegten Zwiebeln und Häppchen und endet mit einer Schale zum Finger waschen.

Amrapali Restaurant (Hotel Sidharth; Russell Chowk; Gerichte 40–75 Rs; ⌚ 7–23 Uhr) Mit einer guten Auswahl an leckeren Gerichten. Auf der riesigen Speisekarte stehen indische und chinesische Essen. Das Amrapali ist schön eingerichtet, hell und erinnert gar nicht an die üblichen düsteren Kellerrestaurants von Hotels.

Manohar (⌚ 9–23 Uhr) Gegenüber vom Jyoti Cinema; im Manohar gibt's Süßigkeiten und Gebäck.

Indian Coffee House (Malawya Marg; Snacks ab 15 Rs; ⌚ 8–23 Uhr) Die übliche günstige und gute vegetarische Küche.

WICHTIGE ZUGVERBINDUNGEN AB JABALPUR

Ziel	Zugnummer & Name	Preis (Rs)	Dauer (Std.)	Abfahrt
Delhi Nizamuddin	1449 *Mahakoshal Exp*	282/792/1268	15½	15.55 Uhr
Jalgaon (a)	1028 *Tilak Exp*	198/555/888	11	23.45 Uhr
Mumbai (Bombay)	2321 *Howrah–Mumbai Mail*	290/816/1305	17½	17.50 Uhr
Pipariya (b)	3201 *Tilak Exp*	84/236/417	2¾	16.05 Uhr
Satna (c)	2322 *Mumbai–Howrah Mail*	88/246/426	3	13.50 Uhr
Umaria (d)	8233 *Narmada Exp*	84/236/417	4½	6 Uhr
Varanasi	1027 *Gorakhpur Exp*	185/519/830	11¼	1.10 Uhr

(a) zu den Höhlen von Ajanta & Ellora; (b) nach Pachmarhi; (c) nach Khajuraho; (d) zum Bandhavgarh National Park

Yogi Bar (Vined Talkies Rd; Gerichte um die 40 Rs; ⌚ 10–23 Uhr) Eine schummrige, aber beliebte düstere „Höhle", in der sich plaudernde Menschen rumdrücken, *chaat* (Snacks) knabbern und ihr Bier runterspülen. Es gibt keine Speisekarte: also fragen, was es zum Essen gibt.

An- & Weiterreise

BUS

Busse fahren nach Varanasi (197 Rs, 10–12 Std., 7 und 16 Uhr), Raipur in Chhattisgarh (142 Rs, 12 Std., 6 und 14 Uhr); Zwischenstopps gibt's in Kawardha (87 Rs, 7 Std.) und zum Kanha National Park (62 Rs, 5½ Std., 7 und 11 Uhr).

Unterwegs vor Ort

Die meisten Budget- und Mittelklassehotels liegen höchstens zehn Gehminuten von der Bushaltestelle entfernt. Für 20 Rs kommt man mit einer Fahrradrikscha zu fast jedem Punkt in der Stadt.

Tempos zu den Marmorfelsen (8 Rs) fahren von der Tempo-Haltestelle in der Civic Centre Rd. ab, die etwa 700 m hinter dem Busbahnhof auf der anderen Seite der Bahngleise liegt.

RUND UM JABALPUR

Madan Mahal Fort

Nach etwa 6 km zweigt von der Straße zu den Marmorfelsen nach links ein Weg ab, der hinauf zum **Madan Mahal** führt, einem Fort aus dem frühen 11. Jh. Übrig geblieben ist einer kleiner Wachturm, der auf einem riesigen Felsblock oben auf einem Gipfel hockt. Von hier aus hat man einen weiten, sehr schönen Blick hinaus auf die felsige Landschaft.

Auf dem Weg zum Fort kommt man an einem **„balancierenden" Felsen** vorbei, der wackelig auf einem anderen aufsitzt und den Eindruck macht, als würde ein Nieser ihn zu Fall bringen.

Marmorfelsen

Die unter den Einheimischen als Bhedaghat bekannte **Schlucht** des Narmada liegt 22 km westlich von Jabalpur. Die strahlend weißen – und manchmal auch rosa, braunen oder schwarzen – Felswände ragen senkrecht aus dem klaren Wasser in die Höhe. Übrigens sind sie nur dem Namen nach aus Marmor, in Wirklichkeit bestehen sie aus Magnesium haltigem Kalkstein. Trotzdem: Besonders bei Mondschein bieten sie einen beeindruckenden Anblick. Nachts werden einige Abschnitte angestrahlt.

Durch die 2 km lange Schlucht schippert man entweder in einem **Sammelruderboot** (Anlegestelle Panchvati Ghat; 21 Rs; ⌚ 1. Okt.–30. Juni, Sonnenaufgang–Sonnenuntergang) oder in einem gemietet Boot, das man für sich allein hat. Die Fahrt stromaufwärts führt an von der Natur geformten Klippen vorbei. Kaum einer wird nicht beeindruckt sein. Das Ganze wird von einem untersamen Kommentar in Hindi untermalt. Wenn jemand übersetzt, erfährt man, auf welcher Klippe ein Star eines Bollywoodstreifens gesungen hat.

Der Wasserfall **Dhuandhar** (Smoke Cascade) liegt 2 km von der Anlegestelle entfernt und ist nur durch einen lohnenswerten Fußmarsch bergauf zu erreichen. An der Strecke liegt **Chausath Yogini**, ein Rundtempel mit beschädigten alten Skulpturen der 64 *Yoginis* (Dienern der Göttin Kali).

Das **Shagun Resort** (☎ 2830333; Zi. 400 Rs) an der Straße zum Dhuandhar-Wasserfall ist die beste Unterkunft mit luftgekühlten Zimmern um einen angenehm schattigen Garten. Das **Marble Palace** (☎ 2830443; Bhedaghat; Zi. ab 300 Rs) ist ein Budgethotel im Dorf, in dem es auch zahlreiche billige Cafés gibt.

PENCH TIGER RESERVE

☎ 07695

Im 758 km² großen Pench Tiger Reserve in den südlichen Satpura Hills warten auf Naturbegeisterte Teakwald, Mischregenwald und offenes Grasland. Hier laufen einem Axishirsche, Nilgauantilopen und Schakale häufiger über den Weg, Leoparden, Faultiere, Hyänen, Gaur und die wahrscheinlich rund 50 Tiger sind etwas scheuer. Außerdem gibt's im Pench zahlreiche Vogelarten, sodass der Park ein Zentrum für Hobbyvogelkundler ist.

Orientierung & Praktische Informationen

Khawasa an der Straße zwischen Nagpur und Jabalpur ist der einzige Ort in der Nähe des Parks, im 80 km entfernten Nagpur gibt's den nächsten Bahnhof. Von Khawasa aus führt eine 12 km lange Piste zu den Unterkünften in Turia. Die nächste Möglichkeit zum Geld wechseln gibt's ebenfalls in Nagpur, in den Geschäften von Khawasa bekommt man nur das Nötigste.

Die Haupteingänge zum **Park** (☎ 223794; www.penchtigerreserve.com; Inder/Ausländer 20/500 Rs, Foto/Video 40/300 Rs, mit obligatorischer Führung 75 Rs, Eintritt mit eigenem Fahrzeug 75, Rs, Miete Jeep 800 Rs; Sonnenaufgang–11 Uhr, 15 Uhr–Sonnenuntergang) liegen 2 km hinter Turia (s. Kasten S. 710).

Schlafen & Essen

Kipling's Court (☎ 232830; kiplingc@sancharnet.in; Zi. 890 Rs, mit Klimaanlage 1390 Rs;) Die freundliche Unterkunft von MP Tourism bietet mehrere Bungalowzimmer auf einem Grundstück mit Buschland; im *machan* (Wachturm) oberhalb der Wasserstelle gibt's auch eine Bar. Die Zimmer sind gut ausgestattet und bequem, wenn auch ein bisschen zu teuer. Mitten drin hat es ein Restaurant, in dem gutes Essen und mit einem kleinen Hinweis vielleicht auch Bier aufgetischt wird.

WESSEN DSCHUNGEL?

Rudyard Kiplings berühmtes *Dschungelbuch* erzählt die spannende Geschichte eines Jungen, der von Wölfen aufgezogen wird. Schon beim Erscheinen des Buchs fragten sich Leser, was Kipling zu der Geschichte angeregt hat und wo genau – wenn überhaupt – sie stattgefunden hat. Kipling hat den Dschungel von Pench vermutlich niemals gesehen. Die Idee zur Figur Moglis war höchstwahrscheinlich von einem Fall inspiriert, von dem 1831 William Henry Sleeman berichtete. Damals wurde ein Wolfsjunge im Distrikt Seoni gefangen – und: Pench liegt in Seoni. Vielleicht verwendete Kipling folgende Bücher für die Recherche zu seiner Geschichte: *Wild Animals of Central India* von Dunbar Brander, RA Strendales *Seonee – A camp life in Satpura Hills* und *Highlands of Central India* von dem Captain Forsyth, der auch Pachmarhi erforschte.

Auch der Khana National Park will Schauplatz des *Dschungelbuchs* gewesen sein. Doch die „Seonee" (Seoni) Hills, die Waingunga-Schlucht, in der Shir Khan sein Ende fand, und das Dorf Kanhiwara liegen alle in der Umgebung von Pench. Als Trostpreis bleibt Kanha, dass zu Kiplings Zeiten die beiden Nationalparks demselben Dschungelgürtel angehörten. Erst durch Abholzung wurden sie voneinander getrennt.

Bagh Van (☎ 232829, Delhi 011-51600006; EZ/DZ mit Vollpension 85/100 US$, Dschungelpaket205/300 US$) Zwölf Bungalows stehen in der absichtlich unberührten Landschaft. Schon von der Veranda aus kann man wilde Tier erspähen. Bagh Van ist das ganze Jahr über geöffnet; während des Monsuns lassen sich Vögel am besten beobachten. Zum Personal gehört ein Naturkundler. Es werden Ausflüge zu Töpferdörfern in der Umgebung und demnächst auch ein 14-tägiger Kurs über den Park und seine Bewohner angeboten.

Pench Jungle Camp (☎ 232817; www.wildlife-camp-india.com; Village Avarghani; Dschungelpaket 100 US$, Miete Jeep 700 Rs/halber Tag) Das Camp liegt in einem in die Landschaft gepflanzten Garten, in dem luxuriöse Zelte an fest stehenden Badezimmern aufgeschlagen werden. Die Zelte haben ein Moskitonetz am Eingang, Luftkühler und ein eignes kleines Garten-

TIGER – KÖNIGE DES DSCHUNGELS

Die vier in diesem Kapitel vorgestellten **Nationalparks** (⌚ 1. Okt.–30. Juni) – **Panna** (S. 677), **Pench** (S. 709), **Kanha** (s. gegenüber) und **Bandhavgarh** (S. 713) – funktionieren nach demselben Prinzip (die jeweiligen Öffnungszeiten s. dort). Tickets gelten morgens und nachmittags; beim Besuch eines zweiten Parks gibt's einen Rabatt von 50 %.

Ein gruselig aufregendes Highlight ist die Begegnung mit einem Tiger, der vielleicht im Gestrüpp in einiger Entfernung lauert oder auf der Straße herumstolziert, auf der man gerade mit dem Auto entlangfährt. Da werden Leoparden und Lippenbären, Wildhunde und Hirsche schon fast zu Nebenakteuren degradiert. Auch schwirren unzählige Vögel und ganze Schmetterlingsschwärme im Dschungel herum.

Die Parkeingänge werden streng kontrolliert. Es sind nur Benziner-Fahrzeuge zugelassen, in manchen Gebieten müssen diese zudem einen Vierrandantrieb haben. Am besten mietet man sich mit anderen Travellern zusammen einen Jeep inklusive eines sachkundigen Fahrers. Der obligatorische Führer, der einen begleitet, sieht oft mehr.

Am wahrscheinlichsten laufen einem die Tiere morgens über den Weg, wenn die Treiber auf ihren Elefanten schon vor einem da waren, um die Tiger aufzuspüren. Informationen über Sichtungen werden an eine zentrale Stelle weitergeleitet, wo auch die Jeepfahrt nach etwa einer Stunde ausklingt. Wenn ein Tiger gesichtet wurde, geht's mit einem „Elefantenshuttle" weiter: Zehn Minuten, manchmal auch mehr, wird sich durchs Gestrüpp bis zur Fundstelle vorgekämpft. Im Pench National Park werden zurzeit keine Elefanten benutzt.

Das Lesen von Erkennungszeichen (Fußspuren), das Aufspüren von Kadavern eines kürzlich gerissenen Tiers, das genaue Lauschen auf die Alarmschreie anderer Tiere sowie Erfahrung und Spürsinn der Experten – all das macht eine erfolgreiche Suche nach Tigern aus. Dass aber auch tatsächlich ein Tiger erspäht wird, kann natürlich niemand garantieren. Auf jeden Fall sollte man nicht gleich nach der Öffnung des Parks am 1. Oktober auf der Matte stehen, sondern stattdessen den Wildhütern zumindest eine Woche Zeit geben, um den ungefähren Aufenthalt der Raubkatzen herauszufinden.

Zwischen April und Juni steigen die Chancen, einen Tiger vors Kameraobjektiv zu bekommen. Dann ist das verdunkelnde Blätterwerk verwelkt und die vertrocknenden Wasserlöcher werden zu den Lieblingsplätzen von Jäger und Beute. Die Monate Mai und Juni sind die wärmsten, nachmittags wird's bis zu 42 °C heiß. Im Dezember und Januar ist es dagegen empfindlich kalt. Nachts fallen die Temperaturen rasch auf Null oder sogar darunter. In diesen Monaten sollte man den Minusgraden angemessene Kleidung mitnehmen, die allerdings genauso wie Sommerklamotten Tarnfarbe haben muss.

Wer bei den oft düsteren Lichtverhältnissen mit einem Teleobjektiv scharfe Bilder schießen möchte, sollte mindestens einen Film mit der Lichtempfindlichkeit ISO 800/30° verwenden.

Schlafen & Essen

Die meisten Privatunterkünfte in den Nationalparks bieten ein Dschungelpaket an. Außer Vollpension gehören dazu eine Tageskarte zum Park inklusive Führung, Jeepmiete und Honorar für einen Naturkundler – nur die Kameragebühren müssen noch extra bezahlt werden. Die meisten Resorts sehen es ganz gern, wenn man im Voraus über ihre Büros bucht – wenn Platz ist, nehmen sie Gäste aber auch spontan auf. Wenn nicht anders vermerkt, sind die Unterkünfte während der Schließungszeiten eines Parks ebenfalls geschlossen.

reich mit einer Veranda und Stühlen davor. Im zugehörigen Freiluftrestaurant gibt's was zwischen die Kiemen.

An- & Weiterreise

Der nächstgelegene mit Bussen erreichbare Ort ist Khawasa. Eine Vielzahl von Bussen zwischen Nagpur (öffentlicher/privater Bus 45/220 Rs, 2/1½ Std.) und Jabalpur (öffentlicher/privater Bus 110/220 Rs, 5/3½ Std.), den wichtigsten Verkehrsknotenpunkten in der Nähe, fahren hier vorbei. Die Privatbusse berechnen immer die gesamte Strecke.

KANHA NATIONAL PARK

☎ 07649 / Tigerbestand 138

In dem wunderschönen Nationalpark findet sich eine abwechslungsreiche Landschaft mit trockenen Laubwäldern, dünn bewaldeten Grasland und zahlreichen Flüssen und Bächen. Er gehört zu den größten Parks in ganz Indien

Der Schutz des Tierbestands wurde zuletzt tatkräftig forciert. Als Folge dessen ist die Zahl der hier lebenden Tiger und Leoparden, der Sambar-, Axis- und Zackenhirsche und Gaur angestiegen. So sollen rund 140 Tiger im Park zu Hause sein.

Orientierung & Praktische Informationen

Der Park liegt 160 km südöstlich von Jabalpur. Er ist 1945 km² groß, davon zählen 940 km² als „Kerngebiet". **Khatia** und das angrenzende **Mocha** am Westeingang sind als Ausgangspunkt am besten geeignet. In **Kisli** findet sich nach einer 3 km breiten Pufferzone der Haupteingang zum **Park** (☎ 07642-250760; www.kanhatigerreserve.com; Inder/Ausländer 10/200 Rs, Foto/Video 25/200 Rs; Eintritt mit eigenem Fahrzeug 150 Rs, obligatorischer Führer 75 Rs, Elefantenritt Inder/Ausländer 100/600 Rs; 🕑 1. Nov.–15. Feb., Sonnenaufgang–12 Uhr & 15 Uhr–Sonnenuntergang, 16. Feb.–15. April, Sonnenaufgang–12 Uhr & 16 Uhr–Sonnenuntergang, 16. April–30. Juni, Sonnenaufgang–11 Uhr & 17 Uhr–Sonnenuntergang). S. Kasten gegenüber.

Man kann hier nirgends Geld wechseln, doch immerhin gibt's in Kisli eine PCO-Telefonbude und einen kleinen Laden.

Der freitags stattfindende Markt in **Sarekha** zieht farbenfroh gekleidete Baiga-Adivasis an. Ein Besuch lohnt sich.

BESUCHERZENTREN

Es gibt drei ausgezeichnete **Besucherzentren** (🕑 1. Okt.–15. Feb., 8–11 & 15.30–17 Uhr; 16. Feb.–15 April, 7.30–10.30 & 16.30–18 Uhr; 16. April–30. Juni, 7–10 & 17.30–19 Uhr) mit sehr guten Schautafeln in Kanha (im Parks), Khatia und Mukki. Die Ausstellung in Kanha, die sich auf fünf Räume und eine Forschungshalle verteilt, ist am beeindruckendsten.

Safaris

Jeeps können über die Unterkünfte organisiert werden, samt Fahrer bzw. Führer, die

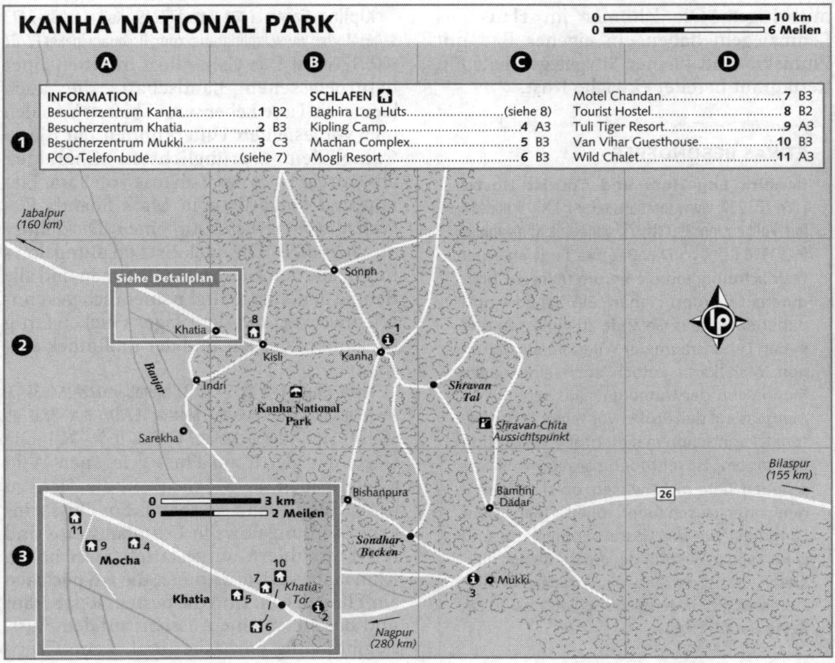

am Khatia-Tor bereit stehen. Man sollte mit 9 Rs pro Kilometer (plus 8 % Steuern) oder 500 Rs pro Ausflug rechnen. In der Hauptsaison sind die Jeeps gern ausgebucht: also gleich bei der Ankunft buchen!

Schlafen & Essen

Unterkünfte gibt's in Hülle und Fülle, vom billigen Gästehaus bis hin zu teuren Lodges ist alles vorhanden. Sie liegen weit verstreut an der Straße zwischen Mocha und dem Khatia-Tor, sodass es wichtig ist, sich vom Busfahrer an der richtigen Stelle absetzen zu lassen.

Außer den Restaurants innerhalb des Schutzgebiets gibt's gleich vor dem Khatia-Tor etliche einfache *dhabas*, die vegetarische Gerichte anbieten.

KHATIA

Machan Complex (☎ 277257; Khatia; B/Zi. 50/150 Rs) Ein Dauerbrenner, der noch immer mit seinen wirklich billigen Zimmern auftrumpfen kann. Die Unterkunft wird von einem Naturforscher betrieben und hat sehr einfache Schlafsäle mit Gemeinschaftsbad, Plumpsklo und Bambusrollos: also Moskitonetz mitbringen. Die Zimmer im Haus aus Lehmziegeln haben ein eigenes Bad mit Plumsklo und kleiner Sitzgelegenheit. Ein Restaurant bereitet einfache Kost.

> **ETWAS BESONDERES**
>
> **Baghira Log Huts und Tourist Hostel** (☎ 277 227; www.mptourism.com; Kisli; Schlafsaal mit Vollpension 390 Rs; Zi. ohne/mit Klimaanlage 990/1190 Rs; ❄) Das Baghira liegt an einer Waldlichtung, um die herum mehrere Tiger durchs Gestrüpp ziehen. Ein Schild warnt daher davor, das Gelände zu verlassen und in den Lebensraum der Wildtiere einzudringen. Man kann jedoch auch eine ganze Menge von der Unterkunft aus sehen: Wer morgens auf den Stufen vor seiner Hütte Tee trinkt, kann schon mal für große Verwirrung bei einem Hirschrudel sorgen, weil die scheuen Tiere nicht wissen, ob sie wegrennen oder zuschauen sollen. Man sieht Languren, die die Gäste beobachten, und selten sogar Wildhunde, die ihr Revier markieren. Es ist ratsam, im Voraus zu reservieren. Es gibt ordentliche Schlafsäle und ein Restaurant.

Van Vihar Guesthouse (☎ 277241; Khatia; Zi. ab 200–600 Rs, Luftkühler 50 Rs) Das Gästehaus liegt 400 m vom Khatia Gate entfernt in einer Gartenanlage. Das Restaurant ist in einer Gartenlaube untergebracht. Die billigeren Zimmer haben Plumpsklos, in den teureren gibt's kleine Extras, die den Preisunterschied rechtfertigen sollen.

Das vergleichbare **Motel Chandan** (☎ 277220; Khisli; Zi. Economy/Deluxe 550/750 Rs, Mitte Jan.–April, 300/500 Rs; ❄) ist ein weiteres Budgethotel mit angeschlossenem Restaurant.

Tuli Tiger Resort (☎ 277211, Nagpur 0712-2534784; Mocha; www.tuligroup.com; EZ/DZ Dschungelpaket 180/250 US$; ❄ 🖥) Wird von einem Manager und einem Naturforscherteam betrieben, die wie eine Familie für ihre Gäste sorgen. Das Resort hat 26 Zimmer in Bungalows, die aufgrund ihrer Lehmbauweise an ein Missionarsgebäude erinneren. In jedem Bungalow hat's eine Sitzgelegenheit und einen großen Kamin für die kalten Nächte. In Kürze sollen hier auch etliche superedle klimatisierte Zelte entstehen. Zusätzlich gibt's geführte Touren durch die Pufferzone des Parks, in der sich das Resort befindet, und Besuche der einheimischen Dörfer.

Kipling Camp (☎ /Fax 277219, Kolkata 033-2473 3306; Mocha; www.kiplingcamp.com; Dschungelpaket EZ/DZ 8000/12 000 Rs) Das Camp liegt inmitten einer naturbelassenen Landschaft, die auch kleineren Tiere Lebensraum bietet. Von den hier vorgestellten Unterkünften hat dieses Camp den urprünglichsten Charakter. Obendrein ist es das Zuhause von Tara, Elefant und Hauptfigur in Mark Shands *Elefanten weinen nicht. Auf einem Dickhäuter durch Indien*. Die malerischen Bungalows tragen alle den Namen von Bäumen und alle Bäume der Anlage sind namentlich gekennzeichnet. Wer mit dem Tiger-Gucken fertig ist, kann in der Bar und der Bibliothek entspannen.

Wild Chalet (☎ 277203, Mumbai 022-26408742; www.Inderadventures.com; Mocha; EZ/DZ mit B&B ab 66/100 US$, Dschungelpaket 117/180 US$; ❄) Die Gäste des gleich am Fluss gelegenen Wild Chalet haben die Möglichkeit, die Tiere zu beobachten, wenn sie abends am Fluss trinken. Die Bungalows in Lehmbauweise sind mit Luftkühlern ausgestattet (zwei haben Klimaanlage). Die Zimmer, die am nächsten am Fluss liegen, sind die besten. Restaurant und Bar bieten eine Aussicht auf den Fluss, es gibt häufig Barbecues und, wenn Gruppen zu Gast sind, auch Aufführungen von einheimischen Tänzen.

Anständige Zimmer hat auch das **Mogli Resort** (☎ 277228, Jabalpur 0761-3211244; www.mogliresorts.com; B nur Übernachtung/mit Vollpenison 250/550 Rs, Zi. ohne Verpflegung ab 22/25 US$, Dschungelpaket 100/145 US$;).

An- & Weiterreise

Von Jabalpur aus fahren zwei Busse zum Nationalpark (68 Rs, 5½ Std., 7 und 10.30 Uhr) und zurück (8.30 und 13 Uhr). Alternativ kann man auch einen der kleinen Busse besteigen, die nach Mandla fahren (30 Rs, 2¾ Std.), und dort einen Bus zurück nach Jabalpur nehmen.

BANDHAVGARH NATIONAL PARK

☎ 07653

Bandhavgarh liegt geschützt in der Vindhyan-Gebirgskette mit ihren sanft geschwungenen Hügeln und grasbedeckten Ebenen. Der Park ist nach dem alten Fort benannt, das auf dem 800 m hohen Felsen steht. Beim Fort gibt's auch einen Tempel zu sehen. Zuvor muss man jedoch den Berg hinaufwandern und sich einen Führer organisieren. Unterhalb davon liegen mehrere in den Stein geschlagene Schreine.

Bandhavgarh mit seinem 105 km² großen Kerngebiet ist zwar kleiner als Kanha. Dafür behauptet man aber stolz, mit 50 bis 60 Tigern die höchste Tigerdichte der Welt zu haben. Außerdem streunen 22 Leoparden durchs Dickicht.

Im empfindlichen Ökosystem finden auch Nilgauantilopen, Wildschweine, Schakale, Gaurs, Sambarhirsche und Stachelschweine sowie viele unterschiedliche Vogelarten ein Zuhause. Und die Festungsmauern des Forts bieten Geiern, Blaumerlen und Felsenschwalben eine Heimat.

Zwar verdankt Bandhavgarh seine Existenz den Maharadschas von Rewa, die das Land als Jagdgebiet nutzten. Jedoch haben diese mit ihrer zügellosen Abschlachterei viele Tierarten an den Rand des Aussterbens gebracht. Ein Maharadscha soll beipielsweise allein 111 Tiger getötet haben.

Orientierung & Praktische Informationen

Der insgesamt 448 km² große **Park** (☎ 222214; Eintritt Inder/Ausländer 20/500 Rs; Foto/Video 40/300 Rs, mit obligatorischer Führung 75 Rs, Eintritt mit eigenem Fahrzeug 150 Rs, Jeepmiete halber/ganzer Tag 600/1150 Rs; Elefantenritt Inder/Ausländer 100/600 Rs; 1. Okt.–30. Juni, 6–11 & 15–17.30 Uhr,) liegt 197 km nordöstlich von Jabalpur. S. Kasten S. 710.

Der Parkeingang befindet sich in Tala. Dieses liegt 32 km entfernt von Umaria, der nächsten Stadt mit Zuganschluss, an der Straße nach Rewa. Man kann nirgendwo Geld wechseln.

Schlafen & Essen

Alle Unterkünfte liegen in der Umaria Rd. durch Tala oder sind dort ausgeschildert. Informationen zum Dschungelpaket s. Kasten S. 710.

Kum Kum Home (☎ 265324; Zi. 250/350 Rs, Luftkühler 50 Rs) Das Kum Kum Home schießt als bestes Budgethotel den Vogel ab. Die Unterkunft hat zehn Doppelzimmer in zwei Größen. Die Zimmer liegen um einen fleckigen Garten mit Restaurant in der Mitte. Tipp: Saleem nach den Mietgebühren für seine Jeeps fragen.

White Tiger Forest Lodge (☎ 265308; www.naturesafariindia.com; EZ/DZ 790/890 Rs, Zi. mit Klimaanlage 990 Rs;) Die Lodge hat angenehme Bungalows mit Blick auf den Dschungel und einem kleinen Bach, an dem sich manchmal Wildtiere versammeln. Die klimatisierten Zimmer (oben an zementierten Wegen) sind innen wesentlich besser, als das Äußere vermuten lässt. Es gibt auch ein gutes Restaurant und eine Bar.

Die folgenden zwei Unterkünfte liegen links von der Straße, die von Umaria zu den Parkeingängen führt.

Bandhavgarh Jungle Lodge (☎ 265317, Delhi 011-6853760; www.adventure-india.com; Dschungelpaket 125 US$ pro Bungalow) Ein ziemlich interessantes Öko-Resort mit Lehmbauhütten, die an die Dörfer in der Umgebung erinnern und sich perfekt in den Garten einfügen. Wasser wird mit Solarstrom erhitzt, die Abfälle werden recycled. Es gibt auch zwölf Zimmer im Angebot. Sämtliche Unterkünfte sind von guter Qualität. Um etwas von den sternenklaren Nächten zu haben, gibt's Astronomieunterricht und ein Teleskop. Außerdem gehört ein Naturkundler zur Lodge.

Royal Tiger Resort (☎ 265374, Delhi 011-2335 3247; www.royaltigerresort.com; Vollpension/Dschungelpaket 120/50 US$;) Übernachtet wird in riesigen luxuriösen Zelten. Die stehen in einem peinlichst gepflegten Garten mit künstlich angelegten Fortmauern, deren Eingangstore eher ein Schloss erwarten lassen. Einige Zelte sind mit einem Luftkühler ausgestattet, andere mit einer Klimaanlage. Es gibt einen Naturforscher, einen Swimmingpool (Nichtgäste 400 Rs), eine Sauna, eine Bibliothek und einen Snookertisch.

Tiger's Den Resort (☎ 265353, Delhi 011-27049446; www.naturesafariindia.com; Unterkunft Übernachtung/Vollpension/Dschungelpaket 50/100/150 US$; ❄) Ein netter Bungalowkomplex mit überdachter Terrasse an der Vorderseite. Ein Naturkundler hilft gerne dabei, in kniffligen Fällen Tiere zu identifizieren. Das schicke Restaurant steht auch Nicht-Gästen offen.

Alle Hotels haben ein Restaurant. Im Dorf gibt's mehrere *dhabas*, besonders zu empfehlen ist das **Kolkata Restaurant** (Gerichte 20–60 Rs; 🕑 7–23 Uhr), in dem hinter den Kulissen leckere Gerichte und gute Pfannkuchen mit Obst gezaubert werden.

An- & Weiterreise

Der nächste Bahnhof liegt in Umaria. Sammeljeeps (15 Rs, 1 Std.) fahren alle 30 Minuten von hier aus nach Tala und zurück.

Nützliche Züge ab Umaria: der *Kalinga Utkal Express* nach Puri (Zug-Nr. 8478, 313/879/1406 Rs, 25 Std., 6.16 Uhr) und der *Kalinga Utkal Express* nach Delhi Nizamuddin (Zug-Nr. 8477, Rs 282/792/1268, 16¾ Std., 20.50 Uhr).

Wer andere Ziele eingeplant hat, sollte besser mit dem *Narmada Express* (Zug-Nr. 8234, 84/236/417 Rs, 5 Std., 16.25 Uhr) nach Jabalpur fahren, der von da aus dann weiter nach Pachmarhi, Bhopal und Indore fährt.

CHHATTISGARH

Erst 2000 wurde Chhattisgarh zu einem unabhängigen Bundesstaat. Bis dahin lag es versteckt und vergessen im Südosten von Madhya Pradesh. Inzwischen ist es aus dem Schatten des großen Nachbarn herausgetreten. Immer mehr Reisende nehmen Chhattisgarh und die Region Bastar im Süden zur Kenntnis, wo das Schmiede-, Töpfer- und Holzschnitzhandwerk ganz typische regionale Kunstformen entwickelt hat. Chhattisgarh gehört zu Indiens „Ureinwohnergürtel": 35 Völker, von denen jedes seine eigene Kultur, Sprache und Kleidung bewahrt hat, sind hier zu Hause. In den dichten Wäldern des Kanger Valley National Park, in dem viele Wildtierarten beheimatet sind, sind auch einige große Wasserfälle zu bewundern.

RAIPUR

☎ 0771 / 605 000 Ew.

Die Hauptstadt des Bundesstaates eignet sich, um den Bargeldvorrat aufzustocken, nach Hause zu mailen und als Zwischenstopp auf dem Weg nach Bastar.

Praktische Informationen

Chhattisgarh Tourism Board (CTB; ☎ 5066415; www.fullofsurprises.org; Hotel Chhattisgarh; 🕑 Mo–Sa 10–18 Uhr) 4 km nordöstlich vom Zentrum. Informationen inkl. Tipps für einen Besuch in den Ureinwohnergebieten.

Satyam (Krishna Complex, Shastri Chowk; 20 Rs/Std.; 🕑 10–22 Uhr) Internet.

State Bank of India (☎ 2535176; Jaistambh Chowk; 🕑 10. Mo–Fr, 10.30–16.30 Uhr) Wechselt Reiseschecks und Währungen, mit MasterCard- und Visa-Geldautomat.

Schlafen & Essen

Hotel Jyoti (☎ 2428777; EZ/DZ 300–550/375-750 Rs; ❄) Sehr zentral gegenüber der neuen Haltestelle für Überlandbusse. Die Zimmer mit Luftkühler sind der beste Deal.

Hotel Mayura (☎ 2536001; www.hotelmayuraraipur.com; EZ/DZ mit Frühstück ab 1300/1690; ❄ 💻) Das Mayura liegt zentral und dennoch etwas abseits der Straße, ist also ruhig. Das Personal ist angenehm freundlich, insgesamt ist das Hotel ein behagliches Quartier fern der Heimat. Es gibt eine gute Bar, auschecken kann man Tag und Nacht. Es liegt gleich bei der Jaistambh Chowk.

Girnar Restaurant (☎ 534776; Jaistambh Chowk; Gerichte 40–90 Rs; 🕑 10.30–22.30 Uhr; ❄) Das große Restaurant mit vielen Tischen füllt sich schnell mit Familien und Cliquen: daher entweder früh auftauchen (d. h. vor 20 Uhr) oder einen Tisch reservieren. Es ist besonders für seine Thalis und Süßigkeiten berühmt.

An- & Weiterreise

Regelmäßig fahren Busse nach Jagdalpur (150 Rs, 4 Std.). Fernbusse fahren außerdem nach Jabalpur (150–165 Rs, 12–14 Std., 6, 16 und 18 Uhr) und Sambalpur (130 Rs, 9 Std., 6, 13 und 21 Uhr).

Der *Chhattisgarh Express* fährt nach Delhi (Zug Nr. 8237, 365/1025/1640 Rs, 28 Std., 4.15 Uhr), der *Gitanjali Express* nach Howrah (Zug-Nr. 2859, 268/752/1202 Rs, 14 Std.,

23.50 Uhr) und der *Ahmedabad–Puri Express* nach Puri (Zug-Nr. 84042, 76/775/1240 Rs, 18½ Std., 17.50 Uhr, Mo, Do und Sa).

RUND UM RAIPUR

Kawardha

Etwa 114 km nordwestlich von Raipur liegt der **Kawardha-Palast** (☎ 07741-232085, Mumbai 022-55551101; www.nivalink.com/palacekawardha; EZ/DZ mit Vollpension, Ausflügen und Unterhaltungsprogramm 173/250 US$; 🕓 Mai & Juni geschl.), in dem der Maharadscha residiert. Seine bescheidene Hütte steht Gästen offen, die hier im Luxus und Ambiente der 1940er-Jahre schwelgen können. In Ausflügen geht's zu Ureinwohnerdörfern und Sehenswürdigkeiten der Umgebung.

Sirpur

Der **Laxman-Tempel** (Eintritt Inder/Ausländer 5/100 Rs; 🕓 Sonnenaufgang–Sonnenuntergang) aus dem 8. Jh. ist einer der ältesten Backsteintempel Indiens. Er befindet sich 75 km nordöstlich von Raipur. In der Nähe liegen neue **Ausgrabungsstätten** von buddhistischen Klöstern, die annehmen lassen, dass Sirpur einmal eine wichtige buddhistische Siedlung war.

JAGDALPUR

☎ 07782

Auf den guten Straßen braucht man von Raipur nach Jagdalpur, der Hauptstadt von Bastar, keine vier Stunden. Die Stadt ist ein guter Ausgangspunkt für Abstecher in die Ureinwohnergebiete; außerdem lässt sich von hier aus der Kanger National Park erkunden und die Kunst von Bastar entdecken.

Praktische Informationen

Chhattisgarh Tourism Board (☎ 221686; Hotel Rainbow, Sanjay Market; 🕓 Mo–Sa 10–18 Uhr) Informationen über Bastar, Führer und Verkehrsmittel.

State Bank of India (Durga Chowk, Main Rd) Kein Geldumtausch; MasterCard- und Visa-Geldautomat.

tinu.com (35 Rs/Std.; 🕓 9.30–21.30 Uhr) Internetzugang. Liegt abseits der Main Rd. zwei Häuser neben der State Bank of Indore.

Sehenswertes

Wer mehr über die Völker von Chhattisgarh erfahren will, sollte im **Völkerkundemuseum** (☎ 229356; Chitrakote Rd; Eintritt frei; 🕓 10.30–17.30 Uhr) am Stadtrand vorbeischauen.

Schlafen & Essen

Rainbow Hotel (☎ 221684; hotelrainbow@indiatimes.com; EZ/DZ mit Lüftkühler ab 299/380 Rs, mit Klimaanlage 625/725 Rs; ❄) Eine freundliche und gut geführte Unterkunft, deren hilfsbereite Belegschaft anscheind stolz auf ihr Hotel ist. Die Zimmer im Rainbow sind gut, das beste Preis-Leistungs-Verhältnis bieten die billigen. Im Restaurant gibt's extrem leckeres Essen.

An- & Weiterreise

BUS

Regelmäßig fahren Busse nach Raipur (150 Rs, 4 Std.).

ZUG

Zugreservierung (🕓 Mo–Sa 8–12 & 14–16 Uhr, So 8–12 Uhr). Ein Zug (Nr. 2VK, 3AC Schlafwagen 382 Rs, 10 Std.) fährt um 9.50 Uhr von Jagdalpur nach Visakhapatnam an der Küste von Andhra Pradesh. Die landschaftlich reizvolle Strecke überquert die Eastern Ghats und darf sich höchste Breitspurbahn Indiens nennen. Den schönsten Streckenabschnitt bekommt man nur bei Tageslicht zu sehen, wenn man in der Gegenrichtung (Visakhapatnam–Jagdalpur) unterwegs ist.

RUND UM JAGDALPUR

Sieht man von Kanker ab, braucht man für die Gegend ein Auto, das im Touristenbüro (s. links) für rund 1200 Rs pro Tag gemietet werden kann. Für Abstecher in die Ureinwohnergebiete (in einige ist der Zutritt verboten) benötigt man einen Führer. Das Touristenbüro hält eine Liste mit Guides bereit (500 Rs/Tag).

Dorf Haats

Ein einfacherer Weg, mit Menschen aus den Urvölkern zusammenzukommen, ist der Besuch eines *haat* (Wochenmarkt). Viele der Menschen tragen farbenprächtige Kleider. Es ist eindrucksvoll, den Leuten zuzuschauen, wie sie zum Markt strömen, schwere Lasten auf dem Kopf balancieren und oft noch ein Kind an den Bauch gebunden tragen. Beim Touristenbüro erfährt man, wann und wo die Märkte stattfinden.

Kanker

Kanker Palace (☎ 07868-222005; Fax 224238; EZ/DZ mit Vollpension 117/192 US$), 150 km südlich von Raipur, verfügt über großartige Zimmer mit alten Möbeln. Hier fühlt man sich wie ein absoluter VIP. Ausflüge zu den Ureinwohnergebieten werden auch angeboten.

Kumhapara, Kondagaon

Rund 76 km nördlich von Jagdalpur liegt das Kunsthandwerkszentrum der Nichtregierungsorganisation **SAATHI** (☎ 07786-242852; bhupeshsaathi@rediffmail.com; Kondagaon; Unterricht, Unterkunft und Verpflegung 400 Rs/Tag, Material für eine Woche 500 Rs; ⌚ Mo–Sa 8–18 Uhr), das die Einheimischen bei der Herstellung von Terrakotta, Holzschnitzerei, Eisen- und anderen Metallarbeiten unterstützt. Man kann den Handwerkern über die Schulter schauen, sich aber auch jederzeit selbst etwas beibringen lassen. Freiwillige mit handwerklichen oder künstlerischen Fähigkeiten sind willkommene Gäste.

Chitrakote-Wasserfälle

Ein Besuch der Chitrakote-Wasserfälle spätnachmittags ist ein Must. Dann hüllt die untergehende Sonne den Wasserfall in magisches Licht. Übrigens: Die Wasserfälle sind nur rund ein Drittel kleiner als die Niagarafälle.

Kanger Valley Nationalpark

Der **Park** (☎ 07782-227596; Eintritt Inder/Ausländer 15/150 Rs, Foto/Video 25/200 Rs, Eintritt Fahrzeug 50 Rs; ⌚ 1. Nov.–30. Juni, 8–16 Uhr, Tirathgarh ganzjährig geöffnet), liegt rund 40 km von Jagdalpur entfernt und besteht aus einem alten Wald am Ufer des Kanger.

Im ganzjährig geöffneten Park, den man am besten nach dem Monsun besucht, befinden sich die **Tirathgarh-Wasserfälle**, die sich über drei Stufen 100 m in die Tiefe stürzen. Mit einem Führer kann man drei Höhlen (mit obligatorischer Führung 25 Rs, Licht 25 Rs; ⌚ 1. Nov.–30. Juni, 8–15 Uhr) mit eindrucksvollen, uralten Steinformationen besichtigen.

Die vierbeinigen Bewohner des Parks sind Hirsche, Wildschweine, Faultiere, Leoparden und Tiger. Im **Bhainsa Darha**, einem kleinen See im Park, leben Schildkröten und Krokodile.

Gujarat

Der Reiz, der touristischen Tretmühle zu entkommen, macht nur einen Teil von Gujarats Charme aus. Es ist ein faszinierender Staat mit einer 1600 km langen Küstenlinie. Dank dem Unternehmungsgeist und der harten Arbeit der Einheimischen und Zugewanderten ist Gujarat zu einem der wohlhabenderen und industrialisierten Gebiete Indiens geworden.

Gujarat ist ein Land der Extreme: Neben dem geschäftigen Gewühl, den Malls und dem im Verkehrschaos erstickenden Handelstreiben von Ahmedabad oder Rajkot gibt es abgelegene Küstenregionen, wo Bauern mit schwerem Goldschmuck behängt und von Kopf bis Fuß weiß gekleidet ihrer Arbeit nachgehen. Auf der Insel Kutch produzieren ortsansässige Handwerker feine Textilien und Stickereien und an den Rand der weltfernen Salzebenen des Little Rann, Heimat von Wildeseln und Flamingoschwärmen, schmiegen sich kleine Dörfer.

Die meisten Traveller (sehr viele sind es nie, das ist das Reizvolle) kommen auf dem kürzesten Weg in die entspannte, ehemals portugiesische Inselenklave Diu mit ihren Stränden, weiß gestrichenen Gebäuden und ihrem lässigen Charme. Aber es gibt noch viele andere Attraktionen, z.B. das letzte Rückzugsgebiet des wilden asiatischen Löwen (bei Sasan Gir) und die historische Stadt Junagadh: Die 10 000 Stufen des nahe gelegenen Girnar Hill, von dem aus man inmitten von Tempeln einen märchenhaften Blick hat, sind eine echte Herausforderung. Auch Palitana ist einen Besuch wert, zu dessen Tempelhügel mit zahlreichen Tempeln nur 3572 Stufen hinaufführen. Die Stadt Ahmedabad ist schnell und hektisch, aber freundlich. Gandhis Ashram ist hier und eines der schönsten Textilmuseen der Welt. Das Beste aber: Weil es nur wenige ausländische Besucher gibt, sind die Einheimischen meist sehr freundlich und man trifft auf Ladenbesitzer, die weniger an einem guten Geschäft als an einem Schwätzchen interessiert sind.

HIGHLIGHTS

- Nichts tun auf der ruhigen Insel **Diu** (S. 744)
- Eine morgendliche Pilgerfahrt zu den Hügeltempeln von **Shatrunjaya** (S. 743) in Palitana und dem **Ginar Hill** (S. 756) in Junagadh machen
- In den tellerflachen Salzebenen von **Little Rann** (S. 773) wilde Esel aufspüren
- Die exotischen Dörfer von **Kutch** (S. 767) besuchen – ein Augenschmaus, denn hier gibt's einige der schönsten Stoffe Indiens
- In Ahmedabad essen, shoppen, eine Gedenkminute für Gandhi einlegen und das atemberaubende **Calico Museum of Textiles** (S. 724) besuchen

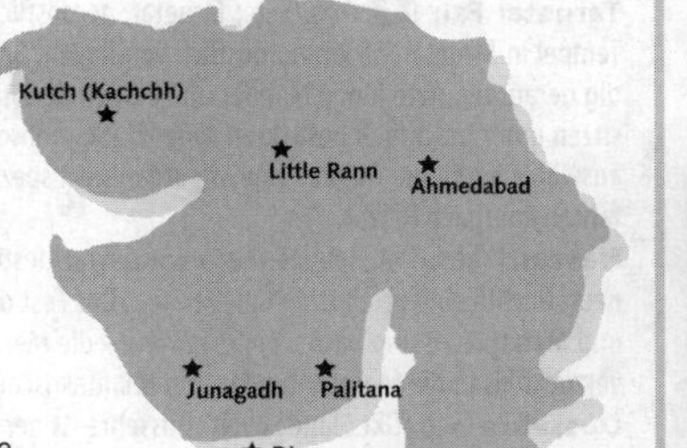

KURZINFOS

- Bevölkerung: 50,6 Mio.
- Fläche: 196 024 km²
- Hauptstadt: Gandhinagar
- Hauptsprache: Gujarati
- Reisezeit: Oktober bis März

Geschichte

Es heißt, der Tempel von Somnath in Gujarat hätte schon die Erschaffung des Universums miterlebt, und viele Orte, die in Krishnas Leben große Bedeutung hatten, liegen entlang der Südküste.

Dass Lothal und Dholavira (Kutch) Stätten der vor mehr als 4000 Jahren blühenden Harappa- (Indus-)Kultur sind, steht historisch auf festerem Boden. Gujarat spielte eine wichtige Rolle bei den Taten des mächtigen buddhistischen Kaisers Ashoka und in der Nähe von Junagadh kann man seine in Fels gehauenen Erlässe besichtigen.

Später litt Gujarat unter muslimischen Angriffen durch Mahmud von Ghazni und die ihm folgenden Mogulherrscher und wurde in den Kämpfen zwischen den Moguln und den Marathen zum Schlachtfeld. Gujarat war auch schon früh Berührungspunkt zu Europa; der erste britische Handelsvorposten in Indien wurde in Surat gegründet. Daman und Diu blieben innerhalb Gujarats bis 1961 portugiesische Enklaven.

Saurashtra wurde nie Teil des britischen Indien, sondern blieb bis zur Unabhängigkeit ein Gebilde aus mehr als 200 Fürstentümern. 1956 wurden all diese Staaten zu einem Bundesstaat, Mumbai, zusammengefasst, der 1960 aus sprachlichen Gründen in die Bundesstaaten Maharashtra und Gujarat geteilt wurde.

Im Januar 2001 verursachte ein Erdbeben der Stärke 7,9 auf der Richterskala große Schäden in Kutch und dem Umland. Die

FESTE & FESTIVALS IN GUJARAT

Die hier genannten Feste sind auf der Karte auf S. 719 eingezeichnet.

Makar Sakranti (1; Jan.; Ahmedabad, S. 720) Während dieses internationalen Drachenfestivals ist der ganze Himmel voller flackernd-bunter Farben.

Modhera Dance Festival (2; Jan.; Modhera, S. 731) Ein dreitägiges Festival, das in traditioneller Atmosphäre klassische Tänze präsentieren will.

Bhavnath Fair (3; Jan./Feb.; Junagadh, S. 755) Findet im Monat Magha statt. Geboten werden volkstümliche Musik und Tanz. *Nagas* (nackte Sadhus) drängen sich im Bhavnath-Mahadev-Tempel am Fuß des Girnar Hill.

Dang Durbar (4; Feb./März; The Dangs, östlich von Surat, S. 736) Eine Woche vor Holi findet dieses wichtige Fest in der kaum besuchten Waldregion The Dangs statt, nahe der Grenze zu Maharashtra.

Mahakali (5; März/April; Pavagadh, S. 735) Im Monat Chaitra erweisen Pilger der Göttin Mahakali am Pavagadh Hill bei Vadodara ihre Reverenz.

Madhavrai Fair (6; März/April; Madhavpur, nahe Porbandar, S. 759) Findet ebenfalls im Chaitra statt, gefeiert wird Krishnas Flucht mit Rukmani.

Janmastami (7; Aug./Sep.; Dwarka, S. 761) Mit dem wichtigen Fest wird Krishnas Geburtstag gefeiert.

Tarnetar Fair (8; Aug./Sep.; Tarnetar, nordöstlich von Rajkot, S. 765) Im Monat Bhadra ist der Trineteshwar-Tempel in Tarnetar, 65 km nordöstlich von Rajkot, Schauplatz des außergewöhnlich bunten Jahrmarkts, wo aufwändig herausgeputzte junge Männer und Frauen der Stammesvölker aus der Umgebung Ehepartner suchen. Die Männer sitzen unter prachtvoll bestickten *chhatris* (Sonnenschirmen), damit die Frauen sie sich ansehen und ihren Favoriten auswählen können. Gujarat Tourism organisiert speziell für dieses Fest Unterkünfte und staatliche Sonderbusse fahren von/nach Rajkot.

Navratri (Sep./Okt.; landesweit; www.navratrifestival.com) Für eine Reise nach Gujarat ist die Zeit um das Fest der neun Nächte eine großartige Gelegenheit. Das Fest dauert bis Dussehra und gilt der Muttergöttin Durga. Treffpunkte und Marktplätze sind nachts voller *garbas* – die Menschen schmücken sich dort mit glänzenden Trachten und tanzen verzückt bis in die Morgenstunden. Ein phantastisches Fest, auch für Ausländer.

Dussehra (Sep./Okt.; landesweit) Dussehra ist der Höhepunkt des Navratri – mit noch mehr Tänzen die ganze Nacht hindurch und oft auch mit Feuerwerk wird der Sieg Durgas und Ramas über den Dämonenkönig Ravana gefeiert.

Kartik Purnima (9; Nov./Dez.; Somnath, S. 752) Ein großer Jahrmarkt zum Vollmond des Kartik Purnima.

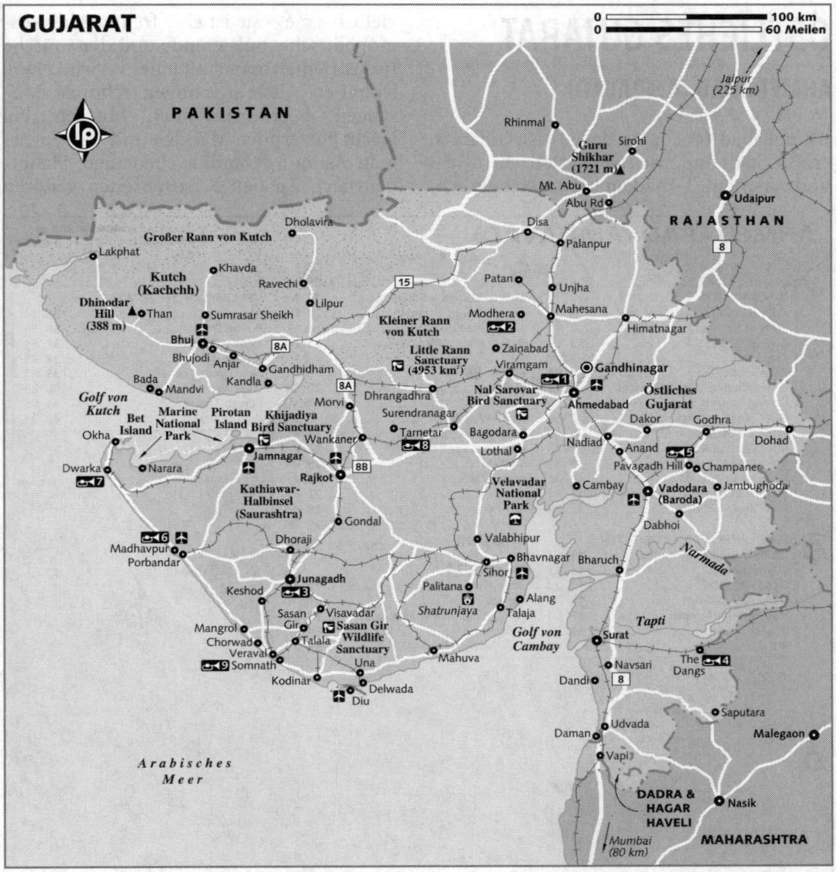

Zahl der Toten wurde auf 30 000 geschätzt, aber wegen des Ausmaßes der Verwüstung wird man nie sagen können, wie viele es wirklich waren. Der erschütterte Staat litt noch zusätzlich, als 2002 zwischen den Bevölkerungsgruppen die größten Unruhen seit einem Jahrzehnt ausbrachen. Grund dafür war, dass man Muslime beschuldigt hatte, bei Godhra einen Brandanschlag auf einen Zug verübt zu haben, bei dem 59 Hindu-Aktivisten umkamen. Um sich zu rächen, fielen dann Hindu-Gangs über die Muslime her.

Nach der Unabhängigkeit hatte die Kongresspartei die meiste Zeit die Regierung in Gujarat gestellt, bis 1991 die Bharatiya Janata Party (BJP) an die Macht gekommen war. Die Unruhen von 2002 fielen mit dem Beginn des Wahlkampfs zusammen, bei dem der BJP-Premierminister Najendra Modi auf wilde hinduistische Rhetorik setzte. Dadurch förderte er zwar die Spannungen innerhalb des Staats, siegte aber furios. Seit dem Aufruhr von 2002 ist es in Gujarat jedoch weitgehend friedlich.

Genehmigungen

Genehmigungen, die zum Kauf von Alkohol berechtigen, sind heute leicht zu bekommen. Wer seinen Pass vorzeigt, bekommt in den meisten großen Hotels, die einen Spirituosenladen haben, eine sieben Tage gültige Genehmigung (Inder/Ausländer 220 Rs/kostenlos).

ÖSTLICHES GUJARAT

AHMEDABAD (AMDAVAD)

☎ 079 / 4,52 Mio. Ew.

Ahmedabad (auch: Amdavad) ist Gujarats größte Stadt und, wie zu erwarten, chaotisch und versmogt. Trotzdem hat sie erstaunlich viel Charme – sie ist eine freundliche, kosmopolitische, pulsierende und dynamische Industriemetropole mit einer verwinkelten, lebhaften Altstadt, einigen schönen Moscheen, beeindruckenden Museen, bei Nacht glitzernden Märkten und dem Sabarmati-Ashram (Gandhis ehemaliger Hauptquartier). Zu den Schattenseiten gehören

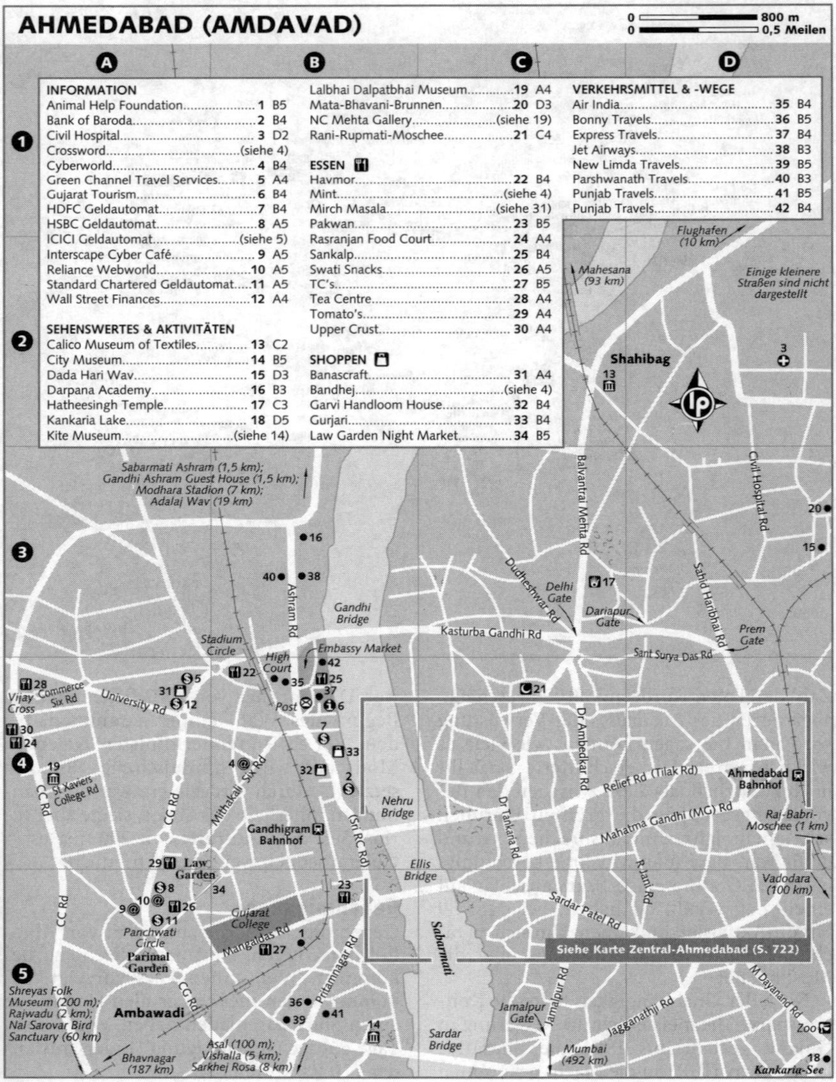

der immense Verkehr, der Krach und die extreme Luftverschmutzung.

Geschichte

Im Verlauf der Jahrhunderte hat Ahmedabad („abad" bedeutet „florieren") Aufschwünge und Niedergänge erlebt. 1411 von Ahmed Shah an der Stelle gegründet, wo er einen Hasen einen Hund jagen sah (ihn beeindruckte der Mut des Langohrs), galt Ahmedabad im 17. Jh. als eine der schönsten Städte Indiens. Im 18. Jh. hatte sie ihren Einfluss jedoch verloren. Ihre Industrie half der Stadt dann wieder auf die Beine, und ab der zweiten Hälfte des 19. Jhs. wurde sie zu einem riesigen Textilzentrum, dessen Fabriken viele Zuwanderer anzogen. Seit 1915 ist Ahmedabad als Sitz von Gandhis Ashram berühmt. 1970 schlossen die letzten Fabriken; die daraus folgenden wirtschaftlichen Probleme sind sicher mit ein Grund für den Gewaltausbruch von 2002.

Orientierung

Der Sabarmati teilt die Stadt. Auf dem Ostufer führen die Mahatma Gandhi (MG) Rd. und die Relief Rd. nach Osten zum etwa 3 km entfernten Bahnhof. Nördlich und südlich der Relief Rd. breitet sich die Altstadt aus. Die belebte Straße, die am Westufer des Sabarmati entlang verläuft, heißt Ashram Rd. und führt zum Sabarmati-Ashram. Der Flughafen liegt im Nordosten. Die meisten der alten Stadtmauern sind heute abgerissen, einige Tore sind aber erhalten.

Praktische Informationen

BUCHLÄDEN

Crossword (Karte S. 720; Shree Krishna Centre, Mithakali Six Rd; ⏲ 10.30–21 Uhr) Eine Fundgrube für Bücherwürmer. Hier gibt's außerdem CDs, Landkarten und ein Café.

INTERNETZUGANG

Cyberworld (Karte S. 720; Shree Krishna Centre, Mithakali Six Rd; 16 Rs/30 Min.; ⏲ 10–22 Uhr)

Interscape Cyber Café (Karte S. 720; Panchwati Circle; 30 Rs/Std.; ⏲ 24 Std.) Ausgezeichnete Verbindungen.

iway (Karte S. 722; 25 Rs/Std.; ⏲ 8–23.30 Uhr) Bequem und schnell, dem Bahnhof gegenüber.

Reliance Webworld (Karte S. 720; CG Rd; 100 Rs/3 Std.; ⏲ 9.30–22 Uhr) Teil der Broadband-Kette.

GEPÄCKAUFBEWAHRUNG

Bahnhof (Karte S. 722; 10 Rs/24 Std.; ⏲ 7.30–15, 15.30–23 & 23.30–7 Uhr)

MEDIZINISCHE VERSORGUNG

Civil Hospital (Karte S. 720; ☎ 27474359) 2,5 km nördlich des Bahnhofs von Ahmedabad.

GELD

Reiseschecks einlösen oder Geld wechseln? Hier einige Möglichkeiten:

Bank of Baroda (Karte S. 720; ☎ 27541093; Ashram Rd) Gibt Bargeldvorschüsse auf Visa-Karten.

Green Channel Travel Services (Karte S. 720; ☎ 26560489; 5/6 Sun Complex, CG Rd; ⏲ Mo–Sa 10–18 Uhr) Amex-Vertreter.

State Bank of India (Karte S. 722; ☎ 25506800) Bei Lal Darwaja (der örtlichen Bushaltestelle).

Wall Street Finances (Karte S. 720; ☎ 26426682; CG Rd)

Es gibt viele Geldautomaten, u. a.:

HDFC (Karte S. 720; Ashram Rd)

HSBC (Karte S. 720; CG Rd)

Standard Chartered (Karte S. 720; CG Rd)

POST

Hauptpost (Karte S. 722; ☎ 23220977; Ramanial Sheth Rd) Abseits der Relief Rd.

TOURISTENINFORMATION

Das hilfreiche, staatliche Fremdenverkehrsamt **Gujarat Tourism** (Karte S. 720; ☎ 26589172; www.gujarattourism.com; ⏲ Mo–Sa 10.30–13.30 & 14–18 Uhr, am 2. & 4. Sa des Monats geschl.) liegt abseits der Ashram Rd. Die Autorikschafahrer wissen Bescheid, wenn man nach dem HK House oder dem Bata-Ausstellungsraum fragt. Wer Montag bis Freitag zwischen 11 und 13 Uhr kommt, fragt am besten nach Hemant Pradhan, dem „Senior Tourist Officer", der eine charismatische, übersprudelnde Informationsquelle ist (ein Treffen mit ihm lässt sich auch telefonisch vereinbaren).

Das Team dort organisiert auf Wunsch auch Mietwagen oder arrangiert fünftägige Kurztouren durch Saurashtra und Nord-Gujarat/Süd-Rajasthan (um 3000 Rs; eine Überlegung wert, wenn man wenig Zeit hat). Im Preis enthalten sind der komplette Transport, die Unterkunft und die Bezahlung der Führer. Details dazu finden sich auf der hervorragenden Website.

Sehenswertes

BHADRA FORT & TEEN DARWAJA

Im **Bhadra Fort** (Karte S. 722; Lal Darwaja), gebaut 1411 vom Stadtgründer Ahmed Shah, befinden sich heute die Regierungsämter. Ein Blick vom Dach (auf Anfrage darf man hinauf) lohnt sich, denn von dort

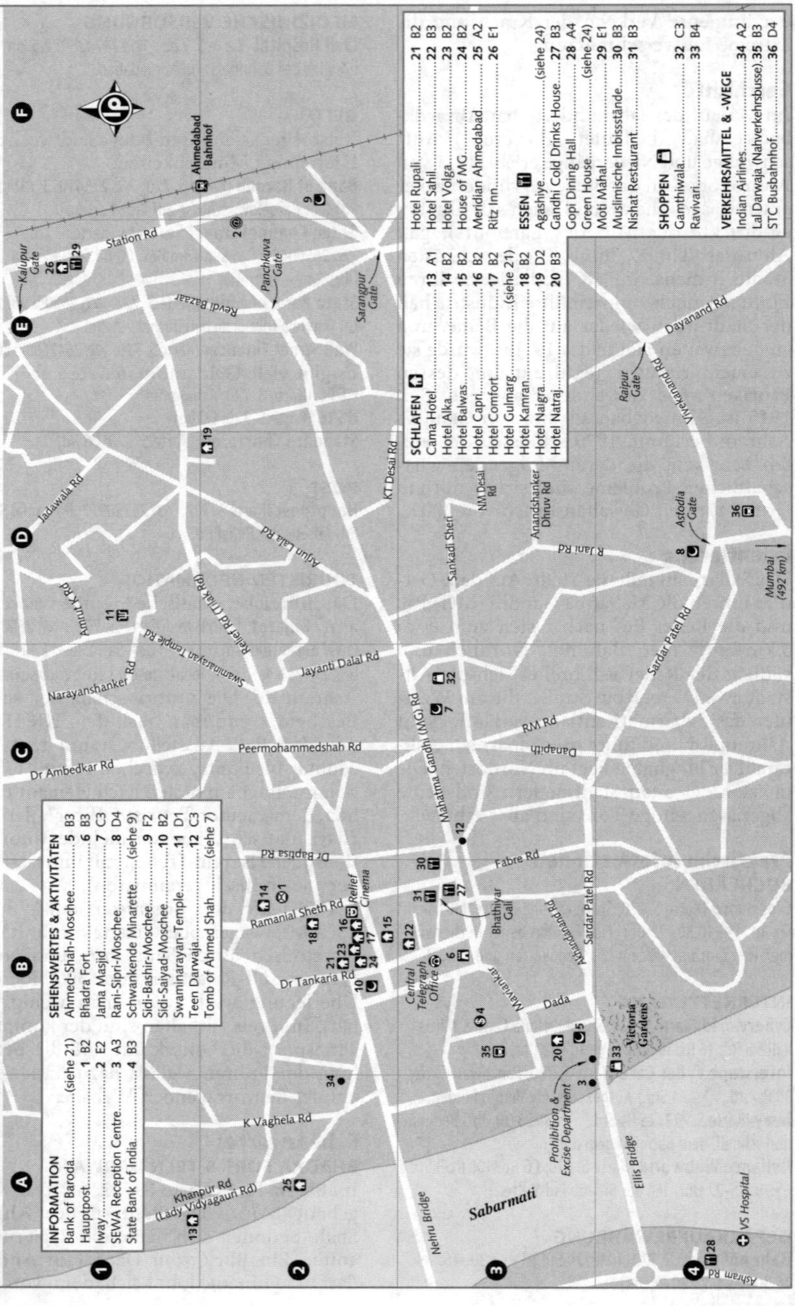
ZENTRAL-AHMEDABAD
0 300 m
0 0,2 Meilen
INFORMATION
Bank of Baroda (siehe 21)
Hauptpost 1 B2
Iway 2 E2
SEWA Reception Centre 3 A3
State Bank of India 4 B3
SEHENSWERTES & AKTIVITÄTEN
Ahmed-Shah-Moschee 5 B3
Bhadra Fort 6 B3
Jama Masjid 7 C3
Rani-Sipri-Moschee 8 D4
Schwankende Minarette (siehe 9)
Sidi-Bashir-Moschee 9 F2
Sidi-Saiyad-Moschee 10 B2
Swaminarayan-Temple 11 D1
Teen Darwaja 12 C3
Tomb of Ahmed Shah (siehe 7)
SCHLAFEN
Cama Hotel 13 A1
Hotel Alka 14 B2
Hotel Balwas 15 B2
Hotel Capri 16 B2
Hotel Comfort 17 B2
Hotel Gulmarg (siehe 21)
Hotel Kamran 18 B2
Hotel Naigra 19 D2
Hotel Natraj 20 B3
Hotel Rupali 21 B2
Hotel Sahil 22 B3
Hotel Volga 23 B2
House of MG 24 B2
Meridian Ahmedabad 25 A2
Ritz Inn 26 E1
ESSEN
Agashiye (siehe 24)
Gandhi Cold Drinks House 27 B3
Gopi Dining Hall 28 A4
Green House (siehe 24)
Moti Mahal 29 E1
Muslimische Imbissstände 30 B3
Nishat Restaurant 31 B3
SHOPPEN
Gamthiwala 32 C3
Ravivari 33 B4
VERKEHRSMITTEL & -WEGE
Indian Airlines 34 A2
Lal Darwaja (Nahverkehrsbusse) 35 B3
STC Busbahnhof 36 D4
Ahmedabad Bahnhof
Kalupur Gate
Panchkuva Gate
Sarangpur Gate
Raipur Gate
Astodia Gate
Station Rd
Revdi Bazaar
Dayanand Rd
Vivekanand Rd
KT Desai Rd
NM Desai Rd
Anandshanker Dhruv Rd
R Jani Rd
Jadawala Rd
Arjun Lala Rd
Amrut K Rd
Swaminarayan Temple Rd
Relief Rd (Tilak Rd)
Narayanshanker Rd
Jayanti Dalal Rd
Sankadi Sheri
Sardar Patel Rd
Mahatma Gandhi (MG) Rd
RM Rd
Danapith
Peermohammedshah Rd
Dr Ambedkar Rd
Dr Baptisa Rd
Fabre Rd
Ramanlal Sheth Rd
Relief Cinema
Dr Tankaria Rd
Central Telegraph Office
Bhathiyar Gali
Mavlankar
Dada
Ahmadanand Rd
Victoria Gardens
K Vaghela Rd
Khanpur Rd (Lady Vidyagauri Rd)
Nehru Bridge
Sabarmati
Prohibition & Excise Department
Ellis Bridge
VS Hospital
Ashram Rd
Mumbai (492 km)

aus kann man sich einen guten Überblick über die beeindruckende Konstruktion, einen der Form halber vorhandenen Galgen und die umliegenden Straßen verschaffen. Zwei der Bastionen des Forts sind beim Erdbeben von 2001 teilweise eingestürzt. Östlich des Forts steht das **Teen Darwaja** (Dreifaches Tor), das der Zugang zum Herrscherplatz oder Maidan Shahi war, wo Aufmärsche und Polospiele stattfanden. Auch das Tor wurde bei dem Beben von 2001 beschädigt, inzwischen ist es aber repariert.

MOSCHEEN & MAUSOLEEN

Die 1423 von Ahmed Shah errichtete **Jama Masjid** (Karte S. 722) steht östlich des Teen Darwaja. Das Baumaterial stammt von zerstörten hinduistischen und jainistischen Tempeln. Die 260 Säulen tragen 15 unterschiedlich hohe Kuppeln. Früher gab es zwei „schwankende" Minarette, die aber nach dem großen Erdbeben von 1819 nur noch halb so hoch waren und bei einem weiteren 1957 ganz einstürzten. Auch das Beben von 2001 forderte seinen Tribut: Es hinterließ Risse im Mauerwerk und mehrere *jalis* (gemeißelte Marmorgitter) wurden vernichtet.

Den **Tomb of Ahmed Shah** (Karte S. 722) errichtete man nach dessen Tod 1442, er steht vor dem Osttor der Jama Masjid. Drinnen können Männer – Frauen dürfen die zentrale Kammer nicht betreten – auch die Kenotaphe seines Sohns und seines Enkels bewundern. Gegenüber auf einer erhöhten Plattform liegt das Grab seiner Frau, der Königin. Diese Anlage ist heute ein Markt und ziemlich heruntergekommen.

Südwestlich des Bhadra-Forts steht die **Ahmed-Shah-Moschee** (Karte S. 722) aus dem Jahr 1414, eine der ältesten Moscheen der Stadt. Sie hat schöne Säulen und Jalis und eine kunstvoll verzierte Decke, deren kreisrunde Symmetrie an hinduistische oder jainistische Tempel erinnert.

Die **Sidi-Saiyad-Moschee** (Karte S. 722; Dr Tankaria Rd) nahe beim Fluss war früher Teil der alten Festungsmauer. Errichtet 1513 von Sidi Saiyad, einem ehemaligen Sklaven Ahmed Shahs, ist sie eines der eindrucksvollsten Gebäude in Ahmedabad mit Jalis fein wie Spinnweben, die das Astgeflecht der Bäume nachbilden.

Die **Rani-Rupmati-Moschee** (Karte S. 722) nördlich des Stadtzentrums, erbaut zwischen 1430 und 1440, trägt den Namen der Hindu-Frau des Sultans. Das große Erdbeben von 1819 beschädigte ihre Minarette. Die Kuppel ist erhöht, damit das Tageslicht bis an ihre Basis gelangt. Wie bei so vielen der frühen Moscheen von Ahmedabad sind hier hinduistische und islamische Architekturelemente kombiniert.

Südöstlich des Zentrums findet sich die kleine **Rani-Sipri-Moschee** (Karte S. 722), die man wegen ihrer graziösen Gestalt mit schlanken Minaretten auch Masjid-e-Nagira (Juwel einer Moschee) nennt – sie ist ebenfalls so eine Stilmischung. Eine Frau des Sultans Mahmud Begara soll sie 1514 in Auftrag gegeben haben, nachdem dieser den gemeinsamen Sohn wegen einer Nichtigkeit hatte hinrichten lassen. Auch sie selbst ist hier begraben.

Südlich des Bahnhofs von Ahmedabad und außerhalb des Sarangpur-Tors steht die **Sidi-Bashir-Moschee**, die für ihre 21,30 m hohen schwankenden Minarette *(jhulta minars)* berühmt ist. Schwankend wurden sie konstruiert, damit sie bei Erdbeben nicht gleich einstürzen – 2001 hat sich das jedenfalls bewährt.

Die schwankenden Minarette der **Raj-Babri-Moschee** (außerhalb der Karte S. 720), die südöstlich des Bahnhofs Ahmedabad in Gomtipur liegt, haben ihre Zerstörung paradoxerweise genau dieser Schutzeinrichtung zu verdanken: Ein neugieriger Engländer baute ein Minarett zur Hälfte ab, um herauszufinden, wie die Konstruktion funktioniert. Der Versuch war vergebens, ganz wieder hergestellt wurde das Minarett aber auch nie. 2001 stürzten dann beide Minarette ein. Die Reparatur läuft noch.

TEMPEL

Außerhalb des Delhi-Tors im Norden der Altstadt steht der schöne jainistische **Hatheesingh-Tempel** (Karte S. 720; Balvantrai Mehta Rd) aus fein behauenem weißen Marmor. Er wurde 1848 errichtet und ist Dharamanath geweiht, dem 15. jainistischen *tirthankar* (großer Lehrer).

Wer in die engen Straßen der Altstadt eintaucht, kann dort den wundervollen, bunten, mit Holzschnitzereien verzierten **Swaminarayan-Tempel** (Karte S. 722) entdecken, ein faszinierendes *haveli* (traditionelles, reich mit Ornamenten verziertes Gebäude) von 1850, das von einem großen Hof umschlossen ist.

WASSERWUNDER

Wasser ist in den von Dürre bedrohten Gebieten von Gujarat und Rajasthan von äußerst großer Bedeutung, die quasi zu Stein geworden ist: in den Stufenbrunnen – den *baolis* (*baoris* in Rajasthan) – aufwändigen Bauten, die es nur in Nordwestindien gibt. Schon in alten Hinduschriften wurden jene gepriesen, die öffentliche Brunnen bauten. Die den Indern eigene Neigung, Notwendiges in Kunst zu verwandeln, ließ erst die Hindu und später die Moguln ausgefeilte Wasserspeicher entwickeln. Der Adel betrachtete es als eine religiöse Pflicht, solche Bauten zu errichten; zugleich waren sie aber auch Statussymbole: Ihre Großartigkeit und ihre künstlerische Qualität standen für die Macht und das Kunstverständnis ihrer Stifter. Häufig an Tempel angebaut, damit die Gläubigen baden konnten, waren die *baolis* auch Treffpunkte. Sie hatten Veranden, auf denen die Menschen Zuflucht vor der großen Hitze des Sommers finden und die Reisenden langer Karawanen Rast machen konnten. Da die Brunnen sich aus Regen- und Grundwasser speisen und so vielen Zwecken dienen, sind sie nicht gerade die saubersten Reservoire – dafür aber zweifellos schön.

KANKARIA-SEE

Mal tief durchatmen kann man an diesem 1451 geschaffenen vieleckigen **Teich** (Karte S. 720) südöstlich der Stadt, der zu einem Spaziergang einlädt. Ganz in der Nähe ist ein großes, koloniales, niederländisches Grabmal, eines der ältesten in Gujarat.

SARKHEJ ROSA

Das 8 km südwestlich der Stadt gelegene **Sarkhej Rosa** (außerhalb der Karte S. 720; ☎ 26828675; Eintritt frei; ⌚ 6–22 Uhr) ist ein faszinierender Komplex islamischer Bauwerke. Vernachlässigung und Erdbeben haben dort zwar ihre Spuren hinterlassen, aber nach und nach wird er restauriert. Die Gebäude drängen sich um ein großes Wasserbecken, das aus der Zeit von Sultan Mahmud Shah I. (1458–1511) stammt.

Am Eingang befindet sich das Grabmal des Sultans Mahmud Begada. Es hat geometrische Jalis, die auf dem Fußboden Lichtmuster erzeugen.

In Sarkhej lebte der Scheich Ahmed Khattu (der Name bedeutet „Verleiher von Reichtum"); er ließ eine Moschee für die Massen errichten, die ihn besuchen kamen. Sie hat einen großen, offenen Hof vor der von Kuppeln umgebenen Gebetshalle.

Hin- und Rückfahrt mit der Rikscha kosten ungefähr 100 Rs.

BAOLIS

Im **Dada Hari Wav** (Karte S. 720; Eintritt frei; ⌚ Sonnenaufgang–Sonnenuntergang), einer Brunnenanlage, die 1499 von einer Frau aus Sultan Begaras Harem errichtet wurde, steigt man Stufen hinunter, die zu tiefer gelegenen Plattformen führen und schließlich an einem kleinen, achteckigen Brunnen enden. Selbst an den heißesten Tagen ist es hier kühl. Heruntergekommen und oft knochentrocken wirkt der Brunnen faszinierend gespenstisch. Die beste Tageszeit für einen Besuch und zum Fotografieren des Brunnens ist zwischen 10 und 11 Uhr, denn nur dann dringt das Sonnenlicht ganz bis in die Tiefe. In der Nähe fährt der Bus Nr. 111 (5 Rs) nach Asarwa ab.

Der **Mata-Bhavani-Brunnen** (Karte S. 720) liegt ungefähr 200 m nördlich der Anlage Dada Haris. Er ist angeblich mehrere hundert Jahre älter, aber weniger schmuckvoll, und dient als einfacher hinduistischer Tempel.

CALICO MUSEUM OF TEXTILES

Das **Museum** (außerhalb der Karte S. 720; ☎ 27868172; Shahibag; Eintritt frei; ⌚ Do–Di 10.30–12.30 Uhr, kein Einlass nach 11 Uhr & 14.45–16.45 Uhr, kein Einlass nach 15.15 Uhr) stellt eine der weltweit schönsten Sammlungen antiker und moderner indischer Textilien aus – hier finden sich erstaunlich prachtvolle Stücke, denen man das unglaubliche Geschick und die Phantasie der Produzenten bei der Herstellung ansieht.

Es gibt zwei Ausstellungteile: erstens die zentrale Textilienhallen des Calico Museums, die nur morgens besichtigt werden können, und zweitens die Ausstellung *Invisible Presence: Images and Adobes of Indian Deties* (Unsichtbare Anwesenheit: Bilder und Wohnstätten indischer Gottheiten), die sowohl drinnen als auch im Freien Exponate mit Darstellungen indischer Götter zeigt. In diesen Teil des Museums, zu dem ebenfalls Räume mit Textilien gehören, dürfen Besucher nur nachmittags. Es lohnt sich aber, genug Zeit einzuplanen, um beide Teile des Museums, das gegenüber der Underbridge gelegen ist, zu besuchen. Es befindet sich auf dem Gelände der Sarabhai Foundation, die in einem *haveli* untergebracht ist, das aus alten Dorfhäusern besteht und mit wundervollen Holzschnitzereien verziert ist. Das Museum liegt 4,5 km nördlich der Stadt. Hin kommt man mit den Bussen Nr. 101, 102 oder 105 (5 Rs) durch das Delhi-Tor. Eine Autorikscha dürfte etwa 40 Rs kosten.

Fotografieren ist verboten.

WEITERE MUSEEN

Das großartige **City Museum** (Karte S. 720; ☎ 26578369; Sanskar Kendra; Eintritt frei; ⌚ Di–So 10–18 Uhr) ist in einem eindrucksvollen Le-Corbusier-Bau untergebracht, der an ein mehrstöckiges Parkhaus erinnert. Die Ausstellung zeigt die Geschichte Ahmedabads: Es gibt Abteilungen zu den Religionsgemeinschaften der Stadt, zu Gandhi und zum Kampf um die Unabhängigkeit. Im Erdgeschoss befindet sich das **Kite Museum** (Karte S. 720; Eintritt frei; ⌚ Di–So 10–20 Uhr), wo man sich eine Auswahl bunt gemusterter Pappmaché-Drachen anschauen kann, die wie eingefangene Schmetterlinge aussehen.

Das **Lalbhai Dalpatbhai Museum** (Karte S. 720; ☎ 26306883; Eintritt frei; ⌚ Di–So 11.30–17 Uhr) nahe der Universität von Gujarat beherbergt feine Stein-, Marmor- und Holzreliefs aus ganz Indien, sowie Bronzen aus der Umgebung, Stoffmalereien und Münzen. Unter den Skulpturen ist ein Sandsteinrelief aus Madhya Pradesh, das aus dem 6. Jh. n. Chr. stammt und das älteste bekannte Bild des Gottes Rama ist.

In der Nähe befindet sich die **NC Mehta Gallery** (Karte S. 720; ☎ 26302463, Apparat 31; Eintritt frei; ⌚ Juli–April, Di–So 10.30–17.30 Uhr; Mai & Juni, Di–So 8.30–12.30 Uhr) mit einer bedeutenden Sammlung kostbar illustrierter Handschriften und Miniaturen. Am berühmtesten ist das *chaurapanchasika* („Fünfzig Liebesgedichte eines Diebs") von Vilhana, einem kaschmirischen Dichter des 11. Jhs., der hingerichtet werden sollte, weil er die Tochter des Königs liebte. Kurz vor der Hinrichtung schrieb er die Gedichte, die den König so rührten, dass er Vilhana begnadigte und ihm seine Tochter zur Frau gab.

Das Shreyas Folk Museum (außerhalb der Karte S. 720; ☎ 26601338; Inder/Ausländer 7/45 Rs; ⌚ Fr–Di 10–13.30 & 14–17.30 Uhr) etwa 2,5 km westlich des Flusses in der Vorstadt Ambavadi zeigt eine beeindruckende Auswahl an Volkskunst und Kunsthandwerk aus Gujarat, darunter reich verzierte Alltagsgegenstände wie Stoffe, Kleider und Holzschnitzereien. Die Busse Nr. 34 oder 200 (5 Rs) fahren hin, eine Autorikscha kostet etwa 25 Rs.

Wer sich die Annehmlichkeiten von praktischen Haushaltsgeräten wie Töpfen vor Augen führen lassen will, besucht das **Utensil Museum** (außerhalb der Karte S. 720; ☎ 26602422; Vishalla; Eintritt 8 Rs, Foto/Video 50/100 Rs; ⌚ 11–15 & 16.30–22 Uhr) gegenüber vom Vasana Tol Naka. Etwa 3500 Exponate werden dort gezeigt.

SABARMATI-ASHRAM

Der **Ashram** (außerhalb der Karte S. 720; ☎ 27557277; Eintritt frei; ⌚ 8.30–18.30 Uhr), der ungefähr 5 km vom Stadtzentrum entfernt so friedlich am Westufer des Flusses gelegen ist, war während des langen indischen Unabhängigkeitkampfes Ghandis Hautquartier. Er gründete den Ashram 1915 und verlegte ihn ein paar Jahre später an seinen heutigen Standort. Von hier aus begann Gandhi am 12. März 1930 seine symbolische Protestaktion: den berühmten Salzmarsch zum Golf von Cambay. Heute werden hier immer noch kunsthandwerkliche Gegenstände, Papier und Spinnräder produziert – auf der anderen Straßenseite ist eine **Papierfabrik** (außerhalb der Karte S. 720; ⌚ Mo–Sa 11–17 Uhr), die einen Besuch wert ist (im Ashram kann man um Erlaubnis bitten). Gandhis ergreifend spartanische Wohnung ist erhalten geblieben, und es gibt eine ausgezeichnete Bilddokumentation zu seinem Leben. Auch der Brief, den Gandhi am 23. Juli 1939 an Hitler schickte, um diesen vom Krieg abzubringen, wird in der Bibliothek aufbewahrt. 1922 war Gandhi im Sabarmati-Gefängnis ein Stück die Straße hinunter eingesperrt.

Normalerweise gibt es hier eine **Sound-and-Light-Show** – die genauen Termine erfragt man am besten telefonisch. Hin geht's mit den Bussen Nr. 81, 83/1 und 84/1 (5 Rs); alternativ nimmt man eine Autorikscha für etwa 30 Rs.

Kurse

Die **Darpana Academy** (Karte S. 720; ☎ 27550566; www.darpana.com; Ashram Rd, Usmanpura; ⌚ Juli–April) wurde 1949 gegründet und unterrichtet klassischen indischen Tanz. Die Kurse kosten pro Woche 50 US$ (2 Std./Tag).

Geführte Touren

Die **Municipal Corporation** (☎ 9824032866; Inder/Ausländer 20/50 Rs) veranstaltet faszinierende Führungen durch die Altstadt auf den Spuren längst vergangener Zeiten. Sie beginnen um 8 Uhr am Swaminarayan-Tempel und enden gegen 10.30 Uhr nahe der Jama Masjid. Es empfiehlt sich, vorher zu buchen. Auf der Stadtwanderung durch enge, verwirrende Gassen, vorbei an verfallenen, holzgeschnitzten Fassaden bekommt man am besten ein Gefühl für die Stadt und ihre *pols* (Wohngegenden). Die Führung ist auf Englisch, zur Einführung gibt's eine kurze Diaschau.

Schlafen

Viele Budgethotels liegen im Umkreis der lauten und schmutzigen Relief Rd. Manche Hotels haben 24-Stunden-Checkout, doch einige Spitzenhotels setzen einen schon um 9 Uhr vor die Tür.

BUDGETUNTERKÜNFTE

Diese Hotels haben Gemeinschaftsbäder, wenn nicht anders angegeben.

Hotel Rupali (Karte S. 722; ☎ 25503135; Dr Tankaria Rd; EZ/DZ 150/200 Rs) Das ist das beste der preiswerten Hotels nahe der Sidi-Saiyad-Moschee, von anderen Travellern empfohlen, mit einfachen Zimmern (die Wände sind schmuddelig, aber sonst ist es recht sauber), gemusterten Böden, die es etwas fröhlicher machen, und freundlichem Personal.

Hotel Natraj (Karte S. 722; ☎ 25506048; EZ/DZ mit eigenem Bad 150/300 Rs) Nahe Lal Darwaja gelegen ist dieses Hotel ein bisschen gemütlicher als das Gulmarg. Es hat sehr einfache Zimmer, manche haben aber einen Balkon mit Blick zur Ahmed-Shah-Moschee.

Hotel Gulmarg (Karte S. 722; ☎ 25507202; Dr Tankaria Rd; EZ/DZ 150/200 Rs) Auch dieses Hotel gegenüber vom Rupali ist ganz gut. Es hat eine Auswahl an verwohnten, ziemlich staubigen Zimmern, die Badezimmer sind aber bemerkenswert sauber. Der Aufstieg in den 4. Stock hält fit, wenn der unzuverlässige Aufzug mal wieder nicht funktioniert.

Hotel Sahil (Karte S. 722; ☎ 25507351; Dr Tankaria Rd; EZ/DZ/3BZ mit eigenem Bad ab 300/400/500 Rs) Gegenüber vom Advance Cinema bietet dieses Hotel kleine, einigermaßen saubere Zimmer. Manche sind besser als andere, man sollte sich also ein paar zeigen lassen.

Hotel Naigra (Karte S. 722; ☎ 22172204; EZ/DZ mit eigenem Bad 200/350 Rs, mit Klimaanlage 400/500 Rs; ❄) Das Hotel unmittelbar neben der Relief Rd., nahe der Zakaria-Masjid, nennt sich selbst „ultramodernes & luxuriöses Gästehaus" – eine bemerkenswert schlechte Selbsteinschätzung. Immerhin ist es freundlich und ruhig. Die Zimmer sind klein und ein bisschen dreckig, manche haben einen Balkon.

MITTELKLASSEHOTELS

Alle hier genannten Hotels haben Zimmer mit eigenem Bad. Es lohnt sich immer, ein wenig zu feilschen.

Hotel Volga (Karte S. 722; ☎ 25509497; EZ/DZ 400/500 Rs, mit Klimaanlage 600/700 Rs; ❄) Eine gute Wahl. Es liegt in einer ruhigen Allee abseits der Relief Rd. und bietet gepflegte, schnuckelige Zimmer, die etwas ansprechender eingerichtet sind als anderswo.

Hotel Balwas (Karte S. 722; ☎ 25507135; Relief Rd; EZ/DZ mit Balkon 425/550 Rs, mit Klimaanlage 525/650 Rs; ❄) Die Zimmer nach vorne hinaus haben Balkone mit Blick auf das Gewühl in der Relief Rd. Die klimatisierten Zimmer gehen nach hinten raus und sind etwas größer und ruhiger. Ihren Preis wert sind aber alle.

Gandhi Ashram Guest House (außerhalb der Karte S. 720; ☎ 27559342; EZ/DZ 325/500 Rs, mit Klimaanlage 800/1000 Rs; ❄) Dem Sabarmati-Ashram gegenüber, liegt 5 km außerhalb des Zentrums das relativ ruhige, staatlich geführte Gästehaus. Die Zimmer haben Balkone ins Grüne hinaus, das ist in der Stadt selten. Die billigeren Zimmer sind schäbig, die teuersten besser. Geiziger Checkout um 9 Uhr.

Ritz Inn (Karte S. 722; ☎ 22123842; Station Rd; EZ/DZ mit Klimaanlage 1250/1550 Rs; ❄ 💻) Das nette Hotel in Bahnhofsnähe hat ungewöhnliche Klasse: Die komfortablen Zimmer sind im Art-Deco-Stil gehalten. Es gibt ein gutes vegetarisches Restaurant. Hier gibt's 24-Stunden-Checkout und man kann sich sogar kostenlos zum Flughafen bringen lassen.

Hotel Alka (Karte S. 722; ☎ 25500830; hotelalka@usa.net; Ramanial Sheth Rd; EZ/DZ 350/500 Rs, mit Klimaanlage 550/675 Rs; ❄) Rein geht's über eine entmutigend schäbige Treppe, es ist aber trotzdem eines der besseren Hotels mit schmucken, sauberen Zimmern.

Hotel Capri (Karte S. 722; ☎ 25507143; EZ/DZ ab 425/500 Rs, mit Klimaanlage 600/700 Rs; ❄) Angenehmes Hotel mit buntem Bettzeug.

Hotel Comfort (Karte S. 722; ☎ 5503014; Relief Rd; EZ/DZ 350/450 Rs, Deluxe mit Klimaanlage 450/550 Rs; ❄) Eines der besseren Mittelklassehotels ist das Hotel Comfort, das dem Electricity House gegenüber liegt. Es ist recht freundlich, mit sauberen, einigermaßen hübschen, komfortablen Zimmern, von denen einige allerdings kein Fenster haben.

Hotel Kamran (Karte S. 722; ☎ 25509586; GPO Rd; EZ/DZ ab 400/500 Rs, mit Klimaanlage ab 550/650 Rs; ❄) Eine ansprechende, unspektakuläre Unterkunft mit gemütlichen Zimmern in der Nähe der Post.

SPITZENKLASSEHOTELS

Alle diese Hotels akzeptieren die gängigen Kreditkarten.

House of MG (Karte S. 722; ☎ 25506946; www.houseofmg.com; Dr Tankaria Rd; EZ/DZ ab 2000/2600 Rs; ❄) Dieses Gebäude aus den 1920er-Jahren (mit zwei exzellenten Restaurants; s. rechte Spalte) war früher der Wohnsitz des Industriellen Sheth Mangaldas Girdhardas und wurde zu einem wunderschönen Hotel mit großen, von Veranden umgebenen Suiten umgebaut. Diese sind schlicht, schön und mit einem liebevollen Blick für Details eingerichtet. Der Service ist ausgezeichnet. Wenn man die teureren Zimmer vorab online bucht, gibt's einen Preisnachlass. Möbelstücke und Accessoires, die man im Hotel gesehen hat, kann man auch kaufen. Traveller, die hier arbeiten wollen, wohnen umsonst.

Cama Hotel (Karte S. 722; ☎ 25601234; www.camahotelsindia.com; Khanpur Rd; EZ/DZ ab 3600/4100 Rs; ❄ 🏊) Die großen Zimmer des Cama sind äußerst komfortabel – die besten haben Balkone mit Ausblick auf den Sabarmati und die Grünflächen. Für 200 Rs dürfen auch Nicht-Hotelgäste den Pool benutzen. Kostenloser Transfer zum Flughafen.

Meridian Ahmedabad (Karte S. 722; ☎ 25505505; Khanpur Rd; EZ/DZ ab 5000/5500 Rs, Suite 10 000 Rs; ❄ 🏊) Ein herrlich luxuriöses Fleckchen – sofern man die verfallenen Baracken am Flussufer gnädig übersieht. Alle Zimmer sind üppig, die Suiten feudal eingerichtet. Im Preis inbegriffen sind Frühstück und der Transport zum Flughafen. Im Haus gibt's einen Pool (für Nicht-Gäste 250 Rs), ein Mineralbad und eine Sauna.

Essen

Als Hauptstadt eines Feinschmeckerstaats besitzt Ahmedabad einige phantastische Restaurants. Unbedingt probieren sollte man die Gujarati-Thali, das traditionelle, vegetarische All-you-can-eat. Es ist vielfältiger, leichter und weniger fettig als das Punjabi-Essen, und es gibt auch ein paar süße Gerichte.

RESTAURANTS

Agashiye (Karte S. 722; House of MG, Dr Tankaria Rd; Mittagessen 150 Rs, Deluxe 225 Rs, Dinner-Bankett 190 Rs; 🕑 12–14.30 & 19–23 Uhr) Beim Essen Ahmedabads erste Adresse: Die idyllische Terrasse auf dem Dach eines der schönsten Wohnhäuser der Stadt ist eine Oase der Ruhe und des Friedens, bei Nacht von Kerzen beleuchtet und fernab der verstopften Straßen. Die Speisekarte wechselt täglich und bietet feine Appetithappen, viele äußerst leckere Gemüsegerichte, Süßspeisen und Eis.

Green House (Karte S. 722; House of MG, Dr Tankaria Rd; Gerichte 30–60 Rs; 🕑 7–23 Uhr; ❄) Das ruhige Restaurant befindet sich unter dem Agashiye. Man sitzt entweder draußen im Hof oder im nach hinten versetzten, klimatisierten Speisesaal. Das Essen ist sehr lecker, unbedingt probieren muss man das köstliche *panki*, einen dünnen, zwischen Bananenblättern gegarten Pfannkuchen, oder das göttliche *malpura*, einen süßen, tiefgefrorenen Pfannkuchen in Safransirup verziert mit Rosenblättern. Und auf keinen Fall darf man sich die handgerührte Eiscreme entgehen lassen.

Vishalla (außerhalb der Karte S. 720; ☎ 26602422; Mittagessen 71 Rs, Abendessen 179 Rs; 🕑 11–15 & 20–23 Uhr) Wer im Vishalla am Südrand der Stadt, gegenüber vom Vasana Tol Naka, isst, fühlt sich wie in einem traditionellen, gujaratischen Dorf – ein magisches Erlebnis. In den rustikalen Holzhütten gibt's ein vegetarisches Thali, das man auf dem Boden sitzend genießt. Zu dem Komplex gehören Kunsthandwerksstände und das faszinierende Utensil Museum (S. 725). Puppentheater, eine Zaubershow oder traditionelle Musik machen das Abendessen zu einem besonderen Event. Der Bus Nr. 150 hält in der Nähe, eine Autorikscha kostet 45 Rs (mit Rückfahrt ungefähr 70 Rs).

Mirch Masala (Karte S. 720; CG Rd; Gerichte 49–159 Rs; 🕑 12.30–15 & 19–23 Uhr) Belebt und beliebt, mit vielen bunten Bildern, Marionetten und Filmpostern. Das Abendessen à la carte ist gut, erstklassig im Preis-Leistungs-Verhältnis sind die Lunch-Spezialitäten (89 Rs).

Tomato's (Karte S. 720; CG Rd; Gerichte 65–286 Rs; ⌚ 12.30–15 & 19.30–23 Uhr) Ein trendiges American Diner mit Nischen in Tomatenrot. Es gibt Gerichte wie Thai-Gemüsecurry – nett, wenn auch nicht sonderlich authentisch.

Mint (Karte S. 720; G-36 Shree Krishna Centre, Mithakhali Circle; Gerichte 40–85 Rs; ⌚ 11–23 Uhr) Das ist ein cooles, kleines, minzgrün gehaltenes Fleckchen für Betuchte mit ruhiger Atmosphäre und guten Snacks: von gujaratischen Favoriten wie *pav bhaji* (gewürztes Gemüse mit Brot) bis zu internationalen Trostessen wie mit Käse überbackenem Kartoffelpüree.

Swati Snacks (Karte S. 720; Gerichte 15–60 Rs; ⌚ 12–22.45 Uhr) Enorm beliebt ist auch dieses Restaurant, das Snacks, Kleinigkeiten, Lassis und gutes Eis anbietet. Die Einrichtung ähnelt einer japanischen Nudelbar mit kühlen, klaren Linien, und es gibt eine moderne Außenterrasse. Swati Snacks liegt nahe des Law Garden.

TC's (Karte S. 720; EG, Aakash Ganga; Gerichte 35–65 Rs; ⌚ 11–23 Uhr) Ein angesagtes kleines Café hinter dem Gujarat College, das Pita und Hummus, vietnamesische Nudeln und auf westlichen Geschmack zurechtgeschnittene indische Gerichte bietet. Das Ambiente ist bunt und schillernd und die Bedienung sehr amerikanisch – einschüchternd oder anheimelnd, je nachdem, wie man dazu steht.

Rajwadu (außerhalb der Karte S. 720; nahe Javraj, Toll Naka, Mahar-Lake; Eintritt 160 Rs, Mittagessen 25–70 Rs; ⌚ 11–23 Uhr) Wie das Vishalla, aber nicht so authentisch, bietet dieses atmosphärische Gartenrestaurant ab 19 Uhr Unterhaltung.

Das kleine Restaurant **Gopi Dining Hall** (Karte S. 722; Ashram Rd; Thalis 45–65 Rs; ⌚ 10–15 & 18–22.30 Uhr) liegt unmittelbar hinter dem westlichen Ende der Ellis Bridge, dem Rathaus gegenüber. Wegen seiner Thalis ist es allseits beliebt und berühmt. Das Abendessen ist würziger und schwerer.

Pakwan (Karte S. 720; Ellis Bridge; ⌚ 11–15 & 19–22 Uhr) Nah beim Gopi und gegenüber vom VS Hospital, ist dieses Restaurant größer, heller und modischer. Die Thalis gelten sogar als noch besser.

Ahmedabads ältestes Restaurant, das **Moti Mahal** (Karte S. 722; Kapasia Bazaar; Gerichte 23–50 Rs; ⌚ 5–1 Uhr) hat verschiedene Abteilungen – unten ist es schlicht und nach vorn offen, und oben gibt's einen Raum, wo man in kleinen, erhöhten Nischen oder – wer's intimer mag – von Trennwänden abgeschirmt essen kann.

Sankalp (Karte S. 720; Embassy Market; Gerichte ab 50 Rs) Das Lokal abseits der Ashram Rd. steht im *Guinness Buch der Rekorde*, weil hier das längste Dosa hergestellt wurde – es maß 7,50 m! Man kann sich hier einem 1 m langen Dosa widmen oder sich mit etwas Kürzerem begnügen, beispielsweise mit einem südindischen Thali.

Das **Nishat Restaurant** (Karte S. 722; Khas Bazaar; Gerichte 18–62 Rs; ⌚ 11–16 & 19–23.30 Uhr; ❄) ist einladend – unten hat es eine offene Vorderfront, oben ist es klimatisiert. Zu essen gibt's schmackhafte vegetarische und nichtvegetarische Tandoori-Gerichte.

AUF DIE SCHNELLE

Gandhi Cold Drinks House (Karte S. 722; Eis 7–16 Rs) Hier einen kleinen Boxenstopp einzulegen, um köstliche Lassis oder ein Eis zu genießen, lohnt sich. Vom Nishat Restaurant aus muss man nur die Straße überqueren.

Havmor (Karte S. 720; Stadium Complex; Eis 15–70 Rs) Ahmedabad ist berühmt für sein Eis. Die Eisbar hinter der Bushaltestelle Navrangpura hat Unmengen an Geschmacksrichtungen zur Auswahl.

Tea Centre (Karte S. 720; Vijay Char Rasta; Gerichte 10–80 Rs) Ein ruhiger Ort für einen gepflegten Chai. Über einem geschäftigen *chowk* (öffentlicher Platz oder Marktplatz) kann man einen Earl Grey oder Darjeeling trinken und einfache, aber schmackhafte Snacks essen.

Upper Crust (Karte S. 720; Arohi Complex, Vijay Char Rasta, CG Rd; Gerichte 35–160 Rs) Das schicke, immer brummende, kleine Café ist perfekt für einen Kaffee und Fastfood-Snacks.

Rasranjan Food Court (Karte S. 720; Vijay Cross Rd, Navrangpura Rasta, CG Rd; Gerichte 15–78 Rs; ⌚ 11–23 Uhr) Ein beliebtes, geschäftiges Emporium für Nahrungsmittel, in dessen Untergeschoss es südindisches und Punjabi-Fastfood, Süßwaren und *chaat* (Snacks) gibt.

Großartiges muslimisches Essen auf die Hand bekommt man in der Nähe des Teen Darwaja in der Bhathiyar Gali (Karte S. 722), einer kleinen Parallelstraße der MG Rd. An den abends aufgebauten Ständen gibt's eine leckere Stärkung für rund 25 Rs, z. B. Halal-Fleisch, Fisch und vegetarische Gerichte. Auch auf dem Law Garden Night Market (Karte S. 720) hat's gute Imbissstände.

Shoppen

Law Garden Night Market (Karte S. 720; Law Garden) Der Markt ist abends voller Buden, die im

SEWA

Die Self-Employed Women's Association (SEWA) ist Gujarats größte Gewerkschaft, mit 700 000 Mitgliedern in ganz Indien, 535 000 davon allein in Gujarat. Ihr Grundsatz ist einfach: Arme Frauen brauchen keine Hilfe, sondern Organisation.

Die 1972 gegründete SEWA unterscheidet drei Typen selbstständiger Arbeiterinnen: Straßenhändlerinnen und Verkäuferinnen, Heimarbeiterinnen (wie Weberinnen, Töpferinnen und Zigarettendreherinnen), sowie Arbeiterinnen, die körperlich schwere Arbeit verrichten und Dienstleistungen erbringen, also z. B. Landarbeiterinnen, Bauarbeiterinnen und Hauswirtschafterinnen.

Diese selbstständigen Arbeiterinnen werden von der SEWA dabei unterstützt, sich in Vereinigungen und Kooperativen zu organisieren, damit sie den Lohn ihrer Arbeit selbst genießen können. Besonders wichtig sind der SEWA Gesundheit und Kinderbetreuung, der Kampf gegen den Analphabetismus, angemessene Wohnverhältnisse und Selbstversorgung. In der SEWA Academy lernen die Mitglieder, Führungsaufgaben zu übernehmen. Beim Projekt Video SEWA drehen Frauen Filme über ihre Belange und Probleme. Die SEWA beteiligt sich auch an der Kampagne für einen an den Lebensbedürfnissen ausgerichteten Mindestlohn. Die Mitgliedschaft kostet 5 Rs im Jahr.

Außerdem betreibt die SEWA eine Bank – für viele arme Frauen die erste Möglichkeit, zu sparen oder ein Darlehen aufzunehmen – und ermöglicht Rechtshilfe.

Das **SEWA Reception Centre** (Karte S. 722; ☎ 5506444; www.sewa.org; ⌚ Mo–Sa 10.30–18 Uhr) befindet sich am östlichen Ende der Ellis Bridge. Hier gibt's viel Literatur zu den relevanten Fragen; Besucher sind willkommen. Die kunsthandwerkliche Erzeugnisse der SEWA werden zu festen Preisen bei **Banascraft** (s. unten) verkauft.

magischen Schein der Kerosinlampen glitzerndes Kunsthandwerk aus Kutch und Saurashtra an den Mann bringen. Überall gibt's *cholis* (Blusen ohne Rückenteil) und reich verzierte *chaniyas* (lange, weite, traditionelle Röcke), beides Kleidungsstücke, die traditionell in Navratri (s. Kasten, S. 718) getragen werden. Außerdem werden reich bestickte Wandbehänge, Modeschmuck u. v. m feilgeboten.

Gurjari (Karte S. 720; Ashram Rd; ⌚ 10–14 & 15–19 Uhr) Südlich von Gujarat Tourism befindet sich das mehrstöckige, staatliche Emporium. Beim Rumstöbern findet man phantastische Sachen, darunter auch schrille Kleider und Seidensaris.

Garvi Handloom House (Karte S. 720; Ashram Rd; ⌚ 10.30–20 Uhr) Gegenüber vom Gurjari; hier werden Textilien aller Art verkauft.

Gamthiwala (Karte S. 722; Manekchowk; ⌚ Mo–Sa 11–13 & 14–19 Uhr) Hier, in der Altstadt, gibt's im Blockdruckverfahren bedruckte Textilien von ausgezeichneter Qualität und sagenhaft dichte Baumwolle.

Das **Asal** (außerhalb der Karte S. 720; 5 Tejpal Society; ⌚ 10–20 Uhr) ist ein außerordentlicher Bioshop mit Naturboden, der durchaus einen Besuch wert ist – man ist hier sehr öko und zündet abends lieber Kerzen an als das elektrische Licht anzumachen. Angeboten werden Gerätschaften, *khadi*-Stoffe, ayurvedische Arzneien, pflanzliche Badesseifen, Öle und Duftstoffe.

Bandhej (Karte S. 720; Shree Krishna Centre, Mithakali Six Rd; ⌚ 10–20 Uhr) Diese Boutique wirkt, als wäre sie auf dem Weg nach New York verloren gegangen. Es gibt einige schöne traditionelle Kleider und Möbel – allerdings zu deftigen Preisen.

Banascraft (Karte S. 720; 8–9 Chandan Complex, CG Rd; ⌚ Mo–Sa 10.30–20, So bis 18.30 Uhr) Der Laden der Self-Employed Women's Association (SEWA; s. Kasten oben). Verkauft werden bestickte Schals, Kleider und Wandbehänge.

Ravivari (Karte S. 722; ⌚ So Sonnenaufgang–Sonnenuntergang) Der Flohmarkt am Fluss ist eine verrückte Ansammlung von Tieren, Musik, Geschirr, Geräten und allem Möglichen, die fasziniert und zum Stöbern einlädt.

An- & Weiterreise

FLUGZEUG

Viele Reisebüros wickeln inländische und internationale Buchungen ab. Empfehlenswert sind **Parshwanath Travels** (Karte S. 720; ☎ 27544142; parshtrvl@wilnetonline.net; Ashram Rd; ⌚ Mo–Sa 10–18.30 Uhr) und **Express Travels** (Karte S. 720; ☎ 26588602; express@wilnetonline.net; ⌚ Mo–Sa 11–18.30 Uhr), von Gujarat Tourism aus um die Ecke. Beide Büros akzeptieren gängige Kreditkarten.

WICHTIGE ZUGVERBINDUNGEN AB AHMEDABAD

Ziel	Zugnummer & Name	Abfahrt	Dauer (Std.)	Preis (Rs)
Bhavnagar	9271 *Bhavnagar Exp*	6.20 Uhr	5¼	154/403* (SC/3AC)
Bhuj	9115 *Bandra–Bhuj Exp*	23.59 Uhr	7¾	172/454*/709
Delhi	2957 *Rajdhani*	17.25 Uhr (Di–So)	14¼	1200/1785
	2915 *Ashram Exp*	17.45 Uhr	18½	346/919*/1421
	9105 *Delhi Mail*	9.50 Uhr	19½	326/889*
Jamnagar	9005 *Saurashtra Mail*	5.40 Uhr	6½	166/437* (SC/3AC)
Mumbai	2010 *Shatabdi*	14.30 Uhr (Sa–Do)	7¼	690/1315
	2902 *Gujarat Mail*	22.05 Uhr	8¾	235/604*/925
Porbandar	9215 *Saurashtra Exp*	20.15 Uhr	10¼	206/548*
Rajkot	1464 *Rajkot Exp*	8.15 Uhr (Do, Sa–Di)	5	139/360* (SC/3AC)
Udaipur	9944 *Sarai Rohilla Exp*	23.05 Uhr	8½	154/621
Vadodara	2010 *Shatabdi*	14.30 Uhr (Sa–Do)	1½	270/520

Die Preise des *Rajdhani* beziehen sich auf 3AC/2AC; beim *Shatabdi* auf Chair Class/Executive Class; bei den Express- und Mail-Zügen auf 2. Klasse/Chair Class oder Sleeper Class bei Tagzügen und auf Sleeper Class/AC Sleeper Class bei Nachtzügen (*=3AC). Zur Berechnung der Preise für die 1. Klasse und anderer Fahrpreise s. Tabelle S. 1212.

Air India (Karte S. 720; ☎ 26585382; Premchand House, Ashram Rd), nahe dem Sitz des Obersten Gerichts, bietet Flüge nach New York (755 US$) und Chicago (865 US$) über Mumbai und London (342 £).

Indian Airlines (Karte S. 722; ☎ 26585622, Airport-Büro 22867237; Relief Rd; 🕒 10–17 Uhr) sitzt in der Nähe der Nehru Bridge. Die Gesellschaft fliegt nach Sharjah (14 100 Rs), Kuwait (19 225 Rs) und Maskat (14 095 Rs). **Singapore Airlines** (☎ 30012840) abseits der CG Rd. fliegt nach und von Singapur.

Indian Airlines fliegt regelmäßig nach Mumbai (100 US$; täglich Verbindungen nach Goa) und Delhi (115–150 US$). Mit **Jet Airways** (Karte S. 720; ☎ 27543304; Ashram Rd; 🕒 Mo–Fr 10–18.30, Sa & So bis 16 Uhr) kommt man zum gleichen Preis nach Mumbai und Delhi.

BUS

Vom Busbahnhof nahe der Rani-Sipri-Moschee fahren Busse der **State Transport Corporation** (STC; Karte S. 722; ☎ 2546 3360) nach Vadodara (50 Rs, 2 Std., alle 10 Min.) – dank der neuen Autobahn dauert die Fahrt nicht mehr so lange –, sowie stündlich nach Jamnagar (105 Rs, 7 Std.), Junagadh (105 Rs, 8 Std.), Bhavnagar (80 Rs, 4 Std.) und Rajkot (80 Rs, 4½ Std.).

Auf Langstreckenfahrten sind Busse von Privatgesellschaften schneller, einige haben ihre Büros östlich vom STC-Busbahnhof. **Punjab Travels** (Karte S. 720; 🕒 9–21 Uhr; Embassy Market ☎ 26589200; abseits der Ashram Rd; Shefali Shopping Centre ☎ 26579999; Pritamnagar Rd) bietet ein paar Städteverbindungen, z. B. nach Ajmer (Normal/Sleeper Class 180/300 Rs, 11 Std.), Aurangabad (Normal/Sleeper Class 300/400 Rs, 16½ Std.), Jaipur (Normal/Sleeper Class 200/300 Rs, 14½ Std.), Jodhpur (180 Rs, 11 Std.) und Udaipur (Normal/Sleeper Class 120/200 Rs, 7 Std.). Empfehlenswert ist auch **New Limda Travels** (Karte S. 720; ☎ 26579379; 5 Shroff Chambers) – das Firmenschild ist in Gujarati. Das Unternehmen bietet Busse nach Palitana (120 Rs, 4½ Std.), Bhavnagar (100 Rs, 4 Std.) und Mumbai (Normal/Sleeper Class/Deluxe 250/400/600 Rs, 24 Std.). **Bonny Travels** (Karte S. 720; ☎ 26579265; Pritamnagar Rd; 🕒 6–23 Uhr) fährt mehrmals täglich nach Jamnagar (170 Rs, 6 Std.) und Rajkot (130 Rs, 4 Std.).

ZUG

Es gibt ein **computergestütztes Reservierungsbüro** (Karte S. 722; ☎ 135; 🕒 Mo–Sa 8–20, So bis 14 Uhr) links nach dem Ausgang des Bahnhofs von Ahmedabad. Schalter 6 hat das Kontingent für ausländische Touristen, an Schalter 7 kann man versuchen, per Kreditkarte zu buchen.

Unterwegs vor Ort

VOM/ZUM FLUGHAFEN

Der Flughafen liegt 10 km nördlich der Stadt; eine Autoriksch a kostet etwa 100 Rs.

Billiger geht's mit Bus Nr. 105 ab Lal Darwaja (6 Rs).

AUTORIKSCHA

Die Autorikscha-Fahrer benutzen hier den Taxameter (das ist der Zähler beim linken Knie des Fahrers), und die meisten sind ehrlich. Trotzdem kann man natürlich auf schwarze Schafe stoßen, die versuchen, einem das Geld aus der Tasche zu ziehen. Die Fahrt vom Bahnhof Ahmedabad zur Sidi-Saiyad-Moschee sollte etwa 20 Rs kosten.

RUND UM AHMEDABAD

Adalaj Wav

Adalaj Wav, 19 km nördlich von Ahmedabad, gehört zu den schönsten *baolis* in Gujarat. Das von Königin Rudabai 1499 errichtete Badehaus hat drei Eingänge, die zu einer gewaltigen, auf 16 Pfeilern ruhenden Plattform führen, in deren Ecken sich Schreine befinden. Der achteckige Brunnen ist fünf Stockwerke tief. Der *baoli* ist mit wunderschönen Steinreliefs verziert, die Themen von Erotik bis Buttermilch abdecken. Der Bus nach Gandhinagar bringt einen bis in Laufweite (den Schaffner fragen, wo man aussteigen muss). Eine Autorikscha kostet mit Rückfahrt 200 Rs.

Nal Sarovar Bird Sanctuary

Der 116 km² große See Nal Sarovar etwa 60 km südwestlich von Ahmedabad ist eine riesige blaue Fläche, die nahtlos mit dem Himmel verschmilzt, inmitten einer bügelbrettflachen Ebene. Zwischen November und Februar ziehen Schwärme von einheimischen Vögeln sowie Zugvögeln, insgesamt bis zu 250 Arten, durch das **Vogelschutzgebiet** (Inder/Ausländer 10/250 Rs, Auto 20 Rs, Video 2500 Rs). Enten, Gänse, Pelikane und Flamingos lassen sich am frühen Morgen (anzupeilen wäre 5.30 Uhr) und am Abend sehr gut beobachten, am besten von einem gemieteten Boot (100 Rs/Std.) aus. Man muss aber darauf achten, dass der Führer die Vögel nicht verscheucht.

An Wochenenden und Feiertagen ist am meisten los.

Nicht vergessen: Mineralwasser und Essen mitbringen, denn ein Café sucht man hier vergeblich. Gujarat Tourism bietet außerhalb der Grenzen des Vogelschutzgebiets eine Reihe von **Hütten** (☎ 079-26589172; DZ 800 Rs) als Unterkünfte.

Busse fahren unregelmäßig (35 Rs, 2½ Std.); das Beste ist wahrscheinlich, in Ahmedabad ein Taxi zu nehmen (mit Rückfahrt etwa 800 Rs).

Lothal

Diese wichtige archäologische Stätte, etwa 85 km südwestlich von Ahmedabad, wurde 1954 entdeckt. Die Stadt, die hier vor 4500 Jahren stand, ist Mohenjodaro und Harappa, den Städten der Induskultur im heutigen Pakistan, sehr ähnlich. Sie hat das gleiche geordnete Straßenmuster, dasselbe ordentlich gearbeitete Mauerwerk und ein ausgeklügeltes Entwässerungssystem.

Lothal ist das gujaratische Wort für „Totenhügel" und genau diese Bedeutung hat Mohenjodaro auf Sindhi. Bei Ausgrabungen wurde eine Werft frei gelegt (mit einem komplizierten Schleusensystem wegen der Gezeiten) – in ihrer Blütezeit war Lothal wahrscheinlich einer der wichtigsten Häfen des Subkontinents. Der Sabarmati, der heute hier nicht mehr entlang fließt, verband die Werft mit dem Golf von Cambay. Siegel, die an der Ausgrabungsstätte gefunden wurden, lassen vermuten, dass es Handelsbeziehungen mit den Kulturen Mesopotamiens, Ägyptens und Persiens gab. Es ist eine seltsame Vorstellung, dass auf diesem verlassenen Fleckchen Erde im Altertum ein florierendes Handelszentrum existierte.

Das hiesige **Archäologische Museum** (Eintritt 3 Rs; ⌚ Sa–Do 10–17 Uhr) zeigt Überbleibsel dieser wohlgeordneten Zivilisation, z. B. komplizierte Siegel, Maße und Gewichte, Spiele und Schmuck.

Das **Palace Utelia** (☎ /Fax 079-26445770; Zi. 2000 Rs), 7 km von der Grabungsstätte am Fluss Bhugavo entfernt, ist ein imposanter Palast – komplett mit alten Dienern –, der das angrenzende Dorf kümmerlich aussehen lässt. Die schäbigen Zimmer sind zu teuer, aber es ist ein ungewöhnlicher Ort mit Charme, wenn auch ohne Komfort.

Von Ahmedabad aus ist Lothal ein langer Tagesausflug. Es gibt Busse (63 Rs, 3 Std.), oder man nimmt den Zug über Bhurkhi (6 km entfernt), von wo aus es mit dem Bus weitergeht. Ein Zug von Ahmedabad fährt um 7.50 Uhr (2. Klasse 34 Rs, 3 Std.).

Modhera

Der wunderschöne **Sonnentempel** (⌚ 8–18 Uhr) wurde von König Bhimdev I. (regierte

1026–27) errichtet und erinnert an den bekannteren Konark-Tempel in Orissa, der aber erst 200 Jahre später gebaut wurde. Beide Tempel wurden so entworfen, dass während der Tag- und Nachtgleiche die Strahlen der Morgensonne auf das Bild des Sonnengottes Surya fielen. Haupthalle und Schrein des Sonnentempels erreicht man durch einen komplexen Pfeilerpavillon. Die Außenseite des Gebäudes ist mit verschnörkelten, sehr feinen Reliefs verziert, die Dämonen und das Entstehen der Götter darstellen. Mahmud von Ghazni zerstörte diesen Tempel ebenso wie den in Somnath, aber auch als Ruine ist er eindrucksvoll. 52 fein reliefverzierte Säulen zeigen Szenen aus dem Ramayana und dem Mahabharata. Im Inneren befindet sich eine Halle mit zwölf Nischen, die den zwölf monatlich unterschiedlichen Erscheinungen Suryas entsprechen. Tafeln mit erotischen Reliefs machen die sinnliche Dekoration komplett.

Vor dem Tempel befindet sich der **Surya Kund**, ein außergewöhnliches rechteckiges *baoli* mit mehr als 100 Schreinen, die wie eine versunkene Kunstgalerie wirken. Schreine für Ganesha, Vishnu und eine Inkarnation Shivas stehen an den drei anderen Seiten um das Bassin herum.

Man kann mit Bussen (55 Rs, 3½ Std.) direkt in das 102 km nordwestlich von Ahmedabad gelegene Modhera fahren oder auch den Zug nach Mahesana nehmen und dort in einen Bus nach Modhera umsteigen (26 km). Busse aus Zainabad halten ebenfalls in Modhera (22 Rs, 1½ Std., 3-mal tgl.), bevor sie nach Patan (50 Rs, 1 Std.) weiterfahren.

Patan

☎ 02766 / 112 038 Ew.

Patan ist eine staubige, wenig besuchte Stadt, doch ihre engen Straßen werden von kunstvollen, wenn auch verfallenen Holzhäusern gesäumt. Ein Besuch lohnt sich auch, weil es hier mehr als 100 jainistische Tempel gibt; der größte ist der **Panchasara Parasvanath**.

Patan, das etwa 130 km nordwestlich von Ahmedabad liegt, war eine antike Hindu-Hauptstadt, ehe Mahmud von Ghazni sie im Jahr 1024 plünderte. Das einzige Überbleibsel des früheren Glanzes ist das **Rani-ki-Vav** (Inder/Ausländer 5/100 Rs; 🕙 8–18 Uhr), ein erstaunlich schönes *baoli*, das für diese bescheidene Stadt eigentlich unangemessen groß ist. 1050 erbaut, ist es das älteste und schönste *baoli* in Gujarat und bemerkenswert gut erhalten – Schlamm schützte es jahrhundertelang, bevor es in den 1980er-Jahren restauriert wurde.

Patan ist außerdem für seine schönen Patola-**Seidensaris** bekannt, die in einem quälend langsamen Arbeitsprozess entstehen. Die Fäden werden mühsam einzeln gefärbt, um das Muster zu erzeugen, *bevor* sie verwebt werden. Die Herstellung kann man bei einem Besuch des **VK Salvi** (www.patanpatola.com; Salviwado, Patolawala St.) beobachten.

Das **Neerav Hotel** (☎ 222127; EZ 100 Rs, DZ 150–300 Rs, Zi. mit Klimaanlage 800 Rs; ❄) nahe des Kohinoor Cinema ist ganz anständig, im nahe gelegenen **Anand Restaurant** (Kilachand Shopping Centre; Hauptgerichte um 30 Rs) gibt's gute Thalis und Gerichte à la carte.

Patan liegt 25 km nordwestlich von Mahesana. Busse aus Ahmedabad brauchen 3½ Stunden und kosten 55 Rs. Dreimal täglich fahren auch Busse aus Zainabad (50 Rs, 2½ Std.) über Modhera nach Patan.

GANDHINAGAR

195 891 Ew.

Mit breiten Alleen und viel Grün ist Gandhinagar das genaue Gegenteil von Ahmedabad. Hier leben die Politiker des Staates in großen, gut befestigten Häusern. Als der alte Staat Mumbai geteilt wurde, war zunächst Ahmedabad Gujarats Hauptstadt, doch dann plante man diese neue Hauptstadt 32 km weiter nordöstlich am Westufer des Sabarmati. Gandhinagar, benannt nach Mahatma Gandhi, ist nach Chandigarh Indiens zweite am Reißbrett entworfene Stadt. Die Regierung zog 1970 hierher um.

Ein guter Grund für einen Besuch der Stadt ist der spektakuläre **Akshardham-Tempel** (Ja Rd, Sector 20; 🕙 Di–So 9.30–18.30 Uhr), der der wohlhabenden hinduistischen Swaminarayan-Gruppe gehört. Fast 1000 Kunsthandwerker waren am Werk, um das aufwändig mit Reliefs verzierte Bauwerk aus 6000 t rosafarbenem Sandstein zu errichten, das von sorgfältig getrimmtem Rasen und perfekt zugeschnittenen Bäumen umgeben ist.

Im September 2002 schossen dort zwei mutmaßlich islamistische Terroristen auf Besucher und ermordeten 31 Personen, ehe sie selbst getötet wurden. Von dieser Tragödie sind aber, abgesehen von einigen Einschusslöchern in der Decke, kaum noch Spuren übrig geblieben.

An- & Weiterreise

Von Ahmedabad fahren alle 15 Minuten Busse nach Gandhinagar (10 Rs, 45 Min.). Zusteigen kann man an der hinteren nordwestlichen Ecke des Lal Darwaja und an vielen Haltestellen in der Ashram Rd.

VADODARA (BARODA)

☎ 0265 / 1,49 Mio. Ew.

Vadodara (oder Baroda, wie die Stadt oft genannt wird) ist eine harmonische Universitätsstadt 100 km südöstlich von Ahmedabad. Vor der Unabhängigkeit Indiens war sie die Hauptstadt des Fürstentums Gaekwad. Es gibt mehrere interessante Sehenswürdigkeiten in der Stadt: das eindrucksvolle Museum, den überladenen indosarazenischen Palast und das wunderschöne Tambekar Wada. Der Hauptgrund für einen Abstecher hierher ist aber die archäologische Stätte von Champaner, die zum Weltkulturerbe der Unesco gehört und deren Moscheen sich in der Landschaft verlieren.

Orientierung & Praktische Informationen

Bahnhof, Busbahnhöfe und Hotels liegen westlich des Flusses Vishwarmurti, der die Stadt in zwei Teile teilt. Die Tilak Rd. führt vom Bahnhof aus ins Stadtzentrum.

Wer Geld abheben will, kann das am ICICI-Geldautomaten am Bahnhof oder in der RC Dutt Rd. am SBI- oder Standard Chartered-Geldautomaten tun.

Crossword (2/1 Arunoday Society, Alkapuri; 🕑 Mo–Fr 10.30–20.30, Sa & So bis 21 Uhr) Ein genialer Buchladen mit einem guten Café.

Gujarat Tourism (☎ 2427489; Erdgeschoss, Narmada Bhavan, Jail Rd; 🕑 Mo–Sa 10.30–18 Uhr, am 2. & 4. Sa des Monats geschl.)

HB's (104 Helix Sayjigunj; 10 Rs/Std.; 🕑 24 Std.) Teil eines Komplexes von mehreren Internetcafés.

Municipal Tourist Office (☎ 2794456; 🕑 24 Std.) Gegenüber vom Bahnhof. Mit Glück haben gerade die Angestellten Dienst, die etwas wissen und hilfsbereit sind.

Thomas Cook (☎ 2355574; Shriram Chambers, RC Dutt Rd) Tauscht Reiseschecks und Devisen.

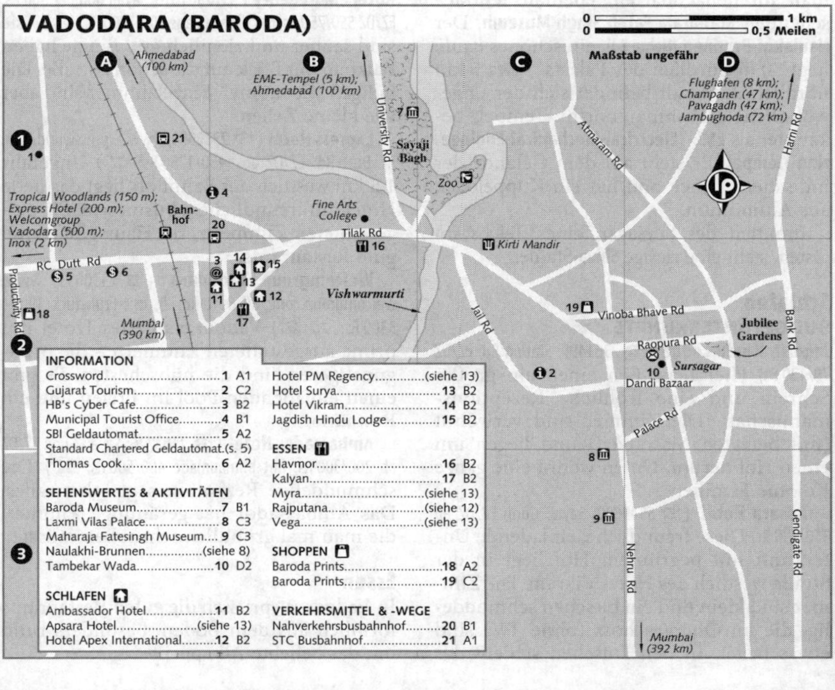

Sehenswertes

SAYAJI BAGH

In dem angenehm schattigen Park liegt das **Baroda Museum** (Eintritt 10 Rs; 10.30–17 Uhr), wo man sich ein paar schöne asiatische Statuen und Reliefs, etwas angegammelte Tierpräparate und einen ägyptischen Saal anschauen kann. Die Bildergalerie zeigt nette Mogul-Miniaturen und eine bunt zusammengewürfelte Schar europäischer Meister.

TAMBEKAR WADA

Das mehrgeschossige **Stadthaus** aus Holz (Eintritt frei; 8–18 Uhr) ist ein typischer Marathen-Wohnsitz und war einst die Residenz von Bhau Tambekar, dem Diwan von Baroda (1849–54). Drinnen gibt's einige schöne Wandmalereien aus dem 19. Jh.

NOCH MEHR SEHENSWERTES

Der **Laxmi-Vilas-Palast** (Nehru Rd; Eintritt 100 Rs; Di–So 10.30–17.30 Uhr) wurde im protzigen indosarazenischen Stil des 19. Jhs. für 6 Mio. Rs erbaut. Fürs Eintrittsgeld gibt's nicht viel – nur ein paar Waffen und den Audienzsaal. Die Eintrittskarten bekommt man im benachbarten, ebenfalls enttäuschenden **Maharaja Fateh Singh Museum**. Der **Naulakhi-Brunnen** (Nehru Rd), ein schönes *baoli*, liegt 50 m nördlich des Palasts. Etwa 5 km nördlich der Stadt befindet sich der ungewöhnliche Dakshinamoorthy-Tempel, bekannter als **EME- (Electrical-Mechanical-Engineering-)Tempel**. Er steht auf dem Gelände der indischen Armee und hat ein Kuppeldach aus Aluminium.

Inmitten des Sursagar, eines Teichs im Osten, steht eine riesige **Shiva**-Statue.

Schlafen

BUDGETUNTERKÜNFTE

Jagdish Hindu Lodge (☎ 2361495; Station Rd; EZ/DZ 70/120 Rs) Hier begrüßen einen ein großer Schrein und eine fröhliche Rezeptionsmannschaft. Die Zimmer sind verwohnt (mit betagten Matratzen) und liegen um einen Hof herum. Unten wohnt eine ganze Kolonie Familien.

Apsara Hotel (☎ 5549600; Sayaji Gunj; EZ/DZ ab 150/250 Rs) Diese freundliche, einladende Unterkunft mit begrüntem Hof liegt in der Straße westlich des Hotel Vikram. Die Zimmer sind klein und ein bisschen schmuddelig, die im Obergeschoss (ohne TV) sind etwas heller. In den Duschen schießt das Wasser rechtwinklig aus der Wand. Hier gibt's einen 24-Stunden-Checkout.

Hotel Vikram (☎ 5521918; Station Rd; EZ 125–165 Rs, DZ 250 Rs) Für den Preis gute, recht geräumige Zimmer – man sollte sich allerdings sicherstellen, dass sie ordentlich geputzt sind.

MITTEL- & SPITZENKLASSEHOTELS

Hotel Apex International (☎ 2362551; www.hotelapex.com; Sayaji Gunj; EZ/DZ ab 750/1000 Rs) Das Hotel gegenüber der Statue des Sardar Patel hat schmucke, gut geschnittene Zimmer mit Balkonen, zum Teil auch mit hübschem Ausblick.

Das **Hotel Surya** (☎ 2361361; www.hotelsurya.com; Sayaji Gunj; EZ/DZ mit Frühstück 525/750 Rs, mit Klimaanlage ab 825/1000 Rs;) Gegenüber vom Ambassador; ist gut organisiert und hat eine nette Atmosphäre. Die Fenster der geräumigen Zimmer gehen zur baumbestandenen Straße hinaus. Es gibt zwei Restaurants (s. gegenüber) und man wird kostenlos zum Flughafen gebracht. Es gibt einen 24-Stunden-Checkout.

Hübsche, ordentliche Zimmer bietet das **Hotel PM Regency** (☎ 2361616; Sayaji Gunj; EZ 300 Rs, EZ/DZ 550/750 Rs, mit Klimaanlage 800/1000 Rs;) – sie sind sauber und ziemlich gut. Einige haben Balkone mit Blick auf die schöne Straße. Die billigen „Economy"-Einzelzimmer sind aber wie kleine Zellen.

Express Hotel (☎ 2330960; www.expressworld.com; RC Dutt Rd; EZ/DZ ab 1450/1750 Rs;) Ungefähr 1,5 km westlich des Bahnhofs liegt das nette Hotel mit freundlichen, businessmäßig eingerichteten Zimmern. Im Haus gibt's zwei gute Restaurants.

Welcomgroup Vadodara (☎ 2330033; www.welcomgroup.com; RC Dutt Rd; Zi. mit Frühstück 1900–3300 Rs;) Vadodaras bestes Hotel mit prima ausgestatteten Zimmern – die preisgünstigeren sind die hübschesten. Es gibt einen einladenden Pool im Freien und ein Restaurant.

Ambassador Hotel (☎ 2362726; Sayaji Gunj; EZ/DZ ab 200/300 Rs, mit Klimaanlage 400/500 Rs;) Die schmuddelige Rezeption sagt schon alles: Das Ambassador hat geräumige Zimmer, die man mal gründlich schrubben müsste.

Essen

In Vadodara sprießen die guten Restaurants förmlich aus dem Boden, besonders rund um das beliebte Alkapuri.

Kalyan (Sayaji Gunj; Gerichte 15–62 Rs; ⏲ 7–23 Uhr) Eine coole, studentische Location zum Abhängen. Drinnen gibt's Ecktische – prima zum Beobachten von Leuten. Statt Fensterscheiben hat der Raum Holzgitter, dadurch ist er nach außen offen und angenehm luftig. Die kleinen Pizzen und indischen Gerichte sind gut, die anderen westlichen Gerichte sollte man lieber lassen.

Rajputana (☎ 5522799; Sayaji Gunj; Hauptgerichte 45–85 Rs; ⏲ 11–15 & 19–23 Uhr) Die Spezialitäten hier sind nordindische (auch rajasthanische) und chinesische Gerichte. Der Raum wirkt intim, weil er durch Trennwände mit Öffnungen und hängenden Ketten unterteilt ist. Von da aus hat man einen guten Blick auf den geschäftigen kleinen *chowk* mit seinen Essständen.

Tropical Woodlands (139 Windsor Plaza, RC Dutt Rd; Gerichte 18–100 Rs; ⏲ 10.30–23 Uhr) Dieses Restaurant bietet beliebte, köstliche südindische Gerichte in angenehmer Umgebung. Es hat große Fenster zur belebten Straße, und in der Mitte des Raums hängen Plastikpflanzen von der Decke.

Das **Havmor** (Tilak Rd; Hauptgerichte 65–160 Rs; ⏲ 11–22.30 Uhr) liegt nahe beim Fluss. Es gibt verlässliche indische, europäische und chinesische Gerichte und eine große Eisbar.

Hotel Surya (☎ 2361361; www.hotelsurya.com; Sayaji Gunj) Hat zwei Restaurants: das **Vega** (Gerichte 40–100 Rs; ⏲ 7–10.30, 12–15 & 19.30–23 Uhr) mit gemütlicher Atmosphäre und leckeren chinesischen und indischen Gerichten, und das **Myra** (Thali 65–95 Rs; ⏲ 11–15 & 19–23 Uhr) mit guten, magenfüllenden Thalis. Das **Mandap** (RC Dutt Rd; Thali 108 Rs; ⏲ 11–15 & 19.30–22.30 Uhr) im Express Hotel hat die besten Thalis der Stadt. Das Lokal ist innen im Look eines Wüstenzelts dekoriert.

Unterhaltung

Das **Inox** (Ellora Park) ist eine Hochglanz-Mall ungefähr 2 km westlich des Zentrums. Mit Fastfood-Restaurants, einem modernen Kaufhaus und einem Kinomultiplex mit acht Sälen, in denen die neuesten Filme laufen, ist sie die lokale Attraktion.

Shoppen

Baroda Prints Salatwada (Main Rd; ⏲ Mo–Sa 9–20 Uhr, So 10–20 Uhr); Aries Complex (GF-2,3 Productivity Rd; ⏲ Mo–Sa 9.30–20.30, So 10.30–20.30 Uhr) Ein phantastischer Laden, der handbedruckte Textilien verkauft, darunter schöne bunte Bettlaken, Kleiderstoffe und ähnliches. Im Salatwada-Shop kann man im hinteren Raum die Drucker bei der Arbeit zusehen.

An- & Weiterreise

FLUGZEUG

Der Flughafen liegt 8 km nordöstlich der Stadt. **Indian Airlines** (☎ 2794747/8) fliegt täglich nach Mumbai (85 US$) und Delhi (70 US$). Auch **Jet Airways** (☎ 2343441) bietet täglich Flüge nach Mumbai an.

BUS

400 m nördlich des Bahnhofs ist der STC-Busbahnhof. Von hier fahren Busse viele Ziele in Gujarat, dem westlichen Madhya Pradesh und im nördlichen Maharashtra an. Dank der neuen Autobahn sind die Busse nach Ahmedabad jetzt schneller (50 Rs, 2 Std., alle 10 Min.). Regelmäßig fahren auch Busse nach Bhavnagar (80 Rs, 5 Std.), Palitana (100 Rs, 8 Std., 2-mal tgl.), Diu (125 Rs, 13 Std., 2-mal tgl.) und Tararbul (Anschluss nach Lothal; 50 Rs). Die privaten Konkurrenten haben ihre Büros gleich nebendran.

ZUG

Der 9115 *Sayajinagari Express* fährt ab Vadodara um 21.33 Uhr (2. Klasse 52 Rs, 2¼ Std., 99 km) nach Ahmedabad, der 9011 *Gujarat Express* um 0.13 Uhr. Von Samstag bis Donnerstag kann man auch den 2009/2010 *Shatabdi* um 11.49 Uhr (Chair Class/Executive Class 270/520 Rs, 2 Std.) nehmen. In Ahmedabad fährt er um 14.30 Uhr ab, hält um 16.15 Uhr in Vadodara und setzt seine Reise dann nach Mumbai fort, wo er um 21.45 Uhr (Chair Class/Executive Class 515/1015 Rs) eintrifft. Nach Mumbai kommt man auch mit dem 9144 *Lokshakti Express* um 23.10 Uhr (Sleeper Class/3AC 151/425 Rs, 7¼ Std., 392 km).

RUND UM VADODARA

Champaner & Pavagadh

Champaner und Pavagadh liegen 47 km nordöstlich von Vadodara. Champaner, die ehemalige Hauptstadt Gujarats, verteilt sich über und um den Pavagadh, einen 800 m hohen Vulkanhügel, der ein wenig aussieht, als hätte ihn jemand kurzerhand aus dem Himalaya hierher in die Ebene versetzt. Die Stätte von Champaner gehört zum Weltkulturerbe der Unesco.

Das ältestes Monument auf dem Pavagadh ist der **Lakulisha-Tempel** nahe der Hügelspitze, der aus dem 10. bis 11. Jh. stammt. Auf den höchsten Punkt steht der Tempel der **Kalika Mata** – eine wichtige Pilgerstätte. Wer zu den Tempeln auf dem Gipfel des Pavagadh-Hügels hinaufklettern möchte, sollte zwei bis drei Stunden dafür einplanen (die Seilbahn, die früher hinaufführte, ist 2003 zusammengebrochen). Zum Fuß des Hügels fährt man mit dem Bus aus Champaner für 10 Rs.

Champaner (☎ 02676-245631; Inder/Ausländer 5/100 Rs; ⌚ 10–18 Uhr) wurde etwa im 8. Jh. zur Hauptstadt der Chauhan-Rajputen. Weil sie an einer strategisch wichtigen Handelsroute lag, belagerte Sultan Mahmud Begara die Stadt und nahm sie 1484 schließlich ein (die Rajputen begingen angesichts ihrer Niederlage *jauhar* – rituellen Massenselbstmord). Er ließ hier viele religiöse Gebäude und auch die eindrucksvolle Festungsmauer in Pavagadh errichten. Ab 1535, nachdem die Moguln unter direkter Führung des Kaisers Humayun die Festungsmauern mit eisernen, in den Fels getriebenen Haken erklettert und Festung und Stadt eingenommen hatten, ging es mit der Stadt jedoch bergab.

Die Mauern am Fuß des Hügels waren einst 6 km lang; sie umschlossen militärische, zivile und religiöse Gebäude und komplexe Wassergewinnungssysteme. Am schönsten anzusehen sind die Moscheen, deren Dekor eine islamisch-hinduistische Stilmischung ist. Das spektakulärste Monument ist die **Jama Masjid**. 1513 hatte man begonnen, diese Moschee zu bauen, fertig war sie aber erst 125 Jahre später. Sie hat einen wundervoll verzierten Eingang und einen imposanten Hof. Drinnen trennen Jalis die Gebetshalle des Herrschers von der Haupthalle. Hinter dem Gebäude gibt es einen achteckigen *kund* (Teich), den Hauz-i-Vazu, an dem sich die Gläubigen vor dem Gebet rituell wuschen.

Zu den schönen Moscheen gehört auch die **Kewda Masjid**. Wer will, kann hier über enge Stufen aufs Dach klettern und die wie Früchte wirkenden runden Kuppeln betrachten. Und wer sich sogar bis auf die Minarette hinauf wagt, wird mit einem großartigen Rundblick belohnt. Ganz in der Nähe stehen die **Iteri Masjid**, deren Ziegelminarette an Fabrikschornsteine erinnern, und – etwas weiter auf dem Land – die **Nagina Masjid**, die keine Minarette, dafür aber sehr feine geometrische Ornamente hat.

Im staatlichen **Hotel Champaner** (☎ 02676-245641; Pavagadh Manchi; B/EZ/DZ 75/200/300 Rs, EZ/DZ mit Klimaanlage 500/750 Rs; ⌘) wohnen Traveller in einfachen, sparsam ausgestatteten Zimmern, die aber alle Balkone mit phantastischem Ausblick haben.

Sechs Busse fahren täglich von Vadodara (42 Rs, 2 Std.); ein Taxi mit Rückfahrt kostet rund 450 Rs.

Jambughoda

Ungefähr 25 km von Champaner entfernt liegt das bezaubernde ehemalige Fürstentum **Jambughoda**, das 1992 zum Nationalpark umgewandelt wurde und 130 km² üppiges Land umfasst. Unterkunft findet man im **Jambughoda Palace** (☎ 241258; jambughodapalace@rediffmail.com; Zi. 900–1000 Rs), einem liebenswürdigen, weitläufigen Gebäude aus dem Jahr 1924, das von der früheren Herrscherfamilie, die heute noch hier lebt, als Hotel betrieben wird. Die Zimmer sind schlicht. Ein wunderbar friedliches Fleckchen mit schnatternden Gänsen und Enten.

BHARUCH

148 391 Ew.

Bharuch tauchte schon vor fast 2000 Jahren in historischen Aufzeichnungen auf. Es liegt an der wichtigsten Eisenbahnlinie von Vadodara nach Surat und ist von beiden Städten ungefähr eine Stunde entfernt.

Das **Fort** auf dem Berggipfel blickt auf den breiten Fluss Narmada hinunter, am Fuß des Hügels steht die **Jama Masjid**. Der **Tempel des Bhrigu Rishi** erhebt sich am Flussufer östlich der Stadt. Von ihm leitete die Stadt ihren Namen Bhrigukachba ab, der später zu Bharuch verkürzt wurde.

Der Narmada ist wegen des Sardar Sarovar in die Schlagzeilen geraten, eines höchst umstrittenen Staudamms, der flussaufwärts von Bharuch in der Nähe des Dorfes Manibeli gebaut wurde (s. S. 89).

SURAT

☎ 026 / 2,4 Mio. Ew.

Surat am Tapti ist ein geschäftiges Handelszentrum für Textilien und Diamanten. Schon lange zieht die Stadt Ausländer in ihren Bann: Im 12. Jh. siedelten hier Parsen, später unter den Moguln wurde der lebhaft genutzte Hafen zum Ausgangspunkt für die Schifffahrt nach Mekka, und 1613 entstand in Surat die erste englische Siedlung in Indien.

Als die Ostindische Kompanie nach Mumbai umzog, verfiel die Stadt, die einst Indiens wichtigste Handelshafenstadt war, zusehens. 1994 brach hier die Pest aus und Surat erlangte den zweifelhaften Ruhm, die schmutzigste Stadt in Indien zu sein. Große Reinigungsaktionen haben sie nun Berichten zufolge zur zweitsaubersten und -gesündesten (nach Chandigarh) gemacht. Manche mögen sie extrem anstrengend und laut finden, aber für den, der sich für Kolonialgeschichte interessiert, könnte sich eine Stippvistite lohnen.

Die **Zitadelle** am Ufer neben der Tapti-Brücke wurde 1546 gebaut. Heute ist sie ein Bürogebäude, aber von den Bastionen aus hat man eine prima Aussicht. Die **kolonialen Grabmäler** hier stammen aus dem 15. bis 18. Jh. Am prachtvollsten ist das Denkmal für Baron Adrian Van Reed, einen hiesigen Leiter der niederländischen Ostindienkompanie, das im 17. Jh. aufgestellt wurde.

Die Stadt hat riesige Textilgeschäfte, u. a. den **Bombay Market** (Umarwada) – ein großes Verkaufszentrum für Saris, 1 km südlich des Bahnhofs.

An- & Weiterreise

Surat liegt an der Hauptbahnlinie Mumbai–Ahmedabad. Entsprechend gibt's viele Züge von und nach Ahmedabad (64/222 Rs, 4 Std., 229 km) und Mumbai (2. Klasse/Chair Class 71/247 Rs, 4½–6½ Std., 263 km).

RUND UM SURAT

29 km südlich von Surat (30 Min. mit dem Zug) liegt **Navsari**, das seit 1142 ein Zentrum der Parsengemeinde ist. Ca. 13 km von Navsari entfernt findet sich **Dandi**, das 1930 Ziel von Gandhis legendärem Salzmarsch war. Man erreicht Dandi über eine liebenswürdige ländliche Straße. Mehrere Denkmäler für Gandhi stehen am auffallend leeren Strand, ebenso ein kleines Museum. Ein weiteres Museum gibt's 3 km weiter in **Karodi**, wo Gandhi verhaftet wurde.

In **Udvada**, 10 km nördlich von Vapi, kann man sich Indiens ältesten parsischen Feueraltar anschauen – angeblich wurde das heilige Feuer aus Persien 700 n. Chr. nach Diu an der gegenüberliegenden Küste des Golfs von Cambay gebracht. Udvada ist außerdem die Bahnstation für Daman. Bei **Sanjan**, ganz im Süden des Staates, handelt es sich um den kleinen Hafen, in dem die ersten Parsen ankamen. Heute kennzeichnet eine Säule die Stelle.

DAMAN

☎ 02602 / 35 743 Ew.

Die 56 km² große Stadt Daman, die einst eine portugiesische Enklave war, ist heute in erster Linie ein Ferienort. Ihre Hauptattraktionen sind allerdings eher Trinkgelage als der graue Strand und das wenig einladende Meer. Von einer portugiesischen „Atmosphäre“ ist hier weniger zu spüren als in Diu (S. 744), aber es gibt immerhin ein paar hübsche Forts und Kirchen und viele Palmen in lockerer, tropischer Atmosphäre. In den Straßen reiht sich Bar an Bar, in denen es Bier, „Finest Scotch Whisky – Made in India“, diverse andere Schnäpse (z. B. Feni, der aus fermentierten Cashewkernen oder Kokosnüssen destilliert wird) und Gruppen torkelnder Gujaratis gibt.

Wie Diu und Goa ist Daman 1961 den Portugiesen abgenommen worden, die hier 1531 die Macht an sich gerissen hatten. 1559 hatte Bahadur Shah, der letzte bedeutende Sultan von Gujarat, das Gebiet offiziell an Portugal abgetreten. Eine Zeit lang wurden Daman und Diu von Goa aus regiert. Heute bilden sie ein Unionsterritorium, das unter der Oberhoheit Delhis steht.

Wer keine Genehmigung hat, darf aus Daman keinen Alkohol ausführen; es gibt Polizeikontrollen bei der Ausreise.

Praktische Informationen

Cyber Point (Dharmest Apt C; 25 Rs/Std.; 10–21 Uhr)

Dena Bank-Geldautomat (Kavi Khabardar Marg)

Hauptpost (☎ 2230453) Südlich des Flusses.

Parthnil Cyber Café (Jababal; 35 Rs/Std.; 🕑 9.30–14 & 16–21.30 Uhr)

Post (☎ 2254353; Nani Daman; 🕑 Mo–Sa 8.30–16.30 Uhr) Bequemer zu erreichen als die Hauptpost.

Touristenbüro (☎ 2255104; 🕑 Mo–Fr 9.30–13.30 & 14–18 Uhr) In der Nähe des Busbahnhofs; hier kriegt man auch einen kostenlosen Stadtplan.

World Wide Travels & Tours (☎ 2255734; Devka Rd) In den Arkaden unter dem Hotel Maharaja; wechselt auch Reiseschecks.

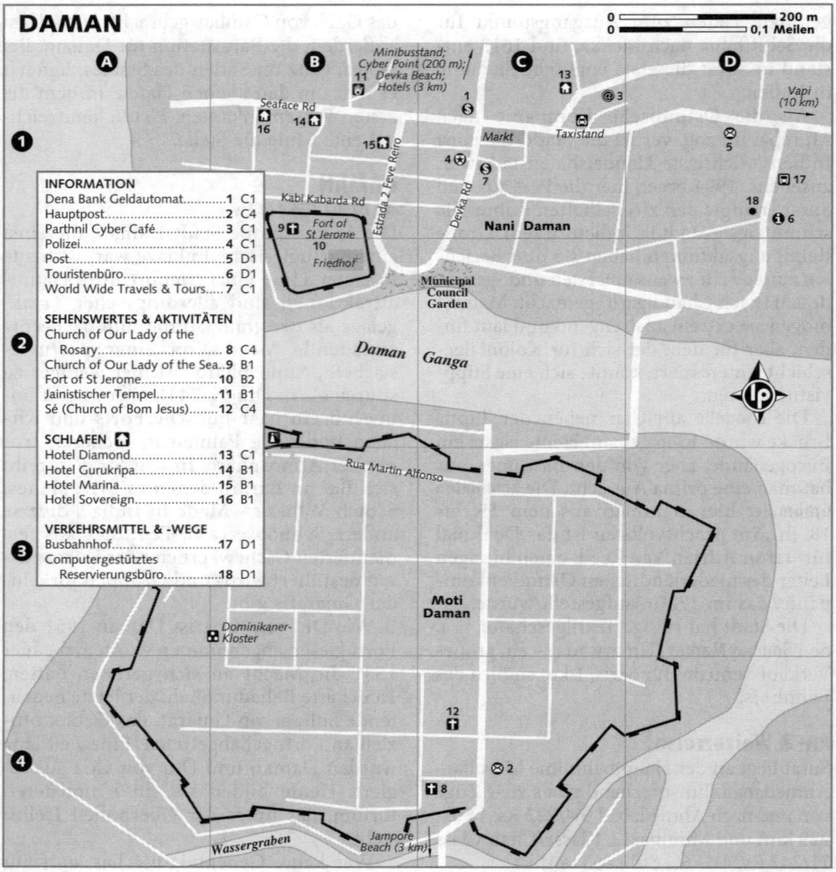

Sehenswertes & Aktivitäten

NANI DAMAN

Bei einem Spaziergang um die Wälle des **Fort of St. Jerome** in Nani Daman kann man sich die farbenprächtige Flotte der Fischerboote anschauen. Das Fort hat ein gewaltiges, prächtiges Tor zum Fluss, das den ankommenden Verkehr beeindrucken sollte. Die 1901 errichtete **Church of Our Lady of the Sea** innerhalb der Mauern ist ebenfalls einen Blick wert.

Nördlich des Forts gibt es einen **jainistischen Tempel** mit Wandmalereien aus dem 18. Jh., die Szenen aus dem Leben Mahaviras, der um 500 v. Chr. lebte, zeigen.

MOTI DAMAN

Das **Fort** von Moti Daman stammt von 1559. Die durch zehn Bastionen unterteilten Mauern umschließen 30 000 m² Land. Drinnen gibt's verschlafene Alleen, die an die portugiesische Ära erinnern. Von den Wällen in der Nähe des Leuchtturms hat man einen entspannenden Blick, den man über den Fluss nach Nani Daman schweifen lassen kann. In Moti Daman wohnte einst der portugiesische Adel – und in einem Haus nahe dem Festungstor im 18. Jh. einige Zeit lang auch der portugiesische Dichter Bocage.

Die **Sé** (portugiesisch für „Kathedrale") oder Church of Bom Jesus, die 1603 gebaut wurde, ist ein Stück Iberische Halbinsel mitten in Indien und hat prachtvolle Holzschnitzereien.

In den kühlen und feuchten Fußboden der **Church of Our Lady of the Rosary** auf der anderen Seite des überwachsenen Freiplatzes sind alte portugiesische Grabsteine eingelassen. Das Tageslicht dringt schwach durch die staubigen Fenster und erhellt den Altar. Der ist ein Meisterstück von unglaublich detailversessener, mit Goldfarbe bemalter Holzschnitzerei. Wenn die Kirche geschlossen ist, können Besucher drüben in der Sé nach dem Schlüssel fragen.

STRÄNDE

Fährt man von Nani Daman etwa 3 km nach Norden, kommt man an die rauen, felsigen Strände des **Devka Beach** – nicht gerade ein reizvoller Anblick. Aber das Ambiente hier ist lässig; Bars und Hotels säumen die ruhige Strandstraße. Der palmenbeschattete Strand von **Jampore**, etwa 3 km südlich von Moti Daman, ist schöner, aber ebenfalls nicht zum Schwimmen geeignet. Für eine Autorikscha aus der Stadt nach Devka bezahlt man 30 Rs, nach Jampore 40 Rs.

Schlafen & Essen

Daman ist während der Feiertage (besonders an Diwali) sehr überlaufen, wer zu dieser Zeit kommen will, sollte im Voraus reservieren.

Die besten Restaurants gibt's in den Hotels. Daman ist bekannt für *papri*, gekochte und gesalzene süße Erbsen, die im Februar in Zeitungspapier eingewickelt angeboten werden. Krabben- und Hummer-Saison ist im Oktober. *Tari*-Palmwein wird viel getrunken, man kauft ihn in irdenen Töpfen.

Ein Kingfisher-Bier kostet in den hiesigen Bars nur 30 Rs, die Hotels berechnen 45 Rs oder mehr. Der eine oder andere zieht aber vielleicht einen Schluck vollmundigen Portwein vor – der kostet pro Glas 35 Rs.

STADTGEBIET

Hotel Marina (☎ 2254420; Estrada 2 Feve Reiro; EZ/DZ 405/495 Rs, Deluxe 495/585 Rs) Das Hotel gleich hinter der Seaface Rd. ist ein Haus im portugiesischen Stil, das man umgebaut und ordentlich aufgemöbelt hat – die Zimmer sind nett, geräumig und ihren Preis auf jeden Fall wert.

Hotel Gurukripa (☎ 2255046; www.hotelgurukripa.com; Seaface Rd; EZ/DZ 725/875 Rs; ❄) Hier gibt's schöne Zimmer mit Satin-Bettdecken, die ihnen einen Touch von Boudoir verleihen.

Das **Hotel Sovereign** (☎ 2250236; Seaface Rd; EZ/DZ ab 725/875 Rs; ❄) In der Nähe des Gurukripa; hat vernünftige, ganz hübsche Zimmer.

Hotel Diamond (☎ 2255135; EZ/DZ 250/350 Rs, mit Klimaanlage 450/650 Rs; ❄) Dieses einfache Hotel hat muffige, aber sonst ganz ordentliche Zimmer. Es liegt gleich am Taxistand.

Daman Delite (Hotel Gurukripa, Seaface Rd; Gerichte 40–200 Rs; 🕑 9–23 Uhr) Damans bestes Restaurant, ein kleiner Raum mit Sternen an der Decke und weißen Tischtüchern, ist bei Männergruppen auf Daman-Ausflug beliebt. Aber auch die eine oder andere Familie kommt her, und selbst wenn eine Frau allein hier sitzt, fühlt sie sich nicht unwohl.

Pithora (Hotel Sovereign, Seaface Rd; begrenzte/unbegrenzte Menge Thali 60/90 Rs; 🕑 6–15.30 & 19–23 Uhr; ❄) Serviert leckere Thalis entweder in einem klimatisierten Raum oder in dem schicken Dachrestaurant mit schräger Bambusdecke.

STRANDGEBIET

Am Strand von Devka gibt's viele ordentliche Mittelklassehotels, die sich über 1,5 km entlang der Hauptstraße aneinander reihen. Alle haben ein Restaurant.

Das **Sandy Resort** (☎/fax 2254644; www.sandyresort.com; Zi. 650–950 Rs; ❄ 🏊) ist ein freundliches Hotel mit gemütlichen Zimmern – die einfachen sind ein bisschen heruntergekommen, die Deluxe-Zimmer (mit Balkonen) hell und luftig.

Hotel Miramar (☎ 2250671; www.miramarmirasol.com; Zi. mit Klimaanlage ab 1200 Rs, 6-Pers.-Cottages 2400 Rs; ❄ 🏊) liegt am Strand, 4 km von Nani Daman entfernt. Die besseren der etwas verwohnten Zimmer haben schattige Balkone.

Hotel Shilton (☎ 2254558; Zi. ab 600 Rs, mit Klimaanlage 700–850 Rs; ❄) Das Shilton liegt Daman am nächsten. Die mit kleinen Balkonen versehenen Zimmer sind schäbig. Wer hier geschickt feilscht, darf sich über ein Schnäppchen freuen.

Kalyan (Hotel Miramar; Gerichte 40–400 Rs; 🕑 8–24 Uhr) Ein prima Restaurant mit Tischen im Freien; in phantastischer Lage oberhalb des Strandes.

An- & Weiterreise

Ca. 10 km von Daman entfernt liegt Vapi an der Hauptbahnlinie. Von Vadodara aus fährt man etwa 3½ Stunden. Die Fahrkarten kann man im **computergestützten Reservierungsbüro** (☎ 2254254; ⌚ 8–16 Uhr) gegenüber vom Touristenbüro kaufen.

Vor dem Bahnhof wartet eine ganze Reihe Sammeltaxis, mit denen man für 15 Rs pro Person in 20 Minuten nach Daman kommt. Für eine Autorikscha bezahlt man 70 Rs. Außerdem gibt's noch ein paar klapprige Busse (5 Rs).

SAURASHTRA

Saurashtra, auch als Kathiawar-Halbinsel bekannt, unterscheidet sich deutlich vom Rest des Staates: Das Gebiet war nie Teil des britischen Indiens, sondern bestand bis zur Unabhängigkeit aus 200 einzelnen Fürstentümern. Die Städte sind geschäftig, florierend und industrialisiert, doch außerhalb wirkt das Gebiet feudal und wie aus einer anderen Zeit. Die Bauern kleiden sich von Kopf bis Fuß in Weiß, tragen Turbane, plissierte Jacken und Jodhpurs, und häufig zeigen sie auch stolz ihre riesigen goldenen Ohrringe. Die Bäuerinnen laufen hier ähnlich bunt gekleidet herum wie die in Rajasthan: Sie tragen bestickte rückenfreie *cholis* und schweren Schmuck. Saurashtras Bewohnern wird nachgesagt, dass sie gern und ausgiebig schlafen – die Siesta dauert hier *mindestens* von 13 bis 15 Uhr.

Die Halbinsel verdankt ihren Namen dem Volk der Kathi, die früher bei Nacht das Gebiet durchstreiften und alles stahlen, was nicht sicher in den vielen *kots* (Festungen) verwahrt war. Sie besteht aus einer zentralen Ebene, die zur Küste hin abfällt und zur anderen Seite von dichten Wäldern begrenzt wird.

BHAVNAGAR

☎ 0278 / 510 958 Ew.

Bhavnagar gibt es seit 1743. Schon lange ist die Stadt ein wichtiger Handelsposten, in dem mit Baumwolle, Diamanten, Schiffsverschrottung und Plastikproduktion Geschäfte gemacht werden. Bhavnagar hat ein

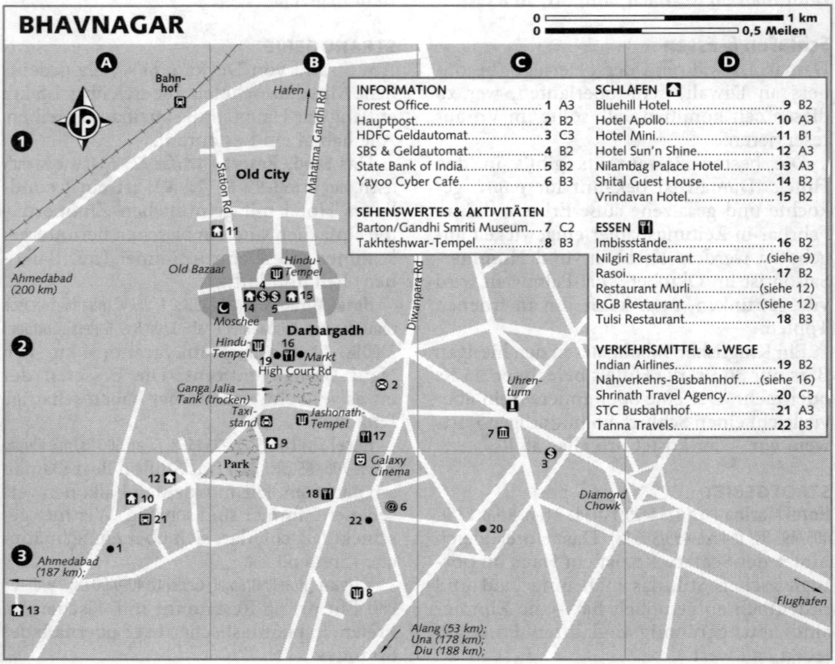

geschäftiges, industrielles Zentrum. Dennoch erscheint die Altstadt von Zeit und Außenwelt bemerkenswert unberührt. Bei Ebbe sorgt das Schleusentor dafür, dass die Schiffe im Hafen nicht stranden. Gandhi besuchte hier die Universität. Das kleine Museum hortet eine ganze Reihe Fotos aus seinem Leben. Ansonsten gibt es, mal abgesehen vom Getümmel auf den Basaren in der Altstadt mit den bröckelnden, überhängenden Holzbalkonen und unzähligen kleinen Läden, nicht allzu viel zu sehen. Anderen Travellern begegnet man hier kaum.

Orientierung & Praktische Informationen

Bhavnagar wächst ständig. Man kann deutlich die alten Teile von den neuen unterscheiden. Der STC-Busbahnhof liegt im neuen Teil der Stadt, der Bahnhof dagegen 2,5 km davon entfernt am Rand der Altstadt am anderen Ende von Bhavnagar. In der Nähe des Museums gibt's einen HDFC-Geldautomaten.

Post (⌚ Mo–Fr 10–20 Uhr, Sa bis 15 Uhr)

State Bank of India (☎ 2439746; ⌚ Mo–Fr 10.30–14.30 & 15–19, Sa 10.30–16 Uhr) In der Altstadt, wechselt Bargeld und Reiseschecks.

Yayoo Cyber Café (188 Madhav Darshan, Waghawadi Rd; 20 Rs/Std.; ⌚ 9–24 Uhr)

Sehenswertes & Aktivitäten

Der **Takhteshwar-Tempel** sitzt auf einem Hügelchen, das gerade hoch genug ist, um einen tollen Blick über die Stadt und in den Golf von Cambay zu bieten.

Im Nordosten, beim Uhrenturm, findet sich das interessante, verstaubte **Barton/Gandhi Smriti Museum** (Eintritt 3 Rs; ⌚ Mo–Sa 9–18 Uhr, am 2. & 4. Sa des Monats geschl.). Dort kann man sich religiöse Skulpturen, Betelnussschneider, ein Skelett in einem Wandschrank und mehr Gandhi-Fotos angucken, als man sich vorstellen kann.

Nahe der State Bank of India liegt der älteste Teil der Stadt. Ein Spaziergang lohnt sich: Es gibt hier viele kleine Läden und verfallene, aufwändig verzierte Holzgebäude.

Schlafen

BUDGETUNTERKÜNFTE

Die günstigen Hotels liegen im Basarviertel der Altstadt – der Standard ist niedrig. Die folgenden sind noch die besten aus einem trostlosen Haufen.

Hotel Mini (☎ 2512915; Station Rd; EZ/DZ 150/275 Rs) Das Hotel in Bahnhofsnähe ist recht sauber und ruhig, mit Zimmern von bescheidener Größe. Die Doppelzimmer sind wesentlich besser als die Einzelzimmer. Es gibt einen 24-Stunden-Checkout. Das Mini ist die beste Wahl, aber auch nur, weil die Konkurrenz so schäbig ist.

Das **Shital Guest House** (☎ 2428360; Amba Chowk; EZ mit Gemeinschaftsbad 120 Rs, DZ 150 Rs) ist ein winziges Hotel über einer Küche. Wer hoch will, muss sich eine Art steile Hühnerleiter hinaufquälen. Es gibt Einzelzimmer mit Gemeinschaftsbad, die genauso morsch und winzig sind wie die Doppelzimmer. In allen stehen alte Metallbetten, sodass man sich in einem Krankenhaus wähnt.

Vrindavan Hotel (☎ 2518928; Darbargadh; DZ/3BZ 200/300 Rs) Das Hotel sieht ganz viel versprechend aus: ein riesiges, altes, weitläufiges Gebäude um einen Hof, mit Zimmern unterschiedlicher Form und Größe – aber allzu sauber sind sie nicht.

MITTEL- & SPITZENKLASSEHOTELS

Bluehill Hotel (☎ 2426951; bluehillad1@sancharnet.in; EZ/DZ ab 900/1350 Rs) Das Hotel, in einer ruhigen Straße an einem Park gelegen, ist eine gute Wahl. Man wohnt in luftigen, hellen Zimmern mit Ausblick auf nistende Störche in den Baumwipfeln. Hier gibt's zwei Restaurants.

Hotel Sun'n Shine (☎ 2516131; EZ/DZ ab 1100/1400 Rs) Das gut geführte Hotel hat eine luxuriöse Lobby und ordentliche, saubere Zimmer. Je mehr man bezahlt, desto mehr Fenster gibt's. Das Haus hat ebenfalls zwei Restaurants.

Hotel Apollo (☎ 2515655; EZ/DZ 450/600 Rs, mit Klimaanlage 600/800 Rs) Im Apollo gegenüber vom STC-Busbahnhof sind die billigeren Zimmer mit Balkonen düster, aber geräumig; die klimatisierten sind ganz nett, aber etwas muffig. Die Badezimmer sind ausgesprochen sauber. Hier kann man auch zu geringen Gebühren Geld wechseln.

Nilambag Palace Hotel (☎ 2424241; EZ/DZ 2000/3800 Rs) Der ehemalige Maharadscha-Palast liegt an der Straße nach Ahmedabad. Das 1859 errichtete Gebäude wirkt streng: Es hat prächtige Zimmern mit dunklen, soliden Holzmöbeln, aber ohne persönliche Note. Außerdem gibt es einen runden Pool (Nicht-Gäste 100 Rs) und ein ansprechendes Gartenrestaurant.

Essen

Restaurant Murli (Hotel Sun'n Shine; 70 Rs) Eines der besten Thali-Restaurants.

Rasoi (All-you-can-eat Thali 70 Rs; ⌚ 11–15 & 19–23 Uhr) Dies ist ein sauberes, viel besuchtes Bungalow-Restaurant abseits der Hauptstraße, das großartige Thalis auftischt.

Nilgiri Restaurant (Bluehill Hotel; Gerichte 40–80 Rs; ⌚ 11–15 & 19–23 Uhr) Nett und hell, mit großen Fensterscheiben. Zu essen gibt's solide indische und chinesische vegetarische Gerichte.

Das **RGB Restaurant** (Hotel Sun'n Shine; veg. Gerichte 45–105 Rs; ⌚ 19–23 Uhr) bietet streng vegetarische nordindische, chinesische und jainistische Gerichte in schick-buntkariertem Ambiente. Interessante spezielle Tagesangebote.

Tulsi Restaurant (Kalanala Chowk; veg. Gerichte 35–60 Rs; ⌚ 12–15.30 & 19–23 Uhr) Wenig Licht, viele Pflanzen und ein zurückhaltendes Dekor machen das kleine, beliebte Restaurant mit seiner kurzen, aber guten Speisekarte aus.

Imbissstände säumen die Nordseite des Ganga Jalia Tank.

An- & Weiterreise

FLUGZEUG

Das Büro von **Indian Airlines** (☎ 2426503) liegt nördlich des Ganga Jalia Tank, abseits der High Court Rd.; es gibt regelmäßige Flüge nach Mumbai (85 US$).

Eine Autorikscha zum/vom Flughafen kostet 100 Rs. Ein Bus (5 Rs) fährt hinter dem Büro von Indian Airlines ab.

BUS

STC-Busse verbinden Bhavnagar mit Ahmedabad und anderen regionalen Zentren. Regelmäßig fahren sie nach Una (Anschluss nach Diu; 85 Rs, 6 Std.), stündlich nach Palitana (20 Rs, 1½ Std.) und alle zwei Stunden nach Ahmedabad (80 Rs, 4 Std.).

Zu den privaten Busunternehmen gehören **Tanna Travels** (☎ 2425218; Waghawadi Rd) und die **Shrinath Travel Agency** (☎ 2427755) an der Straße nach Palitana. Sie bieten Busse nach Ahmedabad (ohne/mit Klimaanlage 100/120 Rs, 4 Std.) und Vadodara (110/130 Rs, 5 Std.).

ZUG

Täglich fahren mindestens drei Züge nach Ahmedabad, darunter der 9272 *Bhavnagar Express* mit Abfahrt um 18.25 Uhr (2. Klasse/Chair Class 72/251 Rs, 5¼ Std., 268 km).

RUND UM BHAVNAGAR

Alang

An der Küste zwischen Bhavnagar und Talaja liegt Alang, Indiens größte Schiffsverschrottungsanlage, wo Supertanker, Containerschiffe, Kriegsschiffe und andere Gefährte von 20 000 Arbeitern Tag und Nacht in Handarbeit demontiert werden. Sie brauchen zwei bis drei Monate, um solch ein Riesenschiff zu zerlegen.

Es ist ein unglaublicher Anblick wie aus einem Dickens-Roman – ihn zu erleben ist für Besucher aber nicht leicht. 2002 besuchten Greenpeace-Aktivisten die Werft als Käufer getarnt, um Material und Fotos zu sammeln, die den Protest gegen die gefährlichen Arbeitsbedingungen für die Werftarbeiter und die bei der Verschrottung anfallenden giftigen Abfälle unterstützen sollten. Die Bilder kann man sich online unter www.greenpeace.org ansehen, dort gibt's auch weitere Infos über die anschließenden Aktionen. Natürlich haben es die Proteste für ausländische Traveller schwieriger gemacht, die Werft zu besuchen. Viele haben Zeit und Geld verschwendet, um hierher zu kommen, aber am Tor war ihre Reise zu Ende. Manchmal hat man aber auch Glück und darf ungehindert an den Strand, nachdem man den Wächter am Tor gefragt hat. Ein paar Kilometer die Straße hinunter, die auf die Werft zuführt, gibt's eine faszinierend-kuriose Reihe von Schrottläden, die Material verkaufen, das aus den Schiffen herausgeholt wurde – wer ein 20-sitziges Sofa aus den 1970er-Jahren, eine verspiegelte Bar oder einige Hundert Bullaugen kaufen will, ist hier genau an der richtigen Adresse.

Offizielle Genehmigungen erteilt der **Gujarat Port Trust** (☎ 079-23238346) in Ahmedabad. Die brauchen ein Fax, auf dem das Datum, der Grund für den beantragten Besuchs und die Passnummer angegeben sind. Für die Genehmigung muss eine Gebühr bezahlt werden.

Velavadar National Park

Der schöne 34 km² große **Park** (Inder/Ausländer 10/250 Rs, Auto 20/250 Rs, Führer für 4 Std. 30/250 Rs, Foto 5/250 Rs, Video 200/2500 Rs; ⌚ 15. Okt.–15. Juni 7.30–18 Uhr) liegt abseits der gängigen Wege 65 km nördlich von Bhavnagar. Er umfasst große Gebiete blassgelben Graslands zwischen zwei Flussläufen, die nur in der Regenzeit Wasser führen.

Berühmt ist er für seine Antilopen. Ungefähr 3500 der schönen und wieselflinken Tiere leben im Park und drum herum und tragen ihre eleganten Spiralhörner zur Schau – bei erwachsenen Böcken werden sie bis zu 65 cm lang! Außerdem kann man hier gut Vögel (z. B. überwinternde Weihen) und die merkwürdige Nilgauantilope – halb Pferd, halb Rind – beobachten. Auf die Pirsch geht man zu Fuß oder per Auto. Die örtlichen Führer sprechen meist kein Englisch.

Wohnen kann man in der **Tourist Lodge** (DZ 300 Rs) im Schutzgebiet, die vier Zimmer hat – gebucht wird beim **Forest Office** (☎ 0278-2426425; 1. Stock/10 Annexe Bdg, Bahamali Bhan; 🕑 Mo–Fr 11–18 Uhr) nahe des STC-Busbahnhofs in Bhavnagar.

Ein Taxi aus Bhavnagar kostet mit Rückfahrt etwa 700 Rs. Aber auch Busse (20 Rs) fahren hierher.

PALITANA

☎ 02848 / 51 934 Ew.

Die geschäftig wimmelnde Stadt Palitana 51 km südwestlich von Bhavnagar lebt vom Handel mit den Pilgern zum Shatrunjaya.

Sehenswertes

SHATRUNJAYA

Der Berg **Shatrunjaya** (Place of Victory; Foto 40 Rs; 🕑 Tempel 6.30–19.45 Uhr), eine der heiligsten Pilgerstätten des Jainismus, ist mit unglaublichen 863 Tempeln übersät, die in einem Zeitraum von 900 Jahren auf einem den Göttern geweihten Hochplateau gebaut wurden.

Die Jainisten glauben, dass es ihrem Seelenheil zuträglich ist, Tempel zu errichten – wenn das stimmt, dann hat dieser Hügel einiges dazu getan. Die Gipfel des Berges sind von dicken Mauern umgeben, und die Tempel gruppieren sich in neun *tunks* (Einfriedungen) – jede mit einem zentralen und vielen kleineren Tempeln. Einige der ältesten wurden im 11. Jh. errichtet, aber im 14. und 15. Jh. von Muslimen zerstört. Die heutigen Tempel entstanden ab dem 16. Jh.

Der 2 km lange Aufstieg vom Fuß zum Gipfel des Hügels führt über 3572 Stufen hinauf und dauert etwa eineinhalb Stunden. Der Höhenunterschied beträgt 600 m. Am besten ganz früh morgens hinaufklettern, ehe es zu heiß wird – oder abends zum Sonnenuntergang. Bequemer geht‘s in einem *dholi* (Tragsessel mit zwei Trägern) den Hügel hinauf, wofür man jedoch mindestens 200 Rs berappen muss. Egal, wie fit man ist – wenn man sich zum Aufstieg entschließt, schließen sich einem unweigerlich hoffnungsvolle *dholi*-Träger an, die darauf warten, dass man aufgibt.

Wer nach oben will, sollte angemessen gekleidet sein (keine Shorts etc.). Lederwaren wie Gürtel oder Taschen sind verboten, und auch Speisen, Getränke und Mineralwasser dürfen beim Aufstieg nicht mitgenommen werden.

Kurz vor dem Gipfel des Bergs gabelt sich der Weg: Den Haupteingang, Ram Pol, erreicht man über die linke Abzweigung – wer sich jedoch zuerst einen guten Überblick über die Stätte verschaffen will, wendet sich nach rechts.

Oben gibt's einen phantastischen Ausblick in alle Himmelsrichtungen – an klaren Tagen bis zum Golf von Cambay. Kommt man von rechts, erreicht man zuerst einen der schönsten Tempel. Er ist Shri Adishwara geweiht, einem der wichtigsten jainistischen *tirthankars*. Besonders schön ist der Drachenfries. Direkt daneben befindet sich der muslimische Schrein des **Angar Pir**, an dem Frauen mit unerfüllten Kinderwunsch winzige Wiegen spenden. Der muslimische Heilige schützte die Tempel vor einem Angriff der Moguln.

Der **Chaumukh** (Vierseitige Schrein) wurde 1618 von einem reichen jainistischen Kaufmann errichtet und zeigt Bilder des Adinath, die in alle vier Himmelsrichtungen blicken. Andere wichtige Tempel sind der **Kumar Pal**, der **Sampriti Raj** und der **Vimal Shah**, benannt nach ihren wohlhabenden jainistischen Stiftern.

Es kostet 20 Rs, sich mit einem Pferdekarren vom Busbahnhof zum Berg fahren zu lassen; der Fußmarsch dauert etwa eine halbe Stunde. Wasser gibt's unterwegs zu kaufen (nicht in Flaschen). Außerhalb des Tempelkomplexes bekommt man für 5 Rs auch erfrischenden Quark in Tonschalen.

Schlafen & Essen

In Palitana gibt es sehr viele *dharamsalas* (Pilgergästehäuser), die aber ausschließlich Jainisten vorbehalten sind.

Vijay Vilas Palitana (zu buchen über North West Safaris in Ahmedabad ☎ 079-26302019; ssibal@ad1.vsnl.net.in; EZ/DZ inkl. der Mahlzeiten 1800/3600 Rs) Dieser liebenswerte, kleine Palast aus dem Jahre 1906 hat sechs einfache, aber nett dekorierte Zimmer mit originaler Möblierung. Es ist ein Familienbetrieb mit großer Liebe zum Detail und bester Hausmannskost.

Hotel Shravak (☎ 252428; nur für Männer B 60 Rs, EZ/DZ mit Gemeinschaftsbad 100/200 Rs, DZ/3BZ/4BZ mit eigenem Bad 300/400/500 Rs) Gegenüber vom Busbahnhof liegt das freundliche Hotel mit schlichten Zimmern. Die Doppelzimmer sind besser als die Einzelzimmer, sauberer und größer; das Dunkelbraun des Dekors kann allerdings etwas auf die Stimmung schlagen. Mit 24-Stunden-Checkout, nur wer im Schlafsaal übernachtet, muss um 9.30 Uhr draußen sein.

Das von Gujarat Tourism betriebene **Hotel Sumeru** (☎ 252327; D/59 Dr Naleshwar Mahadu; B 75 Rs, EZ/DZ 200/300 Rs, mit Klimaanlage 400/600 Rs; ❄) liegt 200 m von der Bushaltestelle entfernt in Richtung Bahnhof. Die Zimmer sind heruntergekommen und nicht allzu sauber, die im Obergeschoss haben aber wenigstens Balkone. Zwischen Mitte Juni und Mitte September sind die Preise fast um die Hälfte niedriger. Ausgecheckt wird bis 9 Uhr.

Jagruti Restaurant (Portion Thali 25 Rs, Snacks 12 Rs; 🕑 10–22 Uhr) Vom Hotel Shravak aus einmal quer über die Gasse befindet sich das Jagruti, ein stark besuchtes Snack-Restaurant, wo es *puris* (Teigfladen, die sich beim Frittieren aufblähen), *sabzi* (Gemüse mit Curry), *puri baji* (*puri* mit Gemüse), Quark, geröstete Paprikaschoten und *ganthia* (verschiedene frittierte Klöße) gibt.

Shrinhathji (Natraj Complex, ST Rd; Thali 30 Rs; 🕑 11–15 & 19–23 Uhr) Ein gutes, kleines Thali-Restaurant, versteckt an der Rückseite eines Gebäudes.

Die **Sohali Dining Hall** (Portion/„All-you-can-eat"-Thali 30/40 Rs; 🕑 12–16 & 19–23 Uhr) rechts hinter der Brücke ist ein schäbiges Hinterzimmer, wo es aber leckere Thalis gibt. Das Schild ist in Gujarati geschrieben, man muss also Einheimische fragen, wenn man das Restaurant finden will.

An- & Weiterreise

STC-Busse fahren stündlich nach und von Bhavnagar (17 Rs, 1½ Std.) und regelmäßig nach und von Ahmedabad (85 Rs, 5 Std.).

Linienbusse gibt's auch nach Talaja (15 Rs, 6 Std.), wo man einen Bus nach Una oder Diu erwischen kann – das ist ein Höllentrip in uralten Klapperkisten über Schlaglochpisten. Täglich um 5 Uhr fährt ein Bus nach Una (65 Rs).

DIU

☎ 02875 / 21 576 Ew.

Diu ist eine Offenbarung: eine Insel mit einer einzigartigen Atmosphäre. Die verdankt sie den weißen, portugiesischen Häusern, den wie mit Puderzucker bestäubten Kirchen, den mächtigen Festungen, den Veranden und ruhigen Stränden, dem wenigen Verkehr und dem billigen Bier. Es ist ein einfaches Fleckchen Erde – die Strände sind schön, aber nicht spektakulär, die Stadt ist locker ausgebreitet und ruhig, besitzt aber

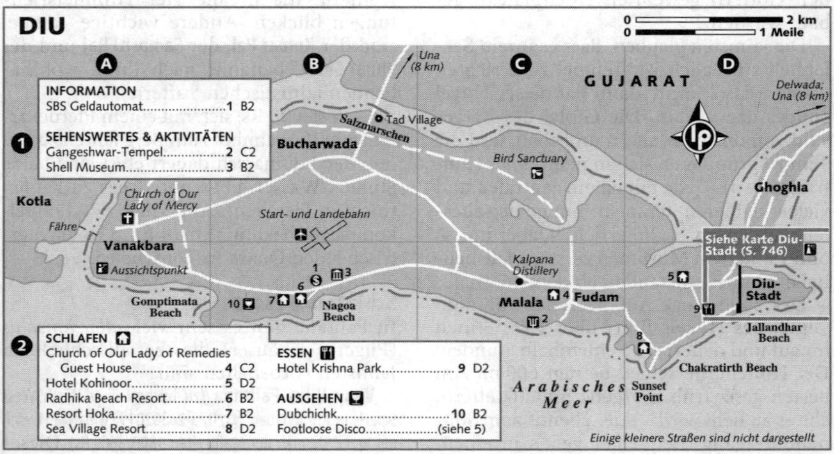

einen relaxten Charme, der viele Traveller in seinen Bann zieht und nicht so schnell wieder loslässt.

Wie Daman und Goa war Diu eine portugiesische Kolonie, die erst 1961 an Indien überging. Zusammen mit Daman bildet es ein Unionsterritorium, das immer noch von Delhi aus regiert wird. Das Gebiet von Diu umfasst natürlich die Insel Diu, die ungefähr 11 km lang und 3 km breit ist und von der Küste durch einen schmalen Kanal getrennt ist; außerdem gehören noch zwei winzige Enklaven auf dem Festland dazu. Eine davon – und zwar die, in der das Dorf Ghoghla liegt – ist der Zugang nach Diu, wenn man von Una her kommt.

Auf der nördlichen, Gujarat zugewandten Seite von Diu gibt es Marschland und Salzseen, an der Südseite wechseln sich Kalksteinklippen, felsige Buchten und Sandstrände ab.

Die Haupteinnahmequellen auf der Insel sind Fischfang, Tourismus, Alkoholverkauf und Salz. Die Kalpana-Destillerie in Malala produziert Rum aus Zuckerrohr.

Geschichte

Zwischen dem 14. und 16. Jh. war Diu ein wichtiger Handelsposten und Flottenstützpunkt, von dem aus die Osmanen die Schiffahrtswege im nördlichen Arabischen Meer kontrollierten.

1531 gelang es Portugal, die Insel einzunehmen. Bahadur Shah, der Sultan von Gujarat, ließ sich damals bei der Verteidigung von der türkischen Flotte unter die Arme greifen. Es nützte alles nicht: 1535 konnten die Portugiesen die Insel endgültig besetzen, wobei ihnen der Streit zwischen dem Sultan und dem Großmogul Humayun sehr gelegen kam.

Unter dem Druck der Besatzer und der Moguln schloss Bahadur einen Friedensvertrag mit den Portugiesen, in dem er ihnen die Herrschaft über den Hafen von Diu einräumte. Doch der Vertrag wurde bald ignoriert und obwohl sich Bahadur Shah und sein Nachfolger, Sultan Mahmud III., bemühten, ihre Interessen durchzusetzen, wurden durch den Friedensvertrag, der schließlich 1539 unterzeichnet wurde, die Insel Diu und die Festlandsenklave Ghoghla ganz an Portugal abgetreten.

Bei der Operation Vijay, die 1961 die portugiesische Herrschaft beendete, starben sieben rajputische Soldaten und einige Zivilisten. Nachdem die indische Luftwaffe unnötigerweise das Flugfeld und das Terminal bei Nagoa bombardiert hatte, blieben diese bis in die späten 1980er-Jahre ungenutzt.

Orientierung & Praktische Informationen

Das **Touristenbüro** (Karte S. 746; ☎ 252653; www.diuindia.com; Bunder Rd; ⏲ Mo–Sa 9–13.30 & 14.30–18 Uhr) befindet sich an der Hauptstraße von Diu-Stadt, die parallel zum Ufer verläuft. Es verkauft einfache Karten für 10 Rs, ist aber sonst nicht besonders hilfreich.

Geld tauschen kann man bei der **State Bank of Saurashtra** (Karte S. 746; ☎ 252492; Main Bazaar; ⏲ Mo–Fr 10–16, Sa bis 13 Uhr) nahe dem städtischen Platz, aber zu schlechteren Wechselkursen als auf dem Festland. Auch viele Läden in der Stadt tauschen Geld. Beim Nagoa Beach und in der Fort Rd. gibt's SBS-Geldautomaten.

Die **Post** (Karte S. 746; ☎ 252122) befindet sich am Stadtplatz. Das beste Internetcafé ist **A to Z** (Karte S. 746; Vaniya St.; 40 Rs/Std.; ⏲ 9–23 Uhr) nahe der Pancharti Rd. **Hotel Alishan** (Karte S. 746; 40 Rs/Std.; ⏲ 9.15–14 & 16–23 Uhr) und **Dee Pee Telecom** (Karte S. 746; Gandhi Bhavan; 40 Rs/Std.; ⏲ 8–23 Uhr) haben nur langsame Internetzugänge.

Gefahren & Ärgernisse

Kaum eine Gefahr, wohl aber sehr lästig – besonders für Frauen, die allein oder zu zweit unterwegs sind – sind betrunkene männliche Touristen aus Indien. Vorsicht also in der Umgebung des Nagoa Beach.

Sehenswertes & Aktivitäten

DIU-STADT

Diu-Stadt war die erste Anlaufstelle der Parsen bei ihrer Flucht aus Persien, doch blieben sie hier nur drei Jahre.

Die Stadt liegt eingezwängt zwischen dem mächtigen Fort im Osten und der gewaltigen Stadtmauer im Westen. Das Haupttor ist das **Zampa-Tor** (Karte S. 746) mit Reliefs, die Löwen, Engel und einen Priester darstellen. Im Tor befindet sich eine Kapelle mit einem Heiligenbild von 1702.

Die höhlenartige **St. Paul's Church** (Karte S. 746; ⏲ 8–18 Uhr) ist ein prachtvolles Bauwerk, das von den Jesuiten 1600 begründet und 1807 umgebaut wurde. Innen wirkt sie wie eine

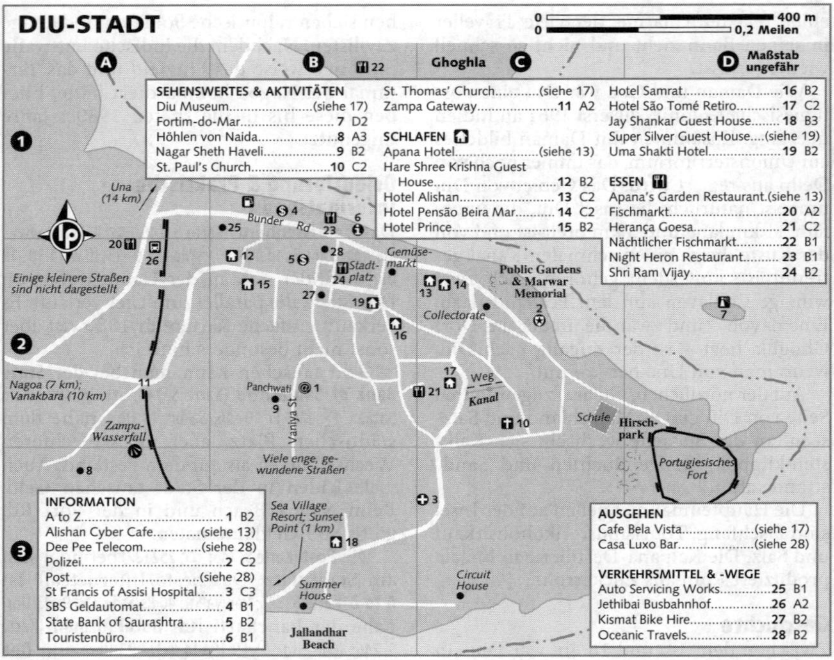

große Scheune, überall schweres, dunkles Holz. Nebenan ist ein kleines Kloster und drüber eine Schule. Täglich wird hier die Messe gelesen. Nicht weit davon entfernt steht die weiß getünchte **St. Thomas' Church**, ein liebenswürdiges, schlichtes Bauwerk, in dessen Untergeschoss das **Diu Museum** (Karte S. 746; Eintritt gegen Spende; ⌚ 8–21 Uhr) untergebracht ist. Anschauen kann man sich hier eine gespenstische Sammlung verschlissener katholischer Statuen. Einmal im Jahr, am 1. November, werden sie in einer Messe benutzt, bei der die Kirche immer bis auf den letzten Platz belegt ist. Außerdem gibt es noch ein paar Überreste eines jainistischen Tempels, der hier angeblich einmal gestanden haben soll. Über dem Museum ist ein Gästehaus. Wenn man George, den Betreiber, nett darum bittet, darf man aufs Dach, um von hier aus den eindrucksvollen Ausblick zu genießen. Die **Church of St. Francis of Assisi** (Karte S. 746) wurde in ein Krankenhaus umgebaut, manchmal wird sie aber auch noch für Gottesdienste benutzt. Die portugiesischstämmige Bevölkerung lebt überwiegend in diesem immer noch als „Ausländerviertel" bezeichneten Teil der Stadt.

Anders als in Daman sieht man in Diu vielen Gebäuden den langen portugiesischen Einfluss an. Die Stadt ist ein Gewirr enger, krummer Straßen. Viele Häuser sind hell bemalt, die eindrucksvollsten stehen am Panchwati. Unter ihnen ist das verfallende **Nagar Sheth Haveli** (Karte S. 746), das überaus reichlich mit Stuckschnörkeln und Reliefs mit Früchten und Tieren verziert ist.

Das 1535 gebaute und 1541 erweiterte gewaltige, gut erhaltene **Portugiesische Fort** (Karte S. 746; Eintritt frei; ⌚ 8–18 Uhr) mit seinem (wegen der Gezeiten) doppelten Festungsgraben muss einst uneinnehmbar gewesen sein. Doch langsam führen die Erosion durch das Meer und die Vernachlässigung zum Verfall. Kanonenkugeln liegen hier herum und auf den Schutzwällen steht eine stattliche Reihe Kanonen, viele noch in gutem Zustand. Der Leuchtturm ist der höchste Punkt in Diu, sein Licht ist 32 km weit zu sehen. Es gibt mehrere kleine Kapellen, in einer davon kann man sich Fragmente gravierter Grabsteine ansehen. Ein Teil des Forts wird als Inselgefängnis benutzt.

Früher war das **Fortim-do-Mar (Pani Kotha)** das Gefängnis, jenes schiffförmige, leer stehende weiße Gebäude, das scheibar in der Bucht schwimmt. Wer will, kann Bootsausflüge um den Hafen herum machen; wenn die See ruhig genug ist (was selten der Fall ist), wird dabei am Pani Kotha ein Stopp eingelegt (25 Rs nach Pani Kotha und zurück).

Außerhalb der Stadtmauern liegen die **Höhlen von Naida** (Karte S. 746), ein faszinierendes, zugewuchertes Netzwerk kreuz und quer in den Stein getriebener Höhlen und ins Nichts führender Stufen. Von hier holten die Portugiesen das Material für ihre Gebäude.

AUF DER INSEL

Nagoa Beach ist ein langer, palmengesäumter Strand, an dem man sich zwar relativ sicher in die Fluten stürzen kann, der aber auch oft überlaufen ist. Außerdem sind hier meist betrunkene indische Männer unterwegs – und ausländische Frauen ziehen viel unwillkommene Aufmerksamkeit auf sich. **Gomptimata** im Westen ist ein langer, leerer Sandstrand mit hohen Wellen; hier muss man wirklich gut schwimmen können. Von Diu-Stadt aus leicht zu erreichen sind außerdem die Strände von **Jallandhar**, **Chakratirth** und der überwältigende **Sunset Point**, der bei ausländischen Touristen am beliebtesten ist. Er bildet eine kleine, sanfte Kurve, ist gut geeignet zum Schwimmen, und belästigt wird man hier auch kaum.

Das **Shell Museum** (Karte S. 744; Eintritt 10 Rs; ⌚ 9–18 Uhr) ist das Werk eines wahren Liebhabers – Kapitän Devjibhai Vira Fulbaria, ein Kapitän der Handelsmarine, sammelt seit fast 50 Jahren Muscheln. Zu sehen gibt's daher Muscheln verschiedenster Art in allen Formen und Farben.

Fudam, von Diu-Stadt nicht weit entfernt, hat eine kleine Kirche, die Church of Our Lady of Remedies, die heute ein Hotel ist. Innen gibt's aber noch einen großen, alten, geschnitzten Altar.

Im äußersten Westen liegt das faszinierende kleine Fischerdorf **Vanakbara**. Es macht Spaß, um den Hafen herumzuschlendern, der voll bunter Fischerboote ist. Hier ist immer was los. Am besten kommt man morgens um 9 Uhr, wenn die Fischerboote zurückkehren und ihren Fang verkaufen. Nur wenige Traveller kommen her, deshalb sind die Dörfler freundlich und interessiert.

Schlafen

Außerhalb der Saison geben die meisten Hotels bis zu 60 % Rabatt.

BUDGETUNTERKÜNFTE

Diu-Stadt — Karte S. 746

Hotel São Tomé Retiro (☎ 253137; georgedesouza84@hotmail.com; kleineres Zi. 150–250 Rs, größeres Zi. 350–450 Rs, auf dem Dach 50 Rs) Im Obergeschoss der liebenswürdigen alten St. Thomas' Church gibt's ein paar Zimmer – die billigsten sind kleine Bauten auf dem Dach, die besseren haben Atmosphäre und Ausblick. Bei längeren Aufenthalten sind Rabatte möglich. Außerdem kann man auch auf dem Dach schlafen. Das São Tomé Retiro ist anheimelnd und ruhig. Es ist phantastisch, auf dem Dach direkt unter dem Sternenzelt zu sitzen. George D'Souza, der unterhaltsame Hotelmanager, organisiert Barbecue-Partys (s. S. 748). Normalerweise kocht seine Familie aber portugiesisch und, wenn man vorbestellt, auch Gerichte aus Goa.

Herança Goesa (☎ 253851; 205/3 hinter dem Diu Museum; DZ 250 Rs) Dieses Familienhaus abseits der Hospital Rd. hat nur ein Doppelzimmer zu vermieten. Das aber ist nett. Hier wird phantastisch gekocht (s. S. 749).

Das **Super Silver Guest House** (☎ 255011; Super Silver Marketing Complex; EZ/DZ/3BZ ab 150/250/400 Rs) einen Häuserblock südlich des Gemüsemarkts hält, was sein Name verspricht. Es hat blitzblanke Zimmer und das Hotelmanagement ist unaufdringlich, aber hilfsbereit.

Hare Shree Krishna Guest House (☎ 252213; EZ mit Gemeinschaftsbad ab 75 Rs, DZ mit Balkon ab 100 Rs) Ein kleines Haus mit Zimmern, die in Gefängniszellengrün gestrichen sind. Die meisten haben einen kleinen Balkon. Man sollte sich ein paar Zimmer anschauen, denn einige sind besser als andere.

Auf der Insel

Das **Sea Village Resort** (Karte S. 774; ☎ 254345; Chakratirth Beach; DZ ab 250 Rs) bei Sunset Point hat stickige, verdreckte Zimmer und ein Ameisenproblem. Von außen sehen die Zimmer trotz kleiner Veranden aus wie Eisenbahnwaggons der 3. Klasse. Die Lage – nur einen

Steinwurf entfernt von Sunset Beach – ist allerdings gut: Wer sich auf den Korbstühlen niederlässt, schaut direkt zur Bucht.

Jay Shankar Guest House (Karte S. 746; ☎ 252424; nahe Jalandhar Beach; DZ 100–200 Rs, mit Klimaanlage 400 Rs;) Die billigsten Zimmer sind hier nicht besonders sauber, aber für 200 Rs gibt es ein einfaches, ordentliches Doppelzimmer mit Balkon. Einige haben Meerblick. Ein gutes Restaurant ist im Haus.

Church of Our Lady of Remedies Guest House (Karte S. 744; ☎ 255010; DZ mit Gemeinschaftsbad 250 Rs, mit eigenem Bad 350 Rs) Im ruhigen Dorf Fudam bietet diese Herberge nichtssagende Zimmer im Obergeschoss der leeren Kirche. Beliebt ist sie bei Travellern, die lange bleiben, denn es gibt eine Küche für Selbstversorger.

MITTELKLASSEHOTELS

Diu-Stadt — Karte S. 746

Apana Hotel (☎ 253650; Fort Rd; Zi. 750–1500 Rs;) Das Apana liegt am Ufer, ist freundlich und hat weiß geflieste Zimmer mit Balkonen für frische Luft und Meerblick. Außerdem gibt's ein großartiges Gartenrestaurant (s. gegenüber). Hier kriegt man ordentliche Preisnachlässe.

Hotel Alishan (☎ 252340; Fort Rd; DZ 700–1500 Rs;) Hat annehmbare, helle Zimmer – mit einer Menge aufs Bett gerichteter Spiegel. Die billigeren Zimmer sind armselig und gehen nach hinten raus. Gut essen kann man hier auch. Es gibt gewaltige Rabatte – ein Doppelzimmer mit Meerblick und Balkon kriegt man z. B. schon für 300 Rs.

Das **Hotel Pensão Beira Mar** (☎ 253031; Z/Suite 1000/1200 Rs) ist eine alte portugiesische Villa zwischen dem städtischen Platz und dem Fort. Die Belegschaft weiß offensichtlich, dass die schäbigen Doppelzimmer mit hoher Decke mächtig überteuert sind und vemietet sie auch schon mal für 200 Rs. Es gibt ein gutes Restaurant auf dem Dach – ein nettes Plätzchen für ein Bier.

Das **Hotel Samrat** (☎ 252354; EZ/DZ 350/650 Rs, mit Klimaanlage 600/800 Rs;) ein paar Blocks südlich des städtischen Platzes ist die beste Wahl innerhalb der Stadt in dieser Preisklasse: Das Haus hat angenehme, große, sehr komfortable Doppelzimmer mit Balkonen zur Straße. Kreditkarten werden akzeptiert. Außerdem gibt es ein exzellentes Restaurant mit Bar.

Uma Shakti Hotel (☎ 252150; DZ mit/ohne Klimaanlage 800/600 Rs;) Neben dem Super Silver und gleich beim Gemüsemarkt ums Eck bietet dieses Hotel anständige, kleine, aber überteuerte Doppelzimmer. Es gibt ein liebenswürdiges Dachterrassenrestaurant.

Hotel Prince (☎ 252765; Main Bazaar; EZ/DZ ab 600/700 Rs;) In den Zimmern im 2. Stock hat man einen guten Ausblick von den Balkonen, ansonsten sind die Zimmer aber schmuddelig und haben schmierige Wände. Nur wenn man Rabatt kriegt, sind sie den Preis wert.

Auf der Insel

Resort Hoka (Karte S. 744; ☎ 253036; resorthoka@travelindia.com; Nagoa Beach; Zi. 650 Rs, mit Klimaanlage 1300–1500 Rs;) Das Hoka ist ein wunderbarer Aufenthaltsort, mit ungewöhnlich stimmungsvollen Zimmern in einem kleinen, von Palmen beschatteten Gebäudekomplex. Die billigeren Zimmer haben Lehmwände und sind behaglich; einige haben sogar Terrassen über den Palmen. Das Essen ist hier ausgezeichnet.

Hotel Kohinoor (Karte S. 744; ☎ 252209; Zi. mit Klimaanlage 1550–1850 Rs, Suite ab 2950 Rs;) Diese komfortable Unterkunft liegt an der Straße nach Fudam. Die gut ausgestatteten Zimmer haben Balkone und befinden sich in Villen, die um den Pool gruppiert sind. Es gibt ein gutes Restaurant und die Footloose-Disko.

Radhika Beach Resort (Karte S. 744; ☎ 252553; www.radhikaresort.com; Nagoa Beach; Zi. ab 1750 Rs;) Das makellose, schmucke, moderne Hotel – Dius teuerstes – liegt im Grünen. Die Zimmer sind geräumig und haben Balkone. Der Pool ist schön und das Restaurant gut.

Essen

Bier und Drinks sind erfreulich billig – rund 30 Rs kostet ein großes Kingfisher. Portwein (am besten eisgekühlt) kostet rund 100 Rs pro Flasche. Es gibt hier leckeren, frischen Fisch, aber am besten sind die traditionell-portugiesischen Gerichte, die es in einigen Restaurants gibt.

RESTAURANTS

Hotel São Tomé Retiro (Karte S. 746; ☎ 253137; georgedesouza84@hotmail.com; „All you can eat"-Barbecue 100 Rs) So ungefähr zwischen September und April veranstalten der gastfreundliche George und seine Familie jeden zweiten Abend Barbecue-Partys. Das Essen ist phantastisch – frischer Fisch und leckere Salate, dazu kriegt man Bier. Außerdem es ist es sehr atmosphärisch, mit anderen Travellern um das lodernde Lagerfeuer zu sitzen.

Herança Goesa (Karte S. 746; ☎ 253851; 205/3 Hinter dem Diu Museum, abseits der Hospital Rd; Frühstück 20–30 Rs, Abendessen 20–80 Rs) Hier isst man im Vorderzimmer der freundlichen, indoportugiesischen Familie. Zum Frühstück reinschneien kann man bis gegen 15 Uhr – der kalte Kaffee ist dringend zu empfehlen. Wer zum Abendessen kommen will, muss reservieren, denn das Lokal ist zu Recht beliebt: Zu den Gerichten gehören z. B. köstliche gebackene Garnelen in *piri-piri*-Sauce.

Resort Hoka (Karte S. 744; ☎ 253036; resorthoka@travelindia.com; Nagoa Beach; Gerichte 15–225 Rs) Hier kann man wirklich gut essen, z. B. so einladende Dinge wie frische Thunfischsandwiches oder Garnelen-Tomaten-Curry. Die Atmosphäre ist locker und angenehm, das Restaurant von Palmen überschattet.

Hotel Krishna Park (Karte S. 744; Nagoa Beach Rd; Gerichte 30–80 Rs; 🕒 7.30–23 Uhr) Ein Restaurant auf zwei Ebenen, malerisch gelegen neben einem kleinen, kunstvoll gestalteten See in einer lauschigen Umgebung. Während der Saison kann man auf dem See Tretboot fahren (20 Rs für 30 Min.).

Apana's Garden Restaurant (Karte S. 746; Apana Hotel; Gerichte 20–110 Rs; 🕒 7–17 & 19–23 Uhr) Draußen gibt's einen großen Garten am Ufer mit Blick aufs Meer. Man bekommt hier alles: Frühstück, südindische, Punjabi und chinesische Gerichte und Fisch. Der Obstsalat ist köstlich.

Es gibt zwei Fischmärkte (Karte S. 746), einen gegenüber vom Busbahnhof Jethibai und einen nächtlichen in Ghogla, der von Fackeln beleuchtet wird. Der frische Fisch und die Meeresfrüchte sind hervorragend; die meisten Herbergen und Hotels bereiten einem alles zu, was man kauft.

AUF DIE SCHNELLE

Shri Ram Vijay (Karte S. 746; Eiscreme 10–20 Rs) Eine kleine, altmodische Eisdiele mit Tischen und Bänken. Es gibt köstliche, selbstgemachte Eiscreme – Geheimtipp: Feige-Mandel und Mango.

Ideal für ein Eis oder ein Bier ist das freundliche Open-Air-Café **Night Heron Restaurant** (Karte S. 746; Jetty, Bunder Chowk; Hauptgerichte 15–95 Rs). Das kleine Brettergebäude mit Tischen davor steht direkt am Ufer.

Ausgehen

Neben den Restaurants (von denen die meisten gleichzeitig Bars sind) gibt's einige gute Locations für einen gepflegten Drink.

Die **Casa Luxo Bar** (Karte S. 746; 🕒 Di–So 9–14 & 16–22 Uhr) besteht seit 1963. Seit damals hat sich das Design scheinbar auch nicht verändert, denn es stehen viele staubige Flaschen herum. Ein Kingfisher kostet nur 27 Rs.

Dubchichk (Karte S. 744; Nagoa beach; Gerichte 20–110 Rs; 🕒 11–15.45 & 18.30–22 Uhr) Ein prima Standort, um aus sicherer Entfernung das Treiben Betrunkener am Strand zu beobachten.

Die flaschenförmige **Footloose Disco** (Karte S. 744; Hotel Kohinoor; 🕒 Sa & So) ist auch mal ganz lustig. Auf die Ohren gibt's lauten Billigpop und zu sehen einige bemühte Tänzer auf der Tanzfläche.

Das Cafe Bela Vista (Karte S. 746) in der Nähe der St. Thomas' Church hat nur wenige Tische, ist aber ein malerischer Ort für ein Bierchen.

An- & Weiterreise

FLUGZEUG

Jet Airways (☎ 252365; am Flughafen) fliegt nach Mumbai (117 US$, So–Fr 0.15 Uhr). Man bucht bei **Oceanic Travels** (Karte S. 746; ☎ 252180; Gandhi Bhavan; 🕒 9–13 & 15–19 Uhr) in der Nähe der Post.

BUS

Mit der STC vom Busbahnhof Jethibai aus abzufahren ist meist unpraktisch. Viermal täglich fahren Busse nach Veraval (35 Rs, 3 Std.) und Rajkot (90 Rs, 5 Std.); außerdem werden Jamnagar (100 Rs, 7 Std., 2-mal tgl.) und Bhavnagar (75 Rs, 5 Std.) angefahren. Zivilisierter und häufiger kann man vom etwa 10 km entfernten Una (10 Rs, 40 Min., zwischen 5.30 und 22 Uhr alle 30 Minuten) starten.

Vom Busbahnhof Una fahren von 6.30 bis 20.15 Uhr Busse nach Diu. Wer außerhalb dieser Zeiten nach Diu will, läuft 1 km zum Tower Chowk in Una, von wo zu ungefähr demselben Preis Sammelautorikschas nach Ghoghla oder Diu fahren. Eine Autorikscha kostet 100 Rs.

Private Busse fahren von Diu nach Mumbai (um 10 Uhr, Sleeper Class 450 Rs, 22–24 Std.) und nach Ahmedabad (170 Rs, Sleeper Class 220 Rs, 10½ Std.). Man reserviert im **A to Z** (Karte S. 746; Vaniya St; 🕒 9–23 Uhr).

ZUG

Delwada, das von Diu nur 8 km entfernt zwischen Una und Ghoghla liegt, ist der nächstgelegene Bahnhof. Die Sammelautoriksha von dort nach Ghoghla kostet rund 10 Rs. Es gibt einen direkten Zug (313/314) von Delwada nach Veraval um 8.10 Uhr (2. Klasse 18 Rs, 3½ Std.). Wer in Gir aussteigen will, nimmt den um 9.50 Uhr (12 Rs, 1¾ Std.).

Unterwegs vor Ort

Fahrten mit der Autoriksha innerhalb von Diu-Stadt sollten nicht mehr als 20 Rs kosten. Nach Nagoa Beach sind 35 Rs angemessen, 25 Rs nach Sunset Point. Mit der Sammelautoriksha kommt man für 5 Rs pro Nase nach Ghoghla.

Perfekt geeignet, um die Insel zu erkunden, sind Mopeds – die Straßen sind leer und in gutem Zustand. Man bezahlt pro Tag 100 Rs für das Moped (plus Benzin). Motorräder und -roller kosten 150 bis 200 Rs. Die meisten Hotels besorgen einem eine Maschine, aber die Qualität ist unterschiedlich. Motorisierte Zweiräder oder auch Fahrräder (15 Rs/Tag) kann man außerdem bei **Kismat** (☎ 252971; ⌚ Mo–Sa 9–19, So bis 13 Uhr) leihen. Eine weitere Option ist der freundlichen **Auto Servicing Works** (☎ 252824; Raberi Rd; ⌚ 9–22 Uhr) gegenüber der Petroleumpumpe. Normalerweise ist eine Kaution von 200 bis 1000 Rs zu hinterlegen.

Nahverkehrsbusse von Diu-Stadt nach Nagoa und Vanakbara fahren vom Busbahnhof Jethibai um 7, 11 und 16 Uhr, von Nagoa zurück nach Diu-Stadt um 13, 17.30 und 19 Uhr (5 Rs). Abfahrt ist bei der Polizeiwache.

VERAVAL

☎ 02876 / 141 207 Ew.

Veraval ist einer der größten Fischereihäfen Indiens (fast 4000 Fischerboote haben hier ihren Liegeplatz). Der geschäftige Hafen ist voller Leben, ohne Unterlass wird hier an Booten gebaut. Das an der Südküste Saurashtras gelegene Veraval war vor dem Aufschwung in Surat der wichtigste Hafen für Pilger nach Mekka. Im Westen der Stadt steht der unheimliche **Old Nawab's Palace,** der für die Öffentlichkeit nicht zu-

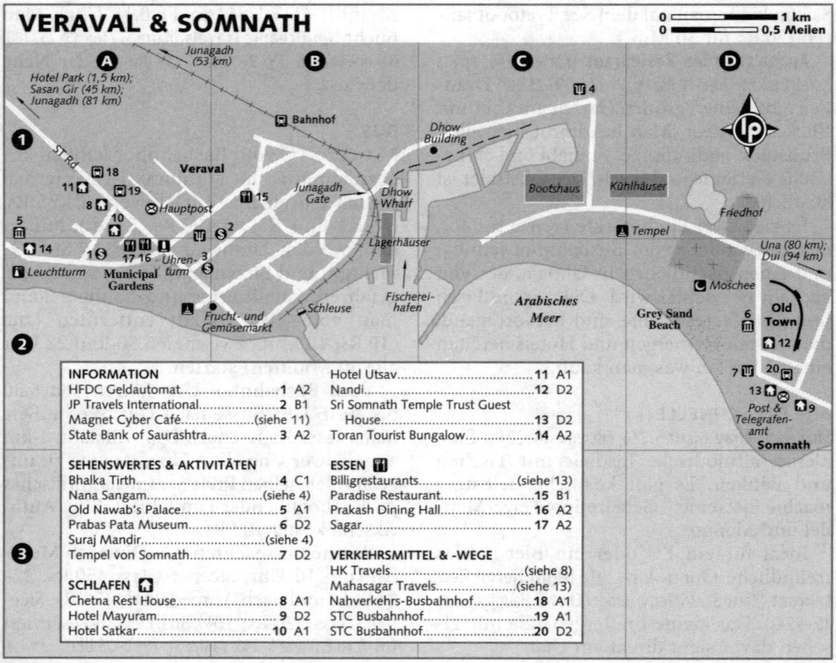

gänglich ist. Veraval ist keine besonders attraktive Stadt: Sie ist geschäftig, staubig und voller Lärm. Der Hauptgrund für einen Besuch ist der Tempel von Somnath, 6 km östlich der Stadt.

JP Travels International (☎ 220110) wechselt Reiseschecks und Bargeld. Wenn man Glück hat, wird beides auch in der **State Bank of Saurashtra** (☎ 221266) gewechselt. Das **Magnet Cyber Café** (Chandra-Mauli Complex; 25 Rs/Std.; 🕑 9.30–24 Uhr) im selben Gebäude wie das Hotel Utsav hat langsame Internetverbindungen. Nahe des Stadtparks gibt's einen HFDC-Geldautomaten.

Schlafen

Hotel Satkar (☎ 240006; B 100 Rs, EZ/DZ/3BZ ab 125/200/300 Rs, bessere DZ/3BZ 400/600 Rs; ❄) Beim Chetna Rest House um die Ecke. Die billigsten Zimmer sind schmuddelig, die besseren aber hübsch, ordentlich und frisch gestrichen. Die Balkone der guten Zimmer haben Glasdächer.

Toran Tourist Bungalow (☎ 246588; EZ/DZ 300/400 Rs, mit Klimaanlage 400/600 Rs; ❄) Nahe beim Leuchtturm liegt diese Anlage ungünstig, ist aber ruhig und gepflegt. Die Deluxe-Zimmer haben Balkone mit Schaukelstuhl und Blick aufs Meer und den Sonnenuntergang. Ausgecheckt wird bis 9 Uhr. Im Restaurant isst man leckere Gerichte aus Gujarat und dem Punjab (Thalis 45 Rs).

Das **Hotel Utsav** (☎ 222306; 3. Stock, Chandramauli Complex, ST Rd; DZ mit eigenem Bad 300 Rs, mit Klimaanlage 600 Rs; ❄) gegenüber der örtlichen Bushaltestelle bietet recht saubere Doppelzimmer mit Blick über die staubige Stadt. Die Angestellten sind ausgesprochen diensteifrig.

Das **Hotel Park** (☎ 242703; Veraval-Junagadh Rd; Zi. mit eigenem Bad 500–1500 Rs; ❄ 🏊) Ungefähr 1,5 km außerhalb der Stadt; hat einen schönen, großen Pool. Das Hotel steht auf einem von Palmen beschatteten Gelände und hat geräumige, wenn auch etwas heruntergekommene Zimmer sowie ein gutes Restaurant.

Das **Chetna Rest House** (☎ 220688; ST Rd; B – nur Männer – 35 Rs, EZ/DZ mit Gemeinschaftsbad 55/110 Rs, mit eigenem Bad 65/130 Rs) dem Busbahnhof gegenüber behauptet, einem „ein Gefühl wie zu Hause" zu geben. Na gut, das stimmt, wenn man zu Hause Krankenhausbetten, schmutzige Wände und zahlreiche vor der Vordertür herumlungernder Leute hat. Für das Chetna spricht aber wenigstens, dass die Zimmer ziemlich sauber sind.

Essen

Prakash Dining Hall (ST Rd; Thali 40 Rs) Ein einfaches, sauberes Restaurant, in dem es sagenhaft gute Thalis gibt.

Sagar (ST Rd; Gerichte 15–90 Rs; 🕑 9–15.30 & 17–23 Uhr) Dieses zurückhaltende, aber freundliche vegetarische Restaurant ist ganz in dunklem Braun gehalten und bietet leckere Punjabi- und chinesische Gerichte.

Paradise Restaurant (Gerichte 50 Rs; 🕑 10–15 & 19–22.30 Uhr) Paradies ist vielleicht übertrieben, aber das chinesische Essen ist wirklich überraschend schmackhaft. Viele vegetarische Angebote gibt's hier allerdings nicht.

An- & Weiterreise

BUS

Wenn man das Umsteigen in Una nicht scheut, gibt's mehr Verbindungen. Zu den STC-Bussen ab Veraval gehören:

Ziel	Preis (Rs)	Dauer (Std.)	Häufigkeit
Ahmedabad	125	10	4-mal tgl.
Diu	40	3	5-mal tgl.
Junagadh	41	2	alle 30 Min.
Porbandar	55	3	15-mal tgl.
Rajkot	70	5	stündl.
Sasan	25	1½	5-mal tgl.

Gegenüber vom STC-Busbahnhof findet man auch private Busagenturen, darunter **HK Travels** (☎ 221 934; ST Rd; 🕑 7–23 Uhr), das einen nächtlichen Trip um 21 Uhr nach Ahmedabad (Normal/Sleeper Class 160/220 Rs,) anbietet.

ZUG

Der 1465/1463 *Veraval–Jabalpur Express* nach Ahmedabad fährt um 10.15 Uhr (2. Klasse/2AC 108/775 Rs, 8¼ Std., 456 km) über Rajkot (2. Klasse 55 Rs, 3½ Std.). Züge nach Sasan gibt's um 9.40, 14.20, 14.40 und 15.05 Uhr (2. Klasse 10 Rs, 1½–2 Std.).

Um nach Delwada zu kommen, wo man umsteigen muss, wenn man nach Diu will, nimmt man am besten den Passenger Train (313). Er fährt um 16.05 Uhr (2. Klasse 20 Rs, 3½ Std., 104 km).

Am Bahnhof gibt es ein **Reservierungsbüro** (☎ 131; 🕑 Mo–Sa 8–20, So bis 14 Uhr).

Unterwegs vor Ort

Eine Autorikscha zum 6 km entfernten Somnath sollte etwa 35 Rs kosten. Für die

Busfahrt bezahlt man 8 Rs, Abfahrt ist am Nahverkehrs-Busbahnhof in der Nähe des STC-Busbahnhofs.

SOMNATH

☎ 02876

Somnath besteht aus ein paar Straßen, die vom Tempel wegführen. Manche Traveller wohnen lieber im 6 km entfernten Veraval (S. 750), denn da gibt's mehr Unterkünfte, Restaurants und Verkehrsmittel.

Sehenswertes

TEMPEL VON SOMNATH

Der **Tempel** (🕑 6–21.30 Uhr) 80 km von Junagadh hat etwas von einem Phönix: Mindestens achtmal wurde er zerstört und wieder aufgebaut. Es heißt, der Mondgott Somraj habe ihn aus Gold geschaffen und Ravana habe ihn aus Silber neu erbaut. Danach habe Krishna den Tempel aus Holz aufs Neue errichtet und Bhimdev schließlich aus Stein. Der arabische Reisende Al-Biruni pries ihn in so begeisterten Worten, dass ihm 1024 ein höchst unwillkommener Tourist besuchte – Mahmud von Ghazni. Zu jener Zeit war der Tempel so wohlhabend, dass er 300 Musikanten, 500 Tänzerinnen und sogar 300 Barbiere unterhielt.

Mahmud von Ghazni, der legendäre Plünderer, kam aus seinem afghanischen Königreich nach Somnath und eroberte die Stadt und den Tempel in einer zweitägigen Schlacht. Nachdem er die sagenhaften Schätze eingesackt hatte, zerstörte er das Bauwerk. Damit begann ein Kreislauf der Zerstörungen durch Muslime und des Wiederaufbaus durch Hindus, der jahrhundertelang andauerte. Der Tempel wurde 1297 und 1394 verwüstet, bis ihn dann 1706 Aurangzeb, der berüchtigte Fundamentalist unter den Moguln, endgültig zerstörte.

Danach gab es bis 1950 keinen Wiederaufbau. Draußen, dem Eingang gegenüber, steht die Statue S. V. Patels (1875–1950), der schließlich für den Wiederaufbau sorgte.

Der heutige Tempel wurde nach traditionellen Entwürfen am ursprünglichen Standort an der Küste errichtet. Er strahlt heitere Ruhe aus, ist symmetrisch und verwinkelt. Das Erdbeben von 2001 hat einige Risse verursacht, die aber schon repariert worden sind. Der Tempel enthält einen der zwölf heiligen Shiva-Schreine, die als *jyoti linga* bezeichnet werden. Er steht an einem grauen Sandstrand, wodurch er verlassen-romantisch wirkt. Der Fotoapparat muss in der Tasche bleiben.

PRABAS PATA MUSEUM

Das nahe gelegene **Prabas Pata Museum** (☎ 232455; Inder/Ausländer 2/50 Rs; 🕑 Do–Di 10.30–17.30, am 2. & 4. Sa des Monats geschl.) besteht aus eindrucksvoll um einen Hof gelegenen Räumen und stellt mit einer ganzen Reihe schöner Gebäudefragmente interessante Überreste der früheren Tempel aus. Darunter ist auch eine aufwändige Decke aus dem 11. Jh.

NOCH MEHR SEHENSWERTES

Auf halbem Weg zwischen Veraval und Somnath liegt **Bhalka Tirth**, wo Krishna mit einem Hirsch verwechselt und deshalb von einem Pfeil verwundet wurde (er schlief in einem Hirschfell – ein gefährliches Outfit). Der legendäre Ort liegt am Zusammenfluss dreier Ströme. Hin kommt man durch das kleine *sangam* (Mündungstor), das hier einfach **Nana** (kleines Tor) heißt. Nördlich dieser heiligen Stelle steht der **Suraj-Mandir** (Sonnentempel), dem Mahmud von Ghazni ebenfalls zu Leibe rücken wollte. Dieser antike Tempel, in dem man sich ein Fries anschauen kann, auf dem Löwen mit Elefantenrüsseln abgebildet sind, stammt wahrscheinlich aus derselben Zeit wie der ursprüngliche Tempel von Somnath.

Schlafen & Essen

Nandi (☎ 231839; Zi. mit eigenem Bad 350 Rs, mit Klimaanlage 550 Rs; ❄) Ein kleines Hotel an der Straße, die vom Tempel weg führt und in der der Markt ist. Es hat kleine, saubere und helle Zimmer mit ungewöhnlich freundlicher Atmosphäre, von denen die meisten einen Blick auf den Tempel haben.

Das ruhige **Hotel Mayuram** (☎ 231286; EZ/DZ mit eigenem Bad 250/350 Rs; ❄) liegt ein Stück die Hauptstraße hinunter. Die Doppelzimmer sind zu empfehlen: sauber, hell, praktisch und ordentlich.

Sri Somnath Temple Trust Guest House (☎ 231212; DZ/3BZ mit eigenem Bad 120/200 Rs, Kaution 30–500 Rs; ❄) Diese heruntergekommene Herberge ist in erster Linie für Pilger. Wer hier wohnen will, muss zuerst zum Buchungsbüro gegenüber der Bushaltestelle. Die billigeren Zimmer gewinnen keinen Preis in puncto Sauberkeit; die klimatisierten sind besser, aber überteuert.

Zwischen dem Tempel und dem Hotel Mayuram warten eine Reihe billiger Restaurants auf Gäste.

An- & Weiterreise

BUS

Von Somnath aus fahren weniger Busse als von Veraval, aber es gibt drei Verbindungen täglich nach Jamnagar (85 Rs, 7 Std.), fünf nach Dwarka (85 Rs, 7 Std.) und jede Stunde eine nach Porbandar (55 Rs, 6 Std.), Una (40 Rs, 3 Std.) und Rajkot (75 Rs, 5 Std.).

Mahasagar Travels (☎ 232189; ⌚ 10–22 Uhr) gegenüber dem STC-Busbahnhof fährt nach Ahmedabad (160 Rs, Sleeper Class 230 Rs, 10 Std.).

SASAN GIR WILDLIFE SANCTUARY

☎ 0285

Die letzte Zufluchtsstätte des asiatischen Löwen *(panthera leo persica)* liegt, wenn man über Visavadar fährt, 59 km von Junagadh entfernt. Das zerklüftete, bergige, 1400 km² große Naturschutzgebiet wirkt erfrischend unkommerziell und umfasst schöne Waldgebiete. Es wurde zum Schutz der Löwen und ihres Lebensraums geschaffen: Seit 1980 ist die Zahl der Tiere von weniger als 200 auf geschätzte 325 im Mai 2004 gewachsen. Was für die Löwen ein Glück war, bedeutete für die örtlichen *maaldharis* (Hirten), eine fromme Gemeinschaft von eigentümlich gekleideten Nomaden, einen Verlust von wertvollem Weideland. Ungefähr fünf solcher *maaldhari*-Siedlungen gibt es im Schutzgebiet. In den letzten Jahren waren die Löwen auf der Suche nach leichter Beute – besonders nach Kälbern – auch schon mal außerhalb des Reservats unterwegs. 2003 kam einer sogar bis an die Strände von Diu! Das Problem wird noch verschärft, weil die Waldgebiete um das Schutzgebiet herum immer kleiner werden. Die Dorfbewohner sind deshalb gezwungen, ihr Brennholz illegal aus dem Reservat zu holen, und das reduziert wiederum den Lebensraum der Löwen.

Das Naturschutzgebiet ist für die Zahl der Tiere nicht groß genug. Dennoch wurden Initiativen der Regierung von Madhya Pradesh, 200 Löwen in den Pulpur Kuno Sanctuary in Madhya Pradesh umzusiedeln, von Gujarats Regierung auf Eis gelegt. Derzeit gibt es keine konkreten Pläne, um die vom Kampf um die knappen Resourcen verursachten Probleme zu lösen.

Neben den Löwen leben hier noch mehr als 30 andere Tierarten, z. B. Leoparden, Hyänen, Füchse, Wildschweine, Papageien, Pfauen, Krokodile (es gibt auch eine Kroko-Aufzuchtstation), Affen und Huftiere – u. a. Indiens größte Antilopenart, die Nilgauantilope, graziöse Chinkara-Gazellen, Chow-Singhas und Muntiak-Hirsche.

Die beste Zeit für einen Besuch ist zwischen Dezember und April. Das Gebiet ist von Mitte Juni bis Mitte Oktober gesperrt, nach einem schweren Monsun eventuell auch noch länger.

Praktische Informationen

Im **Gir Orientation Centre** (⌚ 9–18 Uhr) direkt neben der Sinh Sadan Forest Lodge kann man sich über die Bewohner des Parks informieren. Es gibt auch eine Replik einer *maaldhari*-Hütte. Um 19 Uhr wird ein knarzender Film über den Park gezeigt.

Sehenswertes & Aktivitäten

SAFARIS

Die Löwen sind scheu, aber man muss schon ausgesprochenes Pech haben, um bei einer Safari nicht wenigstens einen zu erspähen. Wer ganz sicher gehen will, sollte sich die Zeit für ein paar Ausflüge nehmen. Verständlicherweise ziehen sich die Löwen während indischer Feiertage, an denen Jeepkonvois durch den Park dröhnen, ins Unterholz zurück.

Bevor man auf Safari gehen kann, braucht man eine Erlaubnis. Diese kriegt man vor Ort im **Sinh Sadan Forest Lodge Office** (Inder/Ausländer 30 Rs/5 US$, Einfahrterlaubnis für das Auto für 4 Std. 100 Rs/10 US$, Foto 50 Rs/5 US$, Video 2500 Rs/200 US$; ⌚ zwischen 16. Okt.und 6. Feb. 6–10 & 15–17 Uhr, zwischen März und 15. Juni 6–9.30 & 15.30–18 Uhr); sie ist für einen Tag gültig. Ein Führer kostet 50 Rs/10 US$. Auch Jeeps (max. 6) werden beim Lodge Office vermietet, der Preis beträgt 10 US$. Obwohl die Preise in Dollars angegeben sind, wird in Rupien bezahlt.

Wer einen Jeep statt des Minibus nimmt, kommt viel eher in die Nähe der Löwen, denn die Minibusse bleiben auf den Hauptwegen, während die Jeeps auch auf den schmaleren fahren können.

GIR INTERPRETATION ZONE

12 km entfernt vom Dorf Sasan, innerhalb des Schutzgebiets bei Devalia befindet sich

DIE LETZTEN WILDEN LÖWEN ASIENS

Im 19. Jh. erstreckte sich der Lebensraum des asiatischen Löwen von seiner gegenwärtigen Zufluchtsstätte im Gir-Nationalpark Gujarats bis nach Bihar weit im Osten. Der Bestand verringerte sich, weil die Löwen stark gejagt wurden; die letzten Exemplare sichtete man 1834 bei Dehli, 1840 in Bihar und 1870 in Rajasthan. 1884 starb der letzte freie Löwe, der in Indien außerhalb der gujaratischen Halbinsel Kathiawar gelebt hatte. Warum überlebten die Löwen aber gerade in Gujarat? Fast hätten sie es nicht geschafft: Die Jagd rottete die Löwen von Gir beinahe aus, in den 1870er-Jahren gab es nur noch 12. Erst als einer der früheren Jäger, der aufgeklärte Nawab von Junagadh, zu Beginn des 20. Jhs. beschloss, eine Schutzzone zu schaffen, konnte sich der Bestand langsam erholen. Diese Zone ist heute das Sasan Gir Wildlife Sanctuary.

Von ihrem afrikanischen Vetter *(panthera leo leo)* seit Jahrhunderten getrennt, haben die asiatischen Löwen eigene Merkmale entwickelt. Die Mähne des *panthera leo persica* ist weniger üppig und bedeckt weder die Oberseite des Kopfes noch die Ohren. Eine auffallende Hautfalte verläuft entlang des Hinterleibs. Außerdem ist die Haut etwas heller. Anders als die afrikanischen Löwen, die gelegentlich auch Aas fressen, sind die asiatischen Löwen reine Raubtiere.

die **Gir Interpretation Zone** (Inder/Ausländer 30 Rs/5 US$, Jeep 100 Rs/10 US$, Führer 50 Rs/10 US$; Do–Di 8–11 & 15–17 Uhr). In der 4,12 km² großen Zone können Besucher sich einen Querschnitt der Tierwelt von Gir anschauen. Die Chancen, Löwen zu sehen, sind hier gut, aber alles wirkt etwas inszeniert, und man hat nur 30 bis 45 Minuten, um die Tiere zu beobachten. Eine Fahrt von der Hauptstraße in Sasan Gir hierher kostet 150 Rs.

CROCODILE BREEDING CENTRE

In dieser **Aufzuchtsstation** (Eintritt frei; 8.30–18 Uhr) nahe Sinh Sadan kann man sich prima Krokos in allen Größen angucken – vom Baby bis zum ausgewachsenen Tier, insgesamt etwa 100 an der Zahl. Sie werden hier gezüchtet, um den Bestand im Naturschutzgebiet zu ergänzen.

Schlafen & Essen

Hier ist's ratsam, vorab zu reservieren. Durch Sasan Gir führt eine Hauptstraße; die meisten Unterkünfte liegen hier oder zumindest in der Nähe, nur ein paar attraktive Hotels sind weiter weg. Die folgenden haben alle Zimmer mit eigenem Bad, sofern nicht anders angegeben.

Maneland Jungle Lodge (☎ 285690; Feb.–Okt. Zi. mit Vollpension 2500 Rs, Nov.–Jan. 3500 Rs, ohne Mahlzeiten Feb.–Okt. 1500 Rs, Nov.–Jan. 2500 Rs;) Abseits der Straße nach Junagadh und 3 km von Sasan entfernt bietet diese ländliche Unterkunft allerliebste Zimmer in Cottages mit Alkoven, Sitzen an den Fenstern und Böden aus polierter Terrakotta. Der Pool könnte mal gereinigt werden.

Anil Farmhouse (☎ 285590; Zi. 550–650 Rs;) Ebenfalls abseits der Straße nach Junagadh, aber 4 km von Sasan entfernt (von Bhalchhel kommend, links auf eine schwierige Piste abbiegen) liegt dieses Hotel tief im Wald an einem Mangohain. Es gibt sieben einfache Zimmer – einige mit gemeinsamem Balkon und wunderbarem Blick auf den Wald und Blumenwiesen. Unbedingt reservieren – ansonten: Satz mit x, war wohl nix!

Das Hinweisschild zum **Hotel Umang** (☎ 285728; SBS Bank Rd; Zi. 400 Rs, mit Klimaanlage 600 Rs;) findet man abseits der Hauptstraße etwa 100 m westlich des Rajeshri Guest House. Das Umang ist ein ruhiges, aber überteuertes Hotel. Die teureren Zimmer sind auch die saubersten.

Die **Gir Lodge** (☎ 285521; EZ/DZ ab 50/70 US$, mit Klimaanlage 60/80 US$;) befindet sich unten am Fluss, etwa 200 m entfernt von der Sinh Sadan Forest Lodge. Das Hotel, das von der Taj Group betrieben wird, ist angenehm und friedlich. Die Zimmer haben Balkone mit Blick in den Wald, das Restaurant strahlt heitere Ruhe aus.

Sinh Sadan Forest Lodge (☎ 285540; B Inder/Ausländer 50 Rs/5 US$, Zi. 500 Rs/30 US$, mit Klimaanlage 1000 Rs/50 US$;) Hier ist es nett, aber für Ausländer unverhältnismäßig teuer (die Preise für's Essen sind genauso unausgewogen). Der Service ist nachlässig.

Das **Rajeshri Guest House** (☎ 285505; Zi. 100–200 Rs), gegenüber dem Tor zum Sinh Sadan, hat einfache, etwas schmuddelige Zimmer. Die jungen, gesprächigen Angestellten sind begeisterte Parkführer. Thalis kosten 35 Rs. Man kann auch im **Familienhaus** (☎ 285686; DZ mit Gemeinschaftsbad 100 Rs) um die Ecke absteigen, wo es drei hübschere Zimmer gibt.

Im Dorf Sasan gibt's viele Imbissstände und einfache Thali-Restaurants, von denen das **Hotel Gulmohal** (Gerichte 30–35 Rs; ⌚ 8–16 & 19–23 Uhr) das beste ist. Hier gibt es ordentliche südindische und Punjabi-Küche.

An- & Weiterreise

STC-Busse fahren regelmäßig von Junagadh über Sasan nach Veraval: Stündlich gibt's Busse nach Veraval (Normal/Express 12/20 Rs, 1½ Std., 45 km) und Junagadh (20/31 Rs, 2 Std., 59 km).

Mit dem Zug kommt man nach Veraval (10 Rs, 1½ Std.) und Delwada (20 Rs, 3 Std.), wo es Anschluss nach Diu gibt.

JUNAGADH

☎ **0285 / 168 686 Ew.**

Junagadh ist eine interessante, gut erhaltene und farbenprächtige alte befestigte Stadt am Fuß des heiligen Girnar Hill. Sie ist faszinierend, von Touristen kaum besucht und lädt zum Erkunden ein. Hier gibt's ein paar exotische, alte Gebäude – einige der schönsten kann man sich in der Nähe des Durbar Hall Museum ansehen.

Die Stadt ist nach dem Fort benannt, das die Altstadt umschloss (*jirna* bedeutet alt). Die 250 v. Chr. verfassten Ashoka-Edikte ganz in der Nähe zeigen, wie alt die Stadt tatsächlich ist.

Als der Subkontinent geteilt wurde, entschloss sich der Nawab von Junagadh, seinen winzigen Staat Pakistan zuzuschlagen – eine Entscheidung, die nur wenig Beifall fand, weil die Bewohner vorwiegend Hindu waren. Am Ende wurde der Nawab schließlich allein Pakistaner.

Praktische Informationen

Es gibt hier kein Fremdenverkehrsamt, aber Mr. Sorathia, der Eigentümer des **Relief Hotel** (☎ 2620280; Dhal Rd), kann einige Auskünfte geben.

Die **State Bank of India** (⌚ 11–14 Uhr) nahe dem Diwan Chowk wechselt Reiseschecks und Bargeld. Einige Traveller berichten, dass die Bank of Vadodara neben dem Nahverkehrsbusbahnhof ebenfalls einen effizienten Service bietet. Das **Swati Restaurant** (Jay-

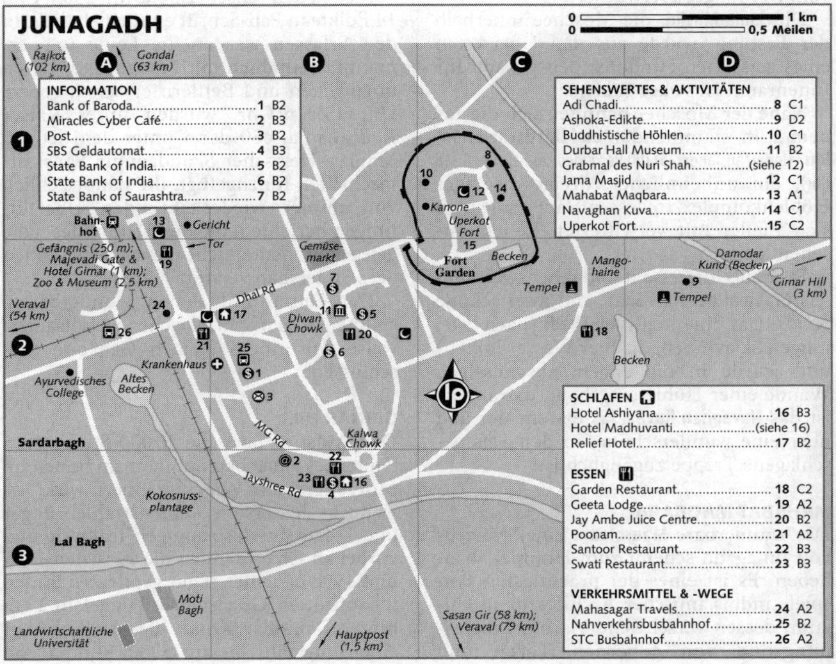

shree Rd; 🕑 11–15 & 17.30–22.30 Uhr) tauscht Reiseschecks und Bargeld zu einem etwas schlechteren Kurs. **SBS** (Jayshree Rd) hat einen Geldautomaten.

Hauptpost (☎ 2627116) Die Lage südlich des Zentrums bei Gandhigram ist eher ungünstig.

Miracles Cyber Café (Shripal Complex, MG Rd; 10 Rs/Std.; 🕑 10–24 Uhr) Man braucht hier merkwürdig lange, um sich einzuloggen.

Post (🕑 10–15 Uhr) Abseits der MG Rd., nahe des Nahverkehrsbusbahnhof.

Sehenswertes

UPERKOT FORT

Das alte **Fort** (Eintritt 2 Rs; 🕑 6.30–18.30 Uhr, am 2. & 4. Sa des Monats geschl.) auf der Ostseite Junagadhs soll angeblich 319 v. Chr. von Chandragupta errichtet worden sein. Es wurde aber oft erweitert. Den Eingang bildet ein reich verziertes, dreifaches Tor, und an manchen Stellen sind die Mauern 20 m hoch. Das Fort wurde 16 Mal belagert, und eine Legende behauptet, es hätte einst zwölf Jahre lang einer Belagerung getrotzt. Außerdem soll es vom 7. bis ins 10. Jh. leer gestanden haben, und als man es wiederentdeckte, war es völlig vom Dschungel überwuchert.

Die **Jama Masjid**, die Moschee innerhalb der Festung, wurde aus den Überresten eines zerstörten Hindutempels gebaut. Ihr Innenraum ist voller Säulen.

Nahe der Moschee befinden sich die aus dem 2. Jh. stammenden **buddhistischen Höhlen** (Inder/Ausländer 5/100 Rs, Video 25 Rs; 🕑 8–18 Uhr), ein unheimlicher, dreigeschossiger Höhlenkomplex, in dessen Haupthalle man sich Pfeiler mit verwitterten Reliefs ansehen kann.

Ebenfalls interessant und sehenswert sind das **Grabmal des Nuri Shah** und zwei schöne *baolis*. Das eine heißt **Adi Chadi** (nach zwei jungen Sklavinnen, die hier Wasser holten) und wurde in die engen, abschüssigen Wände einer Höhle eingebaut, das andere ist das **Navaghan Kuva**, das extrem tief und über eine wunderschöne, in den Fels geschlagene Treppe zugänglich ist.

MAHABAT MAQBARA

Das wunderbare **Mausoleum** eines Nawabs von Junagadh scheint zum Himmel abzuheben. Es ist eines der prächtigsten Beispiele indoislamischer Architektur in Gujarat, dessen verschwenderisches Erscheinungsbild von silbernen Toren und märchenhaft von Wendeltreppen umgebenen Minaretten gekrönt wird. Das 1892 fertig gestellte Bauwerk ist normalerweise geschlossen (das Äußere ist aber ohnehin das Beste daran) – man kann aber versuchen, in der benachbarten Moschee den Schlüssel zu bekommen.

DURBAR HALL MUSEUM

Wer sich für Waffen, Rüstungen, Sänften und Kandelaber interessiert, sollte das **Museum** (Eintritt 5 Rs; 🕑 Do–Di 9–12.15 & 14.45–18 Uhr, am 2. & 4. Sa des Monats geschl.) besuchen. Ausgestellt sind außerdem Elefantensänften aus der Zeit der Nawabs und ein großer Teppich, der im Gefängnis von Junagadh gewebt wurde. Es gibt auch eine Galerie mit Portraits der Herrscherfamilie, unter denen auch Fotos des letzten Nawab mit seinen geliebten Hunden (er hatte Hunderte) sind.

DIE ASHOKA-EDIKTE

Auf dem Weg zu den Tempeln von Girnar Hill kommt man an einem gewaltigen **Felsen** (Inder/Ausländer 5/100 Rs; 🕑 8–13 & 14–18 Uhr) vorbei, in den Kaiser Ashoka um 250 v. Chr. 14 Edikte in Pali-Schrift einmeißeln ließ. In den Erlassen werden die Leute u. a. ermahnt, freundlich mit Frauen und Tieren umzugehen und Bettlern etwas zu geben. Um 150 n. Chr. wurden unter Kaiser Rudradama, 450 dann unter dem letzten Maurya-Herrscher Skandagupta Sanskritinschriften hinzugefügt, die hauptsächlich von immer wiederkehrenden Überflutungen berichten, die den Damm des nahe gelegenen, heute nicht mehr existierenden Sees Sudershan zerstört hätten.

Der Felsen mit seinen wunderbaren, spinnenartigen Schriftzeichen ist seltsamerweise von einem kleinen Gebäude umschlossen.

GIRNAR HILL

Den Aufstieg über die 10 000 Stufen zum Gipfel des **Girnar** beginnt man am besten im Morgengrauen. Wie verzaubert wirkt es, wenn in den ersten Sonnenstrahlen Pilger und Träger durch struppigen Teakwald und vorbei an Chai-Ständen die zwischen 1899 und 1908 errichteten gut gepflegten Stufen hinauftrotten. Gestartet wird ungefähr 2 km hinter Damodar Kund, die Straße bringt einen ungefähr bis zur 3000. Stufe – von dort sind es also *nur* noch 7000 bis zum Gipfel. Während man immer höher steigt, schweift der Blick über bewaldete Hügel.

Die Erfrischungsstände entlang des zweieinhalbstündigen Aufstiegs verkaufen Kreide, mit der man seinen Namen auf die Felsen schreiben kann. Wie die Stände es schaffen, hier gekühlte Getränke anzubieten, ist etwas, worüber man beim Hinaufsteigen eine Weile grübeln kann. Wer den Weg nicht schafft, den bringen *dholis* mit Trägern hinauf. Bezahlt wird dabei nach Gewicht, deshalb muss man sich vor Beginn der Tragaktion der unwürdigen Prozedur unterziehen, sich auf einer großen Balkenwaage wiegen zu lassen.

Wie Palitana ist dieser mit Tempeln gekrönte Hügel für die Jainisten von großer Bedeutung, aber auch Hindu unterziehen sich der Pilgerreise, denn es gibt hier auch mehrere wichtige Hindutempel.

An den jainistischen Tempeln, einer Gruppe mosaikverzierter Kuppeln und aufwändiger Stupas, kommen Aufsteigende ungefähr nach zwei Dritteln des Wegs vorbei. Der größte und älteste Tempel ist der aus dem 12. Jh. stammende **Tempel des Neminath,** der dem 22. *tirthankar* geweiht ist – der erste Durchgang links nach dem ersten Tor führt hin. Viele Tempel sind zwischen 11 und 15 Uhr verschlossen, aber dieser kann den ganzen Tag über besucht werden.

Der ganz in der Nähe gelegene, dreifache, dem 9. *tirthankar* geweihte **Tempel des Mallinath** wurde 1177 von zwei Brüdern gestiftet. Während Festen ist dieser Tempel ein Magnet für Sadhus.

Weiter oben stehen verschiedene Hindutempel. Auf der ersten Spitze bei 600 m steht der **Gorakhnath-Tempel**. Den nächsthöheren Gipfel ziert der **Amba-Mata-Tempel**, wo frisch Verheiratete für eine glückliche Ehe beten. Der drei Göttern geweihte **Dat Tatraya** befindet sich schließlich ganz oben auf dem dritten Gipfel.

Die Busse Nr. 3 und 4 bringen Besucher vom Nahverkehrsbusbahnhof nach Girnar Taleti am Fuß des Hügels. Sie fahren ab 6 Uhr ungefähr stündlich (5 Rs) und kommen auch am Ashoka-Felsen vorbei. Für eine Autorikscha aus der Stadt zahlt man etwa 35 Rs.

ZOO VON JUNAGADH

Wer es nicht nach Sasan schafft, der kann auch im **Zoo** (Eintritt 10 Rs; ⌚ Do–Di 9–18.30 Uhr) von Junagadh bei Sakar Bagh, an der Straße nach Rajkot 3,5 km vom Zentrum entfernt, Löwen aus Gir sehen. Der Nawab richtete diesen Zoo 1863 ein, um die Löwen vor dem Aussterben zu bewahren. Der Zoo ist überraschend schön, Löwen, Tiger und Leoparden sind hier zu Hause. Hier gibt's auch ein nettes **Museum** (⌚ am 2. & 4. Sa des Monats geschl.) mit Gemälden, Handschriften, archäologischen Funden und weiteren Exponaten, das sogar eine naturkundliche Abteilung hat. Hin geht's für 5 Rs mit Bus Nr. 6 oder für 25 Rs mit einer Autorikscha.

Schlafen

Das **Relief Hotel** (☎ 2620280; Dhal Rd; EZ/DZ 150/200 Rs, Zi. mit Klimaanlage 500 Rs; Gerichte 15–100 Rs; ❄ 💻) hat ordentliche, frisch gestrichene, schöne Zimmer und ist die beste Herberge für Traveller. Viele der Zimmer sind, wie auch das Restaurant, ganz neu, und es gibt bewachte Parkplätze.

Hotel Girnar (☎ 2621201; Majewadi Darwaja; EZ/DZ 200/300 Rs, mit Klimaanlage 400/650 Rs; ❄) Etwa 2 km außerhalb der Stadt liegt dieses staatlich geführte, aber trotzdem gute Hotel, das geräumige Zimmer hat. Am besten versuchen, eines mit Balkon zu ergattern. Zwischen Mitte Juni und Mitte September gibt's ordentlich Rabatt. Die leckeren Thalis kosten 45 Rs.

Hotel Madhuvanti (☎ 2620087; 1. OG, Sabri Shopping Centre, Kahra Chowk; EZ/DZ 135/235 Rs; ❄) Dieses geräumige Hotel mit Marmorböden hat große, saubere, unauffällige Doppelzimmer um einen Hof herum. Im selben Stockwerk gibt's auch eine Billardhalle.

Das **Hotel Ashiyana** (☎ 2624299; Jayshree Rd, Kahra Chowk; EZ/DZ ab 150/300 Rs) ist im gleichen Gebäude wie das Madhuvanti, nur einen Stock höher. Hier wohnt man in ordentlichen Zimmern.

Retiring Rooms (Bahnhof; B/EZ/DZ Rs 30/60/100) Prima, wenn man den Morgenzug erwischen will.

Essen

Junagadh ist berühmt für seine Früchte, vor allem für *kesar* (Mangos) und *chiku* (Sapodilla-Pflaumen). Letztere verwendet man hier zwischen November und Dezember gerne für Milchshakes.

Garden Restaurant (Gerichte 26–60 Rs; ⌚ Do–Di 18.30–22.30 Uhr) Mal was anderes: Dieses Restaurant befindet sich in einem lieblichen

Garten in der Nähe der Jyoti-Kinderkrippe unterhalb des Girnar Hill. Die Tische stehen weit auseinander, und man serviert ordentliche punjabische, südindische und jainistische Küche. Bei indischen Familien ist es sehr beliebt – dafür lohnt sich die kurze Rikschafahrt.

Santoor Restaurant (MG Rd; Gerichte 21–55 Rs) Im beliebten Santoor werden Hungrige schnell bedient, es gibt gute, frische, vegetarische punjabische und südindische Küche und köstliche Mangoshakes. Man tafelt in Sitznischen aus den 1970er-Jahren bei sehr, sehr schwacher Beleuchtung durch Mini-Kandelaber.

Swati Restaurant (Jayshree Rd; Gerichte 17–70 Rs; 🕒 11–15 & 17.30–22.30 Uhr) Einladend und dem Santoor sehr ähnlich. Das Lokal bietet schmackhaftes Essen (die indischen Gerichte sind besser als die chinesischen) und – dafür haben gujaratische Restaurants wohl ein Faible – braune Sitznischen und schwache Beleuchtung.

Geeta Lodge (Thali 45 Rs; 🕒 10–15.30 & 18–23 Uhr) Nahe des Bahnhofs. Es gibt „All you can eat"-Thalis (Süßes kostet aber extra) und eine ganze Legion von Kellnern.

Poonam (Thali 35 Rs) In einer schmalen Seitenstraße neben der Dhal Rd. liegt dieses vegetarische Restaurant. Es befindet sich über einem STD-Telefon-Laden (das Hinweisschild ist in Gujarati).

Eine richtige Oase ist das **Jay Ambe Juice Centre** (Snacks & Getränke 15–40 Rs; 🕒 7–1 Uhr). Großartig für einen frischen Saft, einen Milchshake oder ein Eis.

An- & Weiterreise

BUS

Regelmäßig fahren Busse nach Rajkot (45 Rs, 2 Std.), Sasan (17 Rs, 2 Std.), Porbandar (49 Rs, 3 Std.), Veraval (42 Rs, 3 Std.), Jamnagar (60 Rs, 4 Std.) und Ahmedabad (105 Rs, 8 Std.). Auch nach Una (60 Rs, 5 Std.), zum Anschluss nach Diu, gibt's Busse.

Verschiedene private Busgesellschaften haben ihre Büros in der Dhal Rd., nahe den Gleisen. Mit **Mahasagar Travels** (☎ 2629199) kommt man nach Mumbai (ohne/mit Klimaanlage 350/700 Rs), Vadodara (ohne/mit Klimaanlage/Sleeper Class 180/200/220 Rs,), Ahmedabad (ohne/mit Klimaanlage/Sleeper Class 140/150/190 Rs, 8 Std.) und Udaipur (275 Rs, Sleeper Class 330 Rs, 15 Std.).

ZUG

Ein **Reservierungsbüro** (☎ 131; 🕒 Mo–Sa 8–13 & 15–20, So 8–14 Uhr) gibt's im Bahnhof.

Züge fahren nach Rajkot (2. Klasse/2AC 36/129 Rs, 2¼ Std., 103 km) und Veraval (2. Klasse/2AC 32/322 Rs, 1¾ Std., 83 km). Der 1465/3 *Veraval–Jabalpur Exp* startet um 11.50 Uhr und kommt um 16.40 Uhr in Ahmedabad an (2. Klasse/2AC 93/666 Rs, 373 km). Normalerweise halten Züge an diesem Bahnhof nur einige wenige Minuten.

GONDAL

Gondal ist eine interessante, kleine, grüne Stadt 38 km südlich von Rajkot. Einst war sie die Hauptstadt eines 1000 km^2 großen Fürstentums und Sitz der Jadeja-Rajputen. Dann wurde sie von den Moguln besetzt, in den 1650er-Jahren aber zurückerobert. Maharadscha Bhagwat Singhji, der hier im 19. Jh. herrschte, war ein fortschrittlicher Sozialreformer, der u. a. die Schulpflicht für Jungen und Mädchen einführte.

Sehenswertes & Aktivitäten

In dem schönen Palast am Fluss mit den auffälligen Wasserspeiern ist das **Naulakha Museum** (Eintritt 100 Rs) untergebracht. Das Gebäude ist ein Mix verschiedener Stile. Im Museum kann man sich Artefakte der Herrscherfamilie anschauen, z. B. die Waagschalen, die 1934 benutzt wurden, um den Maharadscha zu wiegen (sein Gewicht in Silber wurde an die Armen verteilt) und nette Spielsachen.

Der herrschaftliche Fuhrpark ist im **Automuseum** (Orchard Palace; Eintritt 100 Rs; 🕒 8.30–11.30 & 14.30–17.30 Uhr) ausgestellt: Es gibt hier etwa 50 imponierende Autos zu sehen, darunter eines von 1907, so alt, dass dessen Marke mit „New Engine Company Acton" angegeben ist.

Die **Shri Bhuvaneshwari Aushadhashram Ayurvedic Pharmacy** (☎ 222445; www.bhuraneshwaripith.com; Ghanshyam Bhuvan Mahader Wadi) wurde 1910 vom Leibarzt des Herrschers gegründet. Die Apotheke stellt selbst Arzneimittel her. Man kann den gesamten seltsamen Herstellungsprozess bestaunen und die Produkte kaufen (Mittel gegen Haarausfall, Schwindel, Schlaflosigkeit usw.). Der Gründerarzt prägte übrigens für Gandhi den Titel „Mahatma" (große Seele).

Der **Swaninarayan-Tempel** (🕒 7.30–13 & 15.30–20.30 Uhr) gehört der wohlhabenden Swaninarayan-Sekte. Das weiße, aus dem 19. Jh. stammende Gebäude wurde auf einem vom Maharadscha gestifteten Grundstück gebaut, zu dem eine Farm gehört.

Ungefähr 3 km von der Straße nach Rajkot entfernt liegt der **Veri Lake**, ein großes Wasserbecken, wo sich gut Vögel beobachten lassen. Hin- und Rückfahrt mit der Rikscha kosten 40 bis 50 Rs.

Das **Udhyog Bharti Khadi Gramodyog** (Udhyog Bharti Chowk; ⌚ 8–13 & 15–20 Uhr) ist eine große *khadi*-Werkstatt, in deren Obergeschoss ungefähr 800 Frauen gekonnt und mit flinken Händen Baumwolle spinnen, während unten bestickte Salwar-Trachten und Saris zu anständigen Fixpreisen den Besitzer wechseln.

Schlafen & Essen

Alle diese Hotels haben Zimmer mit eigenem Bad.

Orchard Palace (☎ 221950; Palace Rd; Zi. mit Vollpension 2200 Rs, ohne Mahlzeiten 1200 Rs, mit Klimaanlage 1400 Rs; ❄) Dieser kleine Palast war einst das Gästehaus des Maharadscha. Hier gibt's sechs gepflegte Zimmer unterschiedlicher Größe mit hoher Decke und Originalmöbeln aus den 1930er- und 1940er-Jahren. Ein charmanter, friedlicher Aufenthaltsort. Hotelgäste dürfen alle Attraktionen Gondals umsonst besuchen.

Ein paar Straßen vom Orchard Palace entfernt liegt das **Bhuveneshari Guest House** (☎ 222481; Zi. 200 Rs, mit Klimaanlage 400 Rs; ❄), eine Pilgerherberge mit ganz ordentlichen Zimmern mit Balkonen (die klimatisierten sind sauberer). Das Gebäude ist Teil des Bhuveneshari-Komplexes.

Im **Dreamland** (2. Stock, Kailash Complex; Gerichte 20–68 Rs, Thali 45 Rs; ⌚ 11–15 & 19–23 Uhr) nahe dem Busbahnhof kommen Gondals beste Thalis und leckere punjabische Gerichte auf den Tisch. Das Dreamland ist hell, sauber und gut besucht.

An- & Weiterreise

Es gibt Busse von und nach Rajkot (20 Rs, 1 Std., alle 30 Min.), Junagadh (25 Rs, 2 Std., stündl.), Bhavnagar (80 Rs, 3½ Std., alle 2 Std.) und Porbandar (80 Rs, 3 Std., alle 2 Std.).

Die Züge von Rajkot (9 Rs, 1 Std., 3-mal tgl.) nach Junagadh (16 Rs, 1½ Std.) halten in Gondal, bevor sie dann nach Veraval weiterfahren.

PORBANDAR

☎ 0286 / 133 083 Ew.

An der Südostküste zwischen Veraval und Dwarka liegt die freundliche, kleine, aber geschäftige Stadt Porbandar. Traveller kommen selten her, weil es nicht allzu viel zu sehen gibt. Die Stadt hat einen Strand. Mahatma Gandhi wurde in Porbandar geboren, und man kann sein ehemaliges Haus und nebenan einen Schrein besuchen.

Früher hieß die Stadt nach Sudama, einem Landsmann Krishnas, Sudamapuri. Auch hier florierte einst der Handel mit Afrika und der Golfregion. Die Verbindung zu Afrika zeigt sich heute noch durch die Zahl der Afrika-Inder, die Siddis genannt werden und eine eigene Kaste, die der Dalits, bilden.

In Porbandar gibt's kein Fremdenverkehrsamt, Infos besorgt man sich daher am besten unter www.porbandaronline.com.

Thankys Tours & Travels (☎ 2244344; Jeevan Jyot, MG Rd; ⌚ Mo–Sa 9–20, So 10–13.30 Uhr) wechselt Reiseschecks und Bargeld.

Seine Mails checken kann man im **Skyline Cyber Café** (25 Indraprasth Complex, ST Cross Rd; 25 Rs/Std.; ⌚ 9.30–12.30 Uhr).

Sehenswertes

KIRTI MANDIR

Dieses **Denkmal** (Eintritt frei; ⌚ 7.30–19 Uhr) für Gandhi wurde 1950 erbaut. Da Gandhi 79 Jahre alt war, als er ermordet wurde, ist es 79 Fuß hoch und trägt 79 Kerzenhalter. Symbole aller Weltreligionen wurden in das Denkmal eingearbeitet. Es gibt außerdem einen kleinen Buchladen und eine Fotoausstellung (die erreicht man über die Treppe am Eingang). Direkt daneben steht Gandhis **Geburtshaus,** ein dreistöckiges, 220 Jahre altes Gebäude, wo er am 2. Oktober 1869 das Licht der Welt erblickte (die genaue Stelle ist auf dem Fußboden mit einer Swastika markiert). Bis zum Alter von sechs Jahren lebte er hier. Das Haus ist ein faszinierendes Labyrinth aus 22 Zimmern.

Schlafen

BUDGETUNTERKÜNFTE

Das **Hotel Moon Palace** (☎ 2241172; moonpalace@porbandaronline.com; MG Rd; EZ/DZ ab 150/200 Rs, Deluxe-Suites 600/700 Rs; Thali 35 Rs) ist ein sauberes, gemütliches, freundliches und gut geführtes Haus mit ein paar hübschen Zimmern. Ein wirklich günstiges Angebot ist das Einzelzimmer. Die teureren Zimmer sind größer,

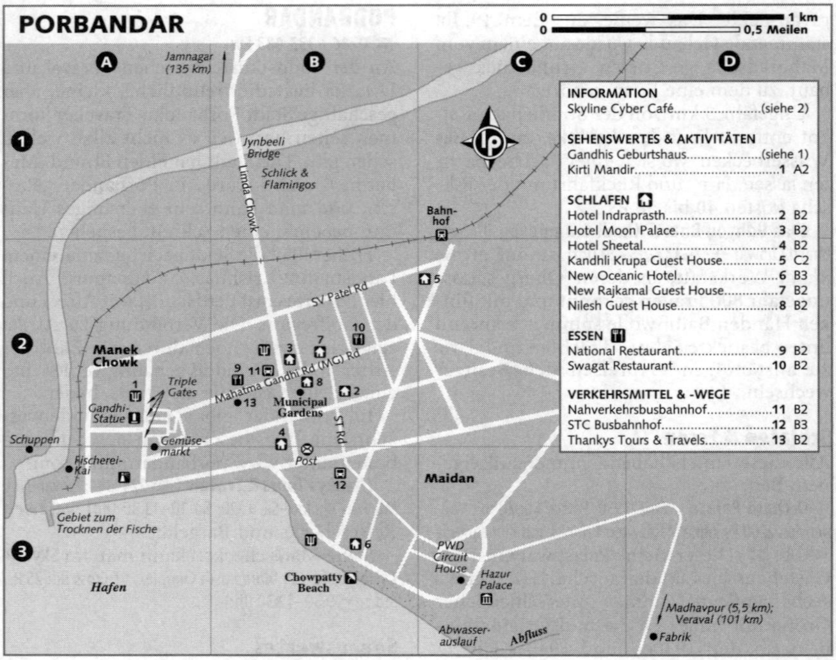

schöner und heller. Im Haus ist auch ein beliebtes Restaurant untergebracht.

Nilesh Guest House (☎ 2250247; MG Rd; Zi. 150 Rs) Eine freundliche Herberge und eines der besseren Billighotels mit passablen Doppelzimmern.

Das **Kandhli Krupa Guest House** (☎ 2246655; SV Patel Rd; EZ/DZ 100/200 Rs; ❄) liegt nahe des Bahnhofs. Seine Zimmer haben Balkone, sind annehmbar groß und ausreichend sauber. Einige sind aber besser als die anderen.

New Rajkamal Guest House (☎ 2242674; MG Rd; EZ 50–70 Rs, DZ 90 Rs) Das ist wirklich billig – und zwar in jeder Hinsicht! Das Haus ist nur was für völlig Abgebrannte; man mag sich gar nicht ausmalen, wie wohl das Old Rajkamal ausgesehen hat.

MITTELKLASSEHOTELS

Hotel Sheetal (☎ 2247596; EZ/DZ ab 200/350 Rs, mit Klimaanlage 700/800 Rs, Rajwari-Suites DZ 1500 Rs; ❄) Ein sehr um Freundlichkeit bemühter Familienbetrieb gegenüber der Hauptpost mit einer großen Auswahl hübscher Zimmer. Man kann in sehr kleinen oder angenehm großen landen – oder sich in der Rajwari-Suite mit den zwei herzförmigen Betten und der Luxusdusche einmieten. Frühstück ist im Preis inbegriffen.

Hotel Indraprasth (☎ 2242681; ST Cross Rd; EZ 350–1000, DZ 450–1600 Rs; ❄) Entlang eines unansehnlichen Häuserblocks kommt man zu diesem netten, ungewöhnlich dekorierten Hotel: Auf die Wände im Gang sind tanzende Mädchen gemalt, und in den Zimmern hängen Rokokogemälde.

Die Zimmer im **New Oceanic Hotel** (☎ 2242917; Sea Face Chowpatti; EZ 200–525 Rs, DZ 300–600 Rs), das durch seine großartige Lage am Strand punktet, sind besser als der erste Blick auf das heruntergekommene Äußere vermuten lässt – die teureren sind sauber und geräumig. Die besten haben auch noch Meerblick.

Essen

Swagat Restaurant (MG Rd; Gerichte 16–75 Rs; ⌚ 8.30–15 & 18–22 Uhr; ❄) Dieses Restaurant, Porbandars feinstes, liegt im ersten Stock und ist ein ruhiger Zufluchtsort vor dem Lärm der Straße. Man sitzt auf kühlen Chromstühlen in braunen Sitznischen. Aufgetischt wird leckeres punjabisches und chinesisches Essen.

Das **National Restaurant** (MG Rd; 25–150 Rs; ⌚ 11.30–15 & 19–23 Uhr) ist einfach, hat aber Tradition. Sonntags ist es brechend voll. Zu essen gibt's vegetarische und nichtvegetarische punjabische und chinesische Gerichte.

An- & Weiterreise

FLUGZEUG

Jet Airways fliegt täglich nach Mumbai (5452 Rs). Gebucht wird bei **Thankys Tours & Travels** (☎ 2244344; Jeevan Jyot, MG Rd; ⌚ Mo–Sa 9–20, So 10–13.30 Uhr).

Die Autorikscha zum bzw. vom Flughafen kostet 25 Rs.

BUS

Über eine holprige Straße fahren regelmäßig Busse nach Dwarka (50 Rs, 4 Std.), Jamnagar (52 Rs, 4 Std.), Veraval (55 Rs, 3 Std.) und Junagadh (49 Rs, 3 Std.). Private Busunternehmen haben Büros in der MG Rd.

ZUG

Der 9216 *Saurasthra Express* fährt um 20 Uhr von Porbandar nach Mumbai (Sleeper Class/3AC 292/822 Rs, 23½ Std., 959 km). Er hält in Rajkot (2. Klasse/3AC 60/270 Rs, 4½ Std., 215 km) und Ahmedabad (Sleeper Class/3AC 176/493 Rs, 10 Std., 461 km).

DWARKA

☎ 02892 / 33 614 Ew.

Wer auf Rädern oder Schienen auf Dwarka zurollt, hat das Gefühl, sich dem Ende der Welt zu nähern: Diese Pilgerstadt liegt weit draußen an der äußersten Westspitze der Halbinsel Kathiawar. Weil Krishna hier seine Hauptstadt gehabt haben soll, nachdem er aus Mathura geflohen war, ist sie für Hindu eine der vier heiligsten Stätten Indiens. Das kleine Städtchen wimmelt vor Pilgern und Bauern. Die Männer tragen hier weiße Gewänder und rote Turbane, und Männlein wie Weiblein werden vom Gewicht goldklumpenartiger Juwelen fast erdrückt. An Festtagen ist die Stadt mit Pilgern voll gestopft. Bei archäologischen Grabungen hat man fünf ältere Städte direkt vor der Küste gefunden – sie sind im Meer versunken.

Sehenswertes & Aktivitäten

Der **Dwarkanath-Tempel** (⌚ 7–8, 9–12.30 & 17–21.30 Uhr) ist Krishna geweiht und hat einen prachtvollen, fünf Stockwerke hohen Turm, den 60 Säulen tragen. Nicht-Hindu müssen ihren Respekt vor der Religion bekunden, bevor sie eintreten dürfen.

Ebenfalls ein Hingucker sind die Reliefs des **Rukmini-Tempels** etwa 1 km weiter östlich und der angeblich über 2500 Jahre alte **Sabha Mandapa** mit seinen unzähligen Pfeilern. Wer dann immer noch nicht genug hat, kann sich auch den etwa 16 km entfernten **Nageshwar Mandir** mit seiner unterirdischen Kammer ansehen.

Von Dwarkas **Leuchtturm** (Eintritt 5 Rs; ⌚ 17–18.30 Uhr) kann man einen wunderbaren Rundblick genießen.

Rund 30 km nördlich von Dwarka verbindet eine Fähre (5 Rs; 25 Min.; Sonnenaufgang–Sonnenuntergang) Okha mit der 3 km entfernten Insel **Bet**, wo Vishnu einen Dämonen erschlagen haben soll. Auf der Insel gibt's moderne Krishna-Tempel und an der Nordküste einen verlassenen Strand. Ein STC-Bus fährt alle 30 Minuten von Dwarka nach Okha (15 Rs).

Die Sehenswürdigkeiten rund um Dwarka kann man auch auf einer fünfstündigen, geführten **Tour** (40 Rs ohne Fähre; ⌚ 8 & 14 Uhr) besuchen, auf deren Programm der Nageshwar-Mandir, der Fluss Gopi Taleo, die Insel Bet und der Rukmini-Tempel stehen. Sie wird von der Firma Dwarka Darshan angeboten, die ihr Büro auf dem Gemüsemarkt hat. Man kann sich das alles für 400 bis 500 Rs auch vom Taxi aus ansehen.

Schlafen & Essen

Die meisten Hotels geben deutliche Rabatte, wenn man nicht gerade zu Festzeiten ein Quartier möchte.

Das **Hotel Rajdhani** (☎ 234070; Hospital Rd; DZ/3BZ 300/400 Rs, mit Klimaanlage 500/600 Rs; ⊠) ist ein gutes, ruhiges, zentral gelegenes Hotel mit Marmorböden und hübschen, sauberen Zimmern in allen Kategorien.

Toran Tourist Bungalow (☎ 234013; B 75 Rs, EZ/DZ 300/400 Rs, mit Klimaanlage 300/650 Rs, Thalis 25–50 Rs; ⊠) Ein friedliches, staatlich geführtes Haus mit großen, rund um einen Hof angeordneten Zimmern. Auf dem Gelände ist auch eine ganz nützliche Touristeninformation. Das Restaurant hat leckere Thalis.

Das **Meera Hotel** (☎ 234031; High Way Rd; EZ/DZ/3BZ 120/180/240 Rs, mit Klimaanlage 500/750/1000 Rs, Thalis 30 Rs; ⊠) liegt an der Hauptzufahrtsstraße und eher etwas außerhalb der Stadt, bietet aber eine große Auswahl an Zimmer: Die im obersten Stock sind billig und fröhlich, die Deluxe-Zimmer sind gemütlich. Es gibt hier auch ein beliebtes Lokal mit guten Thalis.

Im **Hotel Uttam** (☎ 234234; Jawahar Rd; DZ 150–250 Rs) wohnt man in sauberen, gefliesten Zimmern und außerdem sehr zentral.

Wer nicht gern an Imbissständen isst, der kann im **Sharanam Restaurant** (Hotel Guruperna; Gerichte 15–75 Rs; 🕑 8–15 & 18–23 Uhr) die punjabischen und südindischen Gerichte probieren.

An- & Weiterreise

Von Dwarka aus gibt's Züge nach Jamnagar (2. Klasse 25 Rs, 2½ Std., 139 km) und Mumbai (Sleeper Class/3AC/2AC 295/828/1324 Rs, 20 Std., 961 km) über Rajkot (2. Klasse 63 Rs, 4¼ Std., 223 km) und Ahmedabad (Sleeper Class/2AC 176/789 Rs, 10½ Std., 469 km). Der Bahnhof liegt 3 km außerhalb der Stadt und hat ein **Reservierungsbüro** (🕑 Mo–Sa 8–14 & 14.15–20, So 8–14 Uhr).

STC-Busse fahren nach Somnath (110 Rs, 6½ Std.), stündlich nach Jamnagar (60 Rs, 4 Std.), und alle zwei Stunden nach Junagadh (75 Rs, 6 Std.).

JAMNAGAR

☎ 0288 / 447 734 Ew.

Das geschäftige Jamnagar liegt abseits der üblichen touristischen Route und hat eine charmante Altstadt voller reich verzierter, verfallender Gebäude und farbenprächtiger Basare. Hier bekommt man auch die berühmten, leuchtend-bunten *bandhani,* die schon seit 5000 Jahren in einem aufwändigen Prozess aus Tausenden winziger Knoten hergestellt werden.

Am bekanntesten ist Jamnagar jedoch dafür, dass es der Sitz der einzigen ayurvedischen Universität Indiens ist, an der die Techniken dieser alten Medizin und Yoga gelehrt werden. Außerdem kennen viele den Tempel, der es ins *Guinness Buch der Rekorde* schaffte (s. gegenüber), weil in ihm seit 1964 ununterbrochen gesungen wird.

Vor der Unabhängigkeit beherrschten die Jadeja-Rajputen die Stadt, die rund um den Ranmal-See gebaut ist, in dessen Mitte ein kleiner Palast steht.

Orientierung & Praktische Informationen

Das Zentrum der Neustadt, wo auch die meisten Unterkünfte sind, ist Teen Batti Chowk. Die Altstadt, Chandi Bazaar genannt, liegt im Südosten. Ihr Zentrum ist der Darbar Gadh, ein halbrunder Versammlungsplatz, auf dem die Maharadschas von Nawanagar einst öffentliche Audienzen abhielten. Busbahnhof und Bahnhof liegen weit im Westen bzw. Nordwesten.

Im **Forest Office** (☎ 2552077; 🕑 Mo–Fr 10.15–18.15, am 2. & 4. Sa des Monats geschl.) erhält man Informationen über Ausflüge zum Golf von Kutch, wo es einen Meerespark gibt, und zum nahe gelegenen Khijadiya Bird Sancutary. Allerdings spricht im Forest Office kaum jemand Englisch. Wer einen dieser Parks besuchen will und Hilfe braucht, kann sich deshalb auch an das Hotel President (S. 764) wenden.

Precious Money Exchange (☎ 2679701; Teen Batti Chowk) tauscht Geld. US$, britische Pfund und Euro wechselt auch das Hotel President, aber nur Bargeld. Es gibt eine Menge Geldautomaten.

Im Netz surfen kann man bei **Iway** (25 Rs/Std.; 🕑 8–23 Uhr).

Sehenswertes & Aktivitäten

LAKHOTA-PALAST & RANMAL-SEE

Der Miniaturpalast im Ranmal-See stammt aus der Mitte des 19. Jhs. und gehörte einst dem Maharadscha von Nawanagar. Heute ist er ein **Museum** (Inder/Ausländer 2/50 Rs; 🕑 Do–Di 10.30–17.30 Uhr, am 2. & 4. Sa des Monats geschl.). Das prächtige Gebäude hat einige schöne Holzschnitzereien und groteske Wasserspeier, und drinnen kann man Skulpturen und Inschriften aus der Umgebung besichtigen. Der See selbst ist malerisch und gut, um mal Luft zu schnappen.

BALA-HANUMAN-TEMPEL

In dem **Tempel** an der Südostseite des Ranmal-Sees wird seit dem 1. August 1964 ununterbrochen rund um die Uhr das Gebet *Shri Ram, Jai Ram, Jai Jai Ram* gesungen. Dies hat dem Tempel einen Eintrag in eines der beliebtesten Bücher Indiens, dem *Guinness Buch der Rekorde,* eingebracht. Der frühe Abend ist eine gute Zeit für einen Besuch, da es hier dann, wie am ganzen Seeufer, lebhafter zugeht.

JAINISTISCHER TEMPEL & ALTSTADT

Mitten im Chandi Bazaar stehen vier schöne jainistische Tempel. Die größeren beiden, der **Shantinath Mandir** und der **Adinath Mandir**,

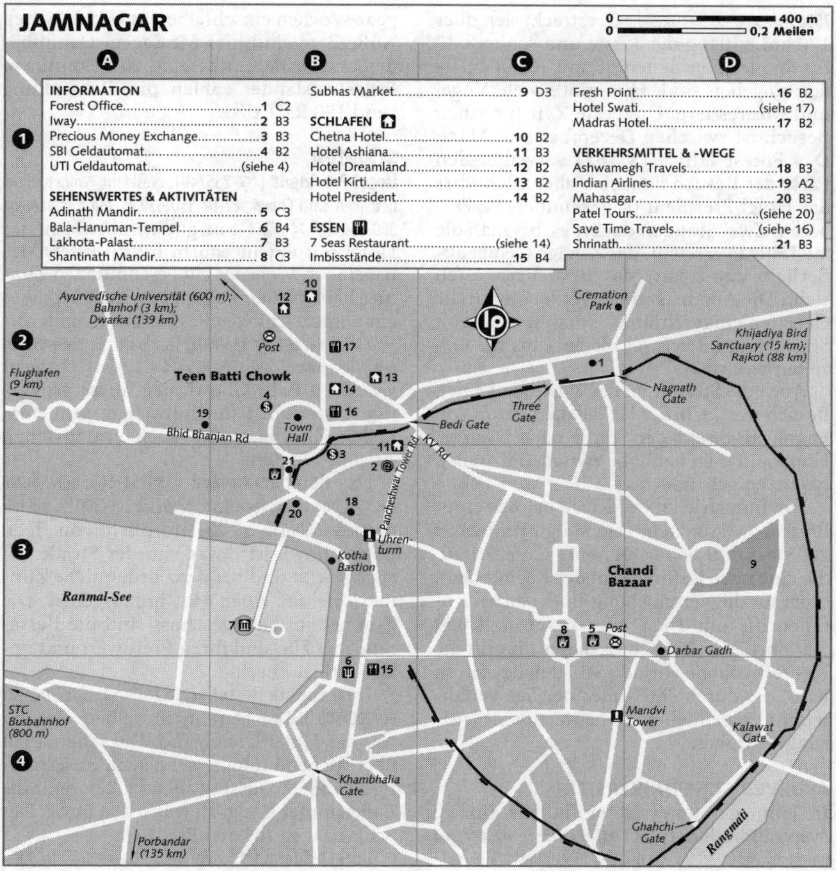

dem 16. und dem 1. *tirthankar* geweiht, stehen gegenüber der Post nahe des Darbar Gadh. Sie explodieren förmlich vor feinen Wandmalereien, verspiegelten Kuppeln und prächtigen Kandelabern. Der Shantinath Mandir mit seinen bunten Säulen und der am Rand vergoldeten, aus konzentrischen Kreisen bestehenden Kuppel ist besonders schön. Es gibt keine festen Öffnungszeiten, aber meist findet man jemanden, der einen reinlässt.

Um die Tempel breitet sich die Altstadt mit ihren wunderschönen Gebäuden aus Holz und Stein aus, die abblätternde, pastellfarbene Fensterläden und morsche Holzbalkone haben. Der **Subhas Market** – der Gemüsemarkt – hat viel lokales Flair.

KHIJADIYA BIRD SANCTUARY

Das kleine **Vogelschutzgebiet** (Inder/Ausländer 10/250 Rs; Sonnenaufgang–Sonnenuntergang) ist deshalb einzigartig, weil es sowohl Salz- als auch Süßwassermarschen umfasst. Zwischen September und März sind hier sehr viele Kraniche zu sehen. Am besten kommt man gegen Sonnenaufgang her. Genehmigungen dafür gibt's im Forest Office (s. gegenüber). Eine Taxifahrt hin und zurück kostet rund 300 Rs, man kann aber auch einen Bus (5 Rs) ins nahe gelegene Khijadiya nehmen und die letzten 3 km laufen.

MARINE NATIONAL PARK

Dieser **Nationalpark** (Inder/Ausländer 250 Rs/30 US$, Narara-Fahrzeug-Erlaubnis 35/200 Rs, Foto 50/250 Rs, Video

2500 Rs/200 US$; ⌚ Okt.–Juni) erstreckt sich über 170 km entlang der Küste und schließt 42 Inseln ein, von denen 33 mit Korallenriffen umgeben sind. Hier gibt's viele Vögel und Meerestiere. Die beste Zeit für einen Besuch ist zwischen Dezember und März. Das Forest Office (S. 762) verwaltet den Park, der Besuch lässt sich aber auch über das Hotel President (s. gegenüber) vereinbaren. Zwei Stunden dauert es, bis man die **Insel Pirotan** erreicht, das einzige Gebiet außerhalb der Küste, das Besuchern offen steht. Die Abfahrtszeiten werden durch die Gezeiten eingeschränkt – man muss zwölf Stunden auf der Insel bleiben, bis die Gezeiten wechseln.

Auch die Strände an der Küste sind einen Besuch wert, z. B. der bei **Narara**, 110 km von Jamnagar abseits der Straße nach Dwarka. Hier kann man bei Ebbe zwischen Korallen spazieren gehen.

Die Industrie an der Küste hat das empfindliche Ökosystem geschädigt. Im Januar 2005 bezahlte Essar Oil, eine Gesellschaft, die eine neue Raffinerie in der Region baut, sogar für die Verschiebung eines ganzen Korallenriffs um 1 km vom ursprünglichen Standort. Man hofft, dass dieser Eingriff die Meeresökologie vor den Schäden bewahren wird, die durch eine unter der See verlaufende Ölpipeline und zunehmende Ablagerungen drohen.

AYURVEDISCHE UNIVERSITÄT

In Jamnagar unterrichtet Indiens einzige **Ayurvedische Universität** (☎ 277 0103; www.ayurveduniversity.com; ⌚ Mo–Sa 6–12 & 15–19 Uhr). Sie bietet viele Kurse über ayurvedische Medizin an, so z. B. einen ganztägigen, zwölfwöchigen Einführungskurs (Einschreibung 200 Rs, Studiengebühr 15 000 Rs), der grundlegendes theoretisches Wissen über ayurvedische Medizin und die Herstellung von Arzneien vermittelt. Aber es gibt auch Diplom- und Graduiertenstudiengänge. Diese Kurse richten sich an Ausländer mit abgeschlossener medizinischer Ausbildung; mehr Informationen dazu ist über die Website zu bekomen. Zudem lässt sich hier auch Hatha-Yoga studieren – entweder mit dem Ziel, zertifizierter Yogalehrer zu werden (625 US$; 6 Std./Tag, 1½ Monate) oder einfach praktisches Training im Yoga zu bekommen (100 US$; 1 Std./Tag, 3 Monate). Wer will, kann sich aber auch nur für ein paar Wochen einschreiben (8 US$/Woche). Außerdem sind hier Massagen, Dampfbäder und Schlammtherapie zu bekommen; Inder/Ausländer zahlen pro Behandlung rund 150 Rs/7 US$.

Schlafen

Hotel President (☎ 2557491; president@wilnetonline.net; Teen Batti Chowk; EZ/DZ 550/650 Rs, mit Klimaanlage 800/950 Rs; ❄ 💻) Ein gut geführtes, nettes Hotel mit einem enorm hilfsbereiten Management. Viele der gut geschnittenen Zimmer haben einen Balkon. Außerdem gibt es ein ausgezeichnetes Restaurant (s. unten).

Hotel Kirti (☎ 2558602; Teen Batti; Zi. 250–450 Rs, mit Klimaanlage 500–700 Rs; ❄) Etwas entfernt von Teen Batti Chowk liegt diese großartige Unterkunft mit hübschen, sauberen, hellen Zimmern, die auch ein bisschen Ausblick bieten.

Das **Hotel Dreamland** (☎ 2542569; hoteldreamland@yahoo.co.uk; Teen Batti; EZ/DZ ab 200/300 Rs, mit Klimaanlage 500/650 Rs; ❄) nördlich von Teen Batti Chowk ist etwas von der Straße zurückgesetzt und hat ganz ordentliche Zimmer, die auf einen Hof hinausgehen. Die Zimmer im Obergeschoss sind die Besseren, aber alle sind ihren Preis wert und unabsichtlich kitschig.

Das **Chetna Hotel** (☎ 2678951; B/EZ/DZ/3BZ 60/200/300/360 Rs) liegt in derselben Gegend wie das Hotel Dreamland. Das Chetna hat überraschend ruhige, wenn auch etwas muffige Zimmer. Die sind auch sauber – nur die Badezimmer lassen zu wünschen übrig. Der Schlafsaal ist für den Preis o.k.

Hotel Ashiana (☎ 2559110; EZ 200–400 Rs, DZ 300–450 Rs, EZ/DZ mit Klimaanlage ab 500/600 Rs; ❄) Ein großes, weitläufiges Hotel im obersten Stockwerk. Es gibt Zimmer von einfach und einigermaßen sauber bis groß und komfortabel. Die Einrichtung stammt bei allen aus den 1970er-Jahren.

Essen

Ein billiger Snack am Abend? Dafür gibt's Imbissstände gleich beim Bala-Hanuman-Tempel ums Eck.

Das **7 Seas Restaurant** (Hotel President, Teen Batti Chowk; Gerichte 40 Rs) hat schmackhafte Gerichte in großer Auswahl. Das Gemüse-Biryani ist lecker und das Tandoori-*bhindi* (Gemüse) ein Triumph.

Hotel Swati (1. Stock, Teen Batti Chowk; Gerichte 17–80 Rs; ⌚ 10–15 & 17–23 Uhr) Hier gibt's ein vege-

RICHARD I'ANSON

Eine Lepcha-Familie, Dzongri (S. 598), Sikkim

Pemayangtse-Gompa (S. 594), Pelling, Sikkim

STAEVEN VALLAK

RICHARD I'ANSON

Rhododendronblüten nahe Dzongri (S. 598), Sikkim

Eine Lepcha-Frau mit einer Gebetsfahne in Dablakang (S. 598) oberhalb von Dzongri, Sikkim

RICHARD I'ANSON

HIRA PUN

Sonnentempel (S. 642), Konark, Orissa

DENNIS JONES

Einhorn-Rhinozerus,
Kaziranga National Park (S. 610),
Assam

Der Strand von Puri (S. 638), Orissa

JOHN M

ANDREW LUBRAN

Zehntausend Jahre alte Höhlenmalerei, Bhimbetka (S. 684), Madhya Pradesh

PAUL BEINSSEN

Tänzer, Madhya Pradesh (S. 654)

ANDERS BLOMQVIST

Tanzfest (S. 657), Chitragupta-Tempel, Khajuraho, Madhya Pradesh

Tigerspotting auf Elefantensafari, Bandhavgarh National Park (S. 713), Madhya Pradesh

MARK NEWMAN

DENNIS JONES

Ein Exemplar der bedrohten Khur (asiatischer Wildesel), Little Rann Sanctuary (S. 773), Gujarat

Stickerei mit kleinen Spiegelchen, Bhujodi (S. 772), Kutch, Gujarat

PRAMOD MISTRY

Tempeldetail, Palitana (S. 743), Gujarat

PRAMOD MIST

tarisches Restaurant, stimmungsvoll mit herabhängenden Kandelabern. Man kann zwischen vielen verschiedenen südindischen und punjabischen Gerichten wählen.

Madras Hotel (Gerichte 18–60 Rs; ⌚ Mi–Mo 8–23 Uhr) Dieses Restaurant nahe dem Hotel Swati ist einfach und beliebt; es ist spezialisiert auf vegetarische südindische und punjabische Küche und eine Pizza.

Im **Fresh Point** (Town Hall Rd.; Gerichte 28–60 Rs; ⌚ 10.30–15 & 18–23 Uhr) gibt's gutes Essen in einfacher, zwangloser Umgebung mit roter, sauberer Einrichtung.

An- & Weiterreise

FLUGZEUG

Indian Airlines (☎ 2550211; Bhid Bhanjan Rd; ⌚ 10–17 Uhr) bietet täglich Flüge nach Mumbai (7148 Rs). Gebucht werden kann bei **Save Time Travels** (☎ 2553137; Town Hall Rd; ⌚ 9.30–20.30 Uhr) möglich.

BUS

Stündlich fahren STC-Busse nach Rajkot (33 Rs, 2 Std.) und alle halbe Stunde nach Junagadh (57 Rs, 4 Std.); weitere Busse fahren nach Dwarka (65 Rs, 4 Std.), Porbandar (52 Rs, 4 Std.) und Ahmedabad (7 Std.).

Außerdem gibt es verschiedene Privatunternehmen, viele von ihnen haben ihre Büros westlich vom Uhrenturm. **Ashwamegh Travels** (☎ 26920405) fährt sechsmal täglich über Rajkot (2 Std.) nach Ahmedabad (ohne/mit Klimaanlage 150/170 Rs, 6½ Std.). **Patel Travels** (☎ 2552419; Pancheswar Tower Rd) hat Busse nach Bhuj (130 Rs, 3-mal tgl.), Mandvi (150 Rs), Rajkot (70 Rs) und Ahmedabad (190 Rs). Mit **Mahasagar** (☎ 2554747) kommt man nach Bhavnagar (140 Rs, 6-mal tgl).

Mit **Shrinath** (☎ 2553333; Town Hall Circle) erreicht man Ahmedabad (175 Rs, 8-mal tgl.) in sechs Stunden, Mt. Abu (220 Rs) in zwölf Stunden und Udaipur (300 Rs, Sleeper Class 350 Rs) in 14 Stunden.

ZUG

Zu den Zugverbindungen von und nach Ahmedabad gehört der 9006 *Saurasthra Mail* um 15.55 Uhr (2. Klasse 83 Rs, 6½ Std., 330 km), der seine Reise dann nach Mumbai fortsetzt (Sleeper Class/3AC/2AC 265/746/1193 Rs, 16½ Std., 822 km). Es gibt auch Züge ins 139 km entfernte Dwarka (44 Rs, 2. Klasse, 2¼ Std.) und nach Rajkot (32 Rs, 2 Std., 84 km).

Unterwegs vor Ort

Zum Flughafen, der 10 km westlich liegt, fährt kein Bus und Autorikschafahrer verlangen für diese Strecke mindestens 100 Rs. Eine Autorikschafahrt vom Busbahnhof zum Bedi Gate kostet 15 Rs. Die Strecke von Teen Batti Chowk zum Bahnhof (ungefähr 4 km nördlich des Stadtzentrums) kostet rund 30 Rs.

RAJKOT

☎ 0281 / 1,137 Mio. Ew.

Die lebendige, wohlhabende, sich schnell ausbreitende Stadt war einst die Hauptstadt des Fürstentums Saurashtra und Sitz der britischen Regierung über die westlichen Staaten. Es ist eine Business-Stadt, wenngleich diese Kommerzialität im Gegensatz zur Altstadt steht – ein Netz von Gassen, die von Läden gesäumt sind. Bauern verkaufen an den Straßenecken Ghee. Mahatma Gandhi lebte hier, sein Haus kann man besichtigen.

Das hoch angesehene Rajkumar College gibt es seit dem 19. Jh. Es gilt als eine der besten Privatschulen Indiens. Es wurde von den Briten für die Söhne des Adels eingerichtet – *rajkumar* bedeutet Prinz.

Praktische Informationen

Geld wechseln kann man bei der State Bank of India nördlich der Jubilee Gardens.

ICICI-Geldautomat (Jawahar Rd)

Interlink Cyber Café (30 Rs/Std.; ⌚ 10–24 Uhr) Abseits der Lakhajiraj Rd., gegenüber vom Bapuna Bawala.

Touristenbüro (☎ 2234507; Jawahar Rd; ⌚ Mo–Sa 10.30–13.30 & 14–18 Uhr, am 2. & 4. Sa des Monats geschl.) Hinter dem Gebäude der State Bank of Saurashtra, gegenüber vom Galaxy Hotel.

Wiznet (25 Rs/Std.) Gegenüber der Chaudhary High School.

Sehenswertes

WATSON MUSEUM & LIBRARY

Das **Watson Museum & Library** (Jubilee Gardens; Inder/Ausländer 2/50 Rs; ⌚ Mo-Sa 9–13 & 14–18 Uhr, am 2. & 4. Sa des Monats geschl.) erinnert an die Tätigkeit von Colonel John Watson, der von 1886 bis 1889 hier politischer Verwalter im Auftrag der Briten war.

Die Sammlung ähnelt dem bunten Durcheinander auf einem Dachboden: Über Inschriften aus dem 3. Jh. und feine Elfenbeinarbeiten wacht eine Marmorstatue der Königin Victoria, die offensichtlich „not amused" ist.

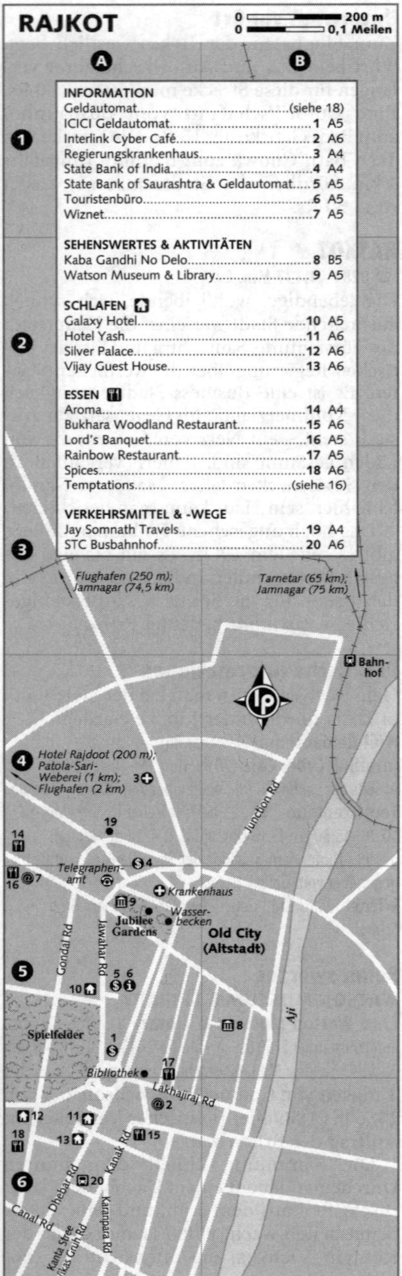

KABA GANDHI NO DELO

Das ist das **Haus** (Ghee Kanta Rd; Eintritt frei; ⌚ Mo–Sa 9–12 & 15–17.30 Uhr), in dem Gandhi seit seinem sechsten Lebensjahr wohnte. Hier gibt es viele interessante Informationen zu seinem Leben. Die Leidenschaft des Mahatma für den Handwebstuhl lebt in Form einer kleinen Webereischule weiter. Die engen Sträßchen der umliegenden Altstadt laden zu einem Spaziergang ein.

PATOLA-SARI-WEBEREI

In den letzten Jahren wurde Rajkot zu einem Zentrum der Patola-Sari-Weberei. Diese Kunst stammt aus Patan und ist ein quälend langer Prozess, bei dem jeder Faden einzeln gefärbt wird. In Patan färbt man allerdings sowohl die Kett- als auch die Schussfäden (Doppel-*ikat*), während man sich in Rajkot auf die Schussfäden beschränkt (Einfach-*ikat*), weshalb die Produkte billiger sind. Werkstätten stehen in Häusern im Gebiet der Sarvoday Society zur Besichtigung offen: z. B. **Mayur Patola Art** (☎ 2464519; ⌚ 10–13 & 15–18 Uhr) hinter der Virani High School.

Schlafen

BUDGETUNTERKÜNFTE

Hotel Yash (☎ 2223574; Dhebar Rd; EZ/DZ 250/400 Rs, mit Klimaanlage 500/700 Rs; ❄) Ein freundliches und sauberes Hotel an einer belebten Straße, das kleine, hübsche Zimmer hat – die nach hinten sind ruhiger, aber einige haben keine Fenster. Hier gibt's zwei kleine Einzelzimmer und eine Auswahl an anderen Räumen.

Vijay Guest House (☎ 2236550; EZ/DZ 70/150 Rs) Das Gästehaus nördlich des Busbahnhofs und abseits der Dhebar Rd. bietet sehr einfache, kleine Zimmer, die wie Zellen wirken, aber recht sauber sind. Man muss aber seine eigenen Laken mitbringen. Alleinreisende Frauen sollten hier nicht wohnen.

MITTEL- & SPITZENKLASSEHOTELS

Galaxy Hotel (☎ 222904; www.thegalaxyhotelrajkot.com; 3. OG, Galaxy Commercial Centre, Jawahar Rd; EZ/DZ 440/660 Rs, EZ mit Klimaanlage 675–990 Rs, DZ mit Klimaanlage 1010–1485 Rs; ❄) Dieses Hotel ist eine noble Wahl: Es hat geräumige, makellose Zimmer und hilfsbereites Personal. Es gibt einen Roomservice rund um die Uhr, das Essen kommt aus dem örtlichen Restaurant Spices. Abendessen lässt sich auf der schönen Dachterrasse.

In einem Gebiet mit vielen Restaurants und Läden gelegen bietet das **Hotel Rajdoot** (☎ 2468991; Dr Yagnik Rd; EZ/DZ 550/850 Rs, mit Klimaanlage 850/1050 Rs; ❄) ansprechende Zimmer, deren Dekor umso kitschiger ist (rote Teppiche, verspiegelte Kopfstützen), je teurer sie sind.

Silver Palace (☎ 2480008; www.silverpalace.com; EZ/DZ mit Klimaanlage ab 1200/1800 Rs; Gerichte 47–105 Rs; ❄ 💻) Eines der schicksten Hotels von Rajkot. Hier steigen auch Cricket- und sonstige Stars ab. Die Zimmer sind neutral eingerichtet und die Bäder hübsch. Das Restaurant, Flavours, ist ausgezeichnet und gut besucht.

Essen

Spices (2. OG, Gymkhana Bldg; Gerichte 45–100 Rs; 🕑 11–15.30 & 19–24 Uhr) Dieses Restaurant ist beliebt, lauschig und zwanglos und bietet Schmackhaftes, wenn auch Unauthentisches aus Küchen von Thailand bis Mexiko.

Bukhara Woodland Restaurant (Hotel Kavery, Kanak Rd; Gerichte 35–80 Rs; 🕑 11.30–15 & 19–23 Uhr) Das Bukhara ist nett (trotz einer Menge Resopal), kühl und ruhig mit gutem Service und leckerem Essen, einladenden Snacks und einer der größten *paneer*-Karten überhaupt.

Aroma (Gerichte rund 30 Rs; 🕑 9–24 Uhr) Ein caféartiger, flotter kleiner Laden, der von der Spices-Crew betreut wird und kleine Gerichte wie *puri* oder *chaat*, gefüllte *parathas*, südindische Küche und ziemlich gute Pizzas bietet. Nebenan findet sich ein Billardsaal.

Das beliebte **Rainbow Restaurant** (Lakhajiraj Rd; Gerichte 14–45 Rs; 🕑 11–15.30 & 19–23 Uhr; ❄) serviert im unteren, nach vorne offenen Raum gute, billige südindische Küche, im klimatisierten Komfortbereich, oben Gerichte aus dem Punjab und aus China. Die Eiscreme-Auswahl ist gigantisch.

Das **Lord's Banquet** (Kasturba Rd; Gerichte 49–125 Rs; 🕑 12.30–15.30 & 19.30–23.30 Uhr) gibt's schon lange. Es ist bekannt und beliebt für seine streng vegetarische punjabische, europäische und chinesische Küche. Zum Lord's Banquet gehört das **Temptations** (Gerichte 35–90 Rs; 🕑 11–0.30 Uhr), ein kleines Snackrestaurant paar Türen weiter. Hier bekommt man Mexikanisches, Pizzas, Sandwiches und *paratha* in hellem, sauberem Caféambiente.

An- & Weiterreise

FLUGZEUG

Indian Airlines (☎ 2222295) fliegt täglich nach Mumbai (95 US$).

BUS

Reguläre STC-Busse verbinden Rajkot mit Jamnagar (42 Rs, 2½ Std., alle 30 Min.), Junagadh (45 Rs, 2 Std.), Porbandar (70 Rs, 5 Std.), Veraval (70 Rs, 5 Std.), Ahmedabad (80 Rs, 3½ Std.) und Bhuj (90 Rs, 7 Std., alle 30 Min.) – die Straße nach Bhuj ist jetzt in sehr gutem Zustand.

Komfortablere Privatbusse fahren nach Ahmedabad, Bhavnagar, Una (für Diu), Mt. Abu, Udaipur und Mumbai. In der Kanak Rd. neben dem Busbahnhof befinden sich mehrere Büros. Im **Jay Somnath Travels** (☎ 2433315; Umesh Complex; 🕑 5.30–24 Uhr) lässt sich für 110 Rs eine Fahrt nach Bhuj (6 Std., 4-mal tgl.) buchen.

ZUG

Täglich gibt es mindestens vier Züge nach und von Ahmedabad (2. Klasse 68 Rs, 5 Std., 246 km). Mit der Bahn kommt man auch nach bzw. aus Jamnagar (32 Rs, 2 Std., 84 km) und Porbandar (62 Rs, 5 Std., 216 km). Der 9006 *Saurashtra Mail* fährt um 17.50 Uhr ab und erreicht um 8.10 Uhr das 738 km entfernte Mumbai (Sleeper Class/3AC/2AC 246/692/1095 Rs). Außerdem gibt es noch den 9119 nach Veraval (2. Klasse 55 Rs, 4 Std., 186 km).

Unterwegs vor Ort

Eine Autorikscha vom Stadtzentrum zum Flughafen sollte etwa 60 Rs kosten, zum Bahnhof 20 Rs.

KUTCH (KACHCHH)

Kutch, Indiens westlichste Region, wird jedes Jahr zeitweilig eine Insel. Das schildkrötenförmige Land (*kachbo* ist das Gujarati-Wort für Schildkröte) ist flach und trocken – fast eine Wüste. In den Dörfern, die verstreut in dieser unwirtlichen Landschaft liegen, produzieren die Einheimischen einige der schönsten folkloristischen Textilien Indiens, die reichlich mit feinsten Stickereien und Spiegelchen verziert sind.

Eingerahmt wird das Land durch den Golf von Kutch und den Großen und Kleinen Rann. In der Trockenzeit sind die Ranns große Flächen aus hartem, getrocknetem Schlamm. Mit Beginn des Monsuns werden sie erst von Meer- und dann von Süßwasser aus den Flüssen überflutet. Wegen des Salzes

DAS KREATIVE KUTCH

Das Kunsthandwerk aus Kutch ist wunderschön, aufwändig und von einer Vielfalt, die die unterschiedlichen Traditionen der Völkergruppen widerspiegelt. Zahlreiche lokale Vereine investieren in soziale Projekte und erhalten das künstlerische Erbe der Region, indem sie dafür sorgen, dass solche Arbeit nicht ausschließlich vom Markt abhängig ist.

Kutch Mahila Vikas Sangathan (☎ 256281; 11 Noolan Colony, Bhuj) ist eine Organisation von 8000 Landfrauen (davon 2000 Kunsthandwerkerinnen), die ihren Mitgliedern eine Dividende von den Erlösen bezahlt und Geld in soziale Projekte investiert. Die Stickereien und Applikationen sind hervorragend und zeigen die unterschiedlichen Stile von acht verschiedenen Volksgruppen. Wer die Organisation besuchen will, sollte dies in der Zentrale in Bhuj, im Geschäft „Qasab" im Prince Hotel in Bhuj, oder in Khavda, einem Dorf nördlich von Bhuj, tun.

Auch der **Kala Raksha Trust** (☎ 253697; www.kala-raksha.org; 🕒 10–14 & 15–18 Uhr) mit Sitz in Sumrasar Sheikh, 25 km nördlich von Bhuj, bemüht sich, das Kunsthandwerk in Kutch zu erhalten und zu fördern. Er ist auf Stickereien aus Suf, Rabari und Garasia Jat spezialisiert. Der Trust hat ein kleines Museum, arbeitet mit fast 600 Kunsthandwerkern aus sieben verschiedenen Volksgruppen und organisiert Besuche in den Dörfern, wo man die Handwerker kennenlernen und sie bei der Arbeit beobachten kann. Es gibt hier einige schöne Dinge zu kaufen; 30 % des Erlöses gehen an die Kunsthandwerker, die auch bei der Festsetzung der Preise für die Waren mitreden dürfen.

Shrujan (☎ 240272; Hasta Shilp Kendra; 🕒 9–17.30 Uhr) in Bhujodi, 12 km von Bhuj entfernt, arbeitet mit 80 Dörfern zusammen und unterstützt damit fast 3000 Frauen und Kunsthandwerker. Der todschicke Shop hat einige schöne, teure Stücke von ausgezeichneter Qualität.

In Bhuj gibt es rund um den Shroff Bazaar viele Textilhändler, bei denen es zahlreiche wunderschöne Arbeiten gibt – allerdings muss man hier feilschen können. Ein guter Laden ist auch die **Señorita Boutique** (☎ 226773; Main Bazaar; 🕒 8.30–21 Uhr), die Handgefärbtes sowie islamische, Harijan- und Jatt-Stickereien verkauft.

Wer sich für alte Stickereien interessiert, sollte sich mit **Mr. A. A. Wazir** (☎ 224187) in Verbindung setzen. Er hat eine erstaunliche Sammlung von mehr als 3000 Stücken. Die Preise liegen zwischen 200 und 20 000 Rs.

Weitere empfehlenswerte Shops:

Kutch Rabari Art (☎ 240005; 🕒 9–21 Uhr) In Bhujodi verkauft diese Rabari-Familie feine, alte Rabari-Stücke aus Familienbesitz.

Vankar Vishram (☎ 240723; 🕒 8–20 Uhr) Ebenfalls in Bhujodi. Dieser Laden verkauft exzellente Gewebe, z. B. schöne Wollschals.

im Erdboden ist das tief liegende Marschgebiet fast völlig vegetationslos. Nur auf verstreuten „Inseln" oberhalb der Salzebene gibt es struppiges Gras, das den wilden Tieren der Gegend als Futter dient. Diese Grasflächen sind von dem *gando baval* bedroht, einem dornigen Gestrüpp, das sich in alarmierender Geschwindigkeit über den Rann ausbreitet und das empfindliche Ökosystem gefährdet.

Früher floss der Indus durch Kutch, aber ein schweres Erdbeben im Jahr 1819 veränderte dessen Lauf. Zurück blieb diese Salzwüste. Ein riesiges Erdbeben im Januar 2001 hat die Landschaft nochmals verändert und ganze Dörfer vollständig zerstört. Obwohl die Auswirkungen dieser Katastrophe noch viele Generationen spürbar sein werden, bleibt Indiens Wilder Westen eine Region voller Wunder.

BHUJ

☎ 02832

Bhuj ist eine freundliche, interessante Kleinstadt und die Hauptstadt von Kutch. Das Erdbeben von 2001 richtete schwere Verwüstungen an: Mehr als 10 % der 150 000 Einwohner kamen ums Leben und ein großer Teil des reichen kulturellen Erbes wurde vernichtet oder beschädigt. Die vielen physischen und psychischen Narben sind der Stadt noch immer anzumerken. Wo die Menschen „geflohen" sind, um anderswo in neuen, vermeintlich sichereren Häusern zu wohnen, sind Baulücken und Schutthaufen geblieben. Die meisten Bewohner haben ihr Leben aber energisch wieder aufgebaut und sind Besuchern gegenüber erstaunlich aufgeschlossen. Vieles Interessante ist noch vorhanden: Zauberhafte Basare, wo hinrei-

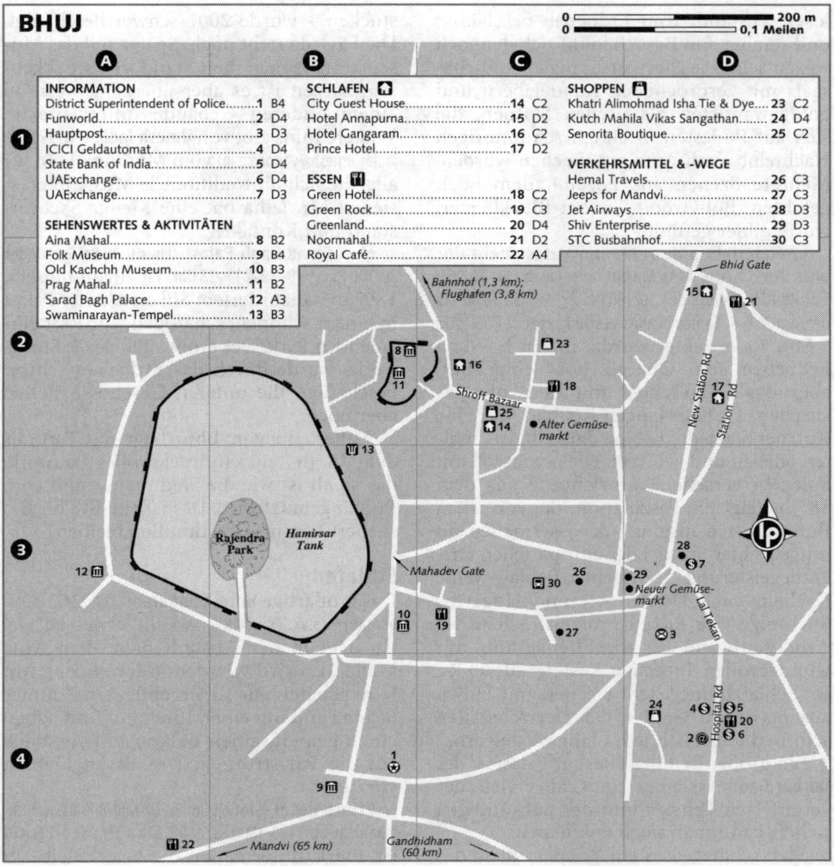

ßende Handarbeiten aus Kutch verkauft werden, und einige schöne historische Gebäude. Bhuj ist außerdem der Ausgangspunkt für einen Besuch der umliegenden Dörfer indigener Völker.

Orientierung & Praktische Informationen

Die Stadt liegt um den ausgetrockneten Hamirsar Kund, die Paläste befinden sich im Nordosten. Östlich der Paläste ist der Shroff Bazaar, die Haupteinkaufsmeile. Der STC-Busbahnhof liegt im Süden und der Bahnhof ungefähr 2,5 km nördlich der Stadt.

P. J. Jethi, der hilfsbereite und sachkundige Verwalter des Aina Mahal (s. S. 770), kann Travellern alles Wissenswerte über die Stadt und die umliegenden Dörfer erzählen. Er betreibt ein sehr nützliches **Touristenbüro** (Mo–Sa 10.30–18 Uhr, am 2. & 4. Sa des Monats geschl.) im Aina Mahal.

Reiseschecks oder Bargeld wechseln **UAExchange** (☎ 227580; Hospital Rd) oder die **State Bank of India** (☎ 256100; NRI Branch, Hospital Rd; Mo–Fr 11–17, Sa bis 14 Uhr), die auch einen Geldautomaten hat. Gleich gegenüber gibt's einen ICICI-Geldautomat.

Internetcafés gibt's viele in der Hospital Rd. – das beste ist **Funworld** (Jaysomnath Complex; 20 Rs/Std.; 9.30–24 Uhr).

Sehenswertes & Aktivitäten

Der **Prag Mahal** (Neuer Palast; Eintritt 10 Rs, Foto/Video 30/100 Rs; 9–12 & 15–18 Uhr) ist in einem trostlosen Zustand, vom Erdbeben beschädigt und staubig. Ein Besuch lohnt sich dennoch wegen seines geisterhaft-üppigen Audienzsaals mit zerbrochenen Kandelabern und goldgewandeten klassischen Statuen, die sich auf Podesten in einem schummrigen Nachtclub auch ganz gut machen würden. Mehrere Szenen aus *Lagaan*, dem hoch gelobten Bollywood-Cricket-Blockbuster, wurden hier gefilmt.

Gleich neben dem Neuen Palast steht der wunderschöne **Aina Mahal** (Alter Palast; ☎ 260094; Eintritt 10 Rs, Foto/Video 30/100 Rs; 🕑 Mo–Sa 10.30–18 Uhr, am 2. & 4. Sa des Monats geschl.), der 1752 für 2 Mio. Rs errichtet wurde. Er hat bei dem Erdbeben sein Obergeschoss eingebüßt, aber das Erdgeschoss mit dem phantastischen, 15,20 m langen Rollbild, das eine Kutcher Staatsprozession darstellt, ist erhalten blieben und geöffnet. Die prachtvoll mit Spiegeln versehene Einrichtung aus dem 18. Jh. zeigt die Faszination, die von allem Europäischen ausging – gewissermaßen ein umgedrehter Spiegel der europäischen Orientbegeisterung. Man sieht z. B. blau-weiße Kacheln nach Delfter Art und Hogarths Stichfolge *The Rake's Progress*. Allein der Arbeitsaufwand für die Elfenbeintür mit wundervollen Intarsien kostete 20 000 Rs. Im Schlafzimmer steht ein Bett mit Füßen aus massivem Gold – der Herrscher ließ sein Bett angeblich jedes Jahr versteigern.

Ein großer Teil des ältesten Palastes, des **Durbar Gadh**, ist eingestürzt, aber viele der vergitterten Fenster und der aufwändigen Reliefs kann man noch anschauen.

Man schätzt, dass ein Wiederaufbau des Aina Mahal 2,5 Mio. Rs kosten wird. Spenden werden dankbar angenommen – P. J. Jethi informiert im Museum über die Einzelheiten (das Victoria & Albert Museum in London hat einen Unterstützungsfonds eingerichtet).

Ganz in der Nähe liegt der **Swaminarayan-Tempel**. Die Holzschnitzereien seiner Außenfassade sind bunt übermalt. Benutzt wird dieser Tempel nicht mehr – im Süden der Stadt wurde ein neuer gebaut.

Im **Folk Museum** (Bhartiya Sanscruti Darshan Kachchh; Eintritt 10 Rs, Foto 50 Rs; 🕑 Mo–Sa 9–12 & 15–18 Uhr) gibt's Stickereien, Kinderspielzeug, schöne Malereien und traditionelle Lehmhütten aus Kutch zu sehen.

Das **Kachchh Museum** – Gujarats ältestes Museum mit vielen antiken Ausstellungsstücken – wurde 2001 schwer beschädigt. Die Fassade steht noch. Später soll das Museum an seinen alten Standort zurückkehren, zurzeit ist es aber übergangsweise in einem anderen Gebäude untergebracht. Weitere Infos gibt von **Umesh Jadia** (☎ 220541; jadia_umesh@yahoo.co.in) vom Museum. Und für alle, die sich für traditionelle Musik interessieren: Mr. Jadia hat eine Menge Sachverstand und Kontakte.

Der **Sarad Bagh-Palast** (Eintritt 10 Rs, Foto/Video 20/100 Rs; 🕑 9–12 & 15–18 Uhr) ist ein anmutiger, 1867 in italianisiertem Stil errichteter Palast in einem schönen, schattigen, zur Rast einladenden Park. Der größte Teil des 3. Stockwerks wurde durch das Erdbeben schwer beschädigt, die unteren Geschosse stehen aber noch.

Außerhalb von Bhuj liegt das **Fort** aus dem 18. Jh., ein eindrucksvolles Bauwerk, das so alt ist wie die Stadtmauer und vom Militär genutzt wird. Deshalb heißt's für Besucher: Wir müssen draußen bleiben.

Schlafen

Das großartige **Hotel Gangaram** (☎ 224231; Darbargarh Chowk; Zi. 300 Rs), wo nie etwas zu viel ist, liegt in der Altstadt nahe dem Aina Mahal. Es wird von dem freundlichen Mr. Jethi geleitet. Die supergepflegten Zimmer liegen rund um einen Innenhof und haben einen gemeinsamen Balkon mit Ausblick auf die Palastruinen. Das Essen hier ist vorzüglich.

Prince Hotel (Station Rd; EZ/DZ 600/800 Rs, mit Klimaanlage ab 1400/1800 Rs; ❄) Das Prince Hotel ist anerkanntermaßen die beste Bleibe in Bhuj. Hier genießt man prima Service und feine Zimmer – eine Oase, trotz der Lage an einer belebten, staubigen Straße. Die Fahrt zum Flughafen ist im Preis inbegriffen. Im Alkohol-Shop des Hotels gibt's praktischerweise auch die zum Alkoholerwerb erforderliche Erlaubnis.

An einem äußerst hektischen und lauten Verkehrsknotenpunkt liegt das **Hotel Annapurna** (☎ 220831; hotelannapurna@yahoo.com; Bhid Gate; EZ/DZ mit Gemeinschaftsbad 70/100 Rs, mit eigenem Bad 150/200 Rs, Gerichte 6–45 Rs), das aber mit einer netten Atmosphäre und freundlichen Mitarbeiter punktet. Die Zimmer sind sauber, und einige haben einen Balkon, von dem aus man auf das Chaos hinunterschauen kann. Im Speisesaal werden leckere Thalis mit Hirse-Chapatis aus Kutch serviert. Man sucht sich die Speisen aus, die man haben will und zahlt entsprechend. Man kann aber auch normale punjabische Gerichte wählen.

City Guest House (☎ 221067; Langa St; EZ/DZ mit Gemeinschaftsbad 70/150 Rs, Zi. mit eigenem Bad 180 Rs) Gleich hinter dem Hauptbasar gelegen ist dieses Gästehaus für ein Budgethotel ungewöhnlich hell, sauber und freundlich. Die Zimmer entlang der Korridore sind schlicht und ordentlich.

Essen

Das beliebte, nichtvegetarische Restaurant **Noormahal** (Gerichte 20–50 Rs; ⏲ 12–15 & 19–22.30 Uhr) ist meist voller Männer, die an Hühnchen nagen.

Royal Café (Mandvi Rd; Gerichte 40 Rs; ⏲ 10–15 & 18–22.30 Uhr) Dieses Gartenrestaurant ist eine ausgezeichnete Wahl. Es liegt sehr nett und das leckere Essen wird in kleinen Hütten serviert.

Das **Green Rock Hotel** (Bus Stand Rd; Thalis 35 Rs; ⏲ 11–15 & 19–22.30 Uhr) liegt gegenüber vom STC-Busbahnhof im 1. Stock. In dem beliebten Restaurant gibt's zur Mittagszeit Thalis. Das Schwesterrestaurant des Green Rock Hotel ist das **Greenland** (Hospital Rd; Gerichte 23–65 Rs; ⏲ 11–15 & 19–22.30 Uhr), ein munteres Familienrestaurant, dekoriert mit einer tollen Wasserwand. Zur selben Kette gehört das ebenfalls gute **Green Hotel** (Shroff Bazaar; Gerichte 15–55 Rs; ⏲ 9–22.30 Uhr), ein kleines, gemütliches Restaurant.

Im **Prince Hotel** (Station Rd) gibt es das **Jesal** (Gerichte 25–100 Rs; ⏲ 7–15 & 19–23 Uhr), ein gepflegtes, nett gestaltetes, kleines Restaurant mit vielseitiger Küche und guten Frühstücksangeboten, und das **Toral** (Thalis 78 Rs; ⏲ 11.30–15 & 19.30–21.30 Uhr).

An- & Weiterreise

FLUGZEUG

Flüge nach Mumbai (126 US$) bietet **Jet Airways** (☎ 253671; Station Rd; ⏲ Mo–Sa 9–18, So bis 14 Uhr).

BUS

Es gibt STC-Busse nach bzw. aus Mandvi (22 Rs, 1½ Std., alle 30 Min.), Ahmedabad (112 Rs, 8 Std., 5-mal tgl.), Rajkot (97 Rs, 6 Std., 5-mal tgl.) und Jamnagar (120 Rs, 7½ Std., 3-mal tgl.).

Einen Platz in den Bussen von Privatunternehmen kann man sich bei **Hemal Travels** (☎ 252 491; STC-Busbahnhof; ⏲ 8–21 Uhr) sichern, wo Fahrten nach Ahmedabad (Normal/ Sleeper Class 160/225 Rs, 9 Std.), Rajkot (100 Rs) und Jamnagar (110 Rs) angeboten werden.

ZUG

Der Bahnhof von Bhuj liegt 2,5 km nördlich des Stadtzentrums und unterhält einen **Reservierungsschalter** (⏲ Mo–Sa 8–14 & 14.15–20, So 8–14 Uhr).

Der 9032 *Kutch Express* (Sleeper Class/ 3AC/2AC 172/454/703 Rs,) fährt um 18.30 Uhr los und kommt in Ahmedabad um 2.15 Uhr an. Um 20.30 Uhr startet der 9116 *Bhuj-Bandra Express*, Ankunft in Ahmedabad ist um 4.05 Uhr.

In die andere Richtung geht's am bequemsten mit dem 9115 *Bandra-Bhuj Express* um 23.59 Uhr ab Ahmedabad.

Unterwegs vor Ort

Zum Flughafen sind es 5 km – eine Taxifahrt kostet etwa 150 Rs, mit der Autorikscha kommt man für 50 Rs hin. Wer sich per Autorikscha zum Bahnhof fahren lässt, zahlt 30 Rs. Mopeds und Motorräder kann man bei **Shiv Enterprise** (☎ 251329; Waniayawad; 100–300 Rs/Tag; ⏲ Mo–Sa 9.30–21, So bis 14 Uhr) mieten.

RUND UM BHUJ

In puncto Kunsthandwerk ist Kutch eine der reichsten Gegenden Indiens – besonders berühmt ist es für seine schönen Stickereien. Doch es gibt auch viele Dörfer, die sich auf Töpferei oder Blockdruck spezialisiert haben. Die ortsansässigen Völkergruppen – die Ahir, die Harijan und die nomadisch lebenden Rabari – haben ebenfalls eindrucksvoll bunte Traditionen, die einen Besuch in ihren Dörfern zu einem faszinierenden Erlebnis machen.

Zu den interessanten Dörfern nördlich von Bhuj gehören **Sumrasar Sheikh** (s. Kasten S. 768), **Khavda**, wo es Blockdrucker und Töpfer gibt, und **Ludiya**. Wer will kann bis an den Rand des Großen Rann gehen, dessen Salz schneeweiß leuchtet.

Das wenig besuchte **Lakphat** liegt etwa 140 km von Bhuj entfernt. Es ist eine alte Hafenstadt mit einigen interessanten Monumenten, z. B. einem muslimischen Grabmal und einem Sikh-Schrein.

Dholavira (vor 2500 v. Chr.), eine Stätte der Harappa-Kultur, liegt herrlich abgelegen nordöstlich von Bhuj. Die Ausgrabungen, die dort gerade vorangetrieben werden, belegen, dass hier einst eine komplexe Stadt stand. Weil es in der Nähe keine Unterkunft gibt und die Fahrt mindestens sieben Stunden dauert, kommt man nicht ohne ein eigenes Transportmittel aus.

Für den Besuch einiger Dörfer nördlich von Bhuj wird eine Genehmigung benötigt, die aber leicht zu bekommen ist: Im **Foreigners Regional Registration Office** (Mo–Sa 11–14 & 15–18 Uhr), das sich 200 m südlich vom Hamirsar Tank findet, müssen Kopien und die Originale von Pass und Visum vorgelegt werden. Dann gibt man in einem Formular die Namen der Dörfer an, die man besichtigen will. Normalerweise gibt es dann die maximal zehn Tage geltende Besuchserlaubnis sofort und kostenlos. Diese Prozedur soll ins District Supervisor's Office verlegt werden, deshalb ist es sinnvoll, im Informationsbüro im Aina Mahal zu fragen, wo die zuständige Stelle gerade sitzt.

Ungefähr 60 km nordwestlich von Bhuj liegt das Bergkloster **Than**. Dhoramnath, ein Heiliger, stand hier aus Buße für einen Fluch, den er ausgesprochen hatte, zwölf Jahre lang auf dem Kopf. Die Götter baten ihn, damit aufzuhören, und er stimmte unter der Bedingung zu, dass der erste Ort, auf den sein Blick fallen würde, künftig unfruchtbar sein solle. So entstand der Kleine Rann. Danach gründete Dhoramnath in Than den Mönchsorden der Kanphata (Schlitzohren). Von Bhuj aus fährt täglich ein Bus nach Than (28 Rs, 2 Std.).

Die Dörfer und Kleinstädte östlich von Bhuj wurden von dem Erdbeben am härtesten getroffen, doch viele sind wieder aufgebaut und heißen Besucher, die die Kunsthandwerker bei der Arbeit sehen wollen, freundlich willkommen.

Im Süden, im Dorf Bada, bietet das **Kutch Vipassana Centre** (02832-221437, 02834-73303) kostenlose zehntägige Meditationskurse an.

Bhujodi ist ein großes Dorf etwa 12 km südlich von Bhuj, das sich auf Webarbeiten spezialisiert hat. Viele Läden verkaufen Schals, Decken u. v. m. Am besten den Bus Richtung Ahmedabad nehmen und den Fahrer bitten, einen an der Abzweigung nach Bhujodi aussteigen zu lassen (4 Rs). Von der Autobahn aus ist es ein 2 km langer Fußmarsch. Wer die Strecke mit der Rikscha zurücklegt, muss inklusive Rückfahrt 120 Rs berappen.

Unterwegs vor Ort

P. J. Jethi (s. S. 769) arrangiert Touren für 1100 Rs pro Tag; samstags gibt's historische Führungen. Man kann auch ein Taxi mieten oder mit den örtlichen Bussen auf Entdeckungsreise gehen: Beispielsweise fahren stündlich Busse nach Sumrasar Sheikh (10 Rs, 1 Std.). Es gibt auch die Möglichkeit, in Bhuj einen Jeep zu nehmen. Das kostet dasselbe wie ein Bus, kann aber schneller sein – man sollte aber rechtzeitig losfahren, weil man sonst mit der Rückfahrt Schwierigkeiten bekommt, denn nach 16 Uhr fahren nicht mehr so viel Jeeps.

MANDVI

Das kleine, hübsche und lebendige Mandvi liegt an der Küste. Es gibt hier ein interessantes Werftgebäude aus Holz, wo Boote von Hand gebaut werden, und einige recht feinsandige, weite Strände – allerdings sind einige wegen der Wasserqualität nicht zu empfehlen. Am schönsten sind der leere, lange und saubere Privatstrand (15 Rs Eintritt) in der Nähe des Vijay-Vilas-Palastes sowie ein weiterer, unmittelbar östlich der Stadt am Toran Beach Resort. Nur zwischen November und März kann man hierher kommen.

Der gewaltige **Vijay-Vilas-Palast** (Eintritt 15 Rs, Foto/Video 50/250 Rs; 9–18 Uhr) aus dem 19. Jh. liegt 5 km westlich der Stadt in der Mitte einer Palmenpflanzung an einem wunderschönen Privatstrand. Der Palast diente dem Kassenschlager *Lagaan* und vielen anderen Bollywood-Filmhits als Kulisse.

Schlafen & Essen

Hotel Sea View (224481; ST Rd; Zi. 300–400 Rs, mit Klimaanlage 800 Rs, Thalis 50 Rs) Ein hübsches, kleines Hotel am Ufer. Die Zimmer haben große Fenster, man hat also einen hervorragenden Blick auf die hölzerne Bootswerft am Strand. Zimmer Nr. 3 hat sogar Fenster nach zwei Seiten. Unten gibt es ein gutes, sauberes Restaurant.

Das **Rukmavati Guest House** (223557; rukmavati@rediffmail.com; B 125 Rs, EZ/DZ 200/400 Rs, mit Klimaanlage 650/850 Rs) ist ein exzentrisches, aber nettes Hotel in einem ehemaligen Spital, das aber nicht mehr allzu sehr wie eine öffentliche Einrichtung wirkt. Es ist hell und offen und heizt sein Wasser mit Solarenergie. Hier kann man sich auch selbst versorgen. Es gibt einen 24-Stunden-Checkout.

Maitri Guest House (☎ 220283; Bunder Rd; B 70 Rs, EZ/DZ mit Warmwasser 150/200 Rs) Das Maitri ist zu empfehlen, es nimmt Traveller freundlich auf und hat einfache, aber nette, saubere Zimmer. Die teureren Doppelzimmer haben Balkone zur Straße. Ausgecheckt wird bis 9 Uhr.

Sahara Guest House (☎ 223272; Lakda Bazar; B/EZ/DZ 50/100/175 Rs) Die Herberge im Stadtzentrum ist besser als man nach der engen Treppe am Eingang vermuten würde. Die Zimmer sind klein – die Doppelzimmer sind besser als die Einzelzimmer. Auch hier gibt's einen 24-Stunden-Checkout.

Das **Vijay Vilas Beach Resort** (☎ 9873013118, in Ahmedabad 079-28218551; www.palacesofindia.com; DZ B&B 125 US$, Gerichte 40–200 Rs) ist ein Zeltresort am Privatstrand des Vijay-Vilas-Palasts. Es ist überteuert, aber die Lage ist einfach phantastisch. Die großen, luxuriösen Zelte sind mit breiten Holzbetten, weiß gefliesten Bädern und kleinen Veranden ausgestattet. Im Restaurant Dolphin können auch Nicht-Gäste essen; es ist ein Pavillon in wundervoller Strandumgebung.

Zorba the Buddha (Gerichte 40 Rs; 🕑 11–15 & 19–22 Uhr) Das Zorba im Herzen der Stadt ist wegen seiner billigen vegetarischen Thalis äußerst beliebt.

An- & Weiterreise

Die regulären Busse nach bzw. aus Bhuj (25 Rs) brauchen zwei Stunden. Zum gleichen Preis kann man auch die schnelleren Jeeps nehmen. Sie fahren in Bhuj in der Straße gegenüber vom Busbahnhof los und setzen einen in Mandvi am Hafen ab.

LITTLE RANN SANCTUARY

Ausgerechnet die Salzwüste des Kleinen Rann ist seltsamerweise der letzte Ort Indiens, an dem der Khur, der asiatische Wildesels), zu Hause ist. Es gibt hier außerdem viele Vögel, vor allem Zwergflamingos. Das Gebiet ist einer der wenigen Orte Indiens, an denen Flamingos in freier Natur brüten – 1998 wurden in einer einzigen Kolonie 25 000 Küken gezählt. Im 4953 km² großen **Little Rann Sanctuary** (Inder/Ausländer 5 Rs/5 US$, Foto 20 Rs/5 US$, Video 2500 Rs/200 US$; 🕑 Sonnenaufgang–Sonnenuntergang) sind die Khurs und die Flamingos geschützt. Überall in dem Gebiet gibt's trostlose Salzfarmen, verstreute Lager, wo Menschen Geld damit verdienen, Grundwasser heraufzupumpen und Salz zu gewinnen. Die Hitze erzeugt am weiten Horizont Luftspiegelungen – Büsche und Bäume scheinen über der Oberfläche zu schweben.

Die Khurs (im Schutzgebiet gibt es etwa 2800) überleben dank der flachen, grasbedeckten Inseln, der *bets,* die bis zu 3 m erhöht liegen. Die bemerkenswerten Esel können über längere Strecken ein Durchschnittstempo von 50 km/h vorlegen.

Wenn es regnet, verwandelt sich die Wüste in einen Schlammsee, und selbst während der Trockenzeit ist die fest aussehende Kruste oft trügerisch, deshalb sollte man das Gebiets keinesfalls ohne einen örtlichen Führer erkunden.

Die Kleinstadt **Zainabad**, 105 km nordwestlich von Ahmedabad, liegt sehr nahe am Kleinen Rann. Spannende Safaris und Touren zu den Dörfern des Kleinen Rann veranstaltet der Familienbetrieb **Desert Coursers** (☎ 02757-241333). Das Unternehmen betreibt das **Camp Zainabad** (volles Programm inkl. unbegrenzt vieler Safaris DZ 3800 Rs; 🕑 Sep.–April), in dem Traveller in friedlicher, abgeschiedener Lage in komfortablen, hübschen *kooba* (traditionelle Reetdachhütten) wohnen. Hier sollte man im Voraus reservieren.

Rann Riders (www.rannriders.com) in der Nähe von Dasada, 10 km vom Schutzgebiet entfernt, ist ebenfalls ein Familienunternehmen. Es bietet Unterkunft in luxuriösen Cottages und Jeepsafaris. Man bucht über **North West Safaris** (☎ 079-26302019) in Ahmedabad.

Wer aus **Dhrangadhra** kommt, sollte Devji Bhai Dhamechs (☎ 9825548090) kennen lernen. Der stattliche, begeisterte Tierfotograf wohnt hier und wird von Travellern als Führer empfohlen. Er setzt sich leidenschaftlich für das Schutzgebiet ein und ist besonders freundlich zu allen Travellern, die sich besonders für die Tierwelt interessieren. Man kann in seinem schmucken **Haus** wohnen (350 Rs/Pers. inkl. Mahlzeiten) und in seinem Jeep für 750 Rs einen halben und für 1500 Rs einen ganzen Tag das Schutzgebiet besuchen (max. 5 Pers.). Er plant auch noch zwei Lager im Schutzgebiets zu errichten – für Menschen, die der Natur noch näher sein wollen. Die Preise für die Unterkunft sollen ähnlich sein. Falls Devji nicht zu erreichen ist, kann man es auch bei seinem Sohn Ajai versuchen (☎ 985548104).

Um das Schutzgebiet betreten zu dürfen, braucht man die Erlaubnis des **Deputy Conservator of Forests** (☎ 02754-260716) in Dhrangadhra; die genannten Führer können sie besorgen.

Dhrangadhra liegt an der Bahnlinie New Bhuj–Ahmedabad, 230 km (5¼ Std.) von New Bhuj (2. Klasse 64 Rs) und 130 km (3 Std.) von Ahmedabad (2. Klasse 42 Rs) entfernt. Es ist gut per Bus zu erreichen, z. B. gibt es welche nach und aus Ahmedabad (43 Rs, 3½ Std.) und Bhuj (78 Rs, 6 Std.).

Um auf der Straße aus Ahmedabad nach Zainabad zu kommen, am besten einen Bus zum 12 km entfernten Dasada (50 Rs, 2½ Std.) nehmen. Hier wird man entweder von Desert Coursers kostenlos abgeholt oder man kann einen Nahverkehrsbus nehmen. Direkt nach Zainabad fahren dreimal täglich Busse aus Patan (48 Rs, 2½ Std.) über Modhera (22 Rs, 1½ Std.). Desert Coursers besorgt Taxis für Fahrten in der Umgebung zu einem Preis von 3,50 Rs pro Kilometer.

Mumbai (Bombay)

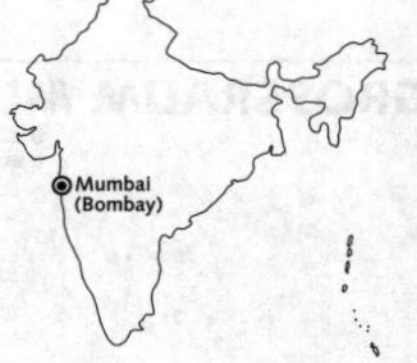

Indiens Vergangenheit, Gegenwart und Zukunft zu einem baufälligen, übervölkerten, unzähmbar pulsierenden Ganzen vermischt – das ist das aufregende Mumbai. Ganz wie die phantasievollen, überdrehten Hindi-Filme, die in atemberaubender Geschwindigkeit vom Fließband laufen, wirkt diese Stadt auf den ersten Blick ziemlich chaotisch.

In Mumbai ballt sich die Wirtschaft des Landes, von der Petrochemie bis zur Softwarebranche, und dennoch gibt's hier die größten Slums Asiens. In dieser multikulturellen Metropole mischt jeder mit und amüsiert sich bei den zahlreichen Festivals. Gleichzeitig spalten verschiedene religiöse Anschauungen Mumbai in manchmal gewalttätige politische Lager. Die Einwohner sind cool und temperamentvoll zugleich, und keiner versucht, seine Stadt der Extreme zu rechtfertigen. Man kann einen Tag faul damit verbringen, ein zwangloses Kricketspiel auf den *maidans* (offene Grasflächen) anzuschauen oder die prachtvolle Kolonial- und Art-deco-Architektur zu bewundern – und den nächsten damit, seine Sinne auf den wimmelnden Basaren überzustrapazieren und die ganze Nacht mit Bollywood-Starlets abzutanzen.

Wer sich im Touristenviertel Colaba verschanzt oder nur kurz von hier aus die Weiterfahrt organisiert, wird nur einen Bruchteil von Mumbai kennen lernen. Wer aber ein paar Tage durch die Stadt streift und die Lebendigkeit des Straßenalltags in sich aufnimmt, wird entdecken, dass Mumbai eine größere Anziehungskraft hat als jede andere indische Metropole.

HIGHLIGHTS

- Über den Hafen nach **Elephanta Island** (S. 807) segeln, um die dreiköpfige Shiva-Skulptur zu bewundern
- Die **Märkte** (S. 802) durchforsten: Crawford Market nach Essen, Mangaldas Market nach Stoffen und Chor Bazaar nach Antiquitäten und Kuriosem
- Sich selbst in Indiens **Feinschmeckerhauptstadt** (S. 795) verwöhnen, mit leckeren Snacks in den Straßen oder moderner Küche in Edelrestaurants
- Mumbais unglaublichen Reichtum an Kolonialarchitektur erkunden, vom bombastischen **Chhatrapati Shivaji Terminus** (früher: Victoria Terminus; S. 785) bis zur stattlichen **Universität von Mumbai** (S. 785) und dem **High Court** (S. 785)
- Einen Nachmittag beim Kricket auf dem **Oval Maidan** oder dem **Azad Maidan** (S. 785) verbringen und die Jahrmarktsatmosphäre am **Chowpatty Beach** (S. 787) genießen

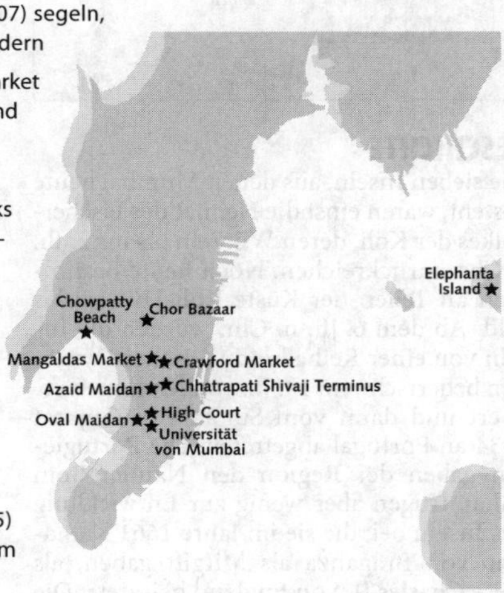

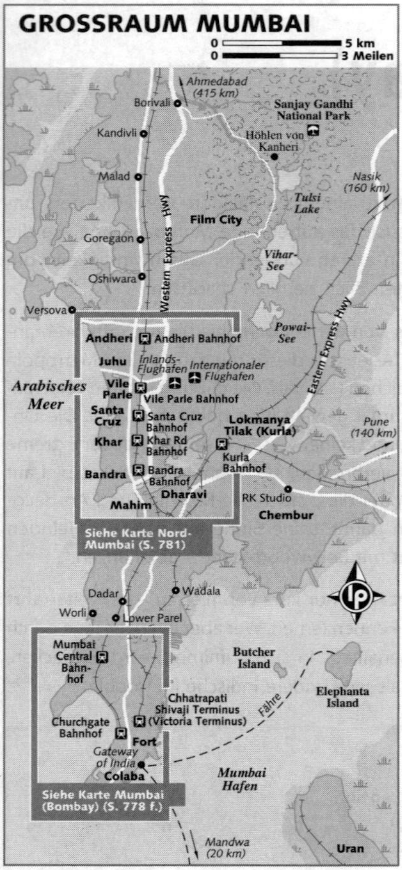

KURZINFOS

- Bevölkerung: 16,4 Mio.
- Fläche: 440 km^2
- Hauptstadt von: Maharashtra
- Hauptsprachen: Hindi, Marathi und Gujarati
- Regionale Vorwahl: ☎ 022
- Reisezeit: Oktober bis Februar

GESCHICHTE

Die sieben Inseln, aus denen Mumbai heute besteht, waren einst die Heimat des Fischervolkes der Koli, deren Wurzeln bis ins 2. Jh. v. Chr. zurückreichen. Noch heute bestimmen an Teilen der Küste Koli-Hütten das Bild. Ab dem 6. Jh. n. Chr. wurden die Inseln von einer Reihe hinduistischer Dynastien beherrscht, im 14. Jh. von Muslimen erobert und dann vom Sultan von Gujarat 1534 an Portugal abgetreten. Die Portugiesen gaben der Region den Namen Bom Bahai, trugen aber wenig zur Entwicklung der Inseln bei, die sie im Jahre 1661 Katharina von Braganza als Mitgift gaben, als diese Charles II. von England heiratete. Die britische Regierung nahm die Inseln 1665 in ihren Besitz, überließ sie jedoch drei Jahre später der Ostindischen Kompanie für eine lächerliche Pacht von 10 £ pro Jahr.

Das Gebiet, das nun Bombay genannt wurde, entwickelte sich schnell zu einem Handelshafen und zog Händler aus anderen Teilen Indiens an, denen die Briten Religionsfreiheit und eigenes Land versprachen. Nach 20 Jahren wurde der Hauptsitz der Ostindischen Kompanie von Surat nach Bombay verlegt und die Stadt wurde zum Haupthandelszentrum der indischen Westküste.

Bombays Fort wurde in den 1720er-Jahren erbaut. Mit Landgewinnungsprojekten begann man, die Inseln zu einer einzigen Landmasse zu vereinen. Obwohl Bombay während des 18. Jh. ständig wuchs, blieb es vom Hinterland abgegrenzt, bis die Briten 1818 die Marathen (das zentralindische Volk, das zu verschiedenen Zeiten den Großteil Indiens kontrollierte) besiegten und große Teile Westindiens annektierten.

Die Mauern des Forts wurden 1864 abgetragen und die Stadt in feudalem Kolonialstil neu errichtet. Der Handel boomte und Bombay wurde im amerikanischen Bürgerkrieg Hauptbaumwolllieferant der Briten, sodass der Stadt reger Geldsegen beschert war.

Bombay spielte auch im Unabhängigkeitskampf eine entscheidende Rolle, so fand hier 1885 der erste Indische Nationalkongress statt und 1942 startete von Bombay aus die „Quit-India"-Kampagne (Mahatma Gandhi lebte viele Jahre in der Stadt). Nach der Unabhängigkeit wurde Bombay zur Hauptstadt der Bombay Presidency, die 1960 aus sprachpolitischen Gründen in Maharashtra und Gujarat aufgeteilt wurde. Bombay war nun die Hauptstadt des Marathi-Sprachgebietes Maharashtra.

Der Aufstieg der regionalistischen Bewegung der Marathen-Anhänger, die von der

Shiv Sena (hinduistische Partei, wörtlich „Shivas Armee“) angeführt wurde, zerstörte die multikulturelle Basis der Stadt, indem sie Moslems und Menschen, die nicht aus Maharashtras stammen, gezielt diskriminierte. Bei den Stadtwahlen 1985 gewann die Shiv Sena. Daraufhin verschärften sich die Spannungen in der Stadt und das kosmopolitische Selbstbild der Stadt erlitt großen Schaden, als bei Aufständen im Anschluss an die Zerstörung der Babri Masjid Anfang Dezember 1992 fast 800 Menschen ums Leben kamen. Und am 12. März 1993, als ein Dutzend Bomben explodierten, wurden erneut mehr als 300 Menschen getötet und Bombays Wertpapierbörse sowie die Zentrale der Air India beschädigt.

Im Jahre 1996 wurde die Stadt offiziell in Mumbai umbenannt, den ursprünglichen Marathi-Namen, der von der Göttin Mumba abgeleitet ist, die von den frühen Kolis verehrt wurde. Unter dem Einfluss der Shiv Sena wurden seither viele Straßen und öffentliche Gebäude, deren Namen noch aus der Kolonialzeit stammten, umbenannt. Die Flughäfen, der Victoria Terminus und das Prince-of-Wales-Museum wurden alle nach Chhatrapati Shivaji, dem großen Marathen-Führer benannt, wobei ihre britischen Namen ebenso wie die vieler Hauptstraßen unter den Einheimischen nach wie vor gebräuchlich sind.

ORIENTIERUNG

Mumbai ist eine durch Brücken mit dem Festland verbundene Insel. Der Hauptteil der Stadt konzentriert sich am südlichen, klauenförmigen Ende der Insel, das auch Südmumbai heißt. Die südlichste Halbinsel ist Colaba, traditionell das Zentrum für Traveller, und direkt nördlich davon liegt dort, wo früher das britische Fort gestanden hat, das Fort-Viertel, ein geschäftiges Gewerbegebiet. An seinem Westrand wird es von einer Reihe miteinander verbundener abgezäunter Grasflächen gesäumt – den Maidans.

Die Ostküste der Insel wird von den Marinedocks Mumbais dominiert, die nicht zugänglich sind. Weiter nördlich, auf der anderen Seite des Mahim Creek, liegen die Vororte, die zu Greater Mumbai gehören, sowie der internationale und der Inlands-Flughafen (S. 803). Hier, vor allem in den noblen Vororten Bandra und Juhu, befinden sich viele der besten Restaurants und Partylocations der Stadt.

MUMBAI IN ...

einem Tag

Los geht's am **Gateway of India** (S. 783), dann hinter dem **Taj Mahal Palace & Tower** (S. 795) südwärts in Richtung des bunten **Colaba Market** (S. 782). Mit dem Taxi zurück nach **Kala Ghoda** (S. 784), um hier die Museen und Kunstgalerien zu erforschen, bevor es Mittagessen gibt: z. B. mit tollen Meeresfrüchten im **Mahesh Lunch Home** (S. 796).

Anschließend geht's weiter zum **Chhatrapati Shivaji Terminus** (früher: Victoria Terminus; S. 785), danach die Dr. Dadabhai Naoroji Road in Richtung Oval Maidan hinunter schlendern, wo man von den großartigen Bauwerken wie dem **High Court** (S. 785) und der **Universität von Mumbai** (S. 785) aus manch spontanes Kricketmatch sehen kann. Nachmittags bei einem Tee in der **Cha Bar** (S. 798) im Oxford Bookstore entspannen.

Am frühen Abend den **Marine Drive** (S. 786) in Richtung **Chowpatty Beach** (S. 787) hinunter spazieren, dann zurück nach Colaba, entweder auf etwas Gegrilltes zum **Bade Miya** (S. 795) oder auf einen echten Festschmaus ins **Indigo** (S. 797).

drei Tagen

Einen Tag kann man mit Shoppen auf den traditionellen **Märkten** (S. 802) oder in den Nobelboutiquen um Colaba, Breach Candy und Kemp's Corner verbringen. Dort lohnt auch ein Abstecher zum **Mani Bhavan** (S. 788), Gandhis ehemaligem Haus, das jetzt ein Museum ist. Der nächste Tag vergeht im Handumdrehen, indem ein Ausflug auf **Elephanta Island** (S. 807) mit einem Besuch der innerstädtischen Enklave **Kotachiwadi** (S. 787) kombiniert wird. Dort im **Anantashram** (S. 797) essen.

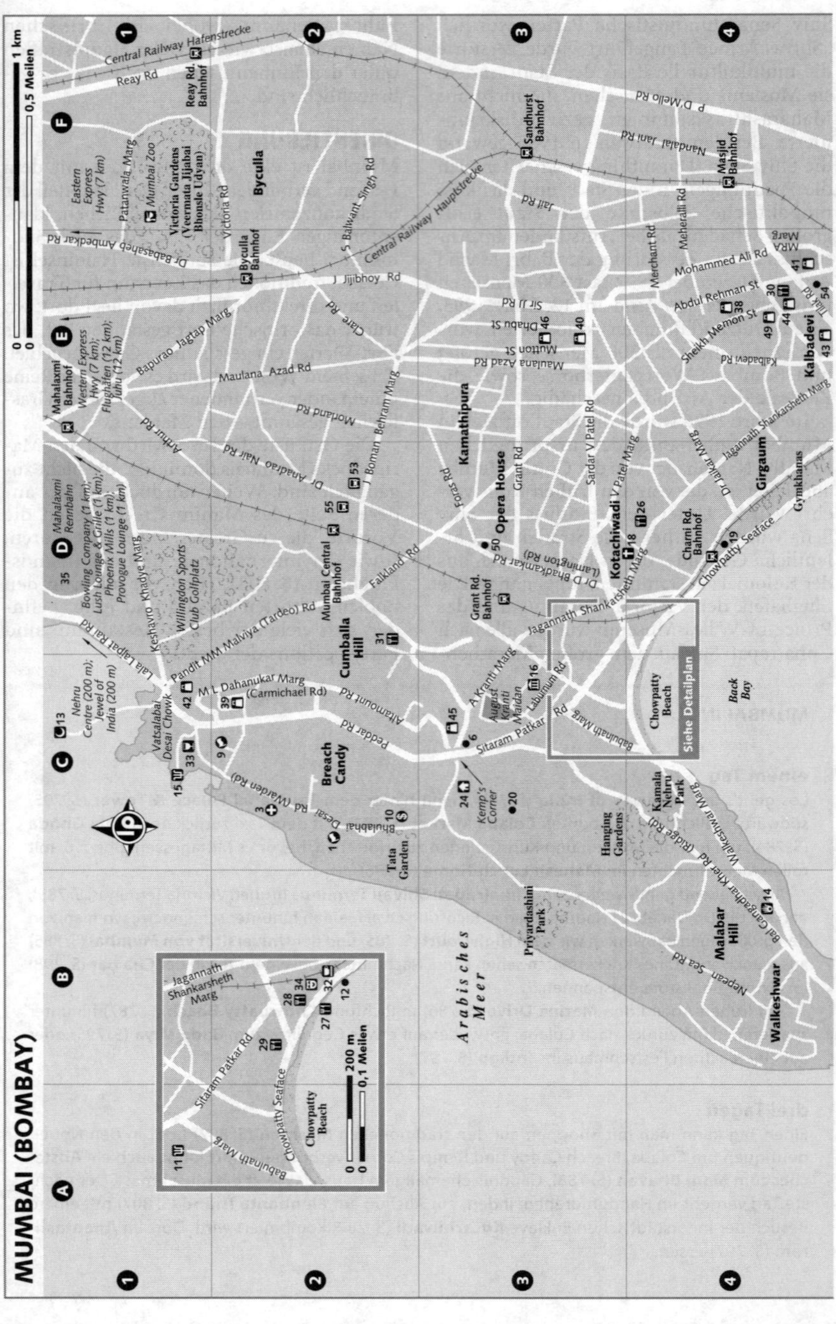
MUMBAI (BOMBAY)
0,5 Meilen
1 km
Central Railway Hafenstrecke
Reay Rd
Reay Rd. Bahnhof
Eastern Express Hwy (7 km)
Patanwala Marg
Mumbai Zoo
Victoria Gardens (Veermata Jijabai Bhonsle Udyan)
Victoria Rd
Byculla
Dr Babasaheb Ambedkar Rd
Byculla Bahnhof
S Balwant Singh Rd
Central Railway Hauptstrecke
Sandhurst Bahnhof
P D'Mello Rd
Nandalal Jani Rd
Jail Rd
Masjid Bahnhof
Meheralli Rd
Merchant Rd
Mohammed Ali Rd
MRA Marg
Abdul Rehman St
Sheikh Memon St
Kalbadevi Rd
Kalbadevi
Tilak Rd
J Jijibhoy Rd
Clare Rd
Sir JJ Rd
Dhabu St
Mutton St
Maulana Azad Rd
Mahalaxmi Bahnhof
Western Express Hwy (7 km); Flughäfen (12 km); Juhu (12 km)
Bapurao Jagtap Marg
Arthur Rd
Mohand Rd
Dr Anadrao Nair Rd
J Boman Behram Marg
Kamathipura
Foras Rd
Opera House
Grant Rd
Sardar V Patel Rd
V Patel Marg
Kotachiwadi
Dr Jaikar Marg
Jagannath Shankarsheth Marg
Girgaum
Gymkhanas
Charni Rd. Bahnhof
Chowpatty Seaface
Mahalaxmi Rennbahn
Bowling Company (1 km); Lush Lounge & Grille (1 km); Phoenix Mills (1 km); Provogue Lounge (1 km)
Keshavro Khadye Marg
Willingdon Sports Club Golfplatz
Mumbai Central Bahnhof
Falkland Rd
Pandit MM Malviya (Tardeo) Rd
Lala Lajpat Rai Rd
Cumballa Hill
Grant Rd. Bahnhof
Dr D Bhadkamkar Rd (Lamington Rd)
Nehru Centre (200 m); Jewel of India (200 m)
Vatsalabai Desai Chowk
M L Dahanukar Marg (Carmichael Rd)
Altamount Rd
Peddar Rd
Breach Candy
Bhulabhai Desai Rd (Warden Rd)
Tata Garden
A Kranti Marg
August Kranti Maidan
Laburnum Rd
Sitaram Patkar Rd
Kemp's Corner
Babulnath Marg
Chowpatty Beach
Siehe Detailplan
Back Bay
Hanging Gardens
Kamala Nehru Park
Ridge Rd
Walkeshwar Marg
Bal Gangadhar Kher Rd
Priyardashini Park
Arabisches Meer
Malabar Hill
Nepean Sea Rd
Walkeshwar
200 m
0,1 Meilen

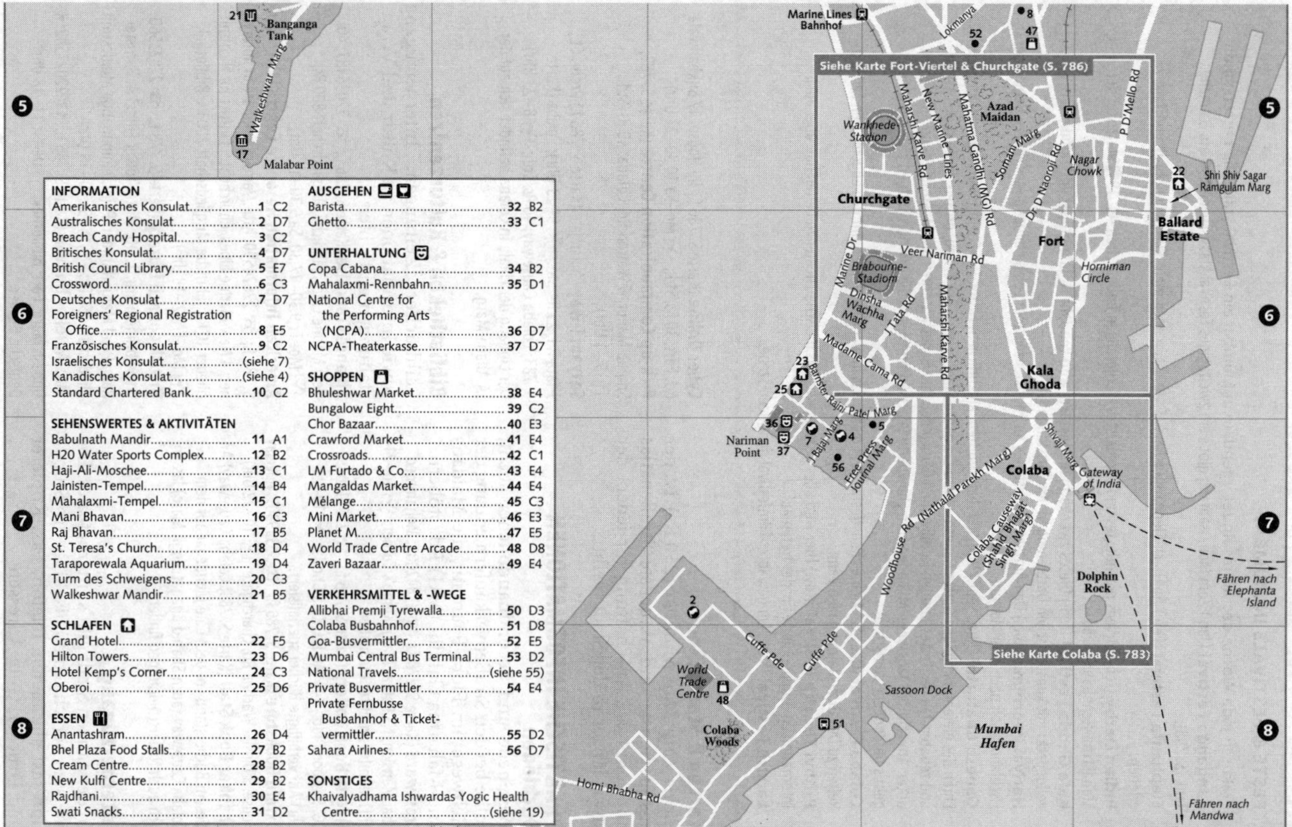

INFORMATION

Amerikanisches Konsulat	1	C2
Australisches Konsulat	2	D7
Breach Candy Hospital	3	C2
Britisches Konsulat	4	D7
British Council Library	5	E7
Crossword	6	C3
Deutsches Konsulat	7	D7
Foreigners' Regional Registration Office	8	E5
Französisches Konsulat	9	C2
Israelisches Konsulat	(siehe 7)	
Kanadisches Konsulat	(siehe 4)	
Standard Chartered Bank	10	C2

SEHENSWERTES & AKTIVITÄTEN

Babulnath Mandir	11	A1
H20 Water Sports Complex	12	B2
Haji-Ali-Moschee	13	C1
Jainisten-Tempel	14	B4
Mahalaxmi-Tempel	15	C1
Mani Bhavan	16	C3
Raj Bhavan	17	B5
St. Teresa's Church	18	D4
Taraporewala Aquarium	19	D4
Turm des Schweigens	20	C3
Walkeshwar Mandir	21	B5

SCHLAFEN

Grand Hotel	22	F5
Hilton Towers	23	D6
Hotel Kemp's Corner	24	C3
Oberoi	25	D6

ESSEN

Anantashram	26	D4
Bhel Plaza Food Stalls	27	B2
Cream Centre	28	B2
New Kulfi Centre	29	B2
Rajdhani	30	E4
Swati Snacks	31	D2

AUSGEHEN

Barista	32	B2
Ghetto	33	C1

UNTERHALTUNG

Copa Cabana	34	B2
Mahalaxmi-Rennbahn	35	D1
National Centre for the Performing Arts (NCPA)	36	D7
NCPA-Theaterkasse	37	D7

SHOPPEN

Bhuleshwar Market	38	E4
Bungalow Eight	39	C2
Chor Bazaar	40	E3
Crawford Market	41	E4
Crossroads	42	C1
LM Furtado & Co.	43	E4
Mangaldas Market	44	E4
Mélange	45	C3
Mini Market	46	E3
Planet M	47	E5
World Trade Centre Arcade	48	D8
Zaveri Bazaar	49	E4

VERKEHRSMITTEL & -WEGE

Allibhai Premji Tyrewalla	50	D3
Colaba Busbahnhof	51	D8
Goa-Busvermittler	52	E5
Mumbai Central Bus Terminal	53	D2
National Travels	(siehe 55)	
Private Busvermittler	54	E4
Private Fernbusse Busbahnhof & Ticket-vermittler	55	D2
Sahara Airlines	56	D7

SONSTIGES

Khaivalyadhama Ishwardas Yogic Health Centre	(siehe 19)	

FESTE & FESTIVALS IN MUMBAI

Praktisch jede Woche des Jahres findet irgendwo in Mumbai ein Festival statt. Die besten sind:

Banganga Festival (Jan.) Zum Monatsanfang gibt's ein zweitägiges Festival klassischer Musik am Banganga Tank (S. 788).

Elephanta Festival (Feb.) Auf nach Elephanta Island (S. 807), um noch mehr klassische Musik und Tanz zu erleben.

Indian Derby (Feb.) Indiens prächtigstes und populärstes Pferderennen findet schon seit 1942 statt. Auf der Mahalaxmi-Rennbahn (S. 801).

Kala Ghoda Festival (Feb.) Dieses zweiwöchige Spektakel wird von Jahr zu Jahr größer und raffinierter, vollgepackt mit künstlerischen Darbietungen und Ausstellungen.

Nariyal Poornima (Aug.) Den Auftakt der Festivals im Touristenzentrum Colaba bildet dieses Fest zu Beginn der Fischfangsaison nach dem Monsun.

Ganesh Chaturthi (Aug./Sept.) Von Mumbais größtem alljährlichem Festival – einem zehntägigen Ereignis zu Ehren des elefantenköpfigen Gottes Ganesh – wird die ganze Stadt erfasst. Am ersten, dritten, fünften, siebenten und zehnten Tag des Festes bringen Familien und Gemeinden ihre Ganesh-Statuen ans Meeresufer und tauchen sie unter. Am zehnten Tag, wenn Millionen zum Chowpatty Beach kommen, um die größten Statuen einzutauchen, geht's besonders chaotisch zu.

Colaba Festival (Okt.) Ein kleines Kunstfestival in Colaba, das in manchen Jahren mit den allgemeinen Feierlichkeiten zu Diwali zusammenfallen kann.

Prithvi Theatre Festival (Nov.) Hier wird alles gezeigt, was das indische Theater zu bieten hat, aber auch internationale Gruppen und Künstler treten auf.

Larzish Festival (Nov.) Ein gewagtes Filmfestival der Queer-Szene.

Karten & Stadtpläne

Eicher City Map Mumbai (250 Rs) ist der ausführlichste und aktuellste Straßenatlas und lohnt die Anschaffung für jeden, der etwas länger in der Stadt bleibt.

PRAKTISCHE INFORMATIONEN

Buchläden

Wer neue und Secondhandbücher sucht, sollte bei den Straßenverkäufern entlang der Gehwege um Flora Fountain, die Maidans und Mahatma Gandhi (MG) Rd. stöbern.

Crossword (Karte S. 778 f.; ☎ 23842001; Mohammed Bhai Mansion, NS Patkar Marg, Kemp's Corner; 🕑 10–21 Uhr) Mumbais größter Buchladen.

Magna Book Gallery (Karte S. 786 f.; ☎ 22671763; 2. OG, Sassoon Bldg., 143 MG Rd, Kala Ghoda; 🕑 10–21 Uhr) Auf verbilligte Bücher spezialisiert.

Oxford Bookstore (Karte S. 786 f.; ☎ 56339309; Apeejay House, 3 Dinsha Wachha Rd, Churchgate; 🕑 10–22 Uhr)

Shankar Book Stall (Karte S. 783; Colaba Causeway) An diesem Bücherstand vor dem Café Mondegar auf dem Colaba Causeway (auch Shahid Bhagat Singh Marg) lassen sich auch Neuerscheinungen finden.

Internetzugang

In der ganzen Stadt gibt's Internetcafés. Die meisten berechnen 30 bis 40 Rs pro Stunde und fast alle bieten Telefon, Fax, Kopierer und Drucker. Gute Adressen:

Cyber Online (Karte S. 786 f.; Jiji House, 17 Sukhadwala Rd, Fort; 30 Rs/Std.; 🕑 Mo–Sa 10.30–23 Uhr)

Pick-up Communication Centre (Karte S. 783; Shorab Manor, 6 Walton Rd, Colaba; 40 Rs/Std.; 🕑 7–1 Uhr)

Satyam i-way Churchgate (Karte S. 786 f.; Prem. Ct., J Tata Rd; 25 Rs/Std.; 🕑 9–23 Uhr); Colaba (Karte S. 783; Colaba Causeway; 40 Rs/Std.; 🕑 8–23 Uhr) Der Eingang der Filiale in Colaba befindet sich auf der JA Allana Marg.

Bibliotheken & Kulturzentren

Leihbücher, Zeitungen, Internetzugang sowie Informationen zu Kultur und Veranstaltungen gibt's hier:

Alliance Française (Karte S. 786 f.; ☎ 22036187; 40 New Marine Lines; jährliche Mitgliedschaft 800 Rs; 🕑 Mo–Fr 9.30–17.30, Sa 9.30–13 Uhr)

American Information Resource Centre (AIRC; Karte S. 786 f.; ☎ 22624590; http://americanlibrary.in.library.net; 4 New Marine Lines, Churchgate; Eintritt für Nichtmitglieder 10 Rs, jährliche Mitgliedschaft 200 Rs; Bibliothek 🕑 Mo–Fr 12–18 Uhr)

British Council Library (Karte S. 778 f.; ☎ 22823560; www.bclindia.org; 1. OG, Mittal Tower Flügel A, Barrister Rajni Patel Marg, Nariman Point; einmonatige Mindestmitgliedschaft 250 Rs; 🕑 Di–Sa 10–18 Uhr)

Max Mueller Bhavan (Karte S. 786 f.; ☎ 22027542; K Dubash Marg, Fort; Bibliothek 🕑 Di–Sa 11–18 Uhr) Deutsche Bücher.

Medien

Englischsprachige Veröffentlichungen:

City Info Kostenloses monatliches Verzeichnis, gibt's in vielen Hotels und Gasthäusern.

Indian Express Hat eine Regionalausgabe für Mumbai.

Mid-Day Die größte englischsprachige Zeitung hier.

Time Out Mumbai Erscheint alle zwei Wochen (25 Rs); beste Zusammenstellung von allem, was ist der Stadt los ist.

Times of India Hat eine Regionalausgabe für Mumbai.

Medizinische Versorgung

Bombay Hospital (Karte S. 786 f.; ☎ 22067676; 12 New Marine Lines) Nahe Fort-Viertel und Colaba.

Breach Candy Hospital (Karte S. 778 f.; ☎ 23671888; 60 Bhulabhai Desai Rd, Breach Candy) Das beste in Mumbai, wenn nicht sogar in ganz Indien.

Geld

GELDAUTOMATEN

Die Zahl der rund um die Uhr verfügbaren Geldautomaten, die international vernetzt sind, hat sich in den letzten Jahren vervielfacht. Günstig liegen u. a. folgende:

Bank of India (Karte S. 783; Colaba Causeway, Colaba)

Citibank Fort (Karte S. 786 f.; 293 Dr. Dadabhai Naoroji Rd); Nariman Point (Karte S. 786 f.; Air India Bldg., Ecke Marine Drive & Madame Cama Rd)

HSBC Bank (Karte S. 786 f.; MG Rd, Fort) Hat auch einen Geldautomaten direkt am Chhatrapati Shivaji Terminus (CST; früher Victoria Terminus), vor der Reservierungshalle.

ICICI Bank (Karte S. 783; Colaba Causeway, Colaba)

Standard Chartered Bank (Karte S. 786 f.; MG Rd, Fort)

GELDWECHSEL

In Colaba gibt's jede Menge Wechselstuben für den Umtausch von Bargeld und Reiseschecks. Beide Flughäfen haben rund um die Uhr geöffnete Wechselbüros.

American Express (Amex; Karte S. 783; ☎ 22048291; Shivaji Marg, Colaba; 🕑 Mo–Fr 9.30–18.30, Sa 9.30–14.30 Uhr) Gleich beim Regal Cinema – der beste Ort, um Bares und Reiseschecks zu wechseln (1 % Gebühr, außer bei American Express).

Standard Chartered Bank Breach Candy (Karte S. 778 f.; Bhulabhai Desai Rd; 🕑 Währungsumtausch 24 Std.); Fort (Karte S. 786 f.; MG Rd; 🕑 Mo–Sa 9.30–19 Uhr)

Thomas Cook (Karte S. 786 f.; ☎ 22048556; 324 Dr. Dadabhai Naoroji Rd, Fort; 🕑 Mo–Fr 9.30–18, Sa 9.30–17 Uhr) Auch hier werden ausländische Währungen zügig umgetauscht.

Fotos

Standard Supply Co (Karte S. 786 f.; ☎ 22612468; Image House, W Hirachand Marg, Fort; 🕑 Mo–Sa 10–19 Uhr) In diesem Geschäft gegenüber vom CST, an der auch

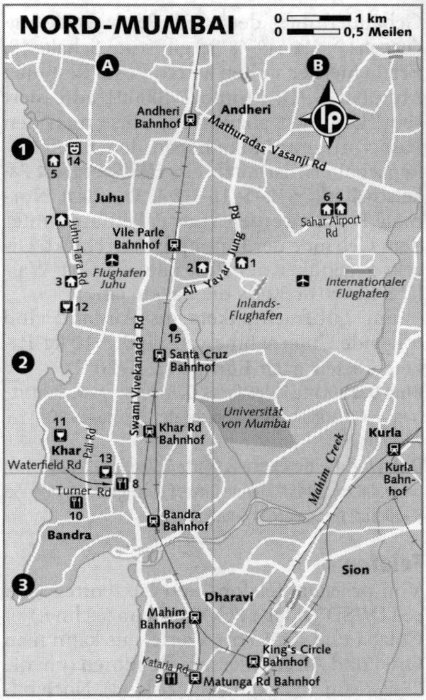

SCHLAFEN

Hotel Airport International 1 B2
Hotel Columbus 2 A2
Hotel Sea Princess 3 A2
Hyatt Regency Mumbai 4 B1
Iskcon 5 A1
ITC Hotel Grand Maratha Sheraton & Towers 6 B1
JW Marriott 7 A1

ESSEN

Culture Curry .... (siehe 9)
Dosa Diner 8 A3
Goa Portuguesa 9 A3
Peshawri .... (siehe 6)
Pot Pourri 10 A3

AUSGEHEN

Olive Bar & Kitchen 11 A2
Vie Lounge 12 A2
Zenzi 13 A2

UNTERHALTUNG

Prithvi Theatre 14 A1

SONSTIGES

Yoga Institute 15 A2

als St. Georges Rd. bekannten Straße gelegen, gibt's modernen Service rund um Digitalbilder, Negativ- und Diafilme, Videokassetten und Fotozubehör.

Post

Die **Hauptpost** (Karte S. 786 f.; ☎ 22621671; 🕑 Mo–Sa 9–20, So 10–17 Uhr) ist ein beeindruckendes

Gebäude hinter dem CST. **Postlagernde Sendungen** (Mo–Sa 9–18 Uhr) gibt's am Schalter 3. Briefe hierher sollten an c/o Poste Restante, Mumbai GPO, Mumbai 400001 adressiert sein. Um Post abzuholen, muss man den Pass vorlegen. Links neben den Briefmarkenschaltern ist auch ein **EMS Speedpost Paketschalter** (Mo–Sa 11–13 & 13.30–16 Uhr). Normale Pakete werden vom Paketbüro hinter dem Gebäude der Hauptpost verschickt. Direkt gegenüber der Post nähen Paket-Wallahs für etwa 30 Rs die Pakete ein.

Für Luftfrachtpakete ins Ausland sind folgende Unternehmen zuständig. 10 kg-Pakete kosten nach Europa ca. 5720 Rs.

Blue Dart (Karte S. 786 f.; ☎ 22828064; www.bluedart.com; Veer Nariman Road, Churchgate; Mo–Sa 10–20.30 Uhr)

DHL Worldwide Express (Karte S. 786 f.; ☎ 22837183; www.dhl.com; 145A Marine Drive, Churchgate; Mo–Sa 8–20 Uhr) Im Sea Green South Hotel.

Telefon

Von privaten Telefon- und Faxzentren (mit „STD/ISD" oder „PCO" gekennzeichnet) in Colaba und dem Fort-Viertel aus kann man Orts- und Auslandsgespräche führen (um die 25 Rs/Min. ins westliche Ausland). Noch billigere Auslandsgespräche (ab 5 Rs/Min.) gibt's in Internetcafés über Net2-Phone, Dialpad oder ähnliche Services.

Touristeninformation

Government of India Touristenbüro (Karte S. 786 f.; ☎ 22207433; 123 Maharshi Karve Rd; Mo–Fr 8.30–18, Sa 8.30–14 Uhr) In diesem meist vollen aber nützlichen Büro gegenüber dem Bahnhof Churchgate bekommt man von freundlichen Mitarbeitern Informationen über ganz Indien. Man kann einen Fremdenführer organisieren und sich über Unterkünfte in Privathäusern informieren.

Government of India Touristenbüro (Schalter) Inlands-Flughafen (☎ 26156920; 7–23 Uhr); internationaler Flughafen (☎ 26829248; Ankunftshalle 2A; 24 Std.)

Maharashtra Tourism Development Corporation (MTDC) – Schalter (☎ 22841877; Apollo Bunder; 10–17 Uhr) In der Nähe des Gateway of India. Hier gibt's Tickets für MTDC-Busrundfahrten durch Mumbai (S. 791).

Maharashtra Tourism Development Corporation (MTDC) – Reservierungsbüro (Karte S. 786 f.; ☎ 22026713; Madame Cama Rd, Nariman Point; Mo–Sa 9.45–17.30 Uhr) Das Hauptbüro der MTDC gibt Reisinfos zu Maharashtra und kann MTDC-Hotels im gesamten Bundesstaat buchen.

Reisebüros

American Express (Amex; Karte gegenüber; ☎ 22048291; Shivaji Marg, Colaba; Mo–Fr 9.30–18.30, Sa 9.30–14.30 Uhr) Gleich beim Regal Cinema, eine zuverlässige Adresse.

Magnum International Travel & Tours (Karte gegenüber; ☎ 22840016; 10 Henry Rd, Colaba) Praktisch, wenn man in Colaba ist.

Thomas Cook (Karte S. 786 f.; ☎ 22048556; 324 Dr. Dadabhai Naoroji Rd, Fort; Mo–Fr 9.30–18, Sa 9.30–17 Uhr) Noch eine zuverlässige Adresse.

Transway International (☎ 26146854; transintl@vsnl.com; 8–20 Uhr) In dieser alteingesessenen Agentur gibt's Reiseinfos und geführte Touren (S. 791).

Visaverlängerungen

Foreigners' Regional Registration Office (Karte S. 778 f.; ☎ 22620446; 2. Nebengebäude, C.I.D., 3. OG, Sayed Badruddin Rd) Offiziell gibt's hier keine Visaverlängerungen für sechsmonatige Touristenvisa – selbst in Notfällen wird man nach Delhi (S. 1192) verwiesen. Trotzdem hat es manch einer mit viel Geduld und Überzeugungskraft geschafft, eine Notfallverlängerung zu bekommen.

SEHENSWERTES

Die folgende Liste enthält die Highlights unter den Sehenswürdigkeiten Süd-Mumbais und Ziele in Nord-Mumbai, hier vor allem Juhu Beach, wo man ebenfalls gut unterkommt und es viele trendige Bars und Restaurants gibt.

Colaba

Karte gegenüber

Colaba ist die südlichste Halbinsel Mumbais – zweifellos das absolute Touristenzentrum und eines der Viertel, wo am meisten los ist. Der **Colaba Causeway** (Shahid Bhagat Singh Marg) ist die belebte Hauptverkehrsader, die sich fast über das ganze Kap erstreckt.

Die Straße führt nahe am **Sassoon Dock** vorbei, wo bei Sonnenaufgang (gegen 5 Uhr) Hochbetrieb ist und angestrengte Geschäftigkeit herrscht, wenn farbenfroh gekleidete Koli-Fischerfrauen den Fang aus den Fischerbooten am Kai sortieren. DenFisch, der in der Sonne trocknet, nennt man *bombil* – jener Fisch, der bei dem Gericht „Bombay Duck" verwendet wird. Am Dock ist das Fotografieren verboten, es sei denn, es liegt eine Erlaubnis vom Hafenbetreiber **MPT** (Mumbai Port Trust; ☎ 56565656; Fax 22611011) vor.

Wer nicht früh genug aufgestanden ist, um beim Entladen der Fische dabei zu sein, kann im Lauf des Tages das bunte Treiben auf dem **Colaba Market** (Lala Nigam St) erleben, nicht weit

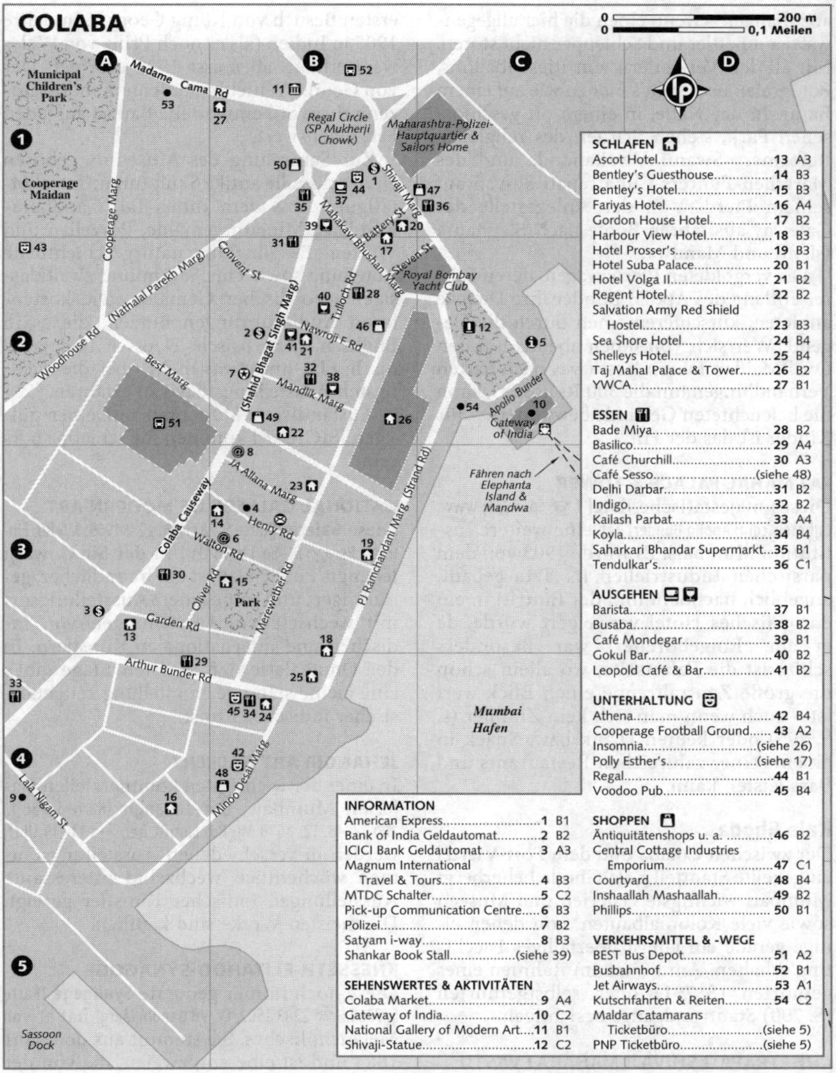

vom Dock in Richtung Nordosten, wo die meisten Touristenhotels stehen.

GATEWAY OF INDIA

Dieser klobige kolonialzeitliche Triumphbogen aus Basalt, der an den islamischen Stil von Gujarat aus dem 16. Jh. erinnert, ist Mumbais Wahrzeichen. Er steht am Rand des Apollo Bunder und ist zum Hafen von Mumbai hin ausgerichtet. 1924 wurde er offiziell eröffnet, doch schon 24 Jahre später, als das letzte britische Regiment feierlich durch seinen Torbogen aus Indien abzog, hatte er ausgedient.

Das Gateway ist ein beliebter Treffpunkt für Einheimische und ein guter Platz um abzuhängen – wenn einen die hier allgegenwärtigen Bettler und Schlepper nicht stören. Mit all den Verkäufern von Riesenballons, Fotografen usw. geht's hier zu wie auf einem Basar. In der Nähe, in einem oft geschlossenen Park, stehen Statuen des religiösen Reformers Swami Vivekananda und des Marathen-Führers Chhatrapati Shivaji auf seinem Pferd. Von der Anlegestelle des Gateway aus fahren Boote nach Elephanta Island und Mandwa.

Die vergoldeten Pferdewagen, deren Fahrer entlang des Apollo Bunder ihre Dienste anbieten, kutschieren einen durch die Gegend. Wer sich von ihnen abends um den Oval Maidan fahren lässt (was nach harten Verhandlungen um die 300 Rs kostet), kann die beleuchteten Gebäude bewundern – für Kinder ist das der Hit.

TAJ MAHAL PALACE & TOWER

Dieses majestätische **Hotel** (☎ 5665336; www.tajhotels.com; Apollo Bunder) ist eine weitere Institution Mumbais. Es wurde 1903 von dem parsischen Industriellen JN Tata gebaut, angeblich nachdem ihm der Eintritt in ein europäisches Hotel verweigert wurde, da er ein „Eingeborener" war. Besonders schön ist die Palastseite, wo allein schon die große Zentraltreppe einen Blick wert ist – auch wenn man sich kein Zimmer (s. S. 795) oder keinen Drink bzw. Snack in einem seiner zahlreichen Restaurants und Bars leisten kann.

Kala Ghoda

Der zwischen Colaba und dem Fort-Viertel eingekeilte Stadtteil Kala Ghoda beherbergt Mumbais wichtigste Galerien und Museen sowie viele Kolonialbauten, von denen einige gerade ein längst überfälliges Facelifting erhalten. Am besten im Rahmen eines geführten (S. 791) oder selbstgeführten (S. 790) Stadtrundgangs besichtigen.

CHHATRAPATI SHIVAJI MAHARAJ VASTU SANGRAHALAYA (PRINCE-OF-WALES-MUSEUM)

Zugegeben, einige der Ausstellungsstücke sind langweilig und altbacken, aber Mumbais erstes **Museum** (Karte S. 786 f.; ☎ 22844519; K Dubash Marg; Inder/Ausländer 10/300 Rs, Foto/Video 30/200 Rs; 🕑 Di–So 10.15–18 Uhr) birgt zweifellos auch ein paar einzigartige Stücke. Der hohe Kuppelbau wurde zur Erinnerung an den ersten Besuch von König Georg V. im Jahre 1905 in Indien (als er noch Prinz von Wales war) erbaut, aber erst 1923 eröffnet. Der von George Wittet in opulentem indo-sarazenischem Stil entworfene Bau ist auf jeden Fall sehenswert.

Zur Sammlung des Museums gehören eindrucksvolle antike Skulpturen, Terrakottafiguren aus dem Indus-Tal, Gandhara-Buddhas, Miniaturgemälde, Porzellan und Waffen. Es gibt eine naturgeschichtliche Abteilung sowie eine Sammlung zweitklassiger europäischer Gemälde. Die kostenlosen Audioführungen nutzen, die es in Englisch, Französisch, Deutsch und Japanisch gibt, um etwas mehr über die wichtigsten Ausstellungstücke zu erfahren.

Ausländische Studenten mit einer gültigen ISIC-Card kommen für schlappe 6 Rs rein.

NATIONAL GALLERY OF MODERN ART

Diese **Galerie** (Karte S. 783; ☎ 22881969; MG Rd; Eintritt 5 Rs; 🕑 Di–So 11–18 Uhr) in der Sir Cowasji Jehangir Public Hall ist ein freundlicher, geräumiger und moderner Ausstellungsort mit wechselnden Ausstellungen von indischen und internationalen Künstlern. In der Domgalerie der obersten Etage gibt's eine kleine ständige Ausstellung zeitgenössischer indischer Kunst.

JEHANGIR ART GALLERY

In einer der wichtigsten kommerziellen Galerien Mumbais, der **Jehangir** (Karte S. 786 f.; ☎ 22048212; 161B MG Rd; Eintritt frei; 🕑 11–19 Uhr), werden in verschiedenen Ausstellungsräumen wöchentlich wechselnd interessante Ausstellungen indischer Künstler gezeigt. Die meisten Werke sind käuflich.

KNESSETH-ELIYAHOD-SYNAGOGE

Diese noch immer genutzte **Synagoge** (Karte S. 786 f.; ☎ 2283 1502; Dr. VB Gandhi Marg) hat etwas Melancholisches. Sie stammt aus dem Jahr 1884 und ist eine von zweien, die von der Sassoon-Familie in Mumbai erbaut wurden (die andere ist im Stadtteil Byculla). Die hellblaue Fassade bröckelt zwar bereits ab, aber ihr Inneres, in das durch prachtvolle Buntglasfenster das Licht hereinfällt, wird für die wenigen Familien, aus denen Mumbais jahrhundertealte jüdische Gemeinde nur noch besteht, wunderschön instandgehalten.

Fort-Viertel

Karte S. 786 f.

Viele der eindrucksvollen viktorianischen Gebäude in Mumbai wurden während des Baubooms der 1860er- und 1870er-Jahre entlang des **Oval Maidan** errichtet. Dieser und der **Azad Maidan** (gleich nördlich daneben) lagen damals am Strand – und einige grandiose Bauten, darunter das Secretariat, die Universität Bombay, der High Court und die Zentrale der Western Railway blickten direkt auf das Arabische Meer. Auf dem neu gewonnenen Land entlang des westlichen Rands der Maidans steht heute eine beeindruckende Ansammlung von Art-deco-Wohnhäusern. Vom Oval Maidan aus kann man diese Bauten bewundern und dabei einem der gelegentlichen Kricketspiele zusehen.

UNIVERSITÄT VON MUMBAI

Gilbert Scott, der für die St. Pancras Station (in London) berühmt ist, hat diese **Universität** (Bhaurao Patil Marg) gestaltet. Sie wird meistens noch immer Universität von Bombay genannt und sieht aus wie ein italienisches Meisterwerk aus dem 15. Jh., das einfach mitten in einer indischen Metropole abgestellt wurde. Man kann in die ausgezeichnete **Universitätsbibliothek** und in die **Convocation Hall** hineinspicken, aber der 80 m hohe, mit fein gearbeiteten Reliefs verzierte **Rajabai Clock Tower** ist für Touristen nicht zugänglich.

HIGH COURT

Der angrenzende **High Court** (Eldon Rd) wurde offensichtlich entworfen, um jeden Zweifel an der Gewichtigkeit und Unumstößlichkeit der Rechtssprechung in seinen Mauern auszuräumen. Die oft unabhängig arbeitenden einheimischen Steinmetze sahen das wohl anders: eine seiner Säulen statteten sie mit einem einäugigen Affen aus, der die Waage der Justiz in seinen Händen hält. Man darf (und sollte unbedingt) das Innere des High Court erkunden und einmal den laufenden Verhandlungen beiwohnen – die Szenen hier wirken, als ob sie aus Büchern von Dickens und Rushdie stammen!

ST. THOMAS CATHEDRAL

Die bezaubernde **Kirche** (Veer Nariman Rd) ist das älteste englische Bauwerk in Mumbai. Mit dem Bau wurde bereits 1672 begonnen, fertiggestellt wurde er jedoch erst 1718. Die Kirche wurde erst kürzlich restauriert (und bei der Gelegenheit von der UNESCO als Weltkulturerbe anerkannt) und ihr luftiges, weiß getünchtes Inneres enthält viele koloniale Denkmäler und kunstvoll behauene Grabsteine.

CHHATRAPATI SHIVAJI TERMINUS (VICTORIA TERMINUS)

Das prunkvollste gotische Gebäude der Stadt erinnert eher an einen verschwenderisch dekorierten Palast oder eine Kathed-

DIE PARSENGEMEINDE

Mumbai hat eine starke, aber immer kleiner werdende Parsengemeinde. Die Parsen (Nachkommen der persischen Zoroastrier, die nach der Verfolgung durch die Muslime im 7. Jh. erstmals nach Indien kamen) ließen sich im 17. und 18. Jh. in Bombay nieder. Sie erwiesen sich als äußerst kluge Geschäftsleute und genossen privilegierte Beziehungen zur britischen Kolonialmacht. So wurden sie selbst eine starke Gemeinschaft, der es gelang, sich aus politischen Angelegenheiten herauszuhalten.

Mit dem Abzug der Briten schwand auch der Einfluss der Parsen in Mumbai, auch wenn sie nach wie vor Land, Vermögen und Immobilien besaßen und rund um ihre Tempel Kolonien errichteten, in denen viele der 60 000 Parsen Mumbais noch heute leben.

Der vielleicht bekannteste Aspekt der zoroastrischen Religion ist der Umgang mit ihren Toten. Für die Parsen sind Feuer, Erde und Wasser heilig, daher äschern sie Verstorbene nicht ein und begraben sie auch nicht. Statt dessen werden sie offen in Türme – die Türme des Schweigens – gelegt, damit Geier die Gebeine vollständig sauber picken. In Mumbai steht der parsische Turm des Schweigens auf dem Malabar-Hügel (für Schaulustige absolut unzugänglich). Da es rund um Mumbai aber nicht mehr so viele Geier gibt, vor allem weil sie durch das immer weitere Vordringen der Stadt und die zunehmende Luftverschmutzung vertrieben werden, ist diese Tradition gefährdet. Das hat bereits dazu geführt, dass die Parsen den Verwesungsvorgang schon manchmal künstlich durch solarbetriebene Heizgeräte oder mit chemischen Hilfsmitteln beschleunigen mussten.

FORT-VIERTEL & CHURCHGATE

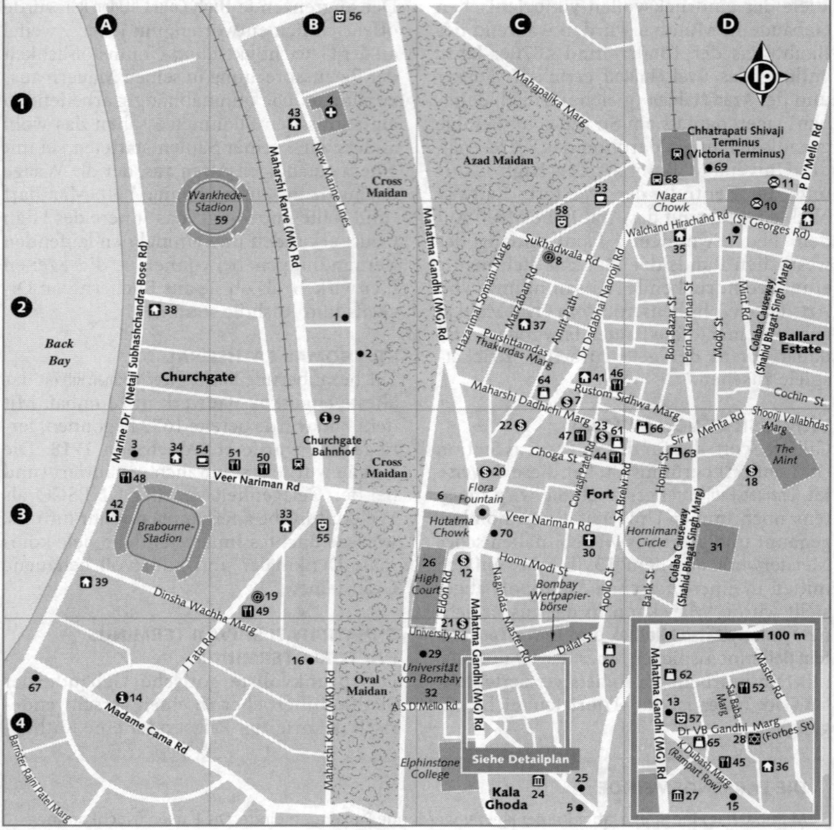

rale als an so etwas Banales wie einen Bahnhof – diesen Anblick sollte man nicht erst dann genießen, wenn man mit dem Zug fahren will. Von Frederick Stevens entworfen, wurde der Bau 1887 fertiggestellt – 34 Jahre nachdem der erste Zug Indiens von hier aus ins nahe gelegene Thana fuhr. Auf den Strebenpfeilern, Kuppeln, Türmchen, Spitzen und Buntglasfenstern tummeln sich Skulpturen und Reliefs von Pfauen, Wasserspeiern, Affen und Löwen. Das Ganze wird von einer 4 m hohen „Statue des Fortschritts“ gekrönt. 1998 wurde der Bahnhof offiziell in Chhatrapati Shivaji Terminus (CST) umbenannt, die Bezeichnung „VT“ ist den Einheimischen aber immer noch geläufiger.

Marine Drive & Chowpatty Beach Karte S. 778 f.

Auf Land, das 1920 der Back Bay abgetrotzt wurde, verläuft der **Marine Drive** (Netaji Subhashchandra Bose Rd.), der in die Chowpatty Seaface und Walkeshwar Marg übergeht und vom Nariman Point über den Chowpatty Beach am Arabischen Meer entlang bis zum Fuße des Malabar Hill führt. Er ist eine von Mumbais beliebtesten Promenaden – vor allem um von hier aus den Sonnenuntergang zu beobachten. Der Marine Drive ist von langsam verfallenden Artdeco-Wohnhäusern gesäumt, und von einigen Wettkampfplätzen, auf denen oft große hinduistische Hochzeiten gehalten werden. Die Lichter, die im Dunkeln entlang der

INFORMATION

Alliance Française	1	B2
American Information Resource Centre	2	B2
Geldautomat	(siehe 69)	
Blue Dart	3	A3
Bombay Hospital	4	B1
Bombay Natural History Society	5	C4
Bücherstände	6	C3
Citibank Geldautomat	7	C2
Citibank Geldautomat	(siehe 67)	
Cyber Online	8	C2
DHL Worldwide Express	(siehe 42)	
Government of India Tourist Office	9	B3
Hauptpost	10	D2
Hauptpost Paketschalter	11	D1
HSBC Bank Geldautomat	12	C3
Magna Book Gallery	13	D4
Maharashtra Tourism Development Corporation (MTDC) Reservation Office	14	A4
Max Mueller Bhavan	15	D4
Oxford Bookstore	16	B4
Paket-Wallahs	17	D2
Reserve Bank of India	18	D3
Satyam i-way	19	B3
Standard Chartered Bank	20	C3
Standard Chartered Bank Geldautomat	21	C4
Standard Supply Co	(siehe 35)	
Thomas Cook	22	C3
UTI Bank Geldautomat	23	C3

SEHENSWERTES & AKTIVITÄTEN

Asiatic Society of Bombay Library	(siehe 31)	
Chhatrapati Shivaji Maharaj Vastu Sangrahalaya (Prince of Wales Museum)	24	C4
Concern India Foundation	25	C4
High Court	26	C3
Jehangir Art Gallery	27	D4
Knesseth-Eliyahod-Synagoge	28	D4
Rajabai Uhrenturm	29	C4
St. Thomas' Cathedral	30	C3
Town Hall	31	D3
Universität von Bombay	32	C4
Zentralbibliothek	(siehe 31)	

SCHLAFEN

Astoria Hotel	33	B3
Chateau Windsor Hotel	34	A3
Hotel City Palace	35	D2
Hotel Lawrence	36	D4
Hotel Outram	37	C2
Intercontinental	38	A2
Marine Plaza	39	A3
Railway Hotel	40	D2
Residency Hotel	41	C2
Sea Green Hotel	42	A3
Sea Green South Hotel	(siehe 42)	
West End Hotel	43	B1

ESSEN

210°C	(siehe 49)	
Apoorva Restaurant & Bar	44	C3
Chetana	45	D4
Ideal Corner	46	C2
Mahesh Lunch Home	(siehe 47)	
Mocambo Café & Bar	47	C3
Pearl of the Orient	(siehe 3)	
Pizzeria	48	A3
Relish	(siehe 49)	
Samrat	49	B3
Suryodaya	50	B3
Tea Centre	51	B3
Trishna	52	D4

AUSGEHEN

Barista	53	C1
Cha Bar	(siehe 16)	
Mocha Bar	54	A3
Samovar Café	(siehe 28)	

UNTERHALTUNG

Eros	55	B3
Metro	56	B1
Not Just Jazz By The Bay	(siehe 48)	
Red Light	57	D4
Sterling	58	C2
Wankhede-Stadion	59	B2

SHOPPEN

Bombay Paperie	60	C4
Bombay Store	61	C3
Fabindia	62	D4
Groove	(siehe 55)	
Kashmir Government Arts Emporium	63	D3
Khadi & Village Industries Emporium	64	C2
Rhythm House	65	D4
Uttar Pradesh Handicrafts Emporium	66	D3

VERKEHRSMITTEL & -WEGE

Air India	67	A4
Busbahnhof	68	D1
Central Railways Reservation Centre	69	D1
Indian Airlines	(siehe 67)	
Western Railways Reservation Centre	(siehe 9)	

SONSTIGES

Davar's College	70	C3

Straße funkeln, haben ihr den Spitznamen „Halsband der Königin" eingebracht.

Das enttäuschende **Taraporewala Aquarium** (☎ 22082061; Marine Drive; Erw./Kind 4/2 Rs; ⌚ Di–Sa 10–19, So 10–20 Uhr) liegt nahe des Chowpatty Beach. Kinder finden's vielleicht toll, aber leider ist die eine Hälfte der Becken leer und die andere trüb – kein Wunder: das Wasser wird direkt aus der Bucht hereingeleitet.

Chowpatty Beach, Schauplatz des wilden Höhepunkts des Ganesh-Chaturthi-Festival (S. 780), ist nach wie vor ein sehr beliebter abendlicher Treff für turtelnde Pärchen, Familien und jeden, der an der – äh – „frischen" Luft sein will. Wer Mumbai wirklich erleben will, muss hier unbedingt abends an einem der unzähligen Stände entlang des Strandes *bhelpuri* essen (kross gebackene dünne Teigscheiben, gemischt mit Puffreis, gebratenen Linsen, Zitronensaft, gehackten Zwiebeln, Kräutern und Chutney) oder sich von einem *malish*-Wallah (Kopfmasseur) den Kopf durchwalken lassen. Tagsüber für ein Bad in der Sonne hierher zu kommen bringt nichts – das Wasser ist schmutzig.

Nicht weit nordwestlich des Strandes in Richtung Kemp's Corner steht der ehrwürdige **Babulnath Mandir** (Babulnath Marg), der zusammen mit dem Mahalaxmi-Tempel (S. 788) einer der wichtigsten Hindu-Tempel der Stadt ist. Auf der Treppe, die zum blumengeschmückten Lingam (phallische Shiva-Darstellung) führt, herrscht immer ein ziemliches Gedränge.

Kotachiwadi

Karte S. 778 f.

Ein *wadi* (kleiner Ort), der wundersamerweise mitten im Hochhausgewirr von Süd-Mumbai überlebt hat, ist Kotachiwadi, eine ostindische christliche Enklave aus rund 30 eleganten, zweistöckigen Holzvillen. Von Chowpatty aus sind es nur zehn Minuten Fußmarsch, aber Kotachiwadi ist gar nicht so leicht zu finden: Zunächst zur **St. Teresa's Church** an der Ecke Jagannath Shankarsheth Marg/RR Roy Marg (Charni Rd.) gehen und sich dann in das Straßengewirr direkt gegenüber stürzen. In Kotchiwadi angekommen, sollte man sich vor allem das **Ferreira House** (☎ 23887292) ansehen; vielleicht ist der Besitzer James Ferreira bereit, einen zu empfangen und etwas über die Geschichte der Gegend zu erzählen – vorher anrufen. Gleich daneben ist das Restaurant Anantashram (S. 797), ein beliebter Nachbarschaftstreff. Bombay Heritage Walks (S. 791) organisiert manchmal geführte Spaziergänge durch die Gegend.

Malabar Hill

Karte S. 778 f.

Am nördlichen Kap der Back Bay liegt die teure Wohngegend Malabar Hill. Die kolonialzeitlichen Wohnhäuser, mit denen der Hang im 18. Jh. übersät war, wurden inzwischen durch Apartmenthäuser von Mumbais Neureichen ersetzt.

Der interessanteste Abschnitt des Kaps liegt am südlichen Ende, wo sich das heilige Gelände des **Banganga Tank** befindet. Badende Pilger, malerische alte *dharamsalas* (Pilgerherbergen), ein Dutzend Tempel und Horden neugieriger Kids machen diese nachbarschaftliche Umgebung zu einer Oase mitten zwischen den rundum aufdringlich aufragenden Apartmenthäusern. Im Januar findet hier das von der MTDC organisierte **Banganga-Festival** statt, ein Festival klassischer Musik.

Der bedeutendste Tempel in der Gegend ist der **Walkeshwar Mandir** (Tempel des Herrn des Sandes), am westlichen Rand des Wasserbeckens. Nach dem hinduistischen Epos Ramayana soll Rama hier einen Lingam aus Sand errichtet haben, als er auf dem Weg nach Lanka war, um Sita zu retten. Der ursprüngliche Tempel wurde wahrscheinlich vor 1000 Jahren gebaut, das jetzige wenig beeindruckende Exemplar stammt erst aus den 1950er-Jahren.

Am Ende des Kaps steht das nicht zugängliche **Raj Bhavan**, einst das Haus des britischen Gouverneurs und nun das des Gouverneurs von Maharashtra.

Auf dem Rückweg nach Chowpatty entlang der auf den Malabar-Hügel hinauf führenden Hauptstraße lässt sich der auffällige **Jainisten-Tempel** nicht verfehlen, der 1904 erbaut und dem ersten jainistischen *tirthankar* (Lehrer) Adinath gewidmet wurde.

Die streng angelegten **Hängenden Gärten** (Pherozeshah-Mehta-Gärten) oben auf dem Hügel sind ein beliebtes Ausflugsziel, vor allem für verliebte Pärchen – meist ist es hier ziemlich voll. Vom kleineren **Kamala Nehru Park** gleich gegenüber hat man eine schöne Aussicht über den Marine Drive und die City; am schönsten ist es hier abends, wenn in der ganzen Stadt die Lichter funkeln.

Kemp's Corner & Mahalaxmi

Karte S. 778 f.

MANI BHAVAN

Das Gebäude, in dem Mahatma Gandhi bei seinen Besuchen in Bombay zwischen 1917 und 1934 wohnte, ist heute ein kleines, aber interessantes **Museum** (☎ 23805864; 19 Laburnum Rd; Eintritt frei; 🕑 10–18 Uhr) – möglichst nicht auslassen! Viele wichtige Ereignisse in Indiens Unabhängigkeitskampf nahmen hier ihren Anfang. Gandhis einfaches Zimmer blieb unberührt und es gibt eine wunderbare fotografische Chronik seines Lebens. Hinzu kommen Schaubilder und Originaldokumente wie z. B. die Briefe, die er an Adolf Hitler und Franklin D. Roosevelt schrieb. Mani Bhavan liegt nahe beim August-Kranti-Maidan, von wo aus 1942 die „Quit India"-Kampagne gestartet wurde.

MAHALAXMI-TEMPEL

Dieser populäre Hindu-Tempel, einer der belebtesten und farbenprächtigsten in ganz Mumbai, ist Mahalaxmi, der Göttin des Reichtums, gewidmet. Er steht auf einer Landzunge, die über die von der Bhulabhai Desai Marg (Warden Rd.) abgehenden Durchgänge erreichbar ist. Der Tempel ist das Zentrum von Mumbais **Navratri** (Festival der Neun Nächte, ein hinduistisches Festival, das zu Dussehra hinführt) im September/Oktober. Wenn man der Göttin seine Ehrerbietung erwiesen hat, geht's treppabwärts Richtung Meer ins Laxmi Bhajiya House direkt an der Küste auf ein paar *gota bhaji* (gebratene Linsenbällchen).

HAJI-ALI-MOSCHEE

Ein paar Schritte vom Mahalaxmi-Tempel Richtung Norden, am Ende eines langen Dammes, der sich ins Arabische Meer erstreckt, steht eine weiß getünchte Moschee, die von weitem am schönsten aussieht. In der Moschee befindet sich das Grabmal des muslimischen Heiligen Haji Ali, dessen Anhänger sie im frühen 19. Jh. errichteten. Eine Version der Legende um Haji Ali besagt, dass er während einer Pilgerfahrt nach Mekka starb und sein Sarg auf wundersame Weise nach Mumbai zurücktrieb und an dieser Stelle strandete.

Bei Flut ist die Moschee vom Meer umspült, ansonsten ist sie aber über den betonierten Damm erreichbar, der von Bettlern und (Münz-) Geldwechslern gesäumt wird.

MAHALAXMI DHOBI GHAT

Auf Mumbais Dhobi Ghat (Platz, an dem Kleidung gewaschen wird) in Mahalaxmi stehen an die 5000 Männer, die in aufgereihten Trögen Dreck aus tonnenweise verschmutzter

STATISTEN IN BOLLYWOOD

Auch wenn Filmstudios offiziell für Freiwillige geschlossen sind, wurde schon mancher Reisende auf den Straßen Mumbais „entdeckt" und gebeten, eine kleine Rolle in einem Bollywood-Streifen zu spielen.

Mumbai ist das Epizentrum von Indiens riesiger hindisprachiger Filmindustrie. Viele Besucher der Stadt hoffen, einmal einen Blick auf das Geschehen in einem der großen Bollywood-Studios erhaschen zu können, aber derzeit bietet kein einziges geführten Touren an. Und aufgrund der zunehmenden Sicherheitsvorkehrungen ist es auch sehr unwahrscheinlich, unter irgendeinem Vorwand durch die Tore gelassen zu werden – es sei denn ...

Die Studios suchen häufiger nach Statisten für Hintergrundszenen und brauchen dafür manchmal auch „westliche Typen". Es ist aber reine Glückssache, für einen Part auserwählt zu werden. Wenn Statisten benötigt werden, schicken die Studios „Talentsucher" nach Colaba hinunter – meist rund um das Gateway of India –, damit sie Reisende für den folgenden Drehtag anheuern. Natürlich bekommt man nicht die Gage eines Bollywood-Stars – bezahlt werden zwischen 500 und 1000 Rs pro Drehtag –, aber nur des Geldes wegen macht ohnehin niemand mit. Die einen berichten von einem langen, heißen Tag am Set ohne das versprochene Essen und Trinken, für andere war der Blick hinter die Kulissen jedoch eine faszinierende Erfahrung. Bevor man sich als Statist rekrutieren lässt, sollte man sich immer die entsprechenden Papiere der Person zeigen lassen, die einen angesprochen hat.

Nachfolgend ein paar Adressen der großen Filmstudios in Mumbai – aber nicht vergessen: wer nicht eingeladen ist (z. B. als Statist für eine Szene) oder keine offizielle Erlaubnis hat, bekommt keinen Fuß in die Tür.

Film City (☎ 022-28401755; filmcityfilmcity@hotmail.com; Goregaon (East), Mumbai 400065)

Kamal Amrohi Studio (☎ 022-28371160; mahal_pictures@hotmail.com; Mahal Pictures Pty Ltd., 6 Jogeshwari Vikhroli Link Rd, Andheri (East), Mumbai 400093)

RK Studios (☎ 022-25203250; Fax 25200234; Chembur-Sion, Mumbai 400071)

Wäsche klopfen, die aus der ganzen Stadt hierher gebracht wird. Den besten Blick, auch durch den Fotoapparat, gibt's von der Brücke über den Gleisen nahe des Bahnhofs Mahalaxmi (Karte S. 778 f.), die vom Bahnhof Churchgate aus zu erreichen ist.

Nord-Mumbai

NEHRU CENTER & NEHRU PLANETARIUM

Das Bemerkenswerteste an diesem **Kulturkomplex** (außerhalb der Karte S. 778 f.; Dr. Annie Besant Rd, Worli) – in dem sich auch ein anständiges **Planetarium** (☎ 249 20510; Erw./Kind 25/15 Rs; ⌚ englischsprachige Show Di–So 15 Uhr) und die verschlungene, aber überraschend interessante historische Ausstellung **Discovery of India** (kostenlos) befinden – ist die klobige moderne Architektur der Gebäude. Der Turm sieht aus wie eine gigantische runde Honigwabe, das Planetarium wie ein UFO. Hier gibt's auch ein Theater (S. 800) sowie das Restaurant Jewel of India (S. 798).

JUHU BEACH

Der Strand ist mit Müll übersät und Besucher werden von Händlern und Bettlern belästigt. Der Beliebtheit des Juhu unter den Einheimischen, die sich hier die Meeresbrise um die Nase wehen lassen, tut das alles aber keinen Abbruch. An den Essensständen geht's lustig zu, und Kids (und erwachsene Ökos) werden von den Karussells, die von Menschenkraft angetrieben werden, begeistert sein.

AKTIVITÄTEN

Schwimmen

Trotz der Hitze sollte man keinesfalls den Verlockungen der Back Bay oder gar der offenen See am Juhu nachgeben – das Wasser ist verschmutzt. Wer schwimmen möchte und nicht in einem Luxushotel wohnt, kann das im Fariyas Hotel (S. 793) in Colaba tun, dort gibt's einen kleinen Terrassenpool (300 Rs für Nicht-Gäste).

Wassersport

H2O Water Sports Complex (Karte S. 778 f.; ☎ 236 77546; Marine Drive, Mafatlal Beach; ⌚ 10–22 Uhr), an der Südostseite vom Chowpatty Beach, verleiht stundenweise Jetski (180 Rs), Speedboote (125 Rs, ab vier Pers.) und Kajaks

(400 Rs). Während des Monsuns geschlossen (Mai–Sept.).

Outbound Adventure (www.outboundadventure.com) veranstalten von Ende Juni bis Anfang September eintägige Raftingtouren auf dem Ullas River in der Nähe von Karjat, 88 km südöstlich von Mumbai.

STADTSPAZIERGANG

Mumbais charakteristische Mischung von Kolonial- und Art-deco-Architektur macht diese Stadt unverwechselbar. Der Stadtspaziergang führt an vielen der bedeutendsten Gebäude der Stadt vorbei – so kann man auf angenehme Weise, je nach persönlichem Tempo, ein paar Stunden oder einen ganzen Tag verbringen. Wer noch weiter wandern will, sollte sich den Stadtführer *Fort Walks* besorgen, den es in allen großen Buchhandlungen gibt.

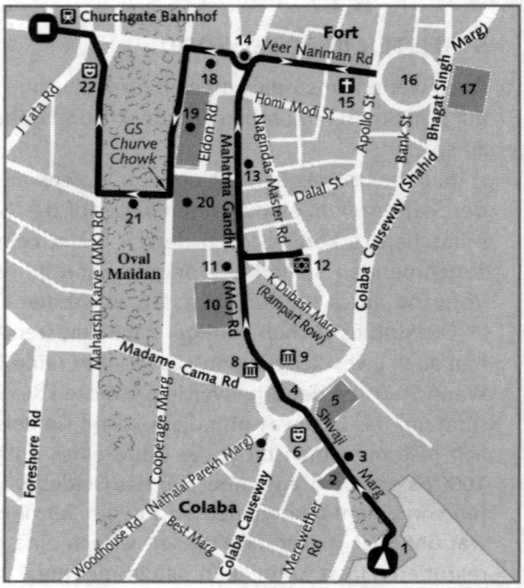

Los geht's am **Gateway of India (1; S. 783)**, die Shavaji Marg hinauf – vorbei am **Royal Bombay Yacht Club (2)**, einem nur Mitgliedern vorbehaltenen Überrest aus der Kolonialzeit, auf der einen Seite und dem Wohn- und Handelskomplex im Art-deco-Stil **Dhunraj Mahal (3)** auf der anderen – in Richtung **Regal Circle** (**4**; SP Mukherji Chowk). Vom Parkplatz in der Mitte des Circle (immer schön auf den Verkehr achten!) hat man den besten Blick auf die umliegenden Bauten – darunter das

Start	Gateway of India
Ziel	Bahnhof Churchgate
Länge	2,5 km
Dauer	mindestens 3 Std.

Old Sailors Home (5) aus dem Jahre 1876, das jetzige Hauptquartier der Polizei Maharashtras, das Art-deco **Regal Cinema (6)** und das alte **Majestic Hotel (7)**, das heutige Genossenschaftskaufhaus Sahakari Bhandar.

Weiter die MG Rd. hinauf, vorbei an der wundervoll restaurierten Fassade des **Institute of Science (8)**. Gegenüber steht das **Chhatrapati Shivaji Maharaj Vastu Sangrahalaya** (**9**; Prince-of-Wales-Museum; S. 784) – dieses großartige Gebäude lässt sich am besten vom Vorgarten aus bewundern. Zurück über die Straße stößt man auf das „neogotische" **Elphinstone College (10)** und die reizvolle **David Sassoon Bibliothek (11)**. Hier kann man der Hitze entfliehen und sich auf dem obersten Balkon faul auf Plantagenbesitzer-Stühlen lümmeln.

Dann geht's über die Straße, hinüber zur Forbes Street, um die **Knesseth-Eliyahod-Synagoge** (**12**; S. 784) zu besichtigen, bevor es zurück auf die MG Rd. und Richtung Norden geht. Am besten auf der linken Seite gehen, um die vertikalen Art-deco-Verzierungen des Gebäudes der **New India Assurance Company (13)** bestaunen zu können. Auf einer Verkehrsinsel liegt die wunderhübsche **Flora Fountain (14)**, die nach der Römischen Göttin des Überflusses benannt ist und 1869 zu Ehren von Sir Bartle Frere, dem Gouverneur von Bombay, errichtet wurde. Er veranlasste den Abbau des Forts und trug viel zu Mumbais modernem Look bei.

Nun östlich in die Veer Nariman Rd. einbiegen und zur **St. Thomas Cathedral (15; S. 785)** gehen. Hier liegt der stattliche **Horniman Circle (16)** vor einem: eine Reihe ringförmig angelegter Gebäude mit Arkaden, die ab 1860 errichtet wurden. Über den Circle ragt im Osten die neoklassizistische **Town Hall (17)** auf, in der die königlich dekorierte, nur Mitgliedern zugängliche Bibliothek der Asiatic Society of Bombay sowie Mumbais Zentralbibliothek untergebracht sind.

Jetzt läuft man zurück zur Flora Fountain und dann nach Westen. Nach dem **Tiefbauamt (18)** im venezianisch-gotischen Stil geht's nach Süden, am erhabenen **High Court** (**19; S. 785**) und schließlich an der ebenso ehrwürdigen und prunkvoll verzierten **Universität von Mumbai** (**20**; S. 785) vorbei. Die Fassaden der beiden Gebäude lassen sich am besten vom **Oval Maidan (21)** aus betrachten – der an der GS Churve Chowk gegenüber dem zur Universität gehörenden Rajabai Uhrenturm betreten wird. Wer sich hier umsieht, kann die Kolonialbauten mit den Art-deco-Schönheiten entlang der Maharshi Karve (MK) Rd. vergleichen, deren absolute Krönung der Turm des **Eros Cinema (22)** ist – er sieht aus wie eine Hochzeitstorte. Endstation des Spaziergangs ist der Bahnhof Churchgate.

KURSE

Yoga

Seriöse Yogastunden gibt's im **Kaivalyadhama Ishwardas Yogic Health Centre** (Karte S. 778 f.; ☎ 22818417; www.kdham.com; 43 Marine Drive, Chowpatty; ⌚ Mo–Sa 6.30–10 & 15.30–19 Uhr). Die Mindestgebühr beträgt 300 Rs plus 350 Rs für die monatliche Mitgliedschaft; erwartet wird die Teilnahme an einem einstündigen Kurs – sechs Tage pro Woche, einen ganzen Monat lang. Zuvor muss man sich einer Routineuntersuchung unterziehen.

Auch das **Yoga Institute** (Karte S. 781; ☎ 26122185; www.yogainstitute.org; Prabhat Colony, Shri Yogendra Marg, Santa Cruz) bietet Yogakurse an. Manche sind kostenlos, andere kosten ab 200 Rs pro Monat.

Sprachen

Davar's College (Karte S. 786 f.; ☎ 22045072; davarcol@vsnl.in; 3. OG, Jehangir Bldg., MG Rd, Fort) bietet Hindi- und Marathi-Sprachkurse für Anfänger an. Ein einmonatiger Grundkurs in Grammatik und Konversation kostet 5000 Rs für täglich 45 Minuten Unterricht (Mo–Fr).

GEFÜHRTE TOUREN

Die besten Citytouren veranstaltet **Bombay Heritage Walks** (☎ 23690992, 26835856; heritagewalks@hotmail.com), ein Unternehmen, das von zwei begeisterten Architektinnen geleitet wird. Meist wird einmal im Monat ein Sonntagsspaziergang angeboten (75 Rs), der nur ein paar Stunden dauert, ansonsten kosten privat geführte Stadtwanderungen 500 Rs pro Person.

Transway International (S. 782) veranstaltet eine **Bombay-bei-Nacht-Tour** (25 US$), inklusive einer künstlerischen Darbietung sowie Getränken in dem sonst nur Mitgliedern vorbehaltenen exklusven Royal Bombay Yacht Club.

MTDC (S. 782) bietet wenig aufregende **Busrundfahrten** (mit Klimaanlage) durch die Stadt (225 Rs, Dienstag bis Sonntag), außerdem gibt's an den Wochenenden um 19 und 20.30 Uhr einstündige Touren mit offenen Bussen zu den beleuchteten denkmalgeschützten Bauten der Stadt – los geht's am Gateway of India. Tickets für alle Touren gibt's am MTDC-Schalter am Apollo Bunder nahe beim Gateway of India.

Das Government of India Touristenbüro (S. 782) kann **mehrsprachige Führer** (350/500 Rs pro halbem/ganzem Tag) organisieren, falls jemand die Stadt in seinem eigenen Tempo erkunden will. Nicht-englische Führungen kosten 180 Rs extra.

Bootsfahrten im Hafen von Mumbai sind eine gute Gelegenheit, der City zu entfliehen und bieten die Möglichkeit, das Gateway of India einmal so zu sehen, wie's ursprünglich gedacht war. Kurze Ausflüge mit der Fähre (1 Std.) kosten 30 Rs. Wer eine Luxuskreuzfahrt machen möchte, muss die **Taj Yacht** anheuern (12 000 Rs/Std.); Nähere Einzelheiten im Taj Mahal Palace & Tower (S. 795) erfragen.

SCHLAFEN

Mumbai ist Indiens teuerste Stadt, was Unterkünfte angeht, und in der Weihnachts- oder Diwali-Saison kann es ziemlich schwer werden, ein Zimmer zu bekommen. Der Preis für ein Doppelzimmer in einer Budgetunterkunft liegt hier irgendwo unter 1000 Rs und in der Mittelklasse bei bis zu 6500 Rs.

In Colaba gibt's die größte Auswahl an Budget- und Mittelklassehotels, zudem liegen die wichtigsten Sehenswürdigkeiten im Umkreis dieser belebten Gegend. Das Fort-Viertel ist auch o. k. (in der Nähe vom CST und vom Bahnhof Churchgate). Wer geschäftlich oder nur für einen Zwischenstopp in Mumbai ist, kommt vielleicht besser in den Mittel- und Spitzenklassehotels beim Flughafen oder am Juhu unter.

Um bei einer einheimischen Familie irgendwo in der Stadt unterzukommen, wendet man sich an das Government of India Touristenbüro (S. 782), dort gibt's eine Adressliste mit Privatunterkünften. In der Ankunftshalle des internationalen Flughafens ist außerdem einen **Schalter für Hotelreservierungen** (☎ 56048772; ⌚ 24 Std.), wo Hotelbuchungen vorgenommen und auch gleich der Transport organisiert werden kann.

Normalerweise muss man bis 12 Uhr auschecken. Gäste mit späterem Flug sollten vor dem Einchecken fragen, ob das Gepäck aufbewahrt werden kann. Zudem beachten, dass alle Hotels für Zimmer über 1200 Rs eine gesetzliche Steuer von 6 % auf den Rechnungsbetrag erheben, manche schlagen aber für Steuern und Service gleich 20 % auf – diese höheren Gebühren werden im Folgenden extra angegeben, ansonsten verstehen sich alle genannten Preise ohne Steuer.

Budgetunterkünfte

Außer in Colaba und im Fort-Viertel gibt's auch in Vile Parle, einem an den Inlands-Flughafen angrenzenden Mittelklassevorort, ein paar Budgetunterkünfte – diese sind aber recht schäbig. Im Falle eines Falles daher besser direkt am Flughafen übernachten.

COLABA Karte S. 783

Bentley's Hotel (☎ 22841474; www.bentleyshotel.com; 17 Oliver Rd; DZ inkl. Frühstück & Steuern 770–1328 Rs; ❄) Bentley's hat von allen Budgethotels in Colaba das beste Ambiente. Zwei Hauptgebäude stehen auf der Oliver Rd. und ein weniger ansprechendes, dafür aber billigeres Gästehaus findet sich einen Block weiter auf der Henry Rd. Die Zimmer haben Kabel-TV. Die teureren bieten Mittelklassestandard: groß, blitzsauber, mit kolonialzeitlichen Möbeln und Balkons, und das alles für einen guten Preis. Die Zimmer 31 und 21 haben Gartenblick und gehören zu den besten. Klimaanlage kostet um die 200 Rs extra. Man sollte reservieren; gängige Kreditkarten werden akzeptiert.

Hotel Volga II (☎ 22885341; 1. OG, Rustam Manzil, Nawroji F Rd; EZ/DZ mit Gemeinschaftsbad 300/450 Rs, DZ mit eigenem Bad 600 Rs, DZ mit eigenem Bad, Klimaanlage & TV 800 Rs; ❄) Gleich um die Ecke beim beliebten Touristentreff Leopold (S. 798) ist das Volga II mit seinen sehr kleinen aber sauberen Zimmern, in denen es sich ein paar Nächte aushalten lässt. Das Hotel liegt sehr zentral und ist daher oft ausgebucht.

Sea Shore Hotel (☎ 22874237; 4. OG, Kamal Mansion, 1 Arthur Bunder Rd; EZ/DZ mit Gemeinschaftsbad 350/450 Rs, DZ mit Klimaanlage 600 Rs; ❄) Die beste der drei Budgetoptionen in diesem Gebäude hat spartanische, fensterlose Zimmer mit TV oder aber bessere Doppelzimmer mit kleinem Hafenausblick. Die Einzelzimmer sind winzig, aber zumindest sauber. Alle Zimmer mit Gemeinschaftsbad.

Hotel Prosser's (☎ 22841715; 2 Henry Rd; DZ/3BZ 400/600 Rs) Von außen sieht dieses Hotel ziemlich altersschwach und marode aus, aber die Zimmer sind ganz gut in Schuss. Die Gemeinschaftsbäder haben Warmwasser und Sitztoiletten mit Wasserspülung.

Salvation Army Red Shield Hostel (☎ 22841824; 30 Mereweather Rd; B ohne/mit Vollpension 135/205 Rs, DZ/3BZ mit Vollpension 585/855 Rs) Auf jeden Fall die billigste Bleibe in Mumbai, wenn man die Schlafsaalvariante nimmt. Das Hotel ist sauber, erinnert aber eher an eine Jugendherberge. Die Betten werden nach dem Motto „wer zuerst kommt, mahlt zuerst" verteilt und müssen um 9 Uhr geräumt sein. Es gibt eine Gepäckaufbewahrung (50 Rs/Tag).

FORT-VIERTEL Karte S. 786 f.

Hotel City Palace (☎ 22615515; www.hotelcitypalace.net; 121 City Terrace, W Hirachand Marg; einfache EZ/DZ ab 550/700 Rs größere EZ/DZ 875/1075 Rs; ❄) Ziemlich enge Zimmer, dafür aber blitzsauber und für seine Lage direkt gegenüber dem CST überraschend ruhig. Für ein oder zwei Nächte eine gute Wahl.

Hotel Lawrence (☎ 22843618; 3. OG, ITTS House, 33 Sai Baba Marg; EZ/DZ/3BZ mit Gemeinschaftsbad inkl. Frühstück & Steuern 400/500/700 Rs) Die einfachen, aber sauberen Zimmer stehen im Gegensatz zu den abschreckenden *paan*-befleckten Wänden im Treppenhaus. Das Hotel liegt in einer Gasse, die beim TGI Fridays von der K Dubash Marg abgeht.

Hotel Outram (☎ 22094937; Marzaban Rd; kleines EZ/DZ mit Gemeinschaftsbad 350/450 Rs, EZ/DZ mit Klimaanlage ab 750/850 Rs; ❄) Das schlichte, herzliche Hotel liegt in einer ruhigen Ecke zwischen dem CST und den Maidans. Die Zimmer mit eigenem Bad sind einigermaßen sauber, nur die Sonne kommt nicht rein.

Railway Hotel (☎ 22616705; www.hotelrailway.com; 249 P D'Mello Rd; EZ/DZ inkl. Frühstück ab 825/1195 Rs, EZ/DZ mit Klimaanlage inkl. Frühstück 1195/1650 Rs; ❄) Günstige Lage in CST-Nähe, die Zimmer sind einigermaßen sauber und haben speckige Teppiche, TV und Kühlschrank.

Mittelklassehotels

COLABA Karte S. 783

Gordon House Hotel (☎ 22871122; www.ghhotel.com; 5 Battery St; EZ/DZ 5500/6000 Rs, Suite 10 000 Rs; ❄ 💻) Das Gordon House Hotel ist ein strahlend weißes hübsches Hotel in europäischem Stil, mit eleganten Zimmern, die entweder im mediterranen, Country- oder skandinavischen Stil gestaltet sind. Vielleicht ein bisschen kitschig, aber irgendwie cool, zumal alle Zimmer mit Hightech wie CD-Player und Flachbild-TV ausgestattet sind. Die Zimmer über dem hauseigenen Nachtclub sind etwas laut – auf Nachfrage gibt's für sie Rabatt.

Fariyas Hotel (☎ 22042911; www.fariyas.com; 25, etwas abseits der Arthur Bunder Rd; EZ/DZ ab 135/150 US$;) Dieses komfortable und nette Hotel liegt ganz in der Nähe des wimmelnden Colaba Market und des trendigen Designerboutiquen-Zentrums Courtyard. Die Möbel sind vielleicht etwas altmodisch, ansonsten sind die Zimmer aber gut. Auf der Terrasse im ersten Stock ist auch ein kleiner Swimmingpool, außerdem gibt's Fitnesscenter, Restaurant und den Pub Tavern & Beyond (gut für einen gemütlichen Drink).

Ascot Hotel (☎ 56385566; www.ascothotel.com; 38 Garden Rd; EZ/DZ inkl. Frühstück & Steuern 2650/2862 Rs;) Auf jeden Fall das attraktivste der drei Mittelklassehotels auf der Garden Rd. Das Ascot präsentiert sich seit kurzem in modernem Outfit – farbenfroh, aber geschmackvoll. Die Zimmer sind geräumig und komfortabel. Kostenloser Internetzugang.

Shelleys Hotel (☎ 22840229; www.shelleyshotel.com; 30 PJ Ramchandani Marg; DZ inkl. Steuern ab 1622 Rs;) Mit Blick auf den Hafen von Mumbai ist das Shelleys ein schnuckeliges kleines Hotel mit einem kolonialen Touch. Alle Zimmer haben Balkon und hippe dunkelblaue Polstermöbel.

Harbour View Hotel (☎ 22821089; www.viewhotelsindia.com; 4. OG, 25 PJ Ramchandani Marg; DZ inkl. Frühstück 2190–2475 Rs;) Ein geschmackvoll neu gestyltes Hotel mit lupenreinen Doppelzimmern auf dem 3. und 4. OG (über dem Strand Hotel); die teureren Zimmer haben den namensgebenden Hafenblick. Auch das luftige Dachrestaurant ist ein absolutes Plus. Auf die Zimmerpreise werden 20 % Steuern aufgeschlagen.

Regent Hotel (☎ 22871854; www.regenthotelcolaba.com; 8 Best Marg; EZ/DZ inkl. Frühstück & Steuern 2226/2332 Rs;) Dieses Hotel ist wirklich stilvoll: viel Marmor und überall Bilder, die ihm ein leichtes orientalisches Flair geben. Die Zimmer sind komfortabel und haben einzeln abgetrennte Balkons. Kostenloser Internetzugang.

Hotel Suba Palace (☎ 22020636; www.hotelsubapalace.com; Battery St; EZ/DZ inkl. Frühstück 1660/2350 Rs;) Standardmäßig, aber komfortabel und modern. Das Suba Palace hat einen guten Standort und bekommt von seinen Gästen gute Kritiken.

YWCA (☎ 22025053; www.ywcaic.info; 18 Madame Cama Rd; B/EZ/DZ 688/723/1360 Rs, DZ mit Klimaanlage 1590 Rs;) Das YWCA ist ein gut geführtes Haus und nimmt Männer und Frauen auf. Die geräumigen Vierbettschlafsäle sind ein Schnäppchen, zumal in den Zimmerpreisen Frühstück und Abendessen enthalten sind. Die anderen Zimmer sind klein, aber gepflegt; die Lage zwischen Colaba und Fort-Viertel ist gut.

FORT-VIERTEL

West End Hotel (Karte S. 786 f.; ☎ 22039121; www.westendhotelmumbai.com; 45 New Marine Lines; EZ/DZ 2668/3132 Rs;) Das Retroambiente dieser altmodischen Bleibe (die vor allem bei Medienleuten angesagt ist) wird von der in grauem Velours gehaltenen Bar „Chez Nous" noch unterstrichen, die wie eine Kulisse aus einem Austin-Powers-Film wirkt. Die Zimmer sind schlicht, aber geräumig, mit weichen Betten.

Residency Hotel (Karte S. 786 f.; ☎ 22625525; residencyhotel@vsnl.com; 26 Rustom Sidhwa Marg; EZ/DZ inkl. Steuern ab 1378/1484 Rs;) Eine der wenigen komfortablen Optionen im Herzen des Fort-Viertels. Die Lobby ist mit Marmor verkleidet und die sauberen Zimmer sind mit typisch indischen Bildern verziert.

Grand Hotel (Karte S. 778 f.; ☎ 22618211; www.grandhotelbombay.com; 17 Shri Shiv Sagar Ramgulam Marg, Ballard Estate; EZ/DZ ab 1800/2100 Rs;) Das Grand Hotel wird zwar seinem Namen nicht gerecht, ist aber so schlecht auch wieder nicht – die Zimmer sind sauber, wenn auch etwas lieblos eingerichtet. Das Hotel liegt relativ ruhig.

CHURCHGATE, MARINE DRIVE & KEMP'S CORNER

Astoria Hotel (Karte S. 786 f.; ☎ 56541234; astoria@hathway.com; Churchgate Reclamation, Churchgate; EZ/DZ inkl. Frühstück 1800/2200 Rs;) Dieses hübsch renovierte Hotel in guter Lage hat eine glänzende, moderne Lobby und ein Restaurant mit Internetzugang. Die Zimmer halten zwar nicht, was die Lobby verspricht, sind aber geräumig und sauber.

Chateau Windsor Hotel (Karte S. 786 f.; ☎ 2204 4455; www.chateauwindsor.com; 5. OG, 86 Veer Nariman Rd, Churchgate; EZ/DZ mit Gemeinschaftsbad 990/1290 Rs, EZ/DZ mit eigenem Bad ab 1440/1890 Rs;) Dieses Hotel sieht etwas müde aus, aber die Zimmer sind gepflegt und haben TV und Balkon. Die Lage nahe beim Marine Drive ist auch nicht zu verachten.

Hotel Kemp's Corner (Karte S. 778 f.; ☎ 23634646; Fax 23634732; 131 August Kranti Marg; EZ/DZ ab 1100/1500 Rs;) In diesem alteingesessenen, altmodischen Hotel lohnt es sich, für die Deluxe-Doppelzimmer etwas tiefer in die Tasche zu greifen. Für Shoppingtouren im Kemp's Corner supergünstig gelegen.

Sea Green Hotel (Karte S. 786 f.; ☎ 56336525; www.seagreenhotel.com; 145 Marine Drive; EZ/DZ 1800/2200 Rs;) und **Sea Green South Hotel** (Karte S. 786 f.; ☎ 56336535; www.seagreensouth.com; 145A Marine Drive; EZ/DZ 1800/2200 Rs;) sind identische Hotels (gleiche Preise) mit geräumigen, jedoch spartanischen Zimmern mit Klimaanlage. Kleiner Tipp: Zimmer mit Meerblick kosten genauso viel wie ohne. 16 % Steuer auf die Zimmerpreise.

JUHU BEACH & RUND UM DEN FLUGHAFEN Karte S. 781

An der Nehru Rd. Extension gibt's gleich ein halbes Dutzend Mittelklassehotels, ganz in der Nähe vom Eingang zum Inlands-Flughafen. Die Zimmerpreise sind doppelt so hoch wie für gleichwertige Zimmer in der Stadt und es gibt eigentlich keinen vernünftigen Grund, in der Gegend von Vile Parle zu übernachten – es sei denn, es steht nur wenig Zeit bis zum Weiterflug zur Verfügung. In Juhu kann man wenigstens noch an den Strand gehen.

Hotel Sea Princess (☎ 2661111; www.seaprincess.com; Juhu Tara Rd, Juhu; EZ/DZ inkl. Frühstück 6000/7000 Rs;) Das Sea Princess gehört schon fast zur Spitzenklasse und ist es wert, mal etwas mehr auszugeben. Die ziemlich großen Zimmer sind toll ausgestattet, haben alle Blick auf den Strand und der Flughafentransfer ist inklusive.

Iskcon (☎ 26206860; guest.house.Bombay@pamho.net; 111 Hare Krishna Lane, Juhu; EZ/DZ inkl. Steuern 1248/1584 Rs, EZ/DZ mit Klimaanlage inkl. Steuern 1452/1971 Rs;) Dieses gut geführte Hochhaus in grellem Pink gehört zum Hare-Krishna-Komplex und ist nicht allzu weit vom Strand entfernt. Die schlichten Zimmer sind groß und blitzsauber, haben aber weder Fernseher noch Kühlschrank. Im selben Gebäude ist auch das Restaurant Govinda's, das mit einem guten vegetarischen Buffet aufwartet.

Hotel Columbus (☎ 26182029; columbus@rediffmail.com; 344 Nanda Patkar Rd, Vile Parle; EZ/DZ ab 1650/2000 Rs;) Das Columbus ist eines der wenigen Mittelklassehotels in Flughafennähe, das sich für einen Aufenthalt von mehr als einer Nacht eignet. Die Flughafentransfers sind inklusive, man muss aber vom Flughafen aus im Hotel anrufen, um abgeholt zu werden. Zum Haus gehört auch ein schönes modernes Restaurant.

Hotel Airport International (☎ 26182222; Nehru Rd, Vile Parle; EZ/DZ ab 1195/2400 Rs;) Liegt so nah am Inlands-Flughafen, dass die Landebahn von den meisten Fenstern aus zu sehen ist. Das Hotel wird gerade Stück für Stück runderneuert. Die älteren Sparpreiszimmer sind für eine Nacht o. k.

Spitzenklassehotels

MARINE DRIVE

Intercontinental (Karte S. 786 f.; ☎ 56399999; www.intercontinental.com; 135 Marine Drive, Churchgate; DZ inkl. Frühstück ab 315 US$;) Für den tollen Meerblick in diesem feinen Hotel im Boutiquestil bezahlt man gern etwas mehr. Eine nette Geste sind u. a. die aus dem Internet heruntergeladenen Tageszeitungen aus verschiedenen Ländern. Auf die Standardzimmerpreise (inkl. Abholung vom Flughafen) gibt's manchmal bis zu 40 % Rabatt.

Marine Plaza (Karte S. 786 f.; ☎ 22851212; hotelmarineplaza@vsnl.com; 29 Marine Drive, Nariman Point; DZ ab 250 US$;) Ein super Fünfsterne-Boutiquehotel mit Art-deco-Touch und gestylten Zimmern. Der Swimmingpool auf dem Dach hat einen Glasboden mit Blick auf das Foyer fünf Etagen tiefer! Zum Hotel gehören außerdem ein Fitnesscenter, zwei Restaurants und die angesagte Geoffrey's Bar im urgemütlichen Boston-Style.

Hilton Towers (Karte S. 778 f.; ☎ 56324343; www.hilton.com; Marine Drive, Nariman Point; EZ/DZ ab 230/255 US$;) Das Hilton Towers (ehemals das Oberoi Towers) toppt seinen Nachbarn sowohl in Bezug auf die Preise als auch durch das schicke Design seiner Restaurants, Bars und des Poolgeländes. Beide Hotels werden zwar separat betrieben, haben aber noch immer gemeinschaftliche Einrichtungen, sodass es sich fröhlich zwischen den beiden umherspazieren lässt.

Oberoi (Karte S. 778 f.; ☎ 56325757; www.oberoihotels.com; Marine Drive, Nariman Point; EZ/DZ ab 702/295 US$;) Das Oberoi ist zwar relativ opulent, kann aber beim historischen

ETWAS BESONDERES

Taj Mahal Palace & Tower (Karte S. 783; ☎ 56653366; www.tajhotels.com; Apollo Bunder, Colaba; Turmzimmer EZ/DZ ab 230/255 US$, Palastzimmer EZ/DZ ab 290/315 US$;) Dieses elegante und bestens geführte Hotel – eine Institution in Mumbai – ist praktische eine Welt für sich: Hier gibt's alle erdenklichen Einrichtungen, darunter jede Menge Restaurants, viele schicke Läden, einen großen Freiluft-Pool, eine Fitnesshalle, den Nachtclub Insomnia (S. 799) und sogar einen hauseigenen Wahrsager! Auch wenn die Zimmer im neuen Turm super sind (und eine tolle Aussicht bieten), für mehr Stil lieber eins der feudalen, historisch gestalteten Zimmer im Palast nehmen!

Touch des Taj Mahal Palace & Tower (s. Kasten oben) nicht mithalten – und auch nicht beim modernen Stil des angrenzenden Hilton Towers (s. gegenüber). Aber es hat ein Wellnesscenter, in dem ayurvedische und andere Massagen angeboten werden.

JUHU BEACH & RUND UM DEN FLUGHAFEN **Karte S. 781**

ITC Hotel Grand Maratha Sheraton & Towers (☎ 28303030; www.welcomgroup.com; Sahar Airport Rd, Andheri; EZ/DZ inkl. Frühstück & Steuern ab 210/235 US$;) In diesem Gebiet garantiert das Hotel mit dem luxuriösesten indischen Ambiente, von den Gitterfenstern im Jaipur-Stil rund um das Atrium bis zu den Kopfkissen aus Seide und den präparierten Palmen in der Lobby. Es liegt direkt vor dem internationalen Flughafen und beherbergt auch das bekannte Restaurant Peshawri (S. 797).

JW Marriott (☎ 56933000; mail@jwmarriottmumbai.com; Juhu Tara Rd, Juhu; DZ inkl. Frühstück & Steuern ab 169 US$;) Direkt in der Mitte des Juhu Beach liegt dieses monumentale Luxushotel, das mit nicht weniger als drei Pools aufwarten kann – in einem davon befindet sich stark gefiltertes Meerwasser. Die Zimmer sind angenehm nobel. Der zugehörige Nachtclub Enigma (war während der Recherchen zu diesem Buch wegen Renovierung geschl.) ist ein angesagter Partyschuppen. Wer sich ein Zimmer für 199 US$ leistet, hat Flughafentransfer inklusive.

Hyatt Regency Mumbai (☎ 56961234; www.mumbai.regency.hyatt.com; Sahar Airport Rd, Andheri; DZ inkl. Steuern ab 170 US$;) Dieses modern aufgemachte Hotel liegt ebenfalls direkt am internationalen Flughafen und hat verglichen mit seinem Schwesterhotel, dem Grand Hyatt in Santa Cruz, eindeutig die bessere Lage und auch noch etwas schickere Zimmer.

ESSEN

Mumbai ist ein Paradies für Feinschmecker. Wer sich durch die Vielfalt der Speisen hindurcharbeitet, könnte die Kulturgeschichte der Metropole nachzeichnen: von parsischem Dhansaak (Fleisch mit Currylinsen und Reis), gujaratischen Thalis („All-you-can-eat"-Gerichte) und muslimischen Kebabs bis zu goanischem Vindaloo und mangalorischen Meeresfrüchten. Und – nur wenige Restaurants haben es, aber vielleicht ist es auf der einen oder anderen Speisekarte zu finden – Bombay Duck ist in Wirklichkeit in der Sonne getrockneter und frittierter *bombil*-Fisch.

Ein absolutes Muss ist Mumbais berühmtes *bhelpuri*, das jederzeit an den Ständen am Chowpatty und Juhu Beach zu haben ist – obwohl es vielleicht vernünftiger ist, es in einem der Restaurants, wie z. B. Swati Snacks (S. 797), zu probieren. Während des islamischen Fastenmonats Ramadan sind abends entlang der Mohammed Ali Rd. und der Merchant Rd. in Kalbadevi überall fantastische Essensmärkte zu finden. Straßenstände bieten Reisplatten, Samosas und *pav bhaji* (gewürztes Gemüse und Brot) für rund 15 Rs an und treiben damit überall in der Stadt regen Handel.

Selbstversorger sollten sich auf dem **Colaba Market** (Karte S. 783; Lala Nigam St) umsehen – hier gibt's Unmengen von frischem Obst und Gemüse – oder zum **Saharkari Bhandar Supermarkt** (Karte S. 783; Ecke Colaba Causeway & Wodehouse Rd) nördlich vom Colaba Causeway gehen. Gleich an der Veer Nariman Rd. in der Nähe des Bahnhofs Churchgate ist noch ein gut sortierter Supermarkt, **Suryodaya** (Karte S. 786 f.; E Rd; 7.30–20.30 Uhr).

Die im Folgenden beschriebenen Restaurants sind, wenn nicht anders angegeben, täglich von 12 bis 15 Uhr und von 19 bis 23.30 Uhr geöffnet.

Colaba **Karte S. 783**

Bade Miya (☎ 22848038; Tulloch Rd; Hauptgerichte 70 Rs; 19–1 Uhr) Ein Kebab-Imbisswagen mit

Telefonnummer? Das in der ganzen Stadt beliebte Bade Miya macht jede Nacht u. a. mit seinen Hühnchentikka-Rollen, *boti kebab* (Lammkebab) und *paneer masala* (Käse- und Tomatencurry) ein super Geschäft. Wer gleich hier essen möchte – an der Straße stehen Metalltische und -stühle.

Café Churchill (103B Colaba Causeway; Hauptgerichte 50–90 Rs; 10.30–23.30 Uhr;) Dieses winzige, brechend volle Lokal mit Sitznischen macht das beste Essen für den westlichen Gaumen weit und breit. Seine Spezialitäten sind leckere Sandwiches, gute Pastagerichte und verlockende Desserts wie z. B. Honig-Walnuss-Törtchen.

Kailash Parbat (5 Sheela Mahal, 1. Pasta Lane, Colaba; Hauptgerichte 50–80 Rs; 8–23 Uhr) Nichts Außergewöhnliches, aber wegen seiner preiswerten, rein vegetarischen Snacks nach Sindhi-Art und den verführerischen Süßigkeiten trotzdem eine Legende in Mumbai.

Basilico (Sentinel House, Arthur Bunder Rd; Hauptgerichte 145–285 Rs; 7.30–1.30 Uhr;) In diesem schicken, auf europäisch gemachten Bistro und Feinkostladen genießt man u. a. Salatideen, Risottos und Tangines. Es gibt auch erstklassiges Gebäck.

Tendulkar's (☎ 22829934; Narang House, Shivaji Marg, Apollo Bunder; Hauptgerichte 200–475 Rs;) Der Kricket-Superstar Sachin Tendulkar präsentiert hier eine Art Hard Rock Cricket Café. Die Ausstattung ist ein frostiger Mix aus Neon, Glas und Sitznischen und auf der Speisekarte stehen indische sowie europäische Speisen, darunter Bombay Duck nach dem Rezept von Tendulkars Mutter! Täglich zwischen 18.30 und 20.30 Uhr ist Happy Hour (25 % Nachlass auf Getränke).

Café Sesso (Courtyard, SP Centre, 41/44 Minoo Desai Marg; Hauptgerichte 165–200 Rs; 11.30–23.30 Uhr;) Café und gleichzeitig Feinkostladen – très chic und der perfekte Ort, um sich mit einer Zwischenmahlzeit zu stärken, während man die Designerboutiquen auf dem Courtyard-Komplex abklappert. Die Sandwiches und Salate sind lecker, und für ganz Hungrige gibt's auch Herzhafteres zu essen.

Koyla (☎ 56369999; Gulf Hotel, Arthur Bunder Rd; Hauptgerichte 100–250 Rs; Di–So 8–14.30 Uhr) In dieser Restaurantbar auf einem Dach herrscht ein Ambiente à la Arabien meets Café del Mar. Hier kann man sich auf niedrigen Sofas lümmeln und dabei Wasserpfeife paffen (200 Rs), Leckeres essen und kühlende Getränke schlürfen.

Delhi Darbar (☎ 22020235; Colaba Causeway; Hauptgerichte 80–165 Rs; 11.30–0.30 Uhr;) Eines der besten Mughlai- und Tandoori-Restaurants Süd-Mumbais. Die Atmosphäre ist etwas förmlich, das Essen dafür ausgezeichnet.

Kala Ghoda & Fort-Viertel

Mahesh Lunch Home (Karte S. 786 f.; ☎ 22870938; 8B Cowasji Patel Street, Fort; Hauptgerichte 85–200 Rs;) Der Ort um mangalorische Meeresfrüchte zu probieren. Das Mahesh ist berühmt für seine Frauenfische, Pomfrets, Hummer und Krabben, und seine *rawas tikka* (marinierter weißer Lachs) und Tandoori-Pomfrets sind einfach genial.

Trishna (Karte S. 786 f.; ☎ 22614991; Sai Baba Marg, Kala Ghoda; Hauptgerichte 300–500 Rs;) Noch eine Legende in der Gegend, die ihren megaguten Ruf den hier in unzähligen Varianten zubereiteten Meeresfrüchten verdankt. Die Garnelen und Hummer werden einem vor der Bestellung zur Begutachtung an den Tisch gebracht.

Chetana (Karte S. 786 f.; 34 K Dubash Marg, Kala Ghoda; Thali-Buffet 170–190 Rs;) Chetana ist ein renommiertes Restaurant und vor allem zur Mittagszeit beliebt. Ein perfekter Ort, um den Mysterien der nordindischen vegetarischen Thali auf den Grund zu gehen, die hier mittags und abends inklusive Dessert als Buffet angeboten werden. Die K Dubash Marg ist auch als Rampart Row bekannt.

Rajdhani (Karte S. 778 f.; 361 Sheikh Memon Street, Kalbadevi; 12–16, 19–22 Uhr;) Dieses gepflegte Lokal gegenüber dem Mangaldaas Market ist auch ein guter Ort, um bei einer Einkaufstour rund um den Crawford Market mit leckeren Thali (125 Rs) wieder zu Kräften zu kommen.

Apoorva Restaurant & Bar (Karte S. 786 f.; ☎ 228 70335; Noble Chambers, SA Brelvi Rd, Fort; Hauptgerichte 60–380 Rs;) Das Dekor ist nicht jedermanns Sache, aber an den in diesem ehrwürdigen Restaurant servierten mangalorischen Meeresfrüchten – darunter gebratenes Hummer-Massala und das klassische Bombay Duck – gibt's absolut nichts auszusetzen.

Mocambo Café & Bar (Karte S. 786 f.; 23A Sir P Mehta Rd, Fort; Hauptgerichte 50–170 Rs; Mo–Sa 9–21.30 Uhr;) Dieses Lokal wurde kürzlich von der Mannschaft, die auch das Café Churchill in Colaba (s. linke Spalte) betreibt, übernommen. Ein moderner, geselliger und empfehlenswerter Ort für Frühstück, Sandwiches, ein Hauptgericht oder ein kaltes Bier.

Ideal Corner (Karte S. 786 f.; 12 Gunbow St, Fort; Hauptgerichte 40–60 Rs; ⌚ Mo–Fr 9–18 Uhr) Dieser ideale Eckladen ist ein klassisches parsisches Café – hier werden auf zwei Etagen täglich wechselnde parsische Gerichte serviert.

Churchgate Karte S. 786 f.

Tea Centre (78 Veer Nariman Rd; Hauptgerichte 60–130 Rs, Lunchmenü 185 Rs; ⌚ 8–23 Uhr; ❄) Ein genialer Ort, um ein paar Tassen allerbesten indischen Tee zu probieren – oder leichte Mahlzeiten und Snacks vom Feinsten. Gesetztes Ambiente in einer Mischung aus Kolonialstil und Moderne; mit leistungsstarker Klimaanlage.

Samrat (Prem. Ct., J Tata Rd; Hauptgerichte 60–150 Rs; ⌚ 12–23 Uhr; ❄) ist ein gutes, traditionelles indisches Vegetarier-Restaurant; sein etwas unkonventionellerer Vetter **Relish** (Prem. Ct., J Tata Rd; Hauptgerichte 60–150 Rs; ⌚ 12–23 Uhr; ❄) bietet allerlei Gerichte – vom Fondue bis zu Mexikanischem. Beide werden von denselben Leuten betrieben und teilen sich ein Eckgebäude mit dem Freiluftcafé mit Bäckerei **210° C** (Prem. Ct., J Tata Rd; Gebäck ab 10 Rs; ⌚ 12–23 Uhr), in dem es eine Reihe verlockender veganer Pasteten und Kuchen gibt.

Zwei Adressen in Churchgate beim Marine Drive, die sowohl einen guten Blick auf die Bucht bieten als auch anständiges nichtindisches Essen: die **Pizzeria** (Soona Mahal, 143 Marine Drive; Pizza 110–350 Rs; ❄) und das **Pearl of the Orient** (☎ 22041131; Ambassador Hotel, Veer Nariman Rd; Hauptgerichte 300–600 Rs; ❄), das auf asiatische Speisen spezialisiert und Mumbais einziges Drehrestaurant ist.

Chowpatty Beach & Umgebung Karte S. 778 f.

Die Stände auf der Bhel Plaza am Chowpatty Beach öffnen am Abend und bieten das beste Ambiente, um in *bhelpuri* (10 Rs), *panipuri* (frittierte, mit Dhal gefüllte Roti; 15–20 Rs) und Eiscreme zu schwelgen.

Swati Snacks (☎ 56608405; 248 Karai Estate, Tardeo Rd, Tardeo; Hauptgerichte 20–50 Rs; ⌚ 11.30–23 Uhr; ❄) Ist seit über vier Jahrzehnten im Geschäft und präsentiert sich seit kurzem in strahlend neuem, modernem Look – alles Edelstahl und feines Holz. Im Swati sollte man *bhelpuri, panki chatni* (leckerer im Bananenblatt gedünsteter Fladen) und die hausgemachte Eiscreme in verführerischen Geschmacksrichtungen wie z. B. Rose und Ingwer probieren.

> **ETWAS BESONDERES**
>
> **Indigo** (Karte S. 783; ☎ 56368999; 4 Mandlik Marg, Colaba; Hauptgerichte 285–385 Rs; ⌚ 12.30–15, 19.30–24 Uhr; ❄) Einen großen Abend im Indigo schlägt in Mumbai fast nichts. Hier gibt es einfallsreiche, wunderschön präsentierte europäische Küche, eine edle Weinkarte und tolles Ambiente – auch auf der bunt beleuchteten Dachterrasse. Die individuellen Speisekarten sind ein hübsches Souvenir. Reservieren ist unbedingt notwendig – aber wenn das Restaurant voll ist, kann man immer noch mit den coolen Leuten an der Bar abhängen.

Anantashram (46 Kotachiwadi, Girgaum; ⌚ Mo–Sa 11–13.30 & 19–21 Uhr) Dieses einfache Restaurant ist für sein spartanisches Dekor und sein mürrisches Personal ebenso berühmt wie für seine extrem leckere Küche. So mancher Mumbaikar kommt extra für das Hähnchencurry und den gebratenen Fisch quer durch die Stadt hierher.

Cream Centre (25B Chowpatty Seaface; Hauptgerichte 50–80 Rs; ⌚ 11–23.30 Uhr; ❄) In dieser kultigen Cafébar und Eisdiele, die Chowpatty seit über 40 Jahren bereichert, genießt man rein vegetarische Gerichte und Mischkreationen wie indisch-mexikanische Küche.

New Kulfi Centre (Ecke Chowpatty Seaface & Sardar V Patel Rd; Kulfi 20–30 Rs; ⌚ 10–1 Uhr) Wer Kulfi mag, eine Süßspeise mit Pistazienaroma (so ähnlich wie Eis), kommt ins New Kulfi, das schon seit 1965 im Geschäft ist.

Nord-Mumbai Karte S. 781

Nord-Mumbais Dreh- und Angelpunkte – zumindest wenn es um trendiges Essen und Ausgehen geht – sind in Bandra West und Juhu. Siehe auch unter „Ausgehen" für ein paar gute Tipps (S. 798).

Peshawri (☎ 28303030; ITC Hotel Grand Maratha Sheraton & Towers, Sahar Airport Rd; Hauptgerichte 500–1150 Rs; ⌚ 19.30–23.45 Uhr; ❄) Dieses Restaurant mit Gerichten von der Nordwestgrenze Indiens, liegt supergünstig direkt vor dem internationalen Flughafen und sollte das erste oder das letzte Ziel jedes Mumbai-Besuchers sein. Man wird es nicht bereuen, für die überragende Frühlingslammkeule und das unglaubliche Dhal Bukhara (ein dickes schwarzes Dhal, das über einen Tag lang gekocht wurde!) etwas tiefer in die Tasche zu greifen.

Goa Portuguesa (☎ 24440202; www.goaportuguesa.com; Kataria Rd, Mahim; Gerichte 70–200 Rs; ⏲ 12–16, 19–1 Uhr; ❄) Ein Besuch in diesem fröhlichen Restaurant, das sich auf die scharfe Küche der ehemaligen portugiesischen Kolonie spezialisiert hat, ist mindestens genauso gut wie ein Trip nach Goa. Liegt dem Postamt Mahim Head gegenüber.

Culture Curry (Kataria Rd; Gerichte 70–200 Rs; ⏲ 12–16, 19–1 Uhr) Gleich neben dem Goa Portuguesa und von derselben Crew bewirtschaftet. Das Culture Curry hat alle Curryvarianten Indiens auf Lager. Sänger und auf der Gitarre schrammelnde Musiker pendeln zwischen den beiden miteinander verbundenen Locations hin und her.

Dosa Diner (☎ 26404488; 187 Zainab Villa, Turner Rd, Bandra West; ⏲ 11.30–23.30 Uhr; ❄) Ein Paradies für Familien – Kids und Junggebliebene werden von den Dosas (papierdünne Pfannkuchen aus Linsenmehl) in Hut- oder Katzenform und von den anderen südindischen Snacks begeistert sein. Hier werden auch ausgezeichnete vegetarische und nichtvegetarische Thalis zubereitet.

Pot Pourri (☎ 26414543; Carlton Ct., Ecke Turner Rd & Pali Rd, Bandra West; Hauptgerichte 100–180 Rs; ⏲ 11–24 Uhr) Das Pot Pourri hat sich erst kürzlich vergrößert und reicht jetzt um die ganze Ecke dieser befahrenen Kreuzung. Hier wird leckere westliche Küche aufgetischt – alles von Highland-Scotch-Brühe bis zum Hühnchen Stroganoff (160 Rs), für das das Pot Pourri bekannt ist. Die Tagesspezialitäten sind ausgezeichnet und die vernünftigen Preise lassen andere Etablissements erblassen.

Jewel of India (außerhalb der Karte S. 778 f.; ☎ 249 49435; Nehru Centre, Dr. Annie Besant Rd, Worli; Hauptgerichte 250–400 Rs; ❄) Dieses gepflegte Restaurant präsentiert mittags ein feines indisches Buffet (450 Rs) und abends ein Menü à la carte, u. a. Tandoori-Gerichte oder Meeresfrüchte. Die Weinkarte kann sich ebenfalls sehen lassen und zum Restaurant gehört außerdem eine gesellige, clubmäßige Bar.

AUSGEHEN

Mumbai hat ein lockeres Verhältnis zu Alkohol und ein pulsierendes Nachtleben, das von einfachen Bierbars bis hin zu glamourösen Clubs der mumbaikaren Elite reicht. Eine große Flasche Bier in einer Bar oder einem Restaurant kostet zwischen 80 und 120 Rs, in einem Nachtclub oder in einer angesagten Partylocation ist es teurer.

Cafés

Mocha Bar (Karte S. 786 f.; 82 Veer Nariman Rd, Churchgate; ⏲ tgl. 9–1 Uhr; ❄) Dies ist ein freundliches Caféhaus im arabischen Stil: mit Bodenkissen, Wasserpfeifen, exotischen Kaffeespezialitäten und den Klängen von Weltmusik – ein genialer Ort, um den ganzen Nachmittag abzuhängen.

Samovar Café (Karte S. 786 f.; Jehangir Art Gallery, 161B MG Rd, Kala Ghoda; ⏲ Mo–Sa 11–19 Uhr) Mit Blick über die Gärten des Prince-of-Wales-Museums kann man sich in diesem netten Café bei einem Bierchen, Mangolassi (50 Rs) oder einer leichten Mahlzeit entspannen.

Hier und da sind zwar noch Chai-Wallahs (5 Rs) zu sehen, ansonsten haben aber „Espresso-Bars" à la Starbucks Mumbai erobert. Barista und Café Day konkurrieren darum, in der Stadt die Nase vorn zu haben, manchmal haben sie ihre Filialen quasi direkt nebeneinander. **Barista** (Chowpatty Beach S. 778 f.; Chowpatty Seaface; Colaba Karte S. 783; Colaba Causeway; nahe beim CST Karte S. 786 f.; Marzaban Rd) ist mit seiner rein orange- und cremefarbenen Aufmachung etwas stylisher.

Crossword, Magna Book Gallery und Oxford Bookstore (S. 780) haben ebenfalls gute Cafés in ihren Häusern, das beste ist die geschniegelte **Cha Bar** (Karte S. 786 f.; Apeejay House, 3 Dinsha Wachha Rd, Churchgate; ⏲ 10–22 Uhr) im Oxford, die eine beeindruckende Auswahl an Teesorten und leckeren Snacks anbietet.

Bars

COLABA **Karte S. 783**

Leopold Café & Bar (Ecke Colaba Causeway & Nawroji F Rd; ⏲ 7.30–23 Uhr) Das Leopold ist eine Institution in Mumbai, die es schon seit 1871 gibt, und der angesagteste Traveller-Treff der ganzen Stadt. Die Speisekarte ist lang, aber die meisten kommen auf einen Drink hierher und um etwas von dem Flair der alten Zeiten in sich aufzunehmen.

Busaba (☎ 22043779; 4 Mandlik Marg; ⏲ 12–15 & 19–0.30 Uhr; ❄) Rote Wände, eingerahmte Postkarten und alte Fotos machen das unkonventionelle Ambiente dieser Restaurantbar aus. Sie liegt gleich neben dem Indigo, deshalb kommen dieselben coolen Leute her, zumal das Busaba den Vorteil hat, dass die heftigen Cocktails hier nicht ganz so teuer sind.

Café Mondegar (Metro House, 5A Colaba Causeway; Hauptgerichte 40–80 Rs; ⏲ 8–24 Uhr) Die Markenzeichen dieser beliebten Cafébar sind lustig bunte Cartoons an den Wänden und eine CD-Jukebox. Ein nie endender Strom von Reisenden trinkt hier frisch Gezapftes (60 Rs).

Gokul Bar (Tulloch Rd; 11–0.30 Uhr;) In dieser klassischen Trinkhöhle (ausschließlich Männer!) geht's manchmal ziemlich hoch her und das Bier ist billig (ab 45 Rs). Eine Treppe höher, in einem klimatisierten Bereich, lungern die ganz Trinkfesten herum.

BREACH CANDY & LOWER PAREL

Ghetto (Karte S. 778 f.; ☎ 23538418; 30 Bhulabhai Desai Marg, Mahalaxmi; 19–1.30 Uhr;) Mumbais originale Rock'n'roll-Bar, über und über mit Graffiti bemalt, ist ein netter Laden, wo an manchen Abenden die Post abgeht. Als Bonus werden jeden Montag ab 19.30 Uhr kostenlos internationale Filme gezeigt.

Lush Lounge & Grille (außerhalb der Karte S. 778 f.; ☎ 566 3460; Phoenix Mills, 462 Senapati Bapat Marg, Lower Parel; 12.30–15.30 & 19–1.30 Uhr;) Versteckt in einer alten Weberei, die zu einem Shoppingcenter umfunktioniert wurde, liegt diese Restaurantbar mit Industrie-Charme – momentan der absolute Renner bei Mumbais schönen jungen Dingern. Mittwochs, freitags und samstags kostet es hier 500 bis 1000 Rs Eintritt. Wenn man schon mal im Phoenix Mills ist, auch gleich die **Provogue Lounge** (außerhalb der Karte S. 778 f.; Di–Sa 22–1.30 Uhr;) abchecken – tagsüber eine Boutique und nachts eine dröhnende Loungebar.

BANDRA & JUHU

Vie Lounge (Karte S. 781; ☎ 26604884; Juhu Tara Rd, Juhu; 19–1.30 Uhr;) Diese glamouröse Partylocation (gegenüber vom Restaurant Little Italy) liegt so nah am Juhu Beach, dass einem schon fast der Sand in die Schuhe rieselt. Ehe man sich den ganzen Weg hierher schleppt, vorher anrufen, ob nicht etwa gerade eine private Bollywood-Party läuft.

Zenzi (Karte S. 781; ☎ 56430670; 183 Waterfield Road, Bandra West; 10–1.30 Uhr;) Dieser ultracoole Laden ist ganz in Schwarz und Kupferrot gehalten, mit warmem Licht ausgeleuchtet und hat klimatisierte und nichtklimatisierte Bereiche, in denen man etwas essen oder auch nur ein paar Drinks nehmen kann. Auf der bunt gemixten Speisekarte gibt's eher Finger-Food als Gerichte, mit denen sich der Bauch vollschlagen lässt – es lohnt sich aber, für die Drinks, den DJ und die tollen Leute hierher zu kommen.

Olive Bar & Kitchen (Karte S. 781; ☎ 26058228; Pali Hill Tourist Hotel, 14 Union Park, Khar; 8.30–00.30 Uhr;) In dieser hippen, aber versnobten mediterranen Restaurantbar in der Schickimicki-Gegend Pali Hill unbedingt vorher reservieren. Das Essen ist leicht und lecker, der DJ legt ruhige Klänge auf und das Dekor ist Ibiza pur. Im hinteren Teil gibt's auch einen Chillout-Bereich mit Kissen und Teppichen im arabischen Stil.

UNTERHALTUNG

Das englischsprachige Boulevardblatt *Mid-Day* veröffentlicht „the List", einen Führer durch Mumbais Unterhaltungsprogramm. In den Tageszeitungen, z. B. *Time Out Mumbai* (S. 781), stehen Infos zu allgemeinen Events und Filmvorführungen.

Nachtclubs

Die Partynächte in den Clubs sind mittwochs, freitags und samstags und kosten meist Eintritt. Den Dresscode beachten und nicht in Shorts und Sandalen auftauchen!

Insomnia (Karte S. 783; ☎ 56653366; Taj Mahal Palace & Tower, Apollo Bunder, Colaba; 20–3 Uhr) Wer Bollywood-Stars sehen will, muss ins ultraschicke Insomnia. Vor Mitternacht ist hier nichts los, und im Voraus sind 600 Rs pro Person (Fr und Sa 1200 Rs) für Drinks zu bezahlen – das wird auf einer Karte verbucht, die man an den Bars vorlegt.

Athena (Karte S. 783; ☎ 22028699; 41/44 Minoo Desai Marg, Colaba; Eintritt pro Paar 1000 Rs; täglich 20–1 Uhr) An manchen Abenden strömt auch die coole Jugend Mumbais ins Athena. In der Wochenmitte ist der Eintritt frei, da herrscht aber meist tote Hose. Cocktails kosten um die 250 Rs.

Polly Esther's (Karte S. 783; ☎ 22871122; Gordon House Hotel, 5 Battery Street, Colaba; Eintritt pro Paar 600–1000 Rs; 8.30–1 Uhr) Retro-Pop, Rock und Diskomusik sind in diesem verspiegelten, groovigen Nachtclub im Gordon House Hotel (S. 792) angesagt. Hier gibt's sogar einen à la *Saturday Night Fever* beleuchteten Dancefloor und Kellner mit Afroperücken!

Red Light (Karte S. 786 f.; ☎ 56346249; 145 MG Rd, Fort; Eintritt 300 Rs; 19–24 Uhr) Die trendige Bar liegt über dem gehobenen nordindischen Restaurant Khyber. Bei den Hip-Hop-Sessions jeden Mittwoch ist am meisten los.

Copa Cabana (Karte S. 778 f.; ☎ 33680274; Darya Vihar, 39 Chowpatty Seaface; Eintritt frei; 19–0.30 Uhr) Dieser pulsierende südländische Club hat

MUMBAI ZWISCHEN BUCHDECKELN

Wen wundert's, dass eine Stadt wie Mumbai, in der all das Schöne und Hässliche der vom Menschen gemachten Welt zu finden ist, viele der besten Schriftsteller des Subkontinents und sogar internationale Autoren wie V. S. Naipaul und Pico Iyer inspiriert hat. Die Liste wird angeführt vom Gewinner des Booker-Preises Salman Rushdie (*Mitternachtskinder*, *Des Mooren letzter Seufzer* und *Der Boden unter ihren Füßen*) und Rohinton Mistry (*Das Gleichgewicht der Welt* und *Die Quadratur des Glücks*), die viele ihrer Romane in Mumbai ansiedelten.

Suketu Mehtas *Maximum City: Bombay Lost and Found* kann mit Recht von sich behaupten, die ultimative Chronik des modernen Mumbai zu sein. Dieses gewaltige, scharfsinnig recherchierte und elegant geschriebene Werk – das sich gleichzeitig unter Memoiren, Reisebericht und Journalistik einordnen lässt – behandelt Themen wie Mumbais Aufstände, Bandenkriege, Bollywood und Barmädchen. Ein weiterer Wälzer ist die auf eigenen Erlebnissen beruhende Geschichte *Shantaram* von Gregory David Roberts über das Leben als ausgebrochener Häftling bei seiner Flucht durch Mumbais Slums und Gefängnisse. In die Anthologie *Bombay, Meri Jaan*, die von dem talentierten Team Jerry Pinto und Naresh Fernandes herausgegeben wurde, sollte man ebenfalls mal reinschnuppern.

anständige Musik, leckere Margaritas (200 Rs) und keinen Quadratzentimeter Platz. Manchmal finden hier Gay-Bombay-Partys (s. S. 1178) statt.

Voodoo Pub (Karte S. 783; ☎ 22841959; 2/5 Kamal Mansion, Arthur Bunder Rd, Colaba; Eintritt nach 20.30 Uhr 130 Rs; ⌚ 19.30–1.30 Uhr) Diese müde Bar ist zwar für Mumbais einzige regelmäßige Gay-Night (samstags) berühmt, lohnt sich sonst aber gar nicht.

Kinos

Es ist fast schon Pflicht, sich in Indiens Filmhauptstadt auch mal einen Film anzuschauen – bei weit über 100 in der ganzen Stadt verteilten Kinos gibt's da keine Ausrede. Ein paar Tipps:

Eros (Karte S. 786 f.; ☎ 22822335; MK Rd, Churchgate; Karten 35–80 Rs) Zeigt Bollywood-Blockbuster.

Metro (Karte S. 786 f.; ☎ 22030303; MG Rd, New Marine Lines, Fort; Karten 35–80 Rs) Hier gibt's ebenfalls Bollywood-Blockbuster.

Regal (Karte S. 783; ☎ 22021017; Colaba Causeway, Colaba; Karten 80–120 Rs) Dieses Art-deco-Kino zeigt neue englischsprachige Filme.

Sterling (Karte S. 786 f.; ☎ 22075187; Marzaban Rd, Fort; Karten 60–87 Rs) Und noch ein Kino für neue englischsprachige Filme.

Es lohnt sich auch, montagabends ins Ghetto (S. 799) zu gehen, wenn dort kostenlos internationale Filme gezeigt werden.

Musik, Tanz & Theater

Not Just Jazz By the Bay (Karte S. 786 f.; ☎ 22851876; 143 Marine Drive; Eintritt 150 Rs; ⌚ 18–2 Uhr) Der beste Jazzclub in Süd-Mumbai – aber wie der Name schon sagt, lässt sich hier auch Pop, Blues und Rock live erleben – an fast jedem Tag der Woche, immer ab 22 Uhr.

National Centre for the Performing Arts (NCPA; Karte S. 778 f.; ☎ 22833737; www.tata.com/ncpa; Karten 40–280 Rs) An der Spitze des Nariman Point liegt der Nabel von Mumbais Musik-, Theater- und Tanzszene, das NCPA. Es kann passieren, dass das Programm einer einzigen Woche Marathen-Theater, Tanzgruppen aus Bihar, Ensembles aus Europa und klassische Musik aus Indien präsentiert. Auch das Tata Theatre (das manchmal englischsprachige Stücke aufführt) und das Experimental Theatre sind hier zu Haus. Viele Vorstellungen sind kostenlos. Die **Theaterkasse** (Karte S. 778 f.; ☎ 22824567; ⌚ Kartenverkauf 9–13.30 & 16.30–18.30 Uhr) ist am Ende der NCPA Marg.

Nehru Centre (außerhalb der Karte S. 778 f.; ☎ 24933 340; www.nehrucentremumbai.com; Dr. Annie Besant Rd, Worli) Aufführungen englischsprachiger Stücke.

Prithvi Theatre (Karte S.781; ☎ 26149546; www.prithvitheatre.org; Juhu Church Rd, Vile Parle) Hier am Juhu Beach gibt's sowohl Theaterstücke in Englisch als auch in Hindi. Außerdem stellt das Prithvi jedes Jahr ein internationales Theaterfestival auf die Beine.

Sport

KRICKET

Die Kricketsaison dauert von Oktober bis April. Test Matches und One Day Internationals werden ein paar Mal im Jahr im **Wankhede-Stadion** (Karte S. 786 f.; ☎ 22811795; mcacrick@vsnl.com; D Rd, Churchgate) gespielt, das nahe beim

Marine Drive liegt. Wer Tickets möchte, muss lang vorher schriftlich anfragen. Tickets für One Day Matches kosten ab 150 Rs. Bei einem Test Match müssen die gesamten fünf Tage bezahlt werden – um die 500 Rs für einfachen Eintritt oder 3000 Rs für die Mitgliedertribüne, dann aber inkl. Mittagessen und Nachmittagstee. Tickets für kleinere Clubspiele gibt's für 25 Rs am Eingang.

PFERDERENNEN

Mumbais Pferderennensaison dauert von November bis Ende April. Die Rennen finden nachmittags am Sonntag und Donnerstag (gegen Ende der Saison samstags und sonntags) auf der **Mahalaxmi-Rennbahn** (Karte S. 778 f.; ☎ 23071401) statt. Große Rennen wie das Indische Derby im Februar sind wichtige gesellschaftliche Anlässe. Der Eintritt kostet im einfachen Publikumsbereich 30 Rs.

FUSSBALL

Der **Cooperage Football Ground** (Karte S. 783; ☎ 220 24020; MK Rd, Colaba; Karten 50 Rs) beheimatet die Mumbai Football Association und zwischen November und Februar finden hier Spiele der nationalen und bundesstaatlichen Liga statt. Karten gibt's am Eingang.

BOWLING

Kids haben sicher Lust auf eine Runde Bowling in der **Bowling Company** (außerhalb der Karte S. 778 f.; ☎ 24914000; www.thebowlingcompany.com; High St. Phoenix, SB Marg, Lower Parel West; 🕑 11–23 Uhr).

SHOPPEN

Mumbai ist Indiens großer Marktplatz, mit einigen der besten Shoppingadressen des Landes. Der Colaba Causeway wird von Straßenhändlerbuden und Shops gesäumt, die hochwertige Kleidung, u. a. auch Marken-Sportbekleidung verkaufen. Elektroartikel, illegal kopierte CDs und DVDs, Lederwaren und in Massen produzierten Kram gibt's an den Ständen auf der Dr. Dadabhai Naoroji Rd. zwischen CST und Flora Fountain sowie entlang der MG Rd. zwischen Flora Fountain und Kala Ghoda.

Antiquitäten & Ausgefallenes

Entlang der Merewether Rd. hinter dem Taj Mahal Palace & Tower (s. Karte S. 795) finden sich kleine Antiquitäten- und Kuriositätenläden. Die Preise sind nicht gerade etwas für Leute mit einem kleinen Geldbeutel, aber die Qualität ist garantiert besser als in staatlichen Warenhäusern.

Wer lieber Trödel aus der Zeit des British Raj mag, sollte den Chor Bazaar (Karte S. 778 f.; S. 802) ansteuern. Die größte Auswahl gibt's in der Mutton Street, wo eine ganze Reihe Läden auf Antiquitäten – Vorsicht: es sind auch viele gut gemachte Fälschungen darunter – und diversen Krimskrams spezialisiert sind.

Mini Market (Karte S. 778 f.; ☎ 23472427; 33/31 Mutton St; 🕑 Sa–Do 11–20 Uhr) Verkauft originale alte Bollywood-Poster, cineastische Sammlerstücke und diverse andere Dinge.

Phillips (Karte S. 783; ☎ 22020564; www.phillips antiques.com; gegenüber Regal Cinema, Woodhouse Rd, Colaba; 🕑 Mo–Sa 10–13.30 & 14.30–19 Uhr) Alteingesessener Antiquitätenladen, der für seine hochwertigen Drucke, Silber- und Messingwaren sowie Glaslampen bekannt ist – alles spätviktorianisch.

Kleidung

In der „Fashion Street" – die Billigstände entlang der MG Rd. zwischen Cross Maidan und Azad Maidan (Karte S. 786 f.) – kann man ein günstiges Backpacker-Outfit ergattern und dabei mit Sicherheit seine Feilschtechnik verfeinern.

Designerklamotten gibt's in den Boutiquen am Kemp's Corner zwischen der Überführung und der Kreuzung mit der Nepean Sea Rd. Einzelstücke von indischen Designern kosten hier halb so viel wie Stangenware zu Hause. Auch im **Mélange** (Karte S. 778 f.; 33 Altamount Rd, Kemp's Corner; 🕑 10–19 Uhr) lohnt es sich vorbeizuschauen – eine wahre Schatzgrube für Topmode, mit Kleidung von rund siebzig Designern aus ganz Indien.

Courtyard (Karte S. 783; SP Centre, 41/44 Minoo Desai Marg; 🕑 11–19.30 Uhr) Diese Ansammlung von Boutiquen ist Mumbais Modekomplex, mit schicker, günstiger Kleidung, Schuhen und Einrichtungsgegenständen, kreiert von einheimischen Topdesignern wie Narendra Kumar oder Manish Arora mit seinem „Gaultier-trifft-Bollywood"-Stil.

Fabindia (Karte S. 786 f.; Jeroo Bldg., 137 MG Rd, Kala Ghoda; 🕑 Di–So 10–19.45 Uhr) Die lebendigen Farben des Landes spiegeln sich in den hochwertigen Kleidungsstücken, Stoffen und Wohnaccessoires aus Baumwolle und Seide wider, die der moderne indische Shop anbietet.

Khadi & Village Industries Emporium (Karte S. 786 f.; 286 Dr. Dadabhai Naoroji Rd, Fort; 🕑 Mo–Sa 10.30–

18.30 Uhr) Hier scheint die Zeit irgendwann in den 1940er-Jahren stehen geblieben zu sein. Im Emporium lässt sich traditionelle indische Konfektionsware aus einfacher Baumwolle oder Seide sowie Stoffe, Schuhe und Handarbeiten erstehen.

Crossroads (Karte S. 778 f.; 28 Pandit MM Malviya Rd, Breach Candy; ⌚ 10–20 Uhr) Mumbais größtes Einkaufszentrum ist voller Shops mit schillernden, teuren internationalen Designerlabels und Fastfoodbuden – nichts, was nicht schon von zu Hause her bekannt ist.

Handwerkskunst & Souvenirs

In der World Trade Centre Arcade (Karte S. 778 f.) nahe der Cuffe Parade gibt's viele staatliche Läden, die Kunsthandwerk anbieten. Die folgenden Adressen haben alle Festpreise und akzeptieren Kreditkarten.

Bombay Store (Karte S. 786 f.; Western India House, Sir P Mehta Rd, Fort; ⌚ Mo–Sa 10.30–19.30, So 10.30–18.30 Uhr) Wer nach Souvenirs aus allen Teilen Indiens sucht, sollte sich hier umsehen. Die Preise sind zwar deutlich höher als auf den Märkten oder im Central Cottage Industries Emporium (s. unten), aber die Auswahl und die Qualität sind beeindruckend. Hier gibt's Teppiche, Stoffe, Möbel, Silber- und Glaswaren, *pietra dura* (Marmoreinlegearbeiten) und allerlei Schnickschnack.

Bombay Paperie (Karte S. 786 f.; 59 Bombay Samachar Marg, Fort; ⌚ Mo–Sa 10.30–18 Uhr) Hier wird handgemachtes Papier auf Baumwollbasis verkauft, das in dem Dorf Kagzipura in der Nähe von Aurangaba hergestellt wird – in Form von hübschen Karten, Figuren und Lampenschirmen.

Bungalow Eight (Karte S. 778 f.; 8 Carmichael Rd, Vasant Vihar; ⌚ Mo–Fr 10.30–19.30, Sa 12–19 Uhr) In dieser vornehmen Boutique östlich von Breach Candy findet man allerlei Haushaltszubehör: von wunderschön bestickten Pantoffeln und Kopfkissen bis hin zu Schalen aus geschnitztem Büffelhorn und handbemalten Fotoalben.

Inshaallah Mashaallah (Karte S. 783; Best Marg, Colaba; ⌚ 11–21 Uhr) Hilfsbereite Verkäufer führen einen durch das Geruchs-Chaos einer riesigen Palette hiesiger parfümierter Öle und Mixturen.

Central Cottage Industries Emporium (Karte S. 783; Shivaji Marg, Colaba; ⌚ 10–19 Uhr) Dieses Warenhaus hat eine riesige Auswahl an massenproduziertem Kram – hier lässt es sich schön nach Geschenken stöbern.

Andere staatliche Warenhäuser, die einen Besuch wert sind, sind z. B.:

Kashmir Government Arts Emporium (Karte S. 786 f.; Sir P Mehta Rd, Fort; ⌚ Mo–Sa 10–19 Uhr)

Uttar Pradesh Handicrafts Emporium (Karte S. 786 f.; Sir P Mehta Rd, Fort; ⌚ Mo–Sa 10.30–19.30 Uhr)

Märkte

An den dicht gedrängten Ständen auf den Basaren nördlich des Fort-Viertels (s. Karte S. 778 f.) gibt's so gut wie alles. Die wichtigsten Märkte sind Crawford Market (Obst und Gemüse), Mangaldas Market (Seide und Stoffe), Zaveri Bazaar (Schmuck), Bhuleshwar Market (Obst und Gemüse) und Chor Bazaar (Mumbais „Hehlermarkt" für Antiquitäten und Möbel), wo man auf der Dhabu Street gut nach Lederwaren stöbern kann, während die Mutton Street auf Antiquitäten, Reproduktionen und Trödel spezialisiert ist.

Der bunte Crawford Market (offiziell Mahatma Phule Market genannt) ist der letzte Außenposten des britischen Bombay, bevor das Tohuwabohu der zentralen Basare anfängt. Sein normannisch-gotisches Äußeres zieren Basreliefs von Rudyard Kiplings Vater Lockwood Kipling. Der Fleischmarkt ist nur etwas für ganz Abgebrühte – einer der wenigen Orte, wo man eventuell gefragt wird, ob man nicht den blutigen Kopf eines Ziegenbocks kaufen will.

Musik

Auf der Straße gibt's für um die 200 Rs Raubkopien von CDs und DVDs in miserabler Qualität. Wer hochwertige Scheiben möchte, sollte lieber hier suchen:

Planet M (Karte S. 778 f.; Dr. Dadabhai Naoroji Rd, Fort; ⌚ Mo–Sa 11–21, So 12–20 Uhr)

Groove (Karte S. 786 f.; 1. OG, Cambata Bldg., MK Rd, Churchgate; ⌚ Mo–Sa 11.30–20.30 Uhr)

Rhythm House (Karte S. 786 f.; 40 K Dubash Marg, Fort; ⌚ Mo–Sa 10–20.30, So 11–20.30 Uhr) Ein guter Ort, um nach älterem Material zu suchen, z. B. Liedern aus Hindi-Filmen oder religiöser Musik.

Der beste Musikinstrumenten-Shop in Mumbai – Sitars, Tablas, Akkordeons und in Indien hergestellte sowie importierte Gitarren – ist **LM Furtado & Co** (Karte S. 778 f.; ☎ 220 13163; 540–544 Kalbadevi Rd, Kalbadevi; ⌚ Mo–Sa 10–20 Uhr), der auch eine überraschende Sammlung von christlichen Heiligenreliefs aus Gips anbietet. Um die Ecke, auf der Lokmanya Tilak Rd, ist noch eine Filiale.

AN- & WEITERREISE

Flugzeug

FLUGHÄFEN

Mumbai ist das wichtigste internationale Zugangstor für Südindien. Auch das Angebot an Inlandsflügen ist hier am größten. Der **internationale Flughafen** (www.mumbaiairport.com), offiziell in Chhatrapati Shivaji umbenannt, aber noch immer unter dem Namen Sahar geläufig, liegt ca. 4 km vom Inlandsflughafen entfernt, der ebenfalls Chhatrapati Shivaji heißt, aber als Santa Cruz bekannt ist. Für Anschlussflüge verkehren kostenlose Busshuttles zwischen den Flughäfen. Die Flughäfen liegen 30 bzw. 26 km nördlich vom Nariman Point im Zentrum Mumbais.

Der internationale Flughafen hat zwei Ankunftshallen, in denen sich Geldwechselschalter (mit vernünftigen Gebühren), eine **Government of India tourist office booth** (☎ 26829248; Ankunftshalle 2A), ein **Hotelreservierungsschalter** (☎ 56048772) und ein Schalter für Prepaid-Taxis befinden – alle rund um die Uhr geöffnet.

Der **Inlandsflughafen** hat zwei Terminals, die ein paar Minuten Fußweg auseinander liegen. Terminal A fertigt Flüge der Indian Airlines ab, Terminal B Flüge von Air Deccan, Jet Airways und Sahara Airlines. In beiden Terminals gibt's Geldwechselbüros, Ticketschalter und eine Restaurantbar. Die Government of India tourist office booth befindet sich im Terminal B. Achtung: Inlandsflüge, die Teil internationaler Strecken von Air India sind, starten vom internationalen Flughafen – vorher erkundigen.

INTERNATIONALE FLÜGE

Die kostenlose englischsprachige Broschüre *City Info* enthält eine nützliche Adressenliste von Büros der wichtigsten internationalen Fluggesellschaften in Mumbai. Man bucht seine Auslandsflüge aber besser in einem Reisebüros, das sich gegen eine kleine Gebühr auch um die Flugbestätigung kümmert.

INLANDSFLÜGE

Inlandsflüge ab und nach Mumbai gibt es u. a. bei folgenden Airlines:

Air Deccan (☎ 9892577008; www.airdeccan.net; Inlands-Flughafen)

Indian Airlines (Karte S. 786 f.; ☎ 22023031, Reservierungen 24 Std. ☎ 1401; www.indian-airlines.nic.in; Air India Bldg., Ecke Marine Drive & Madame Cama Rd, Nariman Point)

Jet Airways (Karte S. 783; ☎ 22855788; www.jetairways.com; Amarchand Mansion, Madame Cama Rd)

Sahara Airlines (Karte S. 778 f.; ☎ 22835671, gebührenfrei 24 Std. ☎ 1600-115466; www.airsahara.net; 7 Tulsiani Chambers, Free Press Journal Marg, Nariman Point)

Von Mumbai aus gibt's Flüge in über 30 indische Städte. Zu den wichtigsten gehören:

Ziel	Preis (US$)	Dauer (Std.)	Flüge tgl.
Bangalore	150	1½	16
Chennai	170	1¾	13
Delhi	195	2	29
Goa	95	1	11
Hyderabad	130	1¼	9
Kochi	190	1¼	7
Kolkata	240	2¼	9

Bus

Jede Menge Überlandbusse privater und staatlicher Unternehmen fahren von und nach Mumbai. Die privaten bieten schnelleren Service, mehr Komfort und einfachere Buchungsmodalitäten.

Private Fernbusse fahren von der Dr. Anadrao Nair Rd. – nahe des Bahnhofs Mumbai Central (Karte S. 778 f.) – in alle Richtungen. Einige Preisbeispiele für Deluxe-Busse ohne Klimaanlage:

Ziel	Preis (Rs)	Dauer (Std.)
Ahmedabad	250	13
Aurangabad	200	10
Bangalore	450	24
Panaji (Goa)	250	14–18
Mahabaleshwar	200	7
Pune (Poona)	150	7
Udaipur	400	16

Für 350 bis 450 Rs gibt es auch Schlafbusse (Sleeper Busses) nach Goa. Achtung: Die Preise für beliebte Ziele wie Goa sind in Ferienperioden wie z. B. Diwali und Weihnachten bis zu 75 % höher. Bei **National Travels** (Karte S. 778 f.; ☎ 23015652; Dr. Anadrao Nair Rd; 🕒 6–22 Uhr) kann man sich nach Abfahrtzeiten und aktuellen Tarifen erkundigen.

Nach Goa und in andere südliche Ziele kommt man am besten mit den Privatbussen, die zweimal täglich von der MG Rd., etwas südlich vom Metro Cinema, losfahren. Manche Busse nach Südindien fahren von der MRA Marg hinter dem Crawford Market ab. Am besten die Tickets direkt bei den Vermittlern kaufen, die an diesen beiden Startpunkten überall auf den Bürgersteigen ihre Stände haben.

Staatliche Fernbusse fahren vom Mumbai Central Busbahnhof (Karte S. 778 f.), nahe des Bahnhofs Mumbai Central. Sie steuern die wichtigsten Städte in Maharashtra und in den angrenzenden Bundesstaaten an. Die Busse sind unwesentlich billiger und fahren etwas häufiger als die Privatbusse, dafür sind sie aber auch klapprig, überfüllt und ohne Komfort. Zu den Zielen gehören Pune (120 Rs, 4 Std.), Aurangabad (181 Rs, 8–9 Std.) und Mahabaleshwar (110 Rs, 7 Std.).

Zug

Von Mumbai aus fahren drei Zugunternehmen, aber für ausländische Besucher sind vor allem Central Railways und Western Railways von Bedeutung. Für die wichtigsten Verbindungen s. Kasten unten.

Die Züge der **Central Railways** (☎ 134) fahren, meist vom Chhatrapati Shivaji Terminus (CST, früher Victoria Terminus), Richtung Osten und Süden. Ein paar Züge fahren auch nach Norden. Das **Reservation Centre** (Karte S. 786 f.; 🕑 Mo–Sa 8–20, So 8–14 Uhr) liegt auf der Rückseite des CST, dort wo die Taxis warten. Es gibt ein bestimmtes Kontingent an Touristentickets, die am Schalter 52 im 1. Obergeschoss erhältlich sind (von 8–15 Uhr), aber nur innerhalb von 24 Stunden vor Fahrtantritt. Bezahlen kann man diese Tickets in ausländischer Währung oder in Rupien – dann muss aber eine Umtausch- oder Geldautomatenquittung vorgelegt werden. Indrail-Pässe (S. 1212) gibt's am Schalter 7. An den Kreditkartenschaltern (10 und 11) kann man Tickets (außer Touristentickets) bis zu 60 Tage im Voraus

WICHTIGE ZUGVERBINDUNGEN AB MUMBAI

Ziel	Zugnummer & Name	Preis (Rs)	Dauer (Std.)	Abfahrt
Agra	2137 *Punjab Mail*	417/1118	21 ½	19.05 Uhr CST
Ahmedabad	2901 *Gujarat Mail*	235/604	9	21.50 Uhr MC
Aurangabad	1003 *Devagiri Expr.*	178/471	7 ½	21.05 Uhr CST
	7617 *Tapovan Expr.*	110/369*	7 ½	6.10 Uhr CST
Bangalore	6529 *Udyan Expr.*	381/1043	24 ½	7.55 Uhr CST
Bhopal	2137 *Punjab Mail*	330/872	14	19.05 Uhr CST
Chennai	6011 *Chennai Expr.*	389/1065	26 ½	14 Uhr CST
Delhi	2951 *Rajdhani Expr.*	1485/2210**	17	16.55 Uhr MC
	9023 *Janata Expr.*	245/1405	30	7.25 Uhr MC
	2137 *Punjab Mail*	449/1203	25 ¼	19.05 Uhr CST
Goa	0111 Konkan Kanya Expr.	293/796	12	22.50 Uhr CST
	0103 Mandavi Expr.	293/796	11 ½	7.05 Uhr CST
	2051 Shatabdi Expr.	197/675*	8	5.35 Uhr D
Hyderabad	7001 *Hussainsagar Expr.*	297/807	15	21.50 Uhr CST
Indore	2961 Avantika Expr.	325/861	15	19.05 Uhr MC
Jaipur	2955 *Jaipur Expr.*	389/1039	18	18.50 Uhr MC
Kochi	6345 *Netravati Expr.*	441/1211	32	23.45 Uhr T
Kolkata	2859 *Gitanjali Expr.*	517/1399	30	6 Uhr CST
	2809 *Howrah Mail*	517/1399	32	20.15 Uhr CST
Pune	2123 *Deccan Queen*	83/270*	3 ½	17.10 Uhr CST
	1007 *Deccan Expr.*	73/240*	4 ½	6.45 Uhr CST
Varanasi	1093 *Mahanagari Expr.*	429/1178	29	23.50 Uhr CST
	1027 *Gorakhpur Expr.*	461/1268	31	6.35 Uhr T

Abkürzungen der Bahnhöfe: CST – Chhatrapati Shivaji Terminus; MC – Mumbai Central; T – Lokmanya Tilak; D – Dadar

Anmerkung: Die Preise gelten für Sleeper Class/3AC Sleeper in Nachtzügen außer *2. Klasse/AC seat und **3AC/2AC.

mit Visa- oder Master-Card bezahlen, was 30 Rs Gebühren kostet. Kreditkarteninhaber sollten diese Schalter zuerst ansteuern, denn hier ist es meist ziemlich leer.

Ein paar Züge der Central Railways fahren ab Dadar (D), ein paar Stationen nördlich vom CST. Andere fahren ab Churchgate oder Lokmanya Tilak (T), 16 km nördlich vom CST auf der Hauptstrecke der Vorortzüge. Einer davon ist der *Chennai Express,* die schnellste Verbindung nach Chennai. Fahrkarten für alle diese Züge gibt es am CST.

Western Railways (☎ 131) bedient vom Bahnhof Mumbai Central (MC, oft noch Bombay Central genannt) aus die Strecken Richtung Norden (darunter Rajasthan und Delhi). Der einfachste Weg, Fahrkarten für Züge der Western Railways zu bekommen, ist über das stets volle **Reservation Centre** (Karte S. 786 f.; Mo–So 8–20 Uhr) gegenüber vom Bahnhof Churchgate. Der **Foreign Tourist-quota Counter** (Nr. 28; Mo–Fr 9.30–16.30, Sa 9.30–14 Uhr) ist oben, neben dem Government of India tourist office; für Tickets aus diesem Kontingent gelten dieselben Bedingungen wie am CST. Der Kreditkartenschalter ist die Nr. 20. Gleich neben dem Mumbai Central befindet sich ebenfalls ein Reservation Centre, dort gibt's aber kein Touristenkontingent.

UNTERWEGS VOR ORT
Von/Zu den Flughäfen
INTERNATIONALER FLUGHAFEN

Rund um die Uhr fahren Taxis vom Flughafen. Nachts ist die Fahrt nach Süd-Mumbai um einiges schneller als tagsüber, auch wenn dann noch ein Nachtzuschlag erhoben wird.

Am internationalen Flughafen gibt es einen Schalter für Prepaid-Taxis mit festen Preisen zu bestimmten Zielen. Nach Colaba, zum Fort-Viertel und zum Marine Drive kostet es tagsüber 350 Rs (mit Klimaanlage 440 Rs). Zwischen Mitternacht und 5 Uhr morgens wird ein Nachtzuschlag von 25 % erhoben, zudem kostet jedes Gepäckstück zwischen 5 und 10 Rs zusätzlich. Die Fahrt dauert nachts ca. 45 Minuten und tagsüber 1½ bis zwei Stunden. Bis Juhu bezahlt man tagsüber 130 Rs, bis Chowpatty 300 Rs und bis zum Bahnhof Mumbai Central 260 Rs. Wer will, kann mit einem privaten Taxi einen niedrigeren Preis aushandeln – aber das ist kaum die Mühe wert. Ein Trinkgeld von 5 bis 10 % wird gern genommen. Wer in die Stadt will, sollte keine Autorikscha nehmen, denn die dürfen nicht in die Innenstadt hineinfahren und können einen nur bis zum Mahim Creek bringen.

Die preiswerte Alternative ist, eine Autorikscha (um die 25 Rs) bis zum Bahnhof Andheri zu nehmen und dann mit dem Vorortzug (9 Rs, 45 Min.) bis Churchgate oder zum CST zu fahren. Das geht aber nur tagsüber und nach einem langen Flug hat man wohl nicht mehr den Nerv dafür – in den Stoßzeiten (vor allem, wenn morgens zwischen 7 und 10 Uhr alles in die Stadt drängt) oder wenn man mit viel Gepäck beladen ist, ist diese Alternative sowieso keine. Wenn überhaupt, ein 1.-Klasse-Ticket kaufen (76 Rs).

Vor der Ankunftshalle bieten Minibusse kostenlose Shuttledienste zum Inlandsflughafen und zu den Hotels in Juhu an. Auch Air India hat einen kostenlosen Shuttle zwischen dem internationalen und dem Inlandsflughafen.

Ein Taxi vom Stadtzentrum (z. B. vom CST) zum internationalen Flughafen kostet, mit etwas Verhandlungsgeschick, ungefähr 300 Rs plus Gepäckzuschlag; Taxifahrer in Colaba verlangen einen Festpreis von 350 Rs. Zwischen Mitternacht und 5 Uhr morgens kostet es 30 % mehr.

INLANDSFLUGHAFEN

Taxis und Autorikschas drängeln sich vor den beiden Terminals. Es gibt keinen Schalter für Prepaid-Taxis, aber die Taxischlange wird von der Polizei kontrolliert – darauf achten, dass der Fahrer Taxameter und Umrechnungstabelle benutzt. Mit dem Taxi dauert die Fahrt ins Stadtzentrum 1 bis 1½ Stunden und kostet um die 300 Rs plus Gepäckzuschlag.

Wer nicht allzu viel Gepäck hat, kann von der nahe gelegenen Nehru Rd., gegenüber der Einmündung der Nanda Patkar Rd., mit der Buslinie 2 bis zum Kala Ghoda Busbahnhof, ganz in der Nähe von Colaba, fahren (13 Rs). Stadtauswärts hält der Bus auf dem Highway gegenüber vom Flughafen.

Eine bessere Alternative ist es, vom Flughafen bis zum Bahnhof Vile Parle mit einer Autorikscha zu fahren (15 Rs) und dann in den Vorortzug zwischen Vile Parle und Churchgate zu steigen (9 Rs, 45 Min.). Aber bitte nicht während der Stoßzeiten!

Auto

Autos werden meist für einen Tag (8 Std.) inklusive maximal 80 km vermietet, darüber hinaus werden Aufschläge erhoben.

Die Vermittler an den Ticketständen am Apollo Bunder beim Gateway of India können für Rundfahrten einen Maruti ohne Klimaanlage für 600 Rs pro halbem Tag inklusive Fahrer organisieren (der einen auch bis Mahalaxmi oder Malabar Hill bringt). Reguläre Taxifahrer kosten dort ungefähr dasselbe.

Bus

Mumbais normale und Doppeldeckerbusse sind praktisch für kurze Strecken innerhalb der Stadt. Eine einfache Fahrt innerhalb Süd-Mumbais kostet um die 3 Rs. Bezahlt wird direkt beim Fahrer (Kleingeld bereithalten!). Das Busunternehmen heißt **BEST** (www.bestundertaking.com) und hat sein Hauptdepot in Colaba (auf der Website gibt's eine praktische Suchfunktion für Verbindungen innerhalb der Stadt). Wer einfach auf einen der Doppeldeckerbusse springt (z. B. Linie 103), bekommt eine nette, preiswerte Stadtrundfahrt durch Süd-Mumbai.

Vorn an den Bussen stehen die Linien und Fahrtziele auf Marathi, an der Seite auf Englisch.

Alle im Folgenden genannten nützlichen Linien starten am südlichen Ende des Colaba Causeway und fahren über Flora Fountain:

Richtung	Buslinie
Breach Candy	132, 133
Chowpatty	103, 106, 107, 123
Churchgate	70, 106, 123, 132
Haji Ali	83, 124, 132, 133
Hängende Gärten	103, 106
Mani Bhavan	123
Mohammed Ali Road	1, 3, 21
Bahnhof Mumbai Central	124, 125
CST (VT) & Crawford Market	1, 3, 21, 103, 124

Fähre

Sowohl **PNP** (☎ 22885220) als auch **Maldar Catamarans** (☎ 22829695) betreiben regelmäßige Fähren nach Mandwa (100 Rs pro Strecke). Von dort aus gelangt man gut nach Murud-Janjira und in andere Gegenden an der Konkanküste (S. 831) und spart sich dabei die lange Busfahrt aus Mumbai heraus. Die Ticketbüros beider Unternehmen befinden sich neben dem Gateway of India (Karte S. 786 f.). Die Fähren von PNP fahren häufiger und das ganze Jahr über.

Motorrad

Bei **Allibhai Premji Tyrewalla** (Karte S. 778 f.; ☎ 2309 9313; www.premjis.com; 205/207 Dr. D Bhadkamkar Rd, Opera House; ⌚ Mo–Sa 10–19 Uhr) kann man ein neues oder gebrauchtes Motorrad mit einer garantierten Rückkaufoption erstehen. Auch wer das Motorrad nur für zwei oder drei Wochen braucht, was also eher als „Mieten" bezeichnet wird, muss im Voraus den gesamten Kaufpreis bezahlen. Dem Unternehmen ist es lieber, man behält das Motorrad für zwei Monate oder länger, was im Verhältnis auch billiger ist. Eine Enfield mit 350 oder 500 ccm kostet 30 000 bis 50 000 Rs – nach drei Monaten wird sie für ca. 50 % des Preises zurückgenommen. Ein kleineres Motorrad (100 bis 180 ccm) kostet ab 20 000 Rs. Der Versand der Motorräder ins Ausland kann ebenfalls organisiert werden. Für weitere Infos am besten die Website aufsuchen.

Taxi & Autorikscha

Jedes zweite Auto auf Mumbais Straßen scheint ein schwarz-gelbes Premier-Taxi zu sein (Indiens Version eines 1950er-Fiat). Mit ihnen kommt man am besten durch die Stadt, und die Fahrer in Süd-Mumbai benutzen fast immer ohne extra Aufforderung das Taxameter und geben Wechselgeld korrekt heraus. Autorikschas dürfen nur in den Vororten nördlich des Mahim Creek verkehren.

Die Taxameter sind völlig veraltet, deshalb wird der Fahrpreis mit einer Umrechnungstabelle bestimmt, die alle Taxifahrer dabeihaben – man sollte sich diese Tabelle am Ende der Fahrt zeigen lassen. Tagsüber kostet die Fahrt umgerechnet rund 13-mal mehr als der Taxameter anzeigt. Der Mindestpreis für die ersten 1,6 km beträgt 13 Rs (Einstiegsgebühr) und 7 Rs für jeden weiteren Kilometer. Zwischen Mitternacht und 6 Uhr morgens kostet es etwa 25 % mehr.

Cool Cabs (☎ 28227006) fährt mit blauen klimatisierten Taxis, deren Taxameteranzeige korrekt funktioniert. Sie sind ca. ein Drittel teurer als normale Taxis und können per Telefon bestellt werden.

Wer nördlich des Mahim Creek unterwegs ist und nicht in die Innenstadt will, fährt am besten mit einer Autorikscha. Sie haben ein Taxameter, aber auch hier wird eine Umrechnungstabelle benutzt – der Fahrpreis entspricht ungefähr dem 7,5-fachen Anzeigewert.

Zug

In Mumbai gibt's ein gut funktionierendes Netz von – ständig überfüllten – Vorortzügen. In ganz Indien ist es eigentlich nur hier empfehlenswert, innerhalb einer Stadt mit dem Zug zu fahren.

Es gibt drei Hauptlinien, verfahren ist daher kaum möglich. Die wichtigste Linie fährt von Churchgate Richtung Norden über Stationen wie Charni Rd. (für Chowpatty Beach), Mumbai Central, Mahalaxmi (für Dhobi Ghat; S. 788), Vile Parle (zum Inlands-Flughafen), Andheri (zum internationalen Flughafen) und Borivali (zum Sanjay Gandhi National Park). Die anderen Vorortlinien fahren vom CST über Stationen wie z. B. Byculla (zu den Victoria Gardens), Dadar und sogar bis nach Neral (für Matheran). Die Züge verkehren von kurz nach 4 bis fast 13 Uhr. Ab Churchgate kostet es für die 2./1. Klasse 5/49 Rs bis Mumbai Central, 9/76 Rs bis Vile Parle oder Andheri und 11/102 Rs bis Borivali.

In den Stoßzeiten die Züge besser meiden, da sie dann hoffnungslos überfüllt sind – selbst in der 1. Klasse. Frauen sollten die nur ihnen vorbehaltenen Waggons nutzen. Die Züge halten an den Vorortbahnhöfen nur ca. zehn Sekunden, man muss also sprungbereit sein – und auf seine Wertsachen achten.

GROSSRAUM MUMBAI

ELEPHANTA ISLAND

Die in den Felsen gehauenen Tempel auf **Elephanta Island** (Karte S. 776; Inder/Ausländer 10/250 Rs; ⌚ Höhlen Di–So 9–17.30 Uhr), 9 km nordöstlich vom Gateway of India, sind Mumbais allererste Touristenattraktion. Über ihren Ursprung ist wenig bekannt, aber sie sollen zwischen 450 und 750 n. Chr., als die Insel Gharapuri (Ort der Höhlen) hieß, entstanden sein. Die Portugiesen tauften die Insel wegen eines großen steinernen Elefanten nahe der Küste Elephanta. Diese Statue fiel 1814 in sich zusammen und die Briten brachten die Überreste in die Victoria Gardens, wo die Statue wieder zusammengesetzt wurde und heute noch steht. Auf Elephanta befindet sich eine Haupthöhle mit einigen großen behauenen Tafeln mit Shiva-Darstellungen. Das berühmteste Tafelbild ist die Trimurti, auf der der Gott als Zerstörer, Erhalter und Schöpfer dargestellt ist. Die riesige zentrale Büste Shivas, dessen Augen in ewiger innerer Einkehr geschlossen sind, ist vielleicht der friedvollste Anblick in ganz Indien.

Zu sehen sind auch Darstellungen von Shiva beim Tandava-Tanz, von der Hochzeit von Shiva und Parvati, von Ravana, wie er den Kailasa schüttelt, von Shiva, wie er den Dämon Andhaka tötet sowie eine, auf der Shiva als Ardhanari erscheint und beide Geschlechter in einem Körper vereint.

Empfehlenswert ist die englischsprachige Führung (sie ist in Verbindung mit einem Deluxe-Boot-Ticket kostenlos). Die Führungen starten stündlich zur halben Stunde am Ticketstand vor der Tempelanlage. Wer sich lieber selbst umschauen will, sollte sich an einem der Stände entlang der Treppe Pramod Chandras *A Guide to the Elephanta Caves* besorgen. In der Anlage gibt's auch ein kleines **Museum** mit ein paar informativen Schaubildern über den Ursprung der Höhlen und die Geschichte der aus dem Fels gehauenen Architektur Maharashtras.

An- & Weiterreise

Vom Gateway of India schippern Barkassen nach Elephanta Island. Kleine Economy-Boote kosten für Hin- und Rückfahrt 80 Rs und größere „Deluxe"-Barkassen für Hin- und Rückfahrt 100 Rs. Zwischen den Booten besteht kein allzu großen Unterschied, aber wer mit einem Economy-Boot gekommen ist, muss auch mit einem zurückfahren – wer ein Deluxe-Ticket hat, kann mit jedem beliebigen Boot zurück, muss also evtl. weniger lange warten. Tickets gibt's an den Ständen, die das südliche Ende der Shivaji Marg am Apollo Bunder säumen. Die Boote fahren dienstags bis sonntags zwischen 9 und 15 Uhr jede halbe Stunde. Die Überfahrt dauert etwas über eine Stunde und ist zwar nicht gerade malerisch, vermittelt aber einen Eindruck von der Größe des Hafens von Mumbai. (Die Insel mit dem weiß getünchten, festungsartigen Gebilde, an der man vorbeifährt, ist **Butcher Island**. Das Gebäude war früher ein Gefängnis, wird heute aber von der Marine genutzt.)

Die Fähren legen am Ende eines Betonpiers an und von hier aus kann man bis zu der Treppe, die zu den Höhlen hinaufführt, laufen (ca. 3 Min.) oder mit dem Minizug (8 Rs) fahren. Der Pier ist mit Kunstgewerbeständen gesäumt und aufdringliche Affen streunen hier herum. Wer sich gern tragen lassen möchte – es stehen auch Sänften zur Verfügung (150/250 Rs eine Strecke/hin und zurück).

NATIONALPARK SANJAY GANDHI

In diesem 104 km² umfassenden **Schutzgebiet** (Karte S. 776; ☎ 288 60362; Erw./Kind 5/2 Rs; ⏲ Di–So 7.30–19 Uhr) bewaldeter Hügel am nördlichen Rand der Stadt gibt's eine interessante Pflanzen-, Vogel- und Schmetterlingswelt sowie ein paar wilde Leoparden und ein eingezäuntes Gebiet mit gefangenen Tigern, darunter zwei weiße. Es ist großartige, dass es so etwas innerhalb der Stadtgrenzen gibt – Indiens einziger Nationalpark mit einer Postleitzahl – aber er ist auch durch das immer weitere Vordringen der Stadt ernsthaft bedroht und das öffentliche Gelände um den Eingang herum ist ungepflegt und voller Abfälle.

Gleich hinter dem nördlichen Haupteingang steht ein **Informationszentrum** mit einer kleinen Ausstellung über die Tierwelt des Parks. Zur Vogelbeobachtung ist Oktober bis April die beste Zeit, für Schmetterlinge August bis November.

Für viele Besucher (zumeist indische Familien) ist die **Löwen- und Tigersafari** die Hauptattraktion. Diese startet am Tiger Orientation Center (eine kostenlose Ausstellung über das drohende Aussterben der Tiger), das ca. 1 km vom Haupteingang entfernt ist. Tickets für die Safari – eine rasante 20-minütige Bustour durch die zwei getrennten Zonen des Parks, in denen jeweils die Tiger und die Löwen leben – kosten 30 Rs. Safaribusse fahren täglich außer Montag zwischen 9 und 12.40 und 14 und 17.20 Uhr im Schnitt alle 20 Minuten.

Eine andere große Attraktion des Parks sind die 109 **Kanheri-Höhlen** (Inder/Ausländer 2/100 Rs; ⏲ Di–So 9.30–17.30 Uhr), die 5 km vom Nordeingang des Parks entfernt eine felsige Schlucht säumen. Sie wurden zwischen dem 2. und dem 9. Jh. von buddhistischen Mönchen als *viharas* (Klöster) und *chaityas* (Tempel) genutzt – man sollte sie aber nicht mit den Höhlen von Ajanta (S. 823), Ellora (S. 821) oder auch Lonavla (S. 836) vergleichen.

Wer Infos über den Park möchte, wendet sich an Mumbais wichtigste Naturschutzgesellschaft, die **Bombay Natural History Society** (Karte S. 786 f.; ☎ 22821811; www.bnhs.org; Colaba Causeway) in Kala Ghoda.

An- & Weiterreise

Mit dem Zug geht's vom Bahnhof Churchgate bis zum Bahnhof Borivali (11 Rs, 1 Std.), von wo aus man mit einer Autorikscha (10 Rs) oder einem Bus bis zum Parkeingang fährt. Vom Eingang bis zum Park sind es noch zehn Minuten Fußmarsch.

Maharashtra

Der riesige Bundesstaat Maharashtra, der die zweithöchste Einwohnerzahl Indiens hat, liegt am Arabischen Meer und reicht tief ins Herz Indiens hinein. Eine echte Schatzkiste architektonischer und künstlerischer Wunder ist innerhalb dieser Grenzen zu finden. Der Höhepunkt: die zum Weltkulturerbe gehörenden Höhlentempel von Ellora und Ajanta. Die meisten Besucher schauen sich diese Tempel als erstes an und nutzen die etwas runtergekommene Stadt Aurangabad als Ausgangsbasis.

Andere Städte im Norden Maharashtras ziehen Gläubige und jene, die Indiens spirituelle Seite suchen, wie Magneten an. Nasik z.B. mit seinen heiligen Badeghats und Tempeln, oder Nagpur, in der Nähe von Ghandis Ashram in Sevagram. Im Süden des Bundesstaats liegt die lebendige, aufstrebende Metropole Pune, Heimat des berühmt-berüchtigten Osho Meditation Resorts. Noch weiter südlich sind die alten Maharadscha-Paläste von Kolhapur einen Besuch wert. Auch warten viele der allgegenwärtigen Festungen des legendären Marathenherrschers Chhatrapati Shivaji darauf erforscht zu werden; die meisten sind zwar nur noch Ruinen, ihre Lage auf den Bergspitzen ist aber spektakulär.

Dieselben Berge des Dekkan-Plateaus beherbergen einige angenehm kühle Hill-Resorts wie Matheran und Mahabaleshwar, während unten an der Konkanküste fast unberührte Sandstrände liegen. Viele Traveller rauschen durch Maharashtra durch, legen Stopps in Pune und den Höhlen ein, bevor sie in Richtung Süden nach Goa flitzen. Wer etwas Zeit übrig hat, wird in Maharashtra aber einen faszinierenden Bundesstaat voller toller Orte entdecken.

HIGHLIGHTS

- Die Schönheit des von Hand verzierten Kailash-Tempels bestaunen, dem Star unter den Höhlentempeln von **Ellora** (S. 821)
- Die faszinierende buddhistische Kunst der aus dem Fels geschlagenen Höhlen bei **Ajanta** (S. 823) bewundern – noch dazu in atemberaubender Landschaft
- Die heitere, von Bäumen geprägte Stimmung von **Matheran** (S. 833) genießen, märchenhaft frei von Verkehr und Umweltverschmutzung
- Nach **Nasik** (S. 812) und an die Ghats am Goadavari pilgern – einem traumhaften Ort, um Hinduritualen zuzusehen
- In **Tarkarli** (S. 832), an Maharashtras entspannendstem Strand, relaxen
- In **Pune** (Poona, S. 838), dem aufstrebensten Ort des Bundesstaates, essen, trinken und feiern

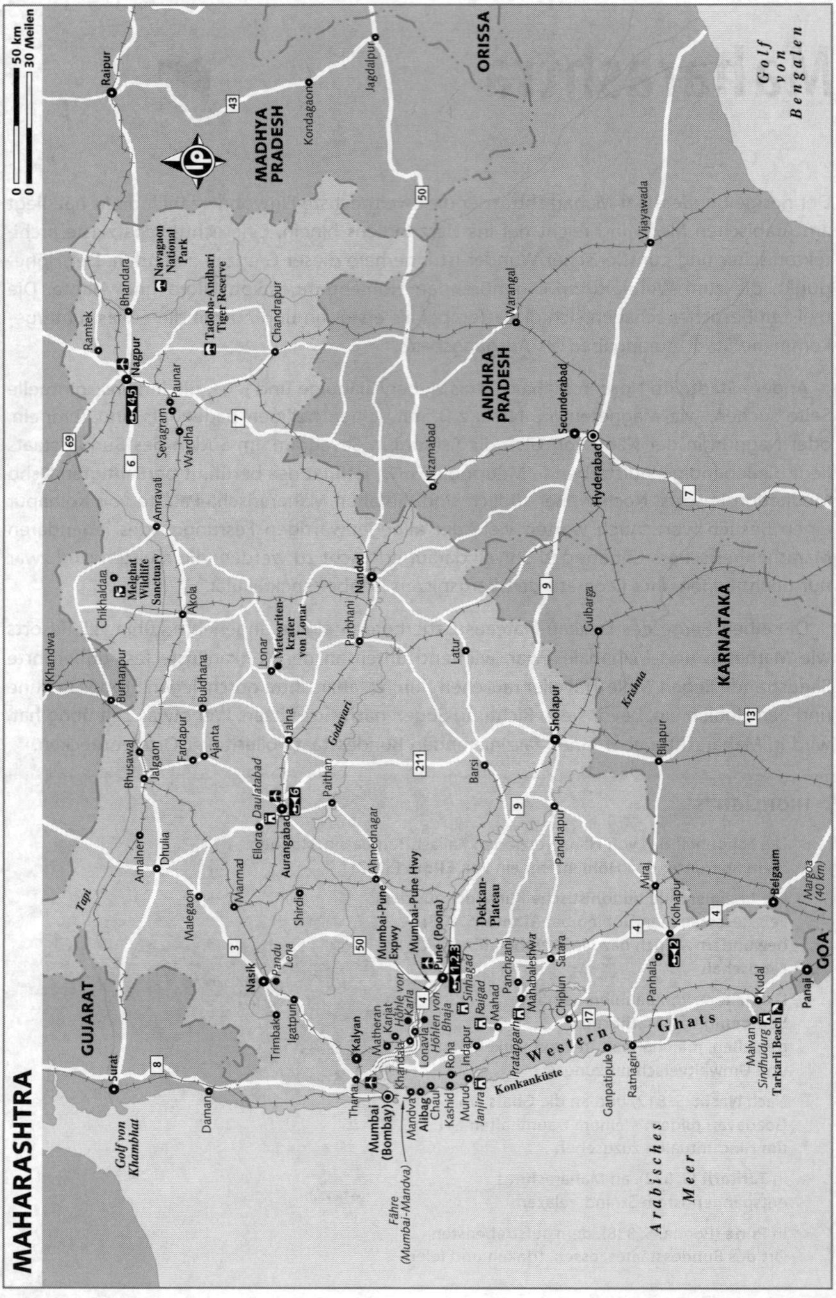
MAHARASHTRA
0 50 km
0 30 Meilen
GUJARAT
MADHYA PRADESH
ORISSA
ANDHRA PRADESH
KARNATAKA
GOA
Golf von Khambhat
Golf von Bengalen
Arabisches Meer
Western Ghats
Konkanküste
Dekkan-Plateau
Tapi
Godavari
Krishna
Surat
Daman
Thana
Mumbai (Bombay)
Fähre (Mumbai-Mandva)
Mandva
Alibag
Chaul
Kashid
Murud
Janjira
Kalyan
Matheran
Karjat
Khandala
Lonavla
Höhle von Karla
Höhlen von Bhaja
Roha
Indapur
Raigad
Mahad
Sinhagad
Pune (Poona)
Mumbai-Pune Expwy
Mumbai-Pune Hwy
Trimbak
Igatpuri
Nasik
Pandu Lena
Malegaon
Manmad
Shirdi
Ahmednagar
Aurangabad
Ellora
Daulatabad
Paithan
Dhulia
Amalner
Bhusawal
Jalgaon
Fardapur
Ajanta
Burhanpur
Khandwa
Buldhana
Jalna
Lonar
Meteoritenkrater von Lonar
Parbhani
Latur
Barsi
Sholapur
Pandhapur
Satara
Panchgani
Mahabaleshwar
Pratapgarh
Chiplun
Ganpatipule
Ratnagiri
Miraj
Kolhapur
Panhala
Malvan
Sindhudurg
Tarkarli Beach
Kudal
Panaji
Belgaum
Margoa (40 km)
Bijapur
Gulbarga
Nanded
Nizamabad
Hyderabad
Secunderabad
Warangal
Vijayawada
Akola
Chikhaldara
Melghat Wildlife Sanctuary
Amravati
Wardha
Sevagram
Paunar
Nagpur
Ramtek
Bhandara
Chandrapur
Tadoba-Andhari Tiger Reserve
Navagaon National Park
Raipur
Kondagaon
Jagdalpur
3
4
6
7
8
9
13
17
43
50
69
211
1, 2, 3
2
6
45

Geschichte

Mit einer relativ kleinen Armee begründete der Marathenherrscher Shivaji (1627–80) eine Basis in Pune und später eine in Raigad. Von dort aus kontrollierte er den Dekkan (wörtlich „Süden") und eroberte während seiner Herrschaft über 300 Festungen. Dem bis heute hoch angesehenen Shivaji wird zugeschrieben, den Menschen der Region einen starken und unabhängigen Willen eingeimpft zu haben.

Seit Anfang des 18. Jhs. wurde das Reich der Marathen von den Peshwas kontrolliert, die sich an der Macht hielten, bis 1804 die Briten einmarschierten. Gegen diese wagten die Peshwas 1817 einen Aufstand. Doch schon 1818 hatten die Briten wieder das Sagen. Abgesehen von kleineren Aufständen behielten sie von nun an bis zur Unabhängigkeit Indiens die Region unter ihrer Kontrolle.

Nachdem Indien die Unabhängigkeit erlangt hatte, wurde das westliche Maharashtra mit Gujarat zum Bundesstaat Bombay vereinigt. Der heutige Bundesstaat hat Mumbai als Hauptstadt. Er entstand 1960, als die Marathi und Gujarati sprechenden Regionen wieder getrennt wurden. Der Bundesstaat wird derzeit von einer Koalition aus Kongresspartei und NCP regiert.

Klima

Von Mai bis Anfang September hat der Monsun den größten Teil von Maharashtra in seinem Griff. Das restliche Jahr über ist es an der Küste und im Landesinneren heiß und nur in den Hill Stations der Western Ghats kann man sich etwas abkühlen.

KURZINFOS

- Bevölkerung: 96,8 Mio.
- Fläche: 307 690 km²
- Hauptstadt: Mumbai (Bombay)
- Hauptsprache: Marathi
- Reisezeit: Oktober bis März (Küste); September bis Mitte Juni (Berge)

Praktische Informationen

Die Zentrale der Maharashtra Tourism Development Corporation (MTDC) befindet sich in Mumbai (Karte S. 786 f.; in Mumbai ☎ 22026713; Madame Cama Rd, Nariman Point; ⌚ Mo–Sa 9.45–17.30 Uhr). In den meisten größeren Städten des Bundesstaates gibt's eigene Büros, die aber oft nur MTDC-Unterkünfte und -Touren vermitteln.

Weitere Infos über lohnenswerte Ziele in Maharashtra finden sich im *Weekend Breaks From Mumbai*, erschienen bei Outlook Traveller.

Unterkunft & Steuern

Zimmer in Maharashtra, die weniger als 1200 Rs kosten, werden mit 4 % besteuert, Zimmer ab 1200 Rs mit 10 %. Manche Hotels fordern auch noch eine Aufwandsabgabe (bis zu 10 %). Wenn nicht anders angegeben, enthalten die Preise in diesem Kapitel keine Steuern.

An- & Weiterreise

Maharashtras größter Flughafen findet sich in Mumbai (S. 803), aber auch große Städte

FESTE & FESTIVALS IN MAHARASHTRA

Die hier genannten Feste sind auf der Karte auf S. 810 eingezeichnet.

Sarai Gandarvar (1; Feb.; Pune, S. 838) Spitzenklasse-Aufführungen von klassischen indischen Tänzen und Musik bis zum nächsten Morgen.

Matharaj Naag Panchami (2; Aug.; Pune, S. 838, & Kolhapur, S. 849) Ein kurioses Fest, bei dem Schlangen verehrt werden.

Ganesh Chaturthi (3; Aug. & Sep.; Pune, S. 838) Ganesh Chaturthi wird in ganz Maharashtra leidenschaftlich gefeiert, doch einer der besten Plätze dafür ist Pune, 163 km südöstlich von Mumbai. Dort finden neben den normalen elftägigen Feiern zu Ehren der vergnügten elefantenköpfigen Gottheit zusätzliche Kunst- und Kulturevents statt.

Dussehra Festival (4; Sept../Okt.; Nagpur, S. 828) Tausende von Buddhisten feiern den Jahrestag der Bekehrung von Dr. Ambedkar zum Buddhismus.

Kalidas Festival (5; Nov.; Nagpur, S. 828) Ein Musik- und Tanzfest, das dem Sanskritschriftsteller Mahakavi Kalidas gewidmet ist.

Ellora Dance & Music Festival (6; Dez./Jan.; Aurangabad, S. 815) Ein traditionelles Musik- und Tanzfestival am Soneri Mahal.

wie Pune, Aurangabad und Nagpur haben Flughäfen mit Verbindungen in andere Bundesstaaten. Züge und Busse fahren von allen wichtigen Punkten Indiens nach Maharashtra.

Unterwegs vor Ort

Um in dem riesigen Bundesstaat etwas schneller vorwärts zu kommen, lohnt es sich über Inlandsflüge (z. B. von Mumbai nach Nagpur) nachzudenken. Ansonsten gibt es jede Menge Züge und private Überlandbusse sowie klapprige öffentliche Busse, die abgelegenere Orte anfahren.

NORDMAHARASTHRA

NASIK

☎ 0253 / 1,2 Mio Ew. / 565 m

Am Godavari, einem der heiligsten Flüsse Indiens, liegt das mit Hunderten von Tempeln und Badeghats übersäte Nasik (auch Nashik genannt). Die fesselnde, farbenfrohe Stadt ist ein wachsendes Industrie- und Geschäftszentrum, das mit vielen Verbindungen zum Hindu-Epos Ramayana aufwartet. Der Gott Rama und seine Frau Sita wurden hierher ins Exil geschickt, hier schlug auch Lakshmana Ravanas Schwester die Nase *(nasika)* ab – wodurch die Stadt zu ihrem Namen kam.

Nasik ist ein beliebter Ausgangspunkt für Pilger, die Trimbak (S. 814) oder Shirdi besuchen wollen, den Geburtsort des „echten" Sai Baba (etwa 85 km südöstlich). Nasik entwickelt sich außerdem zum Zentrum eines der wichtigsten Weinanbaugebiete Indiens (s. Kasten S. 814).

Orientierung

Die Mahatma Gandhi Road (besser bekannt als MG Road), die einige Blocks nördlich des Old Central Busbahnhofs verläuft, ist Nasiks Handelszentrum. Der von Tempeln gesäumte Godavari fließt nur wenige Meter östlich davon durch die Stadt.

Praktische Informationen

Internetcafés sind in Nasik zahlreich vorhanden.

Cyber Café (8 Twin Centre, Vakil Wadi; 20 Rs/Std.; 🕑 Mo–Sa 10–22, So 10–15 Uhr) Nahe des Hotels Panchavati.

HDFC Bank (MG Rd) 24-Stunden Geldautomat.

Matrix Cyber Café (Meghdoot Shopping Centre; 20 Rs/Std.; 🕑 9–22.30 Uhr) In der Nähe vom Old Central Busbahnhof.

MTDC Touristeninformation (☎ 2570059; Paryatan Bhavan, Old Agra Rd; 🕑 Mo–Sa 10.30–17.30 Uhr) Ungefähr 700 m südlich des Old Central Busbahnhofs. Dort gibt's einen reichlich nutzlosen Stadtplan (5 Rs).

State Bank of India (☎ 2502436; Old Agra Rd; 🕑 Mo–Fr 10.30–16, Sa 10.30–13.30 Uhr) Keine 100 m vom Old Central Busbahnhof entfernt. Wechselt Bargeld und Reiseschecks und hat einen Geldautomaten.

Sehenswertes

RAMKUND

Der heilige See 1,5 km südöstlich des Stadtzentrums am Godavari ist die zentrale Anlaufstelle für alle, die nach Nasik pilgern. Das Wasser des Ramkunds soll wie auch das des Ganges bei Varanasi *moksha* (die Befreiung der Seele) für diejenigen bringen, deren Asche hier versenkt wird. Das lebhafte Treiben wird noch von dem bunten **Markt** verstärkt, der etwas weiter entfernt am Flussufer liegt und den man am besten frühmorgens besucht.

TEMPEL

Einen kurzen Spaziergang bergauf östlich des Ramkund liegt der **Kala Rama** (Schwarzer Rama; Panchavati Karanja; 🕑 6–9 Uhr), der heiligste Tempel der Stadt. Der Tempel von 1794 besteht aus schwarzem Stein und befindet sich in einer strengen Anlage aus 96 Bögen, die Abbilder von Rama, Sita und Lakshmana enthalten. Ganz in der Nähe liegt die **Gumpha Panchivati** (🕑 6–21 Uhr), wo es Spaß macht, die enge Höhle mit dem Bildnis der Sita zu erkunden.

Unter den vielen anderen Tempeln lohnt der Besuch des malerisch-maroden **Sundar-Narayan-Tempels** (🕑 6–21 Uhr) am westlichen Ende der Victoria Bridge; auch sollte man den **Muktidham-Tempel** (Muktidham-Nasik Rd; 🕑 6–21 Uhr) nicht verpassen, ein modernes Gebäude aus weißem Marmor in der Nähe des Bahnhofs etwa 7 km südöstlich der Stadt. Auf den Wänden im Innern sind die 18 Kapitel der Bhagavad Gita dargestellt.

Geführte Touren

Eine in Marathi geführte Ganztagestour, die Trimbak und Pandu Lena einschließt, beginnt täglich um 7.30 Uhr am Old Central Busbahnhof (80 Rs). Für alle, die einige der rund 200 Tempel Nasiks sehen wollen, ist diese Tour genau das Richtige.

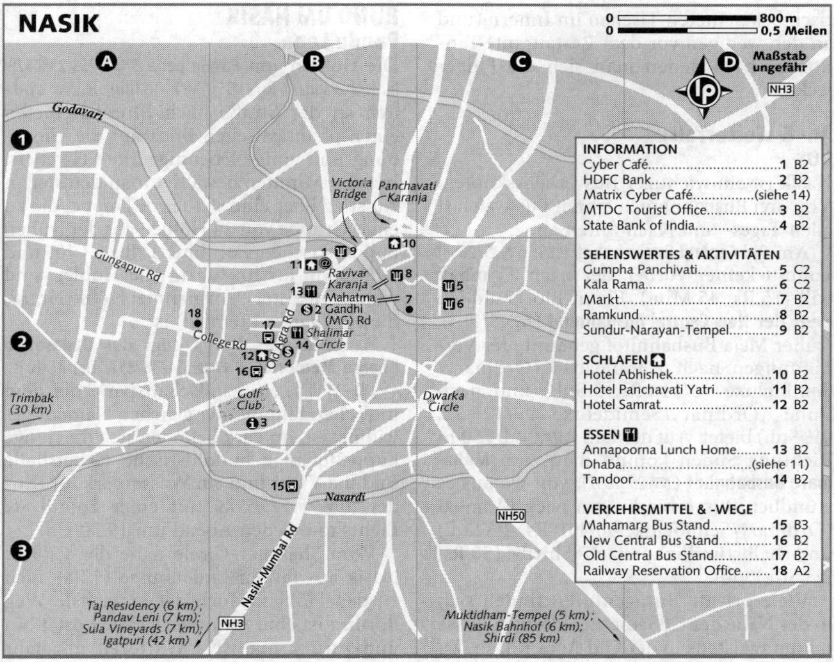

Schlafen & Essen

In Nasik finden sich genug Hotels, um die Pilgerscharen unterzubringen. Es lohnt sich nicht, nach schicken Restaurants zu suchen – dies ist eine Stadt, in der vor allem Thalis den Speiseplan beherrschen.

Hotel Abhishek (☎ 2514201; hotabhi_nsk@sancharnet.in; Panchavati Karanja; EZ/DZ ab 210/280 Rs) Einige Minuten geht es vom Godavari aus aufwärts; das Budgethotel ist der beste Ausgangspunkt für einen Besuch der Tempel und Märkte im alten Stadtteil Panchavati. Die Zimmer mit Warmwasserduschen und TV sind ganz o.k.

Hotel Samrat (☎ 2577211; Fax 2578211; Old Agra Rd; EZ/DZ ab 450/500 Rs, mit Klimaanlage ab 625/775 Rs; ❄) Gleich bei den Bushaltestellen bietet dieses Hotel mit herzlicher Atmosphäre einige nette Zimmer mit Balkon, alle mit Kabel-TV. Das blitzsaubere Restaurant ist 24 Stunden geöffnet und bereitet köstliche Gujarati-Thalis (70 Rs) zu.

Hotel Panchavati Yatri (☎ 2578782; Fax 2572293; 430 Chandak Wadi; EZ/DZ 540/740 Rs, mit Klimaanlage ab 750/850 Rs) Versteckt hinter dem etwas originelleren Schwesteretablissement Hotel Panchavati liegt das anständige Mittelklassehaus mit frisch gestrichenen, geräumigen Zimmern. Im Untergeschoss gibt's einen Fitnessraum und eine gute Auswahl an Restaurants, darunter das Dhaba, das exzellente Thalis serviert (55 Rs).

Taj Residency (☎ 25604499; www.tajhotels.com; MIDC, Ambad; DZ ab 85 US$; ❄ 💻 🏊) Nasiks luxuriösestes Hotel residiert in der Mumbai Rd. nahe Pandu Lena. Die Zimmer mit Parkblick sind den Aufschlag von 10 US$ wert. Das Restaurant bietet das leckerste Essen von Nasik.

Annapoorna Lunch Home (☎ 2576846; MG Rd; Snacks & Essen 10–35 Rs; 🕒 6–22.30 Uhr) Hier kommt das Personal beim Auftischen südindischer Gerichte für den ständigen Strom einheimischer Besucher kaum zum Durchschnaufen. Zu den wenig überraschenden Gerichten gehören *masala dosas* (15 Rs) und Thalis (20 Rs).

Tandoor (Megdoot Centre; Gerichte 45–80 Rs) Gegenüber vom Old Central Busbahnhof versteckt sich das Tandoor in einem schmalen Seitengässchen der Shivaji Rd. Nach Einbruch der Dunkelheit gibt's an den romantisch beleuchteten Tischen im Innern (und an den wenigen vor dem Restaurant) Tandooris, nach denen man sich die Finger leckt.

An- & Weiterreise

BUS

Nasik ist ein wichtiger Busverkehrsknoten. Von drei Busbahnhöfen fahren Busse zu fast allen Tages- und Nachtzeiten ab.

Am **Old Central Busbahnhof** (CBS; ☎ 2572854) kommt keiner vorbei, der nach Trimbak will (15 Rs, 45 Min.). Einen Block südlich liegt der **New Central Busbahnhof** (☎ 2572915), früher Mela Busbahnhof genannt, der Verbindungen nach Aurangabad (Ordinary/Semideluxe 96/112 Rs, 5 Std.) und nach Pune (Ordinary/Semideluxe 99/125 Rs, 4½ Std.) bietet. Auf der Old Agra Rd. 750 m Richtung Süden kommt man zum **Mahamarg Busbahnhof** (☎ 2582532), von wo aus es stündlich Busverbindungen nach Mumbai (Ordinary/Semideluxe 90/110 Rs, 4½ Std.) und halbstündliche nach Shirdi (50 Rs, 2½ Std.) gibt.

Viele private Busagenturen finden sich in der Nähe des CBS, die zugehörigen Busse fahren meistens in der Old Agra Rd. ab. Zu den Zielen gehören Pune (mit/ohne Klimaanlage 180/120 Rs, 4½ Std.), Mumbai (mit/ohne Klimaanlage 200/130 Rs, 4½ Std.), Aurangabad (ohne Klimaanlage 130 Rs; nur 22.30 Uhr) und Ahmedabad (mit/ohne Klimaanlage 450/300 Rs, 12 Std.). Vorsicht: Die meisten Busse nach Mumbai enden in Dadar.

ZUG

Der Bahnhof in der Nasik Rd. liegt 8 km südöstlich vom Stadtzentrum. Es gibt aber ein praktisches **Railway Reservation Office** (☎ 134; ⌚ Mo–Sa 8–20, So 8–14 Uhr) im 1. Obergeschoss des Commissioner's Office, Canada Corner, 500 m westlich vom CBS gelegen. Der *Panchavati Express*, Abfahrt 7.02 Uhr, ist die schnellste Verbindung nach Mumbai (55/191 Rs für 2. Klasse/Chair Class, 4 Std.), der *Tapovan Express*, Abfahrt 9.55 Uhr, die einzige brauchbare Direktverbindung nach Aurangabad (55/191 Rs für 2. Klasse/Chair Class, 3½ Std.). Am Shalimar Circle, wenige Minuten nordöstlich vom CBS, fahren oft Stadtbusse zum Bahnhof (6 Rs). Eine Autorikscha kostet um die 70 Rs.

RUND UM NASIK

Pandu Lena

Die Höhlen von **Pandu Lena** (☎ 0253-2380529; Inder/Ausländer 5 Rs/2 US$; ⌚ 8–18 Uhr), 8 km südlich an der Straße nach Mumbai, bieten einen phantastischen Blick auf die Umgebung und einige lebendige alte Felsreliefs. In zehn Minuten bewältigt man den steilen Aufstieg über eine steinerne Treppe, die zu einer Gruppe von 24 Höhlen aus der frühen buddhistischen Zeit ums 1. Jh. v. Chr. und dem 2. Jh. n. Chr. führt. Alle Höhlen sind *viharas* (Klöster). Ausnahme: Höhle Nr. 18, die ein *chaitya* (Tempel) ist.

Am Fuß des Bergs liegt das **Dadasaheb Phalke Memorial** (☎ 0253-2382857; Eintritt 10 Rs; ⌚ 10–21 Uhr), ein Landschaftspark, der dem indischen Filmpionier gleichen Namens gewidmet ist. Im Park befinden sich die riesige kuppelförmige buddhistische Gebetshalle Buddha Vihar und ein Wasserpark für Kinder (Erw./Kind 85/55 Rs) mit einer Sound- & Lightshow (jeden Abend um 19.30 Uhr).

Vom Shalimar Circle nahe der CBS in Nasik aus fahren Linienbusse (5 Rs) auch zu den Höhlen, doch der einfachste Weg dorthin ist eine Autorikscha. Sie kostet hin und zurück inklusive Wartezeit ungefähr 100 Rs.

Trimbak

Hoch oben an einem steilen Berg oberhalb von Trimbak 33 km westlich von Nasik entspringt der Godavari und tröpfelt in den

WEINANBAU

Ein schiefes Lächeln beim Gedanken an indischen Wein sei verziehen. Denn tatsächlich ist so, dass die fruchtbaren Böden und das kühlere Klima in Nasik (etwa 600 m über dem Meeresspiegel) die Region zu einem der besten Weinanbaugebiete Indiens gemacht haben. Eine Weinkellerei, die Besucher gern empfängt, ist **Sula Vineyards** (☎ 0253-2231663; www.sulawines.com; Govardhan, Gangapur-Savargaon Rd; ⌚ 11–16), 8 km südwestlich von Nasik, nicht weit von Pandu Lena. Der Pionier der indischen Weinindustrie produziert anständige trinkbare Tropfen seit 1998. Er eröffnete 2005 einen von Architekten gestaltete Probierstube. Wer vorbeischauen und die Rot- und Weißweine probieren möchte, sollte vorher anrufen.

Gangadwar Bathing Tank, dessen Wasser angeblich Sünden abwaschen kann! Nach diesem kümmerlichen Start fließt der Godavari quer durch Indien in den Golf von Bengalen.

Der **Trimbakeshwar-Tempel** ist einer der heiligsten in Indien. Er enthält einen *jyoti lingam*, einen der zwölf wichtigsten Schreine Shivas. In den Tempel kommen nur Hindus rein, aber man kann in den Innenhof sehen – und es ist faszinierend, die Pilger bei ihren Ritualen am zentralen Wasserbecken zu beobachten. Der Marsch hinauf zu den Tempeln auf dem **Brahmagiri Hill** hoch oben über der Stadt ist ein toller Tagesausflug. Für die vierstündige Rundtour folgt man der Straße, die am MTDC Resort vorbeiführt.

Das **MTDC Resort** (☎ 02594-233143; DZ 250 Rs, Dreiersuite Rs 800) ist ein modernes Gebäude. Die großen Suiten bieten auch Komfort wie Kabel-TV.

Linienbusse fahren vom New CBS in Nasik nach Trimbak (15 Rs, 45 Min.).

Igatpuri

Igatpuri liegt etwa 44 km südlich von Nasik an der Bahnlinie nach Mumbai. Der Ort ist das Zuhause des größten *vipassana*-Zentrums der Planeten, die **Vipassana International Academy** (☎ 02553-244076; www.vri.dhamma.org).

Von Januar bis Oktober werden regelmäßig zehntägige Kurse in der strengen Meditationsform des Theravada-Buddhismus abgehalten; 45-tägige Kurse für Fortgeschrittene gibt's im November und Dezember. Die Kurse sind kostenlos – allerdings wird eine Spende erwartet. Die Schüler werden nach Männlein und Weiblein getrennt, müssen in der Akademie wohnen und sich dem Gebot der „edlen Stille" unterwerfen. Einfaches Essen und Unterkunft; man sollte im Voraus reservieren. *Vipassana* wurde zum ersten Mal von Gautama Buddha im 6. Jh. v. Chr. gelehrt und erst in den Sechzigern von S. N. Goenka wieder in Indien eingeführt.

Igatpuri ist von Mumbai aus gut mit Express Trains zu erreichen (44/153 Rs für die 2. Klasse/Chair Class, 3 Std.), die hier täglich halten. Züge und Busse aus Nasik brauchen hierher nur eine Stunde. Das Zentrum liegt 15 Gehminuten vom Bahnhof.

AURANGABAD

☎ 0240 / 872 667 Ew. / 513 m

Aurangabad ist ziemlich heruntergekommen und dennoch die meistbesuchte Stadt Zentralmaharashtras. Grund hierfür ist, dass sie sich hervorragend als Ausgangspunkt für die Höhlentempel in Ellora eignet; auch Ajanta ist nicht allzu weit entfernt. Die Stadt erhielt ihren Namen von Aurangzeb, der sie 1653 zu seiner Hauptstadt machte. Die Stadt selbst hat auch ein paar interessante Sehenswürdigkeiten aufzuweisen.

Aurangabad, dessen traditionelle Handelsware Seidenstoffe sind, hat sich zu einer Art Industriezentrum gemausert. Das meiste Bier in Maharashtra wird in ein paar rund um die Stadt verteilten Brauereien gebraut. Außerdem sind die Bajaj-Kawasaki-Werke, Indiens größter Motorradhersteller, in der Nähe angesiedelt.

Orientierung

Der Bahnhof, billige Hotels und Restaurants ballen sich im Süden der Stadt. Der Busbahnhof der **Maharashtra State Road Transport Corporation (MSRTC)** (Station Rd West) liegt 1,5 km in Richtung Norden. Nordöstlich vom Busbahnhof liegt die quirlige Altstadt mit engen Gassen und einem muslimischen Viertel.

Praktische Informationen

BUCHLÄDEN

Sharayu (☎ 2335220; 119-A Kailash Market, Station Rd East; ⌚ 10.30–21.30 Uhr) Aurangabads beste Auswahl an englischsprachigen Büchern.

INTERNETZUGANG

Internetcafés finden sich in Aurangabad fast an jeder Ecke. Z. B.:

Café Internet (Shop No 12, Station Rd East; 30 Rs/Std.; ⌚ 9.30–23 Uhr)

Cyber-dhaba (Station Rd West; 20 Rs/Std.; ⌚ 8–23 Uhr) Wechselt auch Geld.

Global Access (Konark Estate, Osmanpura; 20 Rs/Std.; ⌚ 9–1 Uhr)

GELD

Die ICICI-Bank hat Geldautomaten am Nirala Bazaar und der Station Rd. East.

Bank of Baroda (☎ 2337129; Pattan Darwaza Rd; ⌚ Mo–Fr 10.30–15, Sa 10.30–12.45) Nahe dem Paithan Gate, gibt auch Bargeld auf MasterCard und Visa.

Trade Wings (☎ 2322677; Station Rd West; ⌚ Mo–Sa 9–19, So 9–13 Uhr) 50 Rs Gebühr.

POST

Hauptpost (☎ 2331420; Juna Bazaar; ⌚ Mo–Sa 10–18 Uhr) Postlagerndes kann an Schalter 3 abgeholt werden.

TOURISTENINFORMATION

Government of India Tourist Office (☎ 2331217; Krishna Vilas, Station Rd West; ⌚ Mo–Fr 9–18, Sa 9–13.30) Bietet eine anständige Auswahl von Broschüren, die Angestellten sind hilfsbereit.

MTDC Office (☎ 2331513; Station Rd East; ⌚ Mo–Sa 10–18 Uhr) Nur für Buchungen von MTDC-Touren oder -Unterkünften von Bedeutung.

REISEBÜROS

Classic Tours (☎ 2335598; classictours@vsnl.com; MTDC Holiday Resort, Station Rd East) Das Personal managt zuverlässig Buchungen von Verkehrsmitteln, Touren und Unterkünften.

Trade Wings (☎ 2322677; Station Rd West; ⌚ Mo–Sa 9–19, So 9–13 Uhr) Bietet Dienstleistungen rund ums Reisen an.

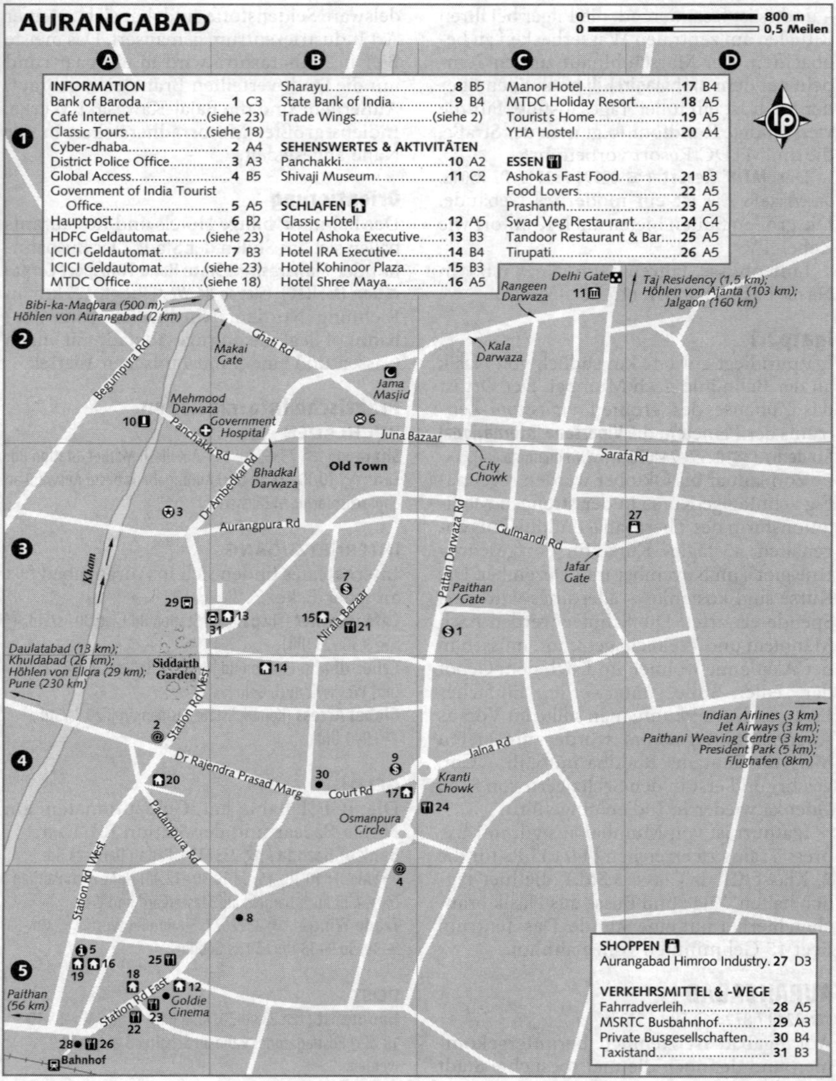

Sehenswertes

BIBI-KA-MAQBARA

Das „Taj Mahal für Arme", die **Bibi-ka-Maqbara** (☎ 2400620; Inder/Ausländer 5 Rs/2 US$; ⏲ Sonnenaufgang–22 Uhr), wurde 1679 als Mausoleum für Aurangzebs Frau Rabia-ud-Daurani erbaut. Obwohl die Nachahmung des Taj in Stil und Ausführung eher bescheiden ausgefallen ist, ist der unvermeidliche Vergleich mit dem Original nicht fair – denn für sich betrachtet ist das Gebäude doch recht beeindruckend. Nachts, wenn es von Flutlicht bestrahlt wird, wirkt es besonders beeindruckend. Von dem kleinen Hügel hinter der Bibi-ka-Maqbara hat man die beste Aussicht.

DIE HÖHLEN VON AURANGABAD

Ohne die Konkurrenz von Ellora und Ajanta hätten die sehenswerten **Höhlen** (☎ 2400620; Inder/Ausländer 5 Rs/2 US$; ⏲ Sonnenaufgang–Sonnenuntergang) 2 km nördlich der Bibi-ka-Maqbara sicher mehr Besucher. Die zehn im 6. oder 7. Jh. n. Chr. in den Fels gehauenen buddhistischen Höhlen sind in zwei Gruppen etwa 1 km voneinander entfernt angeordnet.

Alle Höhlen der westlichen Gruppe sind *viharas*. Eine Ausnahme bildet die ältere Höhle 4, bei der es sich um eine früh-buddhistische *chaitya* mit geriffelter Decke handelt. Die Skulpturen leicht bekleideter und mit Edelsteinen verzierten Frauen in Höhle 7 belegen den damaligen Aufstieg des tantrischen Buddhismus. Man kann von der Bibi-ka-Maqbara zu den Höhlen hochlaufen – oder eine Autorikscha zur östlichen Höhlengruppe nehmen, von dort der Straße zur westlichen Gruppe folgen und dann querfeldein zur Bibi-ka-Maqbara zurückgehen.

PANCHAKKI

Das **Panchakki** (Wasserrad) trägt seinen Namen wegen der Mühle, die einst als Wunderwerk der Technik galt. Angetrieben von Wasser, das durch unterirdische Röhren vom 6 km entfernten Fluss zufließt, mahlte es früher das Korn für Pilger. Der einfachen Maschine kann immer noch bei der Arbeit zugesehen werden.

Baba Shah Muzaffar, ein Sufi-Heiliger und spiritueller Führer von Aurangzeb, liegt hier begraben. In seinem **Memorial Garden** (Eintritt 5 Rs; ⏲ 6–20 Uhr) gibt es einige Teiche, in denen sich Fische tummeln – gleich daneben hat es einen riesigen, Schatten spendenen Banyanbaum: ein bezaubernder Ort für einen relaxten Chai!

SHIVAJI MUSEUM

Das etwas langweilige **Museum** (☎ 2350166; Dr Ambedkar Rd; Eintritt 5 Rs; ⏲ Di–So 10.30–13.30 & 15–18 Uhr) ist dem Leben des Marathen-Helden Shivaji gewidmet und zeigt vor allem sein militärisches Talent. Zu sehen gibt's einen 500 Jahre alten Kettenpanzer, eine von Aurangzeb selbst geschriebene Kopie des Korans und einen 400 Jahre alten Paithani-Sari.

Geführte Touren

Classic Tours (☎ 2335598; www.ajantaindia.com) und **MSRTC** (☎ 2331513) bieten vergleichbare Tagestouren zu den Höhlen von Ajanta und Ellora an, inklusive Führer, Eintrittsgelder sind extra. Die Ellora-Touren machen Abstecher zu den wichtigsten Highlights in Aurangabad – dem Daulatabad-Fort, dem Grabmal Aurangzebs in Khuldabad, Bibi-ka-Maqbara und Panchakki: ziemlich viel für einen einzigen Tag!

Die Ellora-Tour von Classic Tours dauert von 9.30 bis 17.30 Uhr (140 Rs), die Ajanta-Tour von 8 bis 17.30 Uhr. Start- und Zielpunkt sind beide Male das MTDC Holiday Resort. Die Ellora-Tour von MSRTC (84 Rs) geht am MSRTC-Busbahnhof um 9 Uhr los, die Ajanta-Tour (186 Rs) um 8.30 Uhr; beide dauern bis 17.30 Uhr.

Schlafen

BUDGETUNTERKÜNFTE

Hotel Shree Maya (☎ 2333093; shrimaya_agd@sancharnet.in; Bharuka Complex; DZ mit/ohne Klimaanlage 495/345 Rs; ❄) Ganz ansehnliche und freundliche Budgetunterkunft beim Bahnhof ums Eck. Die einfachen Zimmer haben TV und morgens Duschen mit Warmwasser. Größter Pluspunkt: das Terrassenrestaurant, wo's das Frühstück und die anderen Mahlzeiten gibt.

Tourist's Home (☎ 2337212; Station Rd West; EZ/ DZ 150/200 Rs) Ebenfalls in der Nähe des Bahnhofs. Einfacher, netter Ort mit einem Café, in dem immer was los ist. Zimmer ohne Luxus: Man muss mit Eimerduschen und Plumpsklos vorlieb nehmen.

Hotel Ashoka Executive (☎ 5620136; Nehru Pl; EZ/ DZ 325/425 Rs, mit Klimaanlage 500/600 Rs; ❄) Eindeutig das Beste unter den vielen Hotels, die es gegenüber vom Busbahnhof gibt. Angenehme, saubere Zimmer.

YHA Hostel (☎ 2334892; Station Rd West; B/DZ 60/160 Rs) Die von freundlichen Frauen betriebene Billigunterkunft liegt in einer ruhigen Gegend. Sie bietet nach Geschlechtern getrennte Schlafsäle und sehr einfache Zimmer, meist mit Moskitonetzen über den Betten. Zapfenstreich ist um 22 Uhr, ausgecheckt wird um 9 Uhr.

MITTELKLASSEHOTELS

Classic Hotel (☎ 5624313; www.aurangabadhotel.com; Railway Station Rd; EZ/DZ ab 800/1000 Rs; ❄ 💻) Funkelnagelneues Hotel neben dem Goldie Cinema mit komfortablen und bequemen Zimmern. Im Restaurant mixt man ein mittelmäßiges Biryani.

Hotel Kohinoor Plaza (☎ 2358971; Fax 5625774; Nirala Bazaar; EZ/DZ ab 495/790 Rs, mit Klimananlage ab 890/940 Rs; ❄) Das gut geführte Kohinoor Plaza hat einigermaßen ansprechende Zimmer und eine recht zentrale Lage; Trumpf im Ärmel ist das luftige Restaurant auf dem Dach – genau der richtige Ort für ein kühles Blondes am Abend.

MTDC Holiday Resort (☎ 2331513; Station Rd East; „Ajanta"-DZ Nebensaison/Hauptsaison 550/700 Rs, „Ellora"-3BZ 550/750 Rs) Das MTDC-Hotel liegt auf einem schattigen Grundstück und gehört zu den besseren seiner Art. Die Zimmer sind geräumig und gepflegt – die „Ajanta"-Version ist die beste. Checkout ist um 9 Uhr. Ein Restaurant, eine Bar und ein Reisebüro gehören auch zum Gelände.

Weitere Empfehlungen:

Hotel IRA Executive (☎ 2352161; hotelarts@satyam.net.in; Varad Ganesh Mandir Rd; EZ/DZ 550/595 Rs, mit Klimaanlage ab 850/895; ❄)

Manor Hotel (☎ 2333383; hotelmanor@rediffmail.com; Kranti Chowk; EZ/DZ ab 799/999 Rs)

SPITZENKLASSEHOTELS

Taj Residency (☎ 2381106; www.tajhotels.com; Ajanta Rd; EZ/DZ ab 65/75 US$; ❄ 💻 🏊) Eine flimmernde Oase mit luxuriösen Räumen am nördlichen Rand von Aurangabad. Das Taj liegt in einem riesigen Park mit Swimming Pool und die meisten Zimmer haben romantische, im Stil der Mogulzeit geschwungene Balkone.

President Park (☎ 2486201; www.presidenthotels.com; R-7/2, Chikalthana, Airport Rd; EZ/DZ ab 1800/2300 RS; ❄ 💻 🏊) An der Straße zum Flughafen gelegen protzt dieses Luxus-Hotel mit einem gigantischen halbkreisförmigen Swimming Pool im hauseigenen Park, in den die meisten der schlichten aber komfortablen Zimmer blicken. Nicht-Gäste können den Pool für 175 Rs pro Stunde nutzen.

Essen

Tandoor Restaurant & Bar (☎ 2328481; Shyam Chambers, Station Rd East; Hauptgerichte 60–200 Rs; 🕑 10–16 & 18.30–23.00 Uhr; ❄) Bietet feine Tandoorigerichte und leckere nordindische und chinesische vegetarische Küche in einer schrägen pharaonischen Atmosphäre. Dies ist eines der Spitzenrestaurants von Aurangabad.

Food Lovers (Station Rd East; Gerichte 40–130 Rs; 🕑 12–23.30 Uhr) Das Gartenrestaurant mit Palmen, einem erdigen Boden und nachts mit flackernden Kerzen ist eine gute Wahl. Die Punjabi- und chinesischen Gerichte sind gut und das Bier ist kalt.

Ashoka's Fast Food (Nirala Bazaar; Gerichte 20–40 Rs; 🕑 8–23 Uhr) Man kann drinnen oder draußen auf der Terrasse sitzen – letztere ist abends heißbegehrt. Das Ashoka bietet köstliches südindisches Essen, aber auch Chinesisches, Pizza und Sandwiches. Halbverhungerte können sich sogar auf 1 kg (!) Schwarzwälder Kirschtorte stürzen (160 Rs).

Tirupati (Station Rd East; Gerichte 25–40 Rs; 🕑 6–23 Uhr) Im Bahnhofsviertel gibt's massenhaft Schnellrestaurants; dieses hat sich auf leckere vegetarische Kost spezialisiert. Mit dem südindischen Frühstück (10–20 Rs) gelingt der Start in den Tag.

Prashanth (Siddharth Arcade, Station Rd East; Gerichte 25–70 Rs) Direkt neben Food Lovers; wird von Travellern für seine leckeren Vegi-Gerichte und Patio-Arrangements hoch gelobt. Auch das Special (50 Rs) wird niemanden ärgerlich stimmen!

Swad Veg Restaurant (Kanchan Chamber, Station Rd East; Gerichte 20–55 Rs; 🕑 11–15 & 19–23 Uhr) Hier isst man klasse Gujarati-Thalis (60 Rs) und knusprige kilometerlange Dosas – alles unter dem wohlwollenden Lächeln von Swami Yogiraj Hansthirth. Nach einem orangefarbenen kreisförmigen Schild (auf Marathi) suchen, das den Weg zum Eingang etwas unterhalb der Straße weist.

Shoppen

Handgewobenes Himroo-Tuch ist eine Spezialität aus Aurangabad. Es wird aus Baumwolle, Seide und Silberfäden hergestellt und ist eine günstige Alternative zum Kam Khab, einem üppigen Brokat aus Seide und

Goldfäden, das für die Könige im 14. Jh. gewoben wurde. Die meisten Himroo-Schals und -Saris, die man heute sieht, sind auf elektrischen Webstühlen hergestellte Massenware. In der Stadt gibt's aber auch ein paar Läden, die noch auf traditionelle Art arbeiten und auch für neugierige Traveller gerüstet sind. Viele der Muster basieren auf Motiven der Ajanta-Fresken.

Gut versteckt in der Altstadt nahe dem Jafar Gate liegt die **Aurangabad Himroo Industry** (☎ 2337830; ⌚ 10–20 Uhr) mit einer kleinen Werkstatt und handbetriebenen Webstühlen. Eine weitere Werkstatt, das **Paithani Weaving Centre** (☎ 2482811; 54 P1 Town Centre, Jalna Rd; ⌚ 11–20.30 Uhr), liegt hinter dem Büro der Indian Airlines.

Die glänzenden Paithani-Seidensaris, benannt nach ihrem Ursprungsort Paithan (56 km von Aurangabad entfernt), werden aus Silber- und Goldfäden-Brokat gemacht und in beiden Werkstätten hergestellt.

Für Himroo-Saris sind 500 Rs (Baumwoll- und Seidengemisch) aufwärts zu berappen. Für Paithani-Saris muss man zwischen 5000 und 300 000 Rs hinblättern. Tipp: Nicht in Begleitung eines Autorikscha-Wallahs einkaufen – diese sacken einen ordentlichen Batzen Provision ein, und zwar auf Kosten des Käufers.

An- & Weiterreise

FLUGZEUG

Der Flughafen liegt 10 km östlich der Stadt. Unterwegs dorthin befinden sich fast gegenüber die Büros der **Indian Airlines** (☎ 2483392; Jalna Rd) und der **Jet Airways** (☎ 2441770; Jalna Rd). Indian Airlines fliegt täglich nach Mumbai (85 US$, 45 Min.) und Delhi (185 US$, 3½ Std.), Jet Airways täglich nach Mumbai (85 US$, 45 Min.).

BUS

Nahverkehrsbusse fahren alle halbe Stunde nach Ellora (15 Rs, 45 Min.) und stündlich über Fardapur (60 Rs, 2 Std.) nach Jalgaon (84 Rs, 4 Std.). An der T-Kreuzung bei Fardapur ist der Ausgangspunkt nach Ajanta (weitere Details s. S. 827).

MSRTC-Busse fahren regelmäßig vom **Busbahnhof** (☎ 2331647; Station Rd West) nach Pune (107 Rs, 5 Stunden) und Nasik (102 Rs, 5 Std.). Für längere Reisen sind die privaten Luxusbusse komfortabler und bieten mehr fürs Geld. Fast alle privaten Busgesellschaften haben ihren Standort an der Straßenecke, an der die Dr Rajendra Prasad Marg zur Court Rd. wird. Ein paar wenige liegen näher am Busbahnhof in der Station Rd. West. Zu den Zielen der Deluxe-Nachtbusse gehören Mumbai (180 Rs, mit Klimaanlage 250 Rs, Sleeper 550 Rs, 8 Std.), Ahmedabad (300 Rs, 15 Std.) und Nagpur (270 Rs, 12 Std.).

ZUG

Am südlichen Ende der Stadt liegt der **Bahnhof** (☎ 131) von Aurangabad, der zwar nicht zu den Verkehrsknotenpunkten gehört, aber immerhin fahren hier täglich zwei Züge direkt von und nach Mumbai (oft fast komplett ausgebucht). Der *Tapovan Express* (95/344 Rs für 2. Klasse/Chair Class, 8 Std.), der um 14.45 Uhr von Mumbai kommt, verlässt den Bahnhof um 18.10 Uhr, und um 22.30 Uhr startet der nachts fahrende *Devgiri Express* (148/666 Rs für Sleeper Class/2AC, 9 Std.).

Täglich um 19.20 Uhr fährt der *Manmad Express* (218/980 Rs für Sleeper Class/2AC, 12 Std.) nach Hyderabad (Secunderabad). Um mit dem Zug in den Norden oder Osten Indiens zu fahren, z. B. nach Delhi oder Kolkata, nimmt man den Bus bis Jalgaon und dann den Zug auf einer der Hauptstrecken.

Unterwegs vor Ort

Einige Autorikscha-Wallahs benutzen ihre altmodischen Taxameter, andere nicht. Die Fahrpreise liegen etwa 25 % über dem, was die Taxameter anzeigen; die Fahrer benutzen Umrechnungstabellen. Der Taxistand liegt neben dem Busbahnhof; von hier aus fahren Sammeljeeps zu verschiedenen Zielen rund um Aurangabad, darunter Ellora und Daulatabad.

In einer der Buden in Bahnhofsnähe kann man ein Fahrrad mieten (3 Rs/Std.) und eine witzige Sightseeingtour durch die Stadt starten.

RUND UM AURANGABAD

Daulatabad

Auf dem halben Weg (13 km) zwischen Aurangabad und den Ellora-Höhlen liegt die großartige Ruine der Bergfestung von Daulatabad. Die **Festung** (☎ 2615700; Inder/Ausländer 5 Rs/2 US$; ⌚ 6–18 Uhr) ist von 5 km langen, massiven Mauern umgeben, während die eigentliche Bastion auf einem 200 m hohen

Hügel steht, der ursprünglich Devagiri hieß, Hügel der Götter.

Im 14. Jh. wurde der Ort von Sultan Mohammed Tughluk in Daulatabad, Stadt des Reichtums, umbenannt. Tughluk hatte nicht nur die verrückte Idee, hier seine neue Hauptstadt zu bauen, sondern ließ auch die gesamte Bevölkerung von Delhi 1100 km nach Süden wandern, um die Stadt zu besiedeln. Jene, die das überlebten, marschierten einige Jahre später wieder zurück, als sich zeigte, dass Daulatabad als Hauptstadt nicht geeignet war.

Klettert man ganz nach oben, wird man mit einer herrlichen Aussicht auf die Umgebung belohnt. Der Aufstieg selbst dauert etwa 45 Minuten, doch es lohnt sich, mehr

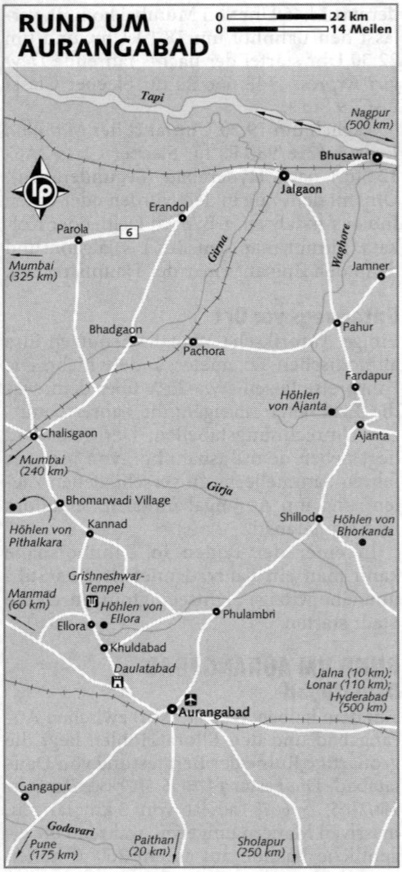

Zeit fürs Herumstöbern mitzubringen. Der Weg nach oben führt durch mehrere geniale Verteidigungsanlagen wie z. B. mit Eisenspitzen bewehrte Doppeltore zur Abwehr von Elefantenangriffen. Ein 1435 erbauter Siegesturm, der **Chand Minar** (Turm des Mondes), ist 60 m hoch.

Weiter oben liegt das blau gekachelte **Chini Mahal**, wo Abul Hasan Tana Shah, König von Golconda, 1699 nach zwölf Jahren Haft starb. Ganz oben ist eine 6 m lange Kanone, die aus fünf verschiedenen Metallen gegossen wurde und in die Aurangzebs' Name eingraviert ist.

Ein Teil des Wegs verläuft durch einen stockdunklen, spiralförmigen Tunnel – durch den die Verteidiger der Festung Angreifer mit glühenden Kohlen, Pfeilen oder auch kochendem Wasser begrüßten. (Angeblich wurde die Festung trotz all dieser ausgefeilten Vorsichtsmaßnahmen einmal erfolgreich erobert: durch Bestechung der Wache am Eingangstor.) Möglicherweise wartet ein Guide mit einer Fackel am Beginn des Tunnels, der gegen ein paar Rupien den Weg beleuchtet. Eine eigene Lampe mitzubringen zahlt sich aus, falls doch niemand wartet.

Wer eine organisierte Tour von Aurangabad nach Daulatabad und Ellora bucht, wird keine Zeit haben, den Hügel zu besteigen.

Khuldabad

Das von einer Mauer umgebene Khuldabad (der Himmlische Wohnsitz) liegt gerade einmal 3 km von Ellora entfernt. Es ist die Karbala (der Heilige Schrein) der Dekkan-Muslime. Viele historische Persönlichkeiten sind hier begraben, darunter Aurangzeb, der letzte große Mogulnherrscher. Er hat eine schlichte letzte Ruhestätte aus Erde in einem Innenhof des **Alamgir Dargah** (⌚ 7–20 Uhr) im Zentrum der Stadt.

Khuldabad ist normalerweise ein ruhiger Ort – außer im April, wenn Millionen von Pilger einfallen. Dann nämlich wird eine Robe der Öffentlichkeit präsentiert, die der Prophet Mohammed getragen haben soll und die normalerweise in der Dargah (einem Schrein) aufbewahrt wird. Dieser Schrein auf der anderen Straßenseite gegenüber des Alamgir Dargah enthält Haare aus dem Barte des Propheten und silberne Klumpen von einem Baum aus Silber, der hier wundersamerweise nach dem Tod eines Heiligen wuchs.

ELLORA

☎ 02437

Die **Höhlentempel von Ellora** (☎ 244440; Kailash-Tempel Inder/Ausländer 10 Rs/5 US$; Mi–Mo Sonnenaufgang–Sonnenuntergang), rund 30 km von Aurangabad entfernt, gehören zum Weltkulturerbe. Sie sind ein Höhepunkt der in den Fels gehauenen Dekkan-Architektur.

Über fünf Jahrhunderte lang haben Generationen von Mönchen (Buddhisten, Hindu und Jainisten) an einem 2 km langen Hang Klöster, Kapellen und Tempel aus einem Hang geschlagen und sie verschwenderisch mit unglaublich detaillierten Skulpturen ausgestattet. Weil der Hang im Gegensatz zu dem schroffen Abhang in Ajanta (S. 823) sanft geneigt ist, haben viele der Höhlen kunstvolle Höfe vor den Hauptschreinen. Das Meisterstück ist der eindrucksvolle Kailash-Tempel (Höhle 16). Er ist Shiva gewidmet und der größte monolithische Höhlenbau der Welt: 7000 Arbeitern schlugen ihn in über 150 Jahren aus dem Fels!

Insgesamt hat Ellora 34 Höhlen: zwölf buddhistische (400–800 n. Chr.), 17 hinduistische (600–900 n. Chr.) und fünf jainistische (800–1000 n. Chr.). Der Ort belegt die Renaisssance des Hinduismus unter den Chalukya und Rashtrakuta, den nachfolgenden Niedergang des indischen Buddhismus und das kurze Wiederaufleben des Jainismus unter offiziellem Schutz. Die Skulpturen zeigen den wachsenden Einfluss tantrischer Elemente in den drei großen indischen Religionen. Das Nebeneinander an einem Ort beweist eine lang andauernde religiöse Toleranz.

Im Ticketbüro vor dem Kailash-Tempel können für 280 Rs (3–4 Std.) offizielle Führer angeheuert werden. Die meisten von ihnen haben ein riesiges Wissen über die Höhlenarchitektur. Fliegende Händler, die bei den Höhlen unterwegs sind, bieten eine Auswahl bebilderter Führer an.

Der Kailash-Tempel

Der Felsentempel ist eine der kühnsten Großtaten der Architektur, die je erdacht wurden. Ab 760 n. Chr. ließ ihn König Krishna I. aus der Rashtrakuta-Dynastie aus dem Felsen schlagen. Der Tempel ist ein gi-

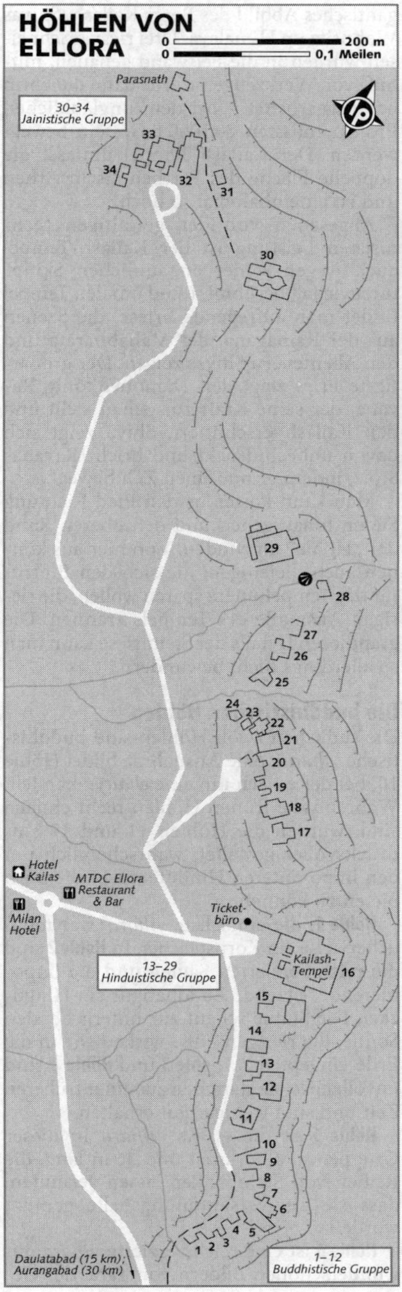

gantisches Abbild des Bergs Kailash, Shivas Wohnsitz im Himalaya. Drei riesige Schneisen wurden in die Felswand gehauen, mithilfe von Werkzeugen wurde dann die Form herausgearbeitet – bei dem unglaublichen Projekt mussten 200 000 t Gestein bewegt werden. Der Kailash-Tempel umfasst die doppelte Fläche des Parthenons in Athen und ist eineinhalbmal so hoch.

Abgesehen von der gewaltigen technischen Leistung ist der Kailash-Tempel auch wegen seiner erstaunlichen Skulpturenvielfalt berühmt. Rund um den Tempel findet man aufregende Friese, die Szenen aus der Ramayana, der Mahabharata und den Abenteuern Shivas zeigen. Der großartigste Fries zeigt den Dämonenkönig Ravana, der seine Kraft zur Schau stellt und den Kailash erschüttert. Shiva zeigt sich davon unbeeindruckt und bricht Ravanas Stolz, indem er nur einen Zeh bewegt.

Man kann kostenlos den Pfad Richtung Süden hinaufgehen und den oberen Rand der „Höhle" umrunden. Von hier aus können auch diejenigen, die sich den Eintritt für das Tempelinnere sparen wollen, die riesigen Ausmaße des Tempels erahnen. Die grandiosen Details der Steinfriese kann man so allerdings nicht bewundern.

Die buddhistischen Höhlen

Die südlichen zwölf Höhlen sind buddhistische *viharas;* eine Ausnahme bildet Höhle 10, bei der es sich um eine *chaitya* handelt. Während die frühen Höhlen recht einfach sind, wurden die Höhlen 11 und 12 eindrucksvoller gestaltet, wahrscheinlich um den imposanteren Hindutempeln die Stirn bieten zu können.

Höhle 1, die einfachste *vihara*, war möglicherweise ein Kornspeicher. In **Höhle 2** sind die reich verzierten Säulen und die imponierende, sitzende Buddhafigur ein Hingucker. Die Statue schaut zur untergehenden Sonne, die riesigen Füße wirken wie in die Erde eingepflanzt. **Höhle 3** und **Höhle 4** sind unvollendet; sie stammen aus einer früheren Zeit und sind weniger gut erhalten.

Höhle 5 ist die größte *vihara* in dieser Gruppe, ca. 18 m breit und 36 m lang; die Reihen von Steinbänken lassen vermuten, dass sie als Versammlungshalle genutzt wurde.

Höhle 6 ist eine reich verzierte *vihara* mit wunderschönen Bildern von Tara, der Gemahlin von Bodhisattva Avalokiteshvara, sowie der buddhistischen Göttin des Lernens, Mahamayuri, die Saraswati, ihrem hinduistischen Pendant, bemerkenswert ähnelt. **Höhle 7** ist eine schmucklose Halle mit Durchgang zu **Höhle 8**, der ersten Höhle, in der das Heiligtum frei vor der hinteren Wand steht. **Höhle 9** ist wegen ihrer reich geschmückten Fassade bemerkenswert.

Höhle 10, die Viswakarma- (Zimmermanns-)Höhle, ist die einzige *chaitya* der buddhistischen Gruppe und eine der schönsten in Indien. Ihr Name stammt von den in die Felsdecke gehauenen Rippen, die an Holzbalken erinnern sollen; der Balkon und die obere Galerie bieten einen besseren Blick auf die Decke und den Fries, auf dem liebende Paare dargestellt sind. Ein kleines, dekoratives Fenster beleuchtet sanft die riesige Figur eines lehrenden Buddhas.

Höhle 11, die Do-Thal- (Zwei-Stockwerke-)Höhle, wird durch ein drittes Stockwerk betreten, das erst 1876 entdeckte Kellergeschoß. Wie Höhle 12 verdankt sie ihre Größe wohl dem Wettbewerb mit den eindrucksvolleren hinduistischen Höhlen aus der gleichen Zeit.

Höhle 12, die riesige Tin-Thal- (Drei-Stockwerke-)Höhle, erreicht man durch einen Hof. Im (verschlossenen) Schrein im obersten Stockwerk thront eine große Buddhafigur, die von ihren sieben früheren Inkarnationen umgeben ist. Die Wände sind mit Reliefs geschmückt, die denen in den hinduistischen Höhlen ähneln.

Die hinduistischen Höhlen

Die buddhistischen Höhlen prägen Ruhe und Besinnung. Ganz anders die hinduistische Höhlengruppe (Höhlen 13–29) in der Mitte des Hangs, die vor Dramatik und dynamischer Energie nur so strotzt. Die Höhlen sind eine Klasse für sich – egal ob es um die Größe, den Ideenreichtum oder die meisterhafte Ausführung geht.

Mit dem Bau der Tempel wurde oben begonnen, sodass keine Gerüste benötigt wurden – die Arbeiter fingen mit dem Dach an und arbeiteten sich zum Fußboden hinab.

Höhle 13 ist eine schlichte Höhle und war wahrscheinlich ein Kornspeicher. **Höhle 14**, die Ravana-ki-Khai, war zunächst eine buddhistische *Vihara*, und wurde im 7. Jh. in einen Shiva geweihten Tempel umgewandelt.

Höhle 15, die Avatara- (Zehn-Inkarnationen-Vishnus-)Höhle ist eine der prächtigsten in Ellora. Der zweistöckige Tempel wird durch einen Vorhof und weite Treppenfluchten betreten. Zu den hier zu bewundernden traditionellen Szenen gehören ein faszinierender Shiva Nataraja und ein aus einem Lingam (einer phallischen Form) hervortretender Shiva, dem Vishnu und Brahma ihre Hochachtung erweisen.

Die **Höhlen 17** bis **20** und **22** bis **28** sind einfache Klöster.

Höhle 21 ist als die Ramesvara bekannt, und zeigt interessante Variationen der bekannten shivaistischen Szenen aus den älteren Tempeln. Die Figur der Göttin Ganga, die auf ihrer *makara* (einem Krokodil) steht, ist besonders bemerkenswert.

Die große **Höhle 29**, die Dumar Lena, ist wohl eine Art Übergangsmodell zwischen den einfachen aus dem Fels gehauenen Höhlen und den prachtvoll ausgestatteten Tempeln wie dem Kailash-Tempel. Hier bietet sich ein gelassener Ausblick auf den nahe gelegenen Wasserfall.

Die jainistischen Höhlen

Die fünf jainistischen Höhlen können sich vielleicht in puncto künstlerischer Kraft und schierer Größe mit den besten hinduistischen Tempeln nicht messen, dafür bieten sie unglaubliche Details zum Sattsehen. Die Höhlen liegen 1 km nördlich des letzten Hindutempels (Höhle 29) am Ende der asphaltierten Straße.

Höhle 30, die Chota Kailasa (Kleiner Kailash), ist eine armselige Kopie des großen Kailash-Tempels und enttäuscht selbst im Vergleich zu den anderen jainistischen Tempeln.

Im Gegensatz dazu ist **Höhle 32,** die Indra Sabha (Indras Versammlungshalle), der prächtigste der Jainisten-Tempel. Ihr Grundriss gleicht dem des Kailash-Tempels. Das Obergeschoß ist reich verziert und dekoriert, das Untergeschoß dagegen schlicht. Bildnisse der jainistischen *tirthankar* (großen Lehrer) Parasnath und Gomateshvara sind von wilden Tieren umgeben. Im Schrein befindet sich eine sitzende Figur von Mahavira, dem letzten *tirthankar* und Gründer der jainistischen Religion.

Höhle 31 ist eigentlich nur eine Erweiterung von Höhle 32. **Höhle 33**, die Jagannath Sabha, ähnelt Höhle 32, hat aber einige besonders gut erhaltene Skulpturen wie auch der letzte Tempel, die kleine **Höhle 34**. Auf dem Hügel über den jainistischen Tempeln steht eine 5 m hohe Statue von Parasnath, die auf Ellora herabschaut.

Schlafen & Essen

Hotel Kailas (☎ 244543; www.hotelkailas.com; DZ 300 Rs, Bungalows mit/ohne Klimaanlage 1200/700 Rs) Das einzige Hotel von Ellora, das diese Bezeichnung auch verdient, hat attraktive, schlicht eingerichtete und steinverkleidete Bungalows, viele mit direktem Blick auf die Höhlen. Das Budget-Nebengebäude versteckt sich im hinteren Teil des Gartens und hat schlichte Doppelzimmer mit Plumpsklos.

Das Restaurant des Hotel Kailas sieht zwar gut aus, bekommt aber eher durchwachsene Kritiken. Einheimische empfehlen das **Milan Hotel** (Gerichte 20–50 Rs) auf der anderen Straßenseite wegen seiner besseren Küche. Verlässlich ist auch das tadellos saubere **MTDC Ellora Restaurant & Bar** (Gerichte 20–75 Rs; 🕘 9–17 Uhr), dessen Hof in Richtung der Höhlen blickt.

An- & Weiterreise

Zwischen Aurangabad und Ellora (15 Rs) sind regelmäßig Busse unterwegs, die letzten fahren gegen 19 Uhr in Ellora ab. Sammeltaxis fahren erst dann los, wenn sie voll besetzt sind, und bringen ihre Passagiere zum Busbahnhof in Aurangabad (11 Rs). Eine ganztägige Autorikscha- oder Taxitour nach Ellora mit Stopps unterwegs kostet rund 350/600 Rs.

AJANTA

☎ 02438

Auch die **buddhistischen Höhlen von Ajanta** (☎ 244226; Inder/Ausländer 10 Rs/5 US$; 🕘 Di–So 9–17.30 Uhr) gehören zum Weltkulturerbe. Sie befinden sich 105 km nordöstlich von Aurangabad bzw. 60 km südlich von Jalgaon und stammen aus der Zeit von 200 v. Chr. bis 650 n. Chr. – sie entstanden also vor denen in Ellora. Während Ellora sich entwickelte und der Buddhismus allmählich an Einfluss verlor, wurden die großartigen Höhlen von Ajanta verlassen und vergessen – bis 1819 eine britische Jagdgesellschaft über sie stolperte. Die Höhlen liegen recht versteckt und sind daher noch in einem großartigen Zustand – sogar einige außergewöhnliche Malereien haben bis heute überdauert.

Praktische Informationen

Fotografieren mit Blitzlicht ist in den Höhlen verboten; eine Videoerlaubnis kostet 25 Rs. Viele der Höhlen sind sehr dunkel, ohne Taschenfunzel sieht man kaum die Hand vor den Augen. Es lohnt sich also, eine eigene mitzubringen, damit einem nichts entgeht. Ein Besuch am Wochenende ist keine gute Idee – dann taucht hier jeder mit der gesamten Verwandtschaft auf.

Die Garderobe beim Ticketbüro ist ein sicherer Platz, um sein Gepäck aufzugeben (4 Rs pro Gepäckstück und 4 Std.). Man kann also morgens aus Jalgaon anreisen, die Höhlen ansehen und abends nach Aurangabad weiterfahren, oder umgekehrt. Ein kurzer steiler Weg führt vom Eingang zur ersten Höhle; Fußfaule mieten am Anfang des Wegs eine „Sänfte“ mit vier Trägern (400 Rs).

An Höhle 1 können für 280 Rs Führer des Government of India Tourist Office für eine etwa zweistündige Tour angeheuert werden. Sie haben ein unglaubliches Wissen und erzählen den Besuchern die komplizierten Geschichten zu den Fresken so, dass diese zum Leben erwachen.

Die Höhlen

Die 30 Höhlen wurden in die steile Front einer hufeisenförmigen Felsschlucht oberhalb des Waghore geschlagen. Mit Ausnahme der Höhlen 29 und 30 sind alle von einem Ende der Schlucht zum anderen durchnummeriert. Mit der zeitlichen Entstehung hat die Nummerierung aber nichts zu tun – die ältesten befinden sich vor allem in der Mitte und die jüngeren liegen nahe an den Enden der Schlucht. Herrscht großer Andrang, wird den Besuchern pro Höhle nur 15 Minuten Zeit gelassen.

Fünf der Höhlen sind *chaityas,* die anderen *viharas.* Die Höhlen 8, 9, 10, 12, 13 und Teile von 15 sind ältere Höhlen des frühen Buddhismus, während die anderen aus der Mahayana-Zeit (um das 5. Jh. n. Chr.) stammen. In der einfacheren, strengeren Richtung des frühen Buddhismus ist Buddha nie direkt zu sehen – seine Anwesenheit wurde durch Symbole angedeutet, beispielsweise durch den Fußabdruck oder das Gesetzesrad.

Besonders beachtenswert sind die Ajanta-„Fresken“, die streng genommen eigentlich

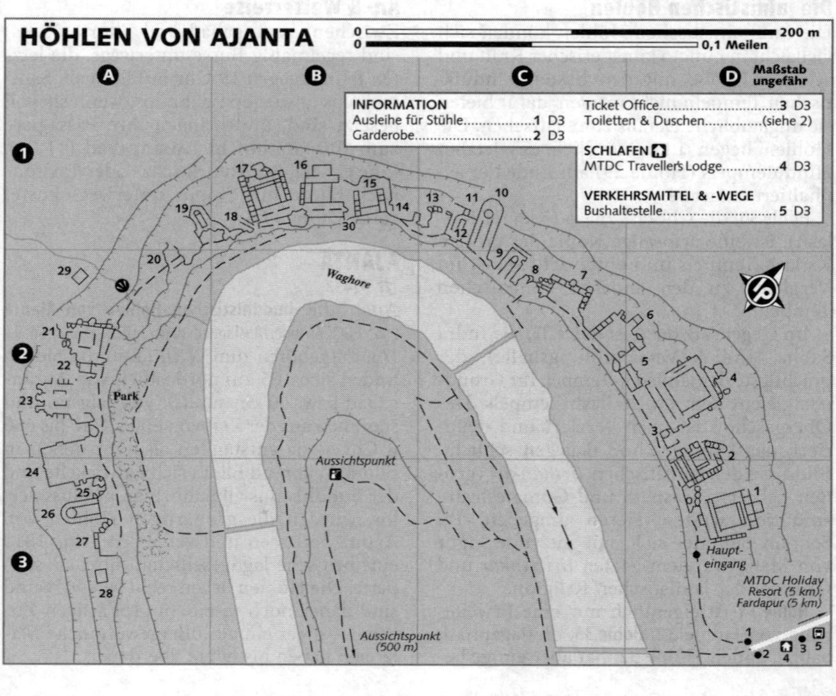

gar keine Fresken sind. Ein Fresko entsteht, wenn Farbe auf eine feuchte Oberfläche aufgebracht und von dieser aufgenommen wird. Die Ajanta-Malereien sind dagegen eher Temperabilder, denn die Künstler benutzten tierischen Leim und pflanzliches Gummi, mischten dies mit farbigen Pigmenten und trugen es auf die trockenen Oberflächen auf.

Die Höhlen 3, 5, 8, 22 und 28 bis 30 sind geschlossen und/oder unzugänglich, Höhle 14 ist von Zeit zu Zeit geschlossen.

Höhle 1, eine *vihara* aus der Mahayana-Zeit, gehört zu den zuletzt freigelegten Ajanta-Höhlen und ist am schönsten ausgeschmückt. Eine Veranda an der Vorderseite führt zu einer großen Versammlungshalle, mit kunstvoll gearbeiteten Skulpturen und erzählenden Wandbildern. Die Perspektive in den Bildern, Details der Kleidung und des täglichen Lebens sowie die Gesichtszüge der Personen sind wunderbar gestaltet. Die Farben der Bilder entstanden aus einheimischen Mineralien – eine Ausnahme bildet das kräftige Blau, das aus zentralasiatischem Lapislazuli hergestellt wurde. Blickt man nach oben, entdeckt man ein Relief von vier Hirschen mit einem gemeinsamen Kopf.

Höhle 2 ist ebenfalls eine *vihara* aus der Mahayana-Zeit. Die Pfeiler und Kapitelle sind mit Verzierungen übersät. Außerdem gibt's einige faszinierende Malereien. Die Decke ist mit geometrischen und mit Blumenmustern bemalt. Die Wandgemälde zeigen einige Jatakas und Geschichten um Buddhas Geburt, darunter auch den Traum seiner Mutter von einem Elefanten mit sechs Stoßzähnen, der die Empfängnis Buddhas verkündet.

Höhle 4 ist die größte *vihara* in Ajanta, die von 28 Säulen getragen wird. Obwohl sie nie fertig gestellt wurde, finden sich in der Höhle einige beeindruckende Skulpturen. Dazu gehören Szenen von Menschen, die vor den „acht großen Gefahren" fliehen und bei Avalokiteshvara, einem Schüler Buddhas, Schutz suchen.

Höhle 6 ist die einzige zweistöckige *vihara* in Ajanta, aber Teile der unteren Etage sind eingestürzt. Innen sitzt eine Buddhafigur, und eine aufwändig geschnitzte Tür schützt einen Schrein. Die Halle in der oberen Etage ist von Zellen umgeben, mit schönen Malereien über den Türen.

WANN WAR DAS GOLDENE ZEITALTER VON AJANTA?

Theorien über große archäologische Fundstätten werden immer wieder mal über den Haufen geworfen. Die Höhlen von Ajanta machen da keine Ausnahme.

Der amerikanische Professor Dr. Walter M. Spink (der die Höhlen über 40 Jahre lang erforschte) glaubt, dass die spätere Mahayana-Gruppe in weniger als 20 Jahren ausgeschmückt wurde – und nicht in Jahrhunderten, wie man früher dachte.

Die Forscher sind sich darüber einig, dass der Bau der Höhlen in zwei Phasen vorangetrieben wurde: Die ältere Gruppe schlug man zwischen dem 1. und 2. Jh. v. Chr. aus dem Fels, eine zweite Arbeitswelle begann Jahrhunderte später. Spink hält den Vakataka-Eroberer Harisena für einen der Förderer dieses unglaublich tatkräftigen Neubeginns. Kurz nach seiner Thronbesteigung 460 n. Chr. begannen die Arbeiten, die zum bis heute bestehenden Aussehen der Höhlen führten. Sie endeten 477 nach dem unerwarteten Tod Harisenas. Um 480 wurden die Höhlen dann vermutlich verlassen.

Der Lichtblick in dieser Tragödie ist, so Spink, dass der plötzliche Verfall des bedeutenden Vakataka-Reiches auf dem Höhepunkt der Höhlenbaukunst der einzige Grund für deren phänomenalen heutigen Erhaltungszustand ist.

Wer Interesse hat, kann Spinks Buch *Ajanta: A Brief History and Guide* (1994) bei einem der aufdringlichen Händler in der Nähe der Höhlen kaufen. Wer Spinks Theorien glaubt, könnte dann ja auch über die Höhlen von Ellora und Elephanta nachdenken, aber das ist eine ganz andere Höhle – äh – Geschichte.

Höhle 7 ist ungewöhnlich gestaltet: vor der Veranda stehen Portale, die direkt zu vier Räumen und dem detailgenau ausgearbeiteten Schrein führen.

Bei **Höhle 9** handelt es sich um eine der ältesten *chaityas* in Ajanta. Obwohl sie aus der frühen buddhistischen Zeit stammt, sind die beiden Figuren vor dem Eingang wahrscheinlich erst in der Mahayana-Zeit dazu gekommen. An beiden Seiten der Höhle entlang und um die 3 m hohe Dagoba am Ende des Raumes herum verlaufen

Säulenreihen. Das gewölbte Dach zeigt angedeutete Holzbalken.

Höhle 10 gilt als die älteste Höhle (um 200 v. Chr.) und war die erste, die die britischen Soldaten bei der Wiederentdeckung von Ajanta sahen. Die Höhle gleicht Höhle 9 und ist die größte *chaitya* in Ajanta. Die Fassade ist eingestürzt und die Wandmalereien im Innern sind teilweise mit Graffitis aus der Zeit kurz nach der Wiederentdeckung verunstaltet. Die Einkerbungen im Boden in der Nähe der linken Wand dienten zum Mischen der Farbpigmente.

Höhle 16, eine *vihara*, enthält einige der schönsten Malereien von Ajanta und war wohl der ursprüngliche Eingang des Komplexes. Das berühmteste Bild ist die „sterbende Prinzessin" – Sundari, die Frau von Buddhas Halbbruder Nanda, die in Ohnmacht gefallen sein soll, als sie hörte, dass ihr Ehemann auf alle materiellen Annehmlichkeiten und auch auf sie verzichtete, um Mönch zu werden. Aus dem Stein gehauene Figuren scheinen die Decke zu tragen und erinnern an Details aus der Holzarchitektur. Außerdem gibt's noch eine Buddhastatue, die auf einem Löwenthron sitzt und den edlen achtfachen Pfad lehrt.

Höhle 17, mit aus dem Fels gehauenen Zwergen, die die Säulen tragen, hat die besterhaltenen und vielfältigsten Wandmalereien von Ajanta. Zu den berühmten Bildern gehört eine von Begleitern umringte Prinzessin, die Make-up auflegt, ein verliebter Prinz, der seine Geliebte mit Wein umgarnt, und Buddha, der nach der Erleuchtung nach Hause zurückkehrt und bei seiner Frau und seinem erstaunten Sohn bettelt. Eine aufwändige Malerei erzählt die Geschichte von Prinz Simhalas Expedition nach Sri Lanka. Mit seinen 500 Gefährten strandete er auf einer Insel, wo Riesinnen als zauberhafte Frauen auftraten – nur um die Gestrandeten einzufangen und zu verschlingen. Simhala entkam auf einem fliegenden Pferd und kehrte zurück, um die Insel zu erobern.

Höhle 19, eine prächtige *chaitya*, hat eine bemerkenswerte Fassade mit vielen Einzelheiten; besonders auffällig ist ein beeindruckendes hufeisenförmiges Fenster. Zwei prächtige Buddhafiguren stehen am Eingang. Innen wartet eine dreistufige Dagoba mit einer Buddhafigur auf der Vorderseite. Außerhalb der Höhle findet man in westlicher Richtung ein Bild des Nagakönigs mit sieben Kobras rund um seinen Kopf. Seine Frau, von einer Kobra beschirmt, sitzt neben ihm.

Höhle 24, wäre, wenn man sie denn fertig gestellt hätte, die größte *vihara* Ajantas. Hier lässt sich gut nachvollziehen, wie die Höhlen entstanden: Lange Gänge wurden in den Fels gehauen und dann der Fels dazwischen herausgeschlagen. Aus architektonischer Sicht ist die Höhle ein faszinierendes Studienobjekt.

Höhle 26 ist eine weitgehend zerstörte *chaitya*, mit einigen schönen Skulpturen. An der linken Wand ist die riesige Figur des sterbenden Buddha, der auf dem Rücken liegt und das Nirwana erwartet. Andere Szenen illustrieren die Versuchung Buddhas durch Mara.

Höhle 27 ist eigentlich eine *vihara*, die eine Verbindung mit der *chaitya* von Höhle 26 hat.

Aussichtspunkte

Gleich zwei Aussichtspunkte bieten filmreife Aussichten auf die gesamte hufeisenförmige Felswand, aus der die Höhlen von Ajanta herausgeschlagen wurden. Zum ersten Aussichtspunkt gelangt man über eine der Betonbrücken über den Fluss unterhalb der Höhlen 8 oder 27. Ein weiterer 20-minütiger Anstieg führt dorthin, wo die britische Jagdgesellschaft die Höhlen entdeckte. Zu diesem Aussichtspunkt fahren von Fardapur aus auch Taxis.

Schlafen & Essen

Jalgaon oder Aurangabad eignen sich bestens als Ausgangspunkt für einen Trip nach Ajanta. Wer aber unbedingt in der Nähe übernachten möchte, kann dies in MTDC-Hotels tun.

MTDC Holiday Resort (☎ 244230; Aurangabad-Jalgaon Rd; DZ mit/ohne Klimaanlage ab 850/750 Rs; ❄) Das Hotel in Fardapur ist 1 km von der T-Kreuzung entfernt und erste Wahl. Die komfortablen Zimmer haben TV und Warmwasserduschen. Im Preis ist eine Vegi-Mahlzeit enthalten, entweder als Mittag- oder Abendessen.

In der **MTDC Travellers' Lodge** (☎ 244226; EZ/DZ mit Gemeinschaftsbad ab 225/300 Rs) gleich beim Ticketbüro sollte man nur dann absteigen, wenn es wirklich keine Alternative gibt. Die Zimmer sind trostlos. Restaurant: Ja, aber das Essen ist bestimmt nichts für Feinschmecker. Also besser ein Picknick mitnehmen und es im schattigen Park unterhalb der Höhlen 22 bis 27 genießen.

An- & Weiterreise

Busse aus Aurangabad (S. 819) oder Jalgaon (s. rechts) halten an der T-Kreuzung – also dort, wo die Straße zwischen Aurangabad und Jalgaon auf die Straße zu den Höhlen trifft, etwa 4 km unterhalb des Berges mit den Höhlen. Nach der Bezahlung einer „Höflichkeits"-Gebühr (5 Rs) muss man mit mit einem der grünen Euro I Busse (6 Rs, mit Klimaanlage 10 Rs) den restlichen Weg zu den Höhlen zurücklegen. Die Busse fahren regelmäßig (halbstündlich) von den Höhlen zurück zur T-Kreuzung.

Tagsüber halten alle MSRTC-Busse, die durch Fardapur fahren, an der T-Kreuzung. Wenn die Höhlen geschlossen sind, halten die Busse nach Aurangabad bzw. Jalgaon am MTDC Holiday Resort in Fardapur, 1 km die Straße hinab in Richtung Jalgaon. Taxis gibt es in Fardapur; 500 Rs sollten bis Jalgaon reichen.

JALGAON

☎ 0257 / 208 m

An der Hauptverbindungsstrecke zwischen Mumbai und dem Nordosten des Landes liegt Jalgaon, ein Verkehrsknotenpunkt für Züge in alle Richtungen und kein schlechter Ort, um sich ein oder zwei Nächte zu verkriechen. Für einen Besuch der 60 km südlich liegenden Höhlen von Ajanta ist Jalgaon ein besserer Platz zum Übernachten als Aurangabad. Auch für Ellora und Lonar ein guter Ausgangspunkt.

Schlafen & Essen

In den meisten Hotels in Jalgaon kann man jeweils innerhalb von 24 Stunden auschecken.

Hotel Plaza (☎ 2227354; hotelplaza_jal@yahoo.com; Station Rd; B/EZ/DZ ab 150/150/220 Rs; ❄ 💻) Etwa 150 m vom Bahnhof aus bergauf liegt das wohl sauberste und gastfreundlichste Budgethotel von Maharashtra. Die weiß gekachelten Räume haben eigene Badezimmer und TV. Aus dem völlig aufgedrehten Besitzer sprudeln nützlichen Informationen nur so heraus.

Anjali Guest House (☎ 2225079; Khandesh Mill Complex, Station Rd; EZ/DZ ab 200/250 Rs) Das Gästehaus rechts hinter dem Autorikschastand ist ebenfalls ein angenehmer Ort mit bequemen Zimmern, einige davon mit Plumpsklos. Auf das vegetarische Restaurant im Untergeschoß ist Verlass.

Hotel Galaxy (☎ 2223578; Jilha Rd; EZ/DZ ab 220/375 Rs, DZ mit Klimaanlage 600 Rs; ❄) Neben dem Busbahnhof ungefähr 2 km vom Bahnhof entfernt hat das Hotel ordentliche, mit Teppichen ausgelegte Zimmer mit eigenem Bad und TV.

Silver Palace (Hauptgerichte 30–60 Rs; 🕑 10.30–22.30 Uhr) Direkt neben dem Hotel Plaza befindet sich das Toprestaurant mit Bar, der größten in Jalgaon, und einem grandiosen Angebot indischer und chinesischer Gerichte.

Hotel Arya (☎ 2226803; Navi Peth; Hauptgerichte 20–60 Rs) Das Hotel liegt nur sieben Gehminuten vom Bahnhof entfernt – gegenüber vom Kelkar Market und nahe beim Uhrenturm. Hier gibt's leckeres indisches Essen, das die Geschmacksnerven nicht in Flammen aufgehen lässt. So beliebt, dass man für einen Platz an den Tischen manchmal Schlange stehen muss.

An- & Weiterreise

Verschiedene Express Trains zwischen Mumbai und Delhi oder Kolkata halten kurz im **Bahnhof** (☎ 131) von Jalgaon. Express Trains nach Mumbai (160/720 Rs Sleeper Class/2AC, 8 Std.) gibt es ständig. Der *Sewagram Express* verlässt Jalgaon um 22.14 Uhr und fährt nach Nagpur (157/707 Rs Sleeper Class/2AC, 8 Std.).

Die früheste Fahrt vom **Busbahnhof** (☎ 2229774) nach Fardapur (29 Rs, 1½ Std.) startet um 6 Uhr und hält an der T-Kreuzung, 4 km von den Ajanta-Höhlen entfernt; danach fahren die Busse halbstündlich. Die Busse fahren weiter bis Aurangabad (77 Rs, 4 Std.).

Jalgaons Bahnhof und der Busbahnhof sind 2 km voneinander entfernt (10 Rs mit der Autorikscha). Reisebusbüros in der Railway Station Rd. bieten Verbindungen nach Aurangabad (120 Rs, 3½ Std.), Mumbai (200 Rs, 9 Std.) und Nagpur (220 Rs, 10 Std.).

METEORITENKRATER IN LONAR

Nicht weit vom Ort Lonar liegt auf einer flachen Ebene 165 km östlich von Aurangabad ein Meteoritenkrater, der vermutlich rund 50 000 Jahre alt ist. Der Krater ist 2 km breit und 170 m tief. Auf seinem Grund befindet sich ein seichter See. Ein Schild am Kraterrand behauptet, dass dies „weltweit der einzige natürliche Hochgeschwindigkeitskrater in Basaltgestein" sei. Wissenschaftler vermuten, dass der Meteorit 600 m unter dem südöstlichen Kraterrand noch immer im Boden steckt.

Der Kraterrand ist ein ruhiges und touristisch nicht erschlossenes Gebiet, das einigen **Hindutempeln** ebenso Platz bietet wie wilden Tieren, darunter Languraffen, Pfauen, Gazellen und eine Vielzahl von Vögeln. Das **Government Rest House** ist Ausgangspunkt für den Weg zum Kratergrund und liegt ca. 15 Gehminuten von der Bushaltestelle entfernt.

Der **MTDC Tourist Complex** (☎ 07260-221602; DZ 525 Rs) mit einfachen nicht klimatisierten Zimmern liegt äußerst günstig gleich gegenüber der Straße vom Krater. Hier befindet sich auch das **Tarangan Restaurant** (Gerichte 30–80 Rs; ⌚ 6–23 Uhr), das ganz anständige Gerichte der Punjabi-, südindischen und chinesischen Küche serviert.

An- & Weiterreise

Von Aurangabad aus fahren täglich vier Busse direkt nach Lonar (70 Rs, 5 Std.). Der letzte Bus nach Aurangabad startet um 17 Uhr. Lonar kann auch von Fardapur mit dem Bus erreicht werden, dann muss man in Buldhana umsteigen.

Wenn ein Auto mit Fahrer gemietet wird, ist ein Besuch Lonars von Aurangabad oder Jalgaon aus auch als Tagestrip möglich. Ein Tag mit Hin- und Rückfahrt kostet von beiden Städten aus mindestens 1800 Rs.

NAGPUR

☎ 0712 / 2,1 Mio. Ew. / 305 m

Nagpur, die geografische Mitte Indiens und Hauptstadt des Orangenanbaus, ist Startpunkt für eine Reihe von Abstechern in die östlichste Ecke Maharashtras. Nagpur liegt nicht weit von Ramtek (S. 830) und den Ashrams um Sevagram (S. 830) entfernt. Doch die saubere und wohlhabende Stadt ist auch für diejenigen ein praktischer Haltepunkt, die den abgelegenen **Navagaon National Park**, 135 km östlich, oder das **Tadoba-Andhari Tiger Reserve**, 150 km südlich von Nagpur besuchen. Der erste zählt Bären, wilde Hunde und selten zu sehende Leoparden zu seinen Bewohnern, während der zweite Gaur, Axishirsche, Nilgauantilopen und kaum zu entdeckende Tiger beherbergt.

Die Stadt selbst ist keinen längeren Aufenthalt wert, außer der Besuch fällt mit dem **Dussehra Fest** (Sept. oder Okt.) zusammen (s. Kasten S. 829).

Praktische Informationen

Computrek (18 Central Ave; 20 Rs/Std.; ⌚ Mo–Sa 9–21 Uhr) In der Central Ave. gibt es nur wenige Internetcenter, dies ist eines davon.

MTDC Office (☎ 2533325; Sanskrutik Bachat Bhavan, Sitabuldi; ⌚ Mo–Sa 10–17.45 Uhr) Im Gebäude das dem Hotel Hardeo gegenüber steht.

State Bank of India (☎ 2531099; Kingsway) 2 Min. Fußweg westlich des Bahnhofs. Auch Geldwechsel.

Schlafen & Essen

Die beste Gegend für Budget- und Mittelklassehotels ist die Central Ave., 15 Minuten zu Fuß östlich vom Bahnhof. Beim Verlassen der Bahnhofshalle nach rechts abbiegen. Erneut nach rechts gehen: auf die Brücke die über die Gleise führt und in die Central Ave. mündet. Eine Autorikscha von der Bushaltestelle bis zur Central Ave. kostet etwa 20 Rs.

Hotel Blue Diamond (☎ 2727461; Fax 2727591; 113 Central Ave; EZ/DZ mit Gemeinschaftsbad ab 130/180 Rs, mit eigenem Bad 150/250 Rs, mit Klimaanlage 450/550 Rs; ❄) Die beste Wahl unter den Budgethotels, es bietet saubere, gepflegte Zimmer, darunter preiswerte mit Klimaanlage.

Hotel Hardeo (☎ 2529115; hardeo_ngp@sancharnet.in; EZ/DZ 1700/2200 Rs; ❄ 💻) Etwa 1 km östlich des Bahnhofs. Das Hardeo ist ein toller Ort um dort zu wohnen, mit großen Zimmern und freundlichem Personal. Die Preise sind inklusive Frühstück.

Hotel Skylark (☎ 2724654; fax 2726193; 119 Central Ave; EZ/DZ 425/550 Rs, mit Klimaanlage 725/825 Rs, Gerichte 50–120 Rs; ❄) Die nicht klimatisierten Räume des freundlichen, gut geführten Hotels sind zu teuer und abgewohnt, dagegen sind die mit Klimaanlage nicht schlecht und haben Kabel-TV. Das gut besuchte Restaurant mit Bar bietet eine reiche Auswahl nordindischer Gerichte, manchmal trällert Livemusik.

Hotel Blue Moon (☎ 2726061; ktcbaja_ngp@sancharnet.in; Central Ave; EZ/DZ mit TV ab 225/350 Rs) Vom Bahnhof aus ist dies eines der ersten Hotels, die man erreicht. Die Zimmer sind einfach, aber recht freundlich. Der Straßenlärm kann jedoch stören.

Krishnum (Central Ave; ⌘) Ein äußerst beliebtes Restaurant – und wer einmal das Thalis (30–60 Rs), das großartige *upma* (würzige südindische Grießpfannkuchen, 12 Rs), die Pizza (um 40 Rs) oder eins der südindischen Gerichte probiert hat, weiß warum. Es gibt auch jede Menge Eissorten (12–20 Rs) und frisch gepresste Säfte sowie eine Bäckerei im Untergeschoß.

Gegenüber vom Bahnhof sind abends Dutzende von *dhabas* (Snackbars), Essens- und Obststände geöffnet. Der Sommer ist die beste Zeit, um eine der berühmten Orangen zu probieren – zwischen Mai und Juli sind sie am süßesten.

An- & Weiterreise

FLUGZEUG

Indian Airlines (☎ 2533962) fliegt nach Hyderabad (115 US$, 1 Std., 2-mal wöchentl.), Mumbai (140 US$, 1¼ Std., 2-mal tgl.), Delhi (160 US$, 1½ Std., tgl.) und Kolkata (175 US$, 1½ Std., 3-mal wöchentl.). **Jet Airways** (☎ 5617888) bietet Flüge nach Mumbai an (140 US$, 2-mal tgl.).

BUS

Der **MSRTC Busbahnhof** (☎ 2726221) liegt 2 km südlich des Bahnhofs und der Hotels. Die Busse fahren regelmäßig nach Wardha (36 Rs, 2 Std.) und Ramtek (22 Rs, 1½ Std.). Zwei Busse röhren täglich Richtung Jalgaon (208 Rs, 10 Std.) und ein Semideluxe-Bus nach Hyderabad (256 Rs, 12 Std.) fährt um 18 Uhr ab. Es gibt auch Verbindungen nach Jabalpur (117 Rs, 7 Std.) und Indore (251 Rs, 16 Std.). Andere Busse Richtung Madhya Pradesh, z. B. nach Bophal (201 Rs, 12 Std.), fahren von einer eigenen Haltestelle ab, die sich 500 m südlich des Bahnhofs befindet.

ZUG

Der **Bahnhof** Nagpur Junction (☎ 131) an der Hauptstrecke Mumbai-Howrah ist ein beeindruckendes Gebäude mitten in der Stadt. Der Nachtzug *Vidarbha Express* startet in Nagpur und fährt um 17 Uhr zur Mumbai CST (265/1193 Rs in der Sleeper Class/2AC, 17 Std.). Derselbe Zug verlässt Mumbai um 9.40 Uhr Richtung Nagpur. In den Norden Richtung Kolkata fährt der *Mumbai Howrah Mail* ab Nagpur um 11.15 Uhr; er ist um 6.30 Uhr in Howrah (325/1460 Rs in der Sleeper Class/2AC, 1138 km). Fünf Express Trains nach Mumbai halten in Jalgaon (wegen der Höhlen von Ajanta; 157/707 Rs Sleeper Class/2AC, 7 Std.). Es gibt auch Verbindungen nach Nagar und Bangalore, Delhi und Hyderabad.

DER UNBERÜHRBARE SIEGER

Einer der am meisten respektierten Kämpfer für Menschenrechte in der Geschichte Maharashtras war Dr. Bhimrao Ramji Ambedkar, ein Hindu aus einer niederen Kaste, der Justizminister und Wortführer der niederen Kasten wurde. Er wurde 1891 in einem Dalit-Haushalt im Distrikt von Ratnagiri geboren. Nach seinem Abschluss am Elphinstone College in Bombay studierte er in England und den USA. Trotzdem wurde er nach seiner Rückkehr nach Indien ständig diskriminiert, denn seine Arbeitskollegen weigerten sich aus Angst vor ritueller Beschmutzung, ihm irgendetwas zu geben. So begann er eine lebenslange Kampagne für die Rechte der Dalits (der „Unberührbaren"), in der er unerbittlich um die Gleichstellung der unterdrückten Klassen kämpfte. Ambedkar war auch einer der Begründer der indischen Verfassung – einem Dokument, das die Unberührbarkeit in Indien offiziell für beendet erklärte.

Trotz dieser Siege für die Menschen verlor Dr. Ambedkar den Glauben daran, dass die Vorurteile der Hindu gegenüber den Dalits jemals ausgerottet werden könnten. Deshalb trat er am 14. Oktober 1956 in Nagpur zum Buddhismus über – mehr als 3 Mio. Hindus niederer Kasten folgten seitdem seinem Beispiel. Zusammen mit den Schwüren, mit denen er die Lehren Buddhas annahm, sagte er: „Ich glaube an die Gleichheit der Menschen." Er starb nur wenige Wochen später, am 6. Dezember 1956. Ambedkar hinterließ einen erneut wieder belebten Buddhismus und stark motivierte Menschen.

Jedes Jahr erinnern Tausende an Dr. Ambedkars Übertritt zum Buddhismus am Diksha Boomi in Nagpur während des hinduistischen Dussehra-Festes, an dem der historische Übertritt 1956 einst stattfand. Weitere Informationen über Dr. Ambedkar, den Buddhismus und den Kampf für die Gleichstellung der Dalits bietet www.ambedkar.org.

RUND UM NAGPUR

Ramtek

Etwa 40 km nordöstlich von Nagpur liegt Ramtek mit seinen malerischen 600 Jahre alten **Tempeln** (⏲ 6–21 Uhr), die in sich ruhend auf dem Berg Rama stehen und auf die Stadt hinunterblicken. In dem Epos Ramayana wird erzählt, das Rama hier mit Sita und Lakshmi einige Zeit verbrachte.

An der Straße zu den Tempeln kommt man am **Ambala Tank** vorbei, an dem einige kleinere Tempel stehen. Weiter oben liegt das **Kalidas Memorial** (Eintritt 10 Rs; ⏲ 8–20.30 Uhr), das dem berühmten klassischen Sanskritdramatiker Kalidas (auch Kalidasa genannt) gewidmet ist. Autorikschas fahren für 25 Rs von der 5 km entfernten Bushaltestelle hinauf zu den Haupttempeln. Für den Rückweg ist es jedoch wesentlich vergnüglicher die 700 Stufen auf der Rückseite des Tempels hinunterzugehen und durch den Ort zu laufen.

Das **Rajkamal Resort** (☎ 07114-255620; DZ mit/ohne Klimaanlage 700/400 Rs; ❄), auf dem Gipfel, hat überteuerte, aber hübsche Zimmern mit TV. Das Hotel bietet auch ein einfaches Restaurant und eine Bar.

Zwischen Ramtek und dem MSRTC-Busbahnhof in Nagpur verkehren halbstündlich Busse (22 Rs, 1½ Std.). Der letzte Bus fährt um 20.30 Uhr zurück nach Nagpur.

SEVAGRAM

☎ 07152

Selbst für diejenigen, die sich für das Leben Mahatma Ghandis nur wenig interessieren, lohnt sich die Reise in das Herz Indiens, um Sevagram, das „Village of Service", zu besuchen. Hier gründete Ghandi 1933 den **Sevagram Ashram** (☎ 284753; ⏲ 6–18 Uhr).

Zu dem friedlichen und schlichten Ashram gehören 40 ha Farmland sowie Wohnhäuser und Forschungseinrichtungen, wobei der zentrale Komplex selbst recht klein ist. Die ursprünglichen Lehmhütten des Ashrams sind gut erhalten, ebenso wie die persönlichen Gegenstände des Mahatmas, darunter sein berühmtes Spinnrad und seine Brille.

Auf der Straßenseite gegenüber vom Ashram bebildert die **Gandhi Picture Exhibition** (Eintritt frei; ⏲ Mi–Mo 10–18) den Lebensweg Ghandis.

Täglich finden um 4.45 und um 18 bzw. 18.30 Uhr neben dem Peepul-Baum, den Ghandi 1936 pflanzte, Andachten für Gläubige aller Konfessionen statt. Die Bewohner des Ashram folgen einem streng geregelten Tagesablauf, der auch eine halbe Stunde gemeinsamen Spinnens (ab 14 Uhr) enthält. Abgesehen davon ist das Leben in Sevagram äußerst locker. Handgesponnene Kleider *(khadi)* und Ghandis Schriften können im Ashram gekauft werden.

Eine Unterkunft nahe des Ashrams bietet **Yatri Nivas** (DZ 80 Rs), auf der anderen Seite der Straße gegenüber dem Eingangstor. Dort ist es sauber und es wird für das Nötigste gesorgt. Vegetarisches Essen (12 Rs) gibt es in der Dining Hall des Ashram; danach spült man den Edelstahlteller mit Wasser und Asche ab.

An- & Weiterreise

Der Ashram ist von den Bahnhöfen in Wardha oder Sevagram aus gut zu erreichen, beide liegen an der Strecke der Central Railway. Es gibt ca. fünf Express Trains von Nagpur nach Sevagram (33 Rs, 1 Std.). Zwischen Nagpur und Wardha fahren häufiger MSRTC-Expressbusse (40 Rs, 2 Std.).

Linienbusse fahren regelmäßig von Wardha zum Ashram (5 Rs, 20 Min.), eine Autorikscha kostet für die 8 km lange Strecke 40 Rs.

RUND UM SEVAGRAM

Nur 3 km von Sevagram entfernt, an der Straße nach Nagpur, liegt bei Paunar der **Brahmavidya Mandir Ashram** (☎ 07152-288388; ⏲ 4–12 & 14–20 Uhr), der Ashram des Gandhi-Schülers Vinoba Bhave. Dieser beharrliche Mensch wanderte durch Indien und bat reiche Landbesitzer um Ländereien, um sie an die Armen zu verteilen – er tat das offensichtlich überzeugend, denn sie stellten insgesamt 1,6 Mio. ha. Land zur Verfügung.

Der begeisternde Ashram wird von nur 33 Mitgliedern geführt – fast ausschließlich Frauen. Er ist der *swarajya* (bäuerlichen Selbstversorgung) gewidmet und wird ohne zentrale Führung nur durch ein System der gemeinsamen Übereinkunft gesteuert. Einfache Unterkunft und Essen (um die 75 Rs) in zwei Zimmern mit gemeinsamen Badezimmer wird angeboten; zum Buchen muss man zuvor anrufen. Alle sind willkommen, aber Männer, die länger als sieben Tage bleiben wollen, brauchen eine besondere Erlaubnis der Gemeinschaft. Der Bus aus Nagpur hält hinter dem Ashram; sonst kostet eine Autorikscha von Wardha oder Sevagram aus nach Paunar 40 Rs.

SÜDMAHARASHTRA

DIE KONKANKÜSTE

Maharashtras Konkanküste – der schmale Streifen zwischen den Western Ghats und dem Arabischen Meer – ist eine bezaubernde Region mit einsamen Stränden, Palmen, verlassenen Festungen und abgelegenen Fischerdörfern. Auch wenn sie in einiger Entfernung zur Küste verläuft, bietet die Konkan Railway Zugang zu dem Gebiet. Linienbusse helfen die gewünschten Orte zu erreichen; am besten erträgt man den fehlenden Komfort mit einem Lächeln – es warten wundervolle Sandstrände, die nur selten von Fremden betreten werden.

Murud

☎ 02144 / 12 551 Ew.

Ungefähr 160 km südlich von Mumbai liegt der verschlafene Fischerort Murud. Ein Besuch lohnt vor allem wegen der alles beherrschenden Inselfestung **Janjira**, 5 km südlich des Dorfes. Die Festung wurde 1140 von Siddi Jahor erbaut und im 16. Jh. zur Hauptstadt der Siddis von Janjira erklärt, den Nachfahren von seefahrenden Kaufleuten vom Horn von Afrika. Obwohl die Festung auf einer Insel erbaut ist, scheint es, als ob die Mauern direkt aus dem Meer aufsteigen. Dies machte sie schlichtweg uneinnehmbar, selbst für die mächtigen Marathen – Shivaji wollte die Festung von Meer her einnehmen, sein Sohn Sambhaji versuchte es sogar mit einem Tunnel. Auch wenn die Festung inzwischen in Trümmern liegt und das Innere überwuchert ist, bleibt sie doch ein ungewöhnlich beeindruckender Ort. Wer entlang der Außenmauern mit ihren 22 Wachtürmen, Wehrgängen und verrosteten Überresten von Kanonen läuft, bekommt eine Vorstellung von diesem Inselbollwerk.

Die Festung ist nur mit einem Boot zugänglich (12 Rs hin und zurück, 10 Min.). Startpunkt ist der Hafen von Rajpuri, ungefähr 5 km südlich von Murud. Die Boote fahren täglich von 7 bis 18 Uhr, sobald mindestens 20 Passagiere beisammen sind. An Wochenenden und Feiertagen gibt's keine langen Wartezeiten. Wer von Murud nach Rajpuri will, nimmt entweder eine Autorikscha (40 Rs) oder mietet ein Fahrrad (4 Rs/Std.) in dem kleinen Laden gegenüber dem Schrein, der mitten auf der Darbar Rd. steht – Muruds Hauptstraße, die den Strand entlang führt.

Zurück in Murud gibt's nicht viel zu sehen – abgesehen vom Strand und dem nicht zugänglichen **Ahmedganj Palace**, dem Wohnsitz des Siddi Nawab von Murud. Der Bus in die Stadt fährt an diesem gotischen Gebäude vorbei.

SCHLAFEN & ESSEN

In Murud findet man entlang der Darbar Rd. eine ganze Reihe von Unterkünften. Wenn nicht so viel los ist, sind normalerweise Rabatte drin.

Golden Swan Beach Resort (☎ 274078; www.goldenswan.com; Darbar Rd; DZ mit/ohne Klimaanlage ab 1800/1000 Rs; ❄) Die erste Übernachtungsmöglichkeit nach dem Erreichen des Ortes ist auch die vornehmste. Die klimatisierten Zimmer sind sauber, haben TV und liegen sozusagen am Strand. Die nicht klimatisierten Räume sind nicht ganz so schön.

Mirage Holiday Homes (☎ 276744; gegenüber Kumar Talkies, Darbar Rd; DZ mit/ohne Klimaanlage 1500/600 Rs; ❄) Das gemütliche Hotel hinter einem hübschen runden Vorgarten hat schlichte, aber saubere Zimmer.

The Nest Bamboo House (☎ 276144; Darbar Rd; Zweibetthütten 500 Rs) Hängematten schaukeln sanft zwischen Palmen an diesem eher rustikalen Hotel am Strand. Es bietet einfache Bambushütten mit eigenem Bad und Eimerduschen.

Alle genannten Plätze servieren auch Essen, das Golden Swan Beach Resort hat die beste Auswahl an Gerichten. Ansonsten kann man das **Patel Inn** (☎ 274153; 🕑 11.30–14 & 20–22 Uhr) ausprobieren. Dort gibt's einfache Thalis, vegetarisch, mit Huhn oder Fisch (35–50 Rs).

AN- & WEITERREISE

In Mumbai springt man am Gateway of India in Colaba auf eine Fähre (55 Rs, 1 Std.) oder ein Tragflächenboot (100 Rs, 45 Min.) Richtung Mandva. Die Fahrkarte für das Tragflächenboot gilt auch für den Shuttlebus nach Alibag (30 Min.), eine Autorikscha kostet etwa 120 Rs. Von Alibag aus fahren klapprige Linienbusse die Küste entlang nach Murud (26 Rs, 2 Std.). Alternativ fahren vom Mumbai Central-Busbahnhof Busse in knapp sechs Stunden nach Murud (120 Rs).

Der nächste Haltepunkt der Konkan Railway ist Roha. Von dort fährt ebenfalls ein Bus (26 Rs, 2 Std.).

Ganpatipule

☎ 02357

Ganpatipule, 375 km südlich von Mumbai an der Küste gelegen, bietet kilometerlange, größtenteils unberührte Strände und Wasser, das zum Plantschen und Schwimmen einlädt. Anziehungspunkt für tausende von Hindupilgern ist dagegen der am Meer gelegene **Tempel** (☎ 235223; ⌚ 5–21 Uhr). Dort steht der Swayambhu Ganpati, der „von der Natur geformte" monolithischen Ganesh (in grellem Orange angemalt), der angeblich vor 1600 Jahren entdeckt wurde.

Auf dem Hügel oberhalb des Strands gibt's mehrere Quartiere, in denen sich ein Bett finden lässt. Der beste Platz ist allerdings das **MTDC Resort** (☎ 235248; Fax 235328; DZ mit/ohne Klimaanlage ab 1700/700 Rs; ❄), beim Strand hübsch verborgen zwischen Palmen. Sein **Tent Resort** (☎ 235348; 2-Bett-/4-Bettzelte 300/400 Rs) etwas weiter vom Strand entfernt ist die billigere Variante, die aber nur von Mitte Oktober bis Ende Mai geöffnet ist. Außerhalb der Hauptsaison steigen die Preise um 30 %. Das Resort bietet einige Wassersportmöglichkeiten und eine Filiale der **Bank of Maharashtra** (☎ 235304), die Reiseschecks einlöst, aber keine ausländischen Währungen wechseln kann. Im **Tarang Restaurant** (Hauptgerichte 40–90 Rs) gibt's lokale Spezialitäten wie das Malvani-Fischcurry (70 Rs).

AN- & WEITERREISE

Ein MSRTC-Bus fährt täglich von Mumbai nach Ganpatipule (250 Rs Semideluxe, 10 Std.) und verlässt den State Road Transport Terminal nahe dem Mumbai Central-Busbahnhof um 19.30 Uhr. Zurück geht's ab Ganpatipule um 6 Uhr. Regelmäßig rumpeln Linienbusse nach Ratnagiri (23 Rs, 1 Std.). Autorikschas kosten 250 Rs.

Ratnagiri

☎ 02352 / 70 335 Ew.

Etwa 50 km südlich von Ganpatipule liegt Ratnagiri, die größte Stadt an der Südküste und deren Hauptverkehrsknotenpunkt (die Stadt liegt an der Konkan Railway). Die Stadt selbst ist nicht besonders aufregend. Weder das zu einem kleinen **Museum** (Tilak Alley; Eintritt frei; ⌚ 9–19 Uhr) umgestaltete ehemalige Haus des Freiheitskämpfers Lokmanya Tilak noch die Ruinen des **Thibaw Palace** (Thibaw Palace Rd) sind einen Umweg wert. In dem Palast war Thibaw, der letzte burmesische König, von den Briten von 1886 bis zu seinem Tod 1916 eingesperrt (eine Geschichte, die in Amitav Ghoshs *Der Glaspalast* erzählt wird). Allerdings liegt knapp außerhalb des Stadtzentrums der wunderschöne **Bhatya Beach,** ein phantastischer Ort, um beim Sonnenuntergang zu träumen.

Es gibt einen Geldautomaten gegenüber vom Old Bus Stand; ins Internet geht's im **Royal Cyber Café** (Maruti Mandir; 15 Rs/Std.; ⌚ 9–22 Uhr).

Hotel Landmark (☎ 220120; Fax 220124; Thibaw Palace Rd; EZ/DZ 495/695 Rs, DZ mit Klimaanlage 995 Rs; ❄), 2 km westlich des Busbahnhofs. Das Hotel ist hier die beste Option für jemanden, der einen Schlafplatz braucht. Im Restaurant gibt's leckeres indisches Essen (Hauptgerichte 60–90 Rs).

Hotel Kanchan (☎ 228250; P-55 Mirjole Block; EZ/DZ ab 300/400 Rs, mit Klimaanlage 600/700 Rs 600/700; ❄ 🏊) Liegt dem Bahnhof am nächsten (weniger als 2 km). Es hat saubere Zimmer mit Plumpsklos, ein Restaurant und als Sahnehäubchen einen Swimmingpool.

AN- & WEITERREISE

Ratnagiris **Bahnhof** (☎ 131) liegt 10 km östlich der Stadt, alle Express Trains halten hier. Darunter auch der *Jan Shatabdi* Richtung Süden nach Margao (103/322 Rs für 2. Klasse/Chair Class, 3 Std.) in Goa und Richtung Norden nach Mumbai (124/395 Rs, 5½ Std.). Beide fahren täglich außer Mittwoch. Im Stadtzentrum findet man auf der Maruti Mandir den **Old Bus Stand** (☎ 222340), wo man mit einem der staatlichen Busse nach Kolhapur (Rs 66, 4 Std.) und Ganpatipule (23 Rs, 1 Std.) fahren kann. Am **New Bus Stand** (☎ 227882), der 1 km weiter westlich liegt, fahren täglich je zwei Busse nach Malvan (100 Rs, 5 Stunden) und Panaji in Goa (Rs 122, 7 Std.).

Tarkarli & Malvan

☎ 02365

200 km südlich von Ratnagiri und fast schon in Reichweite von Goa liegt Tarkali,

einer der bezaubernsten Strände Maharashtras. Direkt daneben findet sich das zauberhafte, von Pinien beschattete **MTDC Holiday Resort** (☎ 252390; DZ ab 850 Rs). Das Resort hat einfache aber solide Chalets und bietet ein exzellentes Restaurant, das von einer einheimischen Familie betrieben wird, die köstliche Malvani-Fischgerichte zubereitet. Wer früh aufsteht, sieht vielleicht Schildkröten am Strand oder kann einer Gruppe spielender Delphine im Wasser zusehen. Auch die Backwater-Touren auf dem zum Resort gehörenden Hausboot lohnen sich.

Die Malvani-Küche hat ihren Namen von dem lebhaften Fischerdörfchen Malvan, das 8 km nördlich an der Küste liegt. Nur 500 m vom Hafen entfernt befindet sich die Ruine des **Sindhudurg Fort**. Das Fort stammt aus dem Jahr 1664 und es wird behauptet, dass der große Chhatrapati Shivaji am Bau der Inselfestung beteiligt war; seine Hand- und Fußabdrücke können in einem der Türmchen oberhalb des Eingangs besichtigt werden. Innerhalb der 3 km langen Festungsmauern liegen ein Dorf und mehrere Tempel. Wer an der Mole erscheint und das Glück hat, eine Gruppe von zwölf Leuten zusammenzutrommeln, die die Insel besuchen wollen, bezahlt nur 35 Rs pro Person. Ansonsten kostet ein Boot für die Hin- und Rückfahrt 350 Rs.

AN- & WEITERREISE

Der nächstgelegene Bahnhof ist Kudal, 38 km westlich von der Küste. In angemessen häufigen Abständen fahren Busse (15 Rs, 1 Std.) zwischen dem Bahnhof und dem **Bus Stand** (☎ 252034) hin und her. Eine Autorikscha von Kudal nach Malvan oder Tarkali kostet 250 Rs. In Malvan gibt es täglich mehrere Busverbindungen nach Panaji in Goa (69 Rs, 5 Std.) und einige nach Ratnagiri (86 Rs, 6 Std.). Für eine Autorikschafahrt zwischen Malvan und Tarkarli blättert man etwa 50 Rs hin.

MATHERAN

☎ 02148 / 5139 Ew. / 803 m

Matheran (vom Dschungel bekrönt) ist bei Weitem die prächtigste Hill Station Maharashtras. Der Ort ruht auf den Sahyadrisbergen inmitten eines schattigen Wäldchens. Wanderwege führen zu atemberaubenden Aussichtspunkten, die senkrecht zur Ebene hinabstürzen.

Hugh Malet, Steuereinnehmer des Thane-Distriktes, „entdeckte" Matheran 1850, als er einen Pfad, der als Shivajis Leiter bekannt war, hinaufstieg. Bald darauf wurde der Ort eine beliebte Hill Station. Er verdankt seine Ruhe dem Verbot von motorisierten Fahrzeugen (und Fahrrädern), was ihn zu einem idealen Platz macht, um Ohren und Lungen zu erholen. Die von Affen bevölkerten Wanderwege sind sauber und – fast noch wichtiger – die Stadtverwaltung ist ökologisch eingestellt: Plastiktüten wurden aus der Stadt verbannt und man ist bedacht, auch den restlichen Müll zu beseitigen.

Von Mitte Juni bis Anfang Oktober liegt der vom Monsun vermatschte Ort praktisch im Winterschlaf. Sonst ist Matheran an den Wochenenden proppenvoll mit Tagesausflüglern. Und während der echten Hauptsaison (in den Schulferien von Mai bis Juni, an Diwali und an Weihnachten) ist Matheran voll bis zu den Dachrinnen und die Hotelpreise erreichen absurde Höhen.

Die Reise nach Matheran ist schon der halbe Spaß: Von Neral Junction quält sich eine kleine Schmalspur-Kleinbahn die 21 km lange Strecke ins Zentrum des Orts hoch. Die aussichtsreiche Fahrt entlang der steilen Kurven dauert zwei Stunden. Für viele scheint es wie auf der Kirmes zu sein; besonders laut wird es, wenn eine Schulklasse mit an Bord ist, die förmlich explodiert, wenn der Zug den „One Kiss Tunnel" durchfährt.

Praktische Informationen

Der Eintritt nach Matheran kostet 25 Rs (15 Rs für Kinder). Bezahlt wird bei der Ankunft im Bahnhof oder auf dem Parkplatz. Vorsicht vor Trägern oder Schleppern, die einen zu einem bestimmten Hotel „begleiten" wollen – sie sind vor allem auf ihre Provision scharf.

Es gibt keine Touristeninformation, aber einige Hotels bieten einen einfachen Plan von Matheran. In **Vishwa's Photo Studio** (☎ 230354), in der Mahatma Gandhi (MG) Rd., gibt's nützliche Miniguides (25 Rs). Die **Union Bank of India** (☎ 230282; MG Rd; Mo–Fr 10–14, Sa 10–12) löst nur Reiseschecks ein.

Wege & Ausblicke

Die meisten Aussichtspunkte Matherans kann man in wenigen Stunden erlaufen, das Gelände ist eher etwas zum gemütlichen

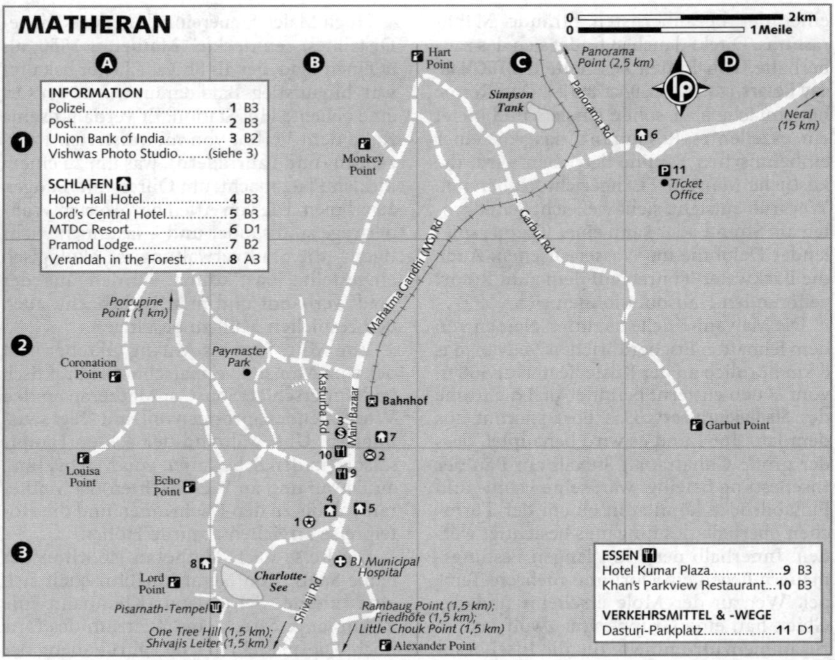

Schlendern. Der **Panorama Point** bietet den dramatischsten Ausblick auf den Sonnenaufgang, während der **Porcupine Point** (auch als Sunset Point bekannt) am beliebtesten (d. h. am überfülltesten) ist, wenn die Sonne untergeht. Der **Louisa Point** und der **Little Chouk Point** bieten ebenfalls phantastische Ausblicke, und wer den **Echo Point** besucht, sollte unbedingt einen Schrei loslassen. Das Tal unter dem One Tree Hill erreicht, wer den als **Shivajis Leiter** bekannten Pfad hinab geht, den der Marathenherrscher angeblich höchstpersönlich abgelaufen hat.

Entlang der MG Rd. können auch Pferde gemietet werden – man wird mit Sicherheit angesprochen. Für Ritte zu den Aussichtspunkten bezahlt man etwa 100 Rs pro Stunde. Die meisten der Tiere sind bestens erzogen und gesund; einige von ihnen werden nebenbei sogar als Rennpferde genutzt!

Schlafen & Essen

Ein paar Budgetunterkünfte liegen in Bahnhofsnähe, aber die meisten Mittelklasse- und besseren Häuser sind 10–20 Minuten Fußweg entfernt. Die Checkoutzeiten unterscheiden sich stark – manche sind sogar frühmorgens um 7 Uhr. Soweit nicht anders angegeben, beziehen sich die Preise nicht auf die Hauptsaison, in der ungefähr zwischen 30 und 200 % draufgelegt werden muss.

Lord's Central Hotel (☎ 230228; www.matheran.com; MG Rd;EZ/DZ 800/1600 Rs, mit Talblick EZ/DZ 1200/2400 Rs; 💻 🏊) Ein bezauberndes historisches Hotel mit Besitzern, die sich richtig ins Zeug legen, damit es den Gästen gut geht. Es gibt einen schön gelegenen Pool, eine kleine Bibliothek, eine Bar, einen Speisesaal und ein gigantisches Schachspiel. Im Preis enthalten sind drei ausgezeichnete Mahlzeiten. Auch Nicht-Gäste können hier essen; ein viergängiges Mittag- oder Abendessen kostet 350 Rs.

Hope Hall Hotel (☎ 230253; MG Rd; EZ/DZ 190/250 Rs, 5-Bettzimmer 375 Rs) Diese in einem Garten liegende Unterkunft wird von einer sehr gastfreundlichen Familie betrieben und ist ein liebenswerter Ort, an dem man seine Knochen eine Weile ausruhen kann. Die großen, heiteren Zimmer haben Mosaikböden und eigene Badezimmer mit heißem

Wasser in Eimern. Auschecken kann man rund um die Uhr.

Pramod Lodge (☎ 230302; Kotwal Nagar; DZ mit TV 150 Rs) Abseits des Main Bazaar gelegen, bietet dieses anspruchslose Hotel saubere, preisgünstige Doppelzimmer mit grandiosem Blick ins Tal von einem umlaufenden Balkon. Die Lodge ist ein blassgelbes Gebäude – im Zweifel einen Einheimischen nach dem Weg fragen.

MTDC Resort (☎ 230277; DZ mit TV 600 Rs) In der Nähe des Dasturi-Parkplatzes, 2,5 km nordöstlich des Bahnhofs liegt dieses Resort in einer ruhigen und bewaldeten Umgebung. Die Zimmer werden zwar ihrem Preis nicht gerecht, für all jene, die mit dem Auto anreisen, ist das Resort dennoch eine bequeme Option.

Hotel Kumar Plaza (☎ 230329; MG Rd; Hauptgerichte 40–110 Rs) Das Restaurant in diesem Hotel bietet Kebabs (85 Rs) in Hülle und Fülle sowie andere Leckereien, die in dem gemütlichen, offenen Patio noch besser schmecken.

Khan's Parkview Restaurant (☎ 230240; MG Rd; Hauptgerichte 35-80 Rs) Das beliebte Lokal in Khan's Hotel macht tolle Parathas, als Beilage zu den Punjabi- und Mughlai-Gerichte.

Matheran ist bekannt für seinen einheimischen Honig und für sein *chikki* – eine den Kiefer schwer beanspruchende steinharte Süßigkeit aus *gur* (unraffiniertem Zucker aus Zuckerrohrsirup) und Nüssen. Es gibt sie in den „*chikki* Marts" und Läden in der MG Rd.

ETWAS BESONDERES

Verandah in the Forest (☎ 30296; www.neemranahotels.com; DZ ab 2500 Rs) Das alte Barr House mitten in den Wäldern nahe dem Charlotte-See kommt ganz ohne moderne Zerstreuungen aus und enthält ein Kleinod von einem Hotel. Die Aura des späten 19. Jhs. hat sich in diesem Haus erhalten, mit Möbeln der Zeit, darunter ein eleganter Esstisch, der 20 Personen Platz bietet, und geräumige, komfortable Zimmern. Die Preise sind inklusive Frühstück. Ein komplettes indisches Mittagessen kostet 275 Rs und ein europäisches Abendessen 325 Rs, beides kann auch von nicht im Haus wohnenden Gästen bestellt werden. Man kann aber auch nur auf eine Tasse Tee am Nachmittag (35 Rs) vorbeischauen.

An- & Weiterreise

TAXI

Taxis von Neral nach Matheran brauchen 20 bis 30 Minuten und kosten etwa 250 Rs. Ein Platz in einem Sammeltaxi liegt bei 50 Rs, aber manchmal ist Däumchendrehen angesagt, bis alle Plätze belegt sind. Taxis halten am Dasturi-Parkplatz, 2,5 km von Matherans Einkaufsmeile und dem Bahnhof entfernt.

ZUG

Die Kleinbahn (39/225 Rs 2./1. Klasse, 2 Std.) startet am Bahnhof Neral Junction wochentags um 9, 10.45 und 17 Uhr; in die entgegengesetzte Richtung verlässt er Matheran um 5.45, 13.20 und 16 Uhr. Während des Monsuns (Juni–Sept.) gibt es *möglicherweise* einen Zug pro Tag, das aber ohne Garantie. An Wochenenden und in der Ferienzeit reservieren Clevere die Fahrt mit der Kleinbahn im Voraus, was in jedem computergestützten Reservierungsbüro möglich ist. Im Bahnhof Neral Junction und der **Matheran Station** (☎ 230264) kann bis zu drei Tage vorab gebucht werden. Tickets für Fahrten am selben Tag werden aber erst 45 Minuten vorher verkauft.

Vom Mumbai Chhatrapati Shivaji Terminus (CST) ist der *Deccan Express* (35/165 Rs 2. Klasse/Chair Class um 7.15 Uhr, mit Anschluss an die Kleinbahn um 9 Uhr) der bequemste Express Train zur Neral Junction. Der *Koyna Express* (8.45 Uhr) kommt erst um 10.45 Uhr in der Neral Junction an. Die meisten Express Trains aus Mumbai (aber nicht alle) stoppen in Karjat, das hinter Neral Junction liegt. Von dort kann man mit einem der vielen Nahverkehrszüge zurückfahren. Eine weitere Alternative sind die Stadtverbindungszüge zwischen Mumbai CST und Karjat, die ebenfalls in Neral Junction halten (20/140 Rs 2./1. Klasse, 2½ Std.).

Von Pune fährt um 7.20 Uhr der *Sahyadri Express* (36/129 Rs 2. Klasse/Chair Class, 2½ Std.), der einzige Express Train, der in Neral Junction hält (um 10.15 Uhr). Alternativ nimmt man einen Express Train, der in Karjat hält, und steigt dort in einen Nahverkehrszug um.

Unterwegs vor Ort

Matheran ist einer der wenigen Orte in Indien, in denen es noch von Menschen gezogene Rikschas gibt; sie kosten 160 Rs vom

Dasturi-Parkplatz in die Stadt. Außer den Rikschas gibt es als Fortbewegungsmöglichkeit nur noch die eigenen Füße oder Pferde. Vom Parkplatz sind es 30 Minuten Fußweg nach Matheran (Träger kosten 60 Rs oder mehr, je nach Gepäck). Alternativ mietet man ein Pferd (Rs 80).

LONAVLA

☎ 02114 / 55 650 Ew. / 625 m

Lonavla und das nahe gelegene Khandala, 106 km südöstlich von Mumbai, sind Hill Resorts für Wochendausflügler und Tagungsteilnehmer. Die Landschaft rundum ist schön, aber die Städte an sich sind nichts Besonderes – außer man ist total in *chikki* vernarrt, die steinharte, bröckelige und nussige Süßigkeit. Jeder zweite Laden scheint hier ein *chikki*-Mart zu sein! Sei's drum, Lonavla ist ein guter Standort für Besuche der Höhlen von Karla und Bhaja, zum Paragliden oder für Kurse in ganzheitlicher Medizin.

Hotels, Restaurants und die Straße zu den Höhlen liegen nur einen kurzen Fußweg nördlich vom Bahnhof (Ausgang auf Bahnsteig Nr.1). Der größte Teil der Stadt, darunter der geschäftige Markt, liegt südlich des Bahnhofs.

Auf jeden Fall Geld in Mumbai oder Pune besorgen, denn keine der örtlichen Banken wechselt Geld. Intenetzugang gibt's im **Balaji Cyber Café** (1. OG, Khandelwal Bldg, New Bazaar; 20 Rs/Std.; ⌚ 12.30–22.30 Uhr), direkt südlich des Bahnhofs.

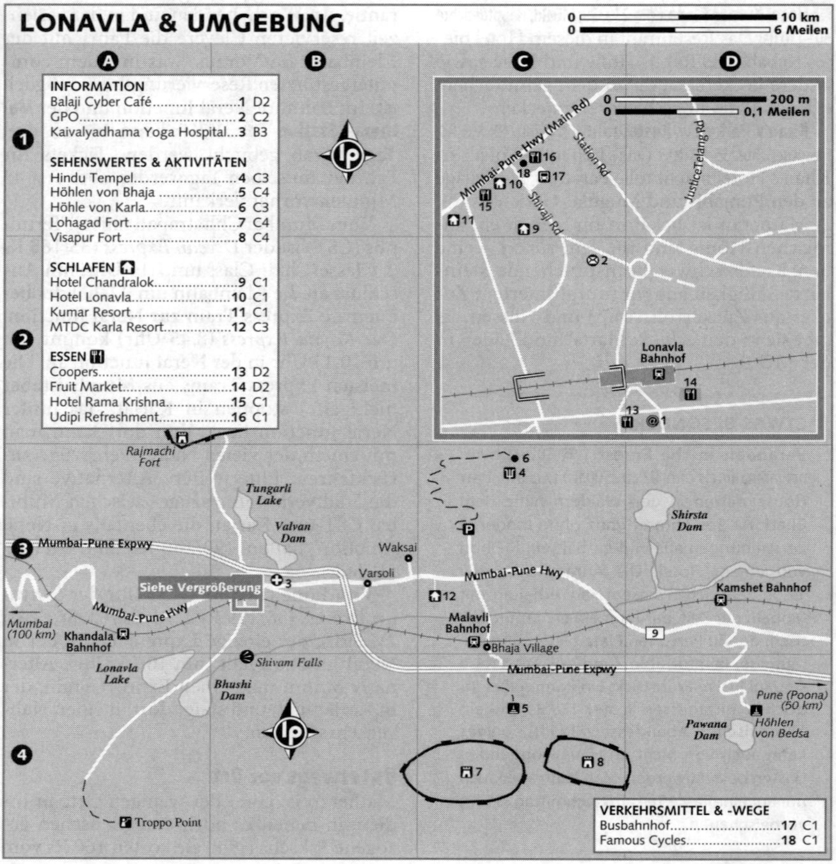

Kaivalyadhama Yoga Hospital

Der **Ashram** (☎ 273039; www.kdham.com; EZ/DZ mit Gemeinschaftsbad 12/20 US$, mit eigenem Bad 20/24 US$) liegt in einer schönen gepflegten Anlage 2 km außerhalb von Lonavla etwas abseits vom Mumbai-Pune Hwy. an der Straße zu den Höhlen von Karla und Bhaja. Er ist Ziel für jene, die yogische Heilung suchen. Er wurde 1924 von Swami Kuvalayanandji gegründet und kombiniert Yogakurse mit naturheilkundlichen Therapien. In den Zimmerpreisen sind neben der Vollpension auch Veranstaltungen und Vorträge enthalten. Die Mindestkursdauer liegt bei acht Tagen, es ist aber jederzeit möglich nur eine Massage (200 Rs) oder andere „Naturheil"-Behandlungen zu buchen. Behandlungen und Aufenthalte im Voraus reservieren!

Aktivitäten

Die in Mumbai ansässigen **Nirvana Adventures** (☎ 022-26053724; www.nirvanaadventures.com) bieten Paraglidingkurse oder auch Tandemflüge für all jene, die nicht genug Zeit oder keine Lust zu einem Kurs haben. Nirvana Adventures findet man in Kamshet, 25 km von Lonavla entfernt.

Schlafen & Essen

Die meisten Hotels und Restaurants in Lonavla strotzen vor Aktivität an den Wochenenden – unter der Woche herrscht dagegen gähnende Leere. In allen genannten Hotels muss um 10 Uhr ausgecheckt werden.

Hotel Chandralok (☎ 272294; Fax 272921; Shivaji Rd; DZ mit/ohne Klimaanlage ab 1275/390 Rs; ❄) Fernab des Verkehrslärms bietet dieses freundliche Haus recht komfortable Zimmer. Über die Preise lässt sich in ruhigeren Zeiten verhandeln. Im Restaurant gibt's zum Mittag- oder Abendessen wunderbare Gujarati Thalis (75 Rs).

Hotel Lonavla (☎ 272914; Mumbai-Pune Hwy; DZ mit/ohne Klimaanlage 895/595 Rs; ❄) Der Ort liegt an dem lärmigen Highway, aber die geräumigen Zimmer mit TV sind ihren Preis dennoch wert. Alle Zimmer haben Warmwasserbereiter.

Kumar Resort (☎ 273091; kumarini@hotmail.com; Mumbai-Pune Hwy; DZ/3BZ 2490/3490 Rs; ❄ 🏊) Außer den großen und gut ausgestatteten Zimmern enthalten die Preise auch den Eintritt für den Vergnügungspark im Haus (will jemand Autoscooter fahren?). Zudem gibt es eine Bar und ein Restaurant mit leckeren Tandoorigerichten (50–70 Rs). Der Eintritt für den Vergnügungspark allein kostet 175 Rs.

Hotel Rama Krishna (☎ 273600; Mumbai-Pune Hwy; Gerichte 45–120 Rs; 🕑 7–24 Uhr) Das Hotelrestaurant hat einen besonders netten Open-Air-Patio, wo man Punjabi-Gerichte genießen kann.

Udipi Refreshment (Mumbai-Pune Hwy; Frühstück 12–25 Rs, Hauptgerichte 25–50 Rs; 🕑 5.30–24 Uhr) Dies ist ein rein vegetarischer Laden ohne Luxus mit schnellen aber geschmackvollen süd- und nordindischen Kraftfutter.

Der Basar, südlich des Bahnhofs, hat einen guten Obst- und Gemüsemarkt. Wer einen süßen Zahn hat, sollte unbedingt das **Coopers** (☎ 272564; Jaychand Chowk; 🕑 11–13 & 15–17 Uhr, Mi geschl.) auf der Südseite der Bahngleise besuchen. Den Shop gibt's seit über 50 Jahren und er ist zu Recht wegen seiner klebrigen Schokoladentoffees berühmt.

An- & Weiterreise

Staatliche Deluxe-Busse, die über den flotten Mumbai–Pune Expressway fahren, starten am **Busbahnhof** (☎ 273842) häufig nach Mumbai (70 Rs, 2 Std.). Ihre klimatisierten Gegenstücke (100 Rs) fahren dagegen nur ein paar Mal täglich. Es gibt auch Linienbusse (50 Rs, 3 Std.) nach Mumbai, diese fahren aber über den abgenutzten Mumbai–Pune Hwy. Die vielen Busse nach Pune (35/50 Rs im Linien-/Deluxebus, 2 Std.) nutzen ebenfalls den alten Highway.

Alle Express Trains von Mumbai nach Pune halten an Lonavlas **Bahnhof** (☎ 273725) – auch der *Shatabdi* (335/635 Rs Chair Class/Executive Chair Class, 2½ Std.), der Mumbai CST um 6.40 Uhr verlässt. Andere Express Trains zwischen Mumbai und Lonavla brauchen drei Stunden und kosten 42/145 Rs für die 2. Klasse/Chair Class. Nach Pune gibt es Express Trains (27/122 Rs für die 2. Klasse/Chair Class, 1 Std., 64 km) und stündliche Shuttle-Züge (14 Rs, 2 Std.).

Fahrräder können bei **Famous Cycles** (Mumbai-Pune Hwy; 5 Rs/Std.) gemietet werden.

DIE HÖHLEN VON KARLA & BHAJA

Die aus dem Fels gehauenen Höhlen in den Bergen nahe Lonavla stammen aus dem 2. Jh. v. Chr. Sie gehören zu den ältesten und schönsten Felsentempeln des frühen Buddhismus in Indien. Die Höhlen haben vielleicht nicht die Bedeutung der Höhlen von Ellora oder Ajanta (und ziehen deshalb nicht ganz so viele Touris an), aber sie sind sicher einen Besuch wert, wenn man in der Nähe ist.

Von Mumbai oder Pune aus lassen sich die Höhlen auch auf einer Tagestour besuchen, wenn man in Lonavla eine Autorikscha für einen Tag mietet. Karla hat zwar die beeindruckendste Einzelhöhle. Dafür ist Bhaja ein ruhigerer Ort, dessen Besuch man mehr genießen kann.

Die Höhle von Karla

Ein 20-minütiger Aufstieg über steinerne Stufen führt vom Parkplatz zur eindrucksvollen **Karla-Höhle** (☎ 02114-282115; Inder/Ausländer 5 Rs/2 US$; ⌚ 9–17 Uhr). Sie ist die größte *chaitya* des frühen Buddhismus in Indien. Die *chaitya* wurde 80 v. Chr. fertiggestellt, ist 40 m lang und 15 m hoch und wurde von Mönchen und Kunsthandwerkern aus dem Fels gehauen, die dabei die bekanntere Holzarchitektur nachahmten.

Ein halbkreisförmiges „Sonnenfenster" beleuchtet eine Dagoba oder Stupa, die Buddha repräsentiert und von einem geschnitzten hölzernen Schirm gekrönt wird. Über der Halle wölbt sich ein Dach, das angeblich aus echten Teakbalken besteht. Auf den 37 Pfeilern, die am Rand der Halle stehen, knien Elefanten. Die geschnitzten Elefantenköpfe an den Seiten des Vorraums hatten früher Stoßzähne aus Elfenbein.

In der Nähe der Höhle ist ein kleiner **Hindutempel**, das wichtigste Ziel der Pilger, denen man beim Aufstieg begegnet.

Die Höhlen von Bhaja

Nach dem Überqueren des Expressways sind es 3 km Fußweg bzw. Fahrt von der Hauptstraße bis zu den **Höhlen von Bhaja** (Inder/Ausländer 5 Rs/2 US$; ⌚ 8–18 Uhr). Dort ist es grüner und ruhiger als an der Karla Höhle. Vermutlich entstanden die Höhlen etwa um 200 v. Chr. Zehn der 18 Höhlen sind *viharas*, während Höhle 12 eine offene *chaitya* ist. Sie wurde früher erbaut als die in Karla und beherbergt eine einfache Dagoba. Dahinter befindet sich eine merkwürdige Ansammlung von 14 Stupas, fünf innerhalb und neun außerhalb einer Höhle. Von den Höhlen aus kann man in der Ferne die Ruinen des **Lohagad Forts** und des **Visapur Forts** sehen.

Schlafen & Essen

MTDC Karla Resort (☎ 02114-282230; Fax 282370; abseits des Mumbai-Pune Hwy; 2B-Bungalows mit/ohne Klimaanlage 900/750 Rs;) In diesem Resort nahe der Abzweigung zu den Höhlen gibt es billigere Zimmer. Die gut gepflegten Bungalows sind allerdings besser in Schuss. Besonders Kindern werden die hier gebotenen Extras (die zusätzlich bezahlt werden müssen) mögen, wie z. B. den Wasserpark (Erw./Kind 75/60 Rs). Das Resort hat auch ein Restaurant.

An- & Weiterreise

Wem's nichts ausmacht, etwas zu laufen, kann die Sehenswürdigkeiten auch mit öffentlichen Verkehrsmitteln erreichen. Zwischen Lonavla und der Karla Höhle (8 Rs, 12 km) fahren oft Linienbusse; der früheste verlässt Lonavla um 6 Uhr. Von Karla aus kann man zu den Höhlen von Bhaja laufen (1½ Std., 10 km) und dann in den eigenen Spuren zurück zum Bahnhof von Malavli gehen (1 Std., 3 km). Dort steigt man in den Nahverkehrszug nach Lonavla. Einen Teil des Fußwegs erspart man sich mit einer Autorikschafahrt von Karla ins Dorf Bhaja (etwa 60 Rs). Der letzte Bus von Karla nach Lonavla fährt um 19 Uhr.

Autorikschas gibt's jede Menge, aber es wird hart gefeilscht. Der Preis sollte auch die Wartezeit an den Sehenswürdigkeiten beinhalten (insgesamt ca. 3 Std.) und inklusive Hin- und Rückfahrt von Lonavla zu den Höhlen von Karla und Bhaja nicht viel mehr als 350 Rs betragen.

PUNE (POONA)

☎ 020 / 3,8 Mio. Ew. / 457 m

Hier verschmelzen sich das alte und das neue Indien problemlos immer stärker. Pune ist ein blühendes Zentrum von Wirtschaft und Forschung – und die Heimat des berühmten Osho Meditation Resort, besser bekannt als Ashram von Bhagwan Rajneesh.

Der große Marathenherrscher Shivaji wäre erstaunt, wenn er sehen könnte, wie sich die Stadt in den letzten 500 Jahren verändert hat. Shivaji wuchs hier auf, da die Stadt seinem Großvater 1599 übergeben worden war. Später, nachdem die brahmanische Peshwa-Familie die Macht übernommen hatte, fiel Pune 1817 an die Briten und wurde während der Monsunzeit deren zweite Hauptstadt. Auch viele Maharadschas hatten hier Paläste, um die Vorzüge des kühleren Klimas zu genießen.

Abgesehen von der Luftverschmutzung und dem für indische Städte typischen Verkehrschaos ist Pune tagsüber eine Sightseeingtour wert und nachts ein prima Ort um Partys zu feiern. Die Stadt ist durchaus einen ein- oder zweitägigen Aufenthalt wert.

Orientierung

Die Stadt liegt dort, wo wo die Flüsse Mutha und Mula aufeinander treffen. Die Mahatma Gandhi (MG) Rd., etwa 1 km südlich des Bahnhofs von Pune, ist die Hauptstraße, die von Banken, Restaurants und Geschäften gesäumt wird. Südlich davon werden die Straßen enger und die Atmosphäre eines traditionellen Basarviertels kommt auf. Nordöstlich des Bahnhofs liegt der Koregaon Park mit dem Osho-Ashram, schattigen Straßen und westlichem Ambiente.

Praktische Informationen

BUCHLÄDEN

Crossword (Sohrab Hall, 1. OG, RBM Rd; ⌚ 10.30–21 Uhr) Bietet die größte Auswahl an Büchern und Zeitschriften sowie ein kleines Café.

Manneys Booksellers (7 Moledina Rd; ⌚ Mo–Sa 9.30–13.30 &16–20 Uhr)

INTERNET

Internetcafés sind über die ganze Stadt verteilt, z. B.:

Computology Systems (326 Ashok Vijay Complex, Bootie St; 10 Rs/Std.; ⌚ Mo–Sa 9.30–21.30, So 11–20 Uhr) Die billigste Möglichkeit in der Stadt, in einer Seitenstraße der MG Rd.

Cyber-Net (1B Gera Sterling, North Main Rd, Koregaon Park; 30 Rs/Std.; ⌚ 8–23.30 Uhr)

Dishnet Hub Internet Centre (Sadhu Vaswani Rd; 30 Rs/Std.)

STADTPLAN

Die Karte der *TTK Discover India*-Serie (50 Rs) ist die beste. Sie ist in den oben aufgeführten Buchhandlungen oder an dem Bücherstand auf Bahnsteig 1 im Bahnhof erhältlich.

GELD

Die Citibank hat einen Geldautomaten mit 24-Stunden-Service in ihrer Hauptfiliale in der East St. und den Filialen in der Bund Garden Rd. sowie der Nort Main Rd. Die ICICI Bank hat einen Geldautomaten im Bahnhof von Pune und einen weiteren auf der Koregaon Rd. Südwestlich des Koregaon Parks gibt es einen Geldautomaten der HSBC, nahe dem Büro der Air India auf der Mangaldas Rd. Auf der MG Rd. befindet sich ein Geldautomat der UTI Bank.

American Express (☎ 26055337; MG Rd; ⌚ Mo–Fr 9.30–18.30, Sa 9.30–14.30) Neben dem Hotel Aurora Towers.

Thomas Cook (☎ 26346171; 2418 G Thimmaya Rd; ⌚ Mo–Sa 9.30–18)

POST

Hauptpost (☎ 26349441; Sadhu Vaswani; ⌚ Mo–Sa 10–18 Uhr) Die Paketannahme schließt um 16 Uhr.

TOURISTENINFORMATION

MTDC Tourist Office (☎ 26126867; I Block, Central Bldg; ⌚ Mo–Sa 10–17.30 Uhr) In einem Verwaltungszentrum südlich des Bahnhofs versteckt; nicht sonderlich hilfreich, außer für Buchung von MTDC-Unterkünften. Das Büro hat auch einen kleinen Stand im **Bahnhof** (⌚ Mo–Sa 9–19, So 9–15 Uhr)

REISEBÜROS

Rokshan Travels (☎ 26136304; rokshantravels@hotmail.com; 1. OG, 19 Kumar Pavilion, East St; ⌚ 10–18 Uhr) Klein, freundlich und professionell. Das Personal bucht Bus- und Zugreisen sowie Inlands- und internationale Flüge und bestellt auch Taxis.

Sehenswertes & Aktivitäten

OSHO MEDITATION RESORT

Der berühmte **Ashram** von Bhagwan Rajneesh (☎ 24019999; www.osho.com; 17 Koregaon Park) liegt in einem grünen Viertel von Pune. Auch nach dem Tod des Bhagwans 1990 zieht der Ashram weiterhin *sanyasins* (Suchende) an, darunter viele aus dem Westen. Zu den Einrichtungen gehört ein Swimmingpool, eine Sauna, „Zennis“- (Zen-Tennis-) und Basketballfelder, ein Massage- und Schönheitssalon, eine Buchhandlung, ein Internetcafé und ein schönes Gästehaus (S. 843). Das wichtigste Zentrum für Meditationen und dem nächtlichen spirituellen Tanz in weißen Roben ist das Osho Auditorium (eine husten- und schnupfenfreie Zone!). Auch das Osho Samadhi, in dem die Asche des Gurus aufbewahrt wird, ist für stille oder von Musik begleitete Meditationen geöffnet.

Die Gemeinschaft macht schwer Geschäfte. Ihre „Multiversity“ bietet unzählige Kurse in Meditation und auch New-Age-Techniken. Wer an einem der Kurse teil-

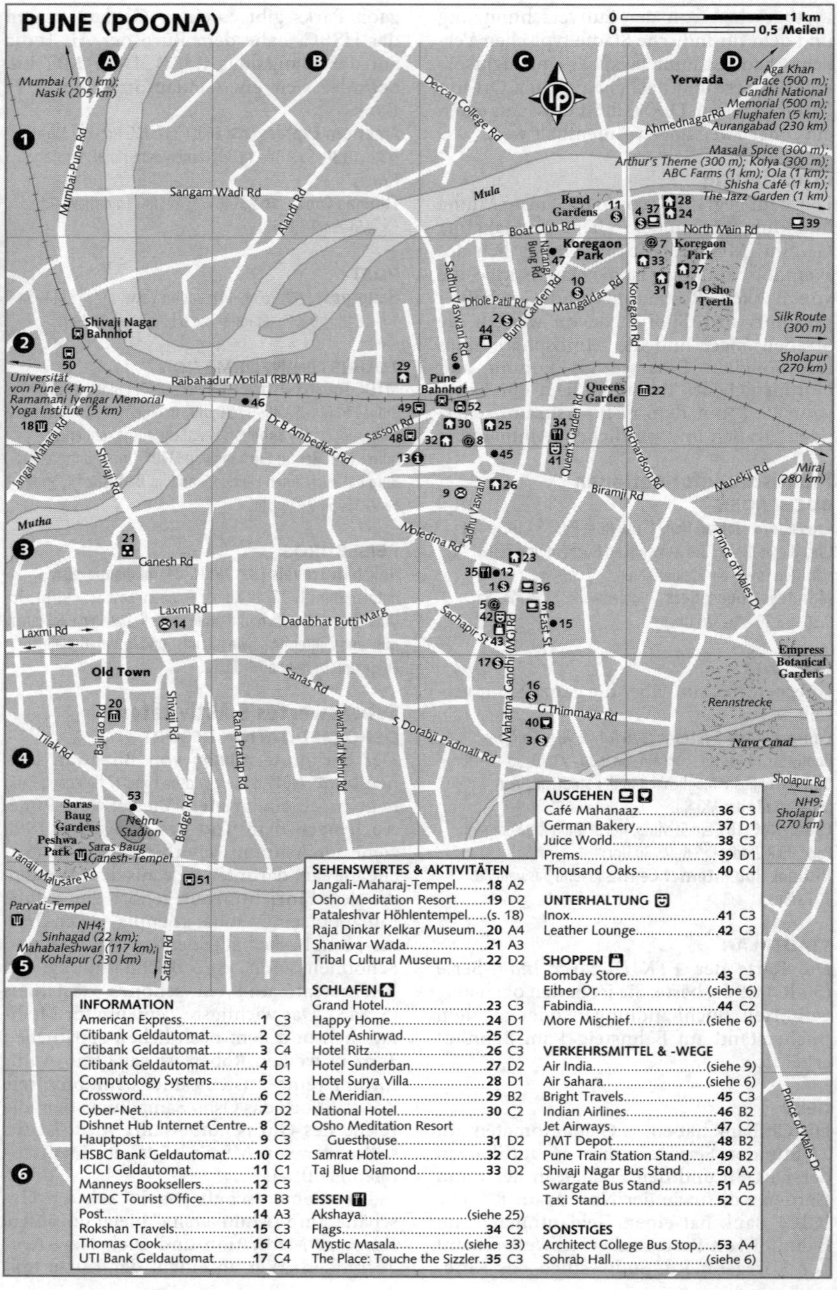
PUNE (POONA)
0 1 km
0 0,5 Meilen
Mumbai (170 km); Nasik (205 km)
Yerwada
Aga Khan Palace (500 m); Gandhi National Memorial (500 m); Flughafen (5 km); Aurangabad (230 km)
Masala Spice (300 m); Arthur's Theme (300 m); Kolya (300 m); ABC Farms (1 km); Ola (1 km); Shisha Café (1 km); The Jazz Garden (1 km)
Deccan College Rd
AhmednagarRd
Mumbai-Pune Rd
Sangam Wadi Rd
Alandi Rd
Mula
Bund Gardens
Boat Club Rd
North Main Rd
Koregaon Park
Osho Teerth
Narangi Bung Rd
Bund Garden Rd
Mangaldas Rd
Koregaon Rd
Dhole Patil Rd
Sadhu Vaswani Rd
Silk Route (300 m)
Sholapur (270 km)
Shivaji Nagar Bahnhof
Universität von Pune (4 km)
Ramamani Iyengar Memorial Yoga Institute (5 km)
Raibahadur Motilal (RBM) Rd
Pune Bahnhof
Queens Garden
Queen's Garden Rd
Richardson Rd
Dr B Ambedkar Rd
Sasson Rd
Jangali Maharaj Rd
Shivaji Rd
Biramji Rd
Manekji Rd
Miraj (280 km)
Mutha
Moledina Rd
Sadhu Vaswani
Prince of Wales Dr
Ganesh Rd
Laxmi Rd
Dadabhat Butti Marg
Sachapir St
Mahatma Gandhi (MG) Rd
East St
Empress Botanical Gardens
Old Town
Sanas Rd
Rennstrecke
G Thimmaya Rd
Nava Canal
S Dorabji Padmali Rd
Bajirao Rd
Rana Pratap Rd
Jawaharlal Nehru Rd
Tilak Rd
Sholapur Rd
NH9; Sholapur (270 km)
Saras Baug Gardens
Nehru-Stadion
Badge Rd
Peshwa Park
Saras Baug Ganesh-Tempel
Tanaji Malusare Rd
Parvati-Tempel
NH4; Sinhagad (22 km); Mahabaleshwar (117 km); Kohlapur (230 km)
Satara Rd
INFORMATION
American Express....1 C3
Citibank Geldautomat....2 C2
Citibank Geldautomat....3 C4
Citibank Geldautomat....4 D1
Computology Systems....5 C3
Crossword....6 C2
Cyber-Net....7 D2
Dishnet Hub Internet Centre....8 C2
Hauptpost....9 C3
HSBC Bank Geldautomat....10 C2
ICICI Geldautomat....11 C1
Manneys Booksellers....12 C3
MTDC Tourist Office....13 B3
Post....14 A3
Rokshan Travels....15 C3
Thomas Cook....16 C4
UTI Bank Geldautomat....17 C4
SEHENSWERTES & AKTIVITÄTEN
Jangali-Maharaj-Tempel....18 A2
Osho Meditation Resort....19 D2
Pataleshvar Höhlentempel....(s. 18)
Raja Dinkar Kelkar Museum....20 A4
Shaniwar Wada....21 A3
Tribal Cultural Museum....22 D2
SCHLAFEN
Grand Hotel....23 C3
Happy Home....24 D1
Hotel Ashirwad....25 C2
Hotel Ritz....26 C3
Hotel Sunderban....27 D2
Hotel Surya Villa....28 D1
Le Meridian....29 B2
National Hotel....30 C2
Osho Meditation Resort Guesthouse....31 D2
Samrat Hotel....32 C2
Taj Blue Diamond....33 D2
ESSEN
Akshaya....(siehe 25)
Flags....34 C2
Mystic Masala....(siehe 33)
The Place: Touche the Sizzler....35 C3
AUSGEHEN
Café Mahanaaz....36 C3
German Bakery....37 D1
Juice World....38 C3
Prems....39 D1
Thousand Oaks....40 C4
UNTERHALTUNG
Inox....41 C3
Leather Lounge....42 C3
SHOPPEN
Bombay Store....43 C3
Either Or....(siehe 6)
Fabindia....44 C2
More Mischief....(siehe 6)
VERKEHRSMITTEL & -WEGE
Air India....(siehe 9)
Air Sahara....(siehe 6)
Bright Travels....45 C3
Indian Airlines....46 B2
Jet Airways....47 C2
PMT Depot....48 B2
Pune Train Station Stand....49 B2
Shivaji Nagar Bus Stand....50 A2
Swargate Bus Stand....51 A5
Taxi Stand....52 C2
SONSTIGES
Architect College Bus Stop....53 A4
Sohrab Hall....(siehe 6)

nehmen möchte oder auch nur einen Tag zum Meditieren bleiben will, zahlt 1150 Rs (unter 25 Jahren 830 Rs). Darin enthalten sind die Anmeldung, ein obligatorischer HIV-Soforttest (mit sterilen Nadeln), eine Einführungsveranstaltung und ein eintägiger Meditationspass (5-tägig für unter 25-Jährige). Auch zwei Roben werden benötigt (eine weiße und eine rötlich-braune, jeweils für ab 300 Rs zu haben). Danach kostet die Meditation 300 Rs pro Tag (oder 1250 Rs für 5 Tage) und man kann kommen und gehen wann man will. Wer länger teilnehmen möchte, kann das „Work-as-Meditation" Programm des Ashrams nutzen.

Neugierige können im Besucherzentrum eine Videopräsentation anschauen und zwischen 9.45 und 11.30 Uhr sowie 14.00 bis 15.30 Uhr während einer stillen zehnminütigen Führung in die Einrichtungen reinschnuppern. Auch wenn man das Resort nicht besuchen will, lohnt sich allemal ein Abstecher in den weitläufigen 5 ha großen **Osho Teerth** Park (Eintritt frei, für alle geöffnet ⌚ 6–9 & 15–18 Uhr) hinter der Kommune. Für diejenigen, die einen Meditationspass vorzeigen können, ist der Park den ganzen Tag zugänglich.

RAJA DINKAR KELKAR MUSEUM

Das schrullige **Museum** (☎ 24482101; www.rajakelkarmuseum.com; 1377-78 Natu Baug, Bajirao Rd; Eintritt für Ausländer 150 Rs; ⌚ 9.30–18 Uhr) gehört zu den wahren Köstlichkeiten Punes. Die Ausstellung zeigt die persönliche Sammlung des 1990 verstorbenen Sri Dinkar Gangadhar (auch bekannt als Kaka Kelkar). Zu den 17 000 Kunstwerken und Kuriositäten, die er in 70 Jahren zusammentrug, gehören Peshwa- und andere Miniaturen, eine surreale Sammlung von Musikinstrumenten, mit Ornamenten versehene Türen und Fenster, Wasserpfeifen und eine riesige Kollektion von Betelnussknackern, verzierte Fußkratzer aus Messing und geschnitzte hölzerne Nudelmaschinen. Es ist geplant am Rand von Pune ein größeres Gebäude für das Museum zu errichten, das die riesigen Bestände sicher besser präsentieren könnte.

SHANIWAR WADA

Die Ruinen des festungsähnlichen **Palasts** (☎ 243 35597; Shivaji Rd; Eintritt 2 US$; ⌚ 8–18.30 Uhr) stehen im älteren Teil der Stadt. 1732 erbaut, brannte der Palast der Peshwa-Herrscher 1828 nieder – die massiven Mauern stehen aber noch, genauso wie die stabilen Palast-

DER ARMANI UNTER DEN ASHRAMS

Ältere Herrschaften sagen ja gern, dass früher alles besser war. Wer sich heute das aalglatte Osho Meditation Resort anschaut, sieht sofort, dass die Zeiten sich geändert haben. Hier wird all das geboten, was Bewohner der ersten Welt sich wünschen, denen das Spirituelle abhanden gekommen ist. Man fragt sich, ob Bhagwan Shree Rajneesh (1931–90), oder Osho, wie er sich lieber nennen ließ, seinen Ashram noch erkennen würde.

Osho war einer der extravagantesten „Exportgurus" Indiens und zweifellos der umstrittenste. Er folgte keiner bestimmten Religion oder Philosophie und schockierte viele Inder (und andere), indem er Sex als Weg zur Erleuchtung befürwortete – was ihm die Bezeichnung „Sexguru" eintrug. 1981 brachte Rajneesh seine verrückte Mischung aus kalifornischer Poppsychologie und indischem Mystizismus in die USA, wo er eine bäuerliche Kommune und einen Ashram in Oregon gründete. Dort wuchs der schlechte Ruf des Ashrams und die Flotte seiner Rolls Royce wie Unkraut. Schließlich, als die Gerüchte und die örtliche Paranoia bezüglich der Vorgänge im Ashram ungeahnte Ausmaße annahmen, wurde der Bhagwan wegen eines Verstoßes gegen das Einreisegesetz mit einer Geldstrafe von 400 000 US$ belegt und 1985 nach Indien ausgewiesen. 1987 war er wieder im Ashram in Pune zu finden, wo alsbald Tausende von Ausländern zu seinen nächtlichen Vorträgen und Meditationskursen pilgerten.

Und sie kommen noch immer in Scharen. Die Eröffnung des weitläufigen Osho Auditoriums 2002 ging mit der Änderung des Namens von „Osho Commune International" zu „Osho Meditation Resort" einher. Die Preise, die für die Privilegien im Resort verlangt werden, steigen ständig. Aber noch immer spricht die Beliebtheit des Ashrams für ihn; viele werden bei ihrer Suche hier fündig (in welcher Form auch immer) und die Grundlage, die Osho geschaffen hat – sei es der Ashram oder das Resort, sei es spirituell oder leidenschaftlich – ist tatsächlich wohltuend und tadellos und wird von jedem Besucher anders aufgenommen.

türen mit den Eisenstacheln, die die Feinde abwehren sollten. Innerhalb der Mauern befindet sich heute ein 2 ha großer, langweiliger Park. Man sollte besser am Abend hierher kommen, dann findet die einstündige **Sound-and-Light-Show** (25 Rs; ⌚ Do–Di 20.15 Uhr) statt.

PATALESHVARA HÖHLENTEMPEL

Auf der anderen Flussseite befindet sich der seltsame aus dem Fels geschlagene **Pataleshvara Höhlentempel** (☎ 25535941; Jangali Maharaj Rd; ⌚ 6–21.30 Uhr). Der kleine nicht fertig gestellte Tempel aus dem 8. Jh. ähnelt im Stil dem größeren Tempel auf der Insel Elephanta. Es ist ein aktiver Tempel: Die Gläubigen kommen hierher, um zu beten, aber auch um sich einfach nur in den Gärten auszuruhen. Vor dem Tempel steht ein kreisrunder Nandi-*mandapa* (ein Pavillion auf Pfeilern). Direkt daneben liegt der Jangali-Maharaj- (Gott-des-Dschungels-)**Tempel** (⌚ 6–22 Uhr). Er ist einem Hinduasketen gewidmet, der hier 1818 starb.

TRIBAL CULTURAL MUSEUM

Ungefähr 1,5 km östlich von Punes Bahnhof gibt es ein tolles **Museum** (☎ 26362071; 28 Queens Garden, Richardson Rd; Eintritt für Ausländer 10 Rs; ⌚ 10–18 Uhr), das die Kultur der Adivasi-Stämme Maharashtras dokumentiert, vor allem der Einwohner der Sahyadri- und Gondwanaregionen. Gezeigt wird eine beeindruckende Sammlung von Pappmaché-Festmasken, Warli-Malereien und anderen faszinierenden Hinterlassenschaften.

GANDHI NATIONAL MEMORIAL

In Yerwada, jenseits des Flusses Mula, liegt der riesige **Aga Khan Palace** in einem 6,5 ha großen Park, in dem sich auch das schöne **Memorial** (☎ 26680250; Ahmednagar Rd; Inder/Ausländer 5/100 Rs; ⌚ 9–17.45 Uhr) für Gandhi befindet. Nachdem Gandhi 1942 in Bombay die folgenschwere Quit-India-Bewegung gestartet hatte, sperrten ihn die Briten hier zusammen mit anderen Führern der indischen Unabhängigkeitsbewegung fast zwei Jahre lang ein. Sowohl seine Ehefrau Kasturba Gandhi als auch sein Sekretär Mahadoebhai Desai, der ihn 35 Jahre lang begleitet hatte, starben in der Haft. Ihre Asche wird in Erinnerungs-*samadhis* (Schreinen) im Park aufbewahrt.

Fotos und Zeichnungen zeigen Momente aus Ghandis außergewöhnlichem Leben. Am bewegendsten sind aber einige einfache Dinge (wie ein Paar Sandalen und eine Thermosflasche) und Berichte über die persönlichen Tragödien, die der Mahatma in dieser Zeit erleben musste.

PARKS

Im **Empress Botanical Garden** (Eintritt 5 Rs; ⌚ 6.30–19 Uhr) genießen kuschelnde Paare auf den Parkbänken den Schatten tropischer Bäume. Am Abend werden Dutzende von Essensständen und Kinderkarussellen vor dem **Peshwa Park** (Eintritt 2 Rs; ⌚ 9.30–17.30 Uhr) aufgefahren. Weitere gute Plätze zum Relaxen sind **Saras Baug Gardens**, neben dem Peshwa Park, und **Bund Gardens**, an den Ufern des Mula.

RAMAMANI IYENGAR MEMORIAL YOGA INSTITUTE

Um am Unterricht in dem berühmten **Institut** (☎ 25656134; www.bksiyengar.com; 1107 B/1 Hare Krishna Mandir Rd, Model Colony) teilzunehmen, braucht man mindestens fünf Jahre Yogapraxis. Das Institut liegt ca. 7 km nordwestlich des Bahnhofs.

Geführte Touren

Gute Bustouren durch Pune verlassen das **Pune Municipal Transport Depot** (PMT; Sasson Rd; Reservierungen ⌚ 8–12 & 15–18 Uhr) unweit des Bahnhofs täglich um 9 Uhr und kehren um 16.30 zurück (91 Rs). Die Touren decken alle wichtigen Sehenswürdigkeiten ab – und viele andere, wie den Schlangenpark im Süden der Stadt. Sie sind ideal, wenn man in Eile ist.

Schlafen

In Pune herrscht kein Mangel an Unterkünften, wobei sich viele billige Hotels rund um den Bahnhof drängen. Im Stadtviertel Koregaon Park, besonders praktisch, um zum Osho Meditation Resort zu gelangen, finden sich viele Privathäuser, die Zimmer an Kurz- und Langzeitgäste vermieten. Zimmer mit Gemeinschaftsbädern beginnen bei 150 Rs, während Räume mit eigenem Bad mindestens 250 Rs kosten. Die Qualität ist sehr unterschiedlich, daher sollte man sich vor der Entscheidung einige anschauen. Langzeitgäste können hier für ein Zimmer 3000 bis 10 000 Rs im Monat aushandeln.

BUDGETUNTERKÜNFTE

National Hotel (☎ 26125054; 14 Sasson Rd; DZ/3BZ 350/400 Rs, Einzel-/Doppel-/Dreierbungalows 300/350/400 Rs)

Das von Bahai betriebene Haus im alten Kolonialstil mit Veranden und hohen Decken liegt gegenüber vom Bahnhof in einem schönen Garten. Die Zimmer sind vornehm und die Bungalows haben kleine Veranden.

Hotel Surya Villa (☎ 26124501; www.hotelsuryavilla.com; 294/1 Koregaon Park; EZ/DZ 700/800 Rs, DZ mit Klimaanlage 1000 Rs;) Eines der besseren Budgethotels im Koregaon Park Viertel. Das Surya Villa bietet saubere, geräumige Zimmer mit TV, außerdem hat es ein Café.

Grand Hotel (☎ 26360728; MG Rd; EZ mit Gemeinschaftsbad 200 Rs, DZ mit eigenem Bad 450 Rs) Allzulange wird man in den Einzel-„Kabinen“ – die Betten sind durch Zwischenwände getrennt – oder den kahlen Doppelzimmern nicht bleiben wollen. Die Atmosphäre des Hotels ist aber freundlich, es hat eigene Bier- und Saftbars, einen Patio und ein Restaurant.

Auch zu empfehlen ist:

Happy Home (☎ 26122933; 294 Koregaon Park;EZ/DZ 300/400 Rs)

MITTELKLASSEHOTELS

Alle genannten Hotels akzeptieren Kreditkarten, ausgecheckt wird um 12 Uhr.

Samrat Hotel (☎ 26137964; thesamrathotel@vsnl.net; 17 Wilson Garden; EZ/DZ 900/1100 Rs, mit Klimaanlage 1100/1300 Rs;) Das Hotel mit makellosen, angenehmen Zimmern bietet ein super Preis-Leistungs-Verhältnis. Der Service ist professionell; angeboten wird auch ein kostenloser Airport-Pickup-Service.

Hotel Ashirwad (☎ 26128585; hotelash@vsnl.com; 16 Sadhu Vaswani Rd; EZ/DZ ab 1600/1950 Rs; Gerichte 40–70 Rs;) Ein ansprechendes, modernes Hotel schräg gegenüber vom Bahnhof, mit Zimmern so sauber, dass sie glänzen. Die Preise sind inklusive Frühstück. Das Restaurant, Akshaya, ist eine gute Wahl für Punjabi-, Mughlai- und chinesische Vegi-Gerichte.

Hotel Sunderban (☎ 26124949; www.tghotels.com; 19 Koregaon Park; DZ mit Gemeinschaftsbad 700 Rs, mit eigenem Bad mit/ohne Klimaanlage ab 1300/1000 Rs) Neben dem Osho Resort liegt das gut geführte historische Hotel in einem Park. Es bietet eine große Auswahl sauberer Zimmer; die moderneren Studios (2900 Rs) haben eine eigene komplett ausgestattete Küche. Die Preise sinken zwischen dem 1. Mai und dem 30. September um 30 %. Im Haus ist auch eine Filiale der eleganten Expressobarkette Baristo.

Hotel Ritz (☎ 26122995; fax 26136191; 6 Sadhu Vaswani Path; DZ mit/ohne Klimaanlage 1550/1250 Rs;) Das Äußere des altehrwürdigen Hotels, das von drei Gänsen in einem kleinen Teich komplettiert wird, ist attraktiver als die etwas abgewohnten Räume. Alle Zimmer haben TV, die günstigeren sind auf der Rückseite des Hauses, nahe beim Gartenrestaurant, wo's leckere Gujarati Thalis (120 Rs) gibt.

Wer Pune besucht, um ins Osho Meditation Resort (S. 839) zu gehen, sollte überlegen, ob er in dessen elegantem **Gästehaus** (EZ/DZ 1600/1800 Rs;) übernachten möchte.

SPITZENKLASSEHOTELS

Taj Blue Diamond (☎ 4025555; bluediamond.pune@tajhotels.com; 11 Koragaon Rd; DZ ab 140 US$;) Ein vornehmes Tophotel mit allem was dazugehört: höfliches Personal in Saris, ansprechend geschmückte Räume und stilvolle Restaurants.

Le Meridien (☎ 26050505; www.lemeridien-pune.com; RBM Rd; DZ ab 150 US$;) Das kostspielige und prächtige Hotel im Moguln- und Rajputstil bietet kompakte und bequeme Zimmer. Im Hotel gibt es drei Restaurants, zwei Bars, einen Nachtclub, einen Fitnessraum und einen kleinen Pool auf dem Dach (Nicht-Gäste bezahlen 350 Rs pro Tag).

Essen

Pune hat einige herausragende Orte, um Essen zu gehen. Falls nicht anders angegeben, sind die folgenden täglich von 12 bis 15 und von 19 bis 23 Uhr geöffnet.

RESTAURANTS

Flags (☎ 26141617; G2 Metropole, Bund Garden Rd; Hauptgerichte 75–200 RS;) Das Flags bietet wahrscheinlich die längste Speisekarte Punes, wobei die ganze Palette globaler Kochkunst abgearbeitet wird – von mongolischem Blumenkohl bis *yakisoba* (gebratenen japanischen Nudeln). Das Restaurant ist unglaublich beliebt und bietet praktisch für jeden etwas. Und das alles in einer gemütlichen, zeitgemäßen Atmosphäre.

Silk Route (☎ 26135793; 357/1 Pringle Corner, Cosmos Bank Lane, Koregaon Park; Hauptgerichte 140–500 Rs;) Unter den etlichen Restaurants, die in der Stadt orientalischer Küche anbieten, ist dies eine der besten Optionen. Das purpurfarbene Design im Gartenpatio beeindruckt besonders bei Nacht. Wenn es dort aber zu heiß ist, gibt's auch einen klimatisierten Bereich und eine schicke Bar.

Shisha Café (☎ 26818885; ABC Farms, Koregaon Park; Hauptgerichte 100–180 Rs; ⌚ 10.30–1.30 Uhr) Das Jazzcafé mit Bar ist eine der attraktivsten Möglichkeiten auf dem Gelände der ABC Farms. Es wurde über den Boden erhöht errichtet und wird von einem emporstrebenden *atap*- (einer Art strohgedecktem) Dach beschirmt. Das Café ist auf iranische Küche spezialisiert, die köstlich schmeckt und gut zu den angebotenen Wasserpfeifen (125 RS) passt.

The Place: Touche the Sizzler (☎ 26134632; 7 Moledina Rd; Hauptgerichte 120-200 Rs; ❄) Wie schon der Name vermuten lässt, ist dieses schon lange existierende Restaurant auf Gebrutzeltes spezialisiert, aber es bietet auch indische, Tandoori-, Meerestier- und europäische Gerichte.

Am östlichen Ende der North Main Rd. im Stadtteil Koregaon Park drängen sich noch einige besonders gute Restaurants:

Arthur's Theme (☎ 26132710; ❄) Ein elegantes Restaurant mit französischer Küche.

Kolya (☎ 309074896; ❄) Hyderabadi-Gerichte präsentiert in einer außergewöhnlich prächtigen Inneneinrichtung.

Masala Spice (☎ 26136293; ⌚ 11–23 Uhr; ❄) Ein farbenfroher Ort mit südostasiatischer Küche.

Ausgehen

In Pune gibt's eine Handvoll lebhafter Pubs und Clubs, die dank des Collegevolks und einigen Ausländern viel zu tun haben. Außerhalb von Pune starten ähnlich wie in Goa auch gelegentlich Partys und Raves. Am besten fragt man nach aktuellen Terminen in Koregaon Park herum.

ETWAS BESONDERES

Mystic Masala (☎ 4025555; Taj Blue Diamond, 11 Koregaon Rd; Hauptgerichte 35–650 Rs; ⌚ 7–23.30 Uhr; ❄) Die geschmacklosen Krieger aus Wachs sind das einzig Merkwürdige in diesem ansonsten zeitgemäß und gemütlich ausgestatteten indischen Restaurant. Es ist auf die lokale Peshwa-Küche spezialisiert, mit Gerichten wie *kothimbir wadi* (knusprige Scheiben aus gebratenen Linsen), *komdi saar* (Hühnchen, Koriander und Limonensuppe) und *bharleli wangi* (gefüllte Brinjals), die einen raffinierten, feinen Geschmack haben. Jeden Abend gibt's klassische indische Livemusik. Hinzu kommt ein professioneller Service – unterm Strich steht eines von Punes Toplokalen!

CAFÉS

Café Mahanaaz (Sterling Centre, 12 MG Rd; Gerichte 15–25 Rs) Das schlichte Café mit Bäckerei ist unter den Einheimischen beliebt. Das Frühstück ist besonders gut – die Erinnerung an richtige Toasts wird hier wieder aufgefrischt.

Juice World (2436/B East Street Camp; ⌚ 8–1 Uhr) Neben köstlichen frisch gepressten Fruchtsäften und Shakes tischt das lässige Café, das auch Plätze im Freien hat, günstige Snacks wie Pizza und *pav bhaji* (gewürztes Gemüse mit Brot) für etwa 30 Rs auf.

Prems (North Main Rd, Koregaon Park; Hauptgerichte 40–180 Rs; ⌚ 8.30–22.30 Uhr) Das in einem grünen Hof, abseits der Hauptstraße liegende Prems ist der richtige Ort um zu relaxen und über einem Drink oder einer kleinen Mahlzeit abzuhängen. Es gibt auch Bier und Wein.

German Bakery (North Main Rd, Koregaon Park; Gerichte 50–80 Rs, Torte 10–25 Rs; ⌚ 6–22.30 Uhr) Das Café ist Bestandteil und Treffpunkt der Koregaon-Park-Szene. Es macht guten Kaffee, großartige Torten und gesundes Essen. Obst und Gemüse werden sterilisiert und das Wasser für Getränke wird gereinigt.

BARS & CLUBS

Leather Lounge (☎ 24012001; 2. OG, Amba Complex, 320 MG Rd; ⌚ 19.30–1.30 Uhr) In der mittelgroßen Bar/Club ist immer was los – einem der besten Plätze in Pune, um gute Partys zu feiern. Mittwochs, freitags und samstags ist es hier übervoll mit lebhaften und trendig gekleideten Menschen. Dann muss man einen Getränkegutschein für 500 Rs als Eintrittskarte kaufen.

Ola (☎ 30921906; 35/36 ABC Farms, Koregaon Park; ⌚ 12–17 Uhr & 19–1 Uhr) Am Eingang der ABC Farms liegt diese moderne Bar mit leichtem mediterranen Flair, in der es oft spät wird. Mittwochs, freitags und samstags müssen 300 Rs Eintritt bezahlt werden. Ebenfalls auf dem Gelände der ABC Farms ist das **Jazz Garden** (☎ 26817412; Mo geschl.) mit Livemusik, an den meisten Mittwoch- und Samstagabenden ab 21 Uhr.

Thousand Oaks (☎ 26343194; thousandoaks@vsnl.com; 2417 East St; Eintritt Fr & Sa 200 Rs) Diese pubähnliche kuschelige Bar mit DJ-Musik von Hard Rock bis Techno hat auch eine Terrasse im Freien, auf der man sich wieder abkühlen kann.

Inox (☎ 26050101; Queen's Garden Rd; Erw.130 Rs) ist ein Multiplexkino auf neuestem technischen Stand mit vier Leinwänden. Es zeigt sowohl hindi- als auch englischsprachige Filme.

Shoppen

Pune bietet einige gute Shoppingmöglichkeiten, besonders für moderne indische Klamotten: Empfehlenswert sind **Either Or** (24/25 Sohrab Hall, 21 Sasson Rd; 🕒 10.30–20 Uhr, Do geschl.), **Fabindia** (Sakar 10, Sasson Rd; 🕒 10–19.45 Uhr) oder **More Mischief** (34/35 Sohrab Hall, 21 Sasson Rd; 🕒 10–21 Uhr, Mo geschl.).

Der **Bombay Store** (322 MG Rd; 🕒 Mo–Sa 10.30–20.30, So 11–20) ist der beste Platz für die üblichen Souvenirs.

An- & Weiterreise

FLUGZEUG

In Pune gibt es Büros folgender Airlines:
Air India (☎ 26128190; Hermes Kunj, 4 Mangaldas Rd)
Air Sahara (☎ 26059003; 131 Sohrab Hall, 21 Sasson Rd)
Indian Airlines (☎ 140 or 141; 39 Dr B Ambedkar Rd)
Jet Airways (☎ 26137181; 243 Century Arcade, Narangi Bung Rd)

Indian Airlines fliegt zweimal täglich nach Delhi (230 US$, 2 Std.) und täglich nach Bangalore (155 US$, 2½ Std.), Goa (90 US$, 45 Min.) und Mumbai (80 US$, 30 Min.). Jet Airways fliegt zweimal täglich nach Mumbai (60 US$, 30 Min.), und täglich nach Bangalore (155 US$, 1½ Std.), Chennai (192 US$, 2½ Std.), Delhi (231 US$, 2 Std.) und Kolkata (285 US$, 2½ Std.). Air Sahara fliegt zweimal täglich nach Delhi (231 US$, 2 Std.) und täglich nach Bangalore (155 US$, 1½ Std.), Hyderabad (136 US$, 1 Std.) und Kolkata (285 US$, 2½ Std.).

BUS

Pune hat drei Busbahnhöfe: **Pune Train Station Stand** (☎ 26126218), mit Bussen nach Mumbai und für Ziele im Süden und Westen, u. a. Goa, Belgaum, Kolhapur, Mahabaleshwar und Lonavla; **Shivaji Nagar Bus Stand** (☎ 25536970), für Orte im Norden und Nordosten wie Ahmednagar, Aurangabad, Ahmedabad und Nasik; **Swargate Bus Stand** (☎ 24441591), für Busse nach Sinhagad, Bangalore und Mangalore. Deluxe-Busse fahren vom Train Station Bus Stand alle 15 Minuten nach Dadar (Mumbai) in vier Stunden (125 Rs).

Selbst die besseren MSRTC-Busse (Semideluxe und Deluxe) sind manchmal nur eine Idee billiger als private Busse. Eine Vielzahl privater Deluxe-Busse fährt zu den meisten Zentren, darunter Panjim in Goa (250/350 Rs Ordinary Class/Sleeper Class, 12 Std.), Nasik (180 Rs, 5 Std.) und Aurangabad (120 Rs, 6 Std.). Auf jeden Fall nachfragen, wo man aussteigen kann (z. B. fahren viele private Busse mit Ziel Mumbai nur bis Borivali). Gut ist **Bright Travels** (☎ 26050878; Connaught Rd). Deren Busse fahren an der Service Station nahe dem Kreisverkehr ab.

Nach Mumbai und Kolhapur fährt man am besten mit dem Zug.

TAXI

Sammeltaxis für weite Entfernungen (vier Passagiere) verbinden Pune mit Dadar in Mumbai rund um die Uhr. Sie fahren am **Taxi Stand** (☎ 24114040) vor dem Bahnhof von Pune los (255 Rs pro Platz, mit Klimaanlage 315 Rs, 3 Std.). Ein ähnlicher Service wird vom Shivaji Nagar-Bahnhof aus

WICHTIGE ZUGVERBINDUNGEN VON PUNE

Zielort	Zugnummer & Name	Preis (Rs)	Dauer (Std.)	Abfahrt
Bangalore	6529 *Udyan Express*	345/1528	21 ½	11.30 Uhr
Chennai	6011 *Chennai Express*	345/1528	22 ½	18 Uhr
Delhi	1077 *Jhelum Express*	437/1900	27 ¾	17.35 Uhr
Hyderabad	7031 Hyderabad Express	250/1050	13 ½	16.40 Uhr
Mumbai CST	2124 *Deccan Queen*	56/280	3 ½	7.15 Uhr
	2028 *Shatabdi*	83/270	3	18 Uhr

Die Fahrpreise des *Shatabdi* gelten für Chair Class/AC; die Express-Train-Preise für 2. Klasse/Chair Class in tagsüber fahrenden Zügen bzw. Sleeper Class/2AC Sleeper für Übernachtfahrten. Die Fahrpreise des *Deccan Queen* gelten für 2. Klasse/Chair Class. Für die Berechnung von 1. Klasse-Tickets und anderen Preisen s. S. 1210.

nach Nasik (250 Rs, 4 Std.) und Aurangabad (250 Rs, 4 Std.) angeboten.

ZUG

Pune ist ein bedeutender Bahnknotenpunkt mit Verbindungen in viele Teile des Landes. Die von Menschen wimmelnde **Computerised Booking Hall** (☎ 131) befindet sich in dem Gebäude links des Bahnhofs, wenn man vor dem Eingang steht.

Deccan Queen, *Sinhagad Express* und *Pragati Express* sind Schnellzüge nach Mumbai, sie brauchen drei bis vier Stunden.

Unterwegs vor Ort

Der Flughafen liegt 8 km nordöstlich der Innenstadt. Eine Autoriksch a dorthin kostet etwa 50 Rs, ein Taxi 150 Rs.

Stadtbusse starten am PMT-Depot gegenüber dem Bahnhof von Pune, aber die Reise geht nur im Schneckentempo voran. Nützliche Busse sind die Nr. 4 nach Swargate, Nr. 5 zum Shivaji Nagar Bus Terminal und Nr. 159 nach Koregaon Park.

Autorikschas gibt es überall und wer Glück, hat findet auch einen Fahrer, der seinen Taxameter und die Umrechnungstabellen ohne allzu großes Palaver benutzt. Die Preise liegen bei 7 Rs für den ersten und 5 Rs für jeden weiteren Kilometer (oder etwa das fünffache des auf den veralteten Taxametern angezeigten Fahrpreises). Nach Einbruch der Dunkelheit muss man den Fahrpreis wahrscheinlich aushandeln. Eine Fahrt vom Bahnhof von Pune nach Koregaon Park liegt bei 20 Rs.

RUND UM PUNE

Sinhagad

Sinhagad (die Löwenfestung), 24 km südwestlich von Pune, bietet sich als Tagesausflug an. Hier siegten Shivajis Truppen 1670 über die von Bijapur. Die Ruine der Festung steht auf der Spitze eines steilen Berges, der von Sendetürmen und Touristenbuden übersät ist. Die wirklichen Attraktionen sind die spektakulären Ausblicke in die Landschaft und die Möglichkeit, einen gesunden Aufstieg von der Bushaltestelle im Dorf Sinhagad aus zu unternehmen.

Wer nicht laufen will, kann die Strecke mit Jeeps (25 Rs) zurücklegen, sodass nur ein kurzer Fußweg zur Spitze übrig bleibt. Der Stadtbus Nr. 50 fährt von Pune aus häufig nach Sinhagad (ab 7 Uhr bis abends). Er startet vom Swargate Bus Stand (Platform 12) sowie von der Bushaltestelle Architect College gegenüber dem Nehru Stadions (12 Rs, 45 Min.).

MAHABALESHWAR

☎ 02168 / 12 736 Ew. / 1372 m

In den terrassierten Hügel von Mahabaleshwar kann man angenehme Spaziergänge machen und tolle Panoramablicke genießen. 1828 von Sir John „Boy" Malcolm gegründet, war es während des British Raj die Sommerhauptstadt der Präsidenten von Bombay. Von dieser Zeit sind nur noch wenige Spuren erhalten. Betrachtet man heute das schäbige, kommerzialisierte Stadtzentrum, ist viel Phantasie erforderlich, um sich vorzustellen, wie prächtig Mahabaleshwar mal war.

Die Hill Station macht während des Monsuns (vom späten Juni bis Mitte September) alle Läden dicht. Dann fallen unglaubliche 6 m Niederschlag! Die Gebäude sind mit *kulum*-Gras verkleidet, um Schäden durch die Ströme von Regen zu verhindern. Wenn sich alles wieder beruhigt hat, gibt's zur Belohnung saftig grüne Landschaften.

Mahabaleshwars Reize sind kein Geheimnis. Die Stadt und ihre Wanderwege sind während der Schulferien im Sommer (April–Juni) zu Weihnachten und Diwali zum Bersten voll mit Menschen. Wer mehr als einen knappen Atemzug der frischen Bergluft nehmen will, sollte zu irgendeiner anderen Zeit anreisen.

Orientierung

Im Main Bazaar (Main Rd, auch Dr Sabane Rd genannt) ist am meisten los – ein 200 m langer Parcour mit Eis- und *chikki*–Läden, Videospielen, blitzenden Lichtern und schäbigen Geschäften. Der Busbahnhof liegt am westlichen Ende. Bei der Ankunft bezahlt man 10 Rs Eintritt.

Praktische Informationen

In Mahabaleshwar gibt's keine Internetcafés.

Bank of Maharashtra (☎ 260290; Main Rd) Wechselt Bargeld und Reiseschecks.

MTDC Tourist Office (☎ 260318; Bombay Point Rd) Beim MTDC Resort im Süden der Stadt, mit schlechten Karten aber hilfreichem Personal, das angeblich 24 Stunden am Tag angerufen werden kann.

State Bank of India (Masjid St) Hat einen rund um die Uhr zugänglichen Geldautomaten.

> **KÖSTLICHE BEEREN**
>
> In Mahabaleshwar und dem kleineren Panchgani, 19 km östlich, wachsen die vielleicht besten Erdbeeren Indiens – und außerdem noch Himbeeren, Maulbeeren und Stachelbeeren.
>
> An der Straße zwischen den beiden Hill Stations erstrecken sich auf 5 km Länge Erdbeerfelder, wo Sorten wie Australian oder Sweet Chandler wachsen. Gepflanzt wird nach dem Monsun, geerntet dann vom späten November bis Juni, die besten Früchte gibt's im Februar. Die Farmen sind zu besichtigten – und dort kann man auch gleich einkaufen. Oder aber bei den Händlern auf dem Bazaar in Mahabaleshwar, die neben ordentlich aufgestapelten Pyramiden aus Beeren im Schneidersitz auf Kundschaft warten. Zudem werden aus den Beeren industriell Fruchtsäfte, Süßigkeiten, Fondants und Marmeladen gemacht. Kostenlose Fabrikführungen bietet **Mapro Gardens** (☎ 02168-240112; ⏲ Mi–Mo 10–13 & 14–18.30 Uhr), zwischen Mahabaleshwar und Panchgani. Dort kann man die Produkte, die Lust auf mehr machen, auch probieren.

Sehenswertes & Aktivitäten

Verblasste Spuren des British Raj erkennt man noch an den baufälligen Gebäuden und verschiedenen erhaltenen Lodges aus dem 19. Jh. sowie den Wohnhäusern im Kolonialstil, die rund um Mahabaleshwar verstreut liegen. Man sieht sie, wenn man zu den zahlreichen Aussichtspunkten unterwegs ist, die die Hauptattraktion der Stadt sind. Ein phantastischer Ausblick lässt sich vom **Wilson's Point** (auch als Sunrise Point bekannt) genießen, einem ruhigen Aussichtsplatz, den man von der Stadt aus zu Fuß erreichen kann. Aber auch von **Elphinstone**, **Babington**, **Kate's** und **Lodwick Point** ist die Aussicht großartig. Der letztgenannte ist Peter Lodwick gewidmet, der 1824 als erster Europäer nach Mahabaleshwar kam.

Der Sonnenuntergang lässt sich am besten vom **Bombay Point** aus bestaunen – leider wissen das viele andere auch. Der **Arthur's Seat**, 9 km von Mahabaleshwar entfernt, verschlägt einem die Sprache – man blickt von einer 600 m hohen Felskante auf die Konkanküste. Zu den ansehnlichen Wasserfällen rund um Mahabaleshwar gehören die **Chinaman's**, **Dhobi's** und **Lingmala Falls**. Das Bootshaus am **Venna-See** (Temple Rd; ⏲ Bootshaus 8–20 Uhr) vermietet Ruder- (160 Rs/Std.) und Tretboote (200 Rs/Std.).

In Old Mahabaleshwar gibt es zwei alte Tempel. Dem **Panchganga-Mandir** (⏲ 7–21 Uhr) wird nachgesagt, die Quelle von fünf Flüssen zu beherbergen, darunter den heiligen Fluss Krishna, der dem Maul einer Kuhskulptur entspringt, die ein Kalb säugt. Der **Mahabaleshwar-Mandir** (⏲ 6–21 Uhr) bietet einen von der Natur geformten Lingam.

Geführte Touren

Das MSRTC führt Sightseeingtouren mit Semideluxe-Bussen durch. Die Mahabaleshwar-Tour (45 Rs, 4½ Std.) stoppt an neun Stellen sowie Old Mahabaleshwar; sie beginnt am Busbahnhof um 14.30 Uhr. Alternativ reißen sich die Taxifahrer darum, Travellern ihre dreistündige Tour zu zwölf Sehenswürdigkeiten Mahabaleshwars für einen Festpreis von 280 Rs anzubieten. Dies läuft letztlich auf eine Tour zu Arthur's Seat und zurück hinaus, inklusive Stopp in Old Mahabaleshwar, das auf dem Weg liegt – wenn das Wetter gut ist, lohnt sich die Fahrt. Angeboten werden auch Touren zu den Aussichtspunkten südlich der Stadt (280 Rs, 2½ Std.), nach Panchgani (300 Rs, 3 Std.) und zum Pratapgad Fort (450 Rs, 3 Std.).

Schlafen & Essen

In Mahabaleshwar richten sich alle Hotelpreise nach Angebot und Nachfrage – die Preise explodieren während der Hauptferienzeiten; außerhalb dieser Zeiten können die Budget- und Mittelklassehotels ihren Preis wert sein. Die meisten Budgethäuser findet man am Main Bazaar nahe der Bushaltestelle, aber über den Ort verteilt gibt es noch Dutzende von resortähnlichen Unterkünften (meist mit Vollpension).

New Hill Retreat (☎ 261361; Fax 261363; 187 School Mohalla, Murray Peth Rd; Dz Nebensaison/Hauptsaison 500/1100 Rs) Einen kurzen Fußweg vom Herz des Main Bazaar entfernt ist dies eine gute Wahl. Das New Hill Retreat hat makellose moderne Zimmer und diensteifriges Personal. In der Hauptsaison sind die Mahlzeiten inklusive. Von außen erinnert es ein wenig an eine europäische Villa.

Hotel Panorama (☎ 260404; Fax 261234; 28 MG Rd; Zi. Nebensaison/Hauptsaison ab 850/1200 Rs; Hauptgerichte

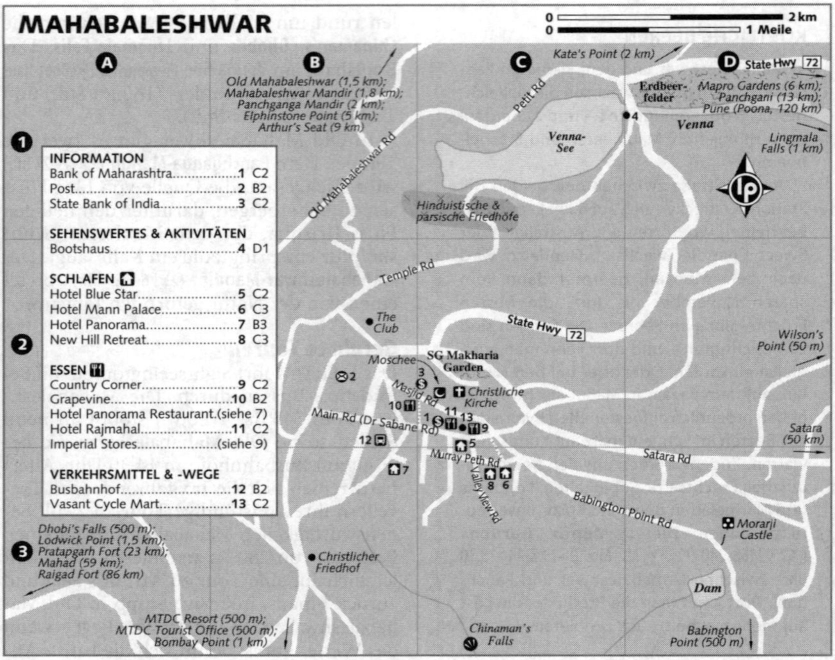

60–100 Rs;) Die beste Option in der gehobenen Preisklasse: Ein gastfreundlicher Ort mit komfortablen Zimmern und allen modernen Annehmlichkeiten. Der Pool überrascht mit einem eigenen Wasserfall und Paddelbooten. Das rein vegetarische Restaurant ist eines der besten der Stadt und hat sicher die eigenartigste Inneneinrichtung.

MTDC Resort (☎ 260318; Fax 260300; DZ Nebensaison/Hauptsaison ab 325/650 Rs) Ein paar Kilometer südwestlich des Stadtzentrums in ruhiger Lage nicht weit vom Bombay Point, gehört dieses Resort zu den besseren Budgetunterkünften – vor allem in der Hauptsaison.

Hotel Mann Palace (☎ 261778; DZ ab 500 Rs) liegt neben dem New Hill Retreat und ist durchaus empfehlenswert. Ebenso ist auch das **Hotel Blue Star** (☎ 260678; 114 Main Rd; DZ/3BZ 250/350 Rs) eine Überlegung wert (auch wenn die Preise in der Hauptsaison völlig verrückt sind).

Hotel Rajmahal (80 Main Rd; Gerichte 25–60 Rs) Ein betriebsames, rein vegetarisches Restaurant, das von Einheimischen wegen seiner tollen Thalis (40 Rs) und anderer südindischer und Punjabi-Gerichte aufgesucht wird.

Grapevine (Masjid Rd; Gerichte 80–140 Rs) Ein modern eingerichteter Laden mit toller Musik und freundlichem Personal, das köstliche Thai-Essen, Pasta, Fisch- und indische Gerichte zubereitet. Als Durstlöscher dienen gekühlte nichtalkoholische Getränke (70 Rs) oder eiskaltes Bier (60 Rs).

Country Corner (Imperial Stores; Main Rd; Snacks & Gerichte 40–95 Rs) Hier werden in einem kleinen, zum Entspannen einladenden Patio am laufenden Band Hühnchen- und Lammburger (50 Rs), Pizzas (95 Rs) und andere Snacks serviert. Im Gebäude ist der Imperial Stores, ein kleiner Laden voll mit Lebensmitteln und Büchern.

Mahabaleshwar ist berühmt für seine Beeren, die entweder frisch (während der Erntezeit) oder als Saft, Eis oder Marmeladen gekauft und probiert werden können (s. Kasten S. 847).

An- & Weiterreise

Vom **Busbahnhof** (☎ 260254) fahren häufig Busse nach Satara (31 Rs, 2 Std.), Panchgani (10 Rs, 30 Min.) und Mahad (zum Raigad Fort; 31 Rs, 2 Std.). Weitere tägliche Verbindungen gibt's nach Kolhapur (94 Rs, 5 Std.) und Pune (69/94 Rs im Semideluxe-/Deluxe-Bus, 3½ Std.). Außerhalb des Monsuns fährt ein Deluxe-Bus zur Mumbai Central Station (178 Rs, 7 Std.). Ebenfalls außerhalb des Monsuns fahren Semideluxe-Busse um 9, 13 und 14.45 Uhr. Von Mumbai aus fahren staatliche Busse fünfmal täglich nach Mahabaleshwar.

Private Agenturen am Basar nehmen Buchungen zu Zielen in Maharashtra und Goa entgegen (375/425 mit Sitzplatz/Sleeper Class, 12 Std. über Surul). Preise und Zeiten sind bei allen ähnlich, man muss aber darauf achten, wo sie wirklich halten. Keiner der Deluxe-Busse nach Mumbai (180/250 Rs in der Neben-/Hauptsaison, 6½ Std.) fährt bis in die Stadt – man kommt höchstens bis Borivali. Private Busse Richtung Pune (150 Rs) sagen schon in Swargate „tschüs".

Unterwegs vor Ort

Jede Menge Taxis und Maruti-Vans stehen am Busbahnhof herum und warten darauf, Reisende zu den wichtigsten Aussichtspunkten oder nach Panchgani zu bringen. Für Fahrten durch die Stadt liegt der Mindestpreis bei 30 Rs (bis zu 2 km).

Wenig Verkehr macht Radfahren zu einer sinnvollen Sache. Allerdings heißt es aufgepasst, denn die Wege zu den Aussichtspunkten sind schmal und haben nicht einsehbare Kurven. Für 10 Rs die Stunde kann man beim **Vasant Cycle Mart** (Main Rd; ⌚ 8–21 Uhr) Fahrräder mieten.

RUND UM MAHABALESHWAR

Pratapgarh Fort

Das beeindruckende, 1656 erbaute, Pratapgarh Fort (Eintritt frei; ⌚ 7–19 Uhr) dominiert einen Bergrücken 24 km westlich von Mahabaleshwar. Der Ort war Schauplatz einer der beständigsten Legenden über den Herrscher der Marathen. 1659 willigte Shivaji ein, den General der Bijapuri, Afzal Khan, unterhalb der Festungsmauern zu treffen, um eine Pattsituation zu beenden. Wie auch immer, die beiden Männer trafen bewaffnet aufeinander und Shivaji schlitzte seinem Gegner mit einem Satz eiserner *waghnakh* (Tigerkrallen) den Bauch auf. Khans Grab kennzeichnet die Stelle des Kampfs.

Die Festung erreicht man nach einem Aufstieg über 500 Stufen, der brilliante Ausblicke ermöglicht. Um von Mahabaleshwar aus die Festung zu erreichen, kann man den Linienbus um 9.30 Uhr nehmen (50 Rs für Hin- und Rückfahrt, 1 Std.). Er wartet eine Stunde an der Festung, bevor er zurückfährt. Ein Taxi nach Pratapgarh und zurück kostet 450 Rs.

Raigad Fort

Die Festung von Raigad (Inder/Ausländer 5 Rs/5 US$; ⌚ 8–17.30 Uhr) liegt über 80 km nordwestlich von Mahabaleshwar einsam auf einer Bergspitze mit grandioser Fernsicht. Sie war Shivajis Hauptsitz, hier wurde er 1648 gekrönt und hier starb er auch (1680).

Man kann nach oben wandern – ein zweieinhalbstündiger steiler Anstieg über 1460 Stufen. Erklimmt man den Berg aber mithilfe der sanft dahingleitenden und phantastische Ausblicke bietenden **Seilbahn** (☎ 02145-274831; ⌚ 8.30–18.30 Uhr) braucht man nur vier Minuten. Das Rückfahrticket (110 Rs) beinhaltet einen Führer und den Eintritt in ein kleines Museum. Vom Ausstiegspunkt am südlichen Ende der Festung fährt man mit einem kleinen Wagen (10 Rs) über einen Hügel – oder man läuft.

Raigad ist am besten von Mahad aus zu erreichen (13 Rs, 45 Min.).

KOLHAPUR

☎ 0231 / 485 183 Ew. / 550 m

Kolhapur war früher die Hauptstadt eines wichtigen Marathenstaates. Heute ist die Stadt aber eher deshalb bekannt, weil einige der bekanntesten Ringer Indiens aus ihr kommen und weil die berühmtesten Lederchappals (Sandalen) des Landes hier hergestellt werden. Kolhapur hat eher den Charme eines kleinen Orts, besonders im älteren Viertel rund um den Mahalaxmi-Tempel. Wer einen Tag Zeit hat, sollte sich den „neuen" Palast des Maharadschas ansehen, er ist den Besuch wert.

Im August findet hier und in Pune das **Matharaj Naag Panchami** statt, ein Fest, bei dem Schlangen verehrt werden.

Orientierung

Die Altstadt um den Mahalaxmi-Tempel liegt etwa 3 km von Bahnhof und Busbahnhof entfernt, während der „neue" Palast gleich weit entfernt im Norden liegt. Der Rankala See, ein beliebter Ort für Abendausflüge und Standort des Hotels Shalini Palace, liegt 5 km südwestlich der beiden Bahnhöfe.

Praktische Informationen

Ajab (Bhausinghji Rd; ⌚ So–Fr 9–20.30) Hier gibt's eine kleine Auswahl englischsprachiger Romane und einen Stadtplan von Kolhapur in Marathi (20 Rs).

Internet Zone (Kedar Complex, Station Rd; 20 Rs/Std.; ⌚ 8–24 Uhr) Internetzugang.

MTDC Tourist Office (☎ 2652935; Assembly Rd; ⌚ Mo–Sa 10–17.45) Auf dem Weg zum Palast des Maharadschas, gegenüber dem Collector's Office.

State Bank of India (☎ 2660735; Udyamnagar) Liegt vom Bahnhof in südwestliche Richtung unweit des Hutatma Parks. 15 Rs kostet die Autorikscha zu dieser Bank. Hier kann man auch Geld wechseln.

UTI Bank (Station Rd) Westlich des Hotels International gelegen. Hier ist ein rund um die Uhr betriebener Geldautomat.

Sehenswertes

SHREE CHHATRAPATI SHAHU MUSEUM

Der 1881 fertig gestellte, „neue" Palast des Maharadschas, beherbergt ein außergewöhnliches **Museum** (☎ 2538060; Eintritt 24 Rs; ⌚ 9.15–12.30 & 14.15–18.15 Uhr) mit einer der bizarrsten Sammlungen von Erinnerungsstücken im ganzen Land. Das Gebäude, das allein schon einen Besuch wert ist, wurde von „Mad" Charles Mant entworfen, dem britischen Architekten, der den indosarazenischen Stil der Kolonialarchitektur erfand. Herausgekommen ist dabei eine Kreuzung aus der Victoria-Station in London und dem Wohnsitz der Addams-Family.

Der Palast zeigt eine irre Auswahl aus den Besitztümern des alten Maharadschas, darunter viele Erinnerungsstücke an seine Leidenschaft, wilde Tiere zu töten. Ein besonders schauriger Raum erinnert an eine makabre naturgeschichtliche Ausstellung – mit einer Auswahl von ausgestopften Köpfen und/oder Körpern erlegter Tiere. Darunter sind Kuriositäten wie ein Schuppentier, eine Oryx-Antilope, ein Gnu und ein Dik-Dik!

Zu den weiteren von Mant entworfenen Gebäuden in Kolhapur gehört die alte **Town Hall,** in der ein langweiliges Museum untergebracht ist.

ALTSTADT

Der lebendige und farbenfrohe **Mahalaxmi-Tempel** (⌚ 5–22.30 Uhr) dominiert die Altstadt und ist der Göttin Amba Bai gewidmet. Besonders interessant ist die geschnitzte Decke der von Säulen getragenen *Mandapa.*

Ganz in der Nähe, auf dem Gelände des Old Palace (dem früheren Wohnsitz der Maharadscha-Familie), liegt der **Bhavani Mandap** (Shivaji Rd; ⌚ 6–20 Uhr), der der Göttin Bhavani geweiht ist.

Kolhapur ist berühmt für seine Ringer. Im **Motibag Thalim,** einem Hof neben dem Eingang zum Bhavani Mandap, hat man Gelegenheit, jungen Athleten beim Trainieren in einem matschigen Loch zuzuschauen (⌚ Fr–Mi 7–8.30 & 16–18 Uhr).

Professionelle Kämpfe finden in der **Kasbagh Maidan** statt, einer Arena mit roter Erde in einem von einer Senke gebildeten natürlichen Stadion, nur einen kurzen Fußweg südlich des Motibag Thalim. Während der Saison (Juni–Dez.) kann man dort große Kämpfe miterleben. Die Termine werden in den örtlichen Zeitungen angekündigt – am besten man fragt herum, wenn man in dieser Zeit hier ist.

CHANDRAKANT MANDARE MUSEUM

Eine der amüsantesten Überraschungen von Kolhapur ist diese kleine, gut geführte **Galerie** (☎ 2525256; Rajarampuri, 7th Lane; Eintritt 3 Rs; ⌚ Di–So 10.30–13 & 13.30–17.30 Uhr). Sie erinnert an den Schauspieler und Künstler Chandrakant Mandare (1913–2001) und zeigt Standfotos aus seinen Filmen ebenso wie gelungene Gemälde und Zeichnungen.

Schlafen & Essen

Die meisten Hotels und Restaurants findet man am Platz gegenüber vom Busbahnhof, vom Stadtzentrum und dem Bahnhof aus 10–15 Minuten zu Fuß Richtung Osten.

Hotel Sony Lodging (☎ 2658585; Mahalaxmi Chambers; EZ mit Gemeinschaftsbad 150 Rs, EZ/DZ mit eigenem Bad 225/275 Rs) Dies ist eine der besten einer Hand voll von Budgetunterkünften an dem Platz. Die billigeren Einzelzimmer haben etwa die Größe eines Schranks, sind aber sauber. Alle Zimmer haben TV und am Morgen heißes Wasser. Mit 24-Stunden-Checkout.

Hotel Tourist (☎ 2650421; kpr_tourist@sancharnet.in; Station Rd; EZ/DZ/3BZ 340/425/500 Rs, EZ/DZ mit Klimaanlage ab 600/650 Rs; ❄) Nur wenige Minuten Fußweg östlich des Busbahnhofs liegt dieses gut geleitete Hotel mit freundlichen Zimmern mit TV und Telefon. Es gibt auch ein recht ordentliches Restaurant und eine Bar.

Hotel International (☎ 2536641; Fax 2536644; 517 A1 Shivaji Park; EZ/DZ ab 450/550 Rs, mit Klimaanlage 800/850 Rs; Gerichte 55–100 Rs; ❄) Das Hotel bietet etwas fürs Geld: komfortable Zimmer und eine angenehme Atmosphäre. Das freundliche Personal bietet einen hervorragenden Room-Service. Das Harvest Garden Bar & Restaurant hat eine sehr gute, rein vegetarische Speisekarte und einen schönen Garten. Der vegetarische „Sizzler" (85 Rs) ist köstlich.

Hotel Panchshil (☎ 2537517; hotelpanchshil@hotmail.com; 517 A2 Shivaji Park; EZ/DZ 700/775 Rs, mit Klimaanlage 900/975 Rs;) Dieses professionell betriebene Hotel hat große, schlicht eingerichtete und saubere Zimmer.

Hotel Shalini Palace (☎ 2630401; Fax 2630407; Rankala Lake; Standard-EZ/DZ 1250/1400 Rs, Top Suite 3000 Rs; Gerichte 60–120 Rs;) Nahe dem Rankala-See befindet sich dieses Hotel im alten Sommerpalast des Maharadschas, der um 1930 erbaut wurde. Riesige Räume mit Marmorbalkonen und Himmelbetten weisen auf königliche Pracht hin, aber die Atmosphäre ist etwas seelenlos. Wie auch immer, das zum Hotel gehörende Darbar Restaurant ist ein phantastischer Ort um essen zu gehen. Zu den indischen Hauptgerichten gibt's nach Wunsch eine Flasche indischen Rotwein (Rs 450).

Surabhi (Hotel Sayhadri Bldg; Snacks & Hauptgerichte 10–25 Rs) Der Imbiss gehört zu denen, die sich um den Busbahnhof herum drängeln – und er ist derart überfüllt, dass man meint, er bewege sich. Die Menschenmassen kommen wegen seiner Thalis (25 Rs), der Kolhapuri-Snacks wie *misal* (einem stark gewürztem Snack, dem *bhelpuri* nicht unähnlich, 10 Rs) und der Lassis (10 Rs).

Im gut ausgestatteten Supermarkt **Shetkari Bazaar** (☎ 2530055; So–Fr 8.30–20.30 Uhr) gegenüber vom Old Palace findet man allerlei Essbares.

An- & Weiterreise

In Kolhapur gibt es Rikschas in Hülle und Fülle. Die meisten Fahrer benutzen sogar ihre veralteten Taxameter, der angezeigte Betrag muss vervierfacht werden, um den wirklichen Fahrpreis zu erhalten.

Vom **Busbahnhof** (☎ 2650620) gibt es Linienverbindungen nach Pune (128 Rs im Semideluxe, 5½ Std.), Mahabaleshwar (88 Rs, 5 Std.) und Ratnagiri (61 Rs, 4 Std.), ebenso nach Belgaum (45 Rs, 2½ Std.) und Bijapur (84 Rs, 4 Std.). Auf den beliebten längeren Strecken wird sich der Körper in privaten Deluxe-Bussen wohler fühlen. Die meisten privaten Busbüros befinden sich auf der westlichen Seite des Platzes an den Mahalaxmi Chambers, dem Busbahnhof genau gegenüber. Klimatisierte Übernachtbusse fahren nach Mumbai (250/450 Rs für Sitzplatz/Sleeper Class, 9 Std.) und Aurangabad (270 Rs, 10 Std.). Nichtklimatisierte Übernachtbusse steuern Panaji (150 Rs, 5½ Std.) und Bangalore an (300/450 Rs für Sitzplatz/Sleeper Class, 14 Std.).

Der **Bahnhof** (☎ 2654389) liegt zehn Gehminuten westlich des Busbahnhofs in Richtung Stadtzentrum. Drei tägliche Express Trains, darunter der um 22.50 Uhr abfahrende *Sahyadri Express*, sausen nach Mumbai (164/734 Rs Sleeper Class/2AC, 13 Std.) über Pune (104/477 Rs, 8 Std.). Der *Rani Chennamma Express* verlässt den Bahnhof täglich in Richtung Bangalore (239/1072 Rs, 17¼ Std.).

Goa

Es ist klar, warum viele Traveller Goa lieben. Die von der Sonne verwöhnten, palmenumsäumten Strände dieser ehemaligen portugiesischen Enklave sind zu Recht ebenso bekannt wie Goas berüchtigte Partyszene. Davon abgesehen ist Goa so komplett anders als der Rest Indiens: Hier leben noch immer viele Katholiken, man sieht wesentlich mehr Röcke als Saris und die Goaner genießen tropisch relaxt das Leben. Weiß getünchte Kirchen, Reisfelder, Kokosnusshaine und verfallene Festungen an den Hängen prägen die Landschaft. Auf den bunten Märkten geht es lebhaft zu und das ganze Jahr über finden Feste statt.

Goa hat drei Distrikte: Nord-, Süd- und Zentral-Goa. In Nord-Goa liegen die Hauptstadt Panaji (Panjim), die ehemalige Hauptstadt Old Goa mit ihren faszinierenden Kirchen, die Markstadt Mapusa und natürlich Strände. Hier tummelt sich das Partyvolk. Süd-Goa ist weniger touristisch und wirkt entspannter. Zu den Stränden gehören hier Traveller-Locations wie Colva und Benaulim, einzelne Ferienanlagen der gehobenen Preisklasse und das malerische Palolem. Zentral-Goa reicht landeinwärts bis zur Stadt Ponda, die von Gewürzplantagen, den Dudhsagar-Wasserfällen und einigen der Naturreservate von Goa umgeben ist.

Der Einfluss der Portugiesen auf Goa wirkt bis heute nach und ist besonders gut am einzigartigen architektonischen Erbe dieses Staates zu erkennen. Das ländliche Goa mit den prachtvollen alten Villen umgeben von üppiger Vegetation lässt sich am besten mit dem Motorrad oder Moped erkunden. Goa hat also viel mehr zu bieten als Sand, Meer und Partys – obwohl das allein schon Grund genug wäre, diesen total relaxten Staat zu besuchen.

HIGHLIGHTS

- Durch die malerischen Straßen des alten portugiesischen Viertels von **Panaji** (Panjim; S. 859) spazieren
- Die großartigen Kathedralen von **Old Goa** (S. 868) entdecken, der verfallenen Stadt, die einst mit Lissabon konkurrierte
- Mittwochs auf dem bunten Flohmarkt von **Anjuna** (S. 879) um Souvenirs feilschen und dort den Sonnenuntergang genießen
- Die prachtvollen Villen von **Chandor** (S. 889) oder das Architekturmuseum in **Torda** (S. 871) besuchen und sich in die Zeit wohlhabender Kolonialherren zurückversetzen lassen
- Unter den Kokospalmen von **Palolem** (S. 895), Goas idyllischstem Strand, entspannen
- Ein Moped oder Motorrad ausleihen und Goa auf eigene Faust entdecken (S. 858)

Geschichte

Im 3. Jh. v. Chr. war Goa Teil des Maurya-Reichs. Später wurde es von den Satavahanas von Kolhapur regiert und von 580 bis 750 n. Chr. an die Chalukyas von Badami übergeben. Goa wurde 1312 erstmals von den Muslimen erobert, doch die Eindringlinge wurden 1370 von Harihara I., Herrscher des Vijayanagar-Reiches, mit der Hauptstadt bei Hampi, wieder vertrieben. Während der nächsten 100 Jahre waren Goas Häfen wichtige Anlegestellen für Schiffe, die arabische Pferde für die Vijayanagar-Kavallerie nach Hampi brachten.

Mit seinen breiten Flüssen und Naturhäfen war Goa aber auch der ideale Standort für die portugiesischen Seefahrer, die 1510 mit dem Ziel an Land kamen, die Gewürzroute im Osten zu kontrollieren. 1542 trafen unter der Führung des hl. Franz Xaver jesuitische Missionare in Goa ein. Eine Zeit lang beschränkte sich der Einflussbereich der Portugiesen auf ein kleines Gebiet rund um Old Goa, doch bis Mitte des 16. Jhs. hatten sie ihre Macht auch auf die Provinzen Bardez und Salcete ausgedehnt.

Ende des 18. Jhs. besiegten die Portugiesen die Marathen, ein in Zentralindien lebender Volksstamm, der zu verschiedenen Zeiten einen Großteil Indiens beherrschte, fast vollständig. In den Napoleonischen Kriegen wurde Goa kurz von den Briten besetzt. Doch erst 1961 war die Herrschaft der Portugiesen auf dem Subkontinent mit dem Einmarsch indischer Truppen in Goa endgültig beendet.

Heute hat Goa das höchste Pro-Kopf-Einkommen Indiens. Landwirtschaft, Fischfang, Tourismus und Eisenerz-Bergbau sind Grundlage dieses beachtlichen wirtschaftlichen Erfolges.

Klima

Zwischen Juni und Ende September, wenn der Monsun in Goa tobt, machen viele Betreiber ihre Läden dicht. Von Ende Oktober bis Februar ist das Klima fast perfekt. Von März bis zum Beginn des Monsun steigt die Luftfeuchtigkeit dann wieder an.

Praktische Informationen

Die Goa Tourism Development Corporation (GTDC; www.goa-tourism.com), auch bekannt als Goa Tourism, hat Niederlassungen in Panaji (S. 861), Margao (S. 887) und am Dabolim Airport (Goas Flughafen, 29 km südlich von Panaji). Informationen über Goa gibt's auch beim Fremdenverkehrsamt des Government of India in Panaji (S. 861).

KURZINFOS

- Einwohner: 1,34 Mio.
- Fläche: 3701 km^2
- Hauptstadt: Panaji (Panjim)
- Hauptsprachen: Konkani, Marathi, Englisch und Hindi
- Regionale Vorwahl: ☎ 0832
- Reisezeit: Oktober bis März

UNTERKUNFT

Die Übernachtungspreise in Goa sind, je nach Saison, unterschiedlich und in Haupt-, Zwischen- und Nebensaison aufgeteilt. Hauptsaison ist von Mitte Dezember bis Ende Januar, Zwischensaison von Oktober bis Mitte Dezember und von Februar bis Juni, und die Nebensaison dauert von Juli bis September (Monsunzeit). Falls nicht anders angegeben, handelt es sich bei den Preisen in diesem Kapitel um Hauptsaisonpreise. Es gibt noch eine vierte Saison, in der die Preise für Unterkünfte hier und da in aberwitzige Höhen klettern – und zwar die Weihnachtszeit vom 22. Dezember bis zum 3. Januar.

Nur in wenigen Unterkünften kann man rund um die Uhr auschecken. Meist muss man das Zimmer bis 12 Uhr verlassen haben, oft auch schon bis 9 oder 10 Uhr – ein Punkt, der vor dem Schlafengehen geklärt werden sollte.

Aktivitäten

Wassersportmöglichkeiten wie **Parasailing**, **Jetskifahren** und **Windsurfen** werden an den Stränden von Candolim (S. 872), Calangute und Baga (S. 874) und Colva (S. 891) angeboten. In Arambol (S. 885) und Anjuna (S. 879) kann man **Paragliding** probieren. Auch wenn das Wasser an Goas Küsten nicht kristallklar ist, gibt es drei **Tauchbasen**, die Tauchgänge vom Boot aus und PADI- Kurse (Professional Association of Diving Instructors) anbieten: Sehr professionell sind die Tauchlehrgänge bei Barracuda Diving, deren Basis das Goa Marriott Resort in Miramar

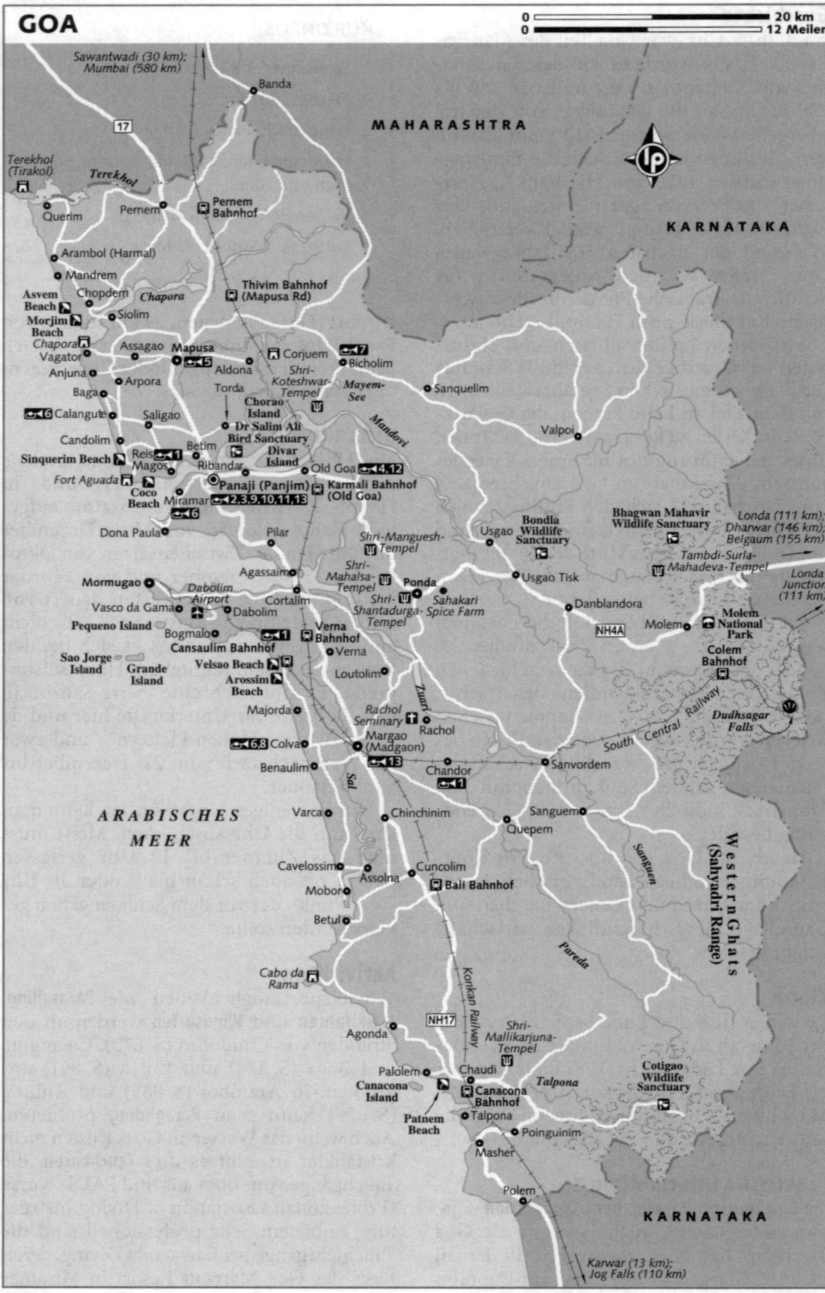
GOA
0 20 km
0 12 Meilen
Sawantwadi (30 km); Mumbai (580 km)
Banda
17
MAHARASHTRA
KARNATAKA
Terekhol (Tirakol)
Terekhol
Querim
Pernem
Pernem Bahnhof
Arambol (Harmal)
Mandrem
Asvem Beach
Chopdem
Chapora
Siolim
Thivim Bahnhof (Mapusa Rd)
Morjim Beach
Chapora
Vagator
Assagao
Mapusa
5
Corjuem
7
Bicholim
Anjuna
Aldona
Shri-Koteshwar-Tempel
Mayem-See
Sanquelim
Arpora
Baga
Torda
Chorao Island
6 Calangute
Saligao
Dr Salim Ali Bird Sanctuary
Mandovi
Candolim
Reis Magos
1
Betim
Divar Island
Valpoi
Sinquerim Beach
Ribandar
Old Goa
4,12
Fort Aguada
Coco Beach
Panaji (Panjim)
Karmali Bahnhof (Old Goa)
Miramar
2,3,9,10,11,13
6
Dona Paula
Usgao
Bondla Wildlife Sanctuary
Bhagwan Mahavir Wildlife Sanctuary
Londa (111 km); Dharwar (146 km); Belgaum (155 km)
Pilar
Shri-Manguesh-Tempel
Tambdi-Surla-Mahadeva-Tempel
Agassaim
Shri-Mahalsa-Tempel
Ponda
Usgao Tisk
Londa Junction (111 km)
Mormugao
Dabolim Airport
Cortalim
Shri-Shantadurga-Tempel
Sahakari Spice Farm
Vasco da Gama
Dabolim
Danblandora
Pequeno Island
Bogmalo
1
Verna Bahnhof
NH4A
Molem
Molem National Park
Cansaulim Bahnhof
Verna
Sao Jorge Island
Grande Island
Velsao Beach
Loutolim
Colem Bahnhof
Arossim Beach
Zuari
Majorda
Rachol Seminary
Rachol
South Central Railway
Dudhsagar Falls
6,8 Colva
Margao (Madgaon)
13
Benaulim
Chandor
1
Sanvordem
Sal
ARABISCHES MEER
Varca
Chinchinim
Quepem
Sanguem
Western Ghats (Sahyadri Range)
Sanguem
Cavelossim
Assolna
Cuncolim
Mobor
Bali Bahnhof
Betul
Pareda
Cabo da Rama
Konkan Railway
NH17
Agonda
Shri-Mallikarjuna-Tempel
Palolem
Chaudi
Canacona Island
Canacona Bahnhof
Talpona
Cotigao Wildlife Sanctuary
Patnem Beach
Talpona
Poinguinim
Masher
Polem
KARNATAKA
Karwar (13 km); Jog Falls (110 km)

(S. 866) ist, Goa Diving in Bogmalo (S. 890) und das Goa Dive Center in Baga (S. 876).

Bootsausflüge zum Beobachten von Delphinen oder zum Angeln und auch Touren durch die Backwaters können an den meisten Stränden gebucht werden, z.B. in Arambol (S. 885) und Palolem (S. 895) – die Bootseigentümer kommen meist von

FESTE & FESTIVALS IN GOA

Das christliche Erbe Goas ist deutlich an verschiedenen Feiertagen, Festen und Festivals zu erkennen, die dem religiösen Kalender folgen. Besonders in Panaji gibt es aber auch jede Menge nichtreligiöser Feste. Die hier genannten Feste sind auf der Karte auf S. 854 eingezeichnet.

Heilige Drei Könige (1; 6. Jan.; Chandor, S. 889) Einheimische Jungen spielen in den Kirchen die Geschichte der Heiligen Drei Könige nach, die dem Christkind Geschenke bringen.

Pop, Beat & Jazz Music Festival (2; Feb.; Panaji, S. 859)

Shigmotsav (Shigmo) **of Holi** (Feb./März; im ganzen Staat) Dieses Fest ist die goanische Version des von den Hindu gefeierten Frühlingsfests Holi. Alle Teilnehmer werden mit gefärbtem Wasser bespritzt und mit rotem Puder bestäubt, und in den Hauptstädten finden Paraden statt.

Sabado Gordo („Dicker Samstag"; 3; Feb./März; Panaji, S. 859) Gehört zum im ganzen Staat gefeierten Karneval und findet am Samstag vor der Fastenzeit statt. Gefeiert wird zu Wasser mit einer Prozession von Flößen und zu Land mit lärmenden Straßenfesten.

Carnival (März; im ganzen Staat) Mit dem an 3 Tagen gefeierten Karneval wird das Nahen des Frühlings verkündet.

Allerheiligen-Prozession (4; März/April; Old Goa, S. 868) Die Allerheiligen-Prozession findet am fünften Montag der Fastenzeit statt und ist die einzige derartige Prozession außerhalb Roms. 30 Heiligenstatuen werden aus dem Lager geholt und durch die Nachbardörfer von Old Goa getragen.

Fest unserer Lieben Frau des Wunders (5; April; Mapusa, S. 871) Ein hinduistisch-christliches Fest, das 16 Tage nach Ostern gefeiert wird.

Beach Bonanza (6; Mai; Calangute, S. 874, Colva, S. 891, & Miramar, S. 864) Mehrere in Küstenorten unter dem Namen „Beach Bonanzas" stattfindende Festivals mit Essen und Unterhaltung.

Igitun Chalne (7; Mai; Bicholim) Wird im Sirigao-Tempel in der Provinz Bicholim begangen. Ein unverkennbar goanisches Feuerfest, dessen Höhepunkt darin besteht, dass Verehrer der Göttin Lairaya über glühende Kohlen laufen, um ihre Ergebenheit zu beweisen.

Fest of hl. Antonius (13. Juni; im ganzen Staat) Wenn der Monsun zu diesem Zeitpunkt noch nicht eingesetzt hat, sollen Familien eine Statue des Hl. Anthonius in ihren Brunnen hinablassen, um die Ankunft des Regens zu beschleunigen.

Fest des hl. Johannes (24. Juni; im ganzen Staat) Ein Erntedankfest zu Ehren der Ankunft des Monsuns.

Fest des hl. Petrus & des hl. Paulus (29. Juni; im ganzen Staat) Ein weiteres Monsunfest. Dieses wird von Fischern veranstaltet, vor allem in der Region Bardez zwischen Panaji und Mapusa. Auf behelfsmäßigen Bühnen finden auf dem Fluss Tänze, Theaterspiele und musikalische Darbietungen statt.

Fest des hl. Laurentius (Aug.; im ganzen Staat) Dieses Fest markiert das Ende der Monsunzeit und die Wiedereröffnung des Mandovi für den Verkehr.

Fama de Menino Jesus (8; 2. Mo im Okt.; Colva, S. 891) Colvas größtes Fest, bei dem Menino Jesus (eine Statue, die Jesus als Kind zeigt und die angeblich Wunder vollbringen kann) durch die Straßen getragen wird.

Goa Heritage Festival (9; Nov.; Panaji, S. 859) Ein zwei Tage langes Kulturfest in Campal, mit Musik, Tanz und traditionellen Speisen.

Konkani Drama Festival (10; Nov./Dez.; Panaji, S. 859) Ein Konkani-Künstlerfest der Kala Academy (S. 861), auf dem musiziert, getanzt und Theater gespielt wird; zudem ein Wettbewerb, bei dem die besten Künstler am Ende einen Preis erhalten.

Tiatr Festival (11; Nov.; Panaji, S. 859) Noch ein von der Kala Academy (S. 861) als Wettbewerb veranstaltetes Schauspiel-/Künstlerfest.

Fest des hl. Franz Xaver (12; 3. Dez.; Old Goa, S. 868) Das größte Fest in Old Goa, dem eine 10-tägige Novena vorangeht und das von vielen Veranstaltungen begleitet wird. Old Goa ist während dieser Zeit, besonders bei der nur alle 10 Jahre stattfindenden Ausstellung des Leichnams des hl. Franz Xaver (s. S. 870), völlig überfüllt.

Fest unserer Lieben Frau der unbefleckten Empfängnis (13; 8. Dez.; Margao, S. 887, & Panaji, S. 859) Ein Fest mit einem feierlichen Gottesdienst in der Church of Our Lady of the Immaculate Conception (S. 863) in Panaji. Um die gleiche Zeit findet in Margao auch ein großer Jahrmarkt statt.

selbst auf einen zu. Eine interessante Tagestour führt zu einer der **Gewürzplantagen** in der Nähe von Ponda (S. 897). Tour und Mittagessen sind schon für 300 Rs zu haben. Wer will, kann auf eigene Faust losziehen, aber die meisten Ausflugsunternehmen bieten diese Tour an. Absolut top ist das Angebot von **Day Tripper** (☎ 2276726; www.daytrippergoa.com) in Calangute, zu dem auch River Rafting in Karnataka (S. 899) gehört.

Wer sich für **Yoga**, **Reiki**, **ayurvedische Massagen**, **Fussreflexzonentherapie** und andere alternative Behandlungsmethoden von Körper und Geist interessiert, findet in vielen Ferienanlagen am Meer passende Angebote. Eine einstündige ayurvedische Massage kostet ca. Rs 650. Die im Text erwähnten Kurse finden nur in der Hauptsaison zwischen November und März statt.

Gefahren & Ärgernisse

In den Unterkünften sind Langfinger aktiv, besonders wenn an Orten wie Anjuna und Vagator wilde Partys gefeiert werden oder man eine windschiefe Strandhütte in Palolem mietet. Viele Pensionen und Hotels vermieten Safes.

Auch Überfälle hat es in Goa schon gegeben. Besonders ruhige, unbeleuchtete Straßen abseits des Strands daher meiden, ebenso wie nächtliche Spaziergänge allein, außer, es sind viele Menschen in der Nähe.

Frauen sollten im Dunkeln besser nicht alleine unterwegs sein. Es ist gefährlich, in der Vergangenheit wurde von Vergewaltigungen in diesem Gebiet berichtet – man sollte also entsprechend vorsichtig sein. An den beliebten Stränden von Calangute, Anjuna und Vagator kann es auch vorkommen, dass einheimische Gaffer mehr als einen Blick riskieren, egal wie knapp der Bikini ist. Oben ohne ist überall tabu. Wer dies missachtet, wird schnell zur unfreiwilligen Attraktion.

DROGEN

Acid, Ecstasy, Kokain und Haschisch – die Lieblingsdrogen vieler Partygänger – sind illegal (auch wenn sie oft noch immer erhältlich sind). Wer versucht, Drogen zu kaufen oder sie bei sich trägt, lebt gefährlich. Im Gefängnis von Fort Aguada verbüßen einige Ausländer wegen Drogendelikten lange Haftstrafen, denn seit einiger Zeit greifen die Behörden auf Partys härter durch und haben sogar eine Anti-Drogen-Zelle eingerichtet, um mit berauschten Straftätern fertig zu werden.

Selbst der Besitz einer kleinen Menge *charas* (Haschisch) kann schon zehn Jahre Knast bedeuten. Zwar kommt es seltener als früher vor, dass korrupte Polizeibeamte ahnungslosen Travellern damit drohen, ihnen Drogen „unterzujubeln", oder ihnen unverblümt ein relativ großes *baksheesh* (Bestechungsgeld) abnehmen wollen, aber passieren kann das auch heute noch.

Essen & Trinken

Die Goaner lieben ihr Essen und es gibt einige regionale Spezialitäten, darunter das allgegenwärtige Fischcurry und das beliebte scharfe Schweinefleisch-Vindaloo. Köstlich sind auch die *chourisso* (goanische Wurst) und *sorpotel* (ein mit Essig verfeinerter Eintopf aus Schweineleber, Herz und Nieren). *Xacutí* ist ein würziges, mit Hühnchen oder anderem Fleisch zubereitetes Gericht mit Kokosmilch. Bei *cafrial* und *balchao* wird das Fleisch mit einer Gewürzpaste mari-

GRÜNES GOA

Immer mehr Tourismus, zu großer Wasserverbrauch und der Bergbau gefährden Goas Umwelt. Traveller können helfen, indem sie ihren Müll ordnungsgemäß entsorgen, beim Duschen Wasser sparen und die wenigen Restaurants aufsuchen, die Wasseraufbereitungsfilter installiert haben. Weggeworfene Plastikflaschen sind ein großes Problem. Deshalb haben die Behörden einige Strände und historische Orte wie Old Goa zu „plastikfreien Zonen" erklärt, in denen der Verkauf und die Benutzung dieser Flaschen verboten ist.

Die **Goa Foundation** (☎ 2263306; www.goacom.com/goafoundation) in Mapusa ist die wichtigste Umweltschutzorganisation in Goa. Seit ihrer Gründung 1986 ist sie für verschiedene Umweltschutzprojekte verantwortlich. Sie gibt auch viele Veröffentlichungen zum Naturschutz heraus, wie das hervorragende Buch *Fish Curry & Rice*, das beim Other India Bookstore (S. 871) in Mapusa, in weiteren Buchhandlungen oder über die Website zu kaufen ist.

niert. Eine ziemlich scharfe Angelegenheit ist auch *recheiado*, Brachsenmakrele mit roter Masala-Füllung. *Sanna* sind vor dem Backen in Kokosnuss- oder Palmwein getauchte Reisküchlein. *Dodol,* ein Konfekt, wird traditionell an Weihnachten gegessen und *bebinca* besteht aus mit Eierteig und Kokosmilch gebackenen, geschichteten Pfannkuchen.

Alkoholisches wie Wein ist überall erhältlich und recht günstig. Goas ganz eigenes Feuerwasser Feni wird aus dem destillierten Saft der Cashew-Äpfel hergestellt. Da er pur ziemlich heftig schmeckt und schnell zu Kopf steigt, sollte er am besten mit einem nicht-alkoholischen Getränk (Soda) wie Limca gemischt werden.

Unterhaltung

Goa ist bei Besuchern aus der westlichen Welt schon lang als Party-Mekka bekannt. In Orten wie Anjuna und Vagator beherrschen Open-Air-Raves, die die ganze Nacht dauern, die Szene. Die Regierung hat versucht, dem übermäßigen Partytreiben einen Riegel vorzuschieben, und eine Verordnung zu erlassen, nach der im Freien zwischen 22 und 6 Uhr keine laute Musik erlaubt ist. Da Goa aber vom Tourismus lebt (und vom *baksheesh*), haben die Behörden während der Hauptsaison von Weihnachten bis Neujahr bisher ein Auge zugedrückt. Rave Partys finden in Open-Air-Locations wie dem Disco Valley in Vagator und dem Bamboo Forest in Anjuna statt, manchmal auch in Arambol. Sie werden aber nicht offiziell angekündigt. Man muss sich also selbst erkundigen, wo was stattfindet, kurvt dann aber möglicherweise auf der Suche nach dem richtigen Ort ziellos mit dem Motorrad umher. In den letzten Jahren haben sich im Gebiet Candolim-Calangute-Baga aber auch einige Nachtclubs fest etabliert.

An- & Weiterreise

FLUGZEUG

Goas Flughafen Dabolim liegt 29 km südlich von Panaji, an der Küste nahe Vasco da Gama. Die meisten indischen Inlandsfluglinien fliegen Goa an. Einige Charterfluggesellschaften bieten Direktflüge von verschiedenen deutschen und europäischen Flughäfen aus an. Auch Linienflüge (meist über Mumbai oder Delhi) sind möglich. Achtung: Es ist verboten, mit einem Linienflug nach Indien zu fliegen und per Charterflug zurück. Flüge von Goa aus beinhalten in den meisten Fällen einen Zwischenstopp in Mumbai (Bombay) oder einem anderen internationalen Flughafen und einen Anschlussflug. Zwischen Mumbai und Goa gibt es viele Flüge. Details zu den wichtigsten Inlandsverbindungen von Goa aus sind im Kasten unten zu finden.

Hinweis: Indian Airlines fliegt täglich von Pune (Poona) nach Goa (90 US$, 45 Min.), aber nicht von Goa nach Pune.

BUS

Langstreckenbusse fahren nach/von Panaji, Margao, Mapusa und Calangute. Bei manchen Bussen kann man auch in Chaudi in

INLANDSFLÜGE AB GOA

Ziel	Fluglinie	Preis (US$)	Dauer (Std.)	Häufigkeit
Bangalore	IC	115	1½	tgl.
	9W	118	1½	tgl.
	DN	60	1½	tgl.
Chennai	IC	150	3	2-mal wöchentl.
Kochi	IC	135	1	2-mal wöchentl.
Delhi	IC	250	2½	tgl.
	S2	250	2½	2-mal tgl.
Bombay	IC	95	1	tgl.
	S2	100	1	tgl.
	9W	100	1	4-mal tgl.
	DN	78	1	tgl.

IC – Indian Airlines; S2 – Sahara Airlines; 9W – Jet Airways; DN – Air Deccan

der Nähe von Palolem zusteigen. Weitere Informationen finden sich in den jeweiligen Abschnitten.

ZUG

Die **Konkan Railway** (www.konkanrailway.com) verbindet Goa mit Mumbai und Mangalore. Zentraler Bahnhof der Konkan Railway in Goa ist Madgaon in Margao, aber Express Trains und Nahverkehrszüge halten an den meisten Stationen entlang der Linie. Allerdings sind die Züge leider oft verspätet. Also etwas Geduld mitbringen.

Täglich fahren zwei Express Trains vom Bahnhof Madgaon in Margao zum Chhatrapati Shivaji Terminus (CST; vormals Victoria Terminus) nach Mumbai. Außerdem zwei weitere zwischen Madgaon und Lokmanya Tilak und einer zwischen Madgaon und Dadar (beide im Norden von Mumbai). Der Nachtzug *Konkan Kanya Express* verlässt Mumbai CST um 22.50 Uhr (Sleeper Class/3AC 293/796 Rs, 12 Std.), und der *Mandavi Express* startet um 7.05 Uhr. Der (theoretisch) schnellste Zug ist der *Shatabdi Express*, der täglich um 5.35 Uhr (außer mittwochs) ab Dadar fährt (2. Klasse/AC 179/675 Rs, 8 Std.). Der *Konkan Kanya Express* nach Mumbai verlässt Margao um 18 Uhr, der *Mandavi Express* fährt um 10.10 Uhr und der *Shatabdi Express* um 14.10 Uhr.

Es gibt 12 Direktzüge zwischen Margao und Mangalore (Sleeper/3AC, 217/553 Rs, 4½ Std.), die meisten davon halten am Kankanadi Bahnhof in Mangalore.

Die Züge der South Central Railway verkehren zwischen Vasco da Gama (über Margao und Londa) und Pune, Delhi und Bangalore. Der *Nizamuddin-Goa Express* fährt nach Delhi (Sleeper Class/3AC, 531/1438 Rs, 41 Std.).

Der *Rajdhani Express* (3AC/2AC/1. Klasse 1985/2915/5430 Rs, 25½ Std.) von Delhi nach Goa (Margao) fährt sonntags und dienstags vom Nizamuddin-Bahnhof in Delhi ab. Der Zug fährt außerdem jeden Mittwoch und Freitag von Delhi nach Goa – Abfahrt ab Margao um 11.30 Uhr.

Fahrkarten sind am Bahnhof Madgaon (S. 889) und Vasco da Gama oder im Reservierungsbüro der Bahn am Busbahnhof von Kadamba in Panaji (S. 867) erhältlich. Strategisch günstige Haltepunkte auf der Konkan-Route sind Pernem für Arambol, Thivim für Mapusa und die nördlichen Strände, Karmali (Old Goa) für Panaji und Canacona für Palolem.

Unterwegs vor Ort

AUTO

Den Stress, als Selbstfahrer ein Auto zu mieten, sollte man sich ersparen, besonders weil es teurer ist als ein Auto mit Chauffeur zu mieten. Größter Anbieter für Mietwagen ist **Fulari** (☎ 9822141435; baba car@rediffmail.com) in Panaji. Die Preise starten bei 800 Rs pro Tag für einen Maruti Alto oder Zen und verringern sich auf 600 Rs pro Tag, wenn das Fahrzeug für eine ganze Woche gemietet wird.

BUS

Das staatliche Busunternehmen Kadamba ist Hauptbetreiber öffentlicher Busse. Es gibt aber auch private Unternehmen, deren weitaus bequemere Fahrzeuge nach Mumbai, Hampi, Bangalore und zu weiteren Zielen fahren. Örtliche Busse sind günstig, verkehren oft und fahren fast überall hin – irgendwann. Express-Busverbindungen gibt es zwischen Panaji und Mapusa und Panaji und Margao (weitere Details auf S. 867).

FAHRRAD

In den größeren Städten und an den wichtigsten Stränden werden vielerorts Mietfahrräder angeboten, die meisten sind aber indische Fahrräder ohne Gangschaltung. Mountainbikes besserer Qualität gibt es in Colva und Calangute. Der Mietpreis für Fahrräder beträgt ca. 40 Rs pro Tag.

MOTORRAD

Goa ist einer der wenigen Orte in Indien, wo Motorräder und Motorroller einfach und für wenig Geld angemietet werden können – und wegen der eher kurzen Entfernungen ist es zu den meisten Zielen ein Katzensprung. Allerdings ist Indien mit Sicherheit nicht der richtige Ort, um Motorrad- oder auch Motorrollerfahren zu lernen. Die am häufigsten angebotenen Modelle sind alte Enfields, etwas modernere Yamahas 100 und Kinetic-Honda-Motorroller ohne Gangschaltung. Die Preise variieren je nach Saison, Mietdauer und Fahrzeugqualität. Zur Hauptsaison um Weihnachten herum kann es passieren, dass man bis zu 300 Rs pro Tag für einen Motorroller, 400 Rs für ein kleines Motorrad und 500 Rs für eine Enfield berappen muss. Außerhalb dieser Zeit, wenn die Zweiräder besonders an den Stränden im Norden haufenweise einsam herumstehen, sollte ein Motorroller nicht mehr als 100 Rs am Tag kosten. Kleinere Motorräder sollten für 200 Rs und eine Enfield für 350 Rs zu haben sein, wenn die Fahrzeuge für eine Woche oder länger angemietet werden. Meist kommt man um eine Kaution herum, wird aber wahrscheinlich nach persönlichen Daten aus dem Pass (auf keinen Fall den Pass abgeben!) und nach dem Namen des Hotels gefragt. Oft werden Motorräder in der Nähe von Pensionen und Hotels und an Orten angeboten, an denen sich viele Taxifahrer tummeln. Ebenso gut ist das Angebot aber auch auf den Straßen an den Stränden.

SCHIFF/FÄHRE

Passagier- und Fahrzeugfähren überqueren die vielen Flüsse des Staates. Fußgänger werden kostenlos mitgenommen. Für Motorräder kostet die Überfahrt 4 Rs. Die für Reisende interessantesten Fähren fahren zwischen Panaji und Betim (wegen der Nebenstraße nach Candolim und Calangute), Querim und Terekhol (wegen des Terekhol Fort), Old Goa und Divar Island, Ribandar und Chorao (wegen des Dr Salim Ali Bird Sanctuary) sowie Cavelossim und Assolna auf der Küstenstraße von Benaulim nach Palolem.

TAXI

Die Taxifahrer an Goas Stränden können einen um den Verstand bringen. Es ist fast unmöglich, ein paar Schritte zu gehen, ohne dass gefragt wird, ob man „eines" (ein Taxi) möchte. Falls ja: immer vor dem Einsteigen über den Preis verhandeln. Je nach Entfernung dürfte eine Sightseeingtour mit dem Taxi pro Tag etwa 800 bis 1000 Rs kosten.

In Goa gibt's auch Motorradtaxis. Sie sind billig, leicht zu finden und auch für Backpacker geeignet. Am gelben Schutzblech vorn kann man sie schnell erkennen.

NORD-GOA

PANAJI (PANJIM)

98 915 Ew.

Die meisten Reisenden fahren auf dem Weg zu den Stränden an Panaji (auch als Panjim bekannt) vorbei – ein großer Fehler! Mit den schmalen Gassen, die sich durch das ehemalige portugiesische Viertel schlängeln, und dank der großartigen Lage an der Mündung des Mandovi ist Panaji eine der kleinsten und schönsten Hauptstädte Indiens. Den offiziellen Status als Hauptstadt Goas hat Panaji seit 1843, als Old Goa endgültig aufgegeben wurde. Es lohnt sich wirklich, hier einige Tage auf Entdeckungsreise zu gehen. Außerdem ist Panaji der ideale Ausgangspunkt für Touren ins nahe gelegene Old Goa (S. 868) und nach Zentral-Goa (S. 897).

Praktische Informationen

BUCHLÄDEN

Hotel Mandovi (☎ 2426270; Dayanand Bandodkar Marg; ⏲ 9–21 Uhr) Kleine, gut sortierte Buchhandlung in der Hotellobby.

Pauline Book & Media Centre (☎ 2231158; Rani Pramila Arcade; ⏲ Mo–Mi, Fr & Sa 10–19, Do 9–13 Uhr) Spezialsortiment zur Selbsthilfe sowie spirituelle und religiöse Titel. In einer Nebenstraße der 18th June Rd.

Singbal's Book House (☎ 2425747; Church Sq; ⏲ Mo–Sa 9.30–13 & 15.30–19.30 Uhr)

INTERNETZUGANG

Es gibt jede Menge Internetcafés. Die folgenden sind sehr zu empfehlen:

Cozy Nook Travels (18th June Rd; 35 Rs/Std.; ⏲ 8–21 Uhr)

Log In (1. OG, Durga Chambers, 18th June Rd; 30 Rs/Std.; ⏲ 9–23 Uhr)

Shruti Communications (31st January Rd; 35 Rs/Std.; ⏲ Mo–Sa 9–23 Uhr)

MEDIZINISCHE VERSORGUNG

Goa Medical College Hospital (☎ 2458725; Bambolin) 9 km südlich von Panaji auf dem National Hwy 17.

GELD

American Express (Amex; ☎ 2432645; 14 Alcon Chambers, Dayanand Bandodkar Marg; ⏲ 9.30–18.30 Uhr)

Centurion (MG Rd) 24 Stunden Geldautomat, der internationale Kreditkarten akzeptiert (MasterCard, Cirrus, Maestro, Visa). Eine weitere Filiale ist in der Dr Atmaram Borkar Rd.

HDFC (18th June Rd) Eine weitere Filiale ist in der Nähe.

Thomas Cook (☎ 2221312; Dayanand Bandodkar Marg; ⏲ das ganze Jahr über Mo–Sa 9.30–18 Uhr, Okt.–März So 10–17 Uhr). Tauscht gebührenfrei Reiseschecks aller Anbieter ein und gibt Barvorschüsse auf Visa und MasterCard.

UTI Bank (EG, Cardozo Bldg) Neben Paulo Travels, hat auch einen Geldautomaten am Busbahnhof.

GOAS STRÄNDE

Die Hauptattraktion Goas sind Strände ohne Ende. Diese sind, wie auch die Küstendörfer, die rundum entstandenen Ferienanlagen sowie die Menschen, die es an diese Orte zieht, alle sehr unterschiedlich. Einige Orte haben sich in den letzten zehn Jahren so stark verändert, dass sie kaum mehr zu erkennen sind. Andere werden gerade erst erschlossen und es gibt sogar noch ein paar unberührte Flecken. Hier eine kurze Hitparade der wichtigsten Strände Goas von Norden nach Süden.

Arambol (Harmal; S. 885)

Der nördlichste erschlossene Strand. In Arambol gibt es eine reizvolle felsige Landzunge und eine entspannte, aber immer größer werdende Szene mit Musikkneipen und einigen guten Restaurants. Hierher kommen Backpacker und einige der Traveller aus Anjuna, die zur Ruhe kommen möchten. Da die Unterkünfte vergleichsweise günstig sind, beginnt die Saison hier etwas früher als in Anjuna und Umgebung.

Mandrem (S. 885)

Der in südlicher Richtung folgende Strand ist sauber, aber nicht gerade aufregend. Zwischen Straße und Strand stehen ein paar Bambushütten, und inmitten der Kokoshaine in der Nähe des Mandrem Creek gibt es gute Unterkünfte der mittleren Preisklasse.

Morjim & Asvem (S. 884)

Die bis zur Mündung des Chapora reichenden Strände sind nicht besonders spektakulär, aber dennoch zieht es Traveller hierher, die dem Trubel im Süden entkommen möchten. Hier gibt es bambus- und palmbedeckte Hütten, ein Zeltcamp der gehobenen Klasse und ein paar Beach Shacks. Ein ruhiger Ort zum Nichtstun.

Vagator (S. 882)

Die drei kleinen, malerischen Strände von Vagator liegen vor einer felsigen Landzunge. Dies ist das Zentrum der nächtlichen Partyszene und bei Ravern aus Europa und Israel sehr beliebt.

Anjuna (S. 879)

Ein schöner Strandabschnitt liegt in der Nähe des Flohmarkts. Es gibt viele Unterkünfte, die sich über ein großes Gebiet erstrecken. Anjuna ist nach wie vor bei den Partygängern beliebt, aber die Tage, an denen der Ort aufgesucht wurde, um zu sehen und gesehen zu werden, sind praktisch vorbei. Den Markttag (Mittwoch) sollte man aber keinesfalls verpassen.

Calangute & Baga (S. 874)

Ein langer, ziemlich überfüllter Strand, der mit Beach Shacks und Sonnenliegen zugestellt ist. Im Hintergrund erheben sich mittelpreisige Bettenburgen aus Beton. Diese Orte sind Zentren des Pauschaltourismus, obwohl viele Reisende das pulsierende Leben hier noch immer lieber mögen als den ruhigeren Norden. Es gibt durchaus auch ruhige Unterkünfte in Privatpensionen etwas abseits des Strands.

Candolim & Sinquerim (S. 872)

Die Fortsetzung von Calangute. Candolim ist eine Mischung aus Ferienanlagen der gehobenen Klasse, Pauschalurlauber-Hotels, Beach Shacks und einigen guten Restaurants. Absoluter Höhepunkt: der ausgedehnte Taj-Komplex in Sinquerim.

Miramar (S. 864)

Miramar ist der Stadtstrand von Panaji. Zum Baden ungeeignet, aber ein beliebtes Fleckchen, um den Sonnenuntergang zu beobachten.

Bogmalo (S. 890)
Ein kleiner, geschützter Strand, etwa 4 km südlich von Dabolim Airport. Bogmalo hat einen Hauch von Exklusivität und kann als Basis für Tauchgänge dienen.

Majorda & Velsao
Die nördlich von Colva (S. 891) gelegenen Stränden, die durch die petrochemische Anlage im Hintergrund etwas verschandelt sind, haben ein paar Ferienanlagen der gehobenen Klasse, aber sonst für Traveller wenig Nennenswertes.

Colva & Benaulim (S. 891)
Der Strand hier ähnelt dem von Calangute, ist aber viel ruhiger und hat eine noch intakte Fischfangindustrie. Hierher kommen Pauschalurlauber, indische Reisende und Backpacker, aber kein Partyvolk. Das Dorf Benaulim ist noch ruhiger und ideal für einen längeren Aufenthalt.

Varca & Cavelossim (S. 894)
Hier stehen einige Fünfsterne-Luxusferienanlagen. Ansonsten sind die Strände relativ leer und wenig erschlossen.

Agonda (S. 895)
Agonda liegt nördlich von Palolem und ist ein eher durchschnittlicher Strand, an dem man prima entspannen kann. Daher ist er vor allem bei Travellern beliebt, die so wenig wie möglich tun möchten.

Palolem & Patnem (S. 895)
Palolem ist nach wie vor der idyllischste Strand Goas. Deshalb gibt's hier auch immer mehr Traveller und auch immer mehr Geschäfte, die ihren Service anbieten. Übernachtungsmöglichkeiten sind vor allem die vielen Bambushütten am Strand. Ein Stück weiter südlich liegt Patnem, ein sehr ruhiger Ort mit einer ganz ordentlichen Brandung.

POST

Hauptpost (🕓 Mo–Fr 9.30–17.30, Sa 9–17 Uhr) Verfügt über einen Express-Paketdienst und eine recht zuverlässige Stelle für Postlagerndes (🕓 9.30–16 Uhr).

TELEFON

In der Stadt verteilt sind viele private Shops, die nationale und internationale Telefongespräche vermitteln (STD/ISD).

Zentrales Telegrafenamt (Dr Atmaram Borkar Rd; 🕓 24 Std.)

TOURISTENINFORMATION

Goa Tourism Development Corporation Büro (GTDC; ☎ 2224132; www.goa-tourism.com; Dr Alvaro Costa Rd; 🕓 Mo–Fr 9.30–17.45 Uhr) Allgemein bekannt als Goa Tourism. Das Büro liegt gleich südlich der Old Pato Bridge. Allzu viel Spannendes erfahren Reisende bei der GTDC nicht. Man kann hier aber Karten von Goa und Panaji mitnehmen und örtliche Touren buchen.

Goa Tourism Development Corporation Schalter (☎ 2438520; Busbahnhof Kadamba) Unregelmäßige Öffnungszeiten.

Government of India (Fremdenverkehrsamt) (☎ 2223412; indiatourismgoa@sancharnet.in; Communidade Bldg, Church Sq; 🕓 Mo–Fr 9.30–18, Sa 10–13 Uhr) Dieses Büro hat weit mehr als nur ein paar Broschüren und Karten zu bieten. Die Mitarbeiter sind gut gelaunt und hilfsbereit und organisieren auf Wunsch auch qualifizierte Tourenführer (ab 350/500 Rs pro Halb-/Ganztagestour, je nach Gruppengröße).

Sehenswertes & Aktivitäten

Panaji ist auch ein Genuss, um einfach nur so durch die Gegend zu schlendern. Die beste Atmosphäre bieten die alten Viertel von Sao Tomé, Fontainhas und Altino (s. S. 864). Es macht einfach Spaß durch die malerisch engen Straßen zu wandern, in den farbenfroh gestaltete Häuser mit ihren Fensterläden und hübschen kleinen Balkonen stehen. Alternativ bietet sich ein Spaziergang am Mandovi an, wo anlässlich des 35. International Film Festival India im Jahr 2004 gerade erst die Uferpromenade neu angelegt wurde.

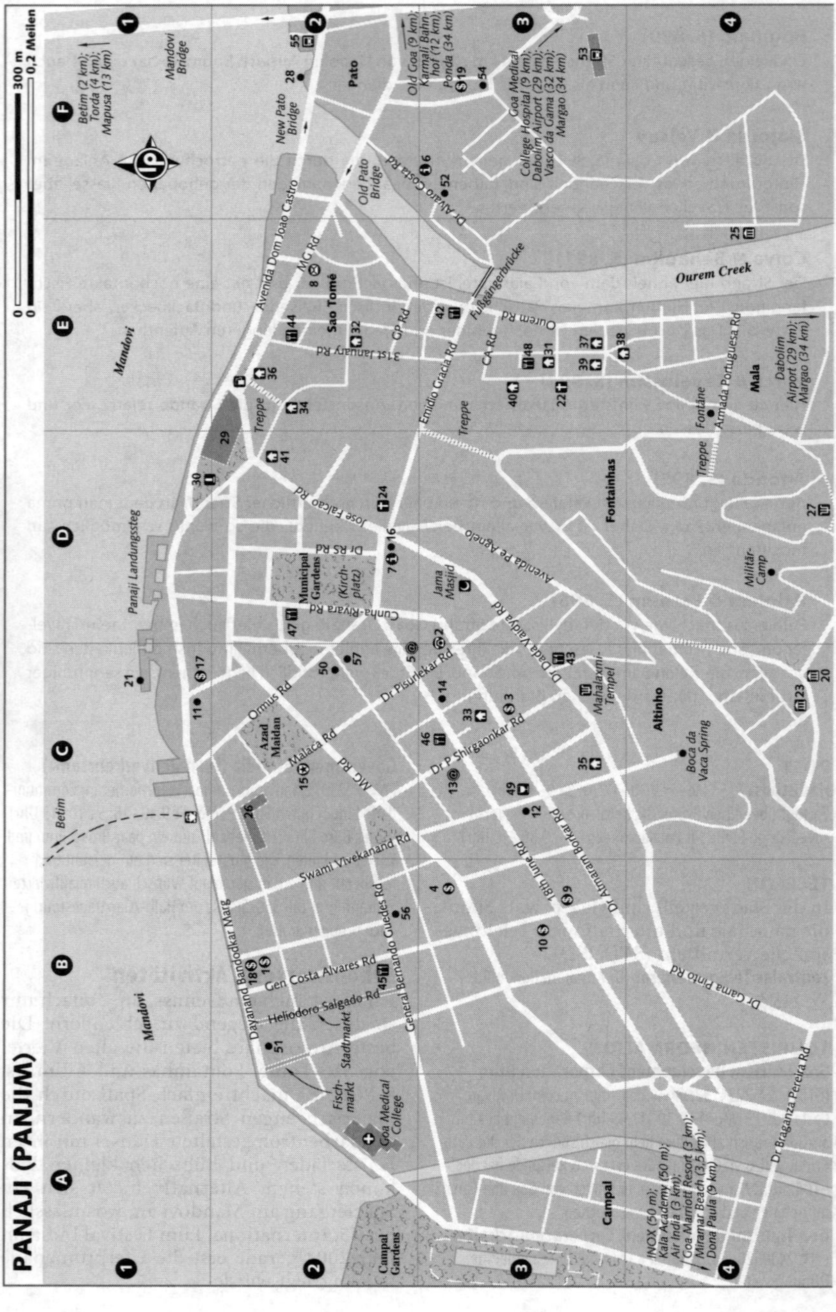
PANAJI (PANJIM)
0 300 m
0 0,2 Meilen
Betim (2 km); Torda (4 km); Mapusa (13 km)
Mandovi Bridge
Mandovi
Betim
Pato
New Pato Bridge
Old Pato Bridge
Old Goa (9 km); Karmali Bahnhof (12 km); Ponda (34 km)
Goa Medical College Hospital (9 km); Dabolim Airport (29 km); Vasco da Gama (32 km); Margao (34 km)
Dr Alvaro Costa Rd
Ourem Creek
Fußgängerbrücke
Avenida Dom Joao Castro
MG Rd
Sao Tomé
31st January Rd
GP Rd
Ourem Rd
CA Rd
Emidio Gracia Rd
Treppe
Rua de Ourem
Armada Portuguesa Rd
Fontaine
Mala
Dabolim Airport (29 km); Margao (34 km)
Panaji Landungssteg
Jose Falcao Rd
Dr RS Rd
Municipal Gardens
(Kirchplatz)
Cunha-Rivara Rd
Jama Masjid
Avenida Pe Agnelo
Fontainhas
Militär-Camp
Dr Dada Vaidya Rd
Mahalaxmi-Tempel
Altinho
Boca da Vaca Spring
Ormus Rd
Azad Maidan
Malaca Rd
Dr Pisurlekar Rd
Dr P Shirgaonkar Rd
MG Rd
Swami Vivekanand Rd
18th June Rd
Dr Atmaram Borkar Rd
Dr Gama Pinto Rd
Dayanand Bandodkar Marg
Gen Costa Alvares Rd
Heliodoro Salgado Rd
General Bernando Guedes Rd
Stadtmarkt
Fischmarkt
Goa Medical College
Campal Gardens
Campal
Dr Braganza Pereira Rd
INOX (50 m); Kala Academy (50 m); Air India (3 km); Goa Marriott Resort (3 km); Miramar Beach (3,5 km); Dona Paula (9 km)

INFORMATION
American Express 1 B2
Central Telegraph Office 2 D3
Centurion Bank 3 C3
Centurion Bank Geldautomat 4 B3
Cozy Nook Travel 5 C2
Foreigners Registration Office (siehe 15)
Goa Tourism Development Corporation (GTDC) Büro 6 F3
Goa Tourism Development Corporation (GTDC) Touristeninformations-Schalter (siehe 54)
Government of India Tourist Office 7 D2
Hauptpost 8 E2
HDFC Bank Geldautomat 9 B3
HDFC Bank Geldautomat 10 B3
Hotel Mandovi 11 C1
ICICI Geldautomat (siehe 3)
Junta House (Forest/Parks Office) 12 C3
Log In 13 C3
Pauline Book & Media Centre 14 C3
Polizeizentrale 15 C2
Shruti Communications (siehe 44)
Singbal's Book House 16 D2
State Bank of India 17 C1
Thomas Cook 18 B2
UTI Bank Geldautomat 19 F3

SEHENSWERTES & AKTIVITÄTEN
Bishop's Palace 20 C4
Bootstouren (siehe 28)
Casino Goa 21 C1
Chapel of St Sebastian 22 E3
Chief Minister's Residence 23 C4
Church of Our Lady of the Immaculate Conception 24 D2
Gitanjali Gallery (siehe 39)
Goa State Museum 25 E4
Institute Menezes Braganza 26 C2
Maruti-Tempel 27 D4
Observatorium (siehe 12)
Panaji Central Library (siehe 26)
Santa Monica Landungssteg 28 F2
Secretariat Building 29 D2
Statue von Abbé Faria 30 D1

SCHLAFEN
Afonso Guest House 31 E3
Comfort Guest House 32 E2
Hotel Nova Goa 33 C3
Mandovi White House 34 E2
Mayfair Hotel 35 C3
Panaji Residency 36 E2
Panjim Inn 37 E3
Panjim Peoples 38 E3
Panjim Pousada 39 E3
Park Lane Lodge 40 E3
Republica Hotel 41 D2

ESSEN
A Ferradura 42 E3
Goenchin 43 C3
Hotel Venite 44 E2
New Café Hema 45 B2
Riorico (siehe 11)
Sher-E-Punjab 46 C3
Sher-E-Punjab 47 D2
Viva Panjim 48 E3

AUSGEHEN
Aces Pub 49 C3

VERKEHRSMITTEL & -WEGE
Daud M Aga Cycle Store 50 C2
Indian Airlines 51 B2
Jet Airways 52 F3
Kadamba Busbahnhof 53 F3
Paulo Travels (siehe 54)
Private Busunternehmen 54 F3
Privater Fernbusbahnhof 55 F2
Sahara Airlines 56 B2

SONSTIGES
Cine Nacional 57 C2

OUR LADY OF THE IMMACULATE CONCEPTION

Panajis wichtigste **Kirche** wurde im Jahr 1541 geweiht. Von einem Platz aus ragt sie stolz über das Stadtzentrum. Panaji war zur Kolonialzeit der erste Hafen den die aus Lissabon Ankommenden anliefen. Die portugiesischen Seefahrer besuchten die schneeweiße Kirche, um für die sichere Reise zu danken, bevor sie nach Old Goa weiterzogen. Heute wird hier täglich auf Englisch, Konkani und Portugiesisch die Messe gelesen.

GOA STATE MUSEUM

Besucher des großen und weitläufigen **Museums** (☎ 2458006; www.goamuseum.nic.in; Eintritt frei; 🕑 Mo–Fr 9.30–17.30 Uhr), das in einer ziemlich öden Gegend südwestlich des Busbahnhofs von Kadamba liegt, erwartet eine beachtliche Sammlung von Kunst- und Gebrauchsgegenständen. Christliche und Hindu-Kunst, jainistische Skulpturen sowie Bronzen und Malereien aus ganz Indien gehören zu den wichtigsten Ausstellungsstücken. Beeindruckend ist aber auch ein sehr kunstvoll geschnitzter Tisch, der während der Inquisition in Goa Verwendung fand, und zwei riesige antike Lotterieziehungsgeräte.

SECRETARIAT BUILDING

Das aus dem 16. Jh. stammende schöne **koloniale Gebäude** an einer der verkehrsreichsten Straßen Panajis war ursprünglich der Palast des muslimischen Herrschers Adil Shah, bevor es 1759 offizielle Residenz des Vizekönigs wurde. Heute sind darin Regierungsbüros untergebracht. Gleich westlich daneben steht die bizarre **Statue** eines Mannes, der eine Frau zu erwürgen scheint. Das Kunstwerk stammt von Abbé Faria, einem berühmten Hypnotiseur aus Goa, und seinem Assistenten.

INSTITUTE MENEZES BRAGANZA

In dem westlich vom Azad Maidan gelegenen Institut ist die **Panaji Central Library** (Malaca Rd; 🕑 Mo–Fr 9.30–13 & 14–17.30 Uhr) untergebracht. Es lohnt sich, hier mal vorbeizuschauen und sich die hübschen *azulejos* (blau-weiße Kachelwandbilder) in der Eingangshalle anzusehen.

OBSERVATORIUM

Auf dem Dach des Junta House ist das **Observatorium** (Swami Vivekanand Rd; 🕑 Nov.–Mai 19–

21 Uhr). Von hier aus lassen sich die Sterne bestaunen.

MIRAMAR

Der Panaji am nächsten liegende Strand ist in **Miramar**, 3 km südwestlich der Stadt, entlang der Dayanand Bandodkar Marg. Kein Vergleich zu Goas Superstränden, aber trotzdem ein toller Ort für Spaziergänge bei Sonnenuntergang und ein perfektes Ziel, wenn man mal kurz mit dem Fahrrad aus der Stadt raus möchte. Auf dem Weg kommt man am Goa Marriot Resort (S. 866) vorbei, in dem **Barracuda Diving** (☎ 2463333, Dw. 6807; www.barracudadiving.com), eine der besten Tauchschulen des Landes ihren Standort hat.

Stadtspaziergang

Start & Ziel:	Church of Our Lady of Immaculate Conception
Länge:	4,5 km
Dauer:	1 Std.

Von der Kirche **Our Lady of Immaculate Conception** (**1**; S. 863) geht's in östlicher Richtung entlang der Emidio Gracia Rd. (Corte de Oiterio) den Hügel aufwärts. An der Kreuzung, an der Obsthändler mit ihren Karren stehen, nach rechts in die 31st January Rd. abbiegen. Nach etwa 150 m wieder rechts abbiegen. Dort öffnet sich der Blick auf die kleine, aber wunderschöne **Chapel of St Sebastian (2)**. In den 1880er-Jahren erbaut, fällt an dieser Kirche besonders das Kruzifix auf, das ursprünglich im Palace of the Inquisition in Old Goa stand. Zurück auf der 31st January Rd einfach bis zu dem historischen Hotel **Panjim Inn** (**3**; s. gegenüber) weitergehen, das unlängst auch das alte Schulhaus gegenüber übernahm und restaurierte. Heute ist darin das Panjim Peoples Hotel untergebracht.

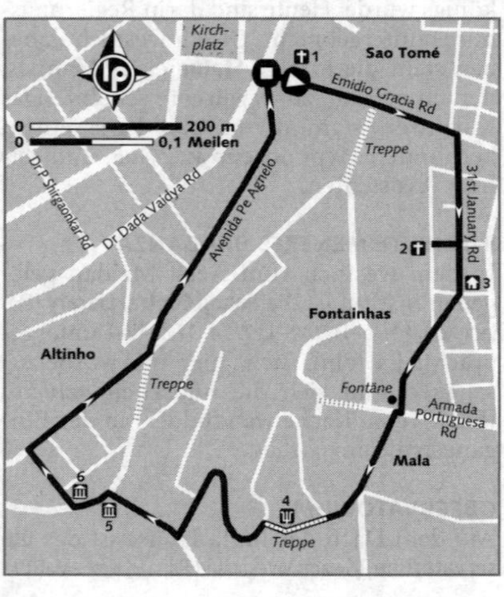

An der Weggabelung nach rechts in südlicher Richtung weitergehen, vorbei an der kleinen Fontäne (nicht in Betrieb), von der auch der Name Fontainhas abgeleitet ist. In gleicher Richtung weitergehen, bis rechts die Treppen zu sehen sind, die den Hügel aufwärts führen. Nun zum kunstvoll verzierten, lachsfarbenen **Maruti-Tempel (4)** hinaufsteigen, der dem Affengott Hanuman geweiht ist. Von der Veranda des Tempels aus hat man einen fabelhaften Blick auf den Mandovi. Gleich hinter dem Tempel führt eine Straße hoch in den Altinho District.

Bei der Kreuzung mit dem roten Stoppschild rechts abbiegen und bis zum **Bishop's Palace (5)** weitergehen, der Residenz des Erzbischofs von Goa. Diese riesige weiße Villa, vor der eine silberfarbene Jesusstatue steht, überragt die viel bescheidenere **Chief Minister's Residence (6)** auf der anderen Straßenseite. Bei der nächsten Kreuzung geht's rechts ab und den Hügel hinunter, zurück zum Ausgangspunkt am Church Sq.

Kurse

India on the Menu (www.indiaonthemenu.com; 250 £) ist ein empfehlenswerter Indisch-Kochkurs, der fünf Tage dauert und von dem Londoner Veranstalter **On The Go Tours** (www.onthegotours.com) angeboten wird. Der Kurs findet in Betim statt, direkt auf der anderen Seite des Flusses gegenüber von Panaji, und umfasst die Küche Nord- und Südindiens, Goas sowie einen Gang über den Markt. Am letzten Tag besteht die Möglichkeit, unter Anleitung des Kursleiters die Zubereitung des eigenen indischen Lieblingsgerichts zu lernen. Jede Koch-Session dauert einen halben Tag (inkl. Mittagessen).

Ausflüge mit Boot & Bus

Die GTDC bietet einstündige, sehr unterhaltsame **Bootstouren** (100 Rs; 🕓 Sonnenuntergangstouren ab 18 und 19.15 Uhr) auf dem Mandovi an Bord der *Santa Monica* an. Zum Programm gehört eine Liveband, die goanische

Volkslieder und Tänze präsentiert. Bei Vollmond findet eine zweistündige Tour statt, die um 20.30 Uhr beginnt (150 Rs). Die Touren starten am Santa Monica Landungssteg neben der riesigen Mandovi Bridge, wo auch die Tickets verkauft werden. Zwei private Anbieter, **Emerald Cruises** (☎ 2431192) und **Royal Cruises** (☎ 2435599), veranstalten praktisch identische Touren, die gegen 19.15 Uhr (100 Rs) ebenfalls am Santa Monica Landungssteg losgehen. Außerdem im Angebot: in der Zeit von 10 bis 13 Uhr die „Dolphin Cruises" zur Delphinbeobachtung auf offener See (nur von Mitte Okt.–Ende April; 500 Rs) und die „Backwater Cruises" (1000 Rs, inkl. Mittagessen und Getränke), die um 10 Uhr starten und bis 16.30 Uhr dauern. Die Boote sind größer und lärmiger als die *Santa Monica* (weil sich hier das trinklustige Partyvolk austobt).

Die GTDC bietet nachts auch eine **Goa By Night Bustour** (140 Rs; 18.30 Uhr) an, die an derselben Stelle beginnt und auch eine Flussfahrt beinhaltet. Ebenfalls im Programm sind Tagesbustouren (ohne/mit Klimaanlage 120/150 Rs), die täglich um 9.30 Uhr starten. Auf der Tagestour nach Nord-Goa werden Mapusa, der Mayem-See, Vagator, Anjuna, Calangute und Fort Aguada besucht. Die Süd-Goa-Tour legt Stopps in Miramar, Dona Paula, Colva, Margao, beim Shri Shantadurga-Tempel, Shri Manguesh-Tempel, im „Ancestral Goa" (in Loutolim) und in Old Goa ein. Außerdem gibt's jeweils nur mittwochs und sonntags eine Bustour nach Old Goa, zu den Dudhsagar-Wasserfällen und zum Molem National Park (ohne/mit Klimaanlage 500/600 Rs).

Schlafen

BUDGETUNTERKÜNFTE

Afonso Guest House (☎ 2222359; DZ 350 Rs) Die auf derselben Straße wie die Chapel of St. Sebastian gelegene freundliche Pension im Familienbesitz hat vier Zimmer und eine hübsche Dachterrasse. Die Doppelzimmer sind sehr sauber und verfügen über fließend Warmwasser. Der Preis liegt etwas über dem Budgetgeldbeutel, aber die Zimmer sind es wert. Während der Hauptsaison zwischen Weihnachten und Neujahr steigen die Preise rasant an auf 800 Rs.

Comfort Guest House (☎ 5642250; 31st January Rd; DZ mit eigenem Bad/Gemeinschaftsbad 240/340 Rs inkl. Steuern) Bei dieser kleinen Pension in Sao Tomé stimmt das Preis-Leistungs-Verhältnis. Die Zimmer sind sauber und haben Kabelfernsehen. Erfreulicherweise wird hier auf den Weihnachtsaufschlag verzichtet, und in der Nebensaison gibt's 50 % Rabatt.

Park Lane Lodge (☎ 2227154; pklaldg@sancharnet.in; EZ mit Gemeinschaftsbad 185 Rs, DZ mit eigenem Bad 300 Rs) Dieses weitläufige, aus den 1930er-Jahren stammende portugiesische Haus nahe der Chapel of St. Sebastian hat einen ganz eigenen Charakter und nur sechs kleine, einfach möblierte Zimmer. Checkout ist bereits um 8 Uhr früh, und zur Weihnachtszeit werden die Preise verdoppelt.

Republica Hotel (☎ 2224630; Jose Falcao Rd; EZ/DZ 200/350 Rs) Das Republica ist ein interessanter altehrwürdiger Ort, von dessen Balkon aus man einen guten Blick über den Fluss und das Secretariat Building hat. Einige der Zimmer haben bunte Glasfenster und sind schön hell. Um die schmuddeligen Zimmer ohne Aussicht im hinteren Teil des Gebäudes besser einen Bogen machen.

Ebenfalls empfehlenswert ist das etwas baufällige **Mandovi White House** (☎ 2223928; DZ ab 250 Rs) hinter der Panaji Residency.

MITTELKLASSEHOTELS

Panjim Inn (☎ 2226523; www.panjiminn.com; 31st January Rd; EZ/DZ ab 990/1350 Rs;) Bei Weitem die reizvollste Unterkunft in Panaji. Das Panjim Inn ist eine herrliche, 300 Jahre alte Villa mit einer großen Veranda im 1. Stock, einem anständigen Restaurant und einem begrünten Innenhof. Alle Zimmer haben Himmelbetten und Möbel im Kolonialstil, und das Personal ist unglaublich hilfsbereit.

Panjim Pousada (☎ 2435628; 31st January Rd; EZ/DZ ab 1035/1305 Rs;) Gegenüber dem Panjim Inn und unter derselben Leitung ist das gemütliche, schön eingerichtete alte Hinduhaus. Im hellen Innenhof ist sogar eine Kunstgalerie untergebracht.

Mayfair Hotel (☎ 2223317; mayfair@goatelecom.com; Dr Dada Vaidya Rd; EZ/DZ ab 450/550 Rs, DZ mit Klimaanlage ab 700 Rs;) Eines der farbenprächtigeren Hotels in Panaji, mit Mosaik-Kachelwandbildern in der Lobby. Die Standardzimmer sind klein, aber sauber. Mit ihren goanischen Fenstern aus Muschelkalk haben sie einen ganz eigenen Charme.

Hotel Nova Goa (☎ 2226231; www.hotelnovagoa.com; Dr Atmaram Borkar Rd; EZ/DZ ab 1500/2150 Rs;) Ein gut geführtes Hotel der gehobenen Mittelklasse, modern eingerichtet und ideal für Geschäftsreisende. Die Zimmer sind recht einfach, haben gefließte Böden und Fernseher. Außerdem gibt's einen kleinen Pool zum Reinhüpfen.

Panaji Residency (☎ 2227103; MG Rd; DZ ohne/mit Klimaanlage ab 600/750 Rs; ❄) Das von der GTDC geführte, unscheinbare Hotel ist bei Travellern sehr beliebt, obwohl es an einer verkehrsreichen Straße liegt. Zimmer mit Flussblick sind etwas teurer.

SPITZENKLASSEHOTELS

Goa Marriott Resort (☎ 2463333; www.marriott.com; Miramar; DZ mit Gartenblick/Flussblick ab 180/190 US$; ❄ 💻 ♿) Für Panaji-Besucher, die puren Luxus lieben, ist dieses in Miramar, etwa 3 km vom Stadtzentrum entfernt gelegene Hotel mit relaxter Atmosphäre die richtige Wahl. Die Zimmer sind geräumig und gediegen eingerichtet. Der Swimmingpool mit Bar und Blick auf den Mandovi ist prachtvoll, ebenso wie das exzellente Fischrestaurant und das trendige Waterfront Terrace & Bar. Ein klasse Fitnessbereich, Squash- und Tennisplätze begeistern Sportfreaks.

Panjim Peoples (☎ 2221122; www.panjiminn.com; 31st January Rd; DZ Neben-/Hauptsaison ab 3000/5400 Rs; ❄) Mit dem Umbau eines weiteren historischen Gebäudes haben sich die Leute des Panjim Inn mal wieder selbst übertroffen. Die hellen Zimmer sind wie gewohnt top eingerichtet mit antiken Betten aus Palisander, Fernseher, Kühlschrank, Telefon und Bad mit enzückenden Mosaikkacheln.

Essen

Riorico (☎ 2224405; Hotel Mandovi, Dayanand Bandodkar Marg; Hauptgerichte 60–600 Rs; 🕑 12.30–14.30 & 19.30–23 Uhr; ❄) Das Restaurant hat ein etwas steifes Ambiente, man fühlt sich wie im Porzellanladen, aber das Essen ist super: z. B. goanische Spezialitäten wie die Suppe *caldo verde* (50 Rs) und die gefüllte Brachsenmakrele Alfonso (Brachsenmakrele gefüllt mit einer pikanten Gewürzmischung, 350 Rs).

A Ferradura (Horseshoe; ☎ 2431788; Ourem Rd; Hauptgerichte 65–130 Rs; 🕑 Mo–Sa 12–14.30 & 19–22.30 Uhr; ❄) Intimes, ungezwungenes und modern eingerichtetes Restaurant mit breitem Angebot an goanischen, indischen und portugiesischen Gerichten wie *feijoada* (Bohneneintopf mit Schweinefleisch) und *balchão de comavão* (Garnelen mit würziger Kokossauce).

Viva Panjim (☎ 2422405; 178 31st January Rd; Hauptgerichte 50–160 Rs; 🕑 Mo–Sa 8–15.30 & 19–22.30 Uhr) Die geniale Besitzerin dieses kleinen Restaurants, das sich im Familienbesitz befindet und an einer ruhigen Straße liegt, plaudert gern aus ihrem Leben, während die Gäste das liebevoll zubereitete Essen genießen. Goanische, Tandoori und kontinentale Gerichte stehen auf der Karte. An einem der wenigen Tische draußen schmeckt das Hühnchen *xacutí* noch besser.

Hotel Venite (☎ 2425537; 31st January Rd; Hauptgerichte 65–110 Rs; 🕑 Mo–Sa 9–15 & 19–22 Uhr) Auch wenn das Essen besser sein könnte, ein Besuch in diesem urigen Restaurant lohnt sich allemal. Vier winzige Balkone ragen auf die Straße hinaus und die farbenfrohe rustikale Einrichtung lädt zum Essen oder Trinken ein. Goanische Würstchen und Riesengarnelen gehören hier zu den Spezialitäten.

New Café Hema (General Bernado Guedes Rd; Hauptgerichte 20–30 Rs; 🕑 Mo–Sa 6–18.30, So bis 12.30 Uhr) Ein günstiges, sauberes Lokal nahe des städtischen Marktes, wo es ein prima Fischcurry mit Reis gibt (20 Rs) und einen preiswerten vegetarischen Snack für weniger als 10 Rs. Der Eingang liegt auf der Rückseite und es geht einige Stufen nach oben.

Sher-E-Punjab Cunha-Rivara Rd (☎ 2227975; 1. OG, Hotel Aroma; Hauptgerichte 60–150 Rs; 🕑 11.30–15.30 & 19–23 Uhr; ❄); 18th June Rd (☎ 222 7204; 🕑 10.30–24 Uhr) Hier gibt's die wohl besten Tandoori-Gerichte der Stadt. Die Filiale in der Cunha-Rivara Rd hat die größere Karte. Das andere Lokal ist etwas lässiger.

Goenchin (☎ 2227614; EG, Mandovi Apartments; Hauptgerichte 100–250 Rs; 🕑 11.30–15.30 & 19–23 Uhr; ❄) Dieses in einer Nebenstraße der Dr. Dada Vaidya Rd. gelegene Lokal bietet tolle chinesische Gerichte.

Ausgehen

Unterhalb des Panjim Peoples (s. links) hat ein neues **Café** (31st January Rd; 🕑 9–21 Uhr) aufgemacht. Bei einem Rundgang durch den Fontainhas Distrikt einfach mal auf ein Getränk vorbeischauen.

In Panaji gibt es einige schummrige Bars voller eingefleischter Feni-Trinker, sowie ein paar wenige Pubs, in denen aber eher junge Goaner als Ausländer zu finden sind. Abgesehen vom Hotel Venite (s. oben), kann man vielleicht noch beim **Aces Pub** (Swami Vivekanand Rd; 🕑 19–23 Uhr) gegenüber vom Junta House reinschauen. Eine winzige Kneipe auf zwei Ebenen, die was von einer Cocktailbar hat.

Unterhaltung

Kala Academy (☎ 2223280; www.kalaacademy.org; Dayanand Bandodkar Marg) Die frisch renovierte Kala Academy im Westen der Stadt bei Campal ist Goas Topadresse für Kultur. Das ganze Jahr über sind Tanz-, Theater- und Musikprogramme sowie Kunstausstellungen zu sehen, viele davon in Konkani, aber ab und zu gibt's auch englischsprachige Produktionen.

INOX (☎ 2420999; Tickets Rs 50–120) Ein neues Multiplex-Kino in der Nähe der Kala Academy. Hier werden englischsprachige und indische Filme gezeigt.

Casino Goa (☎ 2234044; ⏲ Sonnenuntergangstour 17.30–18.30 Uhr 500 Rs, Dinnertour ab 19 Uhr 2500–3000 Rs) Indiens einziges Spielcasino ist an Bord des kleinen Luxusdampfers MV *Caravela* zu finden, der am Panaji Landungssteg gegenüber dem Hotel Mandovi festmacht. Eine garantiert vergnügliche abendliche Tour! Die Drinks sind auf allen Touren kostenlos und die Dinnertour bietet ein phantastisches Buffet. Wer auf der Sonnenuntergangstour 200 Rs drauflegt, darf zocken. Auch wenn man nach 19 Uhr an Bord bleibt, sind die Getränke kostenlos, aber die Snacks werden extra berechnet. Auf der teuersten Dinnertour bekommt man 2300 Rs in Form von Spielchips zurück. An Bord gibt's Blackjack- und Pokertische, außerdem Roulette und Spielautomaten. Wer keine Lust zum Spielen hat, kann während der schönen Jahreszeit draußen im Swimmingpool schwimmen. Achtung: Hier wird auf Etikette geachtet. Shorts, Unterhemden und Flip-Flops sind tabu.

An- & Weiterreise

FLUGZEUG

Folgende Fluglinien haben Büros in Panaji:

Air India (☎ 2431100) In der Nähe von Bal Bhavan, Campal.

Indian Airlines (☎ 2237821; EG, Dempo Bldg, Dayanand Bandodkar Marg) An der Straße Richtung Miramar.

Jet Airways (☎ 2438792; Shop 7-9, Sesa Ghor, Patto Plaza, Dr Alvaro Costa Rd) Nahe der GTDC.

Sahara Airlines (☎ 2230237; General Bernado Guedes Rd)

Air Deccan (☎ 9890477008, Flughafen 2542380) hat nur ein Büro am Flughafen. Der Prepaid-Taxi-Service vom Flughafen nach Panaji kostet 380 Rs.

BUS

Staatliche Busse fahren am **Kadamba Busbahnhof** (☎ 2438034) in Panaji ab. Die Fahrpreise variieren je nach Bus und Reiseziel:

Ziel	Preis (Rs)	Dauer (Std.)
Bangalore	360	14
Hospet	135	9
Mangalore	150–180	10
Mumbai	600	12–15
Mysore	225	17
Pune	200–225	12

Angeboten werden auch Verbindungen nach Londa (45 Rs, 3 Std.), wo es täglich eine direkte Zugverbindung nach Mysore und Bangalore gibt, und Fahrten nach Hubli (70 Rs, 6 Std.) und Belgaum (60 Rs, 5 Std.).

Viele private Anbieter haben Büros am Eingang zum Busbahnhof und setzen auf den Routen nach Mumbai, Bangalore, Hampi und zu anderen Reisezielen Luxusbusse und Busse mit Klimaanlage ein. Die meisten privaten Anbieter von Fernzielen nutzen für An- und Abreise einen eigenen Busbahnhof neben der Mandovi Bridge.

Paulo Travels (☎ 2438531; www.paulotravels.com; ⏲ 8–21.30 Uhr), etwas nördlich des Busbahnhofs gelegen, betreibt Nachtbusse mit Schlafkojen nach Hampi (450, 10 Std.), Mumbai (375 Rs, 14–18 Std.) und Bangalore (400 Rs, 14 Std.). Diese Preise variieren aber je nach Saison sehr stark und steigen ab Mitte Dezember drastisch an. Normale Busse ohne Klimaanlage kosten 275 Rs nach Mumbai und 350 Rs nach Hampi. Luxusbusse kann man auch über Reiseagenten in Margao, Mapusa und an den Ferienorten am Meer buchen. Der Abfahrtsort bleibt aber immer Panaji.

Für Reisen innerhalb Goas werden beliebte Routen angeboten, die am Kadamba Busbahnhof in Panaji starten:

Calangute Regelmäßiger Busverkehr tagsüber und abends (7 Rs, 45 Min.).

Mapusa Regelmäßiger Busverkehr nach Mapusa, Tickets für den Expressservice sind an einem separaten Ticketschalter am Kadamba Busbahnhof erhältlich (7 Rs, 25 Min.).

Margao Regelmäßige Expressverbindung nach Margao (16 Rs, 1 Std.). Um an die Strände im Süden zu kommen, in Margao umsteigen.

Old Goa Regelmäßige direkte Busverbindung nach Old Goa (5 Rs, 25 Min.).

ZUG

Reisen per Zug von/nach Mumbai und Mangalore ist auf jeden Fall bequemer als mit dem Bus. Um die Weihnachtszeit kann es aber schwierig sein, einen Sitzplatz nach

Goa zu bekommen. Der Panaji am nächsten liegende Bahnhof ist in Karmali, 12 km östlich, nahe Old Goa. Am **Reservierungsbüro** (Mo–Sa 8–20 Uhr) in der oberen Etage des Kadamba Busbahnhofs in Panaji geht's zu wie im Taubenschlag.

Unterwegs vor Ort

Es ist Herkulesarbeit, Taxifahrer und Autorikschafahrer dazu zu bewegen, ihr Taxameter zu benutzen. Über den Fahrpreis sollte man sich auf jeden Fall vor der Fahrt einigen. Kurze Fahrten innerhalb Panajis kosten 50 Rs. Eine einfache Fahrt bzw. eine Hin- und Rückfahrt nach Old Goa kostet 150/250 Rs. Diese Preise sind aber Verhandlungssache.

Ein Motorrad oder einen Motorroller in Panaji zu mieten ist leicht. Wer aber die meiste Zeit sowieso am Strand verbringen will, wird feststellen, dass es bequemer und meist auch billiger ist, dies dort zu tun. Vermietungsshops im eigentlichen Sinne gibt es nicht – einfach in der Pension nachfragen oder dort vorbeischauen, wo massenhaft Fahrräder stehen (gegenüber der Hauptpost auf der MG Rd). Der **Daud M Aga Cycle Store** gegenüber vom Cine Nacional verleiht Fahrräder (☎ 2222670; 40 Rs/Tag; Mo–Sa 8–20 Uhr, So bis 12 Uhr).

OLD GOA

Old Goa, die nur 9 km östlich von Panaji gelegene ehemalige Hauptstadt der Portugiesen, ist ein Highlight jedes Besuchs in Goa. Ein halbes Dutzend beeindruckender Kirchen und Kathedralen (die zu den größten in Asien gehören) ist alles, was von dieser prächtigen Stadt übrig blieb, deren Pracht einst mit Lissabon wetteiferte.

Schon vor der Ankunft der Portugiesen war Old Goa eine reiche, blühende Stadt und die zweite Hauptstadt der Adil Shahi-Dynastie von Bijapur. Damals war es eine von Mauern, Türmen und einem Graben umgebene Festung mit Tempeln und Moscheen und dem großen Palast des Adil Shah. Heute existieren keine diese Bauten mehr, abgesehen von einem Teil des alten Palasttores.

Die Inquisition und eine verheerende Seuche, von der Goa 1635 heimgesucht wurde, beschleunigten den Niedergang der Stadt. 1843 wurde Panaji Hauptstadt.

Old Goa kann am Wochenende und an den zehn Tagen vor dem Fest des hl. Franz Xaver am 3. Dezember ziemlich voll sein. Das Archaeological Survey of India hat den praktischen Führer *Old Goa* (10 Rs) herausgegeben, der im archäologischen Museum (s. unten) erhältlich ist.

Sehenswertes

SE CATHEDRAL

Mit dem Bau der **Se Cathedral**, der größten Kirche Old Goas, wurde 1562 während der Regierungszeit König Sebastians I. (1557–78) begonnen. Die Kathedrale war zwar 1619 fertiggestellt, die Altäre aber erst 1652. Die Kathedrale wurde für die Dominikaner mithilfe des Erlöses aus dem Verkauf königlichen Besitzes gebaut.

Die Kirche ist im portugiesisch-gotischen Stil erbaut, mit einer toskanischen Fassade und einer korinthischen Innenarchitektur. In dem Turm, der noch steht, befindet sich eine der größten Glocken Goas, die wegen ihres satten Klangs auch oft „Goldene Glocke" genannt wird. Der Hauptaltar ist der Hl. Katharina von Alexandria geweiht. Die Gemälde zu beiden Seiten des Altars zeigen Szenen aus dem Leben und dem Martyrium der Heiligen.

CONVENT & CHURCH OF ST. FRANCIS OF ASSISI

Diese **Kirche** ist sicher eines der interessantesten Gebäude in Old Goa. Das Innere des Gotteshauses begeistert durch kostbare, teilweise vergoldete Schnitzereien, atemberaubend schöne *reredos* (verziertes Wandbilder hinter dem Altar), alte Wandgemälde mit Szenen aus dem Leben des hl. Franz von Assisi und einen Boden aus behauenen Grabsteinen, auf dem noch Familienwappen aus dem frühen 16. Jh. zu erkennen sind. Die Kirche wurde von acht Franziskanermönchen erbaut, die 1517 nach Old Goa kamen und zunächst eine kleine Kapelle mit drei Altären und einem Chor errichteten. Die Kapelle wurde später abgerissen, und an derselben Stelle entstand 1661 die heutige Kirche.

In dem Konvent hinter der Kirche befindet sich heute ein **Archäologisches Museum** (Eintritt 5 Rs; Sa–Do 10–17 Uhr). Zu sehen sind u. a. Porträts der portugiesischen Vizekönige, Skulpturenfragmente von Hindutempeln und steinerne Bilder jenes animistischen Kults, der in diesem Teil Indiens vor Jahrhunderten geblüht hatte.

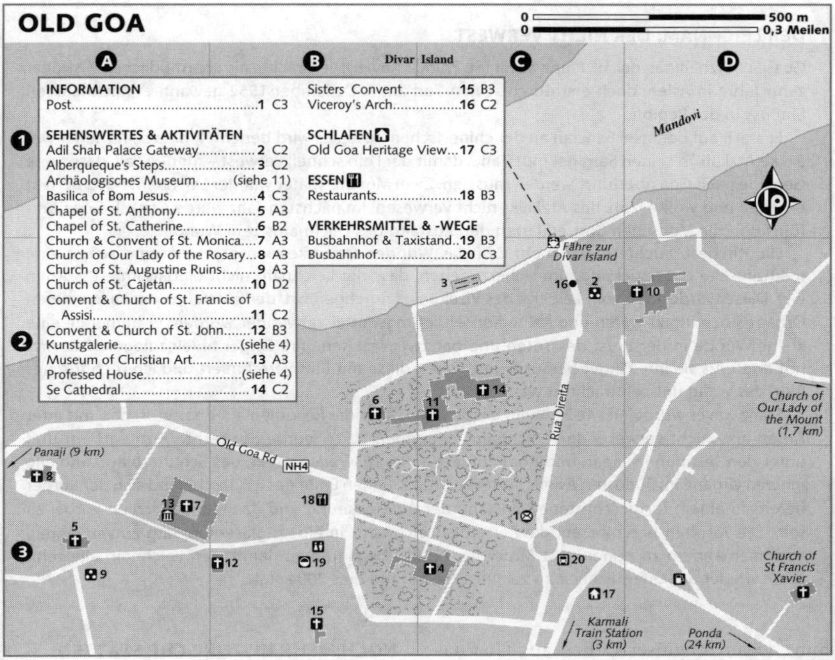

BASILICA OF BOM JESUS

Die **Basilica of Bom Jesus** ist in der ganzen römisch-katholischen Welt ein Begriff. Hier befinden sich das Grabmal und die sterblichen Überreste des hl. Franz Xaver, der 1541 den Auftrag erhielt, die Untertanen portugiesischer Kolonien im Osten zu missionieren.

Einst Schüler des hl. Ignatius von Loyola, Begründer des Jesuitenordens, begab sich Franz Xaver auf legendäre Missionsreisen, die in Anbetracht der damaligen Transportmittel schon an ein Wunder grenzten.

Abgesehen von den reich vergoldeten Altären ist das Innere der Kirche bemerkenswert einfach gehalten. Die 1594–1605 erbaute Kirche ist die einzige ohne verputzte Fassade (obwohl sie ursprünglich verputzt war). Blickfang ist das dreistufige Marmorgrab Franz Xavers, dessen Bau zehn Jahre dauerte und das 1698 vollendet wurde. Xavers sterbliche Überreste befinden sich in einem silbernen Schrein, der früher reich mit Juwelen verziert war.

Das **Professed House** direkt neben der Kirche ist ein zweistöckiges Gebäude aus mit Kalk verputztem Lateritstein. Es wurde 1585 trotz des Widerstands ortsansässiger Portugiesen gegen die Jesuiten fertig gestellt. Zur Kirche gehört auch eine moderne **Kunstgalerie**. Selbst wenn die Kunst hier nicht jedermann gefällt, lohnt sich ein Besuch, um einen Blick durch das kleine Fenster auf das Grabmal des Hl. Franz Xaver zu werfen.

CHURCH OF ST. CAJETAN

Die **Kirche** ist dem Petersdom in Rom nachempfunden und wurde von italienischen Mönchen des Theatinerordens erbaut. Diese waren von Papst Urban III. entsandt worden, um das Königreich Golconda (nahe Hyderabad) zu missionieren. Die Mönche durften in Golconda nicht arbeiten, also ließen sie sich 1640 in Old Goa nieder. Im Jahre 1655 begannen sie mit dem Bau der Kirche.

CHURCH OF ST. AUGUSTINE (RUINE)

Augustinermönchen erbauten 1602 diese **Kirche**. Im Jahr 1835 mussten sie wegen der Repressalien durch die portugiesische Regierung und der damit verbundenen Vertrei-

DER LEICHNAM, DER NICHT VERWEST

Goas Schutzheiliger, der Hl. Franz Xaver (St. Francis Xavier), verbrachte als unermüdlicher Missionar zehn Jahre in Asien, doch erst durch seinen Tod am 3. Dezember 1552 gewann er nachhaltigen Einfluss in der Region.

Er starb auf der Insel Sancian an der chinesischen Küste. Es wird berichtet, dass sein Diener vier Säcke Ätzkalk in seinen Sarg gekippt habe, damit der Leib schnell verwest – für den Fall, dass seine Gebeine nach Goa überführt werden mussten. Zwei Monate später war der Leichnam noch perfekt erhalten und wollte trotz des Ätzkalks nicht verwesen. Im nächsten Jahr wurde er nach Goa überführt und die Menschen dort erklärten den Zustand des Leichnams zum Wunder.

Die Kirche brauchte etwas mehr Zeit das Wunder anzuerkennen und verlangte zuerst eine medizinische Untersuchung, um sicherzugehen, dass der Leichnam nicht einbalsamiert worden war. Diese wurde 1556 vom Leibarzt des Vizekönigs durchgeführt, der feststellte, dass alle inneren Organe noch intakt waren und keine Konservierungsmittel verwendet wurden. Er bemerkte eine kleine Wunde in der Brust des Toten und bat zwei Jesuiten, ihre Finger hineinzulegen. Der Arzt notierte: „Als sie ihre Finger herauszogen, waren diese mit Blut verschmiert und ich roch frisches Blut, das völlig unbeeinträchtigt war".

Franz Xaver wurde erst 1622 heilig gesprochen, aber die Reliquienjäger hatten schon mit ihrer Arbeit am „nicht verwesenden Leichnam" begonnen. 1614 wurde der rechte Arm entfernt und unter den Jesuiten in Japan und Rom aufgeteilt. Bis 1636 waren Teile des Schulterblatts und alle inneren Organe im Südosten Asiens verteilt worden. Gegen Ende des 17. Jhs. befand sich der Körper bereits in einem fortgeschrittenen Zustand der Austrocknung und das Wunder schien vorbei zu sein. Die Jesuiten beschlossen, die Reste des Leichnams in einem gläsernen Sarg zu verwahren, aber niemandem zu zeigen. Erst Mitte des 19. Jhs. begann man damit, den Leichnam alle zehn Jahre wieder der Öffentlichkeit zu zeigen. Zuletzt fand dies 2004 statt.

bung vieler religiöser Orden aus Goa das Gotteshaus wieder aufgegeben. Die Kirche verwahrloste, 1842 stürzte das Gewölbe ein, 1931 brach auch die Fassade und der halbe Turm in sich zusammen. Der 46 m hohe Turm, der als Glockenturm diente und Teil der Fassade war, blieb als einziges übrig.

CHURCH & CONVENT OF ST. MONICA

Dieses massige dreistöckige **Gebäude aus Lateritstein** wurde 1627 fertig, brannte aber neun Jahre später gleich wieder ab. Schon im nächsten Jahr wurde es erneut aufgebaut – und alles, was heute zu sehen ist, stammt aus dieser Zeit. Weil das Kloster früher unter königlichem Schutz stand, war es als „Royal Monastery" bekannt. Heute nutzt das Mater Dei Institute das Gebäude als Frauenkloster. Dessen Einweihung fand 1964 statt.

Im Kloster ist das hervorragende **Museum of Christian Art** zu finden (Erw./Kind 10 Rs/freier Eintritt; 🕒 9.30–17 Uhr). Bildhauerkunst, Gemälde und Skulpturen aus dem Rachol Seminary wurden hierher gebracht. Viele der christlichen Werke aus der portugiesischen Ära in Goa wurden von einheimischen Hindu angefertigt.

NOCH MEHR HISTORISCHE STÄTTEN

Weitere Monumente in Old Goa, die einen Besuch lohnen, sind der **Viceroy's Arch**, der **Gate of Adil Shah's Palace**, die **Chapel of St. Anthony**, die **Chapel of St. Catherine**, die **Alburqueque's Steps**, der **Convent** und die **Church of St. John**, das **Sister's Convent** und die **Church of Our Lady of the Rosary**. Eine wunderbare Aussicht über die Stadt hat man auf dem Hügel bei der **Church of Our Lady of the Mount**, 1,7 km östlich von Se Cathedral.

Schlafen & Essen

Die meisten Traveller machen eine Tagestour nach Old Goa, aber es gibt auch ein von der GTDC geführtes Hotel, das **Old Goa Heritage View** (☎ 2285013; EZ/DZ 225/400 Rs, DZ mit Klimaanlage 500 Rs; ❄). Es hat einfach eingerichtete Zimmer. Die sind jedoch immerhin mit TV und Boiler ausgestattet.

Die zwei Restaurants neben der Basilika zielen vor allem auf einheimische Reisende ab. Dort gibt's Menüs und kalte Getränke, auch Bier. Die Lokale liegen etwas höher als die Straße, man kann hier prima entspannen und die Umgebung auf sich wirken lassen. Für den kleinen Hunger bieten Stände entlang der direkt nördlich des Old Goa Heritage View gelegenen Straße günstige Snacks an (weniger als 120 Rs).

An- & Weiterreise

Vom Kadamba Busbahnhof in Panaji aus verkehren regelmäßig Busse nach Old Goa (5 Rs, 25 Min.). Sie halten auf der Ostseite des großen Kreisverkehrs. Nach Old Goa lässt es sich auch gemütlich mit dem Fahrrad radeln, denn die ebene Straße folgt größtenteils dem Lauf des Mandovi (über Ribandar). Von Panaji aus braucht man etwa 45 Minuten.

TORDA

Nur 5 km nördlich von Panaji liegt abseits der Hauptstraße nach Mapusa das Dorf Torda. Dort steht auf einer Verkehrsinsel das **Houses of Goa Museum** (☎ 2410711; www.archgoa.org; Eintritt 25 Rs; ⏲ Di–So 10–19.30 Uhr). Dieses außergewöhnliche Lateritstein-Gebäude in Form eines Schiffes beherbergt eine kleine, aber feine Sammlung von Ausstellungsstücken, die Besuchern das einzigartige Design und die Feinheiten der traditionellen goanischen Architektur näher bringen (s. S. 891). Um 19 Uhr findet eine Diashow statt. Interessierte sollten auch nach geführten Touren durch den Mangrovenwald fragen, der das Dorf umgibt. Von Panaji aus fährt man am besten mit einer Autorikscha (ca. 70 Rs) hierher.

MAPUSA

40 100 Ew.

Mapusa (ausgesprochen „Mapsa“) ist das bevölkerungsreichste Zentrum in den nördlichen *talukas* (Distrikte) Goas. Hier kauft derjenige Vorräte ein, der in Anjuna oder Vagator wohnt. In Mapusa gibt's nicht viel zu sehen – außer wenn sich Käufer und Verkäufer aus ganz Goa (und von noch weiter weg) auf dem lärmigen **Freitagsmarkt** (⏲ 8–18.30 Uhr) versammeln. Im Gegensatz zum Markt in Anjuna kommen überwiegend Einheimische hierher, um günstige Kleider sowie Obst und Gemüste zu kaufen – aber auch Souvenirjäger kommen hier auf ihre Kosten.

Praktische Informationen

Other India Bookstore (☎ 2263306; www.goacom.com/oib; Mapusa Clinic Rd; ⏲ Mo–Fr 9–17 Uhr, Sa bis 13 Uhr) Führt vor allem in Indien erschienene Bücher, auch solche über Goa oder von Autoren aus Goa verfasste Werke. Zugang zum Internet besteht in der **Cyber Zone** (25 Rs/Std.; ⏲ Mo–Sa 9.30–14 & 14.30–18.30 Uhr), gleich um die Ecke beim Hotel Satyaheera.

Schlafen & Essen

Die Unterkünfte an den nahen Stränden von Anjuna, Vagator und Calangute sind auf jeden Fall besser als das Übernachtungsangebot in Mapusa.

Hotel Satyaheera (☎ 2262849; satya@goatelecom.com; DZ mit/ohne Klimaanlage ab 390/550 Rs, Hauptgerichte 30–100 Rs; ⏲ Restaurant 11–23 Uhr; ⊠) Nahe beim Maruti-Tempel am nördlichen Kreisverkehr gelegen, ist das Hotel mit seinen dezent eingerichteten, sauberen Zimmern das beste in Mapusa. Das Ruchira Restaurant auf dem Dach des Hotels gehört mit seinen indischen und kontinentalen Gerichten ebenfalls zu den besten der Stadt.

Hotel Vilena (☎ 2263115; Feira Baixa Rd; DZ mit Gemeinschaftsbad/eigenem Bad 250/300 Rs, Hauptgerichte 20–60 Rs; ⏲ Restaurant 9–23 Uhr) Ein sauberes Hotel und für eine Nacht ganz o. k. Das Tequila Restaurant unter dem Dach serviert Goanisches, Indisches und Kontinentales.

Vrundavan (Gerichte 10–30 Rs; ⏲ Mi–Mo 7–22 Uhr; ⊠) Liegt bei den Municipal Gardens. In diesem einfachen Lokal gibt's gute und günstige vegetarische Thalis (Buffet) und Pizzas.

Pub (Market Rd; ⏲ Mo–Sa 10–23 Uhr; ⊠) Ein idealer Ort, um dem Chaos des Freitagsmarkts auf ein kaltes Bier oder einen Snack zu entfliehen. Vom Balkon im ersten Stock aus hat man einen perfekten Blick auf die Straße.

Bertsy Bar & Restaurant (Market Rd; ⏲ 9–23 Uhr; ⊠) In der Nähe des Pub gelegen, ist dies eine weitere freundliche kleine Kneipe mit günstigem Essen aus Goa.

An- & Weiterreise

Wer mit dem Bus von Mumbai aus anreist, steigt in Mapusa aus, um zu den Stränden des Nordens zu gelangen. Private Busunternehmen starten gegenüber dem Taxi- und Autorikschastand nach Mumbai (200/300 Rs Normal/Sleeper Class, 14 Std.) und Bangalore (300/400 Rs, 15 Std.). Öffentliche Busse starten am Kadamba Busbahnhof nach Pune (230 Rs, 15 Std.) und Belgaum (47 Rs, 5 Std.).

Örtliche Expressbusse fahren regelmäßig nach Panaji (7 Rs, 25 Min.) und alle 30 Minuten nach Calangute und Anjuna (je 6 Rs).

Zudem gibt's Busse nach Chapora, Candolim und Arambol (10 Rs). Ein Motorradtaxi nach Anjuna oder Calangute kostet 50 Rs, eine Autorikscha 70 Rs.

Thivim liegt etwa 12 km nordöstlich der Stadt. Hier ist der nächste Bahnhof der Konkan Railway. Er ist mit örtlichen Bussen (5 Rs) oder Autorikschas (80 Rs) zu erreichen.

FORT AGUADA & CANDOLIM

8600 Ew.

Die Strände von Candolim und Sinquerim (unterhalb von Fort Aguada) sind bei Charter- und Luxusreisenden gleichermaßen beliebt. Hier geht's etwas weniger hektisch zu als in Calangute und Baga weiter nördlich. Traveller, die auf eigene Faust reisen, verirren sich eher selten in diese Gegend, die meisten Hotels sind von Pauschalurlaubern belegt. Ein krasser Gegensatz zum sauberen Strand ist der auf Grund gelaufene Tanker *River Princess*, der nun schon jahrelang 500 m vor der Küste vor sich hinrostet –und es sieht nicht so aus, als ob er sich demnächst wieder bewegen würde.

Zugang zum Internet bietet **Online World** (30 Rs/Std.; ⌚ 9–23 Uhr).

Sehenswertes & Aktivitäten

Das 1612 von den Portugiesen errichtete **Fort Aguada** bewacht die Mündung des Mandovi. Ein Besuch der Ruine auf dem Hügel lohnt sich schon wegen der Aussicht, die vom **alten Leuchtturm** aus am besten ist. Ganz in der Nähe steht auch der **neue Leuchtturm** (⌚ 16–17.30 Uhr). Zum Fort kommt man entweder über eine schöne, hügelige Straße oder zu Fuß über einen 2 km langen steilen Pfad, der am Marbella Guest House vorbei führt. Unterhalb des Forts, mit Blick auf den Mandovi, liegt das **Aguada-Gefängnis**. Die meisten Gefangenen (darunter auch aus dem Westen) sitzen hier wegen Drogendelikten. Zweifellos kein Ziel für Reisende.

Der **Sinquerim Beach** ist eine kleine Sandkurve, die vom Fünfsterne-Taj-Holiday-Village-Komplex dominiert wird. **Thunderwave** (☎ 2479779), am Strand außerhalb des Taj Holiday Village, bietet Möglichkeiten Wassersport zu betreiben, z. B. Parasailing (700–1500 Rs) und Jetskifahren (900 Rs für 15 Min.). Dort kann man auch einen Katamaran (2000 Rs/Std.) leihen.

Auch eine Vielzahl von Bootstouren wird angeboten. Das Meiste fürs Geld gibt's bei **John's Boat Tours** (☎ 2497450, Buchung beim Elephant Shop ☎ 2275850), etwas weiter nördlich hinter dem Candolim Beach. Der halbtägige Delphintrip (750 Rs, mit einer Kein-Delphin-dann-Geld-zurück-Garantie) schließt Mittagessen und Bier an Bord mit ein. Die beliebte ganztägige „Crocodile Dundee"-Flussfahrt (995 Rs) gibt's inklusive Mittagessen auf einer Gewürzplantage und freier Getränke. Daneben besteht noch die Möglichkeit zu einer Backwater-Tour auf einem Kerala-Hausboot mit Übernachtung (4000 Rs, Vollpension).

EL SHADDAI

Wer es sich an einem der Strände Goas gut gehen lässt, vergisst schnell, dass der Staat die gleichen sozialen Problem hat wie das restliche Indien. **El Shaddai** (☎ 226650; www.elshaddaigoa.com; 2.0G, St Anthony Apartments, Mapusa Clinic Rd, Mapusa) ist eine wohltätige Einrichtung, die fünf Häuser hat – drei in Assagao, zwischen Vagator und Mapusa, und zwei in Saligao –, wo einheimische Kinder leben und zur Schule gehen. Hinzu kommt ein Obdachlosenasyl in Panaji.

Die Häuser und die Kinder können täglich zwischen 16 und 18 Uhr besucht werden. Kleider- und Geldspenden sind willkommen.

Schlafen

BUDGETUNTERKÜNFTE

Villa Ludovici Tourist Home (☎ 2479684; Fort Aguada Rd; DZ inkl. Frühstück 500 Rs) Dieses traditionelle goanische Haus im Familienbesitz trotzt dem Luxus Candolims mit vier altmodischen gemütlichen Zimmern, jeweils mit eigenem Bad.

Tropicano Beach Resort (☎ 2277732; 835B Camotim Vaddo; DZ 450 Rs) Ebenfalls eine sehr gute Wahl. Die Doppelzimmer sind hell und sauber (mit eigenem Bad) und ein Garten spendet Schatten. Die Türen des traditionellen portugiesischen Hauses aus Lateritstein haben eine Lasur im goanischen Stil aus Muschelschalen.

D'Mello's (☎ 2275050; dmellos_seaview_home@hotmail.com; DZ 250–600 Rs) Eine sehr einladende, familiengeführte Unterkunft nahe von Calangute, mit Garten und Zimmern mit Meeresblick. Geboten wird auch ein kleines Restaurant am Strand.

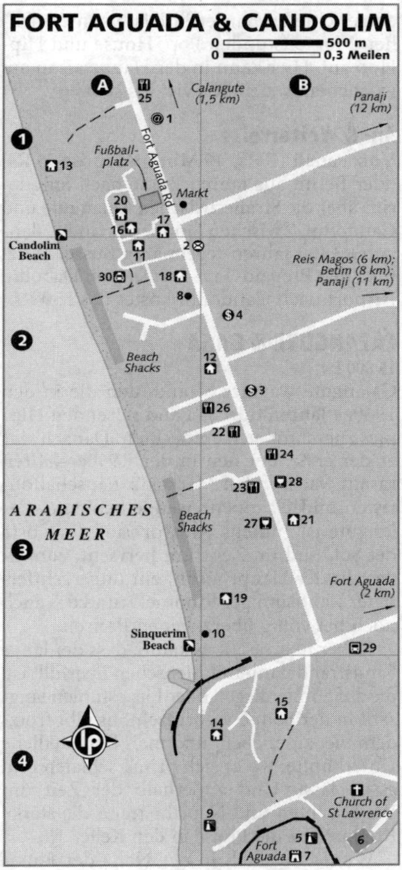

INFORMATION
Online World ... 1 A1
Post ... 2 A2
State Bank of India ... 3 B2
UTI Bank Geldautomat ... 4 B2

SEHENSWERTES & AKTIVITÄTEN
Alter Leuchtturm ... 5 B4
Aguada-Gefängnis ... 6 B4
Fort Aguada ... 7 B4
John's Boat Tours (Elephant Shop) ... 8 A2
Neuer Leuchtturm ... 9 B4
Thunderwave ... 10 B3

SCHLAFEN
Aguada Hermitage ... (siehe 14)
Ave Maria ... 11 A2
Casa Sea-Shell ... 12 B2
D Mellos ... 13 A1
Fort Aguada Beach Resort ... 14 B4
Marbella Guest House ... 15 B4
Moonlight Bar & Restaurant ... 16 A1
Pretty Petal Guest House ... 17 A1
Sea Shell Inn ... 18 A2
Taj Holiday Village ... 19 B3
Tropicano Beach Resort ... 20 A1
Villa Ludovici Tourist Home ... 21 B3

ESSEN
Cinnabar ... 22 B2
Santa Lucia ... 23 B3
Stone House ... 24 B3
Viva Goa ... 25 A1
Xavier's ... 26 B2

AUSGEHEN
10 Downing St ... 27 B3
Congo ... 28 B3

VERKEHRSMITTEL & -WEGE
Sinquerim Bushaltestelle ... 29 B3
Taxistand ... 30 A2

Weitere preiswerte Übernachtungsmöglichkeiten:

Moonlight Bar & Restaurant (☎ 2279249; santanatheresa@yahoo.com; DZ ab 250 Rs)

Ave Maria (☎ 2276074; EZ/DZ inkl. Steuern 450/700 Rs;) Niedliche Pension mit einem winzigen Pool.

MITTELKLASSEHOTELS

Marbella Guest House (☎ 2479551; marbella_goa@yahoo.com; DZ/Suite inkl. Steuer ab 1250/1700 Rs;) Die wunderschön restaurierte portugiesische Villa liegt versteckt auf einer ruhigen Straße hinter dem Fort Aguada Beach Resort. Eine der besten Pensionen in der Gegend. Das Haus hat drei Zimmer und drei Suiten, alle liebevoll ausgestattet und im individuellen Stil gestaltet (z. B. Rajasthan- oder Mogulstil).

Sea Shell Inn (☎ 2276131; seashellgoa@hotmail.com; Fort Aguada Rd; DZ inkl. Frühstück 850 Rs) Ein altes Kolonialgebäude an der Hauptstraße mit sauberen, gemütlichen Zimmern.

Casa Sea-Shell (☎ 2479879; DZ 950 Rs;) Geht man nach dem Sea Shell Inn etwas weiter die Straße entlang, findet man das etwas modernere Schwesterhotel des Sea Shells. Das Restaurant ist empfehlenswert.

Pretty Petal Guest House (☎ 2276184; Fort Aguada Rd; EZ/DZ ab 400/600 Rs;) Eine zauberhafte zweigeschossige Villa mit einem großen Garten und geräumigen Zimmern. Die größeren Räume (800 Rs) haben einen Balkon, Kühlschrank und Klimaanlage.

SPITZENKLASSEHOTELS

Die **Taj Group** (☎ 5645858; www.tajhotels.com) betreibt am Rand des Sinquerim Beach einen Komplex von drei Luxushotels. Die Hotels sind zu Recht beliebt. Zu ihnen gehören u. a. ein preisgekrönter Wellnessbereich und Tennisplätze. Die Hotels im Einzelnen:

Aguada Hermitage (Villen mit 1–2 Schlafzimmern ab 280 US$;) Ein Luxustempel oberhalb des Fort Aguada Beach Resort mit Blick nach Norden.

Fort Aguada Beach Resort (EZ & DZ ab 195 US$;) Innerhalb der äußeren Mauern des alten Fort.
Taj Holiday Village (DZ ab 155 US$, Bungalows ab 190 US$;) Kinderfreundliche Unterkunft direkt am Strand.

Essen

Stone House (☎ 2479909; Fort Aguada Rd; Hauptgerichte 90–150 Rs; 11–15 & 18–24 Uhr) Ein freundliches Lokal mit Tischen draußen im Garten. Sanfter Blues sorgt für behagliche Atmosphäre und lässt die Füße mitwippen. Auf der Karte stehen leckere Steaks vom Grill und feurige Fishcurrys.

Cinnabar (Acorn Arcade, 283 Fort Aguada Rd; Hauptgerichte 40–120 Rs; 8–24 Uhr) Eine schicke Cafébar an der Ecke einer noblen Einkaufspassage. Hier gibt's guten Kaffee, gegrillte Sandwiches und Salate.

Xavier's (☎ 2479489; Hauptgerichte 60–200 Rs; 8–23 Uhr) Gehört zu einem kleinen Hotel in einer Seitenstraße der Fort Aguada Rd. Das gesellige Restaurant wird von einem Küchenchef geleitet, der schon so manchen Preis eingeheimst hat, und ist bekannt für sein Barbecue am Samstagabend und seinen Sonntagsbraten.

Santa Lucia (Fort Aguada Rd; Hauptgerichte 80–140 Rs; 18.30–23 Uhr;) Das italienisches Lokal (mit einem Schweizer Küchenchef) gehört zu den besten Restaurants in Candolim, was das Essen und die Atmosphäre anbelangt. Hauptsächlich Pastagerichte und ein Pastabuffet.

Zu den preiswerteren Restaurants gehört u. a. das immer volle **Viva Goa** (Hauptgerichte 40–100 Rs; 11–24 Uhr), das Meeresfrüchte und Tandoori-Gerichte serviert. Entlang des Strandes gibt es rund ein Dutzend Beach Shacks, Buden, in denen man das obligatorische westliche Frühstück, Fisch und Meeresfrüchte sowie kalte Getränke bekommt.

Ausgehen

Congo (☎ 5644226; Fort Aguada Rd; 12–1 Uhr) In Candolims hippster Party-Bar kann man sich mitten in einem bunt beleuchteten Garten in Himmelbetten plumpsen lassen, dazu Cocktails schlürfen und Thai Snacks knabbern – und im Hintergrund wummert Trance-Musik. In der Hauptsaison von Weihnachten bis Neujahr kostet der Spaß 1000 Rs Eintritt.

10 Downing St (☎ 5649504; Fort Aguada Rd; 10.30–4 Uhr) In der elegant minimalistisch eingerichteten Bar legen DJs bis in die frühen Morgenstunden Pop, House und Hip-Hop auf. Hier kann in der Hauptsaison am wochenends ziemlich viel los sein.

An- & Weiterreise

Von Panaji (7 Rs, 45 Min.), Mapusa (6 Rs) oder Betim aus fahren Busse nach Sinquerim über die Straße zwischen Calangute und Candolim. Zwischen Sinquerim und Calangute (3 Rs) fahren regelmäßig Busse. Nutzt man den Prepaid-Taxi-Service von Dabolim Airport nach Candolim kostet das 550 Rs.

CALANGUTE & BAGA

15 800 Ew.

Calangute war der Strand, den die in den 1960er-Jahren durchs Land reisenden Hippies zuerst für sich entdeckten. Danach war er der erste, der den in den 1990er-Jahren rasant wachsenden Markt für Pauschaltouristen und Gruppenreisende bediente. Calangute ist Indiens Antwort auf die Costa del Sol, und im Zentrum herrscht, zumindest in der Hauptsaison, ein ungerechtfertigter wahnsinniger Rummel – und das auch noch bei völlig überzogenen Preisen.

Daher überrascht es kaum, dass der lange Sandstrand dann mit Menschen überfüllt ist, die auf Sonnenliegen oder Liegestühlen langsam in der Sonne verbrutzeln. Es gibt trotzdem viel zu erleben, und man findet etliche Unterkünfte, wo es sich prima schlafen und essen lässt. Und außerhalb der Zeit um Weihnachten und Neujahr treibt die starke Konkurrenz die Preise in den Keller.

Weiter nördlich in der Nähe der Flussmündung liegt Baga: beliebt bei den Backpackern und idealer Standort für alle, die das Nachtleben in Anjuna und Vagator auskosten oder schnell mal auf einer Party im Tito's (S. 878), Goas Topclub, vorbeischauen möchten.

Orientierung & Praktische Informationen

Die meisten Stellen, bei denen man Infos bekommt, drängeln sich um den Markt und den Busbahnhof herum, von wo aus eine Straße zum Strand hinunter führt.

Der **Rama Bookshop** (9–21 Uhr), beim Kreisverkehr am Beginn der Straße von Calangute nach Baga, hat eine große Auswahl an Büchern in vielen Sprachen und bietet auch die Möglichkeit zum Büchertausch.

CALANGUTE & BAGA

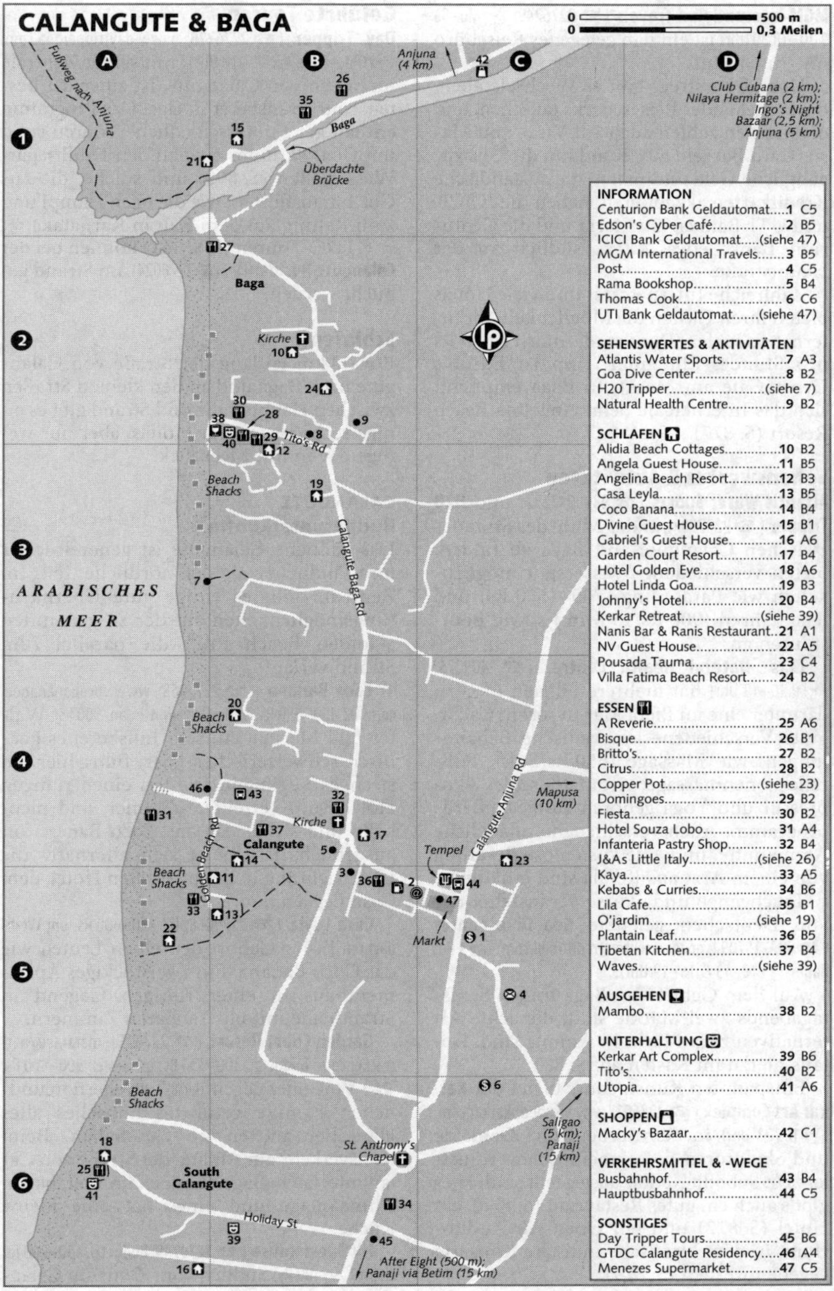

INFORMATION
- Centurion Bank Geldautomat.....1 C5
- Edson's Cyber Café.....2 B5
- ICICI Bank Geldautomat.....(siehe 47)
- MGM International Travels.....3 B5
- Post.....4 C5
- Rama Bookshop.....5 B4
- Thomas Cook.....6 C6
- UTI Bank Geldautomat.....(siehe 47)

SEHENSWERTES & AKTIVITÄTEN
- Atlantis Water Sports.....7 A3
- Goa Dive Center.....8 B2
- H20 Tripper.....(siehe 7)
- Natural Health Centre.....9 B2

SCHLAFEN
- Alidia Beach Cottages.....10 B2
- Angela Guest House.....11 B5
- Angelina Beach Resort.....12 B3
- Casa Leyla.....13 B5
- Coco Banana.....14 B4
- Divine Guest House.....15 B1
- Gabriel's Guest House.....16 A6
- Garden Court Resort.....17 B4
- Hotel Golden Eye.....18 A6
- Hotel Linda Goa.....19 B3
- Johnny's Hotel.....20 B4
- Kerkar Retreat.....(siehe 39)
- Nanis Bar & Ranis Restaurant.....21 A1
- NV Guest House.....22 A5
- Pousada Tauma.....23 C4
- Villa Fatima Beach Resort.....24 B2

ESSEN
- A Reverie.....25 A6
- Bisque.....26 B1
- Britto's.....27 B2
- Citrus.....28 B2
- Copper Pot.....(siehe 23)
- Domingoes.....29 B2
- Fiesta.....30 B2
- Hotel Souza Lobo.....31 A4
- Infanteria Pastry Shop.....32 B4
- J&As Little Italy.....(siehe 26)
- Kaya.....33 A5
- Kebabs & Curries.....34 B6
- Lila Cafe.....35 B1
- O'jardim.....(siehe 19)
- Plantain Leaf.....36 B5
- Tibetan Kitchen.....37 B4
- Waves.....(siehe 39)

AUSGEHEN
- Mambo.....38 B2

UNTERHALTUNG
- Kerkar Art Complex.....39 B6
- Tito's.....40 B2
- Utopia.....41 A6

SHOPPEN
- Macky's Bazaar.....42 C1

VERKEHRSMITTEL & -WEGE
- Busbahnhof.....43 B4
- Hauptbusbahnhof.....44 C5

SONSTIGES
- Day Tripper Tours.....45 B6
- GTDC Calangute Residency.....46 A4
- Menezes Supermarket.....47 C5

MGM International Travels (☎ 2276249; 🕑 Mo–Sa 9.30–18.30 Uhr) ist ein nah gelegenes Reisebüro mit gutem Ruf.

Überall verstreut gibt es Wechselstuben, die Bargeld oder Reiseschecks tauschen, und die meisten zahlen auch auf Visa- und MasterCard Bargeld aus. Rund um die Uhr zugängliche Geldautomaten, die ausländische Kreditkarten akzeptieren, haben die ICICI- und UTI-Banken am Markt und die Centurion Bank, etwa 100 m südlich an der Hauptstraße.

Zahlreiche Internetcafés und viele Hotels bieten ihren Gästen die Möglichkeit, im Internet zu surfen. Der Standardtarif ist 30 Rs pro Stunde. Ein guter Tipp ist Edson's Cyber Café am Markt. In Baga empfiehlt sich das Internetcafé beim Angelina Beach Resort (S. 877).

Sehenswertes & Aktivitäten

Altantis Water Sports (☎ 9890047272) und **H2O Tripper** (☎ 2277907), in der Mitte des Strandes zwischen Calangute and Baga zu finden, bieten verschiedene Wassersportmöglichkeiten wie Parasailing (700–1500 Rs) und Jetskifahren (900 Rs/15 Min.) sowie Bootstouren an.

Das **Natural Health Centre** (☎ 2409275; 🕑 9.30–18 Uhr) hat mehrere Filialen in Goa, darunter eine im Biera Mar Resort in Calangute. Verschiedene ayurvedische Behandlungen, wie Massage (650 Rs/Std.), Fußreflexzonenmassage, Aromatherapie, Akupressur und Yoga gehören zum Standardprogramm. Auch verschiedene pflanzliche Arzneimittel und eine kostenlose Beratung von einem Arzt aus Kerala sind erhältlich.

Tauchgänge und -kurse veranstaltet das von Deutschen geleitete **Goa Dive Center** (☎ 9822157094; goadivecenter@rediffmail.com; Tito's Rd, Baga; 🕑 10–13 & 16–19 Uhr).

Auf dem Gebiet von Baga finden Samstagabends zwei Märkte statt, die echte Alternativen zum Markt in Anjuna sind. Details hierzu im Kasten auf S. 881.

Entspannten Kunstgenuss bietet der **Kerkar Art Complex** (☎ 2276017; www.subodhkerkar.com; 🕑 10–23 Uhr), in dem farbenfrohe Gemälde und Skulpturen des einheimischen Künstlers Dr. Subodh Kerkar ausgestellt sind. Hier gibt's auch ein gutes Restaurant (S. 878), ein Hotel (S. 877) und ein Open-Air-Auditorium, in dem klassische indische Konzerte gegeben werden (S. 879).

Geführte Touren

Day Tripper (☎ 2276726; www.daytrippergoa.com; 🕑 Okt.–Ende April 9–18 Uhr), mit seiner Zentrale im Süden von Calangute, ist einer der besten Tourveranstalter in Goa. Das Programm enthält ganz unterschiedliche Touren rund um Goa, darunter eine zu den Dudhsagar-Wasserfällen (S. 898) und solche, die aus Goa hinausführen, wie die nach Hampi und zum Rafting auf dem Kali in Karnataka.

GTDC-Touren (s. S. 861) können bei der **Calangute Residency** (☎ 2276024) am Strand gebucht werden.

Schlafen

Etwa 3 km entlang der Straße von Calangute nach Baga und an den kleinen Straßen zwischen Hauptstraße und Strand gibt es einige recht anständige Hotels, aber nur wenige davon mit Meerblick.

CALANGUTE

Budgetunterkünfte

Das südliche Calangute ist generell leiser und ländlicher als der nördliche Teil. Im Zentrum gibt es einige gute Übernachtungsmöglichkeiten auf der so genannten „Golden Beach Rd.“, die parallel zum Strand verläuft.

Coco Banana (☎ 2279068; www.cocobananagoa.com; DZ 450–650 Rs, Mitte Dez.–Mitte Jan. 900 Rs) Walter und Marina, ein sehr hilfsbereites goanisch-schweizerisches Paar, führt hier ein strenges Regiment. Die um einen ruhigen Hof herum verteilten Zimmer sind picobello und sicher. Da das Coco Banana oft ausgebucht ist, bietet sich alternativ die Übernachtung in ihrem zweiten Hotel, dem Casa Leyla an.

Casa Leyla (☎ 2279068; DZ 450–600 Rs, um Weihnachten 1500 Rs) Gehört denselben Leuten wie das Coco Banana. Ein zweistöckiges Apartmenthaus in einer ruhigen Gegend in Strandnähe mit blitzsauberen Zimmern.

Garden Court Resort (☎ 2276054; mataraul@netcracker.com; Budgetzi. 300–350 Rs, großes Zi. 500–800 Rs; ❄) Von einer gegenüber Travellern freundlichen Familie geführtes hübsches altes Häuschen mitten im Geschehen. Beim Kreisverkehr am Anfang der Straße von Calangute nach Baga. Einige Zimmer haben Klimaanlage und eines hat eine kleine Küche.

NV Guest House (☎ 2279749; Budgetzi. 150–200 Rs, Zi. im 1. St. 400 Rs) Südlich vom Zentrum Calangutes. Eine einfache Herberge in toller Lage ganz nah beim Strand, die von einer freundlichen Familie geleitet wird.

Gabriel's Guest House (☎ 2279486; DZ 300–600 Rs; ❄) Liegt an einer kleiner Straße, auf halbem Weg zum Strand. Das Gabriel's ist eine fröhliche Familienherberge mit makellosen Zimmern (eines mit Klimaanlage), die alle Balkone haben. Das im Terrassenrestaurant servierte goanische und italienische Essen ist exzellent.

Johnny's Hotel (☎ 2277458; johnnys_hotel@yahoo.com; EZ/DZ ab 250/300 Rs, DZ Weihnachten 800 Rs) Das Johnny's liegt nahe am Strand an einer der ersten Nebenstraßen, wenn man vom Kreisverkehr am Anfang der Straße von Calangute nach Baga Richtung Norden fährt. Es gibt eine Vielzahl von sauberen Zimmern in dieser alteingesessenen Pension. Auf dem Dach werden Hatha Yoga, Massagen und Reiki-Sessions veranstaltet.

Angela Guest House (Golden Beach Rd; 150 Rs) Eine der günstigsten Pensionen im Familienbetrieb mit einfachen Doppelzimmern.

Mittel- & Spitzenklassehotels

Kerkar Retreat (☎ 2276017; www.subodhkerkar.com; DZ 1500 Rs) Eine reizvolle, zum Kerkar Art Complex gehörende luxuriösere Pension mit fünf Designerzimmern, einer kleinen Bibliothek, privater Terrasse und Gemeinschaftsküche. Auch ayurvedische Massagen werden angeboten.

Hotel Golden Eye (☎ 2276187; DZ ohne/mit Klimaanlage 650/800 Rs, Deluxe DZ 2000 Rs; ❄) Ein mediterranes Hotel direkt am Strand am Ende der Holiday St. Die luxuriösen Zimmer sind sehr schön eingerichtet, aber ziemlich teuer.

Pousada Tauma (☎ 2279061; www.pousada-tauma.com; Suite 11 500 Rs; ❄ 💻 🏊) Das Haus aus Lateritstein hat eine Reihe geschmackvoll und thematisch sehr unterschiedlich eingerichteter, geräumiger Suiten. Allein die exzellente goanische Küche im Restaurant Copper Pot ist einen Besuch wert. Zudem sind verschiedene Ayurveda-Behandlungen buchbar.

BAGA

Budgetunterkünfte

Angelina Beach Resort (☎ 2279145; angelinabeachresort@rediffmail.com; DZ ohne/mit Klimaanlage 500/650 Rs; ❄ 💻) Eine gute, von einer Familie geführte Pension mit großen, sauberen Zimmern. Liegt etwas abseits der kleinen Straße, die zu Tito's führt, ist daher angenehm ruhig.

Divine Guest House (☎ 2279546; divinehome@satyam.net.in; DZ 400–500 Rs) Eine freundliche Pension, die am anderen Ufer des Baga in einer ruhigen Gegend liegt. Die Zimmer sind tiptop sauber und hübsch gestrichen (einige mit Kühlschrank).

Nani's Bar & Rani's Restaurant (☎ 2276313; Zi. 250–600 Rs) Das alte portugiesische Haus ist ebenfalls auf der anderen Seite des Baga zu finden und hat einige einfache, rustikale Zimmer. Es gibt einen schönen Garten und das Essen wird auf der Veranda serviert.

Villa Fatima Beach Resort (☎ 2277418; fatimavi@sancharnet.in; DZ ohne/mit Klimaanlage ab 300/500 Rs; ❄) Etwas abseits der Straße von Calangute nach Baga liegt diese gut geführte und bei Backpackern sehr beliebte Anlage. Im Innenhof gibt's ein Restaurant und einen Fernsehbereich. Von der Rückseite aus ist man schnell am Strand.

Mittel- & Spitzenklassehotels

Alidia Beach Cottages (☎ 2276835; alidia@rediffmail.com; Bungalow 500–800 Rs, Suite 1200 Rs; ❄) Das lebhafte Hotel liegt hinter der weiß getünchten Kirche. Sehr gepflegte Zimmer und Bungalows, die zum Strand blicken. Zudem gibt's zwei schicke Suiten mit Klimaanlage.

Hotel Linda Goa (☎ 2276066; www.hotellindagoa.com; DZ ohne/mit Klimaanlage 550/850 Rs; ❄ 🏊) Dies ist eines der bei Pauschalurlaubern beliebten Hotels an der Hauptstraße, die außerhalb der Hauptsaison recht preiswert sind. Das Hotel hat einen Pool, eine Bar und das empfehlenswerte Gartenrestaurant O'jardim.

Nilaya Hermitage (☎ 2276793; www.nilayahermitage.com; DZ inkl. Frühstück & Abendessen 280 US$; ❄ 💻 🏊) Das Nilaya Hermitage liegt relativ abgelegen auf Arporas Hügelseite (etwa 4 km nordöstlich von Calangute). Dank der phantasievoll gestalteten Suiten und der recht ausgefallenen Einrichtung ist das Hotel bei gut betuchten Goa-Reisenden sehr beliebt. Im Zimmerpreis ist der Transfer vom/zum Dabolim Airport enthalten.

Essen

Calangute und Baga rühmen sich, mit das beste Essen in Goa zu bieten. Es gibt buchstäblich Hunderte kleiner Restaurants – und mit einem kühlen Bier und einem Teller Meeresfrüchte vor sich von einem der vielen Bambus-Beach Shacks aus den Sonnenuntergang zu beobachten, ist ein echtes Highlight.

CALANGUTE

After Eight (☎ 2279757; ½74B Gaura Vaddo; Hauptgerichte 195–260 Rs; ⏰ 18.30–23 Uhr) Dieses von Kerzen beleuchtete Gartenrestaurant mit Cocktailbar ist eines der besten in Candolim. Der Gastgeber ist freundlich und die europäische Küche vielseitig und originell. Die Mousse au Chocolat schmeckt göttlich und die Weinkarte kann sich sehen lassen.

Waves (☎ 2276017; Hauptgerichte 60–130 Rs; ⏰ 10–14.30 & 18.30–23 Uhr) Eine an den Kerkar Art Complex angeschlossene Restaurant-Bar mit entspannter Atmosphäre. Die ansprechende Karte reicht von traditionellen goanischen bis zu westlichen Gerichten, darunter ein Pfeffersteak mit Brandysoße.

Kaya (Golden Beach Rd; Hauptgerichte 50–150 Rs; ⏰ 9–21 Uhr) Ein sehr hübsches Café, das von der japanischen Auswanderin Sachiko und ihrer indischen Familie geführt wird. Hier gibt's leckere japanische Spezialitäten wie gebratenes Hühnchen und *okonomiyaki* (eine Art würziger Pfannkuchen).

A Reverie (☎ 3114661; Holiday St; Hauptgerichte 200–300 Rs; ⏰ 18–24 Uhr) Ein weiterer Teilnehmer im Wettbewerb um das hippste Design. Das Gartenlokal serviert leckere Meeresfrüchte und westliche Gerichte im stilvollen Ambiente.

Kebabs & Curries (☎ 2275931; Hauptgerichte 75–130 Rs; ⏰ 18–23 Uhr; ❄) Liegt im südlichen Calangute etwas abseits der Hauptstraße und ist in dieser Gegend eines der wenigen Restaurants, das gute nordindische Gerichte serviert.

ETWAS BESONDERES

Fiesta (☎ 2279894; Tito's Rd; Hauptgerichte 155–295 Rs; ⏰ Mi–Mo 19–24 Uhr) In diesem gegenüber dem Tito's gelegenen Gartenlokal mit seiner sanften Beleuchtung, dem Meeresblick und den in silberner Seide eingebundenen Speisekarten hat man das Gefühl, als ob man auf die Balearen versetzt worden wäre. Das Essen enttäuscht ebenfalls nicht: Die hausgemachte Pasta und die Pizzas sind eine Wucht. Auch das Rinderfilet mit Sojamarinade und Shiitake-Pilzen ist sehr lecker. Nicht gehen, bevor man eines der köstlichen Desserts probiert hat.

Hotel Souza Lobo (☎ 2276463; die meisten Hauptgerichte 50–140 Rs) Ein seit langem beliebtes Restaurant mit Blick auf den Hauptstrand. Die Qualität der Fischgerichte und Meeresfrüchte ist kaum zu überbieten. Die Riesengarnelen kosten 490 Rs.

Noch mehr Empfehlungen:

Infanteria Pastry Shop (50–100 Rs; ⏰ 7–24 Uhr) Nahe des Kreisverkehrs im Zentrum von Calangute.

Tibetan Kitchen (Hauptgerichte 70–110 Rs; ⏰ 18–22.30 Uhr) Etwas versteckt an der Straße zum Strand.

Plaintain Leaf (Hauptgerichte 50–100 Rs; ⏰ 7.30–23 Uhr) Bestes vegetarisches indische Restaurant weit und breit.

BAGA

Lila Café (☎ 2279843; Hauptgerichte 60–180 Rs; ⏰ 8.30–18.30 Uhr) Die deutsche Bäckerei mit dem super relaxten Café in einem friedlichen Garten auf der anderen Seite des Baga River ist eines der besten Frühstückscafés in Goa (20–100 Rs) – aber auch das Mittagessen ist nicht zu verachten.

Bisque (☎ 2282364; Hauptgerichte 115–285 Rs, Pizza ab 155 Rs; ⏰ 19–23 Uhr) Das elegant eingerichtete, aber trotzdem gemütliche Restaurant mit Freiluftbereich am Baga bietet tolle französische Küche und einige klassisch italienische Gerichte.

J&A's Little Italy (☎ 2282364; Hauptgerichte 115–285 Rs; Pizza ab 155 Rs; ⏰ 19–23 Uhr) Direkt neben dem Bisque und wird von denselben Leuten betrieben. Ein alteingesessenes Restaurant, dessen authentische italienische Küche einen guten Ruf hat.

Citrus (Tito's Rd; Hauptgerichte 50–140 Rs; ⏰ 18–23 Uhr; ❄) Das in der Nähe von Tito's gelegene moderne vegetarische Restaurant europäischer Prägung serviert moderne, phantasievolle Gerichte wie *mezzes*, Pastasalate, Risotto und reichhaltige Desserts.

Domingoes (Tito's Rd; Hauptgerichte 80–100 Rs; ⏰ 18.30–23 Uhr) Ein einfaches Lokal mit Palmenblattdach. Hier gibt es ausgezeichnete hausgemachte Pasta, und die Beefsteaks gehören zu den besten, die man in Calangute kriegen kann (135 Rs).

Britto's (Hauptgerichte 50–150 Rs; ⏰ 8–24 Uhr) Eines der ältesten Strandlokale in Baga. Bietet leckere goanische und kontinentale Gerichte, köstliche Kuchen und Desserts. Montag und Donnerstag abends trällert Livemusik.

Ausgehen

Tito's (☎ 2275028; www.titosgoa.com; Tito's Rd; Eintritt 300 Rs; ⏰ 18–3 Uhr) Hier versammelt sich Indiens gut aussehende Jugend, um zu sehen und gesehen zu werden. Das Tito's ist schon lange Mittelpunkt der nächtlichen Aktivitäten rund um diesen Strandabschnitt. Abgesehen vom Club gehören zum Tito's noch eine elegante Freiluftbar und das etwas näher am Strand liegende lebhafte Mambo's.

Club Cubana (☎ 2279799; www.clubcubana.net; Frauen/Männer 399/499 Rs; Fr–So 21–4 Uhr;) Der schicke Club konkurriert nächtens mit dem Tito's um die Gunst der Trinkfreudigen. Für den Eintrittspreis kann man trinken, so viel man möchte. Der Club hat eine imposante Hügellage. Badehose nicht vergessen, denn hier gibt's sogar einen Swimmingpool.

Utopia (☎ 2282901; Eintritt 250 Rs; 11–3 Uhr) Wer's etwas intimer mag, für den ist dieser neue, elegante Club in der Nähe des Strandes im Süden Calangutes mit seinen Pooltischen das Richtige.

Kerkar Art Complex (☎ 2276017; www.subodhkerkar.com; 10–23 Uhr) Hier gibt's dienstags um 18.45 Uhr Open-Air-Aufführungen klassischer indischer Musik und Tänze (300 Rs).

An- & Weiterreise

Vom Busbahnhof, der gegenüber vom Hauptmarkt liegt, fahren regelmäßig Busse nach Panaji (7 Rs, 45 Min.) und Mapusa (6 Rs). Einige Betreiber stoppen auch an der Bushaltestelle in der Nähe des Tempels. Ein Taxi von Calangute oder Baga nach Panaji kostet 150–200 Rs und braucht etwa 30 Minuten. Der Prepaid-Taxi-Service vom Dabolim Airport nach Calangute kostet etwa 530 Rs.

ANJUNA

Das wegen des mittwochs hier stattfindenden Flohmarkts (s. S. 881) in ganz Goa berühmt-berüchtigte Anjuna ist noch immer ein beliebter Treffpunkt für Backpacker, Raver aus Europa, Althippies und zunehmend auch betuchtere Touristen, die die komfortablen neuen Hotels genießen. Das Dorf erstreckt sich über eine recht große Fläche und ist verglichen mit Calangute und Baga noch immer sehr ländlich.

Orientierung & Praktische Informationen

In Anjuna gibt es drei klar voneinander getrennte Gebiete: die Hauptkreuzungen mit dem Busbahnhof, von wo aus Pfade zum Strand führen, der hintere Teil des Dorfs mit der Post und den Kramläden und das Gebiet rund um den Flohmarkt, ein paar Kilometer weiter südlich.

Internetzugang bieten u. a. das Manali Guest House (s. unten) und die Villa Anjuna (s. S. 880), für jeweils 40 Rs pro Stunde. Am Strand in der Nähe des White Negro ist ebenfalls ein Internetcafé.

Die **Bank of Baroda** (9.30–13.30 Uhr) zahlt auf Visa und MasterCard Bargeld aus. Geldautomaten gibt es hier nicht; die nächsten sind in Baga.

Zu den Reisebüros, bei denen man Weiterreisen buchen, Flüge bestätigen und Geld wechseln kann, gehören **MGM Travels** (☎ 2274317; an der Straße von Anjuna nach Mapusa; Mo–Sa 9.30–18 Uhr) und **Kwick Travels** (☎ 2273477; Manali Guest House; 9–21 Uhr).

Aktivitäten

Das alteingesessene **Purple Valley Yoga Centre** (www.yogagoa.com; Hotel Bougainvillea) bietet von November bis April einige Asthanga-, Hatha- und Pranayama-Yogakurse sowie Meditations-Kurse an, die man ohne Voranmeldung besuchen kann. Das spirituelle Zentrum in Assagao, 3 km ostwärts Richtung Margao, bietet mehrtägige Kurse (mit Übernachtung) an.

Von der Landzunge am südlichen Ende des Strands aus besteht die Möglichkeit zum **Paragliding**, im Normalfall aber nur am Markttag.

Schlafen

Viele Restaurants und Privathäuser vermieten auch Zimmer. Einfach nachfragen und nach Schilder mit der Aufschrift „To Let" Ausschau halten. Viele dieser Häuser findet man auf den Nebenstraßen, die zum Flohmarkt führen. Wer vor dem 15. Dezember anreist, sollte problemlos eine Unterkunft für längere Zeit finden.

BUDGETUNTERKÜNFTE

Manali Guest House (☎ 2274421; manalionline@siffy.com; Zi. mit Gemeinschaftsbad 100–150 Rs;) Zentral gelegene Pension mit einfachen, preiswerten Zimmern (oft ausgebucht), einem Buchladen und einem Reisebüro.

White Negro (☎ 2273326; dsouzawhitenegro@rediffmail.com; DZ 500 Rs, um Weihnachten 800 Rs) Bietet einige der saubersten Zimmer (mit TV, Safe und Heißwasser) dieser Preisklasse in An-

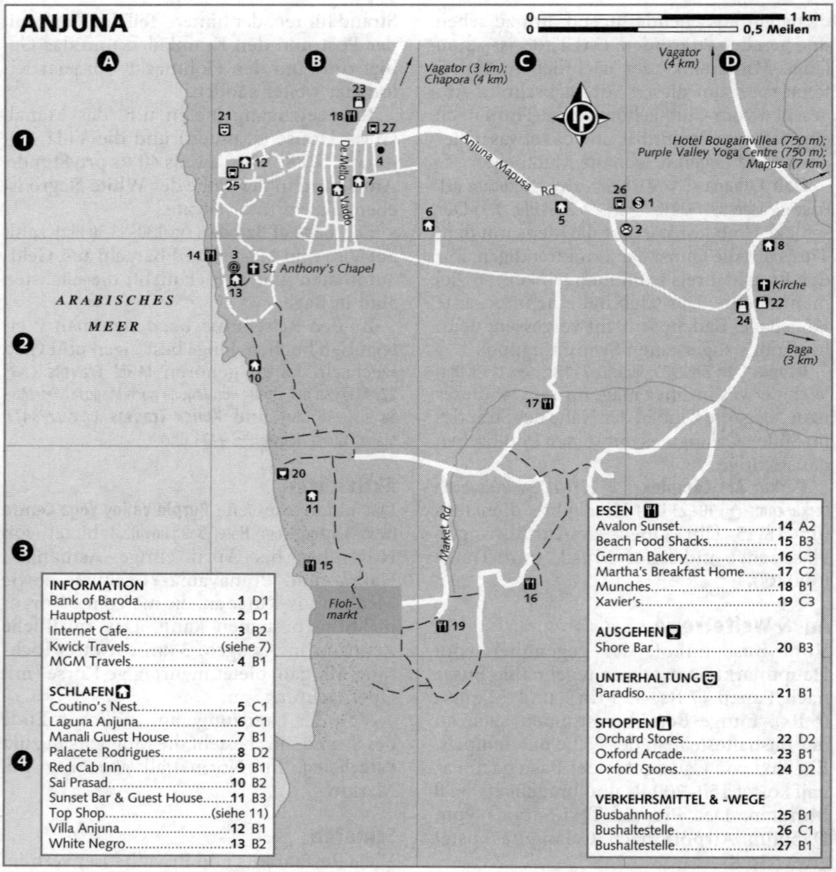

juna. Zum White Negro gehört auch ein gutes Gartenrestaurant.

Sai Prasad (☎ 2274232; DZ 350–500 Rs; 💻) Eine Pension mit entspannter Atmosphäre direkt am Strand. Hat einfache Zimmer mit warmen Duschen, Hängematten und ein gutes Restaurant.

Coutino's Nest (☎ 2274386; shaldon_555@yahoo.co.in; DZ mit Gemeinschaftsbad/eigenem Bad 200/350 Rs; ❄) Von einer freundlichen Familie geführte, gepflegte Pension mit sechs Zimmern an der Straße nach Anjuna. Schöne Dachterrasse. Ein Zimmer hat eine Klimaanlage (1000 Rs).

Auf halber Strecke zum Strand sind auch eine Reihe ganz anständige Unterkünfte zu finden:

Sunset Bar & Guesthouse (☎ 2273917; DZ 200–300 Rs)
Top Shop (☎ 2274484; DZ 250–400 Rs)

MITTEL- & SPITZENKLASSEHOTELS

Villa Anjuna (☎ 2273443; www.anjunavilla.com; DZ 500–750 Rs, mit Klimaanlage 1040 Rs; ❄ 💻 🏊) In erstklassiger Lage an der Hauptstraße zum Strand. Ein freundliches Hotel mit gemütlichen Zimmern, die um einen Swimmingpool herum angeordnet sind (für 100 Rs dürfen auch Nicht-Gäste in den Pool springen). Zum Haus gehört ein recht nettes Café.

Hotel Bougainvillea (☎ 273271; granpas@hotmail.com; DZ/Suite inkl. Frühstück & Steuer ab 950/1950 Rs; ❄ 💻 🏊) Das auch als Granpa's Inn bekannte Hotel der gehobenen Kategorie bietet eine relaxte, etwas altmodische Atmosphäre.

Die Zimmer sind komfortabel. Ein Garten lädt zum Flanieren ein, das Purple Valley Yoga Centre (s. S. 879) zum Meditieren.

Red Cab Inn (☎ 2274427; redcabinn@rediffmail.com; De Mello Vaddo; DZ 400–700 Rs) Das Ansprechendste an dem ruhigen Hotel sind die schönen und teilweise recht ungewöhnlich gestalteten Zimmer und Bungalows. Die auf zwei Ebenen verteilten Zimmer sind prima für Familien. Und wer auf eine romantische Sternennacht aus ist, sollte das mit Kuppeldecke und blauen Lichtern geschmückte Zimmer buchen!

Palacete Rodrigues (☎ 2273358; Zi. 550–850 Rs; ❄) Ein etwas dunkel wirkendes, um einen Hof herum gebautes Haus im Kolonialstil, das von einer Familie geführt wird. Die Doppelzimmer sind geräumig und mit antiken Möbeln eingerichtet. Die Suite mit Klimaanlage (850 Rs) ist ein echtes Schnäppchen.

Laguna Anjuna (☎ 2273248; www.lagunaanjuna.com; Suite ab 125 US$; ❄ 💻 🏊) Raffiniert gestaltete Bungalows aus Lateritstein sorgen in diesem gut geführten Hotel in ruhiger Lage für ein gemütliches Quartier.

Landeinwärts liegt Martha's Breakfast Home (s. rechts), dessen Zimmer (600 Rs) und kleine Häuschen (1000 Rs) man sich ansehen sollte.

Essen

In Anjuna gibt's ein paar Beach Shacks am südlichen Ende des Strands (in der Nähe des Flohmarkts), eine Handvoll Restaurants mit Strandblick entlang des Wegs vom Busbahnhof aus und einige erfrischend andere Lokale im Dorf.

Martha's Breakfast Home (Frühstück 50–100 Rs; 🕒 7.30–15 Uhr) Ein toller Ort, um den Tag zu beginnen: mit köstlichen Pfannkuchen, Omelettes, frischem Brot und verschiedenen Säften – alles in einem schönen, schattigen Garten oder auf der Veranda serviert. Martha's vermietet auch Zimmer.

German Bakery (30–100 Rs; 🕒 7–23 Uhr) Noch ein Stück weiter auf der Straße Richtung Flohmarkt. Hier gibt es Käutertees, Espresso und frisches Brot. Ideal, um ein wenig zu entspannen.

Xavier's (Hauptgerichte 150–350 Rs; 🕒 19–23 Uhr) Liegt etwas versteckt hinter dem Gebiet des Flohmarkts. Das Xavier's ist eines der besten Fischrestaurants in Anjuna.

Munche's (🕒 24 Std.) Das weithin auch als Munchies Corner bekannte Lokal ist ein gemütliches Café mit einer Saftbar, das in den frühen Morgenstunden viel Partyvolk anzieht.

Auf dem staubigen Pfad, der vom Busbahnhof zum Strand führt, gibt es noch einige andere Lokale. Das **Avalon Sunset** (Hauptgerichte 50–150 Rs; 🕒 7–23 Uhr) ist eine guter Ort, um den Sonnenuntergang zu betrachten. Hier gibt's ganz anständige Tandoori- und Fischgerichte.

BUNTES MARKTTREIBEN IN GOA

Der immer größer werdende Mittwoch-Flohmarkt von Anjuna ist nicht nur ein Eldorado für Souvenirjäger, sondern ein Highlight jedes Goa-Besuchs! Auf dem berühmten Multikulti-Markt treffen Händler aus Tibet und Kaschmir, farbenfroh gekleidete Gujarati- und Lamani-Stammesfrauen, Althippies aus den 1960er-Jahren (ja, es gibt sie noch!) und Traveller aus der ganzen Welt aufeinander. Hier gibt's alles, was das Herz begehrt: Secondhandbücher, Tattoos, Massagen oder Haarschnitte – und ein endloses Durcheinander von Ständen, die Schmuck, Schnitzereien, T-Shirts, Sarongs, Chillums und Gewürze verkaufen. Hartnäckiges Handeln ist unbedingt nötig, denn die gewitzten Händler setzen bei unerfahrenen Touris die Preise erstmal ziemlich hoch an.

Auch findet man jede Menge gutes Essen aus Indien und der westlichen Welt sowie einige nette Bars – und wem das Treiben zuviel wird, der geht einfach hinunter zum Strand. Die beste Besuchszeit ist frühmorgens (der Markt beginnt gegen 8 Uhr) oder am späten Nachmittag (etwa um 16 Uhr). Ein Besuch am Nachmittag empfiehlt sich, wenn man hier den Sonnenuntergang erleben und später zu einer Party in die Shore Bar (S. 882) gehen möchte.

Der Markt von Anjuna kann total überwältigend sein. Wer es etwas ruhiger mag, geht auf einem der Samstagsmärkte in der Nähe von Baga (S. 874), wo neben den üblichen Handarbeits-, Schmuck-, Klamotten- und Essensständen auch Unterhaltung geboten wird. **Ingo's Night Bazaar**, auf dem Arpora Hill, auf halber Strecke zwischen Baga und Anjuna, ist gut organisiert und bietet eine bunte Mischung aus indischen und westlichen Ständen. **Macky's Bazaar**, am Baga, ist ein kleinerer, von Goanern geführter Basar. Beide sind von etwa 18 Uhr bis Mitternacht geöffnet.

Alles, was die Auswanderergemeinde aus dem Westen braucht, findet sie in den Oxford und Orchard Stores, die im Dorf einander gegenüberliegen, oder in der Oxford Arcade, etwas näher beim Strand. Dort gibt's vom Brot bis zum importierten Käse alles, was das Heimweh von Travellern fern der Heimat etwas lindern kann.

Ausgehen & Unterhaltung

Shore Bar (⌚ 7.30–24 Uhr) Noch immer ein beliebter Ort, um ein paar kühle Biere zu schlürfen und dabei der Sonne beim Untergehen zuzusehen. Am Markttag findet hier normalerweise ab Sonnenuntergang eine Party statt.

Paradiso (Frauen/Männer Freier Eintritt/200 Rs; ⌚ Mi, Fr & Sa 22–4 Uhr) Hinter einem von Mauern umgebenen Eingang liegt Goas größter Club – ein wahrer Trance-Tempel, der in einer beeindruckenden Folge von Tanzflächen und Bar-Terrassen zum Meer hin abfällt. Während der Saison legen hier Top-DJs wie Goa Gil auf.

An- & Weiterreise

Etwa einmal pro Stunde fahren Busse von Mapusa nach Anjuna (6 Rs). Sie halten am Ende der Straße, die zum Strand führt, und fahren dann nach Vagator und Chapora weiter. Einige fahren sogar bis nach Arambol. Die anderen zwei Bushaltestellen, etwas weiter landeinwärts, sind nur zum Aussteigen. An den zentralen Straßenkreuzungen tummeln sich massenhaft Motorradtaxis. Hier kann man auch leicht Motorroller und Motorräder mieten.

VAGATOR & CHAPORA

Obwohl die Strände von Vagator klein und felsig sind (Chapora hat keinen Strand), ist dies eines der schönsten und interessantesten Gebiete an der Küste Nord-Goas. Zudem ist dies seit langem die angesagteste Location für die Rave-Partys unter freiem Himmel, die die Partyszene von Goa berühmt gemacht haben. Ein großer Teil der bewohnten Gebiete versteckt sich unter einem Dach dichter Kokospalmen und das Dorf Chapora wird von einem felsigen Hügel dominiert, auf dem die Ruine einer alten portugiesischen Festung steht.

Die Hauptstrände von Vagator liegen in westlicher Richtung zum Arabischen Meer hin, aber überall auf der Nordseite dieser felsigen Landzunge verstecken sich abgeschiedene, sandige Buchten.

Praktische Informationen

An der Hauptstraße von Chapora gibt's kleine STD/ISD-Shops, von wo aus man ins In- und Ausland telefonieren kann. **Soniya Travels** (☎ 2273344; Chapora; ⌚ 9–23 Uhr) ist ein gutes Reisebüro. Hier besteht die Möglichkeit, Fahrten zu buchen, Geld zu wechseln, und im Internet zu surfen (50 Rs/Std.).

Der **Rainbow Bookshop** (⌚ 9–2 Uhr) gegenüber vom Primrose Café in Vagator hat eine gute Auswahl an neuen und Secondhandbüchern. Internetzugang gibt's an mehreren Orten. Einfach mal bei Jaws, dem Mira Cybercafé oder dem Bethany Inn (s. gegenüber) vorbeischauen. Alle haben täglich von etwa 9 Uhr bis Mitternacht geöffnet und berechnen 50 Rs pro Stunde.

Sehenswertes

Auf der felsigen Landzunge, die Vagator von Chapora trennt, steht die Ruine einer portugiesischen **Festung** von 1617. Es lohnt sich, dort hinauf zu klettern (am leichtesten geht dies von der Vagator-Seite aus), um einen Blick auf die Küste zu werfen.

Schlafen

Wer länger bleiben möchte, findet für etwa 50 Rs pro Nacht in einem Privathaus sicher ein einfaches Zimmer (mit Gemeinschaftsbad). Dazu in den Budgethotels nach Empfehlungen fragen.

VAGATOR

Dolrina Guest House (☎ 2274896; dolrina@hotmail.com; DZ mit Gemeinschaftsbad/eigenem Bad 270/500 Rs) Eine freundliche, von einer Familie geführte Pension mit einer guten Auswahl an einfachen Zimmern. Auf der Rückseite des Hauses gibt's einen Garten und ein Café.

Jolly Jolly Lester (☎ 2273620; www.hoteljollygoa.com; EZ/DZ 300/400 Rs, DZ mit Klimaanlage 800 Rs; ❄) Außer dieser freundlichen Pension leitet dieselbe Familie auch noch das **Jolly Jolly Roma** am Pfad nach Little Vagator (EZ/DZ 300/400 Rs, DZ mit Klimaanlage 800 Rs; ❄) mit schicken, verwinkelten Zimmern sowie ihre erste Pension, das **Julie Jolly** (EZ/DZ 300/400 Rs, DZ mit Klimaanlage 800 Rs; ❄) in der Nähe des Primrose Café. Keine der drei Pensionen ist spektakulär ausgestattet, aber alle sind sauber und werden gut geführt.

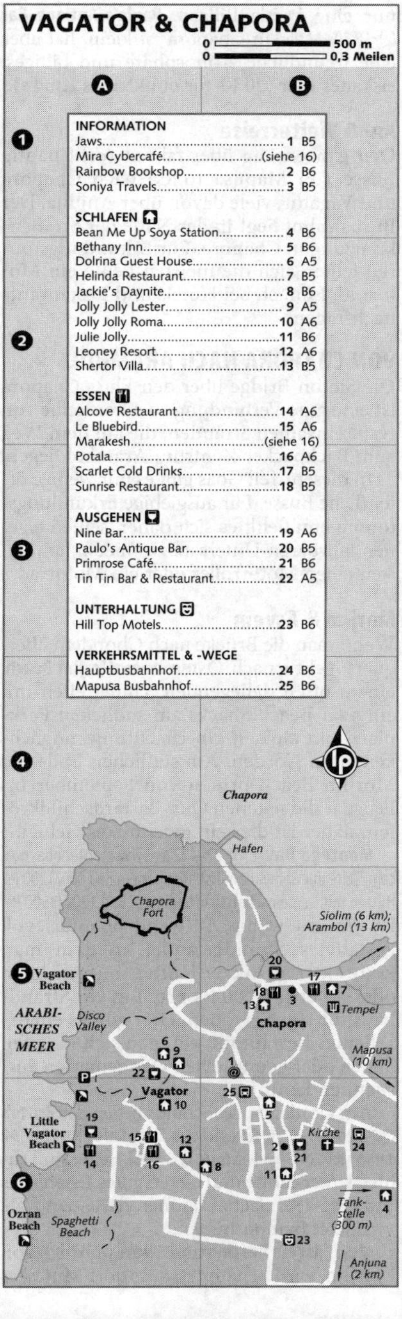

Bethany Inn (☎ 2273731; www.bethanyinn.com; DZ ab 400 Rs, Suite mit 2 Schlafzimmern 600 Rs; 💻) Die Pension hat eine gute Auswahl an geräumigen, sauberen Doppelzimmern – und je nach Auslastung und Saison sind die Preise verhandelbar.

Jackie's Daynite (☎ 2274320; melfordmele@yahoo.co.in; Ozran Beach Rd; Zi. 200–250 Rs, Weihnachten 650 Rs) Bietet tadellose, preiswerte Zimmer an einem kleinen Garten. Hinzu kommt ein alteingesessenes Restaurant mit Bar.

Bean Me Up Soya Station (☎ 2273479; DZ mit Gemeinschaftsbad/eigenem Bad 350/550 Rs) Das bekannte Tofu-Restaurant hat preisgünstige, fröhliche, nach unterschiedlichen Themen eingerichtete Zimmer (s. unten). Eine prima Familienunterkunft mit eigenem Spielbereich für Kinder.

Leoney Resort (☎ 2273634; Fax 2274914; Ozran Beach Rd; DZ/Bungalow 1500/2000 Rs; 🏊) In der gehobenen Preisklasse die beste Wahl: Eine von einer Familie geführte Ferienanlage mit sehr ansprechenden Zimmern und luftigen Bungalows, die um einen einladenden Pool herum gebaut sind.

CHAPORA

Shertor Villa (☎ 2274335; DZ mit Gemeinschaftsbad/eigenem Bad 150/300 Rs) Ein Haus mit ewa 20 einfachen Zimmern (bei längerem Aufenthalt gibt's Rabatt), von denen nur drei ein eigenes Bad haben. Wenn keiner da ist, gegenüber im Restaurant Noble Nest nachfragen.

Helinda Restaurant (☎ 2274345; EZ/DZ mit Gemeinschaftsbad 150/200 Rs, DZ mit eigenem Bad 250–300 Rs) Saubere Zimmer und eine lockere Atmosphäre. Die Zimmer im Helinda gehören zu den besten in Chapora – und deshalb ist es oft voll.

Essen

VAGATOR

Die besten Restaurants der Gegend gibt's in Vagator.

Bean Me Up Soya Station (☎ 2273479; Hauptgerichte 120–150 Rs; 🕑 12–23 Uhr) Liegt auf dem Weg zur Tankstelle in Anjuna und ist der definitive Ort für deftige vegetarische Küche, darunter vor Ort hergestelltes Tofu und Tempeh. Außerdem gibt's eine Saftbar und zweimal im Monat Livemusik. Bietet preisgünstige Zimmer (s. oben).

Le Bluebird (☎ 2273695; Hauptgerichte 100–280 Rs; 🕑 9.30–14 & 19.30–23 Uhr) Dieses Gartenrestaurant mit französischem Chef ist eines der besten der Gegend. Auf der Karte stehen Gerichte wie Ratatouille (100 Rs) und Bouillabaisse (70 Rs). Es gibt ein gutes Frühstücksmenü, eine Auswahl an vegetarischen Gerichten und flaschen- oder glasweise verkaufte Importweine (hinzu kommen ein paar ganz anständige indische).

Alcove Restaurant (Hauptgerichte 65–120 Rs; 🕙 8–23 Uhr) Das richtige Lokal für filmreife Sonnenuntergänge liegt praktischerweise nicht weit von der Nine Bar. Serviert wird hier der übliche Mischmasch an internationalen Gerichten.

Auch einen Besuch wert:

Potala (50–80 Rs; 🕙 12–24 Uhr) Hier gibt es tibetisches Essen wie *momos* (Klöße), *thukpa* (Nudelsuppe, 40 Rs) und Kräutertees.

Marakesh (Hauptgerichte 100–150 Rs; 🕙 12–24 Uhr) Goas einziges marokkanisches Restaurant bietet Couscous, Kofta und orientalische Musik.

CHAPORA

Entlang der Haupstraße von Chapora finden sich einige kleinere Restaurants, darunter das **Sunrise Restaurant** (Hauptgerichte 40–70 Rs; 🕙 7–11 Uhr), wo es ein anständiges Frühstück und einfache Mittagsgerichte gibt, und **Scarlet Cold Drinks** (Säfte 20 Rs), der ultimative Ort für frische Säfte, Shakes und Müsli.

Ausgehen & Unterhaltung

Vagator ist das Zentrum der Partyszene von Goa. Es gibt mehrere alteingessene Bars und Clubs, und noch immer werden (in der Zeit von Weihnachten bis Neujahr) an Orten wie dem „Disco Valley" und dem „Spaghetti Beach" spontane Raves organisiert. Ein normaler Abend könnte etwa unter freiem Himmel in der Nine Bar beginnen – mit Blick auf den Little Vagator Beach. Dort beschallen bis 22 Uhr Trance- und House-Beats die brechend vollen Tanzflächen. Abhängig davon, wie streng die Ordnungshüter sind, zieht die Party dann weiter ins Primrose Café im hinteren Teil von Vagator. Überdacht von psychedelisch bemalten Bäumen spielt die Musik dann weiter bis 2 oder 3 Uhr früh.

Auch bei den Hill Top Motels finden oft Partys im Freien statt, die länger dauern als bis zur „musikalischen Sperrstunde" um 22 Uhr.

Im **Tin Tin Bar & Restaurant** (🕙 9–24 Uhr) in Vagator kann man gelegentlich akustische Livemusik hören – oder man spielt einfach nur eine Partie Billard. **Paulo's Antique Bar** (🕙 8.30–24 Uhr) in Chapora ist klein, hat aber eine freundliche Atmosphäre und billiges, eiskaltes Bier (20 Rs für ein kleines King's).

An- & Weiterreise

Den ganzen Tag über fahren recht häufig Busse von Mapusa (6 Rs) nach Chapora und Vagator, viele davon über Anjuna. Der Busbahnhof liegt in der Nähe der Straßenkreuzung in Chapora. Für Erkundungstouren leihen sich die meisten Leute ein Motorrad. Einfach bei Hotels und Restaurants nachfragen.

VON CHAPORA NACH ARAMBOL

Die Siolim Bridge über den Fluss Chapora ist eine gute Verbindung zu einer Reihe von recht einsamen Stränden, die auf dem Weg zum Backpacker-Zentrum Arambol liegen.

In diesem Teil Goas gibt es nur wenige öffentliche Busse. Für ausgiebige Erkundungstouren empfiehlt es sich daher, seinen eigenen fahrbaren Untersatz zu mieten, am besten einen Motorroller oder ein Motorrad.

Morjim & Asvem

Wenn man die Brücke nach Chopdem überquert, geht's nach Osten zum **Morjim Beach**, einem offen daliegenden Sandstreifen mit ein paar Beach Shacks am südlichen Parkplatz und einigen Übernachtungsmöglichkeiten im Norden. Am südlichen Ende der Morjim Beach brüten von September bis Februar die seltenen Oliv-Bastardschildkröten, daher ist dies ein geschütztes Gebiet.

Montego Bay (☎ 2244222; www.montegobaygoa.com; Zelte mit Gemeinschaftsbad/eigenem Bad 800/1200 Rs, Hütten mit Gemeinschaftsbad/eigenem Bad 1200/3500 Rs) ist ein mit wenig Aufwand phantasievoll gestaltetes Strandgelände, an dem man Zelte oder rustikale Hütten mieten kann oder ab etwa 2000 Rs pro Tag ein Strandhaus für vier Personen. Hier gibt es ein exzellentes Restaurant, wo man sich in tiefen Sitzen oder gemütlichen Hängematten entspannen kann.

Am Nordende des Strands liegen das **Britto's** (☎ 2244245; DZ 250 Rs) und das **Goan Café** (☎ 2246394; anthonylobo2015@yahoo.co.uk; DZ 300 Rs). Beide sind ruhige Unterkünfte und bieten gutes Essen. Das Britto's hat einfache Zimmer, das Goan Café vermietet Bambushütten.

Vom **Asvem Beach**, rund 1 km nördlich von Morjim, wird behauptet, dass dort Mitte der

Neunziger die erste Bambus-Strandhütte in Goa gebaut wurde. **Gopal's** (☎ 2247030; gopal@ingoa.com; Zi. & Hütten 200–250 Rs), einer dieser wegweisenden Orte, ist zu empfehlen, wenn man eine ruhige Unterkunft am Strand sucht.

Mandrem

Mandrem ist ein ruhiges Gebiet mit einem breiten Strand und einigen guten Unterkünften zwischen Kokosnusshainen. Mehrere Gruppen von Bambushütten stehen hier am Strand. Zu allen gehören Restaurants, die teilweise im Freien servieren, und Bars mit Blick aufs Arabische Meer. Eine der besten ist das **Dunes Holiday Village** (☎ 2297219; www.dunesgoa.com; Hütten/Bungalows 400/600 Rs), ein ruhiges Fleckchen mit strohgedeckten Hütten, Baumhäusern und Bungalows. Hier werden auch Hatha-Yoga und Massagen angeboten.

Am Ufer des Mandrem liegt die **River Cat Villa** (☎ 2297928; DZ 680–1500 Rs). Ein raffiniert gestaltetes portugiesisches Haus mit deutlich künstlerischem Touch. Die teureren Zimmer sind geräumig und schön eingerichtet, die billigsten teilen sich ein Gemeinschaftsbad. Die Villa ist eine der besten Pensionen nördlich von Calangute. Das zugehörige Restaurant, in dem auch kontinentale Gerichte serviert werden, ist ebenfalls gut.

ARAMBOL (HARMAL)

Schon seit vielen Jahren zieht es Traveller nach Arambol. Die einsame Lage und die vorspringende Landzunge mit ihren herrlichen Felsbuchten machen diesen Ort so attraktiv. So entstand eine aufblühende Tourismusbranche, die alle Wünsche der Besucher in puncto Freizeitaktivitäten und Unterkünfte erfüllt – und in der Hauptsaison sind der Strand und die Straße dorthin ziemlich überfüllt. Dennoch geht's in Arambol wesentlich ruhiger zu als südlich von Vagator. Die meisten Gäste sind preisbewusste Reisende, die eine Weile ausspannen möchten.

Der Hauptstrand ist prima zum Baden, doch die schöneren Buchten liegen auf der Landzunge. Bei Ebbe kann man an der Landzunge vorbeigehen und bis zum sehr einsamen **Querim Beach** laufen. Wer den Strand entlang nach Süden geht, kommt nach Mandrem (etwa 1 Std.).

Praktische Informationen

In Arambol gibt's Reisebüros (auch Geldwechsel), Internetcafés, Motorradverleih und andere Dienstleistungen. Die meisten liegen an der Hauptstraße, die zum nördlichen Ende des Strands führt.

ETWAS BESONDERES

Siolim House (☎ 2272138; www.siolimhouse.com; Standard/Luxus DZ inkl. Frühstück, Abendessen & Steuern 2900/3850 Rs;) Wer in einem ruhigen Nobelhotel entspannen und die Seele baumeln lassen möchte, für den ist diese herrlich restaurierte koloniale Villa im kleinen Dorf Siolim genau das Richtige. Auf zwei Stockwerken und im stilvollen Anbau, der um einen schattigen Hof errichtet wurde und in dem auch Mahlzeiten serviert werden, gibt's insgesamt sieben große Zimmer, teilweise mit auf antik gemachter Einrichtung. Die Preise sind inklusive Transfer vom/zum Dabolim Airport.

Aktivitäten

Arambol Paragliding (☎ 2292525; uwe@sify.com; Relax Inn) nimmt 1200 Rs für einen Tandemflug und bietet auch zertifizierte Kurse an (4–5 Tage; 8500 Rs).

Von November bis März finden auch **Bootstouren** zum Fischen oder Delphinbeobachten statt. Beim Relaxen am Strand lässt's sich kaum vermeiden, von den Bootsbetreibern angesprochen zu werden.

Kurse

Etwa 2 km südlich von Arambol ist das **Himalayan Iyengar Yoga Centre** (www.hiyogacentre.com; 5-Tage-Kurs 1800 Rs), das zwischen Ende November und Februar am Strand Hatha-Yoga-Kurse anbietet. Dies ist der Winterstandort der Dharamsala School.

Schlafen

Die wichtigste Unterkunftsmöglichkeit ist die kunterbunte Ansammlung von **Chalets** (DZ 200–400 Rs) an den Klippen der nördlich vom Hauptstrand gelegenen nächsten Bucht. Einige Zimmer sind recht einfach, aber viele verfügen bereits über ein eigenes Bad und fließendes Wasser. Der Blick auf das Meer und die geschützte Lage sind klasse. In der Nebensaison lassen sich sicher bessere Preise aushandeln, besonders wenn man länger bleibt. **Om Ganesh** (☎ 2297675) und **Sunny Guest House** (☎ 2297602) sind die zwei wichtigsten Anlaufstellen.

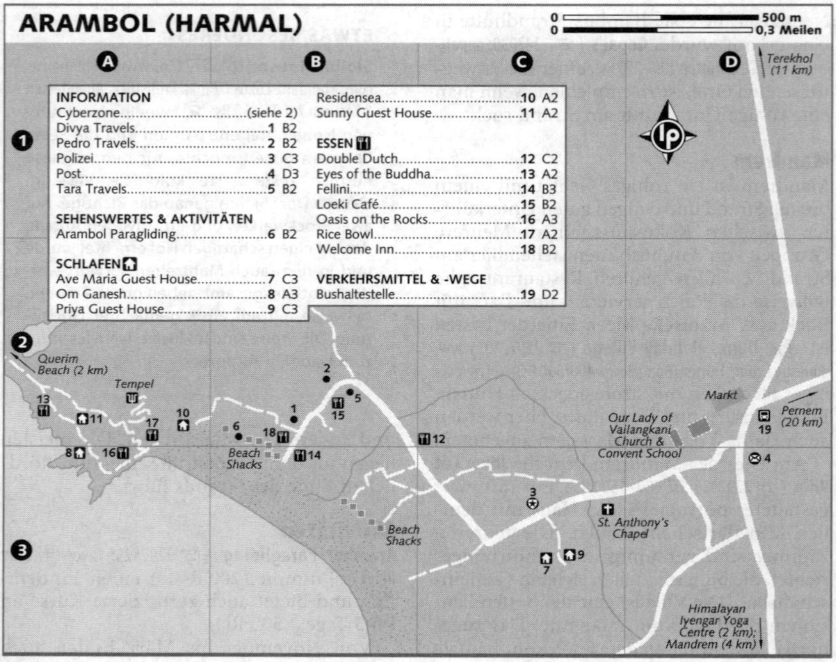

Residensea (☎ 2292413; pkresidensea_37@hotmail.com; Hütten 150–250 Rs) Eine hufeisenförmig um ein Restaurant herum angeordnete Gruppe einfacher, abschließbarer Bambushütten am nördlichen Ende des Strands.

Ave Maria Guest House (☎ 2297674; avemaria_goa@hotmail.com; B 30 Rs, DZ mit Gemeinschaftsbad/eigenem Bad 150/300 Rs; 💻) Eine alte, gediegene Pension, die von einer freundlichen Familie geführt wird und in einer ruhigen Gegend inmitten von Kokospalmen abseits des Strands liegt. Auf dem Dach befindet sich ein gutes Restaurant, wo man auf einer Matratze auch unter freiem Himmel schlafen kann. Gefiltertes Wasser ist kostenlos.

Priya Guest House (☎ 2292661; DZ mit Gemeinschaftsbad/eigenem Bad 100/150 Rs) Die Pension nebenan ist bei Travellern wegen ihrer günstigen, sauberen Zimmer und des freundlichen Cafés beliebt.

Essen

Den Hauptstrand entlang stehen mehrere Beach Shacks, die Meeresfrüchte und Bier anbieten – die Speisekarten und Preise unterscheiden sich kaum. Die meisten anderen Orte, an denen man essen und trinken kann, liegen an der lebhaften Straße, die zum Strand runter führt. Alle haben von der Frühstückszeit bis etwa 23 Uhr geöffnet. Abgesehen von den folgenden Lokalen lohnt auch ein Besuch bei Double Dutch, einem Künstlercafé im Freien, das für seinen Apfelkuchen berühmt ist.

Fellini (Hauptgerichte 60–135 Rs) Arambols Toprestaurant, das auf italienische Küche spezialisiert ist, hat eine gute Auswahl an Pizzas, Calzone und Pastas. Sehr lecker sind auch die Focaccia-Sandwiches (40–75 Rs).

Rice Bowl (Hauptgerichte 25–60 Rs) Vielleicht hätte zu diesem Restaurant der Name „Noodle Bowl" besser gepasst, denn hier gibt's recht anständige Nudelgerichte und andere von Travellern geschätzte Essen. Auch von hier aus hat man einen tollen Strandblick.

Oasis On the Rocks (Hauptgerichte 60–250 Rs) Das einfache Café, das an dem Weg liegt, der um die Landzunge herumführt, hat ebenfalls eine tolle Lage. Bestens geeignet für ein romantisches Meeresfrüchtedinner bei Kerzenlicht.

Eyes of the Buddha (Hauptgerichte 30–120 Rs; 🕑 7–23 Uhr) Noch etwas weiter, zwischen den Chalets, liegt dieses Lokal ebenfalls schön am Meer. Es hat die übliche, umfangreiche Speisekarte. Der Fruchtsalat mit Quark (40 Rs) zum Frühstück ist eine Wucht.

Loeki Café (Hauptgerichte 25–80 Rs) Das gemütliche Café hat eine große Frühstückskarte und serviert goanische, chinesische und kontinentale Gerichte. Es lohnt sich auch, nur auf einen Drink vorbeizukommen. Sonntag und Donnerstag finden hier Jam-Sessions statt.

Welcome Inn (Hauptgerichte 50Rs; 🕑 8.30–23 Uhr) Eine Bäckerei mit Saftbar in Strandnähe.

An- & Weiterreise

Die Busse von Mapusa halten auf der Hauptstraße in Arambol (10 Rs), dort, wo es eine Kirche, eine Schule und ein paar Läden gibt. Wer von dort aus der Straße etwa 1,5 km durch das Dorf folgt, trifft auf die Straße, die zum Strand führt.

TEREKHOL- (TIRACOL-)FORT

In Terekhol (Tiracol), am nördlichen Ufer des gleichnamigen Flusses, steht eine kleine portugiesische **Festung** (Eintritt frei; 🕑 11–17 Uhr), die im Inneren auch eine kleine Kapelle beherbergt. Ein Großteil des Bauwerks nimmt heute das schicke **Fort Tiracol Heritage Hotel** (☎ 02366-227631; nilaya@sancharnet.in; DZ/Suite inkl. Frühstück & Abendessen 3850/5480 Rs) in Beschlag. Das stimmungsvolle Hotel, das in einer Art Mittelmeer-trifft-Mittelalter-Stil eingerichtet ist, hat nur fünf Zimmer und zwei Suiten. Telefon oder Fernsehen, die von der beeindruckenden Aussicht ablenken könnten, gibt es hier nicht. Ein Schnellboot (1500 Rs/Std.), das hier zur Verfügung steht, saust in Windeseile zu abgeschiedenen Buchten.

Die Festung ist ein prima Ausflugsziel für eine Spritztour mit dem Motorrad. Die 11 km lange, gewundene Straße von Arambol führt an Dörfern und Reisfeldern vorbei und bietet an höher gelegenen Punkten herrliche Blicke auf die Landschaft und den Terekhol. An dem fast menschenleeren **Querim Beach** kann man anhalten und sich in die Fluten stürzen.

Busse fahren hin und wieder von Mapusa nach Querim (12 Rs, 1¾ Std.), am südlichen Ufer des Flusses gegenüber Terekhol sowie auch von Arambol nach Querim (7 Rs, 30 Min.). Ohne eigenen fahrbaren Untersatz muss man dann aber ein paar Kilometer bis zur Festung laufen. Die Fähre zwischen Querim und Terekhol fährt zwischen 6.15 bis 21.45 Uhr einmal pro Stunde in beide Richtungen. Die Fahrt dauert fünf Minuten. Fußgänger zahlen nichts, ein Auto oder ein Motorrad kostet 4 Rs.

SÜD-GOA

MARGAO (MADGAON)

94 400 Ew.

Margao (auch als Madgaon bekannt), die Hauptstadt der Provinz Salcete, ist das bevölkerungsreichste Ballungsgebiet Süd-Goas und wahrscheinlich die emsigste Stadt des Staates, was den Verkehr, den Qualm und den Krach im Stadtzentrum angeht. Dagegen wirkt Panaji, als läge es im Koma.

Praktische Informationen

Barauszahlungen auf Visa- oder MasterCard gibt's bei der Bank of Baroda. Die HDFC Bank hat im Erdgeschoss des Caro Centre einen rund um die Uhr zugänglichen Geldautomaten, der internationale Kreditkarten akzeptiert. Ein Geldautomat der Centurion Bank steht gleich bei der Luis Miranda Rd., und die UTI Bank hat einen Geldautomaten nahe des Kreisverkehrs südlich vom Busbahnhof.

Cyberlink (Caro Centre, Abade Faria Rd; 24 Rs/Std.; 🕑 Mo–Sa 8.30–19 Uhr) Internetzugang.

GTDC Fremdenverkehrsbüro (☎ 2715204; Margao Residency; 🕑 Mo–Sa 10–17.30 Uhr) Am südlichen Ende der Municipal Gardens.

Hauptpost (🕑 9–13.30 & 14–16 Uhr) An der Nordseite der Municipal Gardens.

Hindnet (Valaulikar Rd; 20 Rs/Std.; 🕑 8.30–23 Uhr) Internetzugang, östlich der Municipal Gardens.

Postlagerstelle (🕑 8.30–10.30 & 15–16.30 Uhr) 100 m von der Post entfernt.

Sehenswertes

Traveller, die länger bleiben, werden sicher die Märkte von Margao besuchen wollen. Die **Markthalle** im Zentrum ist einer der besten Märkte in Goa. Außerdem gibt es einen Fisch- und Gemüsemarkt in einem großen Komplex nahe beim Kadamba Busbahnhof. Es lohnt sich, auch einen schnellen Blick auf die reich verzierte **Church of the Holy Spirit** zu werfen.

Schlafen

Da die Strände von Colva und Benaulim weniger als 10 km entfernt sind, gibt's keinen zwingenden Grund, in Margao zu übernachten.

Hotel La Flor (2731402; laflor@sancharnet.in; Erasmo Carvalho St; EZ/DZ 430/530 Rs, EZ/DZ mit Klimaanlage 570/650 Rs;) Die beste Wahl in Margao. Das saubere und ordentlich geführte Hotel liegt in einer ruhigen, aber zentralen Gegend. Die Zimmer haben TV.

Margao Residency (2715528; Luis Miranda Rd; EZ/DZ 475/550 Rs, DZ mit Klimaanlage 700 Rs;) Das von der GTDC geführte Hotel hat ebenfalls anständige, aber einfache Zimmer mit TV und heißem Wasser.

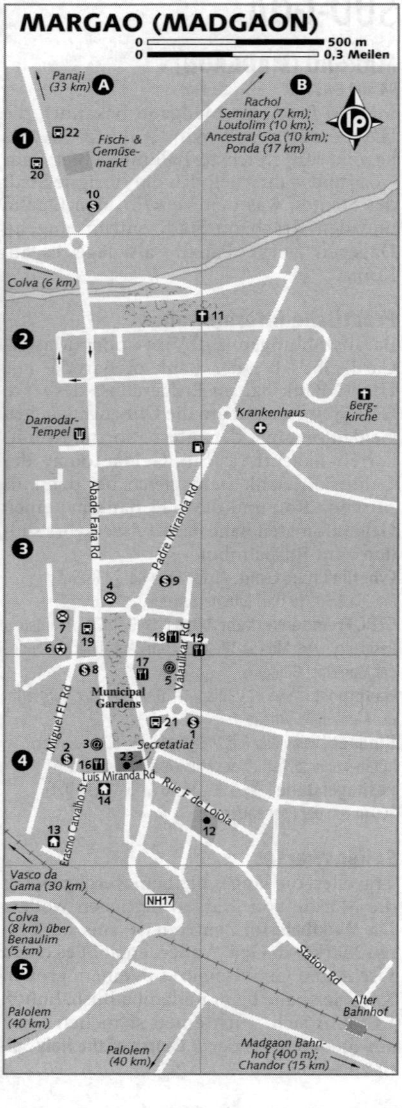

Essen

Banjara (2714837; D'Souza Chambers, Valaulikar Rd; Hauptgerichte 60–125 Rs; 12–15 & 19–23 Uhr;) Das Banjara ist das beste indische Restaurant in Margao. Hier werden mittags und abends nordindische Gerichte und Meeresfrüchte aufgetischt. Der Speisesaal im Untergeschoss hat eine intime Atmospähre und der Service ist einwandfrei.

Tato (Apna Bazaar Complex, Varde Valualikar Rd; Thalis 24 Rs; Mo–Sa 7–22 Uhr;) Ein lebhaftes vegetarisches Restaurant in einer kleinen Straße östlich der Municipal Gardens, das Thalis (27 Rs im klimatisierten Teil) serviert.

Longuinhos (Luis Miranda Rd; Hauptgerichte 55–80 Rs; 8.15–22.45 Uhr;) Seit langem beliebter Treff im klassisch kolonialen Stil, mit einer trägen, altmodischen Atmosphäre. Das Essen ist nichts Besonderes, aber das Longuinhos ist trotzdem ein prima Lokal, um gemütlich bei einem Getränk oder einem

INFORMATION		
Bank of Baroda	1	A4
Centurion Bank Geldautomat	2	A4
Cyberlink	3	A4
Goa Tourism Development Corporation (GTDC) Touristenbüro	(siehe 14)	
HDFC Bank Geldautomat	(siehe 3)	
Hauptpost	4	A3
Hindnet	5	A4
Polizei	6	A3
Postlagerstelle	7	A3
State Bank of India	8	A4
UTI Bank Geldautomat	9	A3
UTI Bank Geldautomat	10	A1
SEHENSWERTES & AKTIVITÄTEN		
Church of the Holy Spirit	11	A2
Markthalle	12	B4
SCHLAFEN		
Hotel La Flor	13	A4
Margao Residency	14	A4
ESSEN		
Banjara	15	A3
Longuinhos	16	A4
Marliz Cafeteria	17	A4
Tato	18	A3
VERKEHRSMITTEL & -WEGE		
Alter Busbahnhof	19	A3
Bushaltestelle	20	A1
Busse nach Colva & Palolem	21	A4
Kadamba-Busbahnhof	22	A1
Reservierungsbüro	23	A4
Tankstelle	(siehe 19)	

leichten Gericht mit anderen Travellern ein Schwätzchen zu halten.

Marliz Cafeteria (Padre Miranda Rd; ⌚ Mo–Sa 7.30–19.30 Uhr; ❄) Das moderne Café ist vorne in Richtung zu den Municipal Gardens hin offen. Ein toller Ort für Kaffee und Kuchen.

An- & Weiterreise

BUS

Alle lokalen Busse starten am lebhaften, 2 km nördlich des Stadtzentrums gelegenen Kadamba-Busbahnhof, viele halten aber auch am alten Busbahnhof gegenüber der Municipal Gardens. Busse nach Colva und Benaulim fahren am Kadamba-Busbahnof oder an der Bushaltestelle auf der Ostseite der Municipal Gardens los.

Etwa zwischen 7 und 19 Uhr verkehren stündlich Busse nach Colva (6 Rs, 20 Min). Einige fahren über Benaulim. Busse nach Panaji starten alle 15 Minuten (12/16 Rs Normal/Express, 1 Std.). Täglich fahren etwa acht Busse direkt nach Palolem (12 Rs, 1 Std.). Viele fahren auch Richtung Süden nach Karwar (30 Rs) und halten im nahe gelegenen Chaudi. Zudem gibt's lokale Busse nach Vasco da Gama (zum Flughafen), Ponda, Chandor und Rachol.

Einmal täglich fahren Busse nach Mumbai (510 Rs, 14 Std.), Bangalore (345 Rs, 14 Std.) und Pune (250 Rs, 10 Std.). Tickets können vorab im Reservierungsbüro im Secretariat Building reserviert werden. Busse fahren auch nach Hubli (65 Rs, 6 Std.), Belgaum (60 Rs, 5 Std.) und Mangalore (146 Rs, 10 Std.). Für Fahrten über die Staatsgrenze hinaus empfiehlt es sich aber meist, mit privaten Langstreckenbussen zu fahren. Die Büros der privaten Busunternehmer liegen nebeneinander in der Nähe der Margao Residency an der Luis Miranda Rd. Private Busse nach Mumbai, Pune und Bangalore (alle 300 Rs) sowie Hampi (300/450 Rs Normal/Sleeper Class) starten an der Haltestelle gegenüber vom Kadamba-Busbahnhof.

TAXI

Alternativ geht's nach Colva oder Benaulim auch mit dem Taxi (etwa 80 Rs), mit der Autoriksha (60 Rs) oder einem Motorradtaxi (40 Rs, Rucksack erlaubt). Die Fahrzeuge warten rund um die Municipal Gardens und am Kadamba-Busbahnhof auf Kundschaft.

ZUG

Margaos Bahnhof, Madgaon, liegt im Südosten etwa 1,5 km vom Stadtzentrum entfernt. Mit einem Fahrzeug erreicht man den Bahnhof über die Straße südlich der Bahnlinie. Wer zu Fuß kommt, kann die Gleise aber über die Fußgängerbrücke hinter dem alten Bahnhof überqueren. Die **Reservierungshalle** (☎ 2721841), ein **Touristeninformationsschalter** (☎ 2702298) und Aufenthaltsräume befinden sich im 2. Stock des Hauptgebäudes. Für Details zu den Zügen von Margao nach Mumbai s. S. 858.

Taxis zwischen Bahnhof und Busstation kosten 40 Rs. Vor dem Bahnhof gibt's einen Stand, wo man Prepaid-Taxis (150 Rs nach Colva, 500 Rs nach Panaji), Autorikschas und Motorradtaxis buchen kann.

CHANDOR

Das Dorf Chandor liegt etwa 15 km östlich von Margao. Hier stehen einige großartige Villen aus der Kolonialzeit, die einen kleinen Blick darauf ermöglichen, wie opulent der Lebensstil der Landbesitzer in Goa ehemals war.

Das aus dem 17. Jh. stammende **Braganza House** nimmt eine komplette Seite des Dorfplatzes von Chandor ein. Heute ist es in einen Ost- und einen Westflügel unterteilt; beide gehen von einem gemeinsamen Vordereingang aus. Noch immer finden Restaurationsarbeiten statt, die das Haus immer stärker im ursprünglichen Glanz erstrahlen lassen. Bei einem Rundgang durch die Ballsäle mit ihren italienischen Marmorböden, den belgischen Kristallleuchtern und den Möbeln aus geschnitztem Palisander fällt es nicht schwer, sich die Partys vorzustellen, die hier veranstaltet wurden.

Der beeindruckendste Teil des Hauses ist der **Westflügel** (☎ 2784201; ⌚ 10–17 Uhr), der der Familie Menezes Braganza gehört. Er ist mit wunderschönen Möbeln und chinesischem Porzellan voll gestopft. In den zwei großen Räumen hinter den Eingangshallen ist die umfangreiche Bibliothek von Dr. Menezes Braganzas untergebracht.

Der **Ostflügel** (☎ 2784227; ⌚ 10–17 Uhr) gehört der Familie Braganza Pereira. Hier befindet sich auch eine kleine Familienkapelle mit einer streng bewachten Reliquie des hl. Franz Xaver: einem Fingernagel. Die umfangreiche Sammlung an Gegenständen, die die Familie über die Jahre zusammengetragen hat, verleiht dem Haus eine Atmosphäre vergangener Pracht.

Beide Flügel sind jeden Tag geöffnet. Es lohnt sich aber vorher anzurufen, um sicherzugehen, dass die Besitzer zu Hause sind. Die beiden Familien führen einen selbst durch ihr Heim, und auch wenn der Eintritt offiziell kostenlos ist, verlassen sich die Hausherren auf eine Spende, die dazu beiträgt, das Gebäude zu erhalten und zu restaurieren. 50–100 Rs sind angemessen.

1 km weiter östlich hinter der Kirche steht das **Fernandes House** (☎ 2784245; ⌚ Mo–Sa 10–17 Uhr). Von den Ausmaßen her ist es mit dem Braganza House nicht zu vergleichen, dafür ist es aber viel älter und hat eine interessante Geschichte. Das ursprüngliche Hinduhaus ist mehr als 500 Jahre alt, der portugiesische Trakt wurde 1821 von der Familie Fernandes erbaut. Eine Besonderheit ist das Geheimversteck im Keller, von wo aus ein Fluchttunnel zum Fluss führt. Ihn nutzten einst die hinduistischen Bewohner, um sich vor Angreifern in Sicherheit zu bringen.

Chandor ist von Margao aus am besten mit einem Taxi (etwa 120 Rs hin und zurück) oder einem Motorrad erreichbar. Für 1500 Rs pro Nacht kann man in einem Haus übernachten, das John Coutinho vom Ciaran's Camp in Palolem (S. 896) gehört.

LOUTOLIM

Loutolim, das 10 km nordöstlich von Margao in eine liebenswerte Landschaft eingebettet liegt, ist ebenfalls ein schönes Dorf, das einige große Villen vorzeigen kann. Die einzige für die Öffentlichkeit zugängliche Villa ist die 250 Jahre alte **Casa Arajao Alvarez** (Eintritt 100 Rs; ⌚ 9–18.30 Uhr).

Im Dorf befindet sich auch das extra für Touristen eingerichtete **Ancestral Goa** (☎ 2777034; Eintritt 20 Rs; ⌚ 9–18.30 Uhr), in dem das Dorfleben in Goa unter portugiesischer Herrschaft vor 100 Jahren wiederhergestellt wurde. Im Garten steht eine 14 m hohe Statue der Sant Mirabai aus Lateritstein, eine Rajput-Prinzessin und eine historische Persönlichkeit.

Loutolim lässt sich von Margao aus am besten mit einem Motorrad oder Taxi erkunden (etwa 100 Rs für Hin- und Rückfahrt).

BOGMALO & AROSSIM

Das kleine Dorf **Bogmalo**, 4 km vom Flughafen entfernt, hat eine schöne sandige Bucht, die von dem hässlichen Fünfsterne-Ferienklotz Bogmalo Beach Resort dominiert wird. Abgesehen von einigen recht exklusiven Strand- und Wassersportmöglichkeiten gibt's hier wenig Spektakuläres zu sehen. **Goa Diving** (☎ 2555117; www.goadiving.com), eine Tauchschule mit gutem Ruf, bietet PADI-Kurse an. Geführte Tauchgänge starten bei 1430 Rs, Kurse bei 15 000 Rs.

Zwischen Bogmalo und Vasco da Gama (5 Rs), von wo aus auch eine Busverbindung nach Margao und Panaji besteht, verkehren regelmäßig Busse.

Das **William's Inn** (☎ 2538004; DZ ab 500 Rs) ist ein freundliches, von einer Familie geleitetes Gasthaus mit geräumigen, sauberen Zimmern. Das Haus ist nicht ganz einfach zu finden. Nach dem gelb gestrichenen zweistöckigen Gebäude unweit vom Strand Ausschau halten.

Die beste Unterkunft in Bogmalo dürfte **Coconut Creek** (☎ 2538800; joets@sancharnet.in; Bungalows mit/ohne Klimaanlage inkl. Frühstück 3250/3750 Rs; ❄ 💻 🏊) sein, eine sehr schicke, von Kokosnusshainen umgebene Ferienanlage unweit des Strands. Den schattigen Swimmingpool umgeben zehn doppelstöckige Bungalows aus Lateritstein. Außerdem findet man ein gutes Restaurant vor, das italienische und goanische Gerichte auf der Karte hat. Unter der gleichen Leitung steht das am Strand gelegene **Joets Guest House** (DZ inkl. Frühstück 900 Rs), das auf einem ebenso hohen Standard eingerichtet ist. In der dazu gehörigen Restaurant-Bar gibt's frische Meeresfrüchte, und am Abend wird hier Livemusik geboten.

Um die Landzunge herum, jenseits der scheußlichen petrochemischen Anlage, liegt das Stranddorf **Arossim**. Hier liegt die elegante Ferienanlage **Park Hyatt Goa Resort & Spa** (☎ 2721234; www.goa.park.hyatt.com; DZ Neben-/Hauptsaison 90/320 US$; ❄ 💻 🏊). Die abgeschiedene Anlage auf 18 ha Land hat sehr geräumige Zimmer, alle mit in den Boden eingelassener Badewanne und einige mit Gartendusche. Das elegante tropische Design passt in alle tropischen Regionen, nicht nur nach Goa. Ein echtes Highlight ist dagegen der riesige, schön angelegte Pool und die stilvoll eingerichtete Miranda Bar, in der Originalgemälde des berühmten goanischen Malers Marvin Miranda hängen. Der Wellnessbereich bietet Ayurveda-Massagen und andere Behandlungen an.

TRADITIONELLE GOA-HÄUSER

Abgesehen von den Kirchen besticht das architektonische Erbe Goas auch durch seine herrlichen traditionellen Häuser aus der Kolonialzeit. Zwar sind viele in desolatem Zustand, aber inzwischen gibt's den erfreulichen Trend, die Häuser zu restaurieren und der Öffentlichkeit zugänglich zu machen, sei es als Hotel wie das Siolim House (S. 885) oder als Boutique bzw. Museum wie in Chandor (S. 889) und Loutolim (S. 890).

Charakteristisches Merkmal der Häuser sind die breiten, Schatten spendenden Veranden mit dem *tubalcao* (dem Vorbau, wo die Menschen saßen) und die Verwendung von Austernschalen (statt Glas) in den prunkvoll verzierten Fensterrahmen. Architekturliebhaber kommen im Houses of Goa Museum in Torda (S. 871) auf ihre Kosten. Dort und auch überall sonst in Goa gibt's das reich bebilderte Buch *Houses of Goa* zu kaufen.

COLVA & BENAULIM

10 200 Ew.

Vor einigen Jahren wandelte sich **Colva** von einem friedlichen kleinen Fischerdorf, wo die Einheimischen jeden Morgen von Hand ihren Fang einholten, zu einem Hippytreff für Traveller, die das zwanghafte „Sex, Drugs and Rock'n'Roll"-Leben von Calangute gegen die friedliche Stille dieses Paradieses eintauschten. Pauschaltouristen haben Colva zwar weiter verändert, aber der Tourismus hier ist noch längst nicht so weit fortgeschritten wie in Calangute – und noch immer bringen die Fischer am Morgen ihren Fang an Land.

Colva ist bei indischen Touristen und Europäern mittleren Alters gleichermaßen beliebt. **Benaulim**, 2 km südlich, ist dagegen nach wie vor ein sehr friedliches Dorf, in dem die meisten Unterkünfte von Familien geleitete Pensionen sind. Ein idealer Ort für einen längeren Aufenthalt, wenn man auf der Suche nach dem relaxteren Goa ist.

Sowohl Colva also auch Benaulim sind fahrradfreundlich, denn in beiden Orten herrscht wenig Verkehr auf den Straßen jenseits des Strandes. Fahrradleihstellen gibt's beim Busbahnhof von Colva und am Strand von Benaulim. Da hier weniger Menschen anzutreffen sind als an den Stränden des Nordens und die Nebenstraßen ziemlich einsam sind, kommen in Benaulim gelegentlich Raubüberfälle vor. Also lieber nicht nachts allein vom Strand weggehen.

Praktische Informationen

Die Bank of Baroda hat Filialen in Colva (neben der Kirche auf der Colva Beach Rd.) und in Benaulim nahe der Kreuzung zwischen der Colva Rd. und der Vasvaddo Beach Rd. Sowohl in Colva als auch in Benaulim gibt es mehrere Reisebüros, die Geldwechsel und Einlösung von Reiseschecks anbieten und auf Visa- und MasterCard Bargeld auszahlen. Ein Geldautomat der Centurion Bank, der ausländische Kreditkarten annimmt, steht an der Hauptstraße von Colva in der Nähe von Gatsby's.

GK Tourist Centre (☎ 2770476; 20 Rs/Std.; ⏲ 9–22 Uhr) In Benaulim. Internetzugang, Geldwechsel und Einlösen von Reiseschecks.

Hello Mae Communication (Colva Beach Rd; 40 Rs/Std.; ⏲ 8–22 Uhr) Internetzugang.

Ida Online (Colva Beach Rd; ⏲ 10–1 Uhr) Internetzugang. Oberhalb von Baskin Robbins.

Meeting Point Travel (☎ 2788626; Colva Beach Rd; ⏲ 9–22 Uhr) Geldwechsel und Einlösen von Reiseschecks.

Aktivitäten

Auch in Colva bestehen inzwischen Wassersportmöglichkeiten. In der Hauptsaison werden Parasailing und Jetskifahren angeboten. Infos gibt's bei **Chris Watersports** (☎ 9822142110) am Colva Beach.

Pele's Dolphin Dream (☎ 2763522; 300 Rs) organisiert zweistündige Delphintouren. Dominick's (S. 893) hat sonntags für 950 Rs ganztägige Bootsausflüge zum Strand von Palolem im Progamm. Das Mittagessen und ein Getränk sind im Preis enthalten. Die Bootsfahrt dorthin dauert zweieinhalb Stunden, und die Chancen, Delphine zu sehen, sind gut. Zurück geht's mit dem Bus.

Wer keinen Aufenthalt an einem der Strände im Norden plant, sollte mittwochs einen Tagesausflug zum Flohmarkt nach Anjuna machen. Fahrten mit dem Minibus werden in den Strandbars angeboten und kosten rund 75 Rs. Will man diese Strecke mit öffentlichen Bussen zurücklegen, muss man drei- bis viermal umsteigen.

Schlafen

Es ist einfach, in Colva und Benaulim ein Haus für längere Zeit zu mieten – besonders

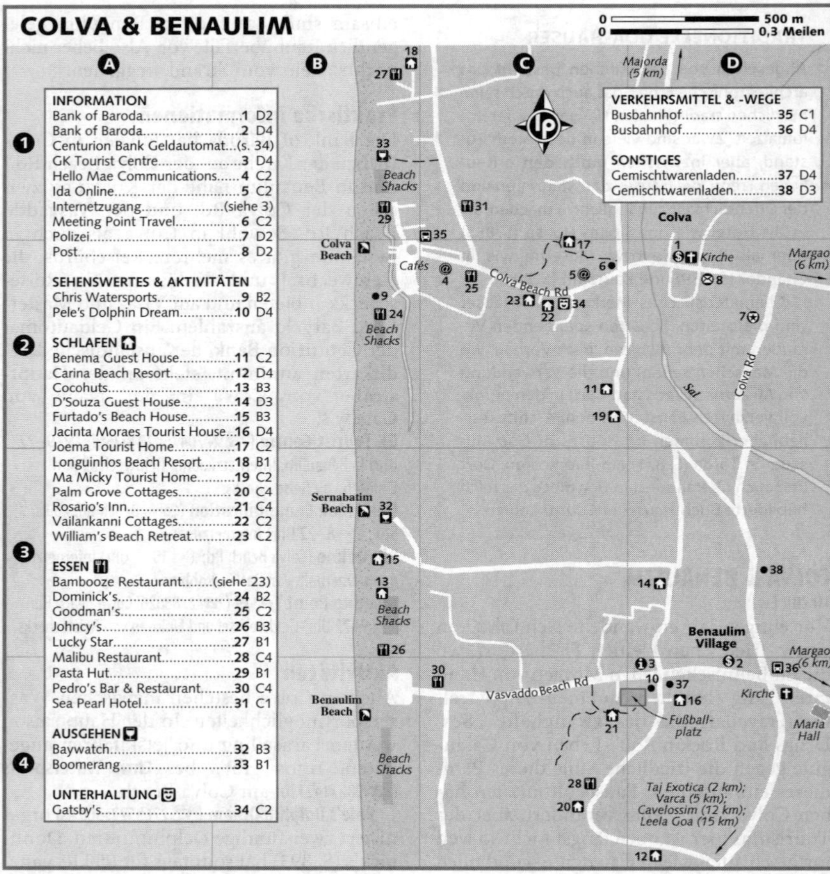

zu Beginn der Saison (vor Dez.). Und Benaulim ist wahrscheinlich der beste Ort in Goa für einen längeren Aufenthalt. Einfach in den Restaurants und Shops nachfragen. Die meisten Häuser sind nicht mehr als 20 Gehminuten vom Strand entfernt.

COLVA

Budgetunterkünfte

Joema Tourist Home (☎ 2888411; DZ 200 Rs) Die kleine, freundliche Pension hat vier einfache Zimmer mit eigenem Bad sowie ein romantisches Gartencafé. Sie liegt in einem von Palmen umgebenen ruhigen Gebiet.

Vailankanni Cottages (☎ 2788584; Colva Beach Rd; Zi./Apt. 300/800 Rs) Bei Travellern wegen ihrer freundlichen Atmosphäre und der sauberen Zimmer beliebte Unterkunft etwas abseits der Hauptstraße zum Strand. Die Apartments mit einem Doppel- und zwei Einzelbetten sind gut für Familien geeignet.

Auf der Nebenstraße nach Benaulim gibt's eine Reihe kleiner, einfach eingerichteter Pensionen in Privathäusern, darunter **Ma Mickey Tourist Home** (☎ 2788190; EZ/DZ mit Gemeinschaftsbad 100/150 Rs) und **Benema Guest House** (☎ 2788698; DZ 150 Rs), zu dem auch ein Restaurant mit Bar gehört.

Mittelklassehotels

William's Beach Retreat (☎ 2788153; www.goagetaway.com; Colva Beach Rd; DZ ohne/mit Klimaanlage ab 500/1000 Rs, DZ am Pool ohne/mit Klimaanlage 1500/2000 Rs; ✇ ⛱) Eines der besseren Mittelklasse-

GREG ELMS

Imbissbude, Chowpatty Beach (S. 786), Mumbai (Bombay)

KAREN TRIST

Bollywood-Kinoplakat, Mumbai (S. 789)

Kricketspiel, Oval Maidan (S. 785) vor dem High Court, Mumbai

DAVID COLLINS

GREG ELMS

Kräuter und Gewürze, Crawford-Markt (S. 802), Mumbai (Bombay)

Uhrenladen, Chor-Basar („Hehlermarkt“; S. 802), Mumbai

DAVID COLLINS

Chhatrapati Shivaji Terminus (Victoria Terminus; S. 785), Mumbai

ANDREW MARSHALL & LEANNE WALK

PAUL BEINSSEN

Buddhistische Höhlen von Ajanta (S. 824), Maharashtra

Ausblick vom Matheran (S. 833), Maharashtra

HIRA PUNJABI

Viswakarma-Höhle (S. 822), Ellora, Maharashtra

RICHARD I'ANSON

CRAIG PERSHO

Der Strand von Palolem (S. 895), Goa

BRYN THOMAS

Die Kirche Our Lady of the Immaculate Conception (S. 863), Panaji, Goa

Braganza House (S. 889), Chandor, Goa

CHRISTINE OSBO

hotels in Colva mit gemütlichen Zimmern im Erdgeschoss, die um einen anständig großen Pool (Nicht-Gäste bezahlen 50 Rs) angeordnet sind. Das Restaurant Bambooze (Hauptgerichte 50–110 Rs) ist von 8–22.30 Uhr geöffnet.

Longuinhos Beach Resort (☎ 2788068; www.longuinhos.net; EZ/DZ 1000/1100 Rs, EZ/DZ mit Klimaanlage 1200/1400 Rs; ⊠ ⊠) Eine Anlage der gehobeneren Kategorie am Nordende des Strands bietet ein sehr gutes Preis-Leistungs-Verhältnis. Die Zimmer sind einfach möbliert, aber geräumig, und das Hotel hat einige Einrichtungen auf dem Gelände.

BENAULIM

Das viel ruhigere und ländlichere Benaulim liegt keine 2 km südlich von Colva. Hier gibt's zahlreiche Pensionen und kleine Hotels, die sich über ein weitläufiges Gebiet verteilen

Budgetunterkünfte

Am Strand von Sernabatim, zwischen Benaulim und Colva, gibt's mehrere gute Budgethotels, darunter Furtado's Beach House, Cocohuts und Baywatch. Die meisten anderen Unterkünfte liegen im Dorf Benaulim verteilt, etwa 1 km vom Strand entfernt, wo die Übernachtung meist günstiger ist.

Furtado's Beach House (☎ 2770396; DZ ohne/mit Klimaanlage ab 350/600 Rs; ⊠) 1-A-Strandlage, mit Restaurant und zehn einfachen Doppelzimmern.

Cocohuts (☎ 2780787; Hütten 150 Rs, Zi. 250 Rs) bietet ein paar geschmackvoll eingerichtete Hütten (mit zugehörigem Bad) und einige Zimmer. Es gibt auch ein gutes Restaurant mit Strandblick. Das freundliche Inhaberpaar veranstaltet auch Ausflüge auf seinem Segelboot.

Baywatch (☎ 2772795) Eine Disko mit Bar (s. S. 894). Während der Saison bietet das am Strand gelegene Baywatch Unterkunft in „Rajasthani"-Safari-Zelten an (1500 Rs), mit eigenem Bad (Toilette und Dusche) und Strom.

D'Souza Guest House (☎ 2770583; DZ 350 Rs) Eine kleine, von einer Familie geführte Pension an der Straße nach Colva, die in einem goanischen Bungalow untergebracht ist, der in einem großen Garten steht. Die makellos sauberen Zimmer sind ein echtes Schnäppchen und daher oft ausgebucht.

Jacinta Moraes Tourist House (☎ 2770187; DZ 100–200 Rs) Eine einfache, von einer Familie geführte Pension mit mehreren sauberen Doppelzimmern in einem Block hinter dem Haupthaus.

Rosario's Inn (☎ 2770636; DZ ab 150–250 Rs) Eine große freundliche Pension neben einem Fußballplatz, die von einer Familie geführt wird. Die preiswertesten Zimmer haben Gemeinschaftsbäder, die anderen eine Veranda und ein eigenes Bad.

Mittel- & Spitzenklassehotels

Palm Grove Cottages (☎ 2770059; www.palmgrovegoa.com; DZ 500–900 Rs; ⊠) Eines der besten Hotels, um mal die Seele baumeln zu lassen. In einem begrünten Garten steht eine Ansammlung hübscher Bungalows, in denen unterschiedliche Räume angeboten werden: einfache Doppelzimmer in einem alten Gebäude bis hin zu geräumigen neueren Zimmern mit Balkon und Heißwasser. Zimmer mit Klimaanlage kosten 150 Rs extra. Außerdem gibt's ein gutes rundum verglastes Restaurant.

Carina Beach Resort (☎ 2770413; carinabeachresort@yahoo.com; EZ/DZ ohne Klimaanlage 550/750 Rs, EZ/DZ mit Klimaanlage 900/1800 Rs; ⊠ ⊠) Eine Ferienanlage mit freundlichem Management in einem ruhigen Gelände. Mit großem Pool und einfachen, sauberen Zimmern. Während der Saison werden auch Ayurveda-Massagen angeboten.

Taj Exotica (☎ 2771234; www.tajhotels.com; DZ ab 270 US$; ⊠ ⊠ ⊠) Eine der schicksten Ferienanlagen in Goa. Die Gemeinschaftsbereiche und Zimmer sind modern und geschmackvoll eingerichtet (Zi. mit DVD-Player). Wie bei allen Anlagen entlang der Küsten ist bei den Preisen der Transfer vom/zum Dabolim Airport enthalten.

Essen

COLVA

Die beliebtesten Orte zum Essen (und Trinken) sind die offenen hölzernen Beach Shacks, die an beiden Enden der Straße den Strand säumen. Meeresfrüchte sind natürlich die Basis jeder Speisekarte, und die besten Waren werden täglich vom Markt in Margao herangeschafft. Die Restaurants sind gute Plätze, um bei einem kühlen Bier den Sonnenuntergang zu beobachten, aber auch Frühstück wird hier serviert. Dominick's gehört schon lange zu den Beach Shacks und bietet eine konstant gute Küche.

Sea Pearl Hotel (☎ 2780176; Hauptgerichte 50–150 Rs; 🕑 8–14 &18–23 Uhr) Für Liebhaber köstlicher Meeresfrüchte und westlicher Gerichte wirklich zu empfehlen. Die Küche ist makellos sauber, und die Speisekarte beeindruckt mit einer Vielzahl täglicher Specials.

Lucky Star (Hauptgerichte 50–200 Rs; 🕑 7–23 Uhr) Ein beliebtes und für seine großartigen Steaks (130–220 Rs) viel gelobtes Open-Air-Restaurant neben dem Strand. Zweimal pro Woche gibt's hier Liveveranstaltungen. Vermietet auch einfach eingerichtete Zimmer (300 Rs).

Goodman's (Hauptgerichte 65–125 Rs; 🕑 8–24 Uhr) Das an der Straße zum Strand gelegene Lokal ist der Tipp für ein üppiges Frühstück. Das Englische Frühstück (90 Rs) umfasst gebackene Bohnen mit Würstchen. Ansonsten stehen auf der großen Speisekarte goanische, indische und kontinentale Gerichte – auch die Bar ist gut.

Pasta Hut (Hauptgerichte 60–90 Rs; 🕑 7–23 Uhr) Vor dem Hotel Colmar mit Blick auf den Strand. Eine gute Wahl für italienische und eine Reihe anderer Gerichte.

BENAULIM

Die meisten Hotels und Pensionen haben ein eigenes Restaurant, aber in Benaulim ist die Auswahl an Lokalen kleiner als in Colva. Die Beach Shacks sind hier auf eine größere Fläche verteilt als in Colva, aber die Gerichte sind die gleichen. Johncy's am Ende der Hauptstraße von Benaulim aus ist ein bewährter Favorit und beliebter Treffpunkt.

Pedro's Bar & Restaurant (Hauptgerichte 60–120 Rs; 🕑 8–24 Uhr) Dieses luftige Lokal neben dem Strand hat eine beeindruckend große Speisekarte, auf der traditionelle goanische Gerichte und brutzelnde Steakpfannen zu finden sind.

Malibu Restaurant (Hauptgerichte 60–100 Rs; 🕑 8.30–23 Uhr) Dieses nur ein kurzer Marsch vom Strand entfernte Gartenlokal in schöner Umgebung serviert anständige indische und kontinentale Gerichte und ist auch ein prima Frühstückslokal.

Ausgehen

Im Vergleich zu den Stränden im Norden sind Colva und (noch mehr) Benaulim nachts sehr ruhig. Die meisten Gäste sind glücklich und zufrieden, wenn sie abends essen gehen und am Strand noch ein paar Drinks genießen können.

Der einzige Nachtclub in der Gegend ist das **Gatsby's** (☎ 2789745; Colva Beach Rd; Eintritt 250 Rs; 🕑 19–3 Uhr) an der Hauptstraße nach Colva: Ein kleiner, dunkler Club, in dem ganz unterschiedliche Tanzmusik gespielt wird. Das Lucky Star (s. links) und das **Boomerang** (🕑 24 Std.), ganz in der Nähe am Strand, gehören zu den beliebtesten Bars in Colva.

Baywatch (☎ 2772795), drüben am Sernabatim Beach, liegt etwas abgelegen, hat aber eine gute Bar und eine Disko, in der gelegentlich auch Partys stattfinden. Während der Saison gibt's hier Zimmer (s. S. 893).

An- & Weiterreise

Zwischen 7.30 und etwa 19 Uhr fahren ca. alle 30 Minuten Busse von Colva nach Margao (7 Rs, 20 Min.). Die Bushaltestelle liegt beim Parkplatz am Ende der Straße, die zum Strand führt. Auch von Margao nach Benaulim verkehren häufig Busse (5 Rs, 15 Min.). Einige fahren in südlicher Richtung weiter nach Varca und Cavelossim. Die Busse halten an der Kreuzung, die als Maria Hall bekannt ist.

VON BENAULIM NACH PALOLEM

Direkt südlich von Benaulim liegen die Ferienanlagen von **Varca** und **Cavelossim,** die der gehobenen Klasse angehören. An dem mehr als 10 km langen reinen Sandstrand wurden einige Fünfsterneanlagen gebaut – eigenständige Luxustempel mit Swimmingpools und riesigem Areal, wo praktisch jeder Wunsch erfüllt wird. Eine der besten Anlagen ist **Leela Goa** (☎ 2871234; www.ghmhotels.com; DZ/Suite ab 290/450 US$;) in Mobor, 3 km südlich von Cavelossim. Hier gibt es, abgesehen von einer noblen Lobby im Jaipur-Stil, einen Golfplatz, eine Wellnessoase und ein Kasino.

Selbst wenn das Reisebudget derartigen Luxus nicht erlaubt: Die Strände sind frei zugänglich und die Route nach Palolem über die Küstenstraße ist wesentlich interessanter und abwechslungsreicher als die schnellere Fernstraße ab Margao. Um die Mündung des Flusses Sal zu überqueren, die Fähre von Cavelossim nach Assolna nehmen – dazu vor Mobor beim Schild „Village Panchayat Cavelossim" links abbiegen und 2 km bis zum Fluss weiterfahren. Von dort aus kann man zum Fischerdorf **Betul** weiter fahren.

Die Straße von Betul nach Agonda schlängelt sich über die Hügel und ist stellenweise etwas holprig. Ein Abstecher zur alten portugiesischen Festung **Cabo da Rama** mit der kleinen Kirche innerhalb der Festungsmauern bietet sich an – mit Ausnahme der Aussicht vom zerstörten Festungswall gibt's hier jedoch nichts Spektakuläres zu sehen.

Wieder auf der Hauptstraße gibt's eine Abzweigung zum kleinen Dorf **Agonda**, mit einem 2 km langen leeren Sandstrand und einigen Unterkünften. Der Strand ist bei Travellern beliebt, die den Ferienanlagen entkommen wollen. Wenn man der Küstenstraße nach Süden folgt, stößt man auf das **Dersy Beach Resort** (☎ 2647503; Hütten 200 Rs, DZ 200–250 Rs). Die blitzsauberen Doppelzimmer hier haben ein eigenes Bad, einige wenige Räume für 200 Rs teilen sich aber ein Gemeinschaftsbad. Auf der anderen Seite der Straße, auf der Strandseite, gibt's noch einfache palmengedeckte Hütten.

Dunhill Resort (☎ 2647328; DZ 250–300 Rs) Eine alteingessene Anlage mit zwölf sauberen Zimmern im Landhausstil und eigenem Bad. Hinzu kommen eine schattige Bar und ein Restaurant.

Die **Sunset Bar** (☎ 2647381; Zi. 500 Rs, Bungalows 250–300 Rs) am südlichen Ende des Strands bietet eine tolle Aussicht, einfache Unterkünfte und ein kleines Gartenlokal – ein großartiger Ort, um an Drinks zu schlürfen, während die Sonne untergeht.

Am noch ruhigeren nördlichen Ende des Strands befindet sich das gemütliche **Forget Me Not** (☎ 2647611; Bungalows 200 Rs, Zi. mit eigenem Bad 400 Rs) mit einigen neuen, aus Lehm und Ziegeln gebauten Bungalows und einer Bambus-Bar mit Strandblick.

RUND UM PALOLEM

Palolem ist der südlichste aller erschlossenen Strände in Goa und wohl auch der idyllischste – trotz des Streits, ob die eng nebeneinander errichteten Strandhütten, eine Art „Bambus-Calangute", den Strand ruiniert haben. Es besteht aber kein Zweifel, dass der lang gezogene halbmondförmige weiße Sandstrand, der von schattigen Kokospalmen gesäumt wird, ein perfektes Motiv für Ansichtskarten hergibt. Der Strand wird an beiden Enden von felsigen Klippen eingeschlossen. Bei der Nordspitze liegt eine kleine Insel (Green Island), die man bei Ebbe zu Fuß erreichen kann.

Vor allem Backpacker sind der Meinung, dass Palolems Mixtur aus lässigem Strandleben und einer großen Zahl von Gleichgesinnten perfekt ist.

Weiter nördlich an der Küste liegt der hübsche **Butterfly Beach**, der mit dem Boot erreichbar ist. An der südlichen Spitze von Palolem Beach befindet sich eine kleine, felsige Bucht namens **Colomb Bay**. Dort gibt's ein paar einfache Unterkunftsmöglichkeiten. Dahinter liegt noch ein schöner Sandstrand, **Patnem Beach**, mit einer Handvoll Strandhütten und so was wie einer Brandung.

Praktische Informationen

In Palolem gibt's einige recht gute Restaurants, ein Motorradverleih und die Mög-

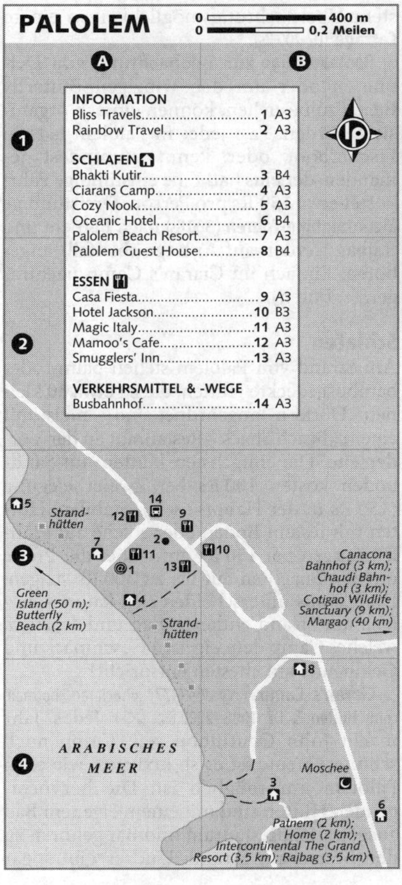

lichkeit, bei verschiedenen Reisebüros, z. B. **Rainbow Travel** (☎ 2643912; 🕒 9–23 Uhr), Geld zu wechseln. **Bliss Travels** (☎ 2643456; 🕒 9–24 Uhr), in der Nähe des Hauptzugangs zum Strand, ist ein gutes Reisebüro mit Internetzugang für 40 Rs pro Stunde.

Sehenswertes & Aktivitäten

Etwa 9 km südöstlich von Palolem liegt das Naturreservat **Cotigao Wildlife Sanctuary** (☎ 2229701; Eintritt 5 Rs; 🕒 7–17.30 Uhr), das ein schönes Ziel für einen Tagesausflug ist. Drei Türme in den Baumwipfeln laden zur Tierbeobachtung ein – allerdings verstehen es die Tiere (darunter Gaur, Sambar-Hirsche, Leoparden, Axishirsche und Schlangen), sich gut zu verstecken. Cotigao besucht man am besten frühmorgens. Beim Parkplatz besteht Übernachtungsmöglichkeit in einem **Cottage** (DZ 200 Rs).

Bootsausflüge zur Beobachtung von Delphinen oder um den winzigen Butterfly Beach zu besuchen, können einfach organisiert werden. Fast jeder in Palolem hat ein Fischerboot oder kennt zumindest jemanden, der eins hat! Eine einstündige Fahrt kostet etwa 150 Rs pro Person. Dreistündige **Mountainbike-Touren** (300 Rs) nach Patnem und Rajbag werden auf Anfrage ebenfalls angeboten. Einfach im Ciaran's Camp nachfragen (s. unten).

Schlafen

Am Strand von Palolem stehen palm- oder bambusgedeckte Hütten, die zu etwa 30 kleinen „Dörfern" angeordnet sind – meist mit einem „Beach Shack"-Restaurant an der Vorderseite. Die einfachsten Hütten mit Sandboden kosten 100 Rs bei Zweierbelegung (150 Rs in der Hauptsaison). Stabilere Hütten mit festem Boden oder solche auf Pfählen fangen bei 150 Rs an, wobei die Preise um Weihnachten auf bis zu 300 Rs steigen. Die Camps unterscheiden sich kaum – einfach am Strand entlanggehen und schauen, welches Camp dem eigenen Geschmack und Geldbeutel am ehesten entspricht.

Ciaran's Camp (☎ 2643477; johnciaran@hotmail.com; Hütten & DZ 1000–2000 Rs; ❄) Jedes Jahr macht John Coutinhou sein Camp noch schöner: Heute ist es so luxuriös, wie es in Palolem nur möglich ist: Die hervorragenden Hütten sind mit einem eigenem Bad ausgestattet. Restaurant und Bar gehören zu den besten am Strand. Und es gibt sogar eine elegante Boutique. Die Zimmer im Haus haben Klimaanlage und TV. John bietet auch in seinem Haus in Chandor Übernachtungsmöglichkeiten an (S. 889).

Cozy Nook (☎ 2643550; Hütten & Baumhäuser 300–600 Rs) Eine großartige Unterkunft in toller Lage ganz am Nordende des Strands. Die Besitzer sorgen für eine freundliche Atmosphäre, und die Hütten, einige mit eigenem Bad, sind besser als die meisten anderen. Aggy, der Besitzer, organisiert auch Ausflüge zum abgelegenen Butterfly Beach.

Palolem Guest House (☎ 2644880; palolemguesthouse@hotmail.com; DZ ab 600 Rs) Einen kurzen Fußweg vom Strand entfernt liegt dieses hübsch renovierte Haus mit modernen Zimmern, alle mit TV und Telefon. Dazu gehören eine Gartenbar und ein Restaurant.

Palolem Beach Resort (☎ 2643054; sunila@goatelecom.com; Zelte 350 Rs, DZ mit eigenem Bad 600 Rs) Das in einem gepflegten Garten neben dem Strand gelegene Resort vermietet frisch gestrichene Bungalows und Zelte (nur von Ende Okt.–Ende April). Gehört zu einer gehobeneren Kategorie, ist aber trotzdem ziemlich bodenständig.

Bhakti Kutir (☎ 2643472; www.bhaktikutir.com; Hütten 675–1500 Rs, Bungalows 2500 Rs; ❄) Dieser ideale Ort für Freunde des Ökologischen, liegt versteckt in einem Kokosnusshain zwischen den Stränden von Palolem und Patnem. Hübsch angelegt und sehr ruhig. Das Restaurant, das vor allem vegetarische Gerichte serviert, ist klasse. Außerdem gibt's Yoga- und Meditations-Workshops und gelegentlich musikalische Darbietungen.

Oceanic Hotel (☎ 2643059; oceanicpalolem@rediff.com; EZ/DZ 400/800 Rs; 🏊) Das von Briten geführte Hotel auf der Straße nach Patnem ist eine gute Wahl, wenn man es gern behaglich hat. Sechs helle, gemütliche Zimmer stehen zur Auswahl. Vor Ort gibt es auch ein gutes Restaurant und den einzigen Pool in Palolem.

Home (☎ 2643916; homeispatnem@yahoo.com; DZ 400–700 Rs) Home ist die beste Unterkunft in Patnem Beach und ganz anders als die windschiefen Hütten drum herum. Vermietet werden acht unterschiedlich große, makellos saubere Zimmer, alle mit eigenem Bad. Es gibt ein gutes Restaurant mit europäischer Küche.

Intercontinental The Grand Resort (☎ 2644777; goa@interconti.com; DZ inkl. Frühstück ab 200 US$; ❄ 💻 🏊) Etwas weiter unten an der Küste steht in Rajbag Goas größte Ferienanlage.

Eingerichtet im portugiesischen Stil der Kolonialzeit und mit einem Golfplatz, Wellnesszentrum und sechs Restaurants. Preise inklusive Transfer vom/zum Dabolim Airport. Nicht-Gäste können für 500 Rs pro Tag den Pool benutzen.

Essen & Ausgehen

Neben den Beach Shacks, gibt es in Palolem jede Menge guter Restaurants und Bars.

Magic Italy (Hauptgerichte 120–160 Rs; 17–24 Uhr) In dem von einem italienischen Paar geleiteten Restaurant gibt's Steinofenpizzas und Pastagerichte, die zu den besten in Goa gehören. Gefiltertes Wasser wird kostenlos ausgeschenkt, Weine gibt's auch glasweise.

Smugglers' Inn (Hauptgerichte 120–160 Rs; 9–23 Uhr) Mit seinen deftigen Sonntagsbraten (170 Rs), Steaks und Fish & Chips ist dies ein unverschämt britisches Lokal, das aber sehr stilvoll ist. Der Barbereich ist äußerst gemütlich und in einer Ecke des Lokals kann man sich die neusten DVDs ansehen (50 Rs/DVD).

Casa Fiesta (Hauptgerichte 50–130 Rs; 8–23.30 Uhr) Eine lebhafte Gaststätte mit Garten, in dem das mexikanische Essen – Nachos, Fajitas und Burritos – sehr gut zubereitet wird. Die Margaritas und Cocktails sind anständig.

Noch mehr Empfehlungen:

Hotel Jackson (Hauptgerichte 50–100 Rs; 8.30–23 Uhr) Ein schlichter Ort, der für seine guten Meeresfrüchte bekannt ist.

Mamoo's Café (Hauptgerichte 70–90 Rs; 6.30–24 Uhr) Bietet ganz anständige indische, kontinentale und italienische Gerichte an, darunter eine vielfach gelobte Lasagne (in sechs Varianten).

An- & Weiterreise

Vom Busbahnhof an der Hauptstraße, die zum Strand führt, fahren stündlich Busse nach Margao (16 Rs, 1 Std.). Regelmäßige Busverbindungen gibt es auch nach Chaudi (4 Rs), der nächstgelegenen Stadt. Von dort verkehren häufig Busse nach Margao oder in den Süden nach Karwar und Mangalore. Der nächstgelegene Bahnhof ist Canacona.

ZENTRAL-GOA

RUND UM PONDA

Die geschäftige Stadt Ponda, im Landesinneren 29 km südöstlich von Panaji, hat für Traveller wenig Interessantes zu bieten – aber die einzigartigen Hindutempel und Gewürzplantagen der Region sorgen für einen interessanten Sightseeing-Tag.

Die Hindutempel mit den für Goa typischen Lampentürmen sind Rekonstruktionen der von den Portugiesen zerstörten Originale. Der Shiva-Tempel von **Shri Manguesh** in Priol-Ponda Taluka, 5 km nordwestlich von Ponda, ist einer der schönsten. Der winzige, aus dem 18. Jh. stammende Tempel mit dem weißen Turm oben auf dem Hügel ist ein lokales Wahrzeichen. Ganz in der Nähe steht auch **Shri Mahalsa,** ein Vishnu-Tempel.

Einer der interessantesten Tempel ist der **Shri-Shantadurga-Tempel**, 1 km südöstlich vom Stadtzentrum. Der Shantadurga, der Göttin des Friedens, geweihte Bau, fällt besonders durch seine ungewöhnliche, fast pagodenartige Bauweise auf und hat ein Dach, das aus langen Steinplatten gefertigt wurde.

Eine der sehenswertesten Gewürzplantagen ist die **Sahakari Spice Farm** (2312394; www.sahakarifarms.com; 8–18 Uhr). Auf einer 40 Minuten dauernden, sehr informativen und unterhaltsamen Tour erfährt man z. B., wie Vanille bestäubt und wie aus dem destillierten Saft der Cashew-Äpfel Feni hergestellt wird. Hier kann man sich auch auf ein hervorragende Mittagsbuffet (300 Rs) stürzen. Kinder haben ihren Spaß mit einem Elefanten, den man füttern, waschen und reiten darf. Die Farm liegt etwa 1 km östlich von Ponda an der NH4A.

Von Panaji aus fahren regelmäßig Busse nach Ponda (8 Rs, 45 Min.). Trotzdem ist es besser, die Tempel und die Gewürzplantage mit einem eigenen Fahrzeug zu besuchen.

BONDLA WILDLIFE SANCTUARY

Oben in den üppig bewachsenen Vorbergen der Western Ghats, 52 km von Panaji entfernt, liegt **Bondla** (Eintritt 5 Rs, Motorrad/Auto 10/50 Rs, Foto/Video 25/100 Rs; Fr–Mi 9–17 Uhr), Goas kleinstes (8 km²) und am einfachsten zu erreichendes Naturreservat.

Damit die Besucher auf jeden Fall Tiere zu sehen bekommen, gibt es hier einen botanischen Garten, einen eingezäunten Hirschpark (10 Rs) und einen deprimierenden Zoo. Zu den wild lebenden Tieren gehören Gaur und Sambarhirsche. Wer aber nicht bereit dazu ist, mehrere Tage hier zu bleiben und die Zeit auf einer Beobachtungsplattform totzuschlagen, wird kaum allzu viel sehen.

Ein **Chalet** am Eingang zum Parkplatz bietet Übernachtungsmöglichkeiten (☎ 2229701; B/EZ/DZ 50/200/300 Rs).

Bondla erreicht man am einfachsten mit dem eigenen Fahrzeug. Es gibt aber auch öffentliche Busse von Ponda zum Dorf Usgao (5 Rs), von wo aus die restliche Strecke zum Parkeingang mit einem Taxi (150 Rs) zurückgelegt werden muss.

MOLEM & BHAGWAN MAHAVIR WILDLIFE SANCTUARY

Das einsame Dorf **Molem** ist nur das Tor zum viel lohnenderen Bhagwan Mahavir Wildlife Sanctuary. Das größte goanische Naturreservat bedeckt 240 km² und schließt den 107 km² großen Molem National Park ein. Im Park erreicht man nach ein paar Kilometern eine Beobachtungsplattform, von wo aus mit etwas Glück Dschungelkatzen, Hirsche und Malayische Riesenhörnchen zu sehen sind. Übernachtungsmöglichkeiten bestehen im von der GTDC geführten **Dhudhsagar Resort** (☎ 2612238; DZ ohne/mit Klimaanlage 450/600 Rs; ❄) in Molem.

Das Naturreservat liegt 53 km östlich von Panaji bzw. 54 km von Margao; der Haupteingang befindet sich am NH4A. Um mit öffentlichen Verkehrsmittel hierher zu kommen, nimmt man einen Bus nach Ponda, steigt dort in einen Bus nach Belgaum oder Londa um und fährt bis Molem.

DUDHSAGAR-WASSERFÄLLE

An der Grenze zu Karnataka liegen die beeindruckendsten Wasserfälle Goas (603 m) – nach den Jog-Wasserfällen die zweithöchsten in Indien. Dorthin zu kommen ist aber recht teuer und zeitaufwändig, und wirklich beeindruckend sind die Fälle nur während des Monsuns (wenn sie unzugänglich sind) und direkt danach. Um zu den Fällen zu kommen, nimmt man einen der unregelmäßig fahrenden Nahverkehrszüge oder ein Taxi zum Bahnhof Colem. Dann geht's für 1800 Rs mit einem Jeep (bis zu fünf Pers.) weiter. Die einfachere Variante ist ein Tagesausflug von Panaji (S. 864) oder Calangute (S. 876) aus.

Karnataka

Den vielen Herrscherdynastien von Karnataka ist es zu verdanken, dass man hier fast überall über eines der vielen architektonischen Schmuckstücke stolpert. Im Norden stehen die beeindruckenden Reste der islamischen Vergangenheit auf grünen Wiesen, prachtvoll und trotz ihres Alters noch wehrhaft. Weiter südlich in Hampi liegen die großartigen Ruinen der antiken Stadt Vijayanagar, deren Eindrücke inspirieren und irritieren: Die Tempel, die riesigen Skulpturen und surrealen Felsformationen sind so schön und so zahlreich, dass sie sich jeder Logik widersetzen. Herrliche Tempelanlagen recken sich überall empor wie erlesene Wildblumen, während die riesigen jainistischen Skulpturen von Gomateshvara den Süden bedecken.

Die Elefanten von Karnataka lässt diese Pracht völlig kalt: Sie ziehen gemächlich über die großartigen Berge von Kodagu, verstehen sich blendend mit den Tigern und Panthern in den Nationalparks des Südens und tragen, mit Juwelen, Glocken, Pompoms und Seide behängt, Mysores blumengeschmückte Schutzheilige würdevoll durch die Torbögen des Palasts. Die bunte Vogelschar scheint die herrlichen Bauten ebenfalls nicht zu beachten. Für die Halsbandsittiche von Bidar sind die majestätischen Königsgräber einfach ihr Zuhause.

Um dies alles zu sehen, muss man viel laufen – strapaziöse Touren durch die Western Ghats auf sich nehmen, auf Zehenspitzen durch die Vogelparks schleichen und andächtige Rundgänge durch heilige Tempelstätten machen. Ein ganz anderes Tempo herrscht in der boomenden Stadt Bangalore, wo Genialität und Stil für die fehlenden Sittiche entschädigen und einem vor Augen geführt wird, dass Indien sich in keine Kategorie zwängen lässt.

HIGHLIGHTS

- Sich von **Mysores** (S. 915) Palästen und von der auf den Basaren feilgebotenen Seide und den Göttern aus Sandelholz verzaubern lassen
- Beim Trekking durch die Wälder der **Region Kodagu** (S. 927) Elefanten beim Zerbrechen von Bambusbäumen zuhören
- In einer mondänen Lounge mitten unter den schönen Menschen von **Bangalore** (S. 910) einen Drink schlürfen
- Im Labyrinth der vielen Götter, Tänzer- und Elefantenfiguren in den Hoysala-Tempeln von **Belur** (S. 931) und **Halebid** (S. 931) verloren gehen
- Sich in **Hampi** (S. 941) in eine andere Zeit versetzen lassen – dort, wo die großartigen Ruinen der einstigen Hauptstadt Vijayanagar der Schwerkraft trotzen
- Die in einen phantastischen Felsen eingebetteten uralten Höhlen und Tempel von **Badami** (S. 948) entdecken
- Erleben, wie die Wellen an den einsamen Strand von **Gokarna** (S. 938) klatschen, und dann über den Berg zu einem friedlichen heiligen Dorf wandern

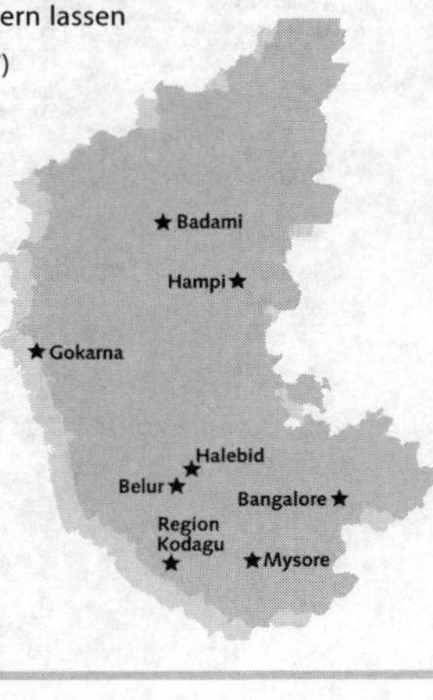

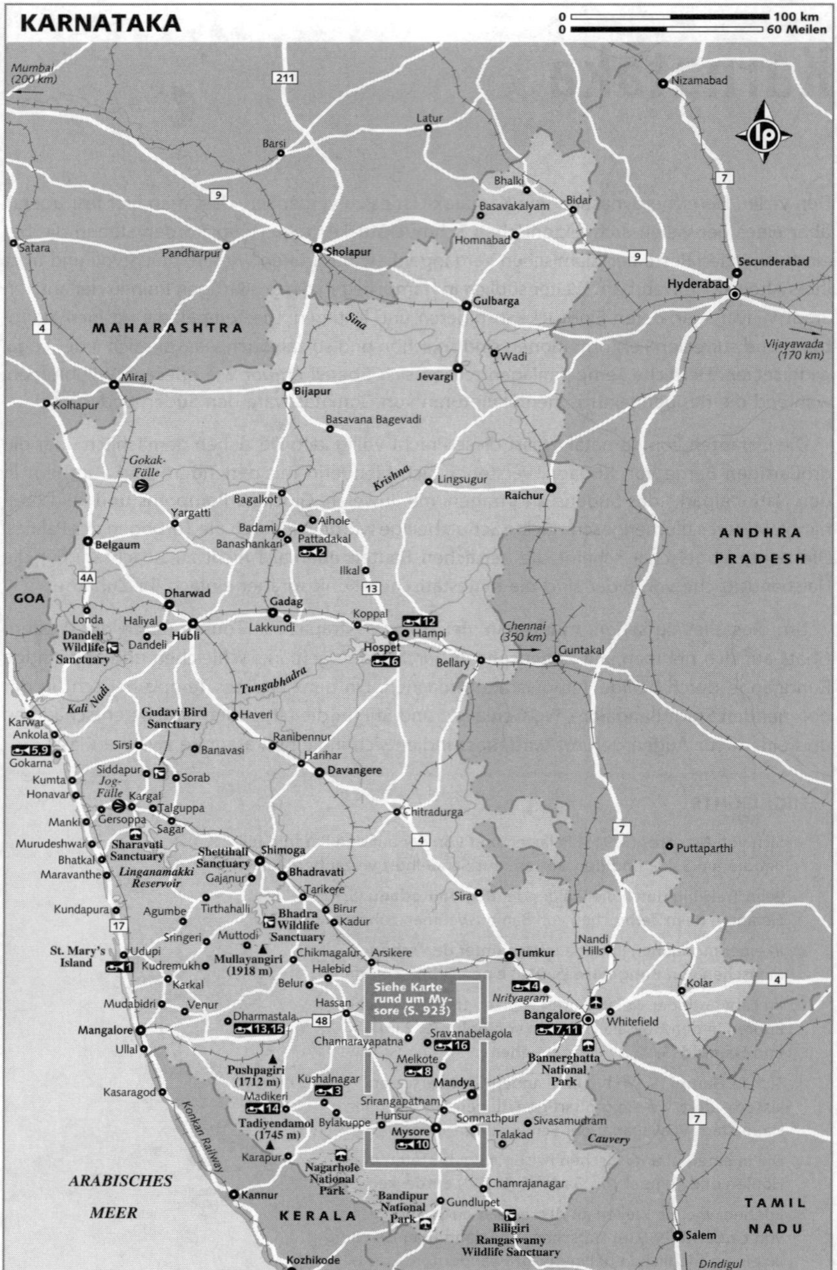
KARNATAKA
0 100 km
0 60 Meilen
Mumbai (200 km)
211
Nizamabad
Latur
Barsi
Bhalki
Basavakalyam
Bidar
7
9
Satara
Pandharpur
Sholapur
Homnabad
9
Secunderabad
Hyderabad
Gulbarga
4
MAHARASHTRA
Sina
Vijayawada (170 km)
Wadi
Jevargi
Miraj
Bijapur
Kolhapur
Basavana Bagevadi
Gokak-Fälle
Krishna
Lingsugur
Raichur
Bagalkot
Yargatti
Aihole
Badami
Banashankari
Pattadakal
2
Belgaum
ANDHRA PRADESH
Ilkal
4A
13
GOA
Dharwad
Gadag
Londa
Haliyal
Hubli
Lakkundi
Koppal
12
Hampi
Dandeli Wildlife Sanctuary
Dandeli
Hospet
6
Bellary
Chennai (350 km)
Guntakal
Tungabhadra
Kali Nadi
Gudavi Bird Sanctuary
Karwar
Haveri
Ankola
5,9
Sirsi
Banavasi
Ranibennur
Gokarna
Harihar
Siddapur
Jog-Fälle
Sorab
Davangere
Kumta
Honavar
Kargal
Talguppa
Manki
Gersoppa
Chitradurga
Sagar
Murudeshwar
Sharavati Sanctuary
4
7
Puttaparthi
Bhatkal
Shettihalli Sanctuary
Shimoga
Maravanthe
Linganamakki Reservoir
Gajanur
Bhadravati
Tarikere
Sira
Kundapura
Agumbe
Tirthahalli
Bhadra Wildlife Sanctuary
Birur
Kadur
17
Sringeri
Muttodi
St. Mary's Island
Udupi
Mullayangiri (1918 m)
Chikmagalur
Arsikere
Tumkur
Nandi Hills
1
Kudremukh
Halebid
Karkal
Belur
Siehe Karte rund um Mysore (S. 923)
4
Nrityagram
Kolar
4
Mudabidri
Venur
Hassan
Dharmastala
48
Bangalore
Whitefield
Mangalore
13,15
7,11
Channarayapatna
Sravanabelagola
16
Ullal
Melkote
8
Bannerghatta National Park
Pushpagiri (1712 m)
Kushalnagar
Mandya
3
Kasaragod
Madikeri
14
Srirangapatnam
Konkan Railway
Tadiyendamol (1745 m)
Bylakuppe
Hunsur
Somnathpur
Sivasamudram
7
Mysore
10
Talakad
Cauvery
Karapur
ARABISCHES MEER
Nagarhole National Park
Chamrajanagar
Kannur
Bandipur National Park
Gundlupet
TAMIL NADU
KERALA
Biligiri Rangaswamy Wildlife Sanctuary
Salem
Kozhikode
Dindigul (140 km)

Geschichte

In Karnataka gab es viele Religionen, Kulturen und Königreiche – von Indiens erstem großen Herrscher Chandragupta Maurya, der sich im 3. Jh. v. Chr., nachdem er sich dem Jainismus zugewandt hatte, nach Sravanabelagola zurückzog, bis zum letzten großen Hindureich von Vijayanagar.

Im 6. Jh. bauten die Chalukyas einige der ersten Hindutempel in der Nähe von Badami. Dynastien wie die Cholas und Gangas spielten eine wichtige Rolle in der Geschichte der Region, aber erst die Hoysalas (11.–14. Jh.) hinterließen mit ihren architektonisch meisterhaften Tempeln in Somnathpur, Halebid und Belur einen bleibenden Eindruck.

FESTE & FESTIVALS IN KARNATAKA

Die hier genannten Feste sind auf der Karte auf S. 900 eingezeichnet.

Paryaya (1; Jan.,; Udupi, S. 937) Findet in geraden Jahren statt. Ein Fest mit vielen Prozessionen und Ritualen, rund um den Wechsel von Swamis am Krishna-Tempel in Udupi.

Classical Dance Festival (2; Jan.; Pattadakal, S. 951) Hier gibt's mit die besten Tänze in Indien zu sehen, aber es ist nicht so voll wie in Vasantahabba.

Tibetisches Neujahr (3; Jan./Feb.; Tibetische Siedlungen, S. 926) Die Lamas in den tibetischen Flüchtlingssiedlungen nahe von Kushalnagar wechseln sich in Schichten ab, um rund um die Uhr ihre *pujas* (Opfergaben und Gebete) darzubringen. Zu dem Fest, das in der Woche der Feierlichkeiten zum tibetischen Neujahrsfest im Januar/Februar stattfindet, gehören auch spezielle Tänze und eine Feuerzeremonie.

Vasantahabba (4; Feb.; Tanzdorf Nrityagram, S. 914) Tausende versammeln sich in den bescheidenen Gärten von Nrityagram, einem Tanzdorf außerhalb von Bangalore, um an diesem Festival teilzunehmen, das kostenlos traditionelle und zeitgenössische indische Tanzkunst- und Musikdarbietungen auf Weltklasseniveau zeigt.

Shivaratri-Festival (5; Feb./März; Gokarna, S. 938) Während des atemberaubenden Shivaratri-Festivals preschen die zwei gewaltigen Streitwagen von Gokarna mit „Shiva-Stärken" über die Hauptstraße der Stadt, während ihnen Bananen als Glücksbringer zugeworfen werden.

Muharram (6; Feb./März; Hospet, S. 946) Das schiitische Festival von Hospet präsentiert Feuerläufer, die von den jubelnden Zuschauermassen angespornt werden (s. Kasten S. 947).

Karaga (7; März/April; Bangalore, s. S. 902) Dieses Fest zu Ehren der Göttin Draupadi findet beim Dharmaraya-Swamy-Tempel statt. Eine farbenprächtige Prozession wird von einem gemischtgeschlechtlich gekleideten Priester angeführt und von halbnackten Schwertkämpfern begleitet. Der Besuch des Grabs eines muslimischen Heiligen ist Symbol der Solidarität zwischen Hindu und Muslimen.

Vairamudi-Festival (8; März/April; Melkote, S. 924) Bei diesem Fest wird Vishnu im Cheluvanarayana-Tempel von Melkote mit Juwelen – darunter eine mit Diamanten besetzte Krone – geschmückt, die den früheren Maharadschas von Mysore gehört.

Ganesh Chaturthi (9; Aug./Sept.; Gokarna, S. 938) Das Ganesh Chaturthi Fest ist hier besonders bewegend, wenn Familien in aller Stille ihre Ganesh-Figuren bei Sonnenuntergang ans Meer tragen.

Dussehra (10; Sept./Okt.; Mysore, S. 915) Eines der großen Dussehra-Feste in Indien. Jeden Abend wird der Palast des Maharadscha angeleuchtet. Am letzten Tag findet eine glanzvolle Prozession statt, mit reich kostümierten Elefanten, Dompteuren in Livree, Kavallerie und girlandenbehangenen Götterbildern, die zu den Rhythmen von Jazz- und Blaskapellen von Räucherwolken umgeben durch die Straßen ziehen.

Kadalekayi Parishe (11; Nov.; Bangalore, s. S. 902) Feiert die erste Erdnussernte des Jahres, und Bauern aus der gesamten Region kommen zum Bull-Tempel in Bangalore, um sich für ihre Ernten Segen spenden zu lassen.

Vijaya Utsav (12; Nov.; Hampi, S. 941) Traditionelle Musik- und Tanzdarbietungen in den Tempeln von Hampi.

Manjunatheshwara (13; Nov.; Dharmastala, S. 937) In der jainistischen Pilgerstadt Dharmastala wird viel gefeiert. Die Saison beginnt mit dem Diwali-Fest und auch diese dreitägige Veranstaltung gehört dazu.

Huthri (14; Nov./Dez.; Madikeri, S. 927) Huthri ist eines von vielen Kodava-Festen in Madikeri (s. S. 927). 1 Woche lang wird ab einer Vollmondnacht mit Zeremonien, Musik, Tänzen und vielen Festessen der Beginn der Reisernte gefeiert.

Laksha Deepotsava (15; Nov./Dez.; Dharmastala, S. 937) Gehört ebenfalls zur Festivalsaison von Dharmastala. Bei Laksha Deepotsava wird die Stadt mit Hunderttausenden von Laternen erleuchtet.

Maha Mastakabhisheka (16; 2018; Sravanabelagola, S. 932) Alle 12 Jahre wird die 17,5 m hohe Bahubali-Statue von Sravanabelagola während der Maha-Mastakabhisheka-Zeremonie, an der Millionen von Menschen teilnehmen, mit Tausenden von Töpfen Kokosnussmilch, Joghurt, Ghee, Bananen, Rohrzucker, Sandelholz, Milch und Safran gesalbt. Zuletzt fand das Spektakel Dez. 2005/Jan. 2006 statt. Jetzt heißt es bis 2018 warten!

KURZINFOS

- Bevölkerung: 52,7 Mio.
- Fläche: 191 791 km²
- Hauptstadt: Bangalore
- Hauptsprachen: Kannada, Urdu und Telugu
- Reisezeit: Oktober bis Februar

1327 plünderte die muslimische Armee von Mohammed von Tughluk die Hoysala-Haupstadt Halebid, doch schon 1346 wurde die Stadt Teil des Hindureiches Vijayanagar. Das Reich mit seiner Hauptstadt Hampi erreichte den Höhepunkt seiner Macht Anfang der 1550er-Jahre, 1565 fiel es jedoch an die Dekkan-Sultanate. Damals wurde Bijapur zur wichtigsten Stadt der Region.

Mit dem Niedergang der Vijayanagar-Herrscher gewannen die hinduistischen Wodejar (ehemalige Herrscher über den Staat Mysore) schnell an Macht. Von ihrer Hauptstadt Srirangapatnam aus erweiterten sie ihre Herrschaft über einen großen Teil Südindiens. Ihre Macht blieb lange unangefochten – bis schließlich 1761, als Hyder Ali, einer ihrer Generäle, sie vom Thron stieß. Die Franzosen halfen Hyder Ali und seinem berühmten Sohn, Tipu Sultan, ihre Macht zu festigen. Im Gegenzug verlangten sie deren Hilfe im Kampf gegen die Briten. 1799 besiegten jedoch die Briten Tipu Sultan, nahmen einen Teil seines Königreichs ein und setzten die Wodejars wieder auf den Thron von Mysore.

Die Wodejars herrschten in Mysore bis zur Unabhängigkeit. Sie waren aufgeklärte Herrscher und der Maharadscha wurde der erste Gouverneur des neuen indischen Bundesstaats. 1956 wurden die Staatsgrenzen anhand von sprachlichen Kriterien neu gezogen, wodurch der erweiterte Bundesstaat Mysore mit seinen Kannada sprechenden Bewohnern entstand. 1972 wurde der Staat in Karnataka umbenannt. Etwa 66 % der Bevölkerung sprechen Kannada als Hauptsprache, die anderen wichtigen Sprachen sind Urdu (10 %) und Telugu (7,4 %).

Unterkunft & Steuer

In Karnataka wird auf Zimmer eine gestaffelte Luxussteuer erhoben: 4 % auf Zimmer, die zwischen 151 und 400 Rs kosten, 8 % auf Zimmer zwischen 401 und 1000 Rs und 12 % auf Zimmer über 1000 Rs. Spitzenklassehotels erheben zudem manchmal noch erhebliche Servicegebühren. Die in diesem Kapitel genannten Übernachtungspreise gelten ohne Steuern, sofern nicht anders angegeben.

SÜD-KARNATAKA

BANGALORE

☎ 080 / 5,7 Mio. Ew. / 920 m

Die florierende Hauptstadt Bangalore gilt als eine der fortschrittlichsten Städte des Landes. Wie groß der Unterschied zum Rest des Staates ist, wird rund um die Mahatma Gandhi (MG) Rd. am deutlichsten – hier zeigen Fastfood-Restaurants, Yuppie-Bars, noble Foyers und hochpreisige Einkaufszentren den wechselhaften Zeitgeschmack. Dinge, die anderswo tabu sind, z. B. Händchen haltende Männer und Frauen oder ärmellose T-Shirts, sind hier nicht selten zu sehen.

Obwohl Bangalore wegen seiner schönen Parks gern als „Garden City" (Gartenstadt) bezeichnet wird, ist es doch eher eine „Traffic City" (Verkehrsstadt) – die Luftverschmutzung hier kann enorm sein. Man sollte versuchen, dies zu ignorieren und stattdessen lieber aufpassen, nicht all sein Geld in den vielen guten Restaurants, Lounges und Shops der Stadt zu verpulvern. Bangalore bietet Travellern vieles: gute Verkehrsanbindungen zum Rest des Staates und jede Menge herrliche Sehenswürdigkeiten, die es zu entdecken gilt.

Trotz der schönen Wohlstandsfassade ist Armut in Bangalore nicht unbekannt. Selbst in wohlhabenden Gegenden gibt's gut versteckte Slums und an allen Ecken und Enden sollte die Infrastruktur der Stadt dringend saniert werden. Viele in der Stadt und im restlichen Teil des Staats fragen sich, ob der unverhoffte Reichtum, den die IT-Branche mit sich brachte, irgendwann abebben wird.

Geschichte

Angeblich bekam Bangalore seinen Namen, nachdem eine alte Frau einem Hoysala-König, der sich in der Nähe verirrt hatte, eine bescheidene Mahlzeit aus gekochten Bohnen zu essen gab. Anfang des 16. Jhs.

BANGALORE

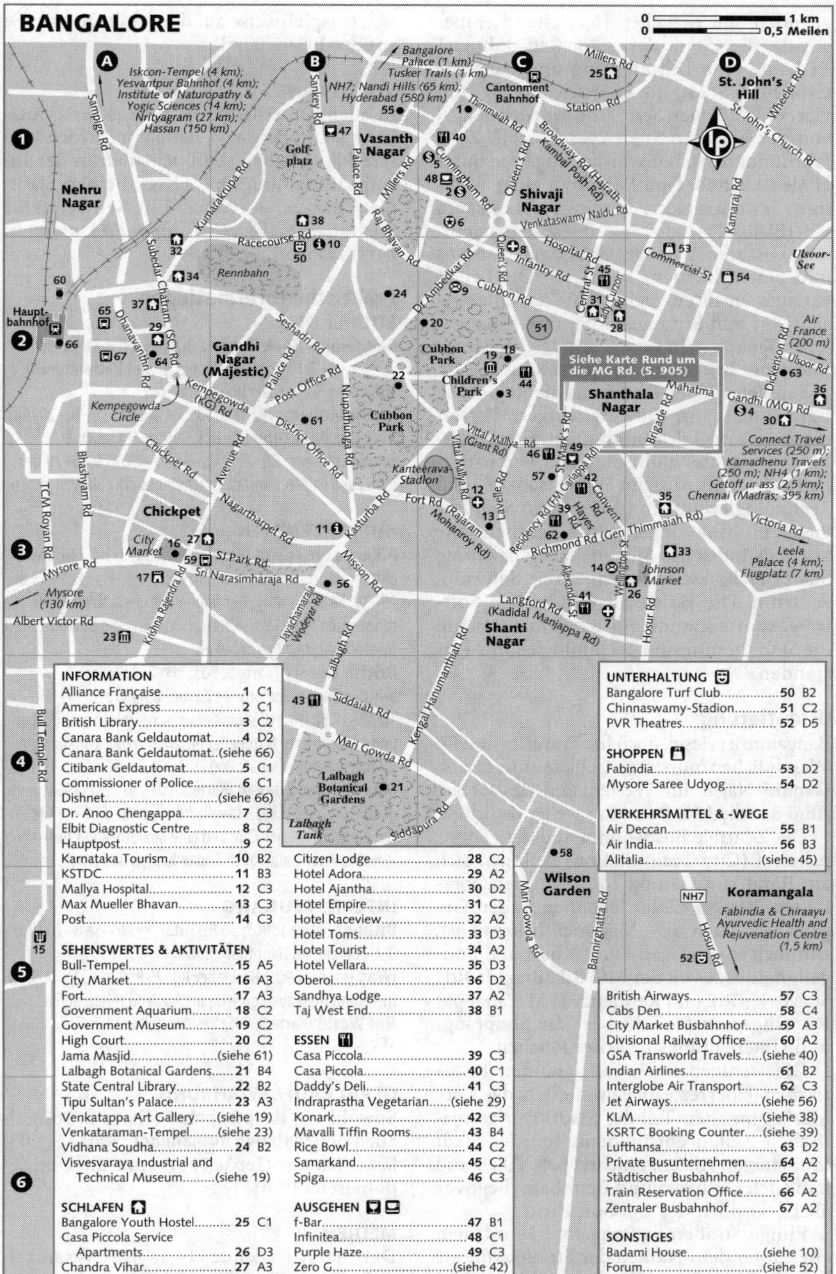

INFORMATION
- Alliance Française 1 C1
- American Express 2 C1
- British Library 3 C2
- Canara Bank Geldautomat 4 D2
- Canara Bank Geldautomat .... (siehe 66)
- Citibank Geldautomat 5 C1
- Commissioner of Police 6 C1
- Dishnet .... (siehe 66)
- Dr. Anoo Chengappa 7 C3
- Elbit Diagnostic Centre 8 C2
- Hauptpost 9 C2
- Karnataka Tourism 10 B2
- KSTDC 11 B3
- Mallya Hospital 12 C3
- Max Mueller Bhavan 13 C3
- Post 14 C3

SEHENSWERTES & AKTIVITÄTEN
- Bull-Tempel 15 A5
- City Market 16 A3
- Fort 17 A3
- Government Aquarium 18 C2
- Government Museum 19 C2
- High Court 20 C2
- Jama Masjid .... (siehe 61)
- Lalbagh Botanical Gardens 21 B4
- State Central Library 22 B2
- Tipu Sultan's Palace 23 A3
- Venkatappa Art Gallery .... (siehe 19)
- Venkataraman-Tempel .... (siehe 23)
- Vidhana Soudha 24 B2
- Visvesvaraya Industrial and Technical Museum .... (siehe 19)

SCHLAFEN
- Bangalore Youth Hostel 25 C1
- Casa Piccola Service Apartments 26 D3
- Chandra Vihar 27 A3
- Citizen Lodge 28 C2
- Hotel Adora 29 A2
- Hotel Ajantha 30 D2
- Hotel Empire 31 C2
- Hotel Raceview 32 A2
- Hotel Toms 33 D3
- Hotel Tourist 34 A2
- Hotel Vellara 35 D3
- Oberoi 36 D2
- Sandhya Lodge 37 A2
- Taj West End 38 B1

ESSEN
- Casa Piccola 39 C3
- Casa Piccola 40 C1
- Daddy's Deli 41 C3
- Indraprastha Vegetarian .... (siehe 29)
- Konark 42 C3
- Mavalli Tiffin Rooms 43 B4
- Rice Bowl 44 C2
- Samarkand 45 C2
- Spiga 46 C3

AUSGEHEN
- f-Bar 47 B1
- Infinitea 48 C1
- Purple Haze 49 C3
- Zero G .... (siehe 42)

UNTERHALTUNG
- Bangalore Turf Club 50 B2
- Chinnaswamy-Stadion 51 C2
- PVR Theatres 52 D5

SHOPPEN
- Fabindia 53 D2
- Mysore Saree Udyog 54 D2

VERKEHRSMITTEL & -WEGE
- Air Deccan 55 B1
- Air India 56 B3
- Alitalia .... (siehe 45)
- British Airways 57 C3
- Cabs Den 58 C4
- City Market Busbahnhof 59 A3
- Divisional Railway Office 60 A2
- GSA Transworld Travels .... (siehe 40)
- Indian Airlines 61 B2
- Interglobe Air Transport 62 C3
- Jet Airways .... (siehe 56)
- KLM .... (siehe 38)
- KSRTC Booking Counter .... (siehe 39)
- Lufthansa 63 D2
- Private Busunternehmen 64 A2
- Städtischer Busbahnhof 65 A2
- Train Reservation Office 66 A2
- Zentraler Busbahnhof 67 A2

SONSTIGES
- Badami House .... (siehe 10)
- Forum .... (siehe 52)

gründete ein örtlicher Herrscher Kempegowda, die „Stadt der gekochten Bohnen". Er baute eine Lehmfestung und legte die Größe der Stadt, die er sich vorstellte, mit vier Wachtürmen fest – sie wurden längst von der heutigen Stadt „geschluckt". Zwei Jahrhunderte später wurde Bangalore unter Hyder Ali und Tipu Sultan zu einer wichtigen Festungsstadt. Allerdings gibt es kaum Überbleibsel aus dieser Zeit – sind man einmal von den Lalbagh Botanical Gardens und einem kleinem Palast ab. Die Briten verlagerten ihren regionalen Verwaltungssitz 1831 von Srirangapatnam nach Bangalore. Danach nahm die Stadt das geordnete Bild einer britischen Niederlassung an.

Seit den 1960er-Jahren, als die Regierung Bangalore zum Sitz wichtiger Verteidigungs- und Telekommunikationseinrichtungen machte, blüht die Stadt wirtschaftlich auf. Sie wurde zum Wissenschafts- und Technologiezentrum Indiens und Standort vieler multinationaler Unternehmen. Die auch als indisches Silicon Valley bekannte Stadt ist schon seit Jahrzehnten ein Softwarezentrum. Die Hälfte aller indischen Softwareexporte stammt aus Bangalore und um die Stadt herum sind Technologieparks entstanden.

Orientierung

Bangalore ist riesig, doch für Traveller sind im Wesentlichen nur zwei Gebiete interessant: Gandhi Nagar im Westen und das Gebiet rund um die MG Rd., 4 km weiter östlich.

Der Zentrale Busbahnhof und der Hauptbahnhof (City Train Station) befinden sich am Rand von Gandhi Nagar. In den überfüllten Straßen dieser lebhaften, rauen Gegend, die auch als „Majestic" bekannt ist, wimmelt es von Geschäften, Kinos und Budgethotels. Das von der MG Rd., Brigade Rd., St. Mark's Rd. und Residency (FM Canappa) Rd. eingegrenzte Gebiet ist die Shopping- und Unterhaltungsmeile der Reichen.

Die wenigen noch existierenden historischen Überreste liegen südlich des City Market im alten Teil der Stadt. Der zu britischen Zeiten entstandene Teil der Stadt mit schönen Alleen, prachtvollen Villen und natürlich Golfplatz und Rennbahn liegt vor allem nördlich des Cubbon Park.

Einige Straßen in Bangalore kennt man eher unter dem Namen der Straßen, die sie kreuzen: 3rd Cross, Residency Rd., bezieht sich beispielsweise auf die dritte Querstraße auf der Residency Rd.

STADTPLÄNE

In allen Touristenbüros gibt es ganz nützliche Stadtpläne von Bangalore. Noch bessere Pläne haben die Buchläden in der Innenstadt (s. unten); TTK gibt einen Stadtplan heraus, und der 140 Seiten starke Stadtatlas *Eicher City Map Bangalore* ist hervorragend.

Praktische Informationen

BUCHLÄDEN

Gangarams Book Bureau (Karte S. 905; 72 MG Rd; ⌚ Mo–Sa 9.30–20 Uhr) Hat ein großes Buchsortiment, außerdem Bürobedarf und Postkarten.

Higginbothams (Karte S. 905; 74 MG Rd; ⌚ 10–20 Uhr)

Premier Bookshop (Karte S. 905; 46/1 Church St, Eingang Museum Rd; ⌚ Mo–Sa 10–13.30 & 15–20 Uhr) Der Laden ist klein, trotzdem scheint es dort alles zu geben.

KULTURZENTREN

Alliance Française (Karte S. 903; ☎ 51231346; www.allfranceblr.com; 108 Thimmaiah Rd; ⌚ Mo–Fr 9–13 & 15–19, Sa 9–13 Uhr) Hier finden kulturelle Veranstaltungen und Sprachkurse statt. Hat auch eine Bibliothek mit französischsprachigen Werken.

British Library (Karte S. 903; ☎ 22213485; www.britishcouncilonline.org; 23 Kasturba Rd Cross; ⌚ Mo–Sa 10.30–18.30 Uhr) Hier gibt's englische Zeitungen, Bücher und Zeitschriften. Mitglieder erhalten freien Zugang zum Internet (Mitgliedschaft 800 Rs/Jahr).

Max Mueller Bhavan (Karte S. 903; ☎ 22214964; www.goethe.de/bangalore; 3 Lavelle Rd; ⌚ Mo–Fr 9–17 Uhr) Hat ein wunderbares Café und eine Bibliothek mit deutschen Werken. Veranstaltet auch Ausstellungen und Kurse.

INTERNETZUGANG

Dishnet (Karte S. 903; 30 Rs/Std.; ⌚ Mo–Sa 8–20 Uhr) DSL-Zugang; im Hauptbahnhof.

iWay (Karte S. 905; Residency Rd; 25 Rs/Std.; ⌚ 24 Std.) Hier kann man auch günstig ins Ausland telefonieren.

Net World (Karte S. 905; Residency Rd; 30 Rs/Std.; ⌚ 9–2 Uhr)

GEPÄCKAUFBEWAHRUNG

Sowohl am **Hauptbahnhof** (Karte S. 903) als auch am **Zentralen Busbahnhof** (Karte S. 903) lässt sich das Gepäck rund um die Uhr deponieren (10 Rs/Tag).

MEDIEN

Der hervorragende 14-tägige Veranstaltungsführer *Bangalore This Fortnight* ist in

Touristenbüros, Hotels und einigen Restaurants kostenlos erhältlich. Der *City Reporter* ist eine wöchentlich erscheinende Zeitschrift mit Rezensionen und Veranstaltungskalender für Bangalore. Erhältlich bei Higginbothams (s. gegenüber). Der *Deccan Herald* ist Bangalores wichtigste Zeitung. Die Bangalore-Ausgaben von *Hindu* und *Times of India* drucken ebenfalls Termine lokaler Veranstaltungen ab.

MEDIZINISCHE VERSORGUNG

Dr. Anoo Chengappa (Karte S. 903; ☎ 9886006991; 39 Wellington St) Macht Hausbesuche.

Elbit Diagnostic Centre (Karte S. 903; ☎ 22860761; 6/1 Infantry Rd; 🕒 8–19 Uhr) Zuverlässiges Labor und Beratungszentrum.

Mallya Hospital (Karte S. 903; ☎ 22277991; Vittal Mallya Rd) Mit 24-Std.-Apotheke.

GELD

In Bangalore an sein Geld zu kommen, ist kein Problem.

American Express (Karte S. 903; ☎ 22254337; 180 Cunningham Rd; 🕒 Mo–Fr 9.30–18.30, Sa 9.30–13.30 Uhr) Löst Reiseschecks gebührenfrei ein.

Canara Bank Geldautomat (Karte S. 903; 86 MG Rd) Die Canara Bank hat mehrere Geldautomaten in der Stadt.

Citibank Geldautomat (Karte S. 905; Brigade Rd) Der Geldautomat vor dem Nilgiri Supermarkt ist nur einer von vielen Geldautomaten der Citibank.

Thomas Cook (Karte S. 905; ☎ 25581337; 55 MG Rd; 🕒 Mo–Sa 9.30–18 Uhr) Verlangt 50 Rs Gebühr für das Einlösen fremder Reiseschecks.

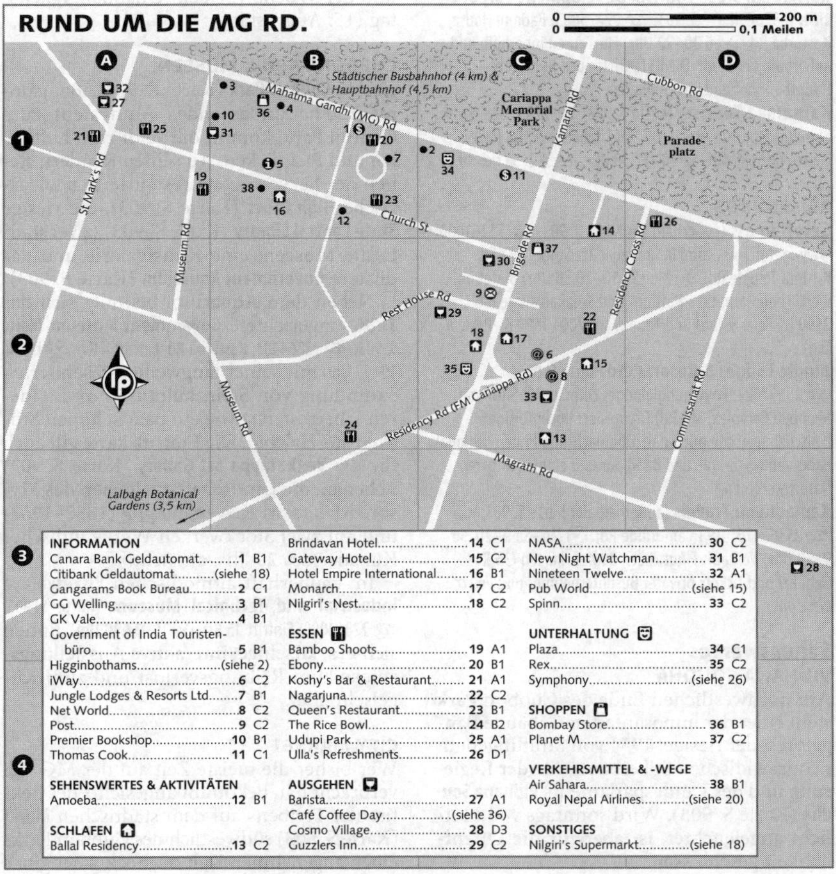

INFORMATION
Canara Bank Geldautomat 1 B1
Citibank Geldautomat (siehe 18)
Gangarams Book Bureau 2 C1
GG Welling 3 B1
GK Vale 4 B1
Government of India Touristenbüro 5 B1
Higginbothams (siehe 2)
iWay 6 C2
Jungle Lodges & Resorts Ltd 7 B1
Net World 8 C2
Post 9 C2
Premier Bookshop 10 B1
Thomas Cook 11 C1

SEHENSWERTES & AKTIVITÄTEN
Amoeba 12 B1

SCHLAFEN
Ballal Residency 13 C2
Brindavan Hotel 14 C1
Gateway Hotel 15 C2
Hotel Empire International 16 B1
Monarch 17 C2
Nilgiri's Nest 18 C2

ESSEN
Bamboo Shoots 19 A1
Ebony 20 B1
Koshy's Bar & Restaurant 21 A1
Nagarjuna 22 C2
Queen's Restaurant 23 B1
The Rice Bowl 24 B2
Udupi Park 25 A1
Ulla's Refreshments 26 D1

AUSGEHEN
Barista 27 A1
Café Coffee Day (siehe 36)
Cosmo Village 28 D3
Guzzlers Inn 29 C2
NASA 30 C2
New Night Watchman 31 B1
Nineteen Twelve 32 A1
Pub World (siehe 15)
Spinn 33 C2

UNTERHALTUNG
Plaza 34 C1
Rex 35 C2
Symphony (siehe 26)

SHOPPEN
Bombay Store 36 B1
Planet M 37 C2

VERKEHRSMITTEL & -WEGE
Air Sahara 38 B1
Royal Nepal Airlines (siehe 20)

SONSTIGES
Nilgiri's Supermarkt (siehe 18)

FOTOS

Digitaler Fotoservice ist in Bangalore weit verbreitet.

GG Welling (Karte S. 905; 113 MG Rd; ⌚ Mo–Sa 9.30–13 & 15–19.30 Uhr)

GK Vale (Karte S. 905; 89 MG Rd; ⌚ Mo–Sa 9–20, So 10–13.30 & 16–20 Uhr) Lieblingsladen der Einheimischen.

POST

Hauptpost (Karte S. 903; Cubbon Rd; ⌚ Mo–Sa 8.30–17.30, So 10–16.30 Uhr) Hat eine gut funktionierende Stelle für Postlagerndes.

TOURISTENINFORMATION

Government of India Touristenbüro (Karte S. 905; ☎ 25585417; indtour@kar.nic.in; KFC Bldg, 48 Church St; ⌚ Mo–Fr 9.30–18, Sa 9–13 Uhr)

Karnataka State Tourism Development Corporation (KSTDC; Karte S. 903; ☎ 22275883; Badami House, Kasturba Rd; ⌚ 6.30–22 Uhr) Für Touren innerhalb und außerhalb der Stadt. Die KSTDC hat auch Büros am Hauptbahnhof und am Flughafen.

Karnataka Tourism (Karte S. 903; ☎ 22352828; www.karnatakatourism.org; 2. OG, 49 Khanija Bhavan, Racecourse Rd; ⌚ Mo–Sa 10–17.30 Uhr, jeden 2. Sa geschl.)

REISEBÜROS

Getoff ur ass (außerhalb der Karte S. 903; ☎ 51161600; www.getoffurass.com; Indiranagar 1st Stage, 472 Sri Krishna Temple Rd; ⌚ Mo–Sa 10–20.30 Uhr) Bietet im westlichen Karnataka Rafting- und Kajakausflüge (ab 2500 Rs/Pers. & Tag) und Touren an (700–1500 Rs/Pers. & Tag).

Jungle Lodges & Resorts Ltd (Karte S. 905; ☎ 25597021; www.junglelodges.com; 2. OG, Shrungar Shoppen Complex, MG Rd) Organisiert hochpreisige Pauschalangebote mit Safari/Übernachtung in den National Parks von Nagarhole und Bandipur und einigen anderen Naturreservaten.

Kamadhenu Travels (außerhalb der Karte S. 903; ☎ 25360476; 10/1 Cambridge Rd; ⌚ Mo–Sa 9–20, So 9–13 Uhr) Verkauft Flugtickets, Zugfahrkarten (35 Rs Gebühr) und Tickets privater Busunternehmer und *liefert diese aus*.

Sehenswertes

VIDHANA SOUDHA

Am nordwestlichen Ende des Cubbon Park steht eines der imposantesten Gebäude Bangalores, der riesige, 1954 von Sträflingen im neodrawidischen Stil erbaute Sitz der Regierung und des Landesparlaments **Vidhana Soudha** (Karte S. 903). Wird sonntags von Flutlicht angeleuchtet, ist aber für die Öffentlichkeit geschlossen.

LALBAGH BOTANICAL GARDENS

Der hübsche, südlich des Stadtzentrums gelegene **Park** mit einer Fläche von 96 ha (Karte S. 903; ☎ 26573667; Eintritt 5 Rs; ⌚ Sonnenaufgang–Sonnenuntergang) wurde im 18. Jh. von Hyder Ali und seinem Sohn Tipu Sultan angelegt. Er wurde nach den roten Rosen benannt, die es dort im Überfluss gab: *lalbagh* heißt „roter Garten". Viele mehrere Jahrhunderte alte Bäume, eine der größten Sammlungen seltener tropischer und subtropischer Pflanzen Indiens, ein Treibhaus, erbaut nach dem Vorbild des Londoner Crystal Palace, und einer von Kempe Gowdas Wachtürmen sind die Highlights dieses Parks.

Größere Blumenausstellungen finden in der Woche vor dem Republic Day (26. Jan.) und der Woche vor dem Unabhängigkeitstag (15. Aug.) statt.

CUBBON PARK & MUSEEN

In den **Cubbon Park** (Karte S. 903), Bangalores 120 ha umfassendes Äquivalent zum Central Park, kommt die Stadt zum Luftholen und Picknicken. An seinen Rändern stehen der hervorragend restaurierte neoklassische **High Court** (Karte S. 903), die riesige **State Central Library** (Karte S. 903), zwei städtische Museen, eine Kunstgalerie und das düstere **Government Aquarium** (Karte S. 903).

Neben dem Aquarium befindet sich das 1886 eingerichtete **Government Museum** (Karte S. 903; ☎ 22864483; Kasturba Rd; Eintritt 4 Rs; ⌚ Di–So 10–17 Uhr) mit seiner langweilig präsentierten Sammlung von Steinskulpturen und anderen Überresten sowie ein paar schönen Stücken aus Halebid. Die Eintrittskarte gilt auch für die **Venkatappa Art Gallery** (Karte S. 903) nebenan, die Landschaftsmalereien des Mysore Malers Sri K. Venkatappa (1887–1962) und auf zwei Stockwerken Werke indischer Künstler des 20. Jhs. ausstellt.

Im zauberhaft altmodischen **Visvesvaraya Industrial and Technical Museum** (Karte S. 903; ☎ 22864009; Eintritt 15 Rs; ⌚ 10–17.30 Uhr) finden sich u. a. kitschige, interaktive Ausstellungsstücke zum Reibungsverlust und zum Kugelschreiber.

CITY MARKET

Wer bisher die meiste Zeit auf der MG Rd. verbracht hat, bekommt angesichts des hektischen Treibens auf dem städtischen **Markt** (Karte S. 903) südwestlich des Cubbon Parks einen angenehmen Kulturschock. Hier gibt's einen mit einer Plane überdachten Obst- und Gemüsebasar, einen Gewürzmarkt, haufenweise Girlanden-Händler und winzig kleine Schneidereien. Die beeindruckend massive weiße **Jama Masjid** (Karte S. 903) gleich nebenan ist nicht zu übersehen.

BULL-TEMPEL

Der **Bull-Tempel** (Karte S. 903; Bugle Hill, Bull Temple Rd; ⌚ 7–13 & 16–21 Uhr) ist einer der ältesten in Bangalore. Er wurde im 16. Jh. von Kempe Gowda im drawidischen Stil gebaut und hat einen riesigen Nandi-Monolith aus Granit. Am Wochenende ist hier besonders viel los: Oft finden musikalische Veranstaltungen, Hochzeitsprozessionen und sogar *pujas* (Opfergaben und Gebete) zur Segnung neuer Autos statt. Mit den Bussen 31, 31E, 35 und 49 erreichbar.

ISKCON-TEMPEL

Der glänzende **Tempel** (außerhalb der Karte S. 903; Hare Krishna Hill, Chord Rd; ⌚ 7–13 & 16–20.30 Uhr) wurde der vermögenden International Society of Krishna Consciousness (Iskcon) gebaut, besser bekannt als Hare Krishnas. Der Tempel ist in einer Mischung aus ultramodernen und traditionellen Stilen verschwenderisch verziert. Der Sri Radha Krishna Mandir verbindet Souvenirverkauf mit einem überwältigenden Schrein für Krishna und Radha. Der Tempel liegt 8 km nordwestlich der Stadt.

FORT & TIPU SULTAN'S PALACE

Eine von Kempe Gowda 1537 aus Lehmziegeln errichtete Verteidigungsanlage, die im 18. Jh. von Hyder Ali und Tipu Sultan in Stein wieder aufgebaut wurde. Es ist ein stabiles kleines **Fort** (Karte S. 903; Krishna Rajendra Rd; ⌚ 8–18 Uhr), doch während der Kriege gegen die Briten wurde ein großer Teil zerstört – außerdem lässt die derzeitige Instandhaltung zu wünschen übrig.

Der bescheidene **Palast** von Tipu Sultan (Karte S. 903; Albert Victor Rd; Inder/Ausländer 5 Rs/2 US$; ⌚ 8–18 Uhr) liegt fünf Gehminuten südwestlich des City Market und ist wegen seiner eleganten Pfeiler aus Teakholz bemerkenswert. Der von Hyder Ali begonnene Bau wurde 1791 von Tipu vollendet. Drinnen gibt's eine kleine Fotogalerie. Neben dem Palast steht der reich geschmückte **Venkataraman-Tempel** (Karte S. 903; Krishna Rajendra Rd; ⌚ 8.30–18 Uhr, jeden 2. Sa geschl.).

BANGALORE PALACE

Man erwartet eigentlich nicht, mitten in Indien auf eine Nachbildung des Windsor Castle zu stoßen. Aber hier ist sie: komplett mit Türmen und Festungsmauer aus Granit. Der **Palast** (außerhalb der Karte S. 903; ☎ 23341778; Palace Rd) wurde 1880 erbaut und später von den Wodejar-Radschas von Mysore erworben. Die Wodejars, die noch immer hier leben, und die Regierung von Karnataka streiten schon seit langem über die brisante Frage, wem der Palast gehört – daher ist er leider für die Öffentlichkeit geschlossen. Sich länger dort aufzuhalten, ist ebenfalls nicht erwünscht, ein schneller Blick im Vorübergehen muss also genügen.

Kurse

Das **Chiraayu Ayurvedic Health and Rejuvenation Centre** (außerhalb der Karte S. 903; ☎ 25500855; 6th Block, 17th D Main, Koramangala; ⌚ 8.30–18 Uhr) ist ein Ayurveda-Zentrum, wie es im Buche steht. Im Angebot sind Langzeittherapien und entspannende Kurzbehandlungen ohne Voranmeldung. Eine eineinhalbstündige Massage kostet 600 Rs.

Das 20 km nordwestlich von Bangalore gelegene **Institute of Naturopathy & Yogic Sciences** (außerhalb der Karte S. 903; ☎ 23717777; www.naturecure-inys.org; Tumkur Rd, Jindal Nagar; ab 600 Rs/Pers. & Tag) ist eher ein Krankenhaus als ein Wellnesszentrum. Tatsächlich müssen Besucher etwas vorweisen können, damit sie hier zur Behandlung zugelassen werden (Rückenschmerzen oder seelische Verstimmungen scheinen aber ausreichende Gründe zu sein). Aus Karnataka und von überall aus der Welt kommen die Menschen hierher, um an den zehntägigen Yoga- und naturheilkundlichen Programmen teilzunehmen.

Geführte Touren

Die KSTDC (s. gegenüber) bietet eine Vielzahl von Touren an, die am Badami House abfahren, aber in allen KSTDC-Büros gebucht werden können. Die Stadtrundfahrt findet zweimal täglich um 7.30 und 14 Uhr statt (90/100 Rs Normal/Deluxe). Touren nach Srirangapatnam, Mysore und zu den Brindavan Gardens starten täglich um 7.15 Uhr mit Rückkehr um 23 Uhr (270/375 Rs Normal/Deluxe). Im Angebot sind auch eine Tour nach Belur, Halebid und Sravanabelagola sowie eine Wochenendtour nach Hampi. Bei diesen beiden Touren sitzt man lange im Bus und hat ansonsten gerade mal Zeit für ein paar Schnappschüsse.

Schlafen

Die Unterkünfte in Bangalore, besonders rund um die MG Rd., sind wesentlich teurer als sonst in Karnataka. Die günstigsten liegen nahe beim Busbahnhof. Für Übernachtungen rund um die MG Rd. – die bequemste Option, außer in Bezug auf Verkehrsmittel – muss man tiefer in die Tasche greifen. Egal, für welchen Stadtteil die Entscheidung fällt, frühzeitiges Buchen ist empfohlen. Alle hier genannten Hotels haben fließend Warmwasser, zumindest morgens.

BUDGETUNTERKÜNFTE

Majestic

Ein Dutzend oder mehr Hotels liegen auf der Subedar Chatram (SC) Rd. östlich des Busbahnhofs und des Hauptbahnhofs. Majestic ist eine laute, ziemlich heruntergekommene Gegend, die Frauen möglicherweise abschreckt. Für Durchreisende liegt sie aber günstig.

Sandhya Lodge (Karte S. 903; ☎ 22874071; Fax 228-74064; 70 SC Rd, Majestic; EZ/DZ ab 295/335 Rs; ❄) Eine saubere, einwandfreie Unterkunft und die beste auf der SC Rd. Die Zimmer sind hell und relativ ruhig.

Hotel Tourist (Karte S. 903; ☎ 22262381; 5 Racecourse Rd, Majestic; EZ/DZ 100/200 Rs) Eine gute Wahl im Majestic-Gebiet und vom Trubel der SC Rd. etwas weiter entfernt.

Hotel Adora (Karte S. 903; ☎ 22872280; 47 SC Rd, Majestic; EZ/DZ ab 200/280 Rs) Ein freundliches Hotel mit anständigen Zimmern und einem guten Restaurant, dem Indraprastha Vegetarian (s. S. 910).

Andere Gebiete

Hotel Ajantha (Karte S. 903; ☎ 25584321; Fax 25584780; 22A MG Rd; EZ/DZ ab 275/425 Rs; ❄ 💻) Vom Preis-Leistungs-Verhältnis her eines der besten Hotels in der Stadt. Die gepflegten Zimmer haben TV. Zum mäßig lauten Komplex (vom Parkplatz fern bleiben!) gehören ein Restaurant, das ganz o. k. ist, ein Reisebüro und ein Hochzeitssaal.

Bangalore Youth Hostel (Karte S. 903; ☎ 23540849; www.yhaindia.org; 65/2 Millers Rd; B/DZ ab 75/250 Rs; ❄ 💻) Die sehr ordentliche Jugendherberge ist Mitglied bei Hostelling International und hat freundliche Schlafsäle und preiswerte Doppelzimmer. Hier gibt's Internetzugang (20 Rs/Std.), auf Anfrage auch Mahlzeiten und viele Regeln – einschließlich einer Sperrstunde ab 22.30 Uhr. Die Herberge liegt nahe beim Cantonment Bahnhof.

Brindavan Hotel (Karte S. 905; ☎ 25584000; 108 MG Rd; EZ/DZ ab 380/520 Rs; ❄) Das Brindavan hat anständige, große Zimmer mit Balkon und als besonderen Service einen Astrologen und Handleser.

Citizen Lodge (Karte S. 903; ☎ 25591793; Fax 25596811; 3/4 Lady Curzon Rd; EZ/DZ 220/350 Rs, Deluxe ab 330/500 Rs; ❄) Die Standardzimmer gehen auf die lärmige Straße hinaus und sind deprimierend – möglicherweise wurden sie aber inzwischen renoviert. Die ziemlich neuen Deluxe-Zimmer mit ihren beruhigenden cremefarbenen Wänden sind dagegen ihren Preis wert.

Hotel Raceview (Karte S. 903; ☎ 22203401; 25 Racecourse Rd; Zi. ab 500 Rs) Hier müffelt es ein bisschen, aber das alte Haus hat Charakter. Fast meint man, die Geister früherer Rennfreunde noch zu spüren. Einige Zimmer blicken auf die Rennbahn.

Chandra Vihar (Karte S. 903; ☎ 22224146; Ave Rd; EZ/DZ ab 220/350 Rs; ❄) Eine ideale Unterkunft für Leute, die sich von der Energie des Basars anstecken lassen möchten. Die Zimmer sind sauber und geräumig, von einigen hat man einen prima Blick auf den Markt.

MITTELKLASSEHOTELS

Casa Piccola Service Apartments (Karte S. 903; ☎ 2227 0754; casapiccola@vsnl.net; Wellington Park Apartments, Wellington St; Zi. mit Frühstück 950 Rs) Diese Unterkunft ist wie Ferien daheim. Die unglaublich nette Familie Oberoi vermietet Zimmer in ihrem Haus. Die meisten Apartments haben zwei Schlafzimmer, Wohnzimmer und eine komplett mit Töpfen, Pfannen und anderem Hausrat eingerichtete Küche.

Hotel Toms (Karte S. 903; ☎ 25575875; 1/5 Hosur Rd; EZ/DZ ab 750/800 Rs; ❄) Die geräumigen Zimmer im niegelnagelneuen Toms erstrahlen im wärmenden Licht der karamellfarbenen Wände und der hellen Holzmöbel. In bequemer Laufweite zum Gewühl der MG Rd.

Hotel Vellara (Karte S. 903; ☎ 25369116; Fax 25369775; 283 Brigade Rd; EZ/DZ/3BZ ab 620/650/1100 Rs) Das Vellara gibt sich so bescheiden, dass es fast übersehen wird. Die Zimmer hier sind farblos, aber riesig und gut in Schuss, und die im oberen Stockwerk sind ruhig und mit Aussicht (auf die Straßen von Bangalore). Die Morgenzeitung ist pünktlich wie die Uhr.

Hotel Empire (Karte S. 903; ☎ 25592821; hotel empire@hotmail.com; 78 Central St; EZ/DZ ab 575/795 Rs; ❄) Ein nettes Hotel mit sonnigen Zimmern und freundlichem Personal. Hier gibt's immer Warmwasser. Nach einem Zimmer auf der Rückseite des Hauses fragen: Die Straße und die Menschenmengen, die das für seine gegrillten Hähnchen berühmte Restaurant im Erdgeschoss besuchen, können ziemlich laut sein.

Hotel Empire International (Karte S. 905; ☎ 2559 3743; www.hotelempireinternational.com; 36 Church St; EZ/DZ inkl. Frühstück ab 990/1250 Rs; ❄) Das vor einiger Zeit von den Leuten des Hotel Empire eröffnete Haus ist gleichbleibend sauber und professionell geführt. Luftige, helle Zimmer in unschlagbarer Lage.

Nilgiri's Nest (Karte S. 905; ☎ 25588401; nilgiris 1905@vsnl.com; 3. OG, 171 Brigade Rd; EZ/DZ ab 1000/1400 Rs; ❄) Oberhalb des gleichnamigen Supermarktes und mitten im Geschehen. Würde das Nilgiri's aber nicht so zentral liegen, wäre es überteuert.

Ballal Residency (Karte S. 905; ☎ 25597277; www.ballalgrouphotels.com/ballal; 74/4 3rd Cross, Residency Rd; EZ/DZ 1400/1750 Rs; ❄) Dieses gemütliche Hotel abseits vom Chaos hat große, makellos saubere Zimmer mit all dem üblichen Komfort, inklusive Warmwasser und Klimaanlage. Im Gartencafé werden rein vegetarische Gerichte aus Süd- und Nordindien serviert.

Monarch (Karte S. 905; ☎ 25591915; www.hotel monarch.com; 54 Brigade Rd; EZ/DZ inkl. Frühstück ab 2700/3200 Rs; ❄) Das Monarch gewinnt den Preis für die beste Lage. Großstadtcowboys werden mit Vergnügen durch den städtischen Dschungel stapfen, um dann ein paar Stufen zu erklimmen und sich's in funkelnagelneuen, mit allem Komfort ausgestatteten Zimmern gut gehen zu lassen.

SPITZENKLASSEHOTELS

In Bangalore gibt's eine Fülle von piekfeinen Hotels für die vielen Geschäftsreisenden.

Gateway Hotel (Karte S. 905; ☎ 56604545; www.taj hotels.com; 66 Residency Rd; EZ/DZ inkl. Frühstück ab 170/180 US$; ❄ 🏊) Viersternehotel der Taj-Gruppe, mit exzellenten Zimmern, einem Fitnessbereich und drei Restaurants.

Taj West End (Karte S. 903; ☎ 56605660; www.tajhotels.com; Racecourse Rd; EZ/DZ ab 205/230 US$; ❄ 🏊) Beim Spaziergang durch den blühenden, 8 ha großen Garten des West End hat man nicht das Gefühl in einem Hotel zu sein. Der von kleinen Wegen durchzogene Garten führt zum herrschaftlichen Haus aus dem 19. Jh. und zu den Villen. Die Fünfsternezimmer sind hübsch und einen Tick eleganter als andere.

Oberoi (Karte S. 903; ☎ 25585858; www.oberoiblr.com; 37-39 MG Rd; EZ/DZ ab 195/215 US$; ❄ 🏊) Ein nobles Hotel mit sehr schönen Zimmern, die auf einen unglaublich ruhigen Garten mit Teichen, Bäumen und einen Swimmingpool schauen. Geboten wird der übliche Fünfsternekomfort.

Leela Palace (außerhalb der Karte S. 903; ☎ 25211234; www.theleela.com; Airport Rd; EZ/DZ ab 350/380 US$; ❄ 🏊) Eine Unterkunft der Extraklasse östlich der Stadt. Nirgends gibt's besser eingerichtete Zimmer und der entspannende Wellnessbereich (Whirlpool, Sauna und Fitnessraum) geben dem Ganzen einen gewissen Zauber. Alles ist in verwöhnendem Überfluss vorhanden: aufwändiges Essen, Ballsäle, Ambiente.

Essen

Nach Bangalore kommt man nicht wegen der Sehenswürdigkeiten, sondern zum Essen (und Trinken und Shoppen). Ständig sprießen neue Trendlokale aus dem Boden, und die alten erfinden sich neu, um mit den Launen und dem wachsenden Standard der hungrigen, wohlhabenden Massen Schritt zu halten. Inzwischen breitet sich der auf der Brigade Rd. ausgebrochene Fastfood-Virus langsam, aber stetig weiter aus.

Queen's Restaurant (Karte S. 905; Church St; Hauptgerichte 50–120 Rs; ⌚ 12–15.30 & 18–22.30 Uhr) Lehmwände, Decken mit Holzbalken und ethnisches Dekor geben dem Queen's eine naturverbundene Atmosphäre. Gäste fühlen sich hier wie in einer (schicken) dörflichen Lehmhütte. Die indischen Gerichte sind überdurchschnittlich und es ist immer was los.

Ulla's Refreshments (Karte S. 905; 1. OG, Public Utility Bldg, MG Rd; Hauptgerichte 30–60 Rs; ⌚ 9–22 Uhr) Auf der großen, gastlichen Terrasse serviert das Ulla's scharfes Essen, das den Geschmacksvorstellungen der Einheimischen entgegen kommt. Die Gästeschar weiß die großartige traditionelle nord- und südindische sowie die „chindische" Küche zu schätzen.

Udupi Park (Karte S. 905; Church St; Hauptgerichte 20–55 Rs; ⌚ 8–22.30 Uhr) Eines der wenigen preiswerten Lokale in Bangalore. Das Udupi ist einfach eingerichtet und serviert gute indische Küche.

Konark (Karte S. 903; Residency Rd; Hauptgerichte 30–70 Rs; 8–22 Uhr) Köstliche Speisen aus Nord- und Südindien und „chindische" Gerichte – serviert in einem farbenfrohen, gemütlichen Ambiente. Das Konark Special South Indian Meal (75 Rs) von der Mittagskarte und die rein vegetarischen (eierlosen) Kuchen und Pasteten sind ein Gedicht.

Indraprastha Vegetarian (Karte S. 903; 47 SC Rd, Majestic; Hauptgerichte 30–70 Rs; 7–23 Uhr) Das zum Hotel Adora (s. S. 908) gehörende Restaurant ist eines der besten in Majestic.

Nagarjuna (Karte S. 905; 44/1 Residency Rd; Hauptgerichte 60–125 Rs; 11.30–15.45 & 18.30–22.45 Uhr;) Die hyperaufmerksamen Kellner häufen voller Stolz kleine Kleckse leckerer und teuflisch scharfer Andhra-Spezialitäten auf ein Bananenblatt.

Casa Piccola (Karte S. 903; 131 Residency Rd; Hauptgerichte 70–140 Rs; 11.30–22.30 Uhr) Hier werden auf einer Veranda in relaxter Atmosphäre Aufläufe, Pizzen, Pasta und Milchshakes serviert. Im Obergeschoss entsteht eine Tapas Bar, die Casa del Sol. Auf der Cunningham Rd. gibt's noch eine Casa Piccola.

Rice Bowl (Hauptgerichte 60–130 Rs; 11.30–15.30 & 19–23.30 Uhr; ; 24 Residency Rd Karte S. 905; 40/2 Lavelle Rd Karte S. 903) Leckeres chinesisches Essen, wie es sein sollte. Hier wird auch Alkohol ausgeschenkt.

Koshy's Bar & Restaurant (Karte S. 903; 39 St Mark's Rd; Hauptgerichte 50–250 Rs; 9–23.30 Uhr;) Koshy's ist eine Institution in Bangalore, die schon seit drei Generationen von derselben Familie betrieben wird. In den zwei Speiseräumen ist immer viel los. Gekocht wird in allen möglichen Stilrichtungen: Indisch, Chinesisch, Cajun, sogar Fish & Chips. Ein perfekter Ort für ein gemütliches Bier.

Spiga (Karte S. 903; 1. OG, 76/A Vittal Mallya Rd; Hauptgerichte 80–160 Rs; Di–So 12.30–15.30 & 19–22.30 Uhr) Das frische, minimalistische Interieur dieses kleinen Bistros passt prima zum mediterranen Hühnchen und dem Fisch Florentiner Art.

Ebony (Karte S. 905; 13. OG, Barton Centre, 84 MG Rd; Hauptgerichte 90–275 Rs;) Das Ebony ist ein bisschen muffig, aber dennoch einen Besuch wert, denn die Terrasse bietet einen guten Blick über die Stadt – und die thailändischen, französischen und persischen Hauptgerichte sind super lecker. Zumindest auf einen Mocktail (95 Rs) oder einen Cocktail (180 Rs) hier hochkommen.

Bamboo Shoots (Karte S. 905; Museum Inn, 1 Museum Rd; Hauptgerichte 200–350 Rs; 12–15 & 19–24 Uhr;) Hier ist es zwar ziemlich förmlich, aber die chinesischen Gerichte sind herausragend. Das Lunchbuffet für 115 Rs ist ein super Schnäppchen.

Mavalli Tiffin Rooms (Karte S. 903; Lalbagh Rd; Gerichte 10–75 Rs; 6.30–21.30 Uhr) Das *masala dosa* im legendären MTR in der Nähe der Lalbagh Gärten gehört zum besten in Indien. In dem holzvertäfelten Lokal mit den roten Plastikstühlen wimmelt es von einheimischen Stammgästen und ihren Familien.

Samarkand (Karte S. 903; Infantry Rd; Hauptgerichte 95–220 Rs; 12–15.30 & 19–23.30 Uhr;) Das Restaurant trägt den Namen einer Stadt in Usbekistan. Erwartungsgemäß serviert es zentralasiatisches Essen. Die Peshawari-Küche, einschließlich diverser Kebabs, ist hervorragend. Das Dekor mit den von den „steinernen" Wänden herabhängenden Kupfertöpfen und Teppichen hat was Theatralisches.

ETWAS BESONDERES

Daddy's Deli (Karte S. 903; ☎ 22294594; 12/3 Alexandra St; Hauptgerichte 90–150 Rs; Di–Sa 12.30–15.30 & 19.30–23, So 12.30–15.30 Uhr) Ahnungslose Besucher dieses kleinen Cafés sind regelmäßig überwältigt von den authentischen und köstlichen hausgemachten Parsi-Gerichten. Gerichte wie *leela kanda ne colmi no pulou* (Garnelen mit Reis, in Brühe gekocht und mit Gewürzen verfeinert) oder *dahi bheeda* (gebratene Okraschoten in Masala-Quark) bleiben im Gedächtnis. Das Restaurant selbst, es liegt gut versteckt in Richmond Town (nahe der Victorian Villa Apartments), ist ruhig und hübsch dekoriert. Die Texte an den Wänden erzählen interessante Geschichten über die Parsen und den Zoroastrismus.

Ausgehen

BARS

Die Barszene Bangalores steht der von Mumbai kaum nach, aber die berühmten flippigen Bars und Laserdiskos verblassen angesichts einer neuen Generation von schicken Lounges. Die Bars öffnen vor 12 Uhr und schließen leider schon um 23.30 Uhr. Einige halten auch am Alkoholausschankverbot zwischen 15 und 17 Uhr fest. Die

Bierpreise beginnen bei 50 Rs für einen kleinen Krug, 90 Rs für ein Pint und 250 Rs für einen großen Krug, aber während der Happy Hour (meist bis 18 Uhr) fallen die Preise.

Pub World (Karte S. 905; 65 Residency Rd) Britischer Pub, deutsche Kneipe, Western Saloon und Manhattan Cocktailbar in einem einzigen Raum – auch wenn es gelegentlich schwer fällt herauszufinden, in welcher der Varianten man sich gerade befinden soll.

New Night Watchman (Karte S. 905; 46/1 Church St) Cooles Ambiente, Dämmerlicht und ein geschmackvolles Interieur mit kubistischen Parkbänken. Ein schöner Ort für den Nachmittag.

Guzzlers Inn (Karte S. 905; 48 Rest House Rd) Hierher kommen die Massen, um am Ende eines Arbeitstages MTV zu sehen oder eine Partie Snooker zu spielen.

NASA (Karte S. 905; 1/A Church St) Kitschig, verrückt und aufgemacht wie ein Raumschiff. Die Lasershow kann die Sinne verwirren.

KAFFEE & TEE

In Bangalore gibt's eine richtige Kaffeekultur mit allgegenwärtigen Ketten, angeführt von Läden wie **Café Coffee Day** (Karte S. 905; MG Rd; 🕗 8–23.30 Uhr; ⊠) und **Barista** (Karte S. 905; 40 St Mark's Rd; 🕗 8–23.30 Uhr; ⊠). Kaffeespezialitäten beginnen bei 30 Rs.

Aber selbst der Espresso hat die Leute von Bangalore nicht restlos für sich eingenommen, Tee ist auch wieder in: **Infinitea** (Karte S. 903; Shah Sultan Complex, Cunningham Rd; 🕗 10.45–23 Uhr; ⊠) ist eines der besten Teehäuser der Stadt.

LOUNGES

Barhopping, Clubbing und auf Partys gehen ist in Bangalore unüblich – stattdessen ist *Lounging* angesagt. In den meisten der folgenden Lokale gibt es Tanzflächen. Überall werden Speisen und alkoholische Getränke serviert. Aber am besten geeignet sind sie für lange Gespräche in gemütlichen Sofas, bei denen man überteuerte Cocktails schlürft.

Achtung! In einigen Lokalen haben Männer nur in weiblicher Begleitung Zutritt.

Cosmo Village (Karte S. 905; 29 Magrath Rd; 🕗 19.30–1 Uhr) Das Volk, das sich hier versammelt, ist genauso verwegen schön wie das Dekor aus Kerzen, Seidenwandtüchern, Kuschelkissen und Kunst. Ebenso einfallsreich sind die elf Seiten lange Getränkekarte und die Gerichte (mit Namen wie „Two Cottages in the Woods"; 150–300 Rs). Lounging in Reinkultur.

f–Bar (Karte S. 905; ☎ 22262233; Le Meridien, 28 Sankey Rd; 🕗 17–1.30 Uhr) Schwarze Wände und Sofas in Burgund und Karamell, in denen man versinkt, betten die anspruchsvollen Besucher und bilden eine schöne Kulisse für Hiphop nach Mitternacht. Paare bezahlen hier 500 Rs Eintritt, Männer 1000 Rs, aber jeden Abend ist „Ladies's Night".

Nineteen Twelve (Karte S. 903; ☎ 22997290; 40 St Mark's Rd; 🕗 19.30–0.30 Uhr, am Wochenende bis 2 Uhr) Auf der eleganten Veranda und im hübschen Innenraum mit den hohen Decken tummelt sich das gestylte Volk. Am frühen Abend ist es ziemlich ruhig, aber nach 22 Uhr, wenn der DJ auflegt oder gelegentlich Livebands auftreten – kommt Bewegung ins Spiel. Zum Angebot gehören auch verschiedene Weine und Zigarren. Am Wochenende zahlen Pärchen hier 500 Rs Eintritt, für Frauen ist der Preis „Verhandlungssache".

Spinn (Karte S. 905; ☎ 25583111; 80 3rd Cross, Residency Rd; 🕗 19–1 Uhr) Der Lounge-Bereich im futuristischen Stil der 1960er-Jahre, mit strahlend weißen Gardinen und Stahlrohrmöbeln, ist interessanter als die Tanzfläche. Mittwochs und am Wochenende, wenn der Eintritt für Paare 300 bis 500 Rs kostet und 150 bis 200 Rs für Frauen, wummert ab 23 Uhr der Hiphop- und House-Beat.

Zero G (Karte S. 903; ☎ 22079014; 10. OG, Prestige Towers, Residency Rd; ⊠) Abgesehen vom Swimmingpool auf dem Dach hat das Lokal wenig Flair. Dennoch lohnt sich ein Besuch an Bollywood- (Mi) oder Indian Retro-Abenden (Do). Der Eintritt beträgt 500 Rs für Herren (mit Begleitung).

Purple Haze (Karte S. 903; ☎ 22213758; 17/1 Residency Rd) Der Name ist etwas angestaubt, aber zum Tanzen ist's hier nicht schlecht. Eine gemischte Gästeschar tanzt zu Retro- und Chartsmusik. Samstags zahlen Paare 300 Rs Eintritt.

Unterhaltung

BOWLING

Amoeba (Karte S. 905; ☎ 25594631; 22 Church St; 🕗 11–23 Uhr) Eine blank polierte Bowlingbahn, wo der stärkste Drink ein alkoholfreier „Mocktail" ist. Eine Bowlingpartie kostet, je nach Tageszeit, 80–125 Rs pro Person.

KINO

Englischsprachige Filme gibt's an jeder Ecke zu sehen. Kostenpunkt: 80–100 Rs.

Plaza (Karte S. 905; ☎ 25587682; 74 MG Rd)
PVR Theatres (Karte S. 903; ☎ 22067880; The Forum, 21 Hosur Rd) Megakino mit 11 Sälen.
Rex (Karte S. 905; ☎ 25587350; 12/13 Brigade Rd) Hier werden auch regionale Filme gezeigt.
Symphony (Shankarnag Chitra Mandira; Karte S. 905; ☎ 25585988; Public Utility Bldg, MG Rd)

SPORT

Pferderennen

Die Wintersaison in Bangalore dauert von November bis März, die Sommersaison von Juni bis Juli. Die Rennen finden meist am Freitag- und Samstagnachmittag statt. Nähere Informationen erteilt der **Bangalore Turf Club** (Karte S. 903; ☎ 22262391; www.bangaloreraces.com; Racecourse Rd).

Kricket

Um Indiens Sportleidenschaft einmal live zu erleben, empfiehlt sich der Besuch eines regulären Cricket-Matches im **M Chinnaswamy-Stadion** (Karte S. 903). Am Tag der Veranstaltung gibt's unterschiedliche Tickets (50–500 Rs), Schlangestehen ist aber unvermeidbar. Ein guter Sitz in einem nicht zu stark überfüllten Bereich kostet etwa 250 Rs. Der Offizielle Verband ist die **Karnataka Cricket Association** (☎ 22864487).

Shoppen

In Bangalore bekommt man tolle Sachen aus Seide, Sandel- und Rosenholz und Ethnoschmuck der Lambani. Die Kunsthandwerkläden auf der MG Rd. und rundum haben Riesenvorräte.

Bombay Store (Karte S. 905; 99 MG Rd; ⌚ 10.30–20.30 Uhr) Hier gibt's alle möglichen Geschenke zu kaufen, von Naturkosmetik bis zu Leinenwäsche.

Mysore Saree Udyog (Karte S. 903; 1. OG, 294 Kamaraj Rd; ⌚ Mo–Sa 10.30–20.30 Uhr) In der unglaublich chaotischen Gegend bei der Commercial St. finden sich Kunsthandwerk- und Sarishops. Für Seidenliebhaber gibt's aber nichts Besseres als Mysore Saree Udyog.

Fabindia Zentrum (Karte S. 903; ☎ 30905429; Commercial St; ⌚ 10–20 Uhr); Koramangala (außerhalb der Karte S. 903; ☎ 25532070; 54 17th Main; ⌚ 10–20 Uhr) Fabindia, der beste Laden weltweit, hat noch eine Filiale auf der Commercial St. Der Trip zum Hauptgeschäft in Koramangala ist aber äußerst empfehlenswert, wenn man elegante Baumwoll-Kurtas für Herren und Damen sucht. Von der Hosur Rd. bei der Moschee, etwa 1 km nach dem Forum, links abbiegen; Fabindia ist auf der rechten Seite.

Planet M (Karte S. 903; 9 Brigade Rd; ⌚ 10.30–21 Uhr) Viele Shops rund um die MG Rd. verkaufen billige CDs und Kassetten mit westlicher und Hindimusik, aber bei Planet M gibt's alles, von Telugu Soundtracks bis zu Techno.

An- & Weiterreise

FLUGZEUG

Die Büros der Fluglinien sind meist montags bis samstags von 9 bis 17.30 Uhr geöffnet und machen zur Mittagszeit eine Pause. Nationale Fluglinien:
Air Deccan (Karte S. 903; ☎ 51148190, Call Center 9845777008; 214/22 7th Cross, Cunningham Rd)
Air Sahara (Karte S. 905; ☎ 25584417; 35 Church St)
Indian Airlines (Karte S. 903; ☎ 22978406; Housing Board Bldg, Kempe Gowda Rd)
Jet Airways (Karte S. 903; ☎ 22275684, Call Center 25221929; Unity Bldg, Jayachamaraja Rd)

Zu den in der Tabelle aufgelisteten Zielen gibt's tägliche Flüge.

Ziel	Preis (US$)	Dauer (Std.)
Ahmedabad	230	3
Chennai	85	¾
Delhi	275	2½
Goa	115	1½
Hyderabad	125	1
Kochi	90	1
Kolkata	290	2½
Mangalore	95	1
Mumbai	150	1½
Pune	155	1½
Trivandrum	130	1

Air Deccan fliegt einige dieser Ziele an. Die Tickets sind meist bis zu 50 % günstiger als bei anderen Fluglinien.

Internationale Airlines mit Büros in Bangalore:
Air France (außerhalb der Karte S. 903; ☎ 25589397; Sunrise Chambers, 22 Ulsoor Rd)
Air India (Karte S. 903; ☎ 22277747; Unity Bldgs, Jayachamaraja Rd)
Alitalia (Karte S. 903; ☎ 25591936; 66 Infantry Rd)
British Airways (Karte S. 903; ☎ 22271205; 7 St Mark's Rd)
GSA Transworld Travels (Karte S. 903; ☎ 22264719; Cunningham Rd) für Qantas.
Interglobe Air Transport (Karte S. 903; ☎ 22244620; GF–12 Richmond Rd) für United, South African Airlines und Air New Zealand.

KLM (Karte S. 903; ☎ 22268703; Taj West End, Racecourse Rd)
Lufthansa (Karte S. 903; ☎ 25588791; 44/2 Dickenson Rd)
Royal Nepal Airlines (Karte S. 905; ☎ 25597878; Barton Centre, MG Rd)

BUS

Bangalores riesiger, gut organisierter **Zentraler Busbahnhof** (Karte S. 903) liegt direkt vor dem Hauptbahnhof. Die Busse der **Karnataka State Road Transport Corporation** (KSRTC; ☎ 22870099) fahren in ganz Karnataka und auch in die Nachbarstaaten. Der „Rajahamsa" ist ein besonders komfortabler Deluxe-Bus der KSRTC. Andere, über Landesgrenzen hinaus operierende Betreiber:
Andhra Pradesh State Road Transport Corporation (APSRTC; ☎ 22873915)
Kadamba Transport Corporation (☎ 22351958) Goa.
State Express Transport Corporation (SETC; ☎ 22876974) Tamil Nadu.

Vorabbuchungen per Computer sind für die meisten Busse am Bahnhof möglich; die **KSRTC** (Karte S. 903; Devantha Plaza, Residency Rd) hat auch Ticketschalter in der Stadt, darunter am Devantha Plaza. Es empfiehlt sich, Langstrecken im Voraus zu buchen.

Viele private Busunternehmen haben bequemere und kaum teurere Busse, die die größeren Städte in Zentral- und Südindien anfahren. **Private Busunternehmen** (Karte S. 903) säumen die Straße zum Zentralen Busbahnhof, Buchungen sind auch über eine Agentur möglich (s. S. 905).

Die KSRTC fährt u. a. folgende Orte an:

Ziel	Preis (Rs)	Dauer (Std.)	Häufigkeit
Chennai	240 (R) 425 (V)	8	15-mal tgl.
Ernakulum	360 (R) 500 (V)	3	16-mal tgl.
Hampi	204 (R)	12	1-mal tgl.
Hyderabad	310 (R)/ 555 (V)	12	mind. 25-mal tgl.
Jog-Fälle	250 (D)	8	1-mal tgl.
Mumbai	975 (V)	24	3-mal tgl.
Mysore	90 (R)/ 140 (V)	3	mind. 25-mal tgl.
Panaji	350 (R)	15	3-mal tgl.
Puttaparthi	100 (D)	4	8-mal tgl.
Udagamandalam	205 (R)	8	6-mal tgl.

(D) – Semideluxe/Standard, (R) – Rajahamsa, (V) – Volvo mit Klimaanlage

ZUG

Der Hauptbahnhof von Bangalore (Karte S. 903) ist der wichtigste Ort für Reservierungen und der zentrale Verkehrsknotenpunkt. Reisende, die zur MG Rd möchten, sollten aber am Cantonment Bahnhof (Karte S. 903) aussteigen. Und Züge nach Goa starten vom 8 km nordwestlich des Zentrums gelegenen Yesvantpur Bahnhof (Karte S. 903) aus.

Reservierungen laufen in Bangalore computerisiert ab, aber es gibt keine Touristenkontingente. Wenn der Zug voll ist, kann man meist auf eine Warteliste kommen: ein Warteliste-Ticket kaufen und dann im Divisional-Railway-Office-Gebäude (Karte S. 903), das direkt nördlich des Hauptbahnhofs liegt, ein Formular ausfüllen. Etwa sechs Stunden vor Abfahrt wird bekanntgegeben, wer mitdarf (die Chancen sind gut). Falls es nicht geklappt hat, gibt's das Geld zurück. Das **Reservierungsbüro** (☎ 132; Mo–Sa 8–20, So 8–14 Uhr) – wenn man vor dem Bahnhof steht, auf der linken Seite – hat Extraschalter für die Zahlung per Kreditkarte (30 Rs Gebühr) sowie für Frauen und Ausländer. Auf Gleis 1 des Hauptbahnhofs gibt's eine 24-Stunden-Gepäckaufbewahrung (ab 10 Rs pro Tasche).

Von Bangalore fahren täglich Express Trains direkt zu allen Hauptstädten in Süd- und Zentralindien. Die einzige Zuglinie, die wegen der Umstellung von Meter- auf Breitspur unterbrochen ist, ist der Abschnitt zwischen Hassan und Mangalore.

Weitere Informationen zu den wichtigsten Zugverbindungen ab Bangalore im Kasten auf S. 913.

Unterwegs vor Ort

VOM/ZUM FLUGHAFEN

Der Flughafen liegt 13 km östlich des Hauptbahnhofs und etwa 9 km östlich des Gebiets rund um die MG Rd. Es ist nicht schwer, ein Prepaid-Taxi für die Fahrt vom Flughafen in die Stadt zu bekommen (250 Rs), in Gegenrichtung wird wahrscheinlich hartnäckiges Feilschen nötig sein. Eine Autorikscha kostet etwa 50 Rs. Bus 333 fährt vom städtischen Busbahnhof zum Flughafen (8 Rs, 45 Min.).

AUTO

Rund um Bangalore werden an vielen Orten Mietwagen mit oder (für Furchtlose) ohne Fahrer angeboten. Die Standardtarife für

WICHTIGE ZUGVERBINDUNGEN AB BANGALORE

Ziel	Zugnummer & Name	Preis (Rs)	Dauer (Std.)	Abfahrt
Chennai	2608 *Lalbagh Expr.*	118/392	5½	6.30 Uhr
	2640 *Brindavan Expr.*	118/392	6	14.30 Uhr
	2008 *Shatabdi*	575/1095	5	Mi–Mo 16.15 Uhr
Delhi	2627 *Karnataka Expr.*	561/1523/2387	42	18.30 Uhr
	2429 *Rajdhani*	2080/3070	35	Mo, Mi, Do & So 18.35 Uhr
Hospet	6592 *Hampi Expr.*	147/565/881	9½	22.05 Uhr
Hubli	2079 *Jan Shatabdi*	147/485	7	Mi–Mo 6 Uhr
Kolkata	5625 *Guwahati Expr.*	503/1386/2186	37	Mi & Fr 23.30 Uhr
Mumbai	6530 Udyan Expr.	373/1020/1601	24	20 Uhr
Mysore	6222 *Mysore Expr.*	61/198	3	5.30 Uhr
	6206 *Tipu Expr.*	61/198	2½	14.15 Uhr
	6216 *Chamundi Expr.*	61/198	3	18.15 Uhr
	2007 *Shatabdi*	305/590	2	Mi–Mo 11 Uhr
Trivandrum	6526 Kanniyakumari Expr.	312/848/1326	17	21.45 Uhr

Rajdhani Tarife gelten für 3AC/2AC, *Shatabdi* Preise für Chair Class/Executive Class, *Jan Shatabdi* Preise für 2. Klasse/Chair Class, Express (Expr.) Preise für 2. Klasse/Chair Class bei Tageszügen und für Sleeper Class/3AC/2AC bei Nachtzügen.

einen Hindustan Motors Ambassador liegen bei 5 Rs pro Kilometer, Minimum 250 km, plus 125 Rs für den Fahrer (insgesamt 1375 Rs/Tag).

Cabs Den (Karte S. 903; ☎ 22483879; 468 13th Cross, Wilson Garden) Nahe der Lalbagh Gardens.

Connect Travel Services (☎ 25541338; connect_ts@yahoo.co.in; Trinity Circle, MG Rd)

Mr. Gopalan (☎ 9845089554) Ein netter und zuverlässiger Ambassador Fahrer; holt einen bei Anruf ab.

AUTORIKSCHA

Die Autorikschafahrer in Bangalore sind gesetzlich verpflicht, ihre Taxameter zu benutzen. Einheimische bestehen darauf, und Traveller sollten das ebenfalls tun. Nach 22 Uhr werden auf den offiziellen Fahrpreis 50 % aufgeschlagen, aber meist ist Handeln angesagt, vor allem rund um die Brigade Rd. herum – außer man ist bereit, das eineinhalbfache zu bezahlen. Der Grundpreis beträgt 10 Rs, jeder weitere Kilometer kostet 5 Rs. Vor dem Hauptbahnhof ist ein Stand für Prepaid-Autorikschas. Von dort bis zur MG Rd. kostet eine Fahrt 30 Rs.

BUS

Bangalore hat ein gut entwickeltes Nahverkehrsbusnetz, obwohl die Busse oft überfüllt sind. Hier wimmelt es von Taschendieben, und die Einheimischen raten alleinreisenden Frauen davon ab, nachts einen Bus zu benutzen. Die meisten Nahverkehrsbusse (hellblau) fahren vom städtischen Busbahnhof (Karte S. 903), der neben dem Zentralen Busbahnhof liegt. Einige starten auch vom City Market Busbahnhof (Karte S. 903), der weiter südlich liegt.

Um vom Hauptbahnhof zur MG Rd. zu gelangen, einfach in einen der Busse steigen, die von Bussteig 17 oder 18 abfahren. Die von Bussteig 8 startenden Busse 31, 31E, 35 und 49 fahren zum City Market.

RUND UM BANGALORE

Nrityagram

Das Tanzdorf **Nrityagram** (☎ 28466313; www.nrityagram.org), 30 km nordwestlich von Bangalore, wurde Anfang der 1990er-Jahre aufgebaut, um den klassischen indischen Tanz wiederzubeleben und populär zu machen. Das von der verstorbenen *odissi*-Tänzerin Protima Gauri gegründete Dorf bietet Langzeitkurse an. Der Lehrplan des klassischen Tanzstudiums ist ganzheitlich und schließt Meditation, Kampfsport und Sanskrit ein. An Wochenenden bekommen einheimische Kinder hier kostenlosen Unterricht. In jedem Juli findet für Anfänger ein einmonatiger Workshop statt (1000 US$).

Das Dorf freut sich über Gäste und bietet geführte Touren an (3400 Rs für vier Personen), einschließlich Tanzdarbietung, kurzer Vorlesung und Mittagessen. Eine selbstgeführte Tour kostet 20 Rs. Vorher anrufen, um einen Besuchstermin zu vereinbaren.

Nandi Hills

☎ 08156 / 1478 m

Von den 68 km nördlich von Bangalore gelegenen **Nandi Hills** aus (Eintritt Rs 5; ⌚ 6–22 Uhr) lässt es sich prima wandern und die wunderbare Aussicht genießen. Von hier aus können auch zwei bemerkenswerte **Chola-Tempel** besuchet werden. Wer die Stille liebt, kommt besser nicht am Wochenende. Es gibt einige Restaurants hier und das **Nehru Nilaya Guest House** (☎ 278621; Zi. ab 250 Rs) liegt zwischen hübschen Gärten.

Vom Zentralen Busbahnhof in Bangalore aus fahren täglich vier Busse nach Nandi Hills (32 Rs, 2 Std.).

MYSORE

☎ 0821 / 742 261 Ew. / 770 m

Mysore kommt bei Travellern gut an, vor allem, weil es an sich schon charismatisch ist. Aber man findet sich hier auch gut zurecht, das Klima ist gut, und statt das faszinierende Erbe zu verdrängen, wird es hier gefördert. Die Stadt ist für ihre Seiden-, Sandelholz- und Räucherprodukte bekannt, ebenso für traditionelle Malereien, seine Ashtanga-Yoga-Gurus und natürlich den Maharaja's Palace. Bis zur Unabhängigkeit war Mysore Sitz der Maharadschas des Fürstenstaats Mysore, der etwa ein Drittel des heutigen Karnataka einnahm.

Geschichte

Mysore wurde nach dem legendären Mahisuru benannt, wo die Göttin Chamundi einst den Dämon Mahishasura erschlug. Die Mysore-Dynastie wurde 1399 gegründet, aber ihre Herrscher, die Wodejars, standen bis Mitte des 16. Jhs. im Dienst des Vijayanagar-Könige. Nach dem Niedergang des Reiches 1565 gehörten die Herrscher von Mysore zu den ersten, die ihre Unabhängigkeit erklärten.

Abgesehen von einer kurzen Periode Ende des 18. Jhs., als Hyder Ali und Tipu Sultan den Thron inne hatten, herrschten die Wodejars weiter bis zur Unabhängigkeit Indiens im Jahr 1947. Als 1956 der neue Bundesstaat gebildet wurde, wählte man den ehemaligen Maharadscha zum Gouverneur.

Orientierung

Der Bahnhof liegt am nordwestlichen Rand des Stadtzentrums, etwa 1 km von der wichtigsten Einkaufsstraße, der Sayyaji Rao Rd., entfernt. Der Zentrale Busbahnhof liegt an der Straße von Bangalore nach Mysore, am nordöstlichen Rand des Stadtzentrums. Der Maharaja's Palace nimmt den gesamten südöstlichen Teil des Stadtzentrums ein. Der Chamundi Hill ist ein nicht zu übersehendes Wahrzeichen im Süden, und das Viertel von Ashokapuram liegt ein paar Kilometer südwestlich der Stadt.

Praktische Informationen

BUCHLÄDEN

Ashok Book Centre (Dhanvanthri Rd; ⌚ Mo–Sa 9.30–21, So bis 14.30 Uhr)

Geetha Book House (KR Circle; ⌚ Mo–Sa 10–13 & 17–20 Uhr)

Sauharda Bookstore (Hanumantha Rao St; ⌚ Mo–Sa 9.30–13.30 & 16.30–20.30 Uhr)

INTERNETZUGANG

Internet World (☎ Chandragupta Rd; 30 Rs/Std.; ⌚ 24 Std.)

KSE (☎ UG, Ramansashree Complex, BN Rd; 20 Rs/Std; ⌚ 7–0 Uhr) Der schnellste Internetzugang in der Stadt.

GEPÄCKAUFBEWAHRUNG

Gepäckabgabe (10 Rs/Tasche & Tag; ⌚ 6–22.15 Uhr) Am Städtischen Busbahnhof von Mysore.

MEDIZINISCHE VERSORGUNG

Basappa Memorial Hospital (☎ 2512401; 22/B Vinoba Rd, Jayalakshmipuram) 2 km westlich der Stadt.

GELD

Über die Stadt verteilt gibt's Geldautomaten, für Plus-, Cirrus- und Visakarten.

Federal Bank Geldautomat (Ashoka Rd) In der Nähe des Palasts.

ICICI Bank Geldautomat (Narayana Shastri Rd)

LKP Forex (☎ 2420090; Silver Tower Bldg, Ashoka Rd) Wechselt Bargeld und Reiseschecks; auf Anfrage erfährt man vielleicht auch die Gebühren.

State Bank of Mysore Ecke Irwin Rd & Ashoka Rd (☎ 2538956; ⌚ Mo–Fr 10.30–14.30 & 15–16, Sa 10.30–12.30 Uhr); Sayyaji Rao Rd (☎ 2445691; ⌚ Mo–Fr 10.30–14.30, Sa 10.30–12.30 Uhr) Wechselt Bargeld und American Express (Amex) Reiseschecks.

FOTOS

Rekha Colour Lab (142 Dhanvanthri Rd; ⌚ 9–21.30 Uhr) Für alles zum Thema Digitalkamera.

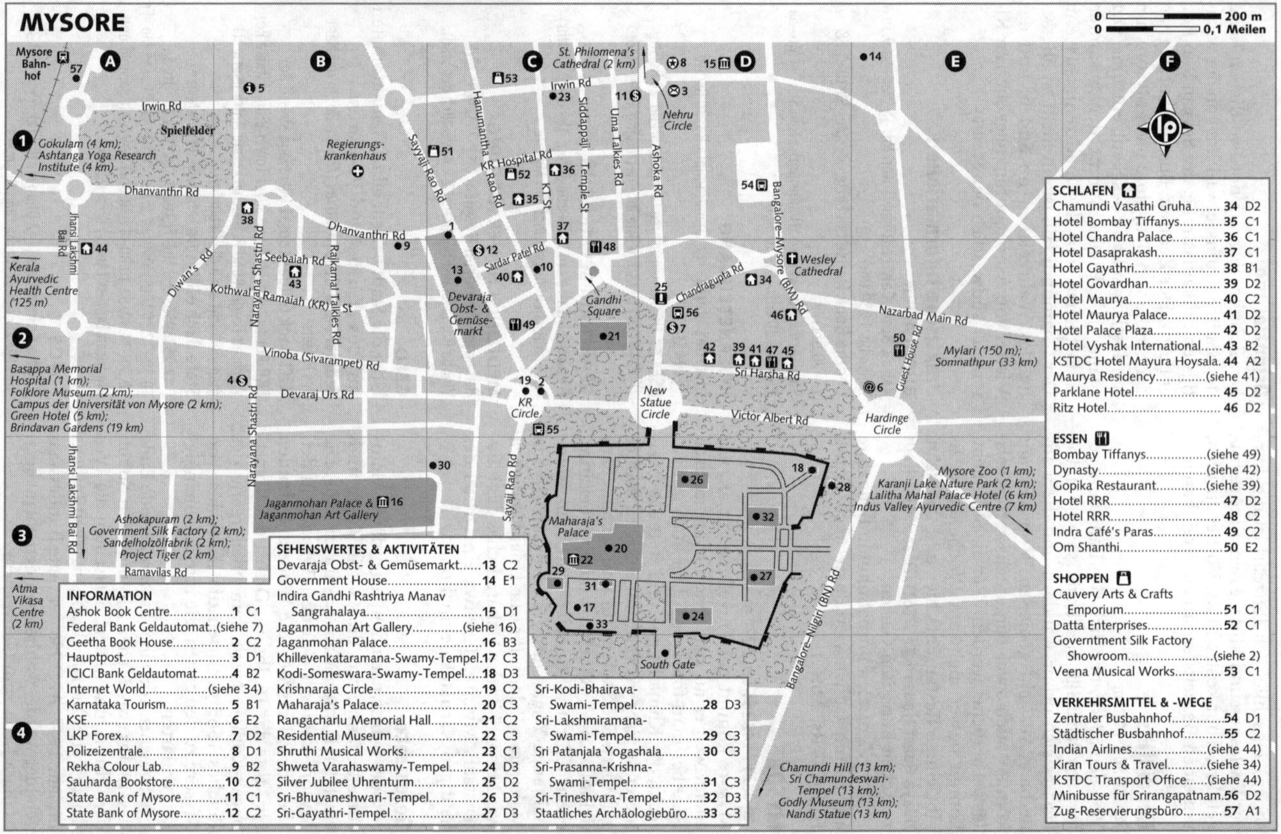
MYSORE
0 200 m
0 0,1 Meilen
Mysore Bahnhof
Gokulam (4 km); Ashtanga Yoga Research Institute (4 km)
Kerala Ayurvedic Health Centre (125 m)
Basappa Memorial Hospital (1 km); Folklore Museum (2 km); Campus der Universität von Mysore (2 km); Green Hotel (5 km); Brindavan Gardens (19 km)
Ashokapuram (2 km); Government Silk Factory (2 km); Sandelholzölfabrik (2 km); Project Tiger (2 km)
Atma Vikasa Centre (2 km)
St. Philomena's Cathedral (2 km)
Nehru Circle
Spielfelder
Regierungskrankenhaus
Devaraja Obst- & Gemüsemarkt
Gandhi Square
KR Circle
New Statue Circle
Hardinge Circle
Wesley Cathedral
Maharaja's Palace
South Gate
Jaganmohan Palace & Jaganmohan Art Gallery
Mylari (150 m); Somnathpur (33 km)
Mysore Zoo (1 km); Karanji Lake Nature Park (2 km); Lalitha Mahal Palace Hotel (6 km); Indus Valley Ayurvedic Centre (7 km)
Chamundi Hill (13 km); Sri Chamundeswari-Tempel (13 km); Godly Museum (13 km); Nandi Statue (13 km)
Irwin Rd
Dhanvanthri Rd
Jhansi Lakshmi Bai Rd
Diwan's Rd
Narayana Shastri Rd
Seebaiah Rd
Kothwal Ramaiah (KR) St
Rajkamal Talkies Rd
Vinoba (Sivarampet) Rd
Devaraj Urs Rd
Ramavilas Rd
Sayyaji Rao Rd
Hanumantha Rao Rd
KR Hospital Rd
KT St
Siddappaji Temple St
Uma Talkies Rd
Ashoka Rd
Sardar Patel Rd
Chandragupta Rd
Bangalore–Mysore (BM) Rd
Nazarbad Main Rd
Guest House Rd
Sri Harsha Rd
Victor Albert Rd
Bangalore–Nilgiri (BN) Rd
INFORMATION
Ashok Book Centre 1 C1
Federal Bank Geldautomat (siehe 7)
Geetha Book House 2 C2
Hauptpost 3 D1
ICICI Bank Geldautomat 4 B2
Internet World (siehe 34)
Karnataka Tourism 5 B1
KSE 6 E2
LKP Forex 7 D2
Polizeizentrale 8 D1
Rekha Colour Lab 9 B2
Sauharda Bookstore 10 C2
State Bank of Mysore 11 C1
State Bank of Mysore 12 C2
SEHENSWERTES & AKTIVITÄTEN
Devaraja Obst- & Gemüsemarkt 13 C2
Government House 14 E1
Indira Gandhi Rashtriya Manav Sangrahalaya 15 D1
Jaganmohan Art Gallery (siehe 16)
Jaganmohan Palace 16 B3
Khillevenkataramana-Swamy-Tempel 17 C3
Kodi-Someswara-Swamy-Tempel 18 D3
Krishnaraja Circle 19 C2
Maharaja's Palace 20 C3
Rangacharlu Memorial Hall 21 C2
Residential Museum 22 C3
Shruthi Musical Works 23 C1
Shweta Varahaswamy-Tempel 24 D3
Silver Jubilee Uhrenturm 25 D2
Sri-Bhuvaneshwari-Tempel 26 D3
Sri-Gayathri-Tempel 27 D3
Sri-Kodi-Bhairava-Swami-Tempel 28 D3
Sri-Lakshmiramana-Swami-Tempel 29 C3
Sri Patanjala Yogashala 30 C3
Sri-Prasanna-Krishna-Swami-Tempel 31 C3
Sri-Trineshvara-Tempel 32 D3
Staatliches Archäologiebüro 33 C3
SCHLAFEN
Chamundi Vasathi Gruha 34 D2
Hotel Bombay Tiffanys 35 C1
Hotel Chandra Palace 36 C1
Hotel Dasaprakash 37 C1
Hotel Gayathri 38 B1
Hotel Govardhan 39 D2
Hotel Maurya 40 C2
Hotel Maurya Palace 41 D2
Hotel Palace Plaza 42 D2
Hotel Vyshak International 43 B2
KSTDC Hotel Mayura Hoysala 44 A2
Maurya Residency (siehe 41)
Parklane Hotel 45 D2
Ritz Hotel 46 D2
ESSEN
Bombay Tiffanys (siehe 49)
Dynasty (siehe 42)
Gopika Restaurant (siehe 39)
Hotel RRR 47 D2
Hotel RRR 48 C2
Indra Café's Paras 49 C2
Om Shanthi 50 E2
SHOPPEN
Cauvery Arts & Crafts Emporium 51 C1
Datta Enterprises 52 C1
Government Silk Factory Showroom (siehe 2)
Veena Musical Works 53 C1
VERKEHRSMITTEL & -WEGE
Zentraler Busbahnhof 54 D1
Städtischer Busbahnhof 55 C2
Indian Airlines (siehe 44)
Kiran Tours & Travel (siehe 34)
KSTDC Transport Office (siehe 44)
Minibusse für Srirangapatnam 56 D2
Zug-Reservierungsbüro 57 A1

POST

Hauptpost (Ecke Irwin & Ashoka Rds; ⌚ Mo–Sa 10–18, So 10.30–13 Uhr) Mit Postlagerstelle (Mysores Postleitzahl ist 570001).

TOURISTENINFORMATION

Karnataka Tourism (☎ 2422096; Old Exhibition Bldg, Irwin Rd; ⌚ Mo–Sa 10–17.30 Uhr) Ungewöhnlich hilfsbereites Personal.

KSTDC Transport Office (☎ 2423652; 2 Jhansi Lakshmi Bai Rd; ⌚ 6.30–20.30 Uhr) Die KSTDC hat Schalter am Bahnhof und am Zentralen Busbahnhof und dieses Büro neben dem KSTDC Hotel Mayura Hoysala (s. S. 920).

Sehenswertes

MAHARAJA'S PALACE

Das phantastische Profil dieses von Mauern umgebenen indosarazenischen **Palasts** (☎ 2434425; Eintritt 20 Rs, Foto 5 Rs; ⌚ 10–17.30 Uhr), Sitz der Maharadschas von Mysore, ziert die Skyline der Stadt. Der ältere Palast brannte 1897 nieder. Der heutige, vom englischen Architekten Henry Irwin entworfene Palast, kostete 4,2 Mio. Rs und wurde 1912 fertig gestellt.

Das Innere des Palasts ist ein Kaleidoskop von Buntglas, Spiegeln und grellen Farben. Einiges davon ist zweifellos übertrieben, aber es gibt auch beeindruckende verzierte Holztüren und Mosaikböden sowie eine Reihe historisch interessanter Gemälde, die das Leben in Mysore zur Zeit König Edwards zeigen. Auf dem Palastgelände stehen einige Hindutempel, darunter der Shweta-Varahaswamy-Tempel mit seinem **Gopuram** (drawidisches Einfahrtstor mit Turm), der den Stil des später erbauten Sri-Chamundeswari-Tempel auf dem Chamundi Hill beeinflusste.

Die **Haupträume** des Palasts sind für die Öffentlichkeit zugänglich und oft hoffnunglos überfüllt. Der Eintritt wird am südlichen Tor des Geländes bezahlt, aber das Ticket wird auch für den Zutritt zum eigentlichen Palastgebäude benötigt. Fotoapparate müssen am Eingang abgegeben werden. Fotografieren ist nur außerhalb des Gebäudes erlaubt. In der Nähe des Ausgangs der Haupträume werden Bücher zu einigen historischen Sehenswürdigkeiten angeboten – das staatliche Archäologiebüro im südwestlichen Teil des Geländes hat aber eine größere Auswahl.

Das **Residential Museum** (Eintritt 20 Rs; ⌚ 10.30–17.30 Uhr) ist im Vergleich zum glanzvollen Palast eher bescheiden. Hier sind Wohnräume und persönliche Gegenstände der Maharadscha-Familie zu sehen. Sonntagabend und während Dussehra macht sich im Palast Karnevalsstimmung breit, und von 19 bis 20 Uhr erleuchten 97 000 Glühbirnen das Gebäude.

CHAMUNDI HILL

Von der 1062 m hohen Spitze des Chamundi Hill aus blickt der **Sri-Chamundeswari-Tempel** (☎ 2590027; ⌚ 7.30–14, 15.30–18, 19.30–21 Uhr) auf Mysore herab. Das von einem siebenstöckigen, 40 m hohen *gopuram* dominierte Gebäude ist ein ideales Ziel für Halbtagesausflüge. Von Pilgern wird erwartet, dass sie die mehr als 1000 Stufen zum Tempel hinaufsteigen. Wer keine Erleuchtung durch Treppensteigen benötigt, wird wahrscheinlich lieber die Treppe hinuntergehen. Zum Gipfel führt auch eine Straße. Der Bus 201 fährt vom städtischen Busbahnhof in Mysore aus alle 40 Minuten hier herauf (6 Rs, 30 Min.). Ein Taxi kostet etwa 200 Rs.

Nahe beim Parkplatz ist das **Godly Museum** (Eintritt frei; ⌚ 7.30–18 Uhr). Es lohnt sich mal vorbeizuschauen, um herauszufinden, was unsere „lasterhafte Welt" erwartet. Auf dem Parkplatz steht eine Statue des Dämons Mahishasura, eines der Opfer der Göttin Chamundi. Die Göttin war die Familiengottheit der Maharadschas.

Ein Pfad, der in der Nähe der Stände hinter der Statue beginnt, führt den Hügel hinab. Der Abstieg über die 1000 Stufen dauert 45 Minuten und bietet Ausblicke, die einem wieder Kraft geben. Ein Drittel des Wegs den Hügel hinunter steht der berühmte, 5 m hohe **Nandi** (Shivas Reittier), der 1659 aus einem Felsen geschlagen wurde. Er ist einer der größten seiner Art in Indien und wird von zahllosen Pilgern besucht, die dem Dienst habenden Priester *prasad* anbieten (religiöse Opfergaben in Form von Lebensmitteln). Die mit Girlanden geschmückte Statue ist von einer Mischung aus flockiger, schwarzer Holzkohle aus Kokosnussschale und Ghee bedeckt.

Wer den Fuß des Hügels erreicht, hat wahrscheinlich Beine wie Gummi – und von dort sind es immer noch 2 km zurück zum Zentrum von Mysore. Zum Glück warten in der Nähe meist Autorikschafahrer mit ihren Fahrzeugen. Für die Fahrt zurück zur Stadt verlangen sie etwa 30 Rs.

DEVARAJA-OBST- & GEMÜSEMARKT

Der Devaraja Market erstreckt sich entlang der westlichen Seite der Sayyaji Rao Rd., südlich der Dhanvanthri Rd. Er ist einer der buntesten Märkte in Indien und bietet großartige Fotomotive. Die ersten Stände werden gleich nach Sonnenaufgang aufgebaut, wenn die ersten LKW mit Obst und Gemüse anrollen. Während des ganzen Tages herrscht hier reges Treiben.

JAGANMOHAN PALACE & ART GALLERY

Im Jaganmohan Palace, direkt westlich vom Maharaja's Palace, ist die **Jayachamarajendra Art Gallery** (☎ 2423693; Jaganmohan Palace Rd; Erw./Kind 15/8 Rs; 🕒 8.30–17 Uhr), in der eine Sammlung von kitschigen Objekten und Erinnerungsstücken der Wodejars ausgestellt ist, darunter merkwürdige und schöne Musikmaschinen, seltene Instrumente, japanische Kunst und Gemälde von Raja Ravi Varma. Der 1861 erbaute Palast diente als fürstliches Auditorium.

INDIRA GANDHI RASHTRIYA MANAV SANGRAHALAYA

Das **Indira Gandhi Rashtriya Manav Sangrahalaya** (Nationalmuseum der Menschheit; ☎ 2448231; Wellington House, Irwin Rd; Eintritt frei; 🕒 Di–Sa 10–17.30 Uhr), eine Organisation mit Hauptsitz in Bhopal, strebt danach, die traditionelle Kunst und Kultur Indiens zu bewahren und zu fördern. Diese Filiale dient vor allem als Kulturzentrum und Ausstellungsort, an dem Kunstwerke des ländlichen Indiens gezeigt werden. Monatlich stattfindende Vorführungen und Lesungen sind öffentlich, ebenso die Workshops, bei denen es sich meist um 14-tägige Kurse in einer traditionellen Kunstform handelt. Das Museum hat ausgezeichnete Wechselausstellungen, zuletzt z. B. zu den heiligen Hainen Indiens oder über ethnische Wandbemalungen und Bodenschmuck.

FOLKLORE MUSEUM

Dieses kleine **Museum** (☎ 2414548; Manasa Gangotri, Jayalakshmipuram; Eintritt frei; 🕒 Mo–Sa 10–13.30 & 14.15–17.30 Uhr, jeden 2. Sa geschl.) liegt auf dem Campus der Universität von Mysore westlich des Stadtzentrums. Hier gibt's einige stilvolle Stücke, darunter geschnitzte Holzfiguren aus Dörfern in Karnataka, dekorative Masken und zeremonielle Kopfbedeckungen sowie einige spektakuläre *thogalu bombeeata* (Schattenpuppen aus Leder). Zur Holzpuppenausstellung gehört auch eine zehnköpfige Puppe des Dämons Ravana. Die Ausstellung ist im Gebäude hinter der Mensa.

MYSORE ZOO

Der **Zoo** von Mysore (☎ 2520302; www.mysorezoo.org; Indiranagar; Erw./Kind 20/10 Rs, Foto 10 Rs; 🕒 Mi–Mo 8.30–17.30 Uhr) gehört zu den besten Indiens. Die Anlage befindet sich in ziemlich trockenen, aber hübschen Gärten am östlichen Rand des Stadtzentrums. Trotzdem leben die Tiere in bedrückenden Käfigen oder – wenn sie Glück haben – in begrünten Freigehegen. Die vier weißen und neun bengalischen Tiger dürfen abwechselnd ins Freie. Im Zoo leben auch einige Primaten, Elefanten, Bären, Vögel und Nashörner.

NOCH MEHR SEHENSWERTES

Mysore ist ein architektonisches Varieté von herrlichen Gebäuden und Monumenten. Das 1805 erbaute **Government House** (Irwin Rd), die ehemalige britische Residenz, ist ein „toska-

DIE DÜFTE INDIENS

Es ist nicht ungewöhnlich, dass man nach einem Tag auf den Straßen und Märkten von Mysore eine Wolke betörender Düfte hinter sich her zieht – Sandelholz, Jasmin, Lotus usw. –, die durcheinander auf die Haut aufgetragen wurden. Die Marktverkäufer bieten Duftöle für ca. 50 Rs pro 5 ml an – anscheinend ein Schnäppchen, besonders, wenn sie beschwören, dass die Öle unverdünnt oder „100 % natürlich" sind. Es ist jedoch kein Geheimnis, dass diese „Schnäppchen" mit anderen Substanzen versetzt sind (Kokosnuss- oder Mandelöle oder sogar Alkohol). Der Kauf lohnt sich, wenn es nur um den Duft geht. Den von Aromatherapeuten gesetzten Standards genügen die Öle aber keinesfalls und sollten nie therapeutisch eingesetzt werden.

Richtig gutes Sandelholzöl bekommt man in der staatlichen Sandelholzölfabrik (s. S. 921). Dort kosten 5 ml zwar eher 300 Rs – dafür ist das Öl aber auch wirklich rein. In Mysore wird nur Sandelholzöl hergestellt; andere angebotene Düfte kommen aus anderen Orten in Indien oder sogar aus dem Ausland.

nisch-dorisches" Gebäude, das in einem 20 ha großen **Garten** (⌚ 5–21 Uhr) steht.

Vor dem Nordtor des Maharaja's Palace, im New Statue Circle, ragt die 1920 errichtete **Statue** des Maharadschas Chamarajendar Wodejar empor und schaut auf den aus dem Jahr 1927 stammenden **Silver-Jubilee-Uhrenturm**. In der Nähe steht das eindrucksvolle Rathaus, die 1884 erbaute **Rangacharlu Memorial Hall**. Der nächste Kreisverkehr in westlicher Richtung ist der **Krishnaraja Circle** von 1950, besser bekannt als KR Circle, den eine Statue des Maharadschas Krishnaraja Wodejar ziert.

Die hoch aufragende **St. Philomena's Cathedral** (☎ 2563 148; St Philomena St; ⌚ 8–20 Uhr, englischer Gottesdienst 7 Uhr) wurde zwischen 1933 und 1941 im neogotischen Stil erbaut und ist eine der größten in Indien.

Aktivitäten

VOGELBEOBACHTUNG

Der **Karanji Lake Nature Park** (Eintritt 10 Rs, Foto/Video 10/25 Rs; ⌚ 8.30–17.30 Uhr) entlang des kürzlich wieder hergestellten Karanji-Sees beheimatet eine erstaunlich große Zahl von Vogelarten: beispielsweise den großen und kleinen Kormoran, den Purpurreiher und Graureiher, verschiedene Silberreiher, den schwarzen Ibis, den Halsbandsittichs, den Smaragdspint und den Buntstorch. Außerdem schwirren auch verschiedenartige Schmetterlinge durch die Luft. Das Vogelhaus ist ein zugleich trauriger und faszinierender Ort; echt sehenswert ist der hier lebende riesige Doppelhornvogel. Der Park liegt gleich hinter dem Mysore Zoo.

AYURVEDA

Das sehr noble **Indus Valley Ayurvedic Centre** (☎ 2473437; www.ayurindus.com; Lalithadripura; ab 55 US$/Pers. & Tag), 7 km östlich von Mysore, liegt in einem 16 ha großen Park am Fuße des Chamundi Hill. Der hier verwendete akademische Ayurveda-Ansatz basiert strikt auf den Veden. Das Zentrum bietet Schulungen für jene an, die sich für diese Technik interessieren. Unterbringung, Mahlzeiten und Behandlungen sind im Preis enthalten. Das **Kerala Ayurvedic Health Centre** (☎ 5269111; www.keralaayurhealth.com; Jhansi Lakshmi Bai Cross Rd) ist eher eine Klinik als ein Wellnesscenter. Das Programm umfasst neben Schulungen auch vierstündige Sitzungen für etwa 20 US$.

Kurse

YOGA

K. Pattabhi Jois, Kursleiter am **Ashtanga Yoga Research Institute** (AYRI; ☎ 2516756; www.ayri.org; 3rd Stage, 235 8th Cross, Gokulam), ist in Ashtanga-Kreisen weltweit berühmt. Im **Sri Patanjala Yogashala** (Yoga Forschungsinstitut; Sri Bramatantra Swatantra Parakala Mutt, Jaganmohan Palace Circle; ⌚ 6–8 & 17–19 Uhr), praktiziert BNS Iyengar, ein weiterer angesehener Ashtanga-Fachmann (aber nicht zu verwechseln mit B. K. S. Iyengar, einem berühmten Vertreter des Iyengar-Yoga). Kurse für Yoga, Sanskrit und Meditation bietet der „Brückenexperte", Yogacharya Venkatesh, am **Atma Vikasa Centre** (☎ 2341978; www.atmavikasa.com; Bharathi Mahila Samaja, Kuvempunagar Double Rd) an. Die meisten Kurse dauern mindestens einen Monat und müssen bei AYRI und im Atma Vikasa Centre lange im Voraus gebucht werden. Nähere Auskünfte gibt's telefonisch oder nach schriftlicher Anfrage.

MUSIK

Die Leute von **Shruthi Musical Works** (☎ 2529551; 1189 3rd Cross, Irwin Rd; ⌚ Mo–Sa 10.30–21, So 10.30–14 Uhr) bekommen gute Kritiken für ihren Tabla-Unterricht (200 Rs/Std.).

Geführte Touren

Die Mysore-Tour der KSTDC umfasst Highlights in der Stadt, den Chamundi Hill, den Keshava-Tempel von Somnathpur, Srirangapatnam und den Brindavan Gardens. Sie beginnt täglich um 7.30 Uhr, endet um 20.30 Uhr und kostet 160 Rs. Eine voll gepackte, aber schwer beeindruckende Tour.

Die KSTDC veranstaltet dienstags, mittwochs, freitags und sonntags (in der Hauptsaison täglich) auch Touren nach Belur, Halebid und Sravanabelagola, die um 7.30 starten und um 21 Uhr enden (280 Rs). Die Busse fahren am KSTDC-Hotel Mayura Hoysala an und man verbringt mehr Zeit im Bus (neun den Gesäßmuskel strapazierende Stunden) als draußen. Die Touren beim KSTDC Transport Office (s. S. 917) oder in einem Reisebüro in der Stadt buchen.

Schlafen

Während Dussehra (s. S. 901) füllen sich die Zimmer – und die Preise steigen. Wer also im September oder Oktober unterwegs ist, sollte lieber im Voraus buchen.

BUDGETUNTERKÜNFTE

Mysore hat massenhaft gute Budgethotels. Alle mit fließend Warmwasser, zumindest morgens, und 24-Stunden-Checkout.

Hotel Dasaprakash (☎ 2442444; hoteldasaprakash@sancharnet.in; Gandhi Square; EZ/DZ ab 180/365 Rs; Gerichte 15–50 Rs; ❄) Das Dasaprakash hat einen einwandfreien Service und viel Charme der alten Schule; einige Zimmer sind mit antiken Holzmöbeln eingerichtet. Angeschlossen an das Hotel sind eine Eisdiele, ein Reisebüro und für Notfälle ein immer verfügbarer Astrologe und Handleser. Traveller loben das Restaurant in höchsten Tönen.

Hotel Maurya (☎ 2426677; Hanumantha Rao St; EZ/DZ/3BZ 125/225/325 Rs) Das Maurya bietet ein gutes Preis-Leistungs-Verhältnis, blitzsaubere, ordentliche Zimmer und lächelndes Personal – und das an einem tollen Ort inmitten der sich schlängelnden Alleen Mysores.

Parklane Hotel (☎ 2434340; Fax 2428424; 2720 Sri Harsha Rd; EZ/DZ/3BZ 125/149/199 Rs) Die acht Zimmer im Parklane Restaurant sind einfach, aber niedlich. Und vom Speisesaal dringt klassische indische Musik nach oben. Reservierungen sind nicht möglich.

Hotel Govardhan (☎ 2434118; www.hotelgovardhan.com; Sri Harsha Rd; EZ/DZ ab 150/230 Rs; ❄) Das Govardhan liegt ein wenig abseits der Straße im Palace District. Die Atmosphäre ist etwas formell, aber alles ist sauber und freundlich.

Hotel Gayathri (☎ 2425654; Dhanvanthri Rd; EZ/DZ/3BZ ab 125/225/350 Rs) Nicht zu verwechseln mit dem nahe gelegenen New Gayathri Bhavan. In diesem Gayathri, in dem eine Stimmung wie auf einem Bahnhof der 1940er-Jahre herrscht, gibt's neue Badezimmer und saubere Bettwäsche. Einzige Minuspunkte: der Straßenlärm und die mickrigen Einzelzimmer.

Chamundi Vasathi Gruha (☎ 5266162; Chandragupta Rd; EZ/DZ 120/180 Rs) Das im gleichen Gebäude wie die Internet World untergebrachte familiengeführte Hotel leidet oft unter Wassermangel, was aber durch den kolonialen Charme und die kürbisfarbenen Wände wettgemacht wird.

MITTELKLASSEHOTELS

Fast alle folgenden Hotels haben rund um die Uhr Warmwasser; Checkout ist meist um 12 Uhr.

Ritz Hotel (☎ 2422668; hotelritz@rediffmail.com; BN Rd; DZ/4BZ 410/640 Rs) Das altmodische Ritz hat vier überaus schöne Zimmer, die in einen heimeligen Lounge- und Essbereich führen, der von Schilfrollos beschattet wird. Unten gibt's ein gutes Restaurant mit Bar.

Hotel Maurya Palace (☎ 2435912; www.sangroupofhotels.com; Sri Harsha Rd; Zi. ab 500 Rs; ❄) Hier ist das Personal außergewöhnlich hilfsbereit. Die sauberen neuen Zimmer haben strahlend weiße Seersucker-Bettwäsche und kuschelige Handtücher, und das nichtvegetarische Restaurant, Jewel Rock, ist bei Fleischessern sehr beliebt. Das Maurya Palace und sein Schwesterhotel, das **Maurya Residency** (☎ 2523375; Zi. ab Rs 665; ❄) nebenan sind die besten Hotels auf der Sri Harsha Rd.

Hotel Vyshak International (☎ 2421777; Fax 242-8111; Seebaiah Rd; DZ ab 500 Rs; ❄) Dieses Hotel ist makellos sauber, gut geführt und sehr einladend. Die Zimmer sind schon fast gemütlich zu nennen.

Hotel Palace Plaza (☎ 2430034; www.hotelpalaceplaza.com; Sri Harsha Rd; EZ/DZ ab 575/675 Rs; ❄ 💻) Die Zimmer sind etwas zu klein, aber modern und geschmackvoll eingerichtet und mit intelligenten Extras ausgestattet (z. B. ein kostenloses Nähset).

KSTDC Hotel Mayura Hoysala (☎ 2425349; 2 Jhansi Lakshmi Bai Rd; EZ/DZ 500/650 Rs; ❄) Mysores KSTDC-Hotel liegt an einer verkehrsreichen Straße, daher dringen aus dem Garten lautere Geräusche als nur Flüstern. Zum Zeitpunkt der Recherche wurden die riesigen Zimmer gerade renoviert. Günstige Lage zum Bahnhof.

In den farbenprächtigen Straßen östlich der Sayyaji Rao Rd. verstecken sich das gediegene **Hotel Bombay Tiffanys** (☎ 2435255; bombaytiffanys@yahoo.co.in; Sayyaji Rao Rd Cross; Zi. ab 390 Rs; ❄) und das elegante **Hotel Chandra Palace** (☎ 2421333; chandrapalace@yahoo.com; KT St; Zi. ab 350 Rs; ❄), beide mit recht schönen, sauberen Zimmern. Was ihnen an Charakter fehlt, machen sie durch den guten Preis mehr als wett.

SPITZENKLASSEHOTELS

Green Hotel (☎ 2512536; www.greenhotelindia.com; 2270 Vinoba Rd, Jayalakshmipuram; Gartenflügel EZ/DZ ab 1250/1650 Rs, Palast ab 2250/2500 Rs) Das in einem 100 Jahre alten Palast untergebrachte Green Hotel war einst ländlicher Schlupfwinkel der Wodejar-Prinzessinnen. Es hat für sein ökologisches Bewusstsein Preise erhalten und spendet alle Gewinne an Wohltätigkeitsorganisationen. Der Palast wirkt noch immer beeindruckend elegant, mit Bibliothek, Schachsets, Krocket-Rasen und Bar, und die Gästezimmer sind sehr phantasievoll thematisch gestaltet. Die Zimmer im Gartenflügel sind modern, aber nicht nach bestimmten Themen eingerichtet. Das Hotel liegt 5 km westlich vom Zentrum.

Lalitha Mahal Palace Hotel (☎ 2470470; www.lalithamahalpalace.com; EZ/DZ/Suite ab 60/70/230 US$;) Im etwa 7 km vom Stadtzentrum entfernten ehemaligen Maharadscha-Palast befindet sich heute die nobelste Unterkunft Mysores. Die Zimmer im neueren Flügel sind zwar auch schön, aber die Suiten im Palastflügel, mit Himmelbetten, antiken Möbeln und viel Schnickschnack, entführen die Gäste in ein Märchenreich. Ähnlich kostbar wirkt der Aufzug, der mit Teppich und einer gepolsterten Ottomane ausgestattet ist.

Essen

Bombay Tiffanys (Sayyaji Rao Rd; Süßwaren 2–40 Rs; 7.30–22 Uhr) Kein Süßwarenladen hat einen besseren Namen. Und keiner verkauft köstlichere Süßigkeiten. Unbedingt die hiesige Spezialität „Mysore Pak" probieren.

Hotel RRR (Gandhi Square; Hauptgerichte 35–72 Rs; 12–16 & 19–23 Uhr) Hier gibt's auf Bananenblättern servierte vegetarische Thalis nach Andhra Art (32 Rs), die unvergleichlich groß, scharf und wirklich lecker sind. Auch einige Fleischgerichte sind im Angebot. Das Restaurant hat eine Filiale auf der Sri Harsha Rd.

Gopika Restaurant (Hotel Govardhan, Sri Harsha Rd; Hauptgerichte 10–40 Rs; 6.30–22 Uhr) Das Gopika tischt rein vegetarische Köstlichkeiten auf. Der Strom an einheimischen Gästen und indischen Touristen reißt nie ab. Die Mahlzeiten (22 Rs) sind zuverlässig gut.

Parklane Hotel (Sri Harsha Rd; Hauptgerichte 35–100 Rs; 10.30–15.30 & 18.30–23.30 Uhr) Der begrünte und nachts mit Kerzen beleuchtete Innenhof hat eine tolle Atmosphäre und steht bei Travellern schon lange hoch im Kurs. Zur chinesischen, kontinentalen und indischen Küche gibt's Livemusik.

Om Shanthi (Hotel Siddharta, Guest House Rd; Hauptgerichte 40–80 Rs; 12–15 & 20–22 Uhr;) Eines der besten vegetarischen Lokale diesseits des Cauvery. Das Special South Indian Thali (75 Rs) ist wirklich eine Spezialität!

Mylari (Nazarbad Main Rd; Kleine Gerichte 6–22 Rs; Do–Di 6.30–12 & 15–20.30 Uhr) Wenn ein Restaurant ausschließlich Dosas serviert, müssen sie gut sein. Geleitet werden die beiden Mylari-Dosa-Lokale von zwei Brüdern. Die etwas weiter von der Stadt entfernte Filiale nahe der Polizeiwache ist die bessere.

Indra Café's Paras (1740 Sayyaji Rao Rd; Hauptgerichte 30–60 Rs; 7.30–22 Uhr) Ein beliebter Treffpunkt, in dem süd- (30 Rs) und nordindische (60 Rs) Thalis serviert werden. Unten ist eine *chaat-* (Imbiss-)Zentrale (8 bis 20 Rs).

Dynasty (Hotel Palace Plaza, Sri Harsha Rd; Hauptgerichte 40–85 Rs; 12–15 & 19–23 Uhr) Joan Collins ist zwar nicht da, aber ein Besuch lohnt sich trotzdem – allein wegen des Kerala Fish Curry (65 Rs) und des gemütlichen Restaurants unter dem Dach, mit Blick auf den Chamundi Hill.

Lalitha Mahal Palace Hotel (☎ 2470470; Hauptgerichte 200–350 Rs; 11.30–15 & 19–22 Uhr) Das himmelblau dekorierte Restaurant des gleichnamigen Hotels (s. linke Spalte) wirkt wie eine Porzellanmanufaktur. Hier wird das Diner zum großartigen Erlebnis.

Shoppen

Mysore ist berühmt für seine Schnitzereien aus Sandelholz, Intarsien, Seidensaris und Holzspielzeuge. Rund um den Jaganmohan Palace und die Dhanvanthri Rd. gibt's mehrere Souvenir- und Kunsthandwerkläden. Seidenshops finden sich eher entlang der Devaraj Urs Rd.

Cauvery Arts & Crafts Emporium (Sayyaji Rao Rd; 10–19.30 Uhr) Umfassendes Sortiment an handgefertigten Kostbarkeiten aus Mysore. Teuer, aber entspannt.

Government Silk Factory (☎ 2481803; Mananthody Rd, Ashokapuram; Mo–Sa 7–10.45 & 11.30–15 Uhr) Hier kann man Webern bei der Arbeit über die Schulter sehen und im hauseigenen Shop Seide kaufen. Auch im **Ausstellungsraum der Fabrik** (9.30–18.30 Uhr) auf dem KR Circle wandert Seide über den Ladentisch.

Sandelholzölfabrik (☎ 2483531; Ashokapuram; Mo–Sa 9–13 & 14–17 Uhr) Mysore ist eines der größten Zentren für die Herstellung von Räucherwaren. Viele kleine *agarbathi-* (Räucherstäbchen)-Familienbetriebe in der Stadt exportieren ihre Produkte weltweit. Die Räucherstäbchen werden aus dünnen Bambussplittern hergestellt, von denen ein Ende rot oder grün gefärbt und in einer Sandelholzmasse gerollt wird. Dann werden die Stäbchen in Häufchen von puderigem Parfum getaucht und zum Härten in den Schatten gelegt. Diese Fabrik verkauft Räucherstäbchen und Öl. Sie liegt etwa 2 km südöstlich des Maharaja's Palace in einer Nebenstraße der Mananthody Rd.

Datta Enterprises (KR Hospital Rd; 10–21 Uhr) Hier gibt's individuelle Ganesh-Aufkleber.

Shruthi Musical Works (s. S. 919) und **Veena Musical Works** (Irwin Rd; Mo–Sa 10–20.30, So 10–13.30 Uhr) führen beide verschiedene traditionelle Musikinstrumente.

An- & Weiterreise

FLUGZEUG

Es gibt keine Flüge nach Mysore, aber **Indian Airlines** (☎ 2421846; Jhansi Lakshmi Bai Rd; 10–13.30 & 14.15–17 Uhr) hat ein Büro neben dem KSTDC-Hotel Mayura Hoysala.

BUS

Alle Fernbusse der KSRTC starten am **Zentralen Busbahnhof** (☎ 2520853). Busse in Richtung Innenstadt, Srirangapatnam und Chamundi Hill fahren am **städtischen Busbahnhof** (KR Circle) ab. In der Tabelle unten sind die Fernreiseziele im Einzelnen aufgeführt. Hauptverkehrsknotenpunkt für Belur, Halebid oder Sravanabelagola ist meist Hassan. Ein Bus fährt nach Sravanabelagola, sonst kann man auch in Channarayapatna umsteigen. Bester Umsteigeort für Hampi ist Hospet.

Private Fernbusse fahren nach Hubli, Bijapur, Mangalore, Ooty und Ernakulum. Bei **Kiran Tours & Travel** (☎ 5559404; 21/2 Chandragupta Rd) buchen.

Die KSRTC fährt folgende Ziele an:

Ziel	Preis (Rs)	Dauer (Std.)	Häufigkeit
Bandipur	35 (O)	2	stündl.
Bangalore	56 (O)/ 102 (R)	3	alle 15 Min.
Channarayapatna	35 (O)	2	stündl.
Chennai	350 (R)	8	3-mal tgl.
Ernakulum	440 (R)	10	5-mal tgl.
Gokarna	240 (O)	12	1-mal tgl.
Hassan	48 (O)	3	alle 45 Min.
Hospet	160 (O)	8	4-mal tgl.
Mangalore	130 (O)/ 180 (D)	7	stündl.
Nagarhole	55 (O)	3	4-mal tgl.
Sravanabelagola	40 (O)	2½	1-mal tgl.
Udagamandalam	65 (O)/ 110 (D)	5	stündl.

(O) Normal, (D) Semideluxe, (R) Rajahamsa

ZUG

Im **Zugreservierungsbüro** (☎ 131; Mo–Sa 8–20, So 8–14 Uhr) können Sitzplätze in einem der sechs täglich fahrenden Expresszüge nach Bangalore (61/198 Rs 2. Klasse/Chair Class, 3 Std.) oder in dem sehr flotten *Shatabdi* (275/550 Rs Chair Class/Executive Class, 2 Std.), der täglich außer dienstags um 14.20 Uhr abfährt, reserviert werden. Der *Shatabdi* fährt weiter nach Chennai (690/1315 Rs, 7 Std.). Täglich fahren auch mehrere Personenzüge nach Bangalore (28 Rs, 3½ Std.), mit Halt in Srirangapatnam (9 Rs).

Zwei Passenger und drei Express Trains fahren täglich nach Arsikere und Hassan. Ein Express Trains fährt dienstags um 6.20 Uhr nach Mumbai (369/1009/1583 Rs Sleeper Class/3AC/2AC).

Unterwegs vor Ort

Agenturen in den Hotels und in der Stadt vermieten Autos ab 5 Rs pro Kilometer, Minimum 250 km pro Tag, plus 125 Rs für den Fahrer.

Autorikschafahrer schalten meist ohne Murren das Taxameter ein. Die Mindestpauschale beträgt 10 Rs, jeder weitere Kilometer kostet 5 Rs. Taxis sind teurer und nicht mit Taxameter ausgerüstet. Die Fahrpreise sind also Verhandlungssache.

RUND UM MYSORE

Somnathpur

☎ 08227

Der **Keshava-Tempel** (☎ 270059; Inder/Ausländer 5 Rs/2 US$; 9–17.30 Uhr) steht am Rand des beschaulichen Dörfchens Somnathpur, etwa 33 km östlich von Mysore. Das 1268 während der Glanzzeit der Hoysala-Könige erbaute Gebäude ist erstaunlich schön und im Gegensatz zu anderen, größeren Hoysala-Tempeln in Belur und Halebid komplett erhalten. Weitere Infos zur Hoysala-Architektur finden sich im Kasten auf S. 933.

Die Wände des sternenförmigen Tempels sind mit großartigen Steinskulpturen bedeckt, die verschiedene Szenen aus dem Ramayana, dem Mahabharata und dem Bhagavad Gita sowie aus dem Leben und der Zeit der Hoysala-Könige zeigen. Keine zwei Friese gleichen sich.

An einem Baum auf dem Tempelgelände hängt ein roter Briefkasten. Steckt man seine frankierte Post dort hinein, wird sie mit einem Bild des Tempels abgestempelt.

Somnathpur liegt ein paar Kilometer südlich von Bannur und 10 km nördlich von Tirumakudal Narsipur. In einen der halbstündig in Mysore startenden Busse steigen, die in eines der beiden Dörfer fahren (12 Rs, 30 Minuten) und dort umsteigen.

Srirangapatnam

☎ 08236

An der Straße nach Bangalore, 16 km von Mysore entfernt, stehen die Ruinen der einstigen Hauptstadt Hyder Alis und Tipu Sultans, von wo aus sie während des 18. Jhs. über einen Großteil Südindiens herrschten. 1799 besiegten die Briten die Herrscher mithilfe unzufriedener örtlicher Führer. Mit Tipus Niederlage fiel der eigentliche Startpunkt für die territoriale Ausdehnung der Briten in Südindien.

SEHENSWERTES

Srirangapatnam wurde auf einer lang gestreckten Insel entlang des Cauvery errichtet. Von der Stadt ist wenig erhalten geblieben, da die Briten wie ein Wirbelwind hindurch fegten. Aber der Festungswall, die Zinnen und einige Tore stehen noch.

In einer **Festung** befindet sich ein Verließ, in dem Tipu britische Offiziere gefangen hielt, eine Moschee und der schöne **Sri-Ranganathaswamy-Tempel** (☎ 252273; 🕒 7.30–13 & 16–20 Uhr).

Ein Ziergarten, 1 km östlich der Festung, enthält Tipus Sommerpalast **Daria Daulat Bagh**. Der üppig verzierte Bau beherbergt heute ein **Museum** (☎ 252023; Inder/Ausländer 5 Rs/ 2 US$; 🕒 9–17 Uhr) in dem eine bunte Sammlung von Familienstücken und Bilder, auf denen Tipus Züge gegen die Briten dargestellt sind, zu finden sind.

Etwa 2 km weiter östlich steht der beeindruckende und mit einer Zwiebelkuppel gekrönte **Gumbaz** (☎ 252007; 🕒 8–20 Uhr) von Tipu und seinem Vater, Hyder Ali.

500 m östlich des Gumbaz liegt das Flussufer. Eine kurze Fahrt mit einem Fischerboot kostet 25 Rs pro Person. Wer keine Krokodile mag, sollte nicht im Fluss baden.

SCHLAFEN & ESSEN

KSTDC Hotel Mayura River View (☎ 252114; Hütten 600 Rs) Ein paar Kilometer vom Busbahnhof und vom Bahnhof entfernt. Hat angenehme

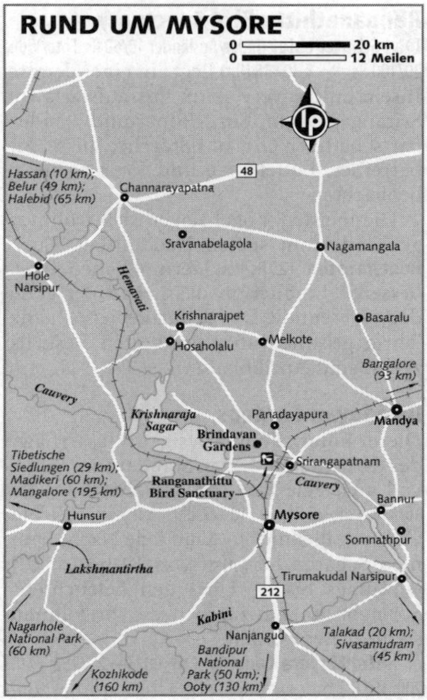

Zimmer mit Fernseher, Boiler und Veranda. Im **Restaurant** (Hauptgerichte 35–80 Rs) gibt's einfache indische Gerichte und Alkohol.

AN- & WEITERREISE

Die Busse 313 und 316 fahren stündlich von Mysore nach Srirangapatnam (10 Rs). Eine Alternative hierzu sind private Minibusse (8 Rs), die auf der anderen Straßenseite beim Uhrenturm starten. Hier halten auch die Passenger Trains zwischen Mysore und Bangalore (9 Rs).

Der Busbahnhof für private Busse zu den Brindavan Gardens (10 Rs, 30 Min.) liegt direkt gegenüber vom zentralen Busbahnhof.

UNTERWEGS VOR ORT

Die Sehenswürdigkeiten liegen etwas auseinander, sind aber alle per pedes zu erreichen. Sie sind gut ausgeschildert, man findet sich also recht problemlos zurecht. Etwas schneller kommt man mit *tongas* (Pferdekutschen) voran, die für drei Stunden etwa 100 Rs kosten, eine Autorikscha liegt bei etwa 150 Rs.

Ranganathittu Bird Sanctuary

Das **Schutzgebiet** (Inder/Ausländer 10/60 Rs, Foto/Video 20/100 Rs; ⏲ 8.30–18 Uhr) liegt auf einer der drei Inseln im Cauvery, 3 km flussaufwärts von Srirangapatnam. Ein schöner und wunderbar schattiger Ort, um Störche, Ibisse, Silberreiher, Löffelenten und Kormorane zu beobachten.

Die meisten Vögel zeigen sich frühmorgens oder am späten Nachmittag. Kurze **Bootsfahrten** (25 Rs/Pers.) ermöglichen einen besseren Einblick in das Leben der gefiederten Freunde. Das Schutzgebiet ist ganzjährig geöffnet, aber die besten Besuchszeiten sind April bis Juni.

Brindavan Gardens

Dieser unterhalb der riesigen Wasserfläche des Krishnaraja-Sagar-Staudamms kunstvoll angelegte **Park** (☎ 08236-290019; Erw./Kind 10/5 Rs, Foto 25 Rs; ⏲ 10–22 Uhr), ist ein beliebter Ort zum Picknicken. Und jede Nacht kommen Scharen her, um von 19 bis 20 Uhr (sonntags bis 21 Uhr) den beleuchteten Springbrunnen zuzusehen, die von Filmmusik begleitet werden.

Hotel Mayura Cauvery (☎ 08236-257252; EZ/DZ 200/350 Rs) hat saubere, einfache Zimmer, teilweise mit Blick auf den Park. Vor Ort ist auch ein Restaurant.

Der Park liegt 19 km nordwestlich von Mysore. Eine der KSTDC-Touren macht hier halt, ebenso die vom städtischen Busbahnhof in Mysore aus stündlich fahrenden Busse 301, 304, 305, 306 und 365 (7 Rs, 45 Minuten).

Mandya Distrikt

Einige atemberaubend schöne Hoysala-Tempel geben dem nördlich und östlich von Mysore gelegenen Mandya Distrikt Farbe. Der **Cheluvanarayana-Tempel** (☎ 08236-298739; Raja St; ⏲ 8–13 & 17–20 Uhr) in Melkote, etwa 50 km nördlich von Mysore, wurde im 12. Jh. erbaut und stand später unter dem Schutz der Maharadschas von Mysore und sogar Tipu Sultans. Der interessante **Yoganarasimha-Tempel**, der von einem Hügel auf Melkote hinunterblickt, bietet eine schöne Aussicht auf die Hügel und Täler der Umgebung.

Nördlich von Melkote liegt Nagamangala, die selbst in den Tagen der Hoysalas eine bedeutende Stadt war. Ihr **Saumyakeshava-Tempel** (⏲ 8–18 Uhr), jenseits der Straße, die von Bangalore nach Mysore führt, wurde im 12. Jh. erbaut und später von den Vijayanagar-Königen erweitert.

Etwa 20 km westlich von Melkote, nahe von Krishnarajpet, liegt das Dorf Hosaholalu mit dem **Lakshminarayana-Tempel** (⏲ 8–12 & 17–20 Uhr), einem ausgezeichneten Beispiel für die Bauweise der Hoysala-Tempel des 13. Jhs., das in seiner Kunstfertigkeit den Tempeln von Belur und Halebid den Rang streitig macht.

Im Dorf Basaralu, 25 km nördlich von Mandya, steht der herrliche **Mallikarjuna-Tempel** (⏲ 8–20 Uhr) aus dem 12. Jh., erbaut im frühen Hoysala-Stil. Der Tempel ist mit faszinierenden Skulpturen geschmückt, darunter ein 16-armiger Shiva, der auf Andhakasuras Kopf tanzt, ein Ravana, der den Kailash anhebt, und ein kunstvoller Nandi.

Um zu diesen Orten zu gelangen, muss man sich im Netz der Nahverkehrsbusse zurechtfinden. Ohne Herumfragen wird kaum der richtige zu finden sein – außer, man kann die in Kannada geschriebenen Fahrpläne lesen. Mysore ist der beste Ausgangspunkt für alle diese Städte, mit Ausnahme von Basaralu, das vielleicht besser von Mandya aus zu erreichen ist. In Mandya gibt es einige annehmbare Unterkünfte.

Sivasamudram

Etwa 60 km südöstlich von Mysore, nahe der Zwillingswasserfälle von Barachukki und Gaganachukki, liegt das **Georgia Sunshine Village** (☎ 08231-247646; www.georgiasunshine.com; Malavalli; DZ inkl. Mahlzeiten ab 2200 Rs; 🚗), über das Traveller immer wieder gern sprechen. Die Unterkünfte befinden sich in Bungalows (zu den Freiluft-Badezimmern gehören kleine Gärten), und die komfortable Veranda ist ideal, um die Natur zu beobachten (ein Leser hat an einem Morgen allein 60 Vogelarten gezählt). Das hausgemachte Essen hier gehört zum besten weit und breit.

Von Mysore (22 Rs, 1 Std.) und Bangalore (45 Rs, 3 Std.) fahren oft Busse nach Malavalli, das 14 km entfernt ist (Autorikscha 80 Rs).

BANDIPUR NATIONAL PARK

780–1455 m

Etwa 80 km südlich von Mysore, an der Straße nach Udagamandalam, liegt der **Bandipur National Park** (Inder/Ausländer 50/150 Rs, Foto 50 Rs), der eine Fläche von 880 km² bedeckt und Teil des Nilgiri Biosphere Reserve ist –

DIE KODAVAS

Die meisten Menschen in Kodagu, bekannt als die Kodavas, gehören nicht zu einem indigenen Volk, sondern sind möglicherweise die Nachfahren wandernder Perser und Kurden – niemand weiß das ganz genau. Das Wort „Kodava" entstand offenbar aus den einheimischen Worten für „Gesegnet von Mutter Cauvery".

Zu den interessanteren Gebräuchen der Kodava gehört die Weigerung, irgendeinen Religionsführer anzuerkennen, die Anbetung spezieller Gottheiten, darunter den Cauvery als Göttin, und das Errichten einzigartiger Häuser, der *lyns*. Zu den Trauungszeremonien (selten wird Mitgift verlangt) gehören komplizierte Tänze, Schaukämpfe mit Stöcken und symbolische Handlungen wie das Abschlagen eines Bananenblatts mit einem Schwert. Die Zeremonien finden oft im Kodava-Samaja-Gebäude in Madikeri statt.

Abgesehen vom lebhaften Huthri-Festival (s. S. 901) im November/Dezember feiern die Kodavas Keil Podu, ein Fest, das das Ende der Reispflanzzeit im September feiert und die Tradition der Kodava-Krieger ehrt (Kodagu ist der einzige Ort in Indien, an dem die Einwohner eigene Gewehre tragen dürfen): Männer führen ihre Waffen und ihre Treffsicherheit vor und erbitten dabei den Segen der Götter. Weitere Feste sind Tula Sankramana im Oktober, wenn die Göttin Cauvery in Form eines Wasserschwalls an der Flussquelle erscheint, verschiedene Zeremonien (meist im Dez.) in den heiligen Tempeln von Madikeri (Omkareshwara) und Bhagamandala und die unregelmäßig stattfindenden Yerava-Dämonenfeste *(pandalatas)* mit ungewöhnlichen Gesängen und Tänzen.

Die Kodavas haben für bestimmte Gelegenheiten eigene traditionelle Trachten: Die Männer tragen Schärpen, Dolche, schwarze Gewänder, bunte Turbane und viel Schmuck, die Frauen dagegen helle Schals und Saris, die mit noch mehr Aufwand als üblich drapiert werden.

hierzu gehören auch noch die Schutzgebiete von Nagarhole, Mudumalai in Tamil Nadu und Wayanad in Kerala. Dieser Park hier war einst das private Wildreservat der Maharadschas von Mysore.

Bandipur ist bekannt für die dort lebenden Gaur und Axishirsche, Elefanten, Sambarhirsche, Panther, Lippenbären und Languren. Angeblich streunen mehr als 80 Tiger durch den Park, die sich aber selten zeigen. Die Vegetation ist ein Mischmasch aus Laubwäldern, immergrünen Wäldern und Buschland. Die beste Zeit, um Wildtiere zu sehen, sind März und April, am angenehmsten ist jedoch die Zeit von November bis Februar.

Kurze **Elefantenritte** (50 Rs/Pers., min. 4 Pers.) sind möglich. Private Pkw – mit Ausnahme der Autos, die zum Park gehören – sind nicht erlaubt. Daher kann man nur mit dem Diesel-Minibus des Forest Department auf **Safari** (25 Rs/Pers.; ⌚ 6–8 & 16–17 Uhr) gehen. Auf der Fahrt sind nur wenige wilde Tiere zu sehen, denn ein durch den Wald zuckelnder Bus lockt die Tiere leider nicht gerade aus ihren Verstecken. An Sonntagen kann es durchaus mal passieren, dass die Zahl der Besucher die der Axishirsche übertrifft.

Schlafen & Essen

Forest Department Bungalows (Zi. 500 Rs) Einfache, mit Moskitonetzen ausgestattete Bungalows, die sich nachts den Wald mit schlafenden Axishirschen teilen. Auf Vorbestellung ist auch Verpflegung möglich. Ratsam: Mindestens zwei Wochen vor Anreise beim **Project Tiger** in Mysore reservieren (☎ 0821-2480901; fdptrm@sancharnet.in; Aranya Bhavan, Ashokapuram).

Bandipur Safari Lodge (Mysore-Ooty Rd; EZ/DZ 65/100 US$) Sehr behagliche Bungalows, 3 km außerhalb des Parks, mit Balkon und allem modernen Komfort. Der Preis schließt drei Mahlzeiten, Jeepsafari, Elefantenritt und Eintritt ein. Gebucht wird bei **Jungle Lodges & Resorts** (Karte S. 905; ☎ 080–25597021; www.junglelodges.com; 2. OG, Shrungar Shoppen Complex, MG Rd) in Bangalore.

Tusker Trails (EZ/DZ 90/150 US$; 🏊) Eine elegante Anlage mit ruhiger Atmosphäre am östlichen Ende des Reservats nahe des Dorfes Mangala. Sie verfügt über sechs Hütten mit je zwei Zimmern und einen Swimmingpool. Die „all inclusive"-Preise beinhalten auch zwei Safaris pro Tag. Im Voraus beim **Büro** (☎ 080–23618024; rajsafaris_9@yahoo.co.in; Bangalore Palace) der Firma in Bangalore buchen.

An- & Weiterreise

Die zwischen Mysore (2½ Std.) und Ooty (3 Std.) fahrenden Busse bringen einen zum Bandipur National Park oder zur Bandipur Safari Lodge.

NAGARHOLE NATIONAL PARK

800–850 m

Dieses 643 km² große Wildschutzgebiet (Rajiv Gandhi National Park; Inder/Ausländer 50/150 Rs, Foto 50 Rs) ist ein isolierter Teil der Kodagu-Region, 93 km südwestlich von Mysore. In Nagarhole (*nag*–ar–hol–eh) gibt's etwa 40 Tiger, außerdem Leoparden und Elefanten. Zu Gesicht bekommen wird man aber eher Gaur, Muntjakhirsche, wilde Hunde, Indische Hutaffen und Graue Languren. Der üppige Wald ist schöner als die karge Vegetation in Bandipur, und auch Tiere sind hier öfter zu sehen.

Wie in Bandipur ist eine **Bustour** die einzige Möglichkeit, durch den Park zu kommen (25 Rs/Pers.; ⌚ 6–8 & 16–17 Uhr). Während der heißen Monate (April–Mai) sind die Tiere häufiger zu sehen, dafür ist die Winterluft (Nov–Feb.) ist angenehmer.

Schlafen & Essen

Forest Department Zimmer (1500 Rs) Diese Zimmer innerhalb des Parks sind zwar ein wenig überteuert, haben aber immerhin Moskitonetze. Verpflegung und Bier kann besorgt werden. Mindestens zwei Wochen im Voraus bei **Project Tiger** (☎ 0821-2480901; fdptrm@sancharnet.in; Aranya Bhavan, Ashokapuram) in Mysore buchen.

Jungle Inn (☎ 08222-246022; EZ/DZ erste Nacht 95/150 US$, jede weitere Nacht 85/140 US$) Die Atmosphäre im Jungle Inn ist freundlich. Lagerfeuer am Abend und gemütliche Zimmer ernten viel Lob bei Travellern. Die Preise schließen Vollpension (das Gemüse stammt aus eigenem Anbau), Steuern und Safaris ein. Die Ferienanlage liegt 35 km vom Haupteingang des Parks entfernt auf der Straße nach Hunsur. Frühzeitig buchen.

Kabini River Lodge (Mysore-Mananthavadi Rd, Karapur; EZ/DZ 130/220 US$) Wer Elefanten mag, dem wird diese ehemalige Jagdhütte des Maharadschas am südlichen Rand des Reservats gefallen. Im Preis inbegriffen sind Vollpension und Safaris. Buchbar über **Jungle Lodges & Resorts** (Karte S. 905; ☎ 080-25597021; www.junglelodges.com; 2. OG, Shrungar Shopping Complex, MG Rd) in Bangalore.

An- & Weiterreise

Zweimal täglich fahren Direktbusse von Mysore nach Nagarhole; sie halten am Jungle Inn. Jungle Lodges & Resorts kann auch private Anfahrten zur Kabini River Lodge arrangieren.

TIBETISCHE SIEDLUNGEN

In den vielen tibetischen Flüchtlingssiedlungen in den sanft geschwungenen Bergen nahe bei Madikeri leben einige der freundlichsten Menschen der Welt. Im **Namdroling Monastery** (☎ 08223-254921; www.palyul.org), etwa 5 km von Kushalnagar entfernt, steht der atemberaubend schöne **Goldene Tempel** (Padmasambhava Buddhist Vihara; ⌚ 7–20 Uhr), über den ein 18 m hoher, vergoldeter Buddha herrscht. Die Stimmung im Tempel ist besonders feierlich, wenn die Schule in vollem Gang ist und aus den Gängen Gongs, Trommeln und die Gesänge von Hunderten junger Novizen zu hören sind. Jeder ist eingeladen, sich hinzusetzen und zu meditieren – einfach nach den überall herumliegenden kleinen blauen „Gäste"-Kissen Ausschau halten. Das Kloster hat kürzlich nebenan den ähnlich beeindruckenden **Zangdogpalri-Tempel** eröffnet.

Etwa 2 km von Namdroling entfernt liegt das Dorf Sera mit den Klöstern **Sera Jhe** und **Sera Mey**, in denen etwa 5000 Mönche leben. Das **Sera Jhe Health Care Committee Guest House** (☎ 08223-258672; Zi. 125 Rs) ist eine einfache, gepflegte Unterkunft. Das dazugehörige Restaurant bietet bescheidene Gerichte wie *thukpa* (tibetische Nudelsuppe; 10 Rs). Die Atmosphäre in den Dörfern ist ausgesprochen herzlich.

Das **Hotel Choice** (Hauptgerichte 20–40 Rs; ⌚ 7–23 Uhr), nahe des Goldenen Tempels, ist recht gut und serviert indische und chinesisch-indische Spezialitäten sowie einige aus Kerala. Sehr beliebt bei den Mönchen.

Die Siedlungen erreicht man am besten aus Kushalnagar, von wo Sammelautorikschas (10 Rs/Pers.; 30 Rs, wenn man allein fährt) regelmäßig nach Sera rattern. Von Madikeri (12 Rs, 1 Std.) und Hassan (32 Rs, 4 Std.) aus fahren Busse nach Kushalnagar. Die meisten Busse auf der Strecke Mysore-Madikeri halten ebenfalls dort.

Traveller, die länger als ein paar Tage in den Siedlungen bleiben möchten, setzen sich mit dem Namdroling Monastery in Verbindung.

MADIKERI (MERCARA)

☎ 08272 / 32 286 Ew. / 1525 m

Die Marktstadt Madikeri ist die von Natur aus kühle Hauptstadt des Distrikts Kodagu (Coorg), einer grünen, gebirgigen Region im Südwesten Karnatakas. Die Stadt, die ein guter Ausgangspunkt für Trekkingtouren ist, erstreckt sich über bewaldete Hügel, deren Straßen durch blühende Reben, Kardamom-Plantagen, von Elefanten angeknabberten Bambusbäumen und Kaffeeplantagen führen. Im März und April erhellen duftende weiße Blüten die mit tiefgrünen Kaffeepflanzen bewachsenen Hügel.

Kodagu war bis 1956 ein eigener Staat und Lokalpolitiker drängen darauf, dass der Staat wiederhergestellt wird oder man wenigstens mehr Autonomie erhält.

Orientierung

Madikeri erstreckt sich entlang einer Reihe von Bergrücken. Der Busbahnhof und die meisten Hotels und Restaurants liegen dicht gedrängt im Zentrum.

Praktische Informationen

Canara Bank (☎ 229302; Main Rd, Gandhi Chowk; ⏲ Mo–Fr 10.30–14.30 Uhr) Wechselt Bargeld und Reiseschecks und gibt Barvorschüsse auf Kreditkarten.

Corp Bank (College Rd) Hat einen 24-Std.-Geldautomaten.

Digital Planet (College Rd; ⏲ 8–20 Uhr) Digitale Fotoarbeiten, brennt Bilder auf CD-ROMs.

Internet Paradise (Bus Stand Rd; 30 Rs/Std.; ⏲ 9–21 Uhr)

Touristenbüro (☎ 228580; ⏲ Mo–Sa 10–17.30 Uhr) Neben dem ersten Kreisverkehr auf der Straße nach Mysore.

Sehenswertes

Auf dem Weg zu den **Abbi-Fällen**, eine schöne, 7 km lange Wanderung vom Stadtzentrum aus, liegen die herrlich friedlichen **Raja's Tombs**, besser bekannt als Gaddige. Eine Fahrt mit der Autorikscha kostet hin und zurück etwa 150 Rs. Madikeris **Fort**, heute Sitz der Stadtverwaltung, wurde 1812 von Radscha Lingarajendra II. erbaut. Kühe grasen bei der alten Kirche, die ein kleines **Museum** (Eintritt frei; ⏲ Di–So 10–17.30 Uhr) beherbergt, das schlecht beschriftete Ausstellungsstücke hat, verstaubt ist und trotzdem fasziniert. Die Architektur des strengen **Omkareshwara-Tempels** (⏲ 6.30–12 & 17–20 Uhr) direkt unterhalb des Forts ist eine interessante Mischung aus den Baustilen Keralas und des Islam. Der Tempel ist über eine Treppe zu erreichen, die hinter der Polizeistation hinabführt. Der Ausblick vom **Raja's Seat** (MG Rd; ⏲ 5.30–19.30 Uhr) ist außergewöhnlich, und im Park steht ein winziger Kodava-**Tempel**.

Aktivitäten

TREKKING

In Kodagu gibt's ein paar unglaubliche Trekkingrouten; die beste Zeit zum Trekking ist Oktober bis März. Die Möglichkeiten vor Ort sind zwar eingeschränkt, aber die Führer kümmern sich um Essen, Transport und Unterbringung in Privathäusern, Schulen oder auf Campingplätzen. Die meisten Treks dauern zwei bis drei Tage, aber auch längere Treks sind möglich. Am beliebtesten sind Routen zum Gipfel des Tadiyendamol (1745 m) und des Pushpagiri (1712 m) oder zum kleineren Kotebetta. Ohne einen Führer wird man sich kaum im Labyrinth der Waldpfade zurechtzufinden.

Raja Shekar ist ein empfehlenswerter Organisator von Treks – er leitet **Friends Tours & Travels** (☎ 225672; v_trak@rediffmail.com; College Rd; Mo–Sa 10–14 & 16.30–20, So 18–19.30 Uhr). Ist er gerade unterwegs, sich einfach bei Rao Ganesh von **Sri Ganesh Automobile** (☎ 229102; Hill Rd) melden, direkt oberhalb des privaten Busbahnhofs. Organisiert werden ein- bis zehntägige Treks für 400 Rs pro Person und Tag (für eine Einzelperson wird's teurer), einschließlich Führer, Unterkunft und Verpflegung. Die kurzen Touren brauchen nur ein oder zwei Tage Vorbereitung. Wer längere Treks oder Touren auf schwierigeren Strecken oder in großen Gruppen plant, sollte eine Woche vorher Bescheid geben.

Coorg Tourist Travel Agency (☎ 225817; Udaya Raja Seat Rd; ⏲ 9–17 Uhr) organisiert ebenfalls Treks, und **Mr. Muktar** (☎ 229152) beim Hotel Chitra führt Halbtagestouren für 250 Rs pro Person durch.

AYURVEDA

Einstündige Sitzungen in der winzigen Klinik **Shri Akhila Ravi Ayurshala Ayurvedic** (☎ 594288; Powerhouse Rd; ⏲ 9–18 Uhr) kosten 175 Rs. Der übliche Kurs dauert sieben Tage.

Bharath Ayurveda Clinic (☎ 08276-271063; Bypass Rd, nahe von Chythra Arts; ⏲ Mo–Sa 10–16 Uhr) Wird vom hoch gelobten Dr. Abdul Rahiman geleitet, der dem traditionellen Gurusystem angehört, aber leider kein Englisch spricht; also einen Kannada- (oder Malayalam-)

Sprecher mitbringen. Die Klinik liegt etwa eine Stunde von Madikeri entfernt in Kushalnagar (an der Grenze zu den tibetischen Siedlungen; s. S. 926). Sitzungen für 300 Rs.

Schlafen

Viele Hotels senken in der Nebensaison ihre Preise (Jan.–März und Juni–Sept.). Alle hier genannten Hotels haben fließend Warmwasser, zumindest morgens, und einen 24-Stunden-Checkout.

Hilltown Hotel (☎ 223801; www.madikeri.com/hilltown; Daswal Rd; EZ/DZ 250/500 Rs; Hauptgerichte 30–60 Rs) Das an der Straße hinter dem Hotel Chitra gelegene Hilltown ist ein kleines, aber elegantes Hotel mit nicht sehr großen, aber dafür clever eingerichteten Einzel- und etwas geräumigeren Doppelzimmern. Hier gibt's immer warmes Wasser und ein gutes Restaurant.

Hotel Cauvery (☎ 225492; School Rd; EZ/DZ/3BZ 200/400/500 Rs) Madikeris altes Budgethotel, ganz in der Nähe des Busbahnhofs, ist makellos sauber und hat einen ganz eigenen Charakter. Das Personal ist hilfsbereit, und der aufmerksame Besitzer kann auch Treks nach Tadiyendamol organisieren.

Dawn (☎ 223388; outdoorindia@sancharnet.in; Powerhouse Rd; B 125 Rs) Schon wegen des exzentrischen Ökokämpfers Anoop Chinnappa, der Treks (und Mahlzeiten) organisiert, ist das Dawn einen Besuch wert. Das Haus von Anoops Familie liegt 1 km vom Busbahnhof entfernt. Die Zimmer sind einfach, aber individuell.

Shanthi Estate (☎ 223690; vgopal31@yahoo.co.in; Zi. 300–800 Rs) Eine gute Wahl für Traveller, die es nicht bis in die Berge schaffen: Der 2½ km lange Fußweg aus der Stadt, vorbei an üppigen Plantagen, ist wunderschön.

Hotel Rajdarshan (☎ 229142; hrdraj@sancharnet.in; 116/2 MG Rd; EZ/DZ ab 750/850 Rs; Hauptgerichte 50–75 Rs) Das moderne Hotel mit einem Hang zur Eleganz liegt auf dem Weg zum Raja's Seat. Hier gibt's die angenehmsten Zimmer in der Gegend und ein gediegenes Restaurant.

Capitol Village Resort (☎ 225492; Fax 229455; Chettali-Siddapur Rd; EZ/DZ/3BZ 600/850/950 Rs) Eine etwa 8 km von Madikeri entfernte reizvolle Lodge, inmitten von Kaffee-, Kardamom- und Pfefferplantagen. Die hübschen, holzgetäfelten Zimmer verfügen über Balkone, und das Essen ist köstlich (Gerichte 75–175 Rs). Vorher anrufen oder beim Hotel Cauvery buchen (s. oben).

Essen

East End Hotel (GT Circle; Hauptgerichte 30–100 Rs; 🕑 7–22:30 Uhr) Zwischen den vielen Hammelgerichten gibt's auch Vegetarisches, aber der eigentliche Grund hierher zu kommen sind die ganz besonderen *masala dosas* (15 Rs).

Udupi Hotel Vegland (Chickpet, Main Rd; Gerichte 15–20 Rs; 🕑 7–21 Uhr) Ein rein vegetarisches Lokal durchschnittlicher Qualität nahe des Forts. Freundliches Ambiente mit günstigen, gleich bleibend guten Thalis.

Popular Guru Prasad (Main Rd; Gerichte 20 Rs; 🕑 6.30–22 Uhr) Das beliebte Popular Guru Prasad serviert perfekte *idlis* (Reisklöße, pro Stück 2,50 Rs) und andere vegetarische Gerichte.

Hotel Capitol (School Rd; Gerichte 15–40 Rs; 🕑 6–23 Uhr) Im Vorderzimmer gibt's die üblichen vegetarischen Gerichte, aber im nichtvegetarischen Hinterzimmer, in dem auch Alkohol ausgeschenkt wird, bekommen Gäste Frühstück mit Spiegelei und Speck und die lokale Spezialität *pandhi* (Schweinefleisch Curry; 40 Rs) serviert. Die Mastschweine stammen aus eigener Zucht.

Hotel Mayura Valley View (MG Rd; Gerichte 30–85 Rs; 🕑 6.30–22.30 Uhr) Der Ausblick von diesem erst kürzlich renovierten KSTDC-Restaurant mit Bar neben dem Raja's Seat ist klasse – die Happy Hour auf der Terrasse nicht verpassen!

An- & Weiterreise

Fünf Deluxe-Busse fahren täglich vom KSRTC-**Busbahnhof** (☎ 229134) nach Bangalore (152 Rs, 7 Std.) und halten unterwegs in Mysore (70 Rs, 3½ Std.). Deluxe Busse fahren auch nach Mangalore (80 Rs, 4 Std., 3-mal tgl.). Außerdem bestehen häufig Verbindungen mit normalen Bussen nach Hassan (42 Rs, 3 Std.) und Shimoga (102 Rs, 8 Std.).

Vom privaten Busbahnhof aus fahren vor allem Nahverkehrsbusse. Theoretisch startet jeden Morgen ein Bus nach Nagarhole (74 Rs, 3½ Std.), in der Praxis oft auch nicht. Allein wegen der Landschaft rechts und links der Straßen lohnt es sich, einfach in irgendeinen Nahverkehrsbus zu steigen.

RUND UM MADIKERI

☎ 08272

Ein Aufenthalt in einer der abgelegenen Pensionen und Ferienanlagen in den **Kodagu Hills** ist eine tolle Möglichkeit, in die üppige

Schönheit der Landschaft einzutauchen. Die Plantagenbesitzer können Touren durch die Plantagen organisieren und Wanderrouten in der Gegend empfehlen. Die Berge sind ideale Orte, um Vögel zu beobachten.

Honey Valley Estate (☎ 238339; www.momentum.freeserve.co.uk/honeyvalley; Kakkabe; EZ/DZ mit Gemeinschaftsbad 150/200 Rs, mit eigenem Bad 700/900 Rs) 35 km von Madikeri entfernt nahe des Dorfes Kakkabe mitten im Wald. Noch ruhiger geht's kaum. Die Eigentümer wurden von Reisenden schon oft für ihre Freundlichkeit, ihr Umweltbewusstsein (sie erzeugen Strom mit Wasserkraft) und ihr erstaunlich gutes Essen (mit Gemüse aus eigenem biologischem Anbau) überschwänglich gelobt. Das Estate ist nur mit dem Jeep oder auf Schusters Rappen erreichbar. Im Voraus anrufen, um die Abholung zu organisieren.

Palace Estate (☎ 238446; Yavakapudi; EZ/DZ 300/400 Rs) In Yavakapudi. Mit einem Jeep für 100 Rs von Kakkabe aus zu erreichen. Das Palace Estate ist für seine Gastfreundlichkeit und hausgemachte Speisen (Gerichte 60–125 Rs) bekannt. Direkt oder über das Hotel Cauvery (s. gegenüber) in Madikeri buchbar.

Alath-Cad Estate Bungalow (☎ 08274-252190, 9845445519; Fax 252589; www.alathcadcoorg.com; Ammathi; Zi. mit Frühstück 1650–1900 Rs) Liegt auf einer 26 ha großen Kaffeeplantage, etwa 28 km von Madikeri bzw. 1,5 km von der Stadt Ammathi entfernt. In den Zimmern gibt's in einer Solaranlage erwärmtes Wasser. Am besten mindestens eine Woche vor der geplanten Ankunft buchen.

Orange County Resort (☎ 08274-258481; Siddapur; DZ Bungalows 6500 Rs, mit eigenem Pool 10 500 Rs; ❄ 🏊) Die auf einer 120 ha großen, 32 km südlich von Madikeri gelegene Anlage hat ruhige Bungalows im Pseudo-Tudor-Stil, die mit allem modernen Komfort ausgestattet sind. Geführte Treks, Bootstouren und Ayurveda-Massagen gehören zum (kostenpflichtigen) Programm. Die Zimmerpreise enthalten Steuern und Vollpension. Kann über **Trails** (☎ 080-25325302; www.trailsindia.com) in Bangalore gebucht werden.

HASSAN

☎ **08172 / 117 386 Ew.**

Mit einer guten Auswahl an Hotels, einem größeren Bahnhof und anderen Annehmlichkeiten ist Hassan ein praktischer Ausgangsort für Touren nach Belur (38 km), Halebid (33 km) und Sravanabelagola (48 km).

ETWAS BESONDERES

Rainforest Retreat (☎ /Fax 265636; www.rainforestours.com; 1000–1500 Rs/Pers.) Hier wird man in schicken Waldhütten inmitten der Bioplantage oder im von Baumstämmen getragenen Haupthaus, das vom guten Geist der klugen Besitzer beseelt ist, untergebracht. Die Botanikerin Sujata bietet informative Naturspaziergänge an und der Molekularbiologe Anurag berichtet über Biopestizide. Hier kann man hervorragend wandern oder einfach entspannt in der Hängematte faulenzen und die Vögel beobachten. Alle Einkünfte fließen in die nichtstaatliche Organisation des Paares, die das Bewusstsein für die Umwelt und Forschung auf dem Gebiet nachhaltiger Landwirtschaft fördert. Das Rainforest Retreat liegt 10 km von Madikeri entfernt nahe von Gallibedu. Vorher anrufen, um die Abholung zu organisieren.

Praktische Informationen

Die Banken hier können keine Fremdwährungen wechseln. Allerdings tauscht das Southern Star Hotel Dollars zu einem ziemlich schlechten Kurs. Rund um Hassan gibt's immer mehr Geldautomaten. Der Geldautomat der Corp Bank, neben dem Hotel Sri Krishna, akzeptiert Visa- und Plus-Karten.

Andere Dienste:

Cyber Park (☎ Harsha Mahal Rd; 30 Rs/Std.)

Touristenbüro (☎ 268862; AVK College Rd; 🕑 Mo–Fr 10–17.30 Uhr & jeden 2. Sa) Eines der nützlicheren Büros in Karnataka.

Schlafen

Sumukh Yatri Nivas (☎ 262366; Racecourse Rd; EZ/DZ 150/250 Rs) Zum Zeitpunkt der Recherche noch im Bau, scheint diese Unterkunft eine gute Wahl zu werden, mit schmiedeeisernen Möbeln und großen, sonnigen Zimmern, einige davon mit Balkon.

Vaishnavi Lodging (☎ 263885; Harsha Mahal Rd; EZ/DZ 140/200 Rs) Günstig und gepflegt. Die Bettlaken sind sauber, auch wenn sie schon bessere Zeiten gesehen haben.

Hotel Sri Krishna (☎ 263240; Fax 233904; BM Rd; EZ/DZ ab 250/395 Rs; ❄) Bestes Preis-Leistungs-Verhältnis in der Stadt. Das auf der Bangalore-Mangalore (BM) Rd. gelegene Hotel hat blitzsaubere und sehr angenehme Zimmer. Zum Komplex gehört ein rein vegetarisches Lokal guter Qualität (Hauptgerichte 30–60 Rs).

Hotel Suvarna Regency (☎ 266774; Fax 63822; BM Rd; EZ/DZ ab 275/400 Rs;) Etwas gehobenere Klasse. Das Suvarna hat todschicke Zimmer mit echten Möbeln zum Wohnen – wie in einem Eigenheim. Gäste und Nicht-Gäste können für 30 Rs pro Stunde den Pool des Suvarna Resort benutzen.

Southern Star (☎ 251816; www.ushashriramhotels.com; BM Rd; EZ/DZ ab 995/1195 Rs;) Ultragemütliches Hotel. Die Annehmlichkeiten und der Service entschädigen für den Straßenlärm.

Hotel Hassan Ashhok (☎ 268731; hsnashok@yahoo.com; BM Rd; EZ/DZ ab 700/1000 Rs;) Hübsch eingerichtete Zimmer, aufmerksamer Service. Bars und Restaurants vor Ort. Leider ziemlich charakterlos.

Essen

Hotel GRR (Bus Stand Rd; Gerichte 15–35 Rs; 11–23 Uhr) Das freundliche GRR tischt spitzenmäßige „All you can eat"-Andhra-Thalis (15 Rs) auf Bananenblättern auf, außerdem nichtvegetarische Hauptgerichte.

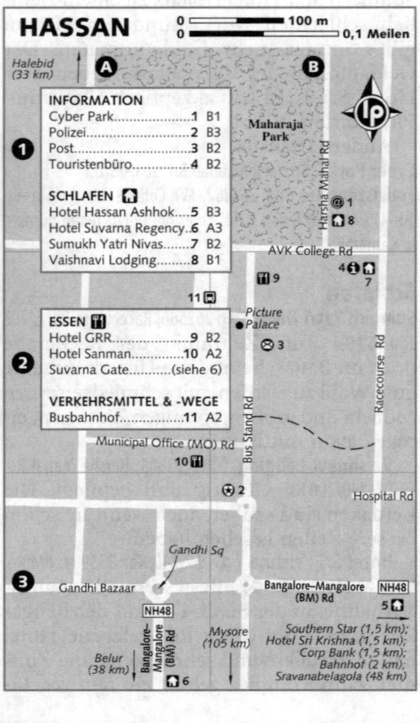

Hotel Sanman (Municipal Office Rd; Gerichte 15 Rs; 6–22 Uhr) Gut besuchtes Lokal, das tolle Dosas zaubert.

Karwar Restaurant (BM Rd; Hauptgerichte 40–100 Rs; 6–23 Uhr;) Der nobelste Esstempel der Stadt gehört zum Southern Star Hotel (s. linke Spalte). Aufgetischt werden Gerichte verschiedener Küchen; das gegrillte Hähnchen steht hoch im Kurs.

Suvarna Gate (BM Rd; Hauptgerichte 35–100 Rs; 12–15.30 & 18.30–23.30 Uhr) Serviert wird auf einer stimmungsvollen Terrasse. Die chinesischen und nordindischen Gerichte (und Piña Coladas) sind nicht übel.

An- & Weiterreise

BUS

Wer Belur und Halebid von Hassan aus am gleichen Tag besichtigen will, fährt zuerst nach Halebid, da mehr Busse von Belur nach Hassan fahren, und das auch zu späteren Uhrzeiten.

Busse nach Halebid (12 Rs, 1 Std., alle 30 Min.) fahren ab 6 Uhr. Der letzte Bus zurück verlässt Halebid um 19.30 Uhr. Zwischen Hassan und Belur (15 Rs, 1½ Std.) fahren häufig Busse. Der erste verlässt Hassan um 6 Uhr, der letzte Bus zurück geht in Belur um 22 Uhr.

Um nach Sravanabelagola zu gelangen, einen der vielen Busse nach Channarayapatna (15 Rs, 45 Minuten) nehmen und dort umsteigen.

Häufig rumpeln Busse auch nach Mysore (45 Rs, 3 Std.) und Bangalore (65/110 Rs Normal/Deluxe, 4 Std.). Busse nach Mangalore (76/102 Rs Normal/Deluxe, 4 Std.) fahren im 20-Minuten-Takt.

TAXI

Taxifahrer sind auf der AVK College Rd. nördlich des Busbahnhofs zu finden. Eine Tour nach Belur und Halebid kostet etwa 600 Rs pro Tag, ein Taxi nach Sravanabelagola und zurück etwa genauso viel. Den Fahrpreis vor der Abfahrt vereinbaren.

ZUG

Der gut organisierte **Bahnhof** (☎ 268222) liegt etwa 2 km östlich der Stadt (10 Rs mit der Autorikscha). Hier gibt es eine Gepäckaufbewahrung (10 Rs) und Aufenthaltsräume (100 Rs). Täglich fahren drei Passenger Trains nach Mysore (23 Rs 2. Klasse, 3 Std.). Der Zug um 14.20 Uhr ist ein „Fast Passenger" Train (2 Std.). Richtung Bangalore einen der vier täglich fahrenden Züge nach Arsikere nehmen (12 Rs, 1 Std.) und dort umsteigen. Der Schienenverkehr nach Mangalore ist seit ein paar Jahren unterbrochen, da auf Normalspur umgestellt wird. Sobald die Bauarbeiten beendet sind, werden täglich ein oder zwei Züge auf dieser Linie verkehren (4 Std.).

BELUR & HALEBID

☎ 08177 / 968 m

Die Hoysala-Tempel in Halebid (auch bekannt als Halebeed oder Halebidu) und Belur sowie der in Somnathpur (nahe Mysore) sind die baulichen Höhepunkte einer der künstlerisch überschwänglichsten Perioden in der Entwicklung der Hindukultur. Die Skulpturen, mit denen sie verziert sind, können es durchaus mit denen von Khajuraho (Madhya Pradesh) und Konark (Orissa) aufnehmen.

Wer länger als einen Nachmittag bleiben möchte, wählt am besten Belur als Basis – es ist stimmungsvoller als Halebid.

Belur

Der **Channekeshava-Tempel** (Temple Rd; Sonnenaufgang–Sonnenuntergang) ist der einzige an den drei wichtigsten Hoysala-Stätten, der noch für religiöse Zwecke genutzt wird. Wer eine Zeremonie sehen möchte, kann dies täglich um 9, 15 und 19.30 Uhr tun. Mit dem Bau wurde 1116 begonnen, um den Sieg der Hoysalas über die Cholas in Talakad zu feiern. Doch bis zur Fertigstellung vergingen über 100 Jahre. Obwohl die Friese an der unteren Außenwand nicht so stark herausgearbeitet wurden wie die anderer Hoysala-Tempel, sind die Ornamente am oberen Teil, was Detailgenauigkeit und Kunstfertigkeit angeht, kaum zu übertreffen. Besonders faszinierend sind die Frauenfiguren in rituellen Tanzposen. Auffällig ist, dass die Vorderseite des Tempels den Tänzern und Figuren aus dem Kamasutra vorbehalten ist und die Rückseite den Göttern. Auch die Fensterstürze und die Stützpfeiler im Inneren sind reich verziert – und keiner gleicht dem anderen. Angeblich ist jede wichtigere Hindugottheit vertreten.

Es lohnt sich, das Tempelgelände zu durchwandern: man findet kleinere, betagte Tempel und einen siebenstöckigen *gopuram* aus dem 14. Jh., dessen Skulpturen teilweise recht sinnlich sind und deutlich zeigen, welchen Aktivitäten die tanzenden Mädchen nach der Arbeit im Tempel nachgingen.

Für 100 Rs kann man einen Tempelführer engagieren, der mehr über die Skulpturen erzählt.

Die anderen (unbedeutenderen) Hoysala-Tempel in Belur sind der **Chennigaraya-** und der **Viranarayana-Tempel.**

In Belur gibt's einige Unterkunftsmöglichkeiten:

KSTDC Hotel Mayura Velapuri (☎ 222209; Temple Rd; Zi. 300 Rs; Hauptgerichte 25–100 Rs) Die kürzlich renovierten Zimmer sind groß und luftig und haben immer warmes Wasser. Das am Weg zum Tempel liegende Hotel verfügt über ein Restaurant mit Bar und ein unbedeutendes Touristenbüro.

Vishnu Regency (☎ 223490; Fax 230310; Kempe Gowda Rd; EZ/DZ/3BZ 300/500/600 Rs; 💻) In den Zimmern mit Marmorfußböden stehen bequeme Betten, aber oft ist das Wasser knapp. Das Restaurant serviert nordindisches und chinesisches Essen (Hauptgerichte 20–65 Rs). Vom Busbahnhof aus die Temple Rd. hinauf, dann bei der Statue links abbiegen.

Vishnu Krupa (☎ 222263; Main Rd; EZ/DZ ab 75/150 Rs) Das nahe beim Busbahnhof liegende Hotel hat düstere Einzelzimmer. Die Doppelzimmer sind o.k. Das Personal ist etwas schrullig, aber freundlich und das vegetarische Restaurant, Vishnu Refreshments, ist sauber.

Shankar Hotel (Temple Rd; Mittag- oder Abendessen 20 Rs; 7–21.30 Uhr) Ein freundliches Hotel in der Nähe der Statue, in dem besonders leckere südindische Thalis mit Nachschlag ohne Ende serviert werden.

Halebid

Mit dem Bau des **Hoysaleswara-Tempels** (Sonnenaufgang–Sonnenuntergang) in Halebid wurde um 1121 begonnen. Trotz der mehr als 80 Jahre Bauzeit wurde das Gebäude nie fertig gestellt. Dennoch ist es das herausragendste Beispiel für Hoysala-Kunst in Indien. Die ganze Außenseite und ein Teil des Inneren ist mit zahllosen Hindu-Gottheiten, Weisen, stilisierten Tieren und Friesen bedeckt, die das Leben der Hoysala-Herrscher zeigen.

Der Tempel steht in einem großen, gepflegten Garten, und im kleinen **Museum** (Eintritt 2 Rs; Sa–Do 10–17 Uhr) ist eine Skulpturensammlung untergebracht.

In Halebid gibt es auch einen kleineren Tempel, der als **Kedareswara** bekannt ist, sowie eine wenig besuchte Anlage, in der drei **jainistische Tempel** stehen, die ebenfalls mit feinen Reliefs verziert sind. Dort ist es herrlich friedlich und man wird von Touristennepp verschont.

KSTDC Mayura Shantala (☎ 273224; DZ/4BZ mit Gemeinschaftsbad 200/275 Rs) Die einzige Unterkunft in Halebid, mit vier Zimmern, einem Touristenbüro und einem Restaurant. Entlang der Hauptstraße gibt's ein paar ländliche Lokale.

An- & Weiterreise

Belur und Halebid liegen nur 16 km voneinander entfernt. Von 6.30 bis 19 Uhr fahren alle 30 Minuten Busse (8 Rs, 30 Min.) zwischen den beiden Orten hin und her. S. S. 930 für Details zu Bussen nach/ab Hassan. In Belur gibt's häufige Direktverbindungen nach Mysore (60 Rs, 4½ Std.), Bangalore (80 Rs, 5 Std.), Dharmastala (35 Rs, 3 Std.) und Arsikere (Anschluss nach Bangalore; 24 Rs, 2½ Std.). Um nach Sravanabelagola zu kommen, muss man durch Hassan fahren.

Wer nach Hampi möchte, steigt in den Bus nach Kadur (14 Rs, 1 Std.) und dort in einen nach Shimoga. Von Shimoga fahren häufig Busse nach Hospet, dem Hampi am nächsten liegenden Haltepunkt.

SRAVANABELAGOLA

☎ 08176

Sravanabelagola, was „Der Mönch des Weißen Teichs" bedeutet, ist eines der ältesten und wichtigsten jainistischen Pilgerzentren in Indien und Standort der 17,5 m hohen, nackten Statue des Gomateshvara (Bahubali), einer jainistischen Gottheit. Die angeblich höchste monolithische Statue der Welt schaut von ihrem Standort, dem kahlen Vindhyagiri Hill, auf den ruhigen Ort Sravanabelagola hinab. Ihre Schlichtheit und Heiterkeit steht im krassen Gegensatz zur Komplexität und Dynamik der Skulpturen in den Tempeln von Belur und Halebid.

Sravanabelagola hat eine bis ins 3. Jh. v. Chr. zurückreichende Geschichte. Damals kam Chandragupta Maurya mit seinem Guru Bhagwan Bhadrabahu Swami hierher, nachdem er sein Köngreich aufgegeben hatte. Bhadrabahus Schüler verbreiten seine Lehren in der ganzen Region, wodurch der Jainismus im Süden fest verankert wurde. Die Religion wurde von den mächtigen Gangas unterstützt, die das südliche Karnataka zwischen dem 4. und 10. Jh. regierten, der Blütezeit des Jainismus.

Praktische Informationen

Das hilfsbereite **Touristenbüro** (☎ 257254; 🕒 10–17.30 Uhr) befindet sich am Fuß des Vindhyagiri Hill. Auch wenn bei den Sehenswürdigkeiten in Sravanabelagola kein Eintritt verlangt wird, sind Spenden willkommen.

Wenn jemand die Stufen zum Vindhyagiri Hill nicht hinaufsteigen kann oder will, lässt sich zwischen 7–12.30 und 15–17.30 Uhr für 130 Rs ein *dholi* (Tragestuhl) mit zwei Trägern mieten.

Sehenswertes

GOMATESHVARA STATUE

Die Statue des **Gomateshvara** (Bahubali; 🕒 6–18.30 Uhr) entstand während der Regierungszeit des Ganga-Königs Rachamalla. Sie wurde von einem militärischen Befehlshaber in Auftrag gegeben, der in Rachamallas Diensten stand, und von dem Bildhauer Aristenemi im Jahr 981 aus einem Felsblock geschlagen. Bahubalis Vater war der große Herrscher Vrishabhadeva, der erste jainistische *tirthankar* (verehrter jainistischer Lehrer) Adinath. Bahubali und sein Bruder Bharatha stritten heftig um die Nachfolge, doch als Bahubalis Sieg nahe war, erkannte er die Sinnlosigkeit dieses Kampfes und gab seinen Anspruch auf das Königreich auf. Er entsagte der materiellen Welt, zog sich in den Wald zurück und meditierte dort in völliger Stille, bis er die Erleuchtung erlangte. An den Beinen der Statue ranken Reben empor und zu ihren Füßen ist ein Ameisenhügel – Zeichen völliger Entsagung. Die Galerie rund um die Statue zeigt viele kleine Bilder von jainistischen *tirthankars*.

Die auf dem Vindhyagiri Hill stehende Statue ist über 614 in Stein gehauene Stufen erreichbar. Die Schuhe müssen am Fuß des Hügels zurückbleiben. Das ist im Sommer ein Problem, wenn die Stufen so heiß werden, dass man nicht darauf laufen kann. Und Socken sind nicht gern gesehen.

TEMPEL

Abgesehen von der Bahubali-Statue gibt es mehrere interessante jainistische Tempel in der Stadt und auf dem Chandragiri Hill, dem kleineren der beiden Hügel, zwischen denen Sravanabelagola liegt.

HOYSALA-ARCHITEKTUR

Die Hoysalas, die zwischen dem 11. und 13. Jh. über diesen Teil des Dekkan herrschten, stammten ursprünglich von Bergvölkern aus den Western Ghats ab und waren für lange Zeit Lehnsmänner der Chalukyas. Vollständig unabhängig wurden sie erst um 1190, doch unter ihrem Anführer Tinayaditya (1047–78), der sich die schwindende Macht der Gangas und Rashtrakutas zunutze machte, erregten sie erstmals Aufsehen. Unter Bittiga (1110–52), der später Vishnuvardhana genannt wurde, schlugen sie ihren eigenen Weg ein. Während seiner Regierungszeit wurden die unverwechselbaren Tempel von Belur und Halebid gebaut.

Die auf einer Plattform errichteten Tempel zeichnen sich durch ihre typische gedrungene, sternenförmige Form aus. Sie sind nicht so gewaltig wie die hoch aufragenden Tempel anderswo in Indien, aber die fehlende Größe machen sie durch Detailgenauigkeit wett.

Wenn man sich diese Skulpturen ansieht, wird sofort klar, dass Musik und Tanz während der Hoysala-Periode einen hohen Stellenwert hatten. Auch scheint man damals nicht allzu viel von einer strengen Sexualmoral gehalten zu haben und Frauen spielten im öffentlichen Leben eine große Rolle.

Im 10. Jh. konvertierten die Hoysalas zum Jainismus, doch schon im 11. Jh. nahmen sie schließlich den hinduistischen Glauben an. Deshalb sind in ihren Tempeln ein Nebeneinander von shivaistischen, vishnuistischen und jainistischen Bildnissen zu finden.

Der **Chandragupta Basti** (Chandragupta Community; ⌚ 6–18 Uhr) auf dem Chandragiri Hill, wurde angeblich von Kaiser Ashoka erbaut. Der im Hoysala-Stil errichtete **Bhandari Basti** (Bhandari Community) am südöstlichen Ende der Stadt ist der größte Tempel in Sravanabelagola. Im nahe gelegenen **Chandranatha Basti** (Chandranatha Community) finden sich gut erhaltene Gemälde, die aussehen wie 650 Jahre alte Comics mit jainistischen Geschichten.

Schlafen & Essen

Fast alle Unterkünfte in Sravanabelagola werden von der örtlichen jainistischen Organisation SDJMI geleitet, deren **zentrale Zimmervermittlung** (☎ 257258) für die Buchungen ihrer 15 Pensionen zuständig ist. Die Vermittlung liegt hinter der Vidyananda Nilaya Dharamsala, an der Post vorbei und vor dem Busbahnhof, wenn man in die Stadt hinein geht. Die meisten Reisenden wohnen im einfachen, gepflegten **Yathri Nivas** (DZ/3BZ 175/300 Rs).

Hotel Raghu (☎ 257238; EZ/DZ/3BZ 75/150/200 Rs; Hauptgerichte 20–40 Rs) Das einzige Hotel in Sravanabelagola unter privater Leitung ist ein bisschen schmuddelig, aber unkompliziert und liegt direkt am Fuß des Vindhyagiri Hill. Das vegetarische Restaurant ist gut besucht.

Chai-Shops und bodenständige Lokale säumen die Straße, die zum Fuß des Vindhyagiri Hill führt.

An- & Weiterreise

Busse, die direkt nach Hassan oder Belur fahren, gibt es nicht. Zunächst nach Channarayapatna (7 Rs, 20 Min.) fahren und dann von dort aus weiter. Es gibt täglich vier direkte Busverbindungen nach Bangalore (54 Rs, 3½ Std.), aber nach Mysore fährt nur der 8 Uhr Bus (34 Rs, 2½ Std.) direkt. Fast alle Fernbusse fahren vor 15 Uhr los. Wer diese verpasst, nimmt einen Nahverkehrsbus nach Channarayapatna, 10 km nordwestlich. Dieser Ort liegt an der Strecke von Bangalore nach Mangalore. Von hier aus gibt's viele Verbindungen.

DIE KÜSTE KARNATAKAS

MANGALORE

☎ 0824 / 398 745 Ew.

Früher war Mangalore der wichtigste Hafen im Königreich von Hyder Ali. Heute ist es eine geschäftige, unkomplizierte Stadt, in der von Burkhas bis Jeans alles zu sehen ist. Seit der Ankunft der Portugiesen 1526 gibt's eine starke katholische Gemeinde und die große, bunt durchmischte Gruppe der Universitätsstudenten gibt der Stadt einen Hauch von Fortschrittlichkeit.

Mangalore ist ein Zentrum des Kaffee- und Cashewnuss-Exports. Am bekanntesten ist es aber wahrscheinlich wegen der hier hergestellten Dachziegel aus Terrakotta. Ein schöner Ort, um die Dinge des Lebens zu genießen, an den Strand zu fahren und ein paar interessante Sehenswürdigkeiten zu besichtigen. Die Bewohner von Mangalore und des umliegenden Distrikts sprechen Tulu, und sie haben den Ruf, schnell zu lächeln.

Orientierung

Mangalore ist hügelig mit sich schlängelnden, verwirrenden Straßen. Glücklicherweise sind alle Hotels, Restaurants, der Busbahnhof und der Bahnhof im quirligen Stadtzentrum oder in der Nähe und daher leicht zu finden. Weniger praktisch: Der KSRTC Busbahnhof für Fernverbindungen liegt 3 km weiter nördlich.

Praktische Informationen

Geldautomaten gibt's überall, und in mehreren Banken in der Stadt kann Geld umgetauscht werden.

Athree Book Centre (Balmatta Rd; ⌚ Mo–Sa 8.30–13 & 14.30–20 Uhr)

Higginbothams (Lighthouse Hill Rd; ⌚ Mo–Sa 9.30–13.30 & 15.30–19.30 Uhr) Buchladen.

iWay (Crystal Arc Bldg, Balmatta Rd; 25 Rs/Std.; ⌚ 7.30–23 Uhr) Schneller Internetzugang, mit Klimaanlage.

KSTDC Touristenbüro (☎ 2442926; Lighthouse Hill Rd; ⌚ Mo–Sa 10–17 Uhr) Neben dem Hotel Indraprastha und wenig hilfreich.

State Bank of India Geldautomat (Balmatta Rd)

Trade Wings (☎ 2427225; Lighthouse Hill Rd; ⌚ Mo–Sa 9.30–17.30 Uhr) Der beste Ort, um Reiseschecks einzulösen (und zudem ein gutes Reisebüro).

Uti Bank Geldautomat (GHS Rd)

Sehenswertes

Der friedliche **Sultan's Battery** (Sultan Battery Rd.), ein steinerner Wachturm, 4 km vom Zentrum entfernt, auf einer Landzunge am alten Hafen gelegen, ist das wichtigste Überbleibsel aus Mangalores Vergangenheit. Bus 16 fährt dorthin. Bus 19 fährt zum **Shreemanthi Bai Memorial Government Museum** (☎ 2211106; Eintritt 2 Rs; ⌚ Di–So 9–17 Uhr), dessen kunterbunte Sammlung allemal einen Besuch wert ist. Auf jeden Fall die Schattenpuppen aus Leder ansehen.

Die Stadt hat einige schöne Tempel, darunter den im Kerala-Stil erbauten **Kadri-Manjunatha-Tempel** (Kadri; ⌚ 6–13 & 16–20 Uhr), dessen kleine Lokeshwara-Statue zu den besten Bronzen Indien gezählt wird. Um 8, 12 und 20 Uhr werden im Tempel *puja* durchgeführt. Mit den Bussen 3, 4 oder 6 kommt man dorthin. Die gemalten Deckenfresken der **St. Aloysius College Chapel** (Lighthouse Hill; ⌚ Mo–Sa 8.30–18, So 10–12 & 14–18 Uhr) sind atemberaubend schön.

Der schönste Teil des ruhigen **Ullal Beach**, 12 km südlich von Mangalore, gehört zum Summer Sands Beach Resort (s. unten). Der Eintritt kostet 25 Rs, für weitere 60 Rs darf auch der Pool benutzt werden. Eine Autoriksha hin und zurück kostet 120 Rs. Alternativ fahren auch die Busse 44A, 44C oder 44D vom Städtischen Busbahnhof zum Strand.

Schlafen

In Mangalore gibt's viele preiswerte Übernachtungsmöglichkeiten, alle mit fließend Warmwasser. Mit Ausnahme von Summer Sands haben alle hier genannten Hotels einen 24-Stunden-Checkout.

Hotel Manorama (☎ 2440306; KS Rao Rd; EZ/DZ ab 230/330 Rs; ❄) Ein wirklich charmantes Hotel: makellos sauber, mit viel Platz und stylishen Garderobenständern im Stil der 1940er-Jahre.

Hotel Surya (☎ 2425736; Balmatta Rd; EZ/DZ/3BZ ab 175/225/275 Rs; ❄) Das etwas abseits der Straße, nahe dem Lalith Restaurants gelegene Hotel Surya hat einfache, aber saubere Zimmer. Die besten gibt's im dritten Stock.

Hotel Poonja International (☎ 244071; www.hotelpoonjainternational.com; KS Rao Rd; EZ/DZ ab 450/600 Rs; ❄) Mit seiner hell erleuchteten Lobby, dem professionellen Personal und seinen gemütlichen Zimmern wirkt das Hotel teurer als es ist.

Taj Manjarun Hotel (☎ 2420420; www.tajhotels.com; Old Port Rd; EZ/DZ ab 55/65 US$; ❄ 🏊) Das Taj liegt jenseits des Stadttrubels, hat kuschelige Zimmer, ein gutes Restaurant, eine Bar, einen rund um die Uhr geöffneten Coffee-Shop und einen Swimmingpool (Nicht-Gäste zahlen 150 Rs Eintritt pro Tag).

Summer Sands Beach Resort (☎ 2467690; www.summer-sands.com; Bungalow EZ/DZ ab 750/850 Rs; Hauptgerichte 30–150 Rs; ❄ 🏊) Inmitten einer grünen Anlage am Ullal Beach. Mit seinen unkonventionellen Bungalows ist das Summer Sands ein idealer Ort zum Abschalten. Das Restaurant bietet jede Menge frischen Fisch und das Rauschen des nahen Meeres.

Weitere Übernachtungsmöglichkeiten:

Hotel Srinivas (☎ 2440061; www.hotelsrinivas.com; GHS Rd; EZ/DZ ab 275/375 Rs; ❄) Ruhig, mit blauen Teppichen in den Zimmern.

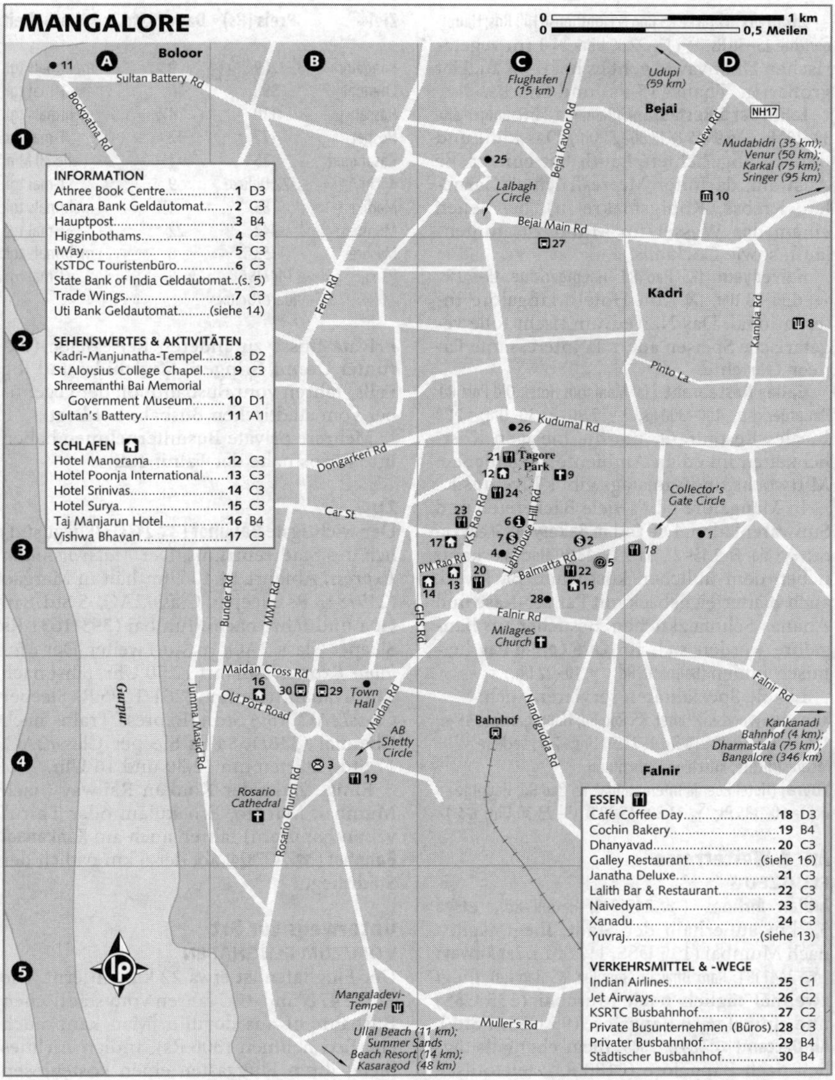

Vishwa Bhavan (☎ 2440822; KS Rao Rd; DZ 100 Rs) Einfache Doppelzimmer, oft ausgebucht.

Essen

Die Gerichte aus Mangalore sind in ganz Indien berühmt. In den superelleganten Restaurants der Tophotels werden lokale Spezialitäten wie Frauenfisch (Tarpon) serviert. Auch in den einfachen Lokalen der Stadt gibt's leckeren gebratenen Fisch. Das vegetarische Essen ist ebenfalls meist köstlich.

Janatha Deluxe (Hotel Shaan Plaza, KS Rao Rd; Hauptgerichte 20–45 Rs; 🕒 6.30–22.30 Uhr) In diesem beliebten Lokal gibt's gute Thalis (22 Rs) und verschiedene vegetarische Gerichte aus Nord- und Südindien.

Dhanyavad (Ecke KS Rao & Lighthouse Hill Rds; Hauptgerichte 15–30 Rs; ⌚ 11–22.30 Uhr; ⊠) Im vegetarischen Dhanyavad geht es hektisch zu. Hat großartige Thalis (15 Rs) und Snacks.

Lalith Bar & Restaurant (Balmatta Rd; Hauptgerichte 30–100 Rs; ⌚ 9–15 & 17.30–23 Uhr) Das kühl und dunkel eingerichtete Lalith hat eine große Auswahl, darunter Meeresfrüchte (Garnelen, Krebse, Königsmakrelen), bei denen einem das Wasser im Mund zusammenläuft, sowie Cocktails.

Naivedyam (KS Rao Rd; Hauptgerichte 45–70 Rs; ⌚ 6.30–23 Uhr; ⊠) Im Hotel Mangalore International. Das Naivedyam tischt tolle vegetarische Speisen auf, z. B. interessante Paneer-Gerichte.

Galley Restaurant (Taj Manjarun Hotel, Old Port Rd; Hauptgerichte 100–300 Rs; ⌚ 7.30–23.30 Uhr; ⊠) Ideales Restaurant, um die hiesigen Köstlichkeiten im edlen Ambiente zu genießen. Mittwochs und samstags gibt's Livemusik.

In Mangalore gibt's viele Bäckereien und Süßwarenläden. Die **Cochin Bakery** (AB Shetty Circle; ⌚ Mo–Fr 9.15–21, Sa 9.15–13.30 Uhr) verkauft neben dem üblichen köstlichen Backwerk auch Blätterteiggebäck mit Paneer-Käse und Ananas-Schmalzkuchen. Besucher aus Bangalore werden sich im **Café Coffee Day** heimisch fühlen (Balmatta Rd; ⌚ 10–22 Uhr).

Lokale Spezialitäten servieren auch:

Xanadu (Woodside Hotel, KS Rao Rd; Hauptgerichte 45–125 Rs; ⌚ 10.30–15 & 19–23.30 Uhr; ⊠) Leckere Meeresfrüchte, kitschige Einrichtung.

Yuvraj (Hotel Poonja International, KS Rao Rd; Hauptgerichte 60–135 Rs; ⌚ 11.30–15.30 & 19–23.30 Uhr; ⊠)

An- & Weiterreise

FLUGZEUG

Indian Airlines (☎ 2451048; Hathill Rd), etwa 3,5 km außerhalb der Stadt, fliegt täglich nach Mumbai (135 US$, 1¼ Std.). **Jet Airways** (☎ 2441181; Ram Bhavan Complex, KS Rao Rd) fliegt zweimal täglich nach Mumbai (135 US$) und einmal nach Bangalore (95 US$, 1 Std.). **Air Deccan** (☎ 9845777008) fliegt ebenfalls täglich nach Bangalore (2180 Rs); telefonisch oder bei Trade Wings (s. S. 934) buchen.

BUS

Der **KSRTC-Busbahnhof für Fernverbindungen** (☎ 2211243) liegt 3 km nördlich des Stadtzentrums. Eine Autorikscha dorthin kostet etwa 20 Rs. An dem ziemlich gut organisierten Busbahnhof gibt's u. a. Verbindungen nach:

Ziel	Preis (Rs)	Dauer (Std.)	Häufigkeit
Bangalore	209	9	mehrmals tgl.
Chennai	398	16	1-mal tgl.
Hassan	110	4½	mehrmals tgl.
Hospet	172	12	1-mal tgl.
Kasaragod	25	1¼	alle 30 Min.
Kochi	322 Deluxe	9	1-mal tgl.
Madikeri	83	4½	mehrmals tgl.
Mumbai	442	22	1-mal tgl.
Mysore	153	8	mehrmals tgl.
Panaji	144/196 Standard/Deluxe	9	3-mal tgl.

Private Busse zu anderen Reisezielen (darunter Udupi, Sringeri, Mudabidri und Jog Falls) fahren vom Busbahnhof, der gegenüber vom städtischen Busbahnhof liegt.

Mehrere private Busunternehmen haben ihre Büros nahe der Falnir Rd.

ZUG

Der wichtigste **Bahnhof** (☎ 2423137) liegt südlich des Stadtzentrums. Der *Matsyagandha Express*, Abfahrt 14.40 Uhr, hält in Margao (217/843 Rs Sleeper Class/2AC, 5 Std.) in Goa und fährt nach Mumbai (393/1631 Rs Sleeper Class/2AC, 16 Std.) weiter. Der *Malabar Express*, Abfahrt 17.50 Uhr, fährt nach Thiruvananthapuram (261/1096 Rs Sleeper Class/2AC, 15½ Std.). Express Trains nach Chennai (338/1384 Rs Sleeper Class/2AC, 17 Std.) starten um 12.30 und 16 Uhr.

Einige Züge der Konkan Railway (nach Mumbai, Margao, Ernakulam oder Thiruvananthapuram) fahren auch am **Kankanadi Bahnhof** (☎ 2437824) ab, der 5 km östlich der Stadt liegt.

Unterwegs vor Ort

VOM/ZUM FLUGHAFEN

Der Flughafen ist etwa 22 km entfernt. Die Busse 47B und 47C fahren vom städtischen Busbahnhof aus dorthin. Man kann auch ein Taxi nehmen (300 Rs). Indian Airlines bietet ihren Fluggästen einen kostenlosen Shuttleservice zum/vom Flughafen an.

BUS & AUTORIKSCHA

Der städtische Busbahnhof liegt gegenüber der State Bank of India, nahe des Taj Manjarun Hotel. Hier gibt's jede Menge Autorikschas. Die Grundgebühr liegt bei 9 Rs, jeder weitere Kilometer kostet 5 Rs. Nachts ist ein Aufschlag von 50 % fällig. Eine Autorikscha zum Kankanadi Bahnhof kostet etwa 30 Rs. Die Alternative: Bus 9 oder 11B.

RUND UM MANGALORE

Die Region rund um Mangalore ist mit jainistischen Tempeln, Statuen und Hindu-Tempeln übersät.

Udupi

Die vishnuistische Pilgerstadt Udupi (Udipi), 58 km nördlich von Mangalore, wird von vielen wegen ihres **Krishna-Tempels** besucht (☎ 0820-2520598; Car St). Hier kann die Gottheit rund um die Uhr in der *darshan* (Ansehen einer Gottheit) betrachtet werden. Die Zeremonien am Morgen (4 Uhr) und am Abend (19 Uhr), an denen manchmal auch die Tempelelefanten teilnehmen, sind lebhafte Events. Das **Touristenbüro** (☎ 0820-2529718; Krishna Bldg, Car St; ⌚ Mo–Sa 10–13.30 & 14.30–17.30 Uhr) ist eine gute Informationsquelle zu Udupi und die umliegende Region.

Sringeri

Der südliche Sitz der orthodoxen Hindu-Hierarchie befindet sich in Sringeri, einer unverdorbenen kleinen Stadt inmitten der üppig bewachsenen Berge von Chikmagalur, etwa 100 km nordöstlich von Mangalore. Im interessanten **Vidyashankar-Tempel** (☎ 08265-250123; ⌚ 6–14 & 17–21 Uhr) gibt's Tierkreis-Säulen und einen riesigen gepflasterten **Innenhof** (⌚ 5–22 Uhr). Der Tunga fließt an der Tempelanlage vorbei, und Hunderte von Fischen sammeln sich an den Ghats und warten darauf, dass die Pilger sie füttern. **Unterkunftsmöglichkeiten** für Pilger (Zi. 25–75 Rs) gibt's über das Reception Centre des Tempels.

Dharmastala

In Dharmastala, 75 km östlich von Mangalore, stehen einige jainistische Tempel, darunter der belebte **Manjunatha-Tempel** (☎ 0862-2228493; ⌚ 6–13 & 17–21 Uhr). Außerdem gibt's ein interessantes **Museum** (Eintritt 2 Rs) und eine 14 m hohe **Statue des Bahubali**. In Dharmastala finden viele Feste und Festivals statt; s. S. 901.

Venur

Das versteckte, sattgrüne Venur, etwa 50 km nordöstlich von Mangalore, hat acht Tempel. Die 11 m hohe **Statue des Bahubali** (⌚ Sonnenaufgang–Sonnenuntergang) aus dem Jahr 1604 steht friedlich am südlichen Ufer des Gurupur.

Mudabidri

Mudabidri, 35 km nordöstlich von Mangalore hat 18 Tempel, der älteste von ihnen ist der im 15. Jh. erbaute **Chandranatha-Tempel** (⌚ 6–13 & 17–20.30 Uhr).

Karkal

In Karkal, 20 km nördlich von Mudabidri, stehen weitere bedeutende **Tempel**. Eine 13 m hohe **Statue des Gomateshvara** (Bahubali), die zweithöchste nach dem massiven Monolith in Sravanabelagola, befindet sich auf einem ruhigen kleinen Hügel am Rande der Stadt.

JOG-FÄLLE

☎ 08186 / 12 570 Ew.

Die Jog-Fälle sind die höchsten Wasserfälle in Indien – allerdings sind sie nicht besonders aufregend, denn der Linganamakki-Damm weiter oben am Sharavati „raubt" einiges an Wasser. Der höchste der vier Wasserfälle, Raja, fällt 293 m in die Tiefe.

Die üppige, großartige Landschaft eignet sich hervorragend für gemütliche Wanderungen. Das untere Ende der Wasserfälle erreicht man über mehr als 1200 Stufen, die in der Nähe des Busbahnhofs beginnen. Vorsicht: Blutegeln zapfen vor allem während der nassen Jahreszeit gerne ahnungslose Touristen an.

Das freundliche **Touristenbüro** (☎ 244747; ⌚ Mo–Sa 10–17 Uhr) befindet sich gleich beim Busbahnhof.

Bei den Jog-Fällen gibt's zwei Beobachtungsbungalows, die normalerweise für VIPs reserviert sind. Der **British Bungalow** (Zi. 60 Rs) steht oberhalb der Wasserfälle, etwa 3 km vom Busbahnhof entfernt. Buchungen nimmt das **Siddapur Public Works Department** entgegen (☎ 08389-322103). Das **PW Guesthouse** (250 Rs/Pers.), gegenüber dem KSTDC-Hotel, ist ziemlich extravagant; buchbar über **Shimoga PWD** (☎ 08186-344333).

Das **KSTDC Hotel Mayura Gerusoppa** (☎ 244747; EZ/DZ 200/300 Rs), etwa 150 m hinter dem Parkplatz, hat riesige Zimmer, die ganz schön muffig sind.

Stände nahe des Busbahnhofs bieten Omelettes, Thalis, Nudel- und Reisgerichte sowie heiße und kalte Getränke. Das mittelmäßige KSTDC-**Restaurant** (Mittag- oder Abendessen 20–40 Rs) ist gleich nebenan.

Von den Jog-Fällen aus fahren etwa stündlich Busse nach Shimoga (45 Rs, 3 Std.)

und nach Sagar (12 Rs, 1 Std.), zweimal täglich nach Siddapur (10 Rs, 1 Std.) und dreimal täglich über Kumta nach Karwar (38 Rs, 3 Std.), wo man nach Gokarna (12 Rs, 45 Min.) umsteigen kann. Zweimal täglich fahren grausam langsame Busse nach/ab Mangalore (112 Rs, 10 Std.). Wahrscheilich ist es besser, über Shimoga zu fahren.

Der nächstgelegene Bahnhof ist in Talguppa, zwischen Sagar und den Jog-Fällen. Um 18 Uhr fährt dort der einzige tägliche Zug nach Shimoga (28 Rs, 3 Std.), auf einer romantisch langsamen, landschaftlich schönen Schmalspurstrecke.

GOKARNA

☎ 08386

Gokarna (Kuhohr), 50 km südlich von Karwar, ist Anziehungspunkt für eine bunte Schar von Hindupilgern, Sanskritgelehrten, Hippies und Strandfreunden. Für Hindu ist Gokarna eine der heiligsten Stätten in Südindien und die Atmosphäre ist farbenfroh und andächtig. Es ist ein reizendes, verschlafenes Städtchen mit Holzhäusern an der Hauptstraße und herrlichen alten Häusern in nahe gelegenen Alleen. Einige Einheimische sind der Meinung, dass der Ausländerstrom die heilige Atmosphäre getrübt hat. Andere dagegen sind froh über das durch diese Menschen gewonnene Zusatzeinkommen. Sittsamkeit währt hier wahrscheinlich am längsten: Schultern und Knie bedeckt halten und die Partys am Strand feiern.

BÜFFELSURFEN

Kambala, der kanaresische Sport des Büffelrennens, wurde Anfang des 20. Jhs. populär, als Bauern nach einem Tag auf dem Feld ihre Büffel schnell nach Hause trieben. Heute sind die besten Rennen ein großes Event mit Tausenden von Zuschauern. Die wertvollen Rennbüffel werden gehätschelt und trainiert wie Vollblutpferde – ein gutes Tier kann mehr als 300 000 Rs kosten.

Die Veranstaltungen finden zwischen November und März in der Dakshina Kannada-Region statt, wenn die Reisfelder schön nass sind. Parallele Bahnen (120 m lang) werden vorbereitet, und das schnellste Büffelpaar schafft die Strecke durch Wasser und Matsch in etwa 14 Sekunden. Es gibt zwei Versionen des Rennens: bei der einen läuft ein Mann neben dem Büffel her, bei der anderen steht er auf einem Brett, das an einer Pflugschar befestigt ist, und surft buchstäblich hinter den Tieren über die Bahn. Wer glaubt, dass diese schwerfälligen Tiere nicht rennen können, sollte sich bei einem der Spektakel vom Gegenteil überzeugen!

Praktische Informationen

Pai STD Shop (Main St; ⌚ 9–21 Uhr) Wechselt Bargeld sowie Reiseschecks und gibt Barvorschüsse auf Visa-Karten.
Shema Internet (Car Rd; 40 Rs/Std.; ⌚ 7.30–0 Uhr)
Postfiliale (1. OG, Ecke Car & Main St)
Swastik Laundry (⌚ 8.30–13 & 16–21 Uhr) Wäscherei

Sehenswertes

TEMPEL

Ausländer dürfen das Innere der Tempel Gokarnas nicht betreten. Trotzdem bekommt man von den religiösen Ritualen in der Stadt einiges mit. Am westlichen Ende der Car St. steht der **Mahabaleshwara-Tempel**, Standort eines verehrten Lingam (phallische Shiva-Darstellung). In der Nähe ist der **Ganapati-Tempel**, der Ganeshs Beitrag zur der Rettung des Lingam ehrt. Am anderen Ende der Straße steht der **Venkataraman-Tempel** und 100 m weiter südlich das **Koorti Teertha**, das große Tempelbecken, in dem Einheimische, Pilger und makellos gekleidete Brahmanen gleich neben Dhobi-Wallahs (Wäscher) an den Ghats ihre Waschungen vornehmen.

STRÄNDE

Schon seit einiger Zeit kommen Traveller nach Gokarna, angelockt von Geschichten über Strände, die denen Goas in nichts nachstehen. Das Dorf Gokarna hat seinen eigenen Strand, aber der beste Sandstrand ist über einen Fußweg zu erreichen, der an der Südseite des Ganapati-Tempels beginnt und nach Süden führt (wer beim Badebecken landet oder Felsen hoch krakseln muss, hat den falschen Weg erwischt).

Nach 20 Minuten Fußmarsch öffnet sich von der Spitze einer öden Landzunge aus ein weiter Blick aufs Meer. Richtung Süden ist **Kudle Beach** (Kuh-dli), der erste von vier perfekten Stränden, in deren Rücken die Vorgebirge der Western Ghats liegen. Am Kudle Beach bieten mehrere Shops kleine Imbisse, Getränke und einfache Unterkünfte an.

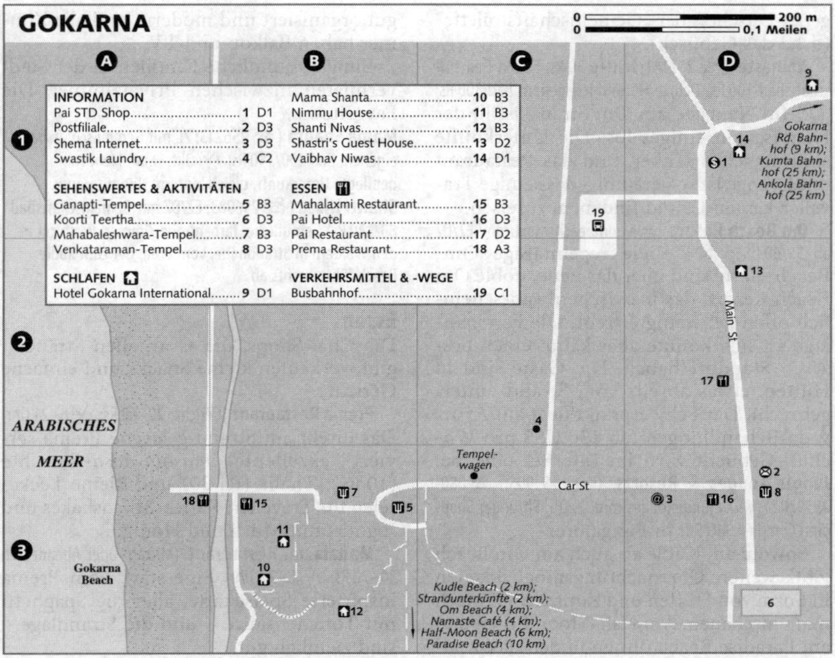

Am südlichen Ende von Kudle führt ein Weg über die nächste Landzunge. Nach weiteren 20 Minuten Marsch erreicht man **Om Beach**, wo es eine Handvoll Chai-Shops und Beach Shacks gibt. Über eine staubige Straße ist Om Beach auch mit dem Fahrzeug erreichbar (200 Rs mit der Autorikscha), aber der Strand ist meist leer, außer an Feiertagen und manchen Wochenenden, wenn Tagesausflügler scharenweise mit dem Auto ankommen. Wer demnächst anreist, wird aber wahrscheinlich feststellen, dass das *shanthi* dieses Strands von der neuen riesigen Ferienanlage gestört wird. Im Süden liegen die abgeschiedeneren Strände **Half-Moon Beach** und **Paradise Beach,** zu Fuß 30 Minuten bzw. eine Stunde entfernt.

Abhängig davon, wie voll es ist, fahren auch Boote von Gokarna Beach (nach den Fischern Ausschau halten) nach Kudle (100 Rs) und Om (200 Rs).

Nach Einbruch der Dunkelheit keinesfalls allein zwischen Gokarna und den Stränden hin und her gehen, überhaupt sind einsame Spaziergänge nicht zu empfehlen – man verirrt sich leicht und Überfälle hat es auch schon gegeben. Für eine geringe Gebühr ist es meist möglich, in den Lodges Wertsachen und Gepäck zu deponieren.

Schlafen

Zur Wahl stehen kärglich eingerichtete Shacks am Strand oder einfache, aber etwas bequemere Zimmer in der Stadt. Der Vorteil einer Unterkunft am Strand liegt auf der Hand, und da es zur Stadt ein recht langer Fußmarsch ist, ist man auf sich selbst gestellt.

STRÄNDE

Im Dezember und Januar herrscht an den Stränden Hochbetrieb. An den meisten Orten gibt's zumindest zusammengerolltes Bettzeug, aber es ist besser, sein eigenes Betttuch oder einen Schlafsack mitzubringen. Vorhängeschlösser gibt's vor Ort, und die Hütten sind sicher. Die Gemeinschaftswaschräume und Toiletten sind einfach.

Spanish Place (☎ 257311; Hütten 70 Rs, DZ 250 Rs; 💻) Diese relaxte Herberge im mittleren Teil des Kudle Beach hat palmgedeckte Hütten und zwei zauberhafte Gartenzimmer mit eigener Dusche, aber „Gemeinschaftstoilette" (d.h.: das Gebüsch).

Namaste (☎ 257141; Hütten 50 Rs, EZ mit Gemeinschaftsbad 100 Rs, Deluxe Hütte mit eigenem Bad 300 Rs; 💻) Im Namaste am Om Strand ist in der Hauptsaison einiges los. Die Unterkünfte sind makellos sauber, und das Restaurant mit Lounge ist so geräumig, dass einige Traveller keinen Grund finden, abzureisen.

Om Beach Resort (www.ombeachresort.com; EZ/DZ ab 55/60 US$; ❄) Viele regelmäßige Om-Beach-Gäste sind über das neue, noble Om Beach Resort, das inzwischen wahrscheinlich offen ist, wenig erfreut. Die Ferienanlage an sich könnte aber kaum einen besseren Standort haben. Die Gäste sind in Hütten, etwas abseits vom Strand, untergebracht. Der Schwerpunkt liegt auf Ayurveda-Behandlungen (ab 130 US$ pro Woche). Gebucht wird im Internet oder bei **Jungle Lodges & Resorts** (Karte S. 905; ☎ 080-25597021; www.junglelodges.com; 2. OG, Shrungar Shopping Complex, MG Rd) in Bangalore.

Sowohl am Kudle als auch am Om Beach gibt's weitere Übernachtungsmöglichkeiten in Form von Hütten und Zimmern. Einfach mal umschauen. Am Half-Moon Beach und am Paradise Beach öffnen in der Hauptsaison Hütten und einfache Restaurants.

GOKARNA

Die meisten Pensionen in der Stadt bieten in der Nebensaison Rabatte an.

Shastri's Guest House (☎ 256220; dr_murti@rediffmail.com Main St; Zi. 125–150 Rs) Die Einzelzimmer im Shastri sind grausig klein, aber die Doppelzimmer hinten sind groß und sonnig. Einige haben Balkone mit Ausblick auf Palmen, und allen haftet der beruhigende Charme eines Krankenhauses aus den 1950er-Jahren an.

Vaibhav Nivas (☎ 256714; abseits der Main St; Zi. mit Gemeinschaftsbad 80 Rs, EZ/DZ/3BZ mit eigenem Bad ab 75/100/200 Rs) In diesem gemütlichen, kürzlich renovierten Haus geht's in der Hauptsaison hektisch zu, in der Nebensaison ist es eher ruhig. Die Zimmer sind gemütlich, und es gibt ein Restaurant mit westlicher Küche.

Nimmu House (☎ 256730; nimmuhouse@sancharnet.in; Zi. mit Gemeinschaftsbad/eigenem Bad ab 90/200 Rs; 💻) Einfache Zimmer. Ein grünes Anwesen mit entspannter Atmosphäre in Strandnähe.

Hotel Gokarna International (☎ 256622; hotelgokarn@yahoo.com; Main St; EZ/DZ/3BZ ab 195/230/300 Rs; ❄) Hat mehr Klasse als Charakter, ist aber gut organisiert und modern, und alle Zimmer haben Balkon und TV.

Einige freundliche Familien in der Stadt vermieten inzwischen Privatzimmer. Die Favoriten:

Mama Shanta (☎ 256213; Zi. mit Gemeinschaftsbad/eigenem Bad 100/150 Rs; 🕒 Okt.–Mai) Liebevoll gepflegte Unterkunft, gleich hinterm Nimmu House.

Shanti Nivas (☎ 256983; EZ/DZ mit Gemeinschaftsbad 80/120 Rs) Gemütliche, farbenfrohe Zimmer, versteckt in den Wäldern in Strandnähe; vom Weg, der zum Kudle Beach führt, rechts ab.

Essen

Die Chai-Shops, die es an allen Stränden gibt, verkaufen kleine Snacks und einfache Gerichte.

Prema Restaurant (Gerichte 20–60 Rs; 🕒 8–21 Uhr) Das direkt am Strand gelegene Prema serviert exzellente *masala-dosa*-Gerichte (10 Rs), Thalis (Rs 30) und kleine Leckereien für Traveller: Kaffee-Milchshakes und Joghurt mit Müsli und Honig.

Mahalaxmi Restaurant (Mittag- oder Abendessen 30–70 Rs; 🕒 8–22 Uhr) Eine stark vom Prema inspirierte Speisekarte, aber die Spaghetti mit Tomatensauce – und die Strandlage – sind ziemlich gut.

Pai Restaurant (Main St; Hauptgerichte 20–40 Rs; 🕒 6.30–21.30 Uhr) Das Pai ist ein freundliches Lokal in der Mitte der Main St., mit sehr phantasievollen vegetarischen Mahlzeiten (20 Rs).

Pai Hotel (Car St; Hauptgerichte 15–30 Rs; 🕒 6–21.30 Uhr) Das Pai Hotel, um die Ecke auf der Car St., hat mit dem Pai Restaurant nichts zu tun, aber auch hier gibt's köstliche Thalis (15 Rs).

Namaste Café (Mittag- oder Abendessen 30–80 Rs; 🕒 7–23 Uhr) Das angesagteste Café des Om Beach serviert westliche Gerichte – Pizza und Hamburger –, die ganz o.k. sind, sowie einige israelische Spezialitäten.

An- & Weiterreise

BUS

Vom **Busbahnhof** (☎ 256233) in Gokarna fährt täglich ein Bus nach Margao (50 Rs, 4 Std.), außerdem geht's dreimal täglich nach Karwar (22 Rs, 1½ Std.) – wo es Möglichkeiten zur Weiterfahrt nach Goa hat. Es gibt zudem Direktverbindungen nach Hubli (56 Rs, 4 Std., 5-mal täglich) und einmal täglich, um 6.45 Uhr, nach Mangalore (95 Rs, 6 Std.) und von dort nach Mysore (120 Rs, 14 Std.).

Wer diesen Bus verpasst, nimmt einen der stündlich fahrenden Nahverkehrsbusse nach Kumta, 25 km weiter südlich, und steigt dort in einen der häufigen Busse nach Mangalore. Täglich fahren auch Deluxe-Busse nach Hospet Richtung Hampi (120 Rs, 10 Std.), und zwar um 7 und 14.30 Uhr und um 19 Uhr geht's nach Bangalore (298 Rs, 12 Std.).

ZUG

Mit der Konkan Railway kommt man am besten nach Goa und Mangalore (sowie zu anderen Zielen) – obwohl nur zwei langsame Passenger Trains am **Gokarna Rd. Bahnhof** (☎ 279487), 9 km außerhalb der Stadt, halten. Der Zug um 10.45 Uhr fährt nach Margao (24 Rs, 2 Std.); ein weiterer fährt um 18.30 Uhr (55 Rs, 1½ Std.). Züge Richtung Mangalore (45 Rs, 5 Std.) fahren an der Gokarna Rd. um 16 und 1.45 Uhr ab. Züge nach Kochi (281 Rs Sleeper Class, 15 Std.) fahren samstags, sonntags und dienstags. Vor der Abfahrt eine Karte für die Sleeper Class kaufen und dann beim Einsteigen in eine höhere Klasse wechseln. Tickets gibt's bei vielen Hotels und kleinen Reisebüros auf der Main St.

Eine Fahrt zum Bahnhof mit der Autorikscha kostet 100 Rs. Busse (6 Rs) fahren stündlich und passend zu den Abfahrtzeiten der Züge.

An den Bahnhöfen von Ankola und Kumta, beide etwa 25 km von Gokarna entfernt und mit Nahverkehrsbussen erreichbar, halten mehrere Expresszüge.

ZENTRAL-KARNATAKA

HAMPI

☎ 08394 / 467 m

Die faszinierenden Ruinen von Vijayanagar nahe des Dorfes Hampi stehen in einer seltsamen und wegen der verstreut herumliegenden Felsblöcke erhaben wirkenden Landschaft, die etwas Magisches an sich hat. Vijayanagar, die frühere Hauptstadt eines der größten Hindureiche in der Geschichte Indiens, wurde 1336 von Telugu-Prinzen gegründet und erreichte den Höhepunkt ihrer Macht im 16. Jh. Das Reich kontrollierte den regionalen Gewürzhandel und die Baumwollindustrie, und die Stadt, umgeben von sieben befestigten Mauern, nahm ein Gebiet von 43 km² ein, das Heimat von etwa 500 000 Einwohnern war. Vijayanagars emsige Basare waren Zentren des internationalen Handels, auf denen es von Händlern aus fernen Ländern wimmelte und wertvolle Steine angeboten wurden. 1565 fand das Reich ein plötzliches Ende als die Stadt von einem Bündnis von Dekkan-Sultanaten geplündert wurde.

Heute geht es hier viel weniger dramatisch zu. Tatsächlich scheint in Hampi die Zeit still zu stehen, und man kann überraschend viel Zeit damit zubringen, einfach nur Felsblöcke anzusehen. Es ist ein blühendes Zentrum für Reisende – ein Ort, dem es gelingt, Menschen an sich zu binden, sodass Besucher gern länger bleiben. Dennoch ist es möglich, die wichtigsten Sehenswürdigkeiten mit dem Fahrrad, Moped oder, wenn man Frühaufsteher ist, zu Fuß in ein, zwei Tagen abzuklappern, wobei frühes Aufstehen dem entspannten Wesen von Hampi widerspricht. An manchen Stellen sind die Sehenswürdigkeiten schlecht ausgeschildert, aber verirren kann man sich eigentlich nicht.

Orientierung

Der Hampi Bazaar und das Dorf Kamalapuram im Süden sind die zwei wichtigsten Zugänge zu den Ruinen. Das KSTDC Hotel und das Museum sind in Kamalapuram. Die Traveller-Szene trifft sich in Hampi Bazaar – ein Dorf voller preiswerter Unterkünfte, Shops und Restaurants, das vom Virupaksha-Tempel dominiert wird. Die Ruinen selbst lassen sich in zwei Hauptgebiete unterteilen: das Sacred Centre rund um Hampi Bazaar, und das Royal Centre, im Süden um Kamalapuram.

Praktische Informationen

Aspiration Stores (Karte S. 944; 🕑 10–13 & 16–20 Uhr) Verkauft Bücher zur Region, darunter *Hampi*, von John M. Fritz und George Michell, eine gute Architekturstudie.

Canara Bank (Karte S. 944; ☎ 241243; 🕑 Mo–Di & Do–Sa 11–14 Uhr) Wechselt Reiseschecks und gibt Barvorschüsse auf Kreditkarten. Die vielen autorisierten Geldwechsler in der Gegend bieten einen etwas schlechteren Wechselkurs.

Sree Rama Cyber Café (Karte S. 944; 60 Rs/Std.; 🕑 7–23 Uhr)

Touristenbüro (Karte S. 944; ☎ 241339; 🕑 Sa–Do 10–17.30 Uhr) Organisiert Führer für 500 Rs pro Tag.

Sicherheit

Hampi ist ein sicherer Ort, an dem man in der Regel von Aggressivität verschont

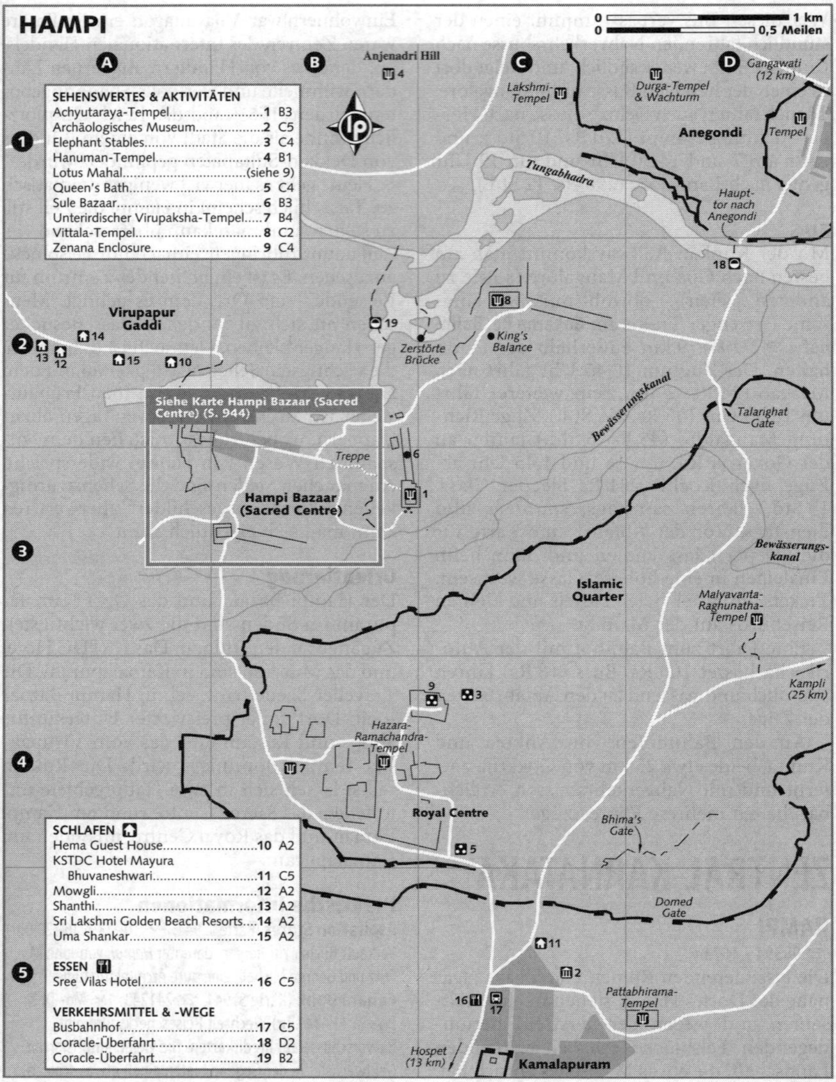

bleibt. Und dennoch ist es nicht unbedingt ratsam, bei Sonnenaufgang oder Sonnenuntergang durch die Ruinen zu wandern, ganz besonders nicht den Weg zum Matanga Hill hinauf. Außerdem sollte man nicht allein umherlaufen, da Überfälle und Gewalttaten in den letzten Jahren zugenommen haben.

Ausländer sollten sich nach der Ankunft bei der **Polizei** (Karte S. 944) im Virupaksha-Tempel registrieren lassen. Dies ist ein einfacher Vorgang, bei dem die Personalien in einem Buch eingetragen werden – nicht komplizierter als das Einchecken im Hotel. In der Polizeistation (gleich rechts im Tempeleingang) hängen auch Fotos von Kriminellen.

Sehenswertes

HAMPI BAZAAR & VIRUPAKSHA-TEMPEL

Jetzt, da Einheimische in den alten Gebäude an der Hauptstraße leben, ist der **Hampi Bazaar** (Karte S. 944) wieder ein belebtes Dorf. Der **Virupaksha-Tempel** (Karte S. 944; ☎ 2441241; Eintritt 2 Rs; ⌚ Sonnenaufgang–Sonnenuntergang), am westlichen Ende, ist eines der ältesten Gebäude der Stadt. Der größte *gopuram*, fast 50 m hoch, wurde 1442 erbaut, ein kleinerer kam 1510 dazu. Der Hauptschrein ist Virupaksha geweiht, einer Gestalt Shivas.

Wenn die Tempelelefantendame Lakshmi und ihr Wärter da sind, kann man sich von ihr für eine 1 Rs Münze einen Schmatzer (Segen) geben lassen. Die entzückende Lakshmi nimmt morgens um 7.30 Uhr ihr Bad – den Weg gleich bei den Fluss-Ghats hinunter gehen.

Auf dem den Virupaksha-Tempel überblickenden **Hemakuta Hill** (Karte S. 944) im Süden stehen verstreut einige frühe Ruinen, darunter jainistische Tempel und eine monolithische Narasimha-Skulptur (Vishnu in seiner Inkarnation als Mann-Löwe-Gestalt). Der kurze Weg nach oben lohnt sich schon wegen der Aussicht auf den Basar.

VITTALA-TEMPEL

Vom östlichen Ende des Hampi Bazaars führt ein Fußweg nach links zum etwa 2 km entfernten **Vittala-Tempel** (Karte S. 942; Inder/Ausländer 10 Rs/5 US$; ⌚ 8–18 Uhr). Dieser Tempel aus dem 16. Jh ist das unbestrittene Highlight unter den Ruinen von Hampi und gehört zum Weltkulturerbe. Er ist in einem guten Zustand, obwohl Puristen wahrscheinlich über die Betonsäulen, die errichtet wurden, um den Bau vor dem Einstürzen zu bewahren, empört sein werden.

Mit dem Bau des Tempels wurde vermutlich während der Regierungszeit von Krishnadevaraya (1509–29) begonnen und obwohl er nie fertig gestellt oder geweiht wurde, bilden seine unglaublichen Skulpturen den Höhepunkt der Vijayanagar-Kunst. Die äußeren „musikalischen" Säulen hallen beim Daraufklopfen wider – davon wird jedoch abgeraten, um weitere Zerstörungen zu vermeiden. Im Tempelhof steht ein verzierter, steinerner Triumphwagen mit einem Bildnis Garudas. Die Räder des Wagens waren früher drehbar.

Mit dem Ticket zum Tempel lässt sich am gleichen Tag auch die Zenana Enclosure und die Elephant Stables im Royal Centre (s. unten) besuchen.

SULE BAZAAR & ACHYUTARAYA TEMPEL

Auf halbem Weg vom Hampi Bazaar zum Vittala-Tempel führt ein Pfad nach rechts zum verlassenen **Sule Bazaar** (Karte S. 942), der einem eine vage Vorstellung davon gibt, wie der Hampi Bazaar heute aussehen könnte, wenn er nicht wiederbelebt worden wäre. Am südlichen Ende dieses Gebiets steht der **Achyutaraya-Tempel** (Karte S. 942). Wegen der abgeschiedenen Lage am Fuß des Matanga Hill ist es hier sehr stimmungsvoll.

ROYAL CENTRE — Karte S. 942

Dieser Teil von Hampi ist ganz anders als der um den Hampi Bazaar herum, da die meisten der abgerundeten Felsblöcke, die früher hier herumlagen, dazu verwendet wurden, die vielen, umwerfend schönen Steinmauern zu errichten. Vom Achyutaraya-Tempel aus gibt's einen 2 km langen Fußweg, aber die meisten Besucher erreichen das Royal Centre von der Straße her, die vom Hampi Bazaar nach Kamalapuram führt. Das Gebiet lässt sich leicht mit dem Fahrrad erkunden, da mitten hindurch ein passabler Schotterweg verläuft.

Hier befinden sich die anderen wichtigen Sehenswürdigkeiten von Hampi, darunter der **Lotus Mahal** und die **Elephant Stables** (Inder/Ausländer 10 Rs/5 US$; ⌚ 8–18 Uhr). Das erste ist ein kunstvoller Pavillon in einem von Mauern umschlossenen Gelände, dem **Zenana Enclosure.** Hier gehen hinduistische und muslimische Stile eine erstaunliche Mischung ein. Der Lotus Mahal bekam seinen Name wegen der Lotusknospe, die in die Mitte der gewölbten Decke geschlagen wurde. Die Elephant Stables, in denen einst die Elefanten untergebracht waren, bilden ein großes Gebäude mit Kammern, die kuppelförmige Decken haben. Die Eintrittskarte zur Zenana Enclosure und zu den Ställen gilt am gleichen Tag auch für den Vittala-Tempel.

Weiter südlich befinden sich mehrere Tempel, etwa der **unterirdische Virupaksha-Tempel,** und komplizierte Bäderanlagen wie das beeindruckende **Queen's Bath**, dessen einfaches Äußeres täuscht.

ARCHÄOLOGISCHES MUSEUM

Das **Archäologische Museum** (Karte S. 942; ☎ 241561; Kamalapuram; Eintritt 5 Rs; ⌚ Sa–Do 10–17 Uhr) hat

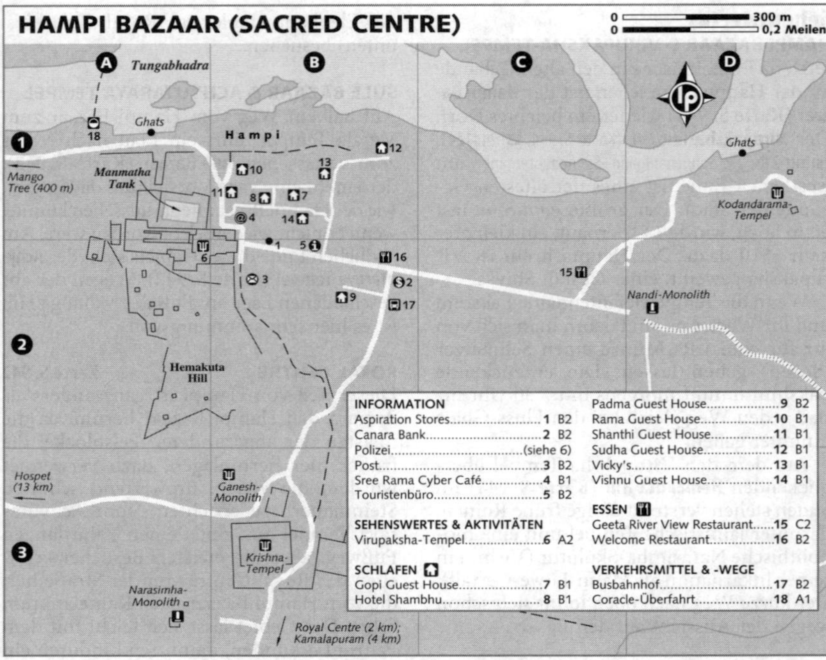

ansprechend präsentierte Sammlungen von Skulpturen aus den Ruinen der Umgebung, neolithischen Werkzeugen und Waffen aus dem 16. Jh. Außerdem gibt's ein großes Fußbodenmodell der Ruinen von Vijayanagar.

ANEGONDI

Nördlich des Flusses steht die Festungsruine von **Anegondi** (Karte S. 942). Ein Großteil der alten Festungsmauer ist noch intakt. Das ruhige Gebiet inmitten von Reisfeldern eignet sich prima für einen Nachmittagsspaziergang. Hier gibt es viele kleine Tempel, die einen Besuch wert sind, darunter der weiß getünchte **Hanuman-Tempel** (Karte S. 942; Sonnenaufgang–Sonnenuntergang), der auf einem auffallenden, felsigen Hügel sitzt. Der Aufstieg macht Spaß – außer in der Mittagshitze. Passenderweise treiben hier viele freche Affen ihr Unwesen, also lieber keine Bananen einpacken.

Um nach Anegondi zu kommen, mit einem Coracle (ein kleines Boot aus wasserfesten Häuten) über den Fluss (20 Rs) fahren und dann der staubigen Straße nach Norden folgen.

Schlafen

Die angegebenen Preise gelten für die Hauptsaison, aber sie können während der verrückten 14 Tage rund um Neujahr um 50 % oder mehr steigen und in der Nebensaison (April–Sept.) ebenso stark fallen. Checkout ist meist um 10 Uhr. Abgesehen vom KSTDC-Hotel sind die Zimmer altmodisch hübsch, aber einfach. Wer ein gemütliches Plätzchen sucht, wohnt in Hospet (s. S. 946).

HAMPI BAZAAR **Karte S. 944**

Dutzende niedlicher einfacher Unterkünfte stehen an den Alleen, die von der Hauptstraße abzweigen.

Rama Guest House (☎ 241962; EZ 250 Rs, DZ 300–350 Rs) Die freundlichen Besitzer sind sehr stolz auf ihre ultrasauberen Doppelzimmer, die erst kürzlich renoviert wurden und jetzt mit grellbunten Bodenfliesen und neuen Badezimmern ausgestattet sind. Das Essen im Restaurant ist klasse.

Shanthi Guest House (☎ 241568; EZ/DZ mit Gemeinschaftsbad 100/150 Rs) Eine traditionsreiche Pension in Hampi, mit einem friedlichen Innenhof, Fahrradverleih (30 Rs), Backwarenlieferdienst am Morgen und einem kleinen Laden, bei dem sich jeder nimmt, was er braucht und Geld auf dem Tresen lässt.

Vicky's (☎ 241694; vikkyhampi@yahoo.co.in; Zi. 300 Rs; 💻) Der Schaukelstuhl auf der Veranda ist genauso gemütlich wie die sieben hell gestrichenen Zimmer im Vicky's. Die Sicht vom Dachrestaurant (s. S. 946) ist schöner als bei den meisten anderen.

Hotel Shambhu (☎ 241383; angadiparamesh1@hotmail.com; Zi. 300 Rs) Die Zimmer in dieser kleinen Pension sind winzig, aber niedlich. Außerdem haben sie lavendelfarbene Wände und sind nach Göttern benannt. Im Flur gibt's Pflanzen und einen schillernden Kronleuchter. Auch das Restaurant auf dem Dach ist nicht übel.

Gopi Guest House (☎ 241695; gopiguesthouse93@yahoo.co.in; DZ 200–250 Rs) Glänzende neue Kacheln und frische Farbe lassen die Zimmer im Gopi erstrahlen. Ebenfalls vor Ort: der obligatorische Dachgarten und ein Restaurant (s. S. 946).

Padma Guest House (☎ 241331; hampipadma2002@yahoo.co.in; EZ/DZ 200/350 Rs) Saubere und gemütliche Zimmer. Man hat das Gefühl, als ob man bei einer Familie wohnt. Auch hier gibt's ein Dachrestaurant.

Weitere Empfehlungen:

Sudha Guest House (☎ 241451; EZ mit Gemeinschaftsbad 150 Rs, DZ mit eigenem Bad 250 Rs) Ein bisschen betagt, aber die Familie verbreitet eine gute Stimmung, und in einigen Doppelzimmern können auch drei Personen schlafen.

Vishnu Guest House (☎ 241415; Zi. ab 250 Rs) Eine Privatpension voller Freundlichkeit.

VIRUPAPUR GADDI — Karte S. 942

Die lockerste Szene findet sich nördlich des Flusses im ruhigen Virupapur Gaddi. Während der Hauptsaison gibt's hier Partys, die bis zum Morgengrauen dauern. Viele Traveller finden die Abgeschiedenheit aber etwas nervig und wenn es dunkel wird, ist Vorsicht geboten. Virupapur Gaddi ist mit einem Coracle (5 Rs) von den Ghats nördlich des Virupaksha-Tempels aus erreichbar. Einige Reisende haben sich über die Bootsführer beschwert: Auf jeden Fall vor Einbruch der Dunkelheit zurückfahren, sonst kann es passieren, dass einen ein ungemütliches Gefühl beschleicht und/oder das 20-fache des Fahrpreises verlangt wird. Während der Monsunzeit, wenn der Fluss Hochwasser führt, ist eine Überfahrt manchmal unmöglich.

Die Vorwahl hier lautet ☎ 08533.

Shanthi (☎ 287038; Zi. mit Gemeinschaftsbad 100 Rs, Bungalows mit eigenem Bad 250 Rs) Von den Bungalows aus kann man das Reisfeld, den Fluss und Sonnenuntergänge sehen und auf der Veranda gibt's Schaukelbänke. Das Restaurant, das sich in einer Art Baumhaus befindet, serviert außergewöhnlich leckere Thalis (30 Rs) und Pizzas (70–85 Rs).

Mowgli (☎ 287033; mowgli96@hotmail.com; Zi. mit Gemeinschaftsbad 100 Rs, Bungalows mit eigenem Bad 250–300 Rs) Die strohgedeckten Bungalows, einige mit Meerblick, stehen in einem üppig bewachsenen, schattigen Garten, in dem es auch Hängematten gibt.

Hema Guest House (☎ 387074; chemahome@yahoo.com; B/Bungalows 50/300 Rs) Sehr fortschrittliche Anlage. Die kleinen Häuser sind strahlend neu und mit optimalen Sicherheitsvorkehrungen ausgestattet. Das hübsche Restaurant ist aus Holz gebaut. Von hier aus bietet sich eine der schönsten Aussichten auf die Stadt.

Uma Shankar (☎ 287067; Zi. 150–350 Rs) Ein kleines Juwel, geführt von einer freundlichen, hart arbeitenden Frau. Die Zimmer, die sich mitten in einem herrlichen Park befinden, wurden erst kürzlich renoviert.

Sri Lakshmi Golden Beach Resorts (☎ 287008; DZ 150–350 Rs; 🏊) Das Wichtigste an der Anlage ist der große Pool, den auch Nicht-Gäste für 50 Rs pro Stunde nutzen können. Die Zimmer sind recht ansprechend, besonders die Rundhütten für 200 Rs, in denen auch runde Betten stehen.

KAMALAPURAM — Karte S. 942

KSTDC Hotel Mayura Bhuvaneshwari (☎ 08394-241574; EZ/DZ/3BZ ab 300/400/450 Rs; Hauptgerichte Rs 25–45; ❄) Eine sehr ruhige, moderne und gepflegte Anlage. Alle Zimmer sind mit solar-beheizten Duschen ausgestattet. Ein Massage- und Yogazentrum sowie ein Restaurant mit Bar gehören auch dazu.

Essen

Die meisten Restaurants hier sorgen mit vegetarischen indischen und westlichen Gerichten für das leibliche Wohl der Traveller. Allerdings ist Hampi nicht gerade für seine Küche berühmt. Wegen der religiösen Bedeutung Hampis ist Alkohol verboten, doch bekanntlich tendieren Reisende (diskret) dazu, etwas freier mit diesen Regeln umzugehen. Anständige, legale Drinks gibt's in der Bar des KSTDC Hotels Mayura Bhuvaneshwari (s. S. 945) in Kamalapuram.

Mango Tree (außerhalb der Karte S. 944; Hauptgerichte 25–60 Rs; 🕑 7–22 Uhr) Schon der Weg hierhin ist großartig: 400 m westlich der Ghats einem Pfad durch eine Bananenplantage folgen. Die Thalis (30 Rs) sind einfach köstlich, und die Strohmatten im Außenbereich sind klasse, um es sich mit einem Buch gemütlich zu machen. An dem Mangobaum, der dem Lokal seinen Namen gegeben hat, hängt eine Schaukel.

Geeta River View Restaurant (Karte S. 944; Hauptgerichte 25–45 Rs; 🕑 7–22 Uhr) In diesem ruhigen Freiluftlokal am Fluss gibt's hervorragendes Essen. Unbedingt die *pakodas* (Reismehlpuffer, 20 Rs) oder das raffinierte vegetarische Curry mit Cashewkernen probieren (35 Rs). Das Restaurant liegt am Anfang des Wegs zum Vittala-Tempel.

Welcome Restaurant (Karte S. 944; Hauptgerichte 20–45 Rs; 🕑 7–23 Uhr) In diesem kleinen, bescheidenen Lokal gibt's neben dem üblichen Essen ein sehr gutes *kim chi* (koreanisches Gemüsegericht, 10 Rs)! Die ältere Dame, die das Restaurant leitet, ist schon ziemlich lang im Geschäft.

Mehrere Unterkünfte in Hampi haben gute Dachlokale:

Gopi Guest House (Karte S. 944; Hauptgerichte 25–40 Rs; 🕑 6.30–23 Uhr) Hier werden Espresso mit Milch (50 Rs) und „japanische" Gerichte – z. B. Don mit Tomaten (30 Rs) – inmitten zahlreicher Pflanzen serviert.

Vicky's (Karte S. 944; Hauptgerichte 20–45 Rs; 🕑 6.30–22.30 Uhr) Wirklich leckeres Essen, eine tolle Aussicht, lila Tische und eine familiäre Atmosphäre.

In Kamalapuram gibt's einige einfache Lokale wie das **Sree Vilas Hotel** (Karte S. 942; Mittag- oder Abendessen 16 Rs; 🕑 5–20.30 Uhr) gegenüber vom Busbahnhof.

An- & Weiterreise

Zwar lassen einen einige der Busse, die aus Goa und Bangalore kommen, am Hampi Bazaar aussteigen, aber man muss erst nach Hospet fahren, um einen Bus in die Gegenrichtung zu erwischen. Der erste Bus von Hospet (5 Rs, 30 Min., halbstündl.) fährt um 6.30 Uhr, der letzte nach Hospet verlässt Hampi Bazaar um 20.30 Uhr. Eine Autorikscha kostet 80 Rs.

Die KSRTC bietet einen täglichen Rajahamsa-Busservice zwischen Hampi und Bangalore (204 Rs, 9 Std.), der um 20 Uhr in Hampi losfährt. Der Nachtbus nach/ab Goa (400 Rs), der während der Hauptsaison verkehrt, ist recht beliebt – tief schlafen wird man hier aber nicht und Alleinreisende müssen sich eine Schlafkoje teilen. Viele Reisebüros in Hampi Bazaar sind darauf erpicht, Bus-, Zug- oder Flugtickets für Weiterreisen zu verkaufen oder ein Auto mit Fahrer zu organisieren. Auf der Seite gegenüber stehen Informationen zu Bus- und Zugverbindungen Richtung Hospet.

Unterwegs vor Ort

Wer den Vittala- und den Achyutaraya-Tempel sowie den Sule Bazaar gesehen hat, erkundet die restlichen Ruinen am besten mit dem Zweirad. Entlang der Straße, die von Hampi Bazaar nach Kamalapuram führt, stehen wichtige Denkmäler, die wohl per Zufallsprinzip ausgeschildert wurden. Ein Fahrrad kostet in Hampi Bazaar 30 bis 40 Rs pro Tag. Mopeds können für etwa 200 Rs plus Benzin gemietet werden. Das Fahrrad (5 Rs extra) oder Motorrad (10 Rs extra) im Coracle mitzunehmen ist ebenfalls möglich.

Nur zu Fuß lässt sich auch noch der letzte Winkel erkunden, aber allein um die wichtigsten Ruinen abzuklappern, muss man schon mindestens 7 km zurücklegen. Denkbare Alternative: Sightseeing per Autorikscha oder Taxi; die Fahrer fahren so dicht an die Ruinen heran, wie es geht. Eine fünfstündige Tour mit der Autorikscha kostet 250 Rs.

Organisierte Touren starten in Hospet; Details s. gegenüber.

HOSPET

☎ **08394 / 163 284 Ew.**

Hospet ist ein aktives regionales Zentrum. Der Ort hat zwar nicht Hampis Atmosphäre, aber es ist ein Verkehrsknotenpunkt, wo man wahrscheinlich umsteigt. Es gibt einige gute Hotels, aber sonst gibt's keinen Grund hier länger zu bleiben.

Praktische Informationen

Auf der College Rd. finden sich ein paar Internetläden mit langsamen Verbindungen für 40 Rs pro Stunde. Für 10 Rs pro Tag kann man bei der Gepäckaufbewahrung am Busbahnhof von Hospet sein Gepäck abgeben.

Andhra Bank (☎ 228249; abseits der College Rd; 🕑 Mo–Fr 10.30–16.30, Sa 10.30–13.30 Uhr) Gibt Barvorschüsse auf Visa and MasterCard, verlangt 1% Kommission. Neben dem Hanuman-Tempel.

Hotel Malligi (☎ 228101; Jabunatha Rd) Wechselt Reiseschecks.
KSTDC Touristenbüro (☎ 228537; Shanbhag Circle; 7.30–20.30 Uhr)
State Bank of India (☎ 228576; Station Rd; Mo–Fr 10.30–16 Uhr) Geldwechsel; manchmal nimmt der Geldautomat auch MasterCards an.

Geführte Touren

Die Hampi-Tour der KSTDC (110 Rs) findet in der Hauptsaison täglich statt und bei Nachfrage auch im restlichen Jahr. Sie startet um 9.30 Uhr am Touristenbüro und endet um 17.30 Uhr. Nur die Götter wissen, ob man einen sachkundigen Führer erwischt oder einen, der durch die Ruinen hetzt. In der Hauptsaison im Voraus buchen, ansonsten einfach vorbeischauen, da die Touren erst ab zehn Personen stattfinden.

Schlafen & Essen

Hotel Priyadarshini (☎ 228838; priyainnhampi@india.com; Station Rd; EZ/DZ ab 300/450 Rs; Hauptgerichte 35–70 Rs) Ein elegantes Hotel zwischen Busbahnhof und Bahnhof mit neuen, ordentlichen Zimmern; alle mit Balkon. Das nichtvegetarische Restaurant unter Bäumen und mit tollem Ausblick ist einen Besuch wert.

Hotel Malligi (☎ 228101; malligihome@hotmail.com; Jabunatha Rd; Zi. 200–2250 Rs) Die Zimmer im Hotel Malligi sind sehr unterschiedlich. Die günstigeren im alten Flügel sind ganz o.k., während die im neuen Flügel modern und elegant eingerichtet sind. Mit Internetzugang, verschiedenen Restaurants und einem Pool (25 Rs für Nicht-Gäste).

Waves (Hauptgerichte 45–80 Rs; 6–23 Uhr) Im Restaurant des Hotel Malligi lässt sich bei leckeren vegetarischen und nichtvegetarischen Multikulti-Gerichten festlich speisen.

Udupi Sri Krishna Bhavan (Gerichte 15–40 Rs; 6–23 Uhr) Gegenüber vom Busbahnhof. Ein sauberes Lokal, das bodenständige nord- und südindische Gerichte serviert.

An- & Weiterreise

BUS

Auf Hospets **Busbahnhof** (☎ 228802) geht's meist chaotisch zu. Die Busse nach Hampi fahren jede halbe Stunde von Busbucht 10 (5 Rs, 30 Minuten). Gleich mehrere Expressbusse fahren morgens und abends zusammen nach Bangalore (123/197 Rs Standard/Deluxe, 9 Std.). Drei Nachtbusse fahren über Margao nach Panaji, Goa (150 Rs, 11 Std.). Zweimal täglich fährt ein Bus nach Badami (75 Rs, 6 Std.) – oder einen Bus nach Gadag (42 Rs, 2½ Std.) nehmen und dort umsteigen. Häufig fahren Busse nach Hubli (58 Rs, 4½ Std.) und Bijapur (90 Rs, 6 Std.). Es gibt vier Nachtbusse nach Hyderabad (160/229 Rs Standard/Deluxe, 10 Std.) und um 9 Uhr einen Direktbus nach Gokarna (150 Rs, 10 Std.). Richtung Mangalore oder Hassan einen der vielen morgendlichen Busse nach Shimoga nehmen und dort umsteigen.

HOSPET IN FLAMMEN

Während des schiitischen Festes Muharram (Feb. oder März), das an das Märtyrertum von Mohammeds Enkel Imam Hussain erinnert, erwacht Hospet zum Leben. Feuerläufer laufen barfuß über die Glut eines Feuers, das einen Tag und eine Nacht gebrannt hat. Praktisch die ganze Stadt schaut zu oder nimmt teil und gegen Mitternacht ist die Spannung auf dem Siedepunkt. Die Vorbereitungen am Tag scheinen eine wilde Mischung aus muslimischen und hinduistischen Riten zu sein. Und jene, die am Feuerlauf teilnehmen, müssen mit Gewalt davor bewahrt werden, schon vor dem Ereignis die Kontrolle über sich zu verlieren. Zu weiteren Festen in Karnataka s. S. 901.

ZUG

Der **Bahnhof** (☎ 228360) von Hospet ist 20 Minuten zu Fuß vom Stadtzentrum entfernt. Eine Autorikscha dorthin kostet 10 Rs. Der tägliche *Hampi Express* fährt um 7.45 Uhr nach Hubli (47 Rs 2. Klasse, 3½ Std.), und um 20 Uhr nach Bangalore (212/881 Rs Sleeper Class/2AC, 10 Std.). Alternativ einen Zug nach Guntakal (42 Rs, 2½ Std.) nehmen und dort in einen Expresszug nach Bangalore steigen. Jeden Dienstag, Freitag und Samstag fährt um 8.45 Uhr ein Expresszug nach Vasco da Gama, Goa (169/690 Rs Sleeper Class/2AC, 9½ Std.).

Um nach Badami zu kommen, einen Zug nach Hubli nehmen und in Gadag umsteigen.

HUBLI

☎ 0836 / 786 018 Ew.

Hubli ist ein logischer und manchmal unvermeidlicher Zwischenstopp für Reisende, die mit dem Zug von Mumbai nach Bangalore, Goa und Nord-Karnataka fahren. In Bahnhofsnähe befinden sich mehrere Hotels und Restaurants. Weitere gibt's rund um den alten Busbahnhof (Lamington Rd.), zu Fuß 15 Minuten vom Bahnhof entfernt. Fernbusse halten normalerweise hier, bevor sie zum 2 km entfernten neuen Busbahnhof fahren, der keine besonderen Annehmlichkeiten bietet.

Die Ing Vysya Bank, neben dem Sagar Palace, hat einen Geldautomaten.

Schlafen & Essen

Hotel Ajanta (☎ 2362216; Jayachamaraj Nagar; EZ/DZ ab 115/150 Rs) Ein großes Hotel nahe des Bahnhofs mit einer Auswahl an einfachen, funktionell eingerichteten Zimmern.

Hotel Samrat Ashok (☎ 2362380; Lamington Rd; EZ/DZ ab 350/400 Rs; ❄) Eine gute Wahl im Mittelklassebereich. Das Hotel liegt an der Lamington Rd., etwa 500 m vom Bahnhof entfernt.

Sagar Palace (Jayachamaraj Nagar; Hauptgerichte 30–60 Rs; ⌚ 11–15.30 & 19–23.30 Uhr) Das elegante Restaurant nahe des Samrat Ashok bietet gute vegetarische Küche und beschwipste Desserts.

Am alten Busbahnhof und am Bahnhof gibt's zudem jede Menge Stände, die auch nachts Essen brutzeln.

An- & Weiterreise

BUS

Fernbusse fahren vom neuen **Busbahnhof** (☎ 2221085) ab. Morgens starten viele Busse nach Bangalore (220 Rs Deluxe, 9 Std.), Hospet (57 Rs, 4 Std.) und Mangalore (145 Rs, 10 Std.). Außerdem fahren Busse nach Mumbai (282 Rs, 14 Std., 10-mal tgl.), Mysore (220/300 Rs Normal/Deluxe, 10 Std., 8-mal tgl.), Bijapur (92 Rs, 6 Std., 6-mal tgl.) und Gokarna (85 Rs, 4 Std., 4-mal tgl.).

Die KSRTC und Goas Kadamba Transport Corporation bieten Verbindungen nach Panaji (82 Rs, 6 Std.), Vasco da Gama und Margao.

Die Deluxe-Busse der privaten Busunternehmen fahren gegenüber vom 2 km entfernten, alten Busbahnhof ab.

ZUG

Vom Bahnhof, wo es auch ein **Reservierungsbüro** (☎ 2325720; ⌚ 8–20 Uhr) gibt, fahren drei Express Trains nach Hospet ab (47 Rs, 3½ Std.). Etwa sechs Express Trains fahren täglich nach Bangalore (258/1085 Rs Sleeper Class/2AC, 8 Std.), aber es gibt nur einen Zug der direkt nach Mumbai (289/1223 Rs Sleeper Class/2AC, 17 Std.) fährt. Dienstags, freitags, samstags und sonntags gibt's auch Züge nach Vasco da Gama (über Margao; 134/542 Rs Sleeper Class/2AC, 7 Std.).

NORD-KARNATAKA

BADAMI

☎ 08357 / 25 851 Ew. / 177 m

Das in einer wunderschönen Landschaft am Fuß roter Sandsteinfelsen gelegene bezaubernde Dorf Badami war einst Hauptstadt des Chalukya-Imperiums, das zwischen dem 4. und 8. Jh. einen Großteil des Zentral-Dekkan einnahm. Auf dem Höhepunkt seiner Macht war das Reich riesig und erstreckte sich von Kanchipuram in Tamil Nadu bis zum Narmada in Gujarat. Die erste Hauptstadt der Chalukyas befand sich im nahen Aihole. Später wurde sie nach Badami verlegt und eine zweite Hauptstadt im nahe gelegenen Pattadakal gegründet. Ein Ergebnis dieser Verlagerung ist, dass rund um Badami viele Tempel stehen – in den drei wichtigsten Zentren allein sind es mehr als 150.

Die Chalukya-Baumeister haben ein großartiges Erbe hinterlassen, darunter einige der frühesten und schönsten Beispiele drawidischer Tempel und Höhlentempel sowie den ältesten frei stehenden Tempel Indiens. Aihole war eine Art Versuchsgebiet für die neue Tempelarchitektur, die in Pattadakal, heute Weltkulturdenkmal, weiterentwickelt wurde. Die Formen und Skulpturen an diesen Orten inspirierten die späteren südindischen Hindureiche, die vor der Ankunft der Muslime aufstiegen und wieder untergingen.

Aihole hat ein Hotel, aber die meisten Traveller übernachten in Badami.

Geschichte

Badami war von etwa 540 bis 757 n. Chr. die Hauptstadt der Chalukyas. Auf den Hügeln in der Umgebung sind viele Tempel, Festungsanlagen, Skulpturen und Inschriften zu finden – nicht nur aus der Zeit der Chalukyas, sondern auch aus anderen Zeiten, als hier eine Festung stand. Nachdem Badami an die Rashtrakutas gefallen war, wurde die Stadt nacheinander von den Chalukyas von Kalyana (ein separater Zweig der Westlichen Chalukyas), den Kalachuryas, den Yadavas von Devagiri, dem Vijayanagar-Reich, den Adil-Shahi-Königen von Bijapur und den Marathen besetzt.

Orientierung & Praktische Informationen

An der Station Rd., Badamis Hauptstraße, stehen mehrere Hotels und Restaurants. Das Dorf Badami liegt zwischen dieser Straße und den Höhlen auf dem Berg. Das **Touristenbüro** (☎ 220414; Ramdurg Rd; ⌚ 10–17.30 Uhr) im KSTDC Hotel Mayura Chalukya hat weder Karten noch Touren im Angebot.

Im Mookambika Deluxe Hotel können Gäste Geld wechseln, aber zu lausigen Kursen. Also lieber ausreichend Geld mitbringen.

Sehenswertes

HÖHLEN

Badami ist vor allem für seine wunderschönen **Höhlentempel** (Inder/Ausländer 5 Rs/2 US$; ⌚ Sonnenaufgang–Sonnenuntergang) bekannt. Nicht zu aggressive Führer verlangen 100 Rs für eine Tour durch die Höhlen bzw. 200 Rs durch den gesamten Komplex.

Höhle Nr. 1

Diese Höhle, direkt oberhalb des Eingangs zum Komplex, ist Shiva geweiht. Sie ist die älteste der vier Höhlen und entstand wahrscheinlich im 6. Jh. An der Felsmauer rechts neben dem Portal befindet sich eine bezaubernde Darstellung des Nataraja in 81 Tanzposen (die Posen ergeben sich, wenn man jeweils einen der neun Arme links mit einem der neun Arme rechts kombiniert). Er hält u. a. eine Schlange, ein Musikinstrument und einen Dreizack (*trishula).*

Auf der rechten Seite des Portals ist eine riesige Figur von Ardhanarishvara zu sehen. Die rechte Hälfte der Figur trägt Züge von Shiva, wie das verfilzte Haar und das dritte Auge, die linke Hälfte des Bildes zeigt Merkmale von Parvati. An der gegenüberliegenden Wand ist ein großes Bildnis von Harihara zu sehen: die rechte Hälfte stellt Shiva dar, die linke Vishnu.

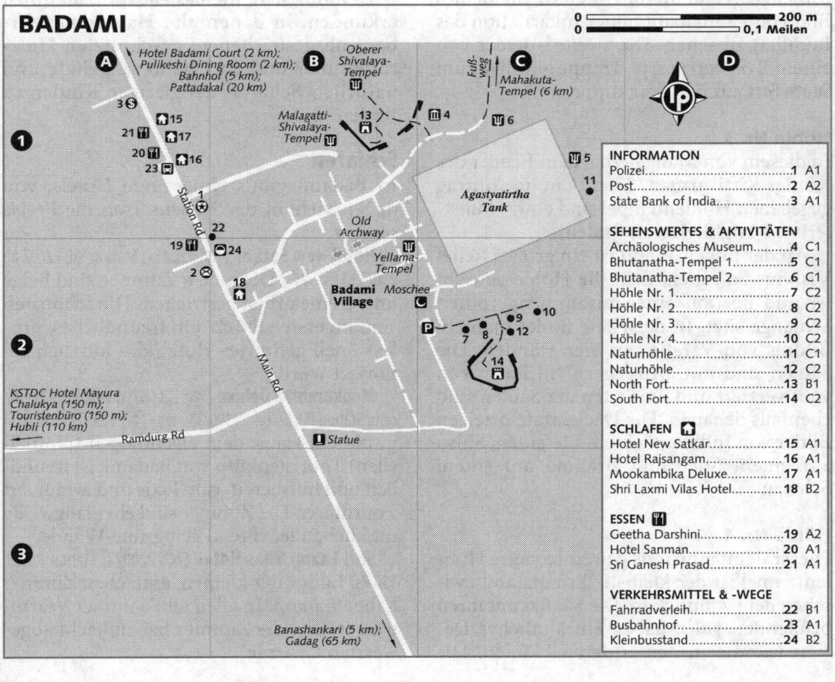

Höhle Nr. 2

Diese Vishnu geweihte Höhle ist etwas einfacher gestaltet. Wie bei den Höhlen Nr. 1 und Nr. 3 ist die Vorderseite der Plattform mit Bildern von hängebäuchigen Zwergen in verschiedenen Posen geschmückt. Vier Säulen stützen die Veranda. Das obere Ende jeder Säule ist mit einem „Ausleger" in Form eines *yali*, eines mythischen Löwen, verziert. An der linken Wand des Portals befindet sich die stierköpfige Figur Varahas, einer Inkarnation Vishnus und das Emblem des Chalukya-Reichs. Zu ihrer Linken ist Naga zu sehen, das Schlangenpaar. An der rechten Mauer gibt's eine große Skulptur von Trivikrama, eine weitere Inkarnation Vishnus, die einen Dämon vertreibt und gleichzeitig verschiedene Waffen in ihren acht Händen hält. Die Deckentafeln enthalten Bilder von Vishnu, der Garuda reitet, *gandharva*-(Halbgötter)-Paare, Swastikas und 16 Fische, die in einem Rad angeordnet sind (noch eine Inkarnation Vishnus).

Zwischen der zweiten und der dritten Höhle befinden sich rechts zwei Treppen. Die erste führt zu einer **Naturhöhle**. An der östlichen Wand dieser Höhle ist ein kleines Bild von Padmapani (einer Inkarnation des Buddha) zu sehen. Die zweite – leider von einem Tor versperrte Treppe – führt zum **South Fort** auf der Bergkuppe.

Höhle Nr. 3

In diesem von Mangalesha, dem Bruder des Königs Kirtivarman, 578 n. Chr. in Auftrag gegebenen Höhlentempel sind einige künstlerische Highlights zu finden.

An der linken Wand ist ein großes Relief Vishnus zu sehen, dem die Höhle geweiht ist und der auf einer zusammengerollten Schlange sitzt. In der Nähe findet man ein Bildnis von Varaha mit vier Händen. Die Säulen sind mit „Auslegern" in Form von *yalis* verziert und die Seiten der Säulen sind ebenfalls behauen. Die Deckentafeln zeigen Bilder von Indra auf einem Elefanten, Shiva auf einem Stier und Brahma auf einem Schwan.

Höhle Nr. 4

Dieser dem Jainismus geweihte vierte Höhlentempel ist der kleinste. Er entstand zwischen dem 7. und 8. Jh. Die Säulen mit ihren brüllenden *yalis*, haben ein ähnliches Design wie die in den anderen Höhlen. Die rechte Wand der Höhle zeigt ein Bild Suparshvanathas (dem siebten jainistischen *tirthankar* bzw. Lehrer), umgeben von 24 jainistischen *tirthankars*. Das Allerheiligste enthält ein Bild von Adinath, dem ersten jainistischen *tirthankar*.

NOCH MEHR SEHENSWERTES

Von den Höhlen aus sind der aus dem 5. Jh. stammende **Agastyatirtha Tank** und der am Wasser liegende **Bhutanatha-Tempel** zu sehen. Auf der anderen Seite des Wasserbeckens steht ein **Archäologisches Museum** (☎ 220157; Eintritt 2 Rs; ⏲ Sa–Do 10–17 Uhr), in dem herrausragende Beispiele der örtlichen Steinmetzkunst zu bewundern sind, darunter ein bemerkenswertes Lajja-Gauri-Bild eines Fruchtbarkeitskults, der in diesem Gebiet viele Anhänger hatte. Die Treppe direkt hinter dem Museum führt durch eine dramatische Spalte im Sandstein und an befestigten Toren vorbei hinauf zu den verschiedenen Tempeln und Ruinen des **North Fort**. Von der Festung aus hat man eine weite Aussicht und schaut auf die Dächer von Badami.

Es lohnt sich, die **Gassen** von Badami zu erkunden, in denen alte Häuser mit farbenfroh gestrichenen, geschnitzten Holztüren, hier und da Chalukya-Relikte und natürlich Scharen neugieriger Kinder zu finden sind.

Schlafen

In Badami gibt's einige gute Hotels, von denen viele in der Nebensaison die Preise senken.

Hotel New Satkar (☎ 220417; Station Rd; EZ/DZ ab 250/330 Rs; ❄) Die hellen Zimmer sind beige und cremefarben gestrichen. Die schönsten sind im ersten Stock. Ein freundliches, professionell geführtes Hotel, das kürzlich renoviert wurde.

Mookambika Deluxe (☎ 220067; mukambika2@sify.com; Station Rd; EZ/DZ ab 300/350 Rs; ❄) Das Personal in diesem Haus, dem eigentlichen (inoffiziellen) Touristenbüro von Badami, ist freundlich und hilfsbereit, ruft Taxis und arrangiert Tourführer. Die Zimmer sind eher langweilig und haben leuchtend gelbgrüne Wände.

Shri Laxmi Vilas Hotel (☎ 220077; Station Rd; Zi. 150 Rs) Einige der kleinen, einfachen Zimmer haben Balkon. In allen gibt's immer Warmwasser, und die Zimmer haben leicht abgewetzten Charme.

Hotel Badami Court (☎ 220230; rafiqmht@blr.vsnl.net.in; Station Rd; EZ/DZ ab 1000/1300 Rs; ❄ 🏊) Das elegante Hotel liegt in einer ländlichen Gegend, 2 km vom Stadtzentrum entfernt. Die Zimmer sind tipptopp und haben blitzsaubere Badewannen. Der Preis versteht sich inklusive Steuern und Frühstück. Nicht-Gäste können für 80 Rs den Pool nutzen.

Weitere Optionen:

Hotel Rajsangam (☎ 221603; Station Rd; Zi. 3000 Rs; ❄) War zum Zeitpunkt der Recherche noch im Bau. Sieht aus, als ob das Rajsangam ein Luxustempel würde.

KSTDC Hotel Mayura Chalukya (☎ 220046; Ramdurg Rd; DZ/3BZ 350/500 Rs) Nett, aber weit ab vom Schuss.

Essen

Geetha Darshini (Station Rd; Snacks 2–10 Rs; 🕑 6.30–21 Uhr) Das bescheidene, kleine Lokal hat *idlis* (südindische Reisklöße) und Masala-Reis ganz neu definiert. Besseres Sambar gibt's nirgends.

Sri Ganesh Prasad (Station Rd; Gerichte15 Rs) Das günstige, freundliche Lokal neben dem Hotel Anand Deluxe serviert exzellente südindische Thalis (15 Rs) und *masala dosas* (9 Rs).

Hotel Sanman (Station Rd; Hauptgerichte 30–50 Rs) Im bei Travellern und Einheimischen gleichermaßen beliebten Hotel Sanman gibt's nichtvegetarische Gerichte, kaltes Bier und gardinenverhangene Sitznischen.

Pulikeshi Dining Room (Hauptgerichte 55–125 Rs; 🕑 6–23 Uhr) Das stadtbekannte Restaurant im Hotel Badami Court zeichnet sich durch hervorragenden Service aus. Die Besucher schwärmen von den kontinentalen und indischen Gerichten.

An- & Weiterreise

Busse zuckeln von Badami nach Bijapur (60 Rs, 4½ Std., 7-mal tgl.), Hubli (41 Rs, 3 Std., 7-mal tgl.) und Bangalore (200/265 Rs Standard/Deluxe, 12 Std., 5-mal tgl.). Zwei Busse fahren direkt nach Hospet (75 Rs, 6 Std.); alternativ nach Gadag (32 Rs, 2 Std.) fahren und dort umsteigen. Achtung: Diese Strecke ist eine ziemliche Strapaze für die Gesäßmuskeln.

Noch immer wird an der Bahnlinie Badami-Bijapur gebaut, daher fahren die Züge nur nach Gadag (15 Rs, 2 Std., 3-mal tgl.), wo es Anschlüsse nach Hospet oder Hubli gibt. Alle Züge führen nur die 2. Klasse, aber sie sind immer noch bequemer als die Busse.

Unterwegs vor Ort

Badamis **Bahnhof** (☎ 220040) liegt 5 km außerhalb der Stadt. Tongas (30 Rs), Taxis (55 Rs), Autorikschas (30 Rs) sowie Sammelbusse und große Autorikschas (3 Rs) überbrücken diese Strecke. In Badami kann man für 5 Rs pro Stunde auch Fahrräder leihen.

Die Umgebung lässt sich bequem mit Nahverkehrsbussen erkunden, da sie recht oft fahren und meist pünktlich sind. Wer früh losfährt, kann von Badami aus Aihole und Pattadakal an einem Tag bewältigen: Am besten zuerst mit dem Morgenbus nach Aihole fahren (12 Rs, 1½ Std.). Von dort fahren oft Busse nach Pattadakal (5 Rs, 30 Min.) – und auch von Pattadakal nach Badami (8 Rs, 1 Std.) sind häufig Busse unterwegs. Der letzte Bus nach Badami fährt um 20 Uhr in Pattadakal ab. Es kann nicht schaden, Proviant und Wasser mitzunehmen.

Ein Tagesausflug mit dem Taxi nach Pattadakal, Aihole und Mahakuta kostet etwa 600 Rs. Die Hotels in Badami können Taxis rufen. Ansonsten gibt's auch einen Taxistand vor der Post.

RUND UM BADAMI

Pattadakal

Das 20 km von Badami entfernte, am Fluss liegende Dorf war die zweite Hauptstadt der Chalukyas von Badami. Die meisten **Tempel** (☎ 08357-243118; Inder/Ausländer 10 Rs/5 US$; 🕑 6–18 Uhr) wurden im 7. und 8. Jh. erbaut, aber die frühesten Ruinen stammen aus dem 3. und 4. Jh.; der jüngste Bau, ein jainistischer Tempel, entstand in der Rashtrakuta-Periode (9. Jh.). Die Tempelgruppe gehört zum Weltkulturerbe.

Pattadakal war wie Aihole ein bedeutender Ort für die Entwicklung der südindischen Tempelarchitektur. Besonders zwei Haupttypen von Tempeltürmen wurden hier ausprobiert: die geschwungen geformten Turmspitzen, die die Türme der Tempel Kadasiddivisvesvara, Jambulinga und Galaganatha zieren, sowie das rechteckige Dach und die Stufenform, die typisch für die Tempel Mallikarjuna, Sangamesvara und Virupaksha sind.

Der bedeutendste unter ihnen, der **Virupaksha-Tempel**, ist riesig. Die massiven Säulen zeigen aufwändig in Stein gehauene Episoden aus dem Ramayana und dem Mahabharata mit Kampfszenen, Liebenden und dekorativen Motiven. Rund um das Dach der inneren Halle sind Skulpturen von Elefanten- und Löwenköpfen zu sehen. Im Osten, dem Tempel gegenüber, steht ein Pavillon mit einem massiven Nandi. Der **Mallikarjuna-Tempel**, neben dem Virupaksha-Tempel, hat fast dasselbe Design, ist aber etwas verwitterter. Etwa 500 m südlich der Anlage steht der **Papanatha-Tempel**.

Aihole

In Aihole (*ei*–ho–leh), zwischen dem 4. und 6. Jh. eine regionale Hauptstadt der Chalukyas, wimmelt es von Tempeln. Hier ist Hindu-Architektur in ihrem Anfangsstadium zu sehen. Von den ältesten einfachen Schreinen, wie denen im Kontigudi-Komplex und im ältesten Tempel (Lad-Khan-Tempel), bis zu den später entstandenen, komplexeren Bauten, wie dem Meguti-Tempel.

Im Zentrum des Dorfes befindet sich eine eingezäunte Anlage, in der das imposanteste Gebäude von Aihole steht, der **Durga-Tempel** (Inder/Ausländer 5 Rs/2 US$; ⌚ 8–18 Uhr) aus dem 7. Jh. Bemerkenswert sind seine halbrunde Apsis, die der buddhistischen Architektur nachempfunden ist, und die Ruine der geschwungenen *sikhara* (Spitze eines Hindu-Tempels). Noch beeindruckender als der Bau selbst sind die fein herausgearbeiteten Verzierungen, die sich in den Säulengängen rund um das Heiligtum drängeln. Das kleine **Museum** (Eintritt 2 Rs; Sa–Do 10–17 Uhr) hinter dem Durga-Tempel beherbergt weitere Arbeitsbeispiele der Chalukya-Steinmetze.

Im Süden des Durga-Tempels stehen weitere Gebäudegruppen, darunter einige der ältesten Bauten in Aihole – die Gandar-, Ladkhan-, Kontigudi- und Hucchapaya-Komplexe, gebaut im Stil von Pavillons mit leicht abfallenden Dächern. Etwa 600 m südöstlich, einige Stufen zu einem kleinen Hügel hinauf, steht der jainistische **Meguti-Tempel**. Vorsicht: Schlangen!

KSTDC Tourist Home (☎ 08351-284541; Amingad Rd; Zi. 200–300 Rs) 1 km vom Dorfzentrum entfernt. Ein guter Ausgangspunkt, wenn man sich einige der mehr als 125 Tempel in der Region ansehen möchte. Essen gibt's auf Anfrage.

Mahakuta-Tempel

Diesen **Tempel** (☎ 08357-240021; ⌚ 10–18 Uhr), etwa 10 km östlich von Badami, besucht man am besten auf dem Weg nach Aihole. Mahakuta wurde durch die Anwesenheit des Weisen Agastya, der hier lebte, zum Heiligtum – der Tempel ist bis heute ein Pilgerziel. Die beiden Haupttempel stehen in einem von Mauern umgebenen Hof auf beiden Seiten eines alten Wasserbeckens. Der erste, nahe des Eingangs, wird weiterhin für religiöse Zwecke genutzt, der andere ist nur noch von Fledermäusen bewohnt. Einige kleine Shiva-Schreine stehen um die Außenseite des Hofes herum. Im Wasserbecken darf man schwimmen, aber Frauen sollten sich klarmachen, dass sie selbst vollständig bekleidet (ein Muss!) ungeteilte Aufmerksamkeit erregen werden.

BIJAPUR

☎ 08352 / 245 946 Ew. / 593 m

Ruinen und noch intakte Schmuckstücke muslimischer Architektur aus dem 15.–17. Jh. zieren die staubige, alte Stadt Bijapur wie so viele andere Überbleibsel der einstigen Pracht der Sultane. Ein faszinierender Ort, der mit einer Vielzahl von Moscheen, Mausoleen, Palästen und Festungen aufwarten kann, deren herbe Schönheit im starkem Kontrast zu den üppig verzierten Chalukya- und Hoysala-Tempeln weiter südlich steht.

Bijapur war die Hauptstadt der Adil-Shahi-Könige (1489–1686) und einer der Splitterstaaten, die entstanden, als das muslimische Königreich der Bahmani 1482 auseinander brach. Die Stadt hat einen starken muslimischen Charakter, ist aber auch ein Zentrum des Lingayat-Zweigs des Shivaismus, der die Existenz eines einzelnen persönlichen Gottes betont. Das **Lingayat Siddeshwara Festival** findet acht Tage lang im Januar/Februar statt.

Orientierung

Die zwei Hauptattraktionen, das Golgumbaz und das Ibrahim Rouza, liegen an entgegengesetzten Enden der Stadt. Dazwischen verläuft die Station Rd. (auch als Mahatma Gandhi Rd. oder MG Rd. bekannt), an der die meisten größeren Hotels und Restaurants zu finden sind. Der Busbahnhof ist zu Fuß fünf Minuten von der Station Rd. entfernt. Der Bahnhof liegt 2 km östlich des Zentrums.

Praktische Informationen

Canara Bank (☎ 250163; Azad Rd; ⌚ Mo–Fr 10.30–16, Sa 10.30–13 Uhr) Wechselt Reiseschecks. Kopie des Reisepasses und viel Zeit mitbringen.

Net Mania (Bagalkot Rd; 40 Rs/Std.; ⌚ 9.30–23.30 Uhr) Langsamer Internetzugang.

Touristenbüro (☎ 250359; Station Rd; ⌚ Mo–Sa 10–17.30 Uhr) Hat nicht viel zu bieten. Hinter dem KSTDC Hotel Mayura Adil Shahi Annexe.

Gefahren & Ärgernisse

In Bijapur herrscht ziemlich dicke Luft. Für windige Rikschafahrten immer ein Taschentuch bereithalten.

Sehenswertes

GOLGUMBAZ

Bijapurs bedeutendstes Monument, was Größe und Bekanntheitsgrad anbelangt, ist das 1659 erbaute **Golgumbaz** (Inder/Ausländer 5 Rs/2 US$; ⌚ 6–18 Uhr). Ein riesiges schlecht proportioniertes Gebäude und dennoch eigentümlich schön. Die gewaltige Halle ist an allen vier Ecken von achteckigen, siebenstöckigen Türmen umgeben und von einer enormen Kuppel mit einem Durchmesser von 38 m gekrönt. Es heißt, dass nur der Petersdom in Rom eine noch größere Kuppel hat.

Rund um die Basis der Kuppel befindet sich die psychedelische „Flüstergalerie" mit einer erstaunlichen Akustik. Flüstert jemand an einem Ende der Galerie, kann man am anderen Ende das Gesagte klar und deutlich hören, und jeder Ton hat ein zehnfaches Echo. Leider probieren Besucher dies gern recht lautstark aus. Also lieber morgens kommen, bevor die Schulgruppen da sind. Die Galerie ist über eine enge Treppe im Südostturm zugänglich. Der anstrengende Aufstieg wird mit einem Ausblick auf Bijapur belohnt.

Das Golgumbaz ist das Mausoleum von Mohammed Adil Shah (1626–56), seinen beiden Frauen, seiner Geliebten (Rambha), einer seiner Töchter und eines Enkels. Ihre Särge stehen auf einer erhöhten Plattform in der Mitte der Halle. Die eigentlichen Gräber befinden sich aber in der Gruft, in die man über eine Treppe unter dem westlichen Eingang gelangt.

Im Park gibt's ein **Archäologisches Museum** (⌚ Sa–Do 10–17 Uhr).

IBRAHIM ROUZA

Das prunkvolle **Ibrahim Rouza** (Inder/Ausländer 5 Rs/2 US$, Video 25 Rs; ⌚ 6–18 Uhr) gilt als eines

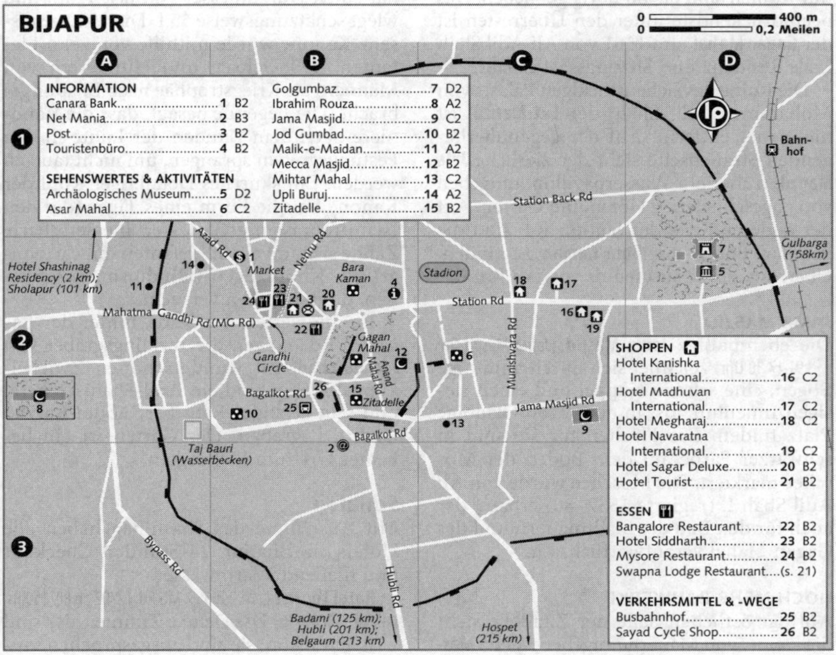

der am besten proportionierten islamischen Bauwerke Indiens. Es wurde während Bijapurs reichsten Periode von Ibrahim Adil Shah II. (regierte 1580–1626) für seine königliche Gemahlin, Taj Sultana, erbaut. Er starb jedoch vor ihr, sodass er ebenfalls hier beigesetzt wurde. Im Unterschied zum Golgumbaz, das durch seine Größe beeindruckt, liegt hier die Betonung auf Eleganz und Detailgenauigkeit. Die 24 m hohen Minarette sollen angeblich Vorbilder für jene im Taj Mahal gewesen sein. Das Ibrahim Rouza ist außerdem eines der wenigen Bauwerke in Bijapur, das sich in hohem Maße durch filigrane Steinmetzarbeiten und andere dekorative Skulpturenarbeiten auszeichnet.

Außer Ibrahim Adil Shah und seiner Gemahlin sind auch seine Tochter, zwei Söhne und seine Mutter, Haji Badi Sahiba, hier bestattet.

ZITADELLE

In der von Festungsmauern und einem Graben umgebenen Zitadelle befanden sich einst Paläste, Lustgärten und der *durbar* (Königshof) der Adil-Shahi-Könige. Fast nur Ruinen sind davon übrig geblieben. Das beeindruckendste unter den Überresten ist der **Gagan Mahal**, um 1561 von Ali Adil Shah I. als Residenz und Sitzungssaal erbaut.

Die Ruine des siebenstöckigen Palasts von Mohammed Adil Shah, der **Sat Manzil**, ist nicht weit entfernt. Auf der gegenüberliegenden Straßenseite steht der zierliche **Jala Manzil**, früher ein Wasserpavillon, umgeben von abgeschiedenen Höfen und Gärten. Auf der anderen Seite der Station Rd. sind die grazilen Bögen des **Bara Kaman** zu finden, Überreste des Mausoleums von Ali Roza.

JAMA MASJID

Die ebenmäßige **Jama Masjid** (Jama Masjid Rd; ⌚ 9–17.30 Uhr) zeichnet sich durch anmutige Bögen, eine schöne Kuppel und einen riesigen Innenhof aus, in dem 2250 Gläubige Platz finden. Die Flächen für sie sind in schwarzer Farbe auf dem Boden der Moschee markiert. Die Moschee wurde von Ali Adil Shah I. (regierte 1557–80) erbaut, der auch für den Bau der Stadtmauern und des Gagan Mahal verantwortlich war.

NOCH MEHR BAUWERKE

Auf der östlichen Seite der Zitadelle steht die kleine, von Mauern umgebene **Mecca Masjid**, die vermutlich Anfang des 17. Jh. errichtet wurde. Manche glauben, dass diese Moschee mit ihren hohen Mauern und ihrer klösterlichen Anmutung für Frauen erbaut worden sein könnte. Der **Asar Mahal** im Osten der Zitadelle wurde um 1646 von Mohammed Adil Shah als Gerichtsgebäude errichtet. Früher wurden hier zwei Haare vom Bart des Propheten aufbewahrt. Die Räume im Obergeschoss sind mit Fresken verziert und an der Vorderseite steht ein rechteckiges Wasserbecken. Ein Schild lässt keine Zweifel daran, dass „Frauen hier keinen Zutritt" haben. Das etwas heruntergekommene, aber reich verzierte **Mihtar Mahal** im Süden dient als schmuckvoller Eingang zu einer kleinen Moschee.

Der **Upli Buruj** ist ein aus dem 16. Jh. stammender, 24 m hoher Wachturm, der auf einer Anhöhe nahe der westlichen Stadtmauer steht. Die äußere Treppe führt zur Turmspitze, wo es ein paar dicke Kanonen gibt und man eine gute Aussicht auf die Stadt und die Ebene hat.

Die **Malik-e-Maidan** (Monarch der Ebene) ist eine riesige Kanone. Sie ist über 4 m lang, hat einen Durchmesser von fast 1,5 m und wiegt schätzungsweise 55 t. Die 1549 gegossene Kanone wurde mithilfe von zehn Elefanten, 400 Ochsen und Hunderten von Männern als Kriegstrophäe nach Bijapur gebracht. Die Legende besagt, dass die Kanoniere nach dem Zünden der Lunte in den Festungsgraben sprangen, um nicht taub zu werden. Ein skurriles Detail: Der Kopf der Kanone hat die Form eines Tiger (der den Islam repräsentiert), dessen messerscharfe Zähne sich um einen Elefanten mit cartoonartigen Knopfaugen (Hinduismus) schließen, der zu fliehen versucht.

Im Südwesten der Stadt, hinter der Bagalkot Rd., stehen die Zwillingsgräber von **Jod Gumbad** mit wunderschönen Zwiebelkuppeln. Hier sind ein Adil-Shahi-General und sein geistiger Ratgeber, Abdul Razzaq Qadiri, begraben. Der Garten ist ein beliebter Ort zum Picknicken.

Schlafen

Mit Ausnahme des Shashinag haben alle Hotels in Bijapur 24-Stunden-Checkout und fließend Warmwasser.

Hotel Tourist (☎ 250655; MG Rd; EZ/DZ ab 80/150 Rs, Deluxe 150/250 Rs) Die Deluxe Zimmer hier sind wirklich schön; sie sind ausgesprochen sauber und wurden erst kürzlich mit frischer Farbe und neuen Plastikstühlen aufpoliert. Die normalen Doppelzimmer sind nicht so elegant, aber o. k.

Hotel Megharaj (☎ 254458; Station Rd; Zi. ab 150 Rs; ❄) Das Megharaj bemüht sich ebenfalls um ein Wohlfühlambiente und liegt etwas außerhalb des Stadttrubels.

Hotel Sagar Deluxe (☎ 259234; Barakaman Rd; EZ/DZ ab 175/200 Rs; ❄) Die Badezimmer sind ziemlich schlecht, aber Sparfüchse wird das nicht stören.

Hotel Navaratna International (☎ 222771; Fax 222772; Station Rd; Zi. ab 300 Rs; ❄) Mit seinen pastellfarbenen Kassettendecken macht das Navaratna einen frischen, hellen Eindruck. Alles ist sehr bunt und neu, auch wenn es dank der glänzenden Kacheln im Gang ein Echo wie im Golgumbaz gibt.

Hotel Kanishka International (☎ 223788; kanishka-bjp@rediffmail.com; Station Rd; EZ/DZ ab 400/450 Rs; ❄) Dieses Hotel zwischen mittlerer und gehobener Preisklasse ist nicht perfekt, aber die Zimmer sind geräumig, die Betten groß und bequem und die Fußböden aus Marmor. Preise inklusive Steuern.

Hotel Shashinag Residency (☎ 260344; shashinag_bijapur@yahoo.com; Sholapur Bypass Rd; EZ/DZ inkl. Frühstück ab 20/30 US$; ❄ 🏊) Das 3 km von der Innenstadt entfernte, auf einer riesigen grünen Wiese stehende Hotel strebt nach Höherem. Das Shashinag hat Pool (30 Rs/Std. für Nicht-Gäste), Spielplatz und Fitnessraum. Die Zimmer sind auf Hochglanz poliert, aber nicht sonderlich originell eingerichtet.

Hotel Madhuvan International (☎ 255571; Fax 256201; Station Rd; Zi. ab 950 Rs; ❄) Die rosafarbenen Wände und gemütliche Gänge lassen erkennen, dass das Hotel mal elegant war, aber es hat merklich nachgelassen. Obwohl überteuert, gehört es noch immer zu den netteren Unterkünften der Stadt. Das Restaurant (s. rechte Spalte) ist gut.

Essen

Bangalore Restaurant (MG Rd; Gerichte 17 Rs; 🕑 6–22 Uhr) Das bescheidene kleine Bangalore macht unverschämt gute südindische vegetarische Thalis. Gleich neben Jayashree Talkies.

Mysore Restaurant (New Market; Gerichte 20 Rs; 🕑 7–22.30 Uhr) Wegen den schmackhaften und preiswerten südindischen vegetarischen Köstlichkeiten ist das Mysore immer gut besucht.

Hotel Siddharth (New Market; Hauptgerichte 15–65 Rs; 🕑 8–23 Uhr) Im Hotel Siddharth gibt's mit Vorhängen getrennte Sitznischen und Sitzplätze auf dem Dach. Die Auswahl an vegetarischen und nichtvegetarischen Gerichten plus Alkohol ist riesig.

Swapna Lodge Restaurant (MG Rd; Hauptgerichte 30–100 Rs; 🕑 9–23 Uhr) Das Swapna Lodge ist im 2. Obergeschoss des Gebäudes neben dem Hotel Tourist. Das Essen ist gut, das Bier kalt, und das Ambiente erinnert an eine Lounge der 1970er-Jahre. Die Terrasse eignet sich perfekt für ein Abendessen im Freien.

Hotel Madhuvan International (Hauptgerichte 25–50 Rs; 🕑 6–23 Uhr) Serviert qualitativ hochwertige indische, chinesische und kontinentale Standardgerichte im Garten oder im klimatisierten Restaurant.

An- & Weiterreise

BUS

Vom **Busbahnhof** (☎ 251344) fahren Busse direkt nach Badami (60 Rs, 4½ Std., 7-mal tgl.) und Bidar (110 Rs, 8 Std., 4-mal tgl.). Jede halbe Stunde starten Busse nach Belgaum (84 Rs, 6 Std.), Gulbarga (68 Rs, 4 Std.), Hubli (92 Rs, 6 Std.) und Sholapur (50 Rs, 2 Std.). Acht Nachtbusse fahren über Hospet nach Bangalore (292 Rs Deluxe, 12 Std.), und ein paar Busse fahren täglich nach Hyderabad (232 Rs Deluxe, 10 Std.) und Pune (170 Rs, 8 Std.).

Außerdem bieten viele private Busfirmen nahe beim Busbahnhof Verbindungen nach Bangalore (240 Rs) und Mumbai (295 Rs) sowie Hubli, Mangalore und anderen Reisezielen an.

ZUG

Die Bahnlinie zwischen Bijapur und Sholapur wurde auf Breitspur umgestellt, aber auf der Strecke nach Gadag sind die Umbauarbeiten noch voll im Gang – und werden wohl noch einige Zeit dauern. Momentan gibt's vier Züge täglich, die nur nach Sholapur fahren (22 Rs, 2½ Std.). Von dort aus besteht Anschluss nach Mumbai, Hyderabad und Bangalore. Der Express Train nach Bangalore (310/550 Rs Sleeper Class/3AC, 12 Std., 3-mal wöchentl.) hält auch am **Bahnhof Bijapur** (☎ 241120), ebenso wie die „Schnellzüge" nach Mumbai (71/151 Rs Chair Class/Sleeper Class, 12 Std., 3-mal wöchentl.) und Hyderabad (123 Rs Sleeper Class, 15½ Std., tgl.).

Unterwegs vor Ort

Autorikschas sind in Bijapur eigentümlich teuer. Nach hartnäckigem Feilschen sollte man für 20 Rs vom Bahnhof zum Zentrum oder umgekehrt kommen. Zwischen Golgumbaz und Ibrahim Rouza kostet die Fahrt etwa 25 Rs. Tonga-Fahrer sind zwar erpicht auf Kunden, aber etwa genauso teuer. Für eine vierstündige Stadtrundfahrt mit der Autoriksche wollen die Fahrer 200 Rs.

Sayad Cycle Shop (🕑 8–20 Uhr) nahe des Busbahnhofs verleiht Fahrräder für 3 Rs die Stunde.

BIDAR

☎ 08482 / 172 298 Ew. / 664 m

Kaum jemand fährt nach Bidar, warum, ist nicht klar. Denn in der alten, von Mauern umgebenen Stadt steht eine großartige **Festung** aus dem 15. Jh. mit bewegenden **Palastruinen:** Rangin Mahal, Takht Mahal und Tarkash Mahal. Zur Festung gehören auch ein aus massivem roten Stein herausgeschlagener dreifacher Festungsgraben, eine 5,5 km lange Festungsmauer, aufwändige Wehrgänge und ein märchenhafter Eingang über eine Straße, die sich elegant durch drei Tore schlängelt. Alles ist gut erhalten und erstreckt sich über sanft geschwungene, einsame Hügel, auf denen höchstens ein paar Jungen Kricket spielen, sodass man stundenlang unbehelligt umherwandern kann.

Bidar gehörte nacheinander zu verschiedenen Reichen, bevor es 1428 Hauptstadt des Bahmani-Königreichs und später der Barid-Shahi-Dynastie wurde. Die riesigen **Kuppelgräber** der Bahmani-Könige in Ashtur, 2 km östlich von Bidar, sind verlassene, stimmungsvolle Schönheiten, die zusammen mit den sonnigen Hügeln um sie herum sonderbar harmonisch wirken. Diese beeindruckenden Mausoleen wurden gebaut, um die sterblichen Überreste der Sultane zu bestatten – ihre Gräber werden noch immer regelmäßig mit Satin und frischen Blumen geschmückt. Die Mausoleen stehen in einer langen Reihe entlang der Straße.

In der 1492 erbauten **Khwaja Mahmud Gawan Madrasa,** einer Schule in der Stadt, sind einige farbenfrohe Überbleibsel typisch islamischer Mosaiken zu sehen.

Es macht Spaß, die Gegend mit dem Fahrrad zu erkunden. Leihfahrräder gibt's bei **Diamond Cycle Taxi** (Basveshwar Circle; 🕑 7–22 Uhr) für 2 Rs pro Stunde.

Gefahren & Ärgernisse

Ausländergucken scheint in Nord-Karnataka, besonders in Bidar, eine außergewöhnlich beliebte Freizeitbeschäftigung zu sein. Meist ist es harmlose Neugierde, die Alleinreisende, vor allem Frauen, aber unangenehm finden können. Sonnenbrillen helfen – und in Bidar wird es besser, je weiter man sich vom Zentrum entfernt.

Schlafen & Essen

Krishna Regency (☎ 221991; Udgir Rd; EZ/DZ/3BZ ab 225/275/500 Rs; ❄) Die beste Unterkunft in der Stadt liegt nahe des neuen Busbahnhofs. Ein freundliches, gut geführtes Hotel mit roten Teppichen und gläsernem Aufzug, aber einige der Zimmer sind düster.

Hotel Mayura (☎ 228142; Udgir Rd; Zi. ab 150 Rs; Hauptgerichte 22–80 Rs) Die billigeren Zimmer sind ein Schnäppchen. Das ruhige Hotel, in dem es auch ein ganz anständiges nichtvegetarisches Restaurant gibt, liegt etwas

BIDRI: DIE KUNST VON BIDAR

Um das 14. Jh. herum entwickelten die persischen Künstler von Bidar eine Kunstform, die als *bidriware* bekannt ist. Sie damaszieren Metalle, d. h. sie schmelzen diese zusammen, und erzeugen so phantasievolle Legierungen aus geschwärztem Zink, Kupfer, Blei und Zinn. In diese werden Vertiefungen hineingetrieben, in die anschließend Silber eingehämmert wird. Sowohl im Design als auch in der Art der Verzierung sind diese Einlegearbeiten stark von typisch islamischen Schmuckmotiven und den Charakteristika jener Zeit beeinflusst. Fein gearbeitete Stücke wie Wasserpfeifen, Pokale, Kästchen für *paan* (eine Mischung aus Betelnuss und Blättern, die gekaut wird) und Armreifen werden detailgenau mit ineinander verflochtenen Kletterpflanzen und fließenden Blumenmustern verziert und gelegentlich mit strengen geometrischen Mustern gerahmt. Die Wirkung der filigranen Silberarbeiten auf dem ebenholzfarbenen Hintergrund ist verblüffend.

Heutzutage gehen die Künstler auf den Nebenstraßen von Bidar und Hyderabad noch immer ihrem Handwerk nach. Shops, die *bidriware* verkaufen, finden sich vor allem in und rund um die Chowbara Rd. nahe des Basveshwar Circle.

abseits der Straße, gegenüber vom neuen Busbahnhof.

Hotel Kailash (☎ 227727; Pawar Complex; EZ/DZ ab 130/145 Rs) Das Kailash, beim alten Busbahnhof ums Eck, hat seine besten Zeiten schon hinter sich – aber es ist sauber und hat viel Herz.

Jyothi Udupi (Gerichte 20–45 Rs; 🕑 6–23 Uhr) Gegenüber vom neuen Busbahnhof. Hier gibt's 21 Dosa-Arten, satt machende südindische Thalis (20 Rs) und einen Eisbecher, der „Beauty Ripples" heißt.

Kamat Hotel (Gerichte 23–50 Rs; 🕑 9–22 Uhr; ❄) Ein rein vegetarisches Lokal mit einer großen Auswahl an beliebten nordindischen und chinesischen Gerichten.

An- & Weiterreise

Vom neuen **Busbahnhof** (☎ 228508) fahren oft Busse nach Gulbarga (44 Rs, 3 Std.), von wo aus gute Expressverbindungen nach Mumbai und Bangalore bestehen. Mehrere Busse fahren auch nach Hyderabad (61/85 Rs Standard/Deluxe, 4 Std.), Bijapur (110 Rs, 8 Std.) und Bangalore (398 Rs Deluxe; 12 Std.). Es gibt keine Busse, die direkt nach Badami fahren – in Gulbarga umsteigen.

Andhra Pradesh

Lässt man die Abermillionen Pilger außer Acht, verirren sich wenige nach Andhra Pradesh. Dennoch: Andhra hat Charme, friedvolle Traditionen und eine lange Geschichte geistlicher Gelehrsamkeit. Wer in die Altstadt von Hyderabad hineinschnuppert, wird kaum glauben, dass 95 % der Bevölkerung Hindu sind: Islamische Denkmäler und der Ruf des Muezzin sind allgegenwärtiger als Bilder von Ganesh. Von der reichen islamischen Geschichte Hyderabads künden riesige Moscheen und die herrschaftlichen Qutb-Shahi-Grabmäler, mit etwas leiseren Tönen auch die winzige Moschee im Charminar und das durch die Luft schwirrende Urdu.

Im Norden der Stadt deutet eine 17,5 m hohe Buddha-Statue auf eine andere Facette der Geschichte Andhras hin: Ab dem 3. Jh. v. Chr. befand sich in der Region mehrere Jahrhunderte lang ein internationales buddhistisches Geisteszentrum. Heute trotzen die im ganzen Land verstreuten Ruinen der Stupas und Klöster der Unbeständigkeit der Lehre.

Hier zu reisen, ist wie eine Schatzsuche: Die Juwelen müssen verdient werden. Die atemberaubenden Eastern Ghats bei Visakhapatnam tun sich einem erst nach stundenlanger Fahrt mit der Breitspurbahn auf. Ein Marsch durch das Labyrinth von Sri Kalahasti wird mit der Entdeckung einer Familienwerkstatt belohnt, die voller exquisiter traditioneller Malereien ist. Und besonders viel Geduld erfordert der Weg durch das heilige Tirumala, bis man einen Blick auf Sri Venkateshvara erhascht, der einem mit etwas Glück einen Wunsch erfüllt.

HIGHLIGHTS

- Auf dem bunten **Laad Bazaar** (S. 963) in Hyderabad eine alte Trommel und mehr Armreifen kaufen, als man tragen kann, und den Duft der Jahrhunderte in sich aufsaugen
- Die Liebe und Güte, die die vielen Buddha-Statuen von **Hyderabad** (S. 966) bis **Nagarjunakonda** (S. 972) und **Amaravathi** (S. 977) ausstrahlen
- Der hypnotisierende Zauber der *kalamkari*-Gemälde im kleinen Dorf **Sri Kalahasti** (S. 981)
- Die atemberaubende Aussicht auf Hyderabad, nachdem man die altehrwürdigen Stufen des **Charminar** (S. 963) erklommen hat
- Die Schönheit der eindrucksvollen Eastern Ghats genießen, während der Zug auf der Fahrt ins **Araku-Tal** (S. 976) über die Berge zuckelt
- Eine Begegnung mit Sri Venkateshwara und den Pilgermassen, die sich in **Tirumala** (S. 978) die Haare scheren lassen
- Ein Picknick in den Ruinen des im 16. Jh. erbauten **Golconda-Forts** (S. 965) – und danach durch die **königlichen Gräber der Qutb-Shahi-Könige** (S. 966) schlendern

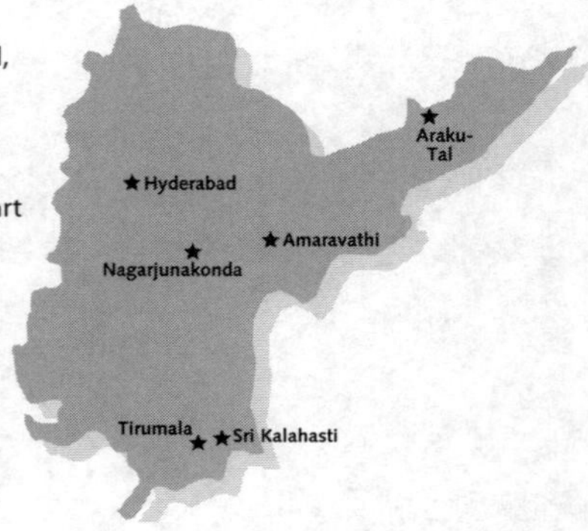

Geschichte

Im 1. Jh. n. Chr. herrschte die Satavahana-Dynastie über das Dekkan-Plateau. Hervorgegangen war die Dynastie aus dem Volk der Andhras, die in Südindien möglicherweise schon um 1000 v. Chr. siedelten. Vielleicht hat buddhistisches Gedankengut hier schon zur Zeit Buddhas Wurzeln geschlagen, sodass schließlich im 3. Jh. v. Chr. die Andhras bereitwillig den buddhistischen Glauben annahmen und riesige Bauwerke zu Ehren ihres Religionsstifters errichteten. Im folgenden Jahrhundert entwickelten sich die Andhras zu einer blühenden Zivilisation, deren Einfluss sich in ganz Südindien ausdehnte.

KURZINFOS

- Bevölkerung: 75,7 Mio.
- Fläche: 276 754 km²
- Hauptstadt: Hyderabad
- Hauptsprachen: Telugu, Urdu, Hindi
- Reisezeit: Oktober bis Februar

Zwischen dem 7. und 10 Jh. herrschten in der Region des heutigen Andhra Pradeshs die Chalukyas, die besonders an der Küste den drawidischen Architekturstil ein-

FESTE & FESTIVALS IN ANDHRA PRADESH

Die hier genannten Festivals sind auf der Karte auf S. 960 eingezeichnet.

Sankranti (Jan.; landesweit) Das wichtige Telugu-Festival markiert das Ende der Erntesaison. Drachenflugwettbewerbe finden statt, Frauen dekorieren Hauseingänge mit bunten *kolams* (oder *rangolis* – Reismehlmalereien), Männer schmücken das Vieh mit Glocken und verpassen deren Hörner frische Farbe.

Industrial Exhibition (1; Jan./Feb.; Hyderabad, s. S. 960) Eine große Messe mit Händlern aus ganz Indien, die ihre Waren ausstellen; sie wird begleitet von einem bunten, betriebsamen Jahrmarkt.

Deccan Festival (2; Feb.; Hyderabad, s. S. 960) Ehrt die Kultur Dekkans. Mit *mushairas* (Dichterlesungen) in Urdu, Qawwali (Andachtsmusik der Sufis) und anderen lokalen Musik- und Tanzdarbietungen.

Shivaratri (Feb./März; landesweit) An Neumond wird die ganze Nacht lang zu Ehren Shivas gesungen, gebetet und gefastet. Besonders groß gefeiert wird in Sri Kalahasti, wo die Pilger in Scharen in den Sri-Kalahasteesvara-Tempel einfallen. Anhänger besuchen auch den bedeutenden Shiva-Schrein in Amaravathi.

Muharram (3; Feb./März; Hyderabad, s. S. 960) Die muslimische Muharramfest erinnert an das Märtyrertum des Enkels Mohammeds. Es dauert in Hyderabad 14 Tage. Die Schiiten tragen schwarze Trauergewänder und in der Mecca Masjid versammeln sich riesige Menschenmengen.

Ugadi (März; landesweit) Das Telugu-Neujahrsfest wird mit *pujas* (Opfergaben oder Gebeten), Mangoblattgirlanden (*toranas)* an den Türen sowie Süßigkeiten und speziellen Speisen gefeiert.

Mahankali Jatra (Juni/Juli; landesweit) Ein Fest zu Ehren von Kali; mit farbenprächtigen Prozessionen, in denen die Anhänger der Göttin *bonalu* (Töpfe mit Opferspeisen) darbringen. Während dieser Zeit ist im Mahankali-Tempel in Secunderabad der Teufel los.

Mrigasira (4; Juni/Juli; Hyderabad, s. S. 960) Auch bekannt als Mrugam. Markiert mit einem großen Fischessen den Beginn des Monsuns. Eine faszinierende Facette des Fests ist die medizinische Behandlung von Tausenden von Asthmakranken. Zu der mehr als 150 Jahre alten Behandlungsmethode gehört das Verspeisen lebender Fische, die ein Kräuterheilmittel geschluckt haben. Das Heilmittel soll von einem Weisen an die Ahnen der Ärzte, die es verabreichen, weitergegeben worden sein.

Batakamma (5; Sept./Okt.; Hyderabad, s. S. 960, & Warangal, s. S. 975) Frauen und Mädchen im Norden des Landes feiern die Weiblichkeit. Zum Fest gehören Tanz und Festtagsschmaus. Die Göttin Batakamma wird mit aufwändigem Blumenschmuck geehrt, den Frauen kreieren und auf dem Fluss schwimmen lassen.

Brahmotsavam (6; Sept./Okt.; Tirumala, s. S. 978) Von Brahma initiiert. Ein neuntägiges Fest, bei dem der Venkateshvara-Tempel geschmückt wird. Spezielle *pujas* werden zelebriert und bunte Wagen durch die Straßen gezogen. Es heißt, dass dies eine günstige Zeit für ein *darshan* (Vision des Göttlichen) sei.

Pandit Motiram-Maniram Sangeet Samaroh (7; Nov.; Hyderabad, s. S. 960) Ein viertägiges Hindustani-Musikfestival, benannt nach zwei berühmten klassischen Musikern.

Lumbini Festival (8; 2. Fr im Dez.; Hyderabad, s. S. 960, & Nagarjunakonda, S. 972) Das Fest zu Ehren des buddhistischen Erbes von Andhra dauert drei Tage.

Visakha Utsav (9; Dez./Jan.; Visakhapatnam, s. S. 975) Ein unterhaltsames Fest in Visakhapatnam mit klassischem Tanz, Volkstanz und musikalischen Darbietungen. Einige Veranstaltungen finden am Strand statt.

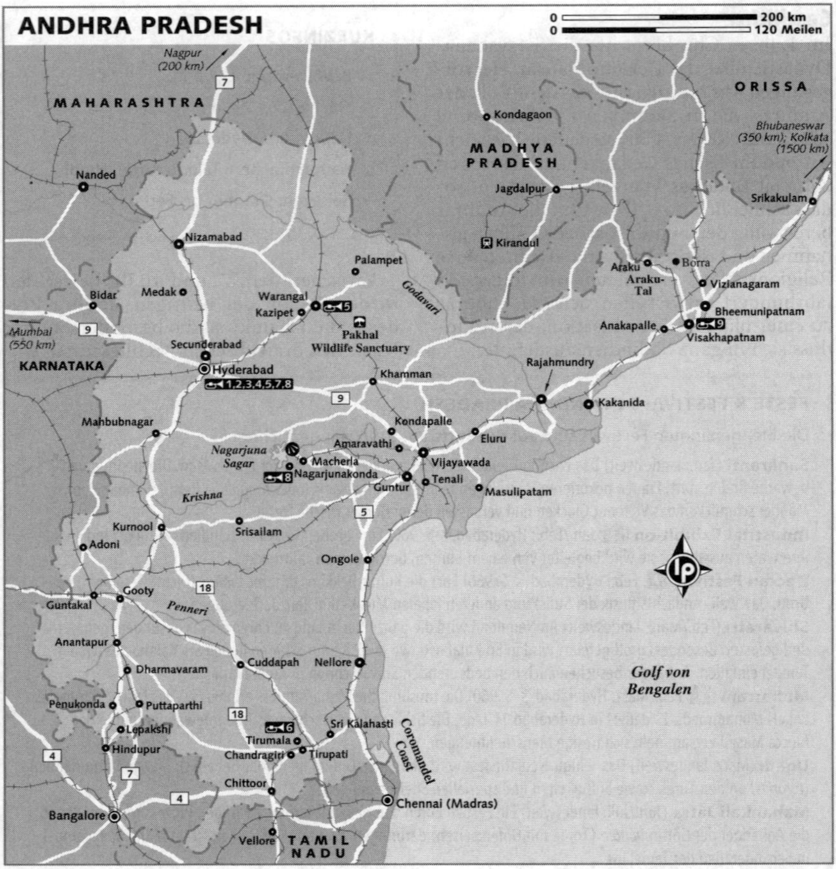

führten. Im 11. Jh. verschmolzen die Chalukya- und Chola-Dynastien miteinander, um dann von den Kakatiyas zu Fall gebracht werden, die die südindische Sakralarchitektur durch Säulentempel ergänzten. Der Herrschaft der Kakatiyas folgte die der Vijayanagars, die eines der mächtigsten Reiche Indiens errichteten.

Bis zum 16. Jh. hatte sich in Hyderabad die islamische Qutb-Shahi-Dynastie etabliert. 1687 musste sie dem Großmogul Aurangzeb weichen. Im 18. Jh. konnten die den Moguln folgenden Herrscher, die Nizams, Hyderabad in einer Zeit, in der Briten und Franzosen um den Handel wetteiferten, mehr oder weniger kontrollieren, doch ihr Einfluss wurde immer schwächer. 1947 wurde die Region Teil des unabhängigen Indiens. 1956 entstand Andhra Pradesh als Zusammenschluss der telugusprachigen Gebiete.

Geografie

Der größte Teil Andhra Pradeshs liegt auf dem (südlichen) Dekkan-Plateau, eine der ältesten geologischen Formationen in Indien. Der Godavari und der Krishna bahnen sich ihren Weg durch das Plateau und bilden große Flussdeltas, bevor sie in den Golf von Bengalen münden.

HYDERABAD & SECUNDERABAD

☎ 040 / 5,5 Mio. Ew. / 600 m

Die Zwillingsstadt Hyderabad und Secunderabad, auch Stadt der Perlen genannt, war einst Sitz des mächtigen Vijayanagar-Reichs. Heute ist der Westen der Hauptstadt von Andhra Pradesh zusammen mit Bangalore Hauptsitz der einflussreichen Softwareindustrie Indiens. In „Cyberabad" gibt's Arbeit, Reichtum und jede Menge piekfeiner Lounges.

Auf der anderen Seite der Stadt liegt abseits all des modernen Glanzes das historische muslimische Viertel mit jahrhundertealten islamischen Bauwerken und noch älteren Sehenswürdigkeiten. Hyderabad gilt als ein bedeutendes Zentrum islamischer Kultur und bildet das südindische Gegenstück zur Mogulnpracht von Delhi, Agra und Fatehpur Sikri. Ein beträchtlicher Anteil der Bevölkerung von Hyderabad ist muslimisch. Elegant kombiniert die Stadt hinduistische und islamische Traditionen, während ein strategisch klug platzierter, 17,5 m hoher Buddha über das ganze Treiben wacht.

Von der chilligen Freundlichkeit der Einwohner verblüfft, sind viele Besucher von der Stadt begeistert: Es gibt viel zu sehen und zu erleben, doch von dem Stress, der an vielen anderen Orten nervt, bleibt man hier verschont.

Geschichte

Hyderabad verdankt seine Existenz dem Wasserengpass, der die königliche Qutb-Shahi-Dynastie unter der Regentschaft von Mohammed Quli gegen Ende des 16. Jh. veranlasste, dem Golconda-Fort den Rücken zuzukehren. Hier, am Ufer des Musi, entdeckte man die perfekte Lage für die neue Stadt: Hyderabad. 1687 fiel Großmogul Aurangzeb in die Stadt ein. Die nachfolgenden Herrscher Hyderabads waren Vizekönige, die die Mogulnadministration in Delhi eingesetzt hatte.

1724 nutzte einer dieser Vizekönige, Asaf Jah, die schwindende Macht der Moguln, um Hyderabad zu einem unabhängigen Staat und sich selbst zu dessen Herrscher zu erklären. Dies war der Startschuss für die Nizam-Dynastie von Hyderabad und die Blütezeit islamischer Tradition. Hyderabad mauserte sich zu einem Zentrum für Kunst, Kultur und Bildung. Mit seltenen Edelsteinen und Mineralien im Überfluss – der weltberühmte Kohinoor-Diamant stammt von hier – begründeten die Nizams ihren gewaltigen Reichtum.

Anfang des 19. Jh. errichteten die Briten in Secunderabad eine Kaserne, benannt nach dem damaligen Nizam, Sikander Jah. Als Indien 1947 die Unabhängigkeit erlangte, erwog der Nizam von Hyderabad, Osman Ali Khan, sich mit seinem Fürstenstaat Pakistan anzuschließen, doch die Spannungen zwischen Muslimen und Hindu wurden stärker und nach einer militärischen Intervention trat Hyderabad der indischen Union bei.

Orientierung

Hyderabad hat drei klar voneinander unterscheidbare Hotspots. Die Altstadt am Musi ist durch betriebsame Basare und bedeutende Sehenswürdigkeiten wie dem Charminar geprägt. Nördlich vom Fluss befinden sich der Mahatma-Gandhi-Busbahnhof (Imlibun-Busbahnhof), der Bahnhof von Hyderabad (Nampally) und die Hauptpost. Die Mahatma Gandhi Rd. (MG Rd., auch bekannt als Abids Rd.) verläuft durch den Stadtbezirk Abids, wo sich einige gute Budgetunterkünfte finden.

Etwas nördlich auf der anderen Seite des Hussain Sagar, eines künstlichen Sees, liegt Secunderabad mit dem Jubilee-Busbahnhof und dem riesigen Bahnhof, Start und Ziel vieler Züge in der Region.

Die Jubilee Hills und Banjara Hills westlich vom Hussain Sagar sind die Heimat der Wohlhabenden sowie zahlreicher Restaurants, Shops und Lounges. Noch weiter im Westen liegt das Zentrum von Cyberabad, der Hitec-City (für *Hyderabad Information Technology Engineering Consulting*), erkennbar an ihrem Wahrzeichen, den Cybertowers, in denen zahlreiche Softwarefirmen untergebracht sind.

Praktische Informationen

BUCHLÄDEN

Sonntags werden auf der MG Rd. in Abids Secondhandbücher verhökert. Zwischen den Computerbüchern kann man auch ein paar Raritäten ergattern.

AA Hussain & Co (Karte S. 964; MG Rd; 🕑 Mo–Sa 10.30–20.30 Uhr) Tonnenweise Bücher indischer und ausländischer Autoren.

MR Book Stall (Karte S. 964; MG Rd; 🕑 10.30–21 Uhr) Neue und gebrauchte Romane.

Walden (Karte S. 962; ☎ 23413434; Greenlands Rd, Begumpet; 🕑 9–20.30 Uhr) Megastore, der Bücher, Magazine und Bürobedarf verkauft.

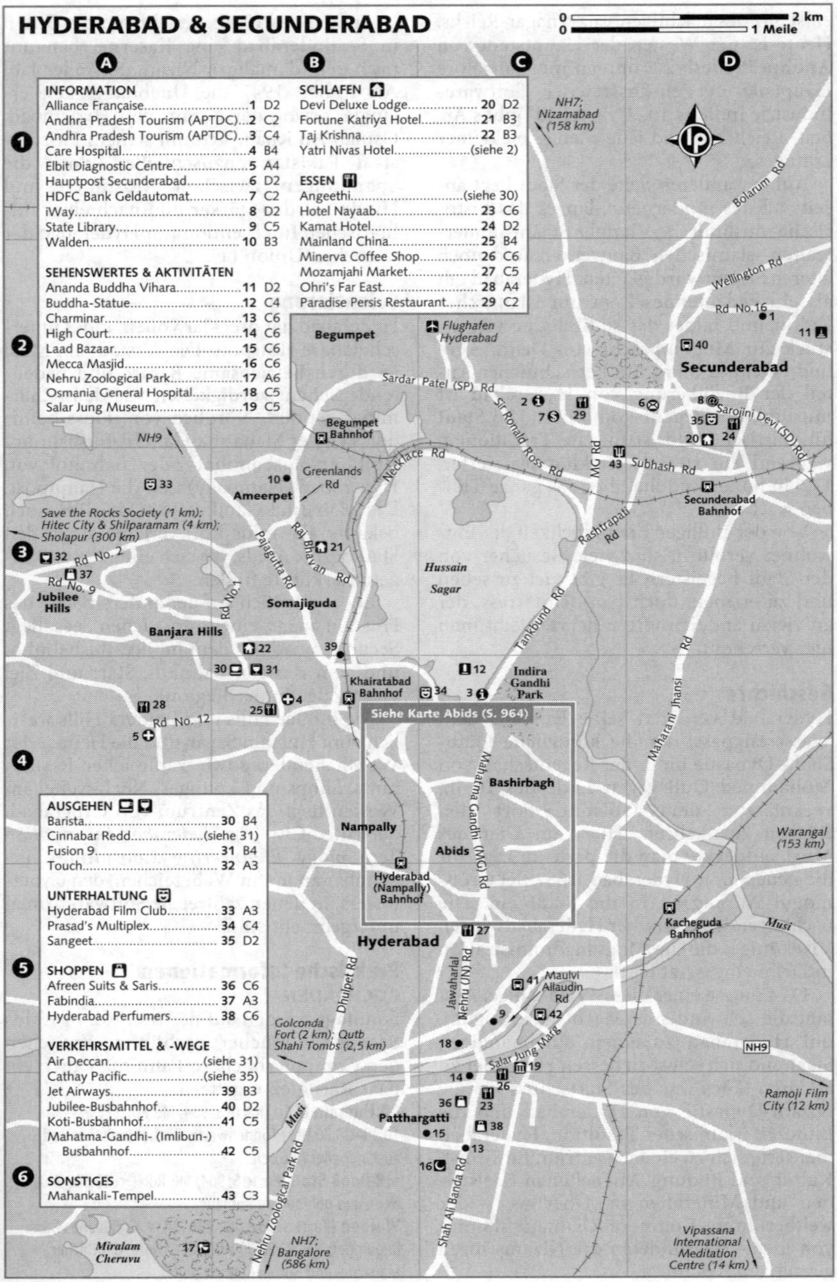
HYDERABAD & SECUNDERABAD
0 2 km
0 1 Meile
A B C D
1 2 3 4 5 6
INFORMATION
Alliance Française.....1 D2
Andhra Pradesh Tourism (APTDC)...2 C2
Andhra Pradesh Tourism (APTDC)...3 C4
Care Hospital.....4 B4
Elbit Diagnostic Centre.....5 A4
Hauptpost Secunderabad.....6 D2
HDFC Bank Geldautomat.....7 C2
iWay.....8 D2
State Library.....9 C5
Walden.....10 B3
SEHENSWERTES & AKTIVITÄTEN
Ananda Buddha Vihara.....11 D2
Buddha-Statue.....12 C4
Charminar.....13 C6
High Court.....14 C6
Laad Bazaar.....15 C6
Mecca Masjid.....16 C6
Nehru Zoological Park.....17 A6
Osmania General Hospital.....18 C5
Salar Jung Museum.....19 C5
SCHLAFEN
Devi Deluxe Lodge.....20 D2
Fortune Katriya Hotel.....21 B3
Taj Krishna.....22 B3
Yatri Nivas Hotel.....(siehe 2)
ESSEN
Angeethi.....(siehe 30)
Hotel Nayaab.....23 C6
Kamat Hotel.....24 D2
Mainland China.....25 B4
Minerva Coffee Shop.....26 C6
Mozamjahi Market.....27 C5
Ohri's Far East.....28 A4
Paradise Persis Restaurant.....29 C2
AUSGEHEN
Barista.....30 B4
Cinnabar Redd.....(siehe 31)
Fusion 9.....31 B4
Touch.....32 A3
UNTERHALTUNG
Hyderabad Film Club.....33 A3
Prasad's Multiplex.....34 C4
Sangeet.....35 D2
SHOPPEN
Afreen Suits & Saris.....36 C6
Fabindia.....37 A3
Hyderabad Perfumers.....38 C6
VERKEHRSMITTEL & -WEGE
Air Deccan.....(siehe 31)
Cathay Pacific.....(siehe 35)
Jet Airways.....39 B3
Jubilee-Busbahnhof.....40 D2
Koti-Busbahnhof.....41 C5
Mahatma-Gandhi- (Imlibun-) Busbahnhof.....42 C5
SONSTIGES
Mahankali-Tempel.....43 C3
NH7; Nizamabad (158 km)
Bolarum Rd
Wellington Rd
Rd No.16
Secunderabad
Begumpet
Flughafen Hyderabad
Sardar Patel (SP) Rd
Sir Ronald Ross Rd
Sarojini Devi (SD) Rd
MG Rd
Subhash Rd
Secunderabad Bahnhof
Begumpet Bahnhof
NH9
Necklace Rd
Greenlands Rd
Ameerpet
Save the Rocks Society (1 km); Hitec City & Shilparamam (4 km); Sholapur (300 km)
Rd No. 2
Rd No. 9
Jubilee Hills
Pajagutta Rd
Raj Bhavan Rd
Rashtrapati Rd
Hussain Sagar
Tankbund Rd
Rd No.1
Somajiguda
Banjara Hills
Khairatabad Bahnhof
Indira Gandhi Park
Rd No. 12
Siehe Karte Abids (S. 964)
Mahatma Gandhi (MG) Rd
Bashirbagh
Maharani Jhansi Rd
Nampally
Abids
Hyderabad (Nampally) Bahnhof
Warangal (153 km)
Kacheguda Bahnhof
Musi
Hyderabad
Dhulpet Rd
Jawaharlal Nehru (JN) Rd
Maulvi Allaudin Rd
Golconda Fort (2 km); Qutb Shahi Tombs (2,5 km)
Salar Jung Marg
NH9
Ramoji Film City (12 km)
Patthargatti
Nehru Zoological Park Rd
Shah Ali Banda Rd
Miralam Cheruvu
NH7; Bangalore (586 km)
Vipassana International Meditation Centre (14 km)

KULTURZENTREN & BIBLIOTHEKEN

Alliance Française (Karte S. 962; ☎ 27700734; www.afindia.org; Rd No 16, West Marredpally, Secunderabad; 🕑 Mo–Fr 9–13 & 14–18, Sa 9–13 Uhr)

British Library (Karte S. 964; ☎ 23230774; www.britishcouncilonline.org; Secretariat Rd; 🕑 Di–So 11–19 Uhr) Britische Zeitungen und eine Bibliothek mit Büchern, CDs und Videos. Jährlicher Mitgliedsbeitrag 800 Rs.

State Library (Karte S. 962; ☎ 24600107; Maulvi Allaudin Rd; 🕑 Fr–Mi 8–20 Uhr) Verfügt über mehr als 3 Mio. Bücher, darunter einige seltene und wertvolle Manuskripte.

INTERNETZUGANG

iWay (Karte S. 962; Taj Tristar Hotel Bldg, SD Rd, Secunderabad; 30 Rs/Std.; 🕑 8–24 Uhr)

Reliance Web World (Karte S. 964; MPM Mall, Abids Circle; 30 Rs/Std.; 🕑 9.30–23 Uhr)

GEPÄCKAUFBEWAHRUNG

In den Bahnhöfen von Hyderabad und Secunderabad und im Mahatma-Gandhi-Busbahnhof kann für 10 Rs pro Tasche und Tag Gepäck aufbewahrt werden.

MEDIEN

Channel 6 und *Wow! Hyderabad* (www.wowhyderabad.com) informieren darüber, was gerade los ist. Beide gibt's an Zeitungskiosken und in Buchläden (15 Rs).

MEDIZINISCHE VERSORGUNG

Apollo Pharmacy (Karte S. 964; ☎ 23431707; Hyderguda Main Rd; 🕑 24 Std.) Manchmal auch mit Lieferservice.

Care Hospital Banjara Hills (Karte S. 962; ☎ 55668888; Rd No 1); Nampally (Karte S. 964; ☎ 55517777; Mukarramjahi Rd) Angesehenes Krankenhaus mit 24-Stunden-Apotheke.

GELD

Den besten Wechselkurs gibt's in den Banken. Die Filialen von American Express (Amex) und Thomas Cook wechseln Bargeld und lösen Reiseschecks ein – und zwar ohne Gebühr. Über die Stadt verstreut liegen Geldautomaten, die internationale Karten (u. a. Visa) akzeptieren. Die HDFC-Bank und ICICI unterhalten mehrere Automaten.

American Express (Karte S. 964; ☎ 23231613; Chapel Rd; 🕑 Mo–Fr 9.30–18.30, Sa bis 14.30 Uhr)

Indian Overseas Bank (Karte S. 964; ☎ 24756655; Bank St; 🕑 Mo–Fr 10.30–15 Uhr)

State Bank of India (Karte S. 964; ☎ 23210301; HACA Bhavan, AG's Office Rd; 🕑 Mo–Fr 10.30–16 Uhr)

Thomas Cook (Karte S. 964; ☎ 23296521; Nasir Arcade, AG's Office Rd; 🕑 Mo–Fr 9.30–18, Sa bis 17 Uhr)

POST

Hauptpost Secunderabad (Karte S. 962; Rashtrapati Rd, Secunderabad) Hat die gleichen Öffnungszeiten wie die Hauptpost von Hyderabad.

Hauptpost Hyderabad (Karte S. 964; Abids Circle; 🕑 Mo–Sa 8–20.30, 10–18 Uhr, Postlagerstelle Mo–Sa 10–12 Uhr) Zwei Hauptpostämter – typisch für die Stadt.

TOURISTENINFORMATION

Andhra Pradesh Tourism (APTDC) Hyderabad (Karte S. 962; ☎ 23453036; www.aptourism.com; Tankbund Rd; 🕑 8–20 Uhr); Secunderabad (Karte S. 962; ☎ 27893100; Yatri Nivas Hotel, SP Rd; 🕑 7–19.30 Uhr) Organisiert geführte Touren.

Büro des indischen Ministeriums für Tourismus (Karte S. 964; Hotline ☎ 1363, Büro ☎ 23261360; Netaji Bhavan, Himayatnagar Rd; 🕑 Mo–Fr 9.30–18, Sa bis 14 Uhr)

Sehenswertes

CHARMINAR & BASARE

Hyderabads wichtigstes Wahrzeichen, der **Charminar** (Vier Türme; Karte S. 962; Eintritt 5 Rs; 🕑 9–17.30 Uhr), wurde 1591 von Mohammed Quli Qutb Shah in Auftrag gegeben, um an das Ende einer verheerenden Epidemie zu erinnern. Der 56 m hohe und 30 m breite Bau hat vier als Minarette gestaltete Säulen und vier Torbögen, in jeder Himmelsrichtung einen.

Die kleine Moschee über den Torbögen ist die älteste in Hyderabad. Von hier aus führen Wendeltreppen in das Innere der Säulen – mit etwas Glück lässt einen der Portier für 100 Rs den Ausblick auf die Stadt vom anderen Ende der Treppe aus genießen.

Der Bau wird täglich von 19 bis 21 Uhr angeleuchtet.

Westlich vom Charminar liegt der berühmte **Laad Bazaar** (Karte S. 962). Hier gibt's einfach alles zu kaufen: von feinen Parfüms, Stoffen und Schmuckstücken bis hin zu Musikinstrumenten und Küchengeräten. Man kann den Kunsthandwerkern über die Schulter schauen, wie sie mit Silber überzogenen *bidri*-Schmuck, große Töpfe und Musikinstrumente fabrizieren. Die Straßen rund um den Charminar bilden das Zentrum des indischen Perlenhandels. Wer sich mit Perlen auskennt, kann hier echte Schnäppchen machen.

MECCA MASJID

Neben dem Charminar befindet sich die **Mecca Masjid** (Karte S. 962; Patthargatti; 🕑 8–12 & 15–20 Uhr), eine der größten Moscheen der Welt mit Platz für 10 000 Gläubige. Der Grundstein des Baus wurde 1614 während der Regierungszeit Mohammed Quli Qutb Shahs gelegt, doch erst nachdem Großmogul Aurangzeb das Königreich Golconda annektiert hatte, gelang es 1687, die Moschee zu vollenden. Wie schon beim Bibi-Ka-Maqbara in Aurangabad opferte Aurangzeb dabei ästhetische Aspekte zugunsten wirtschaftlicher, weshalb die Minarette am Ende kleiner ausfielen als ursprünglich geplant.

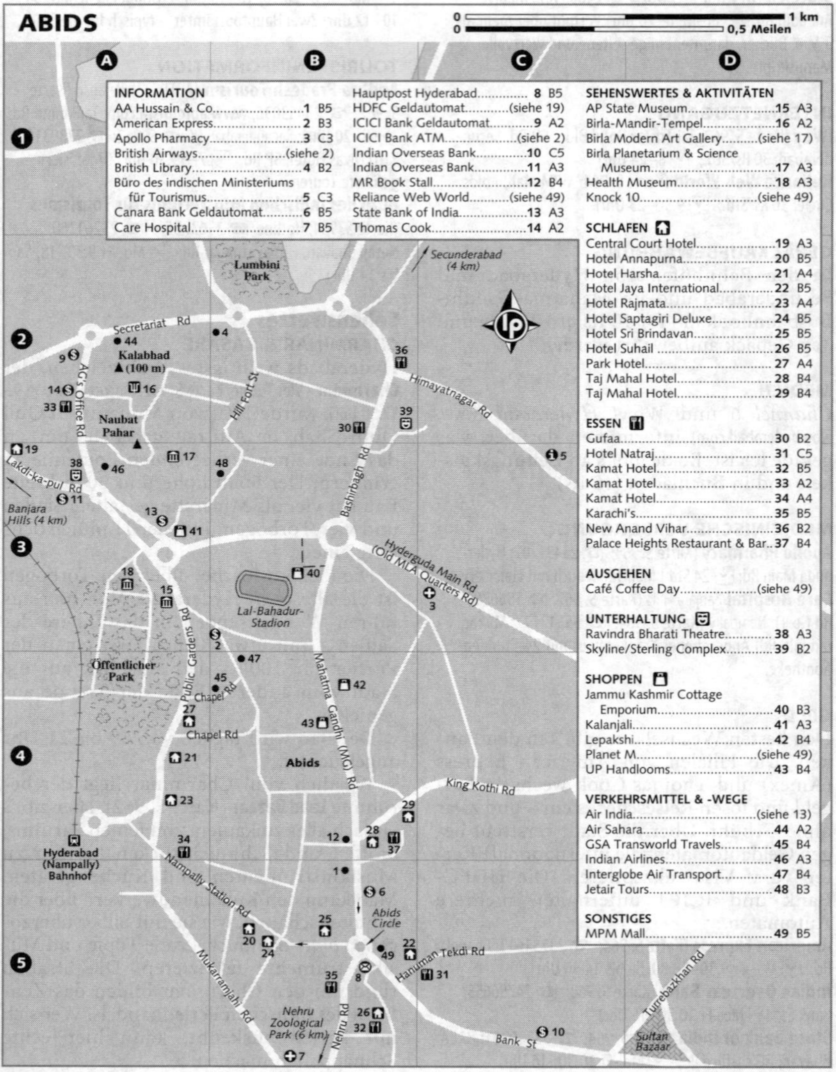

Mehrere Steine, die in der Mauer oberhalb des Tors eingebaut wurden, brannte man aus der Erde von Mekka – daher der Name der Moschee. Inschriften aus dem Koran zieren die Kolonnaden und Torbögen, die im 11 km entfernten Steinbruch aus einzelnen Granitplatten gehauen und von einer 1400-köpfigen Ochsenschar hierher geschleppt wurden.

Links von der Moschee befindet sich das Grab von Nizam Ali Khan und seinen Nachfahren. Reiseguides bieten für 50 Rs einen Rundgang an.

SALAR JUNG MUSEUM

Die riesige Sammlung des **Salar Jung Museums** (Karte S. 962; ☎ 24523211; Salar Jung Marg; Inder/Ausländer 10/150 Rs; ⌚ Sa–Do 10–17 Uhr) hat Exponate, die bis ins 1. Jh. zurückreichen. Zusammengetragen hat sie Mir Yusaf Ali Khan (Salar Jung III.), der Großwesir des siebten Nizams, Osman Ali Khan: Zu den aus allen Ecken des Planeten stammenden 35 000 Ausstellungsstücken gehören Skulpturen, Holzschnitzereien, Devotionalien, Miniaturgemälde aus Persien, illuminierte Manuskripte und Waffen. Dazu kommen mehr als 50 000 Bücher.

Am Sonntag sollte man einen großen Bogen um das dann vom Chaos regierte Museum machen. Die Buslinie 7 fährt vom Busbahnhof in Abids bis zur nahe gelegenen Brücke über den Musi.

Westlich der Brücke steht auf der anderen Flussseite das spektakuläre **High Court** (Karte S. 862) und das im indosarazenischen Stil erbaute **Osmania General Hospital** (Karte S. 962).

GOLCONDA-FORT

Größtenteils stammt die **Festung** (s. Karte rechte Spalte; Inder/Ausländer 5/100 Rs; ⌚ Di–So 8–18.30 Uhr) aus dem 16. Jh. und damit aus der Zeit der Qutb-Shah-Könige. Teile der ursprünglich aus Lehm erbauten Anlage lassen sich jedoch in die ältere Yadava- und Kakatiya-Epoche datieren.

Golconda war fast 80 Jahre lang Hauptstadt des eigenständigen Staats Telangana, bis Sultan Quli Qutb Shah 1590 die Festung verließ und seine Residenz in die neu gegründete Stadt Hyderabad verlegte.

Im 17. Jh. marschierten die Mogularmeen Delhis im Königreich Golconda ein, um Tribute einzufordern. Abul Hasan, der letzte

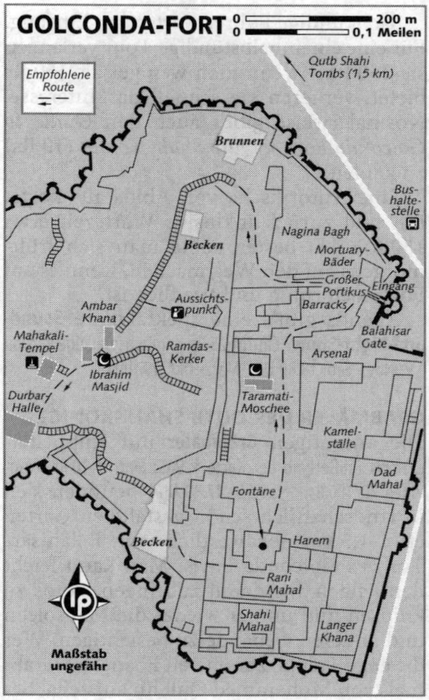

der Qutb-Shahi-Könige, hielt in Golconda der Belagerung durch das riesige Heer Prinz Aurangzebs acht Monate lang stand, der am Ende nur mithilfe eines verräterischen Insiders den Sieg davontrug.

Wer das Fort betrachtet, kann verstehen, warum die Mogularmee beinahe geschlagen worden wäre. Die Zitadelle ist auf einem 120 m hohen Granithügel erbaut und von mit Zinnen versehenen Schutzwällen aus großen Mauerblöcken umgeben. Ein weiterer mit Zinnen versehener Wall um die Zitadelle herum hat einen Umfang von 11 km, dem wiederum ein dritter Mauerring vorgelagert ist. Die massigen Tore waren zum Schutz vor Kriegselefanten mit langen Eisennägeln besetzt.

Dass die Menschen in der Festung überlebten, war dem Wasser und der guten Akustik zu verdanken. Eine Reihe in der Erde versteckter glasierter Erdrohre stellte eine regelmäßige Wasserversorgung sicher. Die Akustik garantierte, dass selbst das Fallen einer Stecknadel vor dem Großen Portikus ein Echo erzeugte, das in der gesamten Anlage zu hören war.

Sachkundige Führer warten am Eingang. Für eine eineinhalbstündige Tour verlangen sie 250 Rs – wenn man weniger als 150 Rs bietet, verlieren sie schnell das Interesse. Normalerweise gibt's auch den *Guide to Golconda Fort & Qutb Shahi Tombs* (10 Rs) zu kaufen.

Eine Autorikscha von Abids aus kostet hin und zurück inklusive Wartezeit etwa 150 Rs. Am besten sollte man sich frühmorgens auf den Weg machen, wenn es am Fort noch ruhig und friedlich ist.

Abends gibt's eine spektakuläre **Sound-and-Light-Show** (Eintritt 25 Rs; englischsprachige Version ⌚ Nov.–Feb. 18.30 Uhr, März–Okt. 19 Uhr).

GRABMÄLER DER QUTB SHAHI-KÖNIGE

Die anmutigen **Grabmäler** mit Kuppeldächern (außerhalb der Karte S. 965; Eintritt 10 Rs, Foto/Video 20/100 Rs; ⌚ 9.30–17.30 Uhr) befinden sich in landschaftlich schön gestalteten Gärten etwa 1,5 km nordwestlich vom Balahisar-Tor des Golconda Forts. Man kann leicht den halben Tag damit zubringen, Fotos zu knipsen und immer wieder die Mausoleen und anderen Gebäude zu besichtigen. Wer die enge Treppe zur oberen Ebene des Grabmals von Mohammed Quli hinaufsteigt, bekommt einen guten Ausblick auf die Umgebung. Das Heftchen *The Qutb Shahi Tombs* (20 Rs) wird am Ticketschalter angeboten.

Vom Fort aus sind die Grabmäler bequem zu Fuß zu erreichen. Eine Fahrt mit der Autorikscha sollte nicht mehr als 15 Rs kosten. Ansonsten fährt auch ein Bus der Linie 80S hin und hält direkt vor den Grabmälern.

BUDDHA-STATUE & HUSSAIN SAGAR

Hyderabad rühmt sich einer der weltweit größten frei stehenden **Buddha-Statuen** (Karte S. 962) aus Stein. Fünf Jahre dauerte es, bis die Statue 1990 fertig gestellt war. Als der 17,5 m hohe und 350 t schwere Monolith per Schiff an seinen Platz im **Hussain Sagar** (Karte S. 962) verfrachtet wurde, sank der Transportkahn und acht Menschen ertranken. Zunächst war die Statue also nur unter Wasser zu bestaunen, bis sie ein Bergungsunternehmen aus Goa 1992 – unversehrt – hob. Heute steht der Buddha auf einem Sockel in der Mitte des Sees.

Regelmäßig schippern **Boote** (25 Rs; ⌚ 9–21 Uhr) in einer 30-minütigen Runde vom **Lumbini Park** (Karte S. 964; Eintritt 2 Rs; ⌚ Di–So 9–21 Uhr) zur Statue und zurück. Im Park lassen sich bestens die spektakulären Sonnenuntergänge von Hyderabad und die beliebten, auf die Musik abgestimmten Wasserspiele genießen. Wer sich dem Buddha lieber aus der Vogelperspektive nähert – manchmal werden fünfminütige **Parasailingflüge** (300 Rs; ⌚ 9–21 Uhr) angeboten.

Von der Tankbund-Rd.-Promenade am östlichen Ufer des Hussain Sagar hat man eine grandiose Aussicht auf die Buddha-Statue.

AP STATE MUSEUM & HEALTH MUSEUM

Das **AP State Museum** (Karte S. 964; ☎ 23232267; Public Gardens Rd, Nampally; Eintritt 10 Rs; ⌚ Sa–Do 10.30–17 Uhr) zeigt eine kleine, aber feine Sammlung bedeutender archäologischer Funde aus dieser Gegend und eine ebenso kleine, aber faszinierende Ausstellung von Fotos und Briefen Mahatma Gandhis. Das Museum wird nachts angestrahlt.

Auch einen Besuch wert ist das nahe gelegene **Health Museum** (Eintritt frei; ⌚ Mo–Sa 10.30–13.30 & 14–17 Uhr), in dem eine bizarre Sammlung von Apparaturen aus dem öffentlichen Gesundheitswesen und anderen medizinischen Geräten untergebracht ist.

BIRLA-MANDIR-TEMPEL & PLANETARIUM

Der **Birla-Mandir-Tempel** (Karte S. 964; ⌚ 7–12 & 14–21 Uhr), 1976 aus weißem Rajasthani Marmor erbaut, ziert den Kalabahad (Schwarzer Berg), einen von zwei felsigen Hügeln mit Blick auf die Südseite des Hussain Sagar. Der Sri Venkateshvara geweihte Tempel ist ein beliebtes hinduistisches Pilgerzentrum. Die tolle Aussicht auf die Stadt ist bei Sonnenuntergang besonders reizvoll.

Das **Birla Planetarium & Science Museum** (Karte S. 964; ☎ 23235081; Planetarium 15 Rs, Museum 13 Rs; Museum ⌚ 10.30–20, Fr bis 15 Uhr, am letzten Do des Monats geschl.) liegt auf dem Naubat Pahar (Trommelfelsen), unmittelbar neben dem Hügel mit dem der Birla-Mandir-Tempel. Im Planetarium finden täglich um 11.30, 16 und 18 Uhr englischsprachige Vorführungen statt. Das Museum zeigt wissenschaftliche Exponate aus verschiedenen Epochen, einige hervorragende Kunstwerke und auch archäologische Ausstellungen. Es lohnt sich, kurz bei der kleinen **Birla Modern Art Gallery** (Karte S. 964; Eintritt 10 Rs; ⌚ 10.30–18 Uhr) nebenan vorbeizuschauen.

INDIRA GANDHI PARK

Der mit großen, alten Palmen voll gestopfte, weitläufige **Park** (Karte S. 962; Eintritt 5 Rs; ⌚ 8–19 Uhr) östlich von der Tankbund Rd. eignet sich für eine Auszeit von der heißen, hektischen Stadt. Für Abwechslung sorgen ein Spielplatz und ein kleiner künstlicher See, durch dessen Fluten man mit einem Mietbooten stechen kann. Auch gibt's genug schattige Plätzchen für ein Nickerchen im Gras.

RAMOJI FILM CITY

Für Kenner des Bollywood-Kitschs ist die vierstündige Tour durchs 800 ha große Filmproduktionskomplex der **Ramoji Film City** (außerhalb der Karte S. 962; ☎ 23235678; www.ramojifilmcity.com; Eintritt 200 Rs; ⌚ 9–18 Uhr) ein absolutes Muss. Hier gibt's einfach alles: Tanzszenen, knallbunte Springbrunnen, hauchdünne Filmkulissen – und das alles eingerahmt von einem Wild West Song mit Tanznummer. Wer sich das Royal Package (700 Rs) gönnt, wird sogar in einem klimatisierten Fahrzeug herumkutschiert und bekommt ein auch noch ein Mittagessen in einem Fünfsternehotel serviert. Hin geht's in den Bussen 205, 206 oder 207, Abfahrt vom Women's College 100 m nordöstlich vom Koti-Busbahnhof. Fahrtzeit: etwa eine Stunde.

NEHRU ZOOLOGICAL PARK

Einer der größten Zoos in Indien, der **Nehru Zoological Park,** (Zoo Park; Karte S. 962; ☎ 24477355; Nehru Zoological Park Rd; Eintritt 10 Rs, Foto 10 Rs; ⌚ Di–So 9–17 Uhr), ist in landschaftlich gestaltete Gärten eingebettet, die sich über eine Fläche von 1,2 km² erstrecken. Die 3000 Tiere sind in großen, offenen Gehegen untergebracht, weshalb dieser Zoo auf jeden Fall weniger deprimiert als viele andere asiatische Zoos. Löwen-„Safaris" (15 Rs) finden den ganzen Tag über statt.

Aktivitäten

Irgendwann werden zum **Theravada Ananda Buddha Vihara** (Karte S. 962; ☎ 27732421; Mahendra Hills; ⌚ 5.30–12.30 & 16–20.30 Uhr) auch ein Museum für buddhistische Kunst und eine Bibliothek mit buddhistischer Literatur gehören. Während der Recherchen war nur der Tempel – auf einem Hügel mit unglaublicher Aussicht – fertig gestellt. Betreute Meditationssitzungen und Vorträge finden sonntags von 17 bis 19 Uhr und bei Vollmond ab 11 Uhr statt.

Eine Autorickshaw ab Abids kostet ungefähr 40 Rs.

Kurse

Das **Vipassana International Meditation Centre** (Dhamma Khetta; außerhalb der Karte S. 962; ☎ 24240290; www.dhamma.org; Nagarjuna Sagar Rd, Kusumnagar) bietet 10-tägige Meditationsintensivkurse auf seinem blühenden Anwesen 20 km außerhalb der Stadt an. Die Kurse sind kostenlos. Jedoch muss man sich per E-Mail oder telefonisch im **Büro** (☎ 24732569) in Hyderabad anmelden. Am ersten und letzten Kurstag gibt's einen Shuttle-Service nach/von Hyderabad.

Geführte Touren

Die APTDC (s. S. 963) veranstaltet zahlreiche geführte Touren, darunter auch eine ganztägige Stadttour (190 Rs), eine Tour durch die Ramoji Film City (375 Rs), eine Nagarjuna-Sagar-Tour (310 Rs) und eine Tirupati-Tour (1725 Rs, 3 Tage). Bei der abendlichen Stadttour (140 Rs) geht's zur Hitec City, zum botanischen Garten und auch zur Light-and-Sound-Show am Golconda-Fort.

Die **Save the Rocks Society** (außerhalb der Karte S. 962; ☎ 23 552923; www.hyderabadgreens.org; 1236 Rd No 60, Jubilee Hills) organisiert einmal im Monat Wanderungen durch die Landschaft von Andhra, die das Bewusstsein für die Schäden durch verantwortungslose Steinbrucharbeiten schärfen sollen.

Schlafen

Die meisten Hotels erheben eine „Luxussteuer" von 5 %, die in den hier angegebenen Preisen nicht berücksichtigt ist. Die Zimmer sind oft ausgebucht: also lieber rechtzeitig telefonisch reservieren.

BUDGETUNTERKÜNFTE

Die besten Hotels finden Preisbewusste in Abids zwischen dem Abids Circle und dem Bahnhof von Hyderabad. In allen hier genannten Hotels kann man jeweils innerhalb von 24 Stunden auschecken.

Hotel Sri Brindavan (Karte S. 964; ☎ 23203970; Fax 232 00204; Nampally Station Rd; EZ/DZ ab 315/400 Rs; ❄) Der geschwungene Balkon und die frische zitronengelbe Farbe verleihen dem gut organisierten Hotel einen Hauch von Art

Deco. Die Zimmer sind sauber, ordentlich und übersichtlich, die auf der Rückseite sind erstaunlich ruhig.

Hotel Suhail (Karte S. 964; ☎ 24610299; Troop Bazaar; EZ/DZ ab 160/250 Rs) Liegt etwas versteckt hinter der Hauptpost und dem Grand Hotel. Im Suhail bekommt man was für sein Geld. Die Zimmer sind groß und ruhig, mit Balkon und haben immer warmes Wasser.

Hotel Saptagiri Deluxe (Karte S. 964; ☎ 24603601; www.hotelsaptagirindeluxe.com; Nampally Station Rd; Zi. ab 400 Rs; ❄) Auf eine besonders herzliche Begrüßung werden Traveller hier vergeblich warten, aber die (kleinen) Zimmer sind sauber und ziemlich neu.

Park Hotel (Karte S. 964; ☎ 55789125; Public Gardens Rd; EZ/DZ ab 325/435 Rs; ❄) In den verhältnismäßig kleinen Zimmern blättert die Farbe von der Wand. Immerhin sind sie sehr sauber und haben einen Balkon.

Hotel Annapurna (Karte S. 964; ☎ 24732616; Nampally Station Rd; EZ/DZ ab 175/275 Rs) Das Hotel ist ganz schön heruntergekommen, hat aber Flair. Die Zimmer sind wie Tortenstücke im Kreis angeordnet, in der Lobby hängt ein kitschiger Spiegel und das Personal ist einigermaßen professionell.

Wer erst spät am Bahnhof in Secunderabad ankommt, kann dort die sauberen, aber lauten **Retiring Rooms** (☎ 27786802; B ab 50 Rs, EZ/DZ ab 150/250 Rs; ❄) oder auch die nahe gelegene **Devi Deluxe Lodge** (Karte S. 962; ☎ 27713913; Rezimental Bazaar; EZ/DZ ab 300/350 Rs; ❄) ausprobieren.

MITTELKLASSEHOTELS

APTDC Paying-Guest Programm (☎ 23450444; Reservierung 24 Std.) Vermittelt Zimmer bei Gastfamilien für ca. 500 bis 600 Rs.

Alle der folgenden Hotels haben einen 24-Stunden-Checkout.

Hotel Jaya International (Karte S. 964; ☎ 24752929; hoteljaya@sancharnet.in; Hanuman Tekdi Rd; EZ/DZ ab 400/495 Rs; ❄) Sonnig, zentral, gut geführt – und oft rappelvoll: also rechtzeitig buchen. Das Frühstücksbuffet für 25 Rs ist ein echtes Schnäppchen.

Hotel Rajmata (Karte S. 964; ☎ 55665555; Fax 2320 4133; Public Gardens Rd; EZ/DZ 590/690 Rs) Das Rajmata hat recht unterschiedliche Zimmer. Die besseren sind groß und hell. Etwas überteuert, aber professionell geleitet. Echt hilfreich: der „Travel Desk".

Taj Mahal Hotel (Karte S. 964; ☎ 30622256; sundartaj@satyam.net.in; Ecke MG Rd & King Kothi Rd; EZ/DZ inkl. Frühstück ab 700/1050 Rs; ❄) Das weitläufige, altehrwürdige Gebäude zieren eine Pflanzenpracht und altertümliche Fensterrahmen. Einige Zimmer wurden mit antiken Möbeln eingerichtet. Die Zimmer sind von unterschiedlicher Qualität. Am besten ein paar unter die Lupe nehmen.

Taj Mahal Hotel (Karte S. 964; ☎ 24758221; King Kothi Rd; EZ/DZ ab 450/700 Rs; ❄) Ein Nachäffer, der direkt östlich vom Original steht. Das Hotel ist auf seine Art ganz nett, mit geräumigen Zimmern, die etwas von der Straße entfernt liegen. Alle sind mit Balkon und guten Badezimmern, in denen es immer warmes Wasser gibt, ausgestattet.

Hotel Harsha (Karte S. 964; ☎ 23201188; www.hotelharsha.net; Public Gardens Rd; EZ/DZ ab 690/825 Rs; ❄) Das kürzlich renovierte Harsha verfügt über helle Zimmer mit großen Fenstern. Die neuen Badezimmer haben blitzende Kacheln, fließend warmes Wasser und postmoderne Toiletten.

Yatri Nivas Hotel (Karte S. 962; ☎ 27816881; SP Rd, Secunderabad; EZ/DZ 800/900 Rs) Retro, mit großen, sauberen Zimmern, auch hier immer warmes Wasser. Außerdem: zwei anständige Restaurants und eine passable Bar.

SPITZENKLASSEHOTELS

Central Court Hotel (Karte S. 964; ☎ 23232323; www.thecentralcourt.com; Lakdi-ka-pul; EZ/DZ inkl. Frühstück ab 1795/2695 Rs; ❄ 💻) Zentrale Lage, makellos sauber und gut geführt. Bietet kostenlosen Transfer zum Flughafen an. Das Personal ist freundlich und hilfsbereit.

Fortune Katriya Hotel (Karte S. 962; ☎ 23325678; www.fortunekatriya.com; Raj Bhavan Rd, Somajiguda; EZ/DZ inkl. Frühstück ab 70/85 US$; ❄ 🏊) Im relativ neuen Katriya stimmt das Preis-Leistungs-Verhältnis. Die Zimmer sind einfach, aber exklusiv und mit allem modernen Komfort ausgestattet (außer Teppichen).

Taj Krishna (Karte S. 962; ☎ 55662323; www.tajhotels.com; Rd No 1 Banjara Hills; EZ/DZ ab 200/225 US$; ❄ 🏊) Mit dem Prunk ausgestattet, den man bei solch einem Preis erwarten darf: Die Lobby erinnert an einen *mahal* (Palast), in den Gängen glänzen marmordurchwirkte Fußböden und in den Zimmern warten elegante Möbeln und haufenweise Satinkissen auf die Besucher.

Essen

In der Küche von Andhra Pradesh gibt es zwei Richtungen. Die Moguln brachten leckere Biryanis, *haleen* (gestampfter, gewürzter Weizen mit Hammelfleisch – s. Kasten S. 970) und Kebabs mit. Der Andhra Style dagegen besteht aus Vegetarischem und ist für seine scharfen Gerichte berühmt.

STADTZENTRUM

Mozamjahi Market (Karte S. 962; Ecke Mukarramjahi Rd & Jawaharlal Nehru Rd; 6–18 Uhr) Hier gibt's super Früchte, Gemüse und Eiscreme. Auch die Architektur des Markts ist ein Genuss.

Kamat Hotel (Karte S. 962; SD Rd, Secunderabad; Gerichte 20–70 Rs; 7–22 Uhr;) Jedes Kamat – weitere Filialen gibt's in der AG's Office Rd., der Nampally Station Rd. und beim Troop Bazaar (Karte S. 964) – ist etwas anders, doch alle sind günstig und gut. Die Thalis (25 bis 37 Rs) schmecken immer lecker.

Hotel Natraj (Karte S. 964; Hanuman Tekdi Rd; Gerichte 18 Rs; 6.30–23 Uhr) Ein einfaches Lokal, das ausgezeichnete Thalis und Tiffins (Snacks) serviert.

Hotel Nayaab (Karte S. 962; Patthargatti; Hauptgerichte 30–80 Rs; 4–24 Uhr) Das Altstadt-Restaurant mit angeschlossener Bäckerei tischt Lamm-, Hühnchen, Kebab- und Biryanigerichte auf und hat die schönste Zimmerdecke in der Stadt.

New Anand Vihar (Karte S. 964; Ecke Himayatnagar Rd & Bashirbagh Rd; Snacks 8–35 Rs; 8.30–22.30 Uhr) Hervorragende *pav bhaji* (Gemüsecurry-Sandwiches), Samosa *chaats* (Snacks mit verschiedenen Geschmacksrichtungen) und andere kleine Gerichte.

Minerva Coffee Shop (Karte S. 962; Salar Jung Marg; Hauptgerichte 60–85 Rs; 7.30–22.30 Uhr;) Die nordindischen Thalis (85 Rs) in diesem Coffee Shop der alten Schulen sind ein Genuss – fünf leckere Currys und zum Abschluss Obstsalat und Eiscreme. All das mit Blick auf den Fluss.

Paradise Persis Restaurant (Karte S. 962; Ecke SP Rd & MG Rd, Secunderabad; Gerichte 50–150 Rs; 11.30–23.30 Uhr) Das Lokal bietet verschiedene Optionen, von der Kebabbude an der Straße bis zum edlen Restaurant unterm Dach; bekannt sind die Biryanis.

Palace Heights Restaurant & Bar (Karte S. 964; 8. OG, Triveni Complex; Hauptgerichte 90–170 Rs; 12–23 Uhr;) Eine Perle inmitten der schmutzigen Schale eines alten Innenstadtgebäudes. Ein sagenhafter Ausblick, ein exzellenter Service, eine Weinkarte mit vernünftigen Preisen (500 Rs die Flasche) und ein umfangreiches Speisenangebot sprechen für sich.

ETWAS BESONDERES

Gufaa (Karte S. 964; Ohri's Cuisine Court, Bashirbagh Rd; Hauptgerichte 115–195 Rs; 11.30–15.30 & 19–24 Uhr;) Im exzentrischsten aller Themenrestaurants in Hyderabad gibt's Felswände aus Pappmaché mit afrikanischen Masken, Polster mit Leopardenmuster, funkelnde Sterne an der Decke, rote Rosen auf den Tischen und Peshawari-Gerichte. Aber irgendwie passt alles zusammen und das „Dhal with Roti" (Eintopf mit schwarzen Linsen, abgeschmeckt mit frischer Sahne und Tomaten und serviert mit Chili-Fladenbrot) wird hier zum besonderen Leckerbissen.

Karachi's (Karte S. 964; Jawaharlal Nehru Rd, Abids; Gerichte 15–35 Rs; Di–So 10.30–22.30 Uhr;) Ein leicht schäbiges, aber witziges Fastfood-Lokal mit guten *chaats* (Snacks), Pizzas und den ominösen „Chinese Dosas".

BANJARA HILLS

Mainland China (Karte S. 962; GS Plaza, Rd No 1; Hauptgerichte 110–225 Rs; 12.30–15.30 & 19.30–23.30 Uhr;) Hier gibt's fabelhaftes chinesisches Essen in ruhigem Ambiente. Zu den fein abgeschmeckten Gerichten gehören Fischfilets mit Shaoxiang-Wein und Mu-Err-Pilzen.

Ohri's Far East (Karte S. 962; Rd No 12; Hauptgerichte 100–220 Rs; 12–0 Uhr;) Hat eine panasiatische Speisekarte mit exquisiten Gerichten. Unbedingt die malayischen gebratenen Mungobohnensprossen mit geriebener Kokosnuss probieren (130 Rs). Das Tadka, ein gutes nordindisches Restaurant, findet sich ein Stock tiefer.

Angeethi (Karte S. 962; 7. OG, Reliance Classic Bldg, Rd No 1; Hauptgerichte 90–150 Rs; 12.30–15.30 & 19–23.30 Uhr;) Das reichlich übertriebene Interieur soll an eine alte *dhaba* (Snackbar) im Punjab erinnern. Das Angeethi bereitet außerordentlich gute nordindische und Punjabi-Speisen zu, darunter ein Mais-*methi-malai* (Zuckermaiseintopf mit Bockshornkleeblättern).

Ausgehen

CAFÉS

Hyderabad ist vernetzt, deshalb gibt's natürlich:

Barista (Karte S. 962; Reliance Classic Bldg, Rd No 1; Kaffee 20–45 Rs; 8–23.30 Uhr;)

GUT DING WILL GESTAMPFT WERDEN

Wer im Ramadan (örtlich auch bekannt als Ramazan) durch Andhra Pradesh reist, sollte nach Tonöfen, so genannten *bhattis*, Ausschau halten – wobei sie meist mit den Ohren und nicht mit den Augen entdeckt werden. Männer versammeln sich um einen Ofen und stampfen abwechselnd kräftig das *haleen*, eine Mischung aus Fleisch und Weizen, in dem dafür vorgesehenen Gefäß. Bei Einbruch der Nacht beginnt das große Essen – für das es sich durchaus zu warten lohnt.

Café Coffee Day (Karte S. 964; MPM Mall; Kaffee 15–40 Rs; 8–23.30 Uhr;)

BARS

In Begumpet hat es einige Bars, die ganz o. k. sind. Sonst finden sich nur noch auf den Banjara Hills ein paar Lounges – die haben Atmosphäre und gesalzene Preise. Die folgenden Lokale servieren Mittag- und Abendessen; Loungebetrieb ist von 18 bis 24 Uhr. Für ein Bier muss man 120 Rs aufwärts, für einen Cocktail 250 Rs aufwärts berappen.

Touch (Karte S. 962; Trendset Towers, Rd No 2, Banjara Hills; Sa 1000 Rs pro Paar;) Das Touch protzt mit einer Art femininem *Star-Wars*-Look; mit futuristischen weißen Möbeln und Trennwänden aus Chiffon. Überhaupt dreht sich hier alles um das äußere Erscheinungsbild: eine elegante, gemütliche Bar, in der man schöne Menschen sieht.

Fusion 9 (Karte S. 964; 1st Ave, Rd No 1, Banjara Hills;) Weiches Licht und kuscheliges Dekor bieten ein nettes Ambiente für den Livejazz, der hier freitags gespielt wird. Das Essen (Hauptgerichte 140–215 Rs) schmeckt.

Cinnabar Redd (Karte S. 962; 1st Ave, Rd No 1, Banjara Hills;) Befindet sich im gleichen Gebäude wie das Fusion 9. Das Cinnabar Redd ist in roten Samt und Kerzenlicht gehüllt. Am Wochenende legt ein DJ auf, dienstags gibt's für Ladies ein Freigetränk.

Unterhaltung

Knock 10 (Karte S. 964; ☎ 55250055; MPM Mall; 75–90 Rs; 9.30–0 Uhr) Bowling, Autoskooter und Skeeball.

Ravindra Bharati Theatre (Karte S. 964; ☎ 2323 3672; www.artistap.com; Public Gardens Rd) Theater mit regelmäßigen Musik-, Tanz- und Theatervorstellungen. Den Spielplan findet man in den örtlichen Zeitungen.

Hyderabad Film Club (Karte S. 962; ☎ 23730265; Ameerpet) Der Filmclub zeigt ausländische Filme, manchmal zusammen mit der Alliance Française.

In einigen Kinos gibt's auch englischsprachige Filme:

Prasad's Multiplex (Karte S. 962; ☎ 23448989; NTR Marg) Ein riesiges IMAX-Kino.

Sangeet (Karte S. 962; ☎ 27703864; SD Rd, Secunderabad) Zeigt hauptsächlich Blockbuster aus Hollywood.

Skyline/Sterling Complex (Karte S. 964; ☎ 23222633; Bashirbagh) Ähnlich wie das Sangeet.

Shoppen

Die spannendsten Einkaufsmöglichkeiten bieten die Basare in der Nähe des Charminar (s. S. 963). Hier gibt's erlesene Perlen, Seide und andere Stoffe, Gold und Armreife, soweit das Auge blickt.

Hyderabad Perfumers (Karte S. 962; Patthargatti; Mo–Sa 10–20.30 Uhr) Gehört einer Familie, die den Betrieb schon in der vierten Generation leitet. Im Handumdrehen kreieren sie ein individuelles Parfüm.

Afreen Suits & Saris (Karte S. 962; Patthargatti; 11–23 Uhr) Großes Seide- und Stoffsortiment zu Fixpreisen. Hier werden auch Kreditkarten akzeptiert.

Fabindia (Karte S. 962; Rd No 9, Banjara Hills; Di–So 10–19.30 Uhr) Das fabelhafte Fabindia verkauft traditionelle Damen- und Herrengewänder aus tollen Stoffen zu anständigen Preisen.

Planet M (Karte S. 964; MPM Mall; 11–21 Uhr) Hat englisch untertitelte Bollywood-DVDs im Angebot.

Kalanjali (Karte S. 964; Public Gardens Rd; Mo–Sa 9.30–20.30 Uhr) Riesige Auswahl an Kunst, Kunsthandwerk, Stoffen und Kleidung. In Kalanjali kann man sich gut auf den Basar vorbereiten: Die Preise sind zwar höher, aber dennoch bekommt man in entspannter Atmosphäre ein Vorstellung, was die Sachen wert sind.

Außerdem gibt's in Hyderabad mehrere staatliche Läden, u. a.:

Jammu Kashmir Cottage Emporium (Karte S. 964; Babukhan Estate, Bashirbagh Rd; Mo–Sa 9.30–21 Uhr)

Lepakshi (Karte S. 964; Gunfoundry; Mo–Sa 10–20 Uhr) Andhra-Kunsthandwerk.

UP Handlooms (Karte S. 964; MG Rd; Mo–Sa 10–20.30 Uhr) Kunsthandwerk und Möbel aus Uttar Pradesh.

An- & Weiterreise

Von Hyderabad aus kommt man mit dem Flugzeug, dem Auto oder dem Zug in die meisten großen Städten Indiens. Die meisten internationalen Flüge legen einen Zwischenstopp in Mumbai ein.

FLUGZEUG

Die Büros der Fluglinien sind normalerweise montags bis freitags von 10 bis 17.30 Uhr geöffnet, mit einer Mittagspause dazwischen, außerdem samstags von 10 bis 13 Uhr.

Indian Airlines (Karte S. 964; ☎ 23299333; AG's Office Rd) fliegt nach Tirupati (95 US$, 4-mal wöchentl.), Bangalore (125 US$, 2-mal tgl.), Visakhapatnam (120 US$, 1-mal tgl.), Chennai (125 US$, 3-mal tgl.), Mumbai (130 US$, 3-mal tgl.), Kolkata (230 US$, 1-mal tgl.) und Delhi (230 US$, 2-mal tgl.).

Jet Airways (Karte S. 962; ☎ 23401222; Nav Bharat Chambers, Raj Bhavan Rd, Somajiguda) hat ähnliche Preise wie Indian Airlines und fliegt täglich nach Bangalore, Chennai, Delhi, Kolkata und Mumbai. **Air Sahara** (Karte S. 964; ☎ 23212237; Secretariat Rd) bietet tägliche Flugverbindungen nach Bangalore, Delhi, Kolkata und Pune an. **Air Deccan** (Karte S. 962; ☎ 30902527, Callcenter ☎ 9845777008; 1st Ave, Rd No 1, Banjara Hills) fliegt täglich nach Bangalore, Chennai, Delhi, Tirupati, Vijayawada und Visakhapatnam. Die Flüge dieser Airline kosten nur etwa die Hälfte.

Hier einige der Büros der internationalen Fluglinien in Hyderabad:

Air India (Karte S. 964; ☎ 23389711; HACA Bhavan, AG's Office Rd)
British Airways (Karte S. 964; ☎ 23241661; Chapel Rd)
Cathay Pacific (Karte S. 962; ☎ 27702234; 44 SD Rd, Secunderabad)
GSA Transworld Travels (Karte S. 964; ☎ 23210947; Chapel Rd) Für Qantas.
Interglobe Air Transport (Karte S. 964; ☎ 23233590; Chapel Rd) Für Air New Zealand, Delta, South African, United und Virgin Atlantic.
Jetair Tours (Karte S. 964; ☎ 23230947; 1. OG, Summit House, Hill Fort Rd) Für Air France, American und Gulf Air.

BUS

Es ist kaum zu fassen, wie effizient der Fernbusbahnhof von Hyderabad funktioniert. Vom **Mahatma-Gandhi-Busbahnhof** (Imlibun; Karte S. 962; ☎ 24601126) aus fahren Busse in alle Winkel von Andhra Pradesh und auch in andere Bundesstaaten (s. Tabelle rechte Spalte). Gebucht wird im **computergestützten Reservierungsbüro** (🕑 8–21 Uhr). Vom **Jubilee-Busbahnhof** (Karte S. 962; ☎ 27802203) in Secunderabad verkehren Busse nach Bidar (56 Rs, 4 Std., 4-mal tgl.) und Bangalore (Deluxe 325 Rs, 12 Std., 5-mal tgl.). Außerdem fährt auch noch täglich ein klimatisierter Superdeluxe-Bus der Marke Volvo nach Bangalore (555 Rs, 10 Std.) und Chennai (600 Rs, 12 Std.).

Private Busunternehmen, die mit ihren Superdeluxe-Bussen die Strecke nach Bangalore, Mumbai, Chennai, Nagpur und Tirupati bedienen, unterhalten Büros auf der Nampally High Rd. in der Nähe des Bahnhofseingangs.

Folgende Busse verkehren vom Mahatma-Gandhi-Busbahnhof aus:

Ziel	Preis (Rs)	Dauer (Std.)	Häufigkeit
Bangalore	310 (D)/550 (V)/570 (A)	12/10/10	15-mal tgl.
Bijapur	148 (O)/ 212 (D)	10	2-mal tgl.
Chennai	600 (V)	12	1-mal tgl.
Hospet	380 (D)	12	2-mal tgl.
Mumbai	380 (D)/ 700 (V)	16/12	1-mal tgl.
Nagarjunakonda	62 (O)	3	stündl.
Tirupati	293 (D)/ 500 (V)	12/10	10-mal tgl.
Vijayawada	140 (O)	6	alle 30 Min.
Warangal	55 (O)/78 (D)	3	stündl.

(O) – Standard, (D) – Semideluxe, (A) – AC Sleeper, (V) – Volvo AC

ZUG

Secunderabad (Karte S. 962), Hyderabad bzw. Nampally (Karte S. 962) und Kacheguda (Karte S. 962) sind die drei wichtigsten Bahnhöfe. Die Züge, die in Secunderabad (und nicht in Hyderabad) starten, halten in Kacheguda, von wo aus man bequem nach Abids kommt. Die wichtigsten Routen finden sich im Kasten auf S. 972. Tickets können an den Bahnhöfen von Hyderabad und Secunderabad montags bis samstags zwischen 8 und 20 Uhr (Sonntag bis 14 Uhr) gebucht werden. In beiden Bahnhöfen gibt es einen Touristeninformationsschalter. Allgemeine Infos: ☎ 131. Reservierungen: ☎ 135.

WICHTIGE ZÜGE AB HYDERABAD & SECUNDERABAD

Ziel	Zugnummer & Name	Preis (Rs)	Dauer (in Std.)	Abfahrt
Bangalore	2430 *Rajdhani*	1065/1625	12	Mo, Di, Fr & Sa 19.25 Uhr S
	7085 *Secunderabad–Bangalore Exp*	268/762/1118	12	18.40 Uhr S, 19 Uhr K
Chennai	7054 *Hyderabad–Chennai Exp*	281/762/1118	13	15.45 Uhr H, 16.20 Uhr S
	2760 *Charminar Exp*	319/837/1260	14	20.10 Uhr H, 20.40 Uhr S
Delhi	2723 *Andhra Pradesh Exp*	473/1275/1991	22	6.40 Uhr H, 7.10 Uhr S
	2429/2437 *Rajdhani*	1750/2520	22	Mo–Fr 6.55 Uhr S
Kolkata	2704 Falaknuma Exp	434/1078/1873	27	17.40 Uhr S
	7046 East Coast Exp	454/1088/1883	31½	6.50 Uhr H, 7.10 Uhr S
Mumbai	7002 *Hussain–Sagar Exp*	297/762/1118	15	14.20 Uhr H
	7032 *Hyderabad–Mumbai Exp*	297/762/1118	16	20.40 Uhr H
Tirupathi	7424 *Narayanadri Exp*	268/762/1118	14	18 Uhr S
	7497 *Venkatadri Exp*	268/762/1118	12	20 Uhr K

S – Secunderabad, H – Hyderabad, K – Kacheguda. Rajdhani-Tarife gelten für 3AC/2AC; Express-(Exp-)Tarife für Sleeper Class/3AC/2AC.

Unterwegs vor Ort

VOM/ZUM FLUGHAFEN

Der Flughafen von Hyderabad (Karte S. 962) liegt in Begumpet, 8 km nördlich von Abids. Hin geht's von Abids aus mit der Autorickshaw (30–40 Rs) oder dem Taxi (120 Rs). Eine Prepaid-Autorickshaw vom Flughafen kostet 75 Rs.

AUTO

Um den Bahnhof Nampally herum kann man ein Auto samt Fahrer mieten; **City Cabs** (☎ 27760000; Begumpet) ist ein zuverlässiger Taxidienst für Stadtfahrten. Für weiter entfernte Strecken sind **Banjara Travels** (☎ 23394368; Rd No 12, Banjara Hills) oder **Ravi's Tours & Travels** (☎ 55768462; DK Rd, Ameerpet) empfehlenswert.

AUTORIKSCHA

Die Fahrer schalten in der Regel ihre Taxameter ein. Für den ersten Kilometer werden 8 Rs fällig, für jeden weiteren dann 4 Rs. Zwischen 22 und 5 Uhr kommt ein Aufschlag von 50 % dazu.

BUS

Vom Koti-Busbahnhof (Karte S. 962) aus gibt's viele gute Nahverkehrsverbindungen. Wer hierher kommt, ergattert vielleicht einen Sitzplatz. Mit dem „Travel as you like"-Ticket (30 Rs), das der Busschaffner verkauft, können Traveller am Tag des Ticketkaufs in der ganzen Stadt herumfahren.

Praktische Nahverkehrsstrecken sind:

Bus	Route
20D	Jubilee-Bahnhof–Charminar
1P	Bahnhof Secunderabad–Jubilee-Bahnhof
2, 8A, 2U, 2V, 8U	Charminar–Bahnhof Secunderabad
1K, 40, 1B, 3SS	Bahnhof Secunderabad –Koti
20P, 20V, 49, 49P	Bahnhof Secunderabad –Nampally
65G, 66G	Charminar–Golconda
7Z	Bahnhof Secunderabad–Zoo Park
87	Charminar–Nampally
119OR, 142M	Nampally–Golconda
142K	Koti–Golconda

NAGARJUNAKONDA

☎ 08680

Die uralten Überbleibsel der 150 km südöstlich von Hyderabad gelegenen Stätte wurden 1926 vom Archäologen A. R. Saraswathi entdeckt. Bis 1953 gab es zwei größere Ausgrabungen. Als bekannt wurde, dass das Gebiet vom **Nagarjuna Sagar**, dem 1960 realisierten Stausee, überflutet werden würde, folgte eine große, auf sechs Jahre angelegte Ausgrabung, die die vielen buddhistischen Zeugnisse der Vergangenheit an die Erdoberfläche bringen sollte: Stupas, *viharas* (Klosterkomplexe), *chaityas* (Tempel) und *mandapams* (Säulenhallen), aber auch einige in weißen Marmor gebannte außergewöhnliche Darstellungen aus Buddhas Leben. All das ist in Nagarjunakonda auch heute noch zu sehen – nun auf einer künstlichen Insel inmitten des Stausees.

Prähistorische Funde lassen vermuten, dass schon vor 200 000 Jahren Menschen in dieser Region lebten. Ab dem 2. Jh. v. Chr. bis zu Beginn des 3. Jhs. n. Chr. waren Nagarjunakonda und das nahe gelegene Amaravathi Zentren mächtiger hinduistischer und buddhistischer Reiche.

Vielleicht wurde Nagarjunakonda nach Nagarjuna benannt, einem verehrten buddhistischen Mönch, der im 2. Jh. n. Chr. fast 60 Jahre lang die Sangha (Gemeinschaft von buddhistischen Priestern) leitete. Er gründete die Madhyamaka-Schule, in der die Lehren des Mahayana-Buddhismus entwickelt und gelehrt wurden.

Sehenswertes

NAGARJUNAKONDA MUSEUM

Das sorgfältig geplante **Museum** (Inder/Ausländer 2 Rs/2 US$; Sa–Do 9.30–15.45 Uhr) stellt steinzeitliche Äxte, Hacken und Speere aus. Mehr beeindrucken dürften aber die Buddha-Statuen und die behauenen Steinplatten, die einst die Stupas zierten. Die meisten von ihnen stammen aus dem 3. Jh. n. Chr. Sie stellen Szenen aus Buddhas Leben dar, dazwischen finden sich immer wieder *mithuna*-Figuren (Paare beim Liebesakt) mit Schlafzimmerblick.

Barkassen (45 Rs, 1 Std.) setzen täglich um 8.30 und 13.30 Uhr von Vijayapuri zur Insel über.

Die Barkassen fahren jeweils nach 30 Minuten wieder zurück. Um alle Highlights ohne Hatz bewundern zu können, empfiehlt es sich, mit der Barkasse morgens hin- und nachmittags wieder zurückzuschippern. An Wochenenden und in Ferien sind die Barkassen oft gerappelt voll, weshalb manchmal Expressbarkassen für 60 Rs verkehren. Proviant und Wasser nicht vergessen!

Schlafen & Essen

Nagarjunakonda ist beliebt. Besonders während der Schulferien im Mai sind die Unterkünfte oft dicht.

Nagarjuna Resort (☎ 08642-242471; Zi. ab 370 Rs; ❄) Die bequemste Unterkunft direkt gegenüber der Straße, von der die Barkasse ablegt. Die Zimmer sind geräumig und mit Boiler ausgestattet. Zur Vorderseite hat man eine gute Aussicht. Das Restaurant kocht multikulti.

Project House (Punnami; ☎ 276540; Zi. ab 200 Rs; ❄) 5 km vom Landesteg entfernt, gegenüber vom zentralen Busbahnhof in der Hill Colony. Einfache, aber saubere Zimmer; das Vegi-Restaurant ist o. k.

Vijay Vihar Complex (☎ 277362; Zi. ab 450 Rs; ❄) Liegt weitere 2 km den Hügel hinauf. Eine elegante Herberge oberhalb des Sees. Die Zimmer im Samagamam-Gebäude (650 Rs) haben Balkone mit toller Aussicht. Das Restaurant bietet verschiedene vegetarische und nichtvegetarische Speisen an (40 bis 60 Rs).

An- & Weiterreise

Am einfachsten gelangt man nach Nagarjunakonda mit einer Tour der **APTDC** (☎ 040-27893100; Touren 310 Rs). Die Touren starten bei entsprechender Nachfrage täglich um 7 Uhr am Yatri Nivas Hotel (s. S. 968) in Hyderabad und sind um 21.30 Uhr zurück.

Wer jedoch lieber auf eigene Faust loszieht, fährt mit einem der Busse, die regelmäßig zwischen Hyderabad, Vijayawada und dem Nagarjuna Sagar hin- und herpendeln. Die nächste Zugstation befindet sich im 22 km entfernten Macherla. Von dort aus fahren regelmäßig Busse zum Nagarjuna Sagar.

WARANGAL

☎ 0870 / 528 570 Ew.

Warangal war die Hauptstadt des Königreichs Kakatiya, das sich seit dem späten 12. Jh. über große Teile des heutigen Bundesstaats Andhra Pradesh erstreckte und schließlich im frühen 14. Jh. von den Tughlaqs von Delhi erobert wurde. Die hinduistischen Kakatiyas waren große Bauherren und Förderer der Künste. Während ihrer Herrschaft erreichte die Tempelarchitektur der Chalukyas ihren Höhepunkt.

Wer sich für die Baugeschichte der hinduistischen Tempel interessiert, sollte in die sympathische Stadt Warangal und nach Palampet (s. S. 975) fahren. Wenngleich es etwas anstrengend ist, kann man auch beide Orte an einem Tag vom 157 km entfernten Hyderabad aus besuchen.

Warangal ist ein Umschlagplatz für Baumwolle. In kühleren Monaten gibt's um den Busbahnhof herum einen farbenfrohen Wollmarkt.

Orientierung & Praktische Informationen

Der Bahnhof und der Busbahnhof von Warangal liegen einander gegenüber. Post und Polizei finden sich vom Bahnhof aus links in der Station Rd. Die Main Rd. verbindet Warangal mit Hanamkonda.

Rund ums Hotel Ratna gibt's einige **Internetcafés** (MG Rd; pro Std. ca. 40 Rs). Was Geld angeht, muss man sich in Warangal mit dem Geldautomaten (Visa und Plus) der **State Bank of Hyderabad** (Station Rd) begnügen.

Sehenswertes

FORT

Das **Fort** (Inder/Ausländer 5 Rs/2 US$) von Warangal war einst ein massiver Bau mit drei separaten runden Festungen, die von einem Wassergraben umgeben waren. Vier nach den Himmelsrichtungen angeordnete Wege mit verzierten Toren führten zu einem riesigen Shiva-Tempel im Zentrum der Anlage. Außer den Toren ist nahezu alles zu Ruinen verfallen.

Das Fort ist von Warangal aus recht leicht per Bus, Fahrrad oder Autorikscha (50 Rs Hin- und Rückfahrt, inkl. Wartezeit) zu erreichen.

HANAMKONDA

Der 1163 erbaute **Tempel der tausend Säulen** (⌚ 6–18 Uhr) liegt am Hang des Hanamkonda Hill 400 m von der Hanamkonda-Kreuzung entfernt. Er ist ein prachtvolles Beispiel für die Chalukya-Architektur, das mitten in einer friedvollen, begrünten Anlage steht. Der den drei Gottheiten Shiva, Vishnu und Surya geweihte und sorgfältig restaurierte Tempel besitzt aufwändig aus Stein gehauene Säulen und einem sehr beeindruckenden Nandi in der Mitte.

3 km den Berg runter steht rechts der kleine **Siddheshwara-Tempel**. Der **Bhadrakali-Tempel** steht hoch auf einem Hügel zwischen Hanamkonda und Warangal; in ihm ruht eine sitzende Steinstatue der Kali mit einer Waffe in jeder ihrer acht Hände.

Schlafen

In Warangal gibt's einige gute Budgethotels. Der Bahnhof verfügt über zwei **Retiring Rooms** (Zi. ohne/mit Klimaanlage 100/200 Rs; ❄). In allen gelisteten Unterkünften kann jeweils innerhalb von 24 Stunden ausgecheckt werden.

Hotel Surya (☎ 2441834; Fax 2441836; Station Rd; EZ/DZ inkl. Frühstück ab 350/400 Rs; ❄) Das moderne und extrem gut geführte Hotel in der Nähe des Bahnhofs hat schmucke Zimmer mit fließend warmem Wasser und ein gutes Restaurant im Erdgeschoss.

Vijaya Lodge (☎ 2501222; Fax 2446864; Station Rd; EZ/DZ ab 120/155 Rs) Liegt etwa 100 m die Straße hoch. Ein echt günstiges Hotel mit ordentlichen, kompakten zitronengelben Zimmern.

Hotel Ratna (☎ 2500645; Fax 2500096; MG Rd; EZ/DZ ab 200/299 Rs; ❄) Im professionell geführten Ratna glänzen die Fußböden. Gezahlt werden kann mit MasterCard und Visa. Das Vegi-Restaurant mit dem Namen Kavya bekommt gute Noten (Hauptgerichte 40–75 Rs).

Hotel Ashoka (☎ 2578491; Fax 2579260; Main Rd, Hanamkonda; EZ/DZ ab 295/425 Rs; ❄) Nicht so gut wie das Ratna, aber ganz o. k. Zum Komplex gehören ein vegetarisches und ein nichtvegetarisches Restaurant, Bar/Restaurant und ein Pub.

Essen

In Warangal gibt's mehrere Lokale, von denen einige schon bessere Zeiten erlebt haben. Empfehlenswert sind die Restaurants in den Hotels.

Sri Raghavendra Bhavan (Station Rd; Gerichte 20 Rs; ⌚ 7–22 Uhr) Beim Hotel Surya ums Eck. Hier gibt's das beste Essen in Warangal …

Ruchi Tiffins (Main Rd; Gerichte 17 Rs; ⌚ 7.30–23 Uhr) … und hier in Hanamkonda.

Surabhi (Station Rd; Hauptgerichte 40–75 Rs; ⌚ 7–23 Uhr; ❄) Erstaunlich gutes Essen in mehr oder wenig elegantem Ambiente. Auf der Speisekarte finden sich phantasievolle Kreationen wie der „Surabhi Special Dosa", der mit Karotten, *paneer* (Frischkäse), Zwiebeln und Ghee (30 Rs) gefüllt ist.

An- & Weiterreise

Von Warangal aus gibt's Busverbindungen nach Vijayawada (105 Rs, 7 Std., 7-mal tgl.). Zum Hanamkonda-Busbahnhof befördern einen Busse für 4 Rs; von hier aus fahren regelmäßig Busse nach Hyderabad (74 Rs, 3½ Std.).

Warangal ist ein wichtiger Umsteigebahnhof. Regelmäßig fahren Züge nach Hyderabad (49/209 Rs für 2. Klasse/Chair

Class, 3 Std.), Vijayawada (71/282 Rs für 2. Klasse/Chair Class, 4 Std.) und Chennai (281/735/1126 Rs für Sleeper class/3AC/2AC, 10 Std.). Nach Delhi sind täglich drei Züge unterwegs, einer fährt in Richtung Ahmedabad, Jaipur und Varanasi.

Unterwegs vor Ort

Bus Nr. 28 fährt zum Fort in Mantukonda. Auch zu allen anderen Stätten gibt's regelmäßige Busverbindungen. Fahrräder verleiht **Ramesh Kumar Cycle Taxi** (Station Rd; 2 Rs/Std.; ⌚ 8–22.15 Uhr). Eine Sammelautorikscha kostet 5 Rs pro Fahrt.

RUND UM WARANGAL

Palampet

Etwa 60 km nordöstlich von Warangal liegt der 1234 erbaute, überwältigende **Ramappa-Tempel** (⌚ 6–18.30 Uhr). Dieses herrliche Beispiel für die Kakatiya-Architektur weist aber auch deutliche Chalukya- und Hoysala-Einflüsse auf. Ganz besonders sehenswert sind hier die kunstvoll behauenen Säulen und die Dachvorsprünge, die fein gearbeiteten Statuen mit weiblichen Formen Schutz bieten.

Knapp 1 km südlich davon erbauten die Kakatiyas den **Ramappa Cheruvu**. Der künstliche See wurde einst als Tempelbecken angelegt und fügt sich heute ganz natürlich in die Landschaft ein.

Am besten kommt man mit dem eigenen Auto nach Palampet. Zwar verkehren häufig Busse von Hanamkonda nach Mulugu (22 Rs), aber ob von dort aus ein Bus weiter nach Palampet gondelt, steht normalerweise in den Sternen.

VISAKHAPATNAM

☎ 0891 / 1,3 Mio. Ew.

Visakhapatnam – auch bekannt als Vizag (*wie*–sag) – ist die zweitgrößte Stadt in Andhra Pradesh. Auf Besucher wirkt Visakhapatnam ein wenig wie ein in die Jahre gekommener Ferienort am Meer. Heute ist die Stadt mehr für die Schiffsbau- und Stahlindustrie bekannt als für seine Strände. Die platt gelatschte Strandpromenade am Ramakrishna Beach trotzt den Zeichen der Zeit. Und der Strand im nahe gelegenen Rushikonda gehört zu den besten in Andhra. Außerdem eignet sich die Stadt als Startpunkt für einen Ausflug ins Araku-Tal (s. S. 976).

Orientierung

Visakhapatnams Bahnhof befindet sich inmitten vom Trubel der Läden und Hotels in der Nähe des Hafens; der Waltair und der Ramakrishna Beach liegen 2 km südöstlich davon, der Busbahnhof, der so genannte RTC Complex, etwa 1,5 km nordwestlich.

Praktische Informationen

Geldautomaten gibt's fast an jeder Ecke, u. a. findet sich einer von der State Bank of India am Bahnhof und einer der Andhra Bank im Dwarkanigar Complex in der Nähe des Busbahnhofs. Beide nehmen Visa.

Bei **iWay** (CMR Complex, Daba Gardens, Main Rd; 25 Rs/Std.; ⌚ 9–21 Uhr) kann im Internet gesurft werden.

Sehenswertes & Aktivitäten

An den langen Stränden von **Waltair** schweift der Blick auf den Golf von Bengalen mit seinen riesigen Schiffen und den knallbunt gestrichenen Fischerbooten. In der Nähe erkennt man die **Dolphin's Nose**, ein felsiges Kap, das in den Hafen ragt.

Die besten Badestrände gibt's 8 km weiter nördlich in **Rushikonda**. Auf dem Weg dorthin kommt man am **Kailasagiri Hill** mit Garten, Spielplatz und gewaltigen Shiva- und Parvati-Skulpturen vorbei. Die Aussicht vom Hügel und aus der **Kailasagiri Passenger Ropeway** (☎ 2551334; Eintritt 35 Rs; ⌚ Nov.–Mai 11–13 & 15–20.30 Uhr, Juni–Okt. 15–18.30 Uhr) ist schlicht großartig.

Auf dem Simhachalam Hill 10 km nordwestlich der Stadt steht ein schöner, im Orissa-Stil erbauter **Vishnu-Tempel** (⌚ 6–10 & 16–18 Uhr) aus dem 11. Jh. Man kann eine *puja* (10 bis 100 Rs) an die mit Sandelholzpaste bedeckte Gottheit spenden. Hin geht's mit dem Bus Nr. 6 A/H.

Geführte Touren

APTDC (Bahnhof ☎ 2587067, Busbahnhof ☎ 2746446) Veranstaltet ganztägige Touren durch die Stadt inklusive Abstecher zum Vishnu-Tempel (280 Rs) sowie Tagesausflüge ins Araku-Tal und zu den Borra-Höhlen (s. S. 976; 375 Rs).

Schlafen & Essen

VISAKHAPATNAM

Budget- und Mittelklassehotels reihen sich am Bahnhof aneinander, wo es auch **Retiring Rooms** (Zi. ab 200 Rs; ❄) gibt. Nachts bekommt man am Ramakrishna Beach gegrillten Fisch (80 Rs).

Sree Kanya Lodge (☎ 2564881; Fax 2554184; Bowdara Rd; EZ/DZ ab 200/350 Rs;) Gleich beim Bahnhof. Eine saubere, einfache Unterkunft mit 24-Stunden-Checkout und Warmwasser.

Park (☎ 2754488; www.theparkhotels.com; Beach Rd; EZ/DZ ab 2600/3000 Rs;) Direkt am Strand. Alle Zimmer mit Meerblick. Ein elegantes Hotel, das aber mal einen frischen Anstrich vertragen könnte.

Masala (Signature Towers, Dwarakanagar; Hauptgerichte 40–95 Rs; 11.30–15 & 7.30–23 Uhr;) Beim Sampath-Vinayaka-Tempel. Die Andhra-, Tandoori- und Chinagerichte sind überirdisch gut. Unbedingt *royyala pulusu* (Garnelen nach Andhra-Art; 85 Rs) probieren.

New Andhra Hotel (Sree Kanya Lodge, Bowdara Rd; Hauptgerichte 25–75 Rs; 11.30–15.30 & 7–23.30 Uhr;) Ein bescheidenes, kleines Lokal, das großartige und verdammt scharfe Andhra-Speisen serviert.

RUSHIKONDA

Sai Priya Resort (☎ 2790333; www.saipriya.com; Bungalows/Zi. ab 500/800 Rs;) Eine ruhige Anlage am Strand mit eleganten Zimmern und coolen Hütten aus Bambus und Rohr. Grausam früh aber der Checkout: um 8 Uhr. Und die Servicegebühr von 10% ist auch ganz schön happig.

Punnami Beach Resort (☎ 2790733; Zi. 950 Rs;) Steht oben auf einem Hügel, 5 Gehminuten vom Strand entfernt. Das Punnami bietet geräumige Zimmer mit Meerblick. Die Gerichte des Restaurants sind gut und günstig.

An- & Weiterreise

FLUGZEUG

Visakhapatnams **Flughafen** (☎ 2572020) liegt 13 km westlich der Stadt. Eine Autorikscha sollte für 150 Rs zu bekommen sein. Bus Nr. 38 kostet 6 Rs. **Indian Airlines** (☎ 2746501, 2572020; LIC Bldg) fliegt nach Chennai (130 US$, tgl.), Hyderabad (120 US$, tgl.), über Bhubaneswar (130 US$) nach Kolkata (155 US$, 3-mal wöchentl.) und nach Delhi (295 US$, 4-mal wöchentl.).

Air Deccan (☎ 9849677008) bietet täglich Flüge nach Hyderabad für rund 2500 Rs.

SCHIFF/FÄHRE

Gelegentlich fahren Schiffe nach Port Blair und zu den Andamanen (s. S. 1137). Wer's versuchen will: Buchungen für die 56-stündige Fahrt nimmt das **Shipping Office** (☎ 2565597; Av Bhanoji Row; 8–17 Uhr) im Hafenkomplex entgegen.

BUS

Von/nach Visakhapatnam fahren die meisten mit dem Zug. Der **Busbahnhof** (☎ 2746400) ist dennoch gut organisiert und es verkehren regelmäßig Busse nach Vijayawada (Deluxe 193 Rs, 9 Std.).

ZUG

Der Bahnhof Visakhapatnam Junction liegt auf der Strecke zwischen Kolkata und Chennai. Der Nachtzug *Coromandel Express* (338/900/1385 Rs für Sleeper Class/3AC/2AC, 15 Std.) ist der schnellste der sechs täglichen Züge nach Kolkata. In Richtung Süden hält er in Vijayawada (192/485/795 Rs für Sleeper Class/3AC/2AC, 5½ Std.) und Chennai (320/835/1320 Rs für Sleeper Class/3AC/2AC, 13 Std.). Sieben Züge fahren täglich nach Vijayawada, vier nach Chennai.

RUND UM VISAKHAPATNAM

Die schönste Zugstrecke in Andhra Pradesh führt durch die herrlichen Eastern Ghats ins **Araku-Tal** 120 km nördlich von Visakhapatnam. Das Gebiet ist die Heimat zurückgezogen lebender indigener Völker. Im winzigen **Museum of Habitat** (Eintritt 5 Rs; 9–12.30 & 13.30–17.30 Uhr) gibt's faszinierende Einblicke in das Leben der Einheimischen. Die APTDC (s. S. 975) veranstaltet aus eine Tour, zu der auch die 30 km entfernten, Millionen Jahre alten **Borra-Kalksteinhöhlen** mit ihren Stalagmiten und Stalaktiten gehören.

Das **Mayuri Hill Resort** (Hütten ab 300 Rs;) in der Nähe des Museums hat Hütten mit prima Aussicht.

ETWAS BESONDERES

Zugegeben, der Namen schmerzt. Dennoch ist das **Jungle Bells** (Tyda; Hütten ab 400 Rs;), ein kleines Refugium im Wald 45 km von Araku entfernt, bestens geeignet, um in der Bergwelt abzutauchen. Holzhütten inklusive der revolutionären „Iglohütte" liegen in üppigen Wäldern versteckt, von denen aus kleinere Treks möglich sind. Gebucht wird über die Büros der **APTDC** in Vizag (Busbahnhof ☎ 2746446, Bahnhof ☎ 2587067).

Täglich fährt ein Zug ab Visakhapatnam nach Araku, Abfahrt 7.45 Uhr (24 Rs, 5 Std.); zurück geht's um 15 Uhr. Eine gemächliche, aber spektakuläre Fahrt mit einer Breitspurbahn! Von Visakhapatnam aus sollte man einen Sitzplatz auf der rechten Seite ergattern, um die Aussicht in vollen Zügen genießen zu können. Zum Jungle Bells (s. Kasten gegenüber) am Bahnhof Tyda 500 m von der Ferienanlage entfernt aussteigen.

VIJAYAWADA

☎ 0866 / 1 Mio. Ew.

Vijayawada liegt am Anfang des gewaltigen Krishna-Deltas. Für viele verkörpert es das Herz der Kultur und Sprache von Andhra. Zu den vielen Sehenswürdigkeiten gehören Tempel, darunter uralte Höhlentempel und die buddhistischen Ruinen von Amaravathi. Die von Hügeln umgebene und von Kanälen durchschnittene, reizvolle Stadt besitzt außerdem einen wichtigen Hafen.

Alle zwölf Jahre fallen während Krishna Pushkaram Millionen von Pilgern in Vijayawada ein, wenn Pushkara angeblich im Krishna anwesend sein soll.

Orientierung

Vijayawada ist lang gestreckt. Der Krishna verläuft durch das südliche Ende der Stadt. Der Bahnhof liegt in der Nähe des Viertels Governorpet im Stadtzentrum, wo viele Hotels stehen. Der zentrale Busbahnhof liegt südlich davon. Die meisten Stadtfahrten mit Autorikschas kosten 15 Rs.

Praktische Informationen

Apollo Pharmacy (☎ 2432333; Vijaya Talkies Junction, Karl Marx Rd; 🕑 24 Std.)

APTDC-Stand (Bahnhof) Wenig hilfreich.

APTDC-Büro (☎ 2571393; MG Rd; 🕑 Mo–Sa 9.30–17.30 Uhr) Im Süden der Stadt gegenüber den PWD Grounds. Auch nicht sehr hilfreich.

HDFC Bank Geldautomat (Mahalakshmi Towers, Raja Gopala Archari St) Westlich des Hotel Grand Residency; akzeptiert Visa.

ICICI Bank Geldautomat (MG Rd) Beim Touristenbüro; akzeptiert Visa.

Gepäckaufbewahrung am zentralen Busbahnhof (10 Rs/Tag).

State Bank of Hyderabad (☎ 2572912; Governorpet; 🕑 Mo–Fr 10.30–14.30 Uhr) Wechselt ausländisches Geld und löst Reiseschecks ein. Von Vijayawada.net aus die Straße runter.

Vijayawada.net (Governorpet; 20 Rs/Std.; 🕑 9.30–23 Uhr) Abseits der Prakasam Rd. in Richtung Apsara Theatre.

Sehenswertes

KANAKA-DURGA-TEMPEL

Der **Tempel** (Indrakila Hill) ist Kanaka Durga geweiht, der Göttin und Schutzherrin der Stadt. Der Legende nach hat sie die Gegend von mächtigen Dämonen befreit. Ihre Anhänger schreiben der Göttin den Wohlstand Vijayawadas zu und zollen ihr pausenlos Dank.

HÖHLENTEMPEL

8 km westlich von Vijayawada stehen die beeindruckenden **Undavalli-Höhlentempel** (Inder/Ausländer 5 Rs/2 US$; 🕑 8–18 Uhr) aus dem 7. Jh. Sie beherbergen eine Statue des liegenden Vishnu, Schreine sind Trimurti, der Trias Brahma, Vishnu und Shiva, geweiht. Die Höhlen sollte unbedingt ins Besichtigungsprogramm aufgenommen werden. Hin geht's mit dem Bus 301.

AMARAVATHI

Amaravathi, 60 km westlich von Vijayawada, war einst Hauptstadt von Andhra und ein bedeutendes buddhistisches Zentrum. Vor 2000 Jahren baute hier der Mahayana-Mönch Nagarjuna Indiens größten **Stupa**. Davon übrig geblieben sind allerdings nur noch ein Erdhügel und einige Steine. Im nahe gelegenen **Museum** (Inder/Ausländer 5 Rs/2 US$; 🕑 Sa–Do 10–17 Uhr) kann man sich mit einer kleinen Nachbildung der Stupa trösten, die aufwändig behauene Säulen, eine Kuppel mit Marmorverkleidung und Darstellungen aus dem Leben Buddhas zeigt. Wer sich für buddhistische Geschichte interessiert, wird Amaravathi ohne Zweifel besuchen wollen. Die besten Skulpturen von dort stehen heute allerdings im Government Museum (S. 1050) von Chennai.

Zwischen 6 und 21 Uhr (20 Rs) fährt stündlich ein Bus von Vijayawada nach Amaravathi (über Guntur). Die APTDC organisiert auf Anfrage Touren für 60 Rs.

Punnami Hotel (☎ 08645-255332; B/DZ 75/275 Rs) Hat einfache Zimmer. Viele Futterstellen gibt's in Amaravathi nicht. Es empfiehlt sich, Proviant mitzubringen.

Schlafen & Essen

Die sauberen und geräumigen **Retiring Rooms** (EZ/DZ ab 100/200 Rs; ❄) am Bahnhof sind auch dann eine gute Anlaufstelle, wenn man nicht am nächsten Morgen weiterreist.

In allen folgenden Unterkünfte kann man nach jeweils 24 Stunden auschecken.

Sree Lakshmi Vilas Modern Cafe (☎ 2572525; Besant Rd, Governorpet; EZ mit Gemeinschaftsbad 90 Rs, EZ/DZ mit eigenem Bad ab 150/280 Rs; Gerichte 20 Rs) Strahlt mit seinem schwarz-weiß-karierten Fußboden und dem wuchtigen Holzgeländer den Charme der 1940er-Jahre aus. Blitzblank und mit einem exzellenten Restaurant, das frische Säfte (10 Rs) serviert. Nur die Holzstühle passen gar nicht.

Hotel Santhi (☎ 2577351; santhihotel@rediffmail.com; Apsara Theatre Junction, Governorpet; EZ/DZ ab 350/450 Rs; ❄) Das gut organisierte Santhi ist ziemlich neu und kann mit makellos sauberen rosafarbenen Zimmern mit neuen Badezimmern aufwarten.

Hotel Grand Residency (☎ 2668505; grandvja@sify.com; Prakasam Rd; EZ/DZ 750/850 Rs; ❄) Helle, luftige Zimmer, nicht groß, aber mit Style – z. B. mit lackierten Möbeln – eingerichtet.

Orchids (Hauptgerichte 40–125 Rs; 🕑 7–23 Uhr) Im Erdgeschoss des Grand Residency. Ein elegantes Lokal, das vegetarische und nichtvegetarische Gericht serviert. Im Hotel gibt's auch eine Bar.

An- & Weiterreise

Der riesige Busbahnhof liegt 1,5 km vom Bahnhof entfernt und hat einen recht nützlichen **Informationsschalter** (☎ 2522200). Es fahren häufig Busse nach Hyderabad (Deluxe 140 Rs, 6 Std.), Amaravathi (20 Rs, 2 Std.), Warangal (Deluxe 115 Rs, 6 Std.) und Visakhapatnam (Deluxe 197 Rs, 10 Std.).

Vijayawada liegt an den Bahnstrecken Chennai–Kolkata und Chennai–Delhi. Alle Express Trains halten hier. Der *Coromandel Express* fährt täglich nach Chennai (227/553/843 Rs für Sleeper Class/3AC/2AC, 7 Std.) und in entgegengesetzter Richtung nach Kolkata (401/1073/1667 Rs für Sleeper Class/3AC/2AC, 20 Std.). Die flotten *Rajdhani* (Do und Sa) und *Jan Shatabdi* (tgl. außer Di) verkehren ebenso auf der Strecke Chennai–Vijayawada.

Viele Zugverbindungen haben das Ziel Hyderabad (182/484/723 Rs für Sleeper Class/3AC/2AC, 6½ Std.), Tirupati (191/480 Rs für Sleeper Class/3AC, 7 Std.) und Puri (303/795/1238 Rs für Sleeper Class/3AC/2AC, 17 Std.).

Das **computergestützte Reservierungsbüro** (☎ 133) befindet sich im Untergeschoss des Bahnhofs.

TIRUMALA & TIRUPATI

☎ 0877 / 302 000 Ew.

Der „heilige Hügel" von Tirumala ist eines der bedeutendsten Pilgerzentren Indiens, ja des ganzen Planeten: Zumindest was die Zahl der Besucher angeht, soll der Sri-Venkateshvara-Tempel Jerusalem, Rom und Mekka übertrumpfen.

Zu keiner Zeit tummeln sich hier weniger als 5000 Pilger. An einem einzigen Tag werden oft insgesamt bis zu 100 000 Besucher gezählt und das *darshan* (Anblick des Göttlichen) ist hier rund um die Uhr möglich. 18 000 Menschen gehören allein zum Tempelpersonal, der tüchtige Verband **Tirumala Tirupati Devasthanams** (TTD; www.tirumala.org) managt die Massen. Er leitet auch *choultries* (Pensionen) für Pilger in Tirumala und Tirupati, das „Basislager" am Fuß des Hügels. In Tirupati finden sich private Hotels und Hütten, weshalb eine Flotte von Bussen die Pilger von Sonnenaufgang bis Sonnenuntergang ohne Unterlass die 18 km den Hügel hoch- und wieder herunterbugsiert.

Tirumala ist ein fesselnder Ort. Dennoch verirren sich nur wenige Nicht-Hindus hierher. Sicher, die Menschenmassen können erdrückend sein. Trotzdem strahlt Tirumala eine gewisse Gelassenheit und Ruhe aus und lohnt einen Besuch – und das auch ganz ohne spirituelle Interessen.

Praktische Informationen

Die meisten irdischen Bedürfnisse werden in Tirupati gestillt. Sowohl der zentrale Busbahnhof als auch der Bahnhof haben einen Gepäckaufbewahrungsdienst rund um die Uhr (10 Rs/Tag).

Apollo Pharmacy (☎ 2252314; G Car St; 🕑 24 Std.)

APTDC-Büro (☎ 2255385; TA Area; 🕑 9–18 Uhr) Extrem hilfsbereit, beim Bahnhof.

Om Internet (Sri Vijay Plaza; 30 Rs/Std.; 🕑 8–23 Uhr) Gegenüber vom Busbahnhof.

State Bank of Hyderabad Geldautomat (Railway Station Rd) Vom Bahnhof ausgesehen links. Akzeptiert Visa und Plus.

Sehenswertes

SRI-VENKATESHVARA-TEMPEL

Anhänger strömen in Scharen nach Tirumala, um Venkateshvara zu sehen, eine Inkarnation von Vishnu. Zu den vielen Fähigkeiten, die ihm zugeschrieben werden, gehört das Erfüllen eines beliebigen Wunschs, den man vor seinem Abbild in Tirumala äußert. Viele Pilger opfern der Gottheit auch ihre Haare, ein symbolischer Akt der Selbstentsagung, weshalb eine Legion von Friseuren die Gläubigen begleiten und Tirumala und Tirupati in der Hand von glatzköpfigen Männern, Frauen und Kindern sind.

Der Hügel und die Umgebung haben religiöse Bedeutung, die Geschichte des Tempels ist 2000 Jahre alt. Der mit Blumengirlanden geschmückte **Haupttempel** befindet sich an einem schönen, stimmungsvollen Ort, der in sanftes Licht getaucht ist. Je weiter man ins Tempelinnere vordringt, desto dunkler wird der Gang. Weihrauch liegt in der Luft und Gesänge hallen von den Wänden wider. Schließlich offenbart sich Venkateshvara. Ruhmvoll ruht er auf seinem Thron und spendet den Besuchern Segen und Liebe. Nur ein kurzer Moment bleibt, um sich etwas zu wünschen, und schon wird man wieder nach draußen befördert.

Beim „*Darshan* for all" muss man vor dem Tempel mehrere Stunden eingepfercht in Platzangst fördernde Metallgitter warten. Die „Special *darshan*"-Tickets (50 Rs) können einen Tag vorher in Tirupati gekauft werden. Dafür bekommt man eine festgelegte Zeit fürs *darshan*, was jedoch immer noch eine Wartezeit von angeblich zwei Stunden bedeutet. Leicht werden daraus bis zu fünf Stunden. Die einzige Möglichkeit, stressfrei das *darshan* hinzubekommen, ist ein Besuch vor Sonnenaufgang oder das VIP-„Cellar *darshan*", beide mit minimaler Wartezeit. Für Letzteres muss man sich mit Pass und 100 Rs bewaffnet in Raum 17 des Vaikuntam „Q" Complex in Tirumala begeben und dort seinen Glauben an Sri Venkateshvara mit einer Unterschrift belegen.

Geführte Touren

Falls die Zeit knapp ist: Die **APTDC** (1725 Rs) veranstaltet von Hyderabad aus zweitägige Touren nach Tirumala. Abfahrt ist um 13.30 Uhr, Rückkehr um 18 Uhr am übernächsten Tag. Unterkunft und „Special *darshan*" inbegriffen. Die **KSTDC** (875 Rs) bietet eintägige Touren ab Bangalore an. Infos zu Touren von Chennai s. S. 1052.

Schlafen & Essen

Die meisten Nicht-Hindus übernachten in Tirupati. Hier gibt's einige gute Unterkünfte.

TIRUMALA

Riesige **Schlafsäle** (B kostenlos) liegen rund um den Tempel auf dem Tirumala Hill, diese sind aber Pilgern vorbehalten. Dies gilt auch für die Zimmer der **Gästehäuser** (100–750 Rs). Bei Interesse im Central Reception Office in der Nähe des Busbahnhofs Tirumala nachfragen oder online reservieren unter www.ttdsevaonline.com (während der Fes-

ALTE MUSTER NEU ENTDECKT

Die alte Tradition des *kalamkari* wurde jahrhundertelang in Südindien praktiziert, um Kunstwerke für Tempel und Könige anzufertigen. Die reich gemusterten Gemälde zeigen Pflanzen, Vögel und andere Tiere mit ausgefeilten schwarzen Konturen und intensiven Farben. Der Name der Kunstform stammt von *kalam* (Stift), der benutzt wurde, um die komplizierten Muster zu erzeugen.

Der Stoff, meist Baumwolle, wird zuerst grundiert, indem er eine Stunde lang in ein Gemisch aus *myrabalam* (Harz) und Kuhmilch gelegt wird. Die Figuren werden mit einem angespitzten Bambusstock gezeichnet, der zuvor in eine Mischung aus reifem braunen Zucker (Jaggery) und Wasser getaucht wurde. Anschließend werden die aus Gemüse hergestellten Farben aufgetragen. Mit Kuhdung, gemahlenen Getreidekörnern, Pflanzen und Blumen lassen sich unterschiedliche Effekte erzielen.

Kalamkari wurde Ende der 1950er-Jahre in der neu errichteten Schule in Sri Kalahasti wiederbelebt. Künstler zeichnen hier meist Geschichten aus dem Mahabharata und dem Ramayana. Selbst wenn mancherorts mit chemischen Farben geschummelt wird, bleiben die Künstler aus Sri Kalahasti nach wie vor den alten Methoden und natürlichen Stoffen treu.

Wer die Künstler treffen und ihnen bei der Arbeit über die Schulter schauen möchte, kann dies im Haus von **G. Krishna Reddy** (☎ 08578-230576; Agraharam) oder nebenan bei Sri Vijayalakshmi Fine Kalamkari Arts tun.

tivals sind keine Reservierungen möglich). Am Wochenende wird es hier rappelvoll.

In überdimensionalen **Speisesälen** (Essen kostenlos) werden in Tirumala pro Tag Tausende von Pilgern verköstigt. Außerdem gibt's eine Vielzahl von kleinen vegetarischen Restaurants, die für 10 Rs Mahlzeiten anbieten.

TIRUPATI

Rund um den 500 m vom Stadtzentrum entfernten, zentralen Busbahnhof und um den Bahnhof – mit **Retiring Rooms** (Zi. 100–250 Rs;) – häufen sich die Hotels.

Hotel Woodside (☎ 2284464; 15 G Car St; EZ/DZ inkl. Frühstück ab 250/299 Rs;) Bestes Preis-Leistungs-Verhältnis. Ein fröhliches, relativ neues Hotel mit marineblauer Farbe an den Wänden, karierten Gardinen und blitzblanken Bädern. Auch das Restaurant im Erdgeschoss ist nicht übel.

Hotel Mamata Lodge (☎ 2225873; Fax 2225797; 1. OG, 170 TP Area; EZ/DZ/3BZ/4BZ 150/250/300/350 Rs) Für den günstigen Preis ganz o. k.; gegenüber vom zentralen Busbahnhof. Die Lodge im Erdgeschoss hat den gleichen Namen, ist aber grauenvoll: also großen Bogen drum herum machen.

Hotel Sri Padmavathi Srinivasa (☎ 5569204; EZ/DZ 150/250 Rs) Die Zimmer sind klein, einige haben keine Fenster, sind aber trotzdem o. k. Alles in allem ein sauberes Hotel mit herzlichen Wirtsleuten; liegt direkt abseits der G Car St.

Bhimas Deluxe (☎ 2225521; www.bhimasdeluxe.com; 34–38 G Car St; Zi. ab 650 Rs;) Helle Holzmöbel und raffinierte Handtuchhalter zeichnen das Hotel aus, das aber einen neuen Anstrich vertragen könnte.

Hotel Sindhuri Park (☎ 2256430; www.hotelsindhuri.com; 119 TP Area; EZ/DZ ab 700/900 Rs;) Ein gut geführtes Hotel mit zentraler Klimaanlage und gut ausgestatteten Zimmern; einige auf der Vorderseite gewähren Ausblicke auf das Pushkarna-Becken.

Punjabi Dhaba (G Car St; Hauptgerichte 30–60 Rs; 7–23 Uhr) Nordindische Gerichte und leckere „Special Punjabi"-Thalis (60 Rs).

Lakshmi Narayana Bhavan (TP Area; Hauptgerichte 20–50 Rs; 5–23 Uhr;) Gegenüber vom zentralen Busbahnhof und direkt neben dem Hotel Mayura (Vorsicht vor Betrügern!). Hier gibt's Vegi-Gerichte.

Hotel Vaikuntan (49 G Car St; Hauptgerichte 20–60 Rs; 5.30–24 Uhr) Betriebsames Speiselokal.

An- & Weiterreise

Möglich, aber nicht unbedingt empfehlenswert ist es, Tirupati in einem Tagesausflug von Chennai aus zu besuchen. Wer mit dem Bus oder Zug anreist, kann „Link Tickets" kaufen, in denen die Fahrt von Tirupati nach Tirumala inbegriffen ist. Das spart Zeit und verhindert ein Wirrwarr bei der Ankunft.

FLUGZEUG

Indian Airlines (☎ 2233992; Tirumala Bypass Rd) fliegt vom Flugplatz 2 km außerhalb der Stadt nach Hyderabad (90 US$, 1 Std., 4-mal wöchentl.). **Air Deccan** (☎ 2285471) bedient diese Route täglich für 2200 Rs. Flüge bucht man am einfachsten bei **Mitson Travels** (☎ 2225981; 192 Railway Station Rd; Mo–Sa 9–20, So bis 13 Uhr) gegenüber der „Paketstelle" des Bahnhofs.

BUS

Von Tirupatis riesigem **Busbahnhof** (☎ 2225333) aus verkehren regelmäßig Busse nach Chennai (51 Rs, 4 Std.) und Hyderabad (Volvo AC Deluxe 500 Rs, 11 Std.). Haufenweise APSRTC- und KSTDC-Busse fahren nach Bangalore (Deluxe/Volvo AC Deluxe 206/250 Rs, 5½ Std.) und zwei Direktbusse fahren täglich über Nacht nach Puttaparthi (143 Rs, 8 Std.).

ZUG

Vom **Bahnhof in Tirupati** (☎ 2251131) fahren etliche Express Trains.

Ziel	Preis (Rs)	Dauer (Std.)	Häufigkeit
Bangalore	* 87/176/437/681	7	2-mal tgl.
Chennai	** 49/20	3	3-mal tgl.
Madurai	# 268/726/1131	12	1-mal tgl.
Mumbai	365/998/1565	24	1-mal tgl.
Secunderabad	268/726/1131	13	4-mal tgl.
Vijayawada	## 97/181/480/744	8	5-mal tgl.

* 2. Klasse/Sleeper Class/3AC/2AC ; ** 2. Klasse/Chair Class; # Sleeper Class/3AC/2AC; ## 2. Klasse/Sleeper Class/3AC/2AC

Unterwegs vor Ort

BUS

Die Tirumala-Link-Busse fahren von zwei Punkten in Tirupati ab: einer befindet sich beim zentralen Busbahnhof, der andere beim Bahnhof. Die landschaftlich reizvolle, 18 km lange Fahrt nach Tirumala dauert eine Stunde (44 Rs Hin-/Rückfahrt).

Ist der Andrang so groß, dass man nicht gleich mitkommt, dürfte es kein Problem sein, sich mit anderen in Tirumala oder Tirupati ein Sammeltaxi zu teilen (250 Rs).

ZU FUSS

TTD hat für Pilger, die nach Tirumala laufen, den wohl besten Fußweg in Indien gebaut. Für die rund 15 km wird man vier bis sechs Stunden unterwegs sein. Gepäck kann man bei der Gebührenstelle in Alipiri bei der Hanuman-Statue deponieren. Es wird kostenlos zum Empfangscenter gebracht. Am besten abends gehen, wenn es kühler ist. Wanderer, die tagsüber laufen, können an schattigen Plätzchen entlang des Wegs oder in einer Kantine Pausen einlegen.

RUND UM TIRUPATI

Chandragiri-Fort

14 km westlich von Tirupati liegt das **Fort** (☎ 2276246; Inder/Ausländer 5 Rs/2 US$; ⌚ Sa–Do 8–18.30 Uhr) aus dem 15. Jh., von dem nur noch ein paar Gebäude stehen geblieben sind. Sowohl der Rani Mahal als auch der Raja Mahal – hier hat's ein kleines **Museum** (⌚ Sa–Do 10–17 Uhr) – wurden zur Zeit der Vijayanagars erbaut und ähneln den Bauwerken im Royal Centre in Hampi. Abends findet eine von Bollywood-Stars moderierte **Sound-and-Light-Show** (Eintritt 30 Rs; englischsprachige Version ⌚ März–Okt. 20 Uhr, Nov.–Feb. 19.30 Uhr). Alle 15 Minuten fahren Busse an der Vorderseite des Bahnhofs von Tirupati nach Chandragiri.

Sri Kalahasti

Etwa 36 km östlich von Tirupati liegt Sri Kalahasti, das für seinen **Sri-Kalahasteeswara-Tempel** und als Zentrum für *kalamkari*-Kunst (s. S. 979) bekannt ist. Der Tempel ist von besonderer Bedeutung für Shivaisten, da er in einer Reihe mit vier anderen Tempeln steht, in denen Shiva mit einem der Elemente gleichgesetzt und verehrt wird. Hier ist es das Element Luft. Der Name des Tempels leitet sich von einer Legende über drei Tiere ab, die Shiva verehrten: die Schlange (*sri*), die Spinne (*kala*) und der Elefant (*hasti*).

Alle zehn Minuten fahren Busse von Tirupati aus nach Sri Kalahasti (16 Rs, 45 Min.). Die *kalamkari*-Künstler werkeln im Viertel Agraharam, das 2,5 km vom Busbahnhof entfernt ist.

PUTTAPARTHI

☎ 08555

Prasanthi Nilayam (Heimstätte des Höchsten Friedens) in Puttaparthi in der südwestlichen Ecke von Andhra Pradesh ist der zentrale Ashram von Sri Sathya Sai Baba, der in Indien und rund um den Globus eine große Anhängerschaft um sich schart. Die meiste Zeit verbringt er in dem vor rund 40 Jahren errichteten Ashram, manchmal verlegt er sein Domizil aber auch in den Whitefields Ashram bei Bangalore oder – während der heißen Monate – nach Kodaikanal in Tamil Nadu.

Schlafen & Essen

Die meisten Besucher wohnen im **Ashram** (☎ 287164; www.sathyasai.org), einem kleinen Dorf mit allen Bequemlichkeiten. Unterkunft und Essen sind einfach und billig. Es kann nicht reserviert werden. Die meisten Unterkünfte außerhalb des Ashrams finden sich in der Main Rd.

Sri Sai Sadan (☎ 287507; Hanuman Temple Main Rd; Zi. ab 420 Rs; ❄) Geräumige Zimmer, immer warmes Wasser und Balkone mit einer schönen Aussicht. Das Gartenrestaurant auf dem Dach kann ebenfalls empfohlen werden.

Hotel Chaithanya (☎ 287265; Main Rd; hotelchaithanyaintl@yahoo.com; Zi. ab 700 Rs; ❄) Das moderne Hotel (mit Kacheln und Gemälde von Sonnenuntergängen) steht von einem ruhigen Hof umgeben am oberen Ende der Stadt. In den Zimmern gibt's immer warmes Wasser.

World Peace Café (Main Rd; Hauptgerichte 25–70 Rs; ⌚ 7–22 Uhr) Bekannt dafür, dass es gelegentlich Gäste aus dem Speisessaal des Ashram anlockt. Das luftige Dachrestaurant gegenüber vom Ashram serviert verschiedene Kräutertees, Gebäck, Biokost und schmackhaften Filterkaffee.

Bamboo Nest (Chitravathi Rd; Hauptgerichte 40–80 Rs; ⌚ 7.30–22.30 Uhr) Das tibetische Lokal bereitet leckere *momos* (Klöße), Nudeln und Säfte (25 Rs) zu.

Sri Krishna Bhavan (Main Rd; Gerichte 22 Rs; ⌚ 7–23 Uhr) Vom Ashram aus den Hügel aufwärts. Wird von Einheimischen wegen seiner Thalis und Tiffins geschätzt.

GOTT DER GROSSEN DINGE

Nicht selten schwillt die Bevölkerung in Puttaparthi auf mehr als 50 000 an. Grund dafür ist natürlich Sai Baba. Puttaparthi ist sein Geburtsort und zugleich Stätte des bedeutendsten von ihm gegründeten Ashrams, Prasanthi Nilayam.

Die Anziehungskraft des Mannes, der sich mit 14 Jahren zur Reinkarnation des heiligen, 1918 verstorbenen Sai Baba erklärte, kann gar nicht hoch genug eingeschätzt werden.

Im November 2000 versammelten sich schätzungsweise 1 Mio. Menschen im Ashram, um Sai Babas 75. Geburtstag zu feiern. Der große Auftritt erinnerte an eine Eröffnungsfeier von Olympischen Spielen. Sai Babas kunstvoll geschmückter Elefant, Sai Gita, führte eine Prozession von Bands, Tanztruppen und Fahnenträgern aus 165 Ländern an. Viele Anhänger betrachten Sai Baba als wahrhaftige Offenbarung.

Alles an Sai Baba ist enorm: sein Afrolook, seine Anhänger mit großem Namen, darunter Filmstars, Politiker und Kricket-Superstar Sachin Tendulkar, und das viele Geld (etliche Millionen Dollar), das in ein nahe gelegenes Krankenhaus, in Schulen und die Universität geflossen ist. Kein Wunder, dass auch die Kontroversen, die um seine Person geführt werden, heftig ausfallen. Gravierende Anschuldigungen werfen ihm sexuelle Belästigung und Missbrauch vor und haben dazu geführt, dass ihm einige Anhänger den Rücken zukehrten. Andere wiederum halten solche Vorwürfe lediglich für einen weiteren irdischen Test, dem sich der Auserwählte unterziehen muss.

An- & Weiterreise

Am besten erreicht man Puttaparthi mit einem der acht Busse (100 Rs, 4 Std.) oder vier Züge (146/559 Rs für Sleeper Class/2AC, 3 Std.), die von Bangalore aus täglich verkehren. Eine Alternative ist die Anfahrt mit einem Taxi (1000–1200 Rs).

Busse fahren nach/von Tirupati (143 Rs, 8 Std., 2-mal tgl.) und Chennai (Deluxe 242 Rs, 12 Std., 3-mal tgl.). Die meisten anderen Reiseziele steuert man besser mit der Bahn an.

Der Bahnhof verfügt über ein computergestütztes Reservierungsbüro. Von Hyderabad fährt täglich ein Nachtzug nach Kacheguda (238/640 Rs für Sleeper Class/3AC, 11 Std.). Ein *Rajdhani* Express Train fährt viermal wöchentlich nach Secunderabad. Außerdem gibt's einen Nachtzug nach Visakhapatnam (335/913/1429 Rs für Sleeper Class/3AC/2AC, 20½ Std.), der einen Zwischenstopp in Vijayawada einlegt. Ein Zug, Abfahrt 23.20 Uhr, fährt in Richtung Mumbai (335/913/1429 Rs für Sleeper Class/3AC/2AC, 20½ Std.).

Indian Airlines fliegt regelmäßig nach Bangalore (50 US$) sowie Mumbai (150 US$).

Unterwegs vor Ort

Obwohl der Ort recht klein ist, kurven verhältnismäßig viele Autorikschas herum. Keine Stadtfahrt sollte mehr als 10 Rs kosten. Vom großen Busbahnhof aus gehen regelmäßig Busse in die umliegenden Gegenden.

LEPAKSHI

Eine Fahrtstunde von Puttaparthi liegt Lepakshi, Heimat des beeindruckenden **Veerbhadra-Tempels**. Bemerkenswert: der monumentale Nandi-Bulle am Stadteingang. Obwohl der Tempel derzeit restauriert wird, können dort nach wie vor viele gut erhaltene Bildhauerarbeiten bestaunt werden. Besucher dürfen das innere Heiligtum betreten. Viel Kleingeld für die Segenswünsche mitbringen, die einen drinnen erwarten. Ein sachkundiger Führer beantwortet auf Englisch Fragen und würzt alles hemmungslos mit abenteuerlichen Geschichten.

Kerala

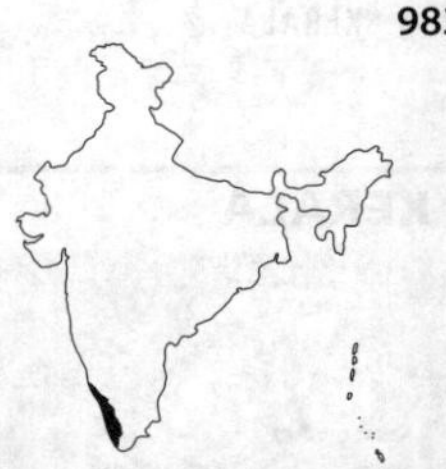

In diesem schmalen, fruchtbaren Küstenstreifen zeigt Indien seine sanftmütige, entspannte Seite. Die Backwaters von Kerala sind mittlerweile ein Must für Indienfans. Bei einem Bootstrip auf diesem Netz aus Flüssen, Kanälen, Seen und Lagunen bestimmt die Strömung die Reisegeschwindigkeit – gemächlich geht's vorbei an Dörfern, Reisfeldern und Kokosnusshainen. Sanft im Wind schwankende Palmen verbreiten an den Traumstränden Keralas eine Vorstellung vom Paradies. Weiter landeinwärts, entlang der Western Ghats, wechseln sich Wildreservate mit Kaffee- und Gewürzplantagen ab. Die Hill Stations strahlen eine unvergleichliche Gelassenheit aus und bieten eine atemberaubende Sicht auf die Teeplantagen der Umgebung.

Die dichten Wälder und langen Bergrücken der Ghats bildeten einst einen natürlichen Schutz gegen Eindringlinge. In dieser abgeschiedenen Lage hat sich ein bunter Mix aus Brauchtum, Kunst und Festen entwickelt. Die berühmteste Kunstform, *kathakali,* ist Tanz, Pantomime und religiöses Schauspiel in einem. Ebenfalls nicht versäumen: die Vorführung eines *theyyam*. Bei diesem heiligen Opfertanz bewegen sich die kostümierten Tänzer nicht selten wie in Trance – ein unvergessliches Erlebnis.

Seit Jahrhunderten laufen Schiffe aus aller Herren Länder die Küste Keralas an. Zeugen der Vergangenheit finden sich überall: Kirchen syrischer Christen, Bauten muslimischer Gemeinden, Häuser im holländischen oder portugiesischen Kolonialstil, Monumente aus der Zeit des British Raj und in Kochi sogar eine Synagoge aus dem 16. Jh. Überall im Bundesstaat kann man sehr gut essen. Vielerorts kann man sich mit ayurvedischen Behandlungen und Massagen verwöhnen lassen. Und die Gastfreundschaft ist überwältigend! Da vergisst man schnell die Pläne, auch noch den Rest von Indien zu sehen.

HIGHLIGHTS

- Mit einem gemieteten Hausboot die schwimmende Welt der **Backwaters** von Kerala (S. 1003) erkunden
- Auf zur Elefantensafari in den **Wildlife Sanctuaries** von **Wayanad** (S. 1034) oder **Periyar** (S. 1011)
- Im kolonialen Ambiente und in den Restaurants von **Fort Cochin** dem Trubel des Festlands entkommen (S. 1021)
- Tee- und Gewürzplantagen sowie eine Nase voll frischer Bergluft gibt's in den Hügeln rund um **Munnar** (S. 1014)
- Bei einem *theyyam* in einem der Dörfer rund um **Kannur** (S. 1036) in die spirituelle Kultur des Bundesstaates eintauchen
- Um mal einen Gang herunterzuschalten, empfiehlt sich ein Plausch mit anderen Reisenden – am besten bei frischen Meeresfrüchten in **Varkala** (S. 998)
- Nur keine falsche Bescheidenheit: Bei einer entspannenden **ayurvedischen Massage** (S. 996) die Seele so richtig baumeln lassen

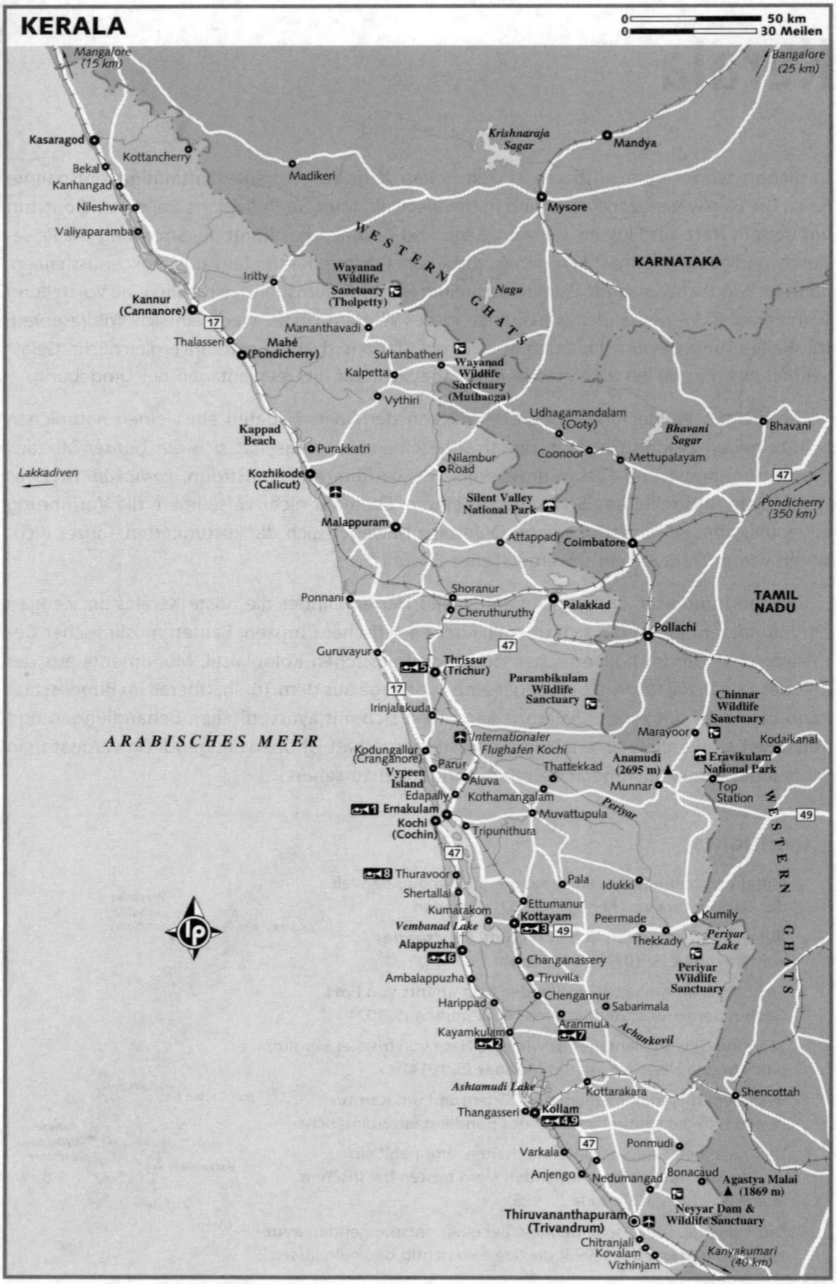
KERALA
0 50 km
0 30 Meilen
Mangalore (15 km)
Bangalore (25 km)
Kasaragod
Bekal
Kanhangad
Nileshwar
Valiyaparamba
Kottancherry
Madikeri
Krishnaraja Sagar
Mandya
Mysore
WESTERN GHATS
KARNATAKA
Iritty
Wayanad Wildlife Sanctuary (Tholpetty)
Nagu
Kannur (Cannanore)
17
Thalasseri
Mahé (Pondicherry)
Mananthavadi
Sultanbatheri
Wayanad Wildlife Sanctuary (Muthanga)
Kalpetta
Vythiri
Udhagamandalam (Ooty)
Bhavani Sagar
Bhavani
Kappad Beach
Purakkatri
Coonoor
Mettupalayam
Nilambur Road
Lakkadiven
Kozhikode (Calicut)
47
Silent Valley National Park
Pondicherry (350 km)
Malappuram
Attappadi
Coimbatore
Ponnani
Shoranur
Palakkad
TAMIL NADU
Cheruthuruthy
Pollachi
Guruvayur
47
Thrissur (Trichur)
5
17
Parambikulam Wildlife Sanctuary
Chinnar Wildlife Sanctuary
Irinjalakuda
Marayoor
Kodaikanal
ARABISCHES MEER
Internationaler Flughafen Kochi
Kodungallur (Cranganore)
Parur
Vypeen Island
Aluva
Thattekkad
Anamudi (2695 m)
Eravikulam National Park
Munnar
Top Station
Edapally
Kothamangalam
Periyar
1
Ernakulam
Kochi (Cochin)
Muvattupula
Tripunithura
49
47
8
Thuravoor
Shertallai
Pala
Idukki
Ettumanur
Kumarakom
Kottayam
3
49
Peermade
Kumily
Vembanad Lake
Thekkady
Periyar Lake
Alappuzha
6
Changanassery
Periyar Wildlife Sanctuary
Ambalappuzha
Tiruvilla
Chengannur
Harippad
Sabarimala
Aranmula
Kayamkulam
2
7
Achankovil
Ashtamudi Lake
Kottarakara
Shencottah
Thangasseri
Kollam
4,9
47
Ponmudi
Varkala
Bonacaud
Anjengo
Nedumangad
Agastya Malai (1869 m)
Neyyar Dam & Wildlife Sanctuary
Thiruvananthapuram (Trivandrum)
Chitranjali
Kovalam
Vizhinjam
Kanyakumari (40 km)

Geschichte

Seit rund 3000 Jahren kommen Händler auf der Suche nach Gewürzen und Elfenbein nach Kerala. Schon Phönizier, Römer, Araber und Chinesen kannten und schätzten diesen Küstenstrich, an dem Molukken mit Gewürzen gehandelt haben. Waren und Gedankengut aus Fernost fanden von hier aus den Weg in den Westen.

Bis ca. 400 n. Chr. herrschten die Könige der Cheras unangefochten über weite Teile Keralas; danach konkurrierten mehrere Königreiche und Lehensgütern gegeneinander und wetteiferten um Handelsgüter und Gebietsansprüche. 1498 läutete dann Vasco da Gamas Ankunft eine Ära des europäischen Kolonialismus ein. Im Wettbewerb um den Gewürzhandel bekämpften Portugiesen, Holländer und Engländer zunächst die Araber, um sich letztendlich gegenseitig auszustechen.

Die indischen Gliedstaaten Travancore, Cochin und Malabar wurden 1956 im heutigen Bundesstaat Kerala zusammengefasst. Der Tradition verpflichtet, Kunst und Bildung einen hohen Stellenwert einzuräumen, zählt Kerala heute zu den fortschrittlichsten Bundesstaaten in ganz Indien.

1957 entstand in Kerala die erste frei gewählte kommunistische Regierung der Welt, die sich seitdem beständig an der Macht hält. Die Folge: Unter der Mitsprache der

FESTE & FESTIVALS IN IN KERALA

Die Festivals in Kerala sind einfach umwerfend: In der Art, wie sie gefeiert werden und weil sie so oft gefeiert werden. Jede Nacht finden im gesamten Bundesstaat unzählige Tempelfestivals statt (besonders während der Festivalsaison von November bis Mitte Mai). Festivals sind eine faszinierende Mischung aus Schauspiel und Ritualen, Musik – und merkwürdigen Elefantenprozessionen. Die größten und interessantesten Festivals sind hier aufgelistet, doch es gibt noch weit mehr zu entdecken. Vor Ort nachfragen! Die hier genannten Tempelfestivals finden alle in Tempelarealen oder nebenan in den Reisfeldern statt – Touristen sind jederzeit herzlich willkommen. Die hier genannten Festivals sind auf der Karte gegenüber eingezeichnet.

Ernakulathappan Utsavam (1; Jan./Feb.; Shiva-Tempel, Ernakulam, Kochi, S. 1017) Achttägiges Festival. Auf dem Höhepunkt paradieren 15 genial geschmückte Elefanten zu ekstatischer Musik, danach Feuerwerk.

Bharni Utsavam (2; Feb./März; Chettikulangara Bhaghavathy-Tempel, Chettikulangara bei Kayamkulam, S. 1005) 1-tägiges Festival. Es ist der beliebten keralischen Göttin Bhagavathy gewidmet. Berühmt sind das *kootiattam*-Ritual und die Tempelprozession mit überlebensgroßen Bildnissen (Helden, Pferde, Kutschen etc.).

Thirunakkara Utsavam (3; März; Thirunakkara-Shiva-Tempel, Kottayam, S. 1008) Zehntägiges Festival. *Kathakali* während der gesamten dritten und vierten Nacht, in den letzten zwei Nächten sind glitzernd geschmückte Elefanten die Stars der Prozession.

Pooram Festival (4; April; Asraman-Shree-Krishna-Swami-Tempel, Kollam, S. 1001) Zehntägiges Festival. *Kathakali* während der ersten neun Nächte, am letzten Tag Prozession mit 40 geschmückten Elefanten. Dazu Tempelmusik.

Thrissur Pooram (5; April/Mai; Vadakkumnatha-Tempel, Thrissur, S. 1029) Dieses Paradebeispiel einer Elefantenprozession findet in Thrissur statt, dem Festivalhotspot von Kerala. Nähere Informationen zu diesem und weiteren Festen in Thrissur s. Kasten S. 1031.

Nehru-Cup Schlangenbootrennen (6; 2. Sa im Aug.; Punnamadakalyal, Alappuzha, S. 1005) Das bekannteste Bootrennen in ganz Kerala. S. auch Kasten S. 1006.

Aranmula Boat Race (7; Aug./Sept.; in der Nähe des Shree Parthasarathy-Tempels, Aranmula, S. 1011) Rituelle und extrem spannende Ruderregatta zu Ehren Krishnas. Begeisterte Zuschauermassen feuern dabei unter dem Gesang der Bootsmänner die Ruderer an. Bei Touristen weniger bekannt als die Nehru Trophy in Alappuzha.

Onam (Aug./Sept.; landesweit) Größte kulturelle Feierlichkeit in ganz Kerala. Beim 10-tägigen Onam feiert der gesamte Bundesstaat das goldene Zeitalter des mythischen Königs Mahabali. Bei dieser sehr familiären Angelegenheit begibt sich ein Großteil der Einheimischen zurück in ihre Heimatdörfer. Während der Feiern zur Ankunft des Königs erstrahlen Haus und Hof in voller Pracht.

Thiru Utsavam (8; Okt./Nov.; Mahadeva-Tempel in Thuravoor, 23 km entfernt von Ernakulam, Kochi S. 1017) 9-tägiges Festival. Großes Angebot an verschiedenen rituellen Performances und Musikkonzerten, Elefantenprozession am 8 Tag. Der Höhepunkt des Festivals ist die rituelle Waschung eines Shiva-Bildnisses.

Ashtamudi Craft & Art Festival (9; Dez./Jan.; Asraman Maidan, Kollam, S. 1001) Dieses Festival findet alle zwei Jahre statt. Bei Seminaren, Vorführungen und Ausstellungen wird Folklorekunst aus ganz Indien vorgestellt.

KURZINFOS

- Bevölkerung: 31, 8 Mio.
- Fläche: 38 864 km²
- Hauptstadt: Thiruvananthapuram (Trivandrum)
- Hauptsprache: Malayalam
- Reisezeit: Oktober bis März

Bevölkerung wird Landbesitz und Einkommen gerechter verteilt als anderswo in Indien. Außerdem macht Kerala mit einer niedrigen Säuglingssterblichkeit und einer Alphabetisierungsquote von 91 % – der höchsten in Indien – von sich reden.

Viele Einwohner Keralas, die so genannten Malayalis, verdienen ihren Lebensunterhalt als Gastarbeiter im Mittleren Osten; ihre Überweisungen an die Familien zu Hause sind dort ein wichtiger Wirtschaftsfaktor.

Praktische Informationen

UNTERKUNFT

Hauptsaison in Kerala ist von Oktober bis März. Das ist besonders in Strandnähe und in den Backwaters zu spüren, etwas ruhiger geht's in den großen Städten, den Western Ghats und im Norden zu. In den Monsunmonaten von Mai bis August dürfen Gäste vielerorts mit kräftigen Preisnachlässen rechnen. Dafür steigen die Preise zwischen Mitte Dezember und Mitte Januar dann aber deutlich an. Im Folgenden sind die Preise für die Hauptsaison angegeben. Wer in der Nebensaison reist, wird die Quartiere in den Strandorten bis zu 50–75 % billiger vorfinden.

Allgemein gilt: Die hier aufgeführten Preise für Privatunterkünfte und Herbergen verstehen sich inklusive Steuer. Das gilt nicht für Hotels und Ferienanlagen. Hier muss man – abhängig vom Zimmerpreis – nochmal mit einem Aufschlag von 7,5, 10 oder 15 % rechnen.

Sofern nicht anders vermerkt sind alle Unterkünfte (auch die preiswerteren) jeweils mit eigenem Bad ausgestattet.

GELD

Viele der Bankautomaten in Kerala akzeptieren auch ausländische Karten. Bis auf wenige Ausnahmen bekommen Reisende an den Automaten der Federal Bank (Visa) und an denen der State Bank of India (MasterCard, Cirrus oder Maestro) problemlos Bargeld. HDFC- und ICICI-Automaten nehmen sogar alle ausländischen Karten an.

AUSKUNFT

Kerala Tourism (☎ 0471-2321132; www.keralatourism.org) Staatliche Tourismusbehörde mit Informationsbüros. Die oft als DTPC (District Tourism Promotion Council) oder Tourist Facilitation Centre bezeichneten Einrichtungen sind in den meisten größeren Städten vertreten. Doch Vorsicht: Hinter den offiziell klingenden Bezeichnungen vieler Büros verbergen sich oftmals private Veranstalter.

SÜDLICHES KERALA

THIRUVANANTHAPURAM (TRIVANDRUM)

☎ 0471 / 889 191 Ew.

Pagoden, rote Ziegeldächer und enge, gewundene Straßen – die auf sieben Hügeln erbaute „Stadt der Heiligen Schlange" atmet den Geist des alten Kerala. Abseits der hektischen Mahatma Gandhi Rd. (MG Rd) geht es trotz typischer Großstadtprobleme wie der allgegenwärtigen Luftverschmutzung noch immer beschaulich zu. Und ein gigantisches kulturelles Angebot lenkt vom Gestank der Abgase ab.

Orientierung

Auf ca. 4 km Länge erstreckt sich die MG Rd. Die Straße, die in Nord-Süd-Richtung von den Museen und dem Zoo bis zum Sri-Padmanabhaswamy-Tempel verläuft, ist die Lebensader der Stadt. Der Busbahnhof der Kerala State Road Transport Corporation (KSRTC), der Bahnhof und viele Budgethotels liegen hier dicht gedrängt beieinander, während der städtische Busbahnhof etwas weiter südlich in der Nähe des Tempels liegt.

Praktische Informationen

BUCHLÄDEN & BIBLIOTHEKEN

Alliance Française (☎ 2320666; aftinfo@afindia.org; Forest Office Lane, Vazhuthacaud; 🕐 Mo–Sa 9–13 & 14–18 Uhr) Bücherei und Kultur-Events.

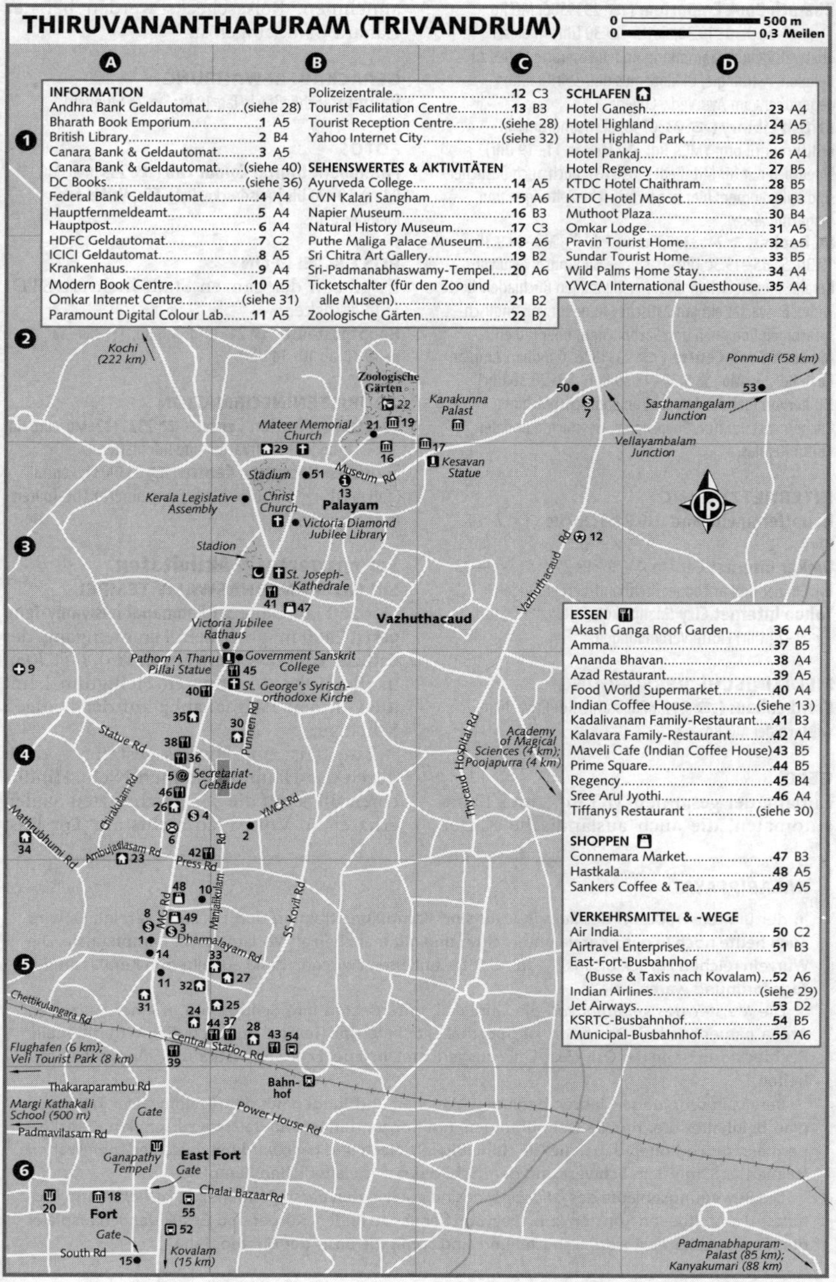
THIRUVANANTHAPURAM (TRIVANDRUM)
0 500 m
0 0,3 Meilen
A B C D
1 2 3 4 5 6
INFORMATION
Andhra Bank Geldautomat..........(siehe 28)
Bharath Book Emporium..................1 A5
British Library..................................2 B4
Canara Bank & Geldautomat...........3 A5
Canara Bank & Geldautomat.......(siehe 40)
DC Books..................................(siehe 36)
Federal Bank Geldautomat...............4 A4
Hauptfernmeldeamt.........................5 A4
Hauptpost...6 A4
HDFC Geldautomat..........................7 C2
ICICI Geldautomat............................8 A5
Krankenhaus.....................................9 A4
Modern Book Centre.......................10 A5
Omkar Internet Centre...............(siehe 31)
Paramount Digital Colour Lab........11 A5
Polizeizentrale...............................12 C3
Tourist Facilitation Centre..............13 B3
Tourist Reception Centre............(siehe 28)
Yahoo Internet City....................(siehe 32)
SEHENSWERTES & AKTIVITÄTEN
Ayurveda College...........................14 A5
CVN Kalari Sangham......................15 A6
Napier Museum..............................16 B3
Natural History Museum................17 C3
Puthe Maliga Palace Museum........18 A6
Sri Chitra Art Gallery......................19 B2
Sri-Padmanabhaswamy-Tempel.....20 A6
Ticketschalter (für den Zoo und alle Museen)..........21 B2
Zoologische Gärten........................22 B2
SCHLAFEN
Hotel Ganesh..................................23 A4
Hotel Highland................................24 A5
Hotel Highland Park........................25 B5
Hotel Pankaj...................................26 A4
Hotel Regency................................27 B5
KTDC Hotel Chaithram...................28 B5
KTDC Hotel Mascot........................29 B3
Muthoot Plaza................................30 B4
Omkar Lodge..................................31 A5
Pravin Tourist Home.......................32 A5
Sundar Tourist Home......................33 B5
Wild Palms Home Stay....................34 A4
YWCA International Guesthouse....35 A4
ESSEN
Akash Ganga Roof Garden............36 A4
Amma..37 B5
Ananda Bhavan...............................38 A4
Azad Restaurant.............................39 A5
Food World Supermarket...............40 A4
Indian Coffee House................(siehe 13)
Kadalivanam Family-Restaurant....41 B3
Kalavara Family-Restaurant..........42 A4
Maveli Cafe (Indian Coffee House)43 B5
Prime Square.................................44 B5
Regency...45 B4
Sree Arul Jyothi..............................46 A4
Tiffanys Restaurant.................(siehe 30)
SHOPPEN
Connemara Market.........................47 B3
Hastkala...48 A5
Sankers Coffee & Tea....................49 A5
VERKEHRSMITTEL & -WEGE
Air India..50 C2
Airtravel Enterprises......................51 B3
East-Fort-Busbahnhof (Busse & Taxis nach Kovalam)...52 A6
Indian Airlines..........................(siehe 29)
Jet Airways....................................53 D2
KSRTC-Busbahnhof.......................54 B5
Municipal-Busbahnhof...................55 A6
Kochi (222 km)
Ponmudi (58 km)
Zoologische Gärten
Kanakunna Palast
Mateer Memorial Church
Sasthamangalam Junction
Vellayambalam Junction
Stadium
Museum Rd
Kesavan Statue
Kerala Legislative Assembly
Christ Church
Palayam
Victoria Diamond Jubilee Library
Stadion
Vazhuthacaud Rd
St. Joseph-Kathedrale
Vazhuthacaud
Victoria Jubilee Rathaus
Pathom A Thanu Pillai Statue
Government Sanskrit College
St. George's Syrisch-orthodoxe Kirche
Statue Rd
Punnen Rd
Thycaud Hospital Rd
Academy of Magical Sciences (4 km); Poojapurra (4 km)
Secretariat-Gebäude
Chirakulam Rd
YMCA Rd
Mathrubhumi Rd
Ambujavilasam Rd
Press Rd
MG Rd
Manjalikulam Rd
SS Kovil Rd
Dharmalayam Rd
Chettikulangara Rd
Central Station Rd
Flughafen (6 km); Veli Tourist Park (8 km)
Bahnhof
Thakaraparambu Rd
Margi Kathakali School (500 m)
Gate
Power House Rd
Padmavilasam Rd
Ganapathy Tempel
East Fort
Chalai Bazaar Rd
Fort
South Rd
Kovalam (15 km)
Padmanabhapuram-Palast (85 km); Kanyakumari (88 km)

Bharath Book Emporium (☎ 2339586; MG Rd; ⏲ Mo–Sa 9.30–19.30, So 15–19.30 Uhr) In dieser überwältigenden Sammlung finden Leseratten alles zu Religion, Astrologie, Okkultismus und Spiritualität; gegenüber vom Ayurveda-College.
British Library (☎ 2330716; bl.trivandrum@in.britishcouncil.org; YMCA Rd; ⏲ Mo–Sa 11–19 Uhr) Eigentlich nur für Mitglieder (650 Rs), doch auch Besucher sind willkommen; hier liegen britische Zeitungen und Magazine aus.
DC Books (☎ 2453379; Statue Rd; ⏲ Mo–Sa 9.30–19.30, So 15–19.30 Uhr) Das hohe Bildungsniveau von Kerala spiegelt sich in dieser erstklassigen Buchladen-Kette wider. Es wartet ein fantastisches Angebot von englischsprachigen Romanen und Sachbüchern über Indien.
Modern Book Centre (☎ 2331826; Gandhari Amman Kovil Rd; ⏲ Mo–Sa 9.30–13.30 & 14.30–20.30 Uhr) Ein hervorragendes Angebot an englischsprachigen Büchern zu Literatur, Philosophie, Geschichte und der Kultur Keralas.

INTERNETZUGANG

Hauptfernmeldeamt (MG Rd; 33 Rs/Std.; ⏲ 7–20 Uhr)
Omkar Internet Centre (MG Rd; Rs 25/Std.; ⏲ 9–23 Uhr) In der Omkar Lodge; Breitband-Verbindungen.
Yahoo Internet City (Manjalikulam Rd; 20 Rs/Std.; ⏲ 9–24 Uhr) Flotte Verbindungen.

MEDIZINISCHE VERSORGUNG

Krankenhaus (☎ 2443870; Statue Rd) Etwa 1 km westlich der MG Rd.

GELD

Entlang der gesamten MG Rd. gibt's Bankautomaten, die auch ausländische Karten annehmen. Reiseschecks werden bei der Canara Bank eingelöst.

GEPÄCKAUFBEWAHRUNG

Bahnhof (Schließfach/Tag 10 Rs; ⏲ 24 Stunden)

FOTOS

Paramount Digital Colour Lab (☎ 2331643; MG Rd; ⏲ 9–20 Uhr) Ausdrucke, Foto-CDs, Verkauf von Memory-Cards.

POST & TELEFON

Es gibt in der ganzen Stadt mehrere STD/ISD-Kioske.
Hauptpostamt (☎ 2473071; MG Rd; ⏲ Mo–Sa 8–19.30, So 10–14 Uhr)

TOURISTENINFORMATION

Tourist Facilitation Centre (☎ 2321132; Museum Rd; ⏲ 24 Stunden) Stadtkarten und Infoblätter.
Touristen Reception Centre (☎ 2330031; Central Station Rd; ⏲ Di–So 9–17 Uhr) Organisiert KTDC-Touren (s. gegenüber).

Sehenswertes & Aktivitäten

SRI PADMANABHASWAMY TEMPEL

Der 260 Jahre alte **Sri-Padmanabhaswamy-Tempel** ist 2400 m² groß. Sein Haupteingang, der östliche *gopuram* (Eingangsturm), ragt 30 m in die Höhe. Im inneren Heiligtum lehnt die Gottheit Padmanabha auf der heiligen Schlange.

Zutritt ist nur Hindus gestattet – doch durch das Haupttor können Nicht-Hindus einen Blick auf die 365 geschnitzten Säulen erhaschen. Vom Pfad rechts am Tor lässt

KALARIPPAYAT

In der uralten Tradition des *kalarippayat* sind Kampfkunsttraining und Disziplin vereint. Es wird auch heute noch in ganz Kerala unterrichtet und gilt manchen als Vorläufer aller Kampfkünste. Die Wurzeln reichen zurück bis ins 12. Jh., als Streitigkeiten zwischen den Feudalherren Keralas an der Tagesordnung waren.

Die Meister des *kalarippayat*, die Gurukkal, unterrichten ihre Schützlinge in einer speziellen Arena namens *kalari*. Das *kalari* ist Sporthalle, Schule und Tempel zugleich. Seine traditionelle Rechteckform ist an der Ost-West-Linie ausgerichtet. In jeder Ecke stehen Statuen von Hindu-Gottheiten.

Bereits in sehr jungen Jahren beginnen Mädchen und Jungen mit dem Training. Der Trainingsplan beinhaltet u.a. rituelle Dehnübungen, um Konzentration und Balance zu schulen. Ganzkörpermassagen erhöhen dabei die Geschmeidigkeit. Nach und nach wird mit verschiedenen Waffen trainiert, z.B. mit dem Schwert und dem Schild des mittelalterlichen Kämpfers.

Die Bewegungsabläufe des *kalarippayat* sind auch in den darstellenden (z.B. *kathakali* und *kootiattam)* und rituellen Künsten (z.B. *theyyam)* Keralas zu finden. Körper und Gestik der Schauspieler dienen als primäres Ausdrucksmittel und sind somit die Basis der Choreografie.

sich der *gopuram* bewundern. Selbsternannte „Tempelführer" bieten den Besuchern ihre Dienste an – manchmal recht informativ, aber oft auch nervig. *Kathakali*-Vorführungen (s. S. 1024) machen während des Festivals die Nacht zum Tag.

PUTHE MALIGA PALACE MUSEUM

Das **Puthe Maliga Palace Museum** (Eintritt 20 Rs; ⌚ Di–So 8.30–13 & 15–17.30 Uhr) ist im 200 Jahre alten Palast der Travancore-Maharadschas. 5000 Arbeiter waren vier Jahre lang damit beschäftigt, dieses Prachtstück der keralischen Architektur zu bauen.

Fotografieren ist im Palast untersagt. Jedes Jahr im Januar/Februar findet hier ein **klassisches Musikfestival** statt.

CVN KALARI SANGHAM

Freunde des *kalarippayat*, der typischen Kampfkunst Keralas, sollten beim **CVN Kalari Sangham** (☎ 2474182; ⌚ 10–13 & 17–18.30 Uhr) vorbeischauen, das 1956 neben dem Sri-Padmanabhaswamy-Tempel errichtet wur de. Seine Gründer spielten eine entscheidende Rolle beim Revival des *kalarippayat* (s. Kasten gegenüber). Beim **Training** (⌚ Mo–Sa 7–8.30 Uhr) darf gern zugeschaut werden.

ZOOLOGISCHE GÄRTEN & MUSEEN

Nördlich vom Stadtzentrum warten der Zoo und eine Reihe von Museen auf Besucher. In den riesigen und sehr gepflegten Anlagen kann man sich prima vom Trubel der Stadt erholen.

Die frisch renovierten **Zoologischen Gärten** (Eintritt 6 Rs, Foto 20 Rs; ⌚ Di–So 9–17.15 Uhr) zählen zu den eindrucksvollsten auf dem Subkontinent. Zwischen Wäldchen und Seen gibt's geräumige Gehege, die den Tieren einen möglichst natürlichen Lebensraum bieten (wenngleich die Vögel hinter ihren Gittern etwas traurig dreinschauen). Äußerst sehenswert.

Einzeltickets für 6 Rs am **Ticketschalter** (⌚ 10–16 Uhr) vor dem Zooeingang erhältlich. Sie gelten auch für die Galerie und sämtliche **Museen** (⌚ Di & Do–So 10–17, Mi 13–17 Uhr). Das **Napier Museum** befindet sich in einem bombastischen hölzernen Gebäude von 1880 im Kerala-Stil. Die wunderschöne Sammlung beinhaltet Bronzefiguren, Tempelwagen und Elfenbeinschnitzereien. Bei der knallbunten Inneneinrichtung mit Volksfestcharakter staunt man Bauklötze. Die kleine, aber feine völkerkundliche Ausstellung im **Natural History Museum** enthält den Nachbau eines *tharawad*, der traditionellen hölzernen Behausung der Nair-Kriegerkaste. Die **Sri Chitra Art Gallery** zeigt Bilder der Rajput-, Mughal- und Tanjore-Schulen und die Werke von Ravi Varma.

VELI TOURIST PARK

Prächtiger **Park** (Eintritt 5 Rs; ⌚ 8–18 Uhr) 8 km westlich des Stadtzentrums. Hier stehen die eindrucksvollen Skulpturen Kanai Kunhiramans. Sie vermitteln ein Gefühl von Balance und Harmonie, manchmal gepaart mit einem prickelnden Schuss Erotik. Die Lagune lädt zur Tretboot-Regatta ein.

AYURVEDA

Bei den Studenten am **Ayurveda College** (☎ 2460190; MG Rd; ⌚ 8–13 Uhr) gibt's kostenlose Massagen und *panchakarma*-Behandlungen (nach ärztlicher Untersuchung). Hier heißt's anstehen – und das Ambiente ähnelt eher einem Krankenhaus als einem Wellness-Center.

Kurse

Die **Margi Kathakali School** (☎ 2434066) hinter der Fort-Schule im Stadtteil Fort veranstaltet Kurse in *kathakali* (s. Kasten S. 1024) und *kootiattam* (traditionelles Sanskrit-Drama). Blutige Anfänger wie Fortgeschrittene sind gleichermaßen willkommen. Die Kursgebühren hängen vom jeweiligen Lehrer ab. Informationen zu Aufführungen gibt's auf S. 991.

Bei den *kalarippayat*-Kursen an der **CVN Kalari Sangham** (☎ 2474182; ⌚ 10–13 & 17–18.30 Uhr) kommen vor allem bereits erfahrene Kampfkünstler auf ihre Kosten. Für den dreimonatigen Einführungskurs sind Unterrichtsgebühren von 1000 Rs pro Monat zu berappen. Näheres erfährt man von **Rajan** (☎ 2461400; tvm_rajnair@sancharnet.in) und in der linken Spalte.

Geführte Touren

Ausgangspunkt der KTDC-Touren ist das **KTDC Hotel Chaithram** (Central Station Rd). Die **Kanyakumari-Tagestour** (250 Rs/Pers.; ⌚ Di–So 7.30–21 Uhr) führt zum Kovalam Beach, dem Padmanabhapuram-Palast, den Suchindram-Tempel und dem Cape Comorin (Kanyakumari). Die **Trivandrum City-Tagestour** (Halbtagstour 70–80 Rs, Ganztagstour Rs 130; halbtags

8.30–13 & 14–19 Uhr, ganztags 8.30–19 Uhr) erfasst alle Sehenswürdigkeiten Thiruvananthapurams inklusive Kovalam Beach. Achtung: Weil manche Einrichtungen Ruhetag haben, gibt's montags nur wenig zu sehen.

Schlafen

BUDGETUNTERKÜNFTE

Auf der Jagd nach guten Übernachtungsmöglichkeiten wird man am ehesten in der Manjalikulam Rd. Erfolg haben, einer ruhigen Parallelstraße zur MG Rd. In den Unterkünften an der MG Rd. ist es dagegen auch nachts zum Teil recht laut.

YWCA Internationales Gästehaus (☎ 2477308; MG Rd; EZ/DZ/FZ 250/350/450 Rs, DZ mit Klimaanlage 600 Rs;) Hell und freundlich. Acht saubere und geräumige Gästezimmer, gemütliches, aber leider auch lautes Wohnzimmer.

Omkar Lodge (☎ 2451803; omkartvm@hotmail.com; MG Rd; EZ/DZ 120/200 Rs) Recht günstig, aber eng und laut. Saubere Gästezimmer.

Pravin Tourist Home (☎ 2330443; Manjalikulam Rd; EZ/DZ Rs 145/220) Eine der besseren Budgetadressen: Rustikal ausgestattet, aber mit großen und sauberen Gästezimmern.

Hotel Ganesh (☎ 2461070; Ambujavilasam Rd; DZ 300–350 Rs, 3BZ 400–450 Rs) Etwas versteckt, in schöner Lage. Ruhige, große und gepflegte Gästezimmer.

Sundar Tourist Home (☎ 2330532; Manjalikulam Rd; EZ mit Gemeinschaftsbad/eigenem Bad 80/90 Rs, DZ/3BZ mit eigenem Bad 150/195 Rs) Die billigste Absteige der Stadt mit dementsprechend grauenvollen, zellenartigen Zimmern. Vor allem Frauen könnten sich unwohl fühlen.

MITTELKLASSEHOTELS

Wild Palms Home Stay (☎ 2471175; wildpalm@md3.vsnl.net.in; Mathrubhumi Rd; EZ 645–1295 Rs, DZ 845–1595 Rs;) Hier macht das Übernachten in Thiruvananthapuram Spaß: Großzügige Zimmer, hübsche Möbel und eine großartige Atmosphäre (inkl. Frühstück). In 20 km Entfernung von der Stadt bieten die Eigentümer auch neue Ferienwohnungen mit Privatstrand (hier gelten dieselben Preise; weitere Informationen direkt bei Wild Palms).

Hotel Regency (☎ 2330377; hotelregency@satyam.net.in; Manjalikulam Cross Rd; EZ/DZ 350/600 Rs, mit Klimaanlage 750/900 Rs;) Gemütlichkeit ist hier Trumpf. Kleine, aber blitzsaubere Zimmer. Zusätzlicher Bonus: Das Dachrestaurant (nur Abendessen).

Hotel Highland (☎ 2333200; Manjalikulam Rd; EZ 360–430 Rs, DZ 425–530 Rs, EZ mit Klimaanlage 625–750 Rs, DZ mit Klimaanlage 725–875 Rs;) Die Zimmer wirken auf den ersten Blick etwas altmodisch und angestaubt, sind aber sehr geräumig und bieten recht viel fürs Geld – die Luxusversion hat beinahe die Größe einer Suite.

Hotel Highland Park (☎ 2338800; Manjalikulam Rd; EZ/DZ 450/500 Rs, mit Klimaanlage 750/850 Rs;) Die Zimmer sind hier kleiner, sauberer und billiger als die im gegenüberliegenden Hotel Highland. Sehr kleine Einzelzimmer.

Hotel Pankaj (☎ 2464645; www.hotelpankaj.com; MG Rd; EZ/DZ/Suite mit Frühstück ab 1350/1700/2750 Rs;) Altmodische, aber brauchbare Räume mit viel Platz; die teureren Zimmer haben einen Kühlschrank. Achtung: In den Zimmern zur MG Rd. nervt der Straßenlärm gewaltig.

SPITZENKLASSEHOTELS

KTDC Hotel Mascot (☎ 2318990; hotelmascot@vsnl.net; Mascot Square; EZ/DZ ab 2400/2900 Rs;) Business-Hotel mit super Atmosphäre, modernster Einrichtung, riesigen Zimmern und einem Monsterpool. Gerade mal einen Steinwurf von Zoo, Museen und Galerie entfernt.

Muthoot Plaza (☎ 2337733; Punnen Rd; EZ/DZ ab 66/77 US$, Suite ab 130 US$;) Auch die günstigen Zimmer dieses Hotels wirken sehr vornehm. Vor allem Geschäftsreisende fühlen sich hier wohl. Das hauseigene Café ist rund um die Uhr geöffnet. Sehr empfehlenswertes Restaurant. Alle Preise inklusive Frühstück.

Essen

Kalavara Familien-Restaurant (Press Rd; Gerichte ab 29–70 Rs; 11–23 Uhr;) Der Hit bei der Mittelschicht Thiruvananthapurams. Mittags gibt's tolle Biryanis (40–75 Rs) und eine große Auswahl an Fischgerichten, beispielsweise den excellenten *molee* (56 Rs). Klasse Dachterasse.

Maveli Café (Gerichte ca. 25 Rs; 6–13 Uhr) Das Maveli gehört zur Kette Indian Coffee House. Nichts für Hungrige mit Höhenangst: Diniert wird hier auf Sitzgruppen in einem schmalen spiralförmigen Turm. Eine **Filiale** (8.30–18 Uhr) befindet sich gegenüber vom Zoo.

Auch in der Nähe von Busbahnhof und Bahnhof gibt's was Ordentliches zu essen:

Amma (Central Station Rd; Gerichte ca. 30 Rs; 🕑 7–23.45 Uhr) Vegetarisches Restaurant, bekannt für seine Thalis (30–50 Rs).

Azad Restaurant (MG Rd; nichtveg. Gerichte 18–35 Rs; 🕑 7.30–22 Uhr) Beliebtes Restaurant mit toller Bäckerei und eigener Saftbar.

Prime Square (Central Station Rd; Gerichte ab 35 Rs; 🕑 7–24 Uhr) Spezialitäten aus Kerala und großartiger Fisch-Thali (25 Rs).

Gegenüber der Secretariat-Gebäude an der MG Rd. befinden sich mehrere gute und günstige Vegi-Restaurants, darunter das Sree Arul Jyothi und das Ananda Bhavan (Thalis ca. 35 Rs). Der Akash Ganga Roof Garden macht Lust auf ein kühles Blondes (75 Rs).

Prima Hotel-Buffets gibt's hier: im **Tiffany's Restaurant** (Muthoot Plaza; Mittagessen 275 Rs, Abendessen 350 Rs), im vornehm-roten **Pankaj** (Buffet 150 Rs), und besonders im **Regency** (Buffet 250 Rs) im South Park.

Food World Supermarket (MG Rd; 🕑 10–20.30 Uhr) Super Auswahl. Mit einer europäischen Bäckerei – man kann viele europäische Nahrungsmittel kaufen. Und es gibt sogar Tampons!

ETWAS BESONDERES

Kadalivanam Familien-Restaurant

(☎ 233704; MG Rd; Spezialgerichte 50 Rs; 🕑 9–22 Uhr) Mehr Philosophie als nur Restaurant: Mahlzeiten im Bananenblatt sind das Markenzeichen dieses Gourmettempels der anderen Art. Das Kadalivanam steht für gepflegten, unterhaltsamen und in der Tat auch gesunden Gaumenschmaus. Bei der Zubereitung der Speisen richten sich die Köche streng nach naturheilkundlichen Vorgaben. Auf Geschmacksverstärker wie Knoblauch, Zwiebeln, Asafoetida und Tamarinde (die bekanntlich Arthritis, Hämorrhoiden und andere Leiden hervorrufen) wird dabei bewusst verzichtet. Jedes Essen beginnt mit fünf sensationellen Säften in verschiedenen Geschmacksrichtungen, danach kommen Rohkostsalate auf den Tisch (extrem hoher Hygienestandard). Der Hauptgang besteht aus einem super leckeren vegetarischen Gericht mit Reis. Da man nicht immer genau weiß, was man da gerade vor sich hat, wird der Genuss zu einem (positiven) Abenteuer – Fragen zu den jeweiligen Zutaten werden aber vom Personal jederzeit gern beantwortet. Zum Restaurant gehört auch ein Naturkostladen.

Unterhaltung

Academy of Magical Sciences (☎ 2358910; www.magicmuthukad.com; Poojapurra) Akademie für angehende Magier. Der Schwerpunkt liegt auf der alten indischen Zauberkunst (z. B. der „Grüne-Mangobaum-Trick" oder der berühmte „Große Indische Seiltrick") in der Tradition der Straßenzauberer. Regelmäßig finden Vorführungen statt (Zeiten telefonisch erfragen). Der Laden verkauft auch Zauberkästen.

Margi Kathakali School (☎ 2434066) Zweimal im Monat veranstaltet diese *kathakali*- und *kootiattam*-Schule (hinter der Fort-Schule), ihre Aufführungen (Zeiten telefonisch erfragen; Privatvorstellung auf Wunsch 6000 Rs). Von Montag bis Freitag wird hier ohne Kostüm trainiert (ca. ab 10 Uhr bis mittags) – Besucher sind willkommen.

Shoppen

Der Connemara Market lädt zum ausgiebigen Bummeln ein. Händler bringen Gemüse, Fisch, lebende Ziegen, Stoffe, Kleidung, Gewürze und Unmengen von Bananen an den Mann oder die Frau.

Sankers Coffee & Tea (MG Rd; 🕑 Mo–Sa 9–21 Uhr) Dieser schmucke Laden verkauft Nilgiri Export OP Leaf (210 Rs/kg) und verschiedene Kaffee- und Nusssorten.

Hastkala (MG Rd; 🕑 9.30–22 Uhr) Verkauf von hochwertigen Handarbeiten.

An- & Weiterreise

FLUGZEUG

Folgende Airlines haben ein Büro in Thiruvananthapuram:

Indian Airlines (☎ 2318288; Museum Rd; 🕑 Mo–Sa 10–13 & 13.45–17.35 Uhr)

Jet Airways (☎ 2728864; Akshaya Towers, Sasthamangalam Junction; 🕑 Mo–Sa 9–17.30 Uhr)

Jet Airways und Indian Airlines bieten jeweils Nachmittagsflüge nach Mumbai (215 US$) an. Indian Airlines fliegt täglich nach Kochi (75 US$), Bangalore (130 US$), Madras (125 US$) und Delhi (380 US$). **Air India** (☎ 2310310; Museum Rd) fliegt zweimal wöchentlich nachts von Thiruvananthapuram nach Mumbai (174 US$).

Regelmäßig gehen Flüge von Thiruvananthapuram aus nach Colombo (Sri Lanka) und Male (Malediven); s. S. 1196.

Sämtliche Flüge sind bei **Airtravel Enterprises** (☎ 2334202; Fax 2331704; New Corporation Bldg, MG Rd; ⌚ Mo–Sa 9.30–13 & 14–17.30 Uhr) buchbar.

BUS

Vom **KSRTC-Busbahnhof** (☎ 2323886) gegenüber dem Bahnhof werden folgende Ziele angefahren:

Ziel	Preis (Rs)	Dauer (Std.)	Häufigkeit
Alappuzha	76	3½	alle 15 Min.
Kanyakumari	32	2	6-mal tgl.
Kochi	102	5	alle 15 Min.
Kollam	34	1½	alle 15 Min.
Thrissur	140	7½	alle 30 Min.
Varkala	25	1¼	stündl.

Täglich um 8.45 Uhr geht ein Bus nach Thekkady (115 Rs, 8 Std.) zum Periyar Wildlife Sanctuary.

Die Busse der State Express Transport Corporation (SETC) fahren vom östlichen Ende des KSRTC-Busbahnhofs nach Madras (302 Rs, 17 Std., 8-mal tgl.) und Madurai (131 Rs, 7 Std., 9-mal tgl.). Einmal täglich um 15.45 Uhr geht ein Bus nach Udhagamandalam (254 Rs, 14 Std.) und um 14 Uhr einer nach Pondicherry (261 Rs, 16 Std.).

Zwischen 5.40 und 22 Uhr (7 Rs, alle 15 Min.) fahren Busse nach Kovalam Beach (Abfahrt am südlichen Ende des East-Fort-Busbahnhofs in der MG Rd.).

ZUG

Das **Reservierungsbüro** (⌚ Mo–Sa 8–20, So 8–14 Uhr) ist im EG des Bahnhofsgebäudes. Die Züge sind meist ausgebucht.

Etliche Züge fahren über Kollam und Ernakulam an der Küste entlang nach Thrissur. Jenseits von Thrissur geht's dann über Palakkad (Palghat) in östlicher Richtung weiter in den Nachbarstaat Tamil Nadu. Von Coimbatore aus bestehen Verbindungen nach Udhagamandalam (194/800 Rs Sleeper Class/2AC, 11 Std.).

Manche Züge fahren die Küste entlang bis nach Mangalore in Karnataka, darunter täglich der *Para-Suram-Express* (16 Std., Abfahrt 6.10 Uhr) und der *Malabar Express* (Abfahrt 18.20 Uhr).

Regelmäßige Zugverbindungen bestehen nach Varkala (25/160 Rs 2. Klasse/Chair Class, 45 Min.), Kollam (29/160 Rs, 1¼ Std.) und Ernakulam (130/330 Rs Sleeper Class/3AC, 5 Std.); ebenso nach Kozhikode (190/500 Rs Sleeper Class/3AC, 10 Std.) und Kanyakumari (121/210 Rs Sleeper Class/3AC, 2 Std.).

Unterwegs vor Ort

Der Flughafen liegt 6 km von der Stadt und 15 km von Kovalam entfernt; die beste Wahl ist die Buslinie 14 (5 Rs; fährt vom East-Fort-Busbahnhof ab). Feste Taxipreise gelten für Fahrten vom Flughafen in die Stadt (165 Rs) und nach Kovalam (250 Rs).

In der Stadt kommt man sehr flott mit einer der vielen Autorikschas vorwärts. Der Standardsatz beträgt 8 Rs bei Fahrtbeginn, für jeden Kilometer werden weitere 4,50 Rs fällig. Doch Vorsicht bei Nacht: 50 % Aufschlag sind gängig, doch viele Fahrer weigern sich, nach Taxameter abzurechnen – also besser im Voraus einen festen Fahrtpreis aushandeln!

RUND UM THIRUVANANTHAPURAM

Ponmudi & Cardamom Hills

Die schnuckelige Siedlung Ponmudi liegt in den Hügeln 61 km nordöstlich von Thiruvananthapuram. Die abwechslungsreiche Route führt vorbei an Teeplantagen und winzigen Dörfern – der malerische, aber abwechslungslose Zielort wird von vielen indischen Familien als Picknickplatz genutzt. Ein Quartier gibt's 1,5 km entfernt von Ponmudi im **KTDC Guest House** (☎ 0472-2890230; DZ/Hütte 430/550 Rs) in schlichten, sauberen und hellen Zimmern. Scharen von jungen Männern bevölkern Restaurant und Kneipe. Siebenmal täglich fährt ein Bus vom KSRTC-Busbahnhof in Thiruvananthapuram nach Ponmudi (24 Rs, 2½ Std.); der letzte Bus zurück geht um 18 Uhr. Für eine Tagestour mit dem Taxi muss man etwa 1100 Rs hinblättern.

Sivananda Yoga Vedanta Dhanwantari Ashram

In der Nähe von Neyyar Dam (Ausfahrt an der Straße nach Ponmudi) befindet sich dieses 1978 gegründete **Ashram** (☎ /Fax 0471-2273093; www.sivananda.org/ndam). Es ist berühmt für seine Hatha-Yoga-Kurse. Ein Kurs dauert mindestens zwei Wochen und kostet pro Tag und Doppelzimmer 600 Rs (oder 450 Rs bei Übernachtung im Schlafsaal). Der strenge Übungsplan (von 6 bis 22 Uhr) beinhaltet Yogaübungen, Meditation und Gesang. Die Schüler schwärmen geradezu vom Essen, das im Preis enthalten ist. Vorausbuchungen per E-Mail sind erforderlich. Eine mehrmonatige Ausbildung zum Yogatrainer und Ayurveda-Massagekurse sind ebenfalls im Angebot. Von Thiruvananthapuram aus fahren regelmäßig Busse nach Neyyar Dam (14 Rs, 1½ Std.). Eine einfache Taxifahrt kostet ca. 400 Rs.

KOVALAM

☎ 0471

Kovalam ist die Touristenhochburg Keralas. Überall wird hier wild gebaut, die Preise sind hoch und eine Armee von Souvenirverkäufern wartet auf zahlungskräftige Kundschaft. In der Hauptsaison fallen Charter-Reisegruppen wie Heuschrecken über den Ort her. Und dennoch gibt es noch ein anderes, unbekanntes Kovalam mit tollen Stränden, lauschigen Plätzchen und hervorragenden Restaurants abseits vom Trubel. Bei den Übernachtungsmöglichkeiten ist für jeden Geldbeutel etwas dabei – wer aber für die Hauptsaison etwas Günstiges finden will, muss früh buchen. Vor allem in der Nebensaison kann der erschöpfte Traveller sich hier optimal ein paar Tage entspannen und Kräfte sammeln.

Orientierung

Kovalam besteht aus zwei Buchten (Lighthouse Beach und Hawah Beach), die durch felsige Landzungen von den weniger bevöl-

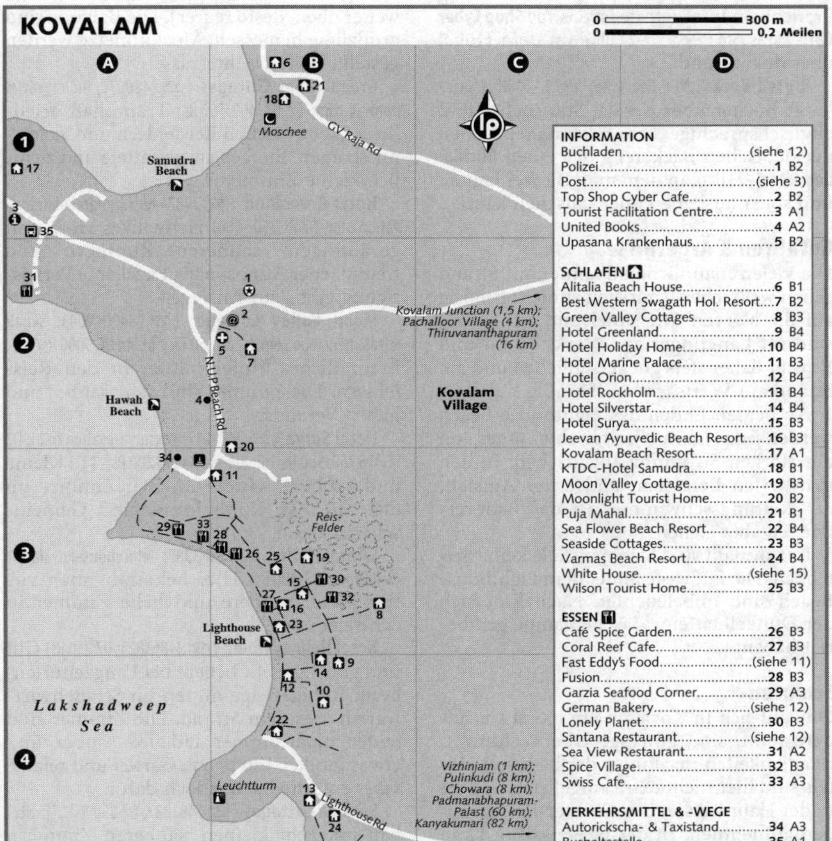

kerten Stränden im Norden und im Süden getrennt sind. Das Ortszentrum befindet sich 1,5 km vom Strand entfernt in Kovalam Junction.

Praktische Informationen

Am Eingang zum Kovalam Beach Resort befindet sich das praktische **Tourist Facilitation Centre** (☎ 2480085; ⌚ Mo–Sa 10–17 Uhr). Das **Postamt** (⌚ 10–17 Uhr) ist gleich nebenan.

Nahezu jeder Laden und jedes Hotel wechselt Geld, doch es empfiehlt sich, nach dem günstigsten Kurs Ausschau zu halten. In Kovalam Junction stehen Automaten der ICICI und der Federal Bank.

STD/ISD-Shops finden sich überall am Strand; die meisten Internetcafés sind klein und bieten wenig für viel Geld. Das einzig brauchbare Internetcafé ist das **Top Shop Cyber Cafe** (30 Rs /Std.; ⌚ 9.30–24 Uhr) auf dem Hügel über dem Strand.

United Books (NUP Beach Rd; ⌚ 9–20 Uhr) verkauft Bücher über Kerala, Spirituelles und englischsprachige Schundromane. Neben der deutschen Bäckerei gibt's einen **Buchladen** (⌚ 7–23 Uhr), in dem man Bücher kaufen und sogar ausleihen oder tauschen kann.

Gefahren & Ärgernisse

Die vielen männlichen Spanner am Strand gehen weiblichen Touristen zumeist gehörig auf die Nerven. Im Hotel und am Strand sind oft Langfinger am Werk. Türen und Fenster daher stets gut verschließen und am Strand auf Wertsachen achten!

An beiden Enden des Lighthouse Beach werden jedes Jahr mehrere Schwimmer von der starken Strömung abgetrieben. In den markierten Bereichen und unter Aufsicht der Rettungsschwimmer ist das Badevergnügen aber sicher.

In Kovalam sind Stromausfälle keine Seltenheit. Die Fußwege hinter dem Lighthouse Beach sind unbeleuchtet. Nach Einbruch der Dunkelheit eine Taschenlampe griffbereit haben!

Schlafen

Obwohl sich in Kovalam ein Hotel ans andere reiht, sind günstige Übernachtungsmöglichkeiten rar. Einige der besseren Hotels sind hier nicht extra aufgelistet, weil sie in der Hauptsaison nur Charter-Reisegruppen aufnehmen. In der Nebensaison kann man dort jedoch oft zum Spottpreis wohnen. Die meisten Hotels haben ausschließlich Doppelzimmer, geben Einzelbuchern aber vor allem in der Nebensaison oft dicke Rabatte. Sofern nicht anders angegeben, gelten alle genannten Preise für Doppelbelegung.

Von vielen der Hotels am Strand hat man einen prima Blick aufs Meer. Mehr Charme besitzen jedoch meist die kleineren Herbergen, die sich im Straßenwirrwarr hinter dem Strand verstecken. Die üppigen Reisfelder in der Nachbarschaft vermitteln hier Ruhe und Frieden.

BUDGETUNTERKÜNFTE

Hotel Silverstar (☎ 2482983; Info@hotel-silverstar.com; DZ 350–600 Rs) Liegt mitten im Ortskern. Blitzsaubere Zimmer auf drei Stockwerken (je weiter oben, desto teurer). Die Balkone sind großzügig bemessen, Moskitonetze werden gestellt. Tolle Dachterrasse.

Green Valley Cottages (☎ 2480636; indira_ravi@hotmail.com; EZ/DZ 400/500 Rs) Traumhaft friedliche Lage zwischen Reisfeldern und Kokosnusshainen. Einfach ausgestattete und ziemlich kleine Zimmer.

Hotel Greenland (☎ 2487442; hotelgreenlandin@yahoo.com; DZ Rs 350–500) Heimeliges Hotel mit geräumigen, sauberen Zimmern und freundlicher Atmosphäre. Exzellente Verköstigung gibt's auf Anfrage.

Moon Valley Cottage (☎ 9847049643; sknairkovalam@yahoo.com; DZ ab 350 Rs, Apt. im OG 5000 Rs/Wo.) Freundliches Hotel mitten in den Reisfeldern. Die Zimmer sind sehr sauber und haben Veranda.

Hotel Surya (☎ 2481012; kovsurya@yahoo.co.in; DZ EG/OG 350/550 Rs, mit Klimaanlage 1200 Rs; ❄) Kleine und saubere Räume im EG; Zimmer im OG mit TV, Kühlschrank und Gemeinschaftsbalkon.

White House (☎ 2483388; whitehousekovalam@walla.com; DZ 400 Rs) Hier bekommt man viel fürs Geld: Saubere und helle Zimmer in zentraler Lage.

Hotel Holiday Home (☎ 24863821; DZ 250 Rs) Gut und günstig. Sehr beliebt bei Langzeiturlaubern. Ruhige Lage mitten im Straßenwirrwarr hinter dem Strand. Die Zimmer sind leider nicht immer tadellos sauber und etwas dunkel. Ein prima Garten und relaxte *vibes* entschädigen jedoch dafür.

Seaside Cottages (☎ 2481937; DZ 350 Rs) Flachbau mit acht kleinen, sauberen Zimmern direkt an der Strandpromenade.

MITTELKLASSEHOTELS

Hotel Rockholm (☎ 2480306; rockholm@techpark.net; Lighthouse Rd; EZ/DZ 1110/1250 Rs, mit Klimaanlage 1350/1500 Rs;) Hotel am Privatstrand mit Meerblick. Rotes Velours und dunkles Holz verleihen dem Haus einen gewissen Touch von verblasstem Glamour. Zimmer mit Klimaanlage sind etwas größer und haben romantische Sitzplätze am Fenster.

Varmas Beach Resort (☎ 2480478; varmabeach@hotmail.com; Lighthouse Rd; DZ 1500 Rs, mit Klimaanlage 2500 Rs;) Das schönste Haus in Kovalam mit cooler Fassade im Kerala-Stil. Kleine, einfache Zimmer, die eine bombastische Aussicht bieten.

Sea Flower Beach Resort (☎ 2480554; visitindia@eth.net; DZ EG/OG 600/1000 Rs) Im Gegensatz zu den Zimmern im OG wirken die im EG etwas schmuddelig; dennoch allgemein recht sauber bei direktem Blick aufs Meer.

Wilson Tourist Home (☎ 9847363831; DZ 750 Rs, mit Klimaanlage 1200 Rs;) Rund um den Innenhof befinden sich große, saubere Zimmer mit direktem Ausgang zu einem zauberhaften Garten. Die dunkle Holzvertäfelung im Kerala-Stil wirkt edel. Auf den Balkonen laden Schaukelstühle zum Entspannen ein. Preise inklusive Frühstück.

Moonlight Tourist Home (☎ 2480375; DZ 1300 Rs, mit Klimaanlage 1500 Rs;) Beliebt und angenehm. Das Haus hat Stil und die schönsten Balkone im ganzen Ort (Zimmer im EG ohne Balkon sind günstiger). Die Zimmer sind blitzsauber und wunderschön möbliert, teilweise sogar mit Himmelbetten.

Hotel Marine Palace (☎ 2481428; www.hotelmarinepalace.com; DZ ab 1750 Rs, mit Klimaanlage ab 2000 Rs;) Altmodische, aber saubere und gemütliche Räume. Zimmer mit Seeblick sind etwas teurer.

Hotel Orion (☎ 2480999; orionbeachresort@hotmail.com; DZ EG/OG 500/1000 Rs) Kleine, saubere Zimmer direkt gegenüber vom Lighthouse Beach. Von den großen Balkonen im OG kann man den Leuchtturm erspähen.

Jeevan Ayurvedic Beach Resort (☎ 2480662; jeevanresort@eth.net; DZ 1200–2000 Rs;) Die preiswerten Zimmer sind nur wenig empfehlenswert. Die teureren sind dagegen nagelneu und haben Badewanne und Balkon.

SPITZENKLASSEHOTELS

Kovalam Beach Resort (☎ 2480101; reservations@kovalamhotel.com; EZ/DZ ab 5000/6500 Rs, Suite ab 9000 Rs;) Riesiges Hotelgrundstück in Traumlage am Nordende des Hawah Beachs. Die Standardzimmer sind nicht gerade groß. Dafür gibt es drei Swimmingpools, ein Ayurveda-Zentrum – und eine Luxusausstattung, die ihr Geld wert ist. Gehört zur Le-Meridien-Kette (Infos unter www.lemeridienkovalam.com).

Best Western Swagath Holiday Resort (☎ 248 1148; swagathresort@asianetindia.com; Zi. 1400–3600 Rs, mit Klimaanlage 1800–4000 Rs, Suite mit Klimaanlage 5600 Rs;) Umgeben von herrlichen Gärten und Kokospalmen kann man von hier aus den Leuchtturm sehen. Die Zimmer sind geräumig und schön möbliert, verbreiten aber ein gewisses Hotelketten-Flair. Einfache „Reihenhäuser" ermöglichen auch in der Hauptsaison Luxusurlaub am Pool zum vernünftigen Preis.

Essen

Am Strand, verstreut zwischen Palmen, gibt's viele Freiluft-Restaurants. Abends suchen sich die Gäste etwas aus dem Angebot an fangfrischem Fisch aus und bestimmen selbst über die Art der Zubereitung. Vor dem Bestellen auf die Preise achten! Normalerweise kostet ein Fischgericht um die 150 Rs, je nachdem, wie groß die Portion ist und wie kompliziert die Zubereitung. Für Tigergarnelen werden bis zu 400 Rs fällig. Es ist ziemlich schwierig, sich im Durcheinander von Speisekarten und Preisen zurechtzufinden – und letztendlich ist wohl das Ambiente eines Restaurants ausschlaggebend und nicht seine Preise.

Fusion (Hauptgericht 140–350 Rs) Funky Inneneinrichtung und einfallsreiche Menüs. In den sensationell leckeren „Fusion"-Gerichten treffen indische Zutaten auf Kulinarisches aus dem alten Europa.

German Bakery (Hauptgericht ca. 80–150 Rs) Dachbäckerei mit super Frühstücksangebot: exzellenter Kaffee, frisches Gebäck und Quiches. Zusätzlich gibt's hier auch noch süddeutsche Spezialitäten und eine Reihe von Hauptgerichten wie z. B. gebratenen Tofu (100 Rs) oder Pizza mit Meeresfrüchten (110 Rs).

Café Spice Garden (Hauptgericht 80–450 Rs) Durch den wilden Tribal-Stil kommt man sich hier vor wie im Urwald. Super Service und sehr vielseitige Speisekarte. Besonders empfehlenswert: Seafood und innovative Gerichte wie Pasta mit Krabben-Zitronen-Sauce (200 Rs).

Swiss Cafe (Hauptgericht Rs 120–370) Mit der Schweiz hat das Ganze zwar nicht viel zu tun, das europäische Frühstück ist aber trotzdem unschlagbar (Eier 15–50 Rs). Bester Kaffee des ganzen Strands.

Lonely Planet (Hauptgericht ab 40 Rs) Das Vegi-Restaurant mit dem witzigen Namen liegt an einem Seerosenteich. Aufgetischt wird leckere süd- und nordindische Küche, z. B. der traditionelle Kerala-Thali (125 Rs). In der Hauptsaison werden auch Kochkurse angeboten (250 Rs; Fr–Mi 13–15 Uhr und 18–20 Uhr).

Spice Village (Gericht 40–200 Rs) Romantische „Oase" am selben Teich. Nennt sich „traditionell keralisch", serviert wird aber viel des üblichen Pasta-Einerleis. Trotzdem gibt's hier auch exzellentes Seafood aus Kerala wie z. B. *fish pollichathu* (marinierter und gegrillter oder gekochter Fisch im Bananenblatt, 125 Rs).

Fast Eddy's Food (Gericht 20–40 Rs, Thalis 40–50 Rs) Vegi-Imbiss ohne viel Schnickschnack. Nord- und südindische Gerichte.

Wer mehr Zeit mitbringt, testet das klasse Seafood im Santana Restaurant, im Garzia Seafood Corner oder im Sea View Restaurant. Und das Coral Reef Cafe macht das beste Chop-Suey am ganzen Strand.

Unterhaltung

Während der Hauptsaison wird an den meisten Abenden *kathakali* in abgespeckter Version aufgeführt (Zeiten und Locations beim Tourist Facilitation Centre erfragen, S. 994). Gegen 17 Uhr ist Kostümprobe, die eigentliche Performance startet um 18.30 Uhr. An Wochenenden ist am Strand manchmal ein buntes Kulturprogramm mit Musik und Tanz geboten, auf Hinweisschilder achten!

In manchen Restaurants laufen zweimal pro Nacht westliche Videofilme. Bars und

AYURVEDA

Der Begriff Ayurveda hat seine Wurzeln im Sanskrit. Er setzt sich zusammen aus *ayu* (Leben) und *veda* (Wissen) – die Wissenschaft vom Leben. Bereits vor 2000 Jahren taucht die Ayurveda-Medizin erstmals in den Vedas auf, aber wahrscheinlich wurde sie schon jahrhundertelang praktiziert, bevor man etwas darüber aufgeschrieben hat.

Ayurveda basiert auf der Vorstellung von einer inneren Ordnung der Welt. Wird sie verletzt, ist das natürliche Gleichgewicht gestört und Krankheiten treten auf. Der ayurvedischen Philosophie zufolge besitzen alle Menschen drei *doshas* (Gemütsverfassungen): *vata* (Wind bzw. Luft); *pitta* (Feuer); und *kapha* (Wasser/Erde). Zusammen werden sie als *tridoshas* bezeichnet, und Krankheiten resultieren aus einer gestörten Balance der drei Elemente. Auch wenn jedem Menschen alle drei zu Eigen sind, so dominiert doch eines davon und bestimmt das Temperament des Charakters. Großer Mangel oder Überschuss an einem *dosha* verursacht gesundheitliche Probleme – so kann Überfluss an *vata* zu Schwindel und Erschöpfung führen; zuviel *pitta* verursacht Fieber, Entzündungen und Infektionen. *Kapha* ist verantwortlich für den Flüssigkeitshaushalt – ein Mangel führt zu Gliederschmerzen und grippeartigen Erkrankungen.

Ayurveda-Behandlungen sollen das Gleichgewicht wiederherstellen – also gesund machen. Es werden hauptsächlich zwei Methoden angewandt: *panchakarama* (innere Reinigung) und Massage. Die Kräuter, die dafür benutzt werden, wachsen üppig im feuchten Klima Keralas; in jedem Ort gibt's eine Ayurveda-Apotheke, die frisch getrocknete Heilpflanzen verkauft. Und da jedes *dosha* einer bestimmten Speise zugeordnet ist, spielen Diät und richtige Ernährung bei Ayurveda eine zentrale Rolle.

In Kerala wird v. a. massiert, was besonders Patienten mit chronischen Leiden wie z. B. Arthritis oder Rheuma gut tut. Für jede Erkrankung wird ein speziell darauf abgestimmtes Massageöl verwendet, etwa Rizinus-, Niem-, Senf- oder Kampferöl. Unter die Öle mischt man gemahlene Kräuter, Nüsse und Baumrinden.

In Keralas Ferienorten werden oft einmalige Ayurveda-Massagen angeboten. Das ist zwar eine feine Sache, bei ernsthaften Problemen jedoch nicht wirklich effektiv. Für nachhaltige Ergebnisse ist mehr als eine Behandlung nötig, also etwa eine 15-tägige Kur mit Ayurveda-Diät, Übungen, Massagen und einer Reihe von weiteren Behandlungen.

Ausführliche Informationen finden sich beispielsweise in *Ayurveda: Life, Health & Longevity* von Dr. Robert E. Svoboda oder unter www.ayur.com.

Nachtclubs sind hier zwar Fehlanzeige, durstige Kehlen kommen aber in vielen Restaurants bei Bier (ca. 75 Rs) und Cocktails (80–100 Rs) auf ihre Kosten. Auf die Ohren gibt's dabei einen Endlosmix aus Reggae, Trance und Classic Rock.

An- und Weiterreise

BUS

Zwischen 5.30 und 21.30 Uhr pendeln Busse zwischen Thiruvananthapuram und Kovalam (7 Rs, 30 Min.). In Kovalam starten sie am Eingang zum Kovalam Beach Resort. Zudem fahren Busse nach Kollam (41 Rs, 2½ Std.) und nach Alappuzha (75 Rs, 4 Std.).

TAXIS & AUTORIKSCHAS

Eine Taxifahrt von Thiruvananthapuram nach Kovalam kostet 200–250 Rs. Je nach Saison verlangen Rikschafahrer für dieselbe Strecke 100–125 Rs. Der Pauschalpreis für ein Taxi vom Flughafen in Thiruvananthapuram nach Lighthouse Beach beträgt 325 Rs.

RUND UM KOVALAM

Samudra Beach

In Samudra Beach (s. Karte S. 993), rund 4 km nördlich von Kovalam, streiten sich Ferienorte mit den Fischerdörfern um den Platz. An diesem zwar ruhigen, aber dafür steilen und steinigen Strand schwimmt es sich lange nicht so entspannt wie an den anderen Stränden weiter südlich. In Strandnähe gibt's ein paar Imbissbuden.

Das kleine, aber bezaubernde **Alitalia Beach House** (☎ 2480042; EZ/DZ 500/1000 Rs) versteckt sich hinter dem Uday Samudra. Rund um eine einsame Kokospalme gruppieren sich hier vier achteckige Zimmer, die mit Moskitonetzen ausgestattet sind.

Zwei Gehminuten von Samudra Beach entfernt liegt das **KTDC Hotel Samudra** (☎ 2480089; samudra@md3.vsnl.net.in; EZ/DZ 3000/3400 Rs; ❄ 🏊). Kühle, einfache Zimmer mit Balkon zum Garten; in der ganzen Anlage friedliche Atmosphäre mit einem Hauch von Luxus.

Das neue **Puja Mahal** (☎ 2481245; Zi. 1800–2000 Rs) war zum Besuchszeitpunkt noch eine Baustelle. Möglicherweise lohnenswert.

Pulinkudi & Chowara

Rund 8 km südlich von Kovalam gibt's ein paar interessante Alternativen zu den immer überfüllten Stränden Kovalams.

Bethsaida Hermitage (☎ 2267554; www.bethsaida-c.org; Pulinkudi; EZ 1000–1500 Rs, DZ 3000–3500 Rs) Eine Ferienanlage der anderen Art: Sie gehört einer Wohlfahrtsorganisation, die sich um das benachbarte Waisenhaus kümmert; die Kinder erhalten hier auch Arbeit und Ausbildung. Aber der Look der Anlage ist ebenfalls sehenswert: In Strandnähe stehen eine Reihe von Ferienhäusern mit abgefahrenen Designs, darunter regenbogenfarbene Halbovale am Hang und geräumige, coole Hütten im Kerala-Stil.

Surya Samudra Beach Garden (☎ 2480413; suryasamudra@vsnl.com; Pulinkudi; Zi. 120–240 €; 🏊) Ein wahres Kleinod. Die einzelnen Hütten sind aus Teilen traditioneller Kerala-Häuser gebaut, haben wunderschön geschnitzte Giebel und Freiluftbäder. Der Privatstrand, der Riesenpool und Ayurveda-Behandlungen runden das Paket ab. 10 % Rabatt für Einzelurlauber.

Für ernsthaft interessierte Ayurveda-Anhänger gibt es **Dr. Franklin's Panchakarma Institute** (☎ 248 0870; www.dr-franklin.com; Chowara; EZ/DZ ab 63/114 €; 💻) – eine günstigere Alternative zu den Mode-Ferienorten. Im Preis inbegriffen sind Behandlungen und Ayurveda-Mahlzeiten. Nicht gerade typischer Ferienort-Style, aber saubere und bequeme Räumlichkeiten (Zimmer mit Meerblick sind vorhanden). Behandlungen: Wirbelsäulenprobleme, Entschlackung, Verjüngungskuren und Stressreduktion. Auf der Website gibt's ausführliche Infos.

Padmanabhapuram-Palast

Padmanabhapuram-Palast (Eintritt 10 Rs, Foto/Video 25/1200 Rs; 🕐 Di–So 9–17 Uhr) Ein Must-See! Der sehr gut erhaltene Palast ist ein Paradebeispiel für traditionelle Kerala-Architektur. Hier regierten einst die Herrscher von Travancore, ein Feudalstaat, der sich über Teile von Tamil Nadu und Kerala erstreckte. Die ältesten Teile des Palastes stammen von 1550. Der Palast, eine geniale Konstruktion aus Granit und Teakholz, ist prächtig verziert: Geschnitzte Giebel aus Rosenholz beeindrucken durch filigrane Blumenmuster, die Fenster glänzen wie Juwelen und die Fußböden sind auf Hochglanz poliert. Das war schon immer so: Früher wurden sie mit einer speziellen Rezeptur aus zerkleinerten Muscheln, Kokosnüssen, Eiweiß und Pflanzensäften bearbeitet. Jahrhundertelang kauften und verkauften chinesische Händler hier Tee und Gewürze: In den geschnitzten Stühlen und Giebeln, in Wandschirmen und Gefäßen haben sie ihre Spuren hinterlassen.

Die Führer auf dem Gelände sprechen sehr gut Englisch und helfen den Besuchern gern; geführte Besichtigungen sind erschwinglich (50–100 Rs, abhängig von der Größe der Gruppe).

Padmanabhapuram liegt ca. 60 km südöstlich von Kovalam. Am besten mit dem Bus von Kovalam (oder Thiruvananthapuram) in Richtung Kanyakumari fahren und in Thuckalay aussteigen. Von hier aus sind es noch 15 Min. zu Fuß, schneller geht's per Autorikscha. Als Alternative zum Bus gibt's die KTDC-Touren (s. S. 989), oder man kann auch ein Taxi mieten (ca. 900 Rs mit Rückfahrt).

VARKALA

☎ 0470 / 42 273 Ew.

In Varkala ist es herrlich ruhig, denn hierhin verirren sich nur wenige Pauschaltouristen. In dem idyllischen Strandort mit seinen idealen Stränden und der herrlichen Lage auf den Klippen lässt es sich perfekt relaxen. Allerdings ist auch diese Gegend nicht vor wilden Bauprojekten gefeit – Hotelneubauten schießen wie die Pilze aus dem Boden. Und trotzdem: Ein Sonnenuntergang über dem Arabischen Meer, ein leckeres Fischgericht hoch oben auf den Klippen – was braucht man mehr, um sich wie im Paradies zu fühlen? Und am Papanasham Beach bleibt man von Ramschhändlern und Spannern weitestgehend verschont.

Orientierung & Praktische Informationen

Der Ort und der Bahnhof sind ca. 2 km vom Strand entfernt. Ein **Polizeiposten** (🕒 Nov.–Feb.) liegt beim Hubschrauber-Landeplatz.

Zwischen dem Ortszentrum von Varkala Town und dem Bahnhof steht ein Geldautomat der State Bank of India. Die **Wechselstube** (☎ 2606623; Temple Junction; 🕒 8–21 Uhr) löst Reiseschecks ein, zahlt Bargeld von Kreditkarten aus und gibt außerdem Auskunft über Bus- und Bahnfahrpläne. Das **Postamt** (🕒 Mo–Sa 10–14 Uhr) befindet sich etwas nördlich von Temple Junction.

Oben auf den Klippen gibt's Internetcafés, aber die sind langsam und teuer. Ein guter Tipp ist ein recht unscheinbares Gebäude in Varkala Town zwischen dem Ortskern und dem Bahnhof: Auf einem Schild an der Hausfassade steht: **„Internet café"** (35 Rs/Std.; 🕒 8–18 Uhr).

Gefahren & Ärgernisse

Die Strömung ist hier sehr stark und selbst erfahrene Schwimmer können ins Strudeln kommen. Der Strand ist einer der gefährlichsten in ganz Kerala, deshalb ist das Schwimmen nur im markierten Bereich und unter der Aufsicht der Rettungsschwimmer zu empfehlen.

Leider hat Varkala einen schlechten Ruf als Hochburg der Grapscher. Weibliche Touristen sollten nachts keinesfalls ohne Begleitung durch abgelegene Viertel laufen. Aus demselben Grund empfiehlt es sich bei einem Besuch in Varkala Town, sich angemessen anzuziehen.

Sehenswertes & Aktivitäten

Varkala ist eine Tempelstadt. An der Beach Rd. liegt der **Janardhana-Tempel**. Nicht-Hindus dürfen das Gebäude nicht betreten, aber möglicherweise werden sie auf das Tempelgelände eingeladen. Dort ragt ein riesiger Banyan-Baum in die Höhe und Schreine der Hindu-Gottheiten Ayyappan, Hanuman und anderer Götter sind zu sehen.

Sivagiri Mutt (☎ 2602221) ist die Zentrale des Sree Narayana Dharma Sanghom Trust, des Ashrams zu Ehren von Sree Narayana Guru (1855–1928), Keralas bekanntestem Guru. Die Pilger kommen in Scharen, und der Swami hält gerne einen Plausch mit Besuchern. Wer sich ernsthaft mit Meditation und Philosophie beschäftigen möchte, kann hier auch eine Weile bleiben (Zi. 100–200 Rs). Der **Kiosk** (🕒 8–13 & 14–17 Uhr) verkauft spirituelle Texte.

In der Gegend gibt's auch viele Zentren für **Ayurveda**, **Yoga** und **Massage**; Hinweisschilder stehen oben auf den Klippen. Bekannt für Ayurveda-Schönheitsbehandlungen ist das **Dayana** (☎ 2609464; Maniküre & Pediküre 200 Rs, Gesichtsmaske 400–800 Rs; 🕒 9–19 Uhr). Es gilt allerdings: Ladies only! Auch **Dr. Manoj** (☎ 2601237; drtmanoj@hotmail.com; Hill Top Resort) und **Dr. Sathyanandhan** (☎ 2602950; smayurveda@hotmail.com) in der Nähe von Seaview haben einen hervorragenden Ruf. Massagen kosten pro Behandlung zwischen 400 Rs und 800 Rs.

Eden Garden (☎ 2603910; www.eden-garden.net), ein beliebtes Ayurveda-Zentrum, es bietet

Einzelmassagen sowie Packungen an; Massagen kosten pro Behandlung zwischen 12 und 14 € (Informationen zur Unterkunft s. S. 1000).

Schlafen

Die meisten Unterkünfte sind am Rand der Klippen; manche öffnen nur im November zur alljährlichen Touristen-Invasion. Die ruhigsten Häuser liegen weiter landeinwärts oder am nördlichen Ende der Klippen. Aber auch nördlich und südlich davon entstehen immer neue Hotels. Allgemein verhält es sich hier wie in Kovalam (s. S. 993): In der Hauptsaison sind günstige Übernachtungsmöglichkeiten schwer zu ergattern, in der Nebensaison gibt's dicke Rabatte.

Zwielichtige Gestalten sind hier häufig unterwegs – vor allem bei nächtlicher Ankunft gilt: Aufpassen, dass die Autorikscha auch wirklich dorthin fährt, wo man hin möchte.

BUDGETUNTERKÜNFTE

Am Rand der Klippen und im Bereich der Kokoshaine weiter landeinwärts bieten sich kleinen Hotels und Familienpensionen zum Übernachten an. Manche Häuser haben gar keine Namen, deshalb: Nach Schildern mit Vermietungsangeboten Ausschau halten! Im **Parvathy Bhavan** (☎ 2602596; DZ 300–400 Rs) ist der Schlaf günstig zu haben, die Ausstattung ist aber aufs Wesentlichste reduziert.

Bamboo Village (☎ 2610732; Hütte 300–500 Rs, Zi. 400 Rs) Auf einem kleinen Plateau ganz oben zwischen den Klippen stehen einfache, aber niedliche Bambushütten, die von einer freundlichen indischen Familie vermietet werden. Super Aussicht aufs Meer. Die vorderen Hütten sind ganz neu und größer; es gibt aber auch neue, kleine Bungalows weiter hinten.

Kerala Bamboo House (☎ 9895270993; Hütte 500 Rs) Bambushütten der feineren Art. Brandneue Hütten mit einem klasse Interieur aus antikem Holz und gebeiztem Bambus. Hier hat man seine Ruhe. Sehr empfehlenswert.

Jicky's Rooms (☎ 2606994; jickys2002@yahoo.co.in; EZ 200–250 Rs, DZ 200-700 Rs) Sehr beliebte Übernachtungsmöglichkeit unter Kokospalmen hinter dem Oottupura Restaurant. Die

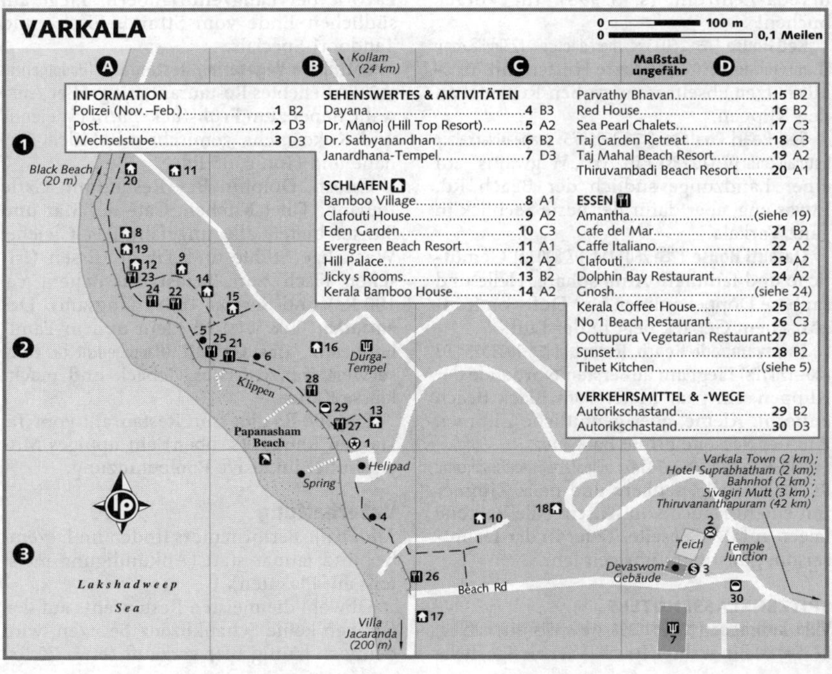

kleineren und günstigeren Räume im EG sind ihr Geld wert; die Zimmer im OG sind mit Balkonen ausgestattet und kühl und geräumig.

Taj Mahal Beach Resort (☎ 2605215; tourists_varkala@hotmail.com; Hütte 250 Rs, Zi.EG/OG 400/500 Rs) Hier gibt sich die Backpacker-Szene die Klinke in die Hand. Das Resort ist sehr beliebt und leicht chaotisch. Super Zimmer zum angemessenen Preis. Empfehlenswert, aber möglicherweise Ärger mit der Reiseagentur vor Ort.

MITTELKLASSEHOTELS

Evergreen Beach Resort (☎ 2603257; www.evergreenskm.com; DZ 500 Rs, mit Klimaanlage 1000 Rs, Hütte 1000 Rs, mit Klimaanlage 1500 Rs;) Klasse Gästehaus mit super Preis-Leistungs-Verhältnis. Zum Black Beach ist es ein Katzensprung. Alle Zimmer mit Balkon und Meerblick. Wunderschöner Garten.

Eden Garden (☎ 2603910; www.eden-garden.net; DZ 800 Rs) Wunderbare Lage an einem Teich mit Blick auf die Reisfelder. Wenige, aber dafür blitzsaubere und hübsch dekorierte Doppelzimmer. Sehr empfehlenswertes Ayurveda-Zentrum. (s. S. 998). Im Voraus buchen!

Red House (☎ 2603324; theredhouse@123india.com; Zi. mit Frühstück 800 Rs) Relaxte Hütten mit Moskitonetzen abseits vom großen Rummel an den Klippen.

Sea Pearl Chalets (☎ 2605875; seapearlvarkala@hotmail.com; DZ 1100 Rs) Ein Art „Wigwams" auf einer Landzunge südlich der Beach Rd. Etwas eng, aber dafür der beste Seeblick in ganz Varkala.

Clafouti House (☎ 2601414; DZ 800 Rs) Gemütliche und familiäre Atmosphäre. Helle und saubere Doppelzimmer. Der Duft von französischem Gebäck liegt in der Luft.

Thiruvambadi Beach Resort (☎ 2601028; DZ 800–1200 Rs) Liegt am äußersten Nordende der Klippen, ein paar Meter vom Black Beach entfernt. Kleine, aber gemütliche Zimmer. Auf der Seeseite große Balkone.

Hill Palace (☎ 2610142; hillpalace@rediffmail.com; DZ 1100 Rs) Helle, saubere und neue Zimmer mit einem Hauch von Kitsch. Alle Balkone liegen auf der Seeseite. Teuer in der Hauptsaison, günstig im übrigen Jahr.

SPITZENKLASSEHOTELS

Villa Jacaranda (☎ 2610296; www.villa-jacaranda.biz; DZ 2500 Rs) Ein wahres Juwel. Vier riesige, helle und wunderschöne Zimmer mit Balkon. Äußerst geschmackvoll eingerichtet. Seeblick in den vorderen Räumen. Absolut klasse: Der Dachterassen-Raum.

Taj Garden Retreat (☎ 2603000; retreat.varkala@tajhotels.com; EZ 100–115 US$, DZ 125–135 US$, Suite 135-160 US$;) Luxus im Stil der 1980er-Jahre: Üppig ausgestattetes Haus, oft wenige Gäste. Geräumige Zimmer, Ayurveda-Zentrum, Bar und Fitnessraum.

Essen

Viele der Restaurants auf den Klippen haben nur in der Hauptsaison geöffnet (Nov.–Feb.).

Kerala Coffee House (Frühstück/Hauptgericht ca. 35/80 Rs) Beste Atmosphäre durch farbenfrohe Beleuchtung, Bambuslook und Essen im Baumhaus. Hier gibt's auch Cocktails (65–70 Rs).

Hotel Suprabhatham (Varkala Town; Gericht 18 Rs; 6.30–21.30 Uhr) Alternative zum Mahlzeiten-Mischmasch der Restaurants auf den Klippen. Günstiges und sehr leckeres vegetarisches Essen.

No 1 Beach Restaurant (Fischgericht ca. 100 Rs) Der Favorit bei Langzeiturlaubern. Liegt am südlichen Ende vom Strand. Fisch- und Tandoori-Specials.

Oottupura Vegetarian Restaurant (Hauptgericht ab 30 Rs) Beliebtes Restaurant mit großer Auswahl. Super zum Frühstück: *puttu* (Weizen- und Kokosmehl, gemischt mit Milch, Banane und Honig; 35 Rs).

Gnosh, Dolphin Bay Restaurant, Caffe Italiano, Tibet Kitchen, Café del Mar und Sunset bieten alle ungefähr das Gleiche: Wackelige Stühle und Tische, Essen (frischer Fisch zum selbst aussuchen, ca. 100 Rs) und Service (ultra langsam). Das **Amantha** (Thalis 30 Rs) ist klein und in Familienbesitz, das **Clafouti** (Hauptgericht ca. 40 Rs) serviert französisches Gebäck und macht klasse Kaffee.

Für 300 Rs gibt's im Restaurant vom Taj Garden Retreat (s. oben) ein üppiges Mittagsbuffet inklusive Poolbenutzung.

Unterhaltung

Kathakali-Performances finden im Dezember und Januar statt (Ankündigung meistens auf Plakaten).

Obwohl die meisten Restaurants auf den Klippen keine Schanklizenz besitzen, wird dennoch häufig Bier verkauft (etwa 70 Rs)

– allerdings in diskreten Teetassen und mit einem wachsamen Auge für Polizeikontrollen.

An- und Weiterreise

Regelmäßig fahren Züge nach Thiruvananthapuram (25/125 Rs 2. Klasse/Chair Class, 40 Min.–1 Std.) und Kollam (31/125 Rs, 35 Min.), dreimal täglich geht's nach Alappuzha (35/125 Rs, 2 Std.). Der Zug schafft es rechtzeitig nach Kollam zur morgendlichen Abfahrt des Backwater-Boots nach Alappuzha (s. Kasten S. 1003). Temple Junction ist Start- und Zielpunkt für die Busverbindung nach Thiruvananthapuram (35 Rs, 1½ Std.). Vier Busse fahren hier jeden Tag. Um 11.20 Uhr fährt auch einer nach Kollam (25 Rs, 1 Std.).

Unterwegs vor Ort

Eine Autorikschafahrt vom Bahnhof zum Strand kostet 40 Rs, im Taxi macht die Strecke ca. 50 Rs. An vielen Stellen am Strand kann man 350cc Enfield-Bullets-Motorräder (300 Rs/Tag) und Kinetic-Motorroller (200 Rs/Tag) mieten.

KOLLAM (QUILON)

☎ 0474 / 379 975 Ew.

Kollam ist das südliche Tor zu den Backwaters. Hier geht's wesentlich ruhiger zu als im stark überlaufenen Alappuzha; daher ist hier auch auf den Wasserwegen nicht ganz so viel los (s. Kasten S. 1003). Kollam ist eine blühende Handelsstadt, hübsch gelegen zwischen Kokospalmen und Cashew-Plantagen am Ufer des Ashtamudi Lake. Trotz des täglichen Betriebs gibt's auch hier abseits der Geschäftsstraßen so etwas wie ein Dorf-Feeling – dafür sorgen vor allem die alten hölzernen Kerala-Häuser, deren Dächer weit in die gewundenen Gassen hineinragen.

Praktische Informationen

In der Stadt gibt's einige Geldautomaten.

Cyber Zone (☎ 2766566; ⌚ 9.30–21.30 Uhr) Das schnellste der zahlreichen Internetcafés im Bishop Jerome Nagar Complex (Gebühren allg. ca. 20 Rs/Std.).

DTPC-Informationszentrum (☎ 2745625; contact@dtpckollam.com; ⌚ 7–19 Uhr) Sehr nützlich; in der Nähe der KSRTC-Bushaltestelle.

Postamt (☎ 2746607; ⌚ Mo–Sa 10–19.30 Uhr).

UAE Exchange (☎ 2751240; Bishop Jerome Nagar Complex; ⌚ Mo–Sa 9.30–17.30 Uhr, So bis 13 Uhr).

Sehenswertes

Absolut sehenswert: der großartige **Shrine of Our Lady of Velamkanni**. Hier trifft christliche Ikonografie auf die Ausgelassenheit der Hindus. Danach geht es zum Bummeln auf die Main Rd., die Geschäftsmeile der Stadt. In der nächsten Straße weiter südlich liegt der **Mukkada Bazaar** mit seinen Gewürz- und Edelmetallhändlern. Bei einem Spaziergang am späten Nachmittag gibt's hier einiges zu entdecken.

Aktivitäten

Janakanthi Panchakarma Centre (☎ 2763014; Vaidyasala Nagar, Asraman North; EZ ohne/mit Klimaanlage 225/320 Rs, DZ 300 Rs) ist ein Ayurveda-Zentrum ca. 5 km von Kollam Town entfernt. Es liegt sehr idyllisch am Ufer des Ashtamudi Lake. Die meisten Gäste buchen hier ein sieben bis 21 Tage dauerndes Behandlungsprogramm (ca. 15 000 Rs/Woche); ein Besuch lohnt sich aber auch für eine einmalige Verjüngungsmassage oder ein Kräuter-Dampfbad (500 Rs). Zurück nach Kollam kommt man am besten per Boot (250 Rs).

Geführte Touren

Das DTPC organisiert **Kanutouren** (300 Rs p. Pers.; ⌚ 9 & 14 Uhr) durch die Kanäle von Munroe Island und auf dem Ashtamudi Lake. So eine Tour – natürlich inklusive kompetentem Führer – macht riesig Spaß und man erfährt sehr viel über das tägliche Leben in den Dörfern dieser abgelegenen Gegend. Zu sehen gibt's dabei beispielsweise, wie *kettuvallam* (Reisboote) gebaut werden und wie Palmsaft gewonnen wird, wie man aus Kokosfasern Bast herstellt oder wie Öl aus Kokosnüssen herausgepresst wird. Auch Anlagen zur Garnelen- und Fischzucht liegen an der Kanustrecke, aber Vogelliebhaber kommen ebenfalls auf ihre Kosten. Und ein Abstecher in die Gewürzgärten ist allemal drin.

Schlafen

BUDGETUNTERKÜNFTE

Das DTPC-Büro gibt eine Liste von **Gästehäusern** (150–200 Rs) in und um Kollam aus.

Government Guest House (☎ 2743620; DZ 220 Rs) Das Haus ist ein Überbleibsel aus der Raj-Zeit und liegt 3 km nördlich vom Stadtzentrum am Ashtamudi Lake. Riesige Räume mit hohen Decken und Holzfußböden. Zwar ein Schnäppchen, aber extrem

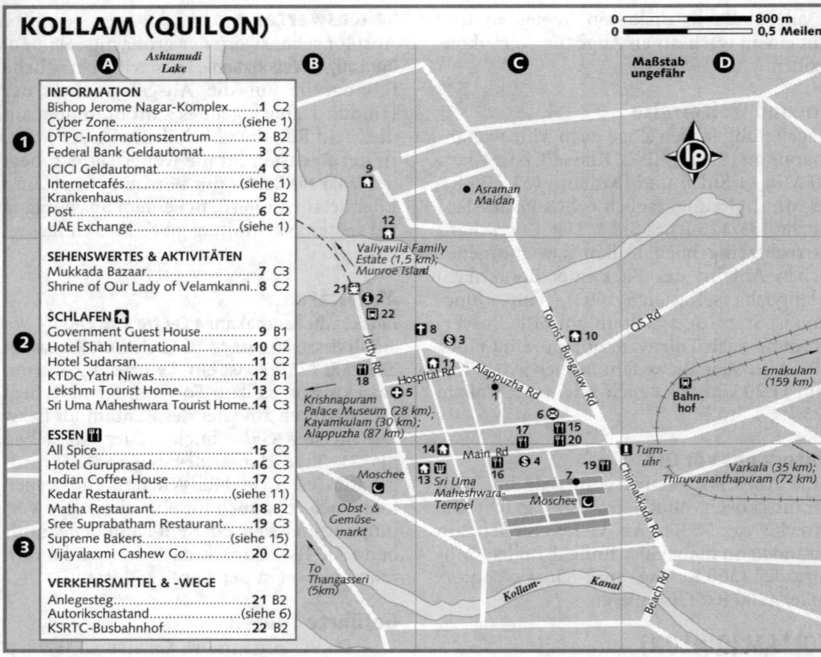

heruntergekommen. Eine Autoriksha in die Stadt ist von hier aus nur schwer zu kriegen.

Am günstigsten kann man in den Pilgerquartieren beim Sri Uma Maheshwara-Tempel übernachten:

Lekshmi Tourist Home (☎ 2741067; Main Rd; EZ/DZ 100/180 Rs) Sehr einfach ausgestattete, muffige Zimmer, manche davon mit Balkon. Dafür saubere Badezimmer.

Sri Uma Maheshwara Tourist Home (☎ 2743712; Main Rd; EZ/DZ 85/160 Rs) Aufs Wesentlichste reduzierte, schmutzige Zimmer. Eine Namensänderung in „Aravind Guest House" ist geplant.

MITTELKLASSEHOTELS

Hotel Sudarsan (☎ 2744322; www.hotelsudarsan.com; EZ/DZ 8/10 US$, mit Klimaanlage ab 15/20 US$ inkl. Steuer; ❄) Heimelig, aber zu teuer. Die Zimmer ohne Klimaanlage liegen im Flügel zur Alleppey Rd. und sind dementsprechend laut, aber geräumig. Die teureren Zimmer liegen auf der Rückseite (30/35 US$) und sind kleiner, dafür aber ruhiger.

KTDC Yatri Nivas (☎ 2745538; EZ 275–330 Rs, DZ 330–500 Rs, EZ/DZ mit Klimaanlage 600/750 Rs; ❄)Die heruntergekommenen Zimmer haben schon bessere Tage gesehen – dennoch sind sie relativ sauber. Morgens kann man von den Balkonen aus den spektakulären Sonnenaufgang über dem See genießen. Wesentlich entspannter als mit einer Autoriksha kommt man von hier aus mit dem Taxiboot in die Stadt (20 Rs).

Das **Valiyavila Family Estate** (☎ 3097979; valiyavila1@rediffmail.com; EZ/DZ 1300/1500 Rs, Deluxe EZ/DZ mit Klimaanlage 2300/2500 Rs; ❄) liegt auf einer luftigen Halbinsel im Schatten einer wirklich hässlichen Statue – der „Göttin des Lichts". Das eigentümliche, gemütliche Haus befindet sich in Familienbesitz. Große Zimmer mit Balkonen über dem Wasser – und direktem Blick auf die aufreizenden Rundungen der Göttin. Gäste können sich mit dem Boot vom Hauptanlegesteg abholen lassen.

Hotel Shah International (☎ 2742362; EZ 210 Rs, DZ 310–350 Rs, DZ mit Klimaanlage ab 750 Rs; ❄) Nicht gerade das Ritz, aber mit geräumigen und frisch renovierten Standardzimmern. Die teurere und größere Variante (1200 Rs, mit Badewanne und Klimaanlage) ist aber ihr Geld wert.

DIE BACKWATERS

Das absolute Highlight eines Kerala-Trips ist ein Ausflug in das 900 km lange Netz der Wasserwege, das sich von der Küste landeinwärts erstreckt. Mit dem Boot überquert man seichte, von Palmen umgebene Seen voller chinesischer Fischernetze und fährt anschließend durch die Kanäle, vorbei an Kähnen voll Kokosbast, getrocknetem Kokosmark und Cashewnüssen. Entlang der Route liegen kleine Dörfer mit Moscheen, Kirchen, Tempeln und Schulen, in denen die Dorfbewohner ihrem Tagwerk nachgehen; in kleinen Siedlungen leben die Menschen hier oft auf nur wenigen Quadratmetern Land, das sie dem Wasser abgewonnen haben.

Kerala Tourism (www.keralatourism.org) gibt die *Backwater Map* heraus, eine detaillierte Landkarte der Region. Das äußerst hilfreiche DTPC-Informationszentrum in Kollam (s. S. 1001) hält eine Preisliste für die angebotenen Touren bereit. So kann man sich schnell und einfach einen Überblick über die Kosten verschaffen.

Bootstouren

Die beliebte Tour zwischen Kollam und Alappuzha (Erw./Schüler 300/250 Rs) startet um 10.30 Uhr. Ankunft ist um 18.30 Uhr (tgl. von Aug. bis März, im übrigen Jahr jeden 2. Tag). Viele Hotels in Kollam und Alappuzha übernehmen die Buchungen für solche Ausflüge; oft gibt's dabei einen Rabatt, aber an Bord zahlt man dann meistens drauf.

Zwei Zwischenstopps sind Standard: Eine Mittagspause um 13 Uhr (Achtung: alle zusätzlichen Speisen, die über das Tagesessen hinausgehen, werden extra berechnet!) und eine kurze Kaffeepause am Nachmittag. An Bord gibt's gekühltes Obst, Softdrinks und Bier zu kaufen. Sonnenschutz und Hut mitnehmen!

Die Tour ist zwar eine interessante und entspannende Möglichkeit, von einer Stadt zur anderen zu reisen, aber das Boot bleibt dabei auf den „Hauptstraßen" des Kanalsystems – und das ist wenig reizvoll. Vom typischen Dorfleben in den Backwaters bekommt man nicht allzu viel mit. Und so kann der Acht-Stunden-Trip schnell mal langweilig werden.

Es ist auch möglich, nur die halbe Tour zu buchen (150 Rs) und an der **Matha Amrithanandamayi Mission** (☎ 0476-2896278; www.amritapuri.org; Amrithapuri) an Land zu gehen, dem Ashram Matha Amrithanandamayis. Amrithanandamayi, eine der wenigen weiblichen Gurus in Indien, ist auch unter dem Namen Amma (Mutter) bekannt. Sie praktiziert eine besondere Art der *darshan* (Segnung) und wird deshalb auch „Die Umarmende Mutter" genannt: bei den nächtlichen Zeremonien umarmt sie oft Tausende von Menschen. Amma ist jedes Jahr acht Monate lang auf Reisen („kuschelsüchtige" Besucher kommen also oft nicht auf ihre Kosten). Der Ashram bietet aber jeden Tag um 17 Uhr eine Führung an, oder jemand ist so hilfbereit, eine spontane private Führung durchzuführen. Schließlich leben 2000 Menschen ständig hier, darunter Nonnen und Mönche, Studenten, indische Familien und auch Leute aus dem Westen. Etwas zu essen gibt's im Ashram auch (sogar ein Café!), außerdem Ayurveda-Behandlungen, Yoga und Meditation.

Besucher müssen sich allerdings angemessen kleiden; es gibt strenge Verhaltensregeln. Für 150 Rs kann man auch im Ashram übernachten (inkl. einfacher vegetarischer Mahlzeiten) und ein oder zwei Tage später mit einem Tourboot zurück- bzw. weiterfahren. Oder man nimmt die kostenlose Fähre zum anderen Kanalufer und legt die 10 km bis Karunagappally mit einer Rikscha (ca. 80 Rs) zurück. Von hier aus geht's dann mit dem Bus weiter nach Alappuzha (27 Rs, 1½ Std.).

In der Hauptsaison organisiert das DTPC in Alappuzha auch noch weitere Sightseeing-Bootstouren (s. S. 1006).

Hausboote

Ein Hausboot im *kettuvallam*-(Reisstrohboot-)Design zu mieten, kann zwar zum teuersten Posten eines Indienurlaubs werden, ist aber wirklich jede einzelne Rupie wert! In gemütlichem Tempo vorbei an Palmen durch die Kanäle gleiten, leckere keralische Gerichte genießen, Dorfbewohner treffen und nachts unter freiem Sternenhimmel schlafen – das ist Erholung vom Lärm Indiens!

Es gibt Hausboote für Gruppen (mit bis zu acht Schlafplätzen) oder für Paare (eine oder zwei Doppelkabinen). Die Verpflegung (mit persönlichem Chefkoch!) ist normalerweise im Preis inbegriffen. Vermietet werden die Boote vom DTPC in Kollam oder Alappuzha oder von einem der zahlreichen Privatanbieter.

Mit der Vermietung von Hausbooten wird in Kerala mehr Geld gemacht als mit allem anderen, und manche Anbieter sind unseriös. Auch die Boote selbst sind höchst unterschiedlich – vom rostigen Kahn bis zum schwimmenden Palast ist eigentlich alles dabei. Das Boot vor Vertragsabschluss also genau unter die Lupe nehmen! Außerdem abklären, welche Extras (Verpflegung etc.) im Preis enthalten sind.

Verteter von Reisagenturen versuchen meistens, Urlaubern gleich nach ihrer Ankunft in Kerala ein Hausboot aufzuschwatzen. Es kann jedoch gewaltig ins Auge gehen, einen Trip zu buchen, wenn man noch nicht mal die Backwater-Städte erreicht hat. Lieber auf Nummer sicher gehen und eine solche Tour direkt in Kollam oder Alappuzha organisieren, selbst wenn das einen oder zwei Tage Wartezeit bedeuten sollte – das Angebot an Booten ist schließlich groß genug (ca. 250 in Alappuzha; etwas weniger in Kollam). Alappuzha hat zwar die größere Auswahl, doch es herrscht auch wesentlich mehr Betrieb – in der Hauptsaison gibt's hier ein regelrechtes Verkehrschaos auf dem Wasser.

Die Strecke von Alappuzha nach Kollam oder nach Kochi ist in 24 Stunden zu schaffen, allerdings nur mit einem größeren Boot mit Außenbordmotor; das ist allerdings teuer und nicht gerade umweltfreundlich, vom Lärm ganz zu schweigen. Günstiger und wesentlich entspannter reist es sich mit einem Stocherkahn. Große Distanzen kann man so aber nicht bewältigen (etwa 15 km am Tag), und es bietet sich eine Tour rund um Alappuzha an.

Die Preisunterschiede sind gigantisch. Ein Stocherkahn für zwei Personen schlägt pro Tag mit mindestens 3000 Rs zu Buche; für ein Motorboot wird man mindestens 6000 Rs los. Handeln lohnt sich auf jeden Fall: Außerhalb der Hauptsaison ist eigentlich immer ein ordentlicher Preisnachlass drin.

Dorfbesichtigungen & Kanutouren

Bei einer Dorfbesichtigung ist man in kleinen Gruppen von fünf bis sechs Personen (inkl. ortskundigem Führer) im Kanu oder kettuvallam unterwegs. So eine Tour (von Kochi, Kollam oder Alappuzha aus) dauert zweieinhalb bis sechs Stunden (300 Rs bis 500 pro Pers.). Dabei gibt es allerlei Interessantes zu sehen: Bastherstellung, Bootsbau, Gewinnung von Palmensaft *(toddy tapping)* und Fischzucht. Auf den längeren Trips wird der Hunger durch ein leckeres Kerala-Mittagessen gestillt. Eine hervorragende Tour dieser Art ist der Trip von Kollam nach Munroe Island (s. S. 1001); das Touristenzentrum in Ernakulam organisiert weitere empfehlenswerte Ausflüge (s. S. 1019).

In Alappuzha kann man die Kanäle auch ohne Führer erkunden. Ein kleineres Kanu (für bis zu 4 Pers.) kostet 600 Rs für vier Stunden – ideal, um einen superrelaxten Nachmittag zu verbringen.

Öffentliche Fähren

Die meisten Passagiere, die an der achtstündigen Bootstour zwischen Kollam und Alappuzha teilnehmen, sind Touristen aus dem Westen. Wer mehr von der tollen Landschaft rund um den Vembanad Lake sehen möchte oder einen kürzeren Trip bevorzugt, nimmt eines der State Water Transport-Boote zwischen Alappuzha und Kottayam (10, Rs 2½ Std.; 5 Boote tgl. zwischen 7.30 und 17.30 Uhr).

Umweltprobleme

Umweltverschmutzung, rücksichtslose Landgewinnung und neuste industrielle und landwirtschaftliche Entwicklungen bedrohen immer mehr die Backwaters und ihre Bewohner. Man schätzt, dass das Gebiet heute nur noch ein Drittel so groß ist wie es im 19. Jh. war. Viele Zugvogelarten bleiben inzwischen aus. Auch die Wasserhyazinte (Afrikanisches Moos oder „Nil-Kohl") bereitet mittlerweile ernste Probleme: Die Pflanze wuchert ungehindert in den Kanälen und erstickt dort sämtliches Leben.

Die Behörden in Kerala haben deshalb strenge Umweltauflagen erlassen. Damit ein Vermieter von Hausbooten das „Green Palm Certificate" bekommt, müssen seine Boote mit Solarzellen, speziellen Sanitäranlagen und Abfallsystemen ausgestattet sein. Außerdem soll die Verwendung von Außenbordmotoren in Zukunft auf ein Minimum beschränkt werden. Der Umwelt zuliebe sollte man sich vorher erkundigen, ob ein Anbieter die Auflagen erfüllt – und sich dann konsequenterweise eher für einen Stocherkahn als für ein Motorboot entscheiden.

Essen

Matha Restaurant (Biryani 22 Rs; ⌚ 6–23 Uhr) Bekannt für sein Biryani. Viele Arbeiter der Stadt verbringen hier ihre Mittagspause bei verschiedenen Hühnchen- und Hammelgerichten.

All Spice (Hauptgerichte 30–100 Rs; ⌚ 12–22 Uhr) Mal wieder Heißhunger auf Fastfood? Ein Stockwerk über Supreme Bakers gibt es Burger (45–60 Rs), Pizza (50–90 Rs), Hot Dogs (35 Rs) und Eiscreme (zum Nachtisch). Allerdings herrscht hier unpersönliches Caféteria-Ambiente.

Hotel Guruprasad (Gerichte 15–17 Rs; ⌚ 7–22 Uhr) Hell und liebevoll dekoriert. Super Frühstück (2–11 Rs). Das Tagesessen ist sehr beliebt.

Sree Suprabatham Restaurant (Gerichte 18 Rs; ⌚ 6–22 Uhr) Vegi-Restaurant, sehr beliebt bei einheimischen Familien. Vielseitiges Frühstücksangebot mit Dosas (ab 12 Rs).

Kedar Restaurant (Hauptgerichte 40–100 Rs; ⌚ 7–15 & 19–23 Uhr) Restaurant im Hotel Sudarsan. Empfehlenswert: Der höllisch scharfe Malibari-Fisch (65 Rs).

Vijayalaxmi Cashew Co. (⌚ 9.30–20 Uhr) Einer der größten Exporteure von Cashewnüssen in Kollam. Der Preis für die verschiedenen Sorten liegt bei ca. 200 Rs für 500 g.

Supreme Bakers (⌚ 9–20 Uhr) Liegt gegenüber vom Postamt. Super Auswahl an indischen und westlichen Kuchen und Süßigkeiten.

Indian Coffee House (Main Rd; ⌚ 8–21 Uhr) Weithin bekannt für leckeres Frühstück und frischen Kaffee.

An- und Weiterreise

SCHIFF/FÄHRE

Informationen zu Schiffsverbindungen nach Alappuzha gibt's im Kasten auf S. 1003. Auf dem Ashtamudi Lake fahren Fähren nach Guhanandapuram (1 Std.) und Perumon (2 Std.), jeweils vom Hauptanlegesteg. Die Fahrt hin und zurück kostet 6 Rs.

BUS

Kollam ist Teil der Busstrecke Thiruvananthapuram–Kollam–Alappuzha–Ernakulam, und so fährt alle zehn oder zwanzig Minuten ein Expressbus nach Thiruvananthapuram (37/45 Rs, 1½ Std.), Alappuzha (40/50 Rs, 2 Std.) und Kochi (70/85 Rs, 3½ Std.). Abfahrt jeweils vom KSRTC-Busbahnhof.

ZUG

Züge nach Ernakulam fahren regelmäßig (72/110 Rs 2. Klasse/Chair Class, 3½ Std., 10-mal tgl.), ebenso nach Thiruvananthapuram (39/162 Rs, 1½ Std., 9-mal tgl.). Zweimal täglich geht's Richtung Alappuzha (47/168 Rs).

Unterwegs vor Ort

Autorikschafahrten von der Stadt auf die andere Seite des Sees kosten rund 10 Rs, doch nachts versuchen die Fahrer oft, mehr herauszuholen. Neben Supreme Bakers befindet sich ein Rikschastand mit Pauschalpreisen.

RUND UM KOLLAM

Krishnapuram Palace Museum

Wunderschön restaurierter **Palast** (Eintritt 10 Rs; ⌚ Di–So 10–13 & 14–17 Uhr) 2 km südlich von Kayamkulam (zwischen Kollam und Alappuzha). Das Museum in den zweigeschossigen Palastgebäuden zeigt Gemälde, antike Möbel und Skulpturen. Auf einem berühmten 3 m hohen Wandgemälde ist nach der Überlieferung aus dem Mahabharata die Gajendra Moksha (Befreiung von Gajendra, dem König der Elefanten) dargestellt.

Alle paar Minuten fährt ein Bus (26 Rs) von Kollam in Richtung Kayamkulam. 2 km vor Kayamkulam gibt's eine Bushaltestelle am Eingangstor des Tempels. Von hier aus sind es noch ungefähr 600 m Fußweg bis zum Palast.

ALAPPUZHA (ALLEPPEY)

☎ 0477 / 282 727 Ew.

Diese zauberhafte Stadt liegt inmitten von Kanälen und Kokospalmen. Am allerbesten lässt sie sich zu Fuß erkunden: An den Kanälen befinden sich wunderschöne alte Handelshäuser, und schattige Wege laden zum Spazierengehen ein. Selbstverständlich ist dies der beste Ausgangspunkt für eine Entdeckungsreise in die Backwaters (s. Kasten S. 1003). Das Angebot an anständigen Übernachtungsmöglichkeiten ist groß – also lieber hier ein paar Tage entspannen, als direkt nach der Ankunft auf ein Hausboot hetzen.

Orientierung

Busbahnhof und Anlegesteg befinden sich in unmittelbarer Nachbarschaft; die Hotels sind im Gegensatz dazu allerdings kreuz und quer verstreut. Der Bahnhof liegt 4 km südlich vom Stadtzentrum. Zum Strand sind es ungefähr 2 km Fußmarsch auf schattigen Wegen. Schwimmen ist dort jedoch gefährlich.

Praktische Informationen

Entlang der der YMCA Rd. stehen mehrere Geldautomaten der Federal und der State Bank.

Danys Bookshop (Hotel Royale Park; ⌚ 10–20.30 Uhr) Kleine aber feine Auswahl an Büchern über Indien. Englischsprachige Romane.

DTPC-Touristen-Empfangszentrum(☎ 2253308) Extrem hilfreich.

Poststelle (☎ 2339994; Boat Jetty Rd; ⌚ 8.30–23.30 Uhr)

National Cyber Park (☎ 2238688; YMCA Compound; ⌚ Mo–Sa 10–22 Uhr)

UAE Exchange (☎ 2264408; Ecke Cullan & Mullackal Rd; ⌚ Mo–Sa 9.30–18 Uhr, So bis 13 Uhr) Wechselt Bargeld und löst Reiseschecks ein.

NEHRU-CUP SCHLANGENBOOT-RENNEN

Jedes Jahr am zweiten Samstag im August findet die berühmte Regatta auf dem Vembanad Lake in Alapphuza statt. Die mehr als 30 m langen, schmalen *chundan vallams* (Schlangenboote) ähneln durch ihre hohen Buge aufgerichteten Schlangen. Bis zu 100 Ruderer sitzen in einem Boot, Seidenschirme spenden ihnen Schatten, während sie sich mit Gesängen gegenseitig anfeuern. Tausende von begeisterten Zuschauern feiern dieses große Ereignis, bei dem auch mit geschmückten Flößen und verschiedenen Aufführungen an die uralten Seefahrer- und Kampfkunsttraditionen Keralas erinnert wird.

Speziell für die Rennen werden Zuschauerterrassen aus Bambus errichtet. Die besten Plätze sind im Touristenpavillon, Tickets dafür gibt's an zahlreichen Verkaufsstellen und kosten zwischen 75 und 100 Rs. Von hier aus hat man den besten Blick auf das Ziel und zudem seine Ruhe vor der Masse allzu begeisterter Fans. Verpflegung, Getränke und ein Sonnenschirm sollten mitgebracht werden.

In der Hauptsaison finden möglicherweise zusätzliche Touristen-Bootsrennen statt (Auskunft gibt die ATDC).

Geführte Touren

Die vielen Reiseagenturen bieten Kanutouren durch die Backwaters an (s. Kasten S. 1003).

Das DTPC veranstaltet in der Hauptsaison (Nov.–März) eine Reihe von Bootstouren:

Alappuzha–Kumarakom & Alappuzha–Kottayam (150 Rs/Pers.; ⌚ 10 Uhr) Die Hin- und Rückfahrt dauert jeweils eine Stunde, außerdem eine Stunde Aufenthalt am Zielort.

Explore Kuttanad (150 Rs/Pers.; ⌚ 10 Uhr) Rundreise durch die Backwaters um Alappuzha.

Round the Venice (100 Rs/Pers.; ⌚ 9 & 14.30 Uhr) Sightseeing-Tour durch Alappuzha.

Schlafen

In den letzten Jahren haben viele neue Gästehäuser in und um Alappuzha eröffnet – und hier wohnt es sich wesentlich besser als in den langweiligen Hotels

BUDGETUNTERKÜNFTE

Komala Hotel (☎ 2243631; EZ/DZ/3BZ ab 172/279/322 Rs, EZ/DZ/3BZ mit Klimaanlage 495/605/792 Rs inkl. Steuer; ❄) Hotel in guter Lage. Billige, düstere und muffige Zimmer. Die witzigerweise als „elegant" ausgewiesenen Doppelzimmer (500 Rs) bieten mehr Platz.

Brothers Tourist Home (☎ 2251653; EZ/DZ ab 130/250 Rs) Saubere, aber spartanisch eingerichtete Zimmer mit leichtem Straßenlärm. Die teureren „Deluxe"-Zimmer sind recht schäbig möbliert. Der höhere Preis ist daher nicht gerechtfertigt.

Hotel Raiban (☎ 2251930; EZ/DZ 160/225 Rs, DZ mit Klimaanlage 800 Rs; ❄) Liegt dem Brothers Tourist Home gegenüber. Einfache, standardmäßig eingerichtete Zimmer. Die Räume im Brothers Tourist Home sind vergleichsweise besser; in beiden Fällen kann aber nicht gerade von „Deluxe" gesprochen werden.

Government Guest House (☎ 2246502; DZ 220 Rs) Nördlich der Stadt, gutes Preis-Leistungs-Verhältnis. Wenn's geht, im Voraus buchen, oder so sein Glück versuchen.

MITTEL- & SPITZENKLASSEHOTELS

Gowri Residence (☎ 2236371; www.gowriresidence.com; DZ ab 400 Rs, mit Klimaanlage 900 Rs; ❄) Super angenehmes Gästehaus in der Nähe vom Uduppi-Sree-Krishna-Tempel. Geräumige und bequeme Zimmer mit Moskitonetzen. Die Eigentümer bringen ihre Gäste jederzeit in die Stadt und holen sie auch wieder ab.

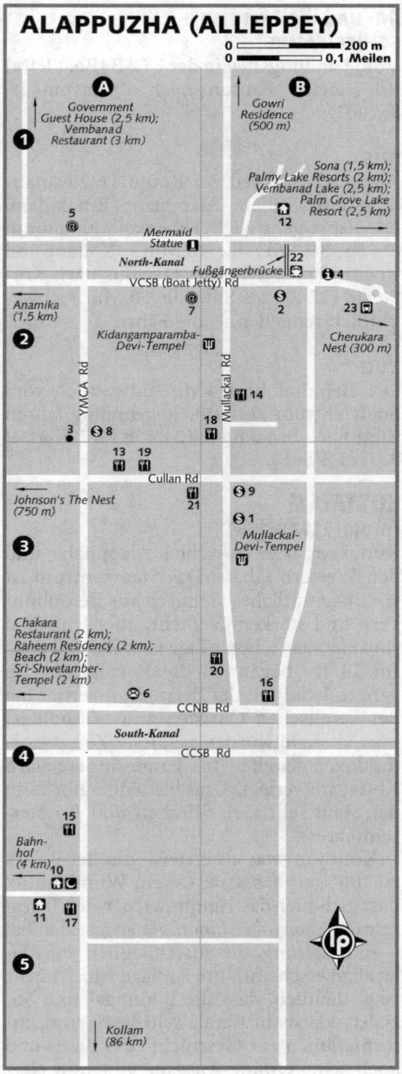

INFORMATION
Bank of India 1 B3
Canara Bank 2 B2
Danys Bookshop 3 A2
DTPC-Touristen-Empfangszentrum 4 B2
Federal Bank Geldautomat .... (siehe 3)
National Cyber Park 5 A1
Postamt 6 A4
Poststelle 7 A2
State Bank Geldautomat 8 A2
UAE Exchange 9 B3

SCHLAFEN
Brothers Tourist Home 10 A5
Hotel Raiban 11 A5
Komala Hotel 12 B1

ESSEN
Green's Restaurant 13 A3
Hot Kitchen .... (siehe 14)
Hotel Aryas 14 B2
Hotel Aryas 15 A4
Hotel Naalukettu 16 B4
Indian Coffee House 17 A5
Indian Coffee House 18 B2
Kream Korner 19 A3
Kream Korner 20 B4
New Green's Vegetarian Restaurant .... (siehe 3)
Sree Durga Bhavan Udipi Hotel 21 A3

VERKEHRSMITTEL & -WEGE
Anlegestelle 22 B2
Bushaltestelle 23 B2

Kostenlose Fahrräder stehen bereit; die Rezeption arbeitet sehr verlässlich. Das leckere Essen wird in gemütlichen Gartenpavillons serviert.

Sona (☎ 2235211; www.sonahome.com; DZ 700 Rs) Gästehaus mit fünf kühlen und geräumigen Zimmern. Hohe Rosenholz-Decken und Himmelbetten mit Moskitonetzen. Gemütliche Sitzplätze im sehr gepflegten Garten. Die Besitzerfamilie gehört zu den Pionieren der hiesigen Gästehaus-Szene. Dezenter, aber sehr freundlicher und zuverlässiger Service.

Cherukara Nest (☎ 2251509; lakes_lagoon@satyam.net.in; DZ 550–750 Rs, mit Klimaanlage 1000 Rs; ❄) Würdevolles, 100 Jahre altes Haus mit vier riesigen, charaktervollen Doppelzimmern und äußerst hübschen Möbeln. Moskitonetze vorhanden. Inklusive Frühstück.

Johnson's The Nest (☎ 2245825; johnsongilbertlk1@hotmail.com; DZ 400 Rs) Dieses Haus am Convent Square hat große, helle und luftige Zimmer mit Moskitonetzen und Balkon.

Anamika (☎ 242044; www.anamikahome.com; Boat Jetty Rd; DZ mit Frühstück 1500 Rs) Elegantes und sehr altes syrisch-christliches Haus zwischen Stadt und Strand. Es bietet vier große und kühle Zimmer, die eine gewisse Würde ausstrahlen.

Palmy Lake Resorts (☎ 2235938; palmyresorts@yahoo.com; Punnamada Rd East; Hütte 750 Rs) Kleines Gästehaus 2 km vor der Stadt (hauseigener Hol- und Bringservice) am Rande der Backwaters. Gäste wohnen hier in geräumigen Bambushütten. Wunderbar friedlich mit sehr zuvorkommendem Service. Verpflegung auf Anfrage.

Palm Grove Lake Resort (☎ 2235004; Punnamada; Hütten mit DZ/3BZ 950/1200 Rs) Gästehaus der gehobenen Preisklasse. Liegt am Punnamada

Lake, genau am Startpunkt der Nehru-Cup-Regatta. Stilvolle Hütten mit Terrasse und Freiluftduschen. Alles ist sehr ruhig und friedlich.

Raheem Residency (☎ 2230767; www.raheemresidency.com; Beach Rd; EZ/DZ ab 90/110 €; ❄ 🏊) Romantisches, wunderschön restauriertes Haus Baujahr 1860. Alle Zimmer sind mit Badewanne und schönen antiken Möbeln ausgestattet. Luftiger und gemütlicher Gemeinschaftsbereich. Hauseigene Bücherei mit Lesestoff nicht zu knapp.

Essen

Kream Korner (Mullackal Rd; Gerichte 40–100 Rs; 🕒 9–22 Uhr) Nennt sich selbst „Künstlercafé"; sehr beliebt bei Einheimischen und Touristen. „Multicuisine"-Gerichte, Tandoori-Spezialitäten (halbes Hähnchen 100 Rs). Klasse Auswahl an Eisdesserts. Es gibt noch eine weitere Filiale in der Cullam Rd.

Hotel Naalukettu (Gerichte ca. 30 Rs; 🕒 6–22 Uhr) Bekannt für seine Kerala-Fischgerichte. Zu Mittag gibt es Biryanis (18–20 Rs) und Fisch (24 Rs).

Green's Restaurant (Cullan Rd; Gerichte 25–45 Rs; 🕒 8–22.30 Uhr) Auch hier treffen sich Inder und Touristen. Sehr gute Fisch-Currys und Gerichte aus Nordindien (25–30 Rs). Dazu große Auswahl an vegetarischen und nichtvegetarischen Gerichten. Ein extra Vegi-Ableger heißt New Green's Vegetarian Restaurant (YMCA Rd).

Vembanad Restaurant (☎ 2243752; Hauptgerichte 40–150 Rs; 🕒 6–22.30 Uhr) Restaurant im Alleppey Prince Hotel. Von 19.30 bis 21.30 Uhr gibt's leckeres Abendessen zu Live-Musik am Pool.

Chakara Restaurant (☎ 2230767; 3 Gänge 10 €; 🕒 12.30–14.30 & 19–22.30 Uhr) Das beste Restaurant der Stadt ist im Raheem Residency. In den kreativen Gerichten vermischt sich das Beste der keralischen und der europäischen Küche. Wein aus dem Grovers Estate ist für 990 Rs pro Flasche zu haben.

Günstiges vegetarisches Essen und südindisches Frühstück gibt's an mehreren Stellen in der Stadt: Im **Hot Kitchen** (Mullackal Rd), im **Sree Durga Bhavan Udipi Hotel** (Cullan Rd) und in zwei Ablegern vom **Hotel Aryas** (Mullackal Rd & YMCA Rd). Am Landungssteg sind ein paar gute und günstige Bäckereien und Restaurants zu finden, beispielsweise die zwei Filialen vom **Indian Coffee House** (Mullackal Rd & YMCA Rd).

An- und Weiterreise

SCHIFF/FÄHRE

Vom Landungssteg in der VCSB (Boat Jetty) Rd. starten Fähren nach Kottayam (s. S. 1003).

BUS

Alappuzha ist Teil der Route Thiruvananthapuram–Kollam–Alappuzha–Ernakulam. Die Fahrt geht nach Thiruvananthapuram (74 Rs, 3½ Std., alle 20 Min.), Kollam und Kochi (30 Rs, 1½ Std.). Der Bus nach Kottayam (22 Rs, 1¼ Std., alle 30 Min.) ist wesentlich schneller als die Fähre.

ZUG

Der Bahnhof liegt 4 km südwestlich vom Stadtzentrum entfernt. Regelmäßig fahren Züge nach Ernakulam (24/158 Rs 2. Klasse/3AC, 1½ Std.).

KOTTAYAM

☎ 0481 / 172 867 Ew.

Kottayam liegt zwischen Alappuzha und den Western Ghats. Das Stadtzentrum ist ein ungemütliches Gemisch aus Betonbunkern und starkem Verkehr, aber trotzdem sind ein paar schöne Tage hier alle mal drin. Im 14. Jh. begannen die Portugiesen im ganzen Land mit der Zwangskonvertierung der keralischen Christen zum Katholizismus, deshalb wurden zu dieser Zeit die orthodoxen Kirchen ins Landesinnere nach Kottayam verlegt. Und bis heute gibt es in der Stadt sehr viele Kirchen und Priesterseminare.

Kottayam war als erster indischer Bezirk zu 100 % alphabetisiert. Kein Wunder also, dass sich hier das Hauptquartier der Tageszeitung *Malayala Manorama* angesiedelt hat – eine Zeitung, die ausschließlich auf Malayalam erscheint. Ihre Auflage von 1,1 Mio. zeigt deutlich, dass die Bildungs- und Sozialstandards in Kerala sehr hoch sind. Informationen zur Geschichte des Blatts und auch seine Online-Ausgabe gibt's im Netz unter www.manoramaonline.com. Ein englisches Nachrichtenmagazin erscheint auch bei Manorama: *The Week*.

Orientierung & Praktische Informationen

Der KSRTC-Busbahnhof befindet sich 1 km südlich vom Stadtzentrum; Bahnhof und Landungssteg liegen etwas weiter draußen.

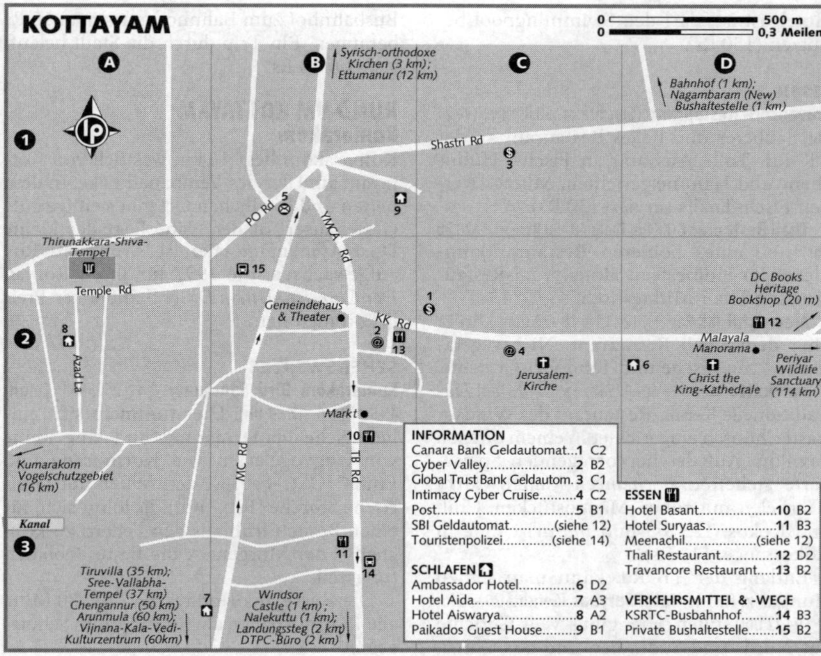

Canara Bank Geldautomat (KK Rd) Akzeptiert alle ausländischen Geldkarten. Hier kann man auch Reiseschecks einlösen.

Cyber Valley (KK Rd; 20 Rs/Std.; Mo–Sa 9.30–20 Uhr, So 14.30–19.30 Uhr) Ein Stockwerk über dem Intimacy Cyber Cruise.

DC Books Heritage Bookshop (☎ 300501; Good Shepherd St; Mo–Sa 9.30–19.30 Uhr) Der Laden in Kottayam ist die Zentrale dieser großartigen Buchladenkette. Riesen Auswahl an Büchern in den Sparten Literatur, Philosophie, Kultur und Spiritualität.

DTPC-Büro (10–17 Uhr) 3 km vom Stadtzentrum entfernt, am Landungssteg in Kodimatha.

Intimacy Cyber Cruise (KK Rd; 25 Rs/Std.; Mo-Sa 9–20.30 Uhr)

Schlafen

Mit Übernachtungsmöglichkeiten (in allen Preiskategorien) sieht es hier recht düster aus. Das DTPC-Büro gibt Auskunft über **Gästehäuser** (ca. 1000 Rs), die meisten davon liegen aber außerhalb der Stadt.

Paikados Guest House (☎ 2584340; Sastri Rd; EZ/DZ 125/200 Rs) Sauber und ruhig, aber die Luft ist sehr stickig. Die Matratzen haben schon bessere Tage gesehen.

Ambassador Hotel (☎ 2563293; KK Rd; EZ/DZ ab 175/225 Rs, DZ mit Klimaanlage 600 Rs;) Spartanisch eingerichtete, aber saubere, ruhige und geräumige Zimmer. Hauseigene Bäckerei und klasse Restaurant.

Hotel Aiswarya (☎ 2581440; aiswarya_lnt@yahoo.com; Azad Lane; EZ/DZ ab 200/300 Rs, Deluxe EZ/DZ 400/500 Rs, DZ mit Klimaanlage 700 Rs;) Liegt direkt an der Temple Rd. Es ist etwas schäbig, hat aber ein verhältnismäßig gutes Preis-Leistungs-Verhältnis (gilt vor allem für die Deluxe-Zimmer).

Hotel Aida (☎ 2568391; MC Rd; EZ/DZ 350/700 Rs, mit Klimaanlage 500/850 Rs;) Das beste Hotel seiner Preisklasse mit gemütlichen, aber etwas dunklen und recht altmodischen Zimmern.

Windsor Castle (☎ 2363637; www.thewindsorcastle.net; EZ/DZ 1950/2300 Rs, Hütten 3700 Rs;) Hier gibt's die besten Zimmer in ganz Kottayam – sparsam möbliert, geräumig und mit Badewanne. Allerdings hoffnungslos überteuert. Auf einem Gelände am See bietet das Hotel auch noch eine Reihe von Luxushütten direkt am Wasser an. Zudem gibt's zwei gute Restaurants. Auch wer nicht

Hotelgast ist, darf den Swimmingpool benutzen (150 Rs).

Essen

Travancore Restaurant (Gerichte ca. 50 Rs; ⌚ 12–21 Uhr) Sauberes und helles Restaurant an der KK Rd. Tolle Auswahl an Fisch-, Hühnchen- und Hammelgerichten. Mittags werden Fisch-Thalis serviert (30 Rs).

Thali Restaurant (KK Rd; Thalis 40–50 Rs; ⌚ 8–20.30 Uhr) Teil eines nobleren Restaurantkomplexes im Homestead Hotel. Vegi-Restaurant mit Thali-Mittagstisch.

Meenachil (KK Rd; ⌚ 12–15 & 18–22 Uhr) Direkt über dem Thali Restaurant. Nichtvegetarische, chinesische und Tandoori-Gerichte.

Nalekattu (Gerichte 60–125 Rs; ⌚ 19–23 Uhr) Das traditionelle Kerala-Restaurant des Windsor Castle, hübsch eingerichtet in einem offenen Pavillon. Auf der hervorragenden Speisekarte stehen u. a. *chemeen*-Mango-Curry (Garnelen mit rohen Mangostücken, Chili und Kokos, 125 Rs) und *tharavu* (Ente in Kokossauce, 110 Rs).

Entlang der TB Rd. kann man seinen Hunger z. B. im **Hotel Suryaas** (Gerichte 20–35 Rs; ⌚ 9–22 Uhr) stillen. Hier gibt's Vegi-Gerichte aus Nord- und Südindien und aus China. Das beliebte **Hotel Basant** (nichtveg. Gerichte 20 Rs; ⌚ 8.30–21 Uhr) bietet zu Mittag leckere Biryanis an (40–45 Rs).

An- und Weiterreise

SCHIFF/FÄHRE

Es gibt eine Fährverbindung nach Alappuzha (s. S. 1003).

BUS

Vom KSRTC-Busbahnhof fahren zahlreiche Busse nach Thiruvananthapuram (70 Rs, 4 Std., alle 20 Min.) und Kochi (33 Rs, 2 Std., alle 30 Min.). Es gibt auch Verbindungen nach Kumily ins Periyar-Wildreservat (52 Rs, 4 Std., alle 30 Min.) und nach Munnar (80 Rs, 5½ Std., 5-mal tgl.).

ZUG

Kottayam liegt auf der Expresszugstrecke zwischen Thiruvananthapuram (51/221 Rs 2. Klasse/3AC, 3 Std., 5-mal tgl.) und Ernakulam (27/188 Rs, 1½ Std., 6-mal tgl.).

Unterwegs vor Ort

Eine Autorikschafahrt vom Landungssteg zum KSRTC-Busbahnhof kostet 25 Rs; vom Busbahnhof zum Bahnhof muss man 15 Rs berappen. Ein Trip durch die Stadt beläuft sich auf 10 Rs.

RUND UM KOTTAYAM

Kumarakom

Kumarakom liegt 16 km westlich von Kottayam am Ufer des Vembanad Lake. In dem netten und friedlichen Ort gibt's einige gute Gästehäuser. In der Nähe liegt das kleine Dorf Aymanam. Hier ist Arundhati Roy aufgewachsen, die 1997 für ihren Roman *Der Gott der kleinen Dinge* den Booker-Preis bekommen hat.

SEHENSWERTES

Kumarakom Bird Sanctuary (☎ 2525864; Eintritt 45 Rs; ⌚ 6–17.30 Uhr) Hier tummeln sich einheimische Flattermänner und eine Reihe von Zugvogelarten wie Kormorane und Enten (Okt.–Feb.), Nachtreiher und Sibirische Störche (Feb.–Juli). Es lohnt sich, für einen Besuch früh aus den Federn zu kriechen – der Morgen ist die beste Beobachtungszeit.

Die Busse aus Kottayam (7 Rs, 30 Min., alle 15 Min.) halten am Eingang zum Schutzgebiet.

SCHLAFEN & ESSEN

Coconut Lagoon (☎ 2524491; coconutlagoon@cghearth.com; Hütte 160–190 US$; ❄ 🏊) Sehr hübsche Hütten im alten Kerala-Stil *(tharawads)*. Großes Angebot an Aktivitäten, darunter Kochkurse, traditionelles Musizieren und Dorfspaziergänge. Die Coconut Lagoon ist nur mit dem Boot zu erreichen. Gäste können sich vom privaten Bootssteg (nördlich des Eingangs zum Vogelschutzgebiet) abholen lassen.

Taj Garden Retreat (☎ 2524377; retreat.kumarakom@tajhotels.com; EZ/DZ 150/160 US$, Hütte EZ/DZ 190/200 US$, Villa 320 US$; ❄ 🏊) Extrem luxuriöse Ferienanlage, mit Zimmern in einem wunderschön restaurierten Kolonialgebäude, Hütten an der Lagune und Luxusvillen am See.

Beide Domizile haben jeweils eigene Restaurants und Ayurveda-Zentren. Für den etwas kleineren Geldbeutel eignet sich das **Lakshmi Hotel** (☎ 2523313; www.lakshmiresorts.com; EZ/DZ 2000/2300 Rs) mit ordentlichen, einfachen Zimmern oder das **Mooleppura Guest House** (☎ 2525980; Zi. mit/ohne Klimaanlage 600/1000 Rs; ❄), ein freundliches Gästehaus, das sich in

Familienbesitz befindet und kleine, einfach ausgestattete Zimmer hat. Beide Häuser liegen etwa 1 km südlich des Schutzgebiet-Eingangs.

Ettumanur

Den Inschriften zufolge wurde der **Shiva-Tempel** in Ettumanur (12 km nördlich von Kottayam) 1542 errichtet, einige Teile des Gebäudes sind aber wahrscheinlich wesentlich älter. Der Tempel ist bekannt für seine wunderschönen Holzschnitzereien und Wandgemälde, die ähnlich sind wie die im Mattancherry-Palast in Kochi. Beim jährlichen **Festival** im Februar/März gibt's eine Elefantenprozession und eine Shiva-Statue wird ausgestellt.

Sree-Vallabha-Tempel

Fast jede Nacht finden in diesem Tempel (2 km entfernt von Tiruvalla) traditionelle **Kathakali**-Aufführungen statt, die bis zum nächsten Morgen dauern. Auch Nicht-Hindus dürfen zuschauen. Tiruvalla (35 km südlich von Kottayam) liegt an der Eisenbahnstrecke zwischen Ernakulam und Thiruvananthapuram.

Vijnana Kala Vedi Kulturzentrum

Dies ist ein sehr bekanntes, von Franzosen geleitetes **Kulturzentrum** (☎ 0468-2214483; www.vijnanakalavedi.org; Tarayil Mukku) in Aranmula (rund 10 km entfernt von Chengannur). Erfahrene Experten halten hier Kurse in nahezu jeder indischen Kunstrichtung – sehr empfehlenswert! Die Schüler können aus insgesamt 15 angebotenen Fächern zwei auswählen. Unterrichtet wird beispielsweise Ayurveda, *kathakali* oder *kathakali*-Makeup, *mohiniattam* und *bharatanatyam* (klassische Tanzformen), südindische oder Trommelmusik, Wandmalerei, Kerala-Küche, Sprachen (Malayalam, Sanskrit und Hindi) und *kalarippayat*. Der tägliche Einzelunterricht dauert mindestens drei Stunden (Mo–Fr).

Kurse, Unterkunft im Dorf und die komplette Verpflegung kosten zusammen 200/630 US$ pro Woche/Monat. Bei längerem Aufenthalt gibt's Rabatt. Wer den Kindern in den Dorfschulen Englischunterricht gibt, erhält ebenfalls Ermäßigung. Auch Kurzaufenthalte zwischen einem und drei Tagen sind möglich (30 US$ pro Übernachtung).

DIE WESTERN GHATS

PERIYAR WILDLIFE SANCTUARY

☎ 04869

Periyar (www.periyartigerreserve.org; Eintritt Inder/Ausländer 12/150 Rs; 🕑 6–18 Uhr) ist das bekannteste Naturschutzgebiet in Südindien, mit einer Fläche von 777 km². 1895 legten die Briten hier einen 26 km² großen künstlichen See an. Im Park leben Bisons, Sambar-Hirsche, Wildschweine und Languren, außerdem 900 bis 1000 Elefanten und 35 bis 40 Tiger. Das Schutzgebiet ist ein sehr beliebtes Touristenziel und daher manchmal ziemlich überfüllt. Aber die Bergkulisse hinter der Zufahrtsstraße, ein Bootstrip auf dem See und ein Spaziergang durch den Urwald sorgen für das richtige „Natur pur"-feeling. Auf jeden Fall warme und wasserfeste Kleidung mitbringen!

Orientierung

4 km vom Schutzgebiet entfernt liegt Kumily. Auf dem schmalen Streifen gibt's Hotels, Gewürz- und Kaschmirläden. Der Ort Thekkady mit seinen KDTC-Hotels und einem Anlegesteg ist dagegen das Zentrum innerhalb des Parks. Nicht verwirren lassen: Für das Schutzgebiet selbst werden oft abwechselnd die Bezeichnungen Kumily, Thekkady und Periyar verwendet.

Praktische Informationen

DC Books (☎ 222548; 🕑 9.30–21.30 Uhr) Kleine, aber feine Auswahl an Romanen und Sachbüchern über Indien.

DTPC-Büro (Busbahnhof; 🕑 7.30–18.30 Uhr)

Internet Centre (40 Rs/Std.; 🕑 9.30–21.30 Uhr) In der Nähe der Lourdes-Kirche.

IR Communications (50 Rs/Std.; 🕑 7–23 Uhr) Direkt neben Spice Village.

Project Tiger Büro (☎ 322027; 🕑 Mo–Sa 10–17 Uhr) Wer tiefer in die Materie einsteigen möchte, kann sich mit dem Project Tiger im Park befassen. Dieses Projekt kümmert sich um den Erhalt der Umwelt und um die Naturvölker der Umgebung.

State Bank of Travancore (🕑 Mo–Fr 10–15.30 Uhr, Sa bis 12.30 Uhr) Löst Reiseschecks ein und wechselt Geld. Der Automat akzeptiert ausländische Geldkarten.

Wildlife-Informationszentrum (☎ 322028) Oberhalb des Anlegestegs in Thekkady.

Wildlife Interpretation Centre (🕑 7.30–19.30 Uhr) Das hervorragende Zentrum in Spice Village (s. S. 1013) ist auch offen für Leute, die keine Gäste des Nationalparks sind. Der hier ansässige Naturforscher hält Diavorträge (19.30 und 21.30 Uhr) und beantwortet Fragen zum Park.

Sehenswertes & Aktivitäten

BESICHTIGUNG DES PARKS

Die meisten Besucher erkunden den Park auf einer zweistündigen **KTDC-Bootstour** (Unter-/Oberdeck 45/100 Rs; ⌚ 7, 9.30, 11.30, 14 & 16 Uhr) auf dem See. Das ist zwar recht bequem, aber die Tiere sind nur aus der Entfernung zu sehen. Die kleineren, etwas altersschwachen **Boote des Forest Department** (15 Rs/Pers.; ⌚ 9.30, 11.30, 14 & 16 Uhr) kommen da schon näher ran. Angestellte des Reservats geben Interessierten nähere Auskünfte. Um Tickets für die Bootsfahrten zu ergattern: Gleich nach der Abfahrt einer Tour im **Ticketbüro** (⌚ 6.30–17.30 Uhr) Karten für die nächste kaufen! Reservieren ist nicht möglich. Bei der ersten und der letzten Tour des Tages sind die Chancen am größten, etwas von den Tieren zu Gesicht zu bekommen.

Um die Pflanzen und auch die menschlichen Bewohner des Parks kennen zu lernen, eignet sich ein dreistündiger **Urwaldspaziergang** (100 Rs/Pers.; ⌚ 7, 10.30 & 14 Uhr) hervorragend. Gelaufen werden dabei 4 oder 5 km, ein erfahrener Einheimischer ist als Führer mit dabei. Vorsicht: Nach Regenschauern wimmelt es von Blutegeln.

Das **Ökotourismus-Zentrum** (☎ 224571; ⌚ 8–18 Uhr) organisiert Events für alle, die den Park auf „abenteuerliche" Weise erkunden möchten. Wie wär's z. B. mit einem zwei- oder dreitägige **Trek** auf den Spuren der Tiger (3000/5000 Rs/Pers.)? Oder weniger zeitintensiv: eine eintägige **Wanderung** (750 Rs/Pers.) oder ein dreistündiger Ausflug – bei **Nacht** (500 Rs/Pers.). Auch Ganztagesausflüge mit **Bambusflößen** (1000 Rs/Pers.) auf dem See sind im Programm; mehr Informationen zu den verschiedenen Angeboten gibt's im Internet unter www.periyartigerreserve.org.

KUMILY & PERIYAR WILDLIFE SANCTUARY

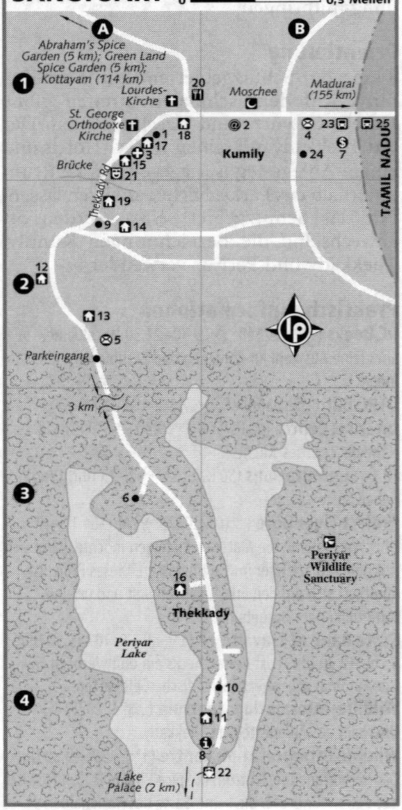

INFORMATION
DC Books 1 A1
DTPC-Büro .... (siehe 23)
Internetzentrum 2 B1
IR Communications .... (siehe 19)
Kumily Central Hospital 3 A1
Post 4 B1
Post 5 A2
Project Tiger Office 6 A3
State Bank of Travancore Geldautomat 7 B1
Wildlife-Informationszentrum 8 B4
Wildlife Interpretation Centre .... (siehe 19)

SEHENSWERTES & AKTIVITÄTEN
Mayura Ayurvedic Centre .... (siehe 13)
Ökotourismus-Zentrum 9 A2
Ticket-Büro 10 B4

SCHLAFEN
Aranya Nivas 11 B4
Coffee Inn 12 A2
Gangothri Resort 13 A2
Green View Homestay 14 A2
Michaels Inn 15 A1
Periyar House 16 A3
Prime Castle 17 A1
Rolex Tourist Home 18 A1
Rose Cottage .... (siehe 14)
Spice Village 19 A2
White House .... (siehe 12)

ESSEN
Hotel Lakeshore 20 A1

UNTERHALTUNG
Mudra 21 A1

VERKEHRSMITTEL & -WEGE
Anlegestelle 22 B4
Bushaltestelle 23 B1
Fahrradverleih 24 B1
Tamil Nadu-Busbahnhof 25 B1

GEWÜRZGÄRTEN & PLANTAGEN

Nahezu jeder Gewürzladen und jedes Gästehaus organisiert Gewürz-Touren (ca. 400/600 Rs mit Autorikscha/Taxi, 2–3 Std.); von den ortskundigen Führern gibt's dabei viel zu lernen. Gewürzgärten sind meist klein und werden von den Bewohnern zum Hausgebrauch bewirtschaftet. Auf den wesentlich größeren Plantagen wird dagegen für den Markt produziert – hier kann man bei der Ernte und beim anschließenden Verarbeitungsprozess zusehen. Und wer eine Teefabrik in Action erleben möchte – und das lohnt sich schon allein wegen den fantastischen Gerüchen – hat hier die Gelegenheit dazu, denn in Munnar ist die Besichtigung von Teefabriken nicht erlaubt.

Wer die Gewürzgärten auf eigene Faust erkunden will, sollte diese beiden mitnehmen: Den **Green Land Spice Garden** (☎ 223948; ⌚ 7–19 Uhr) und den biologisch-dynamischen **Abraham's Spice Garden** (☎ 222919; ⌚ 6.30–19.30 Uhr). Hier gibt's keine festen Eintrittspreise, eine kleine Spende ist jedoch angemessen.

AYURVEDA

Mayura Ayurvedic Centre (☎ 223556; Massage 300–500 Rs; ⌚ 8–21 Uhr) Gute Adresse für Massagen und andere Behandlungen.

Schlafen & Essen

IM SCHUTZGEBIET

Das Ökotourismus-Zentrum vermittelt **Waldhütten** (DZ mit Verpflegung 2000 Rs) für die Nacht.

Es gibt drei KTDC-Hotels im Park, die vorher über ein KTDC-Büro reserviert werden sollten, vor allem an Wochenenden. Unbedingt die hiesige Sperrstunde im Hinterkopf behalten – nach 18 Uhr darf das Hotel nicht mehr verlassen werden.

Periyar House (☎ 222026; periyar@sancharnet.in; EZ/DZ mit Frühstück & Abendessen ab 750/1000 Rs) Nicht gerade aufregende Zimmer, Ferienlager-Atmosphäre.

Aranya Nivas (☎ 222023; aranyanivas@sancharnet.in; EZ/DZ ab 2250/3750 Rs; 🏊) Helle, saubere Zimmer in einem imposanten, frisch renovierten Gebäude, an dem der Zahn der Zeit dennoch einige Spuren hinterlassen hat. Eine schöne Aussicht hat man hier zwar nicht, dafür liegt der Pool an einem netten Plätzchen im Wald.

Lake Palace (☎ 222023; aranyanivas@sancharnet.in; EZ/DZ Suite mit Komplettverpflegung 5750/7250 Rs) Wunderbar renoviertes ehemaliges Wildhüterhaus mit Raj-Ambiente. Zugang nur per Boot, Reservierungen über Aranya Nivas.

KUMILY

Die Gästehaus-Szene in Kumily wächst und wächst. Inzwischen gibt es viele günstige Zimmer mit gutem Preis-Leistungs-Verhältnis.

Coffee Inn (☎ 222763; coffeeinn@sancharnet.in; Hütte/Ferienhaus 200/250 Rs; Frühstück 20–60 Rs) Ansprechendes, freundliches Anwesen mit einer Reihe von einfachen Unterkünften von Bambushütten über Baumhäuser bis hin zu komfortablen Ferienhäusern. Im Restaurant (geöffnet von 7.30 bis 19.30 Uhr), mitten in einem Gewürzgarten, frühstückt es sich optimal. Das hauseigene Schwarzbrot probieren! Manchmal kommen ein paar Affen aus dem benachbarten Park auf einen Sprung vorbei.

White House (☎ 222987; Hütte/Zi. 250/300 Rs, Ferienhaus 350–400 Rs) Direkt neben dem Coffee Inn. Charmantes Gästehaus mit Unterkünften in allen Formen und Größen.

Green View Homestay (☎ 211015; www.sureshgreenview.com; EZ 150 Rs, DZ 200–600 Rs) Gemütliches Gästehaus mit sauberen, hellen Zimmern, einem großartigen Garten und freundlichen Gastgebern. Hier gibt es prima Essen und Kochvorführungen mit Kerala-Gerichten. Das Rose Cottage nebenan ist ebenfalls sehr empfehlenswert.

Rolex Tourist Home (☎ 222081; EZ 150–400 Rs, DZ 250–600 Rs) Bestes Budgethotel vor Ort, aber die Zimmer sind klein, sauber und nichts Besonderes – mit einer Privatunterkunft ist man erheblich besser dran.

Gangothri Resort (☎ 222299; DZ/3BZ 700/1000 Rs) Neues Haus mit sieben sauberen, kühlen und hellen Zimmern. Tolle Aussicht auf die Hügellandschaft des Parks.

Prime Castle (☎ 223469; DZ 850–1200 Rs) Blitzsaubere, geräumige Zimmer mit Balkon; sehr aufmerksamer Service. Die Budgetzimmer im Nebengebäude (75 Rs/Pers.) sind klein, dunkel und billig.

Michael's Inn (☎ 222355; michaelsinn@sify.com; Zi. ohne/mit Klimaanlage 1200/1600 Rs; ❄) Freundlich und top in Schuss. Kitschig eingerichtete, aber saubere und bequeme (leider etwas kleine) Zimmer.

Spice Village (☎ 222314; spicevillage@cghearth.com; Ferienhaus EZ 135–180 US$, DZ 145–180 US$; Frühstück/Mittagessen/Abendessen 300/500/500 Rs; 🏊) Attraktive, geräumige Ferienhäuser auf einem sehr gepflegten Grundstück. Alle hauseigenen Einrichtungen (inkl. der Bar im Stil des Britisch Raj und dem Billardtisch) stehen auch Nicht-Gästen zur Verfügung. Die Buffets im Restaurant (geöffnet von 7.30 bis 9.30, 12.30 bis 14.30 und 19.30 bis 21.30 Uhr) sind äußerst üppig; beim Abendessen finden auch Kochvorführungen mit Kerala-Gerichten statt.

Um den Basar herum gibt es eine Reihe guter und günstiger Vegi-Restaurants (vor allem zwischen Busbahnhof und Lourdes-Kirche). Das **Hotel Lakeshore** (Gerichte ca. 40 Rs; ⌚ 7–22 Uhr) hat ein farbenprächtiges Restaurant. Mit seinen tollen vegetarischen und nichtvegetarischen Gerichten ist es sehr beliebt bei den Einheimischen. Der Hit: das *malai kofta* (35 Rs).

Unterhaltung

Mudra (☎ 211059; Eintritt 125 Rs; Shows ⌚ 16.30 & 19 Uhr) Zwei *kathakali*-Shows pro Tag. Geschminkt wird 30 Minuten vor Showtime.

An- & Weiterreise

Busse nach Periyar starten vom Aranya Nivas, aber sie halten auch am Busbahnhof in Kumily am östlichen Ende der Stadt.

Acht Busse pendeln täglich zwischen Kochi und Kumily (84 Rs, 6 Std.), alle 30 Minuten verlässt ein Bus die Stadt in Richtung Kottayam (52 Rs, 4 Std.). Jeden Tag fahren zwei Busse nach Thiruvananthapuram (107 Rs, 8 Std.), und einer startet am Nachmittag in Richtung Munnar (50 Rs, 4½ Std.).

Von der Haltestelle hinter der Grenze fahren die Tamil-Nadu-Busse alle 30 Minuten nach Madurai (38 Rs, 4 Std.).

Unterwegs vor Ort

Kumily liegt 4 km entfernt vom Periyar Lake; dorthin kommt man entweder mit dem Bus (beinahe genauso selten wie die Tiger) oder mit einer Autorikscha (30 Rs). Auf schattigen Pfaden kann man auch locker zu Fuß in den Park spazieren. Neben dem Busbahnhof gibt's einen **Fahrradverleih** (4 Rs/Std.; ⌚ 6.30–20 Uhr).

MUNNAR

☎ 04865 / 1524 m

Früher war Munnar das Herz von Travancore – heute ist es das Zentrum eines der höchstgelegenen Teeanbau-Gebiete der Welt. Das Stadtzentrum ist zwar laut und schmutzig, aber etwas außerhalb findet man Ruhe pur. Das dramatische Bergpanorama, die zerklüfteten Gipfel, die gepflegten Teepflanzungen und die raue Bergluft machen die ehemalige Hill Station zum idealen Erholungsort.

Praktische Informationen

Südlich vom Basar, in der Nähe der Brücke, gibt's mehrere Geldautomaten.

DTPC Touristen-Informationsbüro (☎ 531516; ⌚ 10–18 Uhr) Hilfreich.

Ramm Communications (50 Rs/Std.; ⌚ 8–22 Uhr) Immer überfüllt, langsame Internetverbindungen. Leider gibt's keine bessere Alternative.

State Bank of Travancore (☎ 230274; ⌚ Mo–Sa 10–15.30, So bis 12 Uhr) Löst Reiseschecks ein.

Sehenswertes & Aktivitäten

Hauptgrund für einen Abstecher nach Munnar ist eine Tour durch die Hügel der Umgebung (zu möglichen Touren s. unten). Alle Reiseagenturen, Rikschafahrer und überhaupt die meisten Leute in den Straßen sind ganz wild darauf, einen Sightseeing-Tag für Touristen zu organisieren – ein Preisvergleich lohnt sich da auf jeden Fall. Das DTPC bietet halb- und ganztägige oder auch zwei- bis viertägige **Wanderungen** rund um Munnar an.

Tata Tea Museum (☎ 230561; Erw./Kind 50/25 Rs; ⌚ 10–16 Uhr) Näher kommt man in Munnar wohl kaum an eine Teefabrik heran. Das Museum ist zwar leider nur die leicht bereinigte und menschenleere Version einer echten Fabrik, es zeigt aber trotzdem alle grundlegenden Verarbeitungsschritte. Hier gibt's auch einen Führer und verschiedene Teesorten können probiert werden. Eine Sammlung von altem Krimskrams aus der Kolonialzeit wird ebenfalls in diesem Museum aufbewahrt.

Die steinerne **Christ Church** (1910), nun von der Church of South India verwaltet, hat wunderschöne bunte Glasfenster. Im Inneren erinnern Gedenktafeln aus Kupferblech an die Teepflanzer.

Geführte Touren

Das DTPC bietet einige Ganztagestouren zu Zielen rund um Munnar an:

Chinnar Wildlife Tour (300 Rs/Pers.; ⌚ 9–19 Uhr) Chinnar Wildlife Sanctuary.

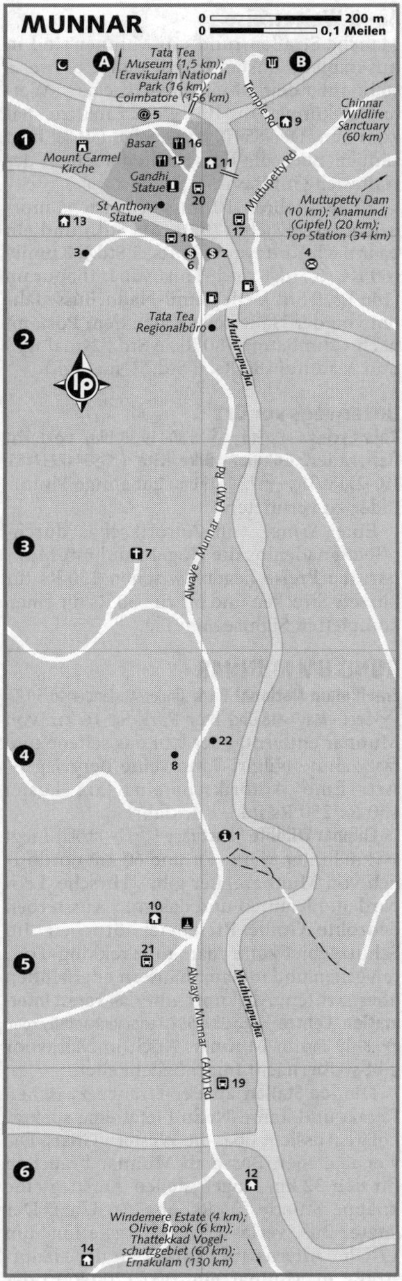

INFORMATION
DTPC Touristen-Informationsbüro ... 1 B4
Federal Bank Geldautomat ... 2 B2
Forest Information Centre ... 3 A2
Post ... 4 B2
Ramm Communications ... 5 A1
State Bank of Travancore Geldautomat ... 6 A2

SEHENSWERTES & AKTIVITÄTEN
Christ Church ... 7 A3
Sportplatz ... 8 A4

SCHLAFEN
Edassery Eastend ... 9 B1
JJ Cottage ... 10 A5
Krishna Lodge ... 11 B1
Royal Retreat ... 12 B6
Westend Cottages ... 13 A1
Zina Cottages ... 14 A6

ESSEN
Hotel Saravan Bhavan ... 15 A1
Rapsy Restaurant ... 16 A1

VERKEHRSMITTEL & -WEGE
Busse nach Kumily & Tamil Nadu ... (siehe 4)
Busse zur Top Station ... 17 B1
Gokulam Bike Hire ... (siehe 21)
Jeep- & Rikschastand ... (siehe 17)
KSRTC-Busbahnhof ... 18 A2
KSRTC-Busbahnhof ... 19 B6
Private Busse nach Kumily ... 20 A1
Private Busse nach Tamil Nadu ... 21 A5
Raja Cycles ... 22 B4

Tea Valley Tour (250 Rs/Pers.; ⌚ 10–18 Uhr) Führt u. a. über Echo Point, Top Station und Rajamalai (zum Eravikulam National Park).

Schlafen

Übernachtungsmöglichkeiten mit gutem Preis-Leistungs-Verhältnis sind hier nur schwer zu finden. Das DTPC gibt Auskunft zu Neueröffnungen

Krishna Lodge (☎ 230669; EZ mit Gemeinschaftsbad 100 Rs, DZ mit eigenem Bad 250 Rs) Dunkle und einfache Zimmer mitten im lauten Basar.

JJ Cottage (☎ 230104; DZ 400–500 Rs) Dieses Haus in Privatbesitz hat sieben sehr saubere, helle Zimmer mit TV und Boiler – da alle verschieden sind, zuvor vergleichen.

Westend Cottages (☎ 230954; DZ mit Gemeinschaftsbad 250 Rs, mit eigenem Bad 350–400 Rs) Freundliches privates Gästehaus mit wenigen, aber hellen und sauberen Doppelzimmern in der Nähe des Basars.

Zina Cottages (☎ 230349; DZ inkl. Steuer 500 Rs) Vier schön möblierte, gemütliche Zimmer mit toller Aussicht auf Teeplantagen.

Sree Narayana Tourist Home (☎ 230212; snannex @rediffmail.com; EZ/DZ ab 500/550 Rs) Helle, aber auch häßliche Zimmer – einige davon sind sauberer als die anderen. Die teureren Zimmer im Nebengebäude am anderen Ende der Stadt sind zwar neueren Datums, aber trotzdem schäbig.

Royal Retreat (☎ 230240; royalretreat@sify.com; EZ 850–1650 Rs, DZ 950–1950 Rs) Gemütliches, gut organisiertes Gästehaus mit einigen sehr schnuckeligen Zimmern. Für Munnar sehr gutes Preis-Leistungsverhältnis.

Edassery Eastend (☎ 230451; info@edasserygroup.com; Ferienhaus 1650-2200 Rs) Recht gemütliche und geräumige Zimmer, die aber viel zu teuer sind. Bei Einzelbelegung gibt's 10% Rabatt.

In den Plantagen inmitten der Hügel rund um Munnar finden sich ein paar hochklassige Feriendomizile; Ruhe ohne Ende in der Gebirgslandschaft.

Olive Brook (☎ 230588; www.olivebrookmunnar.com; Pothamedu; EZ 1875–2250 Rs, DZ 2500–3000 Rs) Das kleine private Gästehaus liegt mitten in einer großen Kardamom-Plantage. Große und einfach eingerichtete Zimmer. Inklusive Frühstück und Abendessen. Kochkurse und Wanderungen durch die Plantage werden angeboten.

Windermere Estate (☎ 230512; www.windermeremunnar.com; Pothamedu; Zi./Ferienhaus mit Frühstück & Abendessen 6000/8500 Rs) Luxuriös und behaglich zugleich, v. a. in den gemütlichen „Bauernhaus"-Zimmern. Die neuen Ferienhäuser sind dagegen etwas nüchterner gestaltet – von hier aus hat man aber eine super Aussicht.

Essen

Am frühen Morgen verkaufen die Essensstände im Basar leckere Snacks zum Frühstück; hier gibt's auch eine Reihe von günstigen Restaurants, ebenso südlich der Stadt gegenüber vom Sportplatz.

Rapsy Restaurant (Gerichte ca. 25 Rs; 🕒 6.30–21.30 Uhr) Zur Mittagszeit rammelvoll. Einheimische essen hier gebratenes Fleisch (14 Rs) mit dem berühmten Rapsy-*parotta*. Der Biryani (25 bis 40 Rs) ist ebenfalls ausgesprochen lecker.

Hotel Saravan Bhavan (Gerichte 15–50 Rs; 🕒 7–21.30 Uhr) Beliebtes Restaurant mit gutem Preis-Leistungs-Verhältnis. Vegetarische Gerichte im Bananenblatt (17 Rs), Säfte und Eisdesserts.

Royal Retreat (Gerichte 50–100 Rs; 🕒 12–15 & 19.30–21.30 Uhr) Das Restaurant in diesem Hotel ist gemütlich und ein wenig vornehm. Es serviert delikate „Multicuisine"-Gerichte. Die anderen Mittel- und Spitzenklassehotels hier haben ebenfalls ganz ordentliche Restaurants.

An- & Weiterreise

Manche Straßen rund um Munnar sind in miserablem Zustand und leiden teilweise stark unter dem Monsunregen; je nach Wetterlage können die Busse auch mal zu spät kommen. Der **KSRTC-Busbahnhof** (AM Rd) liegt südlich, aber alle Busse halten auch an der Haltestelle im Basar.

Täglich fahren 10 Busse (meistens morgens) nach Kochi (70 Rs, 4½ Std.) und ein paar nach Kottayam (76 Rs, 5 Std.), Kumily (60 Rs, 5 Std.) und Thiruvananthapuram (146 Rs, 9 Std.). Die Tamil-Nadu-Busse fahren von der Haltestelle neben dem Postamt nach Coimbatore (80 Rs, 6 Std., 2-mal tgl.) und Madurai (80 Rs, 6 Std., 1-mal tgl.).

Unterwegs vor Ort

Raja Cycles (8 Rs/Std.; 🕒 8.30–19.30 Uhr) verleiht Fahrräder. **Gokulam Bike Hire** (☎ 9447237165; 150–250 Rs/Tag; 🕒 7.30–19 Uhr) hat einige Motorräder zu vermieten.

Eine Armee von Autorikschas durchpflügt gnadenlos die Hügel rund um Munnar; die Preise liegen zwischen 150 Rs für kürzere Strecken und bis zu 650 Rs für einen kompletten Sightseeing-Tag.

RUND UM MUNNAR

Eravikulam National Park (Inder/Ausländer 10/50 Rs; 🕒 Sept.–Mai 7–18 Uhr) Der Park ist 16 km von Munnar entfernt. Hier lebt das seltene und fast zahme Nilgiri-Tahrs, eine Bergziegen-Art. Eine Autorikscha/ein Taxi kostet 150 Rs/250 Rs inkl. Rückfahrt.

Chinnar Wildlife Sanctuary (🕒 7–18 Uhr) Liegt 10 km hinter Marayoor und 60 km nordöstlich von Munnar. Hier gibt's Hirsche, Leoparden, Elefanten und das vom Aussterben bedrohte Graue Rieseneichhörnchen. Im Schutzgebiet kann man auf Trekking-Touren gehen und in Baumhäusern oder Hütten übernachten; Auskunft gibt das **Forest Information Centre** (☎ 231 587; enpmunnar@sify.com; 🕒 8–19 Uhr) in Munnar. Auch in Marayoor gibt's Übernachtungsmöglichkeiten.

Die **Top Station** an der Grenze zwischen Kerala und Tamil Nadu bietet eine spektakuläre Aussicht über die Western Ghats. Die vier täglichen Busse ab Munnar brauchen für den 32 km langen steilen Aufstieg eine knappe Stunde (35 Rs, ab 7.30 Uhr). Der letzte Bus verlässt die Bergstation um 17 Uhr. Alternative: Vorher an der Hauptstraße in Munnar ein Taxi (700 Rs) oder eine Autorikscha (400 Rs) für die Rückfahrt bestellen.

Thattekkad Bird Sanctuary (Inder/Ausländer 5/25 Rs; ⌚ Okt.–April 6.30–19 Uhr) In dem 25 km² großen Park gibt es über 270 Vogelarten zu beobachten, z. B. den Grauen Malabar-Nashornvogel, verschiedene Sittiche und seltenere Spezies wie den Ceylonfroschmaul und den Rosebilled Rollerand. Weil hier natürlich viel geforscht wird, gibt's eine Überwachungshütte und **Beobachtungstürme** (Zi. 900 Rs), in denen Besucher auch übernachten können. Auskunft erteilt der **Wildhüter** (Assistant Wildlife Warden, ☎ 0485-2588302) in Kothamangalam. Eine andere Übernachtungsmöglichkeit ist das **Hornbill Camp** (☎ 0484-2310324; www.thehornbillcamp.com; DZ mit Vollpension 45 US$). Einfache, aber bequeme „Zelthütten" mit separatem Bad und Sitzgelegenheiten.

Thattekkad liegt an der Straße zwischen Ernakulam und Munnar. Am besten nimmt man den direkten Bus von Ernakulam nach Kothamangalam oder einen der häufigeren Busse nach Muvattupula und steigt hier in Richtung Kothamangalam um (8 km Fahrtstrecke). Weitere 15 km geht's mit dem Bus von Kothamangalam nach Thattekkad (30 Minute).

PARAMBIKULAM WILDLIFE SANCTUARY

Parambikulam Wildlife Sanctuary (⌚ 7–18 Uhr) – dieses Schutzgebiet liegt 135 km von Palakkad entfernt. Es ist 285 km² groß und umfasst die Parambikulam, Thunakadavu und Peruvaripallam Dams. Elefanten, Bisons, Gaur (eine Rinderart), Lippenbären, Wildschweine, Sambar- und Axishirsche, Krokodile, Tiger und Panther leben hier. Außerdem stehen hier einige der größten Teakbäume Asiens. In Kozhikamthi gibt's auch ein Elefantencamp. Während des Monsuns (Juni bis August) ist ein Aufenthalt im Schutzgebiet keine gute Idee; im März und April hat es manchmal geschlossen.

Um ins Schutzgebiet hineinzukommen, braucht man eine Genehmigung vom **zuständige Forstbeamten** (Divisional Forests Officer – ☎ 04253-877233) in Thunakadavu. Dreistündige Jeeptouren werden angeboten (700 Rs).

In Thunakadavu, Thellikkal und Anappady stehen so genannte „Forest Rest Houses"; in Thunakadavu gibt's auch ein **Baumhaus** (300–360 Rs/Pers.). Buchungen laufen ebenfalls über den zuständigen Forstbeamten.

Am besten fährt man mit dem Bus von Pollachi (40 km entfernt von Coimbatore und 49 km von Palakkad) in Tamil Nadu zum Schutzgebiet. Zwischen Pollachi und Parambikulam fahren täglich Busse in beide Richtungen über Anamalai (2 Std.).

ZENTRAL-KERALA

KOCHI (COCHIN)

☎ 0484 / 1,36 Mio. Ew.

Kochi ist das Paradebeispiel für den enormen Facettenreichtum Keralas. Die Stadt hat reichlich Geschichte zu bieten und liegt wunderschön über eine Inselngruppe und eine Halbinsel verstreut. Zu erkunden gibt's hier die älteste Kirche Indiens, gewundene Straßen mit Moscheen und 500 Jahre alten portugiesischen Häusern, ausladende chinesische Fischernetze, eine uralte jüdische Gemeinde mit einer Synagoge aus dem 16. Jh. Und einen von den Portugiesen erbauten Palast, der dann an den Raja von Kochi übergeben wurde. Auch *kathakali*-Aufführungen finden hier statt.

Die älteren Teilen von Fort Cochin und Mattancherry sind eine unglaubliche Mixtur aus mittelalterlichem Portugal, Holland und einem englischen Dorf, das einst an die tropische Küste von Malabar verpflanzt wurde. Hier sind auf jeden Fall ein paar relaxte Tage drin – im Gegensatz zu Ernakulam auf dem Festland. Denn wenn man sich an das ländliche Kerala erst einmal gewöhnt hat, wirken die vielen Leuchtreklamen und die westlichen Kaufhausketten dort direkt schockierend.

Orientierung

Kochi besteht aus mehreren Teilen: Ernakulam liegt auf dem Festland und dann gibt's die Inseln im Hafen: Willingdon, Bolgatty und Gundu; Fort Cochin und Mattancherry sind auf der südlichen Halbinsel zu finden, und Vypeen Island liegt nördlich von Fort Cochin. Eine Fähre verbindet alle Stadtteile, zwischen Ernakulam, Willingdon Island und der Fort Cochin- und Mattancherryhalbinsel gibt's eine Brücke. Die neue Goshree-Brücke verbindet nun auch Ernakulam mit Bolgatty und Vypeen. Der

Hauptbahnhof, der Busbahnhof und das KTDC-Tourismusbüro sind hauptsächlich in Ernakulam; fast alle historischen Sehenswürdigkeiten und auch die Übernachtungsmöglichkeiten mit gutem Preis-Leistungs-Verhältnis befinden sich dagegen in Fort Cochin und in Mattancherry.

Praktische Informationen

BUCHLÄDEN

Current Books (Karte S. 1020 f.; ☎ 2351590; Press Club Rd; ⌚ Mo–Sa 9.30–19.30 Uhr) Ein DC-Ableger mit derselben Qualität. Super Auswahl an indischen Romanen auf Englisch.

DC Books (Karte S. 1020 f.; ☎ 2391295; Banerji Rd, Ernakulam; ⌚ Mo–Sa 9.30–19.30 Uhr, So 15–20 Uhr) Gewohnt hervorragende Auswahl an englischsprachiger Literatur.

Idiom Bookshop Fort Cochin (Karte S. 1019; ☎ 2217075; Bastion St; ⌚ Mo–Sa 9–21 Uhr, So 10–18 Uh); Mattancherry (Karte S.1018; gegenüber Anlegesteg; ⌚ 10–18 Uhr)

Paico (Karte S. 1020 f.; ☎ 2355835; MG Rd; ⌚ 10–20 Uhr) Verkauft Magazine wie beispielsweise die *Time* und den *Economist*, Flughafenliteratur, indische Romane und Sachbücher.

INTERNETZUGANG

Café de Net (Karte S. 1019; Bastion St, Fort Cochin; 30 Rs/Std.; ⌚ 9–22.30 Uhr) Gemütlich, schnell, klasse Drinks.

Monte Carlo Internet (Karte S. 1019; Burgher St, Fort Cochin; 30 Rs/Std.; ⌚ 8–22 Uhr)

Net Park (Karte S. 1020 f.; Convent Rd, Ernakulam; 20 Rs/Std.; ⌚ 9–21 Uhr)

Open Door Internet Café (Karte S. 1020 f.; Carrier Station Rd, Ernakulam; 20 Rs/Std.; ⌚ 7.30–0.30 Uhr)

Web Dreams (Karte S. 1020 f.; 2. OG, Penta Menaka Bldg, Shanmugham Rd, Ernakulam; 20 Rs/Std.; ⌚ Mo–Sa 9.30–21.30, So 15–21.30 Uhr)

Webmasters Internet Café (Karte S. 1020 f.; 2. OG, Penta Menaka Bldg, Shanmugham Rd, Ernakulam; 20 Rs/Std.; ⌚ 9–19 Uhr)

GELD

Entlang der MG Rd. in Ernakulam stehen eine Menge Geldautomaten, in Fort Cochin gibt's nur wenige.

American Express Foreign Exchange (Karte S. 1020 f.; ☎ 2375595; MG Rd; ⌚ Mo–Fr 9.30–18.30, Sa bis 14.30 Uhr)

Thomas Cook (Karte S. 1018; ☎ 2374205; MG Rd; ⌚ Mo–Sa 9.30–18 Uhr)

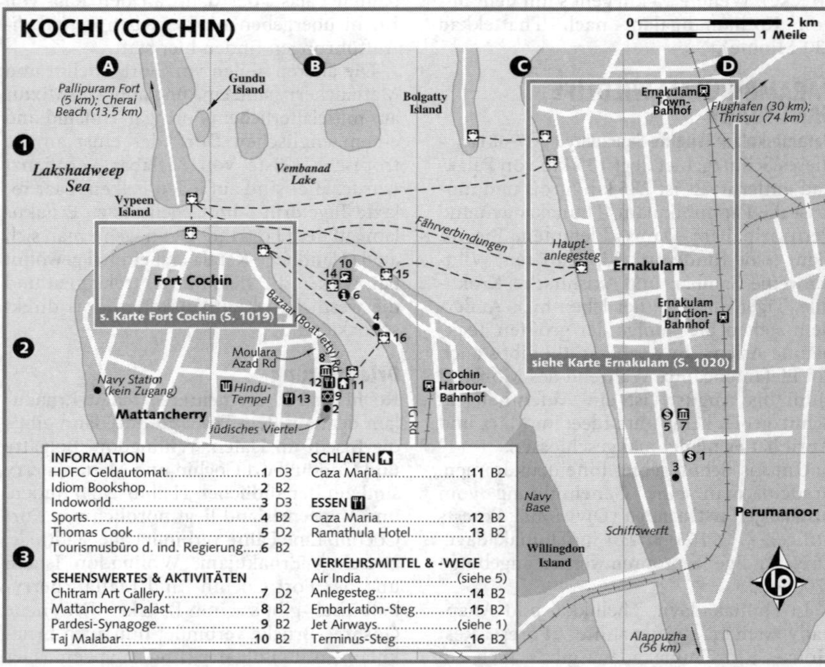

UAE Exchange (⌚ Mo–Sa 9.30–18 Uhr, So bis 13 Uhr); Ernakulam (Karte S. 1020 f.; ☎ 2383317; MG Rd); Fort Cochin (Karte S. 1019; ☎ 2216231; Kunnumpuram Junction)

POST

College Postamt (Karte S. 1020 f.; ☎ 2369302; Convent Rd, Ernakulam; ⌚ Mo–Fr 9–16, Sa bis 21 Uhr)
Postfilialen in Ernakulam Hospital Rd (Karte S. 1020 f.; ☎ 2355467; ⌚ Mo–Sa 9–20, So 10–17 Uhr); MG Rd (Karte S. 1020 f.); Broadway (Karte S. 1020 f.)
Hauptpostamt (Karte S. 1019; Post Office Rd, Fort Cochin; ⌚ Mo–Fr 9–17 Uhr, Sa bis 15 Uhr)

TOURISTENINFORMATION

Am Flughafen gibt's einen Informationsschalter für Touristen. Er ist besetzt, wenn Flugzeuge ankommen.

Tourismusbüro der indischen Regierung (Karte S. 1018; ☎ 2668352; indtourismkochi@sify.com; Willingdon Island; ⌚ Mo–Fr 9–17.30, Sa bis 13 Uhr) Hier bekommen Reisende viele Broschüren und Karten zu Indien.
KTDC-Touristen-Empfangszentrum (Karte S. 1020 f.; ☎ 2353234; Shanmugham Rd, Ernakulam; ⌚ 8–19 Uhr) Organisiert Touren.
Touristen-Informationsschalter Ernakulam (Karte S.1020 f.; ☎ 2371761; touristdesk@satyam.net.in; ⌚ 8–18.30 Uhr); Fort Cochin (Karte S. 1019) Private Agentur am Hauptanlegesteg der Fähren in Ernakulam; bietet eine Vielzahl von Informationen zu Kochi und Umgebung.
Touristenpolizei (Karte 1020 f. ☎ 2353234) Liegt nicht weit vom KTDC-Touristen-Empfangszentrum entfernt.

FORT COCHIN

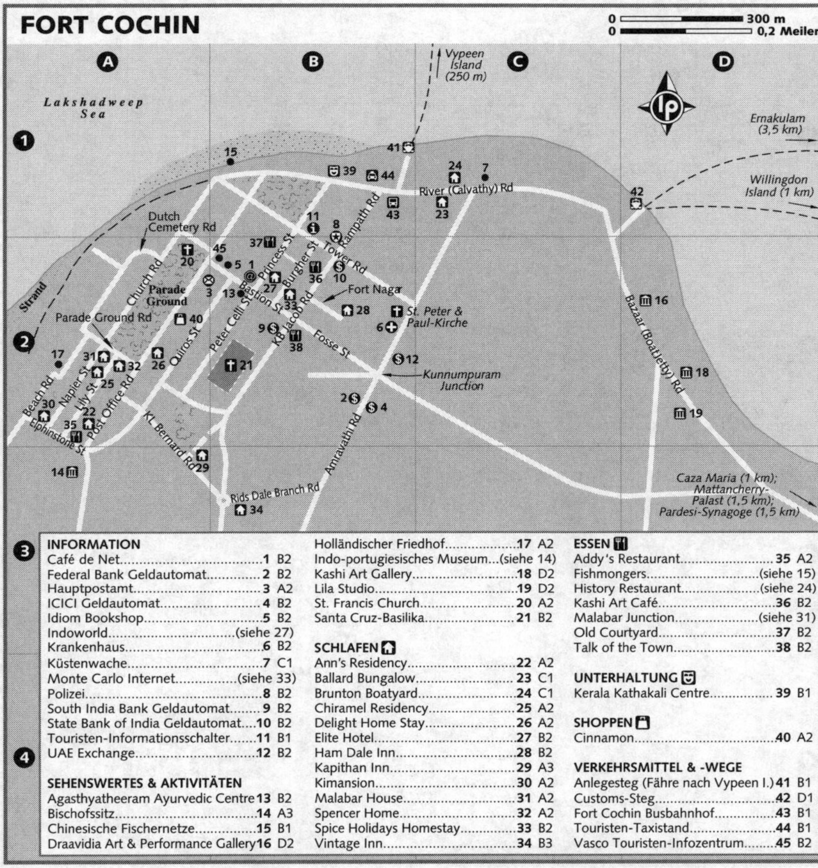

3
4

INFORMATION
Café de Net.....1 B2
Federal Bank Geldautomat.....2 B2
Hauptpostamt.....3 A2
ICICI Geldautomat.....4 B2
Idiom Bookshop.....5 B2
Indoworld.....(siehe 27)
Krankenhaus.....6 B2
Küstenwache.....7 C1
Monte Carlo Internet.....(siehe 33)
Polizei.....8 B2
South India Bank Geldautomat.....9 B2
State Bank of India Geldautomat.....10 B2
Touristen-Informationsschalter.....11 B1
UAE Exchange.....12 B2

SEHENSWERTES & AKTIVITÄTEN
Agasthyatheeram Ayurvedic Centre 13 B2
Bischofssitz.....14 A3
Chinesische Fischernetze.....15 B1
Draavidia Art & Performance Gallery 16 D2
Holländischer Friedhof.....17 A2
Indo-portugiesisches Museum.....(siehe 14)
Kashi Art Gallery.....18 D2
Lila Studio.....19 D2
St. Francis Church.....20 A2
Santa Cruz-Basilika.....21 B2

SCHLAFEN
Ann's Residency.....22 A2
Ballard Bungalow.....23 C1
Brunton Boatyard.....24 C1
Chiramel Residency.....25 A2
Delight Home Stay.....26 A2
Elite Hotel.....27 B2
Ham Dale Inn.....28 B2
Kapithan Inn.....29 A3
Kimansion.....30 A2
Malabar House.....31 A2
Spencer Home.....32 A2
Spice Holidays Homestay.....33 B2
Vintage Inn.....34 B3

ESSEN
Addy's Restaurant.....35 A2
Fishmongers.....(siehe 15)
History Restaurant.....(siehe 24)
Kashi Art Café.....36 B2
Malabar Junction.....(siehe 31)
Old Courtyard.....37 B2
Talk of the Town.....38 B2

UNTERHALTUNG
Kerala Kathakali Centre.....39 B1

SHOPPEN
Cinnamon.....40 A2

VERKEHRSMITTEL & -WEGE
Anlegesteg (Fähre nach Vypeen I.) 41 B1
Customs-Steg.....42 D1
Fort Cochin Busbahnhof.....43 B1
Touristen-Taxistand.....44 B1
Vasco Touristen-Infozentrum.....45 B2

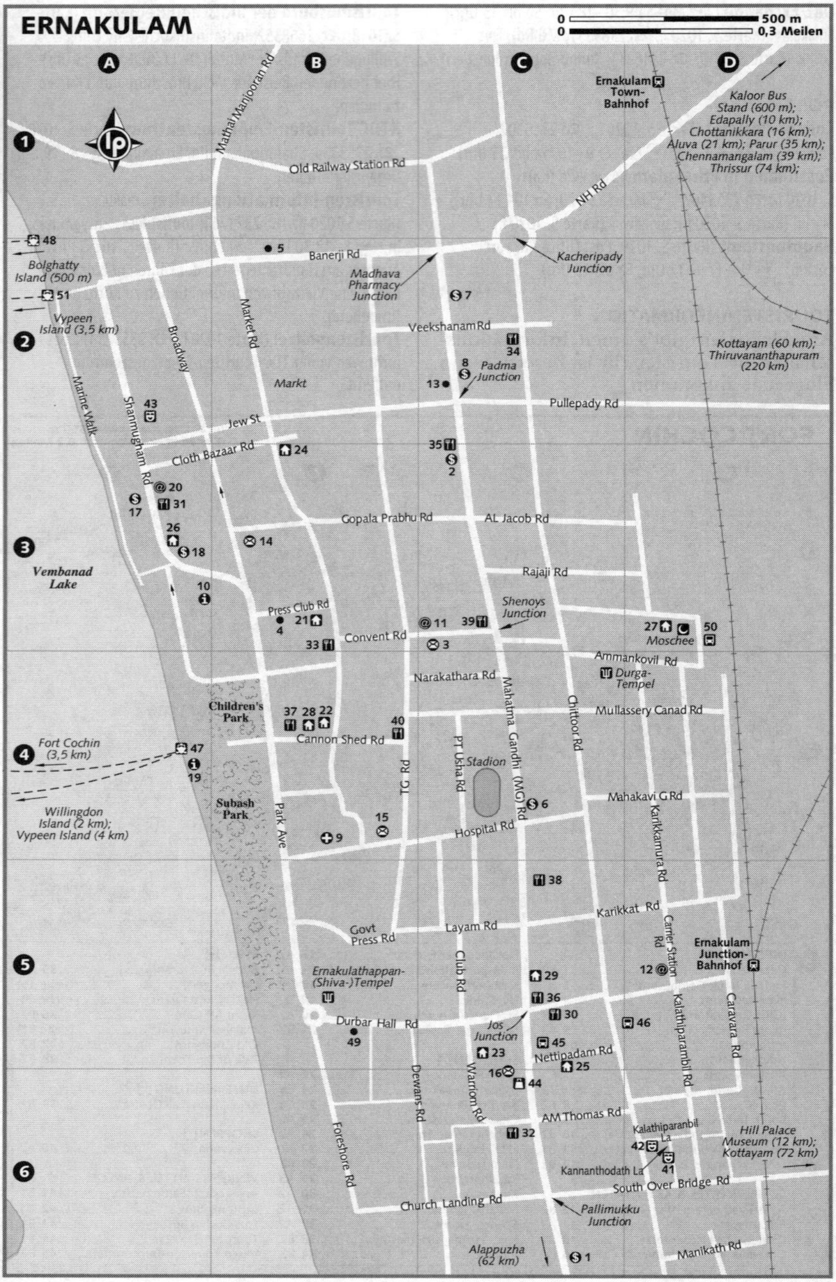
ERNAKULAM
0 500 m
0 0,3 Meilen
A
B
C
D
1
2
3
4
5
6
Ernakulam Town-Bahnhof
Kaloor Bus Stand (600 m); Edapally (10 km); Chottanikkara (16 km); Aluva (21 km); Parur (35 km); Chennamangalam (39 km); Thrissur (74 km);
Mathai Manjooran Rd
Old Railway Station Rd
NH Rd
48
Bolghatty Island (500 m)
5
Banerji Rd
Kacheripady Junction
Madhava Pharmacy Junction
51
Vypeen Island (3,5 km)
7
Veekshanam Rd
34
Kottayam (60 km); Thiruvananthapuram (220 km)
Broadway
Market Rd
8
Padma Junction
Markt
13
Pullepady Rd
Marine Walk
43
Shanmugham Rd
Jew St
Cloth Bazaar Rd
24
35
2
20
17
31
Gopala Prabhu Rd
AL Jacob Rd
26
18
14
Vembanad Lake
Rajaji Rd
10
Shenoys Junction
Press Club Rd
4
21
11
39
27
50
Moschee
Convent Rd
33
3
Ammankovil Rd
Narakathara Rd
Durga-Tempel
Children's Park
Mahatma Gandhi (MG) Rd
Chittoor Rd
37
28
22
40
Mullassery Canad Rd
Cannon Shed Rd
Fort Cochin (3,5 km)
47
19
PT Usha Rd
Stadion
TG Rd
Willingdon Island (2 km); Vypeen Island (4 km)
Subash Park
Park Ave
6
Mahakavi G Rd
15
9
Hospital Rd
Karikkamura Rd
38
Karikkat Rd
Govt Press Rd
Layam Rd
Carrier Station Rd
Ernakulam-Junction-Bahnhof
Ernakulathappan-(Shiva-)Tempel
Club Rd
29
12
36
Kalathiparambil Rd
Caravara Rd
30
46
Durbar Hall Rd
49
Jos Junction
45
23
Nettipadam Rd
25
Dewans Rd
Warriom Rd
16
44
AM Thomas Rd
Foreshore Rd
32
Kalathiparanbil La
42
41
Hill Palace Museum (12 km); Kottayam (72 km)
Kannanthodath La
South Over Bridge Rd
Church Landing Rd
Pallimukku Junction
Alappuzha (62 km)
1
Manikath Rd

NEIL SETCHFIELD

Strand in Vagator (S. 882), Goa

Stoffe auf dem Anjuna-Markt (S. 881), Goa

NEIL SETCHFIELD

Anjuna-Markt (S. 881), Goa

NEIL SETCHFIELD

KAREN

Menschen entspannen unter einem Felsen mit Blick auf die Ruinen von Vijayanagar (S. 941), Hampi

PAUL BEINSSEN

Badende, Gokarna (S. 938), Karnataka

Der Maharadschapalast (S. 917), Mysore, Karnataka

PAUL HAR

NOBORU KOMINE

Channekeshava-Tempel (S. 931), Belur, Karnataka

Höhlentempel (S. 949), Badami, Karnataka

MARGIE POLITZER

Tikka-Puderverkäufer, Mysore (S. 915), Karnataka

GREG ELMS

HIRA PUNJABI

Golconda-Fort (S. 965), Hyderabad, Andhra Pradesh

Buddhastatue (S. 966), Hussain Sagar, Hyderabad, Andhra Pradesh

HIRA PUNJABI

Laden für Armreifen, Hyderabad (S. 960), Andhra Pradesh

GREG EL

Sehenswertes

FORT COCHIN Karte S. 1019

An den Informationsschaltern in Ernakulam und Fort Cochin (s. oben) gibt's eine Broschüre mit einer Karte zum Rundgang „Historische Orte in Fort Cochin". Das ist eine ganz gute Orientierungshilfe und die Erläuterungen zur Geschichte und zu den Sehenswürdigkeiten sind sehr interessant (allerdings ist die Nummerierung inzwischen etwas veraltet).

Die **chinesischen Fischernetze,** die an der Spitze von Fort Cochin ausgebreitet sind, wurden einst von Händlern vom Hof des Kublai Khan mitgebracht. Auf Malayalam heißen die Netze *cheena vala.* Sie sind immer noch im Einsatz, hauptsächlich bei Flut. Vier Männer sind nötig, um das System von Gegengewichten zu kontrollieren.

Die **St. Francis Church** ist angeblich die älteste Kirche in Indien, die im europäischen Stil gebaut wurde. Portugiesische Franziskanermönche konstruierten sie 1503. Sie hatten die Expedition von Pedro Alvarez Cabral begleitet. Mitte des 16. Jhs. hat man die ursprüngliche Holzkonstruktion durch einen Steinbau ersetzt. Die älteste portugiesische Inschrift im Inneren stammt von 1562. 14 Jahre lang war hier die Grabstätte Vasco da Gamas, der 1524 in Kochi starb. Auch wenn seine Gebeine später nach Lissabon überführt wurden, ist noch heute sein Grabmal in der Kirche zu sehen.

Die gewaltige **Basilika Santa Cruz** wurde 1902 errichtet. Sie hat einen beeindruckenden Innenraum, der pastellfarben gestaltet ist.

Im Garten des Bischofssitzes ist das **indo-portugiesische Museum** (Inder/Ausländer 10/25 Rs; Di–So 9–13 & 14–18 Uhr) untergebracht. Es bewahrt das Erbe einer der ältesten katholischen Gemeinden Indiens. Zu sehen sind z. B. Gewänder, Statuen, silberne Prozessionskreuze und Altargemälde aus der Diözese Kochi.

Auf dem **Holländischen Friedhof,** der 1724 angelegt wurde, sind viele Europäer begraben. Besichtigungstermin in der St. Francis Church vereinbaren!

MATTANCHERRY-PALAST

Die Portugiesen erbauten 1555 den **Mattancherry-Palast** (Karte S. 1018; ☎ 2226085; Bazaar Rd; Eintritt 2 Rs; Sa–Do 10–17 Uhr) und übergaben ihn als Geste der Freundschaft – und vermutlich auch, um Handelsprivilegien zu erhalten – an den Radscha von Kochi, Veera Kerala Varma (1537–61). Die Holländer restaurierten den Palast 1663, deshalb heißt der Mattancherry-Palast auch „Holländischer Palast".

In der Haupthalle im 1. Stock (einst die Krönungshalle) hängen heute die Portraits aller Maharadschas seit 1864. Der eigentliche Blickfang sind aber die wunderbaren **Wandgemälde,** einige der besten von ganz Indien. Sie zeigen Szenen aus den Ramayana-, Mahabharata- und Puranic-Legenden. An den Wänden des ehemaligen Damenschlafzimmers im unteren Stockwerk gibt's erotische Wandmalereien zu sehen. So vergnügt sich z. B. ein sechsarmiger Krishna gleichzeitig mit acht glücklichen Hirtenmädchen. Fotografieren ist verboten.

INFORMATION
American Express Foreign Exchange....1 C6
Bank of Punjab Geldautomat....2 C3
College Post....3 C3
Current Books....4 B3
DC Books....5 B2
Ernakulam Leihbücherei....(siehe 3)
Federal Bank Geldautomat....6 C4
HDFC Bank Geldautomat....7 C2
Idbi Bank Geldautomat....8 C2
ING Bank Geldautomat....(siehe 6)
Krankenhaus....9 B4
KTDC-Touristen-Empfangszentrum....10 A3
Net Park....11 C3
Open Door Internet Café....12 D5
Paico....13 C2
Penta Menaka Building....(siehe 20)
Post....14 B3
Post....15 B4
Post....16 C6
South India Bank Geldautomat....17 A3
State Bank of India Geldautomat....18 A3
Touristen-Informationsschalter....19 A4
Touristenpolizei....(siehe 10)
UAE Exchange....(siehe 6)
Web Dreams....20 A3
Webmasters Internet Café....(siehe 20)

SEHENSWERTES & AKTIVITÄTEN
Kerala Ayurveda Chikitsa Kendram....(siehe 41)

SCHLAFEN
Basoto Lodge....21 B3
Bijus Tourist Home....22 B4
Hotel Aiswarya....23 C5
Hotel Blue Diamond....24 B3
Hotel Excellency....25 C5
Hotel Hakoba....26 A3
Hotel Luciya....27 D3
Sapphire Tourist Home....28 B4
Yuvarani Residency....29 C5

ESSEN
Bimbi's....30 C5
Bimbi's....31 A3
Cheenavala Restaurant....(siehe 29)
Chinese Garden Restaurant....32 C6
Coffee Beanz....(siehe 26)
Domino's Pizza....33 B3
Frys Village Restaurant....34 C2
Indian Coffee House....35 C3
Indian Coffee House....36 C5
Indian Coffee House....37 B4
Pandhal Restaurant....38 C5
Peter's Bakery....39 C3
Spices Food Joint....40 B4

UNTERHALTUG
Art Kerala....41 D6
See India Foundation....42 D6
Shenoy Cinema....43 A2

SHOPPEN
Kairali....44 C6

VERKEHRSMITTEL & -WEGE
Bus nach Fort Cochin....45 C5
Ernakulam South Bushaltestelle....46 D5
Hauptanlegestelle....47 A4
High Court-Steg....48 A2
Indian Airlines....49 B5
KSRTC-Busbahnhof....50 D3
Private Fähre....51 A2

PARDESI-SYNAGOGE & JÜDISCHES VIERTEL

Die **Synagoge** (Karte S. 1018; Eintritt 2 Rs; ⌚ So–Fr 10–12 & 15–17 Uhr, geschl. an jüdischen Feiertagen) wurde 1568 errichtet und 1662 von den Portugiesen teilweise zerstört. Zwei Jahre später, nachdem die Holländer Kochi erobert hatten, wurde sie wieder aufgebaut. Im Inneren ist eine kunstvoll vergoldete Kanzel zu sehen, den Fußboden bedecken handbemalte Kacheln mit Weidenmuster. Diese Kacheln wurden im 18. Jh. aus China eingeführt. Im ganzen Raum hängen Kronleuchter und bunte Glaslampen. Der zierliche Glockenturm steht seit 1760. Oben in der Synagoge gibt es eine Empore für Frauen – sie feiern den orthodoxen Vorschriften gemäß den Gottesdienst getrennt von den Männern.

Die Gegend rund um die Synagoge ist als **Jüdisches Viertel** (Karte S. 1018) bekannt. Hier blüht der Gewürzhandel. Etliche kleine Firmen sitzen in halbverfallenen Gebäuden eng aufeinander. Der stechende Geruch von Ingwer, Kardamom, Kreuzkümmel, Kurkuma und Nelken liegt in der Luft. Außen an den Firmengebäuden sind viele jüdische Namen zu lesen.

KUNSTGALERIEN

In Kochi werden viele zeitgenössische Künstler gefördert, besonders Talente aus der Umgebung.

Chitram Art Gallery (Karte S. 1018; ☎ 2374012; MG Rd, Ernakulam) Stellt Werke bereits bekannter, aber auch aufstrebender Künstler aus ganz Indien aus.

Draavidia Art & Performance Gallery (Karte S. 1019; ☎ 3096812; Bazaar Rd; Eintritt 10 Rs; ⌚ Mo–Sa 10–18 Uhr) Die größte und interessanteste der Galerien. Riesige Gemäldesammlung, hauptsächlich von Künstlern aus Kerala.

Kashi Art Gallery (Karte S. 1019; ☎ 215769; Bazaar Rd, Mattancherry; ⌚ Mo–Sa 10–18 Uhr, So bis 14 Uhr) Wechselnde Ausstellungen, lokale Künstler.

Lila Studio (Karte S. 1019; www.anandagaya.com; ⌚ Mo–Sa 10–18 Uhr) Zeigt hauptsächlich die Werke von Co-Regisseur, Maler und Bildhauer Gayatri Gamuz.

Aktivitäten

SCHWIMMEN

Auch Nicht-Gäste können sich im riesigen Swimmingpool des **Taj Malabar** (Karte S. 1018; Willingdon Island; 250 Rs/Pers.) abkühlen. **Cherai Beach** (außerhalb der Karte S. 1018) auf Vypeen Island eignet sich ebenfalls prima zum Schwimmen. Es liegt rund 15 km von der Anlegestelle der Fähre entfernt. Hier gibt's einige einfache Cafés und Gästehäuser. Eine Autorikscha vom Landungssteg aus kostet 100 Rs.

AYURVEDA

Agasthyatheeram Ayurvedic Centre (Karte S. 1019; ☎ 2215595; Peter Celli St, Fort Cochin; Impulsmassage 350 Rs, Kräuterdampfbad 250 Rs; ⌚ Mo–Sa 9.30–18.30, So 14–18.30 Uhr) Empfehlenswert.

Kerala Ayurveda Chikitsa Kendram (Karte S. 1020 f.; ☎ 2376916; Kannanthodathu Lane, Ernakulam; Verjüngungsmassage 400 Rs, Dampfbad 50 Rs; ⌚ Mo–Sa 9.30–17.30, So bis 16.30 Uhr) Hier gibt's nahezu jede erdenkliche Behandlung.

Geführte Touren

Der Touristen-Informationsschalter (s. S. 1019) organisiert eine ganztägige Backwater-Tour (550 Rs): Zuerst geht's mit dem Hausboot durch die breiteren Kanäle und Lagunen, anschließend per Kanu durch die engen Kanäle zu den Dörfern (inkl. Mittagessen; die Teilnehmer werden vom Hotel abgeholt; weitere Informationen s. Kasten S. 1004).

Um 8.30 und um 14.30 Uhr veranstaltet die KTDC (S. 1019) halbtägige Backwater-Touren (315 Rs); rund um Fort Cochin werden Ausflüge mit Touristenbooten angeboten (100 Rs).

Schlafen

Fort Cochin eignet sich großartig, um dem Lärm und dem Chaos des Festlands zu entfliehen – hier geht es relaxed und romantisch zu, die Übernachtungsmöglichkeiten sind spitze (allerdings werden wirklich günstige Zimmer immer seltener). Ernakulam brummt und sollte eher als Zwischenstopp angesehen werden, die Unterkünfte sind oft nicht gerade reizvoll. Im Dezember und im Januar sind Hotelzimmer prinzipiell Mangelware.

BUDGETUNTERKÜNFTE

Fort Cochin **Karte S. 1019**

Elite Hotel (☎ 2215733; Princess St; EZ 250 Rs, DZ 300–700 Rs) Extrem beliebt in der Backpacker-Szene. Die Zimmer liegen rund um einen hellen Innenhof voller Pflanzenkübel; sie sind einfach, sauber und haben ein gutes Preis-Leistungs-Verhältnis. Im Restaurant kann man prima ausruhen und mit anderen Reisenden plaudern.

Ham Dale Inn (☎ 2217809; hamdaleinn@yahoo.com; Fort Nagar; EZ/DZ 200/300 Rs, 4BZ 450 Rs) Eine *extrem* gemütliche Privatunterkunft – hier fühlt man sich wie im Zimmer des Gastgebersohns, der eben mal übers Wochenende verreist ist. Die Zimmer sind klein und einfach, es gibt ein gemeinschaftlich genutztes Wohnzimmer. Die Familie muss man einfach gern haben.

Spice Holidays Homestay (☎ 2216650; spiceholidays@yahoo.com; Burgher St; DZ & 3BZ ab 300 Rs) Kleines Haus mit prima Zimmern; alle sind unterschiedlich, deshalb vorher vergleichen.

Ernakulam **Karte S. 1020 f.**

Basoto Lodge (☎ 2352140; touristplanet@yahoo.com; Press Club Rd; EZ mit Gemeinschaftsbad 70 Rs, EZ/DZ mit eigenem Bad 120/150 Rs) Freundliches Haus mit alten, dunklen Zimmern. Die Einzelzimmer ähneln Zellen und die Bäder sind etwas trostlos.

Sapphire Tourist Home (☎ 2381238; Cannon Shed Rd; DZ 225–300 Rs) Liegt in der Nähe vom Hauptanlegesteg. Fröhliche, saubere und helle Zimmer – das Preis-Leistungs-Verhältnis ist super.

Bijus Tourist Home (☎ 2381881; www.bijustouristhome.com; Market Rd; EZ/DZ ab 280/420 Rs, DZ mit Klimaanlage 700 Rs; ❄) Freundlich, seit Jahren beliebt und nicht weit weg vom Hauptanlegesteg. Die Zimmer sind zwar etwas dunkel und muffig, aber trotzdem geräumig. Gutes Preis-Lesitungs-Verhältnis.

Hotel Luciya (☎ 2381177; EZ/DZ ab 150/300 Rs, mit Klimaanlage ab 400/550 Rs; ❄) Schlichtes Haus, praktischerweise in der Nähe vom KSRTC-Busbahnhof. Kleine, helle Zimmer mit Balkonen über einem Motorradparkplatz. Kümmerlicher Dachgarten (geöffnet von 18 bis 24 Uhr).

Hotel Hakoba (☎ 2353933; Shanmugham Rd; DZ 250–300 Rs, mit Klimaanlage 500 Rs; ❄) Recht geräumige Zimmer. Zwar etwas laut und alt, aber dennoch ihr Geld wert.

MITTELKLASSEHOTELS

Fort Cochin **Karte S. 1019**

Chiramel Residency (☎ 2217310; www.chiramelhomestay.com; Lily Street; Zi. 600–1000 Rs; ❄) Entzückende Privatunterkunft in einem alten holländischen Gebäude. Elegantes, aber trotzdem gemütliches Ambiente. Nobles, gemeinsames Wohnzimmer.

Ann's Residency (☎ 2218024; www.annsresidency.com; Post Office Rd; EZ/DZ ab 1000/1300 Rs, mit Klimaanlage ab 1300/1600 Rs; ❄) Freundliche Privatunterkunft gegenüber vom Bischofssitz. Hier gibt's elf verschiedene, helle Zimmer und auch ein kleines Freiluftrestaurant. Von manchen der Balkone kann man in die benachbarten Schulklassen hineinspähen. Empfehlenswert.

Kapithan Inn (☎ 2226560; kapithan@eth.net; EZ/DZ ab 500/600 Rs, Ferienhaus 1500–2500 Rs) Tadellos sauberes Gästhaus in Familienbesitz abseits der KL Bernard Rd. Ruhig und angenehm mit hellen, gemütlichen Zimmern.

Vintage Inn (☎ 2215064; vintageinn@hotmail.com; Rids Dale Branch Rd; Zi. ohne/mit Klimaanlage ab 600/1000 Rs; ❄) Liegt etwas entfernt vom Trubel der Stadt. Privatunterkunft mit sauberen, hellen und geräumigen Zimmern und gemeinschaftlich genutztem Wohnbereich. Die großen Zimmer an der Vorderseite sind die besten.

Delight Home Stay (☎ 2217658; www.delightfulhomestay.com; Post Office Rd; Zi. 700–1000 Rs; ❄) Beliebtes Haus mit sauberen und gemütlichen Zimmer; die günstigen Zimmer (250 bis 350 Rs) sind leider dunkel. Kerala-Kochkurse.

Spencer Home (☎ 2215049; wilsonhomes2003@yahoo.co.in; Parade Ground Rd; DZ ab 800 Rs) Traditionshaus mit geräumigen, bequemen Zimmern (manche davon mit Moskitonetzen). Sehr freundliche Atmosphäre.

Kimansion (☎ 2216730; kimansion@vsnl.net; Napier St; DZ 1500–2500 Rs, mit Klimaanlage 3000 Rs; ❄) Elegantes, schick restauriertes Haus aus dem 19. Jh., leider hässlich möbliert. Geräumige Zimmer mit Badewanne.

Ballard Bungalow (☎ 2215854; www.cochinballard.com; Ballard; DZ 1200–1400 Rs, mit Klimaanlage 1800–2200 Rs, inkl. Frühstück; ❄ 💻) Wunderschönes Haus aus der Kolonialzeit mit hellen, geräumigen Zimmern. Leider sehen die Möbel aus wie in einem billigen Motel. Einige der Zimmer sind etwas laut, daher vorher vergleichen.

Ernakulam **Karte S. 1020 f.**

Anständige Mittelklasse-Zimmer sind in Ernakulam nur schwer aufzutreiben.

Yuvarani Residency (☎ 2377040; www.yuvaraniresidency.com; MG Rd; EZ/DZ ab 750/900 Rs, mit Klimaanlage 1100/1350 Rs; ❄) Liegt gerade weit genug weg von der MG Rd., dass man den Straßenlärm nicht hört. Schicke, geschmackvoll möb-

KATHAKALI

Die Kunstform des *kathakali* entstand ungefähr zu der Zeit, als Shakespeare seine Dramen schrieb; aber einzelne Elemente sind bereits in Tempelritualen enthalten, die sich schon ab dem 2. Jh. entwickelten. *Kathakali* heißt wörtlich „Handlungsstück": Es ist die dramatisierte Präsentation eines Stücks und basiert normalerweise auf den Hindu-Epen des Ramayanas, des Mahabharatas oder der Puranas. Alle großen Themen sind abgedeckt – das Gute und das Böse, Schwäche und Stärke, Armut und Reichtum, Krieg und Frieden. Der Handlungsrahmen umfasst den irdischen und den kosmischen Bereich.

Trommler und Sänger begleiten die Schauspieler. Die Handlung wird von den Sängern zwar auch in Worte gefasst, doch eigentlich erzählen die Schauspieler die Geschichte durch ihre präzisen Bewegungsabläufe, insbesondere durch *mudras* (Handgesten) und Mimik. Früher fanden traditionelle Aufführungen in Tempelanlagen statt und dauerten von 20 Uhr bis zum Morgengrauen. Heutzutage gibt es daneben auch kürzere Aufführungen unter freiem Himmel oder in Hallen.

Die Vorbereitung für die Aufführung ist langwierig und erfordert viel Disziplin. Der Einsatz von Farbe, fantastische Kostüme, aufwändig gestaltete Kopfbedeckungen und nicht zuletzt die Meditation verwandeln Schauspieler körperlich und geistig in die von ihnen dargestellten Götter, Helden und Dämonen. Kleine Samenkörner werden ins Auge gerieben, um das Weiß zu röten. Das betont den Ausdruck: zartes Rosa bei einer schönen Frau oder einem sanften Charakter, blutrot bei grimmigen Dämonen.

Allgemein gibt es edle, böse und groteske Figuren, die diesen Gruppen zugeordnet sind:

Pacca Heldenhafte, königliche und göttliche Gestalten wie Vishnu oder Rama. Das Gesicht wird grün geschminkt (symbolisiert Heldenmut und Wahrhaftigkeit) und der Schauspieler trägt eine Krone.

Katti Dämonen und Schurken wie Ravana, der böse König, der Sita entführte. Ebenfalls grüne Schminke, um den hohen Rang anzuzeigen, aber ein rotes Mal und weiße Beulen auf Stirn und Nase signalisieren die böse Natur.

Tati Wilde Gestalten, die künstliche rote, schwarze oder weiße *tati* (Bärte) tragen. Rote Bärte stehen für Laster und Gemeinheit, aber nicht für Boshaftigkeit, sondern eher für tierische Wildheit. Der Affengott Hanuman wird mit einem weißen Bart dargestellt; primitive Wesen tragen schwarze Bärte.

Kari Die Dämonin; zu dieser Sorte Charaktere zählt beispielsweise Shurpanakha, die Schwester Ravanas. Kari treten komplett schwarz gekleidet und mit schwarzem Bart auf, mit bedrohlichen Reißzähnen und riesigen Brüsten.

Minukku Die Dienerklasse, oft weiblich; symbolisiert Sanftmut und Spiritualität. Die Schauspieler tragen einfache Gewänder und sind mit gelber Farbe geschminkt.

Die Charaktere mit ihren extravaganten Kostümen und übertriebenen Gesten erscheinen zwar unwirklich, aber sie porträtieren die menschliche Natur mit all ihren Schwächen und Stärken sehr genau. In den letzten Jahren hat die Kunstform sich stark verändert: die Aufführungen sind kürzer geworden, und auch Frauen und Angehörige der unteren Kasten dürfen inzwischen auftreten.

In allen Touristenhochburgen im Bundesstaat kann man gekürzte Aufführungen erleben. Die *kathakali*-Schulen in Thiruvananthapuram (s. S. 991) und in der Nähe von Thrissur (s. S. 1032) ermutigen Besucher sogar, es selbst auszuprobieren. Bei vielen Tempelfestivals im gesamten Bundesstaat dauern die traditionellen *kathakali*-Aufführungen dagegen die ganze Nacht; Auskunft hierzu geben die Büros des DTPC.

lierte Zimmer – bestes Preis-Leistungs-Verhältnis in Ernakulam.

Hotel Excellency (☎ 2378251; www.hotelexcellency.com; Nettipadam Rd; EZ/DZ ab 550/600 Rs, mit Klimaanlage 875/975 Rs; ❄ 💻) Hotel mit krankenhausähnlicher Atmosphäre. Hübsche, blitzsaubere Zimmer. Manche davon sind größer als die anderen, daher vergleichen.

Hotel Aiswarya (☎ 2364454; Warriom Rd; EZ/DZ 400/500 Rs, DZ mit Klimaanlage 750 Rs; ❄) Saubere, helle Zimmer mit gutem Preis-Leistungs-Verhältnis.

Hotel Blue Diamond (☎ 2382115; Market Rd; Luxus-EZ/DZ 350/600 Rs, mit Klimaanlage 470/750 Rs; ❄) Die neuen Luxuszimmer sind groß, hell und haben ein gutes Preis-Leistungs-Verhältnis. Das Hotel hat aber auch günstigere Standardzimmer.

Mattancherry & Jüdisches Viertel

Caza Maria (Karte S. 1018; ☎ 2225678; cazamaria@rediffmail.com; Jew Town Rd; Zi. mit Frühstück 1500 & 1800 Rs) Dieses Haus im Herzen des Jüdischen Viertels hat zwei verwegen (oder wenn man so will auch pompös) dekorierte, riesige Gästezimmer mit Blick auf den Basar – eine Unterkunft der anderen Art mit eigenwilligem Stil.

SPITZENKLASSEHOTELS

Malabar House (Karte S. 1019; ☎ 2216666; reservations@malabarhouse.com; Parade Ground Rd; Zi. 100 €, Suite 120–175 €; ❄ 🏊) Eines der besten In-Hotels in Indien. Stylishes Design, wunderschöne Möbel in einer Atmospäre von friedlichem Luxus. Die Suites sind riesig und verschwenderisch ausgestattet; im Vergleich dazu sind die Standardzimmer recht klein und etwas überteuert. Frühstück inklusive.

Brunton Boatyard (Karte S. 1019; ☎ 2215461; bruntonboatyard@cghearth.com; River Rd; EZ/DZ 190/200 US$, Suite 275 US$; ❄ 🏊) Beeindruckendes Hotel im Stil der holländischen und portugiesischen Architektur aus dem 16. und 17. Jh.; großer Gebäudekomplex mit 26 Zimmern. Von jedem der etwas kleinen Räume hat man Aussicht auf den Hafen. Alle Zimmer mit Balkon und Badewanne. Es gibt zwei Restaurants und eine hauseigene Bar. Frühstück inklusive.

Essen

FORT COCHIN Karte S. 1019

In manchen Restaurants kostet zwar ein einzelnes Gericht soviel wie anderswo eine Übernachtung, doch bei dem vielseitigen Angebot an leckerem Essen kann man leicht zum hemmungslosen Schlemmer werden.

Old Courtyard (Princess St; Hauptgerichte ab 150 Rs; 🕑 7–10.30, 12.30–14.30 & 19–23 Uhr) Die internationale Speisekarte ist zwar klein, aber gut durchdacht. Der Schwerpunkt liegt auf Seafood. Die Zubereitung lässt keine Wünsche offen – das Rindfleisch auf spanische Art (200 Rs) und die gebackenen Muscheln (140 Rs) sind ausgezeichnet. Gegessen wird hier in einem offenen Innenhof. In der Hauptsaison gibt's auch Live-Musik.

Malabar Junction (Parade Ground Rd; Hauptgerichte 250–400 Rs; 🕑 7–23 Uhr) In dem supercoolen Nobelrestaurant vom Malabar House kommt man sich wie ein Filmstar vor. Auf der europäisch angehauchten Speisekarte steht hauptsächlich Seafood. Gediegener indischer Wein aus dem Grover's Estate wird flaschen- oder glasweise ausgeschenkt (950/200 Rs).

Kashi Art Café (Burgher St; Frühstück/Mittagessen 65/75 Rs; 🕑 8.30–19 Uhr) Eine Institution. Gemütliche Atmosphäre und super Kaffee, aber etwas lahmer Service. Jeden Tag werden zum Frühstück und Mittagessen andere Specials serviert. Für 5 Rs pro Liter kann man Plastikflaschen mit Trinkwasser füllen. Es lohnt sich, in Ruhe die Galerie zu durchstöbern – ausgestellt sind hier Werke lokaler Künstler. Das Café organisiert und veranstaltet auch Seminare und Theatervorstellungen.

History Restaurant (River Rd; Hauptgerichte 225–350 Rs; 🕑 19.30–22.30 Uhr) Restaurant am Brunton Boatyard. Die Speisekarte liest sich wie ein Ausflug in die Geschichte Kochis, denn hier gibt's Gerichte mit jüdischen, syrischen, arabischen und portugiesischen Anleihen. Das Essen ist erste Sahne, das Bier aber dafür teuer (150 Rs). Der Raum ist traditionell mit dunklem Holz ausgestaltet; an den Fenstern kann man einen tollen Ausblick aufs Meer genießen.

Addy's Restaurant (Elphinstone St; Hauptgerichte 95–195 Rs; 🕑 8–23 Uhr) Eines der wenigen Restaurants mit indischer Hausmannkost – leider leicht überteuert.

Talk of the Town (Ecke KB Jacobs Rd & Bastion St; Hauptgerichte 30–100 Rs; 🕑 8–21 Uhr) Das lässig-luftige Restaurant im 1. OG ist auf jeden Fall einen Besuch wert.

Hinter den chinesischen Fischernetzen betreiben einige **Fischhändler** (Seafood 50–300 Rs/kg) ihre Stände. Hier kauft man Fisch (oder auch Garnelen, Scampi und Hummer), der anschließend an einer Bude frisch zubereitet und serviert wird (ca. 35 Rs für einen großen Fisch).

ERNAKULAM Karte S. 1020 f.

Frys Village Restaurant (Veekshanam Rd; Gerichte 15– 60 Rs; 🕑 12–15.30 & 18.30–23 Uhr) Das geräumige und gemütliche Restaurant ist die beste Adresse für alle Fans der traditionellen Kerala-Küche. Dies gilt vor allem für Seafood wie *pollichathu*-Fisch oder Krabben vom Grill (jeweils 60 Rs).

Pandhal Restaurant (MG Rd; Hauptgerichte 80–150 Rs; 🕑 11–23.30 Uhr) Das glatte Retro-Feeling, der zurückhaltende Service und das leckere Essen machen das Restaurant zu einer super Location für Anhänger des besonderen Gaumenschmauses. Serviert werden chinesische, indische (Fischkebabs mit Ingwer und Zitrone, 110 Rs) und französische (Filetsteak in Rosmarinsauce, 150 Rs) Gerichte. Alkoholfreie Zone.

Spices Food Joint (Cannon Shed Rd; Gerichte 5–20 Rs; ⌚ 6–23 Uhr) Günstig und sehr beliebt aufgrund der prima Biryanis (veg., auch mit Hühnchen oder Fleisch; 18–35 Rs) und Fischcurrys (Rs 15).

Chinese Garden Restaurant (Warriom Rd; Gerichte 60–100 Rs; ⌚ 11–23 Uhr) Leckere chinesische Gerichte; „Luxus-Mittagessen" (wochentags 11 bis 15 Uhr) mit tollem Preis-Leistungs-Verhältnis – fünf Gänge für 65 Rs.

Cheenavala Restaurant (MG Rd; ⌚ 7–23 Uhr) Restaurant in der Yuvarani Residency. Prima Mittagsbuffet (12–15 Uhr, 120 Rs) mit einer tollen Auswahl an Salaten, vegetarischen und nichtvegetarischen Gerichten und Desserts.

Domino's Pizza (☎ 2362111; Convent Junction; Medium-Pizza 100–230 Rs; ⌚ 11–23 Uhr) Nicht unbedingt die beste Pizza der Welt, aber immerhin liefert Domino's sie direkt ins Hotelzimmer!

Peter's Bakery (MG Rd; Kuchen 5–12 Rs; ⌚ Mo–Sa 9.30–21.30, So 10–13 Uhr) Super Location für einen Snack zwischendurch. Große Auswahl an süßen oder pikanten Pasteten und Kuchen nach indischem oder westlichem Rezept. Klasse Säfte und Shakes (15 Rs).

Coffee Beanz (Shanmugham Rd; Frühstück 20–60 Rs; ⌚ Mo–Sa 11–23, So 9–23 Uhr) Kaffeekochen wird hier ernstgenommen (16–30 Rs) – mit gutem Ergebnis. Ebenfalls im Angebot: westliches und indisches Frühstück und bassige 1990er-Musik.

Anständige Restaurantketten:

Bimbi's (Gerichte 20–40 Rs); Shanmugham Rd (⌚ 8–21.45 Uhr); nahe Jos Junction (⌚ 7.30–22 Uhr) Moderne Selbstbedienungsrestaurants mit nord- und südindischen Gerichten und Süßigkeiten.

Indian Coffee House (Cannon Shed Rd; ⌚ 7.30–21 Uhr) Unterhält auch Filialen an der Jos Junction und der MG Rd. in der Nähe der Padma Junction. Prima Snacks und Frühstück.

MATTANCHERRY & JÜDISCHES VIERTEL

Ramathula Hotel (Karte S. 1018; Lobo Junction, Mattancherry; Biryani 28–30 Rs; ⌚ 12–14.30 Uhr) Aufgrund seiner Hühnchen- und Fleisch-Biryanis geradezu eine Legende unter den Einheimischen – wer zu spät kommt, geht leer aus. Besser bekannt unter dem Namen des Küchenchefs: Kayee.

Caza Maria (Karte S. 1018; Boat Jetty Rd; Hauptgerichte ab 80–180 Rs; ⌚ 12–22 Uhr) Der Inhaber ist ein ausgewanderter Franzose. Prima Musik, aber etwas langweiliges Essen. Kleine Speisekarte mit indischen und ein paar französischen Gerichten (*Poisson a la Provencale*, 120 Rs). Prompter Service und entzückendes Ambiente. Bestellt auf Wunsch Taxis für die abendliche Rückfahrt ins Hotel.

Unterhaltung

KINO

Shenoy-Kino (Karte S. 1020 f.; Shanmugham Rd, Ernakulam) Zeigt Filme auf Malayalam, Hindi, Tamil und Englisch.

AUSGEHEN

In Ernakulam macht das Dachrestaurant vom Hotel Blue Diamond Lust auf ein Bier (60 Rs). Hier gibt's zwar keine Aussicht, aber dafür die „Musik" von 1000 Fahrzeughupen. Heimlicher Bierausschank ist bei den meisten Restaurants in Fort Cochin die Regel – ist eine Lizenz vorhanden, kostet die Hopfenkaltschale allerdings mehr (70 bis 130 Rs).

KATHAKALI

Kathakali-Aufführungen (s. Kasten S. 1020 f.) gibt's an meheren Stellen in Kochi. Sie sind natürlich auf Touristen zugeschnitten, bieten aber dennoch eine tolle Einführung in diese faszinierende Kunstform. Das Standardprogramm beginnt mit dem aufwändigen Auftragen der Schminke, gefolgt von Erläuterungen zum Tanz und der eigentlichen Aufführung. Alle Plätze kosten 100 Rs.

See India Foundation (Karte S. 1020 f.; ☎ 2376471; Kalathiparambil Lane, Ernakulam; ⌚ Schminken 18 Uhr, Show 18.45–20 Uhr) Eines der ältesten *kathakali*-Theater in Kerala. Es zeigt eine abgespeckte Show mit Schwerpunkt auf den religiösen und philosophischen Wurzeln des *kathakali*. Der Regisseur PK Devan fungiert als Showmaster; seine Kommentare sind unterhaltsam und auch aufschlussreich.

Art Kerala (Karte S. 1020 f.; ☎ 2375238; Kannanthodath Lane, Ernakulam; ⌚ Schminken 18 Uhr, Show 19–20.15 Uhr) Das 1977 gegründete Ensemble inszeniert Aufführungen auf dem Dach und verteilt Zettel mit Informationen zur aktuellen Aufführung.

Kerala Kathakali Centre (Karte S. 1019; ☎ 2215827; www.kathakalicentre.com; River Rd, Fort Cochin; ⌚ Schminken 17 Uhr, Show 18.30–20 Uhr) Inszeniert größere und unterhaltsamere Aufführungen als das See India, obwohl die Schauspieler – Studenten des Kerala Kalamandalam (s. S. 1032) – noch nicht fertig ausgebildet sind.

Das Theater verteilt auf Zetteln die Übersetzung der abendlichen Handlung in mehreren Sprachen. Ab und zu finden hier auch Konzerte mit klassischer indischer Musik und Kurse in klassischem Tanz, Musik und Makeup statt.

Shoppen

Am Broadway können Einkaufswütige prima durch die Läden stöbern. Gewürz- und Klamottenläden sorgen für Basar-Feeling. Um die Convent und die Market Rd. herum gibt's viele Schneidereien; zwischen der Jew und der Press Club Rd. liegt das Textilzentrum. In der Jew St. in Mattancherry verkaufen unzählige Läden Antiquitäten und Nachbildungen.

Kairali (Karte S. 1020 f.; MG Rd, Ernakulam; Mo–Sa 9–20 Uhr) Einer der vielen Handwerksläden in dieser Gegend; es ist ein staatliches Warenhaus mit hochwertigen Artikeln zu Festpreisen.

Cinnamon (Karte S. 1019; Post Office Rd, Fort Cochin; Mo–Sa 10–19 Uhr) Wunderbarer Laden, der individuell designte indische Kleidung und Haushaltswaren in hoher Qualität verkauft.

An- & Weiterreise

FLUGZEUG

Flüge können bei den folgenden Airlines gebucht werden:

Air India (Karte S. 1018; ☎ 2351295; MG Rd; Mo–Sa 9.30–13 & 13.45–17.30 Uhr)

Indian Airlines (Karte S. 1020 f.; ☎ 2370235; Durbar Hall Rd; 9.45–13 & 13.45–17 Uhr)

Jet Airways (Karte S. 1020 f.; ☎ 2293231; MG Rd; Mo–Sa 9–19, So bis 16 Uhr)

Jet Airways fliegt dreimal täglich nach Mumbai (197 US$), zweimal täglich nach Bangalore (94 US$) und einmal täglich nach Chennai (US$132), Delhi (380 US$) und Hyderabad (210 US$). Indian Airlines fliegt täglich dieselben Städte (außer Hyderabad)

WICHTIGE ZUG- UND BUSVERBINDUNGEN AB ERNAKULAM

Folgende Busse fahren vom KSRTC-Busbahnhof ab:

Ziel	Preis (Rs)	Dauer (Std.)	Häufigkeit
Alapuzzha	30	1½	alle 20 Min.
Bangalore	242	14	6 tgl.
Chennai	310	15	2 tgl.
Coimbatore	91	4½	12 tgl.
Kanyakumari	132	8	2 tgl.
Kollam	70	3½	alle 20 Min.
Kottayam	33	2	alle 20 Min.
Kozhicode	98	5	stündl.
Kumily (nach Periyar)	51	5	6 tgl.
Madurai	149	9	2 tgl.
Thiruvananthapuram	102	5	alle 20 Min.
Thrissur	38	2	alle 15 Min.

Folgende Züge fahren ab Bahnhof Ernakulam Town:

Ziel	Zugnummer & Name	Preis (Rs Sleeper Class/2AC)	Dauer (Std.)	Abfahrt
Bangalore	6525 *Kanniyakumari–Bangalore* Exp	228/1014	14½	14.35 Uhr
Chennai	2624 Trivandrum–Chennai Mail	259/1152	12	18.55 Uhr
Delhi*	2625 *Kerala* Exp	569/2488	48	15.45 Uhr
Mangalore	6329 Malabar Exp	170/760	10½	11.30 Uhr
	6349 Parasuram Exp	100/350	10	11 Uhr
Mumbai	1082 *Kanniyakumari–Mumbai* Exp	421/1882	41	12.25 Uhr

* Abfahrt von Ernakulam Junction in 2. Klasse/Chair Class.

zu denselben Preisen an, außerdem Thiruvananthapuram (75 US$) und Kozhikode (60 US$), und zweimal die Woche Goa (135 US$).

BUS

Der **KSRTC-Busbahnhof** (Karte S. 1020 f.; ☎ 2372033; Reservierungen ⏲ 6–22 Uhr) liegt in Ernakulam an den Gleisen, zwischen den Bahnhöfen. Da Kochi in der Mitte von Kerala liegt, kommen viele der Busse aus anderen Städten und sind entsprechend voll besetzt. Es ist daher ratsam, für Busse direkt ab Ernakulam (auf dem KSRTC-Fahrplan aufgelistet) fünf Tage im Voraus zu reservieren. Für Reservierungen nach Tamil Nadu gibt's einen separaten Schalter (mehr Informationen zu Bussen ab Ernakulam finden sich im Kasten S. 1027).

Zusätzlich fahren täglich drei Busse (18.30, 20 und 21 Uhr) die Küste hoch – nach Kozhikode, Kannur, Kasaragod und Mangalore (212 Rs).

Die grandios ausgestatteten Busse einiger privater Transportunternehmen (mit Klimaanlage und Video) fahren täglich nach Bangalore, Chennai, Mangalore und Coimbatore; allerdings kostet eine Fahrt rund 75 % mehr als mit den normalen Bussen. Tickets gibt's in Läden und an Ständen in ganz Ernakulam. Der Hauptbusbahnhof der Privatanbieter (Kaloor-Busbahnhof) befindet sich nördlich der Stadt.

ZUG

Ernakulam besitzt zwei Bahnhöfe, Ernakulam Town (Karte S. 1020 f.) und Ernakulam Junction (Karte S. 1020 f.). Die Reservierungen für beide Bahnhöfe übernimmt das **Reservierungsbüro** (⏲ Mo–Sa 8–20, So bis 14 Uhr) an der Ernakulam Junction.

Täglich fahren Züge nach Thiruvananthapuram (110/510 Rs, Sleeper Class/2AC, 4½ Std., 8-mal tgl.), und zwar entweder über Kollam (87/435 Rs, 3 Std.) oder über Kottayam (52/362 Rs, 1½ Std.). Ebenso gehen täglich Züge nach Kozhikode (99/467 Rs, 5 Std., 4-mal tgl.) und Thrissur (57/362 Rs, 1½ Std., 13-mal tgl.).

Unterwegs vor Ort

VOM/ZUM FLUGHAFEN

Der Internationale Flughafen von Kochi befindet sich in Nedumbassery, 30 km nordöstlich von Ernakulam. Ein Taxi vom Flughafen nach Ernakulam kostet ca. 250 Rs und eines von Fort Cochin nach Nedumbassery ungefähr 450 Rs.

SCHIFF/FÄHRE

Am häufigsten werden Fähren genutzt, um von einem Teil Kochis zu einem anderen zu kommen. Der Landungssteg an der Ostseite von Willingdon Island heißt Embarkation (Karte S. 1018); der westliche (gegenüber Mattancherry) Terminus (Karte S. 1018). Den Hauptanlegesteg in Fort Cochin nennt man Customs (Karte S. 1019). Um in Ernakulam auf eine Fähre zu kommen, muss man manchmal über mehrere andere Schiffe klettern. Der Fahrtpreis für alle Fähren beträgt 5 Rs; Tickets gibt's an Bord.

Ab Ernakulam

Ungefähr alle 40 Minuten fährt vom Hauptanlegesteg (s. Karte S. 1020 f.) aus ein Schiff nach Fort Cochin ab (6–21.30 Uhr). Täglich gehen und kommen sechs Fähren pro Tag direkt nach bzw. von Mattancherry (7.10–17.40 Uhr). Das Ticketbüro in Ernakulam öffnet jeweils zehn Minuten vor der Abfahrt.

Alle 20 Minuten legt eine Fähre nach Willingdon und Vypeen Islands ab (6–22 Uhr) – durch die neue Brücke nach Vypeen könnten die Verbindungen allerdings weniger werden.

Ab Fort Cochin

Die erste Fähre nach Ernakulam verlässt den Customs-Steg um 6.35 Uhr, die letzte um 21.50 Uhr. Auch zwischen dem Customs-Steg, der Landungsbrücke neben dem Taj Malabar und dem Touristenbüro auf Willingdon Island verkehren Fähren, und zwar 18-mal täglich: Montags bis Samstags von 6.30 bis 21 Uhr. Alternativ kann man auch die Fähre nach Vypeen Island nehmen (fährt direkt neben dem Busbahnhof in Fort Cochin ab) und dort auf ein anderes Schiff Richtung Embarkation-Steg auf Willingdon Island umsteigen.

Zwischen 6 und 22 Uhr besteht eine praktisch ununterbrochene Fährverbindung nach Vypeen Island.

UNTERWEGS IN DER STADT

Zwischen Fort Cochin, dem Mattancherry-Palast oder der Synagoge gibt's keine ordentliche Busverbindung; besser man spaziert gemütlich durch das geschäftige Viertel entlang der Bazaar Rd. Das dauert etwa eine halbe Stunde. Auch eine Autorikscha kommt in Frage – sie kostet etwa 20 Rs, gnadenloses Verhandeln vorausgesetzt. In Ernakulam sind Autorikschas sowieso die besten Beförderungsmittel; die meisten Fahrten durch die Stadt sollten für 25 Rs zu haben sein.

Ist die letzte Fähre nach Fort Cochin schon weg, heißt es Busfahren. Am besten an einer der Haltestellen entlang der MG Rd. in Ernakulam (südlich der Durbar Hall Rd.) einsteigen. Für eine Oneway-Fahrt von Insel zu Insel verlangen alle Taxifahrer denselben Preis wie für eine Rundfahrt. Die Strecke zwischen Ernakulam Town und Fort Cochin kostet rund 200 Rs.

Das **Vasco Touristen-Informationszentrum** (Karte S. 1019; ☎ 2216215; vascoinformations@yahoo.co.uk; Bastion St, Fort Cochin) verleiht Fahrräder/Motorroller für 40/200 Rs pro Tag.

RUND UM KOCHI

Tripunithura

Hill Palace Museum (☎ 0484-2781113; Eintritt 11 Rs; 🕑 Di–So 9–12.30 & 14–16.30 Uhr) Tripunithura liegt 12 km südöstlich von Ernakulam, in Richtung Kottayam. Die ehemalige Residenz der Königsfamilie von Kochi ist ein recht beeindruckender Palastkomplex mit 49 Gebäuden. Hier sind nun die Sammlungen der Königsfamilien ausgestellt, und auch Ölgemälde aus dem 19. Jh. sind zu sehen, außerdem alte Münzen, Skulpturen, Bilder und Tempelmodelle. Um hierher zu gelangen, in Kochi – auf der MG Rd. oder der Shanmgham Rd., hinter dem Touristen-Empfangszentrum – in einen Bus nach Tripunithura steigen; eine Autorikscha kostet für die gleiche Strecke ca. 125 Rs inkl. Rückfahrt.

Parur & Chennamangalam

In Parur, 35 km nördlich von Kochi, treffen die unterschiedlichsten kulturellen und religiösen Einflüsse der Region auf engstem Raum aufeinander. Die verstaubte **Synagoge** wurde ungefähr zur selben Zeit errichtet wie ihr berühmtes Gegenstück in Mattancherry. In der Nähe befindet sich ein **Agraharam** („Ort der Brahminen"): eine kleine Straße mit ein paar Häusern, die einst von tamilischen Brahminen bewohnt waren. In Parur stehen auch eine syrisch-orthodoxe Kirche, ein Krishna-Tempel und noch ein weiterer Tempel, der der Göttin Mookambika geweiht ist.

4 km von Parur entfernt liegt Chennamangalam. Hier steht die älteste **Synagoge** Keralas, die langsam aber sicher verfällt. Es gibt auch noch eine **Jesuitenkirche** und die Überreste eines Jesuitenkollegs. Die Jesuiten kamen 1577 nach Chennamangalam; kurz danach wurde das erste Buch auf Tamil gedruckt – in dieser Sprache schrieb man damals in Kerala. Man kann auch zum **Hindu-Tempel** auf dem Hügel über dem Periyar River spazieren. Auf dem Weg dorthin liegen eine **Moschee** aus dem 16. Jh. und diverse islamische und jüdische **Friedhöfe.**

Parur ist recht überschaubar, und die Einheimischen helfen Besuchern gerne weiter. Chennamangalam besucht man dagegen besser mit einem Führer. **Indo World** (Karte S. 1018; ☎ 0484-2370127; mail@indoworldtours.com; Heera House, MG Rd, Ernakulam; 🕑 Mo–Sa 8–20, So bis 14.30 Uhr) organisiert Touren (ca. 500 Rs zzgl. Führer). Es unterhält auch ein **Büro** (Karte S. 1019; Princess St) in Fort Cochin.

Vom KSRTC-Busbahnhof in Kochi fahren Busse nach Parur (13 Rs, 1 Std., alle 10 Min.). Von dort aus geht's mit einem anderen Bus oder einer Autorikscha nach Chennamangalam.

THRISSUR (TRICHUR)

☎ 0487 / 330 067 Ew.

Thrissur galt lang als kulturelle Hauptstadt Keralas. Und diesem Ruf macht die Stadt alle Ehre: Hier gibt's die aufregendsten Tempelfestivals des Bundesstaates und in einer Reihe von Schulen wird der Schauspielnachwuchs ausgebildet. Die geschäftige und blühende Stadt ist auch Heimat der nestorianischen Christen – ihre Konfession reicht bis ins 3. Jh. zurück. In Thrissur lohnt sich ein Besuch des Sri-Krishna-Tempels in Guruvayur und die Besichtigung der Schule der darstellenden Künste, Kerala Kalamandalam (s. S. 1032). Während der Festivalsaison (November bis Mitte Mai) lassen sich von hier aus wunderbar die spirituellen Feierlichkeiten Keralas erkunden.

Orientierung & Praktische Informationen

Thrissur erstreckt sich strahlenförmig rund um den Vadakkunatha-Tempel; die Straßen drum herum sind nach den vier Himmelsrichtungen benannt.

In der Stadt verteilt befinden sich HDFC-, UTI- sowie ICICI-Geldautomaten, die auch alle ausländischen Geldkarten annehmen.

DTPC Touristen-Informationsbüro (☎ 2320800; Palace Rd; ⌚ Mo–Sa 10–17 Uhr)

UAE Exchange (☎ 2445668; TB Rd; ⌚ Mo–Sa 9–18.30 Uhr, So 9.30–13 Uhr) Direkt neben dem Casino Hotel.

Internetanschluss gibt's überall in Thrissur, doch die meisten Verbindungen sind wahnsinnig langsam. Ganz in Ordnung sind jedoch:

Classix Internet Café (Kuruppam Rd; 20 Rs/Std.; ⌚ Mo–Sa 9–21 Uhr)

Paragon Web Inc (2. OG, High Rd; 20 Rs/Std.; ⌚ 8–22.30 Uhr)

Sehenswertes & Aktivitäten

Den **Vadakkunatha-Tempel** im Herzen Thrissurs darf nur von Hindus besucht werden; er ist berühmt für seine Kunstwerke. Es gibt aber auch interessante Kirchen, darunter die riesige **Lourdes-Kathedrale**, die **Puttanpalli-Kirche** und die nestorianische **Chaldea-Kirche**.

Das **Archäologische Museum** (Eintritt 6 Rs; ⌚ Di–So 9–17.15 Uhr), nicht zu verwechseln mit dem baufälligen Landesmuseum, ist ebenfalls einen Besuch wert. Dort gibt's Tempelmodelle, Steinreliefs, Gandhara-Stücke und Nachbildungen der Wandmalereien von Mattancherry zu sehen. Bevor man dorthin aufbricht, beim DTPC nachfragen, da das Museum wahrscheinlich in den Sakthan-Thampuran-Palast umgezogen ist.

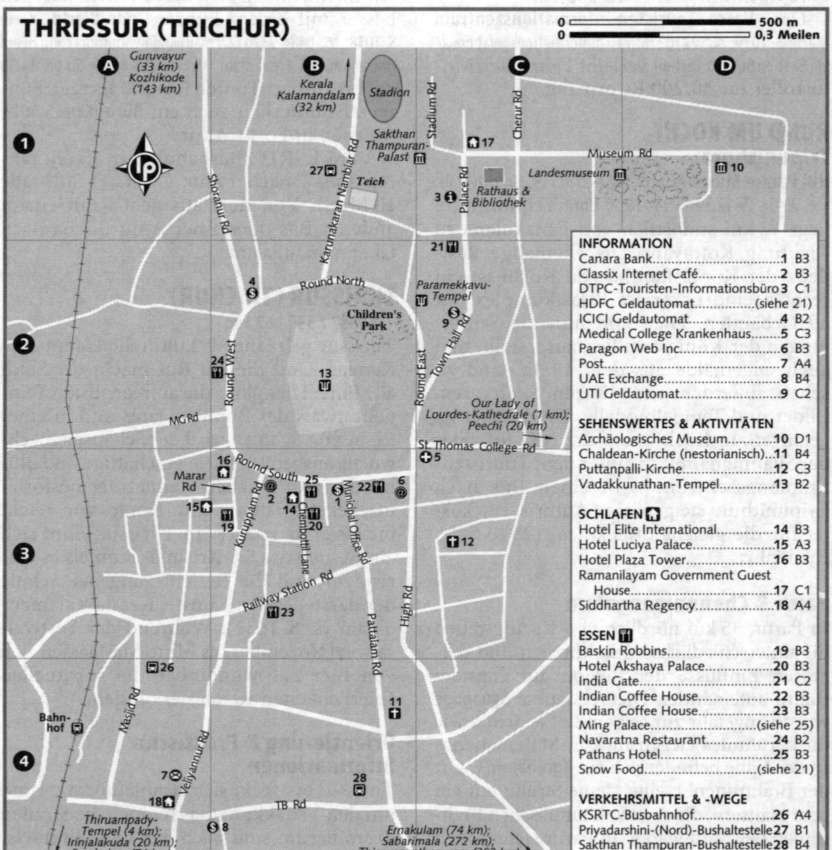

Schlafen

Ramanilayam Government Guest House (☎ 233 2016; Ecke Palace & Museum Rds; EZ/DZ 165/220 Rs; ❄) Ein Zimmer zu kriegen ist nicht so einfach. Aber wenn es geklappt hat, wohnt man auf einem riesigen Grundsück im Haus mit dem besten Preis-Leistungs-Verhältnis der Stadt. Unbedingt vorher anrufen – oder einfach hingehen und versuchen, Überzeugungsarbeit zu leisten.

Hotel Plaza Tower (☎ 446838; Marar Rd; EZ/DZ 150/250 Rs, mit Klimaanlage 450/550 Rs; ❄) Saubere, günstige Zimmer; leider etwas heruntergekommen.

Hotel Elite International (☎ 2421033; Chembottil Lane; EZ/DZ ab 240/340 Rs, mit Klimaanlage 450/560 Rs; ❄ 💻) Ordentliche Zimmer mit Balkon, in einigen hört man den Straßenlärm. Von den Räumen im 8. Stock (an der Ostseite) gibt's einen tollen Blick auf die Kirchen.

Hotel Luciya Palace (☎ 2424731; luciyapalace@hotmail.com; EZ/DZ 450/575 Rs, EZ/DZ mit Klimaanlage 675/775 Rs; ❄) Hotel an der Marar Rd.; sieht von außen wesentlich großartiger aus als von innen. Gemütliche Zimmer; manche der Räume ohne Klimaanlage sind schöner als die mit.

Siddhartha Regency (☎ 2424773; Ecke TB & Veliyannur Rds; EZ/DZ 750/900 Rs; ❄ 🍽) Kleine, schnuckelige Zimmer. Zwar etwas weit weg vom Stadtzentrum, aber mit guter Verkehrsanbindung.

Essen

Pathans Hotel (Round South; Gerichte ab 20 Rs; 🕑 6.30–21.30 Uhr) Restaurant mir prima Atmosphäre. Der Mittagstisch (25 Rs) ist bei Familien sehr beliebt. Im UG gibt's Süßigkeiten.

Ming Palace (Gerichte 40–75 Rs; 🕑 11–22 Uhr) Dunkles, vornehmes China-Restaurant im selben Gebäude wie das Pathans Hotel. Prima Nudeln und tägliche Specials.

Hotel Akshaya Palace (Chembottil Lane; Gerichte 13–50 Rs; 🕑 6–24 Uhr) Super Auswahl an Fischgerichten, mittags gibt's großartige Biryanis (20–50 Rs).

Navaratna Restaurant (Round West; Gerichte 27–46 Rs 🕑 10–23 Uhr) Gehobenes nordindisches Vegi-Restaurant mit hervorragendem Mittagstisch (56 Rs).

India Gate (Palace Rd; Gerichte ca. 25 Rs; 🕑 8.30–22 Uhr) Befindet sich im selben Gebäude wie die HDFC-Bank. Helles, rein vegetarisches Restaurant mit einer unschlagbaren Aus-

FESTE IN THRISSUR

In Kerala gehören Feste und Festivals zum Way of Life; der Distrikt Thrissur sticht dabei besonders hervor. Unten stehen ein paar der größten Veranstaltungen. Beim DTPC kann man sich erkundigen, wann und wo gerade was los ist.

Thypooya Maholsavam (Jan./Feb.; Sree-Maheswara-Tempel, Koorkancherry, 2 km von Thrissur entfernt) Am letzten Tag des siebentägigen Festes gibt's eine *kavadiyattam*-Prozession; Hunderte von Tänzern tragen große, verzierte Gebilde (*kavadis*) auf ihren Schultern – sogar aus der Entfernung ein großartiger Anblick.

Elefantenrennen (Feb./März; Sri-Krishna-Tempel, Guruvayur) Zum Auftakt des 10-tägigen Tempelfestes stampfen rund 30 Elefanten um die Wette. Der Gewinner darf während des restlichen Festes ein Abbild der Gottheit Thidampu tragen. Nicht-Hindus haben zwar keinen Zutritt zum Tempel, können aber das Rennen von draußen ansehen.

Peruvanum Pooram (März/April; Peruvanum-Mahadeva-Tempel, Peruvanum, 12 km von Thrissur entfernt) Bei dem eintägigen Festival gibt es Elefantenprozessionen aus den umliegenden Dörfern. Zahlreiche Trommler begleiten die wundervoll geschmückten Tiere – die traditionelle Tempelpercussion ist ein absolutes Highlight.

Arattupuzha Pooram (März/April; Arattupuzha-Tempel, Arattupuzha, 14 km von Thrissur entfernt) Am 6. Tag des einwöchigen Festivals traben 61 prächtig herausgeputzte Elefanten unter den Klängen der Tempelmusik auf das Tempelgelände.

Uthralikavu Pooram (März/April; Sree Rudhira Mahakali Kavu, Parthipara bei Vadakencherry, 20 km von Thrissur entfernt) Eines der berühmtesten Festivals mitten in Kerala. Als Höhepunkt der achttägigen Feierlichkeiten umkreisen 20 Elefanten den Schrein; Tausende von singenden Gläubigen sind mit von der Partie.

Thrissur Pooram (April/Mai; Vadakkunathan-Kshetram-Tempel, Thrissur) Größtes und bekanntestes Festival in Kerala. Geschmückte Elefanten reihen sich in farbenprächtigen Prozessionen ein, die von den benachbarten Tempeln ausgehen. In einer Art Wettstreit versuchen Teams sich mit den am schönsten geschmückten Elefanten, den meisten Trommlern und dem besten Feuerwerk zu übertreffen. Touristen sollten möglichst schon morgens hingehen, denn zu späterer Stunde trüben oft betrunkene Krawallmachern das Vergnügen. Am achten Tag findet das große Finale statt.

wahl an Dosas, darunter Varianten mit Marmelade, Käse oder Cashewnüssen.

Snow Food (⌚ 9–22 Uhr) Im selben Gebäude wie das India Gate. Verkauft Gebäck, Kuchen und Eis.

In der Round South und Railway Station Rd. befinden sich Filialen vom **Indian Coffee House** (⌚ 7.30–21.30 Uhr), eine Zweigstelle vom **Baskin Robbins** (⌚ 10–22 Uhr) liegt neben dem Hotel Luciya Palace.

An- & Weiterreise

BUS

In Thrissur gibt es drei Busbahnhöfe: KSRTC und Sakthan Thampuran im Süden, Priyadarshini (auch unter „Nord" bekannt) im Norden.

Die KSRTC-Busse fahren alle 30 Minuten nach Thiruvananthapuram (140 Rs, 7½ Std.), Kochi (38 Rs, 2 Std.), Kozhikode (59 Rs, 3½ Std.), Palakkad (Rs 30, 1½ Std.) und Kottayam (64 Rs, 4 Std.). Stündlich geht ein Bus nach Coimbatore (55 Rs, 3 Std.). Außerdem gibt's Verbindungen nach Ponnani und nach Prumpavoor (von dort aus geht's weiter nach Munnar).

Vom großen, privaten Sakthan-Thampuran-Busbahnhof fahren Busse nach Guruvayur (16 Rs, 1 Std.) und nach Irinjalakuda. Den kleinen, ebenfalls privaten Priyadarshini-Busbahnhof verlassen viele Busse in Richtung Shoranur, Palakkad, Pollachi und Coimbatore. Von hier aus besteht auch Verbindung nach Cheruthuruthy (1½ Std., alle 10 Min.).

ZUG

Regelmäßig gehen Züge nach Ernakulam (32/158 Rs in 2. Klasse/3AC, 2 Std.) und Kozhikode (73/215 Rs, 4 Std.). Züge fahren auch über Shoranur nach Palakkad (55/180 Rs).

RUND UM THRISSUR

Den **Sri-Krishna-Tempel** in Guruvayur (33 km nordwestlich von Thrissur) dürfen nur Hindus besuchen. Dieses beliebte Pilgerziel ist wahrscheinlich der berümteste Tempel in Kerala. Er stammt aus dem 16. Jh. und ist bekannt für seine Heilkräfte. Hier wird oft geheiratet oder andere Familienfeste werden gefeiert. Die Elefanten des Tempels (zuletzt 63) werden in Punnathur Kota gehalten, das ist ein alter Zamorin-Palast. Auf S. 1031 gibt's mehr Informationen zum berühmten Festival im Tempel.

Kerala Kalamandalam (☎ 04884-262418; www.kalamandalam.com) liegt 32 km nordöstlich von Thrissur in Cheruthuruthy. Die Schule war sehr wichtig für die Neubelebung der traditionellen Künste in Kerala. Die Studenten trainieren hart *kathakali*, *mohiniattam*, *kootiattam*, Trommeln, Gesang und Geigenspiel. Viele der Darsteller in Kochi wurden hier ausgebildet. Es gibt **Führungen** (20 US$/Pers. inkl. Mittagessen; ⌚ 9.30–13 Uhr) von Studenten, darunter eine Tour durch das Theater und die Unterrichtsräume. Die Schule bietet auch individuell zugeschnittene Einführungskurse in einem der Fächer an (zwischen 6 und 12 Monaten; Unterrichtsgebühr ca. 1000 Rs/Monat, zzgl. 1000 Rs für die Unterkunft).

Natana Kairali Research & Performing Centre for Traditional Arts (☎ 0480-2825559; venuji@satyam.net.in) Dieses Zentrum liegt 20 km südlich von Thrissur bei Irinjalakuda und bietet Kurse in den traditionellen Künsten an, darunter seltene Formen des Marionettentheaters und des Tanzes. Immer im Januar ist das Zentrum Gastgeber eines zwölftägigen Festivals. Es gibt auch kurze Einführungskurse (normalerweise einen Monat). Nähere Details zu Aufführungen und Einschreibung gibt's nach einer schriftlichen oder telefonischen Anfrage an den Direktor, Natana Kairali Research & Performing Centre for Traditional Arts, Ammannu Thakyar, Mathom, Irinjalakuda, Thrissur District.

NÖRDLICHES KERALA

KOZHIKODE (CALICUT)

☎ 0495 / 880 168 Einw.

Kozhikode ist eine florierende, wohlhabende Stadt – und daher auch ein Musterbeispiel für die Früchte harter keralischer Arbeit. Die lange Geschichte Kozhikodes hat aber nur wenige Spuren hinterlassen. Früher war die Stadt ein wichtiger Handelshafen und Umschlagplatz – und im 10. Jh. war sie die Hauptstadt der mächtigen Zamorin-Dynastie. Es wird auch angenommen, dass die hochwertige Calico-Baumwolle ursprünglich von hier stammt. Kozhikode eignet sich wunderbar für einen Zwischenstopp und ist der optimale Ausgangspunkt für einen Ausflug ins Naturschutzgebiet von Wayanad.

Praktische Informationen

Direkt neben dem Hotel Malabar Palace befindet sich ein HDFC-Geldautomat, gegenüber vom Ansari Park steht einer von der State Bank of India.

Cat's Net (Mavoor Rd; 30 Rs/Std.; 9.30–1.00 Uhr)

KTDC-Toursitenrezeption(2722391; Malabar Mansion, SM Rd) Bietet Informationen für Touristen, allerdings nicht gerade ausführliche.

Net Ride (Bank Rd; 20 Rs/Std.; Mo–Sa 9–22 Uhr)

UAE Exchange (2723164; Mavoor Rd; Mo–Sa 9.30–18, So bis 13.30 Uhr) Gegenüber vom neuen Busbahnhof.

Sehenswertes

Der **Mananchira-Platz** war früher der Schlosshof der Zamorin-Herrscher. Von den religiösen Gebäuden der Stadt sind der **Tali-Tempel** (nur für Hindus), die **Kuttichira-Moschee** und die **Church of South India** einen Besuch wert. Der **Strand** von Kozhikode (nördlich vom Beach Hotel) ist am späten Nachmittag optimal für einen Spaziergang in aller Ruhe. Es gibt in der Nähe zwar viele Seen und Lagunen, das Gebiet ist bis jetzt jedoch frei von Backwater-Touristen.

Schlafen

NCK Tourist Home (2723530; Mavoor Rd; EZ/DZ 125/170 Rs) Die kleinen, muffigen Zimmer sind gerade noch bewohnbar, haben aber saubere Badezimmer. Ganz o. k., wenn man Geld sparen will.

Hotel Maharani (2723101; maharani@eth.net; Taluk Rd; DZ ohne/mit Klimaanlage ab 300/600 Rs;) Spartanisch ausgestattete und leicht heruntergekommene Zimmer rund um einen schönen Hof – sie halten aber nicht, was die Fassade des Hauses verspricht. Dennoch sind sie gemütlich und sauber; hier hat man außerdem seine Ruhe, weil das Hotel etwas abseits liegt.

Hyson Heritage (2766726; hysonclt@satyam.net.in; Bank Rd; EZ/DZ ab 350/500 Rs, mit Klimaanlage ab 800/950 Rs;) Die Standardzimmer ohne Klimaanlage haben ein gutes Preis-Leistungs-Verhältnis – sie sind sauber, geräumig und gemütlich. Die Deluxe-Zimmer mit Klimaanlage sind riesig und haben Badewannen! Die Wände zieren schlechte Bilder.

Beach Hotel (/Fax 2365363; info@beachheritage.com; Zi. ohne/mit Klimaanlage 1200/1400 Rs;) Einst war in diesem 1890 erbauten Haus der Ma-

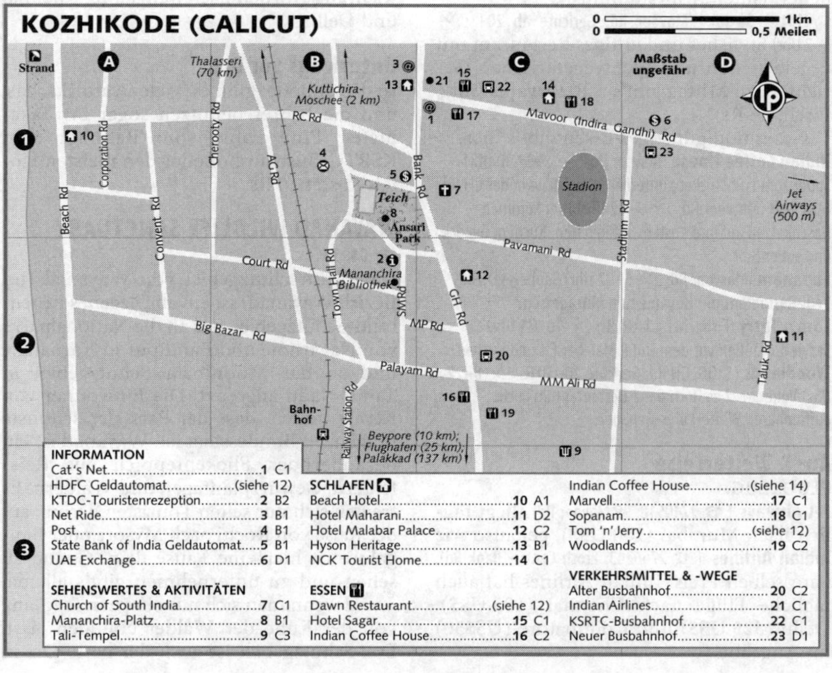

INFORMATION
Cat's Net....1 C1
HDFC Geldautomat....(siehe 12)
KTDC-Touristenrezeption....2 B2
Net Ride....3 B1
Post....4 B1
State Bank of India Geldautomat....5 B1
UAE Exchange....6 D1

SEHENSWERTES & AKTIVITÄTEN
Church of South India....7 C1
Mananchira-Platz....8 B1
Tali-Tempel....9 C3

SCHLAFEN
Beach Hotel....10 A1
Hotel Maharani....11 D2
Hotel Malabar Palace....12 C2
Hyson Heritage....13 B1
NCK Tourist Home....14 C1

ESSEN
Dawn Restaurant....(siehe 12)
Hotel Sagar....15 C1
Indian Coffee House....16 C2
Indian Coffee House....(siehe 14)
Marvell....17 C1
Sopanam....18 C1
Tom 'n' Jerry....(siehe 12)
Woodlands....19 C2

VERKEHRSMITTEL & -WEGE
Alter Busbahnhof....20 C2
Indian Airlines....21 C1
KSRTC-Busbahnhof....22 C1
Neuer Busbahnhof....23 D1

labar British Club untergebracht – heute ist es ein äußerst charmantes Hotel mit zehn Zimmern. Die Zimmer auf der Strandseite haben Badewannen und Balkons; alle Räume sind stilvoll möbliert und haben Charakter. Ohne Zweifel die angenehmste Übernachtungsmöglichkeit in Kozhikode, aber etwas abgelegen. Kleines, heimeliges Restaurant.

Hotel Malabar Palace (☎ 2721511; mpalace@sancharnet.in; GH Rd; EZ/DZ mit Frühstück ab 950/1200 Rs; ❄) Etwas überteuert, aber dennoch eine gute Wahl. Zentrale Lage. Die Zimmer sind sehr gemütlich, die Badezimmer lassen dagegen etwas zu wünschen übrig. Hier muss im Voraus bezahlt werden.

Essen

Dawn Restaurant (Gerichte 60–150 Rs; 🕑 7–23 Uhr; ❄) Das Restaurant vom Hotel Malabar versteht sehr viel von stilvoller „Multicuisine"; es serviert einfallsreiche indische Gerichte, Tandoori (inkl. Fleisch, Fisch und Pilzen), eine große Auswahl an Kerala-Specials und interessante Desserts. Ausgezeichnetes Essen, aber Beschallung mit fürchterlicher, lauter „Fahrstuhlmusik".

Hotel Sagar (Mavoor Rd; Gerichte ab 20 Rs; 🕑 6–2 Uhr) Stylishes und luftiges Restaurant mit vegetarischen und nichtvegetarischen Gerichten; zu Mittag gibt's z. B. Biryanis (inkl. Fisch, 56 Rs).

Gutes und günstiges Essen gibt's hier:

Indian Coffee House (Mavoor Rd; 🕑 6–22.30 Uhr) Super zum Frühstücken; unterhält eine Filiale in der GH Rd.

Marvell (Marvoor Rd; 🕑 9–22 Uhr) Hier kommen Naschkatzen auf ihre Kosten: Süßigkeiten, Kuchen, Gebäck und super Brot.

Sopanam (Marvoor Rd; 🕑 6–22 Uhr) Sauberes, helles Vegi-Restaurant mit Biryanis zum Mittagessen.

Tom'n'Jerry (Eisbecher 30–50 Rs; 🕑 10–21 Uhr) Serviert draußen vor dem Hotel Malabar Eis und Kuchen.

Woodlands (1. OG, GH Rd; Gerichte 20–50 Rs; 🕑 8–22 Uhr) Vegetarisches Hochglanz-Restaurant im leicht auffindbaren White-Lines-Gebäude.

An- & Weiterreise

FLUGZEUG

Jet Airways (☎ 2740518; 29 Mavoor Rd) fliegt täglich nach Mumbai (160 US$), genauso wie **Indian Airlines** (☎ 2766243; Eroth Centre, Bank Rd), zum selben Preis. Indian Airlines hat auch tägliche Flüge nach Chennai (105 US$), Delhi (325 US$) und Coimbatore (US$50) im Angebot.

BUS

Vom **KSRTC-Busbahnhof** (Mavoor Rd) aus fahren regelmäßig Busse nach Bangalore (über Mysore; 144 Rs, 8 Std., 10-mal tgl.), Mangalore (118 Rs, 7 Std., 4-mal tgl.) und Udhagamandalam (5½ Std., 4-mal tgl.). Regelmäßige Verbindungen gibt's auch nach Thrissur (52 Rs, 3½ Std.), Thiruvananthapuram (über Alappuzha und Ernakulam; 200 Rs, 10 Std., 8-mal tgl.) und Kottayam (80 Rs, 7 Std., 13-mal tgl.).

Private Langstrecken-Busse fahren vom neuen Busbahnhof (entlang der Mavoor Rd. in östlicher Richtung) ab, örtliche Busse vom alten.

ZUG

Der Bahnhof befindet sich südlich vom Mananchira Sq., ca. 2 km vom neuen Busbahnhof entfernt. Züge fahren nach Mangalore (130/335 Rs 2. Klasse/3AC, 5 Std.), Ernakulam (121/306 Rs, 5 Std.) und Thiruvananthapuram (190/505 Rs, 11 Std.).

In südöstlicher Richtung gehen Züge über Palakkad nach Coimbatore (121/296 Rs). Von dort aus geht es weiter in Richtung Norden nach Bangalore, Chennai und Delhi.

Unterwegs vor Ort

In Kozhikode gibt es viele Autorikschas, und die Fahrer benutzen sogar ihr Taxameter. Eine Fahrt vom Bahnhof zum KSRTC-Busbahnhof oder den meisten Hotels kostet 10 Rs.

WAYANAD WILDLIFE SANCTUARY

☎ 04936

Das Naturschutzgebiet von Wayanad (im Bezirk Wayanad) ist ein abgelegenes Regenwald-Schutzgebiet, das an die Nationalparks von Nagarhole und Bandipur in Karnataka und an das Mudumalai-Schutzgebiet in Tamil Nadu angrenzt. Die Einwohner von Kerala finden, dass der Park der schönste im ganzen Bundesstaat ist. Wayanad ist ein bezaubernder Flickenteppich aus Reisfeldern, Gewürzplantagen und Wäldern. Es treiben sich nur selten Touristen herum; auf der Reise von Kochi nach Mysore oder Bangalore ist hier eine Pause drin. Genug zu sehen und zu unternehmen gibt's allemal – und wenn man sich nur ein paar Tage lang von der Ruhe der Wälder einlullen lässt. Das Schutzgebiet ist auch der beste Ort in

ETWAS BESONDERES

Costa Malabari (☎ 0484-2371761; touristdesk@satyam.net.in; Zi. 1000 Rs/Pers. inkl. Verpflegung) Das Gästehaus liegt in einem kleinen Dorf fünf Gehminuten entfernt von einem idyllischen und sehr abgelegenen Strand. Die ehemalige Weberei hat vier helle, geräumige Zimmer und einen riesigen Gemeinschaftsbereich. Die Hausmannskost nach Kerala-Art ist äußerst lecker und wird ohne Ende aufgetischt. Das Besondere am Costa Malabari ist jedoch, dass es kaum wo anders eine bessere Gelegenheit gibt, beim faszinierenden Ritual des *theyyam* zuzuschauen (s. Kasten S. 1037). Der Gastgeber ist, was das angeht, ein Experte und hat seine Finger direkt am Puls der *theyyam*-Szene. Er stellt sein Wissen gern zur Verfügung und bietet sich als Führer an. Das Costa Malabari liegt 8 km von Kannur entfernt; ein Taxi vom Bahnhof hierher kostet ca. 130 Rs. Reservieren kann man über das Tourismusbüro in Ernakulam (s. S. 1019).

Kerala, um Tiere zu beobachten: es gibt reichlich Elefanten, Bisons, Sambar-Hirsche, Chitale, Pfaue und Languren; auch Leoparden und Tiger sollen schon mal gesichtet worden sein.

Orientierung & Praktische Informationen

Das Schutzgebiet ist 345 km² groß. Es besteht aus zwei Teilen: Muthanga im Osten des Bezirks (an der Grenze zu Bandipur und Mudumalai) und Tholpetty im Norden (an der Grenze zu Nagarhole). Die drei größeren Städte im Bezirk sind gute Ausgangspunkte zur Erkundung des Schutzgebiets – Kalpetta im Süden, Sultanbatheri (auch Sultan Battery genannt) im Osten und Mananthavadi im Nordwesten.

Das **DTPC-Büro** (☎ 202 134; www.wayanadtourism.org; Kalpetta; ⏲ 10–17 Uhr) hilft, Genehmigungen zu besorgen und Trekkingtouren zu organisieren.

Sehenswertes & Aktivitäten

BESUCH DES SCHUTZGEBIETS

Beide Teile des **Schutzgebiets** (Eintritt 25 Rs, Foto/Video 10/100 Rs; ⏲ 7–17 Uhr) dürfen nur mit einem Führer betreten werden; Organisation über das DTPC-Büro, das jeweilige Hotel oder die Büros am Eingang zum Schutzgebiet. Manche **Wildhüter** (☎ 220454) geben ebenfalls Infos zu **Trekkingmöglichkeiten** im Schutzgebiet.

In Tholpetty werden fünfstündige **Wanderungen** (2/4 Teilnehmer 670/720 Rs) angeboten. Die 2½-stündigen **Jeeptouren** (500 Rs inkl. Führer) am frühen Morgen bieten eine großartige Möglichkeit zur Tierbeobachtung; sie finden auch am Nachmittag statt.

In Muthanga sind 2-stündige **Jeeptouren** (375 Rs inkl. Führer) im Angebot. Zum Zeitpunkt der Recherche waren hier noch keine organisierten Trekkingmöglichkeiten vorhanden – daher am besten beim DTPC nachfragen, ob Wanderungen mit Führer veranstaltet werden.

NOCH MEHR SEHENSWERTES & AKTIVITÄTEN

Im Bezirk gibt's einige Trekkingmöglichkeiten: Den **Chembra Peak** (mit 2100 m der höchste Gipfel), **Pakshipathalam** (eine Ansammlung von riesigen Steinblöcken mitten im Wald) und eine Reihe von **Wasserfällen**. Die erforderlichen Genehmigungen sind bei den Forstbeamten erhältlich, die entweder für Nord- oder Süd-Wayanad zuständig sind – Einzelheiten gibt's beim DTPC-Büro. Es kann auch Trekkingführer (550 Rs/Tag) und Campingausrüstungen (200 Rs/Pers.) organisieren.

Der **jainistische Tempel** (⏲ 8–12 & 14–18 Uhr) bei Sultanbatheri stammt aus dem 13. Jh. Mit seinen beeindruckenden Bildhauereien ist er ein wichtiges Monument der historischen Jainisten-Kultur in der Region. Im nahen Ambalavayal befinden sich die **Edakal-Höhlen**. Ihre Felszeichnungen sind über 3000 Jahre alt. Das **Wayanad Heritage Museum** (Ambalavayal; Eintritt 5 Rs; ⏲ 9–17 Uhr) zeigt Kopfschmuck, Waffen, Töpferwaren und andere Ausstellungsstücke, die den Lebensstil der Adivasi in Wayanad (ca. 17 % der Gesamtbevölkerung) näher beleuchten.

Schlafen & Essen

In der Nähe des Schutzgebiet-Eingangs in Tholpetty steht ein **Seramby** (Holzhütte; DZ 600 Rs). Es hat ein separates Badezimmer, aber die Verpflegung muss selbst mitgebracht werden. Nähere Infos beim Wildhüter in Sultanbatheri!

PPS Tourist Home (☎ 203431; Kalpetta; EZ/DZ 150/225 Rs, Deluxe-DZ 400–500 Rs; ❄) Freundliches

Haus mitten in Kalpetta; die Zimmer sind sauber, ordentlich groß und super bequem. Die Deluxe-Zimmer haben ein besseres Preis-Leistungs-Verhältnis. Die Zimmer mit Klimaanlage sind fensterlos!

Haritagiri Ecotel (☎ 203145; www.hotelharitagiri.com; Kalpetta; EZ/DZ ab 350/690 Rs;) Obwohl es sich einem nicht ohne Weiteres erschließt, was an diesem Haus „öko" sein soll, haben die einfachen und kleinen Zimmer in diesem nüchternen Gebäudekomplex ein gutes Preis-Leistungs-Verhältnis. Hier gibt's eine Reihe von guten Restaurants mit vernünftigen Preisen.

Pachyderm Palace (☎ 0484-2371761; touristdesk@satyam.net.in; Zi. mit Verpflegung 1000 Rs/Pers.) Bungalow direkt am Tor zum Tholpetty-Naturschutzgebiet – super geeignet für morgendliche Spaziergänge, Touren und spontane Tierbeobachtung. Die Zimmer sind einfach und sauber (manche größer, manche kleiner); es gibt einen gemütlichen Sitzplatz im Freien, wo leckeres Essen aus Kerala aufgetischt wird. Reservierungen laufen über das Tourismusbüro in Ernakulam (s. S. 1019).

Stream Valley Cottages (☎ 202394; www.streamvalleycottages.com; Vythiri; DZ 2500 Rs) Riesige moderne Ferienhäuser neben einem kleinen Flüsschen in den Hügeln, ca. 3,5 km entfernt von der Hauptstraße nach Vythiri. Die sehr friedlich gelegenen Häuser (fünf Stück) stehen jeweils für sich, haben eine Küche (mit Kühlschrank und Kochgelegenheit), einen separaten Wohnbereich und einen Balkon. Auf Wunsch gibt's traditionelles Kerala-Essen.

Tranquil (☎ 220244; www.tranquilresort.com; Kuppamudi Estate, Kolagapara; EZ/DZ 140/245 US$, Deluxe-DZ 350 US$ inkl. Verpflegung;) Luxus-Privatunterkunft mitten in einer Plantage mit Pfeffer, Kaffee, Vanille und Kardamom. Mit seinen ausladenden Verandas voller Pflanzen und den gemütlichen Möbeln ist das Haus einfach zauberhaft. Die Eigentümer sind hervorragende Gastgeber, führen Gäste gerne durch die Plantage und organisieren Sightseeing vor Ort.

Anreise & Unterwegs vor Ort

Busse fahren von Kozhikode nach Mysore und Bangalore über Kalpetta und Sultanbatheri (30 bis 40 Rs, 3 Std.), ein paar kommen jeden Morgen aus Kannur (40 bis 75 Rs). Ein Bus geht täglich um 13 Uhr nach Udhagamandalam und fährt dabei über Sultanbatheri. Viele Autorikschas warten darauf, Touristen durch den Bezirk zu fahren. Das DTPC kann Mietwagen besorgen (ab 1000 Rs/Tag).

KANNUR (CANNANORE)

☎ 0497 / 498 175 Ew.

Zur Zeit der Kolathiri-Radjas war Kannur auf dem Höhepunkt seines Ruhms; die Bedeutung der Stadt als Gewürzhafen wurde auch vom venetianischen Weltreisenden Marco Polo erwähnt. Ab dem 15. Jh. bemühten sich verschiedene Kolonialmächte, darunter Portugiesen, Holländer und Briten, ihren Einfluss auszubauen. Heutzutage ist Kannur eine angenehme, aber nicht sonderlich aufregende Küstenstadt. Trotzdem gibt's hier ein paar prima Strände, und die Stadt ist der ideale Ort, um eine *theyyam*-Aufführung zu sehen (s. Kasten gegenüberliegende Seite).

Praktische Informationen

Beim **DTPC** (Mo–Sa 10–17 Uhr), gegenüber vom KSRTC-Busbahnhof, und beim **Informationsschalter** (8–19 Uhr) am Bahnhof gibt's Karten von Kannur. Direkt neben dem Busbahnhof stehen Geldautomaten der Federal Bank und der State Bank of India, 50 m weiter auch ein Automat der HDFC, zusammen mit einem Büro der **UAE Exchange** (☎ 2708818; Mahatma Mandir Junction; Mo–Sa 9.30–17.30, So bis 13.30 Uhr).

Sehenswertes

Kannur ist der beste Ort, um sich den rituellen Tanz **Theyyam** (s. Kasten gegenüber) anzusehen; normalerweise sollte hier beinahe in jeder Nacht des Jahres ein *theyyam* stattfinden. Nähere Auskunft gibt das Costa Malabari (s. Kasten S. 1035) oder die **Kerala Folklore Academy** (☎ 2778090) beim Chirakkal Pond in Valapattanam. Regelmäßige *theyyams* werden im **Parasinikadavu-Tempel** veranstaltet, 18 km nordöstlich von Kannur. Die Aufführungen dauern normalerweise von 4 bis 9 Uhr (Okt.–Feb.); Infos über Einzelheiten gibt's vor Ort.

1505 errichteten die Portugiesen auf dem Vorgebirge nordwestlich der Stadt das **St. Angelo Fort** (Eintritt frei; 9–18 Uhr). Die freundlichen Beamten der Touristenpolizei führen Besucher gerne herum. Von dort oben ist die Aussicht auf Kannur und den Ozean

THEYYAM

Das *theyyam* ist Keralas bekannteste rituelle Kunstform. Wahrscheinlich ist es noch älter als der Hinduismus und geht auf Volkstänze zurück, die als Bestandteil von Erntefeiern aufgeführt wurden. *Theyyam* wird als Opfer für die Götter zelebriert und soll Armut und Krankheit abwehren. Das sehr intensive Ritual findet normalerweise in *kavus* (heiligen Hainen) statt, die im Norden Keralas überall zu finden sind (allein im Destrikt Kannur vermutet man 800 *kavus*). Dabei werden oft Geschichten von örtlichen Helden erzählt.

Der Begriff *theyyam* bezieht sich sowohl auf den porträtierten Helden oder Gott als auch auf das Ritual an sich. Es gibt ca. 450 verschiedene *theyyams*, jedes davon mit eigener Form und Entstehungsgeschichte. Für jedes *theyyam* gibt's ein bestimmtes Kostüm – Gesichtsfarbe, Armreifen, Brustpanzer, Röcke, Girlanden und der Kopfschmuck wirken feudal und sind aufwändig gearbeitet. Vor allem der *theyyam*-Kopfschmuck ist noch dazu riesig – er ist zwischen 6 und 7 m hoch. Die Schminke und das Kostüm mancher *theyyams*, beispielsweise der bekannten Göttin Muchilott Bhagavathy, dienen dazu, die menschlichen Umrisse des Tänzers fast vollständig zu verschleiern.

Ein Darsteller bereitet sich mit Enthaltsamkeit, Fasten und Meditation auf das Ritual vor, bevor er mit einer langen, bis zu 8-stündigen Schmink- und Kostümierungsprozedur beginnt. Während der Performance legt der Darsteller seine eigene Identität ab – er spricht, bewegt sich und segnet die Anhänger so, als ob er selbst der Gott wäre. Begleitet wird das Ganze von rasenden Tänzen und wildem Getrommel. Eine surreale Atmosphäre aus einer anderen Welt wird geschaffen – sollte ein Gott unter diesen Voraussetzungen nicht tatsächlich eine menschliche Gestalt annehmen können? Das Ritual beginnt normalerweise um Mitternacht und dauert oft bis zum Mittag des nächsten Tages.

Das *theyyam* ist ein religiöses Ritual, das nicht an Schulen unterrichtet, dafür aber von Generation zu Generation weitervermittelt wird. Zwar führen bestimmte Kasten nur spezielle *theyyams* auf, doch stammen alle Darsteller aus niederen Kasten (Frauen treten beim *theyyam* nicht auf). Die *kavus* stehen aber jedermann offen und selbst muslimische Charaktere kommen in den *theyyam*-Geschichten vor.

Die *theyyam*-Saison geht von Oktober bis Mai; während dieser Zeit findet in jedem *kavu* das jährliche Ritual statt. Auch bei wichtigen Ereignissen wie Hochzeiten oder Einweihungsfeiern sollen *theyyams* Glück bringen (s. Sehenswertes).

einfach super. Eine Rikschafahrt von der Stadt zum Fort kostet 15 Rs.

In der **Kanhirode Weavers Co-operative** (☎ 285 1259; 🕒 9–17.30 Uhr), 20 km nordöstlich von Kannur, stellen 400 Mitarbeiter hochwertige Einrichtungsgegenstände, Saris, Dhotis und tolle Seidenstoffe her. Für Besucher gibt's hier eine interessante Führung durch die Fabrik. Die Kooperative liegt an der Straße zwischen Kannur und Mysore und kann von Kannur aus bequem mit dem Bus (oder einer Autorikscha, 200 Rs) erreicht werden. Einfach in Kudukkimotta aussteigen!

Schlafen & Essen

Government Guest House (☎ 2706426; DZ 220 Rs) Angeblich nur für Angestellte der Regierung – wenn es Platz hat, werden andere Besucher aber ebenfalls gern aufgenommen. Super Preis-Leistungs-Verhältnis durch riesige, helle Zimmer (alle mit Balkon) in einem langgezogenen Gebäudekomplex am Meer. Vorher anrufen!

Centaur Tourist Home (☎ 2768270; MA Rd; EZ/DZ 120/220 Rs) Gästehaus gegenüber vom Bahnhof mit einfachen, geräumigen und sauberen Zimmern. In der Gegend gibt es viele ähnliche Übernachtungsmöglichkeiten.

Malabar Residency (☎ 2765456; Thavakkara Rd; EZ/DZ ab 900/1100 Rs; ❄) Drei-Sterne-Haus 500 m östlich vom Bahnhof. Ordentliche Zimmer, einige davon mit Balkon. 24-Stunden-Café und Restaurant mit „Multicuisine".

An- & Weiterreise

Nach Mysore (92 Rs, 8 Std.) fahren täglich viele Busse, nach Mangalore (65 bis 80 Rs, 4 Std.) ein paar. Die meisten Fahrten nach Kozhikode (44 Rs, 2½ Std.) starten abends. Täglich geht ein Bus nach Udhagamandalam (über Wayanad; 100 Rs, 9 Std.).

Auch Züge fahren jeden Tag nach Mangalore (98/251 Rs 2. Klasse/3AC, 3 Std.),

Ernakulam (149/386 Rs, 7 Std.) und Kozhikode (35/218 Rs, 1¾ Std.).

BEKAL

☎ 0467

Bekal liegt im äußersten Norden Keralas. Seine Strände sind von Palmen gesäumt, und auf einer felsigen Landzunge steht das mächtige **Bekal Fort**, das zwischen 1645 und 1660 erbaut wurde. Am **Kappil Beach**, 2 km nördlich von Bekal, gibt's tollen Sand und ruhiges Wasser; Schwimmer sollten aber auf die ständig wandernden Sandbänke achten. Auf den meisten erstklassigen Grundstücken in Strandnähe sollen Ferienanlagen gebaut werden; in fünf Jahren wird's hier vermutlich ganz anders aussehen. Im Moment ist Bekal noch ein wundervoll unberührter Küstenstrich – aber leider ist die Auswahl an Übernachtungsmöglichkeiten nicht sonderlich groß. Die Gegend ist stark muslimisch geprägt: An der Küste stehen zwölf Moscheen. Also die hiesigen Sitten beachten – ganz besonders am Strand!

Schlafen & Essen

Die meisten Übernachtungsmöglichkeiten in Bekal und Umgebung bestehen aus einfachen Budgetzimmern mindestens 2 km vom Strand entfernt am Highway zwischen Kanhangad und Kasaragod. Während des Ramadan kann es schwierig werden, tagsüber etwas zu essen zu bekommen.

Rajee's Inn (☎ 2237625; EZ/DZ Rs 100/175; ❄) 2 km vom Kappil Beach und 3 km von Bekal entfernt. Ganz in Ordnung für den Preis. Etwas heruntergekommene, aber recht saubere Zimmer mit Balkon. Die Räume mit Klimaanlage sind sehr muffig und daher ihr Geld nicht wert.

Eeyem Lodge (☎ 2236343; EZ/DZ 75/100 Rs) In der Nähe vom Rajee's, kleine und etwas schäbige Zimmer. Hauseigenes Restaurant.

Fortland Tourist Home (☎ 2236600; EZ/DZ ab 65/100 Rs, Deluxe-DZ 250 Rs; ❄) Ein paar Kilometer weiter nördlich in Udma. Saubere, helle und gemütliche Zimmer – die größeren Deluxezimmer sind aber die bessere Wahl. Das hauseigene Restaurant ist recht ordentlich.

Gitanjali Heritage (☎ 2234159; www.gitanjaliheritage.com; EZ/DZ mit Verpflegung 45/65 US$) Gemütliche Privatunterkunft in einem ruhigen Altbau; liegt mitten zwischen den Dörfern landeinwärts, ca. 5 km von Bekal und 8 km vom Kappil Beach entfernt (ca. 60 Rs für eine Autorikschafahrt). Zimmer gibt's hier kreuz und quer in allen Formen und Größen; drin stehen uralte Möbel.

Anreise & Unterwegs vor Ort

Der Bahnhof von Bekal Fort heißt Kotikulum und befindet sich in Palakunnu, 3 km von Bekal entfernt; Züge halten hier regelmäßig. Die größere Haltestelle liegt allerdings 13 km weiter südlich in Kanhangad. Viele Busse kommen hier von und fahren nach Kasaragod, das ist die nächstgrößere Stadt. An der Bekal Junction dürfte eine Autoriksha oder ein Bus von und nach Palakunnu oder Udma nicht allzu schwer zu bekommen sein.

LAKSHADWEEP

60 595 Ew.

Die palmenbedeckten Lakshadweep-Inseln liegen rund 300 km westlich von Kerala. Insgesamt umfassen sie nur 32 km² Land, aber diese Fläche verteilt sich über sage und schreibe 4200 km² Lagunenlandschaft. Unberührte Lagunen, intakte Korallenriffe und Durchschnittstemperaturen zwischen 24° und 34 °C machen den Archipel zum Taucherparadies. Nur 11 der 36 Inseln sind bewohnt, die Bevölkerung besteht zu 93 % aus sunnitischen Muslimen. Fischerei und Bastherstellung sind die Haupteinnahmequellen. Ein Kastensystem teilt die Inselbewohner in Koya (Landbesitzer), Malmi (Seefahrer) and Melachery (Bauern) ein.

Praktische Informationen

Sports (Society for the Promotion of Recreational Tourism & Sports; Karte S. 1018; ☎ 0484-2668387; www.lakshadweeptourism.com; IG Rd, Willingdon Island; 🕓 Mo–Sa 10–17 Uhr, am 2. Sa jeden Monats geschl.) ist die Hauptanlaufstelle für Touristen.

Genehmigungen

Touristen dürfen seit ein paar Jahren einige der Inseln besuchen, dabei müssen sie aber in den teuren Ferienanlagen wohnen. Generell ist eine spezielle Genehmigung für den Aufenthalt nötig; sie wird vom jeweiligen Tourleiter, den beiden Hotels Lakshadweeps oder von Sports besorgt. Die Kosten dafür sind in den hier angegebenen Preisen normalerweise enthalten. Ausländer und

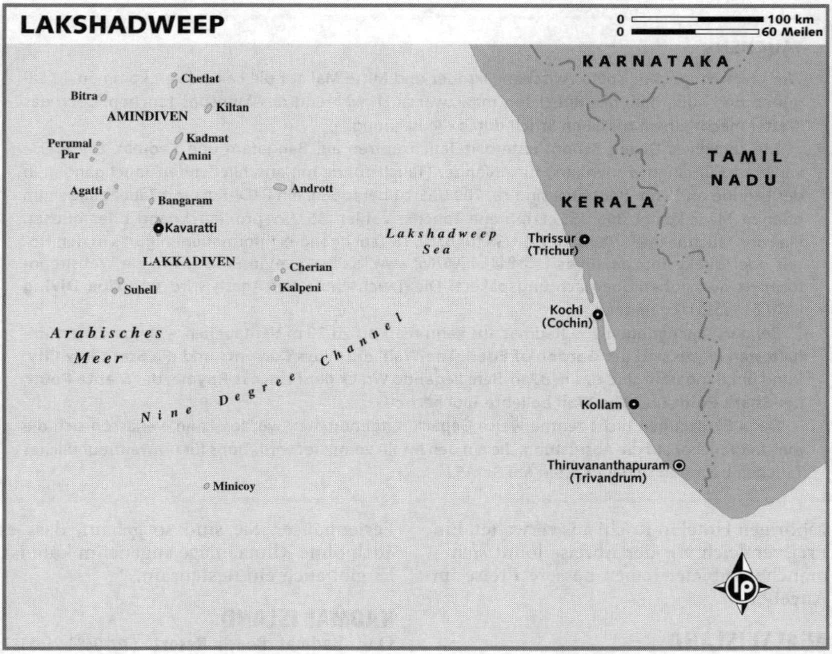

Inder können auf Bangaram, Agatti und Kadmat übernachten, Inder dürfen zudem Tagesausflüge nach Kalpeni, Minicoy und Kavaratti unternehmen.

Die hier genannten Preise enthalten die Kosten für Verpflegung und alle Wassersportarten (ausgenommen Tauchen) und gelten für die Hauptsaison von Oktober bis April (während dieser Zeit gibt es eine zusätzliche Hochphase zwischen Dez. und Jan. mit höheren Preisen).

An- & Weiterreise

Um nach Bangaram oder Agatti zu kommen, fliegt man mit Indian Airlines. Täglich um 9.15 Uhr (Montag bis Samstag) fliegt eine kleine propellergetriebene Dornier 228 von Kochi nach Agatti Island (160 US$ pro Flugstrecke, 1¼ Std.). Gepäck: höchstens 10 kg. Die 1½-stündige Bootsfahrt von Agatti nach Bangaram kostet zusätzlich 30 US$ inklusive Rückfahrt. Während des Monsuns werden stattdessen 100 US$ für den Hubschrauber fällig (vorher erkundigen, ob die Transfers im gebuchten Paket enthalten sind). Ein Bootstrip von Kochi nach Agatti kostet für die einfache Strecke 40 US$ (16–20 Std.).

Zwischen 5. Oktober und 5. Mai gibt's 18 Schiffsverbindungen zwischen Kochi und Kadmat (75 US$ inkl. Rückfahrt und Verpflegung, 18 Std. für eine Strecke). Es muss ein Aufenthalt zwischen drei und fünf Tagen eingeplant werden – zzgl. der Reisezeit. Auf dem Boot gibt es keine Kabinen mit Betten, sondern nur eine klimatisierte Kabine mit umklappbaren Sitzen. Sports (s. gegenüber) in Kochi gibt nähere Auskunft.

BANGARAM ISLAND

Die rund 0,5 km² große Insel ist mit purem Sand bedeckt, und alleine der Anblick des vorbeiziehenden Mondes am Horizont hinter der Lagune ist die Reisekosten mehr als wert. Tagsüber können Mondgucker dann tauchen, schnorcheln, hochseefischen und segeln.

Das **Bangaram Island Resort** (www.cghearth.com; EZ/DZ mit Vollpension Okt.–April 255/265 US$, Deluxe-Ferienhaus für 4 Pers. inkl. Verpflegung 495 US$) wird von der **CGH Earth group** (☎ 0484-2668421; bangaramisland@cghearth.com) geleitet und vom dazu-

TAUCHEN

Wer tauchen möchte, sollte zwischen Oktober und Mitte Mai auf die Lakkadiven kommen. In Lagunen und außerhalb des Riffs kann man zwar auch während des Monsuns tauchen, doch das Wetter macht einem oft einen Strich durch die Rechung.

Die Lacadives Diving School unterhält Tauchzentren auf Bangaram und Kadmat. Die Preise variieren: Für einen „Ferienkurs" für Anfänger (Tauchstunde mit anschließenden Tauchgängen in der Lagune und vom Boot aus) sind ca. 100 US$ zu berappen; ein PADI-Kurs mit Tauchgängen im offenen Meer kostet 365 US$. Erfahrene Taucher zahlen 35 US$ pro Tauchgang oder buchen eins der Tauchpakete (200/380/555 US$ für 6/12/18 Tauchgänge). Informationen gibt's in den Hotels oder direkt bei **Lacadives** (☎ 0484-2206766; www.lacadives.com) in Ernakulam; die Website informiert auch über Übernachtungspakete. Die Tauchschule auf Agatti wird von **Goa Diving** (☎ 0832-255517) geleitet.

Bei den Tauchgängen von Kadmat aus kann man bis zu 20 m tief tauchen – einige der traumhaftesten Plätze sind der **Garden of Eden**, **The Wall**, die **Cross Currents** und die **Sting Ray City**. Rund um Bangaram sind das in 32 m Tiefe liegende Wrack der **Princess Royale**, der **Manta Point**, der **Shark Point** und **The Wall** beliebte Tauchertreffs.

Da in Flugzeugen nicht zentnerweise Gepäck mitgenommen werden kann, verlassen sich die meisten Taucher auf die Ausrüstung, die auf den Inseln vermietet wird. Tipps für umweltfreundliches Tauchen befinden sich im Kasten auf S. 1152.

gehörigen Hotel in Kochi aus verwaltet. Ein Preisvergleich vor der Abreise lohnt sich – manche Anbieter haben bessere Preise im Angebot.

AGATTI ISLAND

Im Dorf auf der 2,7 km^2 großen Insel stehen diverse Moscheen, die mit angemessener Kleidung besichtigt werden dürfen. Die ganze Insel ist alkoholfreie Zone. Schnorcheln und Bootstouren zu umliegenden Inseln können organisiert werden.

Das **Agatti Island Beach Resort** (☎ 0484-2362232; www.agattiislandresorts.com; 305–345 US$/Pers. für 3 Nächte, mit Klimaanlage 430-470 US$; ❄) hat eine Reihe von Erlebnispaketen im Programm. Am Strand stehen zehn einfache, niedrige Ferienhäuser. Sie sind so gebaut, dass es auch ohne Klimaanlage angenehm kühl ist. Es gibt auch ein Restaurant.

KADMAT ISLAND

Das **Kadmat Beach Resort** (☎ 0484-2668387; laksports_2004@vsnl.net; EZ/DZ Inder 2000/3000 Rs, mit Klimaanlage 2500/4000 Rs, EZ/DZ Ausländer 75/125 US$, mit Klimaanlage 100/175 US$; ❄) wird von Sports (s. S. 1038) verwaltet.

MINICOY ISLAND

Inder, die auf dem abgelegenen Minicoy übernachten möchten, können **Ferienhäuser** (EZ/DZ 2000/3000 Rs, mit Klimaanlage 2500/4000 Rs; ❄) mieten. Die Bootsfahrt ab Kochi (3500 bis 6000 Rs mit Rückfahrt) kommt noch hinzu.

Tamil Nadu

Die Romantiker und Sonnenanbeter unter den Indientravellern werden nur schwer von den Stränden und den Backwaters Keralas und Goas loskommen. Und trotzdem: Die Seele Südindiens liegt in Tamil Nadu, dem Land der Tamilen! Der Bundesstaat mit den vielen Gesichtern beherrscht die Südspitze des Subkontinents. Er gilt als Wiege der uralten drawidischen Kultur. Auf Schritt und Tritt verfolgen einen ihre Spuren: kolossale Tempel mit ihren gewaltigen *gopurams* (Eingangstürmen), betörende Musik und traditionelle Tänze. Pilger strömen in Scharen (weit mehr als Touristen) in die uralten Stätten von Kanchipuram, Chidambaram, Kumbakonam, Tiruchirappalli, Thanjavur, Madurai, Kanyakumari und Rameshwaram. Hier werden die Besucher von den religiösen Ritualen und Festen regelrecht mitgerissen, etwa wenn sie in einem der uralten Tempel mit den Andächtigen eine *puja* (Opfer oder Gebete) erleben oder in die Farbenpracht und das Chaos bei einem der vielen Tempelfeste eintauchen.

Auch wenn an der Küste ein paar Ferienorte und verschlafene Fischerdörfer liegen, ist Tamil Nadu kein Paradies für Strandurlauber. Nur Mamallapuram lockt Erholungssüchtige. Zwar war auch dieser Küstenstreifen vom Tsunami 2004 betroffen, doch der Wiederaufbau ging fix voran und in den Touristenzentren ist kaum noch etwas von den Auswirkungen zu spüren.

Im Nordwesten des Bundesstaats erheben sich die Berge, die Western Ghats. Kühles Klima, relaxte Hill Stations aus der Kolonialzeit, Trekkingrouten und eine vielfältige Tierwelt machen sie zu einem beliebten Reiseziel. Die berühmten Bergstädte Udagamandalam – mit einer Kleinbahn zu erreichen – und Kodaikanal sollte man auf keinen Fall verpassen!

HIGHLIGHTS

- In **Mamallapuram** (S. 1062) nach Herzenslust frisches Seafood schlemmen und ein paar der schönsten Felsenreliefs Südindiens besichtigen
- Eine Fahrt mit der Blue Mountain Railway, ein Aufenthalt in einem Maharadscha-Palast und Trekkingtouren durch eine wunderschöne Hügellandschaft in **Udagamandalam** (S. 1119)
- Ein Stück Frankreich in Indien und Yogasessions am Morgen gibt's in **Pondicherry** (S. 1076)
- Den **Sri Meenakshi-Tempel** (S. 1099) in Madurai – einen der umwerfendsten Tempel Südiniens – mit seiner drawidischen Bildhauerei bestaunen
- Natur pur erleben in einem Urwaldbaumhaus in der Nähe des **Mudumalai National Park** (S. 1127)
- In Chennai sein Glück im Filmbusiness versuchen – danach auf zum Kricket an den **Marina Beach** (S. 1050)
- Am südlichsten Zipfel Indiens, in **Kanyakumari** (S. 1107), geht die Sonne gleich über zwei Ozeanen auf und unter

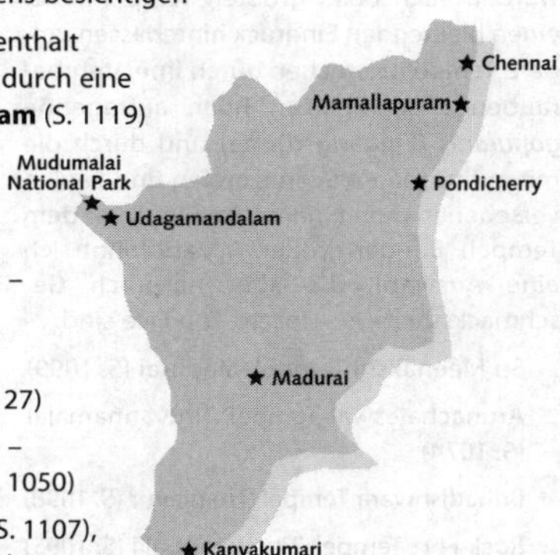

Geschichte

Vermutlich kamen die ersten Drawiden als Teil der frühen Indus-Zivilisation um 1500 v. Chr. in den Süden Indiens. Um 300 v. Chr. teilten sich in der Region im Wesentlichen drei Dynastien die Macht – die Cholas im Osten, die Pandyas in der Mitte und die Cheras im Westen. Das so genannte „Sangam Age" war die klassische Periode der tamilischen Literatur – sie dauerte ungefähr bis 300 n. Chr.

Im Lauf der Jahrhunderte veränderte sich der Herrschaftsbereich der drei Dynastien ständig. Vor allem im 7. und 8. Jh. erstarkte die Pallava-Dynastie, die viele der Monumente in Mamallapuram errichten ließ. Auch wenn die Dynastien untereinander andauernd im Clinch lagen, förderten sie die Künste und trugen so dazu bei, die drawidische Zivilisation zu festigen und auszubreiten.

Ab 1640 nutzten britische Händler Madraspatnam (das heutige Chennai) als Stützpunkt. Später gab es immer wieder Konflikte mit Franzosen, Niederländern und Dänen, doch schließlich bauten die Briten die Region um Chennai, „Madras Presidency" genannt, zu einem Zentrum ihrer Herrschaft aus. In kleineren Landstrichen, darunter Pondicherry und Karikal, hatten jedoch die Franzosen das Sagen.

Im 20. Jh. schließlich spielten viele Tamilen eine entscheidende Rolle im indischen Kampf um die Unabhängigkeit, die 1947 erreicht wurde. 1956 wurde die „Madras Presidency" aufgelöst: der Bundesstaat Tamil Nadu war geboren.

KURZINFOS

- Bevölkerung: 62,1 Mio.
- Fläche: 130 058 km²
- Hauptstadt: Chennai (Madras)
- Hauptsprache: Tamil
- Reisezeit: November bis März

TOP FIVE DER TEMPEL

Tamil Nadu ist ein wahres Eldorado für jeden, der die südindische Tempelkultur und -architektur erkunden möchte. Viele Tempel sind wichtige Pilgerstätten der Hindus; tägliche *puja*-Rituale und farbenfrohe Feste werden auch beim größten Tempelmuffel einen bleibenden Eindruck hinterlassen. Andere Tempel bestechen durch ihre atemberaubende Architektur, hoch aufragende *gopurams* (Eingangstürme) und durch die mit aufwändigen Schnitzereien und Säulen versehenen *mandapams* (Pavillons vor dem Tempel). Bei der großen Anzahl lohnt sich eine Auswahl, die aber natürlich Geschmackssache ist. Unsere Top Five sind:

- Sri Meenakshi-Tempel, Madurai (S. 1099)
- Arunachaleswar-Tempel, Tiruvannamalai (S. 1074)
- Brihadishwara-Tempel, Thanjavur (S. 1090)
- Rock-Fort-Tempel, Tiruchirappalli (S. 1095)
- Nataraja-Tempel, Chidambaram (S. 1085)

Praktische Informationen

Die staatliche Tourismusorganisation **Tamil Nadu Tourism** (www.tamilnadutourism.org) unterhält in den meisten Orten und großen Städten mal mehr, mal weniger nützliche Büros. Die Organisation leitet auch eine eher durchschnittliche Hotelkette. Pondicherry besitzt eine eigene Tourismusabteilung (www.tourisminpondicherry.com und www.pondy.com) und die meisten Städte haben Websites im Netz.

UNTERKUNFT

Für jedes Zimmer über 200 Rs in Tamil Nadu (ausgenommen Pondicherry) kommt eine staatliche „Luxussteuer" zum Preis dazu – 10 % für Zimmer bis 1000 Rs, 12,5 % für solche über 1000 Rs. In Hotels der gehobenen Klasse wird oft noch zusätzlich eine „Servicesteuer" fällig. Die Preise in diesem Kapitel sind ohne Steuer angegeben (sofern nicht anders vermerkt). Bei den Hotels in Tamil Nadu gibt's nur wenige Überraschungen – die Ausnahmen sind einige reizende Häuser mit langer Tradition in Pondicherry sowie die Unterkünfte in Udagamandalam und Kodaikanal, die von der rustikalen Waldhütte bis hin zum Herrenhaus des British Raj alles bieten.

GEFAHREN & ÄRGERNISSE

Ein gemütlicher Tempelspaziergang ist ganz sicher ein Highlight in Tamil Nadu – der Umgang mit den aufdringlichen Händlern

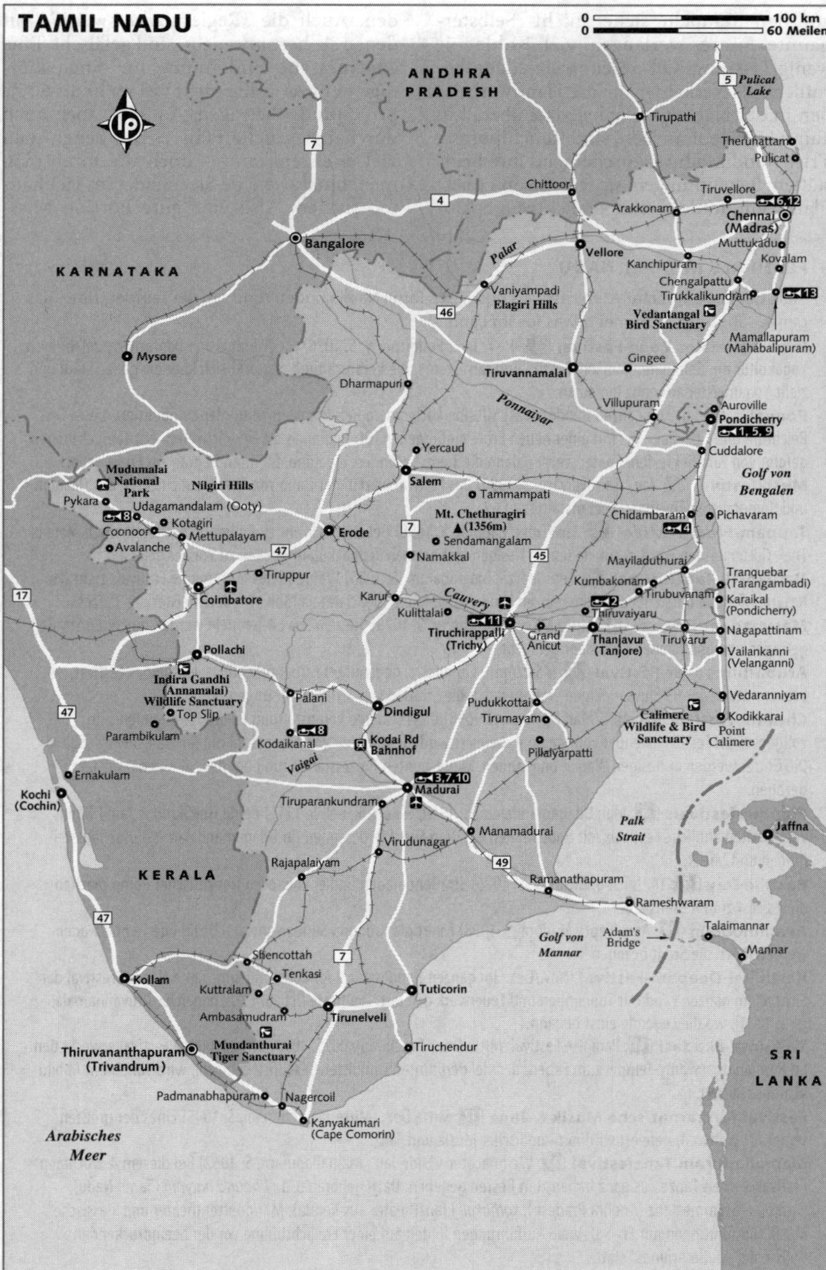
TAMIL NADU
0 100 km
0 60 Meilen
ANDHRA PRADESH
KARNATAKA
KERALA
SRI LANKA
Pulicat Lake
Tirupathi
Therunattam
Pulicat
Chittoor
Tiruvellore
Arakkonam
Chennai (Madras)
Bangalore
Vellore
Muttukadu
Palar
Kanchipuram
Kovalam
Chengalpattu
Tirukkalikundram
Vaniyampadi
Elagiri Hills
Vedantangal Bird Sanctuary
Mamallapuram (Mahabalipuram)
Mysore
Gingee
Tiruvannamalai
Dharmapuri
Ponnaiyar
Villupuram
Auroville
Pondicherry
Yercaud
Cuddalore
Mudumalai National Park
Nilgiri Hills
Salem
Golf von Bengalen
Pykara
Udagamandalam (Ooty)
Tammampati
Kotagiri
Coonoor
Mettupalayam
Avalanche
Erode
Mt. Chethuragiri (1356m)
Sendamangalam
Chidambaram
Pichavaram
Namakkal
Mayiladuthurai
Tiruppur
Coimbatore
Kumbakonam
Tranquebar (Tarangambadi)
Karur
Cauvery
Tirubuvanam
Karaikal (Pondicherry)
Kulittalai
Thiruvaiyaru
Tiruchirappalli (Trichy)
Grand Anicut
Thanjavur (Tanjore)
Tiruvarur
Nagapattinam
Pollachi
Vailankanni (Velanganni)
Indira Gandhi (Annamalai) Wildlife Sanctuary
Palani
Pudukkottai
Vedaranniyam
Top Slip
Dindigul
Tirumayam
Calimere Wildlife & Bird Sanctuary
Kodikkarai
Parambikulam
Kodaikanal
Kodai Rd Bahnhof
Pillaiyarpatti
Point Calimere
Vaigai
Ernakulam
Madurai
Kochi (Cochin)
Tiruparankundram
Palk Strait
Jaffna
Manamadurai
Virudunagar
Rajapalaiyam
Ramanathapuram
Rameshwaram
Golf von Mannar
Adam's Bridge
Talaimannar
Mannar
Shencottah
Tenkasi
Kollam
Kuttralam
Tuticorin
Ambasamudram
Tirunelveli
Mundanthurai Tiger Sanctuary
Thiruvananthapuram (Trivandrum)
Tiruchendur
Padmanabhapuram
Nagercoil
Kanyakumari (Cape Comorin)
Arabisches Meer

vor den Tempeln sicher nicht. Selbsternannte Führer verlangen viel Kohle für wenig Leistung. Oft arbeiten sie „hauptberuflich“ als Verkäufer für die Handwerksläden in der Nähe. Obwohl sie fast überall in Tamil Nadu auftauchen, sind Kanchipuram, Trichy und Madurai anscheinend ihre Brutstätten. Behauptungen, sie wären von Lonely Planet empfohlen, sind schlichtweg erfunden. Auch die „Regierungsausweise“, mit denen sie herumwedeln, sind gefälscht. Eine angemessene Entlohnung für einen kundigen Führer sollte nicht viel mehr als 60 Rs pro Stunde betragen. Es gibt aber auch durchaus ehrliche Führer, von denen man viel erfahren kann – doch die muss man manchmal wie eine Stecknadel im Heuhaufen suchen. Also eine gute Portion Miss-

FESTIVALS IN TAMIL NADU

Viele der farbenprächtigsten Festivals und Feste Tamil Nadus finden rund um die Tempel statt – das ganze Jahr über ist immer etwas los im Land.

Internationales Yoga-Festival (**1**; 4.–7. Jan.; Pondicherry, S. 1076) Die Ashrams von Pondicherry zelebrieren Yogakultur mit Seminaren, Kursen, Musik- und Tanzevents. Die Veranstaltung erstreckt sich über die ganze Stadt und zieht Yogameister aus ganz Indien an.

Pongal (Mitte Jan.; im ganzen Bundesstaat) Mit überkochendem Reis in neuen Tontöpfen symbolisiert dieses Fest Reichtum und Überfluss, die mit einer neuen Ernte einhergehen. Oft beginnen die Feierlichkeiten mit Tempelritualen, gefolgt von Familienfesten. Später werden dann die Tiere, besonders die Kühe, für ihren Beitrag zur Ernte geehrt.

Musikfestival (**2**; Jan.; Thiruvaiyaru, S. 1090) Das Festival wird in der Nähe von Thanjavur zu Ehren des Heiligen und Komponisten Thyagaraja veranstaltet.

Teppam-Float-Festival (**3**; Jan./Feb.; Madurai, S. 1098) Bekanntes Event zu Vollmond des tamilischen Monats Thai. Götterstatuen werden auf Flößen im riesigen Mariamman-Teppakkulam-Becken zu Wasser gelassen.

Natyanjali-Tanzfestival (**4**; Feb./März; Chidambaram, S. 1085) Während des fünftägigen Festivals zieht der Nataraja-Tempel Darsteller aus dem ganzen Land an. Sie feiern hier Nataraja (Shiva) – den Meister des Tanzes.

Masimagam-Festival (**5**; Mitte März; Pondicherry, S. 1079) Statuen aus 64 Tempeln werden durch die Straßen getragen und anschließend ins Meer getaucht.

Arubathimoovar-Festival (**6**; März/April; Chennai, s. gegenüber) Farbenprächtiges, eintägiges Festival. Bronzestatuen der 63 Shiva-Heiligen werden durch die Straßen von Mylapore getragen.

Chithrai-Festival (**7**; April/Mai; Madurai, S. 1098) Die 14-tägige Veranstaltung ist das Hauptereignis im vollgepackten Festivalkalender von Madurai. Gefeiert wird die Hochzeit von Meenakshi mit Sundareshwara (Shiva). Die Götter werden in riesigen Wagen und langen, kunterbunten Prozessionen rund um den Sri Meenakshi-Tempel gezogen.

Sommerfestivals (**8**; Mai; Udagamandalam, S. 1119, & Kodaikanal, S. 1111) Beide Hill Stations Tamil Nadus veranstalten ähnliche Festivals mit Bootsrennen auf dem See, Pferderennen (in Udagamandalam), Blumenausstellungen und Musik.

Bastille Day (**9**; 14. Juli; Pondicherry, S. 1076) Straßenparaden und ein bisschen französischer Pomp machen dieses Fest zum Riesenspaß.

Avanimoolam (**10**; Aug./Sept.; Madurai,S. 1098) Feiert die Krönung Sundareshwars. Unzählige Tempelwagen werden durch die Stadt gezogen.

Karthikai-Deepam-Festival (Nov./Dez.; im ganzen Bundesstaat) An Vollmond wird Tamil Nadus „Festival der Lichter“ im ganzen Land mit Tonlampen und Feuerwerk gefeiert. Der beste Ort zum Zuschauen ist Tiruvannamalai (s. S. 1074), wo die Legende einst begann.

Vaikunta-Ekadasi (**11**; Paradise Festival; Mitte Dez.; Tiruchirappalli, S. 1093) Das 21-tägige Festival erweckt den Sri Ranganathaswamy-Tempel zum Leben; der viel gerühmte Vishnuisten-Text, Tiruvaimozhi, wird vor einem Abbild Vishnus rezitiert.

Festival für karnatische Musik & Tanz (**12**; Mitte Dez.–Mitte Jan.; Chennai, S. 1045) Eines der größten seiner Art weltweit; gefeiert wird mit tamilischer Musik und Tanz.

Mamallapuram Tanzfestival (**13**; Weihnachten–Ende Jan.; Mamallapuram, S. 1062) Bei diesem 4-wöchigen Festival werden Tänze aus ganz Indien zum Besten gegeben. Dazu gehören u. a.: *bharata natyam* (Tamil Nadu), *kuchipudi*-Stammestanz (Andhra Pradesh), *kathakali* (Tanztheater aus Kerala), Marionettentheater und klassische Musik (Aufführungen nur Fr–So). Viele Aufführungen finden auf einer Freilichtbühne vor der beeindruckenden Kulisse der „Buße Arjunas“ statt.

trauen gegenüber allzu lauten Marktschreiern bewahren, Preise vergleichen und Tipps von anderen Travellern einholen! Außerdem sollte man immer einen Fixpreis aushandeln, bevor man sich auf den Weg macht.

GENEHMIGUNGEN

Ebenso wie für die unten aufgeführten Gebiete sind für Trekkingtouren in einigen Gebieten der Nilgiri Hills (rund um den Mudumalai-National Park) Genehmigungen erforderlich (s. S. 1127).

Conservator of Forests (Karte S. 1046 f.; ☎ 24321139; 8. OG, Panangal Bldg., Saidapet) Der Conservator of Forests erteilt Genehmigungen für alle Gebiete außer dem Vedantangal Bird Sanctuary, gibt diese aber nur an Forscher aus.

Wildlife Warden (Karte S. 1046 f.; ☎ 24321471; 4. OG, DMS office, 259 Anna Salai, Teynampet) Erteilt Genehmigungen für Übernachtungen im Vedantangal Bird Sanctuary.

CHENNAI (MADRAS)

☎ 044 / 6,4 Mio. Ew.

Viele sagen, Südindien sei so völlig anders als das restliche Indien. Für Chennai trifft das auf jeden Fall zu. Wenn nicht gerade die Monsunregen die Straßen davonspülen, ist die Stadt, die bis 1997 Madras hieß, so heiß wie ein Topf Chili – und genauso bedrückend und verschmutzt wie viele andere Städte des Subkontinents. Weder kommt Chennai so weltoffen und wohlhabend wie Mumbai daher noch besitzt es die vielen historischen Sehenswürdigkeiten Delhis – stattdessen ist es ein staubiges, rasant wachsendes Ballungsgebiet mit nur wenig Highlights für Touris. Dennoch kommen viele der größten Denker, Schauspieler und Künstler Tamil Nadus aus dieser Stadt. Beleg hierfür sind die vielen angesehenen Bildungseinrichtungen und eine gefürchtete, mitunter unberechenbare Presse.

Was vor 500 Jahren mit einigen kleinen verschlafenen Dörfern begann, hat sich bis heute zur viertgrößten Stadt Indiens gemausert. Chennai, immer noch ein internationaler Umschlagplatz, ist konservativ geprägt: Hier ist der Lungi – ein langes Tuch, das als Hosenersatz um die Hüfte gewickelt wird – sehr in Mode und der Alkohol verpönt, zum Frühstück sind *idlis* (Reisklöße) angesagt. Dennoch ist Chennai ein mächtiges Wirtschaftszentrum und der heimliche Überflieger in der IT-Industrie, obwohl es sich auf diesem Gebiet mit seinem Nachbarn Bangalore messen muss. Zudem ist die Stadt das Hollywood Südindiens.

Die Handvoll Sehenswürdigkeiten Chennais sind schnell abgehakt; dennoch lohnt es sich, einige Tage in den hektischen Alltag der indischen Metropole einzutauchen, um z. B. den Filmemachern über die Schultern zu schauen, die Märkte in Georgetown oder Theagaraya Nagar zu durchstöbern oder einfach nur beim Sonnenuntergang den Marina Beach entlangzuschlendern.

GESCHICHTE

Seit über 2000 Jahren zieht das Gebiet um Chennai Seefahrer, Gewürz- und Tuchhändler an. Im 16. Jh. landeten Portugiesen und Niederländer. 1639 errichtete die Ostindische Kompanie eine Siedlung im Fischerdorf Madraspatnam.

Der Bau des Forts St. George dauerte 15 Jahre und wurde 1653 abgeschlossen. Georgetown entwickelte sich rund um die Festung und bekam 1688 von Jakob II. die Stadturkunde verliehen. Bis heute hat es die älteste Stadtverwaltung Indiens.

Im 18. und 19. Jh. wetteiferten französische und britische Händler um die Vorherrschaft in Indien. Bei den Briten kam Robert Clive (Clive of India) eine Schlüsselrolle zu. Er stellte eine Armee von 2000 Einheimischen (Sepoys) zusammen und startete eine Reihe von Militärexpeditionen, die in den Karnatik-Kriegen gipfelten. 1756 zogen sich die Franzosen nach Pondicherry zurück, die Briten hatten ihr Fort verteidigt.

Im 19. Jh. wurde die Stadt zur Hauptstadt der Madras Presidency, einer der vier Regierungsbezirke Britisch-Indiens. Nach der Unabhängigkeit wurde Chennai unaufhaltsam größer; heute ist es ein bedeutender Verkehrsknoten im Süden des Subkontinents.

ORIENTIERUNG

Chennai setzt sich aus mehreren kleinen Vierteln zusammen und hat kein richtiges Zentrum. Im Osten grenzt die Stadt an den Golf von Bengalen. Sehenswert ist die Georgetown mit ihrem Mischmasch aus engen Straßen, Basaren und Gerichtsgebäuden. Sie liegt im Norden in der Nähe des Hafens. Südwestlich von Georgetown verläuft die Anna Salai, eine der Hauptverkehrsadern von Chennai. Nördlich davon befinden sich die beiden Hauptbahnhöfe:

CHENNAI (MADRAS)

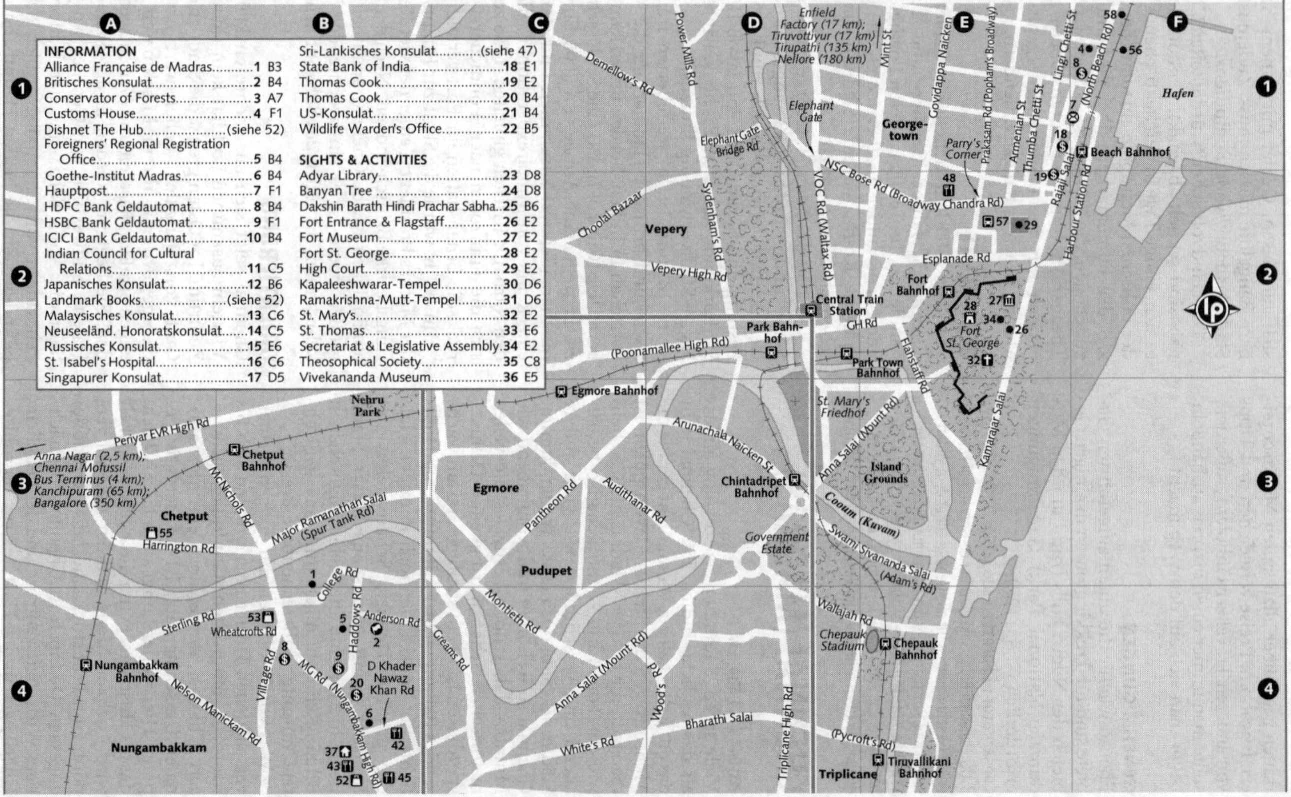

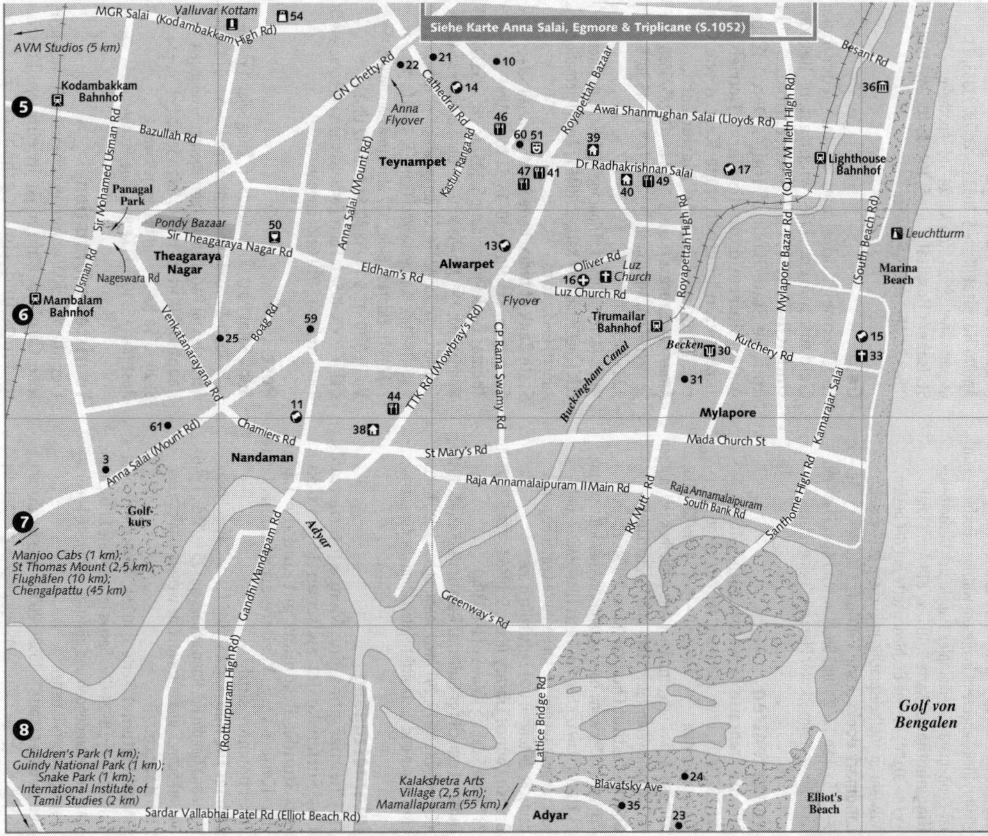

SCHLAFEN

Hotel Ranjith	37	B4
ITC Hotel Park Sheraton & Towers	38	B7
New Woodlands Hotel	39	C5
Nilgiri's Nest	40	C5

ESSEN

Amarathi	41	C5
Barista	42	B4
Barista	43	B4
Benjarong	44	B6
Café Coffee Day	45	B4
Coconut Lagoon	(siehe 41)	
Don Pepe	46	C5
Nilgiri Supermarket & Dairy	(siehe 40)	
Roomallee	(siehe 41)	
Saravana Bhavan	47	C5
Saravana Bhavan	48	E2
Saravana Bhavan	49	D5
Zara's	(siehe 46)	

AUSGEHEN

Bike & Barrel	50	B6
Dublin	(siehe 38)	
Vijay's Sports Cafè	(siehe 38)	
Zara's	(siehe 46)	

UNTERHALTUNG

Music Academy	51	C5

SHOPPEN

Apex Plaza	52	B4
Gee Gee Emerald Plaza	53	B4
SIPA'S Craftlink	54	B5
Vardharams	55	A3

VERKEHRSMITTEL & -WEGE

Air Sahara	(siehe 38)	
Chennai Port Trust	56	F1
City Bus Stand	57	E2
Director of Shipping Services	58	F1
Malaysia Airlines	59	B6
Qantas	(siehe 20)	
Singapore Airlines	(siehe 17)	
Sri Lankan Airlines	60	C5
Thai Airways	61	A7

Von Egmore aus fahren Züge Ziele in Tamil Nadu an – rund um den Bahnhof gibt's eine Menge Budgethotels. Von der Central Station aus kommt man ins ganze Land. Südöstlich von Egmore liegen der lang gezogene Marina Beach und Triplicane, wo Backpacker weitere Budgetangebote finden.

PRAKTISCHE INFORMATIONEN

Buchläden

Bookpoint (Karte S. 1052 f.; 160 Anna Salai) Sehr groß, mit einer prima Auswahl an englischsprachigen Titeln.
Giggles bookshop (Karte S. 1052 f.; Binny Rd; ⌚ 9–20 Uhr) Klein, aber fein! In diesem winzigen Buchladen im Taj-Connemara-Hotelkomplex stapeln sich Bücherberge.
Higginbothams (Karte S. 1052 f.; 814 Anna Salai; ⌚ 8–20 Uhr) Riesige Buchladenkette mit der besten Auswahl an englischsprachigen Büchern in Chennai.
Landmark Books (Karte S. 1046 f.; 3 MG Rd; ⌚ Mo–Fr 9–21, Sa & So 12–21 Uhr) Buchladen im Apex Plaza mit super Auswahl. Im Spencer Plaza gibt's eine Filiale.

Kulturzentren

Alliance Française de Madras (Karte S. 1046 f.; ☎ 28279803; www.af-madras.org; 40 College Rd, Nungambakkam; ⌚ Mo–Sa 9–13 & 14–19 Uhr) Das französische Kulturzentrum hat eine Bibliothek (Mi morgen geschl.) und veranstaltet Film- und Theaternächte.
Goethe-Institut Chennai (Karte S. 1046 f.; ☎ 28331314; www.goethe.de/ins/in/che/deindex.htm; 23 Khader Nawaz Khan Rd) Bietet Film-, Musik- und Tanzveranstaltungen an. Im Resource Center liegen deutsche Zeitungen und Zeitschriften aus.
British Council Library (Karte S. 1046 f.; ☎ 52052600; 737 Anna Salai; ⌚ Mo–Sa 11–19 Uhr)
Indian Council for Cultural Relations (Karte S. 1046 f.; ICCR; ☎ 28274519; 201 Awai Shanmughan Salai) Kulturprogramme und Gastauftritte internationaler Künstler.

Internetzugang

In Chennai gibt's eine Menge Internetcafés. Das Surfen kostet zwischen 15 und 30 Rs pro Stunde. Besonders gut sind die Läden der Kette i-way. Weitere empfehlenswerte Internetcafés sind:
Dishnet The Hub (Karte S. 1046 f.;1. OG, Apex Plaza, Mahatma Gandhi Rd, Nungambakkam; 25 Rs/Std.; ⌚ 6–24 Uhr) Schnell und effizient. Eine weitere Filiale in der Central Station.
Emerald Internet (Karte S. 1052 f.; Triplicane High Rd; 15 Rs/Std.; ⌚ 8–24 Uhr) Bestes Internetcafé in Triplicane. Schnelle Verbindungen und günstige weltweite Telefongespräche übers Internet.
Gee Gee Net (Karte S. 1052f.; 20 Vallabha Agraharam; 20 Rs/Std.; ⌚ 6–1 Uhr) Stets rappelvolles Internetcafé in der Nähe der Broadlands Lodge in Triplicane. Internetzugang für 50 Rs pro Tag, aber auch Stundentarife.
Internet Zone (Karte S. 1052 f.; 1 Kennet Lane, Egmore; 25 Rs/Std.; ⌚ 5.30–23.30 Uhr) Stark besuchtes, klimatisiertes Internetcafé; praktisch, da nahe Egmore.

Gepäckaufbewahrung

Gepäckaufbewahrungsschalter gibt's in den beiden großen Bahnhöfen sowie an den Terminals des internationalen und des Landesflughafen (5 bis 10 Rs/24 Std.).

Medizinische Versorgung

Apollo Hospital (Karte S. 1052 f.; ☎ 28293333; 21 Greams Lane; ⌚ 24 Std.) Mit 24-Std.-Apotheke.
St. Isabel's Hospital (Karte S. 1046 f.; ☎ 24991081; 18 Oliver Rd, Mylapore; ⌚ 24 Std.)

Geld

In Chennai findet man an fast jeder Ecke Geldautomaten. Die wichtigsten Banken sind ICICI, HDFC, HSBC, Citibank, UTI und die State Bank of India. Deren Automaten sind rund um die Uhr in Betrieb und akzeptieren internationale Karten wie Cirrus, Maestro, Visa und MasterCard.
American Express (Karte S. 1052 f.; ☎ 28523638; G17 Spencer Plaza, Anna Salai; ⌚ Mo–Fr 9.30–18.30, Sa 9.30–14.30 Uhr)
HDFC (Karte S. 1052 f.; Triplicane High Rd) Geldautomat.
ICICI (außerhalb der Karte S. 1046 f.; Anna International Airport) Geldautomat.
State Bank of India (Karte S. 1046 f.; Rajaji Salai, Georgetown; ⌚ Mo–Fr 10–16, Sa 10–13 Uhr)
Thomas Cook Egmore (Karte S. 1052 f.; ☎ 28553276; 45 Montieth Rd; ⌚ Mo–Sa 9.30–18 Uhr); Georgetown (Karte S. 1046 f.; ☎ 25342374; 20 Rajaji Salai; ⌚ Mo–Sa 9.30–18 Uhr); Nungambakkam (Karte S. 1046 f.; ☎ /Fax 28274941; Eldorado Bldg., 112 Mahatma Gandhi Rd; ⌚ Mo–Fr 9.30–13 & 14–18.30, Sa 9.30–12 Uhr)
UTI (Karte S. 1052 f.; Police Commissioners Rd, Egmore & Dr Radhakrishnan Salai) Geldautomat.

Post

Anna Salai Post (Karte S. 1052 f.; Anna Salai; ⌚ Mo–Sa 8–20.30, So 10–17 Uhr, postlagernd Mo–Sa 10–18 Uhr) Am besten für Päckchen und postlagernde Sendungen.
Hauptpost (Karte S. 1046 f.; Rajaji Salai; ⌚ Mo–Sa 8–20.30, So 10–17 Uhr) In Georgetown.
Post (Karte S. 1052 f.; Kennet Lane, Egmore)

Touristeninformation

Der alle zwei Wochen erscheinende, kostenlose *CityInfo*-Führer ist in einigen Touristenbüros und Hotels erhältlich. Er bietet nützliche Infos zu Restaurants, Nightlife und was sonst so los ist. Im Internet die Seiten **Chennai Best** (www.chennaibest.com) und **Chennai Online** (www.chennaionline.com) besuchen!

Indian Tourism Development Corporation (ITDC; Karte S. 1052 f.; ☎ 28460285; 29 Victoria Crescent; 🕑 Mo–Sa 5.30–19 Uhr) Hier kann man ITDC-Touren buchen.

Indiatourism (Karte S. 1052 f.; ☎ 28460285; indtour@vsnl.com; 154 Anna Salai; 🕑 Mo–Fr 9–18, Sa 9–13 Uhr) Das Touristenbüro der indischen Regierung ist eine gute Adresse für Karten und verlässliche Informationen. Schalter gibt's auch an den beiden Flughäfen.

Tamil Nadu Tourism Complex (Karte S. 1052 f.; ☎ 25383333; www.tamilnadutourism.org; 2 Wallajah Rd, Triplicane; 🕑 10–17.45 Uhr Mo–Fr) Hier gibt's alle möglichen Ableger staatlicher Touristenbüros: Tamil Nadu (☎ 25368358), Andamanen, Kerala und Karnataka. Sie verkaufen hauptsächlich Touren und buchen Übernachtungsmöglichkeiten, geben aber auch nützliche Tipps.

Reisebüros

Madura Travel Service (Karte S. 1052 f.; ☎ 28192970; www.maduratravel.com; Impala Complex, Kennet Lane, Egmore; 🕑 24 Std.)

SP Travels and Tours (Karte S. 1052 f.; ☎ 28533622; sptours@eth.net; 44 Wellington Plaza, 90 Anna Salai)

ÄNDERUNG VON STRASSENNAMEN

Nicht nur die Stadt wurde umbenannt; auch die Namen vieler Straßen wurden offiziell geändert, und in der Umgangssprache herrscht nun ein wildes Durcheinander von Bezeichnungen.

Alter Name	Neuer Name
Adam's Rd	Swami Sivananda Salai
Broadway	NSC Chandra Bose Rd
C-in-C Rd	Ethiraj Rd
Harris Rd	Audithanar Rd
Lloyd's Rd	Awai Shanmughan Salai
Marshalls Rd	Rukmani Lakshmi Pathy Rd
Mount Rd	Anna Salai
Mowbray's Rd	TTK Rd
North Beach Rd	Rajaji Salai
Nungambakkam High Rd	Mahatma Gandhi Rd
Poonamallee	Periyar High Rd
Popham's Broadway	Prakasam Rd
Pycroft's Rd	Bharathi Salai
Triplicane High Rd	Quaid-Milleth High Rd
South Beach Rd	Kamarajar Salai
Waltax Rd	VOC Rd

Visa-Verlängerungen

Foreigners' Regional Registration Office (FRRO; Karte S. 1046 f.; ☎ 28275444; 26 Haddows Rd, Nungambakkam; 🕑 Mo–Fr 10–13 & 14–17 Uhr) Visas werden nur in dringenden Notfällen verlängert.

SEHENSWERTES

Georgetown — Karte S. 1046 f.

FORT ST. GEORGE

Die Ostindische Kompanie errichtete das **Fort** (🕑 5–22 Uhr) um 1653. Im Lauf der Jahre wurde es mehrfach erweitert. Es handelt sich dabei keinesfalls um ein Militärfort aus vergangenen Zeiten – innerhalb der riesigen Umgrenzungsmauern befindet sich eine Bannmeile mit dem **Sekretariat und der Gesetzgebenden Versammlung**. Deshalb geht's hier sehr geschäftig zu; es gibt aber nur relativ wenig zu sehen. Der 46 m hohe **Fahnenmast** vor dem Fort ist der Mastbaum eines Schiffswracks aus dem 17. Jh. Der Haupteingang des Forts liegt an der Kamarajar Salai (in der Nähe des Fahnenmasts), ein weiterer Eingang befindet sich am Bahnhof an der Westseite des Forts.

Das **Fort Museum** (☎ 25670389; Inder/Ausländer/Kind 2/100/frei Rs, Video 25 Rs; 🕑 Sa–Do 10–17 Uhr) befindet sich in der alten Wechselstube rechts neben dem Eingang zum Fort. Es zeigt eine interessante Sammlung militärischer Erinnerungsstücke der britischen und französischen Ostindienkompanien sowie der British-Raj- und der muslimischen Verwaltung. In Galerie 2 steht ein maßstabsgetreues Modell des Forts; in Galerie 10 im Obergeschoss sind einige tolle Drucke mit Stadtansichten von Madras in der frühen Kolonialzeit ausgestellt.

Die **Kirche St. Mary's** wurde 1680 vollendet. Sie ist die erste englische Kirche in Madras und das älteste erhaltene Gotteshaus der Engländer in ganz Indien.

HIGH COURT

Das 1892 fertig gestellte rote Gebäude im indo-sarazenischen Stil an der Parry's Corner ist die Hauptattraktion von Georgetown. Nach den Courts of London ist es vermutlich das größte Justizgebäude der Welt. Auf dem Gelände wuseln Rechtsanwälte, Richter und Beschuldigte herum, und Verkäufer bieten Gesetzbücher an. Hier kann man durch die Gerichtsgebäude schlendern, die Architektur bewundern und Sitzungen besuchen.

Egmore & Central Chennai

GOVERNMENT MUSEUM Karte S. 1052 f.

Das ausgezeichnete **Museum** (☎ 28193238; www.chennaimuseum.org; 486 Pantheon Rd; Inder/Ausländer/Studenten 15/250/75 Rs, Foto/Video 200/500 Rs; 🕑 Sa–Do 9.30–17 Uhr, an öffentlichen Feiertagen geschl.) ist das beste in Chennai. Es erstreckt sich über mehrere von den Briten errichtete Gebäude, den Pantheon Complex.

Im Hauptgebäude befindet sich eine großartige **archäologische Abteilung** mit Funden aus allen südindischen Epochen, darunter Skulpturen und Tempelkunst aus der Chola-, Vijayanagar-, Hoysala- und Chalukya-Zeit. Weiterhin gibt's eine faszinierende **naturgeschichtlich-zoologische Abteilung** mit einer zusammengewürfelten Skelettsammlung (darunter das Skelett eines Blauwals und eines indischen Elefanten) sowie ausgestopften Vögeln und Tieren aus aller Welt. Sehenswert: die ausgetrocknete Katze in einem Glaskasten!

In einem anderen Gebäude zeigt die **Bronzegalerie der ICICI** (nicht auf der Karte S. 1046 f.; Anna International Airport) fabelhafte Kunstwerke aus der Chola-Zeit. Zu den beeindruckenden Stücken gehören eine Bronzestatue von Ardhanariswara, der androgynen Inkarnation Shivas und Parvatis, und zahlreiche Bildnisse Natesas (Nataraja), des vierarmigen tanzenden Shivas, der auf einem Dämon herumstampft.

Mit derselben Eintrittskarte gelangt man links vom Haupteingang in die **National Art Gallery**. Sie zeigt eine 1A-Sammlung von Mogul-, Rajasthani- und Deccan-Kunstwerken (10.–18. Jh). An den anderen Seiten der Galerie befinden sich das **Children's Museum** und die interessante **Modern Art Gallery**.

Wer sich die happigen Kameragebühren sparen möchte, sollte seine Tasche am Eingang vom Hauptgebäude abgeben.

VIVEKANANDA MUSEUM KARTE S. 1046 F.

Schon das Gebäude allein ist einen Besuch wert. Im Inneren wartet dann eine **Ausstellung** zum berühmten „Wandermönch" Swami Vivekananda (☎ 28446188; Kamarajr Salai; Eintritt Erw./Kind 2/1 Rs; 🕑 Do–Di 10–12.30 & 15–19 Uhr). Das halbkreisförmige Bauwerk an der Seeseite war früher als „Eishaus" bekannt; hier wurden wuchtige Eisblöcke gelagert, die mit dem Schiff aus Nordamerika eintrafen. Vivekananda lebte hier 1897 nach seiner Rückkehr aus den USA und predigte seine Philosophie vor Scharen von Bewunderern. Das Museum beherbergt heute eine Sammlung mit Fotografien und Erinnerungsstücken aus dem Leben des Swamis, eine Galerie mit moderner indischer Kunst und den Meditation Room, den bevorzugten Aufenthaltsort Vivekanandas.

Südliches Chennai Karte S. 1046 f.

Der uralte **Kapaleeshwarar Tempel** (Kutchery Rd, Mylapore; 🕑 4–12 & 16–20 Uhr) ist Chennais belebtester Tempel. Das Shiva-Heiligtum wurde im drawidischen Stil erbaut und nennt alle architektonischen Elemente sein Eigen, die typisch für die berühmten Tempelstädte Tamil Nadus sind – darunter regenbogenfarbene *gopurams*, *mandapams* und ein riesiges Wasserbecken.

Das im Grünen gelegene Gelände des **Ramakrishna Mutt Tempel** (RK Mutt Rd; 🕑 4.30–11.45 & 15–21 Uhr) ist eine Welt ganz abseits des Großstadtchaos. Mönche in orangefarbenen Gewändern laufen bedächtig vorbei – es herrscht eine ehrfurchtsvolle Stimmung. Der eigentliche Tempel besteht aus einem wunderschönen Schrein, der Angehörigen aller Religionen zur Meditation offensteht.

Die **Kathedrale St. Thomas** von 1504 bekam 1893 ein neugotisches Aussehen. Die römisch-katholische Kirche erhebt sich zwischen dem Kapaleeshwarar Tempel und dem Marina Beach. Angeblich beherbergt sie die Gebeine des hl. Thomas.

Ein Highlight in Chennai ist ein gemütlicher Morgen- oder Abendspaziergang am 13 km langen Sandstrand von **Marina Beach.** Abseits des Schmutzes auf den Straßen der Stadt schwingen Kricketspieler auf dem Bürgersteig ihre Schläger und lassen Kinder Drachen steigen. Man trifft Wahrsager und Fischverkäufer genauso wie junge Paare, die einfach nur die frische Seeluft schnuppern wollen. Nach dem Tsunami von 2004 bot der Strand ein Bild der Verwüstung – die Fischerhütten am Ufer wurden komplett überschwemmt. Der **Elliot's Beach** 2 km weiter südlich in Besant Nagar ist ein eher reiches Gebiet und sehr beliebt bei jungen Paaren.

Der riesige Park der **Theosophical Society** (Adyar Bridge Rd; 🕑 Mo–Sa 9.30–12.30 & 14–16 Uhr) befindet sich auf einem Streifen Grünland zwischen dem Adyar und der Küste; hier lässt sich der Lärm der Stadt wunderbar unter den vielen einheimischen und importierten Baumarten vergessen. Ein 400 Jahre alter **Banyan-Baum** galt einst als größter seiner Art, inzwischen ist der Hauptstamm jedoch verfault. Auf dem Areal stehen zudem eine Kirche, eine Moschee, ein buddhistischer Schrein und ein Hindu-Tempel. Die **Adyar Library** (⌚ 9–17 Uhr) enthält eine riesige Sammlung religiöser und philosophischer Bücher. Der Theosophical Society kann man nur in seinem Heimatland beitreten – wer sich für Philosophie interessiert, kann aber im PR-Büro anrufen und mit dem Direktor plaudern.

Weiter südlich in Adyar liegen direkt nebeneinander drei **Tierparks,** wo sich zwar bequem, aber nicht gerade sonderlich inspirierend eine Ablenkung vom Trubel Chennais finden lässt. Der **Guindy National Park** (☎ 22301328; Eintritt Erw./Kind 2/1 Rs; ⌚ 9–17.30 Uhr Mi–Mo) ist tatsächlich ein kleiner Nationalpark im Stadtgebiet. Die Betonung liegt allerdings auf klein: Zwar leben hier einige Tierarten, doch insgesamt ist das Angebot recht mager. Höchstwahrscheinlich wird man nicht viel zu sehen bekommen. Nebenan liegen der **Chennai Snake Park** und der **Children's Park,** ein Tierpark für Kinder.

Noch mehr Sehenswertes

FILMSTUDIOS

In den Filmstudios Chennais werden annähernd so viel Streifen wie in „Bollywood" (Mumbai) abgedreht. Aber fast alle Filme sind auf Tamil. Die **AVM Studios** (außerhalb der Karte S. 1046 f.; ☎ 24836700; 38 Arcot Rd, Vadapalani; Eintritt frei; ⌚ 9–18 Uhr, am 2. So des Monats geschl.) sind als einzige für Besucher zugänglich. Eine geführte Tour gibt es nicht – man bekommt einen Pass in die Hand gedrückt und wandert etwas ziellos zwischen den Sets herum. Doch höchstwahrscheinlich stößt man dabei auf eine laufende Filmproduktion. Zu sehen gibt's dann, wie die Szene eines Filmes oder ein Werbespot gedreht wird, Tanzsequenzen, herumstolzierende Schauspieler, die gerade ihre Frisur stylen, uvm. Das Studio ist nicht gerade mit denen von Warner Bros oder MGM zu vergleichen – es ist klein und überschaubar und die Sets wirken schon fast etwas jämmerlich. Dennoch ist es eines der unterhaltsamsten Ausflugsziele Chennais.

Manchmal werden zusätzliche Schauspieler benötigt – einfach im Studio anrufen oder dort im sexy Outfit rumlungern und darauf warten, entdeckt zu werden. Die 10 km lange Anfahrt legt man am besten mit den Buslinien 17M (ab Anna Salai) und 17E (ab Egmore Station) zurück.

SCHATTENARBEITER

Um 5 Uhr morgens verlassen sie ihre Hütten in den Slums, eine Stunde später beginnen sie mit der Arbeit in der Stadt. Sie hasten flink und ruhig über die Straßen, halten sich meist im Schatten auf und arbeiten meistens zu zweit. Das sind die Müllsammler – die meisten sind Frauen, manchmal sind auch Kinder darunter. Bis zu zehn Stunden täglich wühlen sie sich durch Berge von Haus- und Industriemüll. Die Funde werden säuberlich nach Metallen, Kunststoffen, Papier, Stoffen und anderen wieder verwertbaren Materialien sortiert. Normalerweise verkaufen sie ihre Bündel an Mittelsmänner, die die Wertstoffe an Recyclingfirmen weiterverkaufen. Diese schmutzige und gefährliche Arbeit bringt pro Tag ca. 45 Rs ein. Unter Mithilfe nichtstaatlicher Organisationen haben sich manche der Müllsammler zu Kooperativen zusammengeschlossen; so können sie die Mittelsmänner umgehen und ihren Gewinn erhöhen.

ENFIELD-FABRIK

Ein Besuch der berühmten **Enfield-Fabrik** (außerhalb der Karte S. 1046 f.; ☎ 25733310; www.royalenfield.com; Tiruvottiyur) könnte zum ultimativen Kick für Motorradfans werden. Die Fabrik liegt 17 km nördlich von Chennai. Die Produktionslinien, von denen seit 1955 Motorräder laufen, stehen für Besichtigungen offen. Die Touren finden jeweils samstagmorgens statt; bei Kosten von 500 Rs für eine halbe Stunde sollte man jedoch schon ein echter Freak sein. Die Anmeldung für die Touren erfolgt über die Website der Firma.

KURSE

Sprachkurse

Dakshin Barath Hindi Prachar Sabha (Karte S. 1046 f.; ☎ 24341824; 12 Thanikachalam St, Theagaraya Nagar) Hindi-Kurse für alle Leistungsstufen.

International Institute of Tamil Studies (Karte S. 1046 f.; ☎ 22350992; Central Polytechnic Campus, Adyar) Unterricht in der LandesspracheTamil Nadus.

Yoga

Ice House (Karte S. 1046 f.; Vivekananda Museum; ☎ 28446188; Kamarajr Salai; ⌚ 7-8.30 Uhr; 500 Rs)

Wöchentliche Yogakurse unter der Leitung von Sri Ramakrishna Mutt.

GEFÜHRTE TOUREN

Die Tamil Nadu Tourist Development Corporation (TTDC) und die ITDC bieten Touren durch Chennai und Umgebung an, darunter Tagesausflüge bis nach Pondicherry und Tirupathi. Weitere Informationen s. S. 1049. Zu den angegebenen Preisen kommen noch Eintrittsgelder hinzu.

City Sightseeing Tour (110 Rs, im klimatisierten Bus 160 Rs; 8–13 & 13.30–18.30 Uhr) Halbtägige Citytour.

Kanchipuram & Mamallapuram (Ganztagestour 295 Rs, mit Klimaanlage 420 Rs) Inkl. Frühstück, Mittagessen und dem Besuch einer Krokodilfarm.

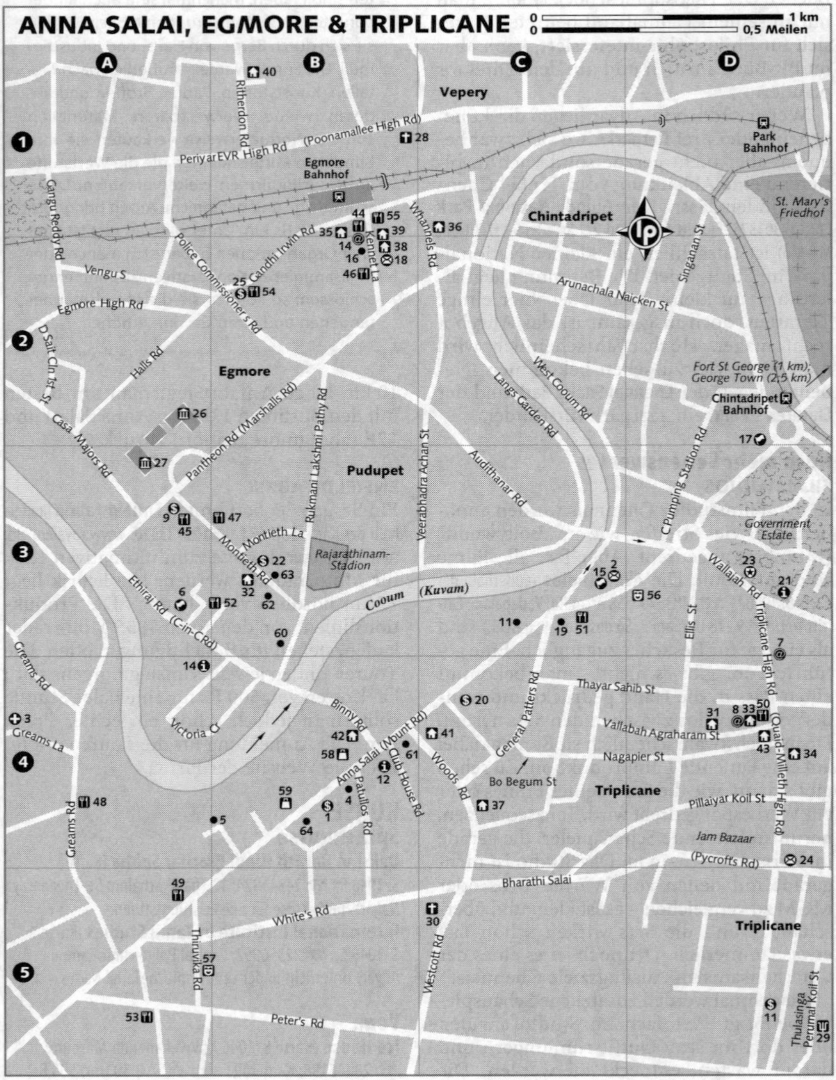

SCHLAFEN

In Chennai ist das Angebot an Übernachtungsmöglichkeiten groß, allerdings klafft zwischen einfachen Budgethäusern und flashigen Tophotels eine riesige Lücke. Gute Adressen sind während der Hauptsaison (Dezember bis Februar) schnell ausgebucht – deshalb vorher anrufen. Im Gebiet um die Kennet Lane in Egmore gibt's viele Budgetunterkünfte – und Lärm und Chaos gratis dazu. Die Lage gegenüber vom Bahnhof von Egmore ist nur denen wirklich zu empfehlen, die schnell weiterreisen wollen. Besucher mit längerem Aufenthalt steuern meist das weniger chaotische Viertel Triplicane an– um die Triplicane High Rd. herum sollte sich ein gutes Budget- oder Mittelklassehotel finden lassen. Die Spitzenklassehotels verteilen sich auf die Anna Salai, Dr Radhakrishnan Salai und die Mahatma Gandhi Rd. südlich und westlich vom Stadtzentrum.

Budgetunterkünfte

EGMORE Karte S. 1052 f.

Hotel Impala Continental (☎ 28191423; 12 Gandhi Irwin Rd; EZ/DZ 220/372 Rs inkl. Steuer) Das Impala wird durch einen großen Hof mit Parkplatz betreten. Es ist eines der besseren Budgethotels in dieser Ecke der Stadt und hat saubere, geräumige Doppelzimmer.

Salvation Army Red Shield Guest House (☎ 2532 1821; 15 Ritherdon Rd; B/EZ/DZ 50/200/250 Rs) Beliebtes und günstiges Hotel mit Schlafsaal; es liegt in einer ruhigen Ecke nördlich der Egmore Station. Sauber genug, aber nur mit fließend kaltem Wasser.

Hotel Regent (☎ 28253347; 11 Kennet Lane; EZ/DZ 200/300 Rs) Standardmäßiges Budgethotel mit vegetarischem Restaurant und ruhigen Zimmern rund um einen Innenhof.

TRIPLICANE Karte S. 1052 f.

Broadlands Lodge (☎ 28545573; broadlandshotel@yahoo.com; 18 Vallabha Agraharam St; EZ mit Gemeinschaftsbad 150–170 Rs, DZ 200 Rs, EZ mit eigenem Bad 200 Rs, DZ 250–400 Rs) Hier steigen viele Langzeiturlauber ab. Die Broadlands Lodge befindet sich in einem alten verfallenden Haus im Kolonialstil – äußerst charmant, mit freundlichem Management. Die einfachen Zimmer liegen rund um einen belaubten Innenhof – die großen Räume im hinteren Bereich des oberen Stockwerks sind die beste Wahl (vor allem Nr. 43 und 44). Die Gemeinschaftsbäder sind unangenehm feucht, aber haben kochend heißes Wasser.

Thaj Regency (☎ 28529524; 300 Triplicane High Rd; EZ/DZ ab 195/250 Rs, DZ mit Klimaanlage 495 Rs;) Unschlagbarer Preis für einfache, aber ordentliche Zimmer mit Satelliten-TV und fließend heißem Wasser – die Betten mit Eisenrahmen sind steinhart, aber das ist ja nichts Neues.

Hotel Comfort (☎ 28587661; hotel_comfort@yahoo.com; 22 Vallabha Agraharam; EZ/DZ ab 250/350 Rs; mit Klimaanlage 500/600 Rs;) Hotel mit mehreren Stockwerken; beinahe schon Mittelklasse mit gutem Preis-Leistungs-Verhältnis. Die

INFORMATION
American Express ... (siehe 58)
AmEx Geldautomat ... 1 B4
Anna Salai Postamt ... 2 C3
Apollo Hospital ... 3 A4
Bookpoint ... 4 B4
British Council Library ... 5 B4
Deutsches Konsulat ... 6 A3
Emerald Internet ... 7 D3
Gee Gee Net ... 8 D4
Giggles Bookshop ... (siehe 42)
HDFC-Bank Geldautomat ... 9 A3
HDFC-Bank Geldautomat ... 10 D5
Higginbothams ... 11 C3
Indiatourism ... 12 B4
Internet Zone ... 13 B2
ITDC ... 14 A4
Kanadisches Honoratskonsulat ... 15 C3
Madura Travel Service ... 16 B2
Malediviscches Honoratskonsulat ... 17 D2
Post ... 18 B2
SP Travels & Tours ... 19 C3
State Bank of India ... 20 C4
Tamil Nadu Tourist Complex ... 21 D3
Thomas Cook ... 22 B3
Triplicane Polizei ... 23 D3
Triplicane Post ... 24 D4
UTI Bank Geldautomat ... 25 B2

SEHENSWERTES & AKTIVITÄTEN
Government Museum ... 26 A2
National Art Gallery ... 27 A3
St. Andrew's ... 28 B1
Sri-Parthasarathy-Tempel ... 29 D5
Wesley Church ... 30 C5

SCHLAFEN
Broadlands Lodge ... 31 D4
Hotel Ambassador Pallava ... 32 B3
Hotel Comfort ... 33 D4
Hotel Himalaya ... 34 D4
Hotel Impala Continental ... 35 B1
Hotel New Park Plaza ... 36 C1
Hotel Orchid Inn ... 37 C4
Hotel Regent ... 38 B2
New Victoria Hotel ... 39 B1
Salvation Army Red Shield Guest House ... 40 B1
Sarovara Deluxe Rooms ... 41 C4
Taj Connemara ... 42 B4
Thaj Regency ... 43 D4

ESSEN
Bhoopathy Cafe ... 44 B1
Café Coffee Day ... 45 A3
Ceylon Restaurant ... 46 B2
Clay Oven & Cake Walk ... 47 B3
Foodworld ... (siehe 58)
Gallopin' Gooseberry ... 48 A4
Gyan Vaishnav Punjabi Dhaba ... 49 A5
Maharaja Restaurant ... 50 D4
Only Veg ... 51 C3
Ponnusamy Hotel ... 52 B3
Royal Everest Restaurant ... (siehe 34)
Saravanaas ... 53 A5
Saravanaas ... (siehe 56)
Udipi Home Mathsya ... 54 B2
Vasanta Bhavan ... 55 B1

UNTERHALTUNG
Devi Cinema Complex ... 56 D3
Sathyam Cinema ... 57 A5

SHOPPEN
Spencer Plaza ... 58 B4
Victoria Technical Institute ... 59 B4

VERKEHRSMITTEL & -WEGE
Air France ... (siehe 63)
Air India ... 60 B3
American Airlines ... (siehe 63)
British Airways ... 61 B4
Cathay Pacific Airways ... (siehe 42)
Gulf Air ... 62 B3
Indian Airlines ... (siehe 60)
Jet Airways ... 63 B3
KLM ... (siehe 42)
Lufthansa ... 64 B4

Zimmer sind etwas beengt, aber dafür sauber, mit TV und heißem Wasser. Hat auch die einzige Dachbar in Triplicane und ein klimatisiertes Restaurant. Kreditkarten werden akzeptiert.

Mittelklassehotels

EGMORE Karte S. 1052 f.

New Victoria Hotel (☎ 28193638; www.newvictoriahotel.com; 3 Kennet Lane; EZ/DZ ab 975/1250 Rs; ❄) Recht pfiffiges Hotel mit geräumigen Zimmern; zwischen Standard- und Deluxezimmern ist kein wesentlicher Unterschied zu erkennen. Preise inkl. Frühstück; im Hotel befinden sich ein gutes „Multicuisine"-Restaurant und die Tropicana-Bar.

Hotel New Park Plaza (☎ 52148333; parkplaza@eth.net; 29 Whannels Rd; EZ/DZ ab 900/1100 Rs; ❄) Wird recht einfallsreich als „3-Sterne-Hotel mit Preisen ohne Stern" angepriesen. Es gibt zwar keinen extra Schnickschnack, aber die sauberen Zimmer sind offenbar schallisoliert. Die hauseigene Bar und das Dachrestaurant bieten eine gute Aussicht auf die chaotischen Straßen von Egmore.

TRIPLICANE Karte S. 1052 f.

Hotel Himalaya (☎ 28547522; 91 Triplicane High Rd; EZ/DZ/3BZ 350/399/550 Rs, EZ/DZ mit Klimaanlage 550/799 Rs; ❄ 💻) Tolles Budget-/Mittelklassehotel mit einfachen, aber gemütlichen Zimmern, freundlichem Personal und einem Travel Desk. In allen Zimmern auf den drei Stockwerken gibt's Satelliten-TV (Digitalempfänger zzgl. 75 Rs) und fließend heißes und kaltes Wasser.

Hotel Orchid Inn (☎ 28522555; orchidinn@vsnl.net; 19 Woods Rd; EZ/DZ 550/650 Rs, mit Klimaanlage 750/975 Rs; ❄) Gemütliches, modernes Hotel in der Nähe der Anna Salai mit einer viel persönlicheren Atmosphäre als in den meisten anderen Mittelklassehäusern in Chennai. Die geräumigen Zimmer sind mit Bädern nach westlichem Standard und Satelliten-TV ausgestattet.

Sarovara Deluxe Rooms (☎ 28552755; www.sarovararooms.com; 3 Woods Rd; EZ/DZ 375/450 Rs, mit Klimaanlage 600/700 Rs; ❄) Hotel in der Nähe der Anna Salai und des Spencer Plazas. Saubere, einfache Zimmer mit TV.

MYLAPORE & NUNGAMBAKKAM Karte S. 1046 f.

Nilgiri's Nest (☎ 28115111; fax 8111719; nilgiri@hotelschennai.com; 105 Dr Radhakrishnan Salai; EZ 1350–2100 Rs, DZ 1800–2950 Rs) Kleines, familiäres Haus mit blitzsauberen (aber überteuerten) Zimmern, einem guten Restaurant (Preise inkl. Frühstück) und günstiger Lage in der Nähe vieler Restaurants und der Musikakademie.

Hotel Ranjith (☎ 28270521; hotelranjith@yahoo.com; 9 Mahatma Gandhi Rd; EZ/DZ 850/1050 Rs, mit Klimaanlage 1275/1525 Rs; ❄) Gepflegtes, gemütliches Hotel mit zahlreichen Restaurants, darunter ein ausgezeichnetes Barbecue-Restaurant auf dem Dach und eine Bar.

New Woodlands Hotel (☎ 28113111; www.newwoodlands.com; 72-75 Dr Radhakrishnan Salai; EZ 450 Rs, EZ/DZ mit Klimaanlage 600/900 Rs, Ferienhäuser ab 1450 Rs; ❄ 🏊) Lang gezogener Gebäudekomplex mit 170 Zimmern und leicht exzentrischem Charakter. Das Hotel ist ein beliebter Veranstaltungsort für Hochzeiten – mit Glück sieht man etwas von der Farbenpracht und Geräuschkulisse einer Hindu-Hochzeit. Das Gebäude wirkt ein wenig streng und manche Traveller bezeichnen es als etwas heruntergekommen, aber die Lage ist prima.

Spitzenklassehotels

Die folgenden Hotels haben eine zentrale Klimaanlage, „Multicuisine"-Restaurants, eine Bar und akzeptieren die üblichen Kreditkarten.

Hotel Ambassador Pallava (Karte S. 1052 f.; ☎ 2855 4476; www.ambassadorindia.com; 53 Montieth Rd; EZ/DZ ab 65/75 US$; ❄ 💻 🏊) Von der todschicken, mit alten Pferdekutschen verzierten Lobby gelangt man zu den geräumigen, aber etwas abgenutzt wirkenden Zimmern. Es gibt einen Pool, eine gute Bar und einen Spielsalon – alles in allem eine günstigere Alternative zu den Fünfsternehotels. Ausgecheckt wird hier mittags.

Taj Connemara (Karte S. 1052 f.; ☎ 28520123; www.tajhotels.com; Binny Rd; EZ 165–225 US$, DZ 180–240 US$; ❄ 💻 🏊) Eine wahre Institution aus dem British Raj. Es kombiniert majestätischen Charme mit dem modernen Komfort eines Fünfsternehotels: Shoppingarkaden, Businesszentrum, rund um die Uhr geöffnetes Café und Fitnesscenter.

ITC Hotel Park Sheraton & Towers (Karte S. 1046 f.; ☎ 24994101; www.welcomgroup.com; 132 TTK Rd, Alwarpet; EZ/DZ ab 7000/8000 Rs; ❄ 💻 🏊) Das vornehme Sheraton ist das luxuriöseste unter den Tophotels von Chennai. Es hat sein eigenes Einkaufszentrum, Fitnessstudio, Business-Zentrum und Zimmer mit prächtigen Möbeln.

ESSEN

Südindische vegetarische Küche wird überall in Chennai angeboten – zum Frühstück gibts *idli* und Dosas (hauchdünne Pfannkuchen aus Linsenmehl), zum Mittagessen im Bananenblatt servierte Thalis. Aber auch die Zahl der anspruchsvolleren Restaurants nimmt stetig zu, besonders rund um die Cathedral Rd.

Die Saravanaas-/Saravana-Bhavan-Kette serviert anständige vegetarische Kost mit hoher Qualität – die Restaurants reichen vom sauberen, günstigen SB-Restaurant bis hin zu teureren Läden (geöffnet von 7 bis 23.30 Uhr).

Einige der besten Restaurants in Chennai befinden sich in den Spitzenklassehotels – in den meisten der Fünfsternehäuser kann man aus drei oder vier vornehmen Restaurants auswählen. Geboten werden spektakuläre Mittagsbuffets (zwischen 200 und 600 Rs zzgl. Steuern). Das erscheint zwar verhältnismäßig unverschämt, aber dafür kann man sich so richtig voll stopfen. Und die Atmosphäre ist weniger steif als abends.

Restaurants

EGMORE Karte S. 1052 f.

Bhoopathy Café (33 Gandhi Irwin Rd; Gerichte 30–50 Rs; 🕒 9–22 Uhr) Das Bhoopathy serviert günstige und leckere Standard-Vegi-Gerichte; bei Touristen wie Einheimischen beliebt.

Ceylon Restaurant (12 Kennet Lane; Gerichte 30–50 Rs; 🕒 8–23 Uhr) Speisekarte mit ein paar leckeren Spezialitäten aus Sri Lanka.

Ponnusamy Hotel (Wellington Estate, 24 Ethiraj Rd; Gerichte 40–60 Rs) Das bekannte Restaurant serviert Fleisch- und Fischcurrys, Biryanis und Chettinad-Gerichte. Zudem gibt's hier eher Exotisches wie Tauben oder Kaninchen.

Clay Oven & Cake Walk (10 Monteith Rd; Hauptgerichte 25–70 Rs; 🕒 10–22 Uhr) Modernes Café im westlichen Stil mit pastellfarbenem Dekor und schmiedeeisernen Möbeln. Serviert Burger, Sandwiches und Pizzas. Die Auswahl an Süßkram im Kuchenladen an der Vorderseite lässt Naschkatzen das Wasser im Mund zusammenlaufen – hier gibt's beispielsweise Apfelkuchen oder Schwarzwälder Kirschtorte.

TRIPLICANE Karte S. 1052 f.

Maharaja Restaurant (207 Triplicane High Rd; Gerichte 16–40 Rs; 🕒 6–23 Uhr) Das Maharaja ist ein klasse Vegi-Restaurant, das bei Einheimischen und Reisenden gleichermaßen beliebt ist. Ein Highlight sind die Thalis zum Mittagessen (20–50 Rs); Frühaufsteher bekommen schon sehr bald Frühstück.

Hotel Comfort (☎ 28587661; 22 Vallabha Agraharam; Gerichte 20–100 Rs; 🕒 11–23 Uhr) Dachrestaurant mit typischer Auswahl an indischen und chinesischen Gerichten. Auf der Freiluftterrasse ist es abends sehr angenehm; für durstige Kehlen gibt's auch ein kühles Blondes.

ANNA-SALAI-GEBIET Karte S. 1052 f.

Saravanaas (48 Anna Salai) Befindet sich im Vorhof des Devi Cinema Complex. Ideal für einen Happen zwischendurch.

Saravanaas (293 Peter's Rd) Gehobene Saravanaas-Filiale mit qualitativ hochwertiger Vegi-Küche auf drei Stockwerken. Im 1. und 2. OG diniert man stilvoll mit schönem Geschirr und Silberbesteck.

Gyan Vaishnav Punjabi Dhaba (260 Anna Salai; Gerichte 35–80 Rs; 🕒 11.30–15 & 19–23 Uhr) Brummendes, kleines Restaurant; abends kann es schwierig werden, einen Tisch zu bekommen. Serviert ausgezeichnete nordindische Küche und prima Thalis in einem sauberen, bequemen Essbereich.

Gallopin' Gooseberry (11 Greams Rd; Gerichte 60–125 Rs; 🕒 10–22 Uhr) Restaurant im American-Diner-Style. Hier gibt's super Burger, darunter im Cajun- und Barbecue-Stil oder mit Pilzen (die meisten um 80 Rs) und Pasta auf italienische Art. Auch Steaks und Sandwiches werden aufgetischt. Der hauseigene Obstladen bietet eine exotische Auswahl an Säften und Shakes (15 bis 70 Rs).

MYLAPORE Karte S. 1046 f.

In Mylapore, besonders in der Cathedral Rd. und TTK Rd., gibt es zahlreiche eigenständige Restaurants – eine prima Gegend für nächtliche Streifzüge. Gegenüber der Musikakademie befindet sich eine kleine Ansammlung von Restaurants, die sich auf regionale Küche spezialisiert haben.

Coconut Lagoon (☎ 28116416, Ecke Cathedral & TTK Rd; Hauptgerichte 65–90 Rs; 🕒 11–15 & 19–23 Uhr) Exzellente Gerichte aus Goa, Kerala und Karnataka. Der Schwerpunkt liegt dabei auf Seafood-Köstlichkeiten von der Westküste. Empfehlenswert: Die *recheiado-Makrelen* oder Würstchen aus Goa.

Roomallee (Ecke Cathedral & TTK Rd; Hauptgerichte 45–80 Rs; 🕒 6–23 Uhr) Freiluftrestaurant, das auf Barbecue-Gerichte aus Hyderabad spezialisiert ist.

Amarathi (Ecke Cathedral & TTK Rd; Hauptgerichte 50–90 Rs; ⌚ 11–15 & 19–23 Uhr) Das Amarathi serviert aufregende Andhra-Gerichte im Bananenblatt – das sollte man sich auf seiner kulinarischen Entdeckungsreise durch Südindien nicht entgehen lassen. Wandmalereien mit Szenen aus dem ländlichen Indien sind Teil der Dekoration.

Don Pepe (☎ 28110413; 73 Cathedral Rd; ⌚ 12.30–14.45 & 19.30–23.45 Uhr) Echtes mexikanisches Restaurant mit allem, was dazugehört: Burritos, Tacos und Tortillas.

Zara's (☎ 28111462; 74 Cathedral Rd; Tapas 55–195 Rs; ⌚ 13–15 & 18.30–23 Uhr) Ultracoole Tapas-Bar mit spanischer Küche; serviert das komplette Programm von Tintenfisch über Oliven bis hin zu Tortillas. Runtergespült wird das Ganze mit Sangria (s. auch rechte Spalte).

Benjarong (☎ 24322640; 146 TTK Rd; Hauptgerichte 130–400 Rs; ⌚ 11–15 & 19–23 Uhr) In diesem Thai-Restaurant der Spitzenklasse möchte man am liebsten die ganze Speisekarte durchprobieren. Wunderschöne Möbel, ruhiges Ambiente, extrem aufmerksamer Service und sehr ansprechend angerichtetes Essen. Die meisten Gerichte auf der umfangreichen Speisekarte (z. B. Grüner Curry) kosten um 200 Rs; zum Mittagessen gibt es ein ausgezeichnetes Viergänge-Menü (158–250 Rs).

Auf die Schnelle

In der ganzen Stadt servieren Straßenstände Samosas, Vadai (frittierte, würzige Donuts), Omelettes und Biryanis zwischen 5 und 10 Rs. Cafés im westlichen Stil sind der absolute Renner beim Jungvolk Chennais, das sich hier Kaffee und Muffins reinzieht. In der Stadt gibt es mehrere Filialen vom **Café Coffee Day** (Karte S. 1046 f.; Mahatma Gandhi Rd; Kaffee 16–40 Rs, Snacks 30 Rs; ⌚ 10–23 Uhr) und dem angesagteren **Barista** (Karte S. 1046 f.; Mahatma Gandhi Rd; D Khader Nawaz Khan Rd). In beiden gibt es super Espresso, Eisbecher, Softeis und Snacks wie Samosas, Sandwiches und Muffins. Das **Only Veg** (Karte S. 1052 f.; 82 Anna Salai; Gerichte 15–20 Rs) ist eine blitzsaubere Location, die leckere Snacks und Säfte verkauft.

Selbstversorger

Nilgiri Supermarkt & Molkerei (Karte S. 1046 f.; Dr Radhakrishnan Salai; ⌚ 9.30–20 Uhr) Befindet sich direkt neben dem Nilgiri's Nest. Prima Laden, um Molkereiprodukte, abgepackten Tee, Kaffee und alle möglichen andere Lebensmittel einzukaufen.

Foodworld (Karte S. 1052 f.; Spencer Plaza, Anna Salai; ⌚ 10–20.30 Uhr) Der moderne Supermarkt mit riesigem Sortiment könnte auch auf einer Einkaufsmeile in London stehen.

Wer auf Obst, Gemüse oder Gewürze aus ist, geht in südlicher Richtung die Ellis St. entlang; an der Kreuzung zur Bharathi Salai befindet sich der farbenprächtige Jam Bazaar (Karte S. 1052 f.).

AUSGEHEN

Chennais Nightlifeszene wird zwar langsam besser, kann aber noch nicht mit der von Bangalore oder Mumbai verglichen werden. Bars und Clubs sind hier gesetzlich an Hotels (normalerweise die Topadressen) gebunden. Die Ausnahme sind zwielichtige Spelunken, die gelegentlich zu den allgegenwärtigen „Weinläden" gehören. Hier trinken einheimische Männer literweise billigen indischen Rum und Schnaps. Einige der Mittelklassehotels haben abgedunkelte, klimatisierte Bars (bzw. Räume mit Ausschankkonzession) – hier bekommt man ein ordentliches kühles Bier für 70 bis 100 Rs. Gute Locations sind z. B. die Dachbar vom Hotel Comfort in Triplicane oder die Tropicana-Bar des New Victoria Hotels in Egmore.

Zara's (Karte S. 1046 f.; ☎ 28111462; 74 Cathedral Rd; ⌚ 13–15 & 18.30–23 Uhr) Alle coolen Twens aus Chennai treffen sich höchstwahrscheinlich freitags oder samstags in dieser spanischen Tapas- und Cocktailbar. Der Sangria kostet 150 Rs, maßgeschneiderte Cocktails und Margaritas bewegen sich zwischen 150 und 325 Rs. Vorher also tief im Geldbeutel und auch im Gepäck wühlen – Shorts und Sandalen sind hier nicht gern gesehen!

Bike & Barrel (Karte S. 1046 f.; Sir Thyagaraya Nagar Rd; ⌚ 11–23 Uhr) Pub im vornehmen Residency Towers Hotel. Die Wände sind voller Erinnerungsstücke, die Tische bestehen aus Fässern, ein Norton-Motorrad hängt an der Decke. Der Vibe ist besser als in den meisten anderen Bars; das Bier kostet 120 Rs und etwas zu essen gibt's auch.

Dublin (Karte S. 1046 f.; 132 TTK Rd; ⌚ 17–3 Uhr) Das Dublin im Park Sheraton ist ein Irish Pub und Nightclub. Nach 22 Uhr beträgt der Eintritt für ein Paar 750 Rs. Im selben Hotel befindet sich auch das Vijay´s Sports Café; in dieser Bar flimmern TVs mit internationalen Sportsendungen.

UNTERHALTUNG

Klassische Musik & Tanz

Musikakademie (Karte S. 1046 f.; ☎ 28115619; Ecke TTK Rd & Dr Radhakrishnan Salai) Chennais populärster Veranstaltungsort für klassische karnatische Musik und *bharata natyam*-Tanz. Events stehen meistens in der Zeitung. Ein guter Platz kostet 200 Rs; es gibt aber auch viele kostenlose Aufführungen.

Kalakshetra Arts Village (außerhalb der Karte S. 1046 f.; ☎ 2491 1169; Dr Muthulakshmi Rd, Tiruvanmiyu; 🕑 10–18 Uhr) Die 1936 gegründete Organisation hat sich der Wiederbelebung von klassischem Tanz und Musik verschrieben. Man kann sich entweder eine Veranstaltung ansehen oder einer Unterrichtsstunde beiwohnen (Mo–Fr 9–11.15 Uhr).

Kino

Die über 100 Kinos in Chennai spiegeln die äußerst lebendige Filmindustrie wider. Die meisten Kinos zeigen Filme auf Tamil. Im **Devi Cinema Complex** (Karte S. 1052 f.; ☎ 28593589; 48 Anna Salai) und im **Sathyam Cinema** (Karte S. 1052 f.; ☎ 28512425; 8 Thiruvika Rd) laufen oft Filme auf Englisch, aber auch tamilische Streifen und Hindi-Blockbuster aus Bollywood. Karten kosten zwischen 50 und 80 Rs. Das Kinoprogramm steht in örtlichen Zeitungen.

SHOPPEN

Wie in jeder indischen Großstadt bekommt man in Chennai alles – vom Seidensari bis zur neusten Digitalkamera. Moderne neue Plazas schießen wie die Pilze aus dem Boden, während die alteingesessenen Läden ihren Service erweitern. So kann man problemlos Kleidung von der Stange, Maßgeschneidertes, Kunstgegenstände aus ganz Indien, zeitgenössische Kunstwerke, echte Antiquitäten, Schmuck, Musikinstrumente und Stoffe von hoher Qualität erwerben.

Staatliche Warenhäuser in der Anna Salai verkaufen die üblichen Souvenirs zu Fixpreisen. Normalerweise haben diese Läden von 10 bis 18 Uhr (Mo–Fr) und von 10 bis 13 Uhr (Sa) geöffnet. Die meisten feinen Seidenstoffe aus Kanchipuram gibt's in Chennai – ein Stadtbummel kann also schnell zur Schnäppchentour werden.

Im Stadtteil Theagaraya-Nagar (von Einheimischen T Nagar genannt) lässt's sich super einkaufen, vor allem im Pondy Bazaar und in den geschäftigen Märkten rund um den Panagal Park.

Victoria Technical Institute (Karte S. 1052 f.; 765 Anna Salai) Ein Besuch lohnt sich. Die Einnahmen aus den Projekten kommen unterschiedlichen Ausbildungsgruppen zugute.

SIPA'S Craftlink (Karte S. 1046 f.; 70 Kodambakkam High Rd, Nungambakkam; 🕑 Mo–Sa 9–20 Uhr) Der erste Fair-Trade-Laden in Südindien; eignet sich super zum Einkaufen, wenn man örtliche Kunsthandwerker unterstützen möchte.

Vardharams (Karte S. 1046 f.; 88 Harrington Rd, Chetput) Laden mit einer 1A-Auswahl an Seide aus Kanchipuram zu besten Preisen.

Unter den besten modernen Shopping-Plazas befinden sich das **Spencer Plaza** (Karte S. 1052 f.; Anna Salai) und das **Gee Gee Emerald Plaza** (Karte S. 1046 f.; Mahatma Gandhi Rd). In den Centern gibt's eine Reihe von Läden, die u. a. Kleidung, Bücher, Musik, Stoffe und Kinderklamotten verkaufen.

AN- & WEITERREISE

Flugzeug

Der **Anna International Airport** (☎ 22560551) liegt in Tirisulam, 16 km südwestlich des Stadtzentrums. Er ist sehr gut organisiert, nicht zu geschäftig und macht Chennai zu einem guten Start- und Zielpunkt für Indientraveller. Das neuere **Kamaraj-Domestic Terminal** (☎ 22560512) befindet sich nebenan im selben Gebäude.

INLANDSFLUGLINIEN

Die Air Deccan bietet die günstigsten Flüge nach Bangalore, Coimbatore, Madurai und Hyderabad an. Folgende indische Fluglinien fliegen nach Chennai:

> **VIERTEL MIT TRADITION**
>
> Georgetown, das Gebiet um das Fort, hat viel von seinem ursprünglichen Charakter bewahrt. Noch immer ist es Chennais Großhandelszentrum. Viele Nebenstraßen zwischen der NSC Bose Rd., Krishna Koil St., Mint St. und Rajaji Salai sind wie seit Hunderten von Jahren dem Verkauf einzelner Sparten von Artikeln gewidmet – Papierwaren in der Anderson St., Feuerwerkskörper in der Badrian St. usw. Selbst wenn man nichts kaufen will, kann man bei einem Spaziergang durch das Straßengewirr einen anderen Aspekt indischen Lebens kennen lernen, das nahtlos von der Vergangenheit in die Gegenwart reicht.

Air Deccan (☎ 30978596, Flughafen 22560505; www.airdeccan.com; 32 92nd St, 18th Ave; 🕑 Mo–Sa 9–17 Uhr)
Air Sahara (Karte S. 1046 f.; ☎ 52110202, Flughafen 22560771; airsahara@vsnl.net; ITC Hotel Park Sheraton & Towers, TTK Rd)
Indian Airlines (Karte S. 1052 f.; ☎ 28555201, Flughafen 22560771; www.indian-airlines.com; 19 Rukmani Lakshmi Pathy Rd, Egmore; 🕑 Mo–Sa 8–20 Uhr)
Jet Airways (Karte S. 1052 f.; ☎ 28414141, Flughafen 22561818; www.jetairways.com; 41/43 Montieth Rd, Egmore; 🕑 Mo–Sa 9–20, So 9–19 Uhr)

INTERNATIONALE FLUGLINIEN

Folgende internationale Fluglinien haben in Chennai Büros:
Air France (Karte S. 1052 f.; ☎ 28554961; Thapar House, 43–44 Montieth Rd, Egmore)
Air India (Karte S. 1052 f.; ☎ 28554477; 9 Rukmani Lakshmi Pathy Rd, Egmore)
American Airlines (Karte S. 1052 f.; ☎ 28592564; Thapar House, 43–44 Montieth Rd, Egmore)
British Airways (Karte S. 1052 f.; ☎ 52068181; 7. OG, Raheja Towers, 177 Anna Salai)
Cathay Pacific Airways (Karte S. 1052 f.; ☎ 52140941; Taj Connemara, Binny Rd)
Gulf Air (Karte S. 1052 f.; ☎ 28554417; 52 Montieth Rd, Egmore)
KLM (Karte S. 1052 f.; ☎ 28524427; Taj Connemara, Binny Rd)
Lufthansa (Karte S. 1052 f.; ☎ 28525095; 167 Anna Salai)
Malaysia Airlines (Karte S. 1046 f.; ☎ 52199999; Karumuttu Centre, 498 Anna Salai)
Qantas (Karte S. 1046 f.; ☎ 28278680; G3, Eldorado Bldg., 112 Mahatma Gandhi Rd)
Singapore Airlines (Karte S. 1046 f.; ☎ 28470170; West Minster, 108 Dr Radhakrishnan Salai)
Sri Lankan Airlines (Karte S. 1046 f.; ☎ 2811536; 76 Cathedral Rd)
Thai Airways International (Karte S. 1046 f.; ☎ 52171100; 31 Haddows Rd)

Schiff

Ungefähr zweimal im Monat laufen Passagierschiffe von Chennai aus die Andamanen an. Der Hafen befindet sich in Georgetown nördlich vom Fort. Informationen gibt's bei

INLANDSFLÜGE AB CHENNAI

Ziel	Flugline	Preis (Rs/US$)	Dauer (Std.)	Häufigkeit
Bangalore	IC	2655/75	¾	9-mal wöchentl.
	9W	3235/75	1	5-mal tgl.
	DN	1800	1	1-mal tgl.
Delhi	IC	10,740/270	2½	4-mal tgl.
	9W	10,735/270	2½	4-mal tgl.
Goa	IC	5410/150	3	2-mal wöchentl.
	9W	6440/180	3	1-mal tgl.
Hyderabad	IC	4635/115	1	3-mal tgl.
	9W	4635/115	1½	1-mal tgl.
	DN	2575	1½	2-mal tgl.
Kochi (Cochin)	IC	4625/130	1	8-mal wöchentl.
	9W	4980/130	1	1-mal tgl
Kolkata	IC	9275/230	2	2-mal tgl.
	9W	9350/230	2	1-mal tgl.
Madurai	IC	3655/100	1	2-mal tgl.
	9W	3655/100	1½	2-mal tgl.
	DN	2100	1½	1-mal tgl.
Mumbai	IC	5825/170	2	4-mal tgl.
	9W	5825/170	2	6-mal tgl.
Port Blair	IC	8550/205	2	1-mal tgl.
	9W	8545/205	2	1-mal tgl.
Thiruvananthapuram	IC	4710/115	1½	11-mal wöchentl.

Hinweis: Die Preise gelten jeweils für die einfache Flugstrecke. Preise in Rs gelten nur für indische Reisende, ausgenommen Air Deccan.
Airline-Kürzel: IC = Indian Airlines, 9W = Jet Airways, DN = Air Deccan

der **Chennai Port Trust** (Karte S. 1046 f.; ☎ 25362501; Rajaji Salai) oder beim **Director of Shipping Services** (Karte S. 1046 f.; ☎ 25226873; www.shipindia.com). Das Kapitel über die Andamanen & Nicobaren (S. 1137) gibt Auskunft zu Bootspassagen von und zu dieser Inselgruppe.

Bus

Die meisten staatlichen Buslinien nach Tamil Nadu sowie zu anderen Zielen in Indien fahren vom riesigen **Chennai Mofussil-Bus Terminus** (CMBT; general enquiries ☎ 24794705; Jawarhal Nehru Salai, Koyambedu) ab. Dieser liegt 7 km westlich des Stadtzentrums. Von Einheimischenauch als Koyambedu-Busbahnhof genannt, gilt er als größter Busbahnhof in Asien und ist eine Art Offenbarung. Das Terminal ähnelt eher dem eines Flughafens als einem indischen Busstopp. Die Steige sind vorbildlich organisiert; an ihrem Ende sind die jeweiligen Fahrtziele auf Englisch aufgelistet. Die Buslinien 18B, 15B, 15C oder 27B benötigen rund 40 Minuten von der Anna Salai oder dem Parry's Corner bis hierher. Dieselbe Strecke kostet mit einer Autorikscha 100 Rs. Die folgende Tabelle liefert nähere Informationen zu Bussen ab Chennai:

Ziel	Preis (Rs)	Dauer (Std.)	Häufigkeit
Bangalore	150	8	43-mal tgl.
Chidambaram	77	7	6-mal tgl.
Kodaikanal	203	14	1-mal tgl.
Madurai	144–176	10	41-mal tgl.
Mamallapuram	22	2	40-mal tgl.
Mysore	209	11	2-mal tgl.
Pondicherry	55	4	37-mal tgl.
Thanjavur	130	9	24-mal tgl.
Tiruchirappalli	105–145	8	53-mal tgl.
Tirupati	58	4	18-mal tgl.
Udagamandalam	228	14	1-mal tgl.

Private Busgesellschaften haben Büros gegenüber vom Egmore-Bahnhof; ihre Superdeluxe-Busse (mit Video) fahren täglich nach Bangalore, Coimbatore, Madurai, Tiruchirapalli und anderswo. Die Tickets sind bei diesen Firmen etwas teurer als bei den staatlichen Linien.

Zug

Fernzüge und Züge in Richtung Westen fahren normalerweise von der Central Station ab, Züge in Richtung Süden von der Egmore Train Station. Das große Gebäude auf der Westseite der Central Station ist das **Train Reservation Complex** (🕑 Mo–Sa 8–14 & 14.15–20, So 8–15 Uhr); hier kann man im 1. OG reservieren. Für telefonische Reservierungen und andere Anfragen wählt man ☎ 131/2 oder ☎ 1361 (Englisch). Die Foreign Assistance Tourist Cell im Reservierungskomplex organisiert Buchungen für Traveller mit oder ohne Indrail Pass; am Schalter im 2. OG ist meistens wenig los und man kann mit Kreditkarte bezahlen.

Das **Buchungsbüro** (☎ 135) in Egmore hat dieselben Öffnungszeiten wie das in der Central Station. Die Tabelle auf S. 1060 enthält einige der Zugverbindungen ab Chennai. Nur einmal pro Woche (Fr) fährt ein Zug nach Goa – der *Chennai-Vasco-Express*.

UNTERWEGS VOR ORT

Vom/Zum Flughafen

Die Terminals für nationale und internationale Flüge befinden sich 16 km südlich vom Stadtzentrum. Am geschicktesten erreicht man sie mit dem Vorortzug von Egmore nach Tirusulam, der 500 m vom Terminal entfernt hält. Züge fahren von 4.15 bis 23.45 Uhr (7/85 Rs in der 2./1. Klasse, 40 Min.). Während der Stoßzeiten sollte man allerdings möglichst einen Bogen um sie machen.

Noch einfacher geht's mit einer Rikscha zum Flughafen – die Kosten betragen tagsüber/nachts ca. 150/250 Rs.

Der Taxischalter im Anna International Airport bietet Tickets zu Fixpreisen an – ein Ticket nach Chennai kostet 210 Rs (nach Egmore) bzw. 230 Rs zur Anna Salai oder nach Triplicane. Ein weiterer Schalter befindet sich bei der Gepäckausgabe im Terminal des Kamaraj Domestic Airports.

Autorikschas

Rikschafahrer lassen in Chennai nur sehr widerwillig mit sich verhandeln; da es aber ein Zeit raubendes Abenteuer ist, zu Fuß durch die Stadt kommen, ist man ihnen gewissermaßen ausgeliefert. Trotz des dichten Verkehrs ist eine Autorikscha das schnellste Transportmittel in Chennai. Offiziell kostet der erste Kilometer 7 Rs, jeder weitere 3,50 Rs, doch viele Fahrer wissen anscheinend nicht, wie sie das Taxameter einschalten. Eine Fahrt von Egmore nach George-

WICHTIGE ZUGVERBINDUNGEN AB CHENNAI

Ziel	Zugnummer & Name	Preis (Rs)	Dauer (Std.)	Abfahrt
Bangalore	2007 *Bangalore Shatabdi* *	505/990	5	6 Uhr CC
	6222 *Kaveri Express*	142/399/638	8	21.30 Uhr CC
	6523 *Bangalore Exp*	89/311	7	13 Uhr CC
Delhi	2615 *Grand Trunk Exp*	477/1340/2144	35½	16.30 Uhr CC
	2621 *Tamil Nadu Exp*	2144/1340/477	34	22 Uhr CC
Hyderabad	2759 *Charminar Exp*	257/722/1155	15	18.10 Uhr CC
	7053 *Hyderabad Exp*	257/722/1155	14	16.45 Uhr CC
Kochi	6041 Alleppey Exp	236/663/1060	12½	20.30 Uhr CC
Kolkata	2842 *Coromandel Exp*	409/1149/1838	28	9.05 Uhr CC
	6004 *Howrah Mail*	409/1149/1838	32½	22.30 Uhr CC
Madurai	2637 Pandyan Exp	182/510/816	9	21.30 Uhr CE
	Vaigai Exp	114/397	8	12.25 Uhr CE
Mettupalayam	2671 *Nilgiri Exp*	192/540/864	9½	20.30 Uhr CC
Mumbai	6012 Mumbai Exp	345/969/1550	26	11.45 Uhr CC
	6010 Mumbai Mail	345/969/1550	29	23 Uhr CC
Mysore	2007 *Mysore Shatabdi* *	645/1255	7	6 Uhr CC
	6222 *Kaveri Exp*	185/519/830	11	21.30 Uhr CC
Thiruvananthapuram	2623 Trivandrum Mail	284/798/1277	16	19.30 Uhr CC
Tiruchirappalli	2605 *Pallavan Exp*	85/297	5½	15.30 Uhr CE
	6177 *Rock Fort Exp*	136/382/611	9	22.30 Uhr CE
Tirupathi	6057 Saptagiri Exp	46/160	3	6.25 Uhr CC
	6053 Tirupathi Exp	46/160	3	13.50 Uhr CC

CC = Chennai Central, CE = Chennai Egmore

Tgl. außer Di; nur Chair Class mit Klimaanlage; Preise inkl. Mahlzeiten und Getränke.

* Nur Mo und Sa.

Shatabdi-Preise gelten für Chair Class/Executive Chair Class; Express- und Mail-Preise gelten für 2. Klasse/Chair Class in tagsüber verkehrenden Zügen und für Sleeper Class/3AC/2AC in Nachtzügen.

town, Triplicane oder zur Anna Salai sollte aber nicht mehr als 25 Rs kosten. Außerhalb der Central Station befindet sich ein Stand mit Taxitickets zu Fixpreisen. Nach 22 Uhr sind die Preise um mindestens 25 % höher als tagsüber.

Fahrer pirschen sich gerne an ahnungslose Touristen heran, um ihnen für 20 Rs eine einstündige „Sightseeingtour" zu einem beliebigen Ziel in der Stadt anzubieten. In diesem Fall wird man zu zwei oder drei Läden gekarrt und gebeten, sich für 10 Minuten „umzuschauen" – und der Fahrer kassiert dabei eine saftige Provision. Auf diese Masche sollte man ja nicht hereinfallen – die Ladenbesitzer verfolgen eine unangenehm aufdringliche Verkaufsstrategie mit viel schauspielerischem Talent: Sie sind todunglücklich, wenn man das Geschäft verlässt, ohne etwas zu kaufen.

Auto & Taxi

Obwohl die meisten Taxifahrer liebend gerne größere Strecken übernehmen und diese auch zu angemessen Preisen anbieten, ist es ratsam, für längere Fahrten einen Fahrer über eine seriöse Reiseagentur oder sein großes Hotel zu buchen – zwar muss man u. U. etwas mehr berappen, doch ein verlässlicher Fahrer und ein konkreter Ansprechpartner für Pannen sollten dies wettmachen. Die Preise variieren zwar, aber im Schnitt muss man für Ganztagesfahrten innerhalb des Stadtgebiets (8 Std.) rund 800 Rs hinlegen. Fahrten jenseits der Stadtgrenze kosten bei einem Mindeststrecke von 250 km am Tag 5 Rs pro Kilometer (7 Rs mit Klimaanlage).

Die staatlich anerkannte Organisation **Manjoo Cabs** (☎ 23813083; manjoocabs@yahoo.com; 1 Subramaniyaswamy Koil West St, Saidapet) ist ein

Zusammenschluss von geschäftstüchtigen Fahrern, die für die Anschaffung der Fahrzeuge hart gearbeitet und gespart haben.

Bus

Das Busnetz von Chennai ist schwer durchschaubar, aber weniger überbelastet als in anderen indischen Großstädten. Doch wenn es eine Direktverbindung gibt, ist der Bus eine gute Alternative. Der Stadtbusbahnhof befindet sich an der Parry's Corner, die Busse halten überall in der Stadt. Theagaraya-Nagar fahren die Linien 10 und 11 an, zum Mossufil-Busbahnhof geht's mit der Linien 15B oder 17 – und das für günstige 4–10 Rs.

Zug

Der Vorortzug eignet sich perfekt, um vom Bahnhof Egmore zur Central Station(5 Rs), zum Fort (5 Rs), nach Nungambakkam (5 Rs), Guindy (7 Rs), zum St. Thomas Mount (7 Rs) oder zum Flughafen (Tirusulam; 8 Rs) zu gelangen. Die Lady's Compartments sind nicht so überfüllt.

Die MRTS (Mass Rapid Transport System) fährt von der Beach Station aus in südliche Richtung. Alle Tickets kosten 5 Rs, egal wie weit oder lang man fährt; zwischen 7 und 21 Uhr fahren ungefähr vier Züge pro Stunde. Haltestellen sind zurzeit u. a. Beach, Fort, Park Town, Chintadripet, Chepauk, Lighthouse und Luz.

NÖRDLICHES TAMIL NADU

VON CHENNAI NACH MAMALLAPURAM

Chennais Stadtgebiet breitet sich weit in den Süden aus, bis es an der East Coast Rd. allmählich in das von Mamallapuram übergeht. Entlang des als „Coromandel Coast" bekannten Küstenstreifens gibt es einige kleine Ferienorte am Strand, Erholungsgebiete und wundervolle Künstler-Kommunen. Noch sind nicht alle vom Tsunami beschädigten Fischerdörfer wieder aufgebaut.

In Injambalkkam, 18 km südlich von Chennai, steht das **Cholamandal-Künstlerdorf** (☎ 044-24490092; cholamandalartvillage.com; Eintritt frei; 🕑 9.30–18.30 Uhr). Es wurde 1966 als ein Ort errichtet, an dem Künstler und Bildhauer leben, arbeiten und ihre Werke ausstellen. Eine Reihe von Gebäuden mit Strohdächern beherbergt Galerien und Studios, in denen man manchmal einem Künstler beim Arbeiten über die Schulter schauen kann. Oder man bewundert die tollen zeitgenössischen Gemälde und Skulpturen, von denen viele auch gekauft werden können.

12 km weiter südlich in Muttukadu liegt das **Dakshinachitra** (☎ 04114-272603; www.dakshinachitra.org; Eintritt indische Studenten/Erwachsene 25/50 Rs, ausländische Studenten/Erwachsene 70/175 Rs; 🕑 Mi–Mo 10–18 Uhr), ein bemerkenswertes Kultur- und Kunstzentrum; ausgestellt sind Kunstwerke und Handarbeiten aus Tamil Nadu, Kerala, Karnataka und Andhra Pradesh. Das von der Madras Crafts Association getragene Dorf besteht aus traditionellen Wohnhäusern, Gebäuden und Werkstätten wie Weberhäuser, Töpferschuppen und die Wohnstätten von Händlern aus den jeweiligen Bundesstaaten. Die Kunst- und Handwerksausstellungen sind mittwochs bis montags geöffnet, an den Wochenenden kann man auch zuschauen, wie Gefäße getöpfert, Körbe geflochten, Marionetten hergestellt und Palmblätter verziert werden. Regelmäßige Touren mit Führer sind im Eintrittspreis enthalten; im Empfangszentrum wird zur besseren Orientierung ein kurzer Film gezeigt.

Das Dakshinachitra erreicht man am besten, indem man einen Bus nach Süden in Richtung Mamallapuram (Linien 188 oder 118; 22 Rs, 1 Std.) nimmt und sich absetzen lässt. Eine Tagestour mit einem Taxi kostet ca. 800 Rs; den Preis für eine Autorikscha kann man auf ca. 450 Rs runterhandeln.

Die **Crocodile Bank** (☎ 04114-242511; Eintritt Erw./Kind 20/10 Rs, Foto/Video 10/75 Rs; 🕑 Di–So 8–17.30 Uhr) 40 km südlich von Chennai ist eine Aufzuchtfarm für Krokodile, Alligatoren und Schildkröten; gleich nebenan liegt eine Schlangenfarm, die Gegengifte herstellt. Hunderte von Reptilien leben hier, darunter Sumpfkrokodile, Ganges-Gaviale und Salzwasserkrokodile von den Andamanen & Nicobaren. Am späten Nachmittag ist Fütterungszeit (20 Rs).

5 km nördlich von Mamallapuram, in Salavankuppam, befindet sich die **Tigerhöhle.** Der in den Fels gehauene Schrein stammt wahrscheinlich aus dem 7. Jh. Er ist Durga geweiht und hat einen kleinen *mandapam* mit einer Krone aus geschnitzten *yali*-Köpfen (*yali* = mythisches Löwenwesen).

MAMALLAPURAM (MAHABALIPURAM)

☎ 04114 / 12 049 Ew.

Mamallapuram liegt keine zwei Stunden Busfahrt von Chennai entfernt und ist Tamil Nadus einziger richtiger Ferienort. In dem Küstendorf kann man tagelang relaxed herumhängen, klasse Seafood essen, zwischen uralten Felsreliefs herumspazieren oder einfach nur nichts tun. Und dennoch, der Ort hat noch mehr zu bieten. Mamallapuram ist berühmt für seine Strandtempel und war einst zweite Hauptstadt und Seehafen der Pallava-Könige von Kanchipuram. Es ist Unesco-Weltkulturerbe und ein bekanntes Bildhauerzentrum, das edle Skulpturen in alle Welt exportiert. Überall hört man das Klopfen von Hammern und Meißeln.

Der halbwegs vernünftige Strand und eine tolle Mischung aus günstigen Übernachtungsmöglichkeiten, Fischrestaurants, Handwerksläden, spektakulären Felsreliefs und den angesehensten Tanzfestivals Tamil Nadus (s. S. 1044) sind Grund genug, dass viele Traveller hier direkt aus Chennai eintrudeln und eine Weile abhängen. Obwohl die Strandrestaurants und die Fischergemeinde 2004 vom Tsunami betroffen waren, herrscht heute wieder Normalzustand.

Orientierung & Praktische Informationen

Mamallapuram ist klein und gemütlich. Am meisten ist noch in der East Raja St., der Othavadai St. und der Othavadai Cross St. in der Nähe des Strands los. Die Sehenswürdigkeiten der Umgebung kann man gut zu Fuß oder per Drahtesel erreichen.

BUCHLÄDEN

JK Bookshop (☎ 246005; 13B Othavadai St; 🕑 8.30–21 Uhr) Kleiner Buchshop, in dem man Bücher in mehreren Sprachen – u. a. in Deutsch, Englisch und Französisch – kaufen oder tauschen (50 Rs) kann. Die Hälfte der Einnahmen geht an die vom Eigentümer gegründeten Dorfschulen.

INTERNETZUGANG

Internetanschlüsse gibt's überall.

Lakshmi Lodge Internet (Othavadai Cross St; 30 Rs/Std.; 🕑 9–22 Uhr).

VAT Telecom Centre (East Raja St; 🕑 24 Std.)

MEDIZINISCHE VERSORGUNG

St Mary's Health Centre (☎ 232334; 🕑 9–12.30 & 16.30–18.30 Uhr) In der Nähe vom Touristenbüro.

Suradeep-Krankenhaus (☎ 242390; 15 Thirukula St; 🕑 24 Std.) Von Reisenden empfohlen.

GELD

Um Geld zu wechseln oder Reiseschecks einzulösen, sucht man am besten eine der privaten Wechselstuben auf der East Raja St. auf, u. a.:

LKP Forex (East Raja St; 🕑 Mo–Sa 9.30–18.30 Uhr).

Prithvi Exchange (☎ 243265; East Raja St; 🕑 Mo–Sa 9.30–19 Uhr)

POST

Post (🕑 Mo–Fr 8–16 Uhr) Am Ende der kleinen Straße östlich vom Touristenbüro.

TOURISTENINFORMATION

Touristenbüro(☎ 242232, East Raja St; 🕑 Mo–Fr 10–17.45 Uhr) Das Personal hat Karten, Busfahrpläne und reichlich planloses Gelaber im Angebot. Reinschauen lohnt sich dennoch.

DIE FELSENRELIEFS VON MAMALLAPURAM

Die in den Fels gehauenen Bilder rund um Mamallapuram suchen in Tamil Nadu ihresgleichen. Viele der Felsarbeiten anderorts in Tamil Nadu stellen Szenen aus der hinduistischen Götterwelt dar und weniger das „gemeine" Volk. Die wunderbaren Felsbilder von Mamallapuram jedoch bestechen durch ihre Einfachheit und haben ihre Wurzeln in der volkstümlichen Kunst. Die Skulpturen zeigen Szenen aus dem Alltag – Frauen, die Büffel melken, protzige Würdenträger aus der Stadt und aufgebretzelte junge Mädchen, die an Straßenecken posieren oder kunstvoll ihre Hüften schwingen.

Die meisten der Tempel und Felsreliefs in und um Mamallapuram wurden während der Regierungszeit Narasimha Varmans I. (630–68 n. Chr.) und Narasimha Varmans II. (700–28 n. Chr.) erbaut. Doch ist diese Kunstform nicht nur auf die Vergangenheit beschränkt: Rund 200 Bildhauer säumen die Straßen und meißeln von morgens bis abends an ihren Steinen herum. Die angesehenen Bildhauer-Profis von Mamallapuram werden ihrer Tradition gerecht –regelmäßig werden sie damit beauftragt, Skulpturen für neue Tempel auf der ganzen Welt herzustellen.

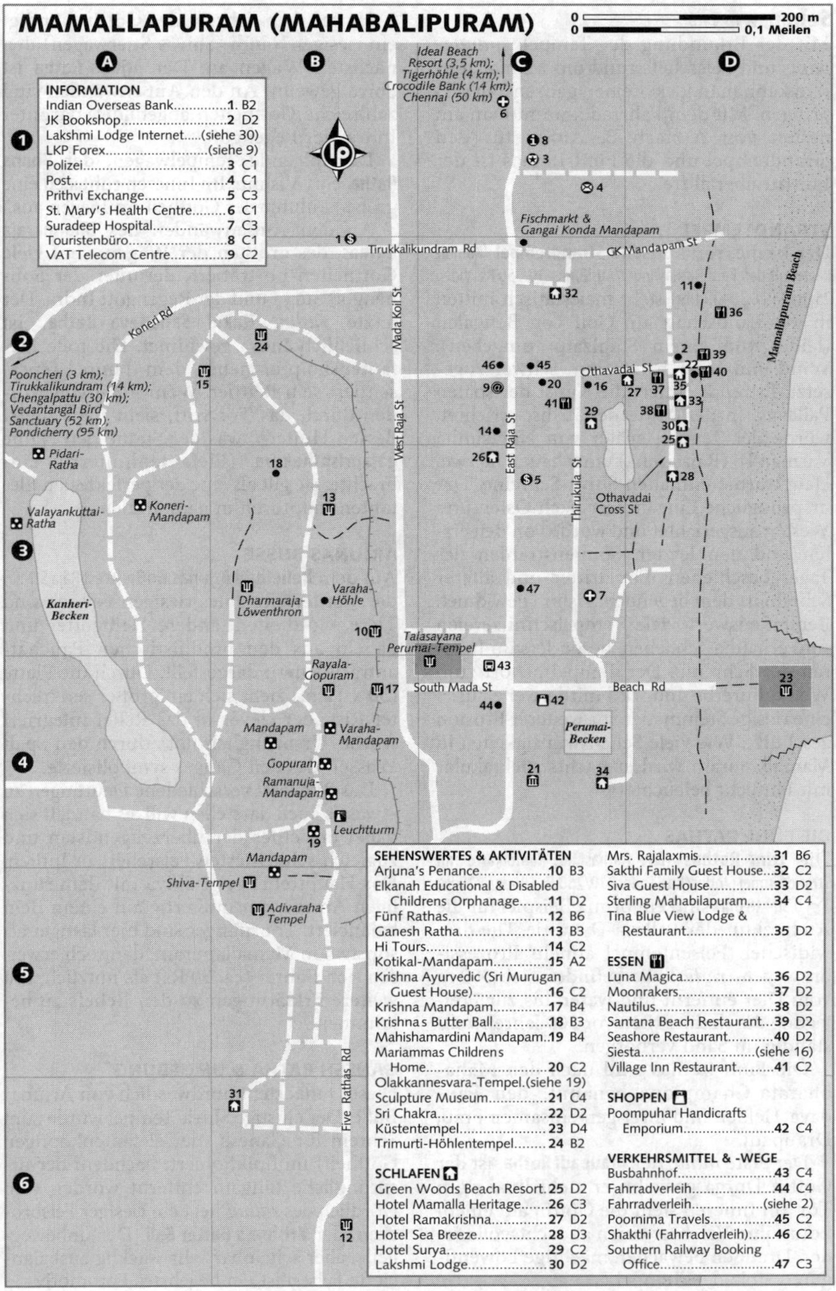
MAMALLAPURAM (MAHABALIPURAM)
0 200 m
0 0,1 Meilen
A B C D
1 2 3 4 5 6
Ideal Beach Resort (3,5 km); Tigerhöhle (4 km); Crocodile Bank (14 km); Chennai (50 km)
INFORMATION
Indian Overseas Bank....1 B2
JK Bookshop....2 D2
Lakshmi Lodge Internet....(siehe 30)
LKP Forex....(siehe 9)
Polizei....3 C1
Post....4 C1
Prithvi Exchange....5 C3
St. Mary's Health Centre....6 C1
Suradeep Hospital....7 C3
Touristenbüro....8 C1
VAT Telecom Centre....9 C2
Fischmarkt & Gangai Konda Mandapam
Tirukkalikundram Rd
GK Mandapam St
Mamallapuram Beach
Koneri Rd
Mada Koil St
West Raja St
East Raja St
Othavadai St
Thirukula St
Othavadai Cross St
Pooncheri (3 km); Tirukkalikundram (14 km); Chengalpattu (30 km); Vedantangal Bird Sanctuary (52 km); Pondicherry (95 km)
Pidari-Ratha
Valayankuttai-Ratha
Koneri-Mandapam
Kanheri-Becken
Dharmaraja-Löwenthron
Varaha-Höhle
Talasayana Perumal-Tempel
Rayala-Gopuram
South Mada St
Beach Rd
Perumal-Becken
Mandapam
Varaha-Mandapam
Gopuram
Ramanuja-Mandapam
Leuchtturm
Mandapam
Shiva-Tempel
Adivaraha-Tempel
Five Rathas Rd
SEHENSWERTES & AKTIVITÄTEN
Arjuna's Penance....10 B3
Elkanah Educational & Disabled Childrens Orphanage....11 D2
Fünf Rathas....12 B6
Ganesh Ratha....13 B3
Hi Tours....14 C2
Kotikal-Mandapam....15 A2
Krishna Ayurvedic (Sri Murugan Guest House)....16 C2
Krishna Mandapam....17 B4
Krishnas Butter Ball....18 B3
Mahishamardini Mandapam....19 B4
Mariammas Childrens Home....20 C2
Olakkannesvara-Tempel....(siehe 19)
Sculpture Museum....21 C4
Sri Chakra....22 D2
Küstentempel....23 D4
Trimurti-Höhlentempel....24 B2
SCHLAFEN
Green Woods Beach Resort....25 D2
Hotel Mamalla Heritage....26 C3
Hotel Ramakrishna....27 D2
Hotel Sea Breeze....28 D3
Hotel Surya....29 C2
Lakshmi Lodge....30 D2
Mrs. Rajalaxmis....31 B6
Sakthi Family Guest House....32 C2
Siva Guest House....33 D2
Sterling Mahabilapuram....34 C4
Tina Blue View Lodge & Restaurant....35 D2
ESSEN
Luna Magica....36 D2
Moonrakers....37 D2
Nautilus....38 D2
Santana Beach Restaurant....39 D2
Seashore Restaurant....40 D2
Siesta....(siehe 16)
Village Inn Restaurant....41 C2
SHOPPEN
Poompuhar Handicrafts Emporium....42 C4
VERKEHRSMITTEL & -WEGE
Busbahnhof....43 C4
Fahrradverleih....44 C4
Fahrradverleih....(siehe 2)
Poornima Travels....45 C2
Shakthi (Fahrradverleih)....46 C2
Southern Railway Booking Office....47 C3

Sehenswertes

Mit der Erkundung der Tempel, *mandapams* und Felsreliefs rund um Mamallapuram kann man locker einen ganzen Tag verbringen. Mit dem Fahrrad kommt man am besten von A nach B. Außer für den Strandtempel und die Fünf Rathas ist der Eintritt überall frei.

STRANDTEMPEL

Der kleine, romantische **Strandtempel** (Kombikarte mit den Fünf Rathas Inder/Ausländer 10/250 Rs, Video 25 Rs; 🕑 6.30–18 Uhr) steht majestätisch mitten in der Landschaft am Golf von Bengalen (leider von einem Stahlzaun umgeben). Wind und Meer haben ihm schwer zugesetzt. Er repräsentiert die Kunst der späten Pallavas. In der Mitte des 7. Jhs. errichtet, wurde der Tempel später von Narasimha Varman II. (Rajasimha) umgebaut. Die zwei Haupttürme enthalten Shiva-Schreine. Der ursprüngliche Lingam war nach Osten und Westen ausgerichtet und wurde von den ersten und den letzten Sonnenstrahlen des Tages beschienen. Ein dritter und älterer Schrein ist dem liegenden Vishnu gewidmet. Bemerkenswert viele Tempelschnitzereien sind erhalten geblieben, besonders im Inneren der Schreine. Der Tempel gehört zum Weltkulturerbe und wird mittlerweile durch eine riesige Steinmauer vor weiterer Erosion geschützt. Wie viele Sehenswürdigkeiten in Mamallapuram wird er nachts spektakulär mit Flutlicht beleuchtet.

DIE FÜNF RATHAS

Die **Fünf Rathas** (Five Rathas Rd; Kombikarte mit Strandtempel Inder/Ausländer 10/250 Rs, Video 25 Rs; 🕑 6.30–18 Uhr) sind ein prima Beispiel für die Architektur der Pallava-Dynastie. Die drawidischen Felsentempel ähneln Prozessionswagen *(ratha)*. Sie befinden sich 300 m vom Ufer entfernt und waren bis zur Freilegung durch die Briten vor 200 Jahren vollständig im Sand verborgen.

Die Fünf Rathas sind nach den Mahabharata-Champions benannt: den Pandava-Helden und ihrer gemeinsamen Frau, Draupadi.

Der erste *ratha*, der **Draupadi Ratha**, ist der Göttin Durga geweiht; er steht links vom Tor. Im Inneren steht die Göttin auf einem Lotus, ihre Verehrer knien andachtsvoll nieder. Draußen bewachen mächtige Löwenfiguren stolz den Tempel.

Hinter dem Schrein der Göttin kündigt ein riesiger Nandi (Shivas Stierwagen) den nächsten Wagen an: Der **Arjuna Ratha** ist Shiva geweiht. An den Außenwänden sind zahlreiche Gottheiten abgebildet, darunter Indra, der Regengott.

Der folgende Tempelwagen, der **Bhima Ratha**, ehrt Vishnu. Im Inneren ruht sich eine große Skulptur der Gottheit im Liegen aus.

An den Außenwänden des **Dharmaraja Rathas**, des größten der Wagen, sind viele Gottheiten porträtiert, darunter der Sonnengott Surya und der Regengott Indra. Der letzte *ratha*, **Nakula-Sahadeva Ratha**, ist schließlich Indra gewidmet. Die tolle Elefantenskulptur neben dem Tempel repräsentiert sein Reittier. Wenn man von Norden durch das Tor tritt, sieht man zuerst dessen Hintern, was der Statue den Name **gajaprishthakara** (Elefantenhintern) einbrachte. Sie gilt als eine der perfektesten Elefantenskulpturen in ganz Indien.

ARJUNAS BUSSE

Auf dem **Reliefbild Arjunas Buße** (West Raja St) an der Vorderseite eines riesigen Felsens sind Tiere, Gottheiten, andere Halbgötter und Fabeln aus den hinduistischen Panchatantra-Büchern dargestellt. Durch die Platte (30 x 12 m) zieht sich ein großer senkrechter Riss, der clever in das Relief integriert wurde. Ursprünglich floss durch den Spalt Wasser, das den Ganges symbolisierte.

Das Bild lässt verschiedene Deutungen zu – was es auch darstellen will, es handelt sich dabei um eines der überzeugendsten und zugleich schlichtesten Felsreliefs in Indien. Das Hauptrelief zeigt Shiva mit dem runzligen Arjuna, der bußfertig auf einem Bein balanciert. Tourifänger sind hier lästiger als sonstwo in Mamallapuram; dennoch erweisen sich Führer (ca. 30 Rs) als nützlich, um weitere Erklärungen zu den Reliefs zu bekommen.

GANESH RATHA & UMGEBUNG

Dieser *ratha* steht nordwestlich von Arjunas Buße. Der einstige Shiva-Tempel wurde zum Schrein für Ganesh (der elefantenköpfigen Gottheit) umfunktioniert, nachdem der ursprüngliche Lingam entfernt worden war. Nördlich des *rathas* liegt ein riesiger Felsbrocken, der **Krishna's Butter Ball**. Der unbewegliche, aber scheinbar sehr wacklig ausbalancierte Felsen ist ein begehrtes Fotomotiv.

Nicht weit davon entfernt ehrt der **Trimurti-Höhlentempel** das hinduistische Dreigespann – Brahma, Vishnu und Shiva – jeweils mit einem eigenen Bereich.

MANDAPAMS

Viele *mandapams* mit schönen Skulpturen im Inneren liegen über den Haupthügel verteilt. Der **Kotikal-Mandapam** südwestlich vom Trimurti-Höhlentempel ist Durga geweiht. Einer der ersten Felsentempel überhaupt ist der **Krishna-Mandapam**. Er wurde noch vor dem Buße-Relief erschaffen. Krishna ist fürsorglich dargestellt: Er hebt den mythischen Govardhana-Berg an, um seine Verwandtschaft vor dem Zorn des Regengotts Indra zu beschützen.

Der **Mahishamardini-Mandapam** und der **Olakkannesvara-Tempel** befinden sich ein paar Meter südwestlich des Leuchtturms. Auf dem *mandapam* sind Szenen aus den Puranas (Sanskrit-Geschichten aus dem 5. Jh.) dargestellt; die Skulptur der Göttin Durga zählt zu den besten ihrer Art.

Oberhalb des *mandapam* stehen die Überreste des Olakkannesvara-Tempel aus dem 8. Jh.; von hier aus hat man eine tolle Aussicht auf Mamallapuram. Aus „Sicherheitsgründen" ist Fotografieren hier verboten – ein paar Kilometer weiter südlich befindet sich ein Kernkraftwerk.

SCULPTURE MUSEUM

Das **Skulpturenmuseum** (East Raja St; Eintritt Erw./Kind 2/1 Rs, Foto 10 Rs; ⌚ 9–17.30 Uhr) zeigt über 3000 Skulpturen örtlicher Kunsthandwerker, die mit Stein, Holz, Metall und sogar Zement arbeiten. Der ganze Vorhof ist mit den Werken übersät. Auch ein paar tolle Gemälde sind ausgestellt.

Aktivitäten

STRAND

Mamallapuram liegt nur 200 m vom breiten Mamallapuram Beach entfernt, der sich nördlich des Strandtempels erstreckt. Die Fischer des Orts haben hier ihre Boote liegen. Weiter im Norden und südlich des Strandtempels ist der Strand sehr sauber – hier kann man lange ungestörte Spaziergänge machen. Bei Flut muss man zuvor über die Felsen vor dem Strandtempel klettern. Zum Schwimmen eignet sich diese Stelle des Strands aufgrund der starken Strömungen überhaupt nicht – jedes Jahr ertrinken unvorsichtige Badegäste. Mit einem der Auslegerboote kann man zum Angeln fahren; der Preis ist Verhandlungssache.

WAISENHÄUSER

Obwohl es Waisenhäuser in ganz Indien gibt, ist ihre Existenz gerade in Mamallapuram kaum zu übersehen – Helfer treiben aktiv und aggressiv Spenden von Touris ein. Natürlich profitieren die Waisenhäuser von ein paar Rupien oder sogar alter Kleidung. Mehr geholfen ist aber, wenn man den Waisenhäusern einen Besuch (mit Spende) abstattet und einige Stunden mit den Kindern spielt. Die meisten Häuser empfangen Reisende sehr herzlich (an Wochenenden oder nach 16 Uhr) und die Kinder freuen sich tierisch, wenn Fremde sie besuchen kommen. Das **Mariamma's Children Home** (☎ 242079; Othavadai St) befindet sich im Ortszentrum und ist sehr zu empfehlen. Und auch das **Elkanah Educational & Disabled Children's Orphanage** (☎ 243474; Fisherman's Colony) ermuntert Besucher, doch mal hereinzuschauen.

Kurse

Zahlreiche Einrichtungen bieten Massagen, Reiki, Yoga und Ayurveda-Behandlungen an. Eine 30- bis 45-minütige Sitzung kostet ca. 350 Rs. Das **Krishna** (Siesta; Othavadai St) wird von Männern wie Frauen empfohlen, genauso das **Kamaraj Ayurvedic** (☎ 242115; Ganzkörper 300 Rs, Gesicht & Hals 150 Rs), das über das Moonrakers-Restaurant kontaktiert werden kann.

Das **Sri Chakra** (Othavadai St; Massage 300 Rs/Std.; ⌚ 8–21 Uhr) hat Ayurveda-Massagen und morgens um 7 Uhr Yogasessions (150 Rs) im Angebot.

Wie immer sollte man in einer so sensiblen Angelegenheit andere Traveller befragen, den Masseur vorsichtig löchern und im Zweifelsfall lieber auf eine Behandlung verzichten.

Geführte Touren

Für Gäste, die Mamallapuram auf einem Drahtesel erkunden möchten, bietet **Hi! Tours** (☎ 243260; www.hi-tours.com; 123 East Raja St) Fahrradtouren (200 Rs inkl. Führer und Mittagessen; mindestens vier Personen) zu Dörfern und Sehenswürdigkeiten in der Umgebung an, darunter die Tigerhöhle und der Tirukazhukundram-Shiva-Tempel. Die Touren dauern von 8 bis 14 Uhr. Hi! Tours veranstaltet auch Tagesausflüge zu den Vogelschutzgebieten von Kanchipuram und Vedantangal.

Schlafen

Wer problemlos auf etwas Komfort verzichten kann, der ist in den einfachen Privatunterkünften an den Nebenstraßen nahe der Fünf Rathas oder anderswo im Ort an der richtigen Adresse. Die Zimmer und Einrichtungen sind zwar rustikal, Backpacker berichten aber nur Gutes. Eine Unterkunft ist normalerweise für 50 Rs pro Tag oder 300 Rs pro Woche zu bekommen. Wenn man sich von einem der Nepper und Schlepper zu einem Hotel schleifen lässt, bezahlt man deutlich mehr.

Mamallapuram hat ein großes Angebot an Unterkünften. Die meisten Budget- und Mittelklassehäuser liegen an der Othavadai St. und Othavadai Cross St., Spitzenklassehotels liegen nördlich der Stadt bzw. an der Straße nach Chennai.

BUDGETUNTERKÜNFTE

Mrs Rajalaxmi's (☎ 242460; Zi. 50 Rs) Eine der günstigen Unterkünfte in Familenbesitz; in der Nähe der Fünf Rathas. Freundlich und gemütlich, aber sehr einfach. Die Zimmer sind immerhin mit Ventilatoren und Strom ausgestattet; Gemeinschaftsklos.

Sakthi Family Guest House (☎ 242577; 6 East Raja St; DZ 60–150 Rs) Das weitläufige alte Haus im Ortszentrum gehört der freundlichen Chandra Palani, die die örtliche Grundschule leitet. Die Zimmer in den Nebengebäuden sind einfach, aber sauber – Gäste werden behandelt, als ob sie schon zu den Möbeln gehörten. Ein Schild sucht man an der Straße vergeblich – das Haus liegt versteckt in einem Sträßchen hinter dem Rathaus.

Siva Guest House (☎ 243234; sivaguesthouse@hotmail.com; 2 Othavadai Cross St; DZ 150–250 Rs; mit Klimaanlage 600 Rs;) Verdientermaßen sehr beliebt bei Backpackern – das Siva bekommt regelmäßig gute Kritiken. Die Zimmer sind blitzsauber und haben eine kleine Veranda.

Hotel Ramakrishna (☎ 242331; 8 Othavadai St; EZ/DZ/3BZ 100/150/250 Rs) Riesiges Haus mit drei Stockwerken rund um einen Parkplatz. Super Dachrestaurant und Bäckerei. Die Zimmer sind einfach, aber sauber und haben ein prima Preis-Leistungs-Verhältnis.

Tina Blue View Lodge & Restaurant (☎ 242319; 34 Othavadai St; Zi. 150–300 Rs) Das Tina Blue wird vom freundlichen Xavier geleitet und gehört zu den Orginalen in Mamallapuram – wirkt zwar etwas wie ein alter Hut, dafür liegt es in einem schattigen Garten und auf den Verandas vor den Zimmern stehen Stühle und Tische. Es gibt ein Musik- und Spielezimmer; das gemütliche Restaurant ist aus Bambus gebaut, hat ein Strohdach und steht auf Stelzen.

Green Woods Beach Resort (☎ 243243; greenwoods_resort@yahoo.com; 7 Othavadai Cross St; DZ 200–300 Rs, mit Klimaanlage 550 Rs;) Das Green Woods ist zwar nicht gerade flashig, aber dafür gemütlich. Schattiger Garten und ein paar tolle Dachzimmer.

Die **Lakshmi Lodge** (☎ 442463; DZ 250–350 Rs, mit Klimaanlage 600 Rs;) steht am Ende der Othavadai Cross St. mit direktem Zugang zum Strand. Das Haus ist seit Jahren in der Backpacker-Szene sehr beliebt. Es hat durch den teichartigen Pool und das einigermaßen anständige Dachrestaurant einen gewissen Standard, die Besitzer sind aber leider manchmal etwas anmaßend.

MITTEL- & SPITZENKLASSEHOTELS

An der nördlichen Straße nach Chennai verteilen sich auf einigen Kilometern mehrere Mittelklasse- und Tophotels. Sie liegen alle zwischen Straße und Strand und bieten eine Reihe von Goodies, darunter in der Regel einen Pool, eine Bar, Restaurant(s) und die Möglichkeit, mit Kreditkarte zu bezahlen.

Hotel Sea Breeze (☎ 243035; seabreezehotel@hotmail.com; 11 Othavadai Cross St; EZ/DZ ab 300/490 Rs, DZ mit Klimaanlage 850–975 Rs;) Der größte Trumpf des Hotels ist der schattige Garten mit dem tollen Pool, der dem Ganzen eine gehobenere Atmosphäre verleiht. Die Zimmer sind zwar recht gewöhnlich, aber dafür hell und geräumig.

Hotel Mamalla Heritage (☎ 242060; 104 East Raja St; EZ/DZ 700/800 Rs, Deluxe 800/900 Rs;) Standard-Mittelklassehotel mit geräumigen und bequemen Zimmern, alle mit Telefon, TV und Minibar. Sehr gutes Vegi-Restaurant.

Hotel Surya (☎ 242292; Thirukula St; Ferienhäuser ab 350 Rs, DZ 350–550 Rs, DZ mit Klimaanlage ab 750 Rs;) Für alle, die sich für Skulpturen und Tempelarchitektur interessieren, ist das Surya die ideale Anlage. Der Besitzer ist selbst Künstler und Bildhauer; die tolle Gartenlandschaft ist von Skulpturen bevölkert, darunter ein buddhistisches *torana* (Eingangstor). Die Zimmer sind einfach; einige haben Balkone, von denen man auf den Garten oder dessen Teich blicken kann.

Sterling Mahabilapuram (☎ 242287; Shore Temple Rd; DZ 2000 Rs; ❄ 🏊) Das freundliche, aber überteuerte Haus liegt an einem ruhigen Plätzchen in der Nähe des Strandtempels auf einem weitläufigen, schattigen Grundstück. Es ist mit Bar, Restaurant, einem Spielareal für Kinder und riesigen, altmodischen Gästezimmern ausgestattet.

Ideal Beach Resort (☎ 242240; www.idealresort.com; EZ/DZ 1400/1700 Rs, Ferienhäuser ab 2000/2200 Rs; ❄ 💻 🏊) Das beste unter den Gästehäusern am Strand, mit tropischer Gartenlandschaft sowie bequemen Zimmern und Ferienhäusern. Die Anlage ist klein und abgeschlossen genug für eine vertrauliche Atmosphäre. Im Freiluftrestaurant am Pool werden leckere indische und sri-lankische Gerichte und Meeresfrüchte serviert. Das Ganze liegt ca. 3,5 km nördlich der Stadt.

Essen & Ausgehen

Essen gehen macht in Mamallapuram richtig Spass. Restaurants unter Palmen servieren am Strand frisches Seafood zu den sanften Klängen des Ozeans; die meisten schenken auch Bier aus (ob mit Genehmigung oder ohne). Normalerweise bekommt man vor dem Bestellen eine Auswahl an frischem Fisch, Garnelen, Krabben und Tintenfisch aus dem Tagesfang gezeigt. Vorher nach dem Preis fragen, da dieser bei Seafood von Gewicht und Verfügbarkeit abhängig ist – Garnelen und Hummer können teurer sein als erwartet. Vorsichtiges Verhandeln kann durchaus erfolgreich sein. Die meisten Restaurants von Mamallapuram liegen in der Othavadai St. und am Strand. Alle servieren riesige Frühstücksmenüs, vegetarische, chinesische und europäische Gerichte.

Wer auf Strandambiente und die Songs von Bob Marley steht, sollte das frische Seafood im **Seashore Restaurant** (🕒 7.30–22.30), **Santana Beach Restaurant** (🕒 6.30–22 Uhr) und im **Luna Magica** (Hauptgerichte 60–140 Rs; 🕒 7.30–23 Uhr) probieren. Andere Gerichte kosten zwischen 30 und 50 Rs. Hier kann man auch super frühstücken.

Moonrakers (Othavadai St; Hauptgerichte 40–150 Rs; 🕒 7–23 Uhr) Das Moonrakers wird von drei freundlichen Brüdern geleitet und ist schon seit vielen Jahren sehr beliebt. Das Essen ist toll; es gibt eine umfangreiche Seafood-Speisekarte, Fleisch- und Hühnchengerichte sowie Pfannkuchen und Muffins zum Frühstück. Bis spät in die Nacht kann man hier bei einem kühlen Blonden abhängen und andere Reisende treffen. Die Dekoration besteht aus chinesischen Lampen, Wagenrädern und Holzschnitzereien.

Nautilus (Othavadai Cross St; Hauptgerichte 35–105 Rs) Ausgezeichnetes Lokal unter französischer Leitung; bekannt für seinen Espresso und europäische Gerichte wie Ratatouille, gefüllte Tomaten oder Steak mit Pommes. Zusätzlich gibt's Seafood und Indisches.

Village Inn Restaurant (☎ 242151; Thirukula St; Hauptgerichte 45–85 Rs, Bier 75 Rs; 🕒 8–23 Uhr) Trauliches Restaurant abseits der Hauptstraße. Zeigt etwas Klasse durch Glastische, Schilfrohrmöbel und klassische indische Musik im Hintergrund. Günstiges Seafood, Steaks (Vorbestellung erforderlich) und sogar Schottische Eier.

Siesta (Othavadai St; Gerichte 25–60 Rs; 🕒 9–23 Uhr) Tapas-Restaurant auf dem Dach des Sri Murugan Guest House. Serviert spanisches Omelette, *patatas bravas* (gebratene Kartoffeln in scharfer Sauce), Pilze mit Knoblauch und Paella, alles zubereitet vom spanischen Chefkoch. Hier gibt's auch Seafood, Pasta und Baguettes.

Shoppen

In Mamallapuram wurden die uralten Handwerkskünste der Pallava-Bildhauer wiederbelebt. Jeden Morgen erwacht der Ort mit dem Geräusch von auf Granit gehämmerten Meißeln. Die Skulpturen werden in alle Welt exportiert; eine davon in den Rucksack unterzubekommen, gestaltet sich aber unter Umständen recht schwierig. Stressfrei herumstöbern und kaufen kann man im **Poompuhar Handicrafts Emporium** (☎ 242224; South Mada Rd; 🕒 10–19 Uhr Do–Di), das von der Regierung betrieben wird, oder in einem der Handwerksläden an den Hauptstraßen (Preise sind hier Verhandlungssache). Die Skulpturen kosten zwischen 300 Rs für ein kleines Andenken, das bequem in den Rucksack passt, und 400 000 Rs für einen massiven Ganesh, der nur mithilfe eines Krans von der Stelle bewegt werden kann.

An- & Weiterreise

Mamallapurams kleiner, aber geschäftiger Busbahnhof befindet sich an der Ecke East Raja St. und South Mada St. Die häufigsten

Direktverbindungen von/nach Chennai (22 Rs, 2 Std., 30 x tgl.) bieten die Linien 188 und 118. Die Expressbusse (ECR) sind am schnellsten. Zum Flughafen von Chennai gelangt man mit den Linien 108B (22 Rs, 2 Std., 4-mal tgl.).

Nach Pondicherry (35 Rs, 2 Std., 9 x tgl.) fahren die Linien 188 oder 188A. Die Busse 212A oder 212H fahren über Tirukkalukkunram und Chengalpattu (Chingleput) nach Kanchipuram (20 Rs, 2 Std., 11-mal tgl.)

Nach Madurai kommt man am besten, indem man einen Bus nach Chengalpattu (9 Rs, 1 Std., 33-mal tgl.)nimmt und von dort aus mit dem Zug weiterfährt.

Am Busbahnhof stehen Taxis bereit. Fahrpreise für lange Strecken wollen gut ausgehandelt sein; nach Chennai und zum Flughafen werden 600 Rs fällig. Das **Southern Railway-Booking Office** (East Raja St) reserviert Zugplätze.

Unterwegs vor Ort

Am einfachsten kommt man zu Fuß herum; an einem heißen Tag kann das aber zu einer schweißtreibenden Angelegenheit ausarten. Hie und da kann man Fahrräder mieten, so u. a. im Fahrradladen neben dem Busbahnhof oder im **Shakthi** (137 East Raja St; ⌚ 8–20 Uhr); das Vergnügen kostet ca. 5/30 Rs pro Stunde/Tag. Auch **Hi! Tours** (123 East Raja St) verleiht Fahrräder für 30 Rs pro Tag. Bei **Poornima Travels** (☎ 242463; Othavadai St) und mehreren anderen Läden und Restaurants im Ort kann man auch Mopeds und Motorräder mieten. Die Kosten belaufen sich auf 150 bis 200 Rs am Tag.

Für die Besichtigungstouren zu den örtlichen Sehenswürdigkeiten und Attraktionen in der Umgebung ist es sinnvoll, sich zu mehreren eine Autorikscha oder ein Taxi zu teilen; dabei sollte man aber nicht vergessen, dass Mamallapuram ein Urlaubsort ist und man dementsprechend hart verhandeln muss.

RUND UM MAMALLAPURAM

14 km westlich von Mamallapuram liegt Tirukkalukkunram, ein Pilgerzentrum mit dem **Vedagirishvara-Tempel** (Eintritt 2 Rs; ⌚ 8.30–13 & 17–19 Uhr) oben auf dem Hügel. Er ist Shiva geweiht und wird oft auch „Adlertempel" genannt; der Legende zufolge kommen jeden Mittag zwei Adler aus Varanasi hierher. Sie lassen aber meistens auf sich warten.

Theoretisch muss man die 550 Stufen bis zum Gipfel des Hügels barfuß hinaufsteigen. Einmal angekommen, kann man die zwei wunderschönen Schreine bewundern und die Aussicht auf den größeren Bhaktavatsaleshavra-Tempel, felsige Hügel und Reisfelder genießen. Normalerweise macht es nichts, wenn man den Tempel besucht und dieser geschlossen ist – der Aufseher lässt Besucher herein (gegen eine kleine Spende). Und man umgeht die Aufforderungen der Tempelpriester, in einer *puja* unentwegt Shiva zu ehren und noch größere Spenden hinzublättern. Von Mamallapuram kommt man am besten mit Bus oder Fahrrad hierher.

VEDANTANGAL BIRD SANCTUARY

Das **Schutzgebiet** (Eintritt 5 Rs; ⌚ 6–18 Uhr) liegt ca. 52 km von Mamallapuram entfernt. Vogelfreunde werden hier voll auf ihre Kosten kommen. Das Schutzgebiet ist ein wichtiger Brutplatz für Wasservögel wie Kormorane, Silber- und Fischreiher, Ibisse, Löffler, Störche, Lappentaucher und Pelikane, die sich hier von Oktober bis März niederlassen. Auf dem Höhepunkt der Brutsaison (Dezember und Januar) tummeln sich hier bis zu 30 000 Vögel. Am besten beobachtet man diese frühmorgens und spätnachmittags. Übernachten kann man im **Forest Department Resthouse** (DZ 300 Rs, mit Klimaanlage 400 Rs) 500 m vom Schutzgebiet entfernt. Gebucht wird über den **Wildhüter** (Wildlife Warden; ☎ 044-8413947; 3. OG, DMS Office, Teynampet) in Chennai.

Nach Vedantangal nimmt man den Bus von Chengalpattu. Dann an der Haltestelle in Vedantangal aussteigen und den restlichen Kilometer in Richtung Süden zu Fuß gehen. Oft fahren einen die Busfahrer auch direkt dorthin. Alternativ kann man auch von einem der großen Zentren Tamil Nadus einen Bus nach Madurantakam (der nächstliegenden Stadt) nehmen und dort für die letzten 8 km ein Transportmittel organisieren. Oder man macht von Mamallapuram aus einen Tagesauflug mit dem Taxi.

KANCHIPURAM

☎ **04112 / 188 349 Ew.**

Die Tempelstadt Kanchipuram ist in ganz Indien für ihre Seidensaris bekannt. Außerdem ist sie eine wahre Schatzgrube an Hindutempeln und Kunstwerken aus der Zeit der Pallava-, Chola- und Pandya-Dynastien. Aber allem Ruhm und der historischer Bedeutsamkeit zum Trotz ist Kanchipuram einer der weniger reizvollen Orte Tamil Nadus – in der geschäftigen und staubigen Stadt gibt's nur wenige Übernachtsmöglichkeiten und Restaurants. Viele Traveller machen von Chennai oder Mamallapuram lediglich einen Tagesausflug hierhier, was sicher keine schlechte Idee ist. Die Attraktivität für Pilger und Touristen hat dazu geführt, dass in einigen Tempeln und Seidenläden die Belästigung der Touris zu einer Kunst erhoben wurde. In den Tempeln sollte man stets eine Menge Kleingeld bereithalten, um den Anfragen von Hausmeistern, Schuhwächtern, Führern und Priestern aller Art nach einer „kleinen Aufmerksamkeit" nachkommen zu können.

Orientierung & Praktische Informationen

Die Stadt liegt an der Hauptstraße zwischen Chennai und Bangalore, 76 km südwestlich von Chennai.

Es gibt kein Touristenbüro. Im Internet findet man Informationen unter www.hellokanchipuram.com. In der Kamaraja St. befindet sich eine überschaubare Anzahl günstiger Internetcafés. Die Banken in Kanchipuram lösen keine Reiseschecks ein. Manche Hotels (und Seidenläden) nehmen jedoch ausländische Währungen und Kreditkarten.

Dishnet DSL (81C Kamaraja St; 25 Rs/Std.; ⏲ 9–22.30 Uhr) Internetzugang.

ICICI-Bank Geldautomat (Gandhi Rd) Neben der Hauptfiliale der State Bank of India.

Net Spot (☎ 235 375; 81B Kamaraja St; 10 Rs/Std.; ⏲ 8.30–22.30 Uhr) Internetzugang.

State Bank of India Geldautomat (Hospital Rd) Akzeptiert internationale Geldkarten. Steht in der Nähe vom Busbahnhof.

Sehenswertes

Alle Tempel sind von 6 bis 12.30 und von 16 bis 20.30 Uhr geöffnet. Seine Schuhe kann man kostenlos vor dem Tempel ablegen – auch wenn sich normalerweise sofort jemand bereit erklärt, sie für einen kleinen Betrag zu „bewachen".

KAILASANATHA-TEMPEL

Der Kailasanatha-Tempel ist Shiva geweiht. Der älteste Tempel in Kanchipuram ist für

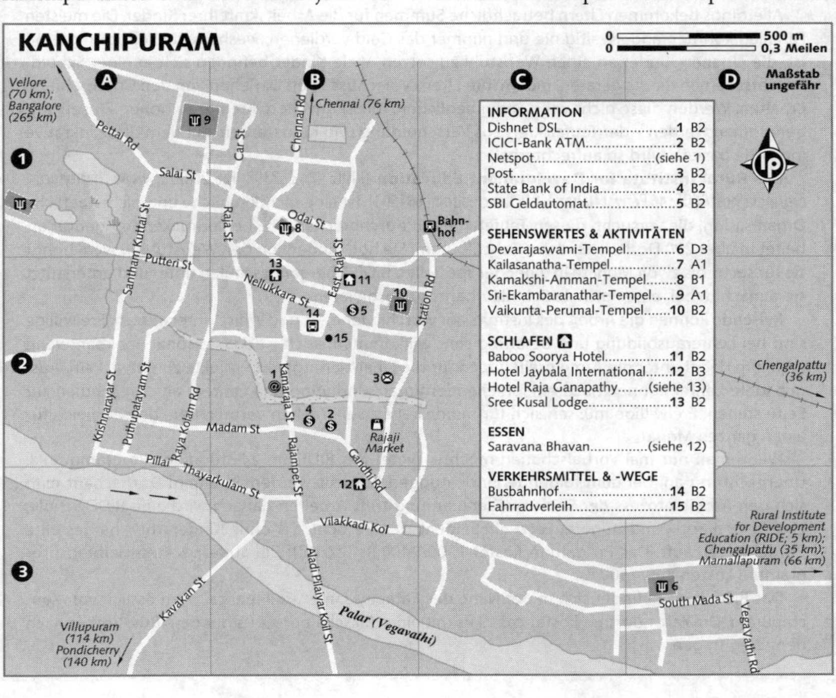

viele auch der schönste. Er wurde im späten 7. Jh. vom Pallava-König Rayasimha in Auftrag gegeben und spiegelt die Frische frühdrawidischer Architektur wider. Die Vorderseite ließ sein Sohn König Varman III. hinzufügen.

Die erhaltenen Fragmente der Wandgemälde aus dem 8. Jh. lassen erahnen, wie herrlich der ursprüngliche Tempel ausgesehen haben muss. 58 kleine Schreine ehren Shiva, Parvati und deren Söhne Ganesh und Murugan.

Auch Nicht-Hindus dürfen das innere Heiligtum betreten, wo sich ein prismaförmiger Lingam befindet – der größte in Kanchipuram und der drittgrößte in Asien. Die Führer und der Priester geizen nicht mit Informationen – der Kailasanatha-Tempel ist definitiv der lohnenswerteste Tempel.

SRI-EKAMBARANATHAR-TEMPEL

Dieser Tempel ist Shiva geweiht und mit 12 ha einer der größten in Kanchipuram. Der 59 m hohe *gopuram* und die massive Außenmauer aus Stein wurde unter Krishnadevaraya, Herrscher des Vijayanagar-Königreichs, 1509 errichtet; der Bau wurde aber ursprünglich von den Pallavas begonnen und später durch die Cholas erweitert. Der Name des Tempels ist angeblich von

KINDERARBEIT UND SEIDENINDUSTRIE

Der Sari steht für indischen Style und ein brokatbesetzter Brautsari aus Kanchipuram gehört zu den begehrtesten Gewändern. Die teureren Varianten sind mit Silber und Gold durchwirkt – für ein Hochzeitsgewand mit ca. 1,5 kg Gewicht werden bis zu 25 000 Rs fällig.

Ungefähr 80 % der Bevölkerung Kanchipurams leben von der Handweberei; die Arbeit wird größtenteils zuhause als Teil einer größeren Kooperative verrichtet. Diese Grauzone bereitet der Polizei regelmäßig Schwierigkeiten. Trotz eines landesweiten staatlichen Verbots von Kinderarbeit arbeiten in Kanchipuram schätzungsweise immer noch 4000 Kinder im Schulalter fulltime in der industriellen Produktion; die Lage hat sich in den letzten fünf Jahren jedoch merklich gebessert.

Allerdings bekommen Eltern beträchtliche Summen für die Arbeitskraft ihrer Kinder. Die meisten Familien könnten anderweitig nie und nimmer das Geld verdienen, weshalb die Verlockung groß ist, die eigenen Kinder an einen Webstuhl zu setzen. Viele Kinder befinden sich in einer Schuldknechtschaft, in die sie geraten, indem ihre Eltern Vorschüsse und Darlehen von den Unternehmen erhalten. Werden diese nicht vollständig beglichen, müssen weitere Kredite zu hohen Zinsen aufgenommen werden – der Teufelskreis aus Verschuldung und Kinderarbeit, auf dem diese lukrative Industrie basiert, wird so aufrechterhalten.

Das **Rural Institute for Development Education** (RIDE; ☎ 268393, Fax 268223; www.charityfocus.org/india/host/RIDE; 46 Periyar Nagar, Little Kanchipuram 631503), ist eine nichtkirchliche und nichtstaatliche Organisation, die versucht, diesen Teufelskreis zu durchbrechen. Die beeindruckende Agentur arbeitet in über 200 Dörfern rund um Kanchipuram. Sie holt Kinder von den Webstühlen weg, bringt sie für sechs bis zwölf Monate in einer der speziellen RIDE-Übergangsschulen unter und unterstützt sie danach dabei, eine normale Schullaufbahn zu absolvieren.

Reisende können die Arbeit des Instituts auf verschiedene Art und Weise unterstützen. Freiwillige sind bei Lehrerausbildung und Beratung sehr willkommen; auch ist das Personal dankbar, wenn man ihm dabei unter die Arme greift, Ideen für die Finanzierung und Projekte zu entwickeln. Ausgebildete Lehrer können nach entsprechender Vorankündigung den Lehrern an den Schulen zur Seite stehen. Freiwillige müssen sich für mindestens zwei Wochen verpflichten, besser gleich für einen ganzen Monat.

Wenn man nur mal vorbeischauen möchte, bietet das RIDE ein 24-stündiges Programm inkl. Übernachtung an, bei dem folgende Einrichtungen besucht werden: In einem Dorf schaut man sich den Arbeitsprozess der Seidenweberei an und trifft Arbeiter; danach wird eine RIDE-Schule, eine Seidenfabrik und zu guter Letzt ein Seidenladen besucht, der ohne Kinderarbeit hergestellte Produkte verkauft. Das Programm kostet 1300/2400 Rs (EZ/DZ); die abgespeckten Halbtagsprogramme kosten 800/1300 Rs.

Das RIDE-Büro befindet sich in der Nähe des Patapay James College, ca. 5 km östlich von Kanchipuram. Die Fahrt dorthin kostet ca. 40 Rs mit einer Rikscha oder 2 Rs mit dem Bus. Vorher nach dem Weg fragen.

Eka Amra Nathar – dem Herrn des Mangobaumes – abgeleitet. Tatsächlich steht hier ein alter Mangobaum, dessen vier Äste für die vier Vedas (heilige Hindutexte) stehen.

Nicht-Hindus dürfen das Heiligtum nicht betreten. In diesem Tempel wird man mit am schlimmsten bedrängt; wenn man den Tempel unterstützen möchte, sollte man sich eine offizielle Spendenquittung ausstellen lassen.

KAMAKSHI-AMMAN-TEMPEL

Der imposante Tempel ist der Göttin Parvati in Gestalt der Kamakshi geweiht, die alle Wünsche erfüllt. Rechts vom Tempeleingang befindet sich die Hochzeitshalle mit wunderbar verzierten Säulen; geradeaus geht's zum Hauptschrein, der mit Gold beschlagen ist. Jeden Februar/März werden Wagen mit Götterstatuen in einer farbenprächtigen Prozession durch die Straßen gerollt. Der Geburtstag der Göttin ist im Oktober/November.

DEVARAJASWAMI-TEMPEL

Das riesige **Monument** (Eintritt 2 Rs, Foto/Video 5/100 Rs) ist Vishnu gewidmet und wurde unter den Vijayanagars erbaut; er gehört zu Kanchipurams eindrucksvollsten Tempeln. Drinnen befindet sich die wunderbar gestaltete „Halle der 1000 Säulen" (nur 96 von ursprünglich 100 sind erhalten) und eine Hochzeitshalle, die an die Hochzeit Vishnus mit Lakshmi erinnert. Eines der bemerkenswertesten Features des Tempels ist eine riesige Kette, die aus einem einzigen Felsblock gehauen wurde und die in jeder Ecke des *mandapams* zu sehen ist. Das jährliche Tempelfest steigt im Mai.

Alle 40 Jahre wird das Wasser aus dem Tempelbecken abgelassen; dann kommt eine riesige Vishnu-Statue zum Vorschein. Wer viel Sitzfleisch hat, kann gerne bis zum nächsten Mal im Jahr 2019 warten.

VAIKUNTA-PERUMAL-TEMPEL

Dieser Tempel wurde kurz nach dem Kailasanatha-Tempel errichtet und ist Vishnu geweiht. Die Kreuzgänge innerhalb der Außenmauern bestehen aus Löwensäulen und spiegeln die erste Phase in der architektonischen Entwicklung der großen 1000-Säulen-Hallen wider. Der Hauptschrein zeigt auf drei Ebenen Vishnu-Statuen in stehender, sitzender und zurückgelehnter Haltung.

Schlafen & Essen

In Kanchipuram gibt's keine großen Hotels – die billigen Pilgerunterkünfte sind ziemlich grässlich. Sofern man es sich leisten kann, sollte man sich nach einem der besseren Mitelklassehotels umsehen. Die meisten Hotels und Lodges befinden sich auf einem Haufen im lauten Stadtzentrum, nur ein paar Minuten zu Fuß vom Busbahnhof weg.

Sree Kusal Lodge (☎ 223342; 68C Nellukkara St; EZ/DZ/3BZ ab 100/150/280 Rs, DZ mit Klimaanlage ab 400 Rs; ❄) Lautes, düsteres Hotel; einfache Zimmer mit Marmorboden und schäbigen Badezimmern. Bei kleinem Geldbeutel ganz o.k.; wenn man aber eine Klimaanlage und den so genannten „Deluxe"-Standard haben möchte, sollte man lieber etwas mehr investieren und gleich im Baboo Soorya absteigen.

Baboo Soorya Hotel (☎ /Fax 222555; www.hotel-baboosoorya.com; 85 East Raja St; EZ/DZ 325/375 Rs, EZ/DZ mit Klimaanlage 450/550 Rs; ❄) Pfiffiges Hotel mit drei Stockwerken, Marmorwänden und einem Glasaufzug. Die Zimmer sind sauber und mit TV ausgestattet. Hier hat's auch ein gutes Vegi-Restaurant und eine Bar.

Hotel Jaybala International (☎ 224348; 504 Gandhi Rd; EZ/DZ 300/350 Rs, mit Klimaanlage 450/545; ❄) Hotel in einem kleinen Gebäudekomplex abseits der Hauptstraße. Angenehme, geräumige Zimmer von unterschiedlicher Qualität; in allen gibt's TV, Telefon und fließend heißes Wasser.

Essen gehen ist in Kanchipuram beinahe ein Abenteuer.

Saravana Bhavan (504 Gandhi Rd; Gerichte 10–31 Rs; 🕒 6–22 Uhr) Sehr gute Vegi-Kette im Hotel Jaybala International mit einem klimatisierten Saal und leckeren südindischen Gerichten. Der Laden ist blitzsauber – hier hängen sogar Schilder mit der Aufschrift „Kämmen verboten"!

Hotel Raja Ganapathy (Gerichte 6–15 Rs; 🕒 8–22 Uhr) Restaurant direkt neben der Sree Kusal Lodge mit günstigen und guten südindischen Vegi-Gerichten.

An- & Weiterreise

Der geschäftige Busbahnhof befindet sich im Stadtzentrum. Zwischen 5 und 22 Uhr fahren von hier aus alle 10 Minuten die Linien 76B, 76C und 79 nach Chennai (22,50 Rs, 1½-2 Std.). Der Bus 212A geht nach Mamallapuram (20 Rs, 2 Std., 9-mal tgl.).

Um 12.25 und 19.15 Uhr fahren Busse nach Tiruchirappalli (90 Rs, 7 Std., 5-mal tgl.) und Bangalore (Linie 666; 100 Rs, 6 Std.).

Mit den regelmäßig verkehrenden Regionalbussen kommt man nach Vellore (20 Rs, 1½ Std., alle 15 Min.) und Tiruvannamalai (32 Rs, 3 Std., 22-mal tgl.). Von der Südseite des Busbahnhofs fahren die Busse nach Pondicherry (30 Rs, 3 Std., 12-mal tgl.) ab.

Von Chennai aus kommt man am besten mit dem Vorortzug direkt nach Kanchipuram (18 Rs, 2 Std.); er hält an den Haltestellen Beach, Fort oder Egmore.

Unterwegs vor Ort

Buden rund um den Busbahnhof vermieten Fahrräder für 3/40 Rs pro Stunde/Tag, eine Halbtagstour mit einer Autoriksha zu den fünf Haupttempeln (ca. 150 Rs) führt unweigerlich an einem Seidenladen vorbei. Es gibt auch Fahrradrikschas.

VELLORE

☎ 0416 / 388 211 Ew.

Vellore liegt 145 km westlich von Chennai und ist eine staubige Basarstadt; außer dem gut erhaltenen Vijayanagar-Fort und dem Tempel halten sich die Attraktionen in der Stadt schwer zurück. Dafür ist das hier ansässige Christian Medical College Hospital sehr bekannt. In Forschung und Gesundheitsvorsorge hat es eine Spitzenposition und es gilt als eines der besten Krankenhäuser in Südindien. Es zieht Medizinstudenten aus der ganzen Welt genauso an wie Patienten aus ganz Indien – und verleiht der bescheidenen Stadt einen weltbürgerlichen Touch.

Praktische Informationen

Internetcafés befinden sich entlang der Ida Scudder Rd vor dem Krankenhaus.

Centurion-Bank Geldautomat (Jayalakshmi Complex, Katpadi Rd) 24-Stunden-Geldautomat.

Dishnet DSL (Ida Scudder Rd; 20 Rs/Std.; 🕑 9–23 Uhr) Internetzugang.

New Cyber Zone (Jayalakshmi Complex, Katpadi Rd; 20 Rs/Std.; 🕑 9–22 Uhr) Internetzugang.

State Bank of India (102 Ida Scudder Rd; 🕑 Mo–Fr 10–16, Sa 10–14 Uhr) Wechselt Geld.

Touristenbüro(🕑 Mo–Fr 10–17.45 Uhr) Innerhalb des Forts, rechts vom Haupttor.

Sehenswertes

Die wuchtigen Mauern und der ausgetrocknete Wassergraben des **Vellore-Forts** prägen das Stadtbild im Westen. Es wurde im 16. Jh. erbaut, ab 1676 hatten es die Marathen und ab 1708 die Moguln in Besitz. Die Briten besetzten das Fort 1760, noch bevor sie Ende des 18. Jhs. Srirangapatnam eroberten und Tipu Sultan töten. Heutzutage sind hier verschiedene private und öffentliche Büros, Paradeplätze, eine Universität, eine Kirche und eine Polizeischule untergebracht.

An der Westseite des Forts liegt das kleine **Government Museum** (Eintritt frei; 🕑 Sa–Do 9–17 Uhr), das Skulpturen aus der Zeit der Pallavas und Cholas ausstellt. Zu den interessanten Exponaten gehören die „Heldensteine" aus dem 8. Jh., die von Schlachten heldenhafter Krieger erzählen.

Der **Jalakanteshwara-Tempel** (🕑 6–13 & 15–20 Uhr) wurde um 1566 erbaut und ist ein Kleinod später Vijayanagar-Architektur. Während die Truppen der Adil Shahis aus Bijapur, der Marathen und der Nawabs die Stadt belagerten, diente der Tempel als Garnisonsstützpunkt; Tempelrituale mussten zu dieser Zeit ausfallen. Heute ist der Tempel jedoch wieder ein beliebter Ort der Andacht.

Schlafen & Essen

Billige Unterkünfte lassen sich in Vellore vor allem in den Straßen südlich vom und parallel zum Krankenhaus finden; etwas weiter davon entfernt befinden sich ein paar gute Mittelklassehotels.

Nagha International Lodge (☎ 2226731; 13/A KVS Chetty St; EZ/DZ/3BZ ab 85/145/199 Rs, DZ/3BZ mit Klimaanlage 420/540 Rs inkl. Steuer; ❄) Schäbiges Haus mit unpersönlichem Service und Plumpsklos, ist aber immer noch besser als die billigen Lodges drumrum. Liegt im Stadtzentrum am Ende einer sehr engen Straße.

Hotel Aavanaa Inn (☎ 2215073, 14 Arcot Rd; EZ/DZ 390/490 Rs, mit Klimaanlage 650/750 Rs; ❄) Pfiffigste Adresse im Zentrum von Vallore; neues Hotel am östlichen Ende der Ida Scudder Rd., ca. 1 km entfernt vom Busbahnhof. Hier gibt's Zimmer mit sehr gutem Preis-Leistungs-Verhältnis und ein prima Dachrestaurant.

Hotel River View (☎ 2225251; New Katpadi Rd; EZ/DZ 370/470 Rs, EZ/DZ mit Klimaanlage 600/700 Rs; ❄) Das Hotel liegt ca. 1,5 km vom Stadtzentrum entfernt. Profitiert zwar von der relativ ruhigen Lage, der „River" ist aber eher ein verfaulter Bach. Die Zimmer sind geräumig

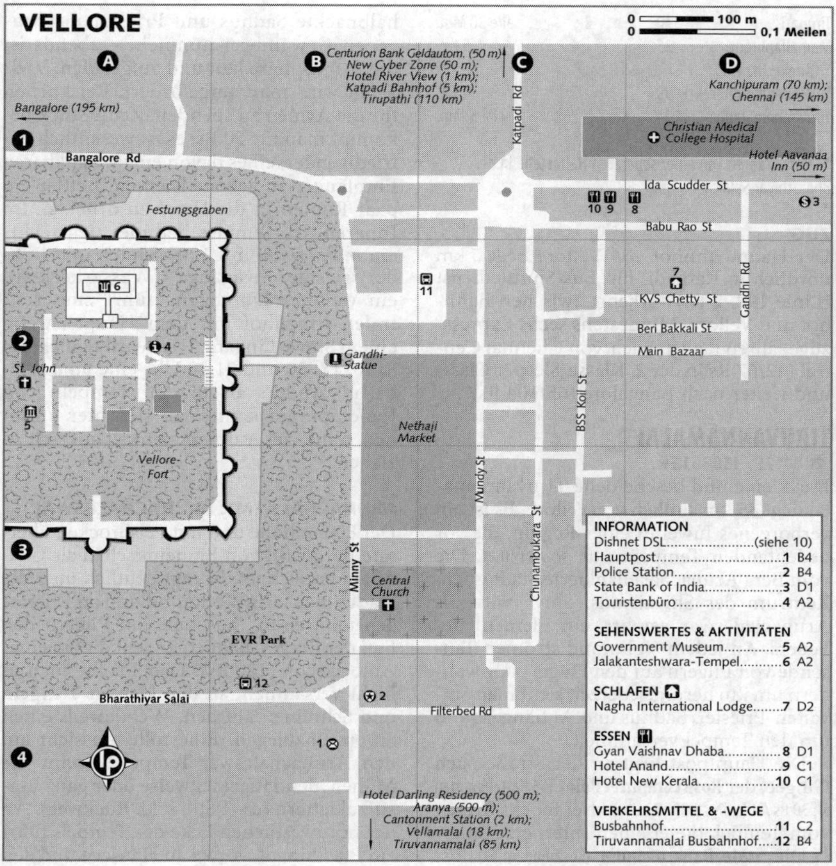

und sauber; das Hotel hat einen netten Garten, drei Restaurants und eine Bar.

Entlang der Ida Scudder St. gibt's eine Reihe günstiger Vegi-Restaurants, darunter im Hotel New Kerala, im Hotel Anand und das Gyan Vaishnav Dhaba (Thalis 20 Rs).

Shikar (New Katpadi Rd; Hauptgerichte 45–90 Rs; ⌚ 15–0.00 Uhr) Nettes Barbecue-Restaurant im Garten vom Hotel River View. Auf der Speisekarte stehen Pfeffersteak (60 Rs), Fish & Chips (85 Rs) und gegrilltes Hühnchen (80 Rs); hier gibt's auch kaltes Bier.

Aranya (11/8 Officers Line; Hauptgerichte 40–150 Rs; ⌚ 12–15.30 & 18.30–23 Uhr) Von Austauschstudenten wie Einheimischen gleichermaßen empfohlen – das Restaurant im obersten Stockwerk vom Hotel Darling Residency bietet eine tolle Aussicht, eine umfangreiche „Multicuisine"-Speisekarte und spitzenmäßige Eisbecher. Es liegt ca. 1 km vom Fort entfernt.

An- & Weiterreise

BUS

Der Busbahnhof liegt praktisch genau gegenüber vom Eingang zum Fort.

Ziel	Preis (Rs)	Dauer (Std.)	Häufigkeit
Chennai	46–60	3	alle 10 Min.
Bangalore (N444, N555 oder 660)	74/85 Standard/ Deluxe	5	alle ½ Std.
Kanchipuram	20	2	alle 15 Min.

Tirupati	40	2½	alle 30 Min.
Mamallapuram (direkt; Nr. 157)	35	4	5 tgl.
Tiruchirappalli (direkt)	99	7	4 tgl.
Tiruvannamalai*	24	2	alle 5 Min.

* Busse fahren von einer separaten Haltestelle in der Bharathiyar Salai

ZUG

Der Hauptbahnhof von Vellore liegt 5 km nördlich in Katpadi. Ein Bus-Shuttledienst (Linie 192, 2 Rs) verkehrt zwischen Bahnhof und Vellore. Mindestens sechs Expresszüge fahren täglich nach/von Chennai Central (42/67 Rs in der 2. Klasse/Sleeper Class) und weiter nach Bangalore (65/104 Rs).

TIRUVANNAMALAI

☎ 04175 / 130 301 Ew.

Das kleine und bescheidene Tiruvannamalai liegt 85 km südlich vonVellore. Es ist ein verborgenes Juwel in einer Region, die vor bedeutenden Tempeln nur so strotzt. Die vom Berg Arunachala flankierte Stadt ist ein Zentrum des Shivaismus. Shiva wird als Arunachaleswar verehrt, ein Element des Feuers. An jedem Vollmond strömen Tausende von Pilgern auf den Hügel oder wandern um ihn herum; jederzeit sieht man Shivaiten-Priester, Sadhus und Anhänger rund um den Tempel versammelt.

Die Hauptpost liegt an der Straße nach Gingee; der **Rose Computer Point** (55 Kattabomman St; 30 Rs /Std.; 🕗 8.30–22 Uhr), drei Blocks östlich vom Tempel, bietet einen Internetzugang.

Die **State Bank of India** (Kosamadam St) löst keine Reiseschecks ein, der Geldautomat nimmt jedoch internationale Kreditkarten.

Sehenswertes & Aktivitäten

ARUNACHALESWAR-TEMPEL

Der riesige **Tempel** (🕗 6–13 & 17.30–22 Uhr) erstreckt sich über 10 ha und ist damit einer der größten und auch faszinierendsten in ganz Indien. Zwar stammt er ursprünglich aus dem 11. Jh., der größte Teil des Bauwerks wurde jedoch zwischen dem 17. und 19. Jh. errichtet. Der Tempel hat vier große unbemalte *gopurams,* in jeder Haupthimmelsrichtung einer. Der östliche ist 66 m hoch und hat 13 Stockwerke.

Den Haupteingang (im Osten) erreicht man durch einen überdachten Übergang, in dem sich Ramschhändler, Verkäufer, halbnackte Sadhus und Priester in orangenen Gewändern tummeln – abends ist die Atmosphäre laut und aufgeladen. Vielleicht wird man aufgefordert, Reiskuchen für die Armen zu spenden. Zehn Stück bekommt man für 50 Rs; es ist wesentlich befriedigender, eines davon einem dankbaren Empfänger zu geben als einem Bettler ein paar Rupien in die Hand zu drücken. Im Inneren des Tempels befindet sich rechts ein *mandapam* mit 1000 Säulen und links der riesige Sivaganga (Wasserbecken); ein weiterer Durchgang führt zum zentralen Innenhof mit dem Hauptschrein, einem Shiva-Lingam. Hier wird täglich um 8, 10, 18, 20 und 21.30 Uhr eine *puja* zelebriert. Anders als in den Tempeln von Kanchipuram kann man sich hier umsehen, ohne viel Aufmerksamkeit auf sich zu ziehen.

ARUNACHALA (MT. ARUNACHALESWAR)

Der 800 m hohe und mit Felsbrocken übersäte Berg wird von Einheimischen als Girivalam bezeichnet. Er ragt deutlich über die Stadt hinaus. An Vollmond und an Feiertagen umkreisen Tausende von Pilgern den Fuß der Berges. Bequemer geht dies in einer Autorikscha (120 Rs). Dabei sollte man es nicht versäumen, an den kleinen Tempeln und Schreinen auf dem Weg jeweils einen Stopp einzulegen. Eine tolle Aussicht auf den Arunachaleswar-Tempel belohnt die Mühen, den Hügel teilweise oder ganz hinaufzuklettern (ca. 4 Std. inkl. Rückweg). An der nordwestlichen Ecke des Tempels führt ein Pfad hinauf, vorbei an Häusern und den zwei Höhlen **Virupaksha** und **Skandasramam**. Von 1899 bis 1922 lebte und meditierte Sri Ramana Maharshi in diesen Höhlen; danach bauten er und die wachsende Schar seiner spirituellen Anhänger den Sri-Ramanasramam-Ashram auf.

SRI-RAMANASRAMAM-ASHRAM

Der friedliche **Ashram** (☎/Fax 2222491; Büro 🕗 8–11 & 14–17 Uhr) 2 km südwestlich von Tiruvannamalai zieht Verehrer des Sri Ramana Maharishi an; der Guru starb hier 1950, nachdem er beinahe 50 Jahren in den beiden Höhlen am Mt. Arunachaleswar und im Ashram mit Meditationen verbrachte. An dem relaxten Ort können Besucher dem Guru nacheifern, an der *puja* im Samadhi (Schrein) des Gurus teilnehmen oder durch die Bibliothek und den Buchladen schlendern. Tagesbesuche sind möglich; *nur Anhänger* können länger im Ashram bleiben. Dafür muss man sich jedoch mindestens drei Monate im Voraus schriftlich beim Präsidenten Sri Ramanasramam, PO Tiruvannamalai, bewerben.

Schlafen & Essen

Rund um den Tempel gibt es einige billige Lodges und ein paar Gästehäuser in der Straße zum Ashram. Vorsicht: Zur Zeit des Festivals (November/Dezember) können die Preise um das bis zu zehnfache ansteigen.

Park Hotel (☎ 2222471; 26 Kosamadam St; EZ/DZ 70/130 Rs) Sehr einfache Unterkunft gegenüber der State Bank of India zwei Blocks nordöstlich des Tempels. Im UG befindet sich ein passables Vegi-Restaurant.

Hotel Ganesh (☎ 2226701; 111A Big St; EZ/DZ 125/245 Rs, mit Klimaanlage 495/645 Rs; ❄) Eine Insel der Ruhe mit ausgezeichnetem Preis-Leistungs-Verhältnis an der belebten Basarstraße, die entlang der Nordseite des Tempels verläuft. Die etwas engen Zimmer sind sauber und mit TV ausgestattet. Der Innenhof des Hotels ist sehr ansprechend.

Trishul Hotel (☎ 2222219; 6 Kanakaraya Mudali St; EZ/DZ ab 450/495 Rs, mit Klimaanalge 650/700 Rs; ❄) Nur fünf Gehminuten von der Ostseite des Tempels entfernt liegt dieses gute Hotel – ein unscheinbares, aber gemütliches Haus mit hilfsbereitem Personal, einem Restaurant und geräumigen Zimmern mit TV.

Saravana Bhavan (111A Big St; ⌚ 6–23 Uhr, Mittagessen 11.30–15.30 Uhr) Hinter dem Hotel Ganesh befindet sich eine Filiale dieser Vegi-Restaurantkette.

An- & Weiterreise

Alle halbe Stunde fahren Busse nach Chennai (62 Rs, 3½ Std.) und Vellore (23 Rs, 2 Std.). Mindestens drei Busse gehen täglich nach Pondicherry (31 Rs, 3 Std.) – es ist auch möglich, nach Villapuram zu fahren und dort in Richtung Pondicherry umzusteigen. Ein Taxi nach Pondicherry (über Gingee) kostet ca. 800 Rs.

Nur Nahverkehrszüge halten am Bahnhof in Tiruvannamalai – zwei Züge am Tag kommen auf dem Weg von Vellore nach Villapuram (wo man nach Pondicherry umsteigen kann) hier durch.

GINGEE (SENJI)

☎ 04145

Die Ruinen des „Zwillingsforts" **Rajagiri** und **Krishnagiri** (King & Queen Fort; Inder/Ausländer 5/100 Rs; ⌚ 9–17.30 Uhr) auf den Hügeln sind schon von weitem zu sehen, wenn man durch die ländliche Landschaft nach Gingee (sprich *Schin-gee;* 37 km östlich von Tiruvannamalai) kommt. Das Fort wurde größtenteils im 16. Jh. unter den Vijayanagaren errichtet (manche ältere Teile stammen aber noch aus dem 13. Jh.) und danach von verschiedenen Armeen besetzt, etwa den Truppen des Adil Shah aus Bijapur und denen der Marathen, die ab 1677 das Sagen hatten. 1698 folgten die Moguln und etwas später die Franzosen, die bis zu ihrer Niederlage gegen die Briten bei Pondicherry blieben.

LINGAM DES FEUERS

Der Legende nach erschien Shiva einst als Feuersäule auf dem Arunachala in Tiruvannamalai und erschuf dabei das ursprüngliche Symbol des Lingam. Die Legende steht im Mittelpunkt des Karthikai-Deepam-Festes, eines der ältesten Feste in Indien. Jeden November/Dezember wird es an Vollmond im ganzen Land gefeiert, wenn auch nirgendwo so großartig wie in Tiruvannamalai: Ein riesiges Feuer brennt tagelang auf dem Gipfel des Arunachala; es wird mithilfe eines 30 m langen Dochtes entzündet, der mit 2000 l Ghee getränkt ist. Und auch in den Häusern der Stadt werden Shiva und sein feuriger Lingam mit Lampen geehrt. Das Feuer symbolisiert das Licht Shivas, das die Dunkelheit und das Böse vertreibt.

Während des Festes drängeln sich bis zu 500 000 Besucher durch die Straßen Tiruvannamalais. Zu Ehren Shivas kraxeln sie den Berg hoch oder marschieren um hin herum (14 km). Nur anfangs erleichtern Stufen den Aufstieg. Allzu bald lösen sie schroffe und wacklige Felsen ab. Verzweifelt, aber vergebens sucht man Schatten, um sich gegen die Sonne zu schützen, die unbarmherzig brennt. Als ob das alles nicht genug sei, sind die Gläubigen barfuß – nur so wird der Gottheit Respekt gezollt. Doch kein Hindernis hält die Tausenden von Pilgern davon ab, frisch, fromm, fröhlich den Gipfel, die Heimstätte ihres Gottes, zu erklimmen.

Heute geht's hier zum Glück nicht mehr ganz so turbulent zu – hie und da ein paar Picknicker, doch meist gehört der Ort einem ganz allein. Ein Fußmarsch durch das Fort kann gut einen halben Tag verschlingen, besonders wenn man die Straße überquert und nicht den steilen Aufstieg zum Gipfel des Krishnagiri scheut. Zu den Gebäuden des Hauptforts (auf der südlichen Straßenseite) gehören ein Kornspeicher, ein Shiva-Tempel, eine Moschee und die – ins Auge stechende – restaurierte Audienzhalle. Um 16.45 Uhr weist die Fortsirene Nachzügler unmissverständlich darauf hin, dass die Tore nun bald dicht machen.

Ein Tagesausflug nach Gingee ist von Pondicherry (67 km) oder Tiruvannamalai (37 km) aus problemlos möglich; Übernachtungsmöglichkeiten gibt's hier kaum.

Alle 30 Minuten kommt ein Bus von Tiruvannamalai (11,50 Rs, 1 Std.) aus an; am besten lässt man sich gleich am „Fort" 2 km vor Gingee absetzen. Die einfache Fahrt in einer Autorikscha vom Ort zum Fort kostet 25 Rs.

PONDICHERRY

☎ 0413 / 220 749 Ew.

Pondicherry hat Charme. Die Küstenpromenade, breite Boulevards, erhaltene Überbleibsel französischer Kultur und Architektur und ein populärer Ashram platzieren Pondicherry in der Wohlfühlliste indischer Orte ganz oben. Das ist keineswegs überraschend – die ehemalige französische Kolonie wurde im 18. Jh. als Enklave besiedelt und bis heute weht eine milde gallische Brise über den indischen Boden.

Die Franzosen gaben zwar vor ca. 50 Jahren die Kontrolle über das Unionsterritorium „Pondy" auf, doch an die Kolonialzeit wird überall erinnert: Stolz flattert die Tricolore über dem würdevollen französischen Konsulat, das Rathaus heißt hier *hôtel de ville* und die Polizisten tragen rote *kepis* (Mützen) und Gürtel. Trotzdem ist die Stadt kein Paris-Doublé – Autorikschas, verstopfte Straßen, Basare und Hindu-Tempeln lassen einen nicht vergessen, dass man Tausende von Kilometern von Europa entfernt ist.

Publikumsmagnete sind die verführerischen Restaurants in Pondicherry (viele tischen französische Gerichte auf) und einige Spitzenklassehotels im französischen Look. Von den lästigen Steuern Tamil Nadus befreit, kann man sich hier getrost ein Bier leisten. Und auch die Übernachtungsmöglichkeiten sind ihr Geld wert.

Viele Reisende kommen nach Pondicherry, um Yoga und Meditation im Aurobindo-Ashram zu lernen; daher befindet sich immer ein großer Prozentsatz an Ausländern in der Stadt. Auf jeden Fall hat diese relaxte Küstenstadt ihren festen Platz im Reisplan und viele Urlauber bleiben länger als ursprünglich geplant.

Orientierung

Pondicherry, Freunde sagen „Pondy", wird durch einen Kanal geteilt, der teilweise zugedeckelt von Norden nach Süden verläuft. Der „französische" Stadtteil liegt im Osten (an der Seeseite), eher indisch geht's im Westen zu. Dank des Schachbrettmusters der Stadtanlage fällt die Orientierung leicht; nur die Straßennamen verwirren manchmal: Viele Straßen heißen am Anfang anders als am Ende und sind eine „rue" und nicht eine „street". Die Tabelle rechts vermeidet Missverständnisse.

Praktische Informationen

BUCHLÄDEN

Focus Books (☎ 2345513; 204 Mission St; ⌚ Mo–Sa 9.30–13.30 & 15.30–21 Uhr) Ausgezeichnete Auswahl an Büchern und Postkarten

French Bookshop (☎ 2338062; Suffren St; ⌚ 9–12.30 & 15.30–19.30 Uhr) Lädchen in der Nähe der Alliance Française mit vielen französischen Titeln.

Higginbothams (☎ 2333836; 34 Ambour Salai; ⌚ Mo–Sa 9–13 & 15.30–19.30 Uhr)

KULTURZENTREN

Alliance Française (☎ 2338146; afpondy@satyam.net.in; 58 Suffren St; ⌚ Mo–Sa 9–12 & 15–18 Uhr) Das französische Kulturzentrum hat eine Bibliothek, ein Computerzentrum, eine Kunstgalerie und veranstaltet französische Sprachkurse. Sonntags um 18 Uhr werden Filme gezeigt. Der monatliche Newsletter „Le Petit Journal" informiert über aktuelle Events.

INTERNETZUGANG

Coffee.Com (236 Mission St; ⌚ Sa–Do 10–1.00, Fr 10–12.30 & 13.30–1.00 Uhr; 20 Rs/30 Min.) Hippes Internetcafé mit Highspeed-Verbindungen und super Kaffee.

Cyberzone (La Lal Bahadur St; 20 Rs/Std.; ⌚ 8–0.00 Uhr) Filiale der i-way-Kette mit schnellen Verbindungen und günstiger Internettelefonie.

UMBENANNTE STRASSEN

Straßenname	Alternativer Name
Mission St	Cathedral St
Ambour Salai	HM Kasim St
AH Madam St	Kosakadai St
Beach Rd	Goubert Ave
La Bahabhur St	Bussy St
Gingee Salai	NC Bose St

Net Info Kiosk (Nehru St; 25 Rs/Std.; ⌚ 9–22 Uhr)
Sify i-way Nehru St (25 Rs/Std.; ⌚ 24 Std.) St Louis St (⌚ 7.30–23 Uhr; 25 Rs/Std.)

MEDIZINISCHE VERSORGUNG

New Medical Centre (☎ 343434; 470 MG Rd; ⌚ 24 Std.)

GELD

Canara Bank (Gingy St; ⌚ Mo–Fr 10–14 & 14.30–15.30, Sa 10–12.30 Uhr) Die Devisenfiliale wechselt Geld und löst Reiseschecks ein, gibt auch Bargeld auf Visa und MasterCard und hat einen Geldautomat.
ICICI-Bank (Mission St, C Koil St & AH Madam St) Die Geldautomaten akzeptieren internationale Kreditkarten.
LKP Forex (☎ 2224008; 2A Labourdonnais St; ⌚ Mo–Fr 9.30–19.30, Sa 9.30–18.30 Uhr) Erste Adresse, um die verschiedensten Währungen zu wechseln, Reiseschecks einzulösen und Geld zu überweisen.
UTI Bank Geldautomat (SV Patel Salai) Akzeptiert internationale Kreditkarten.

POST

Hauptpost (Rangapillai St; ⌚ Mo–Sa 9–19 & So 10–17 Uhr) Postlagernde Sendungen können Mo–Sa von 10–17 Uhr abgeholt werden.

TOURISTENINFORMATION

Pondicherry Touristenbüro (☎ 2339497; www.tourisminpondicherry.com; 40 Goubert Ave; ⌚ Mo–Sa 9–17 Uhr) Begeisterte Mitarbeiter und Computer mit Touchscreen.

Sehenswertes & Aktivitäten

Die leicht ramponierten alten Gebäude und die breiten Straßen des französischen Viertels lassen sich am besten erkunden, indem man dem **Heritage Walk** Pondys folgt (zwischen der Rue de la Marine, Goubert Ave., Subbayah Salai und Gingy St.). Am nördlichen Ende der Goubert Ave (der Küstenpromenade) geht's los. In südlicher Richtung läuft man vorbei am französischen Konsulat und der **Gandhi-Statue**. Am Rathaus an der Rue Mahe Labourdonnais biegt der Heritage Walk dann nach rechts zum schattigen Bharathi Park ab. Von hier aus geht's dann weiter Richtung Süden durch die Rue Dumas, die Rue Romain Rolland und die Rue Suffren.

SRI-AUROBINDO-ASHRAM

Sri Aurobindo und die Französin Mira Arfassa, „The Mother" genannt, gründeten 1926 den **Ashram** (Ecke Rue de la Marine & Manakula Vinayagar Koil St). Er ist nach spirituellen Lehren ausgerichtet, die Yoga und moderne Wissenschaft in sich vereinen. Nach dem Tod Aurobindos ging die spirituelle Autorität auf „The Mother" über, die 1973 im betagten Alter von 97 Jahren starb. Heutzutage unterstützt der Ashram viele Kultur- und Bildungseinrichtungen in Pondicherry.

Ein stetiger Besucherstrom wälzt sich durch das **Hauptgebäude des Ashrams** (Eintritt frei; ⌚ Mo–Sa 8–12 & 14–18 Uhr); im zentralen Hof steht das Samadhi Aurobindos und Arfassas (ein Grab, das als Schrein verehrt wird); hier treffen sich Anhänger und meditieren. Im Bildungszentrum gegenüber dem Hauptgebäude gibt's Filmvorführungen, Diashows, Vorträge und Gelegenheiten zum Spielen. Informationen zum Ashram bekommt man am ehesten durch einen kurzen Anruf im **Informationszentrum** (☎ 2339648; bureaucentral@sriaurobindoashram.org; 3 Rangapillai St).

PONDICHERRY MUSEUM

Das **Museum** (St Louis St; Eintritt Erw./Kind 2/1 Rs; ⌚ Di–So 9.40–13 & 14–17.20 Uhr) befindet sich in einem interessanten alten Kolonialgebäude. Die tolle Ausstellung enthält u. a. Skulpturen der Pallava- und Chola-Dynastien, wunderbare Bronzestatuen, Münzen und archäologische Fundstücke. Dazu kommt eine unglaubliche Sammlung an Krimskrams aus der französischen Kolonialzeit, darunter eine *pousse pousse* aus dem 19. Jh. (wie eine Rikscha, nur werden die Passagiere vorwärts geschoben), eine Pferdekutsche, eine alte Standuhr und ein Bett, in dem einst der rastlose Dupleix schlief, der berühmteste Gouverneur der Kolonie.

KIRCHEN & TEMPEL

Französische Missionare errichteten mehrere Kirchen in Pondy, die beträchtlich zum mediterranen Flair der Stadt beitragen. Die

Notre Dame de la Conception (Mission St) wurde 1791 fertiggestellt. Ihr mittelalterliches Aussehen entspricht dem vieler Jesuitenbauwerke aus dieser Zeit. Die **Celise de Sacre Coeur de Jesus** (Subbayah Salai) bietet mit ihrer neogotischen Architektur, den Glasfenstern und den intensiven Braun- und Weißtönen einen beeindruckenden Anblick. Und die 1858 erbaute **Notre Dame de Anges** (Dumas St) wirkt durch ihre sanften rosa- und cremefarbenen Mauern im Licht des späten Nachmittags sehr erhaben. Für das feine Interieur aus Kalkstein wurden Eierschalen im Gips verarbeitet.

Obwohl Pondy nicht gerade wegen seiner Tempel in aller Munde ist, feiern Hindus

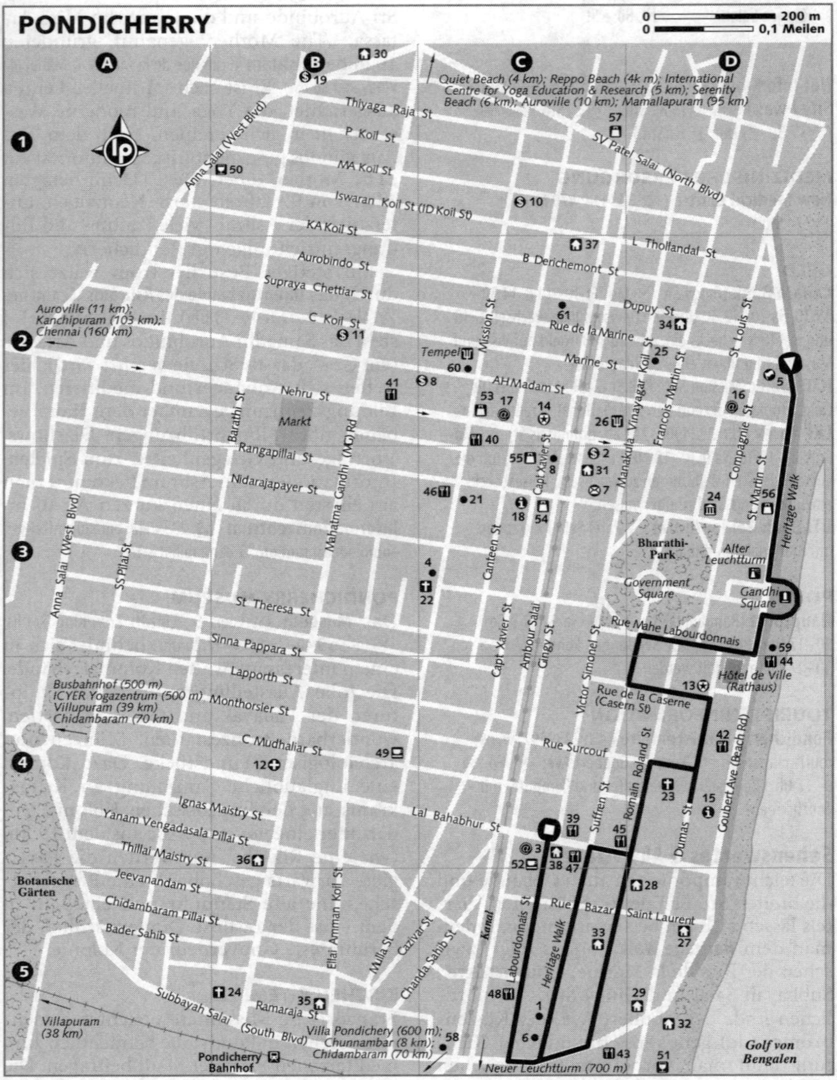

ihren Glauben hier genauso intensiv wie anderswo – mehr als 150 Tempel soll es in Pondicherry geben. Geht man auf den Hauptstraßen spazieren, stolpert man oft auf die Eingänge zu versteckten Tempeln; besonders hoch ist die Trefferquote westlich des Kanals. Einer der lebendigsten Tempel der Stadt ist der **Sri-Manakula-Vinayagar-Tempel** (Manakula Vinayagar Koil St; ⏲ 5.45–12.30 & 16–21.30 Uhr), der Ganesh geweiht ist. Nach einigen Renovierungen präsentiert sich das Heiligtum heute mit Marmor aus Rajasthan und einer *vimana* (einem Turm über dem Heiligtum), auf der ein goldenes Dach glitzert. Der kleine, aber quirlige Tempel versteckt sich in einer Nebenstraße südlich vom Sri-Aurobindo-Ashram und enthält über 40 hervorragend bemalte Friese.

BOTANISCHE GÄRTEN

Die Franzosen legten 1826 die **Botanischen Gärten** (Eintritt frei; ⏲ 6–18 Uhr) an, die im Südwesten der Stadt eine grüne Oase bilden. Der Ort eignet sich prima zum Abschalten. Wer sich durch das Wegelabyrinth schlängelt, kann die Pflanzenvielfalt genießen.

STRÄNDE

Am lang gezogenen „Stadtstrand" sucht man Sand nahezu vergeblich. Doch nördlich und südlich davon befinden sich ein paar gute Badestrände. Die Strände von Quiet, Reppo und Serenity liegen ca. 8 km vom Stadtzentrum entfernt. In Chunnambar, 8 km in südlicher Richtung, liegt der Paradise Beach. Hier gibt's auch ein paar Ferienunterkünfte, Angebote für Wassersportler und Backwater-Bootstouren. Weitere Informationen gibt das Touristenbüro.

Kurse

Jayalakshmi Fine Arts Academy (Mission St; ☎ 234 2036; goodsin@md4.vsnl.net.in; ⏲ Mo–Sa 9.30–13.30 & 15.30–20.30, So 7–12.30 Uhr) Die etablierte Akademie bietet Einzelunterricht in *bharathanatiyam* (Tanz), Gesang, *veena* (Saiteninstrument), Tabla und in einigen anderen Musikinstrumenten an. Die Unterrichtsgebühr beträgt pro Stunde 150 Rs und mehr. Hinzukommt eine einmalige Anmeldegebühr von 300 Rs. Der Unterricht findet montags bis freitags jeweils um 10 und 11 Uhr statt.

YOGA & AYURVEDA

International Centre for Yoga Education & Research (www.icyer.com; 16A Mettu Street, Chinnamudaliarchavady, Kottukuppam) Das renommierte Zentrum wurde von Swami Gitananda gegründet und ist auch unter dem Namen Ananda-Ashram bekannt. Es bietet Trainingskurse für Yogalehrer und zehntägige Sommerkurse an. Die Location befindet sich in der Yoganjali Natyalayam (25 II Cross Iyyana Nagar) in der Nähe des Busbahnhofs.

Prana Ayurvedic Massage (☎ 2331214; 101 Canteen St) Ayurveda-Massagen (400 Rs /Std.), Dampfbäder (150 Rs) und Yogakurse (150 Rs/Std.). Beim Satsanga Restaurant nachfragen.

Sri-Aurobindo-Ashram (☎ 23396483; bureaucentral@sriaurobindoashram.org; Rangapillai St) Viele Ashram-Fans kommen ins Aurobindo, um Yoga zu erlernen oder zu perfektionieren.

INFORMATION
Alliance Française 1 C5
Canara Bank 2. C3
Cyberzone 3. C4
Focus Books 4. C3
Französisches Konsulat 5 D2
French Bookshop 6 C5
Hauptpost 7 C3
Higginbothams 8 C3
ICICI-Bank 9 C2
ICICI-Bank 10 C1
ICICI-Bank 11 B2
LKP Forex .... (siehe 52)
Net Info Kiosk .... (siehe 53)
New Medical Centre 12 B4
Polizeizentrale 13 D4
Polizei & Polizeimuseum 14 C2
Pondicherry Touristenbüro 15 D4
Sify i-way 16 D2
Sify i-way 17 C2
Sri-Aurobindo-Informationszentrum 18 C3
UTI-Bank Geldautomat 19 B1

SEHENSWERTES & AKTIVITÄTEN
Celise de Sacre Coeur de Jesus 20 B5
Jayalakshmi Fine Arts Academy 21 C3
Notre Dame de la Conception 22 C3
Notre Dame des Agnes 23 D4
Pondicherry Museum 24 D3
Sri-Aurobindo-Ashram 25 D2
Sri-Manakula-Vinayagar-Tempel 26 C2

SCHLAFEN
Ajantha Beach Guest House 27 D5
Hotel de l'Orient 28 D5
Hotel de Pondicherry 29 D5
Hotel Surguru 30 B1
International Guest House 31 C3
Park Guest House 32 D5
Patricia Coloniale Heritage Guest House 33 C5
Patricia Guest House 2 .... 34 D2
Patricia Guest House 3 .... 35 B5
Ram Guest House 36 B4
Surya Swastika Guest House 37 C2
Villa Helena 38 C4

ESSEN
Au Feude Bois 39 C4
Bhuvanesh Traders 40 C2
Hotel Aristo 41 B2
La Coromandale 42 D4
La Terrasse 43 C5
Le Café 44 D4
Madam Santhe 45 C4
Nilgiri Supermarket 46 C3
Rendezvous 47 C4
Satsanga 48 C5

AUSGEHEN
Coffee.Com 49 B4
Moon & Rock Bar 50 B1
Seagulls Restaurant 51 D5
Space Coffee & Arts 52 C4

SHOPPEN
Casablanca 53 C2
Cottage Natural 54 C3
La Boutique dAuroville .... (siehe 14)
Mementos 55 C3
Splendour 56 D3
Sri Aurobindo Handmade Paper Factory 57 C1

VERKEHRSMITTEL & -WEGE
Fahrradverleih 58 C5
Fahrradverleih 59 D3
SDP Fahrradverleih 60 C2
Vijay Arya Mopedverleih 61 C2

Geführte Touren

Pondys Touristenbüro veranstaltet halbtägige Sightseeing-Touren (80 Rs, 14–18 Uhr); vorbei geht's am Pondicherry Museum, dem Wassersportzentrum in Chunnambar, Auroville und dem Ashram. Für Gruppen mit mehr als sechs Teilnehmern sind auch Ganztagestouren (100 Rs, 9.30–18 Uhr) im Angebot. Diese umfassen dieselben Sehenswürdigkeiten wie die Halbtagestouren plus die Botanischen Gärten, eine Papierfabrik, die Celise de Sacre Coeur de Jesus und einige Hindutempel. Außerdem gibt's geführte Walking-Touren (200–500 Rs).

Eine weitere Möglichkeit ist die „umweltfreundliche" Tour durch Dörfer in der Umgebung (Erw./Kind 150/100 Rs).

Schlafen

In Pondicherry gibt's einige der besten Mittel- und Spitzenklassehotels Südindiens, darunter charmante alte Häuser aus der Kolonialzeit und großartig dekorierte Gästehäuser. Budgetunterkünfte finden sich in einem Ashram oder in einer typisch indischen Lodge. Am angenehmsten schläft sich's in den Stadtteilen zwischen Kanal und Strand; Übernachtungsmöglichkeiten gibt's aber in der ganzen Stadt.

BUDGETUNTERKÜNFTE

Wer in Pondy die Luft eines Ashrams schnuppern möchte, wird mit den Gästehäusern vom Sri-Aurobindo-Ashram richtig bedient sein. Sie sind top in Schuss, liegen günstig und man ist hier unter Gleichgesinnten. Die Unterkünfte richten sich nach den Bedürfnissen von Ashram-Anhängern. Auf die Regeln des Ashrams Rücksicht nehmen – um 22.30 Uhr ist Zapfenstreich, Rauchen und Alkohol sind verboten. Um weitere Informationen zu bekommen oder Betten zu reservieren, einfach beim **Informationszentrum** (☎ 2339648; bureaucentral@sriaurobindoashram.org; 3 Rangapillai St) anrufen.

Park Guest House (☎ 2334412; Goubert Ave; EZ/DZ 300/400 Rs, mit Klimaanlage 500/600 Rs; ❄) Dank der schönen Lage an der Küste die begehrteste Ashram-Adresse der Stadt. Alle vorderen Zimmer bieten einen Blick aufs Meer und haben jeweils eine Veranda oder einen Balkon. Eine große Rasenfläche eignet sich für morgendliches Yoga oder Meditationen.

International Guest House (☎ 2336699; Gingy St; alter Gebäudeflügel mit EZ/DZ ab 100/250 Rs, mit Klimaanlage 450 Rs; ❄) Das zentralste aller Ashram-Gästehäuser liegt direkt am Kanal mitten in der Stadt. Groß und in gutem Zustand.

Surya Swastika Guest House (☎ 2343092; 11 Iswaran Koil St; EZ/DZ mit Gemeinschaftsbad 70/110 Rs, EZ/DZ mit separatem Bad 80/120 Rs) Kleines, in die Jahre gekommenes Gästehaus mit einfachen Zimmern, die ihr Geld wert sind.

Ajantha Beach Guest House (☎ 2338898; 1 Bazar St Laurent St; DZ 450 Rs, mit Klimaanlage 700 Rs; ❄) Vor allem seine Lage spricht für dieses neue Gästehaus – es befindet sich direkt an der Strandpromenade. Die Handvoll Zimmer sind einfach, aber dafür gemütlich und mit TV und fließend heißem Wasser ausgestattet.

MITTEL- & SPITZENKLASSEHOTELS

Hotel Surguru (☎ 2339022; www.hotelsurguru.com; 104 SV Patel Salai; EZ/DZ 430/570 Rs, mit Klimaanlage 660/830 Rs; Suite 1050 Rs; ❄) Wem ein Hotel im Business-Style reicht, ist mit dem Surguru am besten beraten. Großes, modernes Hotel mit hellen und geräumigen Zimmern, alle mit Satelliten-TV. Gutes Vegi-Restaurant; akzeptiert Kreditkarten.

Villa Helena (☎ 2227075; villahelena@satyam.net.in; 22 Lal Bahabhur St; DZ 1500–2500 Rs) Erstklassiges Haus aus der Kolonialzeit mit einem Hauch von Klasse zu vernünftigen Preisen. Die fünf Zimmer sind blitzsauber und individuell eingerichtet, der Hof ist elegant und chillig. Sind die Zimmer alle belegt, nach den dazugehörigen Ausweichmöglichkeiten fragen.

Ram Guest House (☎ 2220072; ramguest@hotmail.com; 546 MG Rd; EZ/DZ 350/500 Rs, DZ mit Klimaanlage 700 Rs) Altbau in zentraler Lage mit kleinen Zimmern (ein EZ), aber einem Hauch von altertümlichen Charme und mit Balkonen über der Straße.

Villa Pondicherry (☎ 2356253; villapondichery@altavista.net; 23 Dr Ambedkar Salai; DZ mit Gemeinschaftsbad/separatem Bad ab 550/650 Rs, mit Klimaanlage 750 Rs; ❄) In die Jahre gekommener, aber charmanter Familiensitz im Kolonialstil 1 km südlich vom Bahnhof, nahe der Kirche St. Francis Xavier. Die fünf Zimmer und der Aufenthaltsraum besitzen zwar einen gewissen Charme, könnten aber auf manche Gäste zu rustikal wirken. Die Beschilderung lässt zu wünschen übrig: nach einer roten Tür und einer kleinen Messingtafel unter einer Veranda Ausschau halten.

Patricia Coloniale Heritage Guest House (☎ 22 24720; colonialeheritage@rediffmail.com; 54 Romain Roland St; DZ 1800–3000 Rs) Das Patricia ist kaum zu toppen, wenn man in einem vertraulichen und ruhigen Ambiente wohnen möchte. Das wunderschöne Haus aus der Kolonialzeit wird von einer freundlichen Familie geleitet. Buntglasfenster und traditionelle indische Möbeln verleihen den Zimmern einen exotischen, sehr ursprünglichen Touch. Auch der Garten trägt dazu bei (das teuerste Zimmer hat sogar seinen eigenen Garten). Es gibt kein Schild, daher auf die Hausnummer 54 am Tor achten. Wenn das Patricia Guest House ausgebucht ist, sollte man die Eigentümer fragen, ob man auf das **Patricia 2** (Ecke Dupuy & Francois Martin Sts) oder das **Patricia 3** (4 Ramaraja St) ausweichen kann. Beide haben drei ähnlich bezaubernde Zimmer (1500–2000 Rs).

Hotel de l'Orient (☎ 2343067; orient1804@neemranahotels.com; 17 Romain Roland St; DZ 2000–3750 Rs) Das erhabene Gebäude aus der französischen Kolonialzeit hat 200 Jahre auf dem Buckel, ist aber geschmackvoll renoviert und möbliert. Trotzdem finden manche Traveller das Hotel für den Preis etwas zu stickig und die Zimmer zu eng. Die 14 Zimmer schließen ein kleines Gartenrestaurant im Hof ein und sind alle individuell gestaltet: einige gemütlich (wie die Dachstube), andere geräumig. Die Möblierung besteht aus Himmelbetten, antiquarischen Möbeln, *dhurries* (Vorlegern) aus Jaipur und tollen Kupferstichen.

Hotel de Pondicherry (☎ 2227409; 38 Dumas St; EZ 1350 Rs, DZ 1600–2450 Rs; ❄) Frisch renovierter Altbau mit zehn reizenden Zimmern im Kolonialstil. Eher altmodisch als luxuriös, aber für Romantiker wohl genau das Richtige.

Essen

Wenn man schon länger in Tamil Nadu unterwegs ist, kommen einem die Restaurants von Pondicherry wie eine Offenbarung vor. Es gibt einige französisch-indische Lokale und ein paar Open-Air-Restaurants, das Bier ist erschwinglich und obendrein bekommt man Wein (indischen oder importierten). Am unteren Ende der Preisskala kann man in einem Ashram gut essen.

Satsanga (☎ 2225867; 30–32 Labourdonnais St; ⌚ 8–23 Uhr; Hauptgerichte 75–280Rs) Das Satsanga liegt im überdachten Hinterhof eines großen Hauses aus der Kolonialzeit. Es wird leckere französische und italienische Küche aufgetischt und eignet sich prima für ein spontanes Mittag- oder Abendessen. Auch das Frühstück ist prima – frisch gebackenes Brot, Crèpes, Omelettes, Joghurt und Müsli garantieren einen perfekten Start in den Tag. In den tiefer gelegten Stühlen unter dem Balkon kann man in der Morgenzeitung blättern.

Madam Santhe (☎ 2224920; 10 Lal Bahabhur St; Hauptgerichte meist um 45–200 Rs; ⌚ Do–Di 12–15 & 19–22.30 Uhr) Das Santhe ist ein sehr angenehmes Restaurant im mediterranen Stil. Der Essbereich befindet sich auf dem Dach, der Service ist sehr eifrig. Die Spezialitäten bestehen aus französisch angehauchtem Seafood wie beispielsweise Butter-Tintenfisch mit Knoblauch und Kräutern (85 Rs), Fisch Provençale (110 Rs) und gefüllten Krebsen (100 Rs). Ansonsten steht auf der Speisekarte noch eine große Auswahl an Salaten, hausgemachter Pasta und Steaks. Es gibt zwar keinen Wein, aber dafür kaltes Bier für 75 Rs.

Au Feude Bois (☎ 2341821; 28 Lal Bahadur St; Pizzas 80–125 Rs; ⌚ 11–14 & 18–22.30 Uhr) Neues Restaurant mit Holzofen. Die italienischen Pizzas, das frische Brot und die Crèpes sind immer einen Besuch wert. Kleiner Dachgarten und rustikaler Essbereich.

Hotel Aristo (Nehru St; Hauptgerichte 40–90 Rs; ⌚ Sa–Do 9.30–22.30 Uhr) Das Dachrestaurant drängt sich für ein günstiges und leckeres Mahl auf und ist abends in der Regel stark besucht. Auf der Speisekarte stehen beispielsweise Walnuss-Hühnchen (sehr lecker, aber mit Cashewnüssen gemacht!) für 79 Rs und gegrillte Garnelen (69 Rs). Ein kleines Kingfisher-Bier kostet 30 Rs.

La Coromandale (☎ 2227232; 30 Goubert Ave; Hauptgerichte 25–35 Rs; ⌚ 7–22.30 Uhr) Oft sind die einfachsten Dinge im Leben die besten! Das nach vorne offene Restaurant an der Promenade serviert leckere südindische Thalis, Reis, Nudeln und kalte Drinks. Die relaxte Atmosphäre lädt zum Treffen und Quatschen ein.

Coffee.Com (☎ 5201245; 236 Mission St; ⌚ Sa–Do 10–1.00, Fr 10–12.30 & 13.30–1.00 Uhr) Internetcafé und beliebter Treffpunkt. Hier gibt's super Baguettes (50–70 Rs), Pastagerichte (130–180 Rs), prima Kaffee, Backwaren und Milchshakes.

La Terrasse (5 Subbayah Salai; Hauptgerichte 30–125 Rs, Pizzas 70–175 Rs; ⌚ Do–Di 8.30–22 Uhr) Das einfache Restaurant mit Terrasse am südlichen Ende der Promenade ist vor allem für seine Pizzas bekannt (spicy oder auf italienische Art); Alkohol gibt's hier allerdings keinen.

AUF DIE SCHNELLE

Le Café (Goubert Ave; Snacks 12–40 Rs) Etwas billig wirkende Snackbar und Eisdiele an der Uferpromenade. Aufgrund des Angebots an Popcorn, Eis (inkl. Kulfi) und Süßigkeiten sehr beliebt bei Familien.

Bhuvanesh Traders (Mission St; ⌚ 7–22 Uhr) Traveller empfehlen die frischen Säfte und kalten Lassis.

SELBSTVERSORGER

Nilgiri Supermarket (Ecke Mission St. & Rangapallai St.; ⌚ 9.30–21 Uhr) Moderner, angenehm klimatisierter Supermarkt mit klasse Auswahl an Lebensmitteln. Akzeptiert Kreditkarten.

Ausgehen & Unterhaltung

Die niedrigen Alkoholsteuern in Pondy haben der Stadt den Ruf eingebracht, man könne sich hier einen billigen Schwips einhandeln. Wirklich günstiges Bier bekommt man jedoch nur in Weinläden oder den dazugehörigen düsteren Spelunken. Während ein Kingfisher hier 50 Rs kostet, verlangen die besseren Restaurants bis zu 100 Rs; es gibt nur wenige Ausnahmen. Die meisten Bars findet man entlang des Anna Salai West Blvd.

Seagulls Restaurant (19 Dumas St; ⌚ 11.30–23.30 Uhr) Eigentlich handelt es sich hierbei um ein Restaurant. Doch nicht selten kommen die Kellner nach dem Bestellen bestürzt an den Tisch, um einem mitzuteilen, dass das gewünschte Essen leider, leider aus ist. Der Balkon mit Blick aufs Meer und die nördlich verlaufende Promenade machen das Seagulls jedoch zur einen tollen Location, um an einem warmen Abend ein Bierchen zu schlürfen (günstig für 50 Rs).

Coffee.Com (☎ 5201245; www.coffeedotcom.net; 236 Mission St; ⌚ Sa–Do 10–1.00, Fr 10–12.30 & 13.30–1.00 Uhr) Der hippe Internettreff verkörpert Pondys weltoffene Atmosphäre. Hier kann man surfen, Magazine lesen und Espresso nippen. Es gibt auch einen Großbildfernseher und eine DVD-Sammlung (100 Rs/Std.).

Space Coffee & Arts (☎ 333734; 2 Labourdonnais St; ⌚ 6–0.00 Uhr) Das Space ist nicht nur ein funky Café, auf dessen Terrasse man Kaffee und Bier (75 Rs) bekommt. Es ist auch eine Galerie und ein Veranstaltungsort für traditionelle Tanzvorführungen und tamilische Kunst. Aktuelle Veranstaltungen kündigt das Schwarzen Brett an.

Moon & Rock Bar (Anna Salai; ⌚ 10–23 Uhr) Eines der „gesünderen" Lokale im Umkreis.

ETWAS BESONDERES

Rendezvous (☎ 2330238; 30 Suffren St; ⌚ Mi–Mo 10–15.30 & 18.30–23.30 Uhr; Hauptgerichte 100–275 Rs) Die Dachterrasse hat eine Bambusverkleidung und ein Strohdach und gehört zu den gediegeneren in Pondy. Im unteren Speisesaal fühlt man sich dagegen durch die Korbstühle und karierten Tischdecken ins ländliche Frankreich versetzt. Auf der typisch französischen Speisekarte stehen beispielsweise Bouillabaisse (60 Rs), gegrillte Garnelen (250 Rs), Quiches (100–175 Rs) und Coq au Vin (210 Rs), aber auch Burger, Pizzas, indische und chinesische Gerichte. Zum Nachtisch sollte man unbedingt die Crème Caramel oder das neugierig machende Pfeffereis (60 Rs) probieren. Heruntergespült wird das Ganze mit indischem Hauswein (80 Rs pro Glas) oder französischem Wein (220 Rs pro Glas oder 800–1500 Rs pro Flasche).

Shoppen

Auf einer Shoppingtour durch Pondicherry – besonders in der Nehru St., Mission St. und MG Rd. – stößt man auf einen seltsamen Mix aus indischem Basar und westlichem Überfluss. Stände mit Saris und Textilien machen modernen neonbeleuchteten Shops heftig Konkurrenz.

Sri Aurobindo Handmade Paper Factory (☎ 233 4763; 50 SV Patel Salai; ⌚ Mo–Sa 8.30–12 & 13.30–17 Uhr) Verkauft tolles handgemachtes Papier.

La Boutique d'Auroville (Nehru St; ⌚ Mo–Sa 9.30–13 & 15.30–20 Uhr) Es macht einfach Spass, sich durch die Erzeugnisse örtlicher Handwerker zu wühlen. Hier gibt's Schmuck, Batiken, *kalamkari*-Zeichnungen (ählich wie Batik), Teppiche und Holzschnitzereien.

Das **Cottage Natural** (Rangapillai St; ⌚ Mo–Sa 9.30–13 & 15.30–20 Uhr) verkauft eine Reihe von Handwerksprodukten; im **Splendour** (16 Goubert Ave; ⌚ Do–Di 9.30–13 & 16–20.30 Uhr) findet man eine gute Auswahl an Schnitzereien, Leder- und Tonwaren.

Das ausgezeichnete **Casablanca** (165 Mission St; ⌚ Mo–Sa 9–22, So 9–21 Uhr) oder das **Mementos** (2 Capt Xavier St; ⌚ Mo–Sa 9.30–13.30 & 15.30–20.30 Uhr) verkaufen indische Souvenirs und Mode in modernem Ambiente.

An- & Weiterreise

BUS

Der Busbahnhof befindet sich 500 m westlich der Stadt. Unter den staatlichen Buslinien sind die folgenden:

Ziel	Preis (Rs)	Dauer (Std.)	Häufigkeit
Bangalore	105	8	6-mal tgl.
Chennai	54	3½	83-mal tgl.
Chidambaram	23	1½	50-mal tgl.
Coimbatore	150	9	6-mal tgl.
Kanchipuram	40	3	5-mal tgl.
Karaikal	43	3½	15-mal tgl.
Kumbakonam	33	4	6-mal tgl.
Mamallapuram	33	2	5-mal tgl.
Nagapattinam	48	4	4-mal tgl.
Tirupati	83	6	9-mal tgl.
Tiruvannamalai	25	3½	9-mal tgl.
Tiruchirappalli	70	5	4-mal tgl.

TAXI

Ein Taxi von Pondicherry nach Chennai kostet 1400 Rs, zum Flughafen von Chennai 1300 Rs.

ZUG

Vier Passenger Trains fahren täglich nach Villupuram (9 Rs, 1 Std., 38 km); von dort aus bestehen weitere Verbindungen. Der computergestützte Reservierungsservice am Bahnhof erfasst alle Züge, die im Süden verkehren.

Unterwegs vor Ort

Am besten kommt man zu Fuß herum. Für 5 Rs kann man sich in einem großen Dreirad vom Busbahnhof zur Gingy St. kutschieren lassen; diese sind aber oft hoffnunglos überfüllt. Es gibt viele mit Muskelkraft oder Motor angetriebene Rikschas – mit einer der Letzteren kommt man für ca. 25 Rs durch die Stadt.

Aufgrund der breiten und flachen Straßen wird in Pondy kräftig in die Pedale getreten. Überall in der Stadt werden Fahrräder verliehen, so vor allem in der MG Rd. und der Mission St. oder auch in der Subbayah Salai und der Goubert Ave. In der Regel beträgt die Gebühr 5/20 Rs pro Stunde/Tag, manche Verleiher verlangen aber auch bis zu 70 Rs.

Mopeds und Motorräder sind ideal für Trips zu den Stränden oder nach Auroville; sie können bei einigen Läden und Straßenständen gemietet werden. Für einen Roller mit Automatik muss man durchschnittlich 100 Rs am Tag hinblättern, für ein Motorrad 125 Rs – vorausgesetzt, man kann die eigenen Fahrkünste (z. B. mit einem Führerschein) nachweisen und 500 Rs als Pfand hinterlegen. **SDP** (☎ 2334101; Mission St) und **Vijay Arya** (23 Aurobindo St) vermieten Bikes.

AUROVILLE

☎ 0413

In der Nähe der Grenze zwischen Pondicherry und Tamil Nadu hat die internationale Gemeinschaft von Auroville Wurzeln geschlagen. Das Projekt „menschlicher Einheit" besteht aus mehr als 80 ländlichen Siedlungen, die sich über 20 km erstrecken. In ihnen leben ca. 1700 Einwohner (zwei Drittel davon sind Ausländer aus rund 35 verschiedenen Ländern).

Auroville ist keine Touristenattraktion – auf Besucher wirkt es wahrscheinlich eher etwas befremdlich und abweisend. Wer sich jedoch für die damit verbundene Philosophie interessiert, sollte einen Abstecher dorthin machen; das Besucherzentrum informiert Neugierige, wie hier alles funktioniert. Mit etwas Überredungskunst (und bei einem weiteren Besuch) kann man das Space-Age-Meditationszentrum antesten.

Praktische Informationen

Das **Besucherzentrum** (☎ 2622239; www.auroville.org; 🕑 9–17.30 Uhr) ist normalerweise die erste Anlaufstation bei einem Besuch in Auroville. Eine Dauerfotoausstellung dokumentiert die Aktivitäten der Gemeinschaft. Das äußerst hilfsbereite Personal beantwortet Fragen aller Art, besonders wenn man zu erkennen gibt, dass man sich für die Philosophie interessiert und nicht nur darauf hofft, möglichst rasch einen Blick auf das Matrimandir zu erhaschen. Um 10.30, 11.30, 14.30, 15 und 15.30 Uhr gibt's eine Videovorführung. Der moderne Gebäudekomplex beherbergt auch einen Buchladen, ein Café und die **Boutique d'Auroville** (🕑 Mo–Sa 9–13 & 14–17.30 Uhr), die Handwerksprodukte aus Auroville verkauft.

Matrimandir

Die bizarre Konstruktion gleicht einer Kreuzung zwischen einem riesigen goldenen Golfball und einem NASA-Weltraumprojekt. In Wirklichkeit wurde das Matrimandir aber als spirituelles und technisches Zentrum vom Auroville entworfen. In der mit weißem Marmor ausgekleideten Meditationskammer ist ein massiver Kristall ausgestellt – mit 70 cm Durchmesser ist er wahrscheinlich der größte der Welt! Ein Spiegel im Dach leitet Sonnenstrahlen in den Kristall um; an wolkigen Tagen übernehmen Solarlampen diese Aufgabe. Wer einen Tagesausflug zu diesem Wunder der Ingenieurskunst erwägt, sollte genau planen: Die innere Kammer des Matrimandir steht normalen Besuchern ausschließlich sonntags zwischen 14.30 und 17.30 Uhr offen. Und sogar dann muss man sich zuerst einen Pass besorgen, mit dem man zunächst nur die Gärten und das **Amphitheater** (Mo–Sa 10–12.30 & 14–16.30 Uhr, So 10–13 Uhr) besichtigen kann. Um diesen (kostenlosen) Pass zu erhalten, muss man zu bestimmten Zeiten im Besucherzentrum aufkreuzen (Mo–Fr 9.45–12 & 13.45–16, So 9.45–12.30 Uhr). Erst danach ist es möglich, einen Sonntagsbesuch im Matrimandir zu buchen. Alles klar? Die Einwohner von Auroville können die Kammer natürlich täglich zwischen 17 und 18 Uhr mit einer Gästekarte betreten.

Schlafen & Essen

Besucher mit einem ernsthaften Interesse an den Zielen Aurovilles finden in jeder der 40 Gemeinschaften Unterkunft. Ein Aufenthalt sollte mindestens eine Woche lang dauern; obwohl niemand dazu verpflichtet wird, in der Gemeinschaft mitzuarbeiten, begrüßen die Bewohner Engagement sehr. Allerdings gibt's als Gegenleistung für die Arbeit kein kostenloses Dach überm Kopf: Zimmer kosten zwischen 150 und 1000 Rs. Und obendrein werden von Gästen pro Tag 60 Rs für die „Instandhaltung und Weiterentwicklung" von Auroville verlangt.

In Auroville stehen mehr als 40 Gästehäuser zur Auswahl; das passende findet man am geschicktesten über das Besucherzentrum. Um alles Nötige bereits vor der Ankunft zu regeln, schaut man sich am besten auf der Website um und klingelt dann beim **Auroville Gästeservice** (☎ 2622704; avguests@auroville.org.in) durch.

Obwohl es in Auroville ein paar Läden und kleine Straßenlokale gibt, werden die meisten Leute im Solar Kitchen satt, an dessen Buffet täglich mehr als 400 Mahlzeiten ausgegeben werden.

An- & Weiterreise

Von der Küstenstraße biegt bei Periyar Mudaliarchavadi eine Straße nach Auroville ab (die Abzweigung liegt in der Nähe der Abfahrt zum Repos Beach). Da die Beschilderung sehr schlecht ist, muss man sich eventuell durchfragen. Ein Trip mit der Autorikscha kostet inkl. Rückfahrt ca. 150 Rs; genauso gut kann man aber ein Moped oder Fahrrad ausleihen. Das Besucherzentrum liegt ca. 12 km von Pondy entfernt.

AUROVILLE – EINE INTERNATIONALE VISION

Auroville ist das geistige Kind von „The Mother", Mira Arfassa, „ein Experiment internationalen Zusammenlebens, in dem Menschen abseits aller Glaubensrichtungen, politischen Gesinnungen und Nationalitäten in Frieden und fortwährender Harmonie leben können." Der Entwurf der Siedlung stammt von dem französischen Architekten Roger Anger; an der Eröffnungsfeier am 28. Februar 1968 nahmen neben dem indischen Präsidenten auch Vertreter aus 124 Staaten teil. In einem symbolischen Akt streuten sie Erde aus ihrem jeweiligen Heimatland in eine Urne, um so universelle Einheit zu demonstrieren.

Aurovilles geographische Anlage soll dieses Streben nach Einheit widerspiegeln. Im Zentrum der Gemeinschaft steht das Matrimandir, das für „The Mother" die „Seele von Auroville" darstellte. Vier Zonen – eine kulturelle, eine internationale, eine industrielle und eine Wohnzone – sollten sich rund um das Matrimandir auf einer Fläche von 25 km² erstrecken. Bis heute sind davon 10 km² realisiert worden.

In ihrer Gründungsvision von Auroville wünscht sich „The Mother", „dass irgendwo auf der Welt ein Platz existiert, auf den keine Nation einen alleinigen Besitzanspruch hat, ein Platz, an dem alle hilfsbereiten Menschen aufrichtig in ihrer Zielsetzung als freie Weltbürger leben können ...".

ZENTRALES TAMIL NADU

CHIDAMBARAM

☎ 04144 / 58 740 Ew.

Der große Tempelkomplex von Chidambaram ist Nataraja, dem tanzenden Shiva, geweiht. Er ist ein Highlight drawidischer Architektur und eine der heiligsten Shiva-Stätten Südindiens. Da der Tempel jedoch die einzige Sehenswürdigkeit ist, langt es, einen Tagesausflug nach Chidambaram zu machen oder hier einen Zwischenstopp auf dem Weg von Pondicherry nach Kumbakonam oder Tiruchirappalli einzulegen.

Unter den vielen Festivals sind die zwei zehntägigen Wagenfestivals im April/Mai und Dezember/Januar die größten. Im Februar/März zieht das fünftägige *natyanjali*-Tanzfestival Darsteller aus dem ganzen Land an; sie feiern Nataraja – den Herrn der Tänze.

Orientierung & Praktische Informationen

Das Städtchen erstreckt sich rund um den Nataraja-Tempel, die Straßen an dessen Außenseiten sind nach den vier Himmelsrichtungen benannt. Man kommt problemlos zu Fuß durch den Ort; die meisten Quartiere befinden sich in der Nähe des Tempels. Der Busbahnhof liegt von hier fünf Gehminuten entfernt in Richtung Südwesten, der Bahnhof 1 km weiter südlich. Keine Bank im Ort wechselt ausländische Währungen.

Hotel Saradharam (19 VGP St; 30 Rs/Std.; 🕓 11.30–22 Uhr) Bester Internetzugang vor Ort.

ICICI-Bank Geldautomat Steht vor dem Hotel Saradharam, fast gegenüber vom Busbahnhof.

Post (North Car St; 🕓 Mo–Sa 10–15 Uhr) Eine weitere Filiale befindet sich in der South Car St.

Touristenbüro(☎ 238739; Railway Feeder Rd; 🕓 Mo–Fr 9–17 Uhr) Direkt neben dem Vandayar Gateway Inn. Man kann sich eine Broschüre holen – wenn mal gerade jemand da ist.

Sehenswertes

NATARAJA-TEMPEL

Der Shiva-Tempel ist Chidambarams Hauptattraktion; er zieht regelmäßig Massen von Pilgern und Besuchern an. Von 907 bis 1310 lag hier eine Hauptstadt der Chola; der Nataraja-Tempel wurde während der Spätphase des Reiches errichtet. Der 22 ha große Komplex ist von hohen Mauern umgeben und hat vier hoch aufragende *gopurams,* deren wunderbar gestalteten Bilder Hindu-Mythen zeigen. Der **Tempel** (Hof & Schreine 🕓 6–12.30 & 16–22.30 Uhr) gilt als Musterbeispiel der Kunstfertigkeit zu Zeiten des Chola-Reiches, die von mehreren Dynastien gefördert worden ist. Der Haupteingang liegt am östlichen *gopuram* an der East Car St. An der engen Straße, die zum Eingang führt, stehen die üblichen Buden; links vom Eingang kann man seine Schuhe bedenkenlos an einem Stand abgeben (gegen eine Spende).

Im Nordosten der Anlage befindet sich rechts vom Eingang die **Raja Sabha** (Königshalle) mit ihren 1000 Säulen; sie ist nur an Festtagen geöffnet. Links davon liegt das **Sivaganga** (Tempelbecken). Führer erzählen etwas zur Geschichte der rund um das Becken platzierten Gemälde und Skulpturen. Im Südosten steht eine beeindruckende Statue des Elefantengottes Ganesh.

Exakt gegenüber vom (östlichen) Haupteingang blickt eine riesige Nandi-Statue (Shivas Eskorte) auf die Halle, die zum inneren Heiligtum führt. Obwohl Nicht-Hindu das innere Heiligtum mit seinem goldenen Dach offiziell nicht betreten dürfen, kann man den Korridor entlanglaufen und bei Ritualen wie z. B. der Feuerzeremonie (in der Regel vor dem Schließen mittags und abends) zuschauen. Dabei leuchten die Gläubigen unter dem Klang von Glocken Feuerkelche aus. Die Nachmittags-*puja* um 17 Uhr ist ebenfalls sehenswert.

Normalerweise lassen die Brahmanen Besucher gegen eine Gebühr in den Tempel und führen sie über das Gelände. Da die Brahmanen damit den Tempel finanzieren, möchte man das wunderbare Gebäude vielleicht mit einer Spende unterstützen. Trotzdem sollte man sich nicht von Priestern einschüchtern lassen, die Besucher gerne überzogene Summen abknöpfen.

Schlafen & Essen

In Chidambaram befinden sich die meisten günstigen Lodges auf einem Fleck rund um den Tempel.

Star Lodging (☎ 222743; 101–102 South Car St; EZ/DZ 60/80 Rs) Alte Budgetbleibe für Traveller. Die Zimmer sind zwar schmucklos und nur mit Plumpsklos ausgestattet, trotzdem handelt es sich hierbei um ein freundliches

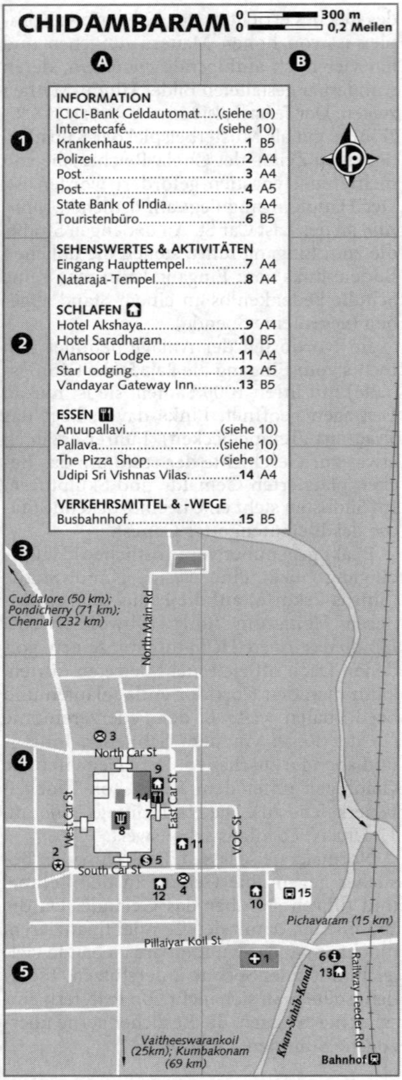

Haus mit unschlagbaren Preisen. Im UG gibt's ein anständiges Vegi-Restaurant.

Mansoor Lodge (☎ 221072; 91 East Car St; EZ/DZ/3BZ 80/150/200 Rs, DZ mit TV 200 Rs) Lodge in der Nähe des Tempels; saubere Zimmer mit gutem Preis-Leistungs-Verhältnis. Die Eigentümer geben sich Mühe, ihre Gäste zufrieden zu stellen.

Vandayar Gateway Inn (☎ 238056; vgl_cdm@sanchar.net; Railway Feeder Rd; DZ 199–250 Rs, mit Klimaanlage 550 Rs; ❄) Obwohl es etwas verlassen wirkt, ist dies ein blitzsauberes Hotel in der Nähe des Bahnhofs, das definitiv sein Geld wert ist. Die Deluxezimmer sind mit TV ausgestattet; es gibt zwei gute Restaurants und eine Bar. Äußerst hilfsbereites Personal.

Hotel Akshaya (☎ 220192; akshayahotel@hotmail.com; 17–18 East Car St; EZ/DZ 199/250 Rs, mit Klimaanlage ab 499/600 Rs, Suite 850 Rs; ❄) Auch dieses Haus in Tempelnähe bietet Mittelklassefeeling zu Budgetpreisen. In den günstigen schlichten Zimmern bröckelt zwar die Farbe von den Wänden, sie sind aber dennoch ihr Geld wert.

Hotel Saradharam (☎ 221336; fax 222656; hsrcdm@vsnl.com; 19 VGP St; DZ mit/ohne Klimaanlage 600/375 Rs; ❄ 💻) Das Tophotel der Stadt, dem man aber ganz allmählich sein Alter ansieht. Liegt praktischerweise gegenüber vom Busbahnhof.

Wie so oft befinden sich die besten Lokale in Hotels. Das **Anuupallavi** (19 VGP St; Hauptgerichte 25–70 Rs; 🕘 9–22 Uhr) ist ein hervorragendes, klimatisiertes „Multicuisine"-Restaurant im Hotel Saradharam; es tischt etliche indische und chinesische Gerichte auf. Im selben Hotel sind das Vegi-Restaurant **Pallava** und der **Pizza Shop** (Gerichte 40–100 Rs; 🕘 16–22 Uhr) untergebracht, der Pizzen im American-Style und Burger serviert.

Nahe des Tempeleingangs bekommt man im geschäftigen und sauberen **Udipi Sri Vishna Vilas** (Thalis 20 Rs; 🕘 5.30–6.30, 12–14.30 & 15.30–21.30 Uhr) leckeres südindisches Vegi-Essen und Thalis.

An- & Weiterreise

Der Busbahnhof liegt sehr zentral – zum Tempel und zu den Unterkünften kann man problemlos laufen. Busse fahren/kommen alle halbe Stunde nach/von Chennai (66 Rs, 7 Std.), Pondicherry (21 Rs, 2 Std.) und Kumbakonam (22 Rs, 2½ Std.). Mit der Linie 157 (Deluxe; 97 Rs, 5-mal tgl.) kommt man am schnellsten nach Chennai. Busse fahren auch direkt nach Madurai (80 Rs, 8 Std., 5-mal tgl.).

Chidambaram liegt zwar nur an einer Meterspur-Eisenbahnlinie und nicht an einer Hauptstrecke. Um nach Kumbakonam zu kommen, sind die Züge aber trotzdem sehr praktisch; dort kann man in Richtung Thanjavur oder Tiruchirappalli umsteigen.

Nur einmal täglich fährt ein Express Train nach Kumbakonam (31/49 Rs für 2. Klasse/ Sleeper Class, 2 Std.). Ansonsten kommen noch ein paar Passenger Trains hier durch. Vom Tempel sind es zum **Bahnhof** (☎ 238759) 20 Gehminuten in südöstlicher Richtung (25 Rs mit einer Fahrradrikscha).

KUMBAKONAM

☎ 0435 / 160 827 Ew.

Kumbakonam ist ein hektisches, staubiges Geschäftszentrum am Cauvery ca. 37 km nordöstlich vonThanjavur entfernt. Zahlreiche Tempel verteilen sich rund um die Stadt. Sie stellt eine ideale Ausgangsbasis für einen Besuch der herrlichen Chola-Tempel in der Umgebung dar. Auch bietet sich von hier aus ein Ausflug in Richtung Osten zu den Küstenstädten im Cauvery-Delta an.

In Kumbakonam gibt's keine Tourist Information. Reiseschecks löst man am besten bei der **UAE Exchange** (☎ 2423212; 134 Kamaraj Rd) in der Nähe des Bahnhofs ein. Und nordwestlich vom Sarangapani-Tempel steht ein **Geldautomat der ICICI-Bank** (TSR Big St).

Den besten Internetzugang hat das **Ashok Net Cafe** (☎ 2433054; 24 Ayikulam Rd; 20 Rs/Std.; 🕒 9–22.30 Uhr).

Sehenswertes

Dutzende von kunterbunten *gopurams* ragen von Kumbakonams 18 Tempeln in den Himmel, von denen die meisten Shiva oder Vishnu geweiht sind. Nur eingefleischte Tempelliebhaber werden mehr als ein paar davon besichtigen. Alle Tempel sind von 6 bis 12 und von 16 bis 22 Uhr geöffnet.

Der größte Vishnu-Tempel in Kumbakonam ist der **Sarangapani-Tempel** mit seinem 50 m hohen Osttor in der Ayikulam Rd. Im 12. Jh. errichteten die Cholas den Schrein in der Form eines Triumphwagens.

200 m weiter westlich liegt der **Kumbeshwara-Tempel**, in den man über einen neunstöckigen *gopuram* gelangt. Er enthält einen Lingam, der angeblich von Shiva selbst hergestellt wurde, als dieser den Nektar der Unsterblichkeit mit Sand vermischte.

Der **Nageshwara-Tempel** wurde im 12. Jh. unter den Cholas erbaut und ist Shiva in Gestalt Nagarajas (dem Schlangenkönig) gewidmet. Angeblich fällt an drei Tagen im Jahr (April/Mai) das Sonnenlicht direkt auf den Lingam. Der Hauptschrein hat die Form eines Triumphwagens.

Der **Mahamkham-Tempelteich** in der Form eines riesigen X liegt 600 m südöstlich vom Nageshwara-Tempel entfernt. Er ist das Heiligste, was Kumbakonam zu bieten hat. Hindu glauben, dass alle 12 Jahre die Wasser des Ganges in das Becken fließen. Zu diesem Anlass wird hier ein Festival gefeiert – das nächste Mal wird es aber erst im Jahr 2016 stattfinden.

Schlafen

Kumbakonams Hotels sind nicht gerade spektakulär, aber immerhin ist die Auswahl recht groß. Dies gilt vor allem für die Ayikulum Rd. und entlang des lebhaften Basars in der TSR Big St.

Pandiyan Hotel (☎ 2430397; 52 Sarangapani East St; EZ/DZ 110/170 Rs) Das Budgethotel ist trotz seiner Standardzimmer mit schimmeligen Wänden recht beliebt.

Hotel Athityaa (☎ 2421794; 48 Ayikulam Rd; EZ/DZ 395/420 Rs, mit Klimaanlage 575/600 Rs; ❄) Das Athityaa liegt genau gegenüber vom Sarangapani-Tempel. Die Zimmer bieten den ortsüblichen Standard; einige sind mit Balkon, alle mit TV ausgestattet. Im vorderen Bereich gibt's ein Restaurant und eine Bar.

Hotel Raya's (☎ 2422545; 18 Post Office Rd; DZ/3BZ ab 500/650 Rs, mit Klimaanlage 700/850 Rs; ❄) Hindi-Musik plärrt durch die Lobby, überall hängen Bilder von Gottheiten – das Raya's stimmt seine Gäste auf eine Tempeltour ein. Die Zimmer sind zwar nicht luxuriös, aber sauber und bequem. Beste Mittelklasseoption vor Ort.

Essen

Malaya Food Corner (Sarangapani East St; Hauptgerichte 20–55 Rs; 🕒 12–16 & 18.30–23.30 Uhr) Rustikales, aber atmosphärisches Restaurant direkt neben dem Hotel Pandiyan. Der erdige Boden und die Schilfrohrmöbel garantieren ein gewisses „ländliches Feeling". Das Essen, z. B. Fischcurry oder Butterhuhn (beides 25 Rs) ist gut und günstig.

Das **A&A Veg Restaurant** (Ayikulam Rd; 🕒 7–23 Uhr) und das **Paradise Restaurant** (26 Sarangapani St; 🕒 6–23 Uhr) sind zwei helle, saubere Restaurants, die gute Vegi-Gerichte wie beispielsweise Thalis im Palmenblatt (15 Rs) servieren.

Hotel Chela (9 Ayikulam Rd; Hauptgerichte 30–80 Rs; 🕒 12–22 Uhr) Hotel mit einem guten nordindischen Restaurant, das Tandoori-Huhn (70 Rs) serviert.

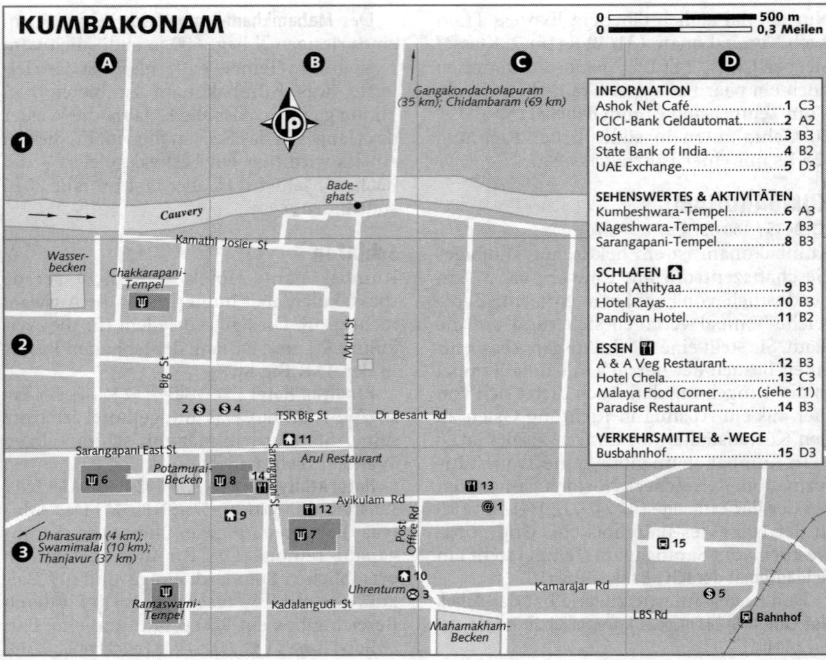

An- & Weiterreise

Busbahnhof und Bahnhof befinden sich 2 km östlich vom Stadtzentrum.

Die Busse der SETC (Linie 303) fahren alle halbe Stunde nach Chennai (118 Rs, 7 Std.).

Alle 10 Minuten gehen Busse nach Thanjavur (14,50 Rs, 1½ Std.), manche fahren danach weiter bis nach Madurai (65 Rs, 5 Std., 8-mal tgl.). In Richtung Norden besteht alle 20 Minuten eine Verbindung nach Chidambaram (31 Rs, 2½ Std.) und Pondicherry (40 Rs, 4½ Std.). Ein Bus fährt um 19 Uhr nach Coimbatore (110 Rs, 10 Std.).

Ins Cauvery-Delta fahren jede halbe Stunde Busse über Tarangambadi nach Karaikal (16 Rs, 2 Std.) und dann weiter nach Nagapattinam.

Der Nachtzug *Rock Fort Express* ist die einzige Hauptzugverbindung von/nach Chennai (130/365 Rs für Sleeper Class/3AC); er fährt über Thanjavur und Tiruchirappalli. Der *Cholan Express* fährt nach Tambaram. Passenger Trains gehen nach Chidambaram (31 Rs, 2 Std.) und Thanjavur.

RUND UM KUMBAKONAM

In Dharasuram und Gangakondacholapuram, nicht weit von Kumbakonam entfernt, stehen zwei prächtige Chola-Tempel. Sie sind kaum besucht, weshalb man ihre Schönheit in aller Ruhe bewundern kann. Beide eignen sich prima für einen Tagesausflug von Kumbakonam aus.

Dharasuram

Nur 4 km westlich von Kumbakonam, in Dharasuram, liegt der **Airatesvara-Tempel**. Er wurde unter Radscha Raja II. (1146–63) errichtet und ist ein Musterbeispiel für die Chola-Architektur des 12. Jh.

Vor dem Tempel stehen Pfeiler mit einzigartigen Miniaturskulpturen. Im 14. Jh. wurden die großen Statuen rund um den Tempel durch solche aus Backstein und Beton ersetzt, wie sie auch im Tempel von Thanjavur zu finden sind. Viele wurden in die Kunstgalerie des Radscha-Palasts in Thanjavur gebracht, kehrten später aber wieder nach Dharasuram zurück. Die bemerkenswerten Skulpturen stellen unter anderem Shiva als Kankala-murti – den Bettelmönch – dar. Auch aus den Epen sind Geschichten abgebildet.

Am Hauptschrein steht ein riesiger verzierter Lingam, der von morgens bis abends von der Sonne beschienen wird.

Nach Dharasuram kommt man mit dem Bus (5 Rs) oder einer Autorikscha (50 Rs mit Rückfahrt inkl. Wartezeit).

Gangaikonda Cholapuram

Der **Brihadishwarar-Tempel** (⌚ 6–12 & 16–20 Uhr) 35 km nördlich von Kumbakonam wurde während der Regierungszeit des Chola-Herrschers Rajendra I. (1012–44) erbaut, und zwar im Stil des von seinem Vater errichteten Brihadishwarar-Tempels in Thanjavur. Im 15. Jh. wurde er von den Nayakas erweitert. Der verzierte Turm ist fast 55 m hoch und wiegt angeblich 80 t. In den Nischen der Tempelmauern stehen viele wunderschöne Statuen u.a. des Ganesh, Nataraja und Harihara.

Neben dem Tempel befindet sich ein kleines **Museum** (Eintritt frei; ⌚ Sa–Do 9–17 Uhr); es zeigt die freigelegten Überreste eines Palasts, der einst in der Nähe stand.

Alle halbe Stunde fahren Busse vom Busbahnhof in Kumbakonam zum Tempel (11 Rs, 1½ Std.), den man am besten früh morgens besichtigt.

CAUVERY-DELTA

Der Cauvery entspringt in den Western Ghats und fließt nach Osten, wo er in den Golf von Bengalen mündet. Das Delta ist ein fruchtbares Landwirtschaftsgebiet mit einigen weniger spannenden Küstenstädten. Das Calimere Wildlife & Bird Sanctuary ist ein Refugium für Vogelliebhaber. Die Region um Nagapattinam war 2004 die Gegend, die in Tamil Nadu am stärksten vom Tsunami betroffen. Die traurige Bilanz: rund 7000 Todesopfer und noch wesentlich mehr Obdachlose.

Tarangambadi (Tranquebar)

Tarangambadi, 80 km südlich von Chidambaram, wurde 1620 von den Dänen als Stützpunkt gegründet. Das **Danesborg Fort** (Inder/Ausländer 5/50 Rs; ⌚ Sa–Do 10–13 & 14–17.45 Uhr) an der Küste wurde 1801 von den Briten besetzt. Es beherbergt ein kleines, aber faszinierendes **Museum**, das die hiesige dänische Geschichte näher beleuchtet. Am einfachsten gelangt man nach Tarangambadi mit dem Bus ab Chidambaram (28 Rs, 2½ Std.). Im Ort selbst gibt's keine Unterkünfte, dafür aber umso mehr in Karaikal 12 km weiter südlich.

Velanganni (Vailankanni)

☎ 04365 / 10 104 Ew.

In Velanganni steht die römisch-katholische Basilika Our Lady of Good Health. Tausende von christlichen Pilgern strömen durch das beeindruckende weiße neugotische Gotteshaus, dem während des Papstbesuchs 1962 der Status einer Basilika verliehen wurde. Jedes Jahr wird am 8. September mit einem 9-tägigen Kirchenfest der Geburt Mariä gedacht. Tragischerweise wurden am ersten Weihnachtsfeiertag 2004 Hunderttausende von Pilgern vom Tsunami überrascht. Vermutlich starben mindestens 2000 Menschen, rund 120 Läden am Strand wurden von den Wassermassen weggespült. Die Kirche selbst blieb jedoch unversehrt.

An der Hauptstraße zur Basilika liegt das **Thiruvalluvar Guest House** (☎ 2263708; DZ 150–250 Rs, mit Klimaanlage 550 Rs; ⌘), eine gute Budgetoption mit einigen sauberen Zimmern in ruhiger Lage. Das **Hotel Sea Gate** (☎ 2263910; Main Rd; DZ 395 Rs, mit Klimaanlage 700 Rs, Ferienhäuser 1300 Rs, mit Klimaanlage 900 Rs; ⌘) ist ein modernes, komfortables Mittelklassehotel an der Straße zur Basilika. Die Zimmer sind mit TV und fließend heißem Wasser ausgestattet.

Calimere Wildlife & Bird Sanctuary

Das 333 km² große Schutzgebiet, auch unter dem Namen **Kodikkarai** (Eintritt 5 Rs; ⌚ 6–18 Uhr) bekannt, befindet sich 90 km südöstlich von Thanjavur. Berühmt ist es für die großen Schwärme Wasservögel, die hier umherziehen. Das Watt von Pt. Calimere ist von November bis Januar die Heimat von Krickenten, Löffelenten, Brachvögeln, Möwen, Seeschwalben, Regenpfeifern, Strandläufern, Rotschenkeln und Reihern. Im Februar/März verschlägt es außerdem Koels, Beos und Bartvögel auf der Suche nach wilden Beeren hierher. Damit man das Optimale aus seinem Besuch herausholen kann, sollte man sich ein Fahrrad und ein Fernglas besorgen.

Am einfachsten kommt man von Vedaranniyam per Bus (6 Rs, jede Std.) oder Taxi nach Point Calimere; Vedaranniyam liegt 12 km entfernt und ist die nächstgelegene

Stadt mit regelmäßigen Verbindungen nach Nagapattinam oder Thanjavur.

THANJAVUR (TANJORE)

☎ 04362 / 215 725 Ew.

Thanjavur steht im Zeichen des herrlichen, zum Weltkulturerbe gehörenden Brihadishwarar-Tempels und eines weitverzweigten Marathen-Palastkomplexes. Die relaxte Stadt ist auf dem Weg von Chennai nach Madurai immer einen Abstecher wert.

Bekannt ist Thanjavur auch für seinen unverwechselbaren Kunststil, der aufgesetzte und bemalte Flächen miteinander kombiniert. Krishna ist die am häufigsten abgebildete Gottheit; in der Schule von Thanjavur hat er im Gegensatz zum traditionellen Schwarzblau eine weiße Haut. Die Stadt liegt in einem fruchtbaren Delta, weshalb sie gerade während des Pongal (Erntefest) im Januar (s. S. 1044) besucht werden sollte.

Thanjavur war die Hauptstadt der Chola-Könige, deren Wurzeln bis in das 1. Jh. n. Chr. zurückreichen. Das Chola-Reich hatte in den Jahren zwischen 850 und 1270 Bestand; auf dem Höhepunkt ihrer Macht kontrollierten die Cholas den größten Teil des Subkontinents.

Praktische Informationen

BBC Net (MKM Rd; 20 Rs/Std.; 🕑 9.30–21.30 Uhr) Internetzugang im UG vom Nallaiyah Shopping Complex.

ICICI-Bank-Geldautomat (South Main Rd) Steht ca. 500 m westlich der East Main Rd.

Hauptpost (🕑 Mo–Sa 9–19, So 10–16 Uhr) In der Nähe vom Bahnhof.

Raja Netcafé (☎ 2378175; 30 Gandhiji Rd; 25 Rs/Std.; 🕑 9–23 Uhr) Internetzugang.

Touristenbüro (☎ 230984; 🕑 Mo–Fr 10–17.45 Uhr) Im Komplex des Hotel Tamil Nadu.

VKC Forex (Golden Plaza; Gandhiji Rd; 🕑 9–21 Uhr) Beste Anlaufstelle, um Geld zu wechseln und Reiseschecks einzulösen.

Sehenswertes

BRIHADISHWARAR-TEMPEL & FORT

Der prunkvolle **Brihadishwarar-Tempel** (🕑 6–13 & 15–20 Uhr) wurde 1010 unter Radscha Raja I. errichtet. Er ist der Höhepunkt der Chola-Tempelarchitektur und das Highlight Thanjavurs. Auch als „Großer Tempel" bekannt, ist das faszinierende Bauwerk eines der wenigen in Indien, das zum Weltkulturerbe erhoben wurde. Der Tempel ist nicht nur ein Besuch wert – insbesondere am frühen Morgen und am späten Nachmittag, wenn die Sonne den Sandsteinturm und die Mauern in einen warmen, goldbraunen Glanz taucht, bekommt man von den Eindrücken nicht genug.

Der Tempel liegt auf einem weitläufigen, gut gepflegten Gelände und hat mehrere Säulenhallen und Schreine; entlang der Außenmauern stehen 250 Lingam. In Inschriften sind die Namen von Tänzern, Musikern und Dichtern verewigt – sie erinnern unübersehbar daran, dass die Anlage kunstgeschichtlich sehr bedeutend ist. Gegenüber vom inneren Heiligtum steht eine 6 m lange und 3 m hohe, überdachte Statue des Stieres Nandi. Sie wurde aus einem einzigen Felsblock herausgehauen, wiegt 25 t und ist eine der größten Nandi-Darstellungen in ganz Indien.

Die Kuppel des *vimana* (Turm) wiegt schätzungsweise 80 t und besteht aus einem einzigen Granitblock; ähnlich wie beim Bau der ägyptischen Pyramiden wurde sie über eine 4 km lange Erdrampe in die Höhe gewuchtet.

In den meisten südindischen Tempeln sind die *gopurams* die höchsten Türme; in Thanjavur ist es aber der 13-stöckige *vimanam*, der 66 m hoch über dem inneren Heiligtum in den Himmel ragt. Seine beeindruckende vergoldete Spitze ist im Originalzustand erhalten. Das Heiligtum selbst enthält einen 4 m hohen Lingam mit einem Umfang von 7 m.

Rechts vom Tempeleingang befindet sich ein Geschenkartikelladen, der den üblichen religiösen Krimskrams und Souvenirs verkauft. Normalerweise steht hier auch der Tempelelefant parat, der mit seinem Rüssel geschickt Münzen als Spenden entgegennimmt.

KÖNIGSPALAST & MUSEEN

Die Nayakas erbauten 1550 Teile des riesigen und verwirrenden Gebäudes; der Rest der breiten Gänge, geräumigen Hallen, Wach- und Arsenaltürme und schattigen Höfe geht auf die Marathen zurück.

Vom Haupteingang des **Palasts** (Eintritt Erw./Kind 50/25 Rs, Inder 5/2 Rs inkl. Durbar-Halle & Uhrenturm; 🕑 9–18 Uhr) begleiten Schilder die Besucher bis zur großartigen **Durbar-Halle**, eine der zwei ehemaligen Audienzhallen des Königs. Auch wenn sie nicht restauriert ist, zeigt sie

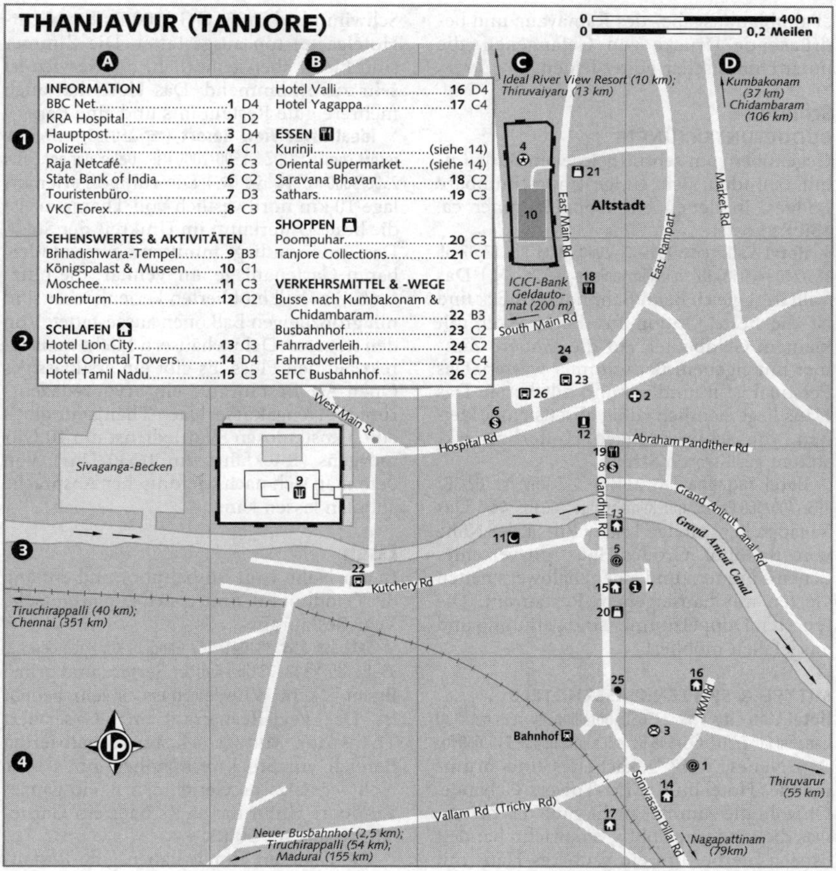

sich in gutem Zustand; dies gilt vor allem für die Wandgemälde an der Ostseite.

Im ehemaligen Sadar-Mahal-Palast befindet sich die **Raja Serfoji Memorial Hall** (Eintritt 2 Rs) mit einer kleinen Sammlung von Thronsesseln, Waffen und Fotos. Von hier aus lässt sich auch ein Blick in den 6 km langen Geheimgang unter dem Palast werfen. Das **Königliche Palastmuseum** (Eintritt 1 Rs, Foto/Video 30/200 Rs; 🕓 9–18 Uhr) enthält eine bunt gemischte Sammlung an königlichen Erinnerungsstücken; die meisten stammen aus der Regierungszeit Serfojis II. im 19. Jh.

Die **Kunstgalerie** (Eintritt 15 Rs, Foto/Video 30/200 Rs; 🕓 9–13 & 15–18 Uhr) direkt neben dem Königlichen Palastmuseum zeigt eine großartige Sammlung von Chola-Bronzestatuen, die zwischen dem 9. und 18. Jh. entstanden sind. Schließlich belohnt eine tolle Aussicht auf Thanjavur und den Palast alle, die den Aufstieg auf den nahen **Uhrenturm** nicht gescheut haben. Vorsicht: Die steinerne Wendeltreppe ist eng und klitschig – und immer schön auf den Kopf aufpassen!

Die um 1700 gegründete **Saraswati-Mahal-Bibliothek** liegt zwischen Galerie und Palastmuseum. Ihre Sammlung enthält über 30 000 auf Palmblätter und Papier geschriebene Manuskripte in indischen und europäischen Sprachen. Die Bibliothek ist für die Öffentlichkeit nicht zugänglich. Dafür kann man aber das interessante **Museum** (Eintritt frei; 🕓 Do–Di 10–13 & 13.30–17.30 Uhr) besuchen. Unter den Exponaten befinden sich eine

„Palmblattausgabe" des Ramayana und bedrückende Drucke von Gefangenen, die unter chinesischer Folter leiden.

Schlafen

BUDGETUNTERKÜNFTE

Gegenüber vom zentral gelegenen Busbahnhof befinden sich einige unbestimmbare Lodges, in denen ein Doppelzimmer ca. 150 Rs kostet.

Hotel Valli (☎ 231580; 2948 MKM Rd; EZ/DZ ab 185/240–400 Rs, DZ mit Klimaanlage 600 Rs; ❄) Das Valli liegt gleich beim Bahnhof ums Eck und ist die beste Option für Backpacker mit kleinem Geldbeutel, auf die saubere Zimmer mit eigenem Badezimmer warten. Das Personal ist freundlich und hilfsbereit. Das Haus liegt ziemlich ruhig abseits einer kleinen, von schmuddeligen Hinterhofwerkstätten gesäumten Straße.

Hotel Yagappa (☎ 230421; 1 Trichy Rd; DZ/3BZ 195–400/460 Rs, DZ mit Klimaanalge 700 Rs; ❄) Das Yagappa liegt an der Trichy Rd. in der Nähe vom Bahnhof. Großes Haus mit verschiedenen Zimmern und einem halbwegs netten Garten mit hauseigenem Restaurant. Die teureren Doppelzimmer sind geräumig und ausgefallen möbliert.

MITTEL- & SPITZENKLASSEHOTELS

Hotel Lion City (☎ 275650; hotellioncity@eth.net; 130 Gandhiji Rd; EZ/DZ 395/545 Rs, mit Klimaanlage 545/650 Rs; ❄) Neues, weiß gekacheltes und brummendes Hotel im KSMM-Towers-Gebäude. Obwohl die Zimmer nicht ganz das halten, was die moderne Lobby verspricht, handelt es sich hierbei um ein sauberes Haus mit gutem Preis-Leistungs-Verhältnis in zentraler Lage.

Hotel Tamil Nadu (☎ 331421; Gandhiji Rd; DZ 275–375 Rs, mit Klimaanlage 550-625 Rs; ❄) Das ehemalige Gästehaus aus der Zeit des British Raj liegt in einem ruhigen, schattigen Hof. Doch das war es dann auch schon mit Königlichem – manche der Zimmer sind anscheinend seit damals nicht mehr geputzt worden und das Personal wirkt sehr gelangweilt und abwesend.

Hotel Oriental Towers (☎ 230850; www.hotelorientaltowers.com; 2889 Srinivasam Pillai Rd; EZ/DZ ab 1100/1300 Rs; ❄ 💻 🏊) Business-Hotel mit ausgezeichnetem Preis-Leistungs-Verhältnis. Liegt gleich beim Bahnhof um die Ecke und ist mit Business-Zentrum, Fitnessraum, Sauna, Wellness-Center, Massagesalon und Schwimmbad im 3. OG (100 Rs für Nicht-Hotelgäste) top ausgestattet. Die Zimmer sind klein, aber gemütlich, der Service ist sehr zuvorkommend. Das Hotel hat auch mehrere gute Restaurants und eine Bar.

Ideal River View Resort (☎ 250533; www.idealresort.com; EZ/DZ 1500/2000 Rs, Deluxeferienhäuser 2500/3000 Rs; ❄ 💻 🏊) Die ruhige Ferienanlage 10 km nordwestlich von Thanjavur ist die beste Unterkunft im Umkreis der Stadt. Das Anwesen liegt inmitten einer wunderbaren Gartenanlage am Vennar; die blitzsauberen, hell möblierten Ferienhäuser sind mit großzügigen Balkonen ausgestattet. Von den neueren Deluxehäusern blickt man direkt auf den Fluss. Es gibt ein erstklassiges Open-Air-Restaurant, ein Ayurvedazentrum und Yogakurse. Nach Thanjavur gibt's einen kostenlosen Shuttledienst um 10 Uhr morgens (Rückfahrt um 16.30 Uhr), von dem man sich nach telefonischer Absprache abholen lassen kann.

Essen

In der Nähe vom Busbahnhof und entlang der Gandhiji Rd. finden sich einige einfache Vegi-Restaurants.

Sathars (☎ 331041; 167 Gandhiji Rd; Hauptgerichte 35–85 Rs; 🕑 12–23 Uhr) Guter Service und prima Essen – kein Wunder, dass es sehr beliebt ist. Das Vegi-Restaurant im UG serviert Thalis zum Mittagessen, im klimatisierten Bereich ein Stockwerk höher gibt's tolle nichtvegetarische Gerichte, z. B. ein ganzes Tandoori-Huhn für 85 Rs oder ein Garnelen-Masala für 50 Rs.

Die besseren Hotels haben gute Restaurants. Im **Kurinji** (Hotel Oriental Towers, 2889 Srinivasam Pillai Rd; Hauptgerichte 30–90 Rs; 🕑 18–0.00 Uhr) diniert man im schnuckeligen Gartenrestaurant unter freiem Sternenhimmel.

Das Hotel hat zusätzlich noch gute Vegi-Restaurants und eine Bar. In der Nähe des Palasts befindet sich ein Ableger der ausgezeichneten Vegi-Kette **Saravana Bhavan** (Gandhiji Rd; Gerichte 10–30 Rs; 🕑 8–22 Uhr). Selbstversorger bekommen im hervorragenden **Oriental Supermarkt** (🕑 9–21 Uhr) im Hotel Oriental Towers alles Nötige.

Shoppen

In Thanjavur kann man sich prima mit Handwerks- und Kunstgegenständen eindecken; besonders rund um den Palast zögern Autorikschafahrer nicht, Passagiere zu einem Shop zu schleppen (wofür sie natürlich eine Provision kassieren). Vor allem entlang der Gandhiji Rd. gibt's zahlreiche Läden, die von hochwertigen Handwerksprodukten und Kleider von der Stange bis hin zu billigem Kitsch einfach alles verkaufen. Eine gute Location zum Shoppen ist das **Tanjore Collections** (105 East Main St; Mo–Sa 9–18 Uhr) gegenüber vom Palasteingang. Im **Poompuhar** (Mo–Sa 10–20 Uhr; Gandhiji Rd) lässt sich der Preis zwar nicht verhandeln, dafür kann man aber Lederwaren, Schnitzereien, Schmuck und andere Handwerksprodukte kaufen, ohne dabei belästigt zu werden.

An- & Weiterreise

BUS

Die Busbahnhöfe in der Stadt werden von Nahverkehrsbussen und denen der SETC angefahren. Die SETC unterhält ein computergestütztes **Reservierungsbüro** (☎ 230950; 7.30–21.30 Uhr). Regelmäßig fahren Busse nach Chennai (105–135 Rs, 8 Std., 20-mal tgl.), andere nach Tirupathi (147 Rs, 11 Std., 1-mal tgl.), Udagamandalam (125 Rs, 10 Std., 1-mal tgl.) und Pondicherry (60 Rs, 6 Std., 1-mal tgl.).

Der neue Busbahnhof 2,5 km südlich vom Stadtzentrum entfernt ist für den Nahverkehr und Fahrtziele in Richtung Süden zuständig, darunter z.B. Tiruchirappalli (20 Rs, 1½ Std., alle 5 Min.) und Madurai (50 Rs, 4 Std., alle 15 Min.). Von einer weiteren Haltestelle südlich vom Brihadishwarar-Tempel kommen/fahren Busse alle 30 Minuten von/nach Kumbakonam (15 Rs, 1 Std.) und Chidambaram (50 Rs, 4 Std.).

Die Linie 74 übernimmt regelmäßig den ganzen Tag über den Shuttledienst zwischen den drei Haltestellen in Thanjavur (3,50 Rs).

ZUG

Der **Bahnhof** (☎ 2430052) liegt geschickterweise sehr zentral am südlichen Ende der Gandhiji Rd. Thanjavur befindet sich abseits der Hauptstrecke zwischen Chennai und Madurai; nur ein Express Train am Tag fährt von hier aus direkt nach Chennai: der Nachtzug *Rock Fort Express* (151/425 Rs für Sleeper Class/3AC, 9½ Std.), Abfahrt um 20.30 Uhr. Häufigere Zugverbindungen in den Norden und den Süden gehen von Tiruchirappalli aus, das man mit einem Personenzug (12 Rs, 1½ Std., 8-mal tgl.) erreicht. Täglich gibt's einen Express Train (6.50 Uhr) und ein paar Passenger Trains nach Kumbakonam (10 Rs, 1 Std.).

Der *Thanjavur–Mysore Express* verlässt den Bahnhof täglich um 19.15 Uhr in Richtung Bangalore (176/493 Rs für Sleeper Class/3AC, 11 Std.) und Mysore (213/598 Rs, 14½ Std.).

Unterwegs vor Ort

Thanjavurs Hauptattraktionen sind alle bequem zu Fuß zu erreichen. Ein ganzer Tag auf den Beinen macht allerdings ziemlich müde. Zwar gondeln Autorikschafahrer Touris für 50 Rs gerne zum Tempel und zum Palast, die meisten sind jedoch scharf darauf, ihre Fahrgäste zu einem Laden zu lotsen. Eine Alternative dazu: Gegenüber vom Bahnhof und der örtlichen Bushaltestelle vermieten Stände Fahrräder für 3 Rs pro Stunde.

RUND UM THANJAVUR

Thiruvaiyaru, 13 km nördlich von Thanjavur, ist Veranstaltungsort des internationalen Musikfestivals, das immer im Januar zu Ehren des Komponisten und Heiligen Thyagaraja stattfindet. 55 km nordöstlich von Thanjavur liegt Thiruvarur, der Geburtsort Thyagarajas. Der Thyagararajaswami-Tempel im Ort rühmt sich, den größten Prozessionswagen eines Tempels in Tamil Nadu zu haben. Er wird während des 10-tägigen Festivals im April/Mai durch die Straßen gerollt. Eine regelmäßig verkehrende Buslinie verbindet Thiruvaiyaru mit Thanjavur (4 Rs).

TIRUCHIRAPPALLI (TRICHY)

☎ 0431 / 847 131 Ew.

Tiruchirappalli, kurz auch Trichy, ist eine lang gestreckte Stadt, die Besucher zufrieden zu stellen weiß. Markenzeichen sind zwei außergewöhnliche Tempel, von denen einer hoch über der Stadt auf einem felsigen Berg thront. Viele Traveller besuchen lieber Trichy und seine Tempel als das bekanntere, aber dafür auch lärmige Madurai.

Trichys lange Geschichte reicht bis in vorchristliche Zeit zurück. Einst war es eine Zitadelle der Cholas, dann herrschten im 1. Jt. n. Chr. zeitweise die Pallavas und Pandyas über Tiruchirappalli, bis es die Cholas im 10. Jh. wieder zurückeroberten. Als das

Reich der Cholas schließlich zerfiel, fiel Tiruchirappalli an die Vijayanagar-Herrscher von Hampi und nach dessen Niedergang 1565 an die Sultane von Dekkan. Die Stadt und ihr berühmtes Wahrzeichen, der Rock-Fort-Tempel, wurden von den Nayakas aus Madurai erbaut.

Orientierung

Tiruchirappallis interessante Flecken verteilen sich von Norden nach Süden über ein großes Gebiet. Daher ist es für Besucher ganz praktisch, die Stadt „strategisch" aufzuteilen: Im Süden liegt das Gebiet rund um Trichy Junction, das auch Cantonment genannt wird. Hier findet sich eine Vielzahl von Hotels und Restaurants, Busbahnhof und Bahnhof, das Touristenbüro und die Hauptpost – und zwar so dicht beieinander, dass man alles ganz bequem zu Fuß erreichen kann. Die meisten Traveller landen hier und finden höchstwahrscheinlich auch eine Unterkunft. Der Rock-Fort-Tempel und der Hauptbasar befinden sich 2,5 km weiter Richtung Norden. Die restlichen sehenswerten Tempel liegen nochmals 3–5 km weiter nördlich jenseits des Cauvery. Zum Glück sind die einzelnen Punkte durch einen ausgezeichneten Busservice verbunden.

Praktische Informationen

INTERNETZUGANG

G-Net (Karte S. 1096; 20 Rs/Std.; 🕑 9.30–21.30 Uhr)
Sify i-way (Karte S. 1096; Williams Rd; 30 Rs/Std., 🕑 8–23 Uhr)

MEDIZINISCHE VERSORGUNG

Seahorse-Krankenhaus (Karte S. 1096; ☎ 2462660; Royal Rd) Ein großes Krankenhaus in Cantonment.

GELD

Delight Forex (Karte S. 1096; 🕑 Mo–Sa 9.30–17.30 Uhr)
ICICI-Geldautomat (Karte S. 1096; Junction Rd) Vor dem Bahnhof.
ICICI-Bank-Geldautomat (Karte S. 1094; West Blvd Rd)
IDBI-Bank (Karte S. 1096; Dindigul Rd)
UAE Exchange (Karte S. 1096; ☎ 401613; No 1 City Tower; Royal Rd; 🕑 9.30–18 Uhr) Super, um Reiseschecks einzulösen und Geld zu wechseln.
UTI Bank (Karte S. 1096; VOC Rd)
UTI-Bank Geldautomat (Karte S. 1094; Chinna Bazaar) Am Basar in der Nähe des Eingangs zum Rock-Fort-Tempel.

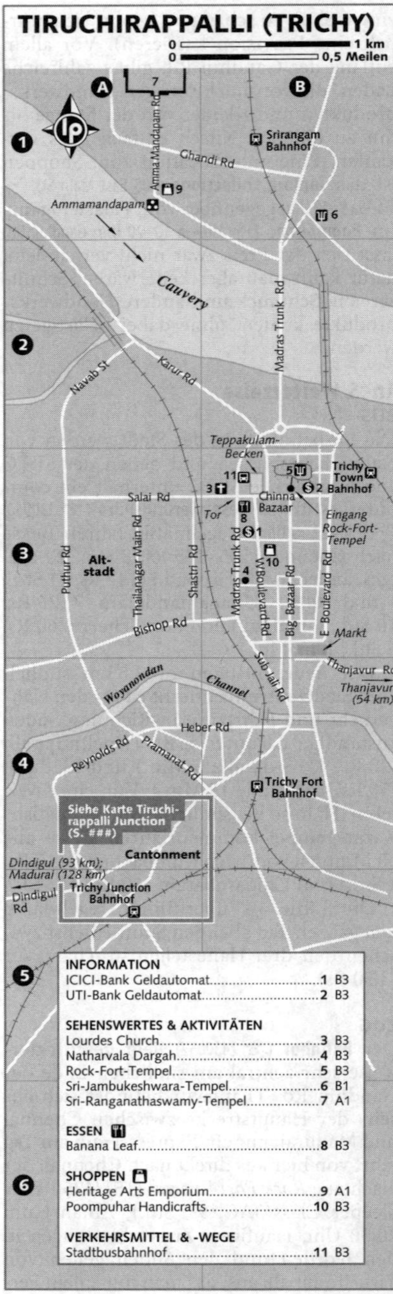

TOURISTENINFORMATION

Touristenbüro (Karte S. 1096; ☎ 2460136; 1 Williams Rd; ⌚ Mo–Fr 10–17.45 Uhr) Freundliches und hilfsbereites Personal.

Sehenswertes

ROCK-FORT-TEMPEL

Der spektakuläre **Rock-Fort-Tempel** (Uchi-Pilliar-Tempel; Karte S. 1094; Eintritt 1 Rs, Foto/Video 10/50 Rs; ⌚ 6–20 Uhr) thront 83 m über der Stadt auf einem massiven Felsvorsprung. Nicht nur der Tempel an sich, sondern auch dessen faszinierende Lage und die angebotenen Wallfahrten zum Gipfel machen die Besichtigung des Geländes zu einem Must. Als erste bearbeiteten die Pallavas den glatten Felsen, indem sie kleine Höhlentempel in seine Südseite schlugen; doch erst die Nayakas nutzten dessen geografische Lage für eine Festung. Der Tempel ist in zwei Haupttempel unterteilt: den Shiva geweihten **Sri-Thayumanaswamy-Tempel** auf halber Höhe und den **Vinayaka-Tempel** auf dem Gipfel, in dem Ganesh verehrt wird. Der schwierige Aufstieg führt über 437 Felsstufen! Doch die wunderbare Aussicht vom Gipfel ist die Mühe wert. Nicht-Hindu dürfen eigentlich in keinen der beiden Tempel rein, aber die Priester machen – gegen eine kleine Gebühr – gelegentlich eine Ausnahme. Das gilt vor allem für den Tempel auf dem Gipfel.

SRI-RANGANATHASWAMY-TEMPEL

Der großartige **Tempelkomplex** (Karte S. 1094; Foto/Video 50/150 Rs; ⌚ 6–13 & 15–21 Uhr) von Srirangam ist Vishnu geweiht und liegt 3 km nördlich vom Rock-Fort-Tempel. Obwohl ihn eine frühe Schule tamilischer Dichter bereits in der *sangam*-Dichtung erwähnt, besteht er laut der Tempelinschriften erst seit dem 10. Jh. Nach dem Sieg der Vijayanagaras wurde er erneuert und erhielt seine heutige Form. Viele Dynastien drückten ihm in seiner Geschichte ihren Stempel auf, darunter die Cheras, Pandyas, Cholas, Hoysalas, Vijayanagaras und Nayakas. Und bis in das 20. Jh. wurde am Tempel gearbeitet: Der größte, 73 m hohe *gopuram* (Haupteingang) wurde erst 1987 fertig gestellt.

Eine Gesamtfläche von 60 ha, sieben durch Mauerringe abgeteilte Bereiche und 21 *gopurams* machen die Tempelstadt Srirangam zu einer der größten in Indien. Nicht-Hindu können bis zur sechsten Mauer vordringen, haben aber keinen Zutritt zum mit Golddach abgeschlossenen Heiligtum. Innerhalb des vierten Mauerrings befindet sich ein Buchladen, der Tickets (10 Rs) verkauft; auf Anfrage öffnet ein Führer das Tor, durch das hindurch man auf die Mauer klettern kann. So bekommt man einen tollen Panoramablick auf die gesamte Anlage. Eine Führung durch den gesamten Komplex lassen sich Führer und Priester teuer bezahlen (mindestens 200 Rs/Std.). Die Hälfte davon wäre angemessen – bevor's losgeht, ist es sinnvoll, einen festen Betrag auszuhandeln. Achtung: Keinesfalls sollte man sich auf Führer einlassen, die Besucher für eine Einkaufstour ködern wollen.

Alljährlich findet im Januar ein **Tempelwagen-Fest** statt, bei dem Götterstatuen auf einem großartigen Prozessionswagen durch die Straßen kutschiert werden. Das wichtigste Festival ist jedoch das 21-tägige **Vaikunta Ekadasi** (Paradies-Festival) Mitte Dezember, bei dem der gefeierte Vaishnavaite-Text, Tiruvaimozhi, im Angesicht einer Vishnu-Statue rezitiert wird.

Die Buslinie 1 fährt von den Haltestellen Trichy Junction oder Rock Fort bis direkt vor den Tempel.

SRI-JAMBUKESHWARA-TEMPEL

Der **Sri-Jambukeshwara-Tempel** (Karte S. 1094; Foto/Video 20/150 Rs; ⌚ 6–13 & 15–21 Uhr) in der Nähe von Srirangam ist wesentlich kleiner als der dortige Tempel und wird oft links liegen gelassen. Im Gegensatz zu dem Trubel rund um den Sri-Ranganathaswamy-Tempel findet man hier eine wohltuende Oase der Ruhe und Gelassenheit. Der Tempel ist Shiva und Parvati geweiht und wurde zur gleichen Zeit wie Sri Ranganathaswamy errichtet. Er gehört zu jenen fünf Tempeln, die die Elemente ehren – in diesem Fall das Wasser – und erstreckt sich rund um einen halbversunkenen Shiva-Lingam. Nicht-Hindu haben keinen Zutritt zum Heiligtum. Doch hinter der zweiten Mauer befindet sich eine interessante Kammer, deren Wände von Lingams und Götterstatuen übersät sind.

Die Buslinie 1 nehmen und bei „Tiruvanakoil" absetzen lassen; der Tempel liegt 100 m östlich der Hauptstraße.

Noch mehr Sehenswertes

Beim Basar erhebt sich gegenüber vom Teppakulam-Becken die 1896 fertig gestellte, kalkweiße **Lourdes Church** (Karte S. 1094). Der

TIRUCHIRAPPALLI JUNCTION (CANTONMENT)

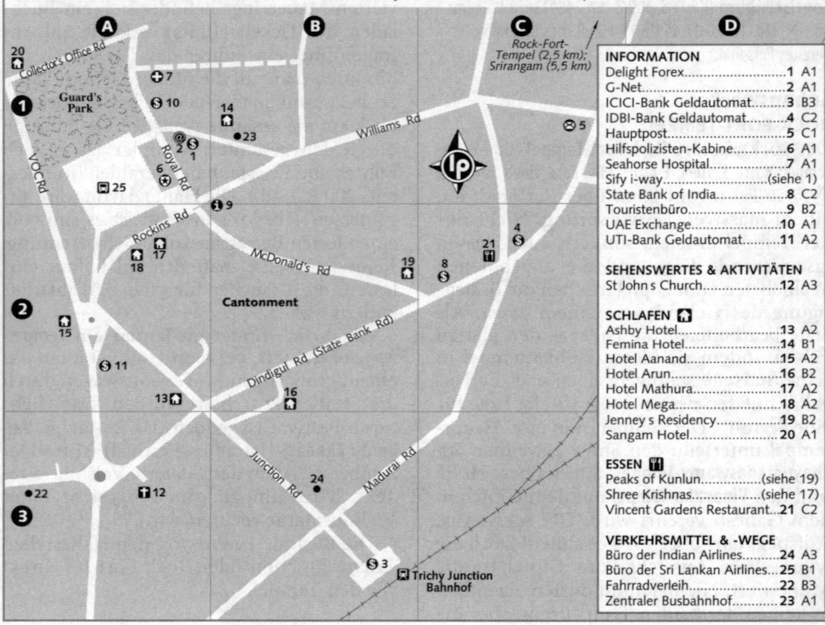

Nachbau der neugotischen Basilika im französischen Lourdes wurde im Januar 1998 einer gründlichen Renovierung unterzogen. Am 11. Februar findet für Anhänger sämtlicher christlicher Konfessionen die jährliche Prozession statt, das „Feast of Our Lady of Lourdes". In der Nähe der Trichy Junction Train Station steht die 1812 erbaute **Kirche St. John's** (Karte S. 1096). Ihre Besonderheit: Die Seitentüren lassen sich aufklappen – und im Nu verwandelt sich die Kirche so in einen luftigen Pavillon. Das **Natharvala Dargah** (Karte S. 1094) ist das Grab des bekannten muslimischen Heiligen Nathher. Das beeindruckende Gebäude wird von einer 20 m hohen, zinnenbesetzten Kuppel bekrönt und gilt als wichtige Pilgerstätte für Muslime aller Glaubensrichtungen.

Schlafen

In Tiruchirappalli findet man am ehesten in Cantonment rund um den Busbahnhof ein geeignetes Quartier; vom Bahnhof ist es hierher nur ein kurzer Fußmarsch in Richtung Norden.

BUDGETUNTERKÜNFTE

Ashby Hotel (Karte S. 1096; ☎ 2460652; 17A Junction Rd; EZ/DZ ab 250/325 Rs, mit Klimaanlage 700/850 Rs; ❄) Obwohl es von außen einen etwas heruntergekommen Eindruck hinterlässt, überzeugt das Ashby durch seine charmante, vor sich hin bröckelnde Atmosphäre. Die geräumigen Zimmer gehen auf einen schattigen Garten im Hof hinaus – eine willkommene Abwechslung zu den üblichen indischen Hotels. Das Hotel hat eine ordentliche Bar und ein Gartenrestaurant.

Hotel Mega (Karte S. 1096; ☎ 2414092; hotelmeega@satyamnet.in; 3 Rockins Rd; EZ/DZ 225/325 Rs, mit Klimaanlage 450/500 Rs; ❄) Hotel mit einem hervorragenden Preis-Leistungs-Verhältnis – die kleinen, aber sauberen und hellen Zimmer erfüllen durchaus Mittelklassestandards und sind mit Satelliten-TV ausgestattet. Es gibt eine hauseigene Bar und ein „Multicuisine"-Restaurant.

Hotel Aanand (Karte S. 1096; ☎ 2415545; hotelaanand@hotmail.com; 1 VOC Rd; EZ/DZ 190/320 Rs, DZ mit Klimaanlage 500 Rs; ❄) Einfache, saubere Zimmer und ein gutes Open-Air-Restaurant – sehr beliebt.

Hotel Arun (Karte S. 1096; ☎ 2415021; 24 Dindigul Rd; EZ/DZ 175/195 Rs, mit Klimaanalge 400/450 Rs; ❄) Ruhiges, freundliches Hotel. Liegt abseits der Straße und hat ein gutes Preis-Leistungs-Verhältnis. Recht saubere Zimmer mit TV und Telefon.

MITTEL- & SPITZENKLASSEHOTELS

Hotel Mathura (Karte S. 1096; ☎ 2414737; www.hotelmathura.com; 1 Rockins Rd; EZ/DZ 260/360 Rs, mit Klimaanlage 495/595 Rs; ❄) Gutes Hotel direkt neben dem Mega. Die Zimmer sind sauber und gemütlich, haben Betten mit dicken Schaumstoffmatratzen – eine Seltenheit für indische Hotels! –, TV und Telefon. Auf der Vorderseite gibt's ein gutes Restaurant. Es werden Kreditkarten akzeptiert.

Femina Hotel (Karte S. 1096; ☎ 2414501; try_femina@sanchar.net.in; 109 Williams Rd; EZ/DZ ab 350/550 Rs, mit Klimaanlage 800/1300 Rs; ❄ 🏊) Das Femina ist eins der indischen Business-Hotels, die Traveller mit kleinem Geldbeutel Topqualität zu erschwinglichen Preisen bieten – und Backpacker keinesfalls so behandeln, als seien sie gerade aus einem Sumpf gekrochen. Alle Zimmer haben TV und Telefon. Zudem gibt's einen Fitnessraum, eine kleine Shopping-Arkade, ein rund um die Uhr geöffnetes Café und ein paar ausgezeichnete Restaurants. Nicht-Hotelgäste können Schwimmbad oder Fitnessraum für 75 Rs die Stunde benutzen.

Jenneys Residency (Karte S. 1096; ☎ 2414414; jenneys@satyam.net.in; 3/14 McDonald's Rd; EZ/DZ 30/40 US$, Deluxe 45/55 US$, Suite 75 US$; ❄ 🏊) Das halbwegs luxuriöse Jenneys ist riesig und liegt an einem relativ ruhigen Ort. Die besseren Zimmer befinden sich in den oberen Stockwerken, der Rest ist aber auch prima. Dem Hotel angeschlossen sind Läden, ein Fitnessclub und eine schräge Bar im Wild-West-Stil.

Sangam Hotel (Karte S. 1096; ☎ 2414700; Fax 2415779; www.hotelsangam.com; Collector's Office Rd; EZ/DZ 90/125 US$; ❄ 🏊) Nennt alle Features eines Vier-Sterne-Hotels sein Eigen, darunter auch Restaurants, eine Bar, einen Pool und diverse Shopping-Arkaden. Die Zimmer sind gemütlich, haben allerdings nur mit Rabatten ein wirklich gutes Preis-Leistungs-Verhältnis.

Essen

Alle besseren Hotels haben gute Restaurants, die meisten davon auch eine Bar.

Shree Krishnas (Karte S. 1096; Rockins Rd; 🕒 8–22 Uhr) Restaurant an der Vorderseite vom Hotel Mathura mit einem beliebten Vegi-Bereich, der erstklassige Thalis (20 Rs) serviert und mittags immer voll besetzt ist. Der klimatisierte nichtvegetarische Bereich ist dagegen recht klein. An der Vorderseite befinden sich eine kleine Veranda und eine Snackbar; von hier aus kann man den Betrieb am Busbahnhof auf der anderen Straßenseite beobachten.

Vincent Gardens Restaurant (Karte S. 1096; Dindigul Rd; Hauptgerichte 30–70 Rs; 🕒 12.30–22 Uhr) Das Vincent Gardens hat eine nette Terrasse. Auf der recht begrenzten Speisekarte stehen vegetarische und nichtvegetarische Gerichte, die aber einwandfrei sind. Abends sollte man einen Insektenschutz mitbringen. Nebenan befindet sich eine prima Bäckerei.

Banana Leaf (Karte S. 1094; ☎ 271101; West Blvd Rd; Hauptgerichte 20–75 Rs; 🕒 11–0.00 Uhr) Eins der wenigen guten Restaurants nahe des Rock-Fort-Tempels. Vertrauliches kleines Lokal mit großer Auswahl an günstigen indischen und chinesischen Gerichten, z. B. Tandoori-Huhn (67 Rs), Krebs-Masala (45 Rs) und das verlockende Kaninchen-Masala (70 Rs). Eher rustikal als ein Gourmettempel – trotzdem super Essen und Service.

The Peaks of Kunlun (Karte S. 1096; ☎ 2414414; Jenny's Residency, 3/14 McDonald's Rd; Gerichte 60–150 Rs) Serviert verschiedene Gerichte, darunter indische, chinesische und kontinentale, zudem Bier.

Shoppen

Für Shoppingtouren ist das Viertel rund um den Basar südlich des Rock-Fort-Tempels am besten geeignet. Bei einem Abendspaziergang entlang der Big Bazaar Rd. und durch den Chinnar Bazaar braucht man Nerven wie Drahtseile – die Gegend ist immer hoffnungslos überlaufen und so grell beleuchtet wie der Times Square am Neujahrsmorgen.

Handwerksprodukte und Geschenke findet man bei **Poompuhar Handicrafts** (Karte S. 1094; West Blvd Rd; 🕒 9–20 Uhr) oder im **Heritage Arts Emporium** (Karte S. 1094; ☎ 2432299; 5Amma Mandapam Rd, Srirangam).

An- & Weiterreise

Tiruchirappalli liegt mitten in Tamil Nadu und ist sehr gut per Flugzeug, Bus oder Bahn zu erreichen.

FLUGZEUG
Von Tiruchirappalli aus fliegen Flugzeuge Ziele in ganz Indien an, Auslandsflüge gehen nach Sri Lanka, Kuwait oder in das Emirat Sharjah. Die **Indian Airlines** (Karte S. 1096; ☎ 2341063; 4A Dindigul Rd) fliegen viermal wöchentlich nach Chennai (90 US$), täglich nach Thiruvananthapuram (115 US$) und nach Kozhikode (allerdings nicht freitags, 95 US$).

Die **Sri Lankan Airlines** (Karte S. 1096; ☎ 2462381; Mo–Sa 9–17.30, So 9–13 Uhr) hat ein Büro im Femina Hotel und fliegt täglich nach Colombo (3800 Rs).

BUS
Die meisten Busse fahren den zentralen Busbahnhof in der Rockins Rd. an. Um nach Kodaikanal zu gelangen, nimmt man am besten einen der regelmäßig verkehrenden Busse nach Dindigul (25 Rs, 2 Std.) und steigt dort um.

Ziel	Preis (Rs)	Dauer (Std.)	Häufigkeit
Chennai	110–142	7	alle 5 Min.
Bangalore	150	8	3-mal tgl.
Thanjavur	15	1½	alle 5 Min.
Madurai	35	3	alle 10 Min.
Tirupathi	144	9	5-mal tgl.
Pondicherry	70	5	3-mal tgl.
Chidambaram	51	3½	stündl.
Coimbatore	73	7	alle 30 Min.
Kodaikanal	62	6	3-mal tgl.
Udagamandalam	100	8	1-mal tgl.

ZUG
Tiruchirappalli liegt an der Hauptstrecke Chennai–Madurai; dadurch gibt es in beiden Richtungen eine Vielzahl von Verbindungen. So fahren täglich neun Express Trains nach Chennai; die schnellsten von diesen sind der *Vaigai Express* (85/297 Rs für 2. Klasse/Chair Class, 5½ Std.), Abfahrt 9.10 Uhr, und der *Pallavan Express,* Abfahrt 6.30 Uhr. Nachts ist der *Rock Fort Express* (136/382 Rs, 7½ Std.), Abfahrt 21.40 Uhr, erste Wahl. Nach Madurai nimmt man um 13 Uhr am besten den *Guruvaya Express* (47/75 Rs für 2. Klasse/Sleeper Class; 3 Std.). Nach Rameshwaram fahren nur Bummelzüge (6.40 und 21.30 Uhr), die für die Strecke geschlagene 12 bis 15 Stunden brauchen.

Der *Mysore Express* fährt jeden Tag nach Bangalore (160/450 Rs Sleeper Class/3AC, 11½ Std.) und Mysore (200/562 Rs, 15 Std.).

Unterwegs vor Ort

ZUM/VOM FLUGHAFEN
Die 7 km lange Fahrt in die Stadt kostet mit dem Taxi 125 Rs, mit einer Rikscha 60 Rs. Außerdem kommt man mit den Buslinien 7, 59, 58 oder 63 zum Flughafen (30 Min.).

BUS
Der Tiruchirappalli Stadtbusservice ist glücklicherweise äußerst effizient und übersichtlich. Die Linie 1 (A oder B) fährt alle paar Minuten vom Hauptbusbahnhof in der Rockins Rd. zum Rock-Fort-Tempel, Sri-Jambukeshwara-Tempel und dem Haupteingang zum Sri-Ranganathaswamy-Tempel (4 Rs). Um die Tempel nacheinander zu besuchen, steigt man also einfach in die Busse der Linien aus und ein – sie fahren nur in eine Richtung (beim Schaffner oder Fahrer nach den jeweiligen Haltestellen fragen).

FAHRRAD
Da Tiruchirappalli flach ist, kommt man prima mit dem Fahrrad von A nach B – die Fahrt von der Trichy Junction zum Rock-Fort-Tempel ist recht easy, eine Tour nach Srirangam und zurück dauert allerdings wesentlich länger. In der Junction Rd. kann man an mehreren Stellen Fahrräder für 5 Rs pro Stunde ausleihen.

SÜDLICHES TAMIL NADU

MADURAI

☎ 0452 / 1,19 Mio. Ew.

Das lebhafte Madurai ist vor allem wegen seines beeindruckenden Sri-Meenakshi-Tempelkomplexes vielen ein Begriff. Die Stadt ist voll gepackt mit Pilgern, Bettlern, Geschäftsleuten, Ochsenwagen und unterbeschäftigten Rikschafahrern. Madurai, das eine der ältesten Städte Südindiens ist, galt jahrhundertelang als ein Bildungs- und Pilgerzentrum.

Der charakteristische Tempel im Herzen der Altstadt ist ein hemmungslos verschnörkeltes Beispiel drawidischer Architektur. Seine *gopurams* sind von oben bis unten bis zum Abwinken mit kunterbunten Abbildungen von Göttern, Göttinnen, Tieren und mythischen Gestalten übersät. Von morgens bis abends brodelt der Tempel vor lauter Betriebsamkeit. Seine zahlreichen Schreine ziehen Pilger und Touristen aus der ganzen Welt an – am Tag werden bis zu 10 000 Besucher gezählt. Madurai hat im Tamil-Nadu-Reiseplan der meisten Touristen einen festen Platz – die Verkehrsverbindungen sind ausgezeichnet und es gibt einige gute Unterkünfte im Mittelklassebereich. Allerdings sind die Altstadtteile selbst nach indischen Standards sehr schmutzig und die Touri-Fänger besonders aufdringlich.

Geschichte

Madurai ist erstmals in tamilischen und griechischen Quellen aus dem 4. Jh. v. Chr. erwähnt. Der einst bekannte Umschlagplatz (insbesondere für Gewürze) war die Heimat des *sangam*, der tamilischen Dichterakademie. Im Lauf der Jahrhunderte wurde Madurai nacheinander von den Cholas, den Pandyas, den Muslimen, den Vijayanagar-Hindukönigen und den Nayakas beherrscht. Während Tirumalai Nayaks (1623–55) Regierungszeit wurde der größte Teil des Sri-Meenakshi-Tempel errichtet; Madurai wurde dadurch zum kulturellen Zentrum der Tamilen, das für die Blüte ihrer Sprache eine wichtige Rolle spielte.

1781 übernahm die Ostindische Kompanie in Madurai das Ruder. 1840 schleifte sie die Mauern, die bis dahin den Stadtkern umgeben hatten, und füllte den Festungsgraben auf. Vier breite Straßen – die Veli Streets – wurden auf den Aufschüttungen angelegt. Sie markieren noch heute die Grenzen der Altstadt.

Orientierung

Die meisten Einrichtungen – darunter die Hauptpost, das Touristenbüro sowie Budget- und Mittelklassehotels – befinden sich geschickterweise zwischen Bahnhof und Tempel.

Praktische Informationen

BUCHLÄDEN

Malligai Book Centre (11 West Veli St; ⌚ Mo–Sa 9–14 & 16.30–21 Uhr) Liegt gegenüber vom Bahnhof und hat eine gute Auswahl an Büchern, Karten und Kassetten.

Turning Point Books (Town Hall Rd; ⌚ Mo–Sa 10–21 Uhr) Buchladen im 3. OG; verkauft viele englischsprachige Titel inkl. Paperbacks.

INTERNETZUGANG

Chat Club (Town Hall Rd; 25 Rs/Std.; ⌚ 9–23.30 Uhr)

Office Point Internet (New College House; 25 Rs/Std.; ⌚ 9–22 Uhr)

Park Plaza Cyber Café (114 West Perumal Maistry St; 30 Rs/Std.; ⌚ 24 Std.) Gehört zum Hotel Park Plaza und ist eine Filiale der i-way-Kette.

GELD

Canara Bank (Town Hall Rd & West Perumal Maistry St) Wechselt auch Geld.

Canara-Bank-Geldautomat (West Perumal Maistry St)

HDFC Geldautomat (West Veli St)

ICICI Geldautomat (North Chitrai St)

State Bank of India (West Veli St) Wechselt auch Geld.

UTI Bank (Madurai Junction station) Mit Geldautomat in guter Lage.

VKC Forex (Zulaiha Towers, Town Hall Rd; ⌚ 9–19 Uhr) Super, um Reiseschecks einzulösen.

POST

Hauptpost (West Veli St; ⌚ Mo–Sa 9–17 Uhr, Paketbüro 9.30–19 Uhr) Schalter 8 ist für postlagernde Sendungen zuständig.

TOURISTENINFORMATION

Madurai Touristenbüro (☎ 2334757; 180 West Veli St; ⌚ Mo–Fr 10–17, Sa 11–13 Uhr) Das hilfsbereite Personal hält Broschüren und Karten bereit. Touristenschalter gibt's auch am Bahnhof und am Flughafen.

Sehenswertes

SRI-MEENAKSHI-TEMPEL

Mit seinen farbenfrohen, aufwändig verzierten Tempeltürmen ist der **Sri-Meenakshi-Tempel** (Eintritt frei, Foto 30 Rs; ⌚ 6–12.30 & 16–21 Uhr) ein spektakuläres Sammelsurium drawidischer Architektur. Er wurde 1560 von Vishwanatha Nayak entworfen und während der Herrschaft Tirumalai Nayaks erbaut; seine Geschichte lässt sich abar über 2000 Jahre bis zu der Zeit zurückverfolgen, als Madurai eine Hauptstadt der Pandyas war. Die Tempelanlage umfasst eine Fläche von 6 ha. Die zwölf heftig verzierten *gopurams* sind zwischen 45 und 50 m hoch (der höchste ist der Südturm) und mit Reliefs geschmückt, die himmlische Wesen und Tierfiguren darstellen. Der **Puthu Mandapam** im Osten bildet eine lange und eindrucksvolle Eingangshalle, die zum östlichen *gopuram* führt.

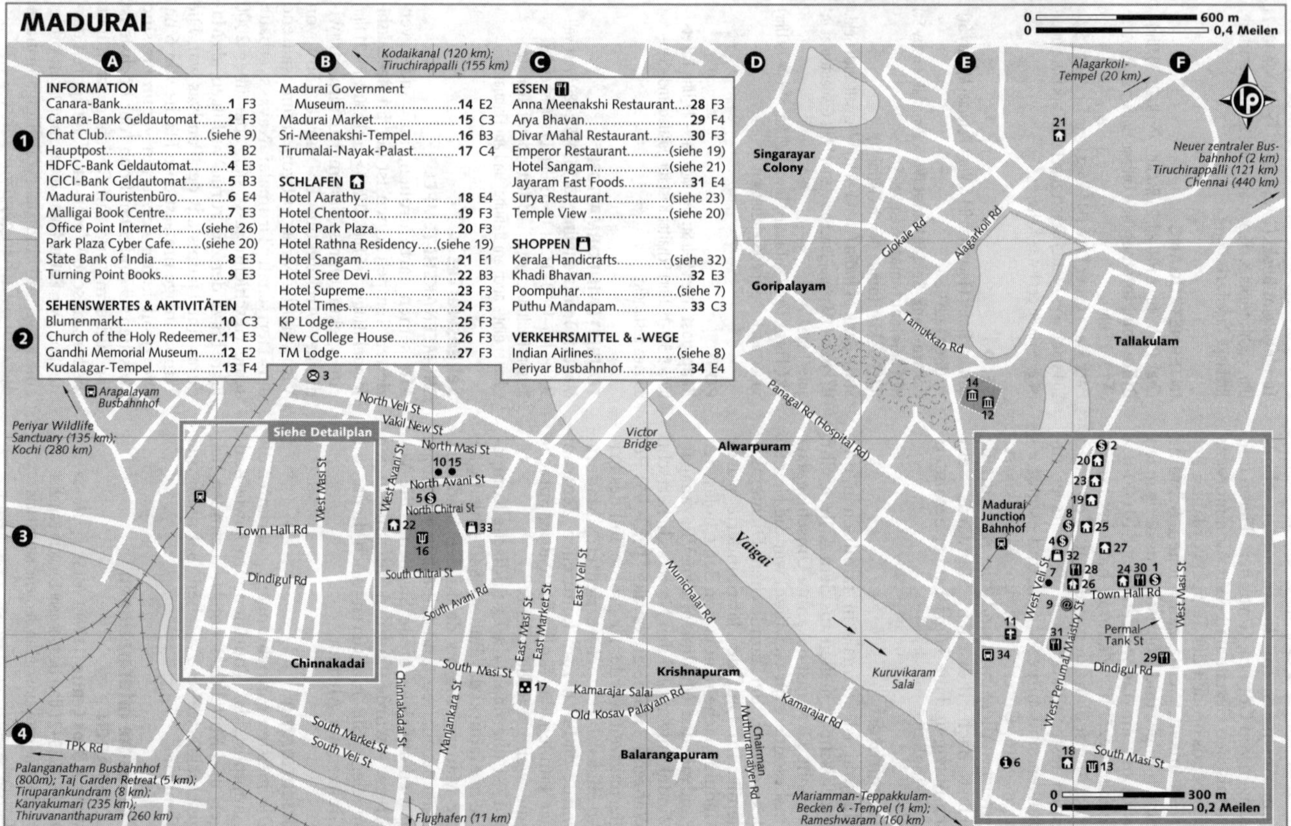
MADURAI
0 600 m
0 0,4 Meilen
Kodaikanal (120 km); Tiruchirappalli (155 km)
Alagarkoil-Tempel (20 km)
Neuer zentraler Busbahnhof (2 km) Tiruchirappalli (121 km) Chennai (440 km)
INFORMATION
Canara-Bank 1 F3
Canara-Bank Geldautomat 2 F3
Chat Club (siehe 9)
Hauptpost 3 B2
HDFC-Bank Geldautomat 4 E3
ICICI-Bank Geldautomat 5 B3
Madurai Touristenbüro 6 E4
Malligai Book Centre 7 E3
Office Point Internet (siehe 26)
Park Plaza Cyber Cafe (siehe 20)
State Bank of India 8 E3
Turning Point Books 9 E3
SEHENSWERTES & AKTIVITÄTEN
Blumenmarkt 10 C3
Church of the Holy Redeemer 11 E3
Gandhi Memorial Museum 12 E2
Kudalagar-Tempel 13 F4
Madurai Government Museum 14 E2
Madurai Market 15 C3
Sri-Meenakshi-Tempel 16 B3
Tirumalai-Nayak-Palast 17 C4
SCHLAFEN
Hotel Aarathy 18 E4
Hotel Chentoor 19 F3
Hotel Park Plaza 20 F3
Hotel Rathna Residency (siehe 19)
Hotel Sangam 21 E1
Hotel Sree Devi 22 B3
Hotel Supreme 23 F3
Hotel Times 24 F3
KP Lodge 25 F3
New College House 26 F3
TM Lodge 27 F3
ESSEN
Anna Meenakshi Restaurant 28 F3
Arya Bhavan 29 F4
Divar Mahal Restaurant 30 F3
Emperor Restaurant (siehe 19)
Hotel Sangam (siehe 21)
Jayaram Fast Foods 31 E4
Surya Restaurant (siehe 23)
Temple View (siehe 20)
SHOPPEN
Kerala Handicrafts (siehe 32)
Khadi Bhavan 32 E3
Poompuhar (siehe 7)
Puthu Mandapam 33 C3
VERKEHRSMITTEL & -WEGE
Indian Airlines (siehe 8)
Periyar Busbahnhof 34 E4
Singarayar Colony
Goripalayam
Tallakulam
Glokale Rd
Alagarkoil Rd
Tamukkan Rd
Panagal Rd (Hospital Rd)
Alwarpuram
Victor Bridge
Vaigai
Arapalayam Busbahnhof
Periyar Wildlife Sanctuary (135 km); Kochi (280 km)
Siehe Detailplan
North Veli St
Vakil New St
North Masi St
North Avani St
North Chitrai St
West Avani St
West Masi St
Town Hall Rd
Dindigul Rd
South Chitrai St
South Avani Rd
Chinnakadai
South Masi St
East Masi St
East Market St
East Veli St
Munichalai Rd
Kuruvikaram Salai
Krishnapuram
Kamarajar Salai
Old Kosav Palayam Rd
Kamarajar Rd
Chairman Muthuramaiyer Rd
Balarangapuram
Chinnakadai St
Manjankara St
South Market St
South Veli St
TPK Rd
Palanganatham Busbahnhof (800m); Taj Garden Retreat (5 km); Tiruparankundram (8 km); Kanyakumari (235 km); Thiruvananthapuram (260 km)
Flughafen (11 km)
Mariamman-Teppakkulam-Becken & -Tempel (1 km); Rameshwaram (160 km)
Madurai Junction Bahnhof
West Veli St
West Perumal Maistry St
Permal Tank St
0 300 m
0 0,2 Meilen

Innerhalb der Tempelmauern führen endlos scheinende Korridore zu den goldbedachten Heiligtümern der Gottheiten. Hier ist es im Gegensatz zu vielen anderen Tempeln Brauch, zuerst die Göttin zu ehren. Die meisten Pilger betreten den Tempel daher an der Südostecke durch den Ashta Shakti Mandapam und wenden sich direkt dem Schrein der Meenakshi zu.

Das **Tempelkunst-Museum** (Eintritt 1 Rs; 🕒 7–19 Uhr) in der Halle der 1000 Säulen befindet sich ebenfalls in der Tempelanlage. Es enthält neben Friesen, Stein- und Messingstatuen auch eine hervorragende Ausstellung über die Götter des Hinduismus.

Für die Besichtigung des Tempels sollte man viel Zeit im Gepäck haben; frühmorgens oder spätabends lässt sich der Ansturm am besten umgehen.

„Tempelführer" verlangen für ihre Dienste (verhandelbare) Beträge, die selten unter 200 Rs liegen – unnachgiebiges Feilschen zahlt sich hier aus. Die Führer arbeiten meistens für Warenhäuser und Schneidereien, die wie durch ein Wunder Türme mit kostenloser Aussicht auf den Tempel ihr Eigen nennen. Diese erlauben oft tatsächlich eine tolle Sicht und sind daher einen Besuch wert – vorausgesetzt man erwartet nicht, ohne hartnäckige Kaufeinladungen davonzukommen.

MADURAI MARKET

Der täglich geöffnete Markt liegt vom Tempel aus in nördlicher Richtung, kurz bevor man auf die North Avani St. kommt. Im Labyrinth der geschäftigen Gassen wabert der Geruch aromatischer Kräuter in der Luft. Direkt im Anschluss befindet sich im ersten Obergeschoss eines unscheinbaren Betongebäudes der **Blumenmarkt.** Geschickt häufen hier Verkäufer Berge von Ringelblumen und Jasminblüten auf Waagschalen. Die Blumen finden in den Blumenhändlern aus den Tempeln ihre wichtigsten Abnehmer.

TIRUMALAI-NAYAK-PALAST

Der indo-sarazenische **Palast** (Inder/Ausländer 5/50 Rs; 🕒 9–13 & 14–17 Uhr) liegt 1,5 km südöstlich vom Meenakshi-Tempel; er wurde 1636 unter dem Herrscher erbaut, dessen Namen er trägt. Heute sind allerdings nur noch das Eingangstor, die Haupt- und die Tanzhalle (Natakasala) erhalten, die jedoch einen Besuch wert sind. Der rechteckförmige Innenhof misst 75 x 52 m und ist unter dem Namen Swargavilasa oder Himmelspavillion bekannt. Er lässt etwas von der früheren Pracht des Palasts erahnen, der als eines der schönsten weltlichen Gebäude Südindiens gilt.

Die tägliche **Sound-and-Light-Show** (10 Rs) kann durchaus Spaß machen – Moskitos und durcheinander quatschende Menschen gibt's gratis dazu. Auf Englisch findet die Show um 18.45, auf Tamil um 20 Uhr statt.

Vom Meenakshi-Tempel bis zum Palast sind es 20 Minuten zu Fuß.

MUSEEN

Das hervorragende **Gandhi Memorial Museum** (Eintritt frei, Foto/Video 10/50 Rs; 🕒 10–13 & 14–17.45 Uhr) befindet sich auf einem weitläufigen und ruhigen Gelände im alten Palast des Rani Mangammal. In einem Labyrinth von Räumen liefert es einen beeindruckenden und sehr detaillierten Abriss der Geschichte des indischen Unabhängigkeitskampfes zwischen 1757 und 1947. Ausgestellt ist u. a. auch der blutbefleckte Lendenschurz, den Gandhi vermutlich bei seiner Ermordung trug.

Das **Madurai Government Museum** (Eintritt frei; 🕒 Sa–Do 9.30–17.30 Uhr) liegt nebenan auf demselben Gelände. Im Innern befindet sich eine Sammlung mit archäologischen Funden, Skulpturen, Bronzestatuen, Gewändern und Gemälden.

MARIAMMAN-TEPPAKKULAM-BECKEN

Das Becken befindet sich 5 km östlich der Altstadt. Seine Ausmaße entsprechen beinahe denen des Meenakshi-Tempels. Jedes Jahr findet hier im Januar/Februar das bekannte **Teppam-Festival (Floß-Festival)** statt. Die meiste Zeit des Jahres ist das Becken leer und dient Kindern aus der Umgebung als Kricketfeld. Tirumalai Nayak ließ das Becken 1646 anlegen; es ist durch unterirdische Kanäle mit dem Vaigai verbunden.

Geführte Touren

Das Touristenbüro organisiert fünfstündige Sightseeing-Touren, die am Tirumalai-Nayak-Palast, dem Gandhi-Museum und dem Sri-Meenakshi-Tempel Halt machen. Die Touren starten jeweils um 7 und 15 Uhr und kosten 125 Rs pro Person.

Schlafen

In Madurai konzentrieren sich die meisten Quartiere auf das Gebiet zwischen Bahnhof und Sri-Meenakshi-Tempel. Zwar sind eine Menge Gästehäuser im Angebot, aber die Schuppen am unteren Preislimit sehen oft grässlich aus – viele der bei Pilgern beliebten Unterkünfte sind oft nicht mehr als Pennen mit schmutzigen Wänden und feuchten Badezimmern. Dafür gibt's jedoch viele gute Mittelklassehotels – wenn man auf eine Klimaanlage keinen gesteigerten Wert legt, sind sie eine ausgezeichnete Wahl.

BUDGETUNTERKÜNFTE

In der Town Hall Rd., die vom Bahnhof aus nach Osten verläuft, befinden sich einige günstige, aber nicht gerade sehr ansprechende Hotels.

Hotel Sree Devi (☎ 2347431; 20 West Avani St; DZ ab 180 Rs, DZ/3BZ mit Klimaanlage 400/600 Rs, Dachzimmer 400 Rs) Der Stolz des Hauses ist das gemütliche Dachzimmer einschließlich der vielleicht tollsten Aussicht auf den Tempel. Selbst wenn man auf der Suche nach etwas Günstigerem sein sollte – das Hotel liegt sehr zentral, die Zimmer sind einfach, aber sauber.

KP Lodge (☎ 2340532; 29 West Perumal Maistry St; EZ/DZ 100/150 Rs) Die kleine Lodge ist sauberer als die meisten anderen Budgetangebote und liegt ziemlich ruhig. Ordentlich große Zimmer mit TV.

New College House (☎ 2342971; 2 Town Hall Rd; EZ/DZ ab 185/250 Rs, mit Klimaanlage 480/640 Rs; ⌘) Riesiger Gebäudekomplex fast gegenüber vom Bahnhof. Die 250 Zimmern sind sehr unterschiedlich – teils winzig, teils geräumig –, daher in einige vor dem Buchen einen Blick reinwerfen. Die billigeren Zimmer wirken altbacken und haben sicher schon bessere Tage erlebt; zudem nervt hier der Straßenlärm.

TM Lodge (☎ 2341651; tmlodge@maduraionline.com; 50 West Perumal Maistry St; EZ/DZ 200/320 Rs, DZ mit Klimaanlage & TV 550 Rs; ⌘) Eins der besseren Budgethäuser in diesem Gebiet. Saubere Bettwäsche und recht gepflegte Zimmer sprechen für eine gute Organisation. Die Zimmer in den oberen Zimmern sind definitiv heller und luftiger.

Hotel Times (☎ 342651; 15–16 Town Hall Rd; EZ/DZ 150/263 Rs, DZ mit Klimaanlage ab 350 Rs; ⌘) Das Times ist eine etwas düstere Budgetoption. Dennoch recht sauber – das Hotel bemüht sich, nicht allzu bedrückend zu wirken. Finger weg von Zimmer ohne Fenster!

Hotel Aarathy (☎ 2331571; 9 Perumal Koil West Mada St; EZ/DZ/3BZ 195/330/450 Rs, mit Klimaanlage 495/550/650 Rs; ⌘) Eine Stufe über den absoluten Billigangeboten; das Management ist an Traveller gewöhnt. Großes, etwas seelenloses Hotel mit endlosen Fluren und anständigen Zimmern, die mit TV und fließend heißem Wasser ausgestattet sind. Jeden Morgen kommt der Hauselefant vom Kudalagar-Tempel auf der anderen Straßenseite zu Besuch.

MITTEL- & SPITZENKLASSEHOTELS

Das beste Preis-Leistungs-Verhältnis bieten in Madurai die Mittelklassehotels in der West Perumal Maistry St. nahe dem Bahnhof. Zimmer ohne Klimaanlage sind oft schon recht günstig zu haben – und dabei kommt man wesentlich besser weg als in Budgethäusern. In den meisten Hotels gibt's Dachrestaurants, von denen sich ein wunderbarer Blick auf den Tempel samt Sonnenuntergang genießen lässt.

Hotel Chentoor (☎ 2350490; hotelchentoor@hotelstamilnadu.com; 106 West Perumal Maistry St; EZ/DZ 420/460 Rs, mit Klimaanlage ab 750/850 Rs; ⌘) Auf dieses Hochhaushotel stößt man als erstes, wenn man die West Perumal Maistry St. in nördlicher Richtung entlanggeht. Die Standardzimmer sind klein aber sauber und mit TV ausgestattet.

Hotel Rathna Residency (☎ 5370441; 109 West Perumal Maistry St; EZ/DZ 450/500 Rs, mit Klimaanlage 750/850 Rs) Stylishes Hotel in der Nähe vom Chentoor mit ausgezeichnetem Preis-Leistungs-Verhältnis. Hat ein Dachrestaurant zu bieten – und obendrein alle Features von doppelt so teuren Hotels.

Hotel Supreme (☎ 2343151; www.supremehotels.com; 110 West Perumal Maistry St; EZ/DZ ab 450/480 Rs, mit Klimaanlage ab 810/880 Rs, Suite 1800 Rs; ⌘) Ein großes und gepflegtes Hotel mit sehr komfortablen Zimmern, die mit TV und großen Fenstern ausgestattet sind. Viele der Deluxe- und Superdeluxe-Zimmer haben einen Balkon – die super Aussicht auf den Sri-Meenakshi-Tempel lohnt sich. Zudem kann das Hotel mit einem der besten Dachrestaurants der Stadt und einer Bar im Raumschifflook um Gäste buhlen.

Hotel Park Plaza (☎ 3011111; www.hotelparkplaza.net; 114 West Perumal Maistry St; EZ/DZ 995/1350 Rs, Suite

1600 Rs; ☒) Das Plaza bietet einen etwas höheren Standard als seine Nachbarn: Alle Zimmer sind an eine zentrale Klimaanlage angeschlossen, die Zimmer liegen jedoch im gediegenen Mittelfeld und sind gemütlich und einfach möbliert. Zudem gibt's ein gutes Dachrestaurant und die unpassend benannte Sky High Bar – sie befindet sich nämlich im EG.

Hotel Sangam (☎ 2537531; www.hotelsangam.com; Alargakoil Rd; EZ/DZ 90/125 US$; ☒ ☒) Das frisch renovierte Hotel Sangam liegt nicht weit weg vom Busbahnhof; es zeigt Klasse durch kühlen Marmor, riesige moderne Zimmer und ein super Restaurant.

Taj Garden Retreat (☎ 2371636; retreat.madurai@tajhotels.com; 40 TPK Rd; EZ/DZ 120/135 US$; ☒ ☒ ☒) Das Hotel im Kolonialstil gehört zur Taj Group und ist eines der schicksten in Madurai. Es liegt 5 km westlich der Stadt in Pasumalai – ob ruhig oder zu weit draußen ist Ansichtssache. Hat einen Pool, Ayurveda- und Businesszentrum, ein tolles Restaurant und eine Bar.

Essen

In der West Perumal Maistry St. bieten die Dachrestaurans einiger Hotels ein luftiges Mahl und Aussicht auf den Tempel.

Surya Restaurant (110 West Perumal Maistry St; Hauptgerichte 30–70 Rs; ☒ 6–23 Uhr) Das Dachrestaurant vom Hotel Supreme bietet eine tolle Aussicht auf die Stadt und fährt indische, chinesische und europäische Gerichte, tolle Thalis zum Mittagessen und kaltes Bier auf.

Emperor Restaurant (☎ 2350490; 106 West Perumal Maistry St; Hauptgerichte 30–80 Rs; ☒ 6–0.00 Uhr) Das Dachrestaurant im Chentoor scheint nachträglich entstanden zu sein; trotzdem prima Essen, Aussicht und Service. Serviert auch nichtvegetarische Gerichte.

Temple View (☎ 3011111; 114 West Perumal Maistry St; Hauptgerichte 55–140 Rs; ☒ 8–22 Uhr) Das Dachrestaurant im Park Plaza serviert vegetarische und nichtvegetarische Gerichte – darunter nordindische, chinesische und europäische – und bietet dieselbe Aussicht wie das Surya. Das Butterhuhn-Masala kostet 80 Rs und das Tandoori-Huhn (110 Rs für ein halbes) ist besonders saftig.

Divar Mahal Restaurant (☎ 2342700; 21 Town Hall Rd; Hauptgerichte 30–80 Rs; ☒ 11–23 Uhr) Das Divar Mahal ist eines der besseren „Multicuisine"-Restaurants, das nicht zu einem Hotel gehört. Es ist sauber und hell. Die gegrillte Lammkeule (80 Rs) stellt eine interessante Abwechslung dar; ein halbes Tandoori-Huhn kostet 80 Rs, das Garnelen-Masala 75 Rs.

Jayaram Fast Foods (Dindigul Rd; Hauptgerichte 25–75 Rs; ☒ 10–22 Uhr) Durch eine brummende Bäckerei im UG und ein blitzsauberes klimatisiertes Restaurant im oberen Stockwerk eine angenehme Alternative zu den Thali-Läden. Auf der Speisekarte stehen Suppen, Frühlingsrollen, Pizzen, Burger und nordindische Gerichte.

Hotel Sangam (☎ 2537531; www.hotelsangam.com; Alargakoil Rd; Hautpgerichte 40–150 Rs; ☒ 11–15 & 19–23 Uhr) Das reizende Sangam liegt am anderen Flussufer. Während die Fontäne des Teiches vor sich hin plätschert, lässt sich hier ein gemütlicher Abend mit prima Essen verbringen – ein Besuch lohnt sich auf jeden Fall. Auf der „Multicuisine"-Speisekarte stehen indische, chinesische und europäische Gerichte einschließlich Seafood.

Unter den günstigen und freundlichen südindischen Restaurans in der Altstadt stechen das **Arya Bhavan** (Ecke West Masi St & Dindigul Rd) und das **Anna Meenakshi Restaurant** (West Perumal Maistry St), ein großes, helles Lokal mit prima Thalis (30 Rs), hervor.

Shoppen

Madurai war schon immer ein Textilzentrum; in der Stadt wimmelt es nur so von Stoffbuden und Schneiderläden. Eine prima Auswahl an Baumwolle und bedruckten Stoffen bekommt man im Puthu Mandapam, der mit Säulen versehenen, ehemaligen Eingangshalle an der Ostseite des Sri-Meenakshi-Tempels. Hier rattern die Nähmaschinen von unzähligen Schneidern – für ein beliebiges Kleidungsstück benötigen sie ein bis zwei Stunden. Abhängig von Material und Beschaffenheit des Schnitts variieren die Preise sehr stark – ein Hemd kostet ca. 100 Rs.

Wer sich etwas schneidern lassen möchte, sollte die passende Schnittvorlage mitbringen. Ebenso muss man sich etwas mit Stoffen, deren Qualität und der erforderlichen Menge auskennen. Wie immer sollte man sich Zeit nehmen, in Ruhe umschauen und hart feilschen.

Die staatlichen Läden mit Fixpreisen befinden sich praktischerweise alle auf einem Fleck in der West Veli St., darunter Poompuhar, Khadi Bhavan und Kerala Handicrafts. Nahezu jeder Werber, Fahrer, „Tempelführer" und Schneiderskumpel will Touris zu den Kaschmiri-Läden in der North Chitrai St. schleppen und versucht potenzielle Kunden mit der Aussicht vom Dach auf den Tempel dorthin zu locken – die ist zwar gut, aber die Verkaufstaktik artet in schier unvermeidlichen Kaufzwang aus; zudem kassiert jeder eine Provision, der „Opfer" in einen Laden bringt.

An- & Weiterreise

FLUGZEUG

Die **Air Deccan** (☎ 9894477008) fliegt täglich einmal nach Chennai und ist mit 2100 Rs regulär am günstigsten – dennoch kommt man bei Internet- und Spezialangeboten noch besser weg. Die **Indian Airlines** (☎ 2341234; West Veli St; Flughafen ☎ 2690771; Mo–Sa 10–17 Uhr) bietet jeden Tag einen Flieger nach Chennai (100 US$) und Mumbai (220 US$) an. Die **Jet Airways** (☎ 526969) fliegt zum selben Preis zweimal täglich nach Chennai.

BUS

Der **zentrale Busbahnhof** (☎ 2580680; Melur Rd) 6 km nordöstlich der Altstadt ist Ankunfts- und Abfahrtspunkt der meisten Fernbusse. Er scheint zwar chaotisch, ist aber rund um die Uhr sehr gut organisiert. Alle paar Minuten fahren Stadtbusse für 2 Rs in die City. Für dieselbe Strecke verlangen Rikschafahrer 50 Rs.

Privatunternehmen betreiben Superdeluxe-Busse (mit Video) nach Chennai und Bangalore (220–300 Rs). Die staatlichen Busfirmen bieten aber einen ähnlichen Service; daher sollte man sich nicht von Reiseagenturen abzocken lassen, die Tickets zu überhöhten Preisen verkaufen – letztendlich landet man trotzdem bei einer staatlichen Buslinie. Folgende Preise gelten für die staatlichen Linien:

Ziel	Preis (Rs)	Dauer (Std.)	Häufigkeit
Bangalore	152	12	6-mal tgl
Chennai	144–186	10	alle 20 Min.
Chidambaram	110	8	3-mal tgl.
Coimbatore	66	5	alle 15 Min.
Kanyakumari	76	6	stündl.
Kodaikanal	36	4	10-mal tgl.
Mysore	150	16	2 (über Udagamandalam)
Palani	30	3	alle 30 Min.
Pondicherry	105	8	2-mal tgl.
Rameshwaram	49	4	alle 30 Min.
Tirupathi	180	5½	6-mal tgl.
Tiruchirappalli	38	3	alle 10 Min.

Vom Busbahnhof Arapalaym westlich des Bahnhofs fahren stündlich Busse nach Kumili (40 Rs, 4½ Std.) zum Periyar Wildlife Sanctuary und auch ein paar nach Kodaikanal und Palani.

Auch private Minibusse steuern täglich Kodaikanal (150 Rs), Rameshwaram (120 Rs) und Kanyakumari (200 Rs) an; dabei handelt es sich genau genommen um Gruppenfahrten für Tagesausflügler, also vor allem für indische Pilger und Touristen. Wenn noch Plätze frei sind, kann man sich die einfache Strecke mitnehmen lassen (die angegebenen Fahrtpreise gelten für die Hinfahrt). Der einzige wirkliche Vorteil besteht darin, dass diese Busse im Stadtzentrum abfahren (Reiseagenturen findet man gegenüber vom Bahnhof) und ihre Fahrgäste direkt von den Hotels in der Stadt abholen.

ZUG

Madurai Junction liegt an der Hauptstrecke zwischen Chennai und Kanyakumari. Mindestens neun Züge fahren täglich nach Chennai, darunter nachts der *Pearl City Express* (182/510 Rs für Sleeper Class/3AC, 10 Std.) um 22.30 Uhr und der *Vaigai Express* (114/397 Rs in 2. Klasse/Chair Class, 8 Std.). Züge nach Chennai halten in Tiruchirappalli (47/75 Rs für 2. Klasse/Sleeper Class, 3 Std.). Nach Kanyakumari bestehen drei tägliche Verbindungen; die beste ist der *Kanyakumari Express* (107/300 Rs Sleeper Class/3AC, 6 Std.) um 7.15 Uhr.

Zudem fahren von Madurai aus Züge nach Coimbatore (62/98 Rs in 2. Klasse/Sleeper Class, 6½ Std.), Bangalore (179/502 Rs im klimatisierten Schlafwagen mit dreistöckigen Etagenbetten), Trivandrum und Mumbai.

Unterwegs vor Ort

Der Flughafen liegt 12 km südlich von der Stadt entfernt. Taxifahrer verlangen unverschämte 200 Rs für die Fahrt ins Zentrum; eine Autorikscha kostet ca. 100 Rs. Alternativ kommt man auch mit der Buslinie 10A vom zentralen Busbahnhof zum Flughafen – pünktliche Busse haben aber Seltenheitswert.

Der Busbahnhof Periyar in der Altstadt wird immer noch von Stadtbussen angefahren – von hier aus fahren Busse regelmäßig zum neuen Busbahnhof. Der Stadtkern von Madurai ist so überschaubar, dass man gut zu Fuß vorankommt.

RAMESHWARAM

☎ 04573 / 38 035 Ew.

Rameshwaram ist für Shivaisten und Vishnuisten gleichermaßen eines der wichtigsten Pilgerzentren in Südindien. Hier sprach Rama – eine Vishnu-Inkarnation und Held des Ramayana – Shiva seinen Dank aus. Im Stadtzentrum befindet sich der Ramanathaswamy-Tempel, einer der wichtigsten Tempel in Südindien.

Rameshwaram liegt auf einer Insel im Golf von Mannar; bei Mandapam verbindet die Indira-Gandhi-Brücke – eins der größten Wunder indischer Ingenieurskunst – die Stadt mit dem Festland. Rajiv Gandhi eröffnete sie offiziell im Jahr 1988. Einst war die Stadt ein wichtiger Fährhafen; von hier aus fuhren Passagierschiffe nach Sri Lanka. Als dort der Bürgerkrieg ausbrach, wurde der Betrieb eingestellt und bis heute nicht wieder aufgenommen.

Lässt man die Pilgermassen außen vor, ist Rameshwaram ein verschlafenes Fischerdorf mit einer wunderbar relaxten Atmosphäre, in der der stechende Geruch von Dörrfisch hängt. Ein Highlight ist der morgendliche Spaziergang zum Hafen; zu dieser Zeit laufen die Fischerboote ein und der Fang wird handverlesen. Rameshwaram ist allerdings nicht gerade ein pulsierender Urlaubsort – das Angebot an Unterkünften und Restaurants fällt daher auch etwas mager aus.

Orientierung & Praktische Informationen

Die meisten Hotels und Restauants liegen im direkten Umkreis des Ramanathaswamy-Tempels. Der Busbahnhof 2 km weiter westlich ist mit dem Stadtzentrum durch einen Shuttlebus verbunden.

Das **Touristenbüro** (☎ 221371; 🕑 Mo–Fr 10–17.45 Uhr) liegt am Busbahnhof.

In der ganzen Stadt gibt es nirgendwo die Möglichkeit, Geld zu wechseln; allerdings nimmt der Geldautomat der **State Bank of India** (East Car St) auch internationale Kreditkarten.

Sehenswertes

RAMANATHASWAMY-TEMPEL

Der **Tempel** (Foto 25 Rs; 🕑 4–13 & 15–20.30 Uhr) ist ein tolles Beispiel für die späte drawidische Architektur. Bekannt ist er vor allem wegen seiner vier herrlichen Korridore, die von aufwändig gestalteten Säulen gesäumt sind. Mit dem Bau wurde im 12. Jh. begonnen. Zu den späteren Erweiterungen zählt auch der 53 m hohe *gopuram*. Gläubige sagen den 22 *theerthams* (Becken) auf dem Tempelgelände Kräfte nach – Grund genug für rituelle Bäder, die hier regelmäßig stattfinden. Von Pilgern wird erwartet, dass sie in jedem einzelnen *theertham* baden und dessen Wasser trinken. Angeblich weist die Anzahl der *theerthams* auf die Zahl der Pfeile in Ramas Köcher hin, mit denen er Wasser auf der Insel erschuf. Nur Hindu dürfen das innere Heiligtum betreten; es ist mit Gemälden geschmückt, die Rameshwarams Anfänge zeigen.

Auch wenn der Tempel geschlossen ist, kann man in Ruhe durch die ausgedehnten Korridore schlendern.

DHANUSHKODI & ADAM'S BRIDGE

18 km südöstlich der Stadt liegt **Dhanushkodi,** ein langer Sandstrand, an dem Wind und Brandung tosen und einem das Gefühl geben, man sei am Ende der Welt. Außer dem Strand gibt's hier nicht viel mehr als ein paar vereinzelte Fischerboote. Und dennoch bietet sich die Halbinsel für einen Spaziergang an. An deren Ende kann man über die **Adam's Bridge** blicken, die Kette von Riffen, Sandbänken und Inselchen, die sich zwischen Indien und Sri Lanka aneinander reihen. Der Legende nach erschuf Rama diese als Trittsteine, um Ravana zu verfolgen und Sita aus dessen Gefangenschaft zu retten– so der Stoff des Ramayana-Epos. Busse (5 Rs, stündlich) fahren von der Haltestelle in der East Car St. bis 4 km vor den Strand; den Rest muss man laufen. Oder man nimmt einfach von Rameshwaram aus eine Autorikscha (45 Min. für die einfache Strecke), für die inkl. Rückfahrt 200 Rs hinzulegen sind.

6 km vor Dhanushkodi steht der **Kothandaraswamy-Tempel**; er überstand als einziges Bauwerk den Wirbelsturm, der 1964 über das Dorf hingwegfegte. Hier soll Rama nach der Tötung Ravanas (als Brahmane), von Schuldgefühlen gequält, eine *puja* zelebriert

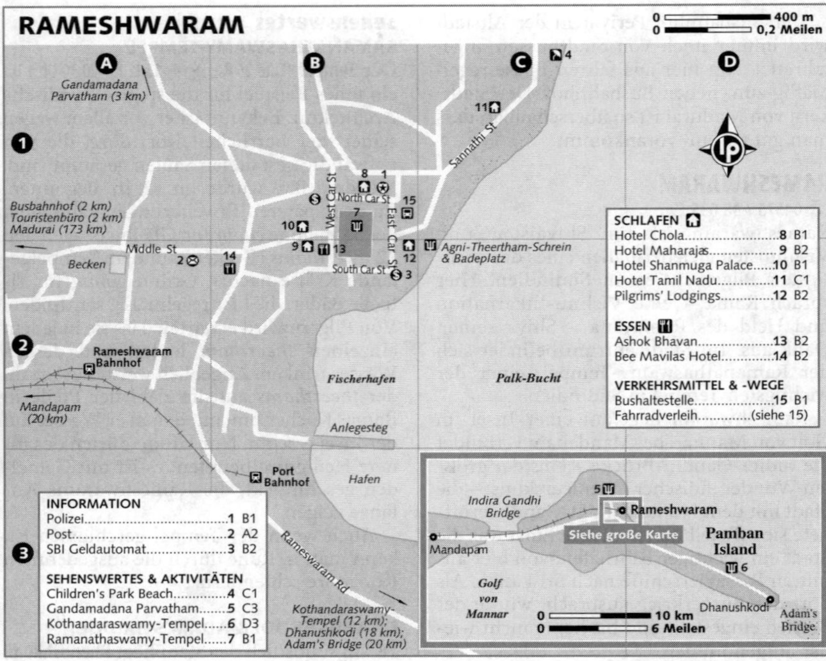

haben; danach wurde der Tempel errichtet. Ebenso soll sich an dem Ort Vibhishana, der Bruder Ravanas, Rama ergeben haben.

GANDAMADANA PARVATHAM

Der **Tempel** liegt 3 km nordwestlich von Rameshwaram; sein Schrein enthält angeblich Ramas Fußstapfen. Der zweistöckige *mandapam* befindet sich auf einem kleinen Hügel (dem höchsten Punkt der Insel) – von hier aus hat man eine feine Aussicht auf die Stadt. Pilger treffen sich bei Sonnenauf- und Sonnenuntergang an dem Tempel, der ein perfektes Ziel einer kurzweiligen Radtour durch die Nebenstraßen des Dorfs ist.

Aktivitäten

Um das Hotel Tamil Nadu schleichen meist Schlepper und Nepper, die einstündige **Schnorchelausflüge** vom Children's Park Beach feilbieten. Diese entpuppen sich jedoch nur als Kanutrip zu einem praktisch nicht vorhandenen Riff – aber immerhin kann man dabei etwas schwimmen und vielleicht auch ein paar Fische zu Gesicht bekommen. Bootsbesitzer verlangen 300 Rs pro Person, doch der ausgehandelte Preis sollte die 100 Rs nicht überschreiten – daher ist gewieftes Handeln angesagt.

Festivals & Events

Car Festival (Feb./März) Während des Festivals wird ein großer dekorierter Wagen mit Götterstatuen in einer bunten Parade durch die Straßen gerollt.

Thiru Kalyana (Juli/Aug.) Das Festival feiert die himmlische Hochzeit von Shiva und Parvati.

Schlafen & Essen

Während der Festivals sind die Hotels, die sich hauptsächlich auf Pilger spezialisiert haben, oftmals komplett ausgebucht. Hier gibt's nichts, was auch nur ansatzweise einen Hauch von Luxus aufkommen lässt – bessere Hotels sind Fehlanzeige und selbst die Auswahl an Budgetunterkünften ist relativ grausig. In der Nähe des Tempels dröhnt ab 4.30 Uhr laute Musik auf die Ohren.

Am günstigsten kann man in Rameshwaram in den Pilgerunterkünften des Tempels übernachten. Ein einfaches Doppelzimmer kostet hier zwischen 100 und 200 Rs.

Gegenüber vom Haupteingang des Tempels befindet sich ein Büro (East Car St), bei dem man Unterkünfte buchen kann.

Hotel Chola (☎ 221307; North Car St; DZ/3BZ 170/250 Rs) Einfaches Budgethotel mit grässlichen Badezimmer – dafür wenigstens günstig.

Hotel Maharaja's (☎ 221271; 7 Middle St; EZ/DZ/3BZ 194/294/367 Rs, DZ/3BZ mit Klimaanlage 519/825 Rs inkl. Steuer; ❄) Eines der erträglicheren Hotels in Rameshwaram mit vernünftigen Preisen. Liegt in der Nähe des Tempel-Westeingangs. Die meisten der einfachen Zimmer mit TV gehen auf einen Gemeinschaftsbalkon hinaus (einige haben auch einen separaten Balkon). Von den oberen Stockwerken hat man eine gute Aussicht auf den Tempel.

Hotel Shanmuga Palace (☎ 222945; 10/98 Middle St; DZ 350 Rs, mit Klimaanlage 600 Rs; ❄) Eines der neueren Hotels in der Stadt; es liegt gegenüber vom Maharaja's. Hat 30 kleine, aber moderne, saubere und bequeme Zimmer mit TV.

Hotel Tamil Nadu (☎ 221277; Sannathi St; B 80 Rs, DZ/3BZ ab 300/450 Rs, DZ mit Klimaanlage 700 Rs; ❄) Die luftige Lage an der Küste dürfte der Hauptgrund sein, hier einzuziehen. Die heruntergekommen Zimmer sind typisch für ein Government Hotel; da es aber bei Pilgern sehr beliebt ist, bekommt man wahrscheinlich sowieso kein Zimmer mehr. Im **Restaurant** (Hauptgerichte 10–75 Rs; ⏲ 7.30–10, 12.30–15 & 19.30–21.30 Uhr) herrscht eine Stimmung wie in einer Schulkantine; wegen seiner Thalis (30 Rs) wird es dennoch zum Mittagessen gern besucht. Außerdem ist es eins der wenigen Lokale vor Ort, in dem man neben Reis und Nudeln auch nichtvegetarische Gerichte wie beispielsweise Butterhuhn (60 Rs) bekommt. Hier gibt's auch eine **Bar** (⏲ 6–22 Uhr).

Schick essen gehen kann man in Rameshwaram zwar vergessen, aber entlang der Wes Car St. befinden sich ein paar Vegi-Restaurants, die Thalis (10–15 Rs) auftischen, darunter das Ashok Bhavan und das Ganesh Mess.

In einem Ort, der vom Fischfang lebt, könnte man eigentlich ein paar gute Fischrestaurants erwarten – dem ist zwar nicht so, aber wenigstens gibt's mit dem **Bee Mavilas Hotel** (Hauptgerichte 15–30 Rs; ⏲ 12–16 Uhr) ein einfaches Lokal, das Fish Fries, Currys und gute Biryanis im Angebot hat.

An- & Weiterreise

BUS

Alle 10 Minuten fahren Busse nach Madurai (49 Rs, 4 Std.). SETC-Busse gehen nach Chennai (228 Rs, 12 Std., 1-mal tgl.), Kanyakumari (108 Rs, 10 Std., 2-mal tgl.) und Tiruchirappalli (82 Rs, 7 Std.). Die Linie 1 pendelt unregelmäßig zwischen Busbahnhof und Tempel.

Vom Stadtzentrum aus fahren auch private Busunternehmen und Minibusse nach Chennai (400 Rs) und Madurai (125 Rs).

ZUG

Rameshwaram liegt nur an einer Meterspur-Eisenbahnlinie, weshalb das Angebot an Verbindungen recht übersichtlich ausfällt. Zwei Express Trains fahren täglich um 12.45 und 15.10 über Chidambaram nach Tambaram (kurz vor Chennai), lassen dabei aber Madurai und Tiruchirappalli links liegen – dafür gehen aber vier Passenger Trains (nur 2. Klasse) direkt nach Tiruchirappalli.

Unterwegs vor Ort

Von frühmorgens bis spätabends pendeln Stadtbusse (1 Rs) zwischen Tempel und Busbahnhof. Mit dem Fahrrad kommt man gut voran – viele Buden verleihen klapprige Drahtesel für 5 Rs pro Stunde, so z. B. in der East Car St. bei der Haltestelle gegenüber dem Tempeleingang.

KANYAKUMARI (CAPE COMORIN)

☎ 04652 / 19 678 Ew.

Kanyakumari ist das „Land's End" des Subkontinents, wo Golf von Bengalen und Arabisches Meer aufeinander treffen. Wer bei Sonnenunter- und Mondaufgang über dem Meer dahinschmelzen möchte, sollte am besten an Chaitrapurnima (Tamil für den Vollmondtag im April) an den südlichsten Punkt Indiens kommen.

Kanyakumari spielt im spirituellen Leben der Hindu eine wichtige Rolle. Es ist der Göttin Devi Kanya geweiht, einer Inkarnation der Parvati. Gläubige besuchen den Tempel, um in den heiligen Wassern zu baden.

Kanyakumari gehört daher größtenteils den Pilgern, die in Kanyakumari ihren spirituellen Pflichten nachkommen. Trotzdem prägt den Ort ein gewisser relaxter Charme; für ein oder zwei Tage gibt's hier genug zu sehen und zu unternehmen.

Orientierung & Praktische Informationen

Der Haupttempel befindet sich mitten in Kanyakumari; nördlich davon liegt ein kleiner Basar mit Restaurants, Schaubuden und Souvenirläden.

Janaki Forex (2 Saravana Complex; 🕓 9.30–18 Uhr) Direkt beim Tempel. Hier kann man problemlos Geld wechseln und Reiseschecks einlösen.

Post (Main Rd; 🕓 Mo–Fr 8–18 Uhr) Liegt 300 m nördlich vom Touristenbüro.

State Bank of India Geldautomat (Main Rd) Akzeptiert internationale Kreditkarten.

Touristenbüro (☎ 246276; Main Rd; 🕓 Mo–Fr 8–18 Uhr) Das recht nützliche Büro liegt gleich beim Tempel; auf Anfrage kann man hier auch Karten und Broschüren bekommen.

World Net Cyber Cafe (South Car St; 50 Rs/Std.; 🕓 9–22 Uhr) Internetzugang.

Sehenswertes & Aktivitäten

KUMARI-AMMAN-TEMPEL

Der Legende nach besiegte die Göttin Devi die Dämonen im Alleingang und sicherte so die Freiheit der Welt. Im **Tempel** (🕓 4.30–11.45 & 17.30–20.30 Uhr) danken Pilger der Göttin dafür und für das Wohlergehen, das sie ihnen gewährt.

Im Mai/Juni wird hier ein **Car Festival** veranstaltet, bei dem ein Abbild der Gottheit in einer Prozession umhergetragen wird.

Wie immer müssen alle Besucher ihre Schuhe ausziehen, Männer seltsamerweise auch ihre Hemden. Kameras sind verboten,

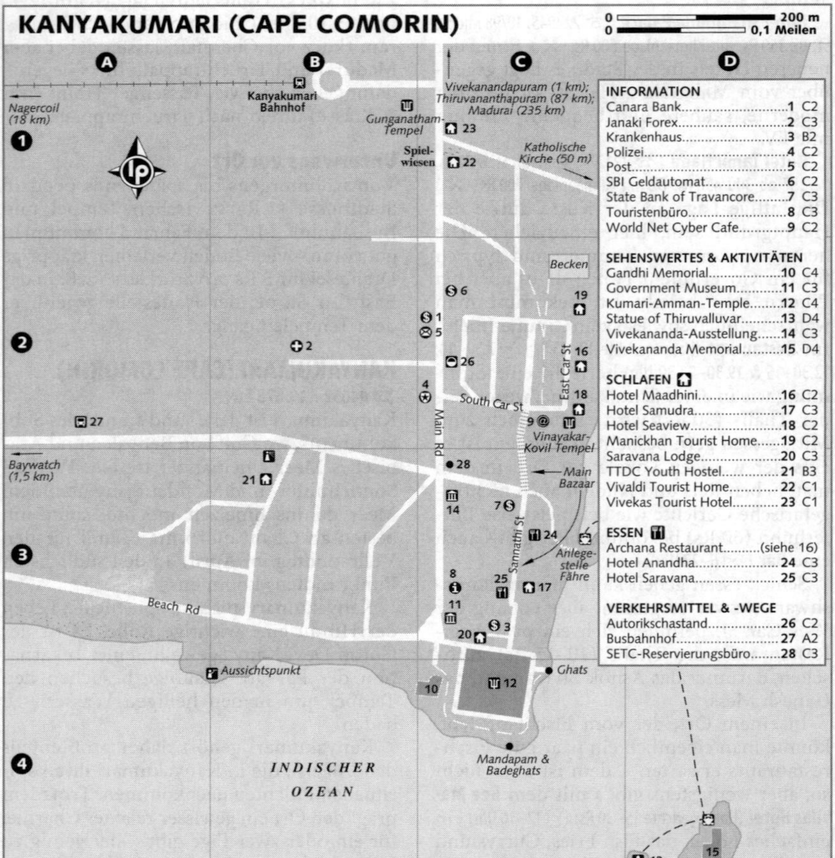

können aber sicher außerhalb des Tempels aufbewahrt werden.

GANDHI MEMORIAL

Das beeindruckende **Denkmal** (Spende erwünscht; ⌚ 7–12.30 & 15–19 Uhr) ähnelt einem Orissa-Tempel. Hinduistische, islamische und christliche Elemente sind in dem Bau integriert, in dem ein Teil der Asche Gandhis bis zur Seebestattung aufbewahrt wurde. An Gandhis Geburtstag (2. Oktober) fallen die Sonnenstrahlen auf den Gedenkstein, in dem die Asche sicher untergebracht wurde. Fremdenführer versuchen mehr als die angemessenen 10 Rs für eine Tour herauszuschlagen.

VIVEKANANDA-AUSSTELLUNG & VIVEKANANDAPURAM

In einem schrulligen, zweckmäßigen orangenfarbenen Gebäude dokumentiert die **Ausstellung** (Main Rd; Eintritt 5 Rs; ⌚ 8–12 & 16–20 Uhr) das Leben und die ausgedehnte Indienreise des indischen Philosophen Swami Vivekananda (der „Wandermönch"). Er entwickelte eine Synthese zwischen den Lehren des Hinduismus und Konzepten sozialer Gerechtigkeit. Obwohl alle Fotos und Tafeln auf Englisch beschriftet sind, gibt's bei einem Besuch so einiges zu verdauen.

Eine interessantere Bilderausstellung zum gleichen Thema kann man außerdem im **Vivekanandapuram** (☎ 247012; Eintritt frei; ⌚ 9–13 & 17–21 Uhr) anschauen, einem Mix aus Mission und Ashram 3 km nördlich der Stadt. Die Drucke, Skizzen und Bilder handeln nicht nur von Vivekanandas Leben, sondern liefern auch eine Momentaufnahme indischer Philosophie und Religion.

VIVEKANANDA MEMORIAL

Das **Denkmal** (Eintritt 10 Rs; ⌚ 7–17 Uhr) liegt auf einer felsigen Insel 400 m von der Küste entfernt. Hier meditierte Swami Vivekananda 1892, noch bevor er zu einer der wichtigsten religiösen Figuren Indiens wurde. Der *mandapam* wurde 1970 zum Gedenken an Vivekananda errichtet und vereint Architekturstile aus ganz Indien in sich. Obwohl sich Massen von Pilgern durch das Denkmal wälzen, strahlt der Ort Ruhe und Ehrfurcht aus. Außerdem genießt man von der Insel aus eine faszinierende Aussicht auf den Fischerhafen und die weit entfernte Berge, die auch ein paar Windturbinen nicht trüben kann.

Die riesige **Statue** auf der benachbarten Insel stellt nicht Vivekananda dar, sondern den tamilischen Dichter Thiruvalluvar. An Indiens „Freiheitsstatue" arbeiteten über 5000 Bildhauer. Sie wurde 2000 fertig gestellt und ehrt *Thirukkural,* das 133-seitige Werk des Dichters – daher ist die Statue exakt 133 Fuß (rund 40 m) hoch.

Alle 30 Minuten legt im Hafen eine Fähre zu den beiden Inseln ab (die letzte um 16 Uhr); für ein Ticket werden 20 Rs fällig.

GOVERNMENT MUSEUM

Das **Museum** (Main Rd; ⌚ 9.30–17.30 Uhr Sa–Do; Inder/Ausländer 5/100 Rs) beherbergt eine halbwegs interessante Ausstellung mit archäologischen Fundstücken und Tempelartefakten; der Eintrittspreis ist allerdings etwas heftig.

BAYWATCH

Schnauze voll von Tempeln? In dem grandiosen neuen **Vergnügungspark** (☎ 246563; Kovalam Rd; 200 Rs; ⌚ 10–19 Uhr) kann man einen tollen Tag verbringen; besonders Kinder haben hier ihren Spaß. Die Eintrittskarte gilt auch für das Wellenbad mit diversen Wasserrutschen und einer Reihe von Fahrgeschäften.

Schlafen

Die Preise mancher Hotels (besonders der Mittelklasse rund um den Basar) sind saisonabhängig. Daher legt man im April und Mai sowie von Ende Oktober bis Januar unter Umständen das Doppelte hin. Viele Hotels lassen sich auch einen „Seeblick" oder „Felsenblick" extra bezahlen – diese sind jedoch die Mehrkosten nicht wert. Nur wenige Hotels bieten Einzelzimmer an.

BUDGETUNTERKÜNFTE

Saravana Lodge (☎ 246007; Sannathi St; DZ 150–200 Rs) Ziemlich neue Lodge beim Tempeleingang. Alle Zimmer haben eigene Badezimmer mit Plumpsklo, sind sehr sauber und haben ein angemessenes Preis-Leistungs-Verhältnis.

Vivekas Tourist Hotel (☎ 246192; Main Rd; DZ/3BZ/4BZ ab 195/295/395 Rs) Einfache, aber sehr geräumige und ziemlich saubere Zimmer.

Vivaldi Tourist Home (☎ 246972; Main Rd; DZ/3BZ 200/250 Rs) Einfache Budgetunterkunft in der

Nähe des Bahnhofs. Kleine Zimmer mit eigenem Badezimmer. Die Düfte aus der Bäckerei nebenan gibt's umsonst dazu.

TTDC-Jugendherberge (☎ 246257; B 50 Rs) Gehört zum Hotel Tamil Nadu. Die Schlafsäle und Gemeinschaftsbäder sind ziemlich grässlich, aber unschlagbar billig.

MITTEL- & SPITZENKLASSEHOTEL

Manickhan Tourist Home (☎ 246387; DZ 350 Rs, mit Klimaanlage 750 Rs; ❄) Die meisten Zimmer in diesem Hotel wurden zum Zeitpunkt der Recherche gerade renoviert und sollten daher nun in einem einwandfreien Zustand sein. Die meisten der Zimmer haben einen Balkon – von den Zimmern auf der Nordseite hat man eine feine Aussicht auf die Stadt.

Hotel Maadhini (☎ 246787; East Car St; DZ im EG/mit Meerblick 400/600 Rs, mit Klimaanlage ab 1100 Rs; ❄) In diesem Mittelklassehotel haben die Zimmer ohne Klimaanlage ein recht gutes Preis-Leistungs-Verhältnis und sind luftig und sauber, obwohl das Haus an sich einen etwas seelenlosen Eindruck hinterlässt. Viele Zimmer haben Balkone, die fast über dem Ort hängen. Das Restaurant ist ausgezeichnet.

Hotel Samudra (☎ 246162; Sannathi St; DZ 470 Rs, mit Meerblick 670 Rs, mit Klimaanlage 970 Rs; ❄) Etwas blass wirkendes Hotel mitten im Basar in der Nähe des Tempels. Trotzdem prima Zimmer und toller Service. In der Hauptsaison verdoppeln sich hier die Preise – dann Finger weg.

Hotel Seaview (☎ 247841; seaview@sancharnet.in; East Car St; DZ ohne/mit Klimaanlage 900/1450 Rs, mit Meerblick 1250/2050 Rs; ❄) An der flashigen Marmorlobby lässt sich erkennen, dass es sich hierbei um eins der Tophotels der Stadt handelt. Nett möblierte Zimmer mit TV; der hinreißende Meerblick kostet aber einen Haufen Kies.

Essen

Rund um den Basar gibt's eine Reihe von Obstständen und einfache vegetarische Restaurants.

Archana Restaurant (East Car St; Hauptgerichte 25–95 Rs; 🕑 7–22.30 Uhr) Das Restaurant des Hotels Maadhini ist eins der Lokale mit etwas mehr Atmosphäre; dies gilt vor allem abends, wenn der Garten geöffnet ist. Die gute Speisekarte umfasst u. a. Tandoori-Huhn, Seafood und chinesische Gerichte. Chapatis werden frisch vor den Augen der Gäste zubereitet.

Hotel Sea View (East Car St; Hauptgerichte 30–150 Rs; 🕑 7–23 Uhr) Das Tophotel hat ein ausgezeichnetes „Multicuisine"-Restaurant, das auf frisches Seafood spezialisiert ist.

Im **Hotel Saravana** findet sich ein brummendes kleines Lokal mit Thalis (20 Rs) und guten Dosas. Das **Hotel Anandha** hat ein weiteres gutes Vegi-Restaurant mit Meerblick.

An- & Weiterreise

BUS

Der überraschend ruhige Busbahnhof liegt zehn Gehminuten vom Zentrum entfernt; der Kovalam Rd. in Richtung Westen folgen. Geschickterweise gibt's in der Main Rd. ein **SETC-Buchungsbüro** (🕑 7–21 Uhr).

Die Busse SETC fahren nach Madurai (76 Rs, 6 Std., 8-mal tgl.), Chennai (280 Rs, 16 Std., 6-mal tgl.), Rameshwaram (108 Rs, 9 Std., 2-mal tgl.), Bangalore (333 Rs, 15 Std., 1-mal tgl.) und Kodaikanal (132 Rs, 10 Std., 1-mal tgl.), die Busse der KSTC nach Thiruvananthapuram (31 Rs, 3 Std., 6- bis 7-mal tgl.). Einmal am Nachmittag geht eine Direktverbindung nach Kovalam (40 Rs, 3½ Std.).

Reiseagenturen im Ort bieten Fahrten – meist Gruppenreisen – mit privaten Busunternehmen nach Madurai, Rameshwaram, Kodaikanal und Thiruvananthapuram an. Falls noch ein Platz frei sein sollte, kann man sich eventuell nur die Hinfahrt mitnehmen lassen.

ZUG

Der Bahnhof liegt 1 km nördlich vom Basar und Tempel. Der *Chennai Egmore Express* fährt täglich um 17.15 nach Chennai (246/692/1106 Rs für Sleeper Class/3AC/2AC, 13 Std.; 738 km). Der *Tiruchchirappali Howrah Express* verlässt dienstags, freitags und samstags um 6.35 Uhr den Bahnhof; er hält auch in Madurai und Tiruchirappalli.

Nach Thiruvananthapuram gehen täglich zwei Express Trains (33/183 Rs in 2. Klasse/3AC, 2 Std., 87km).

Erprobte Langstreckenfahrer und Eisenbahnfans können auch in den *Himsagar Express* steigen, der die 3734 km nach Jammu Tawi (in Jammu & Kaschmir) einmal wöchentlich in 66 Stunden bewältigt – die längste Zugreise in Indien.

DIE WESTERN GHATS

Die Western Ghats sind so etwas wie das Rückgrat Zentral- und Südindiens. Das Gebirge verläuft auf einer Länge von 1400 km vom Norden Mumbais über Maharashtra, Goa, Karnataka und Kerala bis in den äußersten Süden Tamil Nadus. Die Berge – im Schnitt rund 900 m hoch – sind mit immergrünem Laubwald bedeckt. In den Western Ghats entspringen alle großen Flüsse Südindiens. Mit 27 % aller Blütenpflanzen Indiens, 60 % aller Heilpflanzen und einer gigantischen Menge einheimischer Tierarten stellen sie ein vielfältiges biologisches und ökologisches Rückzugsgebiet dar. Für Traveller sind sie daher ein Paradies für ausgedehnte Trekkingtouren und das Beobachten wilder Tiere. In Udagamandalam und Kodaikanal, Tamil Nadus coolen Hill Stations, lässt's sich auch ein paar Tage nix tun. Außerdem sind die Ghats die Heimat von Eingeborenenstämmen, deren traditionelle Lebensweise jedoch rasant verschwindet.

KODAIKANAL (KODAI)

☎ 04542 / 32 931 Ew. / 2100 m

Kodaikanal, kurz auch Kodai, ist eine relaxte Hill Station in phantastischer Lage am Südkamm der Palani-Hügel, 120 km nordwestlich von Madurai. Inmitten von bewaldeten Hängen, Wasserfällen und schroffen Felsaufschlüssen geht's auf verschlungenen Wegen auf und ab – im wahrsten Sinne des Wortes atemberaubend.

Kodai ist Indiens einzige Hill Station, die von Amerikanern gegründet wurde. Amerikanische Missionare errichteten 1840 eine Schule für europäische Kinder; beerbt hat sie die Kodaikanal International School – eine der angesehensten Privatschulen des Landes.

Der Kurinji-Busch, einzigartig in den Western Ghats, wächst in Kodaikanal. Seine hellen, violett-blauen Blüten entfalten nur alle zwölf Jahre ihre Pracht!

Wer vor der Hitze und dem Dunst der Ebenen fliehen möchte, ist in Kodaikanal genau richtig. Auf Wanderungen durch die ruhigen *sholas* (Wälder) baumelt die Seele perfekt. Kodai ist wesentlich kleiner und relaxter als Udagamandalam. Einen Besuch sollte man in die Zeit zwischen April und Juni (Hauptsaison) oder August und Oktober legen. Die milden Temperaturen pendeln zwischen 11 °C und 20 °C im Sommer und zwischen 8 °C und 17 °C im Winter. Wie in den Bergen üblich muss auch hier jederzeit mit heftigen Schauern gerechnet werden.

Orientierung & Praktische Informationen

Für eine Hill Station ist Kodai erstaunlich kompakt; das Ortszentrum kann man leicht zu Fuß erforschen. Es gibt ein paar Internetcafés, ein Geldautomat der State Bank of India steht in der Nähe vom Carlton Hotel.

Alpha Net (PT Rd; 40 Rs/Std.; ⌚ 9–22 Uhr) Das verlässlichste Internetzentrum im Ort.

Indian Bank (Anna Salai; ⌚ Mo–Fr 10–14 & 14.30–15.30, Sa 10–12.30 Uhr) Mit Geldwechsel.

Touristenbüro(☎ 41675; Anna Salai; ⌚ 10–17.45 Uhr) Nicht besonders hilfreich, kann aber Kontakte zu Führern von Trekkingtouren vermitteln.

Sehenswertes & Aktivitäten

PARKS & WASSERFÄLLE

In der Nähe des Startpunkts vom Coaker's Walk liegt der **Bryant Park**, der von dem gleichnamigen britischen Offizier angelegt und bepflanzt wurde. Im **Chettiar Park**, der 3 km von der Stadt den Berg hinauf 1,5 km hinter dem Kurinji-Andavar-Tempel liegt, stößt man mit etwas Glück auf ein paar Kurinji-Blumen. Außerdem gibt's auch einige Wasserfälle; der größte – der **Silver-Cascade-Wasserfall** – befindet sich an der Straße nach Kodai.

SPAZIERENGEHEN

Wenn der Nebel aufklart, hat man vom gepflasterten **Coaker's Walk** (Eintritt 2 Rs, Foto 5 Rs; ⌚ 7–19 Uhr) eine tolle Aussicht auf das Tal. Auf halbem Weg stößt man auf ein **Observatorium** (Eintritt 3 Rs) mit Teleskop. Den fünfminütigen Spaziergang kann man von beiden Enden her beginnen (entweder bei der Greenlands Jugendherberge oder bei der Villa Retreat).

Eine tolle Aussicht hat man auch von den **Pillar Rocks**, die man nach einer 7 km langen Wanderung erreicht. Die Greenlands Jugendherberge, die Villa Retreat und das Touristenbüro organisieren Wanderungen mit Führer (50–70 Rs/Std.).

REITEN

Rund um den Fahrradverleih am See wird man von Führern angehauen, die Pferde zu hohen Preisen verleihen. Ein Ausritt ohne

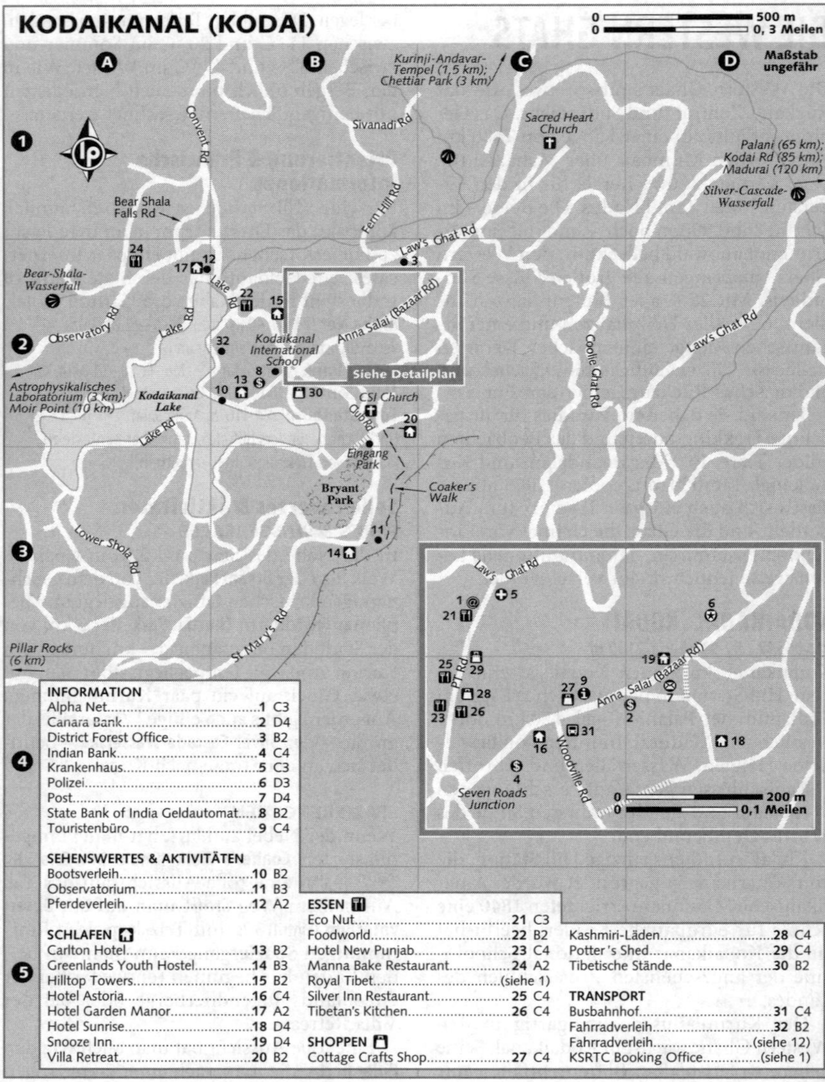

INFORMATION

Alphа Net 1 C3
Canara Bank 2 D4
District Forest Office 3 B2
Indian Bank 4 C4
Krankenhaus 5 C3
Polizei 6 D3
Post 7 D4
State Bank of India Geldautomat 8 B2
Touristenbüro 9 C4

SEHENSWERTES & AKTIVITÄTEN

Bootsverleih 10 B2
Observatorium 11 B3
Pferdeverleih 12 A2

SCHLAFEN

Carlton Hotel 13 B2
Greenlands Youth Hostel 14 B3
Hilltop Towers 15 B2
Hotel Astoria 16 C4
Hotel Garden Manor 17 A2
Hotel Sunrise 18 D4
Snooze Inn 19 D4
Villa Retreat 20 B2

ESSEN

Eco Nut 21 C3
Foodworld 22 B2
Hotel New Punjab 23 C4
Manna Bake Restaurant 24 A2
Royal Tibet .... (siehe 1)
Silver Inn Restaurant 25 C4
Tibetan's Kitchen 26 C4

SHOPPEN

Cottage Crafts Shop 27 C4
Kashmiri-Läden 28 C4
Potter's Shed 29 C4
Tibetische Stände 30 B2

TRANSPORT

Busbahnhof 31 C4
Fahrradverleih 32 B2
Fahrradverleih .... (siehe 12)
KSRTC Booking Office .... (siehe 1)

Begleitung kostet 130 Rs pro Stunde, mit Führer wird man 200 Rs los. Kurzritte kosten 25 Rs. Manche Pferde haben allerdings den Ruhestand verdient.

BOOTSFAHRTEN

Der Kodaikanal Lake liegt inmitten einer traumhaften Landschaft; besonders indische Familien scheinen auf Bootsfahrten abzufahren. Der Kodaikanal Boat and Rowing Club sowie die Tamil Nadu Tourist Development Corporation vermieten gleichwertige Boote zu ganz ähnlichen Preisen: Ein zweisitziges Tretboot kostet 20 bis 40 Rs, ein Kaschmiri-*shikara* (ein überdachtes, gondelähnliches Boot) schlägt inkl. Bootsmann für 30 Minuten mit 125 Rs zu Buche.

Schlafen

In der Hauptsaison (1. April–30. Juni) steigen die Hotelpreise um bis zu 300 % an. Die angegebenen Preise gelten für die Nebensaison.

In der Hauptsaison muss in den meisten Hotels in Kodai bis 9 oder 10 Uhr ausgecheckt sein; den Rest des Jahres gibt's meist einen 24-Stunden-Checkout.

BUDGETUNTERKÜNFTE

Greenlands Jugenherberge (☎ 240899; B 55 Rs, DZ ab 200–600 Rs) Die Jugendherberge am südlichen Ende des Coaker's Walks ist die erste Wahl für Budgettraveller. Tolle Aussicht und günstige Zimmer. Das Angebot umfasst überfüllte Schlafsäle, einfache Doppelzimmer und geräumige Zimmer mit offenem Kamin und TV. Die Herberge liegt sehr ruhig und organisiert Trekkingtouren.

Hotel Sunrise (☎ 241358; DZ 150 Rs) Günstiges, aber trotzdem angenehmes Hotel. Die Aussicht von der Vorderseite ist großartig (nicht in den meisten der einfachen Zimmer).

Snooze Inn (☎ 40837; Anna Salai; DZ 250–425 Rs) Das Snooze Inn ist gepflegt und hat ein gutes Preis-Leistungs-Verhältnis. Die Zimmer sind schlicht und sauber und alle mit TV ausgestattet.

MITTEL- & SPITZENKLASSEHOTELS

Villa Retreat (☎/Fax 240940; www.villaretreat.com; Club Rd, Coaker's Walk; DZ 690 Rs, Deluxebungalow 1150 Rs) Vom Terrassengarten des schnuckeligen Familienhotels am Anfang des Coaker's Walk hat man eine tolle Aussicht auf das Tal. Die besten Quartiere sind die kleinen Bungalows mit Panoramablick. Aber auch die günstigeren Zimmer haben ein gutes Preis-Leistungs-Verhältnis. Die meisten Zimmer sind mit offenem Kamin, TV und netten Möbeln ausgestattet.

Hotel Astoria (☎ 240524; astoria1@eth.com; Anna Salai Rd; DZ ab 400 Rs, Suite 500 Rs) Das Astoria liegt im Ortszentrum in der Nähe des Busbahnhofs und bietet ein sehr gutes Preis-Leistungs-Verhältnis. In den kleinen, aber gemütlichen Zimmern gibt's TV, Telefon und heißes Wasser. Das Restaurant im UG ist eins der geschäftigsten der Stadt.

Hilltop Towers (☎ 240413; httowers@sancharnet.in; Club Rd; DZ/Suite ab 550/725 Rs) Das Hilltop liegt in der Nähe der Kodaikanal International School. Gepflegtes, recht unscheinbares Hotel. Die Zimmer sind mit Teakholzböden und Satelliten-TV ausgestattet. Herzliches Personal.

Hotel Garden Manor (☎ 240461; www.sealordhotels.com; Lake Rd; DZ/Suite 1300/1900 Rs) Der Name sagt bereits alles – ein wunderschöner Terrassengarten über dem See verleiht dem Hotel einen ganz eigenen Charme. Entweder genießt man von der Veranda eines Zimmers die ungetrübte Aussicht oder setzt sich in die kleine Gartenlaube. In den geräumigen Zimmern gibt's TV, heißes Wasser und Telefon. Das Hotel hat ein gutes Restaurant; es macht aber mehr Spaß, draußen auf dem Rasen zu essen.

Carlton Hotel (☎ 240056; carlton@krahejah; Lake Rd; DZ 4800 Rs, Bungalows 8000 Rs, Suite 9000 Rs) Kodais angesehenstes Hotel steht oberhalb des Sees. Es mischt Kolonialstil mit Fünfsterneluxus zu einem Preis, der seinesgleichen sucht. Die Zimmer sind hell und geräumig. Einige davon haben Terrassen oder Balkone mit einer grandiosen Aussicht auf den See. In der Hauptlounge drängen sich Ledersessel rund um einen offenen Steinkamin; außerdem gibt's eine hervorragende Bar, ein Billardzimmer und ein Restaurant, einen Kinderspielplatz, einen Fitnessraum, eine Sauna, einen Massagesalon und ein hauseigenes Bootshaus.

Essen

In der PT Rd. stolpert man noch am ehesten über ein günstiges Restaurant. Hier versammeln sich die meisten Traveller und Studenten der Kodaikanal International School. Eine Menge unterschiedlicher Landesküchen steht zur Auswahl, darunter sogar die tibetische.

Silver Inn Restaurant (☎ 241374; PT Rd; Hauptgerichte 30–100 Rs; 🕑 8.30–21 Uhr) Eine Familie betreibt das Restaurant im Country-Style. Tolle Frühstückslocation (englisches Frühstück für 90 Rs); die Speisekarte fürs Mittag- und Abendessen bietet Pizzen, riesige Teller mit Gebratenem, hausgemachte Fettucine und Lasagne, aber auch indische und chinesische Gerichte.

Hotel New Punjab (PT Rd; Hauptgerichte 30–100 Rs; 🕑 11–23 Uhr) Bei nordindischen und Tandoori-Gerichten hat das Lokal das beste Preis-Leistungs-Verhältnis in Kodai. Das saftige Tandoori-Huhn kostet 100 Rs.

Tibetan's Kitchen (PT Rd; Hauptgerichte 25–70 Rs; ⌚ 12–22 Uhr) Vertrauliches Lokal, zwar im UG, aber mit schnuckeliger Atmosphäre. Serviert gute Momos (40 bis 45 Rs), Zitronenhuhn und heißen Zitronentee mit Honig.

Royal Tibet (PT Rd; ⌚ 12–16 & 17.30–22 Uhr) Serviert leckere Nudelsuppen und andere Gerichte aus dem Himalaja.

Hotel Astoria (☎ 240524; Anna Salai Rd; Hauptgerichte 20–50 Rs, Thalis 30–50 Rs; ⌚ 9–21 Uhr) Die hervorragenden All-You-Can-Eat-Thalis sind Grund genug dafür, dass das Vegi-Restaurant zur Mittagszeit immer gerammelt voll ist.

Manna Bake Restaurant (☎ 243766; Bear Shola Falls Rd; Gerichte 20–50 Rs; ⌚ Mo–Sa 9.30–17 & 18.30–19 Uhr) Eine Familie führt diese Winz-Bäckerei mit Café. Wer auf einfaches, handgemachtes, westliches vegetarisches Essen (Sandwiches, Pizza und Suppe) und eine gemütliche Atmosphäre steht, wird sich hier wohlfühlen. Das Schwarzbrot ist legendär. So mancher durchgefrorene und hungrige Traveller hat sich schon am hausgemachten Apfeldessert mit Streuseln und Vanillesauce gütlich getan. Abendessen muss man bis spätestens 15 Uhr bestellt haben. Vom Stadtzentrum bis zum Lokal in der Nähe der Bear Shola Falls braucht man zu Fuß 15 Minuten (an der Observatory Rd. beim Eingang zum Hotel Clifton rechts abbiegen).

Silver Oak Restaurant (☎ 240056; Lake Rd; Frühstücksbuffet 220 Rs, Mittagsbuffet 330 Rs, Abendbuffet 330 Rs) Das Restaurant des Carltons fährt zum Frühstück (8–11 Uhr), Mittagessen (13–15 Uhr) und Abendessen (19.30–22.30 Uhr) jeweils ein üppiges Buffet auf. Perfekt geeignet, um sich den Bauch mit leckerem Essen vollzuschlagen. In Shorts und Sandalen könnte man sich allerdings etwas fehl am Platz vorkommen. Nach dem Essen entspannt man in der stimmungsvollen Bar oder neben dem flackernden Kaminfeuer in der Kaffeelounge.

SELBSTVERSORGER

Food World (Lake Rd; ⌚ 9–19.30 Uhr) Supermarkt in der Nähe des Sees mit prima Auswahl. Hier kann man sich mit Vorräten für eine Trekkingtour eindecken.

Eco Nut (☎ 243296; PT Rd; www.eco-nut.com; ⌚ 10–17 Uhr) Interessanter Laden eines Biobauers, der eine große Auswahl an selbst produzierten, gesunden Lebensmitteln verkauft – hier bekommt man Vollkornweizenbrot, Käse, Kaffee, ätherische Öle, Kräuter und Heilkräuter.

Shoppen

Die vielen Handwerksläden verkaufen ausgezeichnete Kunsthandwerks-Erzeugnisse.

Der **Cottage Crafts Shop** (Anna Salai) wird von der ehrenamtlichen Organisation Corsock (Coordinating Council for Social Concerns in Kodai) betrieben; er verkauft Waren, die im Rahmen der Entwicklungshilfe hergestellt werden. Der Erlös kommt Bedürftigen zugute.

An der PT Rd. findet man Kaschmiri-Läden und den **Potter's Shed** (⌚ Do–Di 9–20, Mi 9–17 Uhr), der tolle Keramikwaren verkauft und mit dem Gewinn benachteiligte Kinder unterstützt.

An der Straße, die in Richtung Süden zum See führt, gibt's manchmal Stände, an denen Tibeter warme Klamotten, Schals und andere Stoffwaren verkaufen – gute und günstige Sachen, die in kühlen Nächten wohlige Wärme spenden.

An- & Weiterreise

In den nächsten fünf Minuten wird bestimmt kein Bus in Kodaikanal abfahren. Tickets für Busse privater Unternehmen kann man bei Reiseagenturen in der Nähe des Busbahnhofs buchen. In Kodaikanal bestehen folgende Busverbindungen:

Ziel	Preis (Rs)	Dauer (Std.)	Häufigkeit
Madurai*	34	3½	2-mal tgl
Tiruchirappalli *	57	5	2-mal tgl.
Palani*	20	2	2-mal tgl.
Chennai*	203	11	1-mal tgl.
Coimbatore*	96	5	1-mal tgl.
Bangalore#	283	11	1-mal tgl.
Udagamandalam^	250	8	1-mal tgl.
Madurai^	150	3	2-mal tgl.
Chennai^	400	11	1-mal tgl.
Bangalore^	450	11	1-mal tgl.
Kochi^	400	8	1-mal tgl.

* Staatliche Buslinien
# KSRTC -Busse
^ Busse privater Unternehmen

Unterwegs vor Ort

Der Ortskern von Kodaikanal ist sehr kompakt; daher kommt man prima zu Fuß herum. Es gibt – ob man es glaubt oder nicht – keinerlei Rikschas, dafür aber eine Menge Taxis, die Touristen zu den Sehenswürdigkeiten kutschieren. Die Fixpreise sind relativ hoch – die Grundgebühr beträgt 60 Rs, Sightseeingtouren kosten zwischen 300 Rs für zwei Stunden und bis zu 700 Rs für sechs Stunden.

Wer fit genug ist, Bergwertungen zu bewältigen, kann sich an mehreren Stellen rund um den See ein Fahrrad ausleihen, z. B. beim **Fahrradstand** (10/70 Rs pro Std./Tag; ⌚ 8–18 Uhr) in der Nähe des Garden Manor. Bevor man sich in steile Abfahrten stürzt, sollte man aber besser die Bremsen testen.

INDIRA GANDHI (ANNAMALAI) WILDLIFE SANCTUARY

Der Park gehört zu den drei Naturschutzgebieten in den Western Ghas, die entlang der Grenze zwischen Tamil Nadu und Kerala liegen. Er umfasst eine Fläche von 1000 km² Teakwald und immergrünem Urwald und ist die Heimat von Elefanten, Gaurs, Tigern, Panthern, Axishirschen, Wildschweinen, Bären, Stachelschweinen und Zibetkatzen. Mit etwas Glück bekommt man auch einen Nilgiri-Tahr (Ibex) vors Kameraobjektiv. Nicht einmal 10 % des Parks sind für Besucher zugänglich – der Zutritt ist nur im Rahmen geführter (Trekking-) Touren erlaubt. Daher sollte man im Voraus gut planen, um aus einem Besuch das Optimale herausholen zu können.

Im **Park** (Eintritt 20 Rs, Foto/Video 10/50 Rs; ⌚ 6–18 Uhr) gibt's ein Aufnahmezentrum (das Trekkingführer vermittelt) und mehrere Lodges in Topslip (35 km südwestlich von Pollachi). Tagesbesucher können direkt nach Topslip fahren.

Die unregelmäßigen Busverbindungen erschweren die Anreise. Eigene Fahrzeuge sind im Park nicht zugelassen. Man ist daher auf die Touren eingeschränkt, die von 8 bis 13 und von 15 bis 17 Uhr dauern. Sie sind jeweils 14 km lang und kosten 50 Rs pro Person.

Schlafen & Essen

Bei Topslip gibt's Unterkünfte im Wald, in denen man aber nur zwischen einer und maximal drei Nächten bleiben kann. Alle Unterkünfte *müssen* im Voraus beim **Wildlife Warden's Office** (Wildhüter; ☎ 04259-2225356; Meenkarai Rd; ⌚ Mo–Fr 9–17 Uhr) in Pollachi gebucht werden.

Das **Ambuli Illam** (Zi. 50 Rs/Pers.), 2 km vom Aufnahmezentrum entfernt, ist erste Wahl. Hier gibt's auch eine Kantine – der einzige Ort im Park, an dem man was Anständiges zu beißen bekommt.

Wenn man in Pollachi festhängt (was bei den unregelmäßigen Öffnungszeiten des Wildhüterbüros schon mal vorkommt), sollte man es in den **Sakthi Hotels** (☎ 04259-223050; Coimbatore Rd; DZ 290 Rs, mit Klimaanlage 600 Rs; ❄) versuchen.

An- & Weiterreise

Das Naturschutzgebiet liegt zwischen Palani und Coimbatore. Regelmäßig fahren von dort Busse nach Pollachi, der nächstgrößeren Stadt. Diese liegt auch an der Bahnstrecke zwischen Coimbatore und Dindigul. Vom Busbahnhof in Pollachi aus fahren Busse Richtung Topslip um 6 und 15 Uhr; Rückfahrt um 8 und 18 Uhr. Ein Taxi für die einfache Strecke Pollachi–Schutzgebiet kostet 600 Rs.

COIMBATORE & UMGEBUNG

☎ 0422 / 1,45 Mio. Ew.

Coimbatore ist ein großes Wirtschafts- und Industriezentrum, das Travellern hauptsächlich als Verkehrsknotenpunkt dient – ein praktischer Zwischenstopp auf dem Weg nach Udagamandalam oder Kodaikanal. Coimbatore wird wegen seiner Textilindustrie manchmal auch als das Manchester Indiens bezeichnet; dennoch ist es eine erstaunlich gelassene Stadt mit vielen Unterkünften und Lokalen.

Praktische Informationen

In der Stadt gibt's eine Menge Internetcafés (besonders rund um die Busbahnhöfe) und 24-Stunden-Geldautomaten.

American Express Foreign Exchange (Avanashi Rd; ⌚ Mo–Fr 9.30–18.30, Sa 9.30–14.30 Uhr) Wechselt Geld und löst Reiseschecks ein.

Blazenet (Nehru St; 20 Rs/Std.; ⌚ 9–12.30 Uhr) Internetzugang.

HDFC-Bank (Avanashi Rd) 24-Stunden-Geldautomat.

HSBC (Racecourse Rd) 24-Stunden-Geldautomat neben dem Hotel Surya International.

Hauptpost (Railway Feeder Rd; ⌚ Mo–Fr 10–20, So 10–14 Uhr) Ein paar hundert Meter nordwestlich vom Bahnhof. Ein Laufsteg führt von den Bahnsteigen dorthin.

Travel Gate (Geetha Hall Rd; 25 Rs/Std.; ⌚ 9–22 Uhr) Internetzugang.

Touristenbüro (⌚ 10–17.45 Uhr) Ein kleines Büro im Bahnhof.

Sehenswertes

ISHA YOGA CENTER

Der **Ashram** (☎ 0422-2615345; www.ishafoundation.org; ⌚ 6–20 Uhr) liegt in Poondi, 30 km westlich von Coimbatore. Er ist auch Yogazentrum und Pilgerstätte. Herzstück ist ein multireligiöser Tempel, in dem sich der Dhyana-Lingam befindet. Dieser gilt als einzigartig, da er alle sieben Chakras spiritueller Energie verkörpert. Der Tempel lädt Besucher zur Meditation oder zur Teilnahme an einem der ein- bis zweiwöchigen Yogakurse ein; für diese sollte man sich aber vorher anmelden. Der spirituelle Führer und Yogi Sadhguru Jaggi Vasudev gründete den Ashram, der auch die Heimat eines Bhramhacharya-Mönchsordens ist.

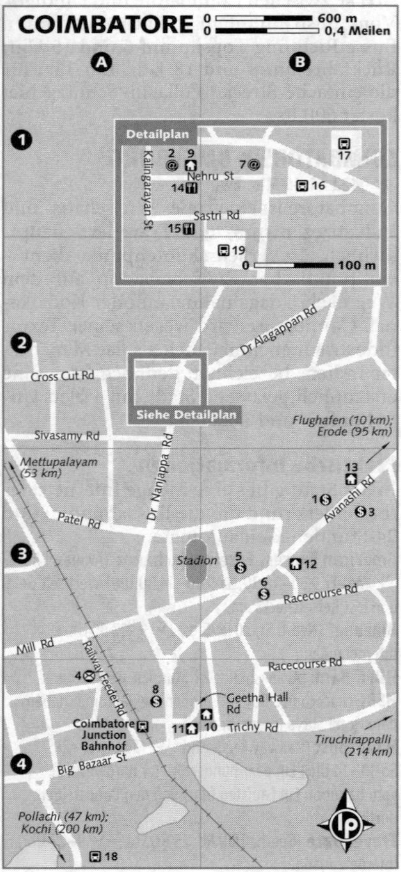

Schlafen

Budgetunterkünfte findet man rund um den Busbahnhof und in der Straße gegenüber vom Bahnhof. Die besseren Hotels liegen in der Avanashi Rd.

Hotel Ruby Palace (☎ 2300271; Geetha Hall Rd; EZ/DZ 100/150 Rs) In einer kleinen, aber wuseligen Straße gegenüber vom Bahnhof. Einfaches, aber freundliches kleines Hotel mit gutem Preis-Leistungs-Verhältnis. In der gleichen Straße gibt's ein paar weitere vergleichbare Häuser.

Hotel Blue Star (☎ 2230635; 369A Nehru St; EZ/DZ 250/440 Rs; DZ mit Klimaanlage 750 Rs) Hier gibt's einfache, saubere Zimmer mit TV und Badezimmer. Freundliches Management und geschickte Lage in der Nähe der Busbahnhöfe. Das Hotel hat eine Bar sowie ein Restaurant.

Hotel Vaidurya (☎ 5392777; ratnaalakshmi@vsnl.net; 73 Geetha Hall Rd; EZ/DZ ab 250/450 Rs, Deluxe 380/600 Rs, mit Klimaanlage 600/710 Rs; ❄) Das Vaidurya sticht aus den Budgethotels gegenüber dem Bahnhof heraus. Schickes Mitelklassehotel mit kleinen, aber angenehmen Zimmern. Auch die Deluxeversion ist ihr Geld wert.

Nilgiri's Nest (☎ 2214309; nilgiris@md3.vsnl.net.in; 739A Avanashi Rd; EZ/DZ ab 1100/1350 Rs; ❄) Heimeliges, gepflegtes Hotel mit bequemen Zim-

INFORMATION
American Express Foreign Exchange ... 1 B3
Blazenet ... 2 A1
Centurion-Bank Geldautomat ... 3 B3
Hauptpost ... 4 A4
HDFC-Bank Geldautomat ... 5 B3
HSBC-Bank Geldautomat ... 6 B3
Internetcafés ... 7 B1
State Bank of India ... 8 A4
Travel Gate ... (siehe 11)

SCHLAFEN
Hotel Blue Star ... 9 A1
Hotel Ruby Palace ... 10 B4
Hotel Vaidurya ... 11 A4
Nilgiri s Nest ... 12 B3
The Residency ... 13 B3

ESSEN
Annalakshmi ... (siehe 6)
Gayathiri Bhavan ... 14 A1
Malabar ... 15 A1

VERKEHRSMITTEL & -WEGE
Stadtbusbahnhof ... 16 B1
Thiruvalluvar Busbahnhof ... 17 B1
Ukkadam Busbahnhof ... 18 A4
Zentraler Busbahnhof ... 19 B2

mern, einem ausgezeichneten Restaurant und einem Supermarkt.

The Residency (☎ 2201234; www.theresidency.com; 1076 Avanashi Rd; EZ/DZ ab 2500/2800 Rs;) Coimbatores Tophotel mit allem Drum und Dran, freundlichem Personal und blitzsauberen Zimmern. Es hat einen gut ausgerüsteten Fitnessclub, zwei ausgezeichnete Restaurants, ein Café und einen Buchladen in der Lobby.

Essen

Rund um den Bahnhof bieten zahlreiche Lokale Thalis für 25 Rs an. Günstige Restaurants findet man auch in der Sastri Rd. und der Nehru St. nördlich vom zentralen Busbahnhof. Die Avanshi Rd. ist Coimbatores In-Viertel; hier gibt es einige Toprestaurants.

Annalakshmi (☎ 2212142; 106 Racecourse Rd; Gerichte 30–70 Rs, Set-Gerichte 150 Rs; 6–23 Uhr) Das beste vegetarische Restaurant der Stadt. Es wird von Anhängern des Swami Shatanand Saraswati geleitet, dem Gründer der Bildungsstiftung Shivanjali, die sich um benachteiligte Kinder kümmert. Komplette Mahlzeiten gibt's zum Mittag- und Abendessen, Kaffee und Snacks bekommt man den ganzen Tag über.

Gayathiri Bhavan (Nehru St; Hauptgerichte 25–60 Rs; 6–23 Uhr) Sehr beliebtes Vegi-Restaurant mit interessanter Speisekarte, klimatisiertem Speisesaal und einem einladenden Freiluftbereich, in dem man manchmal auf einen Tisch warten muss. Die „Kebab-Ecke" serviert Kebabs mit Hüttenkäse, Paprika, Zwiebeln und Gemüse, dazu gibt's eine tolle Auswahl an Säften, Eiscreme und Shakes.

Malabar (Sastri Rd; Hauptgerichte 50–100 Rs; 12–23 Uhr) Das Restaurant im KK Residency Hotel nahe dem Busbahnhof hat sich auf Gerichte aus Kerala und Nordindien spezialisiert. Das gegrillte Malabar-Huhn (100 Rs) ist eine würzige Freude für den Gaumen; aufgetischt werden auch Seafood-Variationen wie z. B. Tandoori-Pomfret.

An- & Weiterreise

FLUGZEUG

Der Flughafen liegt 10 km östlich der Stadt. Die **Indian Airlines** (☎ 2399821; 1604 Trichy Rd) fliegt täglich von Coimbatore nach Mumbai (160 US$), Delhi (325 US$) und Kozhikode (50 US$), dreimal wöchentlich nach Chennai (100 US$) und Bangalore (65 US$).

Die **Jet Airways** (☎ 2212034) fliegt täglich nach Bangalore (75 US$), Chennai (100 US$) und Mumbai (160 US$), die **Air Deccan** (☎ 2599885) bietet die günstigsten Flüge nach Bangalore (1400 Rs) und Chennai (2255 Rs).

BUS

Im Stadtzentrum gibt es drei Busbahnhöfe: Vom **zentralen Busbahnhof** (☎ 2431521) gehen Verbindungen zu nahen Zielen im Norden wie z. B. Udagamandalam (31 Rs, 3½ Std., alle 30 Min.) und Mettupayalam (10,50 Rs, 1 Std., alle 10 Min.).

Vom Thiruvallur-Busbahnhof (☎ 25249690) fahren Busse quer durch den Bundesstaat nach Bangalore (105 Rs, 9 Std., 10-mal tgl.), Mysore (60 Rs, 5 Std., 4-mal tgl.) und Chennai (194 Rs, 11½ Std., 7-mal tgl.). Der Stadtbusbahnhof ist für den Stadtverkehr zuständig.

In Ukkadam (südlich der Stadt) befindet sich ein weiterer Busbahnhof. Von hier aus bestehen Verbindungen zu nahen Zielen im Süden, darunter Pallani (22 Rs, 3 Std., alle 20 Min.), Pollachi (8 Rs, 1 Std., alle 5 Min.) und Madurai (66 Rs, 5 Std., alle 30 Min.).

ZUG

Coimbatore Junction liegt an der Hauptstrecke zwischen Chennai und Ernakalum (in Kerala). Nach Udagamandalam nimmt man den täglich verkehrenden *Nilgiri Express;* dieser erreicht rechtzeitig die Schmalspurstrecke, auf der um 7.10 Uhr die „Modelleisenbahn", der Blue Mountain Train, losfährt. Insgesamt ist man ca. 7 Stunden auf Achse.

Unterwegs vor Ort

Zum Flughafen fährt man am besten mit der Linie 20 vom Stadtbusbahnhof oder der Linie 90 vom Bahnhof (4 Rs). Viele Busse pendeln zwischen Stadtbusbahnhof und Bahnhof (1,50 Rs).

Autorikschafahrer berechnen für Fahrten zwischen den Busbahnhöfen und dem Bahnhof 30 Rs.

COONOOR

☎ 0423 / 50 079 Ew. / 1850m

Wer aus den Ebenen im Süden kommt, wird als erste der drei **Nilgiri Hill Stations** – Udagamandalam, Kotagiri und Coonoor (s. Karte S. 1119) – auf Coonor stoßen.

WICHTIGE ZUGVERBINDUNGEN AB COIMBATORE

Ziel	Zugnummer & Name	Preis (Rs)	Dauer (Std.)	Abfahrt
Bangalore	*Kanyakumari–Bangalore Exp*	148/416 (Sleeper Class/3AC)	9	22.35 Uhr tgl.
Chennai	*Kovai Exp*	116/404 (2. Klasse/Chair Class)	7½	13.40 Uhr tgl.
	Cheran Exp	116/404 (2. Klasse/Chair Class)	8½	22 Uhr tgl.
Kochi	*Sabari Exp*	93/261 (Sleeper Class/3AC)	5	8.50 Uhr tgl.
Madurai	Coimbatore–Madurai Exp	60/102 (2. Klasse/Sleeper Class)	6	22.45 Uhr tgl.
Pollachi		24	1½	5 tgl.
Udagamandalam (über Mettupalayam)	*Nilgiri Exp*	22/35 (2. Klasse/Sleeper Class)	7	5.15 Uhr tgl.

Auch wenn Coonoor kleiner als Udagamandalam ist, herrscht hier dieselbe Betriebsamkeit. Besonders in der Umgebung des Busbahnhofs und des Marktes ist die Stadt ein einziges brodelndes Durcheinander ohne den Charme von Udagamandalam. Zudem können einem hartnäckige Schlepper und Nepper gehörig auf den Wecker gehen. Nur wer vor dem Lärm des Marktes auf den Berg hinauf flieht und von oben auf das Meer der rostbraunen Dächer blickt, erkennt, für was der Markenname „Hill Station" eigentlich steht: beschauliche Ruhe und wunderschöne Landschaften. Die meisten Unterkünfte liegen in Upper Coonoor, 1 bis 2 km vom Stadtzentrum entfernt, den Hügel hinauf.

Sehenswertes & Aktivitäten

Der 12 ha große **Sim's Park** (Eintritt Erw./Kind 5/2 Rs; Foto/Video 25/250 Rs; ⌚ 8.30–18 Uhr) in Upper Coonoor ist eine friedliche Oase mit gepflegten Rasenflächen und über 1000 Pflanzenarten, darunter Magnolien, Baumfarne und Kamelien. Man kann sich hier von einem der Busse auf dem Weg nach Kotagiri absetzen lassen.

Rund um Coonoor gibt's einige bekannte Aussichtspunkte. Der **Dolphin's Nose**-Aussichtspunkt, ca. 10 km von der Stadt entfernt, bietet ein Riesenpanorama einschließlich des **Catherine-Wasserfalls**. Auf dem Weg dorthin kann man einen Abstecher zum **Lamb's Rock** machen. Der Platz ist nach einem britischen Captain benannt, der einen kurzen Pfad zu seinem Lieblings-Picknickplatz anlegen ließ. Am einfachsten besichtigt man all diese Sehenswürdigkeiten mittels einer Taxitour für 200 Rs.

Schlafen & Essen

YWCA Wyoming Guesthouse (☎ 2234426; EZ/DZ 200/400 Rs) Dieses baufällige Gästehaus in Upper Coonoor wird unter den Budgettravellern favorisiert. Obwohl es alt und zugig ist, beweist das 150 Jahre alte Kolonialgebäude mit seinen hölzernen Terrassen und der guten Aussicht auf Coonoor Stil. Für die Anreise den Bus nach Bedford nehmen; von dort sind es dann noch fünf Minuten zu Fuß.

Vivek Tourist Home (☎ 2230658; Figure of Eight Rd; B 70 Rs, EZ/DZ ab 150/190 Rs, EZ/DZ Deluxe 400/500 Rs) Ein großes Gästehaus in der Nähe der YWCA, das mit einer großen Auswahl an Zimmern aufwartet, darunter ist auch ein Monsterschlafsaal. Sauber und gepflegt, mit Bar und Restaurant.

Taj Garden Retreat (☎ 2230021; retreat.coonoor@tajhotels.com; Church Rd; EZ/DZ ab 60/70 US$) Tolles Hotel auf dem Gipfel neben der All Saints Church. Wunderschöne Gartenanlagen und gemütliche Zimmer im Kolonialstil mit polierten Dielen, Badewanne und offenem Kamin. Es lohnt sich, ein paar Dollars mehr für die „Superior"-Zimmer auszugeben, die zusätzlich ein separates Wohnzimmer haben. Im Hotel findet man auch ein ausgezeichnetes „Multicuisine"-Restaurant und eine Bar. Für Gesundheitsfreaks gibt's einen Fitnessraum sowie ein Ayurveda- und Yogazentrum.

Quality Restaurant (Mount Rd; Hauptgerichte 20–70 Rs, Mittagsbuffet 50 Rs; ⌚ 8–22 Uhr) Restaurant in der Nähe vom Bedford Circle. Das Quality serviert indische und chinesische Gerichte mit und ohne Fleisch. Von 12.30 bis 15 Uhr gibt's hier ein ausgezeichnetes Mittagsbuffet.

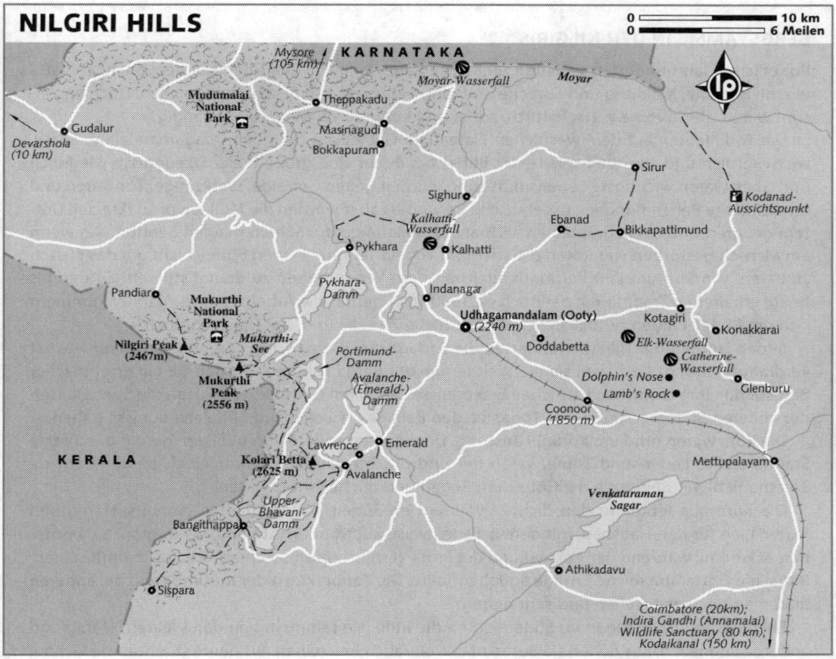

An- & Weiterreise

Coonoor liegt an der Blue-Mountain-Train-Strecke zwischen Mettupalayam (28 km) und Udagamandalam (18 km) – s. S. 1126. Etwa alle 15 Minuten fahren Busse nach Udagamandalam (6.50 Rs, 1 Std.) und Kotagiri (8 Rs, 1 Std.).

KOTAGIRI

☎ 0423 / 29 184

Kotagiri (die „Häuserreihe der Kotas“) ist ein ruhiger Ort 28 km östlich von Udagamandalam und die älteste der drei Hill Stations Nilgiris. Es ist staubig und langweilig, aber die Umgebung mit Teeplantagen, Kota-Siedlungen und wogenden Hügeln ist im Gegensatz zum überentwickelten Udagamandalam eine ganz andere Welt.

Von Kotagiri aus drängen sich mehrere Ausflugsziele auf: der **Catherine-Wasserfall**, 8 km entfernt an der Straße nach Mettupalayam (die letzten 3 km muss man laufen), der **Elk-Wasserfall** (6 km) und der **Kodanad-Aussichtspunkt** (22 km), von wo aus man einen tollen Blick über die Coimbatore-Ebene und das Mysore-Plateau hat. Busse und Taxis (600 Rs inkl. Rückfahrt ab Udagamandalam) bringen Ausflügler dorthin.

Die beste Übernachtungsmöglichkeit in Kotagiri ist das **Misty Heights Guesthouse** (☎ 04266-279353; www.mistyheightsindia.com; Bungalows 2500–4000 Rs), eine ruhigen Privatunterkunft in Familienbesitz mitten im Wald. Es gibt nur zwei Bungalows in schöner Lage am Busen der Natur, die jeweils ein oder zwei Schlafzimmer, eine Lounge und ein sonniges Zimmer haben. Für Buchungen und Anfahrtsbeschreibung vorher anrufen.

An- & Weiterreise

Busse halten am Stadtrand ca. 1 km vom Zentrum entfernt. Stündlich fahren welche nach Udagamandalam (15 Rs, 2 Std.) und überqueren dabei einen der höchsten Pässe in Tamil Nadu. Busse nach Mettupalayam gehen alle 30 Minuten, nach Coonoor alle 15 Minuten.

UDAGAMANDALAM (OOTY)

☎ 0423 / 93 921 / 2240 m

Udagamandalam ist Südindiens berühmteste Hill Station; die Briten legten es im frü-

BERGSTÄMME IN DEN NILGIRIS

Vor etlichen Jahrhunderten siedelten zahlreiche Bergstämme in den Nilgiris. Jeder von ihnen hatte eigene Bräuche, Kleidung und Sprache und ging einer anderen Beschäftigung nach. Doch ansonsten waren die Stämme wirtschaftlich, sozial und kulturell voneinander abhängig.

Die Toda lebten auf dem westlichen Plateau im Gebiet des heutigen Udagamandalam. Sozial, wirtschaftlich und spirituell spielte der Büffel bei ihnen eine große Rolle. Erzeugnisse wie Milch und Ghee waren wichtigste Lebensmittel und wurden gegen Getreide, Werkzeuge, Tonwaren und medizinische Behandlungen ausgetauscht. Besonders aber wurden die Molkereiprodukte den Göttern geopfert und bei Begräbnissen als Brandbeschleuniger für Scheiterhaufen genutzt. Nur wenn ein Mensch gestorben war, töten die strengen Vegetarier rituell einen Büffel, nicht um das Fleisch zu essen, sondern um ihre Verbundenheit mit dem Verstorbenen zu demonstrieren. Zu den bis heute erhaltenen Traditionen der noch ca. 1500 Toda gehört die Arbeitsteilung: Männer kümmern sich um Büffel, Frauen besticken Schals für rituelle Zwecke und den Hausgebrauch.

In den Norden der Nilgiris wanderten die Badaga ein, die von den Muslimen aus ihrer Heimat verdrängt wurden. Auch weil sie die Welt fernab der Berge kannten, wurden sie ein erfolgreicher Bergstamm. Ihre landwirtschaftlichen Erzeugnisse, vor allem Getreide, ergänzten die Speisekarten der anderen Stämme, so u. a. der Toda, die den Badaga im Gegenzug Büffelerzeugnisse gaben.

Die Kota waren rund um Kotagiri ansässig. Der von den anderen Bergvölkern gering geschätzte Stamm stellte Leder- und Töpferwaren her und brachte Musiker hervor. Noch heute feiern sie Zeremonien, mit denen sie die Götter um Regen und reiche Ernten bitten.

Die Kurumba lebten in den dichten Wäldern im Süden. Sie sammelten Bambus, Honig und Materialien für den Hausbau, mit denen sie teilweise auch andere Stämme versorgten. Sie betrieben Ackerbau; während der Aussaat und der Ernte verpflichteten sie einen Badaga, der mit seinem Ritual die Götter um reiche Erträge anflehen sollte. Die Zauberkunst der Kurumba war bei anderen Stämmen hoch angesehen und sehr gefragt.

Ebenfalls an den Hängen im Süden lebten die Irulu; sie sammelten in den Wäldern Honig und andere Materialien, aus denen sie Besen und Weihrauch herstellten. Bis heute verehren sie Vishnu. Früher führten sie oft spezielle Rituale für andere Stämme durch.

Als die Briten seit dem frühen 19. Jh. die Bergregion von Udagamandalam besiedelten, wirkte sich dies fatal auf das dortige Stammesleben aus. Manche Stämme passten sich sehr schnell den neuen Umständen an: Vor allem die Badaga setzten als Landwirte ihre traditionelle Lebensweise auf neuen Wegen fort, indem sie die Kulturpflanzen der Siedler (Tee und Kaffee) kultivierten. Dadurch konnten sie sich nicht mehr um das Getreide kümmern, das die Lebensgrundlage anderer Stämme war. Das austarierte Stammessystem begann zusammenzubrechen. Später „gewährte" die indische Regierung den Vertriebenen Land, das jedoch nicht überall kultiviert wird. Denn dies gilt beispielsweise den Toda als Gräuel – sich selbst verstehen sie als Hüter des Bodens, der durch den Pflug entweiht wird.

Heutzutage haben sich viele Stammesangehörige bis zur Unkenntlichkeit angepasst. Einige sind geprägt von destruktiven Verhaltensweisen, Vertreibung und Entfremdung. Andere wagen den Spagat zwischen zwei Kulturen, bewahren Reste ihrer Tradition und nehmen dennoch die Bräuche und den Glauben der vorherrschenden Kultur an.

hen 19. Jh. als Sommerresidenz der Regierung in Madras an.

Bis vor 20 Jahren glich Udagamandalam einem seltsamen Mix aus Südengland und Australien: Einstöckige Häuser aus Stein, Blumengärten mit schmucken Zäunen, schattige, gewundene Sträßchen und riesige Eukalyptusbäume prägten das Stadtbild. Times are changing! Abgesehen vom Klima und den wogenden Hügeln enspricht Udagamandalams Zentrum heute jeder anderen überbelasteten Provinzstadt in Indien.

Udagamandalams Charme lässt sich trotzdem nicht verleugnen – die Berge und Wälder drumrum können hervorragend in ausgedehnten Trekkingtouren erkundet werden. Hier lebt es sich sehr entspannt – und wer's ruhig haben möchte, kann in den Hügeln ein paar Kilometer außerhalb der Stadt eine beeindruckende Aussicht genießen.

Mit dem romantisch-niedlichen Blue Mountain Train geht's an einer umwerfenden Kulisse vorbei nach Udagamandalam – die beste Aussicht haben diejenigen, die auf der linken Seite des Zuges einen Sitzplatz ergattert haben.

Zwischen April und Juni erwartet Traveller in Udagamandalam eine willkommene Abwechslung vom Treibhaus der Ebenen. In den „Wintermonaten" (Oktober bis März) ist das Klima frisch, klar und überraschend kühl. Nachts fällt das Thermometer dann manchmal sogar unter den Gefrierpunkt. Warme Kleidung, die man überall günstig bekommt, ist dann unverzichtbar.

Orientierung & Praktische Informationen

Udagamandalam liegt weit über Hügel und Täler verstreut. Zwischen dem See und der Rennbahn liegen der Busbahnhof und der Bahnhof. Von diesen beiden Punkten aus braucht man zu Fuß ungefähr 10 Minuten zum Basar und 20 Minuten zum Charing Cross, dem eigentlichen Zentrum der Stadt.

BUCHLÄDEN & BIBLIOTHEKEN

Higginbothams Commercial Rd (☎ 2443736; ⌚ Do–Di 9.30–13 & 15.30–19.30 Uhr); Commissioner's Rd (☎ 2442546; ⌚ Mo–Sa 9–13 & 14–17.30 Uhr)

Nilgiri Library (Bank Rd; ⌚ Sa–Do 9.30–13 & 14.30–18 Uhr, Lesesaal tgl. 9.30–18 Uhr; eingeschränkte Mitgliedschaft ab 50 Rs) Altmodische kleine Bibliothek in einem schnuckligen Gebäude mit Baujahr 1867. Gute Sammlung von 40 000 Büchern, darunter seltene Exemplare zu den Nilgiris und den Bergstämmen.

INTERNETZUGANG

Cyber World (Church Hill Rd; 30 Rs/Std.; ⌚ 10–21 Uhr)

Cyber Zone (Commercial Rd; 20 Rs/Std.; ⌚ 10–22 Uhr)

Global Net (Commercial Rd; 25 Rs/Std.; ⌚ 8.30–23 Uhr)

GELD

SBI-Geldautomat (Commercial Rd) Verlässlicher Geldautomat.

State Bank of India (Bank Rd; ⌚ Mo–Fr 10–16, Sa 10–14 Uhr) Löst Reiseschecks ein und hat einen Geldautomat.

UTI-Bank Geldautomat (Ettines Rd) Akzeptiert internationale Kreditkarten.

GENEHMIGUNGEN

In Udagamandalam gibt es zwei Forstämter, die Genehmigungen für den Zutritt zu den gesperrten Waldgebieten der Umgebung ausstellen. Solche Genehmigungen erhalten normalerweise nur Forschungsreisende und Führer aus der Umgebung.

District Forest Officer (DFO; ☎ 2444083; ⌚ Mo–Sa 9–18 Uhr) Direkt neben dem WWO.

Wildlife Warden Office (WWO; ☎ 2444098; ⌚ Mo–Sa 10–17.45 Uhr) Leitet den Mudumalai National Park inkl. Übernachtungsmöglichkeiten (s. S. 1127).

POST

Charing Cross Post (Ettines Rd; ⌚ Mo–Fr 9.30–17.30 Uhr)

Hauptpost (Havelock Rd; ⌚ Mo–Sa 9–17 Uhr) In der Nähe vom Justizgebäude schräg gegenüber von St Stephen's.

TOURISTENINFORMATION

NHRA Touristeninformation (☎ 2450665; Coonoor Rd; ⌚ 10–19 Uhr) Private Agentur in der Nähe vom Charing Cross. Gibt Hilfestellung, aber listet nur Übernachtungsmöglichkeiten, die zur Organisation gehören.

Touristenbüro (☎ 2443977; ⌚ Mo–Sa 10–17.45 Uhr) Karten, Broschüren und Tagesausflüge.

Sehenswertes

BOTANISCHE GÄRTEN

Die wunderschönen **Gartenanlagen** (Eintritt Kind/Erw. 3/10 Rs, Foto/Video 30/100 Rs; ⌚ 8–18.30 Uhr) wurden 1848 angelegt. Hier wachsen zahlreiche heimische Arten, aber auch Pflanzen aus Italien und Japan. Eines der Highlights ist ein versteinerter Baumstamm mit einem geschätzten Alter von 20 Mio. Jahren.

ST. STEPHEN'S

Die 1829 erbaute Kirche **St. Stephen's** (Church Hill Rd; ⌚ Mo–Sa 10–13 & 15–17 Uhr, Gottesdienste So 8 & 11 Uhr) ist die älteste in den Nilgiris. Ihre mächtigen Holzbalken stammen aus dem Palast des Tipu Sultan in Srirangapatnam und wurden 120 km weit von einer Elefantenkolonne transportiert. Auf dem Friedhof liegen die Gräber vieler Pioniere, darunter das von John Sullivan, dem Gründer Udagamandalams.

TRIBAL RESEARCH CENTRE

Unter der Federführung des Tribal Research Centre (TRC) zeigt das kleine, aber feine **Museum** (Eintritt frei; ⌚ Mo–Fr 10–17 Uhr, in den Ferien geschl.) zahlreiche Ausstellungsstücke, darun-

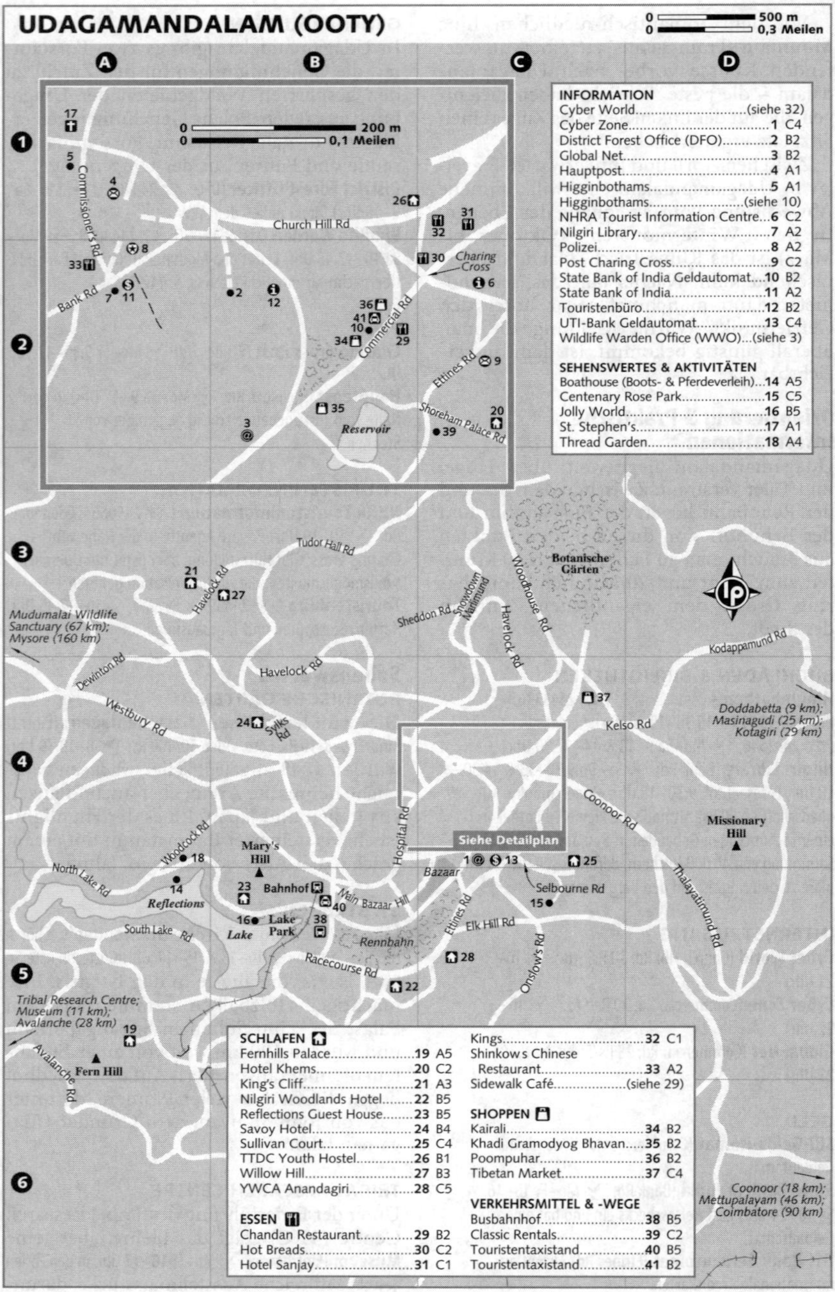
UDAGAMANDALAM (OOTY)
0 500 m
0 0,3 Meilen
0 200 m
0 0,1 Meilen
INFORMATION
Cyber World....(siehe 32)
Cyber Zone....1 C4
District Forest Office (DFO)....2 B2
Global Net....3 B2
Hauptpost....4 A1
Higginbothams....5 A1
Higginbothams....(siehe 10)
NHRA Tourist Information Centre....6 C2
Nilgiri Library....7 A2
Polizei....8 A2
Post Charing Cross....9 C2
State Bank of India Geldautomat....10 B2
State Bank of India....11 A2
Touristenbüro....12 B2
UTI-Bank Geldautomat....13 C4
Wildlife Warden Office (WWO)...(siehe 3)
SEHENSWERTES & AKTIVITÄTEN
Boathouse (Boots- & Pferdeverleih)....14 A5
Centenary Rose Park....15 C5
Jolly World....16 B5
St. Stephen's....17 A1
Thread Garden....18 A4
SCHLAFEN
Fernhills Palace....19 A5
Hotel Khems....20 C2
King's Cliff....21 A3
Nilgiri Woodlands Hotel....22 B5
Reflections Guest House....23 B5
Savoy Hotel....24 B4
Sullivan Court....25 C4
TTDC Youth Hostel....26 B1
Willow Hill....27 B3
YWCA Anandagiri....28 C5
ESSEN
Chandan Restaurant....29 B2
Hot Breads....30 C2
Hotel Sanjay....31 C1
Kings....32 C1
Shinkows Chinese Restaurant....33 A2
Sidewalk Café....(siehe 29)
SHOPPEN
Kairali....34 B2
Khadi Gramodyog Bhavan....35 B2
Poompuhar....36 B2
Tibetan Market....37 C4
VERKEHRSMITTEL & -WEGE
Busbahnhof....38 B5
Classic Rentals....39 C2
Touristentaxistand....40 B5
Touristentaxistand....41 B2
Commissioner's Rd
Church Hill Rd
Charing Cross
Bank Rd
Commercial Rd
Ettines Rd
Shoreham Palace Rd
Reservoir
Tudor Hall Rd
Havelock Rd
Sheddon Rd
Snowdown Marlimund
Woodhouse Rd
Botanische Gärten
Kodappamund Rd
Mudumalai Wildlife Sanctuary (67 km); Mysore (160 km)
Dewinton Rd
Westbury Rd
Sylks Rd
Kelso Rd
Doddabetta (9 km); Masinagudi (25 km); Kotagiri (29 km)
Hospital Rd
Coonoor Rd
Missionary Hill
Siehe Detailplan
Woodcock Rd
Mary's Hill
North Lake Rd
Reflections
Bahnhof
Main Bazaar Hill
Bazaar
Selbourne Rd
Thalayatimund Rd
Lake
Lake Park
South Lake Rd
Rennbahn
Elk Hill Rd
Onslow's Rd
Racecourse Rd
Tribal Research Centre; Museum (11 km); Avalanche (28 km)
Fern Hill
Avalanche Rd
Coonoor (18 km); Mettupalayam (46 km); Coimbatore (90 km)

ter Modelle von Häusern verschiedener Bergstämme. Mit etwas Glück kann man an einer Führung mit einem Toda-Forscher teilnehmen – und erfährt so Dinge, die im Gedächtnis bleiben. Das Museum liegt direkt hinter M Palada (auf dem Weg nach Emerald 11 km von Udagamandalam entfernt). Am besten steigt man in einen Bus in Richtung Emerald, der kurz hinter M Palada direkt beim TRC hält; man kann auch einen der zahlreichen Busse in Richtung M Palada nehmen und dort aussteigen.

THREAD GARDEN

Auf Schildern überschlagen sich die Superlative: Das „weltweit einmalige Wunder", der **Thread Garden** (North Lake Rd; ☎ 2445145; www.threadgarden.com; Eintritt 10 Rs, Foto/Video 15/30 Rs; ⌚ 8.30–19.30 Uhr), bleibt aber auch mit etwas weniger Euphorie betrachtet eine einzigartige Ausstellung. Über 150 Blumen- und Pflanzenarten aus der ganzen Welt wurden akribisch aus bunten Fäden täuschend echt nachgebildet – und das ohne Nadel in mühsamer Handarbeit. Vor allem der keralische Künstler Anthony Joseph erhob die Technik zu einer Kunst. Die Fertigstellung aller Exponate nahm angeblich zwölf Jahre in Anspruch.

CENTENARY ROSE PARK

Die terrassenförmigen Rasenflächen und bunten Blumenbeete machen den **Rosengarten** (Selbourne Rd; Eintritt Erw./Kind 10/5 Rs, Foto/Video 30/50 Rs; ⌚ 9–18.30 Uhr) zu einem prima Ort für einen Spaziergang. Da er auf einem Hügel liegt, hat man eine tolle Aussicht auf Udagamandalam.

Aktivitäten

TREKKINGTOUREN

Zu Fuß kann man die natürliche Schönheit von Udagamandalam und Umgebung am besten genießen. Bei einer Tageswanderung durch immergrüne Wälder und über saftige Wiesen erschließen sich einem immer wieder tolle Ausblicke und möglicherweise in einem Toda-Dorf auch interessante Einblicke. Wer sich lieber abseits der ausgelatschten Pfade bewegen möchte, sollte aber einen verlässlichen Führer mit guten Ortskenntnissen an seiner Seite haben. Weitere Trekkingmöglichkeiten gibt's in den Resorts in der Nähe des Mudumalai National Parks (s. S. 1128).

Camtrek (☎ 2451809; camtrekindia@rediffmail.com; Tageswanderungen 400 Rs) Die Trekkingtouren werden von Mike Dawson veranstaltet, einem alteingesessenen Führer mit viel Erfahrung. Die Wanderungen werden von anderen Travellern empfohlen und reichen von leichten Tagesausflügen bis zu anspruchsvolleren Urwaldmärschen und Jeepsafaris (mindestens 2500 Rs). Der Besuch eines Toda-Dorfs, Lagerfeuerromantik und Mittagessen gehören meistens dazu.

Ooty Tourist Guides Association (☎ 24444449; Halbtags-/Ganztagstrek 200/350 Rs) Organisation mehrerer ortsansässiger Führer, die man am besten findet, indem man beim Touristenbüro oder am Busbahnhof nachfragt. Einer dieser Führer ist der freundliche Seni (seniappan@yahoo.com). Die Wanderungen führen normalerweise durch die Hügel und Wälder rund um Udagamandalam, Touren inkl. Übernachtung in einem Dorf in der Umgebung können aber ebenfalls organisiert werden.

Reflections Guest House (☎ 2443834; North Lake Rd; Tageswanderungen 300 Rs) Das Reflections hat zwei erfahrene Führer, die Tagesausflüge in das Umland leiten, auf der Gehaltsliste.

YWCA (☎ 2442218, Ettines Rd) Traveller empfehlen auch die von der YWCA organisierten Führer.

REITEN

Wer gern hoch zu Ross sitzt, kann am Bootshaus am Nordufer des Sees Pferde leihen – ob mit oder ohne Führer. Ein Ausritt besteht meistens aus einem kurzen Ausflug im Zotteltempo auf Asphalt. Die Preise pendeln zwischen 50 Rs für einen kurzen Ausritt und 150 Rs für eine Stunde; in diesem Fall reitet man eine Weile am See entlang. Die Pferde am Bootshaus scheinen in deutlich besserer Verfassung zu sein als die räudigen Ponys am Busbahnhof.

Richtige Reittouren kann man am Fernhills Palace (s. S. 1125) buchen. Jeden Morgen erscheint ein Ponyführer mit kräftigen Tieren und nimmt Gäste mit auf eine dreistündige Tour durch die wogenden Hügel zu einem Toda-Dorf.

BOOTSFAHRTEN

Das **Bootshaus** (⌚ 9–17.30 Uhr; Eintritt 5 Rs, Foto/Video 10/100 Rs) am See vermietet Ruderboote. Kostenpunkt: zwischen 60 Rs für 30 Minuten in einem zweisitzigen Tretboot und 250 Rs für 20 Minuten in einem 15-sitzigen Motorboot.

PFERDERENNEN

Udagamandalams Rennbahn nimmt den Großteil des Gebiets zwischen Charing

Cross und dem See ein. Die Saison dauert von Mitte April bis Juni – an Renntagen ist der Ort ein einziger Hühnerstall. Den Rest des Jahres ist die 2,4 km lange Rennbahn nicht mehr als eine überwucherte Pferdekoppel. Falls man sich zufällig an einem Renntag in der Stadt aufhält, sollte man das unterhaltsame Spektakel auf gar keinen Fall verpassen.

JOLLY WORLD

Jolly World (Eintritt 5 Rs; ⌚ 9–19.30 Uhr) ist ein Vergnügungspark zwischen See und Busbahnhof mit Ständen, Tingeltangel, Fahrgeschäften und einer Menge Zeitvertreib für Kinder. Für Ältere gibt's eine **Gokart-Bahn** (60 Rs). Wenn am Wochenende die Familien in Udagamandalam einfallen, geht's im Park immer rund.

Geführte Touren

Das Touristenbüro organisiert Touren, die über den Pykhara Dam zum Mudumalai National Park führen (200 Rs); sie dauern von 9.30 bis 19 Uhr; im Programm enthalten ist auch ein kurzer Abstecher durch den Park. Trips nach Coonoor und Umgebung kosten 125 Rs und dauern 8 Stunden.

Natürlich stehen auch Taxifahrer mit ihren Autos für einen Tagesausflug bereit. Für einen vierstündigen Trip rund um Udagamandalam wird man 450 Rs los, ein ganzer Tag kostet 1100 Rs.

Schlafen

Wer sich's leisten kann, wird in Udagamandalam so fürstlich übernachten wie kaum sonst wo in Tamil Nadu. Ein wahres Preispoker spielt sich während der Hauptsaison (1. April bis 15. Juni) ab, wenn viele Hotels ihre Preise verdoppeln. Die im Folgenden angegebenen Preise gelten für die Nebensaison, in der dann auch die meisten Gästehäuser und Hotels ein gutes Preis-Leistungs-Verhältnis bieten. In der Stadt sind zwar die Sehenswürdigkeiten nicht allzu weit entfernt, dafür gibt's aber auch Lärm und Umweltverschmutzung dazu. Nur ein paar Kilometer weiter weg geht's in einigen Tophotels wesentlich ruhiger und friedlicher zu. Manche Gästehäuser haben in den Zimmern oder im Gemeinschaftsraum offene Kamine; normalerweise wird für Feuerholz und Reinigung eine zusätzliche kleine Gebühr fällig.

BUDGETUNTERKÜNFTE

Reflections Guest House (☎ 2443834; North Lake Rd; DZ ab 250–300 Rs) Ein angenehmes Gästehaus in Familienbesitz. Es befindet sich zwischen dem Busbahnhof und dem Bootshaus in ruhiger Lage oberhalb des Sees. Die einfachen, sauberen Zimmer haben jeweils ein eigenes Badezimmer, morgens gibt's heißes Wasser. Von den Zimmern über dem Hauptgebäude hat man eine tolle Aussicht auf den See. Das hausgemachte Essen ist sehr gut, es muss aber im Voraus bestellt werden; außerdem hat das Haus eine Lounge mit TV und offenem Kamin. Das Gästehaus organisiert auch Trekkingtouren.

YWCA Anandagiri (☎ 2442218; Ettines Rd; B 99–110 Rs, EZ/DZ ab 276/414 Rs, Deluxe 792 Rs, Bungalow 678 Rs, inkl. Steuer) Für die YWCA sprechen mehrere Punkte, nicht zuletzt die super Lage mit Blick auf die Rennbahn – von hier aus kommt man prima zu Fuß ins Stadtzentrum oder zum Busbahnhof. Auf dem weitläufigen Gelände befinden sich das Haupthaus, ein paar separate Bungalows und eine kleine Kapelle. Es gibt eine große Lounge im Kolonialstil, eine Bibliothek und einen Speisesaal mit offenem Kamin. Die meisten Zimmer sind geräumig und sauber. Das gut organisierte Haus organisiert Wandertouren.

TTDC-Jugenherberge(☎ 2443665; Church Hill Rd; Dorm/DZ 70/250 Rs, 8BZ 645 Rs) Der vollgestopfte Schlafsaal mit seinen 20 Betten erinnert an ein Armeecamp. Bar und Restaurant.

MITTELKLASSEHOTELS

Hotel Khems (☎ 2444188; www.hotelkhems.com; Shoreham Palace Rd; DZ 475–675 Rs, Suite 900 Rs) Modernes, gemütliches und gepflegtes Hotel in ruhiger, aber zentraler Lage. Freundliches Personal und beeindruckendes Design mit Steinimitaten.

Willow Hill (☎ 2444037; www.thewillowhill.com; 58/1 Havelock Rd; DZ 900–1600 Rs) Die großen Fenster des Hauses liegen hoch über der Stadt und bieten eine der besten Aussichten auf Udagamandalam. Die geräumigen und bequemen Zimmer im Stil einer Berghütte haben Holzfußböden. Das teuerste Zimmer begeistert mit einem faszinierenden Panorama und einem eigenen Garten. Willow Hill ist zwar nicht so stylish wie andere Häuser in dieser Gegend, dafür aber freundlich, erschwinglich und hat außerdem ein gutes Restaurant.

Nilgiri Woodlands Hotel (☎ 2442451; Racecourse Rd; DZ/Cottage/Suite 660/825/1045 Rs, inkl. Steuer) Das Hotel aus dem British Raj sieht zwar hier und da etwas heruntergekommen aus, dafür hat man aber von den gepflegten Gartenanlagen eine tolle Aussicht auf Udagamandalam und die Rennbahn. Die kleinen Bungalows erinnern mit ihren Giebeldächern und roten Klinkern an die gute alte Zeit.

SPITZENKLASSEHOTELS

King's Cliff (☎ 2452888; www.kingscliff-ooty.com; Havelock Rd; DZ 975–1675 Rs) Das King's Cliff liegt hoch über Udagamandalam auf dem Strawberry Hill. Das sehr angenehme neue Hotel in einem Kolonialbau bietet Holztäfelung, antike Möbel und eine ausgezeichnete Aussicht auf die Stadt. Mit nur neun Zimmern ist es ein vertrauliches Quartier; alle Zimmer sind individuell gestaltet. Die Deluxeversion hat einen eigenen überdachten Balkon mit super Aussicht. Es gibt ein tolles Restaurant und das Personal organisiert Trekking- und Mountainbiketouren sowie andere Aktivitäten.

Savoy Hotel (☎ 2444142; savoy.ooty@tajhotels.com; 77 Sylks Rd; EZ/DZ ab 65/75 US$, Suite ab 105/115 US$) Das Savoy ist eines von Udagamandalams ältesten Hotels; Teile des Gebäudes stammen aus dem Jahr 1829. Die Bungalows stehen rund um einen wunderschönen Garten mit Blumenbeeten, gepflegten Rasenflächen und gestutzten Hecken. Die altmodischen Zimmer haben große Badezimmer, polierte Fußböden, offene Kamine und Erkerfenster. Zur modernen Einrichtung gehören eine 24-Stunden-Bar, ein hervorragendes „Multicuisine"-Restaurant, ein Ayurvedazentrum, einen Fitnessraum und Tennisplätze.

Sullivan Court (☎ 2441416; wgsull@md5.vsnl.net.in; Selbourne Rd; Standard-EZ/DZ 1150/2000 Rs, Deluxe-EZ/DZ 1195/2200 Rs) Das Sullivan Court ist Udagamandalams modernstes Hotel – was schon an der beeindruckenden Lobby mit Glasaufzug deutlich wird. Gutes Restaurant, edle Zimmer, Spielbereich für Kinder und ein Fitnessraums sind weitere Pluspunkte. Das Preis-Leistungs-Verhältnis ist ausgezeichnet –wenn man mehr auf zeitgenössischen Komfort und nicht auf einen altmodischen Stil steht.

ETWAS BESONDERES

Fernhills Palace (South Lake Rd; ☎ 2442555; regency@sancharnet.in; Suite 3500–12 000 Rs; 🅿) Könige wohnen in einem Palast: Nach umfangreicher Restaurierung wurde die ehemalige Sommerresidenz des Maharadscha von Mysore 2004 als Hotel wiedereröffnet, das seinen Gäste wahrhaft königlich behandelt. Von der Lobby aus gelangt man in den ehemaligen Ballsaal mit seinen hohen Decken, in dem sich nun eine fürstliche Lounge mit antiken Möbeln, Orientteppichen und Teakholztäfelung befindet. Die 19 individuell gestalteten Zimmer verbreiten einerseits den Charme des British Raj, sind aber durch Whirlpool und TV trotzdem modern angehaucht. Manche der Suiten sind so groß, dass man darin locker ein Kricketmatch veranstalten könnte. Die flauschigen Betten will man gar nicht mehr verlassen und die Möbel, Bodenbeläge und offenen Kamine haben allesamt Klasse. Gäste können mit Zigarre und Brandy in der Fox Hunt Bar entspannen, stilvoll im Restaurant dinieren oder den Fitnessclub, die Reitmöglichkeiten, den Golfplatz und das Trekkingangebot nutzen.

Essen

Sidewalk Café (Commercial Rd; Gerichte 40–60 Rs, Pizzas 45–125 Rs; 🕑 11–23 Uhr) Kreuzung zwischen American Diner und italienischem Café. So etwas erwartet man zwar eher in Mumbai als in den Bergen, das beliebte Café bietet jedoch eine willkommene Abwechslung zum üblichen südindischen Essen. Im hellen, modernen Dekor serviert das fixe Personal Vegi-Pizzas aus dem Holzofen, Burger, Sandwiches (unbedingt Chili-Käse oder den Pilztoast probieren), Suppen, Salate, großartige Desserts und Süßigkeiten.

Die meisten Hotels haben ein eigenes Restaurant. Manche der besseren Adressen sind aufgrund der üppigen Mahlzeiten und atmosphärischen Speisesäle einen Festschmaus wert.

Hotel Sanjay (☎ 2443160; Charing Cross; Hauptgerichte 35–85 Rs; 🕑 7–21.30 Uhr) Einfaches, aber geschäfigtes Lokal mit großzügigen Portionen mit und ohne Fleisch. Im 1. OG gibt's eine Bar.

Shinkow's Chinese Restaurant (☎ 2442811; 38/83 Commissioner's Rd; Hauptgerichte 50–150 Rs; 🕑 12–15.45 & 18–21.45 Uhr) Das Shinkow's ist in Udagamandalam gewissermaßen eine Institution. Die einfache Speisekarte umfasst Gerichte mit Hühnchen, Schweine- und Rindfleisch, Fisch, Nudeln und Reis – alles normalerweise sehr lecker.

Chandan Restaurant (Hauptgerichte 50–75 Rs, Thalis 50–70 Rs; ⌚ 12–15 & 19–23 Uhr) Im Hotel Nahar serviert das Chandan leckere Vegi-Gerichte im eleganten Ambiente. Mittags gibt's Thalis oder ein Essen aus dem großen Angebot an Biryanis oder chinesischen Gerichten.

Sullivan Court (Mittagsbuffet 300 Rs/Pers.; ⌚ 12–16 Uhr) Das Restaurant im gleichnamigen Hotel tischt sonntags ein wundervolles Mittagsbuffet auf.

Das **Savoy Hotel** (Hauptgerichte ab ca. 140 Rs; ⌚ 12.30–15.30 & 19.30–22.30 Uhr) und das **King's Cliff** (Hauptgerichte 80–200 Rs; ⌚ 12–22 Uhr) haben jeweils atmosphärische Restaurants mit offenem Kamin und tollem Essen.

AUF DIE SCHNELLE

In der Commercial Rd. und der Main Bazaar Rd. befinden sich viele einfache Vegi-Lokale. Für 10 Rs bekommt man an Straßenständen in der Nähe des Busbahnhofs würzige Biryanis. Udagamandalam ist berühmt für seine leckere hausgemachte Schokolade. Das Kings ist zwar das Orginal, aber Läden in der ganzen Stadt verkaufen hausgemachte Sorten für 50 Rs pro 100 g.

Hot Breads (Charing Cross; ⌚ 8–22 Uhr) Beliebte Bäckerei mit einer großen Auswahl an Broten, Gebäck, Pies und Süßigkeiten, darunter Eclairs, Croissans und Strudel – hier gilt: Der frühe Vogel fängt den Wurm.

Shoppen

Einkaufen in Udagamandalam macht Spaß, aber etwas Außergewöhnliches wird man wohl nicht finden. Entlang der Commercial Rd. findet man neben Kaschmiri-Läden auch staatliche Läden von Poompuhar, Kairali und Khadi Gramodyog Bhavan.

Man muss eigentlich keine warme Kleidung mit nach Udagamandalam schleppen; in den Shops in der Commercial Rd. (nahe dem Busbahnhof) oder auf dem **tibetischen Markt** (9–20 Uhr) gegenüber vom Eingang zu den Botanischen Gärten bekommt man Jacken für 100 Rs sowie Hüte und Handschuhe ab 10 Rs.

An- & Weiterreise

Ohne Zweifel ist der Minizug, der Blue Mountain Train, die romantischste Möglichkeit, nach Udagamandalam zu kommen (in der Hauptsaison muss man im Voraus buchen). Regelmäßig fahren aber auch Busse aus Tamil Nadu oder Mysore den Berg rauf und runter.

BUS

Alle staatlichen Busunternehmen haben **Reservierungsbüros** (⌚ 9–17.30 Uhr) am geschäftigen Busbahnhof. Es gibt zwei Verbindungen nach Karnataka – die Hauptbusroute über Gudalur und die kürzere, steilere Strecke über Masinagudi. Letztere wird allerdings nur von Minibussen befahren und windet sich durch 36 Haarnadelkurven! Staatliche Busse fahren nach Bangalore (155 Rs, 8 Std., 7-mal tgl.) und Mysore (69 Rs, 4 Std., 11-mal tgl.); zweimal täglich fahren auch private Busse dorthin (250 Rs bzw. 100 Rs).

Alle 20 Minuten gehen Busse über Mettupalayam (17 Rs, 2 Std.) nach Coimbatore (37 Rs, 3 Std.); beide erreichen ihr Ziel rechtzeitig zur Abfahrt der Züge nach Chennai oder Kochi (Kerala). Es bestehen auch direkte Nachtbusverbindungen nach Chennai (228 Rs, 15 Std., 2-mal tgl.).

Zum Mudumalai National Park (23 Rs, 2½ Std., 12-mal tgl.) nimmt man einen der Busse in Richtung Mysore oder einen der Kleinbusse, die die enge und gewundene Sighur-Ghat-Straße benutzen. Manche dieser rollenden Wracks fahren nur bis Masinagudi (10 Rs, 1½ Std.); von dort aus besteht alle zwei Stunden eine Verbindung nach Theppakadu (in Mudumalai).

Nahverkehrsbusse fahren alle 30 Minuten nach Kotagiri (10 Rs, 2 Std.) und alle 10 Minuten nach Coonoor (6,50 Rs, 1 Std.).

ZUG

Am besten kommt man mit dem Blue Mountain Train nach Udagamandalam und lässt dabei die tolle Aussicht auf Wälder, Wasserfälle und Teeplantagen auf sich wirken – vor allem in den Waggons der 1. Klasse am vorderen Ende des Zuges: Da die Dampflok den Zug bergaufwärts schiebt und nicht zieht, haben diese immer freie Sicht. Die Ankunfts- und Abfahrtszeiten in Mettupalayam sind mit denen des *Nilgiri Express* abgestimmt, der zwischen Mettupalayam und Chennai fährt. Der Minizug fährt in Mettupalayam täglich um 7.20 in Richtung Udagamandalam (117/12 Rs in

1./2. Klasse; 5 Std., 46 km) ab. Egal ob bergaufwärts oder -abwärts – wer einen Platz ergattern möchte, sollte mindestens 45 Minuten vor Abfahrt dasein oder bereits einen Tag vorher reservieren (15 Rs).

In Udagamandalam fährt der Zug um 15 Uhr ab und benötigt für die Strecke 3½ Stunden. Zwischen Udagamandalam und Coonoor fahren täglich auch drei Passenger Trains.

Unterwegs vor Ort

Eine Menge Autorikschas lungern rund um den Busbahnhof herum; eine Fahrt vom Busbahnhof zum Charing Cross kostet 25 Rs. Taxis warten gegenüber vom Busbahnhof und am oberen Ende der Commercial Rd. auf Fahrgäste. Für die meisten Fahrtziele gelten Fixpreise, darunter nach Kotagiri (400 Rs), Coonoor (300 Rs), Gudalur (600 Rs), in den Mudumalai National Park (600 Rs) und auch nach Coimbatore (600 Rs).

Am Basar kann man Fahrräder ausleihen, die man aber aufgrund der steilen Pisten bergauf eher schieben wird (abwärts macht's mehr Spaß!). Motorräder gibt's auf Leihbasis bei **Classic Rentals** (☎ 2448695; Ettines Rd; 🕒 9–18 Uhr) oder bei RCM Tours & Travels. Ein Honda- oder TVS-Automatikroller kostet am Tag 300 Rs (50 Rs/Std.), eine 100-ccm-Yamaha 350 Rs. Normalerweise muss man eine Kaution von 500 Rs hinterlegen.

MUDUMALAI NATIONAL PARK

☎ 0423

Im 321 km² großen **Park** (Eintritt 30 Rs) und den umliegenden Wälder am Fuß der Nilgiris lässt sich die Tierwelt Tamil Nadus besonders gut beobachten. Das Reservat gehört zur Nilgiri Biosphere Reserve (3000 km²); die Vegetation besteht aus Grasland und teilweise immergrünen Wäldern – hier leben Axishirsche, Gaurs, Tiger, Panther, Wildschweine und Lippenbären. Der Moyar ist die Heimat von Ottern und Krokodilen. Außerdem gibt's ungefähr 600 Wildelefanten; aber wahrscheinlich bekommt man eher deren domestizierten Verwandte beim Schleppen von Baumstämmen zu Gesicht.

Am besten besucht man den Park zwischen Dezember und Juni; allerdings ist er während der Trockenzeit im Februar/März möglicherweise geschlossen. Im Oktober und November ist prasselnder Regen an der Tagesordnung.

Orientierung & Praktische Informationen

Erste Anlaufstelle in Mudumalai ist Theppakadu, das an der Hauptstraße zwischen Udagamandalam und Mysore liegt. Hier befindet sich das **Empfangszentrum** (☎ 526235; 🕒 6.30–9 & 15–18 Uhr) des Parks; hier hat's auch ein paar sehr einfache Unterkünfte und ein Elefantencamp.

Das nächste Dorf ist Masinagudi, 7 km entfernt von Theppakadu.

Wildlife-Touren

Im Park darf man nicht wandern; Touren sind nur in den Minibussen und auf den Elefanten des Schutzgebiets möglich. Eigene Fahrzeuge sind verboten. Minibus-Touren (35 Rs/Pers., 45 Min.) dauern von 7 bis 9 und von 15 bis 18 Uhr; die 15 km lange Fahrt geht durch die Randgebiete des Parks. Die einstündigen Elefantenritte (460 Rs für 4 Personen) kann man im Voraus im WWO in Udagamandalam oder im Empfangszentrum in Theppakadu buchen; allerdings kann sich auch kurzfristig etwas ergeben. Aufgrund des schlimmen Gesundheitszustands der Elefanten wurden die Touren zum Zeitpunkt der Recherchen ausgesetzt.

Auch für Touren außerhalb des Parks können Führer angeheuert werden. In Masanagudi gibt's Agenturen und alle Resorts haben ihre eigenen Führer. **Nature Safari Tours & Treks** (Trekkingtouren 50 Rs/Std.) in Masanagudi ist sehr empfehlenswert. Manche Traveller berichten auch Gutes von Kumar, der für **Wilderness Eco Tours** (☎ 2526351; www.wilderness-eco-tours.com; Trekkingtouren ab 75 Rs/Std.) arbeitet. Man findet ihn auch beim Green Park Resort (s. unten).

Schlafen & Essen

Für Budgetmöglichkeiten ist gesorgt – im Park stehen bei Theppakadu ein paar günstige Bungalows. In Masinagudi gibt's Budget- und Mittelklassehotels, in Bokkapuram (4 km südlich von Masinagudi) einige gehobene Dschungelresorts.

IM PARK

Wenn man im Park übernachten will, muss man im Voraus im WWO in Udagamandalam buchen (s. S. 1121).

Morgan Dormitory (Zi. 35 Rs/Pers.) Sauberes Haus mit zwei Vierbettzimmern. Jedes Zimmer hat ein eigenes Badezimmer, in dem es nur kaltes Wasser gibt.

Theppakadu Log House (DZ/4BZ 330/560 Rs) Bestes Gästehaus im Park; liegt neben der Sylvan Lodge über dem Fluss. Bequem, gut in Schuss und sein Geld wert. Kleines Restaurant.

MASINAGUDI

An der Hauptstraße in Masinagudi befinden sich mehrere Lodges und ein paar Restaurants. Eine Fahrt im Jeep von Masinagudi zum Park kostet 70 Rs – oder man nimmt einen der Busse, die auf dem Weg von Udagamandalam nach Theppakadu hier durchkommen.

Kongu Lodge (☎ 526131; 8/38 Main Rd; EZ/DZ 150/162 Rs) Hotel an der Hauptstraße von Masinagudi. Einfache Zimmer mit eigenen Badezimmern und heißem Wasser. Ein Restaurant und eine Bar gibt's ebenfalls.

Green Park Resorts (☎ 2526351; Singara Rd; DZ 400–550 Rs, Baumhaus 750 Rs, 8-BZ-Bungalows 1600 Rs) Green Park, 2 km westlich von Masinagudi, ist zwar die beste Mittelklasseoption im Ort, kann sich aber nicht mit dem Standard der Resorts in Bokkapuram messen. Es liegt mitten in einem Garten mit Palmen und Kiefern und ist von Wald umgeben. Im Gartenrestaurant und in der Bar kann man nach einer Trekkingtour mit anderen Travellern quatschen. Die Doppelzimmer sind ausdruckslos, die Cottages überteuert.

BOKKAPURAM

Südlich von Masanagudi gibt's einige bombige Resorts mitten im Wald. Die meisten Häuser sind Privatunterkünfte mit einer warmen, gemütlichen Atmosphäre, hohem Standard und atemberaubender Aussicht. Die Hauptattraktionen hier sind Wildlife-Trekking im Urwald, Jeep- und Nachtsafaris sowie Vogelbeobachtungen. Viele Resorts holen Besucher von nahen Ortschaften ab (ab 500 Rs); andernfalls gibt's in Masinagudi einen Jeepverleih. Vor allem in der Hauptsaison sollte man Zimmer rechtzeitig im Voraus buchen. Jedes Resort hat verschiedene Aktivitäten im Angebot (die alle extra berechnet werden), darunter Besuche im Mudumalai National Park inkl. Elefantenritt, geführte Wanderungen, Angeln und Reiten. Alle Häuser haben ein eigenes Restaurant; die aufgeführten Preise gelten für die Übernachtung. Mahlzeiten kosten extra – normalerweise ab 100 Rs aufwärts.

Jungle Retreat (☎ 2526470; www.jungleretreat.com; Baumhaus oder Bambushütte 1200 Rs, Bungalow 1200–2000 Rs, Camping 200 Rs; 🅿) Eines der stylishsten Resorts dieser Gegend: Schnuckelige, klassisch möblierte Steinbungalows, stabile, umweltfreundliche Bambushütten mit eigenem Badezimmer und zu guter Letzt ein paar Baumhäuser. Alle stehen so weit auseinander, dass sich ein Gefühl der Abgeschiedenheit einstellt. Man kann auch zelten und es gibt einen Schlafsaal für Gruppen. In Bar, Restaurant und Gemeinschaftsbereich kann man prima andere Traveller kennen lernen. Die Besitzer sind freundlich und kompetent; ihnen steht ein großer Privatwald zur Verfügung.

Wild Canopy (☎ 2526660; Baumhaus oder Bungalow 5000 Rs) Der Zufluchtsort im Urwald verdient das Prädikat besonders wertvoll. Es liegt in einem fast 1,5 km² großen Privatwald und hat eine künstliche Wasserstelle, die wilde Tiere anlocken soll. Zwei 15 m hohe Baumhäuser befinden sich über dem Blätterdach des Urwalds. Die luxuriösen Unterkünfte betritt man über eine Außentreppe – drinnen gibt's fließend heißes und kaltes Wasser und sogar einen Room Service! Gäste mit Höhenangst beziehen einen der beiden steinernen Luxusbungalows mit Jacuzzi auf der Veranda. Wer auf eine Dschungelerlebnisse in Abgeschiedenheit aus ist, wird im Wild Canopy nicht enttäuscht.

Forest Hills Guest House (☎ 2526216; forest hills@softhome.net; EZ/DZ/3BZ ab 750/995/1200 Rs, Hütte 995) Das Forest Hills ist ein kleines, vertrauliches Gästehaus (10 Zimmer auf rund 5 ha Land); die niedlichen Bambushütten haben geräumige Zimmer mit eigenem Badezimmer. Durch die Bar im Laubenstil, die Spielezimmer und den Grillplatz weht hier ein leicht kolonialer Wind.

Jungle Hut Nature Resort (☎ 2526240; www.junglehut.net; DZ/3BZ 1000/1400 Rs; 🅿) Das Jungle Hut wurde rund um eine eigene Wasserstelle gebaut. Die sauberen und bequemen Bungalows liegen mitten im Grünen. Durch den kleinen Spielplatz und eigene Nutztiere super für einen Familien geeignet.

An- & Weiterreise

In Theppakadu (23 Rs, 2½ Std., 11-mal tgl.) halten Busse, die von Udagamandalam aus nach Mysore und Bangalore (Karnataka) unterwegs sind. Alle zwei Stunden gibt's eine Busverbindung zwischen Theppakadu und Masinagudi.

Die längere Strecke führt von Udagamandalam aus über Gudalur (67 km). Die direkte Route nach Masinagudi ist eine ziemlich interesante „Abkürzung" (10 Rs, 1½ Std., 36 km). Befahren wird sie in kleinen staatlichen Busse, die die strapaziöse Sighur-Ghat-Straße hinauf- und hinunterfahren. Aufgrund der engen Kurven und dem heftigen Gefälle haben große Busse auf dieser Strecke keine Chance. Minibusse privater Unternehmen schlagen auf der Fahrt nach Mysore ebenfalls diesen Weg ein; wer in Masinagudi aussteigen möchte, muss aber dennoch den vollen Fahrtpreis berappen (125 Rs).

Andamanen & Nicobaren

Früher waren die Andamanen und Nicobaren eine gefürchtete Strafkolonie: Man nannte sie Kalapani (Schwarze Wasser). Aber heute ist der Archipel ein relaxtes, tropisches Inselparadies, das zwar zu Indien gehört, aber näher an Südostasien liegt. Nahe der Inseln war das Epizentrum des Seebebens, das am 2. Weihnachtsfeiertag 2004 den Tsunami auslöste. Die Flutwelle richtete auf den südlichen Nicobaren und auf Little Andaman verheerende Zerstörungen an, Menschen verloren ihr Leben. Sie überflutete auch niedrig liegende Gebiete auf South Andaman und beschädigte die Riffe bei Wandoor, aber die Hauptgruppe der Andamanen blieb von größeren Schäden verschont.

Erstklassige, einsame Strände, unglaubliche Korallen und eine großartige Unterwasserfauna, dazu eine faszinierende Kolonialgeschichte und die Überreste einer Steinzeitkultur locken Reisende zu den geheimnisvollen Inseln, die 1000 km von der indischen Ostküste entfernt im Golf von Bengalen liegen. Das Gebiet umfasst 572 tropische Inseln – 36 davon sind bewohnt – mit einer einzigartigen Tierwelt und üppigen Wäldern; die Nicobaren sind jedoch für Touristen tabu.

Bis zum Beginn der Kolonialherrschaft lebten vor allem Eingeborene auf den Inseln; heute sind die Bewohner der Andamanen Siedler vom Festland oder deren Nachkommen. Sie leben in und um Port Blair, der Hauptstadt auf South Andaman. Trotz der Tsunami-Folgen hat sich auf den Andamanen in den letzten Jahren viel getan: Eine Infrastruktur für den Tourismus wird aufgebaut, und Charterflüge von Südostasien zu den Inseln sind geplant. Auch wenn sie abgelegen sind und es starke Beschränkungen gibt, um einen Massentourismus zu verhindern – es lohnt sich gerade jetzt, diese wundervollen Inseln zu besuchen.

HIGHLIGHTS

- Auf **Havelock Island** (S. 1143) können Wasserratten ganztägige Schnorcheltrips unternehmen oder durch Mangrovensümpfe cruisen.
- Die Inseln des **Mahatma Gandhi Marine National Park** (S. 1143) bieten sich für Sporttauchen und Schnorchelausflüge an.
- Auf **Ross Island** (S. 1142) – dem ehemaligen „Paris des Ostens" – ein paar Stunden lang die Geister der Vergangenheit beschwören.
- Am besten faulenzt es sich an den idyllischen Stränden von Havelock Island, besonders am **Radha Nagar** (S. 1144).
- Bei einem Trip durch das Herz der Andamanen geht's bis nach **Diglipur** (S. 1146).
- Der **Cellular Jail** (S. 1139) vermittelt bis heute etwas von den Schrecken der kolonialen Vergangenheit Port Blairs.

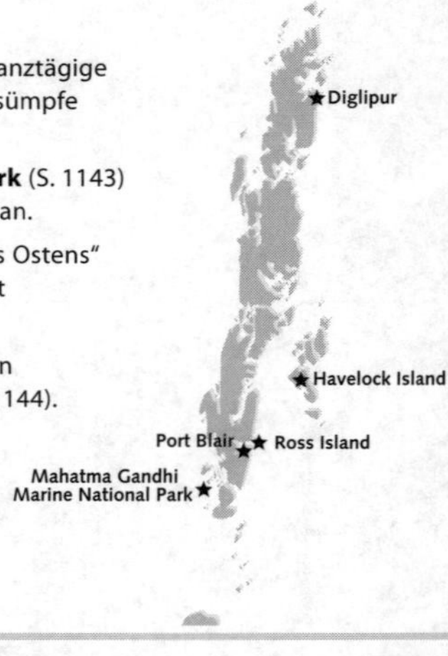

Geschichte

Es ist zwar nicht bekannt, wann die ersten Bewohner auf den Andamanen und Nicobaren ankamen, aber dass es die Inseln gibt, wusste man schon im 2. Jh.: Sie werden von Ptolemäus erwähnt – und später, im 7. Jh., auch von Xuan Zang.

Die Marathen, die große Teile von Indien beherrschten, verleibten sich die Inseln im 17. Jh. ein. Zwei Jahrhunderte danach benutzten die Briten das Gebiet als Strafkolonie, ursprünglich, um „Wiederholungstäter" vom indischen Festland fernzuhalten. Später waren hier politische Dissidenten – die Unabhängigkeitskämpfer – inhaftiert. Im 2. Weltkrieg wurde die Inselgruppe von Japan besetzt. Die Inselbewohner standen den Japanern zwiegespalten gegenüber: Einige starteten Guerillaaktionen gegen die Besatzer, andere begrüßten sie als Befreier vom britischen Kolonialismus.

Nachdem Indien 1947 unabhängig geworden war, wurden die Andamanen und Nicobaren in die Indische Union eingegliedert. Weil nun Inder vom Festland die Inseln überfluteten, ist die Bevölkerung seither von ein paar tausend Seelen auf über 350 000 Bewohner angestiegen. Die Gebietsrechte der indigenen Völker und der Umweltschutz wurden dabei zeitweise extrem missachtet.

Klima

Wegen des Seewinds bleiben die Temperaturen zwischen 23 °C und 31 °C – bei einer ganzjährigen Luftfeuchtigkeit von 80 %. Zwischen Mai und Juni erreicht der Südwestmonsun die Insel, zwischen November und Dezember ist mit seinem nordöstlichen Kollegen zu rechnen. Die beste Zeit, die Inseln zu besuchen, ist zwischen Dezember und Anfang April. Dann sind die Tage warm, aber nicht drückend, und die Nächte sind angenehm.

FESTIVALS AUF DEN ANDAMANEN

Im Januar findet in Port Blair das zehntägige **Island Tourism Festival** statt. Tanzgruppen kommen dann vom Festland und den umliegenden Inseln; im Exhibition Complex gibt's verschiedene Kulturveranstaltungen. Etwas bizarr ist die Andaman-Hundeschau, außerdem werden Blumen, Kostüme und sogar Babys vorgezeigt! Weitere Infos erhält man auf der Website von **A&N Tourism** (www.and.nic.in).

KURZINFOS

- Bevölkerung: 356 265
- Fläche: 8248 km²
- Hauptstadt: Port Blair
- Hauptsprachen: Hindi, Bengali, Tamil und Stammessprachen
- regionale Vorwahl: ☎ 03192
- Reisezeit: Dezember bis April

Geografie & Natur

Die Inseln sind die Gipfel einer riesigen unterseeischen Bergkette, die fast 1000 km lang ist und sich zwischen Myanmar (Birma) und Sumatra erstreckt. Mit 6408 km² nehmen die Andamanen den Hauptteil der Inselfläche ein. Die Nicobaren beginnen 50 km südlich von Little Andaman.

Weil die Inselgruppe so isoliert liegt, konnten sich hier viele verschiedene einheimische Tier- und Pflanzenarten entwickeln: Von den 62 bekannten Säugetierarten kommen 32 ausschließlich auf den Inseln vor, so z. B. das Andaman-Wildschwein, der krebsfressende Makak, die maskierte Palmzibetkatze und einige Arten von Spitzhörnchen und Fledermäusen. Und auch von den 250 Vogelarten sind fast 50 % exklusive Bewohner. Auf den Inseln leben Adler, Megapoden, Seglervögel, Tauben, Krickenten und Nashornvögel. Die einsamen Strände sind auch optimale Brutplätze für Schildkröten. Aber während man immer noch regelmäßig Delphine sehen kann, sind die früher so zahlreichen indopazifischen Seekühe inzwischen von der Bildfläche verschwunden.

Die Mangroven sind ein wichtiger Teil der Pflanzenwelt; sie bilden eine natürliche Schutzbarriere zwischen Land und Meer. Weiter landeinwärts stößt man auf immergrüne und feuchte Laubwälder mit vielen wichtigen Baumarten, darunter das bekannte Padouk – ein Hartholz, das im selben Baumstamm dunkle und helle Farben vereint.

Praktische Informationen

Um Schiffsunternehmen zu kontaktieren, s. S. 1133. Obwohl die Inseln 1000 km vom

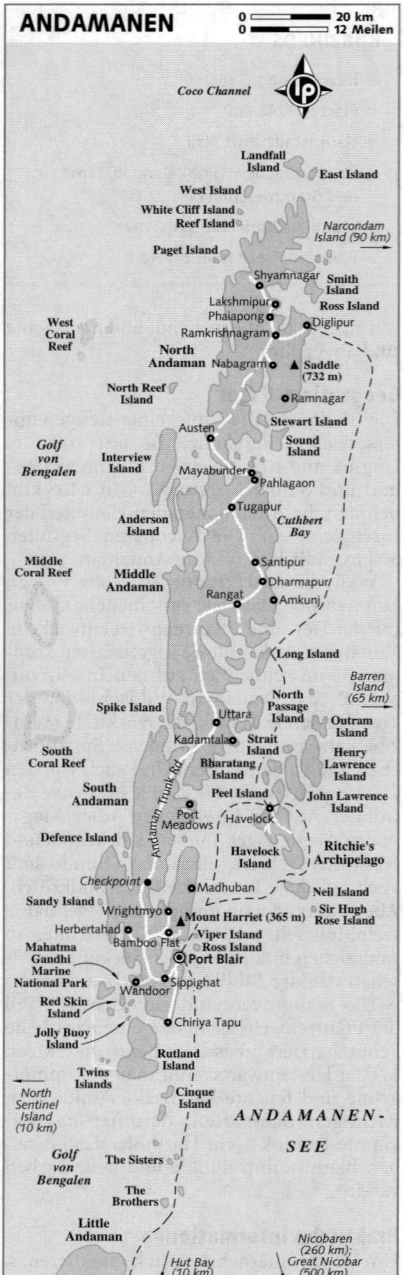

Festland entfernt liegen, gilt dieselbe Zeitzone wie in Indien. Also kann es bereits um 17 Uhr dunkel und um 4 Uhr wieder hell werden. Hauptsaison ist von Dezember bis Januar.

UNTERKUNFT

Die Übernachtungsmöglichkeiten auf den Andamanen werden immer zahlreicher – und immer besser. Vor ein paar Jahren gab es außerhalb von Port Blair nur schmuddelige staatliche Gästehäuser und einfache Unterkünfte im Wald. Heute stehen auf Havelock und Neil Island günstige Bambushütten und eine Hand voll romantischer, richtig vornehmer Resorts. Trotz der niedrigen Steuern sind die Unterkünfte mit dem Festland verglichen dennoch teuer – manche der Mittelklasse- und Tophotels in Port Blair verlangen heftig überzogene Preise. Dennoch können Budgetreisende in Port Blair eine günstige Lodge finden oder auf Havelock für weniger als 150 Rs eine einfache Hütte beziehen.

In der Hauptsaison (15. Dezember bis 15. Januar) können die Preise steigen. Die Angaben in diesem Kapitel gelten für die Nebensaison.

Die Campingvorschriften sind etwas unklar; auf jeden Fall darf man sein Zelt nicht einfach am Strand oder in geschützten Waldgebieten aufschlagen. Wildes Campen wird also größtenteils verhindert. Auskünfte geben das Andaman & Nicobar (A&N) Tourismusbüro (s. S. 1134) oder das Büro des Obersten Wildhüters (CWW) in Port Blair (s. gegenüber).

GENEHMIGUNGEN

Nur indische Staatsangehörige, die in der Forschung beschäftigt sind, in staatlichen Diensten stehen oder Handel treiben, dürfen die Nicobaren betreten. Die Andamanen dürfen auch Ausländer besuchen – allerdings nur mit einer Genehmigung. Diese wird bei der Ankunft erteilt – man muss sich also nicht im Voraus darum kümmern. 30 Tage lang (eine Verlängerung auf 45 Tage ist möglich) dürfen Ausländer dann in Port Blair bleiben oder auf South und Middle Andaman (ausgenommen Gebiete indigener Völker), North Andaman (Diglipur), Long Island, North Passage, Little Andaman (ausgenommen Gebiete indigener Völker), Havelock und Neil Island übernachten.

Die Genehmigung ermöglicht außerdem Tagesausflüge nach Jolly Buoy, South Cinque, Red Skin, Ross, Narcondam, Interview und Rutland Island und auf The Brothers und The Sisters. Auch Bootsausflüge nach Barren Island sind möglich, allerdings ohne Landgang.

Um die (kostenlose) Genehmigung zu erhalten, müssen Flugreisende bei der Ankunft einfach in der „Einwanderungshalle" ihren Reisepass vorzeigen und ein Formular ausfüllen. Normalerweise wird die Anzahl der Tage (max. 30), die man in das Formular einträgt, auch genehmigt. Am besten immer die vollen 30 Tage beantragen, auch wenn nur eine Woche Aufenthalt geplant ist!

Wer zu Wasser anreist, wird wahrscheinlich bei der Ankunft im Hafen von einem Einwanderungsbeamten empfangen; falls nicht, sollte man unverzüglich das Einwanderungsbüro am Haddo-Steg aufsuchen, da man ohne Genehmigung nicht herumreisen darf (Polizisten kontrollieren regelmäßig, vor allem wenn man auf einer anderen Insel an Land geht). Da sich die Regelungen von Zeit zu Zeit ändern, sollte man sich vor dem Kauf eines Tickets bei den entsprechenden Stellen erkundigen:

A&N Tourismusbüro (Karte S. 1138; ☎ 232747; Fax 230933; www.and.nic.in; Port Blair; 🕑 Mo–Fr 8.30–13 & 14–17, Sa 8.30–12 Uhr)

Foreigners' Registration Office Chennai (Madras; ☎ 044-28278210); Kolkata (Calcutta; ☎ 033-22473300)

Shipping Corporation of India (SCI; www.shipindia.com) Chennai (☎ 044-25231401; Fax 25231218; Rajaji Salai); Kolkata (☎/Fax 033-22482354; EG, 13 Strand Rd); Port Blair (Karte S. 1138; ☎ 233347; Aberdeen Bazaar)

Zusätzlich zu den Besuchergenehmigungen sind weitere Papiere erforderlich, um ein paar andere Inseln, Nationalparks und Schutzgebiete zu erkunden. Der **Chief Wildlife Warden** (Oberster Wildhüter, CWW; Karte S. 1138; ☎ 03192-33549; Haddo Rd, Haddo, Port Blair) erteilt Besuchserlaubnis für Gebiete, in denen die

ERDBEBEN & NACHBEBEN

Die Andamanen und Nicobaren werden oft von Erdbeben und Erschütterungen gebeutelt. 1941 traf beispielsweise ein Erdbeben der Stärke 7,7 auf der Richterskala South und Middle Andaman; es zerstörte viele Gebäude, und das britische Verwaltungszentrum auf Ross Island musste komplett aufgegeben werden. Eine Flutwelle prallte danach auf die indische Ostküste, und während der nächsten sechs Monate wurden die Inseln von mehr als einem Dutzend weiterer Erdbeben und Nachbeben erschüttert.

Eine Naturkatastrophe mit wesentlich höherer Zerstörungskraft ereignete sich, als am 24. Dezember 2004 um 7.58 Uhr ein Seebeben der Stärke 9 die nordöstliche Spitze von Sumatra (Indonesien) erschütterte. Nicht das Beben an sich verursachte die meisten Schäden, sondern der mächtige Tsunami, der den Golf von Bengalen und die Andaman Sea durchpflügte. Er verwüstete Teile Indonesiens, Sri Lankas, Indiens, der Malediven, Thailands und der Nicobaren. Kurz darauf gab es in der Nähe der Andamanen und der Nicobaren ein heftiges Nachbeben, das hier noch mehr Schäden verursachte und mehrere Inseln an der Westküste der Andaman-Kette (darunter Sentinel und Interview) um mehr als 2 m „anhob". Die Auswirkungen des Tsunamis auf die niedrigeren Nicobaren waren noch extremer: Als die Flutwelle auf die Inselgruppe traf, darunter Great Nicobar, Car Nicobar, Little Andaman, Nancowrie, Katchal und viele kleinere Inseln, wurden Tausende vom Sog erfasst. Offiziell gab es 6100 Tote, noch mehr Vermisste und Tausende von Obdachlosen, die in Notlager nach Port Blair evakuiert wurden. Es war allerdings schwierig, überhaupt auf die Inseln zu kommen – viele Menschen mussten tagelang ohne Nahrung und Wasser auf Hilfe warten.

Glücklicherweise blieb der nördliche Teil der Andaman-Kette von der Katastrophe verschont. South Andamans niedrigere Regionen wurden zwar überflutet (die Strandgebiete von Port Blair und Inseln wie Havelock), aber die Schäden konnten schnell repariert werden. Geologen schätzen, dass es in den drei Monaten nach dem Tsunami noch über 10 000 Nachbeben gab – teilweise mit einer Stärke von 6,5. Nach Aussage des britischen Geologen Dr. Mike Searle brach die Grenze zwischen der Indischen Platte im Westen und der Burma-Andaman-Sumatra-Platte im Osten in 1300 km Länge auseinander; momentan bewegt sich die Indische Platte Richtung Osten. Searle behauptet zwar, dass es eine weitere Katastrophe dieses Ausmaßes zu unseren Lebzeiten wahrscheinlich nicht mehr geben wird – dennoch sind die abgelegenen Inseln ganz eindeutig ein seismischer Hotspot.

bei der Ankunft erteilte Genehmigung nicht gilt. Dazu muss man einen Antrag stellen und in schriftlicher Form den Grund der Reise, den Bootsnamen und den genauen Zeitraum angeben. Normalerweise wird die Genehmigung innerhalb von einer Stunde erteilt. Will man die Inseln südlich von Mayabunder besuchen, muss man seine Genehmigung beim **District Conservator of Forests** (Forstamt, DCF; Karte S. 1138; ☎ 03192-33321; WL-I, Haddo Rd, Haddo, Port Blair) neben dem CWW vorlegen. Für das Gebiet nördlich von Mayabunder geht man gleich nach der Ankunft zum **DCF** (WL-II, Mayabunder). Wie man so eine Genehmigung bekommt, was sie kostet und ob man überhaupt eine bekommt (nicht immer!) erfahren Besucher, wenn sie den Antrag beim CWW stellen. Die Büros sind von Montag bis Freitag von 8.30 bis 12 Uhr und von 13 bis 16 Uhr geöffnet. Die meisten Genehmigungen kosten 20 Rs pro Person und Tag.

Nationalparks & Schutzgebiete

Für Besuche der Nationalparks und Schutzgebiete auf den Inseln sind spezielle Tagesgenehmigungen nötig; was in diesem Fall weh tut, ist nicht der Aufwand, um die Genehmigung zu bekommen, sondern die Kosten: Für Nationalparks (wie der Mahatma Gandhi Marine National Park oder der Saddle Peak National Park) kosten Genehmigungen für Inder/Ausländer 50/500 Rs. Für Schutzgebiete wie Ross und Smith Island (bei Diglipur) wird man 25/250 Rs los.

Studenten mit gültigem Ausweis kommen drumrum und bezahlen nur 5 Rs, müssen aber den CWW in Port Blair (s. S. 1133) aufsuchen und sich ein Schreiben ausstellen lassen, das den Rabatt offiziell bestätigt.

TOURISTENINFORMATION

Andaman & Nicobar Tourism (A&N Tourism; Karte S. 1138; ☎ 232747; Fax 230933; www.and.nic.in; Port Blair; Mo–Fr 8.30–13 & 14–17, Sa 8.30–12 Uhr) ist die Hauptanlaufstelle für Touristen.

Aktivitäten

TAUCHEN

Das kristallklare Wasser, die faszinierenden Korallen, das vielfältige Unterwasserleben und praktisch unentdeckte Stellen machen die Andamanen zu einem großartigen Tauchrevier.

Aber es gibt eine Kehrseite der Medaille: Die Tauchindustrie vor Ort verändert sich ständig, Tauchveranstalter kommen und gehen – man weiß nicht, was einen genau erwartet. Das Hauptproblem scheint eine Überregulierung des Tauchbetriebs zu sein; zudem bekommen ausländische Tauchlehrer nicht die erforderliche Arbeitsgenehmigung.

Tauchveranstalter

Momentan gibt es auf Havelock Island drei professionelle Tauchzentren; ein weiteres bei Wandoor ist in Planung. Die Tauchsaison geht normalerweise von Dezember bis April. Die Zentren haben Tauchgänge vom Boot mit voller Ausrüstung, Einführungskurse im Scubatauchen, Freiwasser- und Fortgeschrittenenkurse sowie Divemaster-Training im Angebot. Die Preise variieren je nach Location, Teilnehmerzahl und Kursdauer – generell ist Tauchen auf den Andamanen im Vergleich zu Südostasien nicht billig. Ein einfacher/doppelter Tauchgang vom Boot aus kostet rund 50/80 US$. In Nationalparks müssen zusätzlich 1000 Rs pro Tag und Person direkt an den Park entrichtet werden.

Andaman Dive Club (Karte S. 1143; ☎ 282002; www.andamandiveclub.com) Tauchzentrum in Dorf 1 auf Havelock; zwei Tauchgänge vom Boot aus kosten zwischen 80 und 100 US$, für einen PADI-Freiwasserkurs/Fortgeschrittenenkurs muss man 340/225 US$ berappen. Auch mehrtägige Pakete und Tauchexpeditionen sind im Angebot.

Barefoot Scuba (Karte S. 1143; in Port Blair ☎ 237656; www.barefootindia.com) Tauchzentrum beim Barefoot Jungle Resort in Havelock. Barefoot plant einen Ableger bei Wandoor zu eröffnen und verlangt für zwei Tauchgänge vom Boot 80 US$; Freiwasserkurse kosten 15 000 Rs.

Dive India (Karte S.1143; ☎ 282472; www.diveindia.com) Tauchzentrum im Wild Orchid auf Havelock Island. 2000/3000/4000 Rs für einen/zwei/drei Tauchgänge vom Boot aus. Ein Einführungskurs ins Scubatauchen kostet 3000 Rs; ein PADI-Freiwasserkurs schlägt mit 15 500 Rs zu Buche, für einen Freiwasserkurs für Fortgeschrittene wird man 10 500 Rs los (21 000 Rs für beide Kurse im Doppelpack).

Tauchgebiete

Zu den empfohlenen Tauchgebieten gehören **Cinque Island** (S. 1143; North Point, Southeast Reef), **North Passage Island** (Fish Rock), **Little Andaman** (S. 1147; Bala Reef), **Wandoor** (S. 1142), **Rutland Island** (Corruption Rock) und **Snake Island**. Die größte Auswahl gibt's vor **Havelock Island** (S. 1143), darunter Gebiete wie Mac Point, Aquarium, Barracuda City, Turtle Bay, Seduction Point, Lighthouse, The Wall, Pilot Reef und Minerva Lodge.

SCHNORCHELN

Schnorcheln ist wesentlich günstiger und leichter zu arrangieren als Tauchen – und es kann sich wirklich lohnen! Gute Ausrüstungen sind allerdings in den Schnor-

INDIGENE VÖLKER AUF DEN INSELN

Die Eingeborenen der Andamanen und Nicobaren machen nur 12 % der Gesamtbevölkerung aus; und es werden immer weniger.

Onge

Zwei Drittel von Onge Island bei Little Andaman wurden 1977 vom Forstamt übernommen und „besiedelt". Die ca. 100 verbliebenen Angehörigen des Onge-Stammes müssen sich seitdem auf ein 25 km^2 großes Reservat zwischen Dugong Creek und South Bay beschränken. Anthropologischen Studien zufolge reduzierte sich die Onge-Bevölkerung weiter, entmutigt durch den Verlust ihres Landes. Die meisten Inselbewohner wurden nach dem Tsunami nach Port Blair evakuiert.

Sentinelesen

Im Gegensatz zu den anderen Inselstämmen verweigern die Sentinelesen den Kontakt zur Außenwelt. Alle paar Jahre werden zwar am Strand von North Sentinel Island (dem letzten Rückzugsgebiet der Sentinelesen) Annäherungsversuche unternommen, doch die Abgesandten werden trotz mitgebrachter Geschenke (Kokosnüsse, Bananen, Schweine und rote Plastikeimer) regelmäßig mit einem Pfeilregen empfangen. In den letzten Jahren waren die Begegnungen jedoch etwas weniger feindlich. Es gibt noch etwa 250 Sentinelesen.

Andamanesen

Mit nur 40 verbliebenen Mitgliedern scheint der Stamm der Andamanesen dem Untergang geweiht. In der Mitte des 19. Jhs. gab es noch an die 5000 Mitglieder; doch ihre Freundlichkeit gegenüber den Kolonisten wurde ihnen zum Verhängnis. Zu Beginn des 20. Jhs. war der Großteil der Bevölkerung durch Masern, Syphilis und Grippeepidemien dahingerafft worden. Auf der winzigen Strait Island fanden die Überlebenden eine neue Heimat.

Jarawa

Die 350 übriggebliebenen Jarawa leben in einem 639 km^2 großen Reservat auf South und Middle Andaman. Ihr einstiges Stammesgebiet wurde durch den Bau der Andaman Trunk Rd, durch Waldrodung, durch das ständige Anwachsen der Siedlungen und durch die Ausweitung des Tourismus zersplittert. 1953 befahl der Chief Commissioner, Jarawa-Siedlungen mit einem bewaffneten Wasserflugzeug zu bombardieren. Heutzutage sind es die Touristen, die die Jarawas bombardieren.

Shompen

Nur etwa 250 Shompen leben noch in den Wäldern auf Great Nicobar. Die Jäger und Sammler wohnen entlang der Flussufer und widersetzen sich bis heute der Integration, indem sie sich von Gebieten mit indischen Einwanderern fernhalten.

Nicobaresen

Mit 30 000 Angehörigen sind die Nicobaresen das einzige Eingeborenenvolk, dessen Zahl nicht zurückgeht. Der Großteil ist zum Christentum konvertiert und hat sich teilweise in die heutige indische Gesellschaft integriert. Die Nicobaresen leben unter der Führung eines Häuptlings in Dörfern, züchten Schweine und pflanzen Kokosnüsse, Yams und Bananen an. Sie stammen vermutlich von Völkern aus Malaysia und Myanmar ab. Sie bewohnen eine Reihe von Inseln der Nicobar-Gruppe mit Car Nicobar als Zentrum. Diese Region war am stärksten vom Tsunami betroffen.

chelgebieten kaum erhältlich, also sollte man sich drum kümmern, bevor es nach Port Blair geht. Besser alles Nötige von zuhause mitbringen oder die Sachen auf dem indischen Festland kaufen, dort ist es günstiger. **Havelock Island** (S. 1143) ist einer der besten Schnorchelplätze, da viele der Ferienunterkünfte Bootsausflüge zu Korallenriffen und Inseln organisieren können, die ansonsten unerreichbar sind.

Der nächste Schnorchelplatz von Port Blair aus ist North Bay. Andere beliebte Stellen sind Wandoor, Jolly Buoy, Red Skin, Cinque, Neil und Little Andaman Island.

SURFEN

Seit die Insel vor sieben Jahren für Ausländer geöffnet wurde, gilt **Little Andaman** (S. 1147) unter furchtlosen Surfern als Geheimtipp. Obwohl sie recht abgelegen ist, fahren immer wieder Surfer dorthin, um die gediegenen Wellen vor der Ostküste zu nutzen. Diverse Firmen, darunter **SEAL** (seal-asia.com), haben Surfreisen mit dem Schiff im Angebot (normalerweise ab Thailand oder Myanmar).

An- & Weiterreise

Der Weg zu den Andamanen – per Boot ab Chennai oder Kolkata – kann schon selbst zum Abenteuer werden. Die Reise ist lang und sollte im Voraus gut geplant werden, da von jedem Festlandhafen normalerweise nur ein oder zwei Boote innerhalb von zwei Wochen auslaufen. Fliegen ist dagegen schnell und einfach – in der Hauptsaison rechtzeitig buchen, um noch einen Platz zu bekommen!

FLUGZEUG

Indian Airlines (in Port Blair Karte S. 1138; ☎ 233108; ⌚ Mo–Sa 9–13 & 14–16 Uhr; in Chennai ☎ 044-28555201; in Kolkata ☎ 033-22110730) fliegt täglich um 6.15 Uhr von Chennai (230 US$, 2 Std.) und 11-mal wöchentlich von Kolkata (245 US$) nach Port Blair. **Jet Airways** (in Port Blair ☎ 236922; in Chennai ☎ 044-28414141) startet täglich um 9.50 Uhr ab Chennai (235 US$).

Ursprünglich waren ab 2005 wöchentliche Charterflüge von Bangkok (Thailand) nach Port Blair geplant. Das Vorhaben wurde aber nach dem Tsunami auf 2006 verschoben; Flüge sollen dann von Januar bis April angeboten werden (400 US$ inkl. Rückflug). Gebucht werden muss ein Paket, bei dem man mit einer Chartermaschine auch wieder nach Bangkok zurückfliegt; ein Weiterflug zum indischen Festland ist nicht möglich. Die zuständige Chartergesellschaft ist **PB Air** (www.pbair.com) in Thailand. Buchen kann man über **A&N Islands Tours & Travels** (☎ 245068; www.anislands.com; 20/4 AIR Rd) in Port Blair.

SCHIFF/FÄHRE

Normalerweise gibt's zwischen Port Blair und dem indischen Festland vier bis sechs Schiffsverbindungen im Monat: alle 14 Tage von/nach Kolkata (56 Std.) und wöchentlich (in der Hauptsaison) von/nach Chennai (60 Std.). Die vier Schiffe, die dazu benutzt werden, betreibt die **SCI** (Karte S. 1138; ☎ 233347; Fax 33778; www.shipindia.com; Aberdeen Bazaar, Port Blair). Der Fahrplan verändert sich ständig, daher sollte man sich im Voraus bei der SCI oder auf der Website von **A&N Tourism** (www.and.nic.in) über die aktuellen Auslaufzeiten informieren. Trotzdem sind die Zeitangaben mit Vorsicht zu genießen – manche Reisende durften im Hafen von Kolkata an Bord bis zu 12 Stunden auf die Abfahrt warten, oder das Anlegemanöver in Port Blair verzögerte sich um mehrere Stunden. Die Verspätungen miteingerechnet, abhängig von Wetter und Seegang, kann die Reise bis zu drei Tage oder länger dauern. Einmal im Monat gibt's eine Schiffsverbindung ab Chennai über Cap Nicobar. Dieser Zwischenstopp verlängert die Reise um zwei Tage, in Cap Nicobar dürfen aber nur Einheimische an Land gehen. Weniger regelmäßige Verbindungen bestehen ab Visakhapatnam in Andhra Pradesh (weitere Details s. S. 976).

Kauft man eine Rückfahrkarte in Port Blair, schaut man am bestem im ersten Stock des A&N-Tourismusbüros vorbei (s. S. 1134); hier werden Kojen nach einem Quotensystem für Touristen reserviert. Beim Kartenkauf auf dem Festland Ticket für die Rückfahrt gleich mitbesorgen!

Diese Schiffe sind aktuell in Betrieb: Die MS *Nancowry* und die MS *Swarajdweep* fahren ab Chennai, die MS *Nicobar* und die MS *Akbar* ab Kolkata; die MS *Harshavardan* bedient beide Häfen.

Zwischen den Booten bestehen leichte Klassenunterschiede; die billigste Reisevariante ist die Bunk Class (1510 Rs), die aber möglicherweise schwer zu bekommen ist.

Dann kommen die 2. oder B-Klasse (3870 Rs, 16 Kojen), die 1. oder A-Klasse (4860 Rs, 4 bis 6 Kojen) und zu guter Letzt die Deluxe-Kabinen (5880 Rs). Das Essen (Tiffin zum Frühstück, Thalis zum Mittag- und Abendessen) kostet ca. 150 Rs pro Tag. Fast jeder beschwert sich über das Essen; die Bordverpflegung sollte also in Eigenregie ergänzt werden (vor allem durch Früchte). Bettzeug ist vorhanden; für die Bunk Class sollte man aber eine Bettdecke mitbringen. Viele Reisende benutzen auch eine Hängematte an Deck.

Auf S. 1133 gibt's weitere Adressen der SCI-Büros.

Unterwegs vor Ort

Sämtliche Straßen und Fährverbindungen haben Port Blair zum Endziel, und es kann ziemlich langwierig sein, von Insel zu Insel zu kommen – besonders bei Inseln, die weiter draußen liegen. Die Hauptinseln (South, Middle und North Andaman) sind durch Straßen und Brücken miteinander verbunden. Busse fahren von Port Blair nach Wandoor, in Richtung Norden nach Bharatang, Rangat, Mayabunder und auch nach Diglipur, das 325 km nördlich der Hauptstadt liegt. Aber keinen Geschwindigkeitsrausch erwarten: Auch ein Taxi schafft allerhöchstens 30 km pro Stunde.

Die meisten Inseln sind natürlich nur per Boot zu erreichen; dabei genießt man eine romantische Reise per Fähre – von den allerdings oft überfüllten Decks gibt's nicht selten fliegende Fische oder sogar Delphine zu sehen. Nach Havelock und Neil Island geht's relativ schnell und einfach; regelmäßige Fährverbindungen bestehen nach Long Island und Little Andaman; längere Trips gehen u. a. nach Rangat, Mayabunder and Diglipur. Die beste Informationsquelle zu den aktuellen Fahrplänen der Fähren zwischen den Inseln sind die zahlreichen Infoblätter, die überall in Port Blair ausliegen. Der tägliche *Andaman Herald* und die *Daily Telegrams* kündigen die Auslaufzeiten für eine Woche im Voraus an.

2003 wurde ein subventionierter Hubschrauberservice zwischen den Inseln ins Leben gerufen, doch wegen der hohen Kosten und der rech geringen Nachfrage steht dessen Zukunft in den Sternen. Zum Zeitpunkt der Recherche gingen die meisten Flüge zur Nicobar-Inselgruppe.

PORT BLAIR

☎ 03192 / 100 186 Ew.

Die Hauptstadt schmiegt sich rund um einen Hafen an der Ostküste South Andamans und ist das unbestrittene Verwaltungszentrum der Inselgruppe. Die Stadt an sich ist nicht gerade attraktiv und hat nur einen einzigen halbwegs erträglichen Strand. Dennoch gibt's hier in Bezug auf die Kolonialgeschichte der Insel eine Menge zu sehen. Nur in Port Blair kann man auch Geld wechseln, ins Internet gehen und die Weiterreise organisieren. Deshalb verbringen die meisten Reisenden hier zumindest ein paar Tage. Wer die volle Schönheit der Andamanen auf und unter dem Wasser erleben möchte, schippert dann mit einer Fähre nach Havelock oder zu einer der anderen Inseln.

Orientierung

Die meisten Hotels, der Busbahnhof, die Fährdienste zwischen den Inseln (ab dem Phoenix-Bay-Steg) und die SCI-Büros liegen im Umkreis des zentralen Aberdeen Bazaars. Der Flughafen ist 5 km südlich der Stadt.

Praktische Informationen

NOTFALL

Aberdeen Polizeistation (☎ 33077, 32100; MG Rd)
GB Pant Krankenhaus (☎ 32102; GB Pant Rd)

INTERNETZUGANG

Browsenet@Hitech (MA Rd; 30 Rs/Std.; 🕓 8.30–22.30 Uhr)
Cyber Café (Haddo Rd; 20 Rs/Std.; 🕓 9–21 Uhr) Im Holiday Resort.
Net Across (Junglighat Main Rd; 20 Rs/Std.; 🕓 9–22 Uhr) Neben dem Büro von India Tourism.

GELD

Port Blair ist die einzige Stadt auf den Andamanen, in der Reisende Geld wechseln, an Automaten abheben und Reiseschecks einlösen können. Mehrere Automaten in der Stadt akzeptieren internationale Geldkarten.

ICICI Geldautomat (Ecke Foreshore & MA Rd)
Island Travels (☎ 233358; islandtravels@yahoo.com; Aberdeen Bazaar; 🕓 Mo–Sa 9–13 & 14–16 Uhr) Eins von mehreren Reisebüros, die Devisen wechseln.
State Bank of India (MA Rd; 🕓 Mo–Fr 9–12 & 13–15, Sa 10–12 Uhr) Löst Reiseschecks ein und wechselt ausländische Währungen.

PORT BLAIR

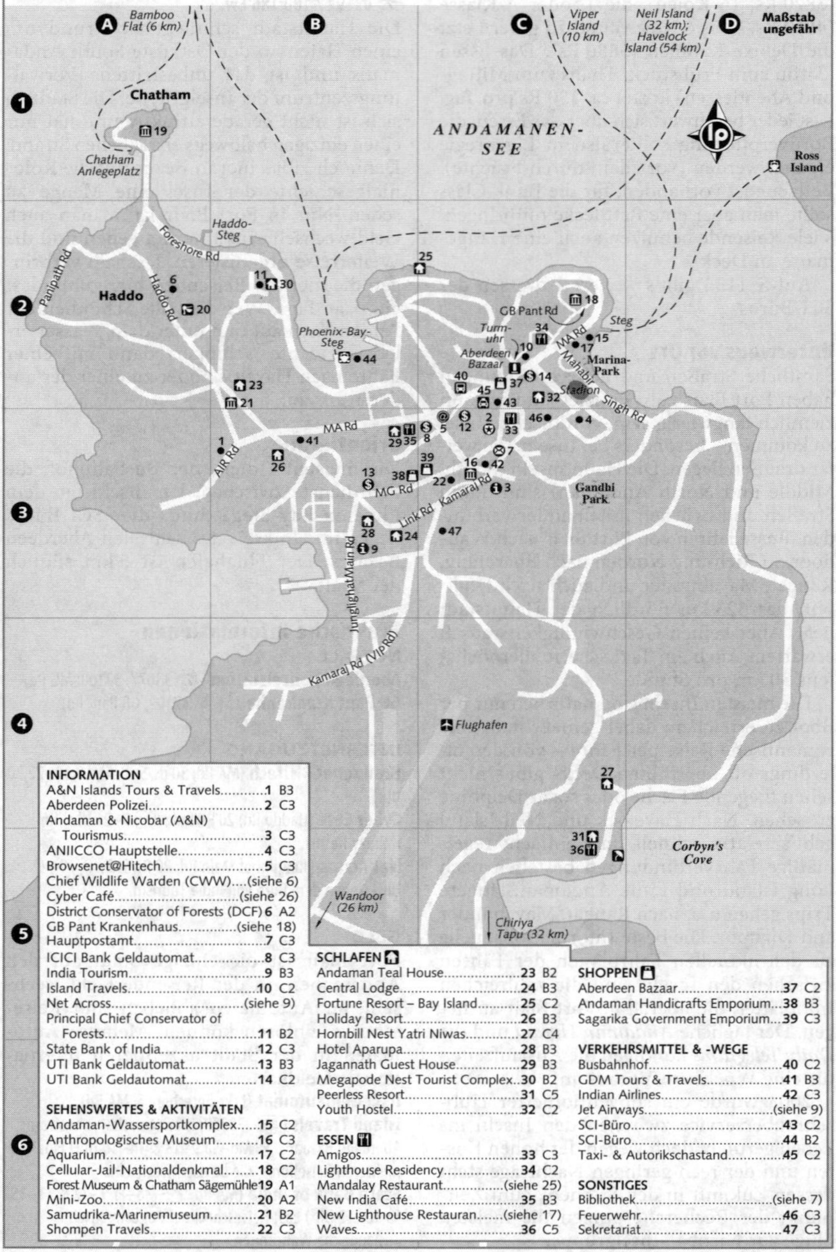

INFORMATION

A&N Islands Tours & Travels............1 B3
Aberdeen Polizei..............................2 C3
Andaman & Nicobar (A&N) Tourismus..............................3 C3
ANIICCO Hauptstelle........................4 C3
Browsenet@Hitech............................5 C3
Chief Wildlife Warden (CWW)....(siehe 6)
Cyber Café..................................(siehe 26)
District Conservator of Forests (DCF) 6 A2
GB Pant Krankenhaus..............(siehe 18)
Hauptpostamt....................................7 C3
ICICI Bank Geldautomat....................8 C3
India Tourism.....................................9 B3
Island Travels....................................10 C2
Net Across.................................(siehe 9)
Principal Chief Conservator of Forests..............................11 B2
State Bank of India............................12 C3
UTI Bank Geldautomat.......................13 B3
UTI Bank Geldautomat.......................14 C2

SEHENSWERTES & AKTIVITÄTEN

Andaman-Wassersportkomplex......15 C2
Anthropologisches Museum...........16 C3
Aquarium...17 C2
Cellular-Jail-Nationaldenkmal.........18 C2
Forest Museum & Chatham Sägemühle 19 A1
Mini-Zoo...20 A2
Samudrika-Marinemuseum..............21 B2
Shompen Travels..............................22 C3

SCHLAFEN

Andaman Teal House......................23 B2
Central Lodge...................................24 B3
Fortune Resort – Bay Island...........25 C2
Holiday Resort.................................26 B3
Hornbill Nest Yatri Niwas................27 C4
Hotel Aparupa..................................28 B3
Jagannath Guest House..................29 B3
Megapode Nest Tourist Complex..30 B2
Peerless Resort................................31 C5
Youth Hostel....................................32 C2

ESSEN

Amigos...33 C3
Lighthouse Residency......................34 C2
Mandalay Restaurant...............(siehe 25)
New India Café.................................35 B3
New Lighthouse Restauran........(siehe 17)
Waves..36 C5

SHOPPEN

Aberdeen Bazaar..............................37 C2
Andaman Handicrafts Emporium...38 B3
Sagarika Government Emporium...39 C3

VERKEHRSMITTEL & -WEGE

Busbahnhof.......................................40 C2
GDM Tours & Travels.......................41 B3
Indian Airlines..................................42 C3
Jet Airways..................................(siehe 9)
SCI-Büro..43 C2
SCI-Büro..44 B2
Taxi- & Autorikschastand.................45 C2

SONSTIGES

Bibliothek...................................(siehe 7)
Feuerwehr..46 C3
Sekretariat..47 C3

UTI Bank (Ecke MG Rd & MA Rd, Aberdeen Basar) In der Nähe der Jugendherberge.

POST

Hauptpostamt (Kamaraj Rd; Mo–Sa 10–17 Uhr)

TOURISTENINFORMATION

A&N Tourismusbüro (☎ 232747; Fax 230933; www.and.nic.in; Kamaraj Rd; Mo–Fr 8.30–13 & 14–17, Sa 8.30–12 Uhr) Größtes Tourismusbüro der Inselgruppe. Bucht Touren und staatliche Unterkünfte.

India Tourism (☎ 233006; 1. OG, 189 Junglighat Main Rd; Mo–Fr 8.30–12.30 & 13–17 Uhr) Das ehemalige Tourismusbüro der indischen Regierung weiß zwar auf viele Fragen keine Antwort, bietet aber eine Auswahl an Broschüren und zeichnet sich durch sehr hilfsbereite Mitarbeiter aus.

Sehenswertes & Aktivitäten

CELLULAR-JAIL-NATIONALDENKMAL

Die Briten bauten ab 1890 18 Jahre lang an diesem Gefängnis. Heute gedenkt das **Cellular-Jail-Nationaldenkmal** (GB Pant Rd; Eintritt 5 Rs, Foto/Video 10/50 Rs; 9–12.30 & 13.30–17 Uhr) der indischen Freiheitskämpfer. Besucher erfahren eine Menge über die koloniale Vergangenheit der Insel und ihre Bedeutung für das indische Volk. Ursprünglich standen sieben Gefängnistrakte mit 698 Zellen rund um einen zentralen Turm; davon sind heute nur noch drei erhalten. Sie lassen etwas von der „Hölle auf Erden" erahnen, der die Häftlinge früher ausgesetzt waren. Zudem gibt's hier eine Kunstgalerie, ein Museum, ein Märtyrerdenkmal und den originalen Galgen zu besichtigen. Vom ehemaligen Zentralturm aus ist die Aussicht klasse.

Eine informative **Sound-and-Light-Show** (Erw./Kind 20/10 Rs; Mo–Sa) beleuchtet die brutale Vergangenheit des Gefängnisses. Um 18 Uhr gibt's eine Vorführung auf Hindi, um 19.15 eine auf Englisch.

SAMUDRIKA-MARINEMUSEUM

Die indischen Marine gibt in dem interessanten **Museum** (☎ 32012, Durchwahl 2214; Haddo Rd; Erw./Kind 10/5 Rs, Foto/Video 20/40 Rs; Di–So 9–17.30 Uhr) Einblicke in das Ökosystem der Inseln. In mehreren Räumen stoßen Besucher auf informative Ausstellungen zu Stammesgemeinschaften, Flora, Fauna und Muscheln (sehenswert: Die Riesen-Venusmuschel). Weitere Räume sind der Korallenwelt und der Unterwasserarchäologie gewidmet. Außerdem gibt's ein kleines Aquarium.

ANTHROPOLOGISCHES MUSEUM

Das **Museum** (☎ 232291; Erw./Kind 10/5 Rs; Fr–Mi 9–13 & 13.30–16.30 Uhr) stellt Werkzeuge, Kleidungsstücke und Fotos von Eingeborenen aus und bringt so Licht in das Dunkel der Kulturen der verschiedenen indigenen Völkern auf den Inseln.

MINI-ZOO

In rostigen Käfigen zeigt der kleine **Zoo** (Haddo Rd; Erw./Kind 2/1 Rs; Di–So 8–17 Uhr) einige der 200 Tierarten, die ausschließlich auf den Inseln zu finden sind, darunter die Grüne Imperial-Nicobartaube, das Andaman-Schwein (Grundnahrungsmittel einiger Eingeborenenstämme) und den Krebsfressende Makak. Zwischen 8.30 und 9 Uhr ist Fütterungszeit, und um 10 und 15 Uhr wird jeweils ein kurzer Film gezeigt. Der Zoo führt ein äußerst erfolgreiches Zuchtprogramm für Salzwasserkrokodile durch, von denen bereits viele wieder ausgewildert werden konnten.

FOREST MUSEUM & CHATHAM-SÄGEMÜHLE

1836 errichteten die Briten die **Sägemühle** (Eintritt 2 Rs; 8.30–14.30 Uhr) auf Chatham Island (diese Insel ist über eine Straßenbrücke erreichbar). Sie ist heute einer der größten Holzverarbeitungsbetriebe in Asien und enthält das Forest Museum, das viele einheimische Holzarten (darunter auch das Padouk) präsentiert und einiges zur Geschichte der Holzindustrie auf der Insel erzählt. Die Chatham-Sägemühle mag zwar nicht nach jedermanns Geschmack sein (dies gilt besonders für Umweltschützer), vermittelt aber einen Eindruck von der kolonialen Geschichte und Wirtschaft der Insel.

AQUARIUM & MARINA-PARK

Das **Aquarium** (Mahabir Singh Rd; Erw./Kind 5/3 Rs; Do–Di 9–13 & 14–16.45 Uhr, am 2. Sa des Monats geschl.) zeigt einige der 350 Arten, die in der Andaman Sea zu finden sind. In den Becken schwimmen u. a. Pufferfische, Fledermausfische und Tigerfische um die Wette. Der benachbarte **Marina-Park** (Mahabir Singh Rd) bietet auch noch ein paar rostige Fahrgeschäfte für Kinder und eine Minibahn. Der Tsunami beschädigte diese Einrichtungen, sie sollten aber mittlerweile beide wieder geöffnet sein.

ANDAMAN-WASSERSPORTKOMPLEX

Der **Wassersportkomplex** (9–17 Uhr) vermietet Ruderboote, Surfausrüstungen und Segel-Dingis. Wasserskifahren kostet 300 Rs für 15 Minuten; Jetskis schlagen für die gleiche Zeit mit 250 Rs zu Buche. Fürs Surfen wird man für eine Viertelstunde 50 Rs los, ein Boot mit Glasboden kostet 120 Rs/Std. Eine Runde Parasailing mit dem Speedboot (ca. 5 Min.) macht 600 Rs, und für 100 Rs am Tag kann man Taucherbrille und Schnorchel ausleihen.

CORBYN'S COVE

Corbyn's Cove liegt 4 km östlich vom Flughafen und 7 km südlich von Port Blair. Der Strand besteht aus einer kleinen Sandkurve mit Palmen; im Hintergrund liegt das Peerless Resort. Sehr beliebt zum Schwimmen, Sonnenuntergang-Angucken und Faulenzen.

Geführte Touren

Mögliche Tagestouren gibt's als Stadtrundgang durch Port Blair (Erw./Kind 52/26 Rs), zum Wandoor Beach (104/52 Rs) und zum Mount Harriet (156/78 Rs); seltener geht's nach Cinque Island oder Little Andaman. Für die meisten Touren ist eine Mindestanzahl von Teilnehmern erforderlich. Reisebüros:

A&N Islands Tours & Travels (☎ 245068; www.anislands.com; 20/4 AIR Rd)

Andaman Teal House (☎ 232642; Haddo Rd)

Island Travels (☎ 233034; islandtravels@yahoo.com; Aberdeen Bazaar) Gegenüber von der Sampat Lodge.

Shompen Travels (☎ 233028; Kamaraj Rd)

Schlafen

Die Unterkünfte verteilen sich über ganz Port Blair, die günstigsten gibt's jedoch im Umkreis von ein paar Kilometern von der MA Rd. und dem Aberdeen Bazaar. Ausgecheckt wird normalerweise um 8 Uhr; manchmal aber schon um 7 Uhr, damit die Zimmer für Neuankömmlinge rechtzeitig fertig werden. Daher: Lieber schon am Abend vorher packen!

BUDGETUNTERKÜNFTE

Jugendherberge (☎ 232459; B/DZ 50/100 Rs) Eine der wenigen indischen Jugendherbergen; liegt gegenüber vom Sportplatz. Rabatt gibt's allerdings nur für Studenten (30 Rs). Das günstigste Haus vor Ort, ist aber in der Hauptsaison häufig von Reisegruppen belegt.

Central Lodge (☎ 233632; Link Rd; EZ/DZ mit Gemeinschaftsbad 70/100 Rs, DZ mit separatem Bad 120 Rs) Einfaches Holzgebäude abseits der Straße. Kleine, etwas trostlose Zimmer – trotzdem sehr beliebt, da günstig. Hier wird man in alte Backpacker-Zeiten zurückversetzt, muss allerdings auf die Bananen-Pfannkuchen verzichten.

Jagannath Guest House (☎ 232148; 72 MA Rd; EZ/DZ/3BZ 200/300/450 Rs) Recht gute Budget-Unterkunft, nicht zuletzt, weil das Management auf Backpacker eingestellt ist. Einfache, aber relativ saubere Zimmer, die meisten davon mit kleinem Balkon.

Holiday Resort (☎ 30516; info@aboutandamans.com; Prem Nagar; EZ/DZ 350/500 Rs, EZ/DZ mit Klimaanlage 600/800 Rs;) Der Name ist etwas irreführend; es handelt sich weder um ein Resort, noch hat das Haus etwas mit einer Ferienanlage zu tun. Dafür liegt es zentral und ist sauber. Wegen der Zimmer mit Klimaanlage und TV eher Mittelklasse als Budget.

MITTELKLASSEHOTELS

Megapode Nest Tourist Complex (☎ 232207; aniidco@vsnl.com; Haddo Rd; EZ/DZ ab 1000/1400 Rs, Hütten 2000 Rs;) Das Megapode Nest in Haddo auf dem Hügel über der Bucht bietet im oberen Mittelklassebereich ein gutes Preis-Leistungs-Verhältnis. Von vielen der Zimmer hat man Aussicht auf den Hafen; es gibt große Doppelzimmer mit Klimaanlage und großzügige, klimatisierte Hütten im Jurtenstil. Preise inklusive Frühstück; im Garten trinken Gäste in aller Ruhe ein kaltes Bier.

Hornbill Nest Yatri Niwas (☎ 46042; hornbillresort@rediffmail.com; DZ ab 800 Rs, EZ/DZ mit Klimaanlage 950/1250 Rs;) Steht auf einem Hügel 1 km nördlich vom Corbyn's Cove. Eigentlich tolle Lage, aber die Aussicht aufs Meer ist größtenteils verpfuscht. Die Zimmer bieten nichts Besonderes fürs Geld. Hat ein halboffenes Restaurant und eine Bar.

Andaman Teal House (☎ 234060; Haddo Rd; DZ ohne/mit Klimaanlage 400/800 Rs;) Wird von A&N Tourism (Buchungen nur über das Tourismusbüro, s. S. 1134) geleitet. Das Haus mit in die Jahre gekommenen Zimmern liegt recht zentral an der Seite eines Hügels. Die klimatisierten Zimmer ganz oben sind eindeutig am besten (mit TV, Teppich und Möbeln) – die anderen sind aber kahl und feucht.

Hotel Aparupa (☎ 246582; hotelaparupa@yahoo.com; Link Rd; EZ/DZ 900/1200 Rs; ❄) Pfiffiges neues Hotel. 26 kleine, aber blitzsaubere Zimmer mit Fliesenboden, TV und zentraler Klimaanlage. Tolles kleines Restaurant mit recht guter Aussicht und einer Bar.

SPITZENKLASSEHOTELS

Die folgenden Hotels akzeptieren alle bekannten Kreditkarten; Preise inklusive Frühstück.

Fortune Resort – Bay Island (☎ 234101; sripadsudhir@yahoo.com; Marine Hill; EZ/DZ 66/99 US$, Suite EZ/DZ 132/165 US$; ❄) Port Blairs Top-Hotel in bester Lage direkt über dem Meer; die Terrassengärten und das Balkonrestaurant garantieren einen super Meerblick. Die Zimmer sind sehr komfortabel und haben polierte Fußböden, Balkone, hübsche Möbel und TV, sind aber etwas kitschig und überteuert. Am meisten bekommt man fürs Geld, wenn man ein Zimmer auf der Seeseite wählt. Hervorragender Meerwasser-Pool, gutes Restaurant und Bar.

Peerless Resort (☎ 229263; pblbeachinn@sancharnet.in; EZ/DZ 2250/3650 Rs, Hütte DZ 4500 Rs; ❄) Die Lage direkt hinter dem Corbyn's Cove Beach ist die Stärke vom Peerless Resort – ansonsten wirken die Zimmer recht alt und sind zu klein und zu teuer, obwohl die meisten einen Balkon haben. Ansonsten gibt's noch schön gepflegte Gärten, einen Tennisplatz, ein Ayurveda-Zentrum, eine Strandbar und ein Restaurant.

Essen

In Port Blair gibt's die verschiedensten Arten von Restaurants – vom günstigen indischen Thali-Laden am Basar bis zum Top-Restaurant im Hotel. Ein paar Lokale servieren gutes Seafood.

Amigos (Hauptgerichte 37–70 Rs; 7–22 Uhr) Blitzsauberes vegetarisches Restaurant südlich vom Aberdeen Bazaar. Serviert gute vegetarische Pizzen, Burger und Sandwiches.

New Lighthouse Restaurant (Marina Park; Hauptgerichte 25–75 Rs, Seafood 150–350 Rs; 8–23 Uhr) Verfallendes Gebäude neben dem Aquarium; luftiger, halboffener Essbereich mit Aussicht aufs Wasser. Die Hauptattraktion ist frisches Seafood, darunter ganze Fische, Krebse und Hummer (die Preise sind gewichts- und saisonabhängig). Auch super zum Frühstücken oder für ein Bier am Abend.

Lighthouse Residency (MA Rd, Aberdeen Bazaar; Hauptgerichte 45–110 Rs; 11–23 Uhr) Modernes Restaurant und Cocktail-Bar im Euro-Style. Hell und weiß, die Sauberkeit grenzt an Sterilität. Die Spezialität sind thailändische und chinesische Gerichte, aber auch indische und europäische (inkl. frischem Seafood) stehen auf der Speisekarte.

Mandalay Restaurant (Marine Hill; 7–10.30, 12.30–14.30 & 19–22.30 Uhr) Alleine schon die Aussicht verleitet zum Schlemmen im offenen Restaurant vom Fortune Resort – Bay Island (s. linke Spalte). An den täglichen Buffets kann man sich den Bauch vollschlagen (Frühstück 180 Rs, Mittags- und Abendbuffet 350 Rs).

Waves (Hauptgerichte 30–95 Rs; 10–23 Uhr) Luftiges Open-Air-Restaurant direkt am Corbyn's Cove Beach, daher super Location für ein Mittag- oder Abendessen zwischen Palmen. Neben Seafood (Malai-Garnelen 75 Rs, Krebse und Hummer nach Gewicht) gibt's thailändische und indische Gerichte. Das Corbyn Cove Hut nebenan ist prima für Snacks und kaltes Bier (65 Rs).

New India Café (MA Rd) In diesem Lokal im Hotel Jai Matha gibt's günstiges Essen.

Shoppen

Der Aberdeen Bazaar ist typisch indisch – Stände verkaufen günstige Stoffwaren und Haushaltsgegenstände. Handwerksprodukte von den Inseln wie z. B. tolle Holzschnitzereien, Muschelschmuck, Bambus- und Schilfrohrmöbel gibt's in ein paar Läden und Spezialgeschäften. Die meisten der verkauften Muscheln werden legal gesammelt; ein guter Laden kann das nachweisen.

Andaman Handicrafts Emporium (☎ 240141; MG Rd, Middle Point)

Sagarika Government Emporium (MG Rd, Middle Point; Mo–Sa 9–19 Uhr, So 9–12 & 15–19 Uhr)

An- & Weiterreise

Auf S. 1136 findet man Näheres zu An- und Abreise von den Andamanen.

SCHIFF/FÄHRE

Von Chatham Wharf fahren täglich mehrere Passagierfähren nach Bamboo Flat (3 Rs, 15 Min.), aber die meisten Inselfähren legen vom Phoenix-Bay-Steg ab. Tickets gibt's am Vortag zwischen 9 und 11 Uhr an den Schaltern. In manchen Fällen (wie z. B. den Fähren nach Neil und Havelock Island) werden Tickets auch direkt an Bord verkauft, in der Hauptsaison gehen die aber weg wie warme Semmeln und wer später dran ist, schaut in die Röhre.

BUS

Vom Busbahnhof in Port Blair fahren Busse nach Wandoor (8 Rs, 1½ Std., 8-mal tgl.) und Chiriya Tapu (9 Rs, 2 Std., 4-mal tgl.). Einmal täglich – um 4.30 Uhr – geht ein Bus über Mayabunder nach Diglipur (120 Rs, 12 Std.), um 5 Uhr direkt nach Mayabunder (95 Rs, 9 Std.) und um 5.45 Uhr nach Rangat (65 Rs, 6 Std.).

Unterwegs vor Ort

Das Stadtzentrum lässt sich locker zu Fuß erkunden; wer allerdings nach Corbyn's Cove, Haddo oder Chatham Island möchte, braucht ein Transportmittel. Ein Taxi oder eine Autorikscha vom Flughafen zum Aberdeen Bazaar kostet ca. 35 Rs, vom Aberdeen Basar zum Phoenix-Bay-Steg wird man 25 Rs und zum Haddo-Steg 35 Rs los.

Über die Insel südlich von Port Blair brummt es sich am besten mit einem Moped oder einem Motorrad. **GDM Tours & Travels** (☎ 232999; MA Rd) vermietet welche. Ein Automatikroller kostet 150 Rs pro Tag, ein 125-ccm-Motorrad 200 Rs. Eine Kaution von 1000 Rs bleibt vor Ort; Helme werden gestellt. Das Jagannath Guest House (s. S. 1140) besitzt auch ein paar Mopeds (ab 150 Rs/Tag).

Mit dem Fahrrad kommt man im direkten Stadtgebiet von Port Blair prima herum. Stände am Aberdeen Bazaar vermieten Drahtesel für 40 Rs/Tag.

RUND UM PORT BLAIR & SOUTH ANDAMAN

Ross Island

Dieser chillige Ort liegt eine halbe Tagesreise von Port Blair entfernt und war früher das Verwaltungshauptquartier der Briten. Zu rauschenden Kolonialzeiten steppte auf **Ross Island** (Eintritt 20 Rs) der Bär; die Tageszeitungen priesen es daher als „Paris des Ostens". 1941 zerstörte aber ein Erdbeben die gepflegten Gärten und die riesigen Ballsäle. Sechs Monate später trat Japan in den Zweiten Weltkrieg ein und die Briten verlegten ihr Hauptquartier nach Port Blair. Auch der Tsunami von 2004 richtete Schäden auf der Insel an.

Viele der kolonialen Gebäude stehen heute noch als aussagekräftige Ruinen auf der Insel und werden langsam aber sicher von Bäumen überwuchert. Die befestigten Pfade und sämtliche Gebäude sind mit Tafeln beschildert. Es gibt zudem ein kleines Museum mit historischen Ausstellungen und Fotos von Ross Island in seiner Blütezeit.

Fähren nach Ross Island (16 Rs, 20 Min.) legen von Donnerstag bis Dienstag um 8.30, 10.30, 12.30 und 14 Uhr vom Anlegesteg des Wassersport-Komplexes in Port Blair ab. Wer eine Fahrkarte kauft, sollte auf jeden Fall auch gleich die aktuellen Abfahrtszeiten checken, da sie von den Gezeiten abhängen. Ross Island untersteht der Marine; deshalb werden Besucher bei der Ankunft registriert und sie müssen Eintrittsgeld auf den Tisch legen.

Viper Island

Ein Bootsausflug am Nachmittag nach **Viper Island** (Eintritt 5 Rs) lohnt sich; hier stehen die schlichten Überreste eines ockerfarbenen Backstein-Gefängnisses samt Galgen, das 1867 von den Briten errichtet wurde. Die Insel wurde nach einem britischen Handelsschiff benannt, das im 19. Jh. in der Nähe Schiffbruch erlitt.

Die Hafenrundfahrt nach Viper Island beginnt um 15 Uhr am Steg des Wassersport-Komplexes (65 Rs, 45 Min. einfache Fahrtzeit) und legt einen 20-minütigen Zwischenstopp an der Insel ein. Mittwochs (wenn keine Boote nach Ross Island fahren) bestehen mehr regelmäßige Fährverbindungen.

Mount Harriet

Der Mount Harriet (365 m) liegt auf der anderen Seite des Meeresarms nördlich von Port Blair. Ein Naturpfad führt zum Gipfel; von dort aus ist die Aussicht prima. Zum Mount Harriet kommt man entweder mit der Bamboo-Flat-Passagierfähre (3 Rs, 15 Min.), die regelmäßig vom Chatham-Steg ablegt, oder mit der Autofähre (3 Rs, 30 Min.), die alle zwei Stunden den Phoenix-Bay-Steg verlässt. Von Bamboo Flat aus verläuft eine 7 km lange Straße die Küste entlang zum Mount Harriet. Taxifahrer verlangen für die Strecke 250 Rs.

Wandoor

Wandoor ist ein kleiner Flecken 29 km südwestlich von Port Blair. Von hieraus geht's zum **Mahatma Gandhi Marine National Park** (Inder/Ausländer 50/500 Rs), der 280 km² groß ist und 15 Inseln umfasst. Zur abwechslungsreichen Landschaft gehören Mangrovensümpfe, tropischer Regenwald und Riffe, die aus 50 Korallenarten bestehen. Leider wurden der Marinepark, Jolly Buoy und Red Skin Island nach einer Beschädigung des Riffs durch den Tsunami für Besucher geschlossen. Wenn sie wieder geöffnet werden sollten, fahren Boote vom örtlichen Landungssteg in Wandoor nach **Jolly Buoy Island** (Erw./Kind 125/60 Rs; Do–Di) oder **Red Skin Island** (Erw./Kind 90/45 Rs; Sa–Do). Weil es ein Nationalpark ist, brauchen Reisende eine Genehmigung vom Wildhüterbüro in Port Blair (s. S. 1133) oder vom Büro neben dem Steg in Wandoor.

Busse fahren von Port Blair nach Wandoor (8 Rs, 1½ Std.). 2 km jenseits vom Wandoor-Steg gibt's ein paar ruhige, sandige **Strände** mit ausgezeichneten Schnorchelmöglichkeiten.

Mangrove Bay Hotel (☎ 280088; DZ 250–300 Rs) Liegt im Dorf in der Nähe vom Steg. Die Zimmer bieten aber für diesen Preis zu wenig. Ein neues ökologisches Rückzugsgebiet hinter dem Wandoor Beach wurde nach dem Tsunami geschlossen, hat aber vielleicht mittlerweile wieder geöffnet – Auskunft erteilt das Touristenbüro.

Chiriya Tapu

Chiriya Tapu liegt 30 km südlich von Port Blair und ist ein winziges Fischerdorf mit Stränden und Mangroven. Ein Strand 2 km südlich von Chiriya Tapu bietet eine der besten Schnorchelmöglichkeiten dieser Region. Sieben Busse fahren täglich von Port Blair zum Dorf (8 Rs, 1½ Std.); von hier aus kann man auch Boote nach Cinque Island organisieren.

Cinque Island

Die unbewohnten North- und South-Cinque-Inseln sind durch eine Sandbank miteinander verbunden und gehören zu einem Naturschutzgebiet südlich von Wandoor in der Nähe von Rutland Island. Korallenriffe umgeben die Inseln, die zu den schönsten der Andamanen gehören. Besucherboote ankern normalerweise vor South Cinque; Dingis bringen die Passagiere zum Strand.

Es sind nur Tagesbesuche möglich; Reisende ohne Anschluss an eine Ausflugs-

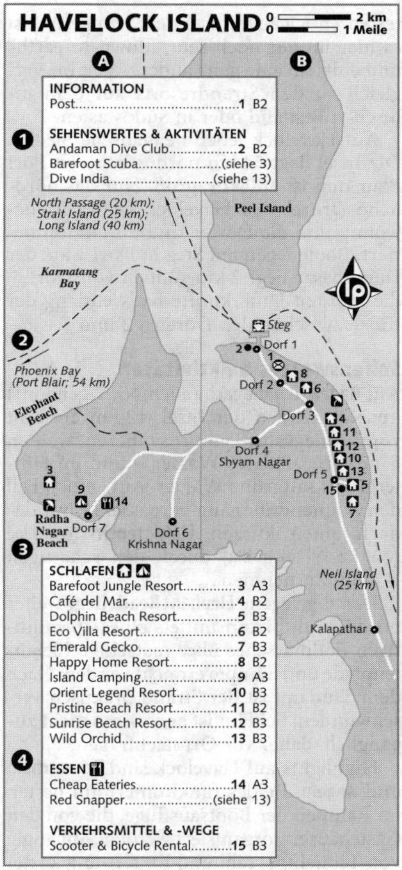

gruppe (Reisebüros organisieren manchmal solche Gruppenreisen) brauchen eine Genehmigung vom CWW (S. 1133). Von Chiriya Tapu fährt ein Boot in zwei Stunden hier her, von Wandoor aus in 3½.

HAVELOCK ISLAND

Havelock hat einen der genialsten Strände auf den Andamanen und eine Menge günstiger Bambushütten zum Übernachten. Die Insel ist erste Sahne für Reisende, die einen Gang runterschalten und den gemächlichen (aber nicht komatösen) Lebensstil vor Ort genießen möchten. Sie ist von Port Blair aus leicht erreichbar und bietet erstklassige Möglichkeiten zum Schnorcheln und zum Tauchen. Obwohl Havelock die am weitesten entwickelte Insel der Gruppe ist, ist es hier immer noch sehr „down-to-earth" und einfach: eine ganz andere Welt im Vergleich zu den Strandresorts auf dem indischen Festland oder in Südostasien.

Auf Havelock leben bengalische Siedler. Die Insel liegt 54 km nordöstlich von Port Blair und ist 100 km² groß. Nur das nördliche Drittel von Havelock Island ist bewohnt, und die Dörfer sind durchnummeriert. Boote legen am Steg in Dorf 1 an; der Hauptbasar liegt 2 km südlich von Dorf 3; die meisten Unterkünfte hat's entlang der Küste zwischen den Dörfern 2 und 5.

Sehenswertes & Aktivitäten

Am **Radha Nagar Beach** (auch Nr. 7 genannt) im Nordwesten der Insel, 12 km entfernt vom Anlegesteg, gibt's sauberen weißen Sand, kristallklares Wasser – und im Hintergrund sattgrüne Wälder. Auf keinen Fall den Sonnenuntergang verpassen! Und danach einen kurzen **Elefantenritt** (Erw./Kind 20/10 Rs; ⏰ 14–16 Uhr) durch den schattigen Wald unternehmen …

Der abgelegene **Elephant Beach** liegt weiter nördlich und kann mittels eines 40-minütigen Fußmarsches über matschige Elefantenpfade und Sümpfe erreicht werden. Nach dem Tsunami ist der Strand praktisch verschwunden; bei Flut ist er sowieso nicht zugänglich, daher vor Ort nachfragen.

Highlights auf Havelock sind **Schnorcheln** und **Angeln**. Beides funktioniert am besten im Rahmen der Bootsausflüge, die von den Gästehäusern organisiert werden. Abhängig von Teilnehmerzahl und Entfernung kostet das zwischen 300 und 1000 Rs. Das Wild Orchid (s. Kasten gegenüber) organisiert Ganztagesausflüge (ab 2000 Rs für zwei Personen) zu einem Mangrovensumpf und ein paar tollen Schnorchelstellen. Havelock ist Adresse Nr. 1 für **Scubatauchen** auf den Andamanen; hier gibt's drei Tauchzentren (weitere Infos s. S. 1134).

Schlafen

Südlich vom Anlegesteg entlang der Küste steht eine Reihe von einfachen Hüttenunterkünften; ein paar romantische Upmarket-Optionen befinden sich in Dorf 5 oder westlich von Dorf 7.

Pristine Beach Resort (☎ 282344; Hütten 100–150 Rs; Cottages mit separatem Bad 250–300 Rs) Niedliche Hütten, ein kleiner Strand, ein tolles Restaurant und eine Ausschanklizenz für Alkohol heben das Resort von den meisten anderen ab.

Emerald Gecko (kleine Hütten 200–300 Rs, große Hütten 800–1000 Rs) Liegt südlich vom Dolphin Beach Resort und bietet eine bessere Qualität als die anderen Hütten-Resorts. Hier stehen tolle Doppelstockhütten mit offenen Badezimmern. Die Unterkünfte wurden aus Bambusflößen gebaut, die von Myanmar aus an den Strand getrieben wurden. Es gibt auch ein paar Budgethütten, ein Restaurant und eine Bar. Gebucht wird über das Wild Orchid (s. Kasten gegenüber).

Island Camping (Zelte 150–500 Rs) Liegt zwischen Palmen am Ende der Straße zum Radha Nagar Beach und bietet Zeltunterkünfte in großartiger Lage. Alle Zelte sind mit festen Fußböden, Campingbetten und Moskitonetzen ausgestattet. Geöffnet von November bis März; Buchungen erledigt A&N Tourism in Port Blair (s. S. 1134).

Barefoot Jungle Resort (☎ 282151, in Port Blair ☎ 237656; www.barefootindia.com; Cottages 3600–5300 Rs; ❄) Alleine schon durch seine Lage im Wald kurz hinter dem Radha Nagar Beach ist das hier eines der besten umweltschonenden Resorts auf den Andamanen. Die Unterkünfte haben ein wunderbares Design – relativ luxuriöse Baumstamm-Cottages mit Bambusdächern, Himmelbetten, stylishen Badezimmern und Veranden. Die neuesten Cottages sind großartig, sie haben Klimaanlage, heißes Wasser, Teakmöbel und große Panoramafenster. Das leckere Essen ist inklusive; eine Bar gibt's auch. An einer abgelegenen Stelle im Wald befindet sich ein Iyengar-Yogazentrum, und die Besitzer planen die Errichtung einiger Budget-Cottages.

Dolphin Beach Resort (☎ 282411; DZ 500 Rs, mit Klimaanlage 1500–2000 Rs; ❄) Havelocks Resort der ersten Stunde unter der Leitung von A&N Tourism (S. 1134) bietet etwas in die Jahre gekommene, aber gemütliche Cottages in Sechseckform, die mit TV und Badezimmer ausgestattet sind. Der Service ist bestenfalls mittelmäßig.

Außerdem haben sich zahlreiche kleine Ferienunterkünfte unter den Palmen angesiedelt; übernachten kann man hier zwischen 100 und 300 Rs in stabilen Bambushütten mit Beleuchtung und Ventilator. Alle haben ein eigenes Restaurant. Gute Adressen sind:

ETWAS BESONDERES

Wild Orchid (☎ 282472; www.wildorchidandaman.com; DZ Cottages ohne/mit Klimaanlage Rs 1800/2200;) Wunderbar romantische Ferienunterkunft. Befindet sich hinter einem abgelegenen Strand und ist sehr chillig und freundlich. Die Cottages im traditionellen Andaman-Stil haben geschmackvoll möblierte Zimmer. Moderne Badezimmer, Himmelbetten und separate Verandas sorgen für entsprechenden Komfort. Die Gastgeber Benny und Lynda sind sehr auskunftsfreudig und gesellen sich abends gern auf einen Drink und einen Plausch zu ihren Gästen. In der Hauptsaison gibt's hier ein Ayurveda-Zentrum. Ansonsten hat das Resort ein tolles Restaurant (s. unten) und eine Bar. Buchen kann man über **Island Travels** (☎ 233358; islandtravels@yahoo.com) in Port Blair. Zwischen 15. Dezember und 15. Januar steigen die Preise um 50 %.

Café del Mar (☎ 282343; Hütten 200 Rs, mit separatem Bad 500 Rs)
Eco Villa (☎ 282072; Hütten 75–100 Rs)
Happy Resort (☎ 282061; Govind Nagar Beach)
Orient Legend Resort (☎ 282389; Hütten 150–250 Rs)
Sunrise Beach Resort (Hütten 100–250 Rs)

Essen

Fast alle Ferienunterkünfte haben ein eigenes Restaurant. Serviert werden normalerweise Frühstück (Omelettes, Toast, Kaffee etc.) und einfache indische und chinesische Gerichte.

Red Snapper (Hauptgerichte 75–250 Rs) Restaurant vom Wild Orchid (s. Kasten oben). Eines der wenigen wirklich guten Lokale auf der Insel. Normalerweise gibt's nett angerichteten Fisch und Seafood (oft vom Besitzer oder Gästen selbst gefangen!) und thailändische, chinesische, indische und europäische Gerichte wie Kokos-Garnelen-Curry (125 Rs) und *bebinca* (geschichtete Kokos-Pfannkuchen; 65 Rs) zum Nachtisch. Das Restaurant hat auch eine Bar.

Günstige Lokale mit Thalis und Fischgerichten gibt's auch in Dorf 5 und an der Straße zu Strand 7.

An- & Weiterreise

Zweimal täglich gehen Fähren vom Phoenix-Bay-Steg in Port Blair nach Havelock (65 Rs, 130 Rs mit Klimaanlage, 2½–3 Std.). Die Morgenfähre (Abfahrt um 7 Uhr in Port Blair) fährt normalerweise direkt nach Havelock und kehrt um 10 Uhr von dort zurück. Am Nachmittag (13.30 ab Port Blair) legt das Schiff auf Neil Island einen Zwischenstopp ein und kommt um 17 Uhr von Havelock nach Port Blair zurück. Die genauen Abfahrtszeiten stehen in der Zeitung oder direkt am Landungssteg. Die Fähre von Neil Island nach Havelock (23 Rs, 1 Std.) legt um 16 Uhr ab. Gelegentliche Fährverbindungen nach Long Island machen ebenfalls auf Havelock Station. Nach dem Tsunami wurden ein paar Verbindungen gestrichen, daher den derzeitigen Stand vorher abchecken.

Unterwegs vor Ort

Im Stundentakt verbindet ein lokaler Busservice den Anlegesteg mit den Dörfern; ein eigenes Transportmittel ist auf Havelock aber wesentlich nützlicher. Der Laden vor dem Eingang zum Dolphin Beach Resort vermietet Mopeds und Motorräder (150 Rs/Tag); ansonsten auch mal beim eigenen Hotel nachfragen. Fahrräder (40 Rs/Tag) gibt's beim gleichen Laden, in Dorf 3 oder direkt bei den Ferienunterkünften.

Eine Autorikscha vom Steg zu Dorf 3 kostet 30 Rs, zu Dorf 5 50 Rs und zu Dorf 7 200 Rs.

NEIL ISLAND

Wer Frieden, Einsamkeit und fast menschenleere Strände sucht, ohne dabei völlig von der Außenwelt abgeschnitten zu sein, sollte auf Neil Island an Land gehen. Die Insel liegt 40 km nordöstlich von Port Blair, und hier geht es wesentlich ruhiger zu, als auf dem benachbarten Havelock Island. Auf Neil Island leben bengalische Siedler, die Ackerbau und Fischfang betreiben. Es gibt verschiedene Unterkünfte, und es werden immer mehr. Die Hauptaktivitäten auf dieser Insel sind: Rumliegen am Strand, Schnorcheln und Fahrradtouren durch die flachen Reisfelder und Farmen.

Sehenswertes & Aktivitäten

Neil Islands Strände tragen Nummern von 1 bis 5. **Strand 1** ist am schönsten; ein 40-minütiger Fußmarsch von Steg und Dorf aus in Richtung Westen führt dorthin. Die meisten Unterkünfte sind hier in der Nähe; das Korallenriff am westlichen Ende des Strandes ist der beste Platz zum Schnorcheln auf der ganzen Insel. Bei Ebbe geht's über die Korallen allerdings nur schwer ins tiefere Wasser. Die Dorfstraße in Richtung Osten führt zu **Strand 5** – ein abgelegener Streifen mit etwas Brandung. Radtouren hierher sind prima (ca. 10 km Strecke ab dem Dorf); den genauen Weg am besten vor Ort erfragen!

Schlafen & Essen

Ein paar Hundert Meter vom Steg entfernt gibt's im Dorf einen Markt, wenige Läden und außerdem noch ein paar einfache Restaurants.

Westlich vom Steg entlang Strand 1 befinden sich mehrere „umweltfreundliche" Resorts mit einfachen Hütten und komfortableren Cottages.

Cocon Huts (☎ 282528; Hütten 50 Rs, Cottages 350–400 Rs) Ein freundliches Resort mit einfachen Hütten und ein paar ausgezeichneten Cottages, die mit Fliesenböden und blitzsauberen separaten Bädern ausgestattet sind. Um dort hinzukommen, auf der Straße vom Dorfmarkt (hinter dem Spielplatz) aus ungefähr 500 m am Strand entlang laufen.

Tango Beach Resort (☎ 282583; Hütten 50 Rs, Cottages 500 Rs) Liegt weiter westlich und bietet ähnliche Features wie das Cocon Huts, obwohl die Cottages nicht ganz so gut sind. Liegt dennoch näher am besseren Teil von Strand 1.

Pearl Park Resort (☎ 282510; Hütten 100 Rs, Cottages & Zi. 800–1000 Rs) Top-Resort der Insel; ist trotzdem nicht abgehoben und liegt mitten in einem schönen Garten mit Palmen und Blütenpflanzen. Hier stehen einerseits sehr einfache Bambushütten, aber auch zwei romantische Rund-Cottages auf Stelzen im Nicobaresen-Style. Zudem gibt's ein paar Zimmer mit Hotel-Komfort.

An- & Weiterreise

Täglich läuft um 13.30 eine Schnellfähre vom Phoenix-Bay-Steg in Port Blair aus, die auch auf Neil Island anlegt (65 Rs, 1½ Std.). Dieselbe Fähre fährt um 15 Uhr weiter nach Havelock Island (23 Rs, 1½ Std.), hat aber oft Verspätung. Eine weitere kommt täglich um 8 Uhr von Havelock und fährt weiter nach Port Blair.

LONG ISLAND

Die abgelegene kleine Insel liegt vor der Südostküste Middle Andamans, ca. 80 km nördlich von Port Blair. Hier gibt's ein kleines Dorf und mehrere Sandstrände an der Lalaj-Bucht. Die einzige Unterkunft ist das Forest Rest House. Die Regelungen, wo gecampt werden darf, ändern sich ständig; zum Zeitpunkt der Recherche war Camping an den Stränden und in Waldgebieten verboten. Daher sicherheitshalber vorher beim A&N Tourismusbüro (s. S. 1134) in Port Blair nachfragen.

Die Fähre von Port Blair nach Rangat (via Neil und Havelock Island) legt fünfmal die Woche auf Long Island (43 Rs, 8 Std.) an. Fahrräder sind das Haupttransportmittel auf der Insel.

MIDDLE ANDAMAN

Die Andaman Grand Trunk Rd. verläuft von Port Blair in Richtung Norden nach Bharatang Island und Middle Andaman. Brücken verbinden die Inseln. Die Straße führt an Jarawa-Reservaten an der Westküste von South und Middle Andaman vorbei. Ab dem Checkpoint 40 km außerhalb von Port Blair sind Motorräder verboten.

Nach **Rangat** gehen täglich Fähren von Port Blair über Havelock, Neil oder Long Island (80 Rs, 9 Std.). Es fahren auch Busse (65, Rs, 6 Std.).

Nach Cuthbert Bay fährt ein Bus zu A&N Tourisms **Hawksbill Nest** (☎ 279022; 4BZ 500 Rs, DZ mit/ohne Klimaanlage 600/400 Rs; ⊠). Buchen kann man über A&N Tourism in Port Blair (s. S. 1134).

Mayabunder liegt 71 km nördlich von Rangat. Täglich fährt ein Bus zwischen Port Blair und Mayabunder (90 Rs, 9 Std.), Fähren schippern hier aber nur gelegentlich. Ein kurzer Trip mit einem privaten Boot bringt Reisende nach Avis Island. Hier gibt's tolle Strände sowie **Sea'n'Sand** (☎ 273454), das vier Bambus-Cottages mit separatem Bad hat.

Swiftlet Nest (B 125 Rs, DZ mit/ohne Klimaanlage 600/400 Rs; ⊠) Liegt an der Karmatang-Bucht, 13 km nordöstlich von Mayabunder.

NORTH ANDAMAN

Diglipur ist die größte Stadt auf North Andaman. Es befindet sich am äußersten Nordende der Inselgruppe und ist der einzige Ort auf North Andaman, in dem Ausländer ein paar Tage bleiben dürfen.

Fähren legen am Aerial-Bay-Steg an; von hier aus geht's 11 km in südwestlicher Richtung nach Diglipur. Hier gibt's einen Busbahnhof, einfache Restaurants, einen Markt und ein paar Lodges. Fährt man vom Steg aus 9 km die Küste in südöstlicher Richtung entlang, kommt man zu den Unterkünften von Kalipur.

Sehenswertes & Aktivitäten

Die Zwillingsinseln **Smith** und **Ross** sind durch eine schmale Sandbank miteinander verbunden und können mit dem Boot erreicht werden. Hier lädt der Wald zu einem Marsch ein und das flache Wasser zum Schwimmen oder Schnorcheln. Weil hier maritimes Schutzgebiet ist, ist eine Genehmigung (Inder/Ausländer 25/250 Rs) vom **Forstamt** (Forest Office, 🕑 6–14 Uhr) gegenüber vom Aerial-Bay-Steg nötig. Eine Fähre läuft die Inseln zweimal pro Tag an; die Passagiere werden an einem Ende abgesetzt und am anderen wieder eingesammelt. Immer den Fahrplan checken – wahrscheinlich kommt man aber besser weg, wenn man für 500 Rs am Tag ein Fischerboot chartert.

Mit 732 m ist der **Saddle Peak** der höchste Punkt auf den Andamanen. In sechs Stunden wandern Trekker durch den subtropischen Wald zum Gipfel und dann wieder zurück nach Kalipur. Auch hier ist eine Genehmigung des Forstamtes erforderlich (Inder/Ausländer 50/500 Rs); ein Führer sorgt dafür, dass man sich nicht verläuft. Einfach beim Pristine Beach Resort (s. unten) nachfragen.

Lederschildkröten bauen an einigen Stellen entlang der Küste ihre Nester (Dez.–Feb.).

Schlafen & Essen

In Kalipur (9 km südlich vom Aerial-Bay-Steg) übernachten Reisende in zwei gegenüberliegenden Unterkünften. Busse fahren hierher (8 Rs); eine Autorikscha kostet 100 Rs.

Pristine Beach Resort (☎ 201837; Hütten 200–350 Rs) Das Pristine ist ein reizendes Resort unter Palmen. Es liegt zwischen Reisfeldern und Strand. Die freundlichen Besitzer betreiben Bambushütten auf Stelzen und ein Restaurant.

Turtle Resort (☎ 272553; EZ/DZ 150/400 Rs, DZ mit Klimaanlage 600 Rs, 4BZ 500 Rs; ❄) Das Hotel gehört zu A&N Tourism und liegt auf einem kleinen Hügel mit guter Aussicht. Es bietet ein gewisses Komfortlevel, obwohl es etwas heruntergekommen und verlassen wirkt. Buchung erfolgt über A&N Tourism in Port Blair (s. S. 1134).

An- & Weiterreise

Täglich kommen Busse von und nach Port Blair (120 Rs, 12 Std.); und es fahren welche nach Mayabunder (30 Rs, 2½ Std.) und Rangat (50 Rs, 4½ Std.).

Normalerweise gehen drei Fähren pro Woche über Nacht vom Phoenix-Bay-Steg nach Diglipur (Sitz 81 Rs, Koje 150 Rs, 10 Std.).

LITTLE ANDAMAN

Obwohl der Tourismus hier schon in den Startlöchern steht, ist Little Andaman immer noch ein Außenposten. Sie gehört zu den weiter draußen liegenden bewohnten Inseln und liegt 120 km südlich von Port Blair. Die bevölkerte Ostküste wurde vom Tsunami stark in Mitleidenschaft gezogen, daher vor der Abreise gut über Unterkünfte und Einrichtungen informieren! Die großen Attraktionen von Little Andaman sind die unberührten Strände, Wälder und die Surfmöglichkeiten.

Little Andaman ist die Heimat des Onge-Volkes. Seine Mitglieder wurden 1977 in ein Reservat umgesiedelt, als die Regierung begann, Felder und Wälder der Insel zu nutzen. Sie legten z. B. die 1500 ha große **Rote-Ölpalmen-Plantage** an, 11 km entfernt von Hut Bay. Dass ihre Insel besiedelt und erschlossen wurde, wirkte sich extrem negativ auf die Eingeborenen aus und so gibt es heute nur noch rund 100 Onge. Das Stammesreservat ist für Touristen tabu.

Fähren legen am Hut-Bay-Steg an der Ostküste an. Die meisten der erreichbaren Strände und Sehenswürdigkeiten liegen von hier aus in nördlicher Richtung.

11 km nördlich von Hut Bay liegt der **Netaji Nagar Beach,** ein idyllischer Strand mit weißem Sand und Wäldern im Hintergrund.

Nochmal 3 km weiter Richtung Norden kommt ein hervorragender Strand an der **Butler Bay**. Er eignet sich gut zum Schwimmen und Surfen, aber nicht zum Schnorcheln. Elefantenritte durch den Wald sind ebenfalls im Angebot.

Schlafen & Essen

Auf Little Andaman werden in Zukunft bestimmt ein paar Ferienunterkünfte entstehen; im Moment müssen Reisende aber mit zwei einfachen Übernachtungsmöglichkeiten Vorlieb nehmen, die beide vom Tsunami beschädigt wurden.

ANIFPDCL Guest House (☎ 744207, in Port Blair 232866; pblvanvikas@sancharnet.com; 150 Rs/Pers., mit Klimaanlage 240 Rs; ⊠) Ein Gästehaus an der Hut Bay mit nicht gerade aufregenden Zimmern.

Butler Bay Beach Resort (Cottages 100–300 Rs) Resort an der Butler Bay mit Cottages in wunderschöner Lage direkt am Strand. Wird ebenfalls von der ANIFPDCL (Andaman & Nicobar Islands Forest Plantation Development Corporation) verwaltet und hat ein einfaches Restaurant.

An- & Weiterreise

Fünf- oder sechsmal pro Woche fahren Boote von Port Blair nach Hut Bay (19/49/57 Rs Deck/Sitz/Koje, 8 Std.). Zum Zeitpunkt der Recherche gab's auch jeden Samstag einen Hubschrauberflug von Port Blair nach Hut Bay (1488 Rs, 35 Min.).

PAUL BEINSSEN

Traditioneller Tanz (S. 71)

Die Backwaters von Alappuzha (Alleppy; S. 1005), Kerala

LINDSAY BROWN

TONY WHEELER

Elefanten im Periyar Wildlife Sanctuary (S. 1011), Kerala

Der Strand von Varkala (S. 998), Kerala

LINDSAY BROWN

LINDSAY BROW

Teeplantagen, Munnar (S. 1014), Kerala

NOBORU KOMINE

Ein *kathakali*-Tänzer (S. 1024) schminkt sich traditionell, Kochi (Cochin), Kerala

Restaurant, Kochi (S. 1017), Kerala

KAREN TR

NOBORU KOMINE

Sri-Meenakshi-Tempel (S. 1099), Madurai, Tamil Nadu

TERESA CANNON

Palmen am Strand, Port Blair (S. 1130), Andamanen

Handgemalte Filmstars in Lebensgröße, Chennai (Madras; S. 1045), Tamil Nadu

EDDIE GERALD

LEANNE LOGAN

Sri-Meenakshi-Tempel (S. 1099), Madurai, Tamil Nadu

Elefanten im Mudumalai National Park (S. 1127), Tamil Nadu

EDDIE GERALD

Strandtempel, Mamallapuram (Mahabalipuram; S. 1064), Tamil Nadu

GREG E

Allgemeine Informationen

INHALT

AKTIVITÄTEN

Erhabene Bergriesen besteigen oder wilde Flüsse hinunter rauschen – Indien bietet eine Vielzahl aufregender Aktivitäten. Die im Folgenden genannten sind nur ein paar davon.

Bevor man sich jedoch ins Vergnügen stürzt, sollten einige Vorsichtsmaßnahmen beachtet werden. Über die Jahre haben sich in der Redaktion von Lonely Planet Berichte von leichtsinnigen Veranstaltern angesammelt, die Traveller in gefährliche Situationen gebracht haben. Reisebüros behalten gern einen Teil der Summe, die sie verlangen und „verkaufen" ihre Kunden an irgendeinen Anbieter vor Ort weiter. Der muss dann mit dem Rest des Geldes die Aktivität durchführen – und wird im Zweifelsfall immer sparen: am Service, an der Ausrüstung, an der Verpflegung oder an den Sicherheitsvorkehrungen.

Am besten ist es, direkt bei dem Anbieter zu buchen, der den Trip auch durchführt. Nach der staatlichen Zulassung fragen! Die

PRAKTISCH & KONKRET

- Die Netzspannung liegt bei 230–240 V, 50 Hz Wechselstrom; die Steckdosen haben drei runde Stifte. Stromausfälle sind besonders in den heißeren Monaten üblich.
- Indien folgt offiziell dem metrischen System. Weit verbreitet sind die Bezeichnungen lakh (1 *lakh* = 100 000) und crore (1 *crore* = 10 Mio.).
- Die wichtigsten englischsprachigen Zeitungen sind: *Hindustan Times, Times of India, Indian Express, Pioneer, Asian Age, Hindu, Statesman, Telegraph* und *Economic Times*. Regionale Publikationen in Englisch und in lokalen Dialekten gibt's in ganz Indien.
- Gut recherchierte Hintergrundreportagen bringen *Frontline, India Today, The Week, Sunday* und *Outlook*. Reiseartikel über Indien gibt's im *Outlook Traveller.*
- Der nationale (staatliche) Fernsehsender heißt Doordarshan. Weiter verbreitet sind Satelliten- und Kabelfernsehen mit Programmen wie BBC, CNN, Discovery, Star Movies, HBO und MTV. Fernseh- und Radioprogramme und die Frequenzen der Sender sind in den meisten großen englischsprachigen Tageszeitungen abgedruckt.
- Das staatlich kontrollierte All India Radio (AIR) sendet lokale und internationale Nachrichten. Private Radiokanäle bringen Nachrichten, Musik, Reportagen, Talkshows und noch mehr.

Mitgliedschaft in einer angesehenen Organisation wie der Travel Agents Association of India, der Indian Association of Tour Operators oder der Adventure Tour Operators Association of India sollte auch abgefragt werden, die Mitgliedsurkunde lässt man sich am besten zeigen. In den Touristenbüros gibt's auch Listen staatlich geprüfter Anbieter. Und Empfehlungen anderer Traveller aus erster Hand sind auch nicht zu verachten.

Bevor es losgeht, die Sicherheitsausrüstung überprüfen, die im Preis enthalten sein sollte. Sind Service oder Ausrüstung nicht zufrieden stellend und ist trotz Nachfrage keine Verbesserung zu erreichen, sollte man sich weigern, die Ausrüstung zu benutzen.

Es empfiehlt sich auch, vorher abzuklären, ob die Krankenversicherung bei Schadensfällen während solcher Aktivitäten einspringt – das schützt zumindest vor bösen Überraschungen finanzieller Art.

Ayurveda

Ayurveda ist eine jahrtausendealte und komplexe indische Kräutermedizin und ganzheitliche Heilkunde. Ayurvedakliniken, -resorts und -colleges bieten von der individuellen Massage bis zur vollständigen Heilbehandlung alles. Besonders zahlreich sind solche Einrichtungen in Kerala (S. 983) und Karnataka (S. 899). Aber auch in anderen Regionen gibt's Ayurvedabehandlungen:

Calangute Pousada Tauma (S. 877) und das Natural Health Centre (S. 876). In Goa.
Delhi Ashtaang (S. 127).
Jaipur Massagekliniken (S. 162); in Rajasthan.
Jamnagar Ayurvedische Universität (S. 764); in Gujarat.
Uttaranchal Ananda Spa (S. 469); nahe Rishikesh.

Bergsteigen, Klettern & Höhlenwanderungen

Empfehlenswerte Bergsteigerkurse gibt's beim **Nehru Institute of Mountaineering** (gov.ua.nic.in/uttarkashi/nim/niminst.htm) und beim **Himalayan Mountaineering Institute** (www.jammag.com/ramble/HimMountg/himalaya.htm). Expeditionen, die Gipfel mit mehr als 6000 m besteigen wollen, benötigen eine Freigabe durch die **Indian Mountaineering Foundation** (www.indmount.org). Höhlen gibt's in Meghalaya (Nordoststaaten) zu erkunden. Einige Höhlen können hier auch ohne besondere Ausrüstung und ganz gemütlich besichtigt werden.

In diesen Gebieten kann man hoch oder runter klettern:

Kanchenjunga National Park (S. 579) Bergsteigen in Sikkim.
Ladakh (Leh) Bergsteigen (S. 349).
Manali Bergsteigen und Klettern, organisiert von diversen Veranstaltern (S. 324); in Himachal Pradesh.
Nainital Klettern (S. 475); in Uttaranchal.
Rishikesh GMVN Trekking & Mountaineering Division (S. 470) organisiert Bergtouren in Uttaranchal.
Shillong Meghalaya Adventurers Association (S. 614) bietet Höhlenexpeditionen, Nordoststaaten.

Bootsausflüge

Hier können Traveller See- oder Flusstouren durch wunderschöne Landschaften unternehmen, Wildlifebeobachtung teilweise inklusive:

Bhitarkanika Wildlife Sanctuary (S. 652) Krokodil- und Wildlifebeobachtung; in Orissa.
Chilika-See (S. 644) Delphin- und Vogelbeobachtungstouren; in Orissa.
Dal-See (S. 382) Touren mit *shikaras* (gondelähnlichen Booten) und Hausbooten; in Srinagar, Kaschmir.
Guwahati Jungle Travels India (S. 606) bietet luxuriöse Touren auf dem Brahmaputra in Assam.
Kerala Backwaters (S. 1003) Bootstouren auf einem 900 km langen Netz von Wasserwegen.
Periyar Wildlife Sanctuary (S. 1011) Touren in Südindiens bekanntestem Wildlifepark; in Kerala.
Kolkata Das West Bengal Tourism Centre (WBTC; S. 497) organisiert Bootstouren zu den rituellen Versenkungen der Götterbilder während des Durga-Puja-Festivals im Oktober.
Nainital Am Naini-See (S. 475) werde Ruderboote zur Tempelbesichtigung vermietet. In Uttaranchal.
Sangam (S. 422) Bootstouren zu den besten Punkten, wo der Ganges auf den Yamuna trifft; in Allahabad, Uttar Pradesh.
Sunderbans Tiger Reserve (S. 524) Zweitagestouren in kleine Dörfer; in Westbengalen.
Varanasi Ruderbootstouren zu den Ghats (S. 431) am Ganges; in Uttar Pradesh.

Drachenfliegen & Paragliding

Die Behörden in Himachal Pradesh haben 2004 nach einem Unglück alle Drachen- und Gleitschirmflüge verboten, inzwischen sind sie aber möglicherweise wieder erlaubt. Um die Sicherheitsstandards der einzelnen Anbieter einschätzen zu können, ist es empfehlenswert, sich vorher von Himachal Tourism beraten zu lassen (sehr gut ist das Büro der HPTDC in Manali).

Arambol Gleitschirmflüge (S. 885); in Goa.
Billing Himachal Tourism richtet jedes Jahr im Mai/Juni die Himalaja-Gleitschirm-Rallye aus (S. 305).

Lonavla Nirvana Adventure mit Sitz in Mumbai (S. 837) bietet Gleitschirmfliegen an; in Maharashtra.

Kajaktouren & Rafting

Die Gebirgsflüsse Indiens sind geradezu ideal zum Raften – ihre mal ruhigeren, mal heftigeren Wellen bieten unterschiedliche Schwierigkeitsstufen für jeden Geschmack. Raftingtouren kann man in verschiedenen Regionen machen, und zwar in Himachal Pradesh, Uttaranchal (Ausgangspunkt der Touren ist meist Rishikesh), in Teilen von Sikkim, in Ladakh und Zanskar und in den Bergen von Westbengalen. Hier eine Auswahl der Reiseziele für Kajaktouren und Rafting:

Bangalore Getoff ur ass (S. 906) bietet Rafting- und Kajaktouren im Westen Karnatakas.

Darjeeling Das Darjeeling Gorkha Autonomous Hill Council (DGAHC; S. 538) in Westbengalen organisiert Raftingtouren im Teesta-Basar bei Kalimpong. Samsara Tours, Travels & Treks (S. 540) organisiert auch Raftingtouren in dieser Region.

Gangtok Gut organisierte Raftingtouren (S. 582) auf dem Teesta und dem Rangeet in Sikkim.

Goa Day Tripper (S. 876) in Calangute hat Rafting auf dem Kali im Angebot.

Kullu Valley Verschiedene Veranstalter (S. 324) organisieren von Mai bis Juli einfache Raftingtouren auf dem Beas in Himachal Pradesh.

Karjat Outbound Adventure in Mumbai (S. 789) führt von Juni bis September Raftingtouren in Maharashtra durch.

Ladakh Splash Adventures (S. 353) organisiert Flusstouren.

Mumbai Der H2O Water Sports Complex (S. 789) vermietet Kajaks.

Rishikesh Organisierte Raftingtouren (S. 470) werden in Uttaranchal angeboten.

Rad- & Motorradfahren

Es gibt einige Anbieter, die spektakuläre Fahrrad- und Motorradtouren organisieren, oder auch nur die fahrbaren Untersätze vermieten (nähere Informationen in den Regionenkapiteln). Empfehlungen für Motorradtouren gibt's auf S. 1205.

Safaris

KAMELSAFARIS

Veranstalter von Kamelsafaris (einstündige Ausflüge bis zu mehrtägigen Safaris) gibt es am häufigsten in Touristenhochburgen wie Rajasthan. In den Sanddünen von Hunder (Ladakh) werden Ausflüge auf heimischen zweihöckrigen Kamelen angeboten.

Bikaner (S. 246) In Rajasthan.

Jaisalmer (S. 238) In Rajasthan.

Ladakh (S. 348) In Jammu & Kaschmir.

Osiyan (S. 233) In Rajasthan.

Shekhawati (vgl. „Unterwegs vor Ort" S. 184) In Rajasthan.

WILDLIFE SAFARIS

Einige Wildschutzreservate organisieren Safaris auf dem Rücken von Elefanten. Dabei erlebt man die Natur natürlich viel intensiver als auf einer Jeepsafari, die auch weniger romantisch ist als der Trip auf einem Dickhäuter. Erstaunlicherweise sind Jeepsafaris aber immer noch weiter verbreitet.

In den Regionenkapiteln und im Kasten auf S. 84 gibt's Tipps zu den besten Reisezeiten für die Nationalparks.

Elefantensafaris

Betla (Palamau) National Park (S. 574) In Jharkhand.

Corbett Tiger Reserve (S. 470) In Uttaranchal.

Jaldhapara Wildlife Sanctuary (S. 533) In Westbengalen.

Kaziranga National Park (S. 610) In Assam. Touren organisiert auch Traveller's Point (S. 607) in Guwahati, Assam.

Nameri National Park (S. 610) In Assam.

Orang Wildlife Sanctuary (S. 609) In Assam.

Rajaji National Park (S. 463) In Uttaranchal.

Jeepsafaris

Der Kaziranga National Park, der Nameri National Park, das Orang Wildlife Sanctuary, das Corbett Tiger Reserve und der Betla (Palamau) National Park (s. oben) bieten auch Jeepsafaris an.

Badrama National Park (S. 650) In Sambalpur, Orissa.

Debrigarh Wildlife Sanctuary (S. 649) In Sambalpur, Orissa.

Guwahati Jungle Travels India (S. 606) bietet verschiedene Touren an; in Assam.

Jammu & Kaschmir Pangong Tso (S. 366) und Tso Moriri im Rupsu-Tal (S. 367) liegen in den bergigen Regionen an der Grenze zu Tibet und sind nur mit dem Jeep zu erkunden.

Kumbhalgarh (S. 218) In Rajasthan.

Little Rann (S. 773) In Gujarat.

Madhya Pradesh hat mehrere Nationalparks (S. 711).

Mudumalai National Park (S. 1127) In Tamil Nadu.

Rajaji National Park (S. 463) In Uttaranchal.

Ranthambore National Park (S. 194) In Rajasthan.

Sariska Tiger Reserve & National Park (S. 179) In Rajasthan. Es gibt hier allerdings nur noch sehr wenige oder gar keine Tiger!

Sasan Gir Wildlife Sanctuary (S. 753) In Gujarat.

Similipal National Park (S. 650) In Orissa.

Süd-Karnataka Jungle Lodges & Resorts (S. 906) in Bangalore hat Safaris im Nagarhole National Park und in diversen anderen Parks im Angebot.
Wayanad Wildlife Sanctuary (S. 1034) In Kerala.

Skifahren & Snowboarden

Die Skigebiete Indiens sind noch ziemlich unterentwickelt. Indiens bestes Skigebiet liegt in Auli (Uttaranchal), weniger ausgebaute sind die in Himachal Pradesh:
Auli (S. 470) Sessellifte fahren 5 km in die Höhe zu langen Hängen. Von Anfänger bis Cracks – für alle ist etwas dabei. In Uttaranchal. Saison: Jan.–März.
Gulmarg (S. 387) Skihänge für alle Schwierigkeitsgrade. Ski- und Sessellifte garantieren den Zugang zu den drei größten Hängen. In Kaschmir.

VERANTWORTUNGSBEWUSST TAUCHEN

Um das ökologische Gleichgewicht und die Schönheit der Riffe zu erhalten, sind folgende Regeln zu beachten:

- Über dem Riff keine Anker verwenden und das Boot nicht auf Korallen aufsetzen.
- Lebende Meerestiere nicht anfassen oder aufschrecken – auch die zärtlichste Berührung kann ihnen schaden. Festhalten im Riff nur an hervorragenden Felsen oder an toten Korallen.
- Taucher sollten sich ihrer Flossen bewusst sein. Auch ohne direkten Kontakt kann der Sog der Flossenschläge nahe dem Riff sensible Organismen schädigen. Auch das Aufwirbeln von Sand vermeiden – es kann Lebewesen ersticken.
- Immer die Kontrolle über den eigenen Auf- und Abtrieb behalten. Taucher, die zu schnell sinken und ans Riff stoßen, verursachen große Schäden.
- Keine Korallen und Muscheln sammeln oder kaufen.
- Seinen Müll wieder mitnehmen, anderen Abfall auch einsammeln und entsorgen. Besonders Plastik ist eine große Gefahr für die Meerestiere.
- Keine Fische füttern.
- Einen Tauchkursanbieter mit angemessenen Naturschutzeinrichtungen und -praktiken aussuchen.

Narkanda (S. 284) Weniger ausgebaut als Solang Nullah im gleichen Bundesstaat, Himachal Pradesh.
Solang Nullah (S. 332) Aufstrebendes Skigebiet mit Wintersportmöglichkeiten für Anfänger und Fortgeschrittene. In Manali, Himachal Pradesh.

Tauchen, Schnorcheln & Wassersport

Tauchschulen gibt's in Goa, Lakshadweep und auf den Andamanen. An Goas Stränden haben sich zahlreiche Anbieter für Wassersport jeder Art angesiedelt, sie bieten etwa Wasserski, Parasailing, Windsurfen und Jetski an – Einzelheiten stehen im Goa-Kapitel (S. 853).

Vor dem Sprung in den Ozean unbedingt den Kasten links lesen! Außer in Goa kann man auch hier tauchen:
Andamanen (S. 1134) Echtes Weltklassetauchziel. Saison: Dez.–März/April.
Lacadiven (Lakshadweep; S. 1040) Verschiedenste Tauchmöglichkeiten. Saison: Okt.–Mitte Mai.

Touren zu den Stammesvölkern

Geführte Touren zu den Dörfern der Stammesbevölkerung sind in einigen Regionen erlaubt und manchmal die einzige Möglichkeit, bestimmte Gebiete zu betreten.
Assam Reisebüros in Guwahati (S. 606) arrangieren Besuche bei den Stammesvölkern im Nordosten des Bundesstaates.
Orissa Organisierte Touren zu einigen der 62 Stammesgruppen Orissas (S. 648).
Uttaranchal Mohan's Adventure Tours (S. 460) in Haridwar führt Touren in ein Dorf von Guijar-Büffelzüchtern durch.

Trekking

Einige der höchsten Berge der Welt sind in Indien – und deshalb gibt's hier auch phänomenale Trekkingmöglichkeiten. Die Trekkingindustrie ist allerdings noch nicht so weit entwickelt wie in Nepal. In folgenden Gebieten ist Trekking möglich:
Darjeeling Zahlreiche Reisebüros (S. 540 und S. 554) organisieren Touren (S. 548) rund um diese hoch gelegene Hill Station vor dem großartigen Hintergrund des Himalaja.
Himachal Pradesh Spiti Holiday Adventures (S. 333) in Kaza organisiert Trekking (S. 339) im bergigen Himachal Pradesh.
Karnataka Verschiedene Organisationen haben Treks in der Region im Angebot, darunter Getoff ur ass (S. 906) in Bangalore. In Madikeri kann man ein- bis zehntägige Treks (S. 927) hinauf auf bis zu 1700 m hohe Gipfel machen.
Ladakh (Leh) Einige Anbieter (S. 351) organisieren unterschiedliche Touren (S. 372) in dem bergigen, vom nahen Tibet beeinflussten Gebiet; in Jammu & Kaschmir.

VERANTWORTUNGSBEWUSST TREKKEN

Ein verantwortungbewusster Trekker hält sich an die folgenden Tipps und ermuntert die Trekkingveranstalter, das auch zu tun.

Beseitigung von Exkrementen

- Um die Verbreitung von Krankheiten zu verhindern, sollten – wo vorhanden – Toiletten benutzt werden. Gibt es keine, kann man es den Katzen gleichtun und die Fäkalien verbuddeln. Ein kleines Loch (15 cm), mindestens 100 m entfernt vom nächsten Wasserlauf ist mit einer kleinen Kelle schnell ausgehoben. Anschließend angemessen Erde aufschütten und mit einem größeren Stein abdecken. Toilettenpapier so sparsam wie möglich einsetzen, am besten gar nicht. Liegt Schnee, bis in die Erde hinein graben.
- Ist die Gegend bewohnt, am besten Einheimische fragen, ob das ausgewählte „stille Örtchen" in Ordnung geht.
- Diese Richtlinien müssen auch beachtet werden, wenn eine Trekkinggruppe ein Toilettenzelt benutzt. Alle Teilnehmer (auch die Träger) sollten es benutzen.

Flora & Fauna

- Keine Pflanzen entfernen, die den oberen Bodenschichten Halt gibt.
- Immer auf den festen Pfaden bleiben. Ein neuer Weg an einem Hang kann sich in einen Wasserlauf verwandeln, der Erosion verursacht. Auch wenn der Pfad durch eine matschige Stelle führt: durchlaufen – drumherum laufen vergrößert nur den Pfad.
- Keine Blumen oder andere Pflanzen pflücken; alle Tore, die man öffnet, wieder schließen.
- Jagen ist in Indien verboten. Auch wenn Einheimische einen dazu ermuntern wollen, *niemals* zustimmen.
- Keine Wildtiere füttern (und niemals Essensreste zurücklassen); so etwas kann dazu führen, dass die Tiere von den „Leckerlis" abhängig werden und ihre Selbständigkeit verlieren. Und es kann zu unausgewogenen Populationen führen oder Krankheiten verursachen. Vorräte für Tiere unerreichbar aufbewahren (etwa in Beutel verpacken und an Äste oder Dachsparren binden).

Körperpflege

- Waschmittel oder Zahnpasta nicht in der Nähe von Wasserläufen benutzen, auch wenn die Produkte biologisch abbaubar sind.
- Für die eigene Körperpflege biologisch abbaubare Seife benutzen, Wasser in einen Behälter abfüllen und einen Mindestabstand von 50 m zum nächsten Wasserlauf einhalten. Das Abwasser über eine größere Fläche verteilen, damit der Boden es filtern kann.

Kleidung, Feuer & Kochen

- Viele Traveller sind nicht ausreichend vorbereitet auf die extreme Kälte in den Bergen – also besser schon vorher umfassende Infos über die aktuellen Wetterbedingungen einholen und professionellen Rat für angemessene Kleidung suchen. Die richtige Kleidung spart Feuer zum Aufwärmen.
- Holz schlagen treibt die Entwaldung voran – ein Hauptproblem Indiens. Also offenes Feuer wenn möglich vermeiden und Unterkünfte vorziehen, in denen kein Holz zum Kochen oder zur Wassererwärmung verwendet wird.
- Ein leichter Kerosin-, Alkohol- oder Shellite- (Feuerzeugbenzin-)Kocher ist besser als ein Butangaskocher mit Einwegkartuschen.
- Ist ein offenes Feuer notwendig, schon bestehende Feuerstellen nutzen und nur totes, abgefallenes Holz verwenden. Das Feuer muss vollständig gelöscht, die Glut verteilt und mit Wasser übergossen werden.

Müll

- Allen Abfall mitnehmen (inkl. Zigarettenkippen, Hygieneartikel, Tampons und Kondome), ebenso den Müll, den man unterwegs findet.
- Müll niemals verbuddeln: Graben fördert die Erosion und eingegrabener Müll kann von Tieren aufgewühlt und gefressen werden, was ihnen schadet.
- Wiederverwendbare Behälter oder Beutel benutzen und Plastiktüten und -flaschen gar nicht erst mitnehmen.

Sensibilität gegenüber den Kulturen

- Kulturelle Gewohnheiten der Einheimischen respektieren.
- In bestimmten Gebieten geltende Regeln müssen beachtet werden.
- Die Erlaubnis des Besitzers einholen, bevor sein Grund und Boden betreten wird.

Mt. Abu Wildlifebeobachtung auf kurzen Bergtouren (S. 222); in Rajasthan.
Mudumalai National Park Geführte Treks (S. 1127) außerhalb des Parks; in Tamil Nadu.
Udagamandalam Berg- und Dschungeltouren (S. 1123); in Tamil Nadu.
Periyar Wildlife Sanctuary Zwei- oder dreitägige Touren auf dem „Tiger Trail" (S. 1012); in Kerala.
Ranakpur Shivika Lake Hotel (S. 219) arrangiert kurze und längere Treks; in Rajasthan.
Sikkim Reisebüros in Gangtok (S. 582) organisieren eine Vielzahl von Touren (S. 597) in das bergige Sikkim.
Udaipur Eine der schönsten Regionen Rajasthans gilt es zu Fuß zu entdecken (S. 212).
Uttaranchal Treks (S. 484) führen über uralte Pilgerwege, zu abgeschiedenen Dörfern und über Gletscher. Diverse Anbieter bieten ein- und mehrtägige Touren.
Wayanad Wildlife Sanctuary (S. 1035) Regenwaldtouren; in Kerala
Zanskar Treks (S. 376) in die bergigen Regionen sind eine echte Herausforderung. Saison: Juni–Okt.; in Jammu & Kaschmir.

Vögel beobachten

In Indien leben einige der weltgrößten Vogelkolonien. Die besten Adressen für Vogelfreunde sind:

Chilika-See (S. 644) Wahrscheinlich Indiens größte Versammlung von Wasservögeln; in Orissa.
Gangtok Sikkim Tours & Travels (S. 582) organisiert Expeditionen mit guter Ausrüstung.
Karanji Lake Nature Park (S. 919) Viele Wasservögelarten; in Mysore, Karnataka.
Keoladeo Ghana National Park (S. 175) Weltkulturerbe und eine der größten Vogelbrutstätten; in Bharatpur, Rajasthan.
Khecheopalri-See Khecheopalri Trekkers Hut (S. 595), Vogelbeobachtungsfahrten; in Sikkim.
Khichan (S. 246) Unmengen von Jungfernkranichen. Sept.–März; in Rajasthan.
Khijadiya Bird Sanctuary (S. 763) Salz- und Süßwassersümpfe nahe Jamnagar in Gujarat.
Kumarakom Bird Sanctuary (S. 1010) Eine Vielzahl von einheimischen Flattermännern und Zugvögeln; in Kerala.
Little Rann of Kutch (S. 773) Salzsümpfe mit riesiger Vogelpopulation, insbesondere kleiner Flamingos; in Gujarat.
Nal Sarovar Bird Sanctuary (S. 731) 250 Vogelarten von Nov. bis April. Nahe Ahmedabad in Gujarat.
Pench Tiger Reserve (S. 709) Tropischer Wald und offenes Weideland mit vielen Vogelarten; in Madhya Pradesh.
Ranthambore National Park (S. 194) 300 Vogelarten auf Seen und in verfallenden Tempeln; in Sawai Madhopur, Rajasthan.
Sultanpur Bird Sanctuary (S. 270) Hunderte Vogelarten und Saruskraniche. Nahe Gurgaon in Haryana.
Thattekkad Bird Sanctuary (S. 1017) Über 270 Vogelarten, inkl. sehr seltener wie dem Ceylonfroschmaul; in Kerala.
Vedantangal Bird Sanctuary (S. 1045) Bedeutende Brutstätte für Wasservögel, Okt.–März; in Tamil Nadu.

ALLEINREISENDE

Am gravierendsten für Alleinreisende sind vielleicht die höheren Kosten: Die Preise für Einzelzimmer sind in Gästehäusern und Hotels meist nur wenig niedriger als die für Doppelzimmer. Einige Mittel- und Spitzenklassehotels bieten einen Einzelzimmertarif noch nicht einmal an, stattdessen berechnen sie einen niedrigen Doppelzimmerpreis (man kann natürlich immer versuchen, ihn herunterzuhandeln). Preise für Einzelzimmer sind in den Broschüren, Geschäftskarten oder Websites auch oft nicht eindeutig ausgewiesen, eine Anfrage im Voraus lohnt sich daher auf jeden Fall.

Mitfahrer zu suchen spart beim Taxi- und Autorikschafahren Geld. Das ist auch ratsam, wenn ein Auto mit Fahrer gemietet wird, denn das kann immer eine günstige Art der Fortbewegung sein – wenn die Kosten mit anderen geteilt werden.

Mit anderen Travellern in Kontakt kommen Alleinreisende am idealsten in den indischen Touristenhochburgen (wie Goa, Rajasthan, Leh, Agra, Kerala und Varanasi). Beliebte Hotels und Restaurant sind geniale Orte, um Storys auszutauschen, nützliche aktuelle Reisetipps zu sammeln, neue Freundschaften zu schließen und möglicherweise gemeinsame Reisepläne zu schmieden.

Obwohl die meisten Alleinreisenden in Indien keine größeren Probleme kriegen, sollte man im Hinterkopf behalten, dass einige weniger ehrliche Menschen (Einheimische genauso wie andere Traveller) meinen, alleinreisende Touristen seien einfach er zu beklauen. Man muss ja nicht gleich paranoid werden, aber genauso wie überall auf der Welt lohnt es sich, in einer ungewohnten Umgebung wachsam zu sein.

Wichtige Infos speziell für Frauen gibt's auf S. 59.

BOTSCHAFTEN

Botschaften in Indien

Die meisten Botschaften sind in Delhi, doch es gibt in den größeren Städten Konsulate (nähere Auskünfte geben die Botschaften). Die Öffnungszeiten liegen meist zwischen 9 und 17 Uhr von Montag bis Freitag (einige haben von 13 bis 14 Uhr zu).

Alle diese Botschaften sind in Delhi, nur die der Malediven befindet sich in Kolkata:

Bangladesch (Karte S. 109; ☎ 011-24121389; EP39 Dr Radakrishnan Marg, Chanakyapuri)
Bhutan (außerhalb der Karte S. 120; ☎ 011-24121389; Chandragupta Marg, Chanakyapuri)
Deutschland (Karte S. 120; ☎ 011-26871831; 6/50G Shantipath, Chanakyapuri)
Malaysia (Karte S. 120; ☎ 011-26111291; 50M Satya Marg, Chanakyapuri)
Malediven (Karte S. 501; ☎ 033-22485400; Hastings Chambers, 7C Kiran Shankar Roy Rd, Kolkata)
Myanmar (Birma; Karte S. 121; ☎ 011-6889007; 3/50F Nyaya Marg, Chanakyapuri)
Nepal (Karte S. 121; ☎ 011-23327361; Barakhamba Rd)
Niederlande (Karte S. 120; ☎ 011-26884951; 6/50F Shantipath, Chanakyapuri)

DIE EIGENE BOTSCHAFT

Als Traveller ist es wichtig, sich darüber im Klaren zu sein, was die eigene Botschaft – also die Botschaft des Landes, dessen Staatsbürger man ist – tun oder nicht tun kann, falls man in Schwierigkeiten gerät.

Grundsätzlich wird die Botschaft keine Hilfe sein, wenn die Schwierigkeiten durch eigene Fehler entstanden sind. Auch für ausländische Reisende gelten die indischen Gesetze. Die Botschaft wird nicht besonders verständnisvoll reagieren, wenn man im Gefängnis landet wegen eines Verbrechens, das vielleicht im eigenen Land keins gewesen wäre.

In echten Notfällen wird die Botschaft helfen, aber nur, wenn andere Möglichkeiten erschöpft sind. Muss man etwa dringend nach Hause zurück fliegen, wird man höchstwahrscheinlich kein kostenloses Flugticket kriegen – die Botschaft wird erwarten, dass der Traveller versichert ist. Wenn alles Geld und der Ausweis weg sind, wird die Botschaft helfen, einen neuen Pass zu besorgen, aber einen Kredit für die Weiterreise wird sie sicherlich nicht geben.

Österreich (☎ 011-26889050; Ep-13, Chandergupta Marg, Chanakyapuri)
Pakistan (Karte S. 120; ☎ 011-24676004; 2/50G Shantipath, Chanakyapuri)
Schweiz (Karte S. 120; ☎ 011-26878372; Nyaya Marg, Chanakyapuri)
Singapur (Karte S.109; ☎ 011-26877939; E6 Chandragupta Marg, Chanakyapuri)
Sri Lanka (Karte S. 120; ☎ 011-23010201; 27 Kautilya Marg, Chanakyapuri)
Thailand (Karte S. 120; ☎ 011-26118103; 56N Nyaya Marg, Chanakyapuri)

Indische Botschaften

Nachfolgend eine Auswahl der indischen Auslandsvertretungen. Eine vollständige Liste gibt's auf www.meaindia.nic.in (unter dem Link „Missions and Posts Abroad").

Abgesehen von der eigentlichen Botschaft gibt es in vielen Ländern auch Konsulate, die Adressen, Faxnummern und E-Mailadressen stehen auch auf der oben angegebenen Website.

Bangladesch (☎ 02-9889339; House 2, Rd 142, Gulshan I, Dhaka)
Bhutan (☎ 02-322162; India House Estate, Thimphu)

Deutschland (☎ 030-257950; Tiergartenstr. 17, 10785 Berlin)
Myanmar (Burma; ☎ 01-240633; 545-547 Merchant St, Yangon)
Nepal (☎ 014 410900; 336 Kapurdhara Marg, Kathmandu)
Niederlande (☎ 0703 46 97 71; Buitenrustweg 2, 2517 KD, Den Haag)
Österreich (☎ 01-50586669; Kärtnerring 2, 1015 Wien)
Pakistan (☎ 0512 206950; G5, Diplomatic Enclave, Islamabad)
Sri Lanka (☎ 012 421605; 36-38 Galle Rd, Colombo 3)
Schweiz (☎ 031-3511110; Kirchenfeldstr. 28, 3000 Bern 6)
Thailand (☎ 0 2258 0300; 46 Soi Prasarnmitr, Soi 23, Sukhumvit Rd, Bangkok 10110)

EINREISEGENEHMIGUNGEN

Allein mit einem Visum kann man nicht in ganz Indien herum reisen. Einige Gegenden – etwa Teile der Nordoststaaten – erfordern spezielle zusätzliche Genehmigungen. Weitergehende Infos darüber gibt's in den entsprechenden Regionenkapiteln. Es ist ratsam, bei mehreren Stellen (Tourismusbehörden oder andere relevante Verantwortliche) nachzufragen, ob sich die Voraussetzungen für Genehmigungen zwischenzeitlich geändert haben.

Einreisegenehmigungen werden normalerweise vom FRRO (s. S. 109) erteilt, vorausgesetzt, die Erlaubnis vom Innenministerium liegt vor.

ERMÄSSIGUNGEN

Seniorenkarten

Menschen über 65 kriegen bei Sahara Airlines 50 % Ermäßigung auf Inlandsflüge, bei Jet Airways 25 %. Rabatte bei andern Fluglinien sind auch möglich, schließlich ist der Wettbewerb bei Inlandsflügen ziemlich groß, im Reisebüro nachfragen lohnt sich! Bahnfahrkarten sind für über 60-jährige 30 % günstiger.

Als Altersnachweis ist ein Ausweis erforderlich.

Studentenausweise & Jugendkarten

Studentenausweise sind heutzutage nur noch eingeschränkt nützlich, da viele Vergünstigungen entweder ganz gestrichen oder durch „Jugendermäßigungen" oder andere Altersbeschränkungen ersetzt worden sind. Jugendherbergen der Indian Youth Hostels Association sind an das Hostelling International (HI) angeschlossen, die HI-Karte bringt den üblichen Preisnachlass. CVJM/CVJF-Mitglieder kommen ebenso an einen ermäßigten Schlafplatz.

Ausländische Traveller unter 30 kriegen einen Rabatt von 25 % auf Inlandsflüge.

ESSEN

Die Köstlichkeiten der lokalen Küche gehören zweifelsohne zu den Highlights einer Indienreise. Um einen Vorgeschmack zu bekommen, ist ein Blick in die entsprechen Abschnitte der Regionenkapitel angesagt. Unter der Überschrift „Auf die Schnelle" sind Straßenstände, Imbisse, Marktstände, Takeaways, Süßigkeitenstände und ähnliches aufgelistet. Normalerweise haben solche Essgelegenheiten von morgens (oder mittags) bis spät in die Nacht offen. Unter „Essen" gibt's Tipps für alle möglichen anderen Arten der Nahrungsaufnahme, bis hin zum Nobelrestaurant.

Einen Überblick über Indiens kulinarische Vielfalt bietet S. 100, dort finden sich auch Hinweise auf Kochkurse.

FEIERTAGE

Indien hat drei Nationalfeiertage: Den Tag der Republik (26. Januar), den Unabhängigkeitstag (15. August) und Gandhis Geburtstag (2. Oktober). Die Bundesstaaten haben natürlich weitere, eigene Feiertage. Auch die großen religiösen Festivals sind normalerweise Feiertage (die aber nur von den jeweiligen Glaubensrichtungen eingehalten werden): etwa Diwali, Dussehra und Holi (hinduistisch), Nanak Jayanti (Sikh), Eid al-Fitr (muslimisch), Mahavir Jayanti (jainistisch), Buddha Jayanti (buddhistisch), Weihnachten und Ostern (christlich). Genaue Daten finden sich auf S. 64-70.

Die meisten Behörden und Geschäfte und die Sehenswürdigkeiten sind an Feiertagen geschlossen. Busse und Bahnen sind nicht betroffen und werden zu besonderen Anlässen wie großen Festivals sogar aufgestockt (besonders Verbindungen, die dann von wahren Menschenmassen genutzt werden). Freie Betten sind in solchen Fällen rar und die Preise erreichen Schwindel erregende Höhen. Man ist sicherlich gut beraten, die Unterkunft weit im Voraus zu buchen, wenn man zu einem großen religiösen Festival fahren will.

FESTIVALS & EVENTS

Die meisten Feiertage und religiösen Feste folgen entweder dem indischen Mondkalender (einem komplexen System, das von Astrologen bestimmt wird) oder dem islamischen Kalender, der in Schaltjahren zwölf, sonst elf Tage kürzer ist als der bei uns angewendete gregorianische Kalender und sich deshalb jedes Jahr verschiebt. Die landesweiten Feiertage und Feste, die hier aufgelistet sind, richten sich nach dem indischen Mondkalender (in Klammern sind die entsprechenden Monate des gregorianischen Kalenders angegeben), der im Chaitra (März oder April) beginnt. Die genauen Festivaldaten – viele sind variabel – gibt's bei den Touristenbüros vor Ort.

Viele Feste finden während des *purnima* (Vollmonds) statt, der traditionell Glück verheißt.

Die „Heiratssaison" fällt in die kühleren Monate November und März – Astrologen bestimmen verheißungsvolle Tage. In dieser Zeit sind Heiratsprozessionen auf den Straßen nichts Ungewöhnliches – eine wilde Mischung aus Gesang, Tanz und lauter Musik.

In der folgenden Liste sind die wichtigsten nationalen Festivals aufgeführt – Informationen über regionale Festivals gibt's in den Kästen „Feste & Festivals in …" jeweils zu Beginn der Regionenkapitel.

Chaitra (März/April)

Mahavir Jayanti Das jainistische Festival gedenkt der Geburt von Mahavira, dem Gründer des Jainismus.

Ramanavami In den Hindutempeln in ganz Indien wird die Geburt Ramas gefeiert. In der Woche vor Ramanavami wird vielerorts das Ramayana gelesen und aufgeführt.

Ostern Das christliche Fest erinnert an die Kreuzigung und Wiederauferstehung Christi.

Vaisakha (April/Mai)

Buddha Jayanti Das dreifach heilige Festival findet bei Vollmond statt (normalerweise im Mai, manchmal Ende April oder Anfang Juni) und feiert die Geburt Buddhas, seine Erleuchtung und sein Eingang ins Nirwana.

Eid-Milad-un-Nabi Das islamische Fest feiert die Geburt des Propheten Mohammed.

Jyaistha (Mai/Juni)

Größere Festivals? Fehlanzeige!

Asadha (Juni/Juli)

Rath Yatra (Wagenfestival) Während dieses Hindufestivals gibt's eine Tempelwagenprozession zu Ehren des Gottes Jaganath vom Tempel in Puri (Orissa) aus. Ähnliche Feste finden auch an anderen Orten statt.

Sravana (Juli/August)

Naag Panchami Das Hindufest ist Ananta gewidmet, der Kobra, auf der Vishnu ruhte, bevor er die Welt erschuf. Schlangenbeschwörer machen den Protesten von Tierschutzaktivisten zum Trotz gute Geschäfte. Den Schlangen werden heilige Kräfte zugeschrieben, die den Monsunregen beeinflussen und Böses von den Häusern fernhalten.

Raksha Bandhan (Narial Purnima) Während des Vollmonds binden Mädchen *rakhis* (seidene Amulette) um die Handgelenke ihres (nicht unbedingt blutsverwandten) Bruders, damit er im kommenden Jahr beschützt wird. Er bedankt sich mit Geschenken. Einige Menschen verehren auch den vedischen Meeresgott Varuna.

Bhadra (August/September)

Unabhängigkeitstag Der 15. August ist Nationalfeiertag und erinnert an die 1947 erlangte Unabhängigkeit Indiens.

Drukpa Teshi Das Festival feiert Buddhas erste Lehrstunde.

Ganesh Chaturthi Ein ausgelassenes Fest zu Ehren der Geburt des elefantenköpfigen Gottes Ganesh; wird besonders in Mumbai gefeiert. Am letzten Tag werden mehrere meterhohe Ganeshfiguren durch die Stadt getragen und dann rituell in einen Fluss, ins Meer oder ein Wasserbecken getaucht.

Janmastami Krishnas Geburtstag wird mit fröhlicher Ausgelassenheit gefeiert, im Einklang mit Krishnas schelmischen Launen. Seine Anhänger fasten den ganzen Tag bis Mitternacht. In Mathura (Krishnas Geburtsort) dauern die Feiern länger als anderswo.

Shravan Purnima Die Angehörigen höherer hinduistischer Kasten fasten an diesem Tag und tauschen die heiligen Schnüre aus, die sie um die linke Schulter gelegt haben.

Pateti Parsen feiern zu dieser Zeit ihr Neujahrsfest.

Asvina (September/Oktober)

Navratri (Festival der Neun Nächte) Dieses Fest der Hindu ist der Göttin Durga gewidmet, die einen Dämon enthauptete. Die Göttinnen Lakshmi und Saraswati, des Reichtums und des Lernens, werden gleich mitgefeiert. Die Hindu nehmen an den Ritualen teil, fastend und betend. Nach Sonnenuntergang werden oft Volkstänze mit Stöcken, *dandiya raas*, aufgeführt. In einigen Regionen gibt es nächtliche *garbas* (Volkstänze ohne Stöcke). Die Feste sind besonders gut besucht in Gujarat und Maharashtra.

Dussehra (Durga Puja) Durgas Sieg über den büffelköpfigen Dämon Mahishasura ist der Hintergrund dieses Festivals. Es endet oft mit dem Vebrennen des Dämonenkönigs Ravana und seinen Gefährten als Symbol des Triumphs des Guten über das Böse. Das Fest ist auch bekannt als Ram Lila (die Lebensgeschichte Ramas), mit

KUMBH MELA

Nach den Schöpfungsmythen der Hindu führten Götter und Dämonen einst einen großen Kampf um einen *kumbh* (Krug), der den Nektar der Unsterblichkeit enthielt. Vishnu bekam den Behälter zu fassen und trug ihn fort. Doch während seines Fluges fielen vier Tropfen auf die Erde – bei Allahabad, Haridwar, Nasik und Ujjain. Alle drei Jahre richtet eine der Städte, die von den vier Tropfen ausgewählt wurden, das phantastische Ereignis aus, das als (Maha) Kumbh Mela bekannt ist.

Kumbh Mela, die größte religiöse Versammlung auf der Welt, zieht mehr als 10 Mio. hinduistischer Pilger an, u. a. viele heilige Menschen, besonders Nagas (nackte Sadhus) von strenggläubigen Mönchsorden der Hindu. Kumbh Mela ist nicht auf eine Kaste oder einen Glauben beschränkt und mehr als jedes andere Festival präsentiert sich hier das gewaltige Gemisch religiöser und kultureller Verschiedenheiten, die die indische Gesellschaft bilden. Während des Festes wird ein Meer von Zelten aufgestellt, um die Pilger zu beherbergen. Astrologen berechnen sorgfältig den günstigsten Zeitpunkt für das rituelle Bad und die Nagas sind die ersten, die es nehmen.

Kumbh Mela findet das nächste Mal 2007 in Nasik statt.

Feuerwerken und Aufführungen aus dem Ramayana. In Westbengalen ist das ein echtes Riesenevent, Massen von Durga-Nachbildungen werden rituell untergetaucht.

Gandhi Jayanti Mahatma Ghandis Geburtstag am 2. Oktober ist ein offizieller Feiertag und wird am Raj Ghat würdig begangen – dort ist Gandhi verbrannt worden.

Kartika (Oktober/November)

Diwali (Deepavaali) Beim fröhlichsten Festival der Hindu (am 15. Tag des Kartika) werden Öllampen angezündet, um Rama den Heimweg aus dem Exil zu zeigen, Süßigkeiten verschenkt und Feuerwerke gezündet. Das Festival dauert fünf Tage. Am ersten Tag werden die Hauseingänge mit *rangolis/kolams* (Kreide- oder Reisblumenmustern) dekoriert, am zweiten Tag Krishnas Sieg über den Tyrannen Narakasura gefeiert. Der dritte Tag ist dem Gedenken an Lakshmi gewidmet, der vierte erinnert an den Besuch des freundlichen Dämons Bali. Am fünften Tag erhalten die Feiernden von ihren Schwestern ein glückbringendes *tikka* (Zeichen auf der Stirn).

Govardhana Puja Das Hindufestival ist der heiligen Kuh gewidmet.

Ramadan (Ramazan) Im neunten Monat des islamischen Kalenders wird dieses 30-tägige Fastenfest begangen. Den Muslimen ist von Sonnenauf- bis -untergang jeder leibliche Genuss untersagt und sexuelle Enthaltsamkeit ist Pflicht. Das Fest erinnert an Mohammeds Entgegennahme des Korans in Mekka und beginnt jedes Jahr – auf den christlichen Kalender bezogen – elf Tage früher, 2006 beispielsweise Ende September.

Eid al-Fitr Das Fest markiert das Ende des Ramadans und dauert drei Tage. 2006 findet es Ende Oktober statt.

Aghan (November/Dezember)

Nanak Jayanti Der Geburtstag des Gurus Nanak, dem Gründer des Sikhismus, wird mit Priesteransprachen und Prozessionen gefeiert.

Pausa (Dezember/Januar)

Weihnachten Am 25. Dezember feiern die Christen die Geburt Jesu.

Eid al-Adha Das islamische Fest erinnert an den Propheten Ibrahim (Abraham) und seine Bereitschaft, Gott zu gehorchen – bis hin zur Opferung seines Sohnes.

Losar Großartig ist der Aufenthalt in McLeod Ganj (Himachal Pradesh) während des tibetischen Neujahrsfestes – der Dalai Lama hält oft Ansprachen. In einigen Regionen findet Losar erst im Februar oder März statt.

Magha (Januar/Februar)

Republic Day Der Nationalfeiertag erinnert an die Konstituierung Indiens als Republik am 26. Januar 1950. In allen Hauptstädten der Bundesstaaten wird gefeiert, am spektakulärsten in Delhi: mit einer Militärparade entlang des Raipath. Teil der Feierlichkeiten ist das Beating of the Retreat drei Tage später – die Zeremonie findet in Delhi statt.

Pongal Das viertägige Festival markiert das Ende der Erntesaison. Es beginnt am ersten Tag des Tamilmonates Thai, dem 14. Januar. Das Überkochen eines Topfes mit *pongal* (einer Mischung aus Reis, Zucker, Dhal und Milch) symbolisiert Reichtum und Überfluss. Am dritten Tag wird das Vieh geschmückt und mit dem *pongal* gefüttert.

Vasant Panchami Am fünften Tag des Magha wird bei diesem Hindufest traditionell gelbe Kleidung getragen. In einigen Orten, besonders in Westbengalen, wird Saraswati – die Göttin des Lernens – verehrt: Bücher, Musikinstrumente und ähnliche Objekte werden vor ihrem Bild abgelegt, um ihren Segen zu erhalten.

Phalguna (Februar/März)

Holi Das ausgelassenste Festival der Hindu feiert den Frühlingsanfang: Man bespritzt sich mit gefärbtem Wasser oder bewirft sich mit *gulal* (Puder). Nicht die allerfeinste Kleidung und schnelle Reaktionsfähigkeit (zum Wegducken) sind nützlich. Frauen sollten S. 59 beachten. Eine

Nacht vor Holi symbolisieren Freudenfeuer die Vertreibung des bösen Dämons Holika. Das Fest findet vor allem im Norden Indiens statt, im Süden braucht man kein Winterende zu feiern – denn es gibt keinen richtigen Winter.

Muharram Das islamische Fest erinnert an das Märtyrium Imams, eines Enkels Mohammeds.

Shivaratri Der hinduistische Fastentag ist Shiva gewidmet, der an diesem Tag den *tandava* (einen kosmischen Tanz) tanzte. Tempelprozessionen, das Absingen von Mantras und das Salben der *linga* (phallischer Symbole) gehören zu den Feierlichkeiten.

FOTOS

Nützliche Tipps und Tricks zum Fotografieren auf Reisen gibt's in den Lonely Planet Bänden *Guide to Travel Photography, Travel Photography: Landscapes* und *Travel Photography: People & Portraits.*

Digitalfotos

Digitale Abzüge von Fotografien (auch direkt von den verschiedenen Speichermedien) sind zurzeit nur in den Fotofachgeschäften größerer Städte möglich. Es dürften in den nächsten Jahren aber sicherlich mehr werden. Weiter verbreitet sind Geschäfte und Internetcafés, die die Bilder auf CDs brennen (zwischen 50 und 110 Rs). Viele Traveller nutzen dieses Angebot, um ihre Bilder zu sichern oder nach Hause zu mailen. Digitale Bilder kosten um die 6 Rs pro Abzug plus 15 Rs für den Auftrag. Der Preis für einen Sony Memorystick (128 MB) liegt bei 2800 Rs.

Einschränkungen

Indiens Behörden sind sehr sensibel, wenn's darum geht, Fotos von Orten mit militärischer Bedeutung zu schießen. Dazu können Bahnhöfe, Brücken, Flughäfen, Militärgelände und bestimmte Grenzregionen zählen.

An religiösen Stätten (Tempel und Moscheen) kann das Fotografieren verboten sein – im Zweifel vorher fragen. Zum Fotografieren von Personen s. S. 59.

Farbbilder & Dias

Die Entwicklung von Farbfilmen ist in nahezu allen indischen Städten möglich. Filme sind relativ günstig und die Qualität ist normalerweise gut. Diafilme dagegen gibt's nur in größeren Städten und Touristenhochburgen. Abzüge im Format 10 x 15 cm kosten pro Bild 6 Rs plus 15 Rs für die Filmentwicklung. Passfotos sind unglaublich günstig: für vier Bilder werden 60 Rs verlangt, für zehn sind es 100 Rs.

Ein Blick auf das Haltbarkeitsdatum der Filme kann nicht schaden. Genauso sollte man überprüfen, ob die Verpackungen verschlossen und nicht monatelang in einem Schaufenster ausgebleicht worden sind: Schließlich sind Hitze und Feuchtigkeit Gift für das Filmmaterial, auch wenn das Haltbarkeitsdatum nicht überschritten ist. Augen auf heißt's bei Straßenhändlern, möglicherweise stecken alte und beschädigte Filme in neuen Hüllen. Unglückliche Traveller werden den Schwindel erst nach der Entwicklung bemerken. Am besten ist es, nur (gekühlte) Filme in vertrauenswürdigen Geschäften zu kaufen.

FRAUEN UNTERWEGS

Indien ist ein weitgehend konservatives Land, in dem die knappe Bekleidung und das kulturell inakzeptable Verhalten einer Minderheit ausländischer Frauen scheint Wellen zu schlagen und Einfluss auf die Wahrnehmung von Frauen im Allgemeinen zu haben. Immer mehr weibliche Traveller berichten von irgendeiner Form sexueller Belästigung (besonders von Anzüglichkeiten oder Grapschen), obwohl sie versucht haben, sich konservativ anzuziehen und zu verhalten.

Die meisten Fälle werden aus den städtischen Zentren Nordindiens und aus beliebten Touristenzielen berichtet. Es gibt keinen Grund, deshalb Verfolgungswahn zu kriegen, aber Frauen sollten sich klar darüber sein, dass ihr Verhalten und ihre Kleidung genauestens registriert werden.

Ständig angestarrt zu werden ist leider etwas, woran sich Frauen in Indien gewöhnen müssen. Am besten ist es, sich dickhäutig zu geben und keine schlechte Laune zu bekommen. Blicke von starrenden Männern nicht erwidern – sie könnten es als Aufforderung verstehen. Sonnenbrillen leisten da gute Dienste. Um solchen Blicken in Restaurants zu entgehen, ist es ganz praktisch, ein Buch zu lesen oder Postkarten zu schreiben. Zu den anderen Arten von sexueller Belästigung, mit denen Frauen zu kämpfen hatten, zählen provokative Gesten, Johlen, „unabsichtliches" Anrempeln oder Verfolgen. Sowas passiert besonders zu ausgelassenen Anlässen (etwa das Holi-Festival, s. S. 1158).

Nach den Rückmeldungen zu urteilen, die uns erreicht haben, sind Frauen in Begleitung eines männlichen Mitreisenden seltener Opfer sexueller Belästigungen. Allerdings kann eine Ausländerin indischer Herkunft in Begleitung eines nichtindischen Mannes missbilligende Blicke auf sich ziehen – nichtindische Partner werden in Teilen Indiens immer noch nicht gerne gesehen.

Letztlich gibt es kein sicheres Rezept, mit dem man sich vor sexuellen Belästigungen schützen kann – auch nicht, wenn man alles „richtig" macht. Es ist wichtig, seiner Intuition zu folgen und den gesunden Menschenverstand zu benutzen, denn es gibt keine allgemein gültigen Regeln, die in jeder Situation passen. Die Warnungen hier wirken vielleicht etwas abschreckend. Vielleicht sollten weibliche Traveller daran denken, dass die allermeisten Männer Frauen nichts Schlechtes wollen und dass die genannten Probleme hier erwähnt werden müssen, um das Bewusstsein dafür zu schärfen.

Kleidung

Mit einer guten Portion gesundem Menschenverstand und mit einem der jeweiligen Kultur angepassten Verhalten kann man sich ganz gut vor sexueller Belästigung schützen – die Wahl der Kleidung gehört hier dazu. Trägerlose Tops, Shorts, Miniröcke (knöchellange Röcke sind empfehlenswert), knappe, durchscheinende oder figurbetonte Kleidungsstücke prinzipiell meiden und stattdessen auf weite Sachen zurückgreifen, die die Konturen des Körpers nicht preisgeben.

In einigen Gegenden wie Goa oder Mumbai herrschen liberalere Einstellungen (es wird z. B. nicht erwartet, dass Frauen von Kopf bis Fuß bekleidet in Diskos oder an bestimmte Strände gehen), doch auch hier gibt's kein grünes Licht, sich überall nur halbbekleidet zu zeigen.

Viele indische Frauen tragen Saris oder *salwar kameez,* wenn sie in der Öffentlichkeit schwimmen (außer in Swimmingpools). Auch weibliche Traveller haben es leichter, wenn sie zum Schwimmen im Meer, in Flüssen oder Seen etwas anhaben (etwa knielange Shorts und T-Shirt oder einen Sarong).

Wer indische Kleidung richtig (!) trägt, macht sicherlich einen guten Eindruck. Es gibt zwar einige wenige Berichte darüber, dass Frauen trotzdem belästigt worden sind – die meisten weiblichen Traveller sind aber angenehm überrascht von dem Effekt. Einen *salwar kameez* zu tragen, unter indischen Frauen weit verbreitet und als respektables Kleidungsstück anerkannt, zeigt die Achtung vor der hiesigen Kleiderordnung. Er ist praktisch, bequem, attraktiv und in vielen Designs und Preisklassen erhältlich. Ein baumwollener *salwar kameez* ist auch erstaunlich kühl bei heißem Wetter. Der *dupatta* (ein langer Schal) gehört zu dieser Kleidung dazu – er ist nützlich, wenn religiöse Stätten besucht werden, die eine Kopfbedeckung erfordern.

In der Öffentlichkeit eine *choli* (eine eng anliegende Bluse, die unter dem Sari getragen wird) oder eine Sari-Unterrockn (den viele ausländische Frauen für einen Rock halten) zu tragen, kommt auf das gleiche heraus, wie halb nackt heumzuspazieren – ist also nicht empfehlenswert.

Persönliche Erfahrungsberichte von weiblichen Travellern kann man unter www.journeywoman.com nachlesen, eine Extra-Seite widmet sich dem Thema „Kleidung" (zu „Indien" durchklicken!).

Taxis & Öffentliche Verkehrsmittel

Alleinreisenden Frauen wird von offizieller Stelle empfohlen, die Fahrt vom Flughafen in die Unterkunft vorher zu arrangieren, falls ihr Flieger nachts ankommt. Ist das nicht möglich, ein Prepaid-Taxi nehmen. Unbedingt das Nummernschild des Fahrzeugs (vor den Augen des Fahrers) und den Namen des Fahrers aufschreiben und einem Flughafenpolizisten übergeben. 2004 wurde ein Prepaid-Taxifahrer (vom internationalen Flughafen in Delhi) wegen Mordes an einer Australierin verurteilt. Obwohl die Behörden versichern, dass das Prepaidsystem sicherer geworden ist, ziehen es die meisten alleinreisenden Frauen immer noch vor, den Transport vom Flughafen (vor allem in Delhi) vorher zu organisieren oder bis zum Tagesanbruch zu warten, bevor sie den Flughafen verlassen.

Spät in der Nacht (wenn die Straßen leer sind) sollten Frauen prinzipiell kein Taxi mehr benutzen und niemals sollten sie in eines einsteigen, in dem mehr als ein Mann (nämlich der Fahrer) sitzt. Auch wenn er stets versichern wird, dass es „nur sein Bruder" ist oder einer, der „für mehr Sicherheit" usw. sorgen soll – die Behörden warnen davor und es zahlt sich aus, auf ihren Rat zu hören. Ganz ratsam ist es auch, keinen kostbar aussehenden Schmuck zu tragen, sonst könnte die Trägerin Ziel von Raubüberfällen werden.

Auf ausgedehnten Bus- oder Bahnreisen haben Frauen einige bestechende Vorteile: Sie dürfen sich in Schlangen ohne Folgen vordrängeln und manche Züge haben nur für Frauen reservierte Waggons. Weibliche Traveller haben berichtet, dass sie weniger Schwierigkeiten hatten, in eine höhere Wagenklasse zu wechseln, besonders bei Fahrten über Nacht. Wer nachts reist, sollte wenn möglich in einem Dreierabteil das oberste Bett wählen, da hat man die meiste Privatsphäre (und die größte Distanz zu potenziellen Grapschern).

In öffentlichen Verkehrsmitteln sollten Frauen nicht zögern, alle „verirrten" Gliedmaßen auf den rechten Weg zu bringen, Gepäckstücke neben einem schaffen die nötige Distanz. Falls alles nichts nützt, nicht zögern, einen neuen Platz zu suchen. Frauen haben auch das Recht, Männern zu sagen, dass sie verschwinden sollen – und zwar so laut, dass die öffentliche Aufmerksamkeit den Kerl dazu bringt, sie allein zu lassen.

Unbehelligt bleiben

Frauen haben berichtet, dass sie von Masseuren oder anderen Therapeuten belästigt worden sind, vor allem in Varanasi und McLeod Ganj. Egal wo – weibliche Traveller sollten immer erst den Ruf eines Lehrers oder Therapeuten überprüfen, bevor sie zu einer Einzelbehandlung gehen. Sobald ein beunruhigendes Gefühl aufkommt, weggehen. In gynäkologischen Angelegenheiten einen weiblichen Arzt aufsuchen.

Um Gespräche mit unbekannten Männern kurz zu halten, sollten Frauen so schnell und höflich wie möglich auf den Punkt kommen. Lockere Gespräche mit Männern können als sexuelles Interesse missgedeutet werden. Fragen wie „Hast Du einen Freund?" oder Sätze wie „Du siehst sehr schön aus" sind Zeichen, dass die Unterhaltung die falsche Richtung nimmt. Einige Frauen legen vorher einen falschen Ehering an oder lassen früh in das Gespräch einfließen, dass sie verheiratet oder verlobt sind (egal ob sie es sind oder nicht). Für viele sind das effektive Mittel, eine Unterhaltung frei von sexuellen Anspielungen zu führen.

Sollte trotz aller Bemühungen das unangenehme Gefühl entstehen, dass einem jemand zu nahe rückt, tut er es wahrscheinlich wirklich. Eine entschlossene Aufforderung, Abstand zu halten, reicht normalerweise aus, um die Situation unter Kontrolle zu bringen, besonders wenn die Stimme laut genug ist, um die Aufmerksamkeit der Umgebung auf sich zu ziehen. Andererseits kann auch Stille (und das Ignorieren von Fragen) ein bemerkenswert effektiver Weg sein, ungewollte männliche Gesellschaft loszuwerden.

Beim täglichen Umgang mit Männern sollten Frauen beachten, dass Händeschütteln nicht üblich ist. Stattdessen Respekt zeigen und Männern keine falschen Signale geben, lieber das Grußwort *namaste* gebrauchen, das traditionell Respekt ausdrückt und oft von einer Geste begleitet wird: die Hände vor der Brust oder der Stirn zusammenlegen.

Filmliebhaberinnen werden sich wahrscheinlich wohler fühlen (und die Chancen einer Belästigung verringern), wenn sie mit einer männlichen Begleitung ins Kino gehen, denn es ist unüblich, dass Frauen allein hier sind.

Schließlich ist es ratsam, in den Städten vor Einbruch der Dunkelheit ins Hotel zurückzukehren, und natürlich nachts nicht alleine herumzulaufen, besonders in abgeschiedenen Gegenden.

FREIWILLIGENARBEIT

Viele karitative und internationale Hilfsorganisationen haben Niederlassungen in Indien. Obwohl sie meistens mit einheimischem Personal besetzt sind, gibt es hier durchaus die Möglichkeit, als Freiwilliger anzuheuern. Es ist besser, sich im Voraus und schriftlich nach solchen Möglichkeiten zu erkundigen. Außerdem sollte man auch lang genug vor Ort sein, um wirklich helfen zu können. Eine Woche in einer Krankenstation ist vielleicht ein schneller Weg, um das eigene Gewissen zu besänftigen, aber so ist nicht viel mehr drin, als den Leuten im Weg zu stehen, die länger dort arbeiten.

Es ist auch sehr wichtig, flexibel zu sein in dem, was man zu leisten bereit ist. Einige Organisationen werden von ausländischen

Freiwilligen überschwemmt, die z. B. Babys in Waisenhäusern pflegen wollen, aber nur wenige sind bereit, Erwachsene mit körperlichen oder geistigen Behinderungen zu betreuen.

Bollywood-Fans können als Statisten arbeiten (s. Kasten S. 789). Informationen über die Filmindustrie in Chennai (und die Jobmöglichkeiten) gibt's auf S. 1051.

Büros der Hilfsorganisationen

Wer sich länger engagieren möchte, kriegt hier Rat:

AidCamps International (☎ 020-8291 6181; www.aidcamps.org; 5 Simone Ct, Dartmouth Rd, London SE26 4RP, UK)

Alliance of European Voluntary Service Organisations (www.alliance-network.org; Borgergade 14, 1300 Kopenhagen, DK)

Co-ordinating Committee for International Voluntary Service (☎ 01 45 68 49 36; www.unesco.org/ccivs; Unesco House, 31 Rue Francois Bonvin, 75732 Paris Cedex 15, F)

Experiment e. V. (☎ 0228-957220; www.experiment-ev.de; Gluckstr. 1, 53115 Bonn, D)

Internationale Begegnung in Gemeinschaftsdiensten e. V. (☎ 0711-6490263; www.ibg-workcamps.org; Schlosserstr. 28, 70180 Stuttgart, D)

Oneworldworking/Teaching & Projects Abroad (☎ 030-44383303; www.owowo.de; Christinenstr. 18–19, Haus 6, 10119 Berlin, D)

Pro International e. V. (☎ 06421-65277; www.pro-international.de; Bahnhofstr. 26A, 35037 Marburg, D)

Voluntary Service Overseas (VSO; ☎ 020-8780 7200; www.vso.org.uk; 317 Putney Bridge Rd, London SW15 2PN, UK)

Working Abroad (☎ /Fax nur für das französische Büro 04 68 26 41 79; www.workingabroad.com; PO Box 454, Flat 1, Brighton, BN1 3ZS, East Sussex, UK)

Weitere nützliche Websites sind:

- www.career-contact.de
- http://multikultur.info
- www.volunteerabroad.com
- www.studyabroad.com
- www.responsibletravel.com

Hilfsprogramme in Indien

Im Folgenden sind einige der in Indien arbeitenden Organisationen angegeben, die einen Bedarf an Freiwilligen haben könnten. Vorher Konakt aufnehmen ist sinnvoller, als plötzlich vor der Tür zu stehen und zu erwarten, gleich eine Aufgabe zugeteilt zu bekommen. Geld- oder Kleiderspenden von Travellern sind gerne gesehen. Auch einige NGOs (Non-Governmental Organizations) bieten Einsatzmöglichkeiten für Freiwillige – nähere Infos gibt's unter www.indianngos.com.

Falls nicht anders angegeben, wird erwartet, dass Freiwillige ihre Kosten selber decken (Unterkunft, Verpflegung, Reisekosten usw.).

Informationen über aktuelle Einsatzmöglichkeiten für Freiwillige geben diese Organisationen auf direkte Nachfrage:

ANDHRA PRADESH

Die **Confederation of Voluntary Associations** (COVA; ☎ 040-24572984; www.covanetwork.org; 20-4-10, Charminar, Hyderabad) ist eine Dachorganisation für ungefähr 800 NGOs überwiegend mit Sitz in Andhra Pradesh. Sie beschäftigt sich mit einer Reihe von Themen, von Bürgerrechten bis zukunftsfähiger Landwirtschaft, aber das Hauptaugenmerk liegt auf Frauen und Kindern. Die Aufgaben für Freiwillige sind breit gefächert, von Jugendarbeit bis zu Gesundheitsprogrammen.

Mit einem Tierhospital und einem Asyl für behinderte Esel rettet die **Karuna Society for Animals and Nature** (☎ 08555-287214; www.karunasociety.org; 2/138/C Karuna Nilayam, Prasanthi Nilayam Post; Anantapur 515134) durch ihre herzerwärmende Arbeit kranke und misshandelte Tiere.

BIHAR & JHARKHAND

Das **Root Institute for Wisdom & Culture** (☎ 0631-2200714; www.rootinstitute.com; Bodhgaya) freut sich über medizinisch ausgebildetes Personal – besonders Krankenpfleger, Beschäftigungstherapeuten und Physiotherapeuten – das in ihrem Gesundheitszentrum (Shakyamuni Buddha Community Health Care Centre) und der mobilen Klinik arbeiten will. Gelegentlich wird auch nichtmedizinisches Personal gesucht (Dateneingabe, Küchendienst oder Arbeit an der Rezeption).

Kostenlosen Unterricht für Analphabeten – Kinder und Erwachsene – bietet die **Sujata Charitable Society** (☎ 0631-2330022l; www.sujata.onestop.net; Bodhgaya) in ihrer Schule. Es ist auch geplant, eine kostenfreie medizinische Klinik zu eröffnen.

CHHATTISGARH

In dem von einer NGO betriebenen Kunsthandwerkszentrum **SAATHI** (☎ 077-86-242852; bhupeshsaathi@rediffmail.com; Kondagaon) werden Einheimische beschäftigt – sie fertigen Terrakottagegenstände, Eisenwaren (und anderen Metallarbeiten) und Holzschnitzereien an. Freiwillige mit Kenntnissen in Design und Kunsthandwerk sind willkommen.

DELHI

Hier gibt es zwei Niederlassungen von Mutter Teresas in Kolkata beheimatetem Orden **Missionaries of Charity** (Nirmal Hriday Karte S. 108; ☎ 011-23952180; 1 Magazine Rd; Shishu Bhavan Karte S. 108; ☎ 011-23950181; 12 Commissioners Lane), die Freiwillige brauchen. Shishu Bhavan kümmert sich um Kinder (es werden nur weibliche Freiwillige angenommen), während Nirmal Hriday kranke, verarmte und sterbende Menschen pflegt.

Die **Concern India Foundation** (Karte S. 109; ☎ 011-26210997; delhi@concernindia.org; A-52 1. OG, Amar Colony, Lajpat Nagar 4) vermittelt Freiwillige an laufende Projekte – bitte im Voraus Kontakt aufnehmen, um die Möglichkeiten auszuloten. Auf S. 1164 gibt's mehr Infos über die Organisation.

Das **SOS-Kinderdorf** (Karte S. 121; ☎ 011-24359734; www.soscvindia.org; A7 Nizammudin West) hilft verwaisten, ausgesetzten oder verarmten Kindern. Freiwillige werden für den Englischunterricht gebraucht. Eine Vorabbewerbung und eine Verpflichtung für mindestens drei Monate sind notwendig. Im Rajasthan-Abschnitt gibt's weitere Infos zu SOS-Kinderdörfern.

GOA

Goas größte Umweltschutzgruppe ist die **Goa Foundation** (☎ 0832-2263305; www.olb.com; c/o Other India Bookstore, Mapusa, Goa 403507), die auch Freiwilligenprogramme betreibt, darunter Aufräumaktionen.

GUJARAT

Mutter Teresas in Kolkata ansässigen **Missionaries of Charity** (☎ 079-27559050; 831/1 Bhimjipura, Nara Wadaj, Ahmedabad) haben eine Niederlassung in Ahmedabad, die sich um ungewollte Babys – meist von ledigen Müttern – kümmert. Nur für weibliche Freiwillige.

Ebenfalls in Ahmedabad ist die **Animal Help Foundation** (☎ 079-26581304; www.indicorps.org; ahf@icenet.net; SPCA Premises, Madalpur, Ahmedabad) ansässig, die notleidenden Tieren hilft und ein Sterilisationsprogramm für Straßenhunde durchführt. Sie rettet auch tausende Vögel, die während des Makar-Sakranti-Drachenfestivals verwundet werden.

Hemangini Kumari (die Tochter eines Adeligen) hat den **Ashirwad Charitable Trust** (farm ☎ 02761-256444, palace ☎ 256323; members.chello.at/sudasna/; Hemangini Kumari, The Palace, Sudasna 384340) ins Leben gerufen. Er kümmert sich um ausgesetzte, kranke oder verletzte Tiere und braucht Freiwillige mit einer tierärztlichen oder tierpflegerischen Ausbildung und auch Freiwillige ohne Ausbildung auf diesem Gebiet. Die 60 ha große Farm des Trusts liegt 24 km von Palanpur entfernt. „Ashirwad" bedeutet „Wohltaten".

HIMACHAL PRADESH

In McLeod Ganj gibt es viele Möglichkeiten für Freiwillige. Die letzten beiden Tipps der Liste sind Vermittlungsstellen für Freiwillige und sollten die erste Kontaktstelle für Langzeitfreiwillige sein, das gilt besonders für VolunteerTibet. Möglichkeiten für kürzere Engagements finden sich in den Anzeigenrubriken des kostenlosen Monatsmagazins *Contact.*

Freiwillige werden auch gebraucht für den Englisch- und Computerunterricht für Erwachsene der tibetischen Gemeinde im **Dogga Centre** (☎ mobil 9816139358; www.dogga.org; Jogibara Rd, McLeod Ganj).

Die **Gu-Chu-Sum School** (☎ 01892-221379; Jogibara Rd, McLeod Ganj) unterhalb des Lung-Ta-Restaurants erteilt englischsprachigen Unterricht und unterstützt ehemalige politische Häftlinge und ihre Familien finanziell und bei der Aus- und Weiterbildung.

Das **Volunteer Help Desk at LHA** (☎ 01892-220992; www.lhainfo.org; Temple Rd; McLeod Ganj) kann Langzeitfreiwillige mit pädagogischen Fähigkeiten (Englisch- und Computerunterricht) oder medizinischen Kenntnissen an viele tibetischen Organisationen vermitteln. Eine dreimonatige Verpflichtung ist das Minimum.

Eine Webseite, die ausländische Freiwillige an Organisationen der tibetischen Gemeinschaft vermittelt, betreibt **VolunteerTibet** (www.volunteertibet.org; Lower Jogibara Rd; McLeod Ganj). Vertreten sind Organisationen wie Tibetan Women's Association, Tibetan Library, Tibetan Welfare Office, Büros des Tibetan Government in Exile und Kinder- und Menschenrechtsorganisationen.

JAMMU & KASCHMIR

Die britische Organisation **International Society for Ecology and Culture** (☎ 01-803 868650; www.

isec.org.uk; Foxhole, Dartington, Devon TQ9 6EB, UK) gibt einmonatige Kurse, um die Entwicklung und Kultur Ladakhs zu fördern – nachfragen, um Infos über Möglichkeiten zur Unterstützung einzuholen.

Die örtlich NGO **Ladakh Ecological Development Group** (☎ 01982-253331; Ecology Centre, Leh) befasst sich mit Umwelterziehung und zukunftsträchtiger Entwicklung. Freiwillige sind eingeladen, in der Bibliothek mitzuarbeiten.

KARNATAKA

Möglichkeiten für Freiwillige in Bangalore finden sich auch bei den Homosexuellenorganisationen Sangama (S. 1178) und Swabhava (S. 1178).

Der **Ashoka Trust for Research in Ecology and the Environment** (Atree; ☎ 080-3530069; www.atree.org; 659 5th A Main Rd, Hebbal, Bangalore 560024) beschäftigt sich mit zukunftsträchtiger Entwicklung, besonders mit Natur- und Umweltschutz. Freiwillige mit Erfahrungen oder echtem Interesse an Natur- und Umweltschutz sind willkommen.

Equations (☎ 080-25244988; www.equitabletourism.org; 23-25 8th Cross, Vignan Nagar, New Thippasandra Post, Bangalore 560075) wirbt für „ganzheitlichen Tourismus" und schützt örtliche Gemeinschaften durch Lobbyarbeit, lokale Schulungsprogramme und Forschung vor den negativen Folgen des Tourismus.

MAHARASHTRA

Die unabhängige Dachorganisation **Child Relief and You** (CRY; ☎ 022-23096845; www.cry.org; 189A Anand Estate, Sane Guruji Marg; Mumbai) mit Sitz in Mumbai versucht, Gelder für 300 indienweite Projekte aufzubringen, darunter ein Dutzend Projekte in Mumbai, die benachteiligten Kindern helfen. Die **Vatsalya Foundation** (☎ 022-24962115; Anand Niketan, King George V Memorial, Dr E Moses Rd, Mahalaxmi, Mumbai 400011) arbeitet mit den Straßenkindern Mumbais. Ziel ist die Rehabilitation und Reintegration der Kinder in die Gesellschaft. Der Kontakt kann auch über die Concern India Foundation aufgenommen werden.

Die gemeinnützige Dachorganisation **Concern India Foundation** (☎ 022-22880129; www.concernindia.org; 3. OG, Ador House, 6K Dubash Marg, Mumbai 400001) unterstützt Hilfsorganisationen, die sich um die Benachteiligten der Gesellschaft kümmern. Sie leistet keine praktische Arbeit, sondern versucht, Netzwerke aufzubauen. Deshalb freut sich die Stiftung über Anfragen von Freiwilligen und versucht, deren Kenntnisse und Fähigkeiten sinnvoll in verschiedenen Projekten einzusetzen. Freiwillige sollten bereit sein, mindestens sechs Monate mitzuarbeiten und vorzugsweise Hindi beherrschen. Weitere Einsatzmöglichkeiten gibt es in anderen großen Städten Indiens.

Saathi (☎ 022-23520053; www.saathi.org; Agripada Municipal School, Farooque Umarbhouy Lane, Mumbai, 400011) arbeitet vor allem mit Jugendlichen, die auf der Straße leben, und mit weggelaufenen jungen Mädchen. Sie haben auch ein Projekt in Ahmedabad (Gujarat) für Kinder, die Opfer von Gewalttaten geworden sind, und ein Ökologieprojekt in Kerala.

Eine NGO, die Wissenschaft, Technologie und spirituelle Philosophie mit Forschungs- und Entwicklungsprojekten verknüpft, ist das **Nimbkar Agricultural Research Institute** (☎ 02166-222396; nariphaltan.virtualave.net/; Phaltan-Lonand Rd, Tambmal, PO Box 44, Phaltan, Maharashtra). Es hat das Ziel, das Wachstum, ökologische Landwirtschaft und erneuerbare Energien zu fördern. Auch Kurzzeitforscher sind willkommen und es gibt Bedarf an Freiwilligen, die bei der Organisation der Finanzierung helfen.

30 km außerhalb von Pune liegt das **Sadhana Village** (☎ 020-25380792; pusadhana@vsnl.com; Priyankit, 1 Lokmanya Colony, Opposite Vanaz Paud Rd, Pune 411038), ein Pflegezentrum für geistig behinderte Erwachsene. Freiwillige (Unterkunft und Essen wird gestellt, Spenden sind willkommen) helfen bei der Durchführung von Workshops und kulturellen Aktivitäten. Das Zentrum betreibt auch Programme zur Integration in die Gemeinschaft für Frauen und Kinder.

ORISSA

Die **Wildlife Society of Orissa** (☎ 0671-2311513; A-320, Sahid Nagar, Bhubaneswar 751007) kämpft für die Rettung bedrohter Arten in Orissa, besonders die Olive-Bastardschildkröte (s. Kasten S. 646).

RAJASTHAN

Die erste Organisation, die in Rajasthan umfassende Betreuung von Menschen mit Hirnschädigungen oder anderen Nervenkrankheiten unter einem Dach anbietet, ist **Disha – Centre for Special Education, Vocational Training and Rehabilitation** (☎ 0141-2393319 oder

2391690; disha_jaipur@hotmail.com; 450 AB Nirman Nagau, Kings Rd, Jaipur). Sie hat bereits mit über 600 Familien gearbeitet und bietet Sonderschulunterricht, Haushaltsführung, Personalausbildung, Beratung und Rechtsbeistand. Freiwillige aus den Gebieten der Physiotherapie, Sprechtherapie, Sonderpädagogik, Kunst, Handwerk und Berufsberatung sind willkommen. Kontakt über Frau P. N. Kavoori oder Frau Deepak Kalva.

Die Niederlassung in Jaipur von Mutter Teresas in Kolkata beheimateten **Missionaries of Charity** (☎ 0141-2365804; Vardhman Path, C-Scheme, Jaipur) bietet Notleidenden Zuflucht, darunter vielen psychisch Kranken oder Behinderten.

Das Tierhospital **Help in Suffering** (☎ 0141-2760803; hisjpr@datainfosys.net; Jaipur) wurde von der World Society for the Protection of Animals (WSPA) und von Animaux Secours (in Arthaz, Frankreich) gestiftet und braucht qualifizierte Tierärzte (drei-, sechs- oder zwölfmonatige Verpflichtungen). Bewerbungen an: Help in Suffering, Maharani Farm, Durgapura, Jaipur 302018, Rajasthan.

Auch in Jaipur gibt es ein **SOS-Kinderdorf** (☎ 0141-2280262; Jhotwara Rd, Jaipur). Es liegt gegenüber von der Petal Factory und kümmert sich um Kinder und junge Erwachsene. Freiwillige unterrichten Englisch und helfen den Kindern bei den Hausaufgaben. SOS unterrichtet auch Kinder (besonders Mädchen), die nur tagsüber ins Dorf kommen. Die Organisation nimmt lediglich Freiwillige, die sich für ein Jahr verpflichten. Es gibt auch die Möglichkeit, ein Kind für 500 Rs pro Monat zu unterstützen, 1200 Rs reichen für ein Jahr. SOS Worldwide betreibt mehr als 30 Programme in ganz Indien. Die Organisation kümmert sich um verwaiste, verarmte und ausgesetzte Kinder, die von ledigen, verlassenen oder verwitweten Frauen betreut werden.

Die NGO **Marwar Medical & Relief Society** (☎ 0291-2545210 or 2571620; www.mandore.com; c/o Mandore Guest House, Mandore, Jodhpur) versucht, die Probleme Drogensüchtiger zu lösen und bietet medizinische Behandlungen. Kurzzeitfreiwillige für das Wohnprojekt (Village Project) der Organisation sind willkommen.

Seva Mandir (☎ 0294-2450960; Fax 2450947; Old Fatehpura, Udaipur) beschäftigt sich mit Gesundheitsfürsorge, Alphabetisierungsprogrammen und der Nutzung natürlicher Ressourcen. Freiwillige können für mindestens zwei Wochen an Entwicklungsprojekten mitarbeiten oder zuschauen. Kontakt über Shilpa Jaiswal. Ebenfalls in Udaipur gibt es eine Tierklinik, die **Animal Aid Society** (☎ 0294-3111435; www.animalaidsociety.org; Chota Hawala Village, Udaipur). Sie rettet und behandelt verletzte streunende Tiere und sterilisiert Straßenhunde.

Der **Urmul Trust** (☎ 0151-2523093; Ganganagar Rd, Bikaner) sorgt für medizinische Betreuung und Unterricht der Einwohner von 500 Dörfern in Rajasthan und versucht, das Bewusstsein der Frauen für ihre wohlverdienten Rechte und Privilegien in der Gesellschaft zu wecken. Die Organisation verkauft die Arbeiten der bäuerlichen Kunsthandwerker und gibt die Gewinne direkt an sie zurück. Es gibt Bedarf an Freiwilligen (Aufenthalt mindestens ein Monat) in der Sozialarbeit, der Gesundheitsfürsorge und für den Englischunterricht sowie andere Projekte. Auch wenn keine Kenntnisse auf diesen Gebieten vorhanden sind, hat Urmul möglicherweise Beschäftigungsmöglichkeiten in der Durchführung oder Überwachung von Projekten. Der Urmul Trust befindet sich im Urmul Dairy-Gebäude (neben dem Busbahnhof).

SIKKIM

Auf dem halben Weg zwischen der Pemayangtse Gompa und Pelling ist seit 25 Jahren die wohltätige **Denjong Pedma Choling Academy** (☎ 9434050141; muyalling@sancharnet.in) ansässig. Sie bietet kostenlosen Unterricht und Berufsausbildung für benachteiligte Kinder und Teenager an. Es werden ehrenamtliche Lehrer benötigt – Leute mit Erfahrung auf diesem Gebiet werden bevorzugt, aber auch ohne kann man unterkommen. Bewerbungen gehen an Herrn S. Yongda an der Akademie, an das Himalayan Education Lifeline Programme (s. unten) oder an den **Muyal Liang Trust** (☎ 020-7229 4774; 53 Blenheim Cresent, London W11 2EG, UK). Bewerber, die über zwei Monate bleiben, werden bevorzugt, Kost und Logis werden gestellt – allerdings ist eine Spende von 1500 Rs pro Monat für die Lebenshaltungskosten sehr willkommen.

Die britische Organisation **Himalayan Education Lifeline Programme** (HELP; ☎ 012-2726 3055; www.help-education.org; Mansard House, 30 Kingsdown Park, Whitstable, Kent CT5 2DF, UK) vermittelt freiwillige Lehrer an Schulen in Sikkim, Westbengalen und Nepal. Die Aufenthaltsdauer beträgt mindestens zwei Monate, die Freiwilligen müssen für ihre Kosten selbst aufkommen und noch etwas spenden. Unterrichtserfahrung wird nicht erwartet, aber Leute über 20, die Englisch sprechen, werden bevorzugt.

TAMIL NADU

In Chennai werden Freiwillige gebraucht im **GoS Bala Vihar** (☎ 044-28228054; 10 Halls Rd, Kilpauk, Chennai), einem Heim für Kinder die besondere Pflege benötigen; bei den **Missionaries of Charity** (☎ 044-25953078; 71 Main Rd, Royapuram, Chennai), die ein Teil des in Kolkata ansässigen Ordens Mutter Teresas sind und sozial Benachteiligten helfen; oder bei **Sneha** (☎ 044-28115050; 4 Lloyd´s Lane, Royapettah, Chennai), einer Telefonhotline für einsame, depressive und selbstmordgefährdete Menschen (Freiwillige müssen erst ein viertägiges Training absolvieren).

Die NGO **Rural Institute for Development Organisation** (RIDE; ☎ 04112-268393; www.charityfocus.org/India/host/RIDE; 46 Periyar Nagar, Little Kanchipuram) bemüht sich in 200 Dörfern, Kinder aus ungeeigneten Arbeitsverhältnissen zu lösen und in Schulen unterzubringen. Freiwillige können Unterricht geben, Verwaltungs- oder Beratungstätigkeiten übernehmen. Im Kasten auf S. 1077 gibt's weitere Informationen über Kinderarbeit.

Die **Society for Education, Village Action & Improvement** (SEVAI; ☎ 0431-2685227; www.sevai.org; 133 Karur Main Rd, Allur) hilft verarmten Bauern in den Dörfern in Zentral-Tamil Nadu mit Unterricht, Hausbau, Trinkwasser und Hygieneprogrammen.

UTTARANCHAL

Unter dem Dach des Forestry Departments betreibt das **Eco Development Committee** (Nature Interpretation Centre, Ghangaria Village, Garhwal) zwischen Juni und Oktober Naturschutzprojekte im Valley of Flowers.

Freiwillige können in der **Mahesh Yogi Organisation** (☎ 01334-9051335; mohansadventure@vsnl.com; c/o Mohan's Adventure Tours, Railway Rd, Haridwar) bei der Rettung von Tieren helfen und Entwicklungsprojekte der Gujjarstammesdörfer im Rajaji National Park unterstützen. Nähere Informationen gibt's bei: Pratap Chauhan, EDC Chairman, PO Pulna (Bhyundai), Chamoli, Uttaranchal und auf www.uafdc.org.

WESTBENGALEN

Die von Mutter Teresa gegründete Organisation Missionaries of Charity bietet Möglichkeiten zur freiwilligen Mitarbeit in verschiedenen Pflegeheimen in Kolkata, darunter Nirmal Hriday (einem Hospiz), Prem Dan (für Kranke und psychisch Kranke) und Shishu Bhavan (für verwaiste Kinder). Anlaufstelle für Freiwillige ist das **Mutterhaus** (☎ 033-22497115; 54A AJC Bose Rd, Kolkata); montags, mittwochs und freitags jeweils um 15 Uhr meldet man sich dort an und erfährt, ob Plätze frei sind. Frewillige sind für jeden Zeitraum willkommen. Mehr über die Organisation steht im Kasten auf S. 505.

Das **Situational Management & Inter-Learning Establishment** (SMILE; ☎ 033-30956494; www.smilengo.org; Udayrajpur, Madhyamgram, No 9 Rail Gate, Kolkata 700129) ist eine NGO, die Kolkatas notleidenden jungen Menschen hilft. Es betreibt eine Unterkunft für Kinder und bietet im Sealdah-Bahnhof direkte Hilfe für obdachlose Kinder. Freiwillige werden für dreiwöchige Workcamps oder längere Aufenthalte aufgenommen (eine Teilnahmegebühr muss bezahlt werden, Essen und Unterkunft sind darin enthalten).

1979 von Dr. Jack Preger gegründet, bietet **Calcutta Rescue** (☎/fax 033-22175675; www.calcuttarescue.com; 85 Collins St, Kolkata 700016) medizinische Hilfe und Gesundheitserziehung für die Armen und Benachteiligten Kolkatas und anderer Teile Westbengalens. Die Organisation hat sechs- bis neunmonatige Praktika für erfahrenes medizinisches Personal, Lehrer und Verwaltungsangestellte zu vergeben – nach offenen Stellen direkt fragen.

Die **Calcutta Society for the Prevention of Cruelty to Animals** (CSPCA; ☎ 033-22367738; cspca@rediffmail.com; 276 BB Ganguly Street, Kolkata) wird von freiwilligen Tierärzten betrieben und kümmert sich um streunende Tiere und Haustiere in Kolkata. Außerdem setzt sich die Organisation für die Rechte der Tiere ein. Ausgebildete Tierärzte können freiwillig in der Tierklinik in der BB Ganguly. Rd arbeiten, wer mindestens einen Monat bleibt, kriegt den Posten eher.

In Darjeeling gibt's in der **Hayden Hall** (☎ 2253228; haydenhall@cal.vsnl.net.in; 42 Laden La Rd, Darjeeling) Beschäftigungsmöglichkeiten für Freiwillige (mindestens sechs Monate) mit Krankenpflege- oder Vorschulunterrichtserfahrung; das **Tibetische Flüchtlingsselbshilfezentrum** (☎ 0354-52346; 65 Gandhi Rd, Darjeeling) hat gelegentlich auch Bedarf an solchen Freiwilligen und medizinischem bzw. Alten- und Kinderpflegepersonal.

Human Wave (☎ 033-26852823; humanwav@cal3.vsnl.net.in; 52 Tentultala Lane, Mankundu, Hooghly 712136) betreibt Community Development und Gesundheitsdienste in Westbengalen, es gibt 15-tägige Freiwilligenprojekte in den Sundarbans. Die Organisation vermittelt außerdem Unterrichtspatenschaften für unterpriviligierte Kinder und fördert Frauen in den Slums von Kolkata.

GELD

Die Rupie (Rs) ist eingeteilt in 100 Paisa (p). Es gibt Münzen zu 5, 10, 20, 25 und 50 Paisa und zu 1, 2 und 5 Rupien. Scheine sind 10, 20, 50, 100 oder 500 Rs wert. Es gibt auch Noten zu 1000 Rs, doch die sind teilweise schwer zu kriegen.

Geldautomaten mit 24-Stunden-Service, die auch mit den internationalen Netzwerken verbunden sind, sind in den meisten Teilen Indiens inzwischen üblich. Kreditkarten können also inzwischen benutzt werden, um an Bargeld zu kommen. Bargeld oder Reiseschecks mitzuführen, ist aber dennoch sinnvoll – schließlich kann die Kreditkarte verloren gehen oder beschädigt werden oder ein Geldautomat mal nicht funktionieren. Die jeweiligen Abschnitte in den Regionenkapiteln informieren darüber, wo man wie Bargeld erhalten kann.

Achtung! Um Reiseschecks einzulösen oder Bargeld zu wechseln, braucht man einen Reisepass.

Zu anfallenden Gebühren s. S. 24, Wechselkurse finden sich in der vorderen Umschlaginnenseite.

Bargeld

In größeren Städten oder Orten und allgemein in Touristenhochburgen ist es gar kein Problem, Geld zu wechseln. Trotzdem sollte ein Polster US$ und britische Pfund (die am meisten akzeptierten Währungen) mitgeführt werden, falls man mal keine Reiseschecks einlösen oder die Kreditkarte nicht benutzen kann. In manchen Orten abseits der üblichen Touristenpfade gibt's überhaupt keine Möglichkeiten, Geld zu wechseln. Ein Vorrat an Rupien schützt hier vor Überraschungen.

Beim Wechseln in Ruhe jeden Geldschein überprüfen, auch wenn der Notenstapel bankfrisch scheint! Manche Scheine sehen sich sehr ähnlich. Dreckige, eingerissene oder sich auflösende Scheine nicht akzeptiere – sie sind schwer unters Volk zu bringen (die Reserve Bank of India tauscht diese Scheine um).

Größere Banknoten sind oft nicht so praktisch, kleine Läden, Taxifahrer etc. können oder wollen da nicht rausgeben. Es ist deshalb sinnvoll, immer genügend kleine Scheine zu haben.

Vor der Ausreise aus Indien alle übrig gebliebenen Rupien in internationale Währungen umtauschen! Das geht bei einigen Banken in den Städten und bei den Wechselstuben der internationalen Flughäfen, manchmal frühestens 48 Stunden vor der Ausreise. Einige Flughafenbanken tauschen nur ab 1000 Rs. Teilweise wird die Vorlage der Wechselbescheinigungen (s. unten), des Ausweises oder des Flugtickets verlangt.

Geldautomaten

In allen großen Städten und in immer mehr kleineren Orten gibt's Geldautomaten mit 24-Stunden-Service. Sie nehmen meist Karten von Cirrus, Maestro, MasterCard, Plus und Visa. Ausländische Karten werden von indischen Geldinstituten wie der Citibank, HDFC, ICICI, UTI, HSBC und der State Bank of India anerkannt. Wer auch außerhalb der größeren Städte und Touristenhochburgen reisen will, sollte sich nicht allein auf Geldautomaten verlassen!

Da die Banken für internationale Transaktionen meistens höhere Gebühren berechnen, ist es sinnvoller, seltener größere Beträge abzuheben als öfters kleinere Beträge. Vor der Reise *immer* bei der eigenen Bank nachfragen, ob die betreffende Karte in Indien überhaupt verwendet werden kann, wie hoch die Gebühren sind und ob sie minimiert werden können.

Manche indischen Geldautomaten ziehen das Geld nach 30 Sekunden wieder ein, andere brauchen noch länger, um die Auszahlung vorzubereiten, Eile oder Geduld sind also gefragt, bevor man sauer auf den Automaten ist.

Die in den Regionenkapiteln aufgelisteten Geldautomaten akzeptieren ausländische Karten (aber nicht unbedingt alle verschiedenen Versionen).

Internationale Geldanweisungen

Wem das Geld ausgeht, der kann sich (natürlich gegen eine Gebühr) Geld zuschicken lassen. Thomas Cook und Western Union bieten einen entsprechenden Service an, beide haben Niederlassungen in ganz Indien. Um an das Geld zu kommen, den eigenen Ausweis vorlegen und den Name desjenigen nennen, der das Geld abgeschickt hat; außerdem wird eine Referenznummer benötigt.

Kreditkarten

In den großen Städten und Touristenhochburgen werden Kreditkarten akzeptiert, am häufigsten verbreitet sind MasterCard und Visa. An vielen Banken kriegt man mit den geläufigen Kreditkarten Bargeld, allerdings sollte man sich in kleineren Städten nicht drauf verlassen. Vor der Reise mit der eigenen Bank klären, wie man an Kontoauszüge kommt.

Kreditkarten werden in nahezu allen Hotels der Spitzen- und Mittelklasse akzeptiert, aber nur in einer Handvoll Budgetunterkünften und Geschäften oder Restaurants der unteren Kategorie.

Reiseschecks

Alle großen Marken werden in Indien akzeptiert, am meisten verbreitet sind American Express (Amex) und Thomas Cook. Britische Pfund und US$ sind die verbreitesten Währungen, besonders in den Städten. Kein Marke wird überall akzeptiert – es zahlt sich aus, mehr als eine Sorte bereit zu halten. Die Gebühren für das Einlösen von Reiseschecks sind von Ort zu Ort und Bank zu Bank unterschiedlich.

Für den Fall des Verlustes der Reiseschecks sollte eine genügende Menge Bargeld aufbewahrt werden. Am selben Ort (also getrennt von den Schecks) auch die Seriennummern und den Kaufbeleg der Reiseschecks, die Wechselbescheinigungen sowie die Kopien des Ausweises (inkl. der Visaseiten) deponieren! Gestohlene oder verlorene Reiseschecks müssen dem Amex- oder Thomas-Cook-Büro in der am nächsten gelegenen größeren Stadt gemeldet werden. Auskünfte über die Filialen geben die Büros in Delhi (S. 114, 124)

Für den schnellen Ersatz der Reiseschecks sind der Originalkaufbeleg und die Seriennummern der vermissten Schecks notwendig (gelegentlich wird auch der Polizeibericht oder ein Passfoto gefordert). Sind die Seriennummern unbekannt, nimmt Amex (oder die ausstellende Gesellschaft) Kontakt zum Kaufort auf.

Sicherheit

Der sicherste Platz für Ausweis und Geld ist nahe am Körper, entweder in einem Geldgürtel oder einer Geldtasche unter dem T-Shirt. Niemals ins Gepäck! Auch die Aufbewahrung in einer Umhängetasche schreit nach Ärger, genauso wie in der Hüfttasche, die geradezu zum Klauen einlädt. Genauso wenig sollten wichtige Reisedokumente oder Reiseschecks im Hotelzimmer aufbewahrt werden (auch nicht unter der Matratze). Ist das Hotel vertrauenswürdig, den Hotelsafe nutzen.

Für den Fall der Fälle ist es nicht verkehrt, ungefähr 100 US$ getrennt von dem anderen Bargeld aufzubewahren. Auch eine Trennung der größeren von den kleineren Scheinen ist empfehlenswert, um nicht jedes Mal zu demonstrieren, wie begütert man ist, wenn Schuhputzer entlohnt oder Trinkgelder gegeben werden.

Trinkgeld, Bakschisch & Feilscherei

In Touristenrestaurants oder -hotels, in denen eine Servicegebühr (die Höhe variiert regional) auf die Rechnung aufgeschlagen wird, kann Trinkgeld gegeben werden, muss aber nicht. In kleineren Läden ohne Servicegebühr wird dagegen Trinkgeld erwartet. Gepäckträger in Hotels und Bahnhöfen kriegen üblicherweise 20 Rs, anderes Hotelpersonal erwartet ähnlich viel für Service, egal ob dieser selbstverständlich ist oder nicht. Kein Muss dagegen ist Trinkgeld für Taxi- oder Autorikschafahrer.

Das Trinkgeld wird auch als Bakschisch bezeichnet – der Begriff meint aber auch die Almosen für Bettler. Viele Inder empfehlen Touristen, Kindern keine Süßigkeiten, Stifte oder Geld zu geben, um sie nicht im Betteln zu bestärken. Sinnvoller ist eine Spende für die örtliche Schule oder eine karitative Organisation (s. auch den Abschnitt „Freiwilligenarbeit“ auf S. 1161).

Außer in Geschäften mit Festpreisen ist das Feilschen die Norm, s. dazu den Kasten S. 1180.

Wechselbescheinigungen

Das Gesetz verlangt es, dass der Wechsel ausländischer Währungen in offiziellen Wechselstuben oder Banken stattfindet, die eine offizielle Bescheinigung des Geldtausches ausstellen müssen (das Dokument ist drei Monate gültig). Um Beträge über

10 000 Rs vor der Ausreise zurückzutauschen, braucht man die Bescheinigungen (s. „Bargeld" auf S. 1167). Die Summe der vorhandenen Quittungen muss mindestens so hoch sein wie der beabsichtigte Rücktausch. Auch manche Transportunternehmen verlangen die Bescheinigungen.

Wer Bargeld aus den Geldautomaten rauslässt, kriegt keine anerkannten Bescheinigungen – die meisten Banken und Wechselstuben tauschen keine Rupien aus solchen Transaktionen, an den Flughäfen ist es aber meistens gegen Vorlage der Geldautomaten-Quittung möglich.

Offizielle Wechselbescheinigungen sind auch notwendig, wenn Bahntickets aus dem Touristenkontingent mit Rupien bezahlt werden.

Die Bescheinigungen werden auch für die steuerliche Unbedenklichkeitsbescheinigung *(tax clearance certificate)* benötigt. Mehr dazu s. S. 1192 unter „Visum".

Wechselstuben

Es gibt sie nahezu überall. Normalerweise haben sie längere Öffnungszeiten als Banken und hier Geld zu wechseln ist deshalb oft bequemer. Trotzdem sollten die Kurse mit denen der Bank verglichen und – wie überall – die Scheine nachgezählt werden.

GEFAHREN & ÄRGERNISSE

In Indien, wie in allen anderen Ländern der Welt, sind gesunder Menschenverstand und Vorsicht die besten Waffen gegen Diebstahl oder Schlimmeres. Die offiziellen Tourismusbehörden warnen vor den aktuellen Gefahren(-gebieten), auch erfahrene Traveller können Tipps geben, so z. B. im Indien-Teil von Lonely Planets **Thorn Tree Forum** (www.lonelyplanet.com).

Frauen sollten unbedingt S. 1059 beachten; für alle, die Reisen nach Kaschmir planen, ist der Kasten auf S. 378 nützlich.

Abzocke

Bei Einkäufen mit der Kreditkarte niemals dem Verkäufer die Karte übergeben, bevor die zu kaufenden Artikel ausgewählt sind und auf dem Tresen liegen – auch wenn der Händler versichert, nicht vorher abzurechnen – wer's glaubt wird selig … Es ist ein beliebter Trick, die Karte ins Hinterzimmer mitzunehmen, um mehrere Belege zu erstellen und die Unterschrift darauf zu fälschen. Das Beste ist es, beim Einlesen der Karte dabei zu sein.

Immer wieder tauchen Angebote auf, wertvolle Dinge in Indien vermeintlich günstig zu erwerben und zu Hause weiter zu verkaufen. Edelsteine und Teppiche sind echte Favoriten bei solchen Deals. Die vermeintlichen Verkäufer sind immer unglaublich freundlich, es hagelt Einladungen: zum Essen, zum Kennenlernen der Familie usw. Danach folgen Märchen, warum das Geschäft nicht selber gemacht werden kann: Fehlende Ausfuhrgenehmigungen, die indische Bürokratie oder sonstige Ungerechtigkeiten. Der versprochene Gewinn ist immens, Dankesbriefe anderer Traveller werden zum scheinbaren Beweis vorgezeigt. Das ist natürlich alles Quatsch, die Steine und Teppiche haben nur einen Bruchteil des Wertes, den sie kosten sollen, und auf verabredete Lieferungen wartet man bis zum Sankt-Nimmerleins-Tag.

Zwar sind nur wenige Händler in solche derart kriminellen Machenschaffen verwickelt, doch die Zahl derer, die Schlepperdienste in Anspruch nehmen, wächst. Vorsicht ist also beim Shoppen angeraten (s. Kasten S. 171 und den Absatz „Schlepper & Provisionshaie" auf S. 1170).

Für regionenspezifische Betrügereien s. die „Gefahren & Ärgernisse"-Abschnitte in den Regionenkapitel.

Diebstahl & Betäuben

Wertsachen wie Reisepass, Tickets oder Geld gehören nicht ins Hotelzimmer (s. S. 1168), Gepäck sollte immer sicher verschlossen sein. In Zügen alle Gepäckstücke in der Nähe aufbewahren, meistens kann man Koffer an der Gepäckablage oder an Ringen unter den Sitzen anschließen. Touristenrouten wie die Zugverbindung von Delhi nach Agra sind beliebt bei Dieben, Berichte ausgeraubter Traveller liegen vor. Besondere Vorsicht gilt für die Zeit kurz vor Abfahrt der Züge, die Menschenmassen sind riesig und es herrscht große Hektik. Auch Flughäfen fordern erhöhte Achtsamkeit, lange Flüge sind anstrengend und man ist nicht ganz auf der Höhe – das wissen auch die Diebe.

Gelegentlich werden Touristen (besonders Einzelreisende) auf Bus- oder Zugfahrten heimlich mit Drogen abgefüllt und ausgeraubt. Unvorsichtige Traveller finden plötzliche „Freunde", die einem Kräuterdrinks anbieten (wirkt betäubend) – danach sind die Wertsachen weg. Freundlich aber bestimmt Getränke oder Speisen abzulehnen ist manchmal kein Fehler (Intuition nutzen!), gerade wenn man allein reist.

Leider gibt es auch unter den Travellern schwarze Schafe, die ihre Reisekasse durch den Griff in die Taschen anderer aufbessern – also Vorsicht! Gestohlene oder verlorene Reiseschecks dem Amex- oder Thomas Cook-Büro in der nächstgelegenen größeren Stadt melden! Wo die nächste Filiale ist, verraten deren Büros in Delhi (S. 113)

Wichtig ist eine gute Reiseversicherung (s. S. 1192). Reiseschecks werden ersetzt, wenn Belege vorliegen; s. S. 1168.

Ein oder zwei Kopien des Reisepasses inklusive der Seite mit dem Visum sowie des Flugtickets (an einem anderen Ort als die Originale aufbewahren) erleichtern eine eventuelle Wiederbeschaffung erheblich. Einige Reisende scannen ihre Reisedokumente ein und legen sie im Internet ab.

Gefährliche Regionen

In der Kulluregion (Himachal Pradesh) sind Traveller wahrscheinlich Opfer von Verbrechen geworden, die mit Drogen im Zusammenhang stehen; einige Reisende sind verschwunden oder wurden ermordet. Trekkingtouren immer in Gruppen durchführen, eine Vertrauensperson über die Route und die voraussichtliche Ankunftszeit informieren! Jeglicher Kontakt mit Drogen sollte auf jeden Fall vermieden werden (s. S. 1177). Weitere Infos im Kasten S. 1178. Vermisst gemeldet wurden Ausländer auch in Rishikesh (Uttaranchal) and Varanasi (Uttar Pradesh).

In kritischen Regionen wie Jammu & Kaschmir kommt es immer wieder zu gewaltsamen Auseinandersetzungen. Auch wenn Schlepper (besonders in Delhi) einem unter Anwendung ihrer ganzen Überredungskünste weismachen wollen, die Gebiete seien friedlich und sicher, sollten vor einer Reise dorthin immer aktuelle Informationen der Botschaften oder anderer offizieller Stellen eingeholt werden.

In ganz Indien kommt es gelegentlich zu Protesten und Demonstrationen; am besten ist es, sich von diesen fern zu halten und den Rat von Touristenbüros einzuholen.

Auch in den Nordoststaaten kommt es sporadisch zu Aufständen.

Religiöse Feste

Vorsichtig in Zügen während der großen Feste, jetzt sind besonders viele Leute unterwegs und es ist schon passiert, dass Menschen bei der Drängelei vor dem Einsteigen totgedrückt wurden.

Auch während des ausgelassenen Holi-Festivals (S. 1158) ist Vorsicht geboten. Eigentlich ist es ein Riesenspaß, aber es gab auch schon Fälle, bei denen Traveller mit vergiftetem Trinkwasser betäubt oder manchmal verletzt zurückgelassen wurden. Exzessiver Alkoholkonsum und der Verzehr von Cannabisprodukten in Lassis, Pakoras und Gebäck hat Tradition während der Feierlichkeiten. Auch wurde von Übergriffen auf weibliche Traveller durch voll gedröhnte Typen berichtet – besonders in touristischen Gegenden. Offizielle Stellen empfehlen Frauen, während des Holi-Festivals nicht allein auf die Straßen zu gehen.

Schlepper & Provisionshaie

Indiens Touristenhochburgen sind ein echter Magnet für Provisionshaie, die scharf auf das Geld der Traveller sind. Besonders häufig sind sie an Flughäfen, Eisenbahn- und Busbahnhöfen anzutreffen, immer auf frische Ankömmlinge (am leichtesten verwundbar) lauernd. Oft sind es Rikscha- oder Taxifahrer. Einige versuchen, ihre Chancen abzuschätzen, indem sie fragen, ob man das erste Mal in Indien sei; bestimmt verneinen! Die Schlepper wollen Traveller zu dem Hotel zu locken, das ihnen die höchste Provision dafür zahlt. Einige Hotels weigern sich, solche Dienste zu entlohnen, deshalb erzählen Provisionshaie den Reisenden gerne, diese Häuser seien voll belegt, würden renoviert, wären geschlossen usw. In neun von zehn Fällen sind das schlichtweg Märchen.

Schlepper bekommen auch Geld dafür, Traveller zu bestimmten Geschäften zu locken, oft mit Argumenten wie „das Geschäft meines Bruders“ oder „mein Freund macht die besten Preise“. Meist ist das Hotel, Geschäft oder auch Restaurant dann bis zu 50 % teurer (manchmal mehr). Besser die Orte eigenständig aufsuchen!

Andererseits können Schlepper und Provisionshaie nützlich sein, wenn man während eines großen Festivals keine Hotelreservierung hat oder in der Hauptsaison kein Bett findet – sie wissen, wo noch Chancen auf einen Platz bestehen.

Schwimmen

Gefährliche Wirbel und Strömungen an Indiens Stränden führen jedes Jahr zu Todesfällen. Vor dem Schwimmen auf jeden Fall Erkundigungen einholen! Übrigens: Auch der Ganges bekannt für starke Strömungen.

Vergiftetes Essen & Trinken

In den letzten Jahren haben private Kliniken in Indien ihre Patienten manchmal länger oder komplizierter behandelt, als es nötig gewesen wäre, um höhere Summen von den Krankenversicherungen zu kassieren. Wenn es noch möglich ist, vor dem Besuch einer Klinik Erkundigungen von mehreren Seiten einholen! 1998 gab es in Nordindien, insbesondere in Agra und Varanasi, einen Lebensmittelskandal. Viele Touristen wurden nach Restaurantbesuchen krank – zwei sind gestorben. Kriminelle wollten auch hier Geld von den Krankenversicherungen einkassieren. Dieser Masche konnte zum Glück der Garaus gemacht werden – aber sie könnte wieder auftauchen.

Auch das Trinkwasser ist eine potenzielle Gefahrenquelle. Deshalb immer Mineralwasserflaschen auf einen unversehrten Originalverschluss und den Flaschenboden auf Beschädigungen oder Klebestellen überprüfen! Die Plastikflaschen zerstören, wenn sie leer sind, um einen Missbrauch zu verhindern. Noch besser ist es, Trinkwassertabletten zu benutzen, um Indiens Plastikmüllproblem nicht noch zu vergrößern.

INTERNETZUGANG

Abgesehen von den ländlichen Gegenden kommt man in Indien überall gut ins Internet – und wenn es nur vom PC in irgendeinem engen Geschäftsraum ist. Es ist also recht einfach, mit den Lieben daheim in Kontakt zu bleiben.

In vielen Städten sind die Verbindungen erfreulich schnell, in anderen – und generell außerhalb der größeren Städte – quälend langsam. Morgens und am frühen Abend geht's am schnellsten, da das Netz am wenigsten belastet ist. Stromausfälle sind in Indien nichts ungewöhnliches, besser ist es also, längere Briefe nicht online zu schreiben.

Die Gebühren sind regional ziemlich unterschiedlich (ein Blick in die betreffenden Abschnitte der Regionenkapitel verrät Genaueres), liegen aber in der Regel zwischen 10 und 60 Rs. An einigen Orten gilt ein Minimum von 15 Minuten.

Viele Traveller nutzen die weit verbreiteten (und günstigen) Internetcafés und die Freemailanbieter wie **Yahoo** (www.yahoo.de), **GMX** (www.gmx.de), **Web.de** (www.web.de) oder **Hotmail** (www.hotmail.com). Um sich mit einem eigenen Laptop einzuwählen, braucht man einen lokalen Anbieter (außer man hat einen Provider, der globales Surfen ermöglicht – er gibt eine indische Telefonnummer aus, mit der man eine Verbindung zum eigenen Provider herstellen kann).

Wer mit einem Laptop oder einem Handheld-PC reist, sollte sich im Klaren sein, dass das Modem in Indien nicht unbedingt funktioniert. Am besten vor der Reise ein weltweit nutzbares Modem kaufen! Für längere Indienaufenthalte lohnt es sich auch, vor Ort ein Modem zu kaufen. Prinzipiell sinnvoll ist die Anschaffung eines Universalnetzteils, das verschiedene Spannungen zulässt, ohne das Computerinnere zu grillen. Außerdem braucht man noch einen Adapter für die indischen Steckdosen. Weitere Informationen über das Reisen mit einem tragbaren Computer gibt's auf den Internetseiten www.teleadapt.com (englisch) und www.heise.de/mobil/artikel/50827/0 (deutsch).

S. auch S. 26.

KARTEN & STADTPLÄNE

Es gibt keine richtig guten Landkarten für Indien. Zu den besseren gehören die Karten der „TTK Discover India"-Serie, darunter Karten der Bundesstaaten, regionale Karten und Stadtpläne. Exzellente Straßenatlanten zu Bangalore, Delhi, Mumbai und Chennai sowie nützliche faltbare Stadtpläne produziert Eicher. Anständige Stadtpläne und Landkarten bietet auch Survey of India, während der Indian Map Service handliche Straßenatlanten (auf der Basis des Survey-of-India-Materials) verlegt. Die Karten von Nelles und Nest&Wing für verschiedene Städte und Bundesstaaten sind ebenfalls zu empfehlen. Alle diese Karten sind in Indien in gut sortierten Buchhandlungen und einigen modernen Tankstellen erhältlich.

Indiens staatliche Touristenbüros geben Karten aus, die teilweise veraltet oder was Details betrifft recht mangelhaft sind, aber durchaus brauchbar zur generellen Orientierung.

KINDER

Indien ist eine familienorientierte Gesellschaft und deshalb auch ein sehr kinderfreundliches Reiseziel. Kinder sind überall gern gesehen – aber trotzdem kann das Reisen mit ihnen anstrengend werden. Ständige Aufmerksamkeit muss sein und besondere Vorsicht ist gefragt in der Nähe von Straßen; der Verkehr ist unberechenbar. Auf längeren Strecken genügend Pausen einlegen, die Fahrt auf schlechten Straßen ist besonders für die Kleinen oft eine Tortur. Weite Entfernungen per Zug zurücklegen, das ist noch die bequemste Art. Immer genug sauberes Trinkwasser dabei haben!

Durchfall und andere Erkrankungen können sich auf Kinder sehr viel ernster auswirken als auf Erwachsene (s. S. 1219). Auch tollwütige Tiere sind gefährlich. Wenn ein Kind regelmäßig Medikamente braucht, muss ein ausreichender Vorrat mitgenommen werden – die Versorgung vor Ort ist nicht immer gesichert.

Hilfreiche Tipps stehen in *Travel with Children* von Lonely Planet und auch auf der Internetseite **LonelyPlanet.com** (www.lonelyplanet.com). Hier gibt's ein Kapitel über Reisen mit Kindern und das Thorn Tree Travel Forum, in dem sich Traveller austauschen können.

Praktisch & Konkret

Viele Hotels haben „Familienzimmer" oder stellen gerne ein Extrabett auf. Teurere Hotels bieten auch Babysitting oder Kinderbetreuung an – vorher nachfragen lohnt sich. Und in den besseren Hotels gibt's oft auch Kabelfernsehen mit – meist nur englischsprachigen – Kinderprogrammen wie Cartoon Network.

Gehobenere Restaurants (besonders in Familienreisezielen) haben Kinderhochstühle, Wickelräume sind aber ziemlich selten. Abgesehen von Fastfood-Restaurants im westlichen Stil (mit Lieblingsessen wie Hamburgern und Milchshakes) und einigen wenigen Ausnahmen wie dem Dosa Diner (S. 798) in Mumbai sind die Restaurants auf Erwachsene ausgerichtet. Manche bemühen sich, speziellen Wünschen nachzukommen.

Was man so für Kleinkinder braucht (etwa Windeln), kriegt man in den meisten größeren Städten. Ein gutes Angebot wären 63 Rs für zehn Windeln, 140 Rs für 500 g Milchpulver, in den Metropolen geht's zum Teil noch billiger. Wer wählerischen Nachwuchs hat, sollte besser die gewohnte Kindernahrung mitnehmen. Auf jeden Fall mitbringen: einen Sonnenschirm (in Indien kaum zu kriegen und zudem teuer), einen gut passenden, breiten Sonnenhut und eine waschbare Decke für schmutzige Oberflächen.

Stillen in der Öffentlichkeit wird von der indischen Gesellschaft nicht geduldet.

Sehenswertes & Aktivitäten

Kinder brauchen einige Tage Zeit, um sich an die Vielfalt der ungewohnten Gerüche, Geräusche, Bilder und Geschmäcker in Indien zu gewöhnen. Kurze Ausflüge und kinderfreundliche Aktivitäten (die größeren Städten bieten da meist bessere Möglichkeiten) empfehlen sich für den Anfang – z. B. die Sound-and-Light-Show in Delhi (S.117), Themenparks wie die in Kolkata (S. 506) und Kanyakumari (S.1107) und Delhi's Puppenmuseum (S. 126). Zoos sind für Kinder fast immer ein super Erlebnis, es gibt welche u. a. in Kerala (S.989), Hyderabad und Secunderabad (S. 960) und in Lucknow (S. 416).

Strände eignen sich immer für großartige Familienausflüge, einige der schönsten Indiens sind in Kerala (S. 1035), Goa (S.860), Gokarna (S. 938) und Diu (S. 744). Informationen zu Bootsausflügen gibt's auf S.1150

Wildlife Safaris, besonders die auf dem Rücken eines Elefanten, sind ein echtes Erlebnis (s. S. 1150).

Hill Stations bieten neben einem angenehmeren Klima meist hübsche Waldflächen mit grandiosen Picknickplätzen und kindergeeignete Aktivitäten wie Paddelboottouren oder Ponyreiten. Fabelhafte Möglichkeiten gibt's in Udagamandalam (S. 1119), Mussoorie (S. 453), Kodaikanal (S. 1111), Mt. Abu (S. 220), Shimla (S. 276), Nainital (S. 473) und in den Bergen von Westbengalen (S. 536).

Indiens Festivals können auch Kinder begeistern, die Menschenmassen sind allerdings oft atemberaubend – im negativen Sinn. Nähere Infos zu den Festivals gibt's auf S. 1157 und in den Kästen „Feste & Festivals in …" am Beginn der Regionenkapitel.

Das Reisen abseits der üblichen Touristenwege hat Vor- und Nachteile. Die Möglichkeiten und der Komfort der großen Städte fehlen, aber es gibt weniger Lärm, weniger Verkehr und weniger Menschen, es ist einfach friedlicher.

Weitere Informationen zu kindergeeigneten Sehenswürdigkeiten und Aktivitäten bieten die Regionenkapitel.

KLIMATABELLEN

Indien ist so riesig, dass das Wetter im Norden so gut wie nichts mit dem im Süden zu tun hat. Grob gesagt hat Indien drei Jahreszeiten: eine heiße, eine feuchte und eine kalte. Details gibt's auf S. 22.

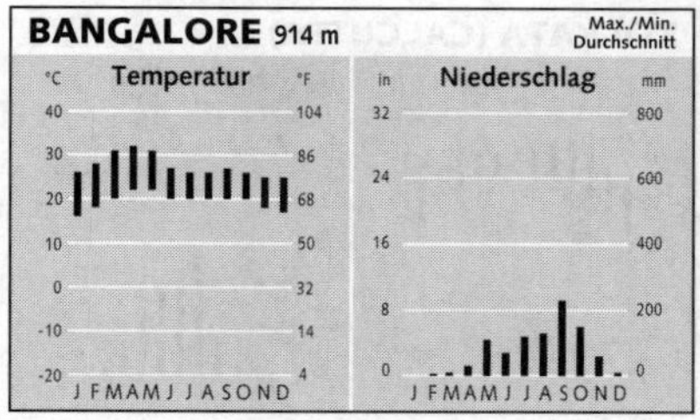

KURSE

Die Touristenbüros, Lokalzeitungen und Magazine sind prima Informationsquellen für alle Arten von Kursen, aber auch andere Traveller haben oft gute Tipps. Außer den verschiedenen hier genannten Kursen gibt's noch Kochkurse (s. S. 104). Hier eine Auswahl empfehlenswerter Kurse:

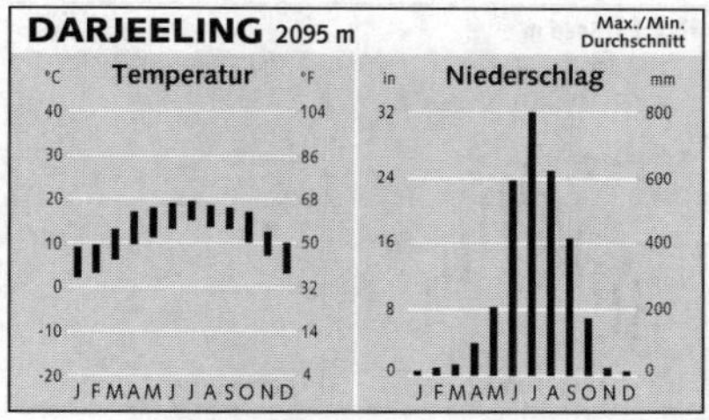

Ayurveda & Naturopathie

Wissenswertes über Naturopathie oder Ayurveda gibt's hier:

Bangalore Naturopathie- und Ayurvedatherapien (S. 907); in Karnataka.

Jamnagar Die Ayurvedic University (S. 764) bietet Ayurvedatherapien an; in Gujarat.

Mysore Ayurvedakurse (S. 919); in Karnataka.

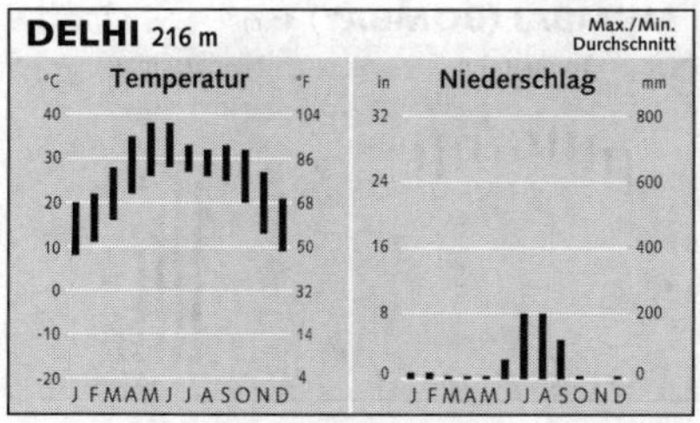

Kunst & Kunsthandwerk

Es gibt eine Vielzahl von Kunst- und Kunsthandwerksangeboten in Indien:

Jaipur Mal- und Töpferkurse (S.163); in Rajasthan.

Jhunjhunu Das Hotel Jamuna Resort (S. 184) bietet Mal- und Zeichenkurse; in Rajasthan.

Kondagaon Die NGO SAATHI (S. 716) führt Bastar-Kunsthandwerkskurse durch; in Chhattisgarh.

Udaipur Mal- und Zeichenunterricht (S. 212); in Rajasthan.

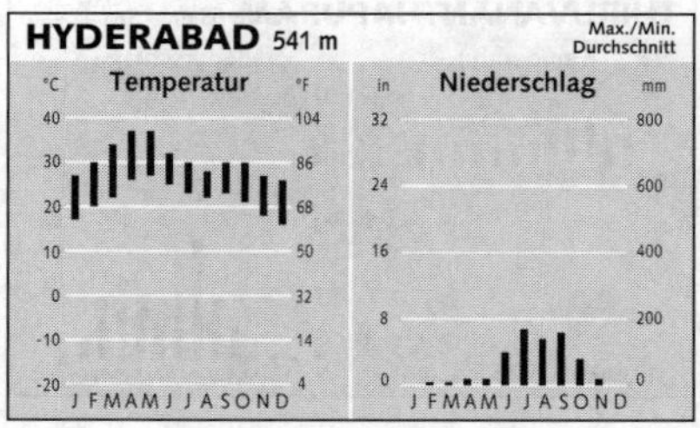

Meditation & Yoga

Viele Institute bieten eine Kombination aus Yoga- und Meditationskursen an. Manche akzeptieren Schüler nur, wenn sie auch für einen bestimmten Zeitraum dableiben. In einigen Kursen müssen Verhaltensregeln eingehalten oder Gelübde abgelegt werden, etwa die „edle Stille" – man darf dann für eine bestimmte Anzahl an Tagen nicht reden, nicht schreiben und nicht lesen. Besser vorab informieren.

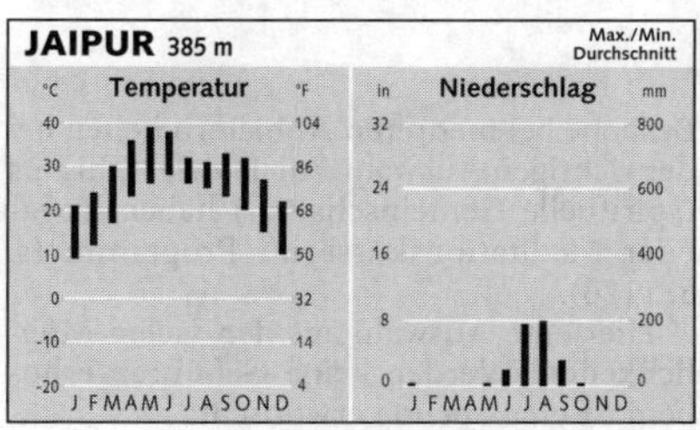

Bei den vielen angebotenen Meditations- und Yogakursen gibt's natürlich Qualitätsunterschiede (gerade in Touristenhochburgen). Die Touristenbüros geben hilfreiche Infos. Tipps anderer Traveller und

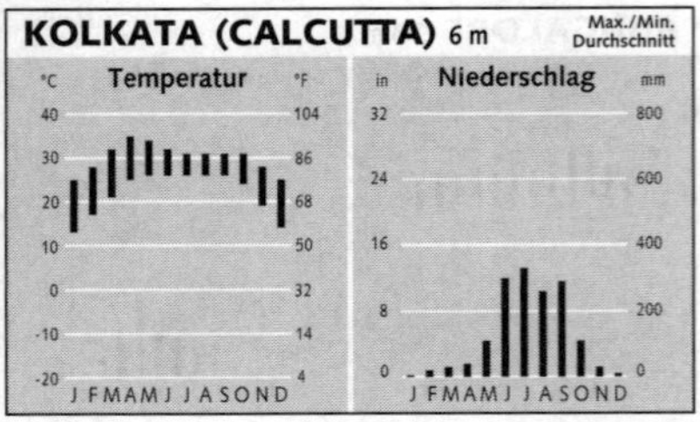

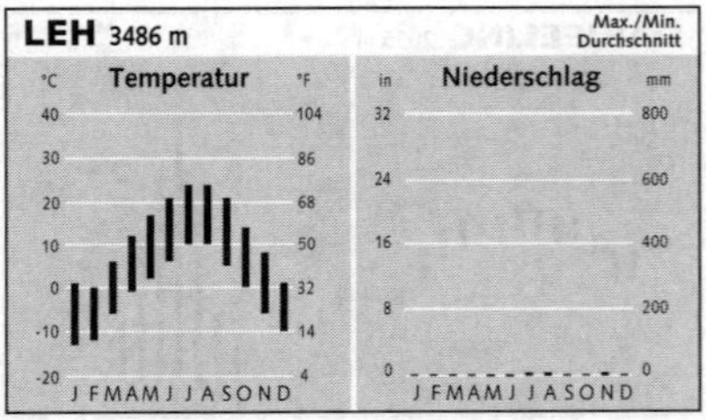

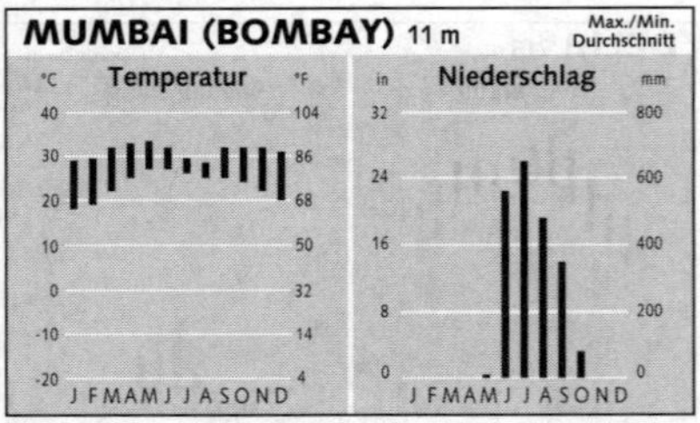

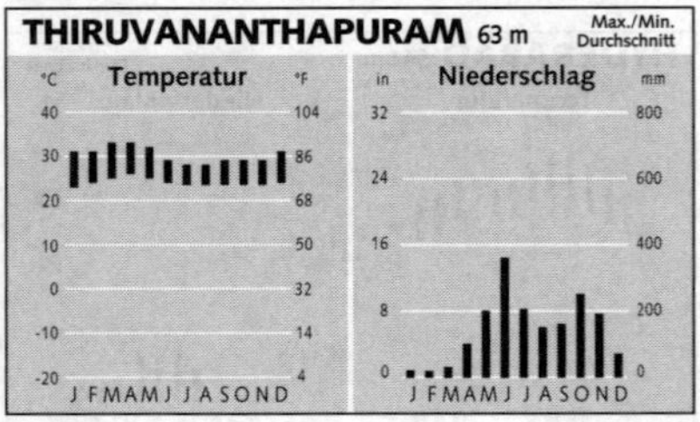

Besuche bei mehreren Anbietern helfen bei der richtigen Auswahl. Auch viele Ashrams (spirituelle Gemeinschaften) haben Yoga- oder Meditationskurse im Programm (s. S. 1176).

Hier eine Auswahl aus den vielen Möglichkeiten. Werden keine Gebühren erhoben, ist eine Spende erwünscht:

Anjuna Das Goa Purple Valley Yoga Centre (S. 879) bietet *ashtanga* (der achtfache Heilsweg, inkl. Körperhaltung und Meditation), *hatha* und *pranayama* (traditionelle Atemtechniken), Yoga und Meditation.

Arambol Das Himalayan Iyengar Yoga Centre (S.885) hält Kurse von Nov. bis Feb. ab; in Goa.

Bada Das Kutch Vipassana Centre (S. 772) führt zehntägige Meditationskurse durch; nahe Bhuj, Gujarat.

Bhagsu Neo Yoga and Reiki Centre (S. 302) unterrichtet Hatha-Yoga; in Himachal Pradesh.

Bodhgaya Zehntägige Kurse (S.567) in buddhistischer und *vipassan*-Meditation.

Calangute Das Natural Health Centre (S. 876) bietet Yogaunterricht an; in Goa.

Chennai Hatha-Yogakurse (S. 1051); in Tamil Nadu.

Choglamsar Das Mahabodhi Meditation Centre (S. 353) hat *vipassana*-Meditation und Yoga im Angebot; in Jammu & Kaschmir.

Delhi Verschiedene Meditations- und Yogarichtungen (S. 127) wie *hatha*, *asanas* und *pranayama*.

Hyderabad *Vipassan*-Meditationskurse (S. 960); in Andhra Pradesh.

Igatpuri Zehn- und 45-tägige Kurse im weltgrößten *vipassana*-Meditationszentrum (S. 815); in Maharashtra.

Jaipur *Vipassana*-Meditation und *hatha*-Yoga (S. 162); in Rajasthan.

Jamnagar Die Ayurvedic University (S. 764) bietet Hatha-Yogakurse; in Gujarat.

Khajuraho *Hatha*- und andere Yogakurse (S. 673); in Madhya Pradesh.

Kolkata Verschiedenste Yogakurse (S. 507) wie *aurobindo* (integral), *hatha*, *bhakti* und *raja*, sowie Meditationstechniken. In Westbengalen.

Lonavla Das Kaivalyadhama Yoga Hospital (S. 837) unterrichtet yogisches Heilen; in Maharashtra.

McLeod Ganj *Vipassana* und tibetisch-buddhistische Meditationskurse (S. 297); in Himachal Pradesh.

Mt Abu Die Brahma Kumaris Spiritual University (S.222) hält dreitägige Einführungskurse in *raja*-Yoga-Meditation; in Rajasthan.

Mumbai Yogakurse (S. 791).

Munger Verschiedene Yogarichtungen bietet Bihar Yoga Bharati (S.573), eine Yogauniversität mit Viermonatszertifikaten bis zur Doktorprüfung; in Bihar.

Mysore Weltbekanntes *ashtanga*-Yoga und *hatha*-Yoga (S. 919); in Karnataka.

Palolem Bhakti Kutir (S. 896) bietet Meditations- und Yogakurse; in Goa.

Pondicherry Yogakurse (S. 1079) und Yogalehrerausbildung; in Tamil Nadu.

Pune Das Ramamani Iyengar Memorial Yoga Institute (S. 842) unterrichtet *Iyengar*-Yogakurse (vorausgesetzt wird fünfjährige Erfahrung).

Varanasi *Hatha-*, *pranayama-*, *kriya-* und spirituelle Yogakurse sowie Yogazertifikate (S. 435); in Uttar Pradesh.

ASHRAMS

Im Ashram versammelt ein Guru (spiritueller Führer) Anhänger zum gemeinsamen Leben gemäß seiner Philosophie. Die Verhaltensregeln und Anforderungen variieren stark – besser vorher klären, ob man sich ihnen unterordnen kann (s. Kasten S. 1176).

Amrithapuri Die Matha Amrithanandamayi Mission (S. 1003) ist ein großer Ashram mit dem weiblichen Guru Amma (Mutter) – „die Umarmende Mutter"; in Kerala.

Haridwar Ashrams (S. 466) bietet Meditation und Yoga; in Uttaranchal.

Paunar Der Brahmavidya Mandir Ashram (S. 830) wurde von Gandhis Schüler Vinoba Bhave gegründet; in Maharashtra.

Pondicherry Der Sri Aurobino Ashram (S. 1077) unterrichtet Yoga; in Tamil Nadu.

Poondi Isha Yoga Centre (S. 1116) ist ein Ashram und bietet Meditation und Yoga; in Tamil Nadu.

Pune Osho Meditation Resort (S. 839) bietet Meditationskurse; in Maharashtra.

Puttaparthi (S. 981) Ashram von Sri Sathya Sai Baba, mit einer großen Anhängerschar; in Andhra Pradesh.

Rishikesh Verschiedene Ashrams bieten Meditation und Yoga (S. 466); in Uttaranchal.

Sevangram (S. 830) Von Mahatma Gandhi gegründeter Ashram; in Maharashtra.

Tiruvannamalai Der Sri Ramanasramam Ashram (S. 1074) lehrt Meditation. Schriftliche Anmeldung erwünscht; in Tamil Nadu.

Thiruvananthapuram Der Sivananda Yoga Vedanta Dhanwantari Ashram (S. 992) ist bekannt für seine *hatha*-Yogakurse; bei **Thiruvananthapuram** in Kerala.

Udaipur Ashtang Yoga Ashram (S. 212) bietet *hatha*-Yoga; in Rajasthan.

Varkala Sivagiri Mutt (S. 998) ist der Hauptsitz der Guru Sree Narayana gewidmeten Ashrams; in Kerala.

Musik & Darstellende Künste

Um aus den Kursen ernsthaft etwas mitzunehmen, muss man sie mehrere Wochen lang besuchen.

Ahmedabad Klassische indische Tänze (S. 725); in Gujarat.

Aranmula Das Vijnana Kala Vedi Cultural Centre (S. 1011) bietet *kathakali* (Theater basierend auf Hinduliteratur) und Musikunterricht; in Kerala.

Chennai Kalakshetra Arts Village (S. 1057) lehrt tamilischen Tanz und Musik; in Tamil Nadu.

Cheruthuruthy Kerala Kalamandalam (S. 989) unterrichtet *kathakali, kootiattam* (traditionelles Sanskritdrama) und andere traditionelle darstellende Künste.

Irinjalakuda Natana Kairali Research and Performing Centre for Traditional Arts (S. 989) bietet Ausbildung in traditioneller Kunst wie Puppenspiel und Tanz; in Kerala.

Jaipur Sitar, Tabla, Flöte und klassischer indischer Tanz (S. 163); in Rajasthan.

Kolkata Aurobindo Bhawan (S. 507) hat klassischen indischen Tanz im Angebot.

Pondicherry Kurse (S. 1079) in *bharathanatiyam* (Tanz), Gesang und Instrumenten wie Veena und Tabla; in Tamil Nadu.

Pushkar Tabla, Flöte, Gesang und *kathak* (Indischer klassischer Tanz) (S. 191); in Rajasthan.

Thiruvananthapuram Kurse (S. 991) in *kathakali* und *kootiattam*; in Kerala.

Udaipur Sitar, Tabla and Flötenkurse (S. 212); in Rajasthan.

Varanasi Sitar, Tabla und klassischer Tanz (S.435); in Uttar Pradesh.

Sprachen

Um überhaupt irgendeinen Nutzen aus einem Sprachkurs zu ziehen, sollten gerade Anfänger einen länger dauernden Kurs machen. Einige Kurse kann man nur machen, wenn man sich für eine bestimmte Dauer einschreibt.

Chennai Hindikurse für alle Stufen, auch Tamilkurse (S.1051); in Tamil Nadu.

Darjeeling Anfänger- und Fortgeschrittenenkurse in Tibetisch (S. 544); in Westbengalen.

Delhi Hindi-Anfängerunterricht (S. 127).

Kerala Das Vijnana Kala Vedi Cultural Centre (S. 1011) bietet Malayalam-, Hindi- und Sanskritunterricht.

Kolkata Das Ramakrishna Mission Institute of Culture (S.507) hat sechsmonatige Hindi- und Bengalikurse im Angebot; in Westbengalen.

McLeod Ganj Kurze und längere Tibetischkurse (S. 298); in Himachal Pradesh.

Mumbai Anfängerunterricht in Hindi und Marathi (S. 791).

Mussoorie Hindi für alle Lernstufen (S. 455); in Uttaranchal.

Varanasi Hindikurse (S. 434); in Uttar Pradesh.

Noch mehr Kurse

Hier nur eine Auswahl aus den vielfältigen Möglichkeiten Indiens:

Kumarakom Vijnana Kala Vedi Cultural Centre (S.1011) unterrichtet *kalarippayat* (tamilischen Kampfsport); in Kerala.

McLeod Ganj Tibetan Universal Massage (S. 297); in Himachal Pradesh.

Old Manali Neo Yoga and Reiki Centre (S. 331) hält *reiki*-Kurse (eine uralte Heilkunst, die dem Patienten Lebensenergie zuführt) ab; in Himachal Pradesh.

Thiruvananthapuram CVN Kalari Sangham (S. 989) lehrt *kalarippayat;* in Kerala.

ÖFFNUNGSZEITEN

Die Öffnungszeiten offizieller Ämter und Behörden sind von Montag bis Freitag zwischen 9.30 und 17.30 Uhr. Allerdings wird

ASHRAMS & GURUS

Viele Menschen reisen nach Indien, um Zeit in einem Ashram zu verbringen und *darshan* (wörtlich genommen: einen Schimmer Gottes) durch eine Audienz bei einem Guru zu erlangen. Ein Guru ist ein spiritueller Führer – traditionell bedeutet das Wort „Guru" entweder „Zerstörer der Dunkelheit" oder „voller Weisheit".

Die meisten Gurus leben in einem Ashram („Ort des Strebens"), denn schließlich wird ein Ashram dann begründet, wenn ein Guru an einem Ort bleibt und Schüler um sich versammelt. Viele Ashrams sind Niederlassungen von Gurus, die bereits gestorben sind. In den Ashrams noch lebender Gurus spürt man den Charakter des Gründers und seine Vorstellung von den Bedürfnissen der Schüler. So kann es in dem einem Ashram an der Tagesordnung sein, gemeinsam für den Unterhalt des Ashrams oder für ein wohltätiges Projekt zu arbeiten – in einem anderen wiederum wird mehr Wert gelegt auf die Meditation zu bestimmten Zeiten des Tages.

Es ist wichtig, sich darüber im Klaren zu sein, dass das Leben in einem Ashram nicht jedem gefällt. Viele Ashrams haben Verhaltensregeln und auch eine Kleiderordnung. Gegessen wird meistens vegetarisch, manchmal gibt's auch keine Eier, keinen Tabak, keinen Alkohol, keinen Knoblauch und keine Zwiebeln.

Viele Ashrams haben Programme mit Meditation, philosophischen Diskursen und Yoga. Zusätzlich zu ihrer Bedeutung als spirituelle Zuflucht sollte es für alle authentischen Ashrams wichtig sein, der Gesellschaft Gutes zu tun. So bieten sie kostenlose medizinische Hilfe, geben Unterricht und verteilen Essen. Viele größere Ashrams haben sogar eigene Hospitäler, Kliniken und Schulen. Das Geld dafür wird durch Spenden aufgebracht – und wegen ihrer Tradition können Ashrams Gelder auch nur als „Spende" annehmen. Dies gilt auch für die Unterbringung. Also auf jeden Fall etwas geben!

Bei den meisten Ashrams muss man seinen Besuch nicht ankündigen. Wer auf Nummer sicher gehen will, kann sich aber vorher erkundigen. Gurus reisen manchmal ohne größere Ankündigungen herum – am besten vorher fragen, ob er gerade da ist.

Die Atmosphäre in einem Ashram kann seine Besucher tief beeindrucken und bewegen – trotzdem sollte man nie den gesunden Menschenverstand abschalten, denn leider verfolgen nicht alle Ashrams (oder Gurus) dieselben noblen Ziele. Auch mit Einheimischen oder befreundeten Travellern zu sprechen hilft, den richtigen Ashram oder Guru für sich selbst zu finden.

oft erst gegen 10 Uhr aufgemacht und schon um 17 Uhr geschlossen.

Die meisten großen Banken haben werktags von 10 bis 14 Uhr geöffnet (manche auch von 9 bis 13 und 13.30 bis 16 Uhr), an Samstagen von 10 bis 12 Uhr. Abweichungen von diesen Zeiten sind aber durchaus auch üblich. Die Wechselstuben in großen Städten und in den Touristenhochburgen haben länger offen.

In den meisten Städten haben die Hauptpostämter werktags von 10 bis 17 Uhr auf (einige machen Mittagspause zwischen 13 und 14 Uhr) und samstags bis 12 Uhr, manche machen auch sonntags auf. Mitunter gibt's längere Öffnungszeiten (genauere Angaben hierzu stehen auch in den Regionenkapiteln).

Die Geschäfte haben in den verschiedenen Regionen sehr unterschiedlich offen, generell ist es üblich, zwischen 10 und 18 Uhr zu öffnen und an einem Tag der Woche die Tür geschlossen zu lassen (in der Regel sonntags).

Auch die Öffnungszeiten der Restaurants unterscheiden sich je nach Region. Ist in den Restaurantempfehlungen der Regionenkapitel nichts anderes angegeben, kann man von 8 bis 22 Uhr ausgehen.

POST

Indien hat mit über 155 618 Postämtern das größte Postnetz der Welt!

Die Postdienste (auch postlagernd) sind im Allgemeinen recht gut, obwohl in Indien aufgegebene Briefe manchmal bis zu drei Wochen unterwegs sind, bevor sie ihren Bestimmungsort erreichen. Die indische Post ist eigentlich auch zuverlässig, aber wertvolle Dinge sollten dann doch lieber per Paketservice (etwa DHL) verschickt werden. Solche Unternehmen gibt's in den größeren Städten, sie können Pakete auch schnell und weltweit per Luftpost transportieren. Ein Päckchen mit 500 g/1 kg Gewicht kostet bei DHL von Delhi nach Europa 2299/2656 Rs.

Post empfangen

Auf Briefe nach Indien sollte der Namen des Adressaten in Großbuchstaben und unterstrichen stehen, drunter der Vermerk „Poste restante", dann „GPO" (für General Post Office = Hauptpostamt) und die betreffende Stadt. Viele verloren geglaubte Briefe sind möglicherweise unter dem Vornamen abgelegt, also immer beide Möglichkeiten prüfen. Auf den Briefen sollte auch immer eine Absenderadresse stehen, dann kann der Brief zurückgeschickt werden, falls man ihn nicht abholen konnte. Briefe mit der Aufschrift „Poste restante" werden einen Monat lang aufbewahrt, bevor sie zurückgehen. Um Briefe Poste abzuholen, Ausweis mitbringen! Pakete besser über eine reguläre Postadresse empfangen.

Post versenden

Aerogramme oder Postkarten kosten 8.50/8 Rs, Luftpostbriefe 15 Rs. Postkarten am besten frankieren, bevor man sie beschreibt: Oft haben Postämter keine 8-Rs-Briefmarken und geben einem stattdessen bis zu vier Marken – ein echtes Vergnügen, wenn nur Platz für eine Marke freigelassen wurde! Wer darum bittet, beim Abstempeln der Marken dabeizusein, verhindert, dass sie wieder abgelöst und erneut verkauft werden.

Pakete aufgeben ist einfach, die Preise sind nach Gewicht gestaffelt. In den großen Städten gibt es normalerweise jemanden, der die Pakete in billiges Leinen einnäht, eine Bedingung für den Versand. Formulare zur Zolldeklaration gibt's im Postamt, die Bezeichnung als Geschenk mit einem Wert unter 1000 Rs verhindert eine nachträgliche Besteuerung beim Empfänger.

Das maximale Gewicht für Expresspost liegt bei 35 kg, nach Europa kostet das erste Kilogramm 950 Rs, jedes weitere 300 Rs.

Bücher und andere Drucksachen können als Büchersendung (bis 5 kg) aufgegeben werden. Das ist beträchtlich billiger als der Versand als Paket. Die Verpackung muss wiederverschließbar sein und zu Inspektionszwecken geöffnet werden können; alternativ muss der Inhalt sichtbar sein. Eine Zolldeklaration ist normalerweise nicht notwendig. Die Preise für internationale Büchersendungen bestimmt das Gewicht: 127/260/478/940 Rs für 500g/1kg/2kg/4kg.

Vorsichtig sein, wenn ein Geschäft anbietet, den Versand gekaufter Waren nach Hause zu übernehmen. Nur in staatlichen Läden kann man dem vertrauen, ansonsten lohnt sich die Mühe, selber zur Post zu gehen.

RECHTSFRAGEN

Wer aus welchem Grund auch immer mit dem indischen Gesetz in Konflikt gerät, sollte unverzüglich die eigene Botschaft informieren (S. 1155). Die indischen Gesetze gelten auch für ausländische Traveller – und hier liegt die Beweislast oft beim Angeklagten, also vorsichtig sein!

Ein guter Rat ist, sich immer ausweisen zu können und so wenig wie möglich mit der Polizei zu tun zu haben (außer man braucht ein Verlustprotokoll über gestohlenes Eigentum).

Drogen

Indien ist bekannt für seine illegalen Drogen (meist Marihuana und sein Derivat Haschisch). Nur in den staatlichen Bhangshops in einigen Teilen Indiens kann man Bhangprodukte legal erwerben. Potenzielle Konsumenten sollten sich der schwerwiegenden Risiken bewusst sein: Außer den Vorteilen, die man sich persönlich davon versprechen mag, kann es bei Verstößen gegen das Rauschgiftgesetz empfindliche Haftstrafen von *mindestens* 10 Jahren geben, Rechtsmittel gegen ein Urteil – Revision oder Berufung – sind in Indien ausgeschlossen. Bis zur Verhandlung können mehrere Jahre vergehen, währenddessen schmort der Angeklagte in Untersuchungshaft. Zusätzlich gibt's saftige Geldstrafen. Die Polizei geht besonders hart gegen Drogendelikte von Ausländern vor, das Risiko ist also wirklich sehr ernst zu nehmen!

Rauchen

Die indische Regierung hat das Rauchen an öffentlichen Orten in Delhi verboten, alle Formen der Zigarettenwerbung sind ebenfalls nicht erlaubt. Das Verbot ist inzwischen auf andere Teile Indiens ausgeweitet worden, bezieht sich aber nicht auf Schnupf- und Kautabak, die den Hauptanteil des Tabakkonsums in Indien ausmachen. Verstöße gegen das Verbot werden mit nur 100 Rs geahndet – das erklärt den begrenzten Erfolg des Rauchverbots.

REISEN MIT BEHINDERUNG

Indiens überfüllter öffentlicher Nahverkehr, die Menschenmengen in den Städten und eine fehlende Infrastruktur können selbst den erfahrensten Traveller auf eine ganz schöne harte Probe stellen. Mit einer körperlichen Behinderung ist die Herausforderung umso größer. Sieht man dagegen die indischen Behinderten, wie sie mit umgebauten Fahrrädern durch das Verkehrschaos indischer Städte wuseln, weiß man: Nichts ist unmöglich.

Es gibt eine beschränkte Anzahl rollstuhlgeeigneter Hotels (meist der gehobenen Preisklasse), Restaurants und Behörden. Treppenhäuser sind oft steil, Bürgersteige sind, soweit vorhanden, übersät mit Schlaglöchern, bedeckt mit Schutt und überfüllt mit Fußgängern – Vorwärtskommen ist schwierig.

Empfehlenswert ist die Buchung ebenerdiger Hotelzimmer. Wer Krücken braucht, sollte einige Ersatzgummipropfen mitnehmen – sie laufen sich in Indien schnell ab.

Bei starken körperlichen Einschränkungen empfiehlt sich das Reisen mit einer Begleitperson. Ein Mietwagen mit Fahrer sorgt für zusätzliche Erleichterungen (vgl. S. 1211).

Weitere nützliche Informationen geben folgende Organisationen: **Nationale Koordinierungsstelle Tourismus für Alle e.V.** (Natko; ☎ +49-6131-250410; www.natko.de; Kötherhofstr. 4, 55116 Mainz, D) und **Mobility International Schweiz** (MIS; ☎ +41-622068835, www.mis-ch.dh; Froburgstr. 44600 Olten, CH).

FINGER WEG VON BHANG-LASSIS!

Obwohl das Getränk selten auf der Speisekarte steht, mixen einige Restaurants in Indien (besonders in Touristengegenden wie Rajasthan) heimlich *bhang-lassis,* ein Getränk aus Joghurt und Eiswasser versetzt mit Bhang, einem Marihuanaderivat. Üblicherweise heißt das Getränk „special lassi". Es ist oft so stark, dass es nicht jeder verträgt. Schon so mancher Traveller musste danach einige üble Tage im Bett verbringen, andere wurden sogar ausgeraubt, während sie im Delirium waren.

SCHWULE & LESBEN

In Indien sind homosexuelle Beziehungen zwischen Männern verboten, das Strafmaß reicht theoretisch bis zur lebenslänglichen Haftstrafe. Lesbische Kontakte sind dagegen im indischen Recht gar nicht vorgesehen.

Genauso wie heterosexuelle Paare, egal ob verheiratet oder nicht, sollten sich Schwule und Lesben in der Öffentlichkeit diskret verhalten und vom Austausch von Zärtlichkeiten absehen.

Viele Ausländer sehen in Indien händchenhaltende einheimische Männer und glauben, sie seien homosexuell. Das ist ein Irrtum, die Hände zu halten ist Ausdruck einer nichtsexuellen Freundschaft und absolut üblich.

Weitere Infos gibt's auf S. 62.

Unterstützende Gruppen

Mehrere Organisationen in Bangalore unterstützen die schwule und lesbische Gemeinschaft. Einen wöchentlichen Treff für Bisexuelle, Lesben, Schwule und Transsexuelle bietet **Good As You** (☎ 080-22230959; sahayabangalore@hotmail.com; Bangalore). Die NGO **Swabhava** (☎ 080-22124441; swabhava_trust.tripod.com; 54 Manjappa Rd, Shanthinagar, Bangalore 560027) beschäftigt sich mit lesbischen, schwulen und transsexuellen Belangen. Die Organisation betreibt eine telefonische Hotline und verschiedene Projekte, gelegentlich werden Freiwillige gebraucht.

Sangama (☎ 080-22868680; www.sangama.org; Flat 13, Royal Park Apartments, 34 Park Rd, Tasker Town, Bangalore 560051) bietet Krisenintervention und Beratung vorwiegend für homo- und bisexuelle Männer und Frauen, Transsexuelle und *hijras* (Transvestiten und Eunuchen). Sangama hält Sprechstunden ab, gibt Rechtshilfe und stellt Informationen zur Verfügung, darunter eine Zeitungsdokumentation und eine kleine Bibliothek. Die Organisation beschäftigt auch Freiwillige, nähere Informationen gibt's bei direkter Nachfrage.

Der **Counsel Club** (☎ 033-23598130; counselclub93@hotmail.com; c/o Ranjan Post Bag No 794, Kolkata 700017) in Kalkutta unterstützt Bisexuelle, Schwule und Lesben und organisiert Zusammenkünfte jeden ersten und dritten Sonntag im Monat. Zum Club gehört die Integration Society, die sich der Gesundheitsfürsorge und der Aids-Prävention widmet. Der Councel Club organisierte 2003 eine Demonstration für die Rechte Homosexueller. In Chennai unterstützt **Sahodaran** (☎ 044-8252869; www.sahodaran.faithweb.com; 127, Sterling Rd, Nungambakkam, Chennai) homosexuelle Männer und organisiert jeden Donnerstagabend ein Gruppentreffen (in englischer Sprache).

Veröffentlichungen & Websites

Der *Bombay Dost* ist ein schwules und lesbisches Magazin, erhältlich im 105 Veena-Beena Shopping Centre, Bandra West in Mumbai, aber auch in einigen wenigen Buchhandlungen und Zeitungsständen in verschiedenen Städten Indiens.

Weitere Informationen über Indiens homosexuelle Szene gibt's auf den Websites von **Bombay Dost** (www.bombay-dost.com), **Gay Bombay** (www.gaybombay.org), **Humrahi** (www.geocities.com/WestHollywood/Heights/7258) und **Humsafar** (www.humsafar.org).

SHOPPEN

Indien ist es echte Schatzgrube, von exquisiten Kleidungsstücken und Teppichen bis hin zu wunderschönem Schmuck und Kunsthandwerk gibt's hier alles.

Ist der Preis für den Versand nach Hause im Preis mit drin, ist Vorsicht geboten: Auch wenn der Verkäufer behauptet, dass alle Zölle und Gebühren inklusive sind, ist das oft nicht der Fall. Vor weiteren Gefahren warnen die Abschnitte „Abzocke" (S. 1169) und „Schlepper & Provisionshaie" (S. 1170).

Auch wenn feste Preise angegeben sind (wie in Kooperativen oder staatlichen Emporien), lohnt sich Feilschen fast immer (s. Kasten S. 171).

Die Öffnungszeiten der Geschäfte sind regional unterschiedlich und finden sich in den entsprechenden Abschnitten der Regionenkapitel.

Bronzefiguren, Töpferware, Steinmetzarbeiten & Terrakotta

Im Süden werden kleine Götterbildnisse mit einer uralten Wachstechnik hergestellt. Eine Wachsfigur wird angefertigt, drum rum wird eine Form gelegt. Dann wird das Wachs geschmolzen und ausgegossen, flüssiges Metall wird in die Form gefüllt. Nach dem Erkalten wir die Form zerstört. Besonders beliebt sind Abbilder Shivas, den Nataraja tanzend. In Westbengalen werden mit der Wachstechnik auch klingende Dokraskulpturen gemacht, in der Bastarregion um Chhattisgarh sind dagegen kämpfende Menschen und Tiere als Motive sehr beliebt. Aus dieser Region kommen auch sehr charakteristische Terrakottafiguren.

In Mamallapuram (Tamil Nadu) haben Kunsthandwerker eine alte Technik der Pallava wiederbelebt. Kleine Skulpturen kosten 300 Rs, ein großer Ganesh bis zu 400 000 Rs. In Südindien gibt's außerdem beachtenswerte Thanjavur- und Trichy-Bronzearbeiten und Holzschnitzereien.

Kolkata ist bekannt für seine Terrakottaarbeiten, Götterfiguren, Kinderspielzeug aus Terrakotta gibt's in Bihar.

Jaipur (Rajasthan) ist auf blauglasierte Töpferware spezialisiert, die oft mit schönen Blumenmotiven oder geometrischen Formen geschmückt ist.

In den Nordoststaaten werden kleine Ton- oder Gipsfiguren von Kali, Durga und anderen Gottheiten angefertigt.

Holzschnitzereien

Im Süden werden Abbilder von Gottheiten aus Sandelholz geschnitzt. Rosenholz wird vor allem für Tierfiguren verwendet, besonders für Elefanten. Möbel mit Holzschnitzereien und andere Haushaltsgegenstände, entweder unbehandelt oder lackiert, werden auch angefertigt. In Kaschmir gibt es fein geschnitzte hölzerne Schirme, Tische, Schmuckkästen und Tabletts, sie ähneln durch ihr Muster den hübschen Dekorationen der Hausboote und werden entweder aus Walnuss- oder Weidenholz gefertigt. Super raffiniert geschnitztes Sandelholz gehört zu dem Spezialitäten Karnatakas.

Zu den ältesten Handwerkszweigen Bihars gehören Holzeinlegearbeiten; zu bewundern gibt's hölzernen Wandschmuck, Tischplatten, Tabletts und Kästchen, die mit eingelegten Metallen oder Elfenbein verziert sind.

In Udaipur (Rajasthan) werden schreiend bunt bemalte Figuren aus Mangoholz verkauft. Im gleichen Bundesstaat gibt's faltbare Hindutempel aus Korb als prima Mitbringsel für zu Hause. In vielen Teilen von Rajasthan gibt es wunderschöne Handdrucke aus Teakholz.

Geschnitzte hölzerne Massageräder und -rollen sind in der Nähe vieler hinduistischer Pilgerstätten erhältlich – ein ideales Geschenk. Sie sind nicht teuer und leicht zu transportieren. Holzschnitzereien (besonders *chaam*-Masken, die während eines rituellen buddhistischen Tanzes getragen werden, und die acht glücklichen Zeichen der Buddhisten) sind eine Spezialität von Sikkim, Arunachal Pradesh und Darjeeling. *Chaam*-Masken, die anderswo verkauft werden, sind oft von mangelhafter Qualität. Echte *chaam*-Masken sind aus so genanntem Whitewood (dem einzigen Holz, das leicht genug ist für eine bequeme Maske) und werden oft aus Tibet importiert – das kostet natürlich auch einiges mehr.

Lederwaren

Kühe sind heilig in Indien, deshalb wird nur die Haut von Büffeln, Kamelen, Ziegen oder anderen Tieren zu Leder verarbeitet. Indiens bekanntestes Zentrum für Lederwaren ist Kanpur in Uttar Pradesh.

Chappals sieht man in ganz Indien. Die schönen Ledersandalen sind bei Travellern sehr beliebt. Kolhapur in Maharashtra ist besonders berühmt für seine Chappals, und auch in Pune und Matheran gibt's richtig gute (Preise 150 Rs aufwärts).

In Rajasthan (insbesondere Jaipur) sind die Jootis (traditionelle, spitz zulaufende Schuhe) der Hit der Schuhmode; bei denen für Männer ist die Spitze sogar oft nach oben gebogen. Auch in Punjab werden hochwertige Jootis hergestellt.

In Bikaner (Rajasthan) dekorieren Kunsthandwerker Kamelhäute mit Gold und machen daraus wunderbare Rahmen, Taschen und Flaschen, während in Indore (Madhya Pradesh) Leder über Drähte gespannt wird, um niedliche Spielzeugtiere zu fertigen.

VERANTWORTUNGSBEWUSST SHOPPEN

Traveller können ihr Geld mit doppeltem Nutzen einsetzen, wenn sie in Kooperativen einkaufen. Sie wurden gegründet, um das Einkommen von Tagelöhnern und Kunsthandwerkern ländlicher Bezirke zu sichern und zu verbessern. Und für den Käufer hat der Einkauf hier auch Vorteile: Die Qualität der Produkte ist im Allgemeinen besser als in anderen Geschäften und es gibt feste Preise – nerviges Feilschen entfällt also.

In Indien gibt es massig eindrucksvolle Kooperativen. Hier sind nur einige wenige davon beschriebenen; Augen offen halten und weitere entdecken!

Gujarat ist allseits bekannt für seine angesehenen Kooperativen, die bekannteste ist die Self-Employed Women's Association (SEWA; S. 729). Die Kooperativen in Kutch wie z.B. Kutch Mahila Vikas Sangathan, Kala Raksha und Shrujan (s. S. 768) haben das Ziel, die Dörfer zu unterstützen und traditionelle Handwerkskünste zu erhalten. Im benachbarten Bundesstaat Rajasthan sind es Kooperativen wie der Urmul Trust (Niederlassung in Bikaner S.250), die Produkte der ländlichen Kunsthandwerker vertreiben und ordentlich Werbung dafür machen. Die Gewinne gehen direkt an die Kunsthandwerker. Svea Mandir hilft speziell Frauen aus den ländlichen Gegenden und den Stammesgebieten um Udaipur (der Laden heißt Sadhna, s. S. 217), während Ranthambore in Dastkar (S. 196) die Arbeiten von Frauen der Umgebung aus unteren Kasten verkauft.

Zu weiteren bewundernswerten Kooperativen zählt das Bhuttico-Programm in Himachal Pradesh (Bhutti Weavers' Cooperative; s. Kasten S. 318), das Frauen der Dörfer einstellt, um Schals und Mützen herzustellen. Im gleichen Bundesstaat, in McLeod Ganj, gibt's das Tibetan Children's Village, den Green Shop, Stitches of Tibet und das Tibetan Handicrafts Centre (s. „Shoppen" S. 301). Am Norbulingka Institute (S. 303; in der Nähe von McLeod Ganj) kann man tibetisches Kunsthandwerk von einer Akademie kaufen, die das traditionelle tibetische Kunsthandwerk bewahren will.

In den Nordoststaaten gibt es Teppich- und Kunsthandwerkskooperativen tibetischer Flüchtlinge wie die Kunphenling Tibetan Cooperative Society in Ravangla (S. 589; Sikkim). In Darjeeling (Westbengalen) sind es das tibetische Flüchtlings-Selbsthilfezentrum und die Hayden Hall (S. 547). Beide verkaufen tibetische Teppiche und unterstützen dadurch die Gemeinschaften vor Ort.

In Uttaranchal ist Almora das regionale Zentrum für mehrere gemeinschaftlich betriebene ländliche Unternehmungen wie die Panchachuli Weavers' Factory (S. 477) und Mahila Haat (National Institution for Emancipation and Empowerment of Rural Women; S. 481). Sie unterhalten Läden, in denen qualitativ hochwertige handgearbeitete Schals, Tweedprodukte und Strickwaren vertreiben. SARV Handicraft Emporium (S. 452) in Dehra Dun (Uttaranchal) verkauft hübsche Kunsthandwerksarbeiten und Kleidung. Das Geld kommt Frauen zugute, die in Dörfern des Himalaya begrenzte Möglichkeiten haben, Geld zu verdienen. Ebenfalls in Uttaranchal liegt der KRC Shawl

In den größeren Städten wie Delhi und Mumbai werden günstige Handtaschen und andere Acessoires aus Leder angeboten.

Malerei

Reproduktionen alter Miniaturmalereien sind weitverbreitet und in sehr unterschiedlicher Qualität zu haben (die billigeren sind mit weniger Details und schlechten Materialien ausgeführt). Achtung bei angeblich antiken Stücken – die sind wahrscheinlich nicht echt, und außerdem ist die Ausfuhr von über 100 Jahre alten Gegenständen aus Indien verboten.

In Udaipur (Rajasthan) gibt es teilweise sehr gute Geschäfte, die auf moderne Reproduktionen auf Papier oder Seide spezialisiert sind. Auch in Rajasthan (in Bikaner) stellen Kunsthandwerker der Usta exquisite Miniaturen her.

In Kerala und auch weniger ausgeprägt in Tamil Nadu werden sehr lebendig wirkende Miniaturmalereien auf getrockneten Laubblättern auf Karten montiert. Die Bilder stellen meist einheimische und bäuerliche Motive oder auch Gottheiten dar.

In Andhra Pradesh werden Stoffmalereien, so genannte *kalamkari,* angeboten.

Eine einzigartige Volkskunst in Bihar sind die großartigen Mithila- oder Madhubani-Malereien, hergestellt von den Frauen aus Madhubani (s. Kasten S. 562). Sie sind auf Stoff oder Papier gemalt und am einfachsten in Patna zu bekommen.

Im Dorf Raghurajpur (S.641), 14 km entfernt von Puri (Orissa), lebt eine Künstler-

& Tweed-Laden (S. 478, in Ranikhet). Sein ganzer Gewinn kommt Kriegswitwen zu Gute. In dem Dorf Mana in der Nähe vom Badrinath-Tempel (Garhwal) kann man Teppiche aus Wolle, Decken und Strickjacken kaufen, die Frauen des Dorfes hergestellt haben.

Die Kanhirode-Weavers-Kooperative (20 km nordöstlich von Kannur in Kerala) ist eine Handwebstuhlfabrik, die hochwertige Kleidung produziert: Saris, Dhotis (wie lange Lendentücher) und Seidenware. Sie bieten kurze Führungen an; die Produkte können direkt von der Fabrik gekauft werden.

Die Rewa Society (S. 701) in Maheshwar (Madhya Pradesh) ist eine Weberkooperative, die Maheshwars berühmte Saris herstellt. Alle Gewinne gehen in Unterricht, Unterbringung, medizinische und allgemeine Unterstützung der Weber. In Chennai greift SIPA's Craftlink (S. 1057) einheimischen Künstlern und Kunsthandwerkern unter die Arme. Den Menschen in ländlichen Gegenden helfen auch die Khadi & Village Industries, die indienweit verbreitet sind.

Die Massenproduktion von maschinenbedruckten Stoffen bedroht die Lebensgrundlagen vieler Kunsthandwerker, der Kauf der schöneren, echt handbedruckten Stoffen (die handgemachten haben Abdrücke von den Druckstöcken und unordentliche Kanten auf der Rückseite) ist also zusätzlich von Nutzen.

Die *shahtoosh*-Schals (hergestellt in Jammu & Kaschmir) sind offiziell verboten, denn die verwendete Wolle stammt von der bedrohten tibetischen Antilope. Wer trotzdem einen angeboten bekommt, sollte ihn auf keinen Fall kaufen, sondern die Polizei informieren. Auch der Versuchung, echte Möbel und Dekorationen aus traditionellen Häusern (z. B. aus Ladakh) und *havelis* (traditionellen, oft reich ornamentierten Häusern in Gegenden wie Rajasthan und Gujarat) zu kaufen, widerstehen! Es wäre ein Raub an Indiens kulturellem Erbe – besser auf die hochwertigen Reproduktionen zurückgreifen.

Jeder, der etwas kauft, sollte den Händler bitten, die Waren in Papier einzupacken und nicht in Plastiktüten.

Ausfuhrverbote für Antiquitäten & Wildtiere

Die Ausfuhr von Objekten, die mehr als 100 Jahre alt sind, ist verboten, an das dafür erforderliche Export Clearence Certificate ist schwer ranzukommen. Im Zweifel die **Archaeological Survey of India** (Karte S. 121; ☎ 011-23010822; Janpath; 🕑 Mo–Fr 9.30–13.30 & 14–16 Uhr) neben dem National Museum in Delhi kontaktieren.

Der Indian Wildlife Protection Act verbietet jede Form des Handels mit Wildtieren. Keine Produkte kaufen, die bedrohte Arten oder deren Siedlungsgebiete gefährden! Andernfalls drohen hohe Geld- oder sogar Gefängnisstrafen.

kolonie. Hier werden *patta-chitra*-Malereien gefertigt. Dabei wird ein Baumwollstoff mit einer Mischung aus Gummi und Kreide behandelt und dann poliert. Motive der indischen Mythologie sowie Gottheiten werden mit besonders feinen Pinseln darauf gezeichnet und dann mit Farbe gefüllt. Im selben Dorf werden auch sehr feine Schnitzereien auf getrockneten Palmblättern ausgeführt und farblich gestaltet.

In Manali und McLeod Ganj in Himachal Pradesh genauso wie in Leh (Ladakh) gibt es wundervolle *thangkas* (tibetische Stoffmalereien), allerdings sind die Qualitätsunterschiede enorm. Die besseren Stücke sind auf Seide gemalt. Die Preise liegen zwischen 300 Rs und 8000 Rs, abhängig von der Größe und der Qualität. Richtig gute Werke kosten leicht mehr als 8000 Rs. *Thangkas* werden auch in Sikkim und Arunachal Pradesh verkauft. Der Handel mit antiken *thangkas* ist verboten.

In Galerien und anderen Geschäften im ganzen Land werden auch exzellente zeitgenössische Malereien von einheimischen Künstlern angeboten.

Metallarbeiten & Marmor

Kerzenständer, Tabletts, Schüsseln, Krüge und Aschenbecher aus Messing oder Kupfer gibt es in ganz Indien, die Gegenstände sind beliebte Mitbringsel. In Rajasthan und Uttar Pradesh wird das Messing mit exquisiten Mustern aus roter, grüner oder blauer Emaille verziert. *Bidri* (eingelegte Silberarbeiten) kommt aus Bidar in Karnataka (s. Kasten S. 956). Wasserpfeifen, Lampenständer und Schmuckkästchen werden ähnlich gemacht, nämlich indem Silber in Bronze eingearbeitet wird. Gebetsräder, zeremonielle Hörner und Dokumentenkästen sind preisgünstige Souvenirs. Bemalte Figuren tibetischer Gottheiten aus Metallguss (ab 350 Rs) sind schwerer, aber die Lieben zu Hause werden staunen.

In Agra ist eine ansehnliche Hausindustrie entstanden – sie produziert Souvenirs aus Marmor mit eingelegten Halbedelsteinen. Die Inspiration für die Arbeiten kommt von den *pietra-dura*-Arbeiten im Taj Mahal und anderen Bauwerken. Die Preise liegen zwischen 200 Rs für ein Schmuckkästchen und 1000 Rs und mehr für eine aufwändige Wandtafel. Vorsicht: Es werden auch Marmorimitate verkauft!

Die Bastar (in Chhattisgarh) haben schon vor 35 000 Jahren entdeckt, dass man Eisen schmelzen kann. Heute nutzen sie fertige Metallbänder (statt selbst das Erz zu schmelzen) und schmieden daraus Tiere und kleine Menschen. Die Figuren werden in metallene Rahmen integriert, sodass verschiedene Formen entstehen, vom Lampenschirm bis zum verzierten Gartentor.

Musikinstrumente

Indische Musikinstrumente von guter Qualität kriegt man vor allem in den Städten (insbesondere Kolkata und Delhi – s. die Abschnitte „Shoppen" in den jeweiligen Kapiteln), einige mit komplizierten Einlegearbeiten. Die Preise sind sehr unterschiedlich, generell gilt: je teurer desto besser.

Anständige Tablas gibt es ab 2500 Rs, billigere sind aus einfacheren Materialien hergestellt und haben einen schlechten Klang. Für einen Sitar muss man mindestens 3000 Rs hinlegen – doch die besseren beginnen erst bei 6000 Rs. Bei der Herstellung werden unterschiedliche Holzarten verwendet. Nicht alle halten extreme Klimaschwankungen aus; sie können sich nach der Heimreise verziehen, was natürlich Auswirkungen auf den Klang hat. Prinzipiell immer den Klangkörper auf Beschädigungen untersuchen und verschiedene Exemplare ausprobieren. Ersatzsaiten und ein zweiter, aufschraubbarer Klangkörper zur Verstärkung sind sinnvolles Zubehör.

Pappmaché

Dieses Kunsthandwerk aus Kaschmir ist heute in ganz Indien verbreitet, insbesondere aber in Nordindien. Zuerst wird in einer Form der Pappmachékörper hergestellt, dann in mehreren Schichten bemalt und poliert bis das endgültige, sehr detaillierte Aussehen erreicht ist. Die Preise hängen von der Kompliziertheit der Form, der Qualität der Bemalung und vom Grad der Vergoldung ab. Üblicherweise hergestellte Gegenstände sind Schalen, Behälter, Schmuckkästchen, Briefständer, Körbe und Tabletts. Eine kleine, einfache Schale liegt bei nur 50 Rs, kompliziertere Arbeiten übersteigen leicht 1000 Rs. Weihnachtsschmuck aus Pappmaché ist ein beliebtes Souvenir, viele Kunsthandwerksläden haben ein unglaubliche Auswahl an Sternen, Halbmonden, Kugeln und Glocken.

Rajasthan ist *die* Gegend, um farbenfrohe Pappmachépuppen (30–300 Rs) zu kaufen – die Vielfalt ist größer und die Preise sind besser als in den Emporien anderer Bundesstaaten.

Schals, Seide & Saris

Die teuersten Schals sind generell die kunstvoll bestickten, wie etwa die traditionellen Winterschals aus Kullu in Himachal Pradesh. Achtung, viele so genannte *Pashmina*–Schals sind aus Garnmischungen hergestellt. Ein echter Schal (der dem Sprichwort nach durch einen Ehering gleiten kann) kostet leicht 6000 Rs.

Besonders beliebt sind Wollschals aus dem Kullu-Tal. Meistens werden sie auf traditionellen hölzernen Handwebrahmen von Dorfkooperativen gewebt. Die Preise liegen zwischen 200 Rs für einen einfachen wollenen Schal und über 6000 Rs für einen echten Pashmina- oder Angoraschal. Die schweren, gemusterten Exemplare kosten an die 10 000 Rs. Beliebt sind auch die von den Männern und Frauen getragenen traditionellen Kappen der Bergstämme. Dünne, aber farbenfrohe Kullu-Kappen kosten 35 Rs, die warmen, wollenen Kopfbedeckungen aus Kinnaur 200 Rs.

Auch Ladakh ist bekannt für seine wunderschönen Pashmina-Schals, während in den Nordoststaaten, insbesondere in Nagaland, Mizoram und Manipur, verschiedene indigene Völker leuchtende Wollschals herstellen. Eslohnt sich auch, in Sikkim einen Blick auf die phantastisch bestickten bhutanischen Schals zu werfen.

In der Kutchregion Gujarats werden charakteristische Wollschals produziert, verziert mit Stickereien und kleinen Spiegelplättchen. In Patan, im gleichen Bundesstaat, wird das alte und aufwändige *patola*-Handwerk betrieben: Die Menschen machen feine Saris aus Seide, jeder Faden wird vor dem Weben von Hand gefärbt. Die gemusterten Kanten sind mit echtem Gold gewebt. Viel günstiger zu erstehen sind ähnliche Saris in Rajkot (Gujarat) – dort sind nur die Kettfäden gefärbt. Die berühmten *kota-doria*–Saris gibt es in Kota (Rajasthan) – diese besonderen Exemplare werden mit echten Goldfäden gewoben.

Aurangabad (Maharashtra) ist traditionell die Hochburg für *himroo*-Schals, Tücher und Saris. Sie werden aus Baumwolle, Seide und Silberdraht gefertigt. Die Preise fangen bei 500 Rs an, oft sieht man Motive der Ajanta-Höhlenmalereien. Die exklusiveren Seiden- und Goldfädensaris werden in Paithan produziert und kosten zwischen 6000 und unglaublichen 300 000 Rs. Handgewebte Schals und Stoffe aus Ranikhet und Almora (Uttaranchal) sind ein weiteres Shoppinghighlight.

Assam ist bekannt für seine *muga-*, *endi-* und *pat*-Seiden (produziert von verschiedenen Seidenraupenarten), ein großes Angebot gibt es in in Guwahati, günstiger sind die Stoffe in Sualkuchi. Ein guter Seidensari kostet 3000 Rs.

Indiens „Seidenhauptstadt" ist Kanchipuram in Tamil Nadu (s. Kasten über Kinderarbeit S. 1070), aber auch Varanasi ist berühmt für seine Seide, insbesondere für Seidensaris. In Kolkata sind die feinen, handgewebten Baumwoll- und Seidensaris sowie die Berhampore-Seide bekannt. Madhya Pradeshs Maheshwar-Saris gelten in Indien wegen ihrer Webart und der komplexen Muster als einzigartig. In Chanderi im gleichen Bundesstaat werden unvergleichliche Baumwoll- und Seidensaris mit reich verzierten Kanten gefertigt. In Bishnupur (Westbengalen) sind es „Baluchari"-Saris, die mit ihren aus aufgedrehten Seidenfäden gewebten Mustern beeindrucken. Sie ähneln Malereien (und sind inspiriert von der indischen Literatur wie dem Ramayana). Ursprünglich sind diese Saris in Murshidabad (Westbengalen) gefertigt worden, erst um 1950 wurde die Technik von Webern in Bishnupur wiederbelebt. Die Preise liegen zwischen 3500 und 20 000 Rs.

Modeprodukte im westlichen Stil aus recycelten Saris aus ganz Indien werden sowohl für den einheimischen Markt als auch für den Export produziert.

Übrigens: Seide wird erst nach dem ersten Waschen weich!

Schmuck

Nahezu jede Stadt in Indien hat mindestens einen einfachen Schmuckladen mit Arm- und Fußreifen. Davon gibt's eine unglaubliche Bandbreite, Zwölfersets kosten grade mal 20 bis 200 Rs (meist aus Plastik, Glas, Messing oder Holz).

Schweren, volkstümlichen Silberschmuck gibt's in vielen Teilen des Landes, insbesondere in Rajasthan; in Jaipur, Udaipur und

Pushkar kommt man an Silberschmuck, der dem westlichen Geschmack angeglichen ist. Jaipur ist außerdem bekannt für seine kostbaren und weniger kostbaren Gemmen (s. „Abzocke" S. 1169 und den Kasten S. 171).

Überall in Indien werden goldene oder silberne Ringe, Armreifen, Ohrringe, Zehringe, Halsketten und Fußringe verkauft. Oft werden die Stücke auf Bestellung gefertigt.

Schmuck, der in den tibetischen Zentren wie McLeod Ganj und Darjeeling angeboten wird, kann echt antik und von Flüchtlingen mitgebracht sein – aber meistens sind es doch Reproduktionen, vor Ort hergestellt und künstlich auf alt gemacht. Wer sich individuelle Halsketten selber machen möchte, findet hier Achate, Türkise, Karneole und Silber lose zu kaufen. Buddhistische Meditationsketten mit Gemmen, aus Holz oder Knochen, sind prima Souvenirs, die Preise liegen zwischen 25 Rs für hölzerne Ketten und 500 Rs für solche aus Bernstein.

Perlen werden an der Küste produziert (sie sind eine Spezialität Hyderabads) und in vielen Gegenden Indiens zu Schmuck verarbeitet. Die meisten staatlichen Läden verkaufen ihn. Die Preise sind abhängig von Farbe und Form der Perlen – reinweiße oder seltene Farben wie Rot oder Schwarz und perfekt runde Perlen sind teurer als deformierte und längliche Exemplare. Allerdings sind die eigenartigen Formen der indischen Perlen oft anziehender als die perfekten weißen Kugeln. Eine einzelne Kette aus aufgefädelten Perlen kostet oft nur 200 Rs, höherwertige beginnen bei 600 Rs.

Teppiche

In Kaschmir werden die feinsten Teppiche Indiens hergestellt. Die Herstellungstechniken und Muster stammen aus Persien, noch vor der Mogulzeit hielten sie in Kaschmir Einzug. Schon lange schmücken also persische Motive die Teppiche aus Kaschmir, die man in ganz unterschiedlichen Größen kaufen kann. Sie sind entweder aus reiner Wolle, Wolle mit einem niedrigen Seidenanteil, um ihnen so Glanz zu verleihen (bekannt als Seidenglanz), oder aus reiner Seide. Die eignen sich weniger als Bo-

DIE KUNST DES FEILSCHENS

Feilschen ist in den meisten Teilen Indiens ein absolutes Muss. Ladenbesitzer in Touristengegenden sind gewöhnt an Reisende mit viel Geld und wenig Zeit, um es auszugeben. Und so ist es nicht unüblich, dass sie mindestens das doppelte, manchmal sogar das dreifache des „normalen" Preises berechnen.

Wie bekommt man also raus, dass man einen zu hohen Preis zahlen soll, dem man mit einem ernsthaften Feilschen begegnen muss? In staatlichen Läden, den Emporien und in Kooperativen und modernen Warenhäusern ist man davor sicher, denn normalerweise gibt's hier Festpreise. Aber in den meisten anderen Geschäften, die hauptsächlich mit Touristen zu tun haben, sollte unbedingt gehandelt werden. In diese Kategorie fallen üblicherweise Geschäfte, die Kunsthandwerk, Teppiche, Bilder, Souvenirs und Kleidung verkaufen.

Die erste „Regel" beim Feilschen ist, nie zu viel Interesse für den gewünschten Gegenstand zu zeigen. Zweitens sollte nie das erste Objekt der Begierde gekauft werden. Lieber weiterschauen und verschiedene Dinge miteinander vergleichen – aber auch nicht zu offensichtlich, denn wenn man dann in den ersten Laden zurückkehrt, kann sich dessen Besitzer sicher sein, dass er den niedrigsten Preises hat.

Bevor das Feilschen startet, sollte man für sich festlegen, wie viel man höchstens zahlen möchte. Nun dem Verkäufer ganz unbestimmt vermitteln, dass ein gewisses Interesse da ist. Hat man absolut keinen Anhaltspunkt für den Wert des Objektes, bei der Hälfte des angegebenen Preises (in Touristenhochburgen noch weniger) mit dem Feilschen beginnen. Das ist normalerweise völlig inakzeptabel für den Verkäufer, aber als Ausgangspunkt und um einen guten Kompromiss auszuhandeln, taugt das allemal. Viele Ladenbesitzer senken ihr so genanntes „letztes Angebot" noch mal, wenn man Anstalten macht, den Laden zu verlassen um „darüber nachzudenken".

Handeln gehört zum Leben in Indien, doch es sollte niemals in Böswilligkeit umschlagen. Man sollte immer genau wissen, wie viel eine Rupie in der eigenen Währung wert ist, um die Verhältnisse nicht aus den Augen zu verlieren – und wenn der Verkäufer grundlos auf seinem hohen Preis besteht und nicht willig ist, zu feilschen, sucht man einfach irgendwo anders weiter.

denbelag denn zu Dekozwecken. Die Preise für Kaschmir-Teppiche liegen zwischen 200 und 8000 Rs pro Quadratmeter. Wolle ist günstiger als Seide. Auch die Anzahl der Knoten, zwischen 30 und 300 pro Quadratzentimeter, beeinflusst den Preis.

In Kaschmir und auch in Rajasthan werden grob gesponnene, wollene *numdas* (auch *namdas*) hergestellt, die sich ebenfalls gut als Wandbehänge machen – sie sind zwar einfacher und volkstümlicher, aber auch billiger als die feinen Teppiche. In anderen Teilen Indiens wie in den Gegenden um den Himalaja, in Jodhpur (Rajasthan) und in Uttar Pradesh werden *dhurries*, flach gewobene Teppiche aus Baumwolle, hergestellt. *Gabbas* sind Teppiche mit stickereiähnlichen Mustern aus Kaschmir.

Die tibetischen Flüchtlinge haben die Kunst ihrer prächtigen und farbenfrohen Teppiche mit nach Indien gebracht. Normalerweise kostet ein ungefähr 1 x 2 m großer Teppich 3500 bis 4000 Rs, zu kaufen z. B. in Darjeeling (Westbengalen), Gangtok (Sikkim), McLeod Ganj (Himachal Pradesh) und Leh (Ladakh).

Die Teppichknüpfer Uttar Pradeshs produzieren ansehnliche Imitate alter afghanischer und turkmenischer Teppiche.

Gerade wenn es um viel Geld geht, ist es sinnvoll, vor dem Kauf eines Teppichs Ratschläge einzuholen und nur bei angesehenen Händlern zu kaufen. Um sicherzugehen, dass der Teppich nicht von Kindern geknüpft worden ist, auf die entsprechenden Etiketten achten.

Textilien

Die Textilindustrie ist Indiens größter Wirtschaftszweig. 40 % der Gesamtproduktion wird in Heimarbeit auf dem Land gefertigt, das nennt man *khadi*. Es gibt im ganzen Land staatliche Läden, die *khadi*-Emporien (auch bekannt als Khadi Gramodyog), in denen man Textilien aus handgewebten Stoffen kaufen kann, z. B. auch die beliebten Nehru-Jacken und *kurta*-Schlafanzügen.

Betttücher, Taschen, Tischdecken und Lampenschirme werden in Indien mit aufgenähten oder -gestickten Figuren aus hellem Stoff auf einem kontrastierenden Untergrund verziert. Manchmal werden auch kleine Spiegelplättchen aufgestickt.

Es gibt eine verblüffende Vielzahl von Stoffarten, -stilen und -techniken im ganzen Land. In Kutch in Gujarat sind z. B. erstaunliche Spiegelstickereien verbreitet, üblicherweise mit geometrischen Mustern. In Kutch werden die feinsten Stickerein Indiens gefertigt und auch exquisite alte Textilien gibt es hier. Jamnagar im gleichen Bundesstaat ist bekannt für seine lebendigen *bandhanis* (Knüpfbatikarbeiten), die für Saris und Tücher verwendet werden. In Ahmedabad kann man gut Gujarat-Textilien kaufen und in Vadodara werden besonders schöne handbedruckte Textilien wie Tagesdecken und Kleidungsstücke angeboten.

Rajasthan ist ebenfalls beliebt wegen seiner Knüpfbatikstoffe, aber auch für andere bemerkenswerte Textilien. In Touristenhochburgen wie Jaisalmer, Jaipur und Udaipur gibt's Unmengen prachtvoller Wandbehänge, Kissenbezüge, Überdecken u. v. m.

Orissa ist bekannt für seine hellen Applikationen und handgearbeitete Seiden- und Baumwollstoffe. Sambalpur ist spezialisiert auf *ikat* (eine südostasiatische Technik, bei der die Fäden vor dem Weben per Knüpfbatik gefärbt werden). In der Stadt Pipli (Orissa), zwischen Bhubaneshwar und Puri, werden besonders lebendig wirkende Applikationen gefertigt.

Lucknow (Uttar Pradesh) ist berühmt für seine handgewebten und bestickten Kleidungsstücke, die als *chikan* bekannt sind. Im Punjab werden entzückende *phulkari*-Überdecken und -Wandbehänge (mit Blumenstickereien auf Baumwollstoff) produziert.

Kantha, eine besondere Art der Stickerei aus Westbengalen, wird traditionell auf Stoff ausgeführt und gern für Kleider von Neugeborenen benutzt. Verwendung finden diese Stoffe auch als Tischdecken, Tücher, Wandbehänge usw.

Batik (mit indischen Motiven und üblicherweise auf Baumwolle) gibt's überall in Indien, aber besonders lohnt sich der Kauf in größeren Städten wie Mumbai und Delhi. Fabelhafte Batikarbeiten finden sich auf Saris und *salwar kameez* (einer kleidartigen Tunika, die über der Hose getragen wird) in trendigen Boutiquen der Städte. *Kalamkari* ist eine ähnliche, aber sehr viel ältere Kunst aus Andhra Pradesh und Gujarat, Stoff zu färben. Sie ist im Umfeld südindischer Tempel entstanden und wird vor allem zur Ausschmückung ritueller Handlungen und Feste genutzt.

In großen indischen Städten wie Mumbai und Delhi kann man großartige *haute couture* von talentierten indischen Designern kaufen, genauso wie westliche Kleidung zu moderateren Preisen.

Noch mehr Shoppen

Geschäfte für *attar* (Ölessenzen) gibt es überall in Indien. Mysore ist besonders bekannt für sein Sandelholzöl – s. Kasten S. 918.

In Tamil Nadus Hill Stations Udagamandalam und Kodaikanal Ausschau halten nach aromatisierten und medizinischen Ölen aus Kräutern, Blumen und Eukalyptus.

Indischer Weihrauch wird weltweit exportiert, die wichtigsten Produzenten finden sich in Bangalore und Mysore. Weihrauch aus Auroville, einem Ashram nahe Pondicherry, ist von besonders guter Qualität. Eine andere beliebte Sorte ist Nag Champa, das von den Anhängern Sai Babas hergestellt wird: Der Grundstoff Sandelholz wird mit unnachahmlichen Aromen aus unterschiedlichsten Quellen versetzt. Die berühmten Sorten werden natürlich gerne nachgeahmt, also Augen auf beim Weihrauchkauf!

Eine Spezialität aus Goa ist Feni (Cashew- oder Kokosnussschnaps). Die kopfverdrehende Spirituose wird oft in dekorativen Flaschen abgefüllt und kostet zwischen 30 und mehr als 1000 Rs. Hochprozentiges aus Sikkim gibt's in waghalsig geformten Flaschen (Old-Monk-Rum kauft man in mönchförmig Flaschen mit abschraubbarem Kopf). Kostenpunkt: weniger als 200 Rs pro Liter.

In Goa gibt's traditionelle Tonpfeifenchillums und Wasserpfeifen (Drogen zu besitzen oder konsumieren ist illegal, die dafür notwendigen Utensilien zu kaufen nicht).

Darjeeling und Kalimpong (Westbengalen), Sikkim, Assam und Teile Südindiens sind richtig gute Ort, um Tee zu kaufen. Auch in den großen Städten findet sich ein gutes Angebot von ordentlich verpackten Tees aus allen Teilen Indiens.

Eine interessante Spezialität aus Jharkhand sind die Tapper-Matten aus dem Bezirk Palamau. Tapper ist ein haltbares (juteähnliches) Material, das aus der Hanfpflanze hergestellt wird – Säcke aus dieser Faser dienten früher dem Transport von Getreide oder anderen schweren Lasten. Heutzutage wird das Garn in den verschiedensten Farbtönen gefärbt und z. B. auch zu Handtaschen verarbeitet.

Die Spezialität Bhopals in Madhya Pradesh) sind *jari*-Umhängetaschen. Sie werden aus Baumwolle und in farbenfrohen Designs gefertigt und kosten nur 50 Rs. Meghalaya, einer der Nordoststaaten Indiens, mischt mit an der Taschenfront – besonders die handbefertigten Körbe sind hier sehr schön. Jeder Volksstamm hat seine eigene Korbform. Ein einzigartiges Souvenir aus Meghalaya sind Pfeil und Bogen (besonders gut in Shillong).

Jodhpur (Rajasthan) ist berühmt für seine Antiqitäten, in vielen großen Geschäften gibt es Fensterrahmen, Ornamente und Möbel zu kaufen – und zwar Imitate (ruhig nachprüfen, ob das der Fall ist), man gerät nicht in Gefahr gegen die Ausfuhrbestimmungen zu verstoßen. Auch in den Altstädten von Bikaner gibt es interessante Antiquitätenläden, einige verkaufen einzigartige alte Fotografien.

In buddhistischen Gegenden (und auch sonst überall) sollte man nach Geschäften Ausschau halten, die religiöse Gegenstände wie Gebetsflaggen, Wandbehänge, Trompeten, Trommeln, Klangschalen, Handglocken, Gebetsräder und *thangkas* (s. S.1181) verkaufen – das sind wirklich schräge Souvenirs. McLeod Ganj, Gangtok, Kalimpong und Darjeeling sind gute Orte für solche Dinge.

Sehr bekannt sind auch Cuttacks aus Orissa, filigrane Silberarbeiten, die aussehen wie Brüsseler Spitzen. Sie heißen *tarakasi.* Ein Siberrahmen wird gefertigt und dann ausgefüllt mit feinen Kringeln und Bändern aus ganz dünnem Silber.

Pondicherry (Tamil Nadu) ist insbesondere bekannt für sein handgemachtes Papier, für Batikarbeiten und *kalamkari*-Zeichnungen (eine batikähnlichen Technik), während *topis* (Kappen) ein beliebtes Mitbringsel aus Kinnaur (Himachal Pradesh) sind.

Überall in Indien (besonders in Delhi) gibt es phänomenal viele günstige Bücher – s. die Abschnitte „Buchläden" in den Regionenkapiteln. Preiswert sind auch CDs mit indischer Musik – *bhajan*-CDs (Andachtslieder) sind ab 90 Rs zu haben, CDs mit westlicher Musik liegen zwischen 295 und 600 Rs. Musikläden verkaufen auch oft DVDs, englischsprachige DVDs kosten 199 bis 1199 Rs, für Hindu-DVDs werden 149 bis 349 Rs fällig.

TELEFON

Auch in der kleinsten Stadt gibt es private PCO/STD/ISD-Buden, in denen man Ortsgespräche, innerindische und auch internationaler Telefonate führen kann. Das ist günstiger, als vom Hotel aus zu telefonieren. Viele dieser Buden sind rund um die Uhr geöffnet und haben Digitalanzeigen, durch die man die Kosten im Auge behalten kann. Am Ende des Telefonats wird eine Quittung ausgegeben. Normalerweise gibt's in den Buden auch ein Faxgerät.

Fast in ganz Indien werden innerindische Gespräche in den Telefonbuden (nicht in Hotels) zwischen 9 und 20 Uhr zum Normaltarif abgerechnet. Nach 20 Uhr sinken die Gebühren, am billigsten sind Telefonate zwischen 23 und 6 Uhr. Sonntags kosten sie die Hälfte.

Selbstgewählte Anrufe ins Ausland kosten in den Telefonbuden (nicht in Hotels) zwischen 22 und 40 Rs pro Minute, abhängig von dem angerufenen Land. Am billigsten kann man ins Ausland von den Internetcafés aus telefonieren und zwar über Net2phone oder einen anderen Internettelefonie-Anbieter. So kosten Gespräche nach Europa grade mal 10 Rs pro Minute.

In einigen PCO/STD/ISD-Buden wird ein Rückrufservice angeboten – man gibt seinen Freunden oder der Familie die Nummer der Telefonbude durch und wartet auf den Rückruf. Neben dem ersten Anruf werden dann 5 bis 10 Rs pro Minute berechnet. Es ist ratsam, eine Zeit auszumachen, wie lange man auf den warten wird, falls es Probleme gibt, durchzukommen.

Indien hat sowohl die **Örtlichen Telefonbücher** (www.indiawhitepages.com) als auch die **Gelben Seiten** (www.indiayellowpages.com) online gestellt.

Handys

Handynummern haben in Indien für gewöhnlich zehn Stellen. Die Einwahl in die Mobilfunknetze ist einfach, die lokalen Netze sind ziemlich preiswert. Telefonate (auch internationale) sind im weltweiten Vergleich günstig.

In den meisten Städten kann man in Mobilfunkshops, den PCO/STD/ISD-Buden, Internetcafés und Lebensmittelgeschäften ganz einfach Prepaidsets (SIM-Karte und Telefonnummer) kaufen. Die bekanntesten (und zuverlässigsten) Firmen sind Airtel, Hutch (in einigen Bundesstaaten Orange), BPL und Idea.

Die SIM-Karte kostet um die 100 Rs, meist muss aber gleich ein Startguthaben mitbezahlt werden. Guthabenkarten zum Aufladen der Karte können für 100 bis 3400 Rs in fast jedem Geschäft gekauft werden. Normalerweise muss das Guthaben innerhalb einer bestimmten Zeitspanne (meist 15–60 Tage) abtelefoniert (oder erhöht) werden. Der Preis für die Guthabenkarte ist nicht gleich dem Telefonkredit – staatliche Steuern und Servicegebühren werden abgezogen, sodass eine Karte für 500 Rs einem Gesprächsguthaben von 375 Rs entspricht. In einigen Netzen sind Karten durch eine direkte Auflademöglichkeit ersetzt worden, das Guthaben wird direkt bei einem Händler bezahlt und sofort auf das Telefon gutgeschrieben – vor dem Kauf sollte geklärt werden, welches System verwendet wird.

Gespräche innerhalb des Staates oder der Stadt, in der die SIM-Karte gekauft wurde, sind billig – weniger als eine Rupie pro Minute – und internationale Gespräche liegen bei weniger als 25 Rs. Der SMS-Versand ist noch günstiger. Umso mehr Guthaben vorhanden ist, desto günstiger sind die Tarife.

Einige Traveller haben aber auch von Schwierigkeiten mit ihrem Handy berichtet (entweder gar kein Empfang oder ständige Unterbrechungen). Das Senden von internationalen SMS kann tagelang problemlos oder auch unmöglich sein – andere Variante: der SMS-Empfang funktioniert normal, aber das Senden klappt über Tage nicht.

Ziemlich problematisch beim Reisen von Bundesstaat zu Bundesstaat ist, dass das Prepaidsystem nicht in ganz Indien funktioniert – große Städte und alle Bundesstaaten haben eigene Netze. Wer sich über das ursprüngliche Netz hinaus bewegen will, sollte vorher sicherstellen, dass die Telefongesellschaft Roaming anbietet. Die großen Firmen wie Airtel haben ein mehr oder weniger indienweites Roaming. Außerhalb des Bundesstaates, in dem die SIM-Karte gekauft wurde, sind die Gesprächsgebühren jedoch etwas höher und es werden auch Gebühren für eingehende Anrufe erhoben – in manchen Fällen sind die Kosten dafür sogar höher. Ein längerer Anruf von zu Hause wird das Guthaben nahezu auflösen. Andererseits – und abgesehen von lokalen technischen Störungen – scheint das Roaming gut zu funktionieren. Auf jeden Fall beim Kauf darauf achten, dass das Mobilfunkset möglichst viele Erwartungen erfüllt.

Da sich die Mobilfunkindustrie ständig weiter entwickelt, können sich die Gebühren, Anbieter und der Empfang verändern.

Telefonnummern

Festnetzanschlüsse haben eine Ortsvorwahl und eine bis zu achtstellige Teilnehmernummer. Für ein Telefongespräch *nach* Indien aus dem Ausland wird erst die Kennziffer „00" für internationale Gespräche, dann „91" (der Ländercode für Indien), danach die Ortsvorwahl (ohne die erste Null, sie wird nur innerhalb Indiens verwendet) und zuletzt die Teilnehmernummer gewählt. Die Ortsvorwahlen finden sich jeweils in den Regionenkapiteln.

Um ein internationales Gespräch *von* Indien aus zu führen, wird erst „00" (die indische Kennziffer für internationale Telefonate), dann der Ländercode (des gewünschten Landes), darauf die Ortsvorwahl (ohne erste Null) und zuletzt die Teilnehmernummer gewählt.

Angeboten wird auch ein Service, der eine direkte Verbindung zu dem internationalen Operator des Heimatlandes herstellt. Zum Ortstarif kann dann ein R-Gespräch angemeldet oder mit einer Telefonkarte telefoniert werden. Nachfolgend einige Länder und die Vorwahlnummern:

Land	Vorwahlnummer
Deutschland	☎ 0049
Niederlande	☎ 0031
Österreich	☎ 0043
Schweiz	☎ 0041

TOILETTEN

Öffentliche Toiletten gibt's nur in den großen Städten und an von Touristen besuchten Orten (etwa Museen), in gehobenen Einkaufszentren und Kinos. Es können sehr wenige sein und die nächste kann immer seh weit weg sein. Nicht alle haben Toilettenpapier und die Hygieneverhältnisse sind unterschiedlich.

Die meisten gehobenen Restaurants haben Sitztoiletten, während in vielen billigeren Lokalen die Oberschenkelmuskulatur gefordert ist. Nähere Infos über Hoteltoiletten s. Kasten S. 1190.

Was die Etikette beim Toilettengang betrifft: Es ist üblich, die linke Hand und Wasser zu benutzen – kein Toilettenpapier. In den meisten Toiletten gibt es deshalb einen stragisch platzierten Wasserhahn, normalerweise mit einem kleinen Plastikbehälter daneben. Wer sich allzu schwer tut, sich an die indischen Sitten zu gewöhnen, sollte eigenes Toilettenpapier mitbringen (in den Städten und größeren Ortschaften erhältlich). Allerdings sollten weder Papier, noch Monatsbinden oder Tampons in die Toiletten geworfen werden, um das sowieso überlastete Abwassersystem nicht noch mehr zu fordern. Häufig gibt es einen Behälter, um gebrauchtes Toilettenpapier und andere Gegenstände zu entsorgen – bitte benutzen!

TOURISTENINFORMATION

Fremdenverkehrsämter

Die **indische Regierung** (Ministerium für Tourismus; www.incredibleindia.org) stellt allgemeine touristische Informationen über das Land bereit. Die Website gibt es auch auf Deutsch.

Links zu den indischen Regionalbüros gibt's über „Links" (unten); auf der folgenden Seite sind sie unter „State Tourism" aufgelistet.

Die indische Regierung betreibt weltweit Touristeninformationen, darunter die folgenden:

Deutschland Frankfurt a. M. (☎ 069-2429490; info@india-tourism.com; Baseler Strasse 48, 60329, Frankfurt a. M.)

Niederlande Amsterdam (☎ 020-6208991; info.nl@india-tourism.com; Rokin 9/15, 1012 KK Amsterdam)

Schweiz Genf (☎ 022-7321813; 1-3, Rue de Chantepoulet, 1201 Genf)

Örtliche Touristeninformationen

Zusätzlich zur nationalen Touristeninformation der indischen Regierung betreibt jeder Bundesstaat seine eigene. Die Büros unterscheiden sich stark voneinander was ihre Effizienz und Nützlichkeit betrifft – einige werden von Enthusiasten betrieben, andere haben mürrisches Personal, das bis an die Grenze zur Unverschämtheit hin ultrakurz angebunden ist. In manchen Büros können Traveller sich glücklich schätzen, wem mit mehr als Ja oder Nein geantwortet wird – einfach freundlich weiterfragen. Neben mündlichen Ratschlägen geben die meisten Touristeninformationen auch Broschüren (gratis) und eine kostenlose Karte ihrer Region aus. Viele Behörden betreiben auch Ketten von Touristenbungalows (s. „Unterkunft" S. 1189), einige davon beherbergen auch Touristeninformationen.

Informationen zu einzelnen Touristeninformationen gibt's in den jeweiligen Abschnitten der Regionenkapitel.

UNTERKUNFT

Vom unglaublich günstigen, einfachen Hotel bis zum teuren Fünfsternepalast gibt's in Indien alles.

Die in den einzelnen Kapiteln genannten Unterkünfte sind unter der Überschrift „Schlafen" aufgelistet und unterteilt in die Kategorien „Budgetunterkünfte", „Mittelklassehotels" und „Spitzenklassehotels". Am Anfang der jeweiligen Kategorien stehen die empfehlenswertesten Unterkünfte, und so geht es weiter in absteigender Reihenfolge.

Die Hotelpreise sind je nach Region sehr unterschiedlich – ein Blick in die einzelnen Kapitel lohnt sich, um die Übernachtungskosten für das Reiseziel zu überschlagen. Die Preise in diesem Buch gehen von den billigsten Zimmern der Hotels aus und enthalten keine Steuern, außer es ist extra angegeben. Zimmer mit Klimaanlage sind mindestens einige Hundert Rupien teurer als nicht klimatisierte Räume.

Während der Hauptsaison oder während Großveranstaltungen wie religiösen Festen können die Preise geradezu explodieren und es kann sehr schwierig sein, überhaupt ein Bett zu bekommen. Im Voraus reservieren, ist in solchen Fällen immer ratsam.

Innerhalb eines Hotels kann die Qualität der Zimmer ziemlich unterschiedlich sein, am besten ist es deshalb, sich erst mal mehrere Zimmer zeigen zu lassen. Zimmer mit Teppichboden sind oft feucht und/oder müffeln (außer in Fünfsternehäusern) – besser vermeiden! Infos zu den Badezimmern in Hotels gibt's im Kasten auf S. 1190.

Einige Hotels haben ein 24-Stunden-System: Ab dem Einchecken läuft die Uhr, zum Preis für eine Nacht kann man 24 Stunden lang bleiben, ausgecheckt werden kann immer. Andere Unterkünfte haben feste Zeiten, zu denen ausgecheckt werden muss – nachfragen lohnt sich.

Nahezu alle teuren und viele Hotels der mittleren Preisklasse akzeptieren Kreditkarten – ebenso einige einfache Häuser. Gelegentlich wollen Hotels, dass man im Voraus zahlt. Auf keinen Fall der Bitte nachkommen, einen Blanko-Kreditkartenbeleg zu unterschreiben! Sollte ein Hotel darauf bestehen, eine deutlich unter dem zu erwartenden Preis liegende Summe eintragen.

Stromausfälle sind in einigen Städten üblich (besonders in den wärmeren Monaten, wenn der Strombedarf hoch ist), deshalb ist es nicht verkehrt, sich nach einem hoteleigenen Generator zu erkundigen.

Besonders in Tourismushochburgen (etwa Rajasthan oder Varanasi) „leihen" sich neu eröffnete Hotels gern den Namen erfolgreicher Mitkonkurrenten, um die Traveller gezielt zu verwirren. Nur wer den *exakten* Namen des gewünschten Hotels weiß, landet sicher nicht in einer schlechten Kopie. Bevor man den Fahrer bezahlt, sollte man sich lieber zweimal vergewissern, dass er einen tatsächlich zum richtigen Hotel gebracht hat – denn so manch ein übler Bursche versucht, seine Fahrgäste ganz eilig in dem Hotel abzuladen, wo es für ihn dicke Belohnungen gibt (Schlepper & Vermittlungsagenten s. S. 1170).

Der Lärm kann (besonders in den Stadtzentren) wirklich lästig sein und einem den Schlaf rauben. Gute Ohrstöpsel sind ein Muss. Außerdem ist es ratsam, nach einem ruhigen Zimmer zu fragen.

Unterkunftsarten

Einige Bundesstaaten haben Unterkünfte der besonderen Art im Angebot – etwa spektakuläre Maharadschapaläste in traumhafter Umgebung. In den Regionenkapiteln gibt's nähere Infos, in den Kästen „Etwas Besonderes" werden einzelne Locations beschrieben. Auf S. 24 finden sich Hinweise zu den Preisen.

KOHLENMONOXIDVERGIFTUNG

Offene Feuer – besonders Holzkohleöfen – sind als Heizung in Hotels völlig ungeeignet und gefährlich. Immer noch sterben jedes Jahr einige Menschen an Kohlenmonoxidvergiftung.

Ist es kalt im Hotelzimmer und die Belüftung unklar, hilft ein alter Bergsteigertrick: Trinkflaschen mit kochendem Wasser füllen und nachts als Wärmflaschen benutzen. Am besten eine Socke drüberziehen, damit es keine Verbrennungen gibt. Am nächsten Morgen kann man das abgekochte Wasser trinken. *Niemals* einen Holzkohleofen benützen, unter keinen Umständen!

WISSENSWERTES ÜBER TOILETTEN UND BADEZIMMER

In allen Spitzenklasse- und in den meisten Mittelklassehotels in Indien gibt es Sitztoiletten und Toilettenpapier. Einige Mittelklassehotels und viele Budgetunterkünfte lassen ihre Gäste wählen zwischen Sitz- und Plumpstoiletten. In Tiefpreisunterkünften sind Plumpstoiletten die Regel und Toilettenpapier ist eher die Ausnahme.

In Nordindien bezeichnen die Hotelbesitzer Plumpstoiletten als *Indian-style* und Sitztoiletten als *Western-style.* In Südindien heißen Plumpstoiletten *Indian* oder *floor-toilets,* während die Sitzvariante *Western* oder *commode toilets* genannt wird. In einigen Teilen des Landes begegnet man einer merkwürdigen Zwittervariante: einer Sitztoilette mit Fußauflagen am Rand der Kloschüssel.

In Indien gibt es eine verwirrende Anzahl von Bezeichnungen für Badezimmer in Hotels: *common bath, without bath* oder *shared bath* bedeuten Gemeinschaftsbäder. *Attached bath, private bath* oder *with bath* weist Räume mit eigenen Badezimmern aus.

Running, 24-hour oder *constant water* sollte fließend warmes Wasser rund um die Uhr bedeuten, ist aber nicht immer ein ernst zu nehmendes Versprechen. *Bucket water* bedeutet, dass Wasser in Eimern zur Verfügung gestellt wird (in manchen Hotelzimmern gibt's nur einen Kaltwasserhahn, heißes Wasser wird in Eimern gebracht, manchmal zu bestimmten Tageszeiten oder gegen eine Gebühr).

Hängt an einem Hotel ein Schild, das ein *room with shower* in Aussicht stellt, kann man sich auf die Aussage nicht unbedingt verlassen. Auch wenn das Badezimmer eine Dusche hat, zuerst ausprobieren, ob sie tatsächlich funktioniert. Manche geben nur ein tröpfelndes Rinnsal von sich, andere werden von sparsamen Hotelbesitzern einfach zeitweise abgeklemmt.

Ein *geyser* ist ein kleiner Boiler (durchaus üblich in Mittelklassehotels und Budgetunterkünften), der etwa eine Stunde vor Gebrauch eingeschaltet werden sollte.

Die in diesem Buch genannten Hotels haben Zimmer mit eigenem Bad, soweit nichts anderes vermerkt ist.

BUDGETUNTERKÜNFTE & MITTELKLASSEHOTELS

Von spottbilligen erbärmlichen Hütten bis zu gut geführten Häusern mit angemessenen Preisen gibt es in diesen Kategorien alles.

Zur Standardausstattung der Preisklasse gehören Deckenventilatoren und Moskitofallen (manchmal auch Moskitonetze). Budgettraveller tun gut daran, ihre eigenen Laken und Kopfkissenbezüge dabei zu haben, denn in manchen günstigen Unterkünften ist die Bettwäsche selbst vom leidenschaftlichsten *dhobi-wallah* (der Wäscher) nicht mehr weiß zu kriegen.

Die Hotels der Mittelklasse bieten oft mehr Komfort als die Häuser der Budgetkategorie, aber die Bandbreite ist groß: trübselige schuhkartonähnliche Zimmer gibt's hier genauso wie gemütliche Räume mit wahnsinnig viel Charakter. Manche Mittelklassehotels haben „luftgekühlte" Zimmer, die einen Tick besser sind als die mit Deckenventilator, aber schlechter als die mit Klimaanlage. Ein Luftkühler ist ein großes (meistens ziemlich lautes) Gerät, das in die Wand eingebaut ist und – obwohl es mit Wasser gefüllt ist – nicht unbedingt mehr Luftfeuchtigkeit verbreitet.

Einige Budgetunterkünfte und Mittelklassehotels schließen nachts ihre Tore und besetzen die Rezeption nicht. Wer also plant, spät zurück zu kommen, sollte sich mit dem zuständigen Mitarbeiter abstimmen.

CAMPING

Campingplätze sind rar in Indien, aber Traveller mit eigenem Wagen haben normalerweise kein Problem, ein Hotel mit Garten zu finden, in dem sie für wenig Geld parken und campen können. Dabei dürfen die Gemeinschaftswaschräume benutzt werden.

PRIVATE UNTERKÜNFTE

Bei einer indischen Gastfamilie zu wohnen, ist eine erfrischende Abwechslung – indische Familienatmosphäre anstatt des ewigen Umgangs mit berufsmäßigen Touristenversorgern. Die Preise beim *Paying Guest House Scheme* (bzw. *Homestays*) liegen zwischen Budget und Mittelklasse. Nähere Auskünfte geben die Touristenbüros vor Ort.

RAILWAY RETIRING ROOMS

Diese Unterkunftsmöglichkeit gibt es in den Bahnhöfen, rein kommt man nur mit einem gültigen Zugticket oder einem Indrail Pass. Die Räume sind mal mehr als schlicht, mal erstaunlich hübsch. Wirklich praktisch sind sie für Traveller, die einen sehr frühen Zug kriegen wollen – obwohl es in belebten Bahnhöfen natürlich sehr laut sein kann. Die meisten Railway Retiring Rooms sind rund um die Uhr geöffnet und haben Schlafsäle und einzelne Zimmer.

SCHLAFSÄLE

Hotels der unteren Preisklasse bieten gelegentlich Betten in Schlafsälen an. Das kann preislich attraktiv sein, doch manchmal und gerade in wenig touristischen Gegenden sind diese Betten für Fernfahrer oder anderes männliches Publikum gedacht und Frauen dürfen schlichtweg nicht rein. Manche Billigunterkünfte abseits der Touristenrouten nehmen keine Ausländer auf, weil sie nicht die notwendigen Formblätter der Ausländermeldebehörde haben. Auch Touristenbungalows und Railway Retiring Rooms bieten billige Betten in Schlafsälen an.

In einigen Städten gibt's Jugendherbergen (CVJM und CVJF). Ihre Qualität ist sehr unterschiedlich und die Preise entsprechen meist denen eines Mittelklassehotels, aber einige haben auch preisgünstige Schlafsäle.

SPITZENKLASSEHOTELS

Sie stehen in den größeren Städten und in Touristenhochburgen. Von todschicken Fünfsterneketten wie Oberoi, Taj, Hyatt und der Welcomgroup (ein Sheraton-Ableger) bis zu weniger glamourösen Viersternehäusern gibt's alles. Trotz des verströmten Luxus ist das Personal in manchen Spitzenklassehotels bemerkenswert apathisch.

Die US$-Preise gelten üblicherweise für alle Ausländer (einschließlich im Ausland lebende Inder: Non-Resident Indians, kurz NRIs).

STAATLICHE UNTERKÜNFTE & TOURISTENBUNGALOWS

Während des British Raj sind eine Menge von staatlichen Behörden betriebene Unterkünfte entstanden. Sie tragen Namen wie Rest Houses, Dak Bungalows, Circuit Houses, PWD (Public Works Department) Bungalows und Forest Rest Houses. Heute sind diese Häuser meist für Angestellte der Regierung reserviert, aber einige nehmen auch Touristen auf (Nachfragen lohnt sich).

Touristenbungalows werden normalerweise von der staatlichen Verwaltung betrieben, ihre Ausstattung und der Service variieren enorm. Manche haben Schlafsäle, andere einzelne Zimmer. Oft ist eine Zweigstelle der staatlichen Touristeninformation im gleichen Gebäude oder auf dem Gelände.

TEMPEL & RASTHÄUSER FÜR PILGER

Übernachten kann man auch (gegen eine Spende) in einigen Tempeln der Sikhs (*gurdwaras*) und in Rasthäusern für Pilger (*dharamsalas*). Diese einfachen Unterkünfte sind sehr wichtig für die Pilger – andere Gäste sollte sich über den Zweck der Unterkunft im Klaren sein und sich streng an die Verhaltensregeln halten.

Zusätzliche Kosten

SAISONALE UNTERSCHIEDE

In beliebten Touristenorten (Strände, Hill Stations, im Delhi-Agra-Jaipur-Dreieck usw.) ziehen die Hotelpreise in der Hauptsaison kräftig an (nähere Infos gibt's in den Regionenkapiteln).

Wann Haupt- und wann Nebensaison ist, hängt von der jeweiligen Region ab. Für die Strände und das Delhi-Agra-Jaipur-Dreieck beginnt die Hauptsaison einen Monat vor Weihnachten und endet zwei Monate danach. In den Hill Stations steppt in den Monaten von April bis Juli der Bär, weil es dann im Flachland heißes Klima das Sagen hat. Einige Hotels verlangen zwischen Weihnachten und Neujahr mehr. Auch Großereignisse wie der Kamelmarkt in Pushkar (Okt./Nov.) lassen die Preise steigen. Andererseits können normalerweise teure Hotels in der Nebensaison erstaunlich erschwinglich sein. Es lohnt sich auch fast immer, nach einem besseren Preis zu fragen, wenn es in dem Hotel ruhig zugeht.

STEUERN & SERVICEGEBÜHREN

In den meisten Bundesstaaten werden Hotelunterkünfte (und Restaurantmahlzeiten) in irgendeiner Form besteuert. Außer in Niedrigpreisunterkünften wird man der Besteuerung nicht entgehen. Die Steuern sind in den einzelnen Bundesstaaten unterschiedlich hoch, genaue Informationen bieten die Regionenkapitel.

Zu den Steuern kommen in vielen Mittelklasse- und Spitzenklassehotels so genannte Servicegebühren (meist um die 10 %).

Manchmal beziehen sie sich nur auf den Zimmerservice und die Telefonnutzung, sie können aber auch auf die komplette Rechnungssumme aufgeschlagen werden. Viele Hotels erhöhen ihrer Tarife jährlich – die Preise können also höher sein als in den Kapiteln angegeben.

VERSICHERUNGEN

Es ist empfehlenswert, eine Reiseversicherung gegen Diebstahl und gegen Gepäckverlust und eine Krankenreiseversicherung abzuschließen. Achtung: In einigen Versicherungen sind Verletzungen nach risikobehafteten Aktivitäten wie Tauchen, Motorradfahren oder auch Trekking nicht abgedeckt. Deshalb die passende Versicherung genau aussuchen und – wie so oft im Leben – auf das Kleingedruckte achten!

In manchen Fällen übernimmt die Versicherung die Behandlungskosten sofort und der Arzt rechnet nicht mit den Travellern sondern direkt mit ihrer Versicherung ab (das ist in Indien nicht immer möglich), in anderen Fällen muss man erstmal selbst zahlen – deshalb die Behandlungsbelege und Rechnungen unbedingt aufbewahren! Die Versicherung sollte einen Krankenrücktransport beinhalten und für Indien und angrenzende Länder gelten (falls man weitere Länder erkunden will).

Vorsicht: Das von den Versicherungen geforderte Verlustprotokoll über gestohlenes Eigentum ist bei der indischen Polizei oft schwer zu bekommen.

VISA

Ein Visum muss *vor* der Ankunft in Indien ausgestellt worden sein. Die Staatsbürger der meisten Ländern erhalten ein Visum für sechs Monate (gültig ab dem Tag der Ausstellung) mit dem Recht auf mehrfache Einreise (Auskunft zu den Visabestimmungen gibt die indische Botschaft) – dabei ist es egal, ob sie auch so lange bleiben und wie oft sie in dieser Zeit einreisen möchten. Ein solches Visum kostet 50 €.

Man kriegt ein Visum nur, wenn man auch ein gültiges Rückflugticket hat. Das gilt als ausreichender Beweis, dass man das Land auch wieder verlassen will.

Menschen mit indischen Wurzeln (aber keine pakistanischen oder Bangladeschischen) ohne indischen Reisepass und Wohnsitz können Visa mit längerer Gültigkeit (bis zu fünf Jahren) bekommen. Es ist außerdem eine spezielle „People of Indian Origin (PIO)"-Karte erhältlich (gültig für 20 Jahre). Weitergehende Infos geben die indischen Botschaften.

Um länger als sechs Monate in Indien zu bleiben, muss man sich innerhalb von 14 Tagen nach der Ankunft beim Foreigners' Regional Registration Office (FRRO; s. S.110) melden. Außerdem braucht man für die Ausreise dann eine steuerliche Unbedenklichkeitsbescheinigung (Tax Clearence Certifikate). Die stellt die Foreign Section des **Income Tax Office** (Karte S. 120–122; ☎ 011-23379161; Indraprastha Estate; ⌚ Mo–Fr 10–13.30 & 14–18 Uhr) aus. Anhand der Bescheinigung wird überprüft, ob der Aufenthalt in Indien mit eigenem Geld finanziert wurde. Ausweis, die Visumverlängerung, alle weiteren geeigneten Papiere und ein Bündel von Wechselbescheinigungen oder Bankautomatenquittungen müssen dafür vorgelegt werden.

Visum verlängern

Unter besonderen Umständen kann man ein Visum um 14 Tage verlängern, dafür ist das Foreigners' Regional Registration Office (FRRO) zuständig, man findet es in einigen größeren indischen Städten. Allerdings fahren viele Traveller für die Verlängerung direkt nach Delhi.

Ein weiteres Sechsmonatsvisum gibt's nur nach der Ausreise aus dem Land.

In Delhi liegt die **FRRO** (Karte S. 109; ☎ 011-267-11443; Fax 26711348; Level 2, East Block 8, Sector 1, RK Puram; ⌚ Mo–Fr 9.30–13.30 & 14–15 Uhr) hinter dem Hyatt Regency Hotel. Hier gibt es Ersatzvisa (bei Verlust oder Diebstahl des Reisepasses) und Visumverlängerungen.

Das FRRO stellt 14-tägige Visumverlängerungen kostenfrei aus. Das bestätigte Flugticket, ein Passfoto und eine Kopie des Reisepasses (inkl. der Visaseiten) mitbringen; es gibt einen Fotokopierer im FRRO-Gebäude (1 Rs/Seite). Um das Visum für vier Wochen zu verlängern, (mehr geht nicht, für alle Nationalitäten 1860 Rs) muss man zwischen dem FRRO und der Auslandsabteilung des **Innenministeriums** (Karte S. 121; ☎ 011-23385748; 26 Jaisalmer House, Man Singh Rd; ⌚ Mo–Fr 10–12 Uhr) hin- und herperndeln. Für diese weitere Verlängerung wird erstens ein besonders guter Grund und zweitens das entsprechende Formular des Innenministeriums benötigt. Wartezeiten sind üblich. Mit dem Formular und drei Passfotos geht's dann zur FRRO. Wird der Verlängerung zugestimmt, muss die Bewilligung wieder zurück zum Innenministerium, wo die Visumverlängerung schließlich ausgestellt wird.

WASCHSALON & WÄSCHEREI

Wenn das Hotel keine eigene Wäscherei hat, wird die Wäsche der Traveller von *dhobi-wallahs* (Waschfrau oder -mann) gewaschen. Sollten die guten Stücke den Methoden dieser Menschen möglicherweise nicht gewachsen sein, empfiehlt sich die Handwäsche im Hotelzimmer oder eine chemische Reinigung (soweit vorhanden). Waschpulver gibt's nahezu überall in Indien günstig zu kaufen.

In Budgetunterkünften und in Mittelklassehotels wäscht normalerweise immer ein *dhobi*. Gegen einen geringen Betrag wird die Wäsche morgens entgegengenommen und abends gewaschen und gebügelt zurückgegeben (meist 5 bis 10 Rs pro Kleidungsstück, in Touristenorten etwas mehr). In besseren Hotels mit eigener Wäscherei sind die Preise meist höher, der Ein-Tages-Service kostet oft extra.

ZEIT

In Indien gilt die IST (Indian Standard Time, von Spöttern auch „Indian Stretchable Time" genannt). Während der Sommerzeit ist es dreieinhalb, im Winter viereinhalb Stunden später als in der Mitteleuropäischen Zeitzone. S. auch „Zeitzonen" S. 1248.

ZOLL

Bei der Einreise sind 1 l Alkohol, 200 Zigaretten oder 50 Zigarren oder 250 g Tabak zollfrei.

Die Einfuhr teuerer Dinge wie Videokameras oder Laptops ist erlaubt, kann aber auf einem Zollformular vermerkt werden, damit man alles auch wieder mit nach Hause nimmt (das wird nicht immer kontrolliert).

Bei der Einreise müssen laut Vorschrift mitgeführtes Bargeld oder Reiseschecks über 10 000 US$ angegeben werden. Offiziell darf die indische Währung nicht ein- oder ausgeführt werden, aber einigen Travellern wurde es schon ausdrücklich erlaubt, bis zu 5000 Rs mitzubringen.

Bei der Einreise von Nepal nach Indien ist keine zollfreie Einfuhr erlaubt.

Die Ausfuhr bestimmter Waren aus Indien ist verboten; s. Kasten auf S. 1181.

Verkehrsmittel & -wege

INHALT

AN- & WEITERREISE

EINREISE

Nach Indien auf dem Land- oder Luftweg einzureisen, ist einfach und mit den üblichen Einreise- und Zollformalitäten verbunden. Weitere Infos zu den Zollbestimmungen s. S. 1193.

Reisepass

Bei der Einreise nach Indien wird ein noch mindestens sechs Monate gültiger Reisepass, ein Visum (s. S. 1192) und ein Rückflugticket benötigt. Geht der Reisepass in Indien verloren oder wird er gestohlen, sofort Kontakt zur jeweiligen Botschaft aufnehmen (s. S. 1155)! Außerdem ist es ratsam, Fotokopien vom Reisepass und den Flugtickets dabeizuhaben.

FLUGZEUG

Flughäfen & Fluglinien

Indien hat vier große internationale Flughäfen (s. rechte Spalte). Von einer Handvoll weiterer indischer Städte gibt's ebenfalls internationale Flüge, jedoch mit wesentlich weniger Flugzielen – nähere Infos erteilen Reisebüros oder die Website www.indianairports.com.

Chennai (MAA; Anna International Airport; ☎ 044-22560551; www.chennaiairport.com)
Delhi (DEL; Indira Gandhi International Airport; ☎ 011-25652011; www.delhiairport.com)
Kolkata (CCU; Netaji Subhas Chandra Basu International Airport; ☎ 033-25118787)
Mumbai (BOM; Chhatrapati Shivaji International Airport; ☎ 022-26829000; www.mumbaiairport.com)

Indiens internationale Fluglinie heißt **Air India** (www.airindia.com). Sie befördert Passagiere auch auf bestimmten Inlandsabschnitten, die Teil internationaler Strecken sind (s. S. 1203). **Indian Airlines** (www.indian-airlines.nic.in) ist Indiens größter Anbieter von Inlandsflügen, außerdem hat sie Verbindungen in 20 benachbarte Länder im Flugplan. Wen die Sicherheitsstatistiken von Air India und Indian Airlines interessiert, der kann sie nachlesen unter www.airsafe.com/index.html und gebührenpflichtig unter http://www.aerosecure.de. Weitere Infos über indischen Inlandsfluglinien s. S. 1203.

Folgende Fluglinien fliegen von und nach Indien (vgl. die Webseiten für Kontaktmöglichkeiten):

Aeroflot (IATA-Code SU; www.aeroflot.org) Drehscheibe: Sheremetyevo International Airport, Moskau.
Air Canada (IATA-Code AC; www.aircanda.com) Drehscheibe: Vancouver Airport.
Air France (IATA-Code AF; www.airfrance.com) Drehscheibe: Charles de Gaulle, Paris.
Air India (IATA-Code AI; www.airindia.com) Drehscheibe: Indira Gandhi International Airport, Delhi.
Alitalia (IATA-Code AZ; www.alitalia.com) Drehscheibe: Fiumicino International Airport, Rom.

DIE DINGE ÄNDERN SICH

Die Informationen in diesem Kapitel können Änderungen unterworfen sein. Um auf Nummer Sicher zu gehen, sollte man die Aufschlüsselung der Ticketpreise (und das Ticket selbst) genau unter die Lupe nehmen und sich mit den Sicherheitsbestimmungen für den internationalen Reiseverkehr auseinander setzen. Hierbei helfen die Fluglinie oder ein Reisebüro. Die Angaben in diesem Kapitel sollen als Anhaltspunkte dienen und sind kein Ersatz für die eigenen, aktuellen Erkundigungen.

Austrian Airlines (IATA-Code OS; www.aua.com) Drehscheibe: Vienna International Airport, Wien.
Biman Bangladesch Airlines (IATA-Code BG; www.Bangladeschonline.com/biman/) Drehscheibe: Zia International Airport, Dhaka.
British Airways (IATA-Code BA; www.british-airways.com) Drehscheibe: Heathrow Airport, London.
Cathay Pacific Airways (IATA-Code CX; www.cathaypacific.com) Drehscheibe: Hong Kong International Airport.
Druk Air (IATA-Code KB; www.drukair.com.bt/) Drehscheibe: Paro Airport.
El Al Israel Airlines (IATA-Code LY; www.elal.co.il/) Drehscheibe: Ben Gurion, Tel Aviv.
Emirates (IATA-Code EK; www.emirates.com) Drehscheibe: Dubai International Airport.
Gulf Air (IATA-Code GF; www.gulfairco.com) Drehscheibe: Bahrain International Airport.
Indian Airlines (IATA-Code IC; www.indian-airlines.nic.in) Drehscheibe: Indira Gandhi International Airport, Delhi.
Iran Air (IATA-Code IR; www.iranair.nl) Drehscheibe: Teheran International Airport.
Japan Airlines (IATA-Code JL; www.jal.com) Drehscheibe: Narita Airport.
Kenya Airways (IATA-Code KQ; www.kenya-airways.com) Drehscheibe: Jomo Kenyatta International Airport, Nairobi.
KLM – Royal Dutch Airlines (IATA-Code KL; www.klm.com) Drehscheibe: Schiphol Airport, Amsterdam.
Kuwait Airways (IATA-Code KU; www.kuwait-airways.com) Drehscheibe: Kuwait International Airport.
Lufthansa (IATA-Code LH; www.lufthansa.com) Drehscheibe: Frankfurt International Airport.
Malaysia Airlines (IATA-Code MH; www.malaysiaairlines.com) Drehscheibe: Kuala Lumpur International Airport.
Pakistan International Airlines (PK; www.piac.com.pk) Drehscheibe: Jinnah International Airport, Karachi.
Qantas Airways (IATA-Code QF; www.qantas.com.au) Drehscheibe: Kingsford Smith Airport, Sydney.
Royal Nepal Airlines Corporation (IATA-Code RA; www.royalnepal.com) Drehscheibe: Kathmandu Airport.
Saudia Arabian Airlines (IATA-Code SV; www.saudiairlines.com) Drehscheibe: Ar-Riyadh International Airport.
Singapore Airlines (IATA-Code SQ; www.singaporeair.com) Drehscheibe: Changi Airport, Singapore.
Sri Lankan Airlines (IATA-Code UL; www.srilankan.aero) Drehscheibe: Bandaranaike International Airport, Colombo.
Swiss International Airlines (IATA-Code LX; www.swiss.com) Drehscheibe: Zürich International Airport.
Thai Airways International (IATA-Code TG; www.thaiair.com) Drehscheibe: Bangkok International Airport.

Rückreise

Obwohl es meist nicht mehr nötig ist, internationale Flugtickets rückzubestätigen, ist es keine schlechte Idee, es trotzdem zu tun. Denn vereinzelt berichten Traveller von gelöschten Buchungen.

Die Fluglinien empfehlen, bei internationalen Flügen drei Stunden vor Abflug einzuchecken. Fast alle indischen Flughäfen haben kostenlose Gepäckwagen, aber meist findet man sich sowieso umringt von Trägern, die emsig ihre Dienste anbieten (für ca. 20 Rs).

Beim Einchecken sollte der Gepäckaufkleber auch fürs Handgepäck nicht vergessen werden (dieser ist für Zollformalitäten zwingend erforderlich).

Tickets

Auch wenn im Allgemeinen kein Visum für Indien ohne ein Anschluss- bzw. Rückflugticket zu bekommen ist, gibt es Traveller, die ihre internationalen Flugtickets in Indien kaufen. Auskünfte zu internationalen Flugplänen und Preisen und Tickets bekommt man in Reisebüros in Indien.

Preise für internationale Flugtickets richten sich danach, ob gerade Neben-, Zwischen- oder Hauptsaison herrscht. Die im Folgenden angegebenen Preise sind Durchschnittspreise verschiedener Fluglinien. Diese bleiben unerwähnt, da die angebotenen Flugrouten und Preise sich erfahrungsgemäß schnell ändern können. Infos zu den aktuellen Preisen und Flugplänen gibt's in Reisebüros und im Internet.

Die Steuer von 500 Rs (150 Rs für Flüge in die meisten süd- und südostasiatischen Länder) ist bei 99 % aller Flugtickets nach Indien im Preis enthalten.

Online Flugtickets zu kaufen, ist bequem, wenn es darum geht Flüge mit wenigen oder keinen Anschlussverbindungen zu buchen. Wer jedoch spezielle Angebote sucht, Versicherungen abschließen oder das Visum für Indien beantragen möchte, sollte sich an ein Reisebüro wenden. Nachfolgend einige vertrauenswürdige Websites mit Onlineverkauf internationaler Flugtickets:
Expedia (www.expedia.de)
Opodo (www.opodo.de)
TBOOKER (www.tbooker.de)
Travelchannel.de (www.travelchannel.de)

ASIEN

Büros von **STA Travel** (Bangkok ☎ 02-236 0262; www.statravel.co.th; Hong Kong ☎ 27361618; www.statravel.com.hk; Japan ☎ 03-53912922; www.statravel.co.jp; Singapur ☎ 67377188; www.statravel.com.sg) sind in

VERKEHRSMITTEL- & WEGE

Asien weit verbreitet. Eine weitere Möglichkeit in Japan ist **No 1 Travel** (☎ 03-32056073; www.no1-travel.com); in Hong Kong **Four Seas Tours** (☎ 22007760; www.fourseastravel.com/english).

Bangladesch
Ein Hin- und Rückflugticket von Dhaka nach Kolkata/Delhi liegt bei 160/530 US$.

Malediven
Zwischen Malé und Thiruvananthapuram hin- und herzufliegen kostet 170 US$.

Myanmar (Birma)
Es gibt keine Grenzübergänge zwischen Myanmar und Indien (ebenso wenig zwischen Myanmar und irgendeinem anderen Land). Ein Ticket von Yangon (Rangun) nach Kolkata und zurück liegt bei 290 US$.

Nepal
Der Preis für ein Hin- und Rückflugticket von Kathmandu nach Delhi beträgt ca. 340 US$, nach Mumbai 550 US$ und nach Kolkata 290 US$.

Pakistan
Achtung, Flüge zwischen Pakistan und Indien werden wegen der angespannten gegenseitigen Beziehungen der Länder öfter mal gestrichen. Zum Zeitpunkt der Recherchen wurde geflogen. Ein Hin- und Rückflug kostet ca. 180 US$ zwischen Lahore und Delhi, 280 US$ zwischen Karachi und Delhi und 220 US$ zwischen Karachi und Mumbai.

Sri Lanka
Von Colombo nach Mumbai bzw. Delhi gibt's Angebote für Hin- und Rückflüge für etwa 370 US$ bzw. 585 US$. Flüge von Colombo nach Thiruvananthapuram (Trivandrum) kosten um 170 US$ (hin und zurück).

EUROPA
Die internationalen Flughäfen von Dehli und Mumbai werden nahezu von allen großen europäischen Airlines angeflogen. Eine mitunter billigere Alternative zu Direktflügen sind Flüge mit Zwischenstopp im Mittleren Osten (z. B. über Dubai mit Emirates). Es gibt eine Fülle von Angeboten, das Herumsuchen kann sich also lohnen.

Die Preise für Flüge von Deutschland, Österreich und der Schweiz in die diversen indischen Städte variieren. Informationen geben die unten genannten Adressen oder das Internet.

Deutschland
Expedia (www.expedia.de)
Just Travel (☎ 089 747 3330; www.justtravel.de)
Lastminute (☎ 01805 284 366; www.lastminute.de)
STA Travel (☎ 01805 456 422; www.statravel.de)

Österreich
STA Travel (☎ 01 401 48 6000; www.statravel.at)

Schweiz
Helvetic Tours (☎ 044 277 4200; www.helvetictours.ch)
STA Travel (☎ 058 450 4050; www.statravel.ch)

AUF DEM LANDWEG

Wer auf dem Landweg nach Indien einreisen möchte, sollte die Lonely Planets *Iran, Turkey, Central Asia* und *Pakistan & the Karakoram Highway* zu Rate ziehen.

Wer mit dem Bus die Grenze nach Indien passiert, muss an der Grenze aussteigen, um die üblichen Einreise- und Zollformalitäten über sich ergehen zu lassen. Ein gültiges Visum für Indien muss griffbereit sein.

Auto- und Motorradfahrer benötigen die Zulassungspapiere, eine Bestätigung der Haftpflichtversicherung und einen internationalen Führerschein. Weiterhin muss man einen *Carnet de passage* vorlegen, der praktisch einen Reisepass für das Fahrzeug darstellt und als zeitlich begrenzte Einfuhrgenehmigung gilt. Aktuelle Informationen über sonstigen notwendigen Papierkram (und z. B. über Benzinqualität und in Indien erhältliche Ersatzteile) geben die Automobilclubs in der Heimat.

Weitere Infos zu Reisen mit Autos und Motorrädern s. S. 1200 und S. 1205.

Bangladesch

Es gibt eine direkte Busverbindung zwischen Kolkata und Dhaka. Sie bietet die einfachste und bequemste Möglichkeit, die Grenze zwischen Indien und Bangladesch zu überqueren. Zwar finden sich noch einige kleinere Grenzübergänge, doch die Einreise über weniger genutzte Routen ist nicht immer möglich und kann daher schief gehen.

Wer von Bangladesch nach Indien reist, benötigt keine Ausreisegenehmigung. Will man aber mit dem Flugzeug einreisen und auf dem Landweg wieder nach Bangladesch zurückkehren, braucht man ein Straßengenehmigung (eine so genannte Change of Route Permit). Diese gibt's in Dhaka beim **Immigration and Passport Office** (☎ 02-889750; Agargaon Rd; ⌚ Sa–Do). Die Genehmigung ist kostenlos; allerdings werden mehrer Passfotos benötigt. Die Ausstellung kann zwischen 24 und 72 Stunden dauern.

Touristenvisa sind recht unkompliziert bei einer Auslandsvertretung Bangladeschs zu bekommen. Bangladesch am nächsten ist das **Konsulat** in Kolkata (☎ 033-22475208; 9 Circus Ave; ⌚ Anträge Mo–Fr 9.30–11.30 Uhr, Aushändigung der Reisepässe nach 17 Uhr). Es werden drei Passfotos benötigt. Die **Botschaft von Bangladesch** (☎ 011-24121389; EP39 Dr Radakrishnan Marg, Chanakyapuri) in Delhi benötigt für die Ausstellung eines Visums ein bis zwei Tage. Anträge sollten werktags zwischen 10 und 11 Uhr eingereicht werden. Die Gebühren sind abhängig von der Nationalität (ein zweimonatiges Visum, das zur einmaligen Einreise berechtigt, belastet das Budget mit ca. 33 US$).

VON KOLKATA NACH DHAKA

Es gibt eine tägliche Busverbindung von Kolkata nach Dhaka. In Benapol an der Grenze zwischen Indien und Bangladesch muss in einen anderen Bus umgestiegen werden, der dann bis nach Dhaka fährt. Der Bus startet montags bis freitags vor den Büros der **Bangladesh Road Transport Corporation** (☎ 033-23591076; Ecke Marquis & Mirza Ghalib St) in Kolkata. Der Fahrpreis für beide Busse zusammen beträgt 500 Rs, die Reise dauert ca. 14 Stunden. Eine Direktverbindung nach Dhaka in einem klimatisierten Bus besteht außerdem vom Karunamoyee International Bus Depot in Salt Lake City (Kolkata); los geht's dienstags, donnerstags und samstags um 7 Uhr, Ankunft in Dhaka 12 Stunden später (Hin- und Rückfahrt 1000 Rs, Einzelfahrscheine sind nicht erhältlich). In entgegengesetzter Richtung startet der Bus in Dhaka montags, mittwochs und freitags ebenfalls um 7 Uhr.

Zur Zeit der Recherchen gab es Gerüchte um eine neue Zugverbindung zwischen Kolkata und Dhaka – über Fortschritte informiert man sich am besten vor Ort.

VON SILIGURI NACH BHURUNGAMARI

Immer mehr Traveller sind seit der Schließung des Grenzübergangs Haldibari–Chilahati auf diese nördlich gelegenene Grenzpassage ausgewichen. In die indische Grenzstadt Chengrabandha kommt man von Siliguri in Westbengalen mit Bussen, die zwischen 9.15 und 16.30 Uhr unregelmäßig fahren; der 70 km lange Trip kostet 34 Rs und dauert zweieinhalb Stunden. Die marode Grenzstation hat täglich von 8 bis 18 Uhr geöffnet. Unweit der Grenzstation fahren Busse direkt nach Rangpur (60 Tk, 5 Std.), Bogra (150 Tk, 8 Std.) oder Dhaka (300 Tk, 14 Std.).

VON SHILLONG NACH SYLHET

Der Grenzübergang liegt etwas unpraktisch und wird vor allem deswegen wenig genutzt, weil ein gutes Stück Weg auf Schusters Rappen zurückgelegt werden muss. Die Busse fahren jeden Morgen vom Bara Bazaar in Shillong zur Grenzstation in Dawki (40 Rs). Von dort ist es ein 2 km langer Fußmarsch zum nächsten Busbahnhof in Tamabil, von wo aus selten Busse nach Sylhet (2½ Stunden) fahren. In die Gegenrichtung verlassen die letzten Busse Dawki in Richtung Shillong gegen 12 Uhr.

VON AGARTALA NACH DHAKA

Die Grenze zu Bangladesch liegt 4 km von Agartala entfernt an der HGB Rd. Sie kann täglich von 6 bis 18 Uhr überquert werden. Visa gibt's im **Bangladesh Visa Office** (☎ 0381-3234807; Kunjaban, Airport Rd; ⌚ Mo–Fr 9.30–16.30 Uhr) nördlich des Buddha-Vihar-Tempels in Agartala. Für den Antrag werden drei Passfotos benötigt, die Prozedur dauert einige Stunden. Hat man dann die Grenze passiert, kostet es mit einer Autorikscha 40 Tk bis zum Bahnhof von Akhaura, von wo aus täglich mehrere Züge nach Dhaka fahren. Die Fahrt dauert ungefähr drei Stunden, Preise und Abfahrtszeiten vor Ort erfragen.

Bhutan

2001 wurde Phuentsholing in Bhutan zur „Freizone" erklärt. Seitdem dürfen Ausländer von Indien aus ohne Visum und Entrichtung der täglichen Touristensteuer von 200 US$ einreisen. Die Grenze kann mehrmals täglich überquert werden, Ausländer ohne Visum sollten aber das Land spätestens um 22 Uhr wieder verlassen haben. Theoretisch sollten Tagesbesucher zwar ein indisches Visum haben, das zur mehrmaligen Einreise berechtigt (was bei den meisten indischen Touristenvisa der Fall ist), doch in der Praxis wird es nicht benötigt. Falls nicht ausdrücklich gewünscht, drücken die indischen Grenzbeamten keinen Ausreisestempel in den Pass. Und in Bhutan wird der Pass ohnehin nur gestempelt, wenn ein Einreisevisum vorliegt.

Wer länger als einen Tag in Bhutan bleiben möchte, muss 15 Tage vor der Reise ein Visum beantragen und zwar bei einem vom **Tourismusminsterium von Bhutan** (www.tourism.gov.bt) autorisierten Reisebüro. Einige wenige Busse fahren von Phuentsholing nach Thimphu. Ratsamer ist es allerdings, sich mit anderen Travellern ein Mietauto zu teilen oder den Reiseveranstalter zu bitten, den Transport zu organisieren. Die Fahrt dauert ungefähr sechs Stunden.

VON SILIGURI/KOLKATA NACH PHUENTSHOLING

Von Siliguri nach Phuentsholing sind es 169 km. Vom Tenzing Norgay Central Bus Terminal in Siliguri fahren zwischen 7 und 16.30 Uhr regelmäßig Busse zur indischen Grenzstadt Jaigon (60 Rs, 3½ Std.). Einen unregelmäßigen Busverkehr unterhält außerdem Bhutan Transport Service von Siliguri nach Phuentsholing (65Rs, 3½ Std.).

Eine direkte Busverbindung (7 Uhr) besteht von Kolkata nach Phuentsholing (300 Rs, 24 Std.), ferner eine Zugverbindung von Siliguri über Alipur Duar (das an der Bahnstrecke zwischen Siliguri und Guwahati liegt). Lokale Linienbusse verbinden Alipur Duar mit Jaigon.

Nepal

Angesichts der Aktivitäten maoistischer Rebellen sollten Nepalreisende vor dem Grenzübertritt bei ihrer Botschaft oder anderen Behörden zwingend die *aktuellsten* Informationen über die Sicherheitslage in Nepal einholen. Weitere Infos gibt's auch unter www.nepalnews.com.

Je nach politischen und klimatischen Bedingungen wird man einen der drei wichtigsten Grenzübergänge nach Nepal passieren: von Sunauli in Uttar Pradesh nach Bhairawa (südlich von Pokhara; der beliebteste Übergang), von Raxaul in Bihar nach Birganj (südlich von Kathmandu) und Kakarbhitta in Westbengalen (ganz im Osten bei Siliguri). Für alle, die von oder nach Delhi oder allgemein im westlichen Indien unterwegs sind, dürfte der Übergang von Sunauli nach Bhairawa am einfachsten zu erreichen sein. Der Bus von Varanasi nach Sunauli kostet 300 Rs (10 Stunden). Weitere Details finden sich auf S. 444.

Zweimonatsvisa zur einmaligen Einreise (30 US$) bzw. Sechsmonatsvisa zur mehrmaligen Einreise (80 US$) gibt's an den Grenzen oder Flughäfen und müssen dort mit US$ bezahlt werden. Es werden zwei Passfotos benötigt. Alternativ stellen die Auslandsvertretungen Nepals Visa im Voraus aus: Im **nepalesischen Konsulat** in Kolkata (☎ 033-24561224; 1 National Library Ave; ⌚ 9–16 Uhr) bekommt man ein 60 Tage gültiges Visa ausgestellt; man kann direkt in der Behörde darauf warten. In Delhi nimmt die **nepalesische Botschaft** (☎ 011-23327361; Barakhamba Rd) Visumanträge montags bis freitags zwischen 9.30 und 12 Uhr entgegen. In der Regel liegen die fertigen Visa am gleichen Tag um 16 Uhr zur Abholung bereit.

VON DELHI NACH KATHMANDU

Von Delhi aus fahren täglich außer sonntags ein Bus nach Kathmandu (1400 Rs, 36 Std.) und mehrere Busse nach Sunauli (405 Rs, 24 Std.). Einige Traveller finden es bequemer, mit dem Zug nach Gorakhpur (Uttar Pradesh) zu fahren und dann von dort einen Bus zu nehmen (46 Rs, 2½ Std.).

VON BANBASSA NACH MAHENDRANAGAR

Während der Recherchen wurde angesichts maoistischer Unruhen abgeraten, den wenig benutzten Grenzübergang von Banbassa in Uttaranchal nach Mahendranagar im westlichen Nepal zu passieren. Selbst wenn er wieder sicherer sein sollte, ist es ratsam, ihn nicht während des Monsuns oder kurz danach zu überqueren, wenn Erdrutsche oder unterspülte Straßen es im westlichen Nepal unmöglich machen, auf vier Rädern vorwärts zu kommen. Täglich fahren Busse vom **Anand-Vihar-Busbahnhof** in Delhi (außerhalb der Karte S. 108 f.; Reservierungen unter ☎ 011-22142914) von 12 bis 22 Uhr jede Stunde in Richtung Banbassa (156 Rs, 10 Stunden).

VON KOLKATA/PATNA NACH KATHMANDU

Von Kolkata, Patna und anderen Orten im östlichen Indien aus führt der einfachste Weg nach Nepal über Raxaul Bazaar. Der täglich verkehrende *Mithila Express* fährt von Kolkata Howrah um 16 Uhr ab; er kommt in Raxaul Bazaar um 9.10 Uhr am nächsten Morgen an (1165/748/276 Rs für 2AC/3AC/Sleeper Class). Von hier geht's für 10 Rs mit einer Autorikscha zur Grenze, dort kostet die Fahrt nach Birganj in einer anderen Autorikscha weitere 10 Rs. Hier gibt's dann Busse nach Kathmandu (200–450 nepalesische Rs, 8 Std.) und Pokhara (200–450 nepalesische Rs, 8 Std.), Abfahrt zwischen 6 und 8, 10.30 und 11.30, und 17 und 18 Uhr. Die Grenzstation auf der indischen Seite ist rund um die Uhr geöffnet, die in Nepal nur von 5.30 bis 21 Uhr.

VON SILIGURI NACH KATHMANDU

Der beliebte Grenzübergang an der Strecke von Siliguri (Westbengalen) nach Kakarbhitta liegt nur eine Stunde vom Bahnhof New Jalpaiguri in Siliguri entfernt. Während die indische Grenzstation in Panitanki 24 Stunden geöffnet ist, arbeitet die nepalesische Seite nur von 7 bis 20 Uhr. Diverse Busse fahren zwischen 3.30 und 6 Uhr morgens von Kakarbhitta in Richtung Kathmandu (520 nepalesische Rs, 13 Std.). Für eine Fahrradrikscha zwischen den beiden Grenzstationen werden etwa 7 Rs fällig.

Pakistan

Jeder, der nach Pakistan einreist – selbst wenn er dies im Zug oder Bus von Delhi nach Lahore tut –, muss die Einreise- und Zollformalitäten über sich ergehen lassen. Zwar sollte dies in der Regel nicht länger als eine Stunde dauern. Und dennoch, Zug- oder Busreisende müssen wesentlich mehr Wartezeit einplanen (s. S. 1200). Hat man die Formalitäten hinter sich gebracht, gibt es grünes Licht für den 100 m langen Fußweg durch neutrales Gebiet nach Pakistan.

In Wagah, der Grenzstation in Pakistan, gibt's Busse und Taxis in das 30 km entfernte Lahore, die Hauptstadt des pakistanischen Bundesstaats Punjab.

Vorsicht: Der Bus- und Zugverkehr zwischen Delhi und Lahore wird manchmal abrupt eingestellt, wenn die Beziehungen zwischen Indien und Pakistan wieder einmal einen Tiefpunkt erreichen – auf jeden Fall vorher Erkundigungen einholen.

Für die Einreise nach Pakistan wird ein Visum benötigt. Während der Recherchen war es schwierig, ein Visum in der pakistanischen Botschaft in Delhi (S. 1155) zu bekommen. Das dortige Personal vertrat die Ansicht, dass Visa im jeweiligen Heimatland beantragt werden sollten. Wer sein Glück dennoch versuchen will, benötigt nach Aussagen der pakistanischen Botschaft in Delhi ein Empfehlungsschreiben der eigenen Botschaft und natürlich die üblichen Visumantragsformulare sowie mehrere Passfotos. Die Gebühren für ein Visum, das man nach einigen Tage Wartezeit in den Händen hält, variieren je nach Nationalität.

Bleibt zu hoffen, dass man in naher Zukunft an Visa für Pakistan in Delhi einfacher herankommt. Solange sich die allgemeine Lage nicht deutlich verbessert, ist es jedenfalls sehr ratsam, sich vorher genauestens zu erkundigen.

VON AMRITSAR NACH LAHORE

Der einzige Grenzübergang zwischen Indien und Pakistan liegt bei Attari, etwa 30 km von Amritsar entfernt. Er kann täglich zwischen 10 und 16 Uhr passiert werden.

Wenn möglich, sollte man das Überqueren der Grenz zeitlich so planen, dass einem die spektakuläre Grenzschließungszeremonie vor Sonnenuntergang nicht entgeht: also spätestens gegen 15 Uhr da sein, um genügend Luft für die Formalitäten zu haben, und dann von Pakistan aus entspannt Zaungast des Happenings sein. Weitere Details s. Kasten S. 269.

Infos zu den Busverbindungen zwischen Amritsar und Attari sowie den Einrichtungen an der Grenze finden sich auf S. 269.

VON RAJASTHAN NACH PAKISTAN

Obwohl es derzeit nicht möglich ist, von Rajasthan aus nach Pakistan einzureisen, wird die Änderung der Spurweite der über 100 Jahre alten Eisenbahnlinie zwischen Luni und Munabao (via Barmer) in Rajasthan und vielleicht weiter nach Khokrapar (Sindh) in Pakistan langsam vorangetrieben (die Strecke wurde 1965 stillgelegt). An aktuelle Infos kommt man am besten vor Ort.

VON DELHI NACH LAHORE

Zwischen Delhi und Lahore gibt's eine Zug- und eine Busverbindung. An der Grenze kann es gut und gern zwischen zwei und fünf Stunden dauern, bis für alle Passagiere die Einreise- und Zollformalitäten erledigt wurden. Wer unabhängig davon nach Pakistan einreist, wird dafür normalerweise nicht länger als eine Stunde benötigen.

Bus

Der Bus fährt viermal wöchentlich um 6 Uhr in Delhi ab (eingecheckt wird um 4 Uhr) und kommt in Lahore am selben Tag um 18 Uhr an. One-way kostet die Fahrt 1250 Rs (inkl. mehrerer Mahlzeiten). Am **Dr-Ambedkar-Busbahnhof** (☎ 011-23318180 oder 23712228; Delhi Gate; ⏲ Mo–Sa 9–19.30 Uhr), dem Startpunkt des Busses, kann man im Büro Fahrten buchen.

Das Freigepäck ist auf 20 kg begrenzt (60 Rs werden für jedes weitere Kilogramm fällig, maximal sind 15 kg extra erlaubt), außerdem darf eine Tasche ins Handgepäck. Wer 24 Stunden vor Abfahrt oder später storniert, bekommt den Fahrpreis nicht zurückerstattet, 24 bis 72 Stunden vor Abfahrt bekommt man 50 % und 75 % gibt's, wenn noch früher storniert wird.

Zug

Der *Samjhota Express* fährt im Bahnhof Old Delhi (hier auch Ticketverkauf) jeden Mittwoch und Sonntag um 21 Uhr ab und kommt um 4.40 Uhr morgens an der Grenzstation in Attari an. Von hier aus geht's um 13.30 Uhr weiter, Ankunft in Lahore 30 Minuten später. Fahrscheine kosten 189/843 Rs für Sleeper Class/2AC.

ÜBER'S MEER

Es werden nur wenige Schiffspassagen angeboten: von Chennai und Kolkata zu den Andamanen (von Chennai nach Port Blair ca. 60 Std., von Kolkata 56 Std.) und von Kochi in Kerala nach Lakshadweep (ca. 20 Stunden). Zudem gibt's einen sporadischen Fährverkehr zwischen Visakhapatnam in Andhra Pradesh und den Andamanen.

Eine Passagierfähre zwischen Tuticorin in Tamil Nadu und Colombo in Sri Lanka existiert seit einigen Jahren auf dem Reißbrett, ist aber bis jetzt nicht verwirklicht worden. Gleiches gilt für eine Fährverbindung zwischen Chennai bzw. Kochi und Colombo. Aktuelle Infos gibt's vor Ort!

UNTERWEGS VOR ORT

AUTO

Auto & Fahrer mieten

Werden die Kosten auf drei oder vier Traveller gerecht verteilt, ist ein Auto mit Fahrer überraschend erschwinglich. Ratsam ist es, einen Fahrer zu suchen, der wenigstens ein paar Brocken Englisch spricht und sich in der Gegend auskennt. Nachtfahrten sind nicht zu empfehlen.

Auf längeren Trips wird auch der Fahrer übernachten müssen. Das sollte jedoch sein Problem sein und einem keine Kopfschmerzen bereiten (die meisten Fahrer schlafen im Auto auf dem Rücksitz und sparen das Geld für die Unterkunft).

Achtung: Viele Hotels besonders in Touristenzentren wie Rajasthan verbieten es den Fahrern selbst dann, wenn man dafür bezahlt, auf ihrem Grund und Boden zu schlafen oder zu essen. Das liegt an den Provisionsschwindeleien, die den Hotels einen Sack voll Probleme bereiten. Während der Traveller es nur gut gemeint und Indien längst wieder verlassen hat, müssen sich die Hotelbesitzer noch mit den Forderungen der Fahrer herumschlagen. Auch wenn es einige Hotelbetreiber nicht stört, wenn es sich Fahrer im Hotelrestaurant schmecken lassen, sollte man die respektieren, die ihnen den Zutritt verwehren: im Zweifel also vorher fragen. Wer dem Fahrer ein Essen spendieren möchte, kann dies sicher in einem guten Restaurant tun, das nicht zum Hotel gehört und allen offen steht.

Schließlich ist es besonders wichtig, die Grundregeln am *ersten* Tag festzulegen. Viele Traveller haben sich beschwert, dass Fahrer ihnen den Urlaub komplett diktiert haben: Ein Pärchen wurde so eingeschüchtert, dass es nur essen gehen konnte, wenn es dem Fahrer passte; eine andere Reisegruppe konnte nur in Hotels schlafen, die der Fahrer – natürlich gegen Provision – ausgesucht hatte. Höflich aber bestimmt sollte der Fahrer schon am Anfang darauf hingewiesen werden, wer der Chef ist – das kann den Unterschied zwischen einer relaxten und einer strapaziösen Reise ausmachen.

KOSTEN

Man sollte sich erstmal nach dem besten Angebot umschauen und dieses dann auch schriftlich fixieren, um spätere „Missverständnisse" zu vermeiden. Bevor es losgeht, sollte man den Wagen begutachten und den Fahrer treffen.

Nicht wenige Traveller haben unnötig Geld ausgegebem, weil sie dem Fahrer Unterkunft und Essen (sogar Schnaps!) bezahlt haben, obwohl dessen Kost und Logis schon im Gesamtpreis enthalten waren. Man sollte also sicherstellen, dass man die Vereinbarungen über Unterkunft und Verpflegung des Fahrers verstanden hat, *bevor* der Autovermieter bezahlt wird, und dies dem Fahrer auch zu verstehen gehen, *bevor* die Reise begonnen wird. Der zu zahlende Betrag sollte eine Summe für den täglichen Bedarf des Fahrers (Essen und Unterkunft) genauso enthalten wie für Benzin (die Tarife sind von den Benzinpreisen abhängig). Achtung: Wenn's in einen anderen Bundesstaat geht, wird oft eine Gebühr für den Wagen erhoben, die extra bezahlt werden muss. Auch alle eventuellen Parkgebühren oder Eintrittsgelder kommen extra dazu.

Die meisten Trips über längere Entfernungen werden mit einem Minimum von 250 km pro Tag und 1000 bis 1250 Rs täglich veranschlagt. Wer Fahrer und Gefährt für mehrere Tage mietet, sollte bessere Bedingungen aushandeln. Ist man nur einen Tag unterwegs, sollte man bedenken, dass Einwegtarife pro Kilometer höher sind, weil davon ausgegangen wird, dass der Fahrer allein zum Ausgangspunkt der Fahrt zurückgondeln muss.

Die Miete für ein Auto mit Fahrer nur für eine bestimmte Stadt (z.B. Delhi) beträgt ohne Klimaanlage 500 bis 600 Rs pro Tag, ein Gefährt mit Klimaanlage kostet 600 bis 750 Rs. Normalerweise werden acht Stunden und höchstens 80 km pro Tag veranschlagt (wird mehr benötigt, bitte nachfragen).

Ein Trinkgeld für den Fahrer ist am Ende der Reise angebracht – 75 Rs pro Tag sind üblich, mehr nur dann, wenn der Service richtig gut war.

Mietwagen

Zwar ist es in den größeren Städten Indiens möglich, einen Mietwagen zu nehmen. Doch die meisten Traveller entscheiden sich angesichts des haarsträubenden Verkehrs für einen Wagen mit Fahrer. Es gibt große Autovermieter wie Budget und Hertz.

Für einen Kleinwagen mit Klimaanlage sind um die 1700 Rs pro Tag plus 10 % Steuer zu berappen (die Mindestmietdauer beträgt drei Tage ohne Kilometerbegrenzung). Außerdem muss eine Versicherungskaution von 200 Rs (wird zurückerstattet) hinter- und ein internationaler Führerschein vorgelegt werden.

BUS

Obwohl Indien ein umfassendes und im Allgemeinen zuverlässiges Busnetz hat, fahren die meisten Traveller lieber mit dem Zug – der verspricht eine ruhigere und Nerven schonendere Reise, bei der man nicht auf einem holprigen Zickzackkurs durchgeschüttelt wird. Busse eignen sich besonders für kürzere Strecken; wer die Wahl hat, sollte sich jedoch bei längeren Trips und Nachtfahrten für die Bahn entscheiden. Das große Plus von Bussen ist, dass sie häufiger fahren als Züge und es normalerweise vor der Abfahrt weniger Aufwand ist, einen Busfahrschein zu ergattern. Nachts sollte man aber möglichst nicht im Bus unterwegs sein – es ist einfach zu riskant.

Die Annehmlichkeiten der Reise hängen stark vom Zustand und der Ausstattung der Busse ab – Busse privater Unternehmen sind im Allgemeinen bequemer. Wer einen Platz zwischen den Achsen ergattert, hat gute Chancen, nicht gar so sehr durchgeschüttelt zu werden.

Bei manchen Anbietern kostet es ein paar Rupien extra, das Gepäck in einem abgeschlossenen Abteil im hinteren Teil des Busses zu verstauen. Alternativ wird das Gepäck umsonst auf dem Dach des Busses transportiert. In diesem Fall sollte man einige Vorsichtsmaßnahmen treffen. Das Gepäck sollte gut verschlossen (z. B. mit einem Vorhängeschloss) und sicher befestigt sein und nicht unter einen schweren Stahlbehälter gequetscht werden. Vorsicht vor Langfingern; vor allem während der Fahrtpausen sollte man das Gepäck im Auge behalten (außerdem bieten die Pausen gute Gelegenheiten, mal die Beine auszustrecken).

Auf langen Busfahrten kommen die Chai-Stopps entweder viel zu häufig oder schmerzhaft selten. Die sanitären Einrichtungen für Frauen sind oft ungenügend. Es lohnt sich, Ohrstöpsel (oder einen CD-Player mit Kopfhörern) im Rucksack zu haben – Busfahrer kennen oft keine Skrupel, ihre Musik- oder Videoanlagen voll auszureizen.

Die örtlichen Linienbusse sind – besonders in den großen Städten – qualmende und stinkende, mit Menschen voll gepfropfte, mechanische Rattenfallen, die mit halsbrecherischer Geschwindigkeit über die Straßen rasen – falls sie nicht gerade wieder einmal im Stau stecken. In den Städten ist es daher wesentlich entspannter und bequemer, eine Autorikscha oder ein Taxi dem Bus vorzuziehen.

Bustypen

Qualität und Auswahl der Busse unterscheiden sich von Bundesstaat zu Bundesstaat. Gleiches gilt auch für die Preise selbst auf gleichen Strecken (Preise sind abhängig von Straßengebühren, Zöllen usw. – die Regionenkapitel geben einen Überblick). Die Gänge sind oft mit Koffern und Taschen zugestellt. In abgelegenen Gegenden gibt's Leute, die „upper class" – also auf dem Dach – reisen. In einigen Staaten kann man auf den Hauptrouten zwischen verschiedenen staatlichen Bussen wählen: „Ordinary" („Normal"), „Express" und „Deluxe". Die Busse vom Typ Express (manchmal auch „Deluxe" genannt) halten seltener als die Standardbusse – voll sind sie trotzdem meistens. Der Fahrpreis ist kaum höher als in den normalen Bussen und allemal eine gute Investition.

In einigen Gegenden fahren auch Busse privater Gesellschaften. Nicht nur, dass sie meist schneller und komfortabler sind (einige haben Extras wie getönte Scheiben und verstellbare Sitze). Auch die Buchungsprozedur ist viel einfacher als bei staatlichen Buslinien. Allerdings haben einige private Untenehmen die Angewohnheit, die Abfahrtzeiten in letzter Minute zu ändern, um so viele Plätze wie möglich zu belegen. Die Bustickets der privaten Unternehmen sind zwar die teuersten in Indien, für europäische Verhältnisse sind sie aber immer noch erschwinglich.

Reservierungen

Reservierungen im Voraus sind bei Ordinary-Bussen oft nicht möglich. Daher sollte man sich eine Strategie zurechtlegen: Ist man zu zweit unterwegs, sollte einer das Gepäck versorgen, während der andere auf der Suche nach Sitzplätzen den Bus stürmt. Ebenso anerkannt ist es, ein Buch oder Kleidungsstück durchs offene Fenster auf einen freien Platz zu legen oder einen Passagier zu bitten, es für einen zu tun. Diese Art der „Reservierung" misslingt selten.

Bei den anderen Bustypen ist es normalerweise kein Problem, zu reservieren – was sehr ratsam ist, denn die Sitzplätze sind besonders auf beliebten Strecken recht schnell vergeben.

An vielen Busbahnhöfen gibt es separate Schlangen für Frauen. Allerdings sind diese oft nicht als solche zu erkennen, etwa weil das entsprechende Schild – wenn überhaupt vorhanden – nicht auf Englisch ist oder ohnehin keine Frau ansteht. Manchmal hat es zwei Schalter, in der Regel allerdings fertigt ein und derselbe Männer und Frauen ab: also Ellbogen ausfahren und ganz nach vorne marschieren, wo Frauen meistens sofort bedient werden.

FAHRRAD

Das eigene Fahrrad kann ohne Beschränkungen nach Indien eingeführt werden. Auch wenn sich die meisten Traveller in Indien ein Fahrrad mieten oder kaufen, sollte man es sich auf jeden Fall überlegen, das eigene mitzunehmen – Mountain Bikes dürften sich für die Anforderungen in Indien am ehesten eignen. Was die Mitnahme des Fahrrads im Flugzeug und Zollformalitäten angeht, sollte man sich zu Hause informieren.

Neulinge sollten sich mit Büchern – z. B. mit *The Bike Touring Manual* von Rob van de Plas (Bicycle Books, 1993) – aufs Trekking mit dem Drahtesel einstimmen. Auch Fahrradzeitschriften enthalten nützliche Informationen, die darin abgedruckten Kleinanzeigen bieten sich an, um einen Mitfahrer zu suchen. Außerdem kann ein Blick auf die Websites des **International Bicycle Fund** (www.ibike.org) bzw. des Fahrradverbands in der Heimat nützliche Informationen bringen.

Passionierte Cyclisten, die mit Gleichgesinnten in Indien in Kontakt treten möchten, wenden sich an die **Cycle Federation of India** (☎/Fax 011-23392578; Yamuna Velodrome, IGI Sports Complex, New Delhi; Mo–Fr 10–17, Sa 10–14 Uhr). Alles rund ums Rad gibt's in Delhi bei Jhandewalan Cycle Market (Karte S. 108 f.); hier sind importierte und einheimische, neue und gebrauchte Fahrräder und auch Ersatzteile erhältlich.

Obwohl Verkehrsregeln praktisch nicht existieren, bietet Indien einige wirklich phänomenale Möglichkeiten für Radfahrer – von Hochgebirgspässen bis zu wunderschönen Küstenstrecken ist alles drin.

Ein geübter Biker schafft in acht Stunden 70–100 km in welligen Ebenen und 50–70 km in bergigen Gegenden – vorausgesetzt, es geht auf geteerten Straßen vorwärts, auf ungeteerten Wegen sollte man sich ein Drittel weniger Weg vornehmen. Wer nie längere Strecken geradelt ist, sollte mit 20–40 km pro Tag einsteigen.

Um große Städte sollte man einen weiten Bogen machen: Der chaotische Verkehr wird zur echten Gefahr für jeden Biker. Auch die großen Überlandstraßen, über die Busse und Lastwagen brettern, können zum Alptraum werden. Wer sich ins Offroadgelände wagen möchte, sollte sich vorher erkundigen.

Indische Straßen haben selten befestigte Seitenstreifen und sind sehr staubig: also immer gut die Kette ölen und eine Ersatzkette mitnehmen.

Mieten

Am einfachsten findet man Fahrradverleihs in Touristenzentren wie Rajasthan und Goa. Pro Stunde/Tag wird man z. B. in Goa 5/25–30 Rs los. Einige Anbieter verlangen ein Pfand (Bargeld, Flugticket oder Ausweis).

Kaufen

Bevor man in Indien ein Fahrrad kauft, sollte man sich umschauen, um ein Gefühl für die Marken und Preise zu bekommen. Zu den besseren Marken gehören Hero, Atlas, Hercules und Raleigh. Neue Mountainbikes schlagen mit 1800 bis 2300 Rs zu Buche. Auswählen kann man aus einer Vielzahl von Gepäckträger- und Sattelvarianten. Das Rad sollte außerdem einen Ständer und eine Klingel haben.

Normalerweise ist es sehr einfach, das Rad wieder zu verkaufen. Eine gute Anlaufstelle ist der nächste Fahrradverleih, ansonsten einfach rumfragen. Sofern der Drahtesel in einem einigermaßen guten Zustand ist, kann man mit 50 % des ursprünglichen Kaufpreises rechnen.

FLUGZEUG

Fluglinien in Indien

Seit kurzem beleben neue indische Billigairlines, darunter Kingfisher Airlines und Spice Jet, den Markt von Inlandsflügen. Damit verbunden ist ein Preiskrieg, sodass die in den Regionenkapiteln genannten Preise eher nach unten angepasst werden. Allerdings muss auch damit gerechnet werden, dass einige Billiganbieter bereits nach wenigen Monaten wieder von der Bildfläche verschwunden sind. Über den aktuellen Stand der Dinge informieren Reisebüros und das Internet.

Neben den unten aufgeführten Fluglinien gibt's einen Haufen kleinerer, regionaler Anbieter, deren Angebote aber schwanken (in Reisebüros erkundigen).

Ein nützliches Heftchen mit aktuellen Inlandsflugplänen und -preisen ist *Excel's Timetable of Air Services Within India* (40 Rs; erscheint monatlich). Zu bekommen ist es bei vielen Zeitungshändlern oder in Buchläden. Zu Redaktionsschluss boten die nachfolgenden Anbieter Inlandsflüge in verschiedene indische Städte an (s. hierzu die jeweiligen Websites). Die Fluglinien unterhalten Büros in den größeren indischen Städten – die Adressen finden sich auf den Websites und in den entsprechenden Abschnitten einiger Regionenkapitel:

Air Deccan (www.airdeccan.net) Bietet sehr konkurrenzfähige Preise. Fliegt nur eine begrenzte Anzahl von Zielorten an, doch in den nächsten Jahren sollen Verbindungen dazukommen.

Air India (www.airindia.com) Die staatliche Fluglinie bedient auch einige Inlandsrouten als Teil internationaler Strecken. Achtung, die Flüge starten von den internationalen Terminals (vorher erkundigen).

Indian Airlines (www.indian-airlines.nic.in) Indiens größte Inlandsfluglinie und dessen Tochtergesellschaft Alliance Air hat Flüge zu 57 Zielen innerhalb Indiens und in 20 benachbarte Länder. Der Service wird allerdings unterschiedlich beurteilt, die Sicherheitsbewertungen fallen nicht so gut aus wie bei anderen Anbietern von Inlandsflügen.

Jagson Airlines (www.jagsonairline.com)

Jet Airways (www.jetairways.com) Von vielen als Indiens beste Fluglinie bezeichnet, mit tüchtigem Personal und modernen Flugzeugen.

Kingfisher Airlines (www.airsahara.net) Ambitionierte Billigfluglinie, die seit Mai 2005 abhebt; mit zahlreichen Inlandsflügen und neuen Maschinen.

Sahara Airlines (www.airsahara.net)

Spice Jet (www.airsahara.net) Zweite Billigfluglinie, die seit Mai 2005 mitmischt; das Streckennetz erstreckt sich über ganz Indien.

Spezialtarife

Der „Discover India"-Pass der Indian Airlines kostet 630/895 US$ für 15/21 Tage. Mit ihm lässt sich unbegrenzt fliegen. Mit einer Einschränkung: derselbe Ort kann – sofern es sich nicht nur um einen Anschlussflug handelt – nicht zweimal angeflogen werden. Beim „India Wonder"-Tarif der Indian Airlines für 320 US$ darf eine Woche herumgeflogen werden.

Der Pass „Visit India“ von Jet Airways kostet 320/630/895 US$ für 7/15/21 Tage. Auch hier kann eine Stadt nicht zweimal angeflogen werden.

Die Angebote gelten nicht für die Andamanen oder Lakshadweep.

Die Neulinge auf dem Markt werden vielleicht bald ähnliche Tarife anbieten.

Reservierungen & Einchecken

Die Fluglinien haben computergestützte Buchungsdienste, die von unzähligen Reisebüros in Anspruch genommen werden. Es wird keine Rückbestätigung gebraucht, außer das Ticket wurde außerhalb Indiens gekauft – dann gilt generell die 72-Stundenregel.

Für Tickets für Ausländer gilt normalerweise ein Tarif in US$, die Preise können aber in Rupien, einer ausländischer Währung oder – in den meisten Fällen – mit Kreditkarten bezahlt werden. Das Wechselgeld bekommt man in Rupien. Ein verlorenes Ticket ist eine dumme Sache – die Fluglinien stellen nach Gutdünken ein Ersatzticket aus, eine Erstattung des Flugpreises aber ist praktisch unmöglich.

Infos zu Ermäßigungen auf Preise für Inlandsflüge gibt's auf S. 1156.

Eingecheckt wird eine Stunde vor Abflug. In der Economy Class darf Reisegepäck bis zu 20 kg (10 kg nach Kullu und Shimla, beide in Himachal Pradesh), in der Business Class bis zu 30 kg mitgeführt werden.

Auf einigen Flügen gibt es Sicherheitsvorkehrungen, wie die Identifizierung des eigenen Gepäcks auf dem Rollfeld kurz vor dem Boarding (vorher erkundigen, ob das der Fall ist). Batterien sind im Handgepäck normalerweise nicht erlaubt.

Unbedingt an Aufkleber für das Handgepäck am Check-in-Schalter denken (sie werden für Sicherheitskontrollen benötigt).

GEFÜHRTE TOUREN

Touren in Indien werden sowohl von den staatlichen indischen Touristeninformationen (Government of India Tourist Office), den Touristenbüros der Bundesstaaten und lokalen Transportunternehmen angeboten, manchmal von allen drei zusammen. Außerdem gibt es viele private Anbieter. Meist sind die Touren ihr Geld wert, vor allem wenn die Sehenswürdigkeiten weit verstreut liegen. Zu bemängeln ist jedoch oft, dass für zu wenig Zeit zu viel auf dem Programm steht. Macht eine Tour einen zu hektischen Eindruck, sollte man sie auf eigene Faust gemütlicher angehen – oder an der geführten Tour teilnehmen, um herauszufinden, welche Plätze man später noch einmal alleine besuchen will.

Wer überlegt, sich einen privaten Guide zu mieten, sollte aufpassen, nicht an einen Betrüger zu geraten, der sich als professioneller Führer ausgibt. Um Ärger zu vermeiden, sollte man Empfehlungen offizieller Stellen wie den Touristeninformationen beherzigen, die Zulassung des Guides bei einer akkreditierten Organisation beachten und dessen Zertifikat genau unter die Lupe nehmen. Wer einen Guide für eine geführte Motorradtour sucht, sollte dessen Erfahrung einschätzen, indem er ihn nach Strecken, Entfernungen und der Geländebeschaffenheit befragt. Der Führer sollte außerdem die nötige Ausrüstung wie Erste-Hilfe-Kasten und Campingequipment besitzen; die Sachen sollten geprüft werden, bevor's losgeht. Unmissverständlich sollte geklärt werden, was im Preis enthalten ist (Essen, Ausrüstung, Entlohnung des Guides usw.). Statt sich allein mit einen Guide auf den Weg zu machen, sollte man besser in einer kleinen Gruppe reisen. Zudem es ist ratsam, jemanden wissen zu lassen, wohin es geht und wann man zurückkommt. Weitere wichtige Infos gibt's im einleitenden Absatz des Abschnittes „Aktivitäten“ auf S. 1149 und im Kasten auf S. 1153.

Viele internationale Anbieter haben unterschiedliche Touren im Angebot: von einfachen Rundreisen bis zu Trips mit vielen Aktivitäten und anderen Besonderheiten. Um die beste Tour für sich zu finden, sollte man sich in Reisebüros erkundigen und das Internet durchstöbern. Einige interessante Optionen bieten folgende Firmen:

Asra Orient Reisen (www.comtour.de) Fahrten mit Luxuszügen, z. B. dem „Palace on wheels“.

Comtour (www.comtour.de) Individual- und Gruppenreisen, die mit Attraktionen wie Hausboot-Kreuzfahrten, Expeditionen auf Elefantenrücken, Ayurvedakuren und Tauchkursen sehr abwechslungsreich gestaltet sind.

Hauser Exkursionen Int. GmbH (www.hauser-exkursionen.de) Der Anbieter hat sich u. a. auf Trekking im Himalaja spezialisiert.

Essential India (www.indoasia-tours.com) Individuell zugeschnittene und Special-Interest-Touren mit Schwerpunkten wie z. B. Kunsthandwerk, Fotografie, Kochen, Töpferei und auch Schreiben.

Indo Asia Tours (www.comtour.de) Hat Kultur- und Studienreisen, aber auch individuell maßgeschneiderte Programme im Angebot. Außerdem: Reisen in die Nachbarländer Indiens.
Jayasree Travels & Tours Company (www.kerala reisen.de) Wie die Internetadresse vermuten lässt, hat sich der Anbieter auf Reisen in die südlichen Bundesstaaten und vor allem nach Kerala spezialisiert; mit Aufenthalten auf Hausbooten in den Backwaters oder Trips ins Hochland.
Mercury Travels (www.mercury-india.com) Internationaler Reiseveranstalter, der Rundreisen durch ganz Indien organisiert.
Surya Reisedienst (www.mercury-india.com) Bietet Pauschalreisen wie auch durchorganisierte Individualtouren an. Neben den üblichen Reisen durch Rajasthan oder Südindien kann man dabei auch unbekanntere Regionen entdecken, z. B. in Gujarat, Andhra Pradesh oder Ladakh. Zu den Specials gehören Rafting auf dem Ganges, Kamelsafaris in Rajasthan oder auch Besuche spezieller Feste wie dem Schlangenbootrennen in Alapuzzha.

MOTORRAD

Wer allein mit dem Motorrad Indien erkundet, kann die Freiheit genießen, zu jeder Zeit überall hinzufahren. Es gibt einige ausgezeichnete geführte Motorradtouren (s. S. 1206), die einem das Brimborium ersparen, alles selbst zu planen.

Viele beginnen ihre Touren in Delhi, einige der beliebteren Strecken sind: Delhi–Manali–Leh–Zanskar; Delhi–Shimla–Lahaul–Spiti und Delhi–Dharamsala–Kullu–Parvati–Manali. Die Rundreise durch Rajasthan ist ein weiterer Favorit, auch die Routen in Südindien werden zunehmend beliebter (s. Kasten S. 340).

Bei der Planung sollte unbedingt das Wetter als Faktor beachtet werden – Tipps für die besten Reisezeiten in den einzelnen Gebieten geben die Kästen „Kurzinfo" am Anfang der Regionenkapitel.

Während der Recherchen war es nicht möglich, auf dem Motorrad nach Pakistan einzureisen – ob sich daran etwas geändert hat, sollte man selbst in Erfahrung bringen. Nach Nepal, Bangladesch und Bhutan kann die Grenze passiert werden.

Helme, Lederbekleidung, Handschuhe, Schutzbrillen, Stiefel, Regenkombis und andere Schutzkleidung sollte man am besten von Zuhause mitbringen. All das ist in Indien entweder nicht zu bekommen oder von schwankender Qualität. Außerdem ist ein gültiger internationaler Führerschein erforderlich.

Benzin & Ersatzteile

Originalersatzteile von autorisierten Händlern können teurer sein als die Nachbauten eines Ersatzteil-Wallahs. Der Stadtteil Karol Bagh in Delhi ist eine gute Adresse für Ersatzteile für indische und importierte Bikes. Besonders bei Fahrten in entlegenere Regionen sollte man öfter gebrauchte Ersatzteile dabeihaben (Ventile, Kolbenringe usw.) – sie sind unterwegs oft schwer zu bekommen.

Indische Straßen und die Vibrationen des Motors bewirken, dass sich schnell mal ein Teil löst. Daher gilt nicht nur für ältere Maschinen: regelmäßig Bolzen und Schrauben prüfen und nachziehen. Auch Motor- und Getriebeölstand sollten regelmäßig geprüft werden, außerdem ist es ratsam, den Ölfilter alle paar tausend Kilometer zu reinigen oder zu wechseln.

Bei den herrschenden Straßenverhältnissen stehen die Chancen nicht schlecht, dass der Reifenreparatur-Wallah ein paar Mal aufgesucht werden muss. Diese phänomenalen Flicker finden sich fast überall. Dennoch lohnt es sich, zumindest das Werkzeug dabei zu haben, das man braucht, um das eigene Rad auszubauen. Wer sich ein gebrauchtes Motorrad anschafft, sollte neue Reifen kaufen – ein neuer Hinterreifen für eine Enfield kostet etwa 650 Rs.

Für den Trip in abgelegenere Gebiete sollten Biker an ausreichend Benzinvorräte denken (vor der Abreise vor Ort Erkundigungen einholen).

Vermietung

Anbieter organisierter Touren stellen eigene Motorräder zur Verfügung, für Unternehmungen auf eigene Faust können Bikes zu verhandelbaren Preisen gemietet werden (s. Regionenkapitel). Normalerweise muss man eine Kaution in Bar (wird zurückerstattet) und/oder das Flugticket hinterlegen.

In Delhi vermietet Inder Motors (s. S. 1206) Enfields (Mindestmietdauer drei Wochen); eine Maschine mit 500 cm^3 kostet für drei/acht Wochen 13 000/22 000 Rs.

Theoretisch ist ein gültiger internationaler Führerschein erforderlich, allerdings akzeptieren einige Anbieter auch den nationalen Führerschein.

Straßenverhältnisse

Bei den Straßenverhältnissen in Indien ist Motorradfahren nicht ganz ungefährlich und eher etwas für erfahrene Biker. Zu den Gefahrenquellen gehören Ziegen, die über die Straße trotten, defekte, verlassene Lastwagen, mit Schlaglöchern übersäte Pisten und nicht beschilderte Straßenwellen zur Regulierung der Geschwindigkeit. Auf Straßen in ländlichen Gebieten sind manchmal Getreidehaufen gestreut, um sie von darüber fahrende Fahrzeuge dreschen zu lassen – eine echte Gefahr für Biker!

Man sollte nicht zu lange Tagestouren einplanen. Allein die Konzentration auf die Straße erfordert eine Menge Energie. Große Distanzen auf dem Motorrad sind daher anstrengend und bringen ein erhöhtes Unfallrisiko mit sich. Auf den betriebsamen nationalen Highways wird man ohne Pausen auf eine Durchschnittsgeschwindigkeit von 50 km/h kommen, auf kleineren Straßen mit schlechteren Verhältnissen dürften 10 km/h keine unrealistische Schätzung sein. Im Großen und Ganzen sind 100 km pro Tag gemütlich zu schaffen, bis zu 300 km mit minimalen Pausen. Nachts sollte nicht gefahren werden.

Für größere Entfernungen kann es bequem sein, das Motorrad in den Zug zu laden. Dies kostet gerade so viel wie eine Fahrt 2. Klasse. Der Benzintank muss leer sein, ein Aufkleber an einer gut sichtbaren Stelle muss den Namen des Besitzers, den Zielort, die Nummer des Reisepasses und Zuginformationen enthalten. Für den Transport besser die Spiegel entfernen und den Lenker lösen, um Schäden zu vermeiden.

Geführte Motorradtouren

Für Motorradtouren ist normalerweise eine Mindestteilnehmerzahl erforderlich. Sie können auf persönliche Bedürfnisse zugeschnitten werden. Folgende Adressen sind zu empfehlen (die Websites informieren über Kontaktdaten, Reiserouten und Preise):

Blazing Trails (www.jewelholidays.com)
Classic Bike Adventures (www.classic-bike-india.de)
Ferris Wheels (www.ferriswheels.com.au)
H-C Travel (www.hctravel.com)
Himalayan Roadrunners (www.ridehigh.com)
Indian Motorcycle Adventures (http://homepages.ihug.co.nz/~gumby/)
Indian Shepherds (www.asiasafari.com)
Moto Discovery (www.motodiscovery.com)
Saffron Road Motorcycle Tours (www.saffronroad.com)
Prima Klima Reisen (www.primaklima.de/04motor/04main_mot.html)

Kauf

Wer eine gebrauchte Maschine kaufen möchte, muss sich zuvor durchfragen. Am besten beginnt man damit bei Mechanikern. Kaufwillige sollten ihre Hausaufgaben gründlich machen und sich umschauen, um eine Vorstellung davon zu bekommen, was der Markt an Modellen und Preisen hergibt. Ratsam ist ein Plausch mit anderen Bikern – sie sind eine wahre Fundgrube an Informationen.

Die Gegend rund um die Hari Singh Nalwa St. in Karol Bagh in Delhi ist voller Geschäfte, die Motorräder kaufen, verkaufen oder vermieten. Die Lesermeinungen sind unterschiedlich, durchweg gute Kritiken bekommt **Inder Motors** (Karte S. 108 f.; ☎ 011-25728579; lallisingh@vsnl.com; 1740-A/55 Basement, Hari Singh Nalwa St, Karol Bagh Market), das der kenntnisreiche Lalli Singh betreibt. Hier gibt's nur Enfields – und zwar zum Kaufen (neu oder gebraucht) und zum Mieten. Außerdem bekommt man Ersatzteile und Reparaturen sind auch möglich. Auch werden gegen Gebühr Motorradtransporte in Indien oder eine Abholung des Bikes vom Reiseziel (außer Delhi) angeboten.

Eine gute Adresse in Mumbai ist **Allibhai Premji Tyrewalla** (Karte S. 778 f.; ☎ 022-23099313; www.premjis.com; 205/207 Dr D Bhadkamkar (Lamington) Rd, Opera House). Der Laden bietet u.a. neue und gebrauchte Motorräder mit Möglichkeit zum Rückverkauf an.

KOSTEN

Die Preise für eine neue Enfield (während der Recherche) finden sich in folgender Tabelle. S. auch www.royalenfield.com.

Modell	Preis (Rs)
350cc (Standard)	61 700
350cc (Electra)	65 800
A350cc (Thunderbird)	71 600
500cc (Electric Start)	85 000

Für ein neues Bike müssen 4500 Rs für eine Vollkaskoversicherung eingerechnet werden. Für gebrauchte Motorräder fragt man den Händler nach benötigten Versicherungen und Zulassungsbestimmungen. Etwas mehr sollte man für Extras wie Gepäckträger, Schutzbügel, Rückenlehne, Rückspiegel, einen abschließbaren Tankverschluss, Benzinfilter, einen kompletten Werkzeugsatz und eine laute Hupe investieren (alles zusammen 3000–4500 Rs). Eine Enfield 500cc schluckt etwa 4 l auf 100 km. Sie fasst etwa 14 Liter, ein größerer Tank mit einem Volumen von 18–20 l kostet zwischen 1500 und 3000 Rs extra.

Eine zwei bis drei Jahre alte Enfield 500cc aus zweiter Hand kostet ohne Inspektion 35 000 bis 55 000 Rs. Vor der Tour sollte das Bike noch auf Herz und Nieren geprüft werden: Für die Inspektion einer 500cc werden 10 000 bis 15 000 Rs fällig.

Will man das Bike wieder verkaufen, darf man mit 30 000 Rs für eine gebrauchte Enfield 500cc in gutem Zustand rechnen, eine zuvor neu gekaufte Maschine gleichen Typs bringt 35 000–45 000 Rs.

Das Motorrad nach Europa zu verschiffen, kostet ungefähr 16 000 Rs inklusive Lattenverschlag, Verpackung, Zoll, Gebühren, Frachtkosten und Versicherung. Um ein gebrauchtes Bike zu exportieren, benötigt man für den indischen Zoll ein No Objection Certificate der Behörde, bei der das Bike zugelassen war.

FAHRZEUGPAPIERE

Käufer sollten kein Geld auf den Tisch legen, bevor nicht die Fahrzeugpapiere, eine Empfangsbestätigung und eine beeidigte und von der zuständigen Behörde beglaubigte Erklärung vorliegen, die es dem in den Fahrzeugpapieren genannten Besitzer erlaubt, die Maschine zu veräußern.

Fahrzeugpapiere für ein neues Bike sind einfacher zu bekommen als für eine gebrauchte Maschine. Jeder Bundesstaat hat andere Formalitäten für den Besitzerwechsel: also sich vor Ort über die geltenden Bestimmungen informieren.

Es dauert etwa eine Woche beim Kauf einer neuen Enfield bzw. zwei Wochen beim Gebrauchtkauf, um den Papierkrieg zu bewältigen. Kaufwillige können sich an Anbieter wie Inder Motors (s. gegenüber) im Voraus wenden, damit der Papierkram erledigt ist, wenn man in Indien ankommt.

NAHVERKEHR

Obwohl die meisten Städte ein umfassendes Netz öffentlicher Busse haben, benutzt die Mehrzahl der Traveller lieber Taxis, Auto- oder Fahrradrikschas. Diese sind unkomplizierter, relativ günstig, komfortabler und im Allgemeinen schneller. Die öffentlichen Busse können so unglaublich überfüllt sein, dass es am besten ist am Startpunkt der Buslinie ein- und erst an der Endhaltestelle wieder auszusteigen.

Die einfache Grundregel, *vorher* den Fahrpreis auszuhandeln, gilt für jede Beförderungsform, bei der es nicht wie bei Bus und Bahn Fixpreise oder Tickets gibt oder der Fahrpreis per Taxameter ermittelt wird. Wer diese Regel nicht beherzigt, wird am Zielort der Fahrt heiße Diskussionen führen dürfen. Der Fahrpreis sollte klar ausgehandelt sein – ist man zu mehreren unterwegs, sollte außerdem sichergestellt sein, dass der Preis für alle gilt. Falls Gepäck dabei ist, sollte geklärt sein, ob eine Extragebühr fällig ist. Falls der Fahrer sich weigert, das Taxameter zu benutzen, oder auf einem Wucherpreis besteht, einfach weggehen – will er den Job wirklich haben, wird er sich verhandlungsbereit zeigen. Kann man sich auf keinen angemessenen Preis einigen, steht der nächste Fahrer sicher schon bereit.

Die Preise für den öffentlichen Nahverkehr sind von Region zu Region verschieden. In ganz Indien sind die Preise nachts normalerweise höher (ungefähr das Doppelte des Fahrpreises tagsüber), einige Fahrer berechnen ein paar Rupien für Gepäck. Wer ein Taxi oder eine Rikscha nimmt, sollte immer genug Kleingeld dabeihaben – die Fahrer haben selten Wechselgeld.

Viele Taxi- und Autorikschafahrer sind in Provisionsschiebereien verwickelt – weitere Infos dazu s. S. 1170.

Vom/Zum Flughafen

Zu zahlreichen indischen Flughäfen fahren öffentliche Busse, die von der Regierung, der Indian Airlines oder auch örtlichen Kooperativen betrieben werden. Sollte es keine geben, finden sich Taxis oder Autorikschas.

Auf jedem indischen Flughafen sollte man zuerst checken, ob es einen Prepaid-Taxistand gibt. Wenn ja, dort die Fahrt bezahlen! Wer auf eigene Faust den Fahrpreis aushandelt, wird unweigerlich mehr bezahlen. Die Fahrer weigern sich oft, das Taxameter außerhalb des Flughafengeländes zu benutzen. Achtung, einige Fahrer stehen mit dem Prepaid-System auf Kriegsfuß, weil es ihnen keine Möglichkeit lässt, zuviel zu verlangen. Um faulen Zauber zu vermeiden, sollte man daher den Zahlungsbeleg erst am Zielort präsentieren.

Weibliche Traveller sollten die Ratschläge auf S. 1159 beachten.

Autoriksha, Tempo & Vikram

Eine Autoriksha ist ein lärmendes, dreirädriges Gefährt mit Zweitaktmotor. Vorn sitzt der Fahrer, hinten zwei oder mehr Passagiere. Meist gibt es keine Türen und nur ein Stoffdach. Autorikshas heißen auch Scooter, Autos oder Tuk-Tuks. Sie kosten in den meisten Fällen etwa halb soviel wie Taxis und haben üblicherweise ein Taxameter. Es gelten die gleichen Grundregeln wie bei Taxis.

Tempos sind mehr oder weniger eine größere Autoriksha. Die plump wirkenden Dreiräder fahren genau wie Minibusse oder Sammeltaxis eine bestimmte Route (und das zu Fixpreisen). Wenn man nicht viel Zeit in einer Stadt verbringt, sind sie eher unpraktisch.

In einigen Gegenden Indiens werden einem auch *vikrams* begegnen. Dabei handelt es sich um Tempos, die manchmal etwas größer als herkömmliche Tempos ausfallen.

Fahrradrikschas

Fahrradrikschas sind dreirädrige Fahrräder mit einem Sitz für zwei Passagiere hinter dem Fahrer. Mit Ausnahme einiger Viertel von Delhi und Kolkata sind sie aus den meisten größeren Städten verschwunden. In vielen kleineren Städten sieht man sie aber noch herumkurven.

Wie bei Taxis und Autorikschas sollte der Preis vorher ausgehandelt werden. Eine typische Fahrt mit einer Fahrradriksha ist zwischen 1 und 3 km lang und kostet ungefähr 20 bis 40 Rs. Es ist eine extrem anstrengende Arbeit, die mit einen Trinkgeld honoriert werden sollte.

Sammeljeeps

In Teilen des Himalaja (und auch anderswo) ergänzen Sammeljeeps das Busnetz. Sie eignen sich vor allem, um zu den Startpunkten einer Trekkingroute zu kommen, da nur wenige Busse die kleineren Dörfer anfahren.

Jeeps fahren generell zwischen Verkehrsknotenpunkten, die üblicherweise kleinere Städte und Dörfer oder Kreuzungen größerer Straßen sind. Viele Orte im Himalaja

ENTFERNUNGSTABELLE (KM)

	Agra	Bangalore	Chennai (Madras)	Delhi	Jaipur	Jaisalmer	Jodhpur	Kolkata (Calcutta)	Mumbai (Bombay)	Panaji (Panjim)	Thiruvananthapuram (Trivandrum)	Varanasi
Agra	---											
Bangalore	1833	---										
Chennai (Madras)	1957	337	---									
Delhi	206	2039	2163	---								
Jaipur	230	1875	2072	253	---							
Jaisalmer	839	2080	2394	858	614	---						
Jodhpur	562	1961	2275	585	332	277	---					
Kolkata (Calcutta)	1285	1824	1621	1491	1515	2129	2423	---				
Mumbai (Bombay)	1196	995	1332	1405	1152	1085	966	1916	---			
Panaji (Panjim)	1736	576	913	1945	1692	1625	1506	2120	540	---		
Thiruvananthapuram (Trivandrum)	2468	2876	716	837	2678	2611	2492	2337	1526	986	---	
Varanasi	607	1747	2002	813	837	1446	1169	678	1579	1803	2718	---

werden nur von einem Bus am Tag angefahren, doch fast immer gibt's auf derselben Strecke mehrere Jeeps im Angebot. Sie fahren los, wenn alle Plätze belegt sind, und zwar an bekannten Haltepunkten. Einheimische geben Auskunft, wo sie zu finden sind. Genauere Preise finden sich in den Regionenkapiteln.

Um den Gewinn zu maximieren, werden in manche Sammeljeeps so viele Fahrgäste wie möglich gestopft, unabhängig davon, für wie viele Sitzplätze die Jeeps zugelassen sind – Traveller mit Platzangst sollten um diese einen Bogen machen.

Taxis

In den meisten Städten gibt's Taxis, von denen viele ein Taxameter haben (besonders in den großen Städten). Ob der Fahrpreis jedoch mit dem Taxameter berechnet wird, steht auf einem anderen Blatt. Oft sind die Geräte zunächst einmal „kaputt" und erst die Drohung, ein anderes Taxi zu nehmen, führt zur deren wundersamen Reparatur. Soweit vorhanden sollten Prepaid-Taxis genutzt werden.

Ein weiteres Problem kann sein, dass die Taxameter veraltet sind. Die Fahrpreise werden häufiger angehoben, als die Geräte geeicht werden können. Deshalb benutzen die Fahrer oft Umrechnungstabellen („fare adjustment cards"), mit denen aus der Anzeige des veralteten Taxameters der eigentliche Fahrpreis ermittelt wird. Als Traveller hat man jedoch keine Ahnung, ob einem die richtige Karte vorgelegt wird oder gar der Taxameter schon neu geeicht ist und die Karte trotzdem benutzt wird.

Daher sollte man die üblichen Preise beispielsweise bei der Flughafeninformation oder im Hotel erfragen. Ziemlich schnell wird man so ein Gefühl dafür entwickeln, wie die Taxameteranzeige zu deuten ist, was die Umrechnungstabelle sagt und was man zu zahlen hat.

Noch mehr Nahverkehr

In einigen Städten gibt's noch Tongas (von Pferden gezogene zweirädrige Wagen) und Victorias (Pferdekutschen). Kolkata hat eine Straßenbahn und die erste Metro Indiens. Delhis Metrosystem funktioniert zum Teil (s. S. 151). Mumbai, Delhi und Chennai haben Vorstadtzüge. Rikschas, die von Menschen gezogen werden, gibt's noch in einigen Vierteln von Kolkata. Weitere Details dazu finden sich in den Regionenkapiteln.

SCHIFF/FÄHRE

Abgesehen von Fähren über Flüsse (von denen es viele gibt), kann man nur noch auf den wundervollen Backwaters von Kerala mit den Boot umherschippern (s. Kasten S. 1003).

Für Schiffspassagen übers Meer zwischen Indien und den Andamanen oder Lakshadweep s. S. 1200.

TRAMPEN

In Indien ist Trampen keine realistische Option. In der Regel werden nur Lastwagen halten (und keine Privatautos). Die Tramper sehen sich dann bekannten Problemen konfrontiert: Erwartet der Fahrer Bezahlung? Wird er übellaunig, wenn keine Bezahlung angeboten wird oder wird er einfach zu viel verlangen?

Frauen wird nachdrücklich davon abgeraten, allein zu trampen.

ZUG

Auf den ersten Blick verwirrt das indische Eisenbahnsystem, doch ist es schon nach kurzer Zeit zu verstehen. Generell ist das Reisen mit dem Zug komfortabler als mit dem Bus, besonders auf langen Strecken. In einigen indischen Städten gibt's Vorstadtzüge, die tagsüber erträglich, während des Berufsverkehrs aber unerträglich überfüllt sind.

Für viele Express Trains werden Touristenkontingente bereitgehalten. Viele Städte und Touristenzentren haben spezielle Büros oder Schalter für Ausländer (will man hier die Fahrscheine in Rupien bezahlen, müssen die Wechselbescheinigungen oder Auszahlungsbelege der Geldautomaten vorgelegt werden). In vielen Bahnhöfen kann Gepäck gegen eine Tagesgebühr aufbewahrt werden (s. „Praktische Informationen" in den Regionenkapiteln).

Während großer Feste oder zu Zeiten mit hohem Verkehrsaufkommen wird oft auf bestimmten Strecken die Zahl der Zugverbindungen erhöht. Dann gilt es, besonders vorsichtig zu sein – so wird von zu Tode gedrückten Zugreisenden auf überfüllten Bahnsteigen berichtet. Außerdem sollte man sich stets der Gefahr bewusst sein, bestohlen oder gar betäubt zu werden – nähere Infos s. S. 1169.

ZUGFAHREN MIT STIL

Wer Indien auf luxuriöse Art und Weise kennen lernen möchte, für den dürften folgende Zugreisen das Richtige sein.

Der *Palace on Wheels* fährt wöchentlich durch Rajasthan, Abfahrt ist mittwochs in Delhi (Sept.–April). Vorbei geht's an Jaipur, Jaisalmer, Jodhpur, dem Ranthambore National Park, Chittorgarh, Udaipur, dem Keoladeo Ghana National Park und Agra. Ein Riesenprogramm für sieben Tage, doch der größte Teil der Strecke wird nachts zurückgelegt. Früher wurden die Originalwaggons des Maharadschas benutzt, bis diese dann so veraltet waren, dass neue Wagen im Stil der alten nachgebaut wurden. Der Zug hat zwei Speisewagen und eine Bar. Jeder Waggon, begleitet von einem prächtig kostümierten Schaffner und seinem Gehilfen, hat vier Abteile mit eigenen Badezimmern. Wem die Reise zu teuer ist, kann sie zumindest virtuell auf www.palaceonwheelsindia.com unternehmen. Von Oktober bis März liegen die Preise bei 485/350/285 US$ pro Tag für eine Einzel-/Doppel-/Dreierbelegung, im September und April bei 395/295/240 US$. Im Preis enthalten sind Ausflüge, Eintrittsgelder, Unterkunft und alle Mahlzeiten. Gebucht werden muss im Voraus über das **RTDC-Tourist Reception Centre** (☎ 011-23381884; Bikaner House, Pandara Rd, New Delhi 110011) oder das **RTDC Central Reservations Office** (☎ 0141-2202586) in Jaipur. Gebührenfreie Nummern für internationale Buchungen finden sich auf der genannten Website, hier kann auch online gebucht werden.

Dem Palace On Wheels in Rajasthan ähnlich ist der *Royal Orient* in Gujarat, der von Oktober bis März verschiedene Ziele in Gujarat und Rajasthan ansteuert. Die achttägigen Fahrten starten mittwochs in Delhi, die Strecke führt nach Jaipur (mit Ausflügen nach Agra und Fatehpur Sikri), Chittorgarh, Udaipur, Ahmedabad, Modhera, Patan und zurück nach Delhi. Auch Wochenendtrips sind möglich. Buchungen müssen im Voraus über **Gujarat Tourism** in Ahmedabad (☎ 079-26589172; www.gujarattourism.com) erfolgen. Auf der Website finden sich weitere Reisebüros, die Reservierungen entgegennehmen.

Während der luxuriösen siebentägigen Zugreise *Deccan Odyssey* werden die Highlights in Maharashtra und Goa angesteuert. Der Zug fährt zwischen Oktober und April und verlässt den Chhatrapati Shivaji Terminus (CST) in Mumbai mittwochabends gen Süden in Richtung Ganapatipule, Malvan (mit der Meeresfestung von Sindhudurg, dem Tarkarli Beach und einer Fahrt durch die Backwaters), Panjim und Old Goa, Pune, Aurangabad (Ellora), Jalgaon (Ajanta) und Nasik. Kostenpunkt: ab 395/590 US$ pro Nacht für eine Einzel-/Doppelkabine bei mindestens drei Übernachtungen auf den Teilstücken von Mumbai nach Goa bzw. Goa nach Mumbai. In den Preisen enthalten sind Unterkunft und Mahlzeiten im Zug, Tagesausflüge und Eintrittsgelder. Wer sich für das volle Programm entscheidet, muss eine Extragebühr von 100 US$ für den Tagesausflug in Goa berappen. Die Reise kann auch in Goa begonnen und beendet werden, der Tagesausflug findet dann in Mumbai statt. Buchungen nimmt das **MTDC** (☎ 022-22836690; www.mtdcdeccanodyssey.com) entgegen.

Vor ein paar Jahren kündigten die Behörden von Karnataka eine noble Zugreise zu den Highlights in ihrem Bundesstaats an, doch bis jetzt hat sich nichts getan. Start und Ziel der geplanten Strecke ist Bangalore, vorgesehen sind Besuche der Sehenswürdigkeiten in und um Hassan, Belur, Halebid, Hampi, Bijapur und Goa. Aktuelle Auskünfte über den Fortschritt der Bemühungen geben die Touristenbüros des Bundesstaats.

In diesem Buch sind bei Weitem nicht alle Zugverbindungen Indiens aufgeführt. Wer viel mit dem Zug reisen möchte, sollte das für ganz Indien gültige Heftchen *Trains at a Glance* kaufen, das es für 45 Rs in vielen Bahnhöfen, in Buchhandlungen und an Zeitungsständen gibt. Es enthält ausführliche Details und Fahrpläne für jede Region.

Die Internetadresse der Indian Railway ist www.indianrailways.gov.in. Umfassende Infos zu Indiens Eisenbahn gibt's auch online unter www.seat61.com/India.htm.

Klassen

Shatabdi Express Trains verbinden größere Städten, Abfahrt und Ankunft sind jeweils am selben Tag. Sie sind die schnellsten und auch teuersten Züge Indiens und haben nur zwei Klassen: AC Executive Chair Class und AC Chair Class. Die Shatabdis sind komfortabel. Ihr einziger Nachteil: Verglichen mit den nichtklimatisierten Klassen langsamerer Züge, durch deren vergitterte Luken Frischluft in den Zug kommt, schränken kleine geschlossene Fenster in Shatabdis die Aussicht nach draußen ganz beträchtlich ein.

Die Rajdhani Express Trains verbinden Delhi mit den Hauptstädten einzelner Bundesstaaten. Tickets gibt's für die klimatisierte 1. Klasse (1AC), two-tier AC (2AC), three-tier AC (3AC) und die 2. Klasse. Two- bzw. three-tier bedeutet, dass in den Abteilen zwei bzw. drei Liegen übereinander angeordnet sind; die Liegen in den 2AC-Abteilen sind zudem etwas breiter und länger als in 3AC-Abteilen. 2AC- und 3AC-Tickets kosten die Hälfte bzw. ein Drittel vom Fahrpreis der 1. Klasse und eignen sich perfekt für Reisen über Nacht.

Andere Express bzw. Mail Trains haben klimatisierte 2AC-Wagen, Großraumwagen (Chair Class), nichtklimatisierte Sleeper-Class-Wagen (eigenes Bettzeug benötigt), eine nichtklimatisierte 2. Klasse und eine 2. Klasse ohne Reservierungsmöglichkeiten (Unreserved 2nd Class). Ein Sleeper-Class-Ticket kostet ein Viertel des Preises eines 2AC-Tickets. Weitere Infos findet man in der Broschüre *Trains at a Glance*. Außerdem gibt's in großen Bahnhöfen Auskunftsschalter mit Englisch sprechendem Personal, das dabei hilft, die beste Verbindung zu finden. Auf kleineren Bahnhöfen verstehen und sprechen in der Regel höhere Angestellte Englisch.

Eine tolle Beschreibung der verschiedenen Zugklassen (inkl. Bilder) gibt's auf der Website **Train travel in India …** (www.seat61.com/India.htm) unter der Überschrift „What are Indian trains like?".

Fahrpreise

Die Preise richten sich nach den Entfernungen. Eine vollständige Übersicht über die Fahrpreise findet man unter www.indianrail.gov.in oder in der Broschüre *Trains at a Glance*. In der Regel kann man Zugfahrten, die länger als 500 km sind, für maximal zwei Tage unterbrechen; hierzu muss der Fahrschein am Bahnhof, an dem die Fahrt unterbrochen wird, vom Bahnhofsvorsteher oder Bahnsteigschaffner abgestempelt werden.

Das Bettzeug ist in der klimatisierten 1. Klasse und häufig auch in 3AC-Waggons gratis, in nichtklimatisierten Abteilen der 1. Klasse kostet es jedoch 20 Rs. Auch die Speisen sind in Rajdhanis und Shatabdis im Preis inbegriffen, in den anderen Zügen werden aber Mahlzeiten günstig angeboten.

In den großen Bahnhöfen gibt's so genannte Retiring Rooms. Benutzen darf diese Quartiere, wer einen gültigen Fahrschein oder einen Indrail Pass vorweisen kann. Weitere Infos s. Tabelle unten:

Dauer (Std.)	1AC (Rs)	1. Klasse* (Rs)	Sleeper Class# (Rs)
1	95	43	19
2	160	70	30
4	220	110	50
7	270	135	80
15	370	185	90
21	396	198	100
30	495	248	125
60	800	400	185
90	1060	530	235

* auch 2AC/3AC/AC Chair Class

\# auch nichtklimatisierte 2. Klasse

Nicht benutzte Fahrscheine können gegen eine Gebühr bis spätestens 12 Stunden nach Abfahrt des Zuges wieder zurückgegeben werden; verlorene Fahrscheine werden nicht erstattet.

Senioren erhalten verbilligte Tickets (s. S. 1156).

Reservierungen

Um zu reservieren, muss man auf einem Formular die gewünschte Klasse, den Namen und die Nummer des Zuges angeben. Für Nachtfahrten sollte man am besten mehrere Tage im Voraus reservieren. Ist für Ausländer kein extra Schalter oder Büro eingerichtet, muss man sich der herrschenden Praxis des Anstehens unterwerfen – mal sind die Warteschlangen geordnete

TOP FIVE: LANDSCHAFTLICH REIZVOLLE ZUGSTRECKEN

- Kleinbahn in Darjeeling (S. 540)
- Blue Mountain Train Mettupalayam–Ooty (S. 1126)
- Kleinbahn in Shimla (S. 282)
- Kleinbahn in Matheran (S. 833)
- Visakhapatnam–Eastern Ghats (S. 976)

VERKEHRSMITTEL- & WEGE

PREISE FÜR EXPRESS TRAINS IN RS

Entfernung (km)	1AC	2AC	3AC	Chair class (CC)	Sleeper class (SL)	2. Klasse (II)
100	542	322	158	122	56	35
200	794	430	256	199	91	57
300	1081	556	348	271	124	78
400	1347	693	433	337	154	97
500	1613	830	519	404	185	116
1000	2628	1352	845	657	301	188
1500	3328	1712	1070	832	381	238
2000	4028	2072	1295	1007	461	288

Reihen, mal gleichen sie einem wilden Haufen. Hin und wieder gibt's für Frauen separate Schlangen, doch in der Regel bedient ein Schalter sowohl Männlein als auch Weiblein. Frauen sollten dann zum Anfang der Schlange vormarschieren und sich vor den ersten Mann stellen.

Wer sich das Prozedere des Ticketkaufs sparen möchte, kann es gegen eine geringe Gebühr in die Hände eines Reisebüros oder des Hotelpersonals geben. Vorsicht ist angebracht bei windigen Reisevermittlern, die einem ein Ticket für einen Express Train versprechen und dann aber nur eins für obskure Mail oder Passenger Trains präsentieren. Wenn überhaupt, sollte man nur eine geringe Anzahlung leisten und das Ticket sorgfältig prüfen!

Reservierungen enthalten die Wagen- und Sitznummer. Aufmerksames Zugpersonal hängt außerdem Listen mit den Namen und den zugehörigen Sitzplatznummern in die reservierten Wagen, die Wagennummer selbst ist mit Kreide angeschrieben.

Ist der Zug ausgebucht, sollte man nach einer Warteliste fragen, auf die man sich setzen lassen kann. Alternativ kann man ein Ticket ohne Platzreservierung kaufen – diese gibt's eine Stunde vor Abfahrt – und dann versuchen, ein Upgrade zu bekommen. Hier sucht man zunächst einen Waggon mit Reservierungen, dann einen freien Platz und schließlich den Schaffner, den Travelling Ticket Examiner (TTE). Diesem erklärt man, dass es nur noch Tickets ohne Platzreservierung gab, und fragt ihn nach einem freien Platz. Mit etwas Glück wird einem der Schaffner den Gefallen tun. Nun muss man nur noch den Unterschied zwischen dem bezahlten und dem neuen Fahrpreis begleichen und zusätzlich eine kleine Gebühr von ca. 30 Rs berappen.

Zugfahrkarten können online unter www.irctc.co.in gebucht werden. Hilfreiche Tipps zur Onlinebuchung finden sich auf der Website **Train travel in India …** (www.seat61.com/India.htm) unter der Überschrift „How to book – from outside India".

Zugpässe

Der Indrail Pass berechtigt während eines bestimmten Zeitraums zur uneingeschränkten Benutzung der Züge. Allerdings ist er recht teuer – und erspart einem nicht das Anstehen an einer Schlange. Um den Preis voll auszunutzen, muss man jeden Tag rund 300 km fahren. Jedoch bewährt er sich nach Ansicht mancher Traveller für Zugfahrten kurz nach der Ankunft in Indien. Reisebüros in Deutschland, Österreich und der Schweiz können Indrail Passes verkaufen oder organisieren, außerdem gibt es sie in den Bahnhöfen größerer indischer Städte.

Kinder zwischen 5 und 12 Jahren bezahlen die Hälfte. Verlorene oder nur teilweise genutzte Pässe werden nicht erstattet.

Gesundheit

INHALT

Indien hat eine riesige geographische Bandbreite zu bieten, von tropischen Stränden bis zu den Bergen des Himalajas. Deshalb gibt es auch extreme Umweltbedingungen: Hitze, Kälte und Höhenluft können Gesundheitsprobleme verursachen. Der Hygienestandard ist im Allgemeinen niedrig, sodass Krankheiten durch infizierte Lebensmittel oder Trinkwasser recht häufig auftreten. Außerdem übertragen Insekten viele Krankheiten, besonders in den tropischen Gebieten. Die medizinische Ausstattung ist in vielen Gegenden unzureichend, man sollte sich also gut vorbereiten, bevor man nach Indien reist.

Traveller neigen dazu, tropische Infektionskrankheiten zu überschätzen, obwohl sie selten ernsthafte Krankheiten oder gar den Tod verursachen. Ein von vorne herein schlechter Gesundheitszustand und Verletzungen durch Unfälle (besonders Verkehrsunfälle) sind für die meisten lebensbedrohenden Probleme verantwortlich. Einmal während der Reise krank zu werden, ist dagegen durchaus üblich. Die meisten Krankheiten kann man aber entweder durch den Einsatz des gesunden Menschenverstandes vermeiden oder mithilfe einer gut ausgestatteten Reiseapotheke behandeln.

Die folgenden Hinweise sind als allgemeine Ratschläge zu verstehen und ersetzen keineswegs den Rat eines Arztes, der auf Reisemedizin spezialisiert ist.

VOR DER REISE

Medikamente in ihrer eindeutig beschrifteten Originalverpackung mitnehmen! Ein unterschriebener und datierter Brief des Hausarztes über den Gesundheitszustand des Reisenden und die Medikation, inklusive der Namen von Generika (Nachahmungen von Markenprodukten), ist sehr nützlich. Wer Spritzen und Nadeln mitnehmen muss, sollte auf jeden Fall ein Schreiben des Arztes dabei haben, das die medizinische Notwendigkeit der Gegenstände belegt. Bei Herzkrankheiten sollte eine Kopie eines kurz vor der Reise aufgezeichneten EKGs mitgeführt werden.

Wer regelmäßig Medikamente nehmen muss, sollte das Doppelte der benötigten Menge mitnehmen – falls etwas geklaut wird oder verloren geht. Viele Medikamente gehen in Indien ohne das Rezept eines Arztes über den Tresen. Allerdings kann es problematisch sein, eine bestimmte Arznei, die womöglich auch noch neu auf dem Markt ist, zu bekommen. Prinzipiell schwer kommt man an Antidepressiva, Medikamente gegen zu hohen oder zu niedrigen Blutdruck oder Antibabypillen.

VERSICHERUNG

Auch wer fit und gesund ist, sollte nicht ohne Auslandskrankenversicherung verreisen – Unfälle passieren leicht. Krankheiten, deren Ursachen bereits vor dem Reiseantritt vorhanden waren, müssen angegeben werden. Viele Versicherungsgesellschaften werden das überprüfen und die Kosten nicht übernehmen, wenn die Krankheiten nicht angegeben worden sind. Bestimmte Aktivitäten wie Klettern müssen möglicherweise extra versichert werden. Neben der Übernahme der medizinischen Kosten sollte der Versicherungsschutz auch den Rücktransport ins Heimatland beinhalten. Wer unversichert reist, riskiert finanzielle Katastrophen – ein Notfallrücktransport von Indien kann bis zu 100 000 € zu Buche schlagen.

Bei Versicherungsabschluss sollte man darauf achten, ob die Versicherung im Schadensfall direkt an den ausländischen Dienstleister zahlt oder ob der Versicherte die Kosten eventuell vorstrecken muss (in vielen Ländern erwarten die Ärzte Barzahlung). Einige Versicherungen bieten niedrigere oder höhere Erstattungsraten für Behandlungskosten, die höheren sind vor allem wichtig für Länder mit hohen medizinischen Standards und Kosten wie beispielsweise die USA. Eine Versicherung, die das Krankenhaus oder den Arzt direkt bezahlt, ist vielleicht besser, als im Voraus zu bezahlen und später die Rückerstattung zu beantragen. Wer die Rückerstattung beantragen muss, sollte sichergehen, dass alle relevanten Belege vorhanden sind. Einige Versicherer verlangen, dass man ihre (kostenlose) Servicehotline anruft, wo eine medizinische Einschätzung des vorliegenden Problems vorgenommen wird.

IMPFUNGEN

Auf Reisemedizin spezialisierte Krankenhäuser sind die besten Informationsquellen:

REISEAPOTHEKE

Empfehlenswerte Mittel für die persönliche Reiseapotheke:

- Antibakterielle Salbe, z. B. Muciprocin
- Antibiotika für Hautentzündungen, etwa Amoxicillin-Clavulanat oder Cephalexin
- Antihistaminika – es gibt viele Medikamente, z. B. Cetrizin für tagsüber und Promethazin für nachts
- Antiseptikum, z. B. Betadine
- Antispasmikum gegen Magenkrämpfe, etwa Buscopam
- Bei Neigung zu Blasenentzündung entsprechende Antibiotika
- Dekongestivum, z. B. Pseudoephedrin
- DEET-haltiges Insektenschutzmittel
- Erste-Hilfe-Bedarf wie Scheren, Pflaster, Bandagen, Mullbinden, Fieberthermometer (ohne Quecksilber), sterile Spritzen und Nadeln, Sicherheitsnadeln und Pinzetten
- Fungizidsalbe, z. B. Clotrimazol
- Halstabletten
- Ibuprofen oder andere Entzündungshemmer
- Jodtabletten zur Wasserreinigung (außer bei Schwangerschaft oder Schilddrüsenproblemen)
- Laxative (Abführmittel)
- Medikamente gegen Durchfall – wie Rehydrationslösungen, Durchfall-„Bremsen" (z. B. Loperamid) und Medikamente gegen Übelkeit (z. B. Prochlorperazine). Antibiotika gegen Durchfall wie Norfloxacin oder Ciprofloxacin; gegen bakterielle Diarrhöe Azithromycin; gegen Giardiasis oder Amöbendisenterie Tinidazol.
- Medikamente gegen Pilzbefall und Soor (vaginaler Pilzbefall) wie Clotrimazolpessare oder Diflucantabletten
- Migränemittel, falls erforderlich
- Mittel gegen Magenverstimmung, wie z. B. Maalox
- Paracetamol
- Pyrethrin zur Imprägnierung von Kleidung und Moskitonetzen
- Sonnenschirm und -hut
- Steroidsalben gegen allergische, juckende Ausschläge, z. B. 1–2%iges Hydrocortison.
- Verhütungsmittel

Sie haben alle gebräuchlichen Impfstoffe vorrätig und können individuell ausgerichtete Tipps für das Reiseland geben. Dabei berücksichtigen die Ärzte die jeweils relevanten Faktoren wie Impfschutz, Reiselänge, geplante Aktivitäten, den aktuellen Gesundheitszustand oder etwa eine Schwangerschaft.

Die meisten Impfstoffe entfalten ihre volle Wirkung erst nach zwei Wochen, der Arztbesuch sollte daher vier bis acht Wochen vor der Abreise liegen. Ratsam ist ein internationaler Impfpass: In dem gelben Heftchen sind alle erhaltenen Impfungen aufgelistet.

Empfohlene Impfungen

Die Weltgesundheitsorganisation (WHO) empfiehlt für Reisen nach Indien folgende Impfungen (genauso wie einen vorhandenen Impfschutz gegen Masern, Mumps und Röteln):

Diphterie und Tetanus Die Auffrischungsimpfung wird empfohlen, wenn die letzte Impfung zehn Jahre oder länger zurückliegt. Nebenwirkungen sind Entzündungen an der Impfstelle und Fieber.

Hepatitis A Bietet nahezu 100-%igen Schutz für ein Jahr, eine Auffrischungsimpfung nach zwölf Monaten bewirkt einen mindestens 20 Jahre anhaltenden Schutz. Harmlose Nebenwirkungen wie Kopfschmerzen und Entzündungen der Impfstelle treten bei 5–10 % der Behandelten auf.

Hepatitis B Gilt inzwischen als Routineimpfung für die meisten Traveller. Wird als dreimalige Impfung über sechs Monate gegeben. Es gibt auch eine Schnellversion, die in Kombination mit der Hepatitis A-Impfung durchgeführt wird. Nebenwirkungen sind harmlos und unüblich, etwa Kopfschmerzen und Entzündungen der Impfstelle. 95 % der Behandelten haben danach lebenslangen Impfschutz.

Polio 2004 trat Polio (Kinderlähmung) in Indien noch auf. Eine Impfung reicht aus für den lebenslangen Schutz eines Erwachsenen. Der inaktive Polioimpfstoff gilt auch bei Schwangerschaften als unbedenklich.

Typhus Wird für alle Indientraveller empfohlen, auch wenn nur der Besuch städtischer Gebiete geplant ist. Die einmalige Impfung bietet 70%igen Schutz und hält zwei bis drei Jahre an. Sie kann auch mit Tabletten durchgeführt werden, doch wird die Injektion wegen den geringeren Nebenwirkungen empfohlen. Entzündungen der Impfstelle und Fieber können auftreten.

Windpocken Wer keinen Impfschutz gegen Windpocken hat, sollte eine mögliche Impfung mit seinem Arzt besprechen.

Diese Impfungen werden für Traveller empfohlen, die länger als einen Monat im Land bleiben wollen und für alle, die ein erhöhtes Risiko haben:

Japanische Enzephalitis Wird in drei Teilimpfungen gegeben. Eine Auffrischungsimpfung nach zwei Jahren wird empfohlen. Selten tritt eine allergische Reaktion mit Nesselausschlag und Schwellungen auf, ungefähr zehn Tage nach jeder der drei Impfungen.

Meningitis Eine Injektion. Es gibt zwei Arten der Impfung: Der vierfache Impfstoff gibt zwei- bis dreijährigen Schutz; der Meningitis-Gruppe-C-Impfstoff hält zehn Jahre lang. Wird empfohlen für Backpacker unter 25.

Tollwut Insgesamt drei Impfungen. Eine Auffrischung nach einem Jahr gibt zehnjährigen Schutz. Nebenwirkungen sind selten – gelegentlich Kopfschmerzen und Entzündungen der Impfstelle.

Tuberkulose (TBC) Ein komplexes Thema. Erwachsenen Travellern, die länger in Indien waren, wird normalerweise eher ein TBC-Hauttest vor und nach der Reise als eine Impfung empfohlen. Eine Impfung hält ein Leben lang.

Erforderliche Impfungen

Die einzige durch internationale Bestimmungen vorgeschriebene Impfung ist die gegen Gelbfieber. Der Nachweis der Impfung wird nur gefordert, wenn man sich in einem Land des Gelbfiebergebietes aufgehalten hat, sechs Tage vor der Einreise nach Indien. Wer aus Afrika oder Südamerika nach Indien reist, sollte vorher prüfen, ob eine Impfbescheinigung erforderlich ist.

INFOS IM INTERNET

Es gibt eine Menge von reisemedizinischen Ratschlägen im Internet: **LonelyPlanet.com** (www.lonelyplanet.com) ist eine gute Seite für den Anfang. Weitere Empfehlungen sind:

Travelmed Service GmbH (www.travelmed.de) Ein Zusammenschluss von Reiseveranstaltern, Ärzten und Apothekern.

Tropeninstitut Hamburg (www.gesundes-reisen.de) Umfangreiche Tipps und Ratschläge.

World Health Organization (WHO; www.who.int/ith/) Das sehr gute Buch *Reisen und Gesundheit* der Organisation wird jährlich aktualisiert und ist über das Institut für medizinische Information (www.reisevorsorge.de) erhältlich.

WEITERE INFOS

Lonely Planets *Healthy Travel – Asia & India* ist ein handliches Buch, voll gepackt mit nützlichen Informationen zur Reiseplanung, Erster Hilfe im Notfall, Immunisierung und Informationen über Krankheiten sowie Ratschlägen, wenn jemand unterwegs krank wird. Weitere empfohlene Bücher sind *Praktische Tropen- und Reisemedizin* von Hans Jochen Diesfeld und Gerhard Krause und das *Handbuch für Tropenreisen* von Ronald Hanewald.

UNTERWEGS

THROMBOSE

Das so genannte Touristenklasse-Syndrom entsteht, wenn sich während der Reise im Flugzeug aufgrund Bewegungsmangels Blutgerinnsel in den Beinen bilden. Je länger der Flug ist, desto größer ist die Gefährdung. Die meisten Blutgerinnsel lösen sich einfach wieder auf. Dennoch besteht auch die Gefahr, dass einzelne Blutgerinnsel durch die Venen zur Lunge gelangen, wo sie lebensbedrohliche Komplikationen auslösen können.

Wenn der Fuß, der Knöchel oder die Wade anschwillt oder schmerzt – meist nur auf einer Seite –, ist die Gefahr einer Thrombose groß. Wandert das Blutgerinnsel in die Lunge, kann es Schmerzen in der Brust oder Atemnot verursachen. Traveller mit irgendeinem dieser Symptome sollten sofort um medizinische Hilfe bitten.

Um das Thromboserisiko auf langen Flügen zu minimieren, viel in der Kabine herumwandern, die Beinmuskeln im Sitzen an- und entspannen, viel trinken und auf Alkohol und Tabak verzichten.

JETLAG & REISEÜBELKEIT

Ein Jetlag entsteht normalerweise, wenn mehr als fünf Zeitzonen durchflogen werden. Nicht jeder Mensch reagiert gleich: Symptome können Schlaflosigkeit, Müdigkeit, Unwohlsein oder Übelkeit sein. Zur Vermeidung des Jetlags möglichst viel Flüssigkeit (keinen Alkohol!) und leichte Mahlzeiten zu sich nehmen. Nach der Ankunft viel im natürlichen Licht bewegen und die innere Uhr so bald wie möglich dem neuen Tag- und Nachtrhythmus (Essen, Schlafen, etc.) anpassen.

Antihistaminika wie die Wirkstoffe Dimenhydrinat (Dramamin), Promethazin (Phenergan) und Meclizin (Antivert, Bonin) sind normalerweise am besten geeignet, See- oder Reisekrankheiten zu behandeln. Der häufigste Nebeneffekt der Medikamente ist Schläfrigkeit. Als alternative Kräutermedizin gilt Ingwer, der bei manchen Menschen Wunder wirkt.

GESUNDHEITSRATGEBER

Bei der Planung einer Reise lohnt sich immer ein Blick auf die offiziellen Websites für Reisegesundheit:

Bundesverwaltungsamt (www.bund.de; Stichwort „Reisen" und „Reisegesundheit")

Bundeszentrale für gesundheitliche Aufklärung (www.bzga-reisegesundheit.de)

Ostschweizer Infostelle für Reisemedizin (www.osir.ch)

Zentrum für Reisemedizin (www.reisemed.at)

IN INDIEN

MEDIZINISCHE VERSORGUNG

Wie gut die medizinische Versorgung ist, unterscheidet sich in Indien je nach Region stark. Einige Städte haben inzwischen spezielle Krankenhäuser für Traveller und Ausländer. Diese Kliniken sind normalerweise teurer als die örtliche medizinische Versorgung, aber das lohnt sich, denn sie bieten einen hohen medizinischen Standard. Außerdem kennen sie das indische Gesundheitssystem und können die besten Kliniken und Spezialisten vor Ort benennen. Oft arbeiten sie auch mit den Versicherungsgesellschaften zusammen, falls ein Notfallrückflug organisiert werden muss. Empfohlene Kliniken sind in den Infoabschnitten der Regionenkapitel aufgelistet. In ländlichen Gegenden ist es schwierig, angemessene medizinische Versorgung zu erhalten.

Bei kleineren Problemen wie Reisedurchfall kann es oft ausreichen, sich selbst darum zu kümmern, sofern die notwendigen Medikamente in der Reiseapotheke vorhanden sind und keine empfehlenswerte Klinik erreichbar ist. Wer vermutet, an einer ernsthaften Krankheit – besonders Malaria – zu leiden, sollte keine Zeit verschwenden und zur nächsten guten medizinischen Einrichtung reisen. Prinzipiell ist es immer besser, einen Arzt aufzusuchen, als auf die Eigenbehandlung zu vertrauen.

Vor dem Kauf von Medikamenten sollte immer das Mindesthaltbarkeitsdatum und die Unversehrtheit der Verpackung überprüft werden. Keine nicht sachgerecht gelagerten Medikamente (die z. B. in einer sonnenbeschienenen Vitrine lagen) kaufen!

INFEKTIONEN

Denguefieber

Diese von Moskitos übertragene Krankheit ist ein zunehmendes Problem in tropischen Gegenden, besonders in den Städten. Da es keinen Impfstoff gibt, besteht der einzige Schutz darin, Moskitostiche zu vermeiden. Die Moskitoart, die das Fieber verbreitet, sticht am Tag und in der Nacht – deshalb immer Mückenschutzmittel verwenden. Symptome sind hohes Fieber, starke Kopf- und Gliederschmerzen (früher war das Denguefieber als „Knochenbrecherfieber" bekannt). Einige Patienten bekommen Ausschlag und Durchfall. Es gibt keine spezielle Behandlung, Ruhe ist Pflicht, begleitend kann Paracetamol eingenommen werden – Aspirin meiden, da es die Neigung zu Blutungen erhöht! Die Krankheit sollte von einem Arzt diagnostiziert und überwacht werden.

Geschlechtskrankheiten

Die häufigsten durch sexuelle Kontakte übertragenen Krankheiten sind in Indien Herpes, Warzen, Syphilis, Tripper und Chlamydieninfektionen. Menschen, die diese Krankheiten in sich tragen, haben oft keine Krankheitssymptome. Kondome können Tripper und Chlamydieninfektionen verhindern, aber nicht Warzen oder Herpes. Wer nach einem sexuellen Kontakt Ausschlag, Schwellungen, Ausfluss oder Schmerzen beim Wasserlassen bekommt, sollte unverzüglich medizinische Hilfe in Anspruch nehmen. Wer während der Reisen sexuell aktiv war, sollte sich nach der Ankunft zu Hause auf Geschlechtskrankheiten untersuchen lassen.

Grippe

Sie ist in den Tropen das ganze Jahr über präsent, ihre Symptome reichen von Fieber über Muskelschmerzen, einer laufenden Nase, Husten bis zu Halsschmerzen. Ein ernsthaftes Problem kann sie für über 65-Jährige und für Menschen mit Herzbeschwerden oder Diabetes darstellen; für diese Risikogruppen wird eine Impfung empfohlen. Es gibt keine besonderen Behandlungsmethoden – außer Ruhe und Paracetamol.

Hepatitis A

Ist ein Problem im ganzen Land und wird durch einen Virus in Lebensmitteln oder im Trinkwasser verursacht, der die Leber befällt und zu Gelbsucht führt (gelbe Haut und Augen). Es gibt keine spezielle Behandlung von Hepatitis A, man muss der Leber Zeit lassen, sich zu erholen. Indientraveller sollten unbedingt gegen Hepatitis A geimpft sein.

Hepatitis B

Die einzige Krankheit, die durch sexuelle Kontakte (und den Austausch von Körperflüssigkeiten) übertragen wird und durch eine Impfung vermieden werden kann. Langzeitfolgen können Leberzirrhose und -krebs sein.

Hepatitis E

Verbreitet sich durch infiziertes Essen oder Wasser. Hepatitis E zeigt ähnliche Symptome wie Hepatitis A, ist aber weit weniger verbreitet. Die Krankheit stellt eine ernsthafte Gefahr für schwangere Frauen dar, der Tod sowohl der Mutter als auch des Babys kann die Folge sein. Zurzeit gibt es keinen Impfstoff, zur Vorbeugung wird die Einhaltung der Vorsichtsmaßnahmen beim Essen und Trinken empfohlen.

HIV

HIV wird durch infiziertes Blut übertragen. Keinen ungeschützten Sex haben, auf die Sterilität von Nadeln (auch in medizinischen Einrichtungen) achten und Prozeduren wie Tätowieren besser sein lassen. Die Zuwachsraten an Aids-Infizierten in Indien gehören zu den höchsten der Welt.

Husten, Erkältung & Lungenentzündungen

Etwa 25 % aller Indientraveller bekommen eine Atemwegsinfektion. Normalerweise beginnt sie mit einer Virusinfektion, die sich dann durch Umweltbedingungen wie die Luftverschmutzung in den Städten oder die Kälte und Höhe in den Bergen verschlimmert. Im Allgemeinen kommt es zu einer zweiten, bakteriellen Infektion – begleitet von Fieber, Lungenschmerzen und dem Abhusten von gelbem oder blutig durchsetztem Schleim. Bei diesen Symptomen medizinischen Rat einholen oder ein Breitbandantibiotikum einnehmen.

Japanische Enzephalitis

Diese Viruserkrankung wird von Moskitos übertragen, Traveller werden selten infiziert. Wie die meisten von Moskitos übertragenen Krankheiten ist sie vor allem für die betroffenen Länder ein Problem. Die meisten Fälle treten in ländlichen Gegenden auf, eine Impfung wird vor allem Travellern empfohlen, die sich länger als einen Monat außerhalb der Städte aufhalten wollen. Es gibt keine Behandlungsmöglichkeit, ein Drittel der Infizierten stirbt, ein weiteres Drittel behält unheilbare Gehirnschädigungen zurück.

Malaria

Für eine so ernsthafte und potenziell tödliche Krankheit wie Malaria ist eine unglaubliche Menge an Fehlinformationen im Umlauf. Am besten sollte man sich also aufprofessionellen Rat verlassen, welches Risiko im Reisezeitraum besteht. In den meisten ländlichen Gegenden ist die Gefahr, Malaria zu bekommen so groß, dass man die Nebenwirkungen der Malariatabletten in Kauf nehmen muss. Vor der Reise ärztliche Informationen über die individuell richtigen Medikamente und ihre Dosierung einholen!

Malaria wird von einem Parasiten ausgelöst, der durch den Biss eines infizierten Moskitos übertragen wird. Das deutlichste Symptom ist Fieber, aber auch allgemeine Symptome wie Kopfschmerzen, Durchfall, Husten oder Kältegefühl können auftauchen. Eine sichere Diagnose kann nur durch eine Blutprobe gestellt werden.

Zwei Strategien sollten kombiniert werden, um eine Malariainfektion zu vermeiden: nicht von Moskitos gestochen werden und Malariamedikamente einnehmen. Die meisten Menschen, die sich mit Malaria infiziert haben, nahmen unwirksame oder keine Malariamedikamente.

Travellern wird geraten, Moskitostiche durch folgende Vorsichtsmaßnahmen zu vermeiden:

- Auf unbedeckte Hautstellen DEET-haltige Moskitoschutzmittel auftragen. Wer in einem garantiert moskitofreien Raum schläft, etwa unter einem Moskitonetz, kann das DEET nachts abwaschen. Natürliche Moskitoschutzmittel mit Citronella können effektiv sein, müssen aber öfter aufgetragen werden als DEET-haltige Mittel.
- Unter einem mit Pyrethrin imprägnierten Moskitonetz schlafen
- Unterkunft mit Fensterscheiben und Ventilatoren wählen (wenn keine Klimaanlage vorhanden)
- In Gebieten mit hohem Risiko Kleidung mit Pyrethrin imprägnieren
- Kleidung mit langen Ärmeln und Hosenbeinen in hellen Farben bevorzugen
- Mückenspiralen nutzen
- Insektenspray einsetzen, bevor man das Zimmer zum Abendessen verlässt

Es gibt eine Vielzahl von Medikamenten. Die Effektivität von **Chloroquin- und Paludrin-**Kombinationen ist inzwischen in vielen Teilen Südasiens eingeschränkt. Übliche Nebenwirkungen sind Übelkeit (40 % der Menschen) und Aphten im Mund.

Wer täglich eine Tablette des Breitbandantibiotikums **Doxycyclin** einnimmt, hat zusätzlich einen besseren Schutz vor zahlreichen tropischen Krankheiten wie von Leptospirosen hervorgerufene Infektionen, von Zecken übertragene Krankheiten und Typhus. Mögliche Nebenwirkungen sind Lichtempfindlichkeit (mit einer größeren Sonnenbrandgefahr), Pilzerkrankungen (bei Frauen), Magenverstimmung, Sodbrennen, Übelkeit und Wechselwirkungen mit Antibabypillen. Ernsthaftere Nebenwirkungen können im Extremfall Schleimhautschäden der Speiseröhre sein – zur Vermeidung sollte man die Tablette zusammen mit der Mahlzeit und einem großen Glas Wasser einnehmen und sich danach eine halbe Stunde lang nicht hinlegen. Das Medikament muss noch vier Woche lang eingenommen werden, nachdem man das Risikogebiet verlassen hat.

Über **Lariam (Mefloquin)** wurde viel Schlechtes berichtet, manches davon ist berechtigt, manches nicht. Viele Menschen vertragen die wöchentliche Tablette gut, ernsthafte Nebenwirkungen wie Depressionen, Angstzustände, Psychosen oder Anfälle sind selten. Wer mal unter Depressionen, Angstzuständen, anderen psychischen Beschwerden oder Epilepsie gelitten hat oder noch leidet, sollte Lariam nicht einnehmen. Im zweiten und dritten Drittel einer Schwangerschaft gilt das Medikament als unbedenklich. Die Tabletten müssen, nachdem man die gefährdete Region verlassen hat, noch vier Wochen lang eingenommen werden.

Das neue Medikament **Malarone** ist eine Kombination aus Atovaquone und Proguanil. Nebenwirkungen sind unüblich und

GESUNDHEIT

unerheblich, etwa Kopfschmerzen und Übelkeit. Es ist das beste Medikament für Taucher und für Leute, die kurze Reisen in hochgefährdete Regionen unternehmen. Es muss nach der Rückkehr aus dem Risikogebiet noch eine Woche lang eingenommen werden.

Tollwut

Ungefähr 30 000 Menschen sterben jedes Jahr in Indien an einer Tollwutinfektion. Diese meistens tödlich verlaufende Krankheit wird übertragen, wenn man von einem infizierten Tier (größtenteils Hunde oder Affen) gebissen oder abgeschleckt wird. Sofort nach einem Biss einen Arzt aufsuchen, der mit der Nachbehandlung beginnt – eine Impfung vor der Reise macht die Nachbehandlung sehr viel einfacher. Wird ein Traveller von einem wilden Tier gebissen, sollte die Wunde vorsichtig mit Wasser und Seife ausgespült und ein jodbasiertes Antiseptikum aufgetragen werden. Wer nicht gegen Tollwut geimpft ist, muss schnellstens Tollwutantikörper bekommen – in großen Teilen Indiens wird das aber nahezu unmöglich sein.

Tuberkulose

Während TBC unter Travellern selten ist, sollten Personen mit engem Kontakt zur einheimischen Bevölkerung (wie medizinisches Personal, Aids-Helfer und Langzeittraveller) Vorsichtsmaßnahmen treffen. Geimpft werden normalerweise nur Kinder unter fünf Jahren, aber bei gefährdeten Erwachsenen wird ein TBC-Test vor und nach der Reise empfohlen. Die häufigsten Symptome sind Fieber, Husten, Gewichtsverlust, Nachtschweiß und Müdigkeit.

Typhus

Diese ernsthafte bakterielle Infektion verbreitet sich über Essen und Wasser. Symptome sind langsam ansteigendes und hohes Fieber und Kopfschmerzen, evtl. begleitet von trockenem Husten und Magenschmerzen. Typhus wird durch Bluttests nachgewiesen und mit Antibiotika behandelt. Die Impfung wird allen Travellern empfohlen, die länger als eine Woche in Indien bleiben wollen. Achtung, die Impfung gewährt keinen 100%igen Schutz, also auf jeden Fall vorsichtig sein beim Essen und Trinken!

DURCHFALLERKRANKUNGEN

Durchfallerkrankungen sind das am weitesten verbreitete Problem von Travellern – zwischen 30 und 70 % leiden in den ersten zwei Wochen ihrer Reise daran. In über 80 % der Fälle wird der Durchfall von Bakterien verursacht (es gibt zahlreiche potenzielle Missetäter), der Körper reagiert also schnell auf die Behandlung mit Antibiotika. Ob man Antibiotika einsetzt, hängt von der jeweiligen Situation ab – wie krank man ist, wie schnell es einem besser gehen muss, wo man sich befindet usw.

Als Reisedurchfall bezeichnet man mehr als drei wässerige Entleerungen der Eingeweide in 24 Stunden, dazu gehört mindestens eins der folgenden Symptome: Fieber, Krämpfe, Übelkeit, Erbrechen oder allgemeines Unwohlsein.

Die Behandlung besteht vor allem daraus, einer Dehydrierung entgegenzuwirken; Rehydrationsflüssigkeiten sind dafür am besten geeignet. Antibiotika wie Norfloxacin, Ciprofloxacin oder Azithromycin töten die Bakterien schnell.

Loperamid stoppt nur den Durchfall und löst nicht die Ursache des Problems. Es kann trotzdem nützlich sein (z. B. wenn eine lange Busreise unternommen werden soll). Loperamid sollte nicht eingenommen werden bei Fieber oder Blut im Stuhl. Einen Arzt aufsuchen, falls ein verschriebenes Antibiotika nicht anschlägt.

Amöbenruhr

Die Amöbenruhr kommt sehr selten vor bei Travellern, wird aber oft fälschlicherweise von weniger guten Labors diagnostiziert. Die Symptome (Fieber, blutiger Stuhl und allgemeines Unwohlsein) ähneln dem bakteriell verursachten Durchfall. Bei Blut im Stuhl sofort einen Arzt aufsuchen. Behandelt wird mit zwei Medikamenten: Tinidazol oder Metronidazol tötet die Parasiten im Darm und ein zweites Medikament tötet die Zysten. Bleibt die Krankheit unbehandelt, können Leber- oder Darmabzesse die Folge sein.

Giardiasis

Giardia lamblia ist ein Parasit, der bei Travellern relativ häufig vorkommt. Symptome sind Übelkeit, Aufgedunsenheit, schlimme Blähungen, Müdigkeit und zeitweilig auftretender Durchfall. Der Parasit verlässt den

GESUNDHEIT

Körper möglicherweise ohne Behandlung, aber das kann Monate dauern. Übliches Behandlungsmittel ist Tinidazol, Metronidazol ist eine weitere Möglichkeit.

GESUNDHEITSRISIKEN

Essen

In einem Restaurant zu essen, birgt das größte Risiko, sich eine Durchfallerkrankung zu holen. Deshalb auf folgendes achten: nur frisch zubereitetes Essen zu sich nehmen und einen Bogen um Schalentiere und Speisen vom Buffet machen. Früchte sollten geschält, Gemüse gekocht und Salat in jodiertem Wasser mindestens 20 Minuten lang gewässert werden. Am besten in gut besuchten Restaurants essen, wo viele Gäste ein- und ausgehen. Im Kasten auf S. 100 gibt's weitere Infos.

Hautprobleme

Ausschläge durch Pilzbefall treten in feuchten Klimazonen häufig auf. Bei Travellern überwiegen zwei Arten: Die erste tritt in feuchten Hautgegenden auf, also etwa in der Leiste, den Armhöhlen und zwischen den Zehen. Zuerst bilden sich rote Flecken, die sich dann langsam ausbreiten und normalerweise jucken. Zur Behandlung die Haut trocken halten, Wundreibung vermeiden und eine Fungizidsalbe wie Clotrimazol oder Lamisil benutzen. Ebenfalls weit verbreitet ist Tinea versicolor – der Pilz verursacht kleine, blass gefärbte Flecken, meist auf dem Rücken, Brustkorb oder den Schultern. Ein Arzt kann weiterhelfen.

Schnitte und Kratzer entzünden sich im feuchten Klima leicht. Um Komplikationen wie Abszesse zu vermeiden, ist eine sorgfältige Pflege aller Verletzungen nötig. Wunden sollten sofort mit sauberem Wasser ausgewaschen und mit einem Antiseptikum behandelt werden. Wer Anzeichen einer Infektion bemerkt (wachsender Schmerz und Rötung), sollte einen Arzt aufsuchen. Taucher und Surfer sollten besonders vorsichtig sein bei Korallenschnitten, da sie sich besonders leicht entzünden.

Hitze

In vielen Teilen Indiens ist es das ganze Jahr über heiß und feucht. Die meisten Leute brauchen mindestens zwei Wochen, um sich an das Klima zu gewöhnen. Füße und Knöchel können anschwellen und es kann wegen des vielen Schwitzens zu Muskelkrämpfen kommen. Ratsam ist es, einer Dehydrierung vorzubeugen und sich nicht zu viel in der Hitze zu bewegen. Nach der Ankunft sollte man es langsam angehen lassen. Salztabletten einzunehmen, ist nicht empfehlenswert, weil sie den Darm angreifen. Rehydrationsflüssigkeiten trinken oder salzig essen ist besser. Krämpfe lösen sich meist schnell, wenn man die Aktivität beendet, eine Ruhepause eingelegt, doppelt konzentrierte Rehydrationslösung trinkt und die Muskel vorsichtig gedehnt wird.

Die Dehydrierung ist der Hauptgrund, warum man in der Hitze erschöpft ist. Symptome sind Schwächegefühle, Kopfschmerzen, Reizbarkeit, Übelkeit oder Erbrechen, schwitzige Haut, ein schneller, schwacher Puls kombiniert mit einer normalen oder leicht erhöhten Körpertemperatur. Dann sollte man schnell kühlere Orte aufsuchen, sich kühle Luft zufächeln, kalte und feuchte Tücher auf die Haut legen, sich flach hin- und die Beine hochlegen und Wasser trinken, das mit einem Viertel Teelöffel Salz pro Liter versetzt ist. Meistens erholt man sich schnell, auch wenn man sich noch einige Tage lang schlapp fühlt.

Ein Hitzschlag ist ein ernsthafter medizinischer Notfall. Die Symptome kommen plötzlich: Schwächegefühl, Übelkeit, ein heißer, trockener Körper mit einer Temperatur von über 41 °C, Schwindel, Verwirrtheit, Verlust der Koordinationsfähigkeit, Anfälle oder Bewusstlosigkeit. In diesem Fall sofort medizinische Hilfe rufen und die betroffene Person an einen kühleren Ort bringen, ihre Kleidung ausziehen, kalte Luft zufächeln und kalte, feuchte Tücher oder Eis auf den Körper legen, besonders auf die Leistengegend und die Achselhöhlen.

Hitzebläschen sind recht üblich in tropischen Gegenden. Die juckenden Pickelchen entstehen, weil Schweiß unter der Haut eingeschlossen wird. Sie lassen sich eindämmen, indem man sich an einen kühleren Ort begibt (klimatisierte Räume) und eine kalte Dusche nimmt. Cremes und Salben schützen die Haut und vermeiden meistens einen Ausschlag. In Indien kann man Puder gegen Hitzebläschen kaufen, der ganz gut hilft.

Ausländer, die längere Zeit in den Tropen verbringen, können an Tropenmüdigkeit leiden. Diese Erschöpfung wird selten von einer Krankheit verursacht – viel eher vom ungewohnten Klima, von zuviel Stress, von übermäßigen Alkoholgenuss und von der Herausforderung, täglich in einer fremden Kultur zu bestehen.

Höhenkrankheit

Wer Höhen von mehr als 3000 m erklimmen will, sollte sich vorher darüber informieren, wie man die Höhenkrankheit vermeidet, erkennt und behandelt. Das größte Risiko besteht, wenn zu schnell zu große Höhen erreicht werden – eine vorsichtige Akklimatisation ist besser; Schemata dazu sind in guten Bergsteigerratgebern zu finden. Wenn Symptome auftreten, die auf die Höhenkrankheit hindeuten, *niemals* noch höher steigen. Man kann nicht sagen, welche Personengruppen gefährdet sind und welche nicht. Oft erkranken auch jüngere, fittere Mitglieder einer Gruppe.

Die Symptome beginnen normalerweise in den ersten 24 Stunden in größerer Höhe und können bis zu drei Wochen lang anhalten. Leichte Symptome sind Kopfschmerzen, Lethargie, Schwindel, Schlafstörungen und Appetitlosigkeit. Ernstere Symptome reichen von Atemnot, einem trockenen Reizhusten (bis zum Abhusten von rosafarbener, schaumiger Flüssigkeit), starken Kopfschmerzen, Koordinations- und Gleichgewichtsverlust über Verwirrung, irrationales Verhalten, Erbrechen bis zu Schläfrigkeit und Bewusstlosigkeit.

Den leichten Symptomen kann man begegnen, indem man eine kleine Pause macht, bis man sich wieder fit fühlt – das dauert normalerweise ein bis zwei Tage. Gegen Kopfschmerzen Paracetamol oder Aspirin einnehmen. Wenn die Symptome anhalten oder sogar schlimmer werden, ist allerdings ein sofortiger Abstieg erforderlich – schon nach 500 m kann es besser werden. Niemals Medikamente einnehmen, um nicht absteigen zu müssen oder um weiter aufsteigen zu können.

Manche Ärzte empfehlen Medikamente mit den Wirkstoffen Acetazolamid oder Dexamethason vorbeugend gegen die Höhenkrankheit – allerdings wird ihre Anwendung kontrovers diskutiert, denn die Symptome können zwar reduziert werden, aber es werden eben auch die Warnzeichen unterdrückt. Bei Menschen, die diese Medikamente genommen haben, sind schon Fälle schwerer und lebensbedrohlicher Höhenkrankheiten aufgetreten.

Um die Höhenkrankheit zu verhindern, gilt Folgendes:

- Langsam aufsteigen – mit mehreren Pausetagen, mindestens zwei bis drei Tage bei jeder 1000-m-Marke.
- Wenn möglich zum Schlafen wieder ein wenig absteigen. In Höhenlagen über 3000 m darauf achten, dass die Schlafhöhe täglich um nicht mehr als 300 m erhöht wird.
- Viel trinken. Die Höhenluft ist trocken und kalt, mit jedem Atemzug geht Feuchtigkeit verloren.
- Leichtes, kohlenhydrathaltiges Essen wird empfohlen.
- Kein Alkohol und keine Beruhigungsmittel zu sich nehmen.

Insektenbisse & -stiche

Wanzen übertragen keine Krankheiten, aber ihre Bisse jucken. Die Tiere leben in den Ritzen der Möbel oder der Wände und wandern nachts in die Betten, um sich an den Travellern satt zu essen. Ihre Bisse können mit Antihistaminika behandelt werden. Läuse nisten auf verschiedenen Körperteilen, am meisten auf dem Kopf und im Schambereich. Man kriegt sie, wenn man engen Kontakt zu einer befallenen Person hat. Manchmal sind die Biester recht hartnäckig, ein Läuseshampoos z. B. mit Pyrethrin muss mehrmals angewandt werden. Läuse im Schambereich holt man sich normalerweise durch sexuellen Kontakt.

Zecken bekommt man in ländlichen Gegenden schnell. Sie beißen sich am liebsten hinter den Ohren, am Bauch und in den Armbeugen fest. Wer einen Zeckenbiss hat und Symptome wie Schwellungen an der Bissstelle oder anderswo, Fieber oder Muskelschmerzen beobachtet, sollte einen Arzt aufsuchen. Doxycyclin kann durch Zecken übertragene Krankheiten verhindern.

Blutegel gibt es in feuchten Regenwaldgebieten. Sie übertragen keine Krankheiten, aber ihre Bisse jucken oft heftig und wochenlang und sie können sich leicht entzünden. Ein jodbasiertes Antiseptikum, auf jeden Blutegelbiss aufgetragen, kann Infektionen vermeiden.

Mit Bienen- und Wespenstichen haben hauptsächlich die Menschen Probleme, die allergisch dagegen sind. Wer eine ausgeprägte Bienen- oder Wespenallergie hat, sollte für den Notfall eine Adrenalinspritze (z. B. Epipen) dabei haben. Für die anderen ist der Schmerz das Hauptproblem – am besten den Stich mit Eis kühlen und Schmerzmittel nehmen.

Luftverschmutzung

Luftverschmutzung, besonders durch Autoabgase, ist ein wachsendes Problem in den meisten größeren Städten Indiens. Wer ernsthafte Atemwegsprobleme hat, sollte sich mit seinem Arzt beraten, bevor eine Reise in schwer belastete Stadtzentren ansteht. Die Luftverschmutzung verursacht auch kleinere Atemwegsprobleme wie Sinusitis (Stirnhöhlenentzündung), trockenen Hals und gereizte Augen. Wer Probleme wegen der Luftverschmutzung bekommt, sollte die Stadt für ein paar Tage verlassen und in ländlicheren Gegenden frische Luft schnappen.

Sonnenbrand

Auch an bedeckten Tagen kann schnell ein Sonnenbrand entstehen. Eine starke Sonnencreme (mindestens Schutzfaktor 30) benutzen und nach dem Schwimmen noch mal eincremen. Während des heißesten Teils des Tages (10–14 Uhr) nicht in die Sonne legen. Sehr leicht verbrennt man sich in großer Höhe, besondere Aufmerksamkeit gilt ab 3000 m. Wer einen Sonnenbrand hat, sollte die Sonne meiden, bis sich die Haut erholt hat. Kalte Kompressen und Schmerzmittel helfen gegen Unwohlsein. Zweimal am Tag eine 1%ige Hydrocortisoncreme aufzutragen, hilft auch.

TRINKWASSER

- Nie Leitungswasser trinken
- Wasser in Flaschen ist im Allgemeinen sicher – Verschluss beim Kauf auf Unversehrtheit prüfen
- Auf Eiswürfel verzichten
- Keine frisch gepressten Säfte trinken – sie sind möglicherweise mit Wasser verdünnt
- Die effektivste Form der Reinigung ist, Wasser abzukochen
- Die beste Art der chemischen Reinigung ist durch Jod. Schwangere und Menschen mit Schilddrüsenproblemen sollten es nicht benutzen.
- Wasserfilter sollten auch Viren ausfiltern. Der Filter sollte eine chemische Barriere – etwa mit Jod – haben und eine Porengröße von weniger als vier tausendstel mm.

Tauchen & Surfen

Taucher und Surfer sollten sich vor der Reise speziell beraten lassen und checken, ob ihre Reiseapotheke alle notwendigen Dinge enthält wie Mittel gegen Korallenschnitte und tropische Ohreninfektionen, genauso wie gegen die einschlägigen Probleme. Taucher sollten sicherstellen, dass ihre Krankenversicherung auch für Dekompressionskrankheiten aufkommt – eine spezielle Tauchversicherung gibt es z. B. bei **www.tauchversicherung.com.** Bevor man sein Heimatland verlässt, sollte man sich medizinisch hinsichtlich seiner Tauchtauglichkeit untersuchen lassen – es gibt bestimmte Gesundheitszustände, bei denen man nicht tauchen sollte.

FRAUEN & GESUNDHEIT

Schwangere Frauen sollten sich vor der Reise von einem Spezialisten beraten lassen. Der beste Zeitraum, um während einer Schwangerschaft zu reisen, ist das zweite Drittel (zwischen der 16. und 28. Woche). In dieser Zeit ist das Risiko, dass schwangerschaftsbedingte Probleme auftreten, am geringsten und schwangere Frauen fühlen sich am besten. Eine Adressliste mit allen vertrauenswürdigen medizinischen Einrichtungen des Urlaubsziels, in denen die üblichen Vorsorgeuntersuchungen durchgeführt werden können, mitführen. Nicht in ländliche Gegenden mit mangelnder medizinischer Versorgung und schlechten Verkehrsverbindungen reisen. Sehr wichtig ist es, sich zu erkundigen, ob die Kranken- oder Reisekrankenversicherung die Kosten übernimmt, die eine Schwangerschaft verursacht, inklusive die einer möglichen Frühgeburt.

Malaria ist eine sehr gefährliche Krankheit für Schwangere, die WHO empfiehlt Frauen *nicht* in Gegenden mit chloroquinresistenter Malaria zu reisen. Keines der effektiveren Medikamente gegen Malaria ist für Schwangere unbedenklich.

GESUNDHEIT

Reisedurchfall kann schnell zu Dehydrierung führen, was eine unzureichende Durchblutung der Plazenta mit sich bringt. Viele Medikamente zur Behandlung von Durchfallerkrankungen werden für Schwangere nicht empfohlen. Azithromycin gilt als sicher.

In den meisten Gegenden Indiens sind Hygieneprodukte (Binden, seltener Tampons) leicht zu kriegen. Die Auswahl an Verhütungsmitteln kann begrenzt sein; um auf der sicheren Seite zu sein, einen angemessenen Vorrat des gewohnten Verhütungsmittels mitnehmen. Hitze, Feuchtigkeit und Antibiotika können einen Vaginalpilz hervorrufen. Der Befall wird mit Fungizidsalben und -pessaren wie Clotrimazol behandelt. Eine praktische Alternative ist die Tablette Fluconazol (Diflucan). Infektionen des Blasentraktes können durch Dehydrierung oder lange Busreisen ohne Toilettenpausen ausgelöst werden – entsprechende Antibiotika mitnehmen!

Sprache

INHALT

Es gibt eigentlich kein „Indisch". Das ist einer der Gründe, warum das Englische, mehr als 50 Jahre nachdem die Briten Indien verlassen haben, immer noch sehr verbreitet und nach wie vor die offizielle Sprache bei Gericht ist.

18 Sprachen sind von der Verfassung anerkannt; sie lassen sich in zwei Gruppen einteilen: die indischen oder indoarischen und die drawidischen Sprachen. Zusätzlich wurden bei der letzten Volkszählung über 1600 kleinere Sprachen und Dialekte gezählt. Missverständnisse sind also quasi vorprogrammiert!

Die indischen Sprachen sind ein Zweig der indoeuropäischen Sprachfamilie (zu der auch das Deutsche gehört). Sie wurden in Zentralasien gesprochen und die Menschen dort wanderten in das Gebiet des heutigen Indiens. Die drawidischen Sprachen – etwa Tamil – sind einheimische Sprachen Südindiens, auch wenn sie über die Jahre von Sanskrit und Hindi beeinflusst worden sind.

Die meisten Sprachen Indiens haben ihre eigene Schrift, aber geschriebenes Englisch ist auch weit verbreitet. In manchen Staaten wie in Gujarat wird man allerdings kaum auf englische Wörter treffen, während in Himachal Pradesh beinahe alles Englisch ist. Auf einer Fünfrupiennote und höherwertigen Banknoten lassen sich die Schriften von 14 Sprachen bewundern. Neben Hindi und Englisch sind zwölf weitere Sprachen aufgelistet, von oben nach unten: Assami, Bengali, Gujarati, Kannada, Kaschmiri, Malayalam, Marathi, Oriya, Punjabi, Sanskrit, Tamil, Telugu und Urdu (s. Kasten gegenüber).

Man hat große Anstrengungen unternommen, Hindi zur Nationalsprache Indiens zu machen und Englisch schrittweise zurückzudrängen. Als Stolperstein für diesen Plan erwies sich, dass Hindi zwar die vorherrschende Sprache im Norden ist, aber wenig Beziehungen zu den drawidischen Sprachen des Südens hat. Deshalb sprechen sehr wenige Menschen im Süden Hindi. Besonders im Bundesstaat Tamil Nadu ist die Opposition gegen eine landesweite Übernahme des Hindi stark, stattdessen wird die Beibehaltung des Englischen unterstützt.

Für viele gebildete Inder ist Englisch praktisch die Muttersprache und für die große Zahl der Inder, die mehr als eine Sprache spricht, ist Englisch oft die Zweitsprache. Deshalb ist es einfach, in Indien mit Englisch durchzukommen, aber es ist immer gut, zumindest ein paar Wörter der lokalen Sprachen zu beherrschen.

HINDI

Hindi wird von links nach rechts in der Devanagari-Schrift geschrieben. Die Schrift ist ungewohnt, bestimmte grammatische Konstruktionen erinnern aber ans Englische.

Wer umfassendere Infos über Hindi sucht, sollte sich ein Exemplar von Lonely Planets *Hindi, Urdu & Bengali Phrasebook* anschaffen.

AUSSPRACHE

Die meisten Laute des Hindi werden ausgesprochen wie im Englischen – allerdings

INDIENS AMTSSPRACHEN

Assami Amtssprache in Assam, wird von 60 % der Bevölkerung des Bundesstaates gesprochen. Sie stammt aus dem 13. Jh.

Bengali Wird von fast 200 Mio. Menschen gesprochen (die meisten leben im heutigen Bangladesch) und ist Amtssprache in Westbengalen. Entwickelte sich im 13. Jh.

Gujarati Amtssprache in Gujarat, gehört zur indischen Sprachfamilie.

Hindi Die bedeutendste der indischen Sprachen, obwohl es die Muttersprache von nur 20 % der Bevölkerung ist. Gesprochen wird es vor allem in dem Gebiet, das als Hindugürtel, Rindergürtel oder Bimaru bekannt ist. Es umfasst Bihar, Madhya Pradesh, Rajasthan und Uttar Pradesh. Diese indische Sprache ist die Amtssprache der indischen Regierung, der bereits genannten Bundesstaaten sowie Haryana und Himachal Pradesh.

Kannada Amtssprache in Karnataka, gesprochen von 65 % der Bevölkerung des Bundesstaates.

Kaschmiri Kaschmiri sprechen ungefähr 55 % der Bevölkerung von Jammu & Kaschmir. Es ist eine indische Sprache, die mit dem persisch-arabischen Alphabet geschrieben wird.

Konkani Konkani ist eine drawidische Sprache, die von den Menschen in der Goa-Region gesprochen wird.

Malayalam Eine drawidische Sprache und Amtsprache in Kerala.

Manipuri Eine indische Sprache der nordöstlichen Regionen.

Marathi Eine indische Sprache mit Ursprüngen im 13. Jh. Marathi ist Amtssprache in Maharashtra.

Nepali Nepali ist die vorherrschende Sprache in Sikkim, wo etwa 75 % der Menschen der Volksgruppe der Nepalis angehören.

Oriya Eine indische Sprache, Amtssprache von Orissa, wo es 90 % der Bevölkerung sprechen.

Punjabi Eine weitere indische Sprache, Amtssprache im Punjab. Obwohl sie auf Devanagari (der gleichen Schriftsprache wie Hindi) basiert, wird sie in der aus dem 16. Jh. stammenden Gurumukhi-Schrift geschrieben, die von dem Sikh-Guru Guru Angad entwickelt wurde.

Sanskrit Eine der ältesten Sprachen der Erde und die Sprache des klassischen Indiens. Alle Vedas und die klassische Literatur wie das Mahabharata und das Ramayana wurden in dieser indischen Sprache geschrieben.

Sindhi Eine bedeutende Anzahl von Sprechern des Sindhi leben im heutigen Pakistan, die größere Zahl allerdings in Indien. In Pakistan wird sie mit einem persisch-arabischen Alphabet geschrieben, in Indien dagegen wird die Devanagari-Schrift benutzt.

Tamil Diese drawidische Sprache ist mindestens 2000 Jahre alt und Amtssprache in Tamil Nadu. Sie wird von 65 Mio. Menschen gesprochen.

Telugu Die drawidische Sprache wird von einer großen Zahl von Menschen gesprochen und ist die Amtssprache von Andhra Pradesh.

Urdu Dies ist die Amtssprache von Jammu & Kaschmir. Genauso wie Hindi entwickelte es sich im alten Delhi. Während Hindi weitgehend von der hinduistischen Bevölkerung angenommen wurde, zogen die Muslime Urdu vor. Deshalb wird diese Sprache auch in persisch-arabischer Schrift geschrieben und ist mit vielen persischen Worten gespickt.

sind ein paar knifflige dabei. So gibt es einen Unterschied zwischen „aspirierten" und „nicht aspirierten" Konsonanten: Aspirierte werden von einem starken Luftausstoß begleitet, so als ob man ein „h" nach dem Laut spricht. Auch „retroflexe" Konsonanten gibt es, bei denen die Zunge aufgerichtet und zurückgezogen wird und sie dabei den Gaumen oberhalb der Schneidezähne berührt. Das Transliterationssystem, das für Hindi in diesem Sprachführer benutzt wird, ist so einfach wie möglich und unterscheidet deshalb nicht zwischen manchen Lauten, die im Hindi gesprochen werden.

Es ist wichtig, auf die Aussprache der Vokale und besonders ihre Länge zu achten, z. B. **a** verglichen mit **aa**. Die Kombination **ng** nach einem Vokal zeigt an, dass hier nasal, also durch die Nase gesprochen werden muss.

Vokale

a	wie in „Ball"
aa	wie in „Bad"
ai	wie in „Bär" von einem Konsonanten; wie in „Eis" am Wortende
au	wie im englischen „course" vor einem Konsonanten; wie in „Maus" am Wortende
e	wie in „Hey"
ee	wie in „Spiel"
i	wie in „Ritt"
o	wie in „Gott"

SPRACHE

NOTFÄLLE

Hilfe!	*mada keejiye!*
Stopp!	*ruko!*
Ein Dieb!	*chor!*

Rufen Sie einen Arzt!
daaktar ko bulaao!
Rufen Sie einen Krankenwagen!
embulains le aanaa!
Rufen Sie die Polizei!
pulis ko bulaao!
Ich habe mich verirrt.
maing raastaa bhool/gayaa/gayee hoong (f/m)

Wo ist die ...?	*... kahaang hai?*
Polizei	*taanaa*
Toilette	*gusalkaanaa*

Ich möchte meine Botschaft/ mein Konsulat kontaktieren.
maing apne embassy ke sebaat katnaa logõ chaahtaa/chaahtee hoong (f/m)

oo	wie in „Mus"
u	wie in „Bus"

Konsonanten

ch	wie in ‚Tschüss'
g	wie in ‚Gott'
r	leicht gerollt
y	wie in ‚Jagd'

GESUNDHEIT

Wo ist ...?	*... kahaang hai?*
der Arzt	*daaktar*
die Klinik	*davaakaanaa*
das Krankenhaus	*aspataal*

Mir ist schlecht.	*maing beemaar hoong*
Antibiotika	*ainteebayotik*
antiseptisch	*ainteeseptik*
Aspirin	*(esprin) sirdard kee davaa*
Durchfall	*dast*
Kondome	*nirodak*
Medizin	*davaa*
Spritze	*sooee*
Tampons	*taimpon*
Übelkeit	*gin*
Verhütungsmittel	*garbnirodak*

KONVERSATION & NÜTZLICHES

Hallo!	*namaste/namskaar*
Auf Wiedersehen!	*namaste/namskaar*
Ja.	*jee haang*
Nein.	*jee naheeng*

„Bitte" wird im Allgemeinen durch die höfliche Form des Imperativs ausgedrückt, oder durch andere Ausdrücke. Hier sind sowohl höfliche Ausdrücke als auch die Höflichkeitsformen der Wörter aufgelistet.

Danke.	*shukriyaa/danyavaad*
Bitteschön.	*koee baat naheeng*
Entschuldigung.	*kshamaa keejiye*
Wie geht es Ihnen?	*aap kaise/kaisee haing?* (m/f)
Gut, und Ihnen?	*maing teek hoong aap sunaaiye?*
Wie heißen Sie?	*aap kaa shubh naam kyaa hai?*

WEGWEISER

Wo ist ...	*... kahaang hai?*
eine Bank	*baink*
die Botschaft	*dootaavaas*
der Hindutempel	*mandir*
das Konsulat	*kaungnsal*
der Marktplatz	*chauk*
die Moschee	*masjid*
ein öffentliches Telefon	*saarvajanik fon*
eine öffentliche Toilette	*shauchaalay*
eine Post	*daakkaanaa*
der Sikh-Tempel	*gurudvaaraa*

Ist es weit weg/in der Nähe von hier?	*kyaa voh yahaang se door/ nazdeek hai?*

ZEICHEN

प्रवेश/अन्दर	Eingang
निकार/बाहर	Ausgang
खुला	Offen
बन्द	Geschlossen
अन्दर आना [निषि/मना] है	kein Eingang
धूम्रपान करना [निषि/मना] है	Rauchen verboten
निषि	Verboten
गर्म	Warm
ठंडा	Kalt
शोचालय	Toiletten

SHOPPEN & SERVICE

Wo ist der/die/das nächste(s) ...?
sab se karib... kah hai?

Buchladen	*kitaab kee dukaan*
Basar	*baazaar*

Drogerie/Apotheke	*davaaee kee dukaan*
Warenhaus	*dukaan*
Wäscher	*dobee*

Wo kann ich … kaufen?
maing … kah kareed sakta hoong?
Ich würde gerne … kaufen
mujhe … karidnaa hai

Briefmarke	*tikat*
Briefumschlag	*lifaafaa*
Farbfilm	*rangin film*
Kleidung	*kapre*
Kunsthandwerk	*haat kee banee cheeze*
Landkarte	*nakshaa*
Magazine	*patrikaae*
Rasierer	*ustaraa*
Seife	*saabun*
Waschpulver	*kaprre done kaa saabun*
Zahnpasta	*manjan*
Zeitung (auf Englisch)	*(angrezee kaa) akbaar*
Zeitung	*kaagaz*

ein bisschen	*toraa*
genug	*kaafee*
groß	*baraa*
klein	*chotaa*
mehr	*aur*
zu viel	*bahut/adik*

Wieviel kostet das?
is kaa daam kyaa hai?
Ich finde das zu teuer.
yeh bahut mahegaa/i hai (m/f)
Können Sie mit dem Preis runtergehen?
is kaa daam kam keejiye?
Nehmen Sie Kreditkarten?
kyaa aap vizaa kaard vagairah lete ha?

UHRZEIT & DATUM

Wieviel Uhr ist es?	*kitne baje haing?/taaim kyaa hai?*
Es ist (zehn) Uhr.	*(das) baje haing*
Es ist halb drei.	*daaee baje haing*
Wann?	*kab?*
jetzt	*ab*
heute	*aaj*
morgen/gestern	*kal* (*kal* wird für beides benutzt, die Bedeutung erschließt sich aus dem Kontext)

Abend	*shaam*
Jahr	*saal/baras*
Monat	*maheenaa*
Morgen	*saveraa/subhaa*
Nacht	*raat*
Tag	*din*
Woche	*haftaa*
Montag	*somvaar*
Dienstag	*mangalvaar*
Mittwoch	*budvaar*
Donnerstag	*guruvaar/brihaspativaar*
Freitag	*shukravaar*
Samstag	*shanivaar*
Sonntag	*itvaar/ravivaar*

UNTERKUNFT

Wo ist das (beste/billigste) Hotel?
sab se (achaa/sastaa) hotal kahaang hai?
Bitte schreiben Sie die Adresse auf.
zaraa us kaa ataa lik deejiye
Haben Sie Zimmer frei?
kyaa koee kamraa kaalee hai?
Ich möchte ein Bett in einem Schlafsaal.
maing dorm me teharnaa chaahtaa/ee hoong (m/f)

Wieviel kostet …?	*… kaa kiraayaa kitnaa hai?*
eine Nacht	*ek din*
eine Woche	*ek hafte*

Ich möchte ein …	*mujhe… chaahiye*
Doppelzimmer	*dabal kamraa*
Einzelzimmer	*singal kamraa*
Zimmer mit eigenem Bad	*gusalkaanevaalaa kamraa*

Haben Sie noch ein anderes Zimmer?
koee aur kamraa hai?
Kann ich es sehen?
kyaa maing kamraa dek saktaa/ee hoong? (m/f)
Wo ist das Bad?
gusalkaanaa kahaang hai?

Bett	*palang*
Bettdecke	*kambaal*
Dusche	*shaavar*
mit Fenster	*kirkeevaalaa*
Schlüssel	*chaabee*
Toilettenpapier	*taailet pepar*
Wasser (kalt/warm)	*paanee (tandaa/garam)*

VERKEHRSMITTEL & -WEGE

Wie kommen wir nach …?
… kaise jaate haing?

Wann geht der … Bus?	*… bas kab jaaegee?*
erste	*pehlaa/pehlee*
nächste	*aglaa/aglee*
letzte	*aakiree*

Wann fährt der/die/das …?…
… kitne baje jaayegaa/jaayegee? (m/f)

SPRACHE

Wann kommt der/die/das ... an?...
... kitne baje pahungchegaa/pahungchegee? (m/f)

Boot	*naav* (f)
Bus	*bas* (f)
Flugzeug	*havaaee jahaaz* (m)
Zug	*relgaaree* (f)

Ich möchte ein ...-Ticket.
mujhe ek ... tikat chaahiye

one-way	*ek-tarafaa*
Rückfahrt	*do-tarafaa*

1. Klasse	*pratam shreni*
2. Klasse	*dviteey shreni*

VERSTÄNDIGUNGSSCHWIERIGKEITEN

Sprechen Sie Englisch?
kyaa aap ko angrezee aatee hai?
Spricht irgendjemand hier Englisch?
kyaa kisee ko angrezee aatee hai?
Ich verstehe.
maing samjhaa/ee
Ich verstehe nicht.
maing naheeng samjhaa/ee
Bitte schreiben Sie es auf.
zaraa lik deejiye

ZAHLEN

Im Hindi wird genauso gezählt wie im Deutschen, mit Zehnern, Hundertern, Tausendern, Hunderttausendern und Millionen. Einhunderttausend werden ein *lakh* genannt, 10 Mio. sind ein *crore*.

In den Tausendern haben geschriebene Zahlen Kommata bzw. Leerstellen nach jeder zweiten Stelle und nicht wie im Deutschen üblich nach jeder dritten.

1	*ek*
2	*do*
3	*teen*
4	*chaar*
5	*paangch*
6	*chai*
7	*saat*
8	*aat*
9	*nau*
10	*das*
11	*gyaarah*
12	*bara*
13	*terah*
14	*chaudah*
15	*pandrah*
16	*solah*
17	*satrah*
18	*attaarah*
19	*unnees*
20	*bees*
21	*ikkees*
22	*baaees*
30	*tees*
40	*chaalees*
50	*pachaas*
60	*saat*
70	*sattar*
80	*assee*
90	*nabbe/navve*
100	*sau*
1000	*hazaar*
100 000	*ek lakh* (geschrieben 1,00,000)
10 000 000	*ek crore* (geschrieben 1,00,00,000)

TAMIL

Tamil ist die offizielle Sprache im südindischen Bundesstaat Tamil Nadu und im Unionsterritorium Pondicherry. Es gehört zu den größten drawidischen Sprachen in Südindien.

SCHRIFT & TRANSLITERATION

Tamil hat sein eigenes Alphabet, das in diesen Sprachführer nicht aufgenommen wurde. Das hier benutzte Transliterationssystem soll als vereinfachte Methode dienen, die die tamilischen Vokale in das lateinische Alphabet „übersetzt".

AUSSPRACHE

Das Lautsystem des Tamil hat genauso wie das des Hindi eine Anzahl retroflexer Konsonanten, die durch das Auf- und Zurückstellen der Zunge bis zur Berührung der Zungenspitze mit dem Gaumen gebildet werden. Der Einfachheit wegen wird hier Sprachführer nicht zwischen den retroflexen und nicht retroflexen Konsonanten unterschieden. Die Bedeutung des Gesagten wird durch den Zusammenhang klar werden.

Vokale

a	wie in „Ball"
aa	wie in „Bad"
ai	wie in „Eis"
au	wie in „Maus"
e	wie in „Bett"
ee	wie in „Spiel"
i	wie in „Ritt"
o	wie in „Gott"

NOTFÄLLE

Hilfe!	*utavi!*
Lassen Sie mich in Ruhe!	*ennai taniyaaka irukkativu!*
Gehen Sie weg!	*tolaintu po!*
Rufen Sie einen Arzt!	*taaktarai kooppitavum!*
Rufen Sie die Polizei!	*poleesai kooppitavum!*
Ich habe mich verirrt.	*naan vazhi taviritten.*

oo	wie in „Mus“
u	wie in „Bus“

Konsonanten

g	wie in „Gott“
k	wie in „Kind“
ñ	wie „ni“ in „Union“
s	wie in „Sitz“
zh	wie „sch“ in „Schutz“

KONVERSATION & NÜTZLICHES

Hallo!	*vanakkam*
Auf Wiedersehen!	*poyittu varukiren*
Ja/Nein.	*aam/illai*
Bitte (um etwas bitten)	*tayavu seytu*
Danke!	*nanri*
Bitteschön	*nallatu varuka*
Entschuldigung.	*mannikkavum*
Sprechen Sie Englisch?	*neenkal aankilam pesuveerkalaa?*
Wieviel kostet es?	*atu evvalavu?*
Wie heißen Sie?	*unkal peyar enna?*
Ich heiße …	*en peyar…*

WEGWEISER

Wo ist …?	*… enke irukkiratu?*
Gehen Sie immer geradeaus.	*neraaka sellavum*
Links abbiegen.	*valatu pakkam tirumbavum*
Rechts abbiegen.	*itatu pakkam tirumbavum*
weit	*tooram*
nah	*arukil*

SHOPPEN & SERVICE

Wann macht es auf/zu?
tirakkum/mootum neram enna?

Bank	*vangi*
… Botschaft	*… tootarakam*
Drogerie/ Apotheke	*aruntukkataikkaarar/ maruntakam*
Markt	*maarkket*
mein Hotel	*en unavu vituti*
Nachrichtenagntur	*niyoos ejensi*
öffentlichs Telefon	*potu tolaipesi*
Post	*tabaal nilayam*
Schreibwarenladen	*elutuporul vanikar*
Touristeninformation	*surrulaa seyti totarpu aluvalakam*
groß	*periya*
klein	*siriya*

UHRZEIT & DATUM

Wieviel Uhr ist es?	*mani ettanai?*
gestern	*nerru*
heute	*inru*
Monat	*maatam*
Morgen	*kaalai*
morgen	*naalai*
Nachmittag	*matiyam*
Nacht	*iravu*
Tag	*pakal*
Woche	*vaaram*
Montag	*tinkal*
Dienstag	*sevvaay*
Mittwoch	*putan*
Donnerstag	*viyaazhan*
Freitag	*velli*
Samstag	*sani*
Sonntag	*ñaayiru*

UNTERKUNFT

Haben Sie Zimmer frei?
araikal kitaikkumaa?
für einen/zwei Leute
oruvar/iruvarukku
für eine/zwei Nächte
oru/irantu iravukal
Wieviel kostet es pro Nacht/pro Person?
oru iravukku/oru nabarukku evallavu?
Ist Frühstück inklusive?
kaalai sirruntiyutan serttaa?

ZEICHEN

வழி உள்ளே	Eingang
வழி வெளியே	Ausgang
திறந்த	Offen
மூடிய	Geschlossen
தகவல்	Information
அனுமதி இல்லை	Verboten
காவல் நிலையம்	Polizei
மலசலகூடம்	Toiletten
ஆண்	Männer
பெண	Frauen

Campingplatz *tangumitam*
Gästehaus *viruntinar vituti*
Hotel *hotal/vituti*
Jugendherberge *ilaiñar vituti*

VERKEHRSMITTEL & -WEGE

Wann fährt/kommt der/das nächste … an?
eppozhutu atutta … varum/sellum?

Boot *pataku*
Bus (in der Stadt) *peruntu (nakaram/ulloor)*
Bus (Überland) *peruntu (veliyoor)*
Zug *rayil*

Ich möchte ein one-way-/Rückfahrt-Ticket.
enakku oru vazhi/iru vazhi tikket venum

1. Klasse *mutalaam vakuppu*
2. Klasse *irantaam vakuppu*
Bahnhof *rayil nilayam*
Bushaltestelle *peruntu nilayam*
Fahrplan *kaala attavanais*
Gepächaufbewahrung *tavara vitta saamaan*

Ich möchte ein … mieten.
enakku… vaatakaikku venum

Auto *kaara*
Fahrrad *saikkil*

ZAHLEN

0	*boojyam*
1	*ondru*
2	*iranyu*
3	*moonru*
4	*naanku*
5	*aintu*
6	*aaru*
7	*ezhu*
8	*ettu*
9	*onpatu*
10	*pattu*
100	*nooru*
1000	*aayiram*
2000	*irantaayiram*
100 000	*latsam* (geschrieben 1,00,000)
1 000 000	*pattu latsam* (geschrieben 10,00,000)
10 000 000	*koti* (geschrieben 1,00,00,000)

Glossar

In diesem Glossar finden sich Wörter und Ausdrücke, die einem auf dem Weg durch Indien vermutlich öfter begegnen werden. Begriffe zum Essen und Trinken stehen auf S. 104.

abbi – Wasserfall
Abhimani – ältester Sohn von Brahma
Abhimanyu – Sohn von Arjuna
acha – „OK" oder „Ich verstehe"
acharya – verehrter Lehrer, spiritueller Führer
Adivasi – Stammesmitglied
agarbathi – Weihrauch
Agasti – legendärer Weiser der Hindu, verehrt im Süden; ihm wird die Einführung des Hinduismus und die Entwicklung der tamilischen Sprache zugeschrieben
Agni – wichtige Gottheit in den Vedas, Vermittler zwischen Menschen und Göttern; auch Feuer
ahimsa – Gewaltlosigkeit
AIR – All India Radio, der nationale Radiosender
air-cooler – großer, lärmender und wassergefüllter Ventilator; Luftkühler
Amir – muslimischer Adeliger
amrita – Unsterblichkeit
Ananda – Buddhas Cousin und persönlicher Begleiter
Ananta – die Schlange, auf der Vishnu ruht
Andhaka – tausendköpfiger Dämon, von Shiva getötet
angrezi – Ausländer
anikut – (Stau-)Damm
anna – eine sechzehntel Rupie, kein zulässiges Zahlungsmittel mehr
Annapurna – eine der Erscheinungen Durgas; angebetet wegen der Kraft, für Essen zu sorgen
apsara – himmlische Nymphe
Aranyani – Hindugöttin der Wälder
Ardhanari – Shivas halb männliche, halb weibliche Form
Arishta – *daitya*, der in Form eines Bullen Krishna angriff und von ihm getötet wurde
Arjuna – Held des Mahabharata und militärischer Führer, der Subhadra heiratete; er griff zu den Waffen und besiegte viele Dämonen. Er hat die Bhagavad-Gita von Krishna erhalten, leitete die Begräbniszeremonie Krishnas und zog sich letztlich in den Himalaja zurück.
Aryan – Sanskrit für „edel"; jene, die aus Persien ausgewandert sind und sich in Nordindien angesiedelt haben
Ashram – spirituelle Gemeinschaft oder Zuflucht
ashrama – System der Hindus; es erkennt drei Stufen im Leben: *brahmachari, grihastha* und *sanyasin*, aber die Erreichung dieser Stufen ist den drei höheren Kasten vorbehalten
ASI – Abkürzung für Archaeological Survey of India; eine Organisation, die sich um die Erhaltung der Kulturgüter bemüht
atman – Seele
attar – Ölessenz; wird als Grundstoff für Parfüm gebraucht
Autorikscha – lärmendes, dreirädriges, motorisiertes Unikum zum Transport von Passagieren, Vieh usw. über kurze Entfernungen; findet sich überall in Indien und ist billiger als ein Taxi
Avalokiteshvara – im Mahayana-Buddhismus der Bodhisattva der Barmherzigkeit
avatar – Inkarnation eines Gottes, normalerweise Vishnu
ayah – Kindermädchen
Ayurveda – die alte und ganzheitliche Wissenschaft der indischen Kräutermedizin und Heilkunde
azad – frei (Urdu), wie in Azad Jammu & Kaschmir
azan – muslimischer Gebetsruf

baba – religiöser Meister oder Vater, Ausdruck des Respekts
bagh – Park
bahadur – mutig oder ritterlich; eine ehrenhafte Bezeichnung
bakschisch – Trinkgeld, Schenkung (Almosen) oder Bestechung
Balarama – Bruder von Krishna
bandar – Affe
bandh – Generalstreik
bandhani – Knüpfbatik
banian – T-Shirt oder Unterhemd
baniya – Geldverleiher
banyan – indischer Feigenbaum
baoli – s. *baori*
baori – Quellen, besonders Treppenquellen mit Galerien und Zugängen; in Gujarat werden sie üblicherweise *baoli* genannt
baradari – Ferienhaus
bearer – so etwas wie ein Butler
begum – muslimische Prinzessin oder Frau von hohem Rang
Bhagavad-Gita – das göttliche Lied der Hindus; Krishnas Lehren an Arjuna; wichtigstes Ziel war es die Philosophie der *bhakti* zu betonen, sie ist Teil des Mahabharata
Bhairava – der Schreckliche, bezieht sich auf die acht Inkarnationen Shivas in seiner dämonischen Form
bhajan – Andachtslied
bhakti – vertrauensvolle Hingabe an Gott, Gottesliebe
bhang – getrocknete Blätter und Blütenknospen der Marihuanapflanze

bhangra – rhythmische Musik und Tanz der Punjabi
Bharat – Hindi für Indien
Bharata – Halbbruder von Rama; herrschte, während Rama im Exil war
bhavan – Haus, Gebäude, auch *bhawan* geschrieben
bheesti – s. *bhisti*
Bhima – Held des Mahabharata; er ist der Bruder von Hanuman und bekannt für seine große Kraft
bhisti – Wasserträger
bhoga-mandapa – Opferhalle von Orissa
bhojanalya – s. *dhaba*
bidi – kleine, handgerollte Zigarette
bindi – Stirnzeichen (oft punktförmig) von Frauen
BJP – Bharatiya Janata Partei
Bodhi-Baum – der Baum, unter dem Buddha saß, als er erleuchtet wurde
bodhisattva – wörtlich „einer dessen Wesensziel perfekte Weisheit ist". Im frühen Buddhismus bezog sich bodhisattva nur auf Buddha in der Phase, als er danach strebte, Buddha zu werden und auf den Moment der Erleuchtung, im Mahayana-Buddhismus ist es jemand, der auf das Nirwana verzichtet, um anderen zu helfen, es zu erreichen.
Bollywood – Indiens Antwort auf Hollywood; die Filmindustrie in Mumbai (Bombay)
Brahma – Hindugott; in der Trimurti als Schöpfer verehrt
brahmachari – im *ashrama*-System die Stufe des tugendhaften Schülers
Brahmanen – Mitglied der Priester-/Gelehrtenkaste, der höchsten Hindukaste
Brahmanismus – frühe Form des Hinduismus, die aus dem Vedismus (s. Vedas) entstand, benannt nach den Brahmanen-Priestern und Brahma.
Buddha – der Erleuchtete, Gründer des Buddhismus, bei den Hindus die neunte Inkarnation Vishnus
Buddhismus – s. *früher Buddhismus*
bugyal – Wiese in großer Höhe
bund – Damm oder Deich
burka – Kleidungsstück konservativer muslimischer Frauen, das sie von Kopf bis Fuß zu bedeckt
bustee – Slum

cantonment – administratives und militärisches Gebiet einer Stadt aus dem British Raj
caravanserai – traditionelle Unterkunft für Kamelkarawanen
chaam – ritueller Maskentanz mehrerer buddhistischer Mönche in Gompas zur Feier des Sieges des Guten über das Böse und des Buddhismus über die früheren Religionen
chaitya – Bezeichnung des Sanskrit für „cetiya", benennt einen Schrein oder ein Objekt der Verehrung. Heute versteht man darunter einen Tempel oder eine spezielle Halle, unterteilt in ein Hauptschiff und zwei Seitenschiffe, die durch Säulenreihen getrennt sind; am Ende der Halle steht eine Votiv-Stupa.
chakra – Punkt der spirituellen Kraft einer Person; scheibenähnliche Waffe Vishnus
chalo, chalo, chalo – los, los, los
Chamunda – eine Form Durgas, eine echte Schreckgestalt, bewaffnet mit Krummsäbel, Schlingen, Streitkolben und in eine Elefantenhaut gekleidet, war es ihre Aufgabe, die Dämonen Chanda und Munda zu töten
chandra – Mond bzw. der Mond als Gott
Chandragupta – indischer Herrscher aus dem 3. Jh. v. Chr.
chappals – Sandalen oder phantasievolle Fußbekleidung mit Lederriemen; Flip-Flops
Char Dham – vier Pilgerziele in Badrinath, Kedarnath, Yamunotri and Gangotri
charas – Harz der Marihuanapflanze, auch Haschisch genannt
charbagh – persischer Garten, unterteilt in Viertel (wörtlich „vier Gärten")
charpoy – ein einfaches Bett aus zusammengeknoteten Seilen in einem hölzernen Rahmen
chedi – s. *chaitya*
chela – Jünger oder Gefährte, wie George Harrison bei Ravi Shankar
chhatri – Kenotaph (wörtlich „Schirm")
chikan – gestickter Stoff (Spezialität aus Lucknow)
chillum – Wasserpfeife, der Name ist üblich für Pfeifen zum Rauchen von *ganja*
chinkara – Gazelle
chital – gefleckter Hirsch
chogyal – König
choli – Sari-Bluse
chomos – tibetische buddhistische Nonnen
chorten – tibetisch für Stupa
choultry – Unterkunft für Pilger; auch *dharamsala* genannt
chowk – städtischer Platz, Kreuzung oder Marktplatz
chowkidar – Nachtportier, Hausmeister
chuba – Kleidung tibetischer Frauen
cong (I) – Indische Kongresspartei, Congress Party of India; auch bekannt als Congress (I)
coolie – Arbeiter oder Träger
CPI – Indische Kommunistische Partei, Communist Party of India
CPI (M) – Indische Kommunistische Partei (Marxisten)
crore – 10 Mio.
dacoit – Verbrecher (besonders bewaffnete Verbrecher), Gesetzloser

dagoba – s. *Stupa*
daitya – Dämon oder Riese, der gegen Götter kämpft
dak – einfache Unterkunft, von den Behörden betrieben
Dalit – bevorzugter Name für die Kaste der Unberührbaren, s. auch *Harijan*
Damodara – ein anderer Name für Krishna

dargah – Schrein oder Begräbnisplatz eines muslimischen Heiligen
darshan – Opfer oder Audienz mit jemandem, Erscheinung einer Gottheit
darwaza – Eingang oder Tür
Dasaratha – Vater von Rama im Ramayana
Dattatreya – brahmanischer Heiliger, der der Trimurti die Form gab
deul – Tempelheiligtum
devadasi – Tempeltänzer
Devi – Shivas Frau, Göttin
dhaba – einfaches Restaurant oder Imbiss
dham – heiligste Pilgerstätten Indiens
dharamsala – Herberge für Pilger
dharma – das Wort wird sowohl von Hindu als auch Buddhisten benutzt, um ihre jeweilige Moralvorstellungen und Verhaltensweisen zu bezeichnen
dharna – gewaltloser Protest
dhobi – Person, die Wäsche wäscht; auch *dhobi-wallah*
dhobi ghat – Ort, wo die Kleidung gewaschen wird
dhol – traditionelle, große, zweiseitige Trommel aus dem Punjab
dholi – von Menschen getragene „Stühle"; darauf werden Leute zu den Tempeln auf den Bergen getragen usw.
dhoti – wie ein *lungi*, die knöchellange Kleidung wird dann zwischen den Beinen hochgezogen; wird von Männern getragen
dhurrie – Baumwollteppich
Digambara – „Himmelgekleidete"; Gruppe der Jainisten, die ihre Verachtung für weltliche Dinge durch ihr Nacktsein demonstrieren
dikpala – Tempelwächter
Din-i-Ilahi – Akbars Philosophie beansprucht die echte Wahrheit in allen Religionen
diwan – erster Offizier in einem Fürstenstaat; königlicher Rat oder Gerichtshof
Diwan-i-Am – Halle für öffentliche Audienzen
Diwan-i-Khas – Halle für private Audienzen
dowry – Mitgift; Geld und Güter werden von den Brauteltern an die Familie des Schwiegersohnes gegeben; es ist illegal, aber immer noch weit verbreitet bei arrangierten Hochzeiten
Draupadi – die Frau der fünf Pandavaprinzen im Mahabharata
Drawidisch – allgemeine Bezeichnung für die Kultur und Sprachen im tiefen Süden Indiens, darunter Tamil, Malayalam, Telugu und Kannada
dukhang – tibetische Gebetshalle
dun – Tal
dupatta – Ein langer Schal für Frauen, wird oft in Kombination mit dem *salwar kameez* getragen
durbar – königlicher Gerichtshof; auch eine Behörde
Durga – die Unnahbare, eine Form der Frau Shivas, Devi, eine wunderschöne, wilde Frau, die auf einem Tiger reitet; eine wichtige Göttin der Shakti-Sekte

dwarpal – Türwächter; Skulptur neben den Eingängen zu hinduistischen oder buddhistischen Schreinen
elatalam – kleines, in der Hand gehaltenes Becken

Emergency – Periode in den 1970er-Jahren, in der Indira Ghandi viele politische Rechte aufhob
Eve-teasing – sexuelle Belästigung
Exportguru – ein Guru, dessen Schüler vor allem Westler sind

Fakir – Ein Muslim, der ein Armutsgelübde abgelegt hat, wird auch für *sadhus* und andere Asketen der Hindus benutzt
filmi –Slangbezeichnung für alles, was mit indischen Filmen zu tun hat
firman –königlicher Befehl oder Bewilligung
früher Buddhismus – alle Schulen des Buddhismus, die sich direkt nach Buddhas Tod und vor der Einführung des Mahayana gegründet haben. Eine moderne Form ist der Theravada-Buddhismus (Lehren der Älteren), praktiziert in Sri Lanka und Südostindien. Der frühe Buddhismus unterscheidet sich vom Mahayana dadurch, dass nicht das Ideal des Bodhisattva gelehrt wird.

gabba – gemusterter Teppich aus Kaschmir
gaddi – Thron eines Hindu-Prinzen
Ganesh – Hindugott des guten Zufalls, beliebter elefantenköpfiger Sohn von Shiva und Parvati, er ist auch bekannt als Ganpati. Sein Reittier ist eine rattenähnliche Kreatur
Ganga – Hindugottheit, die den Ganges repräsentiert; er soll aus Vishnus Zeh fließen
ganga aarti – Zeremonie zur Verehrung des Flusses
ganj – Markt
ganja – getrocknete Blütenspitzen der Marihuanapflanze
gaon – Dorf
garh – Festung
gari – Fahrzeug; *motor gari* ist ein Auto, *rail gari* ist ein Zug
Garuda – Reittier von Vishnu in Menschen-Vogelform
gaur – indischer Büffel
Gayatri – zweimal am Tag werden die heiligen Verse der Rigveda auswendig von Brahmanen vorgetragen
gazal – Lied der Urdu aus überlieferten Gedichten, Thema ist die tragische Liebe
geyser – Boiler in manchen Badezimmern
ghat – Stufen oder Anlegestelle an einem Fluss; auch Bezeichnung eines Bergzuges oder einer Straße durch die Berge
gherao – Aktion bei der die Arbeiter ihre Arbeitgeber einschließen
giri – Hügel
Gita Govinda – erotisches Gedicht von Jayadeva, es bezieht sich auf Krishnas frühes Leben als Govinda
godmen – kommerziell orientierte Gurus; s. auch *Exportguru*

godown – Kaufhaus
gompa – tibetisch-buddhistisches Kloster
Gonds – Ureinwohner Indiens, hauptsächlich leben sie in den Wäldern Zentralindiens
goonda – Rüpel oder Rowdies; politische Parteien sind dafür bekannt, Gangs zu beschäftigen
Gopala – s. Govinda
gopi – Hirtenmädchen; Krishna mochte sie besonders
gopuram – pyramidenförmiger Eingangsturm drawidischer Tempel
Govinda – Krishna als Kuhhirte; auch nur Kuhhirte
grihastha – Stufe des *ashrama*-Systems; die Anhänger erfüllen ihre Pflicht an den Vorfahren, indem sie Söhne zeugen und den Göttern Opfer bringen
gufa – Höhle
gulli – Pfad oder Allee
gumbad – Kuppel auf einem islamischen Grabmal oder einer Moschee
gurdwara – Tempel der Sikh
guru – heiliger Lehrer; in Sanskrit wörtlich *goe* (Dunkelheit) und *roe* (zerstreuen)
Guru Granth Sahib – heiliges Buch der Sikh

haat – Dorfmarkt
haj – Pilgerfahrt der Muslime nach Mekka
haji – ein Muslim, der eine *haj* gemacht hat
hammam – türkisches Bad; öffentliches Badehaus
Hanuman – Affengott der Hindu, bekannt aus dem Ramayana, er ist ein Verbündeter Ramas
Hara – einer der Namen Shivas
Hari – ein anderer Name für Vishnu
Harijan – Bezeichnung (die nicht mehr akzeptiert wird) Ghandis für Indiens Unberührbare; bedeutet „Kinder Gottes"
hartal – Streik
Haschisch – siehe *charas*
hathi – Elefant
haveli – traditionelle, oft mit Ornamenten versehene Häuser, besonders in Rajasthan und Gujarat
havildar – Offizier der Armee
hijab – von muslimischen Frauen benutztes Kopftuch
hijra – Eunuch
Hinayana – siehe *früher Buddhismus*
hindola – Keule
hiranyakasipu – König der *daitya,* getötet von Narasimha
hookah – Wasserpfeife zum Rauchen von Ganja oder starkem Tabak
howdah – Elefantensitz zum Transport von Menschen auf einem Elefantenrücken

iftar –Das Fastenbrechen bei Sonnenuntergang während des Ramadans
ikat – maschinell gefertigter Stoff mit vor dem Weben in Knüpfbatik gefärbten Fäden
imam – religiöser Führer der Muslime
imambara – Grabmal, gewidmet einem heiligen schiitischen Muslim
Indo-Sarakenisch – kolonialer Architekturstil, der westliche Baustile mit islamischen, hinduistischen und jainistischen Einflüssen mischt
Indra – bedeutender und angesehener vedischer Gott; Gott des Regens, Donners, Blitzes und des Krieges
Ishwara – ein anderer Name für Shiva; Gott

Jagadhatri – Mutter der Welt; ein weiterer Name für Devi
jagamohan – Versammlungshalle
Jagannath – Gott des Universums; eine Form von Krishna
jali – geschnitztes Gitter (oft aus Marmor), wird auch benutzt, um die Löcher oder Zwischenräume zu bezeichnen, die beim Schnitzen von Holz oder Stein entstehen
Janaka – Vater von Sita
jataka – Erzählung von den verschiedenen Leben Buddhas
jauhar – ritueller Massenselbstmord durch Opferung, von Rajput-Frauen nach militärischer Niederlagen begangen, um der Entehrung durch die Sieger zu entgehen
jawan – Polizist oder Soldat
jheel – mooriges Gebiet
jhuggi – Barackensiedlung; auch *bustee* genannt
jhula – Brücke
ji – Endung, die an beinahe alles angehängt werden kann, um Respekt auszudrücken, wie „Babaji", „Gandhiji"
jihad – heiliger Krieg
JKLF – Jammu & Kashmir Liberation Front, Befreiungsfront Jammu & Kaschmir
jooti – traditioneller, spitz zulaufender Schuh aus Rajasthan, kann man überall in Indien kaufen
juggernaut – großer, extravagant dekorierter Tempelwagen, der während Hindufeierlichkeiten durch die Straßen gezogen wird
jumkahs – Ohrringe
jyoti linga – die wichtigsten Schreine Shivas, es gibt zwölf davon

kabaddi – traditionelles Spiel (ähnlich dem Fangen)
Kailasa – heiliger Berg im Himalaja; Heimat Shivas
Kali – das Schwarze; furchterregende Form von Devi, üblicherweise dargestellt mit schwarzer Haut, triefend vor Blut und eine Halskette aus Schädeln tragend
Kalki – das Weiße Pferd, eine kommende (zehnte) Inkarnation Vishnus, die am Ende von Kali-Yug erscheinen wird, wenn die Welt aufhören wird zu sein; wird verglichen mit Maitreya in der buddhistischen Kosmologie
Kama – Hindugott der Liebe
kameez – eine hemdähnliche Tunika für Frauen
Kanishka – bedeutender König des Kushanazeitalters, der in der frühen christlichen Zeit regierte
Kanyakumari – Jungfrau, ein anderer Name für Durga

kapali – heiliger Krug, der aus einem menschlichen Schädel gefertigt ist
karma – hinduistisches, buddhistisches und sikhistisches Prinzip der Vergeltung für vergangene Taten
karmachario – Arbeiter
karnatische Musik – klassische Musik Südindiens
Kartikiya – Hindugott des Krieges, Sohn Shivas
Kaste – Begriff aus dem Gesellschaftssystem der Hindu; es gibt vier Kasten: die Brahmanen, die Kshatriyas, die Vaishyas und die Shudras
kata – tibetischer Gebetsschal, wird traditionell einem *Lama* übergeben, wenn Pilger in seine Nähe kommen
kathputli – Puppenspieler; auch bekannt als *putli-wallah*
Kedarnath – Name Shivas und einer der zwölf *jyoti linga*
Kenotaph – ein Grabmal zu Ehren eines Toten, dessen Leichnam sich woanders befindet
khadi – handgesponnene Kleidung; Mahatma Gandhi ermunterte die Menschen, lieber eigenen Stoff zu spinnen als englische Stoffe zu tragen
Khalistan – von der Unabhängigkeitsbewegung der Sikhs benutzter Name für ein freies Punjab
Khalsa – Sikhbruderschaft
Khan – muslimischer Ehrentitel
kho-kho – traditionelles Spiel (ähnlich unserem Fangen)
khol – schwarzer Eyeliner
khur – asiatischer wilder Esel
kiang – Wildeselart in Ladakh
kirtan – hymnischer Sikhgesang
koil – Hindutempel
kolam – siehe *rangoli*
kompu – C-förmige, metallene Trompete
Koran – Das heilige Buch des Islam
kos minar – Meilenstein
kot – Festung
kothi – Residenz, Haus oder Wohnung
kotwali – Polizeiwache
Krishna – Vishnus achte Inkarnation, oft blau gefärbt; brachte Arjuna die Bhagavad-Gita
Kshatriya – Krieger- und Herrscherkaste der Hindus; die zweithöchste Kaste
kund – See oder Wasserbecken; Toda-Dorf
kurta – Langes Hemd mit einem kurzen oder keinem Kragen
kusa – einer von Ramas Zwillingssöhnen

lakh – 100 000
Lakshmana – Halbbruder und Gefährte Ramas im Ramayana
Lakshmi – Vishnus Gemahlin, Hindugöttin des Wohlstands; sie entsprang dem Ozean mit einer Lotusblume in der Hand
lama – Priester oder Mönch des tibetischen Buddhismus
lathi – schwerer Stock, der von der Polizei benutzt wird, besonders um Menschenmengen in Schach zu halten
Laxmi – siehe *Lakshmi*
lehanga – sehr langer Rock mit einer Taillenschnürung
lhamo – tibetische Oper
lingam – phallisches Symbol; Symbol Shivas, Plural: *linga*
lok – Volk
Lok Sabha – Unterhaus des indischen Parlaments (House of the People)
loka – Königreich
Losar – tibetisches Neujahr
lungi – von Männern getragene, weite, bunte Kleidung (ähnlich dem Sarong), wird in der Taille gefaltet, damit sie passt

machaan – Beobachtungsturm
madrasa – Islamschule
maha – Vorsilbe, die „groß" bedeutet
Mahabharata – großes Heldenepos der Hindu aus der Bharatadynastie; es enthält mehr als 10 000 Verse, die den Kampf zwischen den Stämmen der Pandavas und Kauravas schildern
Mahabodhi Society – gegründet 1891, um die buddhistische Forschung zu fördern
Mahadeva – Großer Gott; Shiva
Mahadevi – Große Göttin; Devi
Mahakala – Große Zeit; Shiva, außerdem einer der zwölf *jyoti linga*
mahal – Haus oder Palast
Maharadscha – wörtlich „großer König"; fürstlicher Herrscher
maharana – s. *Maharadscha*
maharani – Frau eines fürstlichen Herrschers oder selbständige Herrscherin
maharao – s. *Maharadscha*
maharawal – s. *Maharadscha*
mahatma – wörtlich „große Seele"
Mahavir – der letzte *tirthankar*
Mahayana – wörtlich „das große Fahrzeug"; Hauptrichtung des Buddhismus; eine spätere Adaption der Lehren, die den Schwerpunkt auf das Ideal der Bodhisattva legt, lehrt den Verzicht auf das *Nirwana* (des ewigen Friedens und des Endes der Wiedergeburten), um anderen zu helfen, den Pfad der Erleuchtung zu gehen
Mahayogi – Großer Asket; Shiva
Maheshwara – Großer Gott; Shiva
Mahisa – hinduistischer Dämon
mahout – Elefantenreiter oder -führer
Mahratta – s. *Marathen*
maidan – offene (oft mit Gras bewachsene) Fläche; Paradeplatz
Maitreya – der kommende Buddha
Makara – mythisches Meeresungeheuer und Varunas Reittier; Krokodil
mali – Gärtner
mandal – Schrein
mandala – Kreis; das Symbol gilt Hindu und Buddhisten als Zeichen für das Universum

mandapa– Pavillon mit Pfeilern, eine Tempelvorhalle
mandi – Markt
mandir – Tempel
Mani-Stein – Stein, in den ein tibetisch-buddhistisches Mantra *Om mani padme hum* („Gelobt sei das Juwel im Lotus") geschnitzt ist
Mani-Wände – tibetische Steinmauern mit heiligen Inschriften
mantra – heilige Wörter oder Silben, die von Buddhisten und Hindu gesprochen werden, um die Konzentration zu fördern; metrische Gebetsverse der Vedas
Mara – buddhistische Personifizierung der Behinderung der Tugendhaftigkeit, oft mit hunderten von Armen dargestellt; auch der Gott des Todes
Marathen – zentralindischer Volksstamm, der zu verschiedenen Zeiten Indien beherrschte und gegen die Moguln und Rajputen kämpfte
marg – Straße
Maruts – Sturmgötter der Hindu
masjid – Moschee
mata – Mutter
math – Kloster
maund – abgeschafftes Gewichtsmaß (ungefähr 20 kg)
mehndi – Henna; Hennabemalungen auf den Händen (und oft auch den Füßen) indischer Frauen anlässlich bestimmter Feste oder Zeremonien (z. B. Hochzeit)
mela – Messe oder Fest
memsahib – Dame; respektvolle Anrede für Frauen
Meru – mythischer Berg im Innern der Erde; auf ihm sitzt Swarga
mihrab – Andachtsnische in einer Moschee, auf Mekka ausgerichtet
mithuna – Männer- oder Frauenpaare; finden sich oft unter Tempelskulpturen
Moguln – muslimische Dynastie der Eroberer Indiens von Babur bis Aurangzeb
Mohini – Vishnu in seiner weiblichen Form
moksha – Befreiung von der *samsara*
monsun – Regenzeit
morcha – Protestmarsch oder Demonstration
mudra – rituelle Handbewegungen während religiöser Hindutänze; Gesten der Buddhafiguren
Muezzin – er ruft die Muslime zum Gebet, traditionell von einem Minarett einer Moschee
mujtahid – göttlich
mullah – muslimischer Gelehrter oder religiöser Führer
mund – Dorf

nadi – Fluss
Naga – mythische, schlangenähnliche Lebewesen, die eine menschliche Form annehmen können
namaskar – s. *namaste*
namaste – traditioneller Hindugruß („Hallo" oder „Auf Wiedersehen"); oft legt man dabei die Hände auf Brust- oder Kopfhöhe aneinander; auch *namaskar* genannt
namaz – muslimische Gebete
namkin – verpackte Kräuterknabbereien
Nanda – Kuhherde, die den Gott Krishna aufzog
Nandi – Bulle, der Shiva als Reittier dient
Narasimha – Inkarnation Vishnus, teils Mensch, teils Löwe
Narayan – Inkarnation Vishnus als Schöpfer
Narsingh – siehe *Narasimha*
natamandir – Tanzhalle
Nataraja – Shiva als kosmischer Tänzer
Nautch – Tanz
Nautch-Girls – Tänzerinnen
Nawab – muslimischer Herrscher oder machtvoller Landbesitzer
Naxaliten – ultralinke politische Bewegung, sie begann als kleinbäuerliche Rebellion in Westbengalen und ist extrem gewalttätig
Nilakantha – Form Shivas; sie hat einen blauen Hals, weil sie ein blaues Gift verschluckt hat, das die Welt zerstört hätte
nilgai – Antilopenart
Nirwana – das letzte Ziel des Buddhismus und die endgültige Erlösung vom Kreislauf des Lebens
niwas – Haus, Gebäude
nizam – vererbbarer Titel der Herrscher von Hyderabad
noth – der Herr (im Jainismus)
NRI – Non-Resident Indian; von ökonomischer Bedeutung für das moderne Indien
nullah – Bach oder kleiner Flusslauf

Om – heiliger Ausruf, der die Essenz des göttlichen Prinzips darstellt; bei Buddhisten löst es, wenn es oft genug mit vollständiger Konzentration ausgerufen wird, einen Zustand vollständiger Leere aus
Osho – der späte Bhagwan Shree Rajneesh, ein bekannter, kontrovers aufgenommener Guru

padma – Lotus; ein anderer Name für die Hindugöttin Lakshmi
padyatra – „Fußreise" von Politikern unternommen, um die Unterstützung der ländlichen Bevölkerung zu bekommen
Pagode – s. *Stupa*
Paisa – 100 paisa sind eine Rupie
palanquin – Sänfte
Pali – eine Sprache, die dem Sanskrit verwandt und in den buddhistische Schriften überliefert ist; Gelehrte beziehen sich immer noch auf die Original-Pali-Texte
palia – Erinnerungsstein
palli – Dorf
Panchatantra – eine Sammlung traditioneller Hinduerzählungen über die Welt der Natur, menschliche Verhaltenweisen und das Überleben
panchayat – Dorfversammlung
pandal – Vordach
pandit – Spezialist oder weise Person; bezeichnet auch einen Bücherwurm

GLOSSAR

Parasurama – Rama mit der Axt; sechste Inkarnation Vishnus
Parsen – Anhänger des zarathustrischen Glaubens
Parvati – eine weitere Form Devis
Pashmina – ein feiner, wollener Schal
patachitra – Stoffmalereien aus Orissa
PCO – Public Call Office; in den entsprechenden Buden können nationale und internationale Telefongespräche geführt werden
peepul – Feigenbaum
peon – niedrigster Status klerikaler Arbeiter
pietra dura – Marmoreinlegearbeiten, charakteristisch für den Taj Mahal
pinjrapol – von Jainisten betriebene Tierklinik
pir – muslimischer Heiliger; Titel eines Sufi-Heiligen
POK – Pakistan Occupied Kashmir, der von Pakistan besetzte Teil Kaschmirs
pradesh – Staat
pranayama – Lehre von der Atemkontrolle
prasad – dem Tempel gewidmete Speiseopfer
puja – wörtlich „Respekt"; Opfer oder Gebete
pukka – sauber; eine Bezeichnung aus der Zeit des British Raj
pukka sahib – sauberer Herr
punka – Stoffventilator, bewegt sich, wenn man an einer Kordel zieht
Puranas – Sammlung von 18 Epen in Sanskrit, geschrieben in Versen, Thema sind die drei Götter. Sie stammt aus dem 5. Jh.
purdah – eine Sitte unter konservativen Muslimen (auch von manchen Hindu übernommen, besonders den Rajputen), ihre Frauen von der Öffentlichkeit fernzuhalten; Verschleierung
purnima – Vollmond; gilt als eine Glück verheißende Zeit
putli-wallah – Puppenspieler; auch bekannt als *kathputi'*

Qawwali – religiöser Gesang der Urdu mit musikalischer Begleitung, ursprünglich von den Sufi gesungen
qila – Festung

Radha – die bevorzugte Geliebte Krishnas, als er als Kuhhirte lebte
Radscha – König; manchmal auch *rana*
raga – verschiedene, konventionelle Melodien und Rhythmen, die die Basis für frei vorgetragene Kompositionen bilden
Raj – Herrschaft oder Staatsgewalt; „British Raj" bezeichnet die britische Kolonialherrschaft
Rajkumar – Prinz
Rajput – Kriegerkaste der Hindu, früher Herrscher im nordwestlichen Indien
Rajya Sabha – Oberhaus des indischen Parlaments (Council of States)
rakhi – Amulett
Rama – siebte Inkarnation Vishnus
Ramadan – der islamische heilige Fastenmonat verbietet gläubigen Muslimen, zwischen Sonnenauf- und Sonnenuntergang zu essen, zu trinken oder zu rauchen; wird auch Ramazan genannt
Ramayana – die Erzählung von Rama und Sita und ihrem Streit mit Ravana ist eines der bekanntesten Epen Indiens
rana – König; auch *Radscha*
rangoli – kunstvolle Muster aus Reispaste, Kreide oder farbigem Pulver; auch bekannt als *kolam*
rani – weiblicher Herrscher oder Frau eines Königs
ranns – Wüsten
rasta roko – Errichtung von Straßensperren zu Protestzwecken; Barrikaden
rath – Tempelwagen oder -fahrzeug für religiöse Feste
rathas – in Felsen gehauene drawidische Tempel
Ravana – Dämonenkönig von Lanka, der Sita entführte; der Titanenkampf zwischen ihm und Rama wird im Ramayana beschrieben
rawal – Adeliger
Rig-Veda – Ursprung und längste der vier wichtigsten Vedas, der heiligen Sanskrittexte
Rikscha – kleines Gefährt mit zwei oder drei Rädern, um Passagiere zu transportieren
rishi – ein Poet, Philosoph, Heiliger oder Held; eigentlich ein Weiser, dem die Hymnen der Veda enthüllt werden
rudraksh mala – Perlenschnüre, die während der *puja* getragen werden
Rukmani – Frau von Krishna; sie starb auf seinem Scheiterhaufen

sadar – Haupt-
sadhu – asketische, heilige Person, die nach Erleuchtung strebt; oft auch *„swamiji"* oder *„babaji"* genannt
sagar – See, Wasserreservoir
sahib – respektvolle Anrede für einen Gentleman
salai – Straße
salwar –Hosen, die für gewöhnlich mit einem *kameez* getragen werden
salwar kameez – traditionelle kleidähnliche Tunika- und Hosenkombination für Frauen
samadhi – im Hinduismus ein ekstatischer Zustand, der als „Ekstase, Trance, Eintracht mit Gott" bezeichnet wird; im Buddhismus bezeichnet es Konzentration; auch der Platz, an dem ein Heiliger verbrannt oder begraben wurde, meist geehrt durch einen Schrein
sambalpuri – Stoff aus Orissa
sambar – Reh
samsara – Buddhisten, Hindus und Sikhs glauben, dass das irdische Leben zyklisch verläuft; man wird wieder und wieder geboren, die Qualität der Wiedergeburten hängt vom Karma der früheren Leben ab
sangam – Zusammenfluss zweier Flüsse
sangha – Gemeinschaft oder Orden buddhistischer Priester
Sankara – Shiva als der Schöpfer

sanyasin – wie ein *sadhu;* ein wandernder Asket, der als Teil des *ashrama*-Systems allen weltlichen Dingen entsagt
Saraswati – Frau von Brahma, Göttin des Lernens; sitzt auf einem weißen Schwan und hält eine *veena*
Sati – Frau von Shiva; wurde eine *sati* („ehrenhaft Frau"), indem sie sich selbst opferte; obwohl seit mehr als einem Jahrhundert verboten, kommt der *sati* immer noch gelegentlich vor
satra – hinduistisches Kloster und Kunstzentrum
satsang – Vortrag eines Swami oder Gurus
satyagraha – gewaltloser Protest mit Hungerstreik, von Mahatma Gandhi populär gemacht; aus dem Sanskrit, bedeutet wörtlich „Beharren auf der Wahrheit"
Scheduled Castes – offizieller englischer Begriff für die Unberührbaren oder Dalits
Sepoy – früher ein indischer Soldat in britischen Diensten
serai – Unterkunft für Reisende
shahada – muslimisches Glaubensbekenntnis („Es gibt keinen Gott außer Allah; Mohammed ist sein Prophet"); einer der fünf Pfeiler der Weisheit
Shaivismus – Anbetung von Shiva
Shaivit – Anhänger von Shiva
shakti – kreative Energien, wahrgenommen als weibliche Gottheiten; die Anhänger folgen dem so genannten Shaktismus
Sheshnag – manche glauben, dass es diese Schlange ist, auf der Vishnu ausruht
shikara – gondelähnliches Boot, das auf den Seen in Srinagar (Kaschmir) benutzt wird
shikhar – Jagdexpedition
shirting – Stoff, aus dem Hemden gemacht werden
Shiva – Zerstörer; auch der Schöpfer
shola – Urwald
shree – siehe *Sri*
shruti – das Gehörte
Shudra – Arbeiterkaste
sikhara – hinduistischer Tempelturm oder Tempel
Singh – wörtlich „Löwe"; ein von Rajputen und Sikhs genutzer Zuname
sirdar – Führer oder Befehlshaber
Sita – die Hindugöttin der Landwirtschaft; wird üblicherweise mit dem Ramayana in Verbindung gebracht
sitar – indisches Saiteninstrument
Siva – siehe *Shiva*
Skanda – ein anderer Name für Kartikiya
sonam – angesammeltes Karma früherer Reinkarnationen
sree – siehe *Sri*
Sri – ehrenhafte männliche Vorsilbe; das indische Gegenstück zu „Respected Sir"
Stupa – buddhistisches religiöses Monument, aus einer festen Kuppel, die von einer Spitze gekrönt wird und manchmal Reliquien von Buddha enthält; auch bekannt als *dagoba* oder Pagode
Subhadra – Krishnas inzestuöse Schwester
Subrahmanya – ein anderer Name für Kartikiya
Sufi – muslimischer Mystiker
Sufismus – islamischer Mystizismus
suiting – Stoff, aus dem Anzüge gemacht werden
Surya – die Sonne; eine wichtige Gottheit in den Vedas
sutra – Kette; Liste von Regeln in Versen
swami – respektvoller Titel, bedeutet „Herr seiner selbst"; wird initiierten hinduistischen Mönchen verliehen
swaraj – Unabhängigkeit
Swarga – Himmel Indras
sweeper – Diener der niedrigsten Kaste, verrichtet die niedrigsten Arbeiten

tabla – Doppeltrommel
tal – See
taluk – Distrikt
tandava – Shivas kosmischer Siegestanz
tantrischer Buddhismus – eine Form des tibetischen Buddhismus mit starker sexueller und okkulter Ausrichtung
tatty – gewebte Grasmatte, die in Wasser getaucht und vor dem Fenster aufgehängt wird, um die Luft zu kühlen
Tempo – lärmendes Vehikel mit drei Rädern für den öffentlichen Transport; größer als eine Autorikscha
thakur – Edelmann
thangka – tibetische Stoffbemalung
theertham – Tempelbecken
Theravada – orthodoxe Form des Buddhismus, verbreitet in Sri Lanka und Südostasien
thiru – heilig
tikka –hinduistisches Stirnmal
tilak – Stirnmal frommer hinduistischer Männer
tirthankars – die 24 großen Lehrer der Jainismus
Tonga – Pferde- oder Ponywagen mit zwei Rädern
topi – Tropenhelm; benutzt während des British Raj; Mütze
torana – Architrav über einem Tempeleingang
Trekker – Jeeps; Wanderer
Trimurti – Dreiergruppe; die hinduistische Dreiheit von Brahma, Shiva und Vishnu
Tripitaka – klassische buddhistische Schriften, eingeteilt in drei Kategorien; daher auch der Name „drei Körbe"
tripolia – dreifacher Weg

Uma – Shivas Gefährte; Licht
Unberührbare – die niedrigste Kaste oder die „Kastenlosen", denen die niedrigsten Verrichtungen vorbehalten sind; der Name kommt von der Ansicht, dass Angehörige höherer Kasten sich beschmutzen, wenn sie sie berühren; früher bekannt als Harijan, heute Dalit
Upanishads – esoterische Doktrin; überlieferte Texte, die einen Teil der Vedas bilden; sie behandeln gewichtige Themen wie die Natur des Universum und die Seele
urs – Jahrestag des Todes eines verehrten Muslimen; Fest zu Ehren eines muslimischen Heiligen

Vaishya – Mitglied der Hindukaste der Händler
Valmiki – Autor des Ramayana
Vamana – fünfte Inkarnation von Vishnu als Zwerg
varku – heilige Flöte aus Oberschenkelknochen
varna – Zeichen für die Kasten
Varuna –wichtigster vedischer Gott
Vedas – heilige Bücher der Hindu; Sammlung von Gesängen im vorklassischen Sanskrit aus dem zweiten Jahrtausend v. Chr.; eingeteilt in vier Bücher: Rig-Veda, Yajur-Veda, Sama-Veda und Atharva-Veda
veena – Saiteninstrument
vihara – buddhistisches Kloster; üblicherweise mit einem zentralen Platz oder einer Halle, von der die Wohnzellen abgehen, für gewöhnlich mit einem Buddhaschrein an einem Ende
vikram – ein Tempo oder eine größere Version eines Tempos
vimana – wichtigster Teil eines Hindutempels
vipassana – die Meditationstechnik des Insichkehrens des Theravada-Buddhismus, in der Körper und Seele als wechselnde Phänomene angesehen werden
Vishnu – Teil der Trimurti. Vishnu ist der Bewahrer und Erhalter, der bis jetzt neun Avatars hatte: den Fisch Matsya, die Schildkröte Kurma, das Wildschwein Naraha, Narasimha, Vamana, Parasurama, Rama, Krishna und Buddha

wadi – Dörfchen
Wahlzeichen (election symbols) – Identifikationssymbole der verschiedenen politischen Parteien, sie werden benutzt um auch analphabetische Wähler zu erreichen
wallah – Mensch; wird an alles Mögliche angehängt, z. B. *dhobi-wallah, chai-wallah, taxi-wallah*
wavs – Stufenbrunnen, in Nordindien
Wesir – Titel des ersten Ministers in einigen früheren muslimischen Fürstenstaaten

yagna – Selbstkasteiung
yakshi – Jungfrau
yali – mythische Löwenkreatur
yantra – geometrische Zeichnung, der nachgesagt wird, Energie zu erschaffen
yatra – Pilgerfahrt
yatri – Pilger
yogini – weibliche Götterdienerinnen
yoni – weibliches Fruchtbarkeitssymbol

zakat – Steuer in der Form einer wohltätigen Spende, einer der fünf „Pfeiler des Islam"
zamindar – Landbesitzer
zenana – Platz in Upper-Class-Haushalten, wo Frauen unter sich sind; gibt es immer noch in einigen indischen Palästen

Hinter den Kulissen

ÜBER DIESES BUCH

Dies ist die 1. Auflage von *Indien,* basierend auf der mittlerweile 11. englischen Auflage.

Als 1981 die erste englische Ausgabe von *Indien* erschien, war es das umfangreichste, komplizierteste und teuerste Projekt, das bis zu diesem Zeitpunkt bei Lonely Planet gemeistert worden war – und elf Auflagen später und erstmals auf Deutsch ist es immer noch ein Monster. Die Zähmung des Biestes gelang nun zum dritten Mal dank der koordinierenden Autorin Sarina Singh und ihrem erfahrenen Autorenteam: Joe Bindloss (Kolkata, Nordoststaaten und Sikkim), Paul Clammer (Himachal Pradesh und Jammu & Kaschmir), Janine Eberle (Kerala), Paul Harding (Tamil Nadu und die Andamanen & Nicobaren), Abigail Hole (Rajasthan und Gujarat), Patrick Horton (Madhya Pradesh & Chhatisgarh und Orissa), Amy Karafin (Andhra Pradesh und Karnataka), Matt Phillips (Bihar & Jharkhand und Westbengalen), Simon Richmond (Mumbai, Maharashtra und Goa) und Martin Robinson (Punjab & Haryana, Uttar Pradesh und Uttaranchal). Anthony Ham, seit vielen Jahren von Indien begeistert, schrieb das Geschichtskapitel dieser Ausgabe und Dr. Trish Batchelor das Gesundheitskapitel. Material für das Kapitel Essen & Trinken stammt aus dem Buch *World Food India* von Martin Hughes.

DANK DER AUTOREN

Sarina Singh Ich danke allen Menschen in Indien, die mir so ausgiebig Auskunft gaben und mich auf den richtigen Weg führten. Dank auch an die vielen Leser, die Lonely Planet ein Feedback sandten. In Indien geht ein besonderer Dank an Mamta und Anup Bamhi, die mir erlaubten, ihre riesige Büchersammlung zu durchstöbern und an Padmini Brahma von India Tourism Delhi für ihre unglaubliche Genauigkeit. Ein großer Dank an Surinder Mohan und Rajinder Kumar Budhraja und an Avnish und Ushi, die so nett waren diese und jene Kleinigkeit aufzuklären, als ich wieder in Melbourne war. In Australien vielen Dank an Sarah Segal von Escape Travel, die mir komplizierten Flugkram verstehen half und an meine Eltern für die kleine Champagner- und Käsezeremonie, als ich endlich die letzte Seite fertig geschrieben hatte.

Bei Lonely Planet gilt ein herzlicher Dank allen Autoren von *Indien*, die so leidenschaftlich arbeiteten, um dieses schwierige Buch zu dem zu machen, was es geworden ist – ihr seid ein absolut brillantes Team. Vielen Dank auch an die Redaktion und die Kartografen, die ihren Zauber an den Manuskripten und Karten wirken ließen. Mein besonderer Dank gilt hier Janine Eberle, Shahara Ahmed, Suzannah Shwer, Melanie Dankel und Rebecca Lalor.

Joe Bindloss Zuallererst möchte ich meine Arbeit an diesem Buch Eddie und Peter Bindloss widmen, meinen kleinen Brüdern, weil sie bis jetzt noch keine Widmung bekommen haben. In Kolkata gilt mein Dank Subhro Saha vom *Telegraph* für seine tollen Tipps zum Essen gehen. Dank auch an Ashish Phookan, der mir manche Tür im Nordosten öffnete

DIE LONELY PLANET STORY

Die Geschichte begann mit einem klassischen Reiseabenteuer: Tony und Maureen Wheeler tourten 1972 durch Europa und Asien nach Australien. Damals gab es für die Reise über Land keine wirklich hilfreichen Informationen, also veröffentlichten Tony und Maureen ihren ersten Lonely-Planet-Führer, der dem ständig wachsenden Bedarf nach solchen Informationen entsprach.

Am Küchentisch fing alles an – heute ist Lonely Planet der weltweit größte, unabhängige Verlag für Reiseliteratur mit Büros in Melbourne (Australien), Oakland (USA) und London. Lonely Planet deckt den ganzen Globus ab und die Liste der veröffentlichten Bücher und der Infos in verschiedenen Medien wird immer länger. Manche Dinge haben sich bis heute nicht verändert: Das Hauptziel ist nach wie vor, abenteuerlustigen Reisenden das an die Hand zu geben, was sie brauchen, um die Welt zu entdecken und besser zu verstehen.

Wir von Lonely Planet glauben, dass Traveller die Länder, die sie besuchen, bereichern können – sofern sie sich als Gäste respektvoll benehmen und ihr Geld klug ausgeben. Jedes Jahr spenden wir 5 % des Firmengewinns an karitative Einrichtungen rund um den Globus.

und an Pankaj für phantastische Streifzüge in Arunachal Pradesh und seinen unerschöpflichen großartigen Humor. In Sikkim, Dank an alle Traveller in Gangtok und Ravangla, die Trekkingtipps gaben, sowie an das Personal der Berghütte in Khecheopalri für Ratschläge über den Monastic Trek. Dank auch an alle Leser, die gute Tipps und rechtzeitige Warnungen gaben. Zuletzt vielen Dank an Sarina Singh und Janine Eberle für ihre Professionalität und Hingabe an dieses Buch und an meine Lebensgefährtin Linda Nylind für alles, wie üblich.

Paul Clammer Bei Lonely Planet ein großer Dank an Janine Eberle, die mich in die Berge schickte. Was kommt nach Kabul und Kaschmir? Dank auch an die unermüdliche Sarina Singh für ihre Unterstützung und dafür, das erste freundliche Gesicht in Delhi gewesen zu sein nach einer wirklich üblen Woche. Dank an das Personal in den Touristenbüros von Srinagar, Kargil und Kullu; an A. P. Singh, Chef der Polizei in Kullu; an Tenzin Donyo in McLeod Ganj; und an Habib, Ashi und Familie in Delhi für ihre Gastfreundschaft. Von den Travellern, die ich unterwegs traf, geht ein besonderer Dank an Paulette und Emmet, die überall aufzutauchen schienen und das immer in bester Laune. Ein Hoch auch auf Thomas Mumprecht, Carmen Kramis, Dave the Jeep, Kiki LaRouge und David Blakeslee. Kein Dank geht jedoch an den Fahrer, der den Bus auf dem Weg zu einem der höchsten Bergpässe Asiens zerlegte! Zuletzt vielen Dank und alles Liebe an Jo – besonders weil ich, statt zu Hause zu sein und beim Umzug zu helfen, für dieses Buch recherchierte.

Janine Eberle Ein großer Dank an ein paar wirklich hilfreiche Menschen in Kerala: Hilda Pereira in Trivandrum, Usha Tytus in Kollam, Vinu und Anoop in Alleppey, P. G. Varghese in Kochi, Suresh Kumar in Kumily und P. S. Kurian in Kannur, und auch an Rich Freeman, der sein Wissen mit mir teilte. Dank an Sarina Singh für ihre unschätzbare Hilfe und ihre nützlichen Tipps, zäh und hartnäckig zu sein („wie ein Soldat") und an Paul Harding dafür, dass er für den größten Teil der 10 % Spaß zuständig war. Bei LP danke ich dem Produktionsteam (und besonders der koordinierenden Herausgeberin Suzannah Shwer) für ihre Hilfe und Verständnis, und den anderen koordinierenden Herausgebern für ihre Unterstützung (und dass sie mir den Rücken frei hielten).

Paul Harding Dank an all jene Traveller, Angestellten und Einheimischen, die mir auf dieser Reise Rat und Informationen gaben und Gespräche mit mir führten, besonders an die NGO's und Hilfskräfte, mit denen ich nach dem Tsunami sprach. Großer Dank an Hannah für alle Telefongespräche und an Janine für manche Auszeiten auf der Reise, sowie an Benny und Lynda, Vinod Kumar, Shanthi Krishnan, Rachel für die Rettung meines Notebooks und all die netten Leute, die mir halfen in das Testspiel zu kommen. Großen Dank an Sarina in Melbourne für ihre Aufmunterung und Briefings und auch an das Herausgeber- und Kartenteam bei LP Melbourne.

Abigail Hole Besonders großen Dank an Sumeet, Jyoti und Niranjan Desai; an P. J. Jethi, Umesh Jadia und Mr. Jethi in Bhuj; Abhay Mangaldas, Hemant Pradhan und Anil Mulchandani in Ahmedabad; George D'Souza in Diu; Mona in Jaipur; Vinod Bhojak in Bikaner; Ajit Singh in Bharatpur; Piers in Udaipur; Mr. Sorathia in Junagadh; Mustak Amin Mepani in Jamnagar; Mukesh Mehta und seinen Bruder in Bundi; Lalit und Beverley Ganesh in Mt. Abu; Ramesh Jangid in Shekhawati; Durgesh Jadeja in Rajkot und Gondal; Gemar Bhati in Barmer; Luca in Jaipur, Ajmer und Pushkar; Mum und Ant in Jodhpur, Shekhawati und Mt. Abu; und an Gabriel, der diese Reise so unvergesslich machte. Riesigen Dank auch an Sarina Singh, Janine Eberle, alle, die so hart an der Entstehung des Buches arbeiteten und all die Traveller, die Anregungen und Ratschläge gaben.

Patrick Horton Dank an Madhya Pradesh Tourism, besonders an Veena Raman und Vishnu Devi, den absolut besten Ambassador-Fahrer und Hindi-Sprachlehrer; gut gemacht *chota bhai*. Dank auch an R. K. Rai von MP Tourism, der während meiner MP-Reise völlig unerwartet gleich mehrfach auftauchte. Dank auch an den kenntnisreichen Jaspreet Singh vom Chhattisgarh Tourism Board, der mir die Geheimnisse dieses Bundesstaates verriet und auch an seine Frau und seine Mutter, die mit leckeren *parathas* meinen Magen fast zum Platzen brachten. Der unermüdliche und rätselhafte Sasanka Rath von Orissa Tourism enthüllte Teile seines Landes, die kaum ein Besucher kennt. Ein großer Dank wie üblich an Amar, P. D. und Viney bei Uni-Crystal für ihren Rat und Mittagessengesellschaft. Letztlich und unübertroffen, die Freunde Avenish und Ushe, die sich immer um meine Unterkunft in Delhi kümmern.

Amy Karafin Mein aufrichtiger Dank geht an die Menschen in Karnataka und Andhra Pradesh, die bei vielen Gelegenheiten eine Quelle großer Inspiration für mich waren. Dank auch an Sathya Babu, Ram

Manchi, Mahesh Narasimhan, Arun Netravali, Dilip Patel, Ashok Phansalkar und C. S. Rao für ihre Hilfe, Informationen aus dem Dunkel zu ziehen und an Mom und Dad für all ihre Hilfe in der Heimat. An Malini und Hariharan in Mumbai, die mich in ihr Heim aufgenommen haben, und an Jayasree Anand, der Hyderabad zu einem fröhlichen Ort machte, vielen Dank. In Bylakuppe bin ich Wangden Tsering und Prem Singh dankbar, vor allem für ihre Energie, die mich noch lange nach meiner Abreise begleitete. Ein besonderer Dank geht an Eva Wutschka dafür, dass sie meinen Weg kreuzte. Benjamine und Bhushan Oberoi für die vielen Führungen durch Bangalore; Raghu Raman in Mysore für das nicht stattgefundene Dussehra; Janine Eberle, Shahara Ahmed und Sarina Singh für die großartige Anleitung; alle Leser, die ihre Ratschläge schickten; Erik Vickstrom, meinen Korrekturleser; et Maïmouna Ciss – *dieureudieuf*. Nicht zuletzt gilt meine tiefste Dankbarkeit S. N. Goenka und alle in Dhamma Giri, Dhamma Khetta und Dhamma Nagajjuna für ihr *dana* und *metta*. *Bhavatu sabba mangalam*.

Matt Phillips Dank an: Janine Eberle und Sarina Singh für ihre Begeisterung und ihren Rat; Sam Benson für seinen Humor und die Hilfe mit meinen Indiennotizen; meine Mom, die Herz und Haus für Verrücktheiten öffnete – wieder einmal; Dad und Vikki für ihren Glauben an mich; Pam für ihre leidenschaftliche Unterstützung; Margarete und Alex für die beste Verabschiedung und die beste Begrüßung, die man sich wünschen kann; Hamish und Laura, die ihre Wärme und Freundschaft um die Erde tragen; Maija für klitzekleine Schriften und Wortakrobatik; die von mir Geliebten für ihre Liebe; Surendra Prasad für Unterstützung in Bihar; und die wundervollen Menschen, die mir auf der Reise halfen.

Simon Richmond Ganz besonderer Dank geht an die wundervolle Deborah, Kanwalinder, Familie und Personal (besonders Rita und Brian) für ihre unbegrenzte Gastfreundschaft und Einsichten in das Leben in Mumbai, und an Kamleish Amin, der ein großartiger Führer durch die Stadt war. Vielen Dank an Mathili Ahluwalia für ihre Einkaufstipps und an Horni für die Fahrt nach Matheran und Lonavla. In Goa waren Ajit und Jack Sukhija eine famose Begleitung und eine enorme Hilfe. Dank auch an John, der den Trip nach Chandor organisierte und an Charles Beek für seine geniale Gesellschaft in Anjuna.

Martin Robinson Dank an S. Chandola und Anil Gupta in Dehra Dun; Neelambar Badoni, Punit Jasani und Hari Singh in Mussoorie; Akash, Kiwi Sue, Sanjeev Mehta, Subhash Dutta und R. B. Raturi in Haridwar; Arvind Bhardwoj und Jai Singh Rawat in Rishikesh; S. Bindra in Govindghat; Ramesh „the Mule" in Ghangaria; Mahendra Badwal in Mana Village; Manish in Kausani; Mr. Khan und Um Ashankar in Varanasi; Harinder und Himanshu in Sirhind; alle Küchenchefs und Chai-Bereiter, die mich am Laufen hielten; Origin Pacific, die mich retteten, als Quantas mich in Brisbane stranden ließ; und ein besonderer Dank an Marie, die mich davor bewahrte, ein einsamer Lonely Planet-Forscher zu werden.

MITWIRKENDE

Verantwortliche Redakteurin: Janine Eberle
Koordination Redaktion: Suzannah Shwer
Koordination Kartografie: Jimi Ellis
Koordination Layout: Adam Bextream, John Shippick
Chefkartografin: Shahara Ahmed
Redakteure: Andrea Dobbin, Nancy Ianni, Cinzia Cavallaro, Gabbi Wilson, Kyla Gillzan, Andrew Bain, Helen Christinis, Sally O'Brien, Elizabeth Swan, Brooke Lyons, Meg Worby, Danielle North
Kartografen: Sarah Sloane, Damien Demaj, Julie Sheridan, Emma McNicol, Barbara Benson, Jacqui Saunders, Corey Hutchison, Daniel Fennessey, Jolyon Philcox, Malisa Plesa
Layout-Designer: Katherine Marsh, Pablo Gastar, Jacqui Saunders
Covergestaltung: Wendy Wright
Farbgestaltung: Sonya Brooke
Register: Andrea Dobbin
Projektmanager: Celia Wood
Koordination Sprachinhalte: Quentin Frayne
Dank an: Melanie Dankel, Brigitte Ellemor, Adriana Mammarella, Kate McDonald, Sally Darmody, Rebecca Lalor, Nick Stebbing

DANK VON LONELY PLANET

Vielen Dank an die Hunderte von Reisenden, die die letzte Ausgabe benutzten und uns so viele hilfreiche Hinweise, nützliche Tipps und interessante Geschichten schrieben:

A Akiko Abe, Katie Abrahams, Bronte Adams, Mitchell Adams, Tina & Jack Adams, Natasha Advani, Jacqueline Afum, Amit Agarwal, Lars Ahlstrand, Sadhaka Ahluwalia, Danielle Aird, Jean Aitchison, Bill Aitken, Husain Akbar, Isabella Akerlund, Itagaki Akiko, Dennis Akkerman, Rahat Alam, Paul Albert, Marina Alberti, Michel Albregts, GW Albury, Simon Alderson, Mark Aldulaimi, Brooke Alexander, Jonny Alexander, Chandan Allen, Martin Allenbach, Elke Allenstein, Yotam Almagor, Lawrence Alpren, Ben Altz-Stamm, Christel Amrein, Anna & Per Amundson, Ravi Ananthanarayanan, Nicholas Anchen, Steve Andersen, Cristina Anderson, Johanna Anderson, John Anderson, Lia Anderson,

Emma Nora Andersson, Rob Andrew, Alex Andrews, Sofie Andries, Gurumurthy Anjanappa, Harvey Ann, Sam Anthonysz, Chris Appleby, Diana Arbol, Catalina Arboleda, David Archard, Joe Ardy, John Arena, Niels Henrik Arendt, Manju Arif, Vaibhav Arora, Belen Arranz, Jayson Aschenmeier, Andrew Ashman, Maggie Atherton, Jennifer Atkinson, Jean-Paul Aubert, Christoph Aumueller, Maro Avakian, Claire Awramenko, Jeanette Axelsson, Stuart Ayres **B** Bas Baartman, Prof Satish Babu, Harinder Bachus, Jack Backen, Adam Backhouse, Frank Bacon, Katie Baddeley, Patrick Baddeley, Adam Baden-Clay, Nicole Baden-Clay, Patrick Baechtold, Kaushik Bagchi, Rupali Bahl, Suzanne Bailey, Adam Baker, Janel Baker, Samantha Baker, Steven Baker, Omer Baki, Ingrid Bal, Annemarie Baldinger, Jon Baldwin, Averil Bamford, Somaditya Banerjee, Roman Bansen, Einat Bareli, David Barkshire, Mashenka Barlag, Julie Barnard, Joseph Barnes, Stephanie Barnes, Paul Barnetson, Zack Barowitz, Ralph Bartetzki, Anton Bartlett, Geraint Barton, Michelle Bateman, Inderpreet S Batra, Alison Batten, Jenny & Guido Battig, Stefan Battmer, Anna Bauman-Smith, Michael Baur, Chas Bayfield, Lucinda Beck, Michael Beck, Bjoern B Beele, John Beevers, Jennifer Beitel, Luca Belis, Paul & Virginie Bell, Hayden JA Bellenoit, Vilius Benetis, Barbara Benham, Angela Benic, Chris Bennette, Renzo Berendsen, Svein Arne Berg, Kohnen Bernhard, Sheila Bernie, Davide Bertani, Valeria Bertarelli, Chrissie & Jade Besley, Marisa Besmer, Laura Bettoni, John Betts, Ivana Bezecna, Rhys Bezzant, Akaylaa Bhagirath, Shivani Bhalla, Ajay Bhargov, Prithviraj Bhati Bhati, Anurag Bhoskar, Suravi Bhowmik, Andrea Biagetti, Majlin Bienz, Fran Bigman, Corine Binnekamp, Mark Binnenpoorte, Abbey Bintlliffe, Joseph Binu, Kaspar Binz, Mr & Mrs Jack Birch, Philip Birzulis, Emily Bissland, Neil Bjorkman, Karin Black, Samanda Black, Tim Blackburne, Sarah Blackman, Robert Blackshaw, Molly Blakemore, Anke Blanck, Susan Bland, Sonja Blessing, Youri Blieck, David S Bloch, Frank Blom, Paul Blom, Dimitri Blomme, Horst Bluemel, Paul Boden, Christina Boeryd, Traci R Bogan, Janet Bolitho, Myriam Bolliger, Fritz Bollmann, Renzo Bonroy, Nikki & Richard Booth, Dan Boothby, Brett Borders, Tania Borg, Antoni Miquel Borras Palmer, Cristiano Bortolameazzi, Christine Bosa, Graham Boulding, Hilary Bourke, Lisbet Boute, Brian J Bowe, Amanda Bradley, Jimmy Bradshaw, Belinda Braghittoni, Steve Braithwaite, Holger Braun, Stephen Braun, Ciaran Breen, Nikki Brewer, Simon Brierley, Mike Brimfield, Davis Briscoe, Barbara Britton, Frank Brockmann, Richard Brogan, Santina Brohen, Anna Bromley, Prof Johannes Bronkhorst, Marit Brook-Kothlow, Sarah Jane Brooks, Kim Broomhead, Elisabeth Brosig, Steve Brothers, Margriet Brouwer, Fiona Brown, Lynne Brown, Martyn Brown, Michelle Brown, Paul Brown, Richedus Brown, Simon & Nicola Brown, Lorelei Broxson, Tilman Bruch, Laure Bruneau, Daniel & Kim Bruner, Patrick Brunet, Jacqueline Bryan, Kelley Bryan, Klaus Buchenberg, Mark Budd, David Bullett, Vilasinee Bunnag, Lisa Burgess, Vanessa Burgess, Garth Burgoine, Liz Burke, Ron Burman, Sally Burnett-Murphy, Chuck Burton, Christine Busiere, Peter Busschers, Mike Bussey, Jessica Butcher, Paul Buxton **C** Jon Kepa Cabrera Guridi, Andrew Cadotte, Rosalba Cafolla, Eric Calder, Kerry Caldock, Barbara Callaghan, Roger Callanan, Mandi Callis, Felipe Calvo, Hannah Marie Campion, Kathi Canfield, Daniel Caplan, Marlene Caplan, James Carlson, Debbie Carnegie, Elaine Caroll, Jason Carpenter, Sergio Carrettoni, Catherine Carter, Howard Carter, John Carter, Claire Carvello, Paola Casanova, Melissa Casey, Romano Cassar, Hannah Castro, Francesco Catalano, Ian Catanach, Sam Cauchi, Marcella Cavallo, Marta Ceriani, Tanguy Ceulemans, HC Champion, Jason Chan, Jane Chandler, Mohit Chandra, Umesh Chandrappa, Laura Chant, Karine Chapelle, Rob Chaplin, Barrie Chapman, Rob Chapman, Anubha Charan, Cecilia Chaudhary, Tim Chauvel, Chi-Kwan Cheng, Oga Cho, Rob Choma, Pia Olivia Christensen, George Christie, Rune Christoffer, Jonathan Chrystal, Michal Cierny, Andrea Clark, Esther Clark, Gail Clark, Joe Clark, Mrs VF Clasby, Patrick Class, Boucaud Claude, Johan Claus, Robert & Sheila Clay, Stephen Clendinnen, Nathalie Clerc, Lindsay Clinton, Zoe Clout, Morelle Codile, Joanne Coffey, Israel Cohen, Francois Coheur, Alexei Collett, Simon Colvin, Livia Comandini, Joy Cook, Fritha & Paul Cook Le Grand, Mariana Coolican, Rebecca Cooling, Stephen Cooper, Helaina Coote, Rui Cordeiro, Jorge Correia, Dany Cote, Cousturer Courey, Jim Cousins, David Cowe, Andrew Cox, Sandra Cox, Conor Creane, David Cresswell, Mike Crisp, Marin Crombie, Craig Cronwright, Samantha Croom, Hugh Cropp, Giovanni Crotti, Neal Croxford, Osnir Cugeota, Tracy Cumberbatch, Amanda Cunningham, Brian Curleys, Richard Cutler **D** Gunnar Dahl, Ake Dahllof, Agnes Dahne, Anne Daladier, Ketan Dalal, Nick Dalton, Sara Daly, Petra Damm, Lori Peterson Dando, Rafael D'Andrea, Maurizio D'Angelo, Thomas Danielsen, Shailza Koranga Daramwal, Fiona Darcy, Bracali Dario, Atonu Das, Rosemary Davern, Yvonne Davich, Caroline Davidsson, Ben Davies,

WIR FREUEN UNS ÜBER EIN FEEDBACK

Post von Travellern zu bekommen ist für uns ungemein hilfreich – Kritik und Anregungen halten uns auf dem Laufenden und helfen, unsere Bücher zu verbessern. Unser reiseerfahrenes Team liest alle Zuschriften genau durch, um zu erfahren, was an unseren Reiseführern gut und was schlecht ist. Wir können solche Post zwar nicht individuell beantworten, aber jedes Feedback wird garantiert schnurstracks an die jeweiligen Autoren weitergeleitet, rechtzeitig vor der nächsten Nachauflage.

Wer uns schreiben will, schickt einfach eine Mail an lonelyplanet@mairdumont.com

Hinweis: Da wir Beiträge möglicherweise in Lonely-Planet-Produkten (Reiseführer, Websites, digitale Medien) veröffentlichen, ggf. auch in gekürzter Form, bitten wir um Mitteilung, falls ein Kommentar nicht veröffentlicht oder ein Name nicht genannt werden soll. Wer Näheres über unsere Datenschutzpolitik wissen will, erfährt das unter www.lonelyplanet.com/privacy

Simon Davies, Alex & Kate Davis, Ed Davis, Ellen Davis, Kenan Davis, Lynne Davis, Martine Davis, Suzie Davis, Stephan D'Costa, Debra Dcruz, Eugen de Boer, Rhyne de Bruyn, Susan de Burgh, Bruno De Cordier, Gabriele De Gaudenzi, Pauline de Graeff, Blanca de Mercader, Peter de Ruiter, Jocham De Sat, Ben de Viaris, Nicola Debbo, Vicki Decker, Annett Deimmler, Chantal Demaire, Marc Denholm, Richard Dennett, Sue Dennis, Elaine Denny, Michelle Dermody, Jason Desilets, Nitin Dhami, Sister Dhammadinna, Sandra Di Giovanni, Barry Diamond, Rabouam Did, Serge & Angelique Dierick, Catherine Diggle, Ralf & Nicola Dikow, Amanda Jane Dinsdale, Raphael Dischl, Emily Doherty, Michelle Dolbear, Aaron Dolton, Heli Donaldson, Leon Donnellan, Audra Dore, Gerard Dore, Daniele Dorili, Laura Douglas, Rachel Douglas, Liza Dousson, Catherine Doyle, Simon Drury, Catherine Drysdale, Chris & Sally Drysdale, Bastiaan du Pre, Pilar Ducci, Anne Duffy, Geneve Dufour, Kareb Dujardin, Nicolas Dunais, Gisela Durand, Christophe Duthilleul, Dr Nitish Dutt, Deepa Dutta, Jan Dvorak, Fiona Dwyer **E** Amanda Eble, Zettler Edgar, Lisa Edmonds, Jessica Edwards, Sheila Eik, Johan Ek, Silvia El Sayed, Shira Elazary, Susan Elden, Sue Elderkin, David Elias, Nicola Ellermann, Rachel Ellis, Lenzinger Emanuel, Steve Emmott, Clarissa Endean, Mirjam Enderle, Kieran England, Irina Episheva, Gundi Erhard, Miles Erickson, Christel Eriksson, Amos Eshet, Geula Eshet, Jennifer Esterl, Thorsten Zandt Eva Brysch, Chris & Helen Evans, Ruth Evans, Alaric Everett, Danielle Eversdijk, Fiona Eyre **F** MD Faaem, Peter Faber, Elisabetta Fabris, Ronaldo Fagarazzi, Alison Fairbank, Mark Falzon, Elparador Family, Elena Fangazio, Moran Farhi, Simon W Farnham, Patrick Farrell, Fin Farrelly, Sally-Ann Farrington, Russell Farrow, Raphael Fasko, Josh Fattal, Scott Faulkner, Sandrine Favre, Robert Fawcett, Deirdre Feddes, Klaus Fehlker, Jordan Feld, Roni Feldman, Iain Felstead, Moshe Ferber, Mark Ferdinando, Iona Fergusson, Trevor Ferkins, Sarah Fernandes, Helen Ferneyhough, Pierre Ferrari, Mary Ferrigno, Lisa Field, Bernd Filsinger, Alison Finley, Simone Fischer, Amanda Fisher, Gaynor Fitzgibbon, Tamara Fleischlin, Servaas Flesch, Rosy Flexer, Sylvia Florin, Tara Flynn, Signe Foersom, Samia Fongon, Vanessa Foo, Jonathan Fookes, Peter Forbes, Giles Foreman, Ester Freixa Fornell, Ray Forster, Steve Fosher, Alan Dean Foster, Cécile Fournier, Nathalie Fournier, Allyson Fox, Deb Fox, S Fox, Cate Fox-Lent, Michael Frantz, Andrew & Stefanie Freeston, Peter & Marilynn Freitag, Eric Friedman, Bradlee Frierott, Kristen Fries, Steven Frisch, Robert Froeschl, Matthew Frost, Tom Fu, Marius & Hemma Fuchs, Richard Fulchiron, James Fulford-Talbot, Peter Fumberger, Roderick Furness, Barbara Furrer **G** Johanna Gaertner, John Gagan, Danie Gagne, Krishna Gagne, Ismael Galve, Chau Shien Gan, Matthew Garfein, Rakesh Garg, Leonhard Garms, Autumn Garrett, Jochem Garthoff, Claudio & Doris Gattari, Maeva Gaudin, Martial Gaunay, Zuzana Gavulova, Jay Geller, Ian Gemmell, Paul George, Susan Gerber, Mikkel Gerdes, John Germinario, Marianne Geuze, Sharon Geva, Sue Ghonim, Probal K Ghosh, Anne Giannini, Sion Gibby, Cathy Gibson, Christina & Scott Gifford, Tal Gilad, Ruth Giovanardi, Daniel Gliksman, Luiz Fernando P Glingani, Tim Gloster, Steffen Goehlert, Glenn Goh, Lee Fen Goh, Wayne Golding, Graeme Goldsworthy, Ursula Goller-Orth, Tony Gomm, Nikolene Gomnesen, Roberto Gonzalez, Sara Gonzalez, Daniel Gonzalez de Mendoza, Sophie Gooch, Harriet Goodall, Aaron Goodman, Katie Goodrich, Dev Gopalasamy, Simon Goring, Katja Gorlitz, Benjamin Gorner, Ori Goshen, Shansi M Grabfelder, Barbara Grabher, Stephanie Graf, Karl Graham, Phillipa Gray, Theresa Grebin, Clinton Green, Eric Green, Gabriel Greenberg, Zed Greenman, Damian Grenfell, Bec & Dave & Kurt Grenier-Houldershaw, Gabrielle Griffiths, Ewoud Groenendijk, Andrew Groom, Beatrice Grove, Gay Grove, Anil Grover, Ute Grubl, Michael Gruettner, Benoit Grunemwald, Katharina Gsaenger, Adrienn Guoth, Rajiv Gupta, Sanjay Gupta, Thomas Gutersohn, Fabian Gutscher, Shirley Gutwerg, Robert Guzman **H** Chris Habetler, Lea Habif, Louis Hache, Anja Haenschke, Manoug Hagopian, Jonathan Haines, Olli Halikka, Simon Hall, Tim Hallam, Timothy Hallam, Fran Hamilton, M Hamilton, Miranda Hamilton, Mario Hammer, Nataly Ben Hamo, Kelly Han, Stuart Hancock, Nada Hankin, Claus Hant, Isabelle Harbrecht, Louise Harding, Natalie Harding, Paul & Nicky Hardy, Tom Harland, Nick Harper, Theon Harrichand, Mary Harris, Edwina Harrison, Steve Harrison, Sara Harrop, Dolev Hasid, Pierre Haski, Taariq Hassan, Jason Hauser, Laura Hawthorn, Jennifer Hayes, Julia Hayes, Tracey Hayes, Yusef Hayes, Tessa Haynes, Emily Hayward, Rob & Karen Hayward, Robert Heathwood, Mark Heffernan, Thomas Hege, Amanda Heighway, Deborah Heijboer, Pirkko Heikkila, Sanni Heino, Michiel Hellegers, Dagmar Hellmann, Tony Helper, Sam Helsen, Tomers Hemesh, Sara Hemmingsson, Lorin Hendriks, Stacy Heniser, Michael Hennessy, Bernard Hennin, Nicki Hepstonstall, Michael Herger, Amit Hess, Anita Hewer, Robyn Hickie, Katrin Hieke, Coleman Higgins, Jo Hill, Alexander Hillebrand, Claire Hillier, Mona Hinduja, Pepijn Hinten, Erin Hird, Tanya Hirst, Tom Hiskey, Owen Hitchens, Ishti Hitoshi, Karen Ho, Keith Hobbs, Matej Hoefler, Edvard Hoegner, Minna Hoejland, Alexandra Hoerder, Liat Hoffman, Jan Hoffmann, Klaus Hoffmann-Hoock, Daniel & Ursula Kieser Hofmann, Robert Hofmann, Paul R Hogan, Robert Holdheim, Katy Holiday, David Holland, Laura Holland, Emma Holmbro, Joanne Holmes, Natalie Hoogasian, Kristin Hook, Richard David Hooper, Jessica Hope, SJ Hope, William Horan, Christoffer Hornborg, Cat Horswill, Len Horward, Michael House, Robert Housley, Graham Howard, Jason & Brian Howard, Sarka Hruba, Alexander Huelle, Elizabeth Hughes, Ben Humphreys, Amy Hunt, Clecie Hunter, Maddie Hurford, Torben Huss, Makke Hussen, Robert Hutcheson, Mark Huys **I** Claudia Imhof, Jon Ingram, Andrea Irace, Isabelle Irani, Amanda Ironside, Kevin Isfeld, Ofer Israeli, Zohar Itzhaki, Rachel & Martin Ive, Simon Ives, RS Iyer, **J** Mark Jackson, Ross Jackson, Anjana Jacob, Nina Jacob, Johanna Jaghagen, Manish Jain, Shailesh Jain, Smita Jain, Alice & Justin Jamieson, Moniek Jansen, Mariken Janssen, Nikolovska Jasmina, Dr Sanjay Jayachandran, Gayatari Jayaraman, Norma & Andy Jeffreys, Alys Jenkins, Holly Jenkins, Juliet Jenkins, Alex Jensen, Peter Jensen, Jemima Jervis Read, Phoebe Jewett, Lee Jhonson, Larushka & Willo Jinks, Oswald & Rosalind Johnen, Andrew Johnson, Corey Johnson, Emma Johnson, Kim Johnson, Lisa Johnson, Marcia Johnson, June Jolley, Chris Jones, Janine Jones, Prilla Jones, Sue & Ray Jones, Yannakis Jones, Karolien Joossens, Christina Joost, William Jope, Pete & Liz Jordan, Joe Joseph, Frank Juhas, Peter Juniper **K** Jennifer Kagan, Jayant Kamath, Rafael Kampel, Uran Kamper, Haemish Kane, Heske Kannegieter, Yogesh A Kardile, Andy Karl, Peter Karla, Marnix Kasper, Marlise Kast,

Shobha Kaul, Supinder Kaur, Anshul Kaushal, Boz Kay, Alan Kaytukov, Caryn Kealey, Brian Kearney, Amy Keatch, Aine Keenan, Nadine Kelly, Katja Kerl, Bryan Kerr, Peter Kersten, Munindra Khaund, Myriam Khouzam, Matt Kilbee, Andy Kiley, Debbie Kindness, Fiona King, Richard King, Sandra Kinnear, Sonja Klaunzer, Dietmar Klaus, Roni & Ayala Klaus, Manuel Klauser, Anne-Marie Kleijberg, Jacco Kleingeld, Iris Knauer, Narissa Knights, John Knowles, Verlinden Koen, Hem Kolachina, Elinor Komissar, Mats Komstadius, Evan Konecky, Alex Koolhof, Jeroen Kortenhorst, James Koss, Gauri & Sanjay Kothari, Angela Kowalick, Magdalena Kozok, Armando Kraenzlin, Charles Krafft, Clare Krebsbach, Sriram Krishnan, Sudesh Krishnan, Nancy Krudsen, Karen Krueger, Max Kruger, Akhilesh Kumar, Dinesh Kumar, Piyush Kumar, Rajeev Kumar, Sandeep Kumar, Tara Kumar, Christin Kyle **L** Simone Laarmans, Ramon Lablanca, Rene Lachhein, David Lacy, Isabelle Lafortune, Jeremy Lake, Viresh Lakhani, Regina Lally, Sandrine Laloubere, Alison & Ian Lambert, Barry Lane, John Laney, Mark Langley, John Guy LaPlante, Maria J Lara, Carl Lariviere, Magdalena Larraguibel, Charlotte Larsen-Christensen, Charlotte K Larson, Chris Larson, Rose Larson, Madeline Lasko, Roderick Latham, Roberto Latino, Per Lauritsen, Ben Lawrence, Anthony Lawton, Gilles Le Pouesard, Sam Leary, Cabby Lee, Darren Lee, Kingsley Lee, Madeline Lees, Jean-Claude Lefebvre, Christina Lehner, Gili Lehr, Sari Lehtola, Robert Leitz, Chris & Beverley Lello, Brian Lema, Lois Lemchens, Shane Leonard, Karen Lepere, Petter Lerenius, Dora Levinson, Noah Levinson, Linda Levy, Alex Lewin, Gwion Lewis, Michael Lewis, Murray Lewis, Jo Leydon, David Lifschitz, Renee Lilly, Luis Lima-Marques, Darren Limb, Kyrre Lind, Patrik Lindgren, Jonas Lindholm, Ian Lindley, Susan Lindsay, Nicola Liney, Francesco Liore, Samson Litwak, Antoinette Llinas, Mauro Locarnini, Marie Loenberg, Ken Chen Loh, Cathie Long, Sacha Loonen, Erica Lora Lamia, Andreas Loretz, Trudi Loudon, Mary Louise, Katie Love, Marco Lovisolo, Oli Lowrie, Louise & Julian Lowry, Hazel & Roger Lowther, SJ Luck, Hsin I Lui, Rik Luiten, Juha Luoma, Susan Luxford, Steve Lynch, Tara Lynch, Greg Lyons, Jessie Lyons **M** Thijs Maas, Sophie Macaskill, Mark Macfarlane, Alexander Macgregor, Tim Mackay, David MacKenzie, John MacNamara, Nitin Madhavan, Kevin & Cathy Mageau, Eran Magen, Lina & Hanna Magnusson, Gareth & Emma Maguire, Jay Mahony, Sahag Mahrejian, Patricia Maier, Silvia Maier, Simon Maier, Czeratzki Maja, Erika Malitzky, Paul Malone, Eswar Mani, Sangeet Manoj, Leanne Manson, John Marcinko, Yossi Margoninsky, Justin Marley, Carsten Marsch, Alexis Marsden, John Marshall, Vicki Marshall, Bruce Martin, Roger Martin, Simon Martindale, Linda Martini, John Martyn, Gerhard Marx, Sophie Mason, Nick Massey, Tom Massey, Mehernaz Master, Barry Masters, Monica Matesanz, Catriona Matheson, Nikhil Mathur, William Matier, Neil Mattey, Stacey Mayle, Claudine Maynard, Kevin Mayo, Karen Mazze, Susan McDaniel, Jo Mcarthur, Mark McAuley, Melvin McClanahan, Laura McClelland, Una McCoirmack, Jessie McComb, Catherine McCormick, Leone McDermott, Martin McDonald, Troy Mcfadden, Lewis McFadyen, Kamran Kingwell Mc'Gee, Keith McGowan, Robert McIlvride, Meridyth McIntosh, Danny Mcintyre, Kip Mckay, Junaidy Mckenzie, Mandy McLaughlin, Kimberley McLaury, Andrew & Christine McPherson, Kelli & Mike McSherry, Christine McSweeny, Brunella Medugno, Eveline Meier, Marieke Meijer, Suzie Meiklejohn, Heidi Meisenkothen, Stefan Meivers, Steve Meldrum, Julia Mercer, Jackie Merino, Ken Merk, Patrik Mertens, Vassilis Mertzanis, Verena Mett, Irmgard Meyer, Markus Meyer, Michael Meyer, Scott Meyer, Eithne Ni Mhorain, Neal Michael, Sarah Michael, Moons Mieke, Ann Mievis, Kate Milanes, Shira Milgrom, Liore Milgrom-Elcott, Nicholas Milionis, Shefali Milizanek-Desai, Stephane Millar, Kim Miller, Michelle Miller, Sheila Miller, Constance Millon, Steven Mills, Linda Minoo, Kerstin Mischke, Atul Mishra, Bethany Mitchell, Pam Mitchell, Hamblin Mitt, Gil Moaz, Mahesh Modi, Peter Moens, Francesca Lucia Molendini, Kate Moore, Marcelo Morales, Nikki Moran, Jakobsen More, Stuart Morle, Nicolas Moroz, Jaume Cusido Morral, Llinos Morris, Vivian Morris, Claire Morrison, James Morrison, Odaybea Morrow, Tudor Morrow, Suz-Anne Moss, Michael Mueller, Alain Mugnier, Kaveri Mukerjee, Robin Mukherjee, Dr Jawahar Mukhtyar, Kaz Mulcaay, Anil Mulchandani, Dennis Muldoon, Carlos Mundy, Tomas Munita, Karina Muniz, John B Murray, Richard Murray, Daniel Musikant, Janette Musvy, Anne Myles, Vinay Mysore **N** Oksana Nagayets, Mo Nagdee, Jurgen Nagler, Bob Naik, Sahadev Naik, Manoj Nair, Satoshi Nakano, Alex Namir, Jennifer Nandi, Katy Napier-Ford, Marisa Narano, Aravind Narasipur, Megan Nass, Hanan Nassau, Ram Natesh, Noemi Navas Rueda, Christian Nawricki, Eric Neemann, Claire Neillands, Nadine Neilson, Jenny Nelson, Simone Nelson, Willy Nelson, Tony Netting, Birgit Neumann, Sonya Neumann, Ruth Neumeister, Mary & Gary Newbery, Robert Newkirk, Ann Newton Holmes, Martin Nicholls, Nickie Nicholls, Barbara Nicol, Dennis Nicoll, Monika Niehot, P Nielsen, Charlotte Rau Nielson, Frederic Nijffels, Magda Nilsson, Christa Niravong, Motti Nissim, Niv Noach, Ted Nobbs, Roland Noetzli, Samantha Noonan, Agneta Nordenstreng, Laura Norman, Hannah Norrgard, Lisa Norris, Tim Norwood, Jeff Nunziata, Sanna Nyberg **O** Thomas Obitz, Pippa O'Brien, Alice O'Connor, Denis & Lisa O'Connor, Kristin O'Donovan, Lisa O'Farrell, Camilla Ogden, Asta Olafsdottir, Christel Olijslager, David Oliver, Ted Olsen, John O'Neill, Dennis Oosterom, Sean O'Reilly, Manuel Ortlieb, Darryl Osborne, Dennis O'Sullivan, Kerstin Ott, Dawn & Tim Ottley, Jerome Ovion, Esyllt Owen, Michael Owen **P** Venisha Padhiar, Jeff Page, Carsten Pagh, Shekhar C Pagi, Karishma Pais, Abhik Pal, Saravanan Palaniyappan, Zdenek Palenicek, Carmen S Palma, Carmen Sanchez Palma, Lucy Palmer, Teresa Palmer Terrasa, Priya Palsule-Desai, Aurojit Panda, Hagop Panosian, Taru Pant, Stavros Papadopoulos, John Parfitt, Mary Pargeter, Kajal Parikh, Margie Parikh, Sally & Alistair Parker, Joanne Parry, Margie Parsons, John Pascoe, Sarah Passi, Biren Patel, Sunil Patel, Yogi Patel, Alok Pathak, Karen Paule, Priga Palsule-Desai, Lara Pavey, Jim Peacock, Mark Pearce, Tara Pearman, Nancy Peckford, Arvind Pednekar, Julia Peintner, Eralda Pelissero, Lorina Pellach, Karma Pempahishey, Andrew Pendleton, Marijn Penson, Margaret Pepper, Diki Perrottet, Bjorn & Hanna Perrson, Jennifer Perry, Julia Perry, Giorgio Perversi, James Peskett, Cristina Pessoa, Annemarie Pestalozzi, Jens Peters, Stephan Peters, Igor Petricek, Letizia Petrini, Tim Pettit, Peggy Pfeiffer, Jim Phillips, Marie-Christine PIC, Lauren Picard, Marijke Pielage, Myron Pinto, Jen Pitman, Becky Player, Maz Plechinger, Jana Plesnikova, Wibo Plijnaar, Caroline

Plumb, Arnold Poeschl, Cara Polatinsky, Stephanie Pollet, David Polo, Lynsie Pomeroy, Manuela Pop, Sarah Porter, Alexander Potarzycki, Barbara Powell, Sarah Power, Uta Pradel, Rahim Pradhan, Benjamin Preiswerk, Ben Presnell, C Price, John Price, Jay Priebe, Victoria Pritchard, Olivia Privost, Piotr Ptak, Simon Puccini, Carlos Pueo Crespo, Pier Puigsubira, Albert Pujol, Parijat & Geetha Punj, Niketa Purandare, Om Purang, Hong Jeong Pyo **Q** John B Quinn, Brian Quirk, Katie Quirk **R** Anne-Gaelle Rabaud, Sage Radachowsky, John Rae, Ramjee Raghavan, Sreejit Raghu, Raja Raghunath, Rahul Rahul, Sriram Rajagopal, Karlmarx Rajangam, Sonali Ramchandani, Arul Ramiah, Jesse Ransley, Anand Rao, Divya Rao, Vijayendra Rao, Sumil Rasttogi, Bill & Noelle Rathmell, Stark Ravenholt, Merkurios Redis, Katrine Ree Holmy, Clothilde Regnier, Yves Reichmuth, Louise Reid, Sarah Rennung, Pin Renzo, Christa Reue, Martin Reuser, Carola Reyes-Jaramillo, Lazare Reynik, Jesse Reynolds, Heidi Reyntjens, Paul Richardson, Nadja Rifaie, Sarah Rigby, Ian Rimmington, Mike Rinker, Garry Rippon, Nina Ritter, Patrick Ritzen, Millie Rivera, Trinity Ava Rizzi, Tim Roads, Melissa Robb, Charlie Robinson, Elizabeth Robinson, Ella Robinson, Mark Rochester, Shonnie Rodriguez, Christoph Roellig, Anne Rohan, Paul R Rohde, Yael Rohner, Skip Roothans, Anna Rosa, John Rose, Dominic Roser, Tom Roshko, Samantha Ross, Ettienne Rossouw, Julie Rotat, Christina Roth, Sarah Rothwell, Rajib Roy, Sushanta Roy-Choudhury, Birgitte & Steve Rucquoy, Nicola Rudall, Noemi Navas Rueda, Rob & Jacky Rugzakreis, Erna Ruijer, Erick Ruiz, Johanna Russell, Steven Rutter, S Ryman **S** Rashmi S, Moran Saar, Sargio Sabadi, Ranpreet Sachdeva, Martin Sackett, Madhu Sagar, Sheela Sahtoe, Elisha Saigal, KR Sajeev, Mischa Saleki, Sonja Salkowitsch, Daniel alton, Roberto Sanchez, Xavier Sanjuan, Nick Sankey, Sister Santacitta, Peter V Sanyo, Eva Sanzin, Geza Sapi, Veronica Sapiano, Judith Sarfati, John H Saunders, Rex Saunders, Jon Sawyer, Michael Saxe, Kathleen Scarboro, Horst Schaub, Maartje Schellekens, Harry Schiechel, Roman Schilhart, E & B Schillinger, Rainer Schlager, Falk Schleicher, Daniela & Andreas Schlumpf, Thomas & Karen Schlup, Gaetan Schmid, Christian R Schmidt, Verena Schmitt, Sharon Schneider, Karin & Manuel Schneider-Gujer, Brigitte Schoebi, Ulrike Scholpp, Albert Scholz, Alice Schreiner, Walter Schultz, Hans-Joachim Schultze, Tristan Schulze, Oliver & Sabine Schumacher, Edwin Schuurman, Stefan Schuurman, Matthias Schwarze, Stefan Schweiger, Nicole Schwery, Daniel Schwetka, Adrian Scicluna, Gary Scott, Mark Scott, Zoe Scott, Robert Segal, Carine Segers, Berenike Sehorst, Katja Seifert, Helene Seingier, Marie-Luise Seisenbacher, Gagan Seksaria, Kelly Selway, Gertrud Servo, Gavin Sexton, Jeffrey Sexton, Luis Sfeir-Younis, Felisa Sgroi, Kathleen Shaffer, Kathleen & Edith Shaffer, Alpa Shah, Sangeeta Shah, Dean & Katie Shannon, Talya Shapiro, Paul Sharkie, Ajay Sharma, Kanchan Sharma, Nidhi Sharma, Pratish Sharma, Soumitra Sharma, Mary Louise Sharp, Hilary Sheffield, Anurag Shekhar, Ramnath Shenoy, Simon Shepherd, Chloe Sheppard, Tshering Sherpa, Toby Sherwin, Charles & Katie Shively, Tegan Shohet, Amelia Shoreland, Rosemarie & Peter Shorten, Sam Shortland, Michael Shostak, Roni Shouval, Irene & Wayne Shumate, Dr Sicard, Jo Sieben, Lena Sieber, Baljit Sihan, Nolan Simmons, Carolina Simpson, Malcolm Sinclair, AK Singh, Gurfateh Phil Singh, Jitendra Singh, Ramanpreet Singh, Tushar Singh, Abir Sinha, Barun Sinha, Ellen Sipkes-Opdam, Amalija Skerlj, Thomas Skinner, Bob Slaa, Nick Slavick, Jeroen Slikker, Miranda Sloot, Ellen Smart, Fiona Smith, Jeremy Smith, Jonathan Smith, Nicole Smith-Bertram, Allan Smythe, Ann Sneen, Fah Snidwongse, Magareta Snis, Tatiana Snodgrass, Lana Snook, Dr Ajoy Sodani, Aity Soekidjo, Alex Sohel, Alex Sohelonly, Siddhartha Somani, Julia Sommer, Charlie Sono, Erika Sorensen, Pierre Soumenkoff, Mr. & Mrs. Souza Lewis, Ellis Spaanderman, Christian Spanner, Richard Sparks, Karen Sparrow, Melissa Spectre, Michael Spice, Ben Spicer, Marian Spiers, Jakob Sprickerhof, Jamie Spurway, Ania Sroka, Fiona & Ian Stafford, Marianne Stam, Natasa Stankovic, Rachel Stanton, Andrew Stead, Lisa Steadman, Jonathon Steele, Celis Stefan, Debbie Stefanac, Moretti Stefano, Mikael Stegman, Rob Steinbusch, Cecilia Stenqvist, Kara Stevens, Luckos Stevens, Marsha Stewart, Tony Stewart, Jonathan Stock, Jack Stoop, Robin Strachan, Balz Strasser, Andrew Strhubach, Tina & Martin Stridde, Jacob Stringer, Carla Stroecken, Iselin Aasedotter Stroenen, Donna Strong, Malgorzata Strzelec, Jannis Stuertz, Clare Suart-Matthews, Jasmin Sudworth, Geraldine Sumpter, Anders Svensson, Naveen Swamy, Rachel & Zach Swede, Oliver Sweet, David Sweet Lund, Suzanna Szabo, Wojtek Szypula, Kim Tae Sung **T** Kit Taintor, Maureen Tan, Ken Tank, Catherine Tapp, Kelly Tarbuck, Robert Tattersall, Daniel Taverny, Nagy & Dominique Tawfik, Phoebe Tay, Susanne Tayfoor, Lindsay Taylor, Ricardo Tejada, Ed Templeton, Gavin Terblanche, Ben W Tettlebaum, Sunil Thakar, Nikhil Thakurdas, Mathias Thalmann, Laura Tharpe, Shelley Thayil, Isabelle Thomachot, James Thomas, Jamie Thomas, Mary Thompson, Jim Thorn, Chris Thornton, Paul Throne, Leonie Tijdink, Emma Tiplady, Bjorg & Sigvald Tjomsland, Deidre Tobin, Stefan Tordenmalm, Rachael Trainor, Turid Trangsrud, Sabine Trautmann, Cornelia Trefflich, Olivier & Marie Trouille, Christian Tschiemer, Michael Tschischka, Noeleen Tuke, Joanne Tunstall, Peter Turner, Iris & Chris Twells, Amy Tyrer, Laura Tyron **U** Cornelia Uebscher, Ejji Umamahesh, Ian Upsall **V** Juha Valimaki, Leon Van Beurden, Stephane Van Cauwenberghe, Paula van Dam, Bastiaan Van de Ven, Erik van de Wiel, Alex van den Bergh, Georges Van Den Bogaert, Martijn van den Boom, Freya Van den Bossche, Karen Van Den Ende, Annelize van der Merwe, Frans van der Sommen, Nils van der Zwet, Kurt Van Diest, Sharon Van Ede, Janneke van Heereveld, Alies van Lier, Monique van Lochem, Hans van Nierop, Bruno Van Nuffel, Renier van Rensburg, Piet van Rijn, Francois Van Standen, Agnes van Veen, Bart Vansteenis, Ray Varnbuhler, Chris Vaughan, Robin Vaygelt, Chris Veekmans, Sheila Veja, John Velick, Kim Venn, Ireen Verdegaal, Gaby Verhelst, Jeevan Verma, Jeroen Vermeer, Jacobus Verster, Clem Vetters, Laurent Vezignol, Anne Vial, Camelman Vijay, Karolina Viltblom, Sharon Vincin, Karen Vingtans, Yvonne & Michael Vintiner, Fotis Vlachos, Constanze Voelkel-Hutchison, Daniela Vyas, Kamlesh Vyas **W** Gisela Wackernagel, Capt Wadehn, Gail Waldby, AJ Walg, Craig Walker, Lucy Walls, Jim Walsh, Mark R Ward, Phil Ward, Richard Ward, Steve & Fe Ward, Marie Waring, Mark & Henriette Warner, Kelly Wasyluk, Scott Waterhouse, Peter & Jacqueline Waters, Mark & Alison Watson, Trudy Watson, Udo & Ulrihe Wattendorf, Averil Way, Catherine J Wazenski, Kate Webb, Golbarg Wedin Bashi, Laurie Weed, Katherine Weedon, Linn &

Alex Wegner-Schneider, Christiane Weidemann, Alison Weller, Jane Wells, Peter Wells, Nicole Welt, George Werlberger, Camilla Wernersen, Alex West, Mark A Westgate, Shireen Weston, Daniel Whiston, Richard White, Jane Whyte, Jo Wickens, Louise Wickham, Rob Wickham, Stefan Wicki, Simen Wiig, Jacob A Wildschut, Andrew Wiley, Adrian Wilkins, Christine Williams, Fraser Williams, Gloria Williams, Mark Williams, Nina Williams, Nina & M Williams, Paul Williams, Timothy Willis, Andrew Wilson, Gilli Wilson, Gyula Winkler, Cal Winter, Josef Winter, Andy Wintle, Damon Wischik, Yvette Wischnewski, Christianne Wisdom, Anne Wittrup, Gadi Wolach, Lonneke Wolffensperger, Andrew Wood, John Wood, Lindsay & Andy Wood, Joachim Worz, Inge Woudstra, Emily Wouters, Joyce Wouters, Dave & Hannah Wright, Ian Wright, Isabel Wright, Linda Wright, Sarah Wright, Mathias Wunderman, Heidi & Andreas Wyder **Y** Pramod Yannawar, Alex Yashinski, Phillip Yearwood, Hanna Ylikiuttu, Bill Young, Jan Young, Jase Young, Katheryne Young, Sue Youngman, Amy Yu **Z** Caroline Zaanen, Elie Zabbal, Samera Zagala, Andreas Zahner, Edme Zalinski, Raphael Zanin, Jo Zasloff, Benjamin Zeitlyn, Petra Želechovská, Tobi Zeyher, Ning Zheng, Beatrice Zillener, Dr Helga Zimpel-Erler, Olivier Zingg, Harry Zinho, Adrienne Zinn, Herman Zolty, Nadia Zuodar, Jack & Marie Zuzack

QUELLENNACHWEIS

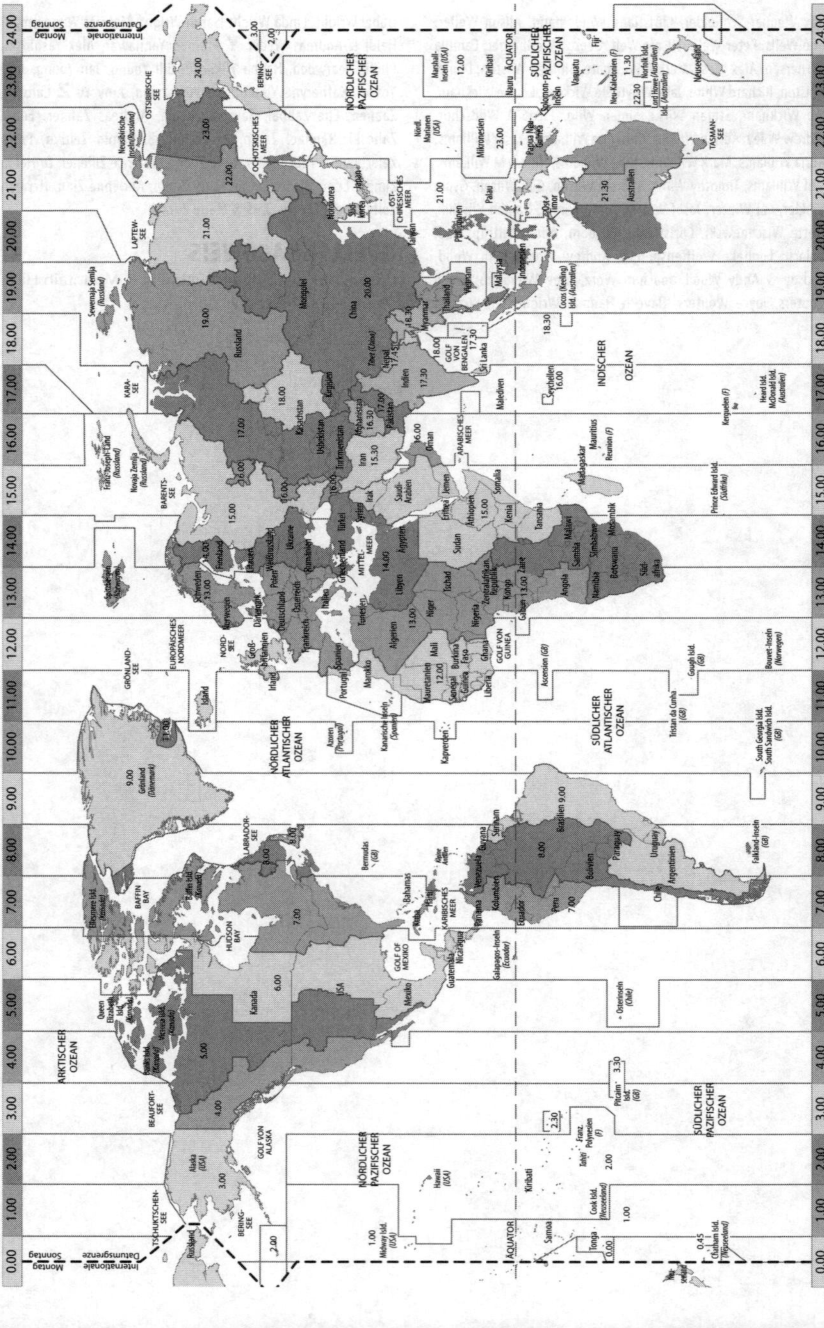
Internationale Datumsgrenze
Montag
Sonntag
0.00
1.00
2.00
3.00
4.00
5.00
6.00
7.00
8.00
9.00
10.00
11.00
12.00
13.00
14.00
15.00
16.00
17.00
18.00
19.00
20.00
21.00
22.00
23.00
24.00
ARKTISCHER OZEAN
NÖRDLICHER PAZIFISCHER OZEAN
NÖRDLICHER ATLANTISCHER OZEAN
SÜDLICHER ATLANTISCHER OZEAN
SÜDLICHER PAZIFISCHER OZEAN
INDISCHER OZEAN
ÄQUATOR
Alaska (USA)
Kanada
USA
Mexiko
Grönland (Dänemark)
Island
Brasilien
Argentinien
Chile
Peru
Bolivien
Kolumbien
Venezuela
Russland
China
Mongolei
Indien
Japan
Australien
Neuseeland
Indonesien
Philippinen
Kasachstan
Iran
Algerien
Libyen
Ägypten
Sudan
Südafrika
Madagaskar

Register

REGISTER

C

000 Kartenseiten
000 Abbildungen

REGISTER

000 Kartenseiten
000 Abbildungen

G

H

REGISTER

REGISTER

000 Kartenseiten
000 Abbildungen

REGISTER

000 Kartenseiten
000 Abbildungen

N

REGISTER

000 Kartenseiten
000 Abbildungen

Q

R

REGISTER

000 Kartenseiten
000 Abbildungen

REGISTER

000 Kartenseiten
000 Abbildungen

U

V

REGISTER

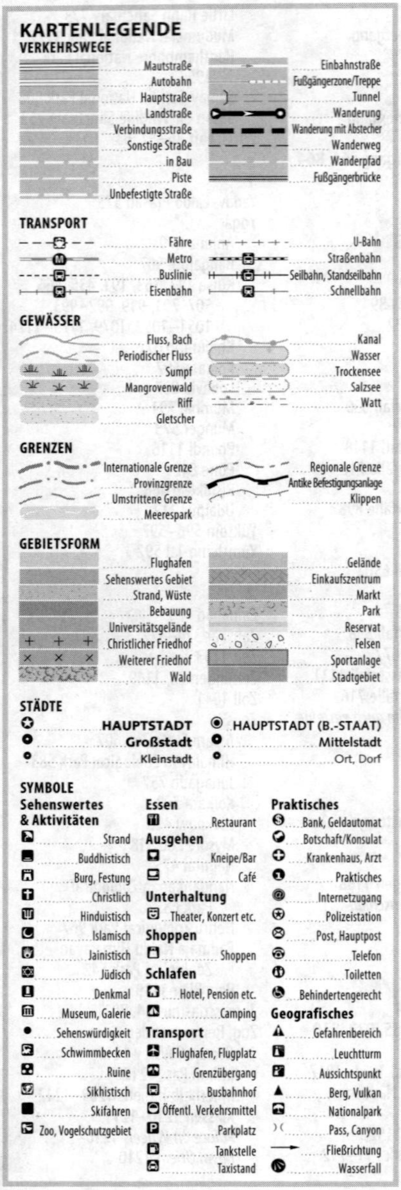

Lonely Planet Publications, Locked Bag 1, Footscray, Melbourne, Victoria 3011, Australia

Verlag der deutschen Ausgabe:
MAIRDUMONT, Marco-Polo-Str. 1, 73760 Ostfildern, www.mairdumont.com, lonelyplanet@mairdumont.com

Chefredakteurin deutsche Ausgabe: Marion Zorn
Übersetzung: Dorothee Büttgen, Agnes Dubberke, Tobias Ewert, Christina Jacobs, Lidija Jungfleisch, Jürgen Kucklinski, Dr. Christian Rochow, Hauke Reich, Andrea Schleipen, Martin Schreck
Redaktion: Julia Berger, Frank J. Müller, Olaf Rappold, Verena Stindl (red.sign, Stuttgart)
Technischer Support: Typomedia, Ostfildern/Scharnhausen

Indien
1. deutsche Auflage Mai 2006, übersetzt von *India 11th edition*, September 2005 Lonely Planet Publications Pty

Titelfotos: Portrait des berühmten Ganesha von Lal Baug in Mumbai, Hira Punjabi (Cover); Menschenmenge bei einem religiösen Festival in Rajasthan, Greg Elms (Rückumschlag).

Die meisten Fotos in diesem Reiseführer können bei Lonely Planet Images, www.lonelyplanetimages.com auch lizenziert werden.